Registre de Famille

NOM, DATE ET LIEU DE NAISSANCE DE L'ÉPOUX

_____

_____

NOM, DATE ET LIEU DE NAISSANCE DE L'ÉPOUSE

_____

_____

UNIS

le_____ 19_____

par_____

à_____

Père et Mère, Frères et Sœurs de l'Époux.

_____

_____

_____

_____

_____

_____

_____

Père et Mère, Frères et Sœurs de l'Épouse.

_____

_____

_____

_____

_____

_____

_____

Enfants

Mariages

Décès

LA SAINTE BIBLE

LA
SAINTE BIBLE

QUI COMPREND
L'ANCIEN ET LE NOUVEAU TESTAMENT
TRADUITS SUR LES TEXTES ORIGINAUX
HÉBREU ET GREC

PAR

LOUIS SEGOND
DOCTEUR EN THÉOLOGIE

NOUVELLE ÉDITION REVUE

PARIS
58 RUE DE CLICHY

1953

Imprimé en Angleterre

Le texte de cette Bible est la reproduction du texte de la
Bible Segond à parallèles parue en 1910

TABLE DES LIVRES DE LA BIBLE

ANCIEN TESTAMENT

LA
SAINTE BIBLE

ANCIEN TESTAMENT

TRADUCTION D'APRÈS LE TEXTE HÉBREU

PAR

LOUIS SEGOND

DOCTEUR EN THÉOLOGIE

NOUVELLE ÉDITION REVUE

PARIS

58 RUE DE CLICHY

1953

Imprimé en Angleterre

LA

SAINTE BIBLE

ANCIEN TESTAMENT

TRADUCTION D'APRÈS LE TEXTE HÉBREU

PAR
LOUIS SEGOND
DOCTEUR EN THÉOLOGIE

NOUVELLE ÉDITION REVUE

PARIS
RUE DE CLICHY

ANCIEN TESTAMENT

LA GENÈSE

LES TEMPS ANCIENS

DEPUIS LA CRÉATION JUSQU'A ABRAHAM

Création du monde.

I Au commencement, Dieu créa les cieux et la terre,

2 La terre était informe et vide; il y avait des ténèbres à la surface de l'abîme, et l'esprit de Dieu se mouvait au-dessus des eaux.

3 Dieu dit : Que la lumière soit ! Et
4 la lumière fut. Dieu vit que la lumière était bonne ; et Dieu sépara
5 la lumière d'avec les ténèbres. Dieu appela la lumière jour, et il appela les ténèbres nuit. Ainsi, il y eut un soir, et il y eut un matin : ce fut le premier jour.

6 Dieu dit : Qu'il y ait une étendue entre les eaux, et qu'elle sépare les
7 eaux d'avec les eaux. Et Dieu fit l'étendue, et il sépara les eaux qui sont au-dessous de l'étendue d'avec les eaux qui sont au-dessus de l'éten-
8 due. Et cela fut ainsi. Dieu appela l'étendue ciel. Ainsi, il y eut un soir, et il y eut un matin : ce fut le second jour.

9 Dieu dit : Que les eaux qui sont au-dessous du ciel se rassemblent en un seul lieu, et que le sec paraisse. Et
10 cela fut ainsi. Dieu appela le sec terre, et il appela l'amas des eaux mers. Dieu vit que cela était bon.
11 Puis Dieu dit: Que la terre produise de la verdure, de l'herbe portant de la semence, des arbres fruitiers donnant du fruit selon leur espèce et ayant en eux leur semence sur la terre. Et
12 cela fut ainsi. La terre produisit de la verdure, de l'herbe portant de la semence selon son espèce, et des arbres donnant du fruit et ayant en eux leur semence selon leur espèce.

Dieu vit que cela était bon. Ainsi, 13 il y eut un soir, et il y eut un matin : ce fut le troisième jour.

Dieu dit : Qu'il y ait des luminaires 14 dans l'étendue du ciel, pour séparer le jour d'avec la nuit ; que ce soient des signes pour marquer les époques, les jours et les années ; et qu'ils servent 15 de luminaires dans l'étendue du ciel, pour éclairer la terre. Et cela fut ainsi. Dieu fit les deux grands 16 luminaires, le plus grand luminaire pour présider au jour, et le plus petit luminaire pour présider à la nuit ; il fit aussi les étoiles. Dieu les plaça 17 dans l'étendue du ciel, pour éclairer la terre, pour présider au jour et à la 18 nuit, et pour séparer la lumière d'avec les ténèbres. Dieu vit que cela était bon. Ainsi, il y eut un soir, et il 19 y eut un matin : ce fut le quatrième jour.

Dieu dit : Que les eaux produisent 20 en abondance des animaux vivants, et que des oiseaux volent sur la terre vers l'étendue du ciel. Dieu créa 21 les grands poissons et tous les animaux vivants qui se meuvent, et que les eaux produisirent en abondance selon leur espèce; il créa aussi tout oiseau ailé selon son espèce. Dieu vit que cela était bon. Dieu les 22 bénit, en disant : Soyez féconds, multipliez, et remplissez les eaux des mers ; et que les oiseaux multiplient sur la terre. Ainsi, il y eut un soir, 23 et il y eut un matin : ce fut le cinquième jour.

Dieu dit : Que la terre produise des 24 animaux vivants selon leur espèce, du bétail, des reptiles et des animaux

terrestres, selon leur espèce. Et cela
25 fut ainsi. Dieu fit les animaux de la
terre selon leur espèce, le bétail selon
son espèce, et tous les reptiles de la
terre selon leur espèce. Dieu vit que
26 cela était bon. Puis Dieu dit : Faisons
l'homme à notre image, selon notre
ressemblance, et qu'il domine sur les
poissons de la mer, sur les oiseaux
du ciel, sur le bétail, sur toute la terre,
et sur tous les reptiles qui rampent
27 sur la terre. Dieu créa l'homme à
son image, il le créa à l'image de
Dieu, il créa l'homme et la femme.
28 Dieu les bénit, et Dieu leur dit :
Soyez féconds, multipliez, remplissez
la terre, et l'assujettissez ; et dominez
sur les poissons de la mer, sur les
oiseaux du ciel, et sur tout animal
29 qui se meut sur la terre. Et Dieu
dit : Voici, je vous donne toute herbe
portant de la semence et qui est à la
surface de toute la terre, et tout arbre
ayant en lui du fruit d'arbre et
portant de la semence : ce sera votre
30 nourriture. Et à tout animal de la
terre, à tout oiseau du ciel, et à tout
ce qui se meut sur la terre, ayant
en soi un souffle de vie, je donne
toute herbe verte pour nourriture.
31 Et cela fut ainsi. Dieu vit tout ce
qu'il avait fait ; et voici, cela était
très bon. Ainsi, il y eut un soir, et il
y eut un matin : ce fut le sixième
jour.

2 Ainsi furent achevés les cieux
et la terre, et toute leur armée.
2 Dieu acheva au septième jour son
œuvre, qu'il avait faite ; et il se reposa
au septième jour de toute son œuvre,
3 qu'il avait faite. Dieu bénit le septième jour, et il le sanctifia, parce
qu'en ce jour il se reposa de toute
son œuvre qu'il avait créée en la
faisant.

Formation de l'homme et de la femme.

4 Voici les origines des cieux et de
la terre, quand ils furent créés.
Lorsque l'Éternel Dieu fit une terre
5 et des cieux, aucun arbuste des
champs n'était encore sur la terre, et
aucune herbe des champs ne germait
encore : car l'Éternel Dieu n'avait
pas fait pleuvoir sur la terre, et il n'y

avait point d'homme pour cultiver le
sol. Mais une vapeur s'éleva de la 6
terre, et arrosa toute la surface du
sol.

L'Éternel Dieu forma l'homme de 7
la poussière de la terre, il souffla
dans ses narines un souffle de vie
et l'homme devint un être vivant.

Puis l'Éternel Dieu planta un jardin 8
en Éden, du côté de l'orient, et il
y mit l'homme qu'il avait formé.
L'Éternel Dieu fit pousser du sol des 9
arbres de toute espèce, agréables à
voir et bons à manger, et l'arbre de
la vie au milieu du jardin, et l'arbre
de la connaissance du bien et du mal.
Un fleuve sortait d'Éden pour arroser 10
le jardin, et de là il se divisait en
quatre bras. Le nom du premier 11
est Pischon ; c'est celui qui entoure
tout le pays de Havila, où se trouve
l'or. L'or de ce pays est pur ; on 12
y trouve aussi le bdellium et la pierre
d'onyx. Le nom du second fleuve 13
est Guihon ; c'est celui qui entoure
tout le pays de Cusch. Le nom du 14
troisième est Hiddékel ; c'est celui
qui coule à l'orient de l'Assyrie. Le
quatrième fleuve, c'est l'Euphrate.

L'Éternel Dieu prit l'homme, et le 15
plaça dans le jardin d'Éden pour le
cultiver et pour le garder. L'Éternel 16
Dieu donna cet ordre à l'homme :
Tu pourras manger de tous les arbres
du jardin ; mais tu ne mangeras pas 17
de l'arbre de la connaissance du bien
et du mal, car le jour où tu en
mangeras, tu mourras.

L'Éternel Dieu dit : Il n'est pas 18
bon que l'homme soit seul ; je lui
ferai une aide semblable à lui.
L'Éternel Dieu forma de la terre 19
tous les animaux des champs et tous
les oiseaux du ciel, et il les fit venir
vers l'homme, pour voir comment il
les appellerait, et afin que tout être
vivant portât le nom que lui donnerait l'homme. Et l'homme donna 20
des noms à tout le bétail, aux oiseaux
du ciel et à tous les animaux des
champs ; mais, pour l'homme, il ne
trouva point d'aide semblable à lui.
Alors l'Éternel Dieu fit tomber un 21
profond sommeil sur l'homme, qui
s'endormit ; il prit une de ses côtes,

et referma la chair à sa place.

22 L'Éternel Dieu forma une femme de la côte qu'il avait prise de l'homme,

23 et il l'amena vers l'homme. Et l'homme dit: Voici cette fois celle qui est os de mes os et chair de ma chair! on l'appellera femme, parce

24 qu'elle a été prise de l'homme. C'est pourquoi l'homme quittera son père et sa mère, et s'attachera à sa femme, et ils deviendront une seule chair.

Le jardin d'Éden, et le péché d'Adam.

25 L'homme et sa femme étaient tous deux nus, et ils n'en avaient point honte.

3 Le serpent était le plus rusé de tous les animaux des champs, que l'Éternel Dieu avait faits. Il dit à la femme: Dieu a-t-il réellement dit: Vous ne mangerez pas de tous les

2 arbres du jardin? La femme répondit au serpent: Nous mangeons du fruit

3 des arbres du jardin. Mais quant au fruit de l'arbre qui est au milieu du jardin, Dieu a dit: Vous n'en mangerez point et vous n'y toucherez point, de peur que vous ne mouriez.

4 Alors le serpent dit à la femme:

5 Vous ne mourrez point; mais Dieu sait que, le jour où vous en mangerez, vos yeux s'ouvriront, et que vous serez comme des dieux, connaissant le bien et le mal.

6 La femme vit que l'arbre était bon à manger et agréable à la vue, et qu'il était précieux pour ouvrir l'intelligence; elle prit de son fruit, et en mangea; elle en donna aussi à son mari, qui était auprès d'elle, et il en mangea.

7 Les yeux de l'un et de l'autre s'ouvrirent, ils connurent qu'ils étaient nus, et ayant cousu des feuilles de figuier, ils s'en firent des ceintures.

8 Alors ils entendirent la voix de l'Éternel Dieu, qui parcourait le jardin vers le soir, et l'homme et sa femme se cachèrent loin de la face de l'Éternel Dieu, au milieu des arbres du jardin.

9 Mais l'Éternel Dieu appela l'homme,

10 et lui dit: Où es-tu? Il répondit: J'ai entendu ta voix dans le jardin, et j'ai eu peur, parce que je suis nu,

et je me suis caché. Et l'Éternel

11 Dieu dit: Qui t'a appris que tu es nu? Est-ce que tu as mangé de l'arbre dont je t'avais défendu de manger? L'homme répondit: La

12 femme que tu as mise auprès de moi m'a donné de l'arbre, et j'en ai mangé. Et l'Éternel Dieu dit à la femme:

13 Pourquoi as-tu fait cela? La femme répondit: Le serpent m'a séduite, et j'en ai mangé.

L'Éternel Dieu dit au serpent:

14 Puisque tu as fait cela, tu seras maudit entre tout le bétail et entre tous les animaux des champs, tu marcheras sur ton ventre, et tu mangeras de la poussière tous les jours de ta vie. Je mettrai inimitié

15 entre toi et la femme, entre ta postérité et sa postérité: celle-ci t'écrasera la tête, et tu lui blesseras le talon. Il dit à la femme: J'aug-

16 menterai la souffrance de tes grossesses, tu enfanteras avec douleur, et tes désirs se porteront vers ton mari, mais il dominera sur toi. Il dit à

17 l'homme: Puisque tu as écouté la voix de ta femme, et que tu as mangé de l'arbre au sujet duquel je t'avais donné cet ordre: Tu n'en mangeras point! le sol sera maudit à cause de toi. C'est à force de peine que tu en tireras ta nourriture tous les jours de ta vie, il te produira des épines et des

18 ronces, et tu mangeras de l'herbe des champs. C'est à la sueur de ton

19 visage que tu mangeras du pain, jusqu'à ce que tu retournes dans la terre, d'où tu as été pris; car tu es poussière, et tu retourneras dans la poussière.

Adam donna à sa femme le nom

20 d'Ève: car elle a été la mère de tous les vivants.

L'Éternel Dieu fit à Adam et à sa

21 femme des habits de peau, et il les en revêtit.

L'Éternel Dieu dit: Voici, l'homme

22 est devenu comme l'un de nous, pour la connaissance du bien et du mal. Empêchons-le maintenant d'avancer sa main, de prendre de l'arbre de vie, d'en manger, et de vivre éternellement. Et l'Éternel Dieu le chassa

23 du jardin d'Éden, pour qu'il cultivât

24 la terre, d'où il avait été pris. C'est ainsi qu'il chassa Adam; et il mit à l'orient du jardin d'Éden les chérubins qui agitent une épée flamboyante, pour garder le chemin de l'arbre de vie.

Caïn et Abel.—Descendants de Caïn.

4 Adam connut Ève, sa femme; elle conçut, et enfanta Caïn, et elle dit: J'ai formé un homme avec l'aide de 2 l'Éternel. Elle enfanta encore son frère Abel. Abel fut berger, et Caïn fut laboureur.

3 Au bout de quelque temps, Caïn fit à l'Éternel une offrande des fruits 4 de la terre; et Abel, de son côté, en fit une des premiers-nés de son troupeau et de leur graisse. L'Éternel porta un regard favorable sur Abel 5 et sur son offrande; mais il ne porta pas un regard favorable sur Caïn et sur son offrande. Caïn fut très irrité, 6 et son visage fut abattu. Et l'Éternel dit à Caïn: Pourquoi es-tu irrité, et pourquoi ton visage est-il abattu? 7 Certainement, si tu agis bien, tu relèveras ton visage, et si tu agis mal, le péché se couche à la porte, et ses désirs se portent vers toi: mais toi, domine sur lui.

8 Cependant, Caïn adressa la parole à son frère Abel; mais, comme ils étaient dans les champs, Caïn se jeta sur son frère Abel, et le tua.

9 L'Éternel dit à Caïn: Où est ton frère Abel? Il répondit: Je ne sais pas; suis-je le gardien de mon frère? 10 Et Dieu dit: Qu'as-tu fait? La voix du sang de ton frère crie de la terre 11 jusqu'à moi. Maintenant, tu seras maudit de la terre qui a ouvert sa bouche pour recevoir de ta main le 12 sang de ton frère. Quand tu cultiveras le sol, il ne te donnera plus sa richesse. Tu seras errant et 13 vagabond sur la terre. Caïn dit à l'Éternel: Mon châtiment est trop 14 grand pour être supporté. Voici, tu me chasses aujourd'hui de cette terre; je serai caché loin de ta face, je serai errant et vagabond sur la terre, et quiconque me trouvera me tuera. 15 L'Éternel lui dit: Si quelqu'un tuait Caïn, Caïn serait vengé sept fois. Et l'Éternel mit un signe sur Caïn pour que quiconque le trouverait ne le tuât point.

Puis, Caïn s'éloigna de la face de 16 l'Éternel, et habita dans la terre de Nod, à l'orient d'Éden.

Caïn connut sa femme; elle con- 17 çut, et enfanta Hénoc. Il bâtit ensuite une ville, et il donna à cette ville le nom de son fils Hénoc.

Hénoc engendra Irad, Irad en- 18 gendra Mehujaël, Mehujaël engendra Metuschaël, et Metuschaël engendra Lémec.

Lémec prit deux femmes: le nom 19 de l'une était Ada, et le nom de l'autre Tsilla. Ada enfanta Jabal: 20 il fut le père de ceux qui habitent sous des tentes et près des troupeaux. Le nom de son frère était Jubal: il 21 fut le père de tous ceux qui jouent de la harpe et du chalumeau. Tsilla, 22 de son côté, enfanta Tubal-Caïn, qui forgeait tous les instruments d'airain et de fer. La sœur de Tubal-Caïn était Naama.

Lémec dit à ses femmes: 23
Ada et Tsilla, écoutez ma voix!
Femmes de Lémec, écoutez ma
                               parole!
J'ai tué un homme pour ma blessure,
Et un jeune homme pour ma meur-
                            trissure.
Caïn sera vengé sept fois,   24
Et Lémec soixante-dix-sept fois.

Adam connut encore sa femme; 25 elle enfanta un fils, et l'appela du nom de Seth, car, dit-elle, Dieu m'a donné un autre fils à la place d'Abel, que Caïn a tué.

Seth eut aussi un fils, et il l'appela 26 du nom d'Énosch. C'est alors que l'on commença à invoquer le nom de l'Éternel.

Postérité d'Adam par Seth jusqu'à Noé.

Voici le livre de la postérité d'Adam. 5
Lorsque Dieu créa l'homme, il le fit à la ressemblance de Dieu. Il créa 2 l'homme et la femme, il les bénit, et il les appela du nom d'homme, lorsqu'ils furent créés.

Adam, âgé de cent trente ans, 3 engendra un fils à sa ressemblance, selon son image, et il lui donna le

4 nom de Seth. Les jours d'Adam, après la naissance de Seth, furent de huit cents ans ; et il engendra des
5 fils et des filles. Tous les jours qu'Adam vécut furent de neuf cent trente ans ; puis il mourut.

6 Seth, âgé de cent cinq ans, en-
7 gendra Énosch. Seth vécut, après la naissance d'Énosch, huit cent sept ans ; et il engendra des fils et des
8 filles. Tous les jours de Seth furent de neuf cent douze ans ; puis il mourut.

9 Énosch, âgé de quatre-vingt-dix
10 ans, engendra Kénan. Énosch vécut, après la naissance de Kénan, huit cent quinze ans ; et il engendra des
11 fils et des filles. Tous les jours d'Énosch furent de neuf cent cinq ans ; puis il mourut.

12 Kénan, âgé de soixante-dix ans,
13 engendra Mahalaleel. Kénan vécut, après la naissance de Mahalaleel, huit cent quarante ans ; et il en-
14 gendra des fils et des filles. Tous les jours de Kénan furent de neuf cent dix ans ; puis il mourut.

15 Mahalaleel, âgé de soixante-cinq
16 ans, engendra Jéred. Mahalaleel vécut, après la naissance de Jéred, huit cent trente ans ; et il engendra des
17 fils et des filles. Tous les jours de Mahalaleel furent de huit cent quatre-vingt-quinze ans ; puis il mourut.

18 Jéred, âgé de cent soixante-deux
19 ans, engendra Hénoc. Jéred vécut, après la naissance d'Hénoc, huit cents ans ; et il engendra des fils et des
20 filles. Tous les jours de Jéred furent de neuf cent soixante-deux ans ; puis il mourut.

21 Hénoc, âgé de soixante-cinq ans,
22 engendra Metuschélah. Hénoc, après la naissance de Metuschélah, marcha avec Dieu trois cents ans ; et il en-
23 gendra des fils et des filles. Tous les jours d'Hénoc furent de trois cent
24 soixante-cinq ans. Hénoc marcha avec Dieu ; puis il ne fut plus, parce que Dieu le prit.

25 Metuschélah, âgé de cent quatre-vingt-sept ans, engendra Lémec.
26 Metuschélah vécut, après la nais-sance de Lémec, sept cent quatre-vingt-deux ans ; et il engendra des

fils et des filles. Tous les jours de 27 Metuschélah furent de neuf cent soixante-neuf ans ; puis il mourut.

Lémec, âgé de cent quatre-vingt- 28 deux ans, engendra un fils. Il lui 29 donna le nom de Noé, en disant : Celui-ci nous consolera de nos fatigues et du travail pénible de nos mains, provenant de cette terre que l'Éternel a maudite. Lémec 30 vécut, après la naissance de Noé, cinq cent quatre-vingt-quinze ans ; et il engendra des fils et des filles. Tous les jours de Lémec furent de 31 sept cent soixante-dix-sept ans ; puis il mourut.

Noé, âgé de cinq cents ans, en- 32 gendra Sem, Cham et Japhet.

Corruption du genre humain.— Le déluge.

Lorsque les hommes eurent com- **6** mencé à se multiplier sur la face de la terre, et que des filles leur furent nées, les fils de Dieu virent que les 2 filles des hommes étaient belles, et ils en prirent pour femmes parmi toutes celles qu'ils choisirent. Alors 3 l'Éternel dit : Mon esprit ne restera pas à toujours dans l'homme, car l'homme n'est que chair, et ses jours seront de cent vingt ans.

Les géants étaient sur la terre en 4 ces temps-là, après que les fils de Dieu furent venus vers les filles des hommes, et qu'elles leur eurent donné des enfants : ce sont ces héros qui furent fameux dans l'antiquité.

L'Éternel vit que la méchanceté 5 des hommes était grande sur la terre, et que toutes les pensées de leur cœur se portaient chaque jour uniquement vers le mal. L'Éternel 6 se repentit d'avoir fait l'homme sur la terre, et il fut affligé en son cœur. Et l'Éternel dit : J'exterminerai de 7 la face de la terre l'homme que j'ai créé, depuis l'homme jusqu'au bétail, aux reptiles, et aux oiseaux du ciel ; car je me repens de les avoir faits.

Mais Noé trouva grâce aux yeux 8 de l'Éternel.

Voici la postérité de Noé. 9

Noé était un homme juste et in-tègre, dans son temps ; Noé marchait avec Dieu.

10 Noé engendra trois fils : Sem, Cham et Japhet.

11 La terre était corrompue devant Dieu, la terre était pleine de violence.

12 Dieu regarda la terre, et voici, elle était corrompue ; car toute chair avait corrompu sa voie sur la terre.

13 Alors Dieu dit à Noé : La fin de toute chair est arrêtée par devers moi ; car ils ont rempli la terre de violence ; voici, je vais les détruire

14 avec la terre. Fais-toi une arche de bois de gopher ; tu disposeras cette arche en cellules, et tu l'enduiras de

15 poix en dedans et en dehors. Voici comment tu la feras : l'arche aura trois cents coudées de longueur, cinquante coudées de largeur et

16 trente coudées de hauteur. Tu feras à l'arche une fenêtre, que tu réduiras à une coudée en haut ; tu établiras une porte sur le côté de l'arche ; et tu construiras un étage inférieur, un second et un troisième.

17 Et moi, je vais faire venir le déluge d'eaux sur la terre, pour détruire toute chair ayant souffle de vie sous le ciel ; tout ce qui est sur la terre

18 périra. Mais j'établis mon alliance avec toi ; tu entreras dans l'arche, toi et tes fils, ta femme et les femmes

19 de tes fils avec toi. De tout ce qui vit, de toute chair, tu feras entrer dans l'arche deux de chaque espèce, pour les conserver en vie avec toi : il

20 y aura un mâle et une femelle. Des oiseaux selon leur espèce, du bétail selon son espèce, et de tous les reptiles de la terre selon leur espèce, deux de chaque espèce viendront vers toi, pour que tu leur conserves

21 la vie. Et toi, prends de tous les aliments que l'on mange, et fais-en une provision auprès de toi, afin qu'ils te servent de nourriture ainsi qu'à eux.

22 C'est ce que fit Noé : il exécuta tout ce que Dieu lui avait ordonné.

7 L'Éternel dit à Noé : Entre dans l'arche, toi et toute ta maison ; car je t'ai vu juste devant moi parmi

2 cette génération. Tu prendras auprès de toi sept couples de tous les animaux purs, le mâle et sa femelle ; une paire des animaux qui ne sont pas purs, le

mâle et sa femelle ; sept couples 3 aussi des oiseaux du ciel, mâle et femelle, afin de conserver leur race en vie sur la face de toute la terre.

Car, encore sept jours, et je ferai 4 pleuvoir sur la terre quarante jours et quarante nuits, et j'exterminerai de la face de la terre tous les êtres que j'ai faits.

Noé exécuta tout ce que l'Éternel 5 lui avait ordonné.

Noé avait six cents ans, lorsque le 6 déluge d'eaux fut sur la terre. Et 7 Noé entra dans l'arche avec ses fils, sa femme et les femmes de ses fils, pour échapper aux eaux du déluge. D'entre les animaux purs et les 8 animaux qui ne sont pas purs, les oiseaux et tout ce qui se meut sur la terre, il entra dans l'arche auprès 9 de Noé, deux à deux, un mâle et une femelle, comme Dieu l'avait ordonné à Noé.

Sept jours après, les eaux du 10 déluge furent sur la terre. L'an six 11 cent de la vie de Noé, le second mois, le dix-septième jour du mois, en ce jour-là toutes les sources du grand abîme jaillirent, et les écluses des cieux s'ouvrirent. La pluie 12 tomba sur la terre quarante jours et quarante nuits. Ce même jour 13 entrèrent dans l'arche Noé, Sem, Cham et Japhet, fils de Noé, la femme de Noé et les trois femmes de ses fils avec eux : eux, et tous 14 les animaux selon leur espèce, tout le bétail selon son espèce, tous les reptiles qui rampent sur la terre selon leur espèce, tous les oiseaux selon leur espèce, tous les petits oiseaux, tout ce qui a des ailes. Ils 15 entrèrent dans l'arche auprès de Noé, deux à deux, de toute chair ayant souffle de vie. Il en entra, mâle et 16 femelle, de toute chair, comme Dieu l'avait ordonné à Noé. Puis l'Éternel ferma la porte sur lui.

Le déluge fut quarante jours sur la 17 terre. Les eaux crûrent et soulevèrent l'arche, et elle s'éleva au-dessus de la terre. Les eaux grossirent et 18 s'accrurent beaucoup sur la terre, et l'arche flotta sur la surface des eaux. Les eaux grossirent de plus en plus, 19

et toutes les hautes montagnes qui sont sous le ciel entier furent cou-
20 vertes. Les eaux s'élevèrent de quinze coudées au-dessus des montagnes, qui furent couvertes.

21 Tout ce qui se mouvait sur la terre périt, tant les oiseaux que le bétail et les animaux, tout ce qui rampait sur la terre, et tous les
22 hommes. Tout ce qui avait respiration, souffle de vie dans ses narines, et qui était sur la terre sèche, mourut.
23 Tous les êtres qui étaient sur la face de la terre furent exterminés, depuis l'homme jusqu'au bétail, aux reptiles et aux oiseaux du ciel : ils furent exterminés de la terre. Il ne resta que Noé, et ce qui était avec lui dans
24 l'arche. Les eaux furent grosses sur la terre pendant cent cinquante jours.

8 Dieu se souvint de Noé, de tous les animaux et de tout le bétail qui étaient avec lui dans l'arche ; et Dieu fit passer un vent sur la terre, et les
2 eaux s'apaisèrent. Les sources de l'abîme et les écluses des cieux furent fermées, et la pluie ne tomba
3 plus du ciel. Les eaux se retirèrent de dessus la terre, s'en allant et s'éloignant, et les eaux diminuèrent
4 au bout de cent cinquante jours. Le septième mois, le dix-septième jour du mois, l'arche s'arrêta sur les mon-
5 tagnes d'Ararat. Les eaux allèrent en diminuant jusqu'au dixième mois. Le dixième mois, le premier jour du mois, apparurent les sommets des montagnes.
6 Au bout de quarante jours, Noé ouvrit la fenêtre qu'il avait faite à
7 l'arche. Il lâcha le corbeau, qui sortit, partant et revenant, jusqu'à ce que les eaux eussent séché sur
8 la terre. Il lâcha aussi la colombe, pour voir si les eaux avaient diminué
9 à la surface de la terre. Mais la colombe ne trouva aucun lieu pour poser la plante de son pied, et elle revint à lui dans l'arche, car il y avait des eaux à la surface de toute la terre. Il avança la main, la prit, et la fit rentrer auprès de lui dans
10 l'arche. Il attendit encore sept autres jours, et il lâcha de nouveau
11 la colombe hors de l'arche. La colombe revint à lui sur le soir ; et voici, une feuille d'olivier arrachée était dans son bec. Noé connut ainsi que les eaux avaient diminué sur la terre. Il attendit encore sept 12 autres jours ; et il lâcha la colombe. Mais elle ne revint plus à lui.

L'an six cent un, le premier mois, 13 le premier jour du mois, les eaux avaient séché sur la terre. Noé ôta la couverture de l'arche : il regarda, et voici, la surface de la terre avait séché. Le second mois, le vingt-sep- 14 tième jour du mois, la terre fut sèche.

Alors Dieu parla à Noé, en disant : 15 Sors de l'arche, toi et ta femme, tes 16 fils et les femmes de tes fils avec toi. Fais sortir avec toi tous les animaux 17 de toute chair qui sont avec toi, tant les oiseaux que le bétail et tous les reptiles qui rampent sur la terre : qu'ils se répandent sur la terre, qu'ils soient féconds et multiplient sur la terre. Et Noé sortit, avec ses 18 fils, sa femme, et les femmes de ses fils. Tous les animaux, tous les 19 reptiles, tous les oiseaux, tout ce qui se meut sur la terre, selon leurs espèces, sortirent de l'arche.

Noé bâtit un autel à l'Éternel ; il 20 prit de toutes les bêtes pures et de tous les oiseaux purs, et il offrit des holocaustes sur l'autel. L'Éternel 21 sentit une odeur agréable, et l'Éternel dit en son cœur : Je ne maudirai plus la terre, à cause de l'homme, parce que les pensées du cœur de l'homme sont mauvaises dès sa jeunesse ; et je ne frapperai plus tout ce qui est vivant, comme je l'ai fait. Tant que 22 la terre subsistera, les semailles et la moisson, le froid et la chaleur, l'été et l'hiver, le jour et la nuit ne cesseront point.

Noé et ses fils.

Dieu bénit Noé et ses fils, et leur **9** dit : Soyez féconds, multipliez, et remplissez la terre. Vous serez un 2 sujet de crainte et d'effroi pour tout animal de la terre, pour tout oiseau du ciel, pour tout ce qui se meut sur la terre, et pour tous les poissons de la mer : ils sont livrés entre vos mains. Tout ce qui se meut et qui 3 a vie vous servira de nourriture : je vous donne tout cela, comme l'herbe 4 verte. Seulement, vous ne mangerez point de chair avec son âme, avec 5 son sang. Sachez-le aussi, je redemanderai le sang de vos âmes, je le redemanderai à tout animal ; et je redemanderai l'âme de l'homme à l'homme, à l'homme qui est son 6 frère. Si quelqu'un verse le sang de l'homme, par l'homme son sang sera versé ; car Dieu a fait l'homme 7 à son image. Et vous, soyez féconds et multipliez, répandez-vous sur la terre et multipliez sur elle.

8 Dieu parla encore à Noé et à ses 9 fils avec lui, en disant : Voici, j'établis mon alliance avec vous et avec votre 10 postérité après vous ; avec tous les êtres vivants qui sont avec vous, tant les oiseaux que le bétail et tous les animaux de la terre, soit avec tous ceux qui sont sortis de l'arche, soit avec tous les animaux de la terre. 11 J'établis mon alliance avec vous : aucune chair ne sera plus exterminée par les eaux du déluge, et il n'y aura plus de déluge pour détruire la terre. 12 Et Dieu dit : C'est ici le signe de l'alliance que j'établis entre moi et vous, et tous les êtres vivants qui sont avec vous, pour les générations 13 à toujours : j'ai placé mon arc dans la nue, et il servira de signe d'alliance 14 entre moi et la terre. Quand j'aurai rassemblé des nuages au-dessus de la terre, l'arc paraîtra dans la nue ; 15 et je me souviendrai de mon alliance entre moi et vous, et tous les êtres vivants, de toute chair, et les eaux ne deviendront plus un déluge pour 16 détruire toute chair. L'arc sera dans la nue ; et je le regarderai, pour me souvenir de l'alliance perpétuelle entre Dieu et tous les êtres vivants, de toute chair qui est sur la terre. 17 Et Dieu dit à Noé : Tel est le signe de l'alliance que j'établis entre moi et toute chair qui est sur la terre.

18 Les fils de Noé, qui sortirent de l'arche, étaient Sem, Cham et Japhet. 19 Cham fut le père de Canaan. Ce sont là les trois fils de Noé, et c'est leur postérité qui peupla toute la terre.

20 Noé commença à cultiver la terre, et planta de la vigne. Il but du vin, 21 s'enivra, et se découvrit au milieu de sa tente. Cham, père de Canaan, vit 22 la nudité de son père, et il le rapporta dehors à ses deux frères. Alors Sem 23 et Japhet prirent le manteau, le mirent sur leurs épaules, marchèrent à reculons, et couvrirent la nudité de leur père ; comme leur visage était détourné, ils ne virent point la nudité de leur père. Lorsque Noé se réveilla 24 de son vin, il apprit ce que lui avait fait son fils cadet. Et il dit : Maudit 25 soit Canaan ! qu'il soit l'esclave des esclaves de ses frères ! Il dit encore : 26 Béni soit l'Éternel, Dieu de Sem, et que Canaan soit leur esclave ! Que 27 Dieu étende les possessions de Japhet, qu'il habite dans les tentes de Sem, et que Canaan soit leur esclave !

Noé vécut, après le déluge, trois 28 cent cinquante ans. Tous les jours 29 de Noé furent de neuf cent cinquante ans ; puis il mourut.

Postérité des trois fils de Noé.

Voici la postérité des fils de Noé, **10** Sem, Cham et Japhet.

Il leur naquit des fils après le déluge.

Les fils de Japhet furent : Gomer, 2 Magog, Madaï, Javan, Tubal, Méschec et Tiras. — Les fils de Gomer : Asch- 3 kenaz, Riphat et Togarma. — Les fils 4 de Javan : Élischa, Tarsis, Kittim et Dodanim. — C'est par eux qu'ont été 5 peuplées les îles des nations selon leurs terres, selon la langue de chacun, selon leurs familles, selon leurs nations.

Les fils de Cham furent : Cusch, 6 Mitsraïm, Puth et Canaan. — Les 7 fils de Cusch : Saba, Havila, Sabta, Raema et Sabteca. Les fils de Raema : Séba et Dedan. Cusch 8 engendra aussi Nimrod ; c'est lui qui commença à être puissant sur la terre. Il fut un vaillant chasseur 9 devant l'Éternel ; c'est pourquoi l'on dit : Comme Nimrod, vaillant chasseur devant l'Éternel. Il régna 10 d'abord sur Babel, Érec, Accad et Calné, au pays de Schinear. De ce 11 pays-là sortit Assur ; il bâtit Ninive,

12 Rehoboth-Hir, Calach, et Résen entre Ninive et Calach ; c'est la grande 13 ville.—Mitsraïm engendra les Ludim, les Anamim, les Lehabim, les Naph 14 tuhim, les Patrusim, les Casluhim, d'où sont sortis les Philistins, et 15 les Caphtorim.—Canaan engendra 16 Sidon, son premier-né, et Heth ; et les Jébusiens, les Amoréens, les Guir 17 gasiens, les Héviens, les Arkiens, les 18 Siniens, les Arvadiens, les Tsemariens, les Hamathiens. Ensuite, les familles 19 des Cananéens se dispersèrent. Les limites des Cananéens allèrent depuis Sidon, du côté de Guérar, jusqu'à Gaza, et du côté de Sodome, de Gomorrhe, d'Adma et de Tseboïm, 20 jusqu'à Léscha.—Ce sont là les fils de Cham, selon leurs familles, selon leurs langues, selon leurs pays, selon leurs nations.

21 Il naquit aussi des fils à Sem, père de tous les fils d'Héber, et frère de 22 Japhet l'aîné. Les fils de Sem furent : Élam, Assur, Arpacschad, Lud et 23 Aram.—Les fils d'Aram : Uts, Hul, 24 Guéter et Masch.—Arpacschad engendra Schélach ; et Schélach en 25 gendra Héber. Il naquit à Héber deux fils : le nom de l'un était Péleg, parce que de son temps la terre fut partagée, et le nom de son frère était 26 Jokthan. Jokthan engendra Almodad, Schéleph, Hatsarmaveth, Jérach, 27/28 Hadoram, Uzal, Dikla, Obal, Abi 29 maël, Séba, Ophir, Havila et Jobab. Tous ceux-là furent fils de Jokthan. 30 Ils habitèrent depuis Mécha, du côté de Sephar, jusqu'à la montagne 31 de l'orient.—Ce sont là les fils de Sem, selon leurs familles, selon leurs langues, selon leurs pays, selon leurs nations.

32 Telles sont les familles des fils de Noé, selon leurs générations, selon leurs nations. Et c'est d'eux que sont sorties les nations qui se sont répandues sur la terre après le déluge.

La tour de Babel.

11 Toute la terre avait une seule langue et les mêmes mots. 2 Comme ils étaient partis de l'orient, ils trouvèrent une plaine au pays de Schinear, et ils y habitèrent. 3 Ils se dirent l'un à l'autre : Allons ! faisons des briques, et cuisons-les au feu. Et la brique leur servit de pierre, et le bitume leur servit de ciment. 4 Ils dirent encore : Allons ! bâtissons-nous une ville et une tour dont le sommet touche au ciel, et faisons-nous un nom, afin que nous ne soyons pas dispersés sur la face de toute la terre. 5 L'Éternel descendit pour voir la ville et la tour que bâtissaient les fils des hommes. 6 Et l'Éternel dit : Voici, ils forment un seul peuple et ont tous une même langue, et c'est là ce qu'ils ont entrepris ; maintenant rien ne les empêcherait de faire tout ce qu'ils auraient projeté. 7 Allons ! descendons, et là confondons leur langage, afin qu'ils n'entendent plus la langue les uns des autres. 8 Et l'Éternel les dispersa loin de là sur la face de toute la terre ; et ils cessèrent de bâtir la ville. 9 C'est pourquoi on l'appela du nom de Babel, car c'est là que l'Éternel confondit le langage de toute la terre, et c'est de là que l'Éternel les dispersa sur la face de toute la terre.

LES ANCÊTRES DU PEUPLE D'ISRAËL

DEPUIS ABRAHAM JUSQU'A JOSEPH

Postérité de Sem.

10 Voici la postérité de Sem. Sem, âgé de cent ans, engendra Arpacschad, deux ans après le dé 11 luge. Sem vécut, après la naissance d'Arpacschad, cinq cents ans ; et il engendra des fils et des filles.

12 Arpacschad, âgé de trente-cinq ans, engendra Schélach. 13 Arpacschad vécut, après la naissance de Schélach,

quatre cent trois ans ; et il engendra des fils et des filles.

14 Schélach, âgé de trente ans, en-
15 gendra Héber. Schélach vécut, après la naissance d'Héber, quatre cent trois ans ; et il engendra des fils et des filles.

16 Héber, âgé de trente-quatre ans,
17 engendra Péleg. Héber vécut, après la naissance de Péleg, quatre cent trente ans ; et il engendra des fils et des filles.

18 Péleg, âgé de trente ans, engendra
19 Rehu. Péleg vécut, après la naissance de Rehu, deux cent neuf ans ; et il engendra des fils et des filles.

20 Rehu, âgé de trente-deux ans,
21 engendra Serug. Rehu vécut, après la naissance de Serug, deux cent sept ans ; et il engendra des fils et des filles.

22 Serug, âgé de trente ans, engendra
23 Nachor. Serug vécut, après la naissance de Nachor, deux cents ans ; et il engendra des fils et des filles.

24 Nachor, âgé de vingt-neuf ans, en-
25 gendra Térach. Nachor vécut, après la naissance de Térach, cent dix-neuf ans ; et il engendra des fils et des filles.

26 Térach, âgé de soixante-dix ans, engendra Abram, Nachor et Haran.

27 Voici la postérité de Térach.
Térach engendra Abram, Nachor
28 et Haran.—Haran engendra Lot. Et Haran mourut en présence de Térach, son père, au pays de sa
29 naissance, à Ur en Chaldée.—Abram et Nachor prirent des femmes : le nom de la femme d'Abram était Saraï, et le nom de la femme de Nachor était Milca, fille d'Haran, père de Milca et père de Jisca.
30 Saraï était stérile : elle n'avait point d'enfants.

31 Térach prit Abram, son fils, et Lot, fils d'Haran, fils de son fils, et Saraï, sa belle-fille, femme d'Abram, son fils. Ils sortirent ensemble d'Ur en Chaldée, pour aller au pays de Canaan. Ils vinrent jusqu'à Charan, et ils y habitèrent.

32 Les jours de Térach furent de deux cent cinq ans ; et Térach mourut à Charan.

Abram.—Son arrivée au pays de Canaan.—Séjour en Égypte.

12 L'Éternel dit à Abram : Va-t'en de ton pays, de ta patrie, et de la maison de ton père, dans le pays que je te montrerai. Je ferai de toi une 2 grande nation, et je te bénirai ; je rendrai ton nom grand, et tu seras une source de bénédiction. Je bénirai 3 ceux qui te béniront, et je maudirai ceux qui te maudiront ; et toutes les familles de la terre seront bénies en toi.

Abram partit, comme l'Éternel le 4 lui avait dit, et Lot partit avec lui. Abram était âgé de soixante-quinze ans, lorsqu'il sortit de Charan. Abram 5 prit Saraï, sa femme, et Lot, fils de son frère, avec tous les biens qu'ils possédaient et les serviteurs qu'ils avaient acquis à Charan. Ils partirent pour aller dans le pays de Canaan, et ils arrivèrent au pays de Canaan.

Abram parcourut le pays jusqu'au 6 lieu nommé Sichem, jusqu'aux chênes de Moré. Les Cananéens étaient alors dans le pays. L'Éternel ap- 7 parut à Abram, et dit : Je donnerai ce pays à ta postérité. Et Abram bâtit là un autel à l'Éternel, qui lui était apparu. Il se transporta de là 8 vers la montagne, à l'orient de Béthel, et il dressa ses tentes, ayant Béthel à l'occident et Aï à l'orient. Il bâtit encore là un autel à l'Éternel, et il invoqua le nom de l'Éternel. Abram 9 continua ses marches, en s'avançant vers le midi.

Il y eut une famine dans le pays ; 10 et Abram descendit en Égypte pour y séjourner, car la famine était grande dans le pays. Comme il était près 11 d'entrer en Égypte, il dit à Saraï, sa femme : Voici, je sais que tu es une femme belle de figure. Quand les 12 Égyptiens te verront, ils diront : C'est sa femme ! Et ils me tueront, et te laisseront la vie. Dis, je te prie, 13 que tu es ma sœur, afin que je sois bien traité à cause de toi, et que mon âme vive grâce à toi. Lorsqu'Abram 14 fut arrivé en Égypte, les Égyptiens virent que la femme était fort belle. Les grands de Pharaon la virent 15 aussi, et la vantèrent à Pharaon ; et

la femme fut emmenée dans la
16 maison de Pharaon. Il traita bien
Abram à cause d'elle ; et Abram
reçut des brebis, des bœufs, des ânes,
des serviteurs et des servantes, des
17 ânesses et des chameaux. Mais
l'Éternel frappa de grandes plaies
Pharaon et sa maison, au sujet de
18 Saraï, femme d'Abram. Alors Pharaon appela Abram, et dit : Qu'est-ce
que tu m'as fait ? pourquoi ne m'as-
tu pas déclaré que c'est ta femme ?
19 Pourquoi as-tu dit : C'est ma sœur ?
Aussi l'ai-je prise pour ma femme.
Maintenant, voici la femme, prends-
20 la, et va-t'en ! Et Pharaon donna
ordre à ses gens de le renvoyer, lui et
sa femme, avec tout ce qui lui appartenait.

*Abram de retour en Canaan.—Séparation
d'avec son neveu Lot.— Promesses de
l'Éternel.*

13 Abram remonta d'Égypte vers
le midi, lui, sa femme, et tout ce
qui lui appartenait, et Lot avec lui.
2 Abram était très riche en troupeaux,
3 en argent et en or. Il dirigea ses
marches du midi jusqu'à Béthel,
jusqu'au lieu où était sa tente au
commencement, entre Béthel et Aï,
4 au lieu où était l'autel qu'il avait fait
précédemment. Et là, Abram invoqua
le nom de l'Éternel.
5 Lot, qui voyageait avec Abram,
avait aussi des brebis, des bœufs et
6 des tentes. Et la contrée était in-
suffisante pour qu'ils demeurassent
ensemble, car leurs biens étaient si
considérables qu'ils ne pouvaient de-
7 meurer ensemble. Il y eut querelle
entre les bergers des troupeaux
d'Abram et les bergers des troupeaux
de Lot. Les Cananéens et les Phérésiens habitaient alors dans le pays.
8 Abram dit à Lot : Qu'il n'y ait point,
je te prie, de dispute entre moi et toi,
ni entre mes bergers et tes bergers ;
9 car nous sommes frères. Tout le pays
n'est-il pas devant toi ? Sépare-toi
donc de moi : si tu vas à gauche,
j'irai à droite ; si tu vas à droite,
10 j'irai à gauche. Lot leva les yeux,
et vit toute la plaine du Jourdain,
qui était entièrement arrosée. Avant
que l'Éternel eût détruit Sodome et

Gomorrhe, c'était, jusqu'à Tsoar,
comme un jardin de l'Éternel,
comme le pays d'Égypte. Lot 11
choisit pour lui toute la plaine du
Jourdain, et il s'avança vers l'orient.
C'est ainsi qu'ils se séparèrent l'un
de l'autre. Abram habita dans le 12
pays de Canaan ; et Lot habita dans
les villes de la plaine, et dressa ses 13
tentes jusqu'à Sodome. Les gens de
Sodome étaient méchants, et de
grands pécheurs contre l'Éternel.
L'Éternel dit à Abram, après que 14
Lot se fut séparé de lui : Lève les
yeux, et, du lieu où tu es, regarde
vers le nord et le midi, vers l'orient
et l'occident ; car tout le pays que tu 15
vois, je le donnerai à toi et à ta postérité pour toujours. Je rendrai ta 16
postérité comme la poussière de la
terre, en sorte que, si quelqu'un peut
compter la poussière de la terre, ta
postérité aussi sera comptée. Lève-toi, 17
parcours le pays dans sa longueur et
dans sa largeur ; car je te le donnerai.
Abram leva ses tentes, et vint 18
habiter parmi les chênes de Mamré,
qui sont près d'Hébron. Et il bâtit
là un autel à l'Éternel.

*Abram vainqueur de plusieurs rois.—
Melchisédek.*

Dans le temps d'Amraphel, roi **14**
de Schinear, d'Arjoc, roi d'Ellasar,
de Kedorlaomer, roi d'Élam, et de
Tideal, roi de Gojim, il arriva qu'ils 2
firent la guerre à Béra, roi de Sodome, à Birscha, roi de Gomorrhe, à
Schineab, roi d'Adma, à Schémééber,
roi de Tseboïm, et au roi de Béla, qui
est Tsoar.
Ces derniers s'assemblèrent tous 3
dans la vallée de Siddim, qui est la
mer Salée. Pendant douze ans, ils 4
avaient été soumis à Kedorlaomer ;
et la treizième année, ils s'étaient
révoltés.
Mais, la quatorzième année, Kedor- 5
laomer et les rois qui étaient avec
lui se mirent en marche, et ils battirent les Rephaïm à Aschteroth-
Karnaïm, les Zuzim à Ham, les
Émim à Schavé-Kirjathaïm, et les 6
Horiens dans leur montagne de Séir,
jusqu'au chêne de Paran, qui est près

7 du désert. Puis ils s'en retournèrent, vinrent à En-Mischpath, qui est Kadès, et battirent les Amalécites sur tout leur territoire, ainsi que les Amoréens établis à Hatsatson-
8 Thamar. Alors s'avancèrent le roi de Sodome, le roi de Gomorrhe, le roi d'Adma, le roi de Tseboïm, et le roi de Béla, qui est Tsoar; et ils se rangèrent en bataille contre eux,
9 dans la vallée de Siddim, contre Kedorlaomer, roi d'Élam, Tideal, roi de Gojim, Amraphel, roi de Schinear, et Arjoc, roi d'Ellasar: quatre rois contre cinq.
10 La vallée de Siddim était couverte de puits de bitume; le roi de Sodome et celui de Gomorrhe prirent la fuite, et y tombèrent; le reste s'enfuit vers
11 la montagne. Les vainqueurs enlevèrent toutes les richesses de Sodome et de Gomorrhe, et toutes leurs
12 provisions; et ils s'en allèrent. Ils enlevèrent aussi, avec ses biens, Lot, fils du frère d'Abram, qui demeurait à Sodome; et ils s'en allèrent.
13 Un fuyard vint l'annoncer à Abram, l'Hébreu; celui-ci habitait parmi les chênes de Mamré, l'Amoréen, frère d'Eschcol et frère d'Aner, qui avaient
14 fait alliance avec Abram. Dès qu'Abram eut appris que son frère avait été fait prisonnier, il arma trois cent dix-huit de ses plus braves serviteurs, nés dans sa maison, et il poursuivit
15 les rois jusqu'à Dan. Il divisa sa troupe, pour les attaquer de nuit, lui et ses serviteurs; il les battit, et les poursuivit jusqu'à Choba, qui est à la
16 gauche de Damas. Il ramena toutes les richesses; il ramena aussi Lot, son frère, avec ses biens, ainsi que les femmes et le peuple.
17 Après qu'Abram fut revenu vainqueur de Kedorlaomer et des rois qui étaient avec lui, le roi de Sodome sortit à sa rencontre dans la vallée de Schavé, qui est la vallée du roi.
18 Melchisédek, roi de Salem, fit apporter du pain et du vin: il était
19 sacrificateur du Dieu Très-Haut. Il bénit Abram, et dit: Béni soit Abram par le Dieu Très-Haut, maître du ciel et de la terre!
20 maître du ciel et de la terre! Béni soit le Dieu Très-Haut, qui a livré

tes ennemis entre tes mains! Et Abram lui donna la dîme de tout.

Le roi de Sodome dit à Abram: 21 Donne-moi les personnes, et prends pour toi les richesses. Abram ré- 22 pondit au roi de Sodome: Je lève la main vers l'Éternel, le Dieu Très-Haut, maître du ciel et de la terre: je ne prendrai rien de tout ce qui est 23 à toi, pas même un fil, ni un cordon de soulier, afin que tu ne dises pas: J'ai enrichi Abram. Rien pour moi! Seulement, ce qu'ont mangé les 24 jeunes gens, et la part des hommes qui ont marché avec moi, Aner, Eschcol et Mamré: eux, ils prendront leur part.

Le pays de Canaan promis à la postérité d'Abram.

Après ces événements, la parole **15** de l'Éternel fut adressée à Abram dans une vision, et il dit: Abram, ne crains point; je suis ton bouclier, et ta récompense sera très grande. Abram répondit: Seigneur Éternel, 2 que me donneras-tu? Je m'en vais sans enfants; et l'héritier de ma maison, c'est Éliézer de Damas. Et 3 Abram dit: Voici, tu ne m'as pas donné de postérité, et celui qui est né dans ma maison sera mon héritier.

Alors la parole de l'Éternel lui fut 4 adressée ainsi: Ce n'est pas lui qui sera ton héritier, mais c'est celui qui sortira de tes entrailles qui sera ton héritier. Et, après l'avoir conduit 5 dehors, il dit: Regarde vers le ciel, et compte les étoiles, si tu peux les compter. Et il lui dit: Telle sera ta postérité. Abram eut confiance en 6 l'Éternel, qui le lui imputa à justice.

L'Éternel lui dit encore: Je suis 7 l'Éternel, qui t'ai fait sortir d'Ur en Chaldée, pour te donner en possession ce pays. Abram répondit: 8 Seigneur Éternel, à quoi connaîtrai-je que je le posséderai? Et l'Éternel 9 lui dit: Prends une génisse de trois ans, une chèvre de trois ans, un bélier de trois ans, une tourterelle et une jeune colombe. Abram prit 10 tous ces animaux, les coupa par le milieu, et mit chaque morceau l'un vis-à-vis de l'autre; mais il ne par-

11 tagea point les oiseaux. Les oiseaux de proie s'abattirent sur les cadavres ; et Abram les chassa.

12 Au coucher du soleil, un profond sommeil tomba sur Abram ; et voici, une frayeur et une grande obscurité

13 vinrent l'assaillir. Et l'Éternel dit à Abram : Sache que tes descendants seront étrangers dans un pays qui ne sera point à eux ; ils y seront asservis, et on les opprimera pendant

14 quatre cents ans. Mais je jugerai la nation à laquelle ils seront asservis, et ils sortiront ensuite avec de grandes richesses. Toi, tu iras

15 en paix vers tes pères, tu seras enterré après une heureuse vieillesse.

16 A la quatrième génération, ils reviendront ici ; car l'iniquité des Amoréens n'est pas encore à son

17 comble. Quand le soleil fut couché, il y eut une obscurité profonde ; et voici, ce fut une fournaise fumante, et des flammes passèrent entre les animaux partagés.

18 En ce jour-là, l'Éternel fit alliance avec Abram, et dit : Je donne ce pays à ta postérité, depuis le fleuve d'Égypte jusqu'au grand fleuve, au

19 fleuve d'Euphrate, le pays des Kéniens, des Keniziens, des Kad-

20 moniens, des Héthiens, des Phéré-

21 ziens, des Rephaïm, des Amoréens, des Cananéens, des Guirgasiens et des Jébusiens.

Agar.—Naissance d'Ismaël.

16 Saraï, femme d'Abram, ne lui avait point donné d'enfants. Elle avait une servante égyptienne, nom-

2 mée Agar. Et Saraï dit à Abram : Voici, l'Éternel m'a rendue stérile ; viens, je te prie, vers ma servante ; peut-être aurai-je par elle des enfants. Abram écouta la voix de

3 Saraï. Alors Saraï, femme d'Abram, prit Agar l'Égyptienne, sa servante, et la donna pour femme à Abram, son mari, après qu'Abram eut habité dix années dans le pays de Canaan.

4 Il alla vers Agar, et elle devint enceinte. Quand elle se vit enceinte, elle regarda sa maîtresse avec mépris.

5 Et Saraï dit à Abram : L'outrage qui m'est fait retombe sur toi. J'ai mis ma servante dans ton sein ; et, quand elle a vu qu'elle était enceinte, elle m'a regardée avec mépris. Que l'Éternel soit juge entre moi et toi !

6 Abram répondit à Saraï : Voici, ta servante est en ton pouvoir ; agis à son égard comme tu le trouveras bon. Alors Saraï la maltraita ; et Agar s'enfuit loin d'elle.

7 L'ange de l'Éternel la trouva près d'une source d'eau dans le désert, près de la source qui est sur le chemin de Schur.

8 Il dit : Agar, servante de Saraï, d'où viens-tu, et où vas-tu ? Elle répondit : Je fuis loin de Saraï, ma maîtresse.

9 L'ange de l'Éternel lui dit : Retourne vers ta maîtresse, et humilie-toi sous sa main.

10 L'ange de l'Éternel lui dit : Je multiplierai ta postérité, et elle sera si nombreuse qu'on ne pourra la compter.

11 L'ange de l'Éternel lui dit : Voici, tu es enceinte, et tu enfanteras un fils, à qui tu donneras le nom d'Ismaël ; car l'Éternel t'a entendue dans ton affliction.

12 Il sera comme un âne sauvage ; sa main sera contre tous, et la main de tous sera contre lui ; et il habitera en face de tous ses frères.

13 Elle appela Atta-El-roï le nom de l'Éternel qui lui avait parlé ; car elle dit : Ai-je rien vu ici, après qu'il m'a vue ? C'est

14 pourquoi l'on a appelé ce puits le puits de Lachaï-roï ; il est entre Kadès et Bared.

15 Agar enfanta un fils à Abram ; et Abram donna le nom d'Ismaël au fils qu'Agar lui enfanta.

16 Abram était âgé de quatre-vingt-six ans, lorsqu'Agar enfanta Ismaël à Abram.

Le nom d'Abram changé en celui d'Abraham.—La circoncision instituée.

17 Lorsqu'Abram fut âgé de quatre-vingt-dix-neuf ans, l'Éternel apparut à Abram, et lui dit : Je suis le Dieu tout-puissant. Marche devant ma face, et sois intègre.

2 J'établirai mon alliance entre moi et toi, et je te multiplierai à l'infini.

3 Abram tomba sur sa face ; et Dieu lui parla, en disant : Voici mon al-

4 liance, que je fais avec toi. Tu deviendras père d'une multitude de

5 nations. On ne t'appellera plus Abram ; mais ton nom sera Abraham, car je te rends père d'une
6 multitude de nations. Je te rendrai fécond à l'infini, je ferai de toi des nations ; et des rois sortiront de toi.
7 J'établirai mon alliance entre moi et toi, et tes descendants après toi, selon leurs générations : ce sera une alliance perpétuelle, en vertu de laquelle je serai ton Dieu et celui de ta pos-
8 térité après toi. Je te donnerai, et à tes descendants après toi, le pays que tu habites comme étranger, tout le pays de Canaan, en possession perpétuelle, et je serai leur Dieu.
9 Dieu dit à Abraham : Toi, tu garderas mon alliance, toi et tes descendants après toi, selon leurs
10 générations. C'est ici mon alliance, que vous garderez entre moi et vous, et ta postérité après toi : tout mâle parmi vous sera circoncis.
11 Vous vous circoncirez ; et ce sera un signe d'alliance entre moi et vous.
12 A l'âge de huit jours, tout mâle parmi vous sera circoncis, selon vos générations, qu'il soit né dans la maison, ou qu'il soit acquis à prix d'argent de tout fils d'étranger, sans appartenir à
13 ta race. On devra circoncire celui qui est né dans la maison et celui qui est acquis à prix d'argent ; et mon alliance sera dans votre chair
14 une alliance perpétuelle. Un mâle incirconcis, qui n'aura pas été circoncis dans sa chair, sera exterminé du milieu de son peuple : il aura violé mon alliance.
15 Dieu dit à Abraham : Tu ne donneras plus à Saraï, ta femme, le nom
16 de Saraï ; mais son nom sera Sara. Je la bénirai, et je te donnerai d'elle un fils ; je la bénirai, et elle deviendra des nations ; des rois de peuples
17 sortiront d'elle. Abraham tomba sur sa face ; il rit, et dit en son cœur : Naîtrait-il un fils à un homme de cent ans ? et Sara, âgée de quatre-
18 vingt-dix ans, enfanterait-elle ? Et Abraham dit à Dieu : Oh ! qu'Ismaël
19 vive devant ta face ! Dieu dit : Certainement Sara, ta femme, t'enfantera un fils ; et tu l'appelleras du nom d'Isaac. J'établirai mon alliance

avec lui comme une alliance perpétuelle pour sa postérité après lui.
20 A l'égard d'Ismaël, je t'ai exaucé. Voici, je le bénirai, je le rendrai fécond, et je le multiplierai à l'infini ; il engendrera douze princes, et je ferai de lui une grande nation.
21 J'établirai mon alliance avec Isaac, que Sara t'enfantera à cette époque-ci de l'année prochaine.
22 Lorsqu'il eut achevé de lui parler, Dieu s'éleva au-dessus d'Abraham.
23 Abraham prit Ismaël, son fils, tous ceux qui étaient nés dans sa maison et tous ceux qu'il avait acquis à prix d'argent, tous les mâles parmi les gens de la maison d'Abraham ; et il les circoncit ce même jour, selon l'ordre que Dieu lui avait
24 donné. Abraham était âgé de quatre-vingt-dix-neuf ans, lorsqu'il fut cir-
25 concis. Ismaël, son fils, était âgé de treize ans, lorsqu'il fut circoncis. Ce
26 même jour, Abraham fut circoncis, ainsi qu'Ismaël, son fils. Et tous
27 les gens de sa maison, nés dans sa maison, ou acquis à prix d'argent des étrangers, furent circoncis avec lui.

Intercession d'Abraham en faveur de Sodome.

18 L'Éternel lui apparut parmi les chênes de Mamré, comme il était assis à l'entrée de sa tente, pendant
2 la chaleur du jour. Il leva les yeux, et regarda : et voici, trois hommes étaient debout près de lui. Quand il les vit, il courut au-devant d'eux, depuis l'entrée de sa tente, et se prosterna en terre. Et il dit : Sei-
3 gneur, si j'ai trouvé grâce à tes yeux, ne passe point, je te prie, loin de ton serviteur. Permettez qu'on ap-
4 porte un peu d'eau, pour vous laver les pieds ; et reposez-vous sous cet arbre. J'irai prendre un morceau de
5 pain, pour fortifier votre cœur ; après quoi, vous continuerez votre route ; car c'est pour cela que vous passez près de votre serviteur. Ils répondirent : Fais comme tu l'as dit.
6 Abraham alla promptement dans sa tente vers Sara, et il dit : Vite, trois mesures de fleur de farine, pétris, et fais des gâteaux. Et 7

Abraham courut à son troupeau, prit un veau tendre et bon, et le donna à un serviteur, qui se hâta 8 de l'apprêter. Il prit encore de la crème et du lait, avec le veau qu'on avait apprêté, et il les mit devant eux. Il se tint lui-même à leurs côtés, sous l'arbre. Et ils mangèrent.

9 Alors ils lui dirent: Où est Sara, ta femme? Il répondit: Elle est 10 là, dans la tente. L'un d'entre eux dit: Je reviendrai vers toi à cette même époque; et voici, Sara, ta femme, aura un fils. Sara écoutait à l'entrée de la tente, qui était derrière lui.

11 Abraham et Sara étaient vieux, avancés en âge; et Sara ne pouvait 12 plus espérer d'avoir des enfants. Elle rit en elle-même, en disant: Maintenant que je suis vieille, aurais-je encore des désirs? Mon seigneur aussi 13 est vieux. L'Éternel dit à Abraham: Pourquoi donc Sara a-t-elle ri, en disant: Est-ce que vraiment j'aurais un enfant, moi qui suis vieille? 14 Y a-t-il rien qui soit étonnant de la part de l'Éternel? Au temps fixé je reviendrai vers toi, à cette même 15 époque; et Sara aura un fils. Sara mentit, en disant: Je n'ai pas ri. Car elle eut peur. Mais il dit: Au contraire, tu as ri.

16 Ces hommes se levèrent pour partir, et ils regardèrent du côté de Sodome. Abraham alla avec eux, pour les accompagner.

17 Alors l'Éternel dit: Cacherai-je à Abraham ce que je vais faire?... 18 Abraham deviendra certainement une nation grande et puissante, et en lui seront bénies toutes les 19 nations de la terre. Car je l'ai choisi, afin qu'il ordonne à ses fils et à sa maison après lui de garder la voie de l'Éternel, en pratiquant la droiture et la justice, et qu'ainsi l'Éternel accomplisse en faveur d'Abraham les promesses qu'il lui a 20 faites... Et l'Éternel dit: Le cri contre Sodome et Gomorrhe s'est accru, et leur péché est énorme. 21 C'est pourquoi je vais descendre, et je verrai s'ils ont agi entièrement selon le bruit venu jusqu'à moi; et si cela n'est pas, je le saurai.

22 Les hommes s'éloignèrent, et allèrent vers Sodome. Mais Abraham se tint encore en présence de l'Éternel. 23 Abraham s'approcha, et dit: Feras-tu aussi périr le juste 24 avec le méchant? Peut-être y a-t-il cinquante justes au milieu de la ville: les feras-tu périr aussi, et ne pardonneras-tu pas à la ville à cause des cinquante justes qui sont au milieu d'elle? 25 Faire mourir le juste avec le méchant, en sorte qu'il en soit du juste comme du méchant, loin de toi cette manière d'agir! loin de toi! Celui qui juge toute la terre n'exercera-t-il pas la justice? 26 Et l'Éternel dit: Si je trouve dans Sodome cinquante justes au milieu de la ville, je pardonnerai à toute la ville, à cause d'eux.

27 Abraham reprit, et dit: Voici, j'ai osé parler au Seigneur, moi qui ne suis que poudre et cendre. 28 Peut-être des cinquante justes en manquera-t-il cinq: pour cinq, détruiras-tu toute la ville? Et l'Éternel dit: Je ne la détruirai point, si j'y trouve quarante-cinq justes. 29 Abraham continua de lui parler, et dit: Peut-être s'y trouvera-t-il quarante justes. Et l'Éternel dit: Je ne ferai rien, à cause de ces quarante. 30 Abraham dit: Que le Seigneur ne s'irrite point, et je parlerai. Peut-être s'y trouvera-t-il trente justes. Et l'Éternel dit: Je ne ferai rien, si j'y trouve trente justes. 31 Abraham dit: Voici, j'ai osé parler au Seigneur. Peut-être s'y trouvera-t-il vingt justes. Et l'Éternel dit: Je ne la détruirai point, à cause de ces vingt. 32 Abraham dit: Que le Seigneur ne s'irrite point, et je ne parlerai plus que cette fois. Peut-être s'y trouvera-t-il dix justes. Et l'Éternel dit: Je ne la détruirai point, à cause de ces dix justes.

33 L'Éternel s'en alla, lorsqu'il eut achevé de parler à Abraham. Et Abraham retourna dans sa demeure.

Sodome et Gomorrhe.—Origine des Moabites et des Ammonites.

19 Les deux anges arrivèrent à Sodome sur le soir; et Lot était assis à la porte de Sodome. Quand Lot les vit, il se leva pour aller au-devant d'eux, et se prosterna la face 2 contre terre. Puis il dit : Voici, mes seigneurs, entrez, je vous prie, dans la maison de votre serviteur, et passez-y la nuit; lavez-vous les pieds; vous vous lèverez de bon matin, et vous poursuivrez votre route. Non, répondirent-ils, nous 3 passerons la nuit dans la rue. Mais Lot les pressa tellement qu'ils vinrent chez lui et entrèrent dans sa maison. Il leur donna un festin, et fit cuire des pains sans levain. Et ils mangèrent.

4 Ils n'étaient pas encore couchés que les gens de la ville, les gens de Sodome, entourèrent la maison, depuis les enfants jusqu'aux vieillards; toute la population était accourue. 5 Ils appelèrent Lot, et lui dirent : Où sont les hommes qui sont entrés chez toi cette nuit? Fais-les sortir vers nous, pour que nous les con- 6 naissions. Lot sortit vers eux à l'entrée de la maison, et ferma la 7 porte derrière lui. Et il dit : Mes frères, je vous prie, ne faites pas le 8 mal! Voici, j'ai deux filles qui n'ont point connu d'homme; je vous les amènerai dehors, et vous leur ferez ce qu'il vous plaira. Seulement, ne faites rien à ces hommes puisqu'ils sont venus à l'ombre de 9 mon toit. Ils dirent : Retire-toi! Ils dirent encore : Celui-ci est venu comme étranger, et il veut faire le juge! Eh bien, nous te ferons pis qu'à eux. Et, pressant Lot avec violence, ils s'avancèrent pour briser 10 la porte. Les hommes étendirent la main, firent rentrer Lot vers eux dans la maison, et fermèrent la porte. 11 Et ils frappèrent d'aveuglement les gens qui étaient à l'entrée de la maison, depuis le plus petit jusqu'au plus grand, de sorte qu'ils se donnèrent une peine inutile pour trouver la porte.

12 Les hommes dirent à Lot : Qui as-tu encore ici? Gendres, fils et filles, et tout ce qui t'appartient dans la ville, fais-les sortir de ce lieu. Car 13 nous allons détruire ce lieu, parce que le cri contre ses habitants est grand devant l'Éternel. L'Éternel nous a envoyés pour le détruire. Lot sortit, et parla à ses gendres qui 14 avaient pris ses filles : Levez-vous, dit-il, sortez de ce lieu; car l'Éternel va détruire la ville. Mais, aux yeux de ses gendres, il parut plaisanter.

Dès l'aube du jour, les anges in- 15 sistèrent auprès de Lot, en disant : Lève-toi, prends ta femme et tes deux filles qui se trouvent ici, de peur que tu ne périsses dans la ruine de la ville. Et comme il tardait, les 16 hommes le saisirent par la main, lui, sa femme et ses deux filles, car l'Éternel voulait l'épargner; ils l'emmenèrent, et le laissèrent hors de la ville.

Après les avoir fait sortir, l'un 17 d'eux dit : Sauve-toi, pour ta vie; ne regarde pas derrière toi, et ne t'arrête pas dans toute la plaine; sauve-toi vers la montagne, de peur que tu ne périsses. Lot leur dit : 18 Oh! non, Seigneur! Voici, j'ai trouvé 19 grâce à tes yeux, et tu as montré la grandeur de ta miséricorde à mon égard, en me conservant la vie; mais je ne puis me sauver à la montagne, avant que le désastre m'atteigne, et je périrai. Voici, cette ville est assez 20 proche pour que je m'y réfugie, et elle est petite. Oh! que je puisse m'y sauver,... n'est-elle pas petite?... et que mon âme vive! Et il lui dit : 21 Voici, je t'accorde encore cette grâce, et je ne détruirai pas la ville dont tu parles. Hâte-toi de t'y réfugier, car 22 je ne puis rien faire jusqu'à ce que tu y sois arrivé. C'est pour cela que l'on a donné à cette ville le nom de Tsoar.

Le soleil se levait sur la terre, 23 lorsque Lot entra dans Tsoar. Alors 24 l'Éternel fit pleuvoir du ciel sur Sodome et sur Gomorrhe du soufre et du feu, de par l'Éternel. Il dé- 25 truisit ces villes, toute la plaine et tous les habitants des villes, et les plantes de la terre. La femme de 26

Lot regarda en arrière, et elle devint une statue de sel.

27 Abraham se leva de bon matin, pour aller au lieu où il s'était tenu
28 en présence de l'Éternel. Il porta ses regards du côté de Sodome et de Gomorrhe, et sur tout le territoire de la plaine ; et voici, il vit s'élever de la terre une fumée, comme la fumée d'une fournaise.

29 Lorsque Dieu détruisit les villes de la plaine, il se souvint d'Abraham ; et il fit échapper Lot du milieu du désastre, par lequel il bouleversa les villes où Lot avait établi sa demeure.

30 Lot quitta Tsoar pour la hauteur, et se fixa sur la montagne, avec ses deux filles, car il craignait de rester à Tsoar. Il habita dans une caverne,
31 lui et ses deux filles. L'aînée dit à la plus jeune : Notre père est vieux ; et il n'y a point d'homme dans la contrée, pour venir vers nous,
32 selon l'usage de tous les pays. Viens, faisons boire du vin à notre père, et couchons avec lui, afin que nous conservions la race de notre père.
33 Elles firent donc boire du vin à leur père cette nuit-là ; et l'aînée alla coucher avec son père : il ne s'aperçut ni quand elle se coucha, ni quand
34 elle se leva. Le lendemain, l'aînée dit à la plus jeune : Voici, j'ai couché la nuit dernière avec mon père ; faisons-lui boire du vin encore cette nuit, et va coucher avec lui, afin que nous conservions la race de notre
35 père. Elles firent boire du vin à leur père encore cette nuit-là ; et la cadette alla coucher avec lui : il ne s'aperçut ni quand elle se coucha, ni
36 quand elle se leva. Les deux filles de Lot devinrent enceintes de leur
37 père. L'aînée enfanta un fils, qu'elle appela du nom de Moab : c'est le père des Moabites, jusqu'à ce jour.
38 La plus jeune enfanta aussi un fils, qu'elle appela du nom de Ben-Ammi : c'est le père des Ammonites, jusqu'à ce jour.

Séjour d'Abraham à Guérar.

20 Abraham partit de là pour la contrée du midi : il s'établit entre Kadès et Schur, et fit un séjour à Guérar. Abraham disait de Sara, sa 2 femme : C'est ma sœur. Abimélec, roi de Guérar, fit enlever Sara. Alors 3 Dieu apparut en songe à Abimélec pendant la nuit, et lui dit : Voici, tu vas mourir à cause de la femme que tu as enlevée, car elle a un mari. Abimélec, qui ne s'était point 4 approché d'elle, répondit : Seigneur, ferais-tu périr même une nation juste ? Ne m'a-t-il pas dit : C'est 5 ma sœur ? et elle-même n'a-t-elle pas dit : C'est mon frère ? J'ai agi avec un cœur pur et avec des mains innocentes. Dieu lui dit en 6 songe : Je sais que tu as agi avec un cœur pur : aussi t'ai-je empêché de pécher contre moi. C'est pourquoi je n'ai pas permis que tu la touchasses. Maintenant, rends la femme de 7 cet homme ; car il est prophète, il priera pour toi, et tu vivras. Mais, si tu ne la rends pas, sache que tu mourras, toi et tout ce qui t'appartient.

Abimélec se leva de bon matin, 8 il appela tous ses serviteurs, et leur rapporta toutes ces choses ; et ces gens furent saisis d'une grande frayeur. Abimélec appela aussi Abra- 9 ham, et lui dit : Qu'est-ce que tu nous as fait ? Et en quoi t'ai-je offensé, que tu aies fait venir sur moi et sur mon royaume un si grand péché ? Tu as commis à mon égard des actes qui ne doivent pas se commettre. Et Abimélec dit à 10 Abraham : Quelle intention avais-tu pour agir de la sorte ? Abraham 11 répondit : Je me disais qu'il n'y avait sans doute aucune crainte de Dieu dans ce pays, et que l'on me tuerait à cause de ma femme. De plus, il 12 est vrai qu'elle est ma sœur, fille de mon père ; seulement, elle n'est pas fille de ma mère ; et elle est devenue ma femme. Lorsque Dieu me fit 13 errer loin de la maison de mon père, je dis à Sara : Voici la grâce que tu me feras : dans tous les lieux où nous irons, dis de moi : C'est mon frère.

Abimélec prit des brebis et des 14 bœufs, des serviteurs et des servantes, et les donna à Abraham ; et il lui 15 rendit Sara, sa femme. Abimélec dit : Voici, mon pays est devant 16 toi ; demeure où il te plaira. Et il dit à Sara : Voici, je donne à ton frère mille pièces d'argent ; cela te sera un voile sur les yeux pour tous ceux qui sont avec toi, et auprès de tous tu seras justifiée.

17 Abraham pria Dieu, et Dieu guérit Abimélec, sa femme et ses servantes ; 18 et elles purent enfanter. Car l'Éternel avait frappé de stérilité toute la maison d'Abimélec, à cause de Sara, femme d'Abraham.

Naissance d'Isaac.—Agar dans le désert.
—Alliance d'Abraham avec Abimélec.

21 L'Éternel se souvint de ce qu'il avait dit à Sara, et l'Éternel accomplit pour Sara ce qu'il avait promis. 2 Sara devint enceinte, et elle enfanta un fils à Abraham dans sa vieillesse, au temps fixé dont Dieu lui 3 avait parlé. Abraham donna le nom d'Isaac au fils qui lui était né, que 4 Sara lui avait enfanté. Abraham circoncit son fils Isaac, âgé de huit jours, comme Dieu le lui avait or- 5 donné. Abraham était âgé de cent ans, à la naissance d'Isaac, son fils. 6 Et Sara dit : Dieu m'a fait un sujet de rire ; quiconque l'apprendra rira de 7 moi. Elle ajouta : Qui aurait dit à Abraham : Sara allaitera des enfants ? Cependant je lui ai enfanté un fils dans sa vieillesse.

8 L'enfant grandit, et fut sevré ; et Abraham fit un grand festin le jour 9 où Isaac fut sevré. Sara vit rire le fils qu'Agar, l'Égyptienne, avait en- 10 fanté à Abraham ; et elle dit à Abraham : Chasse cette servante et son fils, car le fils de cette servante n'héritera pas avec mon fils, avec 11 Isaac. Cette parole déplut fort aux yeux d'Abraham, à cause de son fils. 12 Mais Dieu dit à Abraham : Que cela ne déplaise pas à tes yeux, à cause de l'enfant et de ta servante. Accorde à Sara tout ce qu'elle te demandera ; car c'est d'Isaac que sortira une postérité qui te sera 13 propre. Je ferai aussi une nation du fils de ta servante ; car il est ta postérité.

Abraham se leva de bon matin ; il 14 prit du pain et une outre d'eau, qu'il donna à Agar et plaça sur son épaule ; il lui remit aussi l'enfant, et la renvoya. Elle s'en alla, et s'égara dans le désert de Beer-Schéba. Quand 15 l'eau de l'outre fut épuisée, elle laissa l'enfant sous un des arbrisseaux, et alla s'asseoir vis-à-vis, à 16 une portée d'arc ; car elle disait : Que je ne voie pas mourir mon enfant ! Elle s'assit donc vis-à-vis de lui, éleva la voix et pleura. Dieu 17 entendit la voix de l'enfant ; et l'ange de Dieu appela du ciel Agar, et lui dit : Qu'as-tu, Agar ? Ne crains point, car Dieu a entendu la voix de l'enfant dans le lieu où il est. Lève-toi, prends l'enfant, saisis-le de 18 ta main ; car je ferai de lui une grande nation. Et Dieu lui ouvrit 19 les yeux, et elle vit un puits d'eau ; elle alla remplir d'eau l'outre, et donna à boire à l'enfant. Dieu fut 20 avec l'enfant, qui grandit, habita dans le désert, et devint tireur d'arc. Il habita dans le désert de Paran, 21 et sa mère lui prit une femme du pays d'Égypte.

En ce temps-là, Abimélec, accom- 22 pagné de Picol, chef de son armée, parla ainsi à Abraham : Dieu est avec toi dans tout ce que tu fais. Jure-moi maintenant ici, par le nom 23 de Dieu, que tu ne tromperas ni moi, ni mes enfants, ni mes petits-enfants, et que tu auras pour moi et le pays où tu séjournes la même bienveillance que j'ai eue pour toi. Abraham dit : Je le jurerai. 24 Mais Abraham fit des reproches à 25 Abimélec au sujet d'un puits d'eau, dont s'étaient emparés de force les serviteurs d'Abimélec. Abimélec ré- 26 pondit : J'ignore qui a fait cette chose-là ; tu ne m'en as point informé, et moi, je ne l'apprends qu'aujourd'hui. Et Abraham prit 27 des brebis et des bœufs, qu'il donna à Abimélec ; et ils firent tous deux alliance. Abraham mit à part sept 28 jeunes brebis. Et Abimélec dit à 29 Abraham : Qu'est-ce que ces sept jeunes brebis, que tu as mises à part ? Il répondit : Tu accepteras 30 do ma main ooo oopt brebis, afin que cela me serve de témoignage que j'ai creusé ce puits. C'est pourquoi 31 on appelle ce lieu Beer-Schéba; car c'est là qu'ils jurèrent l'un et l'autre. Ils firent donc alliance à Beer- 32 Schéba. Après quoi, Abimélec se leva, avec Picol, chef de son armée; et ils retournèrent au pays des Philistins. Abraham planta des 33 tamariscs à Beer-Schéba; et là il invoqua le nom de l'Éternel, Dieu de l'éternité. Abraham séjourna 34 longtemps dans le pays des Philistins.

Abraham mis à l'épreuve par l'Éternel, qui lui ordonne d'offrir en holocauste son fils Isaac.

22 Après ces choses, Dieu mit Abraham à l'épreuve, et lui dit: Abraham! Et il répondit: Me voici! Dieu dit: Prends ton fils, ton unique, 2 celui que tu aimes, Isaac; va-t'en au pays de Morija, et là offre-le en holocauste sur l'une des montagnes que je te dirai. Abraham se leva de bon matin, 3 sella son âne, et prit avec lui deux serviteurs et son fils Isaac. Il fendit du bois pour l'holocauste, et partit pour aller au lieu que Dieu lui avait dit. Le troisième jour, Abraham, levant 4 les yeux, vit le lieu de loin. Et 5 Abraham dit à ses serviteurs: Restez ici avec l'âne; moi et le jeune homme, nous irons jusque-là pour adorer, et nous reviendrons auprès de vous. Abraham prit le bois pour l'holo- 6 causte, le chargea sur son fils Isaac, et porta dans sa main le feu et le couteau. Et ils marchèrent tous deux ensemble. Alors Isaac, parlant 7 à Abraham, son père, dit: Mon père! Et il répondit: Me voici, mon fils! Isaac reprit: Voici le feu et le bois; mais où est l'agneau pour l'holo- causte? Abraham répondit: Mon 8 fils, Dieu se pourvoira lui-même de l'agneau pour l'holocauste. Et ils marchèrent tous deux ensemble. Lorsqu'ils furent arrivés au lieu 9 que Dieu lui avait dit, Abraham y éleva un autel, et rangea le bois. Il lia son fils Isaac, et le mit sur l'autel,

par-dessus le bois. Puis Abraham 10 étendit la main, et prit le couteau, pour égorger son fils. Alors l'ange 11 de l'Éternel l'appela des cieux, et dit: Abraham! Abraham! Et il répondit; Me voici! L'ange dit: 12 N'avance pas ta main sur l'enfant, et ne lui fais rien; car je sais maintenant que tu crains Dieu, et que tu ne m'as pas refusé ton fils, ton unique. Abraham leva les yeux, et 13 vit derrière lui un bélier retenu dans un buisson par les cornes; et Abraham alla prendre le bélier, et l'offrit en holocauste à la place de son fils. Abraham donna à ce lieu le nom de 14 Jehova-Jiré. C'est pourquoi l'on dit aujourd'hui: A la montagne de l'Éternel il sera pourvu. L'ange de l'Éternel appela une se- 15 conde fois Abraham des cieux, et dit: Je le jure par moi-même, parole de 16 l'Éternel! parce que tu as fait cela, et que tu n'as pas refusé ton fils, ton unique, je te bénirai et je multiplierai 17 ta postérité, comme les étoiles du ciel et comme le sable qui est sur le bord de la mer; et ta postérité possédera la porte de ses ennemis. Toutes les nations de la terre seront 18 bénies en ta postérité, parce que tu as obéi à ma voix. Abraham étant retourné vers ses 19 serviteurs, ils se levèrent et s'en allèrent ensemble à Beer-Schéba; car Abraham demeurait à Beer- Schéba. Après ces choses, on fit à Abraham 20 un rapport, en disant: Voici, Milca a aussi enfanté des fils à Nachor, ton frère: Uts, son premier-né, Buz, son 21 frère, Kemuel, père d'Aram, Késed, 22 Hazo, Pildasch, Jidlaph et Bethuel. Bethuel a engendré Rebecca. Ce 23 sont là les huit fils que Milca a enfantés à Nachor, frère d'Abraham. Sa concubine, nommée Réuma, a 24 aussi enfanté Thébach, Gaham, Tahasch et Maaca.

Mort de Sara, et sa sépulture dans la caverne de Macpéla.

La vie de Sara fut de cent vingt- **23** sept ans: telles sont les années de la vie de Sara.

2 Sara mourut à Kirjath-Arba, qui est Hébron, dans le pays de Canaan ; et Abraham vint pour mener deuil 3 sur Sara et pour la pleurer. Abraham se leva de devant son mort, 4 et parla ainsi aux fils de Heth : Je suis étranger et habitant parmi vous ; donnez-moi la possession d'un sépulcre chez vous, pour enterrer mon 5 mort et l'ôter de devant moi. Les fils de Heth répondirent à Abraham, 6 en lui disant : Écoute-nous, mon seigneur ! Tu es un prince de Dieu au milieu de nous ; enterre ton mort dans celui de nos sépulcres que tu choisiras ; aucun de nous ne te refusera son sépulcre pour enterrer 7 ton mort. Abraham se leva, et se prosterna devant le peuple du pays, 8 devant les fils de Heth. Et il leur parla ainsi : Si vous permettez que j'enterre mon mort et que je l'ôte de devant mes yeux, écoutez-moi, et priez pour moi Éphron, fils de 9 Tsochar, de me céder la caverne de Macpéla, qui lui appartient, à l'extrémité de son champ, de me la céder contre sa valeur en argent, afin qu'elle me serve de possession sépulcrale au 10 milieu de vous. Éphron était assis parmi les fils de Heth. Et Éphron, le Héthien, répondit à Abraham, en présence des fils de Heth et de tous ceux qui entraient par la porte de sa 11 ville : Non, mon seigneur, écoutemoi ! Je te donne le champ, et je te donne la caverne qui y est. Je te les donne, aux yeux des fils de mon 12 peuple : enterre ton mort. Abraham se prosterna devant le peuple du 13 pays. Et il parla ainsi à Éphron, en présence du peuple du pays : Écoutemoi, je te prie ! Je donne le prix du champ : accepte-le de moi ; et j'y 14 enterrerai mon mort. Et Éphron répondit à Abraham, en lui disant : 15 Mon seigneur, écoute-moi ! Une terre de quatre cents sicles d'argent, qu'est-ce que cela entre moi et toi ? 16 Enterre ton mort. Abraham comprit Éphron ; et Abraham pesa à Éphron l'argent qu'il avait dit, en présence des fils de Heth, quatre cents sicles d'argent ayant cours chez le marchand.

Le champ d'Éphron à Macpéla, 17 vis-à-vis de Mamré, le champ et la caverne qui y est, et tous les arbres qui sont dans le champ et dans toutes ses limites alentour, devinrent 18 ainsi la propriété d'Abraham, aux yeux des fils de Heth et de tous ceux qui entraient par la porte de sa ville. Après cela, Abraham enterra 19 Sara, sa femme, dans la caverne du champ de Macpéla, vis-à-vis de Mamré, qui est Hébron, dans le pays de Canaan. Le champ et la caverne 20 qui y est demeurèrent à Abraham comme possession sépulcrale, acquise des fils de Heth.

Rebecca demandée en mariage pour Isaac.

Abraham était vieux, avancé en **24** âge ; et l'Éternel avait béni Abraham en toute chose.

Abraham dit à son serviteur, le plus 2 ancien de sa maison, l'intendant de tous ses biens : Mets, je te prie, ta main sous ma cuisse ; et je te ferai 3 jurer par l'Éternel, le Dieu du ciel et le Dieu de la terre, de ne pas prendre pour mon fils une femme parmi les filles des Cananéens au milieu desquels j'habite, mais d'aller dans mon 4 pays et dans ma patrie prendre une femme pour mon fils Isaac. Le 5 serviteur lui répondit : Peut-être la femme ne voudra-t-elle pas me suivre dans ce pays-ci ; devrai-je mener ton fils dans le pays d'où tu es sorti ? Abraham lui dit : Garde-toi d'y 6 mener mon fils ! L'Éternel, le Dieu 7 du ciel, qui m'a fait sortir de la maison de mon père et de ma patrie, qui m'a parlé et qui m'a juré, en disant : Je donnerai ce pays à ta postérité, lui-même enverra son ange devant toi ; et c'est de là que tu prendras une femme pour mon fils. Si la femme ne veut pas te suivre, 8 tu seras dégagé de ce serment que je te fais faire. Seulement, tu n'y mèneras pas mon fils. Le serviteur 9 mit sa main sous la cuisse d'Abraham, son seigneur, et lui jura d'observer ces choses.

Le serviteur prit dix chameaux 10 parmi les chameaux de son seigneur, et il partit, ayant à sa disposition tous les biens de son seigneur. Il se leva, et alla en Mésopotamie, à la 11 ville de Nachor. Il fit reposer les chameaux sur leurs genoux hors de la ville, près d'un puits, au temps du soir, au temps où sortent celles qui 12 vont puiser de l'eau. Et il dit : Éternel, Dieu de mon seigneur Abraham, fais-moi, je te prie rencontrer aujourd'hui ce que je désire, et use de bonté envers mon seigneur Abraham ! 13 Voici, je me tiens près de la source d'eau, et les filles des gens de la ville 14 vont sortir pour puiser de l'eau. Que la jeune fille à laquelle je dirai : Penche ta cruche, je te prie, pour que je boive, et qui répondra : Bois, et je donnerai aussi à boire à tes chameaux, soit celle que tu as destinée à ton serviteur Isaac ! Et par là je connaîtrai que tu uses de bonté envers mon seigneur.

15 Il n'avait pas encore fini de parler que sortit, sa cruche sur l'épaule, Rebecca, née de Bethuel, fils de Milca, femme 16 de Nachor, frère d'Abraham. C'était une jeune fille très belle de figure ; elle était vierge, et aucun homme ne l'avait connue. Elle descendit à la source, remplit sa cruche, et remonta. 17 Le serviteur courut au-devant d'elle, et dit : Laisse-moi boire, je te prie, 18 un peu d'eau de ta cruche. Elle répondit : Bois, mon seigneur. Et elle s'empressa d'abaisser sa cruche sur sa main, et de lui donner à boire. 19 Quand elle eut achevé de lui donner à boire, elle dit : Je puiscrai aussi pour tes chameaux, jusqu'à ce qu'ils 20 aient assez bu. Et elle s'empressa de vider sa cruche dans l'abreuvoir, et courut encore au puits pour puiser ; et elle puisa pour tous les chameaux. 21 L'homme la regardait avec étonnement et sans rien dire, pour voir si l'Éternel faisait réussir son voyage, 22 ou non. Quand les chameaux eurent fini de boire, l'homme prit un anneau d'or, du poids d'un demi-sicle, et deux bracelets, du poids de dix sicles d'or. 23 Et il dit : De qui es-tu fille ? dis-le-moi, je te prie. Y a-t-il dans la maison de ton père de la place pour 24 passer la nuit ? Elle répondit : Je suis fille de Bethuel, fils de Milca

et de Nachor. Elle lui dit encore : 25 Il y a chez nous de la paille et du fourrage en abondance, et aussi de la place pour passer la nuit. Alors 26 l'homme s'inclina et se prosterna devant l'Éternel, en disant : Béni 27 soit l'Éternel, le Dieu de mon seigneur Abraham, qui n'a pas renoncé à sa miséricorde et à sa fidélité envers mon seigneur ! Moi-même, l'Éternel m'a conduit à la maison des frères de mon seigneur.

La jeune fille courut raconter ces 28 choses à la maison de sa mère.

Rebecca avait un frère, nommé 29 Laban. Et Laban courut dehors vers l'homme, près de la source. Il 30 avait vu l'anneau et les bracelets aux mains de sa sœur, et il avait entendu les paroles de Rebecca, sa sœur, disant : Ainsi m'a parlé l'homme. Il vint donc à cet homme, qui se tenait auprès des chameaux, vers la source, et il dit : Viens, béni de 31 l'Éternel ! Pourquoi resterais-tu dehors ? J'ai préparé la maison, et une place pour les chameaux. L'homme arriva à la maison. Laban fit dé- 32 charger les chameaux, et il donna de la paille et du fourrage aux chameaux, et de l'eau pour laver les pieds de l'homme et les pieds des gens qui étaient avec lui. Puis, il lui servit à manger. Mais il dit : Je 33 ne mangerai point, avant d'avoir dit ce que j'ai à dire. Parle ! dit Laban.

Alors il dit : Je suis serviteur 34 d'Abraham. L'Éternel a comblé de 35 bénédictions mon seigneur, qui est devenu puissant. Il lui a donné des brebis et des bœufs, de l'argent et de l'or, des serviteurs et des servantes, des chameaux et des ânes. Sara, la 36 femme de mon seigneur, a enfanté dans sa vieillesse un fils à mon seigneur ; et il lui a donné tout ce qu'il possède. Mon seigneur m'a fait 37 jurer, en disant : Tu ne prendras pas pour mon fils une femme parmi les filles des Cananéens, dans le pays desquels j'habite ; mais tu iras dans 38 la maison de mon père et de ma famille prendre une femme pour mon fils. J'ai dit à mon seigneur : Peut- 39 être la femme ne voudra-t-elle pas

40 me suivre. Et il m'a répondu :
L'Éternel, devant qui j'ai marché, enverra son ange avec toi, et fera réussir
ton voyage ; et tu prendras pour mon
fils une femme de la famille et de la
41 maison de mon père. Tu seras dégagé du serment que tu me fais,
quand tu auras été vers ma famille ;
si on ne te l'accorde pas, tu seras
dégagé du serment que tu me fais.
42 Je suis arrivé aujourd'hui à la source,
et j'ai dit : Éternel, Dieu de mon
seigneur Abraham, si tu daignes
faire réussir le voyage que j'accomplis,
43 voici, je me tiens près de la source
d'eau, et que la jeune fille qui sortira
pour puiser, à qui je dirai : Laisse-
moi boire, je te prie, un peu d'eau de
44 ta cruche, et qui me répondra : Bois
toi-même, et je puiserai aussi pour
tes chameaux, que cette jeune fille
soit la femme que l'Éternel a destinée
45 au fils de mon seigneur ! Avant que
j'eusse fini de parler en mon cœur,
voici, Rebecca est sortie, sa cruche
sur l'épaule ; elle est descendue à la
source, et a puisé. Je lui ai dit :
46 Donne-moi à boire, je te prie. Elle
s'est empressée d'abaisser sa cruche
de dessus son épaule, et elle a dit :
Bois, et je donnerai aussi à boire à
tes chameaux. J'ai bu, et elle a
aussi donné à boire à mes chameaux.
47 Je l'ai interrogée, et j'ai dit : De qui
es-tu fille ? Elle a répondu : Je suis
fille de Bethuel, fils de Nachor et de
Milca. J'ai mis l'anneau à son nez,
48 et les bracelets à ses mains. Puis je
me suis incliné et prosterné devant
l'Éternel, et j'ai béni l'Éternel, le
Dieu de mon seigneur Abraham, qui
m'a conduit fidèlement, afin que je
prisse la fille du frère de mon seigneur
49 pour son fils. Maintenant, si vous
voulez user de bienveillance et de
fidélité envers mon seigneur, déclarez-
le-moi ; sinon, déclarez-le-moi, et je
me tournerai à droite ou à gauche.
50 Laban et Bethuel répondirent, et
dirent : C'est de l'Éternel que la chose
vient ; nous ne pouvons te parler ni
51 en mal ni en bien. Voici Rebecca
devant toi ; prends et va, et qu'elle
soit la femme du fils de ton seigneur,
52 comme l'Éternel l'a dit. Lorsque le

serviteur d'Abraham eut entendu
leurs paroles, il se prosterna en terre
devant l'Éternel. Et le serviteur 53
sortit des objets d'argent, des objets
d'or, et des vêtements, qu'il donna
à Rebecca ; il fit aussi de riches
présents à son frère et à sa mère.
Après quoi, ils mangèrent et burent, 54
lui et les gens qui étaient avec lui, et
ils passèrent la nuit. Le matin, quand
ils furent levés, le serviteur dit :
Laissez-moi retourner vers mon
seigneur. Le frère et la mère dirent : 55
Que la jeune fille reste avec nous
quelque temps encore, une dizaine
de jours ; ensuite, tu partiras. Il leur 56
répondit : Ne me retardez pas, puisque l'Éternel a fait réussir mon
voyage ; laissez-moi partir, et que
j'aille vers mon seigneur. Alors ils 57
répondirent : Appelons la jeune fille,
et consultons-la. Ils appelèrent donc 58
Rebecca, et lui dirent : Veux-tu aller
avec cet homme ? Elle répondit : J'irai.
Et ils laissèrent partir Rebecca, leur 59
sœur, et sa nourrice, avec le serviteur
d'Abraham et ses gens. Ils bénirent 60
Rebecca, et lui dirent : O notre sœur,
puisses-tu devenir des milliers de myriades, et que ta postérité possède la
porte de ses ennemis ! Rebecca se 61
leva, avec ses servantes ; elles montèrent sur les chameaux, et suivirent
l'homme. Et le serviteur emmena
Rebecca, et partit.

Cependant Isaac était revenu du 62
puits de Lachaï-roï, et il habitait
dans le pays du midi. Un soir 63
qu'Isaac était sorti pour méditer dans
les champs, il leva les yeux, et regarda ; et voici, des chameaux arrivaient. Rebecca leva aussi les 64
yeux, vit Isaac, et descendit de son
chameau. Elle dit au serviteur : Qui 65
est cet homme, qui vient dans les
champs à notre rencontre ? Et le
serviteur répondit : C'est mon seigneur.
Alors elle prit son voile, et se couvrit.
Le serviteur raconta à Isaac toutes 66
les choses qu'il avait faites. Isaac 67
conduisit Rebecca dans la tente de
Sara, sa mère ; il prit Rebecca, qui
devint sa femme, et il l'aima. Ainsi
fut consolé Isaac, après avoir perdu
sa mère.

25

Mort d'Abraham.

Abraham prit encore une femme, 2 nommée Ketura. Elle lui enfanta Zimran, Jokschan, Medan, Madian, 3 Jischbak et Schuach. Jokschan engendra Séba et Dedan. Les fils de Dedan furent les Aschurim, les 4 Letuschim et les Leummim.—Les fils de Madian furent Épha, Épher, Hénoc, Abida et Eldaa.—Ce sont là tous les fils de Ketura.

5 Abraham donna tous ses biens à 6 Isaac. Il fit des dons aux fils de ses concubines ; et, tandis qu'il vivait encore, il les envoya loin de son fils Isaac du côté de l'orient, dans le pays d'Orient.

7 Voici les jours des années de la vie d'Abraham : il vécut cent soixante-8 quinze ans. Abraham expira et mourut, après une heureuse vieillesse, âgé et rassasié de jours, et il fut 9 recueilli auprès de son peuple. Isaac et Ismaël, ses fils, l'enterrèrent dans la caverne de Macpéla, dans le champ d'Éphron, fils de Tsochar, le Héthien, 10 vis-à-vis de Mamré. C'est le champ qu'Abraham avait acquis des fils de Heth. Là furent enterrés Abraham et Sara, sa femme.

11 Après la mort d'Abraham, Dieu bénit Isaac, son fils. Il habitait près du puits de Lachaï-roï.

Postérité d'Ismaël.

12 Voici la postérité d'Ismaël, fils d'Abraham, qu'Agar, l'Égyptienne, servante de Sara, avait enfanté à Abraham.

13 Voici les noms des fils d'Ismaël, par leurs noms, selon leurs générations : Nebajoth, premier-né d'Ismaël, 14 Kédar, Adbeel, Mibsam, Mischma, 15 Duma, Massa, Hadad, Théma, Jethur, 16 Naphisch et Kedma. Ce sont là les fils d'Ismaël ; ce sont là leurs noms, selon leurs parcs et leurs enclos. Ils furent les douze chefs de leurs peuples.

17 Et voici les années de la vie d'Ismaël : cent trente-sept ans. Il expira et mourut, et il fut recueilli 18 auprès de son peuple. Ses fils habitèrent depuis Havila jusqu'à Schur, qui est en face de l'Égypte, en allant vers l'Assyrie. Il s'établit en présence de tous ses frères.

Les deux fils d'Isaac : Ésaü et Jacob.

19 Voici la postérité d'Isaac, fils d'Abraham.

20 Abraham engendra Isaac. Isaac était âgé de quarante ans, quand il prit pour femme Rebecca, fille de Bethuel, l'Araméen, de Paddan-Aram, et sœur de Laban, l'Araméen. 21 Isaac implora l'Éternel pour sa femme, car elle était stérile, et l'Éternel l'exauça : Rebecca, sa femme, devint enceinte. 22 Les enfants se heurtaient dans son sein ; et elle dit : S'il en est ainsi, pourquoi suis-je enceinte ? Elle alla consulter l'Éternel. 23 Et l'Éternel lui dit : Deux nations sont dans ton ventre, et deux peuples se sépareront au sortir de tes entrailles ; un de ces peuples sera plus fort que l'autre, et le plus grand sera assujetti au plus petit. 24 Les jours où elle devait accoucher s'accomplirent ; et voici, il y avait deux jumeaux dans son ventre. 25 Le premier sortit entièrement roux, comme un manteau de poil ; et on lui donna le nom d'Ésaü. 26 Ensuite sortit son frère, dont la main tenait le talon d'Ésaü ; et on lui donna le nom de Jacob. Isaac était âgé de soixante ans, lorsqu'ils naquirent.

27 Ces enfants grandirent. Ésaü devint un habile chasseur, un homme des champs ; mais Jacob fut un homme tranquille, qui restait sous les tentes. 28 Isaac aimait Ésaü, parce qu'il mangeait du gibier ; et Rebecca aimait Jacob.

29 Comme Jacob faisait cuire un potage, Ésaü revint des champs, accablé de fatigue. 30 Et Ésaü dit à Jacob : Laisse-moi, je te prie, manger de ce roux, de ce roux-là, car je suis fatigué. C'est pour cela qu'on a donné à Ésaü le nom d'Édom. 31 Jacob dit : Vends-moi aujourd'hui ton droit d'aînesse. 32 Ésaü répondit : Voici, je m'en vais mourir ; à quoi me sert ce droit d'aînesse ? 33 Et Jacob dit : Jure-le-moi d'abord. Il le lui jura, et il vendit son droit d'aînesse à Jacob.

34 Alors Jacob donna à Ésaü du pain et du potage de lentilles. Il mangea et but, puis se leva et s'en alla. C'est ainsi qu'Ésaü méprisa le droit d'aînesse.

Isaac dans le pays des Philistins.—
Alliance avec Abimélec.

26 Il y eut une famine dans le pays, outre la première famine qui eut lieu du temps d'Abraham ; et Isaac alla vers Abimélec, roi des Philistins, 2 à Guérar. L'Éternel lui apparut, et dit : Ne descends pas en Égypte, demeure dans le pays que je te dirai. 3 Séjourne dans ce pays-ci ; je serai avec toi, et je te bénirai, car je donnerai toutes ces contrées à toi et à ta postérité, et je tiendrai le serment que j'ai fait à Abraham, ton 4 père. Je multiplierai ta postérité comme les étoiles du ciel ; je donnerai à ta postérité toutes ces contrées ; et toutes les nations de la terre seront bénies en ta postérité, 5 parce qu'Abraham a obéi à ma voix, et qu'il a observé mes ordres, mes commandements, mes statuts et mes 6 lois. Et Isaac resta à Guérar.

7 Lorsque les gens du lieu faisaient des questions sur sa femme, il disait : C'est ma sœur ; car il craignait, en disant ma femme, que les gens du lieu ne le tuassent, parce que Rebecca 8 était belle de figure. Comme son séjour se prolongeait, il arriva qu'Abimélec, roi des Philistins, regardant par la fenêtre, vit Isaac qui plaisantait 9 avec Rebecca, sa femme. Abimélec fit appeler Isaac, et dit : Certainement, c'est ta femme. Comment as-tu pu dire : C'est ma sœur ? Isaac lui répondit : J'ai parlé ainsi, de 10 peur de mourir à cause d'elle. Et Abimélec dit : Qu'est-ce que tu nous as fait ? Peu s'en est fallu que quelqu'un du peuple n'ait couché avec ta femme, et tu nous aurais rendus 11 coupables. Alors Abimélec fit cette ordonnance pour tout le peuple : Celui qui touchera à cet homme ou à sa femme sera mis à mort. 12 Isaac sema dans ce pays, et il recueillit cette année le centuple ; car 13 l'Éternel le bénit. Cet homme devint

riche, et il alla s'enrichissant de plus en plus, jusqu'à ce qu'il devînt fort riche. Il avait des troupeaux de 14 menu bétail et des troupeaux de gros bétail, et un grand nombre de serviteurs : aussi les Philistins lui portèrent envie. Tous les puits qu'avaient 15 creusés les serviteurs de son père, du temps d'Abraham, son père, les Philistins les comblèrent et les remplirent de poussière. Et Abimélec 16 dit à Isaac : Va-t'en de chez nous, car tu es beaucoup plus puissant que nous. Isaac partit de là, et campa 17 dans la vallée de Guérar, où il s'établit.

Isaac creusa de nouveau les puits 18 d'eau qu'on avait creusés du temps d'Abraham, son père, et qu'avaient comblés les Philistins après la mort d'Abraham ; et il leur donna les mêmes noms que son père leur avait donnés. Les serviteurs d'Isaac creu- 19 sèrent encore dans la vallée, et y trouvèrent un puits d'eau vive. Les 20 bergers de Guérar querellèrent les bergers d'Isaac, en disant : L'eau est à nous. Et il donna au puits le nom d'Ések, parce qu'ils s'étaient disputés avec lui. Ses serviteurs creusèrent 21 un autre puits, au sujet duquel on chercha aussi une querelle ; et il l'appela Sitna. Il se transporta de 22 là, et creusa un autre puits, pour lequel on ne chercha pas querelle ; et il l'appela Rehoboth, car, dit-il, l'Éternel nous a maintenant mis au large, et nous prospèrerons dans le pays.

Il remonta de là à Beer-Schéba. 23 L'Éternel lui apparut dans la nuit, 24 et dit : Je suis le Dieu d'Abraham, ton père ; ne crains point, car je suis avec toi ; je te bénirai, et je multiplierai ta postérité, à cause d'Abraham, mon serviteur. Il bâtit là un 25 autel, invoqua le nom de l'Éternel, et y dressa sa tente. Et les serviteurs d'Isaac y creusèrent un puits.

Abimélec vint de Guérar auprès 26 de lui, avec Ahuzath, son ami, et Picol, chef de son armée. Isaac 27 leur dit : Pourquoi venez-vous vers moi, puisque vous me haïssez et que vous m'avez renvoyé de chez vous ?

28 Ils répondirent: Nous voyons que l'Éternel est avec toi. C'est pourquoi nous disons: Qu'il y ait un serment entre nous, entre nous et toi, et que
29 nous fassions alliance avec toi! Jure que tu ne nous feras aucun mal, de même que nous ne t'avons point maltraité, que nous t'avons fait seulement du bien, et que nous t'avons laissé partir en paix. Tu es maintenant béni de l'Éternel.
30 Isaac leur fit un festin, et ils man-
31 gèrent et burent. Ils se levèrent de bon matin, et se lièrent l'un à l'autre par un serment. Isaac les laissa partir, et ils le quittèrent en paix.
32 Ce même jour, des serviteurs d'Isaac vinrent lui parler du puits qu'ils creusaient, et lui dirent: Nous
33 avons trouvé de l'eau. Et il l'appela Schiba. C'est pourquoi on a donné à la ville le nom de Beer-Schéba, jusqu'à ce jour.
34 Ésaü, âgé de quarante ans, prit pour femmes Judith, fille de Beéri, le Héthien, et Basmath, fille d'Élon,
35 le Héthien. Elles furent un sujet d'amertume pour le cœur d'Isaac et de Rebecca.

Jacob béni par son père Isaac.

27 Isaac devenait vieux, et ses yeux s'étaient affaiblis au point qu'il ne voyait plus. Alors il appela Ésaü, son fils aîné, et lui dit: Mon fils! Et il lui répondit: Me voici!
2 Isaac dit: Voici donc, je suis vieux, je ne connais pas le jour de ma mort.
3 Maintenant donc, je te prie, prends tes armes, ton carquois et ton arc, va dans les champs, et chasse-moi du
4 gibier. Fais-moi un mets comme j'aime, et apporte-le-moi à manger, afin que mon âme te bénisse avant
5 que je meure. Rebecca écouta ce qu'Isaac disait à Ésaü, son fils. Et Ésaü s'en alla dans les champs, pour chasser du gibier et pour le rapporter.
6 Puis Rebecca dit à Jacob, son fils: Voici, j'ai entendu ton père qui par-
7 lait ainsi à Ésaü, ton frère: Apporte-moi du gibier, et fais-moi un mets que je mangerai; et je te bénirai devant l'Éternel avant ma mort.
8 Maintenant, mon fils, écoute ma voix à l'égard de ce que je te commande.
9 Va me prendre au troupeau deux bons chevreaux; j'en ferai pour ton
10 père un mets comme il aime; et tu le porteras à manger à ton père, afin
11 qu'il te bénisse avant sa mort. Jacob répondit à sa mère: Voici, Ésaü, mon frère, est velu, et je n'ai point de poil.
12 Peut-être mon père me touchera-t-il, et je passerai à ses yeux pour un menteur, et je ferai venir sur moi la malédiction, et non la bénédiction.
13 Sa mère lui dit: Que cette malédiction, mon fils, retombe sur moi! Écoute seulement ma voix, et va me
14 les prendre. Jacob alla les prendre, et les apporta à sa mère, qui fit un
15 mets comme son père aimait. Ensuite, Rebecca prit les vêtements d'Ésaü, son fils aîné, les plus beaux, qui se trouvaient à la maison, et elle les fit mettre à Jacob, son fils cadet.
16 Elle couvrit ses mains de la peau des chevreaux, et son cou qui était sans
17 poil. Et elle plaça dans la main de Jacob, son fils, le mets et le pain qu'elle avait préparés.
18 Il vint vers son père, et dit: Mon père! Et Isaac dit: Me voici! qui es-tu, mon fils?
19 Jacob répondit à son père: Je suis Ésaü, ton fils aîné; j'ai fait ce que tu m'as dit. Lève-toi, je te prie, assieds-toi, et mange de mon gibier, afin que ton âme me
20 bénisse. Isaac dit à son fils: Eh quoi! tu en as déjà trouvé, mon fils! Et Jacob répondit: C'est que l'Éternel, ton Dieu, l'a fait venir devant
21 moi. Isaac dit à Jacob: Approche donc, et que je te touche, mon fils, pour savoir si tu es mon fils Ésaü, ou
22 non. Jacob s'approcha d'Isaac, son père, qui le toucha, et dit: La voix est la voix de Jacob, mais les mains
23 sont les mains d'Ésaü. Il ne le reconnut pas, parce que ses mains étaient velues, comme les mains
24 d'Ésaü, son frère; et il le bénit. Il dit: C'est toi qui es mon fils Ésaü?
25 Et Jacob répondit: C'est moi. Isaac dit: Sers-moi, et que je mange du gibier de mon fils, afin que mon âme te bénisse. Jacob le servit, et il mangea; il lui apporta aussi du vin, et il but.

26 Alors Isaac, son père, lui dit : Approche donc, et baise-moi, mon fils.
27 Jacob s'approcha, et le baisa. Isaac sentit l'odeur de ses vêtements ; puis il le bénit, et dit : Voici, l'odeur de mon fils est comme l'odeur d'un champ que l'Éternel a béni.

28 Que Dieu te donne de la rosée du ciel
Et de la graisse de la terre,
Du blé et du vin en abondance !
29 Que des peuples te soient soumis,
Et que des nations se prosternent
devant toi !
Sois le maître de tes frères,
Et que les fils de ta mère se prosternent devant toi !
Maudit soit quiconque te maudira,
Et béni soit quiconque te bénira.

30 Isaac avait fini de bénir Jacob, et Jacob avait à peine quitté son père Isaac, qu'Ésaü, son frère, revint de la
31 chasse. Il fit aussi un mets, qu'il porta à son père ; et il dit à son père : Que mon père se lève et mange du gibier de son fils, afin
32 que ton âme me bénisse ! Isaac, son père, lui dit : Qui es-tu ? Et il répondit : Je suis ton fils aîné, Ésaü.
33 Isaac fut saisi d'une grande, d'une violente émotion, et il dit : Qui est donc celui qui a chassé du gibier, et me l'a apporté ? J'ai mangé de tout avant que tu vinsses, et je l'ai béni.
34 Aussi sera-t-il béni. Lorsqu'Ésaü entendit les paroles de son père, il poussa de forts cris, pleins d'amertume, et il dit à son père : Bénis-
35 moi aussi, mon père ! Isaac dit : Ton frère est venu avec ruse, et il
36 a enlevé ta bénédiction. Ésaü dit : Est-ce parce qu'on l'a appelé du nom de Jacob qu'il m'a supplanté deux fois ? Il a enlevé mon droit d'aînesse, et voici maintenant qu'il vient d'enlever ma bénédiction. Et il dit : N'as-tu point réservé de béné-
37 diction pour moi ? Isaac répondit, et dit à Ésaü : Voici, je l'ai établi ton maître, et je lui ai donné tous ses frères pour serviteurs, je l'ai pourvu de blé et de vin : que puis-je donc
38 faire pour toi, mon fils ? Ésaü dit à son père : N'as-tu que cette seule bénédiction, mon père ? Bénis-moi aussi, mon père ! Et Ésaü éleva la voix, et pleura. Isaac, son père, 39 répondit, et lui dit : Voici !

Ta demeure sera privée de la graisse
de la terre
Et de la rosée du ciel, d'en haut.
Tu vivras de ton épée, 40
Et tu seras asservi à ton frère ;
Mais en errant librement çà et là,
Tu briseras son joug de dessus ton
cou.

Ésaü conçut de la haine contre 41 Jacob, à cause de la bénédiction dont son père l'avait béni ; et Ésaü disait en son cœur : Les jours du deuil de mon père vont approcher, et je tuerai Jacob, mon frère. On rapporta à 42 Rebecca les paroles d'Ésaü, son fils aîné. Elle fit alors appeler Jacob, son fils cadet, et elle lui dit : Voici, Ésaü, ton frère, veut tirer vengeance de toi, en te tuant. Maintenant, mon 43 fils, écoute ma voix ! Lève-toi, fuis chez Laban, mon frère, à Charan ; et reste auprès de lui quelque temps, 44 jusqu'à ce que la fureur de ton frère s'apaise, jusqu'à ce que la colère de 45 ton frère se détourne de toi, et qu'il oublie ce que tu lui as fait. Alors je te ferai revenir. Pourquoi serais-je privée de vous deux en un même jour ?

Rebecca dit à Isaac : Je suis 46 dégoûtée de la vie, à cause des filles de Heth. Si Jacob prend une femme, comme celles-ci, parmi les filles de Heth, parmi les filles du pays, à quoi me sert la vie ?

Fuite de Jacob en Mésopotamie. — Vision de l'échelle.

Isaac appela Jacob, le bénit, et **28** lui donna cet ordre : Tu ne prendras pas une femme parmi les filles de Canaan. Lève-toi, va à Paddan- 2 Aram, à la maison de Bethuel, père de ta mère, et prends-y une femme d'entre les filles de Laban, frère de ta mère. Que le Dieu tout-puissant 3 te bénisse, te rende fécond et te multiplie, afin que tu deviennes une multitude de peuples ! Qu'il te 4 donne la bénédiction d'Abraham, à toi et à ta postérité avec toi, afin que tu possèdes le pays où tu habites comme étranger, et qu'il a donné 5 à Abraham! Et Isaac fit partir Jacob, qui s'en alla à Paddan-Aram, auprès de Laban, fils de Bethuel, l'Araméen, frère de Rebecca, mère de Jacob et d'Ésaü.

6 Ésaü vit qu'Isaac avait béni Jacob, et qu'il l'avait envoyé à Paddan-Aram pour y prendre une femme, et qu'en le bénissant il lui avait donné cet ordre: Tu ne prendras pas une fem-7 me parmi les filles de Canaan. Il vit que Jacob avait obéi à son père et à sa mère, et qu'il était parti pour 8 Paddan-Aram. Ésaü comprit ainsi que les filles de Canaan déplaisaient 9 à Isaac, son père. Et Ésaü s'en alla vers Ismaël. Il prit pour femme, outre les femmes qu'il avait, Maha-lath, fille d'Ismaël, fils d'Abraham, et sœur de Nebajoth.

10 Jacob partit de Beer-Schéba, et 11 s'en alla à Charan. Il arriva dans un lieu où il passa la nuit; car le soleil était couché. Il y prit une pierre, dont il fit son chevet, et il se 12 coucha dans ce lieu-là. Il eut un songe. Et voici, une échelle était appuyée sur la terre, et son sommet touchait au ciel. Et voici, les anges de Dieu montaient et descendaient 13 par cette échelle. Et voici, l'Éternel se tenait au-dessus d'elle; et il dit: Je suis l'Éternel, le Dieu d'Abraham, ton père, et le Dieu d'Isaac. La terre sur laquelle tu es couché, je la don-14 nerai à toi et à ta postérité. Ta postérité sera comme la poussière de la terre; tu t'étendras à l'occident et à l'orient, au septentrion et au midi; et toutes les familles de la terre seront bénies en toi et en ta pos-15 térité. Voici, je suis avec toi, je te garderai partout où tu iras, et je te ramènerai dans ce pays; car je ne t'abandonnerai point, que je n'aie exécuté ce que je te dis. 16 Jacob s'éveilla de son sommeil, et il dit: Certainement, l'Éternel est en ce lieu, et moi, je ne le savais pas! 17 Il eut peur, et dit: Que ce lieu est redoutable! C'est ici la maison de

Dieu, c'est ici la porte des cieux! Et Jacob se leva de bon matin; il 18 prit la pierre dont il avait fait son chevet, il la dressa pour monument, et il versa de l'huile sur son sommet. Il donna à ce lieu le nom de Béthel; 19 mais la ville s'appelait auparavant Luz. Jacob fit un vœu, en disant: 20 Si Dieu est avec moi et me garde pendant ce voyage que je fais, s'il me donne du pain à manger et des habits pour me vêtir, et si je retourne 21 en paix à la maison de mon père, alors l'Éternel sera mon Dieu; cette 22 pierre, que j'ai dressée pour monument, sera la maison de Dieu; et je te donnerai la dîme de tout ce que tu me donneras.

Jacob chez Laban.—Léa et Rachel.— Les enfants de Jacob.

Jacob se mit en marche, et s'en **29** alla au pays des fils de l'Orient. Il regarda. Et voici, il y avait un 2 puits dans les champs; et voici, il y avait à côté trois troupeaux de brebis qui se reposaient, car c'était à ce puits qu'on abreuvait les trou-peaux. Et la pierre sur l'ouverture du puits était grande. Tous les 3 troupeaux se rassemblaient là; on roulait la pierre de dessus l'ouverture du puits, on abreuvait les troupeaux, et l'on remettait la pierre à sa place sur l'ouverture du puits.

Jacob dit aux bergers: Mes frères, 4 d'où êtes-vous? Ils répondirent: Nous sommes de Charan. Il leur 5 dit: Connaissez-vous Laban, fils de Nachor? Ils répondirent: Nous le connaissons. Il leur dit: Est-il en 6 bonne santé? Ils répondirent: Il est en bonne santé; et voici Rachel, sa fille, qui vient avec le troupeau. Il dit: Voici, il est encore grand 7 jour, et il n'est pas temps de ras-sembler les troupeaux; abreuvez les brebis, puis allez, et faites-les paître. Ils répondirent: Nous ne le pouvons 8 pas, jusqu'à ce que tous les troupeaux soient rassemblés; c'est alors qu'on roule la pierre de dessus l'ouverture du puits, et qu'on abreuve les brebis.

Comme il leur parlait encore, sur- 9 vint Rachel avec le troupeau de son

10 père ; car elle était bergère. Lorsque Jacob vit Rachel, fille de Laban, frère de sa mère, et le troupeau de Laban, frère de sa mère, il s'approcha, roula la pierre de dessus l'ouverture du puits, et abreuva le troupeau de 11 Laban, frère de sa mère. Et Jacob baisa Rachel, il éleva la voix et 12 pleura. Jacob apprit à Rachel qu'il était parent de son père, qu'il était fils de Rebecca. Et elle courut l'an- 13 noncer à son père. Dès que Laban eut entendu parler de Jacob, fils de sa sœur, il courut au-devant de lui, il l'embrassa et le baisa, et il le fit venir dans sa maison. Jacob raconta à 14 Laban toutes ces choses. Et Laban lui dit : Certainement, tu es mon os et ma chair.

Jacob demeura un mois chez 15 Laban. Puis Laban dit à Jacob : Parce que tu es mon parent, me serviras-tu pour rien ? Dis-moi quel 16 sera ton salaire. Or, Laban avait deux filles : l'aînée s'appelait Léa, 17 et la cadette Rachel. Léa avait les yeux délicats ; mais Rachel était belle de taille et belle de figure. 18 Jacob aimait Rachel, et il dit : Je te servirai sept ans pour Rachel, ta 19 fille cadette. Et Laban dit : J'aime mieux te la donner que de la donner à un autre homme. Reste chez moi ! 20 Ainsi Jacob servit sept années pour Rachel ; et elles furent à ses yeux comme quelques jours, parce qu'il 21 l'aimait. Ensuite Jacob dit à Laban : Donne-moi ma femme, car mon temps 22 est accompli ; et j'irai vers elle. Laban réunit tous les gens du lieu, et fit un 23 festin. Le soir, il prit Léa, sa fille, et l'amena vers Jacob, qui s'approcha 24 d'elle. Et Laban donna pour servante à Léa, sa fille, Zilpa, sa servante.

25 Le lendemain matin, voilà que c'était Léa. Alors Jacob dit à Laban : Qu'est-ce que tu m'as fait ? N'est-ce pas pour Rachel que j'ai servi chez toi ? Pourquoi m'as-tu 26 trompé ? Laban dit : Ce n'est point la coutume dans ce lieu de donner 27 la cadette avant l'aînée. Achève la semaine avec celle-ci, et nous te donnerons aussi l'autre pour le ser- vice que tu feras encore chez moi pendant sept nouvelles années. Jacob 28 fit ainsi, et il acheva la semaine avec Léa ; puis Laban lui donna pour femme Rachel, sa fille. Et Laban 29 donna pour servante à Rachel, sa fille, Bilha, sa servante.

Jacob alla aussi vers Rachel, qu'il 30 aimait plus que Léa ; et il servit encore chez Laban pendant sept nouvelles années.

L'Éternel vit que Léa n'était pas 31 aimée ; et il la rendit féconde, tandis que Rachel était stérile. Léa devint 32 enceinte, et enfanta un fils, à qui elle donna le nom de Ruben ; car elle dit : L'Éternel a vu mon humiliation, et maintenant mon mari m'aimera. Elle devint encore enceinte, et en- 33 fanta un fils, et elle dit : L'Éternel a entendu que je n'étais pas aimée, et il m'a aussi accordé celui-ci. Et elle lui donna le nom de Siméon. Elle 34 devint encore enceinte, et enfanta un fils, et elle dit : Pour cette fois, mon mari s'attachera à moi ; car je lui ai enfanté trois fils. C'est pourquoi on lui donna le nom de Lévi. Elle devint 35 encore enceinte, et enfanta un fils, et elle dit : Cette fois, je louerai l'Éter- nel. C'est pourquoi elle lui donna le nom de Juda. Et elle cessa d'en- fanter.

Lorsque Rachel vit qu'elle ne **30** donnait point d'enfants à Jacob, elle porta envie à sa sœur, et elle dit à Jacob : Donne-moi des enfants, ou je meurs ! La colère de Jacob 2 s'enflamma contre Rachel, et il dit : Suis-je à la place de Dieu, qui t'em- pêche d'être féconde ? Elle dit : 3 Voici ma servante Bilha ; va vers elle ; qu'elle enfante sur mes genoux, et que par elle j'aie aussi des fils. Et 4 elle lui donna pour femme Bilha, sa servante ; et Jacob alla vers elle. Bilha devint enceinte, et enfanta un 5 fils à Jacob. Rachel dit : Dieu m'a 6 rendu justice, il a entendu ma voix, et il m'a donné un fils. C'est pour- quoi elle l'appela du nom de Dan. Bilha, servante de Rachel, devint 7 encore enceinte, et enfanta un second fils à Jacob. Rachel dit : J'ai lutté 8 divinement contre ma sœur, et j'ai vaincu. Et elle l'appela du nom de Nephthali.

9 Léa, voyant qu'elle avait cessé d'enfanter, prit Zilpa, sa servante, et la donna pour femme à Jacob.
10 Zilpa, servante de Léa, enfanta un
11 fils à Jacob. Léa dit : Quel bonheur ! Et elle l'appela du nom de Gad.
12 Zilpa, servante de Léa, enfanta un
13 second fils à Jacob. Léa dit : Que je suis heureuse ! car les filles me diront heureuse. Et elle l'appela du nom d'Aser.
14 Ruben sortit au temps de la moisson des blés, et trouva des mandragores dans les champs. Il les apporta à Léa, sa mère. Alors Rachel dit à Léa : Donne-moi, je te prie, des mandragores de ton fils.
15 Elle lui répondit : Est-ce peu que tu aies pris mon mari, pour que tu prennes aussi les mandragores de mon fils ? Et Rachel dit : Eh bien ! il couchera avec toi cette nuit pour
16 les mandragores de ton fils. Le soir, comme Jacob revenait des champs, Léa sortit à sa rencontre, et dit : C'est vers moi que tu viendras, car je t'ai acheté pour les mandragores de mon fils. Et il coucha avec elle
17 cette nuit. Dieu exauça Léa, qui devint enceinte, et enfanta un cin-
18 quième fils à Jacob. Léa dit : Dieu m'a donné mon salaire, parce que j'ai donné ma servante à mon mari. Et
19 elle l'appela du nom d'Issacar. Léa devint encore enceinte, et enfanta un
20 sixième fils à Jacob. Léa dit : Dieu m'a fait un beau don ; cette fois, mon mari habitera avec moi, car je lui ai enfanté six fils. Et elle l'appela du
21 nom de Zabulon. Ensuite, elle enfanta une fille, qu'elle appela du nom de Dina.
22 Dieu se souvint de Rachel, il l'exauça, et il la rendit féconde.
23 Elle devint enceinte, et enfanta un fils, et elle dit : Dieu a enlevé mon
24 opprobre. Et elle lui donna le nom de Joseph, en disant : Que l'Éternel m'ajoute un autre fils !
25 Lorsque Rachel eut enfanté Joseph, Jacob dit à Laban : Laisse-moi partir, pour que je m'en aille chez moi, dans
26 mon pays. Donne-moi mes femmes et mes enfants, pour lesquels je t'ai servi, et je m'en irai ; car tu sais quel
27 service j'ai fait pour toi. Laban lui dit : Puissé-je trouver grâce à tes yeux ! Je vois bien que l'Éternel m'a béni à cause de toi ; fixe-moi ton
28 salaire, et je te le donnerai. Jacob
29 lui dit : Tu sais comment je t'ai servi, et ce qu'est devenu ton troupeau
30 avec moi ; car le peu que tu avais avant moi s'est beaucoup accru, et l'Éternel t'a béni sur mes pas. Maintenant, quand travaillerai-je aussi pour ma maison ? Laban dit : Que te
31 donnerai-je ? Et Jacob répondit : Tu ne me donneras rien. Si tu consens à ce que je vais te dire, je ferai paître encore ton troupeau, et je le
32 garderai. Je parcourrai aujourd'hui tout ton troupeau ; mets à part parmi les brebis tout agneau tacheté et marqueté et tout agneau noir, et parmi les chèvres tout ce qui est marqueté et tacheté. Ce sera mon
33 salaire. Ma droiture répondra pour moi demain, quand tu viendras voir mon salaire ; tout ce qui ne sera pas tacheté et marqueté parmi les chèvres, et noir parmi les agneaux, ce sera de ma part un vol. Laban dit : Eh
34 bien ! qu'il en soit selon ta parole.
35 Ce même jour, il mit à part les boucs rayés et marquetés, toutes les chèvres tachetées et marquetées, toutes celles où il y avait du blanc, et tout ce qui était noir parmi les brebis. Il les remit entre les mains de ses fils. Puis
36 il mit l'espace de trois journées de chemin entre lui et Jacob ; et Jacob fit paître le reste du troupeau de Laban.
37 Jacob prit des branches vertes de peuplier, d'amandier et de platane ; il y pela des bandes blanches, mettant à nu le blanc qui était sur les branches.
38 Puis il plaça les branches, qu'il avait pelées, dans les auges, dans les abreuvoirs, sous les yeux des brebis qui venaient boire, pour qu'elles entrassent en chaleur en venant boire.
39 Les brebis entraient en chaleur près des branches, et elles faisaient des petits rayés, tachetés et marquetés.
40 Jacob séparait les agneaux, et il mettait ensemble ce qui était rayé et tout ce qui était noir dans le troupeau

de Laban. Il se fit ainsi des troupeaux à part, qu'il ne réunit point au 41 troupeau de Laban. Toutes les fois que les brebis vigoureuses entraient en chaleur, Jacob plaçait les branches dans les auges, sous les yeux des brebis, pour qu'elles entrassent en 42 chaleur près des branches. Quand les brebis étaient chétives, il ne les plaçait point ; de sorte que les chétives étaient pour Laban, et les vigoureuses pour Jacob.

43 Cet homme devint de plus en plus riche ; il eut du menu bétail en abondance, des servantes et des serviteurs, des chameaux et des ânes.

Départ de Jacob pour Canaan.—Poursuite de Laban.—Message auprès d'Ésaü.— Lutte de Jacob. — Réconciliation avec Ésaü.—Arrivée en Canaan.—Dina et les Sichémites.—Retour de Jacob chez son père.—Mort d'Isaac.

31 Jacob entendit les propos des fils de Laban, qui disaient : Jacob a pris tout ce qui était à notre père, et c'est avec le bien de notre père qu'il s'est acquis toute cette richesse. 2 Jacob remarqua aussi le visage de Laban ; et voici, il n'était plus envers lui comme auparavant.

3 Alors l'Éternel dit à Jacob : Retourne au pays de tes pères et dans ton lieu de naissance, et je serai avec 4 toi. Jacob fit appeler Rachel et Léa, qui étaient aux champs vers son 5 troupeau. Il leur dit : Je vois, au visage de votre père, qu'il n'est plus envers moi comme auparavant ; mais le Dieu de mon père a été avec moi. 6 Vous savez vous-mêmes que j'ai servi 7 votre père de tout mon pouvoir. Et votre père s'est joué de moi, et a changé dix fois mon salaire ; mais Dieu ne lui a pas permis de me faire 8 du mal. Quand il disait : Les tachetées seront ton salaire, toutes les brebis faisaient des petits tachetés. Et quand il disait : Les rayées seront ton salaire, toutes les brebis faisaient 9 des petits rayés. Dieu a pris à votre père son troupeau, et me l'a donné. 10 Au temps où les brebis entraient en chaleur, je levai les yeux, et je vis en songe que les boucs qui couvraient les brebis étaient rayés, tachetés et marquetés. Et l'ange de Dieu me 11 dit en songe : Jacob ! Je répondis : Me voici ! Il dit : Lève les yeux, et 12 regarde : tous les boucs qui couvrent les brebis sont rayés, tachetés et marquetés ; car j'ai vu tout ce que te fait Laban. Je suis le Dieu de Béthel, 13 où tu as oint un monument, où tu m'as fait un vœu. Maintenant, lève-toi, sors de ce pays, et retourne au pays de ta naissance.

Rachel et Léa répondirent, et lui 14 dirent : Avons-nous encore une part et un héritage dans la maison de notre père ? Ne sommes-nous pas 15 regardées par lui comme des étrangères, puisqu'il nous a vendues, et qu'il a mangé notre argent ? Toute 16 la richesse que Dieu a ôtée à notre père appartient à nous et à nos enfants. Fais maintenant tout ce que Dieu t'a dit.

Jacob se leva, et il fit monter ses 17 enfants et ses femmes sur les chameaux. Il emmena tout son troupeau 18 et tous les biens qu'il possédait, le troupeau qui lui appartenait, qu'il avait acquis à Paddan-Aram ; et il s'en alla vers Isaac, son père, au pays de Canaan. Tandis que Laban était 19 allé tondre ses brebis, Rachel déroba les théraphim de son père ; et Jacob 20 trompa Laban, l'Araméen, en ne l'avertissant pas de sa fuite. Il s'en- 21 fuit, avec tout ce qui lui appartenait ; il se leva, traversa le fleuve, et se dirigea vers la montagne de Galaad.

Le troisième jour, on annonça à 22 Laban que Jacob s'était enfui. Il 23 prit avec lui ses frères, le poursuivit sept journées de marche, et l'atteignit à la montagne de Galaad. Mais 24 Dieu apparut la nuit en songe à Laban, l'Araméen, et lui dit : Garde-toi de parler à Jacob ni en bien ni en mal ! Laban atteignit donc Jacob. 25 Jacob avait dressé sa tente sur la montagne ; Laban dressa aussi la sienne, avec ses frères, sur la montagne de Galaad.

Alors Laban dit à Jacob : Qu'as-tu 26 fait ? Pourquoi m'as-tu trompé, et emmènes-tu mes filles comme des captives par l'épée ? Pourquoi as-tu 27 pris la fuite en cachette, m'as-tu trompé, et ne m'as tu point averti ? Je t'aurais laissé partir au milieu des réjouissances et des chants, au son du tambourin et de la harpe. Tu ne m'as pas permis d'embrasser mes fils et mes filles ! C'est en insensé que tu as agi. Ma main est assez forte pour vous faire du mal ; mais le Dieu de votre père m'a dit hier : Garde-toi de parler à Jacob ni en bien ni en mal ! Maintenant que tu es parti, parce que tu languissais après la maison de ton père, pourquoi as-tu dérobé mes dieux ?

31 Jacob répondit, et dit à Laban : J'avais de la crainte à la pensée que tu m'enlèverais peut-être tes filles.
32 Mais périsse celui auprès duquel tu trouveras tes dieux ! En présence de nos frères, examine ce qui t'appartient chez moi, et prends-le. Jacob ne savait pas que Rachel les eût dérobés.
33 Laban entra dans la tente de Jacob, dans la tente de Léa, dans la tente des deux servantes, et il ne trouva rien. Il sortit de la tente de Léa, et
34 entra dans la tente de Rachel. Rachel avait pris les théraphim, les avait mis sous le bât du chameau, et s'était assise dessus. Laban fouilla toute la
35 tente, et ne trouva rien. Elle dit à son père : Que mon seigneur ne se fâche point, si je ne puis me lever devant toi, car j'ai ce qui est ordinaire aux femmes. Il chercha, et ne trouva point les théraphim.
36 Jacob s'irrita, et querella Laban. Il reprit la parole, et lui dit : Quel est mon crime, quel est mon péché, que tu me poursuives avec tant
37 d'ardeur ? Quand tu as fouillé tous mes effets, qu'as-tu trouvé des effets de ta maison ? Produis-le ici devant mes frères et tes frères, et qu'ils pro-
38 noncent entre nous deux. Voilà vingt ans que j'ai passés chez toi ; tes brebis et tes chèvres n'ont point avorté, et je n'ai point mangé les
39 béliers de ton troupeau. Je ne t'ai point rapporté de bêtes déchirées, j'en ai payé le dommage ; tu me re- demandais ce qu'on me volait de jour
40 et ce qu'on me volait de nuit. La chaleur me dévorait pendant le jour, et le froid pendant la nuit, et le som-

meil fuyait de mes yeux. Voilà vingt 41 ans que j'ai passés dans ta maison ; je t'ai servi quatorze ans pour tes deux filles, et six ans pour ton trou- peau, et tu as changé dix fois mon salaire. Si je n'eusse pas eu pour 42 moi le Dieu de mon père, le Dieu d'Abraham, celui que craint Isaac, tu m'aurais maintenant renvoyé à vide. Dieu a vu ma souffrance et le travail de mes mains, et hier il a prononcé son jugement.

Laban répondit, et dit à Jacob : 43 Ces filles sont mes filles, ces enfants sont mes enfants, ce troupeau est mon troupeau, et tout ce que tu vois est à moi. Et que puis-je faire aujourd'hui pour mes filles, ou pour leurs enfants qu'elles ont mis au monde ? Viens, faisons alliance, moi 44 et toi, et que cela serve de témoignage entre moi et toi !

Jacob prit une pierre, et il la dressa 45 pour monument. Jacob dit à ses 46 frères : Ramassez des pierres. Ils prirent des pierres, et firent un mon- ceau ; et ils mangèrent là sur le monceau. Laban l'appela Jegar- 47 Sahadutha, et Jacob l'appela Galed. Laban dit : Que ce monceau serve 48 aujourd'hui de témoignage entre moi et toi ! C'est pourquoi on lui a donné le nom de Galed. On l'appelle aussi 49 Mitspa, parce que Laban dit : Que l'Éternel veille sur toi et sur moi, quand nous nous serons l'un et l'autre perdus de vue. Si tu mal- 50 traites mes filles, et si tu prends encore d'autres femmes, ce n'est pas un homme qui sera avec nous, prends- y garde, c'est Dieu qui sera témoin entre moi et toi. Laban dit à Jacob : 51 Voici ce monceau, et voici ce monu- ment que j'ai élevé entre moi et toi. Que ce monceau soit témoin et que 52 ce monument soit témoin que je n'irai point vers toi au delà de ce monceau, et que tu ne viendras point vers moi au delà de ce monceau et de ce monument, pour agir mécham- ment. Que le Dieu d'Abraham et de 53 Nachor, que le Dieu de leur père soit juge entre nous. Jacob jura par celui que craignait Isaac. Jacob 54 offrit un sacrifice sur la montagne, et il invita ses frères à manger ; ils mangèrent donc, et passèrent la nuit sur la montagne.

55 Laban se leva de bon matin, baisa ses fils et ses filles, et les bénit. Ensuite il partit pour retourner dans sa demeure.

32 Jacob poursuivit son chemin ; et des anges de Dieu le rencontrèrent.

2 En les voyant, Jacob dit : C'est le camp de Dieu ! Et il donna à ce lieu le nom de Mahanaïm.

3 Jacob envoya devant lui des messagers à Ésaü, son frère, au pays de

4 Séir, dans le territoire d'Édom. Il leur donna cet ordre : Voici ce que vous direz à mon seigneur Ésaü : Ainsi parle ton serviteur Jacob : J'ai séjourné chez Laban, et j'y suis resté

5 jusqu'à présent ; j'ai des bœufs, des ânes, des brebis, des serviteurs et des servantes, et j'envoie l'annoncer à mon seigneur, pour trouver grâce à tes yeux.

6 Les messagers revinrent auprès de Jacob, en disant : Nous sommes allés vers ton frère Ésaü ; et il marche à ta rencontre, avec quatre cents

7 hommes. Jacob fut très effrayé, et saisi d'angoisse. Il partagea en deux camps les gens qui étaient avec lui, les brebis, les bœufs et les chameaux ;

8 et il dit : Si Ésaü vient contre l'un des camps et le bat, le camp qui restera pourra se sauver.

9 Jacob dit : Dieu de mon père Abraham, Dieu de mon père Isaac, Éternel, qui m'as dit : Retourne dans ton pays et dans ton lieu de nais-

10 sance, et je te ferai du bien ! Je suis trop petit pour toutes les grâces et pour toute la fidélité dont tu as usé envers ton serviteur ; car j'ai passé ce Jourdain avec mon bâton, et main-

11 tenant je forme deux camps. Délivremoi, je te prie, de la main de mon frère, de la main d'Ésaü ! car je crains qu'il ne vienne, et qu'il ne me frappe, avec la mère et les enfants.

12 Et toi, tu as dit : Je te ferai du bien, et je rendrai ta postérité comme le sable de la mer, si abondant qu'on ne saurait le compter.

13 C'est dans ce lieu-là que Jacob passa la nuit. Il prit de ce qu'il

avait sous la main, pour faire un présent à Ésaü, son frère : deux cents 14 chèvres et vingt boucs, deux cents brebis et vingt béliers, trente femelles 15 de chameaux avec leurs petits qu'elles allaitaient, quarante vaches et dix taureaux, vingt ânesses et dix ânes.

Il les remit à ses serviteurs troupeau 16 par troupeau séparément, et il dit à ses serviteurs : Passez devant moi, et mettez un intervalle entre chaque troupeau. Il donna cet ordre au 17 premier : Quand Ésaü, mon frère, te rencontrera, et te demandera : A qui es-tu ? où vas-tu ? et à qui appartient ce troupeau devant toi ? tu répondras : A ton serviteur Jacob ; c'est un 18 présent envoyé à mon seigneur Ésaü ; et voici, il vient lui-même derrière nous. Il donna le même ordre au 19 second, au troisième, et à tous ceux qui suivaient les troupeaux : C'est ainsi que vous parlerez à mon seigneur Ésaü, quand vous le rencontrerez. Vous direz : Voici, ton serviteur 20 Jacob vient aussi derrière nous. Car il se disait : Je l'apaiserai par ce présent qui va devant moi ; ensuite je le verrai en face, et peut-être m'accueillera-t-il favorablement. Le 21 présent passa devant lui ; et il resta cette nuit-là dans le camp.

Il se leva la même nuit, prit ses 22 deux femmes, ses deux servantes, et ses onze enfants, et passa le gué de Jabbok. Il les prit, leur fit passer le 23 torrent, et le fit passer à tout ce qui lui appartenait.

Jacob demeura seul. Alors un 24 homme lutta avec lui jusqu'au lever de l'aurore. Voyant qu'il ne pouvait 25 le vaincre, cet homme le frappa à l'emboîture de la hanche ; et l'emboîture de la hanche de Jacob se démit pendant qu'il luttait avec lui. Il dit : Laisse-moi aller, car l'aurore 26 se lève. Et Jacob répondit : Je ne te laisserai point aller, que tu ne m'aies béni. Il lui dit : Quel est ton 27 nom ? Et il répondit : Jacob. Il dit 28 encore : Ton nom ne sera plus Jacob, mais tu seras appelé Israël ; car tu as lutté avec Dieu et avec des hommes, et tu as été vainqueur. Jacob l'in- 29 terrogea, en disant : Fais-moi, je te prie, connaître ton nom. Il répondit : Pourquoi demandes-tu mon nom ? 30 Et il le bénit là. Jacob appela ce lieu du nom de Peniel ; car, dit-il, j'ai vu Dieu face à face, et mon âme 31 a été sauvée. Le soleil se levait, lorsqu'il passa Peniel. Jacob boitait 32 de la hanche. C'est pourquoi, jusqu'à ce jour, les enfants d'Israël ne mangent point le tendon qui est à l'emboîture de la hanche ; car Dieu frappa Jacob à l'emboîture de la hanche, au tendon.

33 Jacob leva les yeux, et regarda ; et voici, Ésaü arrivait, avec quatre cents hommes. Il répartit les enfants entre Léa, Rachel, et les deux 2 servantes. Il plaça en tête les servantes avec leurs enfants, puis Léa avec ses enfants, et enfin Rachel 3 avec Joseph. Lui-même passa devant eux ; et il se prosterna en terre sept fois, jusqu'à ce qu'il fût près de son 4 frère. Ésaü courut à sa rencontre ; il l'embrassa, se jeta à son cou, et le baisa. Et ils pleurèrent.

5 Ésaü, levant les yeux, vit les femmes et les enfants, et il dit : Qui sont ceux que tu as là ? Et Jacob répondit : Ce sont les enfants que 6 Dieu a accordés à ton serviteur. Les servantes s'approchèrent, elles et leurs 7 enfants, et se prosternèrent ; Léa et ses enfants s'approchèrent aussi, et se prosternèrent ; ensuite Joseph et Rachel s'approchèrent, et se proster-8 nèrent. Ésaü dit : A quoi destines-tu tout ce camp que j'ai rencontré ? Et Jacob répondit : A trouver grâce aux 9 yeux de mon seigneur. Ésaü dit : Je suis dans l'abondance, mon frère ; 10 garde ce qui est à toi. Et Jacob répondit : Non, je te prie, si j'ai trouvé grâce à tes yeux, accepte de ma main mon présent ; car c'est pour cela que j'ai regardé ta face comme on regarde la face de Dieu, et tu m'as accueilli 11 favorablement. Accepte donc mon présent qui t'a été offert, puisque Dieu m'a comblé de grâces, et que je ne manque de rien. Il insista auprès de lui, et Ésaü accepta.

12 Ésaü dit : Partons, mettons-nous 13 en route ; j'irai devant toi. Jacob lui répondit : Mon seigneur sait que les enfants sont délicats, et que j'ai des brebis et des vaches qui allaitent ; si l'on forçait leur marche un seul jour, tout le troupeau périrait. Que 14 mon seigneur prenne les devants sur son serviteur ; et moi, je suivrai lentement, au pas du troupeau qui me précédera, et au pas des enfants, jusqu'à ce que j'arrive chez mon seigneur, à Séir. Ésaü dit : Je veux 15 au moins laisser avec toi une partie de mes gens. Et Jacob répondit : Pourquoi cela ? Que je trouve seulement grâce aux yeux de mon seigneur ! Le même jour, Ésaü reprit le chemin 16 de Séir.

Jacob partit pour Succoth. Il 17 bâtit une maison pour lui, et il fit des cabanes pour ses troupeaux. C'est pourquoi l'on a appelé ce lieu du nom de Succoth.

A son retour de Paddan-Aram, 18 Jacob arriva heureusement à la ville de Sichem, dans le pays de Canaan, et il campa devant la ville. Il acheta 19 la portion du champ où il avait dressé sa tente, des fils de Hamor, père de Sichem, pour cent kesita. Et là, il 20 éleva un autel, qu'il appela El-Élohé-Israël.

34 Dina, la fille que Léa avait enfantée à Jacob, sortit pour voir les filles du pays. Elle fut aperçue de 2 Sichem, fils de Hamor, prince du pays. Il l'enleva, coucha avec elle, et la déshonora. Son cœur s'attacha 3 à Dina, fille de Jacob ; il aima la jeune fille, et sut parler à son cœur. Et 4 Sichem dit à Hamor, son père : Donne-moi cette jeune fille pour femme. Jacob apprit qu'il avait déshonoré 5 Dina, sa fille ; et, comme ses fils étaient aux champs avec son troupeau, Jacob garda le silence jusqu'à leur retour.

Hamor, père de Sichem, se rendit 6 auprès de Jacob pour lui parler. Et 7 les fils de Jacob revenaient des champs, lorsqu'ils apprirent la chose ; ces hommes furent irrités et se mirent dans une grande colère, parce que Sichem avait commis une infamie en Israël, en couchant avec la fille de Jacob, ce qui n'aurait pas dû se faire. Hamor leur adressa ainsi la parole : 8

Le cœur de Sichem, mon fils, s'est attaché à votre fille ; donnez-la-lui 9 pour femme, je vous prie. Alliez-vous avec nous ; vous nous donnerez vos filles, et vous prendrez pour vous 10 les nôtres. Vous habiterez avec nous, et le pays sera à votre disposition ; restez, pour y trafiquer et y acquérir des propriétés. 11 Sichem dit au père et aux frères de Dina : Que je trouve grâce à vos yeux, et je donnerai ce que vous me 12 direz. Exigez de moi une forte dot et beaucoup de présents, et je donnerai ce que vous me direz ; mais accordez-moi pour femme la jeune 13 fille. Les fils de Jacob répondirent et parlèrent avec ruse à Sichem et à Hamor, son père, parce que Sichem avait déshonoré Dina, leur sœur. 14 Ils leur dirent : C'est une chose que nous ne pouvons pas faire, que de donner notre sœur à un homme incirconcis ; car ce serait un opprobre 15 pour nous. Nous ne consentirons à votre désir qu'à la condition que vous deveniez comme nous, et que tout mâle parmi vous soit circoncis. 16 Nous vous donnerons alors nos filles, et nous prendrons pour nous les vôtres ; nous habiterons avec vous, et nous formerons un seul peuple. 17 Mais si vous ne voulez pas nous écouter et vous faire circoncire, nous prendrons notre fille, et nous nous en irons. 18 Leurs paroles eurent l'assentiment de Hamor et de Sichem, fils de 19 Hamor. Le jeune homme ne tarda pas à faire la chose, car il aimait la fille de Jacob. Il était considéré de tous dans la maison de son père. 20 Hamor et Sichem, son fils, se rendirent à la porte de leur ville, et ils parlèrent ainsi aux gens de leur 21 ville : Ces hommes sont paisibles à notre égard ; qu'ils restent dans le pays, et qu'ils y trafiquent ; le pays est assez vaste pour eux. Nous prendrons pour femmes leurs filles, et nous leur donnerons nos filles. 22 Mais ces hommes ne consentiront à habiter avec nous, pour former un seul peuple, qu'à la condition que tout mâle parmi nous soit circoncis,

comme ils sont eux-mêmes circoncis. 23 Leurs troupeaux, leurs biens et tout leur bétail, ne seront-ils pas à nous ? Acceptons seulement leur condition, pour qu'ils restent avec nous.

24 Tous ceux qui étaient venus à la porte de la ville écoutèrent Hamor et Sichem, son fils ; et tous les mâles se firent circoncire, tous ceux qui étaient venus à la porte de la ville. 25 Le troisième jour, pendant qu'ils étaient souffrants, les deux fils de Jacob, Siméon et Lévi, frères de Dina, prirent chacun leur épée, tombèrent sur la ville qui se croyait en sécurité, et tuèrent tous les mâles. 26 Ils passèrent aussi au fil de l'épée Hamor et Sichem, son fils ; ils enlevèrent Dina de la maison de Sichem, et sortirent. 27 Les fils de Jacob se jetèrent sur les morts, et pillèrent la ville, parce qu'on avait déshonoré leur sœur. 28 Ils prirent leurs troupeaux, leurs bœufs et leurs ânes, ce qui était dans la ville et ce qui était dans les champs ; 29 ils emmenèrent comme butin toutes leurs richesses, leurs enfants et leurs femmes, et tout ce qui se trouvait dans les maisons.

30 Alors Jacob dit à Siméon et à Lévi : Vous me troublez, en me rendant odieux aux habitants du pays, aux Cananéens et aux Phérésiens. Je n'ai qu'un petit nombre d'hommes ; et ils se rassembleront contre moi, ils me frapperont, et je serai détruit, moi et ma maison. 31 Ils répondirent : Traitera-t-on notre sœur comme une prostituée ?

35 Dieu dit à Jacob : Lève-toi, monte à Béthel, et demeures-y ; là, tu dresseras un autel au Dieu qui t'apparut, lorsque tu fuyais Ésaü, ton frère.

2 Jacob dit à sa maison et à tous ceux qui étaient avec lui : Otez les dieux étrangers qui sont au milieu de vous, purifiez-vous, et changez de vêtements. 3 Nous nous lèverons, et nous monterons à Béthel ; là, je dresserai un autel au Dieu qui m'a exaucé dans le jour de ma détresse, et qui a été avec moi pendant le voyage que j'ai fait.

4 Ils donnèrent à Jacob tous les dieux étrangers qui étaient entre leurs mains, et les anneaux qui étaient à leurs oreilles. Jacob les enfouit sous le térébinthe qui est

5 près de Sichem. Ensuite ils partirent. La terreur de Dieu se répandit sur les villes qui les entouraient, et l'on ne poursuivit point les

6 fils de Jacob. Jacob arriva, lui et tous ceux qui étaient avec lui, à Luz, qui est Béthel, dans le pays de

7 Canaan. Il bâtit là un autel, et il appela ce lieu El-Béthel ; car c'est là que Dieu s'était révélé à lui lorsqu'il fuyait son frère.

8 Débora, nourrice de Rebecca, mourut ; et elle fut enterrée au-dessous de Béthel, sous le chêne auquel on a donné le nom de chêne des pleurs.

9 Dieu apparut encore à Jacob, après son retour de Paddan-Aram, et il le

10 bénit. Dieu lui dit : Ton nom est Jacob ; tu ne seras plus appelé Jacob, mais ton nom sera Israël. Et il lui donna le nom d'Israël.

11 Dieu lui dit : Je suis le Dieu tout-puissant. Sois fécond, et multiplie ; une nation et une multitude de nations naîtront de toi, et des rois

12 sortiront de tes reins. Je te donnerai le pays que j'ai donné à Abraham et à Isaac, et je donnerai ce pays à ta postérité après toi.

13 Dieu s'éleva au-dessus de lui, dans

14 le lieu où il lui avait parlé. Et Jacob dressa un monument dans le lieu où Dieu lui avait parlé, un monument de pierres, sur lequel il fit une liba-

15 tion et versa de l'huile. Jacob donna le nom de Béthel au lieu où Dieu lui avait parlé.

16 Ils partirent de Béthel ; et il y avait encore une certaine distance jusqu'à Éphrata, lorsque Rachel accoucha. Elle eut un accouche-

17 ment pénible ; et pendant les douleurs de l'enfantement, la sage-femme lui dit : Ne crains point, car tu as

18 encore un fils ! Et comme elle allait rendre l'âme, car elle était mourante, elle lui donna le nom de Ben-Oni ; mais le père l'appela Benjamin.

19 Rachel mourut, et elle fut enterrée sur le chemin d'Éphrata, qui est Bethléhem. Jacob éleva un monu- 20 ment sur son sépulcre : c'est le monument du sépulcre de Rachel, qui existe encore aujourd'hui.

Israël partit ; et il dressa sa tente 21 au delà de Migdal-Eder. Pendant 22 qu'Israël habitait cette contrée, Ruben alla coucher avec Bilha, concubine de son père. Et Israël l'apprit.

Les fils de Jacob étaient au nombre de douze.

Fils de Léa : Ruben, premier-né 23 de Jacob, Siméon, Lévi, Juda, Issacar et Zabulon.—Fils de Rachel : Joseph 24 et Benjamin.—Fils de Bilha, servante de Rachel : Dan et Nephthali. 25 —Fils de Zilpa, servante de Léa : 26 Gad et Aser.

Ce sont là les fils de Jacob, qui lui naquirent à Paddan-Aram.

Jacob arriva auprès d'Isaac, son 27 père, à Mamré, à Kirjath-Arba, qui est Hébron, où avaient séjourné Abraham et Isaac.

Les jours d'Isaac furent de cent 28 quatre-vingts ans. Il expira et 29 mourut, et il fut recueilli auprès de son peuple, âgé et rassasié de jours, Ésaü et Jacob, ses fils, l'enterrèrent.

Postérité d'Ésaü.

Voici la postérité d'Ésaü, qui **36** est Édom.

Ésaü prit ses femmes parmi les 2 filles de Canaan : Ada, fille d'Élon, le Héthien ; Oholibama, fille d'Ana, fille de Tsibeon, le Hévien ; et Bas- 3 math, fille d'Ismaël, sœur de Nebajoth.—Ada enfanta à Ésaü Éli- 4 phaz ; Basmath enfanta Réuel ; et 5 Oholibama enfanta Jéusch, Jaelam et Koré. Ce sont là les fils d'Ésaü, qui lui naquirent dans le pays de Canaan.—Ésaü prit ses femmes, ses 6 fils et ses filles, toutes les personnes de sa maison, ses troupeaux, tout son bétail, et tout le bien qu'il avait acquis au pays de Canaan, et il s'en alla dans un autre pays, loin de Jacob, son frère. Car leurs richesses 7 étaient trop considérables pour qu'ils demeurassent ensemble, et la contrée où ils séjournaient ne pouvait plus leur suffire à cause de leurs 8 troupeaux. Ésaü s'établit dans la montagne de Séir. Ésaü, c'est Édom.

9 Voici la postérité d'Ésaü, père d'Édom, dans la montagne de Séir. 10 Voici les noms des fils d'Ésaü : Éliphaz, fils d'Ada, femme d'Ésau ; Réuel, fils de Basmath, femme 11 d'Ésaü.—Les fils d'Éliphaz furent : Théman, Omar, Tsepho, Gaetham et 12 Kenaz. Et Thimna était la concubine d'Éliphaz, fils d'Ésaü ; elle enfanta à Éliphaz Amalek. Ce sont là les fils d'Ada, femme d'Ésaü.—13 Voici les fils de Réuel : Nahath, Zérach, Schamma et Mizza. Ce sont là les fils de Basmath, femme d'Ésaü.—14 Voici les fils d'Oholibama, fille d'Ana, fille de Tsibeon, femme d'Ésaü : elle enfanta à Ésaü Jéusch, Jaelam et Koré. 15 Voici les chefs de tribus issues des fils d'Ésaü.—Voici les fils d'Éliphaz, premier-né d'Ésaü : le chef Théman, le chef Omar, le chef Tsepho, le 16 chef Kenaz, le chef Koré, le chef Gaetham, le chef Amalek. Ce sont là les chefs issus d'Éliphaz, dans le pays d'Édom. Ce sont les fils d'Ada.—17 Voici les fils de Réuel, fils d'Ésaü : le chef Nahath, le chef Zérach, le chef Schamma, le chef Mizza. Ce sont là les chefs issus de Réuel, dans le pays d'Édom. Ce sont là les fils 18 de Basmath, femme d'Ésaü.—Voici les fils d'Oholibama, femme d'Ésaü : le chef Jéusch, le chef Jaelam, le chef Koré. Ce sont là les chefs issus d'Oholibama, fille d'Ana, fem- 19 me d'Ésaü. Ce sont là les fils d'Ésaü, et ce sont là leurs chefs de tribus. Ésaü, c'est Édom.

20 Voici les fils de Séir, le Horien, anciens habitants du pays : Lothan, 21 Schobal, Tsibeon, Ana, Dischon, Etser et Dischan. Ce sont là les chefs des Horiens, fils de Séir, dans 22 le pays d'Édom.—Les fils de Lothan furent : Hori et Hémam. La sœur 23 de Lothan fut Thimna.—Voici les fils de Schobal : Alvan, Manahath, 24 Ébal, Schepho et Onam. — Voici les fils de Tsibeon : Ajja et Ana. C'est cet Ana qui trouva les sources chaudes dans le désert, quand il faisait paître les ânes de Tsibeon, son père. — Voici les enfants d'Ana : 25 Dischon, et Oholibama, fille d'Ana. —Voici les fils de Dischon: Hemdan, 26 Eschban, Jithran et Keran.—Voici 27 les fils d'Etser : Bilhan, Zaavan et Akan.—Voici les fils de Dischan : 28 Uts et Aran.

Voici les chefs des Horiens : le 29 chef Lothan, le chef Schobal, le chef Tsibeon, le chef Ana, le chef Dischon, 30 le chef Etser, le chef Dischan. Ce sont là les chefs des Horiens, les chefs qu'ils eurent dans le pays de Séir.

Voici les rois qui ont régné dans 31 le pays d'Édom, avant qu'un roi régnât sur les enfants d'Israël. — Béla, fils de Beor, régna sur Édom ; 32 et le nom de sa ville était Dinhaba. —Béla mourut ; et Jobab, fils de 33 Zérach, de Botsra, régna à sa place. —Jobab mourut ; et Huscham, du 34 pays des Thémanites, régna à sa place. — Huscham mourut ; et Hadad, 35 fils de Bedad, régna à sa place. C'est lui qui frappa Madian dans les champs de Moab. Le nom de sa ville était Avith.—Hadad mourut ; et Samla, 36 de Masréka, régna à sa place.— Samla mourut ; et Saül, de Reho- 37 both sur le fleuve, régna à sa place. —Saül mourut ; et Baal-Hanan, fils 38 d'Acbor, régna à sa place.—Baal- 39 Hanan, fils d'Acbor, mourut ; et Hadar régna à sa place. Le nom de sa ville était Pau ; et le nom de sa femme Mehéthabeel, fille de Mathred, fille de Mézahab.

Voici les noms des chefs issus 40 d'Ésaü, selon leurs tribus, selon leurs territoires, et d'après leurs noms : le chef Thimna, le chef Alva, le chef Jetheth, le chef Oholibama, le chef 41 Éla, le chef Pinon, le chef Kenaz, le 42 chef Théman, le chef Mibtsar, le chef 43 Magdiel, le chef Iram. Ce sont là les chefs d'Édom, selon leurs habitations dans le pays qu'ils possédaient. C'est là Ésaü, père d'Édom.

Joseph vendu par ses frères.

Jacob demeura dans le pays **37** de Canaan, où avait séjourné son père.

2 Voici la postérité de Jacob.

Joseph, âgé de dix-sept ans, faisait paître le troupeau avec ses frères, cet enfant était auprès des fils de Bilha et des fils de Zilpa, femmes de son père. Et Joseph rapportait à leur 3 père leurs mauvais propos.—Israël aimait Joseph plus que tous ses autres fils, parce qu'il l'avait eu dans sa vieillesse ; et il lui fit une tuni-4 que de plusieurs couleurs. Ses frères virent que leur père l'aimait plus qu'eux tous, et ils le prirent en haine. Ils ne pouvaient lui parler avec amitié.

5 Joseph eut un songe, et il le raconta à ses frères, qui le haïrent 6 encore davantage. Il leur dit : Écoutez donc ce songe que j'ai eu ! 7 Nous étions à lier des gerbes au milieu des champs ; et voici, ma gerbe se leva et se tint debout, et vos gerbes l'entourèrent et se pros-8 ternèrent devant elle. Ses frères lui dirent : Est-ce que tu règneras sur nous ? est-ce que tu nous gouver-neras ? Et ils le haïrent encore davantage, à cause de ses songes et à cause de ses paroles.

9 Il eut encore un autre songe, et il le raconta à ses frères. Il dit : J'ai eu encore un songe ! Et voici, le soleil, la lune et onze étoiles se proster-10 naient devant moi. Il le raconta à son père et à ses frères. Son père le réprimanda, et lui dit : Que signifie ce songe que tu as eu ? Faut-il que nous venions, moi, ta mère et tes frères, nous prosterner en terre de-11 vant toi ? Ses frères eurent de l'envie contre lui, mais son père garda le souvenir de ces choses.

12 Les frères de Joseph étant allés à Sichem, pour faire paître le troupeau 13 de leur père, Israël dit à Joseph : Tes frères ne font-ils pas paître le troupeau à Sichem ? Viens, je veux t'envoyer vers eux. Et il répondit : 14 Me voici ! Israël lui dit : Va, je te prie, et vois si tes frères sont en bonne santé et si le troupeau est en bon état ; et tu m'en rapporteras des nouvelles. Il l'envoya ainsi de la vallée d'Hébron ; et Joseph alla à 15 Sichem. Un homme le rencontra, comme il errait dans les champs. Il le questionna, en disant : Que cher-ches-tu ? Joseph répondit : Je cherche 16 mes frères ; dis-moi, je te prie, où ils font paître leur troupeau. Et l'hom-17 me dit : Ils sont partis d'ici ; car je les ai entendus dire : Allons à Do-than. Joseph alla après ses frères, et il les trouva à Dothan.

Ils le virent de loin ; et, avant 18 qu'il fût près d'eux, ils complotèrent de le faire mourir. Ils se dirent l'un 19 à l'autre : Voici le faiseur de songes qui arrive. Venez maintenant, tuons-20 le, et jetons-le dans une des citernes ; nous dirons qu'une bête féroce l'a dévoré, et nous verrons ce que de-viendront ses songes. Ruben en-21 tendit cela, et il le délivra de leurs mains. Il dit : Ne lui ôtons pas la vie. Ruben leur dit : Ne répandez 22 point de sang ; jetez-le dans cette citerne qui est au désert, et ne mettez pas la main sur lui. Il avait dessein de le délivrer de leurs mains, pour le faire retourner vers son père.

Lorsque Joseph fut arrivé auprès 23 de ses frères, ils le dépouillèrent de sa tunique, de la tunique de plusieurs couleurs, qu'il avait sur lui. Ils le 24 prirent, et le jetèrent dans la citerne. Cette citerne était vide : il n'y avait point d'eau. Ils s'assirent ensuite 25 pour manger. Ayant levé les yeux, ils virent une caravane d'Ismaélites ve-nant de Galaad ; leurs chameaux étaient chargés d'aromates, de baume et de myrrhe, qu'ils transportaient en Égypte. Alors Juda dit à ses 26 frères : Que gagnerons-nous à tuer notre frère et à cacher son sang ? Venez, vendons-le aux Ismaélites, et 27 ne mettons pas la main sur lui, car il est notre frère, notre chair. Et ses frères l'écoutèrent. Au passage des 28 marchands madianites, ils tirèrent et firent remonter Joseph hors de la citerne ; et ils le vendirent pour vingt sicles d'argent aux Ismaélites, qui l'emmenèrent en Égypte.

Ruben revint à la citerne ; et voici, 29 Joseph n'était plus dans la citerne. Il déchira ses vêtements, retourna 30 vers ses frères, et dit : L'enfant n'y

31 est plus ! Et moi, où irai-je ? Ils prirent alors la tunique de Joseph ; et, ayant tué un bouc, ils plongèrent

32 la tunique dans le sang. Ils envoyèrent à leur père la tunique de plusieurs couleurs, en lui faisant dire : Voici ce que nous avons trouvé ! reconnais si c'est la tunique de ton fils, ou non.

33 Jacob la reconnut, et dit : C'est la tunique de mon fils ! une bête féroce l'a dévoré ! Joseph a été mis

34 en pièces ! Et il déchira ses vêtements, il mit un sac sur ses reins, et il porta longtemps le deuil de son fils.

35 Tous ses fils et toutes ses filles vinrent pour le consoler ; mais il ne voulut recevoir aucune consolation. Il disait : C'est en pleurant que je descendrai vers mon fils au séjour des morts ! Et il pleurait son fils.

36 Les Madianites le vendirent en Égypte à Potiphar, officier de Pharaon, chef des gardes.

Juda et Tamar.

38 En ce temps-là, Juda s'éloigna de ses frères, et se retira vers un homme d'Adullam, nommé Hira.

2 Là, Juda vit la fille d'un Cananéen, nommé Schua ; il la prit pour femme,

3 et alla vers elle. Elle devint enceinte, et enfanta un fils, qu'elle appela Er.

4 Elle devint encore enceinte, et enfanta un fils, qu'elle appela Onan.

5 Elle enfanta de nouveau un fils, qu'elle appela Schéla ; Juda était à Czib, quand elle l'enfanta.

6 Juda prit pour Er, son premier-né,

7 une femme nommée Tamar. Er, premier-né de Juda, était méchant aux yeux de l'Éternel ; et l'Éternel

8 le fit mourir. Alors Juda dit à Onan : Va vers la femme de ton frère, prends-la, comme beau-frère, et suscite une postérité à ton frère.

9 Onan, sachant que cette postérité ne serait pas à lui, se souillait à terre lorsqu'il allait vers la femme de son frère, afin de ne pas donner de

10 postérité à son frère. Ce qu'il faisait déplut à l'Éternel, qui le fit aussi

11 mourir. Alors Juda dit à Tamar, sa belle-fille : Demeure veuve dans la maison de ton père, jusqu'à ce que Schéla, mon fils, soit grand. Il parlait ainsi dans la crainte que Schéla ne mourût comme ses frères. Tamar s'en alla, et elle habita dans la maison de son père.

12 Les jours s'écoulèrent, et la fille de Schua, femme de Juda, mourut. Lorsque Juda fut consolé, il monta à Thimna, vers ceux qui tondaient ses brebis, lui et son ami Hira,

13 l'Adullamite. On en informa Tamar, et on lui dit : Voici ton beau-père qui monte à Thimna, pour tondre

14 ses brebis. Alors elle ôta ses habits de veuve, elle se couvrit d'un voile et s'enveloppa, et elle s'assit à l'entrée d'Énaïm, sur le chemin de Thimna ; car elle voyait que Schéla était devenu grand, et qu'elle ne lui était point donnée pour femme.

15 Juda la vit, et la prit pour une prostituée, parce qu'elle avait couvert

16 son visage. Il l'aborda sur le chemin, et dit : Laisse-moi aller vers toi. Car il ne connut pas que c'était sa belle-fille. Elle dit : Que me don-

17 neras-tu pour venir vers moi ? Il répondit : Je t'enverrai un chevreau de mon troupeau. Elle dit : Me

18 donneras-tu un gage, jusqu'à ce que tu l'envoies ? Il répondit : Quel gage te donnerai-je ? Elle dit : Ton cachet, ton cordon, et le bâton que tu as à la main. Il les lui donna. Puis il alla vers elle ; et elle devint en-

19 ceinte de lui. Elle se leva, et s'en alla ; elle ôta son voile, et remit ses habits de veuve.

20 Juda envoya le chevreau par son ami l'Adullamite, pour retirer le gage des mains de la femme. Mais il ne

21 la trouva point. Il interrogea les gens du lieu, en disant : Où est cette prostituée qui se tenait à Énaïm, sur le chemin ? Ils répondirent : Il n'y

22 a point eu ici de prostituée. Il retourna auprès de Juda, et dit : Je ne l'ai pas trouvée, et même les gens du lieu ont dit : Il n'y a point eu ici de

23 prostituée. Juda dit : Qu'elle garde ce qu'elle a ! Ne nous exposons pas au mépris. Voici, j'ai envoyé ce chevreau, et tu ne l'as pas trouvée.

24 Environ trois mois après, on vint dire à Juda : Tamar, ta belle-fille, s'est

prostituée, et même la voilà enceinte à la suite de sa prostitution. Et Juda dit: Faltes-la sortir, et qu'elle soit 25 brûlée. Comme on l'amenait dehors, elle fit dire à son beau-père: C'est de l'homme à qui ces choses appartiennent que je suis enceinte; reconnais, je te prie, à qui sont ce cachet, ces 26 cordons et ce bâton. Juda les reconnut, et dit: Elle est moins coupable que moi, puisque je ne l'ai pas donnée à Schéla, mon fils. Et il ne la connut plus.

27 Quand elle fut au moment d'accoucher, voici, il y avait deux ju-28 meaux dans son ventre. Et pendant l'accouchement il y en eut un qui présenta la main; la sage-femme la prit, et y attacha un fil cramoisi, en 29 disant: Celui-ci sort le premier. Mais il retira la main, et son frère sortit. Alors la sage-femme dit: Quelle brèche tu as faite! Et elle lui donna 30 le nom de Pérets. Ensuite sortit son frère, qui avait à la main le fil cramoisi; et on lui donna le nom de Zérach.

Joseph en Égypte.

39 On fit descendre Joseph en Égypte; et Potiphar, officier de Pharaon, chef des gardes, Égyptien, l'acheta des Ismaélites qui l'y 2 avaient fait descendre. L'Éternel fut avec lui, et la prospérité l'accompagna; il habitait dans la maison de 3 son maître, l'Égyptien. Son maître vit que l'Éternel était avec lui, et que l'Éternel faisait prospérer entre ses mains tout ce qu'il entreprenait. 4 Joseph trouva grâce aux yeux de son maître, qui l'employa à son service, l'établit sur sa maison, et lui 5 confia tout ce qu'il possédait. Dès que Potiphar l'eut établi sur sa maison et sur tout ce qu'il possédait, l'Éternel bénit la maison de l'Égyptien, à cause de Joseph; et la bénédiction de l'Éternel fut sur tout ce qui lui appartenait, soit à la maison, 6 soit aux champs. Il abandonna aux mains de Joseph tout ce qui lui appartenait, et il n'avait avec lui d'autre soin que celui de prendre sa nourriture. Or, Joseph était beau de taille et beau de figure.

Après ces choses, il arriva que la 7 femme de son maître porta les yeux sur Joseph, et dit: Couche avec moi! Il refusa, et dit à la femme de son 8 maître: Voici, mon maître ne prend avec moi connaissance de rien dans la maison, et il a remis entre mes mains tout ce qui lui appartient. Il 9 n'est pas plus grand que moi dans cette maison, et il ne m'a rien interdit, excepté toi, parce que tu es sa femme. Comment ferais-je un aussi grand mal et pécherais-je contre Dieu? Quoiqu'elle parlât tous les 10 jours à Joseph, il refusa de coucher auprès d'elle, d'être avec elle. Un 11 jour qu'il était entré dans la maison pour faire son ouvrage, et qu'il n'y avait là aucun des gens de la maison, elle le saisit par son vêtement, en 12 disant: Couche avec moi! Il lui laissa son vêtement dans la main, et s'enfuit au dehors. Lorsqu'elle vit 13 qu'il lui avait laissé son vêtement dans la main, et qu'il s'était enfui dehors, elle appela les gens de sa 14 maison, et leur dit: Voyez, il nous a amené un Hébreu pour se jouer de nous. Cet homme est venu vers moi pour coucher avec moi; mais j'ai crié à haute voix. Et quand il 15 a entendu que j'élevais la voix et que je criais, il a laissé son vêtement à côté de moi et s'est enfui dehors. Et elle posa le vêtement de Joseph 16 à côté d'elle, jusqu'à ce que son maître rentrât à la maison. Alors 17 elle lui parla ainsi: L'esclave hébreu que tu nous as amené est venu vers moi pour se jouer de moi. Et comme 18 j'ai élevé la voix et que j'ai crié, il a laissé son vêtement à côté de moi et s'est enfui dehors. Après avoir 19 entendu les paroles de sa femme, qui lui disait: Voilà ce que m'a fait ton esclave! le maître de Joseph fut enflammé de colère. Il prit Joseph, 20 et le mit dans la prison, dans le lieu où les prisonniers du roi étaient enfermés: il fut là, en prison.

L'Éternel fut avec Joseph, et il 21 étendit sur lui sa bonté. Il le mit en faveur aux yeux du chef de la prison.

22 Et le chef de la prison plaça sous sa surveillance tous les prisonniers qui étaient dans la prison; et rien ne s'y 23 faisait que par lui. Le chef de la prison ne prenait aucune connaissance de ce que Joseph avait en main, parce que l'Éternel était avec lui. Et l'Éternel donnait de la réussite à ce qu'il faisait.

40 Après ces choses, il arriva que l'échanson et le panetier du roi d'Égypte offensèrent leur maître, le 2 roi d'Égypte. Pharaon fut irrité contre ses deux officiers, le chef des échansons et le chef des panetiers. 3 Et il les fit mettre dans la maison du chef des gardes, dans la prison, dans 4 le lieu où Joseph était enfermé. Le chef des gardes les plaça sous la surveillance de Joseph, qui faisait le service auprès d'eux; et ils passèrent un certain temps en prison.

5 Pendant une même nuit, l'échanson et le panetier du roi d'Égypte, qui étaient enfermés dans la prison, eurent tous les deux un songe, chacun le sien, pouvant recevoir une 6 explication distincte. Joseph, étant venu le matin vers eux, les regarda; 7 et voici, ils étaient tristes. Alors il questionna les officiers de Pharaon, qui étaient avec lui dans la prison de son maître, et il leur dit: Pourquoi avez-vous mauvais visage aujourd'hui? 8 Ils lui répondirent: Nous avons eu un songe, et il n'y a personne pour l'expliquer. Joseph leur dit: N'est-ce pas à Dieu qu'appartiennent les explications? Racontez-moi donc votre songe.

9 Le chef des échansons raconta son songe à Joseph, et lui dit: Dans mon songe, voici, il y avait un cep devant 10 moi. Ce cep avait trois sarments. Quand il eut poussé, sa fleur se développa, et ses grappes donnèrent 11 des raisins mûrs. La coupe de Pharaon était dans ma main. Je pris les raisins, je les pressai dans la coupe de Pharaon, et je mis la coupe 12 dans la main de Pharaon. Joseph lui dit: En voici l'explication. Les 13 trois sarments sont trois jours. Encore trois jours, et Pharaon relèvera ta tête, et te rétablira dans ta charge;

tu mettras la coupe dans la main de Pharaon, comme tu en avais l'habitude lorsque tu étais son échanson. Mais souviens-toi de moi, quand tu 14 seras heureux, et montre, je te prie, de la bonté à mon égard; parle en ma faveur à Pharaon, et fais-moi sortir de cette maison. Car j'ai été 15 enlevé du pays des Hébreux, et ici même je n'ai rien fait pour être mis en prison.

Le chef des panetiers, voyant que 16 Joseph avait donné une explication favorable, dit: Voici, il y avait aussi, dans mon songe, trois corbeilles de pain blanc sur ma tête. Dans la 17 corbeille la plus élevée il y avait pour Pharaon des mets de toute espèce, cuits au four; et les oiseaux les mangeaient dans la corbeille au-dessus de ma tête. Joseph répondit, 18 et dit: En voici l'explication. Les trois corbeilles sont trois jours. En- 19 core trois jours, et Pharaon enlèvera ta tête de dessus toi, te fera pendre à un bois, et les oiseaux mangeront ta chair.

Le troisième jour, jour de la nais- 20 sance de Pharaon, il fit un festin à tous ses serviteurs; et il éleva la tête du chef des échansons et la tête du chef des panetiers, au milieu de ses serviteurs: il rétablit le chef des 21 échansons dans sa charge d'échanson, pour qu'il mît la coupe dans la main de Pharaon; mais il fit pendre 22 le chef des panetiers, selon l'explication que Joseph leur avait donnée.

Le chef des échansons ne pensa 23 plus à Joseph. Il l'oublia.

Au bout de deux ans, Pharaon **41** eut un songe. Voici, il se tenait près du fleuve. Et voici, sept vaches 2 belles à voir et grasses de chair montèrent hors du fleuve, et se mirent à paître dans la prairie. Sept autres 3 vaches laides à voir et maigres de chair montèrent derrière elles hors du fleuve, et se tinrent à leurs côtés sur le bord du fleuve. Les vaches 4 laides à voir et maigres de chair mangèrent les sept vaches belles à voir et grasses de chair. Et Pharaon s'éveilla.

Il se rendormit, et il eut un second 5

songe. Voici, sept épis gras et beaux 6 montèrent sur une même tige. Et sept épis maigres et brûlés par le vent d'orient poussèrent après eux. 7 Les épis maigres engloutirent les sept épis gras et pleins. Et Pharaon s'éveilla. Voilà le songe.

8 Le matin, Pharaon eut l'esprit agité, et il fit appeler tous les magiciens et tous les sages de l'Égypte. Il leur raconta ses songes. Mais personne ne put les expliquer à Pharaon.

9 Alors le chef des échansons prit la parole, et dit à Pharaon: Je vais rappeler aujourd'hui le souvenir de 10 ma faute. Pharaon s'était irrité contre ses serviteurs; et il m'avait fait mettre en prison dans la maison du chef des gardes, moi et le chef 11 des panetiers. Nous eûmes l'un et l'autre un songe dans une même nuit; et chacun de nous reçut une explication en rapport avec le songe 12 qu'il avait eu. Il y avait là avec nous un jeune Hébreu, esclave du chef des gardes. Nous lui racontâmes nos songes, et il nous les 13 expliqua. Les choses sont arrivées selon l'explication qu'il nous avait donnée. Pharaon me rétablit dans ma charge, et il fit pendre le chef des panetiers.

14 Pharaon fit appeler Joseph. On le fit sortir en hâte de prison. Il se rasa, changea de vêtements, et se 15 rendit vers Pharaon. Pharaon dit à Joseph: J'ai eu un songe. Personne ne peut l'expliquer; et j'ai appris que tu expliques un songe, 16 après l'avoir entendu. Joseph répondit à Pharaon, en disant: Ce n'est pas moi! c'est Dieu qui donnera une réponse favorable à Pharaon.

17 Pharaon dit alors à Joseph: Dans mon songe, voici, je me tenais sur le 18 bord du fleuve. Et voici, sept vaches grasses de chair et belles d'apparence montèrent hors du fleuve, et se mirent 19 à paître dans la prairie. Sept autres vaches montèrent derrière elles, maigres, fort laides d'apparence, et décharnées: je n'en ai point vu d'aussi laides dans tout le pays d'Égypte.

20 Les vaches décharnées et laides mangèrent les sept premières vaches qui étaient grasses. Elles les en- 21 gloutirent dans leur ventre, sans qu'on s'aperçût qu'elles y fussent entrées; et leur apparence était laide comme auparavant. Et je m'éveillai. 22 Je vis encore en songe sept épis pleins et beaux, qui montèrent sur une même tige. Et sept épis vides, 23 maigres, brûlés par le vent d'orient, poussèrent après eux. Les épis 24 maigres engloutirent les sept beaux épis. Je l'ai dit aux magiciens, mais personne ne m'a donné l'explication.

25 Joseph dit à Pharaon: Ce qu'a songé Pharaon est une seule chose; Dieu a fait connaître à Pharaon ce qu'il va faire. Les sept vaches belles 26 sont sept années: et les sept épis beaux sont sept années: c'est un seul songe. Les sept vaches dé- 27 charnées et laides, qui montaient derrière les premières, sont sept années; et les sept épis vides, brûlés par le vent d'orient, seront sept années de famine. Ainsi, comme 28 je viens de le dire à Pharaon, Dieu a fait connaître à Pharaon ce qu'il va faire. Voici, il y aura sept années 29 de grande abondance dans tout le pays d'Égypte. Sept années de 30 famine viendront après elles; et l'on oubliera toute cette abondance au pays d'Égypte, et la famine consumera le pays. Cette famine qui 31 suivra sera si forte qu'on ne s'apercevra plus de l'abondance dans le pays. Si Pharaon a vu le songe se 32 répéter une seconde fois, c'est que la chose est arrêtée de la part de Dieu, et que Dieu se hâtera de l'exécuter. Maintenant, que Pharaon choisisse 33 un homme intelligent et sage, et qu'il le mette à la tête du pays d'Égypte. Que Pharaon établisse 34 des commissaires sur le pays, pour lever un cinquième des récoltes de l'Égypte pendant les sept années d'abondance. Qu'ils rassemblent 35 tous les produits de ces bonnes années qui vont venir; qu'ils fassent, sous l'autorité de Pharaon, des amas de blé, des approvisionnements dans les villes, et qu'ils en aient la garde.

36 Ces provisions seront en réserve pour le pays, pour les sept années de famine qui arriveront dans le pays d'Égypte, afin que le pays ne soit pas consumé par la famine.

37 Ces paroles plurent à Pharaon et
38 à tous ses serviteurs. Et Pharaon dit à ses serviteurs: Trouverions-nous un homme comme celui-ci, ayant en
39 lui l'esprit de Dieu? Et Pharaon dit à Joseph: Puisque Dieu t'a fait connaître toutes ces choses, il n'y a personne qui soit aussi intelligent
40 et aussi sage que toi. Je t'établis sur ma maison, et tout mon peuple obéira à tes ordres. Le trône seul
41 m'élèvera au-dessus de toi. Pharaon dit à Joseph: Vois, je te donne le commandement de tout le pays
42 d'Égypte. Pharaon ôta son anneau de la main, et le mit à la main de Joseph; il le revêtit d'habits de fin lin, et lui mit un collier d'or au cou.
43 Il le fit monter sur le char qui suivait le sien; et l'on criait devant lui: A genoux! C'est ainsi que Pharaon lui donna le commandement de tout
44 le pays d'Égypte. Il dit encore à Joseph: Je suis Pharaon! Et sans toi personne ne lèvera la main ni le pied dans tout le pays d'Égypte.
45 Pharaon appela Joseph du nom de Tsaphnath-Paenéach; et il lui donna pour femme Asnath, fille de Poti-Phéra, prêtre d'On. Et Joseph partit pour visiter le pays d'Égypte.
46 Joseph était âgé de trente ans lorsqu'il se présenta devant Pharaon, roi d'Égypte; et il quitta Pharaon, et parcourut tout le pays d'Égypte.
47 Pendant les sept années de fertilité, la terre rapporta abondamment.
48 Joseph rassembla tous les produits de ces sept années dans le pays d'Égypte; il fit des approvisionnements dans les villes, mettant dans l'intérieur de chaque ville les productions des champs d'alentour.
49 Joseph amassa du blé, comme le sable de la mer, en quantité si considérable que l'on cessa de compter, parce qu'il n'y avait plus de nombre.
50 Avant les années de famine, il naquit à Joseph deux fils, que lui enfanta Asnath, fille de Poti-Phéra, prêtre d'On. Joseph donna au pre-
51 mier-né le nom de Manassé, car, dit-il, Dieu m'a fait oublier toutes mes peines et toute la maison de mon père. Et il donna au second
52 le nom d'Éphraïm, car, dit-il, Dieu m'a rendu fécond dans le pays de mon affliction.

53 Les sept années d'abondance qu'il y eut au pays d'Égypte s'écoulèrent.
54 Et les sept années de famine commencèrent à venir, ainsi que Joseph l'avait annoncé. Il y eut famine dans tous les pays; mais dans tout le pays d'Égypte il y avait du pain.
55 Quand tout le pays d'Égypte fut aussi affamé, le peuple cria à Pharaon pour avoir du pain. Pharaon dit à tous les Égyptiens: Allez vers Joseph, et faites ce qu'il vous dira. La fa-
56 mine régnait dans tout le pays. Joseph ouvrit tous les lieux d'approvisionnements, et vendit du blé aux Égyptiens. La famine augmentait dans le pays d'Égypte.
57 Et de tous les pays on arrivait en Égypte, pour acheter du blé auprès de Joseph; car la famine était forte dans tous les pays.

Les frères de Joseph.

42 Jacob, voyant qu'il y avait du blé en Égypte, dit à ses fils: Pourquoi vous regardez-vous les uns les
2 autres? Il dit: Voici, j'apprends qu'il y a du blé en Égypte; descendez-y, pour nous en acheter là, afin que nous vivions et que nous ne mourions pas.

3 Dix frères de Joseph descendirent en Égypte, pour acheter du blé.
4 Jacob n'envoya point avec eux Benjamin, frère de Joseph, dans la crainte qu'il ne lui arrivât quelque malheur.
5 Les fils d'Israël vinrent pour acheter du blé, au milieu de ceux qui venaient aussi; car la famine était dans le pays de Canaan.

6 Joseph commandait dans le pays; c'est lui qui vendait du blé à tout le peuple du pays. Les frères de Joseph vinrent, et se prosternèrent devant lui la face contre terre. Joseph vit
7 ses frères et les reconnut; mais il

feignit d'être un étranger pour eux, il leur parla durement, et leur dit: D'où venez-vous? Ils répondirent: Du pays de Canaan, pour acheter 8 des vivres. Joseph reconnut ses frères, mais eux ne le reconnurent pas.

9 Joseph se souvint des songes qu'il avait eus à leur sujet, et il leur dit: Vous êtes des espions; c'est pour observer les lieux faibles du pays 10 que vous êtes venus. Ils lui répondirent: Non, mon seigneur, tes serviteurs sont venus pour acheter du 11 blé. Nous sommes tous fils d'un même homme; nous sommes sincères, tes serviteurs ne sont pas des 12 espions. Il leur dit: Nullement; c'est pour observer les lieux faibles 13 du pays que vous êtes venus. Ils répondirent: Nous, tes serviteurs, sommes douze frères, fils d'un même homme au pays de Canaan; et voici, le plus jeune est aujourd'hui avec notre père, et il y en a un qui n'est 14 plus. Joseph leur dit: Je viens de vous le dire, vous êtes des espions. 15 Voici comment vous serez éprouvés. Par la vie de Pharaon! vous ne sortirez point d'ici que votre jeune frère 16 ne soit venu. Envoyez l'un de vous pour chercher votre frère; et vous, restez prisonniers. Vos paroles seront éprouvées, et je saurai si la vérité est chez vous; sinon, par la vie de Pharaon! vous êtes des es- 17 pions. Et il les mit ensemble trois jours en prison.

18 Le troisième jour, Joseph leur dit: Faites ceci, et vous vivrez. Je crains 19 Dieu! Si vous êtes sincères, que l'un de vos frères reste enfermé dans votre prison; et vous, partez, emportez du blé pour nourrir vos fa- 20 milles, et amenez-moi votre jeune frère, afin que vos paroles soient éprouvées et que vous ne mouriez point. Et ils firent ainsi. 21 Ils se dirent alors l'un à l'autre: Oui, nous avons été coupables envers notre frère; car nous avons vu l'angoisse de son âme, quand il nous demandait grâce, et nous ne l'avons point écouté! C'est pour cela que 22 cette affliction nous arrive. Ruben,

prenant la parole, leur dit: Ne vous disais-je pas: Ne commettez point un crime envers cet enfant? Mais vous n'avez point écouté. Et voici, son sang est redemandé. Ils ne 23 savaient pas que Joseph comprenait, car il se servait avec eux d'un interprète. Il s'éloigna d'eux, pour pleurer. 24 Il revint, et leur parla; puis il prit parmi eux Siméon, et le fit enchaîner sous leurs yeux.

Joseph ordonna qu'on remplît de 25 blé leurs sacs, qu'on remît l'argent de chacun dans son sac, et qu'on leur donnât des provisions pour la route. Et l'on fit ainsi. Ils chargèrent le 26 blé sur leurs ânes, et partirent.

L'un d'eux ouvrit son sac pour 27 donner du fourrage à son âne, dans le lieu où ils passèrent la nuit, et il vit l'argent qui était à l'entrée du sac. Il dit à ses frères: Mon argent 28 a été rendu, et le voici dans mon sac. Alors leur cœur fut en défaillance; et ils se dirent l'un à l'autre, en tremblant: Qu'est-ce que Dieu nous a fait?

Ils revinrent auprès de Jacob, leur 29 père, dans le pays de Canaan, et ils lui racontèrent tout ce qui leur était arrivé. Ils dirent: L'homme, qui 30 est le seigneur du pays, nous a parlé durement, et il nous a pris pour des espions. Nous lui avons dit: Nous 31 sommes sincères, nous ne sommes pas des espions. Nous sommes 32 douze frères, fils de notre père; l'un n'est plus, et le plus jeune est aujourd'hui avec notre père au pays de Canaan. Et l'homme, qui est le 33 seigneur du pays, nous a dit: Voici comment je saurai si vous êtes sincères. Laissez auprès de moi l'un de vos frères, prenez de quoi nourrir vos familles, partez, et amenez-moi votre jeune frère. Je saurai ainsi 34 que vous n'êtes pas des espions, que vous êtes sincères; je vous rendrai votre frère, et vous pourrez librement parcourir le pays.

Lorsqu'ils vidèrent leurs sacs, voici, 35 le paquet d'argent de chacun était dans son sac. Ils virent, eux et leur père, leurs paquets d'argent, et ils eurent peur.

36 Jacob, leur père, leur dit: Vous me privez de mes enfants! Joseph n'est plus, Siméon n'est plus, et vous prendriez Benjamin! C'est sur moi 37 que tout cela retombe. Ruben dit à son père: Tu feras mourir mes deux fils si je ne te ramène pas Benjamin; remets-le entre mes 38 mains, et je te le ramènerai. Jacob dit: Mon fils ne descendra point avec vous; car son frère est mort, et il reste seul; s'il lui arrivait un malheur dans le voyage que vous allez faire, vous feriez descendre mes cheveux blancs avec douleur dans le séjour des morts.

43 La famine s'appesantissait sur le pays. Quand ils eurent fini 2 de manger le blé qu'ils avaient apporté d'Égypte, Jacob dit à ses fils: Retournez, achetez-nous un peu de 3 vivres. Juda lui répondit: Cet homme nous a fait cette déclaration formelle: Vous ne verrez pas ma face, à moins que votre frère ne soit 4 avec vous. Si donc tu veux envoyer notre frère avec nous, nous descendrons, et nous t'achèterons des vivres. 5 Mais si tu ne veux pas l'envoyer, nous ne descendrons point, car cet homme nous a dit: Vous ne verrez pas ma face, à moins que votre frère 6 ne soit avec vous. Israël dit alors: Pourquoi avez-vous mal agi à mon égard, en disant à cet homme que 7 vous aviez encore un frère? Ils répondirent: Cet homme nous a interrogés sur nous et sur notre famille, en disant: Votre père vit-il encore? avez-vous un frère? Et nous avons répondu à ces questions. Pouvions-nous savoir qu'il dirait: Faites descendre votre frère? 8 Juda dit à Israël, son père: Laisse venir l'enfant avec moi, afin que nous nous levions et que nous partions; et nous vivrons et ne mourrons 9 pas, nous, toi et nos enfants. Je réponds de lui; tu le redemanderas de ma main. Si je ne le ramène pas auprès de toi et si je ne le remets pas devant ta face, je serai pour toujours coupable envers toi. 10 Car si nous n'eussions pas tardé, nous serions maintenant deux fois de retour. Israël, leur père, leur dit: 11 Puisqu'il le faut, faites ceci. Prenez dans vos sacs des meilleures productions du pays, pour en porter un présent à cet homme, un peu de baume et un peu de miel, des aromates, de la myrrhe, des pistaches et des amandes. Prenez avec vous 12 de l'argent au double, et remportez l'argent qu'on avait mis à l'entrée de vos sacs: peut-être était-ce une erreur. Prenez votre frère, et levez-vous; re- 13 tournez vers cet homme. Que le 14 Dieu tout-puissant vous fasse trouver grâce devant cet homme, et qu'il laisse revenir avec vous votre autre frère et Benjamin! Et moi, si je dois être privé de mes enfants, que j'en sois privé!

Ils prirent le présent; ils prirent 15 avec eux de l'argent au double, ainsi que Benjamin; ils se levèrent, descendirent en Égypte, et se présentèrent devant Joseph.

Dès que Joseph vit avec eux 16 Benjamin, il dit à son intendant: Fais entrer ces gens dans la maison, tue et apprête; car ces gens mangeront avec moi à midi. Cet homme 17 fit ce que Joseph avait ordonné, et il conduisit ces gens dans la maison de Joseph. Ils eurent peur lorsqu'ils 18 furent conduits à la maison de Joseph, et ils dirent: C'est à cause de l'argent remis l'autre fois dans nos sacs qu'on nous emmène; c'est pour se jeter sur nous, se précipiter sur nous; c'est pour nous prendre comme esclaves, et s'emparer de nos ânes. Ils s'approchèrent de l'intendant de 19 la maison de Joseph, et lui adressèrent la parole, à l'entrée de la maison. Ils dirent: Pardon! mon 20 seigneur, nous sommes déjà descendus une fois pour acheter des vivres. Puis, quand nous arrivâmes au lieu 21 où nous devions passer la nuit, nous avons ouvert nos sacs; et voici, l'argent de chacun était à l'entrée de son sac, notre argent selon son poids: nous le rapportons avec nous. Nous 22 avons aussi apporté d'autre argent, pour acheter des vivres. Nous ne savons pas qui avait mis notre argent dans nos sacs. L'intendant répondit: 23

Que la paix soit avec vous! Ne craignez rien. C'est votre Dieu, le Dieu de votre père, qui vous a donné un trésor dans vos sacs. Votre argent m'est parvenu. Et il leur amena 24 Siméon. Cet homme les fit entrer dans la maison de Joseph; il leur donna de l'eau, et ils se lavèrent les pieds; il donna aussi du fourrage à 25 leurs ânes. Ils préparèrent leur présent, en attendant que Joseph vînt à midi; car on les avait informés qu'ils mangeraient chez lui. 26 Quand Joseph fut arrivé à la maison, ils lui offrirent le présent qu'ils avaient apporté, et ils se prosternèrent en terre devant lui. Il leur 27 demanda comment ils se portaient; et il dit: Votre vieux père, dont vous avez parlé, est-il en bonne santé? 28 vit-il encore? Ils répondirent: Ton serviteur, notre père, est en bonne santé; il vit encore. Et ils s'inclinèrent et se prosternèrent. Joseph 29 leva les yeux; et, jetant un regard sur Benjamin, son frère, fils de sa mère, il dit: Est-ce là votre jeune frère, dont vous m'avez parlé? Et il ajouta: Dieu te fasse miséricorde, 30 mon fils! Ses entrailles étaient émues pour son frère, et il avait besoin de pleurer; il entra précipitamment dans une chambre, et il y 31 pleura. Après s'être lavé le visage, il en sortit; et, faisant des efforts pour se contenir, il dit: Servez à manger. 32 On servit Joseph à part, et ses frères à part; les Égyptiens qui mangeaient avec lui furent aussi servis à part, car les Égyptiens ne pouvaient pas manger avec les Hébreux, parce que c'est à leurs yeux 33 une abomination. Les frères de Joseph s'assirent en sa présence, le premier-né selon son droit d'aînesse, et le plus jeune selon son âge; et ils se regardaient les uns les autres avec 34 étonnement. Joseph leur fit porter des mets qui étaient devant lui, et Benjamin en eut cinq fois plus que les autres. Ils burent, et s'égayèrent avec lui.

44 Joseph donna cet ordre à l'intendant de sa maison: Remplis de vivres les sacs de ces gens, autant qu'ils en pourront porter, et mets l'argent de chacun à l'entrée de son sac. Tu mettras aussi ma coupe, la 2 coupe d'argent, à l'entrée du sac du plus jeune, avec l'argent de son blé. L'intendant fit ce que Joseph lui avait ordonné.

Le matin, dès qu'il fit jour, on 3 renvoya ces gens avec leurs ânes. Ils étaient sortis de la ville, et ils 4 n'en étaient guère éloignés, lorsque Joseph dit à son intendant: Lève-toi, poursuis ces gens; et, quand tu les auras atteints, tu leur diras: Pourquoi avez-vous rendu le mal pour le bien? N'avez-vous pas la coupe 5 dans laquelle boit mon seigneur, et dont il se sert pour deviner? Vous avez mal fait d'agir ainsi. L'inten- 6 dant les atteignit, et leur dit ces mêmes paroles. Ils lui répondirent: 7 Pourquoi mon seigneur parle-t-il de la sorte? Dieu préserve tes serviteurs d'avoir commis une telle action! Voici, nous t'avons rapporté du pays 8 de Canaan l'argent que nous avons trouvé à l'entrée de nos sacs; comment aurions-nous dérobé de l'argent ou de l'or dans la maison de ton seigneur? Que celui de tes servi- 9 teurs sur qui se trouvera la coupe meure, et que nous soyons nous-mêmes esclaves de mon seigneur! Il dit: Qu'il en soit donc selon vos 10 paroles! Celui sur qui se trouvera la coupe sera mon esclave; et vous, vous serez innocents. Aussitôt, cha- 11 cun descendit son sac à terre, et chacun ouvrit son sac. L'intendant 12 les fouilla, commençant par le plus âgé et finissant par le plus jeune; et la coupe fut trouvée dans le sac de Benjamin.

Ils déchirèrent leurs vêtements, 13 chacun rechargea son âne, et ils retournèrent à la ville. Juda et ses 14 frères arrivèrent à la maison de Joseph, où il était encore, et ils se prosternèrent en terre devant lui. Joseph leur dit: Quelle action avez- 15 vous faite? Ne savez-vous pas qu'un homme comme moi a le pouvoir de deviner? Juda répondit: Que dirons- 16 nous à mon seigneur? comment parlerons-nous? comment nous justifierons-nous? Dieu a trouvé l'iniquité de tes serviteurs. Nous voici esclaves de mon seigneur, nous, et celui sur qui s'est trouvée la coupe.

17 Et Joseph dit: Dieu me garde de faire cela! L'homme sur qui la coupe a été trouvée sera mon esclave; mais vous, remontez en paix vers votre père.

18 Alors Juda s'approcha de Joseph, et dit: De grâce, mon seigneur, que ton serviteur puisse faire entendre une parole à mon seigneur, et que sa colère ne s'enflamme point contre ton servi-

19 teur! car tu es comme Pharaon. Mon seigneur a interrogé ses serviteurs, en disant: Avez-vous un père, ou un

20 frère? Nous avons répondu: Nous avons un vieux père, et un jeune frère, enfant de sa vieillesse; cet enfant avait un frère qui est mort, et qui était de la même mère; il reste seul,

21 et son père l'aime. Tu as dit à tes serviteurs: Faites-le descendre vers moi, et que je le voie de mes propres

22 yeux. Nous avons répondu à mon seigneur: L'enfant ne peut pas quitter son père; s'il le quitte, son père

23 mourra. Tu as dit à tes serviteurs: Si votre jeune frère ne descend pas avec vous, vous ne reverrez pas ma

24 face. Lorsque nous sommes remontés auprès de ton serviteur, mon père, nous lui avons rapporté les

25 paroles de mon seigneur. Notre père a dit: Retournez, achetez-nous un

26 peu de vivres. Nous avons répondu: Nous ne pouvons pas descendre; mais, si notre jeune frère est avec nous, nous descendrons, car nous ne pouvons pas voir la face de cet homme, à moins que notre jeune

27 frère ne soit avec nous. Ton serviteur, notre père, nous a dit: Vous savez que ma femme m'a enfanté deux fils.

28 L'un étant sorti de chez moi, je pense qu'il a été sans doute déchiré, car je ne l'ai pas revu jusqu'à présent.

29 Si vous me prenez encore celui-ci, et qu'il lui arrive un malheur, vous ferez descendre mes cheveux blancs avec douleur dans le séjour des morts.

30 Maintenant, si je retourne auprès de ton serviteur, mon père, sans avoir

avec nous l'enfant à l'âme duquel son âme est attachée, il mourra, en 31 voyant que l'enfant n'y est pas; et tes serviteurs feront descendre avec douleur dans le séjour des morts les cheveux blancs de ton serviteur, notre père. Car ton serviteur a répondu 32 pour l'enfant, en disant à mon père: Si je ne le ramène pas auprès de toi, je serai pour toujours coupable envers mon père. Permets donc, je 33 te prie, à ton serviteur de rester à la place de l'enfant, comme esclave de mon seigneur; et que l'enfant remonte avec ses frères. Comment 34 pourrai-je remonter vers mon père, si l'enfant n'est pas avec moi? Ah! que je ne voie point l'affliction de mon père!

Joseph ne pouvait plus se contenir devant tous ceux qui l'entouraient. Il s'écria: Faites sortir tout le monde. Et il ne resta personne avec Joseph, quand il se fit connaître à ses frères. Il éleva la 2 voix, en pleurant. Les Égyptiens l'entendirent, et la maison de Pharaon l'entendit.

45

Joseph dit à ses frères: Je suis 3 Joseph! Mon père vit-il encore? Mais ses frères ne purent lui répondre, car ils étaient troublés en sa présence. Joseph dit à ses frères: 4 Approchez-vous de moi. Et ils s'approchèrent. Il dit: Je suis Joseph, votre frère, que vous avez vendu pour être mené en Égypte. Maintenant, ne vous affligez pas, et 5 ne soyez pas fâchés de m'avoir vendu pour être conduit ici, car c'est pour vous sauver la vie que Dieu m'a envoyé devant vous. Voilà deux 6 ans que la famine est dans le pays; et pendant cinq années encore, il n'y aura ni labour, ni moisson. Dieu 7 m'a envoyé devant vous pour vous faire subsister dans le pays, et pour vous faire vivre par une grande délivrance. Ce n'est donc pas vous 8 qui m'avez envoyé ici, mais c'est Dieu; il m'a établi père de Pharaon, maître de toute sa maison, et gouverneur de tout le pays d'Égypte. Hâtez-vous de remonter auprès de 9 mon père, et vous lui direz: Ainsi a parlé ton fils Joseph : Dieu m'a établi seigneur de toute l'Égypte ; 10 descends vers moi, ne tarde pas ! Tu habiteras dans le pays de Gosen, et tu seras près de moi, toi, tes fils, et les fils de tes fils, tes brebis et tes 11 bœufs, et tout ce qui est à toi. Là, je te nourrirai, car il y aura encore cinq années de famine ; et ainsi tu ne périras point, toi, ta maison, et 12 tout ce qui est à toi. Vous voyez de vos yeux, et mon frère Benjamin voit de ses yeux que c'est moi-même 13 qui vous parle. Racontez à mon père toute ma gloire en Égypte, et tout ce que vous avez vu ; et vous ferez descendre ici mon père au plus tôt.

14 Il se jeta au cou de Benjamin, son frère, et pleura ; et Benjamin pleura 15 sur son cou. Il embrassa aussi tous ses frères, en pleurant. Après quoi, ses frères s'entretinrent avec lui.

16 Le bruit se répandit dans la maison de Pharaon que les frères de Joseph étaient arrivés : ce qui fut agréable à 17 Pharaon et à ses serviteurs. Pharaon dit à Joseph : Dis à tes frères : Faites ceci. Chargez vos bêtes, et partez 18 pour le pays de Canaan ; prenez votre père et vos familles, et venez auprès de moi. Je vous donnerai ce qu'il y a de meilleur au pays d'Égypte, et vous mangerez la graisse 19 du pays. Tu as ordre de leur dire : Faites ceci. Prenez dans le pays d'Égypte des chars pour vos enfants et pour vos femmes ; amenez votre 20 père, et venez. Ne regrettez point ce que vous laisserez, car ce qu'il y a de meilleur dans tout le pays d'Égypte sera pour vous.

21 Les fils d'Israël firent ainsi. Joseph leur donna des chars, selon l'ordre de Pharaon ; il leur donna aussi des 22 provisions pour la route. Il leur donna à tous des vêtements de rechange, et il donna à Benjamin trois cents sicles d'argent et cinq 23 vêtements de rechange. Il envoya à son père dix ânes chargés de ce qu'il y avait de meilleur en Égypte, et dix ânesses chargées de blé, de pain et de vivres, pour son père 24 pendant le voyage. Puis il congédia

ses frères, qui partirent ; et il leur dit : Ne vous querellez pas en chemin.

Ils remontèrent de l'Égypte, et ils 25 arrivèrent dans le pays de Canaan, auprès de Jacob, leur père. Ils lui 26 dirent : Joseph vit encore, et même c'est lui qui gouverne tout le pays d'Égypte. Mais le cœur de Jacob resta froid, parce qu'il ne les croyait pas. Ils lui rapportèrent toutes les 27 paroles que Joseph leur avait dites. Il vit les chars que Joseph avait envoyés pour le transporter. C'est alors que l'esprit de Jacob, leur père, se ranima ; et Israël dit : C'est assez ! 28 Joseph, mon fils, vit encore ! J'irai, et je le verrai avant que je meure.

Arrivée et établissement de la famille de Jacob en Égypte.

Israël partit, avec tout ce qui **46** lui appartenait. Il arriva à Beer-Schéba, et il offrit des sacrifices au Dieu de son père Isaac. Dieu parla 2 à Israël dans une vision pendant la nuit, et il dit : Jacob ! Jacob ! Israël répondit : Me voici ! Et Dieu dit : 3 Je suis le Dieu, le Dieu de ton père. Ne crains point de descendre en Égypte, car là je te ferai devenir une grande nation. Moi-même je 4 descendrai avec toi en Égypte, et moi-même je t'en ferai remonter ; et Joseph te fermera les yeux.

Jacob quitta Beer-Schéba ; et les 5 fils d'Israël mirent Jacob, leur père, avec leurs enfants et leurs femmes, sur les chars que Pharaon avait envoyés pour les transporter. Ils 6 prirent aussi leurs troupeaux et les biens qu'ils avaient acquis dans le pays de Canaan. Et Jacob se rendit en Égypte, avec toute sa famille. Il 7 emmena avec lui en Égypte ses fils et les fils de ses fils, ses filles et les filles de ses fils, et toute sa famille.

Voici les noms des fils d'Israël, 8 qui vinrent en Égypte.

Jacob et ses fils.

Premier-né de Jacob : Ruben.

Fils de Ruben : Hénoc, Pallu, 9 Hetsron et Carmi.—Fils de Siméon : 10 Jemuel, Jamin, Ohad, Jakin et Tsochar ; et Saul, fils de la Cana-

11 néenne.—Fils de Lévi: Guerschon,
12 Kehath et Merari.—Fils de Juda:
Er, Onan, Schéla, Pérets et Zarach;
mais Er et Onan moururent au pays
de Canaan. Les fils de Pérets furent
13 Hetsron et Hamul.—Fils d'Issacar:
14 Thola, Puva, Job et Schimron.—Fils
de Zabulon: Séred, Élon et Jahleel.

15 Ce sont là les fils que Léa enfanta
à Jacob à Paddan-Aram, avec sa
fille Dina. Ses fils et ses filles
formaient en tout trente-trois personnes.

16 Fils de Gad: Tsiphjon, Haggi,
Schuni, Etsbon, Éri, Arodi et
17 Areéli.—Fils d'Aser: Jimna, Jischva,
Jischvi et Beria; et Sérach, leur
sœur. Et les fils de Beria: Héber et
Malkiel.

18 Ce sont là les fils de Zilpa, que
Laban avait donnée à Léa, sa fille;
et elle les enfanta à Jacob. En tout,
seize personnes.

19 Fils de Rachel, femme de Jacob:
20 Joseph et Benjamin.—Il naquit à
Joseph, au pays d'Égypte, Manassé
et Éphraïm, que lui enfanta Asnath,
fille de Poti-Phéra, prêtre d'On.—
21 Fils de Benjamin: Béla, Béker,
Aschbel, Guéra, Naaman, Éhi, Rosch,
Muppim, Huppim et Ard.

22 Ce sont là les fils de Rachel, qui
naquirent à Jacob. En tout, quatorze
personnes.

23 Fils de Dan: Huschim.
24 Fils de Nephthali: Jathtseel, Guni,
Jetser et Schillem.

25 Ce sont là les fils de Bilha, que
Laban avait donnée à Rachel, sa
fille; et elle les enfanta à Jacob. En
tout, sept personnes.

26 Les personnes qui vinrent avec
Jacob en Égypte, et qui étaient issues
de lui, étaient au nombre de soixante-
six en tout, sans compter les femmes
27 des fils de Jacob. Et Joseph avait
deux fils qui lui étaient nés en
Égypte.—Le total des personnes de
la famille de Jacob qui vinrent en
Égypte était de soixante-dix.

28 Jacob envoya Juda devant lui vers
Joseph, pour l'informer qu'il se
29 rendait en Gosen. Joseph attela
son char et y monta, pour aller en
Gosen, à la rencontre d'Israël, son
père. Dès qu'il le vit, il se jeta à
son cou, et pleura longtemps sur son
cou. Israël dit à Joseph: Que je 30
meure maintenant, puisque j'ai vu
ton visage et que tu vis encore!

31 Joseph dit à ses frères et à la
famille de son père: Je vais avertir
Pharaon, et je lui dirai: Mes frères
et la famille de mon père, qui étaient
au pays de Canaan, sont arrivés
auprès de moi. Ces hommes sont 32
bergers, car ils élèvent des troupeaux;
ils ont amené leurs brebis et leurs
bœufs, et tout ce qui leur appartient.
Et quand Pharaon vous appellera, 33
et dira: Quelle est votre occupation? 34
vous répondrez: Tes serviteurs ont
élevé des troupeaux, depuis notre
jeunesse jusqu'à présent, nous et nos
pères. De cette manière, vous habiterez dans le pays de Gosen, car
tous les bergers sont en abomination
aux Égyptiens.

47 Joseph alla avertir Pharaon, et
lui dit: Mes frères et mon père
sont arrivés du pays de Canaan, avec
leurs brebis et leurs bœufs, et tout
ce qui leur appartient; et les voici
dans le pays de Gosen. Il prit cinq 2
de ses frères, et les présenta à
Pharaon. Pharaon leur dit: Quelle 3
est votre occupation? Ils répondirent
à Pharaon: Tes serviteurs sont
bergers, comme l'étaient nos pères.
Ils dirent encore à Pharaon: Nous 4
sommes venus pour séjourner dans
le pays, parce qu'il n'y a plus de
pâturage pour les brebis de tes
serviteurs, car la famine s'appesantit
sur le pays de Canaan; permets
donc à tes serviteurs d'habiter au
pays de Gosen. Pharaon dit à 5
Joseph: Ton père et tes frères sont
venus auprès de toi. Le pays 6
d'Égypte est devant toi; établis ton
père et tes frères dans la meilleure
partie du pays. Qu'ils habitent dans
le pays de Gosen; et, si tu trouves
parmi eux des hommes capables,
mets-les à la tête de mes troupeaux.

Joseph fit venir Jacob, son père, et 7
le présenta à Pharaon. Et Jacob
bénit Pharaon. Pharaon dit à Jacob: 8
Quel est le nombre de jours des
années de ta vie? Jacob répondit 9

à Pharaon ; Les jours des années de mon pèlerinage sont de cent trente ans. Les jours des années de ma vie ont été peu nombreux et mauvais, et ils n'ont point atteint les jours des années de la vie de mes pères durant 10 leur pèlerinage. Jacob bénit encore Pharaon, et se retira de devant Pharaon.

11 Joseph établit son père et ses frères, et leur donna une propriété dans le pays d'Égypte, dans la meilleure partie du pays, dans la contrée de Ramsès, comme Pharaon 12 l'avait ordonné. Joseph fournit du pain à son père et à ses frères, et à toute la famille de son père, selon le nombre des enfants.

13 Il n'y avait plus de pain dans tout le pays, car la famine était très grande ; le pays d'Égypte et le pays de Canaan languissaient, à cause de 14 la famine. Joseph recueillit tout l'argent qui se trouvait dans le pays d'Égypte et dans le pays de Canaan, contre le blé qu'on achetait ; et il fit entrer cet argent dans la maison de 15 Pharaon. Quand l'argent du pays d'Égypte et du pays de Canaan fut épuisé, tous les Égyptiens vinrent à Joseph, en disant : Donne-nous du pain ! Pourquoi mourrions-nous en ta présence ? car l'argent manque. 16 Joseph dit : Donnez vos troupeaux, et je vous donnerai du pain contre vos troupeaux, si l'argent manque. 17 Ils amenèrent leurs troupeaux à Joseph, et Joseph leur donna du pain contre les chevaux, contre les troupeaux de brebis et de bœufs, et contre les ânes. Il leur fournit ainsi du pain cette année-là contre tous leurs troupeaux.

18 Lorsque cette année fut écoulée, ils vinrent à Joseph l'année suivante, et lui dirent : Nous ne cacherons point à mon seigneur que l'argent est épuisé, et que les troupeaux de bétail ont été amenés à mon seigneur ; il ne reste devant mon seigneur que 19 nos corps et nos terres. Pourquoi mourrions-nous sous tes yeux, nous et nos terres ? Achète-nous avec nos terres contre du pain, et nous appartiendrons à mon seigneur, nous

et nos terres. Donne-nous de quoi semer, afin que nous vivions et que nous ne mourions pas, et que nos terres ne soient pas désolées. Joseph 20 acheta toutes les terres de l'Égypte pour Pharaon ; car les Égyptiens vendirent chacun leur champ, parce que la famine les pressait. Et le pays devint la propriété de Pharaon. Il fit passer le peuple dans les villes, 21 d'un bout à l'autre des frontières de l'Égypte. Seulement, il n'acheta 22 point les terres des prêtres, parce qu'il y avait une loi de Pharaon en faveur des prêtres, qui vivaient du revenu que leur assurait Pharaon : c'est pourquoi ils ne vendirent point leurs terres. Joseph dit au peuple : 23 Je vous ai achetés aujourd'hui avec vos terres, pour Pharaon ; voici pour vous de la semence, et vous pourrez ensemencer le sol. A la récolte, 24 vous donnerez un cinquième à Pharaon, et vous aurez les quatre autres parties, pour ensemencer les champs, et pour vous nourrir avec vos enfants et ceux qui sont dans vos maisons. Ils dirent : Tu nous sauves la vie ! 25 que nous trouvions grâce aux yeux de mon seigneur, et nous serons esclaves de Pharaon. Joseph fit de 26 cela une loi, qui a subsisté jusqu'à ce jour, et d'après laquelle un cinquième du revenu des terres de l'Égypte appartient à Pharaon ; il n'y a que les terres des prêtres qui ne soient point à Pharaon.

Israël habita dans le pays d'Égypte, 27 dans le pays de Gosen. Ils eurent des possessions, ils furent féconds et multiplièrent beaucoup.

Jacob vécut dix-sept ans dans le 28 pays d'Égypte ; et les jours des années de la vie de Jacob furent de cent quarante-sept ans. Lors- 29 qu'Israël approcha du moment de sa mort, il appela son fils Joseph, et lui dit : Si j'ai trouvé grâce à tes yeux, mets, je te prie, ta main sous ma cuisse, et use envers moi de bonté et de fidélité : ne m'enterre pas en Égypte ! Quand je serai couché 30 avec mes pères, tu me transporteras hors de l'Égypte, et tu m'enterreras dans leur sépulcre. Joseph répondit :

31 Je ferai selon ta parole. Jacob dit : Jure-le-moi. Et Joseph le lui jura. Puis Israël se prosterna sur le chevet de son lit.

48 Après ces choses, l'on vint dire à Joseph : Voici, ton père est malade. Et il prit avec lui ses deux 2 fils, Manassé et Éphraïm. On avertit Jacob, et on lui dit : Voici ton fils Joseph qui vient vers toi. Et Israël rassembla ses forces, et s'assit sur son lit.

3 Jacob dit à Joseph : Le Dieu tout-puissant m'est apparu à Luz, dans le 4 pays de Canaan, et il m'a béni. Il m'a dit : Je te rendrai fécond, je te multiplierai, et je ferai de toi une multitude de peuples ; je donnerai ce pays à ta postérité après toi, pour 5 qu'elle le possède à toujours. Maintenant, les deux fils qui te sont nés au pays d'Égypte, avant mon arrivée vers toi en Égypte, seront à moi ; Éphraïm et Manassé seront à moi, 6 comme Ruben et Siméon. Mais les enfants que tu as engendrés après eux seront à toi ; ils seront appelés du nom de leurs frères dans leur 7 héritage. A mon retour de Paddan, Rachel mourut en route auprès de moi, dans le pays de Canaan, à quelque distance d'Éphrata ; et c'est là que je l'ai enterrée, sur le chemin d'Éphrata, qui est Bethléhem.

8 Israël regarda les fils de Joseph, 9 et dit : Qui sont ceux-ci ? Joseph répondit à son père : Ce sont mes fils, que Dieu m'a donnés ici. Israël dit : Fais-les, je te prie, approcher 10 de moi, pour que je les bénisse. Les yeux d'Israël étaient appesantis par la vieillesse ; il ne pouvait plus voir. Joseph les fit approcher de lui ; et Israël leur donna un baiser, et les 11 embrassa. Israël dit à Joseph : Je ne pensais pas revoir ton visage, et voici que Dieu me fait voir même ta 12 postérité. Joseph les retira des genoux de son père, et il se prosterna 13 en terre devant lui. Puis Joseph les prit tous deux, Éphraïm de sa main droite à la gauche d'Israël, et Manassé de sa main gauche à la droite d'Israël, et il les fit approcher 14 de lui. Israël étendit sa main droite

et la posa sur la tête d'Éphraïm qui était le plus jeune, et il posa sa main gauche sur la tête de Manassé : ce fut avec intention qu'il posa ses mains ainsi, car Manassé était le premier-né. Il bénit Joseph, et dit : Que le 15 Dieu en présence duquel ont marché mes pères, Abraham et Isaac, que le Dieu qui m'a conduit depuis que j'existe jusqu'à ce jour, que l'ange 16 qui m'a délivré de tout mal, bénisse ces enfants ! Qu'ils soient appelés de mon nom et du nom de mes pères, Abraham et Isaac, et qu'ils multiplient en abondance au milieu du pays ! Joseph vit avec déplaisir 17 que son père posait sa main droite sur la tête d'Éphraïm ; il saisit la main de son père, pour la détourner de dessus la tête d'Éphraïm, et la diriger sur celle de Manassé. Et 18 Joseph dit à son père : Pas ainsi, mon père, car celui-ci est le premier-né ; pose ta main droite sur sa tête. Son père refusa, et dit : Je le sais, 19 mon fils, je le sais ; lui aussi deviendra un peuple, lui aussi sera grand ; mais son frère cadet sera plus grand que lui, et sa postérité deviendra une multitude de nations. Il les bénit ce jour-là, et dit : C'est 20 par toi qu'Israël bénira, en disant : Que Dieu te traite comme Éphraïm et comme Manassé ! Et il mit Éphraïm avant Manassé.

Israël dit à Joseph : Voici, je vais 21 mourir ! Mais Dieu sera avec vous, et il vous fera retourner dans le pays de vos pères. Je te donne, de plus qu'à 22 tes frères, une part que j'ai prise de la main des Amoréens avec mon épée et avec mon arc.

Bénédiction prophétique de Jacob à ses douze fils.—Mort de Jacob.—Ses funérailles dans le pays de Canaan.—Mort de Joseph.

49 Jacob appela ses fils, et dit : Assemblez-vous, et je vous annoncerai ce qui vous arrivera dans la suite des temps.

Rassemblez-vous, et écoutez, fils de 2 Jacob ! Écoutez Israël, votre père !

Ruben, toi, mon premier-né, 3

Ma force et les prémices de ma
vigueur,
Supérieur en dignité et supérieur en
puissance,

4 Impétueux comme les eaux, tu
n'auras pas la prééminence !
Car tu es monté sur la couche de
ton père,
Tu as souillé ma couche en y montant.

5 Siméon et Lévi sont frères ;
Leurs glaives sont des instruments
de violence.

6 Que mon âme n'entre point dans
leur conciliabule,
Que mon esprit ne s'unisse point à
leur assemblée !
Car, dans leur colère, ils ont tué des
hommes,
Et, dans leur méchanceté, ils ont
coupé les jarrets des taureaux.

7 Maudite soit leur colère, car elle est
violente,
Et leur fureur, car elle est cruelle !
Je les séparerai dans Jacob,
Et je les disperserai dans Israël.

8 Juda, tu recevras les hommages de
tes frères ;
Ta main sera sur la nuque de tes
ennemis.
Les fils de ton père se prosterneront
devant toi.

9 Juda est un jeune lion.
Tu reviens du carnage, mon fils !
Il ploie les genoux, il se couche
comme un lion,
Comme une lionne : qui le fera
lever ?

10 Le sceptre ne s'éloignera point de
Juda,
Ni le bâton souverain d'entre ses
pieds,
Jusqu'à ce que vienne le Schilo,
Et que les peuples lui obéissent.

11 Il attache à la vigne son âne,
Et au meilleur cep le petit de son
ânesse ;
Il lave dans le vin son vêtement,
Et dans le sang des raisins son
manteau.

12 Il a les yeux rouges de vin,
Et les dents blanches de lait.

13 Zabulon habitera sur la côte des mers,

Il sera sur la côte des navires,
Et sa limite s'étendra du côté de
Sidon.

14 Issacar est un âne robuste,
Qui se couche dans les étables.

15 Il voit que le lieu où il repose est
agréable,
Et que la contrée est magnifique ;
Et il courbe son épaule sous le
fardeau,
Il s'assujettit à un tribut.

16 Dan jugera son peuple,
Comme l'une des tribus d'Israël.

17 Dan sera un serpent sur le chemin,
Une vipère sur le sentier,
Mordant les talons du cheval,
Pour que le cavalier tombe à la
renverse.

18 J'espère en ton secours, ô Éternel !

19 Gad sera assailli par des bandes
armées,
Mais il les assaillira et les poursuivra.

20 Aser produit une nourriture excellente ;
Il fournira les mets délicats des rois.

21 Nephthali est une biche en liberté ;
Il profère de belles paroles.

22 Joseph est le rejeton d'un arbre
fertile,
Le rejeton d'un arbre fertile près
d'une source ;
Les branches s'élèvent au-dessus de
la muraille.

23 Ils l'ont provoqué, ils ont lancé des
traits ;
Les archers l'ont poursuivi de leur
haine.

24 Mais son arc est demeuré ferme,
Et ses mains ont été fortifiées
Par les mains du Puissant de Jacob :
Il est ainsi devenu le berger, le rocher
d'Israël.

25 C'est l'œuvre du Dieu de ton père,
qui t'aidera ;
C'est l'œuvre du Tout-Puissant, qui
te bénira
Des bénédictions des cieux en haut,

Des bénédictions des eaux en bas,
Des bénédictions des mamelles et du
sein maternel.

26 Les bénédictions de ton père s'élè-
vent
Au-dessus des bénédictions de mes
pères
Jusqu'à la cime des collines éternelles:
Qu'elles soient sur la tête de Joseph,
Sur le sommet de la tête du prince
de ses frères!

27 Benjamin est un loup qui déchire;
Le matin, il dévore la proie,
Et le soir, il partage le butin.

28 Ce sont là tous ceux qui forment les
douze tribus d'Israël. Et c'est là ce
que leur dit leur père, en les bénissant.
Il les bénit, chacun selon sa bénédiction.

29 Puis il leur donna cet ordre: Je vais
être recueilli auprès de mon peuple;
enterrez-moi avec mes pères, dans la
caverne qui est au champ d'Éphron,

30 le Héthien, dans la caverne du champ
de Macpéla, vis-à-vis de Mamré, dans
le pays de Canaan. C'est le champ
qu'Abraham a acheté d'Éphron, le
Héthien, comme propriété sépulcrale.

31 Là on a enterré Abraham et Sara, sa
femme; là on a enterré Isaac et
Rebecca, sa femme; et là j'ai enterré

32 Léa. Le champ et la caverne qui s'y
trouve ont été achetés des fils de
Heth.

33 Lorsque Jacob eut achevé de donner ces ordres à ses fils, il retira ses
pieds dans le lit, il expira, et fut recueilli auprès de son peuple.

50 Joseph se jeta sur le visage de
son père, pleura sur lui, et le baisa.

2 Il ordonna aux médecins à son service
d'embaumer son père, et les médecins

3 embaumèrent Israël. Quarante jours
s'écoulèrent ainsi, et furent employés
à l'embaumer. Et les Égyptiens le
pleurèrent soixante-dix jours.

4 Quand les jours du deuil furent
passés, Joseph s'adressa aux gens de
la maison de Pharaon, et leur dit: Si
j'ai trouvé grâce à vos yeux, rapportez,
je vous prie, à Pharaon ce que je vous

5 dis. Mon père m'a fait jurer, en disant: Voici, je vais mourir! Tu m'en-

terreras dans le sépulcre que je me
suis acheté au pays de Canaan. Je
voudrais donc y monter, pour enterrer
mon père; et je reviendrai. Pharaon 6
répondit: Monte, et enterre ton père,
comme il te l'a fait jurer.

Joseph monta, pour enterrer son 7
père. Avec lui montèrent tous les
serviteurs de Pharaon, anciens de sa
maison, tous les anciens du pays
d'Égypte, toute la maison de Joseph, 8
ses frères, et la maison de son père:
on ne laissa dans le pays de Gosen
que les enfants, les brebis et les
bœufs. Il y avait encore avec Joseph 9
des chars et des cavaliers, en sorte
que le cortège était très nombreux.
Arrivés à l'aire d'Athad, qui est au 10
delà du Jourdain, ils firent entendre
de grandes et profondes lamentations; et Joseph fit en l'honneur de
son père un deuil de sept jours. Les 11
habitants du pays, les Cananéens,
furent témoins de ce deuil dans l'aire
d'Athad, et ils dirent: Voilà un
grand deuil parmi les Égyptiens!
C'est pourquoi l'on a donné le nom
d'Abel-Mitsraïm à cette aire qui est
au delà du Jourdain.

C'est ainsi que les fils de Jacob 12
exécutèrent les ordres de leur père.
Ils le transportèrent au pays de 13
Canaan, et l'enterrèrent dans la
caverne du champ de Macpéla, qu'A-
braham avait achetée d'Éphron, le
Héthien, comme propriété sépulcrale,
et qui est vis-à-vis de Mamré.

Joseph, après avoir enterré son 14
père, retourna en Égypte, avec ses
frères et tous ceux qui étaient montés
avec lui pour enterrer son père.

Quand les frères de Joseph virent 15
que leur père était mort, ils dirent:
Si Joseph nous prenait en haine, et
nous rendait tout le mal que nous
lui avons fait! Et ils firent dire 16
à Joseph: Ton père a donné cet
ordre avant de mourir: Vous parlerez 17
ainsi à Joseph: Oh! pardonne le
crime de tes frères et leur péché, car
ils t'ont fait du mal! Pardonne
maintenant le péché des serviteurs
du Dieu de ton père! Joseph pleura,
en entendant ces paroles. Ses frères 18
vinrent eux-mêmes se prosterner

devant lui, et ils dirent : Nous sommes
19 tes serviteurs. Joseph leur dit :
Soyez sans crainte, car suis-je à la
20 place de Dieu ? Vous aviez médité
de me faire du mal : Dieu l'a changé
en bien, pour accomplir ce qui arrive
aujourd'hui, pour sauver la vie à un
21 peuple nombreux. Soyez donc sans
crainte ; je vous entretiendrai, vous
et vos enfants. Et il les consola, en
parlant à leur cœur.

22 Joseph demeura en Égypte, lui et
la maison de son père. Il vécut cent
23 dix ans. Joseph vit les fils d'Éphraïm
jusqu'à la troisième génération ; et
les fils de Makir, fils de Manassé,
naquirent sur ses genoux.

Joseph dit à ses frères : Je vais 24
mourir ! Mais Dieu vous visitera, et
il vous fera remonter de ce pays-ci
dans le pays qu'il a juré de donner
à Abraham, à Isaac et à Jacob.
Joseph fit jurer les fils d'Israël, en 25
disant : Dieu vous visitera ; et vous
ferez remonter mes os loin d'ici.
Joseph mourut, âgé de cent dix 26
ans. On l'embauma, et on le mit
dans un cercueil en Égypte.

L'EXODE

LE PEUPLE D'ISRAËL EN ÉGYPTE

Souffrances des Israélites en Égypte.

I Voici les noms des fils d'Israël,
venus en Égypte avec Jacob et la
2 famille de chacun d'eux : Ruben,
3 Siméon, Lévi, Juda, Issacar, Zabulon,
4 Benjamin, Dan, Nephthali, Gad et
5 Aser. Les personnes issues de Jacob
étaient au nombre de soixante-dix en
tout. Joseph était alors en Égypte.
6 Joseph mourut, ainsi que tous ses
frères et toute cette génération-là.
7 Les enfants d'Israël furent féconds
et multiplièrent, ils s'accrurent et
devinrent de plus en plus puissants.
Et le pays en fut rempli.

8 Il s'éleva sur l'Égypte un nouveau
roi, qui n'avait point connu Joseph.
9 Il dit à son peuple : Voilà les enfants
d'Israël qui forment un peuple plus
nombreux et plus puissant que nous.
10 Allons ! montrons-nous habiles à son
égard ; empêchons qu'il ne s'accroisse,
et que, s'il survient une guerre, il ne
se joigne à nos ennemis, pour nous
combattre et sortir ensuite du pays.
11 Et l'on établit sur lui des chefs de
corvées, afin de l'accabler de travaux
pénibles. C'est ainsi qu'il bâtit les
villes de Pithom et de Ramsès, pour
12 servir de magasins à Pharaon. Mais
plus on l'accablait, plus il multipliait
et s'accroissait ; et l'on prit en aversion
les enfants d'Israël. Alors les 13
Égyptiens réduisirent les enfants
d'Israël à une dure servitude. Ils 14
leur rendirent la vie amère par de
rudes travaux en argile et en briques,
et par tous les ouvrages des champs :
et c'était avec cruauté qu'ils leur
imposaient toutes ces charges.

Le roi d'Égypte parla aussi aux 15
sages-femmes des Hébreux, nommées
l'une Schiphra, et l'autre Pua. Il 16
leur dit : Quand vous accoucherez
les femmes des Hébreux et que vous
les verrez sur les sièges, si c'est un
garçon, faites-le mourir ; si c'est une
fille, laissez-la vivre. Mais les sages- 17
femmes craignirent Dieu, et ne firent
point ce que leur avait dit le roi
d'Égypte ; elles laissèrent vivre les
enfants. Le roi d'Égypte appela les 18
sages-femmes, et leur dit : Pourquoi
avez-vous agi ainsi, et avez-vous
laissé vivre les enfants ? Les sages- 19
femmes répondirent à Pharaon : C'est
que les femmes des Hébreux ne sont
pas comme les Égyptiennes ; elles
sont vigoureuses et elles accouchent
avant l'arrivée de la sage femme.
Dieu fit du bien aux sages-femmes ; 20
et le peuple multiplia et devint très
nombreux. Parce que les sages- 21
femmes avaient eu la crainte de

Dieu, Dieu fit prospérer leurs maisons.

22 Alors Pharaon donna cet ordre à tout son peuple : Vous jetterez dans le fleuve tout garçon qui naîtra, et vous laisserez vivre toutes les filles.

Naissance de Moïse.—Sa fuite au pays de Madian.

2 Un homme de la maison de Lévi avait pris pour femme une fille de 2 Lévi. Cette femme devint enceinte et enfanta un fils. Elle vit qu'il était beau, et elle le cacha pendant 3 trois mois. Ne pouvant plus le cacher, elle prit une caisse de jonc, qu'elle enduisit de bitume et de poix ; elle y mit l'enfant, et le déposa parmi les roseaux, sur le bord du fleuve. 4 La sœur de l'enfant se tint à quelque distance, pour savoir ce qui lui arriverait.

5 La fille de Pharaon descendit au fleuve pour se baigner, et ses compagnes se promenèrent le long du fleuve. Elle aperçut la caisse au milieu des roseaux, et elle envoya 6 sa servante pour la prendre. Elle l'ouvrit, et vit l'enfant : c'était un petit garçon qui pleurait. Elle en eut pitié, et elle dit : C'est un enfant 7 des Hébreux ! Alors la sœur de l'enfant dit à la fille de Pharaon : Veux-tu que j'aille te chercher une nourrice parmi les femmes des Hé-8 breux, pour allaiter cet enfant ? Va, lui répondit la fille de Pharaon. Et la jeune fille alla chercher la mère 9 de l'enfant. La fille de Pharaon lui dit : Emporte cet enfant, et allaite-le-moi ; je te donnerai ton salaire. La 10 femme prit l'enfant, et l'allaita. Quand il eut grandi, elle l'amena à la fille de Pharaon, et il fut pour elle comme un fils. Elle lui donna le nom de Moïse, car, dit-elle, je l'ai retiré des eaux.

11 En ce temps-là, Moïse, devenu grand, se rendit vers ses frères, et fut témoin de leurs pénibles travaux. Il vit un Égyptien qui frappait un 12 Hébreu d'entre ses frères. Il regarda de côté et d'autre, et, voyant qu'il n'y avait personne, il tua l'Égyptien,

et le cacha dans le sable. Il sortit 13 le jour suivant ; et voici, deux Hébreux se querellaient. Il dit à celui qui avait tort : Pourquoi frappes-tu ton prochain ? Et cet homme 14 répondit : Qui t'a établi chef et juge sur nous ? Penses-tu me tuer, comme tu as tué l'Égyptien ? Moïse eut peur, et dit : Certainement la chose est connue. Pharaon apprit ce qui 15 s'était passé, et il cherchait à faire mourir Moïse. Mais Moïse s'enfuit de devant Pharaon, et il se retira dans le pays de Madian, où il s'arrêta près d'un puits.

Le sacrificateur de Madian avait 16 sept filles. Elles vinrent puiser de l'eau, et elles remplirent les auges pour abreuver le troupeau de leur père. Les bergers arrivèrent, et les 17 chassèrent. Alors Moïse se leva, prit leur défense, et fit boire leur troupeau. Quand elles furent de 18 retour auprès de Réuel, leur père, il dit : Pourquoi revenez-vous sitôt aujourd'hui ? Elles répondirent : Un 19 Égyptien nous a délivrées de la main des bergers, et même il nous a puisé de l'eau, et a fait boire le troupeau. Et il dit à ses filles : Où est-il ? 20 Pourquoi avez-vous laissé cet homme ? Appelez-le, pour qu'il prenne quelque nourriture. Moïse se décida à 21 demeurer chez cet homme, qui lui donna pour femme Séphora, sa fille. Elle enfanta un fils, qu'il appela du 22 nom de Guerschom, car, dit-il, j'habite un pays étranger.

Longtemps après, le roi d'Égypte 23 mourut, et les enfants d'Israël gémissaient encore sous la servitude, et poussaient des cris. Ces cris, que leur arrachait la servitude, montèrent jusqu'à Dieu. Dieu entendit leurs 24 gémissements, et se souvint de son alliance avec Abraham, Isaac et Jacob. Dieu regarda les enfants 25 d'Israël, et il en eut compassion.

Le buisson ardent.

Moïse faisait paître le troupeau de **3** Jéthro, son beau-père, sacrificateur de Madian ; et il mena le troupeau derrière le désert, et vint à la montagne de Dieu, à Horeb. L'ange 2 de l'Éternel lui apparut dans une flamme de feu, au milieu d'un buisson. Moïse regarda; et voici, le buisson était tout en feu, et le buisson ne se consumait point.

3 Moïse dit: Je veux me détourner pour voir quelle est cette grande vision, et pourquoi le buisson ne se

4 consume point. L'Éternel vit qu'il se détournait pour voir; et Dieu l'appela du milieu du buisson, et dit: Moïse! Moïse! Et il répondit: Me

5 voici! Dieu dit: N'approche pas d'ici, ôte tes souliers de tes pieds, car le lieu sur lequel tu te tiens est une

6 terre sainte. Et il ajouta: Je suis le Dieu de ton père, le Dieu d'Abraham, le Dieu d'Isaac et le Dieu de Jacob. Moïse se cacha le visage, car il craignait de regarder Dieu.

7 L'Éternel dit: J'ai vu la souffrance de mon peuple qui est en Égypte, et j'ai entendu les cris que lui font pousser ses oppresseurs, car je connais

8 ses douleurs. Je suis descendu pour le délivrer de la main des Égyptiens, et pour le faire monter de ce pays dans un bon et vaste pays, dans un pays où coulent le lait et le miel, dans les lieux qu'habitent les Cananéens, les Héthiens, les Amoréens,

9 les Phéréziens, les Héviens et les Jébusiens. Voici, les cris d'Israël sont venus jusqu'à moi, et j'ai vu l'oppression que leur font souffrir

10 les Égyptiens. Maintenant, va, je t'enverrai auprès de Pharaon, et tu feras sortir d'Égypte mon peuple, les enfants d'Israël.

11 Moïse dit à Dieu: Qui suis-je, pour aller vers Pharaon, et pour faire sortir d'Égypte les enfants

12 d'Israël? Dieu dit: Je serai avec toi; et ceci sera pour toi le signe que c'est moi qui t'envoie: quand tu auras fait sortir d'Égypte le peuple, vous servirez Dieu sur cette montagne.

13 Moïse dit à Dieu: J'irai donc vers les enfants d'Israël, et je leur dirai: Le Dieu de vos pères m'envoie vers vous. Mais, s'ils me demandent quel est son nom, que leur répondrai-je?

14 Dieu dit à Moïse: Je suis celui qui suis. Et il ajouta: C'est ainsi que tu répondras aux enfants d'Israël: Celui qui s'appelle "Je suis" m'a

15 envoyé vers vous. Dieu dit encore à Moïse: Tu parleras ainsi aux enfants d'Israël: L'Éternel, le Dieu de vos pères, le Dieu d'Abraham, le Dieu d'Isaac et le Dieu de Jacob, m'envoie vers vous. Voilà mon nom pour l'éternité, voilà mon nom de

16 génération en génération. Va, rassemble les anciens d'Israël, et dis-leur: L'Éternel, le Dieu de vos pères, m'est apparu, le Dieu d'Abraham, d'Isaac et de Jacob. Il a dit: Je

17 vous ai vus, et j'ai vu ce qu'on vous fait en Égypte, et j'ai dit: Je vous ferai monter de l'Égypte, où vous souffrez, dans le pays des Cananéens, des Héthiens, des Amoréens, des Phéréziens, des Héviens et des Jébusiens, dans un pays où coulent le

18 lait et le miel. Ils écouteront ta voix; et tu iras, toi et les anciens d'Israël, auprès du roi d'Égypte, et vous lui direz: L'Éternel, le Dieu des Hébreux, nous est apparu. Permets-nous de faire trois journées de marche dans le désert, pour offrir des sacrifices à l'Éternel, notre Dieu.

19 Je sais que le roi d'Égypte ne vous laissera point aller, si ce n'est par

20 une main puissante. J'étendrai ma main, et je frapperai l'Égypte par toutes sortes de prodiges que je ferai au milieu d'elle. Après quoi, il

21 vous laissera aller. Je ferai même trouver grâce à ce peuple aux yeux des Égyptiens, et quand vous partirez, vous ne partirez point à vide.

22 Chaque femme demandera à sa voisine et à celle qui demeure dans sa maison des vases d'argent, des vases d'or, et des vêtements, que vous mettrez sur vos fils et vos filles. Et vous dépouillerez les Égyptiens.

4 Moïse répondit, et dit: Voici, ils ne me croiront point, et ils n'écouteront point ma voix. Mais ils diront: L'Éternel ne t'est point apparu.

2 L'Éternel lui dit: Qu'y a-t-il dans ta main? Il répondit: Une verge.

3 L'Éternel dit: Jette-la par terre. Il la jeta par terre, et elle devint un serpent. Moïse fuyait devant lui.

4 L'Éternel dit à Moïse: Étends ta

main, et saisis-le par la queue. Il étendit la main et le saisit; et le serpent redevint une verge dans sa 5 main. C'est là, dit l'Éternel, ce que tu feras, afin qu'ils croient que l'Éternel, le Dieu de leurs pères, t'est apparu, le Dieu d'Abraham, le Dieu d'Isaac et le Dieu de Jacob.

6 L'Éternel lui dit encore: Mets ta main dans ton sein. Il mit sa main dans son sein; puis il la retira, et voici, sa main était couverte de lèpre, 7 blanche comme la neige. L'Éternel dit: Remets ta main dans ton sein. Il remit sa main dans son sein; puis il la retira de son sein, et voici, elle était redevenue comme sa chair. 8 S'ils ne te croient pas, dit l'Éternel, et n'écoutent pas la voix du premier signe, ils croiront à la voix du dernier 9 signe. S'ils ne croient pas même à ces deux signes, et n'écoutent pas ta voix, tu prendras de l'eau du fleuve, tu la répandras sur la terre, et l'eau que tu auras prise du fleuve deviendra du sang sur la terre.

10 Moïse dit à l'Éternel: Ah! Seigneur, je ne suis pas un homme qui ait la parole facile, et ce n'est ni d'hier ni d'avant-hier, ni même depuis que tu parles à ton serviteur; car j'ai la bouche et la langue em- 11 barrassées. L'Éternel lui dit: Qui a fait la bouche de l'homme? et qui rend muet ou sourd, voyant ou aveugle? N'est-ce pas moi, l'Éternel? 12 Va donc, je serai avec ta bouche, et je t'enseignerai ce que tu auras à 13 dire. Moïse dit: Ah! Seigneur, 14 envoie qui tu voudras envoyer. Alors la colère de l'Éternel s'enflamma contre Moïse, et il dit: N'y a-t-il pas ton frère Aaron, le Lévite? Je sais qu'il parlera facilement. Le voici lui-même, qui vient au-devant de toi; et, quand il te verra, il se réjouira 15 dans son cœur. Tu lui parleras, et tu mettras les paroles dans sa bouche; et moi, je serai avec ta bouche et avec sa bouche, et je vous enseignerai 16 ce que vous aurez à faire. Il parlera pour toi au peuple; il te servira de bouche, et tu tiendras pour lui la place 17 de Dieu. Prends dans ta main cette verge, avec laquelle tu feras les signes.

Retour de Moïse en Égypte.

Moïse s'en alla; et, de retour 18 auprès de Jéthro, son beau-père, il lui dit: Laisse-moi, je te prie, aller rejoindre mes frères qui sont en Égypte, afin que je voie s'ils sont encore vivants. Jéthro dit à Moïse: Va en paix.

L'Éternel dit à Moïse, en Madian: 19 Va, retourne en Égypte, car tous ceux qui en voulaient à ta vie sont morts. Moïse prit sa femme et ses 20 fils, les fit monter sur des ânes, et retourna dans le pays d'Égypte. Il prit dans sa main la verge de Dieu. L'Éternel dit à Moïse: En partant 21 pour retourner en Égypte, vois tous les prodiges que je mets en ta main: tu les feras devant Pharaon. Et moi, j'endurcirai son cœur, et il ne laissera point aller le peuple. Tu 22 diras à Pharaon: Ainsi parle l'Éternel: Israël est mon fils, mon premier-né. Je te dis: Laisse aller 23 mon fils, pour qu'il me serve; si tu refuses de le laisser aller, voici, je ferai périr ton fils, ton premier-né.

Pendant le voyage, en un lieu où 24 Moïse passa la nuit, l'Éternel l'attaqua et voulut le faire mourir. Séphora 25 prit une pierre aiguë, coupa le pré- puce de son fils, et le jeta aux pieds de Moïse, en disant: Tu es pour moi un époux de sang! Et l'Éternel le 26 laissa. C'est alors qu'elle dit: Époux de sang! à cause de la circoncision.

L'Éternel dit à Aaron: Va dans 27 le désert au-devant de Moïse. Aaron partit; il rencontra Moïse à la montagne de Dieu, et il le baisa. Moïse fit connaître à Aaron toutes 28 les paroles de l'Éternel qui l'avait envoyé, et tous les signes qu'il lui avait ordonné de faire. Moïse et 29 Aaron poursuivirent leur chemin, et ils assemblèrent tous les anciens des enfants d'Israël. Aaron rapporta 30 toutes les paroles que l'Éternel avait dites à Moïse, et il exécuta les signes aux yeux du peuple. Et le peuple 31 crut. Ils apprirent que l'Éternel **avait visité** les enfants d'Israël, qu'il avait vu leur souffrance; et **ils** s'inclinèrent et se prosternèrent.

*Moïse et Aaron devant le roi d'Égypte.
Les charges du peuple d'Israël augmentées
par ordre de Pharaon.*

5 Moïse et Aaron se rendirent ensuite auprès de Pharaon, et lui dirent: Ainsi parle l'Éternel, le Dieu d'Israël. Laisse aller mon peuple, pour qu'il célèbre au désert une fête en mon 2 honneur. Pharaon répondit: Qui est l'Éternel, pour que j'obéisse à sa voix, en laissant aller Israël? Je ne connais point l'Éternel, et je ne 3 laisserai point aller Israël. Ils dirent: Le Dieu des Hébreux nous est apparu. Permets-nous de faire trois journées de marche dans le désert, pour offrir des sacrifices à l'Éternel, afin qu'il ne nous frappe pas de la 4 peste ou de l'épée. Et le roi d'Égypte leur dit: Moïse et Aaron, pourquoi détournez-vous le peuple de son ouvrage? Allez à vos travaux.

5 Pharaon dit: Voici, ce peuple est maintenant nombreux dans le pays, et vous lui feriez interrompre ses 6 travaux! Et ce jour même, Pharaon donna cet ordre aux inspecteurs du 7 peuple et aux commissaires: Vous ne donnerez plus comme auparavant de la paille au peuple pour faire des briques; qu'ils aillent eux-mêmes se 8 ramasser de la paille. Vous leur imposerez néanmoins la quantité de briques qu'ils faisaient auparavant, vous n'en retrancherez rien; car ce sont des paresseux; voilà pourquoi ils crient, en disant: Allons offrir 9 des sacrifices à notre Dieu! Que l'on charge de travail ces gens, qu'ils s'en occupent, et ils ne prendront plus garde à des paroles de mensonge.

10 Les inspecteurs du peuple et les commissaires vinrent dire au peuple: Ainsi parle Pharaon: Je ne vous 11 donne plus de paille; allez vous-mêmes vous procurer de la paille où vous en trouverez, car l'on ne 12 retranche rien de votre travail. Le peuple se répandit dans tout le pays d'Égypte, pour ramasser du chaume 13 au lieu de paille. Les inspecteurs les pressaient, en disant: Achevez votre tâche, jour par jour, comme 14 quand il y avait de la paille. On battit même les commissaires des enfants d'Israël, établis sur eux par les inspecteurs de Pharaon. Pourquoi, disait-on, n'avez-vous pas achevé hier et aujourd'hui, comme auparavant, la quantité de briques qui vous avait été fixée?

Les commissaires des enfants 15 d'Israël allèrent se plaindre à Pharaon, et lui dirent: Pourquoi traites-tu ainsi tes serviteurs? On ne donne 16 point de paille à tes serviteurs, et l'on nous dit: Faites des briques! Et voici, tes serviteurs sont battus, comme si ton peuple était coupable. Pharaon répondit: Vous êtes des 17 paresseux, des paresseux! Voilà pourquoi vous dites: Allons offrir des sacrifices à l'Éternel! Maintenant, 18 allez travailler; on ne vous donnera point de paille, et vous livrerez la même quantité de briques.

Les commissaires des enfants 19 d'Israël virent qu'on les rendait malheureux, en disant: Vous ne retrancherez rien de vos briques; chaque jour la tâche du jour. En 20 sortant de chez Pharaon, ils rencontrèrent Moïse et Aaron qui les attendaient. Ils leur dirent: Que 21 l'Éternel vous regarde, et qu'il juge! Vous nous avez rendus odieux à Pharaon et à ses serviteurs, vous avez mis une épée dans leurs mains pour nous faire périr.

Moïse retourna vers l'Éternel, et 22 dit: Seigneur, pourquoi as-tu fait du mal à ce peuple? pourquoi m'as-tu envoyé? Depuis que je suis allé 23 vers Pharaon pour parler en ton nom, il fait du mal à ce peuple, et tu n'as point délivré ton peuple.

La délivrance promise par l'Éternel.

L'Éternel dit à Moïse: Tu verras **6** maintenant ce que je ferai à Pharaon; une main puissante le forcera à les laisser aller, une main puissante le forcera à les chasser de son pays.

Dieu parla encore à Moïse, et lui 2 dit: Je suis l'Éternel. Je suis apparu 3 à Abraham, à Isaac et à Jacob, comme le Dieu tout-puissant; mais je n'ai pas été connu d'eux sous mon nom, l'Éternel. J'ai aussi établi mon 4 alliance avec eux, pour leur donner le pays de Canaan, le pays de leurs pèlerinages, dans lequel ils ont séjourné. 5 J'ai entendu les gémissements des enfants d'Israël, que les Égyptiens tiennent dans la servitude, et je me suis souvenu de mon alliance. 6 C'est pourquoi dis aux enfants d'Israël : Je suis l'Éternel, je vous affranchirai des travaux dont vous chargent les Égyptiens, je vous délivrerai de leur servitude, et je vous sauverai à bras étendu et par de 7 grands jugements. Je vous prendrai pour mon peuple, je serai votre Dieu, et vous saurez que c'est moi, l'Éternel, votre Dieu, qui vous affranchis des travaux dont vous chargent les 8 Égyptiens. Je vous ferai entrer dans le pays que j'ai juré de donner à Abraham, à Isaac et à Jacob ; je vous le donnerai en possession, moi l'Éternel.

9 Ainsi parla Moïse aux enfants d'Israël. Mais l'angoisse et la dure servitude les empêchèrent d'écouter Moïse.

10 L'Éternel parla à Moïse, et dit : 11 Va, parle à Pharaon, roi d'Égypte, pour qu'il laisse aller les enfants 12 d'Israël hors de son pays. Moïse répondit en présence de l'Éternel : Voici, les enfants d'Israël ne m'ont point écouté ; comment Pharaon m'écouterait-il, moi qui n'ai pas la parole facile ?

13 L'Éternel parla à Moïse et à Aaron, et leur donna des ordres au sujet des enfants d'Israël et au sujet de Pharaon, roi d'Égypte, pour faire sortir du pays d'Égypte les enfants d'Israël.

Généalogie de Moïse et d'Aaron.

14 Voici les chefs de leurs familles.

Fils de Ruben, premier-né d'Israël : Hénoc, Pallu, Hetsron et Carmi. Ce sont là les familles de Ruben. 15 Fils de Siméon : Jemuel, Jamin, Ohad, Jakin et Tsochar ; et Saül, fils de la Cananéenne. Ce sont là les familles de Siméon. 16 Voici les noms des fils de Lévi, avec leur postérité : Guerschon, Kehath et Merari. Les années de la vie de Lévi furent de cent trente-sept ans. — Fils de Guerschon : Libni 17 et Schimeï, et leurs familles. — Fils 18 de Kehath : Amram, Jitsehar, Hébron et Uziel. Les années de la vie de Kehath furent de cent trente-trois ans. — Fils de Merari : Machli et 19 Muschi. — Ce sont là les familles de Lévi, avec leur postérité.

Amram prit pour femme Jokébed, 20 sa tante ; et elle lui enfanta Aaron et Moïse. Les années de la vie d'Amram furent de cent trente-sept ans. — Fils de Jitsehar : Koré, Népheg 21 et Zicri. — Fils d'Uziel : Mischaël, 22 Eltsaphan et Sithri.

Aaron prit pour femme Élischéba, 23 fille d'Amminadab, sœur de Nachschon ; et elle lui enfanta Nadab, Abihu, Éléazar et Ithamar.

Fils de Koré : Assir, Elkana et 24 Abiasaph. Ce sont là les familles des Korites.

Éléazar, fils d'Aaron, prit pour 25 femme une des filles de Puthiel ; et elle lui enfanta Phinées.

Tels sont les chefs de famille des Lévites, avec leurs familles.

Ce sont là cet Aaron et ce Moïse, 26 à qui l'Éternel dit : Faites sortir du pays d'Égypte les enfants d'Israël, selon leurs armées. Ce sont eux qui 27 parlèrent à Pharaon, roi d'Égypte, pour faire sortir d'Égypte les enfants d'Israël. Ce sont là ce Moïse et cet Aaron.

Lorsque l'Éternel parla à Moïse 28 dans le pays d'Égypte, l'Éternel dit 29 à Moïse : Je suis l'Éternel. Dis à Pharaon, roi d'Égypte, tout ce que je te dis. Et Moïse répondit en 30 présence de l'Éternel : Voici, je n'ai pas la parole facile ; comment Pharaon m'écouterait-il ?

Les dix plaies.

L'Éternel dit à Moïse : Vois, je **7** te fais Dieu pour Pharaon ; et Aaron, ton frère, sera ton prophète. Toi, tu 2 diras tout ce que je t'ordonnerai ; et Aaron, ton frère, parlera à Pharaon, pour qu'il laisse aller les enfants d'Israël hors de son pays. Et moi, 3 j'endurcirai le cœur de Pharaon, et je multiplierai mes signes et mes

4 Pharaon ne vous écoutera point. Je mettrai ma main sur l'Égypte, et je ferai sortir du pays d'Égypte mes armées, mon peuple, les enfants d'Israël, par de grands jugements.

5 Les Égyptiens connaîtront que je suis l'Éternel, lorsque j'étendrai ma main sur l'Égypte, et que je ferai sortir du milieu d'eux les enfants d'Israël.

6 Moïse et Aaron firent ce que l'Éternel leur avait ordonné; ils

7 firent ainsi. Moïse était âgé de quatre-vingts ans, et Aaron de quatre-vingt-trois ans, lorsqu'ils parlèrent à Pharaon.

8 L'Éternel dit à Moïse et à Aaron:

9 Si Pharaon vous parle, et vous dit: Faites un miracle! tu diras à Aaron: Prends ta verge, et jette-la devant Pharaon. Elle deviendra un serpent.

10 Moïse et Aaron allèrent auprès de Pharaon, et ils firent ce que l'Éternel avait ordonné. Aaron jeta sa verge devant Pharaon et devant ses serviteurs; et elle devint un serpent.

11 Mais Pharaon appela des sages et des enchanteurs; et les magiciens d'Égypte, eux aussi, en firent autant

12 par leurs enchantements. Ils jetèrent tous leurs verges, et elles devinrent des serpents. Et la verge d'Aaron

13 engloutit leurs verges. Le cœur de Pharaon s'endurcit, et il n'écouta point Moïse et Aaron selon ce que l'Éternel avait dit.

14 L'Éternel dit à Moïse: Pharaon a le cœur endurci; il refuse de laisser

15 aller le peuple. Va vers Pharaon dès le matin; il sortira pour aller près de l'eau, et tu te présenteras devant lui au bord du fleuve. Tu prendras à ta main la verge qui a été

16 changée en serpent, et tu diras à Pharaon: L'Éternel, le Dieu des Hébreux, m'a envoyé auprès de toi, pour te dire: Laisse aller mon peuple, afin qu'il me serve dans le désert. Et voici, jusqu'à présent tu n'as point

17 écouté. Ainsi parle l'Éternel: A ceci tu connaîtras que je suis l'Éternel. Je vais frapper les eaux du fleuve avec la verge qui est dans ma main; et elles seront changées en

18 sang. Les poissons qui sont dans le fleuve périront, le fleuve se corrompra, et les Égyptiens s'efforceront en vain de boire l'eau du fleuve.

19 L'Éternel dit à Moïse: Dis à Aaron: Prends ta verge, et étends ta main sur les eaux des Égyptiens, sur leurs rivières, sur leurs ruisseaux, sur leurs étangs, et sur tous leurs amas d'eaux. Elles deviendront du sang; et il y aura du sang dans tout le pays d'Égypte, dans les vases de bois et dans les vases de pierre.

20 Moïse et Aaron firent ce que l'Éternel avait ordonné. Aaron leva la verge, et il frappa les eaux qui étaient dans le fleuve, sous les yeux de Pharaon et sous les yeux de ses serviteurs; et toutes les eaux du fleuve furent changées en sang. Les

21 poissons qui étaient dans le fleuve périrent, le fleuve se corrompit, les Égyptiens ne pouvaient plus boire l'eau du fleuve, et il y eut du sang dans tout le pays d'Égypte. Mais

22 les magiciens d'Égypte en firent autant par leurs enchantements. Le cœur de Pharaon s'endurcit, et il n'écouta point Moïse et Aaron, selon ce que l'Éternel avait dit. Pharaon

23 s'en retourna, et alla dans sa maison; et il ne prit pas même à cœur ces choses. Tous les Égyptiens creu-

24 sèrent aux environs du fleuve, pour trouver de l'eau à boire; car ils ne pouvaient boire de l'eau du fleuve.

25 Il s'écoula sept jours, après que l'Éternel eut frappé le fleuve.

26 L'Éternel dit à Moïse: Va vers Pharaon, et tu lui diras: Ainsi parle l'Éternel: Laisse aller mon peuple, afin qu'il me serve. Si tu refuses de

27 le laisser aller, je vais frapper par des grenouilles toute l'étendue de

28 ton pays. Le fleuve fourmillera de grenouilles; elles monteront, et elles entreront dans ta maison, dans ta chambre à coucher et dans ton lit, dans la maison de tes serviteurs et dans celles de ton peuple, dans tes fours et dans tes pétrins. Les gre-

29 nouilles monteront sur toi, sur ton peuple, et sur tous tes serviteurs.

L'Éternel dit à Moïse: Dis à Aaron: Étends ta main avec ta verge

8

sur les rivières, sur les ruisseaux et sur les étangs, et fais monter les grenouilles sur le pays d'Égypte.

2 Aaron étendit sa main sur les eaux de l'Égypte ; et les grenouilles montèrent et couvrirent le pays d'Égypte.

3 Mais les magiciens en firent autant par leurs enchantements. Ils firent monter les grenouilles sur le pays d'Égypte.

4 Pharaon appela Moïse et Aaron, et dit : Priez l'Éternel, afin qu'il éloigne les grenouilles de moi et de mon peuple ; et je laisserai aller le peuple, pour qu'il offre des sacrifices 5 à l'Éternel. Moïse dit à Pharaon : Glorifie-toi sur moi ! Pour quand prierai-je l'Éternel en ta faveur, en faveur de tes serviteurs et de ton peuple, afin qu'il retire les grenouilles loin de toi et de tes maisons ? Il 6 n'en restera que dans le fleuve. Il répondit : Pour demain. Et Moïse dit : Il en sera ainsi, afin que tu saches que nul n'est semblable à 7 l'Éternel, notre Dieu. Les grenouilles s'éloigneront de toi et de tes maisons, de tes serviteurs et de ton peuple ; il 8 n'en restera que dans le fleuve. Moïse et Aaron sortirent de chez Pharaon. Et Moïse cria à l'Éternel au sujet des grenouilles dont il avait frappé 9 Pharaon. L'Éternel fit ce que demandait Moïse ; et les grenouilles périrent dans les maisons, dans les 10 cours et dans les champs. On les entassa par monceaux, et le pays fut 11 infecté. Pharaon, voyant qu'il y avait du relâche, endurcit son cœur, et il n'écouta point Moïse et Aaron, selon ce que l'Éternel avait dit.

12 L'Éternel dit à Moïse : Dis à Aaron : Étends ta verge, et frappe la poussière de la terre. Elle se changera en poux, dans tout le pays 13 d'Égypte. Ils firent ainsi. Aaron étendit sa main, avec sa verge, et il frappa la poussière de la terre ; et elle fut changée en poux sur les hommes et sur les animaux. Toute la poussière de la terre fut changée en poux, dans tout le pays d'Égypte.

14 Les magiciens employèrent leurs enchantements pour produire les poux ; mais ils ne purent pas. Les poux étaient sur les hommes et sur les animaux. Et les magiciens dirent 15 à Pharaon : C'est le doigt de Dieu ! Le cœur de Pharaon s'endurcit, et il n'écouta point Moïse et Aaron, selon ce que l'Éternel avait dit.

L'Éternel dit à Moïse : Lève-toi de 16 bon matin, et présente-toi devant Pharaon ; il sortira pour aller près de l'eau. Tu lui diras : Ainsi parle l'Éternel : Laisse aller mon peuple, afin qu'il me serve. Si tu ne laisses 17 pas aller mon peuple, je vais envoyer les mouches venimeuses contre toi, contre tes serviteurs, contre ton peuple et contre tes maisons ; les maisons des Égyptiens seront remplies de mouches, et le sol en sera couvert. Mais, en ce jour-là, je dis- 18 tinguerai le pays de Gosen où habite mon peuple, et là il n'y aura point de mouches, afin que tu saches que moi, l'Éternel, je suis au milieu de ce pays. J'établirai une distinction 19 entre mon peuple et ton peuple. Ce signe sera pour demain. L'Éternel 20 fit ainsi. Il vint une quantité de mouches venimeuses dans la maison de Pharaon et de ses serviteurs, et tout le pays d'Égypte fut dévasté par les mouches.

Pharaon appela Moïse et Aaron, 21 et dit : Allez, offrez des sacrifices à votre Dieu dans le pays. Moïse ré- 22 pondit : Il n'est point convenable de faire ainsi ; car nous offririons à l'Éternel, notre Dieu, des sacrifices qui sont en abomination aux Égyptiens. Et si nous offrons, sous leurs yeux, des sacrifices qui sont en abomination aux Égyptiens, ne nous lapideront-ils pas ? Nous ferons trois 23 journées de marche dans le désert, et nous offrirons des sacrifices à l'Éternel, notre Dieu, selon ce qu'il nous dira. Pharaon dit : Je vous 24 laisserai aller, pour offrir à l'Éternel, votre Dieu, des sacrifices dans le désert ; seulement, vous ne vous éloignerez pas, en y allant. Priez pour moi. Moïse répondit : Je vais 25 sortir de chez toi, et je prierai l'Éternel. Demain, les mouches s'éloigneront de Pharaon, de ses serviteurs et de son peuple. Mais, que

Pharaon ne trompe plus, en refusant de laisser aller le peuple, pour offrir 26 des sacrifices à l'Éternel. Moïse sortit de chez Pharaon, et il pria 27 l'Éternel. L'Éternel fit ce que demandait Moïse; et les mouches s'éloignèrent de Pharaon, de ses serviteurs et de son peuple. Il n'en 28 resta pas une. Mais Pharaon, cette fois encore, endurcit son cœur, et il ne laissa point aller le peuple.

9 L'Éternel dit à Moïse: Va vers Pharaon, et tu lui diras: Ainsi parle l'Éternel, le Dieu des Hébreux: Laisse aller mon peuple, afin qu'il 2 me serve. Si tu refuses de le laisser 3 aller, et si tu le retiens encore, voici, la main de l'Éternel sera sur tes troupeaux qui sont dans les champs, sur les chevaux, sur les ânes, sur les chameaux, sur les bœufs et sur les brebis; il y aura une mortalité très 4 grande. L'Éternel distinguera entre les troupeaux d'Israël et les troupeaux des Égyptiens, et il ne périra rien de tout ce qui est aux enfants 5 d'Israël. L'Éternel fixa le temps, et dit: Demain, l'Éternel fera cela 6 dans le pays. Et l'Éternel fit ainsi, dès le lendemain. Tous les troupeaux des Égyptiens périrent, et il ne périt pas une bête des troupeaux 7 des enfants d'Israël. Pharaon s'informa de ce qui était arrivé; et voici, pas une bête des troupeaux d'Israël n'avait péri. Mais le cœur de Pharaon s'endurcit, et il ne laissa point aller le peuple.

8 L'Éternel dit à Moïse et à Aaron: Remplissez vos mains de cendre de fournaise, et que Moïse la jette vers le ciel, sous les yeux de Pharaon. 9 Elle deviendra une poussière qui couvrira tout le pays d'Égypte; et elle produira, dans tout le pays d'Égypte, sur les hommes et sur les animaux, des ulcères formés par une 10 éruption de pustules. Ils prirent de la cendre de fournaise, et se présentèrent devant Pharaon; Moïse la jeta vers le ciel, et elle produisit sur les hommes et sur les animaux des ulcères formés par une éruption de 11 pustules. Les magiciens ne purent paraître devant Moïse, à cause des ulcères; car les ulcères étaient sur les magiciens, comme sur tous les Égyptiens. L'Éternel endurcit le cœur de 12 Pharaon, et Pharaon n'écouta point Moïse et Aaron, selon ce que l'Éternel avait dit à Moïse.

L'Éternel dit à Moïse: Lève-toi 13 de bon matin, et présente-toi devant Pharaon. Tu lui diras: Ainsi parle l'Éternel, le Dieu des Hébreux: Laisse aller mon peuple, afin qu'il me serve. Car, cette fois, je vais 14 envoyer toutes mes plaies contre ton cœur, contre tes serviteurs et contre ton peuple, afin que tu saches que nul n'est semblable à moi sur toute la terre. Si j'avais étendu ma main, 15 et que je t'eusse frappé par la mortalité, toi et ton peuple, tu aurais disparu de la terre. Mais, je t'ai 16 laissé subsister, afin que tu voies ma puissance, et que l'on publie mon nom par toute la terre. Si tu t'élèves 17 encore contre mon peuple, et si tu ne le laisses point aller, voici, je ferai 18 pleuvoir demain, à cette heure, une grêle tellement forte, qu'il n'y en a point eu de semblable en Égypte depuis le jour où elle a été fondée jusqu'à présent. Fais donc mettre 19 en sûreté tes troupeaux et tout ce qui est à toi dans les champs. La grêle tombera sur tous les hommes et sur tous les animaux qui se trouveront dans les champs et qui n'auront pas été recueillis dans les maisons, et ils périront. Ceux des 20 serviteurs de Pharaon qui craignirent la parole de l'Éternel firent retirer dans les maisons leurs serviteurs et leurs troupeaux. Mais ceux qui ne 21 prirent point à cœur la parole de l'Éternel laissèrent leurs serviteurs et leurs troupeaux dans les champs.

L'Éternel dit à Moïse: Étends ta 22 main vers le ciel; et qu'il tombe de la grêle dans tout le pays d'Égypte sur les hommes, sur les animaux, et sur toutes les herbes des champs, dans le pays d'Égypte. Moïse éten- 23 dit sa verge vers le ciel; et l'Éternel envoya des tonnerres et de la grêle, et le feu se promenait sur la terre. L'Éternel fit pleuvoir de la grêle sur le pays d'Égypte. Il tomba de la 24 grêle, et le feu se mêlait avec la grêle ; elle était tellement forte qu'il n'y en avait point eu de semblable dans tout le pays d'Égypte depuis 25 qu'il existe comme nation. La grêle frappa, dans tout le pays d'Égypte, tout ce qui était dans les champs, depuis les hommes jusqu'aux animaux ; la grêle frappa aussi toutes les herbes des champs, et brisa tous 26 les arbres des champs. Ce fut seulement dans le pays de Gosen, où étaient les enfants d'Israël, qu'il n'y eut point de grêle.

27 Pharaon fit appeler Moïse et Aaron, et leur dit : Cette fois, j'ai péché ; c'est l'Éternel qui est le juste, et moi et mon peuple nous sommes les 28 coupables. Priez l'Éternel, pour qu'il n'y ait plus de tonnerres et de grêle ; et je vous laisserai aller, et l'on ne 29 vous retiendra plus. Moïse lui dit : Quand je sortirai de la ville, je lèverai mes mains vers l'Éternel, les tonnerres cesseront et il n'y aura plus de grêle, afin que tu saches que 30 la terre est à l'Éternel. Mais je sais que toi et tes serviteurs, vous ne craindrez pas encore l'Éternel Dieu. 31 Le lin et l'orge avaient été frappés, parce que l'orge était en épis et que 32 c'était la floraison du lin ; le froment et l'épeautre n'avaient point été frap-33 pés, parce qu'ils sont tardifs. Moïse sortit de chez Pharaon, pour aller hors de la ville ; il leva ses mains vers l'Éternel, les tonnerres et la grêle cessèrent, et la pluie ne tomba 34 plus sur la terre. Pharaon, voyant que la pluie, la grêle et les tonnerres avaient cessé, continua de pécher, et il endurcit son cœur, lui et ses servi-35 teurs. Le cœur de Pharaon s'endurcit, et il ne laissa point aller les enfants d'Israël, selon ce que l'Éternel avait dit par l'intermédiaire de Moïse.

10 L'Éternel dit à Moïse : Va vers Pharaon, car j'ai endurci son cœur et le cœur de ses serviteurs, pour faire éclater mes signes au milieu 2 d'eux. C'est aussi pour que tu racontes à ton fils et au fils de ton fils comment j'ai traité les Égyptiens, et quels signes j'ai fait éclater au milieu d'eux. Et vous saurez que je suis l'Éternel. Moïse et Aaron 3 allèrent vers Pharaon, et lui dirent : Ainsi parle l'Éternel, le Dieu des Hébreux : Jusques à quand refuseras-tu de t'humilier devant moi ? Laisse aller mon peuple, afin qu'il me serve. Si tu refuses de laisser aller mon 4 peuple, voici, je ferai venir demain des sauterelles dans toute l'étendue de ton pays. Elles couvriront la sur-5 face de la terre, et l'on ne pourra plus voir la terre ; elles dévoreront le reste de ce qui est échappé, ce que vous a laissé la grêle, elles dévoreront tous les arbres qui croissent dans vos champs ; elles rempliront tes 6 maisons, les maisons de tous tes serviteurs et les maisons de tous les Égyptiens. Tes pères et les pères de tes pères n'auront rien vu de pareil depuis qu'ils existent sur la terre jusqu'à ce jour. Moïse se re-tira, et sortit de chez Pharaon. Les 7 serviteurs de Pharaon lui dirent : Jusques à quand cet homme sera-t-il pour nous un piège ? Laisse aller ces gens, et qu'ils servent l'Éternel, leur Dieu. Ne vois-tu pas encore que l'Égypte périt ?

On fit revenir vers Pharaon Moïse 8 et Aaron : Allez, leur dit-il, servez l'Éternel, votre Dieu. Qui sont ceux qui iront ? Moïse répondit : Nous 9 irons avec nos enfants et nos vieillards, avec nos fils et nos filles, avec nos brebis et nos bœufs ; car c'est pour nous une fête en l'honneur de l'Éternel. Pharaon leur dit : Que 10 l'Éternel soit avec vous, tout comme je vais vous laisser aller, vous et vos enfants ! Prenez garde, car le malheur est devant vous ! Non, non ; allez, 11 vous les hommes, et servez l'Éternel, car c'est là ce que vous avez demandé. Et on les chassa de la présence de Pharaon.

L'Éternel dit à Moïse : Étends ta 12 main sur le pays d'Égypte, et que les sauterelles montent sur le pays d'Égypte ; qu'elles dévorent toute l'herbe de la terre, tout ce que la grêle a laissé. Moïse étendit sa verge 13 sur le pays d'Égypte ; et l'Éternel fit souffler un vent d'orient sur le pays toute cette journée et toute la nuit. Quand ce fut le matin, le vent d'orient avait apporté les sauterelles. 14 Les sauterelles montèrent sur le pays d'Égypte, et se posèrent dans toute l'étendue de l'Égypte; elles étaient en si grande quantité qu'il n'y avait jamais eu et qu'il n'y aura jamais 15 rien de semblable. Elles couvrirent la surface de toute la terre, et la terre fut dans l'obscurité; elles dévorèrent toute l'herbe de la terre et tout le fruit des arbres, tout ce que la grêle avait laissé; et il ne resta aucune verdure aux arbres ni à l'herbe des champs, dans tout le pays d'Égypte. 16 Aussitôt Pharaon appela Moïse et Aaron, et dit: J'ai péché contre l'Éternel, votre Dieu, et contre vous. 17 Mais pardonne mon péché pour cette fois seulement; et priez l'Éternel, votre Dieu, afin qu'il éloigne de moi 18 encore cette plaie mortelle. Moïse sortit de chez Pharaon, et il pria 19 l'Éternel. L'Éternel fit souffler un vent d'occident très fort, qui emporta les sauterelles, et les précipita dans la mer Rouge; il ne resta pas une seule sauterelle dans toute l'étendue 20 de l'Égypte. L'Éternel endurcit le cœur de Pharaon, et Pharaon ne laissa point aller les enfants d'Israël. 21 L'Éternel dit à Moïse: Étends ta main vers le ciel, et qu'il y ait des ténèbres sur le pays d'Égypte, et 22 que l'on puisse les toucher. Moïse étendit sa main vers le ciel; et il y eut d'épaisses ténèbres dans tout le pays d'Égypte, pendant trois jours. 23 On ne se voyait pas les uns les autres, et personne ne se leva de sa place pendant trois jours. Mais il y avait de la lumière dans les lieux où habitaient tous les enfants d'Israël. 24 Pharaon appela Moïse, et dit: Allez, servez l'Éternel. Il n'y aura que vos brebis et vos bœufs qui resteront, et vos enfants pourront 25 aller avec vous. Moïse répondit: Tu mettras toi-même entre nos mains de quoi faire les sacrifices et les holocaustes que nous offrirons à l'Éternel, 26 notre Dieu. Nos troupeaux iront avec nous, et il ne restera pas un ongle; car c'est là que nous pren-

drons pour servir l'Éternel, notre Dieu; et jusqu'à ce que nous soyons arrivés, nous ne savons pas ce que nous choisirons pour offrir à l'Éter- nel. L'Éternel endurcit le cœur de 27 Pharaon, et Pharaon ne voulut point les laisser aller. Pharaon dit à Moïse: 28 Sors de chez moi! Garde-toi de paraître encore en ma présence, car le jour où tu paraîtras en ma pré- sence, tu mourras. Tu l'as dit! 29 répliqua Moïse, je ne paraîtrai plus en ta présence.

L'Éternel dit à Moïse: Je ferai **11** venir encore une plaie sur Pharaon et sur l'Égypte. Après cela, il vous laissera partir d'ici. Lorsqu'il vous laissera tout à fait aller, il vous chas- sera même d'ici. Parle au peuple, 2 pour que chacun demande à son voisin et chacune à sa voisine des vases d'argent et des vases d'or. L'Éternel fit trouver grâce au peuple 3 aux yeux des Égyptiens; Moïse lui- même était très considéré dans le pays d'Égypte, aux yeux des servi- teurs de Pharaon et aux yeux du peuple.

Moïse dit: Ainsi parle l'Éternel: 4 Vers le milieu de la nuit, je passerai au travers de l'Égypte; et tous les 5 premiers-nés mourront dans le pays d'Égypte, depuis le premier-né de Pharaon assis sur son trône, jusqu'au premier-né de la servante qui est derrière la meule, et jusqu'à tous les premiers-nés des animaux. Il y aura 6 dans tout le pays d'Égypte de grands cris, tels qu'il n'y en a point eu et qu'il n'y en aura plus de semblables. Mais parmi tous les enfants d'Israël, 7 depuis les hommes jusqu'aux ani- maux, pas même un chien ne remuera sa langue, afin que vous sachiez quelle différence l'Éternel fait entre l'Égypte et Israël. Alors tous tes 8 serviteurs que voici descendront vers moi et se prosterneront devant moi, en disant: Sors, toi et tout le peuple qui s'attache à tes pas! Après cela, je sortirai. Moïse sortit de chez Pharaon, dans une ardente colère.

L'Éternel dit à Moïse: Pharaon 9 ne vous écoutera point, afin que mes miracles se multiplient dans le pays

10 d'Égypte. Moïse et Aaron firent tous ces miracles devant Pharaon, et Pharaon ne laissa point aller les enfants d'Israël hors de son pays.

Institution de la Pâque. — Mort des premiers-nés. — Départ d'Égypte.

12 L'Éternel dit à Moïse et à Aaron 2 dans le pays d'Égypte : Ce mois-ci sera pour vous le premier des mois ; il sera pour vous le premier 3 des mois de l'année. Parlez à toute l'assemblée d'Israël, et dites : Le dixième jour de ce mois, on prendra un agneau pour chaque famille, un 4 agneau pour chaque maison. Si la maison est trop peu nombreuse pour un agneau, on le prendra avec son plus proche voisin, selon le nombre des personnes ; vous compterez pour cet agneau d'après ce que chacun 5 peut manger. Ce sera un agneau sans défaut, mâle, âgé d'un an ; vous pourrez prendre un agneau ou un 6 chevreau. Vous le garderez jusqu'au quatorzième jour de ce mois ; et toute l'assemblée d'Israël l'immolera entre 7 les deux soirs. On prendra de son sang, et on en mettra sur les deux poteaux et sur le linteau de la porte 8 des maisons où on le mangera. Cette même nuit, on en mangera la chair, rôtie au feu ; on la mangera avec des pains sans levain et des herbes 9 amères. Vous ne le mangerez point à demi cuit et bouilli dans l'eau ; mais il sera rôti au feu, avec la tête, 10 les jambes et l'intérieur. Vous n'en laisserez rien jusqu'au matin ; et, s'il en reste quelque chose le matin, vous 11 le brûlerez au feu. Quand vous le mangerez, vous aurez vos reins ceints, vos souliers aux pieds, et votre bâton à la main ; et vous le mangerez à la hâte. C'est la Pâque de l'Éternel. 12 Cette nuit-là, je passerai dans le pays d'Égypte, et je frapperai tous les premiers-nés du pays d'Égypte, depuis les hommes jusqu'aux animaux, et j'exercerai des jugements contre tous les dieux de l'Égypte. 13 Je suis l'Éternel. Le sang vous servira de signe sur les maisons où vous serez ; je verrai le sang, et je passerai par-dessus vous, et il n'y aura point de plaie qui vous détruise, quand je frapperai le pays d'Égypte. Vous 14 conserverez le souvenir de ce jour, et vous le célébrerez par une fête en l'honneur de l'Éternel ; vous le célébrerez comme une loi perpétuelle pour vos descendants. Pendant sept 15 jours, vous mangerez des pains sans levain. Dès le premier jour, il n'y aura plus de levain dans vos maisons ; car toute personne qui mangera du pain levé, du premier jour au septième jour, sera retranchée d'Israël. Le premier jour, vous aurez une 16 sainte convocation ; et le septième jour, vous aurez une sainte convocation. On ne fera aucun travail ces jours-là ; vous pourrez seulement préparer la nourriture de chaque personne. Vous observerez la fête 17 des pains sans levain, car c'est en ce jour même que j'aurai fait sortir vos armées du pays d'Égypte ; vous observerez ce jour comme une loi perpétuelle pour vos descendants. Le 18 premier mois, le quatorzième jour du mois, au soir, vous mangerez des pains sans levain jusqu'au soir du vingt et unième jour. Pendant sept 19 jours, il ne se trouvera point de levain dans vos maisons ; car toute personne qui mangera du pain levé sera retranchée de l'assemblée d'Israël, que ce soit un étranger ou un indigène. Vous ne mangerez point de pain 20 levé ; dans toutes vos demeures, vous mangerez des pains sans levain.

Moïse appela tous les anciens d'Is- 21 raël, et leur dit : Allez prendre du bétail pour vos familles, et immolez la Pâque. Vous prendrez ensuite 22 un bouquet d'hysope, vous le tremperez dans le sang qui sera dans le bassin, et vous toucherez le linteau et les deux poteaux de la porte avec le sang qui sera dans le bassin. Nul de vous ne sortira de sa maison jusqu'au matin. Quand l'Éternel passera pour frapper 23 l'Égypte, et verra le sang sur le linteau et sur les deux poteaux, l'Éternel passera par-dessus la porte, et il ne permettra pas au destructeur d'entrer dans vos maisons pour frapper. Vous observerez cela comme 24

une loi pour vous et pour vos enfants
25 à perpétuité. Quand vous serez entrés dans le pays que l'Éternel vous donnera, selon sa promesse, vous ob-
26 serverez cet usage sacré. Et lorsque vos enfants vous diront: Que signifie
27 pour vous cet usage? vous répondrez: C'est le sacrifice de Pâque en l'honneur de l'Éternel, qui a passé par-dessus les maisons des enfants d'Israël en Égypte, lorsqu'il frappa l'Égypte et qu'il sauva nos maisons. Le peuple s'inclina et se prosterna.
28 Et les enfants d'Israël s'en allèrent, et firent ce que l'Éternel avait ordonné à Moïse et à Aaron; ils firent ainsi.
29 Au milieu de la nuit, l'Éternel frappa tous les premiers-nés dans le pays d'Égypte, depuis le premier-né de Pharaon assis sur son trône, jusqu'au premier-né du captif dans sa prison, et jusqu'à tous les premiers-
30 nés des animaux. Pharaon se leva de nuit, lui et tous ses serviteurs, et tous les Égyptiens; et il y eut de grands cris en Égypte, car il n'y avait point de maison où il n'y eût
31 un mort. Dans la nuit même, Pharaon appela Moïse et Aaron, et leur dit: Levez-vous, sortez du milieu de mon peuple, vous et les enfants d'Israël. Allez, servez l'Éternel,
32 comme vous l'avez dit. Prenez vos brebis et vos bœufs, comme vous l'avez dit; allez, et bénissez-moi.
33 Les Égyptiens pressaient le peuple, et avaient hâte de le renvoyer du pays, car ils disaient: Nous périrons
34 tous. Le peuple emporta sa pâte avant qu'elle fût levée. Ils enveloppèrent les pétrins dans leurs vêtements, et les mirent sur leurs épaules.
35 Les enfants d'Israël firent ce que Moïse avait dit, et ils demandèrent aux Égyptiens des vases d'argent, des vases d'or et des vêtements.
36 L'Éternel fit trouver grâce au peuple aux yeux des Égyptiens, qui se rendirent à leur demande. Et ils dépouillèrent les Égyptiens.
37 Les enfants d'Israël partirent de Ramsès pour Succoth au nombre d'environ six cent mille hommes de
38 pied, sans les enfants. Une multitude de gens de toute espèce montèrent avec eux; ils avaient aussi des troupeaux considérables de brebis et de
39 bœufs. Ils firent des gâteaux cuits sans levain avec la pâte qu'ils avaient emportée d'Égypte, et qui n'était pas levée; car ils avaient été chassés d'Égypte, sans pouvoir tarder, et sans prendre des provisions avec eux.
40 Le séjour des enfants d'Israël en Égypte fut de quatre cent trente ans.
41 Et au bout de quatre cent trente ans, le jour même, toutes les armées de l'Éternel sortirent du pays d'Égypte.
42 Cette nuit sera célébrée en l'honneur de l'Éternel, parce qu'il les fit sortir du pays d'Égypte; cette nuit sera célébrée en l'honneur de l'Éternel par tous les enfants d'Israël et par leurs descendants.
43 L'Éternel dit à Moïse et à Aaron: Voici une ordonnance au sujet de la Pâque: Aucun étranger n'en mangera.
44 Tu circonciras tout esclave acquis à prix d'argent; alors il en mangera.
45 L'habitant et le mercenaire n'en
46 mangeront point. On ne la mangera que dans la maison; vous n'emporterez point de chair hors de la maison, et vous ne briserez aucun
47 os. Toute l'assemblée d'Israël fera
48 la Pâque. Si un étranger en séjour chez toi veut faire la Pâque de l'Éternel, tout mâle de sa maison devra être circoncis; alors il s'approchera pour la faire, et il sera comme l'indigène; mais aucun incirconcis n'en
49 mangera. La même loi existera pour l'indigène comme pour l'étranger en séjour au milieu de vous.
50 Tous les enfants d'Israël firent ce que l'Éternel avait ordonné à Moïse
51 et à Aaron; ils firent ainsi. Et ce même jour, l'Éternel fit sortir du pays d'Égypte les enfants d'Israël, selon leurs armées.

Ordonnances sur la Pâque et sur les premiers-nés.

13 L'Éternel parla à Moïse, et dit: Consacre-moi tout premier-né, tout premier-né parmi les enfants d'Israël, tant des hommes que des animaux: il m'appartient.
3 Moïse dit au peuple: Souvenez-

vous de ce jour, où vous êtes sortis d'Égypte, de la maison de servitude; car c'est par sa main puissante que l'Éternel vous en a fait sortir. On 4 ne mangera point de pain levé. Vous sortez aujourd'hui, dans le mois des 5 épis. Quand l'Éternel t'aura fait entrer dans le pays des Cananéens, des Héthiens, des Amoréens, des Héviens et des Jébusiens, qu'il a juré à tes pères de te donner, pays où coulent le lait et le miel, tu rendras ce culte à l'Éternel dans ce 6 même mois. Pendant sept jours, tu mangeras des pains sans levain; et le septième jour, il y aura une fête 7 en l'honneur de l'Éternel. On mangera des pains sans levain pendant les sept jours; on ne verra point chez toi de pain levé, et l'on ne verra point chez toi de levain, dans toute 8 l'étendue de ton pays. Tu diras alors à ton fils: C'est en mémoire de ce que l'Éternel a fait pour moi, 9 lorsque je suis sorti d'Égypte. Ce sera pour toi comme un signe sur ta main et comme un souvenir entre tes yeux, afin que la loi de l'Éternel soit dans ta bouche; car c'est par sa main puissante que l'Éternel t'a fait 10 sortir d'Égypte. Tu observeras cette ordonnance au temps fixé, d'année en année.

11 Quand l'Éternel t'aura fait entrer dans le pays des Cananéens, comme il l'a juré à toi et à tes pères, et qu'il 12 te l'aura donné, tu consacreras à l'Éternel tout premier-né, même tout premier-né des animaux que tu auras: les mâles appartiennent à l'Éter-13 nel. Tu rachèteras avec un agneau tout premier-né de l'âne; et, si tu ne le rachètes pas, tu lui briseras la nuque. Tu rachèteras aussi tout premier-né de l'homme parmi tes 14 fils. Et lorsque ton fils te demandera un jour: Que signifie cela? tu lui répondras: Par sa main puissante, l'Éternel nous a fait sortir d'Égypte, 15 de la maison de servitude; et, comme Pharaon s'obstinait à ne point nous laisser aller, l'Éternel fit mourir tous les premiers-nés dans le pays d'Égypte, depuis les premiers-nés des hommes jusqu'aux premiers-nés

des animaux. Voilà pourquoi j'offre en sacrifice à l'Éternel tout premier-né des mâles, et je rachète tout premier-né de mes fils. Ce sera 16 comme un signe sur ta main et comme des fronteaux entre tes yeux; car c'est par sa main puissante que l'Éternel nous a fait sortir d'Égypte.

Marche vers le désert.—Passage de la mer Rouge.

Lorsque Pharaon laissa aller le 17 peuple, Dieu ne le conduisit point par le chemin du pays des Philistins, quoique le plus proche; car Dieu dit: Le peuple pourrait se repentir en voyant la guerre, et retourner en Égypte. Mais Dieu fit faire au 18 peuple un détour par le chemin du désert, vers la mer Rouge. Les enfants d'Israël montèrent en armes hors du pays d'Égypte. Moïse prit 19 avec lui les os de Joseph; car Joseph avait fait jurer les fils d'Israël, en disant: Dieu vous visitera, et vous ferez remonter avec vous mes os loin d'ici.

Ils partirent de Succoth, et ils 20 campèrent à Étham, à l'extrémité du désert. L'Éternel allait devant 21 eux, le jour dans une colonne de nuée pour les guider dans leur chemin, et la nuit dans une colonne de feu pour les éclairer, afin qu'ils marchassent jour et nuit. La colonne 22 de nuée ne se retirait point de devant le peuple pendant le jour, ni la colonne de feu pendant la nuit.

L'Éternel parla à Moïse, et dit: **14** Parle aux enfants d'Israël; qu'ils se détournent, et qu'ils campent devant Pi-Hahiroth, entre Migdol et la mer, vis-à-vis de Baal-Tsephon; c'est en face de ce lieu que vous camperez, près de la mer. Pharaon 3 dira des enfants d'Israël: Ils sont égarés dans le pays; le désert les enferme. J'endurcirai le cœur de 4 Pharaon, et il les poursuivra; mais Pharaon et toute son armée serviront à faire éclater ma gloire, et les Égyptiens sauront que je suis l'Éternel. Et les enfants d'Israël firent ainsi.

On annonça au roi d'Égypte que 5 le peuple avait pris la fuite. Alors le cœur de Pharaon et celui de ses serviteurs furent changés à l'égard du peuple. Ils dirent: Qu'avons-nous fait, en laissant aller Israël, dont nous n'aurons plus les services?

6 Et Pharaon attela son char, et il prit
7 son peuple avec lui. Il prit six cents chars d'élite, et tous les chars de l'Égypte; il y avait sur tous des
8 combattants. L'Éternel endurcit le cœur de Pharaon, roi d'Égypte, et Pharaon poursuivit les enfants d'Israël. Les enfants d'Israël étaient
9 sortis la main levée. Les Égyptiens les poursuivirent; et tous les chevaux, les chars de Pharaon, ses cavaliers et son armée, les atteignirent campés près de la mer, vers Pi-Hahiroth, vis-à-vis de Baal-Tsephon.
10 Pharaon approchait. Les enfants d'Israël levèrent les yeux, et voici, les Égyptiens étaient en marche derrière eux. Et les enfants d'Israël eurent une grande frayeur, et crièrent
11 à l'Éternel. Ils dirent à Moïse: N'y avait-il pas des sépulcres en Égypte, sans qu'il fût besoin de nous mener mourir au désert? Que nous as-tu fait en nous faisant sortir d'Égypte?
12 N'est-ce pas là ce que nous te disions en Égypte: Laisse-nous servir les Égyptiens, car nous aimons mieux servir les Égyptiens que de mourir
13 au désert? Moïse répondit au peuple: Ne craignez rien, restez en place, et regardez la délivrance que l'Éternel va vous accorder en ce jour; car les Égyptiens que vous voyez aujourd'hui, vous ne les verrez
14 plus jamais. L'Éternel combattra pour vous; et vous, gardez le silence.
15 L'Éternel dit à Moïse: Pourquoi ces cris? Parle aux enfants d'Israël;
16 et qu'ils marchent. Toi, lève ta verge, étends ta main sur la mer, et fends-la; et les enfants d'Israël entreront au milieu de la mer à sec.
17 Et moi, je vais endurcir le cœur des Égyptiens, pour qu'ils y entrent après eux; et Pharaon et toute son armée, ses chars et ses cavaliers, feront
18 éclater ma gloire. Et les Égyptiens sauront que je suis l'Éternel, quand Pharaon, ses chars et ses cavaliers, auront fait éclater ma gloire.

L'ange de Dieu, qui allait devant 19 le camp d'Israël, partit et alla derrière eux; et la colonne de nuée qui les précédait, partit et se tint derrière eux. Elle se plaça entre le camp 20 des Égyptiens et le camp d'Israël. Cette nuée était ténébreuse d'un côté, et de l'autre elle éclairait la nuit. Et les deux camps n'approchèrent point l'un de l'autre pendant toute la nuit.

Moïse étendit sa main sur la mer. 21 Et l'Éternel refoula la mer par un vent d'orient, qui souffla avec impétuosité toute la nuit; il mit la mer à sec, et les eaux se fendirent. Les 22 enfants d'Israël entrèrent au milieu de la mer à sec, et les eaux formaient comme une muraille à leur droite et à leur gauche. Les Égyptiens 23 les poursuivirent; et tous les chevaux de Pharaon, ses chars et ses cavaliers, entrèrent après eux au milieu de la mer. A la veille du 24 matin, l'Éternel, de la colonne de feu et de nuée, regarda le camp des Égyptiens, et mit en désordre le camp des Égyptiens. Il ôta les 25 roues de leurs chars et en rendit la marche difficile. Les Égyptiens dirent alors: Fuyons devant Israël, car l'Éternel combat pour lui contre les Égyptiens.

L'Éternel dit à Moïse: Étends ta 26 main sur la mer; et les eaux reviendront sur les Égyptiens, sur leurs chars et sur leurs cavaliers. Moïse 27 étendit sa main sur la mer. Et vers le matin, la mer reprit son impétuosité, et les Égyptiens s'enfuirent à son approche; mais l'Éternel précipita les Égyptiens au milieu de la mer. Les eaux revinrent, et cou- 28 vrirent les chars, les cavaliers et toute l'armée de Pharaon, qui étaient entrés dans la mer après les enfants d'Israël; et il n'en échappa pas un seul. Mais 29 les enfants d'Israël marchèrent à sec au milieu de la mer, et les eaux formaient comme une muraille à leur droite et à leur gauche.

En ce jour, l'Éternel délivra Israël 30 de la main des Égyptiens; et Israël vit sur le rivage de la mer les Égyptiens qui étaient morts. Israël vit 31 la main puissante que l'Éternel avait dirigée contre les Égyptiens. Et le peuple craignit l'Éternel, et il crut en l'Éternel et en Moïse, son serviteur.

Cantique.

15 Alors Moïse et les enfants d'Israël chantèrent ce cantique à l'Éternel. Ils dirent :

Je chanterai à l'Éternel, car il a fait éclater sa gloire ;
Il a précipité dans la mer le cheval et son cavalier.

2 L'Éternel est ma force et le sujet de mes louanges ;
C'est lui qui m'a sauvé.
Il est mon Dieu : je le célèbrerai ;
Il est le Dieu de mon père : je l'exalterai.

3 L'Éternel est un vaillant guerrier ;
L'Éternel est son nom.

4 Il a lancé dans la mer les chars de Pharaon et son armée ;
Ses combattants d'élite ont été engloutis dans la mer Rouge.

5 Les flots les ont couverts :
Ils sont descendus au fond des eaux, comme une pierre.

6 Ta droite, ô Éternel ! a signalé sa force ;
Ta droite, ô Éternel ! a écrasé l'ennemi.

7 Par la grandeur de ta majesté
Tu renverses tes adversaires ;
Tu déchaînes ta colère :
Elle les consume comme du chaume.

8 Au souffle de tes narines, les eaux se sont amoncelées,
Les courants se sont dressés comme une muraille,
Les flots se sont durcis au milieu de la mer.

9 L'ennemi disait : je poursuivrai, j'atteindrai,
Je partagerai le butin ;
Ma vengeance sera assouvie,
Je tirerai l'épée, ma main les détruira.

10 Tu as soufflé de ton haleine :
La mer les a couverts ;
Ils se sont enfoncés comme du plomb,
Dans la profondeur des eaux.

11 Qui est comme toi parmi les dieux, ô Éternel ?

Qui est comme toi magnifique en sainteté,
Digne de louanges,
Opérant des prodiges ?

12 Tu as étendu ta droite :
La terre les a engloutis.

13 Par ta miséricorde tu as conduit,
Tu as délivré ce peuple ;
Par ta puissance tu le diriges
Vers la demeure de ta sainteté.

14 Les peuples l'apprennent, et ils tremblent :
La terreur s'empare des Philistins ;

15 Les chefs d'Édom s'épouvantent ;
Un tremblement saisit les guerriers de Moab ;
Tous les habitants de Canaan tombent en défaillance.

16 La crainte et la frayeur les surprendront ;
Par la grandeur de ton bras
Ils deviendront muets comme une pierre,
Jusqu'à ce que ton peuple soit passé, ô Éternel !
Jusqu'à ce qu'il soit passé,
Le peuple que tu as acquis.

17 Tu les amèneras et tu les établiras sur la montagne de ton héritage,
Au lieu que tu as préparé pour ta demeure, ô Éternel !
Au sanctuaire, Seigneur ! que tes mains ont fondé.

18 L'Éternel régnera éternellement et à toujours.

19 Car les chevaux de Pharaon, ses chars et ses cavaliers sont entrés dans la mer,
Et l'Éternel a ramené sur eux les eaux de la mer ;
Mais les enfants d'Israël ont marché à sec au milieu de la mer.

20 Marie, la prophétesse, sœur d'Aaron, prit à sa main un tambourin, et toutes les femmes vinrent après elle, avec des tambourins et en dansant.

21 Marie répondait aux enfants d'Israël :

Chantez à l'Éternel, car il a fait éclater sa gloire ;
Il a précipité dans la mer le cheval et son cavalier.

LE PEUPLE D'ISRAËL DANS LE DÉSERT

Les eaux de Mara.

22 Moïse fit partir Israël de la mer Rouge. Ils prirent la direction du désert de Schur; et, après trois journées de marche dans le désert, ils ne 23 trouvèrent point d'eau. Ils arrivèrent à Mara; mais ils ne purent pas boire l'eau de Mara, parce qu'elle était amère. C'est pourquoi ce lieu fut 24 appelé Mara. Le peuple murmura contre Moïse, en disant: Que boirons-25 nous? Moïse cria à l'Éternel; et l'Éternel lui indiqua un bois, qu'il jeta dans l'eau. Et l'eau devint douce. Ce fut là que l'Éternel donna au peuple des lois et des ordonnances, et ce fut là qu'il le mit à 26 l'épreuve. Il dit: Si tu écoutes attentivement la voix de l'Éternel, ton Dieu, si tu fais ce qui est droit à ses yeux, si tu prêtes l'oreille à ses commandements, et si tu observes toutes ses lois, je ne te frapperai d'aucune des maladies dont j'ai frappé les Égyptiens; car je suis l'Éternel, qui te guérit.

27 Ils arrivèrent à Élim, où il y avait douze sources d'eau et soixante-dix palmiers. Ils campèrent là, près de l'eau.

Murmures des Israélites dans le désert de Sin. — Les cailles et la manne. Le sabbat.

16 Toute l'assemblée des enfants d'Israël partit d'Élim, et ils arrivèrent au désert de Sin, qui est entre Élim et Sinaï, le quinzième jour du second mois après leur sortie 2 du pays d'Égypte. Et toute l'assemblée des enfants d'Israël murmura dans le désert contre Moïse 3 et Aaron. Les enfants d'Israël leur dirent: Que ne sommes-nous morts par la main de l'Éternel dans le pays d'Égypte, quand nous étions assis près des pots de viande, quand nous mangions du pain à satiété? Car vous nous avez menés dans ce désert pour faire mourir de faim toute cette multitude.

4 L'Éternel dit à Moïse: Voici, je ferai pleuvoir pour vous du pain, du haut des cieux. Le peuple sortira, et en ramassera, jour par jour, la quantité nécessaire, afin que je le mette à l'épreuve, et que je voie s'il marchera, ou non, selon ma loi. Le 5 sixième jour, lorsqu'ils prépareront ce qu'ils auront apporté, il s'en trouvera le double de ce qu'ils ramasseront jour par jour.

Moïse et Aaron dirent à tous les 6 enfants d'Israël: Ce soir, vous comprendrez que c'est l'Éternel qui vous a fait sortir du pays d'Égypte. Et, 7 au matin, vous verrez la gloire de l'Éternel, parce qu'il a entendu vos murmures contre l'Éternel; car que sommes-nous, pour que vous murmuriez contre nous? Moïse dit: 8 L'Éternel vous donnera ce soir de la viande à manger, et au matin du pain à satiété, parce que l'Éternel a entendu les murmures que vous avez proférés contre lui; car que sommes-nous? Ce n'est pas contre nous que sont vos murmures, c'est contre l'Éternel.

Moïse dit à Aaron: Dis à toute 9 l'assemblée des enfants d'Israël: Approchez-vous devant l'Éternel, car il a entendu vos murmures. Et 10 tandis qu'Aaron parlait à toute l'assemblée des enfants d'Israël, ils se tournèrent du côté du désert, et voici, la gloire de l'Éternel parut dans la nuée. L'Éternel, s'adressant 11 à Moïse, dit: J'ai entendu les mur- 12 mures des enfants d'Israël. Dis-leur: Entre les deux soirs vous mangerez de la viande, et au matin vous vous rassasierez de pain; et vous saurez que je suis l'Éternel, votre Dieu.

Le soir, il survint des cailles qui 13 couvrirent le camp; et, au matin, il y eut une couche de rosée autour du camp. Quand cette rosée fut dissi- 14 pée, il y avait à la surface du désert quelque chose de menu comme des grains, quelque chose de menu comme la gelée blanche sur la terre. Les enfants d'Israël regardèrent et 15 ils se dirent l'un à l'autre: Qu'est-ce que cela ? car ils ne savaient pas ce que c'était. Moïse leur dit : C'est le pain que l'Éternel vous donne

16 pour nourriture. Voici ce que l'Éternel a ordonné : Que chacun de vous en ramasse ce qu'il faut pour sa nourriture, un omer par tête, suivant le nombre de vos personnes ; chacun en prendra pour ceux qui sont dans sa tente.

17 Les Israélites firent ainsi ; et ils en ramassèrent les uns plus, les

18 autres moins. On mesurait ensuite avec l'omer ; celui qui avait ramassé plus n'avait rien de trop, et celui qui avait ramassé moins n'en manquait pas. Chacun ramassait ce qu'il

19 fallait pour sa nourriture. Moïse leur dit : Que personne n'en laisse

20 jusqu'au matin. Ils n'écoutèrent pas Moïse, et il y eut des gens qui en laissèrent jusqu'au matin ; mais il s'y mit des vers, et cela devint infect. Moïse fut irrité contre ces

21 gens. Tous les matins, chacun ramassait ce qu'il fallait pour sa nourriture ; et quand venait la chaleur du soleil, cela fondait.

22 Le sixième jour, ils ramassèrent une quantité double de nourriture, deux omers pour chacun. Tous les principaux de l'assemblée vinrent le

23 rapporter à Moïse. Et Moïse leur dit : C'est ce que l'Éternel a ordonné. Demain est le jour du repos, le sabbat consacré à l'Éternel ; faites cuire ce que vous avez à faire cuire, faites bouillir ce que vous avez à faire bouillir, et mettez en réserve jusqu'au

24 matin tout ce qui restera. Ils le laissèrent jusqu'au matin, comme Moïse l'avait ordonné ; et cela ne devint point infect, et il ne s'y mit

25 point de vers. Moïse dit : Mangez-le aujourd'hui, car c'est le jour du sabbat ; aujourd'hui vous n'en trou-

26 verez point dans la campagne. Pendant six jours vous en ramasserez ; mais le septième jour, qui est le sabbat, il n'y en aura point.

27 Le septième jour, quelques-uns du peuple sortirent pour en ramasser, et

28 ils n'en trouvèrent point. Alors l'Éternel dit à Moïse : Jusques à quand refuserez-vous d'observer mes

commandements et mes lois ? Con- 29 sidérez que l'Éternel vous a donné le sabbat ; c'est pourquoi il vous donne au sixième jour de la nourriture pour deux jours. Que chacun reste à sa place, et que personne ne sorte du lieu où il est au septième jour.

Et le peuple se reposa le septième 30 jour.

La maison d'Israël donna à cette 31 nourriture le nom de manne. Elle ressemblait à de la graine de coriandre ; elle était blanche, et avait le goût d'un gâteau au miel.

Moïse dit : Voici ce que l'Éternel 32 a ordonné : Qu'un omer rempli de manne soit conservé pour vos descendants, afin qu'ils voient le pain que je vous ai fait manger dans le désert, après vous avoir fait sortir du pays d'Égypte. Et Moïse dit à 33 Aaron : Prends un vase, mets-y de la manne plein un omer, et dépose-le devant l'Éternel, afin qu'il soit conservé pour vos descendants. Sui- 34 vant l'ordre donné par l'Éternel à Moïse, Aaron le déposa devant le témoignage, afin qu'il fût conservé.

Les enfants d'Israël mangèrent la 35 manne pendant quarante ans, jusqu'à leur arrivée dans un pays habité ; ils mangèrent la manne jusqu'à leur arrivée aux frontières du pays de Canaan.

L'omer est la dixième partie de 36 l'épha.

Murmures à Rephidim. — Le rocher d'Horeb.

Toute l'assemblée des enfants **17** d'Israël partit du désert de Sin, selon les marches que l'Éternel leur avait ordonnées ; et ils campèrent à Rephidim, où le peuple ne trouva point d'eau à boire. Alors le peuple 2 chercha querelle à Moïse. Ils dirent : Donnez-nous de l'eau à boire. Moïse leur répondit : Pourquoi me cherchez-vous querelle ? Pourquoi tentez-vous l'Éternel ? Le peuple était là, pressé 3 par la soif, et murmurait contre Moïse. Il disait : Pourquoi nous as-tu fait monter hors d'Égypte, pour me faire mourir de soif avec mes enfants et mes troupeaux ?

4 Moïse cria à l'Éternel, en disant:
Que ferai-je à ce peuple? Encore
5 un peu, et ils me lapideront. L'Éternel dit à Moïse: Passe devant le
peuple, et prends avec toi des anciens d'Israël; prends aussi dans ta
main ta verge avec laquelle tu as
6 frappé le fleuve, et marche! Voici,
je me tiendrai devant toi sur le rocher d'Horeb; tu frapperas le rocher,
et il en sortira de l'eau, et le peuple
boira. Et Moïse fit ainsi, aux yeux
7 des anciens d'Israël. Il donna à ce
lieu le nom de Massa et Meriba,
parce que les enfants d'Israël avaient
contesté, et parce qu'ils avaient tenté
l'Éternel, en disant: L'Éternel est-il
au milieu de nous, ou n'y est-il pas?

Amalek vaincu.

8 Amalek vint combattre Israël à
9 Rephidim. Alors Moïse dit à Josué:
Choisis-nous des hommes, sors, et
combats Amalek; demain je me
tiendrai sur le sommet de la colline,
la verge de Dieu dans ma main.
10 Josué fit ce que lui avait dit Moïse,
pour combattre Amalek. Et Moïse,
Aaron et Hur montèrent au sommet
11 de la colline. Lorsque Moïse élevait
sa main, Israël était le plus fort; et
lorsqu'il baissait sa main, Amalek
12 était le plus fort. Les mains de
Moïse étant fatiguées, ils prirent
une pierre qu'ils placèrent sous lui,
et il s'assit dessus. Aaron et Hur
soutenaient ses mains, l'un d'un côté,
l'autre de l'autre; et ses mains restèrent fermes jusqu'au coucher du
13 soleil. Et Josué vainquit Amalek
et son peuple, au tranchant de l'épée.
14 L'Éternel dit à Moïse: Écris cela
dans le livre, pour que le souvenir
s'en conserve, et déclare à Josué que
j'effacerai la mémoire d'Amalek de
dessous les cieux.
15 Moïse bâtit un autel, et lui donna
pour nom: l'Éternel ma bannière.
16 Il dit: Parce que la main a été levée
sur le trône de l'Éternel, il y aura
guerre de l'Éternel contre Amalek,
de génération en génération.

Visite de Jéthro à Moïse.

18 Jéthro, sacrificateur de Madian,
beau-père de Moïse, apprit tout ce
que Dieu avait fait en faveur de
Moïse et d'Israël, son peuple; il
apprit que l'Éternel avait fait sortir
Israël d'Égypte. Jéthro, beau-père 2
de Moïse, prit Séphora, femme de
Moïse, qui avait été renvoyée. Il 3
prit aussi les deux fils de Séphora;
l'un se nommait Guerschom, car
Moïse avait dit: J'habite un pays
étranger; l'autre se nommait Éliézer, 4
car il avait dit: Le Dieu de mon
père m'a secouru, et il m'a délivré
de l'épée de Pharaon. Jéthro, beau- 5
père de Moïse, avec les fils et la
femme de Moïse, vint au désert où
il campait, à la montagne de Dieu.
Il fit dire à Moïse: Moi, ton beau- 6
père Jéthro, je viens vers toi, avec
ta femme et ses deux fils.

Moïse sortit au-devant de son beau- 7
père, il se prosterna, et il le baisa.
Ils s'informèrent réciproquement de
leur santé, et ils entrèrent dans la
tente de Moïse. Moïse raconta à 8
son beau-père tout ce que l'Éternel
avait fait à Pharaon et à l'Égypte
à cause d'Israël, toutes les souffrances
qui leur étaient survenues en chemin,
et comment l'Éternel les avait délivrés. Jéthro se réjouit de tout le 9
bien que l'Éternel avait fait à Israël,
et de ce qu'il l'avait délivré de la
main des Égyptiens. Et Jéthro dit: 10
Béni soit l'Éternel, qui vous a délivrés
de la main des Égyptiens et de la
main de Pharaon; qui a délivré le
peuple de la main des Égyptiens!
Je reconnais maintenant que l'Éter- 11
nel est plus grand que tous les dieux;
car la méchanceté des Égyptiens est
retombée sur eux. Jéthro, beau-père 12
de Moïse, offrit à Dieu un holocauste
et des sacrifices. Aaron et tous les
anciens d'Israël vinrent participer au
repas avec le beau-père de Moïse, en
présence de Dieu.

Le lendemain, Moïse s'assit pour 13
juger le peuple, et le peuple se tint
devant lui depuis le matin jusqu'au
soir. Le beau-père de Moïse vit 14
tout ce qu'il faisait pour le peuple,
et il dit: Que fais-tu là avec ce
peuple? Pourquoi sièges-tu seul,
et tout le peuple se tient-il devant
toi, depuis le matin jusqu'au soir?

15 Moïse répondit à son beau-père : C'est que le peuple vient à moi pour 16 consulter Dieu. Quand ils ont quelque affaire, ils viennent à moi ; je prononce entre eux, et je fais connaître les ordonnances de Dieu et 17 ses lois. Le beau-père de Moïse lui dit : Ce que tu fais n'est pas bien. 18 Tu t'épuiseras toi-même, et tu épuiseras ce peuple qui est avec toi ; car la chose est au-dessus de tes forces, tu ne pourras pas y suffire seul. 19 Maintenant écoute ma voix ; je vais te donner un conseil, et que Dieu soit avec toi ! Sois l'interprète du peuple auprès de Dieu, et porte les 20 affaires devant Dieu. Enseigne-leur les ordonnances et les lois ; et fais-leur connaître le chemin qu'ils doivent suivre, et ce qu'ils doivent faire. 21 Choisis parmi tout le peuple des hommes capables, craignant Dieu, des hommes intègres, ennemis de la cupidité ; établis-les sur eux comme chefs de mille, chefs de cent, chefs 22 de cinquante et chefs de dix. Qu'ils jugent le peuple en tout temps ; qu'ils portent devant toi toutes les affaires importantes, et qu'ils prononcent eux-mêmes sur les petites causes. Allège ta charge, et qu'ils 23 la portent avec toi. Si tu fais cela, et que Dieu te donne des ordres, tu pourras y suffire, et tout ce peuple parviendra heureusement à sa destination. 24 Moïse écouta la voix de son beau-père, et fit tout ce qu'il avait dit. 25 Moïse choisit des hommes capables parmi tout Israël, et il les établit chefs du peuple, chefs de mille, chefs de cent, chefs de cinquante et chefs 26 de dix. Ils jugeaient le peuple en tout temps ; ils portaient devant Moïse les affaires difficiles, et ils prononçaient eux-mêmes sur toutes les petites causes. 27 Moïse laissa partir son beau-père, et Jéthro s'en alla dans son pays.

Le désert et la montagne de Sinaï.

19 Le troisième mois après leur sortie du pays d'Égypte, les enfants d'Israël arrivèrent ce jour-là au désert de Sinaï. Étant partis de 2 Rephidim, ils arrivèrent au désert de Sinaï, et ils campèrent dans le désert ; Israël campa là, vis-à-vis de la montagne. Moïse monta vers 3 Dieu : et l'Éternel l'appela du haut de la montagne, en disant : Tu parleras ainsi à la maison de Jacob, et tu diras aux enfants d'Israël : Vous 4 avez vu ce que j'ai fait à l'Égypte, et comment je vous ai portés sur des ailes d'aigle et amenés vers moi. Maintenant, si vous écoutez ma voix, 5 et si vous gardez mon alliance, vous m'appartiendrez entre tous les peuples, car toute la terre est à moi ; vous serez pour moi un royaume 6 de sacrificateurs et une nation sainte. Voilà les paroles que tu diras aux enfants d'Israël.

Moïse vint appeler les anciens du 7 peuple, et il mit devant eux toutes ces paroles, comme l'Éternel le lui avait ordonné. Le peuple tout entier 8 répondit : Nous ferons tout ce que l'Éternel a dit. Moïse rapporta les paroles du peuple à l'Éternel. Et 9 l'Éternel dit à Moïse : Voici, je viendrai vers toi dans une épaisse nuée, afin que le peuple entende quand je te parlerai, et qu'il ait toujours confiance en toi. Moïse rapporta les paroles du peuple à l'Éternel.

Et l'Éternel dit à Moïse : Va vers 10 le peuple ; sanctifie-les aujourd'hui et demain, qu'ils lavent leurs vêtements. Qu'ils soient prêts pour le 11 troisième jour ; car le troisième jour l'Éternel descendra, aux yeux de tout le peuple, sur la montagne de Sinaï. Tu fixeras au peuple des 12 limites tout à l'entour, et tu diras : Gardez-vous de monter sur la montagne, ou d'en toucher le bord. Quiconque touchera la montagne sera puni de mort. On ne mettra pas la 13 main sur lui, mais on le lapidera, ou on le percera de flèches : animal ou homme, il ne vivra point. Quand la trompette sonnera, ils s'avanceront près de la montagne. Moïse descen- 14 dit de la montagne vers le peuple ; il sanctifia le peuple, et ils lavèrent leurs vêtements. Et il dit au peuple : 15

Soyez prêts dans trois jours ; ne vous approchez d'aucune femme.

16 Le troisième jour au matin, il y eut des tonnerres, des éclairs, et une épaisse nuée sur la montagne ; le son de la trompette retentit fortement ; et tout le peuple qui était dans le camp fut saisi d'épouvante.

17 Moïse fit sortir le peuple du camp, à la rencontre de Dieu ; et ils se placèrent au bas de la montagne.

18 La montagne de Sinaï était toute en fumée, parce que l'Éternel y était descendu au milieu du feu ; cette fumée s'élevait comme la fumée d'une fournaise, et toute la montagne tremblait avec violence.

19 Le son de la trompette retentissait de plus en plus fortement. Moïse parlait, et Dieu lui répondait à haute

20 voix. Ainsi l'Éternel descendit sur la montagne de Sinaï, sur le sommet de la montagne ; l'Éternel appela Moïse sur le sommet de la montagne. Et Moïse monta.

21 L'Éternel dit à Moïse : Descends, fais au peuple la défense expresse de se précipiter vers l'Éternel, pour regarder, de peur qu'un grand nom-

22 bre d'entre eux ne périsse. Que les sacrificateurs, qui s'approchent de l'Éternel, se sanctifient aussi, de peur que l'Éternel ne les frappe de mort.

23 Moïse dit à l'Éternel : Le peuple ne pourra pas monter sur la montagne de Sinaï, car tu nous en as fait la défense expresse, en disant : Fixe des limites autour de la montagne,

24 et sanctifie-la. L'Éternel lui dit : Va, descends ; tu monteras ensuite avec Aaron ; mais que les sacrificateurs et le peuple ne se précipitent point pour monter vers l'Éternel, de peur qu'il ne les frappe de mort.

25 Moïse descendit vers le peuple, et lui dit ces choses.

Les dix commandements.

20 Alors Dieu prononça toutes ces paroles, en disant :

2 Je suis l'Éternel, ton Dieu, qui t'ai fait sortir du pays d'Égypte, de la maison de servitude.

3 Tu n'auras pas d'autres dieux devant ma face.

4 Tu ne te feras point d'image taillée, ni de représentation quelconque des choses qui sont en haut dans les cieux, qui sont en bas sur la terre, et qui sont dans les eaux plus

5 bas que la terre. Tu ne te prosterneras point devant elles, et tu ne les serviras point ; car moi, l'Éternel, ton Dieu, je suis un Dieu jaloux, qui punis l'iniquité des pères sur les enfants jusqu'à la troisième et à la quatrième généra-

6 tion de ceux qui me haïssent, et qui fais miséricorde jusqu'en mille générations à ceux qui m'aiment et qui gardent mes commandements.

7 Tu ne prendras point le nom de l'Éternel, ton Dieu, en vain ; car l'Éternel ne laissera point impuni celui qui prendra son nom en vain.

8 Souviens-toi du jour du repos,

9 pour le sanctifier. Tu travailleras six jours, et tu feras tout ton ouvrage.

10 Mais le septième jour est le jour du repos de l'Éternel, ton Dieu : tu ne feras aucun ouvrage, ni toi, ni ton fils, ni ta fille, ni ton serviteur, ni ta servante, ni ton bétail, ni l'étranger qui est dans tes portes. Car en six

11 jours l'Éternel a fait les cieux, la terre et la mer, et tout ce qui y est contenu, et il s'est reposé le septième jour : c'est pourquoi l'Éternel a béni le jour du repos et l'a sanctifié.

12 Honore ton père et ta mère, afin que tes jours se prolongent dans le pays que l'Éternel, ton Dieu, te donne.

13 Tu ne tueras point.

14 Tu ne commettras point d'adultère.

15 Tu ne déroberas point.

16 Tu ne porteras point de faux témoignage contre ton prochain.

17 Tu ne convoiteras point la maison de ton prochain ; tu ne convoiteras point la femme de ton prochain, ni son serviteur, ni sa servante, ni son bœuf, ni son âne, ni aucune chose qui appartienne à ton prochain.

18 Tout le peuple entendait les tonnerres et le son de la trompette ; il voyait les flammes de la montagne fumante. A ce spectacle, le peuple tremblait, et se tenait dans l'éloigne-

19 ment. Ils dirent à Moïse: Parlenous toi-même, et nous écouterons; mais que Dieu ne nous parle point, de peur que nous ne mourions.

20 Moïse dit au peuple: Ne vous effrayez pas; car c'est pour vous mettre à l'épreuve que Dieu est venu, et c'est pour que vous ayez sa crainte devant les yeux, afin que vous ne

21 péchiez point. Le peuple restait dans l'éloignement; mais Moïse s'approcha de la nuée où était Dieu.

22 L'Éternel dit à Moïse: Tu parleras ainsi aux enfants d'Israël: Vous avez vu que je vous ai parlé depuis

23 les cieux. Vous ne ferez point des dieux d'argent et des dieux d'or, pour me les associer; vous ne vous

24 en ferez point. Tu m'élèveras un autel de terre, sur lequel tu offriras tes holocaustes et tes sacrifices d'actions de grâces, tes brebis et tes bœufs. Partout où je rappellerai mon nom, je viendrai à toi, et je te béni-

25 rai. Si tu m'élèves un autel de pierre, tu ne le bâtiras point en pierres taillées; car en passant ton ciseau sur la pierre, tu la profanerais.

26 Tu ne monteras point à mon autel par des degrés, afin que ta nudité ne soit pas découverte.

Lois relatives à la liberté et à la vie.

21 Voici les lois que tu leur présenteras.

2 Si tu achètes un esclave hébreu, il servira six années; mais la septième,

3 il sortira libre, sans rien payer. S'il est entré seul, il sortira seul; s'il avait une femme, sa femme sortira

4 avec lui. Si c'est son maître qui lui a donné une femme, et qu'il en ait eu des fils ou des filles, la femme et ses enfants seront à son maître, et il

5 sortira seul. Si l'esclave dit: J'aime mon maître, ma femme et mes enfants, je ne veux pas sortir libre,—

6 alors son maître le conduira devant Dieu, et le fera approcher de la porte ou du poteau, et son maître lui percera l'oreille avec un poinçon, et l'esclave sera pour toujours à son service.

7 Si un homme vend sa fille pour être esclave, elle ne sortira point comme sortent les esclaves. Si elle 8 déplaît à son maître, qui s'était proposé de la prendre pour femme, il facilitera son rachat; mais il n'aura pas le pouvoir de la vendre à des étrangers, après lui avoir été infidèle. S'il la destine à son fils, il agira 9 envers elle selon le droit des filles. S'il prend une autre femme, il ne 10 retranchera rien pour la première à la nourriture, au vêtement, et au droit conjugal. Et s'il ne fait pas 11 pour elle ces trois choses, elle pourra sortir sans rien payer, sans donner de l'argent.

Celui qui frappera un homme 12 mortellement sera puni de mort. S'il ne lui a point dressé d'embûches, 13 et que Dieu l'ait fait tomber sous sa main, je t'établirai un lieu où il pourra se réfugier. Mais si quel- 14 qu'un agit méchamment contre son prochain, en employant la ruse pour le tuer, tu l'arracheras même de mon autel, pour le faire mourir.

Celui qui frappera son père ou sa 15 mère sera puni de mort.

Celui qui dérobera un homme, et 16 qui l'aura vendu ou retenu entre ses mains, sera puni de mort.

Celui qui maudira son père ou sa 17 mère sera puni de mort.

Si des hommes se querellent, et 18 que l'un d'eux frappe l'autre avec une pierre ou avec le poing, sans causer sa mort, mais en l'obligeant à garder le lit, celui qui aura frappé 19 ne sera point puni, dans le cas où l'autre viendrait à se lever et à se promener dehors avec son bâton. Seulement, il le dédommagera de son interruption de travail, et il le fera soigner jusqu'à sa guérison.

Si un homme frappe du bâton son 20 esclave, homme ou femme, et que l'esclave meure sous sa main, le maître sera puni. Mais s'il survit un 21 jour ou deux, le maître ne sera point puni; car c'est son argent.

Si des hommes se querellent, et 22 qu'ils heurtent une femme enceinte, et la fassent accoucher, sans autre accident, ils seront punis d'une amende imposée par le mari de la femme, et qu'ils paieront devant des

23 juges. Mais s'il y a un accident, tu
24 donneras vie pour vie, œil pour œil,
dent pour dent, main pour main, pied
25 pour pied, brûlure pour brûlure, blessure pour blessure, meurtrissure pour
meurtrissure.

26 Si un homme frappe l'œil de son
esclave, homme ou femme, et qu'il
lui fasse perdre l'œil, il le mettra en
27 liberté, pour prix de son œil. Et
s'il fait tomber une dent à son esclave,
homme ou femme, il le mettra en
liberté, pour prix de sa dent.

28 Si un bœuf frappe de ses cornes
un homme ou une femme, et que la
mort en soit la suite, le bœuf sera
lapidé, sa chair ne sera point mangée,
et le maître du bœuf ne sera point
29 puni. Mais si le bœuf était auparavant sujet à frapper, et qu'on en ait
averti le maître, qui ne l'a point
surveillé, le bœuf sera lapidé, dans
le cas où il tuerait un homme ou une
femme, et son maître sera puni de
30 mort. Si on impose au maître un
prix pour le rachat de sa vie, il paiera
31 tout ce qui lui sera imposé. Lorsque le bœuf frappera un fils ou une
fille, cette loi recevra son applica-
32 tion; mais si le bœuf frappe un
esclave, homme ou femme, on donnera trente sicles d'argent au maître de
l'esclave, et le bœuf sera lapidé.

33 Si un homme met à découvert une
citerne, ou si un homme en creuse
une et ne la couvre pas, et qu'il y
34 tombe un bœuf ou un âne, le possesseur de la citerne paiera au maître
la valeur de l'animal en argent, et
aura pour lui l'animal mort.

35 Si le bœuf d'un homme frappe de
ses cornes le bœuf d'un autre homme,
et que la mort en soit la suite, ils
vendront le bœuf vivant et en partageront le prix; ils partageront aussi
36 le bœuf mort. Mais s'il est connu
que le bœuf était auparavant sujet à
frapper, et que son maître ne l'ait point
surveillé, ce maître rendra bœuf pour
bœuf, et aura pour lui le bœuf mort.

Lois relatives à la propriété et aux mœurs.

22 Si un homme dérobe un bœuf
ou un agneau, et qu'il l'égorge ou le
vende, il restituera cinq bœufs pour le
bœuf et quatre agneaux pour l'agneau.
Si le voleur est surpris dérobant 2
avec effraction, et qu'il soit frappé et
meure, on ne sera point coupable de
meurtre envers lui; mais si le soleil 3
est levé, on sera coupable de meurtre
envers lui. Il fera restitution; s'il
n'a rien, il sera vendu pour son vol;
si ce qu'il a dérobé, bœuf, âne, ou 4
agneau, se trouve encore vivant entre
ses mains, il fera une restitution au
double.

Si un homme fait du dégât dans 5
un champ ou dans une vigne, et qu'il
laisse son bétail paître dans le champ
d'autrui, il donnera en dédommagement le meilleur produit de son
champ et de sa vigne.

Si un feu éclate et rencontre des 6
épines, et que du blé en gerbes ou
sur pied, ou bien le champ, soit consumé, celui qui a causé l'incendie
sera tenu à un dédommagement.

Si un homme donne à un autre de 7
l'argent ou des objets à garder, et
qu'on les vole dans la maison de ce
dernier, le voleur fera une restitution
au double, dans le cas où il serait
trouvé. Si le voleur ne se trouve pas, 8
le maître de la maison se présentera
devant Dieu, pour déclarer qu'il n'a
pas mis la main sur le bien de son
prochain.

Dans toute affaire frauduleuse con- 9
cernant un bœuf, un âne, un agneau,
un vêtement, ou un objet perdu, au
sujet duquel on dira : C'est cela !—la
cause des deux parties ira jusqu'à
Dieu; celui que Dieu condamnera
fera à son prochain une restitution
au double.

Si un homme donne à un autre un 10
âne, un bœuf, un agneau, ou un
animal quelconque à garder, et que
l'animal meure, se casse un membre,
ou soit enlevé, sans que personne
l'ait vu, le serment au nom de l'É- 11
ternel interviendra entre les deux
parties, et celui qui a gardé l'animal
déclarera qu'il n'a pas mis la main
sur le bien de son prochain; le
maître de l'animal acceptera ce serment, et l'autre ne sera point tenu à
une restitution. Mais si l'animal a 12
été dérobé chez lui, il sera tenu vis-

13 Si l'animal a été déchiré, il le produira en témoignage, et il ne sera point tenu à une restitution pour ce qui a été déchiré.

14 Si un homme emprunte à un autre un animal, et que l'animal se casse un membre ou qu'il meure, en l'absence de son maître, il y aura lieu 15 à restitution. Si le maître est présent, il n'y aura pas lieu à restitution. Si l'animal a été loué, le prix du louage suffira.

16 Si un homme séduit une vierge qui n'est point fiancée, et qu'il couche avec elle, il paiera sa dot et la 17 prendra pour femme. Si le père refuse de la lui accorder, il paiera en argent la valeur de la dot des vierges.

18 Tu ne laisseras point vivre la magicienne.

19 Quiconque couche avec une bête sera puni de mort.

20 Celui qui offre des sacrifices à d'autres dieux qu'à l'Éternel seul sera voué à l'extermination.

21 Tu ne maltraiteras point l'étranger, et tu ne l'opprimeras point ; car vous avez été étrangers dans le pays d'Égypte.

22 Tu n'affligeras point la veuve, ni 23 l'orphelin. Si tu les affliges, et qu'ils viennent à moi, j'entendrai leurs 24 cris ; ma colère s'enflammera, et je vous détruirai par l'épée ; vos femmes deviendront veuves, et vos enfants orphelins.

25 Si tu prêtes de l'argent à mon peuple, au pauvre qui est avec toi, tu ne seras point à son égard comme un créancier, tu n'exigeras de lui point d'intérêt.

26 Si tu prends en gage le vêtement de ton prochain, tu le lui rendras 27 avant le coucher du soleil ; car c'est sa seule couverture, c'est le vêtement dont il s'enveloppe le corps : dans quoi coucherait-il ? S'il crie à moi, je l'entendrai, car je suis miséricordieux.

28 Tu ne maudiras point Dieu, et tu ne maudiras point le prince de ton peuple.

29 Tu ne différeras point de m'offrir les prémices de ta moisson et de ta vendange. Tu me donneras le premier-né de tes fils. Tu me donneras 30 aussi le premier-né de ta vache et de ta brebis ; il restera sept jours avec sa mère ; le huitième jour, tu me le donneras.

31 Vous serez pour moi des hommes saints. Vous ne mangerez point de chair déchirée dans les champs : vous la jetterez aux chiens.

Lois morales et cérémonielles.

23 Tu ne répandras point de faux bruit. Tu ne te joindras point au méchant pour faire un faux témoignage.

2 Tu ne suivras point la multitude pour faire le mal ; et tu ne déposeras point dans un procès en te mettant du côté du grand nombre, pour violer la justice.

3 Tu ne favoriseras point le pauvre dans son procès.

4 Si tu rencontres le bœuf de ton ennemi ou son âne égaré, tu le lui 5 ramèneras. Si tu vois l'âne de ton ennemi succombant sous sa charge, et que tu hésites à le décharger, tu l'aideras à le décharger.

6 Tu ne porteras point atteinte au droit du pauvre dans son procès.

7 Tu ne prononceras point de sentence inique, et tu ne feras point mourir l'innocent et le juste ; car je n'absoudrai point le coupable. Tu ne re-8 cevras point de présent ; car les présents aveuglent ceux qui ont les yeux ouverts, et corrompent les paroles des justes.

9 Tu n'opprimeras point l'étranger ; vous savez ce qu'éprouve l'étranger, car vous avez été étrangers dans le pays d'Égypte.

10 Pendant six années, tu ensemenceras la terre, et tu en recueilleras le produit. Mais la septième, tu lui 11 donneras du relâche et tu la laisseras en repos ; les pauvres de ton peuple en jouiront, et les bêtes des champs mangeront ce qui restera. Tu feras de même pour ta vigne et pour tes oliviers.

12 Pendant six jours, tu feras ton ouvrage. Mais le septième jour, tu

te reposeras, afin que ton bœuf et ton âne aient du repos, afin que le fils de ton esclave et l'étranger aient du relâche.

13 Vous observerez tout ce que je vous ai dit, et vous ne prononcerez point le nom d'autres dieux : qu'on ne l'entende point sortir de votre bouche.

14 Trois fois par année, tu célébreras

15 des fêtes en mon honneur. Tu observeras la fête des pains sans levain ; pendant sept jours, au temps fixé dans le mois des épis, tu mangeras des pains sans levain, comme je t'en ai donné l'ordre, car c'est dans ce mois que tu es sorti d'Égypte ; et l'on ne se présentera

16 point à vide devant ma face. Tu observeras la fête de la moisson, des prémices de ton travail, de ce que tu auras semé dans les champs ; et la fête de la récolte, à la fin de l'année, quand tu recueilleras des champs le

17 fruit de ton travail. Trois fois par année, tous les mâles se présenteront devant le Seigneur, l'Éternel.

18 Tu n'offriras point avec du pain levé le sang de la victime sacrifiée en mon honneur ; et sa graisse ne sera point gardée pendant la nuit jusqu'au matin.

19 Tu apporteras à la maison de l'Éternel, ton Dieu, les prémices des premiers fruits de la terre.

Tu ne feras point cuire un chevreau dans le lait de sa mère.

20 Voici, j'envoie un ange devant toi, pour te protéger en chemin, et pour te faire arriver au lieu que j'ai

21 préparé. Tiens-toi sur tes gardes en sa présence, et écoute sa voix ; ne lui résiste point, parce qu'il ne pardonnera pas vos péchés, car mon

22 nom est en lui. Mais si tu écoutes sa voix, et si tu fais tout ce que je te dirai, je serai l'ennemi de tes ennemis et l'adversaire de tes adversaires.

23 Mon ange marchera devant toi, et te conduira chez les Amoréens, les Héthiens, les Phéréziens, les Cananéens, les Héviens et les Jébusiens, et je les exterminerai.

24 Tu ne te prosterneras point devant leurs dieux, et tu ne les serviras point ; tu n'imiteras point ces peuples dans leur conduite, mais tu les détruiras, et tu briseras leurs statues.

25 Vous servirez l'Éternel, votre Dieu, et il bénira votre pain et vos eaux, et j'éloignerai la maladie du milieu

26 de toi. Il n'y aura dans ton pays ni femme qui avorte, ni femme stérile. Je remplirai le nombre de tes jours.

27 J'enverrai ma terreur devant toi, je mettrai en déroute tous les peuples chez lesquels tu arriveras, et je ferai tourner le dos devant toi à tous tes

28 ennemis. J'enverrai les frelons devant toi, et ils chasseront loin de ta face les Héviens, les Cananéens et

29 les Héthiens. Je ne les chasserai pas en une seule année loin de ta face, de peur que le pays ne devienne un désert et que les bêtes des champs ne se multiplient contre toi.

30 Je les chasserai peu à peu loin de ta face, jusqu'à ce que tu augmentes en nombre et que tu puisses prendre

31 possession du pays. J'établirai tes limites depuis la mer Rouge jusqu'à la mer des Philistins, et depuis le désert jusqu'au fleuve ; car je livrerai entre vos mains les habitants du pays,

32 et tu les chasseras devant toi. Tu ne feras point d'alliance avec eux, ni

33 avec leurs dieux. Ils n'habiteront point dans ton pays, de peur qu'ils ne te fassent pécher contre moi ; car tu servirais leurs dieux, et ce serait un piège pour toi.

Moïse sur la montagne de Sinaï.

24 Dieu dit à Moïse : Monte vers l'Éternel, toi et Aaron, Nadab et Abihu, et soixante-dix des anciens d'Israël, et vous vous prosternerez

2 de loin. Moïse s'approchera seul de l'Éternel ; les autres ne s'approcheront pas, et le peuple ne montera point avec lui.

3 Moïse vint rapporter au peuple toutes les paroles de l'Éternel et toutes les lois. Le peuple entier répondit d'une même voix : Nous ferons tout ce que l'Éternel a dit.

4 Moïse écrivit toutes les paroles de l'Éternel. Puis il se leva de bon matin ; il bâtit un autel au pied de la montagne, et dressa douze pierres

5 pour les douze tribus d'Israël. Il

envoya des jeunes hommes, enfants d'Israël, pour offrir à l'Éternel des holocaustes, et immoler des taureaux en sacrifices d'actions de grâces.

6 Moïse prit la moitié du sang, qu'il mit dans des bassins, et il répandit
7 l'autre moitié sur l'autel. Il prit le livre de l'alliance, et le lut en présence du peuple; ils dirent: Nous ferons tout ce que l'Éternel a dit, et nous
8 obéirons. Moïse prit le sang, et il le répandit sur le peuple, en disant: Voici le sang de l'alliance que l'Éternel a faite avec vous selon toutes ces paroles.

9 Moïse monta avec Aaron, Nadab et Abihu, et soixante-dix anciens
10 d'Israël. Ils virent le Dieu d'Israël; sous ses pieds, c'était comme un ouvrage de saphir transparent, comme
11 le ciel lui-même dans sa pureté. Il n'étendit point sa main sur l'élite des enfants d'Israël. Ils virent Dieu, et ils mangèrent et burent.

12 L'Éternel dit à Moïse: Monte vers moi sur la montagne, et reste là; je te donnerai des tables de pierre, la loi et les ordonnances que j'ai écrites
13 pour leur instruction. Moïse se leva, avec Josué qui le servait, et Moïse
14 monta sur la montagne de Dieu. Il dit aux anciens: Attendez-nous ici, jusqu'à ce que nous revenions auprès de vous. Voici, Aaron et Hur resteront avec vous; si quelqu'un a un différend, c'est à eux qu'il s'adressera.
15 Moïse monta sur la montagne, et
16 la nuée couvrit la montagne. La gloire de l'Éternel reposa sur la montagne de Sinaï, et la nuée la couvrit pendant six jours. Le septième jour, l'Éternel appela Moïse
17 du milieu de la nuée. L'aspect de la gloire de l'Éternel était comme un feu dévorant sur le sommet de la montagne, aux yeux des enfants
18 d'Israël. Moïse entra au milieu de la nuée, et il monta sur la montagne. Moïse demeura sur la montagne quarante jours et quarante nuits.

Ordres pour la construction du tabernacle.—Description de l'arche, de la table et du chandelier.

25 L'Éternel parla à Moïse, et dit:
2 Parle aux enfants d'Israël. Qu'ils m'apportent une offrande; vous la recevrez pour moi de tout homme qui la fera de bon cœur. Voici ce 3 que vous recevrez d'eux en offrande: de l'or, de l'argent et de l'airain; des 4 étoffes teintes en bleu, en pourpre, en cramoisi, du fin lin et du poil de chèvre; des peaux de béliers teintes 5 en rouge et des peaux de dauphins; du bois d'acacia; de l'huile pour le 6 chandelier, des aromates pour l'huile d'onction et pour le parfum odoriférant; des pierres d'onyx et d'autres 7 pierres pour la garniture de l'éphod et du pectoral. Ils me feront un 8 sanctuaire, et j'habiterai au milieu d'eux. Vous ferez le tabernacle et 9 tous ses ustensiles d'après le modèle que je vais te montrer.

Ils feront une arche de bois d'acacia, 10 sa longueur sera de deux coudées et demie, sa largeur d'une coudée et demie, et sa hauteur d'une coudée et demie. Tu la couvriras d'or pur, 11 tu la couvriras en dedans et en dehors, et tu y feras une bordure d'or tout autour. Tu fondras pour 12 elle quatre anneaux d'or, et tu les mettras à ses quatre coins, deux anneaux d'un côté et deux anneaux de l'autre côté. Tu feras des barres 13 de bois d'acacia, et tu les couvriras d'or. Tu passeras les barres dans 14 les anneaux sur les côtés de l'arche, pour qu'elles servent à porter l'arche; les barres resteront dans les anneaux 15 de l'arche, et n'en seront point retirées. Tu mettras dans l'arche le 16 témoignage, que je te donnerai. Tu 17 feras un propitiatoire d'or pur; sa longueur sera de deux coudées et demie, et sa largeur d'une coudée et demie. Tu feras deux chérubins 18 d'or, tu les feras d'or battu, aux deux extrémités du propitiatoire; fais un 19 chérubin à l'une des extrémités et un chérubin à l'autre extrémité; vous ferez les chérubins sortant du propitiatoire à ses deux extrémités. Les chérubins étendront les ailes 20 par-dessus, couvrant de leurs ailes le propitiatoire, et se faisant face l'un à l'autre; les chérubins auront la face tournée vers le propitiatoire. Tu mettras le propitiatoire sur l'arche, 21

22 et tu mettras dans l'arche le témoignage, que je te donnerai. C'est là que je me rencontrerai avec toi ; du haut du propitiatoire, entre les deux chérubins placés sur l'arche du témoignage, je te donnerai tous mes ordres pour les enfants d'Israël.

23 Tu feras une table de bois d'acacia ; sa longueur sera de deux coudées, sa largeur d'une coudée, et sa hauteur

24 d'une coudée et demie. Tu la couvriras d'or pur, et tu y feras une

25 bordure d'or tout autour. Tu y feras à l'entour un rebord de quatre doigts, sur lequel tu mettras une bordure

26 d'or tout autour. Tu feras pour la table quatre anneaux d'or, et tu mettras les anneaux aux quatre coins, qui seront à ses quatre pieds.

27 Les anneaux seront près du rebord, et recevront les barres pour porter

28 la table. Tu feras les barres de bois d'acacia, et tu les couvriras d'or ; et

29 elles serviront à porter la table. Tu feras ses plats, ses coupes, ses calices et ses tasses, pour servir aux liba-

30 tions ; tu les feras d'or pur. Tu mettras sur la table les pains de proposition continuellement devant ma face.

31 Tu feras un chandelier d'or pur : ce chandelier sera fait d'or battu ; son pied, sa tige, ses calices, ses pommes et ses fleurs seront d'une

32 même pièce. Six branches sortiront de ses côtés, trois branches du chandelier de l'un des côtés, et trois branches du chandelier de l'autre

33 côté. Il y aura sur une branche trois calices en forme d'amande, avec pommes et fleurs, et sur une autre branche trois calices en forme d'amande, avec pommes et fleurs ; il en sera de même pour les six

34 branches sortant du chandelier. A la tige du chandelier, il y aura quatre calices en forme d'amande, avec leurs

35 pommes et leurs fleurs. Il y aura une pomme sous deux des branches sortant de la tige du chandelier, une pomme sous deux autres branches, et une pomme sous deux autres branches ; il en sera de même pour les six branches sortant du chandelier.

36 Les pommes et les branches du chandelier seront d'une même pièce ; il sera tout entier d'or battu, d'or

37 pur. Tu feras ses sept lampes, qui seront placées dessus, de manière à éclairer en face. Ses mouchettes et

38 ses vases à cendre seront d'or pur.

39 On emploiera un talent d'or pur pour faire le chandelier avec tous

40 ses ustensiles. Regarde, et fais d'après le modèle qui t'est montré sur la montagne.

Description du tabernacle.

26 Tu feras le tabernacle de dix tapis de fin lin retors, et d'étoffes teintes en bleu, en pourpre et en cramoisi ; tu y représenteras des

2 chérubins artistement travaillés. La longueur d'un tapis sera de vingt-huit coudées, et la largeur d'un tapis sera de quatre coudées ; la mesure sera la même pour tous les tapis.

3 Cinq de ces tapis seront joints ensemble ; les cinq autres seront aussi

4 joints ensemble. Tu feras des lacets bleus au bord du tapis terminant le premier assemblage ; et tu feras de même au bord du tapis terminant

5 le second assemblage. Tu mettras cinquante lacets au premier tapis, et tu mettras cinquante lacets au bord du tapis terminant le second assemblage ; ces lacets se correspondront

6 les uns aux autres. Tu feras cinquante agrafes d'or, et tu joindras les tapis l'un à l'autre avec les agrafes. Et le tabernacle formera un tout.

7 Tu feras des tapis de poil de chèvre, pour servir de tente sur le tabernacle ; tu feras onze de ces

8 tapis. La longueur d'un tapis sera de trente coudées, et la largeur d'un tapis sera de quatre coudées ; la mesure sera la même pour les onze

9 tapis. Tu joindras séparément cinq de ces tapis, et les six autres séparément, et tu redoubleras le sixième

10 tapis sur le devant de la tente. Tu mettras cinquante lacets au bord du tapis terminant le premier assemblage, et cinquante lacets au bord

11 du tapis du second assemblage. Tu feras cinquante agrafes d'airain, et tu feras entrer les agrafes dans les

12 lacets. Tu assembleras ainsi la tente, qui fera un tout. Comme il y aura du surplus dans les tapis de la tente, la moitié du tapis de reste retombera sur le derrière du taber-

13 nacle ; la coudée d'une part, et la coudée d'autre part, qui seront de reste sur la longueur des tapis de la tente, retomberont sur les deux côtés du tabernacle, pour le couvrir.

14 Tu feras pour la tente une couverture de peaux de béliers teintes en rouge, et une couverture de peaux de dauphins par-dessus.

15 Tu feras des planches pour le tabernacle ; elles seront de bois

16 d'acacia, placées debout. La longueur d'une planche sera de dix coudées, et la largeur d'une planche sera

17 d'une coudée et demie. Il y aura à chaque planche deux tenons joints l'un à l'autre ; tu feras de même pour toutes les planches du taber-

18 nacle. Tu feras vingt planches pour

19 le tabernacle, du côté du midi. Tu mettras quarante bases d'argent sous les vingt planches, deux bases sous chaque planche pour ses deux tenons.

20 Tu feras vingt planches pour le second côté du tabernacle, le côté

21 du nord, et leurs quarante bases d'argent, deux bases sous chaque

22 planche. Tu feras six planches pour le fond du tabernacle, du côté de

23 l'occident. Tu feras deux planches pour les angles du tabernacle, dans

24 le fond ; elles seront doubles depuis le bas, et bien liées à leur sommet par un anneau ; il en sera de même pour toutes les deux, placées aux

25 deux angles. Il y aura ainsi huit planches, avec leurs bases d'argent, soit seize bases, deux bases sous

26 chaque planche. Tu feras cinq barres de bois d'acacia pour les planches de

27 l'un des côtés du tabernacle, cinq barres pour les planches du second côté du tabernacle, et cinq barres pour les planches du côté du tabernacle formant le fond vers l'occident.

28 La barre du milieu traversera les planches d'une extrémité à l'autre.

29 Tu couvriras d'or les planches, et tu feras d'or leurs anneaux qui recevront les barres, et tu couvriras d'or les

30 barres. Tu dresseras le tabernacle d'après le modèle qui t'est montré sur la montagne.

31 Tu feras un voile bleu, pourpre et cramoisi, et de fin lin retors ; il sera artistement travaillé, et l'on y re-présentera des chérubins. Tu le

32 mettras sur quatre colonnes d'acacia, couvertes d'or ; ces colonnes auront des crochets d'or, et poseront sur quatre bases d'argent. Tu mettras

33 le voile au-dessous des agrafes, et c'est là, en dedans du voile, que tu feras entrer l'arche du témoignage ; le voile vous servira de séparation entre le lieu saint et le lieu très

34 saint. Tu mettras le propitiatoire sur l'arche du témoignage dans le

35 lieu très saint. Tu mettras la table en dehors du voile, et le chandelier en face de la table, au côté méridional du tabernacle ; et tu mettras la table au côté septentrional.

36 Tu feras pour l'entrée de la tente un rideau bleu, pourpre et cramoisi, et de fin lin retors ; ce sera un ouvrage de broderie. Tu feras pour

37 le rideau cinq colonnes d'acacia, et tu les couvriras d'or ; elles auront des crochets d'or, et tu fondras pour elles cinq bases d'airain.

Description de l'autel des holocaustes et du parvis.

Tu feras l'autel de bois d'acacia ; **27** sa longueur sera de cinq coudées, et sa largeur de cinq coudées. L'autel sera carré, et sa hauteur sera de trois coudées. Tu feras, aux quatre coins, 2 des cornes qui sortiront de l'autel ; et tu le couvriras d'airain. Tu feras 3 pour l'autel des cendriers, des pelles, des bassins, des fourchettes et des brasiers ; tu feras d'airain tous ses ustensiles. Tu feras à l'autel une 4 grille d'airain, en forme de treillis, et tu mettras quatre anneaux d'airain aux quatre coins du treillis. Tu le 5 placeras au-dessous du rebord de l'autel, à partir du bas, jusqu'à la moitié de la hauteur de l'autel. Tu 6 feras des barres pour l'autel, des barres de bois d'acacia, et tu les couvriras d'airain. On passera les 7 barres dans les anneaux ; et les

8 barres seront aux deux côtés de l'autel, quand on le portera. Tu le feras creux, avec des planches ; il sera fait tel qu'il t'est montré sur la montagne.

9 Tu feras le parvis du tabernacle. Du côté du midi, il y aura, pour former le parvis, des toiles de fin lin retors, sur une longueur de cent

10 coudées pour ce premier côté, avec vingt colonnes posant sur vingt bases d'airain ; les crochets des colonnes

11 et leurs tringles seront d'argent. Du côté du nord, il y aura également des toiles sur une longueur de cent coudées, avec vingt colonnes et leurs vingt bases d'airain ; les crochets des colonnes et leurs tringles seront

12 d'argent. Du côté de l'occident, il y aura pour la largeur du parvis cinquante coudées de toiles, avec dix

13 colonnes et leurs dix bases. Du côté de l'orient, sur les cinquante

14 coudées de largeur du parvis, il y aura quinze coudées de toiles pour une aile, avec trois colonnes et leurs

15 trois bases, et quinze coudées de toiles pour la seconde aile, avec trois

16 colonnes et leurs trois bases. Pour la porte du parvis il y aura un rideau de vingt coudées, bleu, pourpre et cramoisi, et de fin lin retors, en ouvrage de broderie, avec quatre colonnes et leurs quatre bases.

17 Toutes les colonnes formant l'enceinte du parvis auront des tringles d'argent, des crochets d'argent, et

18 des bases d'airain. La longueur du parvis sera de cent coudées, sa largeur de cinquante de chaque côté, et sa hauteur de cinq coudées ; les toiles seront de fin lin retors, et les bases

19 d'airain. Tous les ustensiles destinés au service du tabernacle, tous ses pieux, et tous les pieux du parvis, seront d'airain.

20 Tu ordonneras aux enfants d'Israël de t'apporter pour le chandelier de l'huile pure d'olives concassées, afin d'entretenir les lampes continuelle-

21 ment. C'est dans la tente d'assignation, en dehors du voile qui est devant le témoignage, qu'Aaron et ses fils la prépareront, pour que les lampes brûlent du soir au matin en présence de l'Éternel. C'est une loi perpétuelle pour leurs descendants, et que devront observer les enfants d'Israël.

Description des vêtements sacerdotaux.

28 Fais approcher de toi Aaron, ton frère, et ses fils, et prends-les parmi les enfants d'Israël pour les consacrer à mon service dans le sacerdoce : Aaron et les fils d'Aaron, Nadab, Abihu, Éléazar et Ithamar.

2 Tu feras à Aaron, ton frère, des vêtements sacrés, pour marquer sa dignité et pour lui servir de parure.

3 Tu parleras à tous ceux qui sont habiles, à qui j'ai donné un esprit plein d'intelligence ; et ils feront les vêtements d'Aaron, afin qu'il soit consacré et qu'il exerce mon sacer-

4 doce. Voici les vêtements qu'ils feront : un pectoral, un éphod, une robe, une tunique brodée, une tiare, et une ceinture. Ils feront des vêtements sacrés à Aaron, ton frère, et à ses fils, afin qu'ils exercent mon sacerdoce. Ils emploieront de l'or,

5 des étoffes teintes en bleu, en pourpre, en cramoisi, et de fin lin.

6 Ils feront l'éphod d'or, de fil bleu, pourpre et cramoisi, et de fin lin retors ; il sera artistement travaillé.

7 On y fera deux épaulettes, qui le joindront par ses deux extrémités ;

8 et c'est ainsi qu'il sera joint. La ceinture sera du même travail que l'éphod et fixée sur lui ; elle sera d'or, de fil bleu, pourpre et cramoisi,

9 et de fin lin retors. Tu prendras deux pierres d'onyx, et tu y graveras

10 les noms des fils d'Israël, six de leurs noms sur une pierre, et les six autres sur la seconde pierre, d'après l'ordre

11 des naissances. Tu graveras sur les deux pierres les noms des fils d'Israël, comme on grave les pierres et les cachets ; tu les entoureras de mon-

12 tures d'or. Tu mettras les deux pierres sur les épaulettes de l'éphod, en souvenir des fils d'Israël ; et c'est comme souvenir qu'Aaron portera leurs noms devant l'Éternel sur ses

13 deux épaules. Tu feras des montures d'or, et deux chaînettes d'or pur, que

14 tu tresseras en forme de cordons ; et

tu fixeras aux montures les chaînettes ainsi tressées.

15 Tu feras le pectoral du jugement, artistement travaillé ; tu le feras du même travail que l'éphod, tu le feras d'or, de fil bleu, pourpre et cramoisi,

16 et de fin lin retors. Il sera carré et double ; sa longueur sera d'un empan,

17 et sa largeur d'un empan. Tu y enchâsseras une garniture de pierres, quatre rangées de pierres : première rangée, une sardoine, une topaze,

18 une émeraude ; seconde rangée, une escarboucle, un saphir, un diamant ;

19 troisième rangée, une opale, une

20 agate, une améthyste ; quatrième rangée, une chrysolithe, un onyx, un jaspe. Ces pierres seront enchâssées

21 dans leurs montures d'or. Il y en aura douze, d'après les noms des fils d'Israël ; elles seront gravées comme des cachets, chacune avec le nom de

22 l'une des douze tribus.—Tu feras sur le pectoral des chaînettes d'or pur,

23 tressées en forme de cordons. Tu feras sur le pectoral deux anneaux d'or, et tu mettras ces deux anneaux aux deux extrémités du pectoral.

24 Tu passeras les deux cordons d'or dans les deux anneaux aux deux

25 extrémités du pectoral ; et tu arrêteras par devant les bouts des deux cordons aux deux montures placées sur les

26 épaulettes de l'éphod. Tu feras encore deux anneaux d'or, que tu mettras aux deux extrémités du pectoral, sur le bord intérieur ap-

27 pliqué contre l'éphod. Et tu feras deux autres anneaux d'or, que tu mettras au bas des deux épaulettes de l'éphod, sur le devant, près de la jointure, au-dessus de la ceinture de

28 l'éphod. On attachera le pectoral par ses anneaux aux anneaux de l'éphod avec un cordon bleu, afin que le pectoral soit au-dessus de la ceinture de l'éphod et qu'il ne puisse

29 pas se séparer de l'éphod. Lorsque Aaron entrera dans le sanctuaire, il portera sur son cœur les noms des fils d'Israël, gravés sur le pectoral du jugement, pour en conserver à toujours le souvenir devant l'Éternel.

30 —Tu joindras au pectoral du jugement l'urim et le thummim, et ils seront sur le cœur d'Aaron, lorsqu'il se présentera devant l'Éternel. Ainsi, Aaron portera constamment sur son cœur le jugement des enfants d'Israël, lorsqu'il se présentera devant l'Éternel.

31 Tu feras la robe de l'éphod entière-

32 ment d'étoffe bleue. Il y aura, au milieu, une ouverture pour la tête ; et cette ouverture aura tout autour un bord tissé, comme l'ouverture d'une cotte de mailles, afin que la robe ne se déchire pas.

33 Tu mettras autour de la bordure, en bas, des grenades de couleur bleue, pourpre et cramoisi, entremêlées de clochettes

34 d'or : une clochette d'or et une grenade, une clochette d'or et une grenade, sur tout le tour de la bordure

35 de la robe. Aaron s'en revêtira pour faire le service ; quand il entrera dans le sanctuaire devant l'Éternel, et quand il en sortira, on entendra le son des clochettes, et il ne mourra point.

36 Tu feras une lame d'or pur, et tu y graveras, comme on grave un

37 cachet : Sainteté à l'Éternel. Tu l'attacheras avec un cordon bleu sur la tiare, sur le devant de la tiare.

38 Elle sera sur le front d'Aaron ; et Aaron sera chargé des iniquités commises par les enfants d'Israël en faisant toutes leurs saintes offrandes ; ella sera constamment sur son front devant l'Éternel, pour qu'il leur soit favorable.

39 Tu feras la tunique de fin lin ; tu feras une tiare de fin lin, et tu feras une ceinture brodée.

40 Pour les fils d'Aaron tu feras des tuniques, tu leur feras des ceintures, et tu leur feras des bonnets, pour marquer leur dignité et pour leur servir de parure.

41 Tu en revêtiras Aaron, ton frère, et ses fils avec lui. Tu les oindras, tu les consacreras, tu les sanctifieras, et ils seront à mon service dans le sacerdoce.

42 Fais-leur des caleçons de lin, pour couvrir leur nudité ; ils iront depuis les reins jusqu'aux cuisses.

43 Aaron et ses fils les porteront, quand ils entreront dans la tente d'assignation, ou quand ils s'approcheront de l'autel, pour

faire le service dans le sanctuaire ; ainsi ils ne se rendront point coupables, et ne mourront point. C'est une loi perpétuelle pour Aaron et pour ses descendants après lui.

La consécration des sacrificateurs.

29 Voici ce que tu feras pour les sanctifier, afin qu'ils soient à mon service dans le sacerdoce.

2 Prends un jeune taureau et deux béliers sans défaut. Fais, avec de la fleur de farine de froment, des pains sans levain, des gâteaux sans levain pétris à l'huile, et des galettes sans

3 levain arrosées d'huile. Tu les mettras dans une corbeille, en offrant le jeune taureau et les deux béliers.

4 Tu feras avancer Aaron et ses fils vers l'entrée de la tente d'assignation,

5 et tu les laveras avec de l'eau. Tu prendras les vêtements ; tu revêtiras Aaron de la tunique, de la robe de l'éphod, de l'éphod et du pectoral, et tu mettras sur lui la ceinture de

6 l'éphod. Tu poseras la tiare sur sa tête, et tu placeras le diadème de

7 sainteté sur la tiare. Tu prendras l'huile d'onction, tu en répandras sur

8 sa tête, et tu l'oindras. Tu feras approcher ses fils, et tu les revêtiras

9 des tuniques. Tu mettras une ceinture à Aaron et à ses fils, et tu attacheras des bonnets aux fils d'Aaron. Le sacerdoce leur appartiendra par une loi perpétuelle. Tu consacreras donc Aaron et ses fils.

10 Tu amèneras le taureau devant la tente d'assignation, et Aaron et ses fils poseront leurs mains sur la tête

11 du taureau. Tu égorgeras le taureau devant l'Éternel, à l'entrée de la

12 tente d'assignation. Tu prendras du sang du taureau, tu en mettras avec ton doigt sur les cornes de l'autel, et tu répandras tout le sang au pied de

13 l'autel. Tu prendras toute la graisse qui couvre les entrailles, le grand lobe du foie, les deux rognons et la graisse qui les entoure, et tu brûleras

14 cela sur l'autel. Mais tu brûleras au feu hors du camp la chair du taureau, sa peau et ses excréments : c'est un sacrifice pour le péché.

15 Tu prendras l'un des béliers, et Aaron et ses fils poseront leurs mains

16 sur la tête du bélier. Tu égorgeras le bélier ; tu en prendras le sang, et tu le répandras sur l'autel tout autour.

17 Tu couperas le bélier par morceaux, et tu laveras les entrailles et les jambes, que tu mettras sur les morceaux et sur sa tête. Tu brûleras

18 tout le bélier sur l'autel ; c'est un holocauste à l'Éternel, c'est un sacrifice consumé par le feu, d'une agréable odeur à l'Éternel.

19 Tu prendras l'autre bélier, et Aaron et ses fils poseront leurs mains sur

20 la tête du bélier. Tu égorgeras le bélier ; tu prendras de son sang, tu en mettras sur le lobe de l'oreille droite d'Aaron et sur le lobe de l'oreille droite de ses fils, sur le pouce de leur main droite et sur le gros orteil de leur pied droit, et tu ré-

21 pandras le sang sur l'autel tout autour. Tu prendras du sang qui sera sur l'autel et de l'huile d'onction, et tu en feras l'aspersion sur Aaron et sur ses vêtements, sur ses fils et sur leurs vêtements. Ainsi seront consacrés Aaron et ses vêtements,

22 ses fils et leurs vêtements. Tu prendras la graisse du bélier, la queue, la graisse qui couvre les entrailles, le grand lobe du foie, les deux rognons et la graisse qui les entoure, et l'épaule droite, car c'est un bélier

23 de consécration ; tu prendras aussi dans la corbeille de pains sans levain, placée devant l'Éternel, un gâteau de pain, un gâteau à l'huile et une

24 galette. Tu mettras toutes ces choses sur les mains d'Aaron et sur les mains de ses fils, et tu les agiteras de côté et d'autre devant l'Éternel.

25 Tu les ôteras ensuite de leurs mains, et tu les brûleras sur l'autel, par dessus l'holocauste ; c'est un sacrifice consumé par le feu devant l'Éternel,

26 d'une agréable odeur à l'Éternel. Tu prendras la poitrine du bélier qui aura servi à la consécration d'Aaron, et tu l'agiteras de côté et d'autre devant l'Éternel : ce sera ta portion.

27 Tu sanctifieras la poitrine et l'épaule du bélier qui aura servi à la consécration d'Aaron et de ses fils, la

poitrine en l'agitant de côté et d'autre, l'épaule en la présentant par éléva-
28 tion. Elles appartiendront à Aaron et à ses fils, par une loi perpétuelle qu'observeront les enfants d'Israël, car c'est une offrande par élévation ; et, dans les sacrifices d'actions de grâces des enfants d'Israël, l'offrande par élévation sera pour l'Éternel.

29 Les vêtements sacrés d'Aaron seront après lui pour ses fils, qui les mettront lorsqu'on les oindra et qu'on
30 les consacrera. Ils seront portés pendant sept jours par celui de ses fils qui lui succédera dans le sacerdoce, et qui entrera dans la tente d'assignation, pour faire le service dans le sanctuaire.

31 Tu prendras le bélier de consécration, et tu en feras cuire la chair
32 dans un lieu saint. Aaron et ses fils mangeront, à l'entrée de la tente d'assignation, la chair du bélier et le
33 pain qui sera dans la corbeille. Ils mangeront ainsi ce qui aura servi d'expiation, afin qu'ils fussent consacrés et sanctifiés ; nul étranger n'en mangera, car ce sont des choses
34 saintes. S'il reste de la chair de consécration et du pain jusqu'au matin, tu brûleras dans le feu ce qui restera ; on ne le mangera point, car c'est une chose sainte.

35 Tu suivras à l'égard d'Aaron et de ses fils tous les ordres que je t'ai donnés. Tu emploieras sept jours
36 à les consacrer. Tu offriras chaque jour un taureau en sacrifice pour le péché, pour l'expiation ; tu purifieras l'autel par cette expiation, et tu
37 l'oindras pour le sanctifier. Pendant sept jours, tu feras des expiations sur l'autel, et tu le sanctifieras ; et l'autel sera très saint, et tout ce qui touchera l'autel sera sanctifié.

Le sacrifice perpétuel.

38 Voici ce que tu offriras sur l'autel : deux agneaux d'un an, chaque jour,
39 à perpétuité. Tu offriras l'un des agneaux le matin, et l'autre agneau
40 entre les deux soirs. Tu offriras, avec le premier agneau, un dixième d'épha de fleur de farine pétrie dans un quart de hin d'huile d'olives con-

cassées, et une libation d'un quart de hin de vin. Tu offriras le second 41 agneau entre les deux soirs, avec une offrande et une libation semblables à celles du matin ; c'est un sacrifice consumé par le feu, d'une agréable odeur à l'Éternel. Voilà 42 l'holocauste perpétuel qui sera offert par vos descendants, à l'entrée de la tente d'assignation, devant l'Éternel : c'est là que je me rencontrerai avec vous, et que je te parlerai. Je me 43 rencontrerai là avec les enfants d'Israël, et ce lieu sera sanctifié par ma gloire. Je sanctifierai la tente d'as- 44 signation et l'autel ; je sanctifierai Aaron et ses fils, pour qu'ils soient à mon service dans le sacerdoce. J'habiterai au milieu des enfants 45 d'Israël, et je serai leur Dieu. Ils 46 connaîtront que je suis l'Éternel, leur Dieu, qui les ai fait sortir du pays d'Égypte, pour habiter au milieu d'eux. Je suis l'Éternel, leur Dieu.

Description de l'autel des parfums et de la cuve d'airain.

. Tu feras un autel pour brûler **30** des parfums, tu le feras de bois d'acacia ; sa longueur sera d'une 2 coudée, et sa largeur d'une coudée ; il sera carré, et sa hauteur sera de deux coudées. Tu feras des cornes qui sortiront de l'autel. Tu le cou- 3 vriras d'or pur, le dessus, les côtés tout autour et les cornes, et tu y feras une bordure d'or tout autour. Tu feras au-dessous de la bordure 4 deux anneaux d'or aux deux côtés ; tu en mettras aux deux côtés, pour recevoir les barres qui serviront à le porter. Tu feras les barres de bois 5 d'acacia, et tu les couvriras d'or. Tu 6 placeras l'autel en face du voile qui est devant l'arche du témoignage, en face du propitiatoire qui est sur le témoignage, et où je me rencontrerai avec toi. Aaron y fera brûler du 7 parfum odoriférant ; il en fera brûler chaque matin, lorsqu'il préparera les lampes ; il en fera brûler aussi entre 8 les deux soirs, lorsqu'il arrangera les lampes. C'est ainsi que l'on brûlera à perpétuité du parfum devant l'Éter-

9 nel parmi vos descendants. Vous n'offrirez sur l'autel ni parfum étranger, ni holocauste, ni offrande, et vous n'y répandrez aucune libation.

10 Une fois chaque année, Aaron fera des expiations sur les cornes de l'autel ; avec le sang de la victime expiatoire, il y sera fait des expiations une fois chaque année parmi vos descendants. Ce sera une chose très sainte devant l'Éternel.

11 L'Éternel parla à Moïse, et dit :

12 Lorsque tu compteras les enfants d'Israël pour en faire le dénombrement, chacun d'eux paiera à l'Éternel le rachat de sa personne, afin qu'ils ne soient frappés d'aucune plaie lors

13 de ce dénombrement. Voici ce que donneront tous ceux qui seront compris dans le dénombrement : un demi-sicle, selon le sicle du sanctuaire, qui est de vingt guéras ; un demi-sicle sera le don prélevé pour

14 l'Éternel. Tout homme compris dans le dénombrement, depuis l'âge de vingt ans et au-dessus, paiera

15 le don prélevé pour l'Éternel. Le riche ne paiera pas plus, et le pauvre ne paiera pas moins d'un demi-sicle, comme don prélevé pour l'Éternel,

16 afin de racheter leurs personnes. Tu recevras des enfants d'Israël l'argent du rachat, et tu l'appliqueras au travail de la tente d'assignation ; ce sera pour les enfants d'Israël un souvenir devant l'Éternel pour le rachat de leurs personnes.

17 L'Éternel parla à Moïse, et dit :

18 Tu feras une cuve d'airain, avec sa base d'airain, pour les ablutions ; tu la placeras entre la tente d'assignation et l'autel, et tu y mettras de

19 l'eau, avec laquelle Aaron et ses fils se laveront les mains et les pieds.

20 Lorsqu'ils entreront dans la tente d'assignation, ils se laveront avec cette eau, afin qu'ils ne meurent point ; et aussi lorsqu'ils s'approcheront de l'autel, pour faire le service et pour offrir des sacrifices à l'Éter-

21 nel. Ils se laveront les mains et les pieds, afin qu'ils ne meurent point. Ce sera une loi perpétuelle pour Aaron, pour ses fils et pour leurs descendants

Composition de l'huile sainte et du parfum.

L'Éternel parla à Moïse, et dit : 22 Prends des meilleurs aromates, cinq 23 cents sicles de myrrhe, de celle qui coule d'elle-même, la moitié, soit deux cent cinquante sicles, de cinnamome aromatique, deux cent cinquante sicles de roseau aromatique, cinq cents sicles de casse, selon le 24 sicle du sanctuaire, et un hin d'huile d'olive. Tu feras avec cela une huile 25 pour l'onction sainte, composition de parfums selon l'art du parfumeur ; ce sera l'huile pour l'onction sainte. Tu 26 en oindras la tente d'assignation et l'arche du témoignage, la table et 27 tous ses ustensiles, le chandelier et ses ustensiles, l'autel des parfums, l'autel des holocaustes et tous ses 28 ustensiles, la cuve avec sa base. Tu 29 sanctifieras ces choses, et elles seront très saintes, tout ce qui les touchera sera sanctifié. Tu oindras Aaron et 30 ses fils, et tu les sanctifieras, pour qu'ils soient à mon service dans le sacerdoce. Tu parleras aux enfants 31 d'Israël, et tu diras : Ce sera pour moi l'huile de l'onction sainte, parmi vos descendants. On n'en répandra 32 point sur le corps d'un homme, et vous n'en ferez point de semblable, dans les mêmes proportions ; elle est sainte, et vous la regarderez comme sainte. Quiconque en com- 33 posera de semblable, ou en mettra sur un étranger, sera retranché de son peuple.

L'Éternel dit à Moïse : Prends des 34 aromates, du stacté, de l'ongle odorant, du galbanum, et de l'encens pur, en parties égales. Tu feras avec cela 35 un parfum composé selon l'art du parfumeur ; il sera salé, pur et saint. Tu le réduiras en poudre, et tu le 36 mettras devant le témoignage, dans la tente d'assignation, où je me rencontrerai avec toi. Ce sera pour vous une chose très sainte. Vous 37 ne ferez point pour vous de parfum semblable, dans les mêmes proportions ; vous le regarderez comme saint, et réservé pour l'Éternel. Qui- 38 conque en fera de semblable, pour le sentir, sera retranché de son peuple.

31 L'Éternel parla à Moïse, et dit :
2 Sache que j'ai choisi Betsaleel, fils d'Uri, fils de Hur, de la tribu de Juda.
3 Je l'ai rempli de l'Esprit de Dieu, de sagesse, d'intelligence, et de savoir
4 pour toutes sortes d'ouvrages, je l'ai rendu capable de faire des inventions, de travailler l'or, l'argent et l'airain,
5 de graver les pierres à enchâsser, de travailler le bois, et d'exécuter toutes
6 sortes d'ouvrages. Et voici, je lui ai donné pour aide Oholiab, fils d'Ahisamac, de la tribu de Dan. J'ai mis de l'intelligence dans l'esprit de tous ceux qui sont habiles, pour qu'ils fassent tout ce que je t'ai ordonné :
7 la tente d'assignation, l'arche du témoignage, le propitiatoire qui sera dessus, et tous les ustensiles de la
8 tente ; la table et ses ustensiles, le chandelier d'or pur et tous ses usten-
9 siles, l'autel des parfums ; l'autel des holocaustes et tous ses ustensiles, la
10 cuve avec sa base ; les vêtements d'office, les vêtements sacrés pour le sacrificateur Aaron, les vêtements de ses fils pour les fonctions du sacer-
11 doce ; l'huile d'onction, et le parfum odoriférant pour le sanctuaire. Ils se conformeront à tous les ordres que j'ai donnés.
12 L'Éternel parla à Moïse, et dit :
13 Parle aux enfants d'Israël, et dis-leur : Vous ne manquerez pas d'observer mes sabbats, car ce sera entre moi et vous, et parmi vos descendants, un signe auquel on connaîtra que je
14 suis l'Éternel qui vous sanctifie. Vous observerez le sabbat, car il sera pour vous une chose sainte. Celui qui le profanera, sera puni de mort ; celui qui fera quelque ouvrage ce jour-là, sera retranché du milieu de son
15 peuple. On travaillera six jours ; mais le septième jour est le sabbat, le jour du repos, consacré à l'Éternel. Celui qui fera quelque ouvrage le jour du sabbat, sera puni de mort.
16 Les enfants d'Israël observeront le sabbat, en le célébrant, eux et leurs descendants, comme une alliance
17 perpétuelle. Ce sera entre moi et les enfants d'Israël un signe qui devra durer à perpétuité ; car en six jours l'Éternel a fait les cieux et la terre, et le septième jour il a cessé son œuvre et il s'est reposé.

Les tables de la loi.

18 Lorsque l'Éternel eut achevé de parler à Moïse sur la montagne de Sinaï, il lui donna les deux tables du témoignage, tables de pierre, écrites du doigt de Dieu.

Le veau d'or.

32 Le peuple, voyant que Moïse tardait à descendre de la montagne, s'assembla autour d'Aaron, et lui dit : Allons ! fais-nous un dieu qui marche devant nous, car ce Moïse, cet homme qui nous a fait sortir du pays d'Égypte, nous ne savons ce qu'il est devenu.
2 Aaron leur dit : Otez les anneaux d'or qui sont aux oreilles de vos femmes, de vos fils et de vos filles, et apportez-les moi.
3 Et tous ôtèrent les anneaux d'or qui étaient à leurs oreilles, et ils les apportèrent à Aaron.
4 Il les reçut de leurs mains, jeta l'or dans un moule, et fit un veau en fonte. Et ils dirent : Israël ! voici ton dieu, qui t'a fait sortir du pays d'Égypte.
5 Lorsqu'Aaron vit cela, il bâtit un autel devant lui, et il s'écria : Demain, il y aura fête en l'honneur de l'Éternel !
6 Le lendemain, ils se levèrent de bon matin, et ils offrirent des holocaustes et des sacrifices d'actions de grâces. Le peuple s'assit pour manger et pour boire ; puis ils se levèrent pour se divertir.
7 L'Éternel dit à Moïse : Va, descends ; car ton peuple, que tu as fait sortir du pays d'Égypte, s'est corrompu.
8 Ils se sont promptement écartés de la voie que je leur avais prescrite ; ils se sont fait un veau en fonte, ils se sont prosternés devant lui, ils lui ont offert des sacrifices, et ils ont dit : Israël ! voici ton dieu, qui t'a fait sortir du pays d'Égypte.
9 L'Éternel dit à Moïse : Je vois que ce peuple est un peuple au cou roide.
10 Maintenant laisse-moi ; ma colère va s'enflammer contre eux, et je les con-

sumerai ; mais je ferai de toi une grande nation.

11 Moïse implora l'Éternel, son Dieu, et dit : Pourquoi, ô Éternel ! ta colère s'enflammerait-elle contre ton peuple, que tu as fait sortir du pays d'Égypte par une grande puissance

12 et par une main forte ? Pourquoi les Égyptiens diraient-ils : C'est pour leur malheur qu'il les a fait sortir, c'est pour les tuer dans les montagnes, et pour les exterminer de dessus la terre ? Reviens de l'ardeur de ta colère, et repens-toi du mal que tu

13 veux faire à ton peuple. Souviens-toi d'Abraham, d'Isaac et d'Israël, tes serviteurs, auxquels tu as dit, en jurant par toi-même : Je multiplierai votre postérité comme les étoiles du ciel, je donnerai à vos descendants tout ce pays dont j'ai parlé, et ils le posséderont à jamais.

14 Et l'Éternel se repentit du mal qu'il avait déclaré vouloir faire à son peuple.

15 Moïse retourna et descendit de la montagne, les deux tables du témoignage dans sa main ; les tables étaient écrites des deux côtés, elles étaient écrites de l'un et de l'autre

16 côté. Les tables étaient l'ouvrage de Dieu, et l'écriture était l'écriture

17 de Dieu, gravée sur les tables. Josué entendit la voix du peuple, qui poussait des cris, et il dit à Moïse : Il y a un cri de guerre dans le camp.

18 Moïse répondit : Ce n'est ni un cri de vainqueurs, ni un cri de vaincus ; ce que j'entends, c'est la voix de gens

19 qui chantent. Et, comme il approchait du camp, il vit le veau et les danses. La colère de Moïse s'enflamma ; il jeta de ses mains les tables, et les brisa au pied de la

20 montagne. Il prit le veau qu'ils avaient fait, et le brûla au feu ; il le réduisit en poudre, répandit cette poudre à la surface de l'eau, et fit boire les enfants d'Israël.

21 Moïse dit à Aaron : Que t'a fait ce peuple, pour que tu l'aies laissé

22 commettre un si grand péché ? Aaron répondit : Que la colère de mon seigneur ne s'enflamme point ! Tu sais toi-même que ce peuple est porté au

mal. Ils m'ont dit : Fais-nous un 23 dieu qui marche devant nous ; car ce Moïse, cet homme qui nous a fait sortir du pays d'Égypte, nous ne savons ce qu'il est devenu. Je leur 24 ai dit : Que ceux qui ont de l'or, s'en dépouillent ! Et ils me l'ont donné ; je l'ai jeté au feu, et il en est sorti ce veau.

Moïse vit que le peuple était livré 25 au désordre, et qu'Aaron l'avait laissé dans ce désordre, exposé à l'opprobre parmi ses ennemis. Moïse se plaça 26 à la porte du camp, et dit : A moi ceux qui sont pour l'Éternel ! Et tous les enfants de Lévi s'assemblèrent auprès de lui. Il leur dit : Ainsi 27 parle l'Éternel, le Dieu d'Israël : Que chacun de vous mette son épée au côté ; traversez et parcourez le camp d'une porte à l'autre, et que chacun tue son frère, son parent. Les en- 28 fants de Lévi firent ce qu'ordonnait Moïse ; et environ trois mille hommes parmi le peuple périrent en cette journée. Moïse dit : Consacrez-vous 29 aujourd'hui à l'Éternel, même en sacrifiant votre fils et votre frère, afin qu'il vous accorde aujourd'hui une bénédiction.

Le lendemain, Moïse dit au peuple : 30 Vous avez commis un grand péché. Je vais maintenant monter vers l'Éternel : j'obtiendrai peut-être le pardon de votre péché. Moïse re- 31 tourna vers l'Éternel et dit : Ah ! ce peuple a commis un grand péché. Ils se sont fait un dieu d'or. Par- 32 donne maintenant leur péché ! Sinon, efface-moi de ton livre que tu as écrit. L'Éternel dit à Moïse : C'est 33 celui qui a péché contre moi que j'effacerai de mon livre. Va donc, 34 conduis le peuple où je t'ai dit. Voici, mon ange marchera devant toi, mais au jour de ma vengeance, je les punirai de leur péché.

L'Éternel frappa le peuple, parce 35 qu'il avait fait le veau, fabriqué par Aaron.

L'Éternel dit à Moïse : Va, pars **33** d'ici, toi et le peuple que tu as fait sortir du pays d'Égypte ; monte vers le pays que j'ai juré de donner à Abraham, à Isaac et à Jacob, en disant : Je le donnerai à ta postérité.

2 J'enverrai devant toi un ange, et je chasserai les Cananéens, les Amoréens, les Héthiens, les Phéréziens,

3 les Héviens et les Jébusiens. Monte vers ce pays où coulent le lait et le miel. Mais je ne monterai point au milieu de toi, de peur que je ne te consume en chemin, car tu es un peuple au cou roide.

4 Lorsque le peuple eut entendu ces sinistres paroles, il fut dans la désolation, et personne ne mit ses orne-

5 ments. Et l'Éternel dit à Moïse : Dis aux enfants d'Israël : Vous êtes un peuple au cou roide ; si je montais un seul instant au milieu de toi, je te consumerais. Ote maintenant tes ornements de dessus toi, et je verrai

6 ce que je te ferai. Les enfants d'Israël se dépouillèrent de leurs ornements, en s'éloignant du mont Horeb.

7 Moïse prit la tente et la dressa hors du camp, à quelque distance ; il l'appela tente d'assignation ; et tous ceux qui consultaient l'Éternel allaient vers la tente d'assignation,

8 qui était hors du camp. Lorsque Moïse se rendait à la tente, tout le peuple se levait ; chacun se tenait à l'entrée de sa tente, et suivait des yeux Moïse, jusqu'à ce qu'il fût entré

9 dans la tente. Et lorsque Moïse était entré dans la tente, la colonne de nuée descendait et s'arrêtait à l'entrée de la tente, et l'Éternel par-

10 lait avec Moïse. Tout le peuple voyait la colonne de nuée qui s'arrêtait à l'entrée de la tente, tout le peuple se levait et se prosternait à

11 l'entrée de sa tente. L'Éternel parlait avec Moïse face à face, comme un homme parle à son ami. Puis Moïse retournait au camp ; mais son jeune serviteur, Josué, fils de Nun, ne sortait pas du milieu de la tente.

12 Moïse dit à l'Éternel : Voici, tu me dis : Fais monter ce peuple ! Et tu ne me fais pas connaître qui tu enverras avec moi. Cependant, tu as dit : Je te connais par ton nom, et tu as trouvé grâce à mes yeux.

13 Maintenant, si j'ai trouvé grâce à tes yeux, fais-moi connaître tes voies ; alors je te connaîtrai, et je trouverai

encore grâce à tes yeux. Considère que cette nation est ton peuple.

14 L'Éternel répondit : Je marcherai moi-même avec toi, et je te donnerai

15 du repos. Moïse lui dit : Si tu ne marches pas toi-même avec nous, ne

16 nous fais point partir d'ici. Comment sera-t-il donc certain que j'ai trouvé grâce à tes yeux, moi et ton peuple ? Ne sera-ce pas quand tu marcheras avec nous, et quand nous serons distingués, moi et ton peuple, de tous les peuples qui sont sur la face de la terre ?

17 L'Éternel dit à Moïse : Je ferai ce que tu me demandes, car tu as trouvé grâce à mes yeux, et je te connais

18 par ton nom. Moïse dit : Fais-moi

19 voir ta gloire ! L'Éternel répondit : Je ferai passer devant toi toute ma bonté, et je proclamerai devant toi le nom de l'Éternel ; je fais grâce à qui je fais grâce, et miséricorde

20 à qui je fais miséricorde. L'Éternel dit : Tu ne pourras pas voir ma face, car l'homme ne peut me voir et vivre.

21 L'Éternel dit : Voici un lieu près de moi ; tu te tiendras sur le rocher.

22 Quand ma gloire passera, je te mettrai dans un creux du rocher, et je te couvrirai de ma main jusqu'à ce

23 que j'aie passé. Et lorsque je retournerai ma main, tu me verras par derrière, mais ma face ne pourra pas être vue.

Alliance de l'Éternel.—Les nouvelles tables.

34 L'Éternel dit à Moïse : Taille deux tables de pierre comme les premières, et j'y écrirai les paroles qui étaient sur les premières tables

2 que tu as brisées. Sois prêt de bonne heure, et tu monteras dès le matin sur la montagne de Sinaï ; tu te tiendras là devant moi, sur le

3 sommet de la montagne. Que personne ne monte avec toi, et que personne ne paraisse sur toute la montagne ; et même que ni brebis ni bœufs ne paissent près de cette

4 montagne. Moïse tailla deux tables de pierre comme les premières ; il se leva de bon matin, et monta sur la montagne de Sinaï, selon l'ordre

que l'Éternel lui avait donné, et il prit dans sa main les deux tables de pierre.

5 L'Éternel descendit dans une nuée, se tint là auprès de lui, et proclama 6 le nom de l'Éternel. Et l'Éternel passa devant lui, et s'écria : L'Éternel, l'Éternel, Dieu miséricordieux et compatissant, lent à la colère, riche 7 en bonté et en fidélité, qui conserve son amour jusqu'à mille générations, qui pardonne l'iniquité, la rébellion et le péché, mais qui ne tient point le coupable pour innocent, et qui punit l'iniquité des pères sur les enfants et sur les enfants des enfants jusqu'à la troisième et à la quatrième génération !

8 Aussitôt Moïse s'inclina à terre et 9 se prosterna. Il dit : Seigneur, si j'ai trouvé grâce à tes yeux, que le Seigneur marche au milieu de nous, car c'est un peuple au cou roide ; pardonne nos iniquités et nos péchés, et prends-nous pour ta possession.

10 L'Éternel répondit : Voici, je traite une alliance. Je ferai, en présence de tout ton peuple, des prodiges qui n'ont eu lieu dans aucun pays et chez aucune nation ; tout le peuple qui t'environne verra l'œuvre de l'Éternel, et c'est par toi que j'accom-11 plirai des choses terribles. Prends garde à ce que je t'ordonne aujourd'hui. Voici, je chasserai devant toi les Amoréens, les Cananéens, les Héthiens, les Phéréziens, les Héviens 12 et les Jébusiens. Garde-toi de faire alliance avec les habitants du pays où tu dois entrer, de peur qu'ils ne 13 soient un piège pour toi. Au contraire, vous renverserez leurs autels, vous briserez leurs statues, et vous 14 abattrez leurs idoles. Tu ne te prosterneras point devant un autre dieu ; car l'Éternel porte le nom de 15 jaloux, il est un Dieu jaloux. Garde-toi de faire alliance avec les habitants du pays, de peur que, se prostituant à leurs dieux et leur offrant des sacrifices, ils ne t'invitent, et que tu ne manges de leurs vic-16 times ; de peur que tu ne prennes de leurs filles pour tes fils, et que leurs filles, se prostituant à leurs dieux,

n'entraînent tes fils à se prostituer à leurs dieux.

Tu ne te feras point de dieu en 17 fonte.

Tu observeras la fête des pains 18 sans levain ; pendant sept jours, au temps fixé dans le mois des épis, tu mangeras des pains sans levain, comme je t'en ai donné l'ordre, car c'est dans le mois des épis que tu es sorti d'Égypte.

Tout premier-né m'appartient, 19 même tout mâle premier-né dans les troupeaux de gros et de menu bétail. Tu rachèteras avec un agneau 20 le premier-né de l'âne ; et si tu ne le rachètes pas, tu lui briseras la nuque. Tu rachèteras tout premier-né de tes fils ; et l'on ne se présentera point à vide devant ma face.

Tu travailleras six jours, et tu te 21 reposeras le septième jour ; tu te reposeras, même au temps du labourage et de la moisson.

Tu célébreras la fête des semaines, 22 des prémices de la moisson du froment, et la fête de la récolte, à la fin de l'année.

Trois fois par an, tous les mâles 23 se présenteront devant le Seigneur, l'Éternel, Dieu d'Israël. Car je 24 chasserai les nations devant toi, et j'étendrai tes frontières ; et personne ne convoitera ton pays, pendant que tu monteras pour te présenter devant l'Éternel, ton Dieu, trois fois par an.

Tu n'offriras point avec du pain 25 levé le sang de la victime immolée en mon honneur ; et le sacrifice de la fête de Pâque ne sera point gardé pendant la nuit jusqu'au matin.

Tu apporteras à la maison de 26 l'Éternel, ton Dieu, les prémices des premiers fruits de la terre.

Tu ne feras point cuire un chevreau dans le lait de sa mère.

L'Éternel dit à Moïse : Écris ces 27 paroles ; car c'est conformément à ces paroles que je traite alliance avec toi et avec Israël.

Moïse fut là avec l'Éternel quarante 28 jours et quarante nuits. Il ne mangea point de pain, et il ne but point d'eau. Et l'Éternel écrivit sur les tables

les paroles de l'alliance, les dix paroles.

29 Moïse descendit de la montagne de Sinaï, ayant les deux tables du témoignage dans sa main, en descendant de la montagne ; et il ne savait pas que la peau de son visage rayonnait, parce qu'il avait parlé

30 avec l'Éternel. Aaron et tous les enfants d'Israël regardèrent Moïse, et voici la peau de son visage rayonnait ; et ils craignaient de s'approcher

31 de lui. Moïse les appela ; Aaron et tous les principaux de l'assemblée vinrent auprès de lui, et il leur parla.

32 Après cela, tous les enfants d'Israël s'approchèrent, et il leur donna tous les ordres qu'il avait reçus de l'Éternel, sur la montagne de Sinaï.

33 Lorsque Moïse eut achevé de leur parler, il mit un voile sur son visage.

34 Quand Moïse entrait devant l'Éternel, pour lui parler, il ôtait le voile jusqu'à ce qu'il sortît ; et quand il sortait, il disait aux enfants d'Israël

35 ce qui lui avait été ordonné. Les enfants d'Israël regardaient le visage de Moïse, et voyaient que la peau de son visage rayonnait ; et Moïse remettait le voile sur son visage jusqu'à ce qu'il entrât, pour parler avec l'Éternel.

Offrandes pour la construction du tabernacle.

35 Moïse convoqua toute l'assemblée des enfants d'Israël, et leur dit : Voici les choses que l'Éternel

2 ordonne de faire. On travaillera six jours ; mais le septième jour sera pour vous une chose sainte ; c'est le sabbat, le jour du repos, consacré à l'Éternel. Celui qui fera quelque ouvrage ce jour-là, sera puni de mort.

3 Vous n'allumerez point de feu, dans aucune de vos demeures, le jour du sabbat.

4 Moïse parla à toute l'assemblée des enfants d'Israël, et dit : Voici ce

5 que l'Éternel a ordonné. Prenez sur ce qui vous appartient une offrande pour l'Éternel. Tout homme dont le cœur est bien disposé apportera en offrande à l'Éternel : de l'or, de

6 l'argent et de l'airain ; des étoffes

teintes en bleu, en pourpre, en cramoisi, du fin lin et du poil de chèvre ;

7 des peaux de béliers teintes en rouge et des peaux de dauphins ; du bois d'acacia ;

8 de l'huile pour le chandelier, des aromates pour l'huile d'onction

9 et pour le parfum odoriférant ; des pierres d'onyx et d'autres pierres pour la garniture de l'éphod et du pectoral.

10 Que tous ceux d'entre vous qui ont de l'habileté viennent et exécutent tout ce que l'Éternel a ordonné :

11 le tabernacle, sa tente et sa couverture, ses agrafes, ses planches, ses barres, ses colonnes et ses bases ;

12 l'arche et ses barres, le propitiatoire, et le voile pour couvrir l'arche ;

13 la table et ses barres, et tous ses ustensiles, et les pains de proposition ;

14 le chandelier et ses ustensiles, ses lampes, et l'huile pour le chandelier ;

15 l'autel des parfums et ses barres, l'huile d'onction et le parfum odoriférant, et le rideau de la porte pour l'entrée du tabernacle ;

16 l'autel des holocaustes, sa grille d'airain, ses barres, et tous ses ustensiles ; la cuve avec sa base ;

17 les toiles du parvis, ses colonnes, ses bases, et le rideau de la porte du parvis ;

18 les pieux du tabernacle, les pieux du parvis, et leurs cordages ;

19 les vêtements d'office pour le service dans le sanctuaire, les vêtements sacrés pour le sacrificateur Aaron, et les vêtements de ses fils pour les fonctions du sacerdoce.

20 Toute l'assemblée des enfants d'Israël sortit de la présence de Moïse.

21 Tous ceux qui furent entraînés par le cœur et animés de bonne volonté vinrent et apportèrent une offrande à l'Éternel pour l'œuvre de la tente d'assignation, pour tout son service, et pour les vêtements sacrés.

22 Les hommes vinrent aussi bien que les femmes ; tous ceux dont le cœur était bien disposé apportèrent des boucles, des anneaux, des bagues, des bracelets, toutes sortes d'objets d'or ; chacun présenta l'offrande d'or qu'il avait consacrée à l'Éternel.

23 Tous ceux qui avaient des étoffes teintes en bleu, en pourpre, en

cramoisi, du fin lin et du poil de chèvre, des peaux de béliers teintes en rouge et des peaux de dauphins,

24 les apportèrent. Tous ceux qui présentèrent par élévation une offrande d'argent et d'airain apportèrent l'offrande à l'Éternel. Tous ceux qui avaient du bois d'acacia pour les ouvrages destinés au service,

25 l'apportèrent. Toutes les femmes qui avaient de l'habileté filèrent de leurs mains, et elles apportèrent leur ouvrage, des fils teints en bleu, en pourpre, en cramoisi, et du fin lin.

26 Toutes les femmes dont le cœur était bien disposé, et qui avaient de l'habileté, filèrent du poil de chèvre.

27 Les principaux du peuple apportèrent des pierres d'onyx et d'autres pierres pour la garniture de l'éphod et du

28 pectoral ; des aromates et de l'huile, pour le chandelier, pour l'huile d'onction et pour le parfum odori-

29 férant. Tous les enfants d'Israël, hommes et femmes, dont le cœur était disposé à contribuer pour l'œuvre que l'Éternel avait ordonnée par Moïse, apportèrent des offrandes volontaires à l'Éternel.

30 Moïse dit aux enfants d'Israël : Sachez que l'Éternel a choisi Betsaleel, fils d'Uri, fils de Hur, de

31 la tribu de Juda. Il l'a rempli de l'Esprit de Dieu, de sagesse, d'intelligence, et de savoir pour toutes

32 sortes d'ouvrages. Il l'a rendu capable de faire des inventions, de

33 travailler l'or, l'argent et l'airain, de graver les pierres à enchâsser, de travailler le bois, et d'exécuter toutes

34 sortes d'ouvrages d'art. Il lui a accordé aussi le don d'enseigner, de même qu'à Oholiab, fils d'Ahisamac,

35 de la tribu de Dan. Il les a remplis d'intelligence, pour exécuter tous les ouvrages de sculpture et d'art, pour broder et tisser les étoffes teintes en bleu, en pourpre, en cramoisi, et le fin lin, pour faire toute espèce de travaux et d'inventions.

Construction du tabernacle.

36 Betsaleel, Oholiab, et tous les hommes habiles, en qui l'Éternel avait mis de la sagesse et de l'in-telligence pour savoir et pour faire, exécutèrent les ouvrages destinés au service du sanctuaire, selon tout ce que l'Éternel avait ordonné. Moïse 2 appela Betsaleel, Oholiab, et tous les hommes habiles dans l'esprit desquels l'Éternel avait mis de l'intelligence, tous ceux dont le cœur était disposé à s'appliquer à l'œuvre pour l'exé-cuter. Ils prirent devant Moïse 3 toutes les offrandes qu'avaient apportées les enfants d'Israël pour faire les ouvrages destinés au service du sanctuaire. Chaque matin, on apportait encore à Moïse des offrandes volontaires. Alors tous les hommes 4 habiles, occupés à tous les travaux du sanctuaire, quittèrent chacun l'ouvrage qu'ils faisaient, et vinrent 5 dire à Moïse : Le peuple apporte beaucoup plus qu'il ne faut pour exécuter les ouvrages que l'Éternel a ordonné de faire. Moïse fit publier 6 dans le camp que personne, homme ou femme, ne s'occupât plus d'offrandes pour le sanctuaire. On empêcha ainsi le peuple d'en apporter. Les objets préparés suffisaient, et au 7 delà, pour tous les ouvrages à faire.

Tous les hommes habiles, qui 8 travaillèrent à l'œuvre, firent le tabernacle avec dix tapis de fin lin retors et de fil bleu, pourpre et cramoisi; on y représenta des chéru-bins artistement travaillés. La 9 longueur d'un tapis était de vingt-huit coudées ; et la largeur d'un tapis était de quatre coudées ; la mesure était la même pour tous les tapis. Cinq de ces tapis furent 10 joints ensemble ; les cinq autres furent aussi joints ensemble. On 11 fit des lacets bleus au bord du tapis terminant le premier assemblage ; on fit de même au bord du tapis terminant le second assemblage. On 12 mit cinquante lacets au premier tapis, et l'on mit cinquante lacets au bord du tapis terminant le second assemblage ; ces lacets se cor-respondaient les uns aux autres. On fit cinquante agrafes d'or, et l'on 13 joignit les tapis l'un à l'autre avec les agrafes. Et le tabernacle forma un tout.

14 On fit des tapis de poil de chèvre, pour servir de tente sur le tabernacle ;

15 on fit onze de ces tapis. La longueur d'un tapis était de trente coudées, et la largeur d'un tapis était de quatre coudées ; la mesure était la même

16 pour les onze tapis. On joignit séparément cinq de ces tapis, et les

17 six autres séparément. On mit cinquante lacets au bord du tapis terminant un assemblage, et l'on mit cinquante lacets au bord du tapis du

18 second assemblage. On fit cinquante agrafes d'airain, pour assembler la tente, afin qu'elle formât un tout.

19 On fit pour la tente une couverture de peaux de béliers teintes en rouge, et une couverture de peaux de dauphins, qui devait être mise par-dessus.

20 On fit les planches pour le taber-

21 nacle ; elles étaient de bois d'acacia, placées debout. La longueur d'une planche était de dix coudées, et la largeur d'une planche était d'une

22 coudée et demie. Il y avait pour chaque planche deux tenons, joints l'un à l'autre ; l'on fit de même pour toutes les planches du tabernacle.

23 On fit vingt planches pour le taber-

24 nacle, du côté du midi. On mit quarante bases d'argent sous les vingt planches, deux bases sous chaque planche pour ses deux tenons.

25 On fit vingt planches pour le second côté du tabernacle, le côté du nord,

26 et leurs quarante bases d'argent,

27 deux bases sous chaque planche. On fit six planches pour le fond du tabernacle, du côté de l'occident.

28 On fit deux planches pour les angles

29 du tabernacle dans le fond ; elles étaient doubles depuis le bas et bien liées à leur sommet par un anneau ; on fit de même pour toutes les deux

30 aux deux angles. Il y avait ainsi huit planches, avec leurs bases d'argent, soit seize bases, deux bases

31 sous chaque planche. On fit cinq barres de bois d'acacia pour les planches de l'un des côtés du taber-

32 nacle, cinq barres pour les planches du second côté du tabernacle, et cinq barres pour les planches du côté du tabernacle formant le fond vers l'occident ; on fit la barre du milieu 33 pour traverser les planches d'une extrémité à l'autre. On couvrit d'or 34 les planches, et l'on fit d'or leurs anneaux pour recevoir les barres, et l'on couvrit d'or les barres.

On fit le voile de fil bleu, pourpre 35 et cramoisi, et de fin lin retors ; on le fit artistement travaillé, et l'on y représenta des chérubins. On fit 36 pour lui quatre colonnes d'acacia, et on les couvrit d'or ; elles avaient des crochets d'or, et l'on fondit pour elles quatre bases d'argent.

On fit pour l'entrée de la tente 37 un rideau de fil bleu, pourpre et cramoisi, et de fin lin retors ; c'était un ouvrage de broderie. On fit ses 38 cinq colonnes et leurs crochets, et l'on couvrit d'or leurs chapiteaux et leurs tringles ; leurs cinq bases étaient d'airain.

Construction de l'arche, de la table, du chandelier, et de l'autel des parfums.

37 Betsaleel fit l'arche de bois d'acacia ; sa longueur était de deux coudées et demie, sa largeur d'une coudée et demie, et sa hauteur d'une coudée et demie. Il la couvrit 2 d'or pur en dedans et en dehors, et il y fit une bordure d'or tout autour. Il fondit pour elle quatre anneaux 3 d'or, qu'il mit à ses quatre coins, deux anneaux d'un côté et deux anneaux de l'autre côté. Il fit des 4 barres de bois d'acacia, et les couvrit d'or. Il passa les barres dans les 5 anneaux sur les côtés de l'arche, pour porter l'arche. Il fit un pro- 6 pitiatoire d'or pur ; sa longueur était de deux coudées et demie, et sa largeur d'une coudée et demie. Il 7 fit deux chérubins d'or ; il les fit d'or battu, aux deux extrémités du propitiatoire, un chérubin à l'une des 8 extrémités, et un chérubin à l'autre extrémité ; il fit les chérubins sortant du propitiatoire à ses deux extré-mités. Les chérubins étendaient les 9 ailes par-dessus, couvrant de leurs ailes le propitiatoire, et se regardant l'un l'autre ; les chérubins avaient la face tournée vers le propitiatoire.

Il fit la table de bois d'acacia, sa 10

longueur était de deux coudées, sa largeur d'une coudée, et sa hauteur

11 d'une coudée et demie. Il la couvrit d'or pur, et il y fit une bordure d'or

12 tout autour. Il y fit à l'entour un rebord de quatre doigts, sur lequel il mit une bordure d'or tout autour.

13 Il fondit pour la table quatre anneaux d'or, et mit les anneaux aux quatre coins, qui étaient à ses quatre pieds.

14 Les anneaux étaient près du rebord, et recevaient les barres pour porter

15 la table. Il fit les barres de bois d'acacia, et les couvrit d'or ; et elles

16 servaient à porter la table. Il fit les ustensiles qu'on devait mettre sur la table, ses plats, ses coupes, ses calices et ses tasses pour servir aux libations ; il les fit d'or pur.

17 Il fit le chandelier d'or pur ; il fit le chandelier d'or battu ; son pied, sa tige, ses calices, ses pommes et ses fleurs, étaient d'une même pièce.

18 Six branches sortaient de ses côtés, trois branches du chandelier de l'un des côtés, et trois branches du

19 chandelier de l'autre côté. Il y avait sur une branche trois calices en forme d'amande, avec pommes et fleurs, et sur une autre branche trois calices en forme d'amande, avec pommes et fleurs ; il en était de même pour les six branches sortant

20 du chandelier. A la tige du chandelier il y avait quatre calices en forme d'amande, avec leurs pommes et

21 leurs fleurs. Il y avait une pomme sous deux des branches sortant du chandelier, une pomme sous deux autres branches, et une pomme sous deux autres branches ; il en était de même pour les six branches sortant

22 du chandelier. Les pommes et les branches du chandelier étaient d'une même pièce ; il était tout entier d'or

23 battu, d'or pur. Il fit ses sept lampes, ses mouchettes et ses vases

24 à cendre d'or pur. Il employa un talent d'or pur, pour faire le chandelier avec tous ses ustensiles.

25 Il fit l'autel des parfums de bois d'acacia ; sa longueur était d'une coudée, et sa largeur d'une coudée ; il était carré, et sa hauteur était de deux coudées. Des cornes sortaient

de l'autel. Il le couvrit d'or pur, le 26 dessus, les côtés tout autour et les cornes, et il y fit une bordure d'or tout autour. Il fit au-dessous de la 27 bordure deux anneaux d'or aux deux côtés ; il en mit aux deux côtés, pour recevoir les barres qui servaient à le porter. Il fit des barres de bois 28 d'acacia, et les couvrit d'or.

Il fit l'huile pour l'onction sainte, 29 et le parfum odoriférant, pur, composé selon l'art du parfumeur.

Construction de l'autel des holocaustes, de la cuve d'airain, et du parvis.

Il fit l'autel des holocaustes de **38** bois d'acacia ; sa longueur était de cinq coudées, et sa largeur de cinq coudées ; il était carré, et sa hauteur était de trois coudées. Il 2 fit, aux quatre coins, des cornes qui sortaient de l'autel, et il le couvrit d'airain. Il fit tous les ustensiles de 3 l'autel, les cendriers, les pelles, les bassins, les fourchettes et les brasiers ; il fit d'airain tous ces ustensiles. Il 4 fit pour l'autel une grille d'airain, en forme de treillis, qu'il plaça au-dessous du rebord de l'autel, à partir du bas, jusqu'à la moitié de la hauteur de l'autel. Il fondit quatre anneaux, 5 qu'il mit aux quatre coins de la grille d'airain, pour recevoir les barres. Il 6 fit les barres de bois d'acacia, et les couvrit d'airain. Il passa dans les 7 anneaux aux côtés de l'autel les barres qui servaient à le porter. Il le fit creux, avec des planches.

Il fit la cuve d'airain, avec sa base 8 d'airain, en employant les miroirs des femmes qui s'assemblaient à l'entrée de la tente d'assignation.

Il fit le parvis. Du côté du midi, 9 il y avait, pour former le parvis, des toiles de fin lin retors, sur une longueur de cent coudées, avec vingt 10 colonnes posant sur vingt bases d'airain ; les crochets des colonnes et leurs tringles étaient d'argent. Du 11 côté du nord, il y avait cent coudées de toiles, avec vingt colonnes et leurs vingt bases d'airain ; les crochets des colonnes et leurs tringles étaient d'argent. Du côté de l'occident, il 12 y avait cinquante coudées de toiles, avec dix colonnes et leurs dix bases ; les crochets des colonnes et leurs

13 tringles étaient d'argent. Du côté de l'orient, sur les cinquante coudées de

14 largeur, il y avait, pour une aile, quinze coudées de toiles, avec trois colonnes

15 et leurs trois bases, et, pour la seconde aile, qui lui correspondait de l'autre côté de la porte du parvis, quinze coudées de toiles, avec trois colonnes

16 et leurs trois bases. Toutes les toiles formant l'enceinte du parvis étaient

17 de fin lin retors. Les bases pour les colonnes étaient d'airain, les crochets des colonnes et leurs tringles étaient d'argent, et leurs chapiteaux étaient couverts d'argent. Toutes les colonnes du parvis étaient jointes par des

18 tringles d'argent. Le rideau de la porte du parvis était un ouvrage de broderie en fil bleu, pourpre et cramoisi, et en fin lin retors ; il avait une longueur de vingt coudées, et sa hauteur était de cinq coudées, comme

19 la largeur des toiles du parvis ; ses quatre colonnes et leurs quatre bases étaient d'airain, les crochets et leurs tringles étaient d'argent, et leurs chapiteaux étaient couverts d'argent.

20 Tous les pieux de l'enceinte du tabernacle et du parvis étaient d'airain.

Comptes du tabernacle.

21 Voici les comptes du tabernacle, du tabernacle d'assignation, revisés, d'après l'ordre de Moïse, par les soins des Lévites, sous la direction d'Ithamar, fils du sacrificateur Aaron.

22 Betsaleel, fils d'Uri, fils de Hur, de la tribu de Juda, fit tout ce que

23 l'Éternel avait ordonné à Moïse ; il eut pour aide Oholiab, fils d'Ahisamac, de la tribu de Dan, habile à graver, à inventer, et à broder sur les étoffes teintes en bleu, en pourpre,

24 en cramoisi, et sur le fin lin. Le total de l'or employé à l'œuvre pour tous les travaux du sanctuaire, or qui fut le produit des offrandes, montait à vingt-neuf talents et sept cent trente sicles, selon le sicle du sanctuaire.

25 L'argent de ceux de l'assemblée dont on fit le dénombrement montait à cent talents et mille sept cent soixante-quinze sicles, selon le sicle du

sanctuaire. C'était un demi-sicle par 26 tête, la moitié d'un sicle, selon le sicle du sanctuaire, pour chaque homme compris dans le dénombrement, depuis l'âge de vingt ans et au-dessus, soit pour six cent trois mille cinq cent cinquante hommes. Les cent 27 talents d'argent servirent à fondre les bases du sanctuaire et les bases du voile, cent bases pour les cent talents, un talent par base. Et avec les mille 28 sept cent soixante-quinze sicles on fit les crochets et les tringles pour les colonnes, et on couvrit les chapiteaux. L'airain des offrandes montait à soixante-dix talents et deux 29 mille quatre cents sicles. On en fit 30 les bases de l'entrée de la tente d'assignation ; l'autel d'airain avec sa grille, et tous les ustensiles de l'autel ; les bases du parvis, tout autour, et les 31 bases de la porte du parvis ; et tous les pieux de l'enceinte du tabernacle et du parvis.

Confection des vêtements sacerdotaux.

39 Avec les étoffes teintes en bleu, en pourpre et en cramoisi, on fit les vêtements d'office pour le service dans le sanctuaire, et on fit les vêtements sacrés pour Aaron, comme l'Éternel l'avait ordonné à Moïse.

On fit l'éphod d'or, de fil bleu, 2 pourpre et cramoisi, et de fin lin retors. On étendit des lames d'or, 3 et on les coupa en fils, que l'on entrelaça dans les étoffes teintes en bleu, en pourpre et en cramoisi, et dans le fin lin ; il était artistement travaillé. On y fit des épaulettes 4 qui le joignaient, et c'est ainsi qu'il était joint par ses deux extrémités. La ceinture était du même travail 5 que l'éphod et fixée sur lui ; elle était d'or, de fil bleu, pourpre et cramoisi, et de fin lin retors, comme l'Éternel l'avait ordonné à Moïse. On entoura de montures d'or des 6 pierres d'onyx, sur lesquelles on grava les noms des fils d'Israël, comme on grave les cachets. On 7 les mit sur les épaulettes de l'éphod, en souvenir des fils d'Israël, comme l'Éternel l'avait ordonné à Moïse.

On fit le pectoral, artistement tra- 8

vaillé, du même travail que l'éphod, d'or, de fil bleu, pourpre et cramoisi, 9 et de fin lin retors. Il était carré ; on fit le pectoral double ; sa longueur était d'un empan, et sa largeur d'un 10 empan ; il était double. On le garnit de quatre rangées de pierres : première rangée, une sardoine, une topaze, 11 une émeraude ; seconde rangée, une escarboucle, un saphir, un diamant ; 12 troisième rangée, une opale, une agate, 13 une améthyste ; quatrième rangée, une chrysolithe, un onyx, un jaspe. Ces pierres étaient enchâssées dans 14 leurs montures d'or. Il y en avait douze, d'après les noms des fils d'Israël ; elles étaient gravées comme des cachets, chacune avec le nom de 15 l'une des douze tribus.—On fit sur le pectoral des chaînettes d'or pur, 16 tressées en forme de cordons. On fit deux montures d'or et deux anneaux d'or, et on mit les deux anneaux aux deux extrémités du 17 pectoral. On passa les deux cordons d'or dans les deux anneaux aux deux 18 extrémités du pectoral ; on arrêta par devant les bouts des deux cordons aux deux montures placées sur les 19 épaulettes de l'éphod.—On fit encore deux anneaux d'or, que l'on mit aux deux extrémités du pectoral, sur le bord intérieur appliqué contre l'éphod. 20 On fit deux autres anneaux d'or, que l'on mit au bas des deux épaulettes de l'éphod, sur le devant, près de la jointure, au-dessus de la ceinture de 21 l'éphod. On attacha le pectoral par ses anneaux aux anneaux de l'éphod avec un cordon bleu, afin que le pectoral fût au-dessus de la ceinture de l'éphod et qu'il ne pût pas se séparer de l'éphod, comme l'Éternel l'avait ordonné à Moïse.

22 On fit la robe de l'éphod, tissée en-
23 tièrement d'étoffe bleue. Il y avait, au milieu de la robe, une ouverture comme l'ouverture d'une cotte de mailles, et cette ouverture était bordée tout autour, afin que la robe ne 24 se déchirât pas. On mit sur la bordure de la robe des grenades de couleur bleue, pourpre et cramoisi, 25 en fil retors ; on fit des clochettes d'or pur, et on mit les clochettes entre les grenades, sur tout le tour de la bordure de la robe, entre les 26 grenades : une clochette et une grenade, une clochette et une grenade, sur tout le tour de la bordure de la robe, pour le service, comme l'Éternel l'avait ordonné à Moïse.

27 On fit les tuniques de fin lin, tis-
28 sées, pour Aaron et pour ses fils ; la tiare de fin lin, et les bonnets de fin lin servant de parure ; les caleçons 29 de lin, de fin lin retors ; la ceinture de fin lin retors, brodée, et de couleur bleue, pourpre et cramoisi, comme l'Éternel l'avait ordonné à Moïse.

30 On fit d'or pur la lame, diadème sacré, et l'on y écrivit, comme on grave un cachet : Sainteté à l'Éternel. 31 On l'attacha avec un cordon bleu à la tiare, en haut, comme l'Éternel l'avait ordonné à Moïse.

Le tabernacle dressé.

32 Ainsi furent achevés tous les ouvrages du tabernacle, de la tente d'assignation. Les enfants d'Israël firent tout ce que l'Éternel avait ordonné à Moïse ; ils firent ainsi.

33 On amena le tabernacle à Moïse : la tente et tout ce qui en dépendait, les agrafes, les planches, les barres, les colonnes et les bases ; la couver-
34 ture de peaux de béliers teintes en rouge, la couverture de peaux de dauphins, et le voile de séparation ; 35 l'arche du témoignage et ses barres, et le propitiatoire ; la table, tous ses 36 ustensiles, et les pains de proposition ; le chandelier d'or pur, ses lampes, les 37 lampes préparées, tous ses ustensiles, et l'huile pour le chandelier ; l'autel 38 d'or, l'huile d'onction et le parfum odoriférant, et le rideau de l'entrée de la tente ; l'autel d'airain, sa grille 39 d'airain, ses barres, et tous ses ustensiles ; la cuve avec sa base ; les toiles du parvis, ses colonnes, ses bases, et le rideau de la porte du parvis, ses 40 cordages, ses pieux, et tous les ustensiles pour le service du tabernacle, pour la tente d'assignation ; les vêtements d'office pour le sanctuaire, les 41 vêtements sacrés pour le sacrificateur Aaron, et les vêtements de ses fils pour les fonctions du sacerdoce.

42 Les enfants d'Israël firent tous ces ouvrages, en se conformant à tous les ordres que l'Éternel avait donnés à
43 Moïse. Moïse examina tout le travail ; et voici, ils l'avaient fait comme l'Éternel l'avait ordonné, ils l'avaient fait ainsi. Et Moïse les bénit.

40 L'Éternel parla à Moïse, et dit :
2 Le premier jour du premier mois, tu dresseras le tabernacle, la tente
3 d'assignation. Tu y placeras l'arche du témoignage, et tu couvriras l'arche
4 avec le voile. Tu apporteras la table, et tu la disposeras en ordre. Tu apporteras le chandelier, et tu en
5 arrangeras les lampes. Tu placeras l'autel d'or pour le parfum devant l'arche du témoignage, et tu mettras le rideau à l'entrée du tabernacle.
6 Tu placeras l'autel des holocaustes devant l'entrée du tabernacle, de la
7 tente d'assignation. Tu placeras la cuve entre la tente d'assignation et
8 l'autel, et tu y mettras de l'eau. Tu placeras le parvis à l'entour, et tu mettras le rideau à la porte du par-
9 vis. Tu prendras l'huile d'onction, tu en oindras le tabernacle et tout ce qu'il renferme, et tu le sanctifieras, avec tous ses ustensiles ; et il sera
10 saint. Tu oindras l'autel des holocaustes et tous ses ustensiles, et tu sanctifieras l'autel ; et l'autel sera très
11 saint. Tu oindras la cuve avec sa
12 base, et tu la sanctifieras. Tu feras avancer Aaron et ses fils vers l'entrée de la tente d'assignation, et tu les
13 laveras avec de l'eau. Tu revêtiras Aaron des vêtements sacrés, tu l'oindras, et tu le sanctifieras, pour qu'il soit à mon service dans le sacer-
14 doce. Tu feras approcher ses fils, tu
15 les revêtiras des tuniques, et tu les oindras comme tu auras oint leur père, pour qu'ils soient à mon service dans le sacerdoce. Cette onction leur assurera à perpétuité le sacerdoce parmi leurs descendants.
16 Moïse fit tout ce que l'Éternel lui
17 avait ordonné ; il fit ainsi. Le premier jour du premier mois de la seconde année, le tabernacle fut
18 dressé. Moïse dressa le tabernacle ; il en posa les bases, plaça les planches et les barres, et éleva les colonnes.

Il étendit la tente sur le tabernacle, 19 et il mit la couverture de la tente par-dessus, comme l'Éternel l'avait ordonné à Moïse. Il prit le témoi- 20 gnage, et le plaça dans l'arche ; il mit les barres à l'arche, et il posa le propitiatoire au-dessus de l'arche. Il 21 apporta l'arche dans le tabernacle ; il mit le voile de séparation, et il en couvrit l'arche du témoignage, comme l'Éternel l'avait ordonné à Moïse. Il 22 plaça la table dans la tente d'assignation, au côté septentrional du tabernacle, en dehors du voile ; et il 23 y déposa en ordre les pains, devant l'Éternel, comme l'Éternel l'avait ordonné à Moïse. Il plaça le chan- 24 delier dans la tente d'assignation, en face de la table, au côté méridional du tabernacle ; et il en arrangea les 25 lampes, devant l'Éternel, comme l'Éternel l'avait ordonné à Moïse. Il plaça l'autel d'or dans la tente 26 d'assignation, devant le voile ; et il 27 y fit brûler le parfum odoriférant, comme l'Éternel l'avait ordonné à Moïse. Il plaça le rideau à l'entrée 28 du tabernacle. Il plaça l'autel des 29 holocaustes à l'entrée du tabernacle, de la tente d'assignation ; et il y offrit l'holocauste et l'offrande, comme l'Éternel l'avait ordonné à Moïse. Il 30 plaça la cuve entre la tente d'assignation et l'autel, et il y mit de l'eau pour les ablutions ; Moïse, Aaron et 31 ses fils, s'y lavèrent les mains et les pieds ; lorsqu'ils entrèrent dans la 32 tente d'assignation et qu'ils s'approchèrent de l'autel, ils se lavèrent, comme l'Éternel l'avait ordonné à Moïse. Il dressa le parvis autour du 33 tabernacle et de l'autel, et il mit le rideau à la porte du parvis. Ce fut ainsi que Moïse acheva l'ouvrage.

La gloire de l'Éternel.

Alors la nuée couvrit la tente d'as- 34 signation, et la gloire de l'Éternel remplit le tabernacle. Moïse ne pou- 35 vait pas entrer dans la tente d'assignation, parce que la nuée restait dessus, et que la gloire de l'Éternel remplissait le tabernacle.

Aussi longtemps que durèrent leurs 36

marches, les enfants d'Israël partaient, quand la nuée s'élevait de dessus le
37 tabernacle. Et quand la nuée ne s'élevait pas, ils ne partaient pas,
38 jusqu'à ce qu'elle s'élevât. La nuée de l'Éternel était de jour sur le tabernacle ; et de nuit, il y avait un feu, aux yeux de toute la maison d'Israël, pendant toutes leurs marches.

LE LÉVITIQUE

Les holocaustes.

I L'Éternel appela Moïse ; de la tente d'assignation, il lui parla et
2 dit : Parle aux enfants d'Israël, et dis-leur :

Lorsque quelqu'un d'entre vous fera une offrande à l'Éternel, il offrira du bétail, du gros ou du menu bétail.
3 Si son offrande est un holocauste de gros bétail, il offrira un mâle sans défaut ; il l'offrira à l'entrée de la tente d'assignation, devant l'Éternel,
4 pour obtenir sa faveur. Il posera sa main sur la tête de l'holocauste, qui sera agréé de l'Éternel, pour lui
5 servir d'expiation. Il égorgera le veau devant l'Éternel ; et les sacrificateurs, fils d'Aaron, offriront le sang, et le répandront tout autour sur l'autel qui est à l'entrée de la tente
6 d'assignation. Il dépouillera l'holocauste, et le coupera par morceaux.
7 Les fils du sacrificateur Aaron mettront du feu sur l'autel, et arrange-
8 ront du bois sur le feu. Les sacrificateurs, fils d'Aaron, poseront les morceaux, la tête et la graisse, sur
9 le bois mis au feu sur l'autel. Il lavera avec de l'eau les entrailles et les jambes ; et le sacrificateur brûlera le tout sur l'autel. C'est un holocauste, un sacrifice consumé par le feu, d'une agréable odeur à l'Éternel.
10 Si son offrande est un holocauste de menu bétail, d'agneaux ou de chèvres, il offrira un mâle sans dé-
11 faut. Il l'égorgera au côté septentrional de l'autel, devant l'Éternel ; et les sacrificateurs, fils d'Aaron, en répandront le sang sur l'autel tout
12 autour. Il le coupera par morceaux ;

et le sacrificateur les posera, avec la tête et la graisse, sur le bois mis au feu sur l'autel. Il lavera avec 13 de l'eau les entrailles et les jambes ; et le sacrificateur sacrifiera le tout, et le brûlera sur l'autel. C'est un holocauste, un sacrifice consumé par le feu, d'une agréable odeur à l'Éternel.

Si son offrande à l'Éternel est un 14 holocauste d'oiseaux, il offrira des tourterelles ou de jeunes pigeons. Le sacrificateur sacrifiera l'oiseau sur 15 l'autel ; il lui ouvrira la tête avec l'ongle, et la brûlera sur l'autel, et il exprimera le sang contre un côté de l'autel. Il ôtera le jabot avec ses 16 plumes, et le jettera près de l'autel, vers l'orient, dans le lieu où l'on met les cendres. Il déchirera les ailes, 17 sans les détacher ; et le sacrificateur brûlera l'oiseau sur l'autel, sur le bois mis au feu. C'est un holocauste, un sacrifice consumé par le feu, d'une agréable odeur à l'Éternel.

Les offrandes.

Lorsque quelqu'un fera à l'Éternel **2** une offrande en don, son offrande sera de fleur de farine ; il versera de l'huile dessus, et il y ajoutera de l'encens. Il l'apportera aux sacri- 2 ficateurs, fils d'Aaron ; le sacrificateur prendra une poignée de cette fleur de farine, arrosée d'huile, avec tout l'encens, et il brûlera cela sur l'autel comme souvenir. C'est une offrande d'une agréable odeur à l'Éternel. Ce 3 qui restera de l'offrande sera pour Aaron et pour ses fils ; c'est une chose très sainte parmi les offrandes consumées par le feu devant l'Éternel.

Si tu fais une offrande de ce qui 4 est cuit au four, qu'on se serve de fleur de farine, et que ce soient des gâteaux sans levain pétris à l'huile et des galettes sans levain arrosées d'huile.

5 Si ton offrande est un gâteau cuit à la poêle, il sera de fleur de farine 6 pétrie à l'huile, sans levain. Tu le rompras en morceaux, et tu verseras de l'huile dessus; c'est une offrande.

7 Si ton offrande est un gâteau cuit sur le gril, il sera fait de fleur de farine pétrie à l'huile.

8 Tu apporteras l'offrande qui sera faite à l'Éternel avec ces choses-là; elle sera remise au sacrificateur, qui 9 la présentera sur l'autel. Le sacrificateur en prélèvera ce qui doit être offert comme souvenir, et le brûlera sur l'autel. C'est une offrande d'une 10 agréable odeur à l'Éternel. Ce qui restera de l'offrande sera pour Aaron et pour ses fils; c'est une chose très sainte parmi les offrandes consumées par le feu devant l'Éternel.

11 Aucune des offrandes que vous présenterez à l'Éternel ne sera faite avec du levain; car vous ne brûlerez rien qui contienne du levain ou du miel parmi les offrandes consumées 12 par le feu devant l'Éternel. Vous pourrez en offrir à l'Éternel comme offrande des prémices; mais il n'en sera point présenté sur l'autel comme 13 offrande d'une agréable odeur. Tu mettras du sel sur toutes tes offrandes, tu ne laisseras point ton offrande manquer de sel, signe de l'alliance de ton Dieu; sur toutes tes offrandes tu mettras du sel.

14 Si tu fais à l'Éternel une offrande des prémices, tu présenteras des épis nouveaux, rôtis au feu et broyés, 15 comme offrande de tes prémices. Tu verseras de l'huile dessus, et tu y ajouteras de l'encens; c'est une 16 offrande. Le sacrificateur brûlera comme souvenir une portion des épis broyés et de l'huile, avec tout l'encens. C'est une offrande consumée par le feu devant l'Éternel.

Les sacrifices d'actions de grâces.

3 Lorsque quelqu'un offrira à l'Éternel un sacrifice d'actions de grâces:

S'il offre du gros bétail, mâle ou femelle, il l'offrira sans défaut, devant l'Éternel. Il posera sa main sur la 2 tête de la victime, qu'il égorgera à l'entrée de la tente d'assignation; et les sacrificateurs, fils d'Aaron, répandront le sang sur l'autel tout autour. De ce sacrifice d'actions de 3 grâces, il offrira en sacrifice consumé par le feu devant l'Éternel: la graisse qui couvre les entrailles et toute celle qui y est attachée; les deux rognons, 4 et la graisse qui les entoure, qui couvre les flancs, et le grand lobe du foie, qu'il détachera près des rognons. Les fils d'Aaron brûleront cela sur 5 l'autel, par-dessus l'holocauste qui sera sur le bois mis au feu. C'est un sacrifice consumé par le feu, d'une agréable odeur à l'Éternel.

S'il offre du menu bétail, mâle ou 6 femelle, en sacrifice d'actions de grâces à l'Éternel, il l'offrira sans défaut. S'il offre en sacrifice un 7 agneau, il le présentera devant l'Éternel. Il posera sa main sur la 8 tête de la victime, qu'il égorgera devant la tente d'assignation; et les fils d'Aaron en répandront le sang sur l'autel tout autour. De ce sacri- 9 fice d'actions de grâces, il offrira en sacrifice consumé par le feu devant l'Éternel: la graisse, la queue entière, qu'il séparera près de l'échine, la graisse qui couvre les entrailles et toute celle qui y est attachée, les 10 deux rognons, et la graisse qui les entoure, qui couvre les flancs, et le grand lobe du foie, qu'il détachera près des rognons. Le sacrificateur 11 brûlera cela sur l'autel. C'est l'aliment d'un sacrifice consumé par le feu devant l'Éternel.

Si son offrande est une chèvre, il 12 la présentera devant l'Éternel. Il 13 posera sa main sur la tête de sa victime, qu'il égorgera devant la tente d'assignation; et les fils d'Aaron en répandront le sang sur l'autel tout autour. De la victime, il offrira 14 en sacrifice consumé par le feu devant l'Éternel: la graisse qui couvre les entrailles et toute celle qui y est attachée, les deux rognons, et la 15 graisse qui les entoure, qui couvre

les flancs, et le grand lobe du foie,
qu'il détachera près des rognons.
16 Le sacrificateur brûlera cela sur
l'autel. Toute la graisse est l'aliment
d'un sacrifice consumé par le feu,
d'une agréable odeur à l'Éternel.
17 C'est ici une loi perpétuelle pour
vos descendants, dans tous les lieux
où vous habiterez: vous ne mangerez
ni graisse ni sang.

Les sacrifices d'expiation.

4 L'Éternel parla à Moïse, et dit:
2 Parle aux enfants d'Israël, et dis:
Lorsque quelqu'un péchera involontairement contre l'un des commandements de l'Éternel, en faisant
des choses qui ne doivent point se
faire:
3 Si c'est le sacrificateur ayant reçu
l'onction qui a péché, et a rendu par
là, le peuple coupable, il offrira à
l'Éternel, pour le péché qu'il a commis, un jeune taureau sans défaut,
4 en sacrifice d'expiation. Il amènera
le taureau à l'entrée de la tente
d'assignation, devant l'Éternel ; et il
posera sa main sur la tête du taureau,
5 qu'il égorgera devant l'Éternel. Le
sacrificateur ayant reçu l'onction
prendra du sang du taureau, et
l'apportera dans la tente d'assigna-
6 tion ; il trempera son doigt dans le
sang, et il en fera sept fois l'aspersion
devant l'Éternel, en face du voile du
7 sanctuaire. Le sacrificateur mettra
du sang sur les cornes de l'autel des
parfums odoriférants, qui est devant
l'Éternel dans la tente d'assignation ;
et il répandra tout le sang du taureau
au pied de l'autel des holocaustes,
qui est à l'entrée de la tente d'as-
8 signation. Il enlèvera toute la graisse
du taureau expiatoire, la graisse qui
couvre les entrailles et toute celle
9 qui y est attachée, les deux rognons,
et la graisse qui les entoure, qui
couvre les flancs, et le grand lobe
du foie, qu'il détachera près des
10 rognons. Le sacrificateur enlèvera
ces parties comme on les enlève du
taureau dans le sacrifice d'actions de
grâces, et il les brûlera sur l'autel
11 des holocaustes. Mais la peau du
taureau, toute sa chair, avec sa tête,
ses jambes, ses entrailles et ses
excréments, le taureau entier, il 12
l'emportera hors du camp, dans un
lieu pur, où l'on jette les cendres,
et il le brûlera au feu sur du bois ;
c'est sur le tas de cendres qu'il sera
brûlé.

Si c'est toute l'assemblée d'Israël 13
qui a péché involontairement et sans
s'en apercevoir, en faisant contre l'un
des commandements de l'Éternel des
choses qui ne doivent point se faire
et en se rendant ainsi coupable, et 14
que le péché qu'on a commis vienne
à être découvert, l'assemblée offrira
un jeune taureau en sacrifice d'expiation, et on l'amènera devant la
tente d'assignation. Les anciens 15
d'Israël poseront leurs mains sur la
tête du taureau devant l'Éternel, et
on égorgera le taureau devant
l'Éternel. Le sacrificateur ayant 16
reçu l'onction apportera du sang du
taureau dans la tente d'assignation ;
il trempera son doigt dans le sang, 17
et il en fera sept fois l'aspersion
devant l'Éternel, en face du voile.
Il mettra du sang sur les cornes de 18
l'autel qui est devant l'Éternel dans
la tente d'assignation ; et il répandra
tout le sang au pied de l'autel des
holocaustes, qui est à l'entrée de la
tente d'assignation. Il enlèvera toute 19
la graisse du taureau, et il la brûlera
sur l'autel. Il fera de ce taureau 20
comme du taureau expiatoire ; il
fera de même. C'est ainsi que le
sacrificateur fera pour eux l'expiation,
et il leur sera pardonné. Il em- 21
portera le taureau hors du camp, et
il le brûlera comme le premier
taureau. C'est un sacrifice d'expiation pour l'assemblée.

Si c'est un chef qui a péché, en 22
faisant involontairement contre l'un
des commandements de l'Éternel, son
Dieu, des choses qui ne doivent point
se faire et en se rendant ainsi
coupable, et qu'il vienne à découvrir 23
le péché qu'il a commis, il offrira en
sacrifice un bouc mâle sans défaut.
Il posera sa main sur la tête du 24
bouc, qu'il égorgera dans le lieu où
l'on égorge les holocaustes devant
l'Éternel. C'est un sacrifice d'expia-

25 tion. Le sacrificateur prendra avec son doigt du sang de la victime expiatoire, il en mettra sur les cornes de l'autel des holocaustes, et il répandra le sang au pied de l'autel des 26 holocaustes. Il brûlera toute la graisse sur l'autel, comme la graisse du sacrifice d'actions de grâces. C'est ainsi que le sacrificateur fera pour ce chef l'expiation de son péché, et il lui sera pardonné.

27 Si c'est quelqu'un du peuple qui a péché involontairement, en faisant contre l'un des commandements de l'Éternel des choses qui ne doivent point se faire et en se rendant ainsi 28 coupable, et qu'il vienne à découvrir le péché qu'il a commis, il offrira en sacrifice une chèvre, une femelle sans défaut, pour le péché qu'il a commis. 29 Il posera sa main sur la tête de la victime expiatoire, qu'il égorgera dans le lieu où l'on égorge les holo- 30 caustes. Le sacrificateur prendra avec son doigt du sang de la victime, il en mettra sur les cornes de l'autel des holocaustes, et il répandra tout 31 le sang au pied de l'autel. Le sacrificateur ôtera toute la graisse, comme on ôte la graisse du sacrifice d'actions de grâces, et il la brûlera sur l'autel, et elle sera d'une agréable odeur à l'Éternel. C'est ainsi que le sacrificateur fera pour cet homme l'expiation, et il lui sera pardonné. 32 S'il offre un agneau en sacrifice d'expiation, il offrira une femelle 33 sans défaut. Il posera sa main sur la tête de la victime, qu'il égorgera en sacrifice d'expiation dans le lieu 34 où l'on égorge les holocaustes. Le sacrificateur prendra avec son doigt du sang de la victime, il en mettra sur les cornes de l'autel des holocaustes, et il répandra tout le sang 35 au pied de l'autel. Le sacrificateur ôtera toute la graisse, comme on ôte la graisse de l'agneau dans le sacrifice d'actions de grâces, et il la brûlera sur l'autel, comme un sacrifice consumé par le feu devant l'Éternel. C'est ainsi que le sacrificateur fera pour cet homme l'expiation du péché qu'il a commis, et il lui sera pardonné.

Lorsque quelqu'un, après avoir été **5** mis sous serment comme témoin, péchera en ne déclarant pas ce qu'il a vu ou ce qu'il sait, il restera chargé de sa faute. Lorsque quelqu'un, 2 sans s'en apercevoir, touchera une chose souillée, comme le cadavre d'un animal impur, que ce soit d'une bête sauvage ou domestique, ou bien d'un reptile, il deviendra lui-même impur et il se rendra coupable. Lorsque, sans y prendre garde, il 3 touchera une souillure humaine quelconque, et qu'il s'en aperçoive plus tard, il en sera coupable. Lorsque 4 quelqu'un, parlant à la légère, jure de faire du mal ou du bien, et que, ne l'ayant pas remarqué d'abord, il s'en aperçoive plus tard, il en sera coupable.

Celui donc qui se rendra coupable 5 de l'une de ces choses, fera l'aveu de son péché. Puis il offrira en sacrifice 6 de culpabilité à l'Éternel, pour le péché qu'il a commis, une femelle de menu bétail, une brebis ou une chèvre, comme victime expiatoire. Et le sacrificateur fera pour lui l'expiation de son péché.

S'il n'a pas de quoi se procurer 7 une brebis ou une chèvre, il offrira en sacrifice de culpabilité à l'Éternel pour son péché deux tourterelles ou deux jeunes pigeons, l'un comme victime expiatoire, l'autre comme holocauste. Il les apportera au sa- 8 crificateur, qui sacrifiera d'abord celui qui doit servir de victime expiatoire. Le sacrificateur lui ouvrira la tête avec l'ongle près de la nuque, sans la séparer ; il fera sur un côté 9 de l'autel l'aspersion du sang de la victime expiatoire, et le reste du sang sera exprimé au pied de l'autel : c'est un sacrifice d'expiation. Il fera 10 de l'autre oiseau un holocauste, d'après les règles établies. C'est ainsi que le sacrificateur fera pour cet homme l'expiation du péché qu'il a commis, et il lui sera pardonné.

S'il n'a pas de quoi se procurer 11 deux tourterelles ou deux jeunes pigeons, il apportera en offrande pour son péché un dixième d'épha de fleur de farine, comme offrande d'expiation ; il ne mettra point d'huile dessus, et il n'y ajoutera point d'encens, car c'est une offrande 12 d'expiation. Il l'apportera au sacrificateur, et le sacrificateur en prendra une poignée comme souvenir, et il la brûlera sur l'autel, comme les offrandes consumées par le feu devant l'Éternel : c'est une offrande 13 d'expiation. C'est ainsi que le sacrificateur fera pour cet homme l'expiation du péché qu'il a commis à l'égard de l'une de ces choses, et il lui sera pardonné. Ce qui restera de l'offrande sera pour le sacrificateur, comme dans l'offrande en don.

Les sacrifices de culpabilité.

14 L'Éternel parla à Moïse, et dit :
15 Lorsque quelqu'un commettra une infidélité et péchera involontairement à l'égard des choses consacrées à l'Éternel, il offrira en sacrifice de culpabilité à l'Éternel pour son péché un bélier sans défaut, pris du troupeau d'après ton estimation en sicles d'argent, selon le sicle du 16 sanctuaire. Il donnera, en y ajoutant un cinquième, la valeur de la chose dont il a frustré le sanctuaire, et il la remettra au sacrificateur. Et le sacrificateur fera pour lui l'expiation avec le bélier offert en sacrifice de culpabilité, et il lui sera pardonné.
17 Lorsque quelqu'un péchera en faisant, sans le savoir, contre l'un des commandements de l'Éternel, des choses qui ne doivent point se faire, il se rendra coupable et sera 18 chargé de sa faute. Il présentera au sacrificateur en sacrifice de culpabilité un bélier sans défaut, pris du troupeau d'après ton estimation. Et le sacrificateur fera pour lui l'expiation de la faute qu'il a commise sans le savoir, 19 et il lui sera pardonné. C'est un sacrifice de culpabilité. Cet homme s'était rendu coupable envers l'Éternel.
20 L'Éternel parla à Moïse, et dit :
21 Lorsque quelqu'un péchera et commettra une infidélité envers l'Éternel, en mentant à son prochain au sujet d'un dépôt, d'un objet confié

à sa garde, d'une chose volée ou 22 soustraite par fraude, en niant d'avoir trouvé une chose perdue, ou en faisant un faux serment sur une chose quelconque de nature à constituer un péché ; lorsqu'il péchera ainsi et se 23 rendra coupable, il restituera la chose qu'il a volée ou soustraite par fraude, la chose qui lui avait été confiée en dépôt, la chose perdue qu'il a trouvée, ou la chose quelconque sur laquelle 24 il a fait un faux serment. Il la restituera en son entier, y ajoutera un cinquième, et la remettra à son propriétaire, le jour même où il offrira son sacrifice de culpabilité. Il présentera au sacrificateur en 25 sacrifice de culpabilité à l'Éternel pour son péché un bélier sans défaut, pris du troupeau d'après ton estimation. Et le sacrificateur fera pour 26 lui l'expiation devant l'Éternel, et il lui sera pardonné, quelle que soit la faute dont il se sera rendu coupable.

Règles sur les holocaustes, les offrandes et les diverses espèces de sacrifices.

L'Éternel parla à Moïse, et dit : **6** Donne cet ordre à Aaron et à ses 2 fils, et dis :

Voici la loi de l'holocauste. L'holocauste restera sur le foyer de l'autel toute la nuit jusqu'au matin, et le feu brûlera sur l'autel. Le sacri- 3 ficateur revêtira sa tunique de lin, et mettra des caleçons sur sa chair, il enlèvera la cendre faite par le feu qui aura consumé l'holocauste sur l'autel, et il la déposera près de l'autel. Puis il quittera ses vête- 4 ments et en mettra d'autres, pour porter la cendre hors du camp, dans un lieu pur. Le feu brûlera sur 5 l'autel, il ne s'éteindra point ; chaque matin, le sacrificateur y allumera du bois, arrangera l'holocauste, et brûlera la graisse des sacrifices d'actions de grâces. Le feu brûlera 6 continuellement sur l'autel, il ne s'éteindra point.

Voici la loi de l'offrande. Les fils 7 d'Aaron la présenteront devant l'Éternel, devant l'autel. Le sacri- 8 ficateur prélèvera une poignée de la fleur de farine et de l'huile, avec tout l'encens ajouté à l'offrande, et il brûlera cela sur l'autel comme souvenir d'une agréable odeur à 9 l'Éternel. Aaron et ses fils mangeront ce qui restera de l'offrande ; ils le mangeront sans levain, dans un lieu saint, dans le parvis de la 10 tente d'assignation. On ne le cuira pas avec du levain. C'est la part que je leur ai donnée de mes offrandes consumées par le feu. C'est une chose très sainte, comme le sacrifice d'expiation et comme le sacrifice de 11 culpabilité. Tout mâle d'entre les enfants d'Aaron en mangera. C'est une loi perpétuelle pour vos descendants, au sujet des offrandes consumées par le feu devant l'Éternel : quiconque y touchera sera sanctifié.

12 L'Éternel parla à Moïse, et dit :

13 Voici l'offrande qu'Aaron et ses fils feront à l'Éternel, le jour où ils recevront l'onction : un dixième d'épha de fleur de farine, comme offrande perpétuelle, moitié le matin 14 et moitié le soir. Elle sera préparée à la poêle avec de l'huile, et tu l'apporteras frite ; tu la présenteras aussi cuite et en morceaux comme une offrande d'une agréable odeur 15 à l'Éternel. Le sacrificateur qui, parmi les fils d'Aaron, sera oint pour lui succéder, fera aussi cette offrande. C'est une loi perpétuelle devant l'Éternel : elle sera brûlée en 16 entier. Toute offrande d'un sacrificateur sera brûlée en entier ; elle ne sera point mangée.

17 L'Éternel parla à Moïse, et dit :
18 Parle à Aaron et à ses fils, et dis : Voici la loi du sacrifice d'expiation. C'est dans le lieu où l'on égorge l'holocauste que sera égorgée devant l'Éternel la victime pour le sacrifice d'expiation : c'est une chose très 19 sainte. Le sacrificateur qui offrira la victime expiatoire la mangera ; elle sera mangée dans un lieu saint, dans le parvis de la tente d'assigna-20 tion. Quiconque en touchera la chair sera sanctifié. S'il en rejaillit du sang sur un vêtement, la place sur laquelle il aura rejailli sera lavée 21 dans un lieu saint. Le vase de terre

dans lequel elle aura cuit sera brisé ; si c'est dans un vase d'airain qu'elle a cuit, il sera nettoyé et lavé dans l'eau. Tout mâle parmi les sacri- 22 ficateurs en mangera : c'est une chose très sainte. Mais on ne mangera 23 aucune victime expiatoire dont on apportera du sang dans la tente d'assignation, pour faire l'expiation dans le sanctuaire : elle sera brûlée au feu.

Voici la loi du sacrifice de culpa- **7** bilité : c'est une chose très sainte. C'est dans le lieu où l'on égorge 2 l'holocauste que sera égorgée la victime pour le sacrifice de culpabilité. On en répandra le sang sur l'autel tout autour. On en offrira 3 toute la graisse, la queue, la graisse qui couvre les entrailles, les deux 4 rognons, et la graisse qui les entoure, qui couvre les flancs, et le grand lobe du foie, qu'on détachera près des rognons. Le sacrificateur brûlera 5 cela sur l'autel en sacrifice consumé devant l'Éternel. C'est un sacrifice de culpabilité. Tout mâle parmi 6 les sacrificateurs en mangera ; il le mangera dans un lieu saint : c'est une chose très sainte. Il en est du 7 sacrifice de culpabilité comme du sacrifice d'expiation ; la loi est la même pour ces deux sacrifices : la victime sera pour le sacrificateur qui fera l'expiation. Le sacrificateur qui 8 offrira l'holocauste de quelqu'un aura pour lui la peau de l'holocauste qu'il a offert. Toute offrande cuite au 9 four, préparée sur le gril ou à la poêle, sera pour le sacrificateur qui l'a offerte. Toute offrande pétrie à 10 l'huile et sèche sera pour tous les fils d'Aaron, pour l'un comme pour l'autre.

Voici la loi du sacrifice d'actions 11 de grâces, qu'on offrira à l'Éternel. Si quelqu'un l'offre par recon- 12 naissance, il offrira, avec le sacrifice d'actions de grâces, des gâteaux sans levain pétris à l'huile, des galettes sans levain arrosées d'huile, et des gâteaux de fleur de farine frite et pétris à l'huile. A ces gâteaux il 13 ajoutera du pain levé pour son offrande, avec son sacrifice de reconnaissance et d'actions de grâces.

14 On présentera par élévation à l'Éternel une portion de chaque offrande ; elle sera pour le sacrificateur qui a répandu le sang de la
15 victime d'actions de grâces. La chair du sacrifice de reconnaissance et d'actions de grâces sera mangée le jour où il est offert ; on n'en laissera
16 rien jusqu'au matin. Si quelqu'un offre un sacrifice pour l'accomplissement d'un vœu ou comme offrande volontaire, la victime sera mangée le jour où il l'offrira, et ce qui en restera sera mangé le lendemain.
17 Ce qui restera de la chair de la victime sera brûlé au feu le troisième
18 jour. Dans le cas où l'on mangerait de la chair de son sacrifice d'actions de grâces le troisième jour, le sacrifice ne sera point agréé ; il n'en sera pas tenu compte à celui qui l'a offert ; ce sera une chose infecte, et quiconque en mangera restera chargé
19 de sa faute. La chair qui a touché quelque chose d'impur ne sera point mangée : elle sera brûlée au feu.
20 Tout homme pur peut manger de la chair ; mais celui qui, se trouvant en état d'impureté, mangera de la chair du sacrifice d'actions de grâces qui appartient à l'Éternel, celui-là sera
21 retranché de son peuple. Et celui qui touchera quelque chose d'impur, une souillure humaine, un animal impur, ou quoi que ce soit d'impur, et qui mangera de la chair du sacrifice d'actions de grâces qui appartient à l'Éternel, celui-là sera retranché de son peuple.
22 L'Éternel parla à Moïse, et dit :
23 Parle aux enfants d'Israël, et dis : Vous ne mangerez point de graisse
24 de bœuf, d'agneau ni de chèvre. La graisse d'une bête morte ou déchirée pourra servir à un usage quelconque ; mais vous ne la mangerez point.
25 Car celui qui mangera de la graisse des animaux dont on offre à l'Éternel des sacrifices consumés par le feu, celui-là sera retranché de son peuple.
26 Vous ne mangerez point de sang, ni d'oiseau, ni de bétail, dans tous les
27 lieux où vous habiterez. Celui qui mangera du sang d'une espèce quel-

conque, celui-là sera retranché de son peuple.

28 L'Éternel parla à Moïse, et dit :
29 Parle aux enfants d'Israël, et dis : Celui qui offrira à l'Éternel son sacrifice d'actions de grâces apportera son offrande à l'Éternel, prise sur son sacrifice d'actions de grâces.
30 Il apportera de ses propres mains ce qui doit être consumé par le feu devant l'Éternel ; il apportera la graisse avec la poitrine, la poitrine pour l'agiter de côté et d'autre devant
31 l'Éternel. Le sacrificateur brûlera la graisse sur l'autel, et la poitrine sera pour Aaron et pour ses fils.
32 Dans vos sacrifices d'actions de grâces, vous donnerez au sacrificateur l'épaule droite, en la présentant
33 par élévation. Celui des fils d'Aaron qui offrira le sang et la graisse du sacrifice d'actions de grâces aura l'épaule droite pour sa part. Car je
34 prends sur les sacrifices d'actions de grâces offerts par les enfants d'Israël la poitrine qu'on agitera de côté et d'autre et l'épaule qu'on présentera par élévation, et je les donne au sacrificateur Aaron et à ses fils, par une loi perpétuelle qu'observeront
35 les enfants d'Israël. C'est là le droit que l'onction d'Aaron et de ses fils leur donnera sur les sacrifices consumés par le feu devant l'Éternel, depuis le jour où ils seront présentés pour être à mon service dans le
36 sacerdoce. C'est ce que l'Éternel ordonne aux enfants d'Israël de leur donner depuis le jour de leur onction ; ce sera une loi perpétuelle parmi leurs descendants.

37 Telle est la loi de l'holocauste, de l'offrande, du sacrifice d'expiation, du sacrifice de culpabilité, de la consécration, et du sacrifice d'actions de
38 grâces. L'Éternel la prescrivit à Moïse sur la montagne de Sinaï, le jour où il ordonna aux enfants d'Israël de présenter leurs offrandes à l'Éternel dans le désert de Sinaï.

Consécration d'Aaron et de ses fils.

L'Éternel parla à Moïse, et dit : **8**
2 Prends Aaron et ses fils avec lui, les vêtements, l'huile d'onction, le

taureau expiatoire, les deux béliers et la corbeille de pains sans levain ; 3 et convoque toute l'assemblée à l'entrée de la tente d'assignation.

4 Moïse fit ce que l'Éternel lui avait ordonné ; et l'assemblée se réunit à l'entrée de la tente d'assignation.

5 Moïse dit à l'assemblée : Voici ce que l'Éternel a ordonné de faire.

6 Moïse fit approcher Aaron et ses 7 fils, et il les lava avec de l'eau. Il mit à Aaron la tunique, il le ceignit de la ceinture, il le revêtit de la robe, et il plaça sur lui l'éphod, qu'il serra avec la ceinture de l'éphod dont il le 8 revêtit. Il lui mit le pectoral, et il joignit au pectoral l'urim et le thum- 9 mim. Il posa la tiare sur sa tête, et il plaça sur le devant de la tiare la lame d'or, diadème sacré, comme l'Éternel l'avait ordonné à Moïse.

10 Moïse prit l'huile d'onction, il oignit le sanctuaire et toutes les choses qui 11 y étaient, et le sanctifia. Il en fit sept fois l'aspersion sur l'autel, et il oignit l'autel et tous ses ustensiles, et la cuve avec sa base, afin de les sanc- 12 tifier. Il répandit de l'huile d'onction sur la tête d'Aaron, et l'oignit, afin 13 de la sanctifier. Moïse fit aussi approcher les fils d'Aaron ; il les revêtit de tuniques, les ceignit de ceintures, et leur attacha des bonnets, comme l'Éternel l'avait ordonné à Moïse.

14 Il fit approcher le taureau expiatoire, et Aaron et ses fils posèrent leurs mains sur la tête du taureau 15 expiatoire. Moïse l'égorgea, prit du sang, et en mit avec son doigt sur les cornes de l'autel tout autour, et purifia l'autel ; il répandit le sang au pied de l'autel, et le sanctifia pour 16 y faire l'expiation. Il prit toute la graisse qui couvre les entrailles, le grand lobe du foie, et les deux rognons avec leur graisse, et il brûla 17 cela sur l'autel. Mais il brûla au feu hors du camp le taureau, sa peau, sa chair et ses excréments, comme l'Éternel l'avait ordonné à Moïse.

18 Il fit approcher le bélier de l'holocauste, et Aaron et ses fils posèrent leurs mains sur la tête du bélier. 19 Moïse l'égorgea, et répandit le sang 20 sur l'autel tout autour. Il coupa le bélier par morceaux, et il brûla la tête, les morceaux et la graisse. Il 21 lava avec de l'eau les entrailles et les jambes, et il brûla tout le bélier sur l'autel : ce fut l'holocauste, ce fut un sacrifice consumé par le feu, d'une agréable odeur à l'Éternel, comme l'Éternel l'avait ordonné à Moïse.

Il fit approcher l'autre bélier, le 22 bélier de consécration, et Aaron et ses fils posèrent leurs mains sur la tête du bélier. Moïse égorgea le 23 bélier, prit de son sang, et en mit sur le lobe de l'oreille droite d'Aaron, sur le pouce de sa main droite et sur le gros orteil de son pied droit. Il 24 fit approcher les fils d'Aaron, mit du sang sur le lobe de leur oreille droite, sur le pouce de leur main droite et sur le gros orteil de leur pied droit, et il répandit le sang sur l'autel tout autour. Il prit la graisse, la queue, 25 toute la graisse qui couvre les entrailles, le grand lobe du foie, les deux rognons avec leur graisse, et l'épaule droite ; il prit aussi dans la 26 corbeille de pains sans levain, placée devant l'Éternel, un gâteau sans levain, un gâteau de pain à l'huile et une galette, et il les posa sur les graisses et sur l'épaule droite. Il 27 mit toutes ces choses sur les mains d'Aaron et sur les mains de ses fils, et il les agita de côté et d'autre devant l'Éternel. Puis Moïse les ôta 28 de leurs mains, et il les brûla sur l'autel, par-dessus l'holocauste : ce fut le sacrifice de consécration, ce fut un sacrifice consumé par le feu, d'une agréable odeur à l'Éternel. Moïse 29 prit la poitrine du bélier de consécration, et il l'agita de côté et d'autre devant l'Éternel : ce fut la portion de Moïse, comme l'Éternel l'avait ordonné à Moïse.

Moïse prit de l'huile d'onction et 30 du sang qui était sur l'autel ; il en fit l'aspersion sur Aaron et sur ses vêtements, sur les fils d'Aaron et sur leurs vêtements ; et il sanctifia Aaron et ses vêtements, les fils d'Aaron et leurs vêtements avec lui.

Moïse dit à Aaron et à ses fils : 31 Faites cuire la chair à l'entrée de la tente d'assignation ; c'est là que vous la mangerez, avec le pain qui est dans la corbeille de consécration, comme je l'ai ordonné, en disant :

32 Aaron et ses fils la mangeront. Vous brûlerez dans le feu ce qui restera

33 de la chair et du pain. Pendant sept jours, vous ne sortirez point de l'entrée de la tente d'assignation, jusqu'à ce que les jours de votre consécration soient accomplis ; car sept jours seront employés à vous

34 consacrer. Ce qui s'est fait aujourd'hui, l'Éternel a ordonné de le faire

35 comme expiation pour vous. Vous resterez donc sept jours à l'entrée de la tente d'assignation, jour et nuit, et vous observerez les commandements de l'Éternel, afin que vous ne mouriez pas ; car c'est là ce qui

36 m'a été ordonné. Aaron et ses fils firent toutes les choses que l'Éternel avait ordonnées par Moïse.

Premiers sacrifices offerts par Aaron et ses fils.

9 Le huitième jour, Moïse appela Aaron et ses fils, et les anciens d'Israël.

2 Il dit à Aaron : Prends un jeune veau pour le sacrifice d'expiation, et un bélier pour l'holocauste, l'un et l'autre sans défaut, et sacrifie-les devant

3 l'Éternel. Tu parleras aux enfants d'Israël, et tu diras : Prenez un bouc, pour le sacrifice d'expiation, un veau et un agneau, âgés d'un an et sans

4 défaut, pour l'holocauste ; un bœuf et un bélier, pour le sacrifice d'actions de grâces, afin de les sacrifier devant l'Éternel ; et une offrande pétrie à l'huile. Car aujourd'hui l'Éternel vous apparaîtra.

5 Ils amenèrent devant la tente d'assignation ce que Moïse avait ordonné ; et toute l'assemblée s'approcha, et se tint devant l'Éternel.

6 Moïse dit : Vous ferez ce que l'Éternel a ordonné ; et la gloire

7 de l'Éternel vous apparaîtra. Moïse dit à Aaron : Approche-toi de l'autel ; offre ton sacrifice d'expiation et ton holocauste, et fais l'expiation pour toi et pour le peuple ; offre aussi le sacrifice du peuple, et fais l'expiation pour lui, comme l'Éternel l'a ordonné.

8 Aaron s'approcha de l'autel, et il égorgea le veau pour son sacrifice

9 d'expiation. Les fils d'Aaron lui présentèrent le sang ; il trempa son doigt dans le sang, en mit sur les cornes de l'autel, et répandit le sang

10 au pied de l'autel. Il brûla sur l'autel la graisse, les rognons, et le grand lobe du foie de la victime expiatoire, comme l'Éternel l'avait ordonné à

11 Moïse. Mais il brûla au feu hors du camp la chair et la peau.

12 Il égorgea l'holocauste. Les fils d'Aaron lui présentèrent le sang, et il le répandit sur l'autel tout autour.

13 Ils lui présentèrent l'holocauste coupé par morceaux, avec la tête, et il les

14 brûla sur l'autel. Il lava les entrailles et les jambes, et il les brûla sur l'autel, par-dessus l'holocauste.

15 Ensuite, il offrit le sacrifice du peuple. Il prit le bouc pour le sacrifice expiatoire du peuple, il l'égorgea, et l'offrit en expiation, comme la première victime.

16 Il offrit l'holocauste, et le sacrifia, d'après les

17 règles établies. Il présenta l'offrande, en prit une poignée, et la brûla sur l'autel, outre l'holocauste du matin.

18 Il égorgea le bœuf et le bélier, en sacrifice d'actions de grâces pour le peuple. Les fils d'Aaron lui présentèrent le sang, et il le répandit

19 sur l'autel tout autour. Ils lui présentèrent la graisse du bœuf et du bélier, la queue, la graisse qui couvre les entrailles, les rognons, et le grand

20 lobe du foie ; ils mirent les graisses sur les poitrines, et il brûla les

21 graisses sur l'autel. Aaron agita de côté et d'autre devant l'Éternel les poitrines et l'épaule droite, comme Moïse l'avait ordonné.

22 Aaron leva ses mains vers le peuple, et il le bénit. Puis il descendit, après avoir offert le sacrifice d'expiation, l'holocauste et le sacrifice d'actions de grâces.

23 Moïse et Aaron entrèrent dans la tente d'assignation. Lorsqu'ils en sortirent, ils bénirent le peuple. Et la gloire de l'Éternel apparut à tout

24 le peuple. Le feu sortit de devant l'Éternel, et consuma sur l'autel l'holocauste et les graisses. Tout le

peuple le vit ; et ils poussèrent des cris de joie, et se jetèrent sur leur face.

10 Les fils d'Aaron, Nadab et Abihu, prirent chacun un brasier, y mirent du feu, et posèrent du parfum dessus ; ils apportèrent devant l'Éternel du feu étranger, ce qu'il ne leur avait 2 point ordonné. Alors le feu sortit de devant l'Éternel, et les consuma : ils moururent devant l'Éternel.

3 Moïse dit à Aaron : C'est ce que l'Éternel a déclaré, lorsqu'il a dit : Je serai sanctifié par ceux qui s'approchent de moi, et je serai glorifié en présence de tout le peuple. Aaron 4 garda le silence. Et Moïse appela Mischaël et Eltsaphan, fils d'Uziel, oncle d'Aaron, et il leur dit : Approchez-vous, emportez vos frères loin du sanctuaire, hors du camp. 5 Ils s'approchèrent, et ils les emportèrent dans leurs tuniques hors du camp, comme Moïse l'avait dit. 6 Moïse dit à Aaron, à Éléazar et à Ithamar, fils d'Aaron : Vous ne découvrirez point vos têtes, et vous ne déchirerez point vos vêtements, de peur que vous ne mouriez, et que l'Éternel ne s'irrite contre toute l'assemblée. Laissez vos frères, toute la maison d'Israël, pleurer sur l'embrasement que l'Éternel a allumé. 7 Vous ne sortirez point de l'entrée de la tente d'assignation, de peur que vous ne mouriez ; car l'huile de l'onction de l'Éternel est sur vous. Ils firent ce que Moïse avait dit.

8,9 L'Éternel parla à Aaron, et dit : Tu ne boiras ni vin, ni boisson enivrante, toi et tes fils avec toi, lorsque vous entrerez dans la tente d'assignation, de peur que vous ne mouriez : ce sera une loi perpétuelle parmi vos 10 descendants, afin que vous puissiez distinguer ce qui est saint de ce qui est profane, ce qui est impur de ce qui est pur, et enseigner aux enfants 11 d'Israël toutes les lois que l'Éternel leur a données par Moïse.

Moïse dit à Aaron, à Éléazar et à 12 Ithamar, les deux fils qui restaient à Aaron : Prenez ce qui reste de l'offrande parmi les sacrifices consumés par le feu devant l'Éternel, et mangez-le sans levain près de l'autel : car c'est une chose très sainte. Vous le 13 mangerez dans un lieu saint ; c'est ton droit et le droit de tes fils sur les offrandes consumées par le feu devant l'Éternel ; car c'est là ce qui m'a été ordonné. Vous mangerez aussi dans 14 un lieu pur, toi, tes fils et tes filles avec toi, la poitrine qu'on a agitée de côté et d'autre et l'épaule qui a été présentée par élévation ; car elles vous sont données, comme ton droit et le droit de tes fils, dans les sacrifices d'actions de grâces des enfants d'Israël. Ils apporteront, avec les 15 graisses destinées à être consumées par le feu, l'épaule que l'on présente par élévation et la poitrine que l'on agite de côté et d'autre devant l'Éternel : elles seront pour toi et pour tes fils avec toi, par une loi perpétuelle, comme l'Éternel l'a ordonné.

Moïse chercha le bouc expiatoire ; 16 et voici, il avait été brûlé. Alors il s'irrita contre Éléazar et Ithamar, les fils qui restaient à Aaron, et il dit : Pourquoi n'avez-vous pas mangé 17 la victime expiatoire dans le lieu saint ? C'est une chose très sainte ; et l'Éternel vous l'a donnée, afin que vous portiez l'iniquité de l'assemblée, afin que vous fassiez pour elle l'expiation devant l'Éternel. Voici, le 18 sang de la victime n'a point été porté dans l'intérieur du sanctuaire ; vous deviez la manger dans le sanctuaire, comme cela m'avait été ordonné. Aaron dit à Moïse : Voici, 19 ils ont offert aujourd'hui leur sacrifice d'expiation et leur holocauste devant l'Éternel ; et, après ce qui m'est arrivé, si j'eusse mangé aujourd'hui la victime expiatoire, cela aurait-il été bien aux yeux de l'Éternel ? Moïse entendit et approuva ces 20 paroles.

Loi sur les animaux purs et impurs.

11 L'Éternel parla à Moïse et à 2 Aaron, et leur dit: Parlez aux enfants d'Israël, et dites:

Voici les animaux dont vous mangerez parmi toutes les bêtes qui 3 sont sur la terre. Vous mangerez de tout animal qui a la corne fendue, 4 le pied fourché, et qui rumine. Mais vous ne mangerez pas de ceux qui ruminent seulement, ou qui ont la corne fendue seulement. Ainsi, vous ne mangerez pas le chameau, qui rumine, mais qui n'a pas la corne fendue: vous le regarderez comme 5 impur. Vous ne mangerez pas le daman, qui rumine, mais qui n'a pas la corne fendue: vous le regarderez 6 comme impur. Vous ne mangerez pas le lièvre, qui rumine, mais qui n'a pas la corne fendue: vous le re-7 garderez comme impur. Vous ne mangerez pas le porc, qui a la corne fendue et le pied fourché, mais qui ne rumine pas: vous le regarderez 8 comme impur. Vous ne mangerez pas de leur chair, et vous ne toucherez pas leurs corps morts: vous les regarderez comme impurs.

9 Voici les animaux dont vous mangerez parmi tous ceux qui sont dans les eaux. Vous mangerez de tous ceux qui ont des nageoires et des écailles, et qui sont dans les eaux, soit dans les mers, soit dans les 10 rivières. Mais vous aurez en abomination tous ceux qui n'ont pas des nageoires et des écailles, parmi tout ce qui se meut dans les eaux et tout ce qui est vivant dans les eaux, soit dans les mers, soit dans les rivières. 11 Vous les aurez en abomination, vous ne mangerez pas de leur chair, et vous aurez en abomination leurs corps 12 morts. Vous aurez en abomination tous ceux qui, dans les eaux, n'ont pas des nageoires et des écailles.

13 Voici, parmi les oiseaux, ceux que vous aurez en abomination, et dont on ne mangera pas: l'aigle, l'orfraie 14 et l'aigle de mer; le milan, l'autour 15 et ce qui est de son espèce; le cor-16 beau et toutes ses espèces; l'autruche, le hibou, la mouette, l'épervier et ce qui est de son espèce; le chat-huant, 17 le plongeon et la chouette; le cygne, 18 le pélican et le cormoran; la 19 cigogne, le héron et ce qui est de son espèce, la huppe et la chauve-souris.

Vous aurez en abomination tout 20 reptile qui vole et qui marche sur quatre pieds. Mais, parmi tous les 21 reptiles qui volent et qui marchent sur quatre pieds, vous mangerez ceux qui ont des jambes au-dessus de leurs pieds, pour sauter sur la terre. Voici 22 ceux que vous mangerez: la sauterelle, le solam, le hargol et le hagab, selon leurs espèces. Vous aurez en 23 abomination tous les autres reptiles qui volent et qui ont quatre pieds. Ils vous rendront impurs: quiconque 24 touchera leurs corps morts sera impur jusqu'au soir, et quiconque portera 25 leurs corps morts lavera ses vêtements et sera impur jusqu'au soir.

Vous regarderez comme impur 26 tout animal qui a la corne fendue, mais qui n'a pas le pied fourché et qui ne rumine pas: quiconque le touchera sera impur. Vous re-27 garderez comme impurs tous ceux des animaux à quatre pieds qui marchent sur leurs pattes: quiconque touchera leurs corps morts sera impur jusqu'au soir, et qui-28 conque portera leurs corps morts lavera ses vêtements et sera impur jusqu'au soir. Vous les regarderez comme impurs.

Voici, parmi les animaux qui 29 rampent sur la terre, ceux que vous regarderez comme impurs: la taupe, la souris et le lézard, selon leurs espèces; le hérisson, la grenouille, 30 la tortue, le limaçon et le caméléon. Vous les regarderez comme impurs 31 parmi tous les reptiles: quiconque les touchera morts sera impur jusqu'au soir. Tout objet sur lequel tombera 32 quelque chose de leurs corps morts sera souillé, ustensile de bois, vêtement, peau, sac, tout objet dont on fait usage; il sera mis dans l'eau, et restera souillé jusqu'au soir; après quoi, il sera pur. Tout ce qui se 33 trouvera dans un vase de terre où il en tombera quelque chose, sera

34 souillé, et vous briserez le vase. Tout aliment qui sert à la nourriture, et sur lequel il sera tombé de cette eau, sera souillé; et toute boisson dont on fait usage, quel que soit le vase qui 35 la contienne, sera souillée. Tout objet sur lequel tombera quelque chose de leurs corps morts sera souillé; le four et le foyer seront détruits: ils seront souillés, et vous 36 les regarderez comme souillés. Il n'y aura que les sources et les citernes, formant des amas d'eaux, qui resteront pures; mais celui qui y touchera de leurs corps morts sera 37 impur. S'il tombe quelque chose de leurs corps morts sur une semence qui doit être semée, elle restera pure; 38 mais si l'on a mis de l'eau sur la semence, et qu'il y tombe quelque chose de leurs corps morts, vous la 39 regarderez comme souillée. S'il meurt un des animaux qui vous servent de nourriture, celui qui touchera son corps mort sera impur 40 jusqu'au soir; celui qui mangera de son corps mort lavera ses vêtements et sera impur jusqu'au soir, et celui qui portera son corps mort lavera ses vêtements et sera impur jusqu'au soir.

41 Vous aurez en abomination tout reptile qui rampe sur la terre: on 42 n'en mangera point. Vous ne mangerez point, parmi tous les reptiles qui rampent sur la terre, de tous ceux qui se traînent sur le ventre, ni de tous ceux qui marchent sur quatre pieds ou sur un grand nombre de pieds; car vous les aurez en abomi-43 nation. Ne rendez point vos personnes abominables par tous ces reptiles qui rampent; ne vous rendez point impurs par eux, ne vous souil-44 lez point par eux. Car je suis l'Éternel, votre Dieu; vous vous sanctifierez, et vous serez saints, car je suis saint; et vous ne vous rendrez point impurs par tous ces reptiles qui 45 rampent sur la terre. Car je suis l'Éternel, qui vous ai fait monter du pays d'Égypte, pour être votre Dieu, et pour que vous soyez saints; car je suis saint.

46 Telle est la loi touchant les ani-maux, les oiseaux, tous les êtres vivants qui se meuvent dans les eaux, et tous les êtres qui rampent sur la terre, afin que vous distinguiez ce 47 qui est impur et ce qui est pur, l'animal qui se mange et l'animal qui ne se mange pas.

L'Éternel parla à Moïse, et dit: **12** Parle aux enfants d'Israël, et dis: 2

Lorsqu'une femme deviendra enceinte, et qu'elle enfantera un mâle, elle sera impure pendant sept jours; elle sera impure comme au temps de son indisposition menstruelle. Le 3 huitième jour, l'enfant sera circoncis. Elle restera encore trente-trois jours 4 à se purifier de son sang; elle ne touchera aucune chose sainte, et elle n'ira point au sanctuaire, jusqu'à ce que les jours de sa purification soient accomplis. Si elle enfante une fille, 5 elle sera impure pendant deux semaines, comme au temps de son indisposition menstruelle; et elle restera soixante-six jours à se purifier de son sang.

Lorsque les jours de sa purification 6 seront accomplis, pour un fils ou pour une fille, elle apportera au sacrificateur, à l'entrée de la tente d'assignation, un agneau d'un an pour l'holocauste, et un jeune pigeon ou une tourterelle pour le sacrifice d'expiation. Le sacrificateur les 7 sacrifiera devant l'Éternel, et fera pour elle l'expiation; et elle sera purifiée du flux de son sang. Telle est la loi pour la femme qui enfante un fils ou une fille. Si elle n'a pas 8 de quoi se procurer un agneau, elle prendra deux tourterelles ou deux jeunes pigeons, l'un pour l'holocauste, l'autre pour le sacrifice d'expiation. Le sacrificateur fera pour elle l'expiation, et elle sera pure.

Loi sur la lèpre.

L'Éternel parla à Moïse et à **13** Aaron, et dit:

Lorsqu'un homme aura sur la peau 2 de son corps une tumeur, une dartre, ou une tache blanche, qui ressemblera à une plaie de lèpre sur la peau de son corps, on l'amènera au sacrificateur Aaron, ou à l'un de ses fils

3 qui sont sacrificateurs. Le sacrificateur examinera la plaie qui est sur la peau du corps. Si le poil de la plaie est devenu blanc, et que la plaie paraisse plus profonde que la peau du corps, c'est une plaie de lèpre: le sacrificateur qui aura fait l'examen déclarera cet homme impur.

4 S'il y a sur la peau du corps une tache blanche qui ne paraisse pas plus profonde que la peau, et que le poil ne soit pas devenu blanc, le sacrificateur enfermera pendant sept jours celui qui a la plaie.

5 Le sacrificateur l'examinera le septième jour. Si la plaie lui paraît ne pas avoir fait de progrès et ne pas s'être étendue sur la peau, le sacrificateur l'enfermera une seconde fois pendant sept jours.

6 Le sacrificateur l'examinera une seconde fois le septième jour. Si la plaie est devenue pâle et ne s'est pas étendue sur la peau, le sacrificateur déclarera cet homme pur: c'est une dartre; il lavera ses vêtements, et il sera pur.

7 Mais si la dartre s'est étendue sur la peau, après qu'il s'est montré au sacrificateur pour être déclaré pur, il se fera examiner une seconde fois par le sacrificateur.

8 Le sacrificateur l'examinera. Si la dartre s'est étendue sur la peau, le sacrificateur le déclarera impur: c'est la lèpre.

9 Lorsqu'il y aura sur un homme une plaie de lèpre, on l'amènera au sacrificateur.

10 Le sacrificateur l'examinera. S'il y a sur la peau une tumeur blanche, si cette tumeur a fait blanchir le poil, et qu'il y ait une trace de chair vive dans la tumeur,

11 c'est une lèpre invétérée dans la peau du corps de cet homme: le sacrificateur le déclarera impur; il ne l'enfermera pas, car il est impur.

12 Si la lèpre fait une éruption sur la peau et couvre toute la peau de celui qui a la plaie, depuis la tête jusqu'aux pieds, partout où le sacrificateur portera ses regards,

13 le sacrificateur l'examinera; et quand il aura vu que la lèpre couvre tout le corps, il déclarera pur celui qui a la plaie: comme il est entièrement devenu blanc, il est pur.

14 Mais le jour où l'on apercevra en lui de la chair vive, il sera impur;

15 quand le sacrificateur aura vu la chair vive, il le déclarera impur: la chair vive est impure, c'est la lèpre.

16 Si la chair vive change et devient blanche, il ira vers le sacrificateur;

17 le sacrificateur l'examinera, et si la plaie est devenue blanche, le sacrificateur déclarera pur celui qui a la plaie: il est pur.

18 Lorsqu'un homme aura eu sur la peau de son corps un ulcère qui a été guéri,

19 et qu'il se manifestera, à la place où était l'ulcère, une tumeur blanche ou une tache d'un blanc rougeâtre, cet homme se montrera au sacrificateur.

20 Le sacrificateur l'examinera. Si la tache paraît plus enfoncée que la peau, et que le poil soit devenu blanc, le sacrificateur le déclarera impur: c'est une plaie de lèpre, qui a fait éruption dans l'ulcère.

21 Si le sacrificateur voit qu'il n'y a point de poil blanc dans la tache, qu'elle n'est pas plus enfoncée que la peau, et qu'elle est devenue pâle, il enfermera cet homme pendant sept jours.

22 Si la tache s'est étendue sur la peau, le sacrificateur le déclarera impur: c'est une plaie de lèpre.

23 Mais si la tache est restée à la même place et ne s'est pas étendue, c'est une cicatrice de l'ulcère: le sacrificateur le déclarera pur.

24 Lorsqu'un homme aura eu sur la peau de son corps une brûlure par le feu, et qu'il se manifestera sur la trace de la brûlure une tache blanche ou d'un blanc rougeâtre, le sacrificateur l'examinera.

25 Si le poil est devenu blanc dans la tache, et qu'elle paraisse plus profonde que la peau, c'est la lèpre, qui a fait éruption dans la brûlure; le sacrificateur déclarera cet homme impur: c'est une plaie de lèpre.

26 Si le sacrificateur voit qu'il n'y a point de poil blanc dans la tache, qu'elle n'est pas plus enfoncée que la peau, et qu'elle est devenue pâle, il enfermera cet homme pendant sept jours.

27 Le sacrificateur l'examinera le septième jour. Si la tache s'est étendue sur la peau, le sacrificateur le déclarera

impur: c'est une plaie de lèpre.

28 Mais si la tache est restée à la même place, ne s'est pas étendue sur la peau, et est devenue pâle, c'est la tumeur de la brûlure; le sacrificateur le déclarera pur, car c'est la cicatrice de la brûlure.

29 Lorsqu'un homme ou une femme aura une plaie à la tête ou à la barbe, 30 le sacrificateur examinera la plaie. Si elle paraît plus profonde que la peau, et qu'il y ait du poil jaunâtre et mince, le sacrificateur déclarera cet homme impur: c'est la teigne, c'est la lèpre de la tête ou de la 31 barbe. Si le sacrificateur voit que la plaie de la teigne ne paraît pas plus profonde que la peau, et qu'il n'y a point de poil noir, il enfermera pendant sept jours celui qui a la 32 plaie de la teigne. Le sacrificateur examinera la plaie le septième jour. Si la teigne ne s'est pas étendue, s'il n'y a point de poil jaunâtre, et si elle ne paraît pas plus profonde que 33 la peau, celui qui a la teigne se rasera, mais il ne rasera point la place où est la teigne; et le sacrificateur l'enfermera une seconde fois 34 pendant sept jours. Le sacrificateur examinera la teigne le septième jour. Si la teigne ne s'est pas étendue sur la peau, et si elle ne paraît pas plus profonde que la peau, le sacrificateur le déclarera pur; il lavera ses vête-35 ments, et il sera pur. Mais si la teigne s'est étendue sur la peau, après qu'il a été déclaré pur, le 36 sacrificateur l'examinera. Et si la teigne s'est étendue sur la peau, le sacrificateur n'aura pas à rechercher s'il y a du poil jaunâtre: il est 37 impur. Si la teigne lui paraît ne pas avoir fait de progrès, et qu'il y ait crû du poil noir, la teigne est guérie: il est pur, et le sacrificateur le déclarera pur.

38 Lorsqu'un homme ou une femme aura sur la peau de son corps des 39 taches, des taches blanches, le sacrificateur l'examinera. S'il y a sur la peau de son corps des taches d'un blanc pâle, ce ne sont que des taches qui ont fait éruption sur la peau: il est pur.

40 Lorsqu'un homme aura la tête dépouillée de cheveux, c'est un chauve: il est pur. S'il a la tête dépouillée 41 de cheveux du côté de la face, c'est un chauve par-devant: il est pur. Mais s'il y a dans la partie chauve de 42 devant ou de derrière une plaie d'un blanc rougeâtre, c'est la lèpre qui a fait éruption dans la partie chauve de derrière ou de devant. Le sacri-43 ficateur l'examinera. S'il y a une tumeur de plaie d'un blanc rougeâtre dans la partie chauve de derrière ou de devant, semblable à la lèpre sur la peau du corps, c'est un homme 44 lépreux, il est impur: le sacrificateur le déclarera impur; c'est à la tête qu'est sa plaie.

45 Le lépreux, atteint de la plaie, portera ses vêtements déchirés, et aura la tête nue; il se couvrira la barbe, et criera: Impur! impur! Aussi longtemps qu'il aura la plaie, il 46 sera impur: il est impur. Il habitera seul; sa demeure sera hors du camp.

47 Lorsqu'il y aura sur un vêtement une plaie de lèpre, sur un vêtement de laine ou sur un vêtement de lin, à 48 la chaîne ou à la trame de lin ou de laine, sur une peau ou sur quelque ouvrage de peau, et que la plaie sera 49 verdâtre ou rougeâtre sur le vêtement ou sur la peau, à la chaîne ou à la trame, ou sur un objet quelconque de peau, c'est une plaie de lèpre, et elle sera montrée au sacrificateur. Le 50 sacrificateur examinera la plaie, et il enfermera pendant sept jours ce qui en est attaqué. Il examinera la plaie 51 le septième jour. Si la plaie s'est étendue sur le vêtement, à la chaîne ou à la trame, sur la peau ou sur l'ouvrage quelconque fait de peau, c'est une plaie de lèpre invétérée: l'objet est impur. Il brûlera le vête-52 ment, la chaîne ou la trame de laine ou de lin, l'objet quelconque de peau sur lequel se trouve la plaie, car c'est une lèpre invétérée: il sera brûlé au feu. Mais si le sacrificateur voit que 53 la plaie ne s'est pas étendue sur le vêtement, sur la chaîne ou sur la trame, sur l'objet quelconque de peau, il ordonnera qu'on lave ce qui est 54 attaqué de la plaie, et il l'enfermera

une seconde fois pendant sept jours.

55 Le sacrificateur examinera la plaie, après qu'elle aura été lavée. Si la plaie n'a pas changé d'aspect et ne s'est pas étendue, l'objet est impur : il sera brûlé au feu ; c'est une partie de l'endroit ou de l'envers qui a été

56 rongée. Si le sacrificateur voit que la plaie est devenue pâle, après avoir été lavée, il l'arrachera du vêtement ou de la peau, de la chaîne ou de la

57 trame. Si elle paraît encore sur le vêtement, à la chaîne ou à la trame, ou sur l'objet quelconque de peau, c'est une éruption de lèpre : ce qui est attaqué de la plaie sera brûlé au

58 feu. Le vêtement, la chaîne ou la trame, l'objet quelconque de peau, qui a été lavé, et d'où la plaie a disparu, sera lavé une seconde fois, et il sera pur.

59 Telle est la loi sur la plaie de la lèpre, lorsqu'elle attaque les vêtements de laine ou de lin, la chaîne ou la trame, ou un objet quelconque de peau, et d'après laquelle ils seront déclarés purs ou impurs.

Loi sur la purification de la lèpre.

14 L'Éternel parla à Moïse, et dit :

2 Voici quelle sera la loi sur le lépreux, pour le jour de sa purification. On

3 l'amènera devant le sacrificateur. Le sacrificateur sortira du camp, et il examinera le lépreux. Si le lépreux est guéri de la plaie de la lèpre

4 le sacrificateur ordonnera que l'on prenne, pour celui qui doit être purifié, deux oiseaux vivants et purs, du bois de cèdre, du cramoisi et de

5 l'hysope. Le sacrificateur ordonnera qu'on égorge l'un des oiseaux sur un

6 vase de terre, sur de l'eau vive. Il prendra l'oiseau vivant, le bois de cèdre, le cramoisi et l'hysope ; et il les trempera, avec l'oiseau vivant, dans le sang de l'oiseau égorgé sur

7 l'eau vive. Il en fera sept fois l'aspersion sur celui qui doit être purifié de la lèpre. Puis il le déclarera pur, et il lâchera dans les champs l'oiseau vivant.

8 Celui qui se purifie lavera ses vêtements, rasera tout son poil, et se baignera dans l'eau ; et il sera pur.

Ensuite il pourra entrer dans le camp, mais il restera sept jours hors de sa tente. Le septième jour, il rasera 9 tout son poil, sa tête, sa barbe, ses sourcils, il rasera tout son poil ; il lavera ses vêtements, et baignera son corps dans l'eau, et il sera pur. Le hui- 10 tième jour, il prendra deux agneaux sans défaut et une brebis d'un an sans défaut, trois dixièmes d'un épha de fleur de farine en offrande pétrie à l'huile, et un log d'huile. Le 11 sacrificateur qui fait la purification présentera l'homme qui se purifie et toutes ces choses devant l'Éternel, à l'entrée de la tente d'assignation.

Le sacrificateur prendra l'un des 12 agneaux, et il l'offrira en sacrifice de culpabilité, avec le log d'huile ; il les agitera de côté et d'autre devant l'Éternel. Il égorgera l'agneau dans 13 le lieu où l'on égorge les victimes expiatoires et les holocaustes, dans le lieu saint ; car, dans le sacrifice de culpabilité, comme dans le sacrifice d'expiation, la victime est pour le sacrificateur ; c'est une chose très sainte. Le sacrificateur prendra du 14 sang de la victime de culpabilité ; il en mettra sur le lobe de l'oreille droite de celui qui se purifie, sur le pouce de sa main droite et sur le gros orteil de son pied droit. Le 15 sacrificateur prendra du log d'huile, et il en versera dans le creux de sa main gauche. Le sacrificateur trem- 16 pera le doigt de sa main droite dans l'huile qui est dans le creux de sa main gauche, et il fera avec le doigt sept fois l'aspersion de l'huile devant l'Éternel. Le sacrificateur mettra 17 de l'huile qui lui reste dans la main sur le lobe de l'oreille droite de celui qui se purifie, sur le pouce de sa main droite et sur le gros orteil de son pied droit, par-dessus le sang de la victime de culpabilité. Le sacrifi- 18 cateur mettra ce qui lui reste d'huile dans la main sur la tête de celui qui se purifie ; et le sacrificateur fera pour lui l'expiation devant l'Éternel. Puis le sacrificateur offrira le sacrifice 19 d'expiation ; et il fera l'expiation pour celui qui se purifie de sa souillure. Ensuite il égorgera l'holocauste. 20

Le sacrificateur offrira sur l'autel l'holocauste et l'offrande ; et il fera pour cet homme l'expiation, et il sera pur.

21 S'il est pauvre et que ses ressources soient insuffisantes, il prendra un seul agneau, qui sera offert en sacrifice de culpabilité, après avoir été agité de côté et d'autre, et avec lequel on fera pour lui l'expiation. Il prendra un seul dixième de fleur de farine pétrie à l'huile pour l'offrande, et un 22 log d'huile. Il prendra aussi deux tourterelles ou deux jeunes pigeons, selon ses ressources, l'un pour le sacrifice d'expiation, l'autre pour 23 l'holocauste. Le huitième jour, il apportera pour sa purification toutes ces choses au sacrificateur, à l'entrée de la tente d'assignation, devant l'Éternel.

24 Le sacrificateur prendra l'agneau pour le sacrifice de culpabilité, et le log d'huile ; et il les agitera de côté 25 et d'autre devant l'Éternel. Il égorgera l'agneau du sacrifice de culpabilité. Le sacrificateur prendra du sang de la victime de culpabilité ; il en mettra sur le lobe de l'oreille droite de celui qui se purifie, sur le pouce de sa main droite et sur 26 le gros orteil de son pied droit. Le sacrificateur versera de l'huile dans le 27 creux de sa main gauche. Le sacrificateur fera avec le doigt de sa main droite sept fois l'aspersion de l'huile qui est dans sa main gauche, devant 28 l'Éternel. Le sacrificateur mettra de l'huile qui est dans sa main sur le lobe de l'oreille droite de celui qui se purifie, sur le pouce de sa main droite et sur le gros orteil de son pied droit, à la place où il a mis du sang de la victime de culpabilité. 29 Le sacrificateur mettra ce qui lui reste d'huile dans la main sur la tête de celui qui se purifie, afin de faire pour lui l'expiation devant l'Éternel. 30 Puis il offrira l'une des tourterelles ou l'un des jeunes pigeons qu'il a pu 31 se procurer, l'un en sacrifice d'expiation, l'autre en holocauste, avec l'offrande ; et le sacrificateur fera pour celui qui se purifie l'expiation devant l'Éternel.

32 Telle est la loi pour la purification de celui qui a une plaie de lèpre, et dont les ressources sont insuffisantes.

33 L'Éternel parla à Moïse et à Aaron, et dit :

34 Lorsque vous serez entrés dans le pays de Canaan, dont je vous donne la possession ; si je mets une plaie de lèpre sur une maison du pays que vous posséderez, celui à qui ap- 35 partiendra la maison ira le déclarer au sacrificateur, et dira : J'aperçois comme une plaie dans ma maison. 36 Le sacrificateur, avant d'y entrer pour examiner la plaie, ordonnera qu'on vide la maison, afin que tout ce qui y est ne devienne pas impur. Après cela, le sacrificateur entrera pour examiner la maison.

37 Le sacrificateur examinera la plaie. S'il voit qu'elle offre sur les murs de la maison des cavités verdâtres ou rougeâtres, paraissant plus enfoncées que le mur, il sortira de la maison, et, 38 quand il sera à la porte, il fera fermer la maison pour sept jours. Le sacri- 39 ficateur y retournera le septième jour. S'il voit que la plaie s'est étendue sur les murs de la maison, il 40 ordonnera qu'on ôte les pierres attaquées de la plaie, et qu'on les jette hors de la ville, dans un lieu impur. Il fera râcler tout l'intérieur de la 41 maison ; et l'on jettera hors de la ville, dans un lieu impur, la poussière qu'on aura râclée. On prendra 42 d'autres pierres, que l'on mettra à la place des premières ; et l'on prendra d'autre mortier, pour recrépir la maison.

43 Si la plaie revient et fait éruption dans la maison, après qu'on a ôté les pierres, râclé et recrépi la maison, le 44 sacrificateur y retournera. S'il voit que la plaie s'est étendue dans la maison, c'est une lèpre invétérée dans la maison : elle est impure. On 45 abattra la maison, les pierres, le bois, et tout le mortier de la maison ; et l'on portera ces choses hors de la ville, dans un lieu impur. Celui qui 46 sera entré dans la maison pendant tout le temps qu'elle était fermée sera impur jusqu'au soir. Celui qui 47 aura couché dans la maison lavera

ses vêtements. Celui qui aura mangé dans la maison lavera aussi ses vêtements.

48 Si le sacrificateur, qui est retourné dans la maison, voit que la plaie ne s'est pas étendue, après que la maison a été recrépie, il déclarera la maison 49 pure, car la plaie est guérie. Il prendra, pour purifier la maison, deux oiseaux, du bois de cèdre, du cramoisi 50 et de l'hysope. Il égorgera l'un des oiseaux sur un vase de terre, sur de 51 l'eau vive. Il prendra le bois de cèdre, l'hysope, le cramoisi et l'oiseau vivant; il les trempera dans le sang de l'oiseau égorgé et dans l'eau vive, et il en fera sept fois l'aspersion sur la maison. 52 Il purifiera la maison avec le sang de l'oiseau, avec de l'eau vive, avec l'oiseau vivant, avec le bois de cèdre, 53 l'hysope et le cramoisi. Il lâchera l'oiseau vivant hors de la ville, dans les champs. C'est ainsi qu'il fera pour la maison l'expiation, et elle sera pure.

54 Telle est la loi pour toute plaie de 55 lèpre et pour la teigne, pour la lèpre 56 des vêtements et des maisons, pour les tumeurs, les dartres et les taches : 57 elle enseigne quand une chose est impure, et quand elle est pure. Telle est la loi sur la lèpre.

Loi sur les impuretés de l'homme et de la femme.

15 L'Éternel parla à Moïse et à 2 Aaron, et dit : Parlez aux enfants d'Israël, et dites-leur :

Tout homme qui a une gonorrhée 3 est par là même impur. C'est à cause de sa gonorrhée qu'il est impur : que sa chair laisse couler son flux, ou 4 qu'elle le retienne, il est impur. Tout lit sur lequel il couchera sera impur, et tout objet sur lequel il s'assiéra 5 sera impur. Celui qui touchera son lit lavera ses vêtements, se lavera dans l'eau, et sera impur jusqu'au soir. 6 Celui qui s'assiéra sur l'objet sur lequel il s'est assis lavera ses vêtements, se lavera dans l'eau, et sera 7 impur jusqu'au soir. Celui qui touchera sa chair lavera ses vêtements, se lavera dans l'eau, et sera 8 impur jusqu'au soir. S'il crache sur un homme pur, cet homme lavera ses vêtements, se lavera dans l'eau, et sera impur jusqu'au soir. Toute 9 monture sur laquelle il s'assiéra sera impure. Celui qui touchera une chose 10 quelconque qui a été sous lui sera impur jusqu'au soir ; et celui qui la portera lavera ses vêtements, se lavera dans l'eau, et sera impur jusqu'au soir. Celui qui sera touché par lui, 11 et qui ne se sera pas lavé les mains dans l'eau, lavera ses vêtements, se lavera dans l'eau, et sera impur jusqu'au soir. Tout vase de terre 12 qui sera touché par lui sera brisé, et tout vase de bois sera lavé dans l'eau. Lorsqu'il sera purifié de son flux, il 13 comptera sept jours pour sa purification ; il lavera ses vêtements, il lavera sa chair avec de l'eau vive, et il sera pur. Le huitième jour, il 14 prendra deux tourterelles ou deux jeunes pigeons, il ira devant l'Éternel, à l'entrée de la tente d'assignation, et il les donnera au sacrificateur. Le 15 sacrificateur les offrira, l'un en sacrifice d'expiation, et l'autre en holocauste ; et le sacrificateur fera pour lui l'expiation devant l'Éternel, à cause de son flux.

L'homme qui aura une pollution 16 lavera tout son corps dans l'eau, et sera impur jusqu'au soir. Tout vête- 17 ment et toute peau qui en seront atteints seront lavés dans l'eau, et seront impurs jusqu'au soir. Si une 18 femme a couché avec un tel homme, ils se laveront l'un et l'autre, et seront impurs jusqu'au soir.

La femme qui aura un flux, un 19 flux de sang en sa chair, restera sept jours dans son impureté. Quiconque la touchera sera impur jusqu'au soir. Tout lit sur lequel elle couchera 20 pendant son impureté sera impur, et tout objet sur lequel elle s'assiéra sera impur. Quiconque touchera 21 son lit lavera ses vêtements, se lavera dans l'eau, et sera impur jusqu'au soir. Quiconque touchera un objet 22 sur lequel elle s'est assise lavera ses vêtements, se lavera dans l'eau, et sera impur jusqu'au soir. S'il y a 23 quelque chose sur le lit ou sur l'objet sur lequel elle s'est assise, celui qui la touchera sera impur jusqu'au soir.

24 Si un homme couche avec elle et que l'impureté de cette femme vienne sur lui, il sera impur pendant sept jours, et tout lit sur lequel il couchera sera
25 impur. La femme qui aura un flux de sang pendant plusieurs jours hors de ses époques régulières, ou dont le flux durera plus qu'à l'ordinaire, sera impure tout le temps de son flux, comme au temps de son indisposition
26 menstruelle. Tout lit sur lequel elle couchera pendant la durée de ce flux sera comme le lit de son flux menstruel, et tout objet sur lequel elle s'assiéra sera impur comme lors de
27 son flux menstruel. Quiconque les touchera sera souillé ; il lavera ses vêtements, se lavera dans l'eau, et
28 sera impur jusqu'au soir. Lorsqu'elle sera purifiée de son flux, elle comptera sept jours, après lesquels elle sera
29 pure. Le huitième jour, elle prendra deux tourterelles ou deux jeunes pigeons, et elle les apportera au sacrificateur, à l'entrée de la tente
30 d'assignation. Le sacrificateur offrira l'un en sacrifice d'expiation, et l'autre en holocauste ; et le sacrificateur fera pour elle l'expiation devant l'Éternel, à cause du flux qui la rendait impure.
31 Vous éloignerez les enfants d'Israël de leurs impuretés, de peur qu'ils ne meurent à cause de leurs impuretés, s'ils souillent mon tabernacle qui est au milieu d'eux.
32 Telle est la loi pour celui qui a une gonorrhée ou qui est souillé par
33 une pollution, pour celle qui a son flux menstruel, pour l'homme ou la femme qui a un flux, et pour l'homme qui couche avec une femme impure.

Loi sur la fête annuelle des expiations.

16 L'Éternel parla à Moïse, après la mort des deux fils d'Aaron, qui moururent en se présentant devant
2 l'Éternel. L'Éternel dit à Moïse : Parle à ton frère Aaron, afin qu'il n'entre pas en tout temps dans le sanctuaire, au dedans du voile, devant le propitiatoire qui est sur l'arche, de peur qu'il ne meure ; car j'apparaîtrai dans la nuée sur le propitiatoire.

Voici de quelle manière Aaron 3 entrera dans le sanctuaire. Il prendra un jeune taureau pour le sacrifice d'expiation et un bélier pour l'holo-caste. Il se revêtira de la tunique 4 sacrée de lin, et portera sur son corps des caleçons de lin ; il se ceindra d'une ceinture de lin, et il se couvrira la tête d'une tiare de lin : ce sont les vêtements sacrés, dont il se revêtira après avoir lavé son corps dans l'eau. Il recevra de l'assemblée des enfants 5 d'Israël deux boucs pour le sacrifice d'expiation et un bélier pour l'holo-caste. Aaron offrira son taureau 6 expiatoire, et il fera l'expiation pour lui et pour sa maison. Il prendra 7 les deux boucs, et il les placera de-vant l'Éternel, à l'entrée de la tente d'assignation. Aaron jettera le sort 8 sur les deux boucs, un sort pour l'Éternel et un sort pour Azazel. Aaron fera approcher le bouc sur 9 lequel est tombé le sort pour l'Éternel, et il l'offrira en sacrifice d'expiation. Et le bouc sur lequel est tombé le 10 sort pour Azazel sera placé vivant devant l'Éternel, afin qu'il serve à faire l'expiation et qu'il soit lâché dans le désert pour Azazel.

Aaron offrira son taureau expia- 11 toire, et il fera l'expiation pour lui et pour sa maison. Il égorgera son taureau expiatoire. Il prendra un 12 brasier plein de charbons ardents ôtés de dessus l'autel devant l'Éternel, et de deux poignées de parfum odori-férant en poudre ; il portera ces choses au delà du voile ; il mettra le par- 13 fum sur le feu devant l'Éternel, afin que la nuée du parfum couvre le pro-pitiatoire qui est sur le témoignage, et il ne mourra point. Il prendra du 14 sang du taureau, et il fera l'aspersion avec son doigt sur le devant du pro-pitiatoire vers l'orient ; il fera avec son doigt sept fois l'aspersion du sang devant le propitiatoire.

Il égorgera le bouc expiatoire pour 15 le peuple, et il en portera le sang au delà du voile. Il fera avec ce sang comme il a fait avec le sang du taureau, il en fera l'aspersion sur le propitiatoire et devant le propitia-toire.

16 C'est ainsi qu'il fera l'expiation pour le sanctuaire à cause des impuretés des enfants d'Israël et de toutes les transgressions par lesquelles ils ont péché. Il fera de même pour la tente d'assignation, qui est avec eux au milieu de leurs impuretés.

17 Il n'y aura personne dans la tente d'assignation lorsqu'il entrera pour faire l'expiation dans le sanctuaire, jusqu'à ce qu'il en sorte. Il fera l'expiation pour lui et pour sa maison, et pour toute l'assemblée d'Israël.

18 En sortant, il ira vers l'autel qui est devant l'Éternel, et il fera l'expiation pour l'autel; il prendra du sang du taureau et du bouc, et il en mettra sur les cornes de l'autel tout autour.

19 Il fera avec son doigt sept fois l'aspersion du sang sur l'autel; il le purifiera et le sanctifiera, à cause des impuretés des enfants d'Israël.

20 Lorsqu'il aura achevé de faire l'expiation pour le sanctuaire, pour la tente d'assignation et pour l'autel, il

21 fera approcher le bouc vivant. Aaron posera ses deux mains sur la tête du bouc vivant, et il confessera sur lui toutes les iniquités des enfants d'Israël et toutes les transgressions par lesquelles ils ont péché; il les mettra sur la tête du bouc, puis il le chassera dans le désert, à l'aide d'un homme

22 qui aura cette charge. Le bouc emportera sur lui toutes leurs iniquités dans une terre désolée; il sera chassé dans le désert.

23 Aaron entrera dans la tente d'assignation; il quittera les vêtements de lin qu'il avait mis en entrant dans le sanctuaire, et il les déposera là.

24 Il lavera son corps avec de l'eau dans un lieu saint, et reprendra ses vêtements. Puis il sortira, offrira son holocauste et l'holocauste du peuple, et fera l'expiation pour lui et pour le

25 peuple. Il brûlera sur l'autel la graisse de la victime expiatoire.

26 Celui qui aura chassé le bouc pour Azazel lavera ses vêtements, et lavera son corps dans l'eau; après cela, il rentrera dans le camp.

27 On emportera hors du camp le taureau expiatoire et le bouc expiatoire dont on a porté le sang dans le sanctuaire pour faire l'expiation, et l'on brûlera au feu leurs peaux, leur chair et leurs excréments. Celui 28 qui les brûlera lavera ses vêtements, et lavera son corps dans l'eau; après cela, il rentrera dans le camp.

29 C'est ici pour vous une loi perpétuelle: au septième mois, le dixième jour du mois, vous humilierez vos âmes, vous ne ferez aucun ouvrage, ni l'indigène, ni l'étranger qui séjourne au milieu de vous. Car en ce 30 jour on fera l'expiation pour vous, afin de vous purifier : vous serez purifiés de tous vos péchés devant l'Éternel. Ce sera pour vous un sabbat, 31 un jour de repos, et vous humilierez vos âmes. C'est une loi perpétuelle.

32 L'expiation sera faite par le sacrificateur qui a reçu l'onction et qui a été consacré pour succéder à son père dans le sacerdoce; il se revêtira des vêtements de lin, des vêtements sacrés. Il fera l'expiation pour le 33 sanctuaire de sainteté, il fera l'expiation pour la tente d'assignation et pour l'autel, et il fera l'expiation pour les sacrificateurs et pour tout le peuple de l'assemblée. Ce sera pour vous une 34 loi perpétuelle : il se fera une fois chaque année l'expiation pour les enfants d'Israël, à cause de leurs péchés.

On fit ce que l'Éternel avait ordonné à Moïse.

Lieu destiné aux sacrifices.—Défense de manger du sang.

17 L'Éternel parla à Moïse, et dit : Parle à Aaron et à ses fils, et à tous 2 les enfants d'Israël, et tu leur diras: Voici ce que l'Éternel a ordonné.

Si un homme de la maison d'Israël 3 égorge dans le camp ou hors du camp un bœuf, un agneau ou une chèvre, et 4 ne l'amène pas à l'entrée de la tente d'assignation, pour en faire une offrande à l'Éternel devant le tabernacle de l'Éternel, le sang sera imputé à cet homme; il a répandu le sang, cet homme-là sera retranché du milieu de son peuple. C'est afin que les 5 enfants d'Israël, au lieu de sacrifier leurs victimes dans les champs, les amènent au sacrificateur, devant l'Éternel, à l'entrée de la tente d'assignation, et qu'ils les offrent à l'Éternel en sacrifices d'actions de 6 grâces. Le sacrificateur en répandra le sang sur l'autel de l'Éternel, à l'entrée de la tente d'assignation ; et il brûlera la graisse, qui sera d'une 7 agréable odeur à l'Éternel. Ils n'offriront plus leurs sacrifices aux boucs, avec lesquels ils se prostituent. Ce sera une loi perpétuelle pour eux 8 et pour leurs descendants. Tu leur diras donc : Si un homme de la maison d'Israël ou des étrangers qui séjournent au milieu d'eux offre un 9 holocauste ou une victime, et ne l'amène pas à l'entrée de la tente d'assignation, pour l'offrir en sacrifice à l'Éternel, cet homme-là sera retranché de son peuple.

10 Si un homme de la maison d'Israël ou des étrangers qui séjournent au milieu d'eux mange du sang d'une espèce quelconque, je tournerai ma face contre celui qui mange le sang, et je le retrancherai du milieu de son 11 peuple. Car l'âme de la chair est dans le sang. Je vous l'ai donné sur l'autel, afin qu'il servît d'expiation pour vos âmes, car c'est par l'âme 12 que le sang fait l'expiation. C'est pourquoi j'ai dit aux enfants d'Israël : Personne d'entre vous ne mangera du sang, et l'étranger qui séjourne au milieu de vous ne mangera pas du 13 sang. Si quelqu'un des enfants d'Israël ou des étrangers qui séjournent au milieu d'eux prend à la chasse un animal ou un oiseau qui se mange, il en versera le sang et 14 le couvrira de poussière. Car l'âme de toute chair, c'est son sang, qui est en elle. C'est pourquoi j'ai dit aux enfants d'Israël : Vous ne mangerez le sang d'aucune chair ; car l'âme de toute chair, c'est son sang : quiconque en mangera sera retranché.

15 Toute personne, indigène ou étrangère, qui mangera d'une bête morte ou déchirée, lavera ses vêtements, se lavera dans l'eau, et sera impure jusqu'au soir ; puis elle sera 16 pure. Si elle ne lave pas ses vêtements, et ne lave pas son corps, elle portera la peine de sa faute.

18 L'Éternel parla à Moïse, et dit :

Parle aux enfants d'Israël, et tu leur 2 diras : Je suis l'Éternel, votre Dieu. Vous ne ferez point ce qui se fait 3 dans le pays d'Égypte où vous avez habité, et vous ne ferez point ce qui se fait dans le pays de Canaan où je vous mène : vous ne suivrez point leurs usages. Vous pratiquerez mes 4 ordonnances, et vous observerez mes lois : vous les suivrez. Je suis l'Éternel, votre Dieu. Vous observerez 5 mes lois et mes ordonnances : l'homme qui les mettra en pratique vivra par elles. Je suis l'Éternel.

Nul de vous ne s'approchera de sa 6 parente, pour découvrir sa nudité. Je suis l'Éternel.

Tu ne découvriras point la nudité 7 de ton père, ni la nudité de ta mère. C'est ta mère : tu ne découvriras point sa nudité.

Tu ne découvriras point la nudité 8 de la femme de ton père. C'est la nudité de ton père.

Tu ne découvriras point la nudité 9 de ta sœur, fille de ton père ou fille de ta mère, née dans la maison ou née hors de la maison.

Tu ne découvriras point la nudité 10 de la fille de ton fils ou de la fille de ta fille. Car c'est ta nudité.

Tu ne découvriras point la nudité 11 de la fille de la femme de ton père, née de ton père. C'est ta sœur.

Tu ne découvriras point la nudité 12 de la sœur de ton père. C'est la proche parente de ton père.

Tu ne découvriras point la nudité 13 de la sœur de ta mère. Car c'est la proche parente de ta mère.

Tu ne découvriras point la nudité 14 du frère de ton père. Tu ne t'approcheras point de sa femme. C'est ta tante.

Tu ne découvriras point la nudité 15 de ta belle-fille. C'est la femme de ton fils : tu ne découvriras point sa nudité.

Tu ne découvriras point la nudité 16 de la femme de ton frère. C'est la nudité de ton frère.

Tu ne découvriras point la nudité 17 d'une femme et de sa fille. Tu ne prendras point la fille de son fils, ni la fille de sa fille, pour découvrir leur nudité. Ce sont tes proches parentes: c'est un crime.

18 Tu ne prendras point la sœur de ta femme, pour exciter une rivalité, en découvrant sa nudité à côté de ta femme pendant sa vie.

19 Tu ne t'approcheras point d'une femme pendant son impureté menstruelle, pour découvrir sa nudité.

20 Tu n'auras point commerce avec la femme de ton prochain, pour te souiller avec elle.

21 Tu ne livreras aucun de tes enfants pour le faire passer à Moloc, et tu ne profaneras point le nom de ton Dieu. Je suis l'Éternel.

22 Tu ne coucheras point avec un homme comme on couche avec une femme. C'est une abomination.

23 Tu ne coucheras point avec une bête, pour te souiller avec elle. La femme ne s'approchera point d'une bête, pour se prostituer à elle. C'est une confusion.

24 Ne vous souillez par aucune de ces choses, car c'est par toutes ces choses que se sont souillées les nations que 25 je vais chasser devant vous. Le pays en a été souillé; je punirai son iniquité, et le pays vomira ses habi-26 tants. Vous observerez donc mes lois et mes ordonnances, et vous ne commettrez aucune de ces abominations, ni l'indigène, ni l'étranger qui 27 séjourne au milieu de vous. Car ce sont là toutes les abominations qu'ont commises les hommes du pays, qui y ont été avant vous; et le pays en a 28 été souillé. Prenez garde que le pays ne vous vomisse, si vous le souillez, comme il aura vomi les nations qui y 29 étaient avant vous. Car tous ceux qui commettront quelqu'une de ces abominations seront retranchés du 30 milieu de leur peuple. Vous observerez mes commandements, et vous ne pratiquerez aucun des usages abominables qui se pratiquaient avant vous, vous ne vous en souillerez pas. Je suis l'Éternel, votre Dieu.

Lois religieuses, cérémonielles et morales.

19 L'Éternel parla à Moïse, et dit: 2 Parle à toute l'assemblée des enfants d'Israël, et tu leur diras:

Soyez saints, car je suis saint, moi, l'Éternel, votre Dieu.

Chacun de vous respectera sa mère 3 et son père, et observera mes sabbats. Je suis l'Éternel, votre Dieu.

Vous ne vous tournerez point vers 4 les idoles, et vous ne vous ferez point des dieux de fonte.

Quand vous offrirez à l'Éternel un 5 sacrifice d'actions de grâces, vous l'offrirez en sorte qu'il soit agréé. La victime sera mangée le jour où 6 vous la sacrifierez, ou le lendemain; ce qui restera jusqu'au troisième jour sera brûlé au feu. Si l'on en mange 7 le troisième jour, ce sera une chose infecte: le sacrifice ne sera point agréé. Celui qui en mangera por- 8 tera la peine de son péché, car il profane ce qui est consacré à l'Éternel: cette personne-là sera retranchée de son peuple.

Quand vous ferez la moisson dans 9 votre pays, tu laisseras un coin de ton champ sans le moissonner, et tu ne ramasseras pas ce qui reste à glaner. Tu ne cueilleras pas non 10 plus les grappes restées dans ta vigne, et tu ne ramasseras pas les grains qui en seront tombés. Tu abandonneras cela au pauvre et à l'étranger. Je suis l'Éternel, votre Dieu.

Vous ne déroberez point, et vous 11 n'userez ni de mensonge ni de tromperie les uns envers les autres.

Vous ne jurerez point faussement 12 par mon nom, car tu profanerais le nom de ton Dieu. Je suis l'Éternel.

Tu n'opprimeras point ton pro- 13 chain, et tu ne raviras rien par violence.

Tu ne retiendras point jusqu'au lendemain le salaire du mercenaire.

Tu ne maudiras point un sourd, 14 et tu ne mettras devant un aveugle rien qui puisse le faire tomber; car tu auras la crainte de ton Dieu. Je suis l'Éternel.

Tu ne commettras point d'iniquité 15 dans tes jugements: tu n'auras point égard à la personne du pauvre, et tu ne favoriseras point la personne du grand, mais tu jugeras ton prochain selon la justice.

16 Tu ne répandras point de calomnies parmi ton peuple. Tu ne t'élèveras point contre le sang de ton prochain. Je suis l'Éternel.

17 Tu ne haïras point ton frère dans ton cœur; tu auras soin de reprendre ton prochain, mais tu ne te chargeras

18 point d'un péché à cause de lui. Tu ne te vengeras point, et tu ne garderas point de rancune contre les enfants de ton peuple. Tu aimeras ton prochain comme toi-même. Je suis l'Éternel.

19 Vous observerez mes lois.

Tu n'accoupleras point des bestiaux de deux espèces différentes; tu n'ensemenceras point ton champ de deux espèces de semences; et tu ne porteras pas un vêtement tissu de deux espèces de fils.

20 Lorsqu'un homme couchera et aura commerce avec une femme, si c'est une esclave fiancée à un autre homme, et qui n'a pas été rachetée ou affranchie, ils seront châtiés, mais non punis de mort, parce qu'elle n'a

21 pas été affranchie. L'homme amènera pour sa faute à l'Éternel, à l'entrée de la tente d'assignation, un

22 bélier en sacrifice de culpabilité. Le sacrificateur fera pour lui l'expiation devant l'Éternel, pour le péché qu'il a commis, avec le bélier offert en sacrifice de culpabilité, et le péché qu'il a commis lui sera pardonné.

23 Quand vous serez entrés dans le pays, et que vous y aurez planté toutes sortes d'arbres fruitiers, vous en regarderez les fruits comme incirconcis; pendant trois ans, ils seront pour vous incirconcis; on n'en

24 mangera point. La quatrième année, tous leurs fruits seront consacrés à l'Éternel au milieu des réjouissances.

25 La cinquième année, vous en mangerez les fruits, et vous continuerez à les récolter. Je suis l'Éternel, votre Dieu.

26 Vous ne mangerez rien avec du sang. Vous n'observerez ni les serpents ni les nuages pour en tirer des

27 pronostics. Vous ne couperez point en rond les coins de votre chevelure, et tu ne raseras point les coins de ta

28 barbe. Vous ne ferez point d'incisions dans votre chair pour un mort, et vous n'imprimerez point de figures sur vous. Je suis l'Éternel.

29 Tu ne profaneras point ta fille en la livrant à la prostitution, de peur que le pays ne se prostitue et ne se remplisse de crimes.

30 Vous observerez mes sabbats, et vous révérerez mon sanctuaire. Je suis l'Éternel.

31 Ne vous tournez point vers ceux qui évoquent les esprits, ni vers les devins; ne les recherchez point, de peur de vous souiller avec eux. Je suis l'Éternel, votre Dieu.

32 Tu te lèveras devant les cheveux blancs, et tu honoreras la personne du vieillard. Tu craindras ton Dieu. Je suis l'Éternel.

33 Si un étranger vient séjourner avec vous dans votre pays, vous ne l'op-

34 primerez point. Vous traiterez l'étranger en séjour parmi vous comme un indigène du milieu de vous; vous l'aimerez comme vous-mêmes, car vous avez été étrangers dans le pays d'Égypte. Je suis l'Éternel, votre Dieu.

35 Vous ne commettrez point d'iniquité ni dans les jugements, ni dans les mesures de dimension, ni dans les poids, ni dans les mesures de

36 capacité. Vous aurez des balances justes, des poids justes, des épha justes et des hin justes. Je suis l'Éternel, votre Dieu, qui vous ai fait sortir du pays d'Égypte.

37 Vous observerez toutes mes lois et toutes mes ordonnances, et vous les mettrez en pratique. Je suis l'Éternel.

Peines contre divers crimes.

20 L'Éternel parla à Moïse, et dit: Tu diras aux enfants d'Israël:

2 Si un homme des enfants d'Israël ou des étrangers qui séjournent en Israël livre à Moloc l'un de ses enfants, il sera puni de mort: le peuple du pays le lapidera. Et moi, je

3 tournerai ma face contre cet homme, et je le retrancherai du milieu de son peuple, parce qu'il a livré de ses enfants à Moloc, souillé mon sanctuaire et profané mon saint nom. Si le

4 peuple du pays détourne ses regards

de cet homme, qui livre de ses enfants à Moloc, et s'il ne le fait pas mourir,

5 je tournerai, moi, ma face contre cet homme et contre sa famille, et je le retrancherai du milieu de son peuple, avec tous ceux qui se prostituent comme lui en se prostituant à Moloc.

6 Si quelqu'un s'adresse aux morts et aux esprits, pour se prostituer après eux, je tournerai ma face contre cet homme, je le retrancherai du

7 milieu de son peuple. Vous vous sanctifierez, et vous serez saints, car

8 je suis l'Éternel, votre Dieu. Vous observerez mes lois, et vous les mettrez en pratique. Je suis l'Éternel, qui vous sanctifie.

9 Si un homme quelconque maudit son père ou sa mère, il sera puni de mort; il a maudit son père ou sa mère: son sang retombera sur lui.

10 Si un homme commet un adultère avec une femme mariée, s'il commet un adultère avec la femme de son prochain, l'homme et la femme adultères seront punis de mort.

11 Si un homme couche avec la femme de son père, et découvre ainsi la nudité de son père, cet homme et cette femme seront punis de mort; leur sang retombera sur eux.

12 Si un homme couche avec sa belle-fille, ils seront tous deux punis de mort; ils ont fait une confusion: leur sang retombera sur eux.

13 Si un homme couche avec un homme comme on couche avec une femme, ils ont fait tous deux une chose abominable; ils seront punis de mort: leur sang retombera sur eux.

14 Si un homme prend pour femmes la fille et la mère, c'est un crime: on les brûlera au feu, lui et elles, afin que ce crime n'existe pas au milieu de vous.

15 Si un homme couche avec une bête, il sera puni de mort; et vous tuerez la bête.

16 Si une femme s'approche d'une bête, pour se prostituer à elle, tu tueras la femme et la bête; elles seront mises à mort: leur sang retombera sur elles.

17 Si un homme prend sa sœur, fille de son père ou fille de sa mère, s'il voit sa nudité et qu'elle voie la sienne, c'est une infamie; ils seront retranchés sous les yeux des enfants de leur peuple: il a découvert la nudité de sa sœur, il portera la peine de son péché.

18 Si un homme couche avec une femme qui a son indisposition, et découvre sa nudité, s'il découvre son flux et qu'elle découvre le flux de son sang, ils seront tous deux retranchés du milieu de leur peuple.

19 Tu ne découvriras point la nudité de la sœur de ta mère, ni de la sœur de ton père, car c'est découvrir sa proche parente: ils porteront la peine de leur péché.

20 Si un homme couche avec sa tante, il a découvert la nudité de son oncle; ils porteront la peine de leur péché, ils mourront sans enfants.

21 Si un homme prend la femme de son frère, c'est une impureté; il a découvert la nudité de son frère: ils seront sans enfants.

22 Vous observerez toutes mes lois et toutes mes ordonnances, et vous les mettrez en pratique, afin que le pays où je vous mène pour vous y établir ne vous vomisse point. 23 Vous ne suivrez point les usages des nations que je vais chasser devant vous; car elles ont fait toutes ces choses, et je les ai en abomination. 24 Je vous ai dit: C'est vous qui posséderez leur pays; je vous en donnerai la possession: c'est un pays où coulent le lait et le miel. Je suis l'Éternel, votre Dieu, qui vous ai séparés des peuples.

25 Vous observerez la distinction entre les animaux purs et impurs, entre les oiseaux purs et impurs, afin de ne pas rendre vos personnes abominables par des animaux, par des oiseaux, par tous les reptiles de la terre, que je vous ai appris à distinguer comme impurs. 26 Vous serez saints pour moi, car je suis saint, moi, l'Éternel; je vous ai séparés des peuples, afin que vous soyez à moi.

27 Si un homme ou une femme ont en eux l'esprit d'un mort ou un

esprit de divination, ils seront punis de mort ; on les lapidera : leur sang retombera sur eux.

Ordonnances relatives aux sacrificateurs.

21 L'Éternel dit à Moïse: Parle aux sacrificateurs, fils d'Aaron, et tu leur diras :

Un sacrificateur ne se rendra point impur parmi son peuple pour un 2 mort, excepté pour ses plus proches parents, pour sa mère, pour son père, 3 pour son fils, pour son frère, et aussi pour sa sœur encore vierge, qui le touche de près lorsqu'elle n'est pas 4 mariée. Chef parmi son peuple, il ne se rendra point impur en se profanant.

5 Les sacrificateurs ne se feront point de place chauve sur la tête, ils ne raseront point les coins de leur barbe, et ils ne feront point d'in6 cisions dans leur chair. Ils seront saints pour leur Dieu, et ils ne profaneront pas le nom de leur Dieu ; car ils offrent à l'Éternel les sacrifices consumés par le feu, l'aliment de leur Dieu : ils seront saints.

7 Ils ne prendront point une femme prostituée ou déshonorée, ils ne prendront point une femme répudiée par son mari, car ils sont saints pour leur 8 Dieu. Tu regarderas un sacrificateur comme saint, car il offre l'aliment de ton Dieu ; il sera saint pour toi, car je suis saint, moi, l'Éternel, qui vous sanctifie.

9 Si la fille d'un sacrificateur se déshonore en se prostituant, elle déshonore son père : elle sera brûlée au feu.

10 Le sacrificateur qui a la supériorité sur ses frères, sur la tête duquel a été répandue l'huile d'onction, et qui a été consacré et revêtu des vêtements sacrés, ne découvrira point sa tête et ne déchirera point ses vête11 ments. Il n'ira vers aucun mort ; il ne se rendra point impur, ni pour son 12 père, ni pour sa mère. Il ne sortira point du sanctuaire, et ne profanera point le sanctuaire de son Dieu ; car l'huile d'onction de son Dieu est une couronne sur lui. Je suis l'Éternel. 13 Il prendra pour femme une vierge.

Il ne prendra ni une veuve, ni une 14 femme répudiée, ni une femme déshonorée ou prostituée ; mais il prendra pour femme une vierge parmi son peuple. Il ne déshonorera point 15 sa postérité parmi son peuple ; car je suis l'Éternel, qui le sanctifie.

L'Éternel parla à Moïse, et dit : 16 Parle à Aaron, et dis : 17

Tout homme de ta race et parmi tes descendants, qui aura un défaut corporel, ne s'approchera point pour offrir l'aliment de son Dieu. Tout 18 homme qui aura un défaut corporel ne pourra s'approcher : un homme aveugle, boiteux, ayant le nez camus ou un membre allongé ; un homme 19 ayant une fracture au pied ou à la main ; un homme bossu ou grêle, 20 ayant une tache à l'œil, la gale, une dartre ou les testicules écrasés. Tout 21 homme de la race du sacrificateur Aaron, qui aura un défaut corporel, ne s'approchera point pour offrir à l'Éternel les sacrifices consumés par le feu ; il a un défaut corporel : il ne s'approchera point pour offrir l'aliment de son Dieu. Il pourra manger 22 l'aliment de son Dieu, des choses très saintes et des choses saintes. Mais 23 il n'ira point vers le voile, et il ne s'approchera point de l'autel, car il a un défaut corporel ; il ne profanera point mes sanctuaires, car je suis l'Éternel, qui les sanctifie.

C'est ainsi que parla Moïse à Aa- 24 ron et à ses fils, et à tous les enfants d'Israël.

Cas où il est défendu de manger des victimes consacrées.—Choix des victimes pour les sacrifices.

L'Éternel parla à Moïse, et dit : **22** Parle à Aaron et à ses fils, afin 2 qu'ils s'abstiennent des choses saintes qui me sont consacrées par les enfants d'Israël, et qu'ils ne profanent point mon saint nom. Je suis l'Éternel. Dis-leur : 3

Tout homme parmi vos descendants et de votre race, qui s'approchera des choses saintes que consacrent à l'Éternel les enfants d'Israël, et qui aura sur lui quelque impureté, cet homme-là sera retranché de devant moi. Je suis l'Éternel.

4 Tout homme de la race d'Aaron, qui aura la lèpre ou une gonorrhée, ne mangera point des choses saintes, jusqu'à ce qu'il soit pur. Il en sera de même pour celui qui touchera une personne souillée par le contact d'un cadavre, pour celui qui aura 5 une pollution, pour celui qui touchera un reptile et en aura été souillé, ou un homme atteint d'une impureté quelconque et en aura été souillé. 6 Celui qui touchera ces choses sera impur jusqu'au soir; il ne mangera pas des choses saintes, mais il lavera 7 son corps dans l'eau; après le coucher du soleil, il sera pur, et il mangera ensuite des choses saintes, car c'est sa nourriture. 8 Il ne mangera point d'une bête morte ou déchirée, afin de ne pas se souiller par elle. Je suis l'Éternel. 9 Ils observeront mes commandements, de peur qu'ils ne portent la peine de leur péché et qu'ils ne meurent, pour avoir profané les choses saintes. Je suis l'Éternel, qui les sanctifie. 10 Aucun étranger ne mangera des choses saintes; celui qui demeure chez un sacrificateur et le mercenaire ne mangeront point des choses saintes. 11 Mais un esclave acheté par le sacrificateur à prix d'argent pourra en manger, de même que celui qui est né dans sa maison; ils mangeront de sa nourriture. 12 La fille d'un sacrificateur, mariée à un étranger, ne mangera point des choses saintes offertes par élévation. 13 Mais la fille d'un sacrificateur qui sera veuve ou répudiée, sans avoir d'enfants, et qui retournera dans la maison de son père comme dans sa jeunesse, pourra manger de la nourriture de son père. Aucun étranger n'en mangera. 14 Si un homme mange involontairement d'une chose sainte, il donnera au sacrificateur la valeur de la chose sainte, en y ajoutant un cinquième. 15 Les sacrificateurs ne profaneront point les choses saintes qui sont présentées par les enfants d'Israël, et qu'ils ont offertes par élévation à 16 l'Éternel; ils les chargeraient ainsi du péché dont ils se rendraient coupables en mangeant les choses saintes: car je suis l'Éternel, qui les sanctifie.

17 L'Éternel parla à Moïse, et dit: 18 Parle à Aaron et à ses fils, et à tous les enfants d'Israël, et tu leur diras: Tout homme de la maison d'Israël ou des étrangers en Israël, qui offrira un holocauste à l'Éternel, soit pour l'accomplissement d'un vœu, soit comme offrande volontaire, prendra 19 un mâle sans défaut parmi les bœufs, les agneaux ou les chèvres, afin que sa victime soit agréée. Vous n'en 20 offrirez aucune qui ait un défaut, car elle ne serait pas agréée. Si un 21 homme offre à l'Éternel du gros ou du menu bétail en sacrifice d'actions de grâces, soit pour l'accomplissement d'un vœu, soit comme offrande volontaire, la victime sera sans défaut, afin qu'elle soit agréée; il n'y aura en elle aucun défaut. Vous 22 n'en offrirez point qui soit aveugle, estropiée ou mutilée, qui ait des ulcères, la gale ou une dartre; vous n'en ferez point sur l'autel un sacrifice consumé par le feu devant l'Éternel. Tu pourras sacrifier comme 23 offrande volontaire un bœuf ou un agneau ayant un membre trop long ou trop court, mais il ne sera point agréé pour l'accomplissement d'un vœu. Vous n'offrirez point à l'Éter- 24 nel un animal dont les testicules ont été froissés, écrasés, arrachés ou coupés; vous ne l'offrirez point en sacrifice dans votre pays. Vous n'accep- 25 terez de l'étranger aucune de ces victimes, pour l'offrir comme aliment de votre Dieu; car elles sont mutilées, elles ont des défauts: elles ne seraient point agréées.

26 L'Éternel dit à Moïse: Un bœuf, 27 un agneau ou une chèvre, quand il naîtra, restera sept jours avec sa mère; dès le huitième jour et les suivants, il sera agréé pour être offert à l'Éternel en sacrifice consumé par le feu. Bœuf ou agneau, vous n'égor- 28 gerez pas un animal et son petit le même jour. Quand vous offrirez à l'Éternel un 29 sacrifice d'actions de grâces, vous ferez en sorte qu'il soit agréé. La 30

victime sera mangée le jour même ; vous n'en laisserez rien jusqu'au matin. Je suis l'Éternel.

31 Vous observerez mes commandements, et vous les mettrez en pra-
32 tique. Je suis l'Éternel. Vous ne profanerez point mon saint nom, afin que je sois sanctifié au milieu des enfants d'Israël. Je suis l'Éternel,
33 qui vous sanctifie, et qui vous ai fait sortir du pays d'Égypte pour être votre Dieu. Je suis l'Éternel.

Les fêtes.

23 L'Éternel parla à Moïse, et dit :
2 Parle aux enfants d'Israël, et tu leur diras :

Les fêtes de l'Éternel, que vous publierez, seront de saintes convocations. Voici quelles sont mes fêtes.
3 On travaillera six jours ; mais le septième jour est le sabbat, le jour du repos : il y aura une sainte convocation. Vous ne ferez aucun ouvrage : c'est le sabbat de l'Éternel, dans toutes vos demeures.
4 Voici les fêtes de l'Éternel, les saintes convocations, que vous publierez à leurs temps fixés.
5 Le premier mois, le quatorzième jour du mois, entre les deux soirs, ce
6 sera la Pâque de l'Éternel. Et le quinzième jour de ce mois, ce sera la fête des pains sans levain en l'honneur de l'Éternel ; vous mangerez pendant sept jours des pains sans
7 levain. Le premier jour, vous aurez une sainte convocation : vous ne
8 ferez aucune œuvre servile. Vous offrirez à l'Éternel, pendant sept jours, des sacrifices consumés par le feu. Le septième jour, il y aura une sainte convocation : vous ne ferez aucune œuvre servile.
9 L'Éternel parla à Moïse, et dit :
10 Parle aux enfants d'Israël, et tu leur diras :

Quand vous serez entrés dans le pays que je vous donne, et que vous y ferez la moisson, vous apporterez au sacrificateur une gerbe, prémices
11 de votre moisson. Il agitera de côté et d'autre la gerbe devant l'Éternel, afin qu'elle soit agréée : le sacrificateur l'agitera de côté et d'autre, le lendemain du sabbat.

12 Le jour où vous agiterez la gerbe, vous offrirez en holocauste à l'Éternel un agneau
13 d'un an sans défaut ; vous y joindrez une offrande de deux dixièmes de fleur de farine pétrie à l'huile, comme offrande consumée par le feu, d'une agréable odeur à l'Éternel ; et vous ferez une libation d'un quart de
14 hin de vin. Vous ne mangerez ni pain, ni épis rôtis ou broyés, jusqu'au jour même où vous apporterez l'offrande à votre Dieu. C'est une loi perpétuelle pour vos descendants, dans tous les lieux où vous habiterez.
15 Depuis le lendemain du sabbat, du jour où vous apporterez la gerbe pour être agitée de côté et d'autre, vous compterez sept semaines en-
16 tières. Vous compterez cinquante jours jusqu'au lendemain du septième sabbat ; et vous ferez à l'Éternel une offrande nouvelle.
17 Vous apporterez de vos demeures deux pains, pour qu'ils soient agités de côté et d'autre ; ils seront faits avec deux dixièmes de fleur de farine, et cuits avec du levain : ce sont les prémices à l'Éter-
18 nel. Outre ces pains, vous offrirez en holocauste à l'Éternel sept agneaux d'un an sans défaut, un jeune taureau et deux béliers ; vous y joindrez l'offrande et la libation ordinaires, comme offrande consumée par le feu, d'une agréable odeur à l'Éternel.
19 Vous offrirez un bouc en sacrifice d'expiation, et deux agneaux d'un an en sacrifice d'actions de grâces.
20 Le sacrificateur agitera ces victimes de côté et d'autre devant l'Éternel, avec le pain des prémices et avec les deux agneaux : elles seront consacrées à l'Éternel, et appartiendront au sacrificateur.
21 Ce jour même, vous publierez la fête, et vous aurez une sainte convocation : vous ne ferez aucune œuvre servile. C'est une loi perpétuelle pour vos descendants, dans tous les lieux où vous habiterez.
22 Quand vous ferez la moisson dans votre pays, tu laisseras un coin de ton champ sans le moissonner, et tu ne ramasseras pas ce qui reste à glaner. Tu abandonneras cela au

pauvre et à l'étranger. Je suis l'Éternel, votre Dieu.

23 L'Éternel parla à Moïse, et dit :
24 Parle aux enfants d'Israël, et dis :

Le septième mois, le premier jour du mois, vous aurez un jour de repos, publié au son des trompettes, et une
25 sainte convocation. Vous ne ferez aucune œuvre servile, et vous offrirez à l'Éternel des sacrifices consumés par le feu.

26 L'Éternel parla à Moïse, et dit :
27 Le dixième jour de ce septième mois, ce sera le jour des expiations : vous aurez une sainte convocation, vous humilierez vos âmes, et vous offrirez à l'Éternel des sacrifices con-
28 sumés par le feu. Vous ne ferez aucun ouvrage ce jour-là, car c'est le jour des expiations, où doit être faite pour vous l'expiation devant
29 l'Éternel, votre Dieu. Toute personne qui ne s'humiliera pas ce jour-là sera retranchée de son peuple.
30 Toute personne qui fera ce jour-là un ouvrage quelconque, je la détrui-
31 rai du milieu de son peuple. Vous ne ferez aucun ouvrage. C'est une loi perpétuelle pour vos descendants, dans tous les lieux où vous habiterez.
32 Ce sera pour vous un sabbat, un jour de repos, et vous humilierez vos âmes ; dès le soir du neuvième jour jusqu'au soir suivant, vous célébrerez votre sabbat.

33 L'Éternel parla à Moïse, et dit :
34 Parle aux enfants d'Israël, et dis :

Le quinzième jour de ce septième mois, ce sera la fête des tabernacles en l'honneur de l'Éternel, pendant
35 sept jours. Le premier jour, il y aura une sainte convocation : vous
36 ne ferez aucune œuvre servile. Pendant sept jours, vous offrirez à l'Éternel des sacrifices consumés par le feu. Le huitième jour, vous aurez une sainte convocation, et vous offrirez à l'Éternel des sacrifices consumés par le feu ; ce sera une assemblée solennelle : vous ne ferez aucune œuvre servile.
37 Telles sont les fêtes de l'Éternel, les saintes convocations, que vous publierez, afin que l'on offre à l'Éternel des sacrifices consumés par le feu,

des holocaustes, des offrandes, des victimes et des libations, chaque chose au jour fixé. Vous observerez 38 en outre les sabbats de l'Éternel, et vous continuerez à faire vos dons à l'Éternel, tous vos sacrifices pour l'accomplissement d'un vœu et toutes vos offrandes volontaires.

Le quinzième jour du septième 39 mois, quand vous récolterez les produits du pays, vous célébrerez donc une fête à l'Éternel, pendant sept jours : le premier jour sera un jour de repos, et le huitième sera un jour de repos. Vous prendrez, le premier 40 jour, du fruit des beaux arbres, des branches de palmiers, des rameaux d'arbres touffus et des saules de rivière ; et vous vous réjouirez devant l'Éternel, votre Dieu, pendant sept jours. Vous célébrerez chaque 41 année cette fête à l'Éternel, pendant sept jours. C'est une loi perpétuelle pour vos descendants. Vous la célébrerez le septième mois. Vous de- 42 meurerez pendant sept jours sous des tentes ; tous les indigènes en Israël demeureront sous des tentes, afin que vos descendants sachent que 43 j'ai fait habiter sous des tentes les enfants d'Israël, après les avoir fait sortir du pays d'Égypte. Je suis l'Éternel, votre Dieu.

C'est ainsi que Moïse dit aux 44 enfants d'Israël quelles sont les fêtes de l'Éternel.

Règles sur le chandelier et sur les pains de proposition.

L'Éternel parla à Moïse, et dit : **24**
Ordonne aux enfants d'Israël 2 de t'apporter pour le chandelier de l'huile pure d'olives concassées, afin d'entretenir les lampes continuellement. C'est en dehors du voile qui 3 est devant le témoignage, dans la tente d'assignation, qu'Aaron la préparera, pour que les lampes brûlent continuellement du soir au matin en présence de l'Éternel. C'est une loi perpétuelle pour vos descendants. Il arrangera les lampes sur le chan- 4 delier d'or pur, pour qu'elles brûlent continuellement devant l'Éternel.

Tu prendras de la fleur de farine, 5

et tu en feras douze gâteaux; chaque 6 gâteau sera de deux dixièmes. Tu les placeras en deux piles, six par pile, sur la table d'or pur devant 7 l'Éternel. Tu mettras de l'encens pur sur chaque pile, et il sera sur le pain comme souvenir, comme une offrande consumée par le feu devant 8 l'Éternel. Chaque jour de sabbat, on rangera ces pains devant l'Éternel, continuellement: c'est une alliance perpétuelle qu'observeront les enfants 9 d'Israël. Ils appartiendront à Aaron et à ses fils, et ils les mangeront dans un lieu saint; car ce sera pour eux une chose très sainte, une part des offrandes consumées par le feu devant l'Éternel. C'est une loi perpétuelle.

Peine contre les blasphémateurs et les meurtriers.

10 Le fils d'une femme israélite et d'un homme égyptien, étant venu au milieu des enfants d'Israël, se querella dans le camp avec un homme is-11 raélite. Le fils de la femme israélite blasphéma et maudit le nom de Dieu. On l'amena à Moïse. Sa mère s'appelait Schelomith, fille de Dibri, de 12 la tribu de Dan. On le mit en prison, 13 jusqu'à ce que Moïse eût déclaré ce que l'Éternel ordonnerait. L'Éternel 14 parla à Moïse, et dit: Fais sortir du camp le blasphémateur; tous ceux qui l'ont entendu poseront leurs mains sur sa tête, et toute l'assem-15 blée le lapidera. Tu parleras aux enfants d'Israël, et tu diras: Qui-conque maudira son Dieu portera la 16 peine de son péché. Celui qui blas-phémera le nom de l'Éternel sera puni de mort: toute l'assemblée le lapidera. Qu'il soit étranger ou in-digène, il mourra, pour avoir blas-phémé le nom de Dieu.

17 Celui qui frappera un homme mor-tellement sera puni de mort.

18 Celui qui frappera un animal mortellement le remplacera: vie pour vie.

19 Si quelqu'un blesse son prochain, 20 il lui sera fait comme il a fait: frac-ture pour fracture, œil pour œil, dent pour dent; il lui sera fait la même blessure qu'il a faite à son prochain.

21 Celui qui tuera un animal le rem-placera, mais celui qui tuera un homme sera puni de mort.

22 Vous aurez la même loi, l'étranger comme l'indigène; car je suis l'Éter-nel, votre Dieu.

23 Moïse parla aux enfants d'Israël; ils firent sortir du camp le blasphé-mateur, et ils le lapidèrent. Les enfants d'Israël se conformèrent à l'ordre que l'Éternel avait donné à Moïse.

Les années sabbatiques et le jubilé.—Rachat des propriétés et des esclaves.

25 L'Éternel parla à Moïse sur la montagne de Sinaï, et dit: Parle 2 aux enfants d'Israël, et tu leur diras: Quand vous serez entrés dans le pays que je vous donne, la terre se reposera: ce sera un sabbat en l'hon-neur de l'Éternel. Pendant six an-3 nées tu ensemenceras ton champ, pendant six années tu tailleras ta vigne; et tu en recueilleras le pro-duit. Mais la septième année sera 4 un sabbat, un temps de repos pour la terre, un sabbat en l'honneur de l'Éternel: tu n'ensemenceras point ton champ, et tu ne tailleras point ta vigne. Tu ne moissonneras point 5 ce qui proviendra des grains tombés de ta moisson, et tu ne vendangeras point les raisins de ta vigne non taillée: ce sera une année de repos pour la terre. Ce que produira la 6 terre pendant son sabbat vous ser-vira de nourriture, à toi, à ton servi-teur et à ta servante, à ton merce-naire et à l'étranger qui demeurent avec toi, à ton bétail et aux animaux 7 qui sont dans ton pays; tout son produit servira de nourriture.

Tu compteras sept sabbats d'an-8 nées, sept fois sept années, et les jours de ces sept sabbats d'années feront quarante-neuf ans. Le dixième 9 jour du septième mois, tu feras re-tentir les sons éclatants de la trom-pette; le jour des expiations, vous sonnerez de la trompette dans tout votre pays. Et vous sanctifierez la 10 cinquantième année, vous publierez la liberté dans le pays pour tous ses habitants: ce sera pour vous le ju-

bilé; chacun de vous retournera dans sa propriété, et chacun de vous
11 retournera dans sa famille. La cinquantième année sera pour vous le jubilé: vous ne sèmerez point, vous ne moissonnerez point ce que les champs produiront d'eux-mêmes, et vous ne vendangerez point la vigne
12 non taillée. Car c'est le jubilé: vous le regarderez comme une chose sainte. Vous mangerez le produit de vos
13 champs. Dans cette année de jubilé, chacun de vous retournera dans sa
14 propriété. Si vous vendez à votre prochain, ou si vous achetez de votre prochain, qu'aucun de vous ne trompe
15 son frère. Tu achèteras de ton prochain, en comptant les années depuis le jubilé; et il te vendra, en comp-
16 tant les années de rapport. Plus il y aura d'années, plus tu élèveras le prix; et moins il y aura d'années, plus tu le réduiras; car c'est le nom-
17 bre des récoltes qu'il te vend. Aucun de vous ne trompera son prochain, et tu craindras ton Dieu; car je suis l'Éternel, votre Dieu.

18 Mettez mes lois en pratique, observez mes ordonnances et mettez-les en pratique; et vous habiterez
19 en sécurité dans le pays. Le pays donnera ses fruits, vous mangerez à satiété, et vous y habiterez en
20 sécurité. Si vous dites: Que mangerons-nous la septième année, puisque nous ne sèmerons point et ne
21 ferons point nos récoltes? je vous accorderai ma bénédiction la sixième année, et elle donnera des produits
22 pour trois ans. Vous sèmerez la huitième année, et vous mangerez de l'ancienne récolte; jusqu'à la neuvième année, jusqu'à la nouvelle récolte, vous mangerez de l'ancienne.

23 Les terres ne se vendront point à perpétuité; car le pays est à moi, car vous êtes chez moi comme étran-
24 gers et comme habitants. Dans tout le pays dont vous aurez la possession, vous établirez le droit de rachat pour les terres.
25 Si ton frère devient pauvre et vend une portion de sa propriété, celui qui a le droit de rachat, son plus proche parent, viendra et rachètera ce qu'a vendu son frère. Si un homme n'a 26 personne qui ait le droit de rachat, et qu'il se procure lui-même de quoi faire son rachat, il comptera les an- 27 nées depuis la vente, restituera le surplus à l'acquéreur, et retournera dans sa propriété. S'il ne trouve 28 pas de quoi lui faire cette restitution, ce qu'il a vendu restera entre les mains de l'acquéreur jusqu'à l'année du jubilé; au jubilé, il retournera dans sa propriété, et l'acquéreur en sortira.

Si un homme vend une maison 29 d'habitation dans une ville entourée de murs, il aura le droit de rachat jusqu'à l'accomplissement d'une année depuis la vente; son droit de rachat durera un an. Mais si cette 30 maison située dans une ville entourée de murs n'est pas rachetée avant l'accomplissement d'une année entière, elle restera à perpétuité à l'acquéreur et à ses descendants; il n'en sortira point au jubilé. Les maisons 31 des villages non entourés de murs seront considérées comme des fonds de terre; elles pourront être rachetées, et l'acquéreur en sortira au jubilé. Quant aux villes des Lévites et aux 32 maisons qu'ils y posséderont, les Lévites auront droit perpétuel de rachat. Celui qui achètera des Lévites 33 une maison, sortira au jubilé de la maison vendue et de la ville où il la possédait; car les maisons des villes des Lévites sont leur propriété au milieu des enfants d'Israël. Les 34 champs situés autour des villes des Lévites ne pourront point se vendre; car ils en ont à perpétuité la possession.

Si ton frère devient pauvre, et que 35 sa main fléchisse près de toi, tu le soutiendras; tu feras de même pour celui qui est étranger et qui demeure dans le pays, afin qu'il vive avec toi. Tu ne tireras de lui ni intérêt ni 36 usure, tu craindras ton Dieu, et ton frère vivra avec toi. Tu ne lui prê- 37 teras point ton argent à intérêt, et tu ne lui prêteras point tes vivres à usure. Je suis l'Éternel, ton Dieu, 38 qui vous ai fait sortir du pays d'Égypte, pour vous donner le pays de Canaan, pour être votre Dieu.

39 Si ton frère devient pauvre près de toi, et qu'il se vende à toi, tu ne lui imposeras point le travail d'un
40 esclave. Il sera chez toi comme un mercenaire, comme celui qui y demeure ; il sera à ton service jusqu'à
41 l'année du jubilé. Il sortira alors de chez toi, lui et ses enfants avec lui, et il retournera dans sa famille,
42 dans la propriété de ses pères. Car ce sont mes serviteurs, que j'ai fait sortir du pays d'Égypte ; ils ne seront point vendus comme on vend des
43 esclaves. Tu ne domineras point sur lui avec dureté, et tu craindras
44 ton Dieu. C'est des nations qui vous entourent que tu prendras ton esclave et ta servante qui t'appartiendront, c'est d'elles que vous achèterez l'es-
45 clave et la servante. Vous pourrez aussi en acheter des enfants des étrangers qui demeureront chez toi, et de leurs familles qu'ils engendreront dans votre pays ; et ils seront
46 votre propriété. Vous les laisserez en héritage à vos enfants après vous, comme une propriété ; vous les garderez comme esclaves à perpétuité. Mais à l'égard de vos frères, les enfants d'Israël, aucun de vous ne dominera avec dureté sur son frère.
47 Si un étranger, si celui qui demeure chez toi devient riche, et que ton frère devienne pauvre près de lui et se vende à l'étranger qui demeure chez toi ou à quelqu'un de la famille
48 de l'étranger, il y aura pour lui le droit de rachat, après qu'il se sera vendu : un de ses frères pourra le
49 racheter. Son oncle, ou le fils de son oncle, ou l'un de ses proches parents, pourra le racheter ; ou bien, s'il en a les ressources, il se rachètera
50 lui-même. Il comptera avec celui qui l'a acheté depuis l'année où il s'est vendu jusqu'à l'année du jubilé ; et le prix à payer dépendra du nombre d'années, lesquelles seront évaluées comme celles d'un mercenaire.
51 S'il y a encore beaucoup d'années, il paiera son rachat à raison du prix de ces années et pour lequel il a été
52 acheté ; s'il reste peu d'années jusqu'à celle du jubilé, il en fera le compte, et il paiera son rachat à raison de ces années. Il sera comme un mer- 53 cenaire à l'année, et celui chez qui il sera ne le traitera point avec dureté sous tes yeux. S'il n'est racheté 54 d'aucune de ces manières, il sortira l'année du jubilé, lui et ses enfants avec lui. Car c'est de moi que les 55 enfants d'Israël sont esclaves ; ce sont mes esclaves, que j'ai fait sortir du pays d'Égypte. Je suis l'Éternel, votre Dieu.

Bénédictions et malédictions.

26 Vous ne vous ferez point d'idoles, vous ne vous élèverez ni image taillée ni statue, et vous ne placerez dans votre pays aucune pierre ornée de figures, pour vous prosterner devant elle ; car je suis l'Éternel, votre Dieu.

2 Vous observerez mes sabbats, et vous révérerez mon sanctuaire. Je suis l'Éternel.
3 Si vous suivez mes lois, si vous gardez mes commandements et les
4 mettez en pratique, je vous enverrai des pluies en leur saison, la terre donnera ses produits, et les arbres des champs donneront leurs fruits.
5 A peine aurez-vous battu le blé que vous toucherez à la vendange, et la vendange atteindra les semailles ; vous mangerez votre pain à satiété,
6 et vous habiterez en sécurité dans votre pays. Je mettrai la paix dans le pays, et personne ne troublera votre sommeil ; je ferai disparaître du pays les bêtes féroces, et l'épée ne passera point par votre pays.
7 Vous poursuivrez vos ennemis, et ils tomberont devant vous par l'épée.
8 Cinq d'entre vous en poursuivront cent, et cent d'entre vous en poursuivront dix mille, et vos ennemis tomberont devant vous par l'épée.
9 Je me tournerai vers vous, je vous rendrai féconds et je vous multiplierai, et je maintiendrai mon alliance avec
10 vous. Vous mangerez des anciennes récoltes, et vous sortirez les vieilles pour faire place aux nouvelles. J'éta- 11 blirai ma demeure au milieu de vous, et mon âme ne vous aura point en

12 horreur. Je marcherai au milieu de vous, je serai votre Dieu, et vous

13 serez mon peuple. Je suis l'Éternel, votre Dieu, qui vous ai fait sortir du pays d'Égypte, qui vous ai tirés de la servitude ; j'ai brisé les liens de votre joug, et je vous ai fait marcher la tête levée.

14 Mais si vous ne m'écoutez point et ne mettez point en pratique tous

15 ces commandements, si vous méprisez mes lois, et si votre âme a en horreur mes ordonnances, en sorte que vous ne pratiquiez point tous mes commandements et que vous

16 rompiez mon alliance, voici alors ce que je vous ferai. J'enverrai sur vous la terreur, la consomption et la fièvre, qui rendront vos yeux languissants et votre âme souffrante ; et vous sèmerez en vain vos semences : vos ennemis les dévoreront.

17 Je tournerai ma face contre vous, et vous serez battus devant vos ennemis ; ceux qui vous haïssent domineront sur vous, et vous fuirez sans que l'on vous poursuive.

18 Si, malgré cela, vous ne m'écoutez point, je vous châtierai sept fois plus

19 pour vos péchés. Je briserai l'orgueil de votre force, je rendrai votre

20 ciel comme du fer, et votre terre comme de l'airain. Votre force s'épuisera inutilement, votre terre ne donnera pas ses produits, et les arbres de la terre ne donneront pas leurs fruits.

21 Si vous me résistez et ne voulez point m'écouter, je vous frapperai sept fois plus selon vos péchés.

22 J'enverrai contre vous les animaux des champs, qui vous priveront de vos enfants, qui détruiront votre bétail, et qui vous réduiront à un petit nombre ; et vos chemins seront déserts.

23 Si ces châtiments ne vous corrigent point et si vous me résistez,

24 je vous résisterai aussi et je vous frapperai sept fois plus pour vos

25 péchés. Je ferai venir contre vous l'épée, qui vengera mon alliance ; quand vous vous rassemblerez dans vos villes, j'enverrai la peste au milieu de vous, et vous serez livrés aux mains de l'ennemi. Lorsque je 26 vous briserai le bâton du pain, dix femmes cuiront votre pain dans un seul four et rapporteront votre pain au poids ; vous mangerez, et vous ne serez point rassasiés.

Si, malgré cela, vous ne m'écoutez 27 point et si vous me résistez, je vous 28 résisterai aussi avec fureur et je vous châtierai sept fois plus pour vos péchés. Vous mangerez la chair 29 de vos fils, et vous mangerez la chair de vos filles. Je détruirai vos 30 hauts lieux, j'abattrai vos statues consacrées au soleil, je mettrai vos cadavres sur les cadavres de vos idoles, et mon âme vous aura en horreur. Je réduirai vos villes en dé- 31 serts, je ravagerai vos sanctuaires, et je ne respirerai plus l'odeur agréable de vos parfums. Je dévasterai 32 le pays, et vos ennemis qui l'habiteront en seront stupéfaits. Je 33 vous disperserai parmi les nations, et je tirerai l'épée après vous. Votre pays sera dévasté, et vos villes seront désertes.

Alors le pays jouira de ses sabbats, 34 tout le temps qu'il sera dévasté et que vous serez dans le pays de vos ennemis ; alors le pays se reposera, et jouira de ses sabbats. Tout le 35 temps qu'il sera dévasté, il aura le repos qu'il n'avait pas eu dans vos sabbats, tandis que vous l'habitiez. Je rendrai pusillanime le cœur de 36 ceux d'entre vous qui survivront, dans les pays de leurs ennemis ; le bruit d'une feuille agitée les poursuivra ; ils fuiront comme on fuit devant l'épée, et ils tomberont sans qu'on les poursuive. Ils se renverse- 37 ront les uns sur les autres comme devant l'épée, sans qu'on les poursuive. Vous ne subsisterez point en présence de vos ennemis ; vous 38 périrez parmi les nations, et le pays de vos ennemis vous dévorera. Ceux d'entre vous qui survivront 39 seront frappés de langueur pour leurs iniquités, dans le pays de leurs ennemis ; ils seront aussi frappés de langueur pour les iniquités de leurs pères.

Ils confesseront leurs iniquités et 40

les iniquités de leurs pères, les transgressions qu'ils ont commises envers moi, et la résistance qu'ils m'ont 41 opposée, péchés à cause desquels moi aussi je leur résisterai et les mènerai dans le pays de leurs ennemis. Et alors leur cœur incirconcis s'humiliera, et ils paieront 42 la dette de leurs iniquités. Je me souviendrai de mon alliance avec Jacob, je me souviendrai de mon alliance avec Isaac et de mon alliance avec Abraham, et je me 43 souviendrai du pays. Le pays sera abandonné par eux, et il jouira de ses sabbats pendant qu'il restera dévasté loin d'eux; et ils paieront la dette de leurs iniquités, parce qu'ils ont méprisé mes ordonnances et que leur âme a eu mes lois en horreur. 44 Mais, lorsqu'ils seront dans le pays de leurs ennemis, je ne les rejetterai pourtant point, et je ne les aurai point en horreur jusqu'à les exterminer, jusqu'à rompre mon alliance avec eux; car je suis l'Éternel, leur 45 Dieu. Je me souviendrai en leur faveur de l'ancienne alliance, par laquelle je les ai fait sortir du pays d'Égypte, aux yeux des nations, pour être leur Dieu. Je suis l'Éternel.

46 Tels sont les statuts, les ordonnances et les lois, que l'Éternel établit entre lui et les enfants d'Israël, sur la montagne du Sinaï, par Moïse.

27

Les vœux et les dîmes.

L'Éternel parla à Moïse, et dit: 2 Parle aux enfants d'Israël, et tu leur diras:

Lorsqu'on fera des vœux, s'il s'agit de personnes, elles seront à l'Éternel 3 d'après ton estimation. Si tu as à faire l'estimation d'un mâle de vingt à soixante ans, ton estimation sera de cinquante sicles d'argent, selon le 4 sicle du sanctuaire; si c'est une femme, ton estimation sera de trente 5 sicles. De cinq à vingt ans, ton estimation sera de vingt sicles pour un mâle, et de dix sicles pour une 6 fille. D'un mois à cinq ans, ton estimation sera de cinq sicles d'argent

pour un mâle, et de trois sicles d'argent pour une fille. De soixante 7 ans et au-dessus, ton estimation sera de quinze sicles pour un mâle, et de dix sicles pour une femme. Si celui 8 qui a fait le vœu est trop pauvre pour payer ton estimation, on le présentera au sacrificateur, qui le taxera, et le sacrificateur fera une estimation en rapport avec les ressources de cet homme.

S'il s'agit d'animaux qui peuvent 9 être offerts en sacrifice à l'Éternel, tout animal qu'on donnera à l'Éternel sera chose sainte. On ne le changera 10 point, et l'on n'en mettra point un mauvais à la place d'un bon, ni un bon à la place d'un mauvais; si l'on remplace un animal par un autre, ils seront l'un et l'autre chose sainte. S'il s'agit d'animaux impurs, qui ne 11 peuvent être offerts en sacrifice à l'Éternel, on présentera l'animal au sacrificateur, qui en fera l'estimation 12 selon qu'il sera bon ou mauvais, et l'on s'en rapportera à l'estimation du sacrificateur. Si on veut le racheter, 13 on ajoutera un cinquième à son estimation.

Si quelqu'un sanctifie sa maison 14 en la consacrant à l'Éternel, le sacrificateur en fera l'estimation selon qu'elle sera bonne ou mauvaise, et l'on s'en tiendra à l'estimation du sacrificateur. Si celui qui a sanctifié 15 sa maison veut la racheter, il ajoutera un cinquième au prix de son estimation, et elle sera à lui.

Si quelqu'un sanctifie à l'Éternel 16 un champ de sa propriété, ton estimation sera en rapport avec la quantité de semence, cinquante sicles d'argent pour un homer de semence d'orge. Si c'est dès l'année du jubilé 17 qu'il sanctifie son champ, on s'en tiendra à ton estimation; si c'est 18 après le jubilé qu'il sanctifie son champ, le sacrificateur en évaluera le prix à raison du nombre d'années qui restent jusqu'au jubilé, et il sera fait une réduction sur ton estimation. Si celui qui a sanctifié son champ 19 veut le racheter, il ajoutera un cinquième au prix de ton estimation, et le champ lui restera. S'il ne 20 rachète point le champ, et qu'on le vende à un autre homme, il ne 21 pourra plus être racheté. Et quand l'acquéreur en sortira au jubilé, ce champ sera consacré à l'Éternel, comme un champ qui a été dévoué : il deviendra la propriété du sacrificateur.

22 Si quelqu'un sanctifie à l'Éternel un champ qu'il a acquis et qui ne fait 23 point partie de sa propriété, le sacrificateur en évaluera le prix d'après ton estimation jusqu'à l'année du jubilé, et cet homme paiera le jour même le prix fixé, comme étant 24 consacré à l'Éternel. L'année du jubilé, le champ retournera à celui de qui il avait été acheté et de la propriété duquel il faisait partie.

25 Toutes tes estimations se feront en sicles du sanctuaire : le sicle est de vingt guéras.

26 Nul ne pourra sanctifier le premier-né de son bétail, lequel appartient déjà à l'Éternel en sa qualité de premier-né ; soit bœuf, soit agneau, 27 il appartient à l'Éternel. S'il s'agit d'un animal impur, on le rachètera au prix de ton estimation, en y ajoutant un cinquième ; s'il n'est

pas racheté, il sera vendu d'après ton estimation.

28 Tout ce qu'un homme dévouera par interdit à l'Éternel, dans ce qui lui appartient, ne pourra ni se vendre, ni se racheter, que ce soit une personne, un animal, ou un champ de sa propriété ; tout ce qui sera dévoué par interdit sera entièrement consacré à l'Éternel. 29 Aucune personne dévouée par interdit ne pourra être rachetée, elle sera mise à mort.

30 Toute dîme de la terre, soit des récoltes de la terre, soit du fruit des arbres, appartient à l'Éternel ; c'est une chose consacrée à l'Éternel. 31 Si quelqu'un veut racheter quelque chose de sa dîme, il y ajoutera un cinquième. 32 Toute dîme de gros et de menu bétail, de tout ce qui passe sous la houlette, sera une dîme consacrée à l'Éternel. 33 On n'examinera point si l'animal est bon ou mauvais, et l'on ne fera point d'échange ; si l'on remplace un animal par un autre, ils seront l'un et l'autre chose sainte, et ne pourront être rachetés.

34 Tels sont les commandements que l'Éternel donna à Moïse pour les enfants d'Israël, sur la montagne de Sinaï.

LES NOMBRES

Dénombrement des Israélites dans le désert de Sinaï.

I L'Éternel parla à Moïse dans le désert de Sinaï, dans la tente d'assignation, le premier jour du second mois, la seconde année après leur 2 sortie du pays d'Égypte. Il dit : Faites le dénombrement de toute l'assemblée des enfants d'Israël, selon leurs familles, selon les maisons de leurs pères, en comptant par tête les 3 noms de tous les mâles, depuis l'âge de vingt ans et au-dessus, tous ceux d'Israël en état de porter les armes ; vous en ferez le dénombrement selon 4 leurs divisions, toi et Aaron. Il y aura avec vous un homme par tribu, chef de la maison de ses pères.

5 Voici les noms des hommes qui se tiendront avec vous.

Pour Ruben : Élitsur, fils de Schedéur ;

6 pour Siméon : Schelumiel, fils de Tsurischaddaï ;

7 pour Juda : Nachschon, fils d'Amminadab ;

8 pour Issacar : Nethaneel, fils de Tsuar ;

9 pour Zabulon : Éliab, fils de Hélon ;

10 pour les fils de Joseph, — pour Éphraïm : Élischama, fils d'Ammihud ; — pour Manassé ; Gamliel, fils de Pedahtsur ;

11 pour Benjamin : Abidan, fils de Guideoni ;

12 pour Dan: Ahiézer, fils d'Ammischaddaï ;

13 pour Aser : Paguiel, fils d'Ocran ;

14 pour Gad: Éliasaph, fils de Déuel;

15 pour Nephthali: Ahira, fils d'Énan.

16 Tels sont ceux qui furent convoqués à l'assemblée, princes des tribus de leurs pères, chefs des milliers d'Israël.

17 Moïse et Aaron prirent ces hommes, qui avaient été désignés par leurs noms,

18 et ils convoquèrent toute l'assemblée, le premier jour du second mois. On les enregistra selon leurs familles, selon les maisons de leurs pères, en comptant par tête les noms depuis l'âge de vingt ans et au-dessus.

19 Moïse en fit le dénombrement dans le désert de Sinaï, comme l'Éternel le lui avait ordonné.

20 On enregistra les fils de Ruben, premier-né d'Israël, selon leurs familles, selon les maisons de leurs pères, en comptant par tête les noms de tous les mâles, depuis l'âge de vingt ans et au-dessus, tous ceux en

21 état de porter les armes: les hommes de la tribu de Ruben dont on fit le dénombrement furent quarante-six mille cinq cents.

22 On enregistra les fils de Siméon, selon leurs familles, selon les maisons de leurs pères ; on en fit le dénombrement, en comptant par tête les noms de tous les mâles depuis l'âge de vingt ans et au-dessus, tous ceux

23 en état de porter les armes : les hommes de la tribu de Siméon dont on fit le dénombrement furent cinquante-neuf mille trois cents.

24 On enregistra les fils de Gad, selon leurs familles, selon les maisons de leurs pères, en comptant les noms depuis l'âge de vingt ans et au-dessus, tous ceux en état de porter

25 les armes: les hommes de la tribu de Gad dont on fit le dénombrement furent quarante-cinq mille six cent cinquante.

26 On enregistra les fils de Juda, selon leurs familles, selon les maisons de leurs pères, en comptant les noms depuis l'âge de vingt ans et au-dessus, tous ceux en état de porter les armes:

27 les hommes de la tribu de Juda dont on fit le dénombrement furent soixante-quatorze mille six cents.

28 On enregistra les fils d'Issacar, selon leurs familles, selon les maisons de leurs pères, en comptant les noms depuis l'âge de vingt ans et au-dessus, tous ceux en état de porter

29 les armes : les hommes de la tribu d'Issacar dont on fit le dénombrement furent cinquante-quatre mille quatre cents.

30 On enregistra les fils de Zabulon, selon leurs familles, selon les maisons de leurs pères, en comptant les noms depuis l'âge de vingt ans et au-dessus, tous ceux en état de porter

31 les armes : les hommes de la tribu de Zabulon dont on fit le dénombrement furent cinquante-sept mille quatre cents.

32 On enregistra, d'entre les fils de Joseph, les fils d'Éphraïm, selon leurs familles, selon les maisons de leurs pères, en comptant les noms depuis l'âge de vingt ans et au-dessus, tous ceux en état de porter

33 les armes: les hommes de la tribu d'Éphraïm dont on fit le dénombrement furent quarante mille cinq cents.

34 On enregistra les fils de Manassé, selon leurs familles, selon les maisons de leurs pères, en comptant les noms depuis l'âge de vingt ans et au-dessus, tous ceux en état de porter

35 les armes : les hommes de la tribu de Manassé dont on fit le dénombrement furent trente-deux mille deux cents.

36 On enregistra les fils de Benjamin, selon leurs familles, selon les maisons de leurs pères, en comptant les noms depuis l'âge de vingt ans et au-dessus, tous ceux en état de porter

37 les armes : les hommes de la tribu de Benjamin dont on fit le dénombrement furent trente-cinq mille quatre cents.

38 On enregistra les fils de Dan, selon leurs familles, selon les maisons de leurs pères, en comptant les noms depuis l'âge de vingt ans et au-dessus, tous ceux en état de porter

39 les armes: les hommes de la tribu

de Dan dont on fit le dénombrement furent soixante-deux mille
sept cents.

40 On enregistra les fils d'Aser, selon
leurs familles, selon les maisons de
leurs pères, en comptant les noms
depuis l'âge de vingt ans et au-
dessus, tous ceux en état de porter
41 les armes : les hommes de la tribu
d'Aser dont on fit le dénombrement
furent quarante-un mille cinq cents.

42 On enregistra les fils de Nephthali,
selon leurs familles, selon les maisons
de leurs pères, en comptant les noms
depuis l'âge de vingt ans et au-
dessus, tous ceux en état de porter
43 les armes : les hommes de la tribu
de Nephthali dont on fit le dénombrement furent cinquante-trois mille
quatre cents.

44 Tels sont ceux dont le dénombrement fut fait par Moïse et Aaron, et
par les douze hommes, princes d'Israël ; il y avait un homme pour
chacune des maisons de leurs pères.
45 Tous ceux des enfants d'Israël dont
on fit le dénombrement, selon les
maisons de leurs pères, depuis l'âge
de vingt ans et au-dessus, tous ceux
d'Israël en état de porter les armes,
46 tous ceux dont on fit le dénombrement furent six cent trois mille cinq
cent cinquante.

47 Les Lévites, selon la tribu de leurs
pères, ne firent point partie de ce
48 dénombrement. L'Éternel parla à
49 Moïse, et dit : Tu ne feras point le
dénombrement de la tribu de Lévi,
et tu n'en compteras point les têtes
au milieu des enfants d'Israël.
50 Remets aux soins des Lévites le
tabernacle du témoignage, tous ses
ustensiles et tout ce qui lui appartient. Ils porteront le tabernacle et
tous ses ustensiles, ils en feront le
service, et ils camperont autour du
51 tabernacle. Quand le tabernacle
partira, les Lévites le démonteront ;
quand le tabernacle campera, les
Lévites le dresseront ; et l'étranger
qui en approchera sera puni de mort.
52 Les enfants d'Israël camperont chacun dans son camp, chacun près de
sa bannière, selon leurs divisions.
53 Mais les Lévites camperont autour

du tabernacle du témoignage, afin
que ma colère n'éclate point sur
l'assemblée des enfants d'Israël ; et
les Lévites auront la garde du tabernacle du témoignage. Les enfants 54
d'Israël se conformèrent à tous les
ordres que l'Éternel avait donnés à
Moïse ; ils firent ainsi.

Ordre pour les campements.

L'Éternel parla à Moïse et à Aaron, **2**
et dit : Les enfants d'Israël campe- 2
ront chacun près de sa bannière, sous
les enseignes de la maison de ses
pères ; ils camperont vis-à-vis et tout
autour de la tente d'assignation.

A l'orient, le camp de Juda, avec sa 3
bannière, et avec ses corps d'armée.
Là camperont le prince des fils de
Juda, Nachschon, fils d'Amminadab,
et son corps d'armée composé de 4
soixante-quatorze mille six cents
hommes, d'après le dénombrement.
A ses côtés camperont la tribu 5
d'Issacar, le prince des fils d'Issacar,
Nethaneel, fils de Tsuar, et son corps 6
d'armée composé de cinquante-quatre
mille quatre cents hommes, d'après
le dénombrement ; puis la tribu de 7
Zabulon, le prince des fils de Zabulon,
Éliab, fils de Hélon, et son corps 8
d'armée composé de cinquante-sept
mille quatre cents hommes, d'après
le dénombrement. Total pour le 9
camp de Juda, d'après le dénombrement : cent quatre-vingt-six mille
quatre cents hommes, selon leurs
corps d'armée. Ils seront les premiers dans la marche.

Au midi, le camp de Ruben, avec 10
sa bannière, et avec ses corps
d'armée. Là camperont le prince
des fils de Ruben, Élitsur, fils de
Schedéur, et son corps d'armée com- 11
posé de quarante-six mille cinq cents
hommes, d'après le dénombrement.
A ses côtés camperont la tribu de 12
Siméon, le prince des fils de Siméon,
Schelumiel, fils de Tsurischaddaï,
et son corps d'armée composé de 13
cinquante-neuf mille trois cents
hommes, d'après le dénombrement ;
puis la tribu de Gad, le prince des 14
fils de Gad, Éliasaph, fils de Déuel,
et son corps d'armée composé de 15

quarante-cinq mille six cent cinquante hommes, d'après le dénom-
16 brement. Total pour le camp de Ruben, d'après le dénombrement: **cent cinquante et un mille quatre cent cinquante hommes**, selon leurs corps d'armée. Ils seront les seconds dans la marche.

17 Ensuite partira la tente d'assignation, avec le camp des Lévites placé au milieu des autres camps : Ils suivront dans la marche l'ordre dans lequel ils auront campé, chacun dans son rang, selon sa bannière.

18 A l'occident, le camp d'Éphraïm, avec sa bannière, et avec ses corps d'armée. Là camperont le prince des fils d'Éphraïm, Élischama, fils
19 d'Ammihud, et son corps d'armée composé de quarante mille cinq cents hommes, d'après le dénombre-
20 ment. A ses côtés camperont la tribu de Manassé, le prince des fils de Manassé, Gamliel, fils de Pedah-
21 tsur, et son corps d'armée composé de trente-deux mille deux cents hommes, d'après le dénombrement;
22 puis la tribu de Benjamin, le prince des fils de Benjamin, Abidan, fils de
23 Guideoni, et son corps d'armée composé de trente-cinq mille quatre cents hommes, d'après le dénom-
24 brement. Total pour le camp d'Éphraïm, d'après le dénombrement : cent huit mille et cent hommes, selon leurs corps d'armée. Ils seront les troisièmes dans la marche.
25 Au nord, le camp de Dan, avec sa bannière, et avec ses corps d'armée. Là camperont le prince des fils de Dan, Ahiézer, fils d'Ammischaddaï,
26 et son corps d'armée composé de soixante-deux mille sept cents hommes, d'après le dénombrement.
27 A ses côtés camperont la tribu d'Aser, le prince des fils d'Aser,
28 Paguiel, fils d'Ocran, et son corps d'armée composé de quarante-un mille cinq cents hommes, d'après
29 le dénombrement; puis la tribu de Nephthali, le prince des fils de
30 Nephthali, Ahira, fils d'Énan, et son corps d'armée composé de cinquante-trois mille quatre cents hommes,
31 d'après le dénombrement. Total

pour le camp de Dan, d'après le dénombrement : cent cinquante-sept mille six cents hommes. Ils seront les derniers dans la marche, selon leur bannière.

32 Tels sont ceux des enfants d'Israël dont on fit le dénombrement, selon les maisons de leurs pères. Tous ceux dont on fit le dénombrement, et qui formèrent les camps, selon leurs corps d'armée, furent six cent trois mille cinq cent cinquante.
33 Les Lévites, suivant l'ordre que l'Éternel avait donné à Moïse, ne firent point partie du dénombrement au milieu des enfants d'Israël. Et
34 les enfants d'Israël se conformèrent à tous les ordres que l'Éternel avait donnés à Moïse. C'est ainsi qu'ils campaient, selon leurs bannières ; et c'est ainsi qu'ils se mettaient en marche, chacun selon sa famille, selon la maison de ses pères.

Dénombrement des Lévites. — Rachat des premiers-nés.

3 Voici la postérité d'Aaron et de Moïse, au temps où l'Éternel parla à Moïse, sur la montagne de Sinaï.
2 Voici les noms des fils d'Aaron : Nadab, le premier-né, Abihu, Éléazar et Ithamar. Ce sont là les noms
3 des fils d'Aaron, qui reçurent l'onction comme sacrificateurs, et qui furent consacrés pour l'exercice du sacerdoce. Nadab et Abihu mou-
4 rurent devant l'Éternel, lorsqu'ils apportèrent devant l'Éternel du feu étranger, dans le désert de Sinaï ; ils n'avaient point de fils. Éléazar et Ithamar exercèrent le sacerdoce, en présence d'Aaron, leur père.
5 L'Éternel parla à Moïse, et dit :
6 Fais approcher la tribu de Lévi, et tu la placeras devant le sacrificateur Aaron, pour qu'elle soit à son service.
7 Ils auront le soin de ce qui est remis à sa garde et à la garde de toute l'assemblée, devant la tente d'assignation : ils feront le service du tabernacle.
8 Ils auront le soin de tous les ustensiles de la tente d'assignation, et de ce qui est remis à la garde des enfants d'Israël : ils feront le service du tabernacle.
9 Tu donneras les

Lévites à Aaron et à ses fils; ils lui seront entièrement donnés, de la part 10 des enfants d'Israël. Tu établiras Aaron et ses fils pour qu'ils observent les fonctions de leur sacerdoce; et l'étranger qui approchera sera puni de mort.

11 L'Éternel parla à Moïse, et dit:
12 Voici, j'ai pris les Lévites du milieu des enfants d'Israël, à la place de tous les premiers-nés, des premiers-nés des enfants d'Israël; et les Lé-
13 vites m'appartiendront. Car tout premier-né m'appartient; le jour où j'ai frappé tous les premiers-nés dans le pays d'Egypte, je me suis consacré tous les premiers-nés en Israël, tant des hommes que des animaux: ils m'appartiendront. Je suis l'Éternel.

14 L'Éternel parla à Moïse, dans le
15 désert de Sinaï, et dit: Fais le dénombrement des enfants de Lévi, selon les maisons de leurs pères, selon leurs familles; tu feras le dénombrement de tous les mâles, depuis
16 l'âge d'un mois et au-dessus. Moïse en fit le dénombrement sur l'ordre de l'Éternel, en se conformant à l'ordre qui lui fut donné.

17 Ce sont ici les fils de Lévi, d'après leurs noms: Guerschon, Kehath et
18 Merari. — Voici les noms des fils de Guerschon, selon leurs familles:
19 Libni et Schimeï. Voici les fils de Kehath, selon leurs familles: Am-
20 ram, Jitsehar, Hébron et Uziel; et les fils de Merari, selon leurs familles: Machli et Muschi. Ce sont là les familles de Lévi, selon les maisons de leurs pères.

21 De Guerschon descendent la famille de Libni et la famille de Schimeï, formant les familles des
22 Guerschonites. Ceux dont on fit le dénombrement, en comptant tous les mâles depuis l'âge d'un mois et au-dessus, furent sept mille cinq
23 cents. Les familles des Guerschonites campaient derrière le tabernacle
24 à l'occident. Le chef de la maison paternelle des Guerschonites était
25 Éliasaph, fils de Laël. Pour ce qui concerne la tente d'assignation, on remit aux soins des fils de Guerschon le tabernacle et la tente, la couverture, le rideau qui est à l'entrée de la tente d'assignation; les toiles du 26 parvis et le rideau de l'entrée du parvis, tout autour du tabernacle et de l'autel, et tous les cordages pour le service du tabernacle.

De Kehath descendent la famille 27 des Amramites, la famille des Jitscharites, la famille des Hébronites et la famille des Uziélites, formant les familles des Kehathites. En comp- 28 tant tous les mâles depuis l'âge d'un mois et au-dessus, il y en eut huit mille six cents, qui furent chargés des soins du sanctuaire. Les familles 29 des fils de Kehath campaient au côté méridional du tabernacle. Le chef 30 de la maison paternelle des familles des Kehathites était Élitsaphan, fils d'Uziel. On remit à leurs soins 31 l'arche, la table, le chandelier, les autels, les ustensiles du sanctuaire, avec lesquels on fait le service, le voile et tout ce qui en dépend. Le 32 chef des chefs des Lévites était Éléazar, fils du sacrificateur Aaron; il avait la surveillance de ceux qui étaient chargés des soins du sanctuaire.

De Merari descendent la famille 33 de Machli et la famille de Muschi, formant les familles des Mérarites. Ceux dont on fit le dénombrement, 34 en comptant tous les mâles depuis l'âge d'un mois et au-dessus, furent six mille deux cents. Le chef de la 35 maison paternelle des familles de Merari était Tsuriel, fils d'Abihaïl. Ils campaient au côté septentrional du tabernacle. On remit à la garde 36 et aux soins des fils de Merari les planches du tabernacle, ses barres, ses colonnes et leurs bases, tous ses ustensiles et tout ce qui en dépend; les colonnes du parvis tout autour, 37 leurs bases, leurs pieux et leurs cordages.

Moïse, Aaron et ses fils campaient 38 devant le tabernacle, à l'orient, devant la tente d'assignation, au levant; ils avaient la garde et le soin du sanctuaire, remis à la garde des enfants d'Israël; et l'étranger qui s'approchera sera puni de mort.

39 Tous les Lévites dont Moïse et Aaron firent le dénombrement sur l'ordre de l'Éternel, selon leurs familles, tous les mâles depuis l'âge d'un mois et au-dessus, furent vingt-deux mille.

40 L'Éternel dit à Moïse: Fais le dénombrement de tous les premiers-nés mâles parmi les enfants d'Israël, depuis l'âge d'un mois et au-dessus, et compte-les d'après leurs noms.

41 Tu prendras les Lévites pour moi, l'Éternel, à la place de tous les premiers-nés des enfants d'Israël, et le bétail des Lévites à la place de tous les premiers-nés du bétail des

42 enfants d'Israël. Moïse fit le dénombrement de tous les premiers-nés parmi les enfants d'Israël, selon l'ordre que l'Éternel lui avait donné.

43 Tous les premiers-nés mâles, dont on fit le dénombrement, en comptant les noms, depuis l'âge d'un mois et au-dessus, furent vingt deux mille deux cent soixante-treize.

44 L'Éternel parla à Moïse, et dit:

45 Prends les Lévites à la place de tous les premiers-nés des enfants d'Israël, et le bétail des Lévites à la place de leur bétail; et les Lévites m'appar-

46 tiendront. Je suis l'Éternel. Pour le rachat des deux cent soixante-treize qui dépassent le nombre des Lévites, parmi les premiers-nés des

47 enfants d'Israël, tu prendras cinq sicles par tête; tu les prendras selon le sicle du sanctuaire, qui est de

48 vingt guéras. Tu donneras l'argent à Aaron et à ses fils, pour le rachat de ceux qui dépassent le nombre des

49 Lévites. Moïse prit l'argent pour le rachat de ceux qui dépassaient le nombre des rachetés par les Lévites;

50 il prit l'argent des premiers-nés des enfants d'Israël: mille trois cent soixante-cinq sicles, selon le sicle du

51 sanctuaire. Et Moïse donna l'argent du rachat à Aaron et à ses fils, sur l'ordre de l'Éternel, en se conformant à l'ordre que l'Éternel avait donné à Moïse.

Fonctions des Lévites.

4 L'Éternel parla à Moïse et à Aaron,

2 et dit: Compte les fils de Kehath parmi les enfants de Lévi, selon leurs familles, selon les maisons de leurs

3 pères, depuis l'âge de trente ans et au-dessus jusqu'à l'âge de cinquante ans, tous ceux qui sont propres à exercer quelque fonction dans la tente d'assignation.

4 Voici les fonctions des fils de Kehath, dans la tente d'assignation: elles concernent le lieu très saint.

5 Au départ du camp, Aaron et ses fils viendront démonter le voile, et ils en couvriront l'arche du témoi-

6 gnage; ils mettront dessus une couverture de peaux de dauphins, et ils étendront par-dessus un drap entièrement d'étoffe bleue; puis ils placeront les barres de l'arche.

7 Ils étendront un drap bleu sur la table des pains de proposition, et ils mettront dessus les plats, les coupes, les tasses et les calices pour les liba-

8 tions; le pain y sera toujours; ils étendront sur ces choses un drap de cramoisi, et ils l'envelopperont d'une couverture de peaux de dauphins; puis ils placeront les barres de la

9 table. Ils prendront un drap bleu, et ils couvriront le chandelier, ses lampes, ses mouchettes, ses vases à cendre et tous ses vases à huile, des-

10 tinés à son service; ils le mettront, avec tous ses ustensiles, dans une couverture de peaux de dauphins;

11 puis ils le placeront sur le brancard. Ils étendront un drap bleu sur l'autel d'or, et ils l'envelopperont d'une couverture de peaux de dauphins; puis ils placeront les barres de l'autel.

12 Ils prendront tous les ustensiles dont on se sert pour le service dans le sanctuaire, et ils les mettront dans un drap bleu, et ils les envelopperont d'une couverture de peaux de dau-phins; puis ils les placeront sur le

13 brancard. Ils ôteront les cendres de l'autel, et ils étendront sur l'autel un

14 drap de pourpre; ils mettront dessus tous les ustensiles destinés à son service, les brasiers, les fourchettes, les pelles, les bassins, tous les usten-siles de l'autel, et ils étendront par-dessus une couverture de peaux de dauphins; puis ils placeront les

15 barres de l'autel. Après qu'Aaron

et ses fils auront achevé de couvrir le sanctuaire et tous les ustensiles du sanctuaire, les fils de Kehath viendront, au départ du camp, pour les porter ; mais ils ne toucheront point les choses saintes, de peur qu'ils ne meurent. Telles sont les fonctions de porteurs, imposées aux fils de Kehath dans la tente d'assignation.

16 Éléazar, fils du sacrificateur Aaron, aura sous sa surveillance l'huile du chandelier, le parfum odoriférant, l'offrande perpétuelle et l'huile d'onction ; il aura sous sa surveillance tout le tabernacle et tout ce qu'il contient, le sanctuaire et ses ustensiles.

17 L'Éternel parla à Moïse et à Aaron, 18 et dit : N'exposez point la race des familles des Kehathites à être retranchée du milieu des Lévites. 19 Faites ceci pour eux, afin qu'ils vivent et qu'ils ne meurent point, quand ils s'approcheront du lieu très saint : Aaron et ses fils viendront, et ils placeront chacun d'eux à son 20 service et à sa charge. Ils n'entreront point pour voir envelopper les choses saintes, de peur qu'ils ne meurent.

21 L'Éternel parla à Moïse, et dit : 22 Compte aussi les fils de Guerschon, selon les maisons de leur pères, selon 23 leurs familles ; tu feras le dénombrement, depuis l'âge de trente ans et au-dessus jusqu'à l'âge de cinquante ans, de tous ceux qui sont propres à exercer quelque fonction dans la tente d'assignation. 24 Voici les fonctions des familles des Guerschonites, le service qu'ils devront faire et ce qu'ils devront porter. 25 Ils porteront les tapis du tabernacle et la tente d'assignation, sa couverture et la couverture de peaux de dauphins qui se met par-dessus, le rideau qui est à l'entrée de la tente 26 d'assignation ; les toiles du parvis et le rideau de l'entrée de la porte du parvis, tout autour du tabernacle et de l'autel, leurs cordages et tous les ustensiles qui en dépendent. Et ils feront tout le service qui s'y rapporte. 27 Dans leurs fonctions, les fils des Guerschonites seront sous les ordres

d'Aaron et de ses fils, pour tout ce qu'ils porteront et pour tout le service qu'ils devront faire ; vous remettrez à leurs soins tout ce qu'ils ont à porter. Telles sont les fonc- 28 tions des familles des fils des Guerschonites dans la tente d'assignation, et ce qu'ils ont à garder sous la direction d'Ithamar, fils du sacrificateur Aaron.

Tu feras le dénombrement des fils 29 de Merari, selon leurs familles, selon les maisons de leurs pères ; tu feras 30 le dénombrement, depuis l'âge de trente ans et au-dessus jusqu'à l'âge de cinquante ans, de tous ceux qui sont propres à exercer quelque fonction dans la tente d'assignation.

Voici ce qui est remis à leurs soins 31 et ce qu'ils ont à porter, pour toutes leurs fonctions dans la tente d'assignation : les planches du tabernacle, ses barres, ses colonnes, ses bases ; les colonnes du parvis formant 32 l'enceinte, leurs bases, leurs pieux, leurs cordages, tous les ustensiles qui en dépendent et tout ce qui est destiné à leur service. Vous désignerez par leurs noms les objets qui sont remis à leurs soins et qu'ils ont à porter. Telles sont les fonctions des 33 familles des fils de Merari, toutes leurs fonctions dans la tente d'assignation, sous la direction d'Ithamar, fils du sacrificateur Aaron.

Moïse, Aaron et les princes de 34 l'assemblée firent le dénombrement des fils des Kehathites, selon leurs familles et selon les maisons de leurs pères, de tous ceux qui, depuis l'âge 35 de trente ans et au-dessus jusqu'à l'âge de cinquante ans, étaient propres à exercer quelque fonction dans la tente d'assignation. Ceux dont 36 ils firent le dénombrement, selon leurs familles, furent deux mille sept cent cinquante. Tels sont ceux des 37 familles des Kehathites dont on fit le dénombrement, tous ceux qui exerçaient des fonctions dans la tente d'assignation ; Moïse et Aaron en firent le dénombrement sur l'ordre de l'Éternel par Moïse.

Les fils de Guerschon dont on fit 38 le dénombrement, selon leurs familles

et selon les maisons de leurs pères,
39 depuis l'âge de trente ans et au-dessus jusqu'à l'âge de cinquante ans, tous ceux qui étaient propres à exercer quelque fonction dans la
40 tente d'assignation, ceux dont on fit le dénombrement, selon leurs familles, selon les maisons de leurs pères, furent deux mille six cent trente.
41 Tels sont ceux des familles des fils de Guerschon dont on fit le dénombrement, tous ceux qui exerçaient des fonctions dans la tente d'assignation ; Moïse et Aaron en firent le dénombrement sur l'ordre de l'Éternel.
42 Ceux des familles des fils de Merari dont on fit le dénombrement, selon leurs familles, selon les maisons
43 de leurs pères, depuis l'âge de trente ans et au-dessus jusqu'à l'âge de cinquante ans, tous ceux qui étaient propres à exercer quelque fonction
44 dans la tente d'assignation, ceux dont on fit le dénombrement, selon leurs familles, furent trois mille deux
45 cents. Tels sont ceux des familles des fils de Merari dont on fit le dénombrement ; Moïse et Aaron en firent le dénombrement sur l'ordre de l'Éternel par Moïse.
46 Tous ceux des Lévites dont Moïse, Aaron et les princes d'Israël firent le dénombrement, selon leurs familles et selon les maisons de leurs pères,
47 depuis l'âge de trente ans et au-dessus jusqu'à l'âge de cinquante ans, tous ceux qui étaient propres à exercer quelque fonction et à servir de porteurs dans la tente d'assi-
48 gnation, tous ceux dont on fit le dénombrement furent huit mille cinq
49 cent quatre-vingts. On en fit le dénombrement sur l'ordre de l'Éternel par Moïse, en indiquant à chacun le service qu'il devait faire et ce qu'il devait porter; on en fit le dénombrement selon l'ordre que l'Éternel avait donné à Moïse.

Lois sur la pureté, le vol, la jalousie et le naziréat.

5 L'Éternel parla à Moïse, et dit :
2 Ordonne aux enfants d'Israël de renvoyer du camp tout lépreux, et quiconque a une gonorrhée ou est souillé par un mort. Hommes ou 3 femmes, vous les renverrez, vous les renverrez hors du camp, afin qu'ils ne souillent pas le camp au milieu duquel j'ai ma demeure. Les en- 4 fants d'Israël firent ainsi, et ils les renvoyèrent hors du camp ; comme l'Éternel l'avait ordonné à Moïse, ainsi firent les enfants d'Israël.

L'Éternel parla à Moïse, et dit : 5 Parle aux enfants d'Israël: Lorsqu'un 6 homme ou une femme péchera contre son prochain en commettant une infidélité à l'égard de l'Éternel, et qu'il se rendra ainsi coupable, il confessera 7 son péché, et il restituera dans son entier l'objet mal acquis, en y ajoutant un cinquième ; il le remettra à celui envers qui il s'est rendu coupable. S'il n'y a personne qui ait 8 droit à la restitution de l'objet mal acquis, cet objet revient à l'Éternel, au sacrificateur, outre le bélier expiatoire avec lequel on fera l'expiation pour le coupable. Toute of- 9 frande de choses consacrées par les enfants d'Israël appartiendra au sacrificateur à qui elles seront présentées. Les choses qu'on aura con- 10 sacrées lui appartiendront, ce qu'on lui aura remis lui appartiendra.

L'Éternel parla à Moïse, et dit : 11 Parle aux enfants d'Israël, et tu leur 12 diras : Si une femme se détourne de son mari, et lui devient infidèle ; si un autre a commerce avec elle, et que la chose soit cachée aux yeux de son mari ; si elle s'est souillée en secret, sans qu'il y ait de témoin contre elle, et sans qu'elle ait été prise sur le fait ;—et si le mari est 14 saisi d'un esprit de jalousie et a des soupçons sur sa femme, qui s'est souillée, ou bien s'il est saisi d'un esprit de jalousie et a des soupçons sur sa femme, qui ne s'est point souillée ; —cet homme amènera sa femme au 15 sacrificateur, et apportera en offrande pour elle un dixième d'épha de farine d'orge ; il n'y répandra point d'huile, et n'y mettra point d'encens, car c'est une offrande de jalousie, une offrande de souvenir, qui rappelle une iniquité. Le sacrificateur la fera approcher, 16 et la fera tenir debout devant l'Éternel.

17 Le sacrificateur prendra de l'eau sainte dans un vase de terre ; il prendra de la poussière sur le sol du tabernacle, et la mettra dans l'eau.

18 Le sacrificateur fera tenir la femme debout devant l'Éternel ; il découvrira la tête de la femme, et lui posera sur les mains l'offrande de souvenir, l'offrande de jalousie ; le sacrificateur aura dans sa main les eaux amères qui apportent la malédiction.

19 Le sacrificateur fera jurer la femme, et lui dira : Si aucun homme n'a couché avec toi, et si, étant sous la puissance de ton mari, tu ne t'en es point détournée pour te souiller, ces eaux amères qui apportent la malédiction ne te seront point funestes.

20 Mais si, étant sous la puissance de ton mari, tu t'en es détournée et que tu te sois souillée, et si un autre homme que ton mari a couché avec

21 toi,—et le sacrificateur fera jurer la femme avec un serment d'imprécation, et lui dira :—Que l'Éternel te livre à la malédiction et à l'exécration au milieu de ton peuple, en faisant dessécher ta cuisse et enfler

22 ton ventre, et que ces eaux qui apportent la malédiction entrent dans tes entrailles pour te faire enfler le ventre et dessécher la cuisse ! Et la femme dira : Amen ! Amen !

23 Le sacrificateur écrira ces imprécations dans un livre, puis les effacera

24 avec les eaux amères. Et il fera boire à la femme les eaux amères qui apportent la malédiction, et les eaux qui apportent la malédiction entreront en elle pour produire

25 l'amertume. Le sacrificateur prendra des mains de la femme l'offrande de jalousie, il agitera l'offrande de côté et d'autre devant l'Éternel, et

26 il l'offrira sur l'autel ; le sacrificateur prendra une poignée de cette offrande comme souvenir, et il la brûlera sur l'autel. C'est après cela qu'il fera

27 boire les eaux à la femme. Quand il aura fait boire les eaux, il arrivera, si elle s'est souillée et a été infidèle à son mari, que les eaux qui apportent la malédiction entreront en elle pour produire l'amertume ; son ventre s'enflera, sa cuisse se desséchera, et cette femme sera en malédiction au milieu de son peuple.

28 Mais si la femme ne s'est point souillée et qu'elle soit pure, elle sera reconnue innocente et aura des enfants.

29 Telle est la loi sur la jalousie, pour le cas où une femme sous la puissance de son mari se détourne et se

30 souille, et pour le cas où un mari saisi d'un esprit de jalousie a des soupçons sur sa femme : le sacrificateur la fera tenir debout devant l'Éternel, et lui appliquera cette loi dans son entier.

31 Le mari sera exempt de faute, mais la femme portera la peine de son iniquité.

6 L'Éternel parla à Moïse, et dit :

2 Parle aux enfants d'Israël, et tu leur diras : Lorsqu'un homme ou une femme se séparera des autres en faisant vœu de naziréat, pour se consacrer à l'Éternel, il s'abstiendra de

3 vin et de boisson enivrante ; il ne boira ni vinaigre fait avec du vin, ni vinaigre fait avec une boisson enivrante ; il ne boira d'aucune liqueur tirée des raisins, et il ne mangera point de raisins frais ni de

4 raisins secs. Pendant tout le temps de son naziréat, il ne mangera rien de ce qui provient de la vigne, depuis les pepins jusqu'à la peau du raisin.

5 Pendant tout le temps de son naziréat, le rasoir ne passera point sur sa tête ; jusqu'à l'accomplissement des jours pour lesquels il s'est consacré à l'Éternel, il sera saint, il laissera croître librement ses cheveux.

6 Pendant tout le temps qu'il a voué à l'Éternel, il ne s'approchera point

7 d'une personne morte ; il ne se souillera point à la mort de son père, de sa mère, de son frère ou de sa sœur, car il porte sur sa tête la consécration

8 de son Dieu. Pendant tout le temps de son naziréat, il sera consacré à

9 l'Éternel. Si quelqu'un meurt subitement près de lui, et que sa tête consacrée devienne ainsi souillée, il se rasera la tête le jour de sa purification, il se la rasera le septième

10 jour. Le huitième jour, il apportera au sacrificateur deux tourterelles ou

deux jeunes pigeons, à l'entrée de la
11 tente d'assignation. Le sacrificateur
sacrifiera l'un comme victime expiatoire, et l'autre comme holocauste,
et il fera pour lui l'expiation de son
péché à l'occasion du mort. Le
naziréen sanctifiera ainsi sa tête ce
12 jour-là. Il consacrera de nouveau
à l'Éternel les jours de son naziréat,
et il offrira un agneau d'un an en
sacrifice de culpabilité ; les jours
précédents ne seront point comptés,
parce que son naziréat a été souillé.
13 Voici la loi du naziréen. Le jour
où il aura accompli le temps de son
naziréat, on le fera venir à l'entrée
14 de la tente d'assignation. Il présentera son offrande à l'Éternel : un
agneau d'un an et sans défaut pour
l'holocauste, une brebis d'un an et
sans défaut pour le sacrifice d'expiation, et un bélier sans défaut pour
15 le sacrifice d'actions de grâces ; une
corbeille de pains sans levain, de
gâteaux de fleur de farine pétris à
l'huile, et de galettes sans levain
arrosées d'huile, avec l'offrande et
16 la libation ordinaires. Le sacrificateur présentera ces choses devant
l'Éternel, et il offrira sa victime
17 expiatoire et son holocauste ; il offrira le bélier en sacrifice d'actions
de grâces à l'Éternel, outre la corbeille de pains sans levain, avec
18 l'offrande et la libation. Le naziréen rasera, à l'entrée de la tente
d'assignation, sa tête consacrée ; il
prendra les cheveux de sa tête consacrée, et il les mettra sur le feu qui
est sous le sacrifice d'actions de
19 grâces. Le sacrificateur prendra
l'épaule cuite du bélier, un gâteau
sans levain de la corbeille, et une
galette sans levain ; et il les posera
sur les mains du naziréen, après qu'il
20 aura rasé sa tête consacrée. Le
sacrificateur les agitera de côté et
d'autre devant l'Éternel : c'est une
chose sainte, qui appartient au sacrificateur, avec la poitrine agitée et
l'épaule offerte par élévation. Ensuite, le naziréen pourra boire du vin.
21 Telle est la loi pour celui qui fait
vœu de naziréat ; telle est son offrande à l'Éternel pour son naziréat,

outre ce que lui permettront ses ressources. Il accomplira ce qui est
ordonné pour le vœu qu'il a fait,
selon la loi de son naziréat.

Formule de bénédiction.

L'Éternel parla à Moïse et dit : 22
Parle à Aaron et à ses fils, et dis : 23
Vous bénirez ainsi les enfants d'Israël, vous leur direz :
Que l'Éternel te bénisse, et qu'il 24
te garde ! Que l'Éternel fasse luire 25
sa face sur toi, et qu'il t'accorde sa
grâce ! Que l'Éternel tourne sa face 26
vers toi, et qu'il te donne la paix !
C'est ainsi qu'ils mettront mon 27
nom sur les enfants d'Israël, et je
les bénirai.

*Offrandes des chefs des tribus pour la
dédicace du tabernacle.*

Lorsque Moïse eut achevé de dres- **7**
ser le tabernacle, il l'oignit et le sanctifia avec tous ses ustensiles, de même
que l'autel avec tous ses ustensiles ;
il les oignit et les sanctifia. Alors 2
les princes d'Israël, chefs des maisons
de leurs pères, présentèrent leur offrande : c'étaient les princes des
tribus, ceux qui avaient présidé au
dénombrement. Ils amenèrent leur 3
offrande devant l'Éternel : six chars
en forme de litières et douze bœufs,
soit un char pour deux princes et un
bœuf pour chaque prince ; et ils les
offrirent devant le tabernacle.
L'Éternel parla à Moïse, et dit : 4
Prends d'eux ces choses, afin de les 5
employer pour le service de la tente
d'assignation ; tu les donneras aux
Lévites, à chacun selon ses fonctions.
Moïse prit les chars et les bœufs, et 6
il les remit aux Lévites. Il donna 7
deux chars et quatre bœufs aux fils
de Guerschon, selon leurs fonctions ;
il donna quatre chars et huit bœufs 8
aux fils de Merari, selon leurs fonctions, sous la conduite d'Ithamar, fils
du sacrificateur Aaron. Mais il n'en 9
donna point aux fils de Kehath,
parce que, selon leurs fonctions, ils
devaient porter les choses saintes sur
les épaules.
Les princes présentèrent leur of- 10
frande pour la dédicace de l'autel, le

jour où on l'oignit ; les princes présentèrent leur offrande devant l'autel.

11 L'Éternel dit à Moïse : Les princes viendront un à un, et à des jours différents, présenter leur offrande pour la dédicace de l'autel.

12 Celui qui présenta son offrande le premier jour fut Nachschon, fils d'Amminadab, de la tribu de Juda.

13 Il offrit : un plat d'argent du poids de cent trente sicles, un bassin d'argent de soixante-dix sicles, selon le sicle du sanctuaire, tous deux pleins de fleur de farine pétrie à l'huile,
14 pour l'offrande ; une coupe d'or de
15 dix sicles, pleine de parfum ; un jeune taureau, un bélier, un agneau
16 d'un an, pour l'holocauste ; un bouc,
17 pour le sacrifice d'expiation ; et, pour le sacrifice d'actions de grâces, deux bœufs, cinq béliers, cinq boucs, cinq agneaux d'un an. Telle fut l'offrande de Nachschon, fils d'Amminadab.

18 Le second jour, Nethaneel, fils de Tsuar, prince d'Issacar, présenta son
19 offrande. Il offrit : un plat d'argent du poids de cent trente sicles, un bassin d'argent de soixante-dix sicles, selon le sicle du sanctuaire, tous deux pleins de fleur de farine pétrie à l'huile,
20 pour l'offrande ; une coupe d'or de
21 dix sicles, pleine de parfum ; un jeune taureau, un bélier, un agneau d'un
22 an, pour l'holocauste ; un bouc, pour
23 le sacrifice d'expiation ; et, pour le sacrifice d'actions de grâces, deux bœufs, cinq béliers, cinq boucs, cinq agneaux d'un an. Telle fut l'offrande de Nethaneel, fils de Tsuar.

24 Le troisième jour, le prince des fils de Zabulon, Éliab, fils de Hélon,
25 offrit : un plat d'argent du poids de cent trente sicles, un bassin d'argent de soixante-dix sicles, selon le sicle du sanctuaire, tous deux pleins de fleur de farine pétrie à l'huile, pour
26 l'offrande ; une coupe d'or de dix
27 sicles, pleine de parfum ; un jeune taureau, un bélier, un agneau d'un
28 an, pour l'holocauste ; un bouc, pour
29 le sacrifice d'expiation ; et, pour le sacrifice d'actions de grâces, deux bœufs, cinq béliers, cinq boucs, cinq agneaux d'un an. Telle fut l'offrande d'Éliab, fils de Hélon.

30 Le quatrième jour, le prince des fils de Ruben, Élitsur, fils de Sche-
31 déur, offrit : un plat d'argent du poids de cent trente sicles, un bassin d'argent de soixante-dix sicles, selon le sicle du sanctuaire, tous deux pleins de fleur de farine pétrie à l'huile,
32 pour l'offrande ; une coupe d'or de
33 dix sicles, pleine de parfum ; un jeune taureau, un bélier, un agneau d'un
34 an, pour l'holocauste ; un bouc, pour
35 le sacrifice d'expiation ; et, pour le sacrifice d'actions de grâces, deux bœufs, cinq béliers, cinq boucs, cinq agneaux d'un an. Telle fut l'offrande d'Élitsur, fils de Schedéur.

36 Le cinquième jour, le prince des fils de Siméon, Schelumiel, fils de
37 Tsurischaddaï, offrit : un plat d'argent du poids de cent trente sicles, un bassin d'argent de soixante-dix sicles, selon le sicle du sanctuaire, tous deux pleins de fleur de farine
38 pétrie à l'huile, pour l'offrande ; une coupe d'or de dix sicles, pleine de
39 parfum ; un jeune taureau, un bélier, un agneau d'un an, pour l'holocauste ;
40 un bouc, pour le sacrifice d'expia-
41 tion ; et, pour le sacrifice d'actions de grâces, deux bœufs, cinq béliers, cinq boucs, cinq agneaux d'un an. Telle fut l'offrande de Schelumiel, fils de Tsurischaddaï.

42 Le sixième jour, le prince des fils de
43 Gad, Éliasaph, fils de Déuel, offrit : un plat d'argent du poids de cent trente sicles, un bassin d'argent de soixante-dix sicles, selon le sicle du sanctuaire, tous deux pleins de fleur de farine
44 pétrie à l'huile, pour l'offrande ; une coupe d'or de dix sicles, pleine de
45 parfum ; un jeune taureau, un bélier, un agneau d'un an, pour l'holocauste ;
46 un bouc, pour le sacrifice d'expia-
47 tion ; et, pour le sacrifice d'actions de grâces, deux bœufs, cinq béliers, cinq boucs, cinq agneaux d'un an. Telle fut l'offrande d'Éliasaph, fils de Déuel.

48 Le septième jour, le prince des fils d'Éphraïm, Élischama, fils d'Ammi-
49 hud, offrit : un plat d'argent du poids de cent trente sicles, un bassin d'argent de soixante-dix sicles, selon le sicle du sanctuaire, tous deux pleins

de fleur de farine pétrie à l'huile, pour
50 l'offrande; une coupe d'or de dix
51 sicles, pleine de parfum; un jeune
taureau, un bélier, un agneau d'un
52 an, pour l'holocauste; un bouc, pour
53 le sacrifice d'expiation; et, pour le
sacrifice d'actions de grâces, deux
bœufs, cinq béliers, cinq boucs, cinq
agneaux d'un an. Telle fut l'offrande
d'Élischama, fils d'Ammihud.

54 Le huitième jour, le prince des fils
de Manassé, Gamliel, fils de Pedah-
55 tsur, offrit: un plat d'argent du poids
de cent trente sicles, un bassin d'argent de soixante-dix sicles, selon le
sicle du sanctuaire, tous deux pleins
de fleur de farine pétrie à l'huile,
56 pour l'offrande; une coupe d'or de
57 dix sicles, pleine de parfum; un jeune
taureau, un bélier, un agneau d'un
58 an, pour l'holocauste; un bouc, pour
59 le sacrifice d'expiation; et, pour le
sacrifice d'actions de grâces, deux
bœufs, cinq béliers, cinq boucs, cinq
agneaux d'un an. Telle fut l'offrande
de Gamliel, fils de Pedahtsur.

60 Le neuvième jour, le prince des
fils de Benjamin, Abidan, fils de Gui-
61 deoni, offrit: un plat d'argent du poids
de cent trente sicles, un bassin d'argent de soixante-dix sicles, selon le
sicle du sanctuaire, tous deux pleins
de fleur de farine pétrie à l'huile,
62 pour l'offrande; une coupe d'or de
63 dix sicles, pleine de parfum; un jeune
taureau, un bélier, un agneau d'un
64 an, pour l'holocauste; un bouc, pour
65 le sacrifice d'expiation; et, pour le
sacrifice d'actions de grâces, deux
bœufs, cinq béliers, cinq boucs, cinq
agneaux d'un an. Telle fut l'offrande d'Abidan, fils de Guideoni.

66 Le dixième jour, le prince des fils
de Dan, Ahiézer, fils d'Ammischaddaï,
67 offrit: un plat d'argent du poids de
cent trente sicles, un bassin d'argent
de soixante-dix sicles, selon le sicle
du sanctuaire, tous deux pleins de
fleur de farine pétrie à l'huile, pour
68 l'offrande; une coupe d'or de dix
69 sicles, pleine de parfum; un jeune
taureau, un bélier, un agneau d'un
70 an, pour l'holocauste; un bouc, pour
71 le sacrifice d'expiation; et, pour le
sacrifice d'actions de grâces, deux

bœufs, cinq béliers, cinq boucs, cinq
agneaux d'un an. Telle fut l'offrande d'Ahiézer, fils d'Ammischaddaï.

72 Le onzième jour, le prince des fils
d'Aser, Paguiel, fils d'Ocran, offrit:
73 un plat d'argent du poids de cent
trente sicles, un bassin d'argent de
soixante-dix sicles, selon le sicle du
sanctuaire, tous deux pleins de fleur
de farine pétrie à l'huile, pour l'offrande; une coupe d'or de dix sicles, 74
pleine de parfum; un jeune taureau, 75
un bélier, un agneau d'un an, pour
l'holocauste; un bouc, pour le sacri- 76
fice d'expiation; et, pour le sacrifice 77
d'actions de grâces, deux bœufs, cinq
béliers, cinq boucs, cinq agneaux
d'un an. Telle fut l'offrande de Paguiel, fils d'Ocran.

78 Le douzième jour, le prince des
fils de Nephthali, Ahira, fils d'Énan,
offrit: un plat d'argent du poids de 79
cent trente sicles, un bassin d'argent
de soixante-dix sicles, selon le sicle
du sanctuaire, tous deux pleins de
fleur de farine pétrie à l'huile, pour
l'offrande; une coupe d'or de dix 80
sicles, pleine de parfum; un jeune 81
taureau, un bélier, un agneau d'un
an, pour l'holocauste; un bouc, pour 82
le sacrifice d'expiation; et, pour le 83
sacrifice d'actions de grâces, deux
bœufs, cinq béliers, cinq boucs, cinq
agneaux d'un an. Telle fut l'offrande
d'Ahira, fils d'Énan.

84 Tels furent les dons des princes
d'Israël pour la dédicace de l'autel,
le jour où on l'oignit. Douze plats
d'argent, douze bassins d'argent,
douze coupes d'or; chaque plat d'ar- 85
gent pesait cent trente sicles, et chaque
bassin soixante-dix, ce qui fit pour
l'argent de ces ustensiles un total de
deux mille quatre cents sicles, selon
le sicle du sanctuaire; les douze 86
coupes d'or pleines de parfum, à dix
sicles la coupe, selon le sicle du
sanctuaire, firent pour l'or des coupes
un total de cent vingt sicles. Total 87
des animaux pour l'holocauste: douze
taureaux, douze béliers, douze a-
gneaux d'un an, avec les offrandes
ordinaires. Douze boucs, pour le
sacrifice d'expiation. Total des ani- 88

maux pour le sacrifice d'actions de grâces: vingt-quatre bœufs, soixante béliers, soixante boucs, soixante agneaux d'un an. Tels furent les dons pour la dédicace de l'autel, après qu'on l'eut oint.

89 Lorsque Moïse entrait dans la tente d'assignation pour parler avec l'Éternel, il entendait la voix qui lui parlait du haut du propitiatoire placé sur l'arche du témoignage, entre les deux chérubins. Et il parlait avec l'Éternel.

Arrangement des lampes.—Consécration des Lévites.

8 L'Éternel parla à Moïse, et dit:
2 Parle à Aaron, et tu lui diras: Lorsque tu placeras les lampes sur le chandelier, les sept lampes devront
3 éclairer en face. Aaron fit ainsi; il plaça les lampes sur le devant du chandelier, comme l'Éternel l'avait
4 ordonné à Moïse. Le chandelier était d'or battu; jusqu'à son pied, jusqu'à ses fleurs, il était d'or battu; Moïse avait fait le chandelier d'après le modèle que l'Éternel lui avait montré.
5 L'Éternel parla à Moïse, et dit:
6 Prends les Lévites du milieu des
7 enfants d'Israël, et purifie-les. Voici comment tu les purifieras. Fais sur eux une aspersion d'eau expiatoire; qu'ils fassent passer le rasoir sur tout leur corps, qu'ils lavent leurs vête-
8 ments, et qu'ils se purifient. Ils prendront ensuite un jeune taureau, avec l'offrande ordinaire de fleur de farine pétrie à l'huile; et tu prendras un autre jeune taureau pour le
9 sacrifice d'expiation. Tu feras approcher les Lévites devant la tente d'assignation, et tu convoqueras toute
10 l'assemblée des enfants d'Israël. Tu feras approcher les Lévites devant l'Éternel; et les enfants d'Israël poseront leurs mains sur les Lévites.
11 Aaron fera tourner de côté et d'autre les Lévites devant l'Éternel, comme une offrande de la part des enfants d'Israël; et ils seront consacrés au
12 service de l'Éternel. Les Lévites poseront leurs mains sur la tête des taureaux; et tu offriras l'un en sacri-

fice d'expiation, et l'autre en holocauste, afin de faire l'expiation pour les Lévites. Tu feras tenir les Lévites 13 debout devant Aaron et devant ses fils, et tu les feras tourner de côté et d'autre comme une offrande à l'Éternel. Tu sépareras les Lévites 14 du milieu des enfants d'Israël; et les Lévites m'appartiendront. Après 15 cela, les Lévites viendront faire le service dans la tente d'assignation. C'est ainsi que tu les purifieras, et que tu les feras tourner de côté et d'autre comme une offrande. Car 16 ils me sont entièrement donnés du milieu des enfants d'Israël: je les ai pris pour moi à la place des premiers-nés, de tous les premiers-nés des enfants d'Israël. Car tout pre- 17 mier-né des enfants d'Israël m'appartient, tant des hommes que des animaux; le jour où j'ai frappé tous les premiers-nés dans le pays d'Égypte, je me les suis consacrés. Et 18 j'ai pris les Lévites à la place de tous les premiers-nés des enfants d'Israël. J'ai donné les Lévites entièrement à 19 Aaron et à ses fils, du milieu des enfants d'Israël, pour qu'ils fassent le service des enfants d'Israël dans la tente d'assignation, pour qu'ils fassent l'expiation pour les enfants d'Israël, et pour que les enfants d'Israël ne soient frappés d'aucune plaie, en s'approchant du sanctuaire.

Moïse, Aaron et toute l'assemblée 20 des enfants d'Israël, firent à l'égard des Lévites tout ce que l'Éternel avait ordonné à Moïse touchant les Lévites; ainsi firent à leur égard les enfants d'Israël. Les Lévites se 21 purifièrent, et lavèrent leurs vêtements; Aaron les fit tourner de côté et d'autre comme une offrande devant l'Éternel, et il fit l'expiation pour eux, afin de les purifier. Après 22 cela, les Lévites vinrent faire leur service dans la tente d'assignation, en présence d'Aaron et de ses fils, selon ce que l'Éternel avait ordonné à Moïse touchant les Lévites; ainsi fut-il fait à leur égard.

L'Éternel parla à Moïse, et dit: 23
Voici ce qui concerne les Lévites. 24

Depuis l'âge de vingt-cinq ans et au-dessus, tout Lévite entrera au service de la tente d'assignation pour 25 y exercer une fonction. Depuis l'âge de cinquante ans, il sortira de fonc- 26 tion, et ne servira plus. Il aidera ses frères dans la tente d'assignation, pour garder ce qui est remis à leurs soins; mais il ne fera plus de service. Tu agiras ainsi à l'égard des Lévites pour ce qui concerne leurs fonctions.

La Pâque célébrée au désert de Sinaï.

9 L'Éternel parla à Moïse, dans le désert de Sinaï, le premier mois de la seconde année après leur sortie 2 du pays d'Égypte. Il dit: Que les enfants d'Israël célèbrent la Pâque 3 au temps fixé. Vous la célébrerez au temps fixé, le quatorzième jour de ce mois, entre les deux soirs; vous la célébrerez selon toutes les lois et toutes les ordonnances qui s'y rapportent.

4 Moïse parla aux enfants d'Israël, 5 afin qu'ils célébrassent la Pâque. Et ils célébrèrent la Pâque le quatorzième jour du premier mois, entre les deux soirs, dans le désert de Sinaï; les enfants d'Israël se conformèrent à tous les ordres que l'Éternel avait donnés à Moïse.

6 Il y eut des hommes qui, se trouvant impurs à cause d'un mort, ne pouvaient pas célébrer la Pâque ce jour-là. Ils se présentèrent le même 7 jour devant Moïse et Aaron; et ces hommes dirent à Moïse: Nous sommes impurs à cause d'un mort; pourquoi serions-nous privés de présenter au temps fixé l'offrande de l'Éternel 8 au milieu des enfants d'Israël? Moïse leur dit: Attendez que je sache ce que l'Éternel vous ordonne.

9 Et l'Éternel parla à Moïse, et dit: 10 Parle aux enfants d'Israël, et dis-leur: Si quelqu'un d'entre vous ou de vos descendants est impur à cause d'un mort, ou est en voyage dans le lointain, il célébrera la Pâque en l'hon- 11 neur de l'Éternel. C'est au second mois qu'ils la célébreront, le quatorzième jour, entre les deux soirs; ils la mangeront avec des pains sans 12 levain et des herbes amères. Ils n'en

laisseront rien jusqu'au matin, et ils n'en briseront aucun os. Ils la célébreront selon toutes les ordonnances de la Pâque.

Si celui qui est pur et qui n'est pas 13 en voyage s'abstient de célébrer la Pâque, celui-là sera retranché de son peuple; parce qu'il n'a pas présenté l'offrande de l'Éternel au temps fixé, cet homme-là portera la peine de son péché. Si un étranger en séjour chez 14 vous célèbre la Pâque de l'Éternel, il se conformera aux lois et aux ordonnances de la Pâque. Il y aura une même loi parmi vous, pour l'étranger comme pour l'indigène.

La nuée.

Le jour où le tabernacle fut dressé, 15 la nuée couvrit le tabernacle, la tente d'assignation; et, depuis le soir jusqu'au matin, elle eut sur le tabernacle l'apparence d'un feu. Il en 16 fut continuellement ainsi: la nuée couvrait le tabernacle, et elle avait de nuit l'apparence d'un feu. Quand 17 la nuée s'élevait de dessus la tente, les enfants d'Israël partaient; et les enfants d'Israël campaient dans le lieu où s'arrêtait la nuée. Les en- 18 fants d'Israël partaient sur l'ordre de l'Éternel, et ils campaient sur l'ordre de l'Éternel; ils campaient aussi longtemps que la nuée restait sur le tabernacle. Quand la nuée restait 19 longtemps sur le tabernacle, les enfants d'Israël obéissaient au commandement de l'Éternel, et ne partaient point. Quand la nuée restait 20 peu de jours sur le tabernacle, ils campaient sur l'ordre de l'Éternel, et ils partaient sur l'ordre de l'Éternel. Si la nuée s'arrêtait du soir au matin, 21 et s'élevait le matin, ils partaient. Si la nuée s'élevait après un jour et une nuit, ils partaient. Si la nuée 22 s'arrêtait sur le tabernacle deux jours, ou un mois, ou une année, les enfants d'Israël restaient campés, et ne partaient point; et quand elle s'élevait, ils partaient. Ils campaient sur 23 l'ordre de l'Éternel, et ils partaient sur l'ordre de l'Éternel; ils obéissaient au commandement de l'Éternel, sur l'ordre de l'Éternel par Moïse.

Les deux trompettes d'argent

10 L'Éternel parla à Moïse, et dit:
2 Fais-toi deux trompettes d'argent; tu les feras d'argent battu. Elles te serviront pour la convocation de l'assemblée et pour le départ des camps.
3 Quand on en sonnera, toute l'assemblée se réunira auprès de toi, à l'entrée de la tente d'assignation.
4 Si l'on ne sonne que d'une trompette, les princes, les chefs des milliers d'Israël, se réuniront auprès de toi.
5 Quand vous sonnerez avec éclat, ceux qui campent à l'orient partiront;
6 quand vous sonnerez avec éclat pour la seconde fois, ceux qui campent au midi partiront: on sonnera avec
7 éclat pour leur départ. Vous sonnerez aussi pour convoquer l'assemblée, mais vous ne sonnerez pas
8 avec éclat. Les fils d'Aaron, les sacrificateurs, sonneront des trompettes. Ce sera une loi perpétuelle pour
9 vous et pour vos descendants. Lorsque, dans votre pays, vous irez à la guerre contre l'ennemi qui vous combattra, vous sonnerez des trompettes avec éclat, et vous serez présents au souvenir de l'Éternel, votre Dieu, et vous serez délivrés de vos ennemis.
10 Dans vos jours de joie, dans vos fêtes, et à vos nouvelles lunes, vous sonnerez des trompettes, en offrant vos holocaustes et vos sacrifices d'actions de grâces, et elles vous mettront en souvenir devant votre Dieu. Je suis l'Éternel, votre Dieu.

Départ du Sinaï.

11 Le vingtième jour du second mois de la seconde année, la nuée s'éleva de dessus le tabernacle du témoi-
12 gnage. Et les enfants d'Israël partirent du désert de Sinaï, selon l'ordre fixé pour leur marche. La nuée s'ar-
13 rêta dans le désert de Paran. Ils firent ce premier départ sur l'ordre de l'Éternel par Moïse.
14 La bannière du camp des fils de Juda partit la première, avec ses corps d'armée. Le corps d'armée de Juda était commandé par Nachschon,
15 fils d'Amminadab; le corps d'armée de la tribu des fils d'Issacar, par

16 Nethaneel, fils de Tsuar; le corps d'armée de la tribu des fils de Zabulon, par Éliab, fils de Hélon.
17 Le tabernacle fut démonté; et les fils de Guerschon et les fils de Merari partirent, portant le tabernacle.
18 La bannière du camp de Ruben partit, avec ses corps d'armée. Le corps d'armée de Ruben était commandé par Élitsur, fils de Schedéur;
19 le corps d'armée de la tribu des fils de Siméon, par Schelumiel, fils de Tsurischaddaï; le corps d'armée de
20 la tribu des fils de Gad, par Éliasaph, fils de Déuel.
21 Les Kehathites partirent, portant le sanctuaire; et l'on dressait le tabernacle en attendant leur arrivée.
22 La bannière du camp des fils d'Éphraïm partit, avec ses corps d'armée. Le corps d'armée d'É-phraïm était commandé par Élischa-
23 ma, fils d'Ammihud; le corps d'armée de la tribu des fils de Manassé, par Gamliel, fils de Pedahtsur; le
24 corps d'armée de la tribu des fils de Benjamin, par Abidan, fils de Guideoni.
25 La bannière du camp des fils de Dan partit, avec ses corps d'armée: elle formait l'arrière-garde de tous les camps. Le corps d'armée de Dan était commandé par Ahiézer,
26 fils d'Ammischaddaï; le corps d'armée de la tribu des fils d'Aser, par
27 Paguiel, fils d'Ocran; le corps d'armée de la tribu des fils de Nephthali, par Ahira, fils d'Énan.
28 Tel fut l'ordre d'après lequel les enfants d'Israël se mirent en marche, selon leurs corps d'armée; et c'est ainsi qu'ils partirent.
29 Moïse dit à Hobab, fils de Réuel, le Madianite, beau-père de Moïse: Nous partons pour le lieu dont l'Éternel a dit: Je vous le donnerai. Viens avec nous, et nous te ferons du bien, car l'Éternel a promis de faire du bien à Israël. Hobab lui
30 répondit: Je n'irai point; mais j'irai dans mon pays et dans ma patrie.
31 Et Moïse dit: Ne nous quitte pas, je te prie; puisque tu connais les lieux où nous campons dans le désert, tu nous serviras de guide. Et
32

si tu viens avec nous, nous te ferons jouir du bien que l'Éternel nous fera.

33 Ils partirent de la montagne de l'Éternel, et marchèrent trois jours ; l'arche de l'alliance de l'Éternel partit devant eux, et fit une marche de trois jours, pour leur chercher un lieu de repos.

34 La nuée de l'Éternel était au-dessus d'eux pendant le jour, lorsqu'ils partaient du camp.

35 Quand l'arche partait, Moïse disait : Lève-toi, Éternel ! et que tes ennemis soient dispersés ! que ceux qui te haïssent fuient devant ta face !

36 Et quand on la posait, il disait : Reviens, Éternel, aux myriades des milliers d'Israël !

Le feu de l'Éternel. — Les cailles.

11 Le peuple murmura, et cela déplut aux oreilles de l'Éternel. Lorsque l'Éternel l'entendit, sa colère s'enflamma ; le feu de l'Éternel s'alluma parmi eux, et dévora l'ex-

2 trémité du camp. Le peuple cria à Moïse. Moïse pria l'Éternel, et le

3 feu s'arrêta. On donna à ce lieu le nom de Tabeéra, parce que le feu de l'Éternel s'était allumé parmi eux.

4 Le ramassis de gens qui se trouvaient au milieu d'Israël fut saisi de convoitise ; et même les enfants d'Israël recommencèrent à pleurer et dirent : Qui nous donnera de la

5 viande à manger ? Nous nous souvenons des poissons que nous mangions en Égypte, et qui ne nous coûtaient rien, des concombres, des melons, des poireaux, des oignons et

6 des aulx. Maintenant, notre âme est desséchée : plus rien ! Nos yeux ne voient que de la manne.

7 La manne ressemblait à de la graine de coriandre, et avait l'ap-

8 parence du bdellium. Le peuple se dispersait pour la ramasser ; il la broyait avec des meules, ou la pilait dans un mortier ; il la cuisait au pot, et en faisait des gâteaux. Elle avait

9 le goût d'un gâteau à l'huile. Quand la rosée descendait la nuit sur le camp, la manne y descendait aussi.

10 Moïse entendit le peuple qui pleurait, chacun dans sa famille et à l'entrée de sa tente. La colère de l'Éternel s'enflamma fortement.

11 Moïse fut attristé, et il dit à l'Éternel : Pourquoi affliges-tu ton serviteur, et pourquoi n'ai-je pas trouvé grâce à tes yeux, que tu aies mis sur moi la charge de tout ce peuple ?

12 Est-ce moi qui ai conçu ce peuple ? est-ce moi qui l'ai enfanté, pour que tu me dises : Porte-le sur ton sein, comme le nourricier porte un enfant, jusqu'au pays que tu as juré à ses pères de lui donner ?

13 Où prendrai-je de la viande pour donner à tout ce peuple ? Car ils pleurent auprès de moi, en disant : Donne-nous de la viande à manger !

14 Je ne puis pas, à moi seul, porter tout ce peuple, car il est trop pesant pour moi.

15 Plutôt que de me traiter ainsi, tue-moi, je te prie, si j'ai trouvé grâce à tes yeux, et que je ne voie pas mon malheur.

16 L'Éternel dit à Moïse : Assemble auprès de moi soixante-dix hommes des anciens d'Israël, de ceux que tu connais comme anciens du peuple et ayant autorité sur lui ; amène-les à la tente d'assignation, et qu'ils s'y présentent avec toi.

17 Je descendrai, et là je te parlerai ; je prendrai de l'esprit qui est sur toi, et je le mettrai sur eux, afin qu'ils portent avec toi la charge du peuple, et que tu ne la portes pas à toi seul.

18 Tu diras au peuple : Sanctifiez-vous pour demain, et vous mangerez de la viande, puisque vous avez pleuré aux oreilles de l'Éternel, en disant : Qui nous fera manger de la viande ? car nous étions bien en Égypte. L'Éternel vous donnera de la viande, et vous en mangerez.

19 Vous en mangerez, non pas un jour, ni deux jours, ni cinq jours, ni dix jours, ni vingt jours,

20 mais un mois entier, jusqu'à ce qu'elle vous sorte par les narines et que vous en ayez du dégoût, parce que vous avez rejeté l'Éternel qui est au milieu de vous, et parce que vous avez pleuré devant lui, en disant : Pourquoi donc sommes-nous sortis d'Égypte ?

21 Moïse dit : Six cent mille hommes de pied forment le peuple au milieu duquel je suis, et tu dis : Je leur

donnerai de la viande, et ils en 22 mangeront un mois entier ! Égorgera-t-on pour eux des brebis et des bœufs, en sorte qu'ils en aient assez ? ou rassemblera-t-on pour eux tous les poissons de la mer, en sorte qu'ils 23 en aient assez ? L'Éternel répondit à Moïse : La main de l'Éternel serait-elle trop courte ? Tu verras maintenant si ce que je t'ai dit arrivera ou non.

24 Moïse sortit, et rapporta au peuple les paroles de l'Éternel. Il assembla soixante-dix hommes des anciens du peuple, et les plaça autour de la tente. 25 L'Éternel descendit dans la nuée, et parla à Moïse ; il prit de l'esprit qui était sur lui, et le mit sur les soixante-dix anciens. Et dès que l'esprit reposa sur eux, ils prophétisèrent ; mais ils ne continuèrent pas.

26 Il y eut deux hommes, l'un appelé Eldad, et l'autre Médad, qui étaient restés dans le camp, et sur lesquels l'esprit reposa ; car ils étaient parmi les inscrits, quoiqu'ils ne fussent point allés à la tente ; et ils pro- 27 phétisèrent dans le camp. Un jeune garçon courut l'annoncer à Moïse, et dit : Eldad et Médad prophétisent 28 dans le camp. Et Josué, fils de Nun, serviteur de Moïse depuis sa jeunesse, prit la parole et dit : Moïse, mon 29 seigneur, empêche-les ! Moïse lui répondit : Es-tu jaloux pour moi ? Puisse tout le peuple de l'Éternel être composé de prophètes ; et veuille l'Éternel mettre son esprit sur eux ! 30 Et Moïse se retira au camp, lui et les anciens d'Israël.

31 L'Éternel fit souffler de la mer un vent, qui amena des cailles, et les répandit sur le camp, environ une journée de chemin d'un côté et environ une journée de chemin de l'autre côté, autour du camp. Il y en avait près de deux coudées au-dessus de la surface de la terre. 32 Pendant tout ce jour et toute la nuit, et pendant toute la journée du lendemain, le peuple se leva et ramassa les cailles ; celui qui en avait ramassé le moins en avait dix homers. Ils les étendirent pour eux 33 autour du camp. Comme la chair était encore entre leurs dents, sans être mâchée, la colère de l'Éternel s'enflamma contre le peuple, et l'Éternel frappa le peuple d'une très grande plaie. On donna à ce lieu 34 le nom de Kibroth-Hattaava, parce qu'on y enterra le peuple que la convoitise avait saisi.

De Kibroth-Hattaava le peuple 35 partit pour Hatséroth, et il s'arrêta à Hatséroth.

Murmures de Marie et d'Aaron à Hatsé-roth. Marie frappée de la lèpre.

Marie et Aaron parlèrent contre **12** Moïse au sujet de la femme éthiopienne qu'il avait prise, car il avait pris une femme éthiopienne. Ils di- 2 rent : Est-ce seulement par Moïse que l'Éternel parle ? N'est-ce pas aussi par nous qu'il parle ? Et l'Éternel l'entendit. Or, Moïse était 3 un homme fort patient, plus qu'aucun homme sur la face de la terre.

Soudain l'Éternel dit à Moïse, à 4 Aaron et à Marie : Allez, vous trois, à la tente d'assignation. Et ils y allèrent tous les trois. L'Éternel 5 descendit dans la colonne de nuée, et il se tint à l'entrée de la tente. Il appela Aaron et Marie, qui s'avancèrent tous les deux. Et il dit : 6 Écoutez bien mes paroles ! Lorsqu'il y aura parmi vous un prophète, c'est dans une vision que moi, l'Éternel, je me révélerai à lui, c'est dans un songe que je lui parlerai. Il n'en 7 est pas ainsi de mon serviteur Moïse. Il est fidèle dans toute ma maison. Je lui parle bouche à bouche, je 8 me révèle à lui sans énigmes, et il voit une représentation de l'Éternel. Pourquoi donc n'avez-vous pas craint de parler contre mon serviteur, contre Moïse ?

La colère de l'Éternel s'enflamma 9 contre eux. Et il s'en alla. La 10 nuée se retira de dessus la tente. Et voici, Marie était frappée d'une lèpre, blanche comme la neige. Aaron se tourna vers Marie ; et voici, elle avait la lèpre. Alors 11 Aaron dit à Moïse : De grâce, mon seigneur, ne nous fais pas porter la peine du péché que nous avons com-

mis en insensés, et dont nous nous
12 sommes rendus coupables! Oh!
qu'elle ne soit pas comme l'enfant
mort-né, dont la chair est à moitié
consumée quand il sort du sein de
13 sa mère! Moïse cria à l'Éternel, en
disant: O Dieu, je te prie, guéris-
14 la! Et l'Éternel dit à Moïse: Si
son père lui avait craché au visage,
ne serait-elle pas pendant sept jours
un objet de honte? Qu'elle soit enfermée sept jours en dehors du
camp; après quoi, elle y sera reçue.
15 Marie fut enfermée sept jours en
dehors du camp; et le peuple ne
partit point, jusqu'à ce que Marie y
fût rentrée.
16 Après cela, le peuple partit de
Hatséroth, et il campa dans le désert de Paran.

*Les douze espions envoyés en
Canaan.*

13 L'Éternel parla à Moïse, et dit:
2 Envoie des hommes pour explorer
le pays de Canaan, que je donne aux
enfants d'Israël. Tu enverras un
homme de chacune des tribus de
leurs pères; tous seront des prin-
3 cipaux d'entre eux. Moïse les envoya du désert de Paran, d'après
l'ordre de l'Éternel; tous ces hommes étaient chefs des enfants d'Israël.
4 Voici leurs noms.
Pour la tribu de Ruben: Schammua, fils de Zaccur;
5 pour la tribu de Siméon: Schaphath, fils de Hori;
6 pour la tribu de Juda: Caleb, fils
de Jephunné;
7 pour la tribu d'Issacar: Jigual, fils
de Joseph;
8 pour la tribu d'Éphraïm: Hosée,
fils de Nun;
9 pour la tribu de Benjamin: Palthi,
fils de Raphu;
10 pour la tribu de Zabulon: Gad-
diel, fils de Sodi;
11 pour la tribu de Joseph, la tribu
de Manassé: Gaddi, fils de Susi;
12 pour la tribu de Dan: Ammiel,
fils de Guemalli;
13 pour la tribu d'Aser: Sethur, fils
de Micaël;

pour la tribu de Nephthali: Nach- 14
bi, fils de Vophsi;
pour la tribu de Gad: Guéuel, fils 15
de Maki.
Tels sont les noms des hommes 16
que Moïse envoya pour explorer le
pays. Moïse donna à Hosée, fils de
Nun, le nom de Josué.
Moïse les envoya pour explorer le 17
pays de Canaan. Il leur dit: Montez
ici, par le midi; et vous monterez
sur la montagne. Vous verrez le 18
pays, ce qu'il est, et le peuple qui
l'habite, s'il est fort ou faible, s'il est
en petit ou en grand nombre; ce 19
qu'est le pays où il habite, s'il est
bon ou mauvais; ce que sont les
villes où il habite, si elles sont
ouvertes ou fortifiées; ce qu'est le 20
terrain, s'il est gras ou maigre, s'il y
a des arbres ou s'il n'y en a point.
Ayez bon courage, et prenez des
fruits du pays. C'était le temps des
premiers raisins.
Ils montèrent, et ils explorèrent le 21
pays, depuis le désert de Tsin jusqu'à
Rehob, sur le chemin de Hamath.
Ils montèrent par le midi, et ils 22
allèrent jusqu'à Hébron, où étaient
Ahiman, Schéschaï et Talmaï, enfants d'Anak. Hébron avait été
bâtie sept ans avant Tsoan en
Égypte. Ils arrivèrent jusqu'à la 23
vallée d'Eschcol, où ils coupèrent
une branche de vigne avec une
grappe de raisin, qu'ils portèrent à
deux au moyen d'une perche; ils
prirent aussi des grenades et des
figues. On donna à ce lieu le nom 24
de vallée d'Eschcol, à cause de la
grappe que les enfants d'Israël y
coupèrent.
Ils furent de retour de l'explora- 25
tion du pays au bout de quarante
jours. A leur arrivée, ils se rendirent 26
auprès de Moïse et d'Aaron, et de
toute l'assemblée des enfants d'Israël, à Kadès dans le désert de Paran.
Ils leur firent un rapport, ainsi qu'à
toute l'assemblée, et ils leur montrèrent les fruits du pays.
Voici ce qu'ils racontèrent à Moïse: 27
Nous sommes allés dans le pays où
tu nous as envoyés. A la vérité,
c'est un pays où coulent le lait et

28 le miel, et en voici les fruits. Mais le peuple qui habite ce pays est puissant, les villes sont fortifiées, très grandes; nous y avons vu des en-
29 fants d'Anak. Les Amalécites habitent la contrée du midi; les Héthiens, les Jébusiens et les Amoréens habitent la montagne; et les Cananéens habitent près de la mer et le long du Jourdain.
30 Caleb fit taire le peuple, qui murmurait contre Moïse. Il dit: Montons, emparons-nous du pays,
31 nous y serons vainqueurs! Mais les hommes qui y étaient allés avec lui dirent: Nous ne pouvons pas monter contre ce peuple, car il est plus fort
32 que nous. Et ils décrièrent devant les enfants d'Israël le pays qu'ils avaient exploré. Ils dirent: Le pays que nous avons parcouru, pour l'ex-plorer, est un pays qui dévore ses habitants; tous ceux que nous y avons vus sont des hommes d'une
33 haute taille; et nous y avons vu les géants, enfants d'Anak, de la race des géants: nous étions à nos yeux et aux leurs comme des sauterelles.

Murmures, après le rapport des espions.
Les quarante années au désert.

14 Toute l'assemblée éleva la voix et poussa des cris, et le peuple
2 pleura pendant la nuit. Tous les enfants d'Israël murmurèrent contre Moïse et Aaron, et toute l'assemblée leur dit: Que ne sommes-nous morts dans le pays d'Égypte, ou que ne sommes-nous morts dans ce désert!
3 Pourquoi l'Éternel nous fait-il aller dans ce pays, où nous tomberons par l'épée, où nos femmes et nos petits enfants deviendront une proie? Ne vaut-il pas mieux pour nous re-
4 tourner en Égypte? Et ils se dirent l'un à l'autre: Nommons un chef, et retournons en Égypte.
5 Moïse et Aaron tombèrent sur leur visage, en présence de toute l'assem-
6 blée réunie des enfants d'Israël. Et, parmi ceux qui avaient exploré le pays, Josué, fils de Nun, et Caleb, fils de Jephunné, déchirèrent leurs
7 vêtements, et parlèrent ainsi à toute l'assemblée des enfants d'Israël: Le

pays que nous avons parcouru, pour l'explorer, est un pays très bon, ex-cellent. Si l'Éternel nous est favora- 8 ble, il nous mènera dans ce pays, et nous le donnera: c'est un pays où coulent le lait et le miel. Seulement, 9 ne soyez point rebelles contre l'É-ternel, et ne craignez point les gens de ce pays, car ils nous serviront de pâture, ils n'ont plus d'ombrage pour les couvrir, l'Éternel est avec nous, ne les craignez point!

Toute l'assemblée parlait de les 10 lapider, lorsque la gloire de l'Éternel apparut sur la tente d'assignation, devant tous les enfants d'Israël. Et 11 l'Éternel dit à Moïse: Jusques à quand ce peuple me méprisera-t-il? Jusques à quand ne croira-t-il pas en moi, malgré tous les prodiges que j'ai faits au milieu de lui? Je le 12 frapperai par la peste, et je le dé-truirai; mais je ferai de toi une nation plus grande et plus puissante que lui.

Moïse dit à l'Éternel: Les É- 13 gyptiens l'apprendront, eux du milieu desquels tu as fait monter ce peuple par ta puissance, et ils le 14 diront aux habitants de ce pays. Ils savaient que toi, l'Éternel, tu es au milieu de ce peuple; que tu ap-parais visiblement, toi, l'Éternel; que ta nuée se tient sur lui; que tu marches devant lui le jour dans une colonne de nuée, et la nuit dans une colonne de feu. Si tu fais mourir ce 15 peuple comme un seul homme, les nations qui ont entendu parler de toi diront: L'Éternel n'avait pas le 16 pouvoir de mener ce peuple dans le pays qu'il avait juré de lui donner: c'est pour cela qu'il l'a égorgé dans le désert. Maintenant, que la puis- 17 sance du Seigneur se montre dans sa grandeur, comme tu l'as déclaré en disant: L'Éternel est lent à la 18 colère et riche en bonté, il pardonne l'iniquité et la rébellion; mais il ne tient point le coupable pour innocent, et il punit l'iniquité des pères sur les enfants jusqu'à la troisième et la quatrième génération. Pardonne 19 l'iniquité de ce peuple, selon la grandeur de ta miséricorde, comme tu as pardonné à ce peuple depuis l'Égypte jusqu'ici.

20 Et l'Éternel dit : Je pardonne,
21 comme tu l'as demandé. Mais, je suis vivant ! et la gloire de l'Éternel
22 remplira toute la terre. Tous ceux qui ont vu ma gloire, et les prodiges que j'ai faits en Égypte et dans le désert, qui m'ont tenté déjà dix fois, et qui n'ont point écouté ma voix,
23 tous ceux-là ne verront point le pays que j'ai juré à leurs pères de leur donner, tous ceux qui m'ont méprisé
24 ne le verront point. Et parce que mon serviteur Caleb a été animé d'un autre esprit, et qu'il a pleinement suivi ma voie, je le ferai entrer dans le pays où il est allé, et ses descen-
25 dants le posséderont. Les Amalécites et les Cananéens habitent la vallée : demain, tournez-vous, et partez pour le désert, dans la direction de la mer Rouge.
26 L'Éternel parla à Moïse et à
27 Aaron, et dit : Jusques à quand laisserai-je cette méchante assemblée murmurer contre moi ? J'ai entendu les murmures des enfants d'Israël qui
28 murmuraient contre moi. Dis-leur : Je suis vivant ! dit l'Éternel, je vous ferai ainsi que vous avez parlé à mes
29 oreilles. Vos cadavres tomberont dans ce désert. Vous tous, dont on a fait le dénombrement, en vous comptant depuis l'âge de vingt ans et au-dessus, et qui avez murmuré
30 contre moi, vous n'entrerez point dans le pays que j'avais juré de vous faire habiter, excepté Caleb, fils de
31 Jephunné, et Josué, fils de Nun. Et vos petits enfants, dont vous avez dit : Ils deviendront une proie ! je les y ferai entrer, et ils connaîtront le pays que vous avez dédaigné.
32 Vos cadavres, à vous, tomberont
33 dans le désert ; et vos enfants paî-tront quarante années dans le désert, et porteront la peine de vos infidéli-tés, jusqu'à ce que vos cadavres soient tous tombés dans le désert.
34 De même que vous avez mis qua-rante jours à explorer le pays, vous porterez la peine de vos iniquités quarante années, une année pour chaque jour ; et vous saurez ce que

c'est que d'être privé de ma présence.
35 Moi, l'Éternel, j'ai parlé ! et c'est ainsi que je traiterai cette méchante assemblée qui s'est réunie contre moi : ils seront consumés dans ce désert, ils y mourront.

36 Les hommes que Moïse avait en-voyés pour explorer le pays, et qui, à leur retour, avaient fait murmurer contre lui toute l'assemblée, en dé-criant le pays ; ces hommes, qui
37 avaient décrié le pays, moururent frappés d'une plaie devant l'Éternel.
38 Josué, fils de Nun, et Caleb, fils de Jephunné, restèrent seuls vivants parmi ces hommes qui étaient allés pour explorer le pays.

39 Moïse rapporta ces choses à tous les enfants d'Israël, et le peuple fut dans une grande désolation. Ils se
40 levèrent de bon matin, et montèrent au sommet de la montagne, en disant : Nous voici ! nous monterons au lieu dont a parlé l'Éternel, car nous avons péché. Moïse dit : Pourquoi trans-
41 gressez-vous l'ordre de l'Éternel ? Cela ne réussira point. Ne montez
42 pas ! car l'Éternel n'est pas au milieu de vous. Ne vous faites pas battre par vos ennemis. Car les Amalécites
43 et les Cananéens sont là devant vous, et vous tomberiez par l'épée ; parce que vous vous êtes détournés de l'Éternel, l'Éternel ne sera point avec vous. Ils s'obstinèrent à mon-
44 ter au sommet de la montagne ; mais l'arche de l'alliance et Moïse ne sortirent point du milieu du camp.
45 Alors descendirent les Amalécites et les Cananéens qui habitaient cette montagne ; ils les battirent, et les taillèrent en pièces jusqu'à Horma.

Règles sur les sacrifices. — Punition d'un homme violant le sabbat.

15

L'Éternel parla à Moïse, et dit :
2 Parle aux enfants d'Israël, et dis-leur :
3 Quand vous serez entrés dans le pays que je vous donne pour y établir vos demeures, et que vous offrirez à l'Éternel un sacrifice consumé par le feu, soit un holocauste, soit un sacri-fice en accomplissement d'un vœu ou en offrande volontaire, ou bien dans

vos fêtes, pour produire avec votre gros ou votre menu bétail une 4 agréable odeur à l'Éternel, — celui qui fera son offrande à l'Éternel présentera en offrande un dixième de fleur de farine pétrie dans un quart 5 de hin d'huile, et tu feras une libation d'un quart de hin de vin, avec l'holocauste ou le sacrifice, pour chaque 6 agneau. Pour un bélier, tu présenteras en offrande deux dixièmes de fleur de farine pétrie dans un tiers 7 de hin d'huile, et tu feras une libation d'un tiers de hin de vin, comme offrande d'une agréable odeur à l'Éter- 8 nel. Si tu offres un veau, soit comme holocauste, soit comme sacrifice en accomplissement d'un vœu, ou comme sacrifice d'actions de grâces à l'Éter- 9 nel, on présentera en offrande, avec le veau, trois dixièmes de fleur de farine pétrie dans un demi-hin d'huile, 10 et tu feras une libation d'un demi-hin de vin: c'est un sacrifice consumé par le feu, d'une agréable odeur à 11 l'Éternel. On fera ainsi pour chaque bœuf, pour chaque bélier, pour chaque 12 petit des brebis ou des chèvres. Suivant le nombre des victimes, vous ferez ainsi pour chacune, d'après leur 13 nombre. Tout indigène fera ces choses ainsi, lorsqu'il offrira un sacrifice consumé par le feu, d'une 14 agréable odeur à l'Éternel. Si un étranger séjournant chez vous, ou se trouvant à l'avenir au milieu de vous, offre un sacrifice consumé par le feu, d'une agréable odeur à l'Éternel, il l'offrira de la même manière que 15 vous. Il y aura une seule loi pour toute l'assemblée, pour vous et pour l'étranger en séjour au milieu de vous; ce sera une loi perpétuelle parmi vos descendants: il en sera de l'étranger comme de vous, devant 16 l'Éternel. Il y aura une seule loi et une seule ordonnance pour vous et pour l'étranger en séjour parmi vous.

17 L'Éternel parla à Moïse, et dit: 18 Parle aux enfants d'Israël, et dis-leur: Quand vous serez arrivés dans le 19 pays où je vous ferai entrer, et que vous mangerez du pain de ce pays, vous prélèverez une offrande pour 20 l'Éternel. Vous présenterez par élé-

vation un gâteau, les prémices de votre pâte, vous le présenterez comme l'offrande qu'on prélève de l'aire. Vous prélèverez pour l'Éter- 21 nel une offrande des prémices de votre pâte, dans les temps à venir.

Si vous péchez involontairement, 22 en n'observant pas tous ces commandements que l'Éternel a fait connaître à Moïse, tout ce que l'É- 23 ternel vous a ordonné par Moïse, depuis le jour où l'Éternel a donné des commandements et plus tard dans les temps à venir; si l'on a 24 péché involontairement, sans que l'assemblée s'en soit aperçue, toute l'assemblée offrira un jeune taureau en holocauste d'une agréable odeur à l'Éternel, avec l'offrande et la libation, d'après les règles établies; elle offrira encore un bouc en sacrifice d'expiation. Le sacrificateur fera l'ex- 25 piation pour toute l'assemblée des enfants d'Israël, et il leur sera pardonné; car ils ont péché involontairement, et ils ont apporté leur offrande, un sacrifice consumé par le feu en l'honneur de l'Éternel et une victime expiatoire devant l'Éternel, à cause du péché qu'ils ont involontairement commis. Il sera pardonné 26 à toute l'assemblée des enfants d'Israël et à l'étranger en séjour au milieu d'eux, car c'est involontairement que tout le peuple a péché.

Si c'est une seule personne qui a 27 péché involontairement, elle offrira une chèvre d'un an en sacrifice pour le péché. Le sacrificateur fera l'ex- 28 piation pour la personne qui a péché involontairement devant l'Éternel; quand il aura fait l'expiation pour elle, il lui sera pardonné. Pour l'in- 29 digène parmi les enfants d'Israël et pour l'étranger en séjour au milieu d'eux, il y aura pour vous une même loi, quand on péchera involontairement. Mais si quelqu'un, indigène 30 ou étranger, agit la main levée, il outrage l'Éternel; celui-là sera retranché du milieu de son peuple. Il 31 a méprisé la parole de l'Éternel, et il a violé son commandement: celui-là sera retranché, il portera la peine de son iniquité.

32 Comme les enfants d'Israël étaient dans le désert, on trouva un homme qui ramassait du bois le jour du 33 sabbat. Ceux qui l'avaient trouvé ramassant du bois l'amenèrent à Moïse, à Aaron, et à toute l'assem- 34 blée. On le mit en prison, car ce qu'on devait lui faire n'avait pas été 35 déclaré. L'Éternel dit à Moïse: Cet homme sera puni de mort, toute l'assemblée le lapidera hors du camp. 36 Toute l'assemblée le fit sortir du camp et le lapida, et il mourut, comme l'Éternel l'avait ordonné à Moïse.

37 L'Éternel dit à Moïse: Parle aux 38 enfants d'Israël, et dis-leur qu'ils se fassent, de génération en génération, une frange au bord de leurs vête- ments, et qu'ils mettent un cordon bleu sur cette frange du bord de 39 leurs vêtements. Quand vous aurez cette frange, vous la regarderez, et vous vous souviendrez de tous les commandements de l'Éternel pour les mettre en pratique, et vous ne suivrez pas les désirs de vos cœurs et de vos yeux pour vous laisser 40 entraîner à l'infidélité. Vous vous souviendrez ainsi de mes commande- ments, vous les mettrez en pratique, et vous serez saints pour votre Dieu. 41 Je suis l'Éternel, votre Dieu, qui vous ai fait sortir du pays d'Égypte, pour être votre Dieu. Je suis l'Éternel, votre Dieu.

Révolte de Koré, Dathan et Abiram.

16 Koré, fils de Jitsehar, fils de Kehath, fils de Lévi, se révolta avec Dathan et Abiram, fils d'Éliab, et On, fils de Péleth, tous trois fils de 2 Ruben. Ils se soulevèrent contre Moïse, avec deux cent cinquante hommes des enfants d'Israël, des principaux de l'assemblée, de ceux que l'on convoquait à l'assemblée, et 3 qui étaient des gens de renom. Ils s'assemblèrent contre Moïse et Aaron, et leur dirent: C'en est assez! car toute l'assemblée, tous sont saints, et l'Éternel est au milieu d'eux. Pourquoi vous élevez-vous au-dessus de l'assemblée de l'Éternel? 4 Quand Moïse eut entendu cela, il

tomba sur son visage. Il parla à 5 Koré et à toute sa troupe, en disant: Demain, l'Éternel fera connaître qui est à lui et qui est saint, et il le fera approcher de lui; il fera approcher de lui celui qu'il choisira. Faites 6 ceci. Prenez des brasiers, Koré et toute sa troupe. Demain, mettez-y 7 du feu, et posez-y du parfum devant l'Éternel; celui que l'Éternel choisira, c'est celui-là qui sera saint. C'en est assez, enfants de Lévi!

Moïse dit à Koré: Écoutez donc, 8 enfants de Lévi! Est-ce trop peu 9 pour vous que le Dieu d'Israël vous ait choisis dans l'assemblée d'Israël, en vous faisant approcher de lui, afin que vous soyez employés au service du tabernacle de l'Éternel, et que vous vous présentiez devant l'assem- blée pour la servir? Il vous a fait 10 approcher de lui, toi, et tous tes frères, les enfants de Lévi, et vous voulez encore le sacerdoce! C'est à cause 11 de cela que toi et toute ta troupe, vous vous assemblez contre l'Éternel! car qui est Aaron, pour que vous murmuriez contre lui?

Moïse envoya appeler Dathan et 12 Abiram, fils d'Éliab. Mais ils dirent: Nous ne monterons pas. N'est-ce 13 pas assez que tu nous aies fait sortir d'un pays où coulent le lait et le miel pour nous faire mourir au désert, sans que tu continues à dominer sur nous? Et ce n'est pas dans un pays où 14 coulent le lait et le miel que tu nous as menés, ce ne sont pas des champs et des vignes que tu nous as donnés en possession. Penses-tu crever les yeux de ces gens? Nous ne monte- rons pas.

Moïse fut très irrité, et il dit à 15 l'Éternel: N'aie point égard à leur offrande. Je ne leur ai pas même pris un âne, et je n'ai fait de mal à aucun d'eux.

Moïse dit à Koré: Toi et toute ta 16 troupe, trouvez-vous demain devant l'Éternel, toi et eux, avec Aaron. Prenez chacun votre brasier, mettez- 17 y du parfum, et présentez devant l'Éternel chacun votre brasier: il y aura deux cent cinquante brasiers; toi et Aaron, vous prendrez aussi

18 chacun votre brasier. Ils prirent chacun leur brasier, y mirent du feu et y posèrent du parfum, et ils se tinrent à l'entrée de la tente d'assi-
19 gnation, avec Moïse et Aaron. Et Koré convoqua toute l'assemblée contre Moïse et Aaron, à l'entrée de la tente d'assignation. Alors la gloire de l'Éternel apparut à toute
20 l'assemblée. Et l'Éternel parla à
21 Moïse et à Aaron, et dit: Séparez-vous du milieu de cette assemblée, et je les consumerai en un seul
22 instant. Ils tombèrent sur leur visage, et dirent: O Dieu, Dieu des esprits de toute chair! un seul homme a péché, et tu t'irriterais contre
23 toute l'assemblée? L'Éternel parla à
24 Moïse, et dit: Parle à l'assemblée, et dis: Retirez-vous de toutes parts loin de la demeure de Koré, de Dathan et d'Abiram.
25 Moïse se leva, et alla vers Dathan et Abiram; et les anciens d'Israël
26 le suivirent. Il parla à l'assemblée, et dit: Éloignez-vous des tentes de ces méchants hommes, et ne touchez à rien de ce qui leur appartient, de peur que vous ne périssiez en même temps qu'ils seront punis pour tous
27 leurs péchés. Ils se retirèrent de toutes parts loin de la demeure de Koré, de Dathan et d'Abiram. Dathan et Abiram sortirent, et se tinrent à l'entrée de leurs tentes, avec leurs femmes, leurs fils et leurs petits-enfants.
28 Moïse dit: A ceci vous connaîtrez que l'Éternel m'a envoyé pour faire toutes ces choses, et que je n'agis pas
29 de moi-même. Si ces gens meurent comme tous les hommes meurent, s'ils subissent le sort commun à tous les hommes, ce n'est pas l'Éternel qui m'a
30 envoyé; mais si l'Éternel fait une chose inouïe, si la terre ouvre sa bouche pour les engloutir avec tout ce qui leur appartient, et qu'ils descendent vivants dans le séjour des morts, vous saurez alors que ces gens
31 ont méprisé l'Éternel. Comme il achevait de prononcer toutes ces paroles, la terre qui était sous eux se fendit.
32 La terre ouvrit sa bouche, et les

engloutit, eux et leurs maisons, avec tous les gens de Koré et tous leurs biens. Ils descendirent vivants dans 33 le séjour des morts, eux et tout ce qui leur appartenait; la terre les recouvrit, et ils disparurent au milieu de l'assemblée. Tout Israël, qui 34 était autour d'eux, s'enfuit à leur cri; car ils disaient: Fuyons, de peur que la terre ne nous engloutisse! Un feu 35 sortit d'auprès de l'Éternel, et consuma les deux cent cinquante hommes qui offraient le parfum.

L'Éternel parla à Moïse, et dit: 36 Dis à Éléazar, fils du sacrificateur 37 Aaron, de retirer de l'incendie les brasiers et d'en répandre au loin le feu, car ils sont sanctifiés. Avec 38 les brasiers de ces gens qui ont péché au péril de leur vie, que l'on fasse des lames étendues dont on couvrira l'autel. Puisqu'ils ont été présentés devant l'Éternel et qu'ils sont sanctifiés, ils serviront de souvenir aux enfants d'Israël. Le sacrificateur 39 Éléazar prit les brasiers d'airain qu'avaient présentés les victimes de l'incendie, et il en fit des lames pour couvrir l'autel. C'est un souvenir 40 pour les enfants d'Israël, afin qu'aucun étranger à la race d'Aaron ne s'approche pour offrir du parfum devant l'Éternel et ne soit comme Koré et comme sa troupe, selon ce que l'Éternel avait déclaré par Moïse.

Dès le lendemain, toute l'assemblée 41 des enfants d'Israël murmura contre Moïse et Aaron, en disant: Vous avez fait mourir le peuple de l'Éternel. Comme l'assemblée se formait contre 42 Moïse et Aaron, et comme ils tournaient les regards vers la tente d'assignation, voici, la nuée la couvrit, et la gloire de l'Éternel apparut. Moïse et Aaron arrivèrent devant 43 la tente d'assignation. Et l'Éternel 44 parla à Moïse, et dit: Retirez-vous 45 du milieu de cette assemblée, et je les consumerai en un instant. Ils tombèrent sur leur visage; et Moïse 46 dit à Aaron: Prends le brasier, mets-y du feu de dessus l'autel, poses-y du parfum, va promptement vers l'assemblée, et fais pour eux l'expiation;

car la colère de l'Éternel a éclaté, la
47 plaie a commencé. Aaron prit le
brasier, comme Moïse avait dit, et
courut au milieu de l'assemblée; et
voici, la plaie avait commencé parmi
le peuple. Il offrit le parfum, et il
48 fit l'expiation pour le peuple. Il se
plaça entre les morts et les vivants,
49 et la plaie fut arrêtée. Il y eut quatorze mille sept cents personnes qui
moururent de cette plaie, outre ceux
qui étaient morts à cause de Koré.
50 Aaron retourna auprès de Moïse, à
l'entrée de la tente d'assignation.
La plaie était arrêtée.

La verge d'Aaron.

17 L'Éternel parla à Moïse, et dit:
2 Parle aux enfants d'Israël, et
prends d'eux une verge selon les
maisons de leurs pères, soit douze
verges de la part de tous leurs princes
3 selon les maisons de leurs pères. Tu
écriras le nom de chacun sur sa
verge, et tu écriras le nom d'Aaron
sur la verge de Lévi; car il y aura une
verge pour chaque chef des maisons
4 de leurs pères. Tu les déposeras
dans la tente d'assignation, devant
le témoignage, où je me rencontre
5 avec vous. L'homme que je choi-
sirai sera celui dont la verge fleurira,
et je ferai cesser devant moi les
murmures que profèrent contre vous
les enfants d'Israël.
6 Moïse parla aux enfants d'Israël;
et tous leurs princes lui donnèrent
une verge, chaque prince une verge,
selon les maisons de leurs pères, soit
douze verges; la verge d'Aaron était
7 au milieu des leurs. Moïse déposa
les verges devant l'Éternel, dans la
8 tente du témoignage. Le lendemain,
lorsque Moïse entra dans la tente du
témoignage, voici, la verge d'Aaron,
pour la maison de Lévi, avait fleuri,
elle avait poussé des boutons, produit
9 des fleurs, et mûri des amandes. Moïse
ôta de devant l'Éternel toutes les
verges, et les porta à tous les enfants
d'Israël, afin qu'ils les vissent et qu'ils
prissent chacun leur verge.
10 L'Éternel dit à Moïse: Reporte
la verge d'Aaron devant le témoignage, pour être conservée comme

un signe pour les enfants de rébellion,
afin que tu fasses cesser devant moi
leurs murmures et qu'ils ne meurent
point. Moïse fit ainsi; il se confor- 11
ma à l'ordre que l'Éternel lui avait
donné.
Les enfants d'Israël dirent à Moïse: 12
Voici, nous expirons, nous périssons,
nous périssons tous! Quiconque 13
s'approche du tabernacle de l'Éternel,
meurt. Nous faudra-t-il tous ex-
pirer?

Fonctions et revenus des sacrificateurs et des Lévites.

L'Éternel dit à Aaron: Toi et **18**
tes fils, et la maison de ton père
avec toi, vous porterez la peine des
iniquités commises dans le sanctuaire; toi et tes fils avec toi, vous
porterez la peine des iniquités commises dans l'exercice de votre sacerdoce. Fais aussi approcher de toi 2
tes frères, la tribu de Lévi, la tribu
de ton père, afin qu'ils te soient
attachés et qu'ils te servent, lorsque
toi, et tes fils avec toi, vous serez
devant la tente du témoignage. Ils 3
observeront ce que tu leur ordonneras
et ce qui concerne toute la tente;
mais ils ne s'approcheront ni des
ustensiles du sanctuaire, ni de l'autel,
de peur que vous ne mouriez, eux et
vous. Ils te seront attachés, et ils 4
observeront ce qui concerne la tente
d'assignation pour tout le service de
la tente. Aucun étranger n'approchera de vous. Vous observerez ce 5
qui concerne le sanctuaire et l'autel,
afin qu'il n'y ait plus de colère contre
les enfants d'Israël. Voici, j'ai pris 6
vos frères les Lévites du milieu des
enfants d'Israël: donnés à l'Éternel,
ils vous sont remis en don pour faire
le service de la tente d'assignation.
Toi, et tes fils avec toi, vous obser- 7
verez les fonctions de votre sacerdoce
pour tout ce qui concerne l'autel et
pour ce qui est en dedans du voile:
c'est le service que vous ferez. Je
vous accorde en pur don l'exercice
du sacerdoce. L'étranger qui approchera sera mis à mort.
L'Éternel dit à Aaron: Voici, de 8
toutes les choses que consacrent les

enfants d'Israël, je te donne celles qui me sont offertes par élévation; je te les donne, à toi et à tes fils, comme droit d'onction, par une loi 9 perpétuelle. Voici ce qui t'appartiendra parmi les choses très saintes qui ne sont pas consumées par le feu: toutes leurs offrandes, tous leurs dons, tous leurs sacrifices d'expiation, et tous les sacrifices de culpabilité qu'ils m'offriront; ces choses très saintes seront pour toi et pour 10 tes fils. Vous les mangerez dans un lieu très saint; tout mâle en mangera; vous les regarderez comme saintes.

11 Voici encore ce qui t'appartiendra: tous les dons que les enfants d'Israël présenteront par élévation et en les agitant de côté et d'autre, je te les donne à toi, à tes fils et à tes filles avec toi, par une loi perpétuelle. Quiconque sera pur dans ta maison 12 en mangera. Je te donne les prémices qu'ils offriront à l'Éternel: tout ce qu'il y aura de meilleur en huile, tout ce qu'il y aura de meilleur en 13 moût et en blé. Les premiers produits de leur terre, qu'ils apporteront à l'Éternel, seront pour toi. Quiconque sera pur dans ta maison en 14 mangera. Tout ce qui sera dévoué par interdit en Israël sera pour toi.

15 Tout premier-né de toute chair, qu'ils offriront à l'Éternel, tant des hommes que des animaux, sera pour toi. Seulement, tu feras racheter le premier-né de l'homme, et tu feras racheter le premier-né d'un animal 16 impur. Tu les feras racheter dès l'âge d'un mois, d'après ton estimation, au prix de cinq sicles d'argent, selon le sicle du sanctuaire, qui est de 17 vingt guéras. Mais tu ne feras point racheter le premier-né du bœuf, ni le premier-né de la brebis, ni le premier-né de la chèvre: ce sont des choses saintes. Tu répandras leur sang sur l'autel, et tu brûleras leur graisse: ce sera un sacrifice consumé par le feu, d'une agréable odeur à l'Éternel. 18 Leur chair sera pour toi, comme la poitrine qu'on agite de côté et d'au-19 tre et comme l'épaule droite. Je te donne, à toi, à tes fils et à tes filles avec toi, par une loi perpétuelle,

toutes les offrandes saintes que les enfants d'Israël présenteront à l'Éternel par élévation. C'est une alliance inviolable et à perpétuité devant l'Éternel, pour toi et pour ta postérité avec toi.

L'Éternel dit à Aaron: Tu ne 20 posséderas rien dans leur pays, et il n'y aura point de part pour toi au milieu d'eux; c'est moi qui suis ta part et ta possession, au milieu des enfants d'Israël. Je donne comme posses-21 sion aux fils de Lévi toute dîme en Israël, pour le service qu'ils font, le service de la tente d'assignation. Les 22 enfants d'Israël n'approcheront plus de la tente d'assignation, de peur qu'ils ne se chargent d'un péché et qu'ils ne meurent. Les Lévites feront le 23 service de la tente d'assignation, et ils resteront chargés de leurs iniquités. Ils n'auront point de possession au milieu des enfants d'Israël: ce sera une loi perpétuelle parmi vos descendants. Je donne comme pos-24 session aux Lévites les dîmes que les enfants d'Israël présenteront à l'Éternel par élévation; c'est pourquoi je dis à leur égard: Ils n'auront point de possession au milieu des enfants d'Israël.

L'Éternel parla à Moïse, et dit: 25 Tu parleras aux Lévites, et tu leur 26 diras: Lorsque vous recevrez des enfants d'Israël la dîme que je vous donne de leur part comme votre possession, vous en prélèverez une offrande pour l'Éternel, une dîme de la dîme; et votre offrande vous sera 27 comptée comme le blé qu'on prélève de l'aire et comme le moût qu'on prélève de la cuve. C'est ainsi que 28 vous prélèverez une offrande pour l'Éternel sur toutes les dîmes que vous recevrez des enfants d'Israël, et vous donnerez au sacrificateur Aaron l'offrande que vous en aurez prélevée pour l'Éternel. Sur tous les 29 dons qui vous seront faits, vous prélèverez toutes les offrandes pour l'Éternel; sur tout ce qu'il y aura de meilleur, vous prélèverez la portion consacrée. Tu leur diras: Quand 30 vous en aurez prélevé le meilleur, la dîme sera comptée aux Lévites

31 comme le revenu de l'aire et comme le revenu de la cuve. Vous la mangerez en un lieu quelconque, vous et votre maison; car c'est votre salaire pour le service que vous faites dans la tente d'assignation. 32 Vous ne serez chargés pour cela d'aucun péché, quand vous en aurez prélevé le meilleur, vous ne profanerez point les offrandes saintes des enfants d'Israël, et vous ne mourrez point.

La vache rousse; l'eau de purification.

19

L'Éternel parla à Moïse et à Aaron, et dit: 2 Voici ce qui est ordonné par la loi que l'Éternel a prescrite, en disant: Parle aux enfants d'Israël, et qu'ils t'amènent une vache rousse, sans tache, sans défaut corporel, et qui n'ait point porté le joug. 3 Vous la remettrez au sacrificateur Éléazar, qui la fera sortir du camp, et on l'égorgera devant lui. 4 Le sacrificateur Éléazar prendra du sang de la vache avec le doigt, et il en fera sept fois l'aspersion sur le devant de la tente d'assignation. 5 On brûlera la vache sous ses yeux; on brûlera sa peau, sa chair et son sang, avec ses 6 excréments. Le sacrificateur prendra du bois de cèdre, de l'hysope et du cramoisi, et il les jettera au milieu des flammes qui consumeront la 7 vache. Le sacrificateur lavera ses vêtements, et lavera son corps dans l'eau; puis il rentrera dans le camp, 8 et sera impur jusqu'au soir. Celui qui aura brûlé la vache lavera ses vêtements dans l'eau, et lavera son corps dans l'eau; et il sera impur 9 jusqu'au soir. Un homme pur recueillera la cendre de la vache, et la déposera hors du camp, dans un lieu pur; on la conservera pour l'assemblée des enfants d'Israël, afin d'en faire l'eau de purification. C'est 10 une eau expiatoire. Celui qui aura recueilli la cendre de la vache lavera ses vêtements, et sera impur jusqu'au soir. Ce sera une loi perpétuelle pour les enfants d'Israël et pour l'étranger en séjour au milieu d'eux. 11 Celui qui touchera un mort, un corps humain quelconque, sera impur pendant sept jours. 12 Il se purifiera avec cette eau le troisième jour et le septième jour, et il sera pur; mais, s'il ne se purifie pas le troisième jour et le septième jour, il ne sera pas pur. 13 Celui qui touchera un mort, le corps d'un homme qui sera mort, et qui ne se purifiera pas, souille le tabernacle de l'Éternel; celui-là sera retranché d'Israël. Comme l'eau de purification n'a pas été répandue sur lui, il est impur, et son impureté est encore sur lui.

14 Voici la loi. Lorsqu'un homme mourra dans une tente, quiconque entrera dans la tente, et quiconque se trouvera dans la tente, sera impur pendant sept jours. 15 Tout vase découvert, sur lequel il n'y aura point de couvercle attaché, sera impur. 16 Quiconque touchera, dans les champs, un homme tué par l'épée, ou un mort, ou des ossements humains, ou un sépulcre, sera impur pendant sept jours. 17 On prendra, pour celui qui est impur, de la cendre de la victime expiatoire qui a été brûlée, et on mettra dessus de l'eau vive dans un vase. 18 Un homme pur prendra de l'hysope, et la trempera dans l'eau; puis il en fera l'aspersion sur la tente, sur tous les ustensiles, sur les personnes qui sont là, sur celui qui a touché des ossements, ou un homme tué, ou un mort, ou un sépulcre. 19 Celui qui est pur fera l'aspersion sur celui qui est impur, le troisième jour et le septième jour, et il le purifiera le septième jour. Il lavera ses vêtements, et se lavera dans l'eau; et le soir, il sera pur. 20 Un homme qui sera impur, et qui ne se purifiera pas, sera retranché du milieu de l'assemblée, car il a souillé le sanctuaire de l'Éternel; comme l'eau de purification n'a pas été répandue sur lui, il est impur. 21 Ce sera pour eux une loi perpétuelle. Celui qui fera l'aspersion de l'eau de purification lavera ses vêtements, et celui qui touchera l'eau de purification sera impur jusqu'au soir. 22 Tout ce que touchera celui qui est impur sera souillé, et la personne qui le touchera sera impure jusqu'au soir.

20 Toute l'assemblée des enfants d'Israël arriva dans le désert de Tsin le premier mois, et le peuple s'arrêta à Kadès. C'est là que mourut Marie, et qu'elle fut enterrée.

2 Il n'y avait point d'eau pour l'assemblée; et l'on se souleva contre 3 Moïse et Aaron. Le peuple chercha querelle à Moïse. Ils dirent: Que n'avons-nous expiré, quand nos frères 4 expirèrent devant l'Éternel? Pourquoi avez-vous fait venir l'assemblée de l'Éternel dans ce désert, pour que nous y mourions, nous et notre bétail? 5 Pourquoi nous avez-vous fait monter hors d'Égypte, pour nous amener dans ce méchant lieu? Ce n'est pas un lieu où l'on puisse semer, et il n'y a ni figuier, ni vigne, ni grenadier, ni de l'eau à boire.

6 Moïse et Aaron s'éloignèrent de l'assemblée pour aller à l'entrée de la tente d'assignation. Ils tombèrent sur leur visage; et la gloire de l'Éternel leur apparut.

7 L'Éternel parla à Moïse, et dit: 8 Prends la verge, et convoque l'assemblée, toi et ton frère Aaron. Vous parlerez en leur présence au rocher, et il donnera ses eaux; tu feras sortir pour eux de l'eau du rocher, et tu abreuveras l'assemblée et leur bétail. 9 Moïse prit la verge qui était devant l'Éternel, comme l'Éternel le lui avait 10 ordonné. Moïse et Aaron convoquèrent l'assemblée en face du rocher. Et Moïse leur dit: Écoutez donc, rebelles! Est-ce de ce rocher que 11 nous vous ferons sortir de l'eau? Puis Moïse leva la main et frappa deux fois le rocher avec sa verge. Il sortit de l'eau en abondance. L'assemblée but, et le bétail aussi.

12 Alors l'Éternel dit à Moïse et à Aaron: Parce que vous n'avez pas cru en moi, pour me sanctifier aux yeux des enfants d'Israël, vous ne ferez point entrer cette assemblée dans le pays que je lui donne.

13 Ce sont les eaux de Meriba, où les enfants d'Israël contestèrent avec l'Éternel, qui fut sanctifié en eux.

14 De Kadès, Moïse envoya des messagers au roi d'Édom, pour lui dire: Ainsi parle ton frère Israël: Tu sais toutes les souffrances que nous avons éprouvées. 15 Nos pères descendirent en Égypte, et nous y demeurâmes longtemps. Mais les Égyptiens nous ont maltraités, nous et nos pères. 16 Nous avons crié à l'Éternel, et il a entendu notre voix. Il a envoyé un ange, et nous a fait sortir de l'Égypte. Et voici, nous sommes à Kadès, ville à l'extrémité de ton territoire. 17 Laisse-nous passer par ton pays; nous ne traverserons ni les champs, ni les vignes, et nous ne boirons pas l'eau des puits; nous suivrons la route royale, sans nous détourner à droite ou à gauche, jusqu'à ce que nous ayons franchi ton territoire. 18 Édom lui dit: Tu ne passeras point chez moi, sinon je sortirai à ta rencontre avec l'épée. 19 Les enfants d'Israël lui dirent: Nous monterons par la grande route; et, si nous buvons de ton eau, moi et mes troupeaux, j'en paierai le prix; je ne ferai que passer avec mes pieds, pas autre chose. 20 Il répondit: Tu ne passeras pas! Et Édom sortit à sa rencontre avec un peuple nombreux et à main forte. 21 Ainsi Édom refusa de donner passage à Israël par son territoire. Et Israël se détourna de lui.

22 Toute l'assemblée des enfants d'Israël partit de Kadès, et arriva à la montagne de Hor. 23 L'Éternel dit à Moïse et à Aaron, vers la montagne de Hor, sur la frontière du pays d'Édom: 24 Aaron va être recueilli auprès de son peuple; car il n'entrera point dans le pays que je donne aux enfants d'Israël, parce que vous avez été rebelles à mon ordre, aux eaux de Meriba. 25 Prends Aaron et son fils Éléazar, et fais-les monter sur la montagne de Hor. 26 Dépouille Aaron de ses vêtements, et fais-les revêtir à Éléazar, son fils. C'est là qu'Aaron sera recueilli et qu'il mourra. 27 Moïse fit ce que l'Éternel avait ordonné. Ils montèrent sur la montagne de Hor, aux yeux de toute l'assemblée. 28 Moïse dépouilla Aaron de ses vêtements, et les fit revêtir à Éléazar, son

fils. Aaron mourut là, au sommet de la montagne. Moïse et Éléazar 29 descendirent de la montagne. Toute l'assemblée vit qu'Aaron avait expiré, et toute la maison d'Israël pleura Aaron pendant trente jours.

Les serpents brûlants.

21 Le roi d'Arad, Cananéen, qui habitait le midi, apprit qu'Israël venait par le chemin d'Atharim. Il combattit Israël, et emmena des 2 prisonniers. Alors Israël fit un vœu à l'Éternel, et dit: Si tu livres ce peuple entre mes mains, je dévouerai 3 ses villes par interdit. L'Éternel entendit la voix d'Israël, et livra les Cananéens. On les dévoua par interdit, eux et leurs villes; et l'on nomma ce lieu Horma.

4 Ils partirent de la montagne de Hor par le chemin de la mer Rouge, pour tourner le pays d'Édom. Le 5 peuple s'impatienta en route, et parla contre Dieu et contre Moïse: Pourquoi nous avez-vous fait monter hors d'Égypte, pour que nous mourions dans le désert? car il n'y a point de pain, et il n'y a point d'eau, et notre âme est dégoûtée de cette misérable 6 nourriture. Alors l'Éternel envoya contre le peuple des serpents brûlants; ils mordirent le peuple, et il mourut 7 beaucoup de gens en Israël. Le peuple vint à Moïse, et dit: Nous avons péché, car nous avons parlé contre l'Éternel et contre toi. Prie l'Éternel, afin qu'il éloigne de nous ces serpents. Moïse pria pour le 8 peuple. L'Éternel dit à Moïse: Fais-toi un serpent brûlant, et place-le sur une perche; quiconque aura été mordu, et le regardera, conservera la 9 vie. Moïse fit un serpent d'airain, et le plaça sur une perche; et quiconque avait été mordu par un serpent, et regardait le serpent d'airain, conservait la vie.

10 Les enfants d'Israël partirent, et ils campèrent à Oboth.
11 Ils partirent d'Oboth et ils campèrent à Ijjé-Abarim, dans le désert qui est vis-à-vis de Moab, vers le soleil levant.

De là ils partirent, et ils campèrent 12 dans la vallée de Zéred.

De là ils partirent, et ils campèrent 13 de l'autre côté de l'Arnon, qui coule dans le désert en sortant du territoire des Amoréens; car l'Arnon est la frontière de Moab, entre Moab et les Amoréens. C'est pourquoi il est 14 dit dans le livre des Guerres de l'Éternel: ... Vaheb en Supha, et les torrents de l'Arnon, et le cours des 15 torrents, qui s'étend du côté d'Ar et touche à la frontière de Moab.

De là ils allèrent à Beer. C'est 16 ce Beer, où l'Éternel dit à Moïse: Rassemble le peuple, et je leur donnerai de l'eau. Alors Israël chanta 17 ce cantique:

Monte, puits! Chantez en son honneur!

Puits, que des princes ont creusé, 18
Que les grands du peuple ont creusé,
Avec le sceptre, avec leurs bâtons!

Du désert ils allèrent à Matthana; de Matthana, à Nahaliel; de Naha- 19 liel, à Bamoth; de Bamoth, à la vallée 20 qui est dans le territoire de Moab, au sommet du Pisga, en regard du désert.

Israël envoya des messagers à Si- 21 hon, roi des Amoréens, pour lui dire: Laisse-moi passer par ton pays; nous 22 n'entrerons ni dans les champs, ni dans les vignes, et nous ne boirons pas l'eau des puits; nous suivrons la route royale, jusqu'à ce que nous ayons franchi ton territoire. Sihon 23 n'accorda point à Israël le passage sur son territoire; il rassembla tout son peuple, et sortit à la rencontre d'Israël, dans le désert; il vint à Jahats, et combattit Israël. Israël le 24 frappa du tranchant de l'épée et s'empara de son pays depuis l'Arnon jusqu'au Jabbok, jusqu'à la frontière des enfants d'Ammon; car la frontière des enfants d'Ammon était fortifiée. Israël prit toutes les villes, et s'établit 25 dans toutes les villes des Amoréens, à Hesbon et dans toutes les villes de son ressort. Car Hesbon était la 26 ville de Sihon, roi des Amoréens; il avait fait la guerre au précédent roi

27 de Moab, et lui avait enlevé tout son pays jusqu'à l'Arnon. C'est pourquoi les poètes disent:

Venez à Hesbon!
Que la ville de Sihon soit rebâtie et fortifiée!

28 Car il est sorti un feu de Hesbon,
Une flamme de la ville de Sihon;
Elle a dévoré Ar-Moab,
Les habitants des hauteurs de l'Arnon.

29 Malheur à toi, Moab!
Tu es perdu, peuple de Kemosch!
Il a fait de ses fils des fuyards,
Et il a livré ses filles captives
A Sihon, roi des Amoréens.

30 Nous avons lancé sur eux nos traits:
De Hesbon à Dibon tout est détruit;
Nous avons étendu nos ravages jusqu'à Nophach,
Jusqu'à Médeba.

31 Israël s'établit dans le pays des
32 Amoréens. Moïse envoya reconnaître Jaezer; et ils prirent les villes de son ressort, et chassèrent les Amoréens qui y étaient.

33 Ils changèrent ensuite de direction, et montèrent par le chemin de Basan. Og, roi de Basan, sortit à leur rencontre, avec tout son peuple, pour les
34 combattre à Édréi. L'Éternel dit à Moïse: Ne le crains point; car je le livre entre tes mains, lui et tout son peuple, et son pays; tu le traiteras comme tu as traité Sihon, roi des Amoréens, qui habitait à Hesbon.
35 Et ils le battirent, lui et ses fils, et tout son peuple, sans en laisser échapper un seul, et ils s'emparèrent de son pays.

Balaam.

22 Les enfants d'Israël partirent, et ils campèrent dans les plaines de Moab, au delà du Jourdain, vis-à-vis de Jéricho.
2 Balak, fils de Tsippor, vit tout ce qu'Israël avait fait aux Amoréens.
3 Et Moab fut très effrayé en face d'un peuple aussi nombreux, il fut saisi de terreur en face des enfants d'Israël.
4 Moab dit aux anciens de Madian:

Cette multitude va dévorer tout ce qui nous entoure, comme le bœuf broute la verdure des champs. Balak, fils de Tsippor, était alors roi de Moab. Il envoya des messagers 5 auprès de Balaam, fils de Beor, à Pethor sur le fleuve, dans le pays des fils de son peuple, afin de l'appeler et de lui dire: Voici, un peuple est sorti d'Égypte, il couvre la surface de la terre, et il habite vis-à-vis de moi. Viens, je te prie, maudis-moi 6 ce peuple, car il est plus puissant que moi; peut-être ainsi pourrai-je le battre et le chasserai-je du pays, car je sais que celui que tu bénis est béni, et que celui que tu maudis est maudit.

Les anciens de Moab et les anciens 7 de Madian partirent, ayant avec eux des présents pour le devin. Ils arrivèrent auprès de Balaam, et lui rapportèrent les paroles de Balak. Balaam leur dit: Passez ici la nuit, 8 et je vous donnerai réponse, d'après ce que l'Éternel me dira. Et les chefs de Moab restèrent chez Balaam.

Dieu vint à Balaam, et dit: Qui 9 sont ces hommes que tu as chez toi? Balaam répondit à Dieu: Balak, fils 10 de Tsippor, roi de Moab, les a envoyés pour me dire: Voici, un peuple 11 est sorti d'Égypte, et il couvre la surface de la terre; viens donc, maudis-le; peut-être ainsi pourrai-je le combattre, et le chasserai-je. Dieu 12 dit à Balaam: Tu n'iras point avec eux; tu ne maudiras point ce peuple, car il est béni. Balaam se leva le 13 matin, et il dit aux chefs de Balak: Allez dans votre pays, car l'Éternel refuse de me laisser aller avec vous. Et les princes de Moab se levèrent, 14 retournèrent auprès de Balak, et dirent: Balaam a refusé de venir avec nous.

Balak envoya de nouveau des chefs 15 en plus grand nombre et plus considérés que les précédents. Ils arrivèrent auprès de Balaam, et lui 16 dirent: Ainsi parle Balak, fils de Tsippor: Que l'on ne t'empêche donc pas de venir vers moi; car je te 17 rendrai beaucoup d'honneurs, et je ferai tout ce que tu me diras; viens, je te prie, maudis-moi ce peuple.

18 Balaam répondit et dit aux serviteurs de Balak: Quand Balak me donnerait sa maison pleine d'argent et d'or, je ne pourrais faire aucune chose, ni petite ni grande, contre l'ordre de 19 l'Éternel, mon Dieu. Maintenant, je vous prie, restez ici cette nuit, et je saurai ce que l'Éternel me dira 20 encore. Dieu vint à Balaam pendant la nuit, et lui dit: Puisque ces hommes sont venus pour t'appeler, lève-toi, va avec eux; mais tu feras ce 21 que je te dirai. Balaam se leva le matin, sella son ânesse, et partit avec les chefs de Moab.

22 La colère de Dieu s'enflamma, parce qu'il était parti; et un ange de l'Éternel se plaça sur le chemin, pour lui résister. Balaam était monté sur son ânesse, et ses deux serviteurs 23 étaient avec lui. L'ânesse vit l'ange de l'Éternel qui se tenait sur le chemin, son épée nue dans la main; elle se détourna du chemin et alla dans les champs. Balaam frappa l'ânesse pour la ramener dans le 24 chemin. L'ange de l'Éternel se plaça dans un sentier entre les vignes; il y avait un mur de chaque côté. 25 L'ânesse vit l'ange de l'Éternel; elle se serra contre le mur, et pressa le pied de Balaam contre le mur. Balaam la frappa de nouveau. L'ange 26 de l'Éternel passa plus loin, et se plaça dans un lieu où il n'y avait point d'espace pour se détourner à 27 droite ou à gauche. L'ânesse vit l'ange de l'Éternel, et elle s'abattit sous Balaam. La colère de Balaam s'enflamma, et il frappa l'ânesse avec un bâton. 28 L'Éternel ouvrit la bouche de l'ânesse, et elle dit à Balaam: Que t'ai-je fait, pour que tu m'aies frappée 29 déjà trois fois? Balaam répondit à l'ânesse: C'est parce que tu t'es moquée de moi; si j'avais une épée dans la main, je te tuerais à l'instant. 30 L'ânesse dit à Balaam: Ne suis-je pas ton ânesse, que tu as de tout temps montée jusqu'à ce jour? Ai-je l'habitude de te faire ainsi? Et il répondit: Non.

31 L'Éternel ouvrit les yeux de Balaam, et Balaam vit l'ange de l'Éternel qui se tenait sur le chemin, son épée nue dans la main; et il s'inclina, et se prosterna sur son visage. L'ange 32 de l'Éternel lui dit: Pourquoi as-tu frappé ton ânesse déjà trois fois? Voici, je suis sorti pour te résister, car c'est un chemin de perdition qui est devant moi. L'ânesse m'a vu, et 33 elle s'est détournée devant moi déjà trois fois; si elle ne se fût pas détournée de moi, je t'aurais même tué, et je lui aurais laissé la vie. Balaam 34 dit à l'ange de l'Éternel: J'ai péché, car je ne savais pas que tu te fusses placé au-devant de moi sur le chemin; et maintenant, si tu me désapprouves, je m'en retournerai. L'ange de l'É- 35 ternel dit à Balaam: Va avec ces hommes; mais tu ne feras que répéter les paroles que je te dirai. Et Balaam alla avec les chefs de Balak.

Balak apprit que Balaam arrivait, 36 et il sortit à sa rencontre jusqu'à la ville de Moab qui est sur la limite de l'Arnon, à l'extrême frontière. Balak dit à Balaam: N'ai-je pas en- 37 voyé auprès de toi pour t'appeler? Pourquoi n'es-tu pas venu vers moi? Ne puis-je donc pas te traiter avec honneur? Balaam dit à Balak: Voici, 38 je suis venu vers toi; maintenant, me sera-t-il permis de dire quoi que ce soit? Je dirai les paroles que Dieu mettra dans ma bouche.

Balaam alla avec Balak, et ils arri- 39 vèrent à Kirjath-Hutsoth. Balak 40 sacrifia des bœufs et des brebis, et il en envoya à Balaam et aux chefs qui étaient avec lui.

Le matin, Balak prit Balaam, et le 41 fit monter à Bamoth-Baal, d'où Balaam vit une partie du peuple.

Balaam dit à Balak: Bâtis-moi **23** ici sept autels, et prépare-moi ici sept taureaux et sept béliers. Balak 2 fit ce que Balaam avait dit; et Balak et Balaam offrirent un taureau et un bélier sur chaque autel. Balaam dit 3 à Balak: Tiens-toi près de ton holocauste, et je m'éloignerai; peut-être que l'Éternel viendra à ma rencontre, et je te dirai ce qu'il me révélera. Et il alla sur un lieu élevé.

Dieu vint au-devant de Balaam, et 4 Balaam lui dit: J'ai dressé sept autels,

et j'ai offert un taureau et un bélier
5 sur chaque autel. L'Éternel mit des
paroles dans la bouche de Balaam, et
dit: Retourne vers Balak, et tu parleras ainsi.

6 Il retourna vers lui; et voici, Balak se tenait près de son holocauste,
lui et tous les chefs de Moab.

7 Balaam prononça son oracle, et dit:

Balak m'a fait descendre d'Aram,
Le roi de Moab m'a fait descendre
des montagnes de l'Orient. —
Viens, maudis-moi Jacob!
Viens, sois irrité contre Israël! —
8 Comment maudirais-je celui que Dieu
n'a point maudit?
Comment serais-je irrité quand l'É-
ternel n'est point irrité?
9 Je le vois du sommet des rochers,
Je le contemple du haut des collines:
C'est un peuple qui a sa demeure
à part,
Et qui ne fait point partie des
nations.
10 Qui peut compter la poussière de
Jacob,
Et dire le nombre du quart d'Israël?
Que je meure de la mort des justes,
Et que ma fin soit semblable à la leur!

11 Balak dit à Balaam: Que m'as-tu
fait? Je t'ai pris pour maudire mon
12 ennemi, et voici, tu le bénis! Il
répondit, et dit: N'aurai-je pas soin
de dire ce que l'Éternel met dans ma
13 bouche? Balak lui dit: Viens donc
avec moi dans un autre lieu, d'où
tu le verras; tu n'en verras qu'une
partie, tu n'en verras pas la totalité.
14 Et de là maudis-le moi. Il le mena
au champ de Tsophim, sur le sommet du Pisga; il bâtit sept autels,
et offrit un taureau et un bélier sur
15 chaque autel. Balaam dit à Balak:
Tiens-toi ici, près de ton holocauste,
et j'irai à la rencontre de Dieu.
16 L'Éternel vint au-devant de Balaam;
il mit des paroles dans sa bouche, et
dit: Retourne vers Balak, et tu parleras ainsi.
17 Il retourna vers lui; et voici, Balak
se tenait près de son holocauste, avec
les chefs de Moab. Balak lui dit:
Qu'est-ce que l'Éternel a dit?

Balaam prononça son oracle, et dit: 18

Lève-toi, Balak, écoute!
Prête-moi l'oreille, fils de Tsippor!
Dieu n'est point un homme pour 19
mentir,
Ni fils d'un homme pour se repentir.
Ce qu'il a dit, ne le fera-t-il pas?
Ce qu'il a déclaré, ne l'exécutera-t-il
pas?
Voici, j'ai reçu l'ordre de bénir: 20
Il a béni, je ne le révoquerai point.
Il n'aperçoit point d'iniquité en Jacob, 21
Il ne voit point d'injustice en Israël;
L'Éternel, son Dieu, est avec lui,
Il est son roi, l'objet de son allé-
gresse.
Dieu les a fait sortir d'Égypte, 22
Il est pour eux comme la vigueur du
buffle.
L'enchantement ne peut rien contre 23
Jacob,
Ni la divination contre Israël;
Au temps marqué, il sera dit à Jacob
et à Israël
Quelle est l'œuvre de Dieu.
C'est un peuple qui se lève comme 24
une lionne,
Et qui se dresse comme un lion;
Il ne se couche point jusqu'à ce qu'il
ait dévoré la proie,
Et qu'il ait bu le sang des blessés.

Balak dit à Balaam: Ne le maudis 25
pas, mais du moins ne le bénis pas.
Balaam répondit, et dit à Balak: Ne 26
t'ai-je pas parlé ainsi: Je ferai tout
ce que l'Éternel dira? Balak dit à 27
Balaam: Viens donc, je te mènerai
dans un autre lieu; peut-être Dieu
trouvera-t-il bon que de là tu me
maudisses ce peuple. Balak mena 28
Balaam sur le sommet du Peor, en
regard du désert. Balaam dit à 29
Balak: Bâtis-moi ici sept autels, et
prépare-moi ici sept taureaux et sept
béliers. Balak fit ce que Balaam 30
avait dit, et il offrit un taureau et
un bélier sur chaque autel.

Balaam vit que l'Éternel trouvait **24**
bon de bénir Israël, et il n'alla
point, comme les autres fois, à la
rencontre des enchantements; mais
il tourna son visage du côté du désert.
Balaam leva les yeux, et vit Israël 2

campé selon ses tribus. Alors l'esprit de Dieu fut sur lui.

3 Balaam prononça son oracle, et dit:

Parole de Balaam, fils de Beor,
Parole de l'homme qui a l'œil ouvert,
4 Parole de celui qui entend les paroles de Dieu,
De celui qui voit la vision du Tout-Puissant,
De celui qui se prosterne et dont les yeux s'ouvrent.

5 Qu'elles sont belles, tes tentes, ô Jacob!
Tes demeures, ô Israël!
6 Elles s'étendent comme des vallées,
Comme des jardins près d'un fleuve,
Comme des aloès que l'Éternel a plantés,
Comme des cèdres le long des eaux.
7 L'eau coule de ses seaux,
Et sa semence est fécondée par d'abondantes eaux.
Son roi s'élève au-dessus d'Agag,
Et son royaume devient puissant.
8 Dieu l'a fait sortir d'Égypte,
Il est pour lui comme la vigueur du buffle.
Il dévore les nations qui s'élèvent contre lui,
Il brise leurs os, et les abat de ses flèches.
9 Il ploie les genoux, il se couche comme un lion, comme une lionne:
Qui le fera lever?
Béni soit quiconque te bénira,
Et maudit soit quiconque te maudira!

10 La colère de Balak s'enflamma contre Balaam; il frappa des mains, et dit à Balaam: C'est pour maudire mes ennemis que je t'ai appelé, et voici, tu les as bénis déjà trois fois.
11 Fuis maintenant, va-t'en chez toi! J'avais dit que je te rendrais des honneurs, mais l'Éternel t'empêche
12 de les recevoir. Balaam répondit à Balak: Eh! n'ai-je pas dit aux messagers que tu m'as envoyés:
13 Quand Balak me donnerait sa maison pleine d'argent et d'or, je ne pourrais faire de moi-même ni bien ni mal contre l'ordre de l'Éternel; je
14 répéterai ce que dira l'Éternel? Et

maintenant voici, je m'en vais vers mon peuple. Viens, je t'annoncerai ce que ce peuple fera à ton peuple dans la suite des temps.

15 Balaam prononça son oracle, et dit:

Parole de Balaam, fils de Beor,
Parole de l'homme qui a l'œil ouvert,
16 Parole de celui qui entend les paroles de Dieu,
De celui qui connaît les desseins du Très-Haut,
De celui qui voit la vision du Tout-Puissant,
De celui qui se prosterne et dont les yeux s'ouvrent.

17 Je le vois, mais non maintenant,
Je le contemple, mais non de près.
Un astre sort de Jacob,
Un sceptre s'élève d'Israël.
Il perce les flancs de Moab,
Et il abat tous les enfants de Seth.
18 Il se rend maître d'Édom,
Il se rend maître de Séir, ses ennemis.
Israël manifeste sa force.
19 Celui qui sort de Jacob règne en souverain,
Il fait périr ceux qui s'échappent des villes.

20 Balaam vit Amalek. Il prononça son oracle, et dit:

Amalek est la première des nations,
Mais un jour il sera détruit.

21 Balaam vit les Kéniens. Il prononça son oracle, et dit:

Ta demeure est solide,
Et ton nid posé sur le roc.
22 Mais le Kénien sera chassé,
Quand l'Assyrien t'emmènera captif.

23 Balaam prononça son oracle, et dit:

Hélas! qui vivra après que Dieu l'aura établi?
24 Mais des navires viendront de Kittim,
Ils humilieront l'Assyrien, ils humilieront l'Hébreu;
Et lui aussi sera détruit.

25 Balaam se leva, partit, et retourna

chez lui. Balak s'en alla aussi de son côté.

Idolâtrie dans les plaines de Moab.

25 Israël demeurait à Sittim; et le peuple commença à se livrer à la 2 débauche avec les filles de Moab. Elles invitèrent le peuple aux sacrifices de leurs dieux; et le peuple mangea, et se prosterna devant leurs dieux. 3 Israël s'attacha à Baal-Peor, et la colère de l'Éternel s'enflamma contre 4 Israël. L'Éternel dit à Moïse: Assemble tous les chefs du peuple, et fais pendre les coupables devant l'Éternel en face du soleil, afin que la colère ardente de l'Éternel se 5 détourne d'Israël. Moïse dit aux juges d'Israël: Que chacun de vous tue ceux de ses gens qui se sont attachés à Baal-Peor.

6 Et voici, un homme des enfants d'Israël vint et amena vers ses frères une Madianite, sous les yeux de Moïse et sous les yeux de toute l'assemblée des enfants d'Israël, tandis qu'ils pleuraient à l'entrée de la 7 tente d'assignation. A cette vue, Phinées, fils d'Éléazar, fils du sacrificateur Aaron, se leva du milieu de l'assemblée, et prit une lance dans 8 sa main. Il suivit l'homme d'Israël dans sa tente, et il les perça tous les deux, l'homme d'Israël, puis la femme, par le bas-ventre. Et la plaie s'ar- 9 rêta parmi les enfants d'Israël. Il y en eut vingt-quatre mille qui moururent de la plaie.

10 L'Éternel parla à Moïse, et dit: 11 Phinées, fils d'Éléazar, fils du sacrificateur Aaron, a détourné ma fureur de dessus les enfants d'Israël, parce qu'il a été animé de mon zèle au milieu d'eux; et je n'ai point, dans ma colère, consumé les enfants d'Is- 12 raël. C'est pourquoi tu diras que je traite avec lui une alliance de paix. 13 Ce sera pour lui et pour sa postérité après lui l'alliance d'un sacerdoce perpétuel, parce qu'il a été zélé pour son Dieu, et qu'il a fait l'expiation pour les enfants d'Israël.

14 L'homme d'Israël, qui fut tué avec la Madianite, s'appelait Zimri, fils de Salu; il était chef d'une maison paternelle des Siméonites. La femme 15 qui fut tuée, la Madianite, s'appelait Cozbi, fille de Tsur, chef des peuplades issues d'une maison paternelle en Madian.

L'Éternel parla à Moïse, et dit: 16 Traite les Madianites en ennemis, et 17 tuez-les; car ils se sont montrés vos 18 ennemis, en vous séduisant par leurs ruses, dans l'affaire de Peor, et dans l'affaire de Cozbi, fille d'un chef de Madian, leur sœur, tuée le jour de la plaie qui eut lieu à l'occasion de Peor.

Nouveau dénombrement à la sortie du désert.

A la suite de cette plaie, l'Éter- **26** nel dit à Moïse et à Éléazar, fils du sacrificateur Aaron: Faites le dé- 2 nombrement de toute l'assemblée des enfants d'Israël, depuis l'âge de vingt ans et au-dessus, selon les maisons de leurs pères, de tous ceux d'Israël en état de porter les armes. Moïse 3 et le sacrificateur Éléazar leur parlèrent dans les plaines de Moab, près du Jourdain, vis-à-vis de Jéricho. Ils dirent: On fera le dénombrement, 4 depuis l'âge de vingt ans et au-dessus, comme l'Éternel l'avait ordonné à Moïse et aux enfants d'Israël, quand ils furent sortis du pays d'Égypte.

Ruben, premier-né d'Israël. 5 Fils de Ruben: Hénoc, de qui descend la famille des Hénokites; Pallu, de qui descend la famille des Palluites; Hetsron, de qui descend 6 la famille des Hetsronites; Carmi, de qui descend la famille des Carmites. Ce sont là les familles des 7 Rubénites: ceux dont on fit le dénombrement furent quarante-trois mille sept cent trente.—Fils de Pallu: 8 Éliab. Fils d'Éliab: Nemuel, Da- 9 than et Abiram. C'est ce Dathan et cet Abiram, qui étaient de ceux que l'on convoquait à l'assemblée, et qui se soulevèrent contre Moïse et Aaron, dans l'assemblée de Koré, lors de leur révolte contre l'Éternel. La terre 10 ouvrit sa bouche, et les engloutit avec Koré, quand moururent ceux qui s'étaient assemblés, et que le feu consuma les deux cent cinquante

hommes: ils servirent au peuple
11 d'avertissement. Les fils de Koré
ne moururent pas.

12 Fils de Siméon, selon leurs familles: de Nemuel descend la famille
des Nemuélites; de Jamin, la famille
des Jaminites; de Jakin, la famille
13 des Jakinites; de Zérach, la famille
des Zérachites; de Saül, la famille
14 des Saülites. Ce sont là les familles
des Siméonites; vingt-deux mille
deux cents.

15 Fils de Gad, selon leurs familles:
de Tsephon descend la famille des
Tsephonites; de Haggi, la famille
des Haggites; de Schuni, la famille
16 des Schunites; d'Ozni, la famille des
Oznites; d'Éri, la famille des Érites;
17 d'Arod, la famille des Arodites;
d'Arééli, la famille des Areélites.
18 Ce sont là les familles des fils de
Gad, d'après leur dénombrement:
quarante mille cinq cents.

19 Fils de Juda: Er et Onan; mais
Er et Onan moururent au pays de
20 Canaan. Voici les fils de Juda,
selon leurs familles: de Schéla descend la famille des Schélanites; de
Pérets, la famille des Péretsites; de
Zérach, la famille des Zérachites.
21 Les fils de Pérets furent: Hetsron,
de qui descend la famille des Hetsronites; Hamul, de qui descend la
22 famille des Hamulites. Ce sont là
les familles de Juda, d'après leur
dénombrement: soixante-seize mille
cinq cents.

23 Fils d'Issacar, selon leurs familles:
de Thola descend la famille des
Tholaïtes; de Puva, la famille des
24 Puvites; de Jaschub, la famille des
Jaschubites; de Schimron, la famille
25 des Schimronites. Ce sont là les
familles d'Issacar, d'après leur dénombrement: soixante-quatre mille
trois cents.

26 Fils de Zabulon, selon leurs familles: de Séred descend la famille
des Sardites; d'Élon, la famille des
Élonites; de Jahleel, la famille des
27 Jahleélites. Ce sont là les familles
des Zabulonites, d'après leur dénombrement: soixante mille cinq cents.

28 Fils de Joseph, selon leurs familles:
Manassé et Éphraïm.

29 Fils de Manassé: de Makir descend
la famille des Makirites.—Makir engendra Galaad. De Galaad descend
la famille des Galaadites. Voici les
30 fils de Galaad: Jézer, de qui descend
la famille des Jézerites; Hélek, la
famille des Hélekites; Asriel, la fa-
31 mille des Asriélites; Sichem, la famille des Sichémites; Schemida, la
32 famille des Schemidaïtes; Hépher, la
famille des Héphrites. Tselophchad,
33 fils de Hépher, n'eut point de fils,
mais il eut des filles. Voici les noms
des filles de Tselophchad: Machla,
Noa, Hogla, Milca et Thirtsa. Ce
34 sont là les familles de Manassé,
d'après leur dénombrement: cinquante-deux mille sept cents.

35 Voici les fils d'Éphraïm, selon leurs
familles: de Schutélach descend la
famille des Schutalchites; de Béker,
la famille des Bakrites; de Thachan,
la famille des Thachanites.—Voici
36 les fils de Schutélach: d'Éran est descendue la famille des Éranites. Ce
37 sont là les familles des fils d'Éphraïm,
d'après leur dénombrement: trente-
deux mille cinq cents.

Ce sont là les fils de Joseph, selon
leurs familles.

38 Fils de Benjamin, selon leurs familles: de Béla descend la famille des
Balites; d'Aschbel, la famille des
Aschbélites; d'Achiram, la famille
39 des Achiramites; de Schupham, la
famille des Schuphamites; de Hu-
pham, la famille des Huphamites.—
40 Les fils de Béla furent: Ard et
Naaman. D'Ard descend la famille
des Ardites; de Naaman, la famille
41 des Naamanites. Ce sont là les fils
de Benjamin, selon leurs familles et
d'après leur dénombrement: quarante-cinq mille six cents.

42 Voici les fils de Dan, selon leurs
familles: de Schucham descend la
famille des Schuchamites. Ce sont
là les familles de Dan, selon leurs
43 familles. Total pour les familles des
Shuchamites, d'après leur dénombrement: soixante-quatre mille quatre
cents.

44 Fils d'Aser, selon leurs familles:
de Jimna descend la famille des Jim-
nites; de Jischvi, la famille des Jisch-

vites; de Beria, la famille des Bér-
45 ites.—Des fils de Béria descendent:
de Héber, la famille des Hébrites;
de Malkiel, la famille des Malkié-
46 lites. Le nom de la fille d'Aser était
47 Sérach. Ce sont là les familles des
fils d'Aser, d'après leur dénombrement: cinquante-trois mille quatre
cents.

48 Fils de Nephthali, selon leurs familles: de Jahtseel descend la famille des Jahtséélites; de Guni, la
49 famille des Gunites; de Jetser, la
famille des Jitsrites; de Schillem, la
50 famille des Schillémites. Ce sont là
les familles de Nephthali, selon leurs
familles et d'après leur dénombrement: quarante-cinq mille quatre
cents.

51 Tels sont ceux des enfants d'Israël
dont on fit le dénombrement: six
cent un mille sept cent trente.

52 L'Éternel parla à Moïse, et dit:
53 Le pays sera partagé entre eux, pour
être leur propriété, selon le nombre
54 des noms. A ceux qui sont en plus
grand nombre tu donneras une portion
plus grande, et à ceux qui sont en
plus petit nombre tu donneras une
portion plus petite; on donnera à
chacun sa portion d'après le dé-
55 nombrement. Mais le partage du
pays aura lieu par le sort; ils le
recevront en propriété selon les noms
56 des tribus de leurs pères. C'est par
le sort que le pays sera partagé entre
ceux qui sont en grand nombre et
ceux qui sont en petit nombre.

57 Voici les Lévites dont on fit le
dénombrement, selon leurs familles:
de Guerschon descend la famille des
Guerschonites; de Kehath, la famille
des Kehathites; de Merari, la famille
58 des Merarites.—Voici les familles de
Lévi: la famille des Libnites, la
famille des Hébronites, la famille des
Machlites, la famille des Muschites,
la famille des Korites. Kehath en-
59 gendra Amram. Le nom de la
femme d'Amram était Jokébed, fille
de Lévi, laquelle naquit à Lévi, en
Égypte; elle enfanta à Amram:
Aaron, Moïse, et Marie, leur sœur.
60 Il naquit à Aaron: Nadab et Abihu,
61 Éléazar et Ithamar. Nadab et Abihu

moururent, lorsqu'ils apportèrent devant l'Éternel du feu étranger. Ceux 62
dont on fit le dénombrement, tous
les mâles depuis l'âge d'un mois et
au-dessus, furent vingt-trois mille.
Ils ne furent pas compris dans le
dénombrement des enfants d'Israël,
parce qu'il ne leur fut point donné de
possession au milieu des enfants
d'Israël.

Tels sont ceux des enfants d'Israël 63
dont Moïse et le sacrificateur Éléazar
firent le dénombrement dans les
plaines de Moab, près du Jourdain,
vis-à-vis de Jéricho. Parmi eux, il 64
n'y avait aucun des enfants d'Israël
dont Moïse et le sacrificateur Aaron
avaient fait le dénombrement dans
le désert de Sinaï. Car l'Éternel 65
avait dit: Ils mourront dans le désert,
et il n'en restera pas un, excepté
Caleb, fils de Jephunné, et Josué, fils
de Nun.

Loi sur les héritages.

Les filles de Tselophchad, fils de **27**
Hépher, fils de Galaad, fils de
Makir, fils de Manassé, des familles
de Manassé, fils de Joseph, et dont
les noms étaient Machla, Noa, Hogla,
Milca et Thirtsa, s'approchèrent et se 2
présentèrent devant Moïse, devant le
sacrificateur Éléazar, et devant les
princes et toute l'assemblée, à l'entrée
de la tente d'assignation. Elles
dirent: Notre père est mort dans le 3
désert; il n'était pas au milieu de
l'assemblée de ceux qui se révoltèrent
contre l'Éternel, de l'assemblée de
Koré, mais il est mort pour son
péché, et il n'avait point de fils.
Pourquoi le nom de notre père serait- 4
il retranché du milieu de sa famille,
parce qu'il n'avait point eu de fils?
Donne-nous une possession parmi
les frères de notre père.

Moïse porta la cause devant 5
l'Éternel. Et l'Éternel dit à Moïse: 6
Les filles de Tselophchad ont raison. 7
Tu leur donneras en possession une
possession parmi les frères de leur
père, et c'est à elles que tu feras
passer l'héritage de leur père. Tu 8
parleras aux enfants d'Israël, et tu
diras: Lorsqu'un homme mourra sans

laisser de fils, vous ferez passer son
9 héritage à sa fille. S'il n'a point de
fille, vous donnerez son héritage à
10 ses frères. S'il n'a point de frères,
vous donnerez son héritage aux frères
11 de son père. S'il n'y a point de frères
de son père, vous donnerez son héritage au plus proche parent dans sa
famille, et c'est lui qui le possédera.
Ce sera pour les enfants d'Israël une
loi et un droit, comme l'Éternel l'a
ordonné à Moïse.

Josué désigné comme successeur de Moïse.

12 L'Éternel dit à Moïse : Monte sur
cette montagne d'Abarim, et regarde
le pays que je donne aux enfants
13 d'Israël. Tu le regarderas ; mais toi
aussi, tu seras recueilli auprès de ton
peuple, comme Aaron, ton frère, a
14 été recueilli ; parce que vous avez
été rebelles à mon ordre, dans le
désert de Tsin, lors de la contestation
de l'assemblée, et que vous ne m'avez
point sanctifié à leurs yeux à l'occasion
des eaux. Ce sont les eaux de contestation, à Kadès, dans le désert de
Tsin.
15 Moïse parla à l'Éternel, et dit :
16 Que l'Éternel, le Dieu des esprits de
toute chair, établisse sur l'assemblée
17 un homme qui sorte devant eux et
qui entre devant eux, qui les fasse
sortir et qui les fasse entrer, afin que
l'assemblée de l'Éternel ne soit pas
comme des brebis qui n'ont point de
berger.
18 L'Éternel dit à Moïse : Prends
Josué, fils de Nun, homme en qui
réside l'esprit ; et tu poseras ta main
19 sur lui. Tu le placeras devant le
sacrificateur Éléazar et devant toute
l'assemblée, et tu lui donneras des
20 ordres sous leurs yeux. Tu le rendras
participant de ta dignité, afin que
toute l'assemblée des enfants d'Israël
21 l'écoute. Il se présentera devant le
sacrificateur Éléazar, qui consultera
pour lui le jugement de l'urim devant
l'Éternel ; et Josué, tous les enfants
d'Israël avec lui, et toute l'assemblée,
sortiront sur l'ordre d'Éléazar, et
entreront sur son ordre.
22 Moïse fit ce que l'Éternel lui avait
ordonné. Il prit Josué, et il le plaça

devant le sacrificateur Éléazar et
devant toute l'assemblée. Il posa 23
ses mains sur lui, et lui donna des
ordres, comme l'Éternel l'avait dit
par Moïse.

Temps fixés pour les sacrifices.

L'Éternel parla à Moïse, et dit : **28**
Donne cet ordre aux enfants d'Israël, et dis-leur : Vous aurez soin de 2
me présenter, au temps fixé, mon
offrande, l'aliment de mes sacrifices
consumés par le feu, et qui me sont
d'une agréable odeur.
Tu leur diras : Voici le sacrifice 3
consumé par le feu que vous offrirez
à l'Éternel : chaque jour, deux agneaux
d'un an sans défaut, comme holocauste perpétuel. Tu offriras l'un des 4
agneaux le matin, et l'autre agneau
entre les deux soirs, et, pour l'offrande, 5
un dixième d'épha de fleur de farine
pétrie dans un quart de hin d'huile
d'olives concassées. C'est l'holocauste 6
perpétuel, qui a été offert à la
montagne de Sinaï ; c'est un sacrifice
consumé par le feu, d'une agréable
odeur à l'Éternel. La libation sera 7
d'un quart de hin pour chaque agneau :
c'est dans le lieu saint que tu feras
la libation de vin à l'Éternel. Tu 8
offriras le second agneau entre les
deux soirs, avec une offrande et une
libation semblables à celles du matin ;
c'est un sacrifice consumé par le feu,
d'une agréable odeur à l'Éternel.
Le jour du sabbat, vous offrirez 9
deux agneaux d'un an sans défaut,
et, pour l'offrande, deux dixièmes de
fleur de farine pétrie à l'huile, avec
la libation. C'est l'holocauste du 10
sabbat, pour chaque sabbat, outre
l'holocauste perpétuel et la libation.
Au commencement de vos mois, 11
vous offrirez en holocauste à l'Éternel
deux jeunes taureaux, un bélier, et
sept agneaux d'un an sans défaut ;
et, comme offrande pour chaque 12
taureau, trois dixièmes de fleur de
farine pétrie à l'huile ; comme offrande pour le bélier, deux dixièmes
de fleur de farine pétrie à l'huile ;
comme offrande pour chaque agneau, 13
un dixième de fleur de farine pétrie à
l'huile. C'est un holocauste, un sacri-

fice consumé par le feu, d'une agréable
14 odeur à l'Éternel. Les libations
seront d'un demi-hin de vin pour un
taureau, d'un tiers de hin pour un
bélier, et d'un quart de hin pour un
agneau. C'est l'holocauste du commencement du mois, pour chaque
mois, pour tous les mois de l'année.
15 On offrira à l'Éternel un bouc, en
sacrifice d'expiation, outre l'holocauste perpétuel et la libation.
16 Le premier mois, le quatorzième
jour du mois, ce sera la Pâque de
17 l'Éternel. Le quinzième jour de ce
mois sera un jour de fête. On
mangera pendant sept jours des
18 pains sans levain. Le premier jour,
il y aura une sainte convocation :
vous ne ferez aucune œuvre servile.
19 Vous offrirez en holocauste à l'É-
ternel un sacrifice consumé par le
feu : deux jeunes taureaux, un bélier,
et sept agneaux d'un an sans défaut.
20 Vous y joindrez l'offrande de fleur de
farine pétrie à l'huile, trois dixièmes
pour un taureau, deux dixièmes pour
21 un bélier, et un dixième pour chacun
22 des sept agneaux. Vous offrirez un
bouc en sacrifice d'expiation, afin de
23 faire pour vous l'expiation. Vous
offrirez ces sacrifices, outre l'holocauste du matin, qui est un holo-
24 causte perpétuel. Vous les offrirez
chaque jour, pendant sept jours,
comme l'aliment d'un sacrifice consumé par le feu, d'une agréable odeur
à l'Éternel. On les offrira, outre
l'holocauste perpétuel et la libation.
25 Le septième jour, vous aurez une
sainte convocation : vous ne ferez
aucune œuvre servile.
26 Le jour des prémices, où vous
présenterez à l'Éternel une offrande,
à votre fête des semaines, vous aurez
une sainte convocation : vous ne
27 ferez aucune œuvre servile. Vous
offrirez en holocauste, d'une agréable
odeur à l'Éternel, deux jeunes taureaux, un bélier, et sept agneaux d'un
28 an. Vous y joindrez l'offrande de
fleur de farine pétrie à l'huile, trois
dixièmes pour chaque taureau, deux
29 dixièmes pour le bélier, et un dixième
30 pour chacun des sept agneaux. Vous
offrirez un bouc, afin de faire pour

vous l'expiation. Vous offrirez ces 31
sacrifices, outre l'holocauste perpétuel
et l'offrande. Vous aurez des agneaux
sans défaut, et vous joindrez les
libations.

Le septième mois, le premier **29**
jour du mois, vous aurez une sainte
convocation : vous ne ferez aucune
œuvre servile. Ce jour sera publié
parmi vous au son des trompettes.
Vous offrirez en holocauste, d'une 2
agréable odeur à l'Éternel, un jeune
taureau, un bélier, et sept agneaux
d'un an sans défaut. Vous y joindrez 3
l'offrande de fleur de farine pétrie à
l'huile, trois dixièmes pour le taureau,
deux dixièmes pour le bélier, et un 4
dixième pour chacun des sept
agneaux. Vous offrirez un bouc en 5
sacrifice d'expiation, afin de faire
pour vous l'expiation. Vous offrirez 6
ces sacrifices, outre l'holocauste et
l'offrande de chaque mois, l'holocauste perpétuel et l'offrande, et les
libations qui s'y joignent, d'après les
règles établies. Ce sont des sacrifices consumés par le feu, d'une
agréable odeur à l'Éternel.

Le dixième jour de ce septième 7
mois, vous aurez une sainte convocation, et vous humilierez vos âmes :
vous ne ferez aucun ouvrage. Vous 8
offrirez en holocauste, d'une agréable
odeur à l'Éternel, un jeune taureau,
un bélier, et sept agneaux d'un an
sans défaut. Vous y joindrez l'of- 9
frande de fleur de farine pétrie à
l'huile, trois dixièmes pour le taureau,
deux dixièmes pour le bélier, et un 10
dixième pour chacun des sept
agneaux. Vous offrirez un bouc en 11
sacrifice d'expiation, outre le sacrifice
des expiations, l'holocauste perpétuel
et l'offrande, et les libations ordinaires.

Le quinzième jour du septième 12
mois, vous aurez une sainte convocation : vous ne ferez aucune œuvre
servile. Vous célébrerez une fête en
l'honneur de l'Éternel, pendant sept
jours. Vous offrirez en holocauste 13
un sacrifice consumé par le feu, d'une
agréable odeur à l'Éternel! treize
jeunes taureaux, deux béliers, et
quatorze agneaux d'un an sans
défaut. Vous y joindrez l'offrande 14

de fleur de farine pétrie à l'huile, trois dixièmes pour chacun des treize taureaux, deux dixièmes pour chacun 15 des deux béliers, et un dixième pour 16 chacun des quatorze agneaux. Vous offrirez un bouc en sacrifice d'expiation, outre l'holocauste perpétuel, 17 l'offrande et la libation.—Le second jour, vous offrirez douze jeunes taureaux, deux béliers, et quatorze 18 agneaux d'un an sans défaut, avec l'offrande et les libations pour les taureaux, les béliers et les agneaux, selon leur nombre, d'après les règles 19 établies. Vous offrirez un bouc en sacrifice d'expiation, outre l'holocauste perpétuel, l'offrande et les 20 libations.—Le troisième jour, vous offrirez onze taureaux, deux béliers, et quatorze agneaux d'un an sans 21 défaut, avec l'offrande et les libations pour les taureaux, les béliers et les agneaux, selon leur nombre, d'après 22 les règles établies. Vous offrirez un bouc en sacrifice d'expiation, outre l'holocauste perpétuel, l'offrande et 23 la libation.—Le quatrième jour, vous offrirez dix taureaux, deux béliers, et quatorze agneaux d'un an sans dé- 24 faut, avec l'offrande et les libations pour les taureaux, les béliers et les agneaux, selon leur nombre, d'après 25 les règles établies. Vous offrirez un bouc en sacrifice d'expiation, outre l'holocauste perpétuel, l'offrande et 26 la libation.—Le cinquième jour, vous offrirez neuf taureaux, deux béliers, et quatorze agneaux d'un an sans 27 défaut, avec l'offrande et les libations pour les taureaux, les béliers et les agneaux selon leur nombre, d'après 28 les règles établies. Vous offrirez un bouc en sacrifice d'expiation, outre l'holocauste perpétuel, l'offrande et la 29 libation.—Le sixième jour, vous offrirez huit taureaux, deux béliers et quatorze agneaux d'un an sans 30 défaut, avec l'offrande et les libations pour les taureaux, les béliers et les agneaux, selon leur nombre, d'après 31 les règles établies. Vous offrirez un bouc en sacrifice d'expiation, outre l'holocauste perpétuel, l'offrande et 32 les libations.—Le septième jour, vous offrirez sept taureaux, deux béliers,

et quatorze agneaux d'un an sans défaut, avec l'offrande et les libations 33 pour les taureaux, les béliers et les agneaux, selon leur nombre, d'après les règles établies. Vous offrirez un 34 bouc en sacrifice d'expiation, outre l'holocauste perpétuel, l'offrande et la libation.—Le huitième jour, vous 35 aurez une assemblée solennelle : vous ne ferez aucune œuvre servile. Vous 36 offrirez en holocauste un sacrifice consumé par le feu, d'une agréable odeur à l'Éternel : un taureau, un bélier, et sept agneaux d'un an sans défaut, avec l'offrande et les libations 37 pour le taureau, le bélier et les agneaux, selon leur nombre, d'après les règles établies. Vous offrirez un 38 bouc en sacrifice d'expiation, outre l'holocauste perpétuel, l'offrande et la libation.

Tels sont les sacrifices que vous 39 offrirez à l'Éternel dans vos fêtes, outre vos holocaustes, vos offrandes et vos libations, et vos sacrifices de prospérité, en accomplissement d'un vœu ou en offrandes volontaires.

Moïse dit aux enfants d'Israël **30** tout ce que l'Éternel lui avait ordonné.

Loi sur les vœux.

Moïse parla aux chefs des tribus 2 des enfants d'Israël, et dit : Voici ce que l'Éternel ordonne.

Lorsqu'un homme fera un vœu 3 à l'Éternel, ou un serment pour se lier par un engagement, il ne violera point sa parole, il agira selon tout ce qui est sorti de sa bouche.

Lorsqu'une femme, dans sa jeu- 4 nesse et à la maison de son père, fera un vœu à l'Éternel et se liera par un engagement, et que son père 5 aura connaissance du vœu qu'elle a fait et de l'engagement par lequel elle s'est liée,—si son père garde le silence envers elle, tout vœu qu'elle aura fait sera valable, et tout engagement par lequel elle se sera liée sera valable ; mais si son père la désap- 6 prouve le jour où il en a connaissance, tous ses vœux et tous les engagements par lesquels elle se sera liée n'auront aucune valeur ; et l'Éternel lui pardonnera, parce qu'elle a été désapprouvée de son père.

7 Lorsqu'elle sera mariée, après avoir fait des vœux ou s'être liée par une
8 parole échappée de ses lèvres, et que son mari en aura connaissance,—s'il garde le silence envers elle le jour où il en a connaissance, ses vœux seront valables, et les engagements par lesquels elle se sera liée seront
9 valables ; mais si son mari la désapprouve le jour où il en a connaissance, il annulera le vœu qu'elle a fait et la parole échappée de ses lèvres, par laquelle elle s'est liée ; et l'Éternel lui pardonnera.

10 Le vœu d'une femme veuve ou répudiée, l'engagement quelconque par lequel elle se sera liée, sera valable pour elle.

11 Lorsqu'une femme, dans la maison de son mari, fera des vœux ou se
12 liera par un serment, et que son mari en aura connaissance,—s'il garde le silence envers elle et ne la désapprouve pas, tous ses vœux seront valables, et tous les engagements par lesquels elle se sera liée
13 seront valables ; mais si son mari les annule le jour où il en a connaissance, tout vœu et tout engagement sortis de ses lèvres n'auront aucune valeur, son mari les a annulés ; et
14 l'Éternel lui pardonnera. Son mari peut ratifier et son mari peut annuler tout vœu, tout serment par lequel elle s'engage à mortifier sa personne.
15 S'il garde de jour en jour le silence envers elle, il ratifie ainsi tous les vœux ou tous les engagements par lesquels elle s'est liée ; il les ratifie, parce qu'il a gardé le silence envers elle le jour où il en a eu connais-
16 sance. Mais s'il les annule après le jour où il en a eu connaissance, il sera coupable du péché de sa femme.
17 Telles sont les lois que l'Éternel prescrivit à Moïse, entre un mari et sa femme, entre un père et sa fille, lorsqu'elle est dans sa jeunesse et à la maison de son père.

Victoire sur les Madianites.

31

L'Éternel parla à Moïse, et dit :
2 Venge les enfants d'Israël sur les Madianites, tu seras ensuite recueilli auprès de ton peuple.

3 Moïse parla au peuple, et dit : Équipez d'entre vous des hommes pour l'armée, et qu'ils marchent contre Madian, afin d'exécuter la vengeance de l'Éternel sur Madian.
4 Vous enverrez à l'armée mille hommes par tribu, de toutes les tribus d'Israël.

5 On leva d'entre les milliers d'Israël mille hommes par tribu, soit douze mille hommes équipés pour l'armée.
6 Moïse envoya à l'armée ces mille hommes par tribu, et avec eux le fils du sacrificateur Éléazar, Phinées, qui portait les instruments sacrés et les trompettes retentissantes. Ils s'avan-
7 cèrent contre Madian, selon l'ordre que l'Éternel avait donné à Moïse ;
8 et ils tuèrent tous les mâles. Ils tuèrent les rois de Madian avec tous les autres, Évi, Rékem, Tsur, Hur et Réba, cinq rois de Madian ; ils tuèrent aussi par l'épée Balaam, fils
9 de Beor. Les enfants d'Israël firent prisonnières les femmes des Madianites avec leurs petits enfants, et ils pillèrent tout leur bétail, tous leurs
10 troupeaux et toutes leurs richesses. Ils incendièrent toutes les villes qu'ils
11 habitaient et tous leurs enclos. Ils prirent toutes les dépouilles et tout
12 le butin, personnes et bestiaux ; et ils amenèrent les captifs, le butin et les dépouilles, à Moïse, au sacrificateur Éléazar, et à l'assemblée des enfants d'Israël, campés dans les plaines de Moab, près du Jourdain, vis-à-vis de Jéricho.

13 Moïse, le sacrificateur Éléazar, et tous les princes de l'assemblée, sortirent au-devant d'eux, hors du camp.
14 Et Moïse s'irrita contre les commandants de l'armée, les chefs de milliers et les chefs de centaines,
15 qui revenaient de l'expédition. Il leur dit : Avez-vous laissé la vie à
16 toutes les femmes ? Voici, ce sont elles qui, sur la parole de Balaam, ont entraîné les enfants d'Israël à l'infidélité envers l'Éternel, dans l'affaire de Peor ; et alors éclata la plaie
17 dans l'assemblée de l'Éternel. Maintenant, tuez tout mâle parmi les petits

enfants, et tuez toute femme qui a connu un homme en couchant avec
18 lui ; mais laissez en vie pour vous toutes les filles qui n'ont point connu la couche d'un homme.

19 Et vous, campez pendant sept jours hors du camp ; tous ceux d'entre vous qui ont tué quelqu'un, et tous ceux qui ont touché un mort, se purifieront le troisième et le septième jour, eux
20 et vos prisonniers. Vous purifierez aussi tout vêtement, tout objet de peau, tout ouvrage de poil de chèvre et tout ustensile de bois.

21 Le sacrificateur Éléazar dit aux soldats qui étaient allés à la guerre : Voici ce qui est ordonné par la loi que l'Éternel a prescrite à Moïse.
22 L'or, l'argent, l'airain, le fer, l'étain
23 et le plomb, tout objet qui peut aller au feu, vous le ferez passer par le feu pour le rendre pur. Mais c'est par l'eau de purification que sera purifié tout ce qui ne peut aller au feu ; vous le ferez passer dans l'eau.
24 Vous laverez vos vêtements le septième jour, et vous serez purs ; ensuite, vous pourrez entrer dans le camp.

25
26 L'Éternel dit à Moïse : Fais, avec le sacrificateur Éléazar et les chefs de maison de l'assemblée, le compte du butin, de ce qui a été pris, personnes
27 et bestiaux. Partage le butin entre les combattants qui sont allés à
28 l'armée et toute l'assemblée. Tu prélèveras sur la portion des soldats qui sont allés à l'armée un tribut pour l'Éternel, savoir : un sur cinq cents, tant des personnes que des bœufs,
29 des ânes et des brebis. Vous le prendrez sur leur moitié, et tu le donneras au sacrificateur Éléazar comme une offrande à l'Éternel.
30 Et sur la moitié qui revient aux enfants d'Israël tu prendras un sur cinquante, tant des personnes que des bœufs, des ânes et des brebis, de tout animal ; et tu le donneras aux Lévites, qui ont la garde du tabernacle de l'Éternel.
31 Moïse et le sacrificateur Éléazar firent ce que l'Éternel avait ordonné à Moïse.
32 Le butin, reste du pillage de ceux

qui avaient fait partie de l'armée, était de six cent soixante-quinze
33 mille brebis, soixante-douze mille bœufs, soixante-un mille ânes, et
34
35 trente-deux mille personnes ou femmes qui n'avaient point connu la couche d'un homme.—La moitié,
36 formant la part de ceux qui étaient allés à l'armée, fut de trois cent trente-sept mille cinq cents brebis, dont six cent soixante-quinze pour
37 le tribut à l'Éternel ; trente-six mille
38 bœufs, dont soixante-douze pour le tribut à l'Éternel ; trente mille cinq
39 cents ânes, dont soixante-un pour le tribut à l'Éternel ; et seize mille per-
40 sonnes, dont trente-deux pour le tribut à l'Éternel. Moïse donna au
41 sacrificateur Éléazar le tribut réservé comme offrande à l'Éternel, selon ce que l'Éternel lui avait ordonné.—
42 La moitié qui revenait aux enfants d'Israël, séparée par Moïse de celle des hommes de l'armée, et formant
43 la part de l'assemblée, fut de trois cent trente-sept mille cinq cents brebis, trente-six mille bœufs, trente
44
45 mille cinq cents ânes, et seize mille
46 personnes. Sur cette moitié qui re-
47 venait aux enfants d'Israël, Moïse prit un sur cinquante, tant des personnes que des animaux ; et il le donna aux Lévites, qui ont la garde du tabernacle de l'Éternel, selon ce que l'Éternel lui avait ordonné.

48 Les commandants des milliers de l'armée, les chefs de milliers et les chefs de centaines, s'approchèrent de Moïse, et lui dirent : Tes serviteurs
49 ont fait le compte des soldats qui étaient sous nos ordres, et il ne manque pas un homme d'entre nous. Nous apportons, comme of-
50 frande à l'Éternel, chacun les objets d'or que nous avons trouvés, chaînettes, bracelets, anneaux, pendants d'oreilles et colliers, afin de faire pour nos personnes l'expiation devant l'Éternel. Moïse et le sacri-
51 ficateur Éléazar reçurent d'eux tous ces objets travaillés en or. Tout l'or,
52 que les chefs de milliers et les chefs de centaines présentèrent à l'Éternel en offrande par élévation, pesait seize
53 mille sept cent cinquante sicles. Les

hommes de l'armée gardèrent chacun
54 le butin qu'ils avaient fait. Moïse et
le sacrificateur Éléazar prirent l'or
des chefs de milliers et des chefs de
centaines, et l'apportèrent à la tente
d'assignation, comme souvenir pour
les enfants d'Israël devant l'Éternel.

Le pays de Galaad accordé aux tribus de
Gad et de Ruben.

32 Les fils de Ruben et les fils de
Gad avaient une quantité considérable de troupeaux, et ils virent
que le pays de Jaezer et le pays de
Galaad étaient un lieu propre pour
2 des troupeaux. Alors les fils de Gad
et les fils de Ruben vinrent auprès de
Moïse, du sacrificateur Éléazar et des
princes de l'assemblée, et ils leur
3 dirent : Atharoth, Dibon, Jaezer,
Nimra, Hesbon, Élealé, Sebam, Ne-
4 bo et Beon, ce pays que l'Éternel a
frappé devant l'assemblée d'Israël,
est un lieu propre pour des troupeaux, et tes serviteurs ont des
5 troupeaux. Ils ajoutèrent: Si nous
avons trouvé grâce à tes yeux, que
la possession de ce pays soit accordée
à tes serviteurs, et ne nous fais point
passer le Jourdain.

6 Moïse répondit aux fils de Gad et
aux fils de Ruben : Vos frères iront-
ils à la guerre, et vous, resterez-vous
7 ici? Pourquoi voulez-vous décourager
les enfants d'Israël de passer dans le
8 pays que l'Éternel leur donne? Ainsi
firent vos pères, quand je les envoyai
de Kadès-Barnéa pour examiner le
9 pays. Ils montèrent jusqu'à la vallée
d'Eschcol, et, après avoir examiné le
pays, ils découragèrent les enfants
d'Israël d'aller dans le pays que
10 l'Éternel leur donnait. La colère
de l'Éternel s'enflamma ce jour-là,
11 et il jura en disant : Ces hommes
qui sont montés d'Égypte, depuis
l'âge de vingt ans et au-dessus, ne
verront point le pays que j'ai juré de
donner à Abraham, à Isaac et à
Jacob, car ils n'ont pas suivi pleine-
12 ment ma voie, excepté Caleb, fils de
Jephunné, le Kenizien, et Josué, fils
de Nun, qui ont pleinement suivi la
13 voie de l'Éternel. La colère de l'É-

ternel s'enflamma contre Israël, et il
les fit errer dans le désert pendant
quarante années, jusqu'à l'anéantisse-
ment de toute la génération qui avait
fait le mal aux yeux de l'Éternel.
Et voici, vous prenez la place de 14
vos pères comme des rejetons d'hommes pécheurs, pour rendre la colère
de l'Éternel encore plus ardente contre Israël. Car, si vous vous détour- 15
nez de lui, il continuera de laisser
Israël au désert, et vous causerez
la perte de tout ce peuple.

Ils s'approchèrent de Moïse, et ils 16
dirent : Nous construirons ici des
parcs pour nos troupeaux et des
villes pour nos petits enfants ; puis 17
nous nous équiperons en hâte pour
marcher devant les enfants d'Israël,
jusqu'à ce que nous les ayons introduits dans le lieu qui leur est destiné ;
et nos petits enfants demeureront
dans les villes fortes, à cause des
habitants du pays. Nous ne re- 18
tournerons point dans nos maisons
avant que les enfants d'Israël aient
pris possession chacun de son héritage ; et nous ne posséderons rien 19
avec eux de l'autre côté du Jourdain, ni plus loin, puisque nous
aurons notre héritage de ce côté-ci
du Jourdain, à l'orient.

Moïse leur dit: Si vous faites cela, 20
si vous vous armez pour combattre
devant l'Éternel, si tous ceux de vous 21
qui s'armeront passent le Jourdain
devant l'Éternel jusqu'à ce qu'il ait
chassé ses ennemis loin de sa face,
et si vous revenez seulement après 22
que le pays aura été soumis devant
l'Éternel,—vous serez alors sans reproche vis-à-vis de l'Éternel et vis-à-
vis d'Israël, et cette contrée-ci sera
votre propriété devant l'Éternel.
Mais si vous ne faites pas ainsi, 23
vous péchez contre l'Éternel; sachez
que votre péché vous atteindra. Con- 24
struisez des villes pour vos petits enfants et des parcs pour vos troupeaux,
et faites ce que votre bouche a
déclaré.

Les fils de Gad et les fils de Ruben 25
dirent à Moïse: Tes serviteurs feront
ce que mon seigneur ordonne. Nos 26
petits enfants, nos femmes, nos trou-

27 peaux et tout notre bétail, resteront dans les villes de Galaad; et tes serviteurs, tous armés pour la guerre, iront combattre devant l'Éternel, comme dit mon seigneur.

28 Moïse donna des ordres à leur sujet au sacrificateur Éléazar, à Josué, fils de Nun, et aux chefs de famille dans les tribus des enfants 29 d'Israël. Il leur dit: Si les fils de Gad et les fils de Ruben passent avec vous le Jourdain, tous armés pour combattre devant l'Éternel, et que le pays soit soumis devant vous, vous leur donnerez en propriété la contrée 30 de Galaad. Mais s'ils ne marchent point en armes avec vous, qu'ils s'établissent au milieu de vous dans le pays de Canaan.

31 Les fils de Gad et les fils de Ruben répondirent: Nous ferons ce que l'É-32 ternel a dit à tes serviteurs. Nous passerons en armes devant l'Éternel au pays de Canaan; mais que nous possédions notre héritage de ce côté-ci du Jourdain.

33 Moïse donna aux fils de Gad et aux fils de Ruben, et à la moitié de la tribu de Manassé, fils de Joseph, le royaume de Sihon, roi des Amoréens, et le royaume d'Og, roi de Basan, le pays avec ses villes, avec les territoires des villes du pays tout alentour.

34 Les fils de Gad bâtirent Dibon, 35 Atharoth, Aroër, Athroth-Schophan, 36 Jaezer, Jogbeha, Beth-Nimra et Beth-Haran, villes fortes, et ils firent des parcs pour les troupeaux.

37 Les fils de Ruben bâtirent Hesbon, 38 Élealé et Kirjathaïm, Nebo et Baal-Meon, dont les noms furent changés, et Sibma, et ils donnèrent des noms aux villes qu'ils bâtirent.

39 Les fils de Makir, fils de Manassé, marchèrent contre Galaad, et s'en emparèrent; ils chassèrent les Amoréens 40 qui y étaient. Moïse donna Galaad à Makir, fils de Manassé, qui s'y 41 établit. Jaïr, fils de Manassé, se mit en marche, prit les bourgs, et les ap-42 pela bourgs de Jaïr. Nobach se mit en marche, prit Kenath avec les villes de son ressort, et l'appela Nobach, d'après son nom.

Marches et stations des Israélites depuis leur sortie d'Égypte jusqu'à leur arrivée dans les plaines de Moab.

33 Voici les stations des enfants d'Israël qui sortirent du pays d'Égypte, selon leurs corps d'armée, sous la conduite de Moïse et d'Aaron. 2 Moïse écrivit leurs marches de station en station, d'après l'ordre de l'Éternel. Et voici leurs stations, selon leurs marches.

3 Ils partirent de Ramsès le premier mois, le quinzième jour du premier mois. Le lendemain de la Pâque, les enfants d'Israël sortirent la main levée, à la vue de tous les Égyptiens. 4 Et les Égyptiens enterraient ceux que l'Éternel avait frappés parmi eux, tous les premiers-nés; l'Éternel exerçait aussi des jugements contre leurs dieux.

5 Les enfants d'Israël partirent de Ramsès, et campèrent à Succoth. 6 Ils partirent de Succoth, et campèrent à Étham, qui est à l'extrémité du désert. 7 Ils partirent d'Étham, se détournèrent vers Pi-Hahiroth, vis-à-vis de Baal-Tsephon, et campèrent devant Migdol. 8 Ils partirent de devant Pi-Hahiroth, et passèrent au milieu de la mer dans la direction du désert; ils firent trois journées de marche dans le désert d'Étham, et campèrent à Mara. 9 Ils partirent de Mara, et arrivèrent à Élim; il y avait à Élim douze sources d'eau et soixante-dix palmiers: ce fut là qu'ils campèrent. 10 Ils partirent d'Élim, et campèrent près de la mer Rouge. 11 Ils partirent de la mer Rouge, et campèrent dans le désert de Sin. 12 Ils partirent du désert de Sin, et campèrent à Dophka. 13 Ils partirent de Dophka, et campèrent à Alusch. 14 Ils partirent d'Alusch, et campèrent à Rephidim, où le peuple ne trouva point d'eau à boire. 15 Ils partirent de Rephidim, et campèrent dans le désert de Sinaï.

16 Ils partirent du désert de Sinaï, et campèrent à Kibroth-Hattaava. 17 Ils partirent de Kibroth-Hattaava, et campèrent à Hatséroth. 18 Ils partirent de Hatséroth, et campèrent à Rithma. 19 Ils partirent de Rithma, et campèrent à Rimmon-Pérets. 20 Ils

partirent de Rimmon-Pérets, et cam-
21 pèrent à Libna. Ils partirent de
22 Libna, et campèrent à Rissa. Ils
partirent de Rissa, et campèrent à
23 Kehélatha. Ils partirent de Kehélatha, et campèrent à la montagne
24 de Schapher. Ils partirent de la
montagne de Schapher, et campèrent
25 à Harada. Ils partirent de Harada,
26 et campèrent à Makhéloth. Ils partirent de Makhéloth, et campèrent à
27 Tahath. Ils partirent de Tahath, et
28 campèrent à Tarach. Ils partirent
de Tarach, et campèrent à Mithka.
29 Ils partirent de Mithka, et campèrent
30 à Haschmona. Ils partirent de Hasch-
31 mona, et campèrent à Moséroth. Ils
partirent de Moséroth, et campèrent
32 à Bené-Jaakan. Ils partirent de Bené-
Jaakan, et campèrent à Hor-Guidgad.
33 Ils partirent de Hor-Guidgad, et cam-
34 pèrent à Jothbatha. Ils partirent de
Jothbatha, et campèrent à Abrona.
35 Ils partirent d'Abrona, et campèrent
36 à Etsjon-Guéber. Ils partirent d'Etsjon-Guéber, et campèrent dans le
désert de Tsin : c'est Kadès.
37 Ils partirent de Kadès, et campèrent à la montagne de Hor, à
38 l'extrémité du pays d'Édom. Le
sacrificateur Aaron monta sur la
montagne de Hor, suivant l'ordre
de l'Éternel ; et il y mourut, la
quarantième année après la sortie
des enfants d'Israël du pays d'É-
gypte, le cinquième mois, le premier
39 jour du mois. Aaron était âgé de
cent vingt-trois ans lorsqu'il mourut
40 sur la montagne de Hor. Le roi
d'Arad, Cananéen, qui habitait le
midi du pays de Canaan, apprit
l'arrivée des enfants d'Israël.
41 Ils partirent de la montagne de
42 Hor, et campèrent à Tsalmona. Ils
partirent de Tsalmona, et campèrent
43 à Punon. Ils partirent de Punon, et
44 campèrent à Oboth. Ils partirent
d'Oboth, et campèrent à Ijjé-Abarim,
45 sur la frontière de Moab. Ils partir-
tirent d'Ijjé-Abarim, et campèrent à
46 Dibon-Gad. Ils partirent de Dibon-
Gad, et campèrent à Almon-Di-
47 blathaïm. Ils partirent d'Almon-
Diblathaïm, et campèrent aux mon-
48 tagnes d'Abarim, devant Nebo. Ils

partirent des montagnes d'Abarim,
et campèrent dans les plaines de
Moab, près du Jourdain, vis-à-vis
de Jéricho. Ils campèrent près du 49
Jourdain, depuis Beth-Jeschimoth
jusqu'à Abel-Sittim, dans les plaines
de Moab.

L'Éternel parla à Moïse dans les 50
plaines de Moab, près du Jourdain,
vis-à-vis de Jéricho. Il dit : Parle 51
aux enfants d'Israël, et dis-leur :
Lorsque vous aurez passé le Jourdain et que vous serez entrés dans
le pays de Canaan, vous chasserez 52
devant vous tous les habitants du
pays, vous détruirez toutes leurs idoles
de pierre, vous détruirez toutes leurs
images de fonte, et vous détruirez
tous leurs hauts lieux. Vous prendrez 53
possession du pays, et vous vous y
établirez ; car je vous ai donné le
pays, pour qu'il soit votre propriété.
Vous partagerez le pays par le sort, 54
selon vos familles. A ceux qui sont
en plus grand nombre vous donnerez
une portion plus grande, et à ceux
qui sont en plus petit nombre vous
donnerez une portion plus petite.
Chacun possédera ce qui lui sera
échu par le sort ; vous le recevrez
en propriété, selon les tribus de vos
pères. Mais si vous ne chassez pas 55
devant vous les habitants du pays,
ceux d'entre eux que vous laisserez
seront comme des épines dans vos
yeux et des aiguillons dans vos côtés,
ils seront vos ennemis dans le pays
où vous allez vous établir. Et il 56
arrivera que je vous traiterai comme
j'avais résolu de les traiter.

*Limites du pays de Canaan.—Ordre pour
le partage.*

L'Éternel parla à Moïse, et dit : **34**
Donne cet ordre aux enfants d'Is- 2
raël, et dis-leur : Quand vous serez
entrés dans le pays de Canaan, ce
pays deviendra votre héritage, le
pays de Canaan, dont voici les
limites.

Le côté du midi commencera au 3
désert de Tsin, près d'Édom. Ainsi,
votre limite méridionale partira de
l'extrémité de la mer Salée, vers
l'orient ; elle tournera au sud de la 4

montée d'Akrabbim, passera par Tsin, et s'étendra jusqu'au midi de Kadès-Barnéa ; elle continuera par Hatsar-Addar, et passera vers Ats-

5 mon ; depuis Atsmon, elle tournera jusqu'au torrent d'Égypte, pour aboutir à la mer.

6 Votre limite occidentale sera la grande mer : ce sera votre limite à l'occident.

7 Voici quelle sera votre limite septentrionale : à partir de la grande mer, vous la tracerez jusqu'à la mon-

8 tagne de Hor ; depuis la montagne de Hor, vous la ferez passer par Ha-

9 math, et arriver à Tsedad ; elle continuera par Ziphron, pour aboutir à Hatsar-Énan : ce sera votre limite au septentrion.

10 Vous tracerez votre limite orientale

11 de Hatsar-Énan à Schepham ; elle descendra de Schepham vers Ribla, à l'orient d'Aïn ; elle descendra, et s'étendra le long de la mer de Kin-

12 néreth, à l'orient ; elle descendra encore vers le Jourdain, pour aboutir à la mer Salée.

Tel sera votre pays, avec ses limites tout autour.

13 Moïse transmit cet ordre aux enfants d'Israël, et dit : C'est là le pays que vous partagerez par le sort, et que l'Éternel a résolu de donner aux

14 neuf tribus et à la demi-tribu. Car la tribu des fils de Ruben et la tribu des fils de Gad ont pris leur héritage, selon les maisons de leurs pères ; la demi-tribu de Manassé a aussi pris

15 son héritage. Ces deux tribus et la demi-tribu ont pris leur héritage en deçà du Jourdain, vis-à-vis de Jéricho, du côté de l'orient.

16 L'Éternel parla à Moïse, et dit :

17 Voici les noms des hommes qui partageront entre vous le pays : le sacrificateur Éléazar, et Josué, fils de Nun.

18 Vous prendrez encore un prince de chaque tribu, pour faire le partage du pays.

19 Voici les noms de ces hommes.

Pour la tribu de Juda : Caleb, fils de Jephunné ;

20 pour la tribu des fils de Siméon : Samuel, fils d'Ammihud ;

21 pour la tribu de Benjamin : Élidad, fils de Kislon ;

22 pour la tribu des fils de Dan : le prince Buki, fils de Jogli ;

23 pour les fils de Joseph,—pour la tribu des fils de Manassé : le prince Hanniel, fils d'Éphod ;—et pour la

24 tribu des fils d'Éphraïm : le prince Kemuel, fils de Schiphtan ;

25 pour la tribu des fils de Zabulon : le prince Élitsaphan, fils de Parnac ;

26 pour la tribu des fils d'Issacar : le prince Paltiel, fils d'Azzan ;

27 pour la tribu des fils d'Aser : le prince Ahihud, fils de Schelomi ;

28 pour la tribu des fils de Nephthali : le prince Pedahel, fils d'Ammihud.

29 Tels sont ceux à qui l'Éternel ordonna de partager le pays de Canaan entre les enfants d'Israël.

Villes lévitiques.—Villes de refuge.—
Le vengeur du sang.

35 L'Éternel parla à Moïse, dans les plaines de Moab, près du Jourdain, vis-à-vis de Jéricho. Il dit : 2 Ordonne aux enfants d'Israël d'accorder aux Lévites, sur l'héritage qu'ils posséderont, des villes où ils puissent habiter. Vous donnerez aussi aux Lévites une banlieue autour

3 de ces villes. Ils auront les villes pour y habiter ; et les banlieues seront pour leur bétail, pour leurs biens et pour tous leurs animaux.

4 Les banlieues des villes que vous donnerez aux Lévites auront, à partir du mur de la ville et au dehors, mille coudées tout autour. Vous mesurerez, 5 en dehors de la ville, deux mille coudées pour le côté oriental, deux mille coudées pour le côté méridional, deux mille coudées pour le côté occidental, et deux mille coudées pour le côté septentrional. La ville sera au milieu. Telles seront les banlieues de leurs villes.

6 Parmi les villes que vous donnerez aux Lévites, il y aura six villes de refuge où pourra s'enfuir le meurtrier, et quarante-deux autres villes.

7 Total des villes que vous donnerez aux Lévites : quarante-huit villes, avec leurs banlieues. Les villes que 8 vous donnerez sur les propriétés des

enfants d'Israël seront livrées en plus grand nombre par ceux qui en ont le plus, et en plus petit nombre par ceux qui en ont moins ; chacun donnera de ses villes aux Lévites à proportion de l'héritage qu'il possédera.

9 L'Éternel parla à Moïse, et dit :
10 Parle aux enfants d'Israël, et disleur : Lorsque vous aurez passé le Jourdain et que vous serez entrés
11 dans le pays de Canaan, vous vous établirez des villes qui soient pour vous des villes de refuge, où pourra s'enfuir le meurtrier qui aura tué
12 quelqu'un involontairement. Ces villes vous serviront de refuge contre le vengeur du sang, afin que le meurtrier ne soit point mis à mort avant d'avoir comparu devant l'as-
13 semblée pour être jugé. Des villes que vous donnerez, six seront pour
14 vous des villes de refuge. Vous donnerez trois villes au delà du Jourdain, et vous donnerez trois villes dans le pays de Canaan : ce
15 seront des villes de refuge. Ces six villes serviront de refuge aux enfants d'Israël, à l'étranger et à celui qui demeure au milieu de vous : là pourra s'enfuir tout homme qui aura tué quelqu'un involontairement.

16 Si un homme frappe son prochain avec un instrument de fer, et que la mort en soit la suite, c'est un meurtrier : le meurtrier sera puni de
17 mort. S'il le frappe, tenant à la main une pierre qui puisse causer la mort, et que la mort en soit la suite, c'est un meurtrier : le meurtrier sera
18 puni de mort. S'il le frappe, tenant à la main un instrument de bois qui puisse causer la mort, et que la mort en soit la suite, c'est un meurtrier : le
19 meurtrier sera puni de mort. Le vengeur du sang fera mourir le meurtrier ; quand il le rencontrera,
20 il le tuera. Si un homme pousse son prochain par un mouvement de haine, ou s'il jette quelque chose sur lui avec préméditation, et que la mort
21 en soit la suite, ou s'il le frappe de sa main par inimitié, et que la mort en soit la suite, celui qui a frappé sera puni de mort, c'est un meurtrier : le

vengeur du sang tuera le meurtrier, quand il le rencontrera.

22 Mais si un homme pousse son prochain subitement et non par inimitié, ou s'il jette quelque chose
23 sur lui sans préméditation, ou s'il fait tomber sur lui par mégarde une pierre qui puisse causer la mort, et que la mort en soit la suite, sans qu'il ait de la haine contre lui et qu'il lui
24 cherche du mal, voici les lois d'après lesquelles l'assemblée jugera entre celui qui a frappé et le vengeur du
25 sang. L'assemblée délivrera le meurtrier de la main du vengeur du sang, et le fera retourner dans la ville de refuge où il s'était enfui. Il y demeurera jusqu'à la mort du souverain sacrificateur qu'on a oint de
26 l'huile sainte. Si le meurtrier sort du territoire de la ville de refuge où
27 il s'est enfui, et si le vengeur du sang le rencontre hors du territoire de la ville de refuge et qu'il tue le meurtrier, il ne sera point coupable de
28 meurtre. Car le meurtrier doit demeurer dans sa ville de refuge jusqu'à la mort du souverain sacrificateur ; et après la mort du souverain sacrificateur, il pourra retourner dans sa propriété.

29 Voici des ordonnances de droit pour vous et pour vos descendants, dans tous les lieux où vous habiterez.

30 Si un homme tue quelqu'un, on ôtera la vie au meurtrier, sur la déposition de témoins. Un seul témoin ne suffira pas pour faire condamner une personne à mort.

31 Vous n'accepterez point de rançon pour la vie d'un meurtrier qui mérite la mort, car il sera puni de mort.
32 Vous n'accepterez point de rançon, qui lui permette de s'enfuir dans sa ville de refuge, et de retourner habiter dans le pays après la mort du sacrifi-
33 cateur. Vous ne souillerez point le pays où vous serez, car le sang souille le pays ; et il ne sera fait pour le pays aucune expiation du sang qui y sera répandu que par le sang de
34 celui qui l'aura répandu. Vous ne souillerez point le pays où vous allez demeurer, et au milieu duquel j'habiterai ; car je suis l'Éternel, qui

habite au milieu des enfants d'Israël.

36 Les chefs de la famille de Galaad, fils de Makir, fils de Manassé, d'entre les familles des fils de Joseph, s'approchèrent et parlèrent devant Moïse et devant les princes, chefs de 2 familles des enfants d'Israël. Ils dirent : L'Éternel a ordonné à mon seigneur de donner le pays en héritage par le sort aux enfants d'Israël. Mon seigneur a aussi reçu de l'Éternel l'ordre de donner l'héritage de Tselophchad, notre frère, à ses filles. 3 Si elles se marient à l'un des fils d'une autre tribu des enfants d'Israël, leur héritage sera retranché de l'héritage de nos pères et ajouté à celui de la tribu à laquelle elles appartiendront ; ainsi sera diminué l'héritage qui nous est échu par le 4 sort. Et quand viendra le jubilé pour les enfants d'Israël, leur héritage sera ajouté à celui de la tribu à laquelle elles appartiendront, et il sera retranché de celui de la tribu de nos pères.

5 Moïse transmit aux enfants d'Israël les ordres de l'Éternel. Il dit : La tribu des fils de Joseph a raison.

Voici ce que l'Éternel ordonne au 6 sujet des filles de Tselophchad : elles se marieront à qui elles voudront, pourvu qu'elles se marient dans une famille de la tribu de leurs pères. Aucun héritage parmi les enfants 7 d'Israël ne passera d'une tribu à une autre tribu, mais les enfants d'Israël s'attacheront chacun à l'héritage de la tribu de ses pères. Et toute fille, 8 possédant un héritage dans les tribus des enfants d'Israël, se mariera à quelqu'un d'une famille de la tribu de son père, afin que les enfants d'Israël possèdent chacun l'héritage de leurs pères. Aucun héritage ne 9 passera d'une tribu à une autre tribu, mais les tribus des enfants d'Israël s'attacheront chacune à son héritage.

Les filles de Tselophchad se con- 10 formèrent à l'ordre que l'Éternel avait donné à Moïse. Machla, 11 Thirtsa, Hogla, Milca et Noa, filles de Tselophchad, se marièrent aux fils de leurs oncles ; elles se marièrent 12 dans les familles des fils de Manassé, fils de Joseph, et leur héritage resta dans la tribu de la famille de leur père.

Tels sont les commandements et 13 les lois que l'Éternel donna par Moïse aux enfants d'Israël, dans les plaines de Moab, près du Jourdain, vis-à-vis de Jéricho.

LE DEUTÉRONOME

SOUVENIRS ET EXHORTATIONS

D'Horeb à Kadès-Barnéa.—Rentrée dans le désert.—Retour à la frontière.—Conquête du pays de Sihon, roi de Hesbon.—Conquête du pays d'Og, roi de Basan.—Le territoire conquis distribué aux Rubénites, aux Gadites, et à la moitié de la tribu de Manassé.

1 Voici les paroles que Moïse adressa à tout Israël, de l'autre côté du Jourdain, dans le désert, dans la plaine, vis-à-vis de Suph, entre Paran, Tophel, Laban, Hatséroth et Di-2 Zahab. Il y a onze journées depuis Horeb, par le chemin de la montagne 3 de Séir, jusqu'à Kadès-Barnéa. Dans la quarantième année, au onzième mois, le premier du mois, Moïse parla aux enfants d'Israël selon tout ce que l'Éternel lui avait ordonné de leur dire. C'était après qu'il eut 4 battu Sihon, roi des Amoréens, qui habitait à Hesbon, et Og, roi de Basan, qui habitait à Aschtaroth et à Édréi. De l'autre côté du Jourdain, 5 dans le pays de Moab, Moïse commença à expliquer cette loi, et dit :

L'Éternel, notre Dieu, nous a parlé 6 à Horeb, en disant : Vous avez assez demeuré dans cette montagne. Tour- 7 nez-vous, et partez; allez à la montagne des Amoréens et dans tout le voisinage, dans la plaine, sur la montagne, dans la vallée, dans le midi, sur la côte de la mer, au pays des Cananéens et au Liban, jusqu'au grand 8 fleuve, au fleuve d'Euphrate. Voyez, j'ai mis le pays devant vous; allez, et prenez possession du pays que l'Éternel a juré à vos pères, Abraham, Isaac et Jacob, de donner à eux et à leur postérité après eux.

9 Dans ce temps-là, je vous dis: Je ne puis pas, à moi seul, vous porter. 10 L'Éternel, votre Dieu, vous a multipliés, et vous êtes aujourd'hui aussi nombreux que les étoiles du ciel. 11 Que l'Éternel, le Dieu de vos pères, vous augmente mille fois autant, et qu'il vous bénisse comme il vous l'a 12 promis! Comment porterais-je, à moi seul, votre charge, votre fardeau 13 et vos contestations? Prenez dans vos tribus des hommes sages, intelligents et connus, et je les mettrai à 14 votre tête. Vous me répondîtes, en disant: Ce que tu proposes de faire 15 est une bonne chose. Je pris alors les chefs de vos tribus, des hommes sages et connus, et je les mis à votre tête comme chefs de mille, chefs de cent, chefs de cinquante, et chefs de dix, et comme ayant autorité dans 16 vos tribus. Je donnai, dans le même temps, cet ordre à vos juges: Écoutez vos frères, et jugez selon la justice les différends de chacun avec son 17 frère ou avec l'étranger. Vous n'aurez point égard à l'apparence des personnes dans vos jugements; vous écouterez le petit comme le grand; vous ne craindrez aucun homme, car c'est Dieu qui rend la justice. Et lorsque vous trouverez une cause trop difficile, vous la porterez devant 18 moi, pour que je l'entende. C'est ainsi que je vous prescrivis, dans ce temps-là, tout ce que vous aviez à faire.

19 Nous partîmes d'Horeb, et nous parcourûmes en entier ce grand et affreux désert que vous avez vu; nous prîmes le chemin de la montagne des Amoréens, comme l'Éternel, notre Dieu, nous l'avait ordonné, et nous arrivâmes à Kadès-Barnéa.

Je vous dis: Vous êtes arrivés à la 20 montagne des Amoréens, que l'Éternel, notre Dieu, nous donne. Vois, 21 l'Éternel, ton Dieu, met le pays devant toi; monte, prends-en possession, comme te l'a dit l'Éternel, le Dieu de tes pères; ne crains point, et ne t'effraie point. Vous vous 22 approchâtes tous de moi, et vous dîtes: Envoyons des hommes devant nous, pour explorer le pays, et pour nous faire un rapport sur le chemin par lequel nous y monterons et sur les villes où nous arriverons. Cet 23 avis me parut bon; et je pris douze hommes parmi vous, un homme par tribu. Ils partirent, traversèrent 24 la montagne, et arrivèrent jusqu'à la vallée d'Eschcol, qu'ils explorèrent. Ils prirent dans leurs mains des fruits 25 du pays, et nous les présentèrent; ils nous firent un rapport, et dirent: C'est un bon pays, que l'Éternel, notre Dieu, nous donne. Mais vous 26 ne voulûtes point y monter, et vous fûtes rebelles à l'ordre de l'Éternel, votre Dieu. Vous murmurâtes dans 27 vos tentes, et vous dîtes: C'est parce que l'Éternel nous hait, qu'il nous a fait sortir du pays d'Égypte, afin de nous livrer entre les mains des Amoréens et de nous détruire. Où 28 monterions-nous? Nos frères nous ont fait perdre courage, en disant: C'est un peuple plus grand et de plus haute taille que nous; ce sont des villes grandes et fortifiées jusqu'au ciel; nous y avons même vu des enfants d'Anak. Je vous dis: Ne 29 vous épouvantez pas, et n'ayez pas peur d'eux. L'Éternel, votre Dieu, 30 qui marche devant vous, combattra lui-même pour vous, selon tout ce qu'il a fait pour vous sous vos yeux en Égypte, puis au désert, où tu as 31 vu que l'Éternel, ton Dieu, t'a porté comme un homme porte son fils, pendant toute la route que vous avez faite jusqu'à votre arrivée en ce lieu. Malgré cela, vous n'eûtes point con- 32 fiance en l'Éternel, votre Dieu, qui 33 allait devant vous sur la route pour vous chercher un lieu de campement, la nuit dans un feu afin de vous montrer le chemin où vous deviez

34 L'Éternel entendit le bruit de vos paroles. Il s'irrita, et jura, en disant :

35 Aucun des hommes de cette génération méchante ne verra le bon pays que j'ai juré de donner à vos pères,

36 excepté Caleb, fils de Jephunné ; il le verra, lui, et je donnerai à lui et à ses enfants le pays sur lequel il a marché, parce qu'il a pleinement suivi la voie de l'Éternel.

37 L'Éternel s'irrita aussi contre moi, à cause de vous, et il dit : Toi non plus, tu n'y entreras point.

38 Josué, fils de Nun, ton serviteur, y entrera ; fortifie-le, car c'est lui qui mettra Israël en possession de ce pays.

39 Et vos petits enfants, dont vous avez dit : Ils deviendront une proie ! et vos fils, qui ne connaissent aujourd'hui ni le bien ni le mal, ce sont eux qui y entreront, c'est à eux que je le donnerai, et ce sont eux qui le posséderont.

40 Mais vous, tournez-vous, et partez pour le désert, dans la direction de la mer Rouge.

41 Vous répondîtes, en me disant : Nous avons péché contre l'Éternel ; nous monterons et nous combattrons, comme l'Éternel, notre Dieu, nous l'a ordonné. Et vous ceignîtes chacun vos armes, et vous fîtes le projet téméraire de monter à la montagne.

42 L'Éternel me dit : Dis-leur : Ne montez pas et ne combattez pas, car je ne suis pas au milieu de vous ; ne vous faites pas battre par vos ennemis.

43 Je vous parlai, mais vous n'écoutâtes point ; vous fûtes rebelles à l'ordre de l'Éternel, et vous montâtes audacieusement à la montagne.

44 Alors les Amoréens, qui habitent cette montagne, sortirent à votre rencontre, et vous poursuivirent comme font les abeilles ; ils vous battirent en Séir, jusqu'à Horma.

45 A votre retour, vous pleurâtes devant l'Éternel ; mais l'Éternel n'écouta point votre voix, et ne vous prêta point l'oreille.

46 Vous restâtes à Kadès, où le temps que vous y avez passé fut de longue durée.

2

Nous nous tournâmes, et nous partîmes pour le désert, par le chemin de la mer Rouge, comme l'Éternel me l'avait ordonné ; nous suivîmes longtemps les contours de la montagne de Séir.

2, 3 L'Éternel me dit : Vous avez assez suivi les contours de cette montagne. Tournez-vous vers le nord.

4 Donne cet ordre au peuple : Vous allez passer à la frontière de vos frères, les enfants d'Ésaü, qui habitent en Séir. Ils vous craindront ; mais soyez bien sur vos gardes.

5 Ne les attaquez pas ; car je ne vous donnerai dans leur pays pas même de quoi poser la plante du pied : j'ai donné la montagne de Séir en propriété à Ésaü.

6 Vous achèterez d'eux à prix d'argent la nourriture que vous mangerez, et vous achèterez d'eux à prix d'argent même l'eau que vous boirez.

7 Car l'Éternel, ton Dieu, t'a béni dans tout le travail de tes mains, il a connu ta marche dans ce grand désert. Voilà quarante années que l'Éternel, ton Dieu, est avec toi : tu n'as manqué de rien.

8 Nous passâmes à distance de nos frères, les enfants d'Ésaü, qui habitent en Séir, et à distance du chemin de la plaine, d'Élath et d'Etsjon-Guéber, puis nous nous tournâmes, et nous prîmes la direction du désert de Moab.

9 L'Éternel me dit : N'attaque pas Moab, et ne t'engage pas dans un combat avec lui ; car je ne te donnerai rien à posséder dans son pays : c'est aux enfants de Lot que j'ai donné Ar en propriété.

10 (Les Émim y habitaient auparavant : c'était un peuple grand, nombreux et de haute taille, comme les Anakim.

11 Ils passaient aussi pour être des Rephaïm, de même que les Anakim ; mais les Moabites les appelaient Émim.

12 Séir était habité autrefois par les Horiens ; les enfants d'Ésaü les chassèrent, les détruisirent devant eux, et s'établirent à leur place, comme l'a fait Israël dans le pays qu'il possède et que l'Éternel lui a donné.)

13 Maintenant levez-vous, et passez le torrent de Zéred.

Nous passâmes le torrent de Zéred.

14 Le temps que durèrent nos marches de Kadès-Barnéa au passage du torrent de Zéred fut de trente-huit ans, jusqu'à ce que toute la génération des hommes de guerre eût disparu du milieu du camp, comme l'Éternel le leur avait juré.

15 La main de l'Éternel fut aussi sur eux pour les détruire du milieu du camp, jusqu'à ce qu'ils eussent disparu.

16 Lorsque tous les hommes de guerre eurent disparu par la mort du milieu 17 du peuple, l'Éternel me parla, et dit : 18 Tu passeras aujourd'hui la frontière 19 de Moab, à Ar, et tu approcheras des enfants d'Ammon. Ne les attaque pas, et ne t'engage pas dans un combat avec eux ; car je ne te donnerai rien à posséder dans le pays des enfants d'Ammon : c'est aux enfants de Lot que je l'ai donné en propriété.

20 (Ce pays passait aussi pour un pays de Rephaïm ; des Rephaïm y habitaient auparavant, et les Ammonites 21 les appelaient Zamzummim : c'était un peuple grand, nombreux et de haute taille, comme les Anakim. L'Éternel les détruisit devant les Ammonites, qui les chassèrent et 22 s'établirent à leur place. C'est ainsi que fit l'Éternel pour les enfants d'Ésaü qui habitent en Séir, quand il détruisit les Horiens devant eux ; ils les chassèrent et s'établirent à leur 23 place, jusqu'à ce jour. Les Avviens, qui habitaient dans des villages jusqu'à Gaza, furent détruits par les Caphtorim, sortis de Caphtor, qui 24 s'établirent à leur place.) Levez-vous, partez, et passez le torrent de l'Arnon. Vois, je livre entre tes mains Sihon, roi de Hesbon, l'A-moréen, et son pays. Commence la 25 conquête, fais-lui la guerre ! Je vais répandre dès aujourd'hui la frayeur et la crainte de toi sur tous les peuples qui sont sous le ciel ; et, au bruit de ta renommée, ils trembleront et seront saisis d'angoisse à cause de toi.

26 J'envoyai, du désert de Kedémoth, des messagers à Sihon, roi de Hesbon, avec des paroles de paix. Je lui fis 27 dire : Laisse-moi passer par ton pays ; je suivrai la grande route, sans m'écarter ni à droite ni à gauche. Tu 28 me vendras à prix d'argent la nourriture que je mangerai, et tu me donneras à prix d'argent l'eau que je boirai ; je ne ferai que passer avec mes pieds. C'est ce que m'ont ac- 29 cordé les enfants d'Ésaü qui habitent en Séir, et les Moabites qui demeurent à Ar. Accorde-le aussi, jusqu'à ce que je passe le Jourdain pour entrer au pays que l'Éternel, notre Dieu, nous donne. Mais Sihon, roi 30 de Hesbon, ne voulut point nous laisser passer chez lui ; car l'Éternel, ton Dieu, rendit son esprit inflexible et endurcit son cœur, afin de le livrer entre tes mains, comme tu le vois aujourd'hui. L'Éternel me 31 dit : Vois, je te livre dès maintenant Sihon et son pays. Sihon sortit à 32 notre rencontre, avec tout son peuple, pour nous combattre à Jahats. L'Éter- 33 nel, notre Dieu, nous le livra, et nous le battîmes, lui et ses fils, et tout son peuple. Nous prîmes alors toutes 34 ses villes, et nous les dévouâmes par interdit, hommes, femmes et petits enfants, sans en laisser échapper un seul. Seulement, nous pillâmes pour 35 nous le bétail et le butin des villes que nous avions prises. Depuis Aroër 36 sur les bords du torrent de l'Arnon, et la ville qui est dans la vallée, jusqu'à Galaad, il n'y eut pas de ville trop forte pour nous : l'Éternel, notre Dieu, nous livra tout. Mais tu 37 n'approchas point du pays des enfants d'Ammon, de tous les bords du torrent de Jabbok, des villes de la montagne, de tous les lieux que l'Éternel, notre Dieu, t'avait défendu d'attaquer.

3 Nous nous tournâmes, et nous montâmes par le chemin de Basan. Og, roi de Basan, sortit à notre rencontre, avec tout son peuple, pour nous combattre à Édréi. L'Éternel me dit : 2 Ne le crains point ; car je le livre entre tes mains, lui et tout son peuple, et son pays ; tu le traiteras comme tu as traité Sihon, roi des Amoréens, qui habitait à Hesbon. Et l'Éternel, notre Dieu, livra en- 3 core entre nos mains Og, roi de

Basan, avec tout son peuple ; nous le battîmes, sans laisser échapper 4 aucun de ses gens. Nous prîmes alors toutes ses villes, et il n'y en eut pas une qui ne tombât en notre pouvoir : soixante villes, toute la contrée d'Argob, le royaume d'Og 5 en Basan. Toutes ces villes étaient fortifiées, avec de hautes murailles, des portes et des barres ; il y avait aussi des villes sans murailles en très 6 grand nombre. Nous les dévouâmes par interdit, comme nous l'avions fait à Sihon, roi de Hesbon ; nous dévouâmes toutes les villes par interdit, hommes, femmes et petits en- 7 fants. Mais nous pillâmes pour nous tout le bétail et le butin des villes.

8 C'est ainsi que, dans ce temps-là, nous conquîmes sur les deux rois des Amoréens le pays de l'autre côté du Jourdain, depuis le torrent de l'Arnon 9 jusqu'à la montagne de l'Hermon (les Sidoniens donnent à l'Hermon le nom de Sirion, et les Amoréens celui de 10 Senir), toutes les villes de la plaine, tout Galaad et tout Basan jusqu'à Salca et Édréi, villes du royaume 11 d'Og en Basan. (Og, roi de Basan, était resté seul de la race des Rephaïm. Voici son lit, un lit de fer, n'est-il pas à Rabbath, ville des enfants d'Ammon. Sa longueur est de neuf coudées, et sa largeur de quatre coudées, en coudées d'homme.) 12 Nous prîmes alors possession de ce pays. Je donnai aux Rubénites et aux Gadites le territoire à partir d'Aroër sur le torrent de l'Arnon et la moitié de la montagne de 13 Galaad avec ses villes. Je donnai à la moitié de la tribu de Manassé le reste de Galaad et tout le royaume d'Og en Basan : toute la contrée d'Argob, avec tout Basan, c'est ce qu'on appelait le pays des Rephaïm. 14 Jaïr, fils de Manassé, prit toute la contrée d'Argob jusqu'à la frontière des Gueschuriens et des Maacathiens, et il donna son nom aux bourgs de Basan, appelés encore aujourd'hui 15 bourgs de Jaïr. Je donnai Galaad 16 à Makir. Aux Rubénites et aux Gadites je donnai une partie de Galaad jusqu'au torrent de l'Arnon, dont le milieu sert de limite, et jusqu'au torrent de Jabbok, frontière des enfants d'Ammon ; je leur donnai 17 encore la plaine, limitée par le Jourdain, depuis Kinnéreth jusqu'à la mer de la plaine, la mer Salée, au pied du Pisga vers l'orient.

En ce temps-là, je vous donnai cet 18 ordre. L'Éternel, votre Dieu, vous livre ce pays, pour que vous le possédiez. Vous tous, soldats, vous marcherez en armes devant les enfants d'Israël. Vos femmes seule- 19 ment, vos petits enfants et vos troupeaux—je sais que vous avez de nombreux troupeaux—resteront dans les villes que je vous ai données, jusqu'à ce que l'Éternel ait 20 accordé du repos à vos frères comme à vous, et qu'ils possèdent, eux aussi, le pays que l'Éternel, votre Dieu, leur donne de l'autre côté du Jourdain. Et vous retournerez chacun dans l'héritage que je vous ai donné.

En ce temps-là, je donnai des 21 ordres à Josué, et je dis : Tes yeux ont vu tout ce que l'Éternel, votre Dieu, a fait à ces deux rois : ainsi fera l'Éternel à tous les royaumes contre lesquels tu vas marcher. Ne 22 les craignez point ; car l'Éternel, votre Dieu, combattra lui-même pour vous.

En ce temps-là, j'implorai la misé- 23 ricorde de l'Éternel, en disant : Sei- 24 gneur Éternel, tu as commencé à montrer à ton serviteur ta grandeur et ta main puissante ; car quel dieu y a-t-il, au ciel et sur la terre, qui puisse imiter tes œuvres et tes hauts faits ? Laisse-moi passer, je te prie, 25 laisse-moi voir ce bon pays de l'autre côté du Jourdain, ces belles montagnes et le Liban. Mais l'Éternel s'irrita 26 contre moi, à cause de vous, et il ne m'écouta point. L'Éternel me dit : C'est assez, ne me parle plus de cette affaire. Monte au sommet du Pisga, 27 porte tes regards à l'occident, au nord, au midi et à l'orient, et contemple de tes yeux ; car tu ne passeras pas ce Jourdain. Donne des ordres à Josué, 28 fortifie-le et affermis-le ; car c'est lui qui marchera devant ce peuple et qui le mettra en possession du pays que tu verras.

29 Nous demeurâmes dans la vallée, vis-à-vis de Beth-Peor.

Exhortation.

4 Maintenant, Israël, écoute les lois et les ordonnances que je vous enseigne. Mettez-les en pratique, afin que vous viviez, et que vous entriez en possession du pays que vous donne l'Éternel, le Dieu de vos pères.

2 Vous n'ajouterez rien à ce que je vous prescris, et vous n'en retrancherez rien ; mais vous observerez les commandements de l'Éternel, votre Dieu, tels que je vous les prescris.

3 Vos yeux ont vu ce que l'Éternel a fait à l'occasion de Baal-Peor : l'Éternel, ton Dieu, a détruit du milieu de toi tous ceux qui étaient 4 allés après Baal-Peor. Et vous, qui vous êtes attachés à l'Éternel, votre Dieu, vous êtes aujourd'hui tous vivants.

5 Voici, je vous ai enseigné des lois et des ordonnances, comme l'Éternel, mon Dieu, me l'a commandé, afin que vous les mettiez en pratique dans le pays dont vous allez prendre possession. 6 Vous les observerez et vous les mettrez en pratique ; car ce sera là votre sagesse et votre intelligence aux yeux des peuples, qui entendront parler de toutes ces lois et qui diront : Cette grande nation est un peuple absolument sage et intelligent !

7 Quelle est, en effet, la grande nation qui ait des dieux aussi proches que l'Éternel, notre Dieu, l'est de nous toutes les fois que 8 nous l'invoquons ? Et quelle est la grande nation qui ait des lois et des ordonnances justes, comme toute cette loi que je vous présente aujourd'hui ?

9 Seulement, prends garde à toi et veille attentivement sur ton âme, tous les jours de ta vie, de peur que tu n'oublies les choses que tes yeux ont vues, et qu'elles ne sortent de ton cœur ; enseigne-les à tes enfants et aux enfants de tes enfants. 10 Souviens-toi du jour où tu te présentas devant l'Éternel, ton Dieu, à Horeb, lorsque l'Éternel me dit : Assemble auprès de moi le peuple ! Je veux leur faire entendre mes paroles, afin qu'ils apprennent à me craindre tout le temps qu'ils vivront sur la terre ; et afin qu'ils les enseignent à leurs enfants. 11 Vous vous approchâtes et vous vous tîntes au pied de la montagne. La montagne était embrasée, et les flammes s'élevaient jusqu'au milieu du ciel. Il y avait des ténèbres, des nuées, de l'obscurité. 12 Et l'Éternel vous parla du milieu du feu ; vous entendîtes le son des paroles, mais vous ne vîtes point de figure, vous n'entendîtes qu'une voix. 13 Il publia son alliance, qu'il vous ordonna d'observer, les dix commandements ; et il les écrivit sur deux tables de pierre.

14 En ce temps-là, l'Éternel me commanda de vous enseigner des lois et des ordonnances, afin que vous les mettiez en pratique dans le pays dont vous allez prendre possession.

15 Puisque vous n'avez vu aucune figure le jour où l'Éternel vous parla du milieu du feu, à Horeb, veillez attentivement sur vos âmes, de peur 16 que vous ne vous corrompiez et que vous ne vous fassiez une image taillée, une représentation de quelque idole, la figure d'un homme ou d'une femme, 17 la figure d'un animal qui soit sur la terre, la figure d'un oiseau qui vole dans les cieux, 18 la figure d'une bête qui rampe sur le sol, la figure d'un poisson qui vive dans les eaux au-dessous de la terre. 19 Veille sur ton âme, de peur que, levant tes yeux vers le ciel, et voyant le soleil, la lune et les étoiles, toute l'armée des cieux, tu ne sois entraîné à te prosterner en leur présence et à leur rendre un culte : ce sont des choses que l'Éternel, ton Dieu, a données en partage à tous les peuples, sous le ciel tout entier. 20 Mais vous, l'Éternel vous a pris, et vous a fait sortir de la fournaise de fer de l'Égypte, afin que vous fussiez un peuple qui lui appartînt en propre, comme vous

21 l'êtes aujourd'hui. Et l'Éternel s'irrita contre moi, à cause de vous ; et il jura que je ne passerais point le Jourdain, et que je n'entrerais point dans le bon pays que l'Éternel, ton

22 Dieu, te donne en héritage. Je mourrai donc en ce pays-ci, je ne passerai point le Jourdain ; mais vous le passerez, et vous posséderez

23 ce bon pays. Veillez sur vous, afin de ne point mettre en oubli l'alliance que l'Éternel, votre Dieu, a traitée avec vous, et de ne point vous faire d'image taillée, de représentation quelconque, que l'Éternel, ton Dieu,

24 t'ait défendue. Car l'Éternel, ton Dieu, est un feu dévorant, un Dieu jaloux.

25 Lorsque tu auras des enfants, et des enfants de tes enfants, et que vous serez depuis longtemps dans le pays, si vous vous corrompez, si vous faites des images taillées, des représentations de quoi que ce soit, si vous faites ce qui est mal aux yeux de l'Éternel, votre Dieu, pour l'irriter,

26 —j'en prends aujourd'hui à témoin contre vous le ciel et la terre,—vous disparaîtrez par une mort rapide du pays dont vous allez prendre possession au delà du Jourdain, vous n'y prolongerez pas vos jours, car vous

27 serez entièrement détruits. L'Éternel vous dispersera parmi les peuples, et vous ne resterez qu'un petit nombre au milieu des nations où l'Éternel

28 vous emmènera. Et là, vous servirez des dieux, ouvrage de mains d'homme, du bois et de la pierre, qui ne peuvent ni voir, ni entendre, ni manger, ni

29 sentir. C'est de là aussi que tu chercheras l'Éternel, ton Dieu, et que tu le trouveras, si tu le cherches de tout ton cœur et de toute

30 ton âme. Au sein de ta détresse, toutes ces choses t'arriveront. Alors, dans la suite des temps, tu retourneras à l'Éternel, ton Dieu, et tu écouteras

31 sa voix ; car l'Éternel, ton Dieu, est un Dieu de miséricorde, qui ne t'abandonnera point et ne te détruira point : il n'oubliera pas l'alliance de tes pères, qu'il leur a jurée.

32 Interroge les temps anciens qui t'ont précédé, depuis le jour où Dieu créa l'homme sur la terre, et

d'une extrémité du ciel à l'autre : y eut-il jamais si grand événement, et a-t-on jamais ouï chose semblable ?

33 Fut-il jamais un peuple qui entendît la voix de Dieu parlant du milieu du feu, comme tu l'as entendue, et qui soit demeuré vivant ?

34 Fut-il jamais un dieu qui essayât de venir prendre à lui une nation du milieu d'une nation, par des épreuves, des signes, des miracles et des combats, à main forte et à bras étendu, et avec des prodiges de terreur, comme l'a fait pour vous l'Éternel, votre Dieu, en Égypte et sous vos yeux ?

35 Tu as été rendu témoin de ces choses, afin que tu reconnusses que l'Éternel est Dieu, qu'il n'y en a point d'autre.

36 Du ciel, il t'a fait entendre sa voix pour t'instruire ; et, sur la terre, il t'a fait voir son grand feu, et tu as entendu ses paroles du milieu du feu.

37 Il a aimé tes pères, et il a choisi leur postérité après eux ; il t'a fait lui-même sortir d'Égypte par sa grande puissance ;

38 il a chassé devant toi des nations supérieures en nombre et en force, pour te faire entrer dans leur pays, pour t'en donner la possession, comme tu le vois aujourd'hui.

39 Sache donc en ce jour, et retiens dans ton cœur que l'Éternel est Dieu, en haut dans le ciel et en bas sur la terre, et qu'il n'y en a point d'autre.

40 Et observe ses lois et ses commandements que je te prescris aujourd'hui, afin que tu sois heureux, toi et tes enfants après toi, et que tu prolonges désormais tes jours dans le pays que l'Éternel, ton Dieu, te donne.

41 Alors Moïse choisit trois villes de l'autre côté du Jourdain, à l'orient,

42 afin qu'elles servissent de refuge au meurtrier qui aurait involontairement tué son prochain, sans avoir été auparavant son ennemi, et afin qu'il pût sauver sa vie en s'enfuyant dans l'une

43 de ces villes. C'étaient : Betser, dans le désert, dans la plaine, chez les Rubénites ; Ramoth, en Galaad, chez les Gadites, et Golan, en Basan, chez les Manassites.

Le Décalogue répété.

44 C'est ici la loi que présenta Moïse

45 aux enfants d'Israël. Voici les préceptes, les lois et les ordonnances que Moïse prescrivit aux enfants d'Israël,

46 après leur sortie d'Égypte. C'était de l'autre côté du Jourdain, dans la vallée, vis-à-vis de Beth-Peor, au pays de Sihon, roi des Amoréens, qui habitait à Hesbon, et qui fut battu par Moïse et les enfants d'Israël, après

47 leur sortie d'Égypte. Ils s'emparèrent de son pays et de celui d'Og, roi de Basan. Ces deux rois des Amoréens étaient de l'autre côté du Jour-

48 dain, à l'orient. Leur territoire s'étendait depuis Aroër sur les bords du torrent de l'Arnon jusqu'à la montagne de Sion qui est

49 l'Hermon, et il embrassait toute la plaine de l'autre côté du Jourdain, à l'orient, jusqu'à la mer de la plaine, au pied du Pisga.

5 Moïse convoqua tout Israël, et leur dit :

Écoute, Israël, les lois et les ordonnances que je vous fais entendre aujourd'hui. Apprenez-les, et mettez-les soigneusement en pratique.

2 L'Éternel, notre Dieu, a traité avec

3 nous une alliance à Horeb. Ce n'est point avec nos pères que l'Éternel a traité cette alliance ; c'est avec nous, qui sommes ici aujourd'hui, tous vi-

4 vants. L'Éternel vous parla face à face sur la montagne, du milieu du

5 feu. Je me tins alors entre l'Éternel et vous, pour vous annoncer la parole de l'Éternel ; car vous aviez peur du feu, et vous ne montâtes point sur la montagne. Il dit :

6 Je suis l'Éternel, ton Dieu, qui t'ai fait sortir du pays d'Égypte, de la maison de servitude.

7 Tu n'auras point d'autres dieux devant ma face.

8 Tu ne te feras point d'image taillée, de représentation quelconque des choses qui sont en haut dans les cieux, qui sont en bas sur la terre, et qui sont dans les eaux plus bas que la terre.

9 Tu ne te prosterneras point devant elles, et tu ne les serviras point ; car moi, l'Éternel, ton Dieu, je suis un Dieu jaloux, qui punis l'iniquité des pères sur les enfants jusqu'à la troi-

sième et à la quatrième génération de

10 ceux qui me haïssent, et qui fais miséricorde jusqu'en mille générations à ceux qui m'aiment et qui gardent mes commandements.

11 Tu ne prendras point le nom de l'Éternel, ton Dieu, en vain ; car l'Éternel ne laissera point impuni celui qui prendra son nom en vain.

12 Observe le jour du repos, pour le sanctifier, comme l'Éternel, ton Dieu, te l'a ordonné. Tu travailleras six

13 jours, et tu feras tout ton ouvrage.

14 Mais le septième jour est le jour du repos de l'Éternel, ton Dieu : tu ne feras aucun ouvrage, ni toi, ni ton fils, ni ta fille, ni ton serviteur, ni ta servante, ni ton bœuf, ni ton âne, ni aucune de tes bêtes, ni l'étranger qui est dans tes portes, afin que ton serviteur et ta servante se reposent

15 comme toi. Tu te souviendras que tu as été esclave au pays d'Égypte, et que l'Éternel, ton Dieu, t'en a fait sortir à main forte et à bras étendu : c'est pourquoi l'Éternel, ton Dieu, t'a ordonné d'observer le jour du repos.

16 Honore ton père et ta mère, comme l'Éternel, ton Dieu, te l'a ordonné, afin que tes jours se prolongent et que tu sois heureux dans le pays que l'Éternel, ton Dieu, te donne.

17 Tu ne tueras point.

18 Tu ne commettras point d'adultère.

19 Tu ne déroberas point.

20 Tu ne porteras point de faux témoignage contre ton prochain.

21 Tu ne convoiteras point la femme de ton prochain ; tu ne désireras point la maison de ton prochain, ni son champ, ni son serviteur, ni sa servante, ni son bœuf, ni son âne, ni aucune chose qui appartienne à ton prochain.

22 Telles sont les paroles que prononça l'Éternel à haute voix sur la montagne, du milieu du feu, des nuées et de l'obscurité, et qu'il adressa à toute votre assemblée, sans rien ajouter. Il les écrivit sur deux tables de pierre, qu'il me donna.

23 Lorsque vous eûtes entendu la voix du milieu des ténèbres, et tandis que la montagne était toute en feu, vos chefs de tribus et vos anciens s'ap-

prochèrent tous de moi, et vous 24 dîtes : Voici, l'Éternel, notre Dieu, nous a montré sa gloire et sa grandeur, et nous avons entendu sa voix du milieu du feu ; aujourd'hui, nous avons vu que Dieu a parlé à des hommes, et qu'ils sont demeurés 25 vivants. Et maintenant pourquoi mourrions-nous ? car ce grand feu nous dévorera ; si nous continuons à entendre la voix de l'Éternel, notre 26 Dieu, nous mourrons. Quel est l'homme, en effet, qui ait jamais entendu, comme nous, la voix du Dieu vivant parlant du milieu du feu, et qui soit 27 demeuré vivant ? Approche, toi, et écoute tout ce que dira l'Éternel, notre Dieu ; tu nous rapporteras toi-même tout ce que te dira l'Éternel, notre Dieu ; nous l'écouterons, et nous le ferons.

28 L'Éternel entendit les paroles que vous m'adressâtes. Et l'Éternel me dit : J'ai entendu les paroles que ce peuple t'a adressées: tout ce qu'ils 29 ont dit est bien. Oh ! s'ils avaient toujours ce même cœur pour me craindre et pour observer tous mes commandements, afin qu'ils fussent heureux à jamais, eux et leurs en- 30 fants ! Va, dis-leur: Retournez dans 31 vos tentes. Mais toi, reste ici avec moi, et je te dirai tous les commandements, les lois et les ordonnances, que tu leur enseigneras, afin qu'ils les mettent en pratique dans le pays dont je leur donne la possession. 32 Vous ferez avec soin ce que l'Éternel, votre Dieu, vous a ordonné ; vous ne vous en détournerez ni à droite, ni à 33 gauche. Vous suivrez entièrement la voie que l'Éternel, votre Dieu, vous a prescrite, afin que vous viviez et que vous soyez heureux, afin que vous prolongiez vos jours dans le pays dont vous aurez la possession.

L'observation des commandements de l'Éternel.

6 Voici les commandements, les lois et les ordonnances que l'Éternel, votre Dieu, a commandé de vous enseigner, afin que vous les mettiez en pratique dans le pays dont vous allez prendre possession ; afin que tu 2 craignes l'Éternel, ton Dieu, en observant, tous les jours de ta vie, toi, ton fils, et le fils de ton fils, toutes ses lois et tous ses commandements que je te prescris, et afin que tes jours soient prolongés. Tu les 3 écouteras donc, Israël, et tu auras soin de les mettre en pratique, afin que tu sois heureux et que vous multipliiez beaucoup, comme te l'a dit l'Éternel, le Dieu de tes pères, en te promettant un pays où coulent le lait et le miel.

Écoute, Israël ! L'Éternel, notre 4 Dieu, est le seul Éternel.

Tu aimeras l'Éternel, ton Dieu, de 5 tout ton cœur, de toute ton âme et de toute ta force. Et ces commande- 6 ments, que je te donne aujourd'hui, seront dans ton cœur. Tu les in- 7 culqueras à tes enfants, et tu en parleras quand tu seras dans ta maison, quand tu iras en voyage, quand tu te coucheras et quand tu te lèveras. Tu les lieras comme un 8 signe sur tes mains, et ils seront comme des fronteaux entre tes yeux. Tu les écriras sur les poteaux de ta 9 maison et sur tes portes.

L'Éternel, ton Dieu, te fera entrer 10 dans le pays qu'il a juré à tes pères, à Abraham, à Isaac et à Jacob, de te donner. Tu posséderas de grandes et bonnes villes que tu n'as point bâties, des maisons qui sont pleines 11 de toutes sortes de biens et que tu n'as point remplies, des citernes creusées que tu n'as point creusées, des vignes et des oliviers que tu n'as point plantés. Lorsque tu mangeras et te rassasieras, garde- 12 toi d'oublier l'Éternel, qui t'a fait sortir du pays d'Égypte, de la maison de servitude. Tu craindras 13 l'Éternel, ton Dieu, tu le serviras, et tu jureras par son nom. Vous n'irez 14 point après d'autres dieux, d'entre les dieux des peuples qui sont autour de vous ; car l'Éternel, ton Dieu, est 15 un Dieu jaloux au milieu de toi. La colère de l'Éternel, ton Dieu, s'enflammerait contre toi, et il t'exterminerait de dessus la terre. Vous ne 16 tenterez point l'Éternel, votre Dieu, comme vous l'avez tenté à Massa.

17 Mais vous observerez les commandements de l'Éternel, votre Dieu, ses ordonnances et ses lois qu'il vous a

18 prescrites. Tu feras ce qui est droit et ce qui est bien aux yeux de l'Éternel, afin que tu sois heureux, et que tu entres en possession du bon pays que l'Éternel a juré à tes pères

19 de te donner, après qu'il aura chassé tous tes ennemis devant toi, comme l'Éternel l'a dit.

20 Lorsque ton fils te demandera un jour: Que signifient ces préceptes, ces lois et ces ordonnances, que l'Éternel, notre Dieu, vous a prescrits?

21 tu diras à ton fils: Nous étions esclaves de Pharaon en Égypte, et l'Éternel nous a fait sortir de l'Égypte

22 par sa main puissante. L'Éternel a opéré, sous nos yeux, des miracles et des prodiges, grands et désastreux, contre l'Égypte, contre Pharaon et

23 contre toute sa maison; et il nous a fait sortir de là, pour nous amener dans le pays qu'il avait juré à nos

24 pères de nous donner. L'Éternel nous a commandé de mettre en pratique toutes ces lois et de craindre l'Éternel, notre Dieu, afin que nous fussions toujours heureux, et qu'il nous conservât la vie, comme il le

25 fait aujourd'hui. Nous aurons la justice en partage, si nous mettons soigneusement en pratique tous ces commandements devant l'Éternel, notre Dieu, comme il nous l'a ordonné.

Ordre de détruire les Cananéens et leurs idoles.

7 Lorsque l'Éternel, ton Dieu, t'aura fait entrer dans le pays dont tu vas prendre possession, et qu'il chassera devant toi beaucoup de nations, les Héthiens, les Guirgasiens, les Amoréens, les Cananéens, les Phéréziens, les Héviens et les Jébusiens, sept nations plus nombreuses et plus

2 puissantes que toi; lorsque l'Éternel, ton Dieu, te les aura livrées et que tu les auras battues, tu les dévoueras par interdit, tu ne traiteras point d'alliance avec elles, et tu ne leur

3 feras point grâce. Tu ne contracteras

point de mariage avec ces peuples, tu ne donneras point tes filles à leurs fils, et tu ne prendras point leurs filles pour tes fils; car ils dé- 4 tourneraient de moi tes fils, qui serviraient d'autres dieux, et la colère de l'Éternel s'enflammerait contre vous: il te détruirait promptement. Voici, au contraire, comment vous 5 agirez à leur égard: vous renverserez leurs autels, vous briserez leurs statues, vous abattrez leurs idoles, et vous brûlerez au feu leurs images taillées.

Car tu es un peuple saint pour 6 l'Éternel, ton Dieu; l'Éternel, ton Dieu, t'a choisi, pour que tu fusses un peuple qui lui appartînt entre tous les peuples qui sont sur la face de la terre. Ce n'est point parce que 7 vous surpassez en nombre tous les peuples, que l'Éternel s'est attaché à vous et qu'il vous a choisis, car vous êtes le moindre de tous les peuples. Mais, parce que l'Éternel vous aime, 8 parce qu'il a voulu tenir le serment qu'il avait fait à vos pères, l'Éternel vous a fait sortir par sa main puissante, vous a délivrés de la maison de servitude, de la main de Pharaon, roi d'Égypte. Sache donc que c'est 9 l'Éternel, ton Dieu, qui est Dieu. Ce Dieu fidèle garde son alliance et sa miséricorde jusqu'à la millième génération envers ceux qui l'aiment et qui observent ses commandements. Mais il use directement de repré- 10 sailles envers ceux qui le haïssent, et il les fait périr; il ne diffère point envers celui qui le hait, il use directement de représailles. Ainsi, observe 11 les commandements, les lois et les ordonnances que je te prescris aujourd'hui, et mets-les en pratique.

Si vous écoutez ces ordonnances, 12 si vous les observez et les mettez en pratique, l'Éternel, ton Dieu, gardera envers toi l'alliance et la miséricorde qu'il a jurées à tes pères. Il t'aimera, 13 il te bénira et te multipliera; il bénira le fruit de tes entrailles et le fruit de ton sol, ton blé, ton moût et ton huile, les portées de ton gros et de ton menu bétail, dans le pays qu'il a juré à tes pères de te donner. Tu seras 14 béni plus que tous les peuples ; il n'y aura chez toi ni homme ni femme stérile, ni bête stérile parmi tes 15 troupeaux. L'Éternel éloignera de toi toute maladie ; il ne t'enverra aucune de ces mauvaises maladies d'Égypte qui te sont connues, mais il en frappera tous ceux qui te haïssent.

16 Tu dévoreras tous les peuples que l'Éternel, ton Dieu, va te livrer, tu ne jetteras pas sur eux un regard de pitié, et tu ne serviras point leurs dieux, car ce serait un piège pour 17 toi. Peut-être diras-tu dans ton cœur : Ces nations sont plus nombreuses que moi ; comment pourrai-18 je les chasser ? Ne les crains point. Rappelle à ton souvenir ce que l'Éternel, ton Dieu, a fait à Pharaon 19 et à toute l'Égypte, les grandes épreuves que tes yeux ont vues, les miracles et les prodiges, la main forte et le bras étendu, quand l'É-ternel, ton Dieu, t'a fait sortir : ainsi fera l'Éternel, ton Dieu, à tous les 20 peuples que tu redoutes. L'Éternel, ton Dieu, enverra même les frelons contre eux, jusqu'à la destruction de ceux qui échapperont et qui se 21 cacheront devant toi. Ne sois point effrayé à cause d'eux ; car l'Éternel, ton Dieu, est au milieu de toi, le 22 Dieu grand et terrible. L'Éternel, ton Dieu, chassera peu à peu ces nations loin de ta face ; tu ne pourras pas les exterminer promptement, de peur que les bêtes des champs ne se 23 multiplient contre toi. L'Éternel, ton Dieu, te les livrera ; et il les mettra complètement en déroute, jusqu'à ce qu'elles soient détruites. 24 Il livrera leurs rois entre tes mains, et tu feras disparaître leurs noms de dessous les cieux ; aucun ne tiendra contre toi, jusqu'à ce que tu les aies 25 détruits. Vous brûlerez au feu les images taillées de leurs dieux. Tu ne convoiteras point et tu ne prendras point pour toi l'argent et l'or qui sont sur elles, de peur que ces choses ne te deviennent un piège ; car elles sont en abomination à l'Éternel, ton 26 Dieu. Tu n'introduiras point une chose abominable dans ta maison,

afin que tu ne sois pas, comme cette chose, dévoué par interdit ; tu l'auras en horreur, tu l'auras en abomination, car c'est une chose dévouée par interdit.

La terre promise et la reconnaissance envers Dieu.

Vous observerez et vous mettrez 8 en pratique tous les commandements que je vous prescris aujourd'hui, afin que vous viviez, que vous multipliiez, et que vous entriez en possession du pays que l'Éternel a juré de donner à vos pères.

Souviens-toi de tout le chemin que 2 l'Éternel, ton Dieu, t'a fait faire pendant ces quarante années dans le désert, afin de t'humilier et de t'é-prouver, pour savoir quelles étaient les dispositions de ton cœur et si tu garderais ou non ses commandements. Il t'a humilié, il t'a fait souffrir de la 3 faim, et il t'a nourri de la manne, que tu ne connaissais pas et que n'avaient pas connue tes pères, afin de t'apprendre que l'homme ne vit pas de pain seulement, mais que l'homme vit de tout ce qui sort de la bouche de l'Éternel. Ton vêtement ne s'est 4 point usé sur toi, et ton pied ne s'est point enflé, pendant ces quarante années. Reconnais en ton cœur que 5 l'Éternel, ton Dieu, te châtie comme un homme châtie son enfant.

Tu observeras les commandements 6 de l'Éternel, ton Dieu, pour marcher dans ses voies et pour le craindre. Car l'Éternel, ton Dieu, va te faire 7 entrer dans un bon pays, pays de cours d'eaux, de sources et de lacs, qui jaillissent dans les vallées et dans les montagnes ; pays de froment, 8 d'orge, de vignes, de figuiers et de grenadiers ; pays d'oliviers et de miel ; pays où tu mangeras du pain avec 9 abondance, où tu ne manqueras de rien ; pays dont les pierres sont du fer, et des montagnes duquel tu tailleras l'airain. Lorsque tu mangeras 10 et te rassasieras, tu béniras l'Éternel, ton Dieu, pour le bon pays qu'il t'a donné. Garde-toi d'oublier l'Éternel, 11 ton Dieu, au point de ne pas observer ses commandements, ses ordonnances

et ses lois, que je te prescris aujour-
12 d'hui. Lorsque tu mangeras et te
rassasieras, lorsque tu bâtiras et
13 habiteras de belles maisons, lorsque
tu verras multiplier ton gros et ton
menu bétail, s'augmenter ton argent
et ton or, et s'accroître tout ce qui est
14 à toi, prends garde que ton cœur ne
s'enfle, et que tu n'oublies l'Éternel,
ton Dieu, qui t'a fait sortir du pays
d'Égypte, de la maison de servitude,
15 qui t'a fait marcher dans ce grand et
affreux désert, où il y a des serpents
brûlants et des scorpions, dans des
lieux arides et sans eau, et qui a fait
jaillir pour toi de l'eau du rocher le
16 plus dur, qui t'a fait manger dans le
désert la manne inconnue à tes pères,
afin de t'humilier et de t'éprouver,
17 pour te faire ensuite du bien. Garde-
toi de dire en ton cœur : Ma force et
la puissance de ma main m'ont acquis
18 ces richesses. Souviens-toi de l'É-
ternel, ton Dieu, car c'est lui qui te
donnera de la force pour les acquérir,
afin de confirmer, comme il le fait
aujourd'hui, son alliance qu'il a jurée
à tes pères.
19 Si tu oublies l'Éternel, ton Dieu,
et que tu ailles après d'autres dieux,
si tu les sers et te prosternes devant
eux, je vous déclare formellement
20 aujourd'hui que vous périrez. Vous
périrez comme les nations que l'É-
ternel fait périr devant vous, parce
que vous n'aurez point écouté la voix
de l'Éternel, votre Dieu.

Souvenir des rébellions d'Israël.

9 Écoute, Israël ! Tu vas aujour-
d'hui passer le Jourdain, pour te
rendre maître de nations plus grandes
et plus puissantes que toi, de villes
grandes et fortifiées jusqu'au ciel,
2 d'un peuple grand et de haute taille,
les enfants d'Anak, que tu connais, et
dont tu as entendu dire : Qui pourra
tenir contre les enfants d'Anak ?
3 Sache aujourd'hui que l'Éternel, ton
Dieu, marchera lui-même devant toi
comme un feu dévorant, c'est lui qui
les détruira, qui les humiliera devant
toi ; et tu les chasseras, tu les feras
périr promptement, comme l'Éternel
4 te l'a dit. Lorsque l'Éternel, ton

Dieu, les chassera devant toi, ne dis
pas en ton cœur : C'est à cause de
ma justice que l'Éternel me fait entrer
en possession de ce pays. Car c'est
à cause de la méchanceté de ces
nations que l'Éternel les chasse devant toi. Non, ce n'est point à cause 5
de ta justice et de la droiture de ton
cœur que tu entres en possession de
leur pays ; mais c'est à cause de la
méchanceté de ces nations que l'É-
ternel, ton Dieu, les chasse devant
toi, et c'est pour confirmer la parole
que l'Éternel a jurée à tes pères, à
Abraham, à Isaac et à Jacob. Sache 6
donc que ce n'est point à cause de ta
justice que l'Éternel, ton Dieu, te donne
ce bon pays pour que tu le possèdes ;
car tu es un peuple au cou roide.

Souviens-toi, n'oublie pas de quelle 7
manière tu as excité la colère de
l'Éternel, ton Dieu, dans le désert.
Depuis le jour où tu es sorti du pays
d'Égypte jusqu'à votre arrivée dans ce
lieu, vous avez été rebelles contre
l'Éternel.

A Horeb, vous excitâtes la colère 8
de l'Éternel ; et l'Éternel s'irrita
contre vous, et eut la pensée de vous
détruire. Lorsque je fus monté sur 9
la montagne, pour prendre les tables
de pierre, les tables de l'alliance que
l'Éternel a traitée avec vous, je
demeurai sur la montagne quarante
jours et quarante nuits, sans manger
de pain et sans boire d'eau ; et 10
l'Éternel me donna les deux tables
de pierre écrites du doigt de Dieu, et
contenant toutes les paroles que
l'Éternel vous avait dites sur la
montagne, du milieu du feu, le jour
de l'assemblée. Ce fut au bout des 11
quarante jours et des quarante nuits
que l'Éternel me donna les deux
tables de pierre, les tables de l'alliance.
L'Éternel me dit alors : Lève-toi, 12
descends en hâte d'ici ; car ton peuple,
que tu as fait sortir d'Égypte, s'est
corrompu. Ils se sont promptement
écartés de la voie que je leur avais
prescrite ; ils se sont fait une image
de fonte. L'Éternel me dit : Je vois 13
que ce peuple est un peuple au cou
roide. Laisse-moi les détruire et 14
effacer leur nom de dessous les cieux ;

et je ferai de toi une nation plus puissante et plus nombreuse que ce 15 peuple. Je retournai et je descendis de la montagne toute en feu, les deux tables de l'alliance dans mes deux 16 mains. Je regardai, et voici, vous aviez péché contre l'Éternel, votre Dieu, vous vous étiez fait un veau de fonte, vous vous étiez promptement écartés de la voie que vous avait 17 prescrite l'Éternel. Je saisis les deux tables, je les jetai de mes mains, et je 18 les brisai sous vos yeux. Je me prosternai devant l'Éternel, comme auparavant, quarante jours et quarante nuits, sans manger de pain et sans boire d'eau, à cause de tous les péchés que vous aviez commis en faisant ce qui est mal aux yeux 19 de l'Éternel, pour l'irriter. Car j'étais effrayé à la vue de la colère et de la fureur dont l'Éternel était animé contre vous jusqu'à vouloir vous détruire. Mais l'Éternel m'exauça 20 encore cette fois. L'Éternel était aussi très irrité contre Aaron, qu'il voulait faire périr, et pour qui j'intercédai encore dans ce temps-là. 21 Je pris le veau que vous aviez fait, ce produit de votre péché, je le brûlai au feu, je le broyai jusqu'à ce qu'il fût réduit en poudre, et je jetai cette poudre dans le torrent qui descend de la montagne.

22 A Tabeéra, à Massa, et à Kibroth-Hattaava, vous excitâtes la colère de l'Éternel.

23 Et lorsque l'Éternel vous envoya à Kadès-Barnéa, en disant: Montez, et prenez possession du pays que je vous donne! vous fûtes rebelles à l'ordre de l'Éternel, votre Dieu, vous n'eûtes point foi en lui, et vous n'obéîtes point à sa voix.

24 Vous avez été rebelles contre l'Éternel depuis que je vous connais.

25 Je me prosternai devant l'Éternel, je me prosternai quarante jours et quarante nuits, parce que l'Éternel avait dit qu'il voulait vous détruire.

26 Je priai l'Éternel, et je dis: Seigneur Éternel, ne détruis pas ton peuple, ton héritage, que tu as racheté dans ta grandeur, que tu as fait sortir d'Égypte par ta main puissante.

27 Souviens-toi de tes serviteurs, Abraham, Isaac et Jacob. Ne regarde point à l'opiniâtreté de ce peuple, à sa méchanceté et à son péché, de peur 28 que le pays d'où tu nous as fait sortir ne dise: C'est parce que l'Éternel n'avait pas le pouvoir de les mener dans le pays qu'il leur avait promis, et c'est parce qu'il les haïssait, qu'il les a fait sortir pour les faire mourir dans le désert. Ils sont pourtant ton 29 peuple et ton héritage, que tu as fait sortir d'Égypte par ta grande puissance et par ton bras étendu.

La protection et l'amour de Dieu pour Israël, source de crainte et d'obéissance.

En ce temps-là, l'Éternel me **10** dit: Taille deux tables de pierre comme les premières, et monte vers moi sur la montagne; tu feras aussi une arche de bois. J'écrirai sur ces 2 tables les paroles qui étaient sur les premières tables que tu as brisées, et tu les mettras dans l'arche. Je fis 3 une arche de bois d'acacia, je taillai deux tables de pierre comme les premières, et je montai sur la montagne, les deux tables dans ma main. L'Éternel écrivit sur les tables ce qui avait été écrit sur les premières, 4 les dix paroles qu'il vous avait dites sur la montagne, du milieu du feu, le jour de l'assemblée; et l'Éternel me les donna. Je retournai et je 5 descendis de la montagne, je mis les tables dans l'arche que j'avais faite, et elles restèrent là, comme l'Éternel me l'avait ordonné.

Les enfants d'Israël partirent de 6 Beéroth-Bené-Jaakan pour Moséra. C'est là que mourut Aaron, et qu'il fut enterré; Éléazar, son fils, lui succéda dans le sacerdoce. Ils 7 partirent de là pour Gudgoda, et de Gudgoda pour Jothbatha, pays où il y a des cours d'eaux. En ce temps-8 là, l'Éternel sépara la tribu de Lévi, et lui ordonna de porter l'arche de l'alliance de l'Éternel, de se tenir devant l'Éternel pour le servir, et de bénir le peuple en son nom: ce qu'elle a fait jusqu'à ce jour. C'est 9 pourquoi Lévi n'a ni part ni héritage avec ses frères : l'Éternel est son héritage, comme l'Éternel, ton Dieu, le lui a dit.

10 Je restai sur la montagne, comme précédemment, quarante jours et quarante nuits. L'Éternel m'exauça encore cette fois ; l'Éternel ne voulut 11 pas te détruire. L'Éternel me dit : Lève-toi, va, marche à la tête du peuple. Qu'ils aillent prendre possession du pays que j'ai juré à leurs pères de leur donner.

12 Maintenant, Israël, que demande de toi l'Éternel, ton Dieu, si ce n'est que tu craignes l'Éternel, ton Dieu, afin de marcher dans toutes ses voies, d'aimer et de servir l'Éternel, ton Dieu, de tout ton cœur et de toute 13 ton âme ; si ce n'est que tu observes les commandements de l'Éternel et ses lois que je te prescris aujourd'hui, 14 afin que tu sois heureux ? Voici, à l'Éternel, ton Dieu, appartiennent les cieux et les cieux des cieux, la 15 terre et tout ce qu'elle renferme. Et c'est à tes pères seulement que l'Éternel s'est attaché pour les aimer ; et, après eux, c'est leur postérité, c'est vous qu'il a choisis d'entre tous les peuples, comme vous le voyez 16 aujourd'hui. Vous circoncirez donc votre cœur, et vous ne roidirez plus 17 votre cou. Car l'Éternel, votre Dieu, est le Dieu des dieux, le Seigneur des seigneurs, le Dieu grand, fort et terrible, qui ne fait point acception des personnes et qui ne reçoit point 18 de présent, qui fait droit à l'orphelin et à la veuve, qui aime l'étranger et lui donne de la nourriture et des 19 vêtements. Vous aimerez l'étranger, car vous avez été étrangers dans 20 le pays d'Égypte. Tu craindras l'Éternel, ton Dieu, tu le serviras, tu t'attacheras à lui, et tu jureras 21 par son nom. Il est ta gloire, il est ton Dieu : c'est lui qui a fait au milieu de toi ces choses grandes et terribles que tes yeux ont vues. 22 Tes pères descendirent en Égypte au nombre de soixante-dix personnes ; et maintenant l'Éternel, ton Dieu, a fait de toi une multitude pareille aux étoiles des cieux.

La bénédiction et la malédiction.

Tu aimeras l'Éternel, ton Dieu, **11** et tu observeras toujours ses préceptes, ses lois, ses ordonnances et ses commandements. Reconnaissez 2 aujourd'hui—ce que n'ont pu connaître et voir vos enfants—les châtiments de l'Éternel, votre Dieu, sa grandeur, sa main forte et son bras étendu, ses signes et ses actes 3 qu'il a accomplis au milieu de l'Égypte contre Pharaon, roi d'Égypte, et contre tout son pays. Reconnaissez 4 ce qu'il a fait à l'armée d'Égypte, à ses chevaux et à ses chars, comment il a fait couler sur eux les eaux de la mer Rouge, lorsqu'ils vous poursuivaient, et les a détruits pour toujours ; ce qu'il vous a fait dans 5 le désert, jusqu'à votre arrivée en ce lieu ; ce qu'il a fait à Dathan et à 6 Abiram, fils d'Éliab, fils de Ruben, comment la terre ouvrit sa bouche et les engloutit, avec leurs maisons et leurs tentes et tout ce qui était à leur suite, au milieu de tout Israël. Car vos yeux ont vu toutes les 7 grandes choses que l'Éternel a faites. Ainsi, vous observerez tous les 8 commandements que je vous prescris aujourd'hui, afin que vous ayez la force de vous emparer du pays où vous allez passer pour en prendre possession, et afin que vous prolongiez 9 vos jours dans le pays que l'Éternel a juré à vos pères de leur donner, à eux et à leur postérité, pays où coulent le lait et le miel. Car le 10 pays dont tu vas entrer en possession n'est pas comme le pays d'Égypte, d'où vous êtes sortis, où tu jetais dans les champs ta semence et les arrosais avec ton pied comme un jardin potager. Le pays que vous 11 allez posséder est un pays de montagnes et de vallées, et qui boit les eaux de la pluie du ciel ; c'est 12 un pays dont l'Éternel, ton Dieu, prend soin, et sur lequel l'Éternel, ton Dieu, a continuellement les yeux, du commencement à la fin de l'année.

Si vous obéissez à mes commande- 13 ments que je vous prescris aujourd'hui, si vous aimez l'Éternel, votre Dieu,

14 et si vous le servez de tout votre cœur et de toute votre âme, je donnerai à votre pays la pluie en son temps, la pluie de la première et de l'arrière-saison, et tu recueilleras 15 ton blé, ton moût et ton huile ; je mettrai aussi dans tes champs de l'herbe pour ton bétail, et tu mangeras 16 et te rassasieras. Gardez-vous de laisser séduire votre cœur, de vous détourner, de servir d'autres dieux et de vous prosterner devant eux. 17 La colère de l'Éternel s'enflammerait alors contre vous ; il fermerait les cieux, et il n'y aurait point de pluie ; la terre ne donnerait plus ses produits, et vous péririez promptement dans le bon pays que l'Éternel vous donne. 18 Mettez dans votre cœur et dans votre âme ces paroles que je vous dis. Vous les lierez comme un signe sur vos mains, et elles seront comme des fronteaux entre vos 19 yeux. Vous les enseignerez à vos enfants, et vous leur en parlerez quand tu seras dans ta maison, quand tu iras en voyage, quand tu te coucheras et quand tu te lèveras. 20 Tu les écriras sur les poteaux de ta 21 maison et sur tes portes. Et alors vos jours et les jours de vos enfants, dans le pays que l'Éternel a juré à vos pères de leur donner, seront aussi nombreux que les jours des cieux le seront au-dessus de la terre. 22 Car si vous observez tous ces commandements que je vous prescris, et si vous les mettez en pratique, pour aimer l'Éternel, votre Dieu, pour marcher dans toutes ses voies 23 et pour vous attacher à lui, l'Éternel chassera devant vous toutes ces nations, et vous vous rendrez maîtres de nations plus grandes et plus puissantes que vous. Tout lieu que 24 foulera la plante de votre pied sera à vous : votre frontière s'étendra du désert au Liban, et du fleuve de l'Euphrate jusqu'à la mer occidentale. Nul ne tiendra contre vous. L'Éternel, 25 votre Dieu, répandra, comme il vous l'a dit, la frayeur et la crainte de toi sur tout le pays où vous marcherez.

Vois, je mets aujourd'hui devant 26 vous la bénédiction et la malédiction : la bénédiction, si vous obéissez aux 27 commandements de l'Éternel, votre Dieu, que je vous prescris en ce jour ; la malédiction, si vous n'obéissez pas 28 aux commandements de l'Éternel, votre Dieu, et si vous vous détournez de la voie que je vous prescris en ce jour, pour aller après d'autres dieux que vous ne connaissez point. Et 29 lorsque l'Éternel, ton Dieu, t'aura fait entrer dans le pays dont tu vas prendre possession, tu prononceras la bénédiction sur la montagne de Garizim, et la malédiction sur la montagne d'Ébal. Ces montagnes 30 ne sont-elles pas de l'autre côté du Jourdain, derrière le chemin de l'occident, au pays des Cananéens qui habitent dans la plaine vis-à-vis de Guilgal, près des chênes de Moré ? Car vous allez passer le Jourdain 31 pour entrer en possession du pays que l'Éternel, votre Dieu, vous donne ; vous le posséderez, et vous y habiterez. Vous observerez et vous mettrez 32 en pratique toutes les lois et les ordonnances que je vous prescris aujourd'hui.

RÉPÉTITION DES LOIS ET ORDONNANCES

Ordre de servir l'Éternel dans le lieu qu'il choisira.

12 Voici les lois et les ordonnances que vous observerez et que vous mettrez en pratique, aussi longtemps que vous y vivrez, dans le pays dont l'Éternel, le Dieu de vos pères, vous donne la possession. 2 Vous détruirez tous les lieux où les nations que vous allez chasser servent leurs dieux, sur les hautes montagnes, sur les collines, et sous tout arbre vert. Vous renverserez 3 leurs autels, vous briserez leurs statues, vous brûlerez au feu leurs idoles, vous abattrez les images taillées de leurs dieux, et vous ferez disparaître leurs noms de ces lieux-là.

4 Vous n'agirez pas ainsi à l'égard
5 do l'Éternel, votre Dieu. Mais vous
le chercherez à sa demeure, et vous
irez au lieu que l'Éternel, votre Dieu,
choisira parmi toutes vos tribus pour
6 y placer son nom. C'est là que vous
présenterez vos holocaustes, vos
sacrifices, vos dîmes, vos prémices,
vos offrandes en accomplissement
d'un vœu, vos offrandes volontaires,
et les premiers-nés de votre gros et
7 de votre menu bétail. C'est là que
vous mangerez devant l'Éternel,
votre Dieu, et que, vous et vos
familles, vous ferez servir à votre
joie tous les biens par lesquels
l'Éternel, votre Dieu, vous aura bénis.
8 Vous n'agirez donc pas comme nous
le faisons maintenant ici, où chacun
9 fait ce qui lui semble bon, parce que
vous n'êtes point encore arrivés dans
le lieu de repos et dans l'héritage
que l'Éternel, votre Dieu, vous donne.
10 Mais vous passerez le Jourdain, et
vous habiterez dans le pays dont
l'Éternel, votre Dieu, vous mettra
en possession ; il vous donnera du
repos, après vous avoir délivrés de
tous vos ennemis qui vous entourent,
et vous vous établirez en sécurité.
11 Alors il y aura un lieu que l'Éternel,
votre Dieu, choisira pour y faire
résider son nom. C'est là que vous
présenterez tout ce que je vous
ordonne, vos holocaustes, vos sacrifices, vos dîmes, vos prémices, et les
offrandes choisies que vous ferez à
l'Éternel pour accomplir vos vœux.
12 C'est là que vous vous réjouirez
devant l'Éternel, votre Dieu, vous,
vos fils et vos filles, vos serviteurs et
vos servantes, et le Lévite qui sera
dans vos portes ; car il n'a ni part
13 ni héritage avec vous. Garde-toi
d'offrir tes holocaustes dans tous les
14 lieux que tu verras ; mais tu offriras
tes holocaustes au lieu que l'Éternel
choisira dans l'une de tes tribus, et
c'est là que tu feras tout ce que je
t'ordonne.
15 Néanmoins, quand tu en auras le
désir, tu pourras tuer du bétail et
manger de la viande dans toutes tes
portes, selon les bénédictions que
t'accordera l'Éternel, ton Dieu ; celui

qui sera impur et celui qui sera pur
pourront en manger, comme on
mange de la gazelle et du cerf.
16 Seulement, vous ne mangerez pas le
sang : tu le répandras sur la terre
comme de l'eau.

17 Tu ne pourras pas manger dans
tes portes la dîme de ton blé, de ton
moût et de ton huile, ni les premiers-
nés de ton gros et de ton menu
bétail, ni aucune de tes offrandes en
accomplissement d'un vœu, ni tes
offrandes volontaires, ni tes prémices.
18 Mais c'est devant l'Éternel, ton Dieu,
que tu les mangeras, dans le lieu que
l'Éternel, ton Dieu, choisira, toi, ton
fils et ta fille, ton serviteur et ta
servante, et le Lévite qui sera dans
tes portes ; et c'est devant l'Éternel,
ton Dieu, que tu feras servir à ta
joie tous les biens que tu posséderas.
19 Aussi longtemps que tu vivras dans
ton pays, garde-toi de délaisser le
Lévite.

20 Lorsque l'Éternel, ton Dieu, aura
élargi tes frontières, comme il te l'a
promis, et que le désir de manger de
la viande te fera dire : Je voudrais
manger de la viande ! tu pourras en
manger, selon ton désir. Si le lieu 21
que l'Éternel, ton Dieu, aura choisi
pour y placer son nom est éloigné
de toi, tu pourras tuer du gros et
du menu bétail, comme je te l'ai
prescrit, et tu pourras en manger
dans tes portes selon ton désir. Tu 22
en mangeras comme on mange de
la gazelle et du cerf ; celui qui sera
impur et celui qui sera pur en
mangeront l'un et l'autre. Seule- 23
ment, garde-toi de manger le sang,
car le sang, c'est l'âme ; et tu ne
mangeras pas l'âme avec la chair.
24 Tu ne le mangeras pas : tu le
répandras sur la terre comme de
l'eau. Tu ne le mangeras pas, afin 25
que tu sois heureux, toi et tes enfants
après toi, en faisant ce qui est droit
aux yeux de l'Éternel.

26 Mais les choses que tu voudras
consacrer et les offrandes que tu
feras en accomplissement d'un vœu,
tu iras les présenter au lieu qu'aura
choisi l'Éternel. Tu offriras tes 27
holocaustes, la chair et le sang, sur

l'autel de l'Éternel, ton Dieu : dans tes autres sacrifices, le sang sera répandu sur l'autel de l'Éternel, ton 28 Dieu, et tu mangeras la chair. Garde et écoute toutes ces choses que je t'ordonne, afin que tu sois heureux, toi et tes enfants après toi, à per- pétuité, en faisant ce qui est bien et ce qui est droit aux yeux de l'Éternel, ton Dieu.

29 Lorsque l'Éternel, ton Dieu, aura exterminé les nations que tu vas chasser devant toi, lorsque tu les auras chassées et que tu te seras 30 établi dans leur pays, garde-toi de te laisser prendre au piège en les imitant, après qu'elles auront été détruites devant toi. Garde-toi de t'informer de leurs dieux et de dire : Comment ces nations servaient-elles leurs dieux ? Moi aussi, je veux 31 faire de même. Tu n'agiras pas ainsi à l'égard de l'Éternel, ton Dieu ; car elles servaient leurs dieux en faisant toutes les abominations qui sont odieuses à l'Éternel, et même elles brûlaient au feu leurs fils et leurs filles en l'honneur de leurs dieux.

32 Vous observerez et vous mettrez en pratique toutes les choses que je vous ordonne ; vous n'y ajouterez rien, et vous n'en retrancherez rien.

Punition de l'idolâtrie au milieu d'Israël.

13 S'il s'élève au milieu de toi un prophète ou un songeur qui t'an- 2 nonce un signe ou un prodige, et qu'il y ait accomplissement du signe ou du prodige dont il t'a parlé en disant : Allons après d'autres dieux,— des dieux que tu ne connais point,— 3 et servons-les ! tu n'écouteras pas les paroles de ce prophète ou de ce songeur, car c'est l'Éternel, votre Dieu, qui vous met à l'épreuve pour savoir si vous aimez l'Éternel, votre Dieu, de tout votre cœur et de toute 4 votre âme. Vous irez après l'Éternel, votre Dieu, et vous le craindrez ; vous observerez ses commandements, vous obéirez à sa voix, vous le servirez, et vous vous attacherez à 5 lui. Ce prophète ou ce songeur sera puni de mort, car il a parlé de

révolte contre l'Éternel, votre Dieu, qui vous a fait sortir du pays d'Égypte et vous a délivrés de la maison de servitude, et il a voulu te détourner de la voie dans laquelle l'Éternel, ton Dieu, t'a ordonné de marcher. Tu ôteras ainsi le mal du milieu de toi.

Si ton frère, fils de ta mère, ou 6 ton fils, ou ta fille, ou la femme qui repose sur ton sein, ou ton ami que tu aimes comme toi-même, t'incite secrètement en disant : Allons, et servons d'autres dieux !—des dieux que ni toi ni tes pères n'avez connus, d'entre les dieux des peuples qui 7 vous entourent, près de toi ou loin de toi, d'une extrémité de la terre à l'autre—tu n'y consentiras pas, 8 et tu ne l'écouteras pas ; tu ne jetteras pas sur lui un regard de pitié, tu ne l'épargneras pas, et tu ne le couvriras pas. Mais tu le feras mourir ; ta 9 main se lèvera la première sur lui pour le mettre à mort, et la main de tout le peuple ensuite ; tu le 10 lapideras, et il mourra, parce qu'il a cherché à te détourner de l'Éternel, ton Dieu, qui t'a fait sortir du pays d'Égypte, de la maison de servitude. Il en sera ainsi, afin que tout Israël 11 entende et craigne, et que l'on ne commette plus un acte aussi criminel au milieu de toi.

Si tu entends dire au sujet de 12 l'une des villes que t'a données pour demeure l'Éternel, ton Dieu : Des 13 gens pervers sont sortis du milieu de toi, et ont séduit les habitants de leur ville en disant : Allons, et servons d'autres dieux !—des dieux que tu ne connais point—tu feras 14 des recherches, tu examineras, tu interrogeras avec soin. La chose est-elle vraie, le fait est-il établi, cette abomination a-t-elle été commise au milieu de toi, alors tu frapperas 15 du tranchant de l'épée les habitants de cette ville, tu la dévoueras par interdit avec tout ce qui s'y trouvera, et tu en passeras le bétail au fil de l'épée. Tu amasseras tout le butin 16 au milieu de la place, et tu brûleras entièrement au feu la ville avec tout son butin, devant l'Éternel, ton Dieu :

elle sera pour toujours un monceau de ruines, elle ne sera jamais rebâtie.

17 Rien de ce qui sera dévoué par interdit ne s'attachera à ta main, afin que l'Éternel revienne de l'ardeur de sa colère, qu'il te fasse miséricorde et grâce, et qu'il te multiplie, comme

18 il l'a juré à tes pères, si tu obéis à la voix de l'Éternel, ton Dieu, en observant tous ses commandements que je te prescris aujourd'hui, et en faisant ce qui est droit aux yeux de l'Éternel, ton Dieu.

Les incisions. — Les animaux purs et impurs.

14 Vous êtes les enfants de l'Éternel, votre Dieu. Vous ne vous ferez point d'incisions et vous ne vous ferez point de place chauve entre
2 les yeux pour un mort. Car tu es un peuple saint pour l'Éternel, ton Dieu ; et l'Éternel, ton Dieu, t'a choisi, pour que tu fusses un peuple qui lui appartînt entre tous les peuples qui sont sur la face de la terre.
3 Tu ne mangeras aucune chose abominable.
4 Voici les animaux que vous mangerez : le bœuf, la brebis et la
5 chèvre ; le cerf, la gazelle et le daim ; le bouquetin, le chevreuil, la chèvre
6 sauvage et la girafe. Vous mangerez de tout animal qui a la corne fendue,
7 le pied fourché, et qui rumine. Mais vous ne mangerez pas de ceux qui ruminent seulement, ou qui ont la corne fendue et le pied fourché seulement. Ainsi, vous ne mangerez pas le chameau, le lièvre et le daman, qui ruminent, mais qui n'ont pas la corne fendue : vous les regarderez
8 comme impurs. Vous ne mangerez pas le porc, qui a la corne fendue, mais qui ne rumine pas : vous le regarderez comme impur. Vous ne mangerez pas de leur chair, et vous ne toucherez pas leurs corps morts.
9 Voici les animaux dont vous mangerez parmi tous ceux qui sont dans les eaux : vous mangerez de tous ceux qui ont des nageoires et
10 des écailles. Mais vous ne mangerez d'aucun de ceux qui n'ont pas des

nageoires et des écailles : vous les regarderez comme impurs.

11 Vous mangerez tout oiseau pur.
12 Mais voici ceux dont vous ne
13 mangerez pas : l'aigle, l'orfraie et l'aigle de mer ; le milan, l'autour, le vautour et ce qui est de son
14 espèce ; le corbeau et toutes ses
15 espèces ; l'autruche, le hibou, la mouette, l'épervier et ce qui est de
16 son espèce ; le chat-huant, la chouette
17 et le cygne ; le pélican, le cormoran
18 et le plongeon ; la cigogne, le héron et ce qui est de son espèce, la huppe
19 et la chauve-souris. Vous regarderez comme impur tout reptile qui vole :
20 on n'en mangera point. Vous mangerez tout oiseau pur.

21 Vous ne mangerez d'aucune bête morte ; tu la donneras à l'étranger qui sera dans tes portes, afin qu'il la mange, ou tu la vendras à un étranger ; car tu es un peuple saint pour l'Éternel, ton Dieu.

Tu ne feras point cuire un chevreau dans le lait de sa mère.

Les dîmes.

22 Tu lèveras la dîme de tout ce que produira ta semence, de ce que rap-
23 portera ton champ chaque année. Et tu mangeras devant l'Éternel, ton Dieu, dans le lieu qu'il choisira pour y faire résider son nom, la dîme de ton blé, de ton moût et de ton huile, et les premiers-nés de ton gros et de ton menu bétail, afin que tu apprennes à craindre toujours l'Éternel, ton
24 Dieu. Peut-être, lorsque l'Éternel, ton Dieu, t'aura béni, le chemin sera-t-il trop long pour que tu puisses transporter ta dîme, à cause de ton éloignement du lieu qu'aura choisi l'Éternel, ton Dieu, pour y faire ré-
25 sider son nom. Alors, tu échangeras ta dîme contre de l'argent, tu serreras cet argent dans ta main, et tu iras au lieu que l'Éternel, ton Dieu, aura
26 choisi. Là, tu achèteras avec l'argent tout ce que tu désireras, des bœufs, des brebis, du vin et des liqueurs fortes, tout ce qui te fera plaisir, tu mangeras devant l'Éternel, ton Dieu, et tu te réjouiras, toi et ta famille.
27 Tu ne délaisseras point le Lévite

qui sera dans tes portes, car il n'a ni part ni héritage avec toi.

28 Au bout de trois ans, tu sortiras toute la dîme de tes produits pendant la troisième année, et tu la déposeras

29 dans tes portes. Alors viendront le Lévite, qui n'a ni part ni héritage avec toi, l'étranger, l'orphelin et la veuve, qui seront dans tes portes, et ils mangeront et se rassasieront, afin que l'Éternel, ton Dieu, te bénisse dans tous les travaux que tu entreprendras de tes mains.

L'année de relâche, les indigents, les esclaves. Les premiers-nés des animaux.

15 Tous les sept ans, tu feras re-
2 lâche. Et voici comment s'observera le relâche. Quand on aura publié le relâche en l'honneur de l'Éternel, tout créancier qui aura fait un prêt à son prochain se relâchera de son droit, il ne pressera pas son prochain et son frère pour le paiement

3 de sa dette. Tu pourras presser l'étranger ; mais tu te relâcheras de ton droit pour ce qui t'appartiendra

4 chez ton frère. Toutefois, il n'y aura point d'indigent chez toi, car l'Éternel te bénira dans le pays que l'Éternel, ton Dieu, te fera posséder en héritage,

5 pourvu seulement que tu obéisses à la voix de l'Éternel, ton Dieu, en mettant soigneusement en pratique tous ces commandements que je te

6 prescris aujourd'hui. L'Éternel, ton Dieu, te bénira comme il te l'a dit, tu prêteras à beaucoup de nations, et tu n'emprunteras point ; tu domineras sur beaucoup de nations, et elles ne domineront point sur toi.

7 S'il y a chez toi quelque indigent d'entre tes frères, dans l'une de tes portes, au pays que l'Éternel, ton Dieu, te donne, tu n'endurciras point ton cœur et tu ne fermeras point ta

8 main devant ton frère indigent. Mais tu lui ouvriras ta main, et tu lui prêteras de quoi pourvoir à ses besoins.

9 Garde-toi d'être assez méchant pour dire en ton cœur: La septième année, l'année du relâche, approche ! Garde-toi d'avoir un œil sans pitié pour ton frère indigent et de lui faire un refus. Il crierait à l'Éternel contre toi, et tu

te chargerais d'un péché. Donne-lui, 10 et que ton cœur ne lui donne point à regret ; car, à cause de cela, l'Éternel, ton Dieu, te bénira dans tous tes travaux et dans toutes tes entreprises.

Il y aura toujours des indigents dans 11 le pays ; c'est pourquoi je te donne ce commandement : Tu ouvriras ta main à ton frère, au pauvre et à l'indigent dans ton pays.

Si l'un de tes frères hébreux, 12 homme ou femme, se vend à toi, il te servira six années ; mais la septième année, tu le renverras libre de chez toi. Et lorsque tu le renverras 13 libre de chez toi, tu ne le renverras point à vide ; tu lui feras des présents 14 de ton menu bétail, de ton aire, de ton pressoir, de ce que tu auras par la bénédiction de l'Éternel, ton Dieu. Tu te souviendras que tu as été 15 esclave au pays d'Égypte, et que l'Éternel, ton Dieu, t'a racheté ; c'est pourquoi je te donne aujourd'hui ce commandement. Si ton esclave te 16 dit : Je ne veux pas sortir de chez toi, — parce qu'il t'aime, toi et ta maison, et qu'il se trouve bien chez toi, — alors tu prendras un poinçon et 17 tu lui perceras l'oreille contre la porte, et il sera pour toujours ton esclave. Tu feras de même pour ta servante. Tu ne trouveras point dur de le ren- 18 voyer libre de chez toi, car il t'a servi six ans, ce qui vaut le double du salaire d'un mercenaire ; et l'Éternel, ton Dieu, te bénira dans tout ce que tu feras.

Tu consacreras à l'Éternel, ton 19 Dieu, tout premier-né mâle qui naîtra dans ton gros et dans ton menu bétail. Tu ne travailleras point avec le premier-né de ton bœuf, et tu ne tondras point le premier-né de tes brebis. Tu le 20 mangeras chaque année, toi et ta famille, devant l'Éternel, ton Dieu, dans le lieu qu'il choisira. S'il a 21 quelque défaut, s'il est boiteux ou aveugle, ou s'il a quelque autre difformité, tu ne l'offriras point en sacrifice à l'Éternel, ton Dieu. Tu 22 le mangeras dans tes portes ; celui qui sera impur et celui qui sera pur en mangeront l'un et l'autre, comme

on mange de la gazelle et du cerf.
23 Seulement, tu n'en mangeras pas le sang : tu le répandras sur la terre comme de l'eau.

La célébration des fêtes.—L'établissement des juges.

16 Observe le mois des épis, et célèbre la Pâque en l'honneur de l'Éternel, ton Dieu; car c'est dans le mois des épis que l'Éternel, ton Dieu, t'a fait sortir d'Égypte, pendant la 2 nuit. Tu sacrifieras la Pâque à l'Éternel, ton Dieu, tes victimes de menu et de gros bétail, dans le lieu que l'Éternel choisira pour y faire résider 3 son nom. Pendant la fête, tu ne mangeras pas du pain levé, mais tu mangeras sept jours des pains sans levain, du pain d'affliction, car c'est avec précipitation que tu es sorti du pays d'Égypte : il en sera ainsi, afin que tu te souviennes toute ta vie du jour où tu es sorti du pays d'Égypte. 4 On ne verra point chez toi de levain, dans toute l'étendue de ton pays, pendant sept jours; et aucune partie des victimes que tu sacrifieras le soir du premier jour ne sera gardée pen- 5 dant la nuit jusqu'au matin. Tu ne pourras point sacrifier la Pâque dans l'un quelconque des lieux que l'Éternel, ton Dieu, te donne pour demeure; 6 mais c'est dans le lieu que choisira l'Éternel, ton Dieu, pour y faire résider son nom, que tu sacrifieras la Pâque, le soir, au coucher du soleil, à l'époque de ta sortie d'É- 7 gypte. Tu feras cuire la victime, et tu la mangeras dans le lieu que choisira l'Éternel, ton Dieu. Et le matin, tu pourras t'en retourner et 8 t'en aller vers tes tentes. Pendant six jours, tu mangeras des pains sans levain; et le septième jour, il y aura une assemblée solennelle en l'honneur de l'Éternel, ton Dieu : tu ne feras aucun ouvrage.

9 Tu compteras sept semaines; dès que la faucille sera mise dans les blés, tu commenceras à compter sept 10 semaines. Puis tu célébreras la fête des semaines, et tu feras des offrandes volontaires, selon les bénédictions que l'Éternel, ton Dieu, t'aura accordées.

11 Tu te réjouiras devant l'Éternel, ton Dieu, dans le lieu que l'Éternel, ton Dieu, choisira pour y faire résider son nom, toi, ton fils et ta fille, ton serviteur et ta servante, le Lévite qui sera dans tes portes, et l'étranger, l'orphelin et la veuve qui seront au milieu de toi. Tu te souviendras 12 que tu as été esclave en Égypte, et tu observeras et mettras ces lois en pratique.

Tu célébreras la fête des taber- 13 nacles pendant sept jours, quand tu recueilleras le produit de ton aire et de ton pressoir. Tu te réjouiras à 14 cette fête, toi, ton fils et ta fille, ton serviteur et ta servante, et le Lévite, l'étranger, l'orphelin et la veuve qui seront dans tes portes. Tu célé- 15 breras la fête pendant sept jours en l'honneur de l'Éternel, ton Dieu, dans le lieu que choisira l'Éternel; car l'Éternel, ton Dieu, te bénira dans toutes tes récoltes et dans tout le travail de tes mains, et tu te livreras entièrement à la joie.

Trois fois par année, tous les mâles 16 d'entre vous se présenteront devant l'Éternel, ton Dieu, dans le lieu qu'il choisira : à la fête des pains sans levain, à la fête des semaines, et à la fête des tabernacles. On ne paraîtra point devant l'Éternel les mains vides. Chacun donnera ce 17 qu'il pourra, selon les bénédictions que l'Éternel, ton Dieu, lui aura ac- cordées.

Tu établiras des juges et des 18 magistrats dans toutes les villes que l'Éternel, ton Dieu, te donne, selon tes tribus; et ils jugeront le peuple avec justice. Tu ne porteras 19 atteinte à aucun droit, tu n'auras point égard à l'apparence des per- sonnes, et tu ne recevras point de présent, car les présents aveuglent les yeux des sages et corrompent les paroles des justes. Tu suivras ponc- 20 tuellement la justice, afin que tu vives et que tu possèdes le pays que l'Éter- nel, ton Dieu, te donne.

Les idoles et les statues.

Tu ne fixeras aucune idole de bois 21 à côté de l'autel que tu élèveras à

22 l'Éternel, ton Dieu. Tu ne dresseras point des statues, qui sont en aversion à l'Éternel, ton Dieu.

Les actes d'idolâtrie.—Les jugements.

17 Tu n'offriras en sacrifice à l'Éternel, ton Dieu, ni bœuf, ni agneau qui ait quelque défaut ou difformité; car ce serait en abomination à l'Éternel, ton Dieu.

2 Il se trouvera peut-être au milieu de toi, dans l'une des villes que l'Éternel, ton Dieu, te donne, un homme ou une femme faisant ce qui est mal aux yeux de l'Éternel, ton Dieu, et transgressant son al-3 liance; allant après d'autres dieux pour les servir et se prosterner devant eux, après le soleil, la lune, ou toute l'armée des cieux. Ce n'est point là 4 ce que j'ai commandé. Dès que tu en auras connaissance, dès que tu l'auras appris, tu feras avec soin des recherches. La chose est-elle vraie, le fait est-il établi, cette abomination 5 a-t-elle été commise en Israël, alors tu feras venir à tes portes l'homme ou la femme qui sera coupable de cette mauvaise action, et tu lapideras ou puniras de mort cet homme ou 6 cette femme. Celui qui mérite la mort sera exécuté sur la déposition de deux ou de trois témoins; il ne sera pas mis à mort sur la déposition 7 d'un seul témoin. La main des témoins se lèvera la première sur lui pour le faire mourir, et la main de tout le peuple ensuite. Tu ôteras ainsi le mal du milieu de toi.

8 Si une cause relative à un meurtre, à un différend, à une blessure, te paraît trop difficile à juger et fournit matière à contestation dans tes portes, tu te lèveras et tu monteras au lieu que 9 l'Éternel, ton Dieu, choisira. Tu iras vers les sacrificateurs, les Lévites, et vers celui qui remplira alors les fonctions de juge; tu les consulteras, et ils te feront connaître la sentence. 10 Tu te conformeras à ce qu'ils te diront dans le lieu que choisira l'Éternel, et tu auras soin d'agir d'après tout ce qu'ils t'enseigneront. 11 Tu te conformeras à la loi qu'ils t'enseigneront et à la sentence qu'ils

auront prononcée; tu ne te détourneras de ce qu'ils te diront ni à droite ni à gauche. L'homme qui, 12 par orgueil, n'écoutera pas le sacrificateur placé là pour servir l'Éternel, ton Dieu, ou qui n'écoutera pas le juge, cet homme sera puni de mort. Tu ôteras ainsi le mal du milieu d'Israël, afin que tout le peuple en- 13 tende et craigne, et qu'il ne se livre plus à l'orgueil.

La royauté.

Lorsque tu seras entré dans le pays 14 que l'Éternel, ton Dieu, te donne, lorsque tu le posséderas, que tu y auras établi ta demeure, et que tu diras: Je veux mettre un roi sur moi, comme toutes les nations qui m'entourent,—tu mettras sur toi un 15 roi que choisira l'Éternel, ton Dieu, tu prendras un roi du milieu de tes frères, tu ne pourras pas te donner un étranger, qui ne soit pas ton frère. Mais qu'il n'ait pas un grand 16 nombre de chevaux, et qu'il ne ramène pas le peuple en Égypte pour avoir beaucoup de chevaux; car l'Éternel vous a dit: Vous ne retournerez plus par ce chemin-là. Qu'il n'ait pas un grand nombre de 17 femmes, afin que son cœur ne se détourne point; et qu'il ne fasse pas de grands amas d'argent et d'or. Quand il s'assiéra sur le 18 trône de son royaume, il écrira pour lui, dans un livre, une copie de cette loi, qu'il prendra auprès des sacrificateurs, les Lévites. Il devra 19 l'avoir avec lui et y lire tous les jours de sa vie, afin qu'il apprenne à craindre l'Éternel, son Dieu, à observer et à mettre en pratique toutes les paroles de cette loi et toutes ces ordonnances; afin que son cœur ne s'élève point au- 20 dessus de ses frères, et qu'il ne se détourne de ces commandements ni à droite ni à gauche; afin qu'il prolonge ses jours dans son royaume, lui et ses enfants, au milieu d'Israël.

Les droits des sacrificateurs et des Lévites.

Les sacrificateurs, les Lévites, la **18** tribu entière de Lévi, n'auront ni part ni héritage avec Israël; ils se nourriront des sacrifices consumés par le feu en l'honneur de l'Éternel

2 et de l'héritage de l'Éternel. Ils n'auront point d'héritage au milieu de leurs frères : l'Éternel sera leur héritage, comme il le leur a dit.

3 Voici quel sera le droit des sacrificateurs sur le peuple, sur ceux qui offriront un sacrifice, un bœuf ou un agneau : on donnera au sacrificateur l'épaule, les mâchoires et l'estomac.

4 Tu lui donneras les prémices de ton blé, de ton moût et de ton huile, et les prémices de la toison de tes brebis;

5 car c'est lui que l'Éternel, ton Dieu, a choisi entre toutes les tribus, pour qu'il fasse le service au nom de l'Éternel, lui et ses fils, à toujours.

6 Lorsque le Lévite quittera l'une de tes portes, le lieu quelconque où il demeure en Israël, pour se rendre, selon la plénitude de son désir, au

7 lieu que choisira l'Éternel, et qu'il fera le service au nom de l'Éternel, ton Dieu, comme tous ses frères les Lévites qui se tiennent là devant

8 l'Éternel, il recevra pour sa nourriture une portion égale à la leur, et jouira, en outre, des revenus de la vente de son patrimoine.

La divination et la magie.—Les prophètes.

9 Lorsque tu seras entré dans le pays que l'Éternel, ton Dieu, te donne, tu n'apprendras point à imiter les abomi-

10 nations de ces nations-là. Qu'on ne trouve chez toi personne qui fasse passer son fils ou sa fille par le feu, personne qui exerce le métier de devin, d'astrologue, d'augure, de

11 magicien, d'enchanteur, personne qui consulte ceux qui évoquent les esprits ou disent la bonne aventure, personne

12 qui interroge les morts. Car quiconque fait ces choses est en abomination à l'Éternel ; et c'est à cause de ces abominations que l'Éternel, ton Dieu, va chasser ces nations

13 devant toi. Tu seras entièrement

14 à l'Éternel, ton Dieu. Car ces nations que tu chasseras écoutent les astrologues et les devins ; mais à toi, l'Éternel, ton Dieu, ne le permet pas.

15 L'Éternel, ton Dieu, te suscitera du milieu de toi, d'entre tes frères, un prophète comme moi : vous l'écou-

16 terez! Il répondra ainsi à la demande que tu fis à l'Éternel, ton Dieu, à Horeb, le jour de l'assemblée, quand tu disais : Que je n'entende plus la voix de l'Éternel, mon Dieu, et que je ne voie plus ce grand feu, afin de

17 ne pas mourir. L'Éternel me dit :

18 Ce qu'ils ont dit est bien. Je leur susciterai du milieu de leurs frères un prophète comme toi, je mettrai mes paroles dans sa bouche, et il leur dira tout ce que je lui com-

19 manderai. Et si quelqu'un n'écoute pas mes paroles qu'il dira en mon nom, c'est moi qui lui en demanderai

20 compte. Mais le prophète qui aura l'audace de dire en mon nom une parole que je ne lui aurai point commandé de dire, ou qui parlera au nom d'autres dieux, ce prophète-là sera

21 puni de mort. Peut-être diras-tu dans ton cœur : Comment connaî-

22 trons-nous la parole que l'Éternel n'aura point dite? Quand ce que dira le prophète n'aura pas lieu et n'arrivera pas, ce sera une parole que l'Éternel n'aura point dite. C'est par audace que le prophète l'aura dite : n'aie pas peur de lui.

Les villes de refuge.—Le déplacement des bornes.—Les faux témoins.

19 Lorsque l'Éternel, ton Dieu, aura exterminé les nations dont l'Éternel, ton Dieu, te donne le pays, lorsque tu les auras chassées et que tu habiteras dans leurs villes et dans

2 leurs maisons, tu sépareras trois villes au milieu du pays dont l'Éternel, ton Dieu, te donne la possession. Tu

3 établiras des routes, et tu diviseras en trois parties le territoire du pays que l'Éternel, ton Dieu, va te donner en héritage. Il en sera ainsi afin que tout meurtrier puisse s'enfuir dans ces

4 villes. Cette loi s'appliquera au meurtrier qui s'enfuira là pour sauver sa vie, lorsqu'il aura involontairement tué son prochain, sans avoir été au-

5 paravant son ennemi. Un homme, par exemple, va couper du bois dans la forêt avec un autre homme ; la hache en main, il s'élance pour

abattre un arbre ; le fer échappe du manche, atteint le compagnon de cet homme, et lui donne la mort. Alors il s'enfuira dans l'une de ces

6 villes pour sauver sa vie, de peur que le vengeur du sang, échauffé par la colère et poursuivant le meurtrier, ne finisse par l'atteindre s'il y avait à faire beaucoup de chemin, et ne frappe mortellement celui qui ne mérite pas la mort, puisqu'il n'était point auparavant l'ennemi de son pro-

7 chain. C'est pourquoi je te donne cet ordre : Tu sépareras trois villes.

8 Lorsque l'Éternel, ton Dieu, aura élargi tes frontières, comme il l'a juré à tes pères, et qu'il t'aura donné tout le pays qu'il a promis

9 à tes pères de te donner,—pourvu que tu observes et mettes en pratique tous ces commandements que je te prescris aujourd'hui, en sorte que tu aimes l'Éternel, ton Dieu, et que tu marches toujours dans ses voies,—tu ajouteras encore trois

10 villes à ces trois-là, afin que le sang innocent ne soit pas répandu au milieu du pays que l'Éternel, ton Dieu, te donne pour héritage, et que tu ne sois pas coupable de meurtre.

11 Mais si un homme s'enfuit dans une de ces villes, après avoir dressé des embûches à son prochain par inimitié contre lui, après l'avoir attaqué et frappé de manière à causer

12 sa mort, les anciens de sa ville l'enverront saisir et le livreront entre les mains du vengeur du sang, afin qu'il

13 meure. Tu ne jetteras pas sur lui un regard de pitié, tu feras disparaître d'Israël le sang innocent, et tu seras heureux.

14 Tu ne reculeras point les bornes de ton prochain, posées par tes ancêtres, dans l'héritage que tu auras au pays dont l'Éternel, ton Dieu, te donne la possession.

15 Un seul témoin ne suffira pas contre un homme pour constater un crime ou un péché, quel qu'il soit ; un fait ne pourra s'établir que sur la déposition de deux ou de trois témoins.

16 Lorsqu'un faux témoin s'élèvera contre quelqu'un pour l'accuser d'un crime, les deux hommes en contesta- 17 tion comparaîtront devant l'Éternel, devant les sacrificateurs et les juges alors en fonctions. Les juges feront 18 avec soin des recherches. Le témoin est-il un faux témoin, a-t-il fait contre son frère une fausse déposition, alors vous le traiterez comme il avait 19 dessein de traiter son frère. Tu ôteras ainsi le mal du milieu de toi. Les 20 autres entendront et craindront, et l'on ne commettra plus un acte aussi criminel au milieu de toi. Tu ne 21 jetteras aucun regard de pitié : œil pour œil, dent pour dent, main pour main, pied pour pied.

Les exemptions du service militaire. Le siège des villes.

20 Lorsque tu iras à la guerre contre tes ennemis, et que tu verras des chevaux et des chars, et un peuple plus nombreux que toi, tu ne les craindras point ; car l'Éternel, ton Dieu, qui t'a fait monter du pays d'Égypte, est avec toi.

A l'approche du combat, le sa- 2 crificateur s'avancera, et parlera au peuple. Il leur dira : Écoute, Is- 3 raël ! Vous allez aujourd'hui livrer bataille à vos ennemis. Que votre cœur ne se trouble point ; soyez sans crainte, ne vous effrayez pas, ne vous épouvantez pas devant eux. Car l'É- 4 ternel, votre Dieu, marche avec vous, pour combattre vos ennemis, pour vous sauver.

Les officiers parleront ensuite au 5 peuple et diront : Qui est-ce qui a bâti une maison neuve, et ne s'y est point encore établi ? Qu'il s'en aille et retourne chez lui, de peur qu'il ne meure dans la bataille et qu'un autre ne s'y établisse. Qui est-ce qui a 6 planté une vigne, et n'en a point encore joui ? Qu'il s'en aille et retourne chez lui, de peur qu'il ne meure dans la bataille et qu'un autre n'en jouisse. Qui est-ce qui 7 a fiancé une femme, et ne l'a point encore prise ? Qu'il s'en aille et retourne chez lui, de peur qu'il ne meure dans la bataille et qu'un autre ne la prenne. Les officiers con- 8

tinueront à parler au peuple, et diront:
Qui est-ce qui a peur et manque de
courage? Qu'il s'en aille et retourne
chez lui, afin que ses frères ne se dé-
9 couragent pas comme lui. Quand les
officiers auront achevé de parler au
peuple, ils placeront les chefs des
troupes à la tête du peuple.

10 Quand tu t'approcheras d'une ville
pour l'attaquer, tu lui offriras la paix.
11 Si elle accepte la paix et t'ouvre ses
portes, tout le peuple qui s'y trouvera
12 te sera tributaire et asservi. Si elle
n'accepte pas la paix avec toi et
qu'elle veuille te faire la guerre,
13 alors tu l'assiégeras. Et après que
l'Éternel, ton Dieu, l'aura livrée entre
tes mains, tu en feras passer tous les
14 mâles au fil de l'épée. Mais tu
prendras pour toi les femmes, les
enfants, le bétail, tout ce qui sera
dans la ville, tout son butin, et tu
mangeras les dépouilles de tes ennemis que l'Éternel, ton Dieu, t'aura
15 livrés. C'est ainsi que tu agiras à
l'égard de toutes les villes qui sont
très éloignées de toi, et qui ne font
point partie des villes de ces nations-
16 ci. Mais dans les villes de ces peuples dont l'Éternel, ton Dieu, te
donne le pays pour héritage, tu ne
laisseras la vie à rien de ce qui
17 respire. Car tu dévoueras ces peuples par interdit, les Héthiens, les
Amoréens, les Cananéens, les Phéréziens, les Héviens et les Jébusiens,
comme l'Éternel, ton Dieu, te l'a or-
18 donné, afin qu'ils ne vous apprennent
pas à imiter toutes les abominations
qu'ils font pour leurs dieux, et que
vous ne péchiez point contre l'Éternel, votre Dieu.

19 Si tu fais un long siège pour t'emparer d'une ville avec laquelle tu es
en guerre, tu ne détruiras point les
arbres en y portant la hache, tu t'en
nourriras et tu ne les abattras point;
car l'arbre des champs est-il un hom-
20 me pour être assiégé par toi? Mais
tu pourras détruire et abattre les
arbres que tu sauras ne pas être des
arbres servant à la nourriture, et en
construire des retranchements contre
la ville qui te fait la guerre, jusqu'à
ce qu'elle succombe.

Les meurtres dont les auteurs sont inconnus.
—Les prisonnières de guerre.—Les droits
des premiers-nés.—Les enfants rebelles.—
Les cadavres des pendus.

21 Si, dans le pays dont l'Éternel,
ton Dieu, te donne la possession,
l'on trouve étendu au milieu d'un
champ un homme tué, sans que l'on
sache qui l'a frappé, tes anciens et 2
tes juges iront mesurer les distances
à partir du cadavre jusqu'aux villes
des environs. Quand on aura déter- 3
miné la ville la plus rapprochée du
cadavre, les anciens de cette ville
prendront une génisse qui n'ait point
servi au travail et qui n'ait point tiré
au joug. Ils feront descendre cette 4
génisse vers un torrent qui jamais ne
tarisse et où il n'y ait ni culture ni
semence; et là, ils briseront la nuque
à la génisse, dans le torrent. Alors 5
s'approcheront les sacrificateurs, fils
de Lévi; car l'Éternel, ton Dieu, les
a choisis pour qu'ils le servent et
qu'ils bénissent au nom de l'Éternel,
et ce sont eux qui doivent prononcer
sur toute contestation et sur toute
blessure. Tous les anciens de cette 6
ville la plus rapprochée du cadavre
laveront leurs mains sur la génisse à
laquelle on a brisé la nuque dans le
torrent. Et prenant la parole, ils 7
diront: Nos mains n'ont point répandu ce sang, et nos yeux ne l'ont
point vu répandre. Pardonne, ô É- 8
ternel! à ton peuple d'Israël, que tu
as racheté; n'impute pas le sang innocent à ton peuple d'Israël, et ce
sang ne lui sera point imputé. Ainsi, 9
tu dois faire disparaître du milieu de
toi le sang innocent, en faisant ce qui
est droit aux yeux de l'Éternel.

Lorsque tu iras à la guerre contre 10
tes ennemis, si l'Éternel les livre
entre tes mains, et que tu leur
fasses des prisonniers, peut-être 11
verras-tu parmi les captives une
femme belle de figure, et auras-tu
le désir de la prendre pour femme.
Alors tu l'amèneras dans l'intérieur 12
de ta maison. Elle se rasera la tête
et se fera les ongles, elle quittera les 13
vêtements qu'elle portait quand elle
a été prise, elle demeurera dans ta
maison, et elle pleurera son père et

sa mère pendant un mois. Après cela, tu iras vers elle, tu l'auras en ta 14 possession, et elle sera ta femme. Si elle cesse de te plaire, tu la laisseras aller où elle voudra, tu ne pourras pas la vendre pour de l'argent ni la traiter comme esclave, parce que tu l'auras humiliée.

15 Si un homme, qui a deux femmes, aime l'une et n'aime pas l'autre, et s'il en a des fils dont le premier-né 16 soit de la femme qu'il n'aime pas, il ne pourra point, quand il partagera son bien entre ses fils, reconnaître comme premier-né le fils de celle qu'il aime, à la place du fils de celle qu'il n'aime pas, et qui est le premier-17 né. Mais il reconnaîtra pour premier-né le fils de celle qu'il n'aime pas, et lui donnera sur son bien une portion double ; car ce fils est les prémices de sa vigueur, le droit d'aînesse lui appartient.

18 Si un homme a un fils indocile et rebelle, n'écoutant ni la voix de son père, ni la voix de sa mère, et ne leur obéissant pas même après qu'ils l'ont 19 châtié, le père et la mère le prendront, et le mèneront vers les anciens de sa ville et à la porte du lieu qu'il habite. 20 Ils diront aux anciens de sa ville : Voici notre fils qui est indocile et rebelle, qui n'écoute pas notre voix, et qui se livre à des excès et à l'ivro-21 gnerie. Et tous les hommes de sa ville le lapideront, et il mourra. Tu ôteras ainsi le mal du milieu de toi, afin que tout Israël entende et craigne.

22 Si l'on fait mourir un homme qui a commis un crime digne de mort, et 23 que tu l'aies pendu à un bois, son cadavre ne passera point la nuit sur le bois ; mais tu l'enterreras le jour même, car celui qui est pendu est un objet de malédiction auprès de Dieu, et tu ne souilleras point le pays que l'Éternel, ton Dieu, te donne pour héritage.

Les animaux et les objets égarés.—Les travestissements.—Les nids d'oiseaux.—Les maisons neuves.—Le mélange dans les semences et dans les tissus.

22 Si tu vois s'égarer le bœuf ou la brebis de ton frère, tu ne t'en détourneras point, tu les ramèneras à ton frère. Si ton frère n'habite pas 2 près de toi, et que tu ne le connaisses pas, tu recueilleras l'animal dans ta maison, et il restera chez toi jusqu'à ce que ton frère le réclame ; et alors tu le lui rendras. Tu feras de même 3 pour son âne, tu feras de même pour son vêtement, tu feras de même pour tout objet qu'il aurait perdu et que tu trouverais ; tu ne devras point t'en détourner. Si tu vois l'âne de ton 4 frère ou son bœuf tombé dans le chemin, tu ne t'en détourneras point, tu l'aideras à le relever.

Une femme ne portera point un 5 habillement d'homme, et un homme ne mettra point des vêtements de femme ; car quiconque fait ces choses est en abomination à l'Éternel, ton Dieu.

Si tu rencontres dans ton chemin 6 un nid d'oiseau, sur un arbre ou sur la terre, avec des petits ou des œufs et la mère couchée sur les petits ou sur les œufs, tu ne prendras pas la mère et les petits, tu laisseras aller 7 la mère et tu ne prendras que les petits, afin que tu sois heureux et que tu prolonges tes jours.

Si tu bâtis une maison neuve, tu 8 feras une balustrade autour de ton toit, afin de ne pas mettre du sang sur ta maison, dans le cas où il en tomberait quelqu'un.

Tu ne sèmeras point dans ta vigne 9 diverses semences, de peur que tu ne jouisses ni du produit de ce que tu auras semé ni du produit de la vigne.

Tu ne laboureras point avec un 10 bœuf et un âne attelés ensemble.

Tu ne porteras point un vêtement 11 tissu de diverses espèces de fils, de laine et de lin réunis ensemble.

Tu mettras des franges aux quatre 12 coins du vêtement dont tu te couvriras.

Si un homme, qui a pris une femme 13 et est allé vers elle, éprouve ensuite de l'aversion pour sa personne, s'il 14 lui impute des choses criminelles et porte atteinte à sa réputation, en disant : J'ai pris cette femme, je me suis approché d'elle, et je ne l'ai pas trouvée vierge,—alors le père et la 15 mère de la jeune femme prendront les signes de sa virginité et les produiront devant les anciens de la 16 ville, à la porte. Le père de la jeune femme dira aux anciens : J'ai donné ma fille pour femme à cet homme, 17 et il l'a prise en aversion ; il lui impute des choses criminelles, en disant : Je n'ai pas trouvé ta fille vierge. Or voici les signes de virginité de ma fille. Et ils déploieront son vêtement devant les 18 anciens de la ville. Les anciens de la ville saisiront alors cet homme 19 et le châtieront ; et, parce qu'il a porté atteinte à la réputation d'une vierge d'Israël, ils le condamneront à une amende de cent sicles d'argent, qu'ils donneront au père de la jeune femme. Elle restera sa femme, et il ne pourra pas la renvoyer, tant qu'il 20 vivra. Mais si le fait est vrai, si la jeune femme ne s'est point trouvée 21 vierge, on fera sortir la jeune femme à l'entrée de la maison de son père ; elle sera lapidée par les gens de la ville, et elle mourra, parce qu'elle a commis une infamie en Israël, en se prostituant dans la maison de son père. Tu ôteras ainsi le mal du milieu de toi.

22 Si l'on trouve un homme couché avec une femme mariée, ils mourront tous deux, l'homme qui a couché avec la femme, et la femme aussi. Tu ôteras ainsi le mal du milieu d'Israël.

23 Si une jeune fille vierge est fiancée, et qu'un homme la rencontre dans 24 la ville et couche avec elle, vous les amènerez tous deux à la porte de la ville, vous les lapiderez, et ils mourront, la jeune fille pour n'avoir pas crié dans la ville, et l'homme pour avoir déshonoré la femme de son prochain. Tu ôteras ainsi le 25 mal du milieu de toi. Mais si c'est dans les champs que cet homme rencontre la jeune femme fiancée, lui fait violence et couche avec elle, l'homme qui aura couché avec elle 26 sera seul puni de mort. Tu ne feras rien à la jeune fille ; elle n'est pas coupable d'un crime digne de mort, car il en est de ce cas comme de

celui où un homme se jette sur son prochain et lui ôte la vie. La jeune 27 fille fiancée, que cet homme a rencontrée dans les champs, a pu crier sans qu'il y ait eu personne pour la secourir.

Si un homme rencontre une jeune 28 fille vierge non fiancée, lui fait violence et couche avec elle, et qu'on vienne à les surprendre, l'homme qui 29 aura couché avec elle donnera au père de la jeune fille cinquante sicles d'argent ; et, parce qu'il l'a déshonorée, il la prendra pour femme, et il ne pourra pas la renvoyer, tant qu'il vivra.

Nul ne prendra la femme de son 30 père, et ne soulèvera la couverture de son père.

Les personnes qui devaient être exclues de l'assemblée.—La pureté dans les camps.— Les esclaves fugitifs.—Les dons provenant de l'impureté.—Les prêts à intérêt.—Les vœux.—Les raisins et les épis.

23

Celui dont les testicules ont été écrasés ou l'urètre coupé n'entrera point dans l'assemblée de l'Éternel. Celui qui est issu d'une union illicite 2 n'entrera point dans l'assemblée de l'Éternel ; même sa dixième génération n'entrera point dans l'assemblée de l'Éternel. L'Ammonite et le 3 Moabite n'entreront point dans l'assemblée de l'Éternel, même à la dixième génération et à perpétuité, parce qu'ils ne sont pas venus au- 4 devant de vous avec du pain et de l'eau, sur le chemin, lors de votre sortie d'Égypte, et parce qu'ils ont fait venir contre toi à prix d'argent Balaam, fils de Beor, de Pethor en Mésopotamie, pour qu'il te maudisse. Mais l'Éternel, ton Dieu, n'a point 5 voulu écouter Balaam ; et l'Éternel, ton Dieu, a changé pour toi la malédiction en bénédiction, parce que tu es aimé de l'Éternel, ton Dieu. Tu n'auras souci ni de leur 6 prospérité ni de leur bien-être, tant que tu vivras, à perpétuité. Tu n'auras 7 point en abomination l'Édomite, car il est ton frère : tu n'auras point en abomination l'Égyptien, car tu as été étranger dans son pays : les fils 8 qui leur naîtront à la troisième génération entreront dans l'assemblée de l'Éternel.

9 Lorsque tu camperas contre tes ennemis, garde-toi de toute chose 10 mauvaise. S'il y a chez toi un homme qui ne soit pas pur, par suite d'un accident nocturne, il sortira du camp, et n'entrera point dans le 11 camp ; sur le soir il se lavera dans l'eau, et après le coucher du soleil il 12 pourra rentrer au camp. Tu auras un lieu hors du camp, et c'est là 13 dehors que tu iras. Tu auras parmi ton bagage un instrument, dont tu te serviras pour faire un creux et recouvrir tes excréments, quand tu 14 voudras aller dehors. Car l'Éternel, ton Dieu, marche au milieu de ton camp pour te protéger et pour livrer tes ennemis devant toi ; ton camp devra donc être saint, afin que l'Éternel ne voie chez toi rien d'impur, et qu'il ne se détourne point de toi.

15 Tu ne livreras point à son maître un esclave qui se réfugiera chez toi, 16 après l'avoir quitté. Il demeurera chez toi, au milieu de toi, dans le lieu qu'il choisira, dans l'une de tes villes, où bon lui semblera : tu ne l'opprimeras point.

17 Il n'y aura aucune prostituée parmi les filles d'Israël, et il n'y aura aucun prostitué parmi les fils d'Israël.

18 Tu n'apporteras point dans la maison de l'Éternel, ton Dieu, le salaire d'une prostituée ni le prix d'un chien, pour l'accomplissement d'un vœu quelconque ; car l'un et l'autre sont en abomination à l'Éternel, ton Dieu.

19 Tu n'exigeras de ton frère aucun intérêt ni pour argent, ni pour vivres, ni pour rien de ce qui se prête à 20 intérêt. Tu pourras tirer un intérêt de l'étranger, mais tu n'en tireras point de ton frère, afin que l'Éternel, ton Dieu, te bénisse dans tout ce que tu entreprendras au pays dont tu vas entrer en possession.

21 Si tu fais un vœu à l'Éternel, ton Dieu, tu ne tarderas point à l'accomplir ; car l'Éternel, ton Dieu, t'en demanderait compte, et tu te 22 chargerais d'un péché. Si tu t'ab-

stiens de faire un vœu, tu ne commettras pas un péché. Mais tu 23 observeras et tu accompliras ce qui sortira de tes lèvres, par conséquent les vœux que tu feras volontairement à l'Éternel, ton Dieu, et que ta bouche aura prononcés.

Si tu entres dans la vigne de ton 24 prochain, tu pourras à ton gré manger des raisins et t'en rassasier ; mais tu n'en mettras point dans ton vase. Si tu entres dans les blés de 25 ton prochain, tu pourras cueillir des épis avec la main, mais tu n'agiteras point la faucille sur les blés de ton prochain.

Le divorce.—Le nouveau marié exempté du service militaire.—Les prêts sur gages.— Le vol d'un homme.—Les lépreux.—Les mercenaires.— Les droits de l'étranger, de l'orphelin et de la veuve.

Lorsqu'un homme aura pris et **24** épousé une femme qui viendrait à ne pas trouver grâce à ses yeux, parce qu'il a découvert en elle quelque chose de honteux, il écrira pour elle une lettre de divorce, et, après la lui avoir remise en main, il la renverra de sa maison. Elle sortira de chez 2 lui, s'en ira, et pourra devenir la femme d'un autre homme. Si ce 3 dernier homme la prend en aversion, écrit pour elle une lettre de divorce, et, après la lui avoir remise en main, la renvoie de sa maison ; ou bien, si ce dernier homme qui l'a prise pour femme vient à mourir, alors le premier 4 mari qui l'avait renvoyée ne pourra pas la reprendre pour femme après qu'elle a été souillée, car c'est une abomination devant l'Éternel, et tu ne chargeras point de péché le pays que l'Éternel, ton Dieu, te donne pour héritage.

Lorsqu'un homme sera nouvelle- 5 ment marié, il n'ira point à l'armée, et on ne lui imposera aucune charge ; il sera exempté par raison de famille pendant un an, et il réjouira la femme qu'il a prise.

On ne prendra point pour gage 6 les deux meules, ni la meule de dessus ; car ce serait prendre pour gage la vie même.

Si l'on trouve un homme qui ait 7

dérobé l'un de ses frères, l'un des enfants d'Israël, qui en ait fait son esclave ou qui l'ait vendu, ce voleur sera puni de mort. Tu ôteras ainsi le mal du milieu de toi.

8 Prends garde à la plaie de la lèpre, afin de bien observer et de faire tout ce que vous enseigneront les sacrificateurs, les Lévites; vous aurez soin d'agir d'après les ordres 9 que je leur ai donnés. Souviens-toi de ce que l'Éternel, ton Dieu, fit à Marie pendant la route, lors de votre sortie d'Égypte.

10 Si tu fais à ton prochain un prêt quelconque, tu n'entreras point dans sa maison pour te saisir de son gage; 11 tu resteras dehors, et celui à qui tu fais le prêt t'apportera le gage dehors. 12 Si cet homme est pauvre, tu ne te coucheras point, en retenant son 13 gage; tu le lui rendras au coucher du soleil, afin qu'il couche dans son vêtement et qu'il te bénisse; et cela te sera imputé à justice devant l'Éternel, ton Dieu.

14 Tu n'opprimeras point le mercenaire, pauvre et indigent, qu'il soit l'un de tes frères, ou l'un des étrangers demeurant dans ton pays, dans tes 15 portes. Tu lui donneras le salaire de sa journée avant le coucher du soleil; car il est pauvre, et il lui tarde de le recevoir. Sans cela, il crierait à l'Éternel contre toi, et tu te chargerais d'un péché.

16 On ne fera point mourir les pères pour les enfants, et l'on ne fera point mourir les enfants pour les pères; on fera mourir chacun pour son péché.

17 Tu ne porteras point atteinte au droit de l'étranger et de l'orphelin, et tu ne prendras point en gage le 18 vêtement de la veuve. Tu te souviendras que tu as été esclave en Égypte, et que l'Éternel, ton Dieu, t'a racheté; c'est pourquoi je te donne ces commandements à mettre en pratique.

19 Quand tu moissonneras ton champ, et que tu auras oublié une gerbe dans le champ, tu ne retourneras point la prendre: elle sera pour l'étranger, pour l'orphelin et pour la veuve, afin que l'Éternel, ton Dieu, te bénisse dans tout le travail de tes mains. 20 Quand tu secoueras tes oliviers, tu ne cueilleras point ensuite les fruits restés aux branches : ils seront pour l'étranger, pour l'orphelin et pour la veuve. 21 Quand tu vendangeras ta vigne, tu ne cueilleras point ensuite les grappes qui y seront restées: elles seront pour l'étranger, pour l'orphelin et pour la veuve. 22 Tu te souviendras que tu as été esclave dans le pays d'Égypte; c'est pourquoi je te donne ces commandements à mettre en pratique.

Les querelles.—Le mariage entre beau-frère et belle-sœur.—Les poids et les mesures.—La destruction des Amalécites.

25 Lorsque des hommes, ayant entre eux une querelle, se présenteront en justice pour être jugés, on absoudra l'innocent, et l'on condamnera le coupable. 2 Si le coupable mérite d'être battu, le juge le fera étendre par terre et frapper en sa présence d'un nombre de coups proportionné à la gravité de sa faute. 3 Il ne lui fera pas donner plus de quarante coups, de peur que, si l'on continuait à le frapper en allant beaucoup au delà, ton frère ne fût avili à tes yeux.

4 Tu n'emmuselleras point le bœuf, quand il foulera le grain.

5 Lorsque des frères demeureront ensemble, et que l'un d'eux mourra sans laisser de fils, la femme du défunt ne se mariera point au dehors avec un étranger, mais son beau-frère ira vers elle, la prendra pour femme, et l'épousera comme beau-frère. 6 Le premier-né qu'elle enfantera succédera au frère mort et portera son nom, afin que ce nom ne soit pas effacé d'Israël. 7 Si cet homme ne veut pas prendre sa belle-sœur, elle montera à la porte vers les anciens, et dira: Mon beau-frère refuse de relever en Israël le nom de son frère, il ne veut pas m'épouser par droit de beau-frère. 8 Les anciens de la ville l'appelleront, et lui parleront. S'il persiste, et dit: Je ne veux pas la prendre, alors sa 9 belle-sœur s'approchera de lui en

présence des anciens, lui ôtera son soulier du pied, et lui crachera au visage. Et prenant la parole, elle dira : Ainsi sera fait à l'homme qui ne relève pas la maison de son frère. 10 Et sa maison sera appelée en Israël la maison du déchaussé.

11 Lorsque des hommes se querelleront ensemble, l'un avec l'autre, si la femme de l'un s'approche pour délivrer son mari de la main de celui qui le frappe, si elle avance la main et saisit ce dernier par les parties 12 honteuses, tu lui couperas la main, tu ne jetteras sur elle aucun regard de pitié.

13 Tu n'auras point dans ton sac deux sortes de poids, un gros et un 14 petit. Tu n'auras point dans ta maison deux sortes d'épha, un grand 15 et un petit. Tu auras un poids exact et juste, tu auras un épha exact et juste, afin que tes jours se prolongent dans le pays que l'Éternel, ton Dieu, 16 te donne. Car quiconque fait ces choses, quiconque commet une iniquité, est en abomination à l'Éternel, ton Dieu.

17 Souviens-toi de ce que te fit Amalek pendant la route, lors de 18 votre sortie d'Égypte, comment il te rencontra dans le chemin, et, sans aucune crainte de Dieu, tomba sur toi par derrière, sur tous ceux qui se traînaient les derniers, pendant que tu étais las et épuisé toi-même. 19 Lorsque l'Éternel, ton Dieu, après t'avoir délivré de tous les ennemis qui t'entourent, t'accordera du repos dans le pays que l'Éternel, ton Dieu, te donne en héritage et en propriété, tu effaceras la mémoire d'Amalek de dessous les cieux : ne l'oublie point.

Les prémices.—Les dîmes de la troisième année.

26 Lorsque tu seras entré dans le pays que l'Éternel, ton Dieu, te donne pour héritage, lorsque tu le 2 posséderas et y seras établi, tu prendras des prémices de tous les fruits que tu retireras du sol dans le pays que l'Éternel, ton Dieu, te donne, tu les mettras dans une corbeille, et tu iras au lieu que choisira l'Éternel, ton Dieu, pour y faire résider son nom. Tu te 3 présenteras au sacrificateur alors en fonctions, et tu lui diras : Je déclare aujourd'hui à l'Éternel, ton Dieu, que je suis entré dans le pays que l'Éternel a juré à nos pères de nous donner. Le sacrificateur recevra la 4 corbeille de ta main, et la déposera devant l'autel de l'Éternel, ton Dieu. Tu prendras encore la parole, et tu 5 diras devant l'Éternel, ton Dieu :

Mon père était un Araméen nomade ; il descendit en Égypte avec peu de gens, et il y fixa son séjour ; là, il devint une nation grande, puissante et nombreuse. Les Égyptiens nous maltraitèrent 6 et nous opprimèrent, et ils nous soumirent à une dure servitude. Nous criâmes à l'Éternel, le Dieu 7 de nos pères. L'Éternel entendit notre voix, et il vit notre oppression, nos peines et nos misères. Et 8 l'Éternel nous fit sortir d'Égypte, à main forte et à bras étendu, avec des prodiges de terreur, avec des signes et des miracles. Il nous a 9 conduits dans ce lieu, et il nous a donné ce pays, pays où coulent le lait et le miel. Maintenant voici, 10 j'apporte les prémices des fruits du sol que tu m'as donné, ô Éternel !

Tu les déposeras devant l'Éternel, ton Dieu, et tu te prosterneras devant l'Éternel, ton Dieu. Puis tu te 11 réjouiras, avec le Lévite et avec l'étranger qui sera au milieu de toi, pour tous les biens que l'Éternel, ton Dieu, t'a donnés, à toi et à ta maison.

Lorsque tu auras achevé de lever 12 toute la dîme de tes produits, la troisième année, l'année de la dîme, tu la donneras au Lévite, à l'étranger, à l'orphelin et à la veuve ; et ils mangeront et se rassasieront, dans tes portes. Tu diras devant l'Éternel, 13 ton Dieu : J'ai ôté de ma maison ce qui est consacré, et je l'ai donné au Lévite, à l'étranger, à l'orphelin et à la veuve, selon tous les ordres que tu m'as prescrits ; je n'ai transgressé ni oublié aucun de tes commande-

14 ments. Je n'ai rien mangé de ces choses pendant mon deuil, je n'en ai rien fait disparaître pour un usage impur, et je n'en ai rien donné à l'occasion d'un mort ; j'ai obéi à la voix de l'Éternel, mon Dieu, j'ai agi selon tous les ordres que tu m'as
15 prescrits. Regarde de ta demeure sainte, des cieux, et bénis ton peuple d'Israël et le pays que tu nous as donné, comme tu l'avais juré à nos pères, ce pays où coulent le lait et le miel.
16 Aujourd'hui, l'Éternel, ton Dieu, te commande de mettre en pratique ces lois et ces ordonnances ; tu les observeras et tu les mettras en pratique de tout ton cœur et de toute ton âme. Aujourd'hui, tu as 17 fait promettre à l'Éternel qu'il sera ton Dieu, afin que tu marches dans ses voies, que tu observes ses lois, ses commandements et ses ordonnances, et que tu obéisses à sa voix. Et 18 aujourd'hui, l'Éternel t'a fait promettre que tu seras un peuple qui lui appartiendra, comme il te l'a dit, et que tu observeras tous ses commandements, afin qu'il te donne sur 19 toutes les nations qu'il a créées la supériorité en gloire, en renom et en magnificence, et afin que tu sois un peuple saint pour l'Éternel, ton Dieu, comme il te l'a dit.

BÉNÉDICTIONS ET MALÉDICTIONS

Ordre de dresser un monument de pierres après le passage du Jourdain, et d'y graver les paroles de la loi.—Bénédictions à prononcer sur le mont Garizim, et malédictions à prononcer sur le mont Ébal.

27 Moïse et les anciens d'Israël donnèrent cet ordre au peuple : Observez tous les commandements que je vous prescris aujourd'hui.
2 Lorsque vous aurez passé le Jourdain, pour entrer dans le pays que l'Éternel, ton Dieu, te donne, tu dresseras de grandes pierres et tu
3 les enduiras de chaux. Tu écriras sur ces pierres toutes les paroles de cette loi, lorsque tu auras passé le Jourdain, pour entrer dans le pays que l'Éternel, ton Dieu, te donne, pays où coulent le lait et le miel, comme te l'a dit l'Éternel, le Dieu
4 de tes pères. Lorsque vous aurez passé le Jourdain, vous dresserez sur le mont Ébal ces pierres que je vous ordonne aujourd'hui de dresser, et tu
5 les enduiras de chaux. Là, tu bâtiras un autel à l'Éternel, ton Dieu, un autel de pierres, sur lesquelles tu ne
6 porteras point le fer ; tu bâtiras en pierres brutes l'autel de l'Éternel, ton Dieu. Tu offriras sur cet autel des holocaustes à l'Éternel, ton Dieu ;
7 tu offriras des sacrifices d'actions de grâces, et tu mangeras là et te réjouiras devant l'Éternel, ton Dieu.

Tu écriras sur ces pierres toutes les 8 paroles de cette loi, en les gravant bien nettement.

Moïse et les sacrificateurs, les 9 Lévites, parlèrent à tout Israël, et dirent : Israël, sois attentif et écoute ! Aujourd'hui, tu es devenu le peuple de l'Éternel, ton Dieu. Tu obéiras 10 à la voix de l'Éternel, ton Dieu, et tu mettras en pratique ses commandements et ses lois que je te prescris aujourd'hui.

Le même jour, Moïse donna cet 11 ordre au peuple : Lorsque vous 12 aurez passé le Jourdain, Siméon, Lévi, Juda, Issacar, Joseph et Benjamin, se tiendront sur le mont Garizim, pour bénir le peuple ; et Ruben, Gad, 13 Aser, Zabulon, Dan et Nephthali, se tiendront sur le mont Ébal, pour prononcer la malédiction. Et les 14 Lévites prendront la parole, et diront d'une voix haute à tout Israël :

Maudit soit l'homme qui fait une 15 image taillée ou une image en fonte, abomination de l'Éternel, œuvre des mains d'un artisan, et qui la place dans un lieu secret ! — Et tout le peuple répondra, et dira : Amen !

Maudit soit celui qui méprise son 16 père et sa mère !—Et tout le peuple dira : Amen !

Maudit soit celui qui déplace les 17

bornes de son prochain !—Et tout le peuple dira : Amen !

18 Maudit soit celui qui fait égarer un aveugle dans le chemin !—Et tout le peuple dira : Amen !

19 Maudit soit celui qui porte atteinte au droit de l'étranger, de l'orphelin et de la veuve !—Et tout le peuple dira : Amen !

20 Maudit soit celui qui couche avec la femme de son père, car il soulève la couverture de son père !—Et tout le peuple dira : Amen !

21 Maudit soit celui qui couche avec une bête quelconque !—Et tout le peuple dira : Amen !

22 Maudit soit celui qui couche avec sa sœur, fille de son père ou fille de sa mère !—Et tout le peuple dira : Amen !

23 Maudit soit celui qui couche avec sa belle-mère !—Et tout le peuple dira : Amen !

24 Maudit soit celui qui frappe son prochain en secret !—Et tout le peuple dira : Amen !

25 Maudit soit celui qui reçoit un présent pour répandre le sang de l'innocent !—Et tout le peuple dira : Amen !

26 Maudit soit celui qui n'accomplit point les paroles de cette loi, et qui ne les met point en pratique !—Et tout le peuple dira : Amen !

Les bénédictions.—Les malédictions.

28 Si tu obéis à la voix de l'Éternel, ton Dieu, en observant et en mettant en pratique tous ses commandements que je te prescris aujourd'hui, l'Éternel, ton Dieu, te donnera la supériorité sur toutes les 2 nations de la terre. Voici toutes les bénédictions qui se répandront sur toi et qui seront ton partage, lorsque tu obéiras à la voix de l'Éternel, ton Dieu :

3 Tu seras béni dans la ville, et tu 4 seras béni dans les champs. Le fruit de tes entrailles, le fruit de ton sol, le fruit de tes troupeaux, les portées de ton gros et de ton menu bétail, 5 toutes ces choses seront bénies. Ta corbeille et ta huche seront bénies. 6 Tu seras béni à ton arrivée, et tu seras béni à ton départ. L'Éternel 7 te donnera la victoire sur tes ennemis qui s'élèveront contre toi ; ils sortiront contre toi par un seul chemin, et ils s'enfuiront devant toi par sept chemins.

L'Éternel ordonnera à la béné- 8 diction d'être avec toi dans tes greniers et dans toutes tes entreprises. Il te bénira dans le pays que l'Éternel, ton Dieu, te donne.

Tu seras pour l'Éternel un peuple 9 saint, comme il te l'a juré, lorsque tu observeras les commandements de l'Éternel, ton Dieu, et que tu marcheras dans ses voies. Tous 10 les peuples verront que tu es appelé du nom de l'Éternel, et ils te craindront.

L'Éternel te comblera de biens, en 11 multipliant le fruit de tes entrailles, le fruit de tes troupeaux et le fruit de ton sol, dans le pays que l'Éternel a juré à tes pères de te donner. L'Éternel t'ouvrira son bon trésor, le 12 ciel, pour envoyer à ton pays la pluie en son temps et pour bénir tout le travail de tes mains ; tu prêteras à beaucoup de nations, et tu n'emprunteras point. L'Éternel fera de 13 toi la tête et non la queue, tu seras toujours en haut et tu ne seras jamais en bas, lorsque tu obéiras aux commandements de l'Éternel, ton Dieu, que je te prescris aujourd'hui, lorsque tu les observeras et les mettras en pratique, et que tu ne te 14 détourneras ni à droite ni à gauche de tous les commandements que je vous donne aujourd'hui, pour aller après d'autres dieux et pour les servir.

Mais si tu n'obéis point à la voix 15 de l'Éternel, ton Dieu, si tu n'observes pas et ne mets pas en pratique tous ses commandements et toutes ses lois que je te prescris aujourd'hui, voici toutes les malédictions qui viendront sur toi et qui seront ton partage :

Tu seras maudit dans la ville, et 16 tu seras maudit dans les champs. Ta corbeille et ta huche seront 17 maudites. Le fruit de tes entrailles, 18 le fruit de ton sol, les portées de ton gros et de ton menu bétail, toutes ces choses seront maudites.

19 Tu seras maudit à ton arrivée, et tu seras maudit à ton départ.

20 L'Éternel enverra contre toi la malédiction, le trouble et la menace, au milieu de toutes les entreprises que tu feras, jusqu'à ce que tu sois détruit, jusqu'à ce que tu périsses promptement, à cause de la méchanceté de tes actions, qui t'aura porté à m'abandonner.

21 L'Éternel attachera à toi la peste, jusqu'à ce qu'elle te consume dans le pays dont tu vas entrer en possession.

22 L'Éternel te frappera de consomption, de fièvre, d'inflammation, de chaleur brûlante, de dessèchement, de jaunisse et de gangrène, qui te poursuivront jusqu'à ce que tu périsses.

23 Le ciel sur ta tête sera d'airain, et la terre sous toi sera de fer.

24 L'Éternel enverra pour pluie à ton pays de la poussière et de la poudre ; il en descendra du ciel sur toi jusqu'à ce que tu sois détruit.

25 L'Éternel te fera battre par tes ennemis ; tu sortiras contre eux par un seul chemin, et tu t'enfuiras devant eux par sept chemins ; et tu seras un objet d'effroi pour tous les royaumes de la terre.

26 Ton cadavre sera la pâture de tous les oiseaux du ciel et des bêtes de la terre ; et il n'y aura personne pour les troubler.

27 L'Éternel te frappera de l'ulcère d'Égypte, d'hémorrhoïdes, de gale et de teigne, dont tu ne pourras guérir.

28 L'Éternel te frappera de délire, d'aveuglement, d'égarement d'esprit,

29 et tu tâtonneras en plein midi comme l'aveugle dans l'obscurité, tu n'auras point de succès dans tes entreprises, et tu seras tous les jours opprimé, dépouillé, et il n'y aura personne pour venir à ton secours.

30 Tu auras une fiancée, et un autre homme couchera avec elle ; tu bâtiras une maison, et tu ne l'habiteras pas ; tu planteras une vigne, et tu n'en jouiras pas.

31 Ton bœuf sera égorgé sous tes yeux, et tu n'en mangeras pas ; ton âne sera enlevé devant toi, et on ne te le rendra pas ; tes brebis seront données à tes ennemis, et il n'y aura personne pour venir à ton secours.

32 Tes fils et tes filles seront livrés à un autre peuple, tes yeux le verront et languiront tout le jour après eux, et ta main sera sans force.

33 Un peuple que tu n'auras point connu mangera le fruit de ton sol et tout le produit de ton travail, et tu seras tous les jours opprimé et écrasé.

34 Le spectacle que tu auras sous les yeux te jettera dans le délire.

35 L'Éternel te frappera aux genoux et aux cuisses d'un ulcère malin dont tu ne pourras guérir, il te frappera depuis la plante du pied jusqu'au sommet de la tête.

36 L'Éternel te fera marcher, toi et ton roi que tu auras établi sur toi, vers une nation que tu n'auras point connue, ni toi ni tes pères. Et là, tu serviras d'autres dieux, du bois et de la pierre.

37 Et tu seras un sujet d'étonnement, de sarcasme et de raillerie, parmi tous les peuples chez qui l'Éternel te mènera.

38 Tu transporteras sur ton champ beaucoup de semence ; et tu feras une faible récolte, car les sauterelles la dévoreront.

39 Tu planteras des vignes et tu les cultiveras ; et tu ne boiras pas de vin et tu ne feras pas de récolte, car les vers la mangeront.

40 Tu auras des oliviers dans toute l'étendue de ton pays ; et tu ne t'oindras pas d'huile, car tes olives tomberont.

41 Tu engendreras des fils et des filles ; et ils ne seront pas à toi, car ils iront en captivité.

42 Les insectes prendront possession de tous tes arbres et du fruit de ton sol.

43 L'étranger qui sera au milieu de toi s'élèvera toujours plus au-dessus de toi, et toi, tu descendras toujours plus bas ;

44 il te prêtera, et tu ne lui prêteras pas ; il sera la tête, et tu seras la queue.

45 Toutes ces malédictions viendront sur toi, elles te poursuivront et seront ton partage jusqu'à ce que tu sois détruit, parce que tu n'auras pas obéi à la voix de l'Éternel, ton Dieu, parce que tu n'auras pas observé ses commandements et ses lois qu'il te prescrit.

46 Elles seront à jamais pour toi et pour tes descendants comme des signes et des prodiges.

47 Pour n'avoir pas, au milieu de l'abondance de toutes choses, servi

48 l'Éternel, ton Dieu, avec joie et de bon cœur, tu serviras, au milieu de la faim, de la soif, de la nudité et de la disette de toutes choses, tes ennemis que l'Éternel enverra contre toi. Il mettra un joug de fer sur ton cou, jusqu'à ce qu'il t'ait détruit.

49 L'Éternel fera partir de loin, des extrémités de la terre, une nation qui fondra sur toi d'un vol d'aigle, une nation dont tu n'entendras point

50 la langue, une nation au visage farouche, et qui n'aura ni respect pour le vieillard ni pitié pour l'enfant.

51 Elle mangera le fruit de tes troupeaux et le fruit de ton sol, jusqu'à ce que tu sois détruit ; elle ne te laissera ni blé, ni moût, ni huile, ni portées de ton gros et de ton menu bétail, jusqu'à ce qu'elle t'ait fait périr.

52 Elle t'assiégera dans toutes tes portes, jusqu'à ce que tes murailles tombent, ces hautes et fortes murailles sur lesquelles tu auras placé ta confiance dans toute l'étendue de ton pays ; elle t'assiégera dans toutes tes portes, dans tout le pays que

53 l'Éternel, ton Dieu, te donne. Au milieu de l'angoisse et de la détresse où te réduira ton ennemi, tu mangeras le fruit de tes entrailles, la chair de tes fils et de tes filles que l'Éternel,

54 ton Dieu, t'aura donnés. L'homme d'entre vous le plus délicat et le plus habitué à la mollesse aura un œil sans pitié pour son frère, pour la femme qui repose sur son sein, pour ceux de ses enfants qu'il a épargnés ;

55 il ne donnera à aucun d'eux de la chair de ses enfants dont il fait sa nourriture, parce qu'il ne lui reste plus rien au milieu de l'angoisse et de la détresse où te réduira ton

56 ennemi dans toutes tes portes. La femme d'entre vous la plus délicate et la plus habituée à la mollesse, qui par mollesse et par délicatesse n'essayait pas de poser à terre la plante de son pied, aura un œil sans pitié pour le mari qui repose sur son sein, pour son fils et pour sa fille ;

57 elle ne leur donnera rien de l'arrière-faix sorti d'entre ses pieds et des enfants qu'elle mettra au monde, car, manquant de tout, elle en fera secrètement sa nourriture au milieu de l'angoisse et de la détresse où te réduira ton ennemi dans tes portes.

58 Si tu n'observes pas et ne mets pas en pratique toutes les paroles de cette loi, écrites dans ce livre, si tu ne crains pas ce nom glorieux et redoutable de l'Éternel, ton Dieu,

59 l'Éternel te frappera miraculeusement, toi et ta postérité, par des plaies grandes et de longue durée, par des maladies graves et opiniâtres.

60 Il amènera sur toi toutes les maladies d'Égypte, devant lesquelles tu tremblais ; et elles s'attacheront à

61 toi. Et même, l'Éternel fera venir sur toi, jusqu'à ce que tu sois détruit, toutes sortes de maladies et de plaies qui ne sont point mentionnées dans

62 le livre de cette loi. Après avoir été aussi nombreux que les étoiles du ciel, vous ne resterez qu'un petit nombre, parce que tu n'auras point obéi à la voix de l'Éternel, ton Dieu.

63 De même que l'Éternel prenait plaisir à vous faire du bien et à vous multiplier, de même l'Éternel prendra plaisir à vous faire périr et à vous détruire ; et vous serez arrachés du pays dont tu vas entrer en possession.

64 L'Éternel te dispersera parmi tous les peuples, d'une extrémité de la terre à l'autre ; et là, tu serviras d'autres dieux que n'ont connus ni toi, ni tes pères, du bois et de la

65 pierre. Parmi ces nations, tu ne seras pas tranquille, et tu n'auras pas un lieu de repos pour la plante de tes pieds. L'Éternel rendra ton cœur agité, tes yeux languissants,

66 ton âme souffrante. Ta vie sera comme en suspens devant toi, tu trembleras la nuit et le jour, tu

67 douteras de ton existence. Dans l'effroi qui remplira ton cœur et en présence de ce que tes yeux verront, tu diras le matin : Puisse le soir être là ! et tu diras le soir : Puisse le matin

68 être là ! Et l'Éternel te ramènera sur des navires en Égypte, et tu feras ce chemin dont je t'avais dit : Tu ne le reverras plus ! Là, vous vous offrirez en vente à vos ennemis, comme esclaves et comme servantes ; et il n'y aura personne pour vous acheter.

Le renouvellement de l'alliance.

29 Voici les paroles de l'alliance que l'Éternel ordonna à Moïse de traiter avec les enfants d'Israël au pays de Moab, outre l'alliance qu'il avait traitée avec eux à Horeb.

2 Moïse convoqua tout Israël, et leur dit :

Vous avez vu tout ce que l'Éternel a fait sous vos yeux, dans le pays d'Égypte, à Pharaon, à tous ses 3 serviteurs, et à tout son pays, les grandes épreuves que tes yeux ont vues, ces miracles et ces grands pro-4 diges. Mais, jusqu'à ce jour, l'Éternel ne vous a pas donné un cœur pour comprendre, des yeux pour voir, des 5 oreilles pour entendre. Je t'ai conduit pendant quarante années dans le désert ; tes vêtements ne se sont point usés sur toi, et ton soulier ne 6 s'est point usé à ton pied ; vous n'avez point mangé de pain, et vous n'avez bu ni vin ni liqueur forte, afin que vous connussiez que je suis 7 l'Éternel, votre Dieu. Vous êtes arrivés dans ce lieu ; Sihon, roi de Hesbon, et Og, roi de Basan, sont sortis à notre rencontre, pour nous combattre, et nous les avons battus. 8 Nous avons pris leur pays, et nous l'avons donné en propriété aux Rubénites, aux Gadites et à la moitié 9 de la tribu des Manassites. Vous observerez donc les paroles de cette alliance, et vous les mettrez en pratique, afin de réussir dans tout ce que vous ferez.

10 Vous vous présentez aujourd'hui devant l'Éternel, votre Dieu, vous tous, vos chefs de tribus, vos anciens, vos officiers, tous les hommes d'Israël, 11 vos enfants, vos femmes, et l'étranger qui est au milieu de ton camp, depuis celui qui coupe ton bois jusqu'à 12 celui qui puise ton eau. Tu te présentes pour entrer dans l'alliance de l'Éternel, ton Dieu, dans cette alliance contractée avec serment, et que l'Éternel, ton Dieu, traite en ce 13 jour avec toi, afin de t'établir aujourd'hui pour son peuple et d'être lui-même ton Dieu, comme il te l'a dit, et comme il l'a juré à tes pères, Abraham, Isaac et Jacob. Ce n'est 14 point avec vous seuls que je traite cette alliance, cette alliance contractée avec serment. Mais c'est 15 avec ceux qui sont ici parmi nous, présents en ce jour devant l'Éternel, notre Dieu, et avec ceux qui ne sont point ici parmi nous en ce jour.

Vous savez de quelle manière nous 16 avons habité dans le pays d'Égypte, et comment nous avons passé au milieu des nations que vous avez traversées. Vous avez vu leurs 17 abominations et leurs idoles, le bois et la pierre, l'argent et l'or, qui sont chez elles. Qu'il n'y ait parmi vous 18 ni homme, ni femme, ni famille, ni tribu, dont le cœur se détourne aujourd'hui de l'Éternel, notre Dieu, pour aller servir les dieux de ces nations-là. Qu'il n'y ait point parmi vous de racine qui produise du poison et de l'absinthe. Que personne, 19 après avoir entendu les paroles de cette alliance contractée avec serment, ne se glorifie dans son cœur et ne dise : J'aurai la paix, quand même je suivrai les penchants de mon cœur, et que j'ajouterai l'ivresse à la soif. L'Éternel ne voudra point lui par-20 donner. Mais alors la colère et la jalousie de l'Éternel s'enflammeront contre cet homme, toutes les malédictions écrites dans ce livre reposeront sur lui, et l'Éternel effacera son nom de dessous les cieux. L'Éternel le séparera, pour son 21 malheur, de toutes les tribus d'Israël, selon toutes les malédictions de l'alliance écrite dans ce livre de la loi. Les générations à venir, vos 22 enfants qui naîtront après vous et l'étranger qui viendra d'une terre lointaine,—à la vue des plaies et des maladies dont l'Éternel aura frappé ce pays, à la vue du soufre, du sel, de 23 l'embrasement de toute la contrée, où il n'y aura ni semence, ni produit, ni aucune herbe qui croisse, comme au bouleversement de Sodome, de Gomorrhe, d'Adma et de Tseboïm, que l'Éternel détruisit dans sa colère et dans sa fureur,—toutes les nations 24 diront : Pourquoi l'Éternel a-t-il ainsi traité ce pays ? pourquoi cette ar-

25 dente, cette grande colère? Et l'on répondra : C'est parce qu'ils ont abandonné l'alliance contractée avec eux par l'Éternel, le Dieu de leurs pères, lorsqu'il les fit sortir du pays

26 d'Égypte ; c'est parce qu'ils sont allés servir d'autres dieux et se prosterner devant eux, des dieux qu'ils ne connaissaient point et que l'Éternel né leur avait point donné

27 en partage. Alors la colère de l'Éternel s'est enflammée contre ce pays, et il a fait venir sur lui toutes les malédictions écrites dans ce livre.

28 L'Éternel les a arrachés de leur pays avec colère, avec fureur, avec une grande indignation, et il les a jetés sur un autre pays, comme on le voit aujourd'hui.

29 Les choses cachées sont à l'Éternel, notre Dieu ; les choses révélées sont à nous et à nos enfants, à perpétuité, afin que nous mettions en pratique toutes les paroles de cette loi.

Les promesses et les menaces.

30 Lorsque toutes ces choses t'arriveront, la bénédiction et la malédiction que je mets devant toi, si tu les prends à cœur au milieu de toutes les nations chez lesquelles l'Éternel, ton Dieu, t'aura chassé,

2 si tu reviens à l'Éternel, ton Dieu, et si tu obéis à sa voix de tout ton cœur et de toute ton âme, toi et tes enfants, selon tout ce que je te

3 prescris aujourd'hui, alors l'Éternel, ton Dieu, ramènera tes captifs et aura compassion de toi, il te rassemblera encore du milieu de tous les peuples chez lesquels l'Éternel,

4 ton Dieu, t'aura dispersé. Quand tu serais exilé à l'autre extrémité du ciel, l'Éternel, ton Dieu, te rassemblera de là, et c'est là qu'il

5 t'ira chercher. L'Éternel, ton Dieu, te ramènera dans le pays que possédaient tes pères, et tu le posséderas ; il te fera du bien, et te rendra plus nombreux que tes pères.

6 L'Éternel, ton Dieu, circoncira ton cœur et le cœur de ta postérité, et tu aimeras l'Éternel, ton Dieu, de tout ton cœur et de toute ton âme,

7 afin que tu vives. L'Éternel, ton Dieu, fera tomber toutes ces malédictions sur tes ennemis, sur ceux qui t'auront haï et persécuté. Et 8 toi, tu reviendras à l'Éternel, tu obéiras à sa voix, et tu mettras en pratique tous ces commandements que je te prescris aujourd'hui. L'Éternel, ton Dieu, te comblera 9 de biens en faisant prospérer tout le travail de tes mains, le fruit de tes entrailles, le fruit de tes troupeaux et le fruit de ton sol ; car l'Éternel prendra de nouveau plaisir à ton bonheur, comme il prenait plaisir à celui de tes pères, lorsque tu obéiras 10 à la voix de l'Éternel, ton Dieu, en observant ses commandements et ses ordres écrits dans ce livre de la loi, lorsque tu reviendras à l'Éternel, ton Dieu, de tout ton cœur et de toute ton âme.

Ce commandement que je te 11 prescris aujourd'hui n'est certainement point au-dessus de tes forces et hors de ta portée. Il n'est pas 12 dans le ciel, pour que tu dises : Qui montera pour nous au ciel et nous l'ira chercher, qui nous le fera entendre, afin que nous le mettions en pratique ? Il n'est pas de l'autre 13 côté de la mer, pour que tu dises : Qui passera pour nous de l'autre côté de la mer et nous l'ira chercher, qui nous le fera entendre, afin que nous le mettions en pratique ? C'est 14 une chose, au contraire, qui est tout près de toi, dans ta bouche et dans ton cœur, afin que tu la mettes en pratique.

Vois, je mets aujourd'hui devant 15 toi la vie et le bien, la mort et le mal. Car je te prescris aujourd'hui 16 d'aimer l'Éternel, ton Dieu, de marcher dans ses voies, et d'observer ses commandements, ses lois et ses ordonnances, afin que tu vives et que tu multiplies, et que l'Éternel, ton Dieu, te bénisse dans le pays dont tu vas entrer en possession. Mais si ton cœur se détourne, si tu 17 n'obéis point, et si tu te laisses entraîner à te prosterner devant d'autres dieux et à les servir, je vous 18 déclare aujourd'hui que vous périrez, que vous ne prolongerez point vos jours dans le pays dont vous allez entrer en possession, après avoir 19 passé le Jourdain. J'en prends aujourd'hui à témoin contre vous le ciel et la terre: j'ai mis devant toi la vie et la mort, la bénédiction et la malédiction. Choisis la vie, afin que tu vives, toi et ta postérité,

pour aimer l'Éternel, ton Dieu, pour 20 obéir à sa voix, et pour t'attacher à lui: car de cela dépendent ta vie et la prolongation de tes jours, et c'est ainsi que tu pourras demeurer dans le pays que l'Éternel a juré de donner à tes pères, Abraham, Isaac et Jacob.

DERNIÈRES PAROLES DE MOÏSE

Josué successeur de Moïse.—Ordre de lire la loi tous les sept ans.—Violation future de l'alliance.

31 Moïse adressa encore ces paroles à tout Israël: Aujourd'hui, leur 2 dit-il, je suis âgé de cent vingt ans, je ne pourrai plus sortir et entrer, et l'Éternel m'a dit: Tu ne passeras 3 pas ce Jourdain. L'Éternel, ton Dieu, marchera lui-même devant toi, il détruira ces nations devant toi, et tu t'en rendras maître. Josué marchera aussi devant toi, comme 4 l'Éternel l'a dit. L'Éternel traitera ces nations comme il a traité Sihon et Og, rois des Amoréens, qu'il a 5 détruits avec leur pays. L'Éternel vous les livrera, et vous agirez à leur égard selon tous les ordres que je 6 vous ai donnés. Fortifiez-vous et ayez du courage! Ne craignez point et ne soyez point effrayés devant eux; car l'Éternel, ton Dieu, marchera lui-même avec toi, il ne te délaissera point, il ne t'abandonnera point.

7 Moïse appela Josué, et lui dit en présence de tout Israël: Fortifie-toi et prends courage, car tu entreras avec ce peuple dans le pays que l'Éternel a juré à leurs pères de leur donner, et c'est toi qui les en mettras 8 en possession. L'Éternel marchera lui-même devant toi, il sera lui-même avec toi, il ne te délaissera point, il ne t'abandonnera point; ne crains point, et ne t'effraie point.

9 Moïse écrivit cette loi, et il la remit aux sacrificateurs, fils de Lévi, qui portaient l'arche de l'alliance de l'Éternel, et à tous les anciens 10 d'Israël. Moïse leur donna cet ordre: Tous les sept ans, à l'époque de l'année du relâche, à la fête des tabernacles, quand tout Israël viendra 11 se présenter devant l'Éternel, ton Dieu, dans le lieu qu'il choisira, tu liras cette loi devant tout Israël, en leur présence. Tu rassembleras le 12 peuple, les hommes, les femmes, les enfants, et l'étranger qui sera dans tes portes, afin qu'ils t'entendent, et afin qu'ils apprennent à craindre l'Éternel, votre Dieu, à observer et à mettre en pratique toutes les paroles de cette loi. Et leurs enfants 13 qui ne la connaîtront pas l'entendront, et ils apprendront à craindre l'Éternel, votre Dieu, tout le temps que vous vivrez dans le pays dont vous prendrez possession, après avoir passé le Jourdain.

L'Éternel dit à Moïse: Voici, le 14 moment approche où tu vas mourir. Appelle Josué, et présentez-vous dans la tente d'assignation. Je lui donnerai mes ordres. Moïse et Josué allèrent se présenter dans la tente d'assignation. Et l'Éternel apparut dans la 15 tente, dans une colonne de nuée; et la colonne de nuée s'arrêta à l'entrée de la tente.

L'Éternel dit à Moïse: Voici, tu 16 vas être couché avec tes pères. Et ce peuple se lèvera, et se prostituera après les dieux étrangers du pays au milieu duquel il entre. Il m'abandonnera, et il violera mon alliance, que j'ai traitée avec lui. En ce jour-là, ma colère s'enflammera 17 contre lui. Je les abandonnerai, et je leur cacherai ma face. Il sera dévoré, il sera la proie d'une multitude de maux et d'afflictions, et alors il dira: N'est-ce point parce que mon Dieu n'est pas au milieu de moi que ces maux m'ont atteint? Et moi, 18 je cacherai ma face en ce jour-là, à cause de tout le mal qu'il aura fait, en se tournant vers d'autres 19 dieux. Maintenant, écrivez ce cantique. Enseigne-le aux enfants d'Israël, mets-le dans leur bouche, et que ce cantique me serve de témoin contre les enfants d'Israël. 20 Car je mènerai ce peuple dans le pays que j'ai juré à ses pères de lui donner, pays où coulent le lait et le miel; il mangera, se rassasiera, s'engraissera; puis il se tournera vers d'autres dieux et les servira, il me méprisera et violera mon 21 alliance; quand alors il sera atteint par une multitude de maux et d'afflictions, ce cantique, qui ne sera point oublié et que la postérité aura dans la bouche, déposera comme témoin contre ce peuple. Je connais, en effet, ses dispositions, qui déjà se manifestent aujourd'hui, avant même que je l'aie fait entrer dans le pays que j'ai juré de lui donner. 22 En ce jour-là, Moïse écrivit ce cantique, et il l'enseigna aux enfants d'Israël.

23 L'Éternel donna ses ordres à Josué, fils de Nun. Il dit: Fortifie-toi et prends courage, car c'est toi qui feras entrer les enfants d'Israël dans le pays que j'ai juré de leur donner; et je serai moi-même avec toi.

24 Lorsque Moïse eut complètement achevé d'écrire dans un livre les 25 paroles de cette loi, il donna cet ordre aux Lévites qui portaient l'arche de l'alliance de l'Éternel: 26 Prenez ce livre de la loi, et mettez-le à côté de l'arche de l'alliance de l'Éternel, votre Dieu, et il sera là 27 comme témoin contre toi. Car je connais ton esprit de rébellion et la roideur de ton cou. Si vous êtes rebelles contre l'Éternel pendant que je suis encore vivant au milieu de vous, combien plus le serez-vous 28 après ma mort! Assemblez devant moi tous les anciens de vos tribus et vos officiers; je dirai ces paroles en leur présence, et je prendrai à témoin contre eux le ciel et la terre. 29 Car je sais qu'après ma mort vous vous corromprez, et que vous vous détournerez de la voie que je vous ai prescrite; et le malheur finira par vous atteindre, quand vous ferez ce qui est mal aux yeux de l'Éternel, au point de l'irriter par l'œuvre de vos mains.

30 Moïse prononça dans leur entier les paroles de ce cantique, en présence de toute l'assemblée d'Israël:

Cantique de Moïse.

32 Cieux! prêtez l'oreille, et je parlerai;
Terre! écoute les paroles de ma bouche.
2 Que mes instructions se répandent comme la pluie,
Que ma parole tombe comme la rosée,
Comme des ondées sur la verdure,
Comme des gouttes d'eau sur l'herbe!
3 Car je proclamerai le nom de l'Éternel.
Rendez gloire à notre Dieu!

4 Il est le rocher; ses œuvres sont parfaites,
Car toutes ses voies sont justes;
C'est un Dieu fidèle et sans iniquité,
Il est juste et droit.
5 S'ils se sont corrompus, à lui n'est point la faute;
La honte est à ses enfants,
Race fausse et perverse.
6 Est-ce l'Éternel que vous en rendrez responsable,
Peuple insensé et dépourvu de sagesse?
N'est-il pas ton père, ton créateur?
N'est-ce pas lui qui t'a formé, et qui t'a affermi?
7 Rappelle à ton souvenir les anciens jours,
Passe en revue les années, génération par génération,
Interroge ton père, et il te l'apprendra,
Tes vieillards, et ils te le diront.
8 Quand le Très-Haut donna un héritage aux nations,
Quand il sépara les enfants des hommes,
Il fixa les limites des peuples
D'après le nombre des enfants d'Israël,

9 Car la portion de l'Éternel, c'est son peuple,
Jacob est la part de son héritage.
10 Il l'a trouvé dans une contrée déserte,
Dans une solitude aux effroyables hurlements ;
Il l'a entouré, il en a pris soin,
Il l'a gardé comme la prunelle de son œil,
11 Pareil à l'aigle qui éveille sa couvée,
Voltige sur ses petits,
Déploie ses ailes, les prend,
Les porte sur ses plumes.
12 L'Éternel seul a conduit son peuple,
Et il n'y avait avec lui aucun dieu étranger.
13 Il l'a fait monter sur les hauteurs du pays,
Et Israël a mangé les fruits des champs ;
Il lui a fait sucer le miel du rocher,
L'huile qui sort du rocher le plus dur,
14 La crème des vaches et le lait des brebis,
Avec la graisse des agneaux,
Des béliers de Basan et des boucs,
Avec la fleur du froment ;
Et tu as bu le sang du raisin, le vin.
15 Israël est devenu gras, et il a regimbé ;
Tu es devenu gras, épais et replet !—
Et il a abandonné Dieu, son créateur,
Il a méprisé le rocher de son salut,
16 Ils ont excité sa jalousie par des dieux étrangers,
Ils l'ont irrité par des abominations ;
17 Ils ont sacrifié à des idoles qui ne sont pas Dieu,
A des dieux qu'ils ne connaissaient point,
Nouveaux, venus depuis peu,
Et que vos pères n'avaient pas craints.
18 Tu as abandonné le rocher qui t'a fait naître,
Et tu as oublié le Dieu qui t'a engendré.
19 L'Éternel l'a vu, et il a été irrité,
Indigné contre ses fils et ses filles.
20 Il a dit : Je leur cacherai ma face,
Je verrai quelle sera leur fin ;
Car c'est une race perverse,
Ce sont des enfants infidèles.

21 Ils ont excité ma jalousie par ce qui n'est point Dieu,
Ils m'ont irrité par leurs vaines idoles ;
Et moi, j'exciterai leur jalousie par ce qui n'est point un peuple,
Je les irriterai par une nation insensée.
22 Car le feu de ma colère s'est allumé,
Et il brûlera jusqu'au fond du séjour des morts ;
Il dévorera la terre et ses produits,
Il embrasera les fondements des montagnes.
23 J'accumulerai sur eux les maux,
J'épuiserai mes traits contre eux
24 Ils seront desséchés par la faim, consumés par la fièvre
Et par des maladies violentes ;
J'enverrai parmi eux la dent des bêtes féroces
Et le venin des serpents.
25 Au dehors, on périra par l'épée,
Et au dedans, par d'effrayantes calamités :
Il en sera du jeune homme comme de la jeune fille,
De l'enfant à la mamelle comme du vieillard.
26 Je voudrais dire : Je les emporterai d'un souffle,
Je ferai disparaître leur mémoire d'entre les hommes !
27 Mais je crains les insultes de l'ennemi,
Je crains que leurs adversaires ne se méprennent,
Et qu'ils ne disent : Notre main a été puissante,
Et ce n'est pas l'Éternel qui a fait toutes ces choses.
28 C'est une nation qui a perdu le bon sens,
Et il n'y a point en eux d'intelligence.
29 S'ils étaient sages, voici ce qu'ils comprendraient,
Et ils penseraient à ce qui leur arrivera.
30 Comment un seul en poursuivrait-il mille,
Et deux en mettraient-ils dix mille en fuite,
Si leur Rocher ne les avait vendus,
Si l'Éternel ne les avait livrés ?
31 Car leur rocher n'est pas comme notre Rocher,

Nos ennemis en sont juges.

32 Mais leur vigne est du plant de Sodome
Et du terroir de Gomorrhe ;
Leurs raisins sont des raisins empoisonnés,
Leurs grappes sont amères ;
33 Leur vin, c'est le venin des serpents,
C'est le poison cruel des aspics.

34 Cela n'est-il pas caché près de moi,
Scellé dans mes trésors ?
35 A moi la vengeance et la rétribution,
Quand leur pied chancellera !
Car le jour de leur malheur est proche,
Et ce qui les attend ne tardera pas.

36 L'Éternel jugera son peuple ;
Mais il aura pitié de ses serviteurs,
En voyant que leur force est épuisée,
Et qu'il n'y a plus ni esclave ni homme libre.
37 Il dira : Où sont leurs dieux,
Le rocher qui leur servait de refuge,
38 Ces dieux qui mangeaient la graisse de leurs victimes,
Qui buvaient le vin de leurs libations?
Qu'ils se lèvent, qu'ils vous secourent,
Qu'ils vous couvrent de leur protection !
39 Sachez donc que c'est moi qui suis Dieu,
Et qu'il n'y a point de dieu près de moi ;
Je fais vivre et je fais mourir,
Je blesse et je guéris,
Et personne ne délivre de ma main.
40 Car je lève ma main vers le ciel,
Et je dis : Je vis éternellement !
41 Si j'aiguise l'éclair de mon épée
Et si ma main saisit la justice,
Je me vengerai de mes adversaires
Et je punirai ceux qui me haïssent ;
42 Mon épée dévorera leur chair,
Et j'enivrerai mes flèches de sang,
Du sang des blessés et des captifs,
De la tête des chefs de l'ennemi.

43 Nations, chantez les louanges de son peuple !
Car l'Éternel venge le sang de ses serviteurs.
Il se venge de ses adversaires,
Et il fait l'expiation pour son pays, pour son peuple.

44 Moïse vint et prononça toutes les paroles de ce cantique en présence du peuple ; Josué, fils de Nun, était avec lui.

45 Lorsque Moïse eut achevé de prononcer toutes ces paroles devant tout Israël, il leur dit: Prenez à cœur 46 toutes les paroles que je vous conjure aujourd'hui de recommander à vos enfants, afin qu'ils observent et mettent en pratique toutes les paroles de cette loi. Car ce n'est pas une chose sans 47 importance pour vous ; c'est votre vie, et c'est par là que vous prolongerez vos jours dans le pays dont vous aurez la possession, après avoir passé le Jourdain.

Ce même jour, l'Éternel parla à 48 Moïse, et dit: Monte sur cette 49 montagne d'Abarim, sur le mont Nebo, au pays de Moab, vis-à-vis de Jéricho; et regarde le pays de Canaan que je donne en propriété aux enfants d'Israël. Tu mourras 50 sur la montagne où tu vas monter, et tu seras recueilli auprès de ton peuple, comme Aaron, ton frère, est mort sur la montagne de Hor et a été recueilli auprès de son peuple, parce que vous avez péché contre 51 moi au milieu des enfants d'Israël, près des eaux de Meriba, à Kadès, dans le désert de Tsin, et que vous ne m'avez point sanctifié au milieu des enfants d'Israël. Tu verras le 52 pays devant toi; mais tu n'entreras point dans le pays que je donne aux enfants d'Israël.

Bénédiction prophétique de Moïse.

33

Voici la bénédiction par laquelle Moïse, homme de Dieu, bénit les enfants d'Israël, avant sa mort. Il 2 dit:

L'Éternel est venu de Sinaï,
Il s'est levé sur eux de Séir,
Il a resplendi de la montagne de Paran,
Et il est sorti du milieu des saintes myriades :
Il leur a de sa droite envoyé le feu de la loi.

Oui, il aime les peuples ; 3
Tous ses saints sont dans ta main.

Ils se sont tenus à tes pieds,
Ils ont reçu tes paroles.
4 Moïse nous a donné la loi,
Héritage de l'assemblée de Jacob.
5 Il était roi en Israël,
Quand s'assemblaient les chefs du
peuple
Et les tribus d'Israël.

6 Que Ruben vive et qu'il ne meure
point,
Et que ses hommes soient nombreux !

7 Voici sur Juda ce qu'il dit :

Écoute, ô Éternel ! la voix de Juda,
Et ramène-le vers son peuple.
Que ses mains soient puissantes,
Et que tu lui sois en aide contre ses
ennemis !

8 Sur Lévi il dit :

Les thummim et les urim ont été
confiés à l'homme saint,
Que tu as tenté à Massa,
Et avec qui tu as contesté aux eaux
de Meriba.
9 Lévi dit de son père et de sa mère :
Je ne les ai point vus !
Il ne distingue point ses frères,
Il ne connaît point ses enfants.
Car ils observent ta parole,
Et ils gardent ton alliance ;
10 Ils enseignent tes ordonnances à
Jacob,
Et ta loi à Israël ;
Ils mettent l'encens sous tes narines,
Et l'holocauste sur ton autel.
11 Bénis sa force, ô Éternel !
Agrée l'œuvre de ses mains !
Brise les reins de ses adversaires,
Et que ses ennemis ne se relèvent plus !

12 Sur Benjamin il dit :

C'est le bien-aimé de l'Éternel,
Il habitera en sécurité auprès de lui ;
L'Éternel le couvrira toujours,
Et résidera entre ses épaules.

13 Sur Joseph il dit :

Son pays recevra de l'Éternel, en
signe de bénédiction,

Le meilleur don du ciel, la rosée,
Les meilleures eaux qui sont en bas,
Les meilleurs fruits du soleil, 14
Les meilleurs fruits de chaque mois,
Les meilleurs produits des antiques 15
montagnes,
Les meilleurs produits des collines
éternelles,
Les meilleurs produits de la terre et 16
de ce qu'elle renferme.
Que la grâce de celui qui apparut
dans le buisson
Vienne sur la tête de Joseph,
Sur le sommet de la tête du prince
de ses frères !
De son taureau premier-né il a la 17
majesté ;
Ses cornes sont les cornes du buffle ;
Avec elles il frappera tous les peuples,
Jusqu'aux extrémités de la terre :
Elles sont les myriades d'Éphraïm,
Elles sont les milliers de Manassé.

Sur Zabulon il dit : 18

Réjouis-toi, Zabulon, dans tes courses,
Et toi, Issacar, dans tes tentes !
Ils appelleront les peuples sur la 19
montagne ;
Là, ils offriront des sacrifices de
justice,
Car ils suceront l'abondance de la
mer,
Et les trésors cachés dans le sable.

Sur Gad il dit : 20

Béni soit celui qui met Gad au large !
Gad repose comme une lionne,
Il déchire le bras et la tête.
Il a choisi les prémices du pays, 21
Car là est caché l'héritage du légis-
lateur ;
Il a marché en tête du peuple,
Il a exécuté la justice de l'Éternel,
Et ses ordonnances envers Israël.

Sur Dan il dit : 22

Dan est un jeune lion,
Qui s'élance de Basan.

Sur Nephthali il dit : 23

Nephthali, rassasié de faveurs

Et comblé des bénédictions de
l'Éternel,
Prends possession de l'occident et du
midi !

24 Sur Aser il dit :

Béni soit Aser entre les enfants
d'Israël !
Qu'il soit agréable à ses frères,
Et qu'il plonge son pied dans l'huile !
25 Que tes verrous soient de fer et
d'airain,
Et que ta vigueur dure autant que
tes jours !
26 Nul n'est semblable au Dieu d'Israël,
Il est porté sur les cieux pour venir
à ton aide,
Il est avec majesté porté sur les nuées.
27 Le Dieu d'éternité est un refuge,
Et sous ses bras éternels est une
retraite.
Devant toi il a chassé l'ennemi,
Et il a dit : Extermine.
28 Israël est en sécurité dans sa demeure,
La source de Jacob est à part
Dans un pays de blé et de moût,
Et son ciel distille la rosée.
29 Que tu es heureux, Israël ! Qui est
comme toi,
Un peuple sauvé par l'Éternel,
Le bouclier de ton secours
Et l'épée de ta gloire ?
Tes ennemis feront défaut devant toi,
Et tu fouleras leurs lieux élevés.

Mort de Moïse.

34 Moïse monta des plaines de Moab
sur le mont Nebo, au sommet du
Pisga, vis-à-vis de Jéricho. Et
l'Éternel lui fit voir tout le pays :
2 Galaad jusqu'à Dan, tout Nephthali,

le pays d'Éphraïm et de Manassé,
tout le pays de Juda jusqu'à la mer
occidentale, le midi, les environs du 3
Jourdain, la vallée de Jéricho, la ville
des palmiers, jusqu'à Tsoar.

L'Éternel lui dit : C'est là le pays 4
que j'ai juré de donner à Abraham,
à Isaac et à Jacob, en disant : Je le
donnerai à ta postérité. Je te l'ai
fait voir de tes yeux ; mais tu n'y
entreras point.

Moïse, serviteur de l'Éternel, mou- 5
rut là, dans le pays de Moab, selon
l'ordre de l'Éternel. Et l'Éternel 6
l'enterra dans la vallée, au pays de
Moab, vis-à-vis de Beth-Peor. Personne n'a connu son sépulcre jusqu'à
ce jour. Moïse était âgé de cent 7
vingt ans lorsqu'il mourut ; sa vue
n'était point affaiblie, et sa vigueur
n'était point passée. Les enfants 8
d'Israël pleurèrent Moïse pendant
trente jours, dans les plaines de
Moab ; et ces jours de pleurs et de
deuil sur Moïse arrivèrent à leur
terme.

Josué, fils de Nun, était rempli de 9
l'esprit de sagesse, car Moïse avait
posé ses mains sur lui. Les enfants
d'Israël lui obéirent, et se conformèrent aux ordres que l'Éternel
avait donnés à Moïse.

Il n'a plus paru en Israël de 10
prophète semblable à Moïse, que
l'Éternel connaissait face à face. Nul 11
ne peut lui être comparé pour tous
les signes et les miracles que Dieu
l'envoya faire au pays d'Égypte contre Pharaon, contre ses serviteurs et
contre tout son pays, et pour tous 12
les prodiges de terreur que Moïse
accomplit à main forte sous les yeux
de tout Israël.

JOSUÉ

CONQUÊTE DU PAYS DE CANAAN

Josué à la tête du peuple.

I Après la mort de Moïse, serviteur de l'Éternel, l'Éternel dit à Josué, fils 2 de Nun, serviteur de Moïse: Moïse, mon serviteur, est mort; maintenant, lève-toi, passe ce Jourdain, toi et tout ce peuple, pour entrer dans le pays que je donne aux enfants d'Israël. 3 Tout lieu que foulera la plante de votre pied, je vous le donne, comme 4 je l'ai dit à Moïse. Vous aurez pour territoire depuis le désert et le Liban jusqu'au grand fleuve, le fleuve de l'Euphrate, tout le pays des Héthiens, et jusqu'à la grande mer vers le soleil 5 couchant. Nul ne tiendra devant toi, tant que tu vivras. Je serai avec toi, comme j'ai été avec Moïse; je ne te délaisserai point, je ne t'aban-6 donnerai point. Fortifie-toi et prends courage, car c'est toi qui mettras ce peuple en possession du pays que j'ai juré à leurs pères de leur donner. 7 Fortifie-toi seulement et aie bon courage, en agissant fidèlement selon toute la loi que Moïse, mon serviteur, t'a prescrite; ne t'en détourne ni à droite ni à gauche, afin de réussir dans 8 tout ce que tu entreprendras. Que ce livre de la loi ne s'éloigne point de ta bouche; médite-le jour et nuit, pour agir fidèlement selon tout ce qui y est écrit; car c'est alors que tu auras du succès dans tes entreprises, c'est 9 alors que tu réussiras. Ne t'ai-je pas donné cet ordre: Fortifie-toi et prends courage? Ne t'effraie point et ne t'épouvante point, car l'Éternel, ton Dieu, est avec toi dans tout ce que tu entreprendras.

10 Josué donna cet ordre aux officiers 11 du peuple: Parcourez le camp, et voici ce que vous commanderez au peuple: Préparez-vous des provisions, car dans trois jours vous passerez ce Jourdain pour aller conquérir le pays dont l'Éternel, votre Dieu, vous donne la possession.

12 Josué dit aux Rubénites, aux Ga-dites et à la demi-tribu de Manassé: Rappelez-vous ce que vous a prescrit 13 Moïse, serviteur de l'Éternel, quand il a dit: L'Éternel, votre Dieu, vous a accordé du repos, et vous a donné ce pays. Vos femmes, vos petits en-14 fants et vos troupeaux resteront dans le pays que vous a donné Moïse de ce côté-ci du Jourdain; mais vous tous, hommes vaillants, vous passerez en armes devant vos frères, et vous les aiderez, jusqu'à ce que l'Éternel ait 15 accordé du repos à vos frères comme à vous, et qu'ils soient aussi en possession du pays que l'Éternel, votre Dieu, leur donne. Puis vous reviendrez prendre possession du pays qui est votre propriété, et que vous a donné Moïse, serviteur de l'Éternel, de ce côté-ci du Jourdain, vers le soleil levant.

Ils répondirent à Josué, en disant: 16 Nous ferons tout ce que tu nous as ordonné, et nous irons partout où tu nous enverras. Nous t'obéirons en-17 tièrement, comme nous avons obéi à Moïse. Veuille seulement l'Éternel, ton Dieu, être avec toi, comme il a été avec Moïse! Tout homme qui 18 sera rebelle à ton ordre, et qui n'obéira pas à tout ce que tu lui commanderas, sera puni de mort. Fortifie-toi seulement, et prends courage!

Les deux espions à Jéricho.

2 Josué, fils de Nun, fit partir secrète-ment de Sittim deux espions, en leur disant: Allez, examinez le pays, et en particulier Jéricho.

Ils partirent, et ils arrivèrent dans la maison d'une prostituée, qui se nommait Rahab, et ils y couchèrent. On dit au roi de Jéricho: Voici, des 2 hommes d'entre les enfants d'Israël sont arrivés ici cette nuit, pour ex-plorer le pays. Le roi de Jéricho 3 envoya dire à Rahab: Fais sortir les hommes qui sont venus chez toi, qui sont entrés dans ta maison ; car c'est pour explorer tout le pays qu'ils sont 4 venus. La femme prit les deux hommes, et les cacha ; et elle dit : Il est vrai que ces hommes sont arrivés chez moi, mais je ne savais 5 pas d'où ils étaient ; et, comme la porte a dû se fermer de nuit, ces hommes sont sortis ; j'ignore où ils sont allés : hâtez-vous de les pour-6 suivre, et vous les atteindrez. Elle les avait fait monter sur le toit, et les avait cachés sous des tiges de lin, qu'elle avait arrangées sur le toit. 7 Ces gens les poursuivirent par le chemin qui mène au gué du Jourdain, et l'on ferma la porte après qu'ils furent sortis.

8 Avant que les espions se couchassent, Rahab monta vers eux sur le toit 9 et leur dit : L'Éternel, je le sais, vous a donné ce pays, la terreur que vous inspirez nous a saisis, et tous les habitants du pays tremblent devant 10 vous. Car nous avons appris comment, à votre sortie d'Égypte, l'Éternel a mis à sec devant vous les eaux de la mer Rouge, et comment vous avez traité les deux rois des Amoréens au delà du Jourdain, Sihon et Og, que vous avez dévoués par 11 interdit. Nous l'avons appris, et nous avons perdu courage, et tous nos esprits sont abattus à votre aspect ; car c'est l'Éternel, votre Dieu, qui est Dieu en haut dans les cieux 12 et en bas sur la terre. Et maintenant, je vous prie, jurez-moi par l'Éternel que vous aurez pour la maison de mon père la même bonté que j'ai 13 eue pour vous. Donnez-moi l'assurance que vous laisserez vivre mon père, ma mère, mes frères, mes sœurs, et tous ceux qui leur appartiennent, et que vous nous sauverez de la mort.

14 Ces hommes lui répondirent : Nous sommes prêts à mourir pour vous, si vous ne divulguez pas ce qui nous concerne ; et quand l'Éternel nous donnera le pays, nous agirons envers toi avec bonté et fidélité.

15 Elle les fit descendre avec une corde par la fenêtre, car la maison qu'elle habitait était sur la muraille de la ville. Elle leur dit : Allez du côté 16 de la montagne, de peur que ceux qui vous poursuivent ne vous rencontrent ; cachez-vous là pendant trois jours, jusqu'à ce qu'ils soient de retour ; après cela, vous suivrez votre chemin. Ces hommes lui dirent : 17 Voici de quelle manière nous serons quittes du serment que tu nous as fait faire. A notre entrée dans le 18 pays, attache ce cordon de fil cramoisi à la fenêtre par laquelle tu nous fais descendre, et recueille auprès de toi dans la maison ton père, ta mère, tes frères, et toute la famille de ton père. Si quelqu'un d'eux sort 19 de la porte de ta maison pour aller dehors, son sang retombera sur sa tête, et nous en serons innocents ; mais si on met la main sur l'un quelconque de ceux qui seront avec toi dans la maison, son sang retombera sur notre tête. Et si tu divulgues ce 20 qui nous concerne, nous serons quittes du serment que tu nous as fait faire. Elle répondit : Qu'il en soit selon 21 vos paroles. Elle prit ainsi congé d'eux, et ils s'en allèrent. Et elle attacha le cordon de cramoisi à la fenêtre.

Ils partirent, et arrivèrent à la 22 montagne, où ils restèrent trois jours, jusqu'à ce que ceux qui les poursuivaient fussent de retour. Ceux qui les poursuivaient les cherchèrent par tout le chemin, mais ils ne les trouvèrent pas. Les deux hommes 23 s'en retournèrent, descendirent de la montagne, et passèrent le Jourdain. Ils vinrent auprès de Josué, fils de Nun, et lui racontèrent tout ce qui leur était arrivé. Ils dirent à Josué : 24 Certainement, l'Éternel a livré tout le pays entre nos mains, et même tous les habitants du pays tremblent devant nous.

Passage du Jourdain.—Les douze pierres.

3 Josué, s'étant levé de bon matin, partit de Sittim avec tous les enfants d'Israël. Ils arrivèrent au Jourdain ; et là, ils passèrent la nuit, avant de le traverser.

Au bout de trois jours, les officiers 2 parcoururent le camp, et donnèrent 3 cet ordre au peuple : Lorsque vous verrez l'arche de l'alliance de l'Éternel, votre Dieu, portée par les sacrificateurs, les Lévites, vous partirez du lieu où vous êtes, et vous vous 4 mettrez en marche après elle. Mais il y aura entre vous et elle une distance d'environ deux mille coudées : n'en approchez pas. Elle vous montrera le chemin que vous devez suivre, car vous n'avez point encore passé par ce chemin.

5 Josué dit au peuple : Sanctifiez-vous, car demain l'Éternel fera des 6 prodiges au milieu de vous. Et Josué dit aux sacrificateurs : Portez l'arche de l'alliance, et passez devant le peuple. Ils portèrent l'arche de l'alliance, et ils marchèrent devant le peuple.

7 L'Éternel dit à Josué : Aujourd'hui, je commencerai à t'élever aux yeux de tout Israël, afin qu'ils sachent que je serai avec toi comme j'ai été avec 8 Moïse. Tu donneras cet ordre aux sacrificateurs qui portent l'arche de l'alliance : Lorsque vous arriverez au bord des eaux du Jourdain, vous vous arrêterez dans le Jourdain.

9 Josué dit aux enfants d'Israël : Approchez, et écoutez les paroles de 10 l'Éternel, votre Dieu. Josué dit : A ceci vous reconnaîtrez que le Dieu vivant est au milieu de vous, et qu'il chassera devant vous les Cananéens, les Héthiens, les Héviens, les Phéréziens, les Guirgasiens, les Amoréens 11 et les Jébusiens : voici, l'arche de l'alliance du Seigneur de toute la terre va passer devant vous dans le 12 Jourdain. Maintenant, prenez douze hommes parmi les tribus d'Israël, un 13 homme de chaque tribu. Et dès que les sacrificateurs qui portent l'arche de l'Éternel, le Seigneur de toute la terre, poseront la plante des pieds dans les eaux du Jourdain, les eaux du Jourdain seront coupées, les eaux qui descendent d'en haut, et elles s'arrêteront en un monceau.

14 Le peuple sortit de ses tentes pour passer le Jourdain, et les sacrificateurs qui portaient l'arche de l'alliance 15 marchèrent devant le peuple. Quand les sacrificateurs qui portaient l'arche furent arrivés au Jourdain, et que leurs pieds se furent mouillés au bord de l'eau, — le Jourdain regorge pardessus toutes ses rives tout le temps de la moisson, — les eaux qui des- 16 cendent d'en haut s'arrêtèrent, et s'élevèrent en un monceau, à une très grande distance, près de la ville d'Adam, qui est à côté de Tsarthan ; et celles qui descendaient vers la mer de la plaine, la mer Salée, furent complètement coupées. Le peuple passa vis-à-vis de Jéricho. Les sacri- 17 ficateurs qui portaient l'arche de l'alliance de l'Éternel s'arrêtèrent de pied ferme sur le sec, au milieu du Jourdain, pendant que tout Israël passait à sec, jusqu'à ce que toute la nation eût achevé de passer le Jourdain.

4 Lorsque toute la nation eut achevé de passer le Jourdain, l'Éternel dit à Josué : Prenez douze hommes parmi 2 le peuple, un homme de chaque tribu. Donnez-leur cet ordre : Enlevez d'ici, 3 du milieu du Jourdain, de la place où les sacrificateurs se sont arrêtés de pied ferme, douze pierres, que vous emporterez avec vous, et que vous déposerez dans le lieu où vous passerez cette nuit. Josué appela les 4 douze hommes qu'il choisit parmi les enfants d'Israël, un homme de chaque tribu. Il leur dit : Passez devant 5 l'arche de l'Éternel, votre Dieu, au milieu du Jourdain, et que chacun de vous charge une pierre sur son épaule, selon le nombre des tribus des enfants d'Israël, afin que cela soit 6 un signe au milieu de vous. Lorsque vos enfants demanderont un jour : Que signifient pour vous ces pierres ? vous leur direz : Les eaux 7 du Jourdain ont été coupées devant l'arche de l'alliance de l'Éternel ; lorsqu'elle passa le Jourdain, les eaux du Jourdain ont été coupées, et ces pierres seront à jamais un souvenir pour les enfants d'Israël.

Les enfants d'Israël firent ce que 8 Josué leur avait ordonné. Ils enlevèrent douze pierres du milieu du Jourdain, comme l'Éternel l'avait dit à Josué, selon le nombre des tribus des enfants d'Israël, ils les emportèrent avec eux, et les déposèrent dans le lieu où ils devaient passer la nuit.

9 Josué dressa aussi douze pierres au milieu du Jourdain, à la place où s'étaient arrêtés les pieds des sacrificateurs qui portaient l'arche de l'alliance ; et elles y sont restées jusqu'à 10 ce jour. Les sacrificateurs qui portaient l'arche se tinrent au milieu du Jourdain jusqu'à l'entière exécution de ce que l'Éternel avait ordonné à Josué de dire au peuple, selon tout ce que Moïse avait prescrit à Josué. 11 Et le peuple se hâta de passer. Lorsque tout le peuple eut achevé de passer, l'arche de l'Éternel et les sacrificateurs passèrent devant le 12 peuple. Les fils de Ruben, les fils de Gad, et la demi-tribu de Manassé, passèrent en armes devant les enfants d'Israël, comme Moïse le leur avait 13 dit. Environ quarante mille hommes, équipés pour la guerre et prêts à combattre, passèrent devant l'Éternel dans les plaines de Jéricho.

14 En ce jour-là, l'Éternel éleva Josué aux yeux de tout Israël ; et ils le craignirent, comme ils avaient craint Moïse, tous les jours de sa vie.

15 16 L'Éternel dit à Josué : Ordonne aux sacrificateurs qui portent l'arche du témoignage de sortir du Jourdain. 17 Et Josué donna cet ordre aux sacrifi- 18 cateurs : Sortez du Jourdain. Lorsque les sacrificateurs qui portaient l'arche de l'alliance de l'Éternel furent sortis du milieu du Jourdain, et que la plante de leurs pieds se posa sur le sec, les eaux du Jourdain retournèrent à leur place, et se répandirent comme auparavant sur tous ses bords. 19 Le peuple sortit du Jourdain le dixième jour du premier mois, et il campa à Guilgal, à l'extrémité orientale de Jéricho.

20 Josué dressa à Guilgal les douze pierres qu'ils avaient prises du Jour- 21 dain. Il dit aux enfants d'Israël : Lorsque vos enfants demanderont un jour à leurs pères : Que signifient 22 ces pierres ? vous en instruirez vos enfants, et vous direz : Israël a passé 23 ce Jourdain à sec. Car l'Éternel, votre Dieu, a mis à sec devant vous les eaux du Jourdain jusqu'à ce que vous eussiez passé, comme l'Éternel,

votre Dieu, l'avait fait à la mer Rouge, qu'il mit à sec devant nous jusqu'à ce que nous eussions passé, afin que tous les peuples de la terre 24 sachent que la main de l'Éternel est puissante, et afin que vous ayez toujours la crainte de l'Éternel, votre Dieu.

La circoncision et la Pâque dans les plaines de Jéricho.

Lorsque tous les rois des Amoréens **5** à l'occident du Jourdain et tous les rois des Cananéens près de la mer apprirent que l'Éternel avait mis à sec les eaux du Jourdain devant les enfants d'Israël jusqu'à ce que nous eussions passé, ils perdirent courage et furent consternés à l'aspect des enfants d'Israël.

En ce temps-là, l'Éternel dit à 2 Josué : Fais-toi des couteaux de pierre, et circoncis de nouveau les enfants d'Israël, une seconde fois. Josué se fit des couteaux de pierre, 3 et il circoncit les enfants d'Israël sur la colline d'Araloth. Voici la raison 4 pour laquelle Josué les circoncit. Tout le peuple sorti d'Égypte, les mâles, tous les hommes de guerre étaient morts dans le désert, pendant la route, après leur sortie d'Égypte. Tout ce peuple sorti d'Égypte était 5 circoncis ; mais tout le peuple né dans le désert, pendant la route, après la sortie d'Égypte, n'avait point été circoncis. Car les enfants 6 d'Israël avaient marché quarante ans par le désert jusqu'à la destruction de toute la nation des hommes de guerre qui étaient sortis d'Égypte et qui n'avaient point écouté la voix de l'Éternel ; l'Éternel leur jura de ne pas leur faire voir le pays qu'il avait juré à leurs pères de nous donner, pays où coulent le lait et le miel. Ce sont leurs enfants qu'il établit 7 à leur place ; et Josué les circoncit, car ils étaient incirconcis, parce qu'on ne les avait point circoncis pendant la route. Lorsqu'on eut achevé de 8 circoncire toute la nation, ils restèrent à leur place dans le camp jusqu'à leur guérison.

L'Éternel dit à Josué : Aujourd'hui, 9 j'ai roulé de dessus vous l'opprobre de l'Égypte. Et ce lieu fut appelé du nom de Guilgal jusqu'à ce jour.

10 Les enfants d'Israël campèrent à Guilgal ; et ils célébrèrent la Pâque le quatorzième jour du mois, sur le

11 soir, dans les plaines de Jéricho. Ils mangèrent du blé du pays le lendemain de la Pâque, des pains sans levain et du grain rôti ; ils en man-

12 gèrent ce même jour. La manne cessa le lendemain de la Pâque, quand ils mangèrent du blé du pays; les enfants d'Israël n'eurent plus de manne, et ils mangèrent des produits du pays de Canaan cette année-là.

13 Comme Josué était près de Jéricho, il leva les yeux, et regarda. Voici, un homme se tenait debout devant lui, son épée nue dans la main. Il alla vers lui, et lui dit : Es-tu des

14 nôtres ou de nos ennemis ? Il répondit : Non, mais je suis le chef de l'armée de l'Éternel, j'arrive maintenant. Josué tomba le visage contre terre, se prosterna, et lui dit : Qu'estce que mon seigneur dit à son

15 serviteur ? Et le chef de l'armée de l'Éternel dit à Josué : Ote tes souliers de tes pieds, car le lieu sur lequel tu te tiens est saint. Et Josué fit ainsi.

Prise de Jéricho.—Crime et punition d'Acan.

6 Jéricho était fermée et barricadée devant les enfants d'Israël. Personne ne sortait, et personne n'entrait.

2 L'Éternel dit à Josué : Vois, je livre entre tes mains Jéricho et son

3 roi, ses vaillants soldats. Faites le tour de la ville, vous tous les hommes de guerre, faites une fois le tour de la ville. Tu feras ainsi pendant six

4 jours. Sept sacrificateurs porteront devant l'arche sept trompettes retentissantes ; le septième jour, vous ferez sept fois le tour de la ville ; et les sacrificateurs sonneront des trom-

5 pettes. Quand ils sonneront de la corne retentissante, quand vous entendrez le son de la trompette, tout le peuple poussera de grands cris. Alors la muraille de la ville s'écroulera, et le peuple montera, chacun devant soi.

Josué, fils de Nun, appela les 6 sacrificateurs, et leur dit : Portez l'arche de l'alliance, et que sept sacrificateurs portent sept trompettes retentissantes devant l'arche de l'Éternel. Et il dit au peuple : Marchez, 7 faites le tour de la ville, et que les hommes armés passent devant l'arche de l'Éternel.

Lorsque Josué eut parlé au peuple, 8 les sept sacrificateurs qui portaient devant l'Éternel les sept trompettes retentissantes se mirent en marche et sonnèrent des trompettes. L'arche de l'alliance de l'Éternel allait derrière eux. Les hommes armés marchaient 9 devant les sacrificateurs qui sonnaient des trompettes, et l'arrière-garde suivait l'arche ; pendant la marche, on sonnait des trompettes. Josué avait 10 donné cet ordre au peuple : Vous ne crierez point, vous ne ferez point entendre votre voix, et il ne sortira pas un mot de votre bouche, jusqu'au jour où je vous dirai : Poussez des cris ! Alors vous pousserez des cris. L'arche 11 de l'Éternel fit le tour de la ville, elle fit une fois le tour ; puis on rentra dans le camp, et l'on y passa la nuit.

Josué se leva de bon matin, et les 12 sacrificateurs portèrent l'arche de l'Éternel. Les sept sacrificateurs 13 qui portaient les sept trompettes retentissantes devant l'arche de l'Éternel se mirent en marche et sonnèrent des trompettes. Les hommes armés marchaient devant eux, et l'arrière-garde suivait l'arche de l'Éternel ; pendant la marche, on sonnait des trompettes. Ils firent une fois le 14 tour de la ville, le second jour ; puis ils retournèrent dans le camp. Ils firent de même pendant six jours.

Le septième jour, ils se levèrent 15 de bon matin, dès l'aurore, et ils firent de la même manière sept fois le tour de la ville ; ce fut le seul jour où ils firent sept fois le tour de la ville. A la septième fois, comme les sacri- 16 ficateurs sonnaient des trompettes, Josué dit au peuple : Poussez des cris, car l'Éternel vous a livré la ville ! La ville sera dévouée à l'É- 17 ternel par interdit, elle et tout ce qui

s'y trouve ; mais on laissera la vie à Rahab la prostituée et à tous ceux qui seront avec elle dans la maison, parce qu'elle a caché les messagers 18 que nous avions envoyés. Gardez-vous seulement de ce qui sera dévoué par interdit ; car si vous preniez de ce que vous aurez dévoué par interdit, vous mettriez le camp d'Israël en interdit et vous y jetteriez le 19 trouble. Tout l'argent et tout l'or, tous les objets d'airain et de fer, seront consacrés à l'Éternel, et entreront dans le trésor de l'Éternel.

20 Le peuple poussa des cris, et les sacrificateurs sonnèrent des trompettes. Lorsque le peuple entendit le son de la trompette, il poussa de grands cris, et la muraille s'écroula ; le peuple monta dans la ville, chacun devant soi. Ils s'emparèrent de la 21 ville, et ils dévouèrent par interdit, au fil de l'épée, tout ce qui était dans la ville, hommes et femmes, enfants et vieillards, jusqu'aux bœufs, aux brebis et aux ânes.

22 Josué dit aux deux hommes qui avaient exploré le pays : Entrez dans la maison de la femme prostituée, et faites-en sortir cette femme et tous ceux qui lui appartiennent, 23 comme vous le lui avez juré. Les jeunes gens, les espions, entrèrent et firent sortir Rahab, son père, sa mère, ses frères, et tous ceux qui lui appartenaient ; ils firent sortir tous les gens de sa famille, et ils les déposèrent hors du camp d'Israël. 24 Ils brûlèrent la ville et tout ce qui s'y trouvait ; seulement ils mirent dans le trésor de la maison de l'Éternel l'argent, l'or, et tous les 25 objets d'airain et de fer. Josué laissa la vie à Rahab la prostituée, à la maison de son père, et à tous ceux qui lui appartenaient ; elle a habité au milieu d'Israël jusqu'à ce jour, parce qu'elle avait caché les messagers que Josué avait envoyés pour explorer Jéricho.

26 Ce fut alors que Josué jura, en disant : Maudit soit devant l'Éternel l'homme qui se lèvera pour rebâtir cette ville de Jéricho ! Il en jettera les fondements au prix de son premier-né, et il en posera les portes au prix de son plus jeune fils.

L'Éternel fut avec Josué, dont la 27 renommée se répandit dans tout le pays.

Les enfants d'Israël commirent 7 une infidélité au sujet des choses dévouées par interdit. Acan, fils de Carmi, fils de Zabdi, fils de Zérach, de la tribu de Juda, prit des choses dévouées. Et la colère de l'Éternel s'enflamma contre les enfants d'Israël.

Josué envoya de Jéricho des 2 hommes vers Aï, qui est près de Beth-Aven, à l'orient de Béthel. Il leur dit : Montez, et explorez le pays. Et ces hommes montèrent, et explorèrent Aï. Ils revinrent 3 auprès de Josué, et lui dirent : Il est inutile de faire marcher tout le peuple ; deux ou trois mille hommes suffiront pour battre Aï ; ne donne pas cette fatigue à tout le peuple, car ils sont en petit nombre. Trois 4 mille hommes environ se mirent en marche, mais ils prirent la fuite devant les gens d'Aï. Les gens 5 d'Aï leur tuèrent environ trente-six hommes ; ils les poursuivirent depuis la porte jusqu'à Schebarim, et les battirent à la descente. Le peuple fut consterné et perdit courage.

Josué déchira ses vêtements, et se 6 prosterna jusqu'au soir, le visage contre terre, devant l'arche de l'Éternel, lui et les anciens d'Israël, et ils se couvrirent la tête de poussière. Josué dit : Ah ! Seigneur Éternel, 7 pourquoi as-tu fait passer le Jourdain à ce peuple, pour nous livrer entre les mains des Amoréens et nous faire périr ? Oh ! si nous eussions su rester de l'autre côté du Jourdain ! De grâce, Seigneur, que dirai-je, 8 après qu'Israël a tourné le dos devant ses ennemis ? Les Cananéens et tous 9 les habitants du pays l'apprendront ; ils nous envelopperont, et ils feront disparaître notre nom de la terre. Et que feras-tu pour ton grand nom ?

L'Éternel dit à Josué : Lève-toi ! 10 Pourquoi restes-tu ainsi couché sur ton visage ? Israël a péché ; ils ont 11 transgressé mon alliance que je leur ai prescrite, ils ont pris des choses dévouées par interdit, ils les ont dérobées et ont dissimulé, et ils les ont cachées parmi leurs bagages.

12 Aussi les enfants d'Israël ne peuvent-ils résister à leurs ennemis ; ils tourneront le dos devant leurs ennemis, car ils sont sous l'interdit ; je ne serai plus avec vous, si vous ne détruisez pas l'interdit du milieu

13 de vous. Lève-toi, sanctifie le peuple. Tu diras : Sanctifiez-vous, pour demain ; car ainsi parle l'Éternel, le Dieu d'Israël : Il y a de l'interdit au milieu de toi, Israël ; tu ne pourras résister à tes ennemis, jusqu'à ce que vous ayez ôté l'interdit du milieu

14 de vous. Vous vous approcherez le matin selon vos tribus ; et la tribu que désignera l'Éternel s'approchera par familles, et la famille que désignera l'Éternel s'approchera par maisons, et la maison que désignera l'Éternel s'approchera par hommes.

15 Celui qui sera désigné comme ayant pris de ce qui était dévoué par interdit sera brûlé au feu, lui et tout ce qui lui appartient, pour avoir transgressé l'alliance de l'Éternel et commis une infamie en Israël.

16 Josué se leva de bon matin, et il fit approcher Israël selon ses tribus,

17 et la tribu de Juda fut désignée. Il fit approcher les familles de Juda, et la famille de Zérach fut désignée. Il fit approcher la famille de Zérach par maisons, et Zabdi fut désigné.

18 Il fit approcher la maison de Zabdi par hommes, et Acan, fils de Carmi, fils de Zabdi, fils de Zérach, de la tribu de Juda, fut désigné.

19 Josué dit à Acan : Mon fils, donne gloire à l'Éternel, le Dieu d'Israël, et rends-lui hommage. Dis-moi donc ce que tu as fait, ne me le cache

20 point. Acan répondit à Josué, et dit : Il est vrai que j'ai péché contre l'Éternel, le Dieu d'Israël, et voici

21 ce que j'ai fait. J'ai vu dans le butin un beau manteau de Schinear, deux cents sicles d'argent, et un lingot d'or du poids de cinquante sicles ; je les ai convoités, et je les ai pris ; ils sont cachés dans la terre au milieu de ma

22 tente, et l'argent est dessous. Josué envoya des gens, qui coururent à la tente ; et voici, les objets étaient cachés dans la tente d'Acan, et l'argent était dessous. Ils les prirent 23 du milieu de la tente, les apportèrent à Josué et à tous les enfants d'Israël, et les déposèrent devant l'Éternel.

Josué et tout Israël avec lui prirent 24 Acan, fils de Zérach, l'argent, le manteau, le lingot d'or, les fils et les filles d'Acan, ses bœufs, ses ânes, ses brebis, sa tente, et tout ce qui lui appartenait ; et ils les firent monter dans la vallée d'Acor. Josué dit : 25 Pourquoi nous as-tu troublés ? L'Éternel te troublera aujourd'hui. Et tout Israël le lapida. On les brûla au feu, on les lapida, et l'on 26 éleva sur Acan un grand monceau de pierres, qui subsiste encore aujourd'hui. Et l'Éternel revint de l'ardeur de sa colère. C'est à cause de cet événement qu'on a donné jusqu'à ce jour à ce lieu le nom de vallée d'Acor.

Prise d'Aï.—Autel sur le mont Ébal.

L'Éternel dit à Josué : Ne crains **8** point, et ne t'effraie point ! Prends avec toi tous les gens de guerre, lève-toi, monte contre Aï. Vois, je livre entre tes mains le roi d'Aï et son peuple, sa ville et son pays. Tu traiteras Aï et son roi comme 2 tu as traité Jéricho et son roi ; seulement vous garderez pour vous le butin et le bétail. Place une embuscade derrière la ville.

Josué se leva avec tous les gens 3 de guerre, pour monter contre Aï. Il choisit trente mille vaillants hommes, qu'il fit partir de nuit, et 4 auxquels il donna cet ordre : Écoutez, vous vous mettrez en embuscade derrière la ville ; ne vous éloignez pas beaucoup de la ville, et soyez tous prêts. Mais moi et tout le 5 peuple qui est avec moi, nous nous approcherons de la ville. Et quand ils sortiront à notre rencontre, comme la première fois, nous prendrons la fuite devant eux. Ils nous pour- 6 suivront jusqu'à ce que nous les ayons attirés loin de la ville, car ils diront : Ils fuient devant nous, comme la première fois! Et nous fuirons 7 devant eux. Vous sortirez alors de l'embuscade, et vous vous emparerez de la ville, et l'Éternel, votre Dieu, la livrera entre vos mains. Quand 8 vous aurez pris la ville, vous y mettrez le feu, vous agirez comme l'Éternel l'a dit: c'est l'ordre que 9 je vous donne. Josué les fit partir, et ils allèrent se placer en embuscade entre Béthel et Aï, à l'occident d'Aï. Mais Josué passa cette nuit-là au milieu du peuple.

10 Josué se leva de bon matin, passa le peuple en revue, et marcha contre Aï, à la tête du peuple, lui et les 11 anciens d'Israël. Tous les gens de guerre qui étaient avec lui montèrent et s'approchèrent; lorsqu'ils furent arrivés en face de la ville, ils campèrent au nord d'Aï, dont ils étaient 12 séparés par la vallée. Josué prit environ cinq mille hommes, et les mit en embuscade entre Béthel et 13 Aï, à l'occident de la ville. Après que tout le camp eut pris position au nord de la ville, et l'embuscade à l'occident de la ville, Josué s'avança cette nuit-là au milieu de la vallée.

14 Lorsque le roi d'Aï vit cela, les gens d'Aï se levèrent en hâte de bon matin, et sortirent à la rencontre d'Israël, pour le combattre. Le roi se dirigea, avec tout son peuple, vers un lieu fixé, du côté de la plaine, et il ne savait pas qu'il y avait derrière la ville une embuscade 15 contre lui. Josué et tout Israël feignirent d'être battus devant eux, et ils s'enfuirent par le chemin du 16 désert. Alors tout le peuple qui était dans la ville s'assembla pour se mettre à leur poursuite. Ils poursuivirent Josué, et ils furent attirés 17 loin de la ville. Il n'y eut dans Aï et dans Béthel pas un homme qui ne sortît contre Israël. Ils laissèrent la ville ouverte, et poursuivirent Israël. 18 L'Éternel dit à Josué: Étends vers Aï le javelot que tu as à la main, car je vais la livrer en ton pouvoir. Et Josué étendit vers la ville le javelot qu'il avait à la main. 19 Aussitôt qu'il eut étendu sa main, les hommes en embuscade sortirent

précipitamment du lieu où ils étaient; ils pénétrèrent dans la ville, la prirent, et se hâtèrent d'y mettre le feu. Les 20 gens d'Aï, ayant regardé derrière eux, virent la fumée de la ville monter vers le ciel, et ils ne purent se sauver d'aucun côté. Le peuple qui fuyait vers le désert se retourna contre ceux qui le poursuivaient; car Josué et 21 tout Israël, voyant la ville prise par les hommes de l'embuscade, et la fumée de la ville qui montait, se retournèrent et battirent les gens d'Aï. Les autres sortirent de la ville 22 à leur rencontre, et les gens d'Aï furent enveloppés par Israël de toutes parts. Israël les battit, sans leur laisser un survivant ni un fuyard; ils prirent vivant le roi d'Aï, et 23 l'amenèrent à Josué.

Lorsqu'Israël eut achevé de tuer 24 tous les habitants d'Aï dans la campagne, dans le désert, où ils l'avaient poursuivi, et que tous furent entièrement passés au fil de l'épée, tout Israël revint vers Aï et la frappa du tranchant de l'épée. Il y 25 eut au total douze mille personnes tuées ce jour-là, hommes et femmes, tous gens d'Aï. Josué ne retira 26 point sa main qu'il tenait étendue avec le javelot, jusqu'à ce que tous les habitants eussent été dévoués par interdit. Seulement Israël garda 27 pour lui le bétail et le butin de cette ville, selon l'ordre que l'Éternel avait prescrit à Josué. Josué brûla Aï, et 28 en fit à jamais un monceau de ruines, qui subsiste encore aujourd'hui. Il 29 fit pendre à un bois le roi d'Aï, et l'y laissa jusqu'au soir. Au coucher du soleil, Josué ordonna qu'on descendît son cadavre du bois; on le jeta à l'entrée de la porte de la ville, et l'on éleva sur lui un grand monceau de pierres, qui subsiste encore aujourd'hui.

Alors Josué bâtit un autel à 30 l'Éternel, le Dieu d'Israël, sur le mont Ébal, comme Moïse, serviteur 31 de l'Éternel, l'avait ordonné aux enfants d'Israël, et comme il est écrit dans le livre de la loi de Moïse: c'était un autel de pierres brutes, sur lesquelles on ne porta point le fer.

Ils offrirent sur cet autel des holocaustes à l'Éternel, et ils présentèrent des sacrifices d'actions de grâces.

32 Et là Josué écrivit sur les pierres une copie de la loi que Moïse avait écrite devant les enfants d'Israël.

33 Tout Israël, ses anciens, ses officiers et ses juges, se tenaient des deux côtés de l'arche, devant les sacrificateurs, les Lévites, qui portaient l'arche de l'alliance de l'Éternel, les étrangers comme les enfants d'Israël étaient là, moitié du côté du mont Garizim, moitié du côté du mont Ébal, selon l'ordre qu'avait précédemment donné Moïse, serviteur de l'Éternel, de bénir le peuple

34 d'Israël. Josué lut ensuite toutes les paroles de la loi, les bénédictions et les malédictions, suivant ce qui

35 est écrit dans le livre de la loi. Il n'y eut rien de tout ce que Moïse avait prescrit, que Josué ne lût en présence de toute l'assemblée d'Israël, des femmes et des enfants, et des étrangers qui marchaient au milieu d'eux.

Ruse des Gabaonites.

9 A la nouvelle de ces choses, tous les rois qui étaient en deçà du Jourdain, dans la montagne et dans la vallée, et sur toute la côte de la grande mer, jusque près du Liban, les Héthiens, les Amoréens, les Cananéens, les Phéréziens, les Héviens

2 et les Jébusiens, s'unirent ensemble d'un commun accord pour combattre contre Josué et contre Israël.

3 Les habitants de Gabaon, de leur côté, lorsqu'ils apprirent de quelle manière Josué avait traité Jéricho

4 et Aï, eurent recours à la ruse, et se mirent en route avec des provisions de voyage. Ils prirent de vieux sacs pour leurs ânes, et de vieilles outres

5 à vin déchirées et recousues, ils portaient à leurs pieds de vieux souliers raccommodés, et sur eux de vieux vêtements ; et tout le pain qu'ils avaient pour nourriture était

6 sec et en miettes. Ils allèrent auprès de Josué au camp de Guilgal, et ils lui dirent, ainsi qu'à tous ceux d'Israël : Nous venons d'un pays éloigné, et maintenant faites alliance

7 avec nous. Les hommes d'Israël répondirent à ces Héviens : Peut-être que vous habitez au milieu de nous, et comment ferions-nous alliance avec vous ? Ils dirent à Josué : Nous

8 sommes tes serviteurs. Et Josué leur dit : Qui êtes-vous, et d'où venez-vous ? Ils lui répondirent :

9 Tes serviteurs viennent d'un pays très éloigné, sur le renom de l'Éternel, ton Dieu ; car nous avons entendu parler de lui, de tout ce qu'il a fait

10 en Égypte, et de la manière dont il a traité les deux rois des Amoréens au delà du Jourdain, Sihon, roi de Hesbon, et Og, roi de Basan, qui était à Aschtaroth. Et nos anciens

11 et tous les habitants de notre pays nous ont dit : Prenez avec vous des provisions pour le voyage, allez au-devant d'eux, et vous leur direz : Nous sommes vos serviteurs, et maintenant faites alliance avec nous.

12 Voici notre pain : il était encore chaud quand nous en avons fait provision dans nos maisons, le jour où nous sommes partis pour venir vers vous, et maintenant il est sec et en miettes.

13 Ces outres à vin, que nous avons remplies toutes neuves, les voilà déchirées ; nos vêtements et nos souliers se sont usés par l'excessive longueur de la marche.

14 Les hommes d'Israël prirent de leurs provisions, et ils ne consultèrent point l'Éternel.

15 Josué fit la paix avec eux, et conclut une alliance par laquelle il devait leur laisser la vie, et les chefs de l'assemblée le leur jurèrent.

16 Trois jours après la conclusion de cette alliance, les enfants d'Israël apprirent qu'ils étaient leurs voisins, et qu'ils habitaient au milieu d'eux.

17 Car les enfants d'Israël partirent, et arrivèrent à leurs villes le troisième jour ; leurs villes étaient Gabaon, Kephira, Beéroth et Kirjath-Jearim.

18 Ils ne les frappèrent point, parce que les chefs de l'assemblée leur avaient juré par l'Éternel, le Dieu d'Israël, de leur laisser la vie. Mais toute l'assemblée murmura contre les chefs.

19 Et tous les chefs dirent à toute

l'assemblée : Nous leur avons juré par l'Éternel, le Dieu d'Israël, et maintenant nous ne pouvons les

20 toucher. Voici comment nous les traiterons : nous leur laisserons la vie, afin de ne pas attirer sur nous la colère de l'Éternel, à cause du serment que nous leur avons fait.

21 Ils vivront, leur dirent les chefs. Mais ils furent employés à couper le bois et à puiser l'eau pour toute l'assemblée, comme les chefs le leur avaient dit.

22 Josué les fit appeler, et leur parla ainsi : Pourquoi nous avez-vous trompés, en disant : Nous sommes très éloignés de vous, tandis que vous habitez au milieu de nous ?

23 Maintenant vous êtes maudits, et vous ne cesserez point d'être dans la servitude, de couper le bois et de puiser l'eau pour la maison de mon

24 Dieu. Ils répondirent à Josué, et dirent : On avait rapporté à tes serviteurs les ordres de l'Éternel, ton Dieu, à Moïse, son serviteur, pour vous livrer tout le pays et pour en détruire devant vous tous les habitants, et votre présence nous a inspiré une grande crainte pour notre vie : voilà pourquoi nous avons

25 agi de la sorte. Et maintenant nous voici entre tes mains ; traite-nous comme tu trouveras bon et juste de

26 nous traiter. Josué agit à leur égard comme il avait été décidé ; il les délivra de la main des enfants d'Israël,

27 qui ne les firent pas mourir ; mais il les destina dès ce jour à couper le bois et à puiser l'eau pour l'assemblée, et pour l'autel de l'Éternel dans le lieu que l'Éternel choisirait : ce qu'ils font encore aujourd'hui.

*Grande bataille près de Gabaon ;
conquêtes dans le midi.*

10 Adoni-Tsédek, roi de Jérusalem, apprit que Josué s'était emparé d'Aï et l'avait dévouée par interdit, qu'il avait traité Aï et son roi comme il avait traité Jéricho et son roi, et que les habitants de Gabaon avaient fait la paix avec Israël et étaient au

2 milieu d'eux. Il eut alors une forte crainte ; car Gabaon était une grande ville, comme une des villes royales, plus grande même qu'Aï, et tous ses hommes étaient vaillants. Adoni- 3 Tsédek, roi de Jérusalem, fit dire à Hoham, roi d'Hébron, à Piream, roi de Jarmuth, à Japhia, roi de Lakis, et à Debir, roi d'Églon : Montez vers 4 moi, et aidez-moi, afin que nous frappions Gabaon, car elle a fait la paix avec Josué et avec les enfants d'Israël. Cinq rois des Amoréens, 5 le roi de Jérusalem, le roi d'Hébron, le roi de Jarmuth, le roi de Lakis, le roi d'Églon, se réunirent ainsi et montèrent avec toutes leurs armées ; ils vinrent camper près de Gabaon, et l'attaquèrent.

Les gens de Gabaon envoyèrent 6 dire à Josué, au camp de Guilgal : N'abandonne pas tes serviteurs, monte vers nous en hâte, délivre-nous, donne-nous du secours ; car tous les rois des Amoréens, qui habitent la montagne, se sont réunis contre nous.

Josué monta de Guilgal, lui et tous 7 les gens de guerre avec lui, et tous les vaillants hommes. L'Éternel dit 8 à Josué : Ne les crains point, car je les livre entre tes mains, et aucun d'eux ne tiendra devant toi. Josué 9 arriva subitement sur eux, après avoir marché toute la nuit depuis Guilgal. L'Éternel les mit en déroute 10 devant Israël ; et Israël leur fit éprouver une grande défaite près de Gabaon, les poursuivit sur le chemin qui monte à Beth-Horon, et les battit jusqu'à Azéka et à Makkéda. Comme ils fuyaient 11 devant Israël, et qu'ils étaient à la descente de Beth-Horon, l'Éternel fit tomber du ciel sur eux de grosses pierres jusqu'à Azéka, et ils périrent ; ceux qui moururent par les pierres de grêle furent plus nombreux que ceux qui furent tués avec l'épée par les enfants d'Israël.

Alors Josué parla à l'Éternel, le 12 jour où l'Éternel livra les Amoréens aux enfants d'Israël, et il dit en présence d'Israël :

Soleil, arrête-toi sur Gabaon,

Et toi, lune, sur la vallée d'Ajalon !

13 Et le soleil s'arrêta, et la lune
suspendit sa course,
Jusqu'à ce que la nation eût tiré
vengeance de ses ennemis.

Cela n'est-il pas écrit dans le livre
du Juste ?

Le soleil s'arrêta au milieu du ciel,
Et ne se hâta point de se coucher,
presque tout un jour.

14 Il n'y a point eu de jour comme celui-là, ni avant ni après, où l'Éternel ait écouté la voix d'un homme ; car

15 l'Éternel combattait pour Israël. Et Josué, et tout Israël avec lui, retourna au camp à Guilgal.

16 Les cinq rois s'enfuirent, et se cachèrent dans une caverne à

17 Makkéda. On le rapporta à Josué, en disant : Les cinq rois se trouvent cachés dans une caverne à Makkéda.

18 Josué dit : Roulez de grosses pierres à l'entrée de la caverne, et mettez-y

19 des hommes pour les garder. Et vous, ne vous arrêtez pas, poursuivez vos ennemis, et attaquez-les par derrière ; ne les laissez pas entrer dans leurs villes, car l'Éternel, votre Dieu, les a livrés entre vos mains.

20 Après que Josué et les enfants d'Israël leur eurent fait éprouver une très grande défaite, et les eurent complètement battus, ceux qui purent échapper se sauvèrent dans les villes

21 fortifiées, et tout le peuple revint tranquillement au camp vers Josué à Makkéda, sans que personne remuât sa langue contre les enfants d'Israël.

22 Josué dit alors : Ouvrez l'entrée de la caverne, faites-en sortir ces

23 cinq rois, et amenez-les-moi. Ils firent ainsi, et lui amenèrent les cinq rois, qu'ils avaient fait sortir de la caverne, le roi de Jérusalem, le roi d'Hébron, le roi de Jarmuth, le roi

24 de Lakis, le roi d'Églon. Lorsqu'ils eurent amené ces rois devant Josué, Josué appela tous les hommes d'Israël, et dit aux chefs des gens de guerre qui avaient marché avec lui : Approchez-vous, mettez vos pieds sur les cous de ces rois. Ils s'approchèrent,

et ils mirent les pieds sur leurs cous.

25 Josué leur dit : Ne craignez point et ne vous effrayez point, fortifiez-vous et ayez du courage, car c'est ainsi que l'Éternel traitera tous vos ennemis contre lesquels vous combattez.

26 Après cela, Josué les frappa et les fit mourir ; il les pendit à cinq arbres, et ils restèrent pendus aux arbres

27 jusqu'au soir. Vers le coucher du soleil, Josué ordonna qu'on les descendit des arbres, on les jeta dans la caverne où ils s'étaient cachés, et l'on mit à l'entrée de la caverne de grosses pierres, qui y sont demeurées jusqu'à ce jour.

28 Josué prit Makkéda le même jour, et la frappa du tranchant de l'épée ; il dévoua par interdit le roi, la ville et tous ceux qui s'y trouvaient ; il n'en laissa échapper aucun, et il traita le roi de Makkéda comme il avait traité le roi de Jéricho.

29 Josué, et tout Israël avec lui, passa de Makkéda à Libna, et il attaqua

30 Libna. L'Éternel la livra aussi, avec son roi, entre les mains d'Israël, et la frappa du tranchant de l'épée, elle et tous ceux qui s'y trouvaient ; il n'en laissa échapper aucun, et il traita son roi comme il avait traité le roi de Jéricho.

31 Josué, et tout Israël avec lui, passa de Libna à Lakis ; il campa devant

32 elle, et il l'attaqua. L'Éternel livra Lakis entre les mains d'Israël, qui la prit le second jour, et la frappa du tranchant de l'épée, elle et tous ceux qui s'y trouvaient, comme il avait traité Libna.

33 Alors Horam, roi de Guézer, monta pour secourir Lakis. Josué le battit, lui et son peuple, sans laisser échapper personne.

34 Josué, et tout Israël avec lui, passa de Lakis à Églon ; ils campèrent

35 devant elle, et ils l'attaquèrent. Ils la prirent le même jour, et la frappèrent du tranchant de l'épée, elle et tous ceux qui s'y trouvaient ; Josué la dévoua par interdit le jour même, comme il avait traité Lakis.

36 Josué, et tout Israël avec lui, monta d'Églon à Hébron, et ils l'attaquèrent.

37 Ils la prirent, et la frappèrent du

tranchant de l'épée, elle, son roi, toutes les villes qui en dépendaient, et tous ceux qui s'y trouvaient; Josué n'en laissa échapper aucun, comme il avait fait à Églon, et il la dévoua par interdit avec tous ceux qui s'y trouvaient.

38 Josué, et tout Israël avec lui, se dirigea sur Debir, et il l'attaqua.

39 Il la prit, elle, son roi, et toutes les villes qui en dépendaient; ils les frappèrent du tranchant de l'épée, et ils dévouèrent par interdit tous ceux qui s'y trouvaient, sans en laisser échapper aucun; Josué traita Debir et son roi comme il avait traité Hébron et comme il avait traité Libna et son roi.

40 Josué battit tout le pays, la montagne, le midi, la plaine et les coteaux, et il en battit tous les rois; il ne laissa échapper personne, et il dévoua par interdit tout ce qui respirait, comme l'avait ordonné

41 l'Éternel, le Dieu d'Israël. Josué les battit de Kadès-Barnéa à Gaza, il battit tout le pays de Gosen jusqu'à

42 Gabaon. Josué prit en même temps tous ces rois et leur pays, car l'Éternel, le Dieu d'Israël, combattait pour

43 Israël. Et Josué, et tout Israël avec lui, retourna au camp à Guilgal.

Grande bataille près des eaux de Mérom; conquêtes dans le nord et dans le reste du pays.

11 Jabin, roi de Hatsor, ayant appris ces choses, envoya des messagers à Jobab, roi de Madon, au roi de Schimron, au roi d'Acschaph,

2 aux rois qui étaient au nord dans la montagne, dans la plaine au midi de Kinnéreth, dans la vallée, et sur les

3 hauteurs de Dor à l'occident, aux Cananéens de l'orient et de l'occident, aux Amoréens, aux Héthiens, aux Phéréziens, aux Jébusiens dans la montagne, et aux Héviens au pied de l'Hermon dans le pays de Mitspa.

4 Ils sortirent, eux et toutes leurs armées avec eux, formant un peuple innombrable comme le sable qui est sur le bord de la mer, et ayant des chevaux et des chars en très grande

5 quantité. Tous ces rois fixèrent un lieu de réunion, et vinrent camper ensemble près des eaux de Mérom, pour combattre contre Israël.

6 L'Éternel dit à Josué: Ne les crains point, car demain, à ce moment-ci, je les livrerai tous frappés devant Israël. Tu couperas les jarrets à leurs chevaux, et tu brûleras au feu leurs chars.

7 Josué, avec tous ses gens de guerre, arriva subitement sur eux près des eaux de Mérom, et ils se précipitèrent au milieu d'eux.

8 L'Éternel les livra entre les mains d'Israël; ils les battirent et les poursuivirent jusqu'à Sidon la grande, jusqu'à Misrephoth-Maïm, et jusqu'à la vallée de Mitspa vers l'orient; ils les battirent, sans en laisser échapper

9 aucun. Josué les traita comme l'Éternel lui avait dit; il coupa les jarrets à leurs chevaux, et il brûla leurs chars au feu.

10 A son retour, et dans le même temps, Josué prit Hatsor, et frappa son roi avec l'épée: Hatsor était autrefois la principale ville de tous

11 ces royaumes. On frappa du tranchant de l'épée et l'on dévoua par interdit tous ceux qui s'y trouvaient, il ne resta rien de ce qui respirait, et l'on mit le feu à Hatsor.

12 Josué prit aussi toutes les villes de ces rois et tous leurs rois, et il les frappa du tranchant de l'épée, et il les dévoua par interdit, comme l'avait ordonné Moïse, serviteur de

13 l'Éternel. Mais Israël ne brûla aucune des villes situées sur des collines, à l'exception seulement de Hatsor, qui fut brûlée par Josué.

14 Les enfants d'Israël gardèrent pour eux tout le butin de ces villes et le bétail; mais ils frappèrent du tranchant de l'épée tous les hommes, jusqu'à ce qu'ils les eussent détruits, sans rien laisser de ce qui respirait.

15 Josué exécuta les ordres de l'Éternel à Moïse, son serviteur, et de Moïse à Josué, il ne négligea rien de tout ce que l'Éternel avait ordonné à Moïse.

16 C'est ainsi que Josué s'empara de tout ce pays, de la montagne, de tout

le midi, de tout le pays de Gosen, de la vallée, de la plaine, de la montagne d'Israël et de ses vallées,

17 depuis la montagne nue qui s'élève vers Séir jusqu'à Baal-Gad, dans la vallée du Liban, au pied de la montagne d'Hermon. Il prit tous leurs rois, les frappa et les fit mourir.

18 La guerre que soutint Josué contre tous ces rois fut de longue durée.

19 Il n'y eut aucune ville qui fît la paix avec les enfants d'Israël, excepté Gabaon, habitée par les Héviens ; ils les prirent toutes en combattant.

20 Car l'Éternel permit que ces peuples s'obstinassent à faire la guerre contre Israël, afin qu'Israël les dévouât par interdit, sans qu'il y eût pour eux de miséricorde, et qu'il les détruisît, comme l'Éternel l'avait ordonné à Moïse.

21 Dans le même temps, Josué se mit en marche, et il extermina les Anakim de la montagne d'Hébron, de Debir, d'Anab, de toute la montagne de Juda et de toute la montagne d'Israël ; Josué les dévoua par interdit

22 avec leurs villes. Il ne resta point d'Anakim dans le pays des enfants d'Israël ; il n'en resta qu'à Gaza, à Gath et à Asdod.

23 Josué s'empara donc de tout le pays, selon tout ce que l'Éternel avait dit à Moïse. Et Josué le donna en héritage à Israël, à chacun sa portion, d'après leurs tribus. Puis, le pays fut en repos et sans guerre.

Rois vaincus.

12 Voici les rois que les enfants d'Israël battirent, et dont ils possédèrent le pays de l'autre côté du Jourdain, vers le soleil levant, depuis le torrent de l'Arnon jusqu'à la montagne d'Hermon, avec toute la plaine à l'orient.

2 Sihon, roi des Amoréens, qui habitait à Hesbon. Sa domination s'étendait depuis Aroër, qui est au bord du torrent de l'Arnon, et, depuis le milieu du torrent, sur la moitié de Galaad, jusqu'au torrent de Jabbok,

3 frontière des enfants d'Ammon ; sur la plaine, jusqu'à la mer de Kinnéreth à l'orient, et jusqu'à la mer de la plaine, la mer Salée, à l'orient vers Beth-Jeschimoth ; et du côté du midi, sur le pied du Pisga.

4 Og, roi de Basan, seul reste des Rephaïm, qui habitait à Aschtaroth et à Édréï. Sa domination s'étendait

5 sur la montagne d'Hermon, sur Salca, sur tout Basan jusqu'à la frontière des Gueschuriens et des Maacathiens, et sur la moitié de Galaad, frontière de Sihon, roi de Heshon.

6 Moïse, serviteur de l'Éternel, et les enfants d'Israël, les battirent ; et Moïse, serviteur de l'Éternel, donna leur pays en possession aux Rubénites, aux Gadites, et à la moitié de la tribu de Manassé.

7 Voici les rois que Josué et les enfants d'Israël battirent de ce côté-ci du Jourdain, à l'occident, depuis Baal-Gad dans la vallée du Liban jusqu'à la montagne nue qui s'élève vers Séir. Josué donna leur pays en possession aux tribus d'Israël, à chacune sa portion, dans la montagne,

8 dans la vallée, dans la plaine, sur les coteaux, dans le désert, et dans le midi : pays des Héthiens, des Amoréens, des Cananéens, des Phéréziens, des Héviens et des Jébusiens.

9 Le roi de Jéricho, un ; le roi d'Aï, près de Béthel, un ; le roi de Jéru-

10 salem, un ; le roi d'Hébron, un ; le

11 roi de Jarmuth, un ; le roi de Lakis,

12 un ; le roi d'Églon, un ; le roi de Guézer, un ; le roi de Debir, un ; le

13 roi de Guéder, un ; le roi de Horma,

14 un ; le roi d'Arad, un ; le roi de

15 Libna, un ; le roi d'Adullam, un ; le

16 roi de Makkéda, un ; le roi de Béthel, un ; le roi de Tappuach, un ; le roi

17 de Hépher, un ; le roi d'Aphek, un ;

18 le roi de Lascharon, un ; le roi de

19 Madon, un ; le roi de Hatsor, un ; le

20 roi de Schimron-Meron, un ; le roi d'Acschaph, un ; le roi de Taanac,

21 un ; le roi de Meguiddo, un ; le roi

22 de Kédesch, un ; le roi de Jokneam, au Carmel, un ; le roi de Dor, sur les

23 hauteurs de Dor, un ; le roi de Gojim, près de Guilgal, un ; le roi de Thirtsa,

24 un. Total des rois : trente-un.

PARTAGE DU PAYS DE CANAAN

Partage du pays à l'orient du Jourdain.

13 Josué était vieux, avancé en âge. L'Éternel lui dit alors : Tu es devenu vieux, tu es avancé en âge, et le pays qui te reste à soumettre est très grand. 2 Voici le pays qui reste : tous les districts des Philistins et tout le territoire des Gueschuriens 3 depuis le Schichor qui coule devant l'Égypte jusqu'à la frontière d'Ékron au nord, contrée qui doit être tenue pour cananéenne, et qui est occupée par les cinq princes des Philistins, celui de Gaza, celui d'Asdod, celui d'Askalon, celui de Gath et celui 4 d'Ékron, et par les Avviens ; à partir du midi, tout le pays des Cananéens, et Meara qui est aux Sidoniens, jusqu'à Aphek, jusqu'à la frontière 5 des Amoréens ; le pays des Guibliens, et tout le Liban vers le soleil levant, depuis Baal-Gad au pied de la montagne d'Hermon jusqu'à l'entrée 6 de Hamath ; tous les habitants de la montagne, depuis le Liban jusqu'à Misrephoth-Maïm, tous les Sidoniens. Je les chasserai devant les enfants d'Israël. Donne seulement ce pays en héritage par le sort à Israël, 7 comme je te l'ai prescrit ; et divise maintenant ce pays par portions entre les neuf tribus et la demi-tribu de Manassé.

8 Les Rubénites et les Gadites, avec l'autre moitié de la tribu de Manassé, ont reçu leur héritage, que Moïse leur a donné de l'autre côté du Jourdain, à l'orient, comme le leur a donné 9 Moïse, serviteur de l'Éternel : depuis Aroër sur les bords du torrent de l'Arnon, et depuis la ville qui est au milieu de la vallée, toute la plaine de 10 Médeba, jusqu'à Dibon ; toutes les villes de Sihon, roi des Amoréens, qui régnait à Hesbon, jusqu'à la frontière des enfants d'Ammon ; 11 Galaad, le territoire des Gueschuriens et des Maacathiens, toute la montagne d'Hermon, et tout Basan, 12 jusqu'à Salca ; tout le royaume d'Og en Basan, qui régnait à Aschtaroth et à Édréï, et qui était le seul reste des Rephaïm. Moïse battit ces rois, et les chassa. Mais les enfants 13 d'Israël ne chassèrent point les Gueschuriens et les Maacathiens, qui ont habité au milieu d'Israël jusqu'à ce jour.

La tribu de Lévi fut la seule 14 à laquelle Moïse ne donna point d'héritage ; les sacrifices consumés par le feu devant l'Éternel, le Dieu d'Israël, tel fut son héritage, comme il le lui avait dit.

Moïse avait donné à la tribu des 15 fils de Ruben une part selon leurs familles. Ils eurent pour territoire, 16 à partir d'Aroër sur les bords du torrent de l'Arnon, et de la ville qui est au milieu de la vallée, toute la plaine près de Médeba, Hesbon et 17 toutes ses villes dans la plaine, Dibon, Bamoth-Baal, Beth-Baal-Meon, Jahats, Kedémoth, Méphaath, 18 Kirjathaïm, Sibma, Tséreth-Hascha-19 char sur la montagne de la vallée, Beth-Peor, les coteaux du Pisga, 20 Beth-Jeschimoth, toutes les villes 21 de la plaine, et tout le royaume de Sihon, roi des Amoréens, qui régnait à Hesbon : Moïse l'avait battu, lui et les princes de Madian, Évi, Rékem, Tsur, Hur et Réba, princes qui relevaient de Sihon et qui habitaient dans le pays. Parmi ceux que 22 tuèrent les enfants d'Israël, ils avaient aussi fait périr avec l'épée le devin Balaam, fils de Beor. Le 23 Jourdain servait de limite au territoire des fils de Ruben. Voilà l'héritage des fils de Ruben selon leurs familles ; les villes et leurs villages.

Moïse avait donné à la tribu de 24 Gad, aux fils de Gad, une part selon leurs familles. Ils eurent pour 25 territoire Jaezer, toutes les villes de Galaad, la moitié du pays des enfants d'Ammon jusqu'à Aroër vis-à-vis de Rabba, depuis Hesbon jusqu'à 26 Ramath-Mitspé et Bethonim, depuis Mahanaïm jusqu'à la frontière de Debir, et, dans la vallée, Beth-Haram, 27 Beth-Nimra, Succoth et Tsaphon, reste du royaume de Sihon, roi de Hesbon, ayant le Jourdain pour limite jusqu'à l'extrémité de la mer de Kinnéreth de l'autre côté du 28 Jourdain, à l'orient. Voilà l'héritage des fils de Gad selon leurs familles ; les villes et leurs villages.

29 Moïse avait donné à la demi-tribu de Manassé, aux fils de Manassé, 30 une part selon leurs familles. Ils eurent pour territoire, à partir de Mahanaïm, tout Basan, tout le royaume d'Og, roi de Basan, et tous les bourgs de Jaïr en Basan, 31 soixante villes. La moitié de Galaad, Aschtaroth et Édréï, villes du royaume d'Og en Basan, échurent aux fils de Makir, fils de Manassé, à la moitié des fils de Makir, selon leurs familles.

32 Telles sont les parts que fit Moïse, lorsqu'il était dans les plaines de Moab, de l'autre côté du Jourdain, vis-à-vis de Jéricho, à l'orient.

33 Moïse ne donna point d'héritage à la tribu de Lévi ; l'Éternel, le Dieu d'Israël, tel fut son héritage, comme il le lui avait dit.

Partage du pays à l'occident du Jourdain.—
Le territoire d'Hébron accordé à Caleb.

14 Voici ce que les enfants d'Israël reçurent en héritage dans le pays de Canaan, ce que partagèrent entre eux le sacrificateur Éléazar, Josué, fils de Nun, et les chefs de famille 2 des tribus des enfants d'Israël. Le partage eut lieu d'après le sort, comme l'Éternel l'avait ordonné par Moïse, pour les neuf tribus et pour la demi-3 tribu. Car Moïse avait donné un héritage aux deux tribus et à la demi-tribu de l'autre côté du Jourdain ; mais il n'avait point donné aux 4 Lévites d'héritage parmi eux. Les fils de Joseph formaient deux tribus, Manassé et Éphraïm ; et l'on ne donna point de part aux Lévites dans le pays, si ce n'est des villes pour habitation, et les banlieues pour leurs troupeaux et pour leurs biens. 5 Les enfants d'Israël se conformèrent aux ordres que l'Éternel avait donnés à Moïse, et ils partagèrent le pays.

Les fils de Juda s'approchèrent de 6 Josué, à Guilgal ; et Caleb, fils de Jephunné, le Kenizien, lui dit : Tu sais ce que l'Éternel a déclaré à Moïse, homme de Dieu, au sujet de moi et au sujet de toi, à Kadès-Barnéa. J'étais âgé de quarante ans 7 lorsque Moïse, serviteur de l'Éternel, m'envoya de Kadès-Barnéa pour explorer le pays, et je lui fis un rapport avec droiture de cœur. Mes 8 frères qui étaient montés avec moi découragèrent le peuple, mais moi je suivis pleinement la voie de l'Éternel, mon Dieu. Et ce jour-là Moïse jura, 9 en disant : Le pays que ton pied a foulé sera ton héritage à perpétuité, pour toi et pour tes enfants, parce que tu as pleinement suivi la voie de l'Éternel, mon Dieu. Maintenant 10 voici, l'Éternel m'a fait vivre, comme il l'a dit. Il y a quarante-cinq ans que l'Éternel parlait ainsi à Moïse, lorsqu'Israël marchait dans le désert ; et maintenant voici, je suis âgé aujourd'hui de quatre-vingt-cinq ans. Je suis encore vigoureux comme au 11 jour où Moïse m'envoya ; j'ai autant de force que j'en avais alors, soit pour combattre, soit pour sortir et pour entrer. Donne-moi donc cette 12 montagne dont l'Éternel a parlé dans ce temps-là ; car tu as appris alors qu'il s'y trouve des Anakim, et qu'il y a des villes grandes et fortifiées. L'Éternel sera peut-être avec moi, et je les chasserai, comme l'Éternel a dit.

Josué bénit Caleb, fils de Jephunné, 13 et il lui donna Hébron pour héritage. C'est ainsi que Caleb, fils de Je-14 phunné, le Kenizien, a eu jusqu'à ce jour Hébron pour héritage, parce qu'il avait pleinement suivi la voie de l'Éternel, le Dieu d'Israël. Hébron 15 s'appelait autrefois Kirjath-Arba : Arba avait été l'homme le plus grand parmi les Anakim.

Le pays fut dès lors en repos et sans guerre.

Territoire échu à la tribu de Juda.

La part échue par le sort à la **15** tribu des fils de Juda, selon leurs familles, s'étendait vers la frontière d'Édom jusqu'au désert de Tsin, au midi, à l'extrémité méridionale.

2 Ainsi, leur limite méridionale partait de l'extrémité de la mer Salée, de la langue qui fait face au 3 sud. Elle se prolongeait au midi de la montée d'Akrabbim, passait par Tsin, et montait au midi de Kadès-Barnéa ; elle passait de là par Hetsron, montait vers Addar, et 4 tournait à Karkaa ; elle passait ensuite par Atsmon, et continuait jusqu'au torrent d'Égypte, pour aboutir à la mer. Ce sera votre limite au midi.

5 La limite orientale était la mer Salée jusqu'à l'embouchure du Jourdain.

La limite septentrionale partait de la langue de mer qui est à l'em-6 bouchure du Jourdain. Elle montait vers Beth-Hogla, passait au nord de Beth-Araba, et s'élevait jusqu'à la 7 pierre de Bohan, fils de Ruben ; elle montait à Debir, à quelque distance de la vallée d'Acor, et se dirigeait vers le nord du côté de Guilgal, qui est vis-à-vis de la montée d'Adummim au sud du torrent. Elle passait près des eaux d'En-Schémesch, et se pro-8 longeait jusqu'à En-Roguel. Elle montait de là par la vallée de Ben-Hinnom au côté méridional de Jebus, qui est Jérusalem, puis s'élevait jusqu'au sommet de la montagne, qui est devant la vallée de Hinnom à l'occident, et à l'extrémité de la 9 vallée des Rephaïm au nord. Du sommet de la montagne elle s'étendait jusqu'à la source des eaux de Nephthoach, continuait vers les villes de la montagne d'Éphron, et se pro-longeait par Baala, qui est Kirjath-10 Jearim. De Baala elle tournait à l'occident vers la montagne de Séir, traversait le côté septentrional de la montagne de Jearim, à Kesalon, descendait à Beth-Schémesch, et 11 passait par Thimna. Elle continuait sur le côté septentrional d'Ékron, s'étendait vers Schicron, passait par la montagne de Baala, et se pro-longeait jusqu'à Jabneel, pour aboutir à la mer.

12 La limite occidentale était la grande mer.

Telles furent de tous les côtés les limites des fils de Juda, selon leurs familles.

On donna à Caleb, fils de Je-13 phunné, une part au milieu des fils de Juda, comme l'Éternel l'avait ordonné à Josué ; on lui donna Kirjath-Arba, qui est Hébron : Arba était le père d'Anak. Caleb en chassa 14 les trois fils d'Anak : Schéschaï, Ahiman et Talmaï, enfants d'Anak. De là il monta contre les habitants 15 de Debir : Debir s'appelait autre-fois Kirjath-Sépher. Caleb dit : Je 16 donnerai ma fille Acsa pour femme à celui qui battra Kirjath-Sépher et qui la prendra. Othniel, fils de 17 Kenaz, frère de Caleb, s'en empara ; et Caleb lui donna pour femme sa fille Acsa. Lorsqu'elle fut entrée 18 chez Othniel, elle le sollicita de demander à son père un champ. Elle descendit de dessus son âne, et Caleb lui dit : Qu'as-tu ? Elle 19 répondit : Fais-moi un présent, car tu m'as donné une terre du midi ; donne-moi aussi des sources d'eau. Et il lui donna les sources supé-rieures et les sources inférieures.

Tel fut l'héritage des fils de Juda, 20 selon leurs familles.

Les villes situées dans la contrée 21 du midi, à l'extrémité de la tribu des fils de Juda, vers la frontière d'Édom, étaient : Kabtseel, Éder, Jagur, Kina, 22 Dimona, Adada, Kédesch, Hatsor, 23 Ithnan, Ziph, Thélem, Bealoth, 24 Hatsor-Hadattha, Kerijoth-Hetsron, 25 qui est Hatsor, Amam, Schema, 26 Molada, Hatsar-Gadda, Heschmon, 27 Beth-Paleth, Hatsar-Schual, Beer-28 Schéba, Bizjothja, Baala, Ijjim, 29 Atsem, Eltholad, Kesil, Horma, 30 Tsiklag, Madmanna, Sansanna, Le-31 baoth, Schilhim, Aïn, et Rimmon. 32 Total des villes : vingt-neuf, et leurs villages.

Dans la plaine : Eschthaol, Tsorea, 33 Aschna, Zanoach, En-Gannim, Tap-34 puach, Énam, Jarmuth, Adullam, 35 Soco, Azéka, Schaaraïm, Adithaïm, 36 Guedéra, et Guedérothaïm ; quatorze villes, et leurs villages. Tsenan, 37 Hadascha, Migdal-Gad, Dilean, 38 Mitspé, Joktheel, Lakis, Botskath, 39

40 Églon, Cabbon, Lachmas, Kithlisch,
41 Guédéroth, Beth-Dagon, Naama, et Makkéda; seize villes, et leurs
42 villages. Libna, Éther, Aschan,
43 Jiphtach, Aschna, Netsib, Keïla,
44 Aczib, et Marescha; neuf villes, et
45 leurs villages. Ékron, les villes de
46 son ressort et ses villages; depuis Ékron et à l'occident, toutes les villes près d'Asdod, et leurs villages,
47 Asdod, les villes de son ressort, et ses villages; Gaza, les villes de son ressort, et ses villages, jusqu'au torrent d'Égypte, et à la grande mer, qui sert de limite.
48 Dans la montagne: Schamir, Jat-
49 thir, Soco, Danna, Kirjath-Sanna,
50 qui est Debir, Anab, Eschthemo,
51 Anim, Gosen, Holon, et Guilo, onze
52 villes, et leurs villages. Arab, Duma,
53 Eschean, Janum, Beth-Tappuach,
54 Aphéka, Humta, Kirjath-Arba, qui est Hebron, et Tsior; neuf villes,
55 et leurs villages. Maon, Carmel,
56 Ziph, Juta, Jizreel, Jokdeam, Zanoach,
57 Kaïn, Guibea, et Thimna; dix villes,
58 et leurs villages. Halhul, Beth-Tsur,
59 Guedor, Maarath, Beth-Anoth, et Elthekon; six villes, et leurs villages.
60 Kirjath-Baal, qui est Kirjath-Jearim, et Rabba; deux villes, et leurs villages.
61 Dans le désert: Beth-Araba,
62 Middin, Secaca, Nibschan, Ir-Ham-mélach, et En-Guédi; six villes, et leurs villages.
63 Les fils de Juda ne purent pas chasser les Jébusiens qui habitaient à Jérusalem, et les Jébusiens ont habité avec les fils de Juda à Jérusalem jusqu'à ce jour.

Territoire échu à la tribu d'Éphraim.

16 La part échue par le sort aux fils de Joseph s'étendait depuis le Jourdain près de Jéricho, vers les eaux de Jéricho, à l'orient. La limite suivait le désert qui s'élève de Jéricho
2 à Béthel par la montagne. Elle continuait de Béthel à Luz, et passait vers la frontière des Arkiens par
3 Atharoth. Puis elle descendait à l'occident vers la frontière des Japhléthiens jusqu'à celle de Beth-Horon la basse et jusqu'à Guézer, pour

aboutir à la mer. C'est là que 4 régnent leur héritage les fils de Joseph, Manassé et Éphraïm.

Voici les limites des fils d'Éphraïm, 5 selon leurs familles.

La limite de leur héritage était, à l'orient, Atharoth-Addar jusqu'à Beth-Horon la haute. Elle con- 6 tinuait du côté de l'occident vers Micmethath au nord, tournait à l'orient vers Thaanath-Silo, et passait dans la direction de l'orient par Janoach. De Janoach elle descendait 7 à Atharoth et à Naaratha, touchait à Jéricho, et se prolongeait jusqu'au Jourdain. De Tappuach elle allait 8 vers l'occident au torrent de Kana, pour aboutir à la mer.

Tel fut l'héritage de la tribu des fils d'Éphraïm, selon leurs familles.

Les fils d'Éphraïm avaient aussi 9 des villes séparées au milieu de l'héritage des fils de Manassé, toutes avec leurs villages.

Ils ne chassèrent point les Cana- 10 néens qui habitaient à Guézer, et les Cananéens ont habité au milieu d'Éphraïm jusqu'à ce jour, mais ils furent assujettis à un tribut.

Territoire échu à la demi-tribu de Manassé.

Une part échut aussi par le sort **17** à la tribu de Manassé, car il était le premier-né de Joseph. Makir, premier-né de Manassé et père de Galaad, avait eu Galaad et Basan, parce qu'il était un homme de guerre. On donna par le sort une part aux 2 autres fils de Manassé, selon leurs familles, aux fils d'Abiézer, aux fils de Hélek, aux fils d'Asriel, aux fils de Sichem, aux fils de Hépher, aux fils de Schemida: ce sont là les enfants mâles de Manassé, fils de Joseph, selon leurs familles. Tse- 3 lophchad, fils de Hépher, fils de Galaad, fils de Makir, fils de Manassé, n'eut point de fils, mais il eut des filles dont voici les noms: Machla, Noa, Hogla, Milca et Thirtsa. Elles 4 se présentèrent devant le sacrificateur Éléazar, devant Josué, fils de Nun, et devant les princes, en disant: L'Éternel a commandé à Moïse de nous donner un héritage parmi nos frères. Et on leur donna, selon l'ordre de l'Éternel, un héritage 5 parmi les frères de leur père. Il échut dix portions à Manassé, outre le pays de Galaad et de Basan, qui 6 est de l'autre côté du Jourdain. Car les filles de Manassé eurent un héritage parmi ses fils, et le pays de Galaad fut pour les autres fils de Manassé.

7 La limite de Manassé s'étendait d'Aser à Micmethath, qui est près de Sichem, et allait à Jamin vers les 8 habitants d'En-Tappuach. Le pays de Tappuach était aux fils de Manassé, mais Tappuach sur la frontière de Manassé était aux fils d'Éphraïm. 9 La limite descendait au torrent de Kana, au midi du torrent. Ces villes étaient à Éphraïm, au milieu des villes de Manassé. La limite de Manassé au nord du torrent aboutissait 10 à la mer. Le territoire du midi était à Éphraïm, celui du nord à Manassé, et la mer leur servait de limite; ils touchaient à Aser vers le nord, et 11 à Issacar vers l'orient. Manassé possédait dans Issacar et dans Aser: Beth-Schean et les villes de son ressort, Jibleam et les villes de son ressort, les habitants de Dor et les villes de son ressort, les habitants d'En-Dor et les villes de son ressort, les habitants de Thaanac et les villes de son ressort, et les habitants de Meguiddo et les villes de son ressort, trois contrées.

12 Les fils de Manassé ne purent pas prendre possession de ces villes, et les Cananéens voulurent rester dans 13 ce pays. Lorsque les enfants d'Israël furent assez forts, ils assujettirent les Cananéens à un tribut, mais ils ne les chassèrent point.

14 Les fils de Joseph parlèrent à Josué, et dirent: Pourquoi nous as-tu donné en héritage un seul lot, une seule part, tandis que nous formons un peuple nombreux et que l'Éternel 15 nous a bénis jusqu'à présent? Josué leur dit: Si vous êtes un peuple nombreux, montez à la forêt, et vous l'abattrez pour vous y faire de la place dans le pays des Phéréziens et des Rephaïm, puisque la montagne

d'Éphraïm est trop étroite pour vous. Les fils de Joseph dirent: La mon- 16 tagne ne nous suffira pas, et il y a des chars de fer chez tous les Cananéens qui habitent la vallée, chez ceux qui sont à Beth-Schean et dans les villes de son ressort, et chez ceux qui sont dans la vallée de Jizreel. Josué dit à la maison de 17 Joseph, à Éphraïm et à Manassé: Vous êtes un peuple nombreux, et votre force est grande, vous n'aurez pas un simple lot. Mais vous aurez 18 la montagne, car c'est une forêt que vous abattrez et dont les issues seront à vous, et vous chasserez les Cananéens, malgré leurs chars de fer et malgré leur force.

Territoires échus aux sept tribus de Benjamin, de Siméon, de Zabulon, d'Issacar, d'Aser, de Nephthali, et de Dan.—La ville de Thimnath-Sérach accordée à Josué.

18 Toute l'assemblée des enfants d'Israël se réunit à Silo, et ils y placèrent la tente d'assignation. Le pays était soumis devant eux.

Il restait sept tribus des enfants 2 d'Israël qui n'avaient pas encore reçu leur héritage. Josué dit aux enfants 3 d'Israël: Jusques à quand négligerez-vous de prendre possession du pays que l'Éternel, le Dieu de vos pères, vous a donné? Choisissez trois 4 hommes par tribu, et je les ferai partir. Ils se lèveront, parcourront le pays, traceront un plan en vue du partage, et reviendront auprès de moi. Ils le diviseront en sept parts; 5 Juda restera dans ses limites au midi, et la maison de Joseph restera dans ses limites au nord. Vous donc, 6 vous tracerez un plan du pays en sept parts, et vous me l'apporterez ici. Je jetterai pour vous le sort devant l'Éternel, notre Dieu. Mais 7 il n'y aura point de part pour les Lévites au milieu de vous, car le sacerdoce de l'Éternel est leur héritage; et Gad, Ruben et la demi-tribu de Manassé ont reçu leur héritage, que Moïse, serviteur de l'Éternel, leur a donné de l'autre côté du Jourdain, à l'orient. Lorsque ces hommes se 8 levèrent et partirent pour tracer un plan du pays, Josué leur donna cet ordre : Allez, parcourez le pays, tracez-en un plan, et revenez auprès de moi ; puis je jetterai pour vous le 9 sort devant l'Éternel, à Silo. Ces hommes partirent, parcoururent le pays, et en tracèrent d'après les villes un plan en sept parts, dans un livre ; et ils revinrent auprès de Josué dans 10 le camp à Silo. Josué jeta pour eux le sort à Silo devant l'Éternel, et il fit le partage du pays entre les enfants d'Israël, en donnant à chacun sa portion.

11 Le sort tomba sur la tribu des fils de Benjamin, selon leurs familles, et la part qui leur échut par le sort avait ses limites entre les fils de Juda et les fils de Joseph.

12 Du côté septentrional, leur limite partait du Jourdain. Elle montait au nord de Jéricho, s'élevait dans la montagne vers l'occident, et abou- 13 tissait au désert de Beth-Aven. Elle passait de là par Luz, au midi de Luz, qui est Béthel, et elle descendait à Atharoth-Addar par-dessus la montagne qui est au midi de Beth-Horon la basse.

14 Du côté occidental, la limite se prolongeait et tournait au midi depuis la montagne qui est vis-à-vis de Beth-Horon ; elle continuait vers le midi, et aboutissait à Kirjath-Baal, qui est Kirjath-Jearim, ville des fils de Juda. C'était le côté occidental.

15 Le côté méridional commençait à l'extrémité de Kirjath-Jearim. La limite se prolongeait vers l'occident jusqu'à la source des eaux de Neph- 16 thoach. Elle descendait à l'extrémité de la montagne qui est vis-à-vis de la vallée de Ben-Hinnom, dans la vallée des Rephaïm au nord. Elle descendait par la vallée de Hinnom, sur le côté méridional des Jébusiens, 17 jusqu'à En-Roguel. Elle se dirigeait vers le nord à En-Schémesch, puis à Gueliloth, qui est vis-à-vis de la montée d'Adummim, et elle descendait à la pierre de Bohan, fils 18 de Ruben. Elle passait sur le côté septentrional en face d'Araba, des- 19 cendait à Araba, et continuait sur le côté septentrional de Beth-Hogla, pour aboutir à la langue septentrionale de la mer Salée, vers l'embouchure du Jourdain au midi. C'était la limite méridionale.

20 Du côté oriental, le Jourdain formait la limite.

Tel fut l'héritage des fils de Benjamin, selon leurs familles, avec ses limites de tous les côtés.

21 Les villes de la tribu des fils de Benjamin, selon leurs familles, étaient : Jéricho, Beth-Hogla, Émek- 22 Ketsits, Beth-Araba, Tsemaraïm, 23 Béthel, Avvim, Para, Ophra, Kephar- 24 Ammonaï, Ophni, et Guéba ; douze villes, et leurs villages. Gabaon, 25 Rama, Beéroth, Mitspé, Kephira, 26 Motsa, Rékem, Jirpeel, Tharéala, 27 Tséla, Eleph, Jebus, qui est Jérusa- 28 lem, Guibeath, et Kirjath ; quatorze villes, et leurs villages.

Tel fut l'héritage des fils de Benjamin, selon leurs familles.

19 La seconde part échut par le sort à Siméon, à la tribu des fils de Siméon, selon leurs familles. Leur héritage était au milieu de l'héritage des fils de Juda.

2 Ils eurent dans leur héritage : Beer- 3 Schéba, Schéba, Molada, Hatsar- Schual, Bala, Atsem, Eltholad, Bethul, 4 Horma, Tsiklag, Beth-Marcaboth, 5 Hatsar-Susa, Beth-Lebaoth, et Scha- 6 ruchen, treize villes, et leurs villages ; 7 Aïn, Rimmon, Éther, et Aschan, quatre villes, et leurs villages ; et 8 tous les villages aux environs de ces villes, jusqu'à Baalath-Beer, qui est Ramath du midi.

Tel fut l'héritage de la tribu des fils de Siméon, selon leurs familles. 9 L'héritage des fils de Siméon fut pris sur la portion des fils de Juda ; car la portion des fils de Juda était trop grande pour eux, et c'est au milieu de leur héritage que les fils de Siméon reçurent le leur.

10 La troisième part échut par le sort aux fils de Zabulon, selon leurs familles.

11 La limite de leur héritage s'étendait jusqu'à Sarid. Elle montait à l'occident vers Mareala, et touchait à Dabbéscheth, puis au torrent qui coule devant Jokneam. De Sarid 12

elle tournait à l'orient, vers le soleil levant, jusqu'à la frontière de Kisloth-Thabor, continuait à Dabrath, et 13 montait à Japhia. De là elle passait à l'orient par Guittha-Hépher, par Ittha-Katsin, continuait à Rimmon, 14 et se prolongeait jusqu'à Néa. Elle tournait ensuite du côté du nord vers Hannathon, et aboutissait à la vallée 15 de Jiphthach-El. De plus, Katthath, Nahalal, Schimron, Jideala, Bethléhem. Douze villes, et leurs villages.

16 Tel fut l'héritage des fils de Zabulon, selon leurs familles, ces villes-là et leurs villages.

17 La quatrième part échut par le sort à Issacar, aux fils d'Issacar, selon leurs familles.

18 Leur limite passait par Jizreel, Ke-
19 sulloth, Sunem, Hapharaïm, Schion,
20 Anacharath, Rabbith, Kischjon,
21 Abets, Rémeth, En-Gannim, En-
22 Hadda, et Beth-Patsets ; elle touchait à Thabor, à Schachatsima, à Beth-Schémesch, et aboutissait au Jourdain. Seize villes, et leurs villages.

23 Tel fut l'héritage de la tribu des fils d'Issacar, selon leurs familles, ces villes-là et leurs villages.

24 La cinquième part échut par le sort à la tribu des fils d'Aser, selon leurs familles.

25 Leur limite passait par Helkath,
26 Hali, Béthen, Acschaph, Allammélec, Amead et Mischeal ; elle touchait, vers l'occident, au Carmel et au
27 Schichor-Libnath ; puis elle tournait du côté de l'orient à Beth-Dagon, atteignait Zabulon et la vallée de Jiphthach-El au nord de Beth-Émek et de Neïel, et se prolongeait vers
28 Cabul, à gauche, et vers Ébron, Rehob, Hammon et Kana, jusqu'à
29 Sidon la grande. Elle tournait ensuite vers Rama jusqu'à la ville forte de Tyr, et vers Hosa, pour aboutir à
30 la mer, par la contrée d'Aczib. De plus, Umma, Aphek et Rehob. Vingt-deux villes, et leurs villages.

31 Tel fut l'héritage de la tribu des fils d'Aser, selon leurs familles, ces villes-là et leurs villages.

32 La sixième part échut par le sort aux fils de Nephthali, selon leurs familles.

33 Leur limite s'étendait depuis Hé-

leph, depuis Allon, par Tsaanannim, Adami-Nékeb et Jabneel, jusqu'à Lakkum, et elle aboutissait au Jour-34 dain. Elle tournait vers l'occident à Aznoth-Thabor, et de là continuait à Hukkok ; elle touchait à Zabulon du côté du midi, à Aser du côté de l'occident, et à Juda ; le Jourdain était du côté de l'orient. Les villes 35 fortes étaient : Tsiddim, Tser, Hammath, Rakkath, Kinnéreth, Adama, 36 Rama, Hatsor, Kédesch, Édréï, En-37 Hatsor, Jireon, Migdal-El, Horem, 38 Beth-Anath et Beth-Schémesch. Dix-neuf villes, et leurs villages.

Tel fut l'héritage de la tribu des 39 fils de Nephthali, selon leurs familles, ces villes-là et leurs villages.

La septième part échut par le sort 40 à la tribu des fils de Dan, selon leurs familles.

La limite de leur héritage compre-41 nait Tsorea, Eschthaol, Ir-Schémesch, Schaalabbin, Ajalon, Jithla, Élon, ⁴²⁄₄₃ Thimnatha, Ékron, Eltheké, Guibbe-44 thon, Baalath, Jehud, Bené-Berak, 45 Gath-Rimmon, Mé-Jarkon et Rak-46 kon, avec le territoire vis-à-vis de Japho. Le territoire des fils de Dan 47 s'étendait hors de chez eux. Les fils de Dan montèrent et combattirent contre Léschem ; ils s'en emparèrent et la frappèrent du tranchant de l'épée ; ils en prirent possession, s'y établirent, et l'appelèrent Dan, du nom de Dan, leur père.

Tel fut l'héritage de la tribu des 48 fils de Dan, selon leurs familles, ces villes-là et leurs villages.

Lorsqu'ils eurent achevé de faire 49 le partage du pays, d'après ses limites, les enfants d'Israël donnèrent à Josué, fils de Nun, une possession au milieu d'eux. Selon l'ordre de 50 l'Éternel, ils lui donnèrent la ville qu'il demanda, Thimnath-Sérach, dans la montagne d'Éphraïm. Il rebâtit la ville, et y fit sa demeure.

Tels sont les héritages que le sacri-51 ficateur Éléazar, Josué, fils de Nun, et les chefs de famille des tribus des enfants d'Israël, distribuèrent par le sort devant l'Éternel à Silo, à l'entrée de la tente d'assignation. Ils achevèrent ainsi le partage du pays.

20 L'Éternel parla à Josué, et dit :
2 Parle aux enfants d'Israël, et dis :
Établissez-vous, comme je vous l'ai
ordonné par Moïse, des villes de
3 refuge, où pourra s'enfuir le meurtrier
qui aura tué quelqu'un involontairement, sans intention ; elles vous
serviront de refuge contre le vengeur
4 du sang. Le meurtrier s'enfuira vers
l'une de ces villes, s'arrêtera à l'entrée
de la porte de la ville, et exposera
son cas aux anciens de cette ville ;
ils le recueilleront auprès d'eux dans
la ville, et lui donneront une demeure,
5 afin qu'il habite avec eux. Si le
vengeur du sang le poursuit, ils ne
livreront point le meurtrier entre ses
mains ; car c'est sans le vouloir qu'il
a tué son prochain, et sans avoir été
6 auparavant son ennemi. Il restera
dans cette ville jusqu'à ce qu'il ait
comparu devant l'assemblée pour
être jugé, jusqu'à la mort du souverain sacrificateur alors en fonctions.
A cette époque, le meurtrier s'en
retournera et rentrera dans sa ville et
dans sa maison, dans la ville d'où il
s'était enfui.

7 Ils consacrèrent Kédesch, en Galilée, dans la montagne de Nephthali ;
Sichem, dans la montagne d'Éphraïm ;
et Kirjath-Arba, qui est Hébron, dans
8 la montagne de Juda. Et de l'autre
côté du Jourdain, à l'orient de Jéricho,
ils choisirent Betser, dans le désert,
dans la plaine, dans la tribu de Ruben ;
Ramoth, en Galaad, dans la tribu de
Gad ; et Golan, en Basan, dans la
9 tribu de Manassé. Telles furent les
villes désignées pour tous les enfants
d'Israël et pour l'étranger en séjour
au milieu d'eux, afin que celui qui
aurait tué quelqu'un involontairement pût s'y réfugier, et qu'il ne
mourût pas de la main du vengeur
du sang avant d'avoir comparu
devant l'assemblée.

Les quarante-huit villes des Lévites.

21 Les chefs de famille des Lévites
s'approchèrent du sacrificateur
Éléazar, de Josué, fils de Nun, et
des chefs de famille des tribus des
enfants d'Israël. Ils leur parlèrent 2
à Silo, dans le pays de Canaan, et
dirent : L'Éternel a ordonné par
Moïse qu'on nous donnât des villes
pour habitation, et leurs banlieues
pour notre bétail.

Les enfants d'Israël donnèrent 3
alors aux Lévites, sur leur héritage,
les villes suivantes et leurs banlieues,
d'après l'ordre de l'Éternel.

On tira le sort pour les familles 4
des Kehathites ; et les Lévites, fils du
sacrificateur Aaron, eurent par le
sort treize villes de la tribu de Juda,
de la tribu de Siméon et de la tribu
de Benjamin ; les autres fils de Kehath 5
eurent par le sort dix villes des familles de la tribu d'Éphraïm, de la tribu
de Dan et de la demi-tribu de Manassé. Les fils de Guerschon eurent 6
par le sort treize villes des familles de
la tribu d'Issacar, de la tribu d'Aser, de
la tribu de Nephthali et de la demi-
tribu de Manassé en Basan. Les fils 7
de Merari, selon leurs familles, eurent
douze villes de la tribu de Ruben,
de la tribu de Gad et de la tribu de
Zabulon. Les enfants d'Israël don- 8
nèrent aux Lévites, par le sort, ces
villes et leurs banlieues, comme
l'Éternel l'avait ordonné par Moïse.

Ils donnèrent de la tribu des fils 9
de Juda et de la tribu des fils de
Siméon les villes qui vont être
nominativement désignées, et qui 10
furent pour les fils d'Aaron d'entre
les familles des Kehathites et des fils
de Lévi, car le sort les avait indiqués
les premiers. Ils leur donnèrent 11
Kirjath-Arba, qui est Hébron, dans
la montagne de Juda, et la banlieue
qui l'entoure : Arba était le père
d'Anak. Le territoire de la ville et 12
ses villages furent accordés à Caleb,
fils de Jephunné, pour sa possession.
Ils donnèrent donc aux fils du sacri- 13
ficateur Aaron la ville de refuge pour
les meurtriers, Hébron et sa banlieue,
Libna et sa banlieue, Jatthir et sa 14
banlieue, Eschthemoa et sa banlieue,
Holon et sa banlieue, Debir et sa 15
banlieue, Aïn et sa banlieue, Jutta et 16
sa banlieue, et Beth-Schémesch et
sa banlieue, neuf villes de ces deux
tribus ; et de la tribu de Benjamin, 17

Gabaon et sa banlieue, Guéba et sa
18 banlieue, Anathoth et sa banlieue, et
Almon et sa banlieue, quatre villes.
19 Total des villes des sacrificateurs,
fils d'Aaron : treize villes, et leurs
banlieues.

20 Les Lévites appartenant aux
familles des autres fils de Kehath
eurent par le sort des villes de la
21 tribu d'Éphraïm. On leur donna la
ville de refuge pour les meurtriers,
Sichem et sa banlieue, dans la montagne d'Éphraïm, Guézer et sa ban-
22 lieue, Kibtsaïm et sa banlieue, et
Beth-Horon et sa banlieue, quatre
23 villes ; de la tribu de Dan, Elthéké
et sa banlieue, Guibbethon et sa
24 banlieue, Ajalon et sa banlieue, et
Gath-Rimmon et sa banlieue, quatre
25 villes ; et de la demi-tribu de Manassé, Thaanac et sa banlieue, et
Gath-Rimmon et sa banlieue, deux
26 villes. Total des villes : dix, et leurs
banlieues, pour les familles des autres
fils de Kehath.

27 On donna aux fils de Guerschon,
d'entre les familles des Lévites : de
la demi-tribu de Manassé, la ville de
refuge pour les meurtriers, Golan en
Basan et sa banlieue, et Beeschthra
28 et sa banlieue, deux villes ; de la
tribu d'Issacar, Kischjon et sa ban-
29 lieue, Dabrath et sa banlieue, Jarmuth
et sa banlieue, et En-Gannim et sa
30 banlieue, quatre villes ; de la tribu
d'Aser, Mischeal et sa banlieue, Ab-
31 don et sa banlieue, Helkath et sa
banlieue, et Rehob et sa banlieue,
32 quatre villes ; et de la tribu de
Nephthali, la ville de refuge pour les
meurtriers, Kédesch en Galilée et sa
banlieue, Hammoth-Dor et sa banlieue, et Karthan et sa banlieue, trois
33 villes. Total des villes des Guerschonites, selon leurs familles : treize
villes, et leurs banlieues.

34 On donna au reste des Lévites, qui
appartenaient aux familles des fils
de Merari : de la tribu de Zabulon,
Jokneam et sa banlieue, Kartha et
35 sa banlieue, Dimna et sa banlieue, et
Nahalal et sa banlieue, quatre villes ;
36 de la tribu de Ruben, Betser et sa
37 banlieue, Jahtsa et sa banlieue, Kedémoth et sa banlieue, et Méphaath et

sa banlieue, quatre villes ; et de la 38
tribu de Gad, la ville de refuge pour
les meurtriers, Ramoth en Galaad et
sa banlieue, Mahanaïm et sa banlieue,
Hesbon et sa banlieue, et Jaezer et 39
sa banlieue, en tout quatre villes.
Total des villes qui échurent par le 40
sort aux fils de Merari, selon leurs
familles, formant le reste des familles
des Lévites : douze villes.

Total des villes des Lévites au 41
milieu des propriétés des enfants
d'Israël : quarante-huit villes, et leurs
banlieues. Chacune de ces villes 42
avait sa banlieue qui l'entourait ; il
en était de même pour toutes ces
villes.

C'est ainsi que l'Éternel donna 43
à Israël tout le pays qu'il avait juré
de donner à leurs pères ; ils en prirent
possession et s'y établirent. L'Éter- 44
nel leur accorda du repos tout alentour, comme il l'avait juré à leurs
pères ; aucun de leurs ennemis ne
put leur résister, et l'Éternel les livra
tous entre leurs mains. De toutes 45
les bonnes paroles que l'Éternel avait
dites à la maison d'Israël, aucune ne
resta sans effet : toutes s'accomplirent.

*Autel bâti sur le Jourdain par les tribus
de Ruben et de Gad et par la demi-tribu
de Manassé.*

Alors Josué appela les Rubénites, **22**
les Gadites et la demi-tribu de Manassé. Il leur dit : Vous avez observé 2
tout ce que vous a prescrit Moïse,
serviteur de l'Éternel, et vous avez
obéi à ma voix dans tout ce que je
vous ai ordonné. Vous n'avez point 3
abandonné vos frères, depuis un long
espace de temps jusqu'à ce jour ; et
vous avez gardé les ordres, les commandements de l'Éternel, votre Dieu.
Maintenant que l'Éternel, votre Dieu, 4
a accordé du repos à vos frères, comme
il le leur avait dit, retournez et allez
vers vos tentes, dans le pays qui vous
appartient, et que Moïse, serviteur de
l'Éternel, vous a donné de l'autre
côté du Jourdain. Ayez soin seule- 5
ment d'observer et de mettre en
pratique les ordonnances et les lois
que vous a prescrites Moïse, serviteur

de l'Éternel : aimez l'Éternel, votre Dieu, marchez dans toutes ses voies, gardez ses commandements, attachez-vous à lui, et servez-le de tout votre

6 cœur et de toute votre âme. Et Josué les bénit et les renvoya, et ils s'en allèrent vers leurs tentes.

7 Moïse avait donné à une moitié de la tribu de Manassé un héritage en Basan, et Josué donna à l'autre moitié un héritage auprès de ses frères en deçà du Jourdain, à l'occident.

Lorsque Josué les renvoya vers

8 leurs tentes, il les bénit, et leur dit : Vous retournez à vos tentes avec de grandes richesses, avec des troupeaux fort nombreux, et avec une quantité considérable d'argent, d'or, d'airain, de fer, et de vêtements. Partagez avec vos frères le butin de vos ennemis.

9 Les fils de Ruben, les fils de Gad, et la demi-tribu de Manassé, s'en retournèrent, après avoir quitté les enfants d'Israël à Silo, dans le pays de Canaan, pour aller dans le pays de Galaad, qui était leur propriété et où ils s'étaient établis, comme l'Éternel l'avait ordonné par Moïse.

10 Quand ils furent arrivés aux districts du Jourdain qui appartiennent au pays de Canaan, les fils de Ruben, les fils de Gad et la demi-tribu de Manassé, y bâtirent un autel sur le Jourdain, un autel dont la grandeur

11 frappait les regards. Les enfants d'Israël apprirent que l'on disait : Voici, les fils de Ruben, les fils de Gad et la demi-tribu de Manassé, ont bâti un autel en face du pays de Canaan, dans les districts du Jourdain, du côté des enfants d'Israël.

12 Lorsque les enfants d'Israël eurent appris cela, toute l'assemblée des enfants d'Israël se réunit à Silo, pour monter contre eux et leur faire la guerre.

13 Les enfants d'Israël envoyèrent auprès des fils de Ruben, des fils de Gad et de la demi-tribu de Manassé, au pays de Galaad, Phinées, fils du

14 sacrificateur Éléazar, et dix princes avec lui, un prince par maison paternelle pour chacune des tribus d'Israël ;

tous étaient chefs de maison paternelle parmi les milliers d'Israël. Ils 15 se rendirent auprès des fils de Ruben, des fils de Gad et de la demi-tribu de Manassé, au pays de Galaad, et ils leur adressèrent la parole, en disant : Ainsi parle toute l'assemblée 16 de l'Éternel : Que signifie cette infidélité que vous avez commise envers le Dieu d'Israël, et pourquoi vous détournez-vous maintenant de l'Éternel, en vous bâtissant un autel pour vous révolter aujourd'hui contre l'Éternel ? Regardons-nous comme 17 peu de chose le crime de Peor, dont nous n'avons pas jusqu'à présent enlevé la tache de dessus nous, malgré la plaie qu'il attira sur l'assemblée de l'Éternel ? Et vous vous 18 détournez aujourd'hui de l'Éternel ! Si vous vous révoltez aujourd'hui contre l'Éternel, demain il s'irritera contre toute l'assemblée d'Israël. Si 19 vous tenez pour impur le pays qui est votre propriété, passez dans le pays qui est la propriété de l'Éternel, où est fixée la demeure de l'Éternel, et établissez-vous au milieu de nous ; mais ne vous révoltez pas contre l'Éternel et ne vous séparez pas de nous, en vous bâtissant un autel, outre l'autel de l'Éternel, notre Dieu. Acan, fils de Zérach, ne commit-il 20 pas une infidélité au sujet des choses dévouées par interdit, et la colère de l'Éternel ne s'enflamma-t-elle pas contre toute l'assemblée d'Israël ? Il ne fut pas le seul qui périt à cause de son crime.

Les fils de Ruben, les fils de Gad 21 et la demi-tribu de Manassé, répondirent ainsi aux chefs des milliers d'Israël : Dieu, Dieu, l'Éternel, Dieu, 22 Dieu, l'Éternel le sait, et Israël le saura ! Si c'est par rébellion et par infidélité envers l'Éternel, ne viens point à notre aide en ce jour ! Si 23 nous nous sommes bâti un autel pour nous détourner de l'Éternel, si c'est pour y présenter des holocaustes et des offrandes, et si c'est pour y faire des sacrifices d'actions de grâces, que l'Éternel en demande compte ! C'est 24 bien plutôt par une sorte d'inquiétude que nous avons fait cela, en pensant que vos fils diraient un jour à nos fils : Qu'y a-t-il de commun entre vous et l'Éternel, le Dieu d'Israël ?

25 L'Éternel a mis le Jourdain pour limite entre nous et vous, fils de Ruben et fils de Gad ; vous n'avez point de part à l'Éternel !—Et vos fils seraient ainsi cause que nos fils cesseraient de craindre l'Éternel.

26 C'est pourquoi nous avons dit : Bâtissons-nous donc un autel, non pour des holocaustes et pour des sacrifices,

27 mais comme un témoin entre nous et vous, entre nos descendants et les vôtres, que nous voulons servir l'Éternel devant sa face par nos holocaustes et par nos sacrifices d'expiation et d'actions de grâces, afin que vos fils ne disent pas un jour à nos fils : Vous n'avez point de part à

28 l'Éternel ! Nous avons dit : S'ils tiennent dans l'avenir ce langage à nous ou à nos descendants, nous répondrons : Voyez la forme de l'autel de l'Éternel, qu'ont fait nos pères, non pour des holocaustes et pour des sacrifices, mais comme

29 témoin entre nous et vous. Loin de nous la pensée de nous révolter contre l'Éternel et de nous détourner aujourd'hui de l'Éternel, en bâtissant un autel pour des holocaustes, pour des offrandes et pour des sacrifices, outre l'autel de l'Éternel, notre Dieu, qui est devant sa demeure !

30 Lorsque le sacrificateur Phinées, et les princes de l'assemblée, les chefs des milliers d'Israël, qui étaient avec lui, eurent entendu les paroles que prononcèrent les fils de Ruben, les fils de Gad et les fils de Manassé,

31 ils furent satisfaits. Et Phinées, fils du sacrificateur Éléazar, dit aux fils de Ruben, aux fils de Gad, et aux fils de Manassé : Nous reconnaissons maintenant que l'Éternel est au milieu de nous, puisque vous n'avez point commis cette infidélité contre l'Éternel ; vous avez ainsi délivré les enfants d'Israël de la main de l'Éternel.

32 Phinées, fils du sacrificateur Éléazar, et les princes, quittèrent les fils de Ruben et les fils de Gad, et revinrent du pays de Galaad dans le pays de Canaan, auprès des enfants d'Israël, auxquels ils firent un rapport.

33 Les enfants d'Israël furent satisfaits ; ils bénirent Dieu, et ne parlèrent plus de monter en armes pour ravager le pays qu'habitaient les fils de Ruben et les fils de Gad.

34 Les fils de Ruben et les fils de Gad appelèrent l'autel Ed, car, dirent-ils, il est témoin entre nous que l'Éternel est Dieu.

Assemblée d'Israël. Exhortations de Josué.

23 Depuis longtemps l'Éternel avait donné du repos à Israël, en le délivrant de tous les ennemis qui l'entouraient. Josué était vieux, avancé en âge.

2 Alors Josué convoqua tout Israël, ses anciens, ses chefs, ses juges et ses officiers. Il leur dit :

3 Je suis vieux, je suis avancé en âge. Vous avez vu tout ce que l'Éternel, votre Dieu, a fait à toutes ces nations devant vous ; car c'est l'Éternel, votre Dieu, qui a combattu pour vous.

4 Voyez, je vous ai donné en héritage par le sort, selon vos tribus, ces nations qui sont restées, à partir du Jourdain, et toutes les nations que j'ai exterminées, jusqu'à la grande mer vers le soleil couchant.

5 L'Éternel, votre Dieu, les repoussera devant vous et les chassera devant vous ; et vous posséderez leur pays, comme l'Éternel, votre Dieu, vous l'a dit.

6 Appliquez-vous avec force à observer et à mettre en pratique tout ce qui est écrit dans le livre de la loi de Moïse, sans vous en détourner ni à droite ni à gauche.

7 Ne vous mêlez point avec ces nations qui sont restées parmi vous ; ne prononcez point le nom de leurs dieux, et ne l'employez point en jurant ; ne les servez point, et ne vous prosternez point devant eux.

8 Mais attachez-vous à l'Éternel, votre Dieu, comme vous l'avez fait jusqu'à ce jour.

9 L'Éternel a chassé devant vous des nations grandes et puissantes ; et personne, jusqu'à ce jour, n'a pu vous résister.

10 Un seul d'entre vous en poursuivait mille ; car l'Éternel, votre Dieu, combattait pour vous, comme il vous l'a dit.

11 Veillez donc attentivement sur vos âmes, afin d'aimer l'Éternel, votre
12 Dieu. Si vous vous détournez et que vous vous attachiez au reste de ces nations qui sont demeurées parmi vous, si vous vous unissez avec elles par des mariages, et si vous formez ensemble des relations, soyez certains
13 que l'Éternel, votre Dieu, ne continuera pas à chasser ces nations devant vous; mais elles seront pour vous un filet et un piège, un fouet dans vos côtés et des épines dans vos yeux, jusqu'à ce que vous ayez péri de dessus ce bon pays que l'Éternel, votre Dieu, vous a donné.
14 Voici, je m'en vais maintenant par le chemin de toute la terre. Reconnaissez de tout votre cœur et de toute votre âme qu'aucune de toutes les bonnes paroles prononcées sur vous par l'Éternel, votre Dieu, n'est restée sans effet; toutes se sont accomplies pour vous, aucune n'est
15 restée sans effet. Et comme toutes les bonnes paroles que l'Éternel, votre Dieu, vous avait dites se sont accomplies pour vous, de même l'Éternel accomplira sur vous toutes les paroles mauvaises, jusqu'à ce qu'il vous ait détruits de dessus ce bon pays que l'Éternel, votre Dieu, vous
16 a donné. Si vous transgressez l'alliance que l'Éternel, votre Dieu, vous a prescrite, et si vous allez servir d'autres dieux et vous prosterner devant eux, la colère de l'Éternel s'enflammera contre vous, et vous périrez promptement dans le bon pays qu'il vous a donné.

Dernière assemblée à Sichem. Souvenirs nationaux. Promesses du peuple.—Mort de Josué.

24 Josué assembla toutes les tribus d'Israël à Sichem, et il convoqua les anciens d'Israël, ses chefs, ses juges et ses officiers. Et ils se pré-
2 sentèrent devant Dieu. Josué dit à tout le peuple:

Ainsi parle l'Éternel, le Dieu d'Israël: Vos pères, Térach, père d'Abraham et père de Nachor, habitaient anciennement de l'autre côté du fleuve, et ils servaient d'autres dieux.

3 Je pris votre père Abraham de l'autre côté du fleuve, et je lui fis parcourir tout le pays de Canaan; je multipliai sa postérité, et je lui donnai
4 Isaac. Je donnai à Isaac Jacob et Ésaü, et je donnai en propriété à Ésaü la montagne de Séir, mais Jacob et ses fils descendirent en Égypte.

5 J'envoyai Moïse et Aaron, et je frappai l'Égypte par les prodiges que j'opérai au milieu d'elle; puis je
6 vous en fis sortir. Je fis sortir vos pères de l'Égypte, et vous arrivâtes à la mer. Les Égyptiens poursuivirent vos pères jusqu'à la mer Rouge, avec des chars et des cava-
7 liers. Vos pères crièrent à l'Éternel. Et l'Éternel mit des ténèbres entre vous et les Égyptiens, il ramena sur eux la mer, et elle les couvrit. Vos yeux ont vu ce que j'ai fait aux Égyptiens. Et vous restâtes longtemps dans le désert.

8 Je vous conduisis dans le pays des Amoréens, qui habitaient de l'autre côté du Jourdain, et ils combattirent contre vous. Je les livrai entre vos mains; vous prîtes possession de leur pays, et je les détruisis devant vous.
9 Balak, fils de Tsippor, roi de Moab, se leva et combattit Israël. Il fit appeler Balaam, fils de Beor, pour
10 qu'il vous maudît. Mais je ne voulus point écouter Balaam; il vous bénit, et je vous délivrai de la main de Balak.

11 Vous passâtes le Jourdain, et vous arrivâtes à Jéricho. Les habitants de Jéricho combattirent contre vous, les Amoréens, les Phéréziens, les Cananéens, les Héthiens, les Guirgasiens, les Héviens et les Jébusiens.
12 Je les livrai entre vos mains, et j'envoyai devant vous les frelons, qui les chassèrent loin de votre face, comme les deux rois des Amoréens: ce ne fut ni par ton épée, ni par ton arc.
13 Je vous donnai un pays que vous n'aviez point cultivé, des villes que vous n'aviez point bâties et que vous habitez, des vignes et des oliviers que vous n'aviez point plantés et qui vous servent de nourriture.

14 Maintenant, craignez l'Éternel, et

servez-le avec intégrité et fidélité. Faites disparaître les dieux qu'ont servis vos pères de l'autre côté du fleuve et en Égypte, et servez l'Éter-

15 nel. Et si vous ne trouvez pas bon de servir l'Éternel, choisissez aujourd'hui qui vous voulez servir, ou les dieux que servaient vos pères au delà du fleuve, ou les dieux des Amoréens dans le pays desquels vous habitez. Moi et ma maison, nous servirons l'Éternel.

16 Le peuple répondit, et dit : Loin de nous la pensée d'abandonner l'Éternel, et de servir d'autres dieux !

17 Car l'Éternel est notre Dieu ; c'est lui qui nous a fait sortir du pays d'Égypte, de la maison de servitude, nous et nos pères ; c'est lui qui a opéré sous nos yeux ces grands prodiges, et qui nous a gardés pendant toute la route que nous avons suivie et parmi tous les peuples au milieu desquels nous avons passé.

18 Il a chassé devant nous tous les peuples, et les Amoréens qui habitaient ce pays. Nous aussi, nous servirons l'Éternel, car il est notre Dieu.

19 Josué dit au peuple : Vous n'aurez pas la force de servir l'Éternel, car c'est un Dieu saint, c'est un Dieu jaloux ; il ne pardonnera point vos

20 transgressions et vos péchés. Lorsque vous abandonnerez l'Éternel et que vous servirez des dieux étrangers, il reviendra vous faire du mal, et il vous consumera après vous avoir fait du bien.

21 Le peuple dit à Josué : Non ! car nous servirons l'Éternel.

22 Josué dit au peuple : Vous êtes témoins contre vous-mêmes que c'est vous qui avez choisi l'Éternel pour le servir.

Ils répondirent : Nous en sommes témoins.

23 Otez donc les dieux étrangers qui sont au milieu de vous, et tournez votre cœur vers l'Éternel, le Dieu d'Israël.

24 Et le peuple dit à Josué : Nous servirons l'Éternel, notre Dieu, et nous obéirons à sa voix.

25 Josué fit en ce jour une alliance avec le peuple, et lui donna des lois et des ordonnances, à Sichem.

26 Josué écrivit ces choses dans le livre de la loi de Dieu. Il prit une grande pierre, qu'il dressa là sous le chêne qui était dans le lieu consacré à l'Éternel.

27 Et Josué dit à tout le peuple : Voici, cette pierre servira de témoin contre nous, car elle a entendu toutes les paroles que l'Éternel nous a dites ; elle servira de témoin contre vous, afin que vous ne soyez pas infidèles à votre Dieu.

28 Puis Josué renvoya le peuple, chacun dans son héritage.

29 Après ces choses, Josué, fils de Nun, serviteur de l'Éternel, mourut, âgé de cent dix ans.

30 On l'ensevelit dans le territoire qu'il avait eu en partage, à Thimnath-Sérach, dans la montagne d'Éphraïm, au nord de la montagne de Gaasch.

31 Israël servit l'Éternel pendant toute la vie de Josué, et pendant toute la vie des anciens qui survécurent à Josué et qui connaissaient tout ce que l'Éternel avait fait en faveur d'Israël.

32 Les os de Joseph, que les enfants d'Israël avaient rapportés d'Égypte, furent enterrés à Sichem, dans la portion du champ que Jacob avait achetée des fils de Hamor, père de Sichem, pour cent kesita, et qui appartint à l'héritage des fils de Joseph.

33 Éléazar, fils d'Aaron, mourut, et on l'enterra à Guibeath-Phinées, qui avait été donnée à son fils Phinées, dans la montagne d'Éphraïm.

LES JUGES

241

Nouvelles conquêtes par les tribus. — Ca-
nanéens épargnés. — Le peuple infidèle.

I Après la mort de Josué, les enfants
d'Israël consultèrent l'Éternel, en disant : Qui de nous montera le premier contre les Cananéens, pour les
2 attaquer ? L'Éternel répondit : Juda
montera, voici, j'ai livré le pays entre
3 ses mains. Et Juda dit à Siméon,
son frère : Monte avec moi dans le
pays qui m'est échu par le sort, et
nous combattrons les Cananéens ;
j'irai aussi avec toi dans celui qui
t'est tombé en partage. Et Siméon
alla avec lui.

4 Juda monta, et l'Éternel livra entre
leurs mains les Cananéens et les
Phéréziens ; ils battirent dix mille
5 hommes à Bézek. Ils trouvèrent
Adoni-Bézek à Bézek ; ils l'attaquèrent, et ils battirent les Cananéens et
6 les Phéréziens. Adoni-Bézek prit la
fuite ; mais ils le poursuivirent et le
saisirent, et ils lui coupèrent les pou-
7 ces des mains et des pieds. Adoni-
Bézek dit : Soixante-dix rois, ayant
les pouces des mains et des pieds
coupés, ramassaient sous ma table ;
Dieu me rend ce que j'ai fait. On
l'emmena à Jérusalem, et il y mourut.

8 Les fils de Juda attaquèrent Jérusalem et la prirent, ils la frappèrent
du tranchant de l'épée et mirent le
9 feu à la ville. Les fils de Juda descendirent ensuite, pour combattre
les Cananéens qui habitaient la montagne, la contrée du midi et la plaine.
10 Juda marcha contre les Cananéens
qui habitaient à Hébron, appelée
autrefois Kirjath-Arba ; et il battit
11 Schéschaï, Ahiman et Talmaï. De
là il marcha contre les habitants de
Debir : Debir s'appelait autrefois
Kirjath-Sépher.
12 Caleb dit : Je donnerai ma fille
Acsa pour femme à celui qui battra
Kirjath-Sépher et qui la prendra.
13 Othniel, fils de Kenaz, frère cadet
de Caleb, s'en empara ; et Caleb lui
donna pour femme sa fille Acsa.

Lorsqu'elle fut entrée chez Othniel, 14
elle le sollicita de demander à son
père un champ. Elle descendit de
dessus son âne ; et Caleb lui dit :
Qu'as-tu ? Elle lui répondit : Fais- 15
moi un présent, car tu m'as donné
une terre du midi ; donne-moi aussi
des sources d'eau. Et Caleb lui
donna les sources supérieures et les
sources inférieures.

Les fils du Kénien, beau-père de 16
Moïse, montèrent de la ville des
palmiers, avec les fils de Juda, dans
le désert de Juda au midi d'Arad, et
ils allèrent s'établir parmi le peuple.

Juda se mit en marche avec Siméon, 17
son frère, et ils battirent les Cananéens qui habitaient à Tsephath ; ils
dévouèrent la ville par interdit, et on
l'appela Horma. Juda s'empara en- 18
core de Gaza et de son territoire,
d'Askalon et de son territoire, et
d'Ékron et de son territoire. L'É- 19
ternel fut avec Juda ; et Juda se
rendit maître de la montagne, mais
il ne put chasser les habitants de la
plaine, parce qu'ils avaient des chars
de fer. On donna Hébron à Caleb, 20
comme l'avait dit Moïse ; et il en
chassa les trois fils d'Anak.

Les fils de Benjamin ne chassèrent 21
point les Jébusiens qui habitaient à
Jérusalem ; et les Jébusiens ont habité
jusqu'à ce jour dans Jérusalem avec
les fils de Benjamin.

La maison de Joseph monta aussi 22
contre Béthel, et l'Éternel fut avec
eux. La maison de Joseph fit ex- 23
plorer Béthel, qui s'appelait autrefois
Luz. Les gardes virent un homme 24
qui sortait de la ville, et ils lui dirent :
Montre-nous par où nous pourrons
entrer dans la ville, et nous te ferons
grâce. Il leur montra par où ils 25
pourraient entrer dans la ville. Et
ils frappèrent la ville du tranchant
de l'épée ; mais ils laissèrent aller
cet homme et toute sa famille. Cet 26
homme se rendit dans le pays des
Héthiens ; il bâtit une ville, et lui

donna le nom de Luz, nom qu'elle a porté jusqu'à ce jour.

27 Manassé ne chassa point les habitants de Beth-Schean et des villes de son ressort, de Thaanac et des villes de son ressort, de Dor et des villes de son ressort, de Jibleam et des villes de son ressort, de Meguiddo et des villes de son ressort; et les Cananéens voulurent rester dans ce 28 pays. Lorsqu'Israël fut assez fort, il assujettit les Cananéens à un tribut, mais il ne les chassa point.

29 Éphraïm ne chassa point les Cananéens qui habitaient à Guézer, et les Cananéens habitèrent au milieu d'Éphraïm à Guézer.

30 Zabulon ne chassa point les habitants de Kitron, ni les habitants de Nahalol; et les Cananéens habitèrent au milieu de Zabulon, mais ils furent assujettis à un tribut.

31 Aser ne chassa point les habitants d'Acco, ni les habitants de Sidon, ni ceux d'Achlal, d'Aczib, de Helba, 32 d'Aphik et de Rehob; et les Asérites habitèrent au milieu des Cananéens, habitants du pays, car ils ne les chassèrent point.

33 Nephthali ne chassa point les habitants de Beth-Schémesch, ni les habitants de Beth-Anath, et il habita au milieu des Cananéens, habitants du pays, mais les habitants de Beth-Schémesch et de Beth-Anath furent assujettis à un tribut.

34 Les Amoréens repoussèrent dans la montagne les fils de Dan, et ne les laissèrent pas descendre dans la 35 plaine. Les Amoréens voulurent rester à Har-Hérès, à Ajalon et à Schaalbim; mais la main de la maison de Joseph s'appesantit sur eux, et ils furent assujettis à un tribut. 36 Le territoire des Amoréens s'étendait depuis la montée d'Akrabbim, depuis Séla, et en dessus.

2 Un envoyé de l'Éternel monta de Guilgal à Bokim, et dit: Je vous ai fait monter hors d'Égypte, et je vous ai amenés dans le pays que j'ai juré à vos pères de vous donner. J'ai dit: Jamais je ne romprai mon alli-2 ance avec vous; et vous, vous ne traiterez point alliance avec les habi-

tants de ce pays, vous renverserez leurs autels. Mais vous n'avez point obéi à ma voix. Pourquoi avez-vous fait cela? J'ai dit alors: Je ne les 3 chasserai point devant vous; mais ils seront à vos côtés, et leurs dieux vous seront un piège. Lorsque l'en- 4 voyé de l'Éternel eut dit ces paroles à tous les enfants d'Israël, le peuple éleva la voix et pleura. Ils donnèrent 5 à ce lieu le nom de Bokim, et ils y offrirent des sacrifices à l'Éternel.

Les juges.

Josué renvoya le peuple, et les 6 enfants d'Israël allèrent chacun dans son héritage pour prendre possession du pays. Le peuple servit l'Éternel 7 pendant toute la vie de Josué, et pendant toute la vie des anciens qui survécurent à Josué et qui avaient vu toutes les grandes choses que l'Éternel avait faites en faveur d'Israël. Josué, fils de Nun, serviteur 8 de l'Éternel, mourut, âgé de cent dix ans. On l'ensevelit dans le territoire 9 qu'il avait eu en partage, à Thimnath-Hérès, dans la montagne d'Éphraïm, au nord de la montagne de Gaasch.

Toute cette génération fut re- 10 cueillie auprès de ses pères, et il s'éleva après elle une autre généra-tion, qui ne connaissait point l'Éter-nel, ni ce qu'il avait fait en faveur d'Israël. Les enfants d'Israël firent 11 alors ce qui déplaît à l'Éternel, et ils servirent les Baals. Ils aban- 12 donnèrent l'Éternel, le Dieu de leurs pères, qui les avait fait sortir du pays d'Égypte, et ils allèrent après d'autres dieux d'entre les dieux des peuples qui les entouraient; ils se prosternè-rent devant eux, et ils irritèrent l'Éternel. Ils abandonnèrent l'Éter- 13 nel, et ils servirent Baal et les As-tartés.

La colère de l'Éternel s'enflamma 14 contre Israël. Il les livra entre les mains de pillards qui les pillèrent, il les vendit entre les mains de leurs ennemis d'alentour, et ils ne purent plus résister à leurs ennemis. Par- 15 tout où ils allaient, la main de l'Éter-nel était contre eux pour leur faire du mal, comme l'Éternel l'avait dit, comme l'Éternel le leur avait juré. Ils furent ainsi dans une grande 16 détresse. L'Éternel suscita des juges, afin qu'ils les délivrassent de la main de ceux qui les pillaient. 17 Mais ils n'écoutèrent pas même leurs juges, car ils se prostituèrent à d'autres dieux, se prosternèrent devant eux. Ils se détournèrent promptement de la voie qu'avaient suivie leurs pères, et ils n'obéirent point comme eux aux commandements de l'Éternel. 18 Lorsque l'Éternel leur suscitait des juges, l'Éternel était avec le juge, et il les délivrait de la main de leurs ennemis pendant toute la vie du juge; car l'Éternel avait pitié de leurs gémissements contre ceux qui les opprimaient et les tourmen- 19 taient. Mais, à la mort du juge, ils se corrompaient de nouveau plus que leurs pères, en allant après d'autres dieux pour les servir et se prosterner devant eux, et ils persévéraient dans la même conduite et le même en- 20 durcissement. Alors la colère de l'Éternel s'enflamma contre Israël, et il dit: Puisque cette nation a transgressé mon alliance que j'avais prescrite à ses pères, et puisqu'ils 21 n'ont point obéi à ma voix, je ne chasserai plus devant eux aucune des nations que Josué laissa quand 22 il mourut. C'est ainsi que je mettrai par elles Israël à l'épreuve, pour savoir s'ils prendront garde ou non de suivre la voie de l'Éternel, comme leurs pères y ont pris garde. 23 Et l'Éternel laissa en repos ces nations qu'il n'avait pas livrées entre les mains de Josué, et il ne se hâta point de les chasser.

3 Voici les nations que l'Éternel laissa pour éprouver par elles Israël, tous ceux qui n'avaient pas connu 2 toutes les guerres de Canaan. Il voulait seulement que les générations des enfants d'Israël connussent et apprissent la guerre, ceux qui ne l'avaient pas connue auparavant. 3 Ces nations étaient: les cinq princes des Philistins, tous les Cananéens, les Sidoniens, et les Héviens qui habitaient la montagne du Liban,

depuis la montagne de Baal Hermon jusqu'à l'entrée de Hamath. Ces 4 nations servirent à mettre Israël à l'épreuve, afin que l'Éternel sût s'ils obéiraient aux commandements qu'il avait prescrits à leurs pères par Moïse. Et les enfants d'Israël habitèrent au 5 milieu des Cananéens, des Héthiens, des Amoréens, des Phéréziens, des Héviens et des Jébusiens; ils prirent 6 leurs filles pour femmes, ils donnèrent à leurs fils leurs propres filles, et ils servirent leurs dieux.

Othniel, Éhud, Schamgar, juges en Israël.

Les enfants d'Israël firent ce qui 7 déplaît à l'Éternel, ils oublièrent l'Éternel, et ils servirent les Baals et les idoles. La colère de l'Éternel 8 s'enflamma contre Israël, et il les - vendit entre les mains de Cuschan-Rischeathaïm, roi de Mésopotamie. Et les enfants d'Israël furent asservis huit ans à Cuschan-Rischeathaïm. Les enfants d'Israël crièrent à 9 l'Éternel, et l'Éternel leur suscita un libérateur qui les délivra, Othniel, fils de Kenaz, frère cadet de Caleb. L'esprit de l'Éternel fut sur lui. Il 10 devint juge en Israël, et il partit pour la guerre. L'Éternel livra entre ses mains Cuschan-Rischeathaïm, roi de Mésopotamie, et sa main fut puissante contre Cuschan-Rischeathaïm. Le pays fut en repos pendant qua- 11 rante ans. Et Othniel, fils de Kenaz, mourut.

Les enfants d'Israël firent encore 12 ce qui déplaît à l'Éternel; et l'Éternel fortifia Églon, roi de Moab, contre Israël, parce qu'ils avaient fait ce qui déplaît à l'Éternel. Églon réunit à 13 lui les fils d'Ammon et les Amalécites, et il se mit en marche. Il battit Israël, et ils s'emparèrent de la ville des palmiers. Et les enfants d'Israël 14 furent asservis dix-huit ans à Églon, roi de Moab. Les enfants d'Israël crièrent à 15 l'Éternel, et l'Éternel leur suscita un libérateur, Éhud, fils de Guéra, Benjamite, qui ne se servait pas de la main droite. Les enfants d'Israël envoyèrent par lui un présent à Églon, roi de Moab. Éhud se fit 16 une épée à deux tranchants, longue d'une coudée, et il la ceignit sous ses 17 vêtements, au côté droit. Il offrit le présent à Églon, roi de Moab: or Églon était un homme très gras. 18 Lorsqu'il eut achevé d'offrir le présent, il renvoya les gens qui l'avaient 19 apporté. Il revint lui-même depuis les carrières près de Guilgal, et il dit: O roi! j'ai quelque chose de secret à te dire. Le roi dit: Silence! Et tous ceux qui étaient auprès de lui 20 sortirent. Éhud l'aborda comme il était assis seul dans sa chambre d'été, et il dit: J'ai une parole de Dieu pour toi. Églon se leva de son siège. 21 Alors Éhud avança la main gauche, tira l'épée de son côté droit, et la lui 22 enfonça dans le ventre. La poignée même entra après la lame, et la graisse se referma autour de la lame; car il ne retira pas du ventre l'épée, 23 qui sortit par derrière. Éhud sortit par le portique, ferma sur lui les portes de la chambre haute, et tira 24 le verrou. Quand il fut sorti, les serviteurs du roi vinrent et regardèrent; et voici, les portes de la chambre haute étaient fermées au verrou. Ils dirent: Sans doute il se couvre 25 les pieds dans la chambre d'été. Ils attendirent longtemps; et comme il n'ouvrait pas les portes de la chambre haute, ils prirent la clé et ouvrirent, et voici, leur maître était 26 mort, étendu par terre. Pendant leurs délais, Éhud prit la fuite, dépassa les carrières, et se sauva à 27 Seïra. Dès qu'il fut arrivé, il sonna de la trompette dans la montagne d'Éphraïm. Les enfants d'Israël descendirent avec lui de la mon- 28 tagne, et il se mit à leur tête. Il leur dit: Suivez-moi, car l'Éternel a livré entre vos mains les Moabites, vos ennemis. Ils descendirent après lui, s'emparèrent des gués du Jourdain vis-à-vis de Moab, et ne lais- 29 sèrent passer personne. Ils battirent dans ce temps-là environ dix mille hommes de Moab, tous robustes, tous vaillants, et pas un n'échappa. 30 En ce jour, Moab fut humilié sous la main d'Israël. Et le pays fut en repos pendant quatre-vingts ans.

Après lui, il y eut Schamgar, fils 31 d'Anath. Il battit six cents hommes des Philistins avec un aiguillon à bœufs. Et lui aussi fut un libérateur d'Israël.

Débora la prophétesse, juge en Israël.
Cantique de Débora.

Les enfants d'Israël firent encore **4** ce qui déplaît à l'Éternel, après qu'Éhud fut mort. Et l'Éternel les vendit 2 entre les mains de Jabin, roi de Canaan, qui régnait à Hatsor. Le chef de son armée était Sisera, et habitait à Haroscheth-Goïm. Les enfants d'Israël crièrent à 3 l'Éternel, car Jabin avait neuf cents chars de fer, et il opprimait avec violence les enfants d'Israël depuis vingt ans. Dans ce temps-là, Débora, pro- 4 phétesse, femme de Lappidoth, était juge en Israël. Elle siégeait sous le 5 palmier de Débora, entre Rama et Béthel, dans la montagne d'Éphraïm; et les enfants d'Israël montaient vers elle pour être jugés. Elle envoya 6 appeler Barak, fils d'Abinoam, de Kédesch-Nephthali, et elle lui dit: N'est-ce pas l'ordre qu'a donné l'Éternel, le Dieu d'Israël? Va, dirige-toi sur le mont Thabor, et prends avec toi dix mille hommes des enfants de Nephthali et des enfants de Zabulon; j'attirerai vers toi, au tor- 7 rent de Kison, Sisera, chef de l'armée de Jabin, avec ses chars et ses troupes, et je le livrerai entre tes mains. Ba- 8 rak lui dit: Si tu viens avec moi, j'irai; mais si tu ne viens pas avec moi, je n'irai pas. Elle répondit: 9 J'irai bien avec toi; mais tu n'auras point de gloire sur la voie où tu marches, car l'Éternel livrera Sisera entre les mains d'une femme. Et Débora se leva, et elle se rendit avec Barak à Kédesch. Barak convoqua Zabulon et Neph- 10 thali à Kédesch; dix mille hommes marchèrent à sa suite, et Débora partit avec lui. Héber, le Kénien, s'était séparé 11 des Kéniens, des fils de Hobab, beau-père de Moïse, et il avait dressé sa tente jusqu'au chêne de Tsaannaïm, près de Kédesch.

12 On informa Sisera que Barak, fils d'Abinoam, s'était dirigé sur le mont
13 Thabor. Et, depuis Haroscheth-Goïm, Sisera rassembla vers le torrent de Kison tous ses chars, neuf cents chars de fer, et tout le peuple qui était avec lui.

14 Alors Débora dit à Barak: Lève-toi, car voici le jour où l'Éternel livre Sisera entre tes mains. L'Éternel ne marche-t-il pas devant toi? Et Barak descendit du mont Thabor, ayant dix mille hommes à sa suite.

15 L'Éternel mit en déroute devant Barak, par le tranchant de l'épée, Sisera, tous ses chars et tout le camp. Sisera descendit de son char,
16 et s'enfuit à pied. Barak poursuivit les chars et l'armée jusqu'à Haroscheth-Goïm; et toute l'armée de Sisera tomba sous le tranchant de l'épée, sans qu'il en restât un seul homme.

17 Sisera se réfugia à pied dans la tente de Jaël, femme de Héber, le Kénien; car il y avait paix entre Jabin, roi de Hatsor, et la maison
18 de Héber, le Kénien. Jaël sortit au-devant de Sisera, et lui dit: Entre, mon seigneur, entre chez moi, ne crains point. Il entra chez elle dans la tente, et elle le cacha sous une
19 couverture. Il lui dit: Donne-moi, je te prie, un peu d'eau à boire, car j'ai soif. Elle ouvrit l'outre du lait,
20 lui donna à boire, et le couvrit. Il lui dit encore: Tiens-toi à l'entrée de la tente, et si l'on vient t'interroger en disant: Y a-t-il ici quelqu'un?
21 tu répondras: Non. Jaël, femme de Héber, saisit un pieu de la tente, prit en main le marteau, s'approcha de lui doucement, et lui enfonça dans la tempe le pieu, qui pénétra en terre. Il était profondément endormi et accablé de fatigue; et il mourut.
22 Comme Barak poursuivait Sisera, Jaël sortit à sa rencontre et lui dit: Viens, et je te montrerai l'homme que tu cherches. Il entra chez elle, et voici, Sisera était étendu mort, le pieu dans la tempe.

23 En ce jour, Dieu humilia Jabin, roi de Canaan, devant les enfants
24 d'Israël. Et la main des enfants d'Israël s'appesantit de plus en plus sur Jabin, roi de Canaan, jusqu'à ce qu'ils eussent exterminé Jabin, roi de Canaan.

5 En ce jour-là, Débora chanta ce cantique, avec Barak, fils d'Abinoam:

2 Des chefs se sont mis à la tête du peuple en Israël,
Et le peuple s'est montré prêt à combattre:
Bénissez-en l'Éternel!

3 Rois, écoutez! Princes, prêtez l'oreille!
Je chanterai, oui, je chanterai à l'Éternel,
Je chanterai à l'Éternel, le Dieu d'Israël.

4 O Éternel! quand tu sortis de Séir,
Quand tu t'avanças des champs d'Édom,
La terre trembla, et les cieux se fondirent,
Et les nuées se fondirent en eaux;

5 Les montagnes s'ébranlèrent devant l'Éternel,
Ce Sinaï devant l'Éternel, le Dieu d'Israël.

6 Au temps de Schamgar, fils d'Anath,
Au temps de Jaël, les routes étaient abandonnées,
Et ceux qui voyageaient prenaient des chemins détournés.

7 Les chefs étaient sans force en Israël, sans force,
Quand je me suis levée, moi, Débora,
Quand je me suis levée comme une mère en Israël.

8 Il avait choisi de nouveaux dieux:
Alors la guerre était aux portes;
On ne voyait ni bouclier ni lance
Chez quarante milliers en Israël.

9 Mon cœur est aux chefs d'Israël,
A ceux du peuple qui se sont montrés prêts à combattre.
Bénissez l'Éternel!

10 Vous qui montez de blanches ânesses,
Vous qui avez pour sièges des tapis,
Et vous qui marchez sur la route, chantez!

11 Que de leur voix les archers, du milieu des abreuvoirs,
Célèbrent les bienfaits de l'Éternel,

Les bienfaits de son conducteur en
 Israël!
Alors le peuple de l'Éternel descen-
 dit aux portes.

12 Réveille-toi, réveille-toi, Débora!
Réveille-toi, réveille-toi, dis un cantique!
Lève-toi, Barak, et emmène tes captifs, fils d'Abinoam!

13 Alors un reste du peuple triompha
 des puissants,
L'Éternel me donna la victoire sur
 les héros.

14 D'Éphraïm arrivèrent les habitants
 d'Amalek.
A ta suite marcha Benjamin parmi
 ta troupe.
De Makir vinrent des chefs,
Et de Zabulon des commandants.

15 Les princes d'Issacar furent avec
 Débora,
Et Issacar suivit Barak,
Il fut envoyé sur ses pas dans la
 vallée.
Près des ruisseaux de Ruben,
Grandes furent les résolutions du
 cœur!

16 Pourquoi es-tu resté au milieu des
 étables
A écouter le bêlement des troupeaux?
Aux ruisseaux de Ruben,
Grandes furent les délibérations du
 cœur!

17 Galaad au delà du Jourdain n'a pas
 quitté sa demeure.
Pourquoi Dan s'est-il tenu sur les
 navires?
Aser s'est assis au rivage de la
 mer,
Et s'est reposé dans ses ports.

18 Zabulon est un peuple qui affronta
 la mort,
Et Nephthali de même,
Sur les hauteurs des champs.

19 Les rois vinrent, ils combattirent,
Alors combattirent les rois de Canaan,
A Thaanac, aux eaux de Meguiddo;
Ils ne remportèrent nul butin, nul
 argent.

20 Des cieux on combattit,
De leurs sentiers les étoiles combattirent contre Sisera.

21 Le torrent de Kison les a entraînés,

Le torrent des anciens temps, le torrent de Kison.
Mon âme, foule aux pieds les héros!
Alors les talons des chevaux reten- 22
 tirent,
A la fuite, à la fuite précipitée de
 leurs guerriers.

Maudissez Méroz, dit l'ange de 23
 l'Éternel,
Maudissez, maudissez ses habitants,
Car ils ne vinrent pas au secours de
 l'Éternel,
Au secours de l'Éternel, parmi les
 hommes vaillants.

Bénie soit entre les femmes Jaël, 24
Femme de Héber, le Kénien!
Bénie soit-elle entre les femmes qui
 habitent sous les tentes!

Il demanda de l'eau, elle a donné du 25
 lait,
Dans la coupe d'honneur elle a présenté de la crème.

D'une main elle a saisi le pieu, 26
Et de sa droite le marteau des tra-
 vailleurs;
Elle a frappé Sisera, lui a fendu la
 tête,
Fracassé et transpercé la tempe.

Aux pieds de Jaël il s'est affaissé, il 27
 est tombé, il s'est couché;
A ses pieds il s'est affaissé, il est
 tombé;
Là où il s'est affaissé, là il est tombé
 sans vie.

Par la fenêtre, à travers le treillis, 28
La mère de Sisera regarde, et s'écrie:
Pourquoi son char tarde-t-il à venir?
Pourquoi ses chars vont-ils si lente-
 ment?

Les plus sages d'entre ses femmes 29
 lui répondent,
Et elle se répond à elle-même:

Ne trouvent-ils pas du butin? ne le 30
 partagent-ils pas?
Une jeune fille, deux jeunes filles par
 homme,
Du butin en vêtements de couleur
 pour Sisera,
Du butin en vêtements de couleur,
 brodés,
Un vêtement de couleur, deux vêtements brodés,
Pour le cou du vainqueur.

31 Périssent ainsi tous les ennemis, ô
Éternel !
Ceux qui l'aiment sont comme le
soleil,
Quand il paraît dans sa force.

Le pays fut en repos pendant
quarante ans.

6 Les enfants d'Israël firent ce qui
déplaît à l'Éternel; et l'Éternel les
livra entre les mains de Madian,
2 pendant sept ans. La main de
Madian fut puissante contre Israël.
Pour échapper à Madian, les enfants
d'Israël se retiraient dans les ravins
des montagnes, dans les cavernes et
3 sur les rochers fortifiés. Quand Israël avait semé, Madian montait
avec Amalek et les fils de l'Orient,
4 et ils marchaient contre lui. Ils
campaient en face de lui, détruisaient
les productions du pays jusque vers
Gaza, et ne laissaient en Israël ni
vivres, ni brebis, ni bœufs, ni ânes.
5 Car ils montaient avec leurs troupeaux et leurs tentes, ils arrivaient
comme une multitude de sauterelles,
ils étaient innombrables, eux et leurs
chameaux, et ils venaient dans le
6 pays pour le ravager. Israël fut très
malheureux à cause de Madian, et les
enfants d'Israël crièrent à l'Éternel.

7 Lorsque les enfants d'Israël crièrent à l'Éternel au sujet de Madian,
8 l'Éternel envoya un prophète aux
enfants d'Israël. Il leur dit: Ainsi
parle l'Éternel, le Dieu d'Israël: Je
vous ai fait monter d'Égypte, et je
vous ai fait sortir de la maison de
9 servitude. Je vous ai délivrés de la
main des Égyptiens et de la main
de tous ceux qui vous opprimaient;
je les ai chassés devant vous, et je
10 vous ai donné leur pays. Je vous ai
dit: Je suis l'Éternel, votre Dieu;
vous ne craindrez point les dieux
des Amoréens, dans le pays desquels
vous habitez. Mais vous n'avez
point écouté ma voix.

11 Puis vint l'ange de l'Éternel, et il
s'assit sous le térébinthe d'Ophra,
qui appartenait à Joas, de la famille
d'Abiézer. Gédéon, son fils, battait
du froment au pressoir, pour le mettre à l'abri de Madian. L'ange de 12
l'Éternel lui apparut, et lui dit:
L'Éternel est avec toi, vaillant héros!
Gédéon lui dit: Ah! mon seigneur, 13
si l'Éternel est avec nous, pourquoi
toutes ces choses nous sont-elles
arrivées? Et où sont tous ces prodiges que nos pères nous racontent,
quand ils disent: L'Éternel ne nous
a-t-il pas fait monter hors d'Égypte?
Maintenant l'Éternel nous abandonne, et il nous livre entre les
mains de Madian! L'Éternel se 14
tourna vers lui, et dit: Va avec cette
force que tu as, et délivre Israël de
la main de Madian; n'est-ce pas moi
qui t'envoie? Gédéon lui dit: Ah! 15
mon seigneur, avec quoi délivrerai-
je Israël? Voici, ma famille est la
plus pauvre en Manassé, et je suis
le plus petit dans la maison de mon
père. L'Éternel lui dit: Mais je 16
serai avec toi, et tu battras Madian
comme un seul homme. Gédéon 17
lui dit: Si j'ai trouvé grâce à tes
yeux, donne-moi un signe pour
montrer que c'est toi qui me parles.
Ne t'éloigne point d'ici jusqu'à ce 18
que je revienne auprès de toi, que
j'apporte mon offrande, et que je la
dépose devant toi. Et l'Éternel dit:
Je resterai jusqu'à ce que tu re-
viennes.

Gédéon entra, prépara un chevreau, 19
et fit avec un épha de farine des pains
sans levain. Il mit la chair dans un
panier et le jus dans un pot, les lui
apporta sous le térébinthe, et les
présenta. L'ange de Dieu lui dit: 20
Prends la chair et les pains sans
levain, pose-les sur ce rocher, et répands le jus. Et il fit ainsi. L'ange 21
de l'Éternel avança l'extrémité du
bâton qu'il avait à la main, et toucha
la chair et les pains sans levain.
Alors il s'éleva du rocher un feu qui
consuma la chair et les pains sans
levain. Et l'ange de l'Éternel disparut à ses yeux. Gédéon, voyant 22
que c'était l'ange de l'Éternel, dit:
Malheur à moi, Seigneur Éternel!
car j'ai vu l'ange de l'Éternel face

23 à face. Et l'Éternel lui dit : Sois en paix, ne crains point, tu ne mour-
24 ras pas. Gédéon bâtit là un autel à l'Éternel, et lui donna pour nom l'Eternel paix : il existe encore aujourd'hui à Ophra, qui appartenait à la famille d'Abiézer.

25 Dans la même nuit, l'Éternel dit à Gédéon : Prends le jeune taureau de ton père, et un second taureau de sept ans. Renverse l'autel de Baal qui est à ton père, et abats le pieu
26 sacré qui est dessus. Tu bâtiras ensuite et tu disposeras, sur le haut de ce rocher, un autel à l'Éternel ton Dieu. Tu prendras le second taureau, et tu offriras un holocauste, avec le bois de l'idole que tu auras
27 abattue. Gédéon prit dix hommes parmi ses serviteurs, et fit ce que l'Éternel avait dit ; mais, comme il craignait la maison de son père et les gens de la ville, il l'exécuta de
28 nuit, et non de jour. Lorsque les gens de la ville se furent levés de bon matin, voici, l'autel de Baal était renversé, le pieu sacré placé dessus était abattu, et le second taureau était offert en holocauste sur l'autel
29 qui avait été bâti. Ils se dirent l'un à l'autre : Qui a fait cela ? Et ils s'informèrent et firent des recherches. On leur dit : C'est Gédéon, fils de
30 Joas, qui a fait cela. Alors les gens de la ville dirent à Joas : Fais sortir ton fils, et qu'il meure, car il a renversé l'autel de Baal et abattu le
31 pieu sacré qui était dessus. Joas répondit à tous ceux qui se présentèrent à lui : Est-ce à vous de prendre parti pour Baal ? est-ce à vous de venir à son secours ? Quiconque prendra parti pour Baal mourra avant que le matin vienne. Si Baal est un dieu, qu'il plaide lui-même sa cause, puisqu'on a renversé
32 son autel. Et en ce jour l'on donna à Gédéon le nom de Jerubbaal, en disant : Que Baal plaide contre lui, puisqu'il a renversé son autel.

33 Tout Madian, Amalek, et les fils de l'Orient, se rassemblèrent ; ils passèrent le Jourdain, et campèrent
34 dans la vallée de Jizréel. Gédéon fut revêtu de l'esprit de l'Éternel ; il sonna de la trompette, et Abiézer fut convoqué pour marcher à sa
35 suite. Il envoya des messagers dans tout Manassé, qui fut aussi convoqué pour marcher à sa suite. Il envoya des messagers dans Aser, dans Zabulon et dans Nephthali, qui montèrent à leur rencontre.

36 Gédéon dit à Dieu : Si tu veux délivrer Israël par ma main, comme
37 tu l'as dit, voici, je vais mettre une toison de laine dans l'aire ; si la toison seule se couvre de rosée et que tout le terrain reste sec, je connaîtrai que tu délivreras Israël par ma main, comme tu l'as dit. Et il arriva ainsi.
38 Le jour suivant, il se leva de bon matin, pressa la toison, et en fit sortir la rosée, qui donna de l'eau plein une coupe. Gédéon dit à Dieu : Que ta
39 colère ne s'enflamme point contre moi, et je ne parlerai plus que cette fois : Je voudrais seulement faire encore une épreuve avec la toison : que la toison seule reste sèche, et que tout le terrain se couvre de rosée.
40 Et Dieu fit ainsi cette nuit-là. La toison seule resta sèche, et tout le terrain se couvrit de rosée.

7 Jerubbaal, qui est Gédéon, et tout le peuple qui était avec lui, se levèrent de bon matin, et campèrent près de la source de Harod. Le camp de Madian était au nord de Gédéon, vers la colline de Moré, dans la vallée.

2 L'Éternel dit à Gédéon : Le peuple que tu as avec toi est trop nombreux pour que je livre Madian entre ses mains ; il pourrait en tirer gloire contre moi, et dire : C'est ma main
3 qui m'a délivré. Publie donc ceci aux oreilles du peuple : Que celui qui est craintif et qui a peur s'en retourne et s'éloigne de la montagne de Galaad. Vingt-deux mille hommes parmi le peuple s'en retournèrent, et il en resta dix mille.

4 L'Éternel dit à Gédéon : Le peuple est encore trop nombreux. Fais-les descendre vers l'eau, et là je t'en ferai le triage ; celui dont je te dirai : Que celui-ci aille avec toi, ira avec toi ; et celui dont je te dirai : Que celui-ci n'aille pas avec toi, n'ira pas
5 avec toi. Gédéon fit descendre le

peuple vers l'eau, et l'Éternel dit à Gédéon: Tous ceux qui laperont l'eau avec la langue comme lape le chien, tu les sépareras de tous ceux qui se mettront à genoux pour boire.

6 Ceux qui lapèrent l'eau en la portant à la bouche avec leur main furent au nombre de trois cents hommes, et tout le reste du peuple se mit à 7 genoux pour boire. Et l'Éternel dit à Gédéon: C'est par les trois cents hommes qui ont lapé que je vous sauverai et que je livrerai Madian entre tes mains. Que tout le reste du peuple s'en aille chacun chez soi.

8 On prit les vivres du peuple et ses trompettes. Puis Gédéon renvoya tous les hommes d'Israël chacun dans sa tente, et il retint les trois cents hommes. Le camp de Madian était au-dessous de lui dans la vallée.

9 L'Éternel dit à Gédéon pendant la nuit: Lève-toi, descends au camp, 10 car je l'ai livré entre tes mains. Si tu crains de descendre, descends-y 11 avec Pura, ton serviteur. Tu écouteras ce qu'ils diront, et après cela tes mains seront fortifiées: descends donc au camp. Il descendit avec Pura, son serviteur, jusqu'aux avant-12 postes du camp. Madian, Amalek, et tous les fils de l'Orient, étaient répandus dans la vallée comme une multitude de sauterelles, et leurs chameaux étaient innombrables comme le sable qui est sur le bord de la mer. 13 Gédéon arriva; et voici, un homme racontait à son camarade un songe. Il disait: J'ai eu un songe; et voici, un gâteau de pain d'orge roulait dans le camp de Madian; il est venu heurter jusqu'à la tente, et elle est tombée; il l'a retournée sens dessus 14 dessous, et elle a été renversée. Son camarade répondit, et dit: Ce n'est pas autre chose que l'épée de Gédéon, fils de Joas, homme d'Israël; Dieu a livré entre ses mains Madian et tout le camp.

15 Lorsque Gédéon eut entendu le récit du songe et son explication, il se prosterna, revint au camp d'Israël, et dit: Levez-vous, car l'Éternel a livré entre vos mains le camp de 16 Madian. Il divisa en trois corps les trois cents hommes, et il leur remit à tous des trompettes et des cruches vides, avec des flambeaux dans les cruches. Il leur dit: Vous me re- 17 garderez et vous ferez comme moi. Dès que j'aborderai le camp, vous ferez ce que je ferai; et quand je 18 sonnerai de la trompette, moi et tous ceux qui seront avec moi, vous sonnerez aussi de la trompette tout autour du camp, et vous direz: Pour l'Éternel et pour Gédéon!

Gédéon et les cent hommes qui 19 étaient avec lui arrivèrent aux abords du camp au commencement de la veille du milieu, comme on venait de placer les gardes. Ils sonnèrent de la trompette, et brisèrent les cruches qu'ils avaient à la main. Les trois 20 corps sonnèrent de la trompette, et brisèrent les cruches; ils saisirent de la main gauche les flambeaux et de la main droite les trompettes pour sonner, et ils s'écrièrent: Épée pour l'Éternel et pour Gédéon! Ils res- 21 tèrent chacun à sa place autour du camp, et tout le camp se mit à courir, à pousser des cris, et à prendre la fuite. Les trois cents hommes son- 22 nèrent encore de la trompette; et, dans tout le camp, l'Éternel leur fit tourner l'épée les uns contre les autres. Le camp s'enfuit jusqu'à Beth-Schitta vers Tseréra, jusqu'au bord d'Abel-Mehola près de Tabbath. Les hommes d'Israël se rassemblè- 23 rent, ceux de Nephthali, d'Aser et de tout Manassé, et ils poursuivirent Madian.

Gédéon envoya des messagers dans 24 toute la montagne d'Éphraïm, pour dire: Descendez à la rencontre de Madian, et coupez-leur le passage des eaux jusqu'à Beth-Bara et celui du Jourdain. Tous les hommes d'Éphraïm se rassemblèrent, et ils s'emparèrent du passage des eaux jusqu'à Beth-Bara et de celui du Jourdain. Ils saisirent deux chefs 25 de Madian, Oreb et Zeeb; ils tuèrent Oreb au rocher d'Oreb, et ils tuèrent Zeeb au pressoir de Zeeb. Ils poursuivirent Madian, et ils apportèrent les têtes d'Oreb et de Zeeb à Gédéon de l'autre côté du Jourdain.

8 Les hommes d'Éphraïm dirent à Gédéon : Que signifie cette manière d'agir envers nous ? pourquoi ne pas nous avoir appelés, quand tu es allé combattre Madian ? Et ils eurent 2 avec lui une violente querelle. Gédéon leur répondit : Qu'ai-je fait en comparaison de vous ? Le grappillage d'Éphraïm ne vaut-il pas mieux 3 que la vendange d'Abiézer ? C'est entre vos mains que Dieu a livré les chefs de Madian, Oreb et Zeeb. Qu'ai-je donc pu faire en comparaison de vous ? Lorsqu'il eut ainsi parlé, leur colère contre lui s'apaisa.

4 Gédéon arriva au Jourdain, et il le passa, lui et les trois cents hommes qui étaient avec lui, fatigués, mais 5 poursuivant toujours. Il dit aux gens de Succoth : Donnez, je vous prie, quelques pains au peuple qui m'accompagne, car ils sont fatigués, et je suis à la poursuite de Zébach et de Tsalmunna, rois de Madian. 6 Les chefs de Succoth répondirent : La main de Zébach et de Tsalmunna est-elle déjà en ton pouvoir, pour que nous donnions du pain à ton armée ? 7 Et Gédéon dit : Eh bien ! lorsque l'Éternel aura livré entre mes mains Zébach et Tsalmunna, je broierai votre chair avec des épines du désert 8 et avec des chardons. De là il monta à Penuel, et il fit aux gens de Penuel la même demande. Ils lui répondirent comme avaient répondu ceux 9 de Succoth. Et il dit aussi aux gens de Penuel : Quand je reviendrai en paix, je renverserai cette tour.

10 Zébach et Tsalmunna étaient à Karkor et leur armée avec eux, environ quinze mille hommes, tous ceux qui étaient restés de l'armée entière des fils de l'Orient ; cent vingt mille hommes tirant l'épée 11 avaient été tués. Gédéon monta par le chemin de ceux qui habitent sous les tentes, à l'orient de Nobach et de Jogbeha, et il battit l'armée qui se 12 croyait en sûreté. Zébach et Tsalmunna prirent la fuite ; Gédéon les poursuivit, il s'empara des deux rois de Madian, Zébach et Tsalmunna, et il mit en déroute toute l'armée. 13 Gédéon, fils de Joas, revint de la bataille par la montée de Hérès. Il 14 saisit d'entre les gens de Succoth un jeune homme qu'il interrogea, et qui lui mit par écrit les noms des chefs et des anciens de Succoth, soixante-dix-sept hommes. Puis il vint auprès 15 des gens de Succoth, et dit : Voici Zébach et Tsalmunna, au sujet desquels vous m'avez insulté, en disant : La main de Zébach et de Tsalmunna est-elle déjà en ton pouvoir, pour que nous donnions du pain à tes hommes fatigués ? Et il prit les anciens de 16 la ville, et châtia les gens de Succoth avec des épines du désert et avec des chardons. Il renversa aussi la tour 17 de Penuel, et tua les gens de la ville.

Il dit à Zébach et à Tsalmunna : 18 Comment étaient les hommes que vous avez tués au Thabor ? Ils répondirent : Ils étaient comme toi, chacun avait l'air d'un fils de roi. Il dit : C'étaient mes frères, fils de 19 ma mère. L'Éternel est vivant ! si vous les eussiez laissés vivre, je ne vous tuerais pas. Et il dit à Jéther, 20 son premier-né : Lève-toi, tue-les ! Mais le jeune homme ne tira point son épée, parce qu'il avait peur, car il était encore un enfant. Zébach et 21 Tsalmunna dirent : Lève-toi toi-même, et tue-nous ! car tel est l'homme, telle est sa force. Et Gédéon se leva, et tua Zébach et Tsalmunna. Il prit ensuite les croissants qui étaient aux cous de leurs chameaux.

Les hommes d'Israël dirent à Gé- 22 déon : Domine sur nous, et toi, et ton fils, et le fils de ton fils, car tu nous as délivrés de la main de Madian. Gédéon leur dit : Je ne 23 dominerai point sur vous, et mes fils ne domineront point sur vous ; c'est l'Éternel qui dominera sur vous.

Gédéon leur dit : J'ai une demande 24 à vous faire : donnez-moi chacun les anneaux que vous avez eus pour butin. —Les ennemis avaient des anneaux d'or, car ils étaient Ismaélites.—Ils 25 dirent : Nous les donnerons volontiers. Et ils étendirent un manteau, sur lequel chacun jeta les anneaux de son butin. Le poids des anneaux 26 d'or que demanda Gédéon fut de mille sept cents sicles d'or, sans les croissants, les pendants d'oreilles, et les vêtements de pourpre que portaient les rois de Madian, et sans les colliers qui étaient aux cous de

27 leurs chameaux. Gédéon en fit un éphod, et il le plaça dans sa ville, à Ophra, où il devint l'objet des prostitutions de tout Israël ; et il fut un piège pour Gédéon et pour sa maison.

28 Madian fut humilié devant les enfants d'Israël, et il ne leva plus la tête. Et le pays fut en repos pendant quarante ans, durant la vie de Gédéon.

29 Jerubbaal, fils de Joas, s'en retourna, et demeura dans sa maison.

30 Gédéon eut soixante-dix fils, issus de lui, car il eut plusieurs femmes.

31 Sa concubine, qui était à Sichem, lui enfanta aussi un fils, à qui on

32 donna le nom d'Abimélec. Gédéon, fils de Joas, mourut après une heureuse vieillesse ; et il fut enterré dans le sépulcre de Joas, son père, à Ophra, qui appartenait à la famille d'Abiézer.

Les fils de Gédéon tués par leur frère Abimélec. — Abimélec proclamé roi à Sichem. — Apologue de Jotham. — Fin misérable d'Abimélec.

33 Lorsque Gédéon fut mort, les enfants d'Israël recommencèrent à se prostituer aux Baals, et ils prirent

34 Baal-Berith pour leur dieu. Les enfants d'Israël ne se souvinrent point de l'Éternel, leur Dieu, qui les avait délivrés de la main de tous les

35 ennemis qui les entouraient. Et ils n'eurent point d'attachement pour la maison de Jerubbaal, de Gédéon, après tout le bien qu'il avait fait à Israël.

9 Abimélec, fils de Jerubbaal, se rendit à Sichem vers les frères de sa mère, et voici comment il leur parla, ainsi qu'à toute la famille de la

2 maison du père de sa mère : Dites, je vous prie, aux oreilles de tous les habitants de Sichem : Vaut-il mieux pour vous que soixante-dix hommes, tous fils de Jerubbaal, dominent sur vous, ou qu'un seul homme domine sur vous ? Et souvenez-vous que je

suis votre os et votre chair. Les 3 frères de sa mère répétèrent pour lui toutes ces paroles aux oreilles de tous les habitants de Sichem, et leur cœur inclina en faveur d'Abimélec, car ils se disaient : C'est notre frère. Ils lui donnèrent soixante-dix sicles 4 d'argent, qu'ils enlevèrent de la maison de Baal-Berith. Abimélec s'en servit pour acheter des misérables et des turbulents, qui allèrent après lui. Il vint dans la maison 5 de son père à Ophra, et il tua ses frères, fils de Jerubbaal, soixante-dix hommes, sur une même pierre. Il n'échappa que Jotham, le plus jeune fils de Jerubbaal, car il s'était caché. Tous les habitants de Sichem et 6 toute la maison de Millo se rassemblèrent ; ils vinrent, et proclamèrent roi Abimélec, près du chêne planté dans Sichem.

Jotham en fut informé. Il alla se 7 placer sur le sommet de la montagne de Garizim, et voici ce qu'il leur cria à haute voix :

Écoutez-moi, habitants de Sichem, et que Dieu vous écoute !

Les arbres partirent pour aller 8 oindre un roi et le mettre à leur tête. Ils dirent à l'olivier : Règne sur nous. Mais l'olivier leur répondit : Renon- 9 cerais-je à mon huile, qui m'assure les hommages de Dieu et des hommes, pour aller planer sur les arbres ? Et 10 les arbres dirent au figuier : Viens, toi, règne sur nous. Mais le figuier 11 leur répondit : Renoncerais-je à ma douceur et à mon excellent fruit, pour aller planer sur les arbres ? Et 12 les arbres dirent à la vigne : Viens, toi, règne sur nous. Mais la vigne 13 leur répondit : Renoncerais-je à mon vin, qui réjouit Dieu et les hommes, pour aller planer sur les arbres ? Alors tous les arbres dirent au 14 buisson d'épines : Viens, toi, règne sur nous. Et le buisson d'épines 15 répondit aux arbres : Si c'est de bonne foi que vous voulez m'oindre pour votre roi, venez, réfugiez-vous sous mon ombrage ; sinon, un feu sortira du buisson d'épines, et dévorera les cèdres du Liban.

Maintenant, est-ce de bonne foi et 16

avec intégrité que vous avez agi en proclamant roi Abimélec ? avez-vous eu de la bienveillance pour Jerubbaal et sa maison ? l'avez-vous traité selon

17 les services qu'il a rendus ?—Car mon père a combattu pour vous, il a exposé sa vie, et il vous a délivrés de la main

18 de Madian ; et vous, vous vous êtes levés contre la maison de mon père, vous avez tué ses fils, soixante-dix hommes, sur une même pierre, et vous avez proclamé roi sur les habitants de Sichem Abimélec, fils de sa servante, parce qu'il est votre frère.

19 —Si c'est de bonne foi et avec intégrité qu'en ce jour vous avez agi envers Jerubbaal et sa maison, eh bien ! qu'Abimélec fasse votre joie, et que vous fassiez aussi la sienne !

20 Sinon, qu'un feu sorte d'Abimélec et dévore les habitants de Sichem et la maison de Millo, et qu'un feu sorte des habitants de Sichem et de la maison de Millo et dévore Abimélec !

21 Jotham se retira et prit la fuite ; il s'en alla à Beer, où il demeura loin d'Abimélec, son frère.

22 Abimélec avait dominé trois ans
23 sur Israël. Alors Dieu envoya un mauvais esprit entre Abimélec et les habitants de Sichem, et les habitants de Sichem furent infidèles à

24 Abimélec, afin que la violence commise sur les soixante-dix fils de Jerubbaal reçût son châtiment, et que leur sang retombât sur Abimélec, leur frère, qui les avait tués, et sur les habitants de Sichem, qui l'avaient

25 aidé à tuer ses frères. Les habitants de Sichem placèrent en embuscade contre lui, sur les sommets des montagnes, des gens qui dépouillaient tous ceux qui passaient près d'eux sur le chemin. Et cela fut rapporté à Abimélec.

26 Gaal, fils d'Ébed, vint avec ses frères, et ils passèrent à Sichem. Les habitants de Sichem eurent

27 confiance en lui. Ils sortirent dans la campagne, vendangèrent leurs vignes, foulèrent les raisins, et se livrèrent à des réjouissances ; ils entrèrent dans la maison de leur dieu, ils mangèrent et burent, et ils

28 maudirent Abimélec. Et Gaal, fils d'Ébed, disait : Qui est Abimélec, et qu'est Sichem, pour que nous servions Abimélec ? N'est-il pas fils de Jerubbaal, et Zebul n'est-il pas son commissaire ? Servez les hommes de Hamor, père de Sichem ; mais nous, pourquoi servirions-nous Abi-

29 mélec ? Oh ! si j'étais le maître de ce peuple, je renverserais Abimélec. Et il disait d'Abimélec : Renforce ton armée, mets-toi en marche !

30 Zebul, gouverneur de la ville, apprit ce que disait Gaal, fils d'Ébed,
31 et sa colère s'enflamma. Il envoya secrètement des messagers à Abimélec, pour lui dire : Voici, Gaal, fils d'Ébed, et ses frères, sont venus à Sichem, et ils soulèvent la ville

32 contre toi. Maintenant, pars de nuit, toi et le peuple qui est avec toi, et mets-toi en embuscade dans la cam-

33 pagne. Le matin, au lever du soleil, tu fondras avec impétuosité sur la ville. Et lorsque Gaal et le peuple qui est avec lui sortiront contre toi, tu lui feras ce que tes forces permettront.

34 Abimélec et tout le peuple qui était avec lui partirent de nuit, et ils se mirent en embuscade près de Sichem, divisés en quatre corps.

35 Gaal, fils d'Ébed, sortit, et il se tint à l'entrée de la porte de la ville. Abimélec et tout le peuple qui était avec lui se levèrent alors de l'em-

36 buscade. Gaal aperçut le peuple, et il dit à Zebul : Voici un peuple qui descend du sommet des montagnes. Zebul lui répondit : C'est l'ombre des montagnes que tu prends pour des

37 hommes. Gaal, reprenant la parole, dit : C'est bien un peuple qui descend des hauteurs du pays, et une troupe arrive par le chemin du chêne

38 des devins. Zebul lui répondit : Où donc est ta bouche, toi qui disais : Qui est Abimélec, pour que nous le servions ? N'est-ce point là le peuple que tu méprisais ? Marche

39 maintenant, livre-lui bataille ! Gaal s'avança à la tête des habitants de Sichem, et livra bataille à Abimélec.

40 Poursuivi par Abimélec, il prit la fuite devant lui, et beaucoup d'hommes tombèrent morts jusqu'à l'entrée de

41 la porte. Abimélec s'arrêta à Aruma. Et Zebul chassa Gaal et ses frères, qui ne purent rester à Sichem.

42 Le lendemain, le peuple sortit dans la campagne. Abimélec, qui en fut

43 informé, prit sa troupe, la partagea en trois corps, et se mit en embuscade dans la campagne. Ayant vu que le peuple sortait de la ville, il se leva contre eux, et les battit.

44 Abimélec et les corps qui étaient avec lui se portèrent en avant, et se placèrent à l'entrée de la porte de la ville ; deux de ces corps se jetèrent sur tous ceux qui étaient dans la

45 campagne, et les battirent. Abimélec attaqua la ville pendant toute la journée ; il s'en empara, et tua le peuple qui s'y trouvait. Puis il rasa la ville, et y sema du sel.

46 A cette nouvelle, tous les habitants de la tour de Sichem se rendirent dans la forteresse de la maison du

47 dieu Berith. On avertit Abimélec que tous les habitants de la tour de

48 Sichem s'y étaient rassemblés. Alors Abimélec monta sur la montagne de Tsalmon, lui et tout le peuple qui était avec lui. Il prit en main une hache, coupa une branche d'arbre, l'enleva et la mit sur son épaule. Ensuite il dit au peuple qui était avec lui : Vous avez vu ce que j'ai fait, hâtez-vous de faire comme moi.

49 Et ils coupèrent chacun une branche, et suivirent Abimélec ; ils placèrent les branches contre la forteresse, et l'incendièrent avec ceux qui y étaient. Ainsi périrent tous les gens de la tour de Sichem, au nombre d'environ mille, hommes et femmes.

50 Abimélec marcha contre Thébets. Il assiégea Thébets, et s'en empara.

51 Il y avait au milieu de la ville une forte tour, où se réfugièrent tous les habitants de la ville, hommes et femmes ; ils fermèrent sur eux, et montèrent sur le toit de la tour.

52 Abimélec parvint jusqu'à la tour ; il l'attaqua, et s'approcha de la porte

53 pour y mettre le feu. Alors une femme lança sur la tête d'Abimélec un morceau de meule de moulin, et

54 lui brisa le crâne. Aussitôt il appela le jeune homme qui portait ses armes, et lui dit : Tire ton épée, et donne-moi la mort, de peur qu'on ne dise de moi : C'est une femme qui l'a tué. Le jeune homme le perça, et il

55 mourut. Quand les hommes d'Israël virent qu'Abimélec était mort, ils s'en allèrent chacun chez soi.

56 Ainsi Dieu fit retomber sur Abimélec le mal qu'il avait fait à son père, en tuant ses soixante-dix frères,

57 et Dieu fit retomber sur la tête des gens de Sichem tout le mal qu'ils avaient fait. Ainsi s'accomplit sur eux la malédiction de Jotham, fils de Jerubbaal.

Thola et Jaïr, juges en Israël.

10 Après Abimélec, Thola, fils de Pua, fils de Dodo, homme d'Issachar, se leva pour délivrer Israël ; il habitait à Schamir, dans la montagne

2 d'Éphraïm. Il fut juge en Israël pendant vingt-trois ans ; puis il mourut, et fut enterré à Schamir.

3 Après lui, se leva Jaïr, le Galaadite, qui fut juge en Israël pendant vingt-

4 deux ans. Il avait trente fils, qui montaient sur trente ânons, et qui possédaient trente villes, appelées encore aujourd'hui bourgs de Jaïr, et situées dans le pays de Galaad.

5 Et Jaïr mourut, et fut enterré à Kamon.

Jephthé, juge en Israël.—Défaite des Ammonites —La fille de Jephthé.— Guerre civile entre les Éphraïmites et les Galaadites.

6 Les enfants d'Israël firent encore ce qui déplaît à l'Éternel ; ils servirent les Baals et les Astartés, les dieux de Syrie, les dieux de Sidon, les dieux de Moab, les dieux des fils d'Ammon, et les dieux des Philistins, et ils abandonnèrent l'Éternel et ne le

7 servirent plus. La colère de l'Éternel s'enflamma contre Israël, et il les vendit entre les mains des Philistins et entre les mains des fils d'Ammon.

8 Ils opprimèrent et écrasèrent les enfants d'Israël cette année-là, et pendant dix-huit ans tous les enfants d'Israël qui étaient de l'autre côté du Jourdain dans le pays des Amoréens

9 en Galaad. Les fils d'Ammon passèrent le Jourdain pour combattre

aussi contre Juda, contre Benjamin et contre la maison d'Éphraïm. Et Israël fut dans une grande détresse.

10 Les enfants d'Israël crièrent à l'Éternel, en disant : Nous avons péché contre toi, car nous avons abandonné notre Dieu et nous avons servi 11 les Baals. L'Éternel dit aux enfants d'Israël : Ne vous ai-je pas délivrés des Égyptiens, des Amoréens, des fils 12 d'Ammon, des Philistins ? Et lorsque les Sidoniens, Amalek et Maon, vous opprimèrent, et que vous criâtes à moi, ne vous ai-je pas délivrés de 13 leurs mains ? Mais vous, vous m'avez abandonné, et vous avez servi d'autres dieux. C'est pourquoi je ne vous 14 délivrerai plus. Allez, invoquez les dieux que vous avez choisis ; qu'ils vous délivrent au temps de votre 15 détresse ! Les enfants d'Israël dirent à l'Éternel : Nous avons péché ; traite-nous comme il te plaira. Seulement, 16 daigne nous délivrer aujourd'hui ! Et ils ôtèrent les dieux étrangers du milieu d'eux, et servirent l'Éternel, qui fut touché des maux d'Israël.

17 Les fils d'Ammon se rassemblèrent et campèrent en Galaad, et les enfants d'Israël se rassemblèrent et campèrent 18 à Mitspa. Le peuple, les chefs de Galaad se dirent l'un à l'autre : Quel est l'homme qui commencera l'attaque contre les fils d'Ammon ? Il sera chef de tous les habitants de Galaad.

11 Jephthé, le Galaadite, était un vaillant héros. Il était fils d'une femme prostituée ; et c'est Galaad 2 qui avait engendré Jephthé. La femme de Galaad lui enfanta des fils, qui, devenus grands, chassèrent Jephthé, et lui dirent : Tu n'hériteras pas dans la maison de notre père, 3 car tu es fils d'une autre femme. Et Jephthé s'enfuit loin de ses frères, et il habita dans le pays de Tob. Des gens de rien se rassemblèrent auprès de Jephthé, et ils faisaient avec lui des excursions.

4 Quelque temps après, les fils d'Am-5 mon firent la guerre à Israël. Et comme les fils d'Ammon faisaient la guerre à Israël, les anciens de Galaad allèrent chercher Jephthé au 6 pays de Tob. Ils dirent à Jephthé :

Viens, tu seras notre chef, et nous combattrons les fils d'Ammon. Jeph-7 thé répondit aux anciens de Galaad : N'avez-vous pas eu de la haine pour moi, et ne m'avez-vous pas chassé de la maison de mon père ? Pourquoi venez-vous à moi maintenant que vous êtes dans la détresse ? Les 8 anciens de Galaad dirent à Jephthé : Nous revenons à toi maintenant, afin que tu marches avec nous, que tu combattes les fils d'Ammon, et que tu sois notre chef, celui de tous les habitants de Galaad. Jephthé répon-9 dit aux anciens de Galaad : Si vous me ramenez pour combattre les fils d'Ammon, et que l'Éternel les livre devant moi, je serai votre chef. Les 10 anciens de Galaad dirent à Jephthé : Que l'Éternel nous entende, et qu'il juge, si nous ne faisons pas ce que tu dis. Et Jephthé partit avec les 11 anciens de Galaad. Le peuple le mit à sa tête et l'établit comme chef, et Jephthé répéta devant l'Éternel, à Mitspa, toutes les paroles qu'il avait prononcées.

Jephthé envoya des messagers au 12 roi des fils d'Ammon, pour lui dire : Qu'y a-t-il entre moi et toi, que tu viennes contre moi pour faire la guerre à mon pays ? Le roi des fils 13 d'Ammon répondit aux messagers de Jephthé : C'est qu'Israël, quand il est monté d'Égypte, s'est emparé de mon pays, depuis l'Arnon jusqu'au Jabbok et au Jourdain. Rends-le maintenant de bon gré.

Jephthé envoya de nouveau des 14 messagers au roi des fils d'Ammon, pour lui dire : Ainsi parle Jephthé : 15 Israël ne s'est point emparé du pays de Moab, ni du pays des fils d'Ammon. Car lorsqu'Israël est monté 16 d'Égypte, il a marché dans le désert jusqu'à la mer Rouge, et il est arrivé à Kadès. Alors Israël envoya des 17 messagers au roi d'Édom, pour lui dire : Laisse-moi passer par ton pays. Mais le roi d'Édom n'y consentit pas. Il envoya aussi au roi de Moab, qui refusa. Et Israël resta à Kadès. Puis il marcha par le désert, tourna 18 le pays d'Édom et le pays de Moab, et vint à l'orient du pays de Moab ;

ils campèrent au delà de l'Arnon, sans entrer sur le territoire de Moab, car l'Arnon est la frontière de Moab.

19 Israël envoya des messagers à Sihon, roi des Amoréens, roi de Hesbon, et Israël lui dit : Laisse-nous passer par ton pays jusqu'au lieu où nous allons.

20 Mais Sihon n'eut pas assez confiance en Israël pour le laisser passer sur son territoire ; il rassembla tout son peuple, campa à Jahats, et combattit

21 Israël. L'Éternel, le Dieu d'Israël, livra Sihon et tout son peuple entre les mains d'Israël, qui les battit. Israël s'empara de tout le pays des Amoréens établis dans cette contrée.

22 Ils s'emparèrent de tout le territoire des Amoréens, depuis l'Arnon jusqu'au Jabbok, et depuis le désert

23 jusqu'au Jourdain. Et maintenant que l'Éternel, le Dieu d'Israël, a chassé les Amoréens devant son peuple d'Israël, est-ce toi qui aurais

24 la possession de leur pays ? Ce que ton dieu Kemosch te donne à posséder, ne le posséderais-tu pas ? Et tout ce que l'Éternel, notre Dieu, a mis en notre possession devant nous,

25 nous ne le posséderions pas ! Vaux-tu donc mieux que Balak, fils de Tsippor, roi de Moab ? A-t-il contesté avec Israël, ou lui a-t-il fait la

26 guerre ? Voilà trois cents ans qu'Israël habite à Hesbon et dans les villes de son ressort, à Aroër et dans les villes de son ressort, et dans toutes les villes qui sont sur les bords de l'Arnon : pourquoi ne les lui avez-vous pas enlevées pendant ce temps-

27 là ? Je ne t'ai point offensé, et tu agis mal avec moi en me faisant la guerre. Que l'Éternel, le juge, soit aujourd'hui juge entre les enfants d'Israël et les fils d'Ammon !

28 Le roi des fils d'Ammon n'écouta point les paroles que Jephthé lui fit dire.

29 L'esprit de l'Éternel fut sur Jephthé. Il traversa Galaad et Manassé ; il passa à Mitspé de Galaad ; et de Mitspé de Galaad, il marcha contre

30 les fils d'Ammon. Jephthé fit un vœu à l'Éternel, et dit : Si tu livres entre mes mains les fils d'Ammon,

31 quiconque sortira des portes de ma maison au-devant de moi, à mon heureux retour de chez les fils d'Ammon, sera consacré à l'Éternel, et je l'offrirai en holocauste.

32 Jephthé marcha contre les fils d'Ammon, et l'Éternel les livra entre

33 ses mains. Il leur fit éprouver une très grande défaite, depuis Aroër jusque vers Minnith, espace qui renfermait vingt villes, et jusqu'à Abel-Keramim. Et les fils d'Ammon furent humiliés devant les enfants d'Israël.

34 Jephthé retourna dans sa maison à Mitspa. Et voici, sa fille sortit au-devant de lui avec des tambourins et des danses. C'était son unique enfant ; il n'avait point de fils et

35 point d'autre fille. Dès qu'il la vit, il déchira ses vêtements, et dit : Ah ! ma fille ! tu me jettes dans l'abattement, tu es au nombre de ceux qui me troublent ! J'ai fait un vœu à l'Éternel, et je ne puis le révoquer.

36 Elle lui dit : Mon père, si tu as fait un vœu à l'Éternel, traite-moi selon ce qui est sorti de ta bouche, maintenant que l'Éternel t'a vengé de tes

37 ennemis, des fils d'Ammon. Et elle dit à son père : Que ceci me soit accordé : laisse-moi libre pendant deux mois ! Je m'en irai, je descendrai dans les montagnes, et je pleurerai ma virginité avec mes com-

38 pagnes. Il répondit : Va ! Et il la laissa libre pour deux mois. Elle s'en alla avec ses compagnes, et elle pleura sa virginité sur les montagnes.

39 Au bout des deux mois, elle revint vers son père, et il accomplit sur elle le vœu qu'il avait fait. Elle n'avait point connu d'homme. Dès lors

40 s'établit en Israël la coutume que tous les ans les filles d'Israël s'en vont célébrer la fille de Jephthé, le Galaadite, quatre jours par année.

12 Les hommes d'Éphraïm se rassemblèrent, partirent pour le nord, et dirent à Jephthé : Pourquoi es-tu allé combattre les fils d'Ammon, sans nous avoir appelés à marcher avec toi ? Nous voulons incendier ta maison et te brûler avec elle. Jeph-

2 thé leur répondit : Nous avons eu de grandes contestations, moi et mon

peuple, avec les fils d'Ammon ; et quand je vous ai appelés, vous ne m'avez pas délivré de leurs mains.

3 Voyant que tu ne venais pas à mon secours, j'ai exposé ma vie, et j'ai marché contre les fils d'Ammon. L'Éternel les a livrés entre mes mains. Pourquoi donc aujourd'hui montez-vous contre moi pour me faire la guerre ?

4 Jephthé rassembla tous les hommes de Galaad, et livra bataille à Éphraïm. Les hommes de Galaad battirent É-phraïm, parce que les Éphraïmites disaient : Vous êtes des fugitifs d'Éphraïm ! Galaad est au milieu d'Éphraïm, au milieu de Manassé !

5 Galaad s'empara des gués du Jour-dain du côté d'Éphraïm. Et quand l'un des fuyards d'Éphraïm disait : Laissez-moi passer ! les hommes de Galaad lui demandaient : Es-tu É-

6 phraïmite ? Il répondait : Non. Ils lui disaient alors : Hé bien, dis Schib-boleth. Et il disait Sibboleth, car il ne pouvait pas bien prononcer. Sur quoi les hommes de Galaad le saisis-saient, et l'égorgeaient près des gués du Jourdain. Il périt en ce temps-là quarante-deux mille hommes d'Éphraïm.

7 Jephthé fut juge en Israël pendant six ans ; puis Jephthé, le Galaadite, mourut, et fut enterré dans l'une des villes de Galaad.

Ibtsan, Élon, Abdon, juges en Israël.

8 Après lui, Ibtsan de Bethléhem fut
9 juge en Israël. Il eut trente fils, il maria trente filles au dehors, et il fit venir pour ses fils trente filles du dehors. Il fut juge en Israël pen-
10 dant sept ans ; puis Ibtsan mourut, et fut enterré à Bethléhem.

11 Après lui, Élon de Zabulon fut juge en Israël. Il fut juge en Israël
12 pendant dix ans ; puis Élon de Zabulon mourut, et fut enterré à Ajalon, dans le pays de Zabulon.

13 Après lui, Abdon, fils d'Hillel, le
14 Pirathonite, fut juge en Israël. Il eut quarante fils et trente petits-fils, qui montaient sur soixante-dix ânons. Il fut juge en Israël pendant huit
15 ans ; puis Abdon, fils d'Hillel, le Pirathonite, mourut, et fut enterré à Pirathon, dans le pays d'Éphraïm, sur la montagne des Amalécites.

Samson, juge en Israël.—Sa naissance.— Son mariage avec une fille des Philistins. —Exploits contre les Philistins.—Samson trahi par Delila, et prisonnier des Phi- listins.—Comment il se venge et meurt.

13 Les enfants d'Israël firent encore ce qui déplaît à l'Éternel ; et l'É-ternel les livra entre les mains des Philistins, pendant quarante ans.

2 Il y avait un homme de Tsorea, de la famille des Danites, et qui s'appelait Manoach. Sa femme était
3 stérile, et n'enfantait pas. Un ange de l'Éternel apparut à la femme, et lui dit : Voici, tu es stérile, et tu n'as point d'enfants ; tu deviendras en-ceinte, et tu enfanteras un fils. Main-
4 tenant prends bien garde, ne bois ni vin ni liqueur forte, et ne mange rien
5 d'impur. Car tu vas devenir enceinte, et tu enfanteras un fils. Le rasoir ne passera point sur sa tête, parce que cet enfant sera consacré à Dieu dès le ventre de sa mère ; et ce sera lui qui commencera à délivrer Israël de la main des Philistins.

6 La femme alla dire à son mari : Un homme de Dieu est venu vers moi, et il avait l'aspect d'un ange de Dieu, un aspect redoutable. Je ne lui ai pas demandé d'où il était, et il ne m'a pas fait connaître son nom.
7 Mais il m'a dit : Tu vas devenir en-ceinte, et tu enfanteras un fils ; et maintenant ne bois ni vin ni liqueur forte, et ne mange rien d'impur, parce que cet enfant sera consacré à Dieu dès le ventre de sa mère jusqu'au jour de sa mort.

8 Manoach fit cette prière à l'Éter-nel : Ah ! Seigneur, que l'homme de Dieu que tu as envoyé vienne encore vers nous, et qu'il nous enseigne ce que nous devons faire pour l'enfant
9 qui naîtra ! Dieu exauça la prière de Manoach, et l'ange de Dieu vint encore vers la femme. Elle était assise dans un champ, et Manoach, son mari, n'était pas avec elle. Elle
10 courut promptement donner cette nouvelle à son mari, et lui dit : Voici, l'homme qui était venu l'autre jour

11 vers moi m'est apparu. Manoach se leva, suivit sa femme, alla vers l'homme, et lui dit : Est-ce toi qui as parlé à cette femme ? Il répondit : C'est
12 moi. Manoach dit : Maintenant, si ta parole s'accomplit, que faudra-t-il observer à l'égard de l'enfant, et qu'y
13 aura-t-il à faire ? L'ange de l'Éternel répondit à Manoach : La femme s'abstiendra de tout ce que je lui ai dit.
14 Elle ne goûtera d'aucun produit de la vigne, elle ne boira ni vin ni liqueur forte, et elle ne mangera rien d'impur ; elle observera tout ce que
15 je lui ai prescrit. Manoach dit à l'ange de l'Éternel : Permets-nous de te retenir, et de t'apprêter un che-
16 vreau. L'ange de l'Éternel répondit à Manoach : Quand tu me retiendrais, je ne mangerais pas de ton mets ; mais si tu veux faire un holocauste, tu l'offriras à l'Éternel. Manoach ne savait point que ce fût un ange de
17 l'Éternel. Et Manoach dit à l'ange de l'Éternel : Quel est ton nom, afin que nous te rendions gloire, quand
18 ta parole s'accomplira ? L'ange de l'Éternel lui répondit : Pourquoi demandes-tu mon nom ? Il est merveil-
19 leux. Manoach prit le chevreau et l'offrande, et fit un sacrifice à l'Éternel sur le rocher. Il s'opéra un prodige, pendant que Manoach et
20 sa femme regardaient. Comme la flamme montait de dessus l'autel vers le ciel, l'ange de l'Éternel monta dans la flamme de l'autel. A cette vue, Manoach et sa femme tombèrent la face contre terre.
21 L'ange de l'Éternel n'apparut plus à Manoach et à sa femme. Alors Manoach comprit que c'était l'ange de
22 l'Éternel, et il dit à sa femme : Nous allons mourir, car nous avons vu
23 Dieu. Sa femme lui répondit : Si l'Éternel eût voulu nous faire mourir, il n'aurait pas pris de nos mains l'holocauste et l'offrande, il ne nous aurait pas fait voir tout cela, et il ne nous aurait pas maintenant fait entendre pareilles choses.
24 La femme enfanta un fils, et lui donna le nom de Samson. L'enfant
25 grandit, et l'Éternel le bénit. Et l'esprit de l'Éternel commença à l'agiter à Machané-Dan, entre Tsorea et Eschthaol.

14 Samson descendit à Thimna, et il y vit une femme parmi les filles des Philistins. Lorsqu'il fut remonté, 2 il le déclara à son père et à sa mère, et dit : J'ai vu à Thimna une femme parmi les filles des Philistins ; prenez-la maintenant pour ma femme. Son 3 père et sa mère lui dirent : N'y a-t-il point de femme parmi les filles de tes frères et dans tout notre peuple, que tu ailles prendre une femme chez les Philistins, qui sont incirconcis ? Et Samson dit à son père : Prends-la pour moi, car elle me plaît. Son père et sa mère ne savaient pas 4 que cela venait de l'Éternel : car Samson cherchait une occasion de dispute de la part des Philistins. En ce temps-là, les Philistins dominaient sur Israël.

Samson descendit avec son père 5 et sa mère à Thimna. Lorsqu'ils arrivèrent aux vignes de Thimna, voici, un jeune lion rugissant vint à sa rencontre. L'esprit de l'Éternel 6 saisit Samson ; et, sans avoir rien à la main, Samson déchira le lion comme on déchire un chevreau. Il ne dit point à son père et à sa mère ce qu'il avait fait. Il descendit et 7 parla à la femme, et elle lui plut.

Quelque temps après, il se rendit 8 de nouveau à Thimna pour la prendre, et se détourna pour voir le cadavre du lion. Et voici, il y avait un essaim d'abeilles et du miel dans le corps du lion. Il prit entre ses 9 mains le miel, dont il mangea pendant la route ; et lorsqu'il fut arrivé près de son père et de sa mère, il leur en donna, et ils en mangèrent. Mais il ne leur dit pas qu'il avait pris ce miel dans le corps du lion.

Le père de Samson descendit chez 10 la femme. Et là, Samson fit un festin, car c'était la coutume des jeunes gens. Dès qu'on le vit, on 11 invita trente compagnons qui se tinrent avec lui. Samson leur dit : Je 12 vais vous proposer une énigme. Si vous me l'expliquez pendant les sept jours du festin, et si vous la découvrez, je vous donnerai trente chemises et

13 trente vêtements de rechange. Mais si vous ne pouvez pas me l'expliquer, ce sera vous qui me donnerez trente chemises et trente vêtements de rechange. Ils lui dirent : Propose ton
14 énigme, et nous l'écouterons. Et il leur dit : De celui qui mange est sorti ce qui se mange, et du fort est sorti le doux.

Pendant trois jours, ils ne purent
15 expliquer l'énigme. Le septième jour, ils dirent à la femme de Samson : Persuade à ton mari de nous expliquer l'énigme ; sinon, nous te brûlerons, toi et la maison de ton père. C'est pour nous dépouiller que vous nous avez invités, n'est-ce pas ?
16 La femme de Samson pleurait auprès de lui, et disait : Tu n'as pour moi que de la haine, et tu ne m'aimes pas ; tu as proposé une énigme aux enfants de mon peuple, et tu ne me l'as point expliquée ! Et il lui répondait : Je ne l'ai expliquée ni à mon père ni à ma mère ; est-ce à toi que je l'expli-
17 querais ? Elle pleura auprès de lui pendant les sept jours que dura leur festin ; et le septième jour, il la lui expliqua, car elle le tourmentait. Et elle donna l'explication de l'énigme
18 aux enfants de son peuple. Les gens de la ville dirent à Samson le septième jour, avant le coucher du soleil : Quoi de plus doux que le miel, et quoi de plus fort que le lion ? Et il leur dit : Si vous n'aviez pas labouré avec ma génisse, vous n'auriez pas découvert mon énigme.
19 L'esprit de l'Éternel le saisit, et il descendit à Askalon. Il y tua trente hommes, prit leurs dépouilles, et donna les vêtements de rechange à ceux qui avaient expliqué l'énigme. Il était enflammé de colère, et il
20 monta à la maison de son père. Sa femme fut donnée à l'un de ses compagnons, avec lequel il était lié.

15 Quelque temps après, à l'époque de la moisson des blés, Samson alla voir sa femme, et lui porta un chevreau. Il dit : Je veux entrer vers ma femme dans sa chambre. Mais le père de sa femme ne lui
2 permit pas d'entrer. J'ai pensé, dit-il, que tu avais pour elle de la haine,

et je l'ai donnée à ton compagnon. Est-ce que sa jeune sœur n'est pas plus belle qu'elle ? Prends-la donc à sa place. Samson leur dit : Cette 3 fois je ne serai pas coupable envers les Philistins, si je leur fais du mal.

Samson s'en alla. Il attrapa trois 4 cents renards, et prit des flambeaux : puis il tourna queue contre queue, et mit un flambeau entre deux queues, au milieu. Il alluma les flambeaux, 5 lâcha les renards dans les blés des Philistins, et embrasa les tas de gerbes, le blé sur pied, et jusqu'aux plantations d'oliviers.

Les Philistins dirent : Qui a fait 6 cela ? On répondit : Samson, le gendre du Thimnien, parce que celui-ci lui a pris sa femme et l'a donnée à son compagnon. Et les Philistins montèrent, et ils la brûlèrent, elle et son père. Samson leur dit : Est-ce 7 ainsi que vous agissez ? Je ne cesserai qu'après m'être vengé de vous. Il les battit rudement, dos et ventre ; 8 puis il descendit, et se retira dans la caverne du rocher d'Étam.

Alors les Philistins se mirent en 9 marche, campèrent en Juda, et s'étendirent jusqu'à Léchi. Les hommes 10 de Juda dirent : Pourquoi êtes-vous montés contre nous ? Ils répondirent : Nous sommes montés pour lier Samson, afin de le traiter comme il nous a traités. Sur quoi trois 11 mille hommes de Juda descendirent à la caverne du rocher d'Étam, et dirent à Samson : Ne sais-tu pas que les Philistins dominent sur nous ? Que nous as-tu donc fait ? Il leur répondit : Je les ai traités comme ils m'ont traité. Ils lui dirent : Nous 12 sommes descendus pour te lier, afin de te livrer entre les mains des Philistins. Samson leur dit : Jurez-moi que vous ne me tuerez pas. Ils lui 13 répondirent : Non ; nous voulons seulement te lier et te livrer entre leurs mains, mais nous ne te ferons pas mourir. Et ils le lièrent avec deux cordes neuves, et le firent sortir du rocher.

Lorsqu'il arriva à Léchi, les Philis- 14 tins poussèrent des cris à sa rencontre. Alors l'esprit de l'Éternel le saisit Les cordes qu'il avait aux bras devinrent comme du lin brûlé par le feu, et ses liens tombèrent de 15 ses mains. Il trouva une mâchoire d'âne fraîche, il étendit sa main pour la prendre, et il en tua mille hommes.

16 Et Samson dit :

Avec une mâchoire d'âne, un monceau, deux monceaux ;
Avec une mâchoire d'âne, j'ai tué mille hommes.

17 Quand il eut achevé de parler, il jeta de sa main la mâchoire. Et l'on appela ce lieu Ramath-Léchi.

18 Pressé par la soif, il invoqua l'Éternel, et dit : C'est toi qui as permis par la main de ton serviteur cette grande délivrance ; et maintenant mourrais-je de soif, et tomberais-je entre les mains des incirconcis ?

19 Dieu fendit la cavité du rocher qui est à Léchi, et il en sortit de l'eau. Samson but, son esprit se ranima, et il reprit vie. C'est de là qu'on a appelé cette source En-Hakkoré ; elle existe encore aujourd'hui à Léchi.

20 Samson fut juge en Israël, au temps des Philistins, pendant vingt ans.

16 Samson partit pour Gaza ; il y vit une femme prostituée, et il 2 entra chez elle. On dit aux gens de Gaza : Samson est arrivé ici. Et ils l'environnèrent, et se tinrent en embuscade toute la nuit à la porte de la ville. Ils restèrent tranquilles toute la nuit, disant : Au point du 3 jour, nous le tuerons. Samson demeura couché jusqu'à minuit. Vers minuit, il se leva ; et il saisit les battants de la porte de la ville et les deux poteaux, les arracha avec la barre, les mit sur ses épaules, et les porta sur le sommet de la montagne qui est en face d'Hébron.

4 Après cela, il aima une femme dans la vallée de Sorek. Elle se 5 nommait Delila. Les princes des Philistins montèrent vers elle, et lui dirent : Flatte-le, pour savoir d'où lui vient sa grande force et comment nous pourrions nous rendre maîtres de lui ; nous le lierons pour le dompter, et nous te donnerons chacun mille et cent sicles d'argent.

Delila dit à Samson : Dis-moi, je te 6 prie, d'où vient ta grande force, et avec quoi il faudrait te lier pour te dompter. Samson lui dit : Si on me 7 liait avec sept cordes fraîches, qui ne fussent pas encore sèches, je deviendrais faible et je serais comme un autre homme. Les princes des Philis- 8 tins apportèrent à Delila sept cordes fraîches, qui n'étaient pas encore sèches. Et elle le lia avec ces cordes. Or des gens se tenaient en embuscade 9 chez elle, dans une chambre. Elle lui dit : Les Philistins sont sur toi, Samson ! Et il rompit les cordes, comme se rompt un cordon d'étoupe quand il sent le feu. Et l'on ne connut point d'où venait sa force.

Delila dit à Samson : Voici, tu 10 t'es joué de moi, tu m'as dit des mensonges. Maintenant, je te prie, indique-moi avec quoi il faut te lier. Il lui dit : Si on me liait avec des 11 cordes neuves, dont on ne se fût jamais servi, je deviendrais faible et je serais comme un autre homme. Delila prit des cordes neuves, avec 12 lesquelles elle le lia. Puis elle lui dit : Les Philistins sont sur toi, Samson ! Or des gens se tenaient en embuscade dans une chambre. Et il rompit comme un fil les cordes qu'il avait aux bras.

Delila dit à Samson : Jusqu'à pré- 13 sent tu t'es joué de moi, tu m'as dit des mensonges. Déclare-moi avec quoi il faut te lier. Il lui dit : Tu n'as qu'à tisser les sept tresses de ma tête avec la chaîne du tissu. Et elle 14 les fixa par la cheville. Puis elle lui dit : Les Philistins sont sur toi, Samson ! Et il se réveilla de son sommeil, et il arracha la cheville du tissu et le tissu.

Elle lui dit : Comment peux-tu 15 dire : Je t'aime ! puisque ton cœur n'est pas avec moi ? Voilà trois fois que tu t'es joué de moi, et tu ne m'as pas déclaré d'où vient ta grande force. Comme elle était chaque jour 16 à le tourmenter et à l'importuner par ses instances, son âme s'impatienta 17 à la mort, il lui ouvrit tout son cœur, et lui dit : Le rasoir n'a point passé sur ma tête, parce que je suis consacré à Dieu dès le ventre de ma mère. Si j'étais rasé, ma force m'abandonnerait, je deviendrais faible, et je serais comme tout autre homme.

18 Delila, voyant qu'il lui avait ouvert tout son cœur, envoya appeler les princes des Philistins, et leur fit dire : Montez cette fois, car il m'a ouvert tout son cœur. Et les princes des Philistins montèrent vers elle, et apportèrent l'argent dans leurs mains.

19 Elle l'endormit sur ses genoux. Et ayant appelé un homme, elle rasa les sept tresses de la tête de Samson, et commença ainsi à le dompter. Il 20 perdit sa force. Elle dit alors : Les Philistins sont sur toi, Samson ! Et il se réveilla de son sommeil, et dit : Je m'en tirerai comme les autres fois, et je me dégagerai. Il ne savait pas que l'Éternel s'était retiré de lui. 21 Les Philistins le saisirent, et lui crevèrent les yeux ; ils le firent descendre à Gaza, et le lièrent avec des chaînes d'airain. Il tournait la meule dans la prison.

22 Cependant les cheveux de sa tête recommençaient à croître, depuis qu'il 23 avait été rasé. Or les princes des Philistins s'assemblèrent pour offrir un grand sacrifice à Dagon, leur dieu, et pour se réjouir. Ils disaient : Notre dieu a livré entre nos mains Samson, 24 notre ennemi. Et quand le peuple le vit, ils célébrèrent leur dieu, en disant : Notre dieu a livré entre nos mains notre ennemi, celui qui ravageait notre pays, et qui multipliait 25 nos morts. Dans la joie de leur cœur, ils dirent : Qu'on appelle Samson, et qu'il nous divertisse ! Ils firent sortir Samson de la prison, et il joua devant eux. Ils le placèrent 26 entre les colonnes. Et Samson dit au jeune homme qui le tenait par la main : Laisse-moi, afin que je puisse toucher les colonnes sur lesquelles repose la maison et m'appuyer contre elles. 27 La maison était remplie d'hommes et de femmes ;

tous les princes des Philistins étaient là, et il y avait sur le toit environ trois mille personnes, hommes et femmes, qui regardaient Samson jouer. Alors Samson invoqua l'Éter- 28 nel, et dit : Seigneur Éternel ! souviens-toi de moi, je te prie ; ô Dieu ! donne-moi de la force seulement cette fois, et que d'un seul coup je tire vengeance des Philistins pour mes deux yeux ! Et Samson embrassa 29 les deux colonnes du milieu sur lesquelles reposait la maison, et il s'appuya contre elles ; l'une était à sa droite, et l'autre à sa gauche. Sam- 30 son dit : Que je meure avec les Philistins ! Il se pencha fortement, et la maison tomba sur les princes et sur tout le peuple qui y était. Ceux qu'il fit périr à sa mort furent plus nombreux que ceux qu'il avait tués pendant sa vie. Ses frères et 31 toute la maison de son père descendirent, et l'emportèrent. Lorsqu'ils furent remontés, ils l'enterrèrent entre Tsorea et Eschthaol dans le sépulcre de Manoach, son père. Il avait été juge en Israël pendant vingt ans.

Culte dans la maison de Mica en Éphraïm ; le jeune Lévite au service de Mica.—Les objets de culte et le Lévite enlevés par les Danites.—Conquête de Laïs, et établissement dans cette ville d'un culte et d'un sacerdoce pour la tribu de Dan.

Il y avait un homme de la montagne d'Éphraïm, nommé Mica. **17** Il dit à sa mère : Les mille et cent 2 sicles d'argent qu'on t'a pris, et pour lesquels tu as fait des imprécations même à mes oreilles, voici, cet argent est entre mes mains, c'est moi qui l'avais pris. Et sa mère dit : Béni soit mon fils par l'Éternel ! Il rendit 3 à sa mère les mille et cent sicles d'argent ; et sa mère dit : Je consacre de ma main cet argent à l'Éternel, afin d'en faire pour mon fils une image taillée et une image en fonte ; et c'est ainsi que je te le rendrai. Il 4 rendit à sa mère l'argent. Sa mère prit deux cents sicles d'argent. Et elle donna l'argent au fondeur, qui en fit une image taillée et une image en fonte. On les plaça dans la maison de Mica. Ce Mica avait 5 une maison de Dieu ; il fit un éphod et des théraphim, et il consacra l'un de ses fils, qui lui servit de prêtre.

6 En ce temps-là, il n'y avait point de roi en Israël. Chacun faisait ce qui lui semblait bon.

7 Il y avait un jeune homme de Bethléhem de Juda, de la famille de Juda ; il était Lévite, et il séjournait 8 là. Cet homme partit de la ville de Bethléhem de Juda, pour chercher une demeure qui lui convînt. En poursuivant son chemin, il arriva dans la montagne d'Éphraïm jus-9 qu'à la maison de Mica. Mica lui dit : D'où viens-tu ? Il lui répondit : Je suis Lévite, de Bethléhem de Juda, et je voyage pour chercher une de-10 meure qui me convienne. Mica lui dit : Reste avec moi ; tu me serviras de père et de prêtre, et je te donnerai dix sicles d'argent par année, les vêtements dont tu auras besoin, et ton entretien. Et le Lévite entra. 11 Il se décida ainsi à rester avec cet homme, qui regarda le jeune homme 12 comme l'un de ses fils. Mica consacra le Lévite, et ce jeune homme lui servit de prêtre et demeura dans 13 sa maison. Et Mica dit : Maintenant, je sais que l'Éternel me fera du bien, puisque j'ai ce Lévite pour prêtre.

18 En ce temps-là, il n'y avait point de roi en Israël ; et la tribu des Danites se cherchait une possession pour s'établir, car jusqu'à ce jour il ne lui était point échu d'héritage au 2 milieu des tribus d'Israël. Les fils de Dan prirent sur eux tous, parmi leurs familles, cinq hommes vaillants, qu'ils envoyèrent de Tsorea et d'Eschthaol, pour explorer le pays et pour l'examiner. Ils leur dirent : Allez, examinez le pays. Ils arrivèrent dans la montagne d'Éphraïm jusqu'à la maison de Mica, et ils y 3 passèrent la nuit. Comme ils étaient près de la maison de Mica, ils reconnurent la voix du jeune Lévite, s'approchèrent et lui dirent : Qui t'a amené ici ? que fais-tu dans ce lieu ? 4 et qu'as-tu ici ? Il leur répondit : Mica fait pour moi telle et telle chose, il me donne un salaire, et je

lui sers de prêtre. Ils lui dirent : 5 Consulte Dieu, afin que nous sachions si notre voyage aura du succès. Et 6 le prêtre leur répondit : Allez en paix ; le voyage que vous faites est sous le regard de l'Éternel.

Les cinq hommes partirent, et ils 7 arrivèrent à Laïs. Ils virent le peuple qui y était vivant en sécurité à la manière des Sidoniens, tranquille et sans inquiétude ; il n'y avait dans le pays personne qui leur fît le moindre outrage en dominant sur eux ; ils étaient éloignés des Sidoniens, et ils n'avaient pas de liaison avec d'autres hommes.

Ils revinrent auprès de leurs frères 8 à Tsorea et Eschthaol, et leurs frères leur dirent : Quelle nouvelle apportez-vous ? Allons ! répondirent-ils, mon- 9 tons contre eux ; car nous avons vu le pays, et voici, il est très bon. Quoi ! vous restez sans rien dire ! Ne soyez point paresseux à vous mettre en marche pour aller prendre possession de ce pays. Quand vous y entrerez, 10 vous arriverez vers un peuple en sécurité. Le pays est vaste, et Dieu l'a livré entre vos mains ; c'est un lieu où rien ne manque de tout ce qui est sur la terre.

Six cents hommes de la famille de 11 Dan partirent de Tsorea et d'Esch-thaol, munis de leurs armes de guerre. Ils montèrent, et campèrent 12 à Kirjath-Jearim en Juda ; c'est pourquoi ce lieu, qui est derrière Kirjath-Jearim, a été appelé jusqu'à ce jour Machané-Dan. Ils passèrent de là 13 dans la montagne d'Éphraïm, et ils arrivèrent jusqu'à la maison de Mica.

Alors les cinq hommes qui étaient 14 allés pour explorer le pays de Laïs prirent la parole et dirent à leurs frères : Savez-vous qu'il y a dans ces maisons-là un éphod, des théraphim, une image taillée et une image en fonte ? Voyez maintenant ce que vous avez à faire. Ils s'approchèrent 15 de là, entrèrent dans la maison du jeune Lévite, dans la maison de Mica, et lui demandèrent comment il se portait. Les six cents hommes 16 d'entre les fils de Dan, munis de leurs

armes de guerre, se tenaient à
17 l'entrée de la porte. Et les cinq
hommes qui étaient allés pour explorer le pays montèrent et entrèrent
dans la maison ; ils prirent l'image
taillée, l'éphod, les théraphim, et
l'image en fonte, pendant que le
prêtre était à l'entrée de la porte
avec les six cents hommes munis de
18 leurs armes de guerre. Lorsqu'ils
furent entrés dans la maison de Mica,
et qu'ils eurent pris l'image taillée,
l'éphod, les théraphim, et l'image en
fonte, le prêtre leur dit: Que faites-
19 vous? Ils lui répondirent: Tais-toi,
mets ta main sur ta bouche, et viens
avec nous ; tu nous serviras de père
et de prêtre. Vaut-il mieux que tu
serves de prêtre à la maison d'un
seul homme, ou que tu serves de
prêtre à une tribu et à une famille
20 en Israël? Le prêtre éprouva de la
joie dans son cœur ; il prit l'éphod,
les théraphim, et l'image taillée, et se
joignit à la troupe.

21 Ils se remirent en route et partirent, en plaçant devant eux les en-
22 fants, le bétail et les bagages. Comme
ils étaient déjà loin de la maison de
Mica, les gens qui habitaient les
maisons voisines de celle de Mica se
rassemblèrent et poursuivirent les fils
23 de Dan. Ils appelèrent les fils de
Dan, qui se retournèrent et dirent
à Mica: Qu'as-tu, et que signifie ce
24 rassemblement? Il répondit: Mes
dieux que j'avais faits, vous les avez
enlevés avec le prêtre et vous êtes
partis: que me reste-t-il? Comment
donc pouvez-vous me dire: Qu'as-tu?
25 Les fils de Dan lui dirent: Ne fais
pas entendre ta voix près de nous ;
sinon des hommes irrités se jetteront
sur vous, et tu causeras ta perte et
26 celle de ta maison. Et les fils de
Dan continuèrent leur route. Mica,
voyant qu'ils étaient plus forts que
lui, s'en retourna et revint dans sa
maison.

27 Ils enlevèrent ainsi ce qu'avait fait
Mica et emmenèrent le prêtre qui
était à son service, et ils tombèrent
sur Laïs, sur un peuple tranquille et
en sécurité ; ils le passèrent au fil de
28 l'épée, et ils brûlèrent la ville. Personne ne la délivra, car elle était
éloignée de Sidon, et ses habitants
n'avaient pas de liaison avec d'autres
hommes : elle était dans la vallée
qui s'étend vers Beth-Rehob. Les
fils de Dan rebâtirent la ville, et y
habitèrent; ils l'appelèrent Dan, d'a- 29
près le nom de Dan, leur père, qui
était né à Israël ; mais la ville s'appelait auparavant Laïs. Ils dressè- 30
rent pour eux l'image taillée ; et
Jonathan, fils de Guerschom, fils de
Manassé, lui et ses fils, furent prêtres
pour la tribu des Danites, jusqu'à
l'époque de la captivité du pays. Ils 31
établirent pour eux l'image taillée
qu'avait faite Mica, pendant tout le
temps que la maison de Dieu fut à
Silo.

*Outrage fait à la femme d'un Lévite dans
Guibea, ville de Benjamin. — La tribu
de Benjamin presque détruite par une
guerre civile. — Rétablissement de la tribu
de Benjamin.*

Dans ce temps où il n'y avait **19**
point de roi en Israël, un Lévite,
qui séjournait à l'extrémité de la
montagne d'Éphraïm, prit pour sa
concubine une femme de Bethléhem
de Juda. Sa concubine lui fit in- 2
fidélité, et elle le quitta pour aller
dans la maison de son père à Bethléhem de Juda, où elle resta l'espace
de quatre mois. Son mari se leva 3
et alla vers elle, pour parler à son
cœur et la ramener. Il avait avec
lui son serviteur et deux ânes. Elle
le fit entrer dans la maison de son
père ; et quand le père de la jeune
femme le vit, il le reçut avec joie.
Son beau-père, le père de la jeune 4
femme, le retint trois jours chez lui.
Ils mangèrent et burent, et ils y passèrent la nuit.

Le quatrième jour, ils se levèrent 5
de bon matin, et le Lévite se dis-
posait à partir. Mais le père de la
jeune femme dit à son gendre :
Prends un morceau de pain pour
fortifier ton cœur ; vous partirez ensuite. Et ils s'assirent, et ils man- 6
gèrent et burent eux deux ensemble.
Puis le père de la jeune femme dit
au mari: Décide-toi donc à passer la
nuit, et que ton cœur se réjouisse.

7 Le mari se levait pour s'en aller, mais, sur les instances de son beau-père, il passa encore la nuit.

8 Le cinquième jour, il se leva de bon matin pour partir. Alors le père de la jeune femme dit : Fortifie ton cœur, je te prie ; et restez jusqu'au déclin du jour. Et ils man-
9 gèrent eux deux. Le mari se levait pour s'en aller, avec sa concubine et son serviteur ; mais son beau-père, le père de la jeune femme, lui dit : Voici, le jour baisse, il se fait tard, passez donc la nuit ; voici, le jour est sur son déclin, passe ici la nuit, et que ton cœur se réjouisse ; demain vous vous lèverez de bon matin pour vous mettre en route, et tu t'en iras
10 à ta tente. Le mari ne voulut point passer la nuit, il se leva et partit.

Il arriva jusque devant Jebus, qui est Jérusalem, avec les deux ânes
11 bâtés et avec sa concubine. Lorsqu'ils furent près de Jebus, le jour avait beaucoup baissé. Le serviteur dit alors à son maître : Allons, dirigeons-nous vers cette ville des Jébusiens, et nous y passerons la nuit.
12 Son maître lui répondit : Nous n'entrerons pas dans une ville d'étrangers, où il n'y a point d'enfants d'Israël,
13 nous irons jusqu'à Guibea. Il dit encore à son serviteur : Allons, approchons-nous de l'un de ces lieux, Guibea ou Rama, et nous y passerons
14 la nuit. Ils continuèrent à marcher, et le soleil se coucha quand ils furent près de Guibea, qui appartient
15 à Benjamin. Ils se dirigèrent de ce côté pour aller passer la nuit à Guibea.

Le Lévite entra, et il s'arrêta sur la place de la ville. Il n'y eut personne qui les reçût dans sa maison
16 pour qu'ils y passassent la nuit. Et voici, un vieillard revenait le soir de travailler aux champs ; cet homme était de la montagne d'Éphraïm, il séjournait à Guibea, et les gens du
17 lieu étaient Benjamites. Il leva les yeux, et vit le voyageur sur la place de la ville. Et le vieillard lui dit :
18 Où vas-tu, et d'où viens-tu ? Il lui répondit : Nous allons de Bethléhem de Juda jusqu'à l'extrémité de la montagne d'Éphraïm, d'où je suis. J'étais allé à Bethléhem de Juda, et je me rends à la maison de l'Éternel. Mais il n'y a personne qui me reçoive dans sa demeure. Nous avons ce- 19 pendant de la paille et du fourrage pour nos ânes ; nous avons aussi du pain et du vin pour moi, pour ta servante, et pour le garçon qui est avec tes serviteurs. Il ne nous manque rien. Le vieillard dit : Que 20 la paix soit avec toi ! Je me charge de tous tes besoins, tu ne passeras pas la nuit sur la place. Il les fit entrer 21 dans sa maison, et il donna du fourrage aux ânes. Les voyageurs se lavèrent les pieds ; puis ils mangèrent et burent.

Pendant qu'ils étaient à se réjouir, 22 voici, les hommes de la ville, gens pervers, entourèrent la maison, frappèrent à la porte, et dirent au vieillard, maître de la maison : Fais sortir l'homme qui est entré chez toi, pour que nous le connaissions. Le 23 maître de la maison, se présentant à eux, leur dit : Non, mes frères, ne faites pas le mal, je vous prie ; puisque cet homme est entré dans ma maison, ne commettez pas cette infamie. Voici, j'ai une fille vierge, et cet 24 homme a une concubine ; je vous les amènerai dehors ; vous les déshonorerez, et vous leur ferez ce qu'il vous plaira. Mais ne commettez pas sur cet homme une action aussi infâme. Ces gens ne voulurent point 25 l'écouter. Alors l'homme prit sa concubine, et la leur amena dehors. Ils la connurent, et ils abusèrent d'elle toute la nuit jusqu'au matin ; puis ils la renvoyèrent au lever de l'aurore.

Vers le matin, cette femme alla 26 tomber à l'entrée de la maison de l'homme chez qui était son mari, et elle resta là jusqu'au jour. Et le 27 matin, son mari se leva, ouvrit la porte de la maison, et sortit pour continuer son chemin. Mais voici, la femme, sa concubine, était étendue à l'entrée de la maison, les mains sur le seuil. Il lui dit : Lève-toi, et 28 allons-nous-en. Elle ne répondit pas. Alors le mari la mit sur un âne, et partit pour aller dans sa demeure.

29 Arrivé chez lui, il prit un couteau, saisit sa concubine, et la coupa membre par membre en douze morceaux, qu'il envoya dans tout le territoire

30 d'Israël. Tous ceux qui virent cela dirent: Jamais rien de pareil n'est arrivé et ne s'est vu depuis que les enfants d'Israël sont montés du pays d'Égypte jusqu'à ce jour; prenez la chose à cœur, consultez-vous, et parlez!

20 Tous les enfants d'Israël sortirent, depuis Dan jusqu'à Beer-Schéba et au pays de Galaad, et l'assemblée se réunit comme un seul homme devant l'Éternel, à Mitspa.

2 Les chefs de tout le peuple, toutes les tribus d'Israël, se présentèrent dans l'assemblée du peuple de Dieu: quatre cent mille hommes de pied,

3 tirant l'épée. Et les fils de Benjamin apprirent que les enfants d'Israël étaient montés à Mitspa.

Les enfants d'Israël dirent: Parlez, comment ce crime a-t-il été commis?

4 Alors le Lévite, le mari de la femme qui avait été tuée, prit la parole, et dit: J'étais arrivé, avec ma concubine, à Guibea de Benjamin, pour y

5 passer la nuit. Les habitants de Guibea se sont soulevés contre moi, et ont entouré pendant la nuit la maison où j'étais. Ils avaient l'intention de me tuer, et ils ont fait violence à ma concubine, et elle est

6 morte. J'ai saisi ma concubine, et je l'ai coupée en morceaux, que j'ai envoyés dans tout le territoire de l'héritage d'Israël; car ils ont commis un crime et une infamie en Israël.

7 Vous voici tous, enfants d'Israël; consultez-vous, et prenez ici une décision!

8 Tout le peuple se leva comme un seul homme, en disant: Nul de nous n'ira dans sa tente, et personne ne

9 retournera dans sa maison. Voici maintenant ce que nous ferons à Guibea: Nous marcherons contre

10 elle d'après le sort. Nous prendrons dans toutes les tribus d'Israël dix hommes sur cent, cent sur mille, et mille sur dix mille; ils iront chercher des vivres pour le peuple, afin qu'à leur retour on traite Guibea de Benjamin selon toute l'infamie qu'elle a commise en Israël. Ainsi tous les

11 hommes d'Israël s'assemblèrent contre la ville, unis comme un seul homme.

12 Les tribus d'Israël envoyèrent des hommes dans toutes les familles de Benjamin, pour dire: Qu'est-ce que ce crime qui s'est commis parmi

13 vous? Livrez maintenant les gens pervers qui sont à Guibea, afin que nous les fassions mourir et que nous ôtions le mal du milieu d'Israël. Mais les Benjamites ne voulurent point écouter la voix de leurs frères, les enfants d'Israël.

14 Les Benjamites sortirent de leurs villes, et s'assemblèrent à Guibea, pour combattre les enfants d'Israël.

15 Le dénombrement que l'on fit en ce jour des Benjamites sortis des villes fut de vingt-six mille hommes, tirant l'épée, sans compter les habitants de Guibea formant sept cents hommes

16 d'élite. Parmi tout ce peuple, il y avait sept cents hommes d'élite qui ne se servaient pas de la main droite; tous ceux-là pouvaient, en lançant une pierre avec la fronde, viser à un cheveu sans le manquer.

17 On fit aussi le dénombrement des hommes d'Israël, non compris ceux de Benjamin, et l'on en trouva quatre cent mille tirant l'épée, tous gens de

18 guerre. Et les enfants d'Israël se levèrent, montèrent à Béthel, et consultèrent Dieu, en disant: Qui de nous montera le premier pour combattre les fils de Benjamin? L'Éternel répondit: Juda montera le premier.

19 Dès le matin, les enfants d'Israël se mirent en marche, et ils campèrent

20 près de Guibea. Et les hommes d'Israël s'avancèrent pour combattre ceux de Benjamin, et ils se rangèrent en bataille contre eux devant Guibea.

21 Les fils de Benjamin sortirent de Guibea, et ils étendirent sur le sol ce jour-là vingt-deux mille hommes d'Israël.

22 Le peuple, les hommes d'Israël reprirent courage, et ils se rangèrent de nouveau en bataille dans le lieu

où ils s'étaient placés le premier jour.

23 Et les enfants d'Israël montèrent, et ils pleurèrent devant l'Éternel jusqu'au soir; ils consultèrent l'Éternel, en disant: Dois-je m'avancer encore pour combattre les fils de Benjamin, mon frère? L'Éternel répondit:

24 Montez contre lui. Les enfants d'Israël s'avancèrent contre les fils

25 de Benjamin, le second jour. Et ce même jour, les Benjamites sortirent de Guibea à leur rencontre, et ils étendirent encore sur le sol dix-huit mille hommes des enfants d'Israël, tous tirant l'épée.

26 Tous les enfants d'Israël et tout le peuple montèrent et vinrent à Béthel; ils pleurèrent et restèrent là devant l'Éternel, ils jeûnèrent en ce jour jusqu'au soir, et ils offrirent des holocaustes et des sacrifices d'actions

27 de grâces devant l'Éternel. Et les enfants d'Israël consultèrent l'Éternel,—c'était là que se trouvait alors

28 l'arche de l'alliance de Dieu, et c'était Phinées, fils d'Éléazar, fils d'Aaron, qui se tenait à cette époque en présence de Dieu,—et ils dirent: Dois-je marcher encore pour combattre les fils de Benjamin, mon frère, ou dois-je m'en abstenir? L'Éternel répondit: Montez, car demain je les livrerai entre vos mains.

29 Alors Israël plaça une embuscade

30 autour de Guibea. Les enfants d'Israël montèrent contre les fils de Benjamin, le troisième jour, et ils se rangèrent en bataille devant Guibea,

31 comme les autres fois. Et les fils de Benjamin sortirent à la rencontre du peuple, et ils se laissèrent attirer loin de la ville. Ils commencèrent à frapper à mort parmi le peuple comme les autres fois, sur les routes dont l'une monte à Béthel et l'autre à Guibea par la campagne, et ils tuèrent environ trente hommes

32 d'Israël. Les fils de Benjamin disaient: Les voilà battus devant nous comme auparavant! Mais les enfants d'Israël disaient: Fuyons, et attirons-les loin de la ville dans les

33 chemins. Tous les hommes d'Israël quittèrent leur position, et se rangèrent à Baal-Thamar; et l'embuscade

d'Israël s'élança du lieu où elle était, de Maaré-Guibea. Dix mille hom- 34 mes choisis sur tout Israël arrivèrent devant Guibea. Le combat fut rude, et les Benjamites ne se doutaient pas du désastre qu'ils allaient éprouver. L'Éternel battit Benjamin devant Is- 35 raël, et les enfants d'Israël tuèrent ce jour-là vingt-cinq mille et cent hommes de Benjamin, tous tirant l'épée.

Les fils de Benjamin regardaient 36 comme battus les hommes d'Israël, qui cédaient du terrain à Benjamin et se reposaient sur l'embuscade qu'ils avaient placée contre Guibea. Les gens en embuscade se jetèrent 37 promptement sur Guibea, ils se portèrent en avant et frappèrent toute la ville du tranchant de l'épée. Sui- 38 vant un signal convenu avec les hommes d'Israël, ceux de l'embuscade devaient faire monter de la ville une épaisse fumée. Les hommes 39 d'Israël firent alors volte-face dans la bataille. Les Benjamites leur avaient tué déjà environ trente hommes, et ils disaient: Certainement les voilà battus devant nous comme dans le premier combat! Cependant 40 une épaisse colonne de fumée commençait à s'élever de la ville. Les Benjamites regardèrent derrière eux; et voici, de la ville entière les flammes montaient vers le ciel. Les 41 hommes d'Israël avaient fait volte-face; et ceux de Benjamin furent épouvantés, en voyant le désastre qui allait les atteindre. Ils tournè- 42 rent le dos devant les hommes d'Israël, et s'enfuirent par le chemin du désert. Mais les assaillants s'attachèrent à leurs pas, et ils détruisirent pendant le trajet ceux qui étaient sortis des villes. Ils en- 43 veloppèrent Benjamin, le poursuivirent, l'écrasèrent dès qu'il voulait se reposer, jusqu'en face de Guibea du côté du soleil levant. Il tomba 44 dix-huit mille hommes de Benjamin, tous vaillants. Parmi ceux qui 45 tournèrent le dos pour s'enfuir vers le désert au rocher de Rimmon, les hommes d'Israël en firent périr cinq mille sur les routes; ils les poursuivirent jusqu'à Guideom, et ils en

46 tuèrent deux mille. Le nombre total des Benjamites qui périrent ce jour-là fut de vingt-cinq mille hommes tirant l'épée, tous vaillants.

47 Six cents hommes, qui avaient tourné le dos et qui s'étaient enfuis vers le désert au rocher de Rimmon, demeurèrent là pendant quatre mois.

48 Les hommes d'Israël revinrent vers les fils de Benjamin, et ils les frappèrent du tranchant de l'épée, depuis les hommes des villes jusqu'au bétail, et tout ce que l'on trouva. Ils mirent aussi le feu à toutes les villes qui existaient.

21 Les hommes d'Israël avaient juré à Mitspa, en disant: Aucun de nous ne donnera sa fille pour 2 femme à un Benjamite. Le peuple vint à Béthel, et il y resta devant Dieu jusqu'au soir. Ils élevèrent la voix, ils versèrent d'abondantes lar- 3 mes, et ils dirent: O Éternel, Dieu d'Israël, pourquoi est-il arrivé en Israël qu'il manque aujourd'hui une 4 tribu d'Israël? Le lendemain, le peuple se leva de bon matin; ils bâtirent là un autel, et ils offrirent des holocaustes et des sacrifices 5 d'actions de grâces. Les enfants d'Israël dirent: Quel est celui d'entre toutes les tribus d'Israël qui n'est pas monté à l'assemblée devant l'Éternel? Car on avait fait un serment solennel contre quiconque ne monterait pas vers l'Éternel à Mitspa, on avait dit: Il sera puni de 6 mort. Les enfants d'Israël éprouvaient du repentir au sujet de Benjamin, leur frère, et ils disaient: Aujourd'hui une tribu a été re- 7 tranchée d'Israël. Que ferons-nous pour procurer des femmes à ceux qui ont survécu, puisque nous avons juré par l'Éternel de ne pas leur donner de nos filles pour femmes? 8 Ils dirent donc: Y a-t-il quelqu'un d'entre les tribus d'Israël qui ne soit pas monté vers l'Éternel à Mitspa? Et voici, personne de Jabès en Galaad n'était venu au camp, à l'assem- 9 blée. On fit le dénombrement du peuple, et il n'y avait là aucun des 10 habitants de Jabès en Galaad. Alors l'assemblée envoya contre eux douze mille soldats, en leur donnant cet ordre: Allez, et frappez du tranchant de l'épée les habitants de Jabès en Galaad, avec les femmes et les enfants. Voici ce que vous ferez: vous 11 dévouerez par interdit tout mâle et toute femme qui a connu la couche d'un homme. Ils trouvèrent parmi 12 les habitants de Jabès en Galaad quatre cents jeunes filles vierges qui n'avaient point connu d'homme en couchant avec lui, et ils les amenèrent dans le camp à Silo, qui est au pays de Canaan. Toute l'assemblée en- 13 voya des messagers pour parler aux fils de Benjamin qui étaient au rocher de Rimmon, et pour leur annoncer la paix. En ce temps-là, les Ben- 14 jamites revinrent, et on leur donna les femmes à qui l'on avait laissé la vie parmi les femmes de Jabès en Galaad. Mais il n'y en avait pas assez pour eux.

Le peuple éprouvait du repentir 15 au sujet de Benjamin, car l'Éternel avait fait une brèche dans les tribus d'Israël. Les anciens de l'assemblée 16 dirent: Que ferons-nous pour procurer des femmes à ceux qui restent, puisque les femmes de Benjamin ont été détruites? Et ils dirent: Que 17 les réchappés de Benjamin conservent leur héritage, afin qu'une tribu ne soit pas effacée d'Israël. Mais 18 nous ne pouvons pas leur donner de nos filles pour femmes, car les enfants d'Israël ont juré, en disant: Maudit soit celui qui donnera une femme à un Benjamite! Et ils di- 19 rent: Voici, il y a chaque année une fête de l'Éternel à Silo, qui est au nord de Béthel, à l'orient de la route qui monte de Béthel à Sichem, et au midi de Lebona. Puis ils donnèrent 20 cet ordre aux fils de Benjamin: Allez, et placez-vous en embuscade dans les vignes. Vous regarderez, et voici, 21 lorsque les filles de Silo sortiront pour danser, vous sortirez des vignes, vous enlèverez chacun une des filles de Silo pour en faire votre femme, et vous vous en irez dans le pays de Benjamin. Si leurs pères ou leurs 22 frères viennent se plaindre auprès de nous, nous leur dirons: Accordezles nous, car nous n'avons pas pris uno femme pour chacun dans la guerre. Ce n'est pas vous qui les leur avez données; en ce cas, vous 23 seriez coupables. Ainsi firent les fils de Benjamin: ils prirent des femmes selon leur nombre parmi les danseuses qu'ils enlevèrent, puis ils partirent et retournèrent dans leur héritage; ils rebâtirent les villes, et y habitèrent. Et dans le même 24 temps les enfants d'Israël s'en allèrent de là chacun dans sa tribu et dans sa famille, ils retournèrent chacun dans son héritage.

En ce temps-là, il n'y avait point 25 de roi en Israël. Chacun faisait ce qui lui semblait bon.

RUTH

Attachement de Ruth pour Naomi, sa belle-mère.—Elle va glaner dans le champ de Boaz.—Son mariage avec Boaz.—Généalogie de David.

1 Du temps des juges, il y eut une famine dans le pays. Un homme de Bethléhem de Juda partit, avec sa femme et ses deux fils, pour faire un 2 séjour dans le pays de Moab. Le nom de cet homme était Élimélec, celui de sa femme Naomi, et ses deux fils s'appelaient Machlon et Kiljon; ils étaient Éphratiens, de Bethléhem de Juda. Arrivés au pays de Moab, ils y fixèrent leur demeure.

3 Élimélec, mari de Naomi, mourut, 4 et elle resta avec ses deux fils. Ils prirent des femmes Moabites, dont l'une se nommait Orpa, et l'autre Ruth, et ils habitèrent là environ dix 5 ans. Machlon et Kiljon moururent aussi tous les deux, et Naomi resta privée de ses deux fils et de son mari.

6 Puis elle se leva, elle et ses belles-filles, afin de quitter le pays de Moab, car elle apprit au pays de Moab que l'Éternel avait visité son peuple et 7 lui avait donné du pain. Elle sortit du lieu qu'elle habitait, accompagnée de ses deux belles-filles, et elle se mit en route pour retourner dans le pays de Juda.

8 Naomi dit alors à ses deux belles-filles: Allez, retournez chacune à la maison de sa mère! Que l'Éternel use de bonté envers vous, comme vous l'avez fait envers ceux qui sont morts et envers moi! Que l'Éternel 9 vous fasse trouver à chacune du repos dans la maison d'un mari! Et elle les baisa. Elles élevèrent la voix, et pleurèrent; et elles lui dirent: Non, 10 nous irons avec toi vers ton peuple. Naomi dit: Retournez, mes filles! 11 Pourquoi viendriez-vous avec moi? Ai-je encore dans mon sein des fils qui puissent devenir vos maris? Re- 12 tournez, mes filles, allez! Je suis trop vieille pour me remarier. Et quand je dirais: J'ai de l'espérance; quand cette nuit même je serais avec un mari, et que j'enfanterais des fils, attendriez-vous pour cela qu'ils eus- 13 sent grandi, refuseriez-vous pour cela de vous marier? Non, mes filles! car à cause de vous je suis dans une grande affliction de ce que la main de l'Éternel s'est étendue contre moi. Et elles élevèrent la voix, et pleurè- 14 rent encore. Orpa baisa sa belle-mère, mais Ruth s'attacha à elle.

Naomi dit à Ruth: Voici, ta belle- 15 sœur est retournée vers son peuple et vers ses dieux; retourne, comme ta belle-sœur. Ruth répondit: Ne 16 me presse pas de te laisser, de retourner loin de toi! Où tu iras j'irai, où tu demeureras je demeurerai; ton peuple sera mon peuple, et ton Dieu sera mon Dieu; où tu mourras je 17 mourrai, et j'y serai enterrée. Que l'Éternel me traite dans toute sa rigueur, si autre chose que la mort vient à me séparer de toi! Naomi, 18 la voyant décidée à aller avec elle, cessa ses instances.

19 Elles firent ensemble le voyage jusqu'à leur arrivée à Bethléhem. Et lorsqu'elles entrèrent dans Bethléhem, toute la ville fut émue à cause d'elles, et les femmes disaient: Est-

20 ce là Naomi? Elle leur dit: Ne m'appelez pas Naomi; appelez-moi Mara, car le Tout-Puissant m'a rem-

21 plie d'amertume. J'étais dans l'abondance à mon départ, et l'Éternel me ramène les mains vides. Pourquoi m'appelleriez-vous Naomi, après que l'Éternel s'est prononcé contre moi, et que le Tout-Puissant m'a affligée?

22 Ainsi revinrent du pays de Moab Naomi et sa belle-fille, Ruth là Moabite. Elles arrivèrent à Bethléhem au commencement de la moisson des orges.

2 Naomi avait un parent de son mari. C'était un homme puissant et riche, de la famille d'Élimélec, et qui se nommait Boaz.

2 Ruth la Moabite dit à Naomi: Laisse-moi, je te prie, aller glaner des épis dans le champ de celui aux yeux duquel je trouverai grâce. Elle lui répondit: Va, ma fille.

3 Elle alla glaner dans un champ, derrière les moissonneurs. Et il se trouva par hasard que la pièce de terre appartenait à Boaz, qui était

4 de la famille d'Élimélec. Et voici, Boaz vint de Bethléhem, et il dit aux moissonneurs: Que l'Éternel soit avec vous! Ils lui répondirent:

5 Que l'Éternel te bénisse! Et Boaz dit à son serviteur chargé de surveiller les moissonneurs: A qui est

6 cette jeune femme? Le serviteur chargé de surveiller les moissonneurs répondit: C'est une jeune femme Moabite, qui est revenue avec Naomi

7 du pays de Moab. Elle a dit: Permettez-moi de glaner et de ramasser des épis entre les gerbes, derrière les moissonneurs. Et depuis ce matin qu'elle est venue, elle a été debout jusqu'à présent, et ne s'est reposée qu'un moment dans la maison.

8 Boaz dit à Ruth: Écoute, ma fille, ne va pas glaner dans un autre champ; ne t'éloigne pas d'ici, et

9 reste avec mes servantes. Regarde où l'on moissonne dans le champ, et va après elles. J'ai défendu à mes serviteurs de te toucher. Et quand tu auras soif, tu iras aux vases, et tu boiras de ce que les serviteurs auront

10 puisé. Alors elle tomba sur sa face et se prosterna contre terre, et elle lui dit: Comment ai-je trouvé grâce à tes yeux, pour que tu t'intéresses à moi, à moi qui suis une étrangère?

11 Boaz lui répondit: On m'a rapporté tout ce que tu as fait pour ta belle-mère depuis la mort de ton mari, et comment tu as quitté ton père et ta mère et le pays de ta naissance, pour aller vers un peuple que tu ne connaissais point auparavant. Que l'É-

12 ternel te rende ce que tu as fait, et que ta récompense soit entière de la part de l'Éternel, le Dieu d'Israël, sous les ailes duquel tu es venue te

13 réfugier! Et elle dit: Oh! que je trouve grâce à tes yeux, mon seigneur! Car tu m'as consolée, et tu as parlé au cœur de ta servante. Et pourtant je ne suis pas, moi, comme l'une de tes servantes.

14 Au moment du repas, Boaz dit à Ruth: Approche, mange du pain, et trempe ton morceau dans le vinaigre. Elle s'assit à côté des moissonneurs. On lui donna du grain rôti; elle mangea et se rassasia, et elle garda

15 le reste. Puis elle se leva pour glaner. Boaz donna cet ordre à ses serviteurs: Qu'elle glane aussi entre

16 les gerbes, et ne l'inquiétez pas; et même vous ôterez pour elle des gerbes quelques épis, que vous la laisserez glaner, sans lui faire de reproches.

17 Elle glana dans le champ jusqu'au soir, et elle battit ce qu'elle avait glané. Il y eut environ un épha

18 d'orge. Elle l'emporta et rentra dans la ville, et sa belle-mère vit ce qu'elle avait glané. Elle sortit aussi les restes de son repas, et les lui

19 donna. Sa belle-mère lui dit: Où as-tu glané aujourd'hui, et où as-tu travaillé? Béni soit celui qui s'est intéressé à toi! Et Ruth fit connaître à sa belle-mère chez qui elle avait travaillé: L'homme chez qui j'ai travaillé aujourd'hui, dit-elle,

20 s'appelle Boaz. Naomi dit à sa belle-fille. Qu'il soit béni de l'Éternel, qui se montre miséricordieux pour les vivants comme il le fut pour ceux qui sont morts! Cet homme est notre parent, lui dit encore Naomi, il est de ceux qui ont sur nous 21 droit de rachat. Ruth la Moabite ajouta: Il m'a dit aussi: Reste avec mes serviteurs, jusqu'à ce qu'ils aient 22 achevé toute ma moisson. Et Naomi dit à Ruth, sa belle-fille : Il est bon, ma fille, que tu sortes avec ses servantes, et qu'on ne te rencontre pas dans un autre champ.

23 Elle resta donc avec les servantes de Boaz, pour glaner, jusqu'à la fin de la moisson des orges et de la moisson du froment. Et elle demeurait avec sa belle-mère.

3 Naomi, sa belle-mère, lui dit: Ma fille, je voudrais assurer ton repos, 2 afin que tu fusses heureuse. Et maintenant Boaz, avec les servantes duquel tu as été, n'est-il pas notre parent? Voici, il doit vanner cette nuit les orges qui sont dans l'aire. 3 Lave-toi et oins-toi, puis remets tes habits, et descends à l'aire. Tu ne te feras pas connaître à lui, jusqu'à ce qu'il ait achevé de manger et de 4 boire. Et quand il ira se coucher, observe le lieu où il se couche. Ensuite va, découvre ses pieds, et couche-toi. Il te dira lui-même ce 5 que tu as à faire. Elle lui répondit: Je ferai tout ce que tu as dit.

6 Elle descendit à l'aire, et fit tout ce qu'avait ordonné sa belle-mère. 7 Boaz mangea et but, et son cœur était joyeux. Il alla se coucher à l'extrémité d'un tas de gerbes. Ruth vint alors tout doucement, découvrit 8 ses pieds, et se coucha. Au milieu de la nuit, cet homme eut une frayeur; il se pencha, et voici, une 9 femme était couchée à ses pieds. Il dit: Qui es-tu? Elle répondit: Je suis Ruth, ta servante; étends ton aile sur ta servante, car tu as droit 10 de rachat. Et il dit: Sois bénie de l'Éternel, ma fille! Ce dernier trait témoigne encore plus en ta faveur que le premier, car tu n'as pas recherché des jeunes gens, pauvres ou

riches, Maintenant, ma fille, ne 11 crains point; je ferai pour toi tout ce que tu diras, car toute la porte de mon peuple sait que tu es une femme vertueuse. Il est bien vrai que j'ai 12 droit de rachat, mais il en existe un autre plus proche que moi. Passe 13 ici la nuit. Et demain, s'il veut user envers toi du droit de rachat, à la bonne heure, qu'il le fasse; mais s'il ne lui plaît pas d'en user envers toi, j'en userai, moi, l'Éternel est vivant! Reste couchée jusqu'au matin.

Elle resta couchée à ses pieds jus- 14 qu'au matin, et elle se leva avant qu'on pût se reconnaître l'un l'autre. Boaz dit: Qu'on ne sache pas qu'une femme est entrée dans l'aire. Et il 15 ajouta: Donne le manteau qui est sur toi, et tiens-le. Elle le tint, et il mesura six mesures d'orge, qu'il chargea sur elle. Puis il rentra dans la ville.

Ruth revint auprès de sa belle- 16 mère, et Naomi dit: Est-ce toi, ma fille? Ruth lui raconta tout ce que cet homme avait fait pour elle. Elle 17 dit: Il m'a donné ces six mesures d'orge, en disant: Tu ne retourneras pas à vide vers ta belle-mère. Et 18 Naomi dit: Sois tranquille, ma fille, jusqu'à ce que tu saches comment finira la chose, car cet homme ne se donnera point de repos qu'il n'ait terminé cette affaire aujourd'hui.

Boaz monta à la porte, et s'y arrêta. Or voici, celui qui avait droit 4 de rachat, et dont Boaz avait parlé, vint à passer. Boaz lui dit: Approche, reste ici, toi un tel. Et il 2 s'approcha, et s'arrêta. Boaz prit alors dix hommes parmi les anciens de la ville, et il dit: Asseyez-vous ici. Et ils s'assirent. Puis il dit à 3 celui qui avait le droit de rachat: Naomi, revenue du pays de Moab, a vendu la pièce de terre qui appartenait à notre frère Élimélec. J'ai 4 cru devoir t'en informer, et te dire: Acquiers-la, en présence des habitants et en présence des anciens de mon peuple. Si tu veux racheter, rachète; mais si tu ne veux pas, déclare-le-moi, afin que je le sache. Car il n'y a personne avant toi qui ait le droit de rachat, et je l'ai après toi. Et il répondit: Je rachèterai.

5 Boaz dit: Le jour où tu acquerras le champ de la main de Naomi, tu l'acquerras en même temps de Ruth la Moabite, femme du défunt, pour relever le nom du défunt dans son

6 héritage. Et celui qui avait le droit de rachat répondit: Je ne puis pas racheter pour mon compte, crainte de détruire mon héritage; prends pour toi mon droit de rachat, car je ne puis pas racheter.

7 Autrefois en Israël, pour valider une affaire quelconque relative à un rachat ou à un échange, l'un ôtait son soulier et le donnait à l'autre: cela servait de témoignage en Israël.

8 Celui qui avait le droit de rachat dit donc à Boaz: Acquiers pour ton compte! Et il ôta son soulier.

9 Alors Boaz dit aux anciens et à tout le peuple: Vous êtes témoins aujourd'hui que j'ai acquis de la main de Naomi tout ce qui appartenait à

10 Élimélec, à Kiljon et à Machlon, et que je me suis également acquis pour femme Ruth la Moabite, femme de Machlon, pour relever le nom du défunt dans son héritage, et afin que le nom du défunt ne soit point retranché d'entre ses frères et de la porte de son lieu. Vous en êtes

11 témoins aujourd'hui! Tout le peuple qui était à la porte et les anciens dirent: Nous en sommes témoins! Que l'Éternel rende la femme qui entre dans ta maison semblable à Rachel et à Léa, qui toutes les deux ont bâti la maison d'Israël! Manifeste ta force dans Éphrata, et fais-

12 toi un nom dans Bethléhem! Puisse la postérité que l'Éternel te donnera par cette jeune femme rendre ta maison semblable à la maison de Pérets, qui fut enfanté à Juda par Tamar!

13 Boaz prit Ruth, qui devint sa femme, et il alla vers elle. L'Éternel permit à Ruth de concevoir, et

14 elle enfanta un fils. Les femmes dirent à Naomi: Béni soit l'Éternel, qui ne t'a point laissé manquer aujourd'hui d'un homme ayant droit de rachat, et dont le nom sera célébré

15 en Israël! Cet enfant restaurera ton âme, et sera le soutien de ta vieillesse; car ta belle-fille, qui t'aime, l'a enfanté, elle qui vaut mieux pour toi

16 que sept fils. Naomi prit l'enfant et le mit sur son sein, et elle fut sa

17 garde. Les voisines lui donnèrent un nom, en disant: Un fils est né à Naomi! Et elles l'appelèrent Obed. Ce fut le père d'Isaï, père de David.

18 Voici la postérité de Pérets.

19 Pérets engendra Hetsron; Hetsron

20 engendra Ram; Ram engendra Amminadab; Amminadab engendra

21 Nachschon; Nachschon engendra Salmon; Salmon engendra Boaz;

22 Boaz engendra Obed; Obed engendra Isaï; et Isaï engendra David.

LE PREMIER LIVRE
DE SAMUEL

ÉLI ET SAMUEL, LES DEUX DERNIERS JUGES EN ISRAËL

I Il y avait un homme de Ramathaïm-Tsophim, de la montagne d'Éphraïm, nommé Elkana, fils de Jeroham, fils d'Élihu, fils de Thohu, 2 fils de Tsuph, Éphratien. Il avait deux femmes, dont l'une s'appelait Anne, et l'autre Peninna; Peninna avait des enfants, mais Anne n'en 3 avait point. Chaque année, cet homme montait de sa ville à Silo, pour se prosterner devant l'Éternel des armées et pour lui offrir des sacrifices. Là se trouvaient les deux fils d'Éli, Hophni et Phinées, sacrificateurs de l'Éternel.

4 Le jour où Elkana offrait son sacrifice, il donnait des portions à Peninna, sa femme, et à tous les fils et à toutes les filles qu'il avait d'elle. 5 Mais il donnait à Anne une portion double; car il aimait Anne, que 6 l'Éternel avait rendue stérile. Sa rivale lui prodiguait les mortifications, pour la porter à s'irriter de ce que l'Éternel l'avait rendue stérile. 7 Et toutes les années il en était ainsi. Chaque fois qu'Anne montait à la maison de l'Éternel, Peninna la mortifiait de la même manière. Alors elle pleurait et ne mangeait 8 point. Elkana, son mari, lui disait : Anne, pourquoi pleures-tu, et ne manges-tu pas? pourquoi ton cœur est-il attristé? Est-ce que je ne vaux pas pour toi mieux que dix fils?

9 Anne se leva, après que l'on eut mangé et bu à Silo. Le sacrificateur Éli était assis sur un siège, près de l'un des poteaux du temple de l'Éternel. Et, l'amertume dans 10 l'âme, elle pria l'Éternel et versa des pleurs. Elle fit un vœu, en disant : 11 Éternel des armées! si tu daignes regarder l'affliction de ta servante, si tu te souviens de moi et n'oublies point ta servante, et si tu donnes à ta servante un enfant mâle, je le consacrerai à l'Éternel pour tous les jours de sa vie, et le rasoir ne passera point sur sa tête. Comme elle restait 12 longtemps en prière devant l'Éternel, Éli observa sa bouche. Anne parlait 13 dans son cœur et ne faisait que remuer les lèvres, mais on n'entendait point sa voix. Éli pensa qu'elle était 14 ivre, et il lui dit : Jusques à quand seras-tu dans l'ivresse? Fais passer ton vin. Anne répondit : Non, mon 15 seigneur, je suis une femme qui souffre en son cœur, et je n'ai bu ni vin ni boisson enivrante; mais je répandais mon âme devant l'Éternel. Ne prends pas ta servante pour une 16 femme pervertie, car c'est l'excès de ma douleur et de mon chagrin qui m'a fait parler jusqu'à présent. Éli 17 reprit la parole, et dit : Va en paix, et que le Dieu d'Israël exauce la prière que tu lui as adressée! Elle 18 dit : Que ta servante trouve grâce à tes yeux! Et cette femme s'en alla. Elle mangea, et son visage ne fut plus le même. Ils se levèrent de 19 bon matin, et après s'être prosternés devant l'Éternel, ils s'en retournèrent et revinrent dans leur maison à Rama.

Elkana connut Anne, sa femme, et l'Éternel se souvint d'elle. Dans le 20 cours de l'année, Anne devint enceinte, et elle enfanta un fils, qu'elle nomma Samuel, car, dit-elle, je l'ai demandé à l'Éternel.

Son mari Elkana monta ensuite 21 avec toute sa maison, pour offrir à

l'Éternel le sacrifice annuel, et pour
22 accomplir son vœu. Mais Anne ne
monta point, et elle dit à son mari :
Lorsque l'enfant sera sevré, je le
mèneraj, afin qu'il soit présenté devant l'Éternel et qu'il reste là pour
23 toujours. Elkana, son mari, lui dit :
Fais ce qui te semblera bon, attends
de l'avoir sevré. Veuille seulement
l'Éternel accomplir sa parole ! Et
la femme resta et allaita son fils,
jusqu'à ce qu'elle le sevrât.
24 Quand elle l'eut sevré, elle le fit
monter avec elle, et prit trois taureaux, un épha de farine, et une
outre de vin. Elle le mena dans la
maison de l'Éternel à Silo : l'enfant
25 était encore tout jeune. Ils égorgèrent les taureaux, et ils conduisirent
26 l'enfant à Éli. Anne dit : Mon
seigneur, pardon ! aussi vrai que ton
âme vit, mon seigneur, je suis cette
femme qui me tenais ici près de toi
27 pour prier l'Éternel. C'était pour
cet enfant que je priais, et l'Éternel
a exaucé la prière que je lui adres-
28 sais. Aussi je veux le prêter à
l'Éternel : il sera toute sa vie prêté
à l'Éternel. Et ils se prosternèrent
là devant l'Éternel.

2 Anne pria, et dit :

Mon cœur se réjouit en l'Éternel,
Ma force a été relevée par l'Éternel ;
Ma bouche s'est ouverte contre mes
ennemis,
Car je me réjouis de ton secours.

2 Nul n'est saint comme l'Éternel ;
Il n'y a point d'autre Dieu que toi ;
Il n'y a point de rocher comme notre
Dieu.
3 Ne parlez plus avec tant de hauteur ;
Que l'arrogance ne sorte plus de votre
bouche ;
Car l'Éternel est un Dieu qui sait tout,
Et par lui sont pesées toutes les
actions.
4 L'arc des puissants est brisé,
Et les faibles ont la force pour
ceinture.
5 Ceux qui étaient rassasiés se louent
pour du pain,
Et ceux qui étaient affamés se reposent ;

Même la stérile enfante sept fois,
Et celle qui avait beaucoup d'enfants
est flétrie.
L'Éternel fait mourir et il fait vivre, 6
Il fait descendre au séjour des morts
et il en fait remonter.
L'Éternel appauvrit et il enrichit, 7
Il abaisse et il élève.
De la poussière il retire le pauvre, 8
Du fumier il relève l'indigent,
Pour les faire asseoir avec les grands.
Et il leur donne en partage un trône
de gloire ;
Car à l'Éternel sont les colonnes de
la terre,
Et c'est sur elles qu'il a posé le
monde.

Il gardera les pas de ses bien-aimés. 9
Mais les méchants seront anéantis
dans les ténèbres ;
Car l'homme ne triomphera point
par la force.
Les ennemis de l'Éternel tremble- 10
ront ;
Du haut des cieux il lancera sur eux
son tonnerre ;
L'Éternel jugera les extrémités de la
terre.
Il donnera la puissance à son roi,
Et il relèvera la force de son oint.

Elkana s'en alla dans sa maison à 11
Rama, et l'enfant fut au service de
l'Éternel devant le sacrificateur Éli.
Les fils d'Éli étaient des hommes 12
pervers, ils ne connaissaient point
l'Éternel. Et voici quelle était la 13
manière d'agir de ces sacrificateurs à
l'égard du peuple. Lorsque quelqu'un offrait un sacrifice, le serviteur
du sacrificateur arrivait au moment
où l'on faisait cuire la chair. Tenant
à la main une fourchette à trois dents,
il piquait dans la chaudière, dans le 14
chaudron, dans la marmite, ou dans
le pot ; et tout ce que la fourchette
amenait, le sacrificateur le prenait
pour lui. C'est ainsi qu'ils agissaient
à l'égard de tous ceux d'Israël qui
venaient là à Silo. Même avant 15
qu'on fît brûler la graisse, le serviteur
du sacrificateur arrivait et disait à
celui qui offrait le sacrifice : Donne
pour le sacrificateur de la chair à

rôtir ; il ne recevra de toi point de chair cuite, c'est de la chair crue

16 qu'il veut. Et si l'homme lui disait : Quand on aura brûlé la graisse, tu prendras ce qui te plaira, le serviteur répondait : Non ! tu donneras main-

17 tenant, sinon je prends de force. Ces jeunes gens se rendaient coupables devant l'Éternel d'un très grand péché, parce qu'ils méprisaient les offrandes de l'Éternel.

18 Samuel faisait le service devant l'Éternel, et cet enfant était revêtu

19 d'un éphod de lin. Sa mère lui faisait chaque année une petite robe, et la lui apportait en montant avec son mari, pour offrir le sacrifice

20 annuel. Éli bénit Elkana et sa femme, en disant : Que l'Éternel te fasse avoir des enfants de cette femme, pour remplacer celui qu'elle a prêté à l'Éternel ! Et ils s'en

21 retournèrent chez eux. Lorsque l'Éternel eut visité Anne, elle devint enceinte, et elle enfanta trois fils et deux filles. Et le jeune Samuel grandissait auprès de l'Éternel.

22 Éli était fort âgé, et il apprit comment ses fils agissaient à l'égard de tout Israël ; il apprit aussi qu'ils couchaient avec les femmes qui s'assemblaient à l'entrée de la tente

23 d'assignation. Il leur dit : Pourquoi faites-vous de telles choses ? car j'apprends de tout le peuple vos

24 mauvaises actions. Non, mes enfants, ce que j'entends dire n'est pas bon ; vous faites pécher le peuple

25 de l'Éternel. Si un homme pèche contre un autre homme, Dieu le jugera ; mais s'il pèche contre l'Éternel, qui intercédera pour lui ? Et ils n'écoutèrent point la voix de leur père, car l'Éternel voulait les faire mourir.

26 Le jeune Samuel continuait à grandir, et il était agréable à l'Éternel et aux hommes.

27 Un homme de Dieu vint auprès d'Éli, et lui dit : Ainsi parle l'Éternel : Ne me suis-je pas révélé à la maison de ton père, lorsqu'ils étaient en Égypte dans la maison de Pha-

28 raon ? Je l'ai choisie parmi toutes les tribus d'Israël pour être à mon service dans le sacerdoce, pour monter à mon autel, pour brûler le parfum, pour porter l'éphod devant moi, et j'ai donné à la maison de ton père tous les sacrifices consumés par le feu et offerts par les enfants d'Israël.

29 Pourquoi foulez-vous aux pieds mes sacrifices et mes offrandes, que j'ai ordonné de faire dans ma demeure ? Et d'où vient que tu honores tes fils plus que moi, afin de vous engraisser des prémices de toutes les offrandes

30 d'Israël, mon peuple ? C'est pourquoi voici ce que dit l'Éternel, le Dieu d'Israël : J'avais déclaré que ta maison et la maison de ton père marcheraient devant moi à perpétuité. Et maintenant, dit l'Éternel, loin de moi ! Car j'honorerai celui qui m'honore, mais ceux qui me

31 méprisent seront méprisés. Voici, le temps arrive où je retrancherai ton bras et le bras de la maison de ton père, en sorte qu'il n'y aura plus

32 de vieillard dans ta maison. Tu verras un adversaire dans ma demeure, tandis qu'Israël sera comblé de biens par l'Éternel ; et il n'y aura plus jamais de vieillard dans ta mai-

33 son. Je laisserai subsister auprès de mon autel l'un des tiens, afin de consumer tes yeux et d'attrister ton âme ; mais tous ceux de ta maison

34 mourront dans la force de l'âge. Et tu auras pour signe ce qui arrivera à tes deux fils, Hophni et Phinées : ils mourront tous les deux le même jour.

35 Je m'établirai un sacrificateur fidèle, qui agira selon mon cœur et selon mon âme ; je lui bâtirai une maison stable, et il marchera toujours devant

36 mon oint. Et quiconque restera de ta maison viendra se prosterner devant lui pour avoir une pièce d'argent et un morceau de pain, et dira : Attache-moi, je te prie, à l'une des fonctions du sacerdoce, afin que j'aie un morceau de pain à manger.

3 Le jeune Samuel était au service de l'Éternel devant Éli. La parole de l'Éternel était rare en ce temps-là, les visions n'étaient pas fréquentes.

2 En ce même temps, Éli, qui commençait à avoir les yeux troubles et ne pouvait plus voir, était couché à

3 sa place, la lampe de Dieu n'était pas encore éteinte, et Samuel était couché dans le temple de l'Éternel,
4 où était l'arche de Dieu. Alors l'Éternel appela Samuel. Il répon-
5 dit: Me voici! Et il courut vers Éli, et dit: Me voici, car tu m'as appelé. Éli répondit: Je n'ai point appelé; retourne te coucher. Et il alla se coucher.
6 L'Éternel appela de nouveau Samuel. Et Samuel se leva, alla vers Éli, et dit: Me voici, car tu m'as appelé. Éli répondit: Je n'ai point appelé, mon fils, retourne te
7 coucher. Samuel ne connaissait pas encore l'Éternel, et la parole de l'Éternel ne lui avait pas encore été révélée.
8 L'Éternel appela de nouveau Samuel, pour la troisième fois. Et Samuel se leva, alla vers Éli, et dit: Me voici, car tu m'as appelé. Éli comprit que c'était l'Éternel qui ap-
9 pelait l'enfant, et il dit à Samuel: Va, couche-toi; et si l'on t'appelle, tu diras: Parle, Éternel, car ton serviteur écoute. Et Samuel alla se coucher à sa place.
10 L'Éternel vint et se présenta, et il appela comme les autres fois: Samuel, Samuel! Et Samuel répondit: Parle, car ton serviteur écoute.
11 Alors l'Éternel dit à Samuel: Voici, je vais faire en Israël une chose qui étourdira les oreilles de quiconque
12 l'entendra. En ce jour j'accomplirai sur Éli tout ce que j'ai prononcé contre sa maison; je commencerai
13 et j'achèverai. Je lui ai déclaré que je veux punir sa maison à perpétuité, à cause du crime dont il a connaissance, et par lequel ses fils se sont rendus méprisables, sans qu'il les ait
14 réprimés. C'est pourquoi je jure à la maison d'Éli que jamais le crime de la maison d'Éli ne sera expié, ni par des sacrifices ni par des offrandes.
15 Samuel resta couché jusqu'au matin, puis il ouvrit les portes de la maison de l'Éternel. Samuel craignait de raconter la vision à Éli.
16 Mais Éli appela Samuel, et dit: Samuel, mon fils! Il répondit: Me

voici! Et Éli dit: Quelle est la 17 parole que t'a adressée l'Éternel? Ne me cache rien. Que Dieu te traite dans toute sa rigueur, si tu me caches quelque chose de tout ce qu'il t'a dit! Samuel lui raconta tout, sans 18 lui rien cacher. Et Éli dit: C'est l'Éternel, qu'il fasse ce qui lui semblera bon!

Samuel grandissait. L'Éternel é- 19 tait avec lui, et il ne laissa tomber à terre aucune de ses paroles. Tout 20 Israël, depuis Dan jusqu'à Beer-Schéba, reconnut que Samuel était établi prophète de l'Éternel. L'Éternel 21 continuait à apparaître dans Silo; car l'Éternel se révélait à Samuel, dans Silo, par la parole de l'Éternel.

La parole de Samuel s'adressait à tout Israël. **4**

Israël sortit à la rencontre des Philistins, pour combattre. Ils campèrent près d'Ében-Ézer, et les Philistins étaient campés à Aphek. Les 2 Philistins se rangèrent en bataille contre Israël, et le combat s'engagea. Israël fut battu par les Philistins, qui tuèrent sur le champ de bataille environ quatre mille hommes. Le peuple rentra au camp, et les 3 anciens d'Israël dirent: Pourquoi l'Éternel nous a-t-il laissé battre aujourd'hui par les Philistins? Allons chercher à Silo l'arche de l'alliance de l'Éternel; qu'elle vienne au milieu de nous, et qu'elle nous délivre de la main de nos ennemis. Le peuple 4 envoya à Silo, d'où l'on apporta l'arche de l'alliance de l'Éternel des armées qui siège entre les chérubins. Les deux fils d'Éli, Hophni et Phinées, étaient là, avec l'arche de l'alliance de Dieu.

Lorsque l'arche de l'alliance de l'É- 5 ternel entra dans le camp, tout Israël poussa de grands cris de joie, et la terre en fut ébranlée. Le retentisse- 6 ment de ces cris fut entendu des Philistins, et ils dirent: Que signifient ces grands cris qui retentissent dans le camp des Hébreux? Et ils apprirent que l'arche de l'Éternel était arrivée au camp. Les Philis- 7 tins eurent peur, parce qu'ils crurent que Dieu était venu dans le camp. Malheur à nous! dirent-ils, car il n'en a pas été ainsi jusqu'à présent.

8 Malheur à nous! Qui nous délivrera de la main de ces dieux puissants? Ce sont ces dieux qui ont frappé les Égyptiens de toutes sortes de 9 plaies dans le désert. Fortifiez-vous et soyez des hommes, Philistins, de peur que vous ne soyez asservis aux Hébreux comme ils vous ont été asservis; soyez des hommes et com- 10 battez! Les Philistins livrèrent bataille, et Israël fut battu. Chacun s'enfuit dans sa tente. La défaite fut très grande, et il tomba d'Israël 11 trente mille hommes de pied. L'arche de Dieu fut prise, et les deux fils d'Éli, Hophni et Phinées, moururent.

12 Un homme de Benjamin accourut du champ de bataille et vint à Silo le même jour, les vêtements déchirés 13 et la tête couverte de terre. Lorsqu'il arriva, Éli était dans l'attente, assis sur un siège près du chemin, car son cœur était inquiet pour l'arche de Dieu. A son entrée dans la ville, cet homme donna la nouvelle, et 14 toute la ville poussa des cris. Éli, entendant ces cris, dit: Que signifie ce tumulte? Et aussitôt l'homme 15 vint apporter la nouvelle à Éli. Or Éli était âgé de quatre-vingt-dix-huit ans, il avait les yeux fixes et ne 16 pouvait plus voir. L'homme dit à Éli: J'arrive du champ de bataille, et c'est du champ de bataille que je me suis enfui aujourd'hui. Éli dit: 17 Que s'est-il passé, mon fils? Celui qui apportait la nouvelle dit en réponse: Israël a fui devant les Philistins, et le peuple a éprouvé une grande défaite; et même tes deux fils, Hophni et Phinées, sont morts, 18 et l'arche de Dieu a été prise. A peine eut-il fait mention de l'arche de Dieu, qu'Éli tomba de son siège à la renverse, à côté de la porte; il se rompit la nuque et mourut, car c'était un homme vieux et pesant. Il avait été juge en Israël pendant quarante ans.

19 Sa belle-fille, femme de Phinées, était enceinte et sur le point d'ac-

coucher. Lorsqu'elle entendit la nouvelle de la prise de l'arche de Dieu, de la mort de son beau-père et de celle de son mari, elle se courba et accoucha, car les douleurs la surprirent. Comme elle allait mourir, les 20 femmes qui étaient auprès d'elle lui dirent: Ne crains point, car tu as enfanté un fils! Mais elle ne répondit pas et n'y fit pas attention. Elle appela l'enfant I-Kabod, en di- 21 sant: La gloire est bannie d'Israël! C'était à cause de la prise de l'arche de Dieu, et à cause de son beau-père et de son mari. Elle dit: La gloire 22 est bannie d'Israël, car l'arche de Dieu est prise!

Samuel prophète et juge en Israël.—L'arche chez les Philistins.—L'arche renvoyée par les Philistins.—L'arche à Kirjath-Jearim.—Israël repentant, et les Philistins vaincus.

Les Philistins prirent l'arche de **5** Dieu, et ils la transportèrent d'Ében-Ézer à Asdod. Après s'être emparés 2 de l'arche de Dieu, les Philistins la firent entrer dans la maison de Dagon et la placèrent à côté de Dagon. Le 3 lendemain, les Asdodiens, qui s'étaient levés de bon matin, trouvèrent Dagon étendu la face contre terre, devant l'arche de l'Éternel. Ils prirent Dagon, et le remirent à sa place. Le lendemain encore, s'étant levés 4 de bon matin, ils trouvèrent Dagon étendu la face contre terre, devant l'arche de l'Éternel; la tête de Dagon et ses deux mains étaient abattues sur le seuil, et il ne lui restait que le tronc. C'est pourquoi, jusqu'à ce 5 jour, les prêtres de Dagon et tous ceux qui entrent dans la maison de Dagon à Asdod ne marchent point sur le seuil.

La main de l'Éternel s'appesantit 6 sur les Asdodiens, et il mit la désolation parmi eux; il les frappa d'hémorrhoïdes à Asdod et dans son territoire. Voyant qu'il en était ain- 7 si, les gens d'Asdod dirent: L'arche du Dieu d'Israël ne restera pas chez nous, car il appesantit sa main sur nous et sur Dagon, notre dieu. Et 8 ils firent chercher et assemblèrent auprès d'eux tous les princes des

Philistins, et ils dirent : Que ferons-nous de l'arche du Dieu d'Israël ? Les princes répondirent : Que l'on transporte à Gath l'arche du Dieu d'Israël. Et l'on y transporta l'arche 9 du Dieu d'Israël. Mais après qu'elle eut été transportée, la main de l'Éternel fut sur la ville, et il y eut une très grande consternation ; il frappa les gens de la ville depuis le petit jusqu'au grand, et ils eurent une 10 éruption d'hémorrhoïdes. Alors ils envoyèrent l'arche de Dieu à Ékron. Lorsque l'arche de Dieu entra dans Ékron, les Ékroniens poussèrent des cris, en disant : On a transporté chez nous l'arche du Dieu d'Israël, pour nous faire mourir, nous et notre 11 peuple ! Et ils firent chercher et assemblèrent tous les princes des Philistins, et ils dirent : Renvoyez l'arche du Dieu d'Israël ; qu'elle retourne en son lieu, et qu'elle ne nous fasse pas mourir, nous et notre peuple. Car il y avait dans toute la ville une terreur mortelle ; la main de Dieu s'y appesantissait forte-12 ment. Les gens qui ne mouraient pas étaient frappés d'hémorrhoïdes, et les cris de la ville montaient jusqu'au ciel.

6 L'arche de l'Éternel fut sept mois 2 dans le pays des Philistins. Et les Philistins appelèrent les prêtres et les devins, et ils dirent : Que ferons-nous de l'arche de l'Éternel ? Faites-nous connaître de quelle manière nous devons la renvoyer en son lieu. 3 Ils répondirent : Si vous renvoyez l'arche du Dieu d'Israël, ne la renvoyez point à vide, mais faites à Dieu un sacrifice de culpabilité ; alors vous guérirez, et vous saurez pourquoi sa main ne s'est pas retirée de dessus 4 vous. Les Philistins dirent : Quelle offrande lui ferons-nous ? Ils répondirent : Cinq tumeurs d'or et cinq souris d'or, d'après le nombre des princes des Philistins, car une même plaie a été sur vous tous et sur vos 5 princes. Faites des figures de vos tumeurs et des figures de vos souris qui ravagent le pays, et donnez gloire au Dieu d'Israël : peut-être cessera-t-il d'appesantir sa main sur vous, sur

vos dieux, et sur votre pays. Pour- 6 quoi endurciriez-vous votre cœur, comme les Égyptiens et Pharaon ont endurci leur cœur ? N'exerça-t-il pas ses châtiments sur eux, et ne laissèrent-ils pas alors partir les enfants d'Israël ? Maintenant, faites 7 un char tout neuf, et prenez deux vaches qui allaitent et qui n'aient point porté le joug ; attelez les vaches au char, et ramenez à la maison leurs petits qui sont derrière elles. Vous 8 prendrez l'arche de l'Éternel, et vous la mettrez sur le char ; vous placerez à côté d'elle, dans un coffre, les objets d'or que vous donnez à l'Éternel en offrande pour le péché ; puis vous la renverrez, et elle partira. Suivez- 9 la du regard : si elle monte par le chemin de sa frontière vers Beth-Schémesch, c'est l'Éternel qui nous a fait ce grand mal ; sinon, nous saurons que ce n'est pas sa main qui nous a frappés, mais que cela nous est arrivé par hasard.

Ces gens firent ainsi. Ils prirent 10 deux vaches qui allaitaient et les attelèrent au char, et ils enfermèrent les petits dans la maison. Ils mirent 11 sur le char l'arche de l'Éternel, et le coffre avec les souris d'or et les figures de leurs tumeurs. Les vaches pri- 12 rent directement le chemin de Beth-Schémesch ; elles suivirent toujours la même route en mugissant, et elles ne se détournèrent ni à droite ni à gauche. Les princes des Philistins allèrent derrière elles jusqu'à la frontière de Beth-Schémesch.

Les habitants de Beth-Schémesch 13 moissonnaient les blés dans la vallée ; ils levèrent les yeux, aperçurent l'arche, et se réjouirent en la voyant. Le char arriva dans le champ de 14 Josué de Beth-Schémesch, et s'y arrêta. Il y avait là une grande pierre. On fendit le bois du char, et l'on offrit les vaches en holocauste à l'Éternel. Les Lévites descendi- 15 rent l'arche de l'Éternel, et le coffre qui était à côté d'elle et qui contenait les objets d'or ; et ils posèrent le tout sur la grande pierre. Les gens de Beth-Schémesch offrirent en ce jour des holocaustes et des sacrifices à

16 l'Éternel. Les cinq princes des Philistins, après avoir vu cela, retournèrent à Ékron le même jour.

17 Voici les tumeurs d'or que les Philistins donnèrent à l'Éternel en offrande pour le péché : une pour Asdod, une pour Gaza, une pour Askalon, une pour Gath, une pour

18 Ékron. Il y avait aussi des souris d'or selon le nombre de toutes les villes des Philistins, appartenant aux cinq chefs, tant des villes fortifiées que des villages sans murailles. C'est ce qu'atteste la grande pierre sur laquelle on déposa l'arche de l'Éternel, et qui est encore aujourd'hui dans le champ de Josué de Beth-Schémesch.

19 L'Éternel frappa les gens de Beth-Schémesch, lorsqu'ils regardèrent l'arche de l'Éternel ; il frappa [cinquante mille] soixante-dix hommes parmi le peuple. Et le peuple fut dans la désolation, parce que l'Éternel l'avait

20 frappé d'une grande plaie. Les gens de Beth-Schémesch dirent : Qui peut subsister en présence de l'Éternel, de ce Dieu saint ? Et vers qui l'arche doit-elle monter, en s'éloignant de

21 nous ? Ils envoyèrent des messagers aux habitants de Kirjath-Jearim, pour leur dire : Les Philistins ont ramené l'arche de l'Éternel ; descendez, et faites-la monter vers vous.

7 Les gens de Kirjath-Jearim vinrent, et firent monter l'arche de l'Éternel ; ils la conduisirent dans la maison d'Abinadab, sur la colline, et ils consacrèrent son fils Éléazar pour garder l'arche de l'Éternel.

2 Il s'était passé bien du temps depuis le jour où l'arche avait été déposée à Kirjath-Jearim. Vingt années s'étaient écoulées. Alors toute la maison d'Israël poussa des

3 gémissements vers l'Éternel. Samuel dit à toute la maison d'Israël : Si c'est de tout votre cœur que vous revenez à l'Éternel, ôtez du milieu de vous les dieux étrangers et les Astartés, dirigez votre cœur vers l'Éternel, et servez-le lui seul ; et il vous délivrera de la main des Philis-

4 tins. Et les enfants d'Israël ôtèrent du milieu d'eux les Baals et les Astartés, et ils servirent l'Éternel seul.

Samuel dit : Assemblez tout Israël 5 à Mitspa, et je prierai l'Éternel pour vous. Et ils s'assemblèrent à Mitspa. Ils puisèrent de l'eau et la répandi- 6 rent devant l'Éternel, et ils jeûnèrent ce jour-là, en disant : Nous avons péché contre l'Éternel ! Samuel jugea les enfants d'Israël à Mitspa.

Les Philistins apprirent que les 7 enfants d'Israël s'étaient assemblés à Mitspa, et les princes des Philistins montèrent contre Israël. A cette nouvelle, les enfants d'Israël eurent peur des Philistins, et ils dirent à 8 Samuel : Ne cesse point de crier pour nous à l'Éternel, notre Dieu, afin qu'il nous sauve de la main des Philistins. Samuel prit un agneau 9 de lait, et l'offrit tout entier en holocauste à l'Éternel. Il cria à l'Éternel pour Israël, et l'Éternel l'exauça. Pendant que Samuel offrait l'holo- 10 causte, les Philistins s'approchèrent pour attaquer Israël. L'Éternel fit retentir en ce jour son tonnerre sur les Philistins, et les mit en déroute. Ils furent battus devant Israël. Les 11 hommes d'Israël sortirent de Mitspa, poursuivirent les Philistins, et les battirent jusqu'au-dessous de Beth-Car.

Samuel prit une pierre, qu'il plaça 12 entre Mitspa et Schen, et il l'appela du nom d'Ében-Ézer, en disant : Jusqu'ici l'Éternel nous a secourus. Ainsi les Philistins furent humiliés, 13 et ils ne vinrent plus sur le territoire d'Israël. La main de l'Éternel fut contre les Philistins pendant toute la vie de Samuel. Les villes que les 14 Philistins avaient prises sur Israël retournèrent à Israël, depuis Ékron jusqu'à Gath, avec leur territoire ; Israël les arracha de la main des Philistins. Et il y eut paix entre Israël et les Amoréens.

Samuel fut juge en Israël pendant 15 toute sa vie. Il allait chaque année 16 faire le tour de Béthel, de Guilgal et de Mitspa, et il jugeait Israël dans tous ces lieux. Puis il revenait à 17 Rama, où était sa maison ; et là il jugeait Israël, et il y bâtit un autel à l'Éternel.

Les Israélites demandant un roi.

8 Lorsque Samuel devint vieux, il 2 établit ses fils juges sur Israël. Son fils premier-né se nommait Joël, et le second Abija ; ils étaient juges à 3 Beer-Schéba. Les fils de Samuel ne marchèrent point sur ses traces ; ils se livraient à la cupidité, recevaient des présents, et violaient 4 la justice. Tous les anciens d'Israël s'assemblèrent, et vinrent au- 5 près de Samuel à Rama. Ils lui dirent : Voici, tu es vieux, et tes fils ne marchent point sur tes traces ; maintenant, établis sur nous un roi pour nous juger, comme il y en a 6 chez toutes les nations. Samuel vit avec déplaisir qu'ils disaient : Donne-nous un roi pour nous juger. Et 7 Samuel pria l'Éternel. L'Éternel dit à Samuel : Écoute la voix du peuple dans tout ce qu'il te dira ; car ce n'est pas toi qu'ils rejettent, c'est moi qu'ils rejettent, afin que je ne 8 règne plus sur eux. Ils agissent à ton égard comme ils ont toujours agi depuis que je les ai fait monter d'Égypte jusqu'à ce jour ; ils m'ont abandonné, pour servir d'autres dieux. 9 Écoute donc leur voix ; mais donne-leur des avertissements, et fais-leur connaître le droit du roi qui régnera sur eux.

10 Samuel rapporta toutes les paroles de l'Éternel au peuple qui lui de- 11 mandait un roi. Il dit : Voici quel sera le droit du roi qui régnera sur vous. Il prendra vos fils, et il les mettra sur ses chars et parmi ses cavaliers, afin qu'ils courent devant 12 son char ; il s'en fera des chefs de mille et des chefs de cinquante, et il les emploiera à labourer ses terres, à récolter ses moissons, à fabriquer ses armes de guerre et l'attirail de ses 13 chars. Il prendra vos filles, pour en faire des parfumeuses, des cuisinières 14 et des boulangères. Il prendra la meilleure partie de vos champs, de vos vignes et de vos oliviers, et la 15 donnera à ses serviteurs. Il prendra la dîme du produit de vos semences et de vos vignes, et la donnera à ses 16 serviteurs. Il prendra vos serviteurs et vos servantes, vos meilleurs bœufs et vos ânes, et s'en servira pour ses 17 travaux. Il prendra la dîme de vos troupeaux, et vous-mêmes serez ses esclaves. Et alors vous crierez contre 18 votre roi que vous vous serez choisi, mais l'Éternel ne vous exaucera point.

19 Le peuple refusa d'écouter la voix de Samuel. Non ! dirent-ils, mais il 20 y aura un roi sur nous, et nous aussi nous serons comme toutes les nations ; notre roi nous jugera, il marchera à notre tête et conduira nos guerres. 21 Samuel, après avoir entendu toutes les paroles du peuple, les redit aux 22 oreilles de l'Éternel. Et l'Éternel dit à Samuel : Écoute leur voix, et établis un roi sur eux. Et Samuel dit aux hommes d'Israël : Allez-vous-en chacun dans sa ville.

Saül auprès de Samuel à Rama.—Saül oint et proclamé roi.—Saül vainqueur des Ammonites.—Samuel dépose les fonctions de juge en Israël.

9 Il y avait un homme de Benjamin, nommé Kis, fils d'Abiel, fils de Tseror, fils de Becorath, fils d'Aphiach, fils d'un Benjamite. C'était un homme fort et vaillant. Il avait un 2 fils du nom de Saül, jeune et beau, plus beau qu'aucun des enfants d'Israël, et les dépassant tous de la tête.

Les ânesses de Kis, père de Saül, 3 s'égarèrent ; et Kis dit à Saül, son fils : Prends avec toi l'un des serviteurs, lève-toi, va, et cherche les ânesses. Il passa par la montagne 4 d'Éphraïm et traversa le pays de Schalischa, sans les trouver ; ils passèrent par le pays de Schaalim, et elles n'y étaient pas ; ils parcoururent le pays de Benjamin, et ils ne les trouvèrent pas. Ils étaient 5 arrivés dans le pays de Tsuph, lorsque Saül dit à son serviteur qui l'accompagnait : Viens, retournons, de peur que mon père, oubliant les ânesses, ne soit en peine de nous. Le ser- 6 viteur lui dit : Voici, il y a dans cette ville un homme de Dieu, et c'est un homme considéré ; tout ce qu'il dit ne manque pas d'arriver. Allons-y donc ; peut-être nous fera-t-il connaître le chemin que nous devons 7 prendre. Saül dit à son serviteur : Mais si nous y allons, que porterons-nous à l'homme de Dieu ? Car il n'y a plus de provisions dans nos sacs, et nous n'avons aucun présent à offrir à l'homme de Dieu. Qu'est-8 ce que nous avons ? Le serviteur reprit la parole, et dit à Saül : Voici, j'ai sur moi le quart d'un sicle d'argent ; je le donnerai à l'homme de Dieu, et il nous indiquera notre 9 chemin.—Autrefois en Israël, quand on allait consulter Dieu, on disait : Venez, et allons au voyant ! Car celui qu'on appelle aujourd'hui le prophète s'appelait autrefois le 10 voyant.—Saül dit à son serviteur : Tu as raison ; viens, allons ! Et ils se rendirent à la ville où était l'homme de Dieu.

11 Comme ils montaient à la ville, ils rencontrèrent des jeunes filles sorties pour puiser de l'eau, et ils leur dirent : 12 Le voyant est il ici ? Elles leur répondirent en disant : Oui, il est devant toi ; mais va promptement, car aujourd'hui il est venu à la ville parce qu'il y a un sacrifice pour le 13 peuple sur le haut lieu. Quand vous serez entrés dans la ville, vous le trouverez avant qu'il monte au haut lieu pour manger ; car le peuple ne mangera point qu'il ne soit arrivé, parce qu'il doit bénir le sacrifice ; après quoi, les conviés mangeront. Montez donc, car maintenant vous 14 le trouverez. Et ils montèrent à la ville. Ils étaient arrivés au milieu de la ville, quand ils furent rencontrés par Samuel qui sortait pour monter au haut lieu.

15 Or, un jour avant l'arrivée de Saül, l'Éternel avait averti Samuel, en 16 disant : Demain, à cette heure, je t'enverrai un homme du pays de Benjamin, et tu l'oindras pour chef de mon peuple d'Israël. Il sauvera mon peuple de la main des Philistins ; car j'ai regardé mon peuple, parce que son cri est venu jusqu'à moi. 17 Lorsque Samuel eut aperçu Saül, l'Éternel lui dit : Voici l'homme dont

je t'ai parlé ; c'est lui qui régnera sur mon peuple.

Saül s'approcha de Samuel au 18 milieu de la porte, et dit : Indique-moi, je te prie, où est la maison du voyant. Samuel répondit à Saül : 19 C'est moi qui suis le voyant. Monte devant moi au haut lieu, et vous mangerez aujourd'hui avec moi. Je te laisserai partir demain, et je te dirai tout ce qui se passe dans ton cœur. Ne t'inquiète pas des ânesses 20 que tu as perdues il y a trois jours, car elles sont retrouvées. Et pour qui est réservé tout ce qu'il y a de précieux en Israël ? N'est-ce pas pour toi et pour toute la maison de ton père ? Saül répondit : Ne suis-21 je pas Benjamite, de l'une des plus petites tribus d'Israël ? et ma famille n'est-elle pas la moindre de toutes les familles de la tribu de Benjamin ? Pourquoi donc me parles-tu de la sorte ?

Samuel prit Saül et son serviteur, 22 les fit entrer dans la salle, et leur donna une place à la tête des conviés, qui étaient environ trente hommes. Samuel dit au cuisinier : 23 Sers la portion que je t'ai donnée, en te disant : Mets-la à part. Le 24 cuisinier donna l'épaule et ce qui l'entoure, et il la servit à Saül. Et Samuel dit : Voici ce qui a été réservé ; mets-le devant toi, et mange, car on l'a gardé pour toi lorsque j'ai convié le peuple. Ainsi Saül mangea avec Samuel ce jour-là.

Ils descendirent du haut lieu à la 25 ville, et Samuel s'entretint avec Saül sur le toit. Puis ils se levèrent de 26 bon matin ; et, dès l'aurore, Samuel appela Saül sur le toit, et dit : Viens, et je te laisserai partir. Saül se leva, et ils sortirent tous deux, lui et Samuel. Quand ils furent descendus 27 à l'extrémité de la ville, Samuel dit à Saül : Dis à ton serviteur de passer devant nous. Et le serviteur passa devant. Arrête-toi maintenant, reprit Samuel, et je te ferai entendre la parole de Dieu.

Samuel prit une fiole d'huile, **10** qu'il répandit sur la tête de Saül. Il le baisa, et dit : L'Éternel ne t'a-t-

il pas oint pour que tu sois le chef de
2 son héritage ? Aujourd'hui, après
m'avoir quitté, tu trouveras deux
hommes près du sépulcre de Rachel,
sur la frontière de Benjamin, à
Tseltsach. Ils te diront: Les ânesses
que tu es allé chercher sont retrouvées; et voici, ton père ne pense
plus aux ânesses, mais il est en peine
de vous, et dit : Que dois-je faire au
3 sujet de mon fils ? De là tu iras
plus loin, et tu arriveras au chêne de
Thabor, où tu seras rencontré par
trois hommes montant vers Dieu à
Béthel, et portant l'un trois chevreaux, l'autre trois gâteaux de pain,
4 et l'autre une outre de vin. Ils te
demanderont comment tu te portes,
et ils te donneront deux pains, que
5 tu recevras de leur main. Après
cela, tu arriveras à Guibea-Élohim,
où se trouve une garnison de Philistins. En entrant dans la ville, tu
rencontreras une troupe de prophètes
descendant du haut lieu, précédés du
luth, du tambourin, de la flûte et de
la harpe, et prophétisant eux-mêmes.
6 L'esprit de l'Éternel te saisira, tu
prophétiseras avec eux, et tu seras
7 changé en un autre homme. Lorsque
ces signes auront eu pour toi leur
accomplissement, fais ce que tu
trouveras à faire, car Dieu est avec
8 toi. Puis tu descendras avant moi
à Guilgal ; et voici, je descendrai
vers toi, pour offrir des holocaustes
et des sacrifices d'actions de grâces.
Tu attendras sept jours, jusqu'à ce
que j'arrive auprès de toi et que je
te dise ce que tu dois faire.
9 Dès que Saül eut tourné le dos
pour se séparer de Samuel, Dieu lui
donna un autre cœur, et tous ces
signes s'accomplirent le même jour.
10 Lorsqu'ils arrivèrent à Guibea, voici,
une troupe de prophètes vint à sa
rencontre. L'esprit de Dieu le saisit,
et il prophétisa au milieu d'eux.
11 Tous ceux qui l'avaient connu
auparavant virent qu'il prophétisait
avec les prophètes, et l'on se disait
l'un à l'autre dans le peuple : Qu'est-
il arrivé au fils de Kis ? Saül est-il
12 aussi parmi les prophètes? Quelqu'un
de Guibea répondit : Et qui est leur

père ?—De là le proverbe : Saül est-il
aussi parmi les prophètes?—Lorsqu'il 13
eut fini de prophétiser, il se rendit
au haut lieu.
L'oncle de Saül dit à Saül et à son 14
serviteur : Où êtes-vous allés ? Saül
répondit : Chercher les ânesses ;
mais nous ne les avons pas aper-
çues, et nous sommes allés vers
Samuel. L'oncle de Saül reprit : 15
Raconte-moi donc ce que vous a dit
Samuel. Et Saül répondit à son 16
oncle : Il nous a assuré que les
ânesses étaient retrouvées. Et il ne
lui dit rien de la royauté dont avait
parlé Samuel.
Samuel convoqua le peuple devant 17
l'Éternel à Mitspa, et il dit aux en- 18
fants d'Israël: Ainsi parle l'Éternel,
le Dieu d'Israël : J'ai fait monter
d'Égypte Israël, et je vous ai délivrés
de la main des Égyptiens et de la
main de tous les royaumes qui vous
opprimaient. Et aujourd'hui, vous 19
rejetez votre Dieu, qui vous a délivrés
de tous vos maux et de toutes vos
souffrances, et vous lui dites : Établis
un roi sur nous ! Présentez-vous
maintenant devant l'Éternel, selon
vos tribus et selon vos milliers.
Samuel fit approcher toutes les 20
tribus d'Israël, et la tribu de Benjamin fut désignée. Il fit approcher 21
la tribu de Benjamin par familles, et
la famille de Matri fut désignée.
Puis Saül, fils de Kis, fut désigné.
On le chercha, mais on ne le trouva
point. On consulta de nouveau 22
l'Éternel : Y a-t-il encore un homme
qui soit venu ici ? Et l'Éternel dit :
Voici, il est caché vers les bagages.
On courut le tirer de là, et il se pré- 23
senta au milieu du peuple. Il les
dépassait tous de la tête. Samuel 24
dit à tout le peuple : Voyez-vous
celui que l'Éternel a choisi ? Il n'y
a personne dans tout le peuple qui
soit semblable à lui. Et tout le
peuple poussa les cris de : Vive le
roi !
Samuel fit alors connaître au 25
peuple le droit de la royauté, et il
l'écrivit dans un livre, qu'il déposa
devant l'Éternel. Puis il renvoya
tout le peuple, chacun chez soi.

26 Saül aussi s'en alla dans sa maison à Guibea. Il fut accompagné par les honnêtes gens, dont Dieu avait touché le cœur. 27 Il y eut toutefois des hommes pervers, qui disaient : Quoi ! c'est celui-ci qui nous sauvera ! Et ils le méprisèrent, et ne lui apportèrent aucun présent. Mais Saül n'y prit point garde.

11 Nachasch, l'Ammonite, vint assiéger Jabès en Galaad. Tous les habitants de Jabès dirent à Nachasch : Traite alliance avec nous, 2 et nous te servirons. Mais Nachasch, l'Ammonite, leur répondit : Je traiterai avec vous à la condition que je vous crève à tous l'œil droit, et que j'imprime ainsi un opprobre 3 sur tout Israël. Les anciens de Jabès lui dirent : Accorde-nous une trêve de sept jours, afin que nous envoyions des messagers dans tout le territoire d'Israël ; et s'il n'y a personne qui nous secoure, nous nous rendrons à 4 toi. Les messagers arrivèrent à Guibea de Saül, et dirent ces choses aux oreilles du peuple. Et tout le peuple éleva la voix, et pleura. 5 Et voici, Saül revenait des champs, derrière ses bœufs, et il dit : Qu'a donc le peuple pour pleurer ? On lui raconta ce qu'avaient dit ceux 6 de Jabès. Dès que Saül eut entendu ces choses, il fut saisi par l'esprit de Dieu, et sa colère s'enflamma forte-7 ment. Il prit une paire de bœufs, et les coupa en morceaux, qu'il envoya par les messagers dans tout le territoire d'Israël, en disant : Quiconque ne marchera pas à la suite de Saül et de Samuel, aura ses bœufs traités de la même manière. Le terreur de l'Éternel s'empara du peuple, qui se mit en marche comme 8 un seul homme. Saül en fit la revue à Bézek ; les enfants d'Israël étaient trois cent mille, et les hommes de 9 Juda trente mille. Ils dirent aux messagers qui étaient venus : Vous parlerez ainsi aux habitants de Jabès en Galaad : Demain vous aurez du secours, quand le soleil sera dans sa chaleur. Les messagers portèrent cette nouvelle à ceux de Jabès, qui 10 furent remplis de joie, et qui dirent aux Ammonites : Demain nous nous rendrons à vous, et vous nous traiterez comme bon vous semblera.

11 Le lendemain, Saül divisa le peuple en trois corps. Ils pénétrèrent dans le camp des Ammonites à la veille du matin, et ils les battirent jusqu'à la chaleur du jour. Ceux qui échappèrent furent dispersés, et il n'en resta pas deux ensemble. 12 Le peuple dit à Samuel : Qui est-ce qui disait : Saül régnera-t-il sur nous ? Livrez ces gens, et nous les 13 ferons mourir. Mais Saül dit : Personne ne sera mis à mort en ce jour, car aujourd'hui l'Éternel a opéré une 14 délivrance en Israël. Et Samuel dit au peuple : Venez, et allons à Guilgal, pour y confirmer la royauté. 15 Tout le peuple se rendit à Guilgal, et ils établirent Saül pour roi, devant l'Éternel, à Guilgal. Là, ils offrirent des sacrifices d'actions de grâces devant l'Éternel ; et là, Saül et tous les hommes d'Israël se livrèrent à de grandes réjouissances.

12 Samuel dit à tout Israël : Voici, j'ai écouté votre voix dans tout ce que vous m'avez dit, et j'ai établi un 2 roi sur vous. Et maintenant, voici le roi qui marchera devant vous. Pour moi, je suis vieux, j'ai blanchi, et mes fils sont avec vous ; j'ai marché à votre tête, depuis ma jeu-3 nesse jusqu'à ce jour. Me voici ! rendez témoignage contre moi, en présence de l'Éternel et en présence de son oint. De qui ai-je pris le bœuf et de qui ai-je pris l'âne ? Qui ai-je opprimé, et qui ai-je traité durement ? De qui ai-je reçu un présent, pour fermer les yeux sur lui ? Je vous le rendrai. 4 Ils répondirent : Tu ne nous as point opprimés, et tu ne nous as point traités durement, et tu n'as rien reçu de la main de personne. 5 Il leur dit encore : L'Éternel est témoin contre vous, et son oint est témoin, en ce jour, que vous n'avez rien trouvé dans mes mains. Et ils répondirent : Ils en sont témoins. 6 Alors Samuel dit au peuple : C'est l'Éternel qui a établi Moïse et Aaron, et qui a fait monter vos pères du

7 pays d'Égypte. Maintenant, présentez-vous, et je vous jugerai devant l'Éternel sur tous les bienfaits que l'Éternel vous a accordés, à vous et 8 à vos pères. Après que Jacob fut venu en Égypte, vos pères crièrent à l'Éternel, et l'Éternel envoya Moïse et Aaron, qui firent sortir vos pères d'Égypte et les firent habiter dans 9 ce lieu. Mais ils oublièrent l'Éternel, leur Dieu; et il les vendit entre les mains de Sisera, chef de l'armée de Hatsor, entre les mains des Philistins, et entre les mains du roi de Moab, 10 qui leur firent la guerre. Ils crièrent encore à l'Éternel, et dirent: Nous avons péché, car nous avons abandonné l'Éternel, et nous avons servi les Baals et les Astartés; délivre-nous maintenant de la main de nos 11 ennemis, et nous te servirons. Et l'Éternel envoya Jerubbaal, et Bedan, et Jephthé, et Samuel, et il vous délivra de la main de vos ennemis qui vous entouraient, et vous de-12 meurâtes en sécurité. Puis, voyant que Nachasch, roi des fils d'Ammon, marchait contre vous, vous m'avez dit: Non! mais un roi régnera sur nous. Et cependant l'Éternel, votre 13 Dieu, était votre roi. Voici donc le roi que vous avez choisi, que vous avez demandé; voici, l'Éternel a mis 14 sur vous un roi. Si vous craignez l'Éternel, si vous le servez, si vous obéissez à sa voix, et si vous n'êtes point rebelles à la parole de l'Éternel, vous vous attacherez à l'Éternel, votre Dieu, vous et le roi qui règne 15 sur vous. Mais si vous n'obéissez pas à la voix de l'Éternel, et si vous êtes rebelles à la parole de l'Éternel,

la main de l'Éternel sera contre vous, comme elle a été contre vos pères. Attendez encore ici, et voyez 16 le prodige que l'Éternel va opérer sous vos yeux. Ne sommes-nous pas 17 à la moisson des blés? J'invoquerai l'Éternel, et il enverra des tonnerres et de la pluie. Sachez alors et voyez combien vous avez eu tort aux yeux de l'Éternel de demander pour vous un roi.

Samuel invoqua l'Éternel, et 18 l'Éternel envoya ce même jour des tonnerres et de la pluie. Tout le peuple eut une grande crainte de l'Éternel et de Samuel. Et tout le 19 peuple dit à Samuel: Prie l'Éternel, ton Dieu, pour tes serviteurs, afin que nous ne mourions pas; car nous avons ajouté à tous nos péchés le tort de demander pour nous un roi. Samuel dit au peuple: N'ayez point 20 de crainte! Vous avez fait tout ce mal; mais ne vous détournez pas de l'Éternel, et servez l'Éternel de tout votre cœur. Ne vous en détournez 21 pas; sinon, vous iriez après des choses de néant, qui n'apportent ni profit ni délivrance, parce que ce sont des choses de néant. L'Éternel 22 n'abandonnera point son peuple, à cause de son grand nom, car l'Éternel a résolu de faire de vous son peuple. Loin de moi aussi de pécher contre 23 l'Éternel, de cesser de prier pour vous! Je vous enseignerai le bon et le droit chemin. Craignez seule- 24 ment l'Éternel, et servez-le fidèlement de tout votre cœur; car voyez quelle puissance il déploie parmi vous. Mais si vous faites le mal, vous 25 périrez, vous et votre roi.

RÈGNE DE SAÜL

Guerre avec les Philistins.—Holocauste de Saül.—Jonathan à l'attaque d'un poste des Philistins.—Les Philistins battus.—La vie de Jonathan en danger par suite d'un serment de Saül.

13 Saül était âgé de...ans, lorsqu'il devint roi, et il avait déjà régné deux ans sur Israël.
2 Saül choisit trois mille hommes

d'Israël: deux mille étaient avec lui à Micmasch et sur la montagne de Béthel, et mille étaient avec Jonathan à Guibea de Benjamin. Il renvoya le reste du peuple, chacun à sa tente. Jonathan battit le poste des Philistins 3 qui était à Guéba, et les Philistins l'apprirent. Saül fit sonner de la trompette dans tout le pays, en disant : Que les Hébreux écoutent !

4 Tout Israël entendit que l'on disait : Saül a battu le poste des Philistins, et Israël se rend odieux aux Philistins. Et le peuple fut convoqué auprès de Saül à Guilgal.

5 Les Philistins s'assemblèrent pour combattre Israël. Ils avaient mille chars et six mille cavaliers, et ce peuple était innombrable comme le sable qui est sur le bord de la mer. Ils vinrent camper à Micmasch, à

6 l'orient de Beth-Aven. Les hommes d'Israël se virent à l'extrémité, car ils étaient serrés de près, et ils se cachèrent dans les cavernes, dans les buissons, dans les rochers, dans les

7 tours et dans les citernes. Il y eut aussi des Hébreux qui passèrent le Jourdain, pour aller au pays de Gad et de Galaad. Saül était encore à Guilgal, et tout le peuple qui se trouvait auprès de lui tremblait.

8 Il attendit sept jours, selon le terme fixé par Samuel. Mais Samuel n'arrivait pas à Guilgal, et le peuple

9 se dispersait loin de Saül. Alors Saül dit : Amenez-moi l'holocauste et les sacrifices d'actions de grâces.

10 Et il offrit l'holocauste. Comme il achevait d'offrir l'holocauste, voici, Samuel arriva, et Saül sortit au-

11 devant de lui pour le saluer. Samuel dit : Qu'as-tu fait ? Saül répondit : Lorsque j'ai vu que le peuple se dispersait loin de moi, que tu n'arrivais pas au terme fixé, et que les Philistins étaient assemblés à

12 Micmasch, je me suis dit : Les Philistins vont descendre contre moi à Guilgal, et je n'ai pas imploré l'Éternel ! C'est alors que je me suis fait violence et que j'ai offert l'holo-

13 causte. Samuel dit à Saül : Tu as agi en insensé, tu n'as pas observé le commandement que l'Éternel, ton Dieu, t'avait donné. L'Éternel aurait affermi pour toujours ton règne

14 sur Israël ; et maintenant ton règne ne durera point. L'Éternel s'est choisi un homme selon son cœur, et l'Éternel l'a destiné à être le chef de son peuple, parce que tu n'as pas observé ce que l'Éternel t'avait commandé.

15 Puis Samuel se leva, et monta de Guilgal à Guibea de Benjamin. Saül fit la revue du peuple qui se trouvait avec lui : il y avait environ six cents hommes.

16 Saül, son fils Jonathan, et le peuple qui se trouvait avec eux, avaient pris position à Guéba de Benjamin, et les Philistins campaient à Mic-

17 masch. Il sortit du camp des Philistins trois corps pour ravager : l'un prit le chemin d'Ophra, vers le

18 pays de Schual ; l'autre prit le chemin de Beth-Horon ; et le troisième prit le chemin de la frontière qui regarde la vallée de Tseboïm, du côté du désert.

19 On ne trouvait point de forgeron dans tout le pays d'Israël ; car les Philistins avaient dit : Empêchons les Hébreux de fabriquer des épées

20 ou des lances. Et chaque homme en Israël descendait chez les Philistins pour aiguiser son soc, son hoyau, sa

21 hache et sa bêche, quand le tranchant des bêches, des hoyaux, des tridents et des haches, était émoussé, et pour

22 redresser les aiguillons. Il arriva qu'au jour du combat il ne se trouvait ni épée ni lance entre les mains de tout le peuple qui était avec Saül et Jonathan, il ne s'en trouvait qu'auprès de Saül et de Jonathan, son fils.

23 Un poste de Philistins vint s'établir au passage de Micmasch.

14 Un jour, Jonathan, fils de Saül, dit au jeune homme qui portait ses armes : Viens, et poussons jusqu'au poste des Philistins, qui est là de l'autre côté. Et il n'en dit rien à son père.

2 Saül se tenait à l'extrémité de Guibea, sous le grenadier de Migron, et le peuple qui était avec lui formait environ six cents hommes. Achija,

3 fils d'Achithub, frère d'I-Kabod, fils de Phinées, fils d'Éli, sacrificateur de l'Éternel à Silo, portait l'éphod. Le peuple ne savait pas que Jonathan s'en fût allé. Entre les passages par

4 lesquels Jonathan cherchait à arriver au poste des Philistins, il y avait une dent de rocher d'un côté et une dent de rocher de l'autre côté, l'une por-

tant le nom de Botsets et l'autre
5 celui de Séné. L'une de ces dents
est au nord vis-à-vis de Micmasch,
et l'autre au midi vis-à-vis de Guéba.
6 Jonathan dit au jeune homme qui
portait ses armes: Viens, et poussons
jusqu'au poste de ces incirconcis.
Peut-être l'Éternel agira-t-il pour
nous, car rien n'empêche l'Éternel de
sauver au moyen d'un petit nombre
7 comme d'un grand nombre. Celui
qui portait ses armes lui répondit:
Fais tout ce que tu as dans le cœur,
n'écoute que ton sentiment, me voici
8 avec toi prêt à te suivre. Hé bien!
dit Jonathan, allons à ces gens et
9 montrons-nous à eux. S'ils nous
disent: Arrêtez, jusqu'à ce que nous
venions à vous! nous resterons en
place, et nous ne monterons point
10 vers eux. Mais s'ils disent: Montez
vers nous! nous monterons, car
l'Éternel les livre entre nos mains.
C'est là ce qui nous servira de signe.
11 Ils se montrèrent tous deux au
poste des Philistins, et les Philistins
dirent: Voici les Hébreux qui sortent
12 des trous où ils se sont cachés. Et
les hommes du poste s'adressèrent
ainsi à Jonathan et à celui qui portait
ses armes: Montez vers nous, et
nous vous ferons savoir quelque
chose. Jonathan dit à celui qui
portait ses armes: Monte après moi,
car l'Éternel les livre entre les mains
13 d'Israël. Et Jonathan monta en
s'aidant des mains et des pieds, et
celui qui portait ses armes le suivit.
Les Philistins tombèrent devant
Jonathan, et celui qui portait ses
armes donnait la mort derrière lui.
14 Dans cette première défaite, Jonathan
et celui qui portait ses armes tuèrent
une vingtaine d'hommes, sur l'espace
d'environ la moitié d'un arpent de
15 terre. L'effroi se répandit au camp,
dans la contrée et parmi tout le
peuple; le poste et ceux qui rava-
geaient furent également saisis de
peur; le pays fut dans l'épouvante.
C'était comme une terreur de Dieu.
16 Les sentinelles de Saül, qui étaient
à Guibea de Benjamin, virent que la
multitude se dispersait et allait de
17 côté et d'autre. Alors Saül dit au

peuple qui était avec lui: Comptez,
je vous prie, et voyez qui s'en est
allé du milieu de nous. Ils comp-
tèrent, et voici, il manquait Jonathan
et celui qui portait ses armes. Et 18
Saül dit à Achija: Fais approcher
l'arche de Dieu!—Car en ce temps
l'arche de Dieu était avec les enfants
d'Israël.—Pendant que Saül parlait 19
au sacrificateur, le tumulte dans le
camp des Philistins allait toujours
croissant; et Saül dit au sacrificateur:
Retire ta main! Puis Saül et tout 20
le peuple qui était avec lui se
rassemblèrent, et ils s'avancèrent
jusqu'au lieu du combat; et voici,
les Philistins tournèrent l'épée les
uns contre les autres, et la confusion
était extrême. Il y avait parmi les 21
Philistins, comme auparavant, des
Hébreux qui étaient montés avec
eux dans le camp, où ils se trouvaient
disséminés, et ils se joignirent à ceux
d'Israël qui étaient avec Saül et
Jonathan. Tous les hommes d'Israël 22
qui s'étaient cachés dans la montagne
d'Éphraïm, apprenant que les Philistins fuyaient, se mirent aussi à les
poursuivre dans la bataille. L'Éternel 23
délivra Israël ce jour-là, et le combat
se prolongea jusqu'au delà de Beth-
Aven.

La journée fut fatigante pour les 24
hommes d'Israël. Saül avait fait
jurer le peuple, en disant: Maudit
soit l'homme qui prendra de la
nourriture avant le soir, avant que je
me sois vengé de mes ennemis! Et
personne n'avait pris de nourriture.
Tout le peuple était arrivé dans une 25
forêt, où il y avait du miel à la
surface du sol. Lorsque le peuple 26
entra dans la forêt, il vit du miel qui
coulait; mais nul ne porta la main à
la bouche, car le peuple respectait le
serment. Jonathan ignorait le ser- 27
ment que son père avait fait faire au
peuple; il avança le bout du bâton
qu'il avait à la main, le plongea dans
un rayon de miel, et ramena la main
à la bouche; et ses yeux furent
éclaircis. Alors quelqu'un du peuple, 28
lui adressant la parole, dit: Ton père
a fait jurer le peuple, en disant:
Maudit soit l'homme qui prendra de

la nourriture aujourd'hui! Or le
29 peuple était épuisé. Et Jonathan dit: Mon père trouble le peuple; voyez donc comme mes yeux se sont éclaircis, parce que j'ai goûté
30 un peu de ce miel. Certes, si le peuple avait aujourd'hui mangé du butin qu'il a trouvé chez ses ennemis, la défaite des Philistins n'aurait-elle pas été plus grande?

31 Ils battirent ce jour-là les Philistins depuis Micmasch jusqu'à Ajalon. Le
32 peuple était très fatigué, et il se jeta sur le butin. Il prit des brebis, des bœufs et des veaux, il les égorgea sur la terre, et il en mangea avec le
33 sang. On le rapporta à Saül, et l'on dit: Voici, le peuple pèche contre l'Éternel, en mangeant avec le sang. Saül dit: Vous commettez une infidélité; roulez à l'instant vers moi
34 une grande pierre. Puis il ajouta: Répandez-vous parmi le peuple, et dites à chacun de m'amener son bœuf ou sa brebis, et de l'égorger ici. Vous mangerez ensuite, et vous ne pécherez point contre l'Éternel, en mangeant avec le sang. Et pendant la nuit, chacun parmi le peuple amena son bœuf par la main, afin
35 de l'égorger sur la pierre. Saül bâtit un autel à l'Éternel: ce fut le premier autel qu'il bâtit à l'Éternel.

36 Saül dit: Descendons cette nuit après les Philistins, pillons-les jusqu'à la lumière du matin, et n'en laissons pas un de reste. Ils dirent: Fais tout ce qui te semblera bon. Alors le sacrificateur dit: Approchons-nous
37 ici de Dieu. Et Saül consulta Dieu: Descendrai-je après les Philistins? Les livreras-tu entre les mains d'Israël? Mais en ce moment il ne
38 lui donna point de réponse. Saül dit: Approchez ici, vous tous chefs du peuple; recherchez et voyez comment ce péché a été commis
39 aujourd'hui. Car l'Éternel, le libérateur d'Israël, est vivant! lors même que Jonathan, mon fils, en serait l'auteur, il mourrait. Et dans tout le peuple personne ne lui répondit.
40 Il dit à tout Israël: Mettez-vous d'un côté; et moi et Jonathan, mon fils, nous serons de l'autre. Et le peuple dit à Saül: Fais ce qui te semblera bon. Saül dit à l'Éternel: 41 Dieu d'Israël! fais connaître la vérité. Jonathan et Saül furent désignés, et le peuple fut libéré. Saül dit: Jetez le sort entre moi et 42 Jonathan, mon fils. Et Jonathan fut désigné. Saül dit à Jonathan: 43 Déclare-moi ce que tu as fait. Jonathan le lui déclara, et dit: J'ai goûté un peu de miel, avec le bout du bâton que j'avais à la main: me voici, je mourrai. Et Saül dit: Que 44 Dieu me traite dans toute sa rigueur, si tu ne meurs pas, Jonathan! Le 45 peuple dit à Saül: Quoi! Jonathan mourrait, lui qui a opéré cette grande délivrance en Israël! Loin de là! L'Éternel est vivant! il ne tombera pas à terre un cheveu de sa tête, car c'est avec Dieu qu'il a agi dans cette journée. Ainsi le peuple sauva Jonathan, et il ne mourut point. Saül 46 cessa de poursuivre les Philistins, et les Philistins s'en allèrent chez eux.

Après que Saül eut pris possession 47 de la royauté sur Israël, il fit de tous côtés la guerre à tous ses ennemis, à Moab, aux enfants d'Ammon, à Édom, aux rois de Tsoba, et aux Philistins; et partout où il se tournait, il était vainqueur. Il manifesta sa 48 force, battit Amalek, et délivra Israël de la main de ceux qui le pillaient.

Les fils de Saül étaient Jonathan, 49 Jischvi et Malkischua. Ses deux filles s'appelaient: l'aînée Mérab, et la plus jeune Mical. Le nom de la 50 femme de Saül était Achinoam, fille d'Achimaats. Le nom du chef de son armée était Abner, fils de Ner, oncle de Saül. Kis, père de Saül, 51 et Ner, père d'Abner, étaient fils d'Abiel.

Pendant toute la vie de Saül, il y 52 eut une guerre acharnée contre les Philistins; et dès que Saül apercevait quelque homme fort et vaillant, il le prenait à son service.

Guerre avec les Amalécites.—Désobéissance de Saül.

Samuel dit à Saül: C'est moi que **15** l'Éternel a envoyé pour t'oindre roi sur son peuple, sur Israël: écoute

2 donc ce que dit l'Éternel. Ainsi parle l'Éternel des armées : Je me souviens de ce qu'Amalek fit à Israël, lorsqu'il lui ferma le chemin à sa sortie

3 d'Égypte. Va maintenant, frappe Amalek, et dévouez par interdit tout ce qui lui appartient ; tu ne l'épargneras point, et tu feras mourir hommes et femmes, enfants et nourrissons, bœufs et brebis, chameaux et ânes.

4 Saül convoqua le peuple, et en fit la revue à Thelaïm : il y avait deux cent mille hommes de pied, et dix mille hommes de Juda.

5 Saül marcha jusqu'à la ville d'Amalek, et mit une embuscade

6 dans la vallée. Il dit aux Kéniens : Allez, retirez-vous, sortez du milieu d'Amalek, afin que je ne vous fasse pas périr avec lui ; car vous avez eu de la bonté pour tous les enfants d'Israël, lorsqu'ils montèrent d'Égypte. Et les Kéniens se retirèrent du milieu d'Amalek.

7 Saül battit Amalek depuis Havila jusqu'à Schur, qui est en face de

8 l'Égypte. Il prit vivant Agag, roi d'Amalek, et il dévoua par interdit tout le peuple en le passant au fil

9 de l'épée. Mais Saül et le peuple épargnèrent Agag, et les meilleures brebis, les meilleurs bœufs, les meilleures bêtes de la seconde portée, les agneaux gras, et tout ce qu'il y avait de bon ; ils ne voulurent pas le dévouer par interdit, et ils dévouèrent seulement tout ce qui était méprisable et chétif.

10 L'Éternel adressa la parole à
11 Samuel, et lui dit : Je me repens d'avoir établi Saül pour roi, car il se détourne de moi et il n'observe point mes paroles. Samuel fut irrité, et il

12 cria à l'Éternel toute la nuit. Il se leva de bon matin, pour aller au-devant de Saül. Et on vint lui dire : Saül est allé à Carmel, et voici, il s'est érigé un monument ; puis il s'en est retourné, et, passant plus loin, il est descendu à Guilgal.

13 Samuel se rendit auprès de Saül, et Saül lui dit : Sois béni de l'Éternel ! J'ai observé la parole de

14 l'Éternel. Samuel dit : Qu'est-ce donc que ce bêlement de brebis qui parvient à mes oreilles, et ce mugissement de bœufs que j'entends ?

15 Saül répondit : Ils les ont amenés de chez les Amalécites, parce que le peuple a épargné les meilleures brebis et les meilleurs bœufs, afin de les sacrifier à l'Éternel, ton Dieu ; et le reste, nous l'avons dévoué par

16 interdit. Samuel dit à Saül : Arrête, et je te déclarerai ce que l'Éternel m'a dit cette nuit. Et Saül lui dit : Parle !

17 Samuel dit : Lorsque tu étais petit à tes yeux, n'es-tu pas devenu le chef des tribus d'Israël, et l'Éternel ne t'a-t-il pas oint pour que tu sois roi

18 sur Israël ? L'Éternel t'avait fait partir, en disant : Va, et dévoue par interdit ces pécheurs, les Amalécites ; tu leur feras la guerre jusqu'à ce que

19 tu les aies exterminés. Pourquoi n'as-tu pas écouté la voix de l'Éternel ? pourquoi t'es-tu jeté sur le butin, et as-tu fait ce qui est mal

20 aux yeux de l'Éternel ? Saül répondit à Samuel : J'ai bien écouté la voix de l'Éternel, et j'ai suivi le chemin par lequel m'envoyait l'Éternel. J'ai amené Agag, roi d'Amalek, et j'ai dévoué par interdit les Amalécites ;

21 mais le peuple a pris sur le butin des brebis et des bœufs, comme prémices de ce qui devait être dévoué, afin de les sacrifier à l'Éternel, ton Dieu, à

22 Guilgal. Samuel dit : L'Éternel trouve-t-il du plaisir dans les holocaustes et les sacrifices, comme dans l'obéissance à la voix de l'Éternel ? Voici, l'obéissance vaut mieux que les sacrifices, et l'observation de sa parole vaut mieux que la graisse des

23 béliers. Car la désobéissance est aussi coupable que la divination, et la résistance ne l'est pas moins que l'idolâtrie et les théraphim. Puisque tu as rejeté la parole de l'Éternel, il te rejette aussi comme roi.

24 Alors Saül dit à Samuel : J'ai péché, car j'ai transgressé l'ordre de l'Éternel, et je n'ai pas obéi à tes paroles ; je craignais le peuple, et j'ai écouté sa voix. Maintenant, je

25 te prie, pardonne mon péché, reviens avec moi, et je me prosternerai devant

26 l'Éternel, Samuel dit à Saül : Je ne retournerai point avec toi ; car tu as rejeté la parole de l'Éternel, et l'Éternel te rejette, afin que tu ne 27 sois plus roi sur Israël. Et comme Samuel se tournait pour s'en aller, Saül le saisit par le pan de son 28 manteau, qui se déchira. Samuel lui dit : L'Éternel déchire aujourd'hui de dessus toi la royauté d'Israël, et il la donne à un autre, qui est 29 meilleur que toi. Celui qui est la force d'Israël ne ment point et ne se repent point, car il n'est pas un 30 homme pour se repentir. Saül dit encore : J'ai péché ! Maintenant, je te prie, honore-moi en présence des anciens de mon peuple et en présence d'Israël ; reviens avec moi, et je me prosternerai devant l'Éternel, ton Dieu.

31 Samuel retourna et suivit Saül, et Saül se prosterna devant l'Éternel. 32 Puis Samuel dit : Amenez-moi Agag, roi d'Amalek. Et Agag s'avança vers lui d'un air joyeux ; il disait : Certainement, l'amertume de la mort 33 est passée. Samuel dit : De même que ton épée a privé des femmes de leurs enfants, ainsi ta mère entre les femmes sera privée d'un fils. Et Samuel mit Agag en pièces devant l'Éternel, à Guilgal.

34 Samuel partit pour Rama, et Saül monta dans sa maison à Guibea de 35 Saül. Samuel n'alla plus voir Saül jusqu'au jour de sa mort ; car Samuel pleurait sur Saül, parce que l'Éternel se repentait d'avoir établi Saül roi d'Israël.

Saül rejeté.—David oint par Samuel.— Saül et le mauvais esprit.—David au service de Saül.

16 L'Éternel dit à Samuel : Quand cesseras-tu de pleurer sur Saül ? Je l'ai rejeté, afin qu'il ne règne plus sur Israël. Remplis ta corne d'huile et va ; je t'enverrai chez Isaï, Beth léhémite, car j'ai vu parmi ses fils 2 celui que je désire pour roi. Samuel dit : Comment irai-je ? Saül l'apprendra, et il me tuera. Et l'Éternel dit : Tu emmèneras avec toi une génisse, et tu diras : Je viens pour offrir un sacrifice à l'Éternel. Tu 3 inviteras Isaï au sacrifice ; je te ferai connaître ce que tu dois faire, et tu oindras pour moi celui que je te dirai.

Samuel fit ce que l'Éternel avait 4 dit, et il alla à Bethléhem. Les anciens de la ville accoururent effrayés au-devant de lui et dirent : Ton arrivée annonce-t-elle quelque chose d'heureux ? Il répondit : Oui ; 5 je viens pour offrir un sacrifice à l'Éternel. Sanctifiez-vous, et venez avec moi au sacrifice. Il fit aussi sanctifier Isaï et ses fils, et il les invita au sacrifice.

Lorsqu'ils entrèrent, il se dit, en 6 voyant Éliab : Certainement, l'oint de l'Éternel est ici devant lui. Et 7 l'Éternel dit à Samuel : Ne prends point garde à son apparence et à la hauteur de sa taille, car je l'ai rejeté. L'Éternel ne considère pas ce que l'homme considère ; l'homme regarde à ce qui frappe les yeux, mais l'Éternel regarde au cœur. Isaï 8 appela Abinadab, et le fit passer devant Samuel ; et Samuel dit : L'Éternel n'a pas non plus choisi celui-ci. Isaï fit passer Schamma ; 9 et Samuel dit : L'Éternel n'a pas non plus choisi celui-ci. Isaï fit passer 10 ses sept fils devant Samuel ; et Samuel dit à Isaï : L'Éternel n'a choisi aucun d'eux. Puis Samuel 11 dit à Isaï : Sont-ce là tous tes fils ? Et il répondit : Il reste encore le plus jeune, mais il fait paître les brebis. Alors Samuel dit à Isaï : Envoie-le chercher, car nous ne nous placerons point qu'il ne soit venu ici. Isaï l'envoya chercher. Or il 12 était blond, avec de beaux yeux et une belle figure. L'Éternel dit à Samuel : Lève-toi, oins-le, car c'est lui ! Samuel 13 prit la corne d'huile, et l'oignit au milieu de ses frères. L'esprit de l'Éternel saisit David, à partir de ce jour et dans la suite.

Samuel se leva, et s'en alla à Rama.

L'esprit de l'Éternel se retira de 14 Saül, qui fut agité par un mauvais esprit venant de l'Éternel. Les 15 serviteurs de Saül lui dirent : Voici,

un mauvais esprit de Dieu t'agite.
16 Que notre seigneur parle ! Tes serviteurs sont devant toi. Ils chercheront un homme qui sache jouer de la harpe ; et, quand le mauvais esprit de Dieu sera sur toi, il jouera de sa main, et tu seras 17 soulagé. Saül répondit à ses serviteurs : Trouvez-moi donc un homme qui joue bien, et amenez-le moi. 18 L'un des serviteurs prit la parole, et dit : Voici, j'ai vu un fils d'Isaï, Bethléhémite, qui sait jouer ; c'est aussi un homme fort et vaillant, un guerrier, parlant bien et d'une belle figure, et l'Éternel est avec lui. 19 Saül envoya des messagers à Isaï, pour lui dire : Envoie-moi David, 20 ton fils, qui est avec les brebis. Isaï prit un âne, qu'il chargea de pain, d'une outre de vin et d'un chevreau, et il envoya ces choses à Saül par 21 David, son fils. David arriva auprès de Saül, et se présenta devant lui ; il plut beaucoup à Saül, et il fut 22 désigné pour porter ses armes. Saül fit dire à Isaï : Je te prie de laisser David à mon service, car il a trouvé 23 grâce à mes yeux. Et lorsque l'esprit de Dieu était sur Saül, David prenait la harpe et jouait de sa main ; Saül respirait alors plus à l'aise et se trouvait soulagé, et le mauvais esprit se retirait de lui.

Guerre avec les Philistins.—Le géant Goliath tué par David.—Amitié de Jonathan pour David. — Chant de triomphe des femmes d'Israël.—Haine de Saül contre David.—David gendre du roi.

17 Les Philistins réunirent leurs armées pour faire la guerre, et ils se rassemblèrent à Soco, qui appartient à Juda ; ils campèrent entre Soco et Azéka, à Éphès-Dammim. 2 Saül et les hommes d'Israël se rassemblèrent aussi ; ils campèrent dans la vallée des térébinthes, et ils se mirent en ordre de bataille contre les Philistins. 3 Les Philistins étaient vers la montagne d'un côté, et Israël était vers la montagne de l'autre côté : la vallée 4 les séparait. Un homme sortit alors du camp des Philistins et s'avança

entre les deux armées. Il se nommait Goliath, il était de Gath, et il avait une taille de six coudées et un empan. Sur sa tête était un casque 5 d'airain, et il portait une cuirasse à écailles du poids de cinq mille sicles d'airain. Il avait aux jambes une 6 armure d'airain, et un javelot d'airain entre les épaules. Le bois de sa 7 lance était comme une ensuble de tisserand, et la lance pesait six cents sicles de fer. Celui qui portait son bouclier marchait devant lui. Le 8 Philistin s'arrêta ; et, s'adressant aux troupes d'Israël rangées en bataille, il leur cria : Pourquoi sortez-vous pour vous ranger en bataille ? Ne suis-je pas le Philistin, et n'êtes-vous pas des esclaves de Saül ? Choisissez un homme qui descende contre moi ! S'il peut me battre et qu'il me tue, 9 nous vous serons assujettis ; mais si je l'emporte sur lui et que je le tue, vous nous serez assujettis et vous nous servirez. Le Philistin dit en- 10 core : Je jette en ce jour un défi à l'armée d'Israël ! Donnez-moi un homme, et nous nous battrons ensemble. Saül et tout Israël en- 11 tendirent ces paroles du Philistin, et ils furent effrayés et saisis d'une grande crainte.

Or David était fils de cet Éphratien 12 de Bethléhem de Juda, nommé Isaï, qui avait huit fils, et qui, du temps de Saül, était vieux, avancé en âge. Les trois fils aînés d'Isaï avaient 13 suivi Saül à la guerre ; le premier-né de ses trois fils qui étaient partis pour la guerre s'appelait Éliab, le second Abinadab, et le troisième Schamma. David était le plus jeune. 14 Et lorsque les trois aînés eurent suivi Saül, David s'en alla de chez Saül et 15 revint à Bethléhem pour faire paître les brebis de son père.

Le Philistin s'avançait matin et 16 soir, et il se présenta pendant quarante jours.

Isaï dit à David, son fils : Prends 17 pour tes frères cet épha de grain rôti et ces dix pains, et cours au camp vers tes frères ; porte aussi ces dix 18 fromages au chef de leur millier. Tu verras si tes frères se portent bien, et tu m'en donneras des nouvelles sûres.

19 Ils sont avec Saül et tous les hommes d'Israël dans la vallée des térébinthes, faisant la guerre aux Philistins.

20 David se leva de bon matin. Il laissa les brebis à un gardien, prit sa charge, et partit, comme Isaï le lui avait ordonné. Lorsqu'il arriva au camp, l'armée était en marche pour se ranger en bataille et poussait des 21 cris de guerre. Israël et les Philistins se formèrent en bataille, armée contre 22 armée. David remit les objets qu'il portait entre les mains du gardien des bagages, et courut vers les rangs de l'armée. Aussitôt arrivé, il demanda à ses frères comment ils se 23 portaient. Tandis qu'il parlait avec eux, voici, le Philistin de Gath, nommé Goliath, s'avança entre les deux armées, hors des rangs des Philistins. Il tint les mêmes discours que précédemment, et David les 24 entendit. A la vue de cet homme, tous ceux d'Israël s'enfuirent devant lui et furent saisis d'une grande 25 crainte. Chacun disait : Avez-vous vu s'avancer cet homme ? C'est pour jeter à Israël un défi qu'il s'est avancé ! Si quelqu'un le tue, le roi le comblera de richesses, il lui donnera sa fille, et il affranchira la 26 maison de son père en Israël. David dit aux hommes qui se trouvaient près de lui : Que fera-t-on à celui qui tuera ce Philistin, et qui ôtera l'opprobre de dessus Israël ? Qui est donc ce Philistin, cet incirconcis, pour insulter l'armée du Dieu vivant ? 27 Le peuple, répétant les mêmes choses, lui dit : C'est ainsi que l'on fera à 28 celui qui le tuera. Éliab, son frère aîné, qui l'avait entendu parler à ces hommes, fut enflammé de colère contre David. Et il dit : Pourquoi es-tu descendu, et à qui as-tu laissé ce peu de brebis dans le désert ? Je connais ton orgueil et la malice de ton cœur. C'est pour voir la bataille 29 que tu es descendu. David répondit : Qu'ai-je donc fait ? ne puis-je pas 30 parler ainsi ? Et il se détourna de lui pour s'adresser à un autre, et fit les mêmes questions. Le peuple lui répondit comme la première fois.

31 Lorsqu'on eut entendu les paroles prononcées par David, on les répéta devant Saül, qui le fit chercher. 32 David dit à Saül : Que personne ne se décourage à cause de ce Philistin ! Ton serviteur ira se battre avec lui. 33 Saül dit à David : Tu ne peux pas aller te battre avec ce Philistin, car tu es un enfant, et il est un homme de guerre dès sa jeunesse. David 34 dit à Saül : Ton serviteur faisait paître les brebis de son père. Et quand un lion ou un ours venait en 35 enlever une du troupeau, je courais après lui, je le frappais, et j'arrachais la brebis de sa gueule. S'il se dressait contre moi, je le saisissais par la gorge, je le frappais, et je le tuais. C'est ainsi que ton serviteur 36 a terrassé le lion et l'ours, et il en sera du Philistin, de cet incirconcis, comme de l'un d'eux, car il a insulté l'armée du Dieu vivant. David dit 37 encore : L'Éternel, qui m'a délivré de la griffe du lion et de la patte de l'ours, me délivrera aussi de la main de ce Philistin. Et Saül dit à David : Va, et que l'Éternel soit avec toi !

38 Saül fit mettre ses vêtements à David, il plaça sur sa tête un casque d'airain, et le revêtit d'une cuirasse. 39 David ceignit l'épée de Saül par-dessus ses habits, et voulut marcher, car il n'avait pas encore essayé. Mais il dit à Saül : Je ne puis pas marcher avec cette armure, je n'y suis pas accoutumé. Et il s'en 40 débarrassa. Il prit en main son bâton, choisit dans le torrent cinq pierres polies, et les mit dans sa gibecière de berger et dans sa poche. Puis, sa fronde à la main, il s'avança contre le Philistin.

41 Le Philistin s'approcha peu à peu de David, et l'homme qui portait son 42 bouclier marchait devant lui. Le Philistin regarda, et lorsqu'il aperçut David, il le méprisa, ne voyant en lui qu'un enfant, blond et d'une belle 43 figure. Le Philistin dit à David : Suis-je un chien, pour que tu viennes à moi avec des bâtons ? Et, après 44 l'avoir maudit par ses dieux, il ajouta : Viens vers moi, et je donnerai ta chair aux oiseaux du ciel et aux

45 bêtes des champs. David dit au Philistin : Tu marches contre moi avec l'épée, la lance et le javelot ; et moi je marche contre toi au nom de l'Éternel des armées, du Dieu de l'armée d'Israël, que tu as insultée.

46 Aujourd'hui l'Éternel te livrera entre mes mains, je t'abattrai et je te couperai la tête ; aujourd'hui je donnerai les cadavres du camp des Philistins aux oiseaux du ciel et aux animaux de la terre. Et toute la

47 terre saura qu'Israël a un Dieu. Et toute cette multitude saura que ce n'est ni par l'épée ni par la lance que l'Éternel sauve. Car la victoire appartient à l'Éternel. Et il vous livre entre nos mains.

48 Aussitôt que le Philistin se mit en mouvement pour marcher au-devant de David, David courut sur le champ de bataille à la rencontre du Philistin.

49 Il mit la main dans sa gibecière, y prit une pierre, et la lança avec sa fronde ; il frappa le Philistin au front, et la pierre s'enfonça dans le front du Philistin, qui tomba le visage

50 contre terre. Ainsi, avec une fronde et une pierre, David fut plus fort que le Philistin ; il le terrassa et lui ôta la vie, sans avoir d'épée à la

51 main. Il courut, s'arrêta près du Philistin, se saisit de son épée qu'il tira du fourreau, le tua et lui coupa la tête.

Les Philistins voyant que leur héros était mort, prirent la fuite.

52 Et les hommes d'Israël et de Juda poussèrent des cris, et allèrent à la poursuite des Philistins jusque dans la vallée et jusqu'aux portes d'Ékron. Les Philistins blessés à mort tombèrent dans le chemin de Schaaraïm

53 jusqu'à Gath et jusqu'à Ékron. Et les enfants d'Israël revinrent de la poursuite des Philistins, et pillèrent

54 leur camp. David prit la tête du Philistin et la porta à Jérusalem, et il mit dans sa tente les armes du Philistin.

55 Lorsque Saül avait vu David marcher à la rencontre du Philistin, il dit à Abner, chef de l'armée : De qui ce jeune homme est-il fils, Abner ? Abner répondit : Aussi vrai que ton

âme est vivante, ô roi ! je l'ignore.

56 Informe-toi donc de qui ce jeune

57 homme est fils, dit le roi. Et quand David fut de retour après avoir tué le Philistin, Abner le prit et le mena devant Saül. David avait à la main

58 la tête du Philistin. Saül lui dit : De qui es-tu fils, jeune homme ? Et David répondit : Je suis fils de ton serviteur Isaï, Bethléhémite.

18

David avait achevé de parler à Saül. Et dès lors l'âme de Jonathan fut attachée à l'âme de David, et Jonathan l'aima comme son âme.

2 Ce même jour Saül retint David, et ne le laissa pas retourner dans la

3 maison de son père. Jonathan fit alliance avec David, parce qu'il l'aimait

4 comme son âme. Il ôta le manteau qu'il portait, pour le donner à David ; et il lui donna ses vêtements, même son épée, son arc et sa cein-

5 ture. David allait et réussissait partout où l'envoyait Saül ; il fut mis par Saül à la tête des gens de guerre, et il plaisait à tout le peuple, même aux serviteurs de Saül.

6 Comme ils revenaient, lors du retour de David après qu'il eut tué le Philistin, les femmes sortirent de toutes les villes d'Israël au-devant du roi Saül, en chantant et en dansant, au son des tambourins et des triangles, et en poussant des cris de

7 joie. Les femmes qui chantaient se répondaient les unes aux autres, et disaient :

> Saül a frappé ses mille,—
> Et David ses dix mille.

8 Saül fut très irrité, et cela lui déplut. Il dit : On en donne dix mille à David, et c'est à moi que l'on donne les mille ! Il ne lui manque plus que

9 la royauté. Et Saül regarda David d'un mauvais œil, à partir de ce jour et dans la suite.

10 Le lendemain, le mauvais esprit de Dieu saisit Saül, qui eut des transports au milieu de la maison. David jouait, comme les autres jours, et Saül avait sa lance à la main.

11 Saül leva sa lance, disant en luimême : Je frapperai David contre la

paroi. Mais David se détourna de lui deux fois. Saül craignait la présence de David, parce que l'Éternel était avec David et s'était retiré de

13 lui. Il l'éloigna de sa personne, et il l'établit chef de mille hommes. David sortait et rentrait à la tête

14 du peuple ; il réussissait dans toutes ses entreprises, et l'Éternel était avec

15 lui. Saül voyant qu'il réussissait

16 toujours, avait peur de lui ; mais tout Israël et Juda aimaient David, parce qu'il sortait et rentrait à leur tête.

17 Saül dit à David : Voici, je te donnerai pour femme ma fille aînée Mérab ; sers-moi seulement avec vaillance, et soutiens les guerres de l'Éternel. Or Saül se disait : Je ne veux pas mettre la main sur lui, mais que la main des Philistins soit

18 sur lui. David répondit à Saül : Qui suis-je, et qu'est-ce que ma vie, qu'est-ce que la famille de mon père en Israël, pour que je devienne

19 le gendre du roi ? Lorsqu'arriva le temps où Mérab, fille de Saül, devait être donnée à David, elle fut donnée pour femme à Adriel, de Mehola.

20 Mical, fille de Saül, aima David. On en informa Saül, et la chose lui

21 convint. Il se disait : Je la lui donnerai, afin qu'elle soit un piège pour lui, et qu'il tombe sous la main des Philistins. Et Saül dit à David pour la seconde fois : Tu vas aujourd'hui devenir mon gendre.

22 Saül donna cet ordre à ses serviteurs : Parlez en confidence à David, et dites-lui : Voici, le roi est bien disposé pour toi, et tous ses serviteurs t'aiment ; sois maintenant le

23 gendre du roi. Les serviteurs de Saül répétèrent ces paroles aux oreilles de David. Et David répondit : Croyez-vous qu'il soit facile de devenir le gendre du roi ? Moi, je suis un homme pauvre et de peu

24 d'importance. Les serviteurs de Saül lui rapportèrent ce qu'avait répondu

25 David. Saül dit : Vous parlerez ainsi à David : Le roi ne demande point de dot ; mais il désire cent prépuces de Philistins, pour être

vengé de ses ennemis. Saül avait le dessein de faire tomber David entre les mains des Philistins. Les 26 serviteurs de Saül rapportèrent ces paroles à David, et David agréa ce qui lui était demandé pour qu'il devînt gendre du roi. Avant le terme 27 fixé, David se leva, partit avec ses gens, et tua deux cents hommes parmi les Philistins ; il apporta leurs prépuces, et en livra au roi le nombre complet, afin de devenir gendre du roi. Alors Saül lui donna pour femme Mical, sa fille. Saül vit et 28 comprit que l'Éternel était avec David ; et Mical, sa fille, aimait David. Saül craignit de plus en 29 plus David, et il fut toute sa vie son ennemi.

Les princes des Philistins faisaient 30 des excursions ; et chaque fois qu'ils sortaient, David avait plus de succès que tous les serviteurs de Saül, et son nom devint très célèbre.

Attentat de Saül contre la vie de David.—
David sauvé par Mical, sa femme ; fuite
auprès de Samuel à Rama.

Saül parla à Jonathan, son fils, **19** et à tous ses serviteurs, de faire mourir David. Mais Jonathan, fils de Saül, qui avait une grande affection pour David, l'en informa et lui dit : 2 Saül, mon père, cherche à te faire mourir. Sois donc sur tes gardes demain matin, reste dans un lieu retiré, et cache-toi. Je sortirai et je 3 me tiendrai à côté de mon père dans le champ où tu seras ; je parlerai de toi à mon père, je verrai ce qu'il dira, et je te le rapporterai. Jonathan 4 parla favorablement de David à Saül, son père : Que le roi, dit-il, ne commette pas un péché à l'égard de son serviteur David, car il n'en a point commis envers toi. Au contraire, il 5 a agi pour ton bien ; il a exposé sa vie, il a tué le Philistin, et l'Éternel a opéré une grande délivrance pour tout Israël. Tu l'as vu, et tu t'en es réjoui. Pourquoi pécherais-tu contre le sang innocent, et ferais-tu sans raison mourir David ? Saül écouta 6 la voix de Jonathan, et il jura, disant : L'Éternel est vivant ! David ne

7 mourra pas. Jonathan appela David, et lui rapporta toutes ces paroles ; puis il l'amena auprès de Saül, en présence de qui David fut comme auparavant.

8 La guerre continuait. David marcha contre les Philistins, et se battit avec eux ; il leur fit éprouver une grande défaite, et ils s'enfuirent devant lui.

9 Alors le mauvais esprit de l'Éternel fut sur Saül, qui était assis dans sa 10 maison, sa lance à la main. David jouait, et Saül voulut le frapper avec sa lance contre la paroi. Mais David se détourna de lui, et Saül frappa de sa lance la paroi. David prit la fuite 11 et s'échappa pendant la nuit. Saül envoya des gens vers la maison de David, pour le garder et le faire mourir au matin. Mais Mical, femme de David, l'en informa et lui dit : Si tu ne te sauves pas cette nuit, 12 demain tu es mort. Elle le fit descendre par la fenêtre, et David s'en alla et s'enfuit. C'est ainsi qu'il 13 échappa. Ensuite Mical prit le théraphim, qu'elle plaça dans le lit ; elle mit une peau de chèvre à son chevet, et elle l'enveloppa d'une couverture. 14 Lorsque Saül envoya des gens pour prendre David, elle dit : Il est ma- 15 lade. Saül les renvoya pour qu'ils le vissent, et il dit : Apportez-le moi dans son lit, afin que je le fasse 16 mourir. Ces gens revinrent, et voici, le théraphim était dans le lit, et une 17 peau de chèvre à son chevet. Saül dit à Mical : Pourquoi m'as-tu trompé de la sorte, et as-tu laissé partir mon ennemi qui s'est échappé ? Mical répondit à Saül : Il m'a dit : Laisse-moi aller, ou je te tue !

18 C'est ainsi que David prit la fuite et qu'il échappa. Il se rendit auprès de Samuel à Rama, et lui raconta tout ce que Saül lui avait fait. Puis il alla avec Samuel demeurer à Na-19 joth. On le rapporta à Saül, en disant : Voici, David est à Najoth, 20 près de Rama. Saül envoya des gens pour prendre David. Ils virent une assemblée de prophètes qui prophétisaient, ayant Samuel à leur tête. L'esprit de Dieu saisit les en-voyés de Saül, et ils se mirent aussi à prophétiser eux-mêmes. On en fit 21 rapport à Saül, qui envoya d'autres gens, et eux aussi prophétisèrent. Il en envoya encore pour la troisième fois, et ils prophétisèrent également. Alors Saül alla lui-même à Rama. 22 Arrivé à la grande citerne qui est à Sécou, il demanda : Où sont Samuel et David ? On lui répondit : Ils sont à Najoth, près de Rama. Et il se 23 dirigea vers Najoth, près de Rama. L'esprit de Dieu fut aussi sur lui ; et Saül continua son chemin en prophétisant, jusqu'à son arrivée à Najoth, près de Rama. Il ôta ses 24 vêtements, et il prophétisa aussi devant Samuel ; et il se jeta nu par terre tout ce jour-là et toute la nuit. C'est pourquoi l'on dit : Saül est-il aussi parmi les prophètes ?

David informé par Jonathan des dispositions hostiles de Saül.—Les deux amis prenant congé l'un de l'autre.

20 David s'enfuit de Najoth, près de Rama. Il alla trouver Jonathan, et dit : Qu'ai-je fait ? quel est mon crime, quel est mon péché aux yeux de ton père, pour qu'il en veuille à ma vie ? Jonathan lui répondit : 2 Loin de là ! tu ne mourras point. Mon père ne fait aucune chose, grande ou petite, sans m'en informer ; pourquoi donc mon père me cacherait-il celle-là ? Il n'en est rien. David 3 dit encore, en jurant : Ton père sait bien que j'ai trouvé grâce à tes yeux, et il aura dit : Que Jonathan ne le sache pas ; cela lui ferait de la peine. Mais l'Éternel est vivant et ton âme est vivante ! il n'y a qu'un pas entre moi et la mort.

Jonathan dit à David : Je ferai 4 pour toi ce que tu voudras. Et 5 David lui répondit : Voici, c'est demain la nouvelle lune, et je devrais m'asseoir avec le roi pour manger ; laisse-moi aller, et je me cacherai dans les champs jusqu'au soir du troisième jour. Si ton père remarque 6 mon absence, tu diras : David m'a prié de lui laisser faire une course à Bethléhem, sa ville, parce qu'il y a pour toute la famille un sacrifice

7 annuel. Et s'il dit : C'est bien ! ton serviteur alors n'a rien à craindre ; mais si la colère s'empare de lui, sache que le mal est résolu de sa part.

8 Montre donc ton affection pour ton serviteur, puisque tu as fait avec ton serviteur une alliance devant l'Éternel. Et, s'il y a quelque crime en moi, ôte-moi la vie toi-même, car pourquoi me mènerais-tu

9 jusqu'à ton père ? Jonathan lui dit : Loin de toi la pensée que je ne t'informerai pas, si j'apprends que le mal est résolu de la part de mon

10 père et menace de t'atteindre ! David dit à Jonathan : Qui m'informera dans le cas où ton père te répondrait

11 durement ? Et Jonathan dit à David : Viens, sortons dans les champs. Et ils sortirent tous deux dans les champs.

12 Jonathan dit à David : Je prends à témoin l'Éternel, le Dieu d'Israël ! Je sonderai mon père demain ou après-demain ; et, dans le cas où il serait bien disposé pour David, si je n'envoie vers toi personne pour t'en

13 informer, que l'Éternel traite Jonathan dans toute sa rigueur ! Dans le cas où mon père trouverait bon de te faire du mal, je t'informerai aussi et je te laisserai partir, afin que tu t'en ailles en paix ; et que l'Éternel soit avec toi, comme il a

14 été avec mon père ! Si je dois vivre encore, veuille user envers moi de la

15 bonté de l'Éternel ; et si je meurs, ne retire jamais ta bonté envers ma maison, pas même lorsque l'Éternel retranchera chacun des ennemis de David de dessus la face de la terre.

16 Car Jonathan a fait alliance avec la maison de David. Que l'Éternel tire vengeance des ennemis de David !

17 Jonathan protesta encore auprès de David de son affection pour lui, car il l'aimait comme son âme.

18 Jonathan lui dit : C'est demain la nouvelle lune ; on remarquera ton

19 absence, car ta place sera vide. Tu descendras le troisième jour jusqu'au fond du lieu où tu t'étais caché le jour de l'affaire, et tu resteras près

20 de la pierre d'Ézel. Je tirerai trois flèches du côté de la pierre, comme si je visais à un but. Et voici, j'en- 21 verrai un jeune homme, et je lui dirai : Va, trouve les flèches. Si je lui dis : Voici, les flèches sont en deçà de toi, prends-les ! alors viens, car il y a paix pour toi, et tu n'as rien à craindre, l'Éternel est vivant ! Mais si je dis au jeune homme : 22 Voici, les flèches sont au delà de toi ! alors va-t'en, car l'Éternel te 23 renvoie. L'Éternel est à jamais témoin de la parole que nous nous sommes donnée l'un à l'autre.

David se cacha dans les champs. 24 C'était la nouvelle lune, et le roi prit place au festin pour manger. Le 25 roi s'assit comme à l'ordinaire sur son siège contre la paroi, Jonathan se leva, et Abner s'assit à côté de Saül ; mais la place de David resta vide. Saül ne dit rien ce jour-là ; 26 car, pensa-t-il, c'est par hasard, il n'est pas pur, certainement il n'est pas pur. Le lendemain, second jour 27 de la nouvelle lune, la place de David était encore vide. Et Saül dit à Jonathan, son fils : Pourquoi le fils d'Isaï n'a-t-il paru au repas ni hier ni aujourd'hui ? Jonathan ré- 28 pondit à Saül : David m'a demandé la permission d'aller à Bethléhem. Il a dit : Laisse-moi aller, je te prie, 29 car nous avons dans la ville un sacrifice de famille, et mon frère me l'a fait savoir ; si donc j'ai trouvé grâce à tes yeux, permets que j'aille en hâte voir mes frères. C'est pour cela qu'il n'est point venu à la table du roi. Alors la colère de Saül s'enflamma 30 contre Jonathan, et il lui dit : Fils pervers et rebelle, ne sais-je pas que tu as pour ami le fils d'Isaï, à ta honte et à la honte de ta mère ? Car aussi longtemps que le fils 31 d'Isaï sera vivant sur la terre, il n'y aura point de sécurité ni pour toi ni pour ta royauté. Et maintenant, envoie-le chercher, et qu'on me l'amène, car il est digne de mort. Jonathan 32 répondit à Saül, son père, et lui dit : Pourquoi le ferait-on mourir ? Qu'a-t-il fait ? Et Saül dirigea sa lance 33 contre lui, pour le frapper. Jonathan comprit que c'était chose résolue chez son père que de faire mourir David.

34 Il se leva de table dans une ardente colère, et ne participa point au repas le second jour de la nouvelle lune ; car il était affligé à cause de David, parce que son père l'avait outragé.

35 Le lendemain matin, Jonathan alla dans les champs au lieu convenu avec David, et il était accompagné d'un 36 petit garçon. Il lui dit : Cours, trouve les flèches que je vais tirer. Le garçon courut, et Jonathan tira une 37 flèche qui le dépassa. Lorsqu'il arriva au lieu où était la flèche que Jonathan avait tirée, Jonathan cria derrière lui : La flèche n'est-elle pas 38 plus loin que toi ? Il lui cria encore : Vite, hâte-toi, ne t'arrête pas ! Et le garçon de Jonathan ramassa les 39 flèches et revint vers son maître. Le garçon ne savait rien ; Jonathan et David seuls comprenaient la chose.

40 Jonathan remit ses armes à son garçon, et lui dit : Va, porte-les à la 41 ville. Après le départ du garçon, David se leva du côté du midi, puis se jeta le visage contre terre et se prosterna trois fois. Les deux amis s'embrassèrent et pleurèrent ensemble, David surtout fondit en larmes. 42 Et Jonathan dit à David : Va en paix, maintenant que nous avons juré l'un et l'autre, au nom de l'Éternel, en disant : Que l'Éternel soit à jamais entre moi et toi, entre ma postérité et ta postérité !

43 David se leva et s'en alla, et Jonathan rentra dans la ville.

Fuite de David:—à Nob, vers le sacrificateur Achimélec; à Gath, chez le roi Akisch;—dans la caverne d'Adullam;—à Mitspé, chez le roi de Moab;—dans la forêt de Héreth.—Vengeance de Saül contre Achimélec; massacre de quatre-vingt-cinq sacrificateurs et de tous les habitants de Nob.

21 David se rendit à Nob, vers le sacrificateur Achimélec, qui accourut effrayé au-devant de lui et lui dit : Pourquoi es-tu seul et n'y a-t-il 2 personne avec toi ? David répondit au sacrificateur Achimélec : Le roi m'a donné un ordre et m'a dit : Que personne ne sache rien de l'affaire pour laquelle je t'envoie et de l'ordre que je t'ai donné. J'ai fixé un rendez-vous à mes gens. Maintenant 3 qu'as-tu sous la main ? Donne-moi cinq pains, ou ce qui se trouvera. Le sacrificateur répondit à David : 4 Je n'ai pas de pain ordinaire sous la main, mais il y a du pain consacré ; si du moins tes gens se sont abstenus de femmes ! David répondit au 5 sacrificateur : Nous nous sommes abstenus de femmes depuis trois jours que je suis parti, et tous mes gens sont purs ; d'ailleurs, si c'est là un acte profane, il sera certainement aujourd'hui sanctifié par celui qui en sera l'instrument. Alors le sacrifi- 6 cateur lui donna du pain consacré, car il n'y avait là d'autre pain que du pain de proposition, qu'on avait ôté de devant l'Éternel pour le remplacer par du pain chaud au moment où on l'avait pris.

Là, ce même jour, un homme 7 d'entre les serviteurs de Saül se trouvait enfermé devant l'Éternel ; c'était un Édomite, nommé Doëg, chef des bergers de Saül.

David dit à Achimélec : N'as-tu 8 pas sous la main une lance ou une épée ? car je n'ai pris avec moi ni mon épée ni mes armes, parce que l'ordre du roi était pressant. Le 9 sacrificateur répondit : Voici l'épée de Goliath, le Philistin, que tu as tué dans la vallée des térébinthes ; elle est enveloppée dans un drap, derrière l'éphod ; si tu veux la prendre, prends-la, car il n'y en a pas d'autre ici. Et David dit : Il n'y en a point de pareille ; donne-la moi.

David se leva et s'enfuit le même 10 jour loin de Saül. Il arriva chez Akisch, roi de Gath. Les servi- 11 teurs d'Akisch lui dirent : N'est-ce pas là David, roi du pays ? n'est-ce pas celui pour qui l'on chantait en dansant :

Saül a frappé ses mille,—
Et David ses dix mille.

David prit à cœur ces paroles, et 12 il eut une grande crainte d'Akisch,

13 roi de Gath. Il se montra comme fou à leurs yeux, et fit devant eux des extravagances ; il faisait des marques sur les battants des portes, et il laissait couler sa salive sur sa 14 barbe. Akisch dit à ses serviteurs : Vous voyez bien que cet homme a perdu la raison ; pourquoi me 15 l'amenez-vous? Est-ce que je manque de fous, pour que vous m'ameniez celui-ci et me rendiez témoin de ses extravagances ? Faut-il qu'il entre dans ma maison ?

22 David partit de là, et se sauva dans la caverne d'Adullam. Ses frères et toute la maison de son père l'apprirent, et ils descendirent vers 2 lui. Tous ceux qui se trouvaient dans la détresse, qui avaient des créanciers, ou qui étaient mécontents, se rassemblèrent auprès de lui, et il devint leur chef. Ainsi se joignirent à lui environ quatre cents hommes.

3 De là David s'en alla à Mitspé dans le pays de Moab. Il dit au roi de Moab : Permets, je te prie, à mon père et à ma mère de se retirer chez vous, jusqu'à ce que je sache ce que 4 Dieu fera de moi. Et il les conduisit devant le roi de Moab, et ils demeurèrent avec lui tout le temps que David fut dans la forteresse.

5 Le prophète Gad dit à David : Ne reste pas dans la forteresse, va-t'en, et entre dans le pays de Juda. Et David s'en alla, et parvint à la forêt de Héreth.

6 Saül apprit que l'on avait des renseignements sur David et sur ses gens. Saül était assis sous le tamarisc, à Guibea, sur la hauteur ; il avait sa lance à la main, et tous ses serviteurs se tenaient près de lui. 7 Et Saül dit à ses serviteurs qui se tenaient près de lui : Écoutez, Benjamites ! Le fils d'Isaï vous donnera-t-il à tous des champs et des vignes ? fera-t-il de vous tous des chefs de 8 mille et des chefs de cent ? Sinon, pourquoi avez-vous tous conspiré contre moi, et n'y a-t-il personne qui m'informe de l'alliance de mon fils avec le fils d'Isaï ? pourquoi n'y a-t-il personne de vous qui souffre à mon sujet, et qui m'avertisse que mon fils a soulevé mon serviteur contre moi, afin qu'il me dressât des embûches, comme il le fait aujourd'hui ?

Doëg, l'Édomite, qui se trouvait 9 aussi parmi les serviteurs de Saül, répondit : J'ai vu le fils d'Isaï venir à Nob, auprès d'Achimélec, fils d'Achithub. Achimélec a consulté 10 pour lui l'Éternel, il lui a donné des vivres et lui a remis l'épée de Goliath, le Philistin.

Le roi envoya chercher Achimélec, 11 fils d'Achithub, le sacrificateur, et toute la maison de son père, les sacrificateurs qui étaient à Nob. Ils se rendirent tous vers le roi. Saül 12 dit : Écoute, fils d'Achithub ! Il répondit : Me voici, mon seigneur ! Saül lui dit : Pourquoi avez-vous 13 conspiré contre moi, toi et le fils d'Isaï ? pourquoi lui as-tu donné du pain et une épée, et as-tu consulté Dieu pour lui, afin qu'il s'élevât contre moi et me dressât des embûches, comme il le fait aujourd'hui ? Achimélec répondit au roi : Lequel 14 d'entre tous tes serviteurs peut être comparé au fidèle David, gendre du roi, dévoué à ses ordres, et honoré dans ta maison ? Est-ce d'aujourd'hui 15 que j'ai commencé à consulter Dieu pour lui ? Loin de moi ! Que le roi ne mette rien à la charge de son serviteur ni de personne de la maison de mon père, car ton serviteur ne connaît de tout ceci aucune chose, petite ou grande.

Le roi dit : Tu mourras, Achimélec, 16 toi et toute la maison de ton père. Et le roi dit aux coureurs qui se 17 tenaient près de lui : Tournez-vous, et mettez à mort les sacrificateurs de l'Éternel ; car ils sont d'accord avec David, ils ont bien su qu'il s'enfuyait, et ils ne m'ont point averti. Mais les serviteurs du roi ne voulurent pas avancer la main, pour frapper les sacrificateurs de l'Éternel. Alors 18 le roi dit à Doëg : Tourne-toi, et frappe les sacrificateurs. Et Doëg, l'Édomite, se tourna, et ce fut lui qui frappa les sacrificateurs ; il fit mourir en ce jour quatre-vingt-cinq hommes portant l'éphod de lin.

19 Saül frappa encore du tranchant de l'épée Nob, ville sacerdotale ; hommes et femmes, enfants et nourrissons, bœufs, ânes et brebis, tombèrent sous le tranchant de l'épée.

20 Un fils d'Achimélec, fils d'Achithub, échappa. Son nom était Abiathar. Il s'enfuit auprès de 21 David, et lui rapporta que Saül avait tué les sacrificateurs de l'É- 22 ternel. David dit à Abiathar : J'ai bien pensé ce jour même que Doëg, l'Édomite, se trouvant là, ne manquerait pas d'informer Saül. C'est moi qui suis cause de la mort de toutes les personnes de la maison de 23 ton père. Reste avec moi, ne crains rien, car celui qui cherche ma vie cherche la tienne ; près de moi tu seras bien gardé.

Les habitants de Keïla attaqués par les Philistins et délivrés par David.—David poursuivi par Saül.—David dans les déserts de Ziph et de Maon.

23 On vint dire à David : Voici, les Philistins ont attaqué Keïla, et 2 ils pillent les aires. David consulta l'Éternel, en disant : Irai-je, et battrai-je ces Philistins ? Et l'Éternel lui répondit : Va, tu battras les Philistins, et tu délivreras Keïla. 3 Mais les gens de David lui dirent : Voici, nous ne sommes pas sans crainte ici même en Juda ; que sera-ce si nous allons à Keïla contre les 4 troupes des Philistins ? David consulta encore l'Éternel. Et l'Éternel lui répondit : Lève-toi, descends à Keïla, car je livre les Philistins entre 5 tes mains. David alla donc avec ses gens à Keïla, et il se battit contre les Philistins ; il emmena leur bétail, et leur fit éprouver une grande défaite. Ainsi David délivra les habitants de Keïla.

6 Lorsque Abiathar, fils d'Achimélec, s'enfuit vers David à Keïla, il descendit ayant en main l'éphod.

7 Saül fut informé de l'arrivée de David à Keïla, et il dit : Dieu le livre entre mes mains, car il est venu s'enfermer dans une ville qui a des 8 portes et des barres. Et Saül convoqua tout le peuple à la guerre, afin de descendre à Keïla et d'assiéger David et ses gens. David, ayant 9 eu connaissance du mauvais dessein que Saül projetait contre lui, dit au sacrificateur Abiathar : Apporte l'éphod ! Et David dit : Éternel, 10 Dieu d'Israël, ton serviteur apprend que Saül veut venir à Keïla pour détruire la ville à cause de moi. Les habitants de Keïla me livreront- 11 ils entre ses mains ? Saül descendra-t-il, comme ton serviteur l'a appris ? Éternel, Dieu d'Israël, daigne le révéler à ton serviteur ! Et l'Éternel répondit : Il descendra. David dit 12 encore : Les habitants de Keïla me livreront-ils, moi et mes gens, entre les mains de Saül ? Et l'Éternel répondit : Ils te livreront.

Alors David se leva avec ses 13 gens au nombre d'environ six cents hommes ; ils sortirent de Keïla, et s'en allèrent où ils purent. Saül, informé que David s'était sauvé de Keïla, suspendit sa marche. David 14 demeura au désert, dans des lieux forts, et il resta sur la montagne du désert de Ziph. Saül le cherchait toujours, mais Dieu ne le livra pas entre ses mains.

David, voyant Saül en marche 15 pour attenter à sa vie, se tint au désert de Ziph, dans la forêt. Ce fut 16 alors que Jonathan, fils de Saül, se leva et alla vers David dans la forêt. Il fortifia sa confiance en Dieu, et 17 lui dit : Ne crains rien, car la main de Saül, mon père, ne t'atteindra pas. Tu régneras sur Israël, et moi je serai au second rang près de toi ; Saül, mon père, le sait bien aussi. Ils firent tous deux alliance devant 18 l'Éternel ; et David resta dans la forêt, et Jonathan s'en alla chez lui.

Les Ziphiens montèrent auprès de 19 Saül à Guibea, et dirent : David n'est-il pas caché parmi nous dans des lieux forts, dans la forêt, sur la colline de Hakila, qui est au midi du désert ? Descends donc, ô roi, 20 puisque c'est là tout le désir de ton âme ; et à nous de le livrer entre les mains du roi. Saül dit : Que l'Éternel 21 vous bénisse de ce que vous avez pitié de moi ! Allez, je vous prie, 22 prenez encore des informations pour savoir et découvrir dans quel lieu il a dirigé ses pas et qui l'y a vu, car il 23 est, m'a-t-on dit, fort rusé. Examinez et reconnaissez tous les lieux où il se cache, puis revenez vers moi avec quelque chose de certain, et je partirai avec vous. S'il est dans le pays, je le chercherai parmi tous les 24 milliers de Juda. Ils se levèrent donc et allèrent à Ziph avant Saül. David et ses gens étaient au désert de Maon, dans la plaine au midi du désert.

25 Saül partit avec ses gens à la recherche de David. Et l'on en informa David, qui descendit le rocher et resta dans le désert de Maon. Saül, l'ayant appris, poursuivit David au désert de Maon. 26 Saül marchait d'un côté de la montagne, et David avec ses gens de l'autre côté de la montagne. David fuyait précipitamment pour échapper à Saül. Mais déjà Saül et ses gens entouraient David et les 27 siens pour s'emparer d'eux, lorsqu'un messager vint dire à Saül : Hâte-toi de venir, car les Philistins ont fait 28 invasion dans le pays. Saül cessa de poursuivre David, et il s'en retourna pour aller à la rencontre des Philistins. C'est pourquoi l'on appela ce lieu Séla-Hammachlekoth.

David dans la caverne d'En-Guédi.—Saül épargné par David.

24 De là David monta vers les lieux forts d'En-Guédi, où il 2 demeura. Lorsque Saül fut revenu de la poursuite des Philistins, on vint lui dire : Voici, David est dans 3 le désert d'En-Guédi. Saül prit trois mille hommes d'élite sur tout Israël, et il alla chercher David et ses gens jusque sur les rochers des 4 boucs sauvages. Il arriva à des parcs de brebis, qui étaient près du chemin ; et là se trouvait une caverne, où il entra pour se couvrir les pieds. David et ses gens étaient 5 au fond de la caverne. Les gens de David lui dirent : Voici le jour où l'Éternel te dit : Je livre ton ennemi entre tes mains ; traite-le comme bon te semblera. David se leva, et

coupa doucement le pan du manteau de Saül. Après cela le cœur lui 6 battit, parce qu'il avait coupé le pan du manteau de Saül. Et il dit à ses 7 gens : Que l'Éternel me garde de commettre contre mon seigneur, l'oint de l'Éternel, une action telle que de porter ma main sur lui ! car il est l'oint de l'Éternel. Par ces paroles 8 David arrêta ses gens, et les empêcha de se jeter sur Saül. Puis Saül se leva pour sortir de la caverne, et continua son chemin.

Après cela, David se leva et sortit 9 de la caverne. Il se mit alors à crier après Saül : O roi, mon seigneur ! Saül regarda derrière lui, et David s'inclina le visage contre terre et se prosterna. David dit à Saül : Pour- 10 quoi écoutes-tu les propos des gens qui disent : Voici, David cherche ton malheur ? Tu vois maintenant 11 de tes propres yeux que l'Éternel t'avait livré aujourd'hui entre mes mains dans la caverne. On m'excitait à te tuer ; mais je t'ai épargné, et j'ai dit : Je ne porterai pas la main sur mon seigneur, car il est l'oint de l'Éternel. Vois, mon père, vois donc 12 le pan de ton manteau dans ma main. Puisque j'ai coupé le pan de ton manteau et que je ne t'ai pas tué, sache et reconnais qu'il n'y a dans ma conduite ni méchanceté ni révolte, et que je n'ai point péché contre toi. Et toi, tu me dresses des embûches, pour m'ôter la vie ! L'Éternel sera juge entre moi et toi, 13 et l'Éternel me vengera de toi ; mais je ne porterai point la main sur toi. Des méchants vient la méchanceté, 14 dit l'ancien proverbe. Aussi je ne porterai point la main sur toi. Contre 15 qui le roi d'Israël s'est-il mis en marche ? Qui poursuis-tu ? Un chien mort, une puce. L'Éternel 16 jugera et prononcera entre moi et toi ; il regardera, il défendra ma cause, il me rendra justice en me délivrant de ta main.

Lorsque David eut fini d'adresser 17 à Saül ces paroles, Saül dit : Est-ce bien ta voix, mon fils David ? Et Saül éleva la voix et pleura. Et il 18 dit à David : Tu es plus juste que

moi ; car tu m'as fait du bien, et
19 moi je t'ai fait du mal. Tu manifestes aujourd'hui la bonté avec
laquelle tu agis envers moi, puisque
l'Éternel m'avait livré entre tes mains
20 et que tu ne m'as pas tué. Si
quelqu'un rencontre son ennemi, le
laisse-t-il poursuivre tranquillement
son chemin ? Que l'Éternel te récompense pour ce que tu m'as fait
21 en ce jour ! Maintenant voici, je
sais que tu régneras, et que la
royauté d'Israël restera entre tes
22 mains. Jure-moi donc par l'Éternel
que tu ne détruiras pas ma postérité
après moi, et que tu ne retrancheras
pas mon nom de la maison de mon
23 père. David le jura à Saül. Puis
Saül s'en alla dans sa maison, et
David et ses gens montèrent au lieu
fort.

*Mort de Samuel.—Dureté de Nabal envers
David, et prudence de sa femme Abigaïl.*

25 Samuel mourut. Tout Israël
s'étant assemblé le pleura, et on
l'enterra dans sa demeure à Rama.
Ce fut alors que David se leva et
descendit au désert de Paran.
2 Il y avait à Maon un homme fort
riche, possédant des biens à Carmel ;
il avait trois mille brebis et mille
chèvres, et il se trouvait à Carmel
3 pour la tonte de ses brebis. Le nom
de cet homme était Nabal, et sa
femme s'appelait Abigaïl ; c'était
une femme de bon sens et belle de
figure, mais l'homme était dur et
méchant dans ses actions. Il descendait de Caleb.
4 David apprit au désert que Nabal
5 tondait ses brebis. Il envoya vers
lui dix jeunes gens, auxquels il dit :
Montez à Carmel, et allez auprès de
Nabal. Vous le saluerez en mon
6 nom, et vous lui parlerez ainsi :
Pour la vie sois en paix, et que la
paix soit avec ta maison et tout ce
7 qui t'appartient ! Et maintenant,
j'ai appris que tu as les tondeurs.
Or tes bergers ont été avec nous ;
nous ne leur avons fait aucun outrage,
et rien ne leur a été enlevé pendant
tout le temps qu'ils ont été à Carmel.
8 Demande-le à tes serviteurs, et ils te

le diront. Que ces jeunes gens
trouvent donc grâce à tes yeux,
puisque nous venons dans un jour
de joie. Donne donc, je te prie, à
tes serviteurs et à ton fils David ce
qui se trouvera sous ta main.
9 Lorsque les gens de David furent
arrivés, ils répétèrent à Nabal toutes
ces paroles, au nom de David. Puis
10 ils se turent. Nabal répondit aux
serviteurs de David : Qui est David,
et qui est le fils d'Isaï ? Il y a
aujourd'hui beaucoup de serviteurs
qui s'échappent d'auprès de leurs
11 maîtres. Et je prendrais mon pain,
mon eau, et mon bétail que j'ai tué
pour mes tondeurs, et je les donnerais
à des gens qui sont je ne sais d'où ?
12 Les gens de David rebroussèrent
chemin ; ils s'en retournèrent, et
redirent, à leur arrivée, toutes ces
13 paroles à David. Alors David dit à
ses gens : Que chacun de vous ceigne
son épée ! Et ils ceignirent chacun
leur épée. David aussi ceignit son
épée, et environ quatre cents hommes
montèrent à sa suite. Il en resta
deux cents près des bagages.
14 Un des serviteurs de Nabal vint
dire à Abigaïl, femme de Nabal :
Voici, David a envoyé du désert des
messagers pour saluer notre maître,
15 qui les a rudoyés. Et pourtant ces
gens ont été très bons pour nous ; ils
ne nous ont fait aucun outrage, et
rien ne nous a été enlevé, tout le
temps que nous avons été avec eux
16 lorsque nous étions dans les champs.
Ils nous ont nuit et jour servi de
muraille, tout le temps que nous
avons été avec eux, faisant paître les
17 troupeaux. Sache maintenant et
vois ce que tu as à faire, car la perte
de notre maître et de toute sa maison
est résolue, et il est si méchant qu'on
n'ose lui parler.
18 Abigaïl prit aussitôt deux cents
pains, deux outres de vin, cinq pièces
de bétail apprêtées, cinq mesures de
grain rôti, cent masses de raisins
secs, et deux cents de figues sèches.
19 Elle les mit sur des ânes, et elle dit
à ses serviteurs : Passez devant moi,
je vais vous suivre. Elle ne dit rien
20 à Nabal, son mari. Montée sur un

âne, elle descendit la montagne par un chemin couvert ; et voici, David et ses gens descendaient en face d'elle, en sorte qu'elle les rencontra.—

21 David avait dit : C'est bien en vain que j'ai gardé tout ce que cet homme a dans le désert, et que rien n'a été enlevé de tout ce qu'il possède ; il 22 m'a rendu le mal pour le bien. Que Dieu traite son serviteur David dans toute sa rigueur, si je laisse subsister jusqu'à la lumière du matin qui que ce soit de tout ce qui appartient à Nabal !—

23 Lorsqu'Abigaïl aperçut David, elle descendit rapidement de l'âne, tomba sur sa face en présence de David, et se prosterna contre terre. 24 Puis, se jetant à ses pieds, elle dit : A moi la faute, mon seigneur ! Permets à ta servante de parler à tes oreilles, et écoute les paroles de 25 ta servante. Que mon seigneur ne prenne pas garde à ce méchant homme, à Nabal, car il est comme son nom ; Nabal est son nom, et il y a chez lui de la folie. Et moi, ta servante, je n'ai pas vu les gens que 26 mon seigneur a envoyés. Maintenant, mon seigneur, aussi vrai que l'Éternel est vivant et que ton âme est vivante, c'est l'Éternel qui t'a empêché de répandre le sang et qui a retenu ta main. Que tes ennemis, que ceux qui veulent du mal à mon seigneur soient comme Nabal ! 27 Accepte ce présent que ta servante apporte à mon seigneur, et qu'il soit distribué aux gens qui marchent à 28 la suite de mon seigneur. Pardonne, je te prie, la faute de ta servante, car l'Éternel fera à mon seigneur une maison stable ; pardonne, car mon seigneur soutient les guerres de l'Éternel, et la méchanceté ne se 29 trouvera jamais en toi. S'il s'élève quelqu'un qui te poursuive et qui en veuille à ta vie, l'âme de mon seigneur sera liée dans le faisceau des vivants auprès de l'Éternel, ton Dieu, et il lancera du creux de la 30 fronde l'âme de tes ennemis. Lorsque l'Éternel aura fait à mon seigneur tout le bien qu'il t'a annoncé, et qu'il 31 t'aura établi chef sur Israël, mon seigneur n'aura ni remords ni souffrance de cœur pour avoir répandu le sang inutilement et pour s'être vengé lui-même. Et lorsque l'Éternel aura fait du bien à mon seigneur, souviens-toi de ta servante.

32 David dit à Abigaïl : Béni soit l'Éternel, le Dieu d'Israël, qui t'a envoyée aujourd'hui à ma rencontre ! 33 Béni soit ton bon sens, et bénie sois-tu, toi qui m'as empêché en ce jour de répandre le sang, et qui as retenu ma main ! Mais l'Éternel, le 34 Dieu d'Israël, qui m'a empêché de te faire du mal, est vivant ! si tu ne te fusses hâtée de venir au-devant de moi, il ne serait resté qui que ce fût à Nabal, d'ici à la lumière du matin. 35 Et David prit de la main d'Abigaïl ce qu'elle lui avait apporté, et lui dit : Monte en paix dans ta maison ; vois, j'ai écouté ta voix, et je t'ai favorablement accueillie.

36 Abigaïl arriva auprès de Nabal. Et voici, il faisait dans sa maison un festin comme un festin de roi ; il avait le cœur joyeux, et il était complètement dans l'ivresse. Elle ne lui dit aucune chose, petite ou grande, jusqu'à la lumière du matin. Mais 37 le matin, l'ivresse de Nabal s'étant dissipée, sa femme lui raconta ce qui s'était passé. Le cœur de Nabal reçut un coup mortel, et devint comme une pierre. Environ dix 38 jours après, l'Éternel frappa Nabal, et il mourut.

39 David apprit que Nabal était mort, et il dit : Béni soit l'Éternel, qui a défendu ma cause dans l'outrage que m'a fait Nabal, et qui a empêché son serviteur de faire le mal ! L'Éternel a fait retomber la méchanceté de Nabal sur sa tête.

David envoya proposer à Abigaïl de devenir sa femme. Les serviteurs 40 de David arrivèrent chez Abigaïl à Carmel, et lui parlèrent ainsi : David nous a envoyés vers toi, afin de te prendre pour sa femme. Elle se 41 leva, se prosterna le visage contre terre, et dit : Voici, ta servante sera une esclave pour laver les pieds des serviteurs de mon seigneur. Et 42 aussitôt Abigaïl partit, montée sur un âne, et accompagnée de cinq jeunes filles ; elle suivit les messagers de David, et elle devint sa femme.

43 David avait aussi pris Achinoam de Jizreel, et toutes les deux furent
44 ses femmes. Et Saül avait donné sa fille Mical, femme de David, à Palthi de Gallim, fils de Laïsch.

David dans le camp de Saül.—Saül encore épargné par David.

26 Les Ziphiens allèrent auprès de Saül à Guibea, et dirent : David n'est-il pas caché sur la colline de
2 Hakila, en face du désert ? Saül se leva et descendit au désert de Ziph, avec trois mille hommes de l'élite d'Israël, pour chercher David dans le
3 désert de Ziph. Il campa sur la colline de Hakila, en face du désert, près du chemin. David était dans le désert ; et s'étant aperçu que Saül marchait à sa poursuite au désert,
4 il envoya des espions, et apprit avec certitude que Saül était arrivé.
5 Alors David se leva et vint au lieu où Saül était campé, et il vit la place où couchait Saül, avec Abner, fils de Ner, chef de son armée. Saül couchait au milieu du camp, et le peuple était campé autour de lui.
6 David prit la parole, et s'adressant à Achimélec, Héthien, et à Abischaï, fils de Tseruja et frère de Joab, il dit : Qui veut descendre avec moi dans le camp vers Saül ? Et Abischaï répondit : Moi, je descendrai avec toi.
7 David et Abischaï allèrent de nuit vers le peuple. Et voici, Saül était couché et dormait au milieu du camp, et sa lance était fixée en terre à son chevet. Abner et le peuple
8 étaient couchés autour de lui. Abischaï dit à David : Dieu livre aujourd'hui ton ennemi entre tes mains ; laisse-moi, je te prie, le frapper de ma lance et le clouer en terre d'un seul coup, pour que je n'aie pas à
9 y revenir. Mais David dit à Abischaï : Ne le détruis pas ! car qui pourrait impunément porter la main
10 sur l'oint de l'Éternel ? Et David dit : L'Éternel est vivant ! c'est à

l'Éternel seul à le frapper, soit que son jour vienne et qu'il meure, soit qu'il descende sur un champ de bataille et qu'il y périsse. Loin de moi, 11 par l'Éternel ! de porter la main sur l'oint de l'Éternel ! Prends seulement la lance qui est à son chevet, avec la cruche d'eau, et allons-nous-en. David prit donc la lance et la 12 cruche d'eau qui étaient au chevet de Saül ; et ils s'en allèrent. Personne ne les vit ni ne s'aperçut de rien, et personne ne se réveilla, car ils dormaient tous d'un profond sommeil dans lequel l'Éternel les avait plongés.

David passa de l'autre côté, et 13 s'arrêta au loin sur le sommet de la montagne, à une grande distance du camp. Et il cria au peuple et à 14 Abner, fils de Ner : Ne répondras-tu pas, Abner ? Abner répondit : Qui es-tu, toi qui pousses des cris vers le roi ? Et David dit à Abner : N'es-tu 15 pas un homme ? et qui est ton pareil en Israël ? Pourquoi donc n'as-tu pas gardé le roi, ton maître ? Car quelqu'un du peuple est venu pour tuer le roi, ton maître. Ce que tu as fait 16 là n'est pas bien. L'Éternel est vivant ! vous méritez la mort, pour n'avoir pas veillé sur votre maître, sur l'oint de l'Éternel. Regarde maintenant où sont la lance du roi et la cruche d'eau, qui étaient à son chevet !

Saül reconnut la voix de David, 17 et dit : Est-ce bien ta voix, mon fils David ? Et David répondit : C'est 18 ma voix, ô roi, mon seigneur ! Et il dit : Pourquoi mon seigneur poursuit-il son serviteur ? Qu'ai-je fait, et de quoi suis-je coupable ? Que 19 le roi, mon seigneur, daigne maintenant écouter les paroles de son serviteur : si c'est l'Éternel qui t'excite contre moi, qu'il agrée le parfum d'une offrande ; mais si ce sont des hommes, qu'ils soient maudits devant l'Éternel, puisqu'ils me chassent aujourd'hui pour me détacher de l'héritage de l'Éternel, et qu'ils me disent : Va servir des dieux étrangers ! Oh ! 20 que mon sang ne tombe pas en terre loin de la face de l'Éternel ! Car le roi d'Israël s'est mis en marche pour chercher une puce, comme on chasserait une perdrix dans les montagnes.

21 Saül dit: J'ai péché; reviens, mon fils David, car je ne te ferai plus de mal, puisqu'en ce jour ma vie a été précieuse à tes yeux. J'ai agi comme un insensé, et j'ai fait une grande

22 faute. David répondit: Voici la lance du roi; que l'un de tes gens

23 vienne la prendre. L'Éternel rendra à chacun selon sa justice et sa fidélité; car l'Éternel t'avait livré aujourd'hui entre mes mains, et je n'ai pas voulu porter la main sur

24 l'oint de l'Éternel. Et comme aujourd'hui ta vie a été d'un grand prix à mes yeux, ainsi ma vie sera d'un grand prix aux yeux de l'Éternel et il me délivrera de toute an-

25 goisse. Saül dit à David: Sois béni, mon fils David! tu réussiras dans tes entreprises. David continua son chemin, et Saül retourna chez lui.

David dans le pays des Philistins; séjour à Tsiklag, excursions contre divers peuples.

27 David dit en lui-même: Je périrai un jour par la main de Saül; il n'y a rien de mieux pour moi que de me réfugier au pays des Philistins, afin que Saül renonce à me chercher encore dans tout le territoire d'Israël;

2 ainsi j'échapperai à sa main. Et David se leva, lui et les six cents hommes qui étaient avec lui, et ils passèrent chez Akisch, fils de Maoc,

3 roi de Gath. David et ses gens restèrent à Gath auprès d'Akisch; ils avaient chacun leur famille, et David avait ses deux femmes, Achinoam de Jizreel, et Abigaïl de Carmel, femme de Nabal. Saül, informé

4 que David s'était enfui à Gath, cessa de le chercher.

5 David dit à Akisch: Si j'ai trouvé grâce à tes yeux, qu'on me donne dans l'une des villes du pays un lieu où je puisse demeurer; car pourquoi ton serviteur habiterait-il avec toi

6 dans la ville royale? Et ce même jour Akisch lui donna Tsiklag. C'est

pourquoi Tsiklag a appartenu aux rois de Juda jusqu'à ce jour. Le 7 temps que David demeura dans le pays des Philistins fut d'un an et quatre mois.

David et ses gens montaient et 8 faisaient des incursions chez les Gueschuriens, les Guirziens et les Amalécites; car ces nations habitaient dès les temps anciens la contrée, du côté de Schur et jusqu'au pays d'Égypte. David ravageait cette contrée; il ne 9 laissait en vie ni homme ni femme, et il enlevait les brebis, les bœufs, les ânes, les chameaux, les vêtements, puis s'en retournait et allait chez Akisch. Akisch disait: Où avez- 10 vous fait aujourd'hui vos courses? Et David répondait: Vers le midi de Juda, vers le midi des Jerachméélites et vers le midi des Kéniens. David ne laissait en vie ni homme 11 ni femme, pour les amener à Gath; car, pensait-il, ils pourraient parler contre nous et dire: Ainsi a fait David. Et ce fut là sa manière d'agir tout le temps qu'il demeura dans le pays des Philistins. Akisch 12 se fiait à David, et il disait: Il se rend odieux à Israël, son peuple, et il sera mon serviteur à jamais.

Guerre avec les Philistins.—David dans l'armée des Philistins.—Saül consultant une magicienne à En-Dor.

En ce temps-là, les Philistins **28** rassemblèrent leurs troupes et formèrent une armée, pour faire la guerre à Israël. Akisch dit à David: Tu sais que tu viendras avec moi à l'armée, toi et tes gens. David ré- 2 pondit à Akisch: Tu verras bien ce que ton serviteur fera. Et Akisch dit à David: Aussi je te donnerai pour toujours la garde de ma personne.

Samuel était mort; tout Israël 3 l'avait pleuré, et on l'avait enterré à Rama, dans sa ville. Saül avait ôté du pays ceux qui évoquaient les morts et ceux qui prédisaient l'avenir.

Les Philistins se rassemblèrent, et 4 vinrent camper à Sunem: Saül rassembla tout Israël, et ils campèrent

5 à Guilboa. A la vue du camp des Philistins, Saül fut saisi de crainte, et un violent tremblement s'empara 6 de son cœur. Saül consulta l'Éternel; et l'Éternel ne lui répondit point, ni par des songes, ni par l'urim, ni par 7 les prophètes. Et Saül dit à ses serviteurs: Cherchez-moi une femme qui évoque les morts, et j'irai la consulter. Ses serviteurs lui dirent: Voici, à En-Dor il y a une femme 8 qui évoque les morts. Alors Saül se déguisa et prit d'autres vêtements, et il partit avec deux hommes. Ils arrivèrent de nuit chez la femme. Saül lui dit: Prédis-moi l'avenir en évoquant un mort, et fais-moi mon- 9 ter celui que je te dirai. La femme lui répondit: Voici, tu sais ce que Saül a fait, comment il a retranché du pays ceux qui évoquent les morts et ceux qui prédisent l'avenir; pourquoi donc tends-tu un piège à ma vie 10 pour me faire mourir? Saül lui jura par l'Éternel, en disant: L'Éternel est vivant! il ne t'arrivera point de 11 mal pour cela. La femme dit: Qui veux-tu que je te fasse monter? Et il répondit: Fais-moi monter Samuel.

12 Lorsque la femme vit Samuel, elle poussa un grand cri, et elle dit à Saül: Pourquoi m'as-tu trompée? 13 Tu es Saül! Le roi lui dit: Ne crains rien; mais que vois-tu? La femme dit à Saül: Je vois un dieu 14 qui monte de la terre. Il lui dit: Quelle figure a-t-il? Et elle répondit: C'est un vieillard qui monte, et il est enveloppé d'un manteau. Saül comprit que c'était Samuel, et il s'inclina le visage contre terre et se prosterna.

15 Samuel dit à Saül: Pourquoi m'as-tu troublé, en me faisant monter? Saül répondit: Je suis dans une grande détresse: les Philistins me font la guerre, et Dieu s'est retiré de moi; il ne m'a répondu ni par les prophètes ni par des songes. Et je t'ai appelé pour que tu me fasses 16 connaître ce que je dois faire. Samuel dit: Pourquoi donc me consultes-tu, puisque l'Éternel s'est retiré de toi et qu'il est devenu ton ennemi?

17 L'Éternel te traite comme je te l'avais annoncé de sa part; l'Éternel a déchiré la royauté d'entre tes mains, et l'a donnée à un autre, à David. Tu n'as point obéi à la voix 18 de l'Éternel, et tu n'as point fait sentir à Amalek l'ardeur de sa colère: voilà pourquoi l'Éternel te traite aujourd'hui de cette manière. Et 19 même l'Éternel livrera Israël avec toi entre les mains des Philistins. Demain, toi et tes fils, vous serez avec moi, et l'Éternel livrera le camp d'Israël entre les mains des Philistins.

20 Aussitôt Saül tomba à terre de toute sa hauteur, et les paroles de Samuel le remplirent d'effroi; de plus, il manquait de force, car il n'avait pris aucune nourriture de tout le jour et de toute la nuit.

21 La femme vint auprès de Saül, et, le voyant très effrayé, elle lui dit: Voici, ta servante a écouté ta voix; j'ai exposé ma vie, en obéissant aux paroles que tu m'as dites. Écoute 22 maintenant, toi aussi, la voix de ta servante, et laisse-moi t'offrir un morceau de pain, afin que tu manges pour avoir la force de te mettre en route. Mais il refusa, et dit: Je ne 23 mangerai point. Ses serviteurs et la femme aussi le pressèrent, et il se rendit à leurs instances. Il se leva de terre, et s'assit sur le lit. La 24 femme avait chez elle un veau gras, qu'elle se hâta de tuer; et elle prit de la farine, la pétrit, et en cuisit des pains sans levain. Elle les mit de- 25 vant Saül et devant ses serviteurs. Et ils mangèrent.

Puis, s'étant levés, ils partirent la nuit même.

David renvoyé de l'armée des Philistins; retour à Tsiklag.—Tsiklag pillée et incendiée par les Amalécites.—Les Amalécites battus par David.

Les Philistins rassemblèrent **29** toutes leurs troupes à Aphek, et Israël campa près de la source de Jizreel. Les princes des Philistins 2 s'avancèrent avec leurs centaines et leurs milliers, et David et ses gens marchaient à l'arrière-garde avec Akisch. Les princes des Philistins 3

dirent : Que font ici ces Hébreux ?
Et Akisch répondit aux princes des
Philistins : N'est-ce pas David, serviteur de Saül, roi d'Israël ? Il y
a longtemps qu'il est avec moi, et je
n'ai pas trouvé la moindre chose à lui
reprocher depuis son arrivée jusqu'à
4 ce jour. Mais les princes des Philistins s'irritèrent contre Akisch, et
lui dirent : Renvoie cet homme, et
qu'il retourne dans le lieu où tu l'as
établi ; qu'il ne descende pas avec
nous sur le champ de bataille, afin
qu'il ne soit pas pour nous un ennemi pendant le combat. Et comment cet homme rentrerait-il en grâce
auprès de son maître, si ce n'est au
5 moyen des têtes de nos gens ? N'est-
ce pas ce David pour qui l'on chantait en dansant :

Saül a frappé ses mille,—
Et David ses dix mille.

6 Akisch appela David, et lui dit :
L'Éternel est vivant ! tu es un
homme droit, et j'aime à te voir aller
et venir avec moi dans le camp, car
je n'ai rien trouvé de mauvais en toi
depuis ton arrivée auprès de moi
jusqu'à ce jour ; mais tu ne plais pas
7 aux princes. Retourne donc et va-
t'en en paix, pour ne rien faire de
désagréable aux yeux des princes
8 des Philistins. David dit à Akisch :
Mais qu'ai-je fait, et qu'as-tu trouvé
en ton serviteur depuis que je suis
auprès de toi jusqu'à ce jour, pour
que je n'aille pas combattre les en-
9 nemis de mon seigneur le roi ? Akisch
répondit à David : Je le sais, car tu
es agréable à mes yeux comme un
ange de Dieu ; mais les princes des
Philistins disent : Il ne montera point
10 avec nous pour combattre. Ainsi
lève-toi de bon matin, toi et les serviteurs de ton maître qui sont venus
avec toi ; levez-vous de bon matin,
et partez dès que vous verrez la
lumière.
11 David et ses gens se levèrent de
bonne heure, pour partir dès le matin, et retourner dans le pays des
Philistins. Et les Philistins montèrent à Jizreel.

30 Lorsque David arriva le troisième jour à Tsiklag avec ses
gens, les Amalécites avaient fait une
invasion dans le midi et à Tsiklag.
Ils avaient détruit et brûlé Tsiklag, 2
après avoir fait prisonniers les femmes et tous ceux qui s'y trouvaient,
petits et grands. Ils n'avaient tué
personne, mais ils avaient tout emmené et s'étaient remis en route.
David et ses gens arrivèrent à la 3
ville, et voici, elle était brûlée ; et
leurs femmes, leurs fils et leurs filles,
étaient emmenés captifs. Alors 4
David et le peuple qui était avec
lui élevèrent la voix et pleurèrent
jusqu'à ce qu'ils n'eussent plus la
force de pleurer. Les deux femmes 5
de David avaient été emmenées,
Achinoam de Jizreel, et Abigaïl de
Carmel, femme de Nabal.
David fut dans une grande angois- 6
se, car le peuple parlait de le lapider,
parce que tous avaient de l'amertume
dans l'âme, chacun à cause de ses
fils et de ses filles. Mais David reprit courage en s'appuyant sur l'É-
ternel, son Dieu. Il dit au sacrifi- 7
cateur Abiathar, fils d'Achimélec :
Apporte moi donc l'éphod ! Abiathar apporta l'éphod à David. Et 8
David consulta l'Éternel, en disant :
Poursuivrai-je cette troupe ? l'at-
teindrai-je ? L'Éternel lui répondit :
Poursuis, car tu atteindras, et tu
délivreras. Et David se mit en 9
marche, lui et les six cents hommes
qui étaient avec lui. Ils arrivèrent
au torrent de Besor, où s'arrêtèrent
ceux qui restaient en arrière. David 10
continua la poursuite avec quatre
cents hommes ; deux cents hommes
s'arrêtèrent, trop fatigués pour passer le torrent de Besor.
Ils trouvèrent dans les champs 11
un homme égyptien, qu'ils conduisirent auprès de David. Ils lui firent
manger du pain et boire de l'eau,
et ils lui donnèrent un morceau 12
d'une masse de figues sèches et
deux masses de raisins secs. Après
qu'il eut mangé, les forces lui revinrent, car il n'avait point pris de
nourriture et point bu d'eau depuis
trois jours et trois nuits. David lui 13

dit : A qui es-tu, et d'où es-tu ? Il répondit : Je suis un garçon égyptien, au service d'un homme amalécite, et voilà trois jours que mon maître m'a abandonné parce que 14 j'étais malade. Nous avons fait une invasion dans le midi des Kéréthiens, sur le territoire de Juda et au midi de Caleb, et nous avons brûlé Tsi- 15 klag. David lui dit : Veux-tu me faire descendre vers cette troupe ? Et il répondit : Jure-moi par le nom de Dieu que tu ne me tueras pas et que tu ne me livreras pas à mon maître, et je te ferai descendre vers cette 16 troupe. Il lui servit ainsi de guide. Et voici, les Amalécites étaient répandus sur toute la contrée, mangeant, buvant et dansant, à cause du grand butin qu'ils avaient enlevé du pays des Philistins et du pays de 17 Juda. David les battit depuis l'aube du jour jusqu'au soir du lendemain, et aucun d'eux n'échappa, excepté quatre cents jeunes hommes qui montèrent sur des chameaux et s'en- 18 fuirent. David sauva tout ce que les Amalécites avaient pris, et il 19 délivra aussi ses deux femmes. Il ne leur manqua personne, ni petit ni grand, ni fils ni fille, ni aucune chose du butin, ni rien de ce qu'on leur avait enlevé : David ramena tout. 20 Et David prit tout le menu et le gros bétail ; et ceux qui conduisaient ce troupeau et marchaient à sa tête disaient : C'est ici le butin de David.

21 David arriva auprès des deux cents hommes qui avaient été trop fatigués pour le suivre, et qu'on avait laissés au torrent de Besor. Ils s'avancèrent à la rencontre de David et du peuple qui était avec lui. David s'approcha d'eux, et leur demanda comment ils 22 se trouvaient. Tous les hommes méchants et vils parmi les gens qui étaient allés avec David prirent la parole et dirent : Puisqu'ils ne sont pas venus avec nous, nous ne leur donnerons rien du butin que nous avons sauvé, sinon à chacun sa femme et ses enfants ; qu'ils les em- 23 mènent, et s'en aillent. Mais David dit : N'agissez pas ainsi, mes frères,

au sujet de ce que l'Éternel nous a donné ; car il nous a gardés, et il a livré entre nos mains la troupe qui était venue contre nous. Et qui 24 vous écouterait dans cette affaire ? La part doit être la même pour celui qui est descendu sur le champ de bataille et pour celui qui est resté près des bagages : ensemble ils partageront. — Il en fut ainsi dès ce jour 25 et dans la suite, et l'on a fait de cela jusqu'à ce jour une loi et une coutume en Israël.

De retour à Tsiklag, David envoya 26 une partie du butin aux anciens de Juda, à ses amis, en leur adressant ces paroles : Voici pour vous un présent sur le butin des ennemis de l'Éternel ! Il fit ainsi des envois à 27 ceux de Béthel, à ceux de Ramoth du midi, à ceux de Jatthir, à ceux 28 d'Aroër, à ceux de Siphmoth, à ceux d'Eschthemoa, à ceux de Racal, à 29 ceux des villes des Jerachmeélites, à ceux des villes des Kéniens, a ceux 30 de Horma, à ceux de Cor-Aschan, à ceux d'Athac, à ceux d'Hébron, et 31 dans tous les lieux que David et ses gens avaient parcourus.

Les Israélites vaincus par les Philistins.— Saül et trois de ses fils tués dans la bataille.

Les Philistins livrèrent bataille **31** à Israël, et les hommes d'Israël prirent la fuite devant les Philistins et tombèrent morts sur la montagne de Guilboa. Les Philistins pour- 2 suivirent Saül et ses fils, et tuèrent Jonathan, Abinadab et Malkischua, fils de Saül. L'effort du combat 3 porta sur Saül ; les archers l'atteignirent, et le blessèrent grièvement. Saül dit alors à celui qui portait 4 ses armes : Tire ton épée et m'en transperce, de peur que ces incirconcis ne viennent me percer et me faire subir leurs outrages. Celui qui portait ses armes ne voulut pas, car il était saisi de crainte. Et Saül prit son épée, et se jeta dessus. Celui 5 qui portait les armes de Saül, le voyant mort, se jeta aussi sur son épée, et mourut avec lui. Ainsi 6 périrent en même temps, dans cette journée, Saül et ses trois fils, celui qui portait ses armes, et tous ses

7 gens. Ceux d'Israël qui étaient de ce côté de la vallée et de ce côté du Jourdain, ayant vu que les hommes d'Israël s'enfuyaient et que Saül et ses fils étaient morts, abandonnèrent leurs villes pour prendre aussi la fuite. Et les Philistins allèrent s'y établir.

8 Le lendemain, les Philistins vinrent pour dépouiller les morts, et ils trouvèrent Saül et ses trois fils tombés sur la montagne de Guilboa.

9 Ils coupèrent la tête de Saül, et enlevèrent ses armes. Puis ils firent annoncer ces bonnes nouvelles par tout le pays des Philistins dans les maisons de leurs idoles et parmi le peuple. Ils mirent les armes de 10 Saül dans la maison des Astartés, et ils attachèrent son cadavre sur les murs de Beth-Schan.

Lorsque les habitants de Jabès 11 en Galaad apprirent comment les Philistins avaient traité Saül, tous 12 les vaillants hommes se levèrent, et, après avoir marché toute la nuit, ils arrachèrent des murs de Beth-Schan le cadavre de Saül et ceux de ses fils. Puis ils revinrent à Jabès, où ils les brûlèrent ; ils prirent leurs os, 13 et les enterrèrent sous le tamarisc à Jabès. Et ils jeûnèrent sept jours.

LE SECOND LIVRE
DE SAMUEL

RÈGNE DE DAVID

Cantique funèbre de David sur la mort de Saül et de Jonathan.

I Après la mort de Saül, David, qui avait battu les Amalécites, était depuis deux jours revenu à Tsiklag.

2 Le troisième jour, un homme arriva du camp de Saül, les vêtements déchirés et la tête couverte de terre. Lorsqu'il fut en présence de David, il se jeta par terre et se prosterna.

3 David lui dit : D'où viens-tu ? Et il lui répondit : Je me suis sauvé du

4 camp d'Israël. David lui dit : Que s'est-il passé ? dis-moi donc ! Et il répondit : Le peuple s'est enfui du champ de bataille, et un grand nombre d'hommes sont tombés et ont péri ; Saül même et Jonathan, son

5 fils, sont morts. David dit au jeune homme qui lui apportait ces nouvelles : Comment sais-tu que Saül et

6 Jonathan, son fils, sont morts ? Et le jeune homme qui lui apportait ces nouvelles répondit : Je me trouvais sur la montagne de Guilboa ; et voici, Saül s'appuyait sur sa lance, et voici, les chars et les cavaliers étaient

7 près de l'atteindre. S'étant retourné, il m'aperçut et m'appela. Je dis : Me voici ! Et il me dit : Qui es-tu ? 8 Je lui répondis : Je suis Amalécite. Et il dit : Approche donc, et donne- 9 moi la mort ; car je suis pris de vertige, quoique encore plein de vie. Je m'approchai de lui, et je lui 10 donnai la mort, sachant bien qu'il ne survivrait pas à sa défaite. J'ai enlevé le diadème qui était sur sa tête et le bracelet qu'il avait au bras, et je les apporte ici à mon seigneur.

David saisit ses vêtements et les 11 déchira, et tous les hommes qui étaient auprès de lui firent de même. Ils furent dans le deuil, pleurèrent et 12 jeûnèrent jusqu'au soir, à cause de Saül, de Jonathan, son fils, du peuple de l'Éternel, et de la maison d'Israël, parce qu'ils étaient tombés par l'épée.

David dit au jeune homme qui lui 13 avait apporté ces nouvelles : D'où es-tu ? Et il répondit : Je suis le fils d'un étranger, d'un Amalécite. David lui dit : Comment n'as-tu pas 14 craint de porter la main sur l'oint de l'Éternel et de lui donner la mort ? Et David appela l'un de ses gens, et 15 dit : Approche, et tue-le ! Cet homme

16 frappa l'Amalécite, qui mourut. Et David lui dit : Que ton sang retombe sur ta tête, car ta bouche a déposé contre toi, puisque tu as dit : J'ai donné la mort à l'oint de l'Éternel !

17 Voici le cantique funèbre que David composa sur Saül et sur

18 Jonathan, son fils, et qu'il ordonna d'enseigner aux enfants de Juda. C'est le cantique de l'arc : il est écrit dans le livre du Juste.

19 L'élite d'Israël a succombé sur tes collines !
Comment des héros sont-ils tombés ?

20 Ne l'annoncez point dans Gath,
N'en publiez point la nouvelle dans les rues d'Askalon,
De peur que les filles des Philistins ne se réjouissent,
De peur que les filles des incirconcis ne triomphent.

21 Montagnes de Guilboa !
Qu'il n'y ait sur vous ni rosée ni pluie,
Ni champs qui donnent des prémices pour les offrandes !
Car là ont été jetés les boucliers des héros,
Le bouclier de Saül ;
L'huile a cessé de les oindre.

22 Devant le sang des blessés, devant la graisse des plus vaillants,
L'arc de Jonathan n'a jamais reculé,
Et l'épée de Saül ne retournait point à vide.

23 Saül et Jonathan, aimables et chéris pendant leur vie,
N'ont point été séparés dans leur mort ;
Ils étaient plus légers que les aigles,
Ils étaient plus forts que les lions.

24 Filles d'Israël ! pleurez sur Saül,
Qui vous revêtait magnifiquement de cramoisi,
Qui mettait des ornements d'or sur vos habits.

25 Comment des héros sont-ils tombés au milieu du combat ?
Comment Jonathan a-t-il succombé sur tes collines ?

26 Je suis dans la douleur à cause de toi, Jonathan, mon frère !

Tu faisais tout mon plaisir ;
Ton amour pour moi était admirable,
Au-dessus de l'amour des femmes.

27 Comment des héros sont-ils tombés ?
Comment leurs armes se sont-elles perdues ?

David, roi de Juda à Hébron.—Isch-Boscheth, fils de Saül, roi d'Israël à Mahanaïm.—Guerre civile.—Abner, chef de l'armée d'Isch-Boscheth, tué par Joab, chef de l'armée de David.—Assassinat d'Isch-Boscheth.

2 Après cela, David consulta l'Éternel, en disant : Monterai-je dans une des villes de Juda ? L'Éternel lui répondit : Monte. David dit : Où monterai-je ? Et l'Éternel répondit : A Hébron. 2 David y monta, avec ses deux femmes, Achinoam de Jizreel, et Abigaïl de Carmel, femme de Nabal. 3 David fit aussi monter les gens qui étaient auprès de lui, chacun avec sa maison ; et ils habitèrent dans les villes d'Hébron.

4 Les hommes de Juda vinrent, et là ils oignirent David pour roi sur la maison de Juda.

On informa David que c'étaient les gens de Jabès en Galaad qui avaient enterré Saül. 5 David envoya des messagers aux gens de Jabès en Galaad, pour leur dire : Soyez bénis de l'Éternel, puisque vous avez ainsi montré de la bienveillance envers Saül, votre maître, et que vous l'avez enterré. 6 Et maintenant, que l'Éternel use envers vous de bonté et de fidélité ! Moi aussi je vous ferai du bien, parce que vous avez agi de la sorte. 7 Que vos mains se fortifient, et soyez de vaillants hommes ; car votre maître Saül est mort, et c'est moi que la maison de Juda a oint pour roi sur elle.

8 Cependant Abner, fils de Ner, chef de l'armée de Saül, prit Isch-Boscheth, fils de Saül, et le fit passer à Mahanaïm. 9 Il l'établit roi sur Galaad, sur les Gueschuriens, sur Jizreel, sur Éphraïm, sur Benjamin, sur tout Israël. 10 Isch-Boscheth, fils de Saül, était âgé de quarante ans, lorsqu'il devint roi d'Israël, et il régna deux ans. Il n'y eut que la

11 maison de Juda qui resta attachée à David. Le temps pendant lequel David régna à Hébron sur la maison de Juda fut de sept ans et six mois.

12 Abner, fils de Ner, et les gens d'Isch-Boscheth, fils de Saül, sortirent de Mahanaïm pour marcher 13 sur Gabaon. Joab, fils de Tseruja, et les gens de David, se mirent aussi en marche. Ils se rencontrèrent près de l'étang de Gabaon, et ils s'arrêtèrent les uns en deçà de l'étang, et les autres au delà.

14 Abner dit à Joab: Que ces jeunes gens se lèvent, et qu'ils se battent devant nous! Joab répondit: Qu'ils 15 se lèvent! Ils se levèrent et s'avancèrent en nombre égal, douze pour Benjamin et pour Isch-Boscheth, fils de Saül, et douze des gens de David. 16 Chacun saisissant son adversaire par la tête lui enfonça son épée dans le flanc, et ils tombèrent tous ensemble. Et l'on donna à ce lieu, qui est près de Gabaon, le nom de Helkath-17 Hatsurim. Il y eut en ce jour un combat très rude, dans lequel Abner et les hommes d'Israël furent battus par les gens de David.

18 Là se trouvaient les trois fils de Tseruja: Joab, Abischaï et Asaël. Asaël avait les pieds légers comme 19 une gazelle des champs: il poursuivit Abner, sans se détourner de lui pour aller à droite ou à gauche. 20 Abner regarda derrière lui, et dit: Est-ce toi, Asaël? Et il répondit: 21 C'est moi. Abner lui dit: Tire à droite ou à gauche; saisis-toi de l'un de ces jeunes gens, et prends sa dépouille. Mais Asaël ne voulut 22 point se détourner de lui. Abner dit encore à Asaël: Détourne-toi de moi; pourquoi te frapperais-je et t'abattrais-je en terre? comment ensuite lèverais-je le visage devant 23 ton frère Joab? Et Asaël refusa de se détourner. Sur quoi Abner le frappa au ventre avec l'extrémité inférieure de sa lance, et la lance sortit par derrière. Il tomba et mourut sur place. Tous ceux qui arrivaient au lieu où Asaël était tombé mort, s'y arrêtaient.

24 Joab et Abischaï poursuivirent Abner, et le soleil se couchait quand ils arrivèrent au coteau d'Amma, qui est en face de Guiach, sur le chemin du désert de Gabaon.

25 Les fils de Benjamin se rallièrent à la suite d'Abner et formèrent un corps, et ils s'arrêtèrent au sommet d'une colline. Abner appela Joab, 26 et dit: L'épée dévorera-t-elle toujours? Ne sais-tu pas qu'il y aura de l'amertume à la fin? Jusques à quand tarderas-tu à dire au peuple de ne plus poursuivre ses frères? Joab répondit: Dieu est vivant! si 27 tu n'eusses parlé, le peuple n'aurait pas cessé avant le matin de poursuivre ses frères. Et Joab sonna 28 de la trompette, et tout le peuple s'arrêta; ils ne poursuivirent plus Israël, et ils ne continuèrent pas à se battre.

29 Abner et ses gens marchèrent toute la nuit dans la plaine; ils passèrent le Jourdain, traversèrent en entier le Bithron, et arrivèrent à Mahanaïm. Joab revint de la pour-30 suite d'Abner, et rassembla tout le peuple; il manquait dix-neuf hommes des gens de David, et Asaël. Mais 31 les gens de David avaient frappé à mort trois cent soixante hommes parmi ceux de Benjamin et d'Abner. Ils emportèrent Asaël, et l'enter-32 rèrent dans le sépulcre de son père à Bethléhem. Joab et ses gens marchèrent toute la nuit, et le jour paraissait quand ils furent à Hébron.

3

La guerre dura longtemps entre la maison de Saül et la maison de David. David devenait de plus en plus fort, et la maison de Saül allait en s'affaiblissant.

Il naquit à David des fils à 2 Hébron. Son premier-né fut Amnon, d'Achinoam de Jizreel; le second, 3 Kileab, d'Abigaïl de Carmel, femme de Nabal; le troisième, Absalom, fils de Maaca, fille de Talmaï, roi de Gueschur; le quatrième, Adonija, 4 fils de Haggith; le cinquième, Schephathia, fils d'Abithal; et le 5 sixième, Jithream, d'Égla, femme de David. Ce sont là ceux qui naquirent à David à Hébron.

Pendant la guerre entre la maison 6

de Saül et la maison de David, Abner tint ferme pour la maison de
7 Saül. Or Saül avait eu une concubine, nommée Ritspa, fille d'Ajja. Et Isch-Boscheth dit à Abner : Pourquoi es-tu venu vers la concubine
8 de mon père ? Abner fut très irrité des paroles d'Isch-Boscheth, et il répondit : Suis-je une tête de chien, qui tienne pour Juda ? Je fais aujourd'hui preuve de bienveillance envers la maison de Saül, ton père, envers ses frères et ses amis, je ne t'ai pas livré entre les mains de David, et c'est aujourd'hui que tu me reproches une faute avec cette
9 femme ? Que Dieu traite Abner dans toute sa rigueur, si je n'agis pas avec David selon ce que l'Éternel
10 a juré à David, en disant qu'il ferait passer la royauté de la maison de Saül dans la sienne, et qu'il établirait le trône de David sur Israël et sur Juda depuis Dan jusqu'à Beer-
11 Schéba. Isch-Boscheth n'osa pas répliquer un seul mot à Abner, parce qu'il le craignait.

12 Abner envoya des messagers à David, pour lui dire de sa part : A qui est le pays ? Fais alliance avec moi, et voici, ma main t'aidera pour
13 tourner vers toi tout Israël. Il répondit : Bien ! je ferai alliance avec toi ; mais je te demande une chose, c'est que tu ne voies point ma face, à moins que tu n'amènes d'abord Mical, fille de Saül, en venant auprès
14 de moi. Et David envoya des messagers à Isch-Boscheth, fils de Saül, pour lui dire : Donne-moi ma femme Mical, que j'ai fiancée pour
15 cent prépuces de Philistins. Isch-Boscheth la fit prendre chez son
16 mari Palthiel, fils de Laïsch. Et son mari la suivit en pleurant jusqu'à Bachurim. Alors Abner lui dit : Va, retourne-t'en ! Et il s'en retourna.

17 Abner eut un entretien avec les anciens d'Israël, et leur dit : Vous désiriez autrefois d'avoir David pour
18 roi ; établissez-le maintenant, car l'Éternel a dit de lui : C'est par David, mon serviteur, que je délivrerai mon peuple d'Israël de la main des Philistins et de la main de tous ses ennemis. Abner parla aussi 19 à Benjamin, et il alla rapporter aux oreilles de David à Hébron ce qu'avaient résolu Israël et toute la maison de Benjamin. Il arriva 20 auprès de David à Hébron, accompagné de vingt hommes ; et David fit un festin à Abner et à ceux qui étaient avec lui. Abner dit à David : 21 Je me lèverai, et je partirai pour rassembler tout Israël vers mon seigneur le roi ; ils feront alliance avec toi, et tu régneras entièrement selon ton désir. David renvoya Abner, qui s'en alla en paix.

Voici, Joab et les gens de David 22 revinrent d'une excursion, et amenèrent avec eux un grand butin. Abner n'était plus auprès de David à Hébron, car David l'avait renvoyé, et il s'en était allé en paix. Lorsque 23 Joab et toute sa troupe arrivèrent, on fit à Joab ce rapport : Abner, fils de Ner, est venu auprès du roi, qui l'a renvoyé, et il s'en est allé en paix. Joab se rendit chez le roi, et 24 dit : Qu'as-tu fait ? Voici, Abner est venu vers toi ; pourquoi l'as-tu renvoyé et laissé partir ? Tu connais Abner, fils de Ner ! c'est pour 25 te tromper qu'il est venu, pour épier tes démarches, et pour savoir tout ce que tu fais. Et Joab, après avoir 26 quitté David, envoya sur les traces d'Abner des messagers, qui le ramenèrent depuis la citerne de Sira : David n'en savait rien.

Lorsque Abner fut de retour à 27 Hébron, Joab le tira à l'écart au milieu de la porte, comme pour lui parler en secret, et là il le frappa au ventre et le tua, pour venger la mort d'Asaël, son frère.

David l'apprit ensuite, et il dit : 28 Je suis à jamais innocent, devant l'Éternel, du sang d'Abner, fils de Ner, et mon royaume l'est aussi. Que ce sang retombe sur Joab et 29 sur toute la maison de son père ! Qu'il y ait toujours quelqu'un dans la maison de Joab, qui soit atteint d'un flux ou de la lèpre, ou qui s'appuie sur un bâton, ou qui tombe par l'épée, ou qui manque de pain !

30 Ainsi Joab et Abischaï, son frère, tuèrent Abner, parce qu'il avait donné la mort à Asaël, leur frère, à Gabaon, dans la bataille.

31 David dit à Joab et à tout le peuple qui était avec lui : Déchirez vos vêtements, ceignez-vous de sacs, et pleurez devant Abner ! Et le roi David marcha derrière le cercueil.

32 On enterra Abner à Hébron. Le roi éleva la voix et pleura sur le sépulcre d'Abner, et tout le peuple

33 pleura. Le roi fit une complainte sur Abner, et dit :

Abner devait il mourir comme meurt un criminel ?

34 Tu n'avais ni les mains liées, ni les pieds dans les chaînes ! Tu es tombé comme on tombe devant des méchants.

35 Et tout le peuple pleura de nouveau sur Abner. Tout le peuple s'approcha de David pour lui faire prendre quelque nourriture, pendant qu'il était encore jour ; mais David jura, en disant : Que Dieu me traite dans toute sa rigueur, si je goûte du pain ou quoi que ce soit avant le

36 coucher du soleil ! Cela fut connu et approuvé de tout le peuple, qui trouva bon tout ce qu'avait fait le

37 roi. Tout le peuple et tout Israël comprirent en ce jour que ce n'était pas par ordre du roi qu'Abner, fils

38 de Ner, avait été tué. Le roi dit à ses serviteurs : Ne savez-vous pas qu'un chef, qu'un grand homme, est

39 tombé aujourd'hui en Israël ? Je suis encore faible, quoique j'aie reçu l'onction royale ; et ces gens, les fils de Tseruja, sont trop puissants pour moi. Que l'Éternel rende selon sa méchanceté à celui qui fait le mal !

4 Lorsque le fils de Saül apprit qu'Abner était mort à Hébron, ses mains restèrent sans force, et tout

2 Israël fut dans l'épouvante. Le fils de Saül avait deux chefs de bandes, dont l'un s'appelait Baana et l'autre Récab ; ils étaient fils de Rimmon de Beéroth, d'entre les fils de Benjamin.—Car Beéroth était regardée comme faisant partie de Benjamin,

3 et les Beérothiens s'étaient enfuis à Guitthaïm, où ils ont habité jusqu'à ce jour.—Jonathan, fils de Saül, avait

4 un fils perclus des pieds, et âgé de cinq ans, lorsqu'arriva de Jizreel la nouvelle de la mort de Saül et de Jonathan ; sa nourrice le prit et s'enfuit, et, comme elle précipitait sa fuite, il tomba et resta boiteux ; son nom était Mephiboscheth.

5 Or les fils de Rimmon de Beéroth, Récab et Baana, se rendirent pendant la chaleur du jour à la maison d'Isch-Boscheth, qui était couché pour son

6 repos de midi. Ils pénétrèrent jusqu'au milieu de la maison, comme pour prendre du froment, et ils le

7 frappèrent au ventre ; puis Récab et Baana, son frère, se sauvèrent. Ils entrèrent donc dans la maison pendant qu'il reposait sur son lit dans sa chambre à coucher, ils le frappèrent et le firent mourir, et ils lui coupèrent la tête. Ils prirent sa tête, et ils marchèrent toute la nuit

8 au travers de la plaine. Ils apportèrent la tête d'Isch-Boscheth à David dans Hébron, et ils dirent au roi : Voici la tête d'Isch-Boscheth, fils de Saül, ton ennemi, qui en voulait à ta vie ; l'Éternel venge aujourd'hui le roi mon seigneur de

9 Saül et de sa race. David répondit à Récab et à Baana, son frère, fils de Rimmon de Beéroth : L'Éternel qui m'a délivré de tout péril est vivant !

10 celui qui est venu me dire : Voici, Saül est mort, et qui croyait m'annoncer une bonne nouvelle, je l'ai fait saisir et tuer à Tsiklag, pour lui donner le salaire de son message ;

11 et quand des méchants ont assassiné un homme juste dans sa maison et sur sa couche, combien plus ne redemanderai-je pas son sang de vos mains et ne vous exterminerai-je

12 pas de la terre ? Et David ordonna à ses gens de les tuer ; ils leur coupèrent les mains et les pieds, et les pendirent au bord de l'étang d'Hébron. Ils prirent ensuite la tête d'Isch-Boscheth, et l'enterrèrent dans le sépulcre d'Abner à Hébron.

*David, roi de Juda et de tout Israël.—
Expulsion des Jébusiens et résidence de
David à Jérusalem.—Victoires sur les
Philistins.*

5 Toutes les tribus d'Israël vinrent
auprès de David, à Hébron, et dirent:
Voici, nous sommes tes os et ta
2 chair. Autrefois déjà, lorsque Saül
était notre roi, c'était toi qui conduisais et qui ramenais Israël.
L'Éternel t'a dit : Tu paîtras mon
peuple d'Israël, et tu seras le chef
3 d'Israël. Ainsi tous les anciens
d'Israël vinrent auprès du roi à
Hébron, et le roi David fit alliance
avec eux à Hébron, devant l'Éternel.
Ils oignirent David pour roi sur Israël.
4 David était âgé de trente ans
lorsqu'il devint roi, et il régna
5 quarante ans. A Hébron il régna
sur Juda sept ans et six mois, et à
Jérusalem il régna trente-trois ans
sur tout Israël et Juda.
6 Le roi marcha avec ses gens sur
Jérusalem contre les Jébusiens, habitants du pays. Ils dirent à David :
Tu n'entreras point ici, car les
aveugles mêmes et les boiteux te
repousseront ! Ce qui voulait dire :
7 David n'entrera point ici. Mais
David s'empara de la forteresse de
8 Sion : c'est la cité de David. David
avait dit en ce jour : Quiconque
battra les Jébusiens et atteindra le
canal, quiconque frappera ces boiteux
et ces aveugles qui sont les ennemis
de David...—C'est pourquoi l'on dit :
L'aveugle et le boiteux n'entreront
point dans la maison.
9 David s'établit dans la forteresse,
qu'il appela cité de David. Il fit
de tous côtés des constructions, en
10 dehors et en dedans de Millo. David
devenait de plus en plus grand, et
l'Éternel, le Dieu des armées, était
avec lui.
11 Hiram, roi de Tyr, envoya des
messagers à David, et du bois de
cèdre, et des charpentiers et des
tailleurs de pierres, qui bâtirent une
12 maison pour David. David reconnut
que l'Éternel l'affermissait comme
roi d'Israël, et qu'il élevait son
royaume à cause de son peuple
d'Israël.

13 David prit encore des concubines
et des femmes de Jérusalem, après
qu'il fut venu d'Hébron, et il lui
naquit encore des fils et des filles.
14 Voici les noms de ceux qui lui
naquirent à Jérusalem : Schammua,
15 Schobab, Nathan, Salomon, Jibhar,
16 Élischua, Népheg, Japhia, Élischama,
Éliada, et Éliphéleth.
17 Les Philistins apprirent qu'on avait
oint David pour roi sur Israël, et
ils montèrent tous à sa recherche.
David, qui en fut informé, descendit
18 à la forteresse. Les Philistins
arrivèrent, et se répandirent dans
la vallée des Rephaïm. David con-
19 sulta l'Éternel, en disant: Monterai-je
contre les Philistins ? Les livreras-tu
entre mes mains ? Et l'Éternel dit à
David : Monte, car je livrerai les
Philistins entre tes mains. David
20 vint à Baal-Peratsim, où il les battit.
Puis il dit : L'Éternel a dispersé
mes ennemis devant moi, comme des
eaux qui s'écoulent. C'est pourquoi
l'on a donné à ce lieu le nom de
Baal-Peratsim. Ils laissèrent là leurs
21 idoles, et David et ses gens les emportèrent.
22 Les Philistins montèrent de nouveau, et se répandirent dans la vallée
23 des Rephaïm. David consulta l'É-
ternel. Et l'Éternel dit : Tu ne
monteras pas; tourne-les par derrière,
et tu arriveras sur eux vis-à-vis des
mûriers. Quand tu entendras un
24 bruit de pas dans les cimes des
mûriers, alors hâte-toi, car c'est
l'Éternel qui marche devant toi pour
battre l'armée des Philistins. David
25 fit ce que l'Éternel lui avait ordonné,
et il battit les Philistins depuis Guéba
jusqu'à Guézer.

*L'arche transportée par David de Kirjath-
Jearim à Jérusalem.*

David rassembla encore toute **6**
l'élite d'Israël, au nombre de trente
mille hommes. Et David, avec tout 2
le peuple qui était auprès de lui, se
mit en marche depuis Baalé-Juda,
pour faire monter de là l'arche de
Dieu, devant laquelle est invoqué le
nom de l'Éternel des armées qui
réside entre les chérubins au-dessus

3 de l'arche. Ils mirent sur un char neuf l'arche de Dieu, et l'emportèrent de la maison d'Abinadab sur la colline ; Uzza et Achjo, fils d'Abina-
4 dab, conduisaient le char neuf. Ils l'emportèrent donc de la maison d'Abinadab sur la colline ; Uzza marchait à côté de l'arche de Dieu,
5 et Achjo allait devant l'arche. David et toute la maison d'Israël jouaient devant l'Éternel de toutes sortes d'instruments de bois de cyprès, des harpes, des luths, des tambourins, des sistres et des cymbales.
6 Lorsqu'ils furent arrivés à l'aire de Naçon, Uzza étendit la main vers l'arche de Dieu et la saisit, parce que
7 les bœufs la faisaient pencher. La colère de l'Éternel s'enflamma contre Uzza, et Dieu le frappa sur place à cause de sa faute. Uzza mourut là,
8 près de l'arche de Dieu. David fut irrité de ce que l'Éternel avait frappé Uzza d'un tel châtiment. Et ce lieu a été appelé jusqu'à ce jour Pérets-
9 Uzza. David eut peur de l'Éternel en ce jour-là, et il dit : Comment l'arche de l'Éternel entrerait-elle
10 chez moi ? Il ne voulut pas retirer l'arche de l'Éternel chez lui dans la cité de David, et il la fit conduire dans la maison d'Obed-Édom de
11 Gath. L'arche de l'Éternel resta trois mois dans la maison d'Obed-Édom de Gath, et l'Éternel bénit Obed-Édom et toute sa maison.
12 On vint dire au roi David : L'Éternel a béni la maison d'Obed-Édom et tout ce qui est à lui, à cause de l'arche de Dieu. Et David se mit en route, et il fit monter l'arche de Dieu depuis la maison d'Obed-Édom jusqu'à la cité de David, au milieu des réjouissances.
13 Quand ceux qui portaient l'arche de l'Éternel eurent fait six pas, on sacrifia un bœuf et un veau gras.
14 David dansait de toute sa force devant l'Éternel, et il était ceint d'un
15 éphod de lin. David et toute la maison d'Israël firent monter l'arche de l'Éternel avec des cris de joie et au son des trompettes.
16 Comme l'arche de l'Éternel entrait dans la cité de David, Mical, fille de

Saül, regardait par la fenêtre, et, voyant le roi David sauter et danser devant l'Éternel, elle le méprisa dans son cœur.

17 Après qu'on eut amené l'arche de l'Éternel, on la mit à sa place au milieu de la tente que David avait dressée pour elle ; et David offrit devant l'Éternel des holocaustes et des sacrifices d'actions de grâces.
18 Quand David eut achevé d'offrir les holocaustes et les sacrifices d'actions de grâces, il bénit le peuple au nom de l'Éternel des armées. Puis il
19 distribua à tout le peuple, à toute la multitude d'Israël, hommes et femmes, à chacun un pain, une portion de viande et un gâteau de raisins. Et tout le peuple s'en alla, chacun dans sa maison.
20 David s'en retourna pour bénir sa maison, et Mical, fille de Saül, sortit à sa rencontre. Elle dit : Quel honneur aujourd'hui pour le roi d'Israël de s'être découvert aux yeux des servantes de ses serviteurs, comme se découvrirait un homme de rien !
21 David répondit à Mical : C'est devant l'Éternel, qui m'a choisi de préférence à ton père et à toute sa maison pour m'établir chef sur le peuple de l'Éternel, sur Israël, c'est devant l'Éternel que j'ai dansé. Je
22 veux paraître encore plus vil que cela, et m'abaisser à mes propres yeux ; néanmoins je serai en honneur auprès des servantes dont tu parles. Or Mical, fille de Saül, n'eut
23 point d'enfants jusqu'au jour de sa mort.

David projetant de bâtir un temple ; opposition de l'Éternel.—Promesses à la maison de David.

7 Lorsque le roi habita dans sa maison, et que l'Éternel lui eut donné du repos, après l'avoir délivré de
2 tous les ennemis qui l'entouraient, il dit à Nathan le prophète : Vois donc ! j'habite dans une maison de cèdre, et l'arche de Dieu habite au milieu
3 d'une tente. Nathan répondit au roi : Va, fais tout ce que tu as dans le cœur, car l'Éternel est avec toi.
4 La nuit suivante, la parole de
5 l'Éternel fut adressée à Nathan : Va

dire à mon serviteur David: Ainsi parle l'Éternel: Est-ce toi qui me bâtirais une maison pour que j'en 6 fasse ma demeure? Mais je n'ai point habité dans une maison depuis le jour où j'ai fait monter les enfants d'Israël hors d'Égypte jusqu'à ce jour; j'ai voyagé sous une 7 tente et dans un tabernacle. Partout où j'ai marché avec tous les enfants d'Israël, ai-je dit un mot à quelqu'une des tribus d'Israël à qui j'avais ordonné de paître mon peuple d'Israël, ai-je dit: Pourquoi ne me bâtissez-vous pas une maison de cèdre? 8 Maintenant tu diras à mon serviteur David: Ainsi parle l'Éternel des armées: Je t'ai pris au pâturage, derrière les brebis, pour que tu fusses 9 chef sur mon peuple, sur Israël; j'ai été avec toi partout où tu as marché, j'ai exterminé tous tes ennemis devant toi, et j'ai rendu ton nom grand comme le nom des grands qui sont 10 sur la terre; j'ai donné une demeure à mon peuple, à Israël, et je l'ai planté pour qu'il y soit fixé et ne soit plus agité, pour que les méchants ne l'op-11 priment plus comme auparavant et comme à l'époque où j'avais établi des juges sur mon peuple d'Israël. Je t'ai accordé du repos en te délivrant de tous tes ennemis. Et l'Éternel t'annonce qu'il te créera une 12 maison. Quand tes jours seront accomplis et que tu seras couché avec tes pères, j'élèverai ta postérité après toi, celui qui sera sorti de tes en-13 trailles, et j'affermirai son règne. Ce sera lui qui bâtira une maison à mon nom, et j'affermirai pour toujours le 14 trône de son royaume. Je serai pour lui un père, et il sera pour moi un fils. S'il fait le mal, je le châtierai avec la verge des hommes et avec les coups des enfants des 15 hommes; mais ma grâce ne se retirera point de lui, comme je l'ai retirée de Saül, que j'ai rejeté devant 16 toi. Ta maison et ton règne seront pour toujours assurés, ton trône sera pour toujours affermi.

17 Nathan rapporta à David toutes 18 ces paroles et toute cette vision. Et le roi David alla se présenter devant l'Éternel, et dit: Qui suis-je, Seigneur Éternel, et quelle est ma maison, pour que tu m'aies fait parvenir où je suis? C'est encore peu de 19 chose à tes yeux, Seigneur Éternel; tu parles aussi de la maison de ton serviteur pour les temps à venir. Et tu daignes instruire un homme de ces choses, Seigneur Éternel! Que 20 pourrait te dire de plus David? Tu connais ton serviteur, Seigneur Éternel! A cause de ta parole, et 21 selon ton cœur, tu as fait toutes ces grandes choses pour les révéler à ton serviteur. Que tu es donc grand, 22 Éternel Dieu! car nul n'est semblable à toi, et il n'y a point d'autre Dieu que toi, d'après tout ce que nous avons entendu de nos oreilles. Est-il sur la terre une seule nation 23 qui soit comme ton peuple, comme Israël, que Dieu est venu racheter pour en former son peuple, pour se faire un nom et pour accomplir en sa faveur, en faveur de ton pays, des miracles et des prodiges, en chassant devant ton peuple, que tu as racheté d'Égypte, des nations et leurs dieux? Tu as affermi ton peuple 24 d'Israël, pour qu'il fût ton peuple à toujours; et toi, Éternel, tu es devenu son Dieu. Maintenant, É-25 ternel Dieu, fais subsister jusque dans l'éternité la parole que tu as prononcée sur ton serviteur et sur sa maison, et agis selon ta parole. Que 26 ton nom soit à jamais glorifié, et que l'on dise: L'Éternel des armées est le Dieu d'Israël! Et que la maison de ton serviteur David soit affermie devant toi! Car toi-même, Éternel 27 des armées, Dieu d'Israël, tu t'es révélé à ton serviteur, en disant: Je te fonderai une maison! C'est pourquoi ton serviteur a pris courage pour t'adresser cette prière. Main-28 tenant, Seigneur Éternel, tu es Dieu, et tes paroles sont vérité, et tu as annoncé cette grâce à ton serviteur. Veuille donc bénir la maison de ton 29 serviteur, afin qu'elle subsiste à toujours devant toi! Car c'est toi, Seigneur Éternel, qui as parlé, et par ta bénédiction la maison de ton serviteur sera bénie éternellement.

Victoires de David sur les Philistins, les Moabites, les Syriens, les Édomites. — Hauts fonctionnaires de David.

8 Après cela, David battit les Philistins et les humilia, et il enleva de la main des Philistins les rênes de leur capitale.

2 Il battit les Moabites, et il les mesura avec un cordeau, en les faisant coucher par terre; il en mesura deux cordeaux pour les livrer à la mort, et un plein cordeau pour leur laisser la vie. Et les Moabites furent assujettis à David, et lui payèrent un tribut.

3 David battit Hadadézer, fils de Rehob, roi de Tsoba, lorsqu'il alla rétablir sa domination sur le fleuve 4 de l'Euphrate. David lui prit mille sept cents cavaliers et vingt mille hommes de pied; il coupa les jarrets à tous les chevaux de trait, et ne conserva que cent attelages.

5 Les Syriens de Damas vinrent au secours d'Hadadézer, roi de Tsoba, et David battit vingt-deux mille 6 Syriens. David mit des garnisons dans la Syrie de Damas. Et les Syriens furent assujettis à David, et lui payèrent un tribut.

L'Éternel protégeait David partout 7 où il allait. Et David prit les boucliers d'or qu'avaient les serviteurs d'Hadadézer, et les apporta à Jéru-8 salem. Le roi David prit encore une grande quantité d'airain à Béthach et à Bérothaï, villes d'Hadadézer.

9 Thoï, roi de Hamath, apprit que David avait battu toute l'armée d'Ha-10 dadézer, et il envoya Joram, son fils, vers le roi David, pour le saluer, et pour le féliciter d'avoir attaqué Hadadézer et de l'avoir battu. Car Thoï était en guerre avec Hadadézer. Joram apporta des vases d'argent, des vases d'or, et des vases d'airain. 11 Le roi David les consacra à l'Éternel, comme il avait déjà consacré l'argent et l'or pris sur toutes les nations 12 qu'il avait vaincues, sur la Syrie, sur Moab, sur les fils d'Ammon, sur les Philistins, sur Amalek, et sur le butin d'Hadadézer, fils de Rehob, roi de Tsoba.

Au retour de sa victoire sur les 13 Syriens, David se fit encore un nom, en battant dans la vallée du sel dix-huit mille Édomites. Il mit des 14 garnisons dans Édom, il mit des garnisons dans tout Édom. Et tout Édom fut assujetti à David. L'Éternel protégeait David partout où il allait.

David régna sur Israël, et il faisait 15 droit et justice à tout son peuple. Joab, fils de Tseruja, commandait 16 l'armée; Josaphat, fils d'Achilud, était archiviste; Tsadok, fils d'Achithub, 17 et Achimélec, fils d'Abiathar, étaient sacrificateurs; Seraja était secrétaire; Benaja, fils de Jehojada, était 18 chef des Kéréthiens et des Péléthiens; et les fils de David étaient ministres d'état.

Bienveillance de David envers Mephiboscheth, fils de Jonathan.

9 David dit: Reste-t-il encore quelqu'un de la maison de Saül, pour que je lui fasse du bien à cause de Jonathan? Il y avait un serviteur de la 2 maison de Saül, nommé Tsiba, que l'on fit venir auprès de David. Le roi lui dit: Es-tu Tsiba? Et il répondit: Ton serviteur! Le roi dit: 3 N'y a-t-il plus personne de la maison de Saül, pour que j'use envers lui de la bonté de Dieu? Et Tsiba répondit au roi: Il y a encore un fils de Jonathan, perclus des pieds. Le roi 4 lui dit: Où est-il? Et Tsiba répondit au roi: Il est dans la maison de Makir, fils d'Ammiel, à Lodebar.

Le roi David l'envoya chercher 5 dans la maison de Makir, fils d'Ammiel, à Lodebar. Et Mephiboscheth, 6 fils de Jonathan, fils de Saül, vint auprès de David, tomba sur sa face et se prosterna. David dit: Mephiboscheth! Et il répondit: Voici 7 ton serviteur. David lui dit: Ne crains point, car je veux te faire du bien à cause de Jonathan, ton père. Je te rendrai toutes les terres de Saül, ton père, et tu mangeras toujours à ma table. Il se prosterna, 8 et dit: Qu'est ton serviteur, pour que tu regardes un chien mort, tel que moi?

9 Le roi appela Tsiba, serviteur de Saül, et lui dit: Je donne au fils de ton maître tout ce qui appartenait à 10 Saül et à toute sa maison. Tu cultiveras pour lui les terres, toi, tes fils, et tes serviteurs, et tu feras les récoltes, afin que le fils de ton maître ait du pain à manger; et Mephiboscheth, fils de ton maître, mangera toujours à ma table. Or Tsiba avait 11 quinze fils et vingt serviteurs. Il dit au roi: Ton serviteur fera tout ce que le roi mon seigneur ordonne à son serviteur. Et Mephiboscheth mangea à la table de David, comme 12 l'un des fils du roi. Mephiboscheth avait un jeune fils, nommé Mica, et tous ceux qui demeuraient dans la maison de Tsiba étaient serviteurs 13 de Mephiboscheth. Mephiboscheth habitait à Jérusalem, car il mangeait toujours à la table du roi. Il était boiteux des deux pieds.

Outrage fait par le roi des Ammonites aux serviteurs de David.— Guerre contre les Ammonites et leurs alliés.

10 Après cela, le roi des fils d'Ammon mourut, et Hanun, son fils, 2 régna à sa place. David dit: Je montrerai de la bienveillance à Hanun, fils de Nachasch, comme son père en a montré à mon égard. Et David envoya ses serviteurs pour le consoler au sujet de son père. Lorsque les serviteurs de David arrivèrent dans le pays des fils d'Ammon, 3 les chefs des fils d'Ammon dirent à Hanun, leur maître: Penses-tu que ce soit pour honorer ton père que David t'envoie des consolateurs? N'est-ce pas pour reconnaître et explorer la ville, et pour la détruire, qu'il envoie ses serviteurs auprès de 4 toi? Alors Hanun saisit les serviteurs de David, leur fit raser la moitié de la barbe, et fit couper leurs habits par le milieu jusqu'au haut des cuisses. Puis il les congédia. 5 David, qui fut informé, envoya des gens à leur rencontre, car ces hommes étaient dans une grande confusion; et le roi leur fit dire: Restez à Jéricho jusqu'à ce que votre barbe ait repoussé, et revenez ensuite.

Les fils d'Ammon, voyant qu'ils 6 s'étaient rendus odieux à David, firent enrôler à leur solde vingt mille hommes de pied chez les Syriens de Beth-Rehob et chez les Syriens de Tsoba, mille hommes chez le roi de Maaca, et douze mille hommes chez les gens de Tob. A cette nouvelle, 7 David envoya contre eux Joab et toute l'armée, les hommes vaillants. Les fils d'Ammon sortirent, et se 8 rangèrent en bataille à l'entrée de la porte; les Syriens de Tsoba et de Rehob, et les hommes de Tob et de Maaca, étaient à part dans la campagne.

Joab vit qu'il avait à combattre par 9 devant et par derrière. Il choisit alors sur toute l'élite d'Israël un corps, qu'il opposa aux Syriens; et 10 il plaça sous le commandement de son frère Abischaï le reste du peuple, pour faire face aux fils d'Ammon. Il dit: Si les Syriens sont plus forts 11 que moi, tu viendras à mon secours; et si les fils d'Ammon sont plus forts que toi, j'irai te secourir. Sois ferme, 12 et montrons du courage pour notre peuple et pour les villes de notre Dieu, et que l'Éternel fasse ce qui lui semblera bon! Joab, avec son peuple, 13 s'avança pour attaquer les Syriens, et ils s'enfuirent devant lui. Et 14 quand les fils d'Ammon virent que les Syriens avaient pris la fuite, ils s'enfuirent aussi devant Abischaï et rentrèrent dans la ville. Joab s'éloigna des fils d'Ammon et revint à Jérusalem.

Les Syriens, voyant qu'ils avaient 15 été battus par Israël, réunirent leurs forces. Hadarézer envoya chercher 16 les Syriens qui étaient de l'autre côté du fleuve; et ils arrivèrent à Hélam, ayant à leur tête Schobac, chef de l'armée d'Hadarézer. On l'annonça 17 à David, qui assembla tout Israël, passa le Jourdain, et vint à Hélam. Les Syriens se préparèrent à la rencontre de David, et lui livrèrent bataille. Mais les Syriens s'enfuirent devant Israël. Et David leur 18 tua les troupes de sept cents chars et quarante mille cavaliers; il frappa aussi le chef de leur armée, Schobac,

19 qui mourut sur place. Tous les rois soumis à Hadarézer, se voyant battus par Israël, firent la paix avec Israël et lui furent assujettis. Et les Syriens n'osèrent plus secourir les fils d'Ammon.

Siège de Rabba, capitale des Ammonites. — Conduite criminelle de David à l'égard de Bath-Schéba et d'Urie. — La brebis du pauvre et le repentir de David. — Prise de Rabba.

11 L'année suivante, au temps où les rois se mettaient en campagne, David envoya Joab, avec ses serviteurs et tout Israël, pour détruire les fils d'Ammon et pour assiéger Rabba. Mais David resta à Jérusalem.

2 Un soir, David se leva de sa couche; et, comme il se promenait sur le toit de la maison royale, il aperçut de là une femme qui se baignait, et qui était très belle de

3 figure. David fit demander qui était cette femme, et on lui dit: N'est-ce pas Bath-Schéba, fille d'Éliam, fem-

4 me d'Urie, le Héthien? Et David envoya des gens pour la chercher. Elle vint vers lui, et il coucha avec elle. Après s'être purifiée de sa souillure, elle retourna dans sa maison.

5 Cette femme devint enceinte, et elle fit dire à David: Je suis enceinte.

6 Alors David expédia cet ordre à Joab: Envoie-moi Urie, le Héthien.

7 Et Joab envoya Urie à David. Urie se rendit auprès de David, qui l'interrogea sur l'état de Joab, sur l'état du peuple, et sur l'état de la guerre.

8 Puis David dit à Urie: Descends dans ta maison, et lave tes pieds. Urie sortit de la maison royale, et il

9 fut suivi d'un présent du roi. Mais Urie se coucha à la porte de la maison royale, avec tous les serviteurs de son maître, et il ne descendit

10 point dans sa maison. On en informa David, et on lui dit: Urie n'est pas descendu dans sa maison. Et David dit à Urie: N'arrives-tu pas de voyage? Pourquoi n'es-tu pas

11 descendu dans ta maison? Urie répondit à David: L'arche et Israël et Juda habitent sous des tentes, mon seigneur Joab et les serviteurs de mon seigneur campent en rase campagne, et moi j'entrerais dans ma maison pour manger et boire et pour coucher avec ma femme! Aussi vrai que tu es vivant et que ton âme est vivante, je ne ferai point cela. Da-12 vid dit à Urie: Reste ici encore aujourd'hui, et demain je te renverrai. Et Urie resta à Jérusalem ce jour-là et le lendemain. David l'in-13 vita à manger et à boire en sa présence, et il l'enivra; et le soir, Urie sortit pour se mettre sur sa couche, avec les serviteurs de son maître, mais il ne descendit point dans sa maison.

Le lendemain matin, David écrivit 14 une lettre à Joab, et l'envoya par la main d'Urie. Il écrivit dans cette 15 lettre: Placez Urie au plus fort du combat, et retirez-vous de lui, afin qu'il soit frappé et qu'il meure. Joab, 16 en assiégeant la ville, plaça Urie à l'endroit qu'il savait défendu par de vaillants soldats. Les hommes de 17 la ville firent une sortie et se battirent contre Joab; plusieurs tombèrent parmi le peuple, parmi les serviteurs de David, et Urie, le Héthien, fut aussi tué. Joab en-18 voya un messager pour faire rapport à David de tout ce qui s'était passé dans le combat. Il donna cet ordre 19 au messager: Quand tu auras achevé de raconter au roi tous les détails du combat, peut-être se mettra-t-il en 20 fureur et te dira-t-il: Pourquoi vous êtes-vous approchés de la ville pour combattre? Ne savez-vous pas qu'on lance des traits du haut de la muraille? Qui a tué Abimélec, fils de 21 Jerubbéscheth? n'est-ce pas une femme qui lança sur lui du haut de la muraille un morceau de meule de moulin, et n'en est-il pas mort à Thébets? Pourquoi vous êtes-vous approchés de la muraille? Alors tu diras: Ton serviteur Urie, le Héthien, est mort aussi.

Le messager partit; et, à son ar-22 rivée, il fit rapport à David de tout ce que Joab lui avait ordonné. Le 23 messager dit à David: Ces gens ont eu sur nous l'avantage; ils avaient fait une sortie contre nous dans les champs, et nous les avons repoussés 24 jusqu'à l'entrée de la porte; les archers ont tiré du haut de la muraille sur tes serviteurs, et plusieurs des serviteurs du roi ont été tués, et ton serviteur Urie, le Héthien, est 25 mort aussi. David dit au messager: Voici ce que tu diras à Joab: Ne sois point peiné de cette affaire, car l'épée dévore tantôt l'un, tantôt l'autre; attaque vigoureusement la ville, et renverse-la. Et toi, encourage-le! 26 La femme d'Urie apprit que son mari était mort, et elle pleura son 27 mari. Quand le deuil fut passé, David l'envoya chercher et la recueillit dans sa maison. Elle devint sa femme, et lui enfanta un fils.

Ce que David avait fait déplut à l'Éternel.

12 L'Éternel envoya Nathan vers David. Et Nathan vint à lui, et lui dit:

Il y avait dans une ville deux hommes, l'un riche et l'autre pauvre. 2 Le riche avait des brebis et des 3 bœufs en très grand nombre. Le pauvre n'avait rien du tout qu'une petite brebis, qu'il avait achetée; il la nourrissait, et elle grandissait chez lui avec ses enfants; elle mangeait de son pain, buvait dans sa coupe, dormait sur son sein, et il la re-4 gardait comme sa fille. Un voyageur arriva chez l'homme riche. Et le riche n'a pas voulu toucher à ses brebis ou à ses bœufs, pour préparer un repas au voyageur qui était venu chez lui; il a pris la brebis du pauvre, et l'a apprêtée pour l'homme qui était venu chez lui.

5 La colère de David s'enflamma violemment contre cet homme, et il dit à Nathan: L'Éternel est vivant! l'homme qui a fait cela mérite la 6 mort. Et il rendra quatre brebis, pour avoir commis cette action et pour avoir été sans pitié.

7 Et Nathan dit à David: Tu es cet homme-là! Ainsi parle l'Éternel, le Dieu d'Israël: Je t'ai oint pour roi sur Israël, et je t'ai délivré de la 8 main de Saül; je t'ai mis en posses-

sion de la maison de ton maître, j'ai placé dans ton sein les femmes de ton maître, et je t'ai donné la maison d'Israël et de Juda. Et si cela eût été peu, j'y aurais encore ajouté. Pourquoi donc as-tu méprisé la pa- 9 role de l'Éternel, en faisant ce qui est mal à ses yeux? Tu as frappé de l'épée Urie, le Héthien; tu as pris sa femme pour en faire ta femme, et lui, tu l'as tué par l'épée des fils d'Ammon. Maintenant, l'épée 10 ne s'éloignera jamais de ta maison, parce que tu m'as méprisé, et parce que tu as pris la femme d'Urie, le Héthien, pour en faire ta femme. Ainsi 11 parle l'Éternel: Voici, je vais faire sortir de ta maison le malheur contre toi, et je vais prendre sous tes yeux tes propres femmes pour les donner à un autre, qui couchera avec elles à la vue de ce soleil. Car tu as agi 12 en secret; et moi, je ferai cela en présence de tout Israël et à la face du soleil.

David dit à Nathan: J'ai péché 13 contre l'Éternel! Et Nathan dit à David: L'Éternel pardonne ton péché, tu ne mourras point. Mais, parce 14 que tu as fait blasphémer les ennemis de l'Éternel, en commettant cette action, le fils qui t'est né mourra.

Et Nathan s'en alla dans sa 15 maison.

L'Éternel frappa l'enfant que la femme d'Urie avait enfanté à David, et il fut dangereusement malade. David pria Dieu pour l'enfant, et 16 jeûna; et quand il rentra, il passa la nuit couché par terre. Les anciens 17 de sa maison insistèrent auprès de lui pour le faire lever de terre; mais il ne voulut point, et il ne mangea rien avec eux. Le septième jour, 18 l'enfant mourut. Les serviteurs de David craignaient de lui annoncer que l'enfant était mort. Car ils disaient: Voici, lorsque l'enfant vivait encore, nous lui avons parlé, et il ne nous a pas écoutés; comment oserons-nous lui dire: L'enfant est mort? Il s'affligera bien davantage. David aperçut que ses serviteurs 19 parlaient tout bas entre eux, et il comprit que l'enfant était mort. Il dit à ses serviteurs : **L'enfant est il mort ?** Et ils répondirent : Il est 20 mort. Alors David se leva de terre. Il se lava, s'oignit, et changea de vêtements ; puis il alla dans la maison de l'Éternel, et se prosterna. De retour chez lui, il demanda qu'on lui 21 servît à manger, et il mangea. Ses serviteurs lui dirent : Que signifie ce que tu fais ? Tandis que l'enfant vivait, tu jeûnais et tu pleurais ; et maintenant que l'enfant est mort, tu 22 te lèves et tu manges ! Il répondit : Lorsque l'enfant vivait encore, je jeûnais et je pleurais, car je disais : Qui sait si l'Éternel n'aura pas pitié de moi et si l'enfant ne vivra pas ? 23 Maintenant qu'il est mort, pourquoi jeûnerais-je ? Puis-je le faire revenir ? J'irai vers lui, mais il ne reviendra pas vers moi.

24 David consola Bath-Schéba, sa femme, et il alla auprès d'elle et coucha avec elle. Elle enfanta un fils qu'il appela Salomon, et qui fut 25 aimé de l'Éternel. Il le remit entre les mains de Nathan le prophète, et Nathan lui donna le nom de Jedidja, à cause de l'Éternel.

26 Joab, qui assiégeait Rabba des fils d'Ammon, s'empara de la ville royale, 27 et envoya des messagers à David pour lui dire : J'ai attaqué Rabba, et je me suis déjà emparé de la ville 28 des eaux ; rassemble maintenant le reste du peuple, campe contre la ville, et prends-la, de peur que je ne la prenne moi-même et que la 29 gloire ne m'en soit attribuée. David rassembla tout le peuple, et marcha sur Rabba ; il l'attaqua, et s'en rendit 30 maître. Il enleva la couronne de dessus la tête de son roi : elle pesait un talent d'or et était garnie de pierres précieuses. On la mit sur la tête de David, qui emporta de la 31 ville un très grand butin. Il fit sortir les habitants, et il les plaça sous des scies, des herses de fer et des haches de fer, et les fit passer par des fours à briques ; il traita de même toutes les villes des fils d'Ammon. David retourna à Jérusalem avec tout le peuple.

Inceste d'Amnon, fils de David.—Amnon assassiné par les serviteurs de son frère Absalom.—Fuite d'Absalom.—Absalom rentré en grâce.

Après cela, voici ce qui arriva. **13** Absalom, fils de David, avait une sœur qui était belle et qui s'appelait Tamar ; et Amnon, fils de David, l'aima. Amnon était tourmenté 2 jusqu'à se rendre malade à cause de Tamar, sa sœur ; car elle était vierge, et il paraissait difficile à Amnon de faire sur elle la moindre tentative. Amnon avait un ami, nommé Jona- 3 dab, fils de Schimea, frère de David, et Jonadab était un homme très habile. Il lui dit : Pourquoi deviens- 4 tu ainsi chaque matin plus maigre, toi, fils de roi ? Ne veux-tu pas me le dire ? Amnon lui répondit : J'aime Tamar, sœur d'Absalom, mon frère. Jonadab lui dit : Mets-toi au lit, et 5 fais le malade. Quand ton père viendra te voir, tu lui diras : Permets à Tamar, ma sœur, de venir pour me donner à manger ; qu'elle prépare un mets sous mes yeux, afin que je le voie et que je le prenne de sa main. Amnon se coucha, et fit le malade. 6 Le roi vint le voir, et Amnon dit au roi : Je te prie, que Tamar, ma sœur, vienne faire deux gâteaux sous mes yeux, et que je les mange de sa main.

David envoya dire à Tamar dans 7 l'intérieur des appartements : Va dans la maison d'Amnon, ton frère, et prépare-lui un mets. Tamar alla 8 dans la maison d'Amnon, son frère, qui était couché. Elle prit de la pâte, la pétrit, prépara devant lui des gâteaux, et les fit cuire ; prenant 9 ensuite la poêle, elle les versa devant lui. Mais Amnon refusa de manger. Il dit : Faites sortir tout le monde. Et tout le monde sortit de chez lui. Alors Amnon dit à Tamar : Apporte 10 le mets dans la chambre, et que je le mange de ta main. Tamar prit les gâteaux qu'elle avait faits, et les porta à Amnon, son frère, dans la chambre. Comme elle les lui pré- 11 sentait à manger, il la saisit et lui dit : Viens, couche avec moi, ma sœur. Elle lui répondit : Non, mon 12 frère, ne me déshonore pas, car on

n'agit point ainsi en Israël ; ne
13 commets pas cette infamie. Où
irais-je, moi, avec ma honte ? Et
toi, tu serais comme l'un des infâmes
en Israël. Maintenant, je te prie,
parle au roi, et il ne s'opposera pas
14 à ce que je sois à toi. Mais il ne
voulut pas l'écouter ; il lui fit violence,
la déshonora et coucha avec elle.
15 Puis Amnon eut pour elle une forte
aversion, plus forte que n'avait été
son amour. Et il lui dit : Lève-toi,
16 va-t'en ! Elle lui répondit : N'augmente pas, en me chassant, le mal
17 que tu m'as déjà fait. Il ne voulut
pas l'écouter, et appelant le garçon
qui le servait, il dit : Qu'on éloigne
de moi cette femme et qu'on la mette
dehors. Et ferme la porte après
18 elle ! Elle avait une tunique de
plusieurs couleurs ; car c'était le
vêtement que portaient les filles du
roi, aussi longtemps qu'elles étaient
vierges. Le serviteur d'Amnon la
mit dehors, et ferma la porte après
19 elle. Tamar répandit de la cendre
sur sa tête, et déchira sa tunique
bigarrée ; elle mit la main sur sa
tête, et s'en alla en poussant des cris.
20 Absalom, son frère, lui dit : Amnon,
ton frère, a-t-il été avec toi ? Maintenant, ma sœur, tais-toi, c'est ton
frère ; ne prends pas cette affaire trop
à cœur. Et Tamar, désolée, demeura
dans la maison d'Absalom, son frère.
21 Le roi David apprit toutes ces choses,
22 et il fut très irrité. Absalom ne parla
ni en bien ni en mal avec Amnon ;
mais il le prit en haine, parce qu'il
avait déshonoré Tamar, sa sœur.
23 Deux ans après, comme Absalom
avait les tondeurs à Baal-Hatsor,
près d'Éphraïm, il invita tous les
24 fils du roi. Absalom alla vers le
roi, et dit : Voici, ton serviteur a les
tondeurs ; que le roi et ses serviteurs
25 viennent chez ton serviteur. Et le
roi dit à Absalom : Non, mon fils,
nous n'irons pas tous, de peur que
nous ne te soyons à charge. Absalom le pressa ; mais le roi ne voulut
26 point aller, et il le bénit. Absalom
dit : Permets du moins à Amnon,
mon frère, de venir avec nous. Le
roi lui répondit : Pourquoi irait-il chez

toi ? Sur les instances d'Absalom, le 27
roi laissa aller avec lui Amnon et
tous ses fils.
Absalom donna cet ordre à ses 28
serviteurs : Faites attention quand
le cœur d'Amnon sera égayé par le
vin et que je vous dirai : Frappez
Amnon ! Alors tuez-le ; ne craignez
point, n'est-ce pas moi qui vous l'ordonne ? Soyez fermes, et montrez du
courage ! Les serviteurs d'Absalom 29
traitèrent Amnon comme Absalom
l'avait ordonné. Et tous les fils du
roi se levèrent, montèrent chacun sur
son mulet, et s'enfuirent.
Comme ils étaient en chemin, le 30
bruit parvint à David qu'Absalom
avait tué tous les fils du roi, et qu'il
n'en était pas resté un seul. Le roi 31
se leva, déchira ses vêtements, et se
coucha par terre ; et tous ses serviteurs étaient là, les vêtements déchirés. Jonadab, fils de Schimea, 32
frère de David, prit la parole et dit :
Que mon seigneur ne pense point
que tous les jeunes gens, fils du roi,
ont été tués, car Amnon seul est
mort ; et c'est l'effet d'une résolution
d'Absalom, depuis le jour où Amnon
a déshonoré Tamar, sa sœur. Que 33
le roi mon seigneur ne se tourmente
donc point dans l'idée que tous les
fils du roi sont morts, car Amnon
seul est mort.
Absalom prit la fuite.   34
Or le jeune homme placé en sentinelle leva les yeux et regarda. Et
voici, une grande troupe venait par le
chemin qui était derrière lui, du côté
de la montagne. Jonadab dit au roi : 35
Voici les fils du roi qui arrivent !
Ainsi se confirme ce que disait ton
serviteur. Comme il achevait de 36
parler, voici, les fils du roi arrivèrent.
Ils élevèrent la voix, et pleurèrent ;
le roi aussi et tous ses serviteurs versèrent d'abondantes larmes. Absalom 37
s'était enfui, et il alla chez Talmaï,
fils d'Ammihur, roi de Gueschur. Et
David pleurait tous les jours son fils.
Absalom resta trois ans à Gue- 38
schur, où il était allé, après avoir
pris la fuite. Le roi David cessa de 39
poursuivre Absalom, car il était consolé de la mort d'Amnon.

14 Joab, fils de Tseruja, s'aperçut que le cœur du roi était porté 2 pour Absalom. Il envoya chercher à Tekoa une femme habile, et il lui dit : Montre-toi désolée, et revêts des habits de deuil ; ne t'oins pas d'huile, et sois comme une femme qui depuis longtemps pleure un mort. 3 Tu iras ainsi vers le roi, et tu lui parleras de cette manière. Et Joab lui mit dans la bouche ce qu'elle devait dire.

4 La femme de Tekoa alla parler au roi. Elle tomba la face contre terre et se prosterna, et elle dit : 5 O roi, sauve-moi ! Le roi lui dit : Qu'as-tu ? Elle répondit : Oui, je 6 suis veuve, mon mari est mort ! Ta servante avait deux fils ; ils se sont tous deux querellés dans les champs, et il n'y avait personne pour les séparer ; l'un a frappé l'autre, et l'a 7 tué. Et voici, toute la famille s'est levée contre ta servante, en disant : Livre le meurtrier de son frère ! Nous voulons le faire mourir, pour la vie de son frère qu'il a tué ; nous voulons détruire même l'héritier ! Ils éteindraient ainsi le tison qui me reste, pour ne laisser à mon mari ni nom ni survivant sur la face de la terre. 8 Le roi dit à la femme : Va dans ta maison. Je donnerai des ordres à ton sujet.

9 La femme de Tekoa dit au roi : C'est sur moi, ô roi mon seigneur, et sur la maison de mon père, que le châtiment va tomber ; le roi et son 10 trône n'auront pas à en souffrir. Le roi dit : Si quelqu'un parle contre toi, amène-le-moi, et il ne lui arrivera 11 plus de te toucher. Elle dit : Que le roi se souvienne de l'Éternel, ton Dieu, afin que le vengeur du sang n'augmente pas la ruine, et qu'on ne détruise pas mon fils ! Et il dit : L'Éternel est vivant ! il ne tombera pas à terre un cheveu de ton fils. 12 La femme dit : Permets que ta servante dise un mot à mon seigneur le roi. Et il dit : Parle ! 13 La femme dit : Pourquoi penses-tu de la sorte à l'égard du peuple de Dieu, puisqu'il résulte des paroles mêmes du roi que le roi est comme coupable en ne rappelant pas celui qu'il a proscrit ? 14 Il nous faut certainement mourir, et nous serons comme des eaux répandues à terre et qui ne se rassemblent plus ; Dieu n'ôte pas la vie, mais il désire que le fugitif ne reste pas banni de sa présence. Maintenant, si je suis 15 venue dire ces choses au roi mon seigneur, c'est que le peuple m'a effrayée. Et ta servante a dit : Je veux parler au roi ; peut-être le roi fera-t-il ce que dira sa servante. 16 Oui, le roi écoutera sa servante, pour la délivrer de la main de ceux qui cherchent à nous exterminer, moi et mon fils, de l'héritage de Dieu. Ta 17 servante a dit : Que la parole de mon seigneur le roi me donne repos. Car mon seigneur le roi est comme un ange de Dieu, prêt à entendre le bien et le mal. Et que l'Éternel, ton Dieu, soit avec toi !

Le roi répondit, et dit à la femme : 18 Ne me cache pas ce que je vais te demander. Et la femme dit : Que mon seigneur le roi parle ! Le roi 19 dit alors : La main de Joab n'est-elle pas avec toi dans tout ceci ? Et la femme répondit : Aussi vrai que ton âme est vivante, ô roi mon seigneur, il n'y a rien à droite ni à gauche de tout ce que dit mon seigneur le roi. C'est, en effet, ton serviteur Joab qui m'a donné des ordres, et qui a mis dans la bouche de ta servante toutes ces paroles. C'est pour donner à la 20 chose une autre tournure que ton serviteur Joab a fait cela. Mais mon seigneur est aussi sage qu'un ange de Dieu, pour connaître tout ce qui se passe sur la terre.

Le roi dit à Joab : Voici, je veux 21 bien faire cela ; va donc, ramène le jeune homme Absalom. Joab tomba 22 la face contre terre et se prosterna, et il bénit le roi. Puis il dit : Ton serviteur connaît aujourd'hui que j'ai trouvé grâce à tes yeux, ô roi mon seigneur, puisque le roi agit selon la parole de son serviteur. Et Joab se 23 leva et partit pour Gueschur, et il ramena Absalom à Jérusalem. Mais 24 le roi dit : Qu'il se retire dans sa maison, et qu'il ne voie point ma face. Et Absalom se retira dans sa maison, et il ne vit point la face du roi.

25 Il n'y avait pas un homme dans tout Israël aussi renommé qu'Absalom pour sa beauté; depuis la plante du pied jusqu'au sommet de la tête, il n'y avait point en lui de

26 défaut. Lorsqu'il se rasait la tête,— c'était chaque année qu'il se la rasait, parce que sa chevelure lui pesait,— le poids des cheveux de sa tête était de deux cents sicles, poids du roi.

27 Il naquit à Absalom trois fils, et une fille nommée Tamar, qui était une femme belle de figure.

28 Absalom demeura deux ans à Jérusalem, sans voir la face du roi.

29 Il fit demander Joab, pour l'envoyer vers le roi; mais Joab ne voulut point venir auprès de lui. Il le fit demander une seconde fois; et Joab

30 ne voulut point venir. Absalom dit alors à ses serviteurs: Voyez, le champ de Joab est à côté du mien; il y a de l'orge; allez et mettez-y le feu. Et les serviteurs d'Absalom

31 mirent le feu au champ. Joab se leva et se rendit auprès d'Absalom, dans sa maison. Il lui dit: Pourquoi tes serviteurs ont-ils mis le feu

32 au champ qui m'appartient? Absalom répondit à Joab: Voici, je t'ai fait dire: Viens ici, et je t'enverrai vers le roi, afin que tu lui dises: Pourquoi suis-je revenu de Gueschur? Il vaudrait mieux pour moi que j'y fusse encore. Je désire maintenant voir la face du roi; et s'il y a quelque crime en moi, qu'il me fasse

33 mourir. Joab alla vers le roi, et lui rapporta cela. Et le roi appela Absalom, qui vint auprès de lui et se prosterna la face contre terre en sa présence. Le roi baisa Absalom.

Révolte d'Absalom.—Fuite de David.— Entrée d'Absalom dans Jérusalem.—Les amis et les ennemis de David.—David à Mahanaïm, au delà du Jourdain; Absalom à sa poursuite.—Bataille entre l'armée d'Absalom et celle de David.— Absalom tué par Joab dans la forêt d'Éphraïm.

15 Après cela, Absalom se procura un char et des chevaux, et

cinquante hommes qui couraient devant lui. Il se levait de bon matin, 2 et se tenait au bord du chemin de la porte. Et chaque fois qu'un homme ayant une contestation se rendait vers le roi pour obtenir un jugement, Absalom l'appelait, et disait: De quelle ville es-tu? Lorsqu'il avait répondu: Je suis d'une telle tribu d'Israël, Absalom lui disait: Vois, 3 ta cause est bonne et juste; mais personne de chez le roi ne t'écoutera. Absalom disait: Qui m'établira juge 4 dans le pays? Tout homme qui aurait une contestation et un procès viendrait à moi, et je lui ferais justice. Et quand quelqu'un s'approchait pour 5 se prosterner devant lui, il lui tendait la main, le saisissait et l'embrassait. Absalom agissait ainsi à l'égard de 6 tous ceux d'Israël qui se rendaient vers le roi pour demander justice. Et Absalom gagnait le cœur des gens d'Israël.

Au bout de quarante ans, Absalom 7 dit au roi: Permets que j'aille à Hébron, pour accomplir le vœu que j'ai fait à l'Éternel. Car ton serviteur a 8 fait un vœu, pendant que je demeurais à Gueschur en Syrie; j'ai dit: Si l'Éternel me ramène à Jérusalem, je servirai l'Éternel. Le roi lui dit: 9 Va en paix. Et Absalom se leva et partit pour Hébron.

Absalom envoya des espions dans 10 toutes les tribus d'Israël, pour dire: Quand vous entendrez le son de la trompette, vous direz: Absalom règne à Hébron. Deux cents hommes 11 de Jérusalem, qui avaient été invités, accompagnèrent Absalom; et ils le firent en toute simplicité, sans rien savoir. Pendant qu'Absalom offrait 12 les sacrifices, il envoya chercher à la ville de Guilo Achitophel, le Guilonite, conseiller de David. La conjuration devint puissante, et le peuple était de plus en plus nombreux auprès d'Absalom.

Quelqu'un vint informer David, et 13 lui dit: Le cœur des hommes d'Israël s'est tourné vers Absalom. Et David 14 dit à tous ses serviteurs qui étaient avec lui à Jérusalem: Levez-vous, fuyons, car il n'y aura point de salut pour nous devant Absalom. Hâtez-vous de partir ; sinon, il ne tarderait pas à nous atteindre, et il nous précipiterait dans le malheur et frapperait la ville du tranchant de l'épée.

15 Les serviteurs du roi lui dirent : Tes serviteurs feront tout ce que voudra

16 mon seigneur le roi. Le roi sortit, et toute sa maison le suivait, et il laissa dix concubines pour garder la

17 maison. Le roi sortit, et tout le peuple le suivait, et ils s'arrêtèrent

18 à la dernière maison. Tous ses serviteurs, tous les Kéréthiens et tous les Péléthiens, passèrent à ses côtés ; et tous les Gathiens, au nombre de six cents hommes, venus de Gath à sa suite, passèrent devant le roi.

19 Le roi dit à Ittaï de Gath : Pourquoi viendrais-tu aussi avec nous ? Retourne, et reste avec le roi, car tu es étranger, et même tu as été

20 emmené de ton pays. Tu es arrivé d'hier, et aujourd'hui je te ferais errer avec nous çà et là, quand je ne sais moi-même où je vais ! Retourne, et emmène tes frères avec toi. Que l'Éternel use envers toi de bonté et

21 de fidélité ! Ittaï répondit au roi, et dit : L'Éternel est vivant et mon seigneur le roi est vivant ! au lieu où sera mon seigneur le roi, soit pour mourir, soit pour vivre, là aussi sera

22 ton serviteur. David dit alors à Ittaï : Va, passe ! Et Ittaï de Gath passa, avec tous ses gens et tous les enfants qui étaient avec lui.

23 Toute la contrée était en larmes et l'on poussait de grands cris, au passage de tout le peuple. Le roi passa le torrent de Cédron, et tout le peuple passa vis-à-vis du chemin

24 qui mène au désert. Tsadok était aussi là, et avec lui tous les Lévites portant l'arche de l'alliance de Dieu ; et ils posèrent l'arche de Dieu, et Abiathar montait, pendant que tout le peuple achevait de sortir de la ville.

25 Le roi dit à Tsadok : Reporte l'arche de Dieu dans la ville. Si je trouve grâce aux yeux de l'Éternel, il me ramènera, et il me fera voir

26 l'arche et sa demeure. Mais s'il dit : Je ne prends point plaisir en toi !

me voici, qu'il me fasse ce qui lui semblera bon. Le roi dit encore au 27 sacrificateur Tsadok : Comprends-tu ? retourne en paix dans la ville, avec Achimaats, ton fils, et avec Jonathan, fils d'Abiathar, vos deux fils. Voyez, j'attendrai dans les 28 plaines du désert, jusqu'à ce qu'il m'arrive des nouvelles de votre part. Ainsi Tsadok et Abiathar reportèrent 29 l'arche de Dieu à Jérusalem, et ils y restèrent.

David monta la colline des oliviers. 30 Il montait en pleurant et la tête couverte, et il marchait nu-pieds ; et tous ceux qui étaient avec lui se couvrirent aussi la tête, et ils montaient en pleurant.

On vint dire à David : Achitophel 31 est avec Absalom parmi les conjurés. Et David dit : O Éternel, réduis à néant les conseils d'Achitophel !

Lorsque David fut arrivé au 32 sommet, où il se prosterna devant Dieu, voici, Huschaï, l'Arkien, vint au-devant de lui, la tunique déchirée et la tête couverte de terre. David 33 lui dit : Si tu viens avec moi, tu me seras à charge. Et, au contraire, tu 34 anéantiras en ma faveur les conseils d'Achitophel, si tu retournes à la ville, et que tu dises à Absalom : O roi, je serai ton serviteur ; je fus autrefois le serviteur de ton père, mais je suis maintenant ton serviteur. Les sacrificateurs Tsadok et Abiathar 35 ne seront-ils pas là avec toi ? Tout ce que tu apprendras de la maison du roi, tu le diras aux sacrificateurs Tsadok et Abiathar. Et comme ils 36 ont là auprès d'eux leurs deux fils, Achimaats, fils de Tsadok, et Jonathan, fils d'Abiathar, c'est par eux que vous me ferez savoir tout ce que vous aurez appris. Huschaï, ami de 37 David, retourna donc à la ville. Et Absalom entra dans Jérusalem.

16 Lorsque David eut un peu dépassé le sommet, voici, Tsiba, serviteur de Mephiboscheth, vint au-devant de lui avec deux ânes bâtés, sur lesquels il y avait deux cents pains, cent masses de raisins secs, cent de fruits d'été, et une outre de vin. Le roi dit à Tsiba : Que veux- 2 tu faire de cela ? Et Tsiba répondit: Les ânes serviront de monture à la maison du roi, le pain et les fruits d'été sont pour nourrir les jeunes gens, et le vin pour désaltérer ceux qui seront fatigués dans le désert.

3 Le roi dit: Où est le fils de ton maître ? Et Tsiba répondit au roi : Voici, il est resté à Jérusalem, car il a dit : Aujourd'hui la maison d'Israël me rendra le royaume de mon père.

4 Le roi dit à Tsiba : Voici, tout ce qui appartient à Mephiboscheth est à toi. Et Tsiba dit : Je me prosterne ! Que je trouve grâce à tes yeux, ô roi mon seigneur !

5 David était arrivé jusqu'à Bachurim. Et voici, il sortit de là un homme de la famille et de la maison de Saül, nommé Schimeï, fils de Guéra. Il s'avança en prononçant des malé-

6 dictions, et il jeta des pierres à David et à tous les serviteurs du roi David, tandis que tout le peuple et tous les hommes vaillants étaient à la droite

7 et à la gauche du roi. Schimeï parlait ainsi en le maudissant : Va-t'en, va-t'en, homme de sang, méchant

8 homme ! L'Éternel fait retomber sur toi tout le sang de la maison de Saül, dont tu occupais le trône, et l'Éternel a livré le royaume entre les mains d'Absalom, ton fils ; et te voilà malheureux comme tu le mérites, car tu es un homme de sang !

9 Alors Abischaï, fils de Tseruja, dit au roi : Pourquoi ce chien mort maudit-il le roi mon seigneur ? Laisse-moi, je te prie, aller lui couper

10 la tête. Mais le roi dit : Qu'ai-je affaire avec vous, fils de Tseruja ? S'il maudit, c'est que l'Éternel lui a dit : Maudis David ! Qui donc lui

11 dira : Pourquoi agis-tu ainsi ? Et David dit à Abischaï et à tous ses serviteurs : Voici, mon fils, qui est sorti de mes entrailles, en veut à ma vie ; à plus forte raison ce Benjamite ! Laissez-le, et qu'il maudisse, car

12 l'Éternel le lui a dit. Peut-être l'Éternel regardera-t-il mon affliction, et me fera-t-il du bien en retour des malédictions d'aujourd'hui.

13 David et ses gens continuèrent leur chemin. Et Schimeï marchait sur le flanc de la montagne près de David, et, en marchant, il maudissait, il jetait des pierres contre lui, il

14 faisait voler la poussière. Le roi et tout le peuple qui était avec lui arrivèrent à Ajephim, et là ils se reposèrent.

15 Absalom et tout le peuple, les hommes d'Israël, étaient entrés dans Jérusalem ; et Achitophel était avec Absalom.

16 Lorsque Huschaï, l'Arkien, ami de David, fut arrivé auprès d'Absalom, il lui dit : Vive le roi ! vive le roi !

17 Et Absalom dit à Huschaï : Voilà donc l'attachement que tu as pour ton ami ! Pourquoi n'es-tu pas allé

18 avec ton ami ? Huschaï répondit à Absalom : C'est que je veux être à celui qu'ont choisi l'Éternel et tout ce peuple et tous les hommes d'Israël, et c'est avec lui que je veux rester.

19 D'ailleurs, qui servirai-je ? Ne sera-ce pas son fils ? Comme j'ai servi ton père, ainsi je te servirai.

20 Absalom dit à Achitophel : Consultez ensemble ; qu'avons-nous à

21 faire ? Et Achitophel dit à Absalom : Va vers les concubines que ton père a laissées pour garder la maison ; ainsi tout Israël saura que tu t'es rendu odieux à ton père, et les mains de tous ceux qui sont avec toi se

22 fortifieront. On dressa pour Absalom une tente sur le toit, et Absalom alla vers les concubines de son père, aux

23 yeux de tout Israël. Les conseils donnés en ce temps-là par Achitophel avaient autant d'autorité que si l'on eût consulté Dieu lui-même. Il en était ainsi de tous les conseils d'Achitophel, soit pour David, soit pour Absalom.

17 Achitophel dit à Absalom : Laisse-moi choisir douze mille hommes ! Je me lèverai, et je pour-

2 suivrai David cette nuit même. Je le surprendrai pendant qu'il est fatigué et que ses mains sont affaiblies, je l'épouvanterai, et tout le peuple qui

3 est avec lui s'enfuira. Je frapperai le roi seul, et je ramènerai à toi tout le peuple ; la mort de l'homme à qui tu en veux assurera le retour de tous,

4 et tout le peuple sera en paix. Cette

parole plut à Absalom et à tous les anciens d'Israël

5 Cependant Absalom dit: Appelez encore Huschaï, l'Arkien, et que nous entendions aussi ce qu'il dira.

6 Huschaï vint auprès d'Absalom, et Absalom lui dit: Voici comment a parlé Achitophel; devons-nous faire ce qu'il a dit, ou non? Parle, toi!

7 Huschaï répondit à Absalom: Pour cette fois le conseil qu'a donné Achi-

8 tophel n'est pas bon. Et Huschaï dit: Tu connais la bravoure de ton père et de ses gens, ils sont furieux comme le serait dans les champs une ourse à qui l'on aurait enlevé ses petits. Ton père est un homme de guerre, et il ne passera pas la nuit

9 avec le peuple; voici maintenant, il est caché dans quelque fosse ou dans quelque autre lieu. Et si, dès le commencement, il en est qui tombent sous leurs coups, on ne tardera pas à l'apprendre et l'on dira: Il y a une défaite parmi le peuple qui suit

10 Absalom! Alors le plus vaillant, eût-il un cœur de lion, sera saisi d'épouvante; car tout Israël sait que ton père est un héros et qu'il a des

11 braves avec lui. Je conseille donc que tout Israël se rassemble auprès de toi, depuis Dan jusqu'à Beer-Schéba, multitude pareille au sable qui est sur le bord de la mer. Tu marcheras en personne au combat.

12 Nous arriverons à lui en quelque lieu que nous le trouvions, et nous tomberons sur lui comme la rosée tombe sur le sol; et pas un n'échappera, ni lui ni aucun des hommes

13 qui sont avec lui. S'il se retire dans une ville, tout Israël portera des cordes vers cette ville, et nous la traînerons au torrent, jusqu'à ce qu'on

14 n'en trouve plus une pierre. Absalom et tous les gens d'Israël dirent: Le conseil de Huschaï, l'Arkien, vaut mieux que le conseil d'Achitophel. Or l'Éternel avait résolu d'anéantir le bon conseil d'Achitophel, afin d'amener le malheur sur Absalom.

15 Huschaï dit aux sacrificateurs Tsadok et Abiathar: Achitophel a donné tel et tel conseil à Absalom et aux anciens d'Israël; et moi, j'ai conseillé telle et telle chose. Main-

16 tenant, envoyez tout de suite informer David et faites-lui dire: Ne passe point la nuit dans les plaines du désert, mais va plus loin, de peur que le roi et tout le peuple qui est avec lui ne soient exposés à périr.

17 Jonathan et Achimaats se tenaient à En-Roguel. Une servante vint leur dire d'aller informer le roi David; car ils n'osaient pas se montrer et

18 entrer dans la ville. Un jeune homme les aperçut, et le rapporta à Absalom. Mais ils partirent tous deux en hâte, et ils arrivèrent à Bachurim à la maison d'un homme qui avait un puits dans sa cour, et ils y descendi-

19 rent. La femme prit une couverture qu'elle étendit sur l'ouverture du puits, et elle y répandit du grain pilé pour qu'on ne se doutât de rien.

20 Les serviteurs d'Absalom entrèrent dans la maison auprès de cette femme, et dirent: Où sont Achimaats et Jonathan? La femme leur répondit: Ils ont passé le ruisseau. Ils cherchèrent, et ne les trouvant pas, ils retournèrent à Jérusalem.

21 Après leur départ, Achimaats et Jonathan remontèrent du puits et allèrent informer le roi David. Ils dirent à David: Levez-vous et hâtez-vous de passer l'eau, car Achitophel a conseillé contre vous telle chose.

22 David et tout le peuple qui était avec lui se levèrent et ils passèrent le Jourdain; à la lumière du matin, il n'y en avait pas un qui fût resté à l'écart, pas un qui n'eût passé le Jourdain.

23 Achitophel, voyant que son conseil n'était pas suivi, sella son âne et partit pour s'en aller chez lui dans sa ville. Il donna ses ordres à sa maison, et il s'étrangla. C'est ainsi qu'il mourut, et on l'enterra dans le sépulcre de son père.

24 David arriva à Mahanaïm. Et Absalom passa le Jourdain, lui et tous les hommes d'Israël avec lui.

25 Absalom mit Amasa à la tête de l'armée, en remplacement de Joab; Amasa était fils d'un homme appelé Jithra, l'Israélite, qui était allé vers Abigal, fille de Nachasch et sœur de

26 Tseruja, mère de Joab. Israël et Absalom campèrent dans le pays de Galaad.

27 Lorsque David fut arrivé à Mahanaïm, Schobi, fils de Nachasch, de Rabba des fils d'Ammon, Makir, fils d'Ammiel, de Lodebar, et Barzillaï,

28 le Galaadite, de Roguelim, apportèrent des lits, des bassins, des vases de terre, du froment, de l'orge, de la farine, du grain rôti, des fèves, des

29 lentilles, du grain rôti, du miel, de la crème, des brebis, et des fromages de vache. Ils apportèrent ces choses à David et au peuple qui était avec lui, afin qu'ils mangeassent; car ils disaient: Ce peuple a dû souffrir de la faim, de la fatigue et de la soif, dans le désert.

18 David passa en revue le peuple qui était avec lui, et il établit sur eux des chefs de milliers et des

2 chefs de centaines. Il plaça le tiers du peuple sous le commandement de Joab, le tiers sous celui d'Abischaï, fils de Tseruja, frère de Joab, et le tiers sous celui d'Ittaï, de Gath. Et le roi dit au peuple: Moi aussi,

3 je veux sortir avec vous. Mais le peuple dit: Tu ne sortiras point! Car si nous prenons la fuite, ce n'est pas sur nous que l'attention se portera; et quand la moitié d'entre nous succomberait, on n'y ferait pas attention; mais toi, tu es comme dix mille de nous, et maintenant il vaut mieux que de la ville tu puisses

4 venir à notre secours. Le roi leur répondit: Je ferai ce qui vous paraît bon. Et le roi se tint à côté de la porte, pendant que tout le peuple sortait par centaines et par milliers.

5 Le roi donna cet ordre à Joab, à Abischaï et à Ittaï: Pour l'amour de moi, doucement avec le jeune Absalom! Et tout le peuple entendit l'ordre du roi à tous les chefs au sujet d'Absalom.

6 Le peuple sortit dans les champs à la rencontre d'Israël, et la bataille eut lieu dans la forêt d'Éphraïm.

7 Là, le peuple d'Israël fut battu par les serviteurs de David, et il y eut en ce jour une grande défaite de vingt

8 mille hommes. Le combat s'étendit sur toute la contrée, et la forêt dévora plus de peuple ce jour-là que l'épée n'en dévora.

Absalom se trouva en présence des 9 gens de David. Il était monté sur un mulet. Le mulet pénétra sous les branches entrelacées d'un grand térébinthe, et la tête d'Absalom fut prise au térébinthe; il demeura suspendu entre le ciel et la terre, et le mulet qui était sous lui passa outre. Un homme ayant vu cela vint dire 10 à Joab: Voici, j'ai vu Absalom suspendu à un térébinthe. Et Joab 11 dit à l'homme qui lui apporta cette nouvelle: Tu l'as vu! pourquoi donc ne l'as-tu pas abattu sur place? Je t'aurais donné dix sicles d'argent et une ceinture. Mais cet homme 12 dit à Joab: Quand je pèserais dans ma main mille sicles d'argent, je ne mettrais pas la main sur le fils du roi; car nous avons entendu cet ordre que le roi t'a donné, à toi, à Abischaï et à Ittaï: Prenez garde chacun au jeune Absalom! Et si j'eusse at- 13 tenté perfidement à sa vie, rien n'aurait été caché au roi, et tu aurais été toi-même contre moi. Joab dit: Je 14 ne m'arrêterai pas auprès de toi! Et il prit en main trois javelots, et les enfonça dans le cœur d'Absalom encore plein de vie au milieu du térébinthe. Dix jeunes gens, qui por- 15 taient les armes de Joab, entourèrent Absalom, le frappèrent et le firent mourir.

Joab fit sonner de la trompette; 16 et le peuple revint, cessant ainsi de poursuivre Israël, parce que Joab l'en empêcha. Ils prirent Absalom, le 17 jetèrent dans une grande fosse au milieu de la forêt, et mirent sur lui un très grand monceau de pierres. Tout Israël s'enfuit, chacun dans sa tente. De son vivant, Absalom 18 s'était fait ériger un monument dans la vallée du roi; car il disait: Je n'ai point de fils, par qui le souvenir de mon nom puisse être conservé. Et il donna son propre nom au monument, qu'on appelle encore aujourd'hui monument d'Absalom.

Achimaats, fils de Tsadok, dit: 19 Laisse-moi courir, et porter au roi la bonne nouvelle que l'Éternel lui a rendu justice en le délivrant de la 20 main de ses ennemis. Joab lui dit: Ce n'est pas toi qui dois porter aujourd'hui les nouvelles; tu les porteras un autre jour, mais non aujourd'hui, puisque le fils du roi 21 est mort. Et Joab dit à Cuschi: Va, et annonce au roi ce que tu as vu. Cuschi se prosterna devant 22 Joab, et courut. Achimaats, fils de Tsadok, dit encore à Joab: Quoi qu'il arrive, laisse-moi courir après Cuschi. Et Joab dit: Pourquoi veux-tu courir, mon fils? Ce n'est pas un 23 message qui te sera profitable. Quoi qu'il arrive, je veux courir, reprit Achimaats. Et Joab lui dit: Cours! Achimaats courut par le chemin de la plaine, et il devança Cuschi.

24 David était assis entre les deux portes. La sentinelle alla sur le toit de la porte vers la muraille; elle leva les yeux et regarda. Et voici, 25 un homme courait tout seul. La sentinelle cria, et avertit le roi. Le roi dit: S'il est seul, il apporte des nouvelles. Et cet homme arrivait 26 toujours plus près. La sentinelle vit un autre homme qui courait; elle cria au portier: Voici un homme qui court tout seul. Le roi dit: Il 27 apporte aussi des nouvelles. La sentinelle dit: La manière de courir du premier me paraît celle d'Achimaats, fils de Tsadok. Et le roi dit: C'est un homme de bien, et il apporte de bonnes nouvelles.

28 Achimaats cria, et il dit au roi: Tout va bien! Il se prosterna devant le roi la face contre terre, et dit: Béni soit l'Éternel, ton Dieu, qui a livré les hommes qui levaient la main contre le roi mon seigneur! 29 Le roi dit: Le jeune Absalom est-il en bonne santé? Achimaats répondit: J'ai aperçu un grand tumulte au moment où Joab envoya le serviteur du roi et moi ton serviteur; mais 30 je ne sais ce que c'était. Et le roi dit: Mets-toi là de côté. Et Achimaats se tint de côté.

31 Aussitôt arriva Cuschi. Et il dit: Que le roi mon seigneur apprenne la bonne nouvelle! Aujourd'hui l'É-ternel t'a rendu justice en te délivrant de la main de tous ceux qui s'élevaient contre toi. Le roi dit 32 à Cuschi: Le jeune homme Absalom est-il en bonne santé? Cuschi répondit: Qu'ils soient comme ce jeune homme, les ennemis du roi mon seigneur et tous ceux qui s'élèvent contre toi pour te faire du mal!

Alors le roi, saisi d'émotion, monta 33 dans la chambre au-dessus de la porte et pleura. Il disait en marchant: Mon fils Absalom! mon fils, mon fils Absalom! Que ne suis-je mort à ta place! Absalom, mon fils mon fils!

David retournant à Jérusalem. — Révolte de Schéba, Benjamite. — Rentrée de David dans Jérusalem. — Amasa, ancien chef de l'armée d'Absalom, tué par Joab. — Mort de Schéba.

On vint dire à Joab: Voici, le **19** roi pleure et se lamente à cause d'Absalom. Et la victoire, ce jour-2 là, fut changée en deuil pour tout le peuple, car en ce jour le peuple entendait dire: Le roi est affligé à cause de son fils. Ce même jour, le 3 peuple rentra dans la ville à la dé-robée, comme l'auraient fait des gens honteux d'avoir pris la fuite dans le combat. Le roi s'était couvert le 4 visage, et il criait à haute voix: Mon fils Absalom! Absalom, mon fils, mon fils! Joab entra dans la cham-5 bre où était le roi, et dit: Tu couvres aujourd'hui de confusion la face de tous tes serviteurs, qui ont aujourd'hui sauvé ta vie, celle de tes fils et de tes filles, celle de tes femmes et de tes concubines. Tu aimes ceux qui te 6 haïssent et tu hais ceux qui t'aiment, car tu montres aujourd'hui qu'il n'y a pour toi ni chefs ni serviteurs; et je vois maintenant que, si Absalom vivait et que nous fussions tous morts en ce jour, cela serait agréable à tes yeux. Lève-toi donc, sors, et parle 7 au cœur de tes serviteurs! Car je jure par l'Éternel que, si tu ne sors pas, il ne restera pas un homme avec toi cette nuit; et ce sera pour toi pire que tous les malheurs qui te sont arrivés depuis ta jeunesse jus-qu'à présent. Alors le roi se leva, 8 et il s'assit à la porte. On fit dire à tout le peuple: Voici, le roi est assis à la porte. Et tout le peuple vint devant le roi.

Cependant Israël s'était enfui, cha-
9 cun dans sa tente. Et dans toutes les tribus d'Israël, tout le peuple était en contestation, disant: Le roi nous a délivrés de la main de nos enne-mis, c'est lui qui nous a sauvés de la main des Philistins; et maintenant il a dû fuir du pays devant Absalom.
10 Or Absalom, que nous avions oint pour qu'il régnât sur nous, est mort dans la bataille: pourquoi ne parlez-vous pas de faire revenir le roi?
11 De son côté, le roi David envoya dire aux sacrificateurs Tsadok et Abiathar: Parlez aux anciens de Juda, et dites-leur: Pourquoi seriez-vous les derniers à ramener le roi dans sa maison? — Car ce qui se disait dans tout Israël était parvenu
12 jusqu'au roi. — Vous êtes mes frères, vous êtes mes os et ma chair; pour-quoi seriez-vous les derniers à ra-
13 mener le roi? Vous direz aussi à Amasa: N'es-tu pas mon os et ma chair? Que Dieu me traite dans toute sa rigueur, si tu ne deviens pas devant moi pour toujours chef de
14 l'armée à la place de Joab! David fléchit le cœur de tous ceux de Juda, comme s'ils n'eussent été qu'un seul homme; et ils envoyèrent dire au roi: Reviens, toi, et tous tes servi-
15 teurs. Le roi revint et arriva jusqu'au Jourdain; et Juda se rendit à Guil-gal, afin d'aller à la rencontre du roi et de lui faire passer le Jourdain.
16 Schimeï, fils de Guéra, Benjamite, qui était de Bachurim, se hâta de descendre avec ceux de Juda à la
17 rencontre du roi David. Il avait avec lui mille hommes de Benjamin, et Tsiba, serviteur de la maison de Saül, et les quinze fils et les vingt serviteurs de Tsiba. Ils passèrent le
18 Jourdain à la vue du roi. Le bateau, mis à la disposition du roi, faisait la traversée pour transporter sa maison; et au moment où le roi allait passer le Jourdain, Schimeï, fils de Guéra,
19 se prosterna devant lui. Et il dit au roi: Que mon seigneur ne tienne pas compte de mon iniquité, qu'il oublie

que ton serviteur l'a offensé le jour où le roi mon seigneur sortait de Jéru-salem, et que le roi n'y ait point égard! Car ton serviteur reconnaît 20 qu'il a péché. Et voici, je viens aujourd'hui le premier de toute la maison de Joseph à la rencontre du roi mon seigneur. Alors Abi- 21 schaï, fils de Tseruja, prit la parole et dit: Schimeï ne doit-il pas mourir pour avoir maudit l'oint de l'Éternel? Mais David dit: Qu'ai-je affaire 22 avec vous, fils de Tseruja, et pour-quoi vous montrez-vous aujour-d'hui mes adversaires? Aujourd'hui ferait-on mourir un homme en Is-raël? Ne sais-je donc pas que je règne aujourd'hui sur Israël? Et le 23 roi dit à Schimeï: Tu ne mourras point! Et le roi le lui jura.

Mephiboscheth, fils de Saül, des- 24 cendit aussi à la rencontre du roi. Il n'avait point soigné ses pieds, ni fait sa barbe, ni lavé ses vêtements, depuis le jour où le roi s'en était allé jusqu'à celui où il revenait en paix. Lorsqu'il se rendit au-devant 25 du roi à Jérusalem, le roi lui dit: Pourquoi n'es-tu pas venu avec moi, Mephiboscheth? Et il répondit: O 26 roi mon seigneur, mon serviteur m'a trompé, car ton serviteur, qui est boi-teux, avait dit: Je ferai seller mon âne, je le monterai, et j'irai avec le roi. Et il a calomnié ton ser- 27 viteur auprès de mon seigneur le roi. Mais mon seigneur le roi est comme un ange de Dieu. Fais ce qui te semblera bon. Car tous ceux de la 28 maison de mon père n'ont été que des gens dignes de mort devant le roi mon seigneur; et cependant tu as mis ton serviteur au nombre de ceux qui mangent à ta table. Quel droit puis-je encore avoir, et qu'ai-je à demander au roi? Le roi lui dit: 29 A quoi bon toutes tes paroles? Je l'ai déclaré: Toi et Tsiba, vous parta-gerez les terres. Et Mephiboscheth 30 dit au roi: Qu'il prenne même le tout, puisque le roi mon seigneur rentre en paix dans sa maison.

Barzillaï, le Galaadite, descendit 31 de Roguelim, et passa le Jourdain avec le roi, pour l'accompagner jus-

32 qu'au delà du Jourdain Barzillaï était très vieux, âgé de quatre-vingts ans. Il avait entretenu le roi pendant son séjour à Mahanaïm, car
33 c'était un homme fort riche. Le roi dit à Barzillaï: Viens avec moi, je te nourrirai chez moi à Jérusalem.
34 Mais Barzillaï répondit au roi: Combien d'années vivrai-je encore, pour que je monte avec le roi à Jérusalem?
35 Je suis aujourd'hui âgé de quatre-vingts ans. Puis-je connaître ce qui est bon et ce qui est mauvais? Ton serviteur peut-il savourer ce qu'il mange et ce qu'il boit? Puis-je encore entendre la voix des chanteurs et des chanteuses? Et pourquoi ton serviteur serait-il encore à charge à
36 mon seigneur le roi? Ton serviteur ira un peu au delà du Jourdain avec le roi. Pourquoi, d'ailleurs, le roi
37 m'accorderait-il ce bienfait? Que ton serviteur s'en retourne, et que je meure dans ma ville, près du sépulcre de mon père et de ma mère! Mais voici ton serviteur Kimham, qui passera avec le roi mon seigneur; fais pour lui ce que tu trouveras bon.
38 Le roi dit: Que Kimham passe avec moi, et je ferai pour lui ce qui te plaira; tout ce que tu désireras de
39 moi, je te l'accorderai. Quand tout le peuple eut passé le Jourdain et que le roi l'eut aussi passé, le roi baisa Barzillaï et le bénit. Et Barzillaï
40 retourna dans sa demeure. Le roi se dirigea vers Guilgal, et Kimham l'accompagna.

Tout le peuple de Juda et la moitié du peuple d'Israël avaient fait passer
41 le Jourdain au roi. Mais voici, tous les hommes d'Israël abordèrent le roi, et lui dirent: Pourquoi nos frères, les hommes de Juda, t'ont-ils enlevé, et ont-ils fait passer le Jourdain au roi, à sa maison, et à tous les gens
42 de David? Tous les hommes de Juda répondirent aux hommes d'Israël: C'est que le roi nous tient de plus près; et qu'y a-t-il là pour vous irriter? Avons-nous vécu aux dépens du roi? nous a-t-il fait des
43 présents? Et les hommes d'Israël répondirent aux hommes de Juda: Le roi nous appartient dix fois au-

tant, et David même plus qu'à vous. Pourquoi nous avez-vous méprisés? N'avons-nous pas été les premiers à proposer de faire revenir notre roi? Et les hommes de Juda parlèrent avec plus de violence que les hommes d'Israël.

20 Il se trouvait là un méchant homme, nommé Schéba, fils de Bicri, Benjamite. Il sonna de la trompette, et dit: Point de part pour nous avec David, point d'héritage
2 pour nous avec le fils d'Isaï! Chacun à sa tente, Israël! Et tous les hommes d'Israël s'éloignèrent de David, et suivirent Schéba, fils de Bicri. Mais les hommes de Juda restèrent fidèles à leur roi, et l'accompagnèrent depuis le Jourdain jusqu'à Jérusalem.
3 David rentra dans sa maison à Jérusalem. Le roi prit les dix concubines qu'il avait laissées pour garder la maison, et il les mit dans un lieu où elles étaient séquestrées; il pourvut à leur entretien, mais il n'alla point vers elles. Et elles furent enfermées jusqu'au jour de leur mort, vivant dans un état de veuvage.
4 Le roi dit à Amasa: Convoque-moi d'ici à trois jours les hommes de Juda; et toi, sois ici présent.
5 Amasa partit pour convoquer Juda; mais il tarda au delà du temps que
6 le roi lui avait fixé. David dit alors à Abischaï: Schéba, fils de Bicri, va maintenant nous faire plus de mal qu'Absalom. Prends toi-même les serviteurs de ton maître et poursuis-le, de peur qu'il ne trouve des villes fortes et ne se dérobe à nos yeux.
7 Et Abischaï partit, suivi des gens de Joab, des Kéréthiens et des Péléthiens, et de tous les vaillants hommes; ils sortirent de Jérusalem, afin de poursuivre Schéba, fils de Bicri.
8 Lorsqu'ils furent près de la grande pierre qui est à Gabaon, Amasa arriva devant eux. Joab était ceint d'une épée par-dessus les habits dont il était revêtu; elle était attachée à ses reins dans le fourreau, d'où elle glissa, comme Joab s'avançait. Joab dit à
9 Amasa: Te portes-tu bien, mon frère?

Et de la main droite il saisit la 10 barbe d'Amasa pour le baiser. Amasa ne prit point garde à l'épée qui était dans la main de Joab; et Joab l'en frappa au ventre et répandit ses entrailles à terre, sans lui porter un second coup. Et Amasa mourut.

Joab et son frère Abischaï marchèrent à la poursuite de Schéba, fils 11 de Bicri. Un homme d'entre les gens de Joab resta près d'Amasa, et il disait: Qui veut de Joab et qui est pour David? Qu'il suive Joab! 12 Amasa se roulait dans le sang au milieu de la route; et cet homme, ayant vu que tout le peuple s'arrêtait, poussa Amasa hors de la route dans un champ, et jeta sur lui un vêtement, lorsqu'il vit que tous ceux qui arrivaient près de lui s'arrêtaient. 13 Quand il fut ôté de la route, chacun suivit Joab, afin de poursuivre Schéba, fils de Bicri.

14 Joab traversa toutes les tribus d'Israël dans la direction d'Abel-Beth-Maaca, et tous les hommes d'élite se rassemblèrent et le suivi-15 rent. Ils vinrent assiéger Schéba dans Abel-Beth-Maaca, et ils élevèrent contre la ville une terrasse qui atteignait le rempart. Tout le peuple qui était avec Joab sapait la 16 muraille pour la faire tomber. Alors une femme habile se mit à crier de la ville: Écoutez, écoutez! Dites, je vous prie, à Joab: Approche jus-17 qu'ici, je veux te parler! Il s'approcha d'elle, et la femme dit: Es-tu Joab? Il répondit: Je le suis. Et elle lui dit: Écoute les paroles de ta servante. Il répondit: J'écoute. 18 Et elle dit: Autrefois on avait coutume de dire: Que l'on consulte Abel! 19 Et tout se terminait ainsi. Je suis une des villes paisibles et fidèles en Israël; et tu cherches à faire périr une ville qui est une mère en Israël! Pourquoi détruirais-tu l'héritage de 20 l'Éternel? Joab répondit: Loin, loin de moi la pensée de détruire et de 21 ruiner! La chose n'est pas ainsi. Mais un homme de la montagne d'Éphraïm, nommé Schéba, fils de Bicri, a levé la main contre le roi David; livrez-le, lui seul, et je m'é-

loignerai de la ville. La femme dit à Joab: Voici, sa tête te sera jetée par la muraille. Et la femme alla 22 vers tout le peuple avec sa sagesse; et ils coupèrent la tête à Schéba, fils de Bicri, et la jetèrent à Joab. Joab sonna de la trompette; on se dispersa loin de la ville, et chacun s'en alla dans sa tente. Et Joab retourna à Jérusalem, vers le roi.

Joab commandait toute l'armée 23 d'Israël; Benaja, fils de Jehojada, était à la tête des Kéréthiens et des Péléthiens; Adoram était préposé sur 24 les impôts; Josaphat, fils d'Achilud, était archiviste; Scheja était secré-25 taire; Tsadok et Abiathar étaient sacrificateurs; et Ira de Jaïr était 26 ministre d'état de David.

Famine de trois ans.

Du temps de David, il y eut une **21** famine qui dura trois ans. David chercha la face de l'Éternel, et l'Éternel dit: C'est à cause de Saül et de sa maison sanguinaire, c'est parce qu'il a fait périr les Gabaonites. Le roi 2 appela les Gabaonites pour leur parler.—Les Gabaonites n'étaient point d'entre les enfants d'Israël, mais c'était un reste des Amoréens; les enfants d'Israël s'étaient liés envers eux par un serment, et néanmoins Saül avait voulu les frapper, dans son zèle pour les enfants d'Israël et de Juda. — David dit aux Gabao-3 nites: Que puis-je faire pour vous, et avec quoi ferai-je expiation, afin que vous bénissiez l'héritage de l'Éternel? Les Gabaonites lui répondirent: Ce 4 n'est pas pour nous une question d'argent et d'or avec Saül et avec sa maison, et ce n'est pas à nous qu'il appartient de faire mourir personne en Israël. Et le roi dit: Que voulez-vous donc que je fasse pour vous? Ils répondirent au roi: Puisque cet 5 homme nous a consumés, et qu'il avait le projet de nous détruire pour nous faire disparaître de tout le territoire d'Israël, qu'on nous livre sept 6 hommes d'entre ses fils, et nous les pendrons devant l'Éternel à Guibea de Saül, l'élu de l'Éternel. Et le roi dit: Je les livrerai.

7 Le roi épargna Mephiboscheth, fils de Jonathan, fils de Saül, à cause du serment qu'avaient fait entre eux, devant l'Éternel, David et Jonathan, 8 fils de Saül. Mais le roi prit les deux fils que Ritspa, fille d'Ajja, avait enfantés à Saül, Armoni et Mephiboscheth, et les cinq fils que Mérab, fille de Saül, avait enfantés à Adriel de Mehola, fils de Barzillaï; 9 et il les livra entre les mains des Gabaonites, qui les pendirent sur la montagne, devant l'Éternel. Tous les sept périrent ensemble; ils furent mis à mort dans les premiers jours de la moisson, au commencement de la moisson des orges.

10 Ritspa, fille d'Ajja, prit un sac et l'étendit sous elle contre le rocher, depuis le commencement de la moisson jusqu'à ce que la pluie du ciel tombât sur eux; et elle empêcha les oiseaux du ciel de s'approcher d'eux pendant le jour, et les bêtes des 11 champs pendant la nuit. On informa David de ce qu'avait fait Ritspa, fille 12 d'Ajja, concubine de Saül. Et David alla prendre les os de Saül et les os de Jonathan, son fils, chez les habitants de Jabès en Galaad, qui les avaient enlevés de la place de Beth-Schan, où les Philistins les avaient suspendus lorsqu'ils battirent Saül à 13 Guilboa. Il emporta de là les os de Saül et les os de Jonathan, son fils; et l'on recueillit aussi les os de ceux 14 qui avaient été pendus. On enterra les os de Saül et de Jonathan, son fils, au pays de Benjamin, à Tséla, dans le sépulcre de Kis, père de Saül. Et l'on fit tout ce que le roi avait ordonné.

Après cela, Dieu fut apaisé envers le pays.

Guerres contre les Philistins.

15 Les Philistins firent encore la guerre à Israël. David descendit avec ses serviteurs, et ils combattirent les Philistins. David était fa-16 tigué. Et Jischbi-Benob, l'un des enfants de Rapha, eut la pensée de tuer David; il avait une lance du poids de trois cents sicles d'airain, et il était 17 ceint d'une épée neuve. Abischaï,

fils de Tseruja, vint au secours de David, frappa le Philistin et le tua. Alors les gens de David jurèrent, en lui disant: Tu ne sortiras plus avec nous pour combattre, et tu n'éteindras pas la lampe d'Israël.

18 Il y eut encore, après cela, une bataille à Gob avec les Philistins. Alors Sibbecaï, le Huschatite, tua Saph, qui était un des enfants de Rapha.

19 Il y eut encore une bataille à Gob avec les Philistins. Et Elchanan, fils de Jaaré-Oreguim, de Bethléhem, tua Goliath de Gath, qui avait une lance dont le bois était comme une ensuble de tisserand.

20 Il y eut encore une bataille à Gath. Il s'y trouva un homme de haute taille, qui avait six doigts à chaque main et à chaque pied, vingt-quatre en tout, et qui était aussi issu de Rapha. 21 Il jeta un défi à Israël; et Jonathan, fils de Schimea, frère de David, le tua.

22 Ces quatre hommes étaient des enfants de Rapha à Gath. Ils périrent par la main de David et par la main de ses serviteurs.

Cantique de David, délivré de ses ennemis.

22 David adressa à l'Éternel les paroles de ce cantique, lorsque l'Éternel l'eut délivré de la main de tous ses ennemis et de la main de 2 Saül. Il dit:

L'Éternel est mon rocher, ma forteresse, mon libérateur.
3 Dieu est mon rocher, où je trouve un abri,
Mon bouclier et la force qui me sauve,
Ma haute retraite et mon refuge.
O mon Sauveur! tu me garantis de la violence.
4 Je m'écrie: Loué soit l'Éternel!
Et je suis délivré de mes ennemis.

5 Car les flots de la mort m'avaient environné,
Les torrents de la destruction m'avaient épouvanté;
6 Les liens du sépulcre m'avaient entouré,

Les filets de la mort m'avaient surpris.

7 Dans ma détresse, j'ai invoqué l'É-
ternel,
J'ai invoqué mon Dieu;
De son palais, il a entendu ma voix,
Et mon cri est parvenu à ses
oreilles.

8 La terre fut ébranlée et trembla,
Les fondements des cieux frémirent,
Et ils furent ébranlés, parce qu'il
était irrité.

9 Il s'élevait de la fumée dans ses
narines,
Et un feu dévorant sortait de sa
bouche:
Il en jaillissait des charbons embrasés.

10 Il abaissa les cieux, et il descendit:
Il y avait une épaisse nuée sous ses
pieds.

11 Il était monté sur un chérubin, et il
volait,
Il paraissait sur les ailes du vent.

12 Il faisait des ténèbres une tente
autour de lui,
Il était enveloppé d'amas d'eaux et
de sombres nuages.

13 De la splendeur qui le précédait
S'élançaient des charbons de feu.

14 L'Éternel tonna des cieux,
Le Très-Haut fit retentir sa voix;

15 Il lança des flèches et dispersa mes
ennemis,
La foudre, et les mit en déroute.

16 Le lit de la mer apparut,
Les fondements du monde furent
découverts,
Par la menace de l'Éternel,
Par le bruit du souffle de ses narines.

17 Il étendit sa main d'en haut, il me
saisit,
Il me retira des grandes eaux;

18 Il me délivra de mon adversaire
puissant,
De mes ennemis qui étaient plus
forts que moi.

19 Ils m'avaient surpris au jour de ma
détresse,
Mais l'Éternel fut mon appui.

20 Il m'a mis au large,
Il m'a sauvé, parce qu'il m'aime.

21 L'Éternel m'a traité selon ma droiture,
Il m'a rendu selon la pureté de mes
mains;

22 Car j'ai observé les voies de l'Éternel,
Et je n'ai point été coupable envers
mon Dieu.

23 Toutes ses ordonnances ont été devant moi,
Et je ne me suis point écarté de ses
lois.

24 J'ai été sans reproche envers lui,
Et je me suis tenu en garde contre
mon iniquité.

25 Aussi l'Éternel m'a rendu selon ma
droiture,
Selon ma pureté devant ses yeux.

26 Avec celui qui est bon tu te montres
bon,
Avec l'homme droit tu agis selon la
droiture,

27 Avec celui qui est pur tu te montres
pur,
Et avec le pervers tu agis selon sa
perversité.

28 Tu sauves le peuple qui s'humilie,
Et de ton regard, tu abaisses les
orgueilleux:

29 Oui, tu es ma lumière, ô Éternel!
L'Éternel éclaire mes ténèbres.

30 Avec toi je me précipite sur une
troupe en armes,
Avec mon Dieu je franchis une
muraille.

31 Les voies de Dieu sont parfaites,
La parole de l'Éternel est éprouvée;
Il est un bouclier pour tous ceux qui
se confient en lui.

32 Car qui est Dieu, si ce n'est l'Éternel?
Et qui est un rocher, si ce n'est notre
Dieu?

33 C'est Dieu qui est ma puissante forteresse,
Et qui me conduit dans la voie
droite.

34 Il rend mes pieds semblables à ceux
des biches,
Et il me place sur mes lieux élevés.

35 Il exerce mes mains au combat,
Et mes bras tendent l'arc d'airain.

36 Tu me donnes le bouclier de ton
salut,

Et je deviens grand par ta bonté.

37 Tu élargis le chemin sous mes pas,
Et mes pieds ne chancellent point.

38 Je poursuis mes ennemis, et je les
détruis;
Je ne reviens pas avant de les avoir
anéantis

39 Je les anéantis, je les brise, et ils ne
se relèvent plus;
Ils tombent sous mes pieds.

40 Tu me ceins de force pour le combat,
Tu fais plier sous moi mes adversaires.

41 Tu fais tourner le dos à mes ennemis
devant moi,
Et j'extermine ceux qui me haïssent.

42 Ils regardent autour d'eux, et personne pour les sauver!
Ils crient à l'Éternel, et il ne leur
répond pas!

43 Je les broie comme la poussière de
la terre,
Je les écrase, je les foule, comme la
boue des rues.

44 Tu me délivres des dissensions de
mon peuple;
Tu me conserves pour chef des
nations;
Un peuple que je ne connaissais pas
m'est asservi.

45 Les fils de l'étranger me flattent,
Ils m'obéissent au premier ordre.

46 Les fils de l'étranger sont en défaillance,
Ils tremblent hors de leurs forteresses.

47 Vive l'Éternel, et béni soit mon
rocher!
Que Dieu, le rocher de mon salut,
soit exalté,

48 Le Dieu qui est mon vengeur,
Qui m'assujettit les peuples,

49 Et qui me fait échapper à mes ennemis!
Tu m'élèves au-dessus de mes adversaires,
Tu me délivres de l'homme violent.

50 C'est pourquoi je te louerai parmi les
nations, ô Éternel!
Et je chanterai à la gloire de ton
nom.

51 Il accorde de grandes délivrances à
son roi,
Et il fait miséricorde à son oint,
A David, et à sa posterité, pour
toujours.

Dernières paroles de David.

23 Voici les dernières paroles de
David.

Parole de David, fils d'Isaï,
Parole de l'homme haut placé,
De l'oint du Dieu de Jacob,
Du chantre agréable d'Israël.

2 L'esprit de l'Éternel parle par moi,
Et sa parole est sur ma langue.

3 Le Dieu d'Israël a parlé,
Le rocher d'Israël m'a dit:
Celui qui règne parmi les hommes
avec justice,
Celui qui règne dans la crainte de
Dieu,

4 Est pareil à la lumière du matin,
quand le soleil brille
Et que la matinée est sans nuages;
Ses rayons après la pluie font sortir
de terre la verdure.

5 N'en est-il pas ainsi de ma maison
devant Dieu,
Puisqu'il a fait avec moi une alliance
éternelle,
En tous points bien réglée et offrant
pleine sécurité?
Ne fera-t-il pas germer tout mon
salut et tous mes désirs?

6 Mais les méchants sont tous comme
des épines que l'on rejette,
Et que l'on ne prend pas avec la
main;

7 Celui qui les touche s'arme d'un fer
ou du bois d'une lance,
Et on les brûle au feu sur place.

Vaillants hommes de David.

8 Voici les noms des vaillants hommes qui étaient au service de David.
Joscheb-Basschébeth, le Tachke-
monite, l'un des principaux officiers.
Il brandit sa lance sur huit cents
hommes, qu'il fit périr en une seule
fois.

9 Après lui, Éléazar, fils de Dodo,
fils d'Achochi. Il était l'un des trois
guerriers qui affrontèrent avec David

les Philistins rassemblés pour combattre, tandis que les hommes d'Israël se retiraient sur les hauteurs. 10 Il se leva, et frappa les Philistins jusqu'à ce que sa main fût lasse et qu'elle restât attachée à son épée. L'Éternel opéra une grande délivrance ce jour-là. Le peuple revint après Éléazar, seulement pour prendre les dépouilles.

11 Après lui, Schamma, fils d'Agué, d'Harar. Les Philistins s'étaient rassemblés à Léchi. Il y avait là une pièce de terre remplie de lentilles; et le peuple fuyait devant les Phi- 12 listins. Schamma se plaça au milieu du champ, le protégea, et battit les Philistins. Et l'Éternel opéra une grande délivrance.

13 Trois des trente chefs descendirent au temps de la moisson et vinrent auprès de David, dans la caverne d'Adullam, lorsqu'une troupe de Philistins était campée dans la vallée 14 des Rephaïm. David était alors dans la forteresse, et il y avait un poste 15 de Philistins à Bethléhem. David eut un désir, et il dit: Qui me fera boire de l'eau de la citerne qui est 16 à la porte de Bethléhem? Alors les trois vaillants hommes passèrent au travers du camp des Philistins, et puisèrent de l'eau de la citerne qui est à la porte de Bethléhem. Ils l'apportèrent et la présentèrent à David; mais il ne voulut pas la boire, et il la répandit devant l'Éter- 17 nel. Il dit: Loin de moi, ô Éternel, la pensée de faire cela! Boirais-je le sang de ces hommes qui sont allés au péril de leur vie? Et il ne voulut pas la boire. Voilà ce que firent ces trois vaillants hommes.

18 Abischaï, frère de Joab, fils de Tseruja, était le chef des trois. Il brandit sa lance sur trois cents hommes, et les tua; et il eut du renom 19 parmi les trois. Il était le plus considéré des trois, et il fut leur chef; mais il n'égala pas les trois premiers.

20 Benaja, fils de Jehojada, fils d'un homme de Kabtseel, rempli de valeur et célèbre par ses exploits. Il frappa les deux lions de Moab. Il descendit au milieu d'une citerne, où il frappa un lion, un jour de neige. Il frappa 21 un Égyptien d'un aspect formidable et ayant une lance à la main; il descendit contre lui avec un bâton, arracha la lance de la main de l'Égyptien, et s'en servit pour le tuer. Voilà ce que fit Benaja, fils de Je- 22 hojada; et il eut du renom parmi les trois vaillants hommes. Il était 23 le plus considéré des trente; mais il n'égala pas les trois premiers. David l'admit dans son conseil secret.

Asaël, frère de Joab, du nombre 24 des trente.

Elchanan, fils de Dodo, de Bethléhem.

Schamma, de Harod. 25

Élika, de Harod.

Hélets, de Péleth. 26

Ira, fils d'Ikkesch, de Tekoa.

Abiézer, d'Anathoth. 27

Mebunnaï, de Huscha.

Tsalmon, d'Achoach. 28

Maharaï, de Nethopha.

Héleb, fils de Baana, de Nethopha. 29

Ittaï, fils de Ribaï, de Guibea des fils de Benjamin.

Benaja, de Pirathon. 30

Hiddaï, de Nachalé-Gaasch.

Abi-Albon, d'Araba. 31

Azmaveth, de Barchum.

Éliachba, de Schaalbon. 32

Bené-Jaschen.

Jonathan.

Schamma, d'Harar. 33

Achiam, fils de Scharar, d'Arar.

Éliphéleth, fils d'Achasbaï, fils d'un 34 Maacathien.

Éliam, fils d'Achitophel, de Guilo.

Hetsraï, de Carmel. 35

Paaraï, d'Arab.

Jigueal, fils de Nathan, de Tsoba. 36

Bani, de Gad.

Tsélek, l'Ammonite. 37

Naharaï, de Beéroth, qui portait les armes de Joab, fils de Tseruja.

Ira, de Jéther. 38

Gareb, de Jéther.

Urie, le Héthien. 39

En tout, trente-sept.

Dénombrement et peste.

La colère de l'Éternel s'enflamma de nouveau contre Israël, et il excita David contre eux, en disant:

24

Va, fais le dénombrement d'Israël et de Juda.

2 Et le roi dit à Joab, qui était chef de l'armée et qui se trouvait près de lui: Parcours toutes les tribus d'Israël, depuis Dan jusqu'à Beer-Schéba; qu'on fasse le dénombrement du peuple, et que je sache à combien il

3 s'élève. Joab dit au roi: Que l'Éternel, ton Dieu, rende le peuple cent fois plus nombreux, et que les yeux du roi mon seigneur le voient! Mais pourquoi le roi mon seigneur veut-

4 il faire cela? Le roi persista dans l'ordre qu'il donnait à Joab et aux chefs de l'armée; et Joab et les chefs de l'armée quittèrent le roi pour faire le dénombrement du peuple d'Israël.

5 Ils passèrent le Jourdain, et ils campèrent à Aroër, à droite de la ville qui est au milieu de la vallée

6 de Gad, et près de Jaezer. Ils allèrent en Galaad et dans le pays de Thachthim-Hodschi. Ils allèrent à Dan-Jaan, et aux environs de Sidon.

7 Ils allèrent à la forteresse de Tyr, et dans toutes les villes des Héviens et des Cananéens. Ils terminèrent par

8 le midi de Juda, à Beer-Schéba. Ils parcoururent ainsi tout le pays, et ils arrivèrent à Jérusalem au bout de

9 neuf mois et vingt jours. Joab remit au roi le rôle du dénombrement du peuple: il y avait en Israël huit cent mille hommes de guerre tirant l'épée, et en Juda cinq cent mille hommes.

10 David sentit battre son cœur, après qu'il eut ainsi fait le dénombrement du peuple. Et il dit à l'Éternel: J'ai commis un grand péché en faisant cela! Maintenant, ô Éternel, daigne pardonner l'iniquité de ton serviteur, car j'ai complètement agi en insensé!

11 Le lendemain, quand David se leva, la parole de l'Éternel fut ainsi adressée à Gad le prophète, le voyant

12 de David: Va dire à David: Ainsi parle l'Éternel: Je te propose trois fléaux; choisis-en un, et je t'en frap-

13 perai. Gad alla vers David, et lui fit connaître la chose, en disant: Veux-tu sept années de famine dans ton pays, ou bien trois mois de fuite devant tes ennemis qui te poursuivront, ou bien trois jours de peste dans ton pays? Maintenant choisis, et vois ce que je dois répondre à celui qui m'envoie. David répondit 14 à Gad: Je suis dans une grande angoisse! Oh! tombons entre les mains de l'Éternel, car ses compassions sont immenses; mais que je ne tombe pas entre les mains des hommes!

L'Éternel envoya la peste en Is- 15 raël, depuis le matin jusqu'au temps fixé; et, de Dan à Beer-Schéba, il mourut soixante-dix mille hommes parmi le peuple. Comme l'ange 16 étendait la main sur Jérusalem pour la détruire, l'Éternel se repentit de ce mal, et il dit à l'ange qui faisait périr le peuple: Assez! Retire maintenant ta main. L'ange de l'Éternel était près de l'aire d'Aravna, le Jébusien. David, voyant l'ange qui 17 frappait parmi le peuple, dit à l'Éternel: Voici, j'ai péché! C'est moi qui suis coupable; mais ces brebis, qu'ont-elles fait? Que ta main soit donc sur moi et sur la maison de mon père!

Ce jour-là, Gad vint auprès de 18 David, et lui dit: Monte, élève un autel à l'Éternel dans l'aire d'Aravna, le Jébusien. David monta, selon la 19 parole de Gad, comme l'Éternel l'avait ordonné. Aravna regarda, et il vit 20 le roi et ses serviteurs qui se dirigeaient vers lui; et Aravna sortit, et se prosterna devant le roi, le visage contre terre. Aravna dit: Pourquoi 21 mon seigneur le roi vient-il vers son serviteur? Et David répondit: Pour acheter de toi l'aire et pour y bâtir un autel à l'Éternel, afin que la plaie se retire de dessus le peuple. Aravna 22 dit à David: Que mon seigneur le roi prenne l'aire, et qu'il y offre les sacrifices qu'il lui plaira; vois, les bœufs seront pour l'holocauste, et les chars avec l'attelage serviront de bois. Aravna donna le tout au roi. Et 23 Aravna dit au roi: Que l'Éternel, ton Dieu, te soit favorable! Mais 24 le roi dit à Aravna: Non! Je veux l'acheter de toi à prix d'argent, et je n'offrirai point à l'Éternel, mon

Dieu, des holocaustes qui ne me coûtent rien. Et David acheta l'aire et les bœufs pour cinquante sicles 25 d'argent. David bâtit là un autel à

l'Éternel, et il offrit des holocaustes et des sacrifices d'actions de grâces.

Alors l'Éternel fut apaisé envers le pays, et la plaie se retira d'Israël.

LE PREMIER LIVRE
DES ROIS

RÈGNE DE SALOMON

Vieillesse du roi David.—Adonija, l'un de ses fils, aspirant à la royauté.—Salomon choisi par David pour lui succéder sur le trône.

I Le roi David était vieux, avancé en âge ; on le couvrait de vêtements, 2 et il ne pouvait se réchauffer. Ses serviteurs lui dirent : Que l'on cherche pour mon seigneur le roi une jeune fille vierge ; qu'elle se tienne devant le roi, qu'elle le soigne, et qu'elle couche dans ton sein ; et mon sei- 3 gneur le roi se réchauffera. On chercha dans tout le territoire d'Is- raël une fille jeune et belle, et on trouva Abischag, la Sunamite, que 4 l'on conduisit auprès du roi. Cette jeune fille était fort belle. Elle soigna le roi, et le servit ; mais le roi ne la connut point.

5 Adonija, fils de Haggith, se laissa emporter par l'orgueil jusqu'à dire : C'est moi qui serai roi ! Et il se procura un char et des cavaliers, et cinquante hommes qui couraient 6 devant lui. Son père ne lui avait de sa vie fait un reproche, en lui disant : Pourquoi agis-tu ainsi ? A- donija était, en outre, très beau de figure, et il était né après Absalom. 7 Il eut un entretien avec Joab, fils de Tseruja, et avec le sacrificateur Abiathar : et ils embrassèrent son 8 parti. Mais le sacrificateur Tsadok, Benaja, fils de Jehojada, Nathan le prophète, Schimeï, Réï, et les vail- lants hommes de David, ne furent 9 point avec Adonija. Adonija tua des brebis, des bœufs et des veaux gras, près de la pierre de Zohéleth, qui est à côté d'En-Roguel ; et il invita tous ses frères, fils du roi, et

tous les hommes de Juda au service du roi. Mais il n'invita point Nathan 10 le prophète, ni Benaja, ni les vaillants hommes, ni Salomon, son frère.

Alors Nathan dit à Bath-Schéba, 11 mère de Salomon : N'as-tu pas ap- pris qu'Adonija, fils de Haggith, est devenu roi, sans que notre seigneur David le sache ? Viens donc main- 12 tenant, je te donnerai un conseil, afin que tu sauves ta vie et la vie de ton fils Salomon. Va, entre chez 13 le roi David, et dis-lui : O roi mon seigneur, n'as-tu pas juré à ta ser- vante, en disant : Salomon, ton fils, régnera après moi, et il s'assiéra sur mon trône ? Pourquoi donc Adonija règne-t-il ? Et voici, pendant que 14 tu parleras là avec le roi, j'entrerai moi-même après toi, et je compléterai tes paroles.

Bath-Schéba se rendit dans la 15 chambre du roi. Il était très vieux ; et Abischag, la Sunamite, le servait. Bath-Schéba s'inclina et se prosterna 16 devant le roi. Et le roi dit : Qu'as- tu ? Elle lui répondit : Mon seigneur, 17 tu as juré à ta servante par l'Éternel, ton Dieu, en disant : Salomon, ton fils, régnera après moi, et il s'assiéra sur mon trône. Et maintenant voici, 18 Adonija règne ! Et tu ne le sais pas, ô roi mon seigneur ! Il a tué des bœufs, 19 des veaux gras et des brebis en quantité ; et il a invité tous les fils du roi, le sacrificateur Abiathar, et Joab, chef de l'armée, mais il n'a point invité Salomon, ton serviteur. O roi mon seigneur, tout Israël a 20 les yeux sur toi, pour que tu lui fasses connaître qui s'assiéra sur le trône du roi mon seigneur après lui.

21 Et lorsque le roi mon seigneur sera couché avec ses pères, il arrivera que moi et mon fils Salomon nous serons traités comme des coupables.

22 Tandis qu'elle parlait encore avec le roi, voici, Nathan le prophète

23 arriva. On l'annonça au roi, en disant : Voici Nathan le prophète ! Il entra en présence du roi, et se prosterna devant le roi le visage

24 contre terre. Et Nathan dit : O roi mon seigneur, c'est donc toi qui as dit : Adonija régnera après moi, et

25 il s'assiéra sur mon trône ! Car il est descendu aujourd'hui, il a tué des bœufs, des veaux gras et des brebis, en quantité ; et il a invité tous les fils du roi, les chefs de l'armée, et le sacrificateur Abiathar. Et voici, ils mangent et boivent devant lui, et ils disent : Vive le roi

26 Adonija ! Mais il n'a invité ni moi qui suis ton serviteur, ni le sacrificateur Tsadok, ni Benaja, fils de Jehojada, ni Salomon, ton serviteur.

27 Est-ce bien par ordre de mon seigneur le roi que cette chose a lieu, et sans que tu aies fait connaître à ton serviteur qui doit s'asseoir sur le trône du roi mon seigneur après lui ?

28 Le roi David répondit : Appelez-moi Bath-Schéba. Elle entra, et se

29 présenta devant le roi. Et le roi jura, et dit : L'Éternel qui m'a dé-

30 livré de toutes les détresses est vivant ! ainsi que je te l'ai juré par l'Éternel, le Dieu d'Israël, en disant : Salomon, ton fils, régnera après moi, et il s'assiéra sur mon trône à ma place,—ainsi ferai-je aujourd'hui.

31 Bath-Schéba s'inclina le visage contre terre, et se prosterna devant le roi. Et elle dit : Vive à jamais mon seigneur le roi David !

32 Le roi David dit : Appelez-moi le sacrificateur Tsadok, Nathan le prophète, et Benaja, fils de Jehojada.

33 Ils entrèrent en présence du roi. Et le roi leur dit : Prenez avec vous les serviteurs de votre maître, faites monter Salomon, mon fils, sur ma mule, et faites-le descendre à Guihon.

34 Là, le sacrificateur Tsadok et Nathan le prophète l'oindront pour roi sur Israël. Vous sonnerez de la trompette, et vous direz : Vive le roi

35 Salomon ! Vous monterez après lui ; il viendra s'asseoir sur mon trône, et il régnera à ma place. C'est lui qui, par mon ordre, sera chef d'Israël et

36 de Juda. Benaja, fils de Jehojada, répondit au roi : Amen ! Ainsi dise l'Éternel, le Dieu de mon seigneur

37 le roi ! Que l'Éternel soit avec Salomon comme il a été avec mon seigneur le roi, et qu'il élève son trône au-dessus du trône de mon seigneur le roi David !

38 Alors le sacrificateur Tsadok descendit avec Nathan le prophète, Benaja, fils de Jehojada, les Kéréthiens et les Péléthiens ; ils firent monter Salomon sur la mule du roi David, et ils le menèrent à Guihon.

39 Le sacrificateur Tsadok prit la corne d'huile dans la tente, et il oignit Salomon. On sonna de la trompette, et tout le peuple dit : Vive le roi

40 Salomon ! Tout le peuple monta après lui, et le peuple jouait de la flûte et se livrait à une grande joie ; la terre s'ébranlait par leurs cris.

41 Ce bruit fut entendu d'Adonija et de tous les conviés qui étaient avec lui, au moment où ils finissaient de manger. Joab, entendant le son de

42 la trompette, dit : Pourquoi ce bruit de la ville en tumulte ? Il parlait encore lorsque Jonathan, fils du sacrificateur Abiathar, arriva. Et Adonija dit : Approche, car tu es un vaillant homme, et tu apportes

43 de bonnes nouvelles. Oui ! répondit Jonathan à Adonija, notre seigneur

44 le roi David a fait Salomon roi. Il a envoyé avec lui le sacrificateur Tsadok, Nathan le prophète, Benaja, fils de Jehojada, les Kéréthiens et les Péléthiens, et ils l'ont fait monter

45 sur la mule du roi. Le sacrificateur Tsadok et Nathan le prophète l'ont oint pour roi à Guihon. De là ils sont remontés en se livrant à la joie, et la ville a été émue : c'est là le bruit

46 que vous avez entendu. Salomon s'est même assis sur le trône royal.

47 Et les serviteurs du roi sont venus pour bénir notre seigneur le roi David, en disant : Que ton Dieu

rende le nom de Salomon plus célèbre que ton nom, et qu'il élève son trône au-dessus de ton trône! Et le
48 roi s'est prosterné sur son lit. Voici encore ce qu'a dit le roi: Béni soit l'Éternel, le Dieu d'Israël, qui m'a donné aujourd'hui un successeur sur mon trône, et qui m'a permis de le voir!

49 Tous les conviés d'Adonija furent saisis d'épouvante; ils se levèrent et s'en allèrent chacun de son côté.
50 Adonija eut peur de Salomon; il se leva aussi, s'en alla, et saisit les
51 cornes de l'autel. On vint dire à Salomon: Voici, Adonija a peur du roi Salomon, et il a saisi les cornes de l'autel, en disant: Que le roi Salomon me jure aujourd'hui qu'il ne fera point mourir son serviteur
52 par l'épée! Salomon dit: S'il se montre un honnête homme, il ne tombera pas à terre un de ses cheveux; mais s'il se trouve en lui de
53 la méchanceté, il mourra. Et le roi Salomon envoya des gens, qui le firent descendre de l'autel. Il vint se prosterner devant le roi Salomon, et Salomon lui dit: Va dans ta maison.

Instructions de David mourant à Salomon, son fils.—Adonija, Joab et Schimeï mis à mort par Salomon; le sacrificateur Abiathar destitué de ses fonctions et éloigné de Jérusalem.

2 David approchait du moment de sa mort, et il donna ses ordres à Salomon, son fils, en disant:
2 Je m'en vais par le chemin de toute la terre. Fortifie-toi, et sois un homme!
3 Observe les commandements de l'Éternel, ton Dieu, en marchant dans ses voies, et en gardant ses lois, ses ordonnances, ses jugements et ses préceptes, selon ce qui est écrit dans la loi de Moïse, afin que tu réussisses dans tout ce que tu feras et partout
4 où tu te tourneras, et afin que l'Éternel accomplisse cette parole qu'il a prononcée sur moi: Si tes fils prennent garde à leur voie, en marchant avec fidélité devant moi, de tout leur cœur, et de toute leur âme, tu ne manqueras jamais d'un successeur sur le trône d'Israël.

Tu sais ce que m'a fait Joab, fils 5 de Tseruja, ce qu'il a fait à deux chefs de l'armée d'Israël, à Abner, fils de Ner, et à Amasa, fils de Jéther. Il les a tués; il a versé pendant la paix le sang de la guerre, et il a mis le sang de la guerre sur la ceinture qu'il avait aux reins et sur la chaussure qu'il avait aux pieds. Tu agiras selon ta sagesse, et tu ne 6 laisseras pas ses cheveux blancs descendre en paix dans le séjour des morts.

Tu traiteras avec bienveillance les 7 fils de Barzillaï, le Galaadite, et ils seront de ceux qui se nourrissent de ta table; car ils ont agi de la même manière à mon égard, en venant au-devant de moi lorsque je fuyais Absalom, ton frère.

Voici, tu as près de toi Schimeï, fils 8 de Guéra, Benjamite, de Bachurim. Il a prononcé contre moi des malédictions violentes le jour où j'allais à Mahanaïm. Mais il descendit à ma rencontre vers le Jourdain, et je lui jurai par l'Éternel, en disant: Je ne te ferai point mourir par l'épée. Maintenant, tu ne le laisseras pas 9 impuni; car tu es un homme sage, et tu sais comment tu dois le traiter. Tu feras descendre ensanglantés ses cheveux blancs dans le séjour des morts.

David se coucha avec ses pères, et 10 il fut enterré dans la ville de David. Le temps que David régna sur Israël 11 fut de quarante ans: à Hébron il régna sept ans, et à Jérusalem il régna trente-trois ans. Salomon s'assit sur 12 le trône de David, son père, et son règne fut très affermi.

Adonija, fils de Haggith, alla vers 13 Bath-Schéba, mère de Salomon. Elle lui dit: Viens-tu dans des intentions paisibles? Il répondit: Oui. Et il 14 ajouta: J'ai un mot à te dire. Elle dit: Parle! Et il dit: Tu sais que 15 la royauté m'appartenait, et que tout Israël portait ses regards sur moi pour me faire régner. Mais la royauté a tourné, et elle est échue à mon frère, parce que l'Éternel la lui a donnée. Maintenant, je te de- 16 mande une chose: ne me la refuse

17 pas! Elle lui répondit: Parle! Et il dit: Dis, je te prie, au roi Salomon —car il ne te le refusera pas—qu'il me donne pour femme Abischag, la 18 Sunamite. Bath-Schéba dit: Bien! je parlerai pour toi au roi.

19 Bath-Schéba se rendit auprès du roi Salomon, pour lui parler en faveur d'Adonija. Le roi se leva pour aller à sa rencontre, il se prosterna devant elle, et il s'assit sur son trône. On plaça un siège pour la mère du roi, 20 et elle s'assit à sa droite. Puis elle dit: J'ai une petite demande à te faire: ne me la refuse pas! Et le roi lui dit: Demande, ma mère, car 21 je ne te refuserai pas. Elle dit: Qu'Abischag, la Sunamite, soit donnée pour femme à Adonija, ton frère.

22 Le roi Salomon répondit à sa mère: Pourquoi demandes-tu Abischag, la Sunamite, pour Adonija? Demande donc la royauté pour lui,—car il est mon frère aîné,—pour lui, pour le sacrificateur Abiathar, et pour Joab, fils de Tseruja!

23 Alors le roi Salomon jura par l'Éternel, en disant: Que Dieu me traite dans toute sa rigueur, si ce n'est pas au prix de sa vie qu'A-donija a prononcé cette parole! 24 Maintenant, l'Éternel est vivant, lui qui m'a affermi et m'a fait asseoir sur le trône de David, mon père, et qui m'a fait une maison selon sa pro-messe! aujourd'hui Adonija mourra. 25 Et le roi Salomon envoya Benaja, fils de Jehojada, qui le frappa; et Adonija mourut.

26 Le roi dit ensuite au sacrificateur Abiathar: Va-t'en à Anathoth dans tes terres, car tu mérites la mort; mais je ne te ferai pas mourir au-jourd'hui, parce que tu as porté l'arche du Seigneur l'Éternel devant David, mon père, et parce que tu as eu part à toutes les souffrances de 27 mon père. Ainsi Salomon dépouilla Abiathar de ses fonctions de sacri-ficateur de l'Éternel, afin d'accomplir la parole que l'Éternel avait pro-noncée sur la maison d'Éli à Silo. 28 Le bruit en parvint à Joab, qui avait suivi le parti d'Adonija, quoi-qu'il n'eût pas suivi le parti d'Ab-salom. Et Joab se réfugia vers la tente de l'Éternel, et saisit les cornes de l'autel. On annonça au roi Salo- 29 mon que Joab s'était réfugié vers la tente de l'Éternel, et qu'il était auprès de l'autel. Et Salomon en-voya Benaja, fils de Jehojada, en lui disant: Va, frappe-le. Benaja arriva 30 à la tente de l'Éternel, et dit à Joab: Sors! c'est le roi qui l'ordonne. Mais il répondit: Non! je veux mourir ici. Benaja rapporta la chose au roi, en disant: C'est ainsi qu'a parlé Joab, et c'est ainsi qu'il m'a répondu. Le roi dit à Benaja: Fais comme 31 il a dit, frappe-le, et enterre-le; tu ôteras ainsi de dessus moi et de dessus la maison de mon père le sang que Joab a répandu sans cause. L'Éternel fera retomber son sang 32 sur sa tête, parce qu'il a frappé deux hommes plus justes et meilleurs que lui et les a tués par l'épée, sans que mon père David le sût: Abner, fils de Ner, chef de l'armée d'Israël, et Amasa, fils de Jéther, chef de l'armée de Juda. Leur sang retombera sur 33 la tête de Joab et sur la tête de ses descendants à perpétuité; mais il y aura paix à toujours, de par l'Éter-nel, pour David, pour sa postérité, pour sa maison et pour son trône. Benaja, fils de Jehojada, monta, frappa 34 Joab, et le fit mourir. Il fut enterré dans sa maison, au désert. Le roi 35 mit à la tête de l'armée Benaja, fils de Jehojada, en remplacement de Joab, et il mit le sacrificateur Tsadok à la place d'Abiathar.

Le roi fit appeler Schimeï, et lui 36 dit: Bâtis-toi une maison à Jéru-salem; tu y demeureras, et tu n'en sortiras point pour aller de côté ou d'autre. Sache bien que tu mourras 37 le jour où tu sortiras et passeras le torrent de Cédron; ton sang sera sur ta tête. Schimeï répondit au roi: 38 C'est bien! ton serviteur fera ce que dit mon seigneur le roi. Et Schimeï demeura longtemps à Jérusalem.

Au bout de trois ans, il arriva 39 que deux serviteurs de Schimeï s'en-fuirent chez Akisch, fils de Maaca, roi de Gath. On le rapporta à Schimeï, en disant: Voici, tes ser-

40 viteurs sont à Gath. Schimeï se leva, sella son âne, et s'en alla à Gath chez Akisch pour chercher ses serviteurs. Schimeï donc s'en alla, et il ramena de Gath ses serviteurs.

41 On informa Salomon que Schimeï était allé de Jérusalem à Gath, et

42 qu'il était de retour. Le roi fit appeler Schimeï, et lui dit : Ne t'avais-je pas fait jurer par l'Éternel, et ne t'avais-je pas fait cette déclaration formelle : Sache bien que tu mourras le jour où tu sortiras pour aller de côté ou d'autre ? Et ne m'as-tu pas répondu : C'est bien !

43 j'ai entendu ? Pourquoi donc n'as-tu pas observé le serment de l'Éternel

44 et l'ordre que je t'avais donné ? Et le roi dit à Schimeï : Tu sais au dedans de ton cœur tout le mal que tu as fait à David, mon père ; l'Éternel fait retomber ta méchan-

45 ceté sur ta tête. Mais le roi Salomon sera béni, et le trône de David sera pour toujours affermi devant

46 l'Éternel. Et le roi donna ses ordres à Benaja, fils de Jehojada, qui sortit et frappa Schimeï ; et Schimeï mourut.

La royauté fut ainsi affermie entre les mains de Salomon.

Mariage de Salomon avec la fille du roi d'Égypte.—Le songe de Salomon.—Le jugement de Salomon.

3 Salomon s'allia par mariage avec Pharaon, roi d'Égypte. Il prit pour femme la fille de Pharaon, et il l'amena dans la ville de David, jusqu'à ce qu'il eût achevé de bâtir sa maison, la maison de l'Éternel, et le mur d'enceinte de Jérusalem.

2 Le peuple ne sacrifiait que sur les hauts lieux, car jusqu'à cette époque il n'avait point été bâti de maison au

3 nom de l'Éternel. Salomon aimait l'Éternel, et suivait les coutumes de David, son père. Seulement c'était sur les hauts lieux qu'il offrait des sacrifices et des parfums.

4 Le roi se rendit à Gabaon pour y sacrifier, car c'était le principal des hauts lieux. Salomon offrit mille

5 holocaustes sur l'autel. A Gabaon, l'Éternel apparut en songe à Salo-

mon pendant la nuit, et Dieu lui dit : Demande ce que tu veux que je te donne. Salomon répondit : Tu 6 as traité avec une grande bienveillance ton serviteur David, mon père, parce qu'il marchait en ta présence dans la fidélité, dans la justice, et dans la droiture de cœur envers toi ; tu lui as conservé cette grande bienveillance, et tu lui as donné un fils qui est assis sur son trône, comme on le voit aujourd'hui. Maintenant, 7 Éternel mon Dieu, tu as fait régner ton serviteur à la place de David, mon père ; et moi je ne suis qu'un jeune homme, je n'ai point d'expérience. Ton serviteur est au milieu 8 du peuple que tu as choisi, peuple immense, qui ne peut être ni compté ni nombré, à cause de sa multitude. Accorde donc à ton serviteur un 9 cœur intelligent pour juger ton peuple, pour discerner le bien du mal ! Car qui pourrait juger ton peuple, ce peuple si nombreux ?

Cette demande de Salomon plut 10 au Seigneur. Et Dieu lui dit : Puis-11 que c'est là ce que tu demandes, puisque tu ne demandes pour toi ni une longue vie, ni les richesses, ni la mort de tes ennemis, et que tu demandes de l'intelligence pour exercer la justice, voici, j'agirai selon 12 ta parole. Je te donnerai un cœur sage et intelligent, de telle sorte qu'il n'y aura eu personne avant toi et qu'on ne verra jamais personne de semblable à toi. Je te donnerai, en 13 outre, ce que tu n'as pas demandé, des richesses et de la gloire, de telle sorte qu'il n'y aura pendant toute ta vie aucun roi qui soit ton pareil. Et si tu marches dans mes voies, 14 en observant mes lois et mes commandements, comme l'a fait David, ton père, je prolongerai tes jours.

Salomon s'éveilla. Et voilà le 15 songe. Salomon revint à Jérusalem, et se présenta devant l'arche de l'alliance de l'Éternel. Il offrit des holocaustes et des sacrifices d'actions de grâces, et il fit un festin à tous ses serviteurs.

Alors deux femmes prostituées 16 vinrent chez le roi, et se présen-

17 tèrent devant lui. L'une des femmes dit. Pardon! mon seigneur, moi et cette femme nous demeurions dans la même maison, et je suis accouchée 18 près d'elle dans la maison. Trois jours après, cette femme est aussi accouchée. Nous habitions ensemble, aucun étranger n'était avec nous dans la maison, il n'y avait que nous deux. 19 Le fils de cette femme est mort pendant la nuit, parce qu'elle s'était 20 couchée sur lui. Elle s'est levée au milieu de la nuit, elle a pris mon fils à mes côtés tandis que ta servante dormait, et elle l'a couché dans son sein ; et son fils qui était mort, elle 21 l'a couché dans mon sein. Le matin, je me suis levée pour allaiter mon fils ; et voici, il était mort. Je l'ai regardé attentivement le matin ; et voici, ce n'était pas mon fils que 22 j'avais enfanté. L'autre femme dit : Au contraire! c'est mon fils qui est vivant, et c'est ton fils qui est mort. Mais la première répliqua : Nullement! c'est ton fils qui est mort, et c'est mon fils qui est vivant. C'est ainsi qu'elles parlèrent devant le roi. 23 Le roi dit : L'une dit : C'est mon fils qui est vivant, et c'est ton fils qui est mort ; et l'autre dit : Nullement! c'est ton fils qui est mort, et 24 c'est mon fils qui est vivant. Puis il ajouta : Apportez-moi une épée. On 25 apporta une épée devant le roi. Et le roi dit : Coupez en deux l'enfant qui vit, et donnez-en la moitié à 26 l'une et la moitié à l'autre. Alors la femme dont le fils était vivant sentit ses entrailles s'émouvoir pour son fils, et elle dit au roi : Ah! mon seigneur, donnez-lui l'enfant qui vit, et ne le faites point mourir. Mais l'autre dit : Il ne sera ni à moi ni à 27 toi ; coupez-le ! Et le roi, prenant la parole, dit : Donnez à la première l'enfant qui vit, et ne le faites point mourir. C'est elle qui est sa mère.

28 Tout Israël apprit le jugement que le roi avait prononcé. Et l'on craignit le roi, car on vit que la sagesse de Dieu était en lui pour le diriger dans ses jugements.

Hauts fonctionnaires de Salomon.—Sa grandeur, sa renommée et sa sagesse.

4 Le roi Salomon était roi sur tout Israël.

2 Voici les chefs qu'il avait à son 3 service. Azaria, fils du sacrificateur Tsadok, Élihoreph et Achija, fils de Schischa, étaient secrétaires ; Josaphat, fils d'Achilud, était archiviste ; 4 Benaja, fils de Jehojada, commandait l'armée ; Tsadok et Abiathar étaient 5 sacrificateurs, Azaria, fils de Nathan, était chef des intendants ; Zabud, fils de Nathan, était ministre d'état, 6 favori du roi ; Achischar était chef de la maison du roi ; et Adoniram, fils d'Abda, était préposé sur les impôts.

7 Salomon avait douze intendants sur tout Israël. Ils pourvoyaient à l'entretien du roi et de sa maison, chacun pendant un mois de l'année. 8 Voici leurs noms.

Le fils de Hur, dans la montagne d'Éphraïm.

9 Le fils de Déker, à Makats, à Saalbim, à Beth-Schémesch, à Élon et à Beth-Hanan.

10 Le fils de Hésed, à Arubboth ; il avait Soco et tout le pays de Hépher.

11 Le fils d'Abinadab avait toute la contrée de Dor. Thaphath, fille de Salomon, était sa femme.

12 Baana, fils d'Achilud, avait Thaanac et Meguiddo, et tout Beth-Schean qui est près de Tsarthan au-dessous de Jizreel, depuis Beth-Schean jusqu'à Abel-Mehola, jusqu'au delà de Jokmeam.

13 Le fils de Guéber, à Ramoth en Galaad ; il avait les bourgs de Jaïr, fils de Manassé, en Galaad ; il avait encore la contrée d'Argob en Basan, soixante grandes villes à murailles et à barres d'airain.

14 Achinadab, fils d'Iddo, à Mahanaïm.

15 Achimaats, en Nephthali. Il avait pris pour femme Basmath, fille de Salomon.

16 Baana, fils de Huschaï, en Aser et à Bealoth.

17 Josaphat, fils de Paruach, en Issacar.

18 Schimeï, fils d'Éla, en Benjamin.

19 Guéber, fils d'Uri, dans le pays de Galaad ; il avait la contrée de Sihon, roi des Amoréens, et d'Og, roi de Basan. Il y avait un seul intendant pour ce pays.

20 Juda et Israël étaient très nombreux, pareils au sable qui est sur le bord de la mer. Ils mangeaient, buvaient et se réjouissaient.

21 Salomon dominait encore sur tous les royaumes depuis le fleuve jusqu'au pays des Philistins et jusqu'à la frontière d'Égypte ; ils apportaient des présents, et ils furent assujettis à Salomon tout le temps de sa vie.

22 Chaque jour Salomon consommait en vivres : trente cors de fleur de 23 farine et soixante cors de farine, dix bœufs gras, vingt bœufs de pâturage, et cent brebis, outre les cerfs, les gazelles, les daims, et les volailles engraissées.

24 Il dominait sur tout le pays de l'autre côté du fleuve, depuis Thiphsach jusqu'à Gaza, sur tous les rois de l'autre côté du fleuve. Et il avait la paix de tous les côtés alentour.

25 Juda et Israël, depuis Dan jusqu'à Beer-Schéba, habitèrent en sécurité, chacun sous sa vigne et sous son figuier, tout le temps de Salomon.

26 Salomon avait quarante mille crèches pour les chevaux destinés à ses chars, et douze mille cavaliers.

27 Les intendants pourvoyaient à l'entretien du roi Salomon et de tous ceux qui s'approchaient de sa table, chacun pendant son mois ; ils 28 ne laissaient manquer de rien. Ils faisaient aussi venir de l'orge et de la paille pour les chevaux et les coursiers dans le lieu où se trouvait le roi, chacun selon les ordres qu'il avait reçus.

29 Dieu donna à Salomon de la sagesse, une très grande intelligence, et des connaissances multipliées comme le sable qui est au bord de la mer.

30 La sagesse de Salomon surpassait la sagesse de tous les fils de l'Orient et 31 toute la sagesse des Égyptiens. Il était plus sage qu'aucun homme, plus qu'Éthan, l'Ezrachite, plus qu'Héman, Calcol et Darda, les fils de

Machol ; et sa renommée était répandue parmi toutes les nations d'alentour. Il a prononcé trois mille 32 sentences, et composé mille et cinq cantiques. Il a parlé sur les arbres, 33 depuis le cèdre du Liban jusqu'à l'hysope qui sort de la muraille ; il a aussi parlé sur les animaux, sur les oiseaux, sur les reptiles et sur les poissons. Il venait des gens de 34 tous les peuples pour entendre la sagesse de Salomon, de la part de tous les rois de la terre qui avaient entendu parler de sa sagesse.

Alliance de Salomon avec Hiram, roi de Tyr.—Préparatifs pour la construction du temple.

Hiram, roi de Tyr, envoya ses ser- **5** viteurs vers Salomon, car il apprit qu'on l'avait oint pour roi à la place de son père, et il avait toujours aimé David.

Salomon fit dire à Hiram : Tu 2 3 sais que David, mon père, n'a pas pu bâtir une maison à l'Éternel, son Dieu, à cause des guerres dont ses ennemis l'ont enveloppé jusqu'à ce que l'Éternel les eût mis sous la plante de ses pieds. Maintenant 4 l'Éternel, mon Dieu, m'a donné du repos de toutes parts ; plus d'adversaires, plus de calamités ! Voici, j'ai 5 l'intention de bâtir une maison au nom de l'Éternel, mon Dieu, comme l'Éternel l'a déclaré à David, mon père, en disant : Ton fils que je mettrai à ta place sur ton trône, ce sera lui qui bâtira une maison à mon nom. Ordonne maintenant que l'on 6 coupe pour moi des cèdres du Liban. Mes serviteurs seront avec les tiens, et je te paierai le salaire de tes serviteurs tel que tu l'auras fixé ; car tu sais qu'il n'y a personne parmi nous qui s'entende à couper les bois comme les Sidoniens.

Lorsqu'il entendit les paroles de 7 Salomon, Hiram eut une grande joie, et il dit : Béni soit aujourd'hui l'Éternel, qui a donné à David un fils sage pour chef de ce grand peuple ! Et Hiram fit répondre à 8 Salomon : J'ai entendu ce que tu m'as envoyé dire. Je ferai tout ce

qui te plaira au sujet des bois de
9 cèdre et des bois de cyprès. Mes
serviteurs les descendront du Liban
à la mer, et je les expédierai par
mer en radeaux jusqu'au lieu que tu
m'indiqueras ; là, je les ferai délier,
et tu les prendras. Ce que je désire
en retour, c'est que tu fournisses des
vivres à ma maison.

10 Hiram donna à Salomon des bois
de cèdre et des bois de cyprès autant
11 qu'il en voulut. Et Salomon donna
à Hiram vingt mille cors de froment
pour l'entretien de sa maison et vingt
cors d'huile d'olives concassées ; c'est
ce que Salomon donna chaque année
à Hiram.

12 L'Éternel donna de la sagesse à
Salomon, comme il le lui avait promis. Et il y eut paix entre Hiram
et Salomon, et ils firent alliance ensemble.

13 Le roi Salomon leva sur tout Israël des hommes de corvée ; ils
étaient au nombre de trente mille.
14 Il les envoya au Liban, dix mille
par mois alternativement ; ils étaient
un mois au Liban, et deux mois
chez eux. Adoniram était préposé
15 sur les hommes de corvée. Salomon avait encore soixante-dix mille
hommes qui portaient les fardeaux
et quatre-vingt mille qui taillaient
16 les pierres dans la montagne, sans
compter les chefs, au nombre de
trois mille trois cents, préposés par
Salomon sur les travaux et chargés
17 de surveiller les ouvriers. Le roi
ordonna d'extraire de grandes et
magnifiques pierres de taille pour
18 les fondements de la maison. Les
ouvriers de Salomon, ceux de Hiram,
et les Guibliens, les taillèrent, et ils
préparèrent les bois et les pierres
pour bâtir la maison.

Construction du temple.

6 Ce fut la quatre cent quatre-
vingtième année après la sortie des
enfants d'Israël du pays d'Égypte
que Salomon bâtit la maison à
l'Éternel, la quatrième année de
son règne sur Israël, au mois de
Ziv, qui est le second mois.
2 La maison que le roi Salomon

bâtit à l'Éternel avait soixante coudées de longueur, vingt de largeur,
et trente de hauteur. Le portique 3
devant le temple de la maison avait
vingt coudées de longueur répondant à la largeur de la maison, et
dix coudées de profondeur sur la
face de la maison. Le roi fit à la 4
maison des fenêtres solidement grillées. Il bâtit contre le mur de la 5
maison des étages circulaires, qui
entouraient les murs de la maison,
le temple et le sanctuaire ; et il fit
des chambres latérales tout autour.
L'étage inférieur était large de cinq 6
coudées, celui du milieu de six coudées, et le troisième de sept coudées ;
car il ménagea des retraites à la
maison tout autour en dehors, afin
que la charpente n'entrât pas dans
les murs de la maison. Lorsqu'on 7
bâtit la maison, on se servit de
pierres toutes taillées, et ni marteau,
ni hache, ni aucun instrument de fer,
ne furent entendus dans la maison
pendant qu'on la construisait. L'en- 8
trée des chambres de l'étage inférieur
était au côté droit de la maison ; on
montait à l'étage du milieu par un
escalier tournant, et de l'étage du
milieu au troisième. Après avoir 9
achevé de bâtir la maison, Salomon
la couvrit de planches et de poutres
de cèdre. Il donna cinq coudées 10
de hauteur à chacun des étages qui
entouraient toute la maison, et il
les lia à la maison par des bois de
cèdre.

L'Éternel adressa la parole à 11
Salomon, et lui dit : Tu bâtis cette
maison ! Si tu marches selon mes 12
lois, si tu pratiques mes ordonnances, si tu observes et suis tous
mes commandements, j'accomplirai
à ton égard la promesse que j'ai
faite à David, ton père, j'habiterai 13
au milieu des enfants d'Israël, et je
n'abandonnerai point mon peuple
d'Israël.

Après avoir achevé de bâtir la 14
maison, Salomon en revêtit les murs 15
intérieurement de planches de cèdre,
depuis le sol jusqu'au plafond ; il
revêtit ainsi de bois l'intérieur, et
il couvrit le sol de la maison de

16 planches de cyprès. Il revêtit de planches de cèdre les vingt coudées du fond de la maison, depuis le sol jusqu'au haut des murs, et il réserva cet espace pour en faire le 17 sanctuaire, le lieu très saint. Les quarante coudées sur le devant formaient la maison, c'est-à-dire le 18 temple. Le bois de cèdre à l'intérieur de la maison offrait des sculptures de coloquintes et de fleurs épanouies ; tout était de cèdre, on ne voyait aucune pierre.

19 Salomon établit le sanctuaire intérieurement au milieu de la maison, pour y placer l'arche de l'alliance de 20 l'Éternel. Le sanctuaire avait vingt coudées de longueur, vingt coudées de largeur, et vingt coudées de hauteur. Salomon le couvrit d'or pur. Il fit devant le sanctuaire un autel de bois de cèdre et le couvrit 21 d'or. Il couvrit d'or pur l'intérieur de la maison, et il fit passer le voile dans des chaînettes d'or devant le 22 sanctuaire, qu'il couvrit d'or. Il couvrit d'or toute la maison, la maison tout entière, et il couvrit d'or tout l'autel qui était devant le sanctuaire.

23 Il fit dans le sanctuaire deux chérubins de bois d'olivier sauvage, ayant dix coudées de hauteur. 24 Chacune des deux ailes de l'un des chérubins avait cinq coudées, ce qui faisait dix coudées de l'extrémité d'une de ses ailes à l'extrémité de 25 l'autre. Le second chérubin avait aussi dix coudées. La mesure et la forme étaient les mêmes pour 26 les deux chérubins. La hauteur de chacun des deux chérubins était 27 de dix coudées. Salomon plaça les chérubins au milieu de la maison, dans l'intérieur. Leurs ailes étaient déployées : l'aile du premier touchait à l'un des murs, et l'aile du second touchait à l'autre mur ; et leurs autres ailes se rencontraient par l'extrémité au milieu de la maison. 28 Salomon couvrit d'or les chérubins.

29 Il fit sculpter sur tout le pourtour des murs de la maison, à l'intérieur et à l'extérieur, des chérubins, des 30 palmes et des fleurs épanouies. Il couvrit d'or le sol de la maison, à l'intérieur et à l'extérieur.

31 Il fit à l'entrée du sanctuaire une porte à deux battants, de bois d'olivier sauvage ; l'encadrement avec les poteaux équivalait à un cinquième du mur. Les deux battants 32 étaient de bois d'olivier sauvage. Il y fit sculpter des chérubins, des palmes et des fleurs épanouies, et il les couvrit d'or ; il étendit aussi l'or sur les chérubins et sur les palmes.

33 Il fit de même, pour la porte du temple, des poteaux de bois d'olivier sauvage, ayant le quart de la dimension du mur, et deux battants de bois de cyprès ; chacun des battants 34 était formé de deux planches brisées. 35 Il y fit sculpter des chérubins, des palmes et des fleurs épanouies, et il les couvrit d'or, qu'il étendit sur la sculpture.

36 Il bâtit le parvis intérieur de trois rangées de pierres de taille et d'une rangée de poutres de cèdre.

37 La quatrième année, au mois de Ziv, les fondements de la maison de l'Éternel furent posés ; et la onzième 38 année, au mois de Bul, qui est le huitième mois, la maison fut achevée dans toutes ses parties et telle qu'elle devait être. Salomon la construisit dans l'espace de sept ans.

Construction du palais de Salomon.

7 Salomon bâtit encore sa maison, ce qui dura treize ans jusqu'à ce qu'il l'eût entièrement achevée.

2 Il construisit d'abord la maison de la forêt du Liban, longue de cent coudées, large de cinquante coudées, et haute de trente coudées. Elle reposait sur quatre rangées de colonnes de cèdre, et il y avait des poutres de cèdre sur les colonnes. 3 On couvrit de cèdre les chambres qui portaient sur les colonnes et qui étaient au nombre de quarante-cinq, quinze par étage. Il y avait trois 4 étages, à chacun desquels se trouvaient des fenêtres les unes vis-à-vis des autres. Toutes les portes et tous 5 les poteaux étaient formés de poutres en carré ; et, à chacun des trois étages,

les ouvertures étaient les unes vis-à-vis des autres.

6 Il fit le portique des colonnes, long de cinquante coudées et large de trente coudées, et un autre portique en avant avec des colonnes et des degrés sur leur front.

7 Il fit le portique du trône, où il rendait la justice, le portique du jugement; et il le couvrit de cèdre, depuis le sol jusqu'au plafond.

8 Sa maison d'habitation fut construite de la même manière, dans une autre cour, derrière le portique. Et il fit une maison du même genre que ce portique pour la fille de Pharaon, qu'il avait prise pour femme.

9 Pour toutes ces constructions on employa de magnifiques pierres, taillées d'après des mesures, sciées avec la scie, intérieurement et extérieurement, et cela depuis les fondements jusqu'aux corniches, et en 10 dehors jusqu'à la grande cour. Les fondements étaient en pierres magnifiques et de grande dimension, en pierres de dix coudées et en pierres 11 de huit coudées. Au-dessus il y avait encore de magnifiques pierres, taillées d'après des mesures, et du bois de 12 cèdre. La grande cour avait dans tout son circuit trois rangées de pierres de taille et une rangée de poutres de cèdre, comme le parvis intérieur de la maison de l'Éternel, et comme le portique de la maison.

Les deux colonnes d'airain, la mer d'airain, les bassins, et les divers ustensiles pour le temple.

13 Le roi Salomon fit venir de Tyr
14 Hiram, fils d'une veuve de la tribu de Nephthali, et d'un père Tyrien, qui travaillait sur l'airain. Hiram était rempli de sagesse, d'intelligence, et de savoir pour faire toutes sortes d'ouvrages d'airain. Il arriva auprès du roi Salomon, et il exécuta tous ses ouvrages.

15 Il fit les deux colonnes d'airain. La première avait dix-huit coudées de hauteur, et un fil de douze coudées mesurait la circonférence de la
16 seconde. Il fondit deux chapiteaux d'airain, pour mettre sur les sommets des colonnes; le premier avait cinq coudées de hauteur, et le second avait cinq coudées de hauteur. Il fit des 17 treillis en forme de réseaux, des festons façonnés en chaînettes, pour les chapiteaux qui étaient sur le sommet des colonnes, sept pour le premier chapiteau, et sept pour le second chapiteau. Il fit deux rangs de 18 grenades autour de l'un des treillis, pour couvrir le chapiteau qui était sur le sommet d'une des colonnes; il fit de même pour le second chapiteau. Les chapiteaux qui étaient sur 19 le sommet des colonnes, dans le portique, figuraient des lis et avaient quatre coudées. Les chapiteaux 20 placés sur les deux colonnes étaient entourés de deux cents grenades, en haut, près du renflement qui était au delà du treillis; il y avait aussi deux cents grenades rangées autour du second chapiteau. Il dressa les 21 colonnes dans le portique du temple; il dressa la colonne de droite, et la nomma Jakin; puis il dressa la colonne de gauche, et la nomma Boaz. Il y avait sur le sommet des 22 colonnes un travail figurant des lis. Ainsi fut achevé l'ouvrage des colonnes.

Il fit la mer de fonte. Elle avait 23 dix coudées d'un bord à l'autre, une forme entièrement ronde, cinq coudées de hauteur, et une circonférence que mesurait un cordon de trente coudées. Des coloquintes l'entouraient 24 au-dessous de son bord, dix par coudée, faisant tout le tour de la mer; les coloquintes, disposées sur deux rangs, étaient fondues avec elle en une seule pièce. Elle était posée sur 25 douze bœufs, dont trois tournés vers le nord, trois tournés vers l'occident, trois tournés vers le midi, et trois tournés vers l'orient; la mer était sur eux, et toute la partie postérieure de leur corps était en dedans. Son 26 épaisseur était d'un palme; et son bord, semblable au bord d'une coupe, était façonné en fleur de lis. Elle contenait deux mille baths.

Il fit les dix bases d'airain. Cha- 27 cune avait quatre coudées de longueur, quatre coudées de largeur, et trois

28 coudées de hauteur. Voici en quoi consistaient ces bases. Elles étaient formées de panneaux, liés aux coins

29 par des montants. Sur les panneaux qui étaient entre les montants il y avait des lions, des bœufs et des chérubins ; et sur les montants, au-dessus comme au-dessous des lions et des bœufs, il y avait des ornements

30 qui pendaient en festons. Chaque base avait quatre roues d'airain avec des essieux d'airain ; et aux quatre angles étaient des consoles de fonte, au-dessous du bassin, et au delà des

31 festons. Le couronnement de la base offrait à son intérieur une ouverture avec un prolongement d'une coudée vers le haut ; cette ouverture était ronde, comme pour les ouvrages de ce genre, et elle avait une coudée et demie de largeur ; il s'y trouvait aussi des sculptures. Les panneaux

32 étaient carrés, et non arrondis. Les quatre roues étaient sous les panneaux, et les essieux des roues fixés à la base ; chacune avait une coudée

33 et demie de hauteur. Les roues étaient faites comme celles d'un char. Leurs essieux, leurs jantes, leurs rais et leurs moyeux, tout était de fonte.

34 Il y avait aux quatre angles de chaque base quatre consoles d'une même

35 pièce que la base. La partie supérieure de la base se terminait par un cercle d'une demi-coudée de hauteur, et elle avait ses appuis et

36 ses panneaux de la même pièce. Il grava sur les plaques des appuis, et sur les panneaux, des chérubins, des lions et des palmes, selon les espaces libres, et des guirlandes tout autour.

37 C'est ainsi qu'il fit les dix bases : la fonte, la mesure et la forme étaient les mêmes pour toutes.

38 Il fit dix bassins d'airain. Chaque bassin contenait quarante baths, chaque bassin avait quatre coudées, chaque bassin était sur l'une des dix

39 bases. Il plaça cinq bases sur le côté droit de la maison, et cinq bases sur le côté gauche de la maison ; et il plaça la mer du côté droit de la maison, au sud-est.

40 Hiram fit les cendriers, les pelles et les coupes.

Ainsi Hiram acheva tout l'ouvrage que le roi Salomon lui fit faire pour la maison de l'Éternel ; deux co- 41 lonnes, avec les deux chapiteaux et leurs bourrelets sur le sommet des colonnes ; les deux treillis, pour couvrir les deux bourrelets des chapiteaux sur le sommet des colonnes ; les quatre cents grenades pour les 42 deux treillis, deux rangées de grenades par treillis, pour couvrir les deux bourrelets des chapiteaux sur le sommet des colonnes ; les dix 43 bases, et les dix bassins sur les bases ; la mer, et les douze bœufs sous la 44 mer ; les cendriers, les pelles et les 45 coupes. Tous ces ustensiles que le roi Salomon fit faire à Hiram pour la maison de l'Éternel étaient d'airain poli. Le roi les fit fondre dans la 46 plaine du Jourdain dans un sol argileux, entre Succoth et Tsarthan. Sa- 47 lomon laissa tous ces ustensiles sans vérifier le poids de l'airain, parce qu'ils étaient en très grande quantité.

Salomon fit encore tous les autres 48 ustensiles pour la maison de l'Éternel : l'autel d'or ; la table d'or, sur laquelle on mettait les pains de proposition ; les chandeliers d'or pur, cinq à droite 49 et cinq à gauche, devant le sanctuaire, avec les fleurs, les lampes et les mouchettes d'or ; les bassins, les cou- 50 teaux, les coupes, les tasses et les brasiers d'or pur ; et les gonds d'or pour la porte de l'intérieur de la maison à l'entrée du lieu très saint, et pour la porte de la maison à l'entrée du temple.

Ainsi fut achevé tout l'ouvrage que 51 le roi Salomon fit pour la maison de l'Éternel. Puis il apporta l'argent, l'or et les ustensiles, que David, son père, avait consacrés, et il les mit dans les trésors de la maison de l'Éternel.

Dédicace du temple.—Prière de Salomon.—
Seconde apparition de Dieu à Salomon.

8 Alors le roi Salomon assembla près de lui à Jérusalem les anciens d'Israël et tous les chefs des tribus, les chefs de familles des enfants d'Israël, pour transporter de la cité de David, qui est Sion, l'arche de l'alliance de l'Éternel.

2 Tous les hommes d'Israël se réunirent auprès du roi Salomon, au mois d'Éthanim, qui est le septième mois, pendant la fête.

3 Lorsque tous les anciens d'Israël furent arrivés, les sacrificateurs por-

4 tèrent l'arche. Ils transportèrent l'arche de l'Éternel, la tente d'assignation, et tous les ustensiles sacrés qui étaient dans la tente : ce furent les sacrificateurs et les Lévites qui

5 les transportèrent. Le roi Salomon et toute l'assemblée d'Israël convoquée auprès de lui se tinrent devant l'arche. Ils sacrifièrent des brebis et des bœufs, qui ne purent être ni comptés, ni nombrés, à cause de leur

6 multitude. Les sacrificateurs portèrent l'arche de l'alliance de l'Éternel à sa place, dans le sanctuaire de la maison, dans le lieu très saint, sous

7 les ailes des chérubins. Car les chérubins avaient les ailes étendues sur la place de l'arche, et ils couvraient

8 l'arche et ses barres par-dessus. On avait donné aux barres une longueur telle que leurs extrémités se voyaient du lieu saint devant le sanctuaire, mais ne se voyaient point du dehors.

9 Elles ont été là jusqu'à ce jour. Il n'y avait dans l'arche que les deux tables de pierre, que Moïse y déposa en Horeb, lorsque l'Éternel fit alliance avec les enfants d'Israël, à leur sortie du pays d'Égypte.

10 Au moment où les sacrificateurs sortirent du lieu saint, la nuée rem-

11 plit la maison de l'Éternel. Les sacrificateurs ne purent pas y rester pour faire le service, à cause de la nuée ; car la gloire de l'Éternel remplissait la maison de l'Éternel.

12 Alors Salomon dit : L'Éternel veut

13 habiter dans l'obscurité ! J'ai bâti une maison qui sera ta demeure, un lieu où tu résideras éternellement !

14 Le roi tourna son visage, et bénit toute l'assemblée d'Israël ; et toute

15 l'assemblée d'Israël était debout. Et il dit : Béni soit l'Éternel, le Dieu d'Israël, qui a parlé de sa bouche à David, mon père, et qui accomplit par sa puissance ce qu'il avait déclaré

16 en disant : Depuis le jour où j'ai fait sortir d'Égypte mon peuple d'Israël, je n'ai point choisi de ville parmi toutes les tribus d'Israël pour qu'il y fût bâti une maison où résidât mon nom, mais j'ai choisi David pour qu'il régnât sur mon peuple d'Israël !

17 David, mon père, avait l'intention de bâtir une maison au nom de l'Éternel, le Dieu d'Israël.

18 Et l'Éternel dit à David, mon père : Puisque tu as eu l'intention de bâtir une maison à mon nom, tu as bien fait d'avoir eu cette

19 intention. Seulement, ce ne sera pas toi qui bâtiras la maison ; mais ce sera ton fils, sorti de tes entrailles, qui bâtira la maison à mon nom.

20 L'Éternel a accompli la parole qu'il avait prononcée. Je me suis élevé à la place de David, mon père, et je me suis assis sur le trône d'Israël, comme l'avait annoncé l'Éternel, et j'ai bâti la maison au nom de l'É-

21 ternel, le Dieu d'Israël. J'y ai disposé un lieu pour l'arche où est l'alliance de l'Éternel, l'alliance qu'il a faite avec nos pères quand il les fit sortir du pays d'Égypte.

22 Salomon se plaça devant l'autel de l'Éternel, en face de toute l'assemblée d'Israël. Il étendit ses mains vers le ciel, et il dit :

23 O Éternel, Dieu d'Israël ! Il n'y a point de Dieu semblable à toi, ni en haut dans les cieux, ni en bas sur la terre : tu gardes l'alliance et la miséricorde envers tes serviteurs qui marchent en ta présence de tout leur

24 cœur ! Ainsi tu as tenu parole à ton serviteur David, mon père ; et ce que tu as déclaré de ta bouche, tu l'accomplis en ce jour par ta puissance.

25 Maintenant, Éternel, Dieu d'Israël, observe la promesse que tu as faite à David, mon père, en disant : Tu ne manqueras jamais devant moi d'un successeur assis sur le trône d'Israël, pourvu que tes fils prennent garde à leur voie et qu'ils marchent en ma présence comme tu as marché en ma

26 présence. Oh ! qu'elle s'accomplisse, Dieu d'Israël, la promesse que tu as faite à ton serviteur David, mon père !

27 Mais quoi ! Dieu habiterait-il véritablement sur la terre ? Voici, les cieux et les cieux des cieux ne peu-

vent te contenir : combien moins
28 cette maison que je t'ai bâtie ! Toutefois, Éternel, mon Dieu, sois attentif à la prière de ton serviteur et à sa supplication ; écoute le cri et la prière que t'adresse aujourd'hui ton
29 serviteur. Que tes yeux soient nuit et jour ouverts sur cette maison, sur le lieu dont tu as dit : Là sera mon nom ! Écoute la prière que ton servi-
30 teur fait en ce lieu. Daigne exaucer la supplication de ton serviteur et de ton peuple d'Israël, lorsqu'ils prieront en ce lieu ! Exauce du lieu de ta demeure, des cieux, exauce et pardonne !
31 Si quelqu'un pèche contre son prochain et qu'on lui impose un serment pour le faire jurer, et s'il vient jurer devant ton autel, dans cette maison,
32 —écoute-le des cieux, agis, et juge tes serviteurs ; condamne le coupable, et fais retomber sa conduite sur sa tête ; rends justice à l'innocent, et traite-le selon son innocence !
33 Quand ton peuple d'Israël sera battu par l'ennemi, pour avoir péché contre toi ; s'ils reviennent à toi et rendent gloire à ton nom, s'ils t'adressent des prières et des supplications
34 dans cette maison,—exauce-les des cieux, pardonne le péché de ton peuple d'Israël, et ramène-les dans le pays que tu as donné à leurs pères !
35 Quand le ciel sera fermé et qu'il n'y aura point de pluie, à cause de leurs péchés contre toi ; s'ils prient dans ce lieu et rendent gloire à ton nom, et s'ils se détournent de leurs péchés, parce que tu les auras châtiés
36 —exauce-les des cieux, pardonne le péché de tes serviteurs et de ton peuple d'Israël, à qui tu enseigneras la bonne voie dans laquelle ils doivent marcher, et fais venir la pluie sur la terre que tu as donnée en héritage à ton peuple !
37 Quand la famine, la peste, la rouille, la nielle, les sauterelles d'une espèce ou d'une autre, seront dans le pays, quand l'ennemi assiégera ton peuple dans son pays, dans ses portes, quand il y aura des fléaux ou des maladies
38 quelconques ; si un homme, si tout ton peuple d'Israël fait entendre des prières et des supplications, et que chacun reconnaisse la plaie de son cœur et étende les mains vers cette maison,—exauce-le des cieux, du lieu 39 de ta demeure, et pardonne ; agis, et rends à chacun selon ses voies, toi qui connais le cœur de chacun, car seul tu connais le cœur de tous les enfants des hommes, et ils te crain- 40 dront tout le temps qu'ils vivront dans le pays que tu as donné à nos pères !

Quand l'étranger, qui n'est pas de 41 ton peuple d'Israël, viendra d'un pays lointain, à cause de ton nom, car on 42 saura que ton nom est grand, ta main forte, et ton bras étendu, quand il viendra prier dans cette maison,—exauce-le des cieux, du lieu de ta 43 demeure, et accorde à cet étranger tout ce qu'il te demandera, afin que tous les peuples de la terre connaissent ton nom pour te craindre, comme ton peuple d'Israël, et sachent que ton nom est invoqué sur cette maison que j'ai bâtie !

Quand ton peuple sortira pour 44 combattre son ennemi, en suivant la voie que tu lui auras prescrite ; s'ils adressent à l'Éternel des prières, les regards tournés vers la ville que tu as choisie et vers la maison que j'ai bâtie à ton nom,—exauce des cieux 45 leurs prières et leurs supplications, et fais-leur droit !

Quand ils pécheront contre toi, car 46 il n'y a point d'homme qui ne pèche, quand tu seras irrité contre eux et que tu les livreras à l'ennemi, qui les emmènera captifs dans un pays ennemi, lointain ou rapproché ; s'ils 47 rentrent en eux-mêmes dans le pays où ils seront captifs, s'ils reviennent à toi et t'adressent des supplications dans le pays de ceux qui les ont emmenés, et qu'ils disent : Nous avons péché, nous avons commis des iniquités, nous avons fait le mal ! s'ils reviennent à toi de tout leur 48 cœur et de toute leur âme, dans le pays de leurs ennemis qui les ont emmenés captifs, s'ils t'adressent des prières, les regards tournés vers leur pays que tu as donné à leurs pères, vers la ville que tu as choisie et vers

la maison que j'ai bâtie à ton nom, —
49 exauce des cieux, du lieu de ta demeure, leurs prières et leurs supplica-
50 tions, et fais-leur droit ; pardonne à
ton peuple ses péchés et toutes ses
transgressions contre toi ; excite la
compassion de ceux qui les retiennent
51 captifs, afin qu'ils aient pitié d'eux, car
ils sont ton peuple et ton héritage,
et tu les as fait sortir d'Égypte, du
milieu d'une fournaise de fer !

52 Que tes yeux soient ouverts sur la
supplication de ton serviteur et sur
la supplication de ton peuple d'Israël,
pour les exaucer en tout ce qu'ils te
53 demanderont ! Car tu les as séparés
de tous les autres peuples de la terre
pour en faire ton héritage, comme tu
l'as déclaré par Moïse, ton serviteur,
quand tu fis sortir d'Égypte nos
pères, Seigneur Éternel !

54 Lorsque Salomon eut achevé
d'adresser à l'Éternel toute cette
prière et cette supplication, il se leva
de devant l'autel de l'Éternel, où il
était agenouillé, les mains étendues
55 vers le ciel. Debout, il bénit à haute
voix toute l'assemblée d'Israël, en
56 disant : Béni soit l'Éternel, qui a
donné du repos à son peuple d'Israël,
selon toutes ses promesses ! De
toutes les bonnes paroles qu'il avait
prononcées par Moïse, son serviteur,
57 aucune n'est restée sans effet. Que
l'Éternel, notre Dieu, soit avec nous,
comme il a été avec nos pères ; qu'il
ne nous abandonne point et ne nous
58 délaisse point, mais qu'il incline nos
cœurs vers lui, afin que nous marchions dans toutes ses voies, et que
nous observions ses commandements,
ses lois et ses ordonnances, qu'il a
59 prescrits à nos pères ! Que ces
paroles, objet de mes supplications
devant l'Éternel, soient jour et nuit
présentes à l'Éternel, notre Dieu, et
qu'il fasse en tout temps droit à son
serviteur et à son peuple d'Israël,
60 afin que tous les peuples de la terre
reconnaissent que l'Éternel est Dieu,
61 qu'il n'y en a point d'autre ! Que
votre cœur soit tout à l'Éternel, notre
Dieu, comme il l'est aujourd'hui, pour
suivre ses lois et pour observer ses
commandements !

Le roi et tout Israël avec lui offri- 62
rent des sacrifices devant l'Éternel.
Salomon immola vingt-deux mille 63
bœufs et cent vingt mille brebis pour
le sacrifice d'actions de grâces qu'il
offrit à l'Éternel. Ainsi le roi et
tous les enfants d'Israël firent la
dédicace de la maison de l'Éternel.
En ce jour, le roi consacra le milieu 64
du parvis, qui est devant la maison
de l'Éternel ; car il offrit là les holocaustes, les offrandes, et les graisses
des sacrifices d'actions de grâces,
parce que l'autel d'airain qui est
devant l'Éternel était trop petit pour
contenir les holocaustes, les offrandes,
et les graisses des sacrifices d'actions
de grâces.

Salomon célébra la fête en ce 65
temps-là, et tout Israël avec lui.
Une grande multitude, venue depuis
les environs de Hamath jusqu'au
torrent d'Égypte, s'assembla devant
l'Éternel, notre Dieu, pendant sept
jours, et sept autres jours, soit quatorze jours. Le huitième jour, il 66
renvoya le peuple. Et ils bénirent
le roi, et s'en allèrent dans leurs
tentes, joyeux et le cœur content
pour tout le bien que l'Éternel avait
fait à David, son serviteur, et à
Israël, son peuple.

Lorsque Salomon eut achevé de 9
bâtir la maison de l'Éternel, la maison
du roi, et tout ce qu'il lui plut de
faire, l'Éternel apparut à Salomon 2
une seconde fois, comme il lui était
apparu à Gabaon. Et l'Éternel lui 3
dit : J'exauce ta prière et ta supplication que tu m'as adressées, je
sanctifie cette maison que tu as bâtie
pour y mettre à jamais mon nom,
et j'aurai toujours là mes yeux et
mon cœur. Et toi, si tu marches en 4
ma présence comme a marché David,
ton père, avec sincérité de cœur et
avec droiture, faisant tout ce que je
t'ai commandé, si tu observes mes
lois et mes ordonnances, j'établirai 5
pour toujours le trône de ton royaume en Israël, comme je l'ai déclaré
à David, ton père, en disant : Tu ne
manqueras jamais d'un successeur
sur le trône d'Israël. Mais si vous 6
vous détournez de moi, vous et vos

fils, si vous n'observez pas mes commandements, mes lois que je vous ai prescrites, et si vous allez servir d'autres dieux et vous prosterner 7 devant eux, j'exterminerai Israël du pays que je lui ai donné, je rejetterai loin de moi la maison que j'ai consacrée à mon nom, et Israël sera un sujet de sarcasme et de raillerie 8 parmi tous les peuples. Et si haut placée qu'ait été cette maison, quiconque passera près d'elle sera dans l'étonnement et sifflera. On dira : Pourquoi l'Éternel a-t-il ainsi traité 9 ce pays et cette maison ? Et l'on répondra: Parce qu'ils ont abandonné l'Éternel, leur Dieu, qui a fait sortir leurs pères du pays d'Égypte, parce qu'ils se sont attachés à d'autres dieux, se sont prosternés devant eux et, les ont servis ; voilà pourquoi l'Éternel a fait venir sur eux tous ces maux.

Villes bâties par Salomon.—Navires envoyés à Ophir.

10 Au bout de vingt ans, Salomon avait bâti les deux maisons, la maison de l'Éternel et la maison du roi. 11 Alors, comme Hiram, roi de Tyr, avait fourni à Salomon des bois de cèdre et des bois de cyprès, et de l'or, autant qu'il en voulut, le roi Salomon donna à Hiram vingt villes 12 dans le pays de Galilée. Hiram sortit de Tyr, pour voir les villes 13 que lui donnait Salomon. Mais elles ne lui plurent point, et il dit: Quelles villes m'as-tu données là, mon frère ? Et il les appela pays de Cabul, nom qu'elles ont conservé jusqu'à ce jour. 14 Hiram avait envoyé au roi cent vingt talents d'or.

15 Voici ce qui concerne les hommes de corvée que leva le roi Salomon pour bâtir la maison de l'Éternel et sa propre maison, Millo, et le mur de Jérusalem, Hatsor, Meguiddo et 16 Guézer. Pharaon, roi d'Égypte, était venu s'emparer de Guézer, l'avait incendiée, et avait tué les Cananéens qui habitaient dans la ville. Puis il l'avait donné pour dot à sa fille, 17 femme de Salomon. Et Salomon bâtit Guézer, Beth-Horon la basse,

Baalath, et Thadmor, au désert dans 18 le pays, toutes les villes servant de 19 magasins et lui appartenant, les villes pour les chars, les villes pour la cavalerie, et tout ce qu'il plut à Salomon de bâtir à Jérusalem, au Liban, et dans tout le pays dont il était le souverain. Tout le peuple 20 qui était resté des Amoréens, des Héthiens, des Phéréziens, des Héviens et des Jébusiens, ne faisant point partie des enfants d'Israël, leurs 21 descendants qui étaient restés après eux dans le pays et que les enfants d'Israël n'avaient pu dévouer par interdit, Salomon les leva comme esclaves de corvée, ce qu'ils ont été jusqu'à ce jour. Mais Salomon 22 n'employa point comme esclaves les enfants d'Israël ; car ils étaient des hommes de guerre, ses serviteurs, ses chefs, ses officiers, les commandants de ses chars et de sa cavalerie. Les chefs préposés par Salomon 23 sur les travaux étaient au nombre de cinq cent cinquante, chargés de surveiller les ouvriers.

La fille de Pharaon monta de la 24 cité de David dans sa maison que Salomon lui avait construite. Ce fut alors qu'il bâtit Millo.

Salomon offrit trois fois dans l'an- 25 née des holocaustes et des sacrifices d'actions de grâces sur l'autel qu'il avait bâti à l'Éternel, et il brûla des parfums sur celui qui était devant l'Éternel. Et il acheva la maison.

Le roi Salomon construisit des 26 navires à Etsjon-Guéber, près d'Éloth, sur les bords de la mer Rouge, dans le pays d'Édom. Et Hiram envoya 27 sur ces navires, auprès des serviteurs de Salomon, ses propres serviteurs, des matelots connaissant la mer. Ils allèrent à Ophir, et ils y prirent 28 de l'or, quatre cent vingt talents, qu'ils apportèrent au roi Salomon.

La reine de Séba à Jérusalem.—Richesses de Salomon.

La reine de Séba apprit la re- **10** nommée que possédait Salomon, à la gloire de l'Éternel, et elle vint pour l'éprouver par des énigmes. Elle arriva à Jérusalem avec une 2 suite fort nombreuse, et avec des chameaux portant des aromates, de l'or en très grande quantité, et des pierres précieuses. Elle se rendit auprès de Salomon, et elle lui dit tout ce qu'elle avait dans le cœur.

3 Salomon répondit à toutes ses questions, et il n'y eut rien que le roi ne sût lui expliquer.

4 La reine de Séba vit toute la sagesse de Salomon, et la maison

5 qu'il avait bâtie, et les mets de sa table, et la demeure de ses serviteurs, et les fonctions et les vêtements de ceux qui le servaient, et ses échansons, et ses holocaustes qu'il offrait dans la maison de l'Éternel. Hors

6 d'elle-même, elle dit au roi: C'était donc vrai ce que j'ai appris dans mon pays au sujet de ta position et

7 de ta sagesse! Je ne le croyais pas, avant d'être venue et d'avoir vu de mes yeux. Et voici, on ne m'en a pas dit la moitié. Tu as plus de sagesse et de prospérité que la renommée ne me l'a fait connaître.

8 Heureux tes gens, heureux tes serviteurs qui sont continuellement devant toi, qui entendent ta sagesse!

9 Béni soit l'Éternel, ton Dieu, qui t'a accordé la faveur de te placer sur le trône d'Israël! C'est parce que l'Éternel aime à toujours Israël, qu'il t'a établi roi pour que tu fasses droit et justice.

10 Elle donna au roi cent vingt talents d'or, une très grande quantité d'aromates, et des pierres précieuses. Il ne vint plus autant d'aromates que la reine de Séba en donna au roi Salomon.

11 Les navires de Hiram, qui apportèrent de l'or d'Ophir, amenèrent aussi d'Ophir une grande quantité de bois de sandal et des pierres précieuses.

12 Le roi fit avec le bois de sandal des balustrades pour la maison de l'Éternel et pour la maison du roi, et des harpes et des luths pour les chantres. Il ne vint plus de ce bois de sandal, et on n'en a plus vu jusqu'à ce jour.

13 Le roi Salomon donna à la reine de Séba tout ce qu'elle désira, ce qu'elle demanda, et lui fit en outre des présents dignes d'un roi tel que Salomon. Puis elle s'en retourna et alla dans son pays, elle et ses serviteurs.

14 Le poids de l'or qui arrivait à Salomon chaque année était de six cent

15 soixante-six talents d'or, outre ce qu'il retirait des négociants et du trafic des marchands, de tous les rois d'Arabie, et des gouverneurs du pays.

16 Le roi Salomon fit deux cents grands boucliers d'or battu, pour chacun desquels il employa six cents

17 sicles d'or, et trois cents autres boucliers d'or battu, pour chacun desquels il employa trois mines d'or; et le roi les mit dans la maison de

18 la forêt du Liban. Le roi fit un grand trône d'ivoire, et le couvrit

19 d'or pur. Ce trône avait six degrés, et la partie supérieure en était arrondie par derrière; il y avait des bras de chaque côté du siège; deux

20 lions étaient près des bras, et douze lions sur les six degrés de part et d'autre. Il ne s'est rien fait de pareil

21 pour aucun royaume. Toutes les coupes du roi Salomon étaient d'or, et toute la vaisselle de la maison de la forêt du Liban était d'or pur. Rien n'était d'argent: on n'en faisait

22 aucun cas du temps de Salomon. Car le roi avait en mer des navires de Tarsis avec ceux de Hiram; et tous les trois ans arrivaient les navires de Tarsis, apportant de l'or et de l'argent, de l'ivoire, des singes et des paons.

23 Le roi Salomon fut plus grand que tous les rois de la terre par les

24 richesses et par la sagesse. Tout le monde cherchait à voir Salomon, pour entendre la sagesse que Dieu

25 avait mise dans son cœur. Et chacun apportait son présent, des objets d'argent et des objets d'or, des vêtements, des armes, des aromates, des chevaux et des mulets; et il en

26 était ainsi chaque année. Salomon rassembla des chars et de la cavalerie; il avait quatorze cents chars et douze mille cavaliers, qu'il plaça dans les villes où il tenait ses chars

27 et à Jérusalem près du roi. Le roi

rendit l'argent aussi commun à Jérusalem que les pierres, et les cèdres aussi nombreux que les sycomores 28 qui croissent dans la plaine. C'était de l'Égypte que Salomon tirait ses chevaux ; une caravane de marchands du roi les allait chercher par 29 troupes à un prix fixe : un char montait et sortait d'Égypte pour six cents sicles d'argent, et un cheval pour cent cinquante sicles. Ils en amenaient de même avec eux pour tous les rois des Héthiens et pour les rois de Syrie.

Les femmes étrangères, l'idolâtrie et les ennemis de Salomon.—Sa mort.

11 Le roi Salomon aima beaucoup de femmes étrangères, outre la fille de Pharaon : des Moabites, des Ammonites, des Édomites, des Sidoniennes, des Héthiennes, appartenant aux nations dont l'Éternel avait dit aux enfants d'Israël : Vous n'irez point chez elles, et elles ne viendront point chez vous ; elles tourneraient certainement vos cœurs du côté de leurs dieux. Ce fut à ces nations que s'attacha Salomon, entraîné par 3 l'amour. Il eut sept cents princesses pour femmes et trois cents concubines ; et ses femmes détournèrent 4 son cœur. A l'époque de la vieillesse de Salomon, ses femmes inclinèrent son cœur vers d'autres dieux ; et son cœur ne fut point tout entier à l'Éternel, son Dieu, comme l'avait été le cœur de David, 5 son père. Salomon alla après Astarté, divinité des Sidoniens, et après Milcom, l'abomination des 6 Ammonites. Et Salomon fit ce qui est mal aux yeux de l'Éternel, et il ne suivit point pleinement l'Éternel, 7 comme David, son père. Alors Salomon bâtit sur la montagne qui est en face de Jérusalem un haut lieu pour Kemosch, l'abomination de Moab, et pour Moloc, l'abomi- 8 nation des fils d'Ammon. Et il fit ainsi pour toutes ses femmes étrangères, qui offraient des parfums et des sacrifices à leurs dieux.

9 L'Éternel fut irrité contre Salomon, parce qu'il avait détourné son cœur de l'Éternel, le Dieu d'Israël, qui lui était apparu deux fois. Il 10 lui avait à cet égard défendu d'aller après d'autres dieux ; mais Salomon n'observa point les ordres de l'Éternel. Et l'Éternel dit à Salomon : 11 Puisque tu as agi de la sorte, et que tu n'as point observé mon alliance et mes lois que je t'avais prescrites, je déchirerai le royaume de dessus toi et je le donnerai à ton serviteur. Seulement, je ne le ferai point pen- 12 dant ta vie, à cause de David, ton père. C'est de la main de ton fils que je l'arracherai. Je n'arracherai 13 cependant pas tout le royaume ; je laisserai une tribu à ton fils, à cause de David, mon serviteur, et à cause de Jérusalem, que j'ai choisie.

L'Éternel suscita un ennemi à 14 Salomon : Hadad, l'Édomite, de la race royale d'Édom. Dans le temps 15 où David battit Édom, Joab, chef de l'armée, étant monté pour enterrer les morts, tua tous les mâles qui étaient en Édom ; il y resta six 16 mois avec tout Israël, jusqu'à ce qu'il en eût exterminé tous les mâles. Ce fut alors qu'Hadad prit 17 la fuite avec des Édomites, serviteurs de son père, pour se rendre en Égypte. Hadad était encore un jeune garçon. Partis de Madian, ils 18 allèrent à Paran, prirent avec eux des hommes de Paran, et arrivèrent en Égypte auprès de Pharaon, roi d'Égypte. Pharaon donna une maison à Hadad, pourvut à sa subsistance, et lui accorda des terres. Hadad trouva grâce aux yeux de 19 Pharaon, à tel point que Pharaon lui donna pour femme la sœur de sa femme, la sœur de la reine Thachpenès. La sœur de Thach- 20 penès lui enfanta son fils Guenubath. Thachpenès le sevra dans la maison de Pharaon ; et Guenubath fut dans la maison de Pharaon, au milieu des enfants de Pharaon. Lorsque Hadad 21 apprit en Égypte que David était couché avec ses pères, et que Joab, chef de l'armée, était mort, il dit à Pharaon : Laisse-moi aller dans mon pays. Et Pharaon lui dit : Que te 22 manque-t-il auprès de moi, pour que tu désires aller dans ton pays? Il répondit : Rien, mais laisse-moi partir.

23 Dieu suscita un autre ennemi à Salomon : Rezon, fils d'Éliada, qui s'était enfui de chez son maître
24 Hadadézer, roi de Tsoba. Il avait rassemblé des gens auprès de lui, et il était chef de bande, lorsque David massacra les troupes de son maître. Ils allèrent à Damas, et s'y établirent, et ils régnèrent à Damas.
25 Il fut un ennemi d'Israël pendant toute la vie de Salomon, en même temps qu'Hadad lui faisait du mal, et il avait Israël en aversion. Il régna sur la Syrie.
26 Jéroboam aussi, serviteur de Salomon, leva la main contre le roi. Il était fils de Nebath, Éphratien de Tseréda, et il avait pour mère une
27 veuve nommée Tserua. Voici à quelle occasion il leva la main contre le roi. Salomon bâtissait Millo, et fermait la brèche de la cité de David,
28 son père. Jéroboam était fort et vaillant ; et Salomon, ayant vu ce jeune homme à l'œuvre, lui donna la surveillance de tous les gens de corvée de la maison de Joseph.
29 Dans ce temps-là, Jéroboam, étant sorti de Jérusalem, fut rencontré en chemin par le prophète Achija de Silo, revêtu d'un manteau neuf. Ils étaient tous deux seuls dans les
30 champs. Achija saisit le manteau neuf qu'il avait sur lui, le déchira en
31 douze morceaux, et dit à Jéroboam : Prends pour toi dix morceaux ! Car ainsi parle l'Éternel, le Dieu d'Israël : Voici, je vais arracher le royaume de la main de Salomon, et je te donnerai
32 dix tribus. Mais il aura une tribu, à cause de mon serviteur David, et à cause de Jérusalem, la ville que j'ai choisie sur toutes les tribus d'Israël.
33 Et cela, parce qu'ils m'ont abandonné, et se sont prosternés devant Astarté, divinité des Sidoniens, de-

vant Kemosch, dieu de Moab, et devant Milcom, dieu des fils d'Ammon, et parce qu'ils n'ont point marché dans mes voies pour faire ce qui est droit à mes yeux et pour observer mes lois et mes ordonnances, comme l'a fait David, père de Salomon. Je n'ôterai pas de sa 34 main tout le royaume, car je le maintiendrai prince tout le temps de sa vie, à cause de David, mon serviteur, que j'ai choisi, et qui a observé mes commandements et mes lois. Mais j'ôterai le royaume de la 35 main de son fils, et je t'en donnerai dix tribus ; je laisserai une tribu à 36 son fils, afin que David, mon serviteur, ait toujours une lampe devant moi à Jérusalem, la ville que j'ai choisie pour y mettre mon nom. Je 37 te prendrai, et tu régneras sur tout ce que ton âme désirera, tu seras roi d'Israël. Si tu obéis à tout ce que 38 je t'ordonnerai, si tu marches dans mes voies et si tu fais ce qui est droit à mes yeux, en observant mes lois et mes commandements, comme l'a fait David, mon serviteur, je serai avec toi, je te bâtirai une maison stable, comme j'en ai bâti une à David, et je te donnerai Israël. J'humilierai par là la postérité de 39 David, mais ce ne sera pas pour toujours. Salomon chercha à faire 40 mourir Jéroboam. Et Jéroboam se leva et s'enfuit en Égypte auprès de Schischak, roi d'Égypte ; il demeura en Égypte jusqu'à la mort de Salomon.

Le reste des actions de Salomon, 41 tout ce qu'il a fait, et sa sagesse, cela n'est-il pas écrit dans le livre des actes de Salomon ?

Salomon régna quarante ans à 42 Jérusalem sur tout Israël. Puis 43 Salomon se coucha avec ses pères, et il fut enterré dans la ville de David, son père. Roboam, son fils, régna à sa place.

LES ROIS DE JUDA ET LES ROIS D'ISRAËL
DEPUIS LA DIVISION DU ROYAUME JUSQU'A JOSAPHAT,
ROI DE JUDA, ET ACHAB, ROI D'ISRAËL

Division du royaume : Roboam roi de Juda, Jéroboam roi d'Israël.

12 Roboam se rendit à Sichem, car tout Israël était venu à Sichem pour le faire roi.

2 Lorsque Jéroboam, fils de Nebath, eut des nouvelles, il était encore en Égypte, où il s'était enfui loin du roi Salomon, et c'était en Égypte qu'il 3 demeurait. On l'envoya appeler. Alors Jéroboam et toute l'assemblée d'Israël vinrent à Roboam et lui 4 parlèrent ainsi : Ton père a rendu notre joug dur ; toi maintenant, allège cette rude servitude et le joug pesant que nous a imposé ton 5 père. Et nous te servirons. Il leur dit : Allez, et revenez vers moi dans trois jours. Et le peuple s'en alla.

6 Le roi Roboam consulta les vieillards qui avaient été auprès de Salomon, son père, pendant sa vie, et il dit : Que conseillez-vous de 7 répondre à ce peuple ? Et voici ce qu'ils lui dirent : Si aujourd'hui tu rends service à ce peuple, si tu leur cèdes, et si tu leur réponds par des paroles bienveillantes, ils seront pour 8 toujours tes serviteurs. Mais Roboam laissa le conseil que lui donnaient les vieillards, et il consulta les jeunes gens qui avaient grandi 9 avec lui et qui l'entouraient. Il leur dit : Que conseillez-vous de répondre à ce peuple qui me tient ce langage : Allège le joug que nous a imposé 10 ton père ? Et voici ce que lui dirent les jeunes gens qui avaient grandi avec lui : Tu parleras ainsi à ce peuple qui t'a tenu ce langage : Ton père a rendu notre joug pesant, et toi, allège-le-nous ! tu leur parleras ainsi : Mon petit doigt est plus gros 11 que les reins de mon père. Maintenant, mon père vous a chargés d'un joug pesant, et moi je vous le rendrai plus pesant, mon père vous a châtiés avec des fouets, et moi je vous châtierai avec des scorpions.

Jéroboam et tout le peuple vinrent 12 à Roboam le troisième jour, suivant ce qu'avait dit le roi : Revenez vers moi dans trois jours. Le roi ré- 13 pondit durement au peuple. Il laissa le conseil que lui avaient donné les vieillards, et il leur parla ainsi 14 d'après le conseil des jeunes gens : Mon père a rendu votre joug pesant, et moi je vous le rendrai plus pesant ; mon père vous a châtiés avec des fouets, et moi je vous châtierai avec des scorpions. Ainsi le roi n'écouta 15 point le peuple ; car cela fut dirigé par l'Éternel, en vue de l'accomplissement de la parole que l'Éternel avait dite par Achija de Silo à Jéroboam, fils de Nebath.

Lorsque tout Israël vit que le roi 16 ne l'écoutait pas, le peuple répondit au roi : Quelle part avons-nous avec David ? Nous n'avons point d'héritage avec le fils d'Isaï ! A tes tentes, Israël ! Maintenant, pourvois à ta maison, David ! Et Israël s'en alla dans ses tentes. Les enfants d'Israël 17 qui habitaient les villes de Juda furent les seuls sur qui régna Roboam. Alors le roi Roboam envoya 18 Adoram, qui était préposé sur les impôts. Mais Adoram fut lapidé par tout Israël, et il mourut. Et le roi Roboam se hâta de monter sur un char, pour s'enfuir à Jérusalem. C'est ainsi qu'Israël s'est détaché de 19 la maison de David jusqu'à ce jour.

Tout Israël ayant appris que Jéro- 20 boam était de retour, ils l'envoyèrent appeler dans l'assemblée, et ils le firent roi sur tout Israël. La tribu de Juda fut la seule qui suivit la maison de David.

Roboam, arrivé à Jérusalem, ras- 21 sembla toute la maison de Juda et la tribu de Benjamin, cent quatre-vingt mille hommes d'élite propres à la guerre, pour qu'ils combattissent contre la maison d'Israël afin de la ramener sous la domination de Ro-

22 boam, fils de Salomon. Mais la parole de Dieu fut ainsi adressée à

23 Schemaeja, homme de Dieu : Parle à Roboam, fils de Salomon, roi de Juda, et à toute la maison de Juda et de Benjamin, et au reste du

24 peuple. Et dis-leur : Ainsi parle l'Éternel : Ne montez point, et ne faites pas la guerre à vos frères, les enfants d'Israël ! Que chacun de vous retourne dans sa maison, car c'est de par moi que cette chose est arrivée. Ils obéirent à la parole de l'Éternel, et ils s'en retournèrent, selon la parole de l'Éternel.

Le royaume d'Israël sous Jéroboam.—Culte des veaux d'or.—L'autel de Béthel et la main de Jéroboam.—Prophète tué par un lion.—La femme de Jéroboam et le prophète Achija.—Mort de Jéroboam.

25 Jéroboam bâtit Sichem sur la montagne d'Éphraïm, et il y demeura ; puis il en sortit, et bâtit Penuel.

26 Jéroboam dit en son cœur : Le royaume pourrait bien maintenant

27 retourner à la maison de David. Si ce peuple monte à Jérusalem pour faire des sacrifices dans la maison de l'Éternel, le cœur de ce peuple retournera à son seigneur, à Roboam, roi de Juda, et ils me tueront et retourneront à Roboam, roi de

28 Juda. Après s'être consulté, le roi fit deux veaux d'or, et il dit au peuple : Assez longtemps vous êtes montés à Jérusalem ; Israël ! voici ton Dieu, qui t'a fait sortir du pays

29 d'Égypte. Il plaça l'un de ces veaux

30 à Béthel, et il mit l'autre à Dan. Ce fut là une occasion de péché. Le peuple alla devant l'un des veaux

31 jusqu'à Dan. Jéroboam fit une maison de hauts lieux, et il créa des sacrificateurs pris parmi tout le peuple et n'appartenant point aux

32 fils de Lévi. Il établit une fête au huitième mois, le quinzième jour du mois, comme la fête qui se célébrait en Juda, et il offrit des sacrifices sur l'autel. Voici ce qu'il fit à Béthel, afin que l'on sacrifiât aux veaux qu'il avait faits. Il plaça à Béthel les prêtres des hauts lieux qu'il avait

33 élevés. Et il monta sur l'autel qu'il avait fait à Béthel, le quinzième jour du huitième mois, mois qu'il avait choisi de son gré. Il fit une fête pour les enfants d'Israël, et il monta sur l'autel pour brûler des parfums.

13 Voici, un homme de Dieu arriva de Juda à Béthel, par la parole de l'Éternel, pendant que Jéroboam se tenait à l'autel pour brûler des par-

2 fums. Il cria contre l'autel, par la parole de l'Éternel, et il dit : Autel ! autel ! ainsi parle l'Éternel : Voici, il naîtra un fils à la maison de David ; son nom sera Josias ; il immolera sur toi les prêtres des hauts lieux qui brûlent sur toi des parfums, et l'on brûlera sur toi des

3 ossements d'hommes ! Et le même jour il donna un signe, en disant : C'est ici le signe que l'Éternel a parlé : Voici, l'autel se fendra, et la cendre qui est dessus sera répandue.

4 Lorsque le roi entendit la parole que l'homme de Dieu avait criée contre l'autel de Béthel, il avança la main de dessus l'autel, en disant : Saisissez-le ! Et la main que Jéroboam avait étendue contre lui devint sèche, et il ne put la ramener à soi.

5 L'autel se fendit, et la cendre qui était dessus fut répandue, selon le signe qu'avait donné l'homme de Dieu, par la parole de l'Éternel.

6 Alors le roi prit la parole, et dit à l'homme de Dieu : Implore l'Éternel, ton Dieu, et prie pour moi, afin que je puisse retirer ma main. L'homme de Dieu implora l'Éternel, et le roi put retirer sa main, qui fut comme

7 auparavant. Le roi dit à l'homme de Dieu : Entre avec moi dans la maison, tu prendras quelque nourriture, et je te donnerai un présent.

8 L'homme de Dieu dit au roi : Quand tu me donnerais la moitié de ta maison, je n'entrerais pas avec toi. Je ne mangerai point de pain, et je ne boirai point d'eau dans ce lieu-ci ;

9 car cet ordre m'a été donné, par la parole de l'Éternel : Tu ne mangeras point de pain et tu ne boiras point d'eau, et tu ne prendras pas à ton retour le chemin par lequel tu seras

10 allé. Et il s'en alla par un autre chemin, il ne prit pas à son retour

le chemin par lequel il était venu à Béthel.

11 Or il y avait un vieux prophète qui demeurait à Béthel. Ses fils vinrent lui raconter toutes les choses que l'homme de Dieu avait faites à Béthel ce jour-là, et les paroles qu'il avait dites au roi. Lorsqu'ils en

12 eurent fait le récit à leur père, il leur dit : Par quel chemin s'en est-il allé ? Ses fils avaient vu par quel chemin s'en était allé l'homme de

13 Dieu qui était venu de Juda. Et il dit à ses fils : Sellez-moi l'âne. Ils lui sellèrent l'âne, et il monta dessus.

14 Il alla après l'homme de Dieu, et il le trouva assis sous un térébinthe. Il lui dit : Es-tu l'homme de Dieu qui est venu de Juda ? Il répondit :

15 Je le suis. Alors il lui dit : Viens avec moi à la maison, et tu prendras

16 quelque nourriture. Mais il répondit : Je ne puis ni retourner avec toi, ni entrer chez toi. Je ne mangerai point de pain, je ne boirai point d'eau

17 avec toi en ce lieu-ci ; car il m'a été dit, par la parole de l'Éternel : Tu n'y mangeras point de pain et tu n'y boiras point d'eau, et tu ne prendras pas à ton retour le chemin par lequel

18 tu seras allé. Et il lui dit : Moi aussi, je suis prophète comme toi ; et un ange m'a parlé de la part de l'Éternel, et m'a dit : Ramène-le avec toi dans ta maison, et qu'il mange du pain et boive de l'eau. Il lui mentait.

19 L'homme de Dieu retourna avec lui, et il mangea du pain et but de

20 l'eau dans sa maison. Comme ils étaient assis à table, la parole de l'Éternel fut adressée au prophète

21 qui l'avait ramené. Et il cria à l'homme de Dieu qui était venu de Juda : Ainsi parle l'Éternel : Parce que tu as été rebelle à l'ordre de l'Éternel, et que tu n'as pas observé le commandement que l'Éternel, ton

22 Dieu, t'avait donné ; parce que tu es retourné, et que tu as mangé du pain et bu de l'eau dans le lieu dont il t'avait dit : Tu n'y mangeras point de pain et tu n'y boiras point d'eau, —ton cadavre n'entrera pas dans le

23 sépulcre de tes pères. Et quand le prophète qu'il avait ramené eut mangé du pain et qu'il eut bu de l'eau, il sella l'âne pour lui.

24 L'homme de Dieu s'en alla ; et il fut rencontré dans le chemin par un lion qui le tua. Son cadavre était étendu dans le chemin ; l'âne resta près de lui, et le lion se tint à côté du cadavre. Et voici, des gens qui

25 passaient virent le cadavre étendu dans le chemin et le lion se tenant à côté du cadavre ; et ils en parlèrent à leur arrivée dans la ville où demeurait le vieux prophète. Lors-

26 que le prophète qui avait ramené du chemin l'homme de Dieu l'eut appris, il dit : C'est l'homme de Dieu qui a été rebelle à l'ordre de l'Éternel, et l'Éternel l'a livré au lion, qui l'a déchiré et l'a fait mourir, selon la parole que l'Éternel lui avait dite. Puis,

27 s'adressant à ses fils, il dit : Sellez-moi l'âne. Ils le sellèrent, et il partit.

28 Il trouva le cadavre étendu dans le chemin, et l'âne et le lion qui se tenaient à côté du cadavre. Le lion n'avait pas dévoré le cadavre et n'avait pas déchiré l'âne. Le pro-

29 phète releva le cadavre de l'homme de Dieu, le plaça sur l'âne, et le ramena ; et le vieux prophète rentra dans la ville pour le pleurer et pour l'enterrer. Il mit son cadavre dans

30 le sépulcre, et l'on pleura sur lui, en disant : Hélas, mon frère ! Après

31 l'avoir enterré, il dit à ses fils : Quand je serai mort, vous m'enterrerez dans le sépulcre où est enterré l'homme de Dieu, vous déposerez mes os à côté de ses os. Car elle s'accomplira,

32 la parole qu'il a criée, de la part de l'Éternel, contre l'autel de Béthel et contre toutes les maisons des hauts lieux qui sont dans les villes de Samarie.

33 Après cet événement, Jéroboam ne se détourna point de sa mauvaise voie. Il créa de nouveau des prêtres des hauts lieux pris parmi tout le peuple ; quiconque en avait le désir, il le consacrait prêtre des hauts lieux.

34 Ce fut là une occasion de péché pour la maison de Jéroboam, et c'est pour cela qu'elle a été exterminée et détruite de dessus la face de la terre.

14 Dans ce temps-là, Ahija, fils de Jéroboam, devint malade. Et **2** Jéroboam dit à sa femme : Lève-toi, je te prie, et déguise-toi pour qu'on ne sache pas que tu es la femme de Jéroboam, et va à Silo. Voici, là est Achija, le prophète ; c'est lui qui m'a dit que je serais roi de ce peuple. **3** Prends avec toi dix pains, des gâteaux et un vase de miel, et entre chez lui : il te dira ce qui arrivera à l'enfant. **4** La femme de Jéroboam fit ainsi ; elle se leva, alla à Silo, et entra dans la maison d'Achija. Achija ne pouvait plus voir, car il avait les yeux fixes par suite de la vieillesse. **5** L'Éternel avait dit à Achija : La femme de Jéroboam va venir te consulter au sujet de son fils, parce qu'il est malade. Tu lui parleras de telle et telle manière. Quand elle arrivera, elle se donnera pour une autre.

6 Lorsque Achija entendit le bruit de ses pas, au moment où elle franchissait la porte, il dit : Entre, femme de Jéroboam ; pourquoi veux-tu te donner pour une autre ? Je suis chargé de t'annoncer des choses **7** dures. Va, dis à Jéroboam : Ainsi parle l'Éternel, le Dieu d'Israël : Je t'ai élevé du milieu du peuple, je t'ai établi chef de mon peuple d'Israël, **8** j'ai arraché le royaume de la maison de David et je te l'ai donné. Et tu n'as pas été comme mon serviteur David, qui a observé mes commandements et qui a marché après moi de tout son cœur, ne faisant que ce qui **9** est droit à mes yeux. Tu as agi plus mal que tous ceux qui ont été avant toi, tu es allé te faire d'autres dieux et des images de fonte pour m'irriter, et tu m'as rejeté derrière ton dos ! Voilà pourquoi je vais faire **10** venir le malheur sur la maison de Jéroboam ; j'exterminerai quiconque appartient à Jéroboam, celui qui est esclave et celui qui est libre en Israël, et je balaierai la maison de Jéroboam comme on balaie les ordures, jusqu'à **11** ce qu'elle ait disparu. Celui de la maison de Jéroboam qui mourra dans la ville sera mangé par les chiens, et celui qui mourra dans les champs sera mangé par les oiseaux du ciel.

Car l'Éternel a parlé. Et toi, lève-**12** toi, va dans ta maison. Dès que tes pieds entreront dans la ville, l'enfant mourra. Tout Israël le pleurera, et **13** on l'enterrera ; car il est le seul de la maison de Jéroboam qui sera mis dans un sépulcre, parce qu'il est le seul de la maison de Jéroboam en qui se soit trouvé quelque chose de bon devant l'Éternel, le Dieu d'Israël. L'Éternel établira sur Israël un roi **14** qui exterminera la maison de Jéroboam ce jour-là. Et n'est-ce pas déjà ce qui arrive ? L'Éternel frap-**15** pera Israël, et il en sera de lui comme du roseau qui est agité dans les eaux ; il arrachera Israël de ce bon pays qu'il avait donné à leurs pères, et il les dispersera de l'autre côté du fleuve, parce qu'ils se sont fait des idoles, irritant l'Éternel. Il livrera Israël à **16** cause des péchés que Jéroboam a commis et qu'il a fait commettre à Israël.

La femme de Jéroboam se leva, et **17** partit. Elle arriva à Thirtsa ; et, comme elle atteignait le seuil de la maison, l'enfant mourut. On l'en-**18** terra, et tout Israël le pleura, selon la parole que l'Éternel avait dite par son serviteur Achija, le prophète.

Le reste des actions de Jéroboam, **19** comment il fit la guerre et comment il régna, cela est écrit dans le livre des Chroniques des rois d'Israël.

Jéroboam régna vingt-deux ans, **20** puis il se coucha avec ses pères. Et Nadab, son fils, régna à sa place.

Le royaume de Juda sous Roboam.—Idolâtrie.—Invasion de Schischak, roi d'Égypte. —Mort de Roboam.

Roboam, fils de Salomon, régna **21** sur Juda. Il avait quarante et un ans lorsqu'il devint roi, et il régna dix-sept ans à Jérusalem, la ville que l'Éternel avait choisie sur toutes les tribus d'Israël pour y mettre son nom. Sa mère s'appelait Naama, l'Ammonite.

Juda fit ce qui est mal aux yeux **22** de l'Éternel ; et, par les péchés qu'ils commirent, ils excitèrent sa jalousie plus que ne l'avaient jamais fait leurs pères. Ils se bâtirent, eux aussi, des **23** hauts lieux avec des statues et des idoles sur toute colline élevée et sous 24 tout arbre vert. Il y eut même des prostitués dans le pays. Ils imitèrent toutes les abominations des nations que l'Éternel avait chassées devant les enfants d'Israël.

25 La cinquième année du règne de Roboam, Schischak, roi d'Égypte, 26 monta contre Jérusalem. Il prit les trésors de la maison de l'Éternel et les trésors de la maison du roi, il prit tout. Il prit tous les boucliers d'or 27 que Salomon avait faits. Le roi Roboam fit à leur place des boucliers d'airain, et il les remit aux soins des chefs des coureurs, qui gardaient 28 l'entrée de la maison du roi. Toutes les fois que le roi allait à la maison de l'Éternel, les coureurs les portaient; puis ils les rapportaient dans la chambre des coureurs.

29 Le reste des actions de Roboam, et tout ce qu'il a fait, cela n'est-il pas écrit dans le livre des Chroniques des rois de Juda ?

30 Il y eut toujours guerre entre Roboam et Jéroboam.

31 Roboam se coucha avec ses pères, et il fut enterré avec ses pères dans la ville de David. Sa mère s'appelait Naama, l'Ammonite. Et Abijam, son fils, régna à sa place.

Abijam et Asa, rois de Juda.—Nadab, Baescha, Éla, Zimri, Omri, rois d'Israël.

15 La dix-huitième année du règne de Jéroboam, fils de Nebath, Abi- 2 jam régna sur Juda. Il régna trois ans à Jérusalem. Sa mère s'appelait Maaca, fille d'Abisalom.

3 Il se livra à tous les péchés que son père avait commis avant lui ; et son cœur ne fut point tout entier à l'Éternel, son Dieu, comme l'avait 4 été le cœur de David, son père. Mais à cause de David, l'Éternel, son Dieu, lui donna une lampe à Jérusalem, en établissant son fils après lui et en 5 laissant subsister Jérusalem. Car David avait fait ce qui est droit aux yeux de l'Éternel, et il ne s'était détourné d'aucun de ses commandements pendant toute sa vie, excepté dans l'affaire d'Urie, le Héthien.

Il y eut guerre entre Roboam et 6 Jéroboam, tant que vécut Roboam.

Le reste des actions d'Abijam, et 7 tout ce qu'il a fait, cela n'est-il pas écrit dans le livre des Chroniques des rois de Juda ?

Il y eut guerre entre Abijam et Jéroboam.

Abijam se coucha avec ses pères, et 8 on l'enterra dans la ville de David. Et Asa, son fils, régna à sa place.

La vingtième année de Jéroboam, 9 roi d'Israël, Asa régna sur Juda. Il 10 régna quarante et un ans à Jérusalem. Sa mère s'appelait Maaca, fille d'Abisalom.

Asa fit ce qui est droit aux yeux 11 de l'Éternel, comme David, son père. Il ôta du pays les prostitués, et il fit 12 disparaître toutes les idoles que ses pères avaient faites. Et même il 13 enleva la dignité de reine à Maaca, sa mère, parce qu'elle avait fait une idole pour Astarté. Asa abattit son idole, et la brûla au torrent de Cédron. Mais les hauts lieux ne dis- 14 parurent point, quoique le cœur d'Asa fût en entier à l'Éternel pendant toute sa vie. Il mit dans la maison 15 de l'Éternel les choses consacrées par son père et par lui-même, de l'argent, de l'or et des vases.

Il y eut guerre entre Asa et Bae- 16 scha, roi d'Israël, pendant toute leur vie. Baescha, roi d'Israël, monta 17 contre Juda ; et il bâtit Rama, pour empêcher ceux d'Asa, roi de Juda, de sortir et d'entrer. Asa prit tout 18 l'argent et tout l'or qui étaient restés dans les trésors de la maison de l'Éternel et les trésors de la maison du roi, et il les mit entre les mains de ses serviteurs qu'il envoya vers Ben-Hadad, fils de Thabrimmon, fils de Hezjon, roi de Syrie, qui habitait à Damas. Le roi Asa lui fit dire : Qu'il y ait une alliance entre moi et 19 toi, comme il y en eut une entre mon père et ton père. Voici, je t'envoie un présent en argent et en or. Va, romps ton alliance avec Baescha, roi d'Israël, afin qu'il s'éloigne de moi. Ben-Hadad écouta 20 le roi Asa ; il envoya les chefs de son armée contre les villes d'Israël.

et il battit Ijjon, Dan, Abel-Beth-Maaca, tout Kinneroth, et tout le 21 pays de Nephthali. Lorsque Baescha l'apprit, il cessa de bâtir Rama, et il 22 resta à Thirtsa. Le roi Asa convoqua tout Juda, sans exempter personne, et ils emportèrent les pierres et le bois que Baescha employait à la construction de Rama ; et le roi Asa s'en servit pour bâtir Guéba de Benjamin et Mitspa.

23 Le reste de toutes les actions d'Asa, tous ses exploits et tout ce qu'il a fait, et les villes qu'il a bâties, cela n'est-il pas écrit dans le livre des Chroniques des rois de Juda ? Toutefois, à l'époque de sa vieillesse, il eut les pieds malades.

24 Asa se coucha avec ses pères, et il fut enterré avec ses pères dans la ville de David, son père. Et Josaphat, son fils, régna à sa place.

25 Nadab, fils de Jéroboam, régna sur Israël, la seconde année d'Asa, roi de Juda. Il régna deux ans sur Israël.

26 Il fit ce qui est mal aux yeux de l'Éternel ; et il marcha dans la voie de son père, se livrant aux péchés que son père avait fait commettre à 27 Israël. Baescha, fils d'Achija, de la maison d'Issacar, conspira contre lui, et Baescha le tua à Guibbethon, qui appartenait aux Philistins, pendant que Nadab et tout Israël assiégeaient 28 Guibbethon. Baescha le fit périr la troisième année d'Asa, roi de Juda, 29 et il régna à sa place. Lorsqu'il fut roi, il frappa toute la maison de Jéroboam, il n'en laissa échapper personne et il détruisit tout ce qui respirait, selon la parole que l'Éternel avait dite par son serviteur Achija de Silo, 30 à cause des péchés que Jéroboam avait commis et qu'il avait fait commettre à Israël, irritant ainsi l'Éternel, le Dieu d'Israël.

31 Le reste des actions de Nadab, et tout ce qu'il a fait, cela n'est-il pas écrit dans le livre des Chroniques des rois d'Israël ?

32 Il y eut guerre entre Asa et Baescha, roi d'Israël, pendant toute leur vie.

33 La troisième année d'Asa, roi de Juda, Baescha, fils d'Achija, régna sur tout Israël à Thirtsa. Il régna vingt-quatre ans.

34 Il fit ce qui est mal aux yeux de l'Éternel, et il marcha dans la voie de Jéroboam, se livrant aux péchés que Jéroboam avait fait commettre à Israël.

16

La parole de l'Éternel fut ainsi adressée à Jéhu, fils de Hanani, contre Baescha : Je t'ai élevé de la 2 poussière, et je t'ai établi chef de mon peuple d'Israël ; mais parce que tu as marché dans la voie de Jéroboam, et que tu as fait pécher mon peuple d'Israël, pour m'irriter par leurs péchés, voici, je vais balayer 3 Baescha et sa maison, et je rendrai ta maison semblable à la maison de Jéroboam, fils de Nebath. Celui de 4 la maison de Baescha qui mourra dans la ville sera mangé par les chiens, et celui des siens qui mourra dans les champs sera mangé par les oiseaux du ciel.

5 Le reste des actions de Baescha, ce qu'il a fait, et ses exploits, cela n'est-il pas écrit dans le livre des Chroniques des rois d'Israël ?

6 Baescha se coucha avec ses pères, et il fut enterré à Thirtsa. Et Éla, son fils, régna à sa place.

7 La parole de l'Éternel s'était manifestée par le prophète Jéhu, fils de Hanani, contre Baescha et contre sa maison, soit à cause de tout le mal qu'il avait fait sous les yeux de l'Éternel, en l'irritant par l'œuvre de ses mains et en devenant semblable à la maison de Jéroboam, soit parce qu'il avait frappé la maison de Jéroboam.

8 La vingt-sixième année d'Asa, roi de Juda, Éla, fils de Baescha, régna sur Israël à Thirtsa. Il régna deux ans.

9 Son serviteur Zimri, chef de la moitié des chars, conspira contre lui. Éla était à Thirtsa, buvant et s'enivrant dans la maison d'Artsa, chef de la maison du roi à Thirtsa. Zimri 10 entra, le frappa et le tua, la vingt-septième année d'Asa, roi de Juda, et il régna à sa place. Lorsqu'il fut 11 roi et qu'il fut assis sur son trône, il frappa toute la maison de Baescha,

il ne laissa échapper personne qui lui
12 appartînt, ni parent ni ami. Zimri
détruisit toute la maison de Baescha,
selon la parole que l'Éternel avait
dite contre Baescha par Jéhu, le
13 prophète, à cause de tous les péchés
que Baescha et Éla, son fils, avaient
commis et qu'ils avaient fait commettre à Israël, irritant par leurs
idoles l'Éternel, le Dieu d'Israël.

14 Le reste des actions d'Éla, et tout
ce qu'il a fait, cela n'est-il pas écrit
dans le livre des Chroniques des rois
d'Israël?

15 La vingt-septième année d'Asa, roi
de Juda, Zimri régna sept jours à
Thirtsa.

Le peuple campait contre Guibbethon, qui appartenait aux Philistins.
16 Et le peuple qui campait apprit cette
nouvelle: Zimri a conspiré, et même
il a tué le roi! Et ce jour-là, tout
Israël établit dans le camp pour roi
17 d'Israël Omri, chef de l'armée. Omri
et tout Israël avec lui partirent de
Guibbethon, et ils assiégèrent Thirtsa.
18 Zimri, voyant que la ville était prise,
se retira dans le palais de la maison
du roi, et brûla sur lui la maison du
19 roi. C'est ainsi qu'il mourut, à cause
des péchés qu'il avait commis en
faisant ce qui est mal aux yeux de
l'Éternel, en marchant dans la voie
de Jéroboam, et en se livrant aux
péchés que Jéroboam avait commis
pour faire pécher Israël.

20 Le reste des actions de Zimri, et
la conspiration qu'il forma, cela n'est-
il pas écrit dans le livre des Chroniques des rois d'Israël?

21 Alors le peuple d'Israël se divisa
en deux partis: une moitié du peuple
voulait faire roi Thibni, fils de Guinath,
et l'autre moitié était pour Omri.
22 Ceux qui suivaient Omri l'emportèrent sur ceux qui suivaient Thibni,
fils de Guinath. Thibni mourut, et
Omri régna.

23 La trente et unième année d'Asa,
roi de Juda, Omri régna sur Israël.
Il régna douze ans. Après avoir
24 régné six ans à Thirtsa, il acheta de
Schémer la montagne de Samarie
pour deux talents d'argent; il bâtit
sur la montagne, et il donna à la
ville qu'il bâtit le nom de Samarie,
d'après le nom de Schémer, seigneur
de la montagne.

Omri fit ce qui est mal aux yeux 25
de l'Éternel, et il agit plus mal que
tous ceux qui avaient été avant lui.
Il marcha dans toute la voie de 26
Jéroboam, fils de Nebath, et se livra
aux péchés que Jéroboam avait fait
commettre à Israël, irritant par leurs
idoles l'Éternel, le Dieu d'Israël.

Le reste des actions d'Omri, ce 27
qu'il a fait, et ses exploits, cela
n'est-il pas écrit dans le livre des
Chroniques des rois d'Israël?

Omri se coucha avec ses pères, et 28
il fut enterré à Samarie. Et Achab,
son fils, régna à sa place.

Achab, roi d'Israël.—Son mariage avec Jéza-
bel, fille du roi des Sidoniens.

Achab, fils d'Omri, régna sur Israël, 29
la trente-huitième année d'Asa, roi
de Juda. Achab, fils d'Omri, régna
vingt-deux ans sur Israël à Samarie.
Achab, fils d'Omri, fit ce qui est 30
mal aux yeux de l'Éternel, plus que
tous ceux qui avaient été avant lui.
Et comme si c'eût été pour lui peu 31
de chose de se livrer aux péchés de
Jéroboam, fils de Nebath, il prit pour
femme Jézabel, fille d'Ethbaal, roi
des Sidoniens, et il alla servir Baal
et se prosterner devant lui. Il éleva 32
un autel à Baal dans la maison de
Baal qu'il bâtit à Samarie, et il fit 33
une idole d'Astarté. Achab fit plus
encore que tous les rois d'Israël qui
avaient été avant lui, pour irriter
l'Éternel, le Dieu d'Israël.

De son temps, Hiel de Béthel bâtit 34
Jéricho; il en jeta les fondements au
prix d'Abiram, son premier-né, et il
en posa les portes au prix de Segub,
son plus jeune fils, selon la parole
que l'Éternel avait dite par Josué,
fils de Nun.

Le prophète Élie.—Annonce d'une séche-
resse.—Élie près du torrent de Kerith.—
Élie chez la veuve de Sarepta.—Élie de-
vant Achab.—Les prophètes de Baal.—
La pluie.—Fuite d'Élie au désert.—Élisée
appelé à lui succéder comme prophète.

Élie, le Thischbite, l'un des habi- **17**
tants de Galaad, dit à Achab:

L'Éternel est vivant, le Dieu d'Israël, dont je suis le serviteur! il n'y aura ces années-ci ni rosée ni pluie, sinon à ma parole.

2 Et la parole de l'Éternel fut 3 adressée à Élie, en ces mots: Pars d'ici, dirige-toi vers l'orient, et cache-toi près du torrent de Kerith, qui est 4 en face du Jourdain. Tu boiras de l'eau du torrent, et j'ai ordonné aux 5 corbeaux de te nourrir là. Il partit et fit selon la parole de l'Éternel, et il alla s'établir près du torrent de Kerith, qui est en face du Jourdain. 6 Les corbeaux lui apportaient du pain et de la viande le matin, et du pain et de la viande le soir, et il buvait de 7 l'eau du torrent. Mais au bout d'un certain temps le torrent fut à sec, car il n'était point tombé de pluie dans le pays.

8 Alors la parole de l'Éternel lui fut 9 adressée en ces mots: Lève-toi, va à Sarepta, qui appartient à Sidon, et demeure là. Voici, j'y ai ordonné à 10 une femme veuve de te nourrir. Il se leva, et il alla à Sarepta. Comme il arrivait à l'entrée de la ville, voici, il y avait là une femme veuve qui ramassait du bois. Il l'appela, et dit: Va me chercher, je te prie, un peu d'eau dans un vase, afin que je 11 boive. Et elle alla en chercher. Il l'appela de nouveau, et dit: Apporte-moi, je te prie, un morceau de pain 12 dans ta main. Et elle répondit: L'Éternel, ton Dieu, est vivant! je n'ai rien de cuit, je n'ai qu'une poignée de farine dans un pot et un peu d'huile dans une cruche. Et voici, je ramasse deux morceaux de bois, puis je rentrerai et je préparerai cela pour moi et pour mon fils; nous mangerons, après quoi nous mourrons. 13 Élie lui dit: Ne crains point, rentre, fais comme tu as dit. Seulement, prépare-moi d'abord avec cela un petit gâteau, et tu me l'apporteras; tu en feras ensuite pour toi et pour 14 ton fils. Car ainsi parle l'Éternel, le Dieu d'Israël: La farine qui est dans le pot ne manquera point et l'huile qui est dans la cruche ne diminuera point, jusqu'au jour où l'Éternel fera tomber de la pluie sur la face du sol.

15 Elle alla, et elle fit selon la parole d'Élie. Et pendant longtemps elle eut de quoi manger, elle et sa famille, aussi bien qu'Élie. La farine qui 16 était dans le pot ne manqua point, et l'huile qui était dans la cruche ne diminua point, selon la parole que l'Éternel avait prononcée par Élie.

Après ces choses, le fils de la 17 femme, maîtresse de la maison, devint malade, et sa maladie fut si violente qu'il ne resta plus en lui de respiration. Cette femme dit alors à 18 Élie: Qu'y a-t-il entre moi et toi, homme de Dieu? Es-tu venu chez moi pour rappeler le souvenir de mon iniquité, et pour faire mourir mon fils? Il lui répondit: Donne- 19 moi ton fils. Et il le prit du sein de la femme, le monta dans la chambre haute où il demeurait, et le coucha sur son lit. Puis il invoqua 20 l'Éternel, et dit: Éternel, mon Dieu, est-ce que tu affligerais, au point de faire mourir son fils, même cette veuve chez qui j'ai été reçu comme un hôte? Et il s'étendit trois fois 21 sur l'enfant, invoqua l'Éternel, et dit: Éternel, mon Dieu, je t'en prie, que l'âme de cet enfant revienne au dedans de lui! L'Éternel écouta 22 la voix d'Élie, et l'âme de l'enfant revint au dedans de lui, et il fut rendu à la vie. Élie prit l'enfant, le 23 descendit de la chambre haute dans la maison, et le donna à sa mère. Et Élie dit: Vois, ton fils est vivant. Et la femme dit à Élie: Je recon- 24 nais maintenant que tu es un homme de Dieu, et que la parole de l'Éternel dans ta bouche est vérité.

Bien des jours s'écoulèrent, et **18** la parole de l'Éternel fut ainsi adressée à Élie, dans la troisième année: Va, présente-toi devant Achab, et je ferai tomber de la pluie sur la face du sol. Et Élie alla, pour se 2 présenter devant Achab.

La famine était grande à Samarie. Et Achab fit appeler Abdias, chef 3 de sa maison.—Or Abdias craignait beaucoup l'Éternel; et lorsque Jé- 4 zabel extermina les prophètes de l'Éternel, Abdias prit cent prophètes qu'il cacha cinquante par cinquante

dans une caverne, et il les avait
5 nourris de pain et d'eau.—Achab
dit à Abdias : Va par le pays vers
toutes les sources d'eau et vers tous
les torrents ; peut-être se trouvera-
t-il de l'herbe, et nous conserverons
la vie aux chevaux et aux mulets,
et nous n'aurons pas besoin d'abattre
6 du bétail. Ils se partagèrent le pays
pour le parcourir ; Achab alla seul
par un chemin, et Abdias alla seul
par un autre chemin.

7 Comme Abdias était en route,
voici, Élie le rencontra. Abdias,
l'ayant reconnu, tomba sur son visage, et dit : Est-ce toi, mon seigneur
8 Élie ? Il lui répondit : C'est moi ;
va, dis à ton maître : Voici Élie !
9 Et Abdias dit : Quel péché ai-je
commis, pour que tu livres ton serviteur entre les mains d'Achab, qui
10 me fera mourir ? L'Éternel est vivant ! il n'est ni nation ni royaume
où mon maître n'ait envoyé pour
te chercher ; et quand on disait que
tu n'y étais pas, il faisait jurer le
royaume et la nation que l'on ne
11 t'avait pas trouvé. Et maintenant
tu dis : Va, dis à ton maître : Voici
12 Élie ! Puis, lorsque je t'aurai quitté,
l'esprit de l'Éternel te transportera
je ne sais où ; et j'irai informer
Achab, qui ne te trouvera pas, et
qui me tuera. Cependant ton serviteur craint l'Éternel dès sa jeunesse.
13 N'a-t-on pas dit à mon seigneur ce
que j'ai fait quand Jézabel tua les
prophètes de l'Éternel ? J'ai caché
cent prophètes de l'Éternel, cinquante par cinquante dans une caverne, et je les ai nourris de pain et
14 d'eau. Et maintenant tu dis : Va,
dis à ton maître : Voici Élie ! Il me
15 tuera. Mais Élie dit : L'Éternel des
armées, dont je suis le serviteur, est
vivant ! aujourd'hui je me présenterai
devant Achab.
16 Abdias, étant allé à la rencontre
d'Achab, l'informa de la chose. Et
Achab se rendit au-devant d'Élie.
17 A peine Achab aperçut-il Élie qu'il
lui dit : Est-ce toi, qui jettes le
18 trouble en Israël ? Élie répondit :
Je ne trouble point Israël ; c'est toi,
au contraire, et la maison de ton

père, puisque vous avez abandonné
les commandements de l'Éternel et
que tu es allé après les Baals. Fais 19
maintenant rassembler tout Israël
auprès de moi, à la montagne du
Carmel, et aussi les quatre cent cinquante prophètes de Baal et les
quatre cents prophètes d'Astarté
qui mangent à la table de Jézabel.
Achab envoya des messagers vers 20
tous les enfants d'Israël, et il rassembla les prophètes à la montagne
du Carmel. Alors Élie s'approcha 21
de tout le peuple, et dit : Jusques
à quand clocherez-vous des deux
côtés ? Si l'Éternel est Dieu, allez
après lui ; si c'est Baal, allez après
lui ! Le peuple ne lui répondit rien.
Et Élie dit au peuple : Je suis resté 22
seul des prophètes de l'Éternel, et il
y a quatre cent cinquante prophètes
de Baal. Que l'on nous donne deux 23
taureaux ; qu'ils choisissent pour
eux l'un des taureaux, qu'ils le
coupent par morceaux, et qu'ils le
placent sur le bois, sans y mettre le
feu ; et moi, je préparerai l'autre
taureau, et je le placerai sur le bois,
sans y mettre le feu. Puis invoquez 24
le nom de votre dieu ; et moi, j'invoquerai le nom de l'Éternel. Le
dieu qui répondra par le feu, c'est
celui-là qui sera Dieu. Et tout le
peuple répondit, en disant : C'est
bien !
Élie dit aux prophètes de Baal : 25
Choisissez pour vous l'un des taureaux, préparez-le les premiers, car
vous êtes les plus nombreux, et invoquez le nom de votre Dieu ; mais
ne mettez pas le feu. Ils prirent le 26
taureau qu'on leur donna, et le préparèrent ; et ils invoquèrent le nom
de Baal, depuis le matin jusqu'à midi,
en disant : Baal réponds-nous ! Mais
il n'y eut ni voix ni réponse. Et ils
sautaient devant l'autel qu'ils avaient
fait. A midi, Élie se moqua d'eux, 27
et dit : Criez à haute voix, puisqu'il
est dieu ; il pense à quelque chose,
ou il est occupé, ou il est en voyage ;
peut-être qu'il dort, et il se réveillera.
Et ils crièrent à haute voix, et ils se 28
firent, selon leur coutume, des incisions avec des épées et avec des

lances, jusqu'à ce que le sang coulât
29 sur eux. Lorsque midi fut passé,
ils prophétisèrent jusqu'au moment
de la présentation de l'offrande.
Mais il n'y eut ni voix, ni réponse,
ni signe d'attention.

30 Élie dit alors à tout le peuple: Approchez-vous de moi! Tout le peuple
s'approcha de lui. Et Élie rétablit
l'autel de l'Éternel, qui avait été
31 renversé. Il prit douze pierres,
d'après le nombre des tribus des
fils de Jacob, auquel l'Éternel avait
32 dit: Israël sera ton nom; et il bâtit
avec ces pierres un autel au nom de
l'Éternel. Il fit autour de l'autel un
fossé de la capacité de deux mesures
33 de semence. Il arrangea le bois,
coupa le taureau par morceaux, et
34 le plaça sur le bois. Puis il dit:
Remplissez d'eau quatre cruches, et
versez-les sur l'holocauste et sur le
bois. Il dit: Faites-le une seconde
fois. Et ils le firent une seconde fois.
Il dit: Faites-le une troisième fois.
Et ils le firent une troisième fois.
35 L'eau coula autour de l'autel, et l'on
remplit aussi d'eau le fossé.

36 Au moment de la présentation de
l'offrande, Élie, le prophète, s'avança
et dit: Éternel, Dieu d'Abraham,
d'Isaac et d'Israël! que l'on sache
aujourd'hui que tu es Dieu en
Israël, que je suis ton serviteur,
et que j'ai fait toutes ces choses
37 par ta parole! Réponds-moi, Éternel, réponds-moi, afin que ce peuple
reconnaisse que c'est toi, Éternel,
qui es Dieu, et que c'est toi qui
ramènes leur cœur!

38 Et le feu de l'Éternel tomba, et
il consuma l'holocauste, le bois, les
pierres et la terre, et il absorba l'eau
39 qui était dans le fossé. Quand tout
le peuple vit cela, ils tombèrent sur
leur visage et dirent: C'est l'Éternel
qui est Dieu! C'est l'Éternel qui
est Dieu!

40 Saisissez les prophètes de Baal,
leur dit Élie; qu'aucun d'eux n'é-
chappe! Et ils les saisirent. Élie
les fit descendre au torrent de Kison,
où il les égorgea.

41 Et Élie dit à Achab: Monte,
mange et bois; car il se fait un bruit

qui annonce la pluie. Achab mon- 42
ta pour manger et pour boire. Mais
Élie monta au sommet du Carmel;
et, se penchant contre terre, il mit
son visage entre ses genoux, et dit 43
à son serviteur: Monte, regarde du
côté de la mer. Le serviteur monta,
il regarda, et dit: Il n'y a rien. Élie
dit sept fois: Retourne. A la sep- 44
tième fois, il dit: Voici un petit
nuage qui s'élève de la mer, et qui
est comme la paume de la main
d'un homme. Élie dit: Monte, et dis
à Achab: Attelle et descends, afin
que la pluie ne t'arrête pas. En 45
peu d'instants, le ciel s'obscurcit par
les nuages, le vent s'établit, et il y
eut une forte pluie. Achab monta
sur son char, et partit pour Jizreel.
Et la main de l'Éternel fut sur Élie, 46
qui se ceignit les reins et courut
devant Achab jusqu'à l'entrée de
Jizreel.

Achab rapporta à Jézabel tout **19**
ce qu'avait fait Élie, et comment
il avait tué par l'épée tous les prophètes. Jézabel envoya un messager 2
à Élie, pour lui dire: Que les dieux
me traitent dans toute leur rigueur,
si demain, à cette heure, je ne fais
de ta vie ce que tu as fait de la vie
de chacun d'eux!

Élie, voyant cela, se leva et s'en 3
alla, pour sauver sa vie. Il arriva à
Beer-Schéba, qui appartient à Juda,
et il y laissa son serviteur. Pour 4
lui, il alla dans le désert où, après
une journée de marche, il s'assit
sous un genêt, et demanda la mort,
en disant: C'est assez! Maintenant,
Éternel, prends mon âme, car je ne
suis pas meilleur que mes pères. Il 5
se coucha et s'endormit sous un
genêt. Et voici, un ange le toucha,
et lui dit: Lève-toi, mange. Il re- 6
garda, et il y avait à son chevet un
gâteau cuit sur des pierres chauffées
et une cruche d'eau. Il mangea et
but, puis se recoucha. L'ange de 7
l'Éternel vint une seconde fois, le
toucha, et dit: Lève-toi, mange, car
le chemin est trop long pour toi. Il 8
se leva, mangea et but; et avec la
force que lui donna cette nourriture,
il marcha quarante jours et quarante

nuits jusqu'à la montagne de Dieu, à Horeb.

9 Et là, il entra dans la caverne, et il y passa la nuit. Et voici, la parole de l'Éternel lui fut adressée, en ces 10 mots : Que fais-tu ici, Élie ? Il répondit : J'ai déployé mon zèle pour l'Éternel, le Dieu des armées ; car les enfants d'Israël ont abandonné ton alliance, ils ont renversé tes autels, et ils ont tué par l'épée tes prophètes ; je suis resté, moi seul, et ils cherchent 11 à m'ôter la vie. L'Éternel dit : Sors, et tiens-toi dans la montagne devant l'Éternel ! Et voici, l'Éternel passa. Et devant l'Éternel, il y eut un vent fort et violent qui déchirait les montagnes et brisait les rochers : l'Éternel n'était pas dans le vent. Et après le vent, ce fut un tremblement de terre : l'Éternel n'était pas dans le 12 tremblement de terre. Et après le tremblement de terre, un feu : l'Éternel n'était pas dans le feu. Et après le feu, un murmure doux et léger. 13 Quand Élie l'entendit, il s'enveloppa le visage de son manteau, il sortit et se tint à l'entrée de la caverne.

Et voici, une voix lui fit entendre ces paroles : Que fais-tu ici, Élie ? 14 Il répondit : J'ai déployé mon zèle pour l'Éternel, le Dieu des armées ; car les enfants d'Israël ont abandonné ton alliance, ils ont renversé tes autels, et ils ont tué par l'épée tes prophètes ; je suis resté, moi seul, et ils cherchent à m'ôter la vie. 15 L'Éternel lui dit : Va, reprends ton chemin par le désert jusqu'à Damas ; et quand tu seras arrivé, tu oindras 16 Hazaël pour roi de Syrie. Tu oindras aussi Jéhu, fils de Nimschi, pour roi d'Israël ; et tu oindras Élisée, fils de Schaphath, d'Abel-Mehola, pour 17 prophète à ta place. Et il arrivera que celui qui échappera à l'épée de Hazaël, Jéhu le fera mourir ; et celui qui échappera à l'épée de Jéhu, Élisée 18 le fera mourir. Mais je laisserai en Israël sept mille hommes, tous ceux qui n'ont point fléchi les genoux devant Baal, et dont la bouche ne l'a point baisé.

19 Élie partit de là, et il trouva Élisée, fils de Schaphath, qui labourait. Il y avait devant lui douze paires de bœufs, et il était avec la douzième. Élie s'approcha de lui, et il jeta sur lui son manteau. Élisée, quittant 20 ses bœufs, courut après Élie, et dit : Laisse-moi embrasser mon père et ma mère, et je te suivrai. Élie lui répondit : Va, et reviens : car pense à ce que je t'ai fait. Après s'être 21 éloigné d'Élie, il revint prendre une paire de bœufs, qu'il offrit en sacrifice ; avec l'attelage des bœufs, il fit cuire leur chair, et la donna à manger au peuple. Puis il se leva, suivit Élie, et fut à son service.

Victoire d'Achab sur Ben-Hadad, roi de Syrie.

20 Ben-Hadad, roi de Syrie, rassembla toute son armée ; il avait avec lui trente-deux rois, des chevaux et des chars. Il monta, mit le siège devant Samarie et l'attaqua. Il 2 envoya dans la ville des messagers à Achab, roi d'Israël, et lui fit dire : Ainsi parle Ben-Hadad : Ton argent 3 et ton or sont à moi, tes femmes et tes plus beaux enfants sont à moi. Le roi d'Israël répondit : Roi, mon 4 seigneur, comme tu le dis, je suis à toi avec tout ce que j'ai. Les 5 messagers retournèrent, et dirent : Ainsi parle Ben-Hadad : Je t'ai fait dire : Tu me livreras ton argent et ton or, tes femmes et tes enfants. J'enverrai donc demain, à cette heure, 6 mes serviteurs chez toi ; ils fouilleront ta maison et les maisons de tes serviteurs, ils mettront la main sur tout ce que tu as de précieux, et ils l'emporteront.

Le roi d'Israël appela tous les 7 anciens du pays, et il dit : Sentez bien et comprenez que cet homme nous veut du mal ; car il m'a envoyé demander mes femmes et mes enfants, mon argent et mon or, et je ne lui avais pas refusé ! Tous les anciens 8 et tout le peuple dirent à Achab : Ne l'écoute pas et ne consens pas. Et il dit aux messagers de Ben- 9 Hadad : Dites à mon seigneur le roi : Je ferai tout ce que tu as envoyé demander à ton serviteur la première fois ; mais pour cette chose, je ne puis pas la faire. Les messagers s'en allèrent, et lui portèrent la réponse.

10 Ben-Hadad envoya dire à Achab: Que les dieux me traitent dans toute leur rigueur, si la poussière de Samarie suffit pour remplir le creux de la main de tout le peuple qui me suit!
11 Et le roi d'Israël répondit: Que celui qui revêt une armure ne se glorifie pas comme celui qui la dépose!
12 Lorsque Ben-Hadad reçut cette réponse, il était à boire avec les rois sous les tentes, et il dit à ses serviteurs: Faites vos préparatifs! Et ils firent leurs préparatifs contre la ville.
13 Mais voici, un prophète s'approcha d'Achab, roi d'Israël, et il dit: Ainsi parle l'Éternel: Vois-tu toute cette grande multitude? Je vais la livrer aujourd'hui entre tes mains, et tu
14 sauras que je suis l'Éternel. Achab dit: Par qui? Et il répondit: Ainsi parle l'Éternel: Par les serviteurs des chefs des provinces. Achab dit: Qui engagera le combat? Et il
15 répondit: Toi. Alors Achab passa en revue les serviteurs des chefs des provinces, et il s'en trouva deux cent trente-deux; et après eux, il passa en revue tout le peuple, tous les enfants d'Israël, et ils étaient sept mille.
16 Ils firent une sortie à midi. Ben-Hadad buvait et s'enivrait sous les tentes avec les trente-deux rois, ses
17 auxiliaires. Les serviteurs des chefs des provinces sortirent les premiers. Ben-Hadad s'informa, et on lui fit ce rapport: Des hommes sont sortis
18 de Samarie. Il dit: S'ils sortent pour la paix, saisissez-les vivants; et s'ils sortent pour le combat,
19 saisissez-les vivants. Lorsque les serviteurs des chefs des provinces et l'armée qui les suivait furent sortis
20 de la ville, chacun frappa son homme, et les Syriens prirent la fuite. Israël les poursuivit. Ben-Hadad, roi de Syrie, se sauva sur un cheval, avec des cavaliers.
21 Le roi d'Israël sortit, frappa les chevaux et les chars, et fit éprouver aux Syriens une grande défaite.
22 Alors le prophète s'approcha du roi d'Israël et lui dit: Va, fortifie-toi, examine et vois ce que tu as à faire; car, au retour de l'année, le roi de Syrie montera contre toi.
23 Les serviteurs du roi de Syrie lui dirent: Leur dieu est un dieu de montagnes; c'est pourquoi ils ont été plus forts que nous. Mais combattons-les dans la plaine, et l'on verra si nous ne serons pas plus forts
24 qu'eux. Fais encore ceci: ôte chacun des rois de son poste, et remplace-les par des chefs;
25 et forme-toi une armée pareille à celle que tu as perdue, avec autant de chevaux et autant de chars. Puis nous les combattrons dans la plaine, et l'on verra si nous ne serons pas plus forts qu'eux. Il les écouta, et fit ainsi.
26 L'année suivante, Ben-Hadad passa les Syriens en revue, et monta vers Aphek pour combattre Israël.
27 Les enfants d'Israël furent aussi passés en revue; ils reçurent des vivres, et ils marchèrent à la rencontre des Syriens. Ils campèrent vis-à-vis d'eux, semblables à deux petits troupeaux de chèvres, tandis que les Syriens remplissaient le pays.
28 L'homme de Dieu s'approcha, et dit au roi d'Israël: Ainsi parle l'Éternel: Parce que les Syriens ont dit: L'Éternel est un dieu des montagnes et non un dieu des vallées, je livrerai toute cette grande multitude entre tes mains, et vous saurez que je suis l'Éternel.
29 Ils campèrent sept jours en face les uns des autres. Le septième jour, le combat s'engagea, et les enfants d'Israël tuèrent aux Syriens cent mille hommes de pied en un jour.
30 Le reste s'enfuit à la ville d'Aphek, et la muraille tomba sur vingt-sept mille hommes qui restaient.

Ben-Hadad s'était réfugié dans la ville, où il allait de chambre en
31 chambre. Ses serviteurs lui dirent: Voici, nous avons appris que les rois de la maison d'Israël sont des rois miséricordieux; nous allons mettre des sacs sur nos reins et des cordes à nos têtes, et nous sortirons vers le roi d'Israël: peut-être qu'il te laissera
32 la vie. Ils se mirent des sacs autour

des reins et des cordes autour de la tête, et ils allèrent auprès du roi d'Israël. Ils dirent: Ton serviteur Ben-Hadad dit: Laisse-moi la vie! Achab répondit: Est-il encore vivant?

33 Il est mon frère. Ces hommes tirèrent de là un bon augure, et ils se hâtèrent de le prendre au mot et de dire: Ben-Hadad est ton frère! Et il dit: Allez, amenez-le. Ben-Hadad vint vers lui, et Achab le fit monter sur

34 son char. Ben-Hadad lui dit: Je te rendrai les villes que mon père a prises à ton père; et tu établiras pour toi des rues à Damas, comme mon père en avait établi à Samarie. Et moi, reprit Achab, je te laisserai aller, en faisant une alliance. Il fit alliance avec lui, et le laissa aller.

35 L'un des fils des prophètes dit à son compagnon, d'après l'ordre de l'Éternel: Frappe-moi, je te prie! Mais cet homme refusa de le frapper.

36 Alors il lui dit: Parce que tu n'as pas obéi à la voix de l'Éternel, voici, quand tu m'auras quitté, le lion te frappera. Et quand il l'eut quitté, le lion le rencontra et le frappa.

37 Il trouva un autre homme, et il dit: Frappe-moi, je te prie! Cet homme le frappa et le blessa.

38 Le prophète alla se placer sur le chemin du roi, et il se déguisa avec

39 un bandeau sur les yeux. Lorsque le roi passa, il cria vers lui, et dit: Ton serviteur était au milieu du combat; et voici, un homme s'approche et m'amène un homme, en disant: Garde cet homme; s'il vient à manquer, ta vie répondra de sa vie, ou tu paieras un talent d'argent!

40 Et pendant que ton serviteur agissait çà et là, l'homme a disparu. Le roi d'Israël lui dit: C'est là ton jugement;

41 tu l'as prononcé toi-même. Aussitôt le prophète ôta le bandeau de dessus ses yeux, et le roi d'Israël le reconnut

42 pour l'un des prophètes. Il dit alors au roi: Ainsi parle l'Éternel: Parce que tu as laissé échapper de tes mains l'homme que j'avais dévoué par interdit, ta vie répondra de sa vie, et ton peuple de son peuple.

43 Le roi d'Israël s'en alla chez lui, triste et irrité, et il arriva à Samarie.

La vigne de Naboth.—Conduite criminelle d'Achab et de sa femme Jézabel.

21 Après ces choses, voici ce qui arriva. Naboth, de Jizreel, avait une vigne à Jizreel, à côté du palais d'Achab, roi de Samarie. Et Achab 2 parla ainsi à Naboth: Cède-moi ta vigne, pour que j'en fasse un jardin potager, car elle est tout près de ma maison. Je te donnerai à la place une vigne meilleure; ou, si cela te convient, je te paierai la valeur en argent. Mais Naboth répondit à 3 Achab: Que l'Éternel me garde de te donner l'héritage de mes pères! Achab rentra dans sa maison, triste 4 et irrité, à cause de cette parole que lui avait dite Naboth de Jizreel: Je ne te donnerai pas l'héritage de mes pères! Et il se coucha sur son lit, détourna le visage, et ne mangea rien.

Jézabel, sa femme, vint auprès de 5 lui, et lui dit: Pourquoi as-tu l'esprit triste et ne manges-tu point? Il lui 6 répondit: J'ai parlé à Naboth de Jizreel, et je lui ai dit: Cède-moi ta vigne pour de l'argent; ou, si tu veux, je te donnerai une autre vigne à la place. Mais il a dit: Je ne te donnerai pas ma vigne! Alors 7 Jézabel, sa femme, lui dit: Est-ce bien toi maintenant qui exerces la souveraineté sur Israël? Lève-toi, prends de la nourriture, et que ton cœur se réjouisse; moi, je te donnerai la vigne de Naboth de Jizreel. Et 8 elle écrivit au nom d'Achab des lettres qu'elle scella du sceau d'Achab, et qu'elle envoya aux anciens et aux magistrats qui habitaient avec Naboth dans sa ville. Voici ce qu'elle écrivit 9 dans ces lettres: Publiez un jeûne; placez Naboth à la tête du peuple, et mettez en face de lui deux méchants 10 hommes qui déposeront ainsi contre lui: Tu as maudit Dieu et le roi! Puis menez-le dehors, lapidez-le, et qu'il meure.

Les gens de la ville de Naboth, 11 les anciens et les magistrats qui habitaient dans la ville, agirent comme Jézabel le leur avait fait dire, d'après ce qui était écrit dans les lettres qu'elle leur avait envoyées. Ils publièrent un jeûne, et ils placèrent 12

13 Naboth à la tête du peuple ; les deux méchants hommes vinrent se mettre en face de lui, et ces méchants hommes déposèrent ainsi devant le peuple contre Naboth : Naboth a maudit Dieu et le roi ! Puis ils le menèrent hors de la ville, ils le lapidèrent, et 14 il mourut. Et ils envoyèrent dire à Jézabel : Naboth a été lapidé, et il 15 est mort. Lorsque Jézabel apprit que Naboth avait été lapidé et qu'il était mort, elle dit à Achab : Lève-toi, prends possession de la vigne de Naboth de Jizreel, qui a refusé de te la céder pour de l'argent ; car Naboth n'est plus en vie, il est mort. 16 Achab, entendant que Naboth était mort, se leva pour descendre à la vigne de Naboth de Jizreel, afin d'en prendre possession.

17 Alors la parole de l'Éternel fut adressée à Élie, le Thischbite, en ces 18 mots : Lève-toi, descends au-devant d'Achab, roi d'Israël à Samarie ; le voilà dans la vigne de Naboth, où il est descendu pour en prendre 19 possession. Tu lui diras : Ainsi parle l'Éternel : N'es-tu pas un assassin et un voleur ? Et tu lui diras : Ainsi parle l'Éternel : Au lieu même où les chiens ont léché le sang de Naboth, les chiens lécheront aussi ton propre 20 sang. Achab dit à Élie : M'as-tu trouvé, mon ennemi ? Et il répondit : Je t'ai trouvé, parce que tu t'es vendu pour faire ce qui est mal aux yeux 21 de l'Éternel. Voici, je vais faire venir le malheur sur toi ; je te balaierai, j'exterminerai quiconque appartient à Achab, celui qui est esclave et celui qui est libre en Israël, 22 et je rendrai ta maison semblable à la maison de Jéroboam, fils de Nebath, et à la maison de Baescha, fils d'Achija, parce que tu m'as irrité et que tu as fait pécher Israël. 23 L'Éternel parle aussi sur Jézabel, et il dit : Les chiens mangeront Jézabel 24 près du rempart de Jizreel. Celui de la maison d'Achab qui mourra dans la ville sera mangé par les chiens, et celui qui mourra dans les champs sera mangé par les oiseaux du ciel. 25 Il n'y a eu personne qui se soit vendu comme Achab pour faire ce qui est mal aux yeux de l'Éternel, et Jézabel, sa femme, l'y excitait. Il a 26 agi de la manière la plus abominable, en allant après les idoles, comme le faisaient les Amoréens, que l'Éternel chassa devant les enfants d'Israël.

27 Après avoir entendu les paroles d'Élie, Achab déchira ses vêtements, il mit un sac sur son corps, et il jeûna : il couchait avec ce sac, et il marchait lentement. Et la parole 28 de l'Éternel fut adressée à Élie, le Thischbite, en ces mots : As-tu vu 29 comment Achab s'est humilié devant moi ? Parce qu'il s'est humilié devant moi, je ne ferai pas venir le malheur pendant sa vie ; ce sera pendant la vie de son fils que je ferai venir le malheur sur sa maison.

Achab blessé à mort dans une expédition contre les Syriens.

On resta trois ans sans qu'il y **22** eût guerre entre la Syrie et Israël. La troisième année, Josaphat, roi de 2 Juda, descendit auprès du roi d'Israël. Le roi d'Israël dit à ses serviteurs : 3 Savez-vous que Ramoth en Galaad est à nous ? Et nous ne nous inquiétons pas de la reprendre des mains du roi de Syrie ! Et il dit à Josaphat : 4 Veux-tu venir avec moi attaquer Ramoth en Galaad ? Josaphat répondit au roi d'Israël : Nous irons, moi comme toi, mon peuple comme ton peuple, mes chevaux comme tes chevaux.

Puis Josaphat dit au roi d'Israël : 5 Consulte maintenant, je te prie, la parole de l'Éternel. Le roi d'Israël 6 assembla les prophètes, au nombre d'environ quatre cents, et leur dit : Irai-je attaquer Ramoth en Galaad, ou dois-je y renoncer ? Et ils répondirent : Monte, et le Seigneur la livrera entre les mains du roi. Mais Josaphat dit : N'y a-t-il plus 7 ici aucun prophète de l'Éternel, par qui nous puissions le consulter ? Le 8 roi d'Israël répondit à Josaphat : Il y a encore un homme par qui l'on pourrait consulter l'Éternel ; mais je le hais, car il ne me prophétise rien de bon, il ne prophétise que du

mal : c'est Michée, fils de Jimla.
Et Josaphat dit : Que le roi ne
9 parle pas ainsi ! Alors le roi d'Israël
appela un eunuque, et dit : Fais venir
de suite Michée, fils de Jimla.

10 Le roi d'Israël et Josaphat, roi de
Juda, étaient assis chacun sur son
trône, revêtus de leurs habits royaux,
dans la place à l'entrée de la porte
de Samarie. Et tous les prophètes
11 prophétisaient devant eux. Sédécias,
fils de Kenaana, s'était fait des cornes
de fer, et il dit : Ainsi parle l'Éternel :
Avec ces cornes tu frapperas les
12 Syriens jusqu'à les détruire. Et tous
les prophètes prophétisaient de même,
en disant : Monte à Ramoth en Galaad !
tu auras du succès, et l'Éternel la
livrera entre les mains du roi.

13 Le messager qui était allé appeler
Michée lui parla ainsi : Voici, les
prophètes, d'un commun accord, prophétisent du bien au roi ; que ta
parole soit donc comme la parole
de chacun d'eux ! annonce du bien !
14 Michée répondit : L'Éternel est vivant ! j'annoncerai ce que l'Éternel
me dira.

15 Lorsqu'il fut arrivé auprès du roi,
le roi lui dit : Michée, irons-nous
attaquer Ramoth en Galaad, ou
devons-nous y renoncer ? Il lui
répondit : Monte ! tu auras du succès,
et l'Éternel la livrera entre les mains
16 du roi. Et le roi lui dit : Combien
de fois me faudra-t-il te faire jurer
de ne me dire que la vérité au nom
17 de l'Éternel ? Michée répondit : Je
vois tout Israël dispersé sur les
montagnes, comme des brebis qui
n'ont point de berger ; et l'Éternel
dit : Ces gens n'ont point de maître,
que chacun retourne en paix dans
sa maison !
18 Le roi d'Israël dit à Josaphat : Ne
te l'ai-je pas dit ? Il ne prophétise
sur moi rien de bon, il ne prophétise
que du mal.
19 Et Michée dit : Écoute donc la
parole de l'Éternel ! J'ai vu l'Éternel
assis sur son trône, et toute l'armée
des cieux se tenant auprès de lui,
à sa droite et à sa gauche. Et
20 l'Éternel dit : Qui séduira Achab,
pour qu'il monte à Ramoth en Galaad

et qu'il y périsse ? Ils répondirent
l'un d'une manière, l'autre d'une
autre. Et un esprit vint se présenter 21
devant l'Éternel, et dit : Moi, je le séduirai. L'Éternel lui dit : Comment ? 22
Je sortirai, répondit-il, et je serai un
esprit de mensonge dans la bouche
de tous ses prophètes. L'Éternel
dit : Tu le séduiras, et tu en viendras
à bout ; sors, et fais ainsi ! Et 23
maintenant, voici, l'Éternel a mis un
esprit de mensonge dans la bouche
de tous tes prophètes qui sont là. Et
l'Éternel a prononcé du mal contre toi.

Alors Sédécias, fils de Kenaana, 24
s'étant approché, frappa Michée sur
la joue, et dit : Par où l'esprit de
l'Éternel est-il sorti de moi pour te
parler ? Michée répondit : Tu le 25
verras au jour où tu iras de chambre
en chambre pour te cacher. Le roi 26
d'Israël dit : Prends Michée, et em-
mène-le vers Amon, chef de la ville,
et vers Joas, fils du roi. Tu diras : 27
Ainsi parle le roi : Mettez cet homme
en prison, et nourrissez-le du pain et
de l'eau d'affliction, jusqu'à ce que je
revienne en paix. Et Michée dit : 28
Si tu reviens en paix, l'Éternel n'a
point parlé par moi. Il dit encore :
Vous tous, peuples, entendez !

Le roi d'Israël et Josaphat, roi de 29
Juda, montèrent à Ramoth en Galaad.
Le roi d'Israël dit à Josaphat : Je 30
veux me déguiser pour aller au combat ; mais toi, revêts-toi de tes habits.
Et le roi d'Israël se déguisa, et alla
au combat.

Le roi de Syrie avait donné cet 31
ordre aux trente-deux chefs de ses
chars : Vous n'attaquerez ni petits
ni grands, mais vous attaquerez seulement le roi d'Israël. Quand les chefs 32
des chars aperçurent Josaphat, ils
dirent : Certainement, c'est le roi
d'Israël. Et ils s'approchèrent de lui
pour l'attaquer. Josaphat poussa un
cri. Les chefs des chars, voyant que 33
ce n'était pas le roi d'Israël, s'éloignèrent de lui. Alors un homme tira 34
de son arc au hasard, et frappa le roi
d'Israël au défaut de la cuirasse. Le
roi dit à celui qui dirigeait son char :
Tourne, et fais-moi sortir du champ
de bataille, car je suis blessé. Le 35

combat devint acharné ce jour-là. Le roi fut retenu dans son char en face des Syriens, et il mourut le soir. Le sang de la blessure coula dans

36 l'intérieur du char. Au coucher du soleil, on cria par tout le camp : Chacun à sa ville et chacun dans son pays !

37 Ainsi mourut le roi, qui fut ramené à Samarie ; et on enterra le roi à

38 Samarie. Lorsqu'on lava le char à l'étang de Samarie, les chiens léchèrent le sang d'Achab, et les prostituées s'y baignèrent, selon la parole que l'Éternel avait prononcée.

39 Le reste des actions d'Achab, tout ce qu'il a fait, la maison d'ivoire qu'il construisit, et toutes les villes qu'il a bâties, cela n'est-il pas écrit dans le livre des Chroniques des rois d'Israël ?

40 Achab se coucha avec ses pères. Et Achazia, son fils, régna à sa place.

Josaphat, roi de Juda.—Achazia, roi d'Israël.

41 Josaphat, fils d'Asa, régna sur Juda, la quatrième année d'Achab, roi

42 d'Israël. Josaphat avait trente-cinq ans lorsqu'il devint roi, et il régna vingt-cinq ans à Jérusalem. Sa mère s'appelait Azuba, fille de Schilchi.

43 Il marcha dans toute la voie d'Asa, son père, et ne s'en détourna point, faisant ce qui est droit aux yeux de

44 l'Éternel. Seulement, les hauts lieux ne disparurent point ; le peuple offrait encore des sacrifices et des parfums

sur les hauts lieux. Josaphat fut en 45 paix avec le roi d'Israël.

Le reste des actions de Josaphat, 46 ses exploits et ses guerres, cela n'est-il pas écrit dans le livre des Chroniques des rois de Juda ?

Il ôta du pays le reste des prosti- 47 tués, qui s'y trouvaient encore depuis le temps d'Asa, son père. Il n'y 48 avait point de roi en Édom : c'était un intendant qui gouvernait. Josa- 49 phat construisit des navires de Tarsis pour aller à Ophir chercher de l'or ; mais il n'y alla point, parce que les navires se brisèrent à Etsjon-Guéber. Alors Achazia, fils d'Achab, dit à 50 Josaphat : Veux-tu que mes serviteurs aillent avec les tiens sur des navires ? Et Josaphat ne voulut pas.

Josaphat se coucha avec ses pères, 51 et il fut enterré avec ses pères dans la ville de David, son père. Et Joram, son fils, régna à sa place.

Achazia, fils d'Achab, régna sur 52 Israël à Samarie, la dix-septième année de Josaphat, roi de Juda. Il régna deux ans sur Israël.

Il fit ce qui est mal aux yeux de 53 l'Éternel, et il marcha dans la voie de son père et dans la voie de sa mère, et dans la voie de Jéroboam, fils de Nebath, qui avait fait pécher Israël. Il servit Baal et se prosterna 54 devant lui, et il irrita l'Éternel, le Dieu d'Israël, comme avait fait son père.

LE SECOND LIVRE
DES ROIS

SUITE DES ROIS DE JUDA ET DES ROIS D'ISRAËL
DEPUIS JOSAPHAT ET LA MORT D'ACHAB JUSQU'A
LA DESTRUCTION DU ROYAUME D'ISRAËL

Maladie d'Achazia, roi d'Israël.—Intervention d'Élie.—Mort d'Achazia.

I Moab se révolta contre Israël, après la mort d'Achab.

2 Or Achazia tomba par le treillis de sa chambre haute à Samarie, et il en fut malade. Il fit partir des mes-

sagers, et leur dit : Allez, consultez Baal-Zebub, dieu d'Ékron, pour savoir si je guérirai de cette maladie. Mais 3 l'ange de l'Éternel dit à Élie, le Thischbite : Lève-toi, monte à la rencontre des messagers du roi de Samarie, et dis-leur : Est-ce parce qu'il n'y a point de Dieu en Israël que vous allez consulter Baal-Zebub, 4 dieu d'Ékron? C'est pourquoi ainsi parle l'Éternel: Tu ne descendras pas du lit sur lequel tu es monté, car tu mourras. Et Élie s'en alla.

5 Les messagers retournèrent auprès d'Achazia. Et il leur dit: Pourquoi 6 revenez-vous? Ils lui répondirent: Un homme est monté à notre rencontre, et nous a dit: Allez, retournez vers le roi qui vous a envoyés, et dites-lui: Ainsi parle l'Éternel: Est-ce parce qu'il n'y a point de Dieu en Israël que tu envoies consulter Baal-Zebub, dieu d'Ékron? C'est pourquoi tu ne descendras pas du lit sur lequel tu es monté, car tu mourras.

7 Achazia leur dit: Quel air avait l'homme qui est monté à votre rencontre et qui vous a dit ces paroles?
8 Ils lui répondirent: C'était un homme vêtu de poil et ayant une ceinture de cuir autour des reins. Et Achazia dit: C'est Élie, le Thischbite.

9 Il envoya vers lui un chef de cinquante avec ses cinquante hommes. Ce chef monta auprès d'Élie, qui était assis sur le sommet de la montagne, et il lui dit: Homme de Dieu, 10 le roi a dit: Descends! Élie répondit au chef de cinquante: Si je suis un homme de Dieu, que le feu descende du ciel et te consume, toi et tes cinquante hommes! Et le feu descendit du ciel et le consuma, lui et ses cinquante hommes.

11 Achazia envoya de nouveau vers lui un autre chef de cinquante avec ses cinquante hommes. Ce chef prit la parole et dit à Élie: Homme de Dieu, ainsi a dit le roi: Hâte-toi de 12 descendre! Élie leur répondit: Si je suis un homme de Dieu, que le feu descende du ciel et te consume, toi et tes cinquantes hommes! Et le feu de Dieu descendit du ciel et le consuma, lui et ses cinquante hommes.

13 Achazia envoya de nouveau un troisième chef de cinquante avec ses cinquante hommes. Ce troisième chef de cinquante monta; et à son arrivée, il fléchit les genoux devant Élie, et lui dit en suppliant: Homme de Dieu, que ma vie, je te prie, et que la vie de ces cinquante hommes tes serviteurs soit précieuse à tes yeux! Voici, le feu est descendu du 14 ciel et a consumé les deux premiers chefs de cinquante et leurs cinquante hommes: mais maintenant, que ma vie soit précieuse à tes yeux!

L'ange de l'Éternel dit à Élie: 15 Descends avec lui, n'aie aucune crainte de lui. Élie se leva et descendit avec lui vers le roi. Il lui 16 dit: Ainsi parle l'Éternel: Parce que tu as envoyé des messagers pour consulter Baal-Zebub, dieu d'Ékron, comme s'il n'y avait en Israël point de Dieu dont on puisse consulter la parole, tu ne descendras pas du lit sur lequel tu es monté, car tu mourras.

Achazia mourut, selon la parole 17 de l'Éternel prononcée par Élie. Et Joram régna à sa place, la seconde année de Joram, fils de Josaphat, roi de Juda; car il n'avait point de fils.

Le reste des actions d'Achazia, et 18 ce qu'il a fait, cela n'est-il pas écrit dans le livre des Chroniques des rois d'Israël?

Élie enlevé au ciel.—Élisée.—Les eaux de Jéricho.—Les petits garçons de Béthel.

Lorsque l'Éternel fit monter Élie **2** au ciel dans un tourbillon, Élie partait de Guilgal avec Élisée. Élie dit 2 à Élisée: Reste ici, je te prie, car l'Éternel m'envoie jusqu'à Béthel. Élisée répondit: L'Éternel est vivant et ton âme est vivante! je ne te quitterai point. Et ils descendirent à Béthel. Les fils des prophètes qui 3 étaient à Béthel sortirent vers Élisée, et lui dirent: Sais-tu que l'Éternel enlève aujourd'hui ton maître au-dessus de ta tête? Et il répondit: Je le sais aussi; taisez-vous. Élie 4 lui dit: Élisée, reste ici, je te prie, car l'Éternel m'envoie à Jéricho. Il répondit: L'Éternel est vivant et ton âme est vivante! je ne te quitterai point. Et ils arrivèrent à Jéricho. Les fils des prophètes qui 5 étaient à Jéricho s'approchèrent d'Élisée, et lui dirent: Sais-tu que l'Éternel enlève aujourd'hui ton maître au-dessus de ta tête? Et il répondit: Je le sais aussi; taisez-

6 vous. Élie lui dit : Reste ici, je te prie, car l'Éternel m'envoie au Jourdain. Il répondit : L'Éternel est vivant et ton âme est vivante ! je ne te quitterai point. Et ils poursui-7 virent tous deux leur chemin. Cinquante hommes d'entre les fils des prophètes arrivèrent et s'arrêtèrent à distance vis-à-vis, et eux deux s'ar-8 rêtèrent au bord du Jourdain. Alors Élie prit son manteau, le roula, et en frappa les eaux, qui se partagèrent çà et là, et ils passèrent tous deux à sec.

9 Lorsqu'ils eurent passé, Élie dit à Élisée : Demande ce que tu veux que je fasse pour toi, avant que je sois enlevé d'avec toi. Élisée répondit : Qu'il y ait sur moi, je te prie, une double portion de ton esprit !
10 Élie dit : Tu demandes une chose difficile. Mais si tu me vois pendant que je serai enlevé d'avec toi, cela t'arrivera ainsi ; sinon, cela n'arrivera pas.

11 Comme ils continuaient à marcher en parlant, voici, un char de feu et des chevaux de feu les séparèrent l'un de l'autre, et Élie monta au ciel 12 dans un tourbillon. Élisée regardait et criait : Mon père ! mon père ! Char d'Israël et sa cavalerie ! Et il ne le vit plus. Saisissant alors ses vêtements, il les déchira en deux 13 morceaux, et il releva le manteau qu'Élie avait laissé tomber. Puis il retourna, et s'arrêta au bord du Jour-14 dain ; il prit le manteau qu'Élie avait laissé tomber, et il en frappa les eaux, et dit : Où est l'Éternel, le Dieu d'Élie ? Lui aussi, il frappa les eaux, qui se partagèrent çà et là, et Élisée passa.
15 Les fils des prophètes qui étaient à Jéricho, vis-à-vis, l'ayant vu, dirent : L'esprit d'Élie repose sur Élisée ! Et ils allèrent à sa rencontre, et se prosternèrent contre terre devant lui.
16 Ils lui dirent : Voici, il y a parmi tes serviteurs cinquante hommes vaillants ; veux-tu qu'ils aillent chercher ton maître ? Peut-être que l'esprit de l'Éternel l'a emporté et l'a jeté sur quelque montagne ou dans quelque vallée. Il répondit : Ne les 17 envoyez pas. Mais ils le pressèrent longtemps ; et il dit : Envoyez-les.

Ils envoyèrent les cinquante hommes, qui cherchèrent Élie pendant trois jours et ne le trouvèrent point. Lorsqu'ils furent de retour auprès 18 d'Élisée, qui était à Jéricho, il leur dit : Ne vous avais-je pas dit : N'allez pas ?

Les gens de la ville dirent à Élisée : 19 Voici, le séjour de la ville est bon, comme le voit mon seigneur ; mais les eaux sont mauvaises, et le pays est stérile. Il dit : Apportez-moi un 20 plat neuf, et mettez-y du sel. Et ils le lui apportèrent. Il alla vers la 21 source des eaux, et il y jeta du sel, et dit : Ainsi parle l'Éternel : J'assainis ces eaux ; il n'en proviendra plus ni mort, ni stérilité. Et les eaux 22 furent assainies, jusqu'à ce jour, selon la parole qu'Élisée avait prononcée.

Il monta de là à Béthel ; et comme 23 il cheminait à la montée, des petits garçons sortirent de la ville, et se moquèrent de lui. Ils lui disaient : Monte, chauve ! monte, chauve ! Il 24 se retourna pour les regarder, et il les maudit au nom de l'Éternel. Alors deux ours sortirent de la forêt, et déchirèrent quarante-deux de ces enfants.

De là il alla sur la montagne du 25 Carmel, d'où il retourna à Samarie.

Joram, roi d'Israël.—Guerre contre les Moabites.

Joram, fils d'Achab, régna sur Israël 3 à Samarie, la dix-huitième année de Josaphat, roi de Juda. Il régna douze ans.

Il fit ce qui est mal aux yeux de 2 l'Éternel, non pas toutefois comme son père et sa mère. Il renversa les statues de Baal que son père avait faites ; mais il se livra aux péchés 3 de Jéroboam, fils de Nebath, qui avait fait pécher Israël, et il ne s'en détourna point.

Méscha, roi de Moab, possédait 4 des troupeaux, et il payait au roi d'Israël un tribut de cent mille agneaux et de cent mille béliers avec leur laine. A la mort d'Achab, 5 le roi de Moab se révolta contre le roi d'Israël. Le roi Joram sortit alors 6 de Samarie, et passa en revue tout

7 Israël. Il se mit en marche, et il fit dire à Josaphat, roi de Juda : Le roi de Moab s'est révolté contre moi ; veux-tu venir avec moi attaquer Moab ? Josaphat répondit : J'irai, moi comme toi, mon peuple comme ton peuple, mes chevaux comme tes 8 chevaux. Et il dit : Par quel chemin monterons-nous ? Joram dit : Par le chemin du désert d'Édom.

9 Le roi d'Israël, le roi de Juda et le roi d'Édom, partirent ; et après une marche de sept jours, ils manquèrent d'eau pour l'armée et pour 10 les bêtes qui la suivaient. Alors le roi d'Israël dit : Hélas ! l'Éternel a appelé ces trois rois pour les livrer 11 entre les mains de Moab. Mais Josaphat dit : N'y a-t-il ici aucun prophète de l'Éternel, par qui nous puissions consulter l'Éternel ? L'un des serviteurs du roi d'Israël répondit : Il y a ici Élisée, fils de Schaphath, qui versait l'eau sur les mains 12 d'Élie. Et Josaphat dit : La parole de l'Éternel est avec lui. Le roi d'Israël, Josaphat et le roi d'Édom, descendirent auprès de lui.

13 Élisée dit au roi d'Israël : Qu'y a-t-il entre moi et toi ? Va vers les prophètes de ton père et vers les prophètes de ta mère. Et le roi d'Israël lui dit : Non ! car l'Éternel a appelé ces trois rois pour les livrer entre les 14 mains de Moab. Élisée dit : L'Éternel des armées, dont je suis le serviteur, est vivant ! si je n'avais égard à Josaphat, roi de Juda, je ne ferais aucune attention à toi et je 15 ne te regarderais pas. Maintenant, amenez-moi un joueur de harpe. Et comme le joueur de harpe jouait, la 16 main de l'Éternel fut sur Élisée. Et il dit : Ainsi parle l'Éternel : Faites dans cette vallée des fosses, des 17 fosses ! Car ainsi parle l'Éternel : Vous n'apercevrez point de vent et vous ne verrez point de pluie, et cette vallée se remplira d'eau, et vous boirez, vous, vos troupeaux et votre 18 bétail. Mais cela est peu de chose aux yeux de l'Éternel. Il livrera 19 Moab entre vos mains ; vous frapperez toutes les villes fortes et toutes les villes d'élite, vous abattrez tous les bons arbres, vous boucherez toutes les sources d'eau, et vous ruinerez avec des pierres tous les meilleurs champs.

20 Or le matin, au moment de la présentation de l'offrande, voici, l'eau arriva du chemin d'Édom, et le pays fut rempli d'eau.

21 Cependant, tous les Moabites ayant appris que les rois montaient pour les attaquer, on convoqua tous ceux en âge de porter les armes et même au-dessus, et ils se tinrent sur la 22 frontière. Ils se levèrent de bon matin, et quand le soleil brilla sur les eaux, les Moabites virent en face d'eux 23 les eaux rouges comme du sang. Ils dirent : C'est du sang ! les rois ont tiré l'épée entre eux, ils se sont frappés les uns les autres ; maintenant, Moabites, au pillage ! Et ils 24 marchèrent contre le camp d'Israël. Mais Israël se leva, et frappa Moab, qui prit la fuite devant eux. Ils pénétrèrent dans le pays, et frappèrent 25 Moab. Ils renversèrent les villes, ils jetèrent chacun des pierres dans tous les meilleurs champs et les en remplirent, ils bouchèrent toutes les sources d'eau, et ils abattirent tous les bons arbres ; et les frondeurs enveloppèrent et battirent Kir-Haréseth, dont on ne laissa que les pierres. 26 Le roi de Moab, voyant qu'il avait le dessous dans le combat, prit avec lui sept cents hommes tirant l'épée pour se frayer un passage jusqu'au roi d'Édom ; mais ils ne purent pas. 27 Il prit alors son fils premier-né, qui devait régner à sa place, et il l'offrit en holocauste sur la muraille. Et une grande indignation s'empara d'Israël, qui s'éloigna du roi de Moab et retourna dans son pays.

Miracles d'Élisée.—L'huile de la veuve.— Le fils de la Sunamite.—La mort dans le pot.—Les vingt pains d'orge.—Naaman, le Syrien, guéri de la lèpre.—Guéhazi, serviteur d'Élisée, frappé de la lèpre.— La cognée d'un fils des prophètes.—Les Syriens frappés d'aveuglement.—Siège et famine de Samarie.—Délivrance de Samarie, assiégée par les Syriens.—Famine de sept ans ; départ et retour de la Sunamite.—Hazaël sur le trône de Syrie.

4 Une femme d'entre les femmes des fils des prophètes cria à Élisée,

en disant : Ton serviteur mon mari est mort, et tu sais que ton serviteur craignait l'Éternel ; or le créancier est venu pour prendre mes deux 2 enfants et en faire ses esclaves. Élisée lui dit : Que puis-je faire pour toi ? Dis-moi, qu'as-tu à la maison ? Elle répondit : Ta servante n'a rien du tout à la maison qu'un vase d'huile. 3 Et il dit : Va demander au dehors des vases chez tous tes voisins, des vases vides, et n'en demande pas un 4 petit nombre. Quand tu seras rentrée, tu fermeras la porte sur toi et sur tes enfants ; tu verseras dans tous ces vases, et tu mettras de côté ceux 5 qui seront pleins. Alors elle le quitta. Elle ferma la porte sur elle et sur ses enfants ; ils lui présentaient les vases, 6 et elle versait. Lorsque les vases furent pleins, elle dit à son fils : Présente-moi encore un vase. Mais il lui répondit : Il n'y a plus de vase. 7 Et l'huile s'arrêta. Elle alla le rapporter à l'homme de Dieu, et il dit : Va vendre l'huile, et paie ta dette ; et tu vivras, toi et tes fils, de ce qui restera.

8 Un jour Élisée passait par Sunem. Il y avait là une femme de distinction, qui le pressa d'accepter à manger. Et toutes les fois qu'il passait, il se 9 rendait chez elle pour manger. Elle dit à son mari : Voici, je sais que cet homme qui passe toujours chez nous 10 est un saint homme de Dieu. Faisons une petite chambre haute avec des murs, et mettons-y pour lui un lit, une table, un siège et un chandelier, afin qu'il s'y retire quand il viendra 11 chez nous. Élisée, étant revenu à Sunem, se retira dans la chambre 12 haute et y coucha. Il dit à Guéhazi, son serviteur : Appelle cette Sunamite. Guéhazi l'appela, et elle se présenta 13 devant lui. Et Élisée dit à Guéhazi : Dis-lui : Voici, tu nous as montré tout cet empressement ; que peut-on faire pour toi ? Faut-il parler pour toi au roi ou au chef de l'armée ? Elle répondit : J'habite au milieu 14 de mon peuple. Et il dit : Que faire pour elle ? Guéhazi répondit : Mais, 15 elle n'a point de fils, et son mari est vieux. Et il dit : Appelle-la. Guéhazi

l'appela, et elle se présenta à la porte. Élisée lui dit : A cette même époque, 16 l'année prochaine, tu embrasseras un fils. Et elle dit : Non ! mon seigneur, homme de Dieu, ne trompe pas ta servante !

Cette femme devint enceinte, et 17 elle enfanta un fils à la même époque, l'année suivante, comme Élisée lui avait dit. L'enfant grandit. Et un 18 jour qu'il était allé trouver son père vers les moissonneurs, il dit à son 19 père : Ma tête ! ma tête ! Le père dit à son serviteur : Porte-le à sa mère. Le serviteur l'emporta et 20 l'amena à sa mère. Et l'enfant resta sur les genoux de sa mère jusqu'à midi, puis il mourut. Elle monta, le 21 coucha sur le lit de l'homme de Dieu, ferma la porte sur lui, et sortit. Elle 22 appela son mari, et dit : Envoie-moi, je te prie, un des serviteurs et une des ânesses ; je veux aller en hâte vers l'homme de Dieu, et je reviendrai. Et il dit : Pourquoi veux-tu aller 23 aujourd'hui vers lui ? Ce n'est ni nouvelle lune ni sabbat. Elle répondit : Tout va bien. Puis elle fit 24 seller l'ânesse, et dit à son serviteur : Mène et pars ; ne m'arrête pas en route sans que je te le dise. Elle 25 partit donc et se rendit vers l'homme de Dieu sur la montagne du Carmel.

L'homme de Dieu, l'ayant aperçue de loin, dit à Guéhazi, son serviteur : Voici cette Sunamite ! Maintenant, 26 cours donc à sa rencontre, et dis-lui : Te portes-tu bien ? ton mari et ton enfant se portent-ils bien ? Elle répondit : Bien. Et dès qu'elle fut 27 arrivée auprès de l'homme de Dieu sur la montagne, elle embrassa ses pieds. Guéhazi s'approcha pour la repousser. Mais l'homme de Dieu dit : Laisse-la, car son âme est dans l'amertume, et l'Éternel me l'a caché et ne me l'a point fait connaître. Alors elle dit : Ai-je demandé un 28 fils à mon seigneur ? N'ai-je pas dit : Ne me trompe pas ? Et Élisée 29 dit à Guéhazi : Ceins tes reins, prends mon bâton dans ta main, et pars. Si tu rencontres quelqu'un, ne le salue pas ; et si quelqu'un te salue, ne lui réponds pas. Tu mettras mon

30 bâton sur le visage de l'enfant. La mère de l'enfant dit : L'Éternel est vivant et ton âme est vivante ! je ne te quitterai point. Et il se leva et 31 la suivit. Guéhazi les avait devancés, et il avait mis le bâton sur le visage de l'enfant ; mais il n'y eut ni voix ni signe d'attention. Il s'en retourna à la rencontre d'Élisée, et lui rapporta la chose, en disant : L'enfant ne s'est 32 pas réveillé. Lorsqu'Élisée arriva dans la maison, voici, l'enfant était mort, couché sur son lit.

33 Élisée entra et ferma la porte sur 34 eux deux, et il pria l'Éternel. Il monta, et se coucha sur l'enfant ; il mit sa bouche sur sa bouche, ses yeux sur ses yeux, ses mains sur ses mains, et il s'étendit sur lui. Et la chair de l'enfant se réchauffa. 35 Élisée s'éloigna, alla çà et là par la maison, puis remonta et s'étendit sur l'enfant. Et l'enfant éternua sept 36 fois, et il ouvrit les yeux. Élisée appela Guéhazi, et dit : Appelle cette Sunamite. Guéhazi l'appela, et elle vint vers Élisée, qui dit : Prends ton 37 fils ! Elle alla se jeter à ses pieds, et se prosterna contre terre. Et elle prit son fils, et sortit.

38 Élisée revint à Guilgal, et il y avait une famine dans le pays. Comme les fils des prophètes étaient assis devant lui, il dit à son serviteur : Mets le grand pot, et fais cuire un potage pour les fils des prophètes. 39 L'un d'eux sortit dans les champs pour cueillir des herbes ; il trouva de la vigne sauvage et il y cueillit des coloquintes sauvages, plein son vêtement. Quand il rentra, il les coupa en morceaux dans le pot où était le potage, car on ne les con-40 naissait pas. On servit à manger à ces hommes ; mais dès qu'ils eurent mangé du potage, ils s'écrièrent : La mort est dans le pot, homme de Dieu ! 41 Et ils ne purent manger. Élisée dit : Prenez de la farine. Il en jeta dans le pot, et dit : Sers à ces gens, et qu'ils mangent. Et il n'y avait plus rien de mauvais dans le pot.

42 Un homme arriva de Baal-Schalischa. Il apporta du pain des prémices à l'homme de Dieu, vingt pains d'orge, et des épis nouveaux dans son sac. Élisée dit : Donne à ces gens, et qu'ils mangent. Son 43 serviteur répondit : Comment pourrais-je en donner à cent personnes ? Mais Élisée dit : Donne à ces gens, et qu'ils mangent ; car ainsi parle l'Éternel : On mangera, et on en aura de reste. Il mit alors les pains 44 devant eux ; et ils mangèrent et en eurent de reste, selon la parole de l'Éternel.

Naaman, chef de l'armée du roi 5 de Syrie, jouissait de la faveur de son maître et d'une grande considération ; car c'était par lui que l'Éternel avait délivré les Syriens. Mais cet homme fort et vaillant était lépreux. Or 2 les Syriens étaient sortis par troupes, et ils avaient emmené captive une petite fille du pays d'Israël, qui était au service de la femme de Naaman. Et elle dit à sa maîtresse : Oh ! si 3 mon seigneur était auprès du prophète qui est à Samarie, le prophète le guérirait de sa lèpre ! Naaman alla 4 dire à son maître : La jeune fille du pays d'Israël a parlé de telle et telle manière. Et le roi de Syrie dit : 5 Va, rends-toi à Samarie, et j'enverrai une lettre au roi d'Israël. Il partit, prenant avec lui dix talents d'argent, six mille sicles d'or, et dix vêtements de rechange. Il porta au roi d'Israël 6 la lettre, où il était dit : Maintenant, quand cette lettre te sera parvenue, tu sauras que je t'envoie Naaman, mon serviteur, afin que tu le guérisses de sa lèpre. Après avoir lu la lettre, 7 le roi d'Israël déchira ses vêtements, et dit : Suis-je un dieu, pour faire mourir et pour faire vivre, qu'il s'adresse à moi afin que je guérisse un homme de sa lèpre ? Sachez donc et comprenez qu'il cherche une occasion de dispute avec moi.

Lorsqu'Élisée, homme de Dieu, 8 apprit que le roi d'Israël avait déchiré ses vêtements, il envoya dire au roi : Pourquoi as-tu déchiré tes vêtements ? Laisse-le venir à moi, et il saura qu'il y a un prophète en Israël. Naaman 9 vint avec ses chevaux et son char, et il s'arrêta à la porte de la maison d'Élisée. Élisée lui fit dire par un 10

messager : Va, et lave-toi sept fois dans le Jourdain ; ta chair redeviendra
11 saine, et tu seras pur. Naaman fut irrité, et il s'en alla, en disant : Voici, je me disais : Il sortira vers moi, il se présentera lui-même, il invoquera le nom de l'Éternel, son Dieu, il agitera sa main sur la place et
12 guérira le lépreux. Les fleuves de Damas, l'Abana et le Parpar, ne valent-ils pas mieux que toutes les eaux d'Israël ? Ne pourrais-je pas m'y laver et devenir pur ? Et il s'en retournait et partait avec fureur.
13 Mais ses serviteurs s'approchèrent pour lui parler, et ils dirent : Mon père, si le prophète t'eût demandé quelque chose de difficile, ne l'aurais-tu pas fait ? Combien plus dois-tu faire ce qu'il t'a dit : Lave-toi, et tu
14 seras pur ! Il descendit alors et se plongea sept fois dans le Jourdain, selon la parole de l'homme de Dieu ; et sa chair redevint comme la chair d'un jeune enfant, et il fut pur.
15 Naaman retourna vers l'homme de Dieu, avec toute sa suite. Lorsqu'il fut arrivé, il se présenta devant lui, et dit : Voici, je reconnais qu'il n'y a point de Dieu sur toute la terre, si ce n'est en Israël. Et maintenant, accepte, je te prie, un présent de
16 la part de ton serviteur. Élisée répondit : L'Éternel, dont je suis le serviteur, est vivant ! je n'accepterai pas. Naaman le pressa d'accepter,
17 mais il refusa. Alors Naaman dit : Puisque tu refuses, permets que l'on donne de la terre à ton serviteur, une charge de deux mulets ; car ton serviteur ne veut plus offrir à d'autres dieux ni holocauste ni sacrifice, il
18 n'en offrira qu'à l'Éternel. Voici toutefois ce que je prie l'Éternel de pardonner à ton serviteur. Quand mon maître entre dans la maison de Rimmon pour s'y prosterner et qu'il s'appuie sur ma main, je me prosterne aussi dans la maison de Rimmon : veuille l'Éternel pardonner à ton serviteur, lorsque je me prosternerai
19 dans la maison de Rimmon ! Élisée lui dit : Va en paix. Lorsque Naaman eut quitté Élisée et qu'il fut à une certaine distance,

Guéhazi, serviteur d'Élisée, homme 20 de Dieu, dit en lui-même : Voici, mon maître a ménagé Naaman, ce Syrien, en n'acceptant pas de sa main ce qu'il avait apporté ; l'Éternel est vivant ! je vais courir après lui, et j'en obtiendrai quelque chose. Et Guéhazi courut après Naaman. 21 Naaman, le voyant courir après lui, descendit de son char pour aller à sa rencontre, et dit : Tout va-t-il bien ? Il répondit : Tout va bien. 22 Mon maître m'envoie te dire : Voici, il vient d'arriver chez moi deux jeunes gens de la montagne d'Éphraïm, d'entre les fils des prophètes ; donne pour eux, je te prie, un talent d'argent et deux vêtements de rechange. Naaman dit : Consens à 23 prendre deux talents. Il le pressa, et il serra deux talents d'argent dans deux sacs, donna deux habits de rechange, et les fit porter devant Guéhazi par deux de ses serviteurs. Arrivé à la colline, Guéhazi les prit 24 de leurs mains et les déposa dans la maison, et il renvoya ces gens qui partirent. Puis il alla se présenter 25 à son maître. Élisée lui dit : D'où viens-tu, Guéhazi ? Il répondit : Ton serviteur n'est allé ni d'un côté ni d'un autre. Mais Élisée lui dit : 26 Mon esprit n'était pas absent, lorsque cet homme a quitté son char pour venir à ta rencontre. Est-ce le temps de prendre de l'argent et de prendre des vêtements, puis des oliviers, des vignes, des brebis, des bœufs, des serviteurs et des servantes ? La lèpre de Naaman s'attachera à 27 toi et à ta postérité pour toujours. Et Guéhazi sortit de la présence d'Élisée avec une lèpre comme la neige.

Les fils des prophètes dirent à **6** Élisée : Voici, le lieu où nous sommes assis devant toi est trop étroit pour nous. Allons jusqu'au Jourdain ; 2 nous prendrons là chacun une poutre, et nous nous y ferons un lieu d'habitation. Élisée répondit : Allez. Et 3 l'un d'eux dit : Consens à venir avec tes serviteurs. Il répondit : J'irai. Il partit donc avec eux. Arrivés au 4 Jourdain, ils coupèrent du bois. Et 5 comme l'un d'eux abattait une poutre, le fer tomba dans l'eau. Il s'écria : Ah! mon seigneur, il était emprunté!

6 L'homme de Dieu dit : Où est-il tombé? Et il lui montra la place. Alors Élisée coupa un morceau de bois, le jeta à la même place, et fit

7 surnager le fer. Puis il dit: Enlève-le! Et il avança la main, et le prit.

8 Le roi de Syrie était en guerre avec Israël, et, dans un conseil qu'il tint avec ses serviteurs, il dit : Mon

9 camp sera dans un tel lieu. Mais l'homme de Dieu fit dire au roi d'Israël : Garde-toi de passer dans ce lieu, car les Syriens y descendent.

10 Et le roi d'Israël envoya des gens, pour s'y tenir en observation, vers le lieu que lui avait mentionné et signalé l'homme de Dieu. Cela arriva non

11 pas une fois ni deux fois. Le roi de Syrie en eut le cœur agité; il appela ses serviteurs, et leur dit: Ne voulez-vous pas me déclarer lequel de nous

12 est pour le roi d'Israël? L'un de ses serviteurs répondit: Personne! ô roi mon seigneur; mais Élisée, le prophète, qui est en Israël, rapporte au roi d'Israël les paroles que tu prononces dans ta chambre à coucher.

13 Et le roi dit : Allez et voyez où il est, et je le ferai prendre. On vint lui dire : Voici, il est à Dothan.

14 Il y envoya des chevaux, des chars et une forte troupe, qui arrivèrent de nuit et qui enveloppèrent la ville.

15 Le serviteur de l'homme de Dieu se leva de bon matin et sortit; et voici, une troupe entourait la ville, avec des chevaux et des chars. Et le serviteur dit à l'homme de Dieu : Ah! mon seigneur, comment ferons-

16 nous? Il répondit: Ne crains point, car ceux qui sont avec nous sont en plus grand nombre que ceux qui

17 sont avec eux. Élisée pria, et dit : Éternel, ouvre ses yeux, pour qu'il voie. Et l'Éternel ouvrit les yeux du serviteur, qui vit la montagne pleine de chevaux et de chars de feu autour d'Élisée.

18 Les Syriens descendirent vers É-lisée. Il adressa alors cette prière à l'Éternel : Daigne frapper d'aveuglement cette nation ! Et l'Éternel les frappa d'aveuglement, selon la parole d'Élisée. Élisée leur dit : Ce 19 n'est pas ici le chemin, et ce n'est pas ici la ville ; suivez-moi, et je vous conduirai vers l'homme que vous cherchez. Et il les conduisit à Samarie. Lorsqu'ils furent entrés 20 dans Samarie, Élisée dit : Éternel, ouvre les yeux de ces gens, pour qu'ils voient! Et l'Éternel ouvrit leurs yeux, et ils virent qu'ils étaient au milieu de Samarie. Le roi d'Israël, 21 en les voyant, dit à Élisée: Frapperai-je, frapperai-je, mon père ? Tu ne 22 frapperas point, répondit Élisée ; est-ce que tu frappes ceux que tu fais prisonniers avec ton épée et avec ton arc? Donne-leur du pain et de l'eau, afin qu'ils mangent et boivent; et qu'ils s'en aillent ensuite vers leur maître. Le roi d'Israël 23 leur fit servir un grand repas, et ils mangèrent et burent ; puis il les renvoya, et ils s'en allèrent vers leur maître. Et les troupes des Syriens ne revinrent plus sur le territoire d'Israël.

Après cela, Ben-Hadad, roi de 24 Syrie, ayant rassemblé toute son armée, monta et assiégea Samarie. Il y eut une grande famine dans 25 Samarie; et ils la serrèrent tellement qu'une tête d'âne valait quatre-vingts sicles d'argent, et le quart d'un kab de fiente de pigeon cinq sicles d'argent. Et comme le roi passait sur la 26 muraille, une femme lui cria: Sauve-moi, ô roi, mon seigneur! Il répondit: 27 Si l'Éternel ne te sauve pas, avec quoi te sauverais-je? avec le produit de l'aire ou du pressoir? Et le roi 28 lui dit: Qu'as-tu? Elle répondit: Cette femme-là m'a dit: Donne ton fils! nous le mangerons aujourd'hui, et demain nous mangerons mon fils. Nous avons fait cuire mon fils, et 29 nous l'avons mangé. Et le jour suivant, je lui ai dit: Donne ton fils, et nous le mangerons. Mais elle a caché son fils. Lorsque le 30 roi entendit les paroles de cette femme, il déchira ses vêtements, en passant sur la muraille ; et le peuple vit qu'il avait en dedans un sac sur son corps.

31 Le roi dit: Que Dieu me punisse dans toute sa rigueur, si la tête d'Élisée, fils de Schaphath, reste

32 aujourd'hui sur lui! Or Élisée était assis dans sa maison, et les anciens étaient assis auprès de lui. Le roi envoya quelqu'un devant lui. Mais avant que le messager fût arrivé, Élisée dit aux anciens: Voyez-vous que ce fils d'assassin envoie quelqu'un pour m'ôter la tête? Écoutez! quand le messager viendra, fermez la porte, et repoussez-le avec la porte: le bruit des pas de son maître ne se fait-il

33 pas entendre derrière lui? Il leur parlait encore, et déjà le messager était descendu vers lui, et disait: Voici, ce mal vient de l'Éternel; qu'ai-je à espérer encore de l'Éternel?

7 Élisée dit: Écoutez la parole de l'Éternel! Ainsi parle l'Éternel: Demain, à cette heure, on aura une mesure de fleur de farine pour un sicle et deux mesures d'orge pour un sicle, à la porte de Samarie.

2 L'officier sur la main duquel s'appuyait le roi répondit à l'homme de Dieu: Quand l'Éternel ferait des fenêtres au ciel, pareille chose arriverait-elle? Et Élisée dit: Tu le verras de tes yeux: mais tu n'en mangeras point.

3 Il y avait à l'entrée de la porte quatre lépreux, qui se dirent l'un

4 à l'autre: Quoi! resterons-nous ici jusqu'à ce que nous mourions? Si nous songeons à entrer dans la ville, la famine est dans la ville, et nous y mourrons; et si nous restons ici, nous mourrons également. Allons nous jeter dans le camp des Syriens; s'ils nous laissent vivre, nous vivrons, et s'ils nous font mourir, nous mour-

5 rons. Ils partirent donc au crépuscule, pour se rendre au camp des Syriens; et lorsqu'ils furent arrivés à l'entrée du camp des Syriens, voici, il n'y

6 avait personne. Le Seigneur avait fait entendre dans le camp des Syriens un bruit de chars et un bruit de chevaux, le bruit d'une grande armée, et ils s'étaient dit l'un à l'autre: Voici, le roi d'Israël a pris à sa solde contre nous les rois des Héthiens et les rois des

Égyptiens pour venir nous attaquer.

7 Et ils se levèrent et prirent la fuite au crépuscule, abandonnant leurs tentes, leurs chevaux et leurs ânes, le camp tel qu'il était, et ils s'enfuirent pour sauver leur vie.

8 Les lépreux, étant arrivés à l'entrée du camp, pénétrèrent dans une tente, mangèrent et burent, et en emportèrent de l'argent, de l'or, et des vêtements, qu'ils allèrent cacher. Ils revinrent, pénétrèrent dans une autre tente, et en emportèrent des objets qu'ils

9 allèrent cacher. Puis ils se dirent l'un à l'autre: Nous n'agissons pas bien! Cette journée est une journée de bonne nouvelle; si nous gardons le silence et si nous attendons jusqu'à la lumière du matin, le châtiment nous atteindra. Venez maintenant, et allons informer la maison du roi.

10 Ils partirent, et ils appelèrent les gardes de la porte de la ville, auxquels ils firent ce rapport: Nous sommes entrés dans le camp des Syriens, et voici, il n'y a personne, on n'y entend aucune voix d'homme; il n'y a que des chevaux attachés

11 et des ânes attachés, et les tentes comme elles étaient. Les gardes de la porte crièrent, et ils transmirent ce rapport à l'intérieur de la maison du roi.

12 Le roi se leva de nuit, et il dit à ses serviteurs: Je veux vous communiquer ce que nous font les Syriens. Comme ils savent que nous sommes affamés, ils ont quitté le camp pour se cacher dans les champs, et ils se sont dit: Quand ils sortiront de la ville, nous les saisirons vivants, et

13 nous entrerons dans la ville. L'un des serviteurs du roi répondit: Que l'on prenne cinq des chevaux qui restent encore dans la ville,—ils sont comme toute la multitude d'Israël qui y est restée, ils sont comme toute la multitude d'Israël qui dépérit,— et envoyons voir ce qui se passe.

14 On prit deux chars avec les chevaux, et le roi envoya des messagers sur les traces de l'armée des Syriens, en disant: Allez et voyez.

15 Ils allèrent après eux jusqu'au Jourdain; et voici, toute la route était pleine de vête-

ments et d'objets que les Syriens avaient jetés dans leur précipitation. Les messagers revinrent, et le rapportèrent au roi.

16 Le peuple sortit, et pilla le camp des Syriens. Et l'on eut une mesure de fleur de farine pour un sicle et deux mesures d'orge pour un sicle,

17 selon la parole de l'Éternel. Le roi avait remis la garde de la porte à l'officier sur la main duquel il s'appuyait; mais cet officier fut écrasé à la porte par le peuple et il mourut, selon la parole qu'avait prononcée l'homme de Dieu quand le roi était

18 descendu vers lui. L'homme de Dieu avait dit alors au roi: On aura deux mesures d'orge pour un sicle et une mesure de fleur de farine pour un sicle, demain, à cette heure, à la porte

19 de Samarie. Et l'officier avait répondu à l'homme de Dieu: Quand l'Éternel ferait des fenêtres au ciel, pareille chose arriverait-elle? Et Élisée avait dit: Tu le verras de tes yeux; mais tu n'en mangeras point.

20 C'est en effet ce qui lui arriva: il fut écrasé à la porte par le peuple, et il mourut.

8

Élisée dit à la femme dont il avait fait revivre le fils: Lève-toi, va-t'en, toi et ta maison, et séjourne où tu pourras; car l'Éternel appelle la famine, et même elle vient sur le

2 pays pour sept années. La femme se leva, et elle fit selon la parole de l'homme de Dieu: elle s'en alla, elle et sa maison, et séjourna sept ans

3 au pays des Philistins. Au bout des sept ans, la femme revint du pays des Philistins, et elle alla implorer le roi au sujet de sa maison et de

4 son champ. Le roi s'entretenait avec Guéhazi, serviteur de l'homme de Dieu, et il disait: Raconte-moi, je te prie, toutes les grandes choses

5 qu'Élisée a faites. Et pendant qu'il racontait au roi comment Élisée avait rendu la vie à un mort, la femme dont Élisée avait fait revivre le fils vint implorer le roi au sujet de sa maison et de son champ. Guéhazi dit: O roi, mon seigneur, voici la femme, et voici son fils

6 qu'Élisée a fait revivre. Le roi interrogea la femme, et elle lui fit le récit. Puis le roi lui donna un eunuque, auquel il dit: Fais restituer tout ce qui appartient à cette femme, avec tous les revenus du champ, depuis le jour où elle a quitté le pays jusqu'à maintenant.

7 Élisée se rendit à Damas. Ben-Hadad, roi de Syrie, était malade; et on l'avertit, en disant: L'homme de Dieu est arrivé ici. Le roi dit à

8 Hazaël: Prends avec toi un présent, et va au-devant de l'homme de Dieu; consulte par lui l'Éternel, en disant: Guérirai-je de cette maladie? Hazaël

9 alla au-devant d'Élisée, prenant avec lui un présent, tout ce qu'il y avait de meilleur à Damas, la charge de quarante chameaux. Lorsqu'il fut arrivé, il se présenta à lui, et dit: Ton fils Ben-Hadad, roi de Syrie, m'envoie vers toi pour dire: Guérirai-je de cette maladie?

10 Élisée lui répondit: Va, dis-lui: Tu guériras! Mais l'Éternel m'a révélé qu'il

11 mourra. L'homme de Dieu arrêta son regard sur Hazaël, et le fixa longtemps, puis il pleura.

12 Hazaël dit: Pourquoi mon seigneur pleure-t-il? Et Élisée répondit: Parce que je sais le mal que tu feras aux enfants d'Israël; tu mettras le feu à leurs villes fortes, tu tueras avec l'épée leurs jeunes gens, tu écraseras leurs petits enfants, et tu fendras le ventre de leurs femmes enceintes.

13 Hazaël dit: Mais qu'est-ce que ton serviteur, ce chien, pour faire de si grandes choses? Et Élisée dit: L'Éternel m'a révélé que tu seras roi de Syrie.

14 Hazaël quitta Élisée, et revint auprès de son maître, qui lui dit: Que t'a dit Élisée? Et il répondit: Il m'a dit: Tu guériras!

15 Le lendemain, Hazaël prit une couverture, qu'il plongea dans l'eau, et il l'étendit sur le visage du roi, qui mourut. Et Hazaël régna à sa place.

16 La cinquième année de Joram, fils d'Achab, roi d'Israël, Joram, fils de Josaphat, roi de Juda, régna.

17 Il avait trente-deux ans lorsqu'il devint roi, et il régna huit ans à Jérusalem.

18 Il marcha dans la voie des rois

d'Israël, comme avait fait la maison d'Achab, car il avait pour femme une fille d'Achab, et il fit ce qui est 19 mal aux yeux de l'Éternel. Mais l'Éternel ne voulut point détruire Juda, à cause de David, son serviteur, selon la promesse qu'il lui avait faite de lui donner toujours une lampe parmi ses fils.

20 De son temps, Édom se révolta contre l'autorité de Juda, et se donna 21 un roi. Joram passa à Tsaïr, avec tous ses chars ; s'étant levé de nuit, il battit les Édomites qui l'entouraient et les chefs des chars, et le 22 peuple s'enfuit dans ses tentes. La rébellion d'Édom contre l'autorité de Juda a duré jusqu'à ce jour. Libna se révolta aussi dans le même temps.

23 Le reste des actions de Joram, et tout ce qu'il a fait, cela n'est-il pas écrit dans le livre des Chroniques des rois de Juda ?

24 Joram se coucha avec ses pères, et il fut enterré avec ses pères dans la ville de David. Et Achazia, son fils, régna à sa place.

25 La douzième année de Joram, fils d'Achab, roi d'Israël, Achazia, fils de 26 Joram, roi de Juda, régna. Achazia avait vingt-deux ans lorsqu'il devint roi, et il régna un an à Jérusalem. Sa mère s'appelait Athalie, fille d'Omri, roi d'Israël.

27 Il marcha dans la voie de la maison d'Achab, et il fit ce qui est mal aux yeux de l'Éternel, comme la maison d'Achab, car il était allié par mariage à la maison d'Achab.

28 Il alla avec Joram, fils d'Achab, à la guerre contre Hazaël, roi de Syrie, à Ramoth en Galaad. Et les 29 Syriens blessèrent Joram. Le roi Joram s'en retourna pour se faire guérir à Jizreel des blessures que les Syriens lui avaient faites à Rama, lorsqu'il se battait contre Hazaël, roi de Syrie. Achazia, fils de Joram, roi de Juda, descendit pour voir Joram, fils d'Achab, à Jizreel, parce qu'il était malade.

Les rois d'Israël et de Juda tués par Jéhu.—
Jézabel précipitée d'une fenêtre à Jizreel.

9 Élisée, le prophète, appela l'un des fils des prophètes, et lui dit :

Ceins tes reins, prends avec toi cette fiole d'huile, et va à Ramoth en Galaad. Quand tu y seras arrivé, 2 vois Jéhu, fils de Josaphat, fils de Nimschi. Tu iras le faire lever du milieu de ses frères, et tu le conduiras dans une chambre retirée. Tu prendras la fiole d'huile, que tu 3 répandras sur sa tête, et tu diras : Ainsi parle l'Éternel : Je t'oins roi d'Israël ! Puis tu ouvriras la porte, et tu t'enfuiras sans t'arrêter.

Le jeune homme, serviteur du 4 prophète, partit pour Ramoth en Galaad. Quand il arriva, voici, les 5 chefs de l'armée étaient assis. Il dit : Chef, j'ai un mot à te dire. Et Jéhu dit : Auquel de nous tous ? Il répondit : A toi, chef. Jéhu se leva 6 et entra dans la maison, et le jeune homme répandit l'huile sur sa tête, en lui disant : Ainsi parle l'Éternel, le Dieu d'Israël : Je t'oins roi d'Israël, du peuple de l'Éternel. Tu 7 frapperas la maison d'Achab, ton maître, et je vengerai sur Jézabel le sang de mes serviteurs les prophètes et le sang de tous les serviteurs de l'Éternel. Toute la maison d'Achab 8 périra ; j'exterminerai quiconque appartient à Achab, celui qui est esclave et celui qui est libre en Israël, et je 9 rendrai la maison d'Achab semblable à la maison de Jéroboam, fils de Nebath, et à la maison de Baescha, fils d'Achija. Les chiens mangeront 10 Jézabel dans le champ de Jizreel, et il n'y aura personne pour l'enterrer. Puis le jeune homme ouvrit la porte, et s'enfuit.

Lorsque Jéhu sortit pour rejoindre 11 les serviteurs de son maître, on lui dit : Tout va-t-il bien ? Pourquoi ce fou est-il venu vers toi ? Jéhu leur répondit : Vous connaissez bien l'homme et ce qu'il peut dire. Mais 12 ils répliquèrent : Mensonge ! Réponds-nous donc. Et il dit : Il m'a parlé de telle et telle manière, disant : Ainsi parle l'Éternel : Je t'oins roi d'Israël. Aussitôt ils prirent 13 chacun leurs vêtements, qu'ils mirent sous Jéhu au haut des degrés ; ils sonnèrent de la trompette, et dirent : Jéhu est roi ! Ainsi Jéhu, 14

fils de Josaphat, fils de Nimschi, forma une conspiration contre Joram.—Or Joram et tout Israël défendaient Ramoth en Galaad contre
15 Hazaël, roi de Syrie; mais le roi Joram s'en était retourné pour se faire guérir à Jizreel des blessures que les Syriens lui avaient faites, lorsqu'il se battait contre Hazaël, roi de Syrie.—Jéhu dit: Si c'est votre volonté, personne ne s'échappera de la ville pour aller porter la
16 nouvelle à Jizreel. Et Jéhu monta sur son char et partit pour Jizreel, car Joram y était alité, et Achazia, roi de Juda, était descendu pour le visiter.
17 La sentinelle placée sur la tour de Jizreel vit venir la troupe de Jéhu, et dit: Je vois une troupe. Joram dit: Prends un cavalier, et envoie-le au-devant d'eux pour demander si
18 c'est la paix. Le cavalier alla au-devant de Jéhu, et dit: Ainsi parle le roi: Est-ce la paix? Et Jéhu répondit: Que t'importe la paix? Passe derrière moi. La sentinelle en donna avis, et dit: Le messager est allé jusqu'à eux, et il ne revient
19 pas. Joram envoya un second cavalier, qui arriva vers eux et dit: Ainsi parle le roi: Est-ce la paix? Et Jéhu répondit: Que t'importe la
20 paix? Passe derrière moi. La sentinelle en donna avis, et dit: Il est allé jusqu'à eux, et il ne revient pas. Et le train est comme celui de Jéhu, fils de Nimschi, car il conduit d'une manière insensée.
21 Alors Joram dit: Attelle! Et on attela son char. Joram, roi d'Israël, et Achazia, roi de Juda, sortirent chacun dans son char pour aller au-devant de Jéhu, et ils le rencontrèrent dans le champ de Naboth
22 de Jizreel. Dès que Joram vit Jéhu, il dit: Est-ce la paix, Jéhu? Jéhu répondit: Quoi, la paix! tant que durent les prostitutions de Jézabel, ta mère, et la multitude de ses
23 sortilèges! Joram tourna bride et s'enfuit, et il dit à Achazia: Trahi-
24 son, Achazia! Mais Jéhu saisit son arc, et il frappa Joram entre les épaules: la flèche sortit par le

cœur, et Joram s'affaissa dans son char.

Jéhu dit à son officier Bidkar: 25 Prends-le, et jette-le dans le champ de Naboth de Jizreel; car souviens-t'en, lorsque moi et toi, nous étions ensemble à cheval derrière Achab, son père, l'Éternel prononça contre lui cette sentence: J'ai vu hier le 26 sang de Naboth et le sang de ses fils, dit l'Éternel, et je te rendrai la pareille dans ce champ même, dit l'Éternel! Prends-le donc, et jette-le dans le champ, selon la parole de l'Éternel.

Achazia, roi de Juda, ayant vu 27 cela, s'enfuit par le chemin de la maison du jardin. Jéhu le poursuivit, et dit: Lui aussi, frappez-le sur le char! Et on le frappa à la montée de Gur, près de Jibleam. Il se réfugia à Meguiddo, et il y mourut. Ses serviteurs le transpor- 28 tèrent sur un char à Jérusalem, et ils l'enterrèrent dans son sépulcre avec ses pères, dans la ville de David. Achazia était devenu roi de Juda 29 la onzième année de Joram, fils d'Achab.

Jéhu entra dans Jizreel. Jézabel, 30 l'ayant appris, mit du fard à ses yeux, se para la tête, et regarda par la fenêtre. Comme Jéhu franchis- 31 sait la porte, elle dit: Est-ce la paix, nouveau Zimri, assassin de son maître? Il leva le visage vers la 32 fenêtre, et dit: Qui est pour moi? qui? Et deux ou trois eunuques le regardèrent en s'approchant de la fenêtre. Il dit: Jetez-la en bas! Ils 33 la jetèrent, et il rejaillit de son sang sur la muraille et sur les chevaux. Jéhu la foula aux pieds; puis il 34 entra, mangea et but, et il dit: Allez voir cette maudite, et enterrez-la, car elle est fille de roi. Ils allèrent pour 35 l'enterrer; mais ils ne trouvèrent d'elle que le crâne, les pieds et les paumes des mains. Ils retournèrent l'an- 36 noncer à Jéhu, qui dit: C'est ce qu'avait déclaré l'Éternel par son serviteur Élie, le Thischbite, en disant: Les chiens mangeront la chair de Jézabel dans le champ de Jizreel; et le cadavre de Jézabel sera comme 37 du fumier sur la face des champs, dans le champ de Jizreel, de sorte qu'on ne pourra dire : C'est Jézabel.

Jéhu, roi d'Israël.—La famille d'Achab et les prophètes de Baal exterminés.

10 Il y avait dans Samarie soixante-dix fils d'Achab. Jéhu écrivit des lettres qu'il envoya à Samarie aux chefs de Jizreel, aux anciens, et aux 2 gouverneurs des enfants d'Achab. Il y était dit : Maintenant, quand cette lettre vous sera parvenue,—puisque vous avez avec vous les fils de votre maître, avec vous les chars et les chevaux, une ville forte et les armes,— 3 voyez lequel des fils de votre maître est le meilleur et convient le mieux, mettez-le sur le trône de son père, et combattez pour la maison de votre 4 maître ! Ils eurent une très grande peur, et ils dirent : Voici, deux rois n'ont pu lui résister ; comment ré- 5 sisterions-nous ? Et le chef de la maison, le chef de la ville, les anciens, et les gouverneurs des enfants, envoyèrent dire à Jéhu : Nous sommes tes serviteurs, et nous ferons tout ce que tu nous diras ; nous n'établirons personne roi, fais ce qui te semblera bon.

6 Jéhu leur écrivit une seconde lettre, où il était dit : Si vous êtes à moi et si vous obéissez à ma voix, prenez les têtes de ces hommes, fils de votre maître, et venez auprès de moi demain à cette heure, à Jizreel. Or les soixante-dix fils du roi étaient chez les grands de la ville, qui les élevaient. 7 Quand la lettre leur fut parvenue, ils prirent les fils du roi, et ils égorgèrent ces soixante-dix hommes ; puis ils mirent leurs têtes dans des corbeilles, et les envoyèrent à Jéhu, à 8 Jizreel. Le messager vint l'en informer, en disant : Ils ont apporté les têtes des fils du roi. Et il dit : Mettez-les en deux tas à l'entrée de 9 la porte, jusqu'au matin. Le matin, il sortit ; et se présentant à tout le peuple, il dit : Vous êtes justes ! voici, moi, j'ai conspiré contre mon maître et je l'ai tué ; mais qui a frappé tous 10 ceux-ci ? Sachez donc qu'il ne tombera rien à terre de la parole de l'Éternel, de la parole que l'Éternel a prononcée contre la maison d'Achab ; l'Éternel accomplit ce qu'il a déclaré par son serviteur Élie. Et Jéhu 11 frappa tous ceux qui restaient de la maison d'Achab à Jizreel, tous ses grands, ses familiers et ses ministres, sans en laisser échapper un seul.

Puis il se leva, et partit pour aller 12 à Samarie. Arrivé à une maison de réunion des bergers, sur le chemin, Jéhu trouva les frères d'Achazia, roi 13 de Juda, et il dit : Qui êtes-vous ? Ils répondirent : Nous sommes les frères d'Achazia, et nous descendons pour saluer les fils du roi et les fils de la reine. Jéhu dit : Saisissez-les 14 vivants. Et ils les saisirent vivants, et les égorgèrent au nombre de quarante-deux, à la citerne de la maison de réunion ; Jéhu n'en laissa échapper aucun. Étant parti de là, 15 il rencontra Jonadab, fils de Récab, qui venait au-devant de lui. Il le salua, et lui dit : Ton cœur est-il sincère, comme mon cœur l'est envers le tien ? Et Jonadab répondit : Il l'est. S'il l'est, répliqua Jéhu, donne-moi ta main. Jonadab lui donna la main. Et Jéhu le fit monter auprès de lui dans son char, et 16 dit : Viens avec moi, et tu verras mon zèle pour l'Éternel. Il l'emmena ainsi dans son char.

Lorsque Jéhu fut arrivé à Samarie, 17 il frappa tous ceux qui restaient d'Achab à Samarie, et il les détruisit entièrement, selon la parole que l'Éternel avait dite à Élie. Puis 18 il assembla tout le peuple, et leur dit : Achab a peu servi Baal, Jéhu le servira beaucoup. Maintenant 19 convoquez auprès de moi tous les prophètes de Baal, tous ses serviteurs et tous ses prêtres, sans qu'il en manque un seul, car je veux offrir un grand sacrifice à Baal : quiconque manquera ne vivra pas. Jéhu agissait avec ruse, pour faire périr les serviteurs de Baal. Il dit : 20 Publiez une fête en l'honneur de Baal. Et ils la publièrent. Il en- 21 voya des messagers dans tout Israël ; et tous les serviteurs de Baal arrivèrent, il n'y en eut pas un qui ne vint, ils entrèrent dans la maison de Baal, et la maison de Baal fut 22 remplie d'un bout à l'autre. Jéhu dit à celui qui avait la garde du vestiaire : Sors des vêtements pour tous les serviteurs de Baal. Et cet homme sortit des vêtements pour 23 eux. Alors Jéhu vint à la maison de Baal avec Jonadab, fils de Récab, et il dit aux serviteurs de Baal : Cherchez et regardez, afin qu'il n'y ait pas ici des serviteurs de l'Éternel, mais qu'il y ait seulement des 24 serviteurs de Baal. Et ils entrèrent pour offrir des sacrifices et des holocaustes.

Jéhu avait placé dehors quatre-vingts hommes, en leur disant: Celui qui laissera échapper quelqu'un des hommes que je remets entre vos mains, sa vie répondra de la sienne. 25 Lorsqu'on eut achevé d'offrir les holocaustes, Jéhu dit aux coureurs et aux officiers : Entrez, frappez-les, que pas un ne sorte. Et ils les frappèrent du tranchant de l'épée. Les coureurs et les officiers les jetèrent là, et ils allèrent jusqu'à la 26 ville de la maison de Baal. Ils tirèrent dehors les statues de la maison de Baal, et les brûlèrent. 27 Ils renversèrent la statue de Baal, ils renversèrent aussi la maison de Baal, et ils en firent un cloaque, qui a subsisté jusqu'à ce jour.

28 Jéhu extermina Baal du milieu 29 d'Israël ; mais il ne se détourna point des péchés de Jéroboam, fils de Nebath, qui avait fait pécher Israël, il n'abandonna point les veaux d'or qui étaient à Béthel et à Dan. 30 L'Éternel dit à Jéhu : Parce que tu as bien exécuté ce qui était droit à mes yeux, et que tu as fait à la maison d'Achab tout ce qui était conforme à ma volonté, tes fils jusqu'à la quatrième génération seront 31 assis sur le trône d'Israël. Toutefois Jéhu ne prit point garde à marcher de tout son cœur dans la loi de l'Éternel, le Dieu d'Israël ; il ne se détourna point des péchés que Jéroboam avait fait commettre à Israël. 32 Dans ce temps-là, l'Éternel commença à entamer le territoire d'Israël ;

et Hazaël les battit sur toute la frontière d'Israël. Depuis le Jourdain, 33 vers le soleil levant, il battit tout le pays de Galaad, les Gadites, les Rubénites et les Manassites, depuis Aroër sur le torrent de l'Arnon jusqu'à Galaad et à Basan.

Le reste des actions de Jéhu, tout 34 ce qu'il a fait, et tous ses exploits, cela n'est-il pas écrit dans le livre des Chroniques des rois d'Israël ? Jéhu se coucha avec ses pères, et 35 on l'enterra à Samarie. Et Joachaz, son fils, régna à sa place. Jéhu 36 avait régné vingt-huit ans sur Israël à Samarie.

Athalie, reine de Juda.

Athalie, mère d'Achazia, voyant **11** que son fils était mort, se leva et fit périr toute la race royale. Mais 2 Joschéba, fille du roi Joram, sœur d'Achazia, prit Joas, fils d'Achazia, et l'enleva du milieu des fils du roi, quand on les fit mourir : elle le mit avec sa nourrice dans la chambre des lits. Il fut ainsi dérobé aux regards d'Athalie, et ne fut point mis à mort. Il resta six ans caché avec 3 Joschéba dans la maison de l'Éternel. Et c'était Athalie qui régnait dans le pays.

La septième année, Jehojada en- 4 voya chercher les chefs de centaines des Kéréthiens et des coureurs, et il les fit venir auprès de lui dans la maison de l'Éternel. Il traita alliance avec eux et les fit jurer dans la maison de l'Éternel, et il leur montra le fils du roi. Puis il leur 5 donna ses ordres, en disant : Voici ce que vous ferez. Parmi ceux de vous qui entrent en service le jour du sabbat, un tiers doit monter la garde à la maison du roi, un tiers à 6 la porte de Sur, et un tiers à la porte derrière les coureurs : vous veillerez à la garde de la maison, de manière à en empêcher l'entrée. Vos deux 7 autres divisions, tous ceux qui sortent de service le jour du sabbat feront la garde de la maison de l'Éternel auprès du roi : vous en- 8 tourerez le roi de toutes parts, chacun les armes à la main, et l'on donnera la mort à quiconque s'avancera dans les rangs ; vous serez près du roi quand il sortira et quand il entrera.

9 Les chefs de centaines exécutèrent tous les ordres qu'avait donnés le sacrificateur Jehojada. Ils prirent chacun leurs gens, ceux qui entraient en service et ceux qui sortaient de service le jour du sabbat, et ils se rendirent vers le sacrificateur Jeho-
10 jada. Le sacrificateur remit aux chefs de centaines les lances et les boucliers qui provenaient du roi David, et qui se trouvaient dans la
11 maison de l'Éternel. Les coureurs, chacun les armes à la main, entourèrent le roi, en se plaçant depuis le côté droit jusqu'au côté gauche de la maison, près de l'autel et près de
12 la maison. Le sacrificateur fit avancer le fils du roi, et il mit sur lui le diadème et le témoignage. Ils l'établirent roi et l'oignirent, et frappant des mains, ils dirent : Vive le roi !

13 Athalie entendit le bruit des coureurs et du peuple, et elle vint vers le peuple à la maison de l'Éternel.
14 Elle regarda. Et voici, le roi se tenait sur l'estrade, selon l'usage ; les chefs et les trompettes étaient près du roi : tout le peuple du pays était dans la joie, et l'on sonnait des trompettes. Athalie déchira ses vêtements, et cria : Conspiration !
15 conspiration ! Alors le sacrificateur Jehojada donna cet ordre aux chefs de centaines, qui étaient à la tête de l'armée : Faites-la sortir en dehors des rangs, et tuez par l'épée quiconque la suivra. Car le sacrificateur avait dit : Qu'elle ne soit pas mise à mort
16 dans la maison de l'Éternel ! On lui fit place, et elle se rendit à la maison du roi par le chemin de l'entrée des chevaux : c'est là qu'elle fut tuée.

17 Jehojada traita entre l'Éternel, le roi et le peuple, l'alliance par laquelle ils devaient être le peuple de l'Éternel ; il établit aussi l'alliance entre le roi et
18 le peuple. Tout le peuple du pays entra dans la maison de Baal, et ils la démolirent ; ils brisèrent entièrement ses autels et ses images, et ils tuèrent devant les autels Matthan, prêtre de Baal. Le sacrificateur Jehojada mit des surveillants dans la maison de l'Éternel. Il prit les chefs de centaines, 19 les Kéréthiens et les coureurs, et tout le peuple du pays ; et ils firent descendre le roi de la maison de l'Éternel, et ils entrèrent dans la maison du roi par le chemin de la porte des coureurs. Et Joas s'assit sur le trône des rois. Tout le peuple 20 du pays se réjouissait, et la ville était tranquille. On avait fait mourir Athalie par l'épée dans la maison du roi.

Joas, roi de Juda.—Le temple réparé.

Joas avait sept ans lorsqu'il devint 21 roi.

La septième année de Jéhu, Joas **12** devint roi, et il régna quarante ans à Jérusalem. Sa mère s'appelait Tsibja, de Beer-Schéba.

Joas fit ce qui est droit aux yeux 2 de l'Éternel tout le temps qu'il suivit les directions du sacrificateur Jehojada. Seulement, les hauts lieux ne 3 disparurent point ; le peuple offrait encore des sacrifices et des parfums sur les hauts lieux.

Joas dit aux sacrificateurs : Tout 4 l'argent consacré qu'on apporte dans la maison de l'Éternel, l'argent ayant cours, savoir l'argent pour le rachat des personnes d'après l'estimation qui en est faite, et tout l'argent qu'il vient au cœur de quelqu'un d'apporter à la maison de l'Éternel, que les sacrificateurs le prennent 5 chacun de la part des gens de sa connaissance, et qu'ils l'emploient à réparer la maison partout où il se trouvera quelque chose à réparer. Mais il arriva que, la vingt-troisième 6 année du roi Joas, les sacrificateurs n'avaient point réparé ce qui était à réparer à la maison. Le roi Joas 7 appela le sacrificateur Jehojada et les autres sacrificateurs, et leur dit : Pourquoi n'avez-vous pas réparé ce qui est à réparer à la maison ? Maintenant, vous ne prendrez plus l'argent de vos connaissances, mais vous le livrerez pour les réparations de la maison. Les sacrificateurs convinrent 8 de ne pas prendre l'argent du peuple, et de n'être pas chargés des réparations de la maison.

9 Alors le sacrificateur Jehojáda prit un coffre, perça un trou dans son couvercle, et le plaça à côté de l'autel, à droite, sur le passage par lequel on entrait à la maison de l'Éternel. Les sacrificateurs qui avaient la garde du seuil y mettaient tout l'argent qu'on apportait dans la mai-

10 son de l'Éternel. Quand ils voyaient qu'il y avait beaucoup d'argent dans le coffre, le secrétaire du roi montait avec le souverain sacrificateur, et ils serraient et comptaient l'argent qui se trouvait dans la maison

11 de l'Éternel. Ils remettaient l'argent pesé entre les mains de ceux qui étaient chargés de faire exécuter l'ouvrage dans la maison de l'Éternel. Et l'on employait cet argent pour les charpentiers et pour les ouvriers qui travaillaient à la maison de

12 l'Éternel, pour les maçons et les tailleurs de pierres, pour les achats de bois et de pierres de taille nécessaires aux réparations de la maison de l'Éternel, et pour toutes les dépenses concernant les réparations de

13 la maison. Mais, avec l'argent qu'on apportait dans la maison de l'Éternel, on ne fit pour la maison de l'Éternel ni bassins d'argent, ni couteaux, ni coupes, ni trompettes, ni aucun

14 ustensile d'or ou d'argent : on le donnait à ceux qui faisaient l'ouvrage, afin qu'ils l'employassent à réparer

15 la maison de l'Éternel. On ne demandait pas de compte aux hommes entre les mains desquels on remettait l'argent pour qu'ils le donnassent à ceux qui faisaient l'ouvrage, car ils agissaient avec

16 probité. L'argent des sacrifices de culpabilité et des sacrifices d'expiation n'était point apporté dans la maison de l'Éternel : il était pour les sacrificateurs.

17 Alors Hazaël, roi de Syrie, monta et se battit contre Gath, dont il s'empara. Hazaël avait l'intention de

18 monter contre Jérusalem. Joas, roi de Juda, prit toutes les choses consacrées, ce qui avait été consacré par Josaphat, par Joram et par

Achazia, ses pères, rois de Juda, ce qu'il avait consacré lui-même, et tout l'or qui se trouvait dans les trésors de la maison de l'Éternel et de la maison du roi ; et il envoya le tout à Hazaël, roi de Syrie, qui ne monta pas contre Jérusalem.

19 Le reste des actions de Joas, et tout ce qu'il a fait, cela n'est-il pas écrit dans le livre des Chroniques des rois de Juda ?

20 Ses serviteurs se soulevèrent et formèrent une conspiration ; ils frappèrent Joas dans la maison de Millo, qui est à la descente de Silla. Jozacar, 21 fils de Schimeath, et Jozabad, fils de Schomer, ses serviteurs, le frappèrent, et il mourut. On l'enterra avec ses pères, dans la ville de David. Et Amatsia, son fils, régna à sa place.

Joachaz et Joas, rois d'Israël.—Mort d'Élisée.

La vingt-troisième année de Joas, **13** fils d'Achazia, roi de Juda, Joachaz, fils de Jéhu, régna sur Israël à Samarie. Il régna dix-sept ans.

2 Il fit ce qui est mal aux yeux de l'Éternel ; il commit les mêmes péchés que Jéroboam, fils de Nebath, qui avait fait pécher Israël, et il ne s'en détourna point. La colère de 3 l'Éternel s'enflamma contre Israël, et il les livra entre les mains de Hazaël, roi de Syrie, et entre les mains de Ben-Hadad, fils de Hazaël, tout le temps que ces rois vécurent. Joachaz implora l'Éternel. L'Éternel 4 l'exauça, car il vit l'oppression sous laquelle le roi de Syrie tenait Israël, et l'Éternel donna un libérateur à 5 Israël. Les enfants d'Israël échappèrent aux mains des Syriens, et ils habitèrent dans leurs tentes comme auparavant. Mais ils ne se détour- 6 nèrent point des péchés de la maison de Jéroboam, qui avait fait pécher Israël ; ils s'y livrèrent aussi, et même l'idole d'Astarté était debout à Samarie. De tout le peuple de 7 Joachaz l'Éternel ne lui avait laissé que cinquante cavaliers, dix chars, et dix mille hommes de pied ; car le roi de Syrie les avait fait périr et les

avait rendus semblables à la poussière qu'on foule aux pieds.

8 Le reste des actions de Joachaz, tout ce qu'il a fait, et ses exploits, cela n'est-il pas écrit dans le livre des Chroniques des rois d'Israël ?

9 Joachaz se coucha avec ses pères, et on l'enterra à Samarie. Et Joas, son fils, régna à sa place.

10 La trente-septième année de Joas, roi de Juda, Joas, fils de Joachaz, régna sur Israël à Samarie. Il régna seize ans.

11 Il fit ce qui est mal aux yeux de l'Éternel ; il ne se détourna d'aucun des péchés de Jéroboam, fils de Nebath, qui avait fait pécher Israël, et il s'y livra comme lui.

12 Le reste des actions de Joas, tout ce qu'il a fait, ses exploits, et la guerre qu'il eut avec Amatsia, roi de Juda, cela n'est-il pas écrit dans le livre des Chroniques des rois d'Israël ?

13 Joas se coucha avec ses pères. Et Jéroboam s'assit sur son trône. Joas fut enterré à Samarie avec les rois d'Israël.

14 Élisée était atteint de la maladie dont il mourut ; et Joas, roi d'Israël, descendit vers lui, pleura sur son visage, et dit: Mon père! mon père!

15 Char d'Israël et sa cavalerie! Élisée lui dit: Prends un arc et des flèches.

16 Et il prit un arc et des flèches. Puis Élisée dit au roi d'Israël: Bande l'arc avec ta main. Et quand il l'eut bandé de sa main, Élisée mit ses mains sur

17 les mains du roi, et dit : Ouvre la fenêtre à l'orient. Et il l'ouvrit. Élisée dit : Tire. Et il tira. Élisée dit : C'est une flèche de délivrance de la part de l'Éternel, une flèche de délivrance contre les Syriens ; tu battras les Syriens à Aphek jusqu'à

18 leur extermination. Élisée dit encore: Prends les flèches. Et il les prit. Élisée dit au roi d'Israël : Frappe contre terre. Et il frappa trois fois,

19 et s'arrêta. L'homme de Dieu s'irrita contre lui, et dit : Il fallait frapper cinq ou six fois; alors tu aurais battu les Syriens jusqu'à leur extermination ; maintenant tu les battras trois fois.

20 Élisée mourut, et on l'enterra. L'année suivante, des troupes de Moabites pénétrèrent dans le pays.

21 Et comme on enterrait un homme, voici, on aperçut une de ces troupes, et l'on jeta l'homme dans le sépulcre d'Élisée. L'homme alla toucher les os d'Élisée, et il reprit vie et se leva sur ses pieds.

22 Hazaël, roi de Syrie, avait opprimé Israël pendant toute la vie de Joachaz.

23 Mais l'Éternel leur fit miséricorde et eut compassion d'eux, il tourna sa face vers eux à cause de son alliance avec Abraham, Isaac et Jacob, il ne voulut pas les détruire, et jusqu'à présent il ne les a pas rejetés de sa face.

24 Hazaël, roi de Syrie, mourut, et Ben-Hadad, son fils, régna à sa place.

25 Joas, fils de Joachaz, reprit des mains de Ben-Hadad, fils de Hazaël, les villes enlevées par Hazaël à Joachaz, son père, pendant la guerre. Joas le battit trois fois, et il recouvra les villes d'Israël.

Amatsia, roi de Juda.—Jéroboam II,
roi d'Israël.

14 La seconde année de Joas, fils de Joachaz, roi d'Israël, Amatsia, fils de Joas, roi de Juda, régna.

2 Il avait vingt-cinq ans lorsqu'il devint roi, et il régna vingt-neuf ans à Jérusalem. Sa mère s'appelait Joaddan, de Jérusalem.

3 Il fit ce qui est droit aux yeux de l'Éternel, non pas toutefois comme David, son père ; il agit entièrement comme avait agi Joas, son père.

4 Seulement, les hauts lieux ne disparurent point ; le peuple offrait encore des sacrifices et des parfums sur les hauts lieux.

5 Lorsque la royauté fut affermie entre ses mains, il frappa ses serviteurs qui avaient tué le roi, son père.

6 Mais il ne fit pas mourir les fils des meurtriers, selon ce qui est écrit dans le livre de la loi de Moïse, où l'Éternel donne ce commandement: On ne fera point mourir les pères pour les enfants, et l'on ne fera point mourir les enfants pour les pères ; mais on fera mourir chacun pour son péché.

7 Il battit dix mille Édomites dans

la vallée du sel ; et durant la guerre, il prit Séla, et l'appela Joktheel, nom qu'elle a conservé jusqu'à ce jour.

8 Alors Amatsia envoya des messagers à Joas, fils de Joachaz, fils de Jéhu, roi d'Israël, pour lui dire :

9 Viens, voyons-nous en face ! Et Joas, roi d'Israël, fit dire à Amatsia, roi de Juda: L'épine du Liban envoya dire au cèdre du Liban : Donne ta fille pour femme à mon fils ! Et les bêtes sauvages qui sont au Liban

10 passèrent et foulèrent l'épine. Tu as battu les Édomites, et ton cœur s'élève. Jouis de ta gloire, et reste chez toi. Pourquoi t'engager dans une malheureuse entreprise, qui amènerait ta ruine et celle de Juda ?

11 Mais Amatsia ne l'écouta pas. Et Joas, roi d'Israël, monta ; et ils se virent en face, lui et Amatsia, roi de Juda, à Beth-Schémesch, qui est à

12 Juda. Juda fut battu par Israël, et

13 chacun s'enfuit dans sa tente. Joas, roi d'Israël, prit à Beth-Schémesch Amatsia, roi de Juda, fils de Joas, fils d'Achazia. Il vint à Jérusalem, et fit une brèche de quatre cents coudées dans la muraille de Jérusalem, depuis la porte d'Éphraïm jusqu'à la

14 porte de l'angle. Il prit tout l'or et l'argent et tous les vases qui se trouvaient dans la maison de l'Éternel et dans les trésors de la maison du roi ; il prit aussi des otages, et il retourna à Samarie.

15 Le reste des actions de Joas, ce qu'il a fait, ses exploits, et la guerre qu'il eut avec Amatsia, roi de Juda, cela n'est-il pas écrit dans le livre des Chroniques des rois d'Israël ?

16 Joas se coucha avec ses pères, et il fut enterré à Samarie avec les rois d'Israël. Et Jéroboam, son fils, régna à sa place.

17 Amatsia, fils de Joas, roi de Juda, vécut quinze ans après la mort de Joas, fils de Joachaz, roi d'Israël.

18 Le reste des actions d'Amatsia, cela n'est-il pas écrit dans le livre des Chroniques des rois de Juda ?

19 On forma contre lui une conspiration à Jérusalem, et il s'enfuit à Lakis ; mais on le poursuivit à Lakis, où on

le fit mourir. On le transporta sur 20 des chevaux, et il fut enterré à Jérusalem avec ses pères, dans la ville de David. Et tout le peuple de Juda 21 prit Azaria, âgé de seize ans, et l'établit roi à la place de son père Amatsia. Azaria rebâtit Élath et la 22 fit rentrer sous la puissance de Juda, après que le roi fut couché avec ses pères.

La quinzième année d'Amatsia, fils 23 de Joas, roi de Juda, Jéroboam, fils de Joas, roi d'Israël, régna à Samarie. Il régna quarante et un ans.

Il fit ce qui est mal aux yeux de 24 l'Éternel ; il ne se détourna d'aucun des péchés de Jéroboam, fils de Nebath, qui avait fait pécher Israël. Il rétablit les limites d'Israël depuis 25 l'entrée de Hamath jusqu'à la mer de la plaine, selon la parole que l'Éternel, le Dieu d'Israël, avait prononcée par son serviteur Jonas, le prophète, fils d'Amitthaï, de Gath-Hépher. Car 26 l'Éternel vit l'affliction d'Israël à son comble et l'extrémité à laquelle se trouvaient réduits esclaves et hommes libres, sans qu'il y eût personne pour venir au secours d'Israël. Or l'Éternel 27 n'avait point résolu d'effacer le nom d'Israël de dessous les cieux, et il les délivra par Jéroboam, fils de Joas.

Le reste des actions de Jéroboam, 28 tout ce qu'il a fait, ses exploits à la guerre, et comment il fit rentrer sous la puissance d'Israël Damas et Hamath qui avaient appartenu à Juda, cela n'est-il pas écrit dans le livre des Chroniques des rois d'Israël ?

Jéroboam se coucha avec ses pères, 29 avec les rois d'Israël. Et Zacharie, son fils, régna à sa place.

Azaria (Ozias), roi de Juda.—Zacharie, Schallum, Menahem, Pekachia, Pékach, rois d'Israël.—Jotham, roi de Juda.

La vingt-septième année de **15** Jéroboam, roi d'Israël, Azaria, fils d'Amatsia, roi de Juda, régna. Il 2 avait seize ans lorsqu'il devint roi, et il régna cinquante-deux ans à Jérusalem. Sa mère s'appelait Jecolia, de Jérusalem.

3 Il fit ce qui est droit aux yeux de l'Éternel, entièrement comme avait

4 fait Amatsia, son père. Seulement, les hauts lieux ne disparurent point ; le peuple offrait encore des sacrifices et des parfums sur les hauts lieux.

5 L'Éternel frappa le roi, qui fut lépreux jusqu'au jour de sa mort et demeura dans une maison écartée. Et Jotham, fils du roi, était à la tête de la maison et jugeait le peuple du pays.

6 Le reste des actions d'Azaria, et tout ce qu'il a fait, cela n'est-il pas écrit dans le livre des Chroniques des rois de Juda ?

7 Azaria se coucha avec ses pères, et on l'enterra avec ses pères dans la ville de David. Et Jotham, son fils, régna à sa place.

8 La trente-huitième année d'Azaria, roi de Juda, Zacharie, fils de Jéroboam, régna sur Israël à Samarie. Il régna six mois.

9 Il fit ce qui est mal aux yeux de l'Éternel, comme avaient fait ses pères ; il ne se détourna point des péchés de Jéroboam, fils de Nebath, qui avait

10 fait pécher Israël. Schallum, fils de Jabesch, conspira contre lui, le frappa devant le peuple, et le fit mourir ; et il régna à sa place.

11 Le reste des actions de Zacharie, cela est écrit dans le livre des Chroniques des rois d'Israël.

12 Ainsi s'accomplit ce que l'Éternel avait déclaré à Jéhu, en disant : Tes fils jusqu'à la quatrième génération seront assis sur le trône d'Israël.

13 Schallum, fils de Jabesch, régna la trente-neuvième année d'Ozias, roi de Juda. Il régna pendant un mois

14 à Samarie. Menahem, fils de Gadi, monta de Thirtsa et vint à Samarie, frappa dans Samarie Schallum, fils de Jabesch, et le fit mourir ; et il régna à sa place.

15 Le reste des actions de Schallum, et la conspiration qu'il forma, cela est écrit dans le livre des Chroniques des rois d'Israël.

16 Alors Menahem frappa Thiphsach et tous ceux qui y étaient, avec son territoire depuis Thirtsa ; il la frappa parce qu'elle n'avait pas ouvert ses portes, et il fondit le ventre de toutes les femmes enceintes.

17 La trente-neuvième année d'Azaria, roi de Juda, Menahem, fils de Gadi, régna sur Israël. Il régna dix ans à Samarie.

18 Il fit ce qui est mal aux yeux de l'Éternel ; il ne se détourna point, tant qu'il vécut, des péchés de Jéroboam, fils de Nebath, qui avait fait

19 pécher Israël. Pul, roi d'Assyrie, vint dans le pays ; et Menahem donna à Pul mille talents d'argent, pour qu'il l'aidât à affermir la royauté

20 entre ses mains. Menahem leva cet argent sur tous ceux d'Israël qui avaient de la richesse, afin de le donner au roi d'Assyrie ; il les taxa chacun à cinquante sicles d'argent. Le roi d'Assyrie s'en retourna, et ne s'arrêta pas alors dans le pays.

21 Le reste des actions de Menahem, et tout ce qu'il a fait, cela n'est-il pas écrit dans le livre des Chroniques des rois d'Israël?

22 Menahem se coucha avec ses pères. Et Pekachia, son fils, régna à sa place.

23 La cinquantième année d'Azaria, roi de Juda, Pekachia, fils de Menahem, régna sur Israël à Samarie. Il régna deux ans.

24 Il fit ce qui est mal aux yeux de l'Éternel ; il ne se détourna point des péchés de Jéroboam, fils de Nebath, qui avait fait pécher Israël. Pékach,

25 fils de Remalia, son officier, conspira contre lui ; il le frappa à Samarie, dans le palais de la maison du roi, de même qu'Argob et Arié ; il avait avec lui cinquante hommes d'entre les fils des Galaadites. Il fit ainsi mourir Pekachia, et il régna à sa place.

26 Le reste des actions de Pekachia, et tout ce qu'il a fait, cela est écrit dans le livre des Chroniques des rois d'Israël.

27 La cinquante-deuxième année d'Azaria, roi de Juda, Pékach, fils de Remalia, régna sur Israël à Samarie. Il régna vingt ans.

28 Il fit ce qui est mal aux yeux de

l'Éternel ; il ne se détourna point des péchés de Jéroboam, fils de Nebath, qui avait fait pécher Israël.

29 Du temps de Pékach, roi d'Israël, Tiglath-Piléser, roi d'Assyrie, vint et prit Ijjon, Abel-Beth-Maaca, Janoach, Kédesch, Hatsor, Galaad et la Galilée, tout le pays de Nephthali, et il emmena captifs les habitants en

30 Assyrie. Osée, fils d'Éla, forma une conspiration contre Pékach, fils de Remalia, le frappa et le fit mourir ; et il régna à sa place, la vingtième année de Jotham, fils d'Ozias.

31 Le reste des actions de Pékach, et tout ce qu'il a fait, cela est écrit dans le livre des Chroniques des rois d'Israël.

32 La seconde année de Pékach, fils de Remalia, roi d'Israël, Jotham, fils

33 d'Ozias, roi de Juda, régna. Il avait vingt-cinq ans lorsqu'il devint roi, et il régna seize ans à Jérusalem. Sa mère s'appelait Jeruscha, fille de Tsadok.

34 Il fit ce qui est droit aux yeux de l'Éternel ; il agit entièrement comme

35 avait agi Ozias, son père. Seulement, les hauts lieux ne disparurent point ; le peuple offrait encore des sacrifices et des parfums sur les hauts lieux. Jotham bâtit la porte supérieure de la maison de l'Eternel.

36 Le reste des actions de Jotham, et tout ce qu'il a fait, cela n'est-il pas écrit dans le livre des Chroniques des rois de Juda ?

37 Dans ce temps-là, l'Éternel commença à envoyer contre Juda Retsin, roi de Syrie, et Pékach, fils de Remalia.

38 Jotham se coucha avec ses pères, et il fut enterré avec ses pères dans la ville de David, son père. Et Achaz, son fils, régna à sa place.

Achaz, roi de Juda.

16 La dix-septième année de Pékach, fils de Remalia, Achaz, fils

2 de Jotham, roi de Juda, régna. Achaz avait vingt ans lorsqu'il devint roi, et il régna seize ans à Jérusalem.

Il ne fit point ce qui est droit aux yeux de l'Éternel, son Dieu, comme

3 avait fait David, son père. Il marcha dans la voie des rois d'Israël ; et même il fit passer son fils par le feu, suivant les abominations des nations que l'Éternel avait chassées devant les enfants d'Israël. Il offrait des 4 sacrifices et des parfums sur les hauts lieux, sur les collines et sous tout arbre vert.

Alors Retsin, roi de Syrie, et 5 Pékach, fils de Remalia, roi d'Israël, montèrent contre Jérusalem pour l'attaquer. Ils assiégèrent Achaz ; mais ils ne purent pas le vaincre. Dans ce même temps, Retsin, roi 6 de Syrie, fit rentrer Élath au pouvoir des Syriens ; il expulsa d'Élath les Juifs, et les Syriens vinrent à Élath, où ils ont habité jusqu'à ce jour.

Achaz envoya des messagers à 7 Tiglath-Piléser, roi d'Assyrie, pour lui dire : Je suis ton serviteur et ton fils ; monte, et délivre-moi de la main du roi de Syrie et de la main du roi d'Israël, qui s'élèvent contre moi. Et Achaz prit l'argent et l'or 8 qui se trouvaient dans la maison de l'Éternel et dans les trésors de la maison du roi, et il l'envoya en présent au roi d'Assyrie. Le roi 9 d'Assyrie l'écouta ; il monta contre Damas, la prit, emmena les habitants en captivité à Kir, et fit mourir Retsin.

Le roi Achaz se rendit à Damas 10 au-devant de Tiglath-Piléser, roi d'Assyrie. Et ayant vu l'autel qui était à Damas, le roi Achaz envoya au sacrificateur Urie le modèle et la forme exacte de cet autel. Le 11 sacrificateur Urie construisit un autel entièrement d'après le modèle envoyé de Damas par le roi Achaz, et le sacrificateur Urie le fit avant que le roi Achaz fût de retour de Damas. A son arrivée de Damas, le roi vit 12 l'autel, s'en approcha et y monta ; il 13 fit brûler son holocauste et son offrande, versa ses libations, et répandit sur l'autel le sang de ses sacrifices d'actions de grâces. Il 14 éloigna de la face de la maison l'autel d'airain qui était devant l'Éternel, afin qu'il ne fût pas entre le nouvel autel et la maison de l'Éternel ; et il le plaça à côté du nouvel autel, vers

15 le nord. Et le roi Achaz donna cet ordre au sacrificateur Urie: Fais brûler sur le grand autel l'holocauste du matin et l'offrande du soir, l'holocauste du roi et son offrande, les holocaustes de tout le peuple du pays et leurs offrandes, verses-y leurs libations, et répands-y tout le sang des holocaustes et tout le sang des sacrifices ; pour ce qui concerne l'autel d'airain, je m'en occuperai.

16 Le sacrificateur Urie se conforma à tout ce que le roi Achaz avait

17 ordonné. Et le roi Achaz brisa les panneaux des bases, et en ôta les bassins qui étaient dessus. Il descendit la mer de dessus les bœufs d'airain qui étaient sous elle, et il la

18 posa sur un pavé de pierres. Il changea dans la maison de l'Éternel, à cause du roi d'Assyrie, le portique du sabbat qu'on y avait bâti et l'entrée extérieure du roi.

19 Le reste des actions d'Achaz, et tout ce qu'il a fait, cela n'est-il pas écrit dans le livre des Chroniques des rois de Juda ?

20 Achaz se coucha avec ses pères, et il fut enterré avec ses pères dans la ville de David. Et Ézéchias, son fils, régna à sa place.

Osée, dernier roi d'Israël.—Siège et prise de Samarie par Salmanasar, roi d'Assyrie. —Les habitants du royaume d'Israël emmenés en captivité.—Les Samaritains.

17 La douzième année d'Achaz, roi de Juda, Osée, fils d'Éla, régna sur Israël à Samarie. Il régna neuf ans.

2 Il fit ce qui est mal aux yeux de l'Éternel, non pas toutefois comme les rois d'Israël qui avaient été

3 avant lui. Salmanasar, roi d'Assyrie, monta contre lui ; et Osée lui fut

4 assujetti, et lui paya un tribut. Mais le roi d'Assyrie découvrit une conspiration chez Osée, qui avait envoyé des messagers à So, roi d'Égypte, et qui ne payait plus annuellement le tribut au roi d'Assyrie. Le roi d'Assyrie le fit enfermer et enchaîner

5 dans une prison. Et le roi d'Assyrie parcourut tout le pays, et monta contre Samarie, qu'il assiégea pen-

6 dant trois ans. La neuvième année

d'Osée, le roi d'Assyrie prit Samarie, et emmena Israël captif en Assyrie. Il les fit habiter à Chalach, et sur le Chabor, fleuve de Gozan, et dans les villes des Mèdes.

7 Cela arriva parce que les enfants d'Israël péchèrent contre l'Éternel, leur Dieu, qui les avait fait monter du pays d'Égypte, de dessous la main de Pharaon, roi d'Égypte, et parce qu'ils craignirent d'autres

8 dieux. Ils suivirent les coutumes des nations que l'Éternel avait chassées devant les enfants d'Israël, et celles que les rois d'Israël avaient

9 établies. Les enfants d'Israël firent en secret contre l'Éternel, leur Dieu, des choses qui ne sont pas bien. Ils se bâtirent des hauts lieux dans toutes leurs villes, depuis les tours des gardes jusqu'aux villes fortes.

10 Ils se dressèrent des statues et des idoles sur toute colline élevée et sous

11 tout arbre vert. Et là ils brûlèrent des parfums sur tous les hauts lieux, comme les nations que l'Éternel avait chassées devant eux, et ils firent des choses mauvaises, par lesquelles ils

12 irritèrent l'Éternel. Ils servirent les idoles dont l'Éternel leur avait dit :

13 Vous ne ferez pas cela. L'Éternel fit avertir Israël et Juda par tous ses prophètes, par tous les voyants, et leur dit : Revenez de vos mauvaises voies, et observez mes commandements et mes ordonnances, en suivant entièrement la loi que j'ai prescrite à vos pères et que je vous ai envoyée par mes serviteurs les prophètes.

14 Mais ils n'écoutèrent point, et ils roidirent leur cou, comme leurs pères, qui n'avaient pas cru en l'Éternel,

15 leur Dieu. Ils rejetèrent ses lois, l'alliance qu'il avait faite avec leurs pères, et les avertissements qu'il leur avait adressés. Ils allèrent après des choses de néant et ne furent eux-mêmes que néant, et après les nations qui les entouraient et que l'Éternel leur avait défendu d'imiter.

16 Ils abandonnèrent tous les commandements de l'Éternel, leur Dieu, ils se firent deux veaux en fonte, ils fabriquèrent des idoles d'Astarté, ils se prosternèrent devant toute l'armée

17 des cieux, et ils servirent Baal. Ils firent passer par le feu leurs fils et leurs filles, ils se livrèrent à la divination et aux enchantements, et ils se vendirent pour faire ce qui est mal aux yeux de l'Éternel, afin de l'irri-

18 ter. Aussi l'Éternel s'est-il fortement irrité contre Israël, et les a-t-il éloignés de sa face.—Il n'est resté

19 que la seule tribu de Juda. Juda même n'avait pas gardé les commandements de l'Éternel, son Dieu, et ils avaient suivi les coutumes

20 établies par Israël.—L'Éternel a rejeté toute la race d'Israël ; il les a humiliés, il les a livrés entre les mains des pillards, et il a fini par les

21 chasser loin de sa face. Car Israël s'était détaché de la maison de David, et ils avaient fait roi Jéroboam, fils de Nebath, qui les avait détournés de l'Éternel, et avait fait commettre à Israël un grand péché.

22 Les enfants d'Israël s'étaient livrés à tous les péchés que Jéroboam avait commis ; ils ne s'en détournèrent

23 point, jusqu'à ce que l'Éternel eût chassé Israël loin de sa face, comme il l'avait annoncé par tous ses serviteurs les prophètes. Et Israël a été emmené captif loin de son pays en Assyrie, où il est resté jusqu'à ce jour..

24 Le roi d'Assyrie fit venir des gens de Babylone, de Cutha, d'Avva, de Hamath et de Sepharvaïm, et les établit dans les villes de Samarie à la place des enfants d'Israël. Ils prirent possession de Samarie, et ils

25 habitèrent dans ses villes. Lorsqu'ils commencèrent à y habiter, ils ne craignaient pas l'Éternel, et l'Éternel envoya contre eux des lions qui les

26 tuaient. On dit au roi d'Assyrie : Les nations que tu as transportées et établies dans les villes de Samarie ne connaissent pas la manière de servir le dieu du pays, et il a envoyé contre elles des lions qui les font mourir, parce qu'elles ne connaissent pas la manière de servir le dieu du

27 pays. Le roi d'Assyrie donna cet ordre : Faites-y aller l'un des prêtres que vous avez emmenés de là en captivité ; qu'il parte pour s'y établir,

et qu'il leur enseigne la manière de servir le dieu du pays. Un des 28 prêtres qui avaient été emmenés captifs de Samarie vint s'établir à Béthel, et leur enseigna comment ils devaient craindre l'Éternel. Mais 29 les nations firent chacune leurs dieux dans les villes qu'elles habitaient, et les placèrent dans les maisons des hauts lieux bâties par les Samaritains. Les gens de Babylone firent Succoth-30 Benoth, les gens de Cuth firent Nergal, les gens de Hamath firent Aschima, ceux d'Avva firent Nibchaz 31 et Tharthak ; ceux de Sepharvaïm brûlaient leurs enfants par le feu en l'honneur d'Adrammélec et d'Anam-mélec, dieux de Sepharvaïm. Ils 32 craignaient aussi l'Éternel, et ils se créèrent des prêtres des hauts lieux pris parmi tout le peuple : ces prêtres offraient pour eux des sacrifices dans les maisons des hauts lieux. Ainsi 33 ils craignaient l'Éternel, et ils servaient en même temps leurs dieux d'après la coutume des nations d'où on les avait transportés.

Ils suivent encore aujourd'hui leurs 34 premiers usages : ils ne craignent point l'Éternel, et ils ne se conforment ni à leurs lois et à leurs ordonnances, ni à la loi et aux commandements prescrits par l'Éternel aux enfants de Jacob qu'il appela du nom d'Israël. L'Éternel avait 35 fait alliance avec eux, et leur avait donné cet ordre : Vous ne craindrez point d'autres dieux ; vous ne vous prosternerez point devant eux, vous ne les servirez point, et vous ne leur offrirez point de sacrifices. Mais 36 vous craindrez l'Éternel, qui vous a fait monter du pays d'Égypte avec une grande puissance et à bras étendu ; c'est devant lui que vous vous prosternerez, et c'est à lui que vous offrirez des sacrifices. Vous obser-37 verez et mettrez toujours en pratique les préceptes, les ordonnances, la loi et les commandements, qu'il a écrits pour vous, et vous ne craindrez point d'autres dieux. Vous n'oublierez 38 pas l'alliance que j'ai faite avec vous, et vous ne craindrez point d'autres dieux. Mais vous craindrez l'Éternel, 39

40 votre Dieu ; et il vous délivrera de la main de tous vos ennemis. Et ils n'ont point obéi, et ils ont suivi 41 leurs premiers usages. Ces nations

craignaient l'Éternel et servaient leurs images ; et leurs enfants et les enfants de leurs enfants font jusqu'à ce jour ce que leurs pères ont fait.

LES DERNIERS ROIS DE JUDA

DEPUIS ÉZÉCHIAS JUSQU'A LA DESTRUCTION DU ROYAUME DE JUDA

Ézéchias, roi de Juda. — Le royaume de Juda envahi par Sanchérib, roi d'Assyrie, et Jérusalem assiégée.

18 La troisième année d'Osée, fils d'Éla, roi d'Israël, Ézéchias, fils 2 d'Achaz, roi de Juda, régna. Il avait vingt-cinq ans lorsqu'il devint roi, et il régna vingt-neuf ans à Jérusalem. Sa mère s'appelait Abi, fille de Zacharie.

3 Il fit ce qui est droit aux yeux de l'Éternel, entièrement comme avait 4 fait David, son père. Il fit disparaître les hauts lieux, brisa les statues, abattit les idoles, et mit en pièces le serpent d'airain que Moïse avait fait, car les enfants d'Israël avaient jusqu'alors brûlé des parfums devant 5 lui : on l'appelait Nehuschtan. Il mit sa confiance en l'Éternel, le Dieu d'Israël ; et parmi tous les rois de Juda qui vinrent après lui ou qui le précédèrent, il n'y en eut point de 6 semblable à lui. Il fut attaché à l'Éternel, il ne se détourna point de lui, et il observa les commandements que l'Éternel avait prescrits à Moïse. 7 Et l'Éternel fut avec Ézéchias, qui réussit dans toutes ses entreprises. Il se révolta contre le roi d'Assyrie, 8 et ne lui fut plus assujetti. Il battit les Philistins jusqu'à Gaza, et ravagea leur territoire depuis les tours des gardes jusqu'aux villes fortes.

9 La quatrième année du roi Ézéchias, qui était la septième année d'Osée, fils d'Éla, roi d'Israël, Salmanasar, roi d'Assyrie, monta contre 10 Samarie et l'assiégea. Il la prit au bout de trois ans, la sixième année d'Ézéchias, qui était la neuvième année d'Osée, roi d'Israël : alors 11 Samarie fut prise. Le roi d'Assyrie emmena Israël captif en Assyrie, et il les établit à Chalach, et sur le Chabor, fleuve de Gozan, et dans

les villes des Mèdes, parce qu'ils 12 n'avaient point écouté la voix de l'Éternel, leur Dieu, et qu'ils avaient transgressé son alliance, parce qu'ils n'avaient ni écouté ni mis en pratique tout ce qu'avait ordonné Moïse, serviteur de l'Éternel.

La quatorzième année du roi Ézé- 13 chias, Sanchérib, roi d'Assyrie, monta contre toutes les villes fortes de Juda, et s'en empara. Ézéchias, roi de 14 Juda, envoya dire au roi d'Assyrie à Lakis : J'ai commis une faute ! Éloigne-toi de moi. Ce que tu m'imposeras, je le supporterai. Et le roi d'Assyrie imposa à Ézéchias, roi de Juda, trois cents talents d'argent et trente talents d'or. Ézé- 15 chias donna tout l'argent qui se trouvait dans la maison de l'Éternel et dans les trésors de la maison du roi. Ce fut alors qu'Ézéchias, roi de 16 Juda, enleva, pour les livrer au roi d'Assyrie, les lames d'or dont il avait couvert les portes et les linteaux du temple de l'Éternel.

Le roi d'Assyrie envoya de Lakis 17 à Jérusalem, vers le roi Ézéchias, Tharthan, Rab-Saris et Rabschaké avec une puissante armée. Ils montèrent, et ils arrivèrent à Jérusalem. Lorsqu'ils furent montés et arrivés, ils s'arrêtèrent à l'aqueduc de l'étang supérieur, sur le chemin du champ du foulon. Ils appelèrent 18 le roi ; et Éliakim, fils de Hilkija, chef de la maison du roi, se rendit auprès d'eux, avec Schebna, le secrétaire, et Joach, fils d'Asaph, l'archiviste.

Rabschaké leur dit : Dites à 19 Ézéchias : Ainsi parle le grand roi, le roi d'Assyrie : Quelle est cette confiance, sur laquelle tu t'appuies ? Tu as dit : Il faut pour la guerre de 20 la prudence et de la force. Mais ce ne sont que des paroles en l'air. En

qui donc as-tu placé ta confiance,
21 pour t'être révolté contre moi? Voici,
tu l'as placée dans l'Égypte, tu as
pris pour soutien ce roseau cassé,
qui pénètre et perce la main de quiconque s'appuie dessus : tel est
Pharaon, roi d'Égypte, pour tous
22 ceux qui se confient en lui. Peut-
être me direz-vous : C'est en l'Éternel,
notre Dieu, que nous nous confions.
Mais n'est-ce pas lui dont Ézéchias a
fait disparaître les hauts lieux et les
autels, en disant à Juda et à Jérusalem : Vous vous prosternerez
23 devant cet autel à Jérusalem? Maintenant, fais une convention avec mon
maître, le roi d'Assyrie, et je te
donnerai deux mille chevaux, si tu
peux fournir des cavaliers pour les
24 monter. Comment repousserais-tu
un seul chef d'entre les moindres
serviteurs de mon maître? Tu mets
ta confiance dans l'Égypte pour les
25 chars et pour les cavaliers. D'ailleurs,
est-ce sans la volonté de l'Éternel
que je suis monté contre ce lieu,
pour le détruire? L'Éternel m'a
dit : Monte contre ce pays, et
détruis-le.
26 Éliakim, fils de Hilkija, Schebna
et Joach, dirent à Rabschaké : Parle
à tes serviteurs en araméen, car nous
le comprenons ; et ne nous parle pas
en langue judaïque, aux oreilles du
peuple qui est sur la muraille.
27 Rabschaké leur répondit : Est-ce à
ton maître et à toi que mon maître
m'a envoyé dire ces paroles? N'est-
ce pas à ces hommes assis sur la
muraille pour manger leurs excréments et pour boire leur urine avec
vous?
28 Alors Rabschaké, s'étant avancé,
cria à haute voix en langue judaïque,
et dit : Écoutez la parole du grand
29 roi, du roi d'Assyrie! Ainsi parle
le roi : Qu'Ézéchias ne vous abuse
point, car il ne pourra vous délivrer
30 de ma main. Qu'Ézéchias ne vous
amène point à vous confier en
l'Éternel, en disant : L'Éternel nous
délivrera, et cette ville ne sera pas
livrée entre les mains du roi d'As-
31 syrie. N'écoutez point Ézéchias ;
car ainsi parle le roi d'Assyrie :

Faites la paix avec moi, rendez-vous
à moi, et chacun de vous mangera de
sa vigne et de son figuier, et chacun
boira de l'eau de sa citerne, jusqu'à 32
ce que je vienne, et que je vous
emmène dans un pays comme le
vôtre, dans un pays de blé et de vin,
un pays de pain et de vignes, un
pays d'oliviers à huile et de miel, et
vous vivrez et vous ne mourrez
point. N'écoutez donc point Ézéchias ; car il pourrait vous séduire
en disant : L'Éternel nous délivrera.
Les dieux des nations ont-ils délivré 33
chacun son pays de la main du roi
d'Assyrie? Où sont les dieux de 34
Hamath et d'Arpad? Où sont les
dieux de Sepharvaïm, d'Héna et
d'Ivva? Ont-ils délivré Samarie de
ma main? Parmi tous les dieux de 35
ces pays, quels sont ceux qui ont
délivré leur pays de ma main, pour
que l'Éternel délivre Jérusalem de
ma main?

Le peuple se tut, et ne lui répon- 36
dit pas un mot ; car le roi avait
donné cet ordre : Vous ne lui re-
pondrez pas. Et Éliakim, fils de 37
Hilkija, chef de la maison du roi,
Schebna, le secrétaire, et Joach, fils
d'Asaph, l'archiviste, vinrent auprès
d'Ézéchias, les vêtements déchirés,
et lui rapportèrent les paroles de
Rabschaké.

*Jérusalem sauvée, et l'armée de Sanchérib
détruite.*

Lorsque le roi Ézéchias eut en- **19**
tendu cela, il déchira ses vêtements, se couvrit d'un sac, et alla
dans la maison de l'Éternel. Il 2
envoya Éliakim, chef de la maison
du roi, Schebna, le secrétaire, et les
plus anciens des sacrificateurs, couverts de sacs, vers Ésaïe, le prophète,
fils d'Amots. Et ils lui dirent : 3
Ainsi parle Ézéchias : Ce jour est
un jour d'angoisse, de châtiment et
d'opprobre ; car les enfants sont près
de sortir du sein maternel, et il n'y a
point de force pour l'enfantement.
Peut-être l'Éternel, ton Dieu, a-t-il 4
entendu toutes les paroles de Rabschaké, que le roi d'Assyrie, son
maître, a envoyé pour insulter au

Dieu vivant, et peut-être l'Éternel, ton Dieu, exercera-t-il ses châtiments à cause des paroles qu'il a entendues. Fais donc monter une prière pour le reste qui subsiste encore.

5 Les serviteurs du roi Ézéchias 6 allèrent donc auprès d'Ésaïe. Et Ésaïe leur dit: Voici ce que vous direz à votre maître: Ainsi parle l'Éternel: Ne t'effraie point des paroles que tu as entendues et par lesquelles m'ont outragé les servi- 7 teurs du roi d'Assyrie. Je vais mettre en lui un esprit tel que, sur une nouvelle qu'il recevra, il retournera dans son pays; et je le ferai tomber par l'épée dans son pays.

8 Rabschaké, s'étant retiré, trouva le roi d'Assyrie qui attaquait Libna, car il avait appris son départ de 9 Lakis. Alors le roi d'Assyrie reçut une nouvelle au sujet de Tirhaka, roi d'Éthiopie; on lui dit: Voici, il s'est mis en marche pour te faire la guerre. Et le roi d'Assyrie envoya de nouveau des messagers à Ézéchias, en 10 disant: Vous parlerez ainsi à Ézéchias, roi de Juda: Que ton Dieu, auquel tu te confies, ne t'abuse point en disant: Jérusalem ne sera pas livrée entre les mains du roi d'As- 11 syrie. Voici, tu as appris ce qu'ont fait les rois d'Assyrie à tous les pays, et comment ils les ont détruits; et 12 toi, tu serais délivré! Les dieux des nations que mes pères ont détruites les ont-ils délivrées, Gozan, Charan, Retseph, et les fils d'Éden 13 qui sont à Telassar? Où sont le roi de Hamath, le roi d'Arpad, et le roi de la ville de Sepharvaïm, d'Héna et d'Ivva?

14 Ézéchias prit la lettre de la main des messagers, et la lut. Puis il monta à la maison de l'Éternel, et la 15 déploya devant l'Éternel, à qui il adressa cette prière: Éternel, Dieu d'Israël, assis sur les chérubins! C'est toi qui es le seul Dieu de tous les royaumes de la terre, c'est toi 16 qui as fait les cieux et la terre. Éternel! incline ton oreille, et écoute. Éternel! ouvre tes yeux, et regarde. Entends les paroles de Sanchérib,

qui a envoyé Rabschaké pour insulter au Dieu vivant. Il est vrai, ô 17 Éternel! que les rois d'Assyrie ont détruit les nations et ravagé leurs pays, et qu'ils ont jeté leurs dieux 18 dans le feu; mais ce n'étaient point des dieux, c'étaient des ouvrages de mains d'homme, du bois et de la pierre; et ils les ont anéantis. Main- 19 tenant, Éternel, notre Dieu! délivrenous de la main de Sanchérib, et que tous les royaumes de la terre sachent que toi seul es Dieu, ô Éternel!

Alors Ésaïe, fils d'Amots, envoya 20 dire à Ézéchias: Ainsi parle l'Éternel, le Dieu d'Israël: J'ai entendu la prière que tu m'as adressée au sujet de Sanchérib, roi d'Assyrie. Voici 21 la parole que l'Éternel a prononcée contre lui:

Elle te méprise, elle se moque de toi,
La vierge, fille de Sion;
Elle hoche la tête après toi,
La fille de Jérusalem.

Qui as-tu insulté et outragé? 22
Contre qui as-tu élevé la voix?
Tu as porté tes yeux en haut
Sur le Saint d'Israël!
Par tes messagers tu as insulté le 23
Seigneur,
Et tu as dit:
Avec la multitude de mes chars,
J'ai gravi le sommet des montagnes,
Les extrémités du Liban;
Je couperai les plus élevés de ses
cèdres,
Les plus beaux de ses cyprès,
Et j'atteindrai sa dernière cime,
Sa forêt semblable à un verger;
J'ai creusé, et j'ai bu des eaux 24
étrangères,
Et je tarirai avec la plante de mes
pieds
Tous les fleuves de l'Égypte.

N'as-tu pas appris que j'ai préparé 25
ces choses de loin,
Et que je les ai résolues dès les temps
anciens?
Maintenant j'ai permis qu'elles s'accomplissent,
Et que tu réduisisses des villes fortes
en monceaux de ruines.
Leurs habitants sont impuissants, 26

Épouvantés et confus ;
Ils sont comme l'herbe des champs et
la tendre verdure,
Comme le gazon des toits
Et le blé qui sèche avant la formation
de sa tige.

27 Mais je sais quand tu t'assieds, quand
tu sors et quand tu entres,
Et quand tu es furieux contre moi.

28 Parce que tu es furieux contre moi,
Et que ton arrogance est montée à
mes oreilles,
Je mettrai ma boucle à tes narines et
mon mors entre tes lèvres,
Et je te ferai retourner par le chemin
par lequel tu es venu.

29 Que ceci soit un signe pour toi :
On a mangé une année le produit du
grain tombé, et une seconde année
ce qui croît de soi-même ; mais la
troisième année, vous sèmerez, vous
moissonnerez, vous planterez des
vignes, et vous en mangerez le fruit.

30 Ce qui aura été sauvé de la maison
de Juda, ce qui sera resté poussera
encore des racines par-dessous, et

31 portera du fruit par-dessus. Car de
Jérusalem il sortira un reste, et de la
montagne de Sion des réchappés.
Voilà ce que fera le zèle de l'Éternel
des armées.

32 C'est pourquoi ainsi parle l'Éternel
sur le roi d'Assyrie :

Il n'entrera point dans cette ville,
Il n'y lancera point de traits,
Il ne lui présentera point de boucliers,
Et il n'élèvera point de retranche-
ments contre elle.

33 Il s'en retournera par le chemin par
lequel il est venu,
Et il n'entrera point dans cette ville,
dit l'Éternel.

34 Je protégerai cette ville pour la
sauver,
A cause de moi, et à cause de David,
mon serviteur.

35 Cette nuit-là, l'ange de l'Éternel
sortit, et frappa dans le camp des
Assyriens cent quatre-vingt-cinq
mille hommes. Et quand on se
leva le matin, voici, c'étaient tous
des corps morts.

36 Alors Sanchérib, roi d'Assyrie,
leva son camp, partit et s'en retourna ; et il resta à Ninive. Or,
37 comme il était prosterné dans la
maison de Nisroc, son dieu, Adrammélec et Scharetser, ses fils, le frappèrent avec l'épée, et s'enfuirent au
pays d'Ararat. Et Ésar-Haddon,
son fils, régna à sa place.

Maladie d'Ézéchias ; sa vie prolongée de
quinze ans. Ambassade babylonienne.

20 En ce temps-là, Ézéchias fut
malade à la mort. Le prophète
Ésaïe, fils d'Amots, vint auprès de
lui, et lui dit : Ainsi parle l'Éternel :
Donne tes ordres à ta maison, car tu
vas mourir, et tu ne vivras plus.
2 Ézéchias tourna son visage contre
le mur, et fit cette prière à l'Éternel :
3 O Éternel ! souviens-toi que j'ai
marché devant ta face avec fidélité
et intégrité de cœur, et que j'ai fait
ce qui est bien à tes yeux ! Et
Ézéchias répandit d'abondantes larmes.
4 Ésaïe, qui était sorti, n'était pas
encore dans la cour du milieu, lorsque la parole de l'Éternel lui fut
5 adressée en ces termes : Retourne,
et dis à Ézéchias, chef de mon
peuple : Ainsi parle l'Éternel, le
Dieu de David, ton père : J'ai entendu ta prière, j'ai vu tes larmes.
Voici, je te guérirai ; le troisième
jour, tu monteras à la maison de
6 l'Éternel. J'ajouterai à tes jours
quinze années. Je te délivrerai, toi
et cette ville, de la main du roi
d'Assyrie ; je protégerai cette ville,
à cause de moi, et à cause de David,
mon serviteur.
7 Ésaïe dit : Prenez une masse de
figues. On la prit, et on l'appliqua
sur l'ulcère. Et Ézéchias guérit.
8 Ézéchias avait dit à Ésaïe : A quel
signe connaîtrai-je que l'Éternel me
guérira, et que je monterai le troisième
9 jour à la maison de l'Éternel ? Et
Ésaïe dit : Voici, de la part de
l'Éternel, le signe auquel tu connaîtras que l'Éternel accomplira la
parole qu'il a prononcée : L'ombre
avancera-t-elle de dix degrés, ou
10 reculera-t-elle de dix degrés ? Ézé-

chias répondit : C'est peu de chose que l'ombre avance de dix degrés; mais plutôt qu'elle recule de dix 11 degrés. Alors Ésaïe, le prophète, invoqua l'Éternel, qui fit reculer l'ombre de dix degrés sur les degrés d'Achaz, où elle était descendue.

12 En ce même temps, Berodac-Baladan, fils de Baladan, roi de Babylone, envoya une lettre et un présent à Ézéchias, car il avait appris 13 la maladie d'Ézéchias. Ézéchias donna audience aux envoyés, et il leur montra le lieu où étaient ses choses de prix, l'argent et l'or, les aromates et l'huile précieuse, son arsenal, et tout ce qui se trouvait dans ses trésors : il n'y eut rien qu'Ézéchias ne leur fît voir dans sa maison et dans tous ses domaines. 14 Ésaïe, le prophète, vint ensuite auprès du roi Ézéchias, et lui dit : Qu'ont dit ces gens-là, et d'où sont-ils venus vers toi ? Ézéchias répondit : Ils sont venus d'un pays 15 éloigné, de Babylone. Ésaïe dit encore : Qu'ont-ils vu dans ta maison ? Ézéchias répondit : Ils ont vu tout ce qui est dans ma maison : il n'y a rien dans mes trésors que je 16 ne leur aie fait voir. Alors Ésaïe dit à Ézéchias : Écoute la parole de 17 l'Éternel ! Voici, les temps viendront où l'on emportera à Babylone tout ce qui est dans ta maison et ce que tes pères ont amassé jusqu'à ce jour; il n'en restera rien, dit l'Éternel. 18 Et l'on prendra de tes fils, qui seront sortis de toi, que tu auras engendrés, pour en faire des eunuques dans le 19 palais du roi de Babylone. Ézéchias répondit à Ésaïe : La parole de l'Éternel, que tu as prononcée, est bonne. Et il ajouta : N'y aura-t-il pas paix et sécurité pendant ma vie ? 20 Le reste des actions d'Ézéchias, tous ses exploits, et comment il fit l'étang et l'aqueduc, et amena les eaux dans la ville, cela n'est-il pas écrit dans le livre des Chroniques des rois de Juda ? 21 Ézéchias se coucha avec ses pères. Et Manassé, son fils, régna à sa place.

Manassé et Amon, rois de Juda.

21 Manassé avait douze ans lorsqu'il devint roi, et il régna cinquante-cinq ans à Jérusalem. Sa mère s'appelait Hephtsiba.

2 Il fit ce qui est mal aux yeux de l'Éternel, selon les abominations des nations que l'Éternel avait chassées devant les enfants d'Israël. 3 Il rebâtit les hauts lieux qu'Ézéchias, son père, avait détruits, il éleva des autels à Baal, il fit une idole d'Astarté, comme avait fait Achab, roi d'Israël, et il se prosterna devant toute l'armée des cieux et la servit. 4 Il bâtit des autels dans la maison de l'Éternel, quoique l'Éternel eût dit : C'est dans Jérusalem que je placerai mon nom. 5 Il bâtit des autels à toute l'armée des cieux dans les deux parvis de la maison de l'Éternel. 6 Il fit passer son fils par le feu; il observait les nuages et les serpents pour en tirer des pronostics, et il établit des gens qui évoquaient les esprits et qui prédisaient l'avenir. Il fit de plus en plus ce qui est mal aux yeux de l'Éternel, afin de l'irriter. 7 Il mit l'idole d'Astarté, qu'il avait faite, dans la maison de laquelle l'Éternel avait dit à David et à Salomon, son fils : C'est dans cette maison, et c'est dans Jérusalem, que j'ai choisie parmi toutes les tribus d'Israël, que je veux à toujours placer mon nom. 8 Je ne ferai plus errer le pied d'Israël hors du pays que j'ai donné à ses pères, pourvu seulement qu'ils aient soin de mettre en pratique tout ce que je leur ai commandé et toute la loi que leur a prescrite mon serviteur Moïse. 9 Mais ils n'obéirent point; et Manassé fut cause qu'ils s'égarèrent et firent le mal plus que les nations que l'Éternel avait détruites devant les enfants d'Israël. 10 Alors l'Éternel parla en ces termes par ses serviteurs les prophètes : 11 Parce que Manassé, roi de Juda, a commis ces abominations, parce qu'il a fait pis que tout ce qu'avaient fait avant lui les Amoréens, et parce qu'il a aussi fait pécher Juda par ses idoles, voici ce que dit l'Éternel, le 12

Dieu d'Israël : Je vais faire venir sur Jérusalem et sur Juda des malheurs qui étourdiront les oreilles de quiconque en entendra parler.

13 J'étendrai sur Jérusalem le cordeau de Samarie et le niveau de la maison d'Achab : et je nettoierai Jérusalem comme un plat qu'on nettoie, et qu'on renverse sens dessus dessous

14 après l'avoir nettoyé. J'abandonnerai le reste de mon héritage, et je les livrerai entre les mains de leurs ennemis ; et ils deviendront le butin et la proie de tous leurs ennemis,

15 parce qu'ils ont fait ce qui est mal à mes yeux et qu'ils m'ont irrité depuis le jour où leurs pères sont sortis d'Égypte jusqu'à ce jour.

16 Manassé répandit aussi beaucoup de sang innocent, jusqu'à en remplir Jérusalem d'un bout à l'autre, outre les péchés qu'il commit et qu'il fit commettre à Juda en faisant ce qui est mal aux yeux de l'Éternel.

17 Le reste des actions de Manassé, tout ce qu'il a fait, et les péchés auxquels il se livra, cela n'est-il pas écrit dans le livre des Chroniques des rois de Juda ?

18 Manassé se coucha avec ses pères, et il fut enterré dans le jardin de sa maison, dans le jardin d'Uzza. Et Amon, son fils, régna à sa place.

19 Amon avait vingt-deux ans lorsqu'il devint roi, et il régna deux ans à Jérusalem. Sa mère s'appelait Meschullémeth, fille de Haruts, de Jotba.

20 Il fit ce qui est mal aux yeux de l'Éternel, comme avait fait Manassé,

21 son père ; il marcha dans toute la voie où avait marché son père, il servit les idoles qu'avait servies son père, et il se prosterna devant elles ;

22 il abandonna l'Éternel, le Dieu de ses pères, et il ne marcha point dans

23 la voie de l'Éternel. Les serviteurs d'Amon conspirèrent contre lui, et firent mourir le roi dans sa maison.

24 Mais le peuple du pays frappa tous ceux qui avaient conspiré contre le roi Amon ; et le peuple du pays établit roi Josias, son fils, à sa place.

25 Le reste des actions d'Amon, et ce qu'il a fait, cela n'est-il pas écrit dans le livre des Chroniques des rois de Juda ?

26 On l'enterra dans son sépulcre, dans le jardin d'Uzza. Et Josias, son fils, régna à sa place.

Josias, roi de Juda.—Le livre de la loi trouvé dans le temple.—Destruction de l'idolâtrie par Josias.—Célébration de la Pâque.

22 Josias avait huit ans lorsqu'il devint roi, et il régna trente et un ans à Jérusalem. Sa mère s'appelait Jedida, fille d'Adaja, de Botskath.

2 Il fit ce qui est droit aux yeux de l'Éternel, et il marcha dans toute la voie de David, son père ; il ne s'en détourna ni à droite ni à gauche.

3 La dix-huitième année du roi Josias, le roi envoya dans la maison de l'Éternel Schaphan, le secrétaire, fils d'Atsalia, fils de Meschullam.

4 Il lui dit : Monte vers Hilkija, le souverain sacrificateur, et qu'il amasse l'argent qui a été apporté dans la maison de l'Éternel et que ceux qui ont la garde du seuil ont recueilli du peuple.

5 On remettra cet argent entre les mains de ceux qui sont chargés de faire exécuter l'ouvrage dans la maison de l'Éternel. Et ils l'emploieront pour ceux qui travaillent aux réparations de la maison de l'Éternel, pour les charpen-

6 tiers, les manœuvres et les maçons, pour les achats de bois et de pierres de taille nécessaires aux réparations

7 de la maison. Mais on ne leur demandera pas de compte pour l'argent remis entre leurs mains, car ils agissent avec probité.

8 Alors Hilkija, le souverain sacrificateur, dit à Schaphan, le secrétaire : J'ai trouvé le livre de la loi dans la maison de l'Éternel. Et Hilkija donna le livre à Schaphan, et Schaphan le lut.

9 Puis Schaphan, le secrétaire, alla rendre compte au roi, et dit : Tes serviteurs ont amassé l'argent qui se trouvait dans la maison, et l'ont remis entre les mains de ceux qui sont chargés de faire exécuter l'ouvrage dans la maison de l'Éternel.

10 Schaphan, le secrétaire, dit encore au roi : Le sacrificateur

Hilkija m'a donné un livre. Et Schaphan le lut devant le roi.

11 Lorsque le roi entendit les paroles du livre de la loi, il déchira ses
12 vêtements. Et le roi donna cet ordre au sacrificateur Hilkija, à Achikam, fils de Schaphan, à Acbor, fils de Michée, à Schaphan, le secrétaire, et à Asaja, serviteur du roi:
13 Allez, consultez l'Éternel pour moi, pour le peuple, et pour tout Juda, au sujet des paroles de ce livre qu'on a trouvé; car grande est la colère de l'Éternel, qui s'est enflammée contre nous, parce que nos pères n'ont point obéi aux paroles de ce livre et n'ont point mis en pratique tout ce qui nous y est prescrit.
14 Le sacrificateur Hilkija, Achikam, Acbor, Schaphan et Asaja, allèrent auprès de la prophétesse Hulda, femme de Schallum, fils de Thikva, fils de Harhas, gardien des vêtements. Elle habitait à Jérusalem, dans l'autre quartier de la ville. Après qu'ils lui
15 eurent parlé, elle leur dit: Ainsi parle l'Éternel, le Dieu d'Israël: Dites à l'homme qui vous a envoyés vers
16 moi: Ainsi parle l'Éternel: Voici, je vais faire venir des malheurs sur ce lieu et sur ses habitants, selon toutes les paroles du livre qu'a lu
17 le roi de Juda. Parce qu'ils m'ont abandonné et qu'ils ont offert des parfums à d'autres dieux, afin de m'irriter par tous les ouvrages de leurs mains, ma colère s'est enflammée contre ce lieu, et elle ne s'éteindra
18 point. Mais vous direz au roi de Juda, qui vous a envoyés pour consulter l'Éternel: Ainsi parle l'Éternel, le Dieu d'Israël, au sujet des paroles que tu as entendues:
19 Parce que ton cœur a été touché, parce que tu t'es humilié devant l'Éternel en entendant ce que j'ai prononcé contre ce lieu et contre ses habitants, qui seront un objet d'épouvante et de malédiction, et parce que tu as déchiré tes vêtements et que tu as pleuré devant moi, moi aussi, j'ai entendu, dit l'Éternel.
20 C'est pourquoi, voici, je te recueillerai auprès de tes pères, tu seras recueilli en paix dans ton sépulcre, et tes yeux ne verront pas tous les malheurs que je ferai venir sur ce lieu.

Ils rapportèrent au roi cette réponse.

23 Le roi Josias fit assembler auprès de lui tous les anciens de Juda et
2 de Jérusalem. Puis il monta à la maison de l'Éternel, avec tous les hommes de Juda et tous les habitants de Jérusalem, les sacrificateurs, les prophètes, et tout le peuple, depuis le plus petit jusqu'au plus grand. Il lut devant eux toutes les paroles du livre de l'alliance, qu'on avait trouvé
3 dans la maison de l'Éternel. Le roi se tenait sur l'estrade, et il traita alliance devant l'Éternel, s'engageant à suivre l'Éternel, et à observer ses ordonnances, ses préceptes et ses lois, de tout son cœur et de toute son âme, afin de mettre en pratique les paroles de cette alliance, écrites dans ce livre. Et tout le peuple entra dans l'alliance.
4 Le roi ordonna à Hilkija, le souverain sacrificateur, aux sacrificateurs du second ordre, et à ceux qui gardaient le seuil, de sortir du temple de l'Éternel tous les ustensiles qui avaient été faits pour Baal, pour Astarté, et pour toute l'armée des cieux; et il les brûla hors de Jérusalem, dans les champs du Cédron, et en fit porter la poussière à Béthel.
5 Il chassa les prêtres des idoles, établis par les rois de Juda pour brûler des parfums sur les hauts lieux dans les villes de Juda et aux environs de Jérusalem, et ceux qui offraient des parfums à Baal, au soleil, à la lune, au zodiaque et à toute l'armée des
6 cieux. Il sortit de la maison de l'Éternel l'idole d'Astarté, qu'il transporta hors de Jérusalem vers le torrent de Cédron; il la brûla au torrent de Cédron et la réduisit en poussière, et il en jeta la poussière sur les sépulcres des enfants du
7 peuple. Il abattit les maisons des prostitués qui étaient dans la maison de l'Éternel, et où les femmes tissaient des tentes pour Astarté. Il fit venir 8
8 tous les prêtres des villes de Juda; il souilla les hauts lieux où les

prêtres brûlaient des parfums, depuis Guéba jusqu'à Beer-Schéba ; et il renversa les hauts lieux des portes, celui qui était à l'entrée de la porte de Josué, chef de la ville, et celui qui était à gauche de la porte 9 de la ville. Toutefois les prêtres des hauts lieux ne montaient pas à l'autel de l'Éternel à Jérusalem, mais ils mangeaient des pains sans 10 levain au milieu de leurs frères. Le roi souilla Topheth dans la vallée des fils de Hinnom, afin que personne ne fît plus passer son fils ou sa fille par le feu en l'honneur de Moloc. 11 Il fit disparaître de l'entrée de la maison de l'Éternel les chevaux que les rois de Juda avaient consacrés au soleil, près de la chambre de l'eunuque Nethan-Mélec, qui demeurait dans le faubourg ; et il brûla 12 au feu les chars du soleil. Le roi démolit les autels qui étaient sur le toit de le chambre haute d'Achaz et que les rois de Juda avaient faits, et les autels qu'avait faits Manassé dans les deux parvis de la maison de l'Éternel ; après les avoir brisés et enlevés de là, il en jeta la poussière 13 dans le torrent de Cédron. Le roi souilla les hauts lieux qui étaient en face de Jérusalem, sur la droite de la montagne de perdition, et que Salomon, roi d'Israël, avait bâtis à Astarté, l'abomination des Sidoniens, à Kemosch, l'abomination de Moab, et à Milcom, l'abomination des fils 14 d'Ammon. Il brisa les statues et abattit les idoles, et il remplit d'ossements d'hommes la place 15 qu'elles occupaient. Il renversa aussi l'autel qui était à Béthel, et le haut lieu qu'avait fait Jéroboam, fils de Nebath, qui avait fait pécher Israël ; il brûla le haut lieu et le réduisit en poussière, et il brûla l'idole. 16 Josias, s'étant tourné et ayant vu les sépulcres qui étaient là dans la montagne, envoya prendre les ossements des sépulcres, et il les brûla sur l'autel et le souilla, selon la parole de l'Éternel prononcée par l'homme de Dieu qui avait annoncé 17 ces choses. Il dit : Quel est ce monument que je vois ? Les gens de la ville lui répondirent : C'est le sépulcre de l'homme de Dieu, qui est venu de Juda, et qui a crié contre l'autel de Béthel ces choses que tu as accomplies. Et il dit : Laissez-le ; 18 que personne ne remue ses os ! On conserva ainsi ses os avec les os du prophète qui était venu de Samarie.

Josias fit encore disparaître toutes 19 les maisons des hauts lieux, qui étaient dans les villes de Samarie, et qu'avaient faites les rois d'Israël pour irriter l'Éternel ; il fit à leur égard entièrement comme il avait fait à Béthel. Il immola sur les 20 autels tous les prêtres des hauts lieux, qui étaient là, et il y brûla des ossements d'hommes. Puis il retourna à Jérusalem.

Le roi donna cet ordre à tout 21 le peuple : Célébrez la Pâque en l'honneur de l'Éternel, votre Dieu, comme il est écrit dans ce livre de l'alliance. Aucune Pâque pareille 22 à celle-ci n'avait été célébrée depuis le temps où les juges jugeaient Israël et pendant tous les jours des rois d'Israël et des rois de Juda. Ce fut 23 la dix-huitième année du roi Josias qu'on célébra cette Pâque en l'honneur de l'Éternel à Jérusalem.

De plus, Josias fit disparaître 24 ceux qui évoquaient les esprits et ceux qui prédisaient l'avenir, et les théraphim, et les idoles, et toutes les abominations qui se voyaient dans le pays de Juda et à Jérusalem, afin de mettre en pratique les paroles de la loi, écrites dans le livre que le sacrificateur Hilkija avait trouvé dans la maison de l'Éternel. Avant Josias, 25 il n'y eut point de roi qui, comme lui, revînt à l'Éternel de tout son cœur, de toute son âme et de toute sa force, selon toute la loi de Moïse ; et après lui, il n'en a point paru de semblable. Toutefois l'Éternel ne 26 se désista point de l'ardeur de sa grande colère dont il était enflammé contre Juda, à cause de tout ce qu'avait fait Manassé pour l'irriter. Et l'Éternel dit : J'ôterai aussi Juda 27 de devant ma face comme j'ai ôté Israël, et je rejetterai cette ville de Jérusalem que j'avais choisie, et la maison de laquelle j'avais dit : Là sera mon nom.

28 Le reste des actions de Josias, et tout ce qu'il a fait, cela n'est-il pas écrit dans le livre des Chroniques des rois de Juda ?

29 De son temps, Pharaon Néco, roi d'Égypte, monta contre le roi d'Assyrie, vers le fleuve de l'Euphrate. Le roi Josias marcha à sa rencontre ; et Pharaon le tua à Meguiddo, dès

30 qu'il le vit. Ses serviteurs l'emportèrent mort sur un char ; ils l'amenèrent de Meguiddo à Jérusalem, et ils l'enterrèrent dans son sépulcre. Et le peuple du pays prit Joachaz, fils de Josias ; ils l'oignirent, et le firent roi à la place de son père.

Joachaz, Jojakim, Jojakin, rois de Juda.

31 Joachaz avait vingt-trois ans lorsqu'il devint roi, et il régna trois mois à Jérusalem. Sa mère s'appelait Hamuthal, fille de Jérémie, de Libna.

32 Il fit ce qui est mal aux yeux de l'Éternel, entièrement comme avaient

33 fait ses pères. Pharaon Néco l'enchaîna à Ribla, dans le pays de Hamath, pour qu'il ne régnât plus à Jérusalem ; et il mit sur le pays une contribution de cent talents

34 d'argent et d'un talent d'or. Et Pharaon Néco établit roi Éliakim, fils de Josias, à la place de Josias, son père, et il changea son nom en celui de Jojakim. Il prit Joachaz, qui alla en Égypte et y mourut.

35 Jojakim donna à Pharaon l'argent et l'or ; mais il taxa le pays pour fournir cet argent, d'après l'ordre de Pharaon ; il détermina la part de chacun et exigea du peuple du pays l'argent et l'or qu'il devait livrer à Pharaon Néco.

36 Jojakim avait vingt-cinq ans lorsqu'il devint roi, et il régna onze ans à Jérusalem. Sa mère s'appelait Zebudda, fille de Pedaja, de Ruma.

37 Il fit ce qui est mal aux yeux de l'Éternel, entièrement comme avaient fait ses pères.

24 De son temps, Nebucadnetsar, roi de Babylone, se mit en campagne. Jojakim lui fut assujetti pendant trois ans ; mais il se révolta de nouveau contre lui. Alors l'Éternel 2 envoya contre Jojakim des troupes de Chaldéens, des troupes de Syriens, des troupes de Moabites et des troupes d'Ammonites ; il les envoya contre Juda pour le détruire, selon la parole que l'Éternel avait prononcée par ses serviteurs les prophètes. Cela arriva uniquement sur l'ordre 3 de l'Éternel, qui voulait ôter Juda de devant sa face, à cause de tous les péchés commis par Manassé, et 4 à cause du sang innocent qu'avait répandu Manassé et dont il avait rempli Jérusalem. Aussi l'Éternel ne voulut il point pardonner.

Le reste des actions de Jojakim, et 5 tout ce qu'il a fait, cela n'est-il pas écrit dans le livre des Chroniques des rois de Juda ?

Jojakim se coucha avec ses pères. 6 Et Jojakin, son fils, régna à sa place.

Le roi d'Égypte ne sortit plus de 7 son pays, car le roi de Babylone avait pris tout ce qui était au roi d'Égypte depuis le torrent d'Égypte jusqu'au fleuve de l'Euphrate.

Jojakin avait dix-huit ans lorsqu'il 8 devint roi, et il régna trois mois à Jérusalem. Sa mère s'appelait Nehuschtha, fille d'Elnathan, de Jérusalem.

Il fit ce qui est mal aux yeux de 9 l'Éternel, entièrement comme avait fait son père.

En ce temps-là, les serviteurs de 10 Nebucadnetsar, roi de Babylone, montèrent contre Jérusalem, et la ville fut assiégée. Nebucadnetsar, roi 11 de Babylone, arriva devant la ville pendant que ses serviteurs l'assiégeaient. Alors Jojakin, roi de Juda, 12 se rendit auprès du roi de Babylone, avec sa mère, ses serviteurs, ses chefs et ses eunuques. Et le roi de Babylone le fit prisonnier, la huitième année de son règne. Il tira de là 13 tous les trésors de la maison de l'Éternel et les trésors de la maison du roi ; et il brisa tous les ustensiles d'or que Salomon, roi d'Israël, avait faits dans le temple de l'Éternel, comme l'Éternel l'avait prononcé. Il emmena en captivité tout Jérusa- 14 lem, tous les chefs et tous les hommes vaillants, au nombre de dix mille exilés, avec tous les charpentiers et les serruriers: il ne resta que le 15 peuple pauvre du pays. Il transporta Jojakin à Babylone; et il emmena captifs de Jérusalem à Babylone la mère du roi, les femmes du roi et ses eunuques, et les grands du pays, 16 tous les guerriers au nombre de sept mille, et les charpentiers et les serruriers au nombre de mille, tous hommes vaillants et propres à la guerre. Le roi de Babylone les 17 emmena captifs à Babylone. Et le roi de Babylone établit roi, à la place de Jojakin, Matthania, son oncle, dont il changea le nom en celui de Sédécias.

Sédécias, dernier roi de Juda.—Siège et destruction de Jérusalem par Nebucadnetsar, roi de Babylone.—Les habitants du royaume de Juda emmenés en captivité.

18 Sédécias avait vingt et· un ans lorsqu'il devint roi, et il régna onze ans à Jérusalem. Sa mère s'appelait Hamuthal, fille de Jérémie, de Libna. 19 Il fit ce qui est mal aux yeux de l'Éternel, entièrement comme avait 20 fait Jojakim. Et cela arriva à cause de la colère de l'Éternel contre Jérusalem et contre Juda, qu'il voulait rejeter de devant sa face. Et Sédécias se révolta contre le roi de Babylone.

25 La neuvième année du règne de Sédécias, le dixième jour du dixième mois, Nebucadnetsar, roi de Babylone, vint avec toute son armée contre Jérusalem; il campa devant elle, et éleva des retranchements tout 2 autour. La ville fut assiégée jusqu'à la onzième année du roi Sédécias. 3 Le neuvième jour du mois, la famine était forte dans la ville, et il n'y avait pas de pain pour le peuple 4 du pays. Alors la brèche fut faite à la ville; et tous les gens de guerre s'enfuirent de nuit par le chemin de la porte entre les deux murs près du jardin du roi, pendant que les Chaldéens environnaient la ville. Les fuyards prirent le chemin de la 5 plaine. Mais l'armée des Chaldéens poursuivit le roi et l'atteignit dans les plaines de Jéricho, et toute son armée se dispersa loin de lui. Ils 6 saisirent le roi, et le firent monter vers le roi de Babylone à Ribla; et l'on prononça contre lui une sentence. Les fils de Sédécias furent 7 égorgés en sa présence; puis on creva les yeux à Sédécias, on le lia avec des chaînes d'airain, et on le mena à Babylone.

Le septième jour du cinquième 8 mois,—c'était la dix-neuvième année du règne de Nebucadnetsar, roi de Babylone,—Nebuzaradan, chef des gardes, serviteur du roi de Babylone, entra dans Jérusalem. Il brûla la 9 maison de l'Éternel, la maison du roi, et toutes les maisons de Jérusalem; il livra au feu toutes les maisons de quelque importance. Toute l'armée des Chaldéens, qui 10 était avec le chef des gardes, démolit les murailles formant l'enceinte de Jérusalem.

Nebuzaradan, chef des gardes, 11 emmena captifs ceux du peuple qui étaient demeurés dans la ville, ceux qui s'étaient rendus au roi de Babylone, et le reste de la multitude. Cependant le chef des gardes laissa 12 comme vignerons et comme laboureurs quelques-uns des plus pauvres du pays.

Les Chaldéens brisèrent les co-13 lonnes d'airain qui étaient dans la maison de l'Éternel, les bases, la mer d'airain qui était dans la maison de l'Éternel, et ils en emportèrent l'airain à Babylone. Ils prirent les 14 cendriers, les pelles, les couteaux, les tasses, et tous les ustensiles d'airain avec lesquels on faisait le service. Le chef des gardes prit encore les 15 brasiers et les coupes, ce qui était d'or et ce qui était d'argent. Les 16 deux colonnes, la mer, et les bases, que Salomon avait faites pour la maison de l'Éternel, tous ces ustensiles d'airain avaient un poids inconnu. La hauteur d'une colonne était de 17 dix-huit coudées, et il y avait au-dessus un chapiteau d'airain dont la hauteur était de trois coudées; autour du chapiteau il y avait un treillis et des grenades, le tout d'airain; il en était de même pour la seconde colonne avec le treillis.

18 Le chef des gardes prit Seraja, le souverain sacrificateur, Sophonie, le second sacrificateur, et les trois 19 gardiens du seuil. Et dans la ville il prit un eunuque qui avait sous son commandement les gens de guerre, cinq hommes qui faisaient partie des conseillers du roi et qui furent trouvés dans la ville, le secrétaire du chef de l'armée qui était chargé d'enrôler le peuple du pays, et soixante hommes du peuple du pays qui se trouvèrent 20 dans la ville. Nebuzaradan, chef des gardes, les prit, et les conduisit vers 21 le roi de Babylone à Ribla. Le roi de Babylone les frappa et les fit mourir à Ribla, dans le pays de Hamath.

22 Ainsi Juda fut emmené captif loin de son pays. Et Nebucadnetsar, roi de Babylone, plaça le reste du peuple, qu'il laissa dans le pays de Juda, sous le commandement de Guedalia, fils d'Achikam, fils de Schaphan.

23 Lorsque tous les chefs des troupes eurent appris, eux et leurs hommes, que le roi de Babylone avait établi Guedalia pour gouverneur, ils se rendirent auprès de Guedalia à Mitspa, savoir Ismaël, fils de Nethania, Jochanan, fils de Karéach, Seraja, fils de Thanhumeth, de Nethopha,

et Jaazania, fils du Maacathien, eux et leurs hommes. Guedalia leur jura, 24 à eux et à leurs hommes, et leur dit: Ne craignez rien de la part des serviteurs des Chaldéens; demeurez dans le pays, servez le roi de Babylone, et vous vous en trouverez bien. Mais au septième mois, Ismaël, fils 25 de Nethania, fils d'Élischama, de la race royale, vint, accompagné de dix hommes, et ils frappèrent mortellement Guedalia, ainsi que les Juifs et les Chaldéens qui étaient avec lui à Mitspa. Alors tout le 26 peuple, depuis le plus petit jusqu'au plus grand, et les chefs des troupes, se levèrent et s'en allèrent en Égypte, parce qu'ils avaient peur des Chaldéens.

La trente-septième année de la 27 captivité de Jojakin, roi de Juda, le vingt-septième jour du douzième mois, Évil-Merodac, roi de Babylone, dans la première année de son règne, releva la tête de Jojakin, roi de Juda, et le tira de prison. Il lui parla 28 avec bonté, et il mit son trône au-dessus du trône des rois qui étaient avec lui à Babylone. Il lui 29 fit changer ses vêtements de prison, et Jojakin mangea toujours à sa table tout le temps de sa vie. Le 30 roi pourvut constamment à son entretien journalier tout le temps de sa vie.

LE PREMIER LIVRE
DES CHRONIQUES

TABLES GÉNÉALOGIQUES

Les dix patriarches d'Adam à Noé.—Les fils de Noé et leurs descendants.

I Adam, Seth, Énosch, Kénan, Ma-3 halaleel, Jéred, Hénoc, Metuschélah, 4 Lémec, Noé.

Sem, Cham et Japhet.

5 Fils de Japhet: Gomer, Magog, Madaï, Javan, Tubal, Méschec et 6 Tiras.—Fils de Gomer: Aschkenaz, 7 Diphat et Togarma.—Fils de Javan: Élischa, Tarsisa, Kittim et Rodanim.

Fils de Cham: Cusch, Mitsraïm, 8 Puth et Canaan.—Fils de Cusch: 9 Saba, Havila, Sabta, Raema et Sabteca.—Fils de Raema: Séba et Dedan. Cusch engendra Nimrod; c'est lui 10 qui commença à être puissant sur la terre.—Mitsraïm engendra les Ludim, 11 les Ananim, les Lehabim, les Naphtuhim, les Patrusim, les Casluhim, 12 d'où sont sortis les Philistins, et les Caphtorim.—Canaan engendra Sidon, 13

14 son premier-né, et Heth, et les Jébusiens, les Amoréens, les Guir-
15 gasiens, les Héviens, les Arkiens, les
16 Siniens, les Arvadiens, les Tsemariens, les Hamathiens.

17 Fils de Sem: Élam, Assur, Arpac-schad, Lud et Aram; Uts, Hul,
18 Guéter et Méschec. — Arpacschad engendra Schélach; et Schélach en-
19 gendra Héber. Il naquit à Héber deux fils: le nom de l'un était Péleg, parce que de son temps la terre fut partagée, et le nom de son frère
20 était Jokthan. Jokthan engendra
21 Almodad, Schéleph, Hatsarmaveth,
22 Jérach, Hadoram, Uzal, Dikla, Ébal,
23 Abimaël, Séba, Ophir, Havila et Jobab. Tous ceux-là furent fils de Jokthan.

Les dix patriarches de Sem à Abraham.—
Les fils d'Abraham et leurs descendants.

24
25 Sem, Arpacschad, Schélach, Héber,
26 Péleg, Rehu, Serug, Nachor, Térach,
27 Abram, qui est Abraham.

28 Fils d'Abraham: Isaac et Ismaël.
29 Voici leur postérité.
Nebajoth, premier-né d'Ismaël,
30 Kédar, Adbeel, Mibsam, Mischma,
31 Duma, Massa, Hadad, Téma, Jethur, Naphisch et Kedma. Ce sont là les fils d'Ismaël.
32 Fils de Ketura, concubine d'Abra-ham. Elle enfanta Zimran, Jokschan, Medan, Madian, Jischbak et Schuach. —Fils de Jokschan: Séba et Dedan.—
33 Fils de Madian: Épha, Épher, Hénoc, Abida et Eldaa.—Ce sont là tous les fils de Ketura.
34 Abraham engendra Isaac.
Fils d'Isaac: Ésaü et Israël.
35 Fils d'Ésaü: Éliphaz, Reuel, Jeusch,
36 Jaelam et Koré.—Fils d'Éliphaz: Théman, Omar, Tsephi, Gaetham,
37 Kenaz, Thimna et Amalek.—Fils de Reuel: Nahath, Zérach, Schamma et Mizza.

38 Fils de Séir: Lothan, Schobal, Tsibeon, Ana, Dischon, Etser et
39 Dischan.—Fils de Lothan: Hori et Homam. Sœur de Lothan: Thimna.
40 —Fils de Schobal: Aljan, Manahath, Ébal, Schephi et Onam.—Fils de

Tsibeon: Ajja et Ana.—Fils d'Ana: 41 Dischon. Fils de Dischon: Hamran, Eschban, Jithran et Keran.—Fils 42 d'Etser: Bilhan, Zaavan et Jaakan.— Fils de Dischan: Uts et Aran.

Voici les rois qui ont régné dans 43 le pays d'Édom, avant qu'un roi régnât sur les enfants d'Israël.—Béla, fils de Beor; et le nom de sa ville était Dinhaba. — Béla mourut; et 44 Jobab, fils de Zérach, de Botsra, régna à sa place. — Jobab mourut; et 45 Huscham, du pays des Thémanites, régna à sa place.—Huscham mourut; 46 et Hadad, fils de Bedad, régna à sa place. C'est lui qui frappa Madian dans les champs de Moab. Le nom de sa ville était Avith.—Hadad 47 mourut; et Samla, de Masréka, régna à sa place.—Samla mourut; et Saül, 48 de Rehoboth sur le fleuve, régna à sa place.—Saül mourut; et Baal- 49 Hanan, fils d'Acbor, régna à sa place.—Baal-Hanan mourut; et Ha- 50 dad régna à sa place. Le nom de sa ville était Pahi; et le nom de sa femme Mehéthabeel, fille de Mathred, fille de Mézahab.—Hadad mourut. 51

Les chefs d'Édom furent: le chef Thimna, le chef Alja, le chef Jetheth, le chef Oholibama, le chef Éla, le 52 chef Pinon, le chef Kenaz, le chef 53 Théman, le chef Mibtsar, le chef 54 Magdiel, le chef Iram. Ce sont là les chefs d'Édom.

Les douze fils de Jacob et les descendants
de Juda.

Voici les fils d'Israël.
2
Ruben, Siméon, Lévi, Juda, Issacar, Zabulon, Dan, Joseph, Benjamin, 2 Nephthali, Gad et Aser.
Fils de Juda: Er, Onan, Schéla; 3 ces trois lui naquirent de la fille de Schua, la Cananéenne. Er, premier-né de Juda, était méchant aux yeux de l'Éternel, qui le fit mourir. Tamar, 4 belle-fille de Juda, lui enfanta Pérets et Zérach. Total des fils de Juda: cinq.
Fils de Pérets: Hetsron et Hamul. 5
Fils de Zérach: Zimri, Éthan, 6 Héman, Calcol et Dara. En tout: cinq.—Fils de Carmi: Acar, qui 7

troubla Israël lorsqu'il commit une infidélité au sujet des choses dévouées par interdit.—Fils d'Éthan : Azaria.

9 Fils qui naquirent à Hetsron : Jerachmeel, Ram et Kelubaï.

10 Ram engendra Amminadab. Amminadab engendra Nachschon, prince

11 des fils de Juda. Nachschon engendra Salma. Salma engendra

12 Boaz. Boaz engendra Obed. Obed

13 engendra Isaï. Isaï engendra Éliab, son premier-né, Abinadab le second,

14 Schimea le troisième, Nethaneel le quatrième, Raddaï le cinquième,

15 Otsem le sixième, David le septième.

16 Leurs sœurs étaient : Tseruja et Abigaïl. Fils de Tseruja : Abischaï,

17 Joab et Asaël, trois. Abigaïl enfanta Amasa ; le père d'Amasa fut Jéther, l'Ismaélite.

18 Caleb, fils de Hetsron, eut des enfants d'Azuba, sa femme, et de Jerioth. Voici les fils qu'il eut d'Azuba : Jéscher, Schobab et Ardon.

19 Azuba mourut ; et Caleb prit Éphrath,

20 qui lui enfanta Hur. Hur engendra Uri, et Uri engendra Betsaleel.—

21 Ensuite, Hetsron alla vers la fille de Makir, père de Galaad, et il avait soixante ans lorsqu'il la prit ; elle

22 lui enfanta Segub. Segub engendra Jaïr, qui eut vingt-trois villes dans

23 le pays de Galaad. Les Gueschuriens et les Syriens leur prirent les bourgs de Jaïr avec Kenath et les villes de son ressort, soixante villes. Tous ceux-là étaient fils de Makir, père

24 de Galaad. Après la mort de Hetsron à Caleb-Éphratha, Abija, femme de Hetsron, lui enfanta Aschchur, père de Tekoa.

25 Les fils de Jerachmeel, premier-né de Hetsron, furent : Ram, le premier-né, Buna, Oren et Otsem, nés d'Achija.

26 Jerachmeel eut une autre femme, nommée Athara, qui fut mère

27 d'Onam.—Les fils de Ram, premier-né de Jerachmeel, furent : Maats,

28 Jamin et Éker.—Les fils d'Onam furent : Schammaï et Jada. Fils de

29 Schammaï : Nadab et Abischur. Le nom de la femme d'Abischur était Abichaïl, et elle lui enfanta Achban

30 et Molid. Fils de Nadab : Séled et

31 Appaïm. Séled mourut sans fils. Fils d'Appaïm : Jischeï. Fils de Jischeï : Schéschan. Fils de Schéschan : Achlaï.—Fils de Jada, frère

32 de Schammaï : Jéther et Jonathan. Jéther mourut sans fils. Fils de

33 Jonathan : Péleth et Zaza.—Ce sont là les fils de Jerachmeel.—Schéschan

34 n'eut point de fils, mais il eut des filles. Schéschan avait un esclave égyptien nommé Jarcha. Et Sché-

35 schan donna sa fille pour femme à Jarcha, son esclave, à qui elle enfanta Attaï. Attaï engendra Nathan ;

36 Nathan engendra Zabad ; Zabad

37 engendra Ephlal ; Ephlal engendra Obed ; Obed engendra Jéhu ; Jéhu

38 engendra Azaria ; Azaria engendra

39 Halets ; Halets engendra Élasa ; Élasa engendra Sismaï ; Sismaï

40 engendra Schallum ; Schallum en-

41 gendra Jekamja ; Jekamja engendra Élischama.

42 Fils de Caleb, frère de Jerachmeel : Méscha, son premier-né, qui fut père de Ziph, et les fils de Maréscha, père

43 d'Hébron. Fils d'Hébron : Koré, Thappuach, Rékem et Schéma.

44 Schéma engendra Racham, père de Jorkeam. Rékem engendra Scham-

45 maï. Fils de Schammaï : Maon ; et Maon, père de Beth-Tsur. Épha,

46 concubine de Caleb, enfanta Haran, Motsa et Gazez. Haran engendra

47 Gazez. Fils de Jahdaï : Réguem, Jotham, Guéschan, Péleth, Épha et

48 Schaaph. Maaca, concubine de Caleb,

49 enfanta Schéber et Tirchana. Elle enfanta encore Schaaph, père de Madmanna, et Scheva, père de Macbéna et père de Guibea. La fille de Caleb était Acsa.

50 Ceux-ci furent fils de Caleb : Schobal, fils de Hur, premier-né d'Éphrata, et père de Kirjath-Jearim ;

51 Salma, père de Bethléhem ; Hareph,

52 père de Beth-Gader. Les fils de Schobal, père de Kirjath-Jearim, furent : Haroé, Hatsi-Hammenuhoth.

53 Les familles de Kirjath-Jearim furent : les Jéthriens, les Puthiens, les Schumathiens et les Mischraïens ; de ces familles sont sortis les Tsoreathiens et les Eschthaoliens. Fils de Salma :

54 Bethléhem et les Nethophatiens,

55 Athroth-Beth-Joab, Hatsi-Hammanachthi, les Tsoreïens ; et les familles des scribes demeurant à Jaebets, les Thireathiens, les Schimeathiens et les Sucathiens. Ce sont les Kéniens, issus de Hamath, père de la maison de Récab.

Les descendants de David.

3 Voici les fils de David, qui lui naquirent à Hébron.

Le premier-né, Amnon, d'Achinoam de Jizreel ; le second, Daniel,
2 d'Abigaïl de Carmel ; le troisième, Absalom, fils de Maaca, fille de Talmaï, roi de Gueschur ; le qua-
3 trième, Adonija, fils de Haggith ; le cinquième, Schephatia, d'Abithal ; le sixième, Jithream, d'Égla, sa femme.
4 Ces six lui naquirent à Hébron. Il régna là sept ans et six mois, et il régna trente-trois ans à Jérusalem.
5 Voici ceux qui lui naquirent à Jérusalem.

Schimea, Schobab, Nathan et Salomon, quatre de Bath-Schua, fille
6 d'Ammiel ; Jibhar, Élischama, Éli-
7 phéleth, Noga, Népheg, Japhia, Éli-
8 schama, Éliada et Éliphéleth, neuf.
9 Ce sont là tous les fils de David, outre les fils des concubines. Et Tamar était leur sœur.
10 Fils de Salomon : Roboam. Abija, son fils ; Asa, son fils ; Josaphat, son
11 fils ; Joram, son fils ; Achazia, son
12 fils ; Joas, son fils ; Amatsia, son fils ; Azaria, son fils ; Jotham, son
13 fils ; Achaz, son fils ; Ézéchias, son
14 fils ; Manassé, son fils ; Amon, son fils ; Josias, son fils.
15 Fils de Josias : le premier-né, Jochanan ; le second, Jojakim ; le troisième, Sédécias ; le quatrième,
16 Schallum. Fils de Jojakim : Jéco-
17 nias son fils ; Sédécias, son fils. Fils de Jéconias : Assir, dont le fils
18 fut Schealthiel, Malkiram, Pedaja, Schénatsar, Jekamia, Hoschama et
19 Nedabia. Fils de Pedaja : Zorobabel et Schimeï. Fils de Zorobabel : Meschullam et Hanania ; Schelomith,
20 leur sœur ; et Haschuba, Ohel, Bérékia, Hasadia, Juschab-Hésed,
21 cinq. Fils de Hanania : Pelathia et Ésaïe ; les fils de Rephaja, les fils d'Arnan, les fils d'Abdias, les fils de Schecania. Fils de Schecania : 22 Schemaeja. Fils de Schemaeja : Hattusch, Jigueal, Bariach, Nearia et Schaphath, six. Fils de Nearia : 23 Eljoénaï, Ézéchias et Azrikam, trois. Fils d'Eljoénaï : Hodavia, Éliaschib, 24 Pelaja, Akkub, Jochanan, Delaja et Anani, sept.

Descendants de Juda et de Siméon.

Fils de Juda : Pérets, Hetsron, Carmi, Hur et Schobal. **4**

Reaja, fils de Schobal, engendra 2 Jachath ; Jachath engendra Achumaï et Lahad. Ce sont les familles des Tsoreathiens.

Voici les descendants du père 3 d'Étham : Jizreel, Jischma et Jidbasch ; le nom de leur sœur était Hatselelponi. Penuel était père de 4 Guedor, et Ézer père de Huscha. Ce sont là les fils de Hur, premier-né d'Éphrata, père de Bethléhem.

Aschchur, père de Tekoa, eut deux 5 femmes, Hélea et Naara. Naara lui 6 enfanta Achuzzam, Hépher, Thémeni et Achaschthari : ce sont là les fils de Naara. Fils de Hélea : Tséreth, 7 Tsochar et Ethnan.

Kots engendra Anub et Hatso- 8 béba, et les familles d'Acharchel, fils d'Harum. Jaebets était plus 9 considéré que ses frères ; sa mère lui donna le nom de Jaebets, en disant : C'est parce que je l'ai enfanté avec douleur. Jaebets invoqua le Dieu 10 d'Israël, en disant : Si tu me bénis et que tu étendes mes limites, si ta main est avec moi, et si tu me préserves du malheur, en sorte que je ne sois pas dans la souffrance !... Et Dieu accorda ce qu'il avait demandé.

Kelub, frère de Schucha, engendra 11 Mechir, qui fut père d'Eschthon. Eschthon engendra la maison de 12 Rapha, Paséach, et Thechinna, père de la ville de Nachasch. Ce sont là les hommes de Réca.

Fils de Kenaz : Othniel et Seraja. 13 Fils d'Othniel : Hathath. Meonothaï 14 engendra Ophra. Seraja engendra Joab, père de la vallée des ouvriers ; car ils étaient ouvriers.

15 Fils de Caleb, fils de Jephunné : Iru, Éla et Naam, et les fils d'Éla, et Kenaz.

16 Fils de Jehalléleel : Ziph, Zipha, Thirja et Asareel.

17 Fils d'Esdras : Jéther, Méred, Épher et Jalon. La femme de Méred enfanta Miriam, Schammaï, et Jisch-
18 bach, père d'Eschthemoa. Sa femme, la Juive, enfanta Jéred, père de Guedor, Héber, père de Soco, et Jekuthiel, père de Zanoach. Ceux-là sont les fils de Bithja, fille de Pharaon, que Méred prit pour femme.

19 Fils de la femme d'Hodija, sœur de Nacham : le père de Kehila, le Garmien, et Eschthemoa, le Maacathien.

20 Fils de Simon : Amnon, Rinna, Ben-Hanan et Thilon. Fils de Jischeï : Zocheth et Ben-Zocheth.

21 Fils de Schéla, fils de Juda : Er, père de Léca, Laeda, père de Marescha, et les familles de la maison où l'on travaille le byssus, de la
22 maison d'Aschbéa, et Jokim, et les hommes de Cozéba, et Joas et Saraph, qui dominèrent sur Moab, et Jaschubi-Léchem. Ces choses sont anciennes.
23 C'étaient les potiers et les habitants des plantations et des parcs ; ils demeuraient là près du roi et travaillaient pour lui.

24 Fils de Siméon : Nemuel, Jamin,
25 Jarib, Zérach, Saül. Fils de Saül : Schallum. Mibsam, son fils ; Misch-
26 ma, son fils. Fils de Mischma : Hammuel, son fils. Zaccur, son fils ;
27 Schimeï, son fils. Schimeï eut seize fils et six filles. Ses frères n'eurent pas beaucoup de fils. Et toutes leurs familles ne se multiplièrent pas autant
28 que les fils de Juda. Ils habitaient à Beer-Schéba, à Molada, à Hatsar-
29 Schual, à Bilha, à Etsem, à Tholad,
30,31 à Bethuel, à Horma, à Tsiklag, à Beth-Marcaboth, à Hatsar-Susim, à Beth-Bireï et à Schaaraïm. Ce furent là leurs villes jusqu'au règne de
32 David, et leurs villages. Ils avaient encore Etham, Aïn, Rimmon, Thoken
33 et Aschan, cinq villes ; et tous les villages aux environs de ces villes, jusqu'à Baal. Voilà leurs habitations et leur généalogie.

34 Meschobab ; Jamlec ; Joscha, fils
35 d'Amatsia ; Joël ; Jéhu, fils de Joschibia, fils de Seraja, fils d'Asiel ;
36 Eljoénaï ; Jaakoba ; Jeschochaja ; Asaja ; Adiel ; Jesimiel ; Benaja ;
37 Ziza, fils de Schipheï, fils d'Allon, fils de Jedaja, fils de Schimri, fils de
38 Schemaeja. Ceux-là, désignés par leurs noms, étaient princes dans leurs familles, et leurs maisons paternelles
39 prirent un grand accroissement. Ils allèrent du côté de Guedor jusqu'à l'orient de la vallée, afin de chercher des pâturages pour leurs troupeaux.
40 Ils trouvèrent de gras et bons pâturages, et un pays vaste, tranquille et paisible, car ceux qui l'habitaient auparavant descendaient de Cham.
41 Ces hommes, inscrits par leurs noms, arrivèrent du temps d'Ézéchias, roi de Juda ; ils attaquèrent leurs tentes et les Maonites qui se trouvaient là, ils les dévouèrent par interdit jusqu'à ce jour, et ils s'établirent à leur place, car il y avait là des pâturages pour leurs troupeaux.

42 Il y eut aussi des fils de Siméon qui allèrent à la montagne de Séir, au nombre de cinq cents hommes. Ils avaient à leur tête Pelathia, Nearia, Rephaja et Uziel, fils de
43 Jischeï. Ils battirent le reste des réchappés d'Amalek, et ils s'établirent là jusqu'à ce jour.

Descendants de Ruben, de Gad et de Manassé.

5 Fils de Ruben, premier-né d'Israël. —Car il était le premier-né ; mais, parce qu'il souilla la couche de son père, son droit d'aînesse fut donné aux fils de Joseph, fils d'Israël ; toutefois Joseph ne dut pas être enregistré dans les généalogies comme premier-
2 né. Juda fut, à la vérité, puissant parmi ses frères, et de lui est issu un prince ; mais le droit d'aînesse est à Joseph.—

3 Fils de Ruben, premier-né d'Israël : Hénoc, Pallu, Hetsron et Carmi.—
4 Fils de Joël : Schemaeja, son fils ; Gog, son fils ; Schimeï, son fils ;
5 Michée, son fils ; Reaja, son fils ;
6 Baal, son fils ; Beéra, son fils, que Tilgath-Pilnéser, roi d'Assyrie, em-

7 mena captif : il était prince des Rubénites.—Frères de Beéra, d'après leurs familles, tels qu'ils sont enregistrés dans les généalogies selon leurs générations : le premier, Jeïel ;

8 Zacharie ; Béla, fils d'Azaz, fils de Schéma, fils de Joël. Béla habitait à Aroër, et jusqu'à Nebo et à Baal-

9 Meon ; à l'orient, il habitait jusqu'à l'entrée du désert depuis le fleuve de l'Euphrate, car leurs troupeaux étaient nombreux dans le pays de

10 Galaad. Du temps de Saül, ils firent la guerre aux Hagaréniens, qui tombèrent entre leurs mains ; et ils habitèrent dans leurs tentes, sur tout le côté oriental de Galaad.

11 Les fils de Gad habitaient vis-à-vis d'eux, dans le pays de Basan, jusqu'à

12 Salca. Joël, le premier, Schapham, le second, Jaenaï, et Schaphath, en

13 Basan. Leurs frères, d'après les maisons de leurs pères : Micaël, Meschullam, Schéba, Joraï, Jaecan,

14 Zia et Éber, sept. Voici les fils d'Abichaïl, fils de Huri, fils de Jaroach, fils de Galaad, fils de Micaël, fils de Jeschischaï, fils de Jachdo, fils

15 de Buz ; Achi, fils d'Abdiel, fils de Guni, était chef des maisons de leurs

16 pères. Ils habitaient en Galaad, en Basan, et dans les villes de leur ressort, et dans toutes les banlieues de Saron jusqu'à leurs extrémités.

17 Ils furent tous enregistrés dans les généalogies, du temps de Jotham, roi de Juda, et du temps de Jéroboam, roi d'Israël.

18 Les fils de Ruben, les Gadites et la demi-tribu de Manassé avaient de vaillants hommes, portant le bouclier et l'épée, tirant de l'arc, et exercés à la guerre, au nombre de quarante-quatre mille sept cent soixante, en état

19 d'aller à l'armée. Ils firent la guerre aux Hagaréniens, à Jethur, à Na-

20 phisch et à Nodab. Ils reçurent du secours contre eux, et les Hagaréniens et tous ceux qui étaient avec eux furent livrés entre leurs mains. Car, pendant le combat, ils avaient crié à Dieu, qui les exauça, parce qu'ils

21 s'étaient confiés en lui. Ils prirent leurs troupeaux, cinquante mille chameaux, deux cent cinquante mille

brebis, deux mille ânes, et cent mille

22 personnes ; car il y eut beaucoup de morts, parce que le combat venait de Dieu. Et ils s'établirent à leur place jusqu'au temps où ils furent emmenés captifs.

23 Les fils de la demi-tribu de Manassé habitaient dans le pays, depuis Basan jusqu'à Baal-Hermon et à Senir, et à la montagne d'Hermon ; ils étaient

24 nombreux. Voici les chefs des maisons de leurs pères : Épher, Jischeï, Éliel, Azriel, Jérémie, Hodavia et Jachdiel, vaillants hommes, gens de renom, chefs des maisons de leurs pères.

25 Mais ils péchèrent contre le Dieu de leurs pères, et ils se prostituèrent après les dieux des peuples du pays, que Dieu avait détruits devant eux.

26 Le Dieu d'Israël excita l'esprit de Pul, roi d'Assyrie, et l'esprit de Tilgath-Pilnéser, roi d'Assyrie, et Tilgath-Pilnéser emmena captifs les Rubénites, les Gadites et la demi-tribu de Manassé, et il les conduisit à Chalach, à Chabor, à Hara, et au fleuve de Gozan, où ils sont demeurés jusqu'à ce jour.

Descendants de Lévi

6 Fils de Lévi : Guerschom, Kehath

2 et Merari. Fils de Kehath : Amram,

3 Jitsehar, Hébron et Uziel. Fils d'Amram : Aaron et Moïse ; et Marie. Fils d'Aaron : Nadab, Abihu,

4 Éléazar et Ithamar. Éléazar engendra Phinées ; Phinées engendra

5 Abischua ; Abischua engendra Buk-

6 ki ; Bukki engendra Uzzi ; Uzzi

7 engendra Zerachja ; Zerachja engendra Merajoth ; Merajoth en-

gendra Amaria ; Amaria engendra

8 Achithub ; Achithub engendra Tsadok ; Tsadok engendra Achimaats ;

9 Achimaats engendra Azaria ; Azaria

10 engendra Jochanan ; Jochanan engendra Azaria, qui exerça le sacerdoce dans la maison que Salomon bâtit à Jérusalem ; Azaria engendra

11 Amaria ; Amaria engendra Achi-

12 thub ; Achithub engendra Tsadok ;

13 Tsadok engendra Schallum ; Schallum engendra Hilkija, Hilkija en-

14 gendra Azaria ; Azaria engendra

Seraja; Seraja engendra Jehotsadak.
15 Jehotsadak s'en alla quand l'Éternel emmena en captivité Juda et Jérusalem par Nebucadnetsar.

16 Fils de Lévi: Guerschom, Kehath
17 et Merari.—Voici les noms des fils de Guerschom: Libni et Schimeï.—
18 Fils de Kehath: Amram, Jitsehar,
19 Hébron et Uziel.—Fils de Merari: Machli et Muschi.—Ce sont là les familles de Lévi, selon leurs pères.

20 De Guerschom: Libni, son fils; Jachath, son fils; Zimma, son fils;
21 Joach, son fils; Iddo, son fils; Zérach, son fils; Jeathraï, son fils.—
22 Fils de Kehath: Amminadab, son fils; Koré, son fils; Assir, son fils;
23 Elkana, son fils; Ebjasaph, son
24 fils; Assir, son fils; Thachath, son fils; Uriel, son fils; Ozias, son fils;
25 Saül, son fils. Fils d'Elkana: Ama-
26 saï et Achimoth; Elkana, son fils; Elkana-Tsophaï, son fils; Nachath,
27 son fils; Éliab, son fils; Jerocham,
28 son fils; Elkana, son fils; et les fils de Samuel, le premier-né Vaschni
29 et Abija.—Fils de Merari: Machli; Libni, son fils; Schimeï, son fils;
30 Uzza, son fils; Schimea, son fils; Hagguija, son fils; Asaja, son fils.

31 Voici ceux que David établit pour la direction du chant dans la maison de l'Éternel, depuis que l'arche eut
32 un lieu de repos: ils remplirent les fonctions de chantres devant le tabernacle, devant la tente d'assignation, jusqu'à ce que Salomon eût bâti la maison de l'Éternel à Jérusalem, et ils faisaient leur service d'après la règle qui leur était pre-
33 scrite. Voici ceux qui officiaient avec leurs fils.—D'entre les fils des Kehathites: Héman, le chantre, fils de Joël,
34 fils de Samuel, fils d'Elkana, fils de Jerocham, fils d'Éliel, fils de Thoach,
35 fils de Tsuph, fils d'Elkana, fils de
36 Machath, fils d'Amasaï, fils d'Elkana, fils de Joël, fils d'Azaria, fils de
37 Sophonie, fils de Thachath, fils d'As-
38 sir, fils d'Ebjasaph, fils de Koré, fils de Jitsehar, fils de Kehath, fils de
39 Lévi, fils d'Israël.—Son frère Asaph, qui se tenait à sa droite, Asaph, fils
40 de Bérékia, fils de Schimea, fils de Micaël, fils de Baaséja, fils de Malkija,

41 fils d'Ethni, fils de Zérach, fils
42 d'Adaja, fils d'Éthan, fils de Zimma,
43 fils de Schimeï, fils de Jachath, fils
44 de Guerschom, fils de Lévi.—Fils de Merari, leurs frères, à la gauche; Éthan, fils de Kischi, fils d'Abdi, fils
45 de Malluc, fils de Haschabia, fils
46 d'Amatsia, fils de Hilkija, fils
47 d'Amtsi, fils de Bani, fils de Schémer, fils de Machli, fils de Muschi, fils de Merari, fils de Lévi.

48 Leurs frères, les Lévites, étaient chargés de tout le service du taber-
49 nacle, de la maison de Dieu. Aaron et ses fils offraient les sacrifices sur l'autel des holocaustes et l'encens sur l'autel des parfums, ils remplissaient toutes les fonctions dans le lieu très saint, et faisaient l'expiation pour Israël, selon tout ce qu'avait ordonné Moïse, serviteur de Dieu.

50 Voici les fils d'Aaron: Éléazar, son fils; Phinées, son fils; Abischua,
51 son fils; Bukki, son fils; Uzzi, son
52 fils; Zerachja, son fils; Merajoth, son fils; Amaria, son fils; Achithub,
53 son fils; Tsadok, son fils; Achimaats, son fils.

54 Voici leurs habitations, selon leurs enclos, dans les limites qui leur furent assignées. Aux fils d'Aaron de la famille des Kehathites, indiqués les premiers par le sort, on donna Hé-
55 bron, dans le pays de Juda, et la banlieue qui l'entoure; mais le terri-
56 toire de la ville et ses villages furent accordés à Caleb, fils de Jephunné.
57 Aux fils d'Aaron on donna la ville de refuge Hébron, Libna et sa banlieue, Jatthir, Eschthemoa et sa banlieue, Hilen et sa banlieue, Debir
58 et sa banlieue, Aschan et sa banlieue,
59 Beth-Schémesch et sa banlieue; et
60 de la tribu de Benjamin, Guéba et sa banlieue, Allémeth et sa banlieue, Anathoth et sa banlieue. Total de leurs villes: treize villes, d'après leurs familles. Les autres fils de
61 Kehath eurent par le sort dix villes des familles de la tribu d'Éphraïm, de la tribu de Dan et de la demi-
62 tribu de Manassé. Les fils de Guerschom, d'après leurs familles, eurent treize villes de la tribu d'Issacar, de la tribu d'Aser, de

la tribu de Nephthali et de la tribu
63 de Manassé en Basan. Les fils de
Merari, d'après leurs familles, eurent
par le sort douze villes de la tribu de
Ruben, de la tribu de Gad et de la
tribu de Zabulon.

64 Les enfants d'Israël donnèrent aux
Lévites les villes et leurs banlieues.

65 Ils donnèrent par le sort, de la tribu
des fils de Juda, de la tribu des fils
de Siméon et de la tribu des fils de
Benjamin, ces villes qu'ils désignèrent

66 nominativement. Et pour les autres
familles des fils de Kehath les villes
de leur territoire furent de la tribu

67 d'Éphraïm. Ils leur donnèrent la
ville de refuge Sichem et sa banlieue, dans la montagne d'Éphraïm,

68 Guézer et sa banlieue, Jokmeam et
sa banlieue, Beth-Horon et sa ban-

69 lieue, Ajalon et sa banlieue, et Gath-

70 Rimmon et sa banlieue; et de la demi-
tribu de Manassé, Aner et sa banlieue, et Bileam et sa banlieue, pour
la famille des autres fils de Kehath.

71 On donna aux fils de Guerschom:
de la famille de la demi-tribu de
Manassé, Golan en Basan et sa
banlieue, et Aschtaroth et sa ban-

72 lieue; de la tribu d'Issacar, Kédesch
et sa banlieue, Dobrath et sa banlieue,

73 Ramoth et sa banlieue, et Anem et

74 sa banlieue; de la tribu d'Aser,
Maschal et sa banlieue; Abdon et

75 sa banlieue, Hukok et sa banlieue,

76 et Rehob et sa banlieue; et de
la tribu de Nephthali, Kédesch
en Galilée et sa banlieue, Hammon
et sa banlieue, et Kirjathaïm et sa
banlieue.

77 On donna au reste des Lévites,
aux fils de Merari: de la tribu de
Zabulon, Rimmono et sa banlieue, et

78 Thabor et sa banlieue; et de l'autre
côté du Jourdain, vis-à-vis de Jéricho, à l'orient du Jourdain: de la
tribu de Ruben, Betser au désert et
sa banlieue, Jahtsa et sa banlieue,

79 Kedémoth et sa banlieue, et Mé-

80 phaath et sa banlieue; et de la tribu
de Gad, Ramoth en Galaad et sa
banlieue, Mahanaïm et sa banlieue,

81 Hesbon et sa banlieue, et Jaezer et
sa banlieue.

*Descendants d'Issacar, de Benjamin, de Neph-
thali, de Manassé, d'Éphraïm, et d'Aser.*

7

Fils d'Issacar: Thola, Pua, Jaschub
et Schimron, quatre. Fils de Thola: 2
Uzzi, Rephaja, Jeriel, Jachmaï, Jib-
sam et Samuel, chefs des maisons de
leurs pères, de Thola, vaillants
hommes dans leurs générations;
leur nombre, du temps de David,
était de vingt-deux mille six cents.
Fils d'Uzzi: Jizrachja. Fils de 3
Jizrachja: Micaël, Abdias, Joël,
Jischija, en tout cinq chefs; ils 4
avaient avec eux, selon leurs générations, selon les maisons de leurs
pères, trente-six mille hommes de
troupes armées pour la guerre, car
ils avaient beaucoup de femmes et
de fils. Leurs frères, d'après toutes 5
les familles d'Issacar, hommes vaillants, formaient un total de quatre-
vingt-sept mille, enregistrés dans
les généalogies.

Fils de Benjamin: Béla, Béker et 6
Jediaël, trois. Fils de Béla: Etsbon, 7
Uzzi, Uziel, Jerimoth et Iri, cinq
chefs des maisons de leurs pères,
hommes vaillants, et enregistrés dans
les généalogies au nombre de vingt-
deux mille trente-quatre.—Fils de 8
Béker: Zemira, Joasch, Éliézer,
Eljoénaï, Omri, Jerémoth, Abija,
Anathoth et Alameth, tous ceux-là
fils de Béker, et enregistrés dans les 9
généalogies, selon leurs générations,
comme chefs des maisons de leurs
pères, hommes vaillants au nombre
de vingt mille deux cents.—Fils de 10
Jediaël: Bilhan. Fils de Bilhan:
Jeusch, Benjamin, Éhud, Kenaana,
Zéthan, Tarsis et Achischachar,
tous ceux-là fils de Jediaël, chefs des 11
maisons de leurs pères, hommes
vaillants au nombre de dix-sept
mille deux cents, en état de porter
les armes et d'aller à la guerre.

Schuppim et Huppim, fils d'Ir; 12
Huschim, fils d'Acher.

Fils de Nephthali; Jahtsiel, Guni, 13
Jetser et Schallum, fils de Bilha.

Fils de Manassé: Asriel, qu'en- 14
fanta sa concubine syrienne: elle
enfanta Makir, père de Galaad.

15 Makir prit une femme de Huppim et de Schuppim. Le nom de sa sœur était Maaca. Le nom du second fils était Tselophchad ; et Tseloph-
16 chad eut des filles. Maaca, femme de Makir, enfanta un fils, et l'appela du nom de Péresch ; le nom de son frère était Schéresch, et ses fils
17 étaient Ulam et Rékem. Fils d'Ulam : Bedan. Ce sont là les fils de Galaad, fils de Makir, fils de
18 Manassé. Sa sœur Hammoléketh enfanta Ischhod, Abiézer et Machla.
19 Les fils de Schemida étaient : Achjan, Sichem, Likchi et Aniam.

20 Fils d'Éphraïm : Schutélach ; Béred, son fils ; Thachath, son fils ; Éleada, son fils ; Thachath, son fils ;
21 Zabad, son fils ; Schutélach, son fils ; Ézer et Élead. Les hommes de Gath, nés dans le pays, les tuèrent, parce qu'ils étaient descendus pour
22 prendre leurs troupeaux. Éphraïm, leur père, fut longtemps dans le deuil, et ses frères vinrent pour le
23 consoler. Puis il alla vers sa femme, et elle conçut et enfanta un fils ; il l'appela du nom de Beria, parce que
24 le malheur était dans sa maison. Il eut pour fille Schééra, qui bâtit Beth-Horon la basse et Beth-Horon
25 la haute, et Uzzen-Schééra. Réphach, son fils, et Réscheph ; Thélach, son fils ; Thachan, son fils ;
26 Laedan, son fils ; Ammihud, son
27 fils ; Élischama, son fils ; Nun, son
28 fils ; Josué, son fils. Ils avaient en propriété et pour habitations Béthel et les villes de son ressort ; à l'orient, Naaran ; à l'occident, Guézer et les villes de son ressort, Sichem et les villes de son ressort, jusqu'à Gaza et
29 aux villes de son ressort. Les fils de Manassé possédaient Beth-Schean et les villes de son ressort, Thaanac et les villes de son ressort, Meguiddo et les villes de son ressort, Dor et les villes de son ressort. Ce fut dans ces villes qu'habitèrent les fils de Joseph, fils d'Israël.
30 Fils d'Aser : Jimna, Jischva, Jischvi
31 et Beria ; et Sérach, leur sœur. Fils de Beria : Héber et Malkiel. Malkiel
32 fut père de Birzavith. Et Héber engendra Japhleth, Schomer et Hotham, et Schua, leur sœur.—Fils 33 de Japhleth : Pasac, Bimhal et Aschvath. Ce sont là les fils de Japhleth.—Fils de Schamer : Achi, 34 Rohega, Hubba et Aram.—Fils 35 d'Hélem, son frère : Tsophach, Jimna, Schélesch et Amal. Fils de Tso- 36 phach : Suach, Harnépher, Schual, Béri, Jimra, Betser, Hod, Schamma, 37 Schilscha, Jithran et Beéra. Fils de 38 Jéther : Jephunné, Pispa et Ara. Fils d'Ulla : Arach, Hanniel et 39 Ritsja.—Tous ceux-là étaient fils 40 d'Aser, chefs des maisons de leurs pères, hommes d'élite et vaillants, chefs des princes, enregistrés au nombre de vingt-six mille hommes, en état de porter les armes et d'aller à la guerre.

Descendants de Benjamin habitant à Jérusalem.

8 Benjamin engendra Béla, son premier-né, Aschbel le second, Achrach le troisième, Nocha le quatrième, 2 et Rapha le cinquième. Les fils de 3 Béla furent : Addar, Guéra, Abihud, Abischua, Naaman, Achoach, 4 Guéra, Schephuphan et Huram. 5 Voici les fils d'Échud, qui étaient 6 chefs de famille parmi les habitants de Guéba, et qui les transportèrent à Manachath : Naaman, Achija et 7 Guéra. Guéra, qui les transporta, engendra Uzza et Achichud.
Schacharaïm eut des enfants au 8 pays de Moab, après qu'il eut renvoyé Huschim et Baara, ses femmes. Il 9 eut de Hodesch, sa femme : Jobab, Tsibja, Méscha, Malcam, Jeuts, 10 Schocja et Mirma. Ce sont là ses fils, chefs de famille. Il eut de 11 Huschim : Abithub et Elpaal. Fils 12 d'Elpaal : Éber, Mischeam, et Schémer, qui bâtit Ono, Lod et les villes de son ressort.
Beria et Schéma, qui étaient chefs 13 de famille parmi les habitants d'Ajalon, mirent en fuite les habitants de Gath. Achjo, Schaschak, Jerémoth, 14 Zebadja, Arad, Éder, Micaël, Jisch- 15 pha et Jocha étaient fils de Beria.— 16 Zebadja, Meschullam, Hizki, Héber, 17 Jischmeraï, Jizlia et Jobab étaient 18

19 fils d'Elpaal.—Jakim, Zicri, Zabdi,
20 Éliénaï, Tsilthaï, Éliel, Adaja, Be-
21 raja et Schimrath étaient fils de
22 Schimeï. — Jischpan, Éber, Éliel,
23 Abdon, Zicri, Hanan, Hanania,
24 Élam, Anthothija, Jiphdeja et Penuel
25
26 étaient fils de Schaschak.—Scham-
27 scheraï, Schecharia, Athalia, Jaa-
réschia, Élija et Zicri étaient fils de
28 Jerocham.—Ce sont là des chefs de
famille, chefs selon leurs générations.
Ils habitaient à Jérusalem.

29 Le père de Gabaon habitait à
Gabaon, et le nom de sa femme était
30 Maaca. Abdon, son fils premier-né,
31 puis Tsur, Kis, Baal, Nadab, Guedor,
32 Achjo, et Zéker. Mikloth engendra
Schimea. Ils habitaient aussi à
Jérusalem près de leurs frères, avec
33 leurs frères.—Ner engendra Kis;
Kis engendra Saül; Saül engendra
Jonathan, Malki-Schua, Abinadab et
34 Eschbaal. Fils de Jonathan: Merib-
Baal. Merib-Baal engendra Michée.
35 Fils de Michée: Pithon, Mélec,
36 Thaeréa et Achaz. Achaz engendra
Jehoadda; Jehoadda engendra Alémeth, Azmaveth et Zimri; Zimri
37 engendra Motsa; Motsa engendra
Binea. Rapha, son fils; Éleasa, son
38 fils; Atsel, son fils; Atsel eut six
fils, dont voici les noms: Azrikam,
Bocru, Ismaël, Schearia, Abdias et
Hanan. Tous ceux-là étaient fils
39 d'Atsel.—Fils d'Éschek, son frère:
Ulam, son premier-né, Jeusch le
second, et Éliphéleth le troisième.
40 Les fils d'Ulam furent de vaillants
hommes, tirant de l'arc; et ils eurent
beaucoup de fils et de petits-fils, cent
cinquante.

. Tous ceux-là sont des fils de
Benjamin.

*Habitants de Jérusalem après le retour de
la captivité.*

9 Tout Israël est enregistré dans les
généalogies et inscrit dans le livre
des rois d'Israël. Et Juda fut emmené captif à Babylone, à cause de
2 ses infidélités. Les premiers habitants qui demeuraient dans leurs
possessions, dans leurs villes, étaient
les Israélites, les sacrificateurs, les
Lévites, et les Néthiniens.

A Jérusalem habitaient des fils de 3
Juda, des fils de Benjamin, et des fils
d'Éphraïm et de Manassé.—Des fils 4
de Pérets, fils de Juda: Uthaï, fils
d'Ammihud, fils d'Omri, fils d'Imri,
fils de Bani. Des Schilonites: Asaja, 5
le premier-né, et ses fils. Des fils de 6
Zérach: Jeuel, et ses frères, six cent
quatre-vingt-dix.—Des fils de Ben- 7
jamin: Sallu, fils de Meschullam,
fils d'Hodavia, fils d'Assenua; Jib- 8
neja, fils de Jerocham; Éla, fils
d'Uzzi, fils de Micri; Meschullam,
fils de Schephathia, fils de Reuel,
fils de Jibnija; et leurs frères, selon 9
leurs générations, neuf cent cinquante-six. Tous ces hommes étaient
chefs de famille dans les maisons de
leurs pères.

Des sacrificateurs: Jedaeja; Jeho- 10
jarib; Jakin; Azaria, fils de Hilkija, 11
fils de Meschullam, fils de Tsadok,
fils de Merajoth, fils d'Achithub,
prince de la maison de Dieu; Adaja, 12
fils de Jerocham, fils de Paschhur,
fils de Malkija; Maesaï, fils d'Adiel,
fils de Jachzéra, fils de Meschullam,
fils de Meschillémith, fils d'Immer;
et leurs frères, chefs des maisons de 13
leurs pères, mille sept cent soixante,
hommes vaillants, occupés au service
de la maison de Dieu.

Des Lévites: Schemaeja, fils de 14
Haschub, fils d'Azrikam, fils de
Haschabia, des fils de Merari; Bak- 15
bakkar; Héresch; Galal; Matthania,
fils de Michée, fils de Zicri, fils
d'Asaph; Abdias, fils de Schemaeja, 16
fils de Galal, fils de Jeduthun; Bérékia, fils d'Asa, fils d'Elkana, qui
habitait dans les villages des Ne-
thophathiens.

Et les portiers: Schallum, Akkub, 17
Thalmon, Achiman, et leurs frères;
Schallum était le chef, et jusqu'à 18
présent il est à la porte du roi, à
l'orient. Ce sont là les portiers pour
le camp des fils de Lévi. Schallum, 19
fils de Koré, fils d'Ébiasaph, fils de
Koré, et ses frères de la maison de
son père, les Koréites, remplissaient
les fonctions de gardiens des seuils
de la tente; leurs pères avaient
gardé l'entrée du camp de l'Éternel,
et Phinées, fils d'Éléazar, avait été 20

autrefois leur chef, et l'Éternel était
21 avec lui. Zacharie, fils de Meschélémia, était portier à l'entrée de la
22 tente d'assignation. Ils étaient en tout deux cent douze, choisis pour portiers des seuils, et enregistrés dans les généalogies d'après leurs villages ; David et Samuel le voyant les avaient établis dans leurs fonc-
23 tions. Eux et leurs enfants gardaient les portes de la maison de l'Éternel,
24 de la maison de la tente. Il y avait des portiers aux quatre vents, à l'orient, à l'occident, au nord et au
25 midi. Leurs frères, qui demeuraient dans leurs villages, devaient de temps à autre venir auprès d'eux pendant
26 sept jours. Car ces quatre chefs des portiers, ces Lévites, étaient toujours en fonctions, et ils avaient encore la surveillance des chambres et des
27 trésors de la maison de Dieu ; ils passaient la nuit autour de la maison de Dieu, dont ils avaient la garde, et qu'ils devaient ouvrir chaque matin.
28 Quelques-uns des Lévites prenaient soin des ustensiles du service, qu'ils rentraient en les comptant et
29 sortaient en les comptant. D'autres veillaient sur les ustensiles, sur tous les ustensiles du sanctuaire, et sur la fleur de farine, le vin, l'huile, l'encens
30 et les aromates. C'étaient des fils de sacrificateurs qui composaient les
31 parfums aromatiques. Matthithia, l'un des Lévites, premier-né de Schal-

lum le Koréite, s'occupait des gâteaux
32 cuits sur la plaque. Et quelques-uns de leurs frères, parmi les Kehathites, étaient chargés de préparer pour chaque sabbat les pains de proposition.
33 Ce sont là les chantres, chefs de famille des Lévites, demeurant dans les chambres, exempts des autres fonctions parce qu'ils étaient à l'œuvre jour et nuit. Ce sont là les
34 chefs de famille des Lévites, chefs selon leurs générations. Ils habitaient à Jérusalem.
35 Le père de Gabaon, Jeïel, habitait à Gabaon, et le nom de sa femme était Maaca. Abdon, son fils pre-
36 mier-né, puis Tsur, Kis, Baal, Ner,
37 Nadab, Guedor, Achjo, Zacharie et
38 Mikloth. Mikloth engendra Schimeam. Ils habitaient aussi à Jérusalem près de leurs frères, avec
39 leurs frères.—Ner engendra Kis ; Kis engendra Saül ; Saül engendra Jonathan, Malki-Schua, Abinadab et Eschbaal. Fils de Jonathan : Merib-
40 Baal. Merib-Baal engendra Michée.
41 Fils de Michée : Pithon, Mélec, et
42 Thachréa. Achaz engendra Jaera ;
43 Jaera engendra Alémeth, Azmaveth et Zimri ; Zimri engendra Motsa ; Motsa engendra Binea. Rephaja,
43 son fils ; Éleasa, son fils ; Atsel, son
44 fils. Atsel eut six fils, dont voici les noms : Azrikam, Bocru, Ismaël, Schearia, Abdias et Hanan. Ce sont là les fils d'Atsel.

HISTOIRE DE DAVID

Mort de Saül.

10 Les Philistins livrèrent bataille à Israël, et les hommes d'Israël prirent la fuite devant les Philistins et tombèrent morts sur la montagne
2 de Guilboa. Les Philistins poursuivirent Saül et ses fils, et tuèrent Jonathan, Abinadab et Malki-Schua,
3 fils de Saül. L'effort du combat porta sur Saül ; les archers l'atteigni-
4 rent et le blessèrent. Saül dit alors à celui qui portait ses armes : Tire ton épée, et m'en transperce, de peur que ces incirconcis ne viennent me

faire subir leurs outrages. Celui qui portait ses armes ne voulut pas, car il était saisi de crainte. Et Saül prit son épée, et se jeta dessus.
5 Celui qui portait les armes de Saül, le voyant mort, se jeta aussi sur son épée, et mourut. Ainsi périrent
6 Saül et ses trois fils, et toute sa maison périt en même temps. Tous
7 ceux d'Israël qui étaient dans la vallée, ayant vu qu'on avait fui et que Saül et ses fils étaient morts, abandonnèrent leurs villes pour prendre aussi la fuite. Et les Philistins allèrent s'y établir.

8 Le lendemain, les Philistins vinrent pour dépouiller les morts, et ils trouvèrent Saül et ses fils tombés 9 sur la montagne de Guilboa. Ils le dépouillèrent, et emportèrent sa tête et ses armes. Puis ils firent annoncer ces bonnes nouvelles par tout le pays des Philistins à leurs 10 idoles et au peuple. Ils mirent les armes de Saül dans la maison de leur dieu, et ils attachèrent son crâne 11 dans le temple de Dagon. Tout Jabès en Galaad ayant appris tout ce que les Philistins avaient fait à 12 Saül, tous les hommes vaillants se levèrent, prirent le corps de Saül et ceux de ses fils, et les transportèrent à Jabès. Ils enterrèrent leurs os sous le térébinthe, à Jabès, et ils jeûnèrent sept jours.

13 Saül mourut, parce qu'il se rendit coupable d'infidélité envers l'Éternel, dont il n'observa point la parole, et parce qu'il interrogea et consulta 14 ceux qui évoquent les morts. Il ne consulta point l'Éternel ; aussi l'Éternel le fit mourir, et transféra la royauté à David, fils d'Isaï.

David roi.

11 Tout Israël s'assembla auprès de David à Hébron, en disant : Voici, nous sommes tes os et ta chair. 2 Autrefois déjà, même lorsque Saül était roi, c'était toi qui conduisais et qui ramenais Israël. L'Éternel, ton Dieu, t'a dit : Tu paîtras mon peuple d'Israël, et tu seras le chef de mon 3 peuple d'Israël. Ainsi tous les anciens d'Israël vinrent auprès du roi à Hébron, et David fit alliance avec eux à Hébron, devant l'Éternel. Ils oignirent David pour roi sur Israël, selon la parole de l'Éternel, prononcée par Samuel.

4 David marcha avec tout Israël sur Jérusalem, qui est Jebus. Là étaient 5 les Jébusiens, habitants du pays. Les habitants de Jebus dirent à David : Tu n'entreras point ici. Mais David s'empara de la forteresse de Sion : 6 c'est la cité de David. David avait dit : Quiconque battra le premier les Jébusiens sera chef et prince. Joab, fils de Tseruja, monta le premier, et il devint chef. David s'établit dans 7 la forteresse ; c'est pourquoi on l'appela cité de David. Il fit tout 8 autour de la ville des constructions, depuis Millo et aux environs ; et Joab répara le reste de la ville. David devenait de plus en plus 9 grand, et l'Éternel des armées était avec lui.

Vaillants hommes de David.

Voici les chefs des vaillants hom- 10 mes qui étaient au service de David, et qui l'aidèrent avec tout Israël à assurer sa domination, afin de l'établir roi, selon la parole de l'Éternel au sujet d'Israël. Voici, d'après leur 11 nombre, les vaillants hommes qui étaient au service de David.

Jaschobeam, fils de Hacmoni, l'un des principaux officiers. Il brandit sa lance sur trois cents hommes, qu'il fit périr en une seule fois.

Après lui, Éléazar, fils de Dodo, 12 l'Achochite, l'un des trois guerriers. Il était avec David à Pas-Dammim, 13 où les Philistins s'étaient rassemblés pour combattre. Il y avait là une pièce de terre remplie d'orge ; et le peuple fuyait devant les Philistins. Ils se placèrent au milieu du champ, 14 le protégèrent, et battirent les Philistins. Et l'Éternel opéra une grande délivrance.

Trois des trente chefs descendirent 15 auprès de David sur le rocher dans la caverne d'Adullam, lorsque le camp des Philistins était dressé dans la vallée des Rephaïm. David était 16 alors dans la forteresse, et il y avait un poste de Philistins à Bethléhem. David eut un désir, et il dit : Qui me 17 fera boire de l'eau de la citerne qui est à la porte de Bethléhem ? Alors 18 les trois hommes passèrent au travers du camp des Philistins, et puisèrent de l'eau de la citerne qui est à la porte de Bethléhem. Ils l'apportèrent et la présentèrent à David ; mais David ne voulut pas la boire, et il la répandit devant l'Éternel. Il 19 dit : Que mon Dieu me garde de faire cela ! Boirais-je le sang de ces hommes qui sont allés au péril de leur vie ? Car c'est au péril de leur vie qu'ils l'ont apportée. Et il ne voulut pas la boire. Voilà ce que firent ces trois vaillants hommes.

20 Abischaï, frère de Joab, était le chef des trois. Il brandit sa lance sur trois cents hommes, et les tua ; et il eut du renom parmi les trois.

21 Il était le plus considéré des trois de la seconde série, et il fut leur chef ; mais il n'égala pas les trois premiers.

22 Benaja, fils de Jehojada, fils d'un homme de Kabtseel, rempli de valeur et célèbre par ses exploits. Il frappa les deux lions de Moab. Il descendit au milieu d'une citerne, où il frappa

23 un lion, un jour de neige. Il frappa un Égyptien d'une stature de cinq coudées et ayant à la main une lance comme une ensuble de tisserand ; il descendit contre lui avec un bâton, arracha la lance de la main de l'Égyptien, et s'en servit pour le

24 tuer. Voilà ce que fit Benaja, fils de Jehojada ; et il eut du renom parmi les trois vaillants hommes.

25 Il était le plus considéré des trente ; mais il n'égala pas les trois premiers. David l'admit dans son conseil secret.

26 Hommes vaillants de l'armée : Asaël, frère de Joab. Elchanan, fils de Dodo, de Bethléhem.

27 Schammoth, d'Haror. Hélets, de Palon.

28 Ira, fils d'Ikkesch, de Tekoa. Abiézer, d'Anathoth.

29 Sibbecaï, le Huschatite. Ilaï, d'Achoach.

30 Maharaï, de Nethopha. Héled, fils de Baana, de Nethopha.

31 Ithaï, fils de Ribaï, de Guibea des fils de Benjamin. Benaja, de Pirathon.

32 Huraï, de Nachalé-Gaasch. Abiel, d'Araba.

33 Azmaveth, de Bacharum. Éliachba, de Schaalbon.

34 Bené-Haschem, de Guizon. Jonathan, fils de Schagué, d'Harar.

35 Achiam, fils de Sacar, d'Harar. Éliphal, fils d'Ur.

36 Hépher, de Mekéra. Achija, de Palon.

37 Hetsro, de Carmel. Naaraï, fils d'Ezbaï.

38 Joël, frère de Nathan. Mibchar, fils d'Hagri.

39 Tsélek, l'Ammonite. Nachraï, de Béroth, qui portait les armes de Joab, fils de Tseruja.

40 Ira, de Jéther. Gareb, de Jéther.

41 Urie, le Héthien. Zabad, fils d'Achlaï.

42 Adina, fils de Schiza, le Rubénite, chef des Rubénites, et trente avec lui.

43 Hanan, fils de Maaca. Josaphat, de Mithni.

44 Ozias, d'Aschtharoth. Schama et Jchiel, fils de Hotham, d'Aroër.

45 Jediaël, fils de Schimri. Jocha, son frère, le Thitsite.

46 Éliel, de Machavim, Jeribaï et Joschavia, fils d'Elnaam. Jithma, le Moabite.

47 Éliel, Obed et Jaasiel-Metsobaja.

Guerriers qui s'attachèrent à David pendant la vie de Saül.

12 Voici ceux qui se rendirent auprès de David à Tsiklag, lorsqu'il était encore éloigné de la présence de Saül, fils de Kis. Ils faisaient partie des vaillants hommes qui lui prêtèrent leur secours pendant la

2 guerre. C'étaient des archers, lançant des pierres de la main droite et de la main gauche, et tirant des flèches avec leur arc : ils étaient de Benjamin, du nombre des frères de Saül

3 Le chef Achiézer et Joas, fils de Schemaa, de Guibea ; Jeziel et Péleth, fils d'Azmaveth ; Beraca ; Jéhu,

4 d'Anathoth ; Jischmaeja, de Gabaon, vaillant parmi les trente et chef des trente ; Jérémie ; Jachaziel ; Jocha-

5 nan ; Jozabad, de Guedéra ; Éluzaï ; Jerimoth ; Bealia ; Schemaria ; Sche-

6 phathia, de Haroph ; Elkana, Jischija, Azareel, Joézer et Jaschobeam,

7 Koréites ; Joéla et Zebadia, fils de Jerocham, de Guedor.

8 Parmi les Gadites, des hommes vaillants partirent pour se rendre auprès de David dans la forteresse du désert, des soldats exercés à la guerre, armés du bouclier et de la lance, semblables à des lions, et aussi prompts que des gazelles sur les

9 montagnes. Ézer, le chef; Abdias,
10 le second; Éliab, le troisième; Mischmanna, le quatrième; Jérémie, le
11 cinquième; Attaï, le sixième; Éliel,
12 le septième; Jochanan, le huitième;
13 Elzabad, le neuvième; Jérémie, le dixième; Macbannaï, le onzième.
14 C'étaient des fils de Gad, chefs de l'armée; un seul, le plus petit, pouvait s'attaquer à cent hommes, et le plus
15 grand à mille. Voilà ceux qui passèrent le Jourdain au premier mois, lorsqu'il débordait sur toutes ses rives, et qui mirent en fuite tous les habitants des vallées, à l'orient et à l'occident.
16 Il y eut aussi des fils de Benjamin et de Juda qui se rendirent auprès
17 de David dans la forteresse. David sortit au-devant d'eux, et leur adressa la parole, en disant: Si vous venez à moi dans de bonnes intentions pour me secourir, mon cœur s'unira à vous; mais si c'est pour me tromper au profit de mes ennemis, quand je ne commets aucune violence, que le Dieu de nos pères le voie et qu'il
18 fasse justice! Amasaï, l'un des principaux officiers, fut revêtu de l'esprit, et dit: Nous sommes à toi, David, et avec toi, fils d'Isaï! Paix, paix à toi, et paix à ceux qui te secourent, car ton Dieu t'a secouru! Et David les accueillit, et les plaça parmi les chefs de la troupe.
19 Des hommes de Manassé se joignirent à David, lorsqu'il alla faire la guerre à Saül avec les Philistins. Mais ils ne furent pas en aide aux Philistins; car, après s'être consultés, les princes des Philistins renvoyèrent David, en disant: Il passerait du côté de son maître Saül, au péril
20 de nos têtes. Quand il retourna à Tsiklag, voici ceux de Manassé qui se joignirent à lui: Adnach, Jozabad, Jediaël, Micaël, Jozabad, Élihu et Tsilthaï, chefs des milliers de Ma-
21 nassé. Ils prêtèrent leur secours à David contre la troupe [des pillards Amalécites], car ils étaient tous de vaillants hommes, et ils furent chefs
22 dans l'armée. Et de jour en jour des gens arrivaient auprès de David pour le secourir, jusqu'à ce qu'il eût

un grand camp, comme un camp de Dieu.

Guerriers des douze tribus qui se rendirent à Hébron pour établir David roi.

23 Voici le nombre des hommes armés pour la guerre qui se rendirent auprès de David à Hébron, afin de lui transférer la royauté de Saül, selon l'ordre de l'Éternel.

24 Fils de Juda, portant le bouclier et la lance, six mille huit cents, armés pour la guerre.

25 Des fils de Siméon, hommes vaillants à la guerre, sept mille cent.

26 Des fils de Lévi, quatre mille six
27 cents; et Jehojada, prince d'Aaron,
28 et avec lui trois mille sept cents; et Tsadok, vaillant jeune homme, et la maison de son père, vingt-deux chefs.

29 Des fils de Benjamin, frères de Saül, trois mille; car jusqu'alors la plus grande partie d'entre eux étaient restés fidèles à la maison de Saül.

30 Des fils d'Éphraïm, vingt mille huit cents, hommes vaillants, gens de renom, d'après les maisons de leurs pères.

31 De la demi-tribu de Manassé, dix-huit mille, qui furent nominativement désignés pour aller établir roi David.

32 Des fils d'Issacar, ayant l'intelligence des temps pour savoir ce que devait faire Israël, deux cents chefs, et tous leurs frères sous leurs ordres.

33 De Zabulon, cinquante mille, en état d'aller à l'armée, munis pour le combat de toutes les armes de guerre, et prêts à livrer bataille d'un cœur résolu.

34 De Nephthali, mille chefs, et avec eux trente-sept mille, portant le bouclier et la lance.

35 Des Danites, armés pour la guerre, vingt-huit mille six cents.

36 D'Aser, en état d'aller à l'armée et prêts à combattre: quarante mille.

37 Et de l'autre côté du Jourdain, des Rubénites, des Gadites, et de la demi-tribu de Manassé, avec toutes les armes de guerre, cent vingt mille.

38 Tous ces hommes, gens de guerre, prêts à combattre, arrivèrent à Hébron en sincérité de cœur pour établir

David roi sur tout Israël. Et tout le reste d'Israël était également unanime pour faire régner David. 39 Ils furent là trois jours avec David, mangeant et buvant, car leurs frères 40 leur avaient préparé des vivres. Et même ceux qui habitaient près d'eux jusqu'à Issacar, à Zabulon et à Nephthali, apportaient des aliments sur des ânes, sur des chameaux, sur des mulets et sur des bœufs, des mets de farine, des masses de figues sèches et de raisins secs, du vin, de l'huile, des bœufs et des brebis en abondance, car Israël était dans la joie.

L'arche déposée par David dans la maison d'Obed-Édom.

13 David tint conseil avec les chefs de milliers et de centaines, avec 2 tous les princes. Et David dit à toute l'assemblée d'Israël : Si vous le trouvez bon, et si cela vient de l'Éternel, notre Dieu, envoyons de tous côtés vers nos frères qui restent dans toutes les contrées d'Israël, et aussi vers les sacrificateurs et les Lévites dans les villes où sont leurs banlieues, afin qu'ils se réunissent à 3 nous, et ramenons auprès de nous l'arche de notre Dieu, car nous ne nous en sommes pas occupés du 4 temps de Saül. Toute l'assemblée décida de faire ainsi, car la chose parut convenable à tout le peuple. 5 David assembla tout Israël, depuis le Schichor d'Égypte jusqu'à l'entrée de Hamath, pour faire venir de Kirjath-Jearim l'arche de Dieu. 6 Et David, avec tout Israël, monta à Baala, à Kirjath-Jearim, qui est à Juda, pour faire monter de là l'arche de Dieu, devant laquelle est invoqué le nom de l'Éternel qui réside entre 7 les chérubins. Ils mirent sur un char neuf l'arche de Dieu, qu'ils emportèrent de la maison d'Abinadab : Uzza et Achjo conduisaient le char. 8 David et tout Israël dansaient devant Dieu de toute leur force, en chantant, et en jouant des harpes, des luths, des tambourins, des cymbales et des trompettes. 9 Lorsqu'ils furent arrivés à l'aire de Kidon, Uzza étendit la main pour saisir l'arche, parce que les bœufs la faisaient pencher. La colère de 10 l'Éternel s'enflamma contre Uzza, et l'Éternel le frappa parce qu'il avait étendu la main sur l'arche. Uzza mourut là, devant Dieu. David fut 11 irrité de ce que l'Éternel avait frappé Uzza d'un tel châtiment. Et ce lieu a été appelé jusqu'à ce jour Pérets-Uzza. David eut peur de Dieu en 12 ce jour-là, et il dit : Comment ferais-je entrer chez moi l'arche de Dieu? David ne retira pas l'arche chez lui 13 dans la cité de David, et il la fit conduire dans la maison d'Obed-Édom de Gath. L'arche de Dieu 14 resta trois mois dans la maison d'Obed-Édom, dans sa maison. Et l'Éternel bénit la maison d'Obed-Édom et tout ce qui lui appartenait.

Victoires de David sur les Philistins.

14 Hiram, roi de Tyr, envoya des messagers à David, et du bois de cèdre, et des tailleurs de pierres et des charpentiers, pour lui bâtir une maison. David reconnut que l'Éternel 2 l'affermissait comme roi d'Israël, et que son royaume était haut élevé, à cause de son peuple d'Israël.

David prit encore des femmes à 3 Jérusalem, et il engendra encore des fils et des filles. Voici les noms de 4 ceux qui lui naquirent à Jérusalem : Schammua, Schobab, Nathan, Salomon, Jibhar, Élischua, Elphéleth, 5 Noga, Népheg, Japhia, Élischama, 6/7 Beéliada et Éliphéleth.

Les Philistins apprirent que David 8 avait été oint pour roi sur tout Israël, et ils montèrent tous à sa recherche. David, qui en fut informé, sortit au-devant d'eux. Les Philistins ar- 9 rivèrent, et se répandirent dans la vallée des Rephaïm. David consulta 10 Dieu, en disant : Monterai-je contre les Philistins, et les livreras-tu entre mes mains? Et l'Éternel lui dit : Monte, et je les livrerai entre tes mains. Ils montèrent à Baal-Pera- 11 tsim, où David les battit. Puis il dit : Dieu a dispersé mes ennemis par ma main, comme des eaux qui s'écoulent. C'est pourquoi l'on a donné à ce

12 lieu le nom de Baal-Peratsim. Ils laissèrent là leurs dieux, qui furent brûlés au feu d'après l'ordre de David.

13 Les Philistins se répandirent de
14 nouveau dans la vallée. David consulta encore Dieu. Et Dieu lui dit: Tu ne monteras pas après eux; détourne-toi d'eux, et tu arriveras sur
15 eux vis-à-vis des mûriers. Quand tu entendras un bruit de pas dans les cimes des mûriers, alors tu sortiras pour combattre, car c'est Dieu qui marche devant toi pour battre l'armée
16 des Philistins. David fit ce que Dieu lui avait ordonné, et l'armée des Philistins fut battue depuis Gabaon jusqu'à Guézer.

17 La renommée de David se répandit dans tous les pays, et l'Éternel le rendit redoutable à toutes les nations.

L'arche transportée à Jérusalem.—Organisation du service divin.—Cantique.

15 David se bâtit des maisons dans la cité de David; il prépara une place à l'arche de Dieu, et dressa pour elle une tente.

2 Alors David dit: L'arche de Dieu ne doit être portée que par les Lévites, car l'Éternel les a choisis pour porter l'arche de Dieu et pour
3 en faire le service à toujours. Et David assembla tout Israël à Jérusalem pour faire monter l'arche de l'Éternel à la place qu'il lui avait
4 préparée. David assembla les fils
5 d'Aaron et les Lévites: des fils de Kehath, Uriel le chef et ses frères,
6 cent vingt; des fils de Merari, Asaja le chef et ses frères, deux cent vingt;
7 des fils de Guerschom, Joël le chef
8 et ses frères, cent trente; des fils d'Élitsaphan, Schemaeja le chef et ses
9 frères, deux cents; des fils d'Hébron, Éliel le chef et ses frères, quatre-
10 vingts; des fils d'Uziel, Amminadab le chef et ses frères, cent douze.

11 David appela les sacrificateurs Tsadok et Abiathar, et les Lévites Uriel, Asaja, Joël, Schemaeja, Éliel
12 et Amminadab. Il leur dit: Vous êtes les chefs de famille des Lévites; sanctifiez-vous, vous et vos frères, et faites monter à la place que je lui ai préparée l'arche de l'Éternel, du Dieu d'Israël. Parce que vous n'y 13 étiez pas la première fois, l'Éternel, notre Dieu, nous a frappés; car nous ne l'avons pas cherché selon la loi.

14 Les sacrificateurs et les Lévites se sanctifièrent pour faire monter l'arche de l'Éternel, du Dieu d'Israël.
15 Les fils des Lévites portèrent l'arche de Dieu sur leurs épaules avec des barres, comme Moïse l'avait ordonné d'après la parole de l'Éternel. Et 16 David dit aux chefs des Lévites de disposer leurs frères les chantres avec des instruments de musique, des luths, des harpes et des cymbales, qu'ils devaient faire retentir de sons éclatants en signe de réjouissance.
17 Les Lévites disposèrent Héman, fils de Joël; parmi ses frères, Asaph, fils de Bérékia; et parmi les fils de Merari, leurs frères, Éthan, fils de Kuschaja; puis avec eux leurs frères 18 du second ordre Zacharie, Ben, Jaaziel, Schemiramoth, Jehiel, Unni, Éliab, Benaja, Maaséja, Matthithia, Éliphelé et Miknéja, et Obed-Édom et Jeïel les portiers. Les chantres 19 Héman, Asaph et Éthan avaient des cymbales d'airain, pour les faire retentir. Zacharie, Aziel, Schemira- 20 moth, Jehiel, Unni, Éliab, Maaséja et Benaja avaient des luths sur alamoth; et Matthithia, Éliphelé, Miknéja, 21 Obed-Édom, Jeïel et Azazia, avaient des harpes à huit cordes, pour conduire le chant. Kenania, chef de 22 musique parmi les Lévites, dirigeait la musique, car il était habile. Bérékia 23 et Elkana étaient portiers de l'arche. Schebania, Josaphat, Nethaneel, A- 24 masaï, Zacharie, Benaja et Éliézer, les sacrificateurs, sonnaient des trompettes devant l'arche de Dieu. Obed-Édom et Jechija étaient portiers de l'arche.

David, les anciens d'Israël, et les 25 chefs de milliers se mirent en route pour faire monter l'arche de l'alliance de l'Éternel depuis la maison d'Obed-Édom, au milieu des réjouissances. Ce fut avec l'assistance de Dieu 26 que les Lévites portèrent l'arche de l'alliance de l'Éternel; et l'on sacrifia sept taureaux et sept béliers. David 27 était revêtu d'un manteau de byssus ; il en était de même de tous les Lévites qui portaient l'arche, des chantres, et de Kenania, chef de musique parmi les chantres ; et David 28 avait sur lui un éphod de lin. Tout Israël fit monter l'arche de l'alliance de l'Éternel avec des cris de joie, au son des clairons, des trompettes et des cymbales, et en faisant retentir les luths et les harpes.

29 Comme l'arche de l'alliance de l'Éternel entrait dans la cité de David, Mical, fille de Saül, regardait par la fenêtre, et voyant le roi David sauter et danser, elle le méprisa dans son cœur.

16 Après qu'on eut amené l'arche de Dieu, on la plaça au milieu de la tente que David avait dressée pour elle, et l'on offrit devant Dieu des holocaustes et des sacrifices d'actions 2 de grâces. Quand David eut achevé d'offrir les holocaustes et les sacrifices d'actions de grâces, il bénit le peuple 3 au nom de l'Éternel. Puis il distribua à tous ceux d'Israël, hommes et femmes, à chacun un pain, une portion de viande et un gâteau de raisins.

4 Il remit à des Lévites la charge de faire le service devant l'arche de l'Éternel, d'invoquer, de louer et de célébrer l'Éternel, le Dieu d'Israël. 5 C'étaient : Asaph, le chef ; Zacharie, le second après lui, Jeïel, Schemiramoth, Jchiel, Matthithia, Éliab, Benaja, Obed-Édom et Jeïel. Ils avaient des instruments de musique, des luths et des harpes ; et Asaph 6 faisait retentir les cymbales. Les sacrificateurs Benaja et Jachaziel sonnaient continuellement des trompettes devant l'arche de l'alliance de Dieu.

7 Ce fut en ce jour que David chargea pour la première fois Asaph et ses frères de célébrer les louanges de l'Éternel.

8 Louez l'Éternel, invoquez son nom ! Faites connaître parmi les peuples ses hauts faits !
9 Chantez, chantez en son honneur ! Parlez de toutes ses merveilles !

Glorifiez-vous de son saint nom ! 10 Que le cœur de ceux qui cherchent l'Éternel se réjouisse !
Ayez recours à l'Éternel et à son 11 appui, Cherchez continuellement sa face !
Souvenez-vous des prodiges qu'il a 12 faits, De ses miracles et des jugements de sa bouche,
Race d'Israël, son serviteur, 13 Enfants de Jacob, ses élus !

L'Éternel est notre Dieu ; 14 Ses jugements s'exercent sur toute la terre.
Rappelez-vous à toujours son alliance, 15 Ses promesses pour mille générations,
L'alliance qu'il a traitée avec Abra- 16 ham, Et le serment qu'il a fait à Isaac ;
Il l'a érigée pour Jacob en loi, 17 Pour Israël en alliance éternelle,
Disant : Je te donnerai le pays de 18 Canaan Comme l'héritage qui vous est échu.
Ils étaient alors peu nombreux, 19 Très peu nombreux, et étrangers dans le pays,
Et ils allaient d'une nation à l'autre 20 Et d'un royaume vers un autre peuple ;
Mais il ne permit à personne de les 21 opprimer, Et il châtia des rois à cause d'eux :
Ne touchez pas à mes oints, 22 Et ne faites pas de mal à mes prophètes !

Chantez à l'Éternel, vous tous habi- 23 tants de la terre ! Annoncez de jour en jour son salut ;
Racontez parmi les nations sa gloire, 24 Parmi tous les peuples ses merveilles !
Car l'Éternel est grand et très digne 25 de louange, Il est redoutable par-dessus tous les dieux ;
Car tous les dieux des peuples sont 26 des idoles, Et l'Éternel a fait les cieux.
La majesté et la splendeur sont 27 devant sa face, La force et la joie sont dans sa demeure.

28 Familles des peuples, rendez à
l'Éternel,
Rendez à l'Éternel gloire et honneur !
29 Rendez à l'Éternel gloire pour son
nom !
Apportez des offrandes et venez en
sa présence,
Prosternez-vous devant l'Éternel avec
de saints ornements !
30 Tremblez devant lui, vous tous habitants de la terre !
Le monde est affermi, il ne chancelle
point.

31 Que les cieux se réjouissent, et que
la terre soit dans l'allégresse !
Que l'on dise parmi les nations :
L'Éternel règne !
32 Que la mer retentisse avec tout ce
qu'elle contient !
Que la campagne s'égaie avec tout
ce qu'elle renferme !
33 Que les arbres des forêts poussent
des cris de joie
Devant l'Éternel ! Car il vient pour
juger la terre.
34 Louez l'Éternel, car il est bon,
Car sa miséricorde dure à toujours !
35 Dites : Sauve-nous, Dieu de notre
salut,
Rassemble-nous, et retire-nous du
milieu des nations,
Afin que nous célébrions ton saint
nom
Et que nous mettions notre gloire à
te louer !
36 Béni soit l'Éternel, le Dieu d'Israël,
D'éternité en éternité !
Et que tout le peuple dise : Amen !
Louez l'Éternel !

37 David laissa là, devant l'arche de
l'alliance de l'Éternel, Asaph et ses
frères, afin qu'ils fussent continuellement de service devant l'arche, remplissant leur tâche jour par jour.
38 Il laissa Obed-Édom et Hosa avec
leurs frères, au nombre de soixante-
huit, Obed-Édom, fils de Jedithun,
et Hosa, comme portiers.
39 Il établit le sacrificateur Tsadok
et les sacrificateurs, ses frères, devant
le tabernacle de l'Éternel, sur le haut
40 lieu qui était à Gabaon, pour qu'ils
offrissent continuellement à l'Éternel

des holocaustes, matin et soir, sur
l'autel des holocaustes, et qu'ils
accomplissent tout ce qui est écrit
dans la loi de l'Éternel, imposée par
l'Éternel à Israël. Auprès d'eux 41
étaient Héman et Jeduthun, et les
autres qui avaient été choisis et
désignés par leurs noms pour louer
l'Éternel. Car sa miséricorde dure
à toujours. Auprès d'eux étaient 42
Héman et Jeduthun, avec des trompettes et des cymbales pour ceux qui
les faisaient retentir, et avec des
instruments pour les cantiques en
l'honneur de Dieu. Les fils de Jeduthun étaient portiers.

Tout le peuple s'en alla chacun 43
dans sa maison, et David s'en retourna
pour bénir sa maison.

*David projetant de bâtir un temple; op-
position de l'Éternel.—Promesses à la
maison de David.*

Lorsque David fut établi dans **17**
sa maison, il dit à Nathan le
prophète : Voici, j'habite dans une
maison de cèdre, et l'arche de
l'alliance de l'Éternel est sous une
tente. Nathan répondit à David : 2
Fais tout ce que tu as dans le cœur,
car Dieu est avec toi.

La nuit suivante, la parole de Dieu 3
fut adressée à Nathan : Va dire à 4
mon serviteur David : Ainsi parle
l'Éternel : Ce ne sera pas toi qui m'en
bâtiras une maison pour que j'en
fasse ma demeure. Car je n'ai point 5
habité dans une maison depuis le
jour où j'ai fait monter Israël jusqu'à
ce jour; mais j'ai été de tente en
tente et de demeure en demeure.
Partout où j'ai marché avec tout 6
Israël, ai-je dit un mot à quelqu'un
des juges d'Israël à qui j'avais
ordonné de paître mon peuple, ai-je
dit : Pourquoi ne me bâtissez-vous pas
une maison de cèdre ? Maintenant 7
tu diras à mon serviteur David :
Ainsi parle l'Éternel des armées : Je
t'ai pris au pâturage, derrière les
brebis, pour que tu fusses chef de
mon peuple d'Israël; j'ai été avec 8
toi partout où tu as marché, j'ai
exterminé tous tes ennemis devant
toi, et j'ai rendu ton nom semblable

9 au nom des grands qui sont sur la terre; j'ai donné une demeure à mon peuple d'Israël, et je l'ai planté pour qu'il y soit fixé et ne soit plus agité, pour que les méchants ne le détruisent 10 plus comme auparavant et comme à l'époque où j'avais établi des juges sur mon peuple d'Israël. J'ai humilié tous tes ennemis. Et je t'annonce que l'Éternel te bâtira une maison. 11 Quand tes jours seront accomplis et que tu iras auprès de tes pères, j'élèverai ta postérité après toi, l'un de tes fils, et j'affermirai son règne. 12 Ce sera lui qui me bâtira une maison, et j'affermirai pour toujours son 13 trône. Je serai pour lui un père, et il sera pour moi un fils; et je ne lui retirerai point ma grâce, comme je l'ai retirée à celui qui t'a précédé. 14 Je l'établirai pour toujours dans ma maison et dans mon royaume, et son trône sera pour toujours affermi.

15 Nathan rapporta à David toutes 16 ces paroles et toute cette vision. Et le roi David alla se présenter devant l'Éternel, et dit: Qui suis-je, Éternel Dieu, et quelle est ma maison, pour que tu m'aies fait parvenir où je suis? 17 C'est peu de chose à tes yeux, ô Dieu! Tu parles de la maison de ton serviteur pour les temps à venir. Et tu daignes porter les regards sur moi à la manière des hommes, toi 18 qui es élevé, Éternel Dieu! Que pourrait te dire encore David sur la gloire accordée à ton serviteur? Tu 19 connais ton serviteur. O Éternel! c'est à cause de ton serviteur, et selon ton cœur, que tu as fait toutes ces grandes choses, pour les lui révéler. 20 O Éternel! nul n'est semblable à toi, et il n'y a point d'autre Dieu que toi, d'après tout ce que nous avons 21 entendu de nos oreilles. Est-il sur la terre une seule nation qui soit comme ton peuple d'Israël, que Dieu est venu racheter pour en former son peuple, pour te faire un nom et pour accomplir des miracles et des prodiges, en chassant des nations devant ton peuple que tu as racheté 22 d'Égypte? Tu as établi ton peuple d'Israël, pour qu'il fût ton peuple à toujours; et toi, Éternel, tu es

devenu son Dieu. Maintenant, ô 23 Éternel! que la parole que tu as prononcée sur ton serviteur et sur sa maison subsiste éternellement, et agis selon ta parole! Qu'elle subsiste, 24 afin que ton nom soit à jamais glorifié et que l'on dise: L'Éternel des armées, le Dieu d'Israël, est un Dieu pour Israël! Et que la maison de David, ton serviteur, soit affermie devant toi! Car toi-même, ô mon 25 Dieu, tu as révélé à ton serviteur que tu lui bâtirais une maison. C'est pourquoi ton serviteur a osé prier devant toi. Maintenant, ô Éternel! 26 tu es Dieu, et tu as annoncé cette grâce à ton serviteur. Veuille donc 27 bénir la maison de ton serviteur, afin qu'elle subsiste à toujours devant toi! Car ce que tu bénis, ô Éternel! est béni pour l'éternité.

Victoires de David sur les Philistins, les Moabites, les Syriens, les Édomites.— Hauts fonctionnaires de David.

Après cela, David battit les **18** Philistins et les humilia, et il enleva de la main des Philistins Gath et les villes de son ressort.

Il battit les Moabites, et les Moa- 2 bites furent assujettis à David et lui payèrent un tribut.

David battit Hadarézer, roi de 3 Tsoba, vers Hamath, lorsqu'il alla établir sa domination sur le fleuve de l'Euphrate. David lui prit mille 4 chars, sept mille cavaliers, et vingt mille hommes de pied; il coupa les jarrets à tous les chevaux de trait, et ne conserva que cent attelages.

Les Syriens de Damas vinrent au 5 secours d'Hadarézer, roi de Tsoba, et David battit vingt-deux mille Syriens. David mit des garnisons 6 dans la Syrie de Damas. Et les Syriens furent assujettis à David, et lui payèrent un tribut.

L'Éternel protégeait David partout où il allait. Et David prit les 7 boucliers d'or qu'avaient les serviteurs d'Hadarézer, et les apporta à Jérusalem. David prit encore une grande 8 quantité d'airain à Thibchath et à Cun, villes d'Hadarézer. Salomon en fit la mer d'airain, les colonnes et les ustensiles d'airain.

9 Thohu, roi de Hamath, apprit que David avait battu toute l'armée
10 d'Hadarézer, roi de Tsoba, et il envoya Hadoram, son fils, vers le roi David, pour le saluer, et pour le féliciter d'avoir attaqué Hadarézer et de l'avoir battu. Car Thohu était en guerre avec Hadarézer. Il envoya aussi toutes sortes de vases
11 d'or, d'argent et d'airain. Le roi David les consacra à l'Éternel, avec l'argent et l'or qu'il avait pris sur toutes les nations, sur Édom, sur Moab, sur les fils d'Ammon, sur les Philistins et sur Amalek.

12 Abischaï, fils de Tseruja, battit dans la vallée du sel dix-huit mille
13 Édomites. Il mit des garnisons dans Édom, et tout Édom fut assujetti à David. L'Éternel protégeait David partout où il allait.

14 David régna sur tout Israël, et il faisait droit et justice à tout
15 son peuple. Joab, fils de Tseruja, commandait l'armée; Josaphat, fils
16 d'Achilud, était archiviste; Tsadok, fils d'Achithub, et Abimélec, fils d'Abiathar, étaient sacrificateurs;
17 Schavscha était secrétaire; Benaja, fils de Jehojada, était chef des Kéréthiens et des Péléthiens; et les fils de David étaient les premiers auprès du roi.

Outrage fait par le roi des Ammonites aux serviteurs de David.—Guerre contre les Ammonites et leur alliés.—Prise de Rabba.

19 Après cela, Nachasch, roi des fils d'Ammon, mourut, et son fils
2 régna à sa place. David dit : Je montrerai de la bienveillance à Hanun, fils de Nachasch, car son père en a montré à mon égard. Et David envoya des messagers pour le consoler au sujet de son père. Lorsque les serviteurs de David arrivèrent dans le pays des fils d'Ammon auprès de Hanun, pour le
3 consoler, les chefs des fils d'Ammon dirent à Hanun : Penses-tu que ce soit pour honorer ton père que David t'envoie des consolateurs ? N'est-ce pas pour reconnaître la ville et pour la détruire, et pour explorer le pays, que ses serviteurs sont venus auprès de toi ? Alors Hanun saisit les 4 serviteurs de David, les fit raser, et fit couper leurs habits par le milieu jusqu'au haut des cuisses. Puis il les congédia. David, que l'on vint 5 informer de ce qui était arrivé à ces hommes, envoya des gens à leur rencontre, car ils étaient dans une grande confusion ; et le roi leur fit dire : Restez à Jéricho jusqu'à ce que votre barbe ait repoussé, et revenez ensuite.

Les fils d'Ammon virent qu'ils 6 s'étaient rendus odieux à David, et Hanun et les fils d'Ammon envoyèrent mille talents d'argent pour prendre à leur solde des chars et des cavaliers chez les Syriens de Mésopotamie et chez les Syriens de Maaca et de Tsoba. Ils prirent à 7 leur solde trente-deux mille chars et le roi de Maaca avec son peuple, lesquels vinrent camper devant Médeba. Les fils d'Ammon se rassemblèrent de leurs villes, et marchèrent au combat. A cette 8 nouvelle, David envoya contre eux Joab et toute l'armée, les hommes vaillants. Les fils d'Ammon sorti- 9 rent, et se rangèrent en bataille à l'entrée de la ville ; les rois qui étaient venus prirent position séparément dans la campagne.

Joab vit qu'il avait à combattre 10 par devant et par derrière. Il choisit alors sur toute l'élite d'Israël un corps, qu'il opposa aux Syriens; et 11 il plaça sous le commandement de son frère Abischaï le reste du peuple, pour faire face aux fils d'Ammon. Il dit : Si les Syriens sont plus forts 12 que moi, tu viendras à mon secours; et si les fils d'Ammon sont plus forts que toi, j'irai à ton secours. Sois ferme, et montrons du courage 13 pour notre peuple et pour les villes de notre Dieu, et que l'Éternel fasse ce qui lui semblera bon ! Joab, avec 14 son peuple, s'avança pour attaquer les Syriens, et ils s'enfuirent devant lui. Et quand les fils d'Ammon 15 virent que les Syriens avaient pris la fuite, ils s'enfuirent aussi devant

Abischaï, frère de Joab, et rentrèrent dans la ville. Et Joab revint à Jérusalem.

16 Les Syriens, voyant qu'ils avaient été battus par Israël, envoyèrent chercher les Syriens qui étaient de l'autre côté du fleuve; et Schophach, chef de l'armée d'Hadarézer, était à 17 leur tête. On l'annonça à David, qui assembla tout Israël, passa le Jourdain, marcha contre eux, et se prépara à les attaquer. David se rangea en bataille contre les Syriens. Mais les Syriens, après s'être battus avec lui, s'enfuirent devant Israël. 18 David leur tua les troupes de sept mille chars et quarante mille hommes de pied, et il fit mourir Schophach, 19 chef de l'armée. Les serviteurs d'Hadarézer, se voyant battus par Israël, firent la paix avec David et lui furent assujettis. Et les Syriens ne voulurent plus secourir les fils d'Ammon.

20 L'année suivante, au temps où les rois se mettaient en campagne, Joab, à la tête d'une forte armée, alla ravager le pays des fils d'Ammon et assiéger Rabba. Mais David resta à Jérusalem. Joab battit Rabba et 2 la détruisit. David enleva la couronne de dessus la tête de son roi, et la trouva du poids d'un talent d'or: elle était garnie de pierres précieuses. On la mit sur la tête de David, qui emporta de la ville un très grand 3 butin. Il fit sortir les habitants, et il les mit en pièces avec des scies, des herses de fer et des haches; il traita de même toutes les villes des fils d'Ammon. David retourna à Jérusalem avec tout le peuple.

Victoires sur les Philistins.

4 Après cela, il y eut une bataille à Guézer avec les Philistins. Alors Sibbécaï, le Huschatite, tua Sippaï, l'un des enfants de Rapha. Et les Philistins furent humiliés.
5 Il y eut encore une bataille avec les Philistins. Et Elchanan, fils de Jaïr, tua le frère de Goliath, Lachmi de Gath, qui avait une lance dont le bois était comme une ensuble de tisserand.

Il y eut encore une bataille à Gath. 6 Il s'y trouva un homme de haute taille, qui avait six doigts à chaque main et à chaque pied, vingt-quatre en tout, et qui était aussi issu de Rapha. Il jeta un défi à Israël; et 7 Jonathan, fils de Schimea, frère de David, le tua.

Ces hommes étaient des enfants 8 de Rapha à Gath. Ils périrent par la main de David et par la main de ses serviteurs.

Dénombrement et peste.

Satan se leva contre Israël, et il **21** excita David à faire le dénombrement d'Israël. Et David dit à Joab 2 et aux chefs du peuple: Allez, faites le dénombrement d'Israël, depuis Beer-Schéba jusqu'à Dan, et rapportez-le moi, afin que je sache à combien il s'élève. Joab répondit: 3 Que l'Éternel rende son peuple cent fois plus nombreux! O roi mon seigneur, ne sont-ils pas tous serviteurs de mon seigneur? Mais pourquoi mon seigneur demande-t-il cela? Pourquoi faire ainsi pécher Israël? Le roi persista dans l'ordre 4 qu'il donnait à Joab. Et Joab partit, et parcourut tout Israël; puis il revint à Jérusalem. Joab remit à David 5 le rôle du dénombrement du peuple: il y avait dans tout Israël onze cent mille hommes tirant l'épée, et en Juda quatre cent soixante-dix mille hommes tirant l'épée. Il ne fit point 6 parmi eux le dénombrement de Lévi et de Benjamin, car l'ordre du roi lui paraissait une abomination.

Cet ordre déplut à Dieu, qui frappa 7 Israël. Et David dit à Dieu: J'ai 8 commis un grand péché en faisant cela! Maintenant, daigne pardonner l'iniquité de ton serviteur, car j'ai complètement agi en insensé!

L'Éternel adressa ainsi la parole à 9 Gad, le voyant de David: Va dire 10 à David: Ainsi parle l'Éternel: Je te propose trois fléaux; choisis-en un, et je t'en frapperai. Gad alla 11 vers David, et lui dit: Ainsi parle l'Éternel: Accepte, ou trois années 12 de famine, ou trois mois pendant lesquels tu seras détruit par tes adversaires et atteint par l'épée de tes ennemis, ou trois jours pendant lesquels l'épée de l'Éternel et la peste seront dans le pays et l'ange de l'Éternel portera la destruction dans tout le territoire d'Israël. Vois maintenant ce que je dois répondre

13 à celui qui m'envoie. David répondit à Gad : Je suis dans une grande angoisse ! Oh ! que je tombe entre les mains de l'Éternel, car ses compassions sont immenses ; mais que je ne tombe pas entre les mains des hommes !

14 L'Éternel envoya la peste en Israël, et il tomba soixante-dix mille

15 hommes d'Israël. Dieu envoya un ange à Jérusalem pour la détruire ; et comme il la détruisait, l'Éternel regarda et se repentit de ce mal, et il dit à l'ange qui détruisait : Assez ! Retire maintenant ta main. L'ange de l'Éternel se tenait près de l'aire

16 d'Ornan, le Jébusien. David leva les yeux, et vit l'ange de l'Éternel se tenant entre la terre et le ciel et ayant à la main son épée nue tournée contre Jérusalem. Alors David et les anciens, couverts de sacs, tombèrent

17 sur leur visage. Et David dit à Dieu : N'est-ce pas moi qui ai ordonné le dénombrement du peuple ? C'est moi qui ai péché et qui ai fait le mal ; mais ces brebis, qu'ont-elles fait ? Éternel, mon Dieu, que ta main soit donc sur moi et sur la maison de mon père, et qu'elle ne fasse point une plaie parmi ton peuple !

18 L'ange de l'Éternel dit à Gad de parler à David, afin qu'il montât pour élever un autel à l'Éternel dans

19 l'aire d'Ornan, le Jébusien. David monta, selon la parole que Gad avait prononcée au nom de l'Éternel.

20 Ornan se retourna et vit l'ange, et ses quatre fils se cachèrent avec lui :

21 il foulait alors du froment. Lorsque David arriva auprès d'Ornan, Ornan regarda, et il aperçut David ; puis il sortit de l'aire, et se prosterna devant David, le visage contre terre.

22 David dit à Ornan : Cède-moi l'emplacement de l'aire, pour que j'y bâtisse un autel à l'Éternel ; cède-le

moi contre sa valeur en argent, afin que la plaie se retire de dessus le

23 peuple. Ornan répondit à David : Prends-le, et que mon seigneur le roi fasse ce qui lui semblera bon ; vois, je donne les bœufs pour l'holocauste, les chars pour le bois, et le froment pour l'offrande, je donne tout cela.

24 Mais le roi David dit à Ornan : Non ! je veux l'acheter contre sa valeur en argent, car je ne présenterai point à l'Éternel ce qui est à toi, et je n'offrirai point un holocauste qui ne

25 me coûte rien. Et David donna à Ornan six cents sicles d'or pour

26 l'emplacement. David bâtit là un autel à l'Éternel, et il offrit des holocaustes et des sacrifices d'actions de grâces. Il invoqua l'Éternel, et l'Éternel lui répondit par le feu, qui descendit du ciel sur l'autel de l'holocauste.

27 Alors l'Éternel parla à l'ange, qui remit son épée dans le fourreau.

28 A cette époque-là, David, voyant que l'Éternel l'avait exaucé dans l'aire d'Ornan, le Jébusien, y offrait

29 des sacrifices. Mais le tabernacle de l'Éternel, construit par Moïse au désert, et l'autel des holocaustes, étaient alors sur le haut lieu de

30 Gabaon. David ne pouvait pas aller devant cet autel pour chercher Dieu, parce que l'épée de l'ange de l'Éternel lui avait causé de l'épouvante.

Et David dit : Ici sera la **22** maison de l'Éternel Dieu, et ici sera l'autel des holocaustes pour Israël.

Préparatifs de David pour la construction du temple.

2 David fit rassembler les étrangers qui étaient dans le pays d'Israël, et il chargea des tailleurs de pierres de préparer des pierres de taille pour la construction de la maison de Dieu.

3 Il prépara aussi du fer en abondance pour les clous des battants des portes et pour les crampons, de l'airain en quantité telle qu'il n'était pas possible

4 de le peser, et des bois de cèdre sans nombre, car les Sidoniens et les Tyriens avaient amené à David des bois de cèdre en abondance. David 5

disait : Mon fils Salomon est jeune et d'un âge faible, et la maison qui sera bâtie à l'Éternel s'élèvera à un haut degré de renommée et de gloire dans tous les pays ; c'est pourquoi je veux faire pour lui des préparatifs. Et David fit beaucoup de préparatifs avant sa mort.

6 David appela Salomon, son fils, et lui ordonna de bâtir une maison à l'Éternel, le Dieu d'Israël.

7 David dit à Salomon : Mon fils, j'avais l'intention de bâtir une maison 8 au nom de l'Éternel, mon Dieu. Mais la parole de l'Éternel m'a été ainsi adressée : Tu as versé beaucoup de sang, et tu as fait de grandes guerres ; tu ne bâtiras pas une maison à mon nom, car tu as versé devant moi 9 beaucoup de sang sur la terre. Voici, il te naîtra un fils, qui sera un homme de repos, et à qui je donnerai du repos en le délivrant de tous ses ennemis d'alentour ; car Salomon sera son nom, et je ferai venir sur Israël la paix et la tranquillité 10 pendant sa vie. Ce sera lui qui bâtira une maison à mon nom. Il sera pour moi un fils, et je serai pour lui un père ; et j'affermirai pour toujours le trône de son royaume en Israël.

11 Maintenant, mon fils, que l'Éternel soit avec toi, afin que tu prospères et que tu bâtisses la maison de l'Éternel, ton Dieu, comme il l'a déclaré à ton 12 égard ! Veuille seulement l'Éternel t'accorder de la sagesse et de l'intelligence, et te faire régner sur Israël dans l'observation de la loi 13 de l'Éternel, ton Dieu ! Alors tu prospéreras, si tu as soin de mettre en pratique les lois et les ordonnances que l'Éternel a prescrites à Moïse pour Israël. Fortifie-toi et prends courage, ne crains point et ne t'effraie 14 point ! Voici, par mes efforts, j'ai préparé pour la maison de l'Éternel cent mille talents d'or, un million de talents d'argent, et une quantité d'airain et de fer qu'il n'est pas possible de peser, car il y en a en abondance ; j'ai aussi préparé du bois et des pierres, et tu en ajouteras 15 encore. Tu as auprès de toi un grand nombre d'ouvriers, des tailleurs de pierres, et des charpentiers, et des hommes habiles dans toute espèce d'ouvrages. L'or, l'argent, l'airain et 16 le fer, sont sans nombre. Lève-toi et agis, et que l'Éternel soit avec toi !

17 David ordonna à tous les chefs d'Israël de venir en aide à Salomon, son fils. L'Éternel, votre Dieu, 18 n'est-il pas avec vous, et ne vous a-t-il pas donné du repos de tous côtés ? Car il a livré entre mes mains les habitants du pays, et le pays est assujetti devant l'Éternel et devant son peuple. Appliquez 19 maintenant votre cœur et votre âme à chercher l'Éternel, votre Dieu ; levez-vous, et bâtissez le sanctuaire de l'Éternel Dieu, afin d'amener l'arche de l'alliance de l'Éternel et les ustensiles consacrés à Dieu dans la maison qui sera bâtie au nom de l'Éternel.

Les Lévites, leur dénombrement et leurs fonctions.

David, âgé et rassasié de jours, **23** établit Salomon, son fils, roi sur Israël.

Il assembla tous les chefs d'Israël, 2 les sacrificateurs et les Lévites. On 3 fit le dénombrement des Lévites, depuis l'âge de trente ans et au-dessus ; comptés par tête et par homme, ils se trouvèrent au nombre de trente-huit mille. Et David dit : 4 Qu'il y en ait vingt-quatre mille pour veiller aux offices de la maison de l'Éternel, six mille comme magistrats et juges, quatre mille comme portiers, 5 et quatre mille chargés de louer l'Éternel avec les instruments que j'ai faits pour le célébrer.

David les divisa en classes d'après 6 les fils de Lévi, Guerschon, Kehath et Merari.

Des Guerschonites : Laedan et 7 Schimeï.—Fils de Laedan : le chef 8 Jehiel, Zétham et Joël, trois. Fils 9 de Schimeï : Schelomith, Haziel et Haran, trois. Ce sont là les chefs des maisons paternelles de la famille de Laedan.—Fils de Schimeï : Jachath, 10 Zina, Jeusch et Beria. Ce sont là

11 les quatre fils de Schimeï. Jachath était le chef, et Zina le second ; Jeusch et Beria n'eurent pas beaucoup de fils, et ils formèrent une seule maison paternelle dans le dénombrement.

12 Fils de Kehath : Amram, Jitsehar, 13 Hébron et Uziel, quatre.—Fils d'Amram : Aaron et Moïse. Aaron fut mis à part pour être sanctifié comme très saint, lui et ses fils à perpétuité, pour offrir les parfums devant l'Éternel, pour faire son service, et pour bénir à toujours en son nom.

14 Mais les fils de Moïse, homme de Dieu, furent comptés dans la tribu 15 de Lévi. Fils de Moïse : Guerschom 16 et Éliézer. Fils de Guerschom : 17 Schebuel, le chef. Et les fils d'Éliézer furent : Rechabia, le chef ; Éliézer n'eut pas d'autre fils, mais les fils de Rechabia furent très nombreux.—

18 Fils de Jitsehar : Schelomith, le chef. 19 —Fils d'Hébron : Jerija, le chef ; Amaria, le second ; Jachaziel, le troisième ; et Jekameam, le quatrième. 20 —Fils d'Uziel : Michée, le chef ; et Jischija, le second.

21 Fils de Merari : Machli et Muschi. —Fils de Machli : Éléazar et Kis. 22 Éléazar mourut sans avoir de fils ; mais il eut des filles, que prirent pour femmes les fils de Kis, leurs frères.— 23 Fils de Muschi : Machli, Éder et Jerémoth, trois.

24 Ce sont là les fils de Lévi, selon leurs maisons paternelles, les chefs des maisons paternelles, d'après le dénombrement qu'on en fit en comptant les noms par tête. Ils étaient employés au service de la maison de l'Éternel, depuis l'âge de vingt 25 ans et au-dessus. Car David dit : L'Éternel, le Dieu d'Israël, a donné du repos à son peuple, et il habitera 26 pour toujours à Jérusalem ; et les Lévites n'auront plus à porter le tabernacle et tous les ustensiles pour 27 son service. Ce fut d'après les derniers ordres de David qu'eut lieu le dénombrement des fils de Lévi depuis l'âge de vingt ans et au-dessus. 28 Placés auprès des fils d'Aaron pour le service de la maison de l'Éternel, ils avaient à prendre soin des parvis

et des chambres, de la purification de toutes les choses saintes, des ouvrages concernant le service de la maison de Dieu, des pains de 29 proposition, de la fleur de farine pour les offrandes, des galettes sans levain, des gâteaux cuits sur la plaque et des gâteaux frits, de toutes les mesures de capacité et de longueur ; ils avaient à se présenter chaque 30 matin et chaque soir, afin de louer et de célébrer l'Éternel, et à offrir 31 continuellement devant l'Éternel tous les holocaustes à l'Éternel, aux sabbats, aux nouvelles lunes et aux fêtes, selon le nombre et les usages prescrits. Ils donnaient leurs soins 32 à la tente d'assignation, au sanctuaire, et aux fils d'Aaron, leurs frères, pour le service de la maison de l'Éternel.

Les sacrificateurs distribués en vingt-quatre classes. Les chefs des classes des Lévites.

Voici les classes des fils d'Aaron. 24 Fils d'Aaron : Nadab, Abihu, Éléazar et Ithamar. Nadab et Abihu 2 moururent avant leur père, sans avoir de fils ; et Éléazar et Ithamar remplirent les fonctions du sacerdoce.

David divisa les fils d'Aaron en 3 les classant pour le service qu'ils avaient à faire ; Tsadok appartenait aux descendants d'Éléazar, et Achimélec aux descendants d'Ithamar. Il se trouva parmi les fils d'Éléazar 4 plus de chefs que parmi les fils d'Ithamar, et on en fit la division ; les fils d'Éléazar avaient seize chefs de maisons paternelles, et les fils d'Ithamar huit chefs de maisons paternelles. On les classa par le 5 sort, les uns avec les autres, car les chefs du sanctuaire et les chefs de Dieu étaient des fils d'Éléazar et des fils d'Ithamar. Schemaeja, fils 6 de Nethaneel, le secrétaire, de la tribu de Lévi, les inscrivit devant le roi et les princes, devant Tsadok, le sacrificateur, et Achimélec, fils d'Abiathar, et devant les chefs des maisons paternelles des sacrificateurs et des Lévites. On tira au sort une maison paternelle pour Éléazar, et on en tira une autre pour Ithamar.

7 Le premier sort échut à Jehojarib ;
8 le second, à Jedaïa, le troisième, à
9 Harim ; le quatrième, à Seorim ; le
cinquième, à Malkija ; le sixième, à
10 Mijamin ; le septième, à Hakkots ;
11 le huitième, à Abija ; le neuvième,
à Josué ; le dixième, à Schecania ;
12 le onzième, à Éliaschib ; le douzième,
13 à Jakim ; le treizième, à Huppa ;
14 le quatorzième, à Jeschébeab ; le
quinzième, à Bilga ; le seizième, à
15 Immer ; le dix-septième, à Hézir ; le
16 dix-huitième, à Happitsets ; le dix-
neuvième, à Pethachja ; le vingtième,
17 à Ézéchiel ; le vingt et unième, à
Jakim, le vingt-deuxième, à Gamul ;
18 le vingt-troisième, à Delaja ; le vingt-
quatrième, à Maazia.

19 C'est ainsi qu'ils furent classés
pour leur service, afin qu'ils entrassent
dans la maison de l'Éternel en se
conformant à la règle établie par
Aaron, leur père, d'après les ordres
que lui avait donnés l'Éternel, le
Dieu d'Israël.

20 Voici les chefs du reste des Lévites.
—Des fils d'Amram : Schubaël ; des
21 fils de Schubaël : Jechdia ; de Rechabia, des fils de Rechabia : le chef
22 Jischija. Des Jitseharites : Schelomoth ; des fils de Schelomoth :
23 Jachath. Fils d'Hébron : Jerija,
Amaria le second, Jachaziel le
troisième, Jekameam le quatrième.
24 Fils d'Uziel : Michée ; des fils de
25 Michée : Schamir ; frère de Michée :
Jischija ; des fils de Jischija : Zacharie.
26 —Fils de Merari : Machli et Muschi,
27 et les fils de Jaazija, son fils. Fils
de Merari, de Jaazia, son fils :
28 Schoham, Zaccur et Ibri. De Machli :
29 Éléazar, qui n'eut point de fils ; de
Kis, les fils de Kis : Jerachmeel.
30 Fils de Muschi : Machli, Éder et
Jerimoth.

Ce sont là les fils de Lévi, selon
31 leurs maisons paternelles. Eux aussi,
comme leurs frères, les fils d'Aaron,
ils tirèrent au sort devant le roi
David, Tsadok et Achimélec, et les
chefs des maisons paternelles des
sacrificateurs et des Lévites. Il en
fut ainsi pour chaque chef de maison
comme pour le moindre de ses
frères.

*Les chantres distribués en vingt-quatre
classes.*

25 David et les chefs de l'armée
mirent à part pour le service ceux
des fils d'Asaph, d'Héman et de
Jeduthun qui prophétisaient en s'ac-
compagnant de la harpe, du luth et
des cymbales. Et voici le nombre
de ceux qui avaient des fonctions à
remplir.

2 Des fils d'Asaph : Zaccur, Joseph,
Nethania et Aschareéla, fils d'Asaph,
sous la direction d'Asaph, qui prophétisait suivant les ordres du roi.
3 De Jeduthun, les fils de Jeduthun :
Guedalia, Tseri, Ésaïe, Haschabia,
Matthithia et Schimeï, six, sous la
direction de leur père Jeduthun, qui
prophétisait avec la harpe pour louer
4 et célébrer l'Éternel. D'Héman, les
fils d'Héman : Bukkija, Matthania,
Uziel, Schebuel, Jerimoth, Hanania,
Hanani, Éliatha, Guiddalthi, Romamthi-Ézer, Joschbekascha, Mallothi,
5 Hothir, Machazioth, tous fils d'Héman, qui était voyant du roi pour
révéler les paroles de Dieu et pour
exalter sa puissance ; Dieu avait
donné à Héman quatorze fils et trois
filles.

6 Tous ceux-là étaient sous la direction de leurs pères pour le chant de
la maison de l'Éternel, et avaient des
cymbales, des luths et des harpes
pour le service de la maison de Dieu.
Asaph, Jeduthun et Héman recevaient
7 les ordres du roi. Ils étaient au
nombre de deux cent quatre-vingt-
huit, y compris leurs frères exercés
au chant de l'Éternel, tous ceux qui
8 étaient habiles. Ils tirèrent au sort
pour leurs fonctions, petits et grands,
maîtres et disciples.

9 Le premier sort échut, pour Asaph,
à Joseph ; le second, à Guedalia, lui,
10 ses frères et ses fils, douze ; le
troisième, à Zaccur, ses fils et ses
11 frères, douze ; le quatrième, à Jitseri,
12 ses fils et ses frères, douze ; le
cinquième, à Nethania, ses fils et ses
13 frères, douze ; le sixième, à Bukkija,
14 ses fils et ses frères, douze ; le septième,
à Jesareéla, ses fils et ses frères, douze ;
15 le huitième, à Ésaïe, ses fils et ses
16 frères, douze ; le neuvième, à Mat-

thania, ses fils et ses frères, douze ;
17 le dixième, à Schimeï, ses fils et ses
18 frères, douze ; le onzième, à Azareel,
19 ses fils et ses frères, douze ; le
douzième, à Haschabia, ses fils et
20 ses frères, douze ; le treizième, à
Schubaël, ses fils et ses frères, douze ;
21 le quatorzième, à Matthithia, ses fils
22 et ses frères, douze ; le quinzième, à
Jerémoth, ses fils et ses frères, douze ;
23 le seizième, à Hanania, ses fils et
24 ses frères, douze ; le dix-septième, à
Joschbekascha, ses fils et ses frères,
25 douze ; le dix-huitième, à Hanani,
26 ses fils et ses frères, douze ; le dix-
neuvième, à Mallothi, ses fils et ses
27 frères, douze ; le vingtième, à Élijatha,
28 ses fils et ses frères, douze ; le vingt
et unième, à Hothir, ses fils et ses
29 frères, douze ; le vingt-deuxième, à
Guiddalthi, ses fils et ses frères, douze ;
30 le vingt-troisième, à Machazioth, ses
31 fils et ses frères, douze ; le vingt-
quatrième, à Romamthi-Ézer, ses fils
et ses frères, douze.

*Les portiers du temple.—Autres emplois
des Lévites.*

26 Voici les classes des portiers.
Des Koréites : Meschélémia, fils
de Koré, d'entre les fils d'Asaph.
2 Fils de Meschélémia : Zacharie, le
premier-né, Jediaël le second, Zebadia
le troisième, Jathniel le quatrième,
3 Élam le cinquième, Jochanan le
4 sixième, Eljoénaï le septième. Fils
d'Obed-Édom : Schemaeja, le premier-né, Jozabad le second, Joach
le troisième, Sacar le quatrième,
5 Nethaneel le cinquième, Ammiel le
sixième, Issacar le septième, Peulthaï
le huitième ; car Dieu l'avait béni.
6 A Schemaeja, son fils, naquirent des
fils qui dominèrent dans la maison
de leur père, car ils étaient de
7 vaillants hommes ; fils de Schemaeja :
Othni, Rephaël, Obed, Elzabad et
ses frères, hommes vaillants, Élihu
8 et Semaeja. Tous ceux-là étaient
des fils d'Obed-Édom ; eux, leurs
fils et leurs frères, étaient des hommes
pleins de vigueur et de force pour
le service, soixante-deux d'Obed-
9 Édom. Les fils et les frères de
Meschélémia, hommes vaillants,

étaient au nombre de dix-huit.—
Des fils de Merari : Hosa, qui avait 10
pour fils : Schimri, le chef, établi
chef par son père, quoiqu'il ne fût
pas le premier-né, Hilkija le second, 11
Thebalia le troisième, Zacharie le
quatrième. Tous les fils et les
frères de Hosa étaient au nombre
de treize.

A ces classes de portiers, aux chefs 12
de ces hommes et à leurs frères, fut
remise la garde pour le service de la
maison de l'Éternel. Ils tirèrent au 13
sort pour chaque porte, petits et
grands, selon leurs maisons paternelles.

Le sort échut à Schélémia pour le 14
côté de l'orient. On tira au sort pour
Zacharie, son fils, qui était un sage
conseiller, et le côté du septentrion
lui échut par le sort. Le côté du 15
midi échut à Obed-Édom, et la
maison des magasins à ses fils. Le 16
côté de l'occident échut à Schuppim
et à Hosa, avec la porte Schallékéth,
sur le chemin montant : une garde
était vis-à-vis de l'autre. Il y avait 17
à l'orient six Lévites, au nord quatre
par jour, au midi quatre par jour, et
quatre aux magasins en deux places
différentes ; du côté du faubourg, à 18
l'occident, quatre vers le chemin,
deux vers le faubourg.

Ce sont là les classes des portiers, 19
d'entre les fils des Koréites et d'entre
les fils de Merari.

L'un des Lévites, Achija, avait 20
l'intendance des trésors de la maison
de Dieu et des trésors des choses
saintes. Parmi les fils de Laedan, 21
les fils des Guerschonites issus de
Laedan, chefs des maisons paternelles
de Laedan le Guerschonite, c'étaient
Jehiéli, et les fils de Jehiéli, Zétham 22
et Joël, son frère, qui gardaient les
trésors de la maison de l'Éternel.
Parmi les Amramites, les Jitseharites, 23
les Hébronites et les Uziélites, c'était 24
Schebuel, fils de Guerschom, fils de
Moïse, qui était intendant des trésors.
Parmi ses frères issus d'Éliézer, dont 25
le fils fut Rechabia, dont le fils fut
Ésaïe, dont le fils fut Joram, dont
le fils fut Zicri, dont le fils fut
Schelomith, c'étaient Schelomith et 26

ses frères qui gardaient tous les trésors des choses saintes qu'avaient consacrées le roi David, les chefs des maisons paternelles, les chefs de milliers et de centaines, et les chefs 27 de l'armée : c'était sur le butin pris à la guerre qu'ils les avaient consacrées pour l'entretien de la maison de 28 l'Éternel. Tout ce qui avait été consacré par Samuel, le voyant, par Saül, fils de Kis, par Abner, fils de Ner, par Joab, fils de Tseruja, toutes les choses consacrées étaient sous la garde de Schelomith et de ses frères.

29 Parmi les Jitseharites, Kenania et ses frères étaient employés pour les affaires extérieures, comme magis-
30 trats et juges en Israël. Parmi les Hébronites, Haschabia et ses frères, hommes vaillants, au nombre de mille sept cents, avaient la surveillance d'Israël, de l'autre côté du Jourdain, à l'occident, pour toutes les affaires de l'Éternel et pour le service du roi.
31 En ce qui concerne les Hébronites, dont Jerija était le chef, on fit, la quarantième année du règne de David, des recherches à leur égard d'après leurs généalogies et leurs maisons paternelles, et l'on trouva parmi eux de vaillants hommes à
32 Jaezer en Galaad. Les frères de Jerija, hommes vaillants, étaient au nombre de deux mille sept cents chefs de maisons paternelles. Le roi David les établit sur les Rubénites, sur les Gadites et sur la demi-tribu de Manassé pour toutes les affaires de Dieu et pour les affaires du roi.

Les chefs de l'armée.—Autres fonctionnaires de David.

27 Enfants d'Israël selon leur nombre, chefs de maisons paternelles, chefs de milliers et de centaines, et officiers au service du roi pour tout ce qui concernait les divisions, leur arrivée et leur départ, mois par mois, pendant tous les mois de l'année, chaque division étant de vingt-quatre mille hommes.
2 A la tête de la première division, pour le premier mois, était Jaschobeam, fils de Zabdiel ; et il avait

une division de vingt-quatre mille hommes. Il était des fils de Pérets, 3 et il commandait tous les chefs des troupes du premier mois.

A la tête de la division du second 4 mois était Dodaï, l'Achochite ; Mikloth était l'un des chefs de sa division ; et il avait une division de vingt-quatre mille hommes.

Le chef de la troisième division, 5 pour le troisième mois, était Benaja, fils du sacrificateur Jehojada, chef ; et il avait une division de vingt-quatre mille hommes. Ce Benaja 6 était un héros parmi les trente et à la tête des trente ; et Ammizadab, son fils, était l'un des chefs de sa division.

Le quatrième, pour le quatrième 7 mois, était Asaël, frère de Joab, et, après lui, Zebadia, son fils ; et il avait une division de vingt-quatre mille hommes.

Le cinquième, pour le cinquième 8 mois, était le chef Schamehuth, le Jizrachite ; et il avait une division de vingt-quatre mille hommes.

Le sixième, pour le sixième mois, 9 était Ira, fils d'Ikkesch, le Tekoïte ; et il avait une division de vingt-quatre mille hommes.

Le septième, pour le septième 10 mois, était Hélets, le Pelonite, des fils d'Éphraïm ; et il avait une division de vingt-quatre mille hommes.

Le huitième, pour le huitième 11 mois, était Sibbecaï, le Huschatite, de la famille des Zérachites ; et il avait une division de vingt-quatre mille hommes.

Le neuvième, pour le neuvième 12 mois, était Abiézer, d'Anathoth, des Benjamites ; et il avait une division de vingt-quatre mille hommes.

Le dixième, pour le dixième mois, 13 était Maharaï, de Nethopha, de la famille des Zérachites ; et il avait une division de vingt-quatre mille hommes.

Le onzième, pour le onzième mois, 14 était Benaja, de Pirathon, des fils d'Éphraïm ; et il avait une division de vingt-quatre mille hommes.

Le douzième, pour le douzième 15 mois, était Heldaï, de Nethopha, de la famille d'Othniel ; et il avait une division de vingt-quatre mille hommes.

16 Voici les chefs des tribus d'Israël.

Chef des Rubénites : Éliézer, fils de Zicri ; des Siméonites : Sche-
17 phathia, fils de Maaca ; des Lévites : Haschabia, fils de Kemuel ; de la
18 famille d'Aaron : Tsadok ; de Juda : Élihu, des frères de David ; d'Issacar :
19 Omri, fils de Micaël ; de Zabulon : Jischemaeja, fils d'Abdias ; de Neph-
20 thali : Jerimoth, fils d'Azriel ; des fils d'Éphraïm : Hosée, fils d'Azazia ;
21 de la demi-tribu de Manassé : Joël, fils de Pedaja ; de la demi-tribu de Manassé en Galaad : Jiddo, fils de Zacharie ; de Benjamin : Jaasiel, fils
22 d'Abner ; de Dan : Azareel, fils de Jerocham. Ce sont là les chefs des tribus d'Israël.

23 David ne fit point le dénombrement de ceux d'Israël qui étaient âgés de vingt ans et au-dessous, car l'Éter-nel avait promis de multiplier Israël
24 comme les étoiles du ciel. Joab, fils de Tseruja, avait commencé le dénombrement, mais il ne l'acheva pas, l'Éternel s'étant irrité contre Israël à cause de ce dénombrement, qui ne fut point porté parmi ceux des Chroniques du roi David.

25 Azmaveth, fils d'Adiel, était pré-posé sur les trésors du roi ; Jonathan, fils d'Ozias, sur les provisions dans les champs, les villes, les villages et
26 les tours ; Ezri, fils de Kelub, sur les ouvriers de la campagne qui culti-
27 vaient la terre ; Schimeï, de Rama, sur les vignes ; Zabdi, de Schepham, sur les provisions de vin dans les
28 vignes ; Baal-Hanan, de Guéder, sur les oliviers et les sycomores dans la plaine ; Joasch, sur les provisions
29 d'huile ; Schithraï, de Saron, sur les bœufs qui paissaient en Saron ; Scha-phath, fils d'Adlaï, sur les bœufs dans
30 les vallées ; Obil, l'Ismaélite, sur les chameaux ; Jechdia, de Méronoth,
31 sur les ânesses ; Jaziz, l'Hagarénien, sur les brebis. Tous ceux-là étaient intendants des biens du roi David.
32 Jonathan, oncle de David, était conseiller, homme de sens et de sa-voir ; Jehiel, fils de Hacmoni, était

auprès des fils du roi ; Achitophel 33 était conseiller du roi ; Huschaï, l'Arkien, était ami du roi ; après 34 Achitophel, Jehojada, fils de Benaja, et Abiathar, furent conseillers ; Joab était chef de l'armée du roi.

Recommandations de David à Salomon pour la construction du temple.

28

David convoqua à Jérusalem tous les chefs d'Israël, les chefs des tribus, les chefs des divisions au ser-vice du roi, les chefs de milliers et les chefs de centaines, ceux qui étaient en charge sur tous les biens et les troupeaux du roi et auprès de ses fils, les eunuques, les héros et tous les hommes vaillants. Le roi David se 2 leva sur ses pieds, et dit : Écoutez-moi, mes frères et mon peuple ! J'avais l'intention de bâtir une maison de repos pour l'arche de l'alliance de l'Éternel et pour le marchepied de notre Dieu, et je me préparais à bâtir. Mais Dieu m'a dit : Tu ne bâtiras 3 pas une maison à mon nom, car tu es un homme de guerre et tu as versé du sang. L'Éternel, le Dieu d'Israël, 4 m'a choisi dans toute la maison de mon père, pour que je fusse roi d'Israël à toujours ; car il a choisi Juda pour chef, il a choisi la maison de mon père dans la maison de Juda, et par-mi les fils de mon père c'est moi qu'il a voulu faire régner sur tout Israël. Entre tous mes fils — car l'Éternel 5 m'a donné beaucoup de fils — il a choisi mon fils Salomon pour le faire asseoir sur le trône du royaume de l'Éternel, sur Israël. Il m'a dit : 6 Salomon, ton fils, bâtira ma maison et mes parvis ; car je l'ai choisi pour mon fils, et je serai pour lui un père. J'affermirai pour toujours son 7 royaume, s'il reste attaché comme aujourd'hui à la pratique de mes com-mandements et de mes ordonnances. Maintenant, aux yeux de tout Israël, 8 de l'assemblée de l'Éternel, et en présence de notre Dieu qui vous entend, observez et prenez à cœur tous les commandements de l'Éternel, votre Dieu, afin que vous possédiez ce bon pays et que vous le laissiez en héritage à vos fils après vous à

9 perpétuité. Et toi, Salomon, mon fils, connais le Dieu de ton père, et sers-le d'un cœur dévoué et d'une âme bien disposée, car l'Éternel sonde tous les cœurs et pénètre tous les desseins et toutes les pensées. Si tu le cherches, il se laissera trouver par toi; mais si tu l'abandonnes, il te rejet-

10 tera pour toujours. Considère maintenant que l'Éternel t'a choisi, afin que tu bâtisses une maison qui serve de sanctuaire. Fortifie-toi et agis.

11 David donna à Salomon, son fils, le modèle du portique et des bâtiments, des chambres du trésor, des chambres hautes, des chambres intérieures, et de la chambre du pro-

12 pitiatoire. Il lui donna le plan de tout ce qu'il avait dans l'esprit touchant les parvis de la maison de l'Éternel, et toutes les chambres à l'entour pour les trésors de la maison de Dieu et les trésors du sanctuaire,

13 et touchant les classes des sacrificateurs et des Lévites, tout ce qui concernait le service de la maison de l'Éternel, et tous les ustensiles pour le service de la maison de l'É-

14 ternel. Il lui donna le modèle des ustensiles d'or, avec le poids de ce qui devait être d'or, pour tous les ustensiles de chaque service; et le modèle de tous les ustensiles d'argent, avec le poids, pour tous les ustensiles

15 de chaque service. Il donna le poids des chandeliers d'or et de leurs lampes d'or, avec le poids de chaque chandelier et de ses lampes; et le poids des chandeliers d'argent, avec le poids de chaque chandelier et de ses lampes, selon l'usage de chaque

16 chandelier. Il lui donna l'or au poids pour les tables des pains de proposition, pour chaque table; et de

17 l'argent pour les tables d'argent. Il lui donna le modèle des fourchettes, des bassins et des calices d'or pur; le modèle des coupes d'or, avec le poids de chaque coupe, et des coupes d'argent, avec le poids de chaque

18 coupe; et le modèle de l'autel des parfums en or épuré, avec le poids. Il lui donna encore le modèle du char, des chérubins d'or qui étendent leurs ailes et couvrent l'arche de l'alliance de l'Éternel. C'est par un 19 écrit de sa main, dit David, que l'Éternel m'a donné l'intelligence de tout cela, de tous les ouvrages de ce modèle.

David dit à Salomon, son fils: 20 Fortifie-toi, prends courage et agis; ne crains point, et ne t'effraie point. Car l'Éternel Dieu, mon Dieu, sera avec toi; il ne te délaissera point, il ne t'abandonnera point, jusqu'à ce que tout l'ouvrage pour le service de la maison de l'Éternel soit achevé. Voici les classes des sacrificateurs 21 et des Lévites pour tout le service de la maison de Dieu; et voici près de toi, pour toute l'œuvre, tous les hommes bien disposés et habiles dans toute espèce d'ouvrages, et les chefs et tout le peuple dociles à tous tes ordres.

*Offrandes volontaires pour le temple.—
Prière de David.—Sa mort.*

Le roi David dit à toute l'assem- **29** blée: Mon fils Salomon, le seul que Dieu ait choisi, est jeune et d'un âge faible, et l'ouvrage est considérable, car ce palais n'est pas pour un homme, mais il est pour l'Éternel Dieu. J'ai mis toutes mes forces à 2 préparer pour la maison de mon Dieu de l'or pour ce qui doit être d'or, de l'argent pour ce qui doit être d'argent, de l'airain pour ce qui doit être d'airain, du fer pour ce qui doit être de fer, et du bois pour ce qui doit être de bois, des pierres d'onyx et des pierres à enchâsser, des pierres brillantes et de diverses couleurs, toutes sortes de pierres précieuses, et du marbre blanc en quantité. De 3 plus, dans mon attachement pour la maison de mon Dieu, je donne à la maison de mon Dieu l'or et l'argent que je possède en propre, outre tout ce que j'ai préparé pour la maison du sanctuaire: trois mille talents d'or, 4 d'or d'Ophir, et sept mille talents d'argent épuré, pour en revêtir les parois des bâtiments, l'or pour ce qui 5 doit être d'or, et l'argent pour ce qui doit être d'argent, et pour tous les travaux qu'exécuteront les ouvriers. Qui veut encore présenter volontairement aujourd'hui ses offrandes à l'Éternel ?

6 Les chefs des maisons paternelles, les chefs des tribus d'Israël, les chefs de milliers et de centaines, et les intendants du roi firent volontairement
7 des offrandes. Ils donnèrent pour le service de la maison de Dieu cinq mille talents d'or, dix mille dariques, dix mille talents d'argent, dix-huit mille talents d'airain, et cent mille
8 talents de fer. Ceux qui possédaient des pierres les livrèrent pour le trésor de la maison de l'Éternel entre les
9 mains de Jehiel, le Guerschonite. Le peuple se réjouit de leurs offrandes volontaires, car c'était avec un cœur bien disposé qu'ils les faisaient à l'Éternel ; et le roi David en eut aussi une grande joie.
10 David bénit l'Éternel en présence de toute l'assemblée. Il dit : Béni sois-tu, d'éternité en éternité, Éternel,
11 Dieu de notre père Israël. A toi, Éternel, la grandeur, la force et la magnificence, l'éternité et la gloire, car tout ce qui est au ciel et sur la terre t'appartient ; à toi, Éternel, le règne, car tu t'élèves souverainement
12 au-dessus de tout ! C'est de toi que viennent la richesse et la gloire, c'est toi qui domines sur tout, c'est dans ta main que sont la force et la puissance, et c'est ta main qui a le pouvoir d'agrandir et d'affermir toutes choses.
13 Maintenant, ô notre Dieu, nous te louons, et nous célébrons ton nom
14 glorieux. Car qui suis-je et qui est mon peuple, que nous puissions te faire volontairement ces offrandes ? Tout vient de toi, et nous recevons de ta main ce que nous t'offrons.
15 Nous sommes devant toi des étrangers et des habitants, comme tous nos pères ; nos jours sur la terre sont comme l'ombre, et il n'y a point
16 d'espérance. Éternel, notre Dieu, c'est de ta main que viennent toutes ces richesses que nous avons préparées pour te bâtir une maison, à toi, à ton saint nom, et c'est à toi
17 que tout appartient. Je sais, ô mon Dieu, que tu sondes le cœur, et que tu aimes la droiture ; aussi je t'ai fait toutes ces offrandes volontaires dans la droiture de mon cœur, et j'ai vu maintenant avec joie ton peuple qui se trouve ici t'offrir volontairement
18 ses dons. Éternel, Dieu d'Abraham, d'Isaac et d'Israël, nos pères, maintiens à toujours dans le cœur de ton peuple ces dispositions et ces pensées, et affermis son cœur en toi. Donne
19 à mon fils Salomon un cœur dévoué à l'observation de tes commandements, de tes préceptes et de tes lois, afin qu'il mette en pratique toutes ces choses, et qu'il bâtisse le palais pour lequel j'ai fait des préparatifs.
20 David dit à toute l'assemblée : Bénissez l'Éternel, votre Dieu ! Et toute l'assemblée bénit l'Éternel, le Dieu de leurs pères. Ils s'inclinèrent et se prosternèrent devant l'Éternel
21 et devant le roi. Le lendemain de ce jour, ils offrirent en sacrifice et en holocauste à l'Éternel mille taureaux, mille béliers et mille agneaux, avec les libations ordinaires, et d'autres sacrifices en grand nombre pour tout
22 Israël. Ils mangèrent et burent ce jour-là devant l'Éternel avec une grande joie, ils proclamèrent roi pour la seconde fois Salomon, fils de David, ils l'oignirent devant l'Éternel comme chef, et ils oignirent Tsadok
23 comme sacrificateur. Salomon s'assit sur le trône de l'Éternel, comme roi à la place de David, son père. Il
24 prospéra, et tout Israël lui obéit. Tous les chefs et les héros, et même tous les fils du roi David se soumirent au roi Salomon. L'Éternel
25 éleva au plus haut degré Salomon sous les yeux de tout Israël, et il rendit son règne plus éclatant que ne fut celui d'aucun roi d'Israël avant lui.

26 David, fils d'Isaï, régna sur tout
27 Israël. Le temps qu'il régna sur Israël fut de quarante ans : à Hébron il régna sept ans, et à Jérusalem il
28 régna trente-trois ans. Il mourut dans une heureuse vieillesse, rassasié de jours, de richesse et de gloire. Et Salomon, son fils, régna à sa place.
29 Les actions du roi David, les premières et les dernières, sont écrites dans le livre de Samuel le voyant,

dans le livre de Nathan le prophète, et dans le livre de Gad le prophète, 30 avec tout son règne et tous ses exploits, et ce qui s'est passé de son temps, soit en Israël, soit dans tous les royaumes des autres pays.

LE SECOND LIVRE
DES CHRONIQUES

HISTOIRE DE SALOMON

Salomon roi. — Dieu lui accordant la sagesse et la gloire.

1 Salomon, fils de David, s'affermit dans son règne ; l'Éternel, son Dieu, fut avec lui, et l'éleva à un haut degré.

2 Salomon donna des ordres à tout Israël, aux chefs de milliers et de centaines, aux juges, aux princes de tout Israël, aux chefs des maisons

3 paternelles ; et Salomon se rendit avec toute l'assemblée au haut lieu qui était à Gabaon. Là se trouvait la tente d'assignation de Dieu, faite dans le désert par Moïse, serviteur

4 de l'Éternel ; mais l'arche de Dieu avait été transportée par David de Kirjath-Jearim à la place qu'il lui avait préparée, car il avait dressé

5 pour elle une tente à Jérusalem. Là se trouvait aussi, devant le tabernacle de l'Éternel, l'autel d'airain qu'avait fait Betsaleel, fils d'Uri, fils de Hur. Salomon et l'assemblée cherchèrent

6 l'Éternel. Et ce fut là, sur l'autel d'airain qui était devant la tente d'assignation, que Salomon offrit à l'Éternel mille holocaustes.

7 Pendant la nuit, Dieu apparut à Salomon et lui dit : Demande ce que

8 tu veux que je te donne. Salomon répondit à Dieu : Tu as traité David, mon père, avec une grande bienveillance, et tu m'as fait régner à sa

9 place. Maintenant, Éternel Dieu, que ta promesse à David, mon père, s'accomplisse, puisque tu m'as fait régner sur un peuple nombreux comme la

10 poussière de la terre ! Accorde-moi donc de la sagesse et de l'intelligence, afin que je sache me conduire à la tête de ce peuple ! Car qui pourrait juger ton peuple, ce peuple si grand ?

11 Dieu dit à Salomon : Puisque c'est là ce qui est dans ton cœur, puisque tu ne demandes ni des richesses, ni des biens, ni de la gloire, ni la mort de tes ennemis, ni même une longue vie, et que tu demandes pour toi de la sagesse et de l'intelligence afin de juger mon peuple sur lequel je t'ai fait régner, la sagesse et l'in-12 telligence te sont accordées. Je te donnerai, en outre, des richesses, des biens et de la gloire, comme n'en a jamais eu aucun roi avant toi et comme n'en aura aucun après toi.

13 Salomon revint à Jérusalem, après avoir quitté le haut lieu qui était à Gabaon et la tente d'assignation. Et il régna sur Israël.

14 Salomon rassembla des chars et de la cavalerie ; il avait quatorze cents chars et douze mille cavaliers, qu'il plaça dans les villes où il tenait ses chars et à Jérusalem près du roi. Le 15 roi rendit l'argent et l'or aussi communs à Jérusalem que les pierres, et les cèdres aussi communs que les sycomores qui croissent dans la plaine. C'était de l'Égypte que Sa-16 lomon tirait ses chevaux ; une caravane de marchands du roi les allait chercher par troupes à un prix fixe ; on faisait monter et sortir d'Égypte 17 un char pour six cents sicles d'argent, et un cheval pour cent cinquante sicles. Ils en amenaient de même avec eux pour tous les rois des Héthiens et pour les rois de Syrie.

Préparatifs de Salomon pour la construction du temple.

2 Salomon ordonna que l'on bâtît une maison au nom de l'Éternel et une maison royale pour lui.

2 Salomon compta soixante-dix

mille hommes pour porter les fardeaux, quatre-vingt mille pour tailler les pierres dans la montagne, et trois mille six cents pour les surveiller.

3 Salomon envoya dire à Huram, roi de Tyr : Fais pour moi comme tu as fait pour David, mon père, à qui tu as envoyé des cèdres afin qu'il se bâtît une maison d'habitation.

4 Voici, j'élève une maison au nom de l'Éternel, mon Dieu, pour la lui consacrer, pour brûler devant lui le parfum odoriférant, pour présenter continuellement les pains de proposition, et pour offrir les holocaustes du matin et du soir, des sabbats, des nouvelles lunes, et des fêtes de l'Éternel, notre Dieu, suivant une loi per-

5 pétuelle pour Israël. La maison que je vais bâtir doit être grande, car notre Dieu est plus grand que tous

6 les dieux. Mais qui a le pouvoir de lui bâtir une maison, puisque les cieux et les cieux des cieux ne peuvent le contenir ? Et qui suis-je pour lui bâtir une maison, si ce n'est pour faire brûler des parfums devant

7 lui ? Envoie-moi donc un homme habile pour les ouvrages en or, en argent, en airain et en fer, en étoffes teintes en pourpre, en cramoisi et en bleu, et connaissant la sculpture, afin qu'il travaille avec les hommes habiles qui sont auprès de moi en Juda et à Jérusalem et que David, mon

8 père, a choisis. Envoie-moi aussi du Liban des bois de cèdre, de cyprès et de sandal ; car je sais que tes serviteurs s'entendent à couper les bois du Liban. Voici, mes serviteurs

9 seront avec les tiens. Que l'on me prépare du bois en abondance, car la maison que je vais bâtir sera grande

10 et magnifique. Je donnerai à tes serviteurs qui couperont, qui abattront les bois, vingt mille cors de froment foulé, vingt mille cors d'orge, vingt mille baths de vin, et vingt mille baths d'huile.

11 Huram, roi de Tyr, répondit dans une lettre qu'il envoya à Salomon : C'est parce que l'Éternel aime son peuple qu'il t'a établi roi sur eux.

12 Huram dit encore : Béni soit l'Éternel, le Dieu d'Israël, qui a fait les cieux et la terre, de ce qu'il a donné au roi David un fils sage, prudent et intelligent, qui va bâtir une maison à l'Éternel et une maison royale pour

13 lui ! Je t'envoie donc un homme

14 habile et intelligent, Huram-Abi, fils d'une femme d'entre les filles de Dan, et d'un père Tyrien. Il est habile pour les ouvrages en or, en argent, en airain et en fer, en pierre et en bois, en étoffes teintes en pourpre et en bleu, en étoffes de byssus et de carmin, et pour toute espèce de sculptures et d'objets d'art qu'on lui donne à exécuter. Il travaillera avec tes hommes habiles et avec les hommes habiles de mon

15 seigneur David, ton père. Maintenant, que mon seigneur envoie à ses serviteurs le froment, l'orge, l'huile

16 et le vin dont il a parlé. Et nous, nous couperons des bois du Liban autant que tu en auras besoin ; nous te les expédierons par mer en radeaux jusqu'à Japho, et tu les feras monter à Jérusalem.

17 Salomon compta tous les étrangers qui étaient dans le pays d'Israël, et dont le dénombrement avait été fait par David, son père. On en trouva cent cinquante-trois mille six cents.

18 Et il en prit soixante-dix mille pour porter les fardeaux, quatre-vingt mille pour tailler les pierres dans la montagne, et trois mille six cents pour surveiller et faire travailler le peuple.

Construction du temple.

3 Salomon commença à bâtir la maison de l'Éternel à Jérusalem, sur la montagne de Morija, qui avait été indiquée à David, son père, dans le lieu préparé par David sur l'aire

2 d'Ornan, le Jébusien. Il commença à bâtir le second jour du second mois de la quatrième année de son règne.

3 Voici sur quels fondements Salomon bâtit la maison de Dieu. La longueur en coudées de l'ancienne mesure était de soixante coudées, et la largeur de vingt coudées. Le

4 portique sur le devant avait vingt coudées de longueur, répondant à la largeur de la maison, et cent vingt

de hauteur ; Salomon le couvrit intérieurement d'or pur.

5 Il revêtit de bois de cyprès la
grande maison, la couvrit d'or pur,
et y fit sculpter des palmes et des
6 chaînettes. Il couvrit la maison de
pierres précieuses comme ornement ;
7 et l'or était de l'or de Parvaïm. Il
couvrit d'or la maison, les poutres,
les seuils, les parois et les battants
des portes, et il fit sculpter des
chérubins sur les parois.

8 Il fit la maison du lieu très saint ;
elle avait vingt coudées de longueur,
répondant à la largeur de la maison,
et vingt coudées de largeur. Il la
couvrit d'or pur, pour une valeur de
9 six cents talents ; et le poids de l'or
pour les clous montait à cinquante
sicles. Il couvrit aussi d'or les
chambres hautes.

10 Il fit dans la maison du lieu très
saint deux chérubins sculptés, et
11 on les couvrit d'or. Les ailes des
chérubins avaient vingt coudées de
longueur. L'aile du premier, longue
de cinq coudées, touchait au mur de
la maison ; et l'autre aile, longue de
cinq coudées, touchait à l'aile du
12 second chérubin. L'aile du second
chérubin, longue de cinq coudées,
touchait au mur de la maison ; et
l'autre aile, longue de cinq coudées,
joignait l'aile du premier chérubin.
13 Les ailes de ces chérubins, déployées,
avaient vingt coudées. Ils étaient
debout sur leurs pieds, la face tournée
vers la maison.

14 Il fit le voile bleu, pourpre et
cramoisi, et de byssus, et il y représenta des chérubins.

*Les deux colonnes d'airain, l'autel d'airain,
la mer d'airain, les bassins, et les divers
ustensiles pour le temple.*

15 Il fit devant la maison deux
colonnes de trente-cinq coudées de
hauteur, avec un chapiteau de cinq
16 coudées sur leur sommet. Il fit des
chaînettes comme celles qui étaient
dans le sanctuaire, et les plaça sur
le sommet des colonnes, et il fit cent
grenades qu'il mit dans les chaînettes.
17 Il dressa les colonnes sur le devant
du temple, l'une à droite et l'autre

à gauche ; il nomma celle de droite
Jakin, et celle de gauche Boaz.

4 Il fit un autel d'airain, long de
vingt coudées, large de vingt coudées,
et haut de dix coudées.

2 Il fit la mer de fonte. Elle avait
dix coudées d'un bord à l'autre,
une forme entièrement ronde, cinq
coudées de hauteur, et une circonférence que mesurait un cordon de
trente coudées. 3 Des figures de bœufs
l'entouraient au-dessous de son bord,
dix par coudée, faisant tout le tour
de la mer ; les bœufs, disposés sur
deux rangs, étaient fondus avec elle
en une seule pièce. 4 Elle était posée
sur douze bœufs, dont trois tournés
vers le nord, trois tournés vers l'occident, trois tournés vers le midi, et
trois tournés vers l'orient ; la mer
était sur eux, et toute la partie
postérieure de leur corps était en
dedans. 5 Son épaisseur était d'un
palme ; et son bord, semblable au
bord d'une coupe, était façonné en
fleur de lis. Elle pouvait contenir
trois mille baths.

6 Il fit dix bassins, et il en plaça
cinq à droite et cinq à gauche, pour
qu'ils servissent aux purifications :
on y lavait les diverses parties des
holocaustes. La mer était destinée
aux ablutions des sacrificateurs.

7 Il fit dix chandeliers d'or, selon
l'ordonnance qui les concernait, et il
les plaça dans le temple, cinq à droite
et cinq à gauche.

8 Il fit dix tables, et il les plaça
dans le temple, cinq à droite et cinq
à gauche.

Il fit cent coupes d'or.

9 Il fit le parvis des sacrificateurs, et
le grand parvis avec ses portes, dont
il couvrit d'airain les battants.

10 Il plaça la mer du côté droit, au
sud-est.

11 Huram fit les cendriers, les pelles
et les coupes.

Ainsi Huram acheva l'ouvrage que
le roi Salomon lui fit faire pour la
maison de Dieu : 12 deux colonnes, avec
les deux chapiteaux et leurs bourrelets sur le sommet des colonnes ; les
deux treillis, pour couvrir les deux
bourrelets des chapiteaux sur le

13 sommet des colonnes; les quatre cents grenades pour les deux treillis, deux rangées de grenades par treillis, pour couvrir les deux bourrelets des chapiteaux sur le sommet des 14 colonnes; les dix bases, et les dix 15 bassins sur les bases; la mer, et les 16 douze bœufs sous elle; les cendriers, les pelles et les fourchettes. Tous ces ustensiles que le roi Salomon fit faire à Huram-Abi pour la maison 17 de l'Éternel étaient d'airain poli. Le roi les fit fondre dans la plaine du Jourdain, dans un sol argileux, entre 18 Succoth et Tseréda. Salomon fit tous ces ustensiles en si grande quantité que l'on ne vérifia pas le poids de l'airain.

19 Salomon fit encore tous les autres ustensiles pour la maison de Dieu : l'autel d'or; les tables sur lesquelles on mettait les pains de proposition ; 20 les chandeliers et leurs lampes d'or pur, qu'on devait allumer selon l'or-21 donnance devant le sanctuaire, les fleurs, les lampes et les mouchettes 22 d'or, d'or très pur; les couteaux, les coupes, les tasses et les brasiers d'or pur ; et les battants d'or pour la porte de l'intérieur de la maison à l'entrée du lieu très saint, et pour la porte de la maison à l'entrée du temple.

5 Ainsi fut achevé tout l'ouvrage que Salomon fit pour la maison de l'Éternel. Puis il apporta l'argent, l'or et tous les ustensiles que David, son père, avait consacrés, et il les mit dans les trésors de la maison de Dieu.

Dédicace du temple.—Prière de Salomon.—
Apparition de Dieu à Salomon.

2 Alors Salomon assembla à Jérusalem les anciens d'Israël et tous les chefs des tribus, les chefs de familles des enfants d'Israël, pour transporter de la cité de David, qui est Sion, l'arche de l'alliance de l'Éternel.

3 Tous les hommes d'Israël se réunirent auprès du roi pour la fête, qui se célébra le septième mois.

4 Lorsque tous les anciens d'Israël furent arrivés, les Lévites portèrent 5 l'arche. Ils transportèrent l'arche, la tente d'assignation, et tous les ustensiles sacrés qui étaient dans la tente : ce furent les sacrificateurs et les Lévites qui les transportèrent. Le roi Salomon et toute l'assemblée 6 d'Israël convoquée auprès de lui se tinrent devant l'arche. Ils sacrifièrent des brebis et des bœufs, qui ne purent être ni comptés, ni nombrés, à cause de leur multitude. Les sacrificateurs 7 portèrent l'arche de l'alliance de l'Éternel à sa place, dans le sanctuaire de la maison, dans le lieu très saint, sous les ailes des chérubins. Les 8 chérubins avaient les ailes étendues sur la place de l'arche, et ils couvraient l'arche et ses barres par-dessus. On 9 avait donné aux barres une longueur telle que leurs extrémités se voyaient à distance de l'arche devant le sanctuaire, mais ne se voyaient point du dehors. L'arche a été là jusqu'à ce jour. Il n'y avait dans l'arche 10 que les deux tables que Moïse y plaça en Horeb, lorsque l'Éternel fit alliance avec les enfants d'Israël, à leur sortie d'Égypte.

Au moment où les sacrificateurs 11 sortirent du lieu saint,—car tous les sacrificateurs présents s'étaient sanctifiés sans observer l'ordre des classes, et tous les Lévites qui étaient 12 chantres, Asaph, Héman, Jeduthun, leurs fils et leurs frères, revêtus de byssus, se tenaient à l'orient de l'autel avec des cymbales, des luths et des harpes, et avaient auprès d'eux cent vingt sacrificateurs sonnant des trompettes,—et lorsque ceux qui sonnaient 13 des trompettes et ceux qui chantaient, s'unissant d'un même accord pour célébrer et pour louer l'Éternel, firent retentir les trompettes, les cymbales et les autres instruments, et célébrèrent l'Éternel par ces paroles : Car il est bon, car sa miséricorde dure à toujours! en ce moment, la maison, la maison de l'Éternel fut remplie d'une nuée. Les sacrificateurs ne 14 purent pas y rester pour faire le service, à cause de la nuée ; car la gloire de l'Éternel remplissait la maison de Dieu.

Alors Salomon dit : L'Éternel veut 6 habiter dans l'obscurité ! Et moi, j'ai 2 bâti une maison qui sera ta demeure, un lieu où tu résideras éternellement !

3 Le roi tourna son visage, et bénit toute l'assemblée d'Israël ; et toute 4 l'assemblée d'Israël était debout. Et il dit : Béni soit l'Éternel, le Dieu d'Israël, qui a parlé de sa bouche à David, mon père, et qui accomplit par sa puissance ce qu'il avait déclaré en 5 disant : Depuis le jour où j'ai fait sortir mon peuple du pays d'Égypte, je n'ai point choisi de ville parmi toutes les tribus d'Israël pour qu'il y fût bâti une maison où résidât mon nom, et je n'ai point choisi d'homme pour qu'il fût chef de mon peuple 6 d'Israël ; mais j'ai choisi Jérusalem pour que mon nom y résidât, et j'ai choisi David pour qu'il régnât sur 7 mon peuple d'Israël ! David, mon père, avait l'intention de bâtir une maison au nom de l'Éternel, le Dieu 8 d'Israël. Et l'Éternel dit à David, mon père : Puisque tu as eu l'intention de bâtir une maison à mon nom, tu as bien fait d'avoir eu cette intention. 9 Seulement, ce ne sera pas toi qui bâtiras la maison ; mais ce sera ton fils, sorti de tes entrailles, qui bâtira 10 la maison à mon nom. L'Éternel a accompli la parole qu'il avait prononcée. Je me suis élevé à la place de David, mon père, et je me suis assis sur le trône d'Israël, comme l'avait annoncé l'Éternel, et j'ai bâti la maison au nom de l'Éternel, le 11 Dieu d'Israël. J'y ai placé l'arche où est l'alliance de l'Éternel, l'alliance qu'il a faite avec les enfants d'Israël.

12 Salomon se plaça devant l'autel de l'Éternel, en face de toute l'assemblée d'Israël, et il étendit ses mains. 13 Car Salomon avait fait une tribune d'airain, et l'avait mise au milieu du parvis ; elle était longue de cinq coudées, large de cinq coudées, et haute de trois coudées ; il s'y plaça, se mit à genoux en face de toute l'assemblée d'Israël, et étendit ses mains vers le ciel. Et il dit :

14 O Éternel, Dieu d'Israël ! Il n'y a point de Dieu semblable à toi, dans les cieux et sur la terre : tu gardes l'alliance et la miséricorde envers tes serviteurs qui marchent en ta présence de tout leur cœur ! Ainsi tu as tenu 15 parole à ton serviteur David, mon père ; et ce que tu as déclaré de ta bouche, tu l'accomplis en ce jour par ta puissance. Maintenant, Éternel, Dieu 16 d'Israël, observe la promesse que tu as faite à David, mon père, en disant : Tu ne manqueras jamais devant moi d'un successeur assis sur le trône d'Israël, pourvu que tes fils prennent garde à leur voie et qu'ils marchent dans ma loi comme tu as marché en ma présence. Qu'elle s'accomplisse 17 donc, Éternel, Dieu d'Israël, la promesse que tu as faite à ton serviteur David !

Mais quoi ! Dieu habiterait-il véri- 18 tablement avec l'homme sur la terre ? Voici, les cieux et les cieux des cieux ne peuvent te contenir : combien moins cette maison que j'ai bâtie ! Toutefois, Éternel, mon Dieu, sois 19 attentif à la prière de ton serviteur et à sa supplication ; écoute le cri et la prière que t'adresse ton serviteur. Que tes yeux soient jour et nuit 20 ouverts sur cette maison, sur le lieu dont tu as dit que là serait ton nom ! Écoute la prière que ton serviteur fait en ce lieu. Daigne exaucer les 21 supplications de ton serviteur et de ton peuple d'Israël, lorsqu'ils prieront en ce lieu ! Exauce du lieu de ta demeure, des cieux, exauce et pardonne !

Si quelqu'un pèche contre son 22 prochain et qu'on lui impose un serment pour le faire jurer, et s'il vient jurer devant ton autel, dans cette maison,—écoute-le des cieux, 23 agis, et juge tes serviteurs ; condamne le coupable, et fais retomber sa conduite sur sa tête ; rends justice à l'innocent, et traite-le selon son innocence !

Quand ton peuple d'Israël sera 24 battu par l'ennemi, pour avoir péché contre toi ; s'ils reviennent à toi et rendent gloire à ton nom, s'ils t'adressent des prières et des supplications dans cette maison,—exauce-les des 25 cieux, pardonne le péché de ton peuple d'Israël, et ramène-les dans le pays que tu as donné à eux et à leurs pères !

26 Quand le ciel sera fermé et qu'il n'y aura point de pluie, à cause de leurs péchés contre toi ; s'ils prient dans ce lieu et rendent gloire à ton nom, et s'ils se détournent de leurs péchés, parce que tu les auras châtiés, 27 —exauce-les des cieux, pardonne le péché de tes serviteurs et de ton peuple d'Israël, à qui tu enseigneras la bonne voie dans laquelle ils doivent marcher, et fais venir la pluie sur la terre que tu as donnée pour héritage à ton peuple !

28 Quand la famine, la peste, la rouille et la nielle, les sauterelles d'une espèce ou d'une autre, seront dans le pays, quand l'ennemi assiégera ton peuple dans son pays, dans ses portes, quand il y aura des fléaux ou des maladies 29 quelconques ; si un homme, si tout ton peuple d'Israël fait entendre des prières et des supplications, et que chacun reconnaisse sa plaie et sa douleur et étende les mains vers 30 cette maison,—exauce-le des cieux, du lieu de ta demeure, et pardonne ; rends à chacun selon ses voies, toi qui connais le cœur de chacun, car seul tu connais le cœur des enfants 31 des hommes, et ils te craindront pour marcher dans tes voies tout le temps qu'ils vivront dans le pays que tu as donné à nos pères !

32 Quand l'étranger, qui n'est pas de ton peuple d'Israël, viendra d'un pays lointain, à cause de ton grand nom, de ta main forte et de ton bras étendu, quand il viendra prier dans 33 cette maison,—exauce-le des cieux, du lieu de ta demeure, et accorde à cet étranger tout ce qu'il te demandera, afin que tous les peuples de la terre connaissent ton nom pour te craindre, comme ton peuple d'Israël, et sachent que ton nom est invoqué sur cette maison que j'ai bâtie !

34 Quand ton peuple sortira pour combattre ses ennemis, en suivant la voie que tu lui auras prescrite ; s'ils t'adressent des prières, les regards tournés vers cette ville que tu as choisie et vers la maison que j'ai 35 bâtie en ton nom,—exauce des cieux

leurs prières et leurs supplications, et fais-leur droit !

36 Quand ils pécheront contre toi, car il n'y a point d'homme qui ne pèche, quand tu seras irrité contre eux et que tu les livreras à l'ennemi, qui les emmènera captifs dans un pays lointain ou rapproché ; s'ils rentrent 37 en eux-mêmes dans le pays où ils seront captifs, s'ils reviennent à toi et t'adressent des supplications dans le pays de leur captivité, et qu'ils disent : Nous avons péché, nous avons commis des iniquités, nous avons fait le mal ! s'ils reviennent 38 à toi de tout leur cœur et de toute leur âme, dans le pays de leur captivité où ils ont été emmenés captifs, s'ils t'adressent des prières, les regards tournés vers leur pays que tu as donné à leurs pères, vers la ville que tu as choisie et vers la maison que j'ai bâtie à ton nom,— exauce des cieux, du lieu de ta 39 demeure, leurs prières et leurs supplications, et fais-leur droit ; pardonne à ton peuple ses péchés contre toi !

40 Maintenant, ô mon Dieu, que tes yeux soient ouverts, et que tes oreilles soient attentives à la prière faite en ce lieu ! Maintenant, Éternel Dieu, 41 lève-toi, viens à ton lieu de repos, toi et l'arche de ta majesté. Que tes sacrificateurs, Éternel Dieu, soient revêtus de salut, et que tes bien-aimés jouissent du bonheur ! Éternel Dieu, ne repousse pas ton oint, 42 souviens-toi des grâces accordées à David, ton serviteur !

7 Lorsque Salomon eut achevé de prier, le feu descendit du ciel et consuma l'holocauste et les sacrifices, et la gloire de l'Éternel remplit la maison. Les sacrificateurs ne pou-2 vaient entrer dans la maison de l'Éternel, car la gloire de l'Éternel remplissait la maison de l'Éternel. Tous les enfants d'Israël virent des-3 cendre le feu et la gloire de l'Éternel sur la maison ; ils s'inclinèrent le visage contre terre sur le pavé, se prosternèrent, et louèrent l'Éternel, en disant : Car il est bon, car sa miséricorde dure à toujours !

Le roi et tout le peuple offrirent 4

5 des sacrifices devant l'Éternel. Le roi Salomon immola vingt-deux mille bœufs et cent vingt mille brebis. Ainsi le roi et tout le peuple firent la dédicace de la maison de Dieu.

6 Les sacrificateurs se tenaient à leur poste, et les Lévites aussi avec les instruments faits en l'honneur de l'Éternel par le roi David pour le chant des louanges de l'Éternel, lorsque David les chargea de célébrer l'Éternel en disant : Car sa miséricorde dure à toujours ! Les sacrificateurs sonnaient des trompettes vis-à-vis d'eux. Et tout Israël était là.

7 Salomon consacra le milieu du parvis qui est devant la maison de l'Éternel ; car il offrit là les holocaustes et les graisses des sacrifices d'actions de grâces, parce que l'autel d'airain qu'avait fait Salomon ne pouvait contenir les holocaustes, les offrandes et les graisses.

8 Salomon célébra la fête en ce temps-là pendant sept jours, et tout Israël avec lui ; une grande multitude était venue depuis les environs de Hamath jusqu'au torrent d'Égypte.

9 Le huitième jour, ils eurent une assemblée solennelle ; car ils firent la dédicace de l'autel pendant sept jours,

10 et la fête pendant sept jours. Le vingt-troisième jour du septième mois, Salomon renvoya dans ses tentes le peuple joyeux et content pour le bien que l'Éternel avait fait à David, à Salomon, et à Israël, son peuple.

11 Lorsque Salomon eut achevé la maison de l'Éternel et la maison du roi, et qu'il eut réussi dans tout ce qu'il s'était proposé de faire dans la maison de l'Éternel et dans la maison

12 du roi, l'Éternel apparut à Salomon pendant la nuit, et lui dit : J'exauce ta prière, et je choisis ce lieu comme la maison où l'on devra m'offrir des

13 sacrifices. Quand je fermerai le ciel et qu'il n'y aura point de pluie, quand j'ordonnerai aux sauterelles de consumer le pays, quand j'enverrai la

14 peste parmi mon peuple ; si mon peuple sur qui est invoqué mon nom s'humilie, prie, et cherche ma face, et s'il se détourne de ses mauvaises

voies,—je l'exaucerai des cieux, je lui pardonnerai son péché, et je guérirai son pays. Mes yeux seront ouverts 15 désormais, et mes oreilles seront attentives à la prière faite en ce lieu. Maintenant, je choisis et je sanctifie 16 cette maison pour que mon nom y réside à jamais, et j'aurai toujours là mes yeux et mon cœur. Et toi, si 17 tu marches en ma présence comme a marché David, ton père, faisant tout ce que je t'ai commandé, et si tu observes mes lois et mes ordonnances, j'affermirai le trône de ton 18 royaume, comme je l'ai promis à David, ton père, en disant : Tu ne manqueras jamais d'un successeur qui règne en Israël. Mais si vous 19 vous détournez, si vous abandonnez mes lois et mes commandements que je vous ai prescrits, et si vous allez servir d'autres dieux et vous prosterner devant eux, je vous ar- 20 racherai de mon pays que je vous ai donné, je rejetterai loin de moi cette maison que j'ai consacrée à mon nom, et j'en ferai un sujet de sarcasme et de raillerie parmi tous les peuples. Et si haut placée qu'ait été cette 21 maison, quiconque passera près d'elle sera dans l'étonnement, et dira : Pourquoi l'Éternel a-t-il ainsi traité ce pays et cette maison ? Et l'on ré- 22 pondra : Parce qu'ils ont abandonné l'Éternel, le Dieu de leurs pères, qui les a fait sortir du pays d'Égypte, parce qu'ils se sont attachés à d'autres dieux, se sont prosternés devant eux et les ont servis ; voilà pourquoi il a fait venir sur eux tous ces maux.

Villes bâties par Salomon.—Navires envoyés à Ophir.

Au bout de vingt ans, pendant **8** lesquels Salomon bâtit la maison de l'Éternel et sa propre maison, il 2 reconstruisit les villes que lui donna Huram et y établit des enfants d'Israël. Salomon marcha contre 3 Hamath, vers Tsoba, et s'en empara. Il bâtit Thadmor au désert, et toutes 4 les villes servant de magasins en Hamath. Il bâtit Beth-Horon la 5 haute et Beth-Horon la basse, villes fortes, ayant des murs, des portes et

6 des barres ; Baalath, et toutes les villes servant de magasins et lui appartenant, toutes les villes pour les chars, les villes pour la cavalerie, et tout ce qu'il plut à Salomon de bâtir à Jérusalem, au Liban, et dans tout le pays dont il était le souverain.

7 Tout le peuple qui était resté des Héthiens, des Amoréens, des Phéréziens, des Héviens et des Jébusiens,
8 ne faisant point partie d'Israël, leurs descendants qui étaient restés après eux dans le pays et que les enfants d'Israël n'avaient pas détruits, Salomon les leva comme gens de corvée, ce qu'ils ont été jusqu'à ce jour.
9 Salomon n'employa comme esclave pour ses travaux aucun des enfants d'Israël ; car ils étaient des hommes de guerre, ses chefs, ses officiers, les commandants de ses chars et de
10 sa cavalerie. Les chefs placés par le roi Salomon à la tête du peuple, et chargés de le surveiller, étaient au nombre de deux cent cinquante.
11 Salomon fit monter la fille de Pharaon de la cité de David dans la maison qu'il lui avait bâtie ; car il dit : Ma femme n'habitera pas dans la maison de David, roi d'Israël, parce que les lieux où est entrée l'arche de l'Éternel sont saints.
12 Alors Salomon offrit des holocaustes à l'Éternel sur l'autel de l'Éternel, qu'il avait construit devant
13 le portique. Il offrait ce qui était prescrit par Moïse pour chaque jour, pour les sabbats, pour les nouvelles lunes, et pour les fêtes, trois fois l'année, à la fête des pains sans levain, à la fête des semaines, et à la
14 fête des tabernacles. Il établit dans leurs fonctions, telles que les avait réglées David, son père, les classes des sacrificateurs selon leur office, les Lévites selon leur charge, consistant à célébrer l'Éternel et à faire jour par jour le service en présence des sacrificateurs, et les portiers distribués à chaque porte d'après leurs classes ; car ainsi l'avait ordonné David,
15 homme de Dieu. On ne s'écarta point de l'ordre du roi pour les sacrificateurs et les Lévites, ni pour aucune chose, ni pour ce qui concernait les trésors.

16 Ainsi fut dirigée toute l'œuvre de Salomon, jusqu'au jour où la maison de l'Éternel fut fondée et jusqu'à celui où elle fut terminée. La maison de l'Éternel fut donc achevée.
17 Salomon partit alors pour Etsjon-Guéber et pour Éloth, sur les bords de la mer, dans le pays d'Édom. Et
18 Huram lui envoya par ses serviteurs des navires et des serviteurs connaissant la mer. Ils allèrent avec les serviteurs de Salomon à Ophir, et ils y prirent quatre cent cinquante talents d'or, qu'ils apportèrent au roi Salomon.

La reine de Séba à Jérusalem.—Richesses de Salomon.—Sa mort.

9 La reine de Séba apprit la renommée de Salomon, et elle vint à Jérusalem pour l'éprouver par des énigmes. Elle avait une suite fort nombreuse, et des chameaux portant des aromates, de l'or en grande quantité et des pierres précieuses. Elle se rendit auprès de Salomon, et elle lui dit tout ce qu'elle avait dans le cœur. Salomon répondit à toutes 2 ses questions, et il n'y eut rien que Salomon ne sût lui expliquer.

La reine de Séba vit la sagesse de 3 Salomon, et la maison qu'il avait bâtie, et les mets de sa table, et la 4 demeure de ses serviteurs, et les fonctions et les vêtements de ceux qui le servaient, et ses échansons et leurs vêtements, et les degrés par lesquels on montait à la maison de l'Éternel. Hors d'elle-même, elle dit 5 au roi : C'était donc vrai ce que j'ai appris dans mon pays au sujet de ta position et de ta sagesse ! Je ne 6 croyais pas ce qu'on en disait, avant d'être venue et d'avoir vu de mes yeux. Et voici, on ne m'a pas raconté la moitié de la grandeur de ta sagesse. Tu surpasses ce que la renommée m'a fait connaître. Heureux tes gens, heureux tes 7 serviteurs, qui sont continuellement devant toi et qui entendent ta sagesse ! Béni soit l'Éternel, ton 8 Dieu, qui t'a accordé la faveur de te placer sur son trône comme roi pour l'Éternel, ton Dieu! C'est parce que ton Dieu aime Israël et veut le faire subsister à toujours, qu'il t'a établi roi sur lui pour que tu fasses droit et justice.

9 Elle donna au roi cent vingt talents d'or, une très grande quantité d'aromates, et des pierres précieuses. Il n'y eut plus d'aromates tels que ceux donnés au roi Salomon par la reine de Séba.

10 Les serviteurs de Huram et les serviteurs de Salomon, qui apportèrent de l'or d'Ophir, amenèrent aussi du bois de sandal et des pierres

11 précieuses. Le roi fit avec le bois de sandal des escaliers pour la maison de l'Éternel et pour la maison du roi, et des harpes et des luths pour les chantres. On n'en avait pas vu de semblable auparavant dans le pays de Juda.

12 Le roi Salomon donna à la reine de Séba tout ce qu'elle désira, ce qu'elle demanda, plus qu'elle n'avait apporté au roi. Puis elle s'en retourna et alla dans son pays, elle et ses serviteurs.

13 Le poids de l'or qui arrivait chaque année à Salomon était de six cent

14 soixante-six talents d'or, outre ce qu'il retirait des négociants et des marchands qui en apportaient, de tous les rois d'Arabie et des gouverneurs du pays, qui apportaient de l'or et de l'argent à Salomon.

15 Le roi Salomon fit deux cents grands boucliers d'or battu, pour chacun desquels il employa six cents

16 sicles d'or battu, et trois cents autres boucliers d'or battu, pour chacun desquels il employa trois cents sicles d'or; et le roi les mit dans la maison

17 de la forêt du Liban. Le roi fit un grand trône d'ivoire, et le couvrit

18 d'or pur. Ce trône avait six degrés, et un marchepied d'or attenant au trône; il y avait des bras de chaque côté du siège; deux lions étaient

19 près des bras, et douze lions sur les six degrés de part et d'autre. Il ne

s'est rien fait de pareil pour aucun royaume. Toutes les coupes du roi 20 Salomon étaient d'or, et toute la vaisselle de la maison de la forêt du Liban était d'or pur. Rien n'était d'argent: on n'en faisait aucun cas du temps de Salomon. Car le roi 21 avait des navires de Tarsis naviguant avec les serviteurs de Huram; et tous les trois ans arrivaient les navires de Tarsis, apportant de l'or et de l'argent, de l'ivoire, des singes et des paons.

Le roi Salomon fut plus grand 22 que tous les rois de la terre par les richesses et par la sagesse. Tous les 23 rois de la terre cherchaient à voir Salomon, pour entendre la sagesse que Dieu avait mise dans son cœur. Et chacun d'eux apportait son pré- 24 sent, des objets d'argent et des objets d'or, des vêtements, des armes, des aromates, des chevaux et des mulets; et il en était ainsi chaque année. Salomon avait quatre mille crèches 25 pour les chevaux destinés à ses chars, et douze mille cavaliers qu'il plaça dans les villes où il tenait ses chars et à Jérusalem près du roi. Il 26 dominait sur tous les rois, depuis le fleuve jusqu'au pays des Philistins et jusqu'à la frontière d'Égypte. Le 27 roi rendit l'argent aussi commun à Jérusalem que les pierres, et les cèdres aussi nombreux que les sycomores qui croissent dans la plaine. C'était de l'Égypte et de tous les 28 pays que l'on tirait des chevaux pour Salomon.

Le reste des actions de Salomon, 29 les premières et les dernières, cela n'est-il pas écrit dans le livre de Nathan le prophète, dans la prophétie d'Achija de Silo, et dans les révélations de Jéedo le prophète sur Jéroboam, fils de Nebath?

Salomon régna quarante ans à 30 Jérusalem sur tout Israël. Puis 31 Salomon se coucha avec ses pères, et on l'enterra dans la ville de David, son père. Et Roboam, son fils, régna à sa place.

HISTOIRE DU ROYAUME DE JUDA
DEPUIS LE SCHISME JUSQU'A LA CAPTIVITÉ

Division du royaume : Roboam roi de Juda, Jéroboam roi d'Israël.

10 Roboam se rendit à Sichem, car tout Israël était venu à Sichem pour le faire roi.

2 Lorsque Jéroboam, fils de Nebath, eut des nouvelles, il était en Égypte, où il s'était enfui loin du roi Salomon,

3 et il revint d'Égypte. On l'envoya appeler. Alors Jéroboam et tout Israël vinrent à Roboam et lui

4 parlèrent ainsi : Ton père a rendu notre joug dur ; maintenant allège cette rude servitude et le joug pesant que nous a imposé ton père. Et

5 nous te servirons. Il leur dit : Revenez vers moi dans trois jours. Et le peuple s'en alla.

6 Le roi Roboam consulta les vieillards qui avaient été auprès de Salomon, son père, pendant sa vie, et il dit : Que conseillez-vous de

7 répondre à ce peuple ? Et voici ce qu'ils lui dirent : Si tu es bon envers ce peuple, si tu les reçois favorablement, et si tu leur parles avec bienveillance, ils seront pour toujours tes

8 serviteurs. Mais Roboam laissa le conseil que lui donnaient les vieillards, et il consulta les jeunes gens qui avaient grandi avec lui et qui

9 l'entouraient. Il leur dit : Que conseillez-vous de répondre à ce peuple qui me tient ce langage : Allège le joug que nous a imposé ton père ?

10 Et voici ce que lui dirent les jeunes gens qui avaient grandi avec lui : Tu parleras ainsi à ce peuple qui t'a tenu ce langage : Ton père a rendu notre joug pesant, et toi, allège-le-nous ! tu leur parleras ainsi : Mon petit doigt est plus gros que les reins

11 de mon père. Maintenant, mon père vous a chargés d'un joug pesant, et moi je vous le rendrai plus pesant ; mon père vous a châtiés avec des fouets, et moi je vous châtierai avec des scorpions.

12 Jéroboam et tout le peuple vinrent à Roboam le troisième jour, suivant ce qu'avait dit le roi : Revenez vers moi dans trois jours. Le roi leur 13 répondit durement. Le roi Roboam laissa le conseil des vieillards, et leur 14 parla ainsi d'après le conseil des jeunes gens : Mon père a rendu votre joug pesant, et moi je le rendrai plus pesant ; mon père vous a châtiés avec des fouets, et moi je vous châtierai avec des scorpions. Ainsi le 15 roi n'écouta point le peuple ; car cela fut dirigé par Dieu, en vue de l'accomplissement de la parole que l'Éternel avait dite par Achija de Silo à Jéroboam, fils de Nebath.

Lorsque tout Israël vit que le roi 16 ne l'écoutait pas, le peuple répondit au roi : Quelle part avons-nous avec David ? Nous n'avons point d'héritage avec le fils d'Isaï ! A tes tentes, Israël ! Maintenant, pourvois à ta maison, David ! Et tout Israël s'en alla dans ses tentes. Les enfants 17 d'Israël qui habitaient les villes de Juda furent les seuls sur qui régna Roboam. Alors le roi Roboam en- 18 voya Hadoram, qui était préposé sur les impôts. Mais Hadoram fut lapidé par les enfants d'Israël, et il mourut. Et le roi Roboam se hâta de monter sur un char, pour s'enfuir à Jérusalem. C'est ainsi qu'Israël 19 s'est détaché de la maison de David jusqu'à ce jour.

Précautions de Roboam pour s'affermir dans son royaume. — Idolâtrie. — Invasion de Schischak, roi d'Égypte. — Mort de Roboam.

11 Roboam, arrivé à Jérusalem, rassembla la maison de Juda et de Benjamin, cent quatre-vingt mille hommes d'élite propres à la guerre, pour qu'ils combattissent contre Israël afin de le ramener sous la domination de Roboam. Mais la parole de l'É- 2 ternel fut ainsi adressée à Schemaeja, homme de Dieu : Parle à Roboam, 3 fils de Salomon, roi de Juda, et à tout Israël en Juda et en Benjamin. Et dis-leur : Ainsi parle l'Éternel : Ne 4 montez point, et ne faites pas la guerre à vos frères ! Que chacun de vous retourne dans sa maison, car c'est de par moi que cette chose est arrivée. Ils obéirent aux paroles de l'Éternel, et ils s'en retournèrent, renonçant à marcher contre Jéroboam.

5 Roboam demeura à Jérusalem, et 6 il bâtit des villes fortes en Juda. Il 7 bâtit Bethléhem, Étham, Tekoa, 8 Beth-Tsur, Soco, Adullam, Gath, 9 Marésha, Ziph, Adoraïm, Lakis, 10 Azéka, Tsorea, Ajalon et Hébron, qui étaient en Juda et en Benjamin, 11 et il en fit des villes fortes. Il les fortifia, et y établit des commandants, et des magasins de vivres, d'huile et 12 de vin. Il mit dans chacune de ces villes des boucliers et des lances, et il les rendit très fortes. Juda et Benjamin étaient à lui.

13 Les sacrificateurs et les Lévites qui se trouvaient dans tout Israël quittèrent leurs demeures pour se 14 rendre auprès de lui ; car les Lévites abandonnèrent leurs banlieues et leurs propriétés et vinrent en Juda et à Jérusalem, parce que Jéroboam et ses fils les empêchèrent de remplir leurs fonctions comme sacrificateurs 15 de l'Éternel. Jéroboam établit des sacrificateurs pour les hauts lieux, pour les boucs, et pour les veaux 16 qu'il avait faits. Ceux de toutes les tribus d'Israël qui avaient à cœur de chercher l'Éternel, le Dieu d'Israël, suivirent les Lévites à Jérusalem pour sacrifier à l'Éternel, le Dieu de 17 leurs pères. Ils donnèrent ainsi de la force au royaume de Juda, et affermirent Roboam, fils de Salomon, pendant trois ans ; car ils marchèrent pendant trois ans dans la voie de David et de Salomon.

18 Roboam prit pour femme Mahalath, fille de Jerimoth, fils de David et d'Abichaïl, fille d'Éliab, fils d'Isaï. 19 Elle lui enfanta des fils : Jeusch, 20 Schemaria et Zaham. Après elle, il prit Maaca, fille d'Absalom. Elle lui enfanta Abija, Attaï, Ziza et Sche- 21 lomith. Roboam aimait Maaca, fille d'Absalom, plus que toutes ses femmes et ses concubines ; car il eut dix-huit femmes et soixante concu-

bines, et il engendra vingt-huit fils et soixante filles. Roboam donna le 22 premier rang à Abija, fils de Maaca, et l'établit chef parmi ses frères, car il voulait le faire roi. Il agit avec 23 habileté en dispersant tous ses fils dans toutes les contrées de Juda et de Benjamin, dans toutes les villes fortes ; il leur fournit des vivres en abondance, et demanda pour eux une multitude de femmes.

Lorsque Roboam se fut affermi **12** dans son royaume et qu'il eut acquis de la force, il abandonna la loi de l'Éternel, et tout Israël l'abandonna avec lui.

La cinquième année du règne 2 de Roboam, Schischak, roi d'Égypte, monta contre Jérusalem, parce qu'ils avaient péché contre l'Éternel. Il 3 avait mille deux cents chars et soixante mille cavaliers ; et il vint d'Égypte avec lui un peuple innombrable, des Libyens, des Sukkiens et des Éthiopiens. Il prit les villes 4 fortes qui appartenaient à Juda, et arriva jusqu'à Jérusalem.

Alors Schemaeja, le prophète, se 5 rendit auprès de Roboam et des chefs de Juda qui s'étaient retirés dans Jérusalem à l'approche de Schischak, et il leur dit : Ainsi parle l'Éternel : Vous m'avez abandonné ; je vous abandonne aussi, et je vous livre entre les mains de Schischak. Les 6 chefs d'Israël et le roi s'humilièrent et dirent : L'Éternel est juste ! Et 7 quand l'Éternel vit qu'ils s'humiliaient, la parole de l'Éternel fut ainsi adressée à Schemaeja : Ils se sont humiliés, je ne les détruirai pas, je ne tarderai pas à les secourir, et ma colère ne se répandra pas sur Jérusalem par Schischak ; mais ils lui 8 seront assujettis, et ils sauront ce que c'est que me servir ou servir les royaumes des autres pays.

Schischak, roi d'Égypte, monta 9 contre Jérusalem. Il prit les trésors de la maison de l'Éternel et les trésors de la maison du roi, il prit tout. Il prit les boucliers d'or que Salomon avait faits. Le roi Roboam fit à 10 leur place des boucliers d'airain, et il les remit aux soins des chefs des

11 coureurs, qui gardaient l'entrée de la maison du roi. Toutes les fois que le roi allait à la maison de l'Éternel, les coureurs venaient et les portaient ; puis ils les rapportaient dans la chambre des coureurs.

12 Comme Roboam s'était humilié, l'Éternel détourna de lui sa colère et ne le détruisit pas entièrement. Et il y avait encore de bonnes choses en Juda.

13 Le roi Roboam s'affermit dans Jérusalem et régna. Il avait quarante et un ans lorsqu'il devint roi, et il régna dix-sept ans à Jérusalem, la ville que l'Éternel avait choisie sur toutes les tribus d'Israël pour y mettre son nom. Sa mère s'appelait 14 Naama, l'Ammonite. Il fit le mal, parce qu'il n'appliqua pas son cœur à chercher l'Éternel.

15 Les actions de Roboam, les premières et les dernières, ne sont-elles pas écrites dans les livres de Schemaeja le prophète et d'Iddo le prophète, parmi les registres généalogiques ?

Il y eut toujours guerre entre Roboam et Jéroboam.

16 Roboam se coucha avec ses pères, et il fut enterré dans la ville de David. Et Abija, son fils, régna à sa place.

Abija, roi de Juda. — Guerre contre Jéroboam, roi d'Israël.

13 La dix-huitième année du règne de Jéroboam, Abija régna sur 2 Juda. Il régna trois ans à Jérusalem. Sa mère s'appelait Micaja, fille d'Uriel, de Guibea.

Il y eut guerre entre Abija et Jé-3 roboam. Abija engagea les hostilités avec une armée de vaillants guerriers, quatre cent mille hommes d'élite ; et Jéroboam se rangea en bataille contre lui avec huit cent mille hommes d'élite, vaillants guerriers.

4 Du haut du mont Tsemaraïm, qui fait partie de la montagne d'Éphraïm, Abija se leva et dit : Écoutez-moi, 5 Jéroboam, et tout Israël ! Ne devez-vous pas savoir que l'Éternel, le Dieu d'Israël, a donné pour toujours à David la royauté sur Israël, à lui et à ses fils, par une alliance inviolable ?

6 Mais Jéroboam, fils de Nebath, serviteur de Salomon, fils de David, s'est levé et s'est révolté contre son maître. Des gens de rien, des hom-7 mes pervers, se sont rassemblés auprès de lui et l'ont emporté sur Roboam, fils de Salomon. Roboam était jeune et craintif, et il manqua de force devant eux. Et maintenant, 8 vous pensez triompher du royaume de l'Éternel, qui est entre les mains des fils de David ; et vous êtes une multitude nombreuse, et vous avez avec vous les veaux d'or que Jéroboam vous a faits pour dieux. N'avez-9 vous pas repoussé les sacrificateurs de l'Éternel, les fils d'Aaron et les Lévites, et ne vous êtes-vous pas fait des sacrificateurs, comme les peuples des autres pays ? Quiconque venait avec un jeune taureau et sept béliers, afin d'être consacré, devenait sacrificateur de ce qui n'est point Dieu. Mais pour nous, l'Éternel est notre 10 Dieu, et nous ne l'avons point abandonné, les sacrificateurs au service de l'Éternel sont fils d'Aaron, et les Lévites remplissent leurs fonctions. Nous offrons chaque matin 11 et chaque soir des holocaustes à l'Éternel, nous brûlons le parfum odoriférant, nous mettons les pains de proposition sur la table pure, et nous allumons chaque soir le chandelier d'or et ses lampes ; car nous observons les commandements de l'Éternel, notre Dieu. Et vous, vous l'avez abandonné. Voici, Dieu et 12 ses sacrificateurs sont avec nous, à notre tête, et nous avons les trompettes retentissantes pour les faire résonner contre vous. Enfants d'Israël ! ne faites pas la guerre à l'Éternel, le Dieu de vos pères, car vous n'auriez aucun succès.

Jéroboam les prit par derrière au 13 moyen d'une embuscade, et ses troupes étaient en face de Juda, qui avait l'embuscade par derrière. Ceux 14 de Juda s'étant retournés eurent à combattre devant et derrière. Ils crièrent à l'Éternel, et les sacrificateurs sonnèrent des trompettes. Les 15 hommes de Juda poussèrent un cri de guerre et, au cri de guerre des hommes de Juda, l'Éternel frappa Jéroboam et tout Israël devant Abija

16 et Juda. Les enfants d'Israël s'enfuirent devant Juda, et Dieu les livra

17 entre ses mains. Abija et son peuple leur firent éprouver une grande défaite, et cinq cent mille hommes d'élite tombèrent morts parmi ceux

18 d'Israël. Les enfants d'Israël furent humiliés en ce temps, et les enfants de Juda remportèrent la victoire, parce qu'ils s'étaient appuyés sur l'Éternel, le Dieu de leurs pères.

19 Abija poursuivit Jéroboam et lui prit des villes, Béthel et les villes de son ressort, Jeschana et les villes de son ressort, et Éphron et les villes de son

20 ressort. Jéroboam n'eut plus de force du temps d'Abija ; et l'Éternel

21 le frappa, et il mourut. Mais Abija devint puissant ; il eut quatorze femmes, et engendra vingt-deux fils et seize filles.

22 Le reste des actions d'Abija, ce qu'il a fait et ce qu'il a dit, cela est écrit dans les mémoires du prophète Iddo.

23 Abija se coucha avec ses pères, et on l'enterra dans la ville de David. Et Asa, son fils, régna à sa place. De son temps, le pays fut en repos pendant dix ans.

Asa, roi de Juda. — Victoire sur Zérach et les Éthiopiens.

14 Asa fit ce qui est bien et droit aux yeux de l'Éternel, son Dieu.

2 Il fit disparaître les autels de l'étranger et les hauts lieux, il brisa les

3 statues et abattit les idoles. Il ordonna à Juda de rechercher l'Éternel, le Dieu de ses pères, et de pratiquer

4 la loi et les commandements. Il fit disparaître de toutes les villes de Juda les hauts lieux et les statues consacrées au soleil. Et le royaume fut en repos devant lui.

5 Il bâtit des villes fortes en Juda ; car le pays fut tranquille et il n'y eut pas de guerre contre lui pendant ces années-là, parce que l'Éternel lui

6 donna du repos. Il dit à Juda : Bâtissons ces villes, et entourons-les de murs, de tours, de portes et de barres ; le pays est encore devant nous, car

nous avons recherché l'Éternel, notre Dieu, nous l'avons recherché, et il nous a donné du repos de tous côtés. Ils bâtirent donc, et réussirent.

7 Asa avait une armée de trois cent mille hommes de Juda, portant le bouclier et la lance, et de deux cent quatre-vingt mille de Benjamin, portant le bouclier et tirant de l'arc, tous vaillants hommes.

8 Zérach, l'Éthiopien, sortit contre eux avec une armée d'un million d'hommes et trois cents chars, et il s'avança jusqu'à Maréscha. Asa

9 marcha au-devant de lui, et ils se rangèrent en bataille dans la vallée de Tsephata, près de Maréscha. Asa

10 invoqua l'Éternel, son Dieu, et dit : Éternel, toi seul peux venir en aide au faible comme au fort : viens à notre aide, Éternel, notre Dieu ! car c'est sur toi que nous nous appuyons, et nous sommes venus en ton nom contre cette multitude. Éternel, tu es notre Dieu : que ce ne soit pas l'homme qui l'emporte sur toi !

11 L'Éternel frappa les Éthiopiens devant Asa et devant Juda, et les Éthiopiens

12 prirent la fuite. Asa et le peuple qui était avec lui les poursuivirent jusqu'à Guérar, et les Éthiopiens tombèrent sans pouvoir sauver leur vie, car ils furent détruits par l'Éternel et par son armée. Asa et son

13 peuple firent un très grand butin ; ils frappèrent toutes les villes des environs de Guérar, car la terreur de l'Éternel s'était emparée d'elles, et ils pillèrent toutes les villes, dont les dépouilles furent considérables. Ils

14 frappèrent aussi les tentes des troupeaux, et ils emmenèrent une grande quantité de brebis et de chameaux. Puis ils retournèrent à Jérusalem.

Zèle du roi Asa pour la destruction de l'idolâtrie.

15 L'esprit de Dieu fut sur Azaria,

2 fils d'Oded, et Azaria alla au-devant d'Asa et lui dit : Écoutez-moi, Asa, et tout Juda et Benjamin ! L'Éternel est avec vous quand vous êtes avec lui ; si vous le cherchez, vous le trouverez ; mais si vous l'abandonnez, il vous abandonnera.

3 Pendant

longtemps il n'y a eu pour Israël ni vrai Dieu, ni sacrificateur qui en-
4 seignât, ni loi. Mais au sein de leur détresse ils sont retournés à l'Éternel, le Dieu d'Israël, ils l'ont cherché, et
5 ils l'ont trouvé. Dans ces temps-là, point de sécurité pour ceux qui allaient et venaient, car il y avait de grands troubles parmi tous les habi-
6 tants du pays; on se heurtait peuple contre peuple, ville contre ville, parce que Dieu les agitait par toutes sortes
7 d'angoisses. Vous donc, fortifiez-vous, et ne laissez pas vos mains s'affaiblir, car il y aura un salaire pour vos œuvres.

8 Après avoir entendu ces paroles et la prophétie d'Oded le prophète, Asa se fortifia et fit disparaître les abominations de tout le pays de Juda et de Benjamin et des villes qu'il avait prises dans la montagne d'Éphraïm, et il restaura l'autel de l'Éternel qui était devant le portique de l'Éternel.
9 Il rassembla tout Juda et Benjamin, et ceux d'Éphraïm, de Manassé et de Siméon qui habitaient parmi eux, car un grand nombre de gens d'Israël se joignirent à lui lorsqu'ils virent que l'Éternel, son Dieu, était avec
10 lui. Ils s'assemblèrent à Jérusalem le troisième mois de la quinzième année
11 du règne d'Asa. Ce jour-là, ils sacrifièrent à l'Éternel, sur le butin qu'ils avaient amené, sept cents bœufs et
12 sept mille brebis. Ils prirent l'engagement de chercher l'Éternel, le Dieu de leurs pères, de tout leur
13 cœur et de toute leur âme; et quiconque ne chercherait pas l'Éternel, le Dieu d'Israël, devait être mis à mort, petit ou grand, homme ou
14 femme. Ils jurèrent fidélité à l'Éternel à voix haute, avec des cris de joie, et au son des trompettes et des
15 cors; tout Juda se réjouit de ce serment, car ils avaient juré de tout leur cœur, ils avaient cherché l'Éternel de plein gré, et ils l'avaient trouvé, et l'Éternel leur donna du repos de tous côtés.
16 Le roi Asa enleva même à Maaca, sa mère, la dignité de reine, parce qu'elle avait fait une idole pour Astarté. Asa abattit son idole, qu'il

réduisit en poussière, et la brûla au torrent de Cédron. Mais les hauts 17 lieux ne disparurent point d'Israël, quoique le cœur d'Asa fût en entier à l'Éternel pendant toute sa vie. Il 18 mit dans la maison de Dieu les choses consacrées par son père et par lui-même, de l'argent, de l'or et des vases.

Il n'y eut point de guerre jusqu'à 19 la trente-cinquième année du règne d'Asa.

Faute que commet Asa en s'alliant avec le roi de Syrie contre le roi d'Israël.

La trente-sixième année du règne **16** d'Asa, Baeschá, roi d'Israël, monta contre Juda; et il bâtit Rama, pour empêcher ceux d'Asa, roi de Juda, de sortir et d'entrer. Asa sortit de 2 l'argent et de l'or des trésors de la maison de l'Éternel et de la maison du roi, et il envoya des messagers vers Ben-Hadad, roi de Syrie, qui habitait à Damas. Il lui fit dire: 3 Qu'il y ait une alliance entre moi et toi, comme il y en eut une entre mon père et ton père. Voici, je t'envoie de l'argent et de l'or. Va, romps ton alliance avec Baescha, roi d'Israël, afin qu'il s'éloigne de moi. Ben-Hadad écouta le roi Asa; il 4 envoya les chefs de son armée contre les villes d'Israël, et ils frappèrent Ijjon, Dan, Abel-Maïm, et tous les magasins des villes de Nephthali. Lorsque Baescha l'apprit, il cessa de 5 bâtir Rama et interrompit ses travaux. Le roi Asa occupa tout Juda 6 à emporter les pierres et le bois que Baescha employait à la construction de Rama, et il s'en servit pour bâtir Guéba et Mitspa.

Dans ce temps-là, Hanani, le voy- 7 ant, alla auprès d'Asa, roi de Juda, et lui dit: Parce que tu t'es appuyé sur le roi de Syrie et que tu ne t'es pas appuyé sur l'Éternel, ton Dieu, l'armée du roi de Syrie s'est échappée de tes mains. Les Éthiopiens et 8 les Libyens ne formaient-ils pas une grande armée, avec des chars et une multitude de cavaliers? Et cependant l'Éternel les a livrés entre tes mains, parce que tu t'étais appuyé

9 sur lui. Car l'Éternel étend ses regards sur toute la terre, pour soutenir ceux dont le cœur est tout entier à lui. Tu as agi en insensé dans cette affaire, car dès à présent tu auras des guerres.

10 Asa fut irrité contre le voyant, et il le fit mettre en prison, parce qu'il était en colère contre lui. Et dans le même temps Asa opprima aussi quelques-uns du peuple.

11 Les actions d'Asa, les premières et les dernières, sont écrites dans le 12 livre des rois de Juda et d'Israël. La trente-neuvième année de son règne, Asa eut les pieds malades au point d'éprouver de grandes souffrances ; même pendant sa maladie, il ne chercha pas l'Éternel, mais il consulta les médecins.

13 Asa se coucha avec ses pères, et il mourut la quarante et unième année 14 de son règne ; on l'enterra dans le sépulcre qu'il s'était creusé dans la ville de David. On le coucha sur un lit qu'on avait garni d'aromates et de parfums préparés selon l'art du parfumeur, et l'on en brûla en son honneur une quantité très considérable.

Josaphat, roi de Juda. — Piété et prospérité.

17 Josaphat, son fils, régna à sa place.
2 Il se fortifia contre Israël : il mit des troupes dans toutes les villes fortes de Juda, et des garnisons dans le pays de Juda et dans les villes d'Éphraïm dont Asa, son père, s'était emparé.
3 L'Éternel fut avec Josaphat, parce qu'il marcha dans les premières voies de David, son père, et qu'il ne re4chercha point les Baals ; car il eut recours au Dieu de son père, et il suivit ses commandements, sans imi5ter ce que faisait Israël. L'Éternel affermit la royauté entre les mains de Josaphat, à qui tout Juda apportait des présents, et qui eut en abondance des richesses et de la gloire.
6 Son cœur grandit dans les voies de l'Éternel, et il fit encore disparaître de Juda les hauts lieux et les idoles.
7 La troisième année de son règne, il chargea ses chefs Ben-Haïl, Abdias, Zacharie, Nethaneel et Micnée, d'aller enseigner dans les villes de Juda. Il envoya avec eux les Lévites 8 Schemacja, Nethania, Zebadia, Asaël, Schemiramoth, Jonathan, Adonija, Tobija et Tob-Adonija, Lévites, et les sacrificateurs Élischama et Joram. Ils enseignèrent dans Juda, ayant 9 avec eux le livre de la loi de l'Éternel. Ils parcoururent toutes les villes de Juda, et ils enseignèrent parmi le peuple.

La terreur de l'Éternel s'empara de 10 tous les royaumes des pays qui environnaient Juda, et ils ne firent point la guerre à Josaphat. Des Philistins 11 apportèrent à Josaphat des présents et un tribut en argent ; et les Arabes lui amenèrent aussi du bétail, sept mille sept cents béliers et sept mille sept cents boucs. Josaphat s'élevait au 12 plus haut degré de grandeur. Il bâtit en Juda des châteaux et des villes pour servir de magasins. Il fit exé- 13 cuter beaucoup de travaux dans les villes de Juda, et il avait à Jérusalem de vaillants hommes pour soldats.

Voici leur dénombrement, selon les 14 maisons de leurs pères.

De Juda, chefs de milliers : Adna, le chef, avec trois cent mille vaillants hommes ; et à ses côtés, Jochanan, 15 le chef, avec deux cent quatre-vingt mille hommes ; et à ses côtés, Ama- 16 sia, fils de Zicri, qui s'était volontairement consacré à l'Éternel, avec deux cent mille vaillants hommes.

De Benjamin : Éliada, vaillant 17 homme, avec deux cent mille hommes armés de l'arc et du bouclier, et à ses côtés, Zozabad, avec cent 18 quatre-vingt mille hommes armés pour la guerre.

Tels sont ceux qui étaient au ser- 19 vice du roi, outre ceux que le roi avait placés dans toutes les villes fortes de Juda.

Expédition d'Achab et de Josaphat contre les Syriens ; Achab blessé mortellement. — L'alliance de Josaphat avec Achab blâmée par le prophète Jéhu.

Josaphat eut en abondance des **18** richesses et de la gloire, et il s'allia

2 par mariage avec Achab. Au bout de quelques années, il descendit auprès d'Achab à Samarie ; et Achab tua pour lui et pour le peuple qui était avec lui un grand nombre de brebis et de bœufs, et il le sollicita de monter à Ramoth en Galaad.

3 Achab, roi d'Israël, dit à Josaphat, roi de Juda: Veux-tu venir avec moi à Ramoth en Galaad ? Josaphat lui répondit : Moi comme toi, et mon peuple comme ton peuple, nous irons l'attaquer avec toi.

4 Puis Josaphat dit au roi d'Israël: Consulte maintenant, je te prie, la

5 parole de l'Éternel. Le roi d'Israël assembla les prophètes, au nombre de quatre cents, et leur dit : Irons-nous attaquer Ramoth en Galaad, ou dois-je y renoncer ? Et ils répondirent : Monte, et Dieu la livrera

6 entre les mains du roi. Mais Josaphat dit: N'y a-t-il plus ici aucun prophète de l'Éternel, par qui nous

7 puissions le consulter ? Le roi d'Israël répondit à Josaphat : Il y a encore un homme par qui l'on pourrait consulter l'Éternel ; mais je le hais, car il ne me prophétise rien de bon, il ne prophétise jamais que du mal : c'est Michée, fils de Jimla. Et Josaphat dit : Que le roi ne parle pas

8 ainsi ! Alors le roi d'Israël appela un eunuque, et dit: Fais venir de suite Michée, fils de Jimla.

9 Le roi d'Israël et Josaphat, roi de Juda, étaient assis chacun sur son trône, revêtus de leurs habits royaux; ils étaient assis dans la place à l'entrée de la porte de Samarie. Et tous les prophètes prophétisaient devant

10 eux. Sédécias, fils de Kenaana, s'était fait des cornes de fer, et il dit: Ainsi parle l'Éternel : Avec ces cornes, tu frapperas les Syriens jusqu'à

11 les détruire. Et tous les prophètes prophétisèrent de même, en disant : Monte à Ramoth en Galaad ! tu auras du succès, et l'Éternel la livrera entre les mains du roi.

12 Le messager qui était allé appeler Michée lui parla ainsi: Voici, les prophètes d'un commun accord prophétisent du bien au roi ; que ta parole soit donc comme la parole de chacun d'eux ! annonce du bien !

13 Michée répondit : L'Éternel est vivant ! j'annoncerai ce que dira mon Dieu.

14 Lorsqu'il fut arrivé auprès du roi, le roi lui dit : Michée, irons-nous attaquer Ramoth en Galaad, ou dois-je y renoncer ? Il répondit : Montez ! vous aurez du succès, et ils seront

15 livrés entre vos mains. Et le roi lui dit : Combien de fois me faudra-t-il te faire jurer de ne me dire que la vérité au nom de l'Éternel ?

16 Michée répondit: Je vois tout Israël dispersé sur les montagnes, comme des brebis qui n'ont point de berger; et l'Éternel dit : Ces gens n'ont point de maître, que chacun retourne en paix dans sa maison !

17 Le roi d'Israël dit à Josaphat: Ne te l'ai-je pas dit ? Il ne prophétise sur moi rien de bon, il ne prophétise que du mal.

18 Et Michée dit : Écoutez donc la parole de l'Éternel ! J'ai vu l'Éternel assis sur son trône, et toute l'armée des cieux se tenant à sa droite et à

19 sa gauche. Et l'Éternel dit : Qui séduira Achab, roi d'Israël, pour qu'il monte à Ramoth en Galaad et qu'il y périsse? Ils répondirent l'un d'une

20 manière, l'autre d'une autre. Et un esprit vint se présenter devant l'Éternel, et dit : Moi, je le séduirai.

21 L'Éternel lui dit: Comment ? Je sortirai, répondit-il, et je serai un esprit de mensonge dans la bouche de tous ses prophètes. L'Éternel

22 dit: Tu le séduiras, et tu en viendras à bout; sors, et fais ainsi. Et maintenant, voici, l'Éternel a mis un esprit de mensonge dans la bouche de tes prophètes qui sont là. Et l'Éternel a prononcé du mal contre toi.

23 Alors Sédécias, fils de Kenaana, s'étant approché, frappa Michée sur la joue, et dit : Par quel chemin l'esprit de l'Éternel est-il sorti de moi

24 pour te parler ? Michée répondit : Tu le verras au jour où tu iras de chambre en chambre pour te cacher.

25 Le roi d'Israël dit : Prenez Michée, et emmenez-le vers Amon, chef de la ville, et vers Joas, fils du roi.

26 Vous direz: Ainsi parle le roi: Mettez

cet homme en prison, et nourrissez-le du pain et de l'eau d'affliction, jusqu'à ce que je revienne en paix.

27 Et Michée dit : Si tu reviens en paix, l'Éternel n'a point parlé par moi. Il dit encore : Vous tous, peuples, entendez !

28 Le roi d'Israël et Josaphat, roi de Juda, montèrent à Ramoth en Galaad.

29 Le roi d'Israël dit à Josaphat : Je veux me déguiser pour aller au combat ; mais toi, revêts-toi de tes habits. Et le roi d'Israël se déguisa, et ils allèrent au combat.

30 Le roi de Syrie avait donné cet ordre aux chefs de ses chars : Vous n'attaquerez ni petit ni grand, mais vous attaquerez seulement le roi

31 d'Israël. Quand les chefs des chars aperçurent Josaphat, ils dirent : C'est le roi d'Israël. Et ils l'entourèrent pour l'attaquer. Josaphat poussa un cri, et l'Éternel le secourut, et Dieu

32 les écarta de lui. Les chefs des chars, voyant que ce n'était pas le roi d'Israël, s'éloignèrent de lui.

33 Alors un homme tira de son arc au hasard, et frappa le roi d'Israël au défaut de la cuirasse. Le roi dit à celui qui dirigeait son char : Tourne, et fais-moi sortir du champ de ba-

34 taille, car je suis blessé. Le combat devint acharné ce jour-là. Le roi d'Israël fut retenu dans son char, en face des Syriens, jusqu'au soir, et il mourut vers le coucher du soleil.

19 Josaphat, roi de Juda, revint en paix dans sa maison à Jérusalem.

2 Jéhu, fils de Hanani, le prophète, alla au-devant de lui. Et il dit au roi Josaphat : Doit-on secourir le méchant, et aimes-tu ceux qui haïssent l'Éternel ? A cause de cela, l'Éter-

3 nel est irrité contre toi. Mais il s'est trouvé de bonnes choses en toi, car tu as fait disparaître du pays les idoles, et tu as appliqué ton cœur à chercher Dieu.

Réformes dans l'administration de la justice.

4 Josaphat resta à Jérusalem.
Puis il fit encore une tournée parmi le peuple, depuis Beer-Schéba jusqu'à la montagne d'Éphraïm, et

il les ramena à l'Éternel, le Dieu de leurs pères. Il établit des juges dans 5 toutes les villes fortes du pays de Juda, dans chaque ville. Et il dit 6 aux juges : Prenez garde à ce que vous ferez, car ce n'est pas pour les hommes que vous prononcerez des jugements ; c'est pour l'Éternel, qui sera près de vous quand vous les prononcerez. Maintenant, que la 7 crainte de l'Éternel soit sur vous ; veillez sur vos actes, car il n'y a chez l'Éternel, notre Dieu, ni iniquité, ni égards pour l'apparence des personnes, ni acceptation de présents.

Quand on fut de retour à Jérusalem, 8 Josaphat y établit aussi, pour les jugements de l'Éternel et pour les contestations, des Lévites, des sacrificateurs et des chefs de maisons paternelles d'Israël. Et voici les 9 ordres qu'il leur donna : Vous agirez de la manière suivante dans la crainte de l'Éternel, avec fidélité et avec intégrité de cœur. Dans toute con- 10 testation qui vous sera soumise par vos frères, établis dans leurs villes, relativement à un meurtre, à une loi, à un commandement, à des préceptes, à des ordonnances, vous les éclairerez, afin qu'ils ne se rendent pas coupables envers l'Éternel, et que sa colère n'éclate pas sur vous et sur vos frères. C'est ainsi que vous agirez, et vous ne serez point coupables. Et voici, 11 vous avez à votre tête Amaria, le souverain sacrificateur, pour toutes les affaires de l'Éternel, et Zebadia, fils d'Ismaël, chef de la maison de Juda, pour toutes les affaires du roi, et vous avez devant vous des Lévites comme magistrats. Fortifiez-vous et agissez, et que l'Éternel soit avec celui qui fera le bien !

Victoire de Josaphat sur les Moabites et les Ammonites.—Fin de son règne.

Après cela, les fils de Moab et **20** les fils d'Ammon, et avec eux des Maonites, marchèrent contre Josaphat pour lui faire la guerre. On vint 2 en informer Josaphat, en disant : Une multitude nombreuse s'avance contre toi depuis l'autre côté de la mer, depuis la Syrie, et ils sont à Hatsatson-Thamar, qui est En-Guédi.

3 Dans sa frayeur, Josaphat se disposa à chercher l'Éternel, et il publia un
4 jeûne pour tout Juda. Juda s'assembla pour invoquer l'Éternel, et l'on vint de toutes les villes de Juda pour chercher l'Éternel.

5 Josaphat se présenta au milieu de l'assemblée de Juda et de Jérusalem, dans la maison de l'Éternel, devant
6 le nouveau parvis. Et il dit: Éternel, Dieu de nos pères, n'es-tu pas Dieu dans les cieux, et n'est-ce pas toi qui domines sur tous les royaumes des nations? N'est-ce pas toi qui as en main la force et la puissance, et à
7 qui nul ne peut résister? N'est-ce pas toi, ô notre Dieu, qui as chassé les habitants de ce pays devant ton peuple d'Israël, et qui l'as donné pour toujours à la postérité d'Abra-
8 ham qui t'aimait? Ils l'ont habité, et ils t'y ont bâti un sanctuaire pour
9 ton nom, en disant: S'il nous survient quelque calamité, l'épée, le jugement, la peste ou la famine, nous nous présenterons devant cette maison et devant toi, car ton nom est dans cette maison, nous crierons à toi du sein ·de notre détresse, et tu exauceras et
10 tu sauveras! Maintenant voici les fils d'Ammon et de Moab et ceux de la montagne de Séir, chez lesquels tu n'as pas permis à Israël d'entrer quand il venait du pays d'Égypte, —car il s'est détourné d'eux et ne les
11 a pas détruits,—les voici qui nous récompensent en venant nous chasser de ton héritage, dont tu nous as mis
12 en possession. O notre Dieu, n'exerceras-tu pas tes jugements sur eux? Car nous sommes sans force devant cette multitude nombreuse qui s'avance contre nous, et nous ne savons que faire, mais nos yeux sont sur toi.
13 Tout Juda se tenait debout devant l'Éternel, avec leurs petits enfants,
14 leurs femmes et leurs fils. Alors l'esprit de l'Éternel saisit au milieu de l'assemblée Jachaziel, fils de Zacharie, fils de Benaja, fils de Jeïel, fils de Matthania, Lévite, d'entre les
15 fils d'Asaph. Et Jachaziel dit: Soyez attentifs, tout Juda et habitants de Jérusalem, et toi, roi Josaphat! Ainsi vous parle l'Éternel: Ne craignez point et ne vous effrayez point devant cette multitude nombreuse, car ce ne sera pas vous qui combattrez, ce sera Dieu. Demain, descendez contre 16 eux; ils vont monter par la colline de Tsits, et vous les trouverez à l'extrémité de la vallée, en face du désert de Jeruel. Vous n'aurez point 17 à combattre en cette affaire: présentez-vous, tenez-vous là, et vous verrez la délivrance que l'Éternel vous accordera. Juda et Jérusalem, ne craignez point et ne vous effrayez point, demain, sortez à leur rencontre, et l'Éternel sera avec vous!

Josaphat s'inclina le visage contre 18 terre, et tout Juda et les habitants de Jérusalem tombèrent devant l'Éternel pour se prosterner en sa présence. Les Lévites d'entre les fils des Ke- 19 hathites et d'entre les fils des Koréites se levèrent pour célébrer d'une voix forte et haute l'Éternel, le Dieu d'Israël.

Le lendemain, ils se mirent en 20 marche de grand matin pour le désert de Tekoa. A leur départ, Josaphat se présenta et dit: Écoutez-moi, Juda et habitants de Jérusalem! Confiez-vous en l'Éternel, votre Dieu, et vous serez affermis; confiez-vous en ses prophètes, et vous réussirez. Puis, d'accord avec le peuple, il 21 nomma des chantres qui, revêtus d'ornements sacrés, et marchant devant l'armée, célébraient l'Éternel et disaient: Louez l'Éternel, car sa miséricorde dure à toujours!

Au moment où l'on commençait 22 les chants et les louanges, l'Éternel plaça une embuscade contre les fils d'Ammon et de Moab et ceux de la montagne de Séir, qui étaient venus contre Juda. Et ils furent battus. Les fils d'Ammon et de Moab se 23 jetèrent sur les habitants de la montagne de Séir pour les dévouer par interdit et les exterminer; et quand ils en eurent fini avec les habitants de Séir, ils s'aidèrent les uns les autres à se détruire.

Lorsque Juda fut arrivé sur la 24 hauteur d'où l'on aperçoit le désert, ils regardèrent du côté de la multitude, et voici, c'étaient des cadavres étendus à terre, et personne n'avait 25 échappé. Josaphat et son peuple allèrent prendre leurs dépouilles ; ils trouvèrent parmi les cadavres d'abondantes richesses et des objets précieux, et ils en enlevèrent tant qu'ils ne purent tout emporter. Ils mirent trois jours au pillage du butin, car il était considérable.

26 Le quatrième jour, ils s'assemblèrent dans la vallée de Beraca, où ils bénirent l'Éternel ; c'est pourquoi ils appelèrent ce lieu vallée de Beraca, nom qui lui est resté jusqu'à ce jour.
27 Tous les hommes de Juda et de Jérusalem, ayant à leur tête Josaphat, partirent joyeux pour retourner à Jérusalem, car l'Éternel les avait remplis de joie en les délivrant de 28 leurs ennemis. Ils entrèrent à Jérusalem et dans la maison de l'Éternel, au son des luths, des harpes et des trompettes.
29 La terreur de l'Éternel s'empara de tous les royaumes des autres pays, lorsqu'ils apprirent que l'Éternel avait combattu contre les ennemis d'Israël.
30 Et le royaume de Josaphat fut tranquille, et son Dieu lui donna du repos de tous côtés.
31 Josaphat régna sur Juda. Il avait trente-cinq ans lorsqu'il devint roi, et il régna vingt-cinq ans à Jérusalem. Sa mère s'appelait Azuba, fille de Schilchi.
32 Il marcha dans la voie de son père Asa, et ne s'en détourna point, faisant ce qui est droit aux yeux de l'Éternel.
33 Seulement, les hauts lieux ne disparurent point, et le peuple n'avait point encore le cœur fermement attaché au Dieu de ses pères.
34 Le reste des actions de Josaphat, les premières et les dernières, cela est écrit dans les mémoires de Jéhu, fils de Hanani, lesquels sont insérés dans le livre des rois d'Israël.
35 Après cela, Josaphat, roi de Juda, s'associa avec le roi d'Israël, Achazia, 36 dont la conduite était impie. Il s'associa avec lui pour construire des navires destinés à aller à Tarsis, et ils firent les navires à Etsjon-Guéber.

Alors Éliézer, fils de Dodava, de 37 Marésha, prophétisa contre Josaphat, et dit : Parce que tu t'es associé avec Achazia, l'Éternel détruit ton œuvre. Et les navires furent brisés, et ne purent aller à Tarsis.

Josaphat se coucha avec ses **21** pères, et il fut enterré avec ses pères dans la ville de David. Et Joram, son fils, régna à sa place.

Joram, roi de Juda.—Invasion des Philistins et des Arabes.

Joram avait des frères, fils de Josa- 2 phat : Azaria, Jehiel, Zacharie, Azaria, Micaël et Schephathia, tous fils de Josaphat, roi d'Israël. Leur père 3 leur avait donné des présents considérables en argent, en or, et en objets précieux, avec des villes fortes en Juda ; mais il laissa le royaume à Joram, parce qu'il était le premier-né. Lorsque Joram eut pris possession du 4 royaume de son père et qu'il se fut fortifié, il fit mourir par l'épée tous ses frères et quelques-uns aussi des chefs d'Israël.

Joram avait trente-deux ans lors- 5 qu'il devint roi, et il régna huit ans à Jérusalem. Il marcha dans la voie des rois 6 d'Israël, comme avait fait la maison d'Achab, car il avait pour femme une fille d'Achab, et il fit ce qui est mal aux yeux de l'Éternel. Mais 7 l'Éternel ne voulut point détruire la maison de David, à cause de l'alliance qu'il avait traitée avec David et de la promesse qu'il avait faite de lui donner toujours une lampe, à lui et à ses fils.

De son temps, Édom se révolta 8 contre l'autorité de Juda, et se donna un roi. Joram partit avec ses chefs 9 et tous ses chars ; s'étant levé de nuit, il battit les Édomites qui l'entouraient et les chefs des chars. La rébellion 10 d'Édom contre l'autorité de Juda a duré jusqu'à ce jour. Libna se révolta dans le même temps contre son autorité, parce qu'il avait abandonné l'Éternel, le Dieu de ses pères.

Joram fit même des hauts lieux 11 dans les montagnes de Juda ; il poussa les habitants de Jérusalem à la prostitution, et il séduisit Juda. Il lui 12 vint un écrit du prophète Élie, disant: Ainsi parle l'Éternel, le Dieu de David, ton père : Parce que tu n'as pas marché dans les voies de Josaphat, ton père, et dans les voies 13 d'Asa, roi de Juda, mais que tu as marché dans la voie des rois d'Israël; parce que tu as entraîné à la prostitution Juda et les habitants de Jérusalem, comme l'a fait la maison d'Achab à l'égard d'Israël ; et parce que tu as fait mourir tes frères, meilleurs que toi, la maison même 14 de ton père;—voici, l'Éternel frappera ton peuple d'une grande plaie, tes fils, tes femmes, et tout ce qui t'appartient ; 15 et toi, il te frappera d'une maladie violente, d'une maladie d'entrailles, qui augmentera de jour en jour jusqu'à ce que tes entrailles sortent par la force du mal.

16 Et l'Éternel excita contre Joram l'esprit des Philistins et des Arabes qui sont dans le voisinage des Éthio- 17 piens. Ils montèrent contre Juda, y firent une invasion, pillèrent toutes les richesses qui se trouvaient dans la maison du roi, et emmenèrent ses fils et ses femmes, de sorte qu'il ne lui resta d'autre fils que Joachaz, 18 le plus jeune de ses fils. Après tout cela, l'Éternel le frappa d'une maladie d'entrailles qui était sans remède ; 19 elle augmenta de jour en jour, et sur la fin de la seconde année les entrailles de Joram sortirent par la force de son mal. Il mourut dans de violentes souffrances ; et son peuple ne brûla point de parfums en son honneur, comme il l'avait fait pour ses pères. 20 Il avait trente-deux ans lorsqu'il devint roi, et il régna huit ans à Jérusalem. Il s'en alla sans être regretté, et on l'enterra dans la ville de David, mais non dans les sépulcres des rois.

Achazia, roi de Juda.

22 Les habitants de Jérusalem firent régner à sa place Achazia, son plus jeune fils ; car la troupe venue au camp avec les Arabes avait tué tous les plus âgés. Ainsi régna Achazia, 2 fils de Joram, roi de Juda. Achazia avait quarante-deux ans lorsqu'il devint roi, et il régna un an à Jéru-

salem. Sa mère s'appelait Athalie, fille d'Omri.

Il marcha dans les voies de la 3 maison d'Achab, car sa mère lui donnait des conseils impies. Il fit 4 ce qui est mal aux yeux de l'Éternel, comme la maison d'Achab, où il eut après la mort de son père des conseillers pour sa perte.

Entraîné par leur conseil, il alla 5 avec Joram, fils d'Achab, roi d'Israël, à la guerre contre Hazaël, roi de Syrie, à Ramoth en Galaad. Et les Syriens blessèrent Joram. Joram 6 s'en retourna pour se faire guérir à Jizreel des blessures que les Syriens lui avaient faites à Rama, lorsqu'il se battait contre Hazaël, roi de Syrie. Azaria, fils de Joram, roi de Juda, descendit pour voir Joram, fils d'Achab, à Jizreel, parce qu'il était malade.

Par la volonté de Dieu, ce fut pour 7 sa ruine qu'Achazia se rendit auprès de Joram. Lorsqu'il fut arrivé, il sortit avec Joram pour aller au-devant de Jéhu, fils de Nimschi, que l'Éternel avait oint pour exterminer la maison d'Achab. Et comme Jéhu faisait 8 justice de la maison d'Achab, il trouva les chefs de Juda et les fils des frères d'Achazia, qui étaient au service d'Achazia, et il les tua. Il chercha 9 Achazia, et on le saisit dans Samarie, où il s'était caché. On l'amena auprès de Jéhu, et on le fit mourir. Puis ils l'enterrèrent, car ils disaient: C'est le fils de Josaphat, qui cherchait l'Éternel de tout son cœur. Et il ne resta personne de la maison d'Achazia qui fût en état de régner.

Athalie, reine de Juda.—Détrônée et mise à mort.

Athalie, mère d'Achazia, voyant que 10 son fils était mort, se leva et fit périr toute la race royale de la maison de Juda. Mais Joschabeath, fille du roi, 11 prit Joas, fils d'Achazia, et l'enleva du milieu des fils du roi, quand on les fit mourir : elle le mit avec sa nourrice dans la chambre des lits. Ainsi Joschabeath, fille du roi Joram, femme du sacrificateur Jehojada, et sœur d'Achazia, le déroba aux regards d'Athalie, qui ne le fit point mourir.

12 Il resta six ans caché avec eux dans la maison de Dieu. Et c'était Athalie qui régnait dans le pays.

23 La septième année, Jehojada s'anima de courage, et traita alliance avec les chefs de centaines, Azaria, fils de Jerocham, Ismaël, fils de Jochanan, Azaria, fils d'Obed, Maaséja, fils d'Adaja, et Élischa-

2 phath, fils de Zicri. Ils parcoururent Juda, et ils rassemblèrent les Lévites de toutes les villes de Juda et les chefs de familles d'Israël ; et ils vinrent à

3 Jérusalem. Toute l'assemblée traita alliance avec le roi dans la maison de Dieu. Et Jehojada leur dit : Voici, le fils du roi régnera, comme l'Éternel l'a déclaré à l'égard des fils de David.

4 Voici ce que vous ferez. Le tiers qui parmi vous entre en service le jour du sabbat, sacrificateurs et Lévites,

5 fera la garde des seuils, un autre tiers se tiendra dans la maison du roi, et un tiers à la porte de Jesod. Tout le peuple sera dans les parvis de la

6 maison de l'Éternel. Que personne n'entre dans la maison de l'Éternel, excepté les sacrificateurs et les Lévites de service : ils entreront, car ils sont saints. Et tout le peuple

7 fera la garde de l'Éternel. Les Lévites entoureront le roi de toutes parts, chacun les armes à la main, et l'on donnera la mort à quiconque entrera dans la maison : vous serez près du roi quand il entrera et quand il sortira.

8 Les Lévites et tout Juda exécutèrent tous les ordres qu'avait donnés le sacrificateur Jehojada. Ils prirent chacun leurs gens, ceux qui entraient en service et ceux qui sortaient de service le jour du sabbat ; car le sacrificateur Jehojada n'avait exempté

9 aucune des divisions. Le sacrificateur Jehojada remit aux chefs de centaines les lances et les boucliers, grands et petits, qui provenaient du roi David, et qui se trouvaient dans la maison de

10 Dieu. Il fit entourer le roi en plaçant tout le peuple, chacun les armes à la main, depuis le côté droit jusqu'au côté gauche de la maison, près de

11 l'autel et près de la maison. On fit avancer le fils du roi, on mit sur lui le diadème et le témoignage, et on l'établit roi. Et Jehojada et ses fils l'oignirent, et ils dirent : Vive le roi !

12 Athalie entendit le bruit du peuple accourant et célébrant le roi, et elle vint vers le peuple à la maison de l'Éternel.

13 Elle regarda. Et voici, le roi se tenait sur son estrade à l'entrée ; les chefs et les trompettes étaient près du roi ; tout le peuple du pays était dans la joie, et l'on sonnait des trompettes, et les chantres avec les instruments de musique dirigeaient les chants de louanges. Athalie déchira ses vêtements, et dit : Conspiration ! conspiration !

14 Alors le sacrificateur Jehojada, faisant approcher les chefs de centaines qui étaient à la tête de l'armée, leur dit : Faites-la sortir en dehors des rangs, et que l'on tue par l'épée quiconque la suivra. Car le sacrificateur avait dit : Ne la mettez pas à mort dans la maison de l'Éternel.

15 On lui fit place, et elle se rendit à la maison du roi par l'entrée de la porte des chevaux : c'est là qu'ils lui donnèrent la mort.

16 Jehojada traita entre lui, tout le peuple et le roi, une alliance par laquelle ils devaient être le peuple de l'Éternel.

17 Tout le peuple entra dans la maison de Baal, et ils la démolirent ; ils brisèrent ses autels et ses images, et ils tuèrent devant les autels Matthan, prêtre de Baal.

18 Jehojada remit les fonctions de la maison de l'Éternel entre les mains des sacrificateurs, des Lévites, que David avait distribués dans la maison de l'Éternel pour qu'ils offrissent des holocaustes à l'Éternel, comme il est écrit dans la loi de Moïse, au milieu des réjouissances et des chants, d'après les ordonnances de David.

19 Il plaça les portiers aux portes de la maison de l'Éternel, afin qu'il n'entrât aucune personne souillée de quelque manière que ce fût.

20 Il prit les chefs de centaines, les hommes considérés, ceux qui avaient autorité parmi le peuple, et tout le peuple du pays, et il fit descendre le roi de la maison de l'Éternel. Ils entrèrent dans la

maison du roi par la porte supérieure, et ils firent asseoir le roi sur le trône
21 royal. Tout le peuple du pays se réjouissait, et la ville était tranquille. On avait fait mourir Athalie par l'épée.

Joas, roi de Juda. — Le temple réparé. — Retour à l'idolâtrie; Zacharie, fils du souverain sacrificateur, lapidé par ordre du roi. — Invasion des Syriens. — Joas assassiné.

24 Joas avait sept ans lorsqu'il devint roi, et il régna quarante ans à Jérusalem. Sa mère s'appelait Tsibja, de Beer-Schéba.

2 Joas fit ce qui est droit aux yeux de l'Éternel pendant toute la vie du
3 sacrificateur Jehojada. Jehojada prit pour Joas deux femmes, et Joas engendra des fils et des filles.

4 Après cela, Joas eut la pensée de
5 réparer la maison de l'Éternel. Il assembla les sacrificateurs et les Lévites, et leur dit : Allez par les villes de Juda, et vous recueillerez dans tout Israël de l'argent, chaque année, pour réparer la maison de votre Dieu; et mettez à cette affaire de l'empressement. Mais les Lévites
6 ne se hâtèrent point. Le roi appela Jehojada, le souverain sacrificateur, et lui dit: Pourquoi n'as-tu pas veillé à ce que les Lévites apportassent de Juda et de Jérusalem l'impôt ordonné par Moïse, serviteur de l'Éternel, et mis sur l'assemblée d'Israël pour la
7 tente du témoignage? Car l'impie Athalie et ses fils ont ravagé la maison de Dieu et fait servir pour les Baals toutes les choses consacrées à la maison de l'Éternel.

8 Alors le roi ordonna qu'on fît un coffre, et qu'on le plaçât à la porte de la maison de l'Éternel, en dehors.
9 Et l'on publia dans Juda et dans Jérusalem qu'on apportât à l'Éternel l'impôt mis par Moïse, serviteur de l'Éternel, sur Israël dans le désert.
10 Tous les chefs et tout le peuple s'en réjouirent, et l'on apporta et jeta dans le coffre tout ce qu'on avait à
11 payer. Quand c'était le moment où les Lévites, voyant qu'il y avait beaucoup d'argent dans le coffre, devaient le livrer aux inspecteurs royaux, le secrétaire du roi et le commissaire du souverain sacrificateur venaient vider le coffre; ils le prenaient et le remettaient à sa place; ils faisaient ainsi journellement, et ils recueillirent de l'argent en abondance.
12 Le roi et Jehojada le donnaient à ceux qui étaient chargés de faire exécuter l'ouvrage dans la maison de l'Éternel, et qui prenaient à gage des tailleurs de pierres et des charpentiers pour réparer la maison de l'Éternel, et aussi des ouvriers en fer et en airain
13 pour réparer la maison de l'Éternel. Ceux qui étaient chargés de l'ouvrage travaillèrent, et les réparations s'exécutèrent par leurs soins; ils remirent en état la maison de Dieu et la con-
14 solidèrent. Lorsqu'ils eurent achevé, ils apportèrent devant le roi et devant Jehojada le reste de l'argent; et l'on en fit des ustensiles pour la maison de l'Éternel, des ustensiles pour le service et pour les holocaustes, des coupes, et d'autres ustensiles d'or et d'argent. Et, pendant toute la vie de Jehojada, on offrit continuellement des holocaustes dans la maison de l'Éternel.

15 Jehojada mourut, âgé et rassasié de jours; il avait à sa mort cent trente
16 ans. On l'enterra dans la ville de David avec les rois, parce qu'il avait fait du bien en Israël, et à l'égard de Dieu et à l'égard de sa maison.

17 Après la mort de Jehojada, les chefs de Juda vinrent se prosterner devant le roi. Alors le roi les écouta.
18 Et ils abandonnèrent la maison de l'Éternel, le Dieu de leurs pères, et ils servirent les Astartés et les idoles. La colère de l'Éternel fut sur Juda et sur Jérusalem, parce qu'ils s'étaient ainsi rendus coupables. L'Éternel
19 envoya parmi eux des prophètes pour les ramener à lui, mais ils n'écoutèrent point les avertissements qu'ils en re-
20 çurent. Zacharie, fils du sacrificateur Jehojada, fut revêtu de l'esprit de Dieu; il se présenta devant le peuple et lui dit: Ainsi parle Dieu: Pourquoi transgressez-vous les commandements de l'Éternel? Vous ne prospérerez point; car vous avez abandonné
21 l'Éternel, et il vous abandonnera. Et

ils conspirèrent contre lui, et le lapidèrent par ordre du roi, dans le parvis de la maison de l'Éternel.

22 Le roi Joas ne se souvint pas de la bienveillance qu'avait eue pour lui Jehojada, père de Zacharie, et il fit périr son fils. Zacharie dit en mourant: Que l'Éternel voie, et qu'il fasse justice!

23 Quand l'année fut révolue, l'armée des Syriens monta contre Joas, et vint en Juda et à Jérusalem. Ils tuèrent parmi le peuple tous les chefs du peuple, et ils envoyèrent au roi de Damas tout 24 leur butin. L'armée des Syriens arriva avec un petit nombre d'hommes; et cependant l'Éternel livra entre leurs mains une armée considérable, parce qu'ils avaient abandonné l'Éternel, le Dieu de leurs pères. Et les 25 Syriens firent justice de Joas. Lorsqu'ils se furent éloignés de lui, après l'avoir laissé dans de grandes souffrances, ses serviteurs conspirèrent contre lui à cause du sang des fils du sacrificateur Jehojada; ils le tuèrent sur son lit, et il mourut. On l'enterra dans la ville de David, mais on ne l'enterra pas dans les sépulcres des 26 rois. Voici ceux qui conspirèrent contre lui: Zabad, fils de Schimeath, femme Ammonite, et Jozabad, fils de Schimrith, femme Moabite.

27 Pour ce qui concerne ses fils, le grand nombre de prophéties dont il fut l'objet, et les réparations faites à la maison de Dieu, cela est écrit dans les mémoires sur le livre des rois. Amatsia, son fils, régna à sa place.

Amatsia, roi de Juda.—Victoire sur les Édomites.—Guerre funeste avec Joas, roi d'Israël.—Conspiration contre Amatsia; sa mort.

25

Amatsia devint roi à l'âge de vingt-cinq ans, et il régna vingt-neuf ans à Jérusalem. Sa mère s'appelait Joaddan, de Jérusalem. 2 Il fit ce qui est droit aux yeux de l'Éternel, mais avec un cœur qui 3 n'était pas entièrement dévoué. Lorsque la royauté fut affermie entre ses mains, il fit périr ses serviteurs qui avaient tué le roi son père. Mais il 4

ne fit pas mourir leurs fils, car il agit selon ce qui est écrit dans la loi, dans le livre de Moïse, où l'Éternel donne ce commandement: On ne fera point mourir les pères pour les enfants, et l'on ne fera point mourir les enfants pour les pères; mais on fera mourir chacun pour son péché.

5 Amatsia rassembla les hommes de Juda et les plaça d'après les maisons paternelles, les chefs de milliers et les chefs de centaines, pour tout Juda et Benjamin; il en fit le dénombrement depuis l'âge de vingt ans et au-dessus, et il trouva trois cent mille hommes d'élite, en état de porter les armes, maniant la lance et le bouclier. 6 Il prit encore à sa solde dans Israël cent mille vaillants hommes pour cent talents d'argent.

7 Un homme de Dieu vint auprès de lui, et dit: O roi, qu'une armée d'Israël ne marche point avec toi, car l'Éternel n'est pas avec Israël, avec tous ces fils d'Éphraïm. 8 Si tu vas avec eux, quand même tu ferais au combat des actes de vaillance, Dieu te fera tomber devant l'ennemi, car Dieu a le pouvoir d'aider et de faire tomber. 9 Amatsia dit à l'homme de Dieu: Et comment agir à l'égard des cent talents que j'ai donnés à la troupe d'Israël? L'homme de Dieu répondit: L'Éternel peut te donner bien plus que cela. 10 Alors Amatsia sépara la troupe qui lui était venue d'Éphraïm, afin que ces gens retournassent chez eux. Mais ils furent très irrités contre Juda, et ils s'en allèrent chez eux avec une ardente colère.

11 Amatsia prit courage, et conduisit son peuple. Il alla dans la vallée du sel, et il battit dix mille hommes des fils de Séir. 12 Et les fils de Juda en saisirent dix mille vivants, qu'ils menèrent au sommet d'un rocher, d'où ils les précipitèrent; et tous furent écrasés.

13 Cependant, les gens de la troupe qu'Amatsia avait renvoyés pour qu'ils n'allassent pas à la guerre avec lui firent une invasion dans les villes de Juda depuis Samarie jusqu'à Beth-Horon, y tuèrent trois mille personnes, et enlevèrent de nombreuses dépouilles.

14 Lorsqu'Amatsia fut de retour après la défaite des Édomites, il fit venir les dieux des fils de Séir, et se les établit pour dieux; il se prosterna devant eux, et leur offrit des parfums.

15 Alors la colère de l'Éternel s'enflamma contre Amatsia, et il envoya vers lui un prophète, qui lui dit: Pourquoi as-tu recherché les dieux de ce peuple, quand ils n'ont pu délivrer leur peuple de ta main?

16 Comme il parlait, Amatsia lui dit: Est-ce que nous t'avons fait conseiller du roi? Retire-toi! Pourquoi veux-tu qu'on te frappe? Le prophète se retira, en disant: Je sais que Dieu a résolu de te détruire, parce que tu as fait cela et que tu n'as pas écouté mon conseil.

17 Après s'être consulté, Amatsia, roi de Juda, envoya dire à Joas, fils de Joachaz, fils de Jéhu, roi d'Israël:

18 Viens, voyons-nous en face! Et Joas, roi d'Israël, fit dire à Amatsia, roi de Juda: L'épine du Liban envoya dire au cèdre du Liban: Donne ta fille pour femme à mon fils! Et les bêtes sauvages qui sont au Liban passèrent

19 et foulèrent l'épine. Tu as battu les Édomites, penses-tu, et ton cœur s'élève pour te glorifier. Reste maintenant chez toi. Pourquoi t'engager dans une malheureuse entreprise, qui amènerait ta ruine et celle de Juda?

20 Mais Amatsia ne l'écouta pas, car Dieu avait résolu de les livrer entre les mains de l'ennemi, parce qu'ils avaient recherché les dieux d'Édom.

21 Et Joas, roi d'Israël, monta; et ils se virent en face, lui et Amatsia, roi de Juda, à Beth-Schémesch, qui est à

22 Juda. Juda fut battu par Israël, et

23 chacun s'enfuit dans sa tente. Joas, roi d'Israël, prit à Beth-Schémesch Amatsia, roi de Juda, fils de Joas, fils de Joachaz. Il l'emmena à Jérusalem, et il fit une brèche de quatre cents coudées dans la muraille de Jérusalem, depuis la porte d'Éphraïm jusqu'à la

24 porte de l'angle. Il prit tout l'or et l'argent et tous les vases qui se trouvaient dans la maison de Dieu, chez Obed-Edom, et les trésors de la maison du roi; il prit aussi des otages, et il retourna à Samarie.

Amatsia, fils de Joas, roi de Juda, 25 vécut quinze ans après la mort de Joas, fils de Joachaz, roi d'Israël.

Le reste des actions d'Amatsia, 26 les premières et les dernières, cela n'est-il pas écrit dans le livre des rois de Juda et d'Israël?

Depuis qu'Amatsia se fut détour- 27 né de l'Éternel, il se forma contre lui une conspiration à Jérusalem, et il s'enfuit à Lakis; mais on le poursuivit à Lakis, où on le fit mourir. On 28 le transporta sur des chevaux, et on l'enterra avec ses pères dans la ville de Juda.

Ozias, roi de Juda.—Prospérité et force.— Acte de profanation dans le temple.— Ozias frappé de la lèpre.

Tout le peuple de Juda prit **26** Ozias, âgé de seize ans, et l'établit roi à la place de son père Amatsia. Ozias rebâtit Éloth et la fit rentrer 2 sous la puissance de Juda, après que le roi fut couché avec ses pères.

Ozias avait seize ans lorsqu'il devint 3 roi, et il régna cinquante-deux ans à Jérusalem. Sa mère s'appelait Jecolia, de Jérusalem.

Il fit ce qui est droit aux yeux de 4 l'Éternel, entièrement comme avait fait Amatsia, son père. Il s'appliqua 5 à rechercher Dieu pendant la vie de Zacharie, qui avait l'intelligence des visions de Dieu; et dans le temps où il rechercha l'Éternel, Dieu le fit prospérer.

Il se mit en guerre contre les 6 Philistins; et il abattit les murs de Gath, les murs de Jabné, et les murs d'Asdod, et construisit des villes dans le territoire d'Asdod, et parmi les Philistins. Dieu l'aida contre les 7 Philistins, contre les Arabes qui habitaient à Gur-Baal, et contre les Maonites. Les Ammonites faisaient 8 des présents à Ozias, et sa renommée s'étendit jusqu'aux frontières de l'Égypte, car il devint très puissant. Ozias bâtit des tours à Jérusalem 9 sur la porte de l'angle, sur la porte de la vallée, et sur l'angle, et il les fortifia. Il bâtit des tours dans le 10 désert, et il creusa beaucoup de citernes, parce qu'il avait de nombreux troupeaux dans les vallées et dans la plaine, et des laboureurs et des vignerons dans les montagnes et au Carmel, car il aimait l'agriculture.

11 Ozias avait une armée de soldats qui allaient à la guerre par bandes, comptées d'après le dénombrement qu'en firent le secrétaire Jeïel et le commissaire Maaséja, et placées sous les ordres de Hanania, l'un des chefs

12 du roi. Le nombre total des chefs de maisons paternelles, des vaillants guerriers, était de deux mille six

13 cents. Ils commandaient à une armée de trois cent sept mille cinq cents soldats capables de soutenir le

14 roi contre l'ennemi. Ozias leur procura pour toute l'armée des boucliers, des lances, des casques, des cuirasses,

15 des arcs et des frondes. Il fit faire à Jérusalem des machines inventées par un ingénieur, et destinées à être placées sur les tours et sur les angles, pour lancer des flèches et de grosses pierres. Sa renommée s'étendit au loin, car il fut merveilleusement soutenu jusqu'à ce qu'il devînt puissant.

16 Mais lorsqu'il fut puissant, son cœur s'éleva pour le perdre. Il pécha contre l'Éternel, son Dieu : il entra dans le temple de l'Éternel pour brûler des parfums sur l'autel

17 des parfums. Le sacrificateur Azaria entra après lui, avec quatre-vingts

18 sacrificateurs de l'Éternel, hommes courageux, qui s'opposèrent au roi Ozias et lui dirent : Tu n'as pas le droit, Ozias, d'offrir des parfums à l'Éternel ! Ce droit appartient aux sacrificateurs, fils d'Aaron, qui ont été consacrés pour les offrir. Sors du sanctuaire, car tu commets un péché ! Et cela ne tournera pas à ton honneur devant l'Éternel Dieu.

19 La colère s'empara d'Ozias, qui tenait un encensoir à la main. Et comme il s'irritait contre les sacrificateurs, la lèpre éclata sur son front, en présence des sacrificateurs, dans la maison de l'Éternel, près de l'autel des parfums.

20 Le souverain sacrificateur Azaria et tous les sacrificateurs portèrent les regards sur lui, et voici, il avait la lèpre au front. Ils le mirent précipitamment dehors, et lui-même se hâta

de sortir, parce que l'Éternel l'avait frappé. Le roi Ozias fut lépreux 21 jusqu'au jour de sa mort, et il demeura dans une maison écartée comme lépreux, car il fut exclu de la maison de l'Éternel. Et Jotham, son fils, était à la tête de la maison du roi et jugeait le peuple du pays.

Le reste des actions d'Ozias, les 22 premières et les dernières, a été écrit par Ésaïe, fils d'Amots, le prophète.

Ozias se coucha avec ses pères, et 23 on l'enterra avec ses pères dans le champ de la sépulture des rois, car on disait : Il est lépreux. Et Jotham, son fils, régna à sa place.

Jotham, roi de Juda.

Jotham avait vingt-cinq ans lors- **27** qu'il devint roi, et il régna seize ans à Jérusalem. Sa mère s'appelait Jerusha, fille de Tsadok.

Il fit ce qui est droit aux yeux de 2 l'Éternel, entièrement comme avait fait Ozias, son père. Seulement, il n'entra point dans le temple de l'Éternel. Toutefois, le peuple se corrompait encore.

Jotham bâtit la porte supérieure 3 de la maison de l'Éternel, et il fit beaucoup de constructions sur les murs de la colline. Il bâtit des 4 villes dans la montagne de Juda, et des châteaux et des tours dans les bois.

Il fut en guerre avec le roi des fils 5 d'Ammon, et il l'emporta sur eux. Les fils d'Ammon lui donnèrent cette année-là cent talents d'argent, dix mille cors de froment, et dix mille d'orge ; et ils lui en payèrent autant la seconde année et la troisième. Jotham devint puissant, 6 parce qu'il affermit ses voies devant l'Éternel, son Dieu.

Le reste des actions de Jotham, 7 toutes ses guerres, et tout ce qu'il a fait, cela est écrit dans le livre des rois d'Israël et de Juda. Il avait 8 vingt-cinq ans lorsqu'il devint roi, et il régna seize ans à Jérusalem.

Jotham se coucha avec ses pères, 9 et on l'enterra dans la ville de David. Et Achaz, son fils, régna à sa place.

Achaz, roi de Juda.—Idolâtrie et désastres.

28 Achaz avait vingt ans lorsqu'il devint roi, et il régna seize ans à Jérusalem.

Il ne fit point ce qui est droit aux yeux de l'Éternel, comme avait fait 2 David son père. Il marcha dans les voies des rois d'Israël; et même il fit des images en fonte pour les 3 Baals, il brûla des parfums dans la vallée des fils de Hinnom, et il fit passer ses fils par le feu, suivant les abominations des nations que l'Éternel avait chassées devant les 4 enfants d'Israël. Il offrait des sacrifices et des parfums sur les hauts lieux, sur les collines et sous tout arbre vert.

5 L'Éternel, son Dieu, le livra entre les mains du roi de Syrie; et les Syriens le battirent et lui firent un grand nombre de prisonniers, qu'ils emmenèrent à Damas. Il fut aussi livré entre les mains du roi d'Israël, qui lui fit éprouver une grande 6 défaite. Pékach, fils de Remalia, tua dans un seul jour en Juda cent vingt mille hommes, tous vaillants, parce qu'ils avaient abandonné l'É-7 ternel, le Dieu de leurs pères. Zicri, guerrier d'Éphraïm, tua Maaséja, fils du roi, Azrikam, chef de la maison royale, et Elkana, le second après le 8 roi. Les enfants d'Israël firent parmi leurs frères deux cent mille prisonniers, femmes, fils et filles, et ils leur prirent beaucoup de butin, qu'ils emmenèrent à Samarie.

9 Il y avait là un prophète de l'Éternel, nommé Oded. Il alla au-devant de l'armée qui revenait à Samarie, et il leur dit: C'est dans sa colère contre Juda que l'Éternel, le Dieu de vos pères, les a livrés entre vos mains, et vous les avez tués avec une fureur qui est montée jusqu'aux 10 cieux. Et vous pensez maintenant faire des enfants de Juda et de Jérusalem vos serviteurs et vos servantes! Mais vous, n'êtes-vous pas coupables envers l'Éternel, votre 11 Dieu? Écoutez-moi donc, et renvoyez ces captifs que vous avez faits parmi vos frères; car la colère ardente de l'Éternel est sur vous.

Quelques-uns d'entre les chefs des 12 fils d'Éphraïm, Azaria, fils de Jochanan, Bérékia, fils de Meschillémoth, Ézéchias, fils de Schallum, et Amasa, fils de Hadlaï, s'élevèrent contre ceux qui revenaient de l'armée, et leur 13 dirent: Vous ne ferez point entrer ici ces captifs; car, pour nous rendre coupables envers l'Éternel, vous voulez ajouter à nos péchés et à nos fautes. Nous sommes déjà bien coupables, et la colère ardente de l'Éternel est sur Israël.

Les soldats abandonnèrent les 14 captifs et le butin devant les chefs et devant toute l'assemblée. Et les 15 hommes dont les noms viennent d'être mentionnés se levèrent et prirent les captifs; ils employèrent le butin à vêtir tous ceux qui étaient nus, ils leur donnèrent des habits et des chaussures, ils les firent manger et boire, ils les oignirent, ils conduisirent sur des ânes tous ceux qui étaient fatigués, et ils les menèrent à Jéricho, la ville des palmiers, auprès de leurs frères. Puis ils retournèrent à Samarie.

En ce temps-là, le roi Achaz 16 envoya demander du secours aux rois d'Assyrie. Les Édomites vinrent 17 encore, battirent Juda, et emmenèrent des captifs. Les Philistins firent une 18 invasion dans les villes de la plaine et du midi de Juda; ils prirent Beth-Schémesch, Ajalon, Guédéroth, Soco et les villes de son ressort, Thimna et les villes de son ressort, Guimzo et les villes de son ressort, et ils s'y établirent. Car l'Éternel 19 humilia Juda, à cause d'Achaz, roi d'Israël, qui avait jeté le désordre dans Juda et commis des péchés contre l'Éternel. Tilgath-Pilnéser, 20 roi d'Assyrie, vint contre lui, le traita en ennemi, et ne le soutint pas. Car 21 Achaz dépouilla la maison de l'Éternel, la maison du roi et celle des chefs, pour faire des présents au roi d'Assyrie; ce qui ne lui fut d'aucun secours.

Pendant qu'il était dans la détresse, 22 il continuait à pécher contre l'Éternel, lui, le roi Achaz. Il sacrifia aux 23 dieux de Damas, qui l'avaient frappé, et il dit : Puisque les dieux des rois de Syrie leur viennent en aide, je leur sacrifierai pour qu'ils me secourent. Mais ils furent l'occasion de sa chute et de celle de tout Israël.

24 Achaz rassembla les ustensiles de la maison de Dieu, et il mit en pièces les ustensiles de la maison de Dieu. Il ferma les portes de la maison de l'Éternel, il se fit des autels à tous 25 les coins de Jérusalem, et il établit des hauts lieux dans chacune des villes de Juda pour offrir des parfums à d'autres dieux. Il irrita ainsi l'Éternel, le Dieu de ses pères.

26 Le reste de ses actions et toutes ses voies, les premières et les dernières, cela est écrit dans le livre des rois de Juda et d'Israël.

27 Achaz se coucha avec ses pères, et on l'enterra dans la ville de Jérusalem, car on ne le mit point dans les sépulcres des rois d'Israël. Et Ézéchias, son fils, régna à sa place.

Ézéchias, roi de Juda.—Le temple purifié et le culte rétabli.

29 Ézéchias devint roi à l'âge de vingt-cinq ans, et il régna vingt-neuf ans à Jérusalem. Sa mère s'appelait Abija, fille de Zacharie.
2 Il fit ce qui est droit aux yeux de l'Éternel, entièrement comme avait fait David, son père.
3 La première année de son règne, au premier mois, il ouvrit les portes de la maison de l'Éternel, et il les 4 répara. Il fit venir les sacrificateurs et les Lévites, qu'il assembla dans la 5 place orientale, et il leur dit : Écoutez-moi, Lévites ! Maintenant sanctifiez-vous, sanctifiez la maison de l'Éternel, le Dieu de vos pères, et mettez ce qui est impur hors du 6 sanctuaire. Car nos pères ont péché, ils ont fait ce qui est mal aux yeux de l'Éternel, notre Dieu, ils l'ont abandonné, ils ont détourné leurs regards du tabernacle de l'Éternel et 7 lui ont tourné le dos. Ils ont même fermé les portes du portique et éteint les lampes, et ils n'ont offert au Dieu d'Israël ni parfums ni holocaustes 8 dans le sanctuaire. Aussi la colère de l'Éternel a été sur Juda et sur

Jérusalem, et il les a livrés au trouble, à la désolation et à la moquerie, comme vous le voyez de vos yeux. 9 Et voici, à cause de cela nos pères sont tombés par l'épée, et nos fils, nos filles et nos femmes sont en captivité. J'ai donc l'intention de 10 faire alliance avec l'Éternel, le Dieu d'Israël, pour que son ardente colère se détourne de nous. Maintenant, 11 mes fils, cessez d'être négligents ; car vous avez été choisis par l'Éternel pour vous tenir à son service devant lui, pour être ses serviteurs, et pour lui offrir des parfums.

Et les Lévites se levèrent : Machath, 12 fils d'Amasaï, Joël, fils d'Azaria, des fils des Kehathites ; et des fils des Merarites, Kis, fils d'Abdi, Azaria, fils de Jehalléleel ; et des Guerschonites, Joach, fils de Zimma, Éden, fils de Joach ; et des fils 13 d'Élitsaphan, Schimri et Jeïel ; et des fils d'Asaph, Zacharie et Matthania ; et des fils d'Héman, Jehiel et Schimeï ; 14 et des fils de Jeduthun, Schemaeja et Uzziel. Ils réunirent leurs frères, 15 et, après s'être sanctifiés, ils vinrent pour purifier la maison de l'Éternel, selon l'ordre du roi et d'après les paroles de l'Éternel. Les sacrifi- 16 cateurs entrèrent dans l'intérieur de la maison de l'Éternel pour la purifier ; ils sortirent toutes les impuretés qu'ils trouvèrent dans le temple de l'Éternel et les mirent dans le parvis de la maison de l'Éternel, où les Lévites les reçurent pour les emporter dehors au torrent de Cédron. Ils commencèrent ces 17 purifications le premier jour du premier mois ; le huitième jour du mois, ils entrèrent dans le portique de l'Éternel, et ils mirent huit jours à purifier la maison de l'Éternel ; le seizième jour du premier mois, ils avaient achevé.

Ils se rendirent ensuite chez le roi 18 Ézéchias, et dirent : Nous avons purifié toute la maison de l'Éternel, l'autel des holocaustes et tous ses ustensiles, et la table des pains de proposition et tous ses ustensiles. Nous avons remis en état et purifié 19 tous les ustensiles que le roi Achaz avait profanés pendant son règne, lors de ses transgressions : ils sont devant l'autel de l'Éternel.

30 Le roi Ézéchias se leva de bon matin, assembla les chefs de la ville, et monta à la maison de l'Éternel.

21 Ils offrirent sept taureaux, sept béliers, sept agneaux et sept boucs, en sacrifice d'expiation pour le royaume, pour le sanctuaire, et pour Juda. Le roi ordonna aux sacrificateurs, fils d'Aaron, de les offrir sur

22 l'autel de l'Éternel. Les sacrificateurs égorgèrent les bœufs, et reçurent le sang, qu'ils répandirent sur l'autel ; ils égorgèrent les béliers, et répandirent le sang sur l'autel ; ils égorgèrent les agneaux, et répandirent

23 le sang sur l'autel. On amena ensuite les boucs expiatoires devant le roi et devant l'assemblée, qui

24 posèrent leurs mains sur eux. Les sacrificateurs les égorgèrent, et répandirent leur sang au pied de l'autel en expiation pour les péchés de tout Israël ; car c'était pour tout Israël que le roi avait ordonné l'holocauste et le sacrifice d'expiation.

25 Il fit placer les Lévites dans la maison de l'Éternel avec des cymbales, des luths et des harpes, selon l'ordre de David, de Gad le voyant du roi, et de Nathan le prophète ; car c'était un ordre de l'Éternel,

26 transmis par ses prophètes. Les Lévites prirent place avec les instruments de David, et les sacrificateurs

27 avec les trompettes. Ézéchias ordonna d'offrir l'holocauste sur l'autel ; et au moment où commença l'holocauste, commença aussi le chant de l'Éternel, au son des trompettes et avec accompagnement des instru-

28 ments de David, roi d'Israël. Toute l'assemblée se prosterna, on chanta le cantique, et l'on sonna des trompettes, le tout jusqu'à ce que

29 l'holocauste fût achevé. Et quand on eut achevé d'offrir l'holocauste, le roi et tous ceux qui étaient avec lui fléchirent le genou et se prosternèrent.

30 Puis le roi Ézéchias et les chefs dirent aux Lévites de célébrer l'Éternel avec les paroles de David et du prophète Asaph ; et ils le célébrèrent avec des transports de joie, et ils s'inclinèrent et se prosternèrent.

31 Ézéchias prit alors la parole, et dit : Maintenant que vous vous êtes consacrés à l'Éternel, approchez-vous, amenez des victimes et offrez des sacrifices d'actions de grâces à la maison de l'Éternel. Et l'assemblée amena des victimes et offrit des sacrifices d'actions de grâces, et tous ceux dont le cœur était bien disposé

32 offrirent des holocaustes. Le nombre des holocaustes offerts par l'assemblée fut de soixante-dix bœufs, cent béliers, et deux cents agneaux ; toutes ces victimes furent immolées

33 en holocauste à l'Éternel. Et l'on consacra encore six cents bœufs et

34 trois mille brebis. Mais les sacrificateurs étaient en petit nombre, et ils ne purent dépouiller tous les holocaustes ; leurs frères, les Lévites, les aidèrent jusqu'à ce que l'ouvrage fût fini, et jusqu'à ce que les autres sacrificateurs se fussent sanctifiés, car les Lévites avaient eu plus à cœur de se sanctifier que les sacrificateurs.

35 Il y avait d'ailleurs beaucoup d'holocaustes, avec les graisses des sacrifices d'actions de grâces, et avec les libations des holocaustes.

Ainsi fut rétabli le service de la maison de l'Éternel. Ézéchias et

36 tout le peuple se réjouirent de ce que Dieu avait bien disposé le peuple, car la chose se fit subitement.

Célébration solennelle de la Pâque sous Ézéchias.

30 Ézéchias envoya des messagers dans tout Israël et Juda, et il écrivit aussi des lettres à Éphraïm et à Manassé, pour qu'ils vinssent à la maison de l'Éternel à Jérusalem célébrer la Pâque en l'honneur de l'Éternel, le Dieu d'Israël. Le roi,

2 ses chefs, et toute l'assemblée avaient tenu conseil à Jérusalem, afin que la Pâque fût célébrée au second mois ;

3 car on ne pouvait la faire en son temps, parce que les sacrificateurs ne s'étaient pas sanctifiés en assez grand nombre et que le peuple n'était

4 pas rassemblé à Jérusalem. La chose ayant eu l'approbation du roi 5 et de toute l'assemblée, ils décidèrent de faire une publication dans tout Israël, depuis Beer-Schéba jusqu'à Dan, pour que l'on vînt à Jérusalem célébrer la Pâque en l'honneur de l'Éternel, le Dieu d'Israël. Car elle n'était plus célébrée par la multitude comme il est écrit.

6 Les coureurs allèrent avec les lettres du roi et de ses chefs dans tout Israël et Juda. Et, d'après l'ordre du roi, ils dirent : Enfants d'Israël, revenez à l'Éternel, le Dieu d'Abraham, d'Isaac et d'Israël, afin qu'il revienne à vous, reste échappé 7 de la main des rois d'Assyrie. Ne soyez pas comme vos pères et comme vos frères, qui ont péché contre l'Éternel, le Dieu de leurs pères, et qu'il a livrés à la désolation, comme 8 vous le voyez. Ne raidissez donc pas votre cou, comme vos pères ; donnez la main à l'Éternel, venez à son sanctuaire qu'il a sanctifié pour toujours, et servez l'Éternel, votre Dieu, pour que sa colère ardente se 9 détourne de vous. Si vous revenez à l'Éternel, vos frères et vos fils trouveront miséricorde auprès de ceux qui les ont emmenés captifs, et ils reviendront dans ce pays ; car l'Éternel, votre Dieu, est compatissant et miséricordieux, et il ne détournera pas sa face de vous, si vous revenez 10 à lui. Les coureurs allèrent ainsi de ville en ville dans le pays d'Éphraïm et de Manassé, et jusqu'à Zabulon. Mais on se riait et l'on se moquait 11 d'eux. Cependant quelques hommes d'Aser, de Manassé et de Zabulon s'humilièrent et vinrent à Jérusalem. 12 Dans Juda aussi la main de Dieu se déploya pour leur donner un même cœur et leur faire exécuter l'ordre du roi et des chefs, selon la parole de l'Éternel.

13 Un peuple nombreux se réunit à Jérusalem pour célébrer la fête des pains sans levain au second mois : ce 14 fut une immense assemblée. Ils se levèrent, et ils firent disparaître les autels sur lesquels on sacrifiait dans Jérusalem et tous ceux sur lesquels on offrait des parfums, et ils les jetèrent dans le torrent de Cédron. Ils immolèrent ensuite la Pâque le 15 quatorzième jour du second mois. Les sacrificateurs et les Lévites, saisis de confusion, s'étaient sanctifiés, et ils offrirent des holocaustes dans la maison de l'Éternel. Ils occupaient 16 leur place ordinaire, conformément à la loi de Moïse, homme de Dieu, et les sacrificateurs répandaient le sang, qu'ils recevaient de la main des Lévites. Comme il y avait dans 17 l'assemblée beaucoup de gens qui ne s'étaient pas sanctifiés, les Lévites se chargèrent d'immoler les victimes de la Pâque pour tous ceux qui n'étaient pas purs, afin de les consacrer à l'Éternel. Car une grande partie du 18 peuple, beaucoup de ceux d'Éphraïm, de Manassé, d'Issacar et de Zabulon, ne s'étaient pas purifiés, et ils mangèrent la Pâque sans se conformer à ce qui est écrit. Mais Ézéchias pria pour eux, en disant : Veuille l'Éternel, qui est bon, pardonner à tous ceux qui ont appliqué leur cœur à cher- 19 cher Dieu, l'Éternel, le Dieu de leurs pères, quoiqu'ils n'aient pas pratiqué la sainte purification ! L'Éternel 20 exauça Ézéchias, et il pardonna au peuple. Ainsi les enfants d'Israël 21 qui se trouvèrent à Jérusalem célébrèrent la fête des pains sans levain, pendant sept jours, avec une grande joie ; et chaque jour les Lévites et les sacrificateurs louaient l'Éternel avec les instruments qui retentissaient en son honneur. Ézéchias parla au 22 cœur de tous les Lévites, qui montraient une grande intelligence pour le service de l'Éternel. Ils mangèrent les victimes pendant sept jours, offrant des sacrifices d'actions de grâces, et louant l'Éternel, le Dieu de leurs pères.

Toute l'assemblée fut d'avis de 23 célébrer sept autres jours. Et ils célébrèrent joyeusement ces sept jours ; car Ézéchias, roi de Juda, 24 avait donné à l'assemblée mille taureaux et sept mille brebis, et les chefs lui donnèrent mille taureaux et dix mille brebis, et des sacrificateurs en grand nombre s'étaient sanctifiés.

25 Toute l'assemblée de Juda, et les sacrificateurs et les Lévites, et tout le peuple venu d'Israël, et les étrangers venus du pays d'Israël ou établis en Juda, se livrèrent à la joie. 26 Il y eut à Jérusalem de grandes réjouissances ; et depuis le temps de Salomon, fils de David, roi d'Israël, rien de semblable n'avait eu lieu dans 27 Jérusalem. Les sacrificateurs et les Lévites se levèrent et bénirent le peuple ; et leur voix fut entendue, et leur prière parvint jusqu'aux cieux, jusqu'à la sainte demeure de l'Éternel.

Dispositions prises par Ézéchias pour régulariser les fonctions et les revenus des sacrificateurs et des Lévites.

31 Lorsque tout cela fut terminé, tous ceux d'Israël qui étaient présents partirent pour les villes de Juda, et ils brisèrent les statues, abattirent les idoles, et renversèrent entièrement les hauts lieux et les autels dans tout Juda et Benjamin et dans Éphraïm et Manassé. Puis tous les enfants d'Israël retournèrent dans leurs villes, chacun dans sa propriété. 2 Ézéchias rétablit les classes des sacrificateurs et des Lévites d'après leurs divisions, chacun selon ses fonctions, sacrificateurs et Lévites, pour les holocaustes et les sacrifices d'actions de grâces, pour le service, pour les chants et les louanges, aux 3 portes du camp de l'Éternel. Le roi donna une portion de ses biens pour les holocaustes, pour les holocaustes du matin et du soir, et pour les holocaustes des sabbats, des nouvelles lunes et des fêtes, comme il est écrit 4 dans la loi de l'Éternel. Et il dit au peuple, aux habitants de Jérusalem, de donner la portion des sacrificateurs et des Lévites, afin qu'ils observassent 5 fidèlement la loi de l'Éternel. Lorsque la chose fut répandue, les enfants d'Israël donnèrent en abondance les prémices du blé, du moût, de l'huile, du miel, et de tous les produits des champs ; ils apportèrent aussi en 6 abondance la dîme de tout. De même, les enfants d'Israël et de Juda qui demeuraient dans les villes de Juda donnèrent la dîme du gros et du menu bétail, et la dîme des choses saintes qui étaient consacrées à l'Éternel, leur Dieu, et dont on fit plusieurs tas. On commença à former 7 les tas au troisième mois, et l'on acheva au septième mois. Ézéchias 8 et les chefs vinrent voir les tas, et ils bénirent l'Éternel et son peuple d'Israël. Et Ézéchias interrogea les 9 sacrificateurs et les Lévites au sujet de ces tas. Alors le souverain 10 sacrificateur Azaria, de la maison de Tsadok, lui répondit : Depuis qu'on a commencé d'apporter les offrandes dans la maison de l'Éternel, nous avons mangé, nous nous sommes rassasiés, et nous en avons beaucoup laissé, car l'Éternel a béni son peuple ; et voici la grande quantité qu'il y a de reste. Ézéchias donna l'ordre de préparer 11 des chambres dans la maison de l'Éternel ; et on les prépara. On y 12 apporta fidèlement les offrandes, la dîme, et les choses saintes. Le Lévite Conania en eut l'intendance, et son frère Schimeï était en second. Jehiel, Azazia, Nachath, Asaël, Jeri- 13 moth, Jozabad, Éliel, Jismakia, Machath et Benaja étaient employés sous la direction de Conania et de son frère Schimeï, d'après l'ordre du roi Ézéchias, et d'Azaria, chef de la maison de Dieu. Le Lévite Koré, 14 fils de Jimna, portier de l'orient, avait l'intendance des dons volontaires faits à Dieu, pour distribuer ce qui était présenté à l'Éternel par élévation et les choses très saintes. Dans les villes sacerdotales, Éden, 15 Minjamin, Josué, Schemaeja, Amaria et Schecania étaient placés sous sa direction pour faire fidèlement les distributions à leurs frères, grands et petits, selon leurs divisions : aux 16 mâles enregistrés depuis l'âge de trois ans et au-dessus ; à tous ceux qui entraient journellement dans la maison de l'Éternel pour faire leur service selon leurs fonctions et selon leurs divisions ; aux sacrificateurs 17 enregistrés d'après leurs maisons paternelles, et aux Lévites de vingt

ans et au-dessus, selon leurs fonctions
18 et selon leurs divisions ; à ceux de toute l'assemblée enregistrés avec tous leurs petits enfants, leurs femmes, leurs fils et leurs filles, car ils se consacraient fidèlement au
19 service du sanctuaire. Et pour les fils d'Aaron, les sacrificateurs, qui demeuraient à la campagne dans les banlieues de leurs villes, il y avait dans chaque ville des hommes désignés par leurs noms pour distribuer les portions à tous les mâles des sacrificateurs et à tous les Lévites enregistrés.

20 Voilà ce que fit Ézéchias dans tout Juda ; il fit ce qui est bien, ce qui est droit, ce qui est vrai, devant
21 l'Éternel, son Dieu. Il agit de tout son cœur, et il réussit dans tout ce qu'il entreprit, en recherchant son Dieu, pour le service de la maison de Dieu, pour la loi et pour les commandements.

Invasion de Sanchérib, roi d'Assyrie, et destruction de son armée.

32 Après ces choses et ces actes de fidélité, parut Sanchérib, roi d'Assyrie, qui pénétra en Juda, et assiégea les villes fortes, dans l'in-
2 tention de s'en emparer. Ézéchias, voyant que Sanchérib était venu et qu'il se proposait d'attaquer Jéru-
3 salem, tint conseil avec ses chefs et ses hommes vaillants, afin de boucher les sources d'eau qui étaient hors de la ville ; et ils furent de son avis.
4 Une foule de gens se rassemblèrent, et ils bouchèrent toutes les sources et le ruisseau qui coule au milieu de la contrée. Pourquoi, disaient-ils, les rois d'Assyrie trouveraient-ils à leur arrivée des eaux en abondance ?
5 Ézéchias prit courage ; il reconstruisit la muraille qui était en ruine et l'éleva jusqu'aux tours, bâtit un autre mur en dehors, fortifia Millo dans la cité de David, et prépara une quantité
6 d'armes et de boucliers. Il donna des chefs militaires au peuple, et les réunit auprès de lui sur la place de la porte de la ville. S'adressant à
7 leur cœur, il dit : Fortifiez-vous et ayez du courage ! Ne craignez point

et ne soyez point effrayés devant le roi d'Assyrie et devant toute la multitude qui est avec lui ; car avec nous il y a plus qu'avec lui. Avec 8 lui est un bras de chair, et avec nous l'Éternel, notre Dieu qui nous aidera et qui combattra pour nous. Le peuple eut confiance dans les paroles d'Ézéchias, roi de Juda.

Après cela, Sanchérib, roi d'Assyrie, 9 envoya ses serviteurs à Jérusalem, pendant qu'il était devant Lakis avec toutes ses forces ; il les envoya vers Ézéchias, roi de Juda, et vers tous ceux de Juda qui étaient à Jérusalem, pour leur dire : Ainsi 10 parle Sanchérib, roi d'Assyrie : Sur quoi repose votre confiance, pour que vous restiez à Jérusalem dans la détresse ? Ézéchias ne vous abuse-11 t-il pas pour vous livrer à la mort par la famine et par la soif, quand il dit : L'Éternel, notre Dieu, nous sauvera de la main du roi d'Assyrie ? N'est-ce pas lui, Ézéchias, qui a fait 12 disparaître les hauts lieux et les autels de l'Éternel, et qui a donné cet ordre à Juda et à Jérusalem : Vous vous prosternerez devant un seul autel, et vous y offrirez les parfums ? Ne savez-vous pas ce que 13 nous avons fait, moi et mes pères, à tous les peuples des autres pays ? Les dieux des nations de ces pays ont-ils pu délivrer leurs pays de ma main ? Parmi tous les dieux de ces 14 nations que mes pères ont exter-minées, quel est celui qui a pu délivrer son peuple de ma main, pour que votre Dieu puisse vous délivrer de ma main ? Qu'Ézéchias ne vous 15 séduise donc point et qu'il ne vous abuse point ainsi ; ne vous fiez pas à lui ! Car aucun dieu d'aucune nation ni d'aucun royaume n'a pu délivrer son peuple de ma main et de la main de mes pères : combien moins votre Dieu vous délivrera-t-il de ma main !

Les serviteurs de Sanchérib par- 16 lèrent encore contre l'Éternel Dieu, et contre Ézéchias, son serviteur. Et il envoya une lettre insultante 17 pour l'Éternel, le Dieu d'Israël, en s'exprimant ainsi contre lui : De même que les dieux des nations des autres pays n'ont pu délivrer leur peuple de ma main, de même le Dieu d'Ézéchias ne délivrera pas 18 son peuple de ma main. Les serviteurs de Sanchérib crièrent à haute voix en langue judaïque, afin de jeter l'effroi et l'épouvante parmi le peuple de Jérusalem qui était sur la muraille, et de pouvoir ainsi s'emparer de la 19 ville. Ils parlèrent du Dieu de Jérusalem comme des dieux des peuples de la terre, ouvrages de mains d'homme.

20 Le roi Ézéchias et le prophète Ésaïe, fils d'Amots, se mirent à prier à ce sujet, et ils crièrent au ciel. 21 Alors l'Éternel envoya un ange, qui extermina dans le camp du roi d'Assyrie tous les vaillants hommes, les princes et les chefs. Et le roi confus retourna dans son pays. Il entra dans la maison de son dieu, et là ceux qui étaient sortis de ses entrailles le firent tomber par l'épée. 22 Ainsi l'Éternel sauva Ézéchias et les habitants de Jérusalem de la main de Sanchérib, roi d'Assyrie, et de la main de tous, et il les protégea contre 23 ceux qui les entouraient. Beaucoup de gens apportèrent dans Jérusalem des offrandes à l'Éternel, et de riches présents à Ézéchias, roi de Juda, qui depuis lors fut élevé aux yeux de toutes les nations.

24 En ce temps-là, Ézéchias fut malade à la mort. Il fit une prière à l'Éternel; et l'Éternel lui adressa la parole, 25 et lui accorda un prodige. Mais Ézéchias ne répondit point au bienfait qu'il avait reçu, car son cœur s'éleva; et la colère de l'Éternel fut sur lui et sur Juda et Jérusalem. 26 Alors Ézéchias, du sein de son orgueil, s'humilia avec les habitants de Jérusalem, et la colère de l'Éternel ne vint pas sur eux pendant la vie d'Ézéchias.

27 Ézéchias eut beaucoup de richesses et de gloire. Il se fit des trésors d'argent, d'or, de pierres précieuses, d'aromates, de boucliers, et de tous 28 les objets qu'on peut désirer; des magasins pour les produits en blé, en moût et en huile, des crèches pour toute espèce de bétail, et des étables pour les troupeaux. Il se bâtit des 29 villes, et il eut en abondance des troupeaux de menu et de gros bétail; car Dieu lui avait donné des biens considérables. Ce fut aussi lui, Ézé- 30 chias, qui boucha l'issue supérieure des eaux de Guihon, et les conduisit en bas vers l'occident de la cité de David. Ézéchias réussit dans toutes ses entreprises. Cependant, lorsque 31 les chefs de Babylone envoyèrent des messagers auprès de lui pour s'informer du prodige qui avait eu lieu dans le pays, Dieu l'abandonna pour l'éprouver, afin de connaître tout ce qui était dans son cœur.

Le reste des actions d'Ézéchias, et 32 ses œuvres de piété, cela est écrit dans la vision du prophète Ésaïe, fils d'Amots, dans le livre des rois de Juda et d'Israël.

Ézéchias se coucha avec ses pères, 33 et on l'enterra dans le lieu le plus élevé des sépulcres des fils de David; tout Juda et les habitants de Jérusalem lui rendirent honneur à sa mort. Et Manassé, son fils, régna à sa place.

Manassé et Amon, rois de Juda.

33 Manassé avait douze ans lorsqu'il devint roi, et il régna cinquante-cinq ans à Jérusalem.

Il fit ce qui est mal aux yeux de 2 l'Éternel, selon les abominations des nations que l'Éternel avait chassées devant les enfants d'Israël. Il rebâtit 3 les hauts lieux qu'Ézéchias, son père, avait renversés; il éleva des autels aux Baals, il fit des idoles d'Astarté, et il se prosterna devant toute l'armée des cieux et la servit. Il bâtit des 4 autels dans la maison de l'Éternel, quoique l'Éternel eût dit: C'est dans Jérusalem que sera mon nom à perpétuité. Il bâtit des autels à toute 5 l'armée des cieux dans les deux parvis de la maison de l'Éternel. Il 6 fit passer ses fils par le feu dans la vallée des fils de Hinnom; il observait les nuages et les serpents pour en tirer des pronostics, il s'adonnait à la magie, et il établit des gens qui évoquaient les esprits et qui prédi-

saient l'avenir. Il fit de plus en plus ce qui est mal aux yeux de l'Éternel,
7 afin de l'irriter. Il plaça l'image taillée de l'idole qu'il avait faite dans la maison de Dieu, de laquelle Dieu avait dit à David et à Salomon, son fils : C'est dans cette maison, et c'est dans Jérusalem que j'ai choisie parmi toutes les tribus d'Israël, que je veux
8 à toujours placer mon nom. Je ne ferai plus sortir Israël du pays que j'ai destiné à vos pères, pourvu seulement qu'ils aient soin de mettre en pratique tout ce que je leur ai commandé, selon toute la loi, les préceptes et les ordonnances prescrits par Moïse.
9 Mais Manassé fut cause que Juda et les habitants de Jérusalem s'égarèrent et firent le mal plus que les nations que l'Éternel avait détruites devant les
10 enfants d'Israël. L'Éternel parla à Manassé et à son peuple, et ils n'y firent point attention.
11 Alors l'Éternel fit venir contre eux les chefs de l'armée du roi d'Assyrie, qui saisirent Manassé et le mirent dans les fers ; ils le lièrent avec des chaînes d'airain, et le menèrent à
12 Babylone. Lorsqu'il fut dans la détresse, il implora l'Éternel, son Dieu, et il s'humilia profondément
13 devant le Dieu de ses pères. Il lui adressa ses prières ; et l'Éternel, se laissant fléchir, exauça ses supplications, et le ramena à Jérusalem dans son royaume. Et Manassé reconnut que l'Éternel est Dieu.
14 Après cela, il bâtit en dehors de la ville de David, à l'occident, vers Guihon dans la vallée, un mur qui se prolongeait jusqu'à la porte des poissons et dont il entoura la colline, et il l'éleva à une grande hauteur ; il mit aussi des chefs militaires dans toutes les villes fortes de Juda.
15 Il fit disparaître de la maison de l'Éternel les dieux étrangers et l'idole, et il renversa tous les autels qu'il avait bâtis sur la montagne de la maison de l'Éternel et à Jérusalem ;
16 et il les jeta hors de la ville. Il rétablit l'autel de l'Éternel et y offrit des sacrifices d'actions de grâces et de reconnaissance, et il ordonna à Juda de servir l'Éternel, le Dieu

d'Israël. Le peuple sacrifiait bien 17 encore sur les hauts lieux, mais seulement à l'Éternel, son Dieu.

Le reste des actions de Manassé, 18 sa prière à son Dieu, et les paroles des prophètes qui lui parlèrent au nom de l'Éternel, le Dieu d'Israël, cela est écrit dans les actes des rois d'Israël. Sa prière et la manière 19 dont Dieu l'exauça, ses péchés et ses infidélités, les places où il bâtit des hauts lieux et dressa des idoles et des images taillées avant de s'être humilié, cela est écrit dans le livre de Hozaï.

Manassé se coucha avec ses pères, 20 et on l'enterra dans sa maison. Et Amon, son fils, régna à sa place.

Amon avait vingt-deux ans lors- 21 qu'il devint roi, et il régna deux ans à Jérusalem.

Il fit ce qui est mal aux yeux de 22 l'Éternel, comme avait fait Manassé, son père ; il sacrifia à toutes les images taillées qu'avait faites Manassé, son père, et il les servit ; et il ne s'humilia 23 pas devant l'Éternel, comme s'était humilié Manassé, son père, car lui, Amon, se rendit de plus en plus coupable. Ses serviteurs conspirèrent 24 contre lui, et le firent mourir dans sa maison. Mais le peuple du pays 25 frappa tous ceux qui avaient conspiré contre le roi Amon ; et le peuple du pays établit roi Josias, son fils, à sa place.

Josias, roi de Juda.— Son zèle contre l'idolâtrie.—Le livre de la loi trouvé dans le temple.

Josias avait huit ans lorsqu'il **34** devint roi, et il régna trente et un ans à Jérusalem.

Il fit ce qui est droit aux yeux de 2 l'Éternel, et il marcha dans les voies de David, son père ; il ne s'en détourna ni à droite ni à gauche.

La huitième année de son règne, 3 comme il était encore jeune, il commença à rechercher le Dieu de David, son père ; et la douzième année, il commença à purifier Juda et Jérusalem des hauts lieux, des idoles, des images taillées et des images en fonte. On renversa devant lui les 4 autels des Baals, et il abattit les statues consacrées au soleil qui étaient dessus ; il brisa les idoles, les images taillées et les images en fonte, et les réduisit en poussière, et il répandit la poussière sur les sépulcres de ceux 5 qui leur avaient sacrifié ; et il brûla les ossements des prêtres sur leurs autels. C'est ainsi qu'il purifia Juda 6 et Jérusalem. Dans les villes de Manassé, d'Éphraïm, de Siméon, et même de Nephthali, partout au milieu 7 de leurs ruines, il renversa les autels, il mit en pièces les idoles et les images taillées et les réduisit en poussière, et il abattit toutes les statues consacrées au soleil dans tout le pays d'Israël. Puis il retourna à Jérusalem.

8 La dix-huitième année de son règne, après qu'il eut purifié le pays et la maison, il envoya Schaphan, fils d'Atsalia, Maaséja, chef de la ville, et Joach, fils de Joachaz, l'archiviste, pour réparer la maison de l'Éter- 9 nel, son Dieu. Ils se rendirent auprès du souverain sacrificateur Hilkija, et on livra l'argent qui avait été apporté dans la maison de Dieu, et que les Lévites gardiens du seuil avaient recueilli de Manassé et d'É- phraïm et de tout le reste d'Israël, et de tout Juda et Benjamin et des 10 habitants de Jérusalem. On le remit entre les mains de ceux qui étaient chargés de faire exécuter l'ouvrage dans la maison de l'Éternel. Et ils l'employèrent pour ceux qui travail- laient aux réparations de la maison 11 de l'Éternel, pour les charpentiers et les maçons, pour les achats de pierres de taille et de bois destiné aux poutres et à la charpente des bâtiments qu'a- 12 vaient détruits les rois de Juda. Ces hommes agirent avec probité dans leur travail. Ils étaient placés sous l'inspection de Jachath et Abdias, Lévites d'entre les fils de Merari, et de Zacharie et Meschullam, d'entre les fils des Kehathites ; tous ceux des Lévites qui étaient habiles musiciens 13 surveillaient les manœuvres et diri- geaient tous les ouvriers occupés aux divers travaux ; il y avait encore d'autres Lévites secrétaires, commis- saires et portiers.

Au moment où l'on sortit l'argent 14 qui avait été apporté dans la maison de l'Éternel, le sacrificateur Hilkija trouva le livre de la loi de l'Éternel donnée par Moïse. Alors Hilkija 15 prit la parole et dit à Schaphan, le secrétaire : J'ai trouvé le livre de la loi dans la maison de l'Éternel. Et Hilkija donna le livre à Schaphan. Schaphan apporta le livre au roi, et 16 lui rendit aussi compte, en disant : Tes serviteurs ont fait tout ce qui leur a été commandé ; ils ont amassé 17 l'argent qui se trouvait dans la maison de l'Éternel, et l'ont remis entre les mains des inspecteurs et des ouvriers. Schaphan, le secrétaire, dit encore au 18 roi : Le sacrificateur Hilkija m'a don- né un livre. Et Schaphan le lut devant le roi.

Lorsque le roi entendit les paroles 19 de la loi, il déchira ses vêtements. Et le roi donna cet ordre à Hilkija, 20 à Achikam, fils de Schaphan, à Abdon, fils de Michée, à Schaphan, le secrétaire, et à Asaja, serviteur du roi : Allez, consultez l'Éternel pour 21 moi et pour ce qui reste en Israël et en Juda, au sujet des paroles de ce livre qu'on a trouvé ; car grande est la colère de l'Éternel qui s'est ré- pandue sur nous, parce que nos pères n'ont point observé la parole de l'É- ternel et n'ont point mis en pratique tout ce qui est écrit dans ce livre.

Hilkija et ceux qu'avait désignés 22 le roi allèrent auprès de la prophétesse Hulda, femme de Schallum, fils de Thokehath, fils de Hasra, gardien des vêtements. Elle habitait à Jérusalem, dans l'autre quartier de la ville. Après qu'ils eurent exprimé ce qu'ils avaient à lui dire, elle leur répondit : 23 Ainsi parle l'Éternel, le Dieu d'Israël : Dites à l'homme qui vous a envoyés vers moi : Ainsi parle l'Éternel : 24 Voici, je vais faire venir des malheurs sur ce lieu et sur ses habitants, toutes les malédictions écrites dans le livre qu'on a lu devant le roi de Juda. Parce qu'ils m'ont abandonné et qu'ils 25 ont offert des parfums à d'autres dieux, afin de m'irriter par tous les ouvrages de leurs mains, ma colère s'est répandue sur ce lieu, et elle ne

26 s'éteindra point. Mais vous direz au roi de Juda qui vous a envoyés pour consulter l'Éternel : Ainsi parle l'Éternel, le Dieu d'Israël, au sujet des

27 paroles que tu as entendues : Parce que ton cœur a été touché, parce que tu t'es humilié devant Dieu en entendant ses paroles contre ce lieu et contre ses habitants, parce que tu t'es humilié devant moi, parce que tu as déchiré tes vêtements et que tu as pleuré devant moi, moi aussi, j'ai

28 entendu, dit l'Éternel. Voici, je te recueillerai auprès de tes pères, tu seras recueilli en paix dans ton sépulcre, et tes yeux ne verront pas tous les malheurs que je ferai venir sur ce lieu et sur ses habitants.

Ils rapportèrent au roi cette réponse.

29 Le roi fit assembler tous les anciens
30 de Juda et de Jérusalem. Puis il monta à la maison de l'Éternel, avec tous les hommes de Juda et les habitants de Jérusalem, les sacrificateurs et les Lévites, et tout le peuple, depuis le plus grand jusqu'au plus petit. Il lut devant eux toutes les paroles du livre de l'alliance, qu'on avait trouvé dans la maison de l'É-

31 ternel. Le roi se tenait sur son estrade, et il traita alliance devant l'Éternel, s'engageant à suivre l'Éternel, et à observer ses ordonnances, ses préceptes et ses lois, de tout son cœur et de toute son âme, afin de mettre en pratique les paroles de

32 l'alliance écrites dans ce livre. Et il fit entrer dans l'alliance tous ceux qui se trouvaient à Jérusalem et en Benjamin ; et les habitants de Jérusalem agirent selon l'alliance de Dieu, du Dieu de leurs pères.

33 Josias fit disparaître toutes les abominations de tous les pays appartenant aux enfants d'Israël, et il obligea tous ceux qui se trouvaient en Israël à servir l'Éternel, leur Dieu. Pendant toute sa vie, ils ne se détournèrent point de l'Éternel, le Dieu de leurs pères.

Célébration solennelle de la Pâque sous Josias.—Josias tué par les archers de Néco, roi d'Égypte.

35 Josias célébra la Pâque en l'honneur de l'Éternel à Jéru-

salem, et l'on immola la Pâque le quatorzième jour du premier mois.

2 Il établit les sacrificateurs dans leurs fonctions, et les encouragea au service

3 de la maison de l'Éternel. Il dit aux Lévites qui enseignaient tout Israël et qui étaient consacrés à l'Éternel : Placez l'arche sainte dans la maison qu'a bâtie Salomon, fils de David, roi d'Israël ; vous n'avez plus à la porter sur l'épaule. Servez maintenant l'Éternel, votre Dieu, et son

4 peuple d'Israël. Tenez-vous prêts, selon vos maisons paternelles, selon vos divisions, comme l'ont réglé par écrit David, roi d'Israël, et Salomon,

5 son fils ; occupez vos places dans le sanctuaire, d'après les différentes maisons paternelles de vos frères les fils du peuple, et d'après la classification des maisons paternelles des

6 Lévites. Immolez la Pâque, sanctifiez-vous, et préparez-la pour vos frères, en vous conformant à la parole de l'Éternel prononcée par Moïse.

7 Josias donna aux gens du peuple, à tous ceux qui se trouvaient là, des agneaux et des chevreaux au nombre de trente mille, le tout pour la Pâque, et trois mille bœufs ; cela fut pris

8 sur les biens du roi. Ses chefs firent de bon gré un présent au peuple, aux sacrificateurs et aux Lévites. Hilkija, Zacharie et Jehiel, princes de la maison de Dieu, donnèrent aux sacrificateurs pour la Pâque deux mille six cents

9 agneaux et trois cents bœufs. Conania, Schemaeja et Nethaneel, ses frères, Haschabia, Jeïel et Jozabad, chefs des Lévites, donnèrent aux Lévites pour la Pâque cinq mille agneaux et cinq cents bœufs.

10 Le service s'organisa, et les sacrificateurs et les Lévites occupèrent leur place, selon leurs divisions, d'après

11 l'ordre du roi. Ils immolèrent la Pâque ; les sacrificateurs répandirent le sang qu'ils recevaient de la main des Lévites, et les Lévites dépouillè-

12 rent les victimes. Ils mirent à part les holocaustes pour les donner aux différentes maisons paternelles des gens du peuple, afin qu'ils les offrissent à l'Éternel, comme il est écrit dans le livre de Moïse ; et de même

13 pour les bœufs. Ils firent cuire la Pâque au feu, selon l'ordonnance, et ils firent cuire les choses saintes dans des chaudières, des chaudrons et des poêles ; et ils s'empressèrent de les 14 distribuer à tout le peuple. Ensuite ils préparèrent ce qui était pour eux et pour les sacrificateurs, car les sacrificateurs, fils d'Aaron, furent occupés jusqu'à la nuit à offrir les holocaustes et les graisses ; c'est pourquoi les Lévites préparèrent pour eux et pour les sacrificateurs, fils d'Aaron. 15 Les chantres, fils d'Asaph, étaient à leur place, selon l'ordre de David, d'Asaph, d'Héman, et de Jeduthun le voyant du roi, et les portiers étaient à chaque porte ; ils n'eurent pas à se détourner de leur office, car leurs frères les Lévites préparèrent ce qui était pour eux.

16 Ainsi fut organisé ce jour-là tout le service de l'Éternel pour faire la Pâque et pour offrir des holocaustes sur l'autel de l'Éternel, d'après 17 l'ordre du roi Josias. Les enfants d'Israël qui se trouvaient là célébrèrent la Pâque en ce temps et la fête des pains sans levain pendant sept 18 jours. Aucune Pâque pareille à celle-là n'avait été célébrée en Israël depuis les jours de Samuel le prophète ; et aucun des rois d'Israël n'avait célébré une Pâque pareille à celle que célébrèrent Josias, les sacrificateurs et les Lévites, tout Juda et Israël qui s'y trouvaient, et les habitants de Jérusalem. 19 Ce fut la dix-huitième année du règne de Josias que cette Pâque fut célébrée.

20 Après tout cela, après que Josias eut réparé la maison de l'Éternel, Néco, roi d'Égypte, monta pour combattre à Carkemisch sur l'Euphrate. Josias marcha à sa rencontre ; 21 et Néco lui envoya des messagers pour dire : Qu'y a-t-il entre moi et toi, roi de Juda ? Ce n'est pas contre toi que je viens aujourd'hui ; c'est contre une maison avec laquelle je suis en guerre. Et Dieu m'a dit de me hâter. Ne t'oppose pas à Dieu, qui est avec moi, de peur qu'il ne te 22 détruise. Mais Josias ne se détourna point de lui, et il se déguisa pour l'attaquer, sans écouter les paroles de Néco, qui venaient de la bouche de Dieu. Il s'avança pour combattre dans la vallée de Meguiddo. Les 23 archers tirèrent sur le roi Josias, et le roi dit à ses serviteurs : Emportez-moi, car je suis gravement blessé. Ses serviteurs l'emportèrent du char, 24 le mirent dans un second char qui était à lui, et l'amenèrent à Jérusalem. Il mourut, et fut enterré dans le sépulcre de ses pères. Tout Juda et Jérusalem pleurèrent Josias. Jérémie 25 fit une complainte sur Josias ; tous les chanteurs et toutes les chanteuses ont parlé de Josias dans leurs complaintes jusqu'à ce jour, et en ont établi la coutume en Israël. Ces chants sont écrits dans les Complaintes.

Le reste des actions de Josias, et 26 ses œuvres de piété, telles que les prescrit la loi de l'Éternel, ses pre- 27 mières et ses dernières actions, cela est écrit dans le livre des rois d'Israël et de Juda.

Joachaz, Jojakim, Jojakin, rois de Juda.

Le peuple du pays prit Joachaz, **36** fils de Josias, et l'établit roi à la place de son père à Jérusalem.

Joachaz avait vingt-trois ans lors- 2 qu'il devint roi, et il régna trois mois à Jérusalem,

Le roi d'Égypte le destitua à Jéru- 3 salem, et frappa le pays d'une contribution de cent talents d'argent et d'un talent d'or. Et le roi d'Égypte 4 établit roi sur Juda et sur Jérusalem Éliakim, frère de Joachaz ; et il changea son nom en celui de Jojakim. Néco prit son frère Joachaz, et l'emmena en Égypte.

Jojakim avait vingt-cinq ans lors- 5 qu'il devint roi, et il régna onze ans à Jérusalem.

Il fit ce qui est mal aux yeux de l'Éternel, son Dieu.

Nebucadnetsar, roi de Babylone, 6 monta contre lui, et le lia avec des chaînes d'airain pour le conduire à Babylone. Nebucadnetsar emporta 7 à Babylone des ustensiles de la maison de l'Éternel, et il les mit dans son palais à Babylone.

8 Le reste des actions de Jojakim, les abominations qu'il commit, et ce qui se trouvait en lui, cela est écrit dans le livre des rois d'Israël et de Juda. Et Jojakin, son fils, régna à sa place.

9 Jojakin avait huit ans lorsqu'il devint roi, et il régna trois mois et dix jours à Jérusalem.

Il fit ce qui est mal aux yeux de l'Éternel.

10 L'année suivante, le roi Nebucadnetsar le fit emmener à Babylone avec les ustensiles précieux de la maison de l'Éternel. Et il établit roi sur Juda et sur Jérusalem Sédécias, frère de Jojakin.

Sédécias, dernier roi de Juda.—Jérusalem détruite par Nebucadnetsar, roi de Babylone, et les habitants emmenés en captivité.

11 Sédécias avait vingt et un ans lorsqu'il devint roi, et il régna onze ans à Jérusalem.

12 Il fit ce qui est mal aux yeux de l'Éternel, son Dieu ; et il ne s'humilia point devant Jérémie, le prophète, qui lui parlait de la part de l'Éternel.

13 Il se révolta même contre le roi Nebucadnetsar, qui l'avait fait jurer par le nom de Dieu ; et il raidit son cou et endurcit son cœur, au point de ne pas retourner à l'Éternel, le Dieu d'Israël.

14 Tous les chefs des sacrificateurs et le peuple multiplièrent aussi les transgressions, selon toutes les abominations des nations ; et ils profanèrent la maison de l'Éternel, qu'il avait sanctifiée à Jérusalem.

15 L'Éternel, le Dieu de leurs pères, donna de bonne heure à ses envoyés la mission de les avertir, car il voulait épargner son peuple et sa propre demeure.

16 Mais ils se moquèrent des envoyés de Dieu, ils méprisèrent ses paroles, et ils se raillèrent de ses prophètes, jusqu'à ce que la colère de l'Éternel contre son peuple devînt sans remède.

17 Alors l'Éternel fit monter contre eux le roi des Chaldéens, et tua par l'épée leurs jeunes gens dans la maison de leur sanctuaire ; il n'épargna ni le jeune homme, ni la jeune fille, ni le vieillard, ni l'homme aux cheveux blancs, il livra tout entre ses mains.

18 Nebucadnetsar emporta à Babylone tous les ustensiles de la maison de Dieu, grands et petits, les trésors de la maison de l'Éternel, et les trésors du roi et de ses chefs.

19 Ils brûlèrent la maison de Dieu, ils démolirent les murailles de Jérusalem, ils livrèrent au feu tous ses palais et détruisirent tous les objets précieux.

20 Nebucadnetsar emmena captifs à Babylone ceux qui échappèrent à l'épée ; et ils lui furent assujettis, à lui et à ses fils, jusqu'à la domination du royaume de Perse,

21 afin que s'accomplît la parole de l'Éternel prononcée par la bouche de Jérémie ; jusqu'à ce que le pays eût joui de ses sabbats, il se reposa tout le temps qu'il fut dévasté, jusqu'à l'accomplissement de soixante et dix ans.

22 La première année de Cyrus, roi de Perse, afin que s'accomplît la parole de l'Éternel prononcée par la bouche de Jérémie, l'Éternel réveilla l'esprit de Cyrus, roi de Perse, qui fit faire de vive voix et par écrit cette publication dans tout son royaume ;

23 Ainsi parle Cyrus, roi de Perse: L'Éternel, le Dieu des cieux, m'a donné tous les royaumes de la terre, et il m'a commandé de lui bâtir une maison à Jérusalem en Juda. Qui d'entre vous est de son peuple ? Que l'Éternel, son Dieu, soit avec lui, et qu'il monte !

ESDRAS

Édit de Cyrus.—Retour de la captivité de Babylone.

I La première année de Cyrus, roi de Perse, afin que s'accomplît la parole de l'Éternel prononcée par la bouche de Jérémie, l'Éternel réveilla l'esprit de Cyrus, roi de Perse, qui fit faire de vive voix et par écrit cette publication 2 dans tout son royaume : Ainsi parle Cyrus, roi des Perses : L'Éternel, le Dieu des cieux, m'a donné tous les royaumes de la terre, et il m'a commandé de lui bâtir une maison à 3 Jérusalem en Juda. Qui d'entre vous est de son peuple ? Que son Dieu soit avec lui, et qu'il monte à Jérusalem en Juda et bâtisse la maison de l'Éternel, le Dieu d'Israël ! C'est 4 le Dieu qui est à Jérusalem. Dans tout lieu où séjournent des restes du peuple de l'Éternel, les gens du lieu leur donneront de l'argent, de l'or, des effets, et du bétail, avec des offrandes volontaires pour la maison du Dieu qui est à Jérusalem.

5 Les chefs de famille de Juda et de Benjamin, les sacrificateurs et les Lévites, tous ceux dont Dieu réveilla l'esprit, se levèrent pour aller bâtir la maison de l'Éternel à Jérusalem. 6 Tous leurs alentours leur donnèrent des objets d'argent, de l'or, des effets, du bétail, et des choses précieuses, outre toutes les offrandes volontaires. 7 Le roi Cyrus rendit les ustensiles de la maison de l'Éternel, que Nebucadnetsar avait emportés de Jérusalem et placés dans la maison de son dieu. 8 Cyrus, roi de Perse, les fit sortir par Mithredath, le trésorier, qui les remit 9 à Scheschbatsar, prince de Juda. En voici le nombre : trente bassins d'or, mille bassins d'argent, vingt-neuf 10 couteaux, trente coupes d'or, quatre cent dix coupes d'argent de second 11 ordre, mille autres ustensiles. Tous les objets d'or et d'argent étaient au nombre de cinq mille quatre cents. Scheschbatsar emporta le tout de Babylone à Jérusalem, au retour de la captivité.

Dénombrement des Israélites qui revinrent au pays de Juda.

Voici ceux de la province qui **2** revinrent de l'exil, ceux que Nebucadnetsar, roi de Babylone, avait emmenés captifs à Babylone, et qui retournèrent à Jérusalem et en Juda, chacun dans sa ville. Ils partirent 2 avec Zorobabel, Josué, Néhémie, Seraja, Reélaja, Mardochée, Bilschan, Mispar, Bigvaï, Rehum, Baana.

Nombre des hommes du peuple d'Israël : les fils de Pareosch, deux 3 mille cent soixante-douze ; les fils de 4 Schephathia, trois cent soixante-douze ; les fils d'Arach, sept cent 5 soixante-quinze ; les fils de Pachath- 6 Moab, des fils de Josué et de Joab, deux mille huit cent douze ; les fils 7 d'Élam, mille deux cent cinquante-quatre ; les fils de Zatthu, neuf cent 8 quarante-cinq ; les fils de Zaccaï, sept 9 cent soixante ; les fils de Bani, six 10 cent quarante-deux ; les fils de Bébaï, 11 six cent vingt-trois ; les fils d'Azgad, 12 mille deux cent vingt-deux ; les fils 13 d'Adonikam, six cent soixante-six ; les fils de Bigvaï, deux mille cinquante-six ; les fils d'Adin, quatre 15 cent cinquante-quatre ; les fils d'Ather, 16 de la famille d'Ézéchias, quatre-vingt-dix-huit ; les fils de Betsaï, trois cent 17 vingt-trois ; les fils de Jora, cent 18 douze ; les fils de Haschum, deux 19 cent vingt-trois ; les fils de Guibbar, 20 quatre-vingt-quinze ; les fils de 21 Bethléhem, cent vingt-trois ; les gens 22 de Nethopha, cinquante-six ; les gens 23 d'Anathoth, cent vingt-huit ; les fils 24 d'Azmaveth, quarante-deux ; les fils 25 de Kirjath-Arim, de Kephira et de Beéroth, sept cent quarante-trois ; les 26 fils de Rama et de Guéba, six cent vingt et un ; les gens de Micmas, 27 cent vingt-deux ; les gens de Béthel 28 et d'Aï, deux cent vingt-trois ; les 29 fils de Nebo, cinquante-deux ; les fils 30 de Magbisch, cent cinquante-six ; les 31 fils de l'autre Élam, mille deux cent cinquante-quatre ; les fils de Harim, 32 trois cent vingt ; les fils de Lod, de 33

34 Hadid et d'Ono, sept cent vingt cinq ; les fils de Jéricho, trois cent quarante-
35 cinq ; les fils de Senaa, trois mille six cent trente.

36 Sacrificateurs : les fils de Jedaeja, de la maison de Josué, neuf cent
37 soixante-treize ; les fils d'Immer,
38 mille cinquante-deux ; les fils de Paschhur, mille deux cent quarante-
39 sept ; les fils de Harim, mille dix-sept.

40 Lévites : les fils de Josué et de Kadmiel, des fils d'Hodavia, soixante-quatorze.

41 Chantres : les fils d'Asaph, cent vingt-huit.

42 Fils des portiers : les fils de Schallum, les fils d'Ather, les fils de Thalmon, les fils d'Akkub, les fils de Hathitha, les fils de Schobaï, en tout cent trente-neuf.

43 Néthiniens : les fils de Tsicha, les
44 fils de Hasupha, les fils de Thabbaoth,
44 les fils de Kéros, les fils de Siaha, les
45 fils de Padon, les fils de Lebana, les
46 fils de Hagaba, les fils d'Akkub, les fils de Hagab, les fils de Schamlaï,
47 les fils de Hanan, les fils de Guiddel, les fils de Gachar, les fils de Reaja,
48 les fils de Retsin, les fils de Nekoda,
49 les fils de Gazzam, les fils d'Uzza, les fils de Paséach, les fils de Bésaï,
50 les fils d'Asna, les fils de Mehunim,
51 les fils de Nephusim, les fils de Bakbuk, les fils de Hakupha, les fils
52 de Harhur, les fils de Batsluth, les fils de Mehida, les fils de Harscha,
53 les fils de Barkos, les fils de Sisera,
54 les fils de Thamach, les fils de Netsiach, les fils de Hathipha.

55 Fils des serviteurs de Salomon : les fils de Sothaï, les fils de Sophéreth,
56 les fils de Peruda, les fils de Jaala, les fils de Darkon, les fils de Guiddel,
57 les fils de Schephathia, les fils de Hatthil, les fils de Pokéreth-Hatse-baïm, les fils d'Ami.

58 Total des Néthiniens et des fils des serviteurs de Salomon : trois cent quatre-vingt-douze.

59 Voici ceux qui partirent de Thel-Mélach, de Thel-Harscha, de Kerub-Addan, et qui ne purent pas faire connaître leur maison paternelle et leur race, pour prouver qu'ils étaient d'Israël. Les fils de Delaja, les fils 60 de Tobija, les fils de Nekoda, six cent cinquante-deux. Et parmi les 61 fils des sacrificateurs : les fils de Habaja, les fils d'Hakkots, les fils de Barzillaï, qui avait pris pour femme une des filles de Barzillaï, le Galaadite, et fut appelé de leur nom. Ils 62 cherchèrent leurs titres généalogiques, mais ils ne les trouvèrent point. On les exclut du sacerdoce, et le 63 gouverneur leur dit de ne pas manger des choses très saintes jusqu'à ce qu'un sacrificateur eût consulté l'urim et le thummim.

L'assemblée tout entière était de 64 quarante-deux mille trois cent soi- 65 xante personnes, sans compter leurs serviteurs et leurs servantes, au nombre de sept mille trois cent trente-sept. Parmi eux se trouvaient deux cents chantres et chanteuses. Ils avaient sept cent trente-six che- 66 vaux, deux cent quarante-cinq mulets, quatre cent trente-cinq 67 chameaux, et six mille sept cent vingt ânes.

Plusieurs des chefs de famille, à 68 leur arrivée vers la maison de l'Éternel à Jérusalem, firent des offrandes volontaires pour la maison de Dieu, afin qu'on la rétablît sur le lieu où elle avait été. Ils donnèrent au 69 trésor de l'œuvre, selon leurs moyens, soixante et un mille dariques d'or, cinq mille mines d'argent, et cent tuniques sacerdotales.

Les sacrificateurs et les Lévites, 70 les gens du peuple, les chantres, les portiers et les Néthiniens s'établirent dans leurs villes. Tout Israël habita dans ses villes.

L'autel des holocaustes rétabli.—Les fondements du temple posés.

Le septième mois arriva, et les **3** enfants d'Israël étaient dans leurs villes. Alors le peuple s'assembla comme un seul homme à Jérusalem.

Josué, fils de Jotsadak, avec ses 2 frères les sacrificateurs, et Zorobabel, fils de Schealthiel, avec ses frères, se levèrent et bâtirent l'autel du Dieu d'Israël, pour y offrir des holocaustes, selon ce qui est écrit dans la loi de

3 Moïse, homme de Dieu. Ils rétablirent l'autel sur ses fondements, quoiqu'ils eussent à craindre les peuples du pays, et ils y offrirent des holocaustes à l'Éternel, les holocaustes 4 du matin et du soir. Ils célébrèrent la fête des tabernacles, comme il est écrit, et ils offrirent jour par jour des holocaustes, selon le nombre ordonné 5 pour chaque jour. Après cela, ils offrirent l'holocauste perpétuel, les holocaustes des nouvelles lunes et de toutes les solennités consacrées à l'Éternel, et ceux de quiconque faisait des offrandes volontaires à l'Éternel. 6 Dès le premier jour du septième mois, ils commencèrent à offrir à l'Éternel des holocaustes. Cependant les fondements du temple de l'Éternel 7 n'étaient pas encore posés. On donna de l'argent aux tailleurs de pierres et aux charpentiers, et des vivres, des boissons et de l'huile aux Sidoniens et aux Tyriens, pour qu'ils amenassent par mer jusqu'à Japho des bois de cèdre du Liban, suivant l'autorisation qu'on avait eue de Cyrus, roi de Perse. 8 La seconde année depuis leur arrivée à la maison de Dieu à Jérusalem, au second mois, Zorobabel, fils de Schealthiel, Josué, fils de Jotsadak, avec le reste de leurs frères les sacrificateurs et les Lévites, et tous ceux qui étaient revenus de la captivité à Jérusalem, se mirent à l'œuvre et chargèrent les Lévites de vingt ans et au-dessus de surveiller les travaux de la maison de l'Éternel. 9 Et Josué, avec ses fils et ses frères, Kadmiel, avec ses fils, fils de Juda, les fils de Hénadad, avec leurs fils et leurs frères les Lévites, se préparèrent tous ensemble à surveiller ceux qui travaillaient à la maison de Dieu. 10 Lorsque les ouvriers posèrent les fondements du temple de l'Éternel, on fit assister les sacrificateurs en costume, avec les trompettes, et les Lévites, fils d'Asaph, avec les cymbales, afin qu'ils célébrassent l'Éternel, d'après les ordonnances de David, 11 roi d'Israël. Ils chantaient, célébrant et louant l'Éternel par ces paroles : Car il est bon, car sa miséricorde pour Israël dure à toujours ! Et tout le peuple poussait de grands cris de joie en célébrant l'Éternel, parce qu'on posait les fondements de la maison de l'Éternel. Mais plusieurs 12 des sacrificateurs et des Lévites, et des chefs de familles âgés, qui avaient vu la première maison, pleuraient à grand bruit pendant qu'on posait sous leurs yeux les fondements de cette maison. Beaucoup d'autres faisaient éclater leur joie par des cris, en sorte qu'on ne pouvait 13 distinguer le bruit des cris de joie d'avec le bruit des pleurs parmi le peuple, car le peuple poussait de grands cris dont le son s'entendait au loin.

La construction du temple interrompue.

4 Les ennemis de Juda et de Benjamin apprirent que les fils de la captivité bâtissaient un temple à l'Éternel, le Dieu d'Israël. Ils 2 vinrent auprès de Zorobabel et des chefs de familles, et leur dirent : Nous bâtirons avec vous ; car, comme vous, nous invoquons votre Dieu, et nous lui offrons des sacrifices depuis le temps d'Ésar-Haddon, roi d'Assyrie, qui nous a fait monter ici. Mais 3 Zorobabel, Josué, et les autres chefs des familles d'Israël, leur répondirent : Ce n'est pas à vous et à nous de bâtir la maison de notre Dieu ; nous la bâtirons nous seuls à l'Éternel, le Dieu d'Israël, comme nous l'a ordonné le roi Cyrus, roi de Perse.

Alors les gens du pays découragè- 4 rent le peuple de Juda ; ils l'intimidèrent pour l'empêcher de bâtir, et 5 ils gagnèrent à prix d'argent des conseillers pour faire échouer son entreprise. Il en fut ainsi pendant toute la vie de Cyrus, roi de Perse, et jusqu'au règne de Darius, roi de Perse.

Sous le règne d'Assuérus, au com- 6 mencement de son règne, ils écrivirent une accusation contre les habitants de Juda et de Jérusalem.

Et du temps d'Artaxerxès, Bi- 7 schlam, Mithredath, Thabeel, et le reste de leurs collègues, écrivirent à Artaxerxès, roi de Perse. La lettre fut transcrite en caractères araméens et traduite en araméen.

8 Rehum, gouverneur, et Schimschaï, secrétaire, écrivirent au roi Artaxerxès la lettre suivante concernant Jérusalem :

9 *Rehum, gouverneur, Schimschaï, secrétaire, et le reste de leurs collègues, ceux de Din, d'Arpharsathac, de Tharpel, d'Apharas, d'Érec, de Baby-* 10 *lone, de Suse, de Déha, d'Élam, et les autres peuples que le grand et illustre Osnappar a transportés et établis dans la ville de Samarie et autres lieux de ce côté du fleuve, etc.*

11 C'est ici la copie de la lettre qu'ils envoyèrent au roi Artaxerxès :

Tes serviteurs, les gens de ce côté du fleuve, etc.

12 *Que le roi sache que les Juifs partis de chez toi et arrivés parmi nous à Jérusalem rebâtissent la ville rebelle et méchante, en relèvent les murs et en* 13 *restaurent les fondements. Que le roi sache donc que, si cette ville est rebâtie et si ses murs sont relevés, ils ne paieront ni tribut, ni impôt, ni droit de passage, et que le trésor royal en* 14 *souffrira. Or, comme nous mangeons le sel du palais et qu'il ne nous paraît pas convenable de voir mépriser le roi, nous envoyons au roi ces informations.* 15 *Qu'on fasse des recherches dans le livre des mémoires de tes pères ; et tu trouveras et verras dans le livre des mémoires que cette ville est une ville rebelle, funeste aux rois et aux provinces, et qu'on s'y est livré à la révolte dès les temps anciens. C'est pourquoi cette ville a été détruite.* 16 *Nous faisons savoir au roi que, si cette ville est rebâtie et si ses murs sont relevés, par cela même tu n'auras plus de possessions de ce côté du fleuve.*

17 Réponse envoyée par le roi à Rehum, gouverneur, à Schimschaï, secrétaire, et au reste de leurs collègues, demeurant à Samarie et autres lieux de l'autre côté du fleuve :

Salut, etc.

18 *La lettre que vous nous avez envoyée* 19 *a été lue exactement devant moi. J'ai donné ordre de faire des recherches ; et l'on a trouvé que dès les temps anciens cette ville s'est soulevée contre les rois, et qu'on s'y est livré à la sédition et à la révolte. Il y eut à* 20 *Jérusalem des rois puissants, maîtres de tout le pays de l'autre côté du fleuve, et auxquels on payait tribut, impôt, et droit de passage. En conséquence,* 21 *ordonnez de faire cesser les travaux de ces gens, afin que cette ville ne se rebâtisse point avant une autorisation de ma part. Gardez-vous de mettre* 22 *en cela de la négligence, de peur que le mal n'augmente au préjudice des rois.*

Aussitôt que la copie de la lettre 23 du roi Artaxerxès eut été lue devant Rehum, Schimschaï, le secrétaire, et leurs collègues, ils allèrent en hâte à Jérusalem vers les Juifs, et firent cesser leurs travaux par violence et par force. Alors s'arrêta l'ouvrage 24 de la maison de Dieu à Jérusalem, et il fut interrompu jusqu'à la seconde année du règne de Darius, roi de Perse.

La construction du temple reprise.

Aggée, le prophète, et Zacharie, **5** fils d'Iddo, le prophète, prophétisèrent aux Juifs qui étaient en Juda et à Jérusalem, au nom du Dieu d'Israël. Alors Zorobabel, fils de Schealthiel, 2 et Josué, fils de Jotsadak, se levèrent et commencèrent à bâtir la maison de Dieu à Jérusalem. Et avec eux étaient les prophètes de Dieu, qui les assistaient.

Dans ce même temps, Thathnaï, 3 gouverneur de ce côté du fleuve, Schethar-Boznaï, et leurs collègues, vinrent auprès d'eux et leur parlèrent ainsi : Qui vous a donné l'autorisation de bâtir cette maison et de relever ces murs ? Ils leur dirent encore : 4 Quels sont les noms des hommes qui construisent cet édifice ? Mais l'œil 5 de Dieu veillait sur les anciens des Juifs. Et on laissa continuer les travaux pendant l'envoi d'un rapport à Darius et jusqu'à la réception d'une lettre sur cet objet.

Copie de la lettre envoyée au roi 6 Darius par Thathnaï, gouverneur de ce côté du fleuve, Schethar-Boznaï, et leurs collègues d'Apharsac, demeurant de ce côté du fleuve. Ils 7 lui adressèrent un rapport ainsi conçu :

Au roi Darius, salut !

8 *Que le roi sache que nous sommes allés dans la province de Juda, à la maison du grand Dieu. Elle se construit en pierres de taille, et le bois se pose dans les murs ; le travail marche rapidement et réussit entre*
9 *leurs mains. Nous avons interrogé les anciens, et nous leur avons ainsi parlé : Qui vous a donné l'autorisation de bâtir cette maison et de relever ces*
10 *murs ? Nous leur avons aussi demandé leurs noms pour te les faire connaître, et nous avons mis par écrit les noms des hommes qui sont à leur*
11 *tête. Voici la réponse qu'ils nous ont faite : Nous sommes les serviteurs du Dieu des cieux et de la terre, et nous rebâtissons la maison qui avait été construite il y a bien des années ; un grand roi d'Israël l'avait bâtie et*
12 *achevée. Mais après que nos pères eurent irrité le Dieu des cieux, il les livra entre les mains de Nebucadnetsar, roi de Babylone, le Chaldéen, qui détruisit cette maison et emmena le*
13 *peuple captif à Babylone. Toutefois, la première année de Cyrus, roi de Babylone, le roi Cyrus donna l'ordre*
14 *de rebâtir cette maison de Dieu. Et même le roi Cyrus ôta du temple de Babylone les ustensiles d'or et d'argent de la maison de Dieu, que Nebucadnetsar avait enlevés du temple de Jérusalem et transportés dans le temple de Babylone, il les fit remettre au nommé Scheschbatsar, qu'il établit*
15 *gouverneur, et il lui dit : Prends ces ustensiles, va les déposer dans le temple de Jérusalem, et que la maison de Dieu soit rebâtie sur le lieu où elle*
16 *était. Ce Scheschbatsar est donc venu, et il a posé les fondements de la maison de Dieu à Jérusalem ; depuis lors jusqu'à présent elle se construit, et elle n'est pas achevée.*
17 *Maintenant, si le roi le trouve bon, que l'on fasse des recherches dans la maison des trésors du roi à Babylone, pour voir s'il y a eu de la part du roi Cyrus un ordre donné pour la construction de cette maison de Dieu à Jérusalem. Puis, que le roi nous transmette sa volonté sur cet objet.*

Édit de Darius.—Dédicace du temple.

6 Alors le roi Darius donna ordre de faire des recherches dans la maison des archives où l'on déposait
2 les trésors à Babylone. Et l'on trouva à Achmetha, capitale de la province de Médie, un rouleau sur lequel était écrit le mémoire suivant :
3 —La première année du roi Cyrus, le roi Cyrus a donné cet ordre au sujet de la maison de Dieu à Jérusalem : Que la maison soit rebâtie, pour être un lieu où l'on offre des sacrifices, et qu'elle ait de solides fondements. Elle aura soixante coudées de hauteur, soixante coudées de largeur, trois rangées de pierres
4 de taille et une rangée de bois neuf. Les frais seront payés par la maison du roi. De plus, les ustensiles d'or
5 et d'argent de la maison de Dieu, que Nebucadnetsar avait enlevés du temple de Jérusalem et transportés à Babylone, seront rendus, transportés au temple de Jérusalem à la place où ils étaient, et déposés dans la maison de Dieu.—
6 *Maintenant, Thathnaï, gouverneur de l'autre côté du fleuve, Schethar-Boznaï, et vos collègues d'Apharsac, qui demeurez de l'autre côté du fleuve, tenez-vous loin de ce lieu. Laissez*
7 *continuer les travaux de cette maison de Dieu ; que le gouverneur des Juifs et les anciens des Juifs la rebâtissent sur l'emplacement qu'elle occupait.*
8 *Voici l'ordre que je donne touchant ce que vous aurez à faire à l'égard de ces anciens des Juifs pour la construction de cette maison de Dieu : les frais, pris sur les biens du roi provenant des tributs de l'autre côté du fleuve, seront exactement payés à ces hommes, afin qu'il n'y ait pas d'interruption. Les*
9 *choses nécessaires pour les holocaustes du Dieu des cieux, jeunes taureaux, béliers et agneaux, froment, sel, vin et huile, seront livrées, sur leur demande, aux sacrificateurs de Jérusalem, jour par jour et sans manquer, afin qu'ils*
10 *offrent des sacrifices de bonne odeur au Dieu des cieux et qu'ils prient pour*

11 *la vie du roi et de ses fils. Et voici l'ordre que je donne touchant quiconque transgressera cette parole: on arrachera de sa maison une pièce de bois, on la dressera pour qu'il y soit attaché, et l'on fera de sa maison un tas* 12 *d'immondices. Que le Dieu qui fait résider en ce lieu son nom renverse tout roi et tout peuple qui étendraient la main pour transgresser ma parole, pour détruire cette maison de Dieu à Jérusalem! Moi, Darius, j'ai donné cet ordre. Qu'il soit ponctuellement exécuté.*

13 Thathnaï, gouverneur de ce côté du fleuve, Schethar-Boznaï, et leurs collègues, se conformèrent ponctuellement à cet ordre que leur envoya 14 le roi Darius. Et les anciens des Juifs bâtirent avec succès, selon les prophéties d'Aggée, le prophète, et de Zacharie, fils d'Iddo; ils bâtirent et achevèrent, d'après l'ordre du Dieu d'Israël, et d'après l'ordre de Cyrus, de Darius, et d'Artaxerxès, 15 roi de Perse. La maison fut achevée le troisième jour du mois d'Adar, dans la sixième année du règne du roi Darius.

16 Les enfants d'Israël, les sacrificateurs et les Lévites, et le reste des fils de la captivité, firent avec joie la dédicace de cette maison de Dieu. 17 Ils offrirent, pour la dédicace de cette maison de Dieu, cent taureaux, deux cents béliers, quatre cents agneaux, et, comme victimes expiatoires pour tout Israël, douze boucs, d'après le nombre des tribus d'Israël. 18 Ils établirent les sacrificateurs selon leurs classes et les Lévites selon leurs divisions pour le service de Dieu à Jérusalem, comme il est écrit dans le livre de Moïse.

19 Les fils de la captivité célébrèrent la Pâque le quatorzième jour du 20 premier mois. Les sacrificateurs et les Lévites s'étaient purifiés de concert, tous étaient purs; ils immolèrent la Pâque pour tous les fils de la captivité, pour leurs frères les sacrificateurs, et pour eux-mêmes. 21 Les enfants d'Israël revenus de la captivité mangèrent la Pâque, avec tous ceux qui s'étaient éloignés de l'impureté des nations du pays et qui se joignirent à eux pour chercher l'Éternel, le Dieu d'Israël. Ils célé- 22 brèrent avec joie pendant sept jours la fête des pains sans levain, car l'Éternel les avait réjouis en disposant le roi d'Assyrie à les soutenir dans l'œuvre de la maison de Dieu, du Dieu d'Israël.

Arrivée d'Esdras à Jérusalem.

Après ces choses, sous le règne 7 d'Artaxerxès, roi de Perse, vint Esdras, fils de Seraja, fils d'Azaria, fils de Hilkija, fils de Schallum, fils 2 de Tsadok, fils d'Achithub, fils 3 d'Amaria, fils d'Azaria, fils de Merajoth, fils de Zerachja, fils d'Uzzi, 4 fils de Bukki, fils d'Abischua, fils de 5 Phinées, fils d'Éléazar, fils d'Aaron, le souverain sacrificateur. Cet Esdras 6 vint de Babylone: c'était un scribe versé dans la loi de Moïse, donnée par l'Éternel, le Dieu d'Israël. Et comme la main de l'Éternel, son Dieu, était sur lui, le roi lui accorda tout ce qu'il avait demandé. Plu- 7 sieurs des enfants d'Israël, des sacrificateurs et des Lévites, des chantres, des portiers, et des Néthiniens, vinrent aussi à Jérusalem, la septième année du roi Artaxerxès. Esdras 8 arriva à Jérusalem au cinquième mois de la septième année du roi; il était 9 parti de Babylone le premier jour du premier mois, et il arriva à Jérusalem le premier jour du cinquième mois, la bonne main de son Dieu étant sur lui. Car Esdras avait appliqué son 10 cœur à étudier et à mettre en pratique la loi de l'Éternel, et à enseigner au milieu d'Israël les lois et les ordonnances.

Voici la copie de la lettre donnée 11 par le roi Artaxerxès à Esdras, sacrificateur et scribe, enseignant les commandements et les lois de l'Éternel concernant Israël:

Artaxerxès, roi des rois, à Esdras, 12 *sacrificateur et scribe, versé dans la loi du Dieu des cieux, etc.*

J'ai donné ordre de laisser aller 13 *tous ceux du peuple d'Israël, de ses sacrificateurs et de ses Lévites, qui se trouvent dans mon royaume, et qui*

14 sont disposés à partir avec toi pour Jérusalem. Tu es envoyé par le roi et ses sept conseillers pour inspecter Juda et Jérusalem d'après la loi de ton 15 Dieu, laquelle est entre tes mains, et pour porter l'argent et l'or que le roi et ses conseillers ont généreusement offerts au Dieu d'Israël, dont la 16 demeure est à Jérusalem, tout l'argent et l'or que tu trouveras dans toute la province de Babylone, et les dons volontaires faits par le peuple et les sacrificateurs pour la maison de leur 17 Dieu à Jérusalem. En conséquence, tu auras soin d'acheter avec cet argent des taureaux, des béliers, des agneaux, et ce qui est nécessaire pour les offrandes et les libations, et tu les 18 offriras sur l'autel de la maison de votre Dieu à Jérusalem. Vous ferez avec le reste de l'argent et de l'or ce que vous jugerez bon de faire, toi et tes frères, en vous conformant à la 19 volonté de votre Dieu. Dépose devant le Dieu de Jérusalem les ustensiles qui te sont remis pour le service de la 20 maison de ton Dieu. Tu tireras de la maison des trésors du roi ce qu'il faudra pour les autres dépenses que tu auras à faire concernant la maison de ton Dieu.

21 Moi, le roi Artaxerxès, je donne l'ordre à tous les trésoriers de l'autre côté du fleuve de livrer exactement à Esdras, sacrificateur et scribe, versé dans la loi du Dieu des cieux, tout ce 22 qu'il vous demandera, jusqu'à cent talents d'argent, cent cors de froment, cent baths de vin, cent baths d'huile, et 23 du sel à discrétion. Que tout ce qui est ordonné par le Dieu des cieux se fasse ponctuellement pour la maison du Dieu des cieux, afin que sa colère ne soit pas sur le royaume, sur le roi 24 et sur ses fils. Nous vous faisons savoir qu'il ne peut être levé ni tribut, ni impôt, ni droit de passage, sur aucun des sacrificateurs, des Lévites, des chantres, des portiers, des Néthiniens, et des serviteurs de cette maison de Dieu.

25 Et toi, Esdras, selon la sagesse de Dieu que tu possèdes, établis des juges et des magistrats qui rendent la justice à tout le peuple de l'autre côté du fleuve, à tous ceux qui connaissent les lois de ton Dieu; et fais-les connaître à ceux qui ne les connaissent pas.

26 Quiconque n'observera pas ponctuellement la loi de ton Dieu et la loi du roi sera condamné à la mort, au bannissement, à une amende, ou à la prison.

27 Béni soit l'Éternel, le Dieu de nos pères, qui a disposé le cœur du roi à glorifier ainsi la maison de l'Éternel à Jérusalem, et qui m'a rendu l'objet 28 de la bienveillance du roi, de ses conseillers, et de tous ses puissants chefs! Fortifié par la main de l'Éternel, mon Dieu, qui était sur moi, j'ai rassemblé les chefs d'Israël, afin qu'ils partissent avec moi.

Les compagnons d'Esdras.

8 Voici les chefs de familles et les généalogies de ceux qui montèrent avec moi de Babylone, sous le règne du roi Artaxerxès.

2 Des fils de Phinées, Guerschom; des fils d'Ithamar, Daniel; des fils de David, Hatthusch, des fils de 3 Schecania; des fils de Pareosch, Zacharie, et avec lui cent cinquante mâles enregistrés; des fils de Pachat- 4 Moab, Eljoénaï, fils de Zerachja, et avec lui deux cents mâles; des fils 5 de Schecania, le fils de Jachaziel, et avec lui trois cents mâles; des fils 6 d'Adin, Ébed, fils de Jonathan, et avec lui cinquante mâles; des fils 7 d'Élam, Ésaïe, fils d'Athalia, et avec lui soixante-dix mâles; des fils de 8 Schephathia, Zebadia, fils de Micaël, et avec lui quatre-vingts mâles; des 9 fils de Joab, Abdias, fils de Jehiel, et avec lui deux cent dix-huit mâles; des fils de Schelomith, le fils de 10 Josiphia, et avec lui cent soixante mâles; des fils de Bébaï, Zacharie, 11 fils de Bébaï, et avec lui vingt-huit mâles; des fils d'Azgad, Jochanan, 12 fils d'Hakkathan, et avec lui cent dix mâles; des fils d'Adonikam, les 13 derniers, dont voici les noms: Éliphéleth, Jeïel et Schemaeja, et avec eux soixante mâles; des fils de 14 Bigvaï, Uthaï et Zabbud, et avec eux soixante-dix mâles.

15 Je les rassemblai près du fleuve

qui coule vers Ahava, et nous campâmes là trois jours. Je dirigeai mon attention sur le peuple et sur les sacrificateurs, et je ne trouvai là 16 aucun des fils de Lévi. Alors je fis appeler les chefs Éliézer, Ariel, Schemaeja, Elnathan, Jarib, Elnathan, Nathan, Zacharie et Meschullam, et 17 les docteurs Jojarib et Elnathan. Je les envoyai vers le chef Iddo, demeurant à Casiphia, et je mis dans leur bouche ce qu'ils devaient dire à Iddo et à ses frères les Néthiniens qui étaient à Casiphia, afin qu'ils nous amenassent des serviteurs pour 18 la maison de notre Dieu. Et, comme la bonne main de notre Dieu était sur nous, ils nous amenèrent Schérébia, homme de sens, d'entre les fils de Machli, fils de Lévi, fils d'Israël, et avec lui ses fils et ses frères, au 19 nombre de dix-huit ; Haschabia, et avec lui Ésaïe, d'entre les fils de Merari, ses frères et leurs fils, au 20 nombre de vingt ; et d'entre les Néthiniens, que David et les chefs avaient mis au service des Lévites, deux cent vingt Néthiniens, tous désignés par leurs noms.

21 Là, près du fleuve d'Ahava, je publiai un jeûne d'humiliation devant notre Dieu, afin d'implorer de lui un heureux voyage pour nous, pour nos enfants, et pour tout ce qui nous 22 appartenait. J'aurais eu honte de demander au roi une escorte et des cavaliers pour nous protéger contre l'ennemi pendant la route, car nous avions dit au roi : La main de notre Dieu est pour leur bien sur tous ceux qui le cherchent, mais sa force et sa colère sont sur tous ceux qui 23 l'abandonnent. C'est à cause de cela que nous jeûnâmes et que nous invoquâmes notre Dieu. Et il nous exauça.

24 Je choisis douze chefs des sacrificateurs, Schérébia, Haschabia, et 25 dix de leurs frères. Je pesai devant eux l'argent, l'or, et les ustensiles, donnés en offrande pour la maison de notre Dieu par le roi, ses conseillers et ses chefs, et par tous ceux d'Israël 26 qu'on avait trouvés. Je remis entre leurs mains six cent cinquante talents

d'argent, des ustensiles d'argent pour cent talents, cent talents d'or, vingt 27 coupes d'or valant mille dariques, et deux vases d'un bel airain poli, aussi précieux que l'or. Puis je leur dis : 28 Vous êtes consacrés à l'Éternel ; ces ustensiles sont des choses saintes, et cet argent et cet or sont une offrande volontaire à l'Éternel, le Dieu de vos pères. Soyez vigilants, et prenez 29 cela sous votre garde, jusqu'à ce que vous le pesiez devant les chefs des sacrificateurs et les Lévites, et devant les chefs de familles d'Israël, à Jérusalem, dans les chambres de la maison de l'Éternel. Et les sacri- 30 ficateurs et les Lévites reçurent au poids l'argent, l'or et les ustensiles, pour les porter à Jérusalem, dans la maison de notre Dieu.

Nous partîmes du fleuve d'Ahava 31 pour nous rendre à Jérusalem, le douzième jour du premier mois. La main de notre Dieu fut sur nous et nous préserva des attaques de l'ennemi et de toute embûche pendant la route. Nous arrivâmes à 32 Jérusalem, et nous nous y reposâmes trois jours. Le quatrième jour, nous 33 pesâmes dans la maison de notre Dieu l'argent, l'or, et les ustensiles, que nous remîmes à Merémoth, fils d'Urie, le sacrificateur ; il y avait avec lui Éléazar, fils de Phinées, et avec eux les Lévites Jozabad, fils de Josué, et Noadia, fils de Binnuï. Le 34 tout ayant été vérifié, soit pour le nombre, soit pour le poids, on mit alors par écrit le poids du tout.

Les fils de la captivité revenus de 35 l'exil offrirent en holocauste au Dieu d'Israël douze taureaux pour tout Israël, quatre-vingt-seize béliers, soixante-dix-sept agneaux, et douze boucs comme victimes expiatoires, le tout en holocauste à l'Éternel. Ils 36 transmirent les ordres du roi aux satrapes du roi et aux gouverneurs de ce côté du fleuve, lesquels honorèrent le peuple et la maison de Dieu.

Désolation et prière d'Esdras à l'occasion de mariages avec des femmes étrangères.

Après que cela fut terminé, les **9** chefs s'approchèrent de moi, en disant : Le peuple d'Israël, les sacrificateurs et les Lévites ne se sont point séparés des peuples de ces pays, et ils imitent leurs abominations, celles des Cananéens, des Héthiens, des Phéréziens, des Jébusiens, des Ammonites, des Moabites, des 2 Égyptiens et des Amoréens. Car ils ont pris de leurs filles pour eux et pour leurs fils, et ont mêlé la race sainte avec les peuples de ces pays ; et les chefs et les magistrats ont été les premiers à commettre ce péché.

3 Lorsque j'entendis cela, je déchirai mes vêtements et mon manteau, je m'arrachai les cheveux de la tête et les poils de la barbe, et je m'assis 4 désolé. Auprès de moi s'assemblèrent tous ceux que faisaient trembler les paroles du Dieu d'Israël, à cause du péché des fils de la captivité; et moi, je restai assis et désolé, jusqu'à 5 l'offrande du soir. Puis, au moment de l'offrande du soir, je me levai du sein de mon humiliation, avec mes vêtements et mon manteau déchirés, je tombai à genoux, j'étendis les 6 mains vers l'Éternel, mon Dieu, et je dis :

Mon Dieu, je suis dans la confusion, et j'ai honte, ô mon Dieu, de lever ma face vers toi ; car nos iniquités se sont multipliées par-dessus nos têtes, et nos fautes ont atteint jus-7 qu'aux cieux. Depuis les jours de nos pères nous avons été grandement coupables jusqu'à ce jour, et c'est à cause de nos iniquités que nous avons été livrés, nous, nos rois et nos sacrificateurs, aux mains des rois étrangers, à l'épée, à la captivité, au pillage, et à la honte qui couvre 8 aujourd'hui notre visage. Et cependant l'Éternel, notre Dieu, vient de nous faire grâce en nous laissant quelques réchappés et en nous accordant un abri dans son saint lieu, afin d'éclaircir nos yeux et de nous donner un peu de vie au milieu de 9 notre servitude. Car nous sommes esclaves, mais Dieu ne nous a pas abandonnés dans notre servitude. Il nous a rendus les objets de la bienveillance des rois de Perse, pour nous conserver la vie afin que nous

pussions bâtir la maison de notre Dieu et en relever les ruines, et pour nous donner une retraite en Juda et à Jérusalem. Maintenant, que dirons-10 nous après cela, ô notre Dieu ? Car nous avons abandonné tes commandements, que tu nous avais 11 prescrits par tes serviteurs les prophètes, en disant : Le pays dans lequel vous entrez pour le posséder est un pays souillé par les impuretés des peuples de ces contrées, par les abominations dont ils l'ont rempli d'un bout à l'autre avec leurs impuretés ; ne donnez donc point vos 12 filles à leurs fils et ne prenez point leurs filles pour vos fils, et n'ayez jamais souci ni de leur prospérité ni de leur bien-être, et ainsi vous deviendrez forts, vous mangerez les meilleures productions du pays, et vous le laisserez pour toujours en héritage à vos fils. Après tout ce 13 qui nous est arrivé à cause des mauvaises actions et des grandes fautes que nous avons commises, quoique tu ne nous aies pas, ô notre Dieu, punis en proportion de nos iniquités, et maintenant que tu nous as conservé ces réchappés, recom-14 mencerions-nous à violer tes commandements et à nous allier avec ces peuples abominables ? Ta colère n'éclaterait-elle pas encore contre nous jusqu'à nous détruire, sans laisser ni reste ni réchappés ? Éternel, 15 Dieu d'Israël, tu es juste, car nous sommes aujourd'hui un reste de réchappés. Nous voici devant toi comme des coupables, et nous ne saurions ainsi subsister devant ta face.

Renvoi des femmes étrangères.

Pendant qu'Esdras, pleurant et **10** prosterné devant la maison de Dieu, faisait cette prière et cette confession, il s'était rassemblé auprès de lui une foule très nombreuse de gens d'Israël, hommes, femmes et enfants, et le peuple répandait d'abondantes larmes.

Alors Schecania, fils de Jehiel, 2 d'entre les fils d'Élam, prit la parole et dit à Esdras : Nous avons péché contre notre Dieu, en nous alliant à des femmes étrangères qui appartiennent aux peuples du pays. Mais Israël ne reste pas pour cela sans

3 espérance. Faisons maintenant une alliance avec notre Dieu pour le renvoi de toutes ces femmes et de leurs enfants, selon l'avis de mon seigneur et de ceux qui tremblent devant les commandements de notre Dieu. Et que l'on agisse d'après la

4 loi. Lève-toi, car cette affaire te regarde. Nous serons avec toi. Prends courage et agis.

5 Esdras se leva, et il fit jurer aux chefs des sacrificateurs, des Lévites, et de tout Israël, de faire ce qui venait d'être dit. Et ils le jurèrent.

6 Puis Esdras se retira de devant la maison de Dieu, et il alla dans la chambre de Jochanan, fils d'Éliaschib; quand il y fut entré, il ne mangea point de pain et il ne but point d'eau, parce qu'il était dans la désolation à cause du péché des fils de la captivité.

7 On publia dans Juda et à Jérusalem que tous les fils de la captivité eussent à se réunir à Jérusalem, et

8 que, d'après l'avis des chefs et des anciens, quiconque ne s'y serait pas rendu dans trois jours aurait tous ses biens confisqués et serait luimême exclu de l'assemblée des fils de la captivité.

9 Tous les hommes de Juda et de Benjamin se rassemblèrent à Jérusalem dans les trois jours. C'était le vingtième jour du neuvième mois. Tout le peuple se tenait sur la place de la maison de Dieu, tremblant à cause de la circonstance et par suite

10 de la pluie. Esdras, le sacrificateur, se leva et leur dit: Vous avez péché en vous alliant à des femmes étrangères, et vous avez rendu Israël

11 encore plus coupable. Confessez maintenant votre faute à l'Éternel, le Dieu de vos pères, et faites sa volonté! Séparez-vous des peuples du pays et des femmes étrangères.

12 Toute l'assemblée répondit d'une voix haute: A nous de faire comme

13 tu l'as dit! Mais le peuple est nombreux, le temps est à la pluie, et il

n'est pas possible de rester dehors; d'ailleurs, ce n'est pas l'œuvre d'un jour ou deux, car il y en a beaucoup parmi nous qui ont péché dans cette affaire. Que nos chefs restent donc 14 pour toute l'assemblée; et tous ceux qui dans nos villes se sont alliés à des femmes étrangères viendront à des époques fixes, avec les anciens et les juges de chaque ville, jusqu'à ce que l'ardente colère de notre Dieu se soit détournée de nous au sujet de cette affaire.

Jonathan, fils d'Asaël, et Jachzia, 15 fils de Thikva, appuyés par Meschullam et par le Lévite Schabthai, furent les seuls à combattre cet avis, auquel 16 se conformèrent les fils de la captivité. On choisit Esdras, le sacrificateur, et des chefs de familles selon leurs maisons paternelles, tous désignés par leurs noms; et ils siégèrent le premier jour du dixième mois pour s'occuper de la chose. Le premier 17 jour du premier mois, ils en finirent avec tous les hommes qui s'étaient alliés à des femmes étrangères.

Parmi les fils de sacrificateurs, il 18 s'en trouva qui s'étaient alliés à des femmes étrangères: des fils de Josué, fils de Jotsadak, et de ses frères, Maaséja, Éliézer, Jarib et Guedalia, qui s'engagèrent, en donnant la 19 main, à renvoyer leurs femmes et à offrir un bélier en sacrifice de culpabilité; des fils d'Immer, Hanani et Zebadia; des fils de Harim, 21 Maaséja, Élie, Schemaeja, Jehiel et Ozias; des fils de Paschhur, Eljoénaï, 22 Maaséja, Ismaël, Nethaneel, Jozabad et Éleasa.

Parmi les Lévites: Jozabad, Schi- 23 meï, Kélaja ou Kelitha, Pethachja, Juda et Éliézer.

Parmi les chantres: Éliaschib. 24

Parmi les portiers: Schallum, Thélem et Uri.

Parmi ceux d'Israël: des fils de 25 Pareosch, Ramia, Jizzija, Malkija, Mijamin, Éléazar, Malkija et Benaja; des fils d'Élam, Matthania, Zacharie, 26 Jehiel, Abdi, Jerémoth et Élie; des 27 fils de Zatthu, Eljoénaï, Éliaschib, Matthania, Jerémoth, Zabad et Aziza; des fils de Bébaï, Jochanan, 28

29 Hanania, Zabbaï et Athlaï; des fils de Bani, Meschullam, Malluc, Adaja,
30 Jaschub, Scheal et Ramoth; des fils de Pachath-Moab, Adna, Kelal, Benaja, Maaséja, Matthania, Betsaleel, Binnuï
31 et Manassé; des fils de Harim, Éliézer, Jischija, Malkija, Schemaeja,
32 Siméon, Benjamin, Malluc et Schemaria;
33 des fils de Haschum, Matthnaï, Matthattha, Zabad, Éliphéleth,
34 Jerémaï, Manassé et Schimeï; des fils de Bani, Maadaï, Amram, Uel,

35 Benaja, Bédia, Keluhu, Vania, Meré-
36 moth, Éliaschib, Matthania, Matth-
37 naï, Jaasaï, Bani, Binnuï, Schimeï,
38 Schélémia, Nathan, Adaja, Macnad-
39 baï, Schaschaï, Scharaï, Azareel,
40
41 Schélémia, Schemaria, Schallum, A-
42 maria et Joseph; des fils de Nebo,
43 Jeïel, Matthithia, Zabad, Zebina, Jaddaï, Joël et Benaja.

44 Tous ceux-là avaient pris des femmes étrangères, et plusieurs en avaient eu des enfants.

NÉHÉMIE

Prière de Néhémie pour les enfants d'Israël.

1 Paroles de Néhémie, fils de Hacalia.

2 Au mois de Kisleu, la vingtième année, comme j'étais à Suse, dans la capitale, Hanani, l'un de mes frères, et quelques hommes arrivèrent de Juda. Je les questionnai au sujet des Juifs réchappés qui étaient restés de la captivité, et au sujet de Jéru-
3 salem. Ils me répondirent: Ceux qui sont restés de la captivité sont là dans la province, au comble du malheur et de l'opprobre; les murailles de Jérusalem sont en ruines, et ses portes sont consumées par le feu.
4 Lorsque j'entendis ces choses, je m'assis, je pleurai, et je fus plusieurs jours dans la désolation. Je jeûnai et je priai devant le Dieu des cieux,
5 et je dis:
O Éternel, Dieu des cieux, Dieu grand et redoutable, toi qui gardes ton alliance et qui fais miséricorde à ceux qui t'aiment et qui obser-
6 vent tes commandements! Que ton oreille soit attentive et que tes yeux soient ouverts: écoute la prière que ton serviteur t'adresse en ce moment, jour et nuit, pour tes serviteurs les enfants d'Israël, en confessant les péchés des enfants d'Israël, nos péchés contre toi; car moi et la maison de mon père, nous avons péché.
7 Nous t'avons offensé, et nous n'avons point observé les commandements, les lois et les ordonnances que tu

prescrivis à Moïse, ton serviteur.
8 Souviens-toi de cette parole que tu donnas ordre à Moïse, ton serviteur, de prononcer: Lorsque vous pécherez, je vous disperserai parmi les
9 peuples; mais si vous revenez à moi, et si vous observez mes commandements et les mettez en pratique, alors, quand vous seriez exilés à l'extrémité du ciel, de là je vous rassemblerai et je vous ramènerai dans le lieu que j'ai choisi pour y faire résider mon nom.
10 Ils sont tes serviteurs et ton peuple, que tu as rachetés par ta grande puissance et par ta main forte.
11 Ah! Seigneur, que ton oreille soit attentive à la prière de ton serviteur, et à la prière de tes serviteurs qui veulent craindre ton nom! Donne aujourd'hui du succès à ton serviteur, et fais-lui trouver grâce devant cet homme!
J'étais alors échanson du roi.

Néhémie à Jérusalem.

2 Au mois de Nisan, la vingtième année du roi Artaxerxès, comme le vin était devant lui, je pris le vin et je l'offris au roi. Jamais je n'avais
2 paru triste en sa présence. Le roi me dit: Pourquoi as-tu mauvais visage? Tu n'es pourtant pas malade; ce ne peut être qu'un chagrin de cœur. Je fus saisi d'une grande
3 crainte, et je répondis au roi: Que le roi vive éternellement! Comment n'aurais-je pas mauvais visage, lorsque la ville où sont les sépulcres

de mes pères est détruite et que ses portes sont consumées par le feu?

4 Et le roi me dit: Que demandes-tu?

5 Je priai le Dieu des cieux, et je répondis au roi: Si le roi le trouve bon, et si ton serviteur lui est agréable, envoie-moi en Juda, vers la ville des sépulcres de mes pères, pour

6 que je la rebâtisse. Le roi, auprès duquel la reine était assise, me dit alors: Combien ton voyage durera-t-il, et quand seras-tu de retour? Il plut au roi de me laisser partir, et je

7 lui fixai un temps. Puis je dis au roi: Si le roi le trouve bon, qu'on me donne des lettres pour les gouverneurs de l'autre côté du fleuve, afin qu'ils me laissent passer et

8 entrer en Juda, et une lettre pour Asaph, garde forestier du roi, afin qu'il me fournisse du bois de charpente pour les portes de la citadelle près de la maison, pour la muraille de la ville, et pour la maison que j'occuperai. Le roi me donna ces lettres, car la bonne main de mon Dieu était sur moi.

9 Je me rendis auprès des gouverneurs de l'autre côté du fleuve, et je leur remis les lettres du roi, qui m'avait fait accompagner par des chefs de l'armée et par des cavaliers.

10 Sanballat, le Horonite, et Tobija, le serviteur ammonite, l'ayant appris, eurent un grand déplaisir de ce qu'il venait un homme pour chercher le bien des enfants d'Israël.

11 J'arrivai à Jérusalem, et j'y passai

12 trois jours. Après quoi, je me levai pendant la nuit avec quelques hommes, sans avoir dit à personne ce que mon Dieu m'avait mis au cœur de faire pour Jérusalem. Il n'y avait avec moi d'autre bête de somme que

13 ma propre monture. Je sortis de nuit par la porte de la vallée, et je me dirigeai contre la source du dragon et vers la porte du fumier, considérant les murailles en ruines de Jérusalem et réfléchissant à ses

14 portes consumées par le feu. Je passai près de la porte de la source et de l'étang du roi, et il n'y avait point de place par où pût passer la

15 bête qui était sous moi. Je montai de nuit par le torrent, et je considérai encore la muraille. Puis je rentrai par la porte de la vallée, et je fus ainsi de retour.

16 Les magistrats ignoraient où j'étais allé, et ce que je faisais. Jusqu'à ce moment, je n'avais rien dit aux Juifs, ni aux sacrificateurs, ni aux grands, ni aux magistrats, ni à aucun de ceux qui s'occupaient des affaires.

17 Je leur dis alors: Vous voyez le malheureux état où nous sommes! Jérusalem est détruite, et ses portes sont consumées par le feu! Venez, rebâtissons la muraille de Jérusalem, et nous ne serons plus dans l'opprobre.

18 Et je leur racontai comment la bonne main de mon Dieu avait été sur moi, et quelles paroles le roi m'avait adressées. Ils dirent: Levons-nous, et bâtissons! Et ils se fortifièrent dans cette bonne résolution.

19 Sanballat, le Horonite, Tobija, le serviteur ammonite, et Guéschem, l'Arabe, en ayant été informés, se moquèrent de nous et nous méprisèrent. Ils dirent: Que faites-vous là? Vous révoltez-vous contre

20 le roi? Et je leur fis cette réponse: Le Dieu des cieux nous donnera le succès. Nous, ses serviteurs, nous nous lèverons et nous bâtirons; mais vous, vous n'avez ni part, ni droit, ni souvenir dans Jérusalem.

Réparation des murailles de Jérusalem.

3 Éliaschib, le souverain sacrificateur, se leva avec ses frères, les sacrificateurs, et ils bâtirent la porte des brebis. Ils la consacrèrent et en posèrent les battants; ils la consacrèrent, depuis la tour de Méa jusqu'à

2 la tour de Hananeel. A côté d'Éliaschib bâtirent les hommes de Jéricho; à côté de lui bâtit aussi Zaccur, fils d'Imri.

3 Les fils de Senaa bâtirent la porte des poissons. Ils la couvrirent, et en posèrent les battants, les verrous

4 et les barres. A côté d'eux travailla aux réparations Merémoth, fils d'Urie, fils d'Hakkots; à côté d'eux travailla Meschullam, fils de Bérékia, fils de Meschézabeel; à côté d'eux travailla

5 Tsadok, fils de Baana ; à côté d'eux travaillèrent les Tekoïtes, dont les principaux ne se soumirent pas au service de leur seigneur.

6 Jojada, fils de Paséach, et Meschullam, fils de Besodia, réparèrent la vieille porte. Ils la couvrirent, et en posèrent les battants, les verrous 7 et les barres. A côté d'eux travaillèrent Melatia, le Gabaonite, Jadon, le Méronothite, et les hommes de Gabaon et de Mitspa, ressortissant au siège du gouverneur de ce côté 8 du fleuve ; à côté d'eux travailla Uzziel, fils de Harhaja, d'entre les orfèvres, et à côté de lui travailla Hanania, d'entre les parfumeurs.

Ils laissèrent Jérusalem jusqu'à la muraille large.

9 A côté d'eux travailla aux réparations Rephaja, fils de Hur, chef de la 10 moitié du district de Jérusalem. A côté d'eux travailla vis-à-vis de sa maison Jedaja, fils de Harumaph, et à côté de lui travailla Hattusch, fils 11 de Haschabnia. Une autre portion de la muraille et la tour des fours furent réparées par Malkija, fils de Harim, et par Haschub, fils de Pa-12 chath-Moab. A côté d'eux travailla, avec ses filles, Schallum, fils d'Hallochesch, chef de la moitié du district de Jérusalem.

13 Hanun et les habitants de Zanoach réparèrent la porte de la vallée. Ils la bâtirent, et en posèrent les battants, les verrous et les barres. Ils firent de plus mille coudées de mur jusqu'à la porte du fumier.

14 Malkija, fils de Récab, chef du district de Beth-Hakkérem, répara la porte du fumier. Il la bâtit, et en posa les battants, les verrous et les barres.

15 Schallun, fils de Col-Hozé, chef du district de Mitspa, répara la porte de la source. Il la bâtit, la couvrit, et en posa les battants, les verrous et les barres. Il fit de plus le mur de l'étang de Siloé, près du jardin du roi, jusqu'aux degrés qui descendent de la cité de David.

16 Après lui Néhémie, fils d'Azbuk, chef de la moitié du district de Beth-Tsur, travailla aux réparations jusque vis-à-vis des sépulcres de David, jusqu'à l'étang qui avait été construit, et jusqu'à la maison des héros. Après 17 lui travaillèrent les Lévites, Rehum, fils de Bani, et à côté de lui travailla pour son district Haschabia, chef de la moitié du district de Keïla. Après 18 lui travaillèrent leurs frères, Bavvaï, fils de Hénadad, chef de la moitié du district de Keïla ; et à côté de lui 19 Ézer, fils de Josué, chef de Mitspa, répara une autre portion de la muraille, vis-à-vis de la montée de l'arsenal, à l'angle.

Après lui Baruc, fils de Zabbaï, 20 répara avec ardeur une autre portion, depuis l'angle jusqu'à la porte de la maison d'Éliaschib, le souverain sacrificateur. Après lui Merémoth, 21 fils d'Urie, fils d'Hakkots, répara une autre portion depuis la porte de la maison d'Éliaschib jusqu'à l'extrémité de la maison d'Éliaschib. Après 22 lui travaillèrent les sacrificateurs des environs de Jérusalem. Après eux 23 Benjamin et Haschub travaillèrent vis-à-vis de leur maison. Après eux Azaria, fils de Maaséja, fils d'Anania, travailla à côté de sa maison. Après lui Binnuï, fils de Hénadad, 24 répara une autre portion, depuis la maison d'Azaria jusqu'à l'angle et jusqu'au coin.

Palal, fils d'Uzaï, travailla vis-à-vis 25 de l'angle et de la tour supérieure qui fait saillie en avant de la maison du roi près de la cour de la prison. Après lui travailla Pedaja, fils de Pareosch. Les Néthiniens demeu- 26 rant sur la colline travaillèrent jusque vis-à-vis de la porte des eaux, à l'orient, et de la tour en saillie. Après eux les Tekoïtes réparèrent 27 une autre portion, vis-à-vis de la grande tour en saillie jusqu'au mur de la colline.

Au-dessus de la porte des chevaux, 28 les sacrificateurs travaillèrent chacun devant sa maison. Après eux Tsa- 29 dok, fils d'Immer, travailla devant sa maison. Après lui travailla Schemaeja, fils de Schecania, gardien de la porte de l'orient. Après eux Ha- 30 nania, fils de Schélémia, et Hanun, le sixième fils de Tsalaph, réparèrent une autre portion de la muraille. Après eux Meschullam, fils de Bérékia, travailla vis-à-vis de sa chambre.

31 Après lui Malkija, d'entre les orfèvres, travailla jusqu'aux maisons des Néthiniens et des marchands, vis-à-vis de la porte de Miphkad, et jusqu'à la chambre haute du coin.

32 Les orfèvres et les marchands travaillèrent entre la chambre haute du coin et la porte des brebis.

Les travaux poursuivis, malgré les obstacles que suscitent les ennemis des Juifs.

4 Lorsque Sanballat apprit que nous rebâtissions la muraille, il fut en colère et très irrité. Il se moqua des 2 Juifs, et dit devant ses frères et devant les soldats de Samarie: A quoi travaillent ces Juifs impuissants? Les laissera-t-on faire? Sacrifieront-ils? Vont-ils achever? Redonneront-ils vie à des pierres ensevelies sous des monceaux de poussière et 3 consumées par le feu? Tobija, l'Ammonite, était à côté de lui, et il dit: Qu'ils bâtissent seulement! Si un renard s'élance, il renversera leur muraille de pierres.

4 Écoute, ô notre Dieu, comme nous sommes méprisés! Fais retomber leurs insultes sur leur tête, et livre-les au pillage sur une terre où ils 5 soient captifs. Ne pardonne pas leur iniquité, et que leur péché ne soit pas effacé de devant toi; car ils ont offensé ceux qui bâtissent.

6 Nous rebâtîmes la muraille, qui fut partout achevée jusqu'à la moitié de sa hauteur. Et le peuple prit à cœur ce travail.

7 Mais Sanballat, Tobija, les Arabes, les Ammonites et les Asdodiens, furent très irrités en apprenant que la réparation des murs avançait et que les brèches commençaient à se fermer.

8 Ils se liguèrent tous ensemble pour venir attaquer Jérusalem et lui causer du dommage.

9 Nous priâmes notre Dieu, et nous établîmes une garde jour et nuit pour nous défendre contre leurs at-10 taques. Cependant Juda disait: Les forces manquent à ceux qui portent les fardeaux, et les décombres sont considérables; nous ne pourrions pas bâtir la muraille. Et nos ennemis 11 disaient: Ils ne sauront et ne verront rien jusqu'à ce que nous arrivions au milieu d'eux; nous les tuerons, et nous ferons ainsi cesser l'ouvrage. Or les Juifs qui habitaient près d'eux 12 vinrent dix fois nous avertir, de tous les lieux d'où ils se rendaient vers nous. C'est pourquoi je plaçai, dans 13 les enfoncements derrière la muraille et sur des terrains secs, le peuple par familles, tous avec leurs épées, leurs lances et leurs arcs. Je re-14 gardai, et m'étant levé, je dis aux grands, aux magistrats, et au reste du peuple: Ne les craignez pas! Souvenez-vous du Seigneur, grand et redoutable, et combattez pour vos frères, pour vos fils et vos filles, pour vos femmes et pour vos maisons!

Lorsque nos ennemis apprirent 15 que nous étions avertis, Dieu anéantit leur projet, et nous retournâmes tous à la muraille, chacun à son ouvrage.

Depuis ce jour, la moitié de mes 16 serviteurs travaillaient, et l'autre moitié était armée de lances, de boucliers, d'arcs et de cuirasses. Les chefs étaient derrière toute la maison de Juda. Ceux qui bâtissaient la 17 muraille, et ceux qui portaient ou chargeaient les fardeaux, travaillaient d'une main et tenaient une arme de l'autre; chacun d'eux, en 18 travaillant, avait son épée ceinte autour des reins. Celui qui sonnait de la trompette se tenait près de moi. Je dis aux grands, aux ma-19 gistrats, et au reste du peuple: L'ouvrage est considérable et étendu, et nous sommes dispersés sur la muraille, éloignés les uns des autres. Au son de la trompette, rassemblez-20 vous auprès de nous, vers le lieu d'où vous l'entendrez; notre Dieu combattra pour nous. C'est ainsi 21 que nous poursuivions l'ouvrage, la moitié d'entre nous la lance à la main depuis le lever de l'aurore jusqu'à l'apparition des étoiles. Dans 22 ce même temps, je dis encore au peuple: Que chacun passe la nuit dans Jérusalem avec son serviteur;

faisons la garde pendant la nuit, et
23 travaillons pendant le jour. Et nous
ne quittions point nos vêtements,
ni moi, ni mes frères, ni mes serviteurs, ni les hommes de garde qui
me suivaient; chacun n'avait que ses
armes et de l'eau.

*Plaintes du peuple contre la cupidité des
grands; intervention et désintéressement
de Néhémie.*

5 Il s'éleva de la part des gens du
peuple et de leurs femmes de grandes
plaintes contre leurs frères les Juifs.
2 Les uns disaient: Nous, nos fils et
nos filles, nous sommes nombreux;
qu'on nous donne du blé, afin que
nous mangions et que nous vivions.
3 D'autres disaient: Nous engageons
nos champs, nos vignes, et nos maisons, pour avoir du blé pendant la
4 famine. D'autres disaient: Nous
avons emprunté de l'argent sur nos
champs et nos vignes pour le tribut
5 du roi. Et pourtant notre chair est
comme la chair de nos frères, nos
enfants sont comme leurs enfants;
et voici, nous soumettons à la servitude nos fils et nos filles, et plusieurs
de nos filles y sont déjà reduites;
nous sommes sans force, et nos
champs et nos vignes sont à d'autres.
6 Je fus très irrité lorsque j'entendis
7 leurs plaintes et ces paroles-là. Je
résolus de faire des réprimandes aux
grands et aux magistrats, et je leur
dis: Quoi! vous prêtez à intérêt à
vos frères! Et je rassemblai autour
8 d'eux une grande foule, et je leur
dis: Nous avons racheté selon notre
pouvoir nos frères les Juifs vendus
aux nations; et vous vendriez vous-
mêmes vos frères, et c'est à nous
qu'ils seraient vendus! Ils se turent,
9 ne trouvant rien à répondre. Puis
je dis: Ce que vous faites n'est pas
bien. Ne devriez-vous pas marcher
dans la crainte de notre Dieu, pour
n'être pas insultés par les nations
10 nos ennemis? Moi aussi, et mes
frères et mes serviteurs, nous leur
avons prêté de l'argent et du blé.
Abandonnons ce qu'ils nous doivent!
11 Rendez-leur donc aujourd'hui leurs
champs, leurs vignes, leurs oliviers

et leurs maisons, et le centième de
l'argent, du blé, du moût et de l'huile
que vous avez exigé d'eux comme
intérêt. Ils répondirent: Nous les 12
rendrons, et nous ne leur demanderons rien, nous ferons ce que tu dis.
Alors j'appelai les sacrificateurs, devant lesquels je les fis jurer de tenir
parole. Et je secouai mon manteau, 13
en disant: Que Dieu secoue de la
même manière hors de sa maison et
de ses biens tout homme qui n'aura
point tenu parole, et qu'ainsi cet
homme soit secoué et laissé à vide!
Toute l'assemblée dit: Amen! On
célébra l'Éternel. Et le peuple tint
parole.

Dès le jour où le roi m'établit leur 14
gouverneur dans le pays de Juda,
depuis la vingtième année jusqu'à la
trente-deuxième année du roi Artaxerxès, pendant douze ans, ni moi
ni mes frères n'avons vécu des revenus du gouverneur. Avant moi, les 15
premiers gouverneurs accablaient le
peuple, et recevaient de lui du pain et
du vin, outre quarante sicles d'argent;
leurs serviteurs mêmes opprimaient
le peuple. Je n'ai point agi de la sorte,
par crainte de Dieu. Bien plus, j'ai 16
travaillé à la réparation de cette muraille, et nous n'avons acheté aucun
champ, et mes serviteurs tous ensemble étaient à l'ouvrage. J'avais 17
à ma table cent cinquante hommes,
Juifs et magistrats, outre ceux qui
venaient à nous des nations d'alentour. On m'apprêtait chaque jour 18
un bœuf, six moutons choisis, et des
oiseaux; et tous les dix jours on
préparait en abondance tout le vin
nécessaire. Malgré cela, je n'ai point
réclamé les revenus du gouverneur,
parce que les travaux étaient à la
charge de ce peuple.

Souviens-toi favorablement de moi, 19
ô mon Dieu, à cause de tout ce que
j'ai fait pour ce peuple!

*Nouveaux obstacles surmontés par
Néhémie.*

6 Je n'avais pas encore posé les battants des portes, lorsque Sanballat,
Tobija, Guéschem, l'Arabe, et nos
autres ennemis apprirent que j'avais

rebâti la muraille et qu'il n'y restait ² plus de brèche. Alors Sanballat et Guéschem m'envoyèrent dire: Viens, et ayons ensemble une entrevue dans les villages de la vallée d'Ono. Ils avaient médité de me faire du mal. ³ Je leur envoyai des messagers avec cette réponse: J'ai un grand ouvrage à exécuter, et je ne puis descendre; le travail serait interrompu pendant que je le quitterais pour aller vers ⁴ vous. Ils m'adressèrent quatre fois la même demande, et je leur fis la ⁵ même réponse. Sanballat m'envoya ce message une cinquième fois par son serviteur, qui tenait à la main ⁶ une lettre ouverte. Il y était écrit: Le bruit se répand parmi les nations et Gaschmu affirme que toi et les Juifs vous pensez à vous révolter, et que c'est dans ce but que tu rebâtis la muraille. Tu vas, dit-on, devenir ⁷ leur roi, tu as même établi des prophètes pour te proclamer à Jérusalem roi de Juda. Et maintenant ces choses arriveront à la connaissance du roi. Viens donc, et consultons-⁸ nous ensemble. Je fis répondre à Sanballat: Ce que tu dis là n'est pas; ⁹ c'est toi qui l'inventes! Tous ces gens voulaient nous effrayer, et ils se disaient: Ils perdront courage, et l'œuvre ne se fera pas.

Maintenant, ô Dieu, fortifie-moi!

¹⁰ Je me rendis chez Schemaeja, fils de Delaja, fils de Mehétabeel. Il s'était enfermé, et il dit: Allons ensemble dans la maison de Dieu, au milieu du temple, et fermons les portes du temple; car ils viennent pour te tuer, et c'est pendant la nuit qu'ils ¹¹ viendront pour te tuer. Je répondis: Un homme comme moi prendre la fuite! Et quel homme tel que moi pourrait entrer dans le temple et ¹² vivre? Je n'entrerai point. Et je reconnus que ce n'était pas Dieu qui l'envoyait. Mais il prophétisa ainsi sur moi parce que Sanballat et Tobija ¹³ lui avaient donné de l'argent. En le gagnant ainsi, ils espéraient que j'aurais peur, et que je suivrais ses avis et commettrais un péché; et ils auraient profité de cette atteinte à ma réputation pour me couvrir d'opprobre.

¹⁴ Souviens-toi, ô mon Dieu, de Tobija et de Sanballat, et de leurs œuvres! Souviens-toi aussi de Noadia, la prophétesse, et des autres prophètes qui cherchaient à m'effrayer!

¹⁵ La muraille fut achevée le vingt-cinquième jour du mois d'Élul, en cinquante-deux jours. ¹⁶ Lorsque tous nos ennemis l'apprirent, toutes les nations qui étaient autour de nous furent dans la crainte; elles éprouvèrent une grande humiliation, et reconnurent que l'œuvre s'était accomplie par la volonté de notre Dieu.

¹⁷ Dans ce temps-là, il y avait aussi des grands de Juda qui adressaient fréquemment des lettres à Tobija et ¹⁸ qui en recevaient de lui. Car plusieurs en Juda étaient liés à lui par serment, parce qu'il était gendre de Schecania, fils d'Arach, et que son fils Jochanan avait pris la fille de Meschullam, fils de Bérékia. Ils di-¹⁹ saient même du bien de lui en ma présence, et ils lui rapportaient mes paroles. Tobija envoyait des lettres pour m'effrayer.

Dénombrement des Israélites qui revinrent au pays de Juda sous la conduite de Zorobabel.

7 Lorsque la muraille fut rebâtie et que j'eus posé les battants des portes, on établit dans leurs fonctions les portiers, les chantres et les Lévites. ² Je donnai mes ordres à Hanani, mon frère, et à Hanania, chef de la citadelle de Jérusalem, homme supérieur au grand nombre par sa fidélité et par sa crainte de Dieu. ³ Je leur dis: Les portes de Jérusalem ne s'ouvriront pas avant que la chaleur du soleil soit venue, et l'on fermera les battants aux verrous en votre présence; les habitants de Jérusalem feront la garde, chacun à son poste ⁴ devant sa maison. La ville était spacieuse et grande, mais peu peuplée, et les maisons n'étaient pas bâties.

⁵ Mon Dieu me mit au cœur d'assembler les grands, les magistrats et

le peuple, pour en faire le dénombrement. Je trouvai un registre généalogique de ceux qui étaient montés les premiers, et j'y vis écrit ce qui suit.

6 Voici ceux de la province qui revinrent de l'exil, ceux que Nebucadnetsar, roi de Babylone, avait emmenés captifs, et qui retournèrent à Jérusalem et en Juda, chacun dans 7 sa ville. Ils partirent avec Zorobabel, Josué, Néhémie, Azaria, Raamia, Nachamani, Mardochée, Bilschan, Mispéreth, Bigvaï, Nehum, Baana.

Nombre des hommes du peuple 8 d'Israël : les fils de Pareosch, deux 9 mille cent soixante-douze ; les fils de Schephathia, trois cent soixante-10 douze ; les fils d'Arach, six cent 11 cinquante-deux ; les fils de Pachath-Moab, des fils de Josué et de Joab, 12 deux mille huit cent dix-huit ; les fils d'Élam, mille deux cent cin-13 quante-quatre ; les fils de Zatthu, 14 huit cent quarante-cinq ; les fils de 15 Zaccaï, sept cent soixante ; les fils de Binnuï, six cent quarante-huit ; 16 les fils de Bébaï, six cent vingt-huit ; 17 les fils d'Azgad, deux mille trois cent 18 vingt-deux ; les fils d'Adonikam, six 19 cent soixante-sept ; les fils de Bigvaï, 20 deux mille soixante-sept ; les fils 21 d'Adin, six cent cinquante-cinq ; les fils d'Ather, de la famille d'Ézé-22 chias, quatre-vingt-dix-huit ; les fils de 23 Haschum, trois cent vingt-huit ; les fils 24 de Betsaï, trois cent vingt-quatre ; les 25 fils de Hariph, cent douze ; les fils 26 de Gabaon, quatre-vingt-quinze ; les gens de Bethléhem et de Netopha, 27 cent quatre-vingt huit ; les gens d'A-28 nathoth, cent vingt-huit ; les gens de 29 Beth-Azmaveth, quarante-deux ; les gens, de Kirjath-Jearim, de Kephira et de Beéroth, sept cent quarante-30 trois ; les gens de Rama et de Guéba, 31 six cent vingt et un ; les gens de Mic-32 mas, cent vingt-deux ; les gens de 33 Béthel et d'Aï, cent vingt-trois ; les gens de l'autre Nebo, cinquante-34 deux ; les fils de l'autre Élam, mille 35 deux cent cinquante-quatre ; les fils 36 de Harim, trois cent vingt ; les fils de Jéricho, trois cent quarante-cinq ;

les fils de Lod, de Hadid et d'Ono, 37 sept cent vingt et un ; les fils de 38 Senaa, trois mille neuf cent trente.

Sacrificateurs : les fils de Jedaeja, 39 de la maison de Josué, neuf cent soixante-treize ; les fils d'Immer, mille 40 cinquante-deux ; les fils de Paschhur, 41 mille deux cent quarante-sept ; les 42 fils de Harim, mille dix-sept.

Lévites : les fils de Josué et de 43 Kadmiel, des fils d'Hodva, soixante-quatorze.

Chantres : les fils d'Asaph, cent 44 quarante-huit.

Portiers : les fils de Schallum, les 45 fils d'Ather, les fils de Thalmon, les fils d'Akkub, les fils de Hathitha, les fils de Schobaï, cent trente-huit.

Néthiniens : les fils de Tsicha, les 46 fils de Hasupha, les fils de Thabbaoth, les fils de Kéros, les fils de 47 Sia, les fils de Padon, les fils de 48 Lebana, les fils de Hagaba, les fils de Salmaï, les fils de Hanan, les 49 fils de Guiddel, les fils de Gachar, les fils de Reaja, les fils de Retsin, 50 les fils de Nekoda, les fils de Gaz-51 zam, les fils d'Uzza, les fils de Paséach, les fils de Bésaï, les fils de 52 Mehunim, les fils de Nephischsim, les fils de Bakbuk, les fils de Ha-53 kupha, les fils de Harhur, les fils de 54 Batslith, les fils de Mehida, les fils de Harscha, les fils de Barkos, les fils de 55 Sisera, les fils de Thamach, les fils de 56 Netsiach, les fils de Hathipha.

Fils des serviteurs de Salomon : les 57 fils de Sothaï, les fils de Sophéreth, les fils de Perida, les fils de Jaala, les fils 58 de Darkon, les fils de Guiddel, les 59 fils de Schephathia, les fils de Hatthil, les fils de Pokéreth-Hatsebaïm, les fils d'Amon.

Total des Néthiniens et des fils 60 des serviteurs de Salomon : trois cent quatre-vingt-douze.

Voici ceux qui partirent de Thel-61 Mélach, de Thel-Harscha, de Kerub-Addon, et d'Immer, et qui ne purent pas faire connaître leur maison paternelle et leur race, pour prouver qu'ils étaient d'Israël. Les fils de 62 Delaja, les fils de Tobija, les fils de Nekoda, six cent quarante-deux. Et 63 parmi les sacrificateurs : les fils de

Hobaja, les fils d'Hakkots, les fils de Barzillaï, qui avait pris pour femme une des filles de Barzillaï, le Galaadite, et fut appelé de leur nom.

64 Ils cherchèrent leurs titres généalogiques, mais ils ne les trouvèrent point. On les exclut du sacerdoce,

65 et le gouverneur leur dit de ne pas manger des choses très saintes jusqu'à ce qu'un sacrificateur eût consulté l'urim et le thummim.

66 L'assemblée tout entière était de quarante-deux mille trois cent soi-

67 xante personnes, sans compter leurs serviteurs et leurs servantes, au nombre de sept mille trois cent trente-sept. Parmi eux se trouvaient deux cent quarante-cinq chantres et chan-

68 teuses. Ils avaient sept cent trente-six chevaux, deux cent quarante-

69 cinq mulets, quatre cent trente-cinq chameaux, et six mille sept cent vingt ânes.

70 Plusieurs des chefs de famille firent des dons pour l'œuvre. Le gouverneur donna au trésor mille dariques d'or, cinquante coupes, cinq cent trente tuniques sacerdotales.

71 Les chefs de familles donnèrent au trésor de l'œuvre vingt mille dariques d'or et deux mille deux cents

72 mines d'argent. Le reste du peuple donna vingt mille dariques d'or, deux mille mines d'argent, et soixante-sept tuniques sacerdotales.

73 Les sacrificateurs et les Lévites, les portiers, les chantres, les gens du peuple, les Néthiniens et tout Israël s'établirent dans leurs villes.

Lecture solennelle de la loi. — Célébration de la fête des tabernacles.

Le septième mois arriva, et les enfants d'Israël étaient dans leurs villes.

8 Alors tout le peuple s'assembla comme un seul homme sur la place qui est devant la porte des eaux. Ils dirent à Esdras, le scribe, d'apporter le livre de la loi de Moïse,

2 prescrite par l'Éternel à Israël. Et le sacrificateur Esdras apporta la loi devant l'assemblée, composée d'hommes et de femmes et de tous ceux qui étaient capables de l'entendre.

C'était le premier jour du septième mois.

Esdras lut dans le livre depuis 3 le matin jusqu'au milieu du jour, sur la place qui est devant la porte des eaux, en présence des hommes et des femmes et de ceux qui étaient capables de l'entendre. Tout le peuple fut attentif à la lecture du livre de la loi. Esdras, le scribe, 4 était placé sur une estrade de bois, dressée à cette occasion. Auprès de lui, à sa droite, se tenaient Matthithia, Schéma, Anaja, Urie, Hilkija et Maaséja, et à sa gauche, Pedaja, Mischaël, Malkija, Haschum, Haschbaddana, Zacharie et Meschullam. Esdras ouvrit le livre à la vue de 5 tout le peuple, car il était élevé au-dessus de tout le peuple; et lorsqu'il l'eut ouvert, tout le peuple se tint en place. Esdras bénit l'Éternel, le 6 grand Dieu, et tout le peuple répondit, en levant les mains: Amen! amen! Et ils s'inclinèrent et se prosternèrent devant l'Éternel, le visage contre terre. Josué, Bani, Schérébia, 7 Jamin, Akkub, Schabbethaï, Hodija, Maaséja, Kelitha, Azaria, Jozabad, Hanan, Pelaja, et les Lévites, expliquaient la loi au peuple, et chacun restait à sa place. Ils lisaient dis- 8 tinctement dans le livre de la loi de Dieu, et ils en donnaient le sens pour faire comprendre ce qu'ils avaient lu.

Néhémie, le gouverneur, Esdras, 9 le sacrificateur et le scribe, et les Lévites qui enseignaient le peuple, dirent à tout le peuple: Ce jour est consacré à l'Éternel, votre Dieu; ne soyez pas dans la désolation et dans les larmes! Car tout le peuple pleurait en entendant les paroles de la loi. Ils leur dirent: Allez, mangez 10 des viandes grasses et buvez des liqueurs douces, et envoyez des portions à ceux qui n'ont rien de préparé, car ce jour est consacré à notre Seigneur; ne vous affligez pas, car la joie de l'Éternel sera votre force. Les Lévites calmaient tout 11 le peuple, en disant: Taisez-vous, car ce jour est saint; ne vous affligez pas! Et tout le peuple s'en alla 12 pour manger et boire, pour envoyer des portions, et pour se livrer à de grandes réjouissances. Car ils avaient compris les paroles qu'on leur avait expliquées.

13 Le second jour, les chefs de famille de tout le peuple, les sacrificateurs et les Lévites, s'assemblèrent auprès d'Esdras, le scribe, pour entendre l'explication des paroles de 14 la loi. Et ils trouvèrent écrit dans la loi que l'Éternel avait prescrite par Moïse, que les enfants d'Israël devaient habiter sous des tentes pendant la fête du septième mois, 15 et proclamer cette publication dans toutes leurs villes et à Jérusalem: Allez chercher à la montagne des rameaux d'olivier, des rameaux d'olivier sauvage, des rameaux de myrte, des rameaux de palmier, et des rameaux d'arbres touffus, pour faire des 16 tentes, comme il est écrit. Alors le peuple alla chercher des rameaux, et ils se firent des tentes sur le toit de leurs maisons, dans leurs cours, dans les parvis de la maison de Dieu, sur la place de la porte des eaux et sur la 17 place de la porte d'Éphraïm. Toute l'assemblée de ceux qui étaient revenus de la captivité fit des tentes, et ils habitèrent sous ces tentes. Depuis le temps de Josué, fils de Nun, jusqu'à ce jour, les enfants d'Israël n'avaient rien fait de pareil. Et il y eut de très grandes réjouissances.

18 On lut dans le livre de la loi de Dieu chaque jour, depuis le premier jour jusqu'au dernier. On célébra la fête pendant sept jours, et il y eut une assemblée solennelle le huitième jour, comme cela est ordonné.

Jeûne et confession des péchés du peuple.

9 Le vingt-quatrième jour du même mois, les enfants d'Israël s'assemblèrent, revêtus de sacs et couverts de poussière, pour la célébration d'un 2 jeûne. Ceux qui étaient de la race d'Israël, s'étant séparés de tous les étrangers, se présentèrent et confessèrent leurs péchés et les iniquités 3 de leurs pères. Lorsqu'ils furent placés, on lut dans le livre de la loi de l'Éternel, leur Dieu, pendant un quart de la journée; et pendant un autre quart ils confessèrent leurs péchés et se prosternèrent devant l'Éternel, leur Dieu.

Josué, Bani, Kadmiel, Schebania, 4 Bunni, Schérébia, Bani et Kenani montèrent sur l'estrade des Lévites et crièrent à haute voix vers l'Éternel, leur Dieu. Et les Lévites Josué, 5 Kadmiel, Bani, Haschabnia, Schérébia, Hodija, Schebania et Pethachja, dirent:

Levez-vous, bénissez l'Éternel, votre Dieu, d'éternité en éternité!

Que l'on bénisse ton nom glorieux, qui est au-dessus de toute bénédiction et de toute louange!

C'est toi, Éternel, toi seul, qui as 6 fait les cieux, les cieux des cieux et toute leur armée, la terre et tout ce qui est sur elle, les mers et tout ce qu'elles renferment. Tu donnes la vie à toutes ces choses, et l'armée des cieux se prosterne devant toi. C'est toi, Éternel Dieu, qui as choisi 7 Abram, qui l'as fait sortir d'Ur en Chaldée, et qui lui as donné le nom d'Abraham. Tu trouvas son cœur 8 fidèle devant toi, tu fis alliance avec lui, et tu promis de donner à sa postérité le pays des Cananéens, des Héthiens, des Amoréens, des Phéréziens, des Jébusiens et des Guirgasiens. Et tu as tenu ta parole, car tu es juste.

Tu vis l'affliction de nos pères en 9 Égypte, et tu entendis leurs cris vers la mer Rouge. Tu opéras des 10 miracles et des prodiges contre Pharaon, contre tous ses serviteurs et contre tout le peuple de son pays, parce que tu savais avec quelle méchanceté ils avaient traité nos pères, et tu fis paraître ta gloire comme elle paraît aujourd'hui. Tu fendis 11 la mer devant eux, et ils passèrent à sec au milieu de la mer; mais tu précipitas dans l'abîme, comme une pierre au fond des eaux, ceux qui marchaient à leur poursuite. Tu les 12 guidas le jour par une colonne de nuée, et la nuit par une colonne de feu qui les éclairait dans le chemin qu'ils avaient à suivre. Tu descendis 13 sur la montagne de Sinaï, tu leur parlas du haut des cieux, et tu leur donnas des ordonnances justes, des lois de vérité, des préceptes et des 14 commandements excellents. Tu leur fis connaître ton saint sabbat, et tu leur prescrivis par Moïse, ton serviteur, des commandements, des préceptes et une loi. Tu leur donnas, 15 du haut des cieux, du pain quand ils avaient faim, et tu fis sortir de l'eau du rocher quand ils avaient soif. Et tu leur dis d'entrer en possession du pays que tu avais juré de leur donner. 16 Mais nos pères se livrèrent à l'orgueil et raidirent leur cou. Ils n'écoutèrent point tes commandements, 17 ils refusèrent d'obéir, et ils mirent en oubli les merveilles que tu avais faites en leur faveur. Ils raidirent leur cou ; et, dans leur rébellion, ils se donnèrent un chef pour retourner à leur servitude. Mais toi, tu es un Dieu prêt à pardonner, compatissant et miséricordieux, lent à la colère et riche en bonté, et tu ne les abandon- 18 nas pas, même quand ils se firent un veau en fonte et dirent: Voici ton Dieu qui t'a fait sortir d'Égypte, et qu'ils se livrèrent envers toi à de 19 grands outrages. Dans ton immense miséricorde, tu ne les abandonnas pas au désert, et la colonne de nuée ne cessa point de les guider le jour dans leur chemin, ni la colonne de feu de les éclairer la nuit dans le 20 chemin qu'ils avaient à suivre. Tu leur donnas ton bon esprit pour les rendre sages, tu ne refusas point ta manne à leur bouche, et tu leur 21 fournis de l'eau pour leur soif. Pendant quarante ans, tu pourvus à leur entretien dans le désert, et ils ne manquèrent de rien, leurs vêtements ne s'usèrent point, et leurs pieds ne 22 s'enflèrent point. Tu leur livras des royaumes et des peuples, dont tu partageas entre eux les contrées, et ils possédèrent le pays de Sihon, roi de Hesbon, et le pays d'Og, roi de 23 Basan. Tu multiplias leurs fils comme les étoiles des cieux, et tu les fis entrer dans le pays dont tu avais dit à leurs pères qu'ils prendraient pos- 24 session. Et leurs fils entrèrent et

prirent possession du pays ; tu humilias devant eux les habitants du pays, les Cananéens, et tu les livras entre leurs mains, avec leurs rois et les peuples du pays, pour qu'ils les traitassent à leur gré. Ils devinrent 25 maîtres de villes fortifiées et de terres fertiles ; ils possédèrent des maisons remplies de toutes sortes de biens, des citernes creusées, des vignes, des oliviers, et des arbres fruitiers en abondance ; ils mangèrent, ils se rassasièrent, ils s'engraissèrent, et ils vécurent dans les délices par ta grande bonté.

Néanmoins, ils se soulevèrent et 26 se révoltèrent contre toi. Ils jetèrent ta loi derrière leur dos, ils tuèrent tes prophètes qui les conjuraient de revenir à toi, et ils se livrèrent envers toi à de grands outrages. Alors tu 27 les abandonnas entre les mains de leurs ennemis, qui les opprimèrent. Mais, au temps de leur détresse, ils crièrent à toi ; et toi, tu les entendis du haut des cieux, et, dans ta grande miséricorde, tu leur donnas des libérateurs qui les sauvèrent de la main de leurs ennemis. Quand ils eurent 28 du repos, ils recommencèrent à faire le mal devant toi. Alors tu les abandonnas entre les mains de leurs ennemis, qui les dominèrent. Mais, de nouveau, ils crièrent à toi ; et toi, tu les entendis du haut des cieux, et, dans ta grande miséricorde, tu les délivras maintes fois. Tu les con- 29 juras de revenir à ta loi ; et ils persévérèrent dans l'orgueil, ils n'écoutèrent point tes commandements, ils péchèrent contre tes ordonnances, qui font vivre celui qui les met en pratique, ils eurent une épaule rebelle, ils raidirent leur cou, et ils n'obéirent point. Tu les supportas 30 de nombreuses années, tu leur donnas des avertissements par ton esprit, par tes prophètes ; et ils ne prêtèrent point l'oreille. Alors tu les livras entre les mains des peuples étrangers. Mais, dans ta grande miséricorde, tu 31 ne les anéantis pas, et tu ne les abandonnas pas, car tu es un Dieu compatissant et miséricordieux.

Et maintenant, ô notre Dieu, Dieu 32

et leurs frères, gardiens des portes, cent soixante-douze.

20 Le reste d'Israël, les sacrificateurs, les Lévites, s'établirent dans toutes les villes de Juda, chacun dans sa propriété.

21 Les Néthiniens s'établirent sur la colline, et ils avaient pour chefs

22 Tsicha et Guischpa. Le chef des Lévites à Jérusalem était Uzzi, fils de Bani, fils de Haschabia, fils de Matthania, fils de Michée, d'entre les fils d'Asaph, les chantres chargés des

23 offices de la maison de Dieu; car il y avait un ordre du roi concernant les chantres, et un salaire fixe leur

24 était accordé pour chaque jour. Pethachja, fils de Meschézabeel, des fils de Zérach, fils de Juda, était commissaire du roi pour toutes les affaires du peuple.

25 Dans les villages et leurs territoires, des fils de Juda s'établirent à Kirjath-Arba et dans les lieux de son ressort, à Dibon et dans les lieux de son ressort, à Jekabtseel et dans les villages

26 de son ressort, à Jéschua, à Molada,

27 à Beth-Paleth, à Hatsar-Schual, à Beer-Schéba et dans les lieux de son

28 ressort, à Tsiklag, à Mecona et dans

29 les lieux de son ressort, à En-Rim-

30 mon, à Tsorea, à Jarmuth, à Zanoach, à Adullam, et dans les villages de leur ressort, à Lakis et dans son territoire, à Azéka et dans les lieux de son ressort. Ils s'établirent depuis Beer-Schéba jusqu'à la vallée de Hinnom.

31 Les fils de Benjamin s'établirent, depuis Guéba, à Micmasch, à Ajja, à Béthel et dans les lieux de son

32 ressort, à Anathoth, à Nob, à Ha-

33 nania, à Hatsor, à Rama, à Guit-

34 thaïm, à Hadid, à Tseboïm, à Ne-

35 ballath, à Lod et à Ono, la vallée

36 des ouvriers. Il y eut des Lévites qui se joignirent à Benjamin, quoique appartenant aux divisions de Juda.

Dénombrement des sacrificateurs et des Lévites.

12 Voici les sacrificateurs et les Lévites qui revinrent avec Zorobabel, fils de Schealthiel, et avec

2 Josué: Seraja, Jérémie, Esdras, Ama-

3 ria, Malluc, Hattusch, Schecania,

4 Rehum, Merémoth, Iddo, Guinne-

5 thoï, Abija, Mijamin, Maadia, Bilga,

6,7 Schemaeja, Jojarib, Jedaeja, Sallu, Amok, Hilkija, Jedaeja. Ce furent là les chefs des sacrificateurs et de leurs frères, au temps de Josué.—

8 Lévites: Josué, Binnuï, Kadmiel, Schérébia, Juda, Matthania, qui dirigeait avec ses frères le chant des

9 louanges; Bakbukia et Unni, qui remplissaient leurs fonctions auprès de leurs frères.

10 Josué engendra Jojakim, Jojakim engendra Éliaschib, Éliaschib engen-

11 dra Jojada, Jojada engendra Jonathan, et Jonathan engendra Jaddua.

12 Voici, au temps de Jojakim, quels étaient les sacrificateurs, chefs de familles: pour Seraja, Meraja; pour

13 Jérémie, Hanania; pour Esdras, Meschullam; pour Amaria, Jocha-

14 nan; pour Meluki, Jonathan; pour

15 Schebania, Joseph; pour Harim, Adna; pour Merajoth, Helkaï; pour

16 Iddo, Zacharie; pour Guinnethon,

17 Meschullam; pour Abija, Zicri; pour Minjamin et Moadia, Pilthaï; pour

18 Bilga, Schammua; pour Schemaeja, Jonathan; pour Jojarib, Matthnaï;

19 pour Jedaeja, Uzzi; pour Sallaï,

20 Kallaï; pour Amok, Éber; pour

21 Hilkija, Haschabia; pour Jedaeja, Nethaneel.

22 Au temps d'Éliaschib, de Jojada, de Jochanan et de Jaddua, les Lévites, chefs de familles, et les sacrificateurs, furent inscrits, sous le règne

23 de Darius, le Perse. Les fils de Lévi, chefs de familles, furent inscrits dans le livre des Chroniques jusqu'au temps de Jochanan, fils d'Élia-

24 schib. Les chefs des Lévites, Haschabia, Schérébia, et Josué, fils de Kadmiel, et leurs frères avec eux, les uns vis-à-vis des autres, étaient chargés de célébrer et de louer l'Éternel, selon l'ordre de David,

25 homme de Dieu. Matthania, Bakbukia, Abdias, Meschullam, Thalmon et Akkub, portiers, faisaient la garde

26 aux seuils des portes. Ils vivaient au temps de Jojakim, fils de Josué, fils de Jotsadak, et au temps de Néhémie, le gouverneur, et d'Esdras, le sacrificateur et le scribe.

*Dédicace des murailles de Jérusalem.—
Rétablissement des revenus des sacrificateurs et des Lévites.*

27 Lors de la dédicace des murailles
de Jérusalem, on appela les Lévites
de tous les lieux qu'ils habitaient et
on les fit venir à Jérusalem, afin de
célébrer la dédicace et la fête par
des louanges et par des chants, au
son des cymbales, des luths et des
28 harpes. Les fils des chantres se
rassemblèrent des environs de Jérusalem, des villages des Nethophatiens,
29 de Beth-Guilgal, et du territoire de
Guéba et d'Azmaveth; car les chantres s'étaient bâti des villages aux
30 alentours de Jérusalem. Les sacrificateurs et les Lévites se purifièrent,
et ils purifièrent le peuple, les portes
et la muraille.
31 Je fis monter sur la muraille les
chefs de Juda, et je formai deux
grands chœurs. Le premier se mit
en marche du côté droit sur la mu-
32 raille, vers la porte du fumier. Derrière ce chœur marchaient Hosée et
33 la moitié des chefs de Juda, Azaria,
34 Esdras, Meschullam, Juda, Benjamin,
35 Schemaeja et Jérémie, des fils de
sacrificateurs avec des trompettes,
Zacharie, fils de Jonathan, fils de
Schemaeja, fils de Matthania, fils de
Michée, fils de Zaccur, fils d'Asaph,
36 et ses frères, Schemaeja, Azarel,
Milalaï, Guilalaï, Maaï, Nethanel,
Juda et Hanani, avec les instruments
de musique de David, homme de
Dieu. Esdras, le scribe, était à leur
37 tête. A la porte de la source, ils
montèrent vis-à-vis d'eux les degrés
de la cité de David par la montée
de la muraille, au-dessus de la maison
de David, jusqu'à la porte des eaux,
38 vers l'orient. Le second chœur se
mit en marche à l'opposite. J'étais
derrière lui avec l'autre moitié du
peuple, sur la muraille. Passant au-
dessus de la tour des fours, on alla
39 jusqu'à la muraille large; puis au-
dessus de la porte d'Éphraïm, de la
vieille porte, de la porte des poissons,
de la tour de Hananeel et de la tour
de Méa, jusqu'à la porte des brebis.
Et l'on s'arrêta à la porte de la prison.

40 Les deux chœurs s'arrêtèrent dans
la maison de Dieu; et nous fîmes de
même, moi et les magistrats qui
étaient avec moi, et les sacrificateurs
41 Éliakim, Maaséja, Minjamin, Michée,
Eljoénaï, Zacharie, Hanania, avec
des trompettes, et Maaséja, Sche-
42 maeja, Éléazar, Uzzi, Jochanan, Malkija, Élam et Ézer. Les chantres se firent entendre, dirigés par Jizrachja.
43 On offrit ce jour-là de nombreux
sacrifices, et on se livra aux réjouissances, car Dieu avait donné au
peuple un grand sujet de joie. Les
femmes et les enfants se réjouirent
aussi, et les cris de joie de Jérusalem
furent entendus au loin.
44 En ce jour, on établit des hommes
ayant la surveillance des chambres
qui servaient de magasins pour les
offrandes, les prémices et les dîmes,
et on les chargea d'y recueillir du
territoire des villes les portions assignées par la loi aux sacrificateurs
et aux Lévites. Car Juda se réjouissait de ce que les sacrificateurs
et les Lévites étaient à leur poste,
45 observant tout ce qui concernait le
service de Dieu et des purifications.
Les chantres et les portiers remplissaient aussi leurs fonctions, selon
l'ordre de David et de Salomon, son
46 fils; car autrefois, du temps de
David et d'Asaph, il y avait des
chefs de chantres et des chants de
louanges et d'actions de grâces en
47 l'honneur de Dieu. Tout Israël, au
temps de Zorobabel et de Néhémie,
donna les portions des chantres et
des portiers, jour par jour; on donna
aux Lévites les choses consacrées, et
les Lévites donnèrent aux fils d'Aaron les choses consacrées.

*Zèle de Néhémie contre les transgresseurs
de la loi.*

13 Dans ce temps, on lut en présence du peuple dans le livre de
Moïse, et l'on y trouva écrit que
l'Ammonite et le Moabite ne devraient jamais entrer dans l'assem-
2 blée de Dieu, parce qu'ils n'étaient pas
venus au-devant des enfants d'Israël
avec du pain et de l'eau, et parce

qu'ils avaient appelé contre eux à prix d'argent Balaam pour qu'il les maudît; mais notre Dieu changea la malédiction en bénédiction. 3 Lorsqu'on eut entendu la loi, on sépara d'Israël tous les étrangers.

4 Avant cela, le sacrificateur Éliaschib, établi dans les chambres de la maison de notre Dieu, et parent de 5 Tobija, avait disposé pour lui une grande chambre où l'on mettait auparavant les offrandes, l'encens, les ustensiles, la dîme du blé, du moût et de l'huile, ce qui était ordonné pour les Lévites, les chantres et les portiers, et ce qui était prélevé pour 6 les sacrificateurs. Je n'étais point à Jérusalem quand tout cela eut lieu, car j'étais retourné auprès du roi la trente-deuxième année d'Artaxerxès, 7 roi de Babylone. A la fin de l'année, j'obtins du roi la permission de revenir à Jérusalem, et je m'aperçus du mal qu'avait fait Éliaschib, en disposant une chambre pour Tobija dans les parvis de la maison de Dieu. 8 J'en éprouvai un vif déplaisir, et je jetai hors de la chambre tous les objets qui appartenaient à Tobija; 9 j'ordonnai qu'on purifiât les chambres, et j'y replaçai les ustensiles de la maison de Dieu, les offrandes et l'encens. 10 J'appris aussi que les portions des Lévites n'avaient point été livrées, et que les Lévites et les chantres chargés du service s'étaient enfuis 11 chacun dans son territoire. Je fis des réprimandes aux magistrats, et je dis: Pourquoi la maison de Dieu a-t-elle été abandonnée? Et je rassemblai les Lévites et les chantres, 12 et je les remis à leur poste. Alors tout Juda apporta dans les magasins la dîme du blé, du moût et de l'huile. 13 Je confiai la surveillance des magasins à Schélémia, le sacrificateur, à Tsadok, le scribe, et à Pedaja, l'un des Lévites, et je leur adjoignis Hanan, fils de Zaccur, fils de Matthania, car ils avaient la réputation d'être fidèles. Ils furent chargés de faire les distributions à leurs frères.

14 Souviens-toi de moi, ô mon Dieu, à cause de cela, et n'oublie pas mes actes de piété à l'égard de la maison de mon Dieu et des choses qui doivent être observées!

15 A cette époque, je vis en Juda des hommes fouler au pressoir pendant le sabbat, rentrer des gerbes, charger sur des ânes même du vin, des raisins et des figues, et toutes sortes de choses, et les amener à Jérusalem le jour du sabbat; et je leur donnai des avertissements le jour où ils vendaient leurs denrées. 16 Il y avait aussi des Tyriens, établis à Jérusalem, qui apportaient du poisson et toutes sortes de marchandises, et qui les vendaient aux fils de Juda le jour du sabbat et dans Jérusalem. 17 Je fis des réprimandes aux grands de Juda, et je leur dis: Que signifie cette mauvaise action que vous faites, en profanant le jour du sabbat? 18 N'est-ce pas ainsi qu'ont agi vos pères, et n'est-ce pas à cause de cela que notre Dieu a fait venir tous ces malheurs sur nous et sur cette ville? Et vous, vous attirez de nouveau sa colère contre Israël, en profanant le sabbat! 19 Puis j'ordonnai qu'on fermât les portes de Jérusalem avant le sabbat, dès qu'elles seraient dans l'ombre, et qu'on ne les ouvrît qu'après le sabbat. Et je plaçai quelques-uns de mes serviteurs aux portes, pour empêcher l'entrée des fardeaux le jour du sabbat. 20 Alors les marchands et les vendeurs de toutes sortes de choses passèrent une ou deux fois la nuit hors de Jérusalem. 21 Je les avertis, en leur disant: Pourquoi passez-vous la nuit devant la muraille? Si vous le faites encore, je mettrai la main sur vous. Dès ce moment, ils ne vinrent plus pendant le sabbat. 22 J'ordonnai aussi aux Lévites de se purifier et de venir garder les portes pour sanctifier le jour du sabbat.

Souviens-toi de moi, ô mon Dieu, à cause de cela, et protège-moi selon ta grande miséricorde!

23 A cette même époque, je vis des Juifs qui avaient pris des femmes Asdodiennes, Ammonites, Moabites. 24 La moitié de leurs fils parlaient l'asdodien, et ne savaient pas parler le

juif; ils ne connaissaient que la langue de tel ou tel peuple. 25 Je leur fis des réprimandes, et je les maudis; j'en frappai quelques-uns, je leur arrachai les cheveux, et je les fis jurer au nom de Dieu, en disant: Vous ne donnerez pas vos filles à leurs fils, et vous ne prendrez leurs filles ni pour vos fils ni pour vous. 26 N'est-ce pas en cela qu'a péché Salomon, roi d'Israël? Il n'y avait point de roi semblable à lui parmi la multitude des nations, il était aimé de son Dieu, et Dieu l'avait établi roi sur tout Israël; néanmoins, les femmes étrangères l'entraînèrent aussi dans le péché. 27 Faut-il donc apprendre à votre sujet que vous commettez un aussi grand crime et que vous péchez contre notre Dieu en prenant des femmes étrangères?

28 Un des fils de Jojada, fils d'Éliaschib, le souverain sacrificateur, était gendre de Sanballat, le Horonite. Je le chassai loin de moi.

29 Souviens-toi d'eux, ô mon Dieu, car ils ont souillé le sacerdoce et l'alliance contractée par les sacrificateurs et les Lévites.

30 Je les purifiai de tout étranger, et je remis en vigueur ce que devaient observer les sacrificateurs et les Lévites, chacun dans sa fonction, 31 et ce qui concernait l'offrande du bois aux époques fixées, de même que les prémices.

Souviens-toi favorablement de moi, ô mon Dieu!

ESTHER

Festin d'Assuérus. — Désobéissance et disgrâce de la reine Vasthi.

1 C'était du temps d'Assuérus, de cet Assuérus qui régnait depuis l'Inde jusqu'en Éthiopie sur cent vingt-sept 2 provinces; et le roi Assuérus était alors assis sur son trône royal à Suse, 3 dans la capitale. La troisième année de son règne, il fit un festin à tous ses princes et à ses serviteurs; les commandants de l'armée des Perses et des Mèdes, les grands et les chefs des provinces furent réunis en sa 4 présence. Il montra la splendide richesse de son royaume et l'éclatante magnificence de sa grandeur pendant nombre de jours, pendant cent quatre-vingts jours.

5 Lorsque ces jours furent écoulés, le roi fit pour tout le peuple qui se trouvait à Suse, la capitale, depuis le plus grand jusqu'au plus petit, un festin qui dura sept jours, dans la cour du jardin de la maison royale. 6 Des tentures blanches, vertes et bleues, étaient attachées par des cordons de byssus et de pourpre à des anneaux d'argent et à des colonnes de marbre. Des lits d'or et d'argent reposaient sur un pavé de porphyre, de marbre, de nacre et de pierres noires. 7 On servait à boire dans des vases d'or, de différentes espèces, et il y avait abondance de vin royal, grâce à la libéralité du roi. 8 Mais on ne forçait personne à boire, car le roi avait ordonné à tous les gens de sa maison de se conformer à la volonté de chacun.

9 La reine Vasthi fit aussi un festin pour les femmes dans la maison royale du roi Assuérus.

10 Le septième jour, comme le cœur du roi était réjoui par le vin, il ordonna à Mehuman, Biztha, Harbona, Bigtha, Abagtha, Zéthar et Carcas, les sept eunuques qui servaient devant le roi Assuérus, 11 d'amener en sa présence la reine Vasthi, avec la couronne royale, pour montrer sa beauté aux peuples et aux grands, car elle était belle de figure. 12 Mais la reine Vasthi refusa de venir, quand elle reçut par les eunuques l'ordre du roi. Et le roi fut très irrité, il fut enflammé de colère.

13 Alors le roi s'adressa aux sages qui avaient la connaissance des temps. Car ainsi se traitaient les affaires du roi, devant tous ceux qui connaissaient les lois et le droit. 14 Il avait auprès de lui Carschena, Sché-

thar, Admatha, Tarsis, Mérès, Marsena, Memucan, sept princes de Perse et de Médie, qui voyaient la face du roi et qui occupaient le premier rang dans le royaume. 15 Quelle loi, dit-il, faut-il appliquer à la reine Vasthi, pour n'avoir point exécuté ce que le roi Assuérus lui a ordonné par les eunuques? 16 Memucan répondit devant le roi et les princes: Ce n'est pas seulement à l'égard du roi que la reine Vasthi a mal agi; c'est aussi envers tous les princes et tous les peuples qui sont dans toutes les provinces du roi Assuérus. 17 Car l'action de la reine parviendra à la connaissance de toutes les femmes, et les portera à mépriser leurs maris; elles diront: Le roi Assuérus avait ordonné qu'on amenât en sa présence la reine Vasthi, et elle n'y est pas allée. 18 Et dès ce jour les princesses de Perse et de Médie qui auront appris l'action de la reine la rapporteront à tous les chefs du roi; de là beaucoup de mépris et de colère. 19 Si le roi le trouve bon, qu'on publie de sa part et qu'on inscrive parmi les lois des Perses et des Mèdes, avec défense de la transgresser, une ordonnance royale d'après laquelle Vasthi ne paraîtra plus devant le roi Assuérus et le roi donnera la dignité de reine à une autre qui soit meilleure qu'elle. 20 L'édit du roi sera connu dans tout son royaume, quelque grand qu'il soit, et toutes les femmes rendront honneur à leurs maris, depuis le plus grand jusqu'au plus petit. 21 Cet avis fut approuvé du roi et des princes, et le roi agit d'après la parole de Memucan. 22 Il envoya des lettres à toutes les provinces du royaume, à chaque province selon son écriture et à chaque peuple selon sa langue; elles portaient que tout homme devait être le maître dans sa maison, et qu'il parlerait la langue de son peuple.

Esther choisie pour reine.—Conspiration contre le roi, découverte par Mardochée.

2 Après ces choses, lorsque la colère du roi Assuérus se fut calmée, il pensa à Vasthi, à ce qu'elle avait fait, et à la décision qui avait été prise à son sujet. 2 Alors ceux qui servaient le roi dirent: Qu'on cherche pour le roi des jeunes filles, vierges et belles de figure; 3 que le roi établisse dans toutes les provinces de son royaume des commissaires chargés de rassembler toutes les jeunes filles, vierges et belles de figure, à Suse, la capitale, dans la maison des femmes, sous la surveillance d'Hégué, eunuque du roi et gardien des femmes, qui leur donnera les choses nécessaires pour leur toilette; 4 et que la jeune fille qui plaira au roi devienne reine à la place de Vasthi. Cet avis eut l'approbation du roi, et il fit ainsi.

5 Il y avait dans Suse, la capitale, un Juif nommé Mardochée, fils de Jaïr, fils de Schimeï, fils de Kis, homme de Benjamin, 6 qui avait été emmené de Jérusalem parmi les captifs déportés avec Jeconia, roi de Juda, par Nebucadnetsar, roi de Babylone. 7 Il élevait Hadassa, qui est Esther, fille de son oncle; car elle n'avait ni père ni mère. La jeune fille était belle de taille et belle de figure. A la mort de son père et de sa mère, Mardochée l'avait adoptée pour fille.

8 Lorsqu'on eut publié l'ordre du roi et son édit, et qu'un grand nombre de jeunes filles furent rassemblées à Suse, la capitale, sous la surveillance d'Hégaï, Esther fut aussi prise et conduite dans la maison du roi, sous la surveillance d'Hégaï, gardien des femmes. 9 La jeune fille lui plut, et trouva grâce devant lui; il s'empressa de lui fournir les choses nécessaires pour sa toilette et pour sa subsistance, lui donna sept jeunes filles choisies dans la maison du roi, et la plaça avec ses jeunes filles dans le meilleur appartement de la maison des femmes. 10 Esther ne fit connaître ni son peuple ni sa naissance, car Mardochée lui avait défendu d'en parler. 11 Et chaque jour Mardochée allait et venait devant la cour de la maison des femmes, pour savoir comment se portait Esther et comment on la traitait.

12 Chaque jeune fille allait à son tour vers le roi Assuérus, après avoir employé douze mois à s'acquitter de ce qui était prescrit aux femmes; pendant ce temps, elles prenaient soin de leur toilette, six mois avec de l'huile de myrrhe, et six mois avec des aromates et des parfums en usage parmi les femmes.

13 C'est ainsi que chaque jeune fille allait vers le roi; et, quand elle passait de la maison des femmes dans la maison du roi, on lui laissait prendre avec elle tout

14 ce qu'elle voulait. Elle y allait le soir; et le lendemain matin elle passait dans la seconde maison des femmes, sous la surveillance de Schaaschgaz, eunuque du roi et gardien des concubines. Elle ne retournait plus vers le roi, à moins que le roi n'en eût le désir et qu'elle ne fût appelée par son nom.

15 Lorsque son tour d'aller vers le roi fut arrivé, Esther, fille d'Abichaïl, oncle de Mardochée qui l'avait adoptée pour fille, ne demanda que ce qui fut désigné par Hégaï, eunuque du roi et gardien des femmes. Esther trouvait grâce aux yeux de tous ceux

16 qui la voyaient. Esther fut conduite auprès du roi Assuérus, dans sa maison royale, le dixième mois, qui est le mois de Tébeth, la septième année

17 de son règne. Le roi aima Esther plus que toutes les autres femmes, et elle obtint grâce et faveur devant lui plus que toutes les autres jeunes filles. Il mit la couronne royale sur sa tête, et la fit reine à la place de

18 Vasthi. Le roi donna un grand festin à tous ses princes et à ses serviteurs, un festin en l'honneur d'Esther; il accorda du repos aux provinces, et fit des présents avec une libéralité royale.

19 La seconde fois qu'on assembla les jeunes filles, Mardochée était assis à

20 la porte du roi. Esther n'avait fait connaître ni sa naissance ni son peuple, car Mardochée le lui avait défendu, et elle suivait les ordres de Mardochée aussi fidèlement qu'à l'époque où elle était sous sa tutelle.

21 Dans ce même temps, comme Mardochée était assis à la porte du roi, Bigthan et Théresch, deux eunuques du roi, gardes du seuil, cédèrent à un mouvement d'irritation et voulurent porter la main sur le roi Assuérus.

22 Mardochée eut connaissance de la chose et en informa la reine Esther, qui la redit au roi de la part de Mardochée. Le fait ayant été vérifié et

23 trouvé exact, les deux eunuques furent pendus à un bois. Et cela fut écrit dans le livre des Chroniques en présence du roi.

Haman favori du roi.—Édit de mort contre les Juifs.

3

Après ces choses, le roi Assuérus fit monter au pouvoir Haman, fils d'Hammedatha, l'Agaguite; il l'éleva en dignité et plaça son siège au-dessus de ceux de tous les chefs qui

2 étaient auprès de lui. Tous les serviteurs du roi, qui se tenaient à la porte du roi, fléchissaient le genou et se prosternaient devant Haman, car tel était l'ordre du roi à son égard. Mais Mardochée ne fléchissait point le genou et ne se proster-

3 nait point. Et les serviteurs du roi, qui se tenaient à la porte du roi, dirent à Mardochée: Pourquoi trans-

4 gresses-tu l'ordre du roi? Comme ils le lui répétaient chaque jour et qu'il ne les écoutait pas, ils en firent rapport à Haman, pour voir si Mardochée persisterait dans sa résolution; car il leur avait dit qu'il était

5 Juif. Et Haman vit que Mardochée ne fléchissait point le genou et ne se prosternait point devant lui. Il fut

6 rempli de fureur; mais il dédaigna de porter la main sur Mardochée seul, car on lui avait dit de quel peuple était Mardochée, et il voulut détruire le peuple de Mardochée, tous les Juifs qui se trouvaient dans tout le royaume d'Assuérus.

7 Au premier mois, qui est le mois de Nisan, la douzième année du roi Assuérus, on jeta le pur, c'est-à-dire le sort, devant Haman, pour chaque jour et pour chaque mois, jusqu'au douzième mois, qui est le mois d'Adar.

8 Alors Haman dit au roi Assuérus: Il y a dans toutes les provinces de

ton royaume un peuple dispersé et à part parmi les peuples, ayant des lois différentes de celles de tous les peuples et n'observant point les lois du roi. Il n'est pas dans l'intérêt du 9 roi de le laisser en repos. Si le roi le trouve bon, qu'on écrive l'ordre de les faire périr ; et je pèserai dix mille talents d'argent entre les mains des fonctionnaires, pour qu'on les porte dans le trésor du roi.

10 Le roi ôta son anneau de la main, et le remit à Haman, fils d'Hammedatha, l'Agaguite, ennemi des Juifs. 11 Et le roi dit à Haman : L'argent t'est donné, et ce peuple aussi ; fais-en ce que tu voudras.

12 Les secrétaires du roi furent appelés le treizième jour du premier mois, et l'on écrivit, suivant tout ce qui fut ordonné par Haman, aux satrapes du roi, aux gouverneurs de chaque province et aux chefs de chaque peuple, à chaque province selon son écriture et à chaque peuple selon sa langue. Ce fut au nom du roi Assuérus que l'on écrivit, et on 13 scella avec l'anneau du roi. Les lettres furent envoyées par les courriers dans toutes les provinces du roi, pour qu'on détruisît, qu'on tuât et qu'on fît périr tous les Juifs, jeunes et vieux, petits enfants et femmes, en un seul jour, le treizième du douzième mois, qui est le mois d'Adar, et pour que leurs biens 14 fussent livrés au pillage. Ces lettres renfermaient une copie de l'édit qui devait être publié dans chaque province, et invitaient tous les peuples à 15 se tenir prêts pour ce jour-là. Les courriers partirent en toute hâte, d'après l'ordre du roi.

L'édit fut aussi publié dans Suse, la capitale ; et tandis que le roi et Haman étaient à boire, la ville de Suse était dans la consternation.

Consternation et jeûne parmi les Juifs.

4 Mardochée, ayant appris tout ce qui se passait, déchira ses vêtements, s'enveloppa d'un sac et se couvrit de cendre. Puis il alla au milieu de la ville en poussant avec force des cris 2 amers, et se rendit jusqu'à la porte du roi, dont l'entrée était interdite à toute personne revêtue d'un sac. Dans chaque province, partout où 3 arrivaient l'ordre du roi et son édit, il y eut une grande désolation parmi les Juifs ; ils jeûnaient, pleuraient et se lamentaient, et beaucoup se couchaient sur le sac et la cendre.

Les servantes d'Esther et ses 4 eunuques vinrent lui annoncer cela, et la reine fut très effrayée. Elle envoya des vêtements à Mardochée pour le couvrir et lui faire ôter son sac, mais il ne les accepta pas. Alors Esther appela Hathac, l'un 5 des eunuques que le roi avait placés auprès d'elle, et elle le chargea d'aller demander à Mardochée ce que c'était et d'où cela venait. Hathac se rendit vers Mardochée 6 sur la place de la ville, devant la porte du roi. Et Mardochée lui 7 raconta tout ce qui lui était arrivé, et lui indiqua la somme d'argent qu'Haman avait promis de livrer au trésor du roi en retour du massacre des Juifs. Il lui donna aussi 8 une copie de l'édit publié dans Suse en vue de leur destruction, afin qu'il le montrât à Esther et lui fît tout connaître ; et il ordonna qu'Esther se rendît chez le roi pour lui demander grâce et l'implorer en faveur de son peuple. Hathac vint rapporter à Esther les paroles de Mardochée.

Esther chargea Hathac d'aller dire 10 à Mardochée : Tous les serviteurs du 11 roi et le peuple des provinces du roi savent qu'il existe une loi portant peine de mort contre quiconque, homme ou femme, entre chez le roi, dans la cour intérieure, sans avoir été appelé ; celui-là seul a la vie sauve, à qui le roi tend le sceptre d'or. Et moi, je n'ai point été appelée auprès du roi depuis trente jours.

Lorsque les paroles d'Esther eurent 12 été rapportées à Mardochée, Mar- 13 dochée fit répondre à Esther : Ne t'imagine pas que tu échapperas seule d'entre tous les Juifs, parce que tu es dans la maison du roi ; car, si 14 tu te tais maintenant, le secours et la délivrance surgiront d'autre part pour les Juifs, et toi et la maison de ton père vous périrez. Et qui sait si ce n'est pas pour un temps comme celui-ci que tu es parvenue à la royauté ?

15 Esther envoya dire à Mardochée : 16 Va, rassemble tous les Juifs qui se trouvent à Suse, et jeûnez pour moi, sans manger ni boire pendant trois jours, ni la nuit ni le jour. Moi aussi, je jeûnerai de même avec mes servantes, puis j'entrerai chez le roi, malgré la loi ; et si je dois périr, je périrai.

17 Mardochée s'en alla, et fit tout ce qu'Esther lui avait ordonné.

Démarche d'Esther auprès du roi. — Haman cherchant à faire périr Mardochée.

5 Le troisième jour, Esther mit ses vêtements royaux et se présenta dans la cour intérieure de la maison du roi, devant la maison du roi. Le roi était assis sur son trône royal dans la maison royale, en face de 2 l'entrée de la maison. Lorsque le roi vit la reine Esther debout dans la cour, elle trouva grâce à ses yeux ; et le roi tendit à Esther le sceptre d'or qu'il tenait à la main. Esther s'approcha, et toucha le bout du 3 sceptre. Le roi lui dit : Qu'as-tu, reine Esther, et que demandes-tu ? Quand ce serait la moitié du royaume, elle te serait donnée. 4 Esther répondit : Si le roi le trouve bon, que le roi vienne aujourd'hui avec Haman au festin que je lui ai 5 préparé. Et le roi dit : Allez tout de suite chercher Haman, comme le désire Esther.

Le roi se rendit avec Haman au 6 festin qu'avait préparé Esther. Et pendant qu'on buvait le vin, le roi dit à Esther : Quelle est ta demande? Elle te sera accordée. Que désires-tu ? Quand ce serait la moitié du 7 royaume, tu l'obtiendras. Esther répondit : Voici ce que je demande 8 et ce que je désire. Si j'ai trouvé grâce aux yeux du roi, et s'il plaît au roi d'accorder ma demande et de satisfaire mon désir, que le roi vienne avec Haman au festin que je leur

préparerai, et demain je donnerai réponse au roi selon son ordre.

Haman sortit ce jour-là, joyeux et 9 le cœur content. Mais lorsqu'il vit, à la porte du roi, Mardochée qui ne se levait ni ne se remuait devant lui, il fut rempli de colère contre Mardochée. Il sut néanmoins se contenir, 10 et il alla chez lui. Puis il envoya chercher ses amis et Zéresch, sa femme. Haman leur parla de la 11 magnificence de ses richesses, du nombre de ses fils, de tout ce qu'avait fait le roi pour l'élever en dignité, et du rang qu'il lui avait donné au-dessus des chefs et des serviteurs du roi. Et il ajouta : Je 12 suis même le seul que la reine Esther ait admis avec le roi au festin qu'elle a fait, et je suis encore invité pour demain chez elle avec le roi. Mais tout cela n'est d'aucun 13 prix pour moi aussi longtemps que je verrai Mardochée, le Juif, assis à la porte du roi. Zéresch, sa femme, 14 et tous ses amis lui dirent : Qu'on prépare un bois haut de cinquante coudées, et demain matin demande au roi qu'on y pende Mardochée ; puis tu iras joyeux au festin avec le roi. Cet avis plut à Haman, et il fit préparer le bois.

Honneurs accordés à Mardochée, et humiliation d'Haman.

Cette nuit-là, le roi ne put pas **6** dormir, et il se fit apporter le livre des annales, les Chroniques. On les lut devant le roi, et l'on trouva écrit 2 ce que Mardochée avait révélé au sujet de Bigthan et de Théresch, les deux eunuques du roi, gardes du seuil, qui avaient voulu porter la main sur le roi Assuérus. Le roi 3 dit : Quelle marque de distinction et d'honneur Mardochée a-t-il reçue pour cela ? Il n'a rien reçu, répondirent ceux qui servaient le roi. Alors le roi dit : Qui est dans la 4 cour ?—Haman était venu dans la cour extérieure de la maison du roi, pour demander au roi de faire pendre Mardochée au bois qu'il avait préparé pour lui. — Les servi- 5 teurs du roi lui répondirent : C'est

Haman qui se tient dans la cour. Et le roi dit : Qu'il entre.

6 Haman entra, et le roi lui dit : Que faut-il faire pour un homme que le roi veut honorer ? Haman se dit en lui-même : Quel autre que 7 moi le roi voudrait-il honorer ? Et Haman répondit au roi : Pour un 8 homme que le roi veut honorer, il faut prendre le vêtement royal dont le roi se couvre et le cheval que le roi monte et sur la tête duquel se 9 pose une couronne royale, remettre le vêtement et le cheval à l'un des principaux chefs du roi, puis revêtir l'homme que le roi veut honorer, le promener à cheval à travers la place de la ville, et crier devant lui : C'est ainsi que l'on fait à l'homme que le 10 roi veut honorer ! Le roi dit à Haman : Prends tout de suite le vêtement et le cheval, comme tu l'as dit, et fais ainsi pour Mardochée, le Juif, qui est assis à la porte du roi ; ne néglige rien de tout ce que tu as 11 mentionné. Et Haman prit le vêtement et le cheval, il revêtit Mardochée, il le promena à cheval à travers la place de la ville, et il cria devant lui : C'est ainsi que l'on fait à l'homme que le roi veut honorer ! 12 Mardochée retourna à la porte du roi, et Haman se rendit en hâte chez 13 lui, désolé et la tête voilée. Haman raconta à Zéresch, sa femme, et à tous ses amis, tout ce qui lui était arrivé. Et ses sages, et Zéresch, sa femme, lui dirent : Si Mardochée, devant lequel tu as commencé de tomber, est de la race des Juifs, tu ne pourras rien contre lui, mais tu 14 tomberas devant lui. Comme ils lui parlaient encore, les eunuques du roi arrivèrent et conduisirent aussitôt Haman au festin qu'Esther avait préparé.

7

Haman dénoncé par Esther et mis à mort.

Le roi et Haman allèrent au festin 2 chez la reine Esther. Ce second jour, le roi dit encore à Esther, pendant qu'on buvait le vin : Quelle est ta demande, reine Esther ? Elle te sera accordée. Que désires-tu ?

Quand ce serait la moitié du royaume, tu l'obtiendras. La reine 3 Esther répondit : Si j'ai trouvé grâce à tes yeux, ô roi, et si le roi le trouve bon, accorde-moi la vie, voilà ma demande, et sauve mon peuple, voilà mon désir ! Car nous 4 sommes vendus, moi et mon peuple, pour être détruits, égorgés, anéantis. Encore si nous étions vendus pour devenir esclaves et servantes, je me tairais, mais l'ennemi ne saurait compenser le dommage fait au roi.

Le roi Assuérus prit la parole et 5 dit à la reine Esther : Qui est-il et où est-il celui qui se propose d'agir ainsi ? Esther répondit : L'oppres- 6 seur, l'ennemi, c'est Haman, ce méchant-là ! Haman fut saisi de terreur en présence du roi et de la reine. Et le roi, dans sa colère, se 7 leva et quitta le festin, pour aller dans le jardin du palais. Haman resta pour demander grâce de la vie à la reine Esther, car il voyait bien que sa perte était arrêtée dans l'esprit du roi.

Lorsque le roi revint du jardin 8 du palais dans la salle du festin, il vit Haman qui s'était précipité vers le lit sur lequel était Esther, et il dit : Serait-ce encore pour faire violence à la reine, chez moi, dans le palais ?

Dès que cette parole fut sortie de la bouche du roi, on voila le visage d'Haman. Et Harbona, l'un des 9 eunuques, dit en présence du roi : Voici, le bois préparé par Haman pour Mardochée, qui a parlé pour le bien du roi, est dressé dans la maison d'Haman, à une hauteur de cinquante coudées. Le roi dit : Qu'on y pende Haman ! Et l'on 10 pendit Haman au bois qu'il avait préparé pour Mardochée. Et la colère du roi s'apaisa.

8

Édit en faveur des Juifs.

En ce même jour, le roi Assuérus donna à la reine Esther la maison d'Haman, l'ennemi des Juifs ; et Mardochée parut devant le roi, car Esther avait fait connaître la parenté qui l'unissait à elle. Le roi ôta son 2 anneau, qu'il avait repris à Haman, et le donna à Mardochée ; Esther, de son côté, établit Mardochée sur la maison d'Haman.

3 Puis Esther parla de nouveau en présence du roi. Elle se jeta à ses pieds, elle pleura, elle le supplia d'empêcher les effets de la méchan- ceté d'Haman, l'Agaguite, et la réussite de ses projets contre les 4 Juifs. Le roi tendit le sceptre d'or à Esther, qui se releva et resta 5 debout devant le roi. Elle dit alors : Si le roi le trouve bon et si j'ai trouvé grâce devant lui, si la chose paraît convenable au roi et si je suis agréable à ses yeux, qu'on écrive pour révoquer les lettres conçues par Haman, fils d'Hammedatha, l'Aga- guite, et écrites par lui dans le but de faire périr les Juifs qui sont dans 6 toutes les provinces du roi. Car comment pourrais-je voir le malheur qui atteindrait mon peuple, et com- ment pourrais-je voir la destruction 7 de ma race ? Le roi Assuérus dit à la reine Esther et au Juif Mardochée : Voici, j'ai donné à Esther la maison d'Haman, et il a été pendu au bois pour avoir étendu la main contre les 8 Juifs. Écrivez donc en faveur des Juifs comme il vous plaira, au nom du roi, et scellez avec l'anneau du roi ; car une lettre écrite au nom du roi et scellée avec l'anneau du roi ne peut être révoquée.

9 Les secrétaires du roi furent ap- pelés en ce temps, le vingt-troisième jour du troisième mois, qui est le mois de Sivan, et l'on écrivit, suivant tout ce qui fut ordonné par Mardo- chée, aux Juifs, aux satrapes, aux gouverneurs et aux chefs des cent vingt-sept provinces situées de l'Inde à l'Éthiopie, à chaque province selon son écriture, à chaque peuple selon sa langue, et aux Juifs selon leur 10 écriture et selon leur langue. On écrivit au nom du roi Assuérus, et l'on scella avec l'anneau du roi. On envoya les lettres par des courriers ayant pour montures des chevaux 11 et des mulets nés de juments. Par ces lettres, le roi donnait aux Juifs, en quelque ville qu'ils fussent, la permission de se rassembler et de défendre leur vie, de détruire, de tuer et de faire périr, avec leurs petits enfants et leurs femmes, tous ceux de chaque peuple et de chaque province qui prendraient les armes pour les attaquer, et de livrer leurs biens au pillage, et cela en un seul 12 jour, dans toutes les provinces du roi Assuérus, le treizième du douzième mois, qui est le mois d'Adar. Ces 13 lettres renfermaient une copie de l'édit qui devait être publié dans chaque province, et informaient tous les peuples que les Juifs se tien- draient prêts pour ce jour-là à se venger de leurs ennemis. Les cour- 14 riers, montés sur des chevaux et des mulets, partirent aussitôt et en toute hâte, d'après l'ordre du roi.

L'édit fut aussi publié dans Suse, la capitale.

Mardochée sortit de chez le roi, 15 avec un vêtement royal bleu et blanc, une grande couronne d'or, et un manteau de byssus et de pourpre. La ville de Suse poussait des cris et se réjouissait. Il n'y avait pour les 16 Juifs que bonheur et joie, allégresse et gloire. Dans chaque province et 17 dans chaque ville, partout où arri- vaient l'ordre du roi et son édit, il y eut parmi les Juifs de la joie et de l'allégresse, des festins et des fêtes. Et beaucoup de gens d'entre les peuples du pays se firent Juifs, car la crainte des Juifs les avait saisis.

Vengeance des Juifs. — Fête des Purim.

Au douzième mois, qui est le mois **9** d'Adar, le treizième jour du mois, jour où devaient s'exécuter l'ordre et l'édit du roi, et où les ennemis des Juifs avaient espéré dominer sur eux, ce fut le contraire qui arriva, et les Juifs dominèrent sur leurs enne- mis. Les Juifs se rassemblèrent dans 2 leurs villes, dans toutes les provinces du roi Assuérus, pour mettre la main sur ceux qui cherchaient leur perte ; et personne ne put leur résister, car la crainte qu'on avait d'eux s'était emparée de tous les peuples. Et 3 tous les chefs des provinces, les satrapes, les gouverneurs, les fonctionnaires du roi, soutinrent les Juifs, à cause de l'effroi que leur inspirait

4 Mardochée. Car Mardochée était puissant dans la maison du roi, et sa renommée se répandait dans toutes les provinces, parce qu'il devenait de plus en plus puissant.

5 Les Juifs frappèrent à coups d'épée tous leurs ennemis, ils les tuèrent et les firent périr ; ils traitèrent comme il leur plut ceux qui leur étaient

6 hostiles. Dans Suse, la capitale, les Juifs tuèrent et firent périr cinq

7 cents hommes, et ils égorgèrent Parschandatha, Dalphon, Aspatha,

8 Poratha, Adalia, Aridatha, Parmasch-
9 tha, Arizaï, Aridaï et Vajezatha, les

10 dix fils d'Haman, fils d'Hammedatha, l'ennemi des Juifs. Mais ils ne mirent pas la main au pillage.

11 Ce jour-là, le nombre de ceux qui avaient été tués dans Suse, la capitale, parvint à la connaissance du

12 roi. Et le roi dit à la reine Esther : Les Juifs ont tué et fait périr dans Suse, la capitale, cinq cents hommes et les dix fils d'Haman ; qu'auront-ils fait dans le reste des provinces du roi ?...Quelle est ta demande ? Elle te sera accordée. Que désires-tu

13 encore ? Tu l'obtiendras. Esther répondit : Si le roi le trouve bon, qu'il soit permis aux Juifs qui sont à Suse d'agir encore demain selon le décret d'aujourd'hui, et que l'on pende au bois les dix fils d'Haman.

14 Et le roi ordonna de faire ainsi. L'édit fut publié dans Suse. On

15 pendit les dix fils d'Haman ; et les Juifs qui se trouvaient à Suse se rassemblèrent de nouveau le quatorzième jour du mois d'Adar et tuèrent dans Suse trois cents hommes. Mais ils ne mirent pas la main au pillage.

16 Les autres Juifs qui étaient dans les provinces du roi se rassemblèrent et défendirent leur vie ; ils se procurèrent du repos en se délivrant de leurs ennemis, et ils tuèrent soixante-quinze mille de ceux qui leur étaient hostiles. Mais ils ne mirent pas la main au pillage.

17 Ces choses arrivèrent le treizième jour du mois d'Adar. Les Juifs se reposèrent le quatorzième, et ils en firent un jour de festin et de joie.

18 Ceux qui se trouvaient à Suse, s'étant rassemblés le treizième jour et le quatorzième jour, se reposèrent le quinzième, et ils en firent un jour de festin et de joie. C'est pourquoi

19 les Juifs de la campagne, qui habitent des villes sans murailles, font du quatorzième jour du mois d'Adar un jour de joie, de festin et de fête, où l'on s'envoie des portions les uns aux autres.

20 Mardochée écrivit ces choses, et il envoya des lettres à tous les Juifs qui étaient dans toutes les provinces du roi Assuérus, au près et au loin.

21 Il leur prescrivait de célébrer chaque année le quatorzième jour et le quin-

22 zième jour du mois d'Adar comme les jours où ils avaient obtenu du repos en se délivrant de leurs ennemis, de célébrer le mois où leur tristesse avait été changée en joie et leur désolation en jour de fête, et de faire de ces jours des jours de festin et de joie où l'on s'envoie des portions les uns aux autres et où l'on distribue des dons aux indigents.

23 Les Juifs s'engagèrent à faire ce qu'ils avaient déjà commencé et ce

24 que Mardochée leur écrivit. Car Haman, fils d'Hammedatha, l'Agaguite, ennemi de tous les Juifs, avait formé le projet de les faire périr, et il avait jeté le pur, c'est-à-dire le sort, afin de les tuer et de les détruire ;

25 mais Esther s'étant présentée devant le roi, le roi ordonna par écrit de faire retomber sur la tête d'Haman le méchant projet qu'il avait formé contre les Juifs, et de le pendre au bois, lui et ses fils. C'est pourquoi

26 on appela ces jours Purim, du nom de pur.

D'après tout le contenu de cette lettre, d'après ce qu'ils avaient eux-mêmes vu et ce qui leur était arrivé,

27 les Juifs prirent pour eux, pour leur postérité, et pour tous ceux qui s'attacheraient à eux, la résolution et l'engagement irrévocables de célébrer chaque année ces deux jours, selon le mode prescrit et au temps fixé. Ces

28 jours devaient être rappelés et célébrés de génération en génération,

dans chaque famille, dans chaque province et dans chaque ville ; et ces jours de Purim ne devaient jamais être abolis au milieu des Juifs, ni le souvenir s'en effacer parmi leurs descendants.

29 La reine Esther, fille d'Abichaïl, et le Juif Mardochée écrivirent d'une manière pressante une seconde fois pour confirmer la lettre sur les

30 Purim. On envoya des lettres à tous les Juifs, dans les cent vingt-sept provinces du roi Assuérus. Elles contenaient des paroles de

31 paix et de fidélité, pour prescrire ces jours de Purim au temps fixé, comme le Juif Mardochée et la reine Esther les avaient établis pour eux, et comme ils les avaient établis pour eux-mêmes et pour leur postérité, à

l'occasion de leur jeûne et de leurs cris. Ainsi l'ordre d'Esther confirma 32 l'institution des Purim, et cela fut écrit dans le livre.

Éloge de Mardochée.

Le roi Assuérus imposa un **10** tribut au pays et aux îles de la mer. Tous les faits concernant sa 2 puissance et ses exploits, et les détails sur la grandeur à laquelle le roi éleva Mardochée, ne sont-ils pas écrits dans le livre des Chroniques des rois des Mèdes et des Perses ? Car le Juif Mardochée était le premier 3 après le roi Assuérus ; considéré parmi les Juifs et aimé de la multitude de ses frères, il rechercha le bien de son peuple et parla pour le bonheur de toute sa race.

JOB

Job dans l'adversité. — Visite de trois amis.

I Il y avait dans le pays d'Uts un homme qui s'appelait Job. Et cet homme était intègre et droit ; il craignait Dieu, et se détournait du mal.

2 Il lui naquit sept fils et trois filles.

3 Il possédait sept mille brebis, trois mille chameaux, cinq cents paires de bœufs, cinq cents ânesses, et un très grand nombre de serviteurs. Et cet homme était le plus considérable de tous les fils de l'Orient.

4 Ses fils allaient les uns chez les autres et donnaient tour à tour un festin, et ils invitaient leurs trois sœurs à manger et à boire avec eux.

5 Et quand les jours de festin étaient passés, Job appelait et sanctifiait ses fils, puis il se levait de bon matin et offrait pour chacun d'eux un holocauste ; car Job disait : Peut-être mes fils ont-ils péché et ont-ils offensé Dieu dans leur cœur. C'est ainsi que Job avait coutume d'agir.

6 Or, les fils de Dieu vinrent un jour se présenter devant l'Éternel, et

Satan vint aussi au milieu d'eux. L'Éternel dit à Satan : D'où viens-7 tu ? Et Satan répondit à l'Éternel : De parcourir la terre et de m'y promener. L'Éternel dit à Satan : 8 As-tu remarqué mon serviteur Job ? Il n'y a personne comme lui sur la terre ; c'est un homme intègre et droit, craignant Dieu, et se détournant du mal. Et Satan répondit 9 à l'Éternel : Est-ce d'une manière désintéressée que Job craint Dieu ? Ne l'as-tu pas protégé, lui, sa maison, 10 et tout ce qui est à lui ? Tu as béni l'œuvre de ses mains, et ses troupeaux couvrent le pays. Mais étends ta 11 main, touche à tout ce qui lui appartient, et je suis sûr qu'il te maudit en face. L'Éternel dit à Satan : 12 Voici, tout ce qui lui appartient, je te le livre ; seulement, ne porte pas la main sur lui.

Et Satan se retira de devant la face de l'Éternel.

Un jour que les fils et les filles de 13 Job mangeaient et buvaient du vin dans la maison de leur frère aîné, il 14 arriva auprès de Job un messager qui dit : Les bœufs labouraient et les ânesses paissaient à côté d'eux ;

15 des Sabéens se sont jetés dessus, les ont enlevés, et ont passé les serviteurs au fil de l'épée. Et je me suis échappé moi seul, pour t'en apporter la nouvelle.

16 Il parlait encore, lorsqu'un autre vint et dit : Le feu de Dieu est tombé du ciel, a embrasé les brebis et les serviteurs, et les a consumés. Et je me suis échappé moi seul, pour t'en apporter la nouvelle.

17 Il parlait encore, lorsqu'un autre vint et dit : Des Chaldéens, formés en trois bandes, se sont jetés sur les chameaux, les ont enlevés, et ont passé les serviteurs au fil de l'épée. Et je me suis échappé moi seul, pour t'en apporter la nouvelle.

18 Il parlait encore, lorsqu'un autre vint et dit : Tes fils et tes filles mangeaient et buvaient du vin dans la 19 maison de leur frère aîné ; et voici, un grand vent est venu de l'autre côté du désert, et a frappé contre les quatre coins de la maison ; elle s'est écroulée sur les jeunes gens, et ils sont morts. Et je me suis échappé moi seul, pour t'en apporter la nouvelle.

20 Alors Job se leva, déchira son manteau, et se rasa la tête ; puis, se jetant par terre, il se prosterna, 21 et dit : Je suis sorti nu du sein de ma mère, et nu je retournerai dans le sein de la terre. L'Éternel a donné, et l'Éternel a ôté ; que le nom de l'Éternel soit béni !

22 En tout cela, Job ne pécha point et n'attribua rien d'injuste à Dieu.

2 Or, les fils de Dieu vinrent un jour se présenter devant l'Éternel, et Satan vint aussi au milieu d'eux se 2 présenter devant l'Éternel. L'Éternel dit à Satan : D'où viens-tu ? Et Satan répondit à l'Éternel : De parcourir 3 la terre et de m'y promener. L'Éternel dit à Satan : As-tu remarqué mon serviteur Job ? Il n'y a personne comme lui sur la terre ; c'est un homme intègre et droit, craignant Dieu, et se détournant du mal. Il demeure ferme dans son intégrité, et tu m'excites à le perdre sans motif.

Et Satan répondit à l'Éternel : Peau 4 pour peau ! tout ce que possède un homme, il le donne pour sa vie. Mais 5 étends ta main, touche à ses os et à sa chair, et je suis sûr qu'il te maudit en face. L'Éternel dit à Satan : 6 Voici, je te le livre : seulement, épargne sa vie.

Et Satan se retira de devant la 7 face de l'Éternel.

Puis il frappa Job d'un ulcère malin, depuis la plante du pied jusqu'au sommet de la tête. Et 8 Job prit un tesson pour se gratter et s'assit sur la cendre. Sa femme 9 lui dit : Tu demeures ferme dans ton intégrité ! Maudis Dieu, et meurs ! Mais Job lui répondit : Tu parles 10 comme une femme insensée. Quoi ! nous recevons de Dieu le bien, et nous ne recevrions pas aussi le mal !

En tout cela, Job ne pécha point par ses lèvres.

Trois amis de Job, Éliphaz de 11 Théman, Bildad de Schuach, et Tsophar de Naama, apprirent tous les malheurs qui lui étaient arrivés. Ils se concertèrent et partirent de chez eux pour aller le plaindre et le consoler. Ayant de loin porté les 12 regards sur lui, ils ne le reconnurent pas, et ils élevèrent la voix et pleurèrent. Ils déchirèrent leurs manteaux, et ils jetèrent de la poussière en l'air au-dessus de leur tête. Et ils se tinrent assis à terre auprès 13 de lui sept jours et sept nuits, sans lui dire une parole, car ils voyaient combien sa douleur était grande.

Plaintes de Job.

Après cela, Job ouvrit la bouche **3** et maudit le jour de sa naissance. Il prit la parole et dit : 2

Périsse le jour où je suis né, 3
Et la nuit qui dit : Un enfant mâle
     est conçu !
Ce jour ! qu'il se change en ténèbres, 4
Que Dieu n'en ait point souci dans le
     ciel,
Et que la lumière ne rayonne plus
     sur lui !
Que l'obscurité et l'ombre de la mort 5
     s'en emparent,

Que des nuées établissent leur demeure au-dessus de lui,
Et que de noirs phénomènes l'épouvantent !

6 Cette nuit ! que les ténèbres en
fassent leur proie,
Qu'elle disparaisse de l'année,
Qu'elle ne soit plus comptée parmi
les mois !

7 Que cette nuit devienne stérile,
Que l'allégresse en soit bannie !

8 Qu'elle soit maudite par ceux qui
maudissent les jours,
Par ceux qui savent exciter le
léviathan !

9 Que les étoiles de son crépuscule
s'obscurcissent,
Qu'elle attende en vain la lumière,
Et qu'elle ne voie point les paupières
de l'aurore !

10 Car elle n'a pas fermé le sein qui me
conçut,
Ni dérobé la souffrance à mes regards.

11 Pourquoi ne suis-je pas mort dans le
ventre de ma mère ?
Pourquoi n'ai-je pas expiré au sortir
de ses entrailles ?

12 Pourquoi ai-je trouvé des genoux
pour me recevoir,
Et des mamelles pour m'allaiter ?

13 Je serais couché maintenant, je serais
tranquille,
Je dormirais, je reposerais,

14 Avec les rois et les grands de la terre,
Qui se bâtirent des mausolées,

15 Avec les princes qui avaient de l'or,
Et qui remplirent d'argent leurs demeures.

16 Ou je n'existerais pas, je serais
comme un avorton caché,
Comme des enfants qui n'ont pas vu
la lumière.

17 Là ne s'agitent plus les méchants,
Et là se reposent ceux qui sont
fatigués et sans force ;

18 Les captifs sont tous en paix,
Ils n'entendent pas la voix de l'oppresseur ;

19 Le petit et le grand sont là,
Et l'esclave n'est plus soumis à son
maître.

20 Pourquoi donne-t-il la lumière à celui
qui souffre,

Et la vie à ceux qui ont l'amertume
dans l'âme,

21 Qui espèrent en vain la mort,
Et qui la convoitent plus qu'un
trésor,

22 Qui seraient transportés de joie
Et saisis d'allégresse, s'ils trouvaient
le tombeau ?

23 A l'homme qui ne sait où aller,
Et que Dieu cerne de toutes parts ?

24 Mes soupirs sont ma nourriture,
Et mes cris se répandent comme
l'eau.

25 Ce que je crains, c'est ce qui m'arrive ;
Ce que je redoute, c'est ce qui
m'atteint.

26 Je n'ai ni tranquillité, ni paix, ni
repos,
Et le trouble s'est emparé de moi.

Discours d'Éliphaz à Job.

4 Éliphaz de Théman prit la parole
et dit :

2 Si nous osons ouvrir la bouche, en
seras-tu peiné ?
Mais qui pourrait garder le silence ?

3 Voici, tu as souvent enseigné les
autres,
Tu as fortifié les mains languissantes,

4 Tes paroles ont relevé ceux qui
chancelaient,
Tu as affermi les genoux qui pliaient.

5 Et maintenant qu'il s'agit de toi, tu
faiblis !
Maintenant que tu es atteint, tu te
troubles !

6 Ta crainte de Dieu n'est-elle pas ton
soutien ?
Ton espérance, n'est-ce pas ton intégrité ?

7 Cherche dans ton souvenir : quel est
l'innocent qui a péri ?
Quels sont les justes qui ont été
exterminés ?

8 Pour moi, je l'ai vu, ceux qui labourent
l'iniquité
Et qui sèment l'injustice en moissonnent les fruits ;

9 Ils périssent par le souffle de Dieu,
Ils sont consumés par le vent de sa
colère.

10 Le rugissement des lions prend fin,
Les dents des lionceaux sont brisées ;

11 Le lion périt faute de proie,

Et les petits de la lionne se dispersent.

12 Une parole est arrivée furtivement
jusqu'à moi,
Et mon oreille en a recueilli les sons
légers.

13 Au moment où les visions de la nuit
agitent la pensée,
Quand les hommes sont livrés à un
profond sommeil,

14 Je fus saisi de frayeur et d'épouvante,
Et tous mes os tremblèrent.

15 Un esprit passa près de moi....
Tous mes cheveux se hérissèrent....

16 Une figure d'un aspect inconnu était
devant mes yeux.
Et j'entendis une voix qui murmurait
doucement :

17 L'homme serait-il juste devant Dieu ?
Serait-il pur devant celui qui l'a
fait ?

18 Si Dieu n'a pas confiance en ses
serviteurs,
S'il trouve de la folie chez ses anges,

19 Combien plus chez ceux qui habitent
des maisons d'argile,
Qui tirent leur origine de la poussière,
Et qui peuvent être écrasés comme
un vermisseau !

20 Du matin au soir ils sont brisés,
Ils périssent pour toujours, et nul n'y
prend garde ;

21 Le fil de leur vie est coupé,
Ils meurent, et ils n'ont pas acquis la
sagesse.

5 Crie maintenant ! Qui te répondra ?
Auquel des saints t'adresseras-tu ?

2 L'insensé périt dans sa colère,
Le fou meurt dans ses emportements.

3 J'ai vu l'insensé prendre racine ;
Puis soudain j'ai maudit sa demeure.

4 Plus de prospérité pour ses fils ;
Ils sont foulés à la porte, et personne
qui les délivre !

5 Sa moisson est dévorée par des
affamés,
Qui viennent l'enlever jusque dans
les épines,
Et ses biens sont engloutis par des
hommes altérés.

6 Le malheur ne sort pas de la poussière,

Et la souffrance ne germe pas du sol ;

7 L'homme naît pour souffrir,
Comme l'étincelle pour voler.

8 Pour moi, j'aurais recours à Dieu,
Et c'est à Dieu que j'exposerais ma
cause.

9 Il fait des choses grandes et insondables,
Des merveilles sans nombre ;

10 Il répand la pluie sur la terre,
Et envoie l'eau sur les campagnes ;

11 Il relève les humbles,
Et délivre les affligés ;

12 Il anéantit les projets des hommes
rusés,
Et leurs mains ne peuvent les accomplir :

13 Il prend les sages dans leur propre
ruse,
Et les desseins des hommes artificieux sont renversés :

14 Ils rencontrent les ténèbres au milieu
du jour,
Ils tâtonnent en plein midi comme
dans la nuit.

15 Ainsi Dieu protège le faible contre
leurs menaces,
Et le sauve de la main des puissants ;

16 Et l'espérance soutient le malheureux,
Mais l'iniquité ferme la bouche.

17 Heureux l'homme que Dieu châtie !
Ne méprise pas la correction du
Tout-Puissant.

18 Il fait la plaie, et il la bande ;
Il blesse, et sa main guérit.

19 Six fois il te délivrera de l'angoisse,
Et sept fois le mal ne t'atteindra pas.

20 Il te sauvera de la mort pendant la
famine,
Et des coups du glaive pendant la
guerre.

21 Tu seras à l'abri du fléau de la langue,
Tu seras sans crainte quand viendra
la dévastation.

22 Tu te riras de la dévastation comme
de la famine,
Et tu n'auras pas à redouter les bêtes
de la terre ;

23 Car tu feras alliance avec les pierres
des champs,
Et les bêtes de la terre seront en paix
avec toi.

24 Tu jouiras du bonheur sous ta tente,

Tu retrouveras tes troupeaux au complet,

25 Tu verras ta postérité s'accroître,
Et tes rejetons se multiplier comme l'herbe des champs.

26 Tu entreras au sépulcre dans la vieillesse,
Comme on emporte une gerbe en son temps.

27 Voilà ce que nous avons reconnu, voilà ce qui est ;
A toi d'entendre et de mettre à profit.

Réponse de Job à Éliphaz.

6 Job prit la parole et dit :

2 Oh ! s'il était possible de peser ma douleur,
Et si toutes mes calamités étaient sur la balance,

3 Elles seraient plus pesantes que le sable de la mer :
Voilà pourquoi mes paroles vont jusqu'à la folie !

4 Car les flèches du Tout-Puissant m'ont percé,
Et mon âme en suce le venin ;
Les terreurs de Dieu se rangent en bataille contre moi.

5 L'âne sauvage crie-t-il auprès de l'herbe tendre ?
Le bœuf mugit-il auprès de son fourrage ?

6 Peut-on manger ce qui est fade et sans sel ?
Y a-t-il de la saveur dans le blanc d'un œuf ?

7 Ce que je voudrais ne pas toucher,
C'est là ma nourriture, si dégoûtante soit-elle !

8 Puisse mon vœu s'accomplir,
Et Dieu veuille réaliser mon espérance !

9 Qu'il plaise à Dieu de m'écraser,
Qu'il étende sa main et qu'il m'achève !

10 Il me restera du moins une consolation,
Une joie dans les maux dont il m'accable :
Jamais je n'ai transgressé les ordres du Saint.

11 Pourquoi espérer quand je n'ai plus de force ?
Pourquoi attendre quand ma fin est certaine ?

12 Ma force est-elle une force de pierre ?
Mon corps est-il d'airain ?

13 Ne suis-je pas sans ressource,
Et le salut n'est-il pas loin de moi ?

14 Celui qui souffre a droit à la compassion de son ami,
Même quand il abandonnerait la crainte du Tout-Puissant.

15 Mes frères sont perfides comme un torrent,
Comme le lit des torrents qui disparaissent.

16 Les glaçons en troublent le cours,
La neige s'y précipite ;

17 Viennent les chaleurs, et ils tarissent,
Les feux du soleil, et leur lit demeure à sec.

18 Les caravanes se détournent de leur chemin,
S'enfoncent dans le désert, et périssent.

19 Les caravanes de Théma fixent le regard,
Les voyageurs de Séba sont pleins d'espoir ;

20 Ils sont honteux d'avoir eu confiance,
Ils restent confondus quand ils arrivent.

21 Ainsi, vous êtes comme si vous n'existiez pas ;
Vous voyez mon angoisse, et vous en avez horreur !

22 Vous ai-je dit Donnez-moi quelque chose,
Faites en ma faveur des présents avec vos biens,

23 Délivrez-moi de la main de l'ennemi,
Rachetez-moi de la main des méchants ?

24 Instruisez-moi, et je me tairai ;
Faites-moi comprendre en quoi j'ai péché,

25 Que les paroles vraies sont persuasives !
Mais que prouvent vos remontrances ?

26 Voulez-vous donc blâmer ce que j'ai dit,

Et ne voir que du vent dans les
discours d'un désespéré ?

27 Vous accablez un orphelin,
Vous persécutez votre ami.

28 Regardez-moi, je vous prie !
Vous mentirais-je en face ?

29 Revenez, ne soyez pas injustes ;
Revenez, et reconnaissez mon innocence.

30 Y a-t-il de l'iniquité sur ma langue,
Et ma bouche ne discerne-t-elle pas
le mal ?

7 Le sort de l'homme sur la terre est
celui d'un soldat,
Et ses jours sont ceux d'un mercenaire.

2 Comme l'esclave soupire après l'ombre,
Comme l'ouvrier attend son salaire,

3 Ainsi j'ai pour partage des mois de
douleur,
J'ai pour mon lot des nuits de
souffrance.

4 Je me couche, et je dis : Quand me
lèverai-je ? quand finira la nuit ?
Et je suis rassasié d'agitations jusqu'au point du jour.

5 Mon corps se couvre de vers et d'une
croûte terreuse,
Ma peau se crevasse et se dissout.

6 Mes jours sont plus rapides que la
navette du tisserand,
Ils s'évanouissent : plus d'espérance !

7 Souviens-toi que ma vie est un
souffle !
Mes yeux ne reverront pas le bonheur.

8 L'œil qui me regarde ne me regardera
plus ;
Ton œil me cherchera, et je ne serai
plus.

9 Comme la nuée se dissipe et s'en va,
Celui qui descend au séjour des
morts ne remontera pas ;

10 Il ne reviendra plus dans sa maison,
Et le lieu qu'il habitait ne le connaîtra plus.

11 C'est pourquoi je ne retiendrai point
ma bouche,
Je parlerai dans l'angoisse de mon
cœur,
Je me plaindrai dans l'amertume de
mon âme.

Suis-je une mer, ou un monstre 12
marin,
Pour que tu établisses des gardes
autour de moi ?

Quand je dis : Mon lit me soulagera, 13
Ma couche calmera mes douleurs,—
C'est alors que tu m'effraies par des 14
songes,
Que tu m'épouvantes par des visions.

Ah ! je voudrais être étranglé ! 15
Je voudrais la mort plutôt que ces os !
Je les méprise !...je ne vivrai pas 16
toujours...
Laisse-moi, car ma vie n'est qu'un
souffle.

Qu'est-ce que l'homme, pour que tu 17
en fasses tant de cas,
Pour que tu daignes prendre garde à
lui,
Pour que tu le visites tous les matins, 18
Pour que tu l'éprouves à tous les
instants ?

Quand cesseras-tu d'avoir le regard 19
sur moi ?
Quand me laisseras-tu le temps
d'avaler ma salive ?

Si j'ai péché, qu'ai-je pu te faire, 20
gardien des hommes ?
Pourquoi me mettre en butte à tes
traits ?
Pourquoi me rendre à charge à moi-
même ?

Que ne pardonnes-tu mon péché, 21
Et que n'oublies-tu mon iniquité ?
Car je vais me coucher dans la pous-
sière ;
Tu me chercheras, et je ne serai plus.

Discours de Bildad à Job.

Bildad de Schuach prit la parole **8**
et dit :

Jusques à quand veux-tu discourir 2
de la sorte,
Et les paroles de ta bouche seront-
elles un vent impétueux ?

Dieu renverserait-il le droit ? 3
Le Tout-Puissant renverserait-il la
justice ?

Si tes fils ont péché contre lui, 4
Il les a livrés à leur péché.

Mais toi, si tu as recours à Dieu, 5
Si tu implores le Tout-Puissant ;

Si tu es juste et droit, 6
Certainement alors il veillera sur toi,

Et rendra le bonheur à ton innocente demeure ;

7 Ton ancienne prospérité semblera peu de chose,
Celle qui t'est réservée sera bien plus grande.

8 Interroge ceux des générations passées,
Sois attentif à l'expérience de leurs pères.—

9 Car nous sommes d'hier, et nous ne savons rien,
Nos jours sur la terre ne sont qu'une ombre.—

10 Ils t'instruiront, ils te parleront,
Ils tireront de leur cœur ces sentences :

11 Le jonc croît-il sans marais ?
Le roseau croît-il sans humidité ?

12 Encore vert et sans qu'on le coupe,
Il sèche plus vite que toutes les herbes.

13 Ainsi arrive-t-il à tous ceux qui oublient Dieu,
Et l'espérance de l'impie périra.

14 Son assurance est brisée,
Son soutien est une toile d'araignée.

15 Il s'appuie sur sa maison, et elle n'est pas ferme ;
Il s'y cramponne, et elle ne résiste pas.

16 Dans toute sa vigueur, en plein soleil,
Il étend ses rameaux sur son jardin,

17 Il entrelace ses racines parmi les pierres,
Il pénètre jusque dans les murailles ;

18 L'arrache-t-on du lieu qu'il occupe,
Ce lieu le renie : Je ne t'ai point connu !

19 Telles sont les délices que ses voies lui procurent.
Puis sur le même sol d'autres s'élèvent après lui.—

20 Non, Dieu ne rejette point l'homme intègre,
Et il ne protège point les méchants.

21 Il remplira ta bouche de cris de joie,
Et tes lèvres de chants d'allégresse.

22 Tes ennemis seront couverts de honte ;
La tente des méchants disparaîtra.

Réponse de Job à Bildad.

Job prit la parole et dit :

9

2 Je sais bien qu'il en est ainsi ;
Comment l'homme serait-il juste devant Dieu ?

3 S'il voulait contester avec lui,
Sur mille choses il ne pourrait répondre à une seule.

4 A lui la sagesse et la toute-puissance :
Qui lui résisterait impunément ?

5 Il transporte soudain les montagnes,
Il les renverse dans sa colère.

6 Il secoue la terre sur sa base,
Et ses colonnes sont ébranlées.

7 Il commande au soleil, et le soleil ne paraît pas ;
Il met un sceau sur les étoiles.

8 Seul, il étend les cieux,
Il marche sur les hauteurs de la mer.

9 Il a créé la Grande Ourse, l'Orion et les Pléiades,
Et les étoiles des régions australes.

10 Il fait des choses grandes et insondables,
Des merveilles sans nombre.

11 Voici, il passe près de moi, et je ne le vois pas,
Il s'en va, et je ne l'aperçois pas.

12 S'il enlève, qui s'y opposera ?
Qui lui dira : Que fais-tu ?

13 Dieu ne retire point sa colère ;
Sous lui s'inclinent les appuis de l'orgueil.

14 Et moi, comment lui répondre ?
Quelles paroles choisir ?

15 Quand je serais juste, je ne répondrais pas ;
Je ne puis qu'implorer mon juge.

16 Et quand il m'exaucerait, si je l'invoque,
Je ne croirais pas qu'il eût écouté ma voix,

17 Lui qui m'assaille comme par une tempête,
Qui multiplie sans raison mes blessures,

18 Qui ne me laisse pas respirer,
Qui me rassasie d'amertume.

19 Recourir à la force ? Il est tout-puissant.
A la justice ? Qui me fera comparaître ?

20 Suis-je juste, ma bouche me condamnera ;
Suis-je innocent, il me déclarera coupable.

21 Innocent ! Je le suis ; mais je ne
tiens pas à la vie,
Je méprise mon existence.

22 Qu'importe après tout ? Car, j'ose le
dire,
Il détruit l'innocent comme le coupable.

23 Si du moins le fléau donnait soudain
la mort !...
Mais il se rit des épreuves de l'innocent.

24 La terre est livrée aux mains de
l'impie ;
Il voile la face des juges.
Si ce n'est pas lui, qui est-ce donc ?

25 Mes jours sont plus rapides qu'un
courrier ;
Ils fuient sans avoir vu le bonheur ;

26 Ils passent comme les navires de jonc,
Comme l'aigle qui fond sur sa proie.

27 Si je dis : Je veux oublier mes
souffrances,
Laisser ma tristesse, reprendre courage,

28 Je suis effrayé de toutes mes douleurs.
Je sais que tu ne me tiendras pas
pour innocent.

29 Je serai jugé coupable ;
Pourquoi me fatiguer en vain ?

30 Quand je me laverais dans la neige,
Quand je purifierais mes mains avec
du savon,

31 Tu me plongerais dans la fange,
Et mes vêtements m'auraient en
horreur.

32 Il n'est pas un homme comme moi,
pour que je lui réponde,
Pour que nous allions ensemble en
justice.

33 Il n'y a pas entre nous d'arbitre,
Qui pose sa main sur nous deux.

34 Qu'il retire sa verge de dessus moi,
Que ses terreurs ne me troublent
plus ;

35 Alors je parlerai et je ne le craindrai
pas.
Autrement, je ne suis point à moi-
même.

Mon âme est dégoûtée de la vie ! **10**
Je donnerai cours à ma plainte,
Je parlerai dans l'amertume de mon
âme.
Je dis à Dieu : Ne me condamne 2
pas !
Fais-moi savoir pourquoi tu me
prends à partie !
Te paraît-il bien de maltraiter, 3
De repousser l'ouvrage de tes mains,
Et de faire briller ta faveur sur le
conseil des méchants ?
As-tu des yeux de chair, 4
Vois-tu comme voit un homme ?
Tes jours sont-ils comme les jours de 5
l'homme,
Et tes années comme ses années,
Pour que tu recherches mon iniquité, 6
Pour que tu t'enquières de mon
péché,
Sachant bien que je ne suis pas 7
coupable,
Et que nul ne peut me délivrer de ta
main ?
Tes mains m'ont formé, elles m'ont 8
créé,
Elles m'ont fait tout entier....Et tu
me détruirais !
Souviens-toi que tu m'as façonné 9
comme de l'argile ;
Voudrais-tu de nouveau me réduire
en poussière ?
Ne m'as-tu pas coulé comme du lait ? 10
Ne m'as-tu pas caillé comme du
fromage ?
Tu m'as revêtu de peau et de chair, 11
Tu m'as tissé d'os et de nerfs ;
Tu m'as accordé ta grâce avec la vie, 12
Tu m'as conservé par tes soins et
sous ta garde.

Voici néanmoins ce que tu cachais 13
dans ton cœur,
Voici, je le sais, ce que tu as résolu
en toi-même.
Si je pèche, tu m'observes, 14
Tu ne pardonnes pas mon iniquité.
Suis-je coupable, malheur à moi ! 15
Suis-je innocent, je n'ose lever la
tête,
Rassasié de honte et absorbé dans
ma misère.
Et si j'ose la lever, tu me poursuis 16
comme un lion,

Tu me frappes encore par des prodiges,

17 Tu m'opposes de nouveaux témoins,
Tu multiplies tes fureurs contre moi,
Tu m'assailles d'une succession de
calamités.

18 Pourquoi m'as-tu fait sortir du sein
de ma mère ?
Je serais mort, et aucun œil ne
m'aurait vu ;

19 Je serais comme si je n'eusse pas
existé,
Et j'aurais passé du ventre de ma
mère au sépulcre.

20 Mes jours ne sont-ils pas en petit
nombre ? Qu'il me laisse,
Qu'il se retire de moi, et que je
respire un peu,

21 Avant que je m'en aille, pour ne
plus revenir,
Dans le pays des ténèbres et de
l'ombre de la mort,

22 Pays d'une obscurité profonde,
Où règnent l'ombre de la mort et la
confusion,
Et où la lumière est semblable aux
ténèbres.

Discours de Tsophar à Job.

II Tsophar de Naama prit la parole
et dit :

2 Cette multitude de paroles ne trou-
vera-t-elle point de réponse,
Et suffira-t-il d'être un discoureur
pour avoir raison ?

3 Tes vains propos feront-ils taire les
gens ?
Te moqueras-tu, sans que personne
te confonde ?

4 Tu dis : Ma manière de voir est juste,
Et je suis pur à tes yeux.—

5 Oh ! si Dieu voulait parler,
S'il ouvrait les lèvres pour te répondre,

6 Et s'il te révélait les secrets de sa
sagesse,
De son immense sagesse,
Tu verrais alors qu'il ne te traite pas
selon ton iniquité.

7 Prétends-tu sonder les pensées de
Dieu,
Parvenir à la connaissance parfaite
du Tout-Puissant ?

Elle est aussi haute que les cieux : 8
que feras-tu ?
Plus profonde que le séjour des
morts : que sauras-tu ?
La mesure en est plus longue que la 9
terre,
Elle est plus large que la mer.

S'il passe, s'il saisit, 10
S'il traîne à son tribunal, qui s'y
opposera ?
Car il connaît les vicieux, 11
Il voit facilement les coupables.
L'homme, au contraire, a l'intelli- 12
gence d'un fou,
Il est né comme le petit d'un âne
sauvage.

Pour toi, dirige ton cœur vers Dieu, 13
Étends vers lui tes mains,
Éloigne-toi de l'iniquité, 14
Et ne laisse pas habiter l'injustice
sous ta tente,
Alors tu lèveras ton front sans tache, 15
Tu seras ferme et sans crainte ;
Tu oublieras tes souffrances, 16
Tu t'en souviendras comme des eaux
écoulées.
Tes jours auront plus d'éclat que le 17
soleil à son midi,
Tes ténèbres seront comme la
lumière du matin,
Tu seras plein de confiance, et ton 18
attente ne sera pas vaine ;
Tu regarderas autour de toi, et tu
reposeras en sûreté.
Tu te coucheras sans que personne 19
te trouble,
Et plusieurs caresseront ton visage.
Mais les yeux des méchants seront 20
consumés ;
Pour eux point de refuge ;
La mort, voilà leur espérance !

Réponse de Job à Tsophar.

Job prit la parole et dit : **12**

On dirait, en vérité, que le genre 2
humain c'est vous,
Et qu'avec vous doit mourir la
sagesse.
J'ai tout aussi bien que vous de 3
l'intelligence, moi,
Je ne vous suis point inférieur ;
Et qui ne sait les choses que vous
dites ?

4 Je suis pour mes amis un objet de raillerie,
Quand j'implore le secours de Dieu ;
Le juste, l'innocent, un objet de raillerie !

5 Au malheur le mépris ! c'est la devise des heureux ;
A celui dont le pied chancelle est réservé le mépris.

6 Il y a paix sous la tente des pillards,
Sécurité pour ceux qui offensent Dieu,
Pour quiconque se fait un dieu de sa force.

7 Interroge les bêtes, elles t'instruiront,
Les oiseaux du ciel, ils te l'apprendront ;

8 Parle à la terre, elle t'instruira ;
Et les poissons de la mer te le raconteront.

9 Qui ne reconnaît chez eux la preuve
Que la main de l'Éternel a fait toutes choses ?

10 Il tient dans sa main l'âme de tout ce qui vit,
Le souffle de toute chair d'homme.

11 L'oreille ne discerne-t-elle pas les paroles,
Comme le palais savoure les aliments ?

12 Dans les vieillards se trouve la sagesse,
Et dans une longue vie l'intelligence.

13 En Dieu résident la sagesse et la puissance ;
Le conseil et l'intelligence lui appartiennent.

14 Ce qu'il renverse ne sera point rebâti,
Celui qu'il enferme ne sera point délivré.

15 Il retient les eaux et tout se dessèche ;
Il les lâche, et la terre en est dévastée.

16 Il possède la force et la prudence ;
Il maîtrise celui qui s'égare ou fait égarer les autres.

17 Il emmène captifs les conseillers ;
Il trouble la raison des juges.

18 Il délie la ceinture des rois,
Il met une corde autour de leurs reins.

19 Il emmène captifs les sacrificateurs ;
Il fait tomber les puissants.

20 Il ôte la parole à ceux qui ont de l'assurance ;
Il prive de jugement les vieillards.

21 Il verse le mépris sur les grands ;
Il relâche la ceinture des forts.

22 Il met à découvert ce qui est caché dans les ténèbres,
Il produit à la lumière l'ombre de la mort.

23 Il donne de l'accroissement aux nations, et il les anéantit ;
Il les étend au loin, et il les ramène dans leurs limites.

24 Il enlève l'intelligence aux chefs des peuples,
Il les fait errer dans des déserts sans chemin ;

25 Ils tâtonnent dans les ténèbres, et ne voient pas clair ;
Il les fait errer comme des gens ivres.

13

Voici, mon œil a vu tout cela,
Mon oreille l'a entendu et y a pris garde.

2 Ce que vous savez, je le sais aussi,
Je ne vous suis point inférieur.

3 Mais je veux parler au Tout-Puissant,
Je veux plaider ma cause devant Dieu ;

4 Car vous, vous n'imaginez que des faussetés,
Vous êtes tous des médecins de néant.

5 Que n'avez-vous gardé le silence ?
Vous auriez passé pour avoir de la sagesse.

6 Écoutez, je vous prie, ma défense,
Et soyez attentifs à la réplique de mes lèvres.

7 Direz-vous en faveur de Dieu ce qui est injuste,
Et pour le soutenir alléguerez-vous des faussetés ?

8 Voulez-vous avoir égard à sa personne ?
Voulez-vous plaider pour Dieu ?

9 S'il vous sonde, vous approuvera-t-il ?
Ou le tromperez-vous comme on trompe un homme ?

10 Certainement il vous condamnera,
Si vous n'agissez en secret que par égard pour sa personne.

11 Sa majesté ne vous épouvantera-t-elle pas ?
Sa terreur ne tombera-t-elle pas sur vous ?

12 Vos sentences sont des sentences de
cendre,
Vos retranchements sont des retranchements de boue.

13 Taisez-vous, laissez-moi, je veux
parler !
Il m'en arrivera ce qu'il pourra.

14 Pourquoi saisirais-je ma chair entre
les dents ?
J'exposerai plutôt ma vie.

15 Voici, il me tuera ; je n'ai rien à espérer ;
Mais devant lui je défendrai ma conduite.

16 Cela même peut servir à mon salut,
Car un impie n'ose paraître en sa
présence.

17 Écoutez, écoutez mes paroles,
Prêtez l'oreille à ce que je vais dire.

18 Me voici prêt à plaider ma cause ;
Je sais que j'ai raison.

19 Quelqu'un disputera-t-il contre moi ?
Alors je me tais, et je veux mourir.

20 Seulement, accorde-moi deux choses,
Et je ne me cacherai pas loin de ta face :

21 Retire ta main de dessus moi,
Et que tes terreurs ne me troublent
plus.

22 Puis appelle, et je répondrai,
Ou si je parle, réponds-moi !

23 Quel est le nombre de mes iniquités
et de mes péchés ?
Fais-moi connaître mes transgressions et mes péchés.

24 Pourquoi caches-tu ton visage,
Et me prends-tu pour ton ennemi ?

25 Veux-tu frapper une feuille agitée ?
Veux-tu poursuivre une paille desséchée ?

26 Pourquoi m'infliger d'amères souffrances,
Me punir pour des fautes de jeunesse ?

27 Pourquoi mettre mes pieds dans les
ceps,
Surveiller tous mes mouvements,
Tracer une limite à mes pas,

28 Quand mon corps tombe en pourriture,
Comme un vêtement que dévore la
teigne ?

14 L'homme né de la femme !
Sa vie est courte, sans cesse agitée.

Il naît, il est coupé, comme une fleur ; 2
Il fuit et disparaît comme une ombre.

3 Et c'est sur lui que tu as l'œil ouvert !
Et tu me fais aller en justice avec toi !

4 Comment d'un être souillé sortira-t-
il un homme pur ?
Il n'en peut sortir aucun.

5 Si ses jours sont fixés, si tu as compté
ses mois,
Si tu en as marqué le terme qu'il ne
saurait franchir,

6 Détourne de lui les regards, et donne-
lui du relâche,
Pour qu'il ait au moins la joie du
mercenaire à la fin de sa journée.

7 Un arbre a de l'espérance :
Quand on le coupe, il repousse,
Il produit encore des rejetons ;

8 Quand sa racine a vieilli dans la
terre,
Quand son tronc meurt dans la
poussière,

9 Il reverdit à l'approche de l'eau,
Il pousse des branches comme une
jeune plante.

10 Mais l'homme meurt, et il perd sa
force ;
L'homme expire, et où est-il ?

11 Les eaux des lacs s'évanouissent,
Les fleuves tarissent et se dessèchent ;

12 Ainsi l'homme se couche et ne se
relèvera plus,
Il ne se réveillera pas tant que les
cieux subsisteront,
Il ne sortira pas de son sommeil.

13 Oh ! si tu voulais me cacher dans le
séjour des morts,
M'y tenir à couvert jusqu'à ce que ta
colère fût passée,
Et me fixer un terme auquel tu te
souviendrais de moi !

14 Si l'homme une fois mort pouvait revivre,
J'aurais de l'espoir tout le temps de
mes souffrances,
Jusqu'à ce que mon état vînt à
changer.

15 Tu appellerais alors, et je te répondrais,
Tu languirais après l'ouvrage de tes
mains.

16 Mais aujourd'hui tu comptes mes
pas,

Tu as l'œil sur mes péchés ;

17 Mes transgressions sont scellées en
un faisceau,
Et tu imagines des iniquités à ma
charge.

18 La montagne s'écroule et périt,
Le rocher disparaît de sa place,

19 La pierre est broyée par les eaux,
Et la terre emportée par leur courant ;
Ainsi tu détruis l'espérance de
l'homme.

20 Tu es sans cesse à l'assaillir, et il s'en
va ;
Tu le défigures, puis tu le renvoies.

21 Que ses fils soient honorés, il n'en
sait rien ;
Qu'ils soient dans l'abaissement, il
l'ignore.

22 C'est pour lui seul qu'il éprouve de la
douleur en son corps,
C'est pour lui seul qu'il ressent de la
tristesse en son âme.

Second discours d'Éliphaz à Job.

15 Éliphaz de Théman prit la parole
et dit :

2 Le sage répond-il par un vain savoir ?
Se gonfle-t-il la poitrine du vent
d'orient ?

3 Est-ce par d'inutiles propos qu'il se
défend ?
Est-ce par des discours qui ne
servent à rien ?

4 Toi, tu détruis même la crainte de
Dieu,
Tu anéantis tout mouvement de
piété devant Dieu.

5 Ton iniquité dirige ta bouche,
Et tu prends le langage des hommes
rusés.

6 Ce n'est pas moi, c'est ta bouche qui
te condamne,
Ce sont tes lèvres qui déposent contre
toi.

7 Es-tu né le premier des hommes ?
As-tu été enfanté avant les collines ?

8 As-tu reçu les confidences de Dieu ?
As-tu dérobé la sagesse à ton profit ?

9 Que sais-tu que nous ne sachions
pas ?
Quelle connaissance as-tu que nous
n'ayons pas ?

10 Il y a parmi nous des cheveux blancs,
des vieillards,
Plus riches de jours que ton père.

11 Tiens-tu pour peu de chose les consolations de Dieu,
Et les paroles qui doucement se font
entendre à toi ?...

12 Où ton cœur t'entraîne-t-il,
Et que signifie ce roulement de tes
yeux ?

13 Quoi ! c'est contre Dieu que tu
tournes ta colère
Et que ta bouche exhale de pareils
discours !

14 Qu'est-ce que l'homme, pour qu'il
soit pur ?
Celui qui est né de la femme peut-il
être juste ?

15 Si Dieu n'a pas confiance en ses
saints,
Si les cieux ne sont pas purs devant
lui,

16 Combien moins l'être abominable et
pervers,
L'homme qui boit l'iniquité comme
l'eau !

17 Je vais te parler, écoute-moi !
Je raconterai ce que j'ai vu,

18 Ce que les sages ont fait connaître,
Ce qu'ils ont révélé, l'ayant appris de
leurs pères.

19 A eux seuls appartenait le pays,
Et parmi eux nul étranger n'était
encore venu. —

20 Le méchant passe dans l'angoisse
tous les jours de sa vie,
Toutes les années qui sont le partage
de l'impie.

21 La voix de la terreur retentit à ses
oreilles :
Au sein de la paix, le dévastateur va
fondre sur lui ;

22 Il n'espère pas échapper aux ténèbres,
Il voit l'épée qui le menace ;

23 Il court çà et là pour chercher du pain,
Il sait que le jour des ténèbres l'attend.

24 La détresse et l'angoisse l'épouvantent,
Elles l'assaillent comme un roi prêt à
combattre ;

25 Car il a levé la main contre Dieu,

Il a bravé le Tout-Puissant,

26 Il a eu l'audace de courir à lui
Sous le dos épais de ses boucliers.

27 Il avait le visage couvert de graisse,
Les flancs chargés d'embonpoint ;

28 Et il habite des villes détruites,
Des maisons abandonnées,
Sur le point de tomber en ruines.

29 Il ne s'enrichira plus, sa fortune ne
se relèvera pas,
Sa prospérité ne s'étendra plus sur la
terre.

30 Il ne pourra se dérober aux ténèbres,
La flamme consumera ses rejetons,
Et Dieu le fera périr par le souffle de
sa bouche.

31 S'il a confiance dans le mal, il se
trompe,
Car le mal sera sa récompense.

32 Elle arrivera avant le terme de ses
jours,
Et son rameau ne verdira plus.

33 Il sera comme une vigne dépouillée
de ses fruits encore verts,
Comme un olivier dont on a fait
tomber les fleurs.

34 La maison de l'impie deviendra stérile,
Et le feu dévorera la tente de l'homme
corrompu.

35 Il conçoit le mal et il enfante le mal,
Il mûrit dans son sein des fruits qui
le trompent.

Réponse de Job à Éliphaz.

16 Job prit la parole et dit :

2 J'ai souvent entendu pareilles choses ;
Vous êtes tous des consolateurs
fâcheux.

3 Quand finiront ces discours en l'air ?
Pourquoi cette irritation dans tes réponses ?

4 Moi aussi, je pourrais parler comme
vous,
Si vous étiez à ma place :
Je vous accablerais de paroles,
Je secouerais sur vous la tête,

5 Je vous fortifierais de la bouche,
Je remuerais les lèvres pour vous
soulager.

6 Si je parle, mes souffrances ne seront
point calmées,
Si je me tais, en quoi seront-elles
moindres ?

Maintenant, hélas ! il m'a épuisé... 7
Tu as ravagé toute ma maison ;
Tu m'as saisi, pour témoigner contre 8
moi ;
Ma maigreur se lève, et m'accuse en
face.

Il me déchire et me poursuit dans sa 9
fureur,
Il grince les dents contre moi,
Il m'attaque et me perce de son
regard.
Ils ouvrent la bouche pour me dévo- 10
rer,
Ils m'insultent et me frappent les
joues,
Ils s'acharnent tous après moi.
Dieu me livre à la merci des impies, 11
Il me précipite entre les mains des
méchants.

J'étais tranquille, et il m'a secoué, 12
Il m'a saisi par la nuque et m'a
brisé,
Il a tiré sur moi comme à un but.
Ses traits m'environnent de toutes 13
parts ;
Il me perce les reins sans pitié,
Il répand ma bile sur la terre.
Il me fait brèche sur brèche, 14
Il fond sur moi comme un guerrier.
J'ai cousu un sac sur ma peau ; 15
J'ai roulé ma tête dans la poussière.
Les pleurs ont altéré mon visage ; 16
L'ombre de la mort est sur mes
paupières.
Je n'ai pourtant commis aucune 17
violence,
Et ma prière fut toujours pure.

O terre, ne couvre point mon sang, 18
Et que mes cris prennent librement
leur essor !
Déjà maintenant, mon témoin est 19
dans le ciel,
Mon témoin est dans les lieux élevés.
Mes amis se jouent de moi ; 20
C'est Dieu que j'implore avec larmes.
Puisse-t-il donner à l'homme raison 21
contre Dieu,
Et au fils de l'homme contre ses
amis !
Car le nombre de mes années touche 22
à son terme,
Et je m'en irai par un sentier d'où
je ne reviendrai pas.

17 Mon souffle se perd,
Mes jours s'éteignent,
Le sépulcre m'attend.

2 Je suis environné de moqueurs,
Et mon œil doit contempler leurs
insultes.

3 Sois auprès de toi-même ma caution ;
Autrement, qui répondrait pour moi ?

4 Car tu as fermé leur cœur à l'intelligence ;
Aussi ne les laisseras-tu pas triompher.

5 On invite ses amis au partage du butin,
Et l'on a des enfants dont les yeux
se consument.

6 Il m'a rendu la fable des peuples,
Et ma personne est un objet de
mépris.

7 Mon œil est obscurci par la douleur ;
Tous mes membres sont comme une
ombre.

8 Les hommes droits en sont stupéfaits,
Et l'innocent se soulève contre l'impie.

9 Le juste néanmoins demeure ferme
dans sa voie,
Celui qui a les mains pures se fortifie
de plus en plus.

10 Mais vous tous, revenez à vos mêmes
discours,
Et je ne trouverai pas un sage parmi
vous.

11 Quoi ! mes jours sont passés, mes
projets sont anéantis,
Les projets qui remplissaient mon
cœur...

12 Et ils prétendent que la nuit c'est le
jour,
Que la lumière est proche quand les
ténèbres sont là !

13 C'est le séjour des morts que j'attends
pour demeure,
C'est dans les ténèbres que je dresserai ma couche ;

14 Je crie à la fosse : Tu es mon père !
Et aux vers : Vous êtes ma mère et
ma sœur !

15 Mon espérance, où donc est-elle ?
Mon espérance, qui peut la voir ?

16 Elle descendra vers les portes du
séjour des morts,
Quand nous irons ensemble reposer
dans la poussière.

Second discours de Bildad à Job.

Bildad de Schuach prit la parole **18**
et dit :

2 Quand mettrez-vous un terme à ces
discours ?
Ayez de l'intelligence, puis nous parlerons.

3 Pourquoi sommes-nous regardés comme des bêtes ?
Pourquoi ne sommes-nous à vos yeux
que des brutes ?

4 O toi qui te déchires dans ta fureur,
Faut-il, à cause de toi, que la terre
devienne déserte ?
Faut-il que les rochers disparaissent
de leur place ?

5 La lumière du méchant s'éteindra,
Et la flamme qui en jaillit cessera de
briller.

6 La lumière s'obscurcira sous sa tente,
Et sa lampe au-dessus de lui s'é-
teindra.

7 Ses pas assurés seront à l'étroit ;
Malgré ses efforts, il tombera.

8 Car il met les pieds sur un filet,
Il marche dans les mailles,

9 Il est saisi au piège par le talon,
Et le filet s'empare de lui ;

10 Le cordeau est caché dans la terre,
Et la trappe est sur son sentier.

11 Des terreurs l'assiègent, l'entourent,
Le poursuivent par derrière.

12 La faim consume ses forces,
La misère est à ses côtés.

13 Les parties de sa peau sont l'une
après l'autre dévorées,
Ses membres sont dévorés par le
premier-né de la mort.

14 Il est arraché de sa tente où il se
croyait en sûreté,
Il se traîne vers le roi des épouvante-
ments.

15 Nul des siens n'habite sa tente,
Le soufre est répandu sur sa demeure.

16 En bas, ses racines se dessèchent ;
En haut, ses branches sont coupées.

17 Sa mémoire disparaît de la terre,
Son nom n'est plus sur la face des
champs.

18 Il est poussé de la lumière dans les
ténèbres,

Il est chassé du monde.

19 Il ne laisse ni descendants ni postérité parmi son peuple,
Ni survivant dans les lieux qu'il habitait.

20 Les générations à venir seront étonnées de sa ruine,
Et la génération présente sera saisie d'effroi.

21 Point d'autre destinée pour le méchant,
Point d'autre sort pour qui ne connaît pas Dieu !

Réponse de Job à Bildad.

19

Job prit la parole et dit :

2 Jusques à quand affligerez-vous mon âme,
Et m'écraserez-vous de vos discours ?

3 Voilà dix fois que vous m'outragez ;
N'avez-vous pas honte de m'étourdir ainsi ?

4 Si réellement j'ai péché,
Seul j'en suis responsable.

5 Pensez-vous me traiter avec hauteur ?
Pensez-vous démontrer que je suis coupable ?

6 Sachez alors que c'est Dieu qui me poursuit,
Et qui m'enveloppe de son filet.

7 Voici, je crie à la violence, et nul ne répond ;
J'implore justice, et point de justice !

8 Il m'a fermé toute issue, et je ne puis passer ;
Il a répandu des ténèbres sur mes sentiers.

9 Il m'a dépouillé de ma gloire,
Il a enlevé la couronne de ma tête.

10 Il m'a brisé de toutes parts, et je m'en vais ;
Il a arraché mon espérance comme un arbre.

11 Il s'est enflammé de colère contre moi,
Il m'a traité comme l'un de ses ennemis.

12 Ses troupes se sont de concert mises en marche,
Elles se sont frayé leur chemin jusqu'à moi,
Elles se sont campées autour de ma tente.

Il a éloigné de moi mes frères, 13
Et mes amis se sont détournés de moi ;
Je suis abandonné de mes proches, 14
Je suis oublié de mes intimes.

Je suis un étranger pour mes servi- 15 teurs et mes servantes,
Je ne suis plus à leurs yeux qu'un inconnu.

J'appelle mon serviteur, et il ne ré- 16 pond pas ;
Je le supplie de ma bouche, et c'est en vain.

Mon humeur est à charge à ma 17 femme,
Et ma plainte aux fils de mes entrailles.

Je suis méprisé même par des en- 18 fants ;
Si je me lève, je reçois leurs insultes.

Ceux que j'avais pour confidents 19 m'ont en horreur,
Ceux que j'aimais se sont tournés contre moi.

Mes os sont attachés à ma peau et 20 à ma chair ;
Il ne me reste que la peau des dents.

Ayez pitié, ayez pitié de moi, vous, 21 mes amis !
Car la main de Dieu m'a frappé.

Pourquoi me poursuivre comme Dieu 22 me poursuit ?
Pourquoi vous montrer insatiables de ma chair ?

Oh ! je voudrais que mes paroles 23 fussent écrites,
Qu'elles fussent écrites dans un livre ;

Je voudrais qu'avec un burin de fer 24 et avec du plomb
Elles fussent pour toujours gravées dans le roc...

Mais je sais que mon rédempteur est 25 vivant,
Et qu'il se lèvera le dernier sur la terre.

Quand ma peau sera détruite, il se 26 lèvera ;
Quand je n'aurai plus de chair, je verrai Dieu.

Je le verrai, et il me sera favorable ; 27
Mes yeux le verront, et non ceux d'un autre ;
Mon âme languit d'attente au dedans de moi.

28 Vous direz alors : Pourquoi le pour-
suivions-nous ?
Car la justice de ma cause sera reconnue.

29 Craignez pour vous le glaive ;
Les châtiments par le glaive sont
terribles !
Et sachez qu'il y a un jugement.

Second discours de Tsophar à Job.

20 Tsophar de Naama prit la parole
et dit :

2 Mes pensées me forcent à répondre,
Et mon agitation ne peut se contenir.

3 J'ai entendu des reproches qui m'outragent ;
Le souffle de mon intelligence donnera la réplique.

4 Ne sais-tu pas que, de tout temps,
Depuis que l'homme a été placé sur
la terre,

5 Le triomphe des méchants a été
court,
Et la joie de l'impie momentanée ?

6 Quand il s'élèverait jusqu'aux cieux,
Et que sa tête toucherait aux nues,

7 Il périra pour toujours comme son
ordure,
Et ceux qui le voyaient diront : Où
est-il ?

8 Il s'envolera comme un songe, et on
ne le trouvera plus ;
Il disparaîtra comme une vision nocturne ;

9 L'œil qui le regardait ne le regardera
plus,
Le lieu qu'il habitait ne l'apercevra
plus.

10 Ses fils seront assaillis par les pauvres,
Et ses mains restitueront ce qu'il a
pris par violence.

11 La vigueur de la jeunesse, qui remplissait ses membres,
Aura sa couche avec lui dans la
poussière.

12 Le mal était doux à sa bouche,
Il le cachait sous sa langue,

13 Il le savourait sans l'abandonner,
Il le retenait au milieu de son palais ;

14 Mais sa nourriture se transformera
dans ses entrailles,

Elle deviendra dans son corps un
venin d'aspic.

15 Il a englouti des richesses, il les
vomira ;
Dieu les chassera de son ventre.

16 Il a sucé du venin d'aspic,
La langue de la vipère le tuera.

17 Il ne reposera plus ses regards sur
les ruisseaux,
Sur les torrents, sur les fleuves de
miel et de lait.

18 Il rendra ce qu'il a gagné, et n'en
profitera plus ;
Il restituera tout ce qu'il a pris, et
n'en jouira plus.

19 Car il a opprimé, délaissé les pauvres,
Il a ruiné des maisons et ne les a pas
rétablies.

20 Son avidité n'a point connu de
bornes ;
Mais il ne sauvera pas ce qu'il avait
de plus cher.

21 Rien n'échappait à sa voracité ;
Mais son bien-être ne durera pas.

22 Au milieu de l'abondance il sera dans
la détresse ;
La main de tous les misérables se
lèvera sur lui.

23 Et voici, pour lui remplir le ventre,
Dieu enverra sur lui le feu de sa
colère,
Et le rassasiera par une pluie de
traits.

24 S'il échappe aux armes de fer,
L'arc d'airain le transpercera.

25 Il arrache de son corps le trait,
Qui étincelle au sortir de ses entrailles,
Et il est en proie aux terreurs de la
mort.

26 Toutes les calamités sont réservées
à ses trésors ;
Il sera consumé par un feu que
n'allumera point l'homme,
Et ce qui restera dans sa tente en
deviendra la pâture.

27 Les cieux dévoileront son iniquité,
Et la terre s'élèvera contre lui.

28 Les revenus de sa maison seront
emportés,
Ils disparaîtront au jour de la colère
de Dieu.

29 Telle est la part que Dieu réserve au
méchant,
Tel est l'héritage que Dieu lui destine.

Réponse de Job à Tsophar.

21 Job prit la parole et dit :

2 Écoutez, écoutez mes paroles,
Donnez-moi seulement cette consolation.

3 Laissez moi parler, je vous prie ;
Et, quand j'aurai parlé, tu pourras
te moquer.

4 Est-ce contre un homme que se
dirige ma plainte ?
Et pourquoi mon âme ne serait-elle
pas impatiente ?

5 Regardez-moi, soyez étonnés,
Et mettez la main sur la bouche.

6 Quand j'y pense, cela m'épouvante,
Et un tremblement saisit mon corps.

7 Pourquoi les méchants vivent-ils ?
Pourquoi les voit-on vieillir et accroître leur force ?

8 Leur postérité s'affermit avec eux et
en leur présence,
Leurs rejetons prospèrent sous leurs
yeux.

9 Dans leurs maisons règne la paix,
sans mélange de crainte ;
La verge de Dieu ne vient pas les
frapper.

10 Leurs taureaux sont vigoureux et
féconds,
Leurs génisses conçoivent et n'avor-
tent point.

11 Ils laissent courir leurs enfants
comme des brebis,
Et les enfants prennent leurs ébats.

12 Ils chantent au son du tambourin et
de la harpe,
Ils se réjouissent au son du chalumeau.

13 Ils passent leurs jours dans le bonheur,
Et ils descendent en un instant au
séjour des morts.

14 Ils disaient pourtant à Dieu : Retire-
toi de nous ;
Nous ne voulons pas connaître tes
voies.

15 Qu'est-ce que le Tout-Puissant, pour
que nous le servions ?
Que gagnerons-nous à lui adresser
nos prières ?

16 Quoi donc ! ne sont-ils pas en possession du bonheur ?—

Loin de moi le conseil des méchants !—

17 Mais arrive-t-il souvent que leur
lampe s'éteigne,
Que la misère fonde sur eux,
Que Dieu leur distribue leur part
dans sa colère,

18 Qu'ils soient comme la paille emportée par le vent,
Comme la balle enlevée par le tourbillon ?

19 Est-ce pour les fils que Dieu réserve
le châtiment du père ?
Mais c'est lui que Dieu devrait punir,
pour qu'il le sente ;

20 C'est lui qui devrait contempler sa
propre ruine,
C'est lui qui devrait boire la colère
du Tout-Puissant.

21 Car, que lui importe sa maison après
lui,
Quand le nombre de ses mois est
achevé ?

22 Est-ce à Dieu qu'on donnera de la
science,
A lui qui gouverne les esprits célestes ?

23 L'un meurt au sein du bien-être,
De la paix et du bonheur,

24 Les flancs chargés de graisse
Et la moelle des os remplie de sève ;

25 L'autre meurt, l'amertume dans l'âme,
Sans avoir joui d'aucun bien.

26 Et tous deux se couchent dans la
poussière,
Tous deux deviennent la pâture des
vers.

27 Je sais bien quelles sont vos pensées,
Quels jugements iniques vous portez
sur moi.

28 Vous dites : Où est la maison de
l'homme puissant ?
Où est la tente qu'habitaient les
impies ?

29 Mais quoi ! n'avez-vous point interrogé les voyageurs,
Et voulez-vous méconnaître ce qu'ils
prouvent ?

30 Au jour du malheur, le méchant est
épargné ;
Au jour de la colère, il échappe.

31 Qui lui reproche en face sa conduite ?

Qui lui rend ce qu'il a fait ?

32 Il est porté dans un sépulcre,
Et il veille encore sur sa tombe.

33 Les mottes de la vallée lui sont
légères ;
Et tous après lui suivront la même
voie,
Comme une multitude l'a déjà suivie.

34 Pourquoi donc m'offrir de vaines consolations ?
Ce qui reste de vos réponses n'est
que perfidie.

Troisième discours d'Éliphaz à Job.

22 Éliphaz de Théman prit la parole
et dit :

2 Un homme peut-il être utile à Dieu ?
Non ; le sage n'est utile qu'à lui-
même.

3 Si tu es juste, est-ce à l'avantage du
Tout-Puissant ?
Si tu es intègre dans tes voies, qu'y
gagne-t-il ?

4 Est-ce par crainte de toi qu'il te
châtie,
Qu'il entre en jugement avec toi ?

5 Ta méchanceté n'est-elle pas grande ?
Tes iniquités ne sont-elles pas infinies ?

6 Tu enlevais sans motif des gages à
tes frères,
Tu privais de leurs vêtements ceux
qui étaient nus ;

7 Tu ne donnais point d'eau à l'homme
altéré,
Tu refusais du pain à l'homme affamé.

8 Le pays était au plus fort,
Et le puissant s'y établissait.

9 Tu renvoyais les veuves à vide ;
Les bras des orphelins étaient brisés.

10 C'est pour cela que tu es entouré de
pièges,
Et que la terreur t'a saisi tout à coup.

11 Ne vois-tu donc pas ces ténèbres,
Ces eaux débordées qui t'envahissent ?

12 Dieu n'est-il pas en haut dans les
cieux ?
Regarde le sommet des étoiles, comme
il est élevé !

13 Et tu dis : Qu'est-ce que Dieu sait ?
Peut-il juger à travers l'obscurité ?

14 Les nuées l'enveloppent, et il ne voit
rien ;
Il ne parcourt que la voûte des cieux.

15 Eh quoi ! tu voudrais prendre l'ancienne route
Qu'ont suivie les hommes d'iniquité ?

16 Ils ont été emportés avant le temps,
Ils ont eu la durée d'un torrent qui
s'écoule.

17 Ils disaient à Dieu : Retire-toi de nous ;
Que peut faire pour nous le Tout-
Puissant ?

18 Dieu cependant avait rempli de biens
leurs maisons. —
Loin de moi le conseil des méchants ! —

19 Les justes, témoins de leur chute, se
réjouiront,
Et l'innocent se moquera d'eux :

20 Voilà nos adversaires anéantis !
Voilà leurs richesses dévorées par le
feu !

21 Attache-toi donc à Dieu, et tu auras
la paix ;
Tu jouiras ainsi du bonheur.

22 Reçois de sa bouche instruction,
Et mets dans ton cœur ses paroles.

23 Tu seras rétabli, si tu reviens au
Tout-Puissant,
Si tu éloignes l'iniquité de ta tente.

24 Jette l'or dans la poussière,
L'or d'Ophir parmi les cailloux des
torrents ;

25 Et le Tout-Puissant sera ton or,
Ton argent, ta richesse.

26 Alors tu feras du Tout-Puissant tes
délices,
Tu élèveras vers Dieu ta face ;

27 Tu le prieras, et il t'exaucera,
Et tu accompliras tes vœux.

28 A tes résolutions répondra le succès ;
Sur tes sentiers brillera la lumière.

29 Vienne l'humiliation, tu prieras pour
ton relèvement :
Dieu secourt celui dont le regard est
abattu.

30 Il délivrera même le coupable,
Qui devra son salut à la pureté de
tes mains.

Réponse de Job à Éliphaz.

Job prit la parole et dit : **23**

2 Maintenant encore ma plainte est
une révolte,
Mais la souffrance étouffe mes soupirs.

3 Oh ! si je savais où le trouver,
Si je pouvais arriver jusqu'à son trône,
4 Je plaiderais ma cause devant lui,
Je remplirais ma bouche d'arguments,
5 Je connaîtrais ce qu'il peut avoir à répondre,
Je verrais ce qu'il peut avoir à me dire.
6 Emploierait-il toute sa force à me combattre ?
Ne daignerait-il pas au moins m'écouter ?
7 Ce serait un homme droit qui plaiderait avec lui,
Et je serais pour toujours absous par mon juge.
8 Mais, si je vais à l'orient, il n'y est pas ;
Si je vais à l'occident, je ne le trouve pas ;
9 Est-il occupé au nord, je ne puis le voir ;
Se cache-t-il au midi, je ne puis le découvrir.
10 Il sait néanmoins quelle voie j'ai suivie ;
Et, s'il m'éprouvait, je sortirais pur comme l'or.
11 Mon pied s'est attaché à ses pas ;
J'ai gardé sa voie, et je ne m'en suis point détourné.
12 Je n'ai pas abandonné les commandements de ses lèvres ;
J'ai fait plier ma volonté aux paroles de sa bouche.
13 Mais sa résolution est arrêtée ; qui s'y opposera ?
Ce que son âme désire, il l'exécute.
14 Il accomplira donc ses desseins à mon égard,
Et il en concevra bien d'autres encore.
15 Voilà pourquoi sa présence m'épouvante ;
Quand j'y pense, j'ai peur de lui.
16 Dieu a brisé mon courage,
Le Tout-Puissant m'a rempli d'effroi,
17 Car ce ne sont pas les ténèbres qui m'anéantissent,
Ce n'est pas l'obscurité dont je suis couvert.

24 Pourquoi le Tout-Puissant ne met-il pas des temps en réserve,

Et pourquoi ceux qui le connaissent ne voient-ils pas ses jours ?
2 On déplace les bornes,
On vole des troupeaux, et on les fait paître ;
3 On enlève l'âne de l'orphelin,
On prend pour gage le bœuf de la veuve ;
4 On repousse du chemin les indigents,
On force tous les malheureux du pays à se cacher.
5 Et voici, comme les ânes sauvages du désert,
Ils sortent le matin pour chercher de la nourriture,
Ils n'ont que le désert pour trouver le pain de leurs enfants ;
6 Ils coupent le fourrage qui reste dans les champs,
Ils grappillent dans la vigne de l'impie ;
7 Ils passent la nuit dans la nudité, sans vêtement,
Sans couverture contre le froid ;
8 Ils sont percés par la pluie des montagnes,
Et ils embrassent les rochers comme unique refuge.
9 On arrache l'orphelin à la mamelle,
On prend des gages sur le pauvre.
10 Ils vont tout nus, sans vêtement,
Ils sont affamés, et ils portent les gerbes ;
11 Dans les enclos de l'impie ils font de l'huile,
Ils foulent le pressoir, et ils ont soif ;
12 Dans les villes s'exhalent les soupirs des mourants,
L'âme des blessés jette des cris...
Et Dieu ne prend pas garde à ces infamies !

13 D'autres sont ennemis de la lumière,
Ils n'en connaissent pas les voies,
Ils n'en pratiquent pas les sentiers.
14 L'assassin se lève au point du jour,
Tue le pauvre et l'indigent,
Et il dérobe pendant la nuit.
15 L'œil de l'adultère épie le crépuscule ;
Personne ne me verra, dit-il,
Et il met un voile sur sa figure.
16 La nuit ils forcent les maisons,
Le jour ils se tiennent enfermés ;
Ils ne connaissent pas la lumière.

17 Pour eux, le matin c'est l'ombre de la mort,
Ils en éprouvent toutes les terreurs.

18 Eh quoi! l'impie est d'un poids léger sur la face des eaux,
Il n'a sur la terre qu'une part maudite,
Il ne prend jamais le chemin des vignes!

19 Comme la sécheresse et la chaleur absorbent les eaux de la neige,
Ainsi le séjour des morts engloutit ceux qui pèchent!

20 Quoi! le sein maternel l'oublie,
Les vers en font leurs délices,
On ne se souvient plus de lui!
L'impie est brisé comme un arbre,

21 Lui qui dépouille la femme stérile et sans enfants,
Lui qui ne répand aucun bienfait sur la veuve!...

22 Non! Dieu par sa force prolonge les jours des violents,
Et les voilà debout quand ils désespéraient de la vie;

23 Il leur donne de la sécurité et de la confiance,
Il a les regards sur leurs voies.

24 Ils se sont élevés; et en un instant ils ne sont plus,
Ils tombent, ils meurent comme tous les hommes,
Ils sont coupés comme la tête des épis.

25 S'il n'en est pas ainsi, qui me démentira,
Qui réduira mes paroles à néant?

Troisième discours de Bildad à Job.

25 Bildad de Schuach prit la parole et dit:

2 La puissance et la terreur appartiennent à Dieu;
Il fait régner la paix dans ses hautes régions.

3 Ses armées ne sont-elles pas innombrables?
Sur qui sa lumière ne se lève-t-elle pas?

4 Comment l'homme serait-il juste devant Dieu?
Comment celui qui est né de la femme serait-il pur?

5 Voici, la lune même n'est pas brillante,

Et les étoiles ne sont pas pures à ses yeux;

6 Combien moins l'homme, qui n'est qu'un ver,
Le fils de l'homme, qui n'est qu'un vermisseau!

Réponse de Job à Bildad.

26 Job prit la parole et dit:

2 Comme tu sais bien venir en aide à la faiblesse!
Comme tu prêtes secours au bras sans force!

3 Quels bons conseils tu donnes à celui qui manque d'intelligence!
Quelle abondance de sagesse tu fais paraître!

4 A qui s'adressent tes paroles?
Et qui est-ce qui t'inspire?

5 Devant Dieu les ombres tremblent
Au-dessous des eaux et de leurs habitants;

6 Devant lui le séjour des morts est nu,
L'abîme n'a point de voile.

7 Il étend le septentrion sur le vide,
Il suspend la terre sur le néant.

8 Il renferme les eaux dans ses nuages,
Et les nuages n'éclatent pas sous leur poids.

9 Il couvre la face de son trône,
Il répand sur lui sa nuée.

10 Il a tracé un cercle à la surface des eaux,
Comme limite entre la lumière et les ténèbres.

11 Les colonnes du ciel s'ébranlent
Et s'étonnent à sa menace.

12 Par sa force il soulève la mer,
Par son intelligence il en brise l'orgueil.

13 Son souffle donne au ciel la sérénité,
Sa main transperce le serpent fuyard.

14 Ce sont là les bords de ses voies,
C'est le bruit léger qui nous en parvient,
Mais qui entendra le tonnerre de sa puissance?

Dernière réponse de Job à ses trois amis.

27 Job prit de nouveau la parole sous forme sentencieuse et dit:

2 Dieu qui me refuse justice est vivant!

Le Tout-Puissant qui remplit mon
âme d'amertume est vivant !

3 Aussi longtemps que j'aurai ma
respiration,
Et que le souffle de Dieu sera dans
mes narines,

4 Mes lèvres ne prononceront rien
d'injuste,
Ma langue ne dira rien de faux.

5 Loin de moi la pensée de vous
donner raison !
Jusqu'à mon dernier soupir je défendrai mon innocence ;

6 Je tiens à me justifier, et je ne faibli-
rai pas ;
Mon cœur ne me fait de reproche
sur aucun de mes jours.

7 Que mon ennemi soit comme le
méchant,
Et mon adversaire comme l'impie !

8 Quelle espérance reste-t-il à l'impie,
Quand Dieu coupe le fil de sa vie,
Quand il lui retire son âme ?

9 Est-ce que Dieu écoute ses cris,
Quand l'angoisse vient l'assaillir ?

10 Fait-il du Tout-Puissant ses délices ?
Adresse-t-il en tout temps ses prières
à Dieu ?

11 Je vous enseignerai les voies de Dieu,
Je ne vous cacherai pas les desseins
du Tout-Puissant.

12 Mais vous les connaissez, et vous êtes
d'accord ;
Pourquoi donc vous laisser aller à de
vaines pensées ?

13 Voici la part que Dieu réserve au
méchant,
L'héritage que le Tout-Puissant
destine à l'impie.

14 S'il a des fils en grand nombre, c'est
pour le glaive,
Et ses rejetons manquent de pain ;

15 Ceux qui échappent sont enterrés par
la peste,
Et leurs veuves ne les pleurent pas.

16 S'il amasse l'argent comme la poussière,
S'il entasse les vêtements comme la
boue,

17 C'est lui qui entasse, mais c'est le
juste qui se revêt,
C'est l'homme intègre qui a l'argent
en partage.

Sa maison est comme celle que bâtit 18
la teigne,
Comme la cabane que fait un gardien.

19 Il se couche riche, et il meurt dépouillé ;
Il ouvre les yeux, et tout a disparu.

20 Les terreurs le surprennent comme
des eaux ;
Un tourbillon l'enlève au milieu de
la nuit.

21 Le vent d'orient l'emporte, et il s'en va ;
Il l'arrache violemment de sa demeure.

22 Dieu lance sans pitié des traits
contre lui,
Et le méchant voudrait fuir pour
les éviter.

On bat des mains à sa chute, 23
Et on le siffle à son départ.

28

Il y a pour l'argent une mine d'où
on le fait sortir,
Et pour l'or un lieu d'où on l'extrait
pour l'affiner ;

2 Le fer se tire de la poussière,
Et la pierre se fond pour produire
l'airain.

3 L'homme fait cesser les ténèbres ;
Il explore, jusque dans les endroits
les plus profonds,
Les pierres cachées dans l'obscurité
et dans l'ombre de la mort.

4 Il creuse un puits loin des lieux
habités ;
Ses pieds ne lui sont plus en aide,
Et il est suspendu, balancé, loin des
humains.

5 La terre, d'où sort le pain,
Est bouleversée dans ses entrailles
comme par le feu.

6 Ses pierres contiennent du saphir,
Et l'on y trouve de la poudre d'or.

7 L'oiseau de proie n'en connaît pas le
sentier,
L'œil du vautour ne l'a point aperçu ;

8 Les plus fiers animaux ne l'ont point
foulé,
Le lion n'y a jamais passé.

9 L'homme porte sa main sur le roc,
Il renverse les montagnes depuis la
racine ;

10 Il ouvre des tranchées dans les
rochers,
Et son œil contemple tout ce qu'il y
a de précieux ;

11 Il arrête l'écoulement des eaux,
Et il produit à la lumière ce qui est caché.

12 Mais la sagesse, où se trouve-t-elle ?
Où est la demeure de l'intelligence ?
13 L'homme n'en connaît point le prix ;
Elle ne se trouve pas dans la terre des vivants.
14 L'abîme dit : Elle n'est point en moi ;
Et la mer dit : Elle n'est point avec moi.
15 Elle ne se donne pas contre de l'or pur,
Elle ne s'achète pas au poids de l'argent ;
16 Elle ne se pèse pas contre l'or d'Ophir,
Ni contre le précieux onyx, ni contre le saphir ;
17 Elle ne peut se comparer à l'or ni au verre,
Elle ne peut s'échanger pour un vase d'or fin.
18 Le corail et le cristal ne sont rien auprès d'elle :
La sagesse vaut plus que les perles.
19 La topaze d'Éthiopie n'est point son égale,
Et l'or pur n'entre pas en balance avec elle.

20 D'où vient donc la sagesse ?
Où est la demeure de l'intelligence ?
21 Elle est cachée aux yeux de tout vivant,
Elle est cachée aux oiseaux du ciel.
22 Le gouffre et la mort disent :
Nous en avons entendu parler.
23 C'est Dieu qui en sait le chemin,
C'est lui qui en connaît la demeure ;
24 Car il voit jusqu'aux extrémités de de la terre,
Il aperçoit tout sous les cieux.
25 Quand il régla le poids du vent,
Et qu'il fixa la mesure des eaux,
26 Quand il donna des lois à la pluie,
Et qu'il traça la route de l'éclair et du tonnerre,
27 Alors il vit la sagesse et la manifesta,
Il en posa les fondements et la mit à l'épreuve.
28 Puis il dit à l'homme :
Voici, la crainte du Seigneur, c'est la sagesse ;
S'éloigner du mal, c'est l'intelligence.

Monologue de Job : son ancienne prospérité, ses souffrances actuelles, son innocence.

29 Job prit de nouveau la parole sous forme sentencieuse et dit :

2 Oh ! que ne puis-je être comme aux mois du passé,
Comme aux jours où Dieu me gardait,
3 Quand sa lampe brillait sur ma tête,
Et que sa lumière me guidait dans les ténèbres !
4 Que ne suis-je comme aux jours de ma vigueur,
Où Dieu veillait en ami sur ma tente,
5 Quand le Tout-Puissant était encore avec moi,
Et que mes enfants m'entouraient ;
6 Quand mes pieds se baignaient dans la crème
Et que le rocher répandait près de moi des ruisseaux d'huile !
7 Si je sortais pour aller à la porte de la ville,
Et si je me faisais préparer un siège dans la place,
8 Les jeunes gens se retiraient à mon approche,
Les vieillards se levaient et se tenaient debout.
9 Les princes arrêtaient leurs discours,
Et mettaient la main sur leur bouche ;
10 La voix des chefs se taisait,
Et leur langue s'attachait à leur palais.
11 L'oreille qui m'entendait me disait heureux,
L'œil qui me voyait me rendait témoignage ;
12 Car je sauvais le pauvre qui implorait du secours,
Et l'orphelin qui manquait d'appui.
13 La bénédiction du malheureux venait sur moi ;
Je remplissais de joie le cœur de la veuve.
14 Je me revêtais de la justice et je lui servais de vêtement,
J'avais ma droiture pour manteau et pour turban.
15 J'étais l'œil de l'aveugle
Et le pied du boiteux.
16 J'étais le père des misérables,
J'examinais la cause de l'inconnu ;
17 Je brisais la mâchoire de l'injuste,

Et j'arrachais de ses dents la proie.

18 Alors je disais : Je mourrai dans mon nid,
Mes jours seront abondants comme le sable ;

19 L'eau pénétrera dans mes racines,
La rosée passera la nuit sur mes branches ;

20 Ma gloire reverdira sans cesse,
Et mon arc rajeunira dans ma main.

21 On m'écoutait et l'on restait dans l'attente,
On gardait le silence devant mes conseils.

22 Après mes discours, nul ne répliquait,
Et ma parole était pour tous une bienfaisante rosée ;

23 Ils comptaient sur moi comme sur la pluie,
Ils ouvraient la bouche comme pour une pluie du printemps.

24 Je leur souriais quand ils perdaient courage,
Et l'on ne pouvait chasser la sérénité de mon front.

25 J'aimais à aller vers eux, et je m'asseyais à leur tête ;
J'étais comme un roi au milieu d'une troupe,
Comme un consolateur auprès des affligés.

30 Et maintenant !...je suis la risée de plus jeunes que moi,
De ceux dont je dédaignais de mettre les pères
Parmi les chiens de mon troupeau.

2 Mais à quoi me servirait la force de leurs mains ?
Ils sont incapables d'atteindre la vieillesse.

3 Desséchés par la misère et la faim,
Ils fuient dans les lieux arides,
Depuis longtemps abandonnés et déserts ;

4 Ils arrachent près des arbrisseaux les herbes sauvages,
Et ils n'ont pour pain que la racine des genêts.

5 On les chasse du milieu des hommes,
On crie après eux comme après des voleurs.

6 Ils habitent dans d'affreuses vallées,

Dans les cavernes de la terre et dans les rochers ;

7 Ils hurlent parmi les buissons,
Ils se rassemblent sous les ronces.

8 Êtres vils et méprisés,
On les repousse du pays.

9 Et maintenant, je suis l'objet de leurs chansons,
Je suis en butte à leurs propos.

10 Ils ont horreur de moi, ils se détournent,
Ils me crachent au visage.

11 Ils n'ont plus de retenue et ils m'humilient,
Ils rejettent tout frein devant moi.

12 Ces misérables se lèvent à ma droite et me poussent les pieds,
Ils se fraient contre moi des sentiers pour ma ruine ;

13 Ils détruisent mon propre sentier et travaillent à ma perte,
Eux à qui personne ne viendrait en aide ;

14 Ils arrivent comme par une large brèche,
Ils se précipitent sous les craquements.

15 Les terreurs m'assiègent ;
Ma gloire est emportée comme par le vent,
Mon bonheur a passé comme un nuage.

16 Et maintenant, mon âme s'épanche en mon sein,
Les jours de la souffrance m'ont saisi.

17 La nuit me perce et m'arrache les os,
La douleur qui me ronge ne se donne aucun repos.

18 Par la violence du mal mon vêtement perd sa forme,
Il se colle à mon corps comme ma tunique.

19 Dieu m'a jeté dans la boue,
Et je ressemble à la poussière et à la cendre.

20 Je crie vers toi, et tu ne me réponds pas ;
Je me tiens debout, et tu me lances ton regard.

21 Tu deviens cruel contre moi,
Tu me combats avec la force de ta main.

22 Tu me soulèves, tu me fais voler au-
dessus du vent,
Et tu m'anéantis au bruit de la
tempête.

23 Car, je le sais, tu me mènes à la mort,
Au rendez-vous de tous les vivants.

24 Mais celui qui va périr n'étend-il pas
les mains ?
Celui qui est dans le malheur n'im-
plore-t-il pas du secours ?

25 N'avais-je pas des larmes pour l'in-
fortuné ?
Mon cœur n'avait-il pas pitié de
l'indigent ?

26 J'attendais le bonheur, et le malheur
est arrivé ;
J'espérais la lumière, et les ténèbres
sont venues.

27 Mes entrailles bouillonnent sans relâche,
Les jours de la calamité m'ont surpris.

28 Je marche noirci, mais non par le
soleil ;
Je me lève en pleine assemblée, et
je crie.

29 Je suis devenu le frère des chacals,
Le compagnon des autruches.

30 Ma peau noircit et tombe,
Mes os brûlent et se dessèchent.

31 Ma harpe n'est plus qu'un instrument
de deuil,
Et mon chalumeau ne peut rendre
que des sons plaintifs.

31 J'avais fait un pacte avec mes
yeux,
Et je n'aurais pas arrêté mes regards
sur une vierge.

2 Quelle part Dieu m'eût-il réservée
d'en haut ?
Quel héritage le Tout-Puissant m'eût-
il envoyé des cieux ?

3 La ruine n'est-elle pas pour le
méchant,
Et le malheur pour ceux qui commettent l'iniquité ?

4 Dieu n'a-t-il pas connu mes voies ?
N'a-t-il pas compté tous mes pas ?

5 Si j'ai marché dans le mensonge,
Si mon pied a couru vers la fraude,

6 Que Dieu me pèse dans des balances
justes,

Et il reconnaîtra mon intégrité !

7 Si mon pas s'est détourné du droit
chemin,
Si mon cœur a suivi mes yeux,
Si quelque souillure s'est attachée à
mes mains,

8 Que je sème et qu'un autre moissonne,
Et que mes rejetons soient déracinés !

9 Si mon cœur a été séduit par une
femme,
Si j'ai fait le guet à la porte de mon
prochain,

10 Que ma femme tourne la meule pour
un autre,
Et que d'autres la déshonorent !

11 Car c'est un crime,
Un forfait que punissent les juges ;

12 C'est un feu qui dévore jusqu'à la
ruine,
Et qui aurait détruit toute ma
richesse.

13 Si j'ai méprisé le droit de mon serviteur ou de ma servante
Lorsqu'ils étaient en contestation
avec moi,

14 Qu'ai-je à faire, quand Dieu se lève ?
Qu'ai-je à répondre, quand il châtie ?

15 Celui qui m'a créé dans le ventre de
ma mère ne l'a-t-il pas créé ?
Le même Dieu ne nous a-t-il pas
formés dans le sein maternel ?

16 Si j'ai refusé aux pauvres ce qu'ils
demandaient,
Si j'ai fait languir les yeux de la
veuve,

17 Si j'ai mangé seul mon pain,
Sans que l'orphelin en ait eu sa
part,

18 Moi qui l'ai dès ma jeunesse élevé
comme un père,
Moi qui dès ma naissance ai soutenu
la veuve ;

19 Si j'ai vu le malheureux manquer de
vêtements,
L'indigent n'avoir point de couverture,

20 Sans que ses reins m'aient béni,
Sans qu'il ait été réchauffé par la
toison de mes agneaux ;

21 Si j'ai levé la main contre l'orphelin,

Parce que je me sentais un appui dans les juges ;

22 Que mon épaule se détache de sa jointure,

Que mon bras tombe et qu'il se brise !

23 Car les châtiments de Dieu m'épouvantent,

Et je ne puis rien devant sa majesté.

24 Si j'ai mis dans l'or ma confiance,

Si j'ai dit à l'or : Tu es mon espoir ;

25 Si je me suis réjoui de la grandeur de mes biens,

De la quantité des richesses que j'avais acquises ;

26 Si j'ai regardé le soleil quand il brillait,

La lune quand elle s'avançait majestueuse,

27 Et si mon cœur s'est laissé séduire en secret,

Si ma main s'est portée sur ma bouche ;

28 C'est encore un crime que doivent punir les juges,

Et j'aurais renié le Dieu d'en haut !

29 Si j'ai été joyeux du malheur de mon ennemi,

Si j'ai sauté d'allégresse quand les revers l'ont atteint,

30 Moi qui n'ai pas permis à ma langue de pécher,

De demander sa mort avec imprécation ;

31 Si les gens de ma tente ne disaient pas : Où est celui qui n'a pas été rassasié de sa viande ?

32 Si l'étranger passait la nuit dehors,

Si je n'ouvrais pas ma porte au voyageur ;

33 Si, comme les hommes, j'ai caché mes transgressions,

Et renfermé mes iniquités dans mon sein,

34 Parce que j'avais peur de la multitude,

Parce que je craignais le mépris des familles,

Me tenant à l'écart et n'osant franchir ma porte... —

35 Oh ! qui me fera trouver quelqu'un qui m'écoute ?

Voilà ma défense toute signée ·

Que le Tout-Puissant me réponde !

Qui me donnera la plainte écrite par mon adversaire ?

36 Je porterai son écrit sur mon épaule,

Je l'attacherai sur mon front comme une couronne ;

37 Je lui rendrai compte de tous mes pas,

Je m'approcherai de lui comme un prince. —

38 Si ma terre crie contre moi,

Et que ses sillons versent des larmes ;

39 Si j'en ai mangé le produit sans l'avoir payée,

Et que j'aie attristé l'âme de ses anciens maîtres ;

40 Qu'il y croisse des épines au lieu de froment,

Et de l'ivraie au lieu d'orge !

Fin des paroles de Job.

Discours d'Élihu.

32 Ces trois hommes cessèrent de répondre à Job, parce qu'il se regardait comme juste.

2 Alors s'enflamma de colère Élihu, fils de Barakeel de Buz, de la famille de Ram. Sa colère s'enflamma contre Job, parce qu'il se disait juste devant Dieu. 3 Et sa colère s'enflamma contre ses trois amis, parce qu'ils ne trouvaient rien à répondre et que néanmoins ils condamnaient Job. 4 Comme ils étaient plus âgés que lui, Élihu avait attendu jusqu'à ce moment pour parler à Job. 5 Mais, voyant qu'il n'y avait plus de réponse dans la bouche de ces trois hommes, Élihu s'enflamma de colère.

6 Et Élihu, fils de Barakeel de Buz, prit la parole et dit :

Je suis jeune, et vous êtes des vieillards ;

C'est pourquoi j'ai craint, j'ai redouté

De vous faire connaître mon sentiment.

7 Je disais en moi-même : Les jours parleront,

Le grand nombre des années enseignera la sagesse.

8 Mais en réalité, dans l'homme, c'est
l'esprit,
Le souffle du Tout-Puissant, qui
donne l'intelligence ;

9 Ce n'est pas l'âge qui procure la
sagesse,
Ce n'est pas la vieillesse qui rend
capable de juger.

10 Voilà pourquoi je dis : Écoute !
Moi aussi, j'exposerai ma pensée.

11 J'ai attendu la fin de vos discours,
J'ai suivi vos raisonnements,
Votre examen des paroles de Job.

12 Je vous ai donné toute mon attention ;
Et voici, aucun de vous ne l'a con-
vaincu,
Aucun n'a réfuté ses paroles.

13 Ne dites pas cependant: En lui nous
avons trouvé la sagesse ;
C'est Dieu qui peut le confondre, ce
n'est pas un homme !

14 Il ne s'est pas adressé directement à
moi :
Aussi lui répondrai-je tout autrement
que vous.

15 Ils ont peur, ils ne répondent plus !
Ils ont la parole coupée !

16 J'ai attendu qu'ils eussent fini leurs
discours,
Qu'ils s'arrêtassent et ne sussent que
répliquer.

17 A mon tour, je veux répondre aussi,
Je veux dire aussi ce que je pense.

18 Car je suis plein de paroles,
L'esprit me presse au dedans de moi ;

19 Mon intérieur est comme un vin qui
n'a pas d'issue,
Comme des outres neuves qui vont
éclater.

20 Je parlerai pour respirer à l'aise,
J'ouvrirai mes lèvres et je répondrai.

21 Je n'aurai point égard à l'apparence,
Et je ne flatterai personne ;

22 Car je ne sais pas flatter :
Mon créateur m'enlèverait bien vite.

33 Maintenant donc, Job, écoute mes
discours,
Prête l'oreille à toutes mes paroles !

2 Voici, j'ouvre la bouche,
Ma langue se remue dans mon palais.

C'est avec droiture de cœur que je 3
vais parler,
C'est la vérité pure qu'exprimeront
mes lèvres :

L'esprit de Dieu m'a créé, 4
Et le souffle du Tout-Puissant m'anime.

Si tu le peux, réponds-moi, 5
Défends ta cause, tiens-toi prêt !

Devant Dieu je suis ton semblable, 6
J'ai été comme toi formé de la boue ;

Ainsi mes terreurs ne te troubleront 7
pas,
Et mon poids ne saurait t'accabler.

Mais tu as dit à mes oreilles, 8
Et j'ai entendu le son de tes paroles :

Je suis pur, je suis sans péché, 9
Je suis net, il n'y a point en moi
d'iniquité.

Et Dieu trouve contre moi des mo- 10
tifs de haine,
Il me traite comme son ennemi ;

Il met mes pieds dans les ceps, 11
Il surveille tous mes mouvements. —

Je te répondrai qu'en cela tu n'as pas 12
raison,
Car Dieu est plus grand que l'homme.

Veux-tu donc disputer avec lui, 13
Parce qu'il ne rend aucun compte de
ses actes ?

Dieu parle cependant, tantôt d'une 14
manière,
Tantôt d'une autre, et l'on n'y prend
point garde.

Il parle par des songes, par des 15
visions nocturnes,
Quand les hommes sont livrés à un
profond sommeil,
Quand ils sont endormis sur leur
couche.

Alors il leur donne des avertissements 16
Et met le sceau à ses instructions,

Afin de détourner l'homme du mal 17
Et de le préserver de l'orgueil,

Afin de garantir son âme de la fosse 18
Et sa vie des coups du glaive.

Par la douleur aussi l'homme est 19
repris sur sa couche,
Quand une lutte continue vient agiter
ses os.

Alors il prend en dégoût le pain, 20
Même les aliments les plus exquis ;

Sa chair se consume et disparaît, 21

Ses os qu'on ne voyait pas sont mis à nu ;

22 Son âme s'approche de la fosse,
Et sa vie des messagers de la mort.

23 Mais s'il se trouve pour lui un ange intercesseur,
Un d'entre les mille
Qui annoncent à l'homme la voie qu'il doit suivre,

24 Dieu a compassion de lui et dit à l'ange :
Délivre-le, afin qu'il ne descende pas dans la fosse ;
J'ai trouvé une rançon !

25 Et sa chair a plus de fraîcheur qu'au premier âge,
Il revient aux jours de sa jeunesse.

26 Il adresse à Dieu sa prière : et Dieu lui est propice,
Lui laisse voir sa face avec joie,
Et lui rend son innocence.

27 Il chante devant les hommes et dit :
J'ai péché, j'ai violé la justice,
Et je n'ai pas été puni comme je le méritais ;

28 Dieu a délivré mon âme pour qu'elle n'entrât pas dans la fosse,
Et ma vie s'épanouit à la lumière ! —

29 Voilà tout ce que Dieu fait,
Deux fois, trois fois, avec l'homme,

30 Pour ramener son âme de la fosse,
Pour l'éclairer de la lumière des vivants.

31 Sois attentif, Job, écoute-moi !
Tais-toi, et je parlerai !

32 Si tu as quelque chose à dire, réponds-moi !
Parle, car je voudrais te donner raison.

33 Si tu n'as rien à dire, écoute-moi !
Tais-toi, et je t'enseignerai la sagesse.

34 Élihu reprit et dit :

2 Sages, écoutez mes discours !
Vous qui êtes intelligents, prêtez-moi l'oreille !

3 Car l'oreille discerne les paroles,
Comme le palais savoure les aliments.

4 Choisissons ce qui est juste,
Voyons entre nous ce qui est bon.

5 Job dit : Je suis innocent,
Et Dieu me refuse justice ;

6 J'ai raison, et je passe pour menteur ;

Ma plaie est douloureuse, et je suis sans péché. —

7 Y a-t-il un homme semblable à Job,
Buvant la raillerie comme l'eau,

8 Marchant en société de ceux qui font le mal,
Cheminant de pair avec les impies ?

9 Car il a dit : Il est inutile à l'homme
De mettre son plaisir en Dieu.

10 Écoutez-moi donc, hommes de sens !
Loin de Dieu l'injustice,
Loin du Tout-Puissant l'iniquité !

11 Il rend à l'homme selon ses œuvres,
Il rétribue chacun selon ses voies.

12 Non certes, Dieu ne commet pas l'iniquité ;
Le Tout-Puissant ne viole pas la justice.

13 Qui l'a chargé de gouverner la terre ?
Qui a confié l'univers à ses soins ?

14 S'il ne pensait qu'à lui-même,
S'il retirait à lui son esprit et son souffle,

15 Toute chair périrait soudain,
Et l'homme rentrerait dans la poussière.

16 Si tu as de l'intelligence, écoute ceci,
Prête l'oreille au son de mes paroles !

17 Un ennemi de la justice régnerait-il ?
Et condamneras-tu le juste, le puissant,

18 Qui proclame la méchanceté des rois
Et l'iniquité des princes,

19 Qui n'a point égard à l'apparence des grands
Et ne distingue pas le riche du pauvre,
Parce que tous sont l'ouvrage de ses mains ?

20 En un instant, ils perdent la vie ;
Au milieu de la nuit, un peuple chancelle et périt ;
Le puissant disparaît, sans la main d'aucun homme.

21 Car Dieu voit la conduite de tous,
Il a les regards sur les pas de chacun.

22 Il n'y a ni ténèbres ni ombre de la mort,
Où puissent se cacher ceux qui commettent l'iniquité.

23 Dieu n'a pas besoin d'observer longtemps,
Pour qu'un homme entre en jugement avec lui ;

24 Il brise les grands sans information,

Et il en met d'autres à leur place ;

25 Car il connaît leurs œuvres.

Il les renverse de nuit, et ils sont écrasés ;

26 Il les frappe comme des impies,

A la face de tous les regards.

27 En se détournant de lui,

En abandonnant toutes ses voies,

28 Ils ont fait monter à Dieu le cri du pauvre,

Ils l'ont rendu attentif au cri des malheureux.

29 S'il donne le repos, qui répandra le trouble ?

S'il cache sa face, qui pourra le voir ?

Il traite à l'égal soit une nation, soit un homme,

30 Afin que l'impie ne domine plus,

Et qu'il ne soit plus un piège pour le peuple.

31 Car a-t-il jamais dit à Dieu :

J'ai été châtié, je ne pécherai plus ;

32 Montre-moi ce que je ne vois pas ;

Si j'ai commis des injustices, je n'en commettrai plus ?

33 Est-ce d'après toi que Dieu rendra la justice ?

C'est toi qui rejettes, qui choisis, mais non pas moi ;

Ce que tu sais, dis-le donc !

34 Les hommes de sens seront de mon avis,

Le sage qui m'écoute pensera comme moi.

35 Job parle sans intelligence,

Et ses discours manquent de raison.

36 Qu'il continue donc à être éprouvé,

Puisqu'il répond comme font les méchants !

37 Car il ajoute à ses fautes de nouveaux péchés ;

Il bat des mains au milieu de nous,

Il multiplie ses paroles contre Dieu.

35 Élihu reprit et dit :

2 Imagines-tu avoir raison,

Penses-tu te justifier devant Dieu,

3 Quand tu dis : Que me sert-il,

Que me revient-il de ne pas pécher ?

4 C'est à toi que je vais répondre,

Et à tes amis en même temps.

5 Considère les cieux, et regarde !

Vois les nuées, comme elles sont au-dessus de toi !

6 Si tu pèches, quel tort lui causes-tu ?

Et quand tes péchés se multiplient, que lui fais-tu ?

7 Si tu es juste, que lui donnes-tu ?

Que reçoit-il de ta main ?

8 Ta méchanceté ne peut nuire qu'à ton semblable,

Ta justice n'est utile qu'au fils de l'homme.

9 On crie contre la multitude des oppresseurs,

On se plaint de la violence d'un grand nombre ;

10 Mais nul ne dit : Où est Dieu, mon créateur,

Qui inspire des chants d'allégresse pendant la nuit,

11 Qui nous instruit plus que les bêtes de la terre,

Et nous donne l'intelligence plus qu'aux oiseaux du ciel ?

12 On a beau crier alors, Dieu ne répond pas,

A cause de l'orgueil des méchants.

13 C'est en vain que l'on crie, Dieu n'écoute pas,

Le Tout-Puissant n'y a point égard.

14 Bien que tu dises que tu ne le vois pas,

Ta cause est devant lui : attends-le !

15 Mais, parce que sa colère ne sévit point encore,

Ce n'est pas à dire qu'il ait peu souci du crime.

16 Ainsi Job ouvre vainement la bouche,

Il multiplie les paroles sans intelligence.

Élihu continua et dit : **36**

2 Attends un peu, et je vais poursuivre,

Car j'ai des paroles encore pour la cause de Dieu.

3 Je prendrai mes raisons de haut,

Et je prouverai la justice de mon créateur.

4 Sois-en sûr, mes discours ne sont pas des mensonges,

Mes sentiments devant toi sont sincères.

5 Dieu est puissant, mais il ne rejette personne ;

Il est puissant par la force de son intelligence.

6 Il ne laisse pas vivre le méchant,
Et il fait droit aux malheureux.

7 Il ne détourne pas les yeux de dessus les justes,
Il les place sur le trône avec les rois,
Il les y fait asseoir pour toujours, afin qu'ils soient élevés.

8 Viennent-ils à tomber dans les chaînes,
Sont-ils pris dans les liens de l'adversité,

9 Il leur dénonce leurs œuvres,
Leurs transgressions, leur orgueil;

10 Il les avertit pour leur instruction,
Il les exhorte à se détourner de l'iniquité.

11 S'ils écoutent et se soumettent,
Ils achèvent leurs jours dans le bonheur,
Leurs années dans la joie.

12 S'ils n'écoutent pas, ils périssent par le glaive,
Ils expirent dans leur aveuglement.

13 Les impies se livrent à la colère,
Ils ne crient pas à Dieu quand il les enchaîne;

14 Ils perdent la vie dans leur jeunesse,
Ils meurent comme les débauchés.

15 Mais Dieu sauve le malheureux dans sa misère,
Et c'est par la souffrance qu'il l'avertit.

16 Il te retirera aussi de la détresse,
Pour te mettre au large, en pleine liberté,
Et ta table sera chargée de mets succulents.

17 Mais si tu défends ta cause comme un impie,
Le châtiment est inséparable de ta cause.

18 Que l'irritation ne t'entraîne pas à la moquerie,
Et que la grandeur de la rançon ne te fasse pas dévier!

19 Tes cris suffiraient-ils pour te sortir d'angoisse,
Et même toutes les forces que tu pourrais déployer?

20 Ne soupire pas après la nuit,
Qui enlève les peuples de leur place.

21 Garde-toi de te livrer au mal,
Car la souffrance t'y dispose.

22 Dieu est grand par sa puissance;
Qui saurait enseigner comme lui?

23 Qui lui prescrit ses voies?
Qui ose dire: Tu fais mal?

24 Souviens-toi d'exalter ses œuvres,
Que célèbrent tous les hommes.

25 Tout homme les contemple,
Chacun les voit de loin.

26 Dieu est grand, mais sa grandeur nous échappe,
Le nombre de ses années est impénétrable.

27 Il attire à lui les gouttes d'eau,
Il les réduit en vapeur et forme la pluie;

28 Les nuages la laissent couler,
Ils la répandent sur la foule des hommes.

29 Et qui comprendra le déchirement de la nuée,
Le fracas de sa tente?

30 Voici, il étend autour de lui sa lumière,
Et il se cache jusque dans les profondeurs de la mer.

31 Par ces moyens il juge les peuples,
Et il donne la nourriture avec abondance.

32 Il prend la lumière dans sa main,
Il la dirige sur ses adversaires.

33 Il s'annonce par un grondement;
Les troupeaux pressentent son approche.

37 Mon cœur est tout tremblant,
Il bondit hors de sa place.

2 Écoutez, écoutez le frémissement de sa voix,
Le grondement qui sort de sa bouche!

3 Il le fait rouler dans toute l'étendue des cieux,
Et son éclair brille jusqu'aux extrémités de la terre.

4 Puis éclate un rugissement: il tonne de sa voix majestueuse;
Il ne retient plus l'éclair, dès que sa voix retentit.

5 Dieu tonne avec sa voix d'une manière merveilleuse;
Il fait de grandes choses que nous ne comprenons pas.

6 Il dit à la neige: Tombe sur la terre!
Il le dit à la pluie, même aux plus fortes pluies.

7 Il met un sceau sur la main de tous les hommes,
Afin que tous se reconnaissent comme ses créatures.
8 L'animal sauvage se retire dans une caverne,
Et se couche dans sa tanière.
9 L'ouragan vient du midi,
Et le froid, des vents du nord.
10 Par son souffle Dieu produit la glace,
Il réduit l'espace où se répandaient les eaux.
11 Il charge de vapeurs les nuages,
Il les disperse étincelants ;
12 Leurs évolutions varient selon ses desseins,
Pour l'accomplissement de tout ce qu'il leur ordonne,
Sur la face de la terre habitée ;
13 C'est comme une verge dont il frappe sa terre,
Ou comme un signe de son amour, qu'il les fait apparaître.
14 Job, sois attentif à ces choses !
Considère encore les merveilles de Dieu !
15 Sais-tu comment Dieu les dirige,
Et fait briller son nuage étincelant ?
16 Comprends-tu le balancement des nuées,
Les merveilles de celui dont la science est parfaite ?
17 Sais-tu pourquoi tes vêtements sont chauds
Quand la terre se repose par le vent du midi ?
18 Peux-tu comme lui étendre les cieux,
Aussi solides qu'un miroir de fonte ?
19 Fais-nous connaître ce que nous devons lui dire ;
Nous sommes trop ignorants pour nous adresser à lui.
20 Lui annoncera-t-on que je parlerai ?
Mais quel est l'homme qui désire sa perte ?
21 On ne peut fixer le soleil qui resplendit dans les cieux,
Lorsqu'un vent passe et en ramène la pureté ;
22 Le septentrion le rend éclatant comme l'or.
Oh ! que la majesté de Dieu est redoutable !
23 Nous ne saurions parvenir jusqu'au Tout-Puissant,

Grand par la force,
Par la justice, par le droit souverain :
Il ne répond pas !
24 C'est pourquoi les hommes doivent le craindre ;
Il ne porte les regards sur aucun sage.

Réponse de l'Éternel à Job.

38 L'Éternel répondit à Job du milieu de la tempête et dit :

2 Qui est celui qui obscurcit mes desseins
Par des discours sans intelligence ?
3 Ceins tes reins comme un vaillant homme ;
Je t'interrogerai, et tu m'instruiras.

4 Où étais-tu quand je fondais la terre ?
Dis-le, si tu as de l'intelligence.
5 Qui en a fixé les dimensions, le sais-tu ?
Ou qui a étendu sur elle le cordeau ?
6 Sur quoi ses bases sont-elles appuyées ?
Ou qui en a posé la pierre angulaire,
7 Alors que les étoiles du matin éclataient en chants d'allégresse,
Et que tous les fils de Dieu poussaient des cris de joie ?

8 Qui a fermé la mer avec des portes,
Quand elle s'élança du sein maternel ;
9 Quand je fis de la nuée son vêtement,
Et de l'obscurité ses langes ;
10 Quand je lui imposai ma loi,
Et que je lui mis des barrières et des portes ;
11 Quand je dis : Tu viendras jusqu'ici, tu n'iras pas au delà ;
Ici s'arrêtera l'orgueil de tes flots ?

12 Depuis que tu existes, as-tu commandé au matin ?
As-tu montré sa place à l'aurore,
13 Pour qu'elle saisisse les extrémités de la terre,
Et que les méchants en soient secoués ;
14 Pour que la terre se transforme comme l'argile qui reçoit une empreinte,
Et qu'elle soit parée comme d'un vêtement ;
15 Pour que les méchants soient privés de leur lumière,
Et que le bras qui se lève soit brisé ?

16 As-tu pénétré jusqu'aux sources de la mer ?
T'es-tu promené dans les profondeurs de l'abîme ?

17 Les portes de la mort t'ont-elles été ouvertes ?
As-tu vu les portes de l'ombre de la mort ?

18 As-tu embrassé du regard l'étendue de la terre ?
Parle, si tu sais toutes ces choses.

19 Où est le chemin qui conduit au séjour de la lumière ?
Et les ténèbres, où ont-elles leur demeure ?

20 Peux-tu les saisir à leur limite,
Et connaître les sentiers de leur habitation ?

21 Tu le sais, car alors tu étais né,
Et le nombre de tes jours est grand !

22 Es-tu parvenu jusqu'aux amas de neige ?
As-tu vu les dépôts de grêle,

23 Que je tiens en réserve pour les temps de détresse,
Pour les jours de guerre et de bataille ?

24 Par quel chemin la lumière se divise-t-elle,
Et le vent d'orient se répand-il sur la terre ?

25 Qui a ouvert un passage à la pluie,
Et tracé la route de l'éclair et du tonnerre,

26 Pour que la pluie tombe sur une terre sans habitants,
Sur un désert où il n'y a point d'hommes ;

27 Pour qu'elle abreuve les lieux solitaires et arides,
Et qu'elle fasse germer et sortir l'herbe ?

28 La pluie a-t-elle un père ?
Qui fait naître les gouttes de la rosée ?

29 Du sein de qui sort la glace,
Et qui enfante le frimas du ciel,

30 Pour que les eaux se cachent comme une pierre,
Et que la surface de l'abîme soit enchaînée ?

31 Noues-tu les liens des Pléiades,

Ou détaches-tu les cordages de l'Orion ?

32 Fais-tu paraître en leur temps les signes du zodiaque,
Et conduis-tu la Grande Ourse avec ses petits ?

33 Connais-tu les lois du ciel ?
Règles-tu son pouvoir sur la terre ?

34 Élèves-tu la voix jusqu'aux nuées,
Pour appeler à toi des torrents d'eaux ?

35 Lances-tu les éclairs ? partent-ils ?
Te disent-ils : Nous voici ?

36 Qui a mis la sagesse dans le cœur,
Ou qui a donné l'intelligence à l'esprit ?

37 Qui peut avec sagesse compter les nuages,
Et verser les outres des cieux,

38 Pour que la poussière se mette à ruisseler,
Et que les mottes de terre se collent ensemble ?

39

Chasses-tu la proie pour la lionne,
Et apaises-tu la faim des lionceaux,

2 Quand ils sont couchés dans leur tanière,
Quand ils sont en embuscade dans leur repaire ?

3 Qui prépare au corbeau sa pâture,
Quand ses petits crient vers Dieu,
Quand ils sont errants et affamés ?

4 Sais-tu quand les chèvres sauvages font leurs petits ?
Observes-tu les biches quand elles mettent bas ?

5 Comptes-tu les mois pendant lesquels elles portent,
Et connais-tu l'époque où elles enfantent ?

6 Elles se courbent, laissent échapper leur progéniture,
Et sont délivrées de leurs douleurs.

7 Leurs petits prennent de la vigueur et grandissent en plein air,
Ils s'éloignent et ne reviennent plus auprès d'elles.

8 Qui met en liberté l'âne sauvage,
Et l'affranchit de tout lien ?

9 J'ai fait du désert son habitation,
De la terre salée sa demeure.

10 Il se rit du tumulte des villes,
Il n'entend pas les cris d'un maître.

11 Il parcourt les montagnes pour trouver sa pâture,
Il est à la recherche de tout ce qui
est vert.

12 Le buffle veut-il être à ton service ?
Passe-t-il la nuit vers ta crèche ?

13 L'attaches-tu par une corde pour
qu'il trace un sillon ?
Va-t-il après toi briser les mottes
des vallées ?

14 Te reposes-tu sur lui, parce que sa
force est grande ?
Lui abandonnes-tu le soin de tes
travaux ?

15 Te fies-tu à lui pour la rentrée de
ta récolte ?
Est-ce lui qui doit l'amasser dans
ton aire ?

16 L'aile de l'autruche se déploie
joyeuse ;
On dirait l'aile, le plumage de la
cigogne.

17 Mais l'autruche abandonne ses œufs
à la terre,
Et les fait chauffer sur la poussière ;

18 Elle oublie que le pied peut les écraser,
Qu'une bête des champs peut les
fouler.

19 Elle est dure envers ses petits comme
s'ils n'étaient point à elle ;
Elle ne s'inquiète pas de l'inutilité
de son enfantement.

20 Car Dieu lui a refusé la sagesse,
Il ne lui a pas donné l'intelligence
en partage.

21 Quand elle se lève et prend sa course,
Elle se rit du cheval et de son cavalier.

22 Est-ce toi qui donnes la vigueur au
cheval,
Et qui revêts son cou d'une crinière
flottante ?

23 Le fais-tu bondir comme la sauterelle ?
Son fier hennissement répand la
terreur.

24 Il creuse le sol et se réjouit de sa force,
Il s'élance au-devant des armes ;

25 Il se rit de la crainte, il n'a pas peur,
Il ne recule pas en face de l'épée.

26 Sur lui retentit le carquois,
Brillent la lance et le javelot.

27 Bouillonnant d'ardeur, il dévore la
terre,
Il ne peut se contenir au bruit de la
trompette.

28 Quand la trompette sonne, il dit :
En avant !
Et de loin il flaire la bataille,
La voix tonnante des chefs et les
cris de guerre.

29 Est-ce par ton intelligence que l'épervier prend son vol,
Et qu'il étend ses ailes vers le midi ?

30 Est-ce par ton ordre que l'aigle
s'élève,
Et qu'il place son nid sur les hauteurs ?

31 C'est dans les rochers qu'il habite,
qu'il a sa demeure,
Sur la cime des rochers, sur le sommet des monts.

32 De là il épie sa proie,
Il plonge au loin les regards.

33 Ses petits boivent le sang ;
Et là où sont des cadavres, l'aigle se
trouve.

34 L'Éternel, s'adressant à Job, dit :

35 Celui qui dispute contre le Tout-
Puissant est-il convaincu ?
Celui qui conteste avec Dieu a-t-il
une réplique à faire ?

36 Job répondit à l'Éternel et dit :

37 Voici, je suis trop peu de chose ; que
te répliquerais-je ?
Je mets la main sur ma bouche.

38 J'ai parlé une fois, je ne répondrai
plus ;
Deux fois, je n'ajouterai rien.

40

L'Éternel répondit à Job du
milieu de la tempête et dit :

2 Ceins tes reins comme un vaillant
homme ;
Je t'interrogerai, et tu m'instruiras.

3 Anéantiras-tu jusqu'à ma justice ?
Me condamneras-tu pour te donner
droit ?

4 As-tu un bras comme celui de Dieu,
Une voix tonnante comme la sienne ?

5 Orne-toi de magnificence et de grandeur,
Revêts-toi de splendeur et de gloire !
6 Répands les flots de ta colère,
Et d'un regard abaisse les hautains !
7 D'un regard humilie les hautains,
Écrase sur place les méchants,
8 Cache-les tous ensemble dans la
poussière,
Enferme leur front dans les ténèbres !
9 Alors je rends hommage
A la puissance de ta droite.

10 Voici l'hippopotame, à qui j'ai donné
la vie comme à toi !
Il mange de l'herbe comme le bœuf.
11 Le voici ! Sa force est dans ses
reins,
Et sa vigueur dans les muscles de
son ventre ;
12 Il plie sa queue aussi ferme qu'un
cèdre ;
Les nerfs de ses cuisses sont entrelacés ;
13 Ses os sont des tubes d'airain,
Ses membres sont comme des barres
de fer.
14 Il est la première des œuvres de
Dieu ;
Celui qui l'a fait l'a pourvu d'un
glaive.
15 Il trouve sa pâture dans les montagnes,
Où se jouent toutes les bêtes des
champs.
16 Il se couche sous les lotus,
Au milieu des roseaux et des maré-
cages ;
17 Les lotus le couvrent de leur ombre,
Les saules du torrent l'environnent.
18 Que le fleuve vienne à déborder, il
ne s'enfuit pas :
Que le Jourdain se précipite dans sa
gueule, il reste calme.
19 Est-ce à force ouverte qu'on pourra
le saisir ?
Est-ce au moyen de filets qu'on lui
percera le nez ?
20 Prendras-tu le crocodile à l'hameçon ?
Saisiras-tu sa langue avec une corde ?
21 Mettras-tu un jonc dans ses narines ?
Lui perceras-tu la mâchoire avec un
crochet ?
22 Te pressera-t-il de supplications ?
Te parlera-t-il d'une voix douce ?

Fera-t-il une alliance avec toi, 23
Pour devenir à toujours ton esclave ?
Joueras-tu avec lui comme avec un 24
oiseau ?
L'attacheras-tu pour amuser tes
jeunes filles ?
Les pêcheurs en trafiquent-ils ? 25
Le partagent-ils entre les marchands ?
Couvriras-tu sa peau de dards, 26
Et sa tête de harpons ?
Dresse ta main contre lui, 27
Et tu ne t'aviseras plus de l'attaquer.
Voici, on est trompé dans son at- 28
tente ;
A son seul aspect n'est-on pas ter-
rassé ?

Nul n'est assez hardi pour l'exciter ; **41**
Qui donc me résisterait en face ?
De qui suis-je le débiteur ? Je le 2
paierai.
Sous le ciel tout m'appartient.
Je veux encore parler de ses mem- 3
bres,
Et de sa force, et de la beauté de sa
structure.
Qui soulèvera son vêtement ? 4
Qui pénétrera entre ses mâchoires ?
Qui ouvrira les portes de sa gueule ? 5
Autour de ses dents habite la terreur.
Ses magnifiques et puissants bou- 6
cliers
Sont unis ensemble comme par un
sceau ;
Ils se serrent l'un contre l'autre, 7
Et l'air ne passerait pas entre eux ;
Ce sont des frères qui s'embrassent, 8
Se saisissent, demeurent inséparables.
Ses éternuements font briller la 9
lumière ;
Ses yeux sont comme les paupières
de l'aurore.
Des flammes jaillissent de sa bouche, 10
Des étincelles de feu s'en échappent.
Une fumée sort de ses narines, 11
Comme d'un vase qui bout, d'une
chaudière ardente.
Son souffle allume les charbons, 12
Sa gueule lance la flamme.
La force a son cou pour demeure, 13
Et l'effroi bondit au-devant de lui.
Ses parties charnues tiennent en- 14
semble,
Fondues sur lui, inébranlables.
Son cœur est dur comme la pierre, 15

Dur comme la meule inférieure.

16 Quand il se lève, les plus vaillants
ont peur,
Et l'épouvante les fait fuir.

17 C'est en vain qu'on l'attaque avec
l'épée ;
La lance, le javelot, la cuirasse, ne
servent à rien.

18 Il regarde le fer comme de la paille,
L'airain comme du bois pourri.

19 La flèche ne le met pas en fuite,
Les pierres de la fronde sont pour
lui du chaume.

20 Il ne voit dans la massue qu'un brin
de paille,
Il rit au sifflement des dards.

21 Sous son ventre sont des pointes
aiguës :
On dirait une herse qu'il étend sur
le limon.

22 Il fait bouillir le fond de la mer
comme une chaudière,
Il l'agite comme un vase rempli de
parfums.

23 Il laisse après lui un sentier lumi-
neux ;
L'abîme prend la chevelure d'un
vieillard.

24 Sur la terre nul n'est son maître ;
Il a été créé pour ne rien craindre.

25 Il regarde avec dédain tout ce qui
est élevé,
Il est le roi des plus fiers animaux.

Humiliation et repentir de Job.

42 Job répondit à l'Éternel et dit :

2 Je reconnais que tu peux tout,
Et que rien ne s'oppose à tes pensées. —

3 Quel est celui qui a la folie d'ob-
scurcir mes desseins ? —
Oui, j'ai parlé, sans les comprendre,
De merveilles qui me dépassent et
que je ne conçois pas. —

4 Écoute-moi, et je parlerai ;
Je t'interrogerai, et tu m'instruiras. —

5 Mon oreille avait entendu parler de
toi ;
Mais maintenant mon œil t'a vu.

6 C'est pourquoi je me condamne et je
me repens
Sur la poussière et sur la cendre.

Retour de Job à la prospérité.

7 Après que l'Éternel eut adressé
ces paroles à Job, il dit à Éliphaz
de Théman : Ma colère est enflammée contre toi et contre tes deux
amis, parce que vous n'avez pas parlé
de moi avec droiture comme l'a fait
mon serviteur Job. 8 Prenez maintenant sept taureaux et sept béliers,
allez auprès de mon serviteur Job, et
offrez pour vous un holocauste. Job,
mon serviteur, priera pour vous, et
c'est par égard pour lui seul que je
ne vous traiterai pas selon votre folie ;
car vous n'avez pas parlé de moi avec
droiture, comme l'a fait mon serviteur Job.

9 Éliphaz de Théman, Bildad de
Schuach, et Tsophar de Naama allèrent et firent comme l'Éternel leur
avait dit ; et l'Éternel eut égard à la
prière de Job.

10 L'Éternel rétablit Job dans son
premier état, quand Job eut prié
pour ses amis ; et l'Éternel lui accorda le double de tout ce qu'il
avait possédé.

11 Les frères, les sœurs, et les anciens
amis de Job vinrent tous le visiter,
et ils mangèrent avec lui dans sa
maison. Ils le plaignirent et le con-
solèrent de tous les malheurs que
l'Éternel avait fait venir sur lui, et
chacun lui donna un kesita et un
anneau d'or.

12 Pendant ses dernières années, Job
reçut de l'Éternel plus de bénédictions qu'il n'en avait reçu dans les
premières. Il posséda quatorze mille
brebis, six mille chameaux, mille
paires de bœufs, et mille ânesses. 13 Il
eut sept fils et trois filles : 14 il donna
à la première le nom de Jemima, à
la seconde celui de Ketsia, et à la
troisième celui de Kéren-Happuc.
15 Il n'y avait pas dans tout le pays
d'aussi belles femmes que les filles
de Job. Leur père leur accorda une
part d'héritage parmi leurs frères.

16 Job vécut après cela cent quarante
ans, et il vit ses fils et les fils de ses
fils jusqu'à la quatrième génération.

17 Et Job mourut âgé et rassasié de
jours.

LES PSAUMES

LIVRE PREMIER

PSAUME 1

1 Heureux l'homme qui ne marche pas
　　selon le conseil des méchants,
Qui ne s'arrête pas sur la voie des
　　　　　　　　　　pécheurs,
Et qui ne s'assied pas en compagnie
　　　　　　　　des moqueurs,
2 Mais qui trouve son plaisir dans la
　　　　　loi de l'Éternel,
Et qui la médite jour et nuit !
3 Il est comme un arbre planté près
　　　　d'un courant d'eau,
Qui donne son fruit en sa saison,
Et dont le feuillage ne se flétrit point :
Tout ce qu'il fait lui réussit.

4 Il n'en est pas ainsi des méchants :
Ils sont comme la paille que le vent
　　　　　　　　　　dissipe.
5 C'est pourquoi les méchants ne ré-
　　sistent pas au jour du jugement,
Ni les pécheurs dans l'assemblée des
　　　　　　　　　　justes ;
6 Car l'Éternel connaît la voie des
　　　　　　　　　　justes,
Et la voie des pécheurs mène à la
　　　　　　　　　　ruine.

PSAUME 2

1 Pourquoi ce tumulte parmi les na-
　　　　　　　　　　tions,
Ces vaines pensées parmi les peuples?
2 Pourquoi les rois de la terre se soulè-
　　　　　　　　　　vent-ils
Et les princes se liguent-ils avec eux
Contre l'Éternel et contre son oint ?—
3 Brisons leurs liens,
Délivrons-nous de leurs chaînes !—

4 Celui qui siège dans les cieux rit,
Le Seigneur se moque d'eux.
5 Puis il leur parle dans sa colère,
Il les épouvante dans sa fureur :
6 C'est moi qui ai oint mon roi
Sur Sion, ma montagne sainte !

7 Je publierai le décret ;

L'Éternel m'a dit : Tu es mon fils !
Je t'ai engendré aujourd'hui.
Demande-moi et je te donnerai les 8
　　　　nations pour héritage,
Les extrémités de la terre pour
　　　　　　　　　possession ;
Tu les briseras avec une verge de fer, 9
Tu les briseras comme le vase d'un
　　　　　　　　　　potier.

Et maintenant, rois, conduisez-vous 10
　　　　　　avec sagesse !
Juges de la terre, recevez instruction !
Servez l'Éternel avec crainte, 11
Et réjouissez-vous avec tremblement.
Baisez le fils, de peur qu'il ne s'irrite, 12
Et que vous ne périssiez dans votre
　　　　　　　　　　voie,
Car sa colère est prompte à s'en-
　　　　　　　　　flammer.
Heureux tous ceux qui se confient
　　　　　　　　　en lui !

PSAUME 3

Psaume de David. A l'occasion 1
de sa fuite devant Absalom, son fils.

O Éternel, que mes ennemis sont 2
　　　　　　　　　nombreux !
Quelle multitude se lève contre moi !
Combien qui disent à mon sujet : 3
Plus de salut pour lui auprès de
　　　　　　　　Dieu !—Pause.

Mais toi, ô Éternel ! tu es mon bou- 4
　　　　　　　　　　clier,
Tu es ma gloire, et tu relèves ma tête.
De ma voix je crie à l'Éternel, 5
Et il me répond de sa montagne
　　　　　　　　sainte.—Pause.

Je me couche, et je m'endors ; 6
Je me réveille, car l'Éternel est mon
　　　　　　　　　soutien.
Je ne crains pas les myriades de 7
　　　　　　　　　peuples
Qui m'assiègent de toutes parts.

8 Lève-toi, Éternel ! sauve-moi, mon Dieu !
Car tu frappes à la joue tous mes ennemis,
Tu brises les dents des méchants.
9 Le salut est auprès de l'Éternel :
Que ta bénédiction soit sur ton peuple !—Pause.

PSAUME 4

1 Au chef des chantres. Avec instruments à cordes. Psaume de David.

2 Quand je crie, réponds-moi, Dieu de ma justice !
Quand je suis dans la détresse, sauve-moi !
Aie pitié de moi, écoute ma prière !

3 Fils des hommes, jusques à quand ma gloire sera-t-elle outragée ?
Jusques à quand aimerez-vous la vanité,
Chercherez - vous le mensonge ?—Pause.
4 Sachez que l'Éternel s'est choisi un homme pieux ;
L'Éternel entend, quand je crie à lui.
5 Tremblez, et ne péchez point ;
Parlez en vos cœurs sur votre couche, puis taisez-vous.—Pause.
6 Offrez des sacrifices de justice,
Et confiez-vous à l'Éternel.

7 Plusieurs disent : Qui nous fera voir le bonheur ?
Fais lever sur nous la lumière de ta face, ô Éternel !
8 Tu mets dans mon cœur plus de joie qu'ils n'en ont
Quand abondent leur froment et leur moût.
9 Je me couche et je m'endors en paix,
Car toi seul, ô Éternel ! tu me donnes la sécurité dans ma demeure.

PSAUME 5

1 Au chef des chantres. Avec les flûtes. Psaume de David.

2 Prête l'oreille à mes paroles, ô Éternel !
Écoute mes gémissements !

Sois attentif à mes cris, mon roi et 3 mon Dieu !
C'est à toi que j'adresse ma prière.

Éternel ! le matin tu entends ma 4 voix ;
Le matin je me tourne vers toi, et je regarde.
Car tu n'es point un Dieu qui prenne 5 plaisir au mal ;
Le méchant n'a pas sa demeure auprès de toi.
Les insensés ne subsistent pas devant 6 tes yeux ;
Tu hais tous ceux qui commettent l'iniquité.
Tu fais périr les menteurs ; 7
L'Éternel abhorre les hommes de sang et de fraude.
Mais moi, par ta grande miséricorde, 8 je vais à ta maison,
Je me prosterne dans ton saint temple avec crainte.

Éternel ! conduis-moi dans ta justice, 9 à cause de mes ennemis,
Aplanis ta voie sous mes pas.
Car il n'y a point de sincérité dans 10 leur bouche ;
Leur cœur est rempli de malice,
Leur gosier est un sépulcre ouvert,
Et ils ont sur la langue des paroles flatteuses.
Frappe-les comme des coupables, ô 11 Dieu !
Que leurs desseins amènent leur chute !
Précipite-les au milieu de leurs péchés sans nombre !
Car ils se révoltent contre toi.
Alors tous ceux qui se confient en 12 toi se réjouiront,
Ils auront de l'allégresse à toujours, et tu les protégeras ;
Tu seras un sujet de joie
Pour ceux qui aiment ton nom.
Car tu bénis le juste, ô Éternel ! 13
Tu l'entoures de ta grâce comme d'un bouclier.

PSAUME 6

Au chef des chantres. Avec ins- 1 truments à cordes. Sur la harpe à huit cordes. Psaume de David.

2 Éternel ! ne me punis pas dans ta colère,
Et ne me châtie pas dans ta fureur.

3 Aie pitié de moi, Éternel ! car je suis sans force ;
Guéris-moi, Éternel ! car mes os sont tremblants.

4 Mon âme est toute troublée ;
Et toi, Éternel ! jusques à quand ?...

5 Reviens, Éternel ! délivre mon âme ;
Sauve-moi, à cause de ta miséricorde.

6 Car celui qui meurt n'a plus ton souvenir ;
Qui te louera dans le séjour des morts ?

7 Je m'épuise à force de gémir ;
Chaque nuit ma couche est baignée de mes larmes,
Mon lit est arrosé de mes pleurs.

8 J'ai le visage usé par le chagrin ;
Tous ceux qui me persécutent le font vieillir.

9 Éloignez-vous de moi, vous tous qui faites le mal !
Car l'Éternel entend la voix de mes larmes ;

10 L'Éternel exauce mes supplications,
L'Éternel accueille ma prière.

11 Tous mes ennemis sont confondus, saisis d'épouvante ;
Ils reculent, soudain couverts de honte.

PSAUME 7

1 Complainte de David. Chantée à l'Éternel, au sujet de Cusch, Benjamite.

2 Éternel, mon Dieu ! je cherche en toi mon refuge ;
Sauve-moi de tous mes persécuteurs, et délivre-moi,

3 Afin qu'il ne me déchire pas, comme un lion
Qui dévore sans que personne vienne au secours.

4 Éternel, mon Dieu ! si j'ai fait cela,
S'il y a de l'iniquité dans mes mains,

5 Si j'ai rendu le mal à celui qui était paisible envers moi,

Si j'ai dépouillé celui qui m'opprimait sans cause,
Que l'ennemi me poursuive et m'atteigne, 6
Qu'il foule à terre ma vie,
Et qu'il couche ma gloire dans la poussière !—Pause.

Lève-toi, ô Éternel ! dans ta colère, 7
Lève-toi contre la fureur de mes adversaires,
Réveille-toi pour me secourir, ordonne un jugement !
Que l'assemblée des peuples t'environne ! 8
Monte au-dessus d'elle vers les lieux élevés !
L'Éternel juge les peuples : 9
Rends-moi justice, ô Éternel !
Selon mon droit et selon mon innocence !
Mets un terme à la malice des méchants, 10
Et affermis le juste,
Toi qui sondes les cœurs et les reins,
Dieu juste !

Mon bouclier est en Dieu, 11
Qui sauve ceux dont le cœur est droit.
Dieu est un juste juge, 12
Dieu s'irrite en tout temps.
Si le méchant ne se convertit pas, 13 il aiguise son glaive,
Il bande son arc, et il vise ;
Il dirige sur lui des traits meurtriers, 14
Il rend ses flèches brûlantes.

Voici, le méchant prépare le mal, 15
Il conçoit l'iniquité, et il enfante le néant.
Il ouvre une fosse, il la creuse, 16
Et il tombe dans la fosse qu'il a faite.
Son iniquité retombe sur sa tête, 17
Et sa violence redescend sur son front.

Je louerai l'Éternel à cause de sa 18 justice,
Je chanterai le nom de l'Éternel, du Très-Haut.

PSAUME 8

Au chef des chantres. Sur la 1
guitthith. Psaume de David.

2 Éternel, notre Seigneur !
Que ton nom est magnifique sur
toute la terre !
Ta majesté s'élève au-dessus des
cieux.
3 Par la bouche des enfants et de ceux
qui sont à la mamelle
Tu as fondé ta gloire, pour confondre
tes adversaires,
Pour imposer silence à l'ennemi et
au vindicatif.

4 Quand je contemple les cieux,
ouvrage de tes mains,
La lune et les étoiles que tu as
créées :
5 Qu'est-ce que l'homme, pour que tu
te souviennes de lui ?
Et le fils de l'homme, pour que tu
prennes garde à lui ?
6 Tu l'as fait de peu inférieur à Dieu,
Et tu l'as couronné de gloire et de
magnificence.
7 Tu lui as donné la domination sur
les œuvres de tes mains,
Tu as tout mis sous ses pieds,
8 Les brebis comme les bœufs,
Et les animaux des champs,
9 Les oiseaux du ciel et les poissons
de la mer,
Tout ce qui parcourt les sentiers des
mers.

10 Éternel, notre Seigneur !
Que ton nom est magnifique sur
toute la terre !

PSAUME 9

1 Au chef des chantres. Sur «Meurs
pour le fils.» Psaume de David.

2 Je louerai l'Éternel de tout mon
cœur,
Je raconterai toutes tes merveilles.
3 Je ferai de toi le sujet de ma joie et
de mon allégresse,
Je chanterai ton nom, Dieu Très-
Haut !

4 Mes ennemis reculent,
Ils chancellent, ils périssent devant
ta face.
5 Car tu soutiens mon droit et ma cause,

Tu sièges sur ton trône en juste juge.
Tu châties les nations, tu détruis le 6
méchant,
Tu effaces leur nom pour toujours et
à perpétuité.
Plus d'ennemis ! des ruines éternelles ! 7
Des villes que tu as renversées !
Leur souvenir est anéanti.

L'Éternel règne à jamais, 8
Il a dressé son trône pour le juge-
ment ;
Il juge le monde avec justice, 9
Il juge les peuples avec droiture.
L'Éternel est un refuge pour l'op- 10
primé,
Un refuge au temps de la détresse.
Ceux qui connaissent ton nom se 11
confient en toi.
Car tu n'abandonnes pas ceux qui
te cherchent, ô Éternel !

Chantez à l'Éternel, qui réside en 12
Sion,
Publiez parmi les peuples ses hauts
faits !
Car il venge le sang et se souvient 13
des malheureux,
Il n'oublie pas leurs cris.

Aie pitié de moi, Éternel ! 14
Vois la misère où me réduisent mes
ennemis,
Enlève-moi des portes de la mort,
Afin que je publie toutes tes louanges, 15
Dans les portes de la fille de Sion,
Et que je me réjouisse de ton salut.

Les nations tombent dans la fosse 16
qu'elles ont faite,
Leur pied se prend au filet qu'elles
ont caché.
L'Éternel se montre, il fait justice, 17
Il enlace le méchant dans l'œuvre
de ses mains.
—Jeu d'instruments. Pause.

Les méchants se tournent vers le 18
séjour des morts,
Toutes les nations qui oublient Dieu.
Car le malheureux n'est point oublié 19
à jamais,
L'espérance des misérables ne périt
pas à toujours.

20 Lève-toi, ô Éternel! Que l'homme ne triomphe pas! Que les nations soient jugées devant ta face!

21 Frappe-les d'épouvante, ô Éternel! Que les peuples sachent qu'ils sont des hommes!—Pause.

PSAUME 10

1 Pourquoi, ô Éternel! te tiens-tu éloigné? Pourquoi te caches-tu au temps de la détresse?

2 Le méchant dans son orgueil poursuit les malheureux, Ils sont victimes des trames qu'il a conçues.

3 Car le méchant se glorifie de sa convoitise, Et le ravisseur outrage, méprise l'Éternel.

4 Le méchant dit avec arrogance: Il ne punit pas! Il n'y a point de Dieu!—Voilà toutes ses pensées.

5 Ses voies réussissent en tout temps; Tes jugements sont trop élevés pour l'atteindre, Il souffle contre tous ses adversaires.

6 Il dit en son cœur: Je ne chancelle pas, Je suis pour toujours à l'abri du malheur!

7 Sa bouche est pleine de malédictions, de tromperies et de fraudes; Il y a sous sa langue de la malice et de l'iniquité.

8 Il se tient en embuscade près des villages, Il assassine l'innocent dans des lieux écartés; Ses yeux épient le malheureux.

9 Il est aux aguets dans sa retraite, comme le lion dans sa tanière, Il est aux aguets pour surprendre le malheureux; Il le surprend et l'attire dans son filet.

10 Il se courbe, il se baisse, Et les misérables tombent dans ses griffes.

11 Il dit en son cœur: Dieu oublie! Il cache sa face, il ne regarde jamais!

12 Lève-toi, Éternel! ô Dieu, lève ta main! N'oublie pas les malheureux!

13 Pourquoi le méchant méprise-t-il Dieu? Pourquoi dit-il en son cœur: Tu ne punis pas?

14 Tu regardes cependant, car tu vois la peine et la souffrance, Pour prendre en main leur cause; C'est à toi que s'abandonne le malheureux, C'est toi qui viens en aide à l'orphelin.

15 Brise le bras du méchant, Punis ses iniquités, et qu'il disparaisse à tes yeux!

16 L'Éternel est roi à toujours et à perpétuité; Les nations sont exterminées de son pays.

17 Tu entends les vœux de ceux qui souffrent, ô Éternel! Tu affermis leur cœur; tu prêtes l'oreille

18 Pour rendre justice à l'orphelin et à l'opprimé, Afin que l'homme tiré de la terre cesse d'inspirer l'effroi.

PSAUME 11

1 Au chef des chantres. De David.

C'est en l'Éternel que je cherche un refuge. Comment pouvez-vous me dire: Fuis dans vos montagnes, comme un oiseau?

2 Car voici, les méchants bandent l'arc, Ils ajustent leur flèche sur la corde, Pour tirer dans l'ombre sur ceux dont le cœur est droit.

3 Quand les fondements sont renversés, Le juste, que ferait-il?—

4 L'Éternel est dans son saint temple, L'Éternel a son trône dans les cieux; Ses yeux regardent, Ses paupières sondent les fils de l'homme.

5 L'Éternel sonde le juste; Il hait le méchant et celui qui se plaît à la violence.

6 Il fait pleuvoir sur les méchants

Des charbons, du feu et du soufre ;
Un vent brûlant, c'est le calice qu'ils
ont en partage.

7 Car l'Éternel est juste, il aime la
justice ;
Les hommes droits contemplent sa
face.

PSAUME 12

1 Au chef des chantres. Sur la harpe
à huit cordes. Psaume de David.

2 Sauve, Éternel ! car les hommes
pieux s'en vont,
Les fidèles disparaissent parmi les
fils de l'homme.
3 On se dit des faussetés les uns aux
autres,
On a sur les lèvres des choses flatteuses,
On parle avec un cœur double.
4 Que l'Éternel extermine toutes les
lèvres flatteuses,
La langue qui discourt avec arrogance,
5 Ceux qui disent : Nous sommes
puissants par notre langue,
Nous avons nos lèvres avec nous ;
Qui serait notre maître ?—

6 Parce que les malheureux sont opprimés et que les pauvres gémissent,
Maintenant, dit l'Éternel, je me lève,
J'apporte le salut à ceux contre qui
l'on souffle.—
7 Les paroles de l'Éternel sont des
paroles pures,
Un argent éprouvé sur terre au creuset,
Et sept fois épuré.
8 Toi, Éternel ! tu les garderas,
Tu les préserveras de cette race à
jamais.
9 Les méchants se promènent de toutes
parts,
Quand la bassesse règne parmi les
fils de l'homme.

PSAUME 13

1 Au chef des chantres. Psaume
de David.

2 Jusques à quand, Éternel ! m'oublie-
ras-tu sans cesse ?

Jusques à quand me cacheras-tu ta
face ?
Jusques à quand aurai-je des soucis 3
dans mon âme,
Et chaque jour des chagrins dans
mon cœur ?
Jusques à quand mon ennemi
s'élèvera-t-il contre moi ?

Regarde, réponds-moi, Éternel, mon 4
Dieu !
Donne à mes yeux la clarté,
Afin que je ne m'endorme pas du
sommeil de la mort,
Afin que mon ennemi ne dise pas : 5
Je l'ai vaincu !
Et que mes adversaires ne se ré-
jouissent pas, si je chancelle.

Moi, j'ai confiance en ta bonté, 6
J'ai de l'allégresse dans le cœur, à
cause de ton salut ;
Je chante à l'Éternel, car il m'a fait
du bien.

PSAUME 14

Au chef des chantres. De David. 1

L'insensé dit en son cœur : Il n'y a
point de Dieu !
Ils se sont corrompus, ils ont commis
des actions abominables ;
Il n'en est aucun qui fasse le bien.
L'Éternel, du haut des cieux, regarde 2
les fils de l'homme,
Pour voir s'il y a quelqu'un qui soit
intelligent,
Qui cherche Dieu.
Tous sont égarés, tous sont per- 3
vertis ;
Il n'en est aucun qui fasse le bien,
Pas même un seul.

Tous ceux qui commettent l'iniquité 4
ont-ils perdu le sens ?
Ils dévorent mon peuple, ils le prennent pour nourriture ;
Ils n'invoquent point l'Éternel.
C'est alors qu'ils trembleront d'épou- 5
vante,
Quand Dieu paraîtra au milieu de la
race juste.
Jetez l'opprobre sur l'espérance du 6
malheureux...

L'Éternel est son refuge.

7 Oh! qui fera partir de Sion la
délivrance d'Israël?
Quand l'Éternel ramènera les captifs
de son peuple,
Jacob sera dans l'allégresse, Israël
se réjouira.

PSAUME 15

1 Psaume de David.

O Éternel! qui séjournera dans ta
tente?
Qui demeurera sur ta montagne
sainte?—

2 Celui qui marche dans l'intégrité,
qui pratique la justice
Et qui dit la vérité selon son cœur.
3 Il ne calomnie point avec sa langue,
Il ne fait point de mal à son semblable,
Et il ne jette point l'opprobre sur
son prochain.
4 Il regarde avec dédain celui qui est
méprisable,
Mais il honore ceux qui craignent
l'Éternel;
Il ne se rétracte point, s'il fait un
serment à son préjudice.
5 Il n'exige point d'intérêt de son
argent,
Et il n'accepte point de don contre
l'innocent.
Celui qui se conduit ainsi ne chancelle
jamais.

PSAUME 16

1 Hymne de David.

Garde-moi, ô Dieu! car je cherche
en toi mon refuge.
2 Je dis à l'Éternel: Tu es mon
Seigneur,
Tu es mon souverain bien!
3 Les saints qui sont dans le pays,
Les hommes pieux sont l'objet de
toute mon affection.
4 On multiplie les idoles, on court
après les dieux étrangers:
Je ne répands pas leurs libations de
sang,

Je ne mets pas leurs noms sur mes
lèvres.
L'Éternel est mon partage et mon 5
calice;
C'est toi qui m'assures mon lot;
Un héritage délicieux m'est échu, 6
Une belle possession m'est accordée.

Je bénis l'Éternel, mon conseiller; 7
La nuit même mon cœur m'exhorte.
J'ai constamment l'Éternel sous mes 8
yeux;
Quand il est à ma droite, je ne
chancelle pas.
Aussi mon cœur est dans la joie, 9
mon esprit dans l'allégresse,
Et mon corps repose en sécurité.
Car tu ne livreras pas mon âme au 10
séjour des morts,
Tu ne permettras pas que ton bien-
aimé voie la corruption.
Tu me feras connaître le sentier de 11
la vie;
Il y a d'abondantes joies devant ta
face,
Des délices éternelles à ta droite.

PSAUME 17

Prière de David. 1

Éternel! écoute la droiture, sois
attentif à mes cris,
Prête l'oreille à ma prière faite avec
des lèvres sans tromperie!
Que ma justice paraisse devant ta 2
face,
Que tes yeux contemplent mon inté-
grité!
Si tu sondes mon cœur, si tu le visites 3
la nuit,
Si tu m'éprouves, tu ne trouveras rien:
Ma pensée n'est pas autre que ce qui
sort de ma bouche.
A la vue des actions des hommes, 4
fidèle à la parole de tes lèvres,
Je me tiens en garde contre la voie
des violents;
Mes pas sont fermes dans tes sentiers, 5
Mes pieds ne chancellent point.

Je t'invoque, car tu m'exauces, ô 6
Dieu!
Incline vers moi ton oreille, écoute
ma parole!

7 Signale ta bonté, toi qui sauves ceux
qui cherchent un refuge,
Et qui par ta droite les délivres de
leurs adversaires !
8 Garde-moi comme la prunelle de
l'œil ;
Protège-moi, à l'ombre de tes ailes,
9 Contre les méchants qui me persécutent,
Contre mes ennemis acharnés qui
m'enveloppent.
10 Ils ferment leurs entrailles,
Ils ont à la bouche des paroles
hautaines.
11 Ils sont sur nos pas, déjà ils nous
entourent,
Ils nous épient pour nous terrasser.
12 On dirait un lion avide de déchirer,
Un lionceau aux aguets dans son
repaire.

13 Lève-toi, Éternel, marche à sa rencontre, renverse-le !
Délivre-moi du méchant par ton
glaive !
14 Délivre-moi des hommes par ta
main, Éternel, des hommes de
ce monde !
Leur part est dans la vie,
Et tu remplis leur ventre de tes
biens ;
Leurs enfants sont rassasiés,
Et ils laissent leur superflu à leurs
petits-enfants.
15 Pour moi, dans mon innocence, je
verrai ta face ;
Dès le réveil, je me rassasierai de
ton image.

PSAUME 18

1 Au chef des chantres. Du serviteur de l'Éternel, de David, qui
adressa à l'Éternel les paroles de
ce cantique, lorsque l'Éternel l'eut
délivré de la main de tous ses ennemis et de la main de Saül. Il dit :

2 Je t'aime, ô Éternel, ma force !
3 Éternel, mon rocher, ma forteresse,
mon libérateur !
Mon Dieu, mon rocher, où je trouve
un abri !
Mon bouclier, la force qui me sauve,
ma haute retraite !

Je m'écrie : Loué soit l'Éternel ! 4
Et je suis délivré de mes ennemis.

Les liens de la mort m'avaient envi- 5
ronné,
Et les torrents de la destruction
m'avaient épouvanté ;
Les liens du sépulcre m'avaient en- 6
touré,
Les filets de la mort m'avaient sur-
pris.
Dans ma détresse, j'ai invoqué 7
l'Éternel,
J'ai crié à mon Dieu ;
De son palais, il a entendu ma voix,
Et mon cri est parvenu devant lui à
ses oreilles.

La terre fut ébranlée et trembla, 8
Les fondements des montagnes fré-
mirent,
Et ils furent ébranlés, parce qu'il
était irrité.
Il s'élevait de la fumée dans ses 9
narines,
Et un feu dévorant sortait de sa
bouche :
Il en jaillissait des charbons em-
brasés.
Il abaissa les cieux, et il descendit : 10
Il y avait une épaisse nuée sous ses
pieds.
Il était monté sur un chérubin, et il 11
volait,
Il planait sur les ailes du vent.
Il faisait des ténèbres sa retraite, sa 12
tente autour de lui,
Il était enveloppé des eaux obscures
et de sombres nuages.
De la splendeur qui le précédait 13
s'échappaient les nuées,
Lançant de la grêle et des charbons
de feu.

L'Éternel tonna dans les cieux, 14
Le Très-Haut fit retentir sa voix,
Avec la grêle et les charbons de feu.
Il lança ses flèches et dispersa mes 15
ennemis,
Il multiplia les coups de la foudre et
les mit en déroute.
Le lit des eaux apparut, 16
Les fondements du monde furent
découverts,

Par ta menace, ô Éternel !
Par le bruit du souffle de tes narines.

17 Il étendit sa main d'en haut, il me saisit,
Il me retira des grandes eaux ;

18 Il me délivra de mon adversaire puissant,
De mes ennemis qui étaient plus forts
que moi.

19 Ils m'avaient surpris au jour de ma
détresse ;
Mais l'Éternel fut mon appui.

20 Il m'a mis au large,
Il m'a sauvé, parce qu'il m'aime.

21 L'Éternel m'a traité selon ma droiture,
Il m'a rendu selon la pureté de mes
mains ;

22 Car j'ai observé les voies de l'Éternel,
Et je n'ai point été coupable envers
mon Dieu.

23 Toutes ses ordonnances ont été devant moi,
Et je ne me suis point écarté de ses
lois.

24 J'ai été sans reproche envers lui,
Et je me suis tenu en garde contre
mon iniquité.

25 Aussi l'Éternel m'a rendu selon ma
droiture,
Selon la pureté de mes mains devant
ses yeux.

26 Avec celui qui est bon tu te montres
bon,
Avec l'homme droit tu agis selon la
droiture,

27 Avec celui qui est pur tu te montres
pur,
Et avec le pervers tu agis selon sa
perversité.

28 Tu sauves le peuple qui s'humilie,
Et tu abaisses les regards hautains.

29 Oui, tu fais briller ma lumière ;
L'Éternel, mon Dieu, éclaire mes
ténèbres.

30 Avec toi je me précipite sur une
troupe en armes,
Avec mon Dieu je franchis une
muraille.

31 Les voies de Dieu sont parfaites,
La parole de l'Éternel est éprouvée ;
Il est un bouclier pour tous ceux qui
se confient en lui.

Car qui est Dieu, si ce n'est l'Éternel ; 32
Et qui est un rocher, si ce n'est notre
Dieu ?

33 C'est Dieu qui me ceint de force,
Et qui me conduit dans la voie
droite.

34 Il rend mes pieds semblables à ceux
des biches,
Et il me place sur mes lieux élevés.

35 Il exerce mes mains au combat,
Et mes bras tendent l'arc d'airain.

36 Tu me donnes le bouclier de ton
salut,
Ta droite me soutient,
Et je deviens grand par ta bonté.

37 Tu élargis le chemin sous mes pas,
Et mes pieds ne chancellent point.

38 Je poursuis mes ennemis, je les at-
teins,
Et je ne reviens pas avant de les
avoir anéantis.

39 Je les brise, et ils ne peuvent se
relever ;
Ils tombent sous mes pieds.

40 Tu me ceins de force pour le combat,
Tu fais plier sous moi mes adversaires.

41 Tu fais tourner le dos à mes ennemis
devant moi,
Et j'extermine ceux qui me haïssent.

42 Ils crient, et personne pour les sauver !
Ils crient à l'Éternel, et il ne leur
répond pas !

43 Je les broie comme la poussière
qu'emporte le vent,
Je les foule comme la boue des rues.

44 Tu me délivres des dissensions du
peuple ;
Tu me mets à la tête des nations ;
Un peuple que je ne connaissais pas
m'est asservi.

45 Ils m'obéissent au premier ordre,
Les fils de l'étranger me flattent ;

46 Les fils de l'étranger sont en défaillance,
Ils tremblent hors de leurs forteresses.

47 Vive l'Éternel, et béni soit mon
rocher !

Que le Dieu de mon salut soit exalté,

48 Le Dieu qui est mon vengeur,
Qui m'assujettit les peuples,

49 Qui me délivre de mes ennemis !
Tu m'élèves au-dessus de mes adversaires,
Tu me sauves de l'homme violent.

50 C'est pourquoi je te louerai parmi les nations, ô Éternel !
Et je chanterai à la gloire de ton nom.

51 Il accorde de grandes délivrances à son roi,
Et il fait miséricorde à son oint,
A David, et à sa postérité, pour toujours.

PSAUME 19

1 Au chef des chantres. Psaume de David.

2 Les cieux racontent la gloire de Dieu,
Et l'étendue manifeste l'œuvre de ses mains.

3 Le jour en instruit un autre jour,
La nuit en donne connaissance à une autre nuit.

4 Ce n'est pas un langage, ce ne sont pas des paroles
Dont le son ne soit point entendu :

5 Leur retentissement parcourt toute la terre,
Leurs accents vont aux extrémités du monde,
Où il a dressé une tente pour le soleil.

6 Et le soleil, semblable à un époux qui sort de sa chambre,
S'élance dans la carrière avec la joie d'un héros ;

7 Il se lève à une extrémité des cieux,
Et achève sa course à l'autre extrémité :
Rien ne se dérobe à sa chaleur.

8 La loi de l'Éternel est parfaite, elle restaure l'âme ;
Le témoignage de l'Éternel est véritable, il rend sage l'ignorant.

9 Les ordonnances de l'Éternel sont droites, elles réjouissent le cœur ;
Les commandements de l'Éternel sont purs, ils éclairent les yeux.

10 La crainte de l'Éternel est pure, elle subsiste à toujours ;

Les jugements de l'Éternel sont vrais, ils sont tous justes.

11 Ils sont plus précieux que l'or, que beaucoup d'or fin ;
Ils sont plus doux que le miel, que celui qui coule des rayons.

12 Ton serviteur aussi en reçoit instruction ;
Pour qui les observe la récompense est grande.

13 Qui connaît ses égarements ?
Pardonne-moi ceux que j'ignore.

14 Préserve aussi ton serviteur des orgueilleux ;
Qu'ils ne dominent point sur moi !
Alors je serai intègre, innocent de grands péchés.

15 Reçois favorablement les paroles de ma bouche
Et les sentiments de mon cœur,
O Éternel, mon rocher et mon libérateur !

PSAUME 20

1 Au chef des chantres. Psaume de David.

2 Que l'Éternel t'exauce au jour de la détresse,
Que le nom du Dieu de Jacob te protège !

3 Que du sanctuaire il t'envoie du secours,
Que de Sion il te soutienne !

4 Qu'il se souvienne de toutes tes offrandes,
Et qu'il agrée tes holocaustes !—
Pause.

5 Qu'il te donne ce que ton cœur désire,
Et qu'il accomplisse tous tes desseins !

6 Nous nous réjouirons de ton salut,
Nous lèverons l'étendard au nom de notre Dieu ;
L'Éternel exaucera tous tes vœux.

7 Je sais déjà que l'Éternel sauve son oint ;
Il l'exaucera des cieux, de sa sainte demeure,
Par le secours puissant de sa droite.

8 Ceux-ci s'appuient sur leurs chars, ceux-là sur leurs chevaux ;

Nous, nous invoquons le nom de
l'Éternel, notre Dieu.

9 Eux, ils plient, et ils tombent ;
Nous, nous tenons ferme, et restons
debout.

10 Éternel, sauve le roi !
Qu'il nous exauce, quand nous l'invoquons !

PSAUME 21

1 Au chef des chantres. Psaume de
David.

2 Éternel ! le roi se réjouit de ta protection puissante.
Oh ! comme ton secours le remplit
d'allégresse !

3 Tu lui as donné ce que désirait son
cœur,
Et tu n'as pas refusé ce que demandaient ses lèvres. — Pause.

4 Car tu l'as prévenu par les bénédictions de ta grâce,
Tu as mis sur sa tête une couronne
d'or pur.

5 Il te demandait la vie, tu la lui as
donnée,
Une vie longue pour toujours et à
perpétuité.

6 Sa gloire est grande à cause de ton
secours ;
Tu places sur lui l'éclat et la magnificence.

7 Tu le rends à jamais un objet de
bénédictions,
Tu le combles de joie devant ta face.

8 Le roi se confie en l'Éternel ;
Et, par la bonté du Très-Haut, il ne
chancelle pas.

9 Ta main trouvera tous tes ennemis,
Ta droite trouvera ceux qui te haïssent.

10 Tu les rendras tels qu'une fournaise
ardente,
Le jour où tu te montreras ;
L'Éternel les anéantira dans sa colère,
Et le feu les dévorera.

11 Tu feras disparaître leur postérité de
la terre,
Et leur race du milieu des fils de
l'homme.

12 Ils ont projeté du mal contre toi,

Ils ont conçu de mauvais desseins,
mais ils seront impuissants.

13 Car tu leur feras tourner le dos,
Et avec ton arc tu tireras sur eux.

14 Lève-toi, Éternel, avec ta force !
Nous voulons chanter, célébrer ta
puissance.

PSAUME 22

1 Au chef des chantres. Sur « Biche
de l'aurore. » Psaume de David.

2 Mon Dieu ! mon Dieu ! pourquoi
m'as-tu abandonné,
Et t'éloignes-tu sans me secourir,
sans écouter mes plaintes ?

3 Mon Dieu ! je crie le jour, et tu ne
réponds pas ;
La nuit, et je n'ai point de repos.

4 Pourtant tu es le Saint,
Tu sièges au milieu des louanges
d'Israël.

5 En toi se confiaient nos pères ;
Ils se confiaient, et tu les délivrais.

6 Ils criaient à toi, et ils étaient sauvés ;
Ils se confiaient en toi, et ils n'étaient
point confus.

7 Et moi, je suis un ver et non un
homme,
L'opprobre des hommes et le méprisé
du peuple.

8 Tous ceux qui me voient se moquent
de moi,
Ils ouvrent la bouche, secouent la
tête :

9 Recommande-toi à l'Éternel ! L'Éternel le sauvera,
Il le délivrera, puisqu'il l'aime ! —

10 Oui, tu m'as fait sortir du sein maternel,
Tu m'as mis en sûreté sur les mamelles de ma mère ;

11 Dès le sein maternel j'ai été sous ta
garde,
Dès le ventre de ma mère tu as été
mon Dieu.

12 Ne t'éloigne pas de moi quand la
détresse est proche,
Quand personne ne vient à mon
secours !

13 De nombreux taureaux sont autour
de moi,

Des taureaux de Basan m'environnent.

14 Ils ouvrent contre moi leur gueule,
Semblables au lion qui déchire et rugit.

15 Je suis comme de l'eau qui s'écoule,
Et tous mes os se séparent ;
Mon cœur est comme de la cire,
Il se fond dans mes entrailles.

16 Ma force se dessèche comme l'argile,
Et ma langue s'attache à mon palais ;
Tu me réduis à la poussière de la mort.

17 Car des chiens m'environnent,
Une bande de scélérats rôdent autour de moi,
Ils ont percé mes mains et mes pieds.

18 Je pourrais compter tous mes os.
Eux, ils observent, ils me regardent ;

19 Ils se partagent mes vêtements,
Ils tirent au sort ma tunique.

20 Et toi, Éternel, ne t'éloigne pas !
Toi qui es ma force, viens en hâte à mon secours !

21 Protège mon âme contre le glaive,
Ma vie contre le pouvoir des chiens !

22 Sauve-moi de la gueule du lion,
Délivre-moi des cornes du buffle !

23 Je publierai ton nom parmi mes frères,
Je te célébrerai au milieu de l'assemblée.

24 Vous qui craignez l'Éternel, louez-le !
Vous tous, postérité de Jacob, glorifiez-le !
Tremblez devant lui, vous tous, postérité d'Israël !

25 Car il n'a ni mépris ni dédain pour les peines du misérable,
Et il ne lui cache point sa face ;
Mais il l'écoute quand il crie à lui.

26 Tu seras dans la grande assemblée l'objet de mes louanges ;
J'accomplirai mes vœux en présence de ceux qui te craignent.

27 Les malheureux mangeront et se rassasieront,
Ceux qui cherchent l'Éternel le célébreront.
Que votre cœur vive à toujours !

28 Toutes les extrémités de la terre penseront à l'Éternel et se tourneront vers lui ;
Toutes les familles des nations se prosterneront devant ta face.

29 Car à l'Éternel appartient le règne :
Il domine sur les nations.

30 Tous les puissants de la terre mangeront et se prosterneront aussi ;
Devant lui s'inclineront tous ceux qui descendent dans la poussière,
Ceux qui ne peuvent conserver leur vie.

31 La postérité le servira ;
On parlera du Seigneur à la génération future.

32 Quand elle viendra, elle annoncera sa justice,
Elle annoncera son œuvre au peuple nouveau-né.

PSAUME 23

1 Cantique de David.

L'Éternel est mon berger : je ne manquerai de rien.

2 Il me fait reposer dans de verts pâturages,
Il me dirige près des eaux paisibles.

3 Il restaure mon âme,
Il me conduit dans les sentiers de la justice,
A cause de son nom.

4 Quand je marche dans la vallée de l'ombre de la mort,
Je ne crains aucun mal, car tu es avec moi :
Ta houlette et ton bâton me rassurent.

5 Tu dresses devant moi une table,
En face de mes adversaires ;
Tu oins d'huile ma tête,
Et ma coupe déborde.

6 Oui, le bonheur et la grâce m'accompagneront
Tous les jours de ma vie,
Et j'habiterai dans la maison de l'Éternel
Jusqu'à la fin de mes jours.

PSAUME 24

1 Psaume de David.

A l'Éternel la terre et ce qu'elle renferme,
Le monde et ceux qui l'habitent !

2 Car il l'a fondée sur les mers,
Et affermie sur les fleuves.

3 Qui pourra monter à la montagne de
l'Éternel ?
Qui s'élèvera jusqu'à son lieu saint?—
4 Celui qui a les mains innocentes et
le cœur pur;
Celui qui ne livre pas son âme au
mensonge,
Et qui ne jure pas pour tromper.

5 Il obtiendra la bénédiction de l'Éternel,
La miséricorde du Dieu de son
salut.
6 Voilà le partage de la génération qui
l'invoque,
De ceux qui cherchent ta face, de
Jacob!—Pause.

7 Portes, élevez vos linteaux;
Élevez-vous, portes éternelles !
Que le roi de gloire fasse son en-
trée !—
8 Qui est ce roi de gloire?—
L'Éternel fort et puissant,
L'Éternel puissant dans les combats.

9 Portes, élevez vos linteaux;
Élevez-les, portes éternelles !
Que le roi de gloire fasse son entrée!—
10 Qui donc est ce roi de gloire?—
L'Éternel des armées:
Voilà le roi de gloire !—Pause.

PSAUME 25

1 De David.

Éternel ! j'élève à toi mon âme.
2 Mon Dieu ! en toi je me confie: que
je ne sois pas couvert de honte !
Que mes ennemis ne se réjouissent
pas à mon sujet !
3 Tous ceux qui espèrent en toi ne
seront point confondus ;
Ceux-là seront confondus qui sont
infidèles sans cause.

4 Éternel ! fais-moi connaître tes voies,
Enseigne-moi tes sentiers.
5 Conduis-moi dans ta vérité, et ins-
truis-moi ;
Car tu es le Dieu de mon salut,

Tu es toujours mon espérance.

6 Éternel ! souviens-toi de ta miséricorde et de ta bonté ;
Car elles sont éternelles.
7 Ne te souviens pas des fautes de ma
jeunesse ni de mes transgressions ;
Souviens-toi de moi selon ta miséricorde,
A cause de ta bonté, ô Éternel !

8 L'Éternel est bon et droit :
C'est pourquoi il montre aux pécheurs
la voie.
9 Il conduit les humbles dans la justice,
Il enseigne aux humbles sa voie.

10 Tous les sentiers de l'Éternel sont
miséricorde et fidélité,
Pour ceux qui gardent son alliance
et ses commandements.
11 C'est à cause de ton nom, ô Éternel !
Que tu pardonneras mon iniquité,
car elle est grande.

12 Quel est l'homme qui craint l'Éternel?
L'Éternel lui montre la voie qu'il
doit choisir.
13 Son âme reposera dans le bonheur,
Et sa postérité possédera le pays.

14 L'amitié de l'Éternel est pour ceux
qui le craignent,
Et son alliance leur donne instruction.
15 Je tourne constamment les yeux vers
l'Éternel,
Car il fera sortir mes pieds du filet.

16 Regarde-moi et aie pitié de moi,
Car je suis abandonné et malheureux.
17 Les angoisses de mon cœur augmen-
tent ;
Tire-moi de ma détresse.

18 Vois ma misère et ma peine,
Et pardonne tous mes péchés.
19 Vois combien mes ennemis sont
nombreux,
Et de quelle haine violente ils me
poursuivent.

20 Garde mon âme et sauve-moi !
Que je ne sois pas confus,
Quand je cherche auprès de toi mon
refuge !

21 Que l'innocence et la droiture me
            protègent,
   Quand je mets en toi mon espérance !
22 Ô Dieu ! délivre Israël
   De toutes ses détresses !

PSAUME 26

1   De David.

   Rends-moi justice, Éternel ! car je
            marche dans l'intégrité,
   Je me confie en l'Éternel, je ne chan-
            celle pas.
2 Sonde-moi, Éternel ! éprouve-moi,
   Fais passer au creuset mes reins et
            mon cœur ;
3 Car ta grâce est devant mes yeux,
   Et je marche dans ta vérité.
4 Je ne m'assieds pas avec les hommes
            faux,
   Je ne vais pas avec les gens dis-
            simulés ;
5 Je hais l'assemblée de ceux qui font
            le mal,
   Je ne m'assieds pas avec les méchants.
6 Je lave mes mains dans l'innocence,
   Et je vais autour de ton autel, ô
            Éternel !
7 Pour éclater en actions de grâces,
   Et raconter toutes tes merveilles.
8 Éternel ! j'aime le séjour de ta
            maison,
   Le lieu où ta gloire habite.

9 N'enlève pas mon âme avec les pé-
            cheurs,
   Ma vie avec les hommes de sang,
10 Dont les mains sont criminelles
   Et la droite pleine de présents !
11 Moi, je marche dans l'intégrité ;
   Délivre-moi et aie pitié de moi !
12 Mon pied est ferme dans la droiture :
   Je bénirai l'Éternel dans les assem-
            blées.

PSAUME 27

1   De David.

   L'Éternel est ma lumière et mon
            salut :
   De qui aurais-je crainte ?
   L'Éternel est le soutien de ma vie :
   De qui aurais-je peur ?

2 Quand des méchants s'avancent con-
            tre moi,
   Pour dévorer ma chair,
   Ce sont mes persécuteurs et mes
            ennemis
   Qui chancellent et tombent.
3 Si une armée se campait contre moi,
   Mon cœur n'aurait aucune crainte ;
   Si une guerre s'élevait contre moi,
   Je serais malgré cela plein de con-
            fiance.

4 Je demande à l'Éternel une chose,
   que je désire ardemment :
   Je voudrais habiter toute ma vie dans
            la maison de l'Éternel,
   Pour contempler la magnificence de
            l'Éternel
   Et pour admirer son temple.
5 Car il me protégera dans son taber-
            nacle au jour du malheur,
   Il me cachera sous l'abri de sa tente ;
   Il m'élèvera sur un rocher.
6 Et déjà ma tête s'élève sur mes en-
            nemis qui m'entourent ;
   J'offrirai des sacrifices dans sa tente,
            au son de la trompette ;
   Je chanterai, je célébrerai l'Éternel.

7 Éternel ! écoute ma voix, je t'in-
            voque :
   Aie pitié de moi et exauce-moi !
8 Mon cœur dit de ta part : Cherchez
            ma face !
   Je cherche ta face, ô Éternel !
9 Ne me cache point ta face,
   Ne repousse pas avec colère ton ser-
            viteur !
   Tu es mon secours, ne me laisse pas,
            ne m'abandonne pas,
   Dieu de mon salut !
10 Car mon père et ma mère m'aban-
            donnent,
   Mais l'Éternel me recueillera.

11 Éternel ! enseigne-moi ta voie,
   Conduis-moi dans le sentier de la
            droiture,
   A cause de mes ennemis.
12 Ne me livre pas au bon plaisir de
            mes adversaires,
   Car il s'élève contre moi de faux
            témoins
   Et des gens qui ne respirent que la
            violence.

13 Oh! si je n'étais pas sûr de voir la
bonté de l'Éternel
Sur la terre des vivants!...
14 Espère en l'Éternel!
Fortifie-toi et que ton cœur s'affermisse!
Espère en l'Éternel!

PSAUME 28

1 De David.

Éternel! c'est à toi que je crie.
Mon rocher! ne reste pas sourd à
ma voix,
De peur que, si tu t'éloignes sans
me répondre,
Je ne sois semblable à ceux qui
descendent dans la fosse.
2 Écoute la voix de mes supplications,
quand je crie à toi,
Quand j'élève mes mains vers ton
sanctuaire.
3 Ne m'emporte pas avec les méchants
et les hommes iniques,
Qui parlent de paix à leur prochain
et qui ont la malice dans le cœur.
4 Rends-leur selon leurs œuvres et
selon la malice de leurs actions,
Rends-leur selon l'ouvrage de leurs
mains;
Donne-leur le salaire qu'ils méritent.
5 Car ils ne sont pas attentifs aux
œuvres de l'Éternel,
A l'ouvrage de ses mains.
Qu'il les renverse et ne les relève
point!

6 Béni soit l'Éternel!
Car il exauce la voix de mes supplications.
7 L'Éternel est ma force et mon
bouclier;
En lui mon cœur se confie, et je suis
secouru;
J'ai de l'allégresse dans le cœur,
Et je le loue par mes chants.
8 L'Éternel est la force de son peuple,
Il est le rocher des délivrances de
son oint.
9 Sauve ton peuple et bénis ton héritage!
Sois leur berger et leur soutien pour
toujours!

PSAUME 29

Psaume de David.   1

Fils de Dieu, rendez à l'Éternel,
Rendez à l'Éternel gloire et honneur!
Rendez à l'Éternel gloire pour son 2
nom!
Prosternez-vous devant l'Éternel
avec des ornements sacrés!

La voix de l'Éternel retentit sur les 3
eaux,
Le Dieu de gloire fait gronder le
tonnerre;
L'Éternel est sur les grandes eaux.
La voix de l'Éternel est puissante,   4
La voix de l'Éternel est majestueuse.
La voix de l'Éternel brise les cèdres; 5
L'Éternel brise les cèdres du Liban,
Il les fait bondir comme des veaux, 6
Et le Liban et le Sirion comme de
jeunes buffles.
La voix de l'Éternel fait jaillir des 7
flammes de feu.
La voix de l'Éternel fait trembler le 8
désert;
L'Éternel fait trembler le désert de
Kadès.
La voix de l'Éternel fait enfanter les 9
biches,
Elle dépouille les forêts.
Dans son palais tout s'écrie: Gloire!

L'Éternel était sur son trône lors du 10
déluge;
L'Éternel sur son trône règne éternellement.
L'Éternel donne la force à son 11
peuple;
L'Éternel bénit son peuple et le
rend heureux.

PSAUME 30

Psaume. Cantique pour la dédi- 1
cace de la maison. De David.

Je t'exalte, ô Éternel, car tu m'as 2
relevé,
Tu n'as pas voulu que mes ennemis
se réjouissent à mon sujet.
Éternel, mon Dieu!   3
J'ai crié à toi, et tu m'as guéri.

4 Éternel ! tu as fait remonter mon
âme du séjour des morts,
Tu m'as fait revivre loin de ceux qui
descendent dans la fosse.

5 Chantez à l'Éternel, vous qui l'aimez,
Célébrez par vos louanges sa sainteté !

6 Car sa colère dure un instant,
Mais sa grâce toute la vie ;
Le soir arrivent les pleurs,
Et le matin l'allégresse.

7 Je disais dans ma sécurité :
Je ne chancellerai jamais !

8 Éternel ! par ta grâce tu avais affermi
ma montagne...
Tu cachas ta face, et je fus troublé.

9 Éternel ! j'ai crié à toi,
J'ai imploré l'Éternel :

10 Que gagnes-tu à verser mon sang,
À me faire descendre dans la fosse ?
La poussière a-t-elle pour toi des
louanges ?
Raconte-t-elle ta fidélité ?

11 Écoute, Éternel, aie pitié de moi !
Éternel, secours-moi !—

12 Et tu as changé mes lamentations
en allégresse,
Tu as délié mon sac, et tu m'as ceint
de joie,

13 Afin que mon cœur te chante et ne
soit pas muet.
Éternel, mon Dieu ! je te louerai
toujours.

PSAUME 31

1 Au chef des chantres. Psaume de
David.

2 Éternel ! je cherche en toi mon
refuge :
Que jamais je ne sois confondu !
Délivre-moi dans ta justice !

3 Incline vers moi ton oreille, hâte-toi
de me secourir !
Sois pour moi un rocher protecteur,
une forteresse,
Où je trouve mon salut !

4 Car tu es mon rocher, ma forteresse ;
Et à cause de ton nom tu me conduiras, tu me dirigeras.

5 Tu me feras sortir du filet qu'ils
m'ont tendu ;
Car tu es mon protecteur.

Je remets mon esprit entre tes mains ; 6
Tu me délivreras, Éternel, Dieu de
vérité !

Je hais ceux qui s'attachent à de 7
vaines idoles,
Et je me confie en l'Éternel.

Je serai par ta grâce dans l'allégresse 8
et dans la joie ;
Car tu vois ma misère, tu sais les
angoisses de mon âme,

Et tu ne me livreras pas aux mains 9
de l'ennemi,
Tu mettras mes pieds au large.

Aie pitié de moi, Éternel ! car je suis 10
dans la détresse ;
J'ai le visage, l'âme et le corps usés
par le chagrin.

Ma vie se consume dans la douleur, 11
Et mes années dans les soupirs ;
Ma force est épuisée à cause de mon
iniquité,
Et mes os dépérissent.

Tous mes adversaires m'ont rendu 12
un objet d'opprobre,
De grand opprobre pour mes voisins,
et de terreur pour mes amis ;
Ceux qui me voient dehors s'enfuient
loin de moi.

Je suis oublié des cœurs comme un 13
mort,
Je suis comme un vase brisé.

J'apprends les mauvais propos de 14
plusieurs,
L'épouvante qui règne à l'entour,
Quand ils se concertent ensemble
contre moi :
Ils complotent de m'ôter la vie.

Mais en toi je me confie, ô Éternel ! 15
Je dis : Tu es mon Dieu !

Mes destinées sont dans ta main ; 16
Délivre-moi de mes ennemis et de
mes persécuteurs !

Fais luire ta face sur ton serviteur, 17
Sauve-moi par ta grâce !

Éternel, que je ne sois pas confondu 18
quand je t'invoque.
Que les méchants soient confondus,
Qu'ils descendent en silence au séjour des morts !

Qu'elles deviennent muettes, les 19
lèvres menteuses,
Qui parlent avec audace contre le
juste,

Avec arrogance et dédain !

20 Oh ! combien est grande ta bonté,
Que tu tiens en réserve pour ceux
qui te craignent,
Que tu témoignes à ceux qui cherchent en toi leur refuge,
A la vue des fils de l'homme !
21 Tu les protèges sous l'abri de ta face
contre ceux qui les persécutent,
Tu les protèges dans ta tente contre
les langues qui les attaquent.
22 Béni soit l'Éternel !
Car il a signalé sa grâce envers moi,
Comme si j'eusse été dans une ville
forte.
23 Je disais dans ma précipitation :
Je suis chassé loin de ton regard !
Mais tu as entendu la voix de mes
supplications,
Quand j'ai crié vers toi.

24 Aimez l'Éternel, vous qui avez de la
piété !
L'Éternel garde les fidèles,
Et il punit sévèrement les orgueilleux.
25 Fortifiez-vous et que votre cœur
s'affermisse,
Vous tous qui espérez en l'Éternel !

PSAUME 32

1 De David. Cantique.

Heureux celui à qui la transgression
est remise,
A qui le péché est pardonné !
2 Heureux l'homme à qui l'Éternel
n'impute pas l'iniquité,
Et dans l'esprit duquel il n'y a point
de fraude !

3 Tant que je me suis tu, mes os se
consumaient,
Je gémissais toute la journée ;
4 Car nuit et jour ta main s'appesantissait sur moi,
Ma vigueur n'était plus que sécheresse, comme celle de l'été.—Pause.

5 Je t'ai fait connaître mon péché, je
n'ai pas caché mon iniquité ;
J'ai dit: J'avouerai mes transgressions
à l'Éternel !

Et tu as effacé la peine de mon
péché.—Pause.

6 Qu'ainsi tout homme pieux te prie
au temps convenable !
Si de grandes eaux débordent, elles
ne l'atteindront nullement.
7 Tu es un asile pour moi, tu me
garantis de la détresse,
Tu m'entoures de chants de délivrance.—Pause.
8 Je t'instruirai et te montrerai la voie
que tu dois suivre ;
Je te conseillerai, j'aurai le regard
sur toi.

9 Ne soyez pas comme un cheval ou
un mulet sans intelligence ;
On les bride avec un frein et un
mors, dont on les pare,
Afin qu'ils ne s'approchent point de
toi.—

10 Beaucoup de douleurs sont la part
du méchant,
Mais celui qui se confie en l'Éternel
est environné de sa grâce.
11 Justes, réjouissez-vous en l'Éternel
et soyez dans l'allégresse !
Poussez des cris de joie, vous tous
qui êtes droits de cœur !

PSAUME 33

1 Justes, réjouissez-vous en l'Éternel !
La louange sied aux hommes droits.
2 Célébrez l'Éternel avec la harpe,
Célébrez-le sur le luth à dix cordes.
3 Chantez-lui un cantique nouveau !
Faites retentir vos instruments et vos
voix !

4 Car la parole de l'Éternel est droite,
Et toutes ses œuvres s'accomplissent
avec fidélité ;
5 Il aime la justice et la droiture ;
La bonté de l'Éternel remplit la terre.
6 Les cieux ont été faits par la parole
de l'Éternel,
Et toute leur armée par le souffle
de sa bouche.
7 Il amoncelle en un tas les eaux de
la mer,
Il met dans des réservoirs les abîmes.

8 Que toute la terre craigne l'Éternel !
Que tous les habitants du monde
tremblent devant lui !
9 Car il dit, et la chose arrive ;
Il ordonne, et elle existe.
10 L'Éternel renverse les desseins des
nations,
Il anéantit les projets des peuples ;
11 Les desseins de l'Éternel subsistent
à toujours,
Et les projets de son cœur, de
génération en génération.

12 Heureuse la nation dont l'Éternel
est le Dieu !
Heureux le peuple qu'il choisit pour
son héritage !
13 L'Éternel regarde du haut des cieux,
Il voit tous les fils de l'homme ;
14 Du lieu de sa demeure il observe
Tous les habitants de la terre,
15 Lui qui forme leur cœur à tous,
Qui est attentif à toutes leurs actions.

16 Ce n'est pas une grande armée qui
sauve le roi,
Ce n'est pas une grande force qui
délivre le héros ;
17 Le cheval est impuissant pour assurer
le salut,
Et toute sa vigueur ne donne pas la
délivrance.
18 Voici, l'œil de l'Éternel est sur ceux
qui le craignent,
Sur ceux qui espèrent en sa bonté,
19 Afin d'arracher leur âme à la mort
Et de les faire vivre au milieu de la
famine.

20 Notre âme espère en l'Éternel ;
Il est notre secours et notre bouclier.
21 Car notre cœur met en lui sa joie,
Car nous avons confiance en son saint
nom.
22 Éternel ! que ta grâce soit sur nous,
Comme nous espérons en toi !

PSAUME 34

1 De David. Lorsqu'il contrefit l'insensé en présence d'Abimélec, et
qu'il s'en alla chassé par lui.

2 Je bénirai l'Éternel en tout temps ;

Sa louange sera toujours dans ma
bouche.
3 Que mon âme se glorifie en l'Éternel !
Que les malheureux écoutent et se
réjouissent !
4 Exaltez avec moi l'Éternel !
Célébrons tous son nom !

5 J'ai cherché l'Éternel, et il m'a répondu ;
Il m'a délivré de toutes mes frayeurs.
6 Quand on tourne vers lui les regards,
on est rayonnant de joie,
Et le visage ne se couvre pas de
honte.
7 Quand un malheureux crie, l'Éternel
entend,
Et il le sauve de toutes ses détresses.

8 L'ange de l'Éternel campe autour de
ceux qui le craignent,
Et il les arrache au danger.
9 Sentez et voyez combien l'Éternel
est bon !
Heureux l'homme qui cherche en lui
son refuge !
10 Craignez l'Éternel, vous ses saints !
Car rien ne manque à ceux qui le
craignent.
11 Les lionceaux éprouvent la disette
et la faim,
Mais ceux qui cherchent l'Éternel ne
sont privés d'aucun bien.

12 Venez, mes fils, écoutez-moi !
Je vous enseignerai la crainte de
l'Éternel.
13 Quel est l'homme qui aime la vie,
Qui désire la prolonger pour jouir
du bonheur ?
14 Préserve ta langue du mal,
Et tes lèvres des paroles trompeuses ;
15 Éloigne-toi du mal, et fais le bien ;
Recherche et poursuis la paix.

16 Les yeux de l'Éternel sont sur les
justes,
Et ses oreilles sont attentives à leurs
cris.
17 L'Éternel tourne sa face contre les
méchants,
Pour retrancher de la terre leur souvenir.
18 Quand les justes crient, l'Éternel
entend,

Et il les délivre de toutes leurs détresses ;

19 L'Éternel est près de ceux qui ont le cœur brisé,
Et il sauve ceux qui ont l'esprit dans l'abattement.

20 Le malheur atteint souvent le juste,
Mais l'Éternel l'en délivre toujours.

21 Il garde tous ses os,
Aucun d'eux n'est brisé.

22 Le malheur tue le méchant,
Et les ennemis du juste sont châtiés.

23 L'Éternel délivre l'âme de ses serviteurs,
Et tous ceux qui l'ont pour refuge échappent au châtiment.

PSAUME 35

1 De David.

Éternel ! défends-moi contre mes adversaires,
Combats ceux qui me combattent !

2 Saisis le petit et le grand bouclier,
Et lève-toi pour me secourir !

3 Brandis la lance et le javelot contre mes persécuteurs !
Dis à mon âme : Je suis ton salut !

4 Qu'ils soient honteux et confus, ceux qui en veulent à ma vie !
Qu'ils reculent et rougissent, ceux qui méditent ma perte !

5 Qu'ils soient comme la balle emportée par le vent,
Et que l'ange de l'Éternel les chasse !

6 Que leur route soit ténébreuse et glissante,
Et que l'ange de l'Éternel les poursuive !

7 Car sans cause ils m'ont tendu leur filet sur une fosse,
Sans cause ils l'ont creusée pour m'ôter la vie.

8 Que la ruine les atteigne à l'improviste,
Qu'ils soient pris dans le filet qu'ils ont tendu,
Qu'ils y tombent et périssent !

9 Et mon âme aura de la joie en l'Éternel,
De l'allégresse en son salut.

10 Tous mes os diront : Éternel ! qui peut, comme toi,

Délivrer le malheureux d'un plus fort que lui,
Le malheureux et le pauvre de celui qui le dépouille ?

11 De faux témoins se lèvent :
Ils m'interrogent sur ce que j'ignore.

12 Ils me rendent le mal pour le bien :
Mon âme est dans l'abandon.

13 Et moi, quand ils étaient malades, je revêtais un sac,
J'humiliais mon âme par le jeûne,
Je priais, la tête penchée sur mon sein.

14 Comme pour un ami, pour un frère, je me traînais lentement ;
Comme pour le deuil d'une mère, je me courbais avec tristesse.

15 Puis, quand je chancelle, ils se réjouissent et s'assemblent,
Ils s'assemblent à mon insu pour m'outrager,
Ils me déchirent sans relâche ;

16 Avec les impies, les parasites moqueurs,
Ils grincent les dents contre moi.

17 Seigneur ! jusques à quand le verras-tu ?
Protège mon âme contre leurs embûches,
Ma vie contre les lionceaux !

18 Je te louerai dans la grande assemblée,
Je te célébrerai au milieu d'un peuple nombreux.

19 Que ceux qui sont à tort mes ennemis ne se réjouissent pas à mon sujet,
Que ceux qui me haïssent sans cause ne m'insultent pas du regard !

20 Car ils tiennent un langage qui n'est point celui de la paix,
Ils méditent la tromperie contre les gens tranquilles du pays.

21 Ils ouvrent contre moi leur bouche,
Ils disent : Ah ! ah ! nos yeux regardent !—

22 Éternel, tu le vois ! ne reste pas en silence !
Seigneur, ne t'éloigne pas de moi !

23 Réveille-toi, réveille-toi pour me faire justice !
Mon Dieu et mon Seigneur, défends ma cause !

24 Juge-moi selon ta justice, Éternel,
                                  mon Dieu !
Et qu'ils ne se réjouissent pas à
                                  mon sujet !
25 Qu'ils ne disent pas dans leur cœur :
Ah ! voilà ce que nous voulions !
Qu'ils ne disent pas : Nous l'avons
                                  englouti !
26 Que tous ensemble ils soient hon-
                                  teux et confus,
Ceux qui se réjouissent de mon mal-
                                  heur !
Qu'ils revêtent l'ignominie et l'op-
                                  probre,
Ceux qui s'élèvent contre moi !
27 Qu'ils aient de l'allégresse et de la
                                  joie,
Ceux qui prennent plaisir à mon
                                  innocence,
Et que sans cesse ils disent : Exalté
                                  soit l'Éternel,
Qui veut la paix de son serviteur !
28 Et ma langue célébrera ta justice,
Elle dira tous les jours ta louange.

PSAUME 36

1 Au chef des chantres. Du serviteur de l'Éternel, de David.

2 La parole impie du méchant est au
                                  fond de mon cœur ;
La crainte de Dieu n'est pas devant
                                  ses yeux.
3 Car il se flatte à ses propres yeux,
Pour consommer son iniquité, pour
                                  assouvir sa haine.
4 Les paroles de sa bouche sont fausses
                                  et trompeuses ;
Il renonce à agir avec sagesse, à faire
                                  le bien.
5 Il médite l'injustice sur sa couche,
Il se tient sur une voie qui n'est pas
                                  bonne,
Il ne repousse pas le mal.

6 Éternel ! ta bonté atteint jusqu'aux
                                  cieux,
Ta fidélité jusqu'aux nues.
7 Ta justice est comme les montagnes
                                  de Dieu,
Tes jugements sont comme le grand
                                  abîme.
Éternel ! tu soutiens les hommes et
                                  les bêtes.

Combien est précieuse ta bonté, ô 8
                                  Dieu !
A l'ombre de tes ailes les fils de
                                  l'homme cherchent un refuge.
Ils se rassasient de l'abondance de 9
                                  ta maison,
Et tu les abreuves au torrent de tes
                                  délices.
Car auprès de toi est la source de
                                  la vie ; 10
Par ta lumière nous voyons la lumière.
Étends ta bonté sur ceux qui te con- 11
                                  naissent,
Et ta justice sur ceux dont le cœur
                                  est droit !
Que le pied de l'orgueil ne m'at- 12
                                  teigne pas,
Et que la main des méchants ne me
                                  fasse pas fuir !

Déjà tombent ceux qui commettent 13
                                  l'iniquité ;
Ils sont renversés, et ils ne peuvent
                                  se relever.

PSAUME 37

De David.   1

Ne t'irrite pas contre les méchants,
N'envie pas ceux qui font le mal.
Car ils sont fauchés aussi vite que 2
                                  l'herbe,
Et ils se flétrissent comme le gazon
                                  vert.

Confie-toi en l'Éternel, et pratique le 3
                                  bien ;
Aie le pays pour demeure et la fidé-
                                  lité pour pâture.
Fais de l'Éternel tes délices,   4
Et il te donnera ce que ton cœur
                                  désire.

Recommande ton sort à l'Éternel,   5
Mets en lui ta confiance, et il agira.
Il fera paraître ta justice comme la 6
                                  lumière,
Et ton droit comme le soleil à son
                                  midi.

Garde le silence devant l'Éternel, et 7
                                  espère en lui ;
Ne t'irrite pas contre celui qui réussit
                                  dans ses voies,

Contre l'homme qui vient à bout de
ses mauvais desseins.

8 Laisse la colère, abandonne la fureur ;
Ne t'irrite pas, ce serait mal faire.
9 Car les méchants seront retranchés,
Et ceux qui espèrent en l'Éternel
posséderont le pays.

10 Encore un peu de temps, et le méchant n'est plus ;
Tu regardes le lieu où il était, et il
a disparu.
11 Les misérables possèdent le pays,
Et ils jouissent abondamment de la
paix.

12 Le méchant forme des projets contre
le juste,
Et il grince les dents contre lui.
13 Le Seigneur se rit du méchant,
Car il voit que son jour arrive.

14 Les méchants tirent le glaive,
Ils bandent leur arc,
Pour faire tomber le malheureux et
l'indigent,
Pour égorger ceux dont la voie est
droite.
15 Leur glaive entre dans leur propre
cœur,
Et leurs arcs se brisent.

16 Mieux vaut le peu du juste
Que l'abondance de beaucoup de
méchants ;
17 Car les bras des méchants seront brisés,
Mais l'Éternel soutient les justes.

18 L'Éternel connaît les jours des
hommes intègres,
Et leur héritage dure à jamais.
19 Ils ne sont pas confondus au temps
du malheur,
Et ils sont rassasiés aux jours de la
famine.

20 Mais les méchants périssent,
Et les ennemis de l'Éternel, comme
les plus beaux pâturages ;
Ils s'évanouissent, ils s'évanouissent
en fumée.

21 Le méchant emprunte, et il ne rend
pas ;

Le juste est compatissant, et il
donne.
22 Car ceux que bénit l'Éternel possèdent le pays,
Et ceux qu'il maudit sont retranchés.

23 L'Éternel affermit les pas de l'homme,
Et il prend plaisir à sa voie ;
24 S'il tombe, il n'est pas terrassé,
Car l'Éternel lui prend la main.

25 J'ai été jeune, j'ai vieilli ;
Et je n'ai point vu le juste abandonné,
Ni sa postérité mendiant son pain.
26 Toujours il est compatissant, et il
prête ;
Et sa postérité est bénie.

27 Détourne-toi du mal, fais le bien,
Et possède à jamais ta demeure.
28 Car l'Éternel aime la justice,
Et il n'abandonne pas ses fidèles ;
Ils sont toujours sous sa garde,
Mais la postérité des méchants est
retranchée.
29 Les justes posséderont le pays,
Et ils y demeureront à jamais.

30 La bouche du juste annonce la
sagesse,
Et sa langue proclame la justice.
31 La loi de son Dieu est dans son
cœur ;
Ses pas ne chancellent point.

32 Le méchant épie le juste,
Et il cherche à le faire mourir.
33 L'Éternel ne le laisse pas entre ses
mains,
Et il ne le condamne pas quand il
est en jugement.

34 Espère en l'Éternel, garde sa voie,
Et il t'élèvera pour que tu possèdes
le pays ;
Tu verras les méchants retranchés.

35 J'ai vu le méchant dans toute sa
puissance ;
Il s'étendait comme un arbre verdoyant.
36 Il a passé, et voici, il n'est plus ;
Je le cherche, et il ne se trouve plus.

37 Observe celui qui est intègre, et regarde celui qui est droit ;
Car il y a une postérité pour l'homme
de paix.
38 Mais les rebelles sont tous anéantis,
La postérité des méchants est retranchée.

39 Le salut des justes vient de l'Éternel ;
Il est leur protecteur au temps de la
détresse.
40 L'Éternel les secourt et les délivre ;
Il les délivre des méchants et les
sauve,
Parce qu'ils cherchent en lui leur
refuge.

PSAUME 38

1 Psaume de David. Pour souvenir.

2 Éternel ! ne me punis pas dans ta
colère,
Et ne me châtie pas dans ta fureur.
3 Car tes flèches m'ont atteint,
Et ta main s'est appesantie sur
moi.
4 Il n'y a rien de sain dans ma chair à
cause de ta colère,
Il n'y a plus de vigueur dans mes os
à cause de mon péché.
5 Car mes iniquités s'élèvent au-dessus
de ma tête ;
Comme un lourd fardeau, elles sont
trop pesantes pour moi.
6 Mes plaies sont infectes et puru-
lentes,
Par l'effet de ma folie.
7 Je suis courbé, abattu au dernier
point ;
Tout le jour je marche dans la tristesse.
8 Car un mal brûlant dévore mes entrailles,
Et il n'y a rien de sain dans ma
chair.
9 Je suis sans force, entièrement brisé ;
Le trouble de mon cœur m'arrache
des gémissements.

10 Seigneur ! tous mes désirs sont devant toi,
Et mes soupirs ne te sont point
cachés.

11 Mon cœur est agité, ma force m'abandonne,
Et la lumière de mes yeux n'est plus
même avec moi.
12 Mes amis et mes connaissances
s'éloignent de ma plaie,
Et mes proches se tiennent à l'écart.
13 Ceux qui en veulent à ma vie
tendent leurs pièges ;
Ceux qui cherchent mon malheur
disent des méchancetés,
Et méditent tout le jour des tromperies.
14 Et moi, je suis comme un sourd, je
n'entends pas ;
Je suis comme un muet, qui n'ouvre
pas la bouche.
15 Je suis comme un homme qui n'entend pas,
Et dans la bouche duquel il n'y a
point de réplique.

16 Éternel ! c'est en toi que j'espère ;
Tu répondras, Seigneur, mon Dieu !
17 Car je dis : Ne permets pas qu'ils se
réjouissent à mon sujet,
Qu'ils s'élèvent contre moi, si mon
pied chancelle !
18 Car je suis près de tomber,
Et ma douleur est toujours devant
moi.
19 Car je reconnais mon iniquité,
Je suis dans la crainte à cause de
mon péché.
20 Et mes ennemis sont pleins de vie,
pleins de force ;
Ceux qui me haïssent sans cause
sont nombreux.
21 Ils me rendent le mal pour le bien ;
Ils sont mes adversaires, parce que
je recherche le bien.

22 Ne m'abandonne pas, Éternel !
Mon Dieu, ne t'éloigne pas de moi !
23 Viens en hâte à mon secours,
Seigneur, mon salut !

PSAUME 39

1 Au chef des chantres. A Jeduthun.
Psaume de David.

2 Je disais : Je veillerai sur mes voies,
De peur de pécher par ma langue ;
Je mettrai un frein à ma bouche,

Tant que le méchant sera devant moi.

3 Je suis resté muet, dans le silence ;
Je me suis tu, quoique malheureux ;
Et ma douleur n'était pas moins vive.

4 Mon cœur brûlait au dedans de moi,
Un feu intérieur me consumait,
Et la parole est venue sur ma langue.

5 Éternel ! dis-moi quel est le terme de ma vie,
Quelle est la mesure de mes jours ;
Que je sache combien je suis fragile.

6 Voici, tu as donné à mes jours la largeur de la main,
Et ma vie est comme un rien devant toi.
Oui, tout homme debout n'est qu'un souffle. — Pause.

7 Oui, l'homme se promène comme une ombre,
Il s'agite vainement ;
Il amasse, et il ne sait qui recueillera.

8 Maintenant, Seigneur, que puis-je espérer ?
En toi est mon espérance.

9 Délivre-moi de toutes mes transgressions !
Ne me rends pas l'opprobre de l'insensé !

10 Je reste muet, je n'ouvre pas la bouche,
Car c'est toi qui agis.

11 Détourne de moi tes coups !
Je succombe sous les attaques de ta main.

12 Tu châties l'homme en le punissant de son iniquité,
Tu détruis comme la teigne ce qu'il a de plus cher.
Oui, tout homme est un souffle. — Pause.

13 Écoute ma prière, Éternel, et prête l'oreille à mes cris !
Ne sois pas insensible à mes larmes !
Car je suis un étranger chez toi,
Un habitant, comme tous mes pères.

14 Détourne de moi le regard, et laisse-moi respirer,
Avant que je m'en aille et que je ne sois plus !

PSAUME 40

1 Au chef des chantres. De David. Psaume.

2 J'avais mis en l'Éternel mon espérance ;
Et il s'est incliné vers moi, il a écouté mes cris.

3 Il m'a retiré de la fosse de destruction,
Du fond de la boue ;
Et il a dressé mes pieds sur le roc,
Il a affermi mes pas.

4 Il a mis dans ma bouche un cantique nouveau,
Une louange à notre Dieu ;
Beaucoup l'ont vu, et ont eu de la crainte,
Et ils se sont confiés en l'Éternel.

5 Heureux l'homme qui place en l'Éternel sa confiance,
Et qui ne se tourne pas vers les hautains et les menteurs !

6 Tu as multiplié, Éternel, mon Dieu !
Tes merveilles et tes desseins en notre faveur :
Nul n'est comparable à toi ;
Je voudrais les publier et les proclamer,
Mais leur nombre est trop grand pour que je les raconte.

7 Tu ne désires ni sacrifice ni offrande,
Tu m'as ouvert les oreilles ;
Tu ne demandes ni holocauste ni victime expiatoire.

8 Alors je dis : Voici, je viens
Avec le rouleau du livre écrit pour moi.

9 Je veux faire ta volonté, mon Dieu !
Et ta loi est au fond de mon cœur.

10 J'annonce la justice dans la grande assemblée ;
Voici, je ne ferme pas mes lèvres,
Éternel, tu le sais !

11 Je ne retiens pas dans mon cœur ta justice,
Je publie ta vérité et ton salut ;
Je ne cache pas ta bonté et ta fidélité
Dans la grande assemblée.

12 Toi, Éternel ! tu ne me refuseras pas tes compassions ;

Ta bonté et ta fidélité me garderont
toujours.

13 Car des maux sans nombre m'environnent ;
Les châtiments de mes iniquités
m'atteignent,
Et je ne puis en supporter la
vue ;
Ils sont plus nombreux que les
cheveux de ma tête,
Et mon courage m'abandonne.

14 Veuille me délivrer, ô Éternel !
Éternel, viens en hâte à mon secours !

15 Que tous ensemble ils soient hon-
teux et confus,
Ceux qui en veulent à ma vie pour
l'enlever !
Qu'ils reculent et rougissent,
Ceux qui désirent ma perte !

16 Qu'ils soient dans la stupeur par
l'effet de leur honte,
Ceux qui me disent : Ah ! ah !

17 Que tous ceux qui te cherchent
Soient dans l'allégresse et se réjouis-
sent en toi !
Que ceux qui aiment ton salut
Disent sans cesse : Exalté soit l'Éter-
nel !

18 Moi, je suis pauvre et indigent ;
Mais le Seigneur pense à moi.
Tu es mon aide et mon libérateur :
Mon Dieu, ne tarde pas !

PSAUME 41

1 Au chef des chantres. Psaume de
David.

2 Heureux celui qui s'intéresse au
pauvre !
Au jour du malheur l'Éternel le délivre ;
3 L'Éternel le garde et lui conserve la
vie.
Il est heureux sur la terre,

Et tu ne le livres pas au bon plaisir
de ses ennemis.
L'Éternel le soutient sur son lit de 4
douleur ;
Tu le soulages dans toutes ses maladies.

Je dis : Éternel, aie pitié de moi ! 5
Guéris mon âme ! car j'ai péché
contre toi.
Mes ennemis disent méchamment de 6
moi :
Quand mourra-t-il ? quand périra
son nom ?
Si quelqu'un vient me voir, il prend 7
un langage faux,
Il recueille des sujets de médire ;
Il s'en va, et il parle au dehors.

Tous mes ennemis chuchotent entre 8
eux contre moi ;
Ils pensent que mon malheur causera
ma ruine :
Il est dangereusement atteint, 9
Le voilà couché, il ne se relèvera pas !
Celui-là même avec qui j'étais en 10
paix,
Qui avait ma confiance et qui man-
geait mon pain,
Lève le talon contre moi.

Toi, Éternel, aie pitié de moi et 11
rétablis-moi !
Et je leur rendrai ce qui leur est dû.
Je connaîtrai que tu m'aimes, 12
Si mon ennemi ne triomphe pas de
moi.
Tu m'as soutenu à cause de mon 13
intégrité,
Et tu m'as placé pour toujours en ta
présence.

BÉNI SOIT L'ÉTERNEL, LE 14
DIEU D'ISRAËL, D'ÉTERNITÉ
EN ÉTERNITÉ ! AMEN ! A-
MEN !

LIVRE DEUXIÈME

PSAUME 42

1 Au chef des chantres. Cantique
des fils de Koré.
2 Comme une biche soupire après des
courants d'eau,

Ainsi mon âme soupire après toi, ô
Dieu !
Mon âme a soif de Dieu, du Dieu 3
vivant :
Quand irai-je et paraîtrai-je devant
la face de Dieu ?

4 Mes larmes sont ma nourriture jour
et nuit,
Pendant qu'on me dit sans cesse: Où
est ton Dieu ?
5 Je me rappelle avec effusion de
cœur
Quand je marchais entouré de la
foule,
Et que je m'avançais à sa tête vers
la maison de Dieu,
Au milieu des cris de joie et des
actions de grâces
D'une multitude en fête.
6 Pourquoi t'abats-tu, mon âme, et
gémis-tu au dedans de moi ?
Espère en Dieu, car je le louerai
encore ;
Il est mon salut et mon Dieu.

7 Mon âme est abattue au dedans de
moi :
Aussi c'est à toi que je pense, depuis
le pays du Jourdain,
Depuis l'Hermon, depuis la montagne de Mitsear.
8 Un flot appelle un autre flot au bruit
de tes ondées ;
Toutes tes vagues et tous tes flots
passent sur moi.
9 Le jour, l'Éternel m'accordait sa
grâce ;
La nuit, je chantais ses louanges,
J'adressais une prière au Dieu de ma
vie.
10 Je dis à Dieu, mon rocher : Pourquoi
m'oublies-tu ?
Pourquoi dois-je marcher dans la
tristesse,
Sous l'oppression de l'ennemi ?
11 Mes os se brisent quand mes persécuteurs m'outragent,
En me disant sans cesse : Où est ton
Dieu ?
12 Pourquoi t'abats-tu, mon âme, et
gémis-tu au dedans de moi ?
Espère en Dieu, car je le louerai
encore ;
Il est mon salut et mon Dieu.

PSAUME 43

1 Rends-moi justice, ô Dieu, défends ma
cause contre une nation infidèle !
Délivre-moi des hommes de fraude
et d'iniquité !

Toi, mon Dieu protecteur, pourquoi 2
me repousses-tu ?
Pourquoi dois-je marcher dans la
tristesse,
Sous l'oppression de l'ennemi ?
Envoie ta lumière et ta fidélité ! 3
Qu'elles me guident,
Qu'elles me conduisent à ta montagne
sainte et à tes demeures !
J'irai vers l'autel de Dieu, de Dieu, 4
ma joie et mon allégresse,
Et je te célébrerai sur la harpe, ô
Dieu, mon Dieu !
Pourquoi t'abats-tu, mon âme, et 5
gémis-tu au dedans de moi ?
Espère en Dieu, car je le louerai
encore ;
Il est mon salut et mon Dieu.

PSAUME 44

Au chef des chantres.   Des fils de 1
Koré.   Cantique.

O Dieu ! nous avons entendu de nos 2
oreilles,
Nos pères nous ont raconté
Les œuvres que tu as accomplies de
leur temps,
Aux jours d'autrefois.
De ta main tu as chassé des nations 3
pour les établir,
Tu as frappé des peuples pour les
étendre.
Car ce n'est point par leur épée qu'ils 4
se sont emparés du pays,
Ce n'est point leur bras qui les a
sauvés ;
Mais c'est ta droite, c'est ton bras,
c'est la lumière de ta face,
Parce que tu les aimais.
O Dieu ! tu es mon roi :   5
Ordonne la délivrance de Jacob !
Avec toi nous renversons nos en- 6
nemis,
Avec ton nom nous écrasons nos ad-
versaires.
Car ce n'est pas en mon arc que je 7
me confie,
Ce n'est pas mon épée qui me sau-
vera ;
Mais c'est toi qui nous délivres de 8
nos ennemis,
Et qui confonds ceux qui nous haïs-
sent.

9 Nous nous glorifions en Dieu chaque jour,
Et nous célébrerons à jamais ton nom.—Pause.

10 Cependant tu nous repousses, tu nous couvres de honte,
Tu ne sors plus avec nos armées ;
11 Tu nous fais reculer devant l'ennemi,
Et ceux qui nous haïssent enlèvent nos dépouilles.
12 Tu nous livres comme des brebis à dévorer,
Tu nous disperses parmi les nations.
13 Tu vends ton peuple pour rien,
Tu ne l'estimes pas à une grande valeur.
14 Tu fais de nous un objet d'opprobre pour nos voisins,
De moquerie et de risée pour ceux qui nous entourent ;
15 Tu fais de nous un objet de sarcasme parmi les nations,
Et de hochements de tête parmi les peuples.
16 Ma honte est toujours devant moi,
Et la confusion couvre mon visage,
17 A la voix de celui qui m'insulte et m'outrage,
A la vue de l'ennemi et du vindicatif.

18 Tout cela nous arrive, sans que nous t'ayons oublié,
Sans que nous ayons violé ton alliance :
19 Notre cœur ne s'est point détourné,
Nos pas ne se sont point éloignés de ton sentier,
20 Pour que tu nous écrases dans la demeure des chacals,
Et que tu nous couvres de l'ombre de la mort.
21 Si nous avions oublié le nom de notre Dieu,
Et étendu nos mains vers un dieu étranger,
22 Dieu ne le saurait-il pas,
Lui qui connaît les secrets du cœur ?
23 Mais c'est à cause de toi qu'on nous égorge tous les jours,
Qu'on nous regarde comme des brebis destinées à la boucherie.

24 Réveille-toi ! Pourquoi dors-tu, Seigneur ?
Réveille-toi ! ne nous repousse pas à jamais !
25 Pourquoi caches-tu ta face ?
Pourquoi oublies-tu notre misère et notre oppression ?
26 Car notre âme est abattue dans la poussière,
Notre corps est attaché à la terre.
27 Lève-toi, pour nous secourir !
Délivre-nous à cause de ta bonté !

PSAUME 45

1 Au chef des chantres. Sur les lis. Des fils de Koré. Cantique. Chant d'amour.

2 Des paroles pleines de charme bouillonnent dans mon cœur.
Je dis : Mon œuvre est pour le roi !
Que ma langue soit comme la plume d'un habile écrivain !

3 Tu es le plus beau des fils de l'homme,
La grâce est répandue sur tes lèvres :
C'est pourquoi Dieu t'a béni pour toujours.
4 Vaillant guerrier, ceins ton épée,—
Ta parure et ta gloire,
5 Oui, ta gloire ! — Sois vainqueur, monte sur ton char,
Défends la vérité, la douceur et la justice,
Et que ta droite se signale par de merveilleux exploits !
6 Tes flèches sont aiguës ;
Des peuples tomberont sous toi ;
Elles perceront le cœur des ennemis du roi.

7 Ton trône, ô Dieu, est à toujours ;
Le sceptre de ton règne est un sceptre d'équité.
8 Tu aimes la justice, et tu hais la méchanceté :
C'est pourquoi, ô Dieu, ton Dieu t'a oint
D'une huile de joie, par privilège sur tes collègues.
9 La myrrhe, l'aloès et la casse parfument tous tes vêtements ;
Dans les palais d'ivoire les instruments à cordes te réjouissent.
10 Des filles de rois sont parmi tes bien-aimées ;

La reine est à ta droite, parée d'or d'Ophir.

11 Écoute, ma fille, vois, et prête l'oreille ;
Oublie ton peuple et la maison de ton père.

12 Le roi porte ses désirs sur ta beauté ;
Puisqu'il est ton seigneur, rends-lui tes hommages.

13 Et, avec des présents, la fille de Tyr,
Les plus riches du peuple rechercheront ta faveur.

14 Toute resplendissante est la fille du roi dans l'intérieur du palais ;
Elle porte un vêtement tissu d'or.

15 Elle est présentée au roi, vêtue de ses habits brodés,
Et suivie des jeunes filles, ses compagnes, qui sont amenées auprès de toi ;

16 On les introduit au milieu des réjouissances et de l'allégresse,
Elles entrent dans le palais du roi.

17 Tes enfants prendront la place de tes pères ;
Tu les établiras princes dans tout le pays.

18 Je rappellerai ton nom dans tous les âges :
Aussi les peuples te loueront éternellement et à jamais.

PSAUME 46

1 Au chef des chantres. Des fils de Koré. Sur alamoth. Cantique.

2 Dieu est pour nous un refuge et un appui,
Un secours qui ne manque jamais dans la détresse.

3 C'est pourquoi nous sommes sans crainte quand la terre est bouleversée,
Et que les montagnes chancellent au cœur des mers,

4 Quand les flots de la mer mugissent, écument,
Se soulèvent jusqu'à faire trembler les montagnes.—Pause.

5 Il est un fleuve dont les courants réjouissent la cité de Dieu,
Le sanctuaire des demeures du Très-Haut.

6 Dieu est au milieu d'elle : elle n'est point ébranlée ;
Dieu la secourt dès l'aube du matin.

7 Des nations s'agitent, des royaumes s'ébranlent ;
Il fait entendre sa voix : la terre se fond d'épouvante.

8 L'Éternel des armées est avec nous,
Le Dieu de Jacob est pour nous une haute retraite.—Pause.

9 Venez, contemplez les œuvres de l'Éternel,
Les ravages qu'il a opérés sur la terre !

10 C'est lui qui a fait cesser les combats jusqu'au bout de la terre ;
Il a brisé l'arc, et il a rompu la lance,
Il a consumé par le feu les chars de guerre.—

11 Arrêtez et sachez que je suis Dieu :
Je domine sur les nations, je domine sur la terre.—

12 L'Éternel des armées est avec nous,
Le Dieu de Jacob est pour nous une haute retraite.—Pause.

PSAUME 47

1 Au chef des chantres. Des fils de Koré. Psaume.

2 Vous tous, peuples, battez des mains !
Poussez vers Dieu des cris de joie !

3 Car l'Éternel, le Très-Haut, est redoutable,
Il est un grand roi sur toute la terre.

4 Il nous assujettit des peuples,
Il met des nations sous nos pieds ;

5 Il nous choisit notre héritage,
La gloire de Jacob qu'il aime.—Pause.

6 Dieu monte au milieu des cris de triomphe,
L'Éternel s'avance au son de la trompette.

7 Chantez à Dieu, chantez !
Chantez à notre roi, chantez !

8 Car Dieu est roi de toute la terre :
Chantez un cantique !

9 Dieu règne sur les nations,
Dieu a pour siège son saint trône.

10 Les princes des peuples se réunissent
Au peuple du Dieu d'Abraham ;

Car à Dieu sont les boucliers de la terre :
Il est souverainement élevé.

PSAUME 48

1 Cantique. Psaume des fils de Koré.

2 L'Éternel est grand, il est l'objet de toutes les louanges,
Dans la ville de notre Dieu, sur sa montagne sainte.

3 Belle est la colline, joie de toute la terre, la montagne de Sion ;
Le côté septentrional, c'est la ville du grand roi.

4 Dieu, dans ses palais, est connu pour une haute retraite.

5 Car voici, les rois s'étaient concertés :
Ils n'ont fait que passer ensemble.

6 Ils ont regardé, tout stupéfaits,
Ils ont eu peur, et ont pris la fuite.

7 Là un tremblement les a saisis,
Comme la douleur d'une femme qui accouche.

8 Ils ont été chassés comme par le vent d'orient,
Qui brise les navires de Tarsis.

9 Ce que nous avions entendu dire, nous l'avons vu
Dans la ville de l'Éternel des armées,
Dans la ville de notre Dieu :
Dieu la fera subsister à toujours.—Pause.

10 O Dieu, nous pensons à ta bonté
Au milieu de ton temple.

11 Comme ton nom, ô Dieu !
Ta louange retentit jusqu'aux extrémités de la terre ;
Ta droite est pleine de justice.

12 La montagne de Sion se réjouit,
Les filles de Juda sont dans l'allégresse,
A cause de tes jugements.

13 Parcourez Sion, parcourez-en l'enceinte,
Comptez ses tours,

14 Observez son rempart,
Examinez ses palais,
Pour le raconter à la génération future.

15 Voilà le Dieu qui est notre Dieu éternellement et à jamais ;
Il sera notre guide jusqu'à la mort.

PSAUME 49

1 Au chef des chantres. Des fils de Koré. Psaume.

2 Écoutez ceci, vous tous, peuples,
Prêtez l'oreille, vous tous, habitants du monde,

3 Petits et grands,
Riches et pauvres !

4 Ma bouche va faire entendre des paroles sages,
Et mon cœur a des pensées pleines de sens.

5 Je prête l'oreille aux sentences qui me sont inspirées,
J'ouvre mon chant au son de la harpe.

6 Pourquoi craindrais-je aux jours du malheur,
Lorsque l'iniquité de mes adversaires m'enveloppe ?

7 Ils ont confiance en leurs biens,
Et se glorifient de leur grande richesse.

8 Ils ne peuvent se racheter l'un l'autre,
Ni donner à Dieu le prix du rachat.

9 Le rachat de leur âme est cher,
Et n'aura jamais lieu ;

10 Ils ne vivront pas toujours,
Ils n'éviteront pas la vue de la fosse.

11 Car ils la verront : les sages meurent,
L'insensé et le stupide périssent également,
Et ils laissent à d'autres leurs biens.

12 Ils s'imaginent que leurs maisons seront éternelles,
Que leurs demeures subsisteront d'âge en âge,
Eux dont les noms sont honorés sur la terre.

13 Mais l'homme qui est en honneur n'a point de durée,
Il est semblable aux bêtes que l'on égorge.

14 Telle est leur voie, leur folie,
Et ceux qui les suivent se plaisent à leurs discours.—Pause.

15 Comme un troupeau, ils sont mis dans le séjour des morts,

La mort en fait sa pâture ;
Et bientôt les hommes droits les foulent aux pieds,
Leur beauté s'évanouit, le séjour des
morts est leur demeure.

16 Mais Dieu sauvera mon âme du séjour
des morts,
Car il me prendra sous sa protection.
—Pause.

17 Ne sois pas dans la crainte parce
qu'un homme s'enrichit,
Parce que les trésors de sa maison se
multiplient ;
18 Car il n'emporte rien en mourant,
Ses trésors ne descendent point après
lui.
19 Il aura beau s'estimer heureux pendant sa vie,
On aura beau te louer des jouissances
que tu te donnes,
20 Tu iras néanmoins au séjour de tes
pères,
Qui jamais ne reverront la lumière.
21 L'homme qui est en honneur, et qui
n'a pas d'intelligence,
Est semblable aux bêtes que l'on
égorge.

PSAUME 50

1 Psaume d'Asaph.

Dieu, Dieu, l'Éternel, parle, et convoque la terre,
Depuis le soleil levant jusqu'au soleil
couchant.
2 De Sion, beauté parfaite,
Dieu resplendit.
3 Il vient, notre Dieu, il ne reste pas en
silence ;
Devant lui est un feu dévorant,
Autour de lui une violente tempête.
4 Il crie vers les cieux en haut,
Et vers la terre, pour juger son
peuple :
5 Rassemblez-moi mes fidèles,
Qui ont fait alliance avec moi par le
sacrifice !—
6 Et les cieux publieront sa justice,
Car c'est Dieu qui est juge.—Pause.

7 Écoute, mon peuple ! et je parlerai ;
Israël ! et je t'avertirai.
Je suis Dieu, ton Dieu.

Ce n'est pas pour tes sacrifices que je 8
te fais des reproches ;
Tes holocaustes sont constamment
devant moi.
Je ne prendrai pas un taureau dans 9
ta maison,
Ni des boucs dans tes bergeries.
Car tous les animaux des forêts sont 10
à moi,
Toutes les bêtes des montagnes par
milliers ;
Je connais tous les oiseaux des mon- 11
tagnes,
Et tout ce qui se meut dans les
champs m'appartient.
Si j'avais faim, je ne te le dirais pas, 12
Car le monde est à moi et tout ce
qu'il renferme.
Est-ce que je mange la chair des 13
taureaux ?
Est-ce que je bois le sang des boucs ?
Offre pour sacrifice à Dieu des actions 14
de grâces,
Et accomplis tes vœux envers le
Très-Haut.
Et invoque-moi au jour de la détresse ; 15
Je te délivrerai, et tu me glorifieras.
Et Dieu dit au méchant : 16
Quoi donc ! tu énumères mes lois,
Et tu as mon alliance à la bouche,
Toi qui hais les avis, 17
Et qui jettes mes paroles derrière toi !
Si tu vois un voleur, tu te plais avec 18
lui,
Et ta part est avec les adultères.
Tu livres ta bouche au mal, 19
Et ta langue est un tissu de trom-
peries.
Tu t'assieds, et tu parles contre ton 20
frère,
Tu diffames le fils de ta mère.
Voilà ce que tu as fait, et je me suis 21
tu.
Tu t'es imaginé que je te ressemblais ;
Mais je vais te reprendre, et tout
mettre sous tes yeux.

Prenez-y donc garde, vous qui oubliez 22
Dieu,
De peur que je ne déchire, sans que
personne délivre.
Celui qui offre pour sacrifice des 23
actions de grâces me glorifie,
Et à celui qui veille sur sa voie
Je ferai voir le salut de Dieu.

PSAUME 51

1 Au chef des chantres. Psaume de
2 David. Lorsque Nathan, le prophète,
vint à lui, après que David fut allé
vers Bath-Schéba.

3 O Dieu! aie pitié de moi dans ta
bonté;
Selon ta grande miséricorde, efface
mes transgressions;
4 Lave-moi complètement de mon
iniquité,
Et purifie-moi de mon péché.
5 Car je reconnais mes transgressions,
Et mon péché est constamment devant moi.
6 J'ai péché contre toi seul,
Et j'ai fait ce qui est mal à tes yeux,
En sorte que tu seras juste dans ta
sentence,
Sans reproche dans ton jugement.
7 Voici, je suis né dans l'iniquité,
Et ma mère m'a conçu dans le péché.
8 Mais tu veux que la vérité soit au
fond du cœur:
Fais donc pénétrer la sagesse au dedans de moi!

9 Purifie-moi avec l'hysope, et je serai
pur;
Lave-moi, et je serai plus blanc que
la neige.
10 Annonce-moi l'allégresse et la joie,
Et les os que tu as brisés se réjouiront.
11 Détourne ton regard de mes péchés,
Efface toutes mes iniquités.
12 O Dieu! crée en moi un cœur pur,
Renouvelle en moi un esprit bien
disposé.
13 Ne me rejette pas loin de ta face,
Ne me retire pas ton esprit saint.
14 Rends-moi la joie de ton salut,
Et qu'un esprit de bonne volonté me
soutienne!

15 J'enseignerai tes voies à ceux qui les
transgressent,
Et les pécheurs reviendront à toi.
16 O Dieu, Dieu de mon salut! délivre-
moi du sang versé,
Et ma langue célébrera ta miséricorde.

17 Seigneur! ouvre mes lèvres,
Et ma bouche publiera ta louange.
18 Si tu eusses voulu des sacrifices, je
t'en aurais offert;
Mais tu ne prends point plaisir aux
holocaustes.
19 Les sacrifices qui sont agréables à
Dieu, c'est un esprit brisé:
O Dieu! tu ne dédaignes pas un cœur
brisé et contrit.

20 Répands par ta grâce tes bienfaits
sur Sion,
Bâtis les murs de Jérusalem!
21 Alors tu agréeras des sacrifices de
justice,
Des holocaustes et des victimes tout
entières;
Alors on offrira des taureaux sur ton
autel.

PSAUME 52

1 Au chef des chantres. Cantique
2 de David. A l'occasion du rapport
que Doëg, l'Édomite, vint faire à
Saül, en lui disant: David s'est rendu
dans la maison d'Achimélec.

3 Pourquoi te glorifies-tu de ta méchanceté, tyran?
La bonté de Dieu subsiste toujours.
4 Ta langue n'invente que malice,
Comme un rasoir affilé, fourbe que
tu es!
5 Tu aimes le mal plutôt que le bien,
Le mensonge plutôt que la droiture;
—Pause.
6 Tu aimes toutes les paroles de destruction,
Langue trompeuse!

7 Aussi Dieu t'abattra pour toujours,
Il te saisira et t'enlèvera de ta tente;
Il te déracinera de la terre des vivants.
—Pause.
8 Les justes le verront, et auront de la
crainte,
Et ils feront de lui le sujet de leurs
moqueries:
9 Voilà l'homme qui ne prenait point
Dieu pour protecteur,
Mais qui se confiait en ses grandes
richesses,
Et qui triomphait dans sa malice!

10 Et moi, je suis dans la maison de
Dieu comme un olivier verdoyant,
Je me confie dans la bonté de Dieu,
éternellement et à jamais.
11 Je te louerai toujours, parce que tu
as agi ;
Et je veux espérer en ton nom, parce
qu'il est favorable,
En présence de tes fidèles.

PSAUME 53

1 Au chef des chantres. Sur la flûte.
Cantique de David.

2 L'insensé dit en son cœur: Il n'y a
point de Dieu !
Ils se sont corrompus, ils ont commis
des iniquités abominables ;
Il n'en est aucun qui fasse le bien.
3 Dieu, du haut des cieux, regarde les
fils de l'homme,
Pour voir s'il y a quelqu'un qui soit
intelligent,
Qui cherche Dieu.
4 Tous sont égarés, tous sont pervertis ;
Il n'en est aucun qui fasse le bien,
Pas même un seul.
5 Ceux qui commettent l'iniquité ont-
ils perdu le sens ?
Ils dévorent mon peuple, ils le prennent pour nourriture ;
Ils n'invoquent point Dieu.
6 Alors ils trembleront d'épouvante,
Sans qu'il y ait sujet d'épouvante ;
Dieu dispersera les os de ceux qui
campent contre toi ;
Tu les confondras, car Dieu les a
rejetés.

7 Oh ! qui fera partir de Sion la délivrance d'Israël ?
Quand Dieu ramènera les captifs de
son peuple,
Jacob sera dans l'allégresse, Israël se
réjouira.

PSAUME 54

Au chef des chantres. Avec ins-
ments à cordes. Cantique de
id. Lorsque les Ziphiens vin-
dire à Saül : David n'est-il pas
é parmi nous ?

3 O Dieu ! sauve-moi par ton nom,
Et rends-moi justice par ta puissance !
4 O Dieu ! écoute ma prière,
Prête l'oreille aux paroles de ma
bouche !
5 Car des étrangers se sont levés contre moi,
Des hommes violents en veulent à
ma vie ;
Ils ne portent pas leurs pensées sur
Dieu.—Pause.

6 Voici, Dieu est mon secours,
Le Seigneur est le soutien de mon
âme.
7 Le mal retombera sur mes adversaires ;
Anéantis-les, dans ta fidélité !
8 Je t'offrirai de bon cœur des sacrifices ;
Je louerai ton nom, ô Éternel ! car il
est favorable,
9 Car il me délivre de toute détresse,
Et mes yeux se réjouissent à la vue
de mes ennemis.

PSAUME 55

1 Au chef des chantres. Avec instruments à cordes. Cantique de
David.

2 O Dieu ! prête l'oreille à ma prière,
Et ne te dérobe pas à mes supplications !
3 Écoute-moi, et réponds-moi !
J'erre çà et là dans mon chagrin et je
m'agite,
4 A cause de la voix de l'ennemi et de
l'oppression du méchant ;
Car ils font tomber sur moi le malheur,
Et me poursuivent avec colère.
5 Mon cœur tremble au dedans de moi,
Et les terreurs de la mort me surprennent ;
6 La crainte et l'épouvante m'assaillent,
Et le frisson m'enveloppe.
7 Je dis : Oh ! si j'avais les ailes de la
colombe,
Je m'envolerais, et je trouverais le
repos ;
8 Voici, je fuirais bien loin,
J'irais séjourner au désert ;—Pause.

9 Je m'échapperais en toute hâte,
Plus rapide que le vent impétueux,
que la tempête.

10 Réduis à néant, Seigneur, divise leurs
langues !
Car je vois dans la ville la violence
et les querelles ;

11 Elles en font jour et nuit le tour sur
les murs ;
L'iniquité et la malice sont dans son
sein ;

12 La méchanceté est au milieu d'elle,
Et la fraude et la tromperie ne quittent point ses places.

13 Ce n'est pas un ennemi qui m'outrage, je le supporterais ;
Ce n'est pas mon adversaire qui
s'élève contre moi,
Je me cacherais devant lui.

14 C'est toi, que j'estimais mon égal,
Toi, mon confident et mon ami !

15 Ensemble nous vivions dans une
douce intimité,
Nous allions avec la foule à la maison
de Dieu !

16 Que la mort les surprenne,
Qu'ils descendent vivants au séjour
des morts !
Car la méchanceté est dans leur demeure, au milieu d'eux.

17 Et moi, je crie à Dieu,
Et l'Éternel me sauvera.

18 Le soir, le matin, et à midi, je
soupire et je gémis,
Et il entendra ma voix.

19 Il me délivrera de leur approche et
me rendra la paix,
Car ils sont nombreux contre moi.

20 Dieu entendra, et il les humiliera,
Lui qui de toute éternité est assis sur
son trône ; — Pause.
Car il n'y a point en eux de change-
ment,
Et ils ne craignent point Dieu.

21 Il porte la main sur ceux qui étaient
en paix avec lui,
Il viole son alliance ;

22 Sa bouche est plus douce que la
crème,
Mais la guerre est dans son cœur ;
Ses paroles sont plus onctueuses que
l'huile,
Mais ce sont des épées nues.

23 Remets ton sort à l'Éternel, et il te
soutiendra,
Il ne laissera jamais chanceler le
juste.

24 Et toi, ô Dieu ! tu les feras des-
cendre au fond de la fosse ;
Les hommes de sang et de fraude
N'atteindront pas la moitié de leurs
jours.
C'est en toi que je me confie.

PSAUME 56

1 Au chef des chantres. Sur «Co-
lombe des térébinthes lointains».
Hymne de David. Lorsque les
Philistins le saisirent à Gath.

2 Aie pitié de moi, ô Dieu ! car des
hommes me harcèlent ;
Tout le jour ils me font la guerre,
ils me tourmentent.

3 Tout le jour mes adversaires me harcèlent ;
Ils sont nombreux, ils me font la
guerre comme des hautains.

4 Quand je suis dans la crainte,
En toi je me confie.

5 Je me glorifierai en Dieu, en sa
parole ;
Je me confie en Dieu, je ne crains
rien :
Que peuvent me faire des hommes ?

6 Sans cesse ils portent atteinte à mes
droits,
Ils n'ont à mon égard que de mauvaises pensées.

7 Ils complotent, ils épient, ils observent mes traces,
Parce qu'ils en veulent à ma vie.

8 C'est par l'iniquité qu'ils espèrent
échapper :
Dans ta colère, ô Dieu, précipite les
peuples !

9 Tu comptes les pas de ma vie
errante ;
Recueille mes larmes dans ton
outre,
Ne sont-elles pas inscrites dans t...
liv...

Mes ennemis reculent, au jour ...

Je sais que Dieu est pour moi.

11 Je me glorifierai en Dieu, en sa
parole ;
Je me glorifierai en l'Éternel, en sa
parole ;
12 Je me confie en Dieu, je ne crains
rien :
Que peuvent me faire des hommes ?

13 O Dieu ! je dois accomplir les vœux
que je t'ai faits ;
Je t'offrirai des actions de grâces.
14 Car tu as délivré mon âme de la
mort,
Tu as garanti mes pieds de la
chute,
Afin que je marche devant Dieu, à
la lumière des vivants.

PSAUME 57

1 Au chef des chantres. «Ne détruis
pas.» Hymne de David. Lorsqu'il
se réfugia dans la caverne, poursuivi
par Saül.

2 Aie pitié de moi, ô Dieu, aie pitié de
moi !
Car en toi mon âme cherche un
refuge ;
Je cherche un refuge à l'ombre de
tes ailes,
Jusqu'à ce que les calamités soient
passées.
3 Je crie au Dieu Très-Haut,
Au Dieu qui agit en ma faveur.
4 Il m'enverra du ciel le salut,
Tandis que mon persécuteur se répand en outrages ; — Pause.
Dieu enverra sa bonté et sa fidélité.
5 Mon âme est parmi des lions ;
Je suis couché au milieu de gens
qui vomissent la flamme,
Au milieu d'hommes qui ont pour
dents la lance et les flèches,
Et dont la langue est un glaive
tranchant.
6 Élève toi sur les cieux, ô Dieu !
Que ta gloire soit sur toute la terre !

7 Ils avaient tendu un filet sous mes
pas :
Mon âme se courbait ;
Ils avaient creusé une fosse devant
moi :
Ils y sont tombés. — Pause.

Mon cœur est affermi, ô Dieu ! mon 8
cœur est affermi ;
Je chanterai, je ferai retentir mes
instruments.
Réveille-toi, mon âme ! réveillez-vous, 9
mon luth et ma harpe !
Je réveillerai l'aurore.
Je te louerai parmi les peuples, Sei- 10
gneur !
Je te chanterai parmi les nations.
Car ta bonté atteint jusqu'aux cieux, 11
Et ta fidélité jusqu'aux nues.
Élève-toi sur les cieux, ô Dieu ! 12
Que ta gloire soit sur toute la terre !

PSAUME 58

Au chef des chantres. «Ne détruis 1
pas.» Hymne de David.

Est-ce donc en vous taisant que vous 2
rendez la justice ?
Est-ce ainsi que vous jugez avec
droiture, fils de l'homme ?
Loin de là ! dans le cœur, vous con- 3
sommez des iniquités ;
Dans le pays, c'est la violence de
vos mains que vous placez
sur la balance.
Les méchants sont pervertis dès le 4
sein maternel,
Les menteurs s'égarent au sortir du
ventre de leur mère.
Ils ont un venin pareil au venin d'un 5
serpent,
D'un aspic sourd qui ferme son
oreille,
Qui n'entend pas la voix des en- 6
chanteurs,
Du magicien le plus habile.

O Dieu, brise-leur les dents dans la 7
bouche !
Éternel, arrache les mâchoires des
lionceaux !
Qu'ils se dissipent comme des eaux 8
qui s'écoulent !
Qu'ils ne lancent que des traits
émoussés !
Qu'ils périssent en se fondant, comme 9
un limaçon ;
Sans voir le soleil, comme l'avorton
d'une femme !
Avant que vos chaudières sentent 10
l'épine,

Verte ou enflammée, le tourbillon
l'emportera.

11 Le juste sera dans la joie, à la vue
de la vengeance;
Il baignera ses pieds dans le sang
des méchants.
12 Et les hommes diront: Oui, il est
une récompense pour le juste;
Oui, il est un Dieu qui juge sur la
terre.

PSAUME 59

1 Au chef des chantres. «Ne détruis
pas.» Hymne de David. Lorsque
Saül envoya cerner la maison, pour
le faire mourir.

2 Mon Dieu! délivre-moi de mes ennemis,
Protège-moi contre mes adversaires!
3 Délivre-moi des malfaiteurs,
Et sauve-moi des hommes de sang!
4 Car voici, ils sont aux aguets pour
m'ôter la vie;
Des hommes violents complotent
contre moi,
Sans que je sois coupable, sans que
j'aie péché, ô Éternel!
5 Malgré mon innocence, ils courent,
ils se préparent:
Réveille-toi, viens à ma rencontre, et
regarde!
6 Toi, Éternel, Dieu des armées, Dieu
d'Israël,
Lève-toi, pour châtier toutes les nations!
N'aie pitié d'aucun de ces méchants
infidèles! — Pause.

7 Ils reviennent chaque soir, ils hurlent
comme des chiens,
Ils font le tour de la ville.
8 Voici, de leur bouche ils font jaillir
le mal,
Des glaives sont sur leurs lèvres;
Car, qui est-ce qui entend?
9 Et toi, Éternel, tu te ris d'eux,
Tu te moques de toutes les nations.
10 Quelle que soit leur force, c'est en
toi que j'espère,
Car Dieu est ma haute retraite.

Mon Dieu vient au-devant de moi 11
dans sa bonté,
Dieu me fait contempler avec joie
ceux qui me persécutent.
Ne les tue pas, de peur que mon 12
peuple ne l'oublie;
Fais-les errer par ta puissance, et
précipite-les,
Seigneur, notre bouclier!
Leur bouche pèche à chaque parole 13
de leurs lèvres:
Qu'ils soient pris dans leur propre
orgueil!
Ils ne profèrent que malédictions et
mensonges.
Détruis-les, dans ta fureur, détruis- 14
les, et qu'ils ne soient plus!
Qu'ils sachent que Dieu règne sur
Jacob,
Jusqu'aux extrémités de la terre! —
Pause.

Ils reviennent chaque soir, ils hurlent 15
comme des chiens,
Ils font le tour de la ville.
Ils errent çà et là, cherchant leur 16
nourriture,
Et ils passent la nuit sans être ras-
sasiés.
Et moi, je chanterai ta force;   17
Dès le matin, je célébrerai ta bonté.
Car tu es pour moi une haute re-
traite,
Un refuge au jour de ma détresse.
O ma force! c'est toi que je célé- 18
brerai,
Car Dieu, mon Dieu tout bon, est
ma haute retraite.

PSAUME 60

Au chef des chantres. Sur le lis 1
lyrique. Hymne de David, pour enseigner. Lorsqu'il fit la guerre aux 2
Syriens de Mésopotamie et aux Syriens de Tsoba, et que Joab revint
et battit dans la vallée du sel douze
mille Édomites.

O Dieu! tu nous as repoussés, dis- 3
persés,
Tu t'es irrité: relève-nous!
Tu as ébranlé la terre, tu l'as déchirée: 4
Répare ses brèches, car elle chan-
celle!

5 Tu as fait voir à ton peuple des
choses dures,
Tu nous as abreuvés d'un vin d'étourdissement.
6 Tu as donné à ceux qui te craignent
une bannière,
Pour qu'elle s'élève à cause de la
vérité. — Pause.

7 Afin que tes bien-aimés soient délivrés,
Sauve par ta droite, et exauce-nous !
8 Dieu a dit dans sa sainteté : Je
triompherai,
Je partagerai Sichem, je mesurerai
la vallée de Succoth ;
9 A moi Galaad, à moi Manassé ;
Éphraïm est le rempart de ma tête,
Et Juda, mon sceptre ;
10 Moab est le bassin où je me lave ;
Je jette mon soulier sur Édom ;
Pays des Philistins, pousse à mon
sujet des cris de joie ! —
11 Qui me mènera dans la ville forte ?
Qui me conduit à Édom ?
12 N'est-ce pas toi, ô Dieu, qui nous as
repoussés,
Et qui ne sortais plus, ô Dieu, avec
nos armées ?
13 Donne-nous du secours contre la détresse !
Le secours de l'homme n'est que
vanité.
14 Avec Dieu, nous ferons des exploits ;
Il écrasera nos ennemis.

PSAUME 61

1   Au chef des chantres.   Sur instruments à cordes.   De David.

2 O Dieu ! écoute mes cris,
Sois attentif à ma prière !
3 Du bout de la terre je crie à toi, le
cœur abattu ;
Conduis-moi sur le rocher que je ne
puis atteindre !
4 Car tu es pour moi un refuge,
Une tour forte, en face de l'ennemi.
5 Je voudrais séjourner éternellement
dans ta tente,
Me réfugier à l'abri de tes ailes. —
Pause.
6 Car toi, ô Dieu ! tu exauces mes
vœux,

Tu me donnes l'héritage de ceux
qui craignent ton nom.

Ajoute des jours aux jours du roi ;   7
Que ses années se prolongent à
jamais !
Qu'il reste sur le trône éternellement 8
devant Dieu !
Fais que ta bonté et ta fidélité veillent sur lui !
Alors je chanterai sans cesse ton 9
nom,
En accomplissant chaque jour mes
vœux.

PSAUME 62

Au chef des chantres.   D'après 1
Jeduthun.   Psaume de David.

Oui, c'est en Dieu que mon âme se 2
confie ;
De lui vient mon salut.
Oui, c'est lui qui est mon rocher et 3
mon salut ;
Ma haute retraite : je ne chancellerai
guère.
Jusques à quand vous jetterez-vous 4
sur un homme,
Chercherez-vous tous à l'abattre,
Comme une muraille qui penche,
Comme une clôture qu'on renverse ?
Ils conspirent pour le précipiter de 5
son poste élevé ;
Ils prennent plaisir au mensonge ;
Ils bénissent de leur bouche,
Et ils maudissent dans leur cœur. —
Pause.

Oui, mon âme, confie-toi en Dieu !   6
Car de lui vient mon espérance.
Oui, c'est lui qui est mon rocher et 7
mon salut ;
Ma haute retraite : je ne chancellerai
pas.
Sur Dieu reposent mon salut et ma 8
gloire ;
Le rocher de ma force, mon refuge,
est en Dieu.
En tout temps, peuples, confiez-vous 9
en lui,
Répandez vos cœurs en sa présence !
Dieu est notre refuge. — Pause.

Oui, vanité, les fils de l'homme !   10

Mensonge, les fils de l'homme !
Dans une balance ils monteraient
Tous ensemble, plus légers qu'un
souffle.

11 Ne vous confiez pas dans la violence,
Et ne mettez pas un vain espoir dans
la rapine ;
Quand les richesses s'accroissent,
N'y attachez pas votre cœur.

12 Dieu a parlé une fois ;
Deux fois j'ai entendu ceci :
C'est que la force est à Dieu.

13 A toi aussi, Seigneur ! la bonté ;
Car tu rends à chacun selon ses
œuvres.

PSAUME 63

1 Psaume de David. Lorsqu'il était
dans le désert de Juda.

2 O Dieu ! tu es mon Dieu, je te
cherche ;
Mon âme a soif de toi, mon corps
soupire après toi,
Dans une terre aride, desséchée, sans
eau.

3 Ainsi je te contemple dans le sanctuaire,
Pour voir ta puissance et ta gloire.

4 Car ta bonté vaut mieux que la vie :
Mes lèvres célèbrent tes louanges.

5 Je te bénirai donc toute ma vie,
J'élèverai mes mains en ton nom.

6 Mon âme sera rassasiée comme de
mets gras et succulents,
Et, avec des cris de joie sur les lèvres,
ma bouche te célébrera.

7 Lorsque je pense à toi sur ma
couche,
Je médite sur toi pendant les veilles
de la nuit.

8 Car tu es mon secours,
Et je suis dans l'allégresse à l'ombre
de tes ailes.

9 Mon âme est attachée à toi ;
Ta droite me soutient.

10 Mais ceux qui cherchent à m'ôter la
vie
Iront dans les profondeurs de la
terre ;

11 Ils seront livrés au glaive,
Ils seront la proie des chacals.

12 Et le roi se réjouira en Dieu ;

Quiconque jure par lui s'en glorifiera,
Car la bouche des menteurs sera
fermée.

PSAUME 64

Au chef des chantres. Psaume de 1
David.

O Dieu, écoute ma voix, quand je 2
gémis !
Protège ma vie contre l'ennemi que
je crains !
Garantis-moi des complots des mé- 3
chants,
De la troupe bruyante des hommes
iniques !

Ils aiguisent leur langue comme un 4
glaive,
Ils lancent comme des traits leurs
paroles amères,
Pour tirer en cachette sur l'innocent ; 5
Ils tirent sur lui à l'improviste, et
n'ont aucune crainte.

Ils se fortifient dans leur méchan- 6
ceté :
Ils se concertent pour tendre des
pièges,
Ils disent : Qui les verra ?
Ils méditent des crimes : Nous voici 7
prêts, le plan est conçu !
La pensée intime, le cœur de chacun
est un abîme.

Dieu lance contre eux ses traits : 8
Soudain les voilà frappés.
Leur langue a causé leur chute ; 9
Tous ceux qui les voient secouent la
tête.
Tous les hommes sont saisis de 10
crainte,
Ils publient ce que Dieu fait,
Et prennent garde à son œuvre.
Le juste se réjouit en l'Éternel et 11
cherche en lui son refuge,
Tous ceux qui ont le cœur droit se
glorifient.

PSAUME 65

Au chef des chantres. Psaume de 1
David. Cantique.

Avec confiance, ô Dieu ! on te louera 2
dans Sion,

Et l'on accomplira les vœux qu'on
t'a faits.

3 O toi, qui écoutes la prière !
Tous les hommes viendront à toi.

4 Les iniquités m'accablent :
Tu pardonneras nos transgressions.

5 Heureux celui que tu choisis et que
tu admets en ta présence,
Pour qu'il habite dans tes parvis !
Nous nous rassasierons du bonheur
de ta maison,
De la sainteté de ton temple.

6 Dans ta bonté, tu nous exauces par
des prodiges, Dieu de notre salut,
Espoir de toutes les extrémités lointaines de la terre et de la mer !

7 Il affermit les montagnes par sa
force,
Il est ceint de puissance ;

8 Il apaise le mugissement des mers,
le mugissement de leurs flots,
Et le tumulte des peuples.

9 Ceux qui habitent aux extrémités
du monde s'effraient de tes
prodiges ;
Tu remplis d'allégresse l'orient et
l'occident.

10 Tu visites la terre et tu lui donnes
l'abondance,
Tu la combles de richesses ;
Le ruisseau de Dieu est plein d'eau ;
Tu prépares le blé, quand tu la
fertilises ainsi.

11 En arrosant ses sillons, en aplanis-
sant ses mottes,
Tu la détrempes par des pluies, tu
bénis son germe.

12 Tu couronnes l'année de tes biens,
Et tes pas versent l'abondance ;

13 Les plaines du désert sont abreuvées,
Et les collines sont ceintes d'allégresse ;

14 Les pâturages se couvrent de brebis,
Et les vallées se revêtent de froment.
Les cris de joie et les chants reten-
tissent.

PSAUME 66

1 Au chef des chantres. Cantique.
Psaume.

Poussez vers Dieu des cris de joie,

Vous tous, habitants de la terre !
Chantez la gloire de son nom,   2
Célébrez sa gloire par vos louanges !
Dites à Dieu : Que tes œuvres sont 3
redoutables !
A cause de la grandeur de ta force,
tes ennemis te flattent.
Toute la terre se prosterne devant   4
toi et chante en ton honneur ;
Elle chante ton nom. — Pause.

Venez et contemplez les œuvres de   5
Dieu !
Il est redoutable quand il agit sur
les fils de l'homme.
Il changea la mer en une terre sèche, 6
On traversa le fleuve à pied :
Alors nous nous réjouîmes en lui.
Il domine éternellement par sa puis- 7
sance,
Ses yeux observent les nations :
Que les rebelles ne s'élèvent pas ! —
Pause.

Peuples, bénissez notre Dieu,   8
Faites retentir sa louange !
Il a conservé la vie à notre âme,   9
Et il n'a pas permis que notre pied
chancelât.
Car tu nous as éprouvés, ô Dieu !   10
Tu nous as fait passer au creuset
comme l'argent.
Tu nous as amenés dans le filet,   11
Tu as mis sur nos reins un pesant
fardeau,
Tu as fait monter des hommes sur   12
nos têtes ;
Nous avons passé par le feu et par
l'eau.
Mais tu nous en as tirés pour nous
donner l'abondance.

J'irai dans ta maison avec des holo- 13
caustes,
J'accomplirai mes vœux envers toi :
Pour eux mes lèvres se sont ou-   14
vertes,
Et ma bouche les a prononcés dans
ma détresse.
Je t'offrirai des brebis grasses en   15
holocauste,
Avec la graisse des béliers ;
Je sacrifierai des brebis avec des
boucs. — Pause.

16 Venez, écoutez, vous tous qui craignez
    Dieu, et je raconterai
  Ce qu'il a fait à mon âme.
17 J'ai crié à lui de ma bouche,
  Et la louange a été sur ma langue.
18 Si j'avais conçu l'iniquité dans mon
    cœur,
  Le Seigneur ne m'aurait pas exaucé.
19 Mais Dieu m'a exaucé,
  Il a été attentif à la voix de ma
    prière.
20 Béni soit Dieu,
  Qui n'a pas rejeté ma prière,
  Et qui ne m'a pas retiré sa bonté !

PSAUME 67

1   Au chef des chantres. Avec instruments à cordes. Psaume. Cantique.

2 Que Dieu ait pitié de nous et qu'il
    nous bénisse,
  Qu'il fasse luire sur nous sa face, —
    Pause.
3 Afin que l'on connaisse sur la terre
    ta voie,
  Et parmi toutes les nations ton
    salut !
4 Les peuples te louent, ô Dieu !
  Tous les peuples te louent.
5 Les nations se réjouissent et sont
    dans l'allégresse ;
  Car tu juges les peuples avec droi-
    ture,
  Et tu conduis les nations sur la
    terre. — Pause.

6 Les peuples te louent, ô Dieu !
  Tous les peuples te louent.
7 La terre donne ses produits ;
  Dieu, notre Dieu, nous bénit.
8 Dieu nous bénit,
  Et toutes les extrémités de la terre
    le craignent.

PSAUME 68

1   Au chef des chantres. De David.
Psaume. Cantique.

2 Dieu se lève, ses ennemis se dis-
    persent,
  Et ses adversaires fuient devant sa
    face.

Comme la fumée se dissipe, tu les 3
    dissipes ;
Comme la cire se fond au feu,
Les méchants disparaissent devant
    Dieu.
Mais les justes se réjouissent, ils 4
    triomphent devant Dieu,
Ils ont des transports d'allégresse.

Chantez à Dieu, célébrez son nom ! 5
Frayez le chemin à celui qui s'avance
    à travers les plaines !
L'Éternel est son nom : réjouissez-
    vous devant lui !
Le père des orphelins, le défenseur 6
    des veuves,
C'est Dieu dans sa demeure sainte.
Dieu donne une famille à ceux qui 7
    étaient abandonnés,
Il délivre les captifs et les rend
    heureux ;
Les rebelles seuls habitent des lieux
    arides.

O Dieu ! quand tu sortis à la tête de 8
    ton peuple,
Quand tu marchais dans le désert, —
    Pause.
La terre trembla, les cieux se fon- 9
    dirent devant Dieu,
Le Sinaï s'ébranla devant Dieu, le
    Dieu d'Israël.
Tu fis tomber une pluie bienfaisante, 10
    ô Dieu !
Tu fortifias ton héritage épuisé.
Ton peuple établit sa demeure dans 11
    le pays
Que par ta bonté, ô Dieu ! tu avais
    préparé pour les malheureux.
Le Seigneur dit une parole, 12
Et les messagères de bonnes nouvelles
    sont une grande armée : —
Les rois des armées fuient, fuient, 13
Et celle qui reste à la maison partage
    le butin.
Tandis que vous reposez au milieu 14
    des étables,
Les ailes de la colombe sont couvertes
    d'argent,
Et son plumage est d'un jaune
    d'or. —
Lorsque le Tout-Puissant dispersa les 15
    rois dans le pays,
La terre devint blanche comme la
    neige du Tsalmon.

16 Montagnes de Dieu, montagnes de Basan,

Montagnes aux cimes nombreuses, montagnes de Basan,

17 Pourquoi, montagnes aux cimes nombreuses, avez-vous de l'envie

Contre la montagne que Dieu a voulue pour résidence?

L'Éternel n'en fera pas moins sa demeure à perpétuité.

18 Les chars de l'Éternel se comptent par vingt mille,

Par milliers et par milliers;

Le Seigneur est au milieu d'eux, le Sinaï est dans le sanctuaire.

19 Tu es monté sur la hauteur, tu as emmené des captifs,

Tu as pris en don des hommes;

Les rebelles habiteront aussi près de l'Éternel Dieu.

20 Béni soit le Seigneur chaque jour!

Quand on nous accable, Dieu nous délivre. — Pause.

21 Dieu est pour nous le Dieu des délivrances,

Et l'Éternel, le Seigneur, peut nous garantir de la mort.

22 Oui, Dieu brisera la tête de ses ennemis,

Le sommet de la tête de ceux qui vivent dans le péché.

23 Le Seigneur dit: Je les ramènerai de Basan,

Je les ramènerai du fond de la mer,

24 Afin que tu plonges ton pied dans le sang,

Et que la langue de tes chiens ait sa part des ennemis.

25 Ils voient ta marche, ô Dieu!

La marche de mon Dieu, de mon roi, dans le sanctuaire.

26 En tête vont les chanteurs, puis ceux qui jouent des instruments,

Au milieu de jeunes filles battant du tambourin.

27 Bénissez Dieu dans les assemblées,

Bénissez le Seigneur, descendants d'Israël!

28 Là sont Benjamin, le plus jeune, qui domine sur eux,

Les chefs de Juda et leur troupe,

Les chefs de Zabulon, les chefs de Nephthali.

29 Ton Dieu ordonne que tu sois puissant;

Affermis, ô Dieu, ce que tu as fait pour nous!

30 De ton temple tu règnes sur Jérusalem;

Les rois t'apporteront des présents.

31 Épouvante l'animal des roseaux,

La troupe des taureaux avec les veaux des peuples,

Qui se prosternent avec des pièces d'argent!

Disperse les peuples qui prennent plaisir à combattre!

32 Des grands viennent de l'Égypte;

L'Éthiopie accourt, les mains tendues vers Dieu.

33 Royaumes de la terre, chantez à Dieu,

Célébrez le Seigneur!—Pause.

34 Chantez à celui qui s'avance dans les cieux, les cieux éternels!

Voici, il fait entendre sa voix, sa voix puissante.

35 Rendez gloire à Dieu!

Sa majesté est sur Israël, et sa force dans les cieux.

36 De ton sanctuaire, ô Dieu! tu es redoutable.

Le Dieu d'Israël donne à son peuple la force et la puissance.

Béni soit Dieu!

PSAUME 69

1 Au chef des chantres. Sur les lis. De David.

2 Sauve-moi, ô Dieu!

Car les eaux menacent ma vie.

3 J'enfonce dans la boue, sans pouvoir me tenir;

Je suis tombé dans un gouffre, et les eaux m'inondent.

4 Je m'épuise à crier, mon gosier se dessèche,

Mes yeux se consument, tandis que je regarde vers mon Dieu.

5 Ils sont plus nombreux que les cheveux de ma tête,

Ceux qui me haïssent sans cause;

Ils sont puissants, ceux qui veulent
me perdre,
Qui sont à tort mes ennemis.
Ce que je n'ai pas dérobé, il faut que
je le restitue.

6 O Dieu ! tu connais ma folie,
Et mes fautes ne te sont point
cachées.
7 Que ceux qui espèrent en toi ne soient
pas confus à cause de moi,
Seigneur, Éternel des armées !
Que ceux qui te cherchent ne soient
pas dans la honte à cause de moi,
Dieu d'Israël !
8 Car c'est pour toi que je porte l'opprobre,
Que la honte couvre mon visage ;
9 Je suis devenu un étranger pour mes
frères,
Un inconnu pour les fils de ma mère.
10 Car le zèle de ta maison me dévore,
Et les outrages de ceux qui t'insultent
tombent sur moi.
11 Je verse des larmes et je jeûne,
Et c'est ce qui m'attire l'opprobre ;
12 Je prends un sac pour vêtement,
Et je suis l'objet de leurs sarcasmes.
13 Ceux qui sont assis à la porte parlent
de moi,
Et les buveurs de liqueurs fortes me
mettent en chansons.

14 Mais je t'adresse ma prière, ô Éternel !
Que ce soit le temps favorable, ô
Dieu, par ta grande bonté !
Réponds-moi, en m'assurant ton secours !
15 Retire-moi de la boue, et que je
n'enfonce plus !
Que je sois délivré de mes ennemis
et du gouffre !
16 Que les flots ne m'inondent plus,
Que l'abîme ne m'engloutisse pas,
Et que la fosse ne se ferme pas sur
moi !
17 Exauce-moi, Éternel ! car ta bonté
est immense.
Dans tes grandes compassions, tourne
vers moi les regards,
18 Et ne cache pas ta face à ton serviteur !
Puisque je suis dans la détresse, hâte-
toi de m'exaucer !
19 Approche-toi de mon âme, délivre-la !

Sauve-moi, à cause de mes ennemis !
20 Tu connais mon opprobre, ma honte,
mon ignominie ;
Tous mes adversaires sont devant toi.
21 L'opprobre me brise le cœur, et je
suis malade ;
J'attends de la pitié, mais en vain,
Des consolateurs, et je n'en trouve
aucun.
22 Ils mettent du fiel dans ma nourriture,
Et, pour apaiser ma soif, ils m'abreuvent de vinaigre.

23 Que leur table soit pour eux un piège,
Et un filet au sein de leur sécurité !
24 Que leurs yeux s'obscurcissent et ne
voient plus,
Et fais continuellement chanceler
leurs reins !
25 Répands sur eux ta colère,
Et que ton ardente fureur les atteigne !
26 Que leur demeure soit dévastée,
Qu'il n'y ait plus d'habitants dans
leurs tentes !
27 Car ils persécutent celui que tu
frappes,
Ils racontent les souffrances de ceux
que tu blesses.
28 Ajoute des iniquités à leurs iniquités,
Et qu'ils n'aient point part à ta
miséricorde !
29 Qu'ils soient effacés du livre de vie,
Et qu'ils ne soient point inscrits avec
les justes !

30 Moi, je suis malheureux et souffrant :
O Dieu, que ton secours me relève !
31 Je célébrerai le nom de Dieu par des
cantiques,
Je l'exalterai par des louanges.
32 Cela est agréable à l'Éternel, plus
qu'un taureau
Avec des cornes et des sabots.
33 Les malheureux le voient et se réjouissent ;
Vous qui cherchez Dieu, que votre
cœur vive !
34 Car l'Éternel écoute les pauvres,
Et il ne méprise point ses captifs.

35 Que les cieux et la terre le célèbrent,
Les mers et tout ce qui s'y meut !
36 Car Dieu sauvera Sion, et bâtira les
villes de Juda ;

On s'y établira, et l'on en prendra possession ;

37 La postérité de ses serviteurs en fera son héritage,
Et ceux qui aiment son nom y auront leur demeure.

PSAUME 70

1 Au chef des chantres. De David. Pour souvenir.

2 O Dieu, hâte-toi de me délivrer !
Éternel, hâte-toi de me secourir !

3 Qu'ils soient honteux et confus, ceux qui en veulent à ma vie !
Qu'ils reculent et rougissent, ceux qui désirent ma perte !

4 Qu'ils retournent en arrière par l'effet de leur honte,
Ceux qui disent : Ah ! ah !

5 Que tous ceux qui te cherchent
Soient dans l'allégresse et se réjouissent en toi !
Que ceux qui aiment ton salut
Disent sans cesse : Exalté soit Dieu !

6 Moi, je suis pauvre et indigent :
O Dieu, hâte-toi en ma faveur !
Tu es mon aide et mon libérateur :
Éternel, ne tarde pas !

PSAUME 71

1 Éternel ! je cherche en toi mon refuge :
Que jamais je ne sois confondu !

2 Dans ta justice, sauve-moi et délivre-moi !
Incline vers moi ton oreille, et secours-moi !

3 Sois pour moi un rocher qui me serve d'asile,
Où je puisse toujours me retirer !
Tu as résolu de me sauver,
Car tu es mon rocher et ma forteresse.

4 Mon Dieu, délivre-moi de la main du méchant,
De la main de l'homme inique et violent !

5 Car tu es mon espérance, Seigneur Éternel !
En toi je me confie dès ma jeunesse.

6 Dès le ventre de ma mère je m'appuie sur toi ;

C'est toi qui m'as fait sortir du sein maternel ;
Tu es sans cesse l'objet de mes louanges.

7 Je suis pour plusieurs comme un prodige,
Et toi, tu es mon puissant refuge.

8 Que ma bouche soit remplie de tes louanges,
Que chaque jour elle te glorifie !

9 Ne me rejette pas au temps de la vieillesse ;
Quand mes forces s'en vont, ne m'abandonne pas !

10 Car mes ennemis parlent de moi,
Et ceux qui guettent ma vie se consultent entre eux,

11 Disant : Dieu l'abandonne ;
Poursuivez, saisissez-le ; il n'y a personne pour le délivrer.

12 O Dieu, ne t'éloigne pas de moi !
Mon Dieu, viens en hâte à mon secours !

13 Qu'ils soient confus, anéantis, ceux qui en veulent à ma vie !
Qu'ils soient couverts de honte et d'opprobre, ceux qui cherchent ma perte !

14 Et moi, j'espérerai toujours,
Je te louerai de plus en plus.

15 Ma bouche publiera ta justice, ton salut, chaque jour,
Car j'ignore quelles en sont les bornes.

16 Je dirai tes œuvres puissantes, Seigneur Éternel !
Je rappellerai ta justice, la tienne seule.

17 O Dieu ! tu m'as instruit dès ma jeunesse,
Et jusqu'à présent j'annonce tes merveilles.

18 Ne m'abandonne pas, ô Dieu ! même dans la blanche vieillesse,
Afin que j'annonce ta force à la génération présente,
Ta puissance à la génération future !

19 Ta justice, ô Dieu ! atteint jusqu'au ciel ;
Tu as accompli de grandes choses : ô Dieu ! qui est semblable à toi ?

20 Tu nous as fait éprouver bien des détresses et des malheurs ;
Mais tu nous redonneras la vie,

Tu nous feras remonter des abîmes de la terre.

21 Relève ma grandeur,
Console-moi de nouveau !

22 Et je te louerai au son du luth, je chanterai ta fidélité, mon Dieu,
Je te célébrerai avec la harpe, Saint d'Israël !

23 En te célébrant, j'aurai la joie sur les lèvres,
La joie dans mon âme que tu as délivrée ;

24 Ma langue chaque jour publiera ta justice,
Car ceux qui cherchent ma perte sont honteux et confus.

PSAUME 72

1 De Salomon.

O Dieu, donne tes jugements au roi,
Et ta justice au fils du roi !

2 Il jugera ton peuple avec justice,
Et tes malheureux avec équité.

3 Les montagnes porteront la paix pour le peuple,
Et les collines aussi, par l'effet de ta justice.

4 Il fera droit aux malheureux du peuple,
Il sauvera les enfants du pauvre,
Et il écrasera l'oppresseur.

5 On te craindra, tant que subsistera le soleil,
Tant que paraîtra la lune, de génération en génération.

6 Il sera comme une pluie qui tombe sur un terrain fauché,
Comme des ondées qui arrosent la campagne.

7 En ses jours le juste fleurira,
Et la paix sera grande jusqu'à ce qu'il n'y ait plus de lune.

8 Il dominera d'une mer à l'autre,
Et du fleuve aux extrémités de la terre.

9 Devant lui, les habitants du désert fléchiront le genou,
Et ses ennemis lécheront la poussière.

10 Les rois de Tarsis et des îles paieront des tributs,
Les rois de Séba et de Saba offriront des présents.

11 Tous les rois se prosterneront devant lui,
Toutes les nations le serviront.

12 Car il délivrera le pauvre qui crie,
Et le malheureux qui n'a point d'aide.

13 Il aura pitié du misérable et de l'indigent,
Et il sauvera la vie des pauvres ;

14 Il les affranchira de l'oppression et de la violence,
Et leur sang aura du prix à ses yeux.

15 Ils vivront, et lui donneront de l'or de Séba ;
Ils prieront pour lui sans cesse, ils le béniront chaque jour.

16 Les blés abonderont dans le pays, au sommet des montagnes,
Et leurs épis s'agiteront comme les arbres du Liban ;
Les hommes fleuriront dans les villes comme l'herbe de la terre.

17 Son nom subsistera toujours,
Aussi longtemps que le soleil son nom se perpétuera ;
Par lui on se bénira mutuellement,
Et toutes les nations le diront heureux.

18 BÉNI SOIT L'ÉTERNEL DIEU, LE DIEU D'ISRAËL, QUI SEUL FAIT DES PRODIGES !

19 BÉNI SOIT A JAMAIS SON NOM GLORIEUX ! QUE TOUTE LA TERRE SOIT REMPLIE DE SA GLOIRE ! AMEN ! AMEN !

20 Fin des prières de David, fils d'Isaï.

LIVRE TROISIÈME

PSAUME 73

1 Psaume d'Asaph.

Oui, Dieu est bon pour Israël,
Pour ceux qui ont le cœur pur.

2 Toutefois, mon pied allait fléchir,
Mes pas étaient sur le point de glisser ;

3 Car je portais envie aux insensés,
En voyant le bonheur des méchants.

4 Rien ne les tourmente jusqu'à leur mort,
Et leur corps est chargé d'embon-point ;
5 Ils n'ont aucune part aux souffrances humaines,
Ils ne sont point frappés comme le reste des hommes.
6 Aussi l'orgueil leur sert de collier,
La violence est le vêtement qui les enveloppe ;
7 L'iniquité sort de leurs entrailles,
Les pensées de leur cœur se font jour.
8 Ils raillent, et parlent méchamment d'opprimer ;
Ils profèrent des discours hautains,
9 Ils élèvent leur bouche jusqu'aux cieux,
Et leur langue se promène sur la terre.

10 Voilà pourquoi son peuple se tourne de leur côté,
Il avale l'eau abondamment,
11 Et il dit : Comment Dieu saurait-il,
Comment le Très-Haut connaîtrait-il ?
12 Ainsi sont les méchants :
Toujours heureux, ils accroissent leurs richesses.
13 C'est donc en vain que j'ai purifié mon cœur,
Et que j'ai lavé mes mains dans l'innocence :
14 Chaque jour je suis frappé,
Tous les matins mon châtiment est là.
15 Si je disais : Je veux parler comme eux,
Voici, je trahirais la race de tes enfants.

16 Quand j'ai réfléchi là-dessus pour m'éclairer,
La difficulté fut grande à mes yeux,
17 Jusqu'à ce que j'eusse pénétré dans les sanctuaires de Dieu,
Et que j'eusse pris garde au sort final des méchants.
18 Oui, tu les places sur des voies glissantes,
Tu les fais tomber et les mets en ruines.
19 Eh quoi ! en un instant les voilà détruits !

Ils sont enlevés, anéantis par une fin soudaine !
20 Comme un songe au réveil,
Seigneur, à ton réveil, tu repousses leur image.

21 Lorsque mon cœur s'aigrissait,
Et que je me sentais percé dans les entrailles,
22 J'étais stupide et sans intelligence,
J'étais à ton égard comme les bêtes.
23 Cependant je suis toujours avec toi,
Tu m'as saisi la main droite ;
24 Tu me conduiras par ton conseil,
Puis tu me recevras dans la gloire.
25 Quel autre ai-je au ciel que toi ?
Et sur la terre je ne prends plaisir qu'en toi.
26 Ma chair et mon cœur peuvent se consumer :
Dieu sera toujours le rocher de mon cœur et mon partage.
27 Car voici, ceux qui s'éloignent de toi périssent ;
Tu anéantis tous ceux qui te sont infidèles.
28 Pour moi, m'approcher de Dieu, c'est mon bien :
Je place mon refuge dans le Seigneur, l'Éternel,
Afin de raconter toutes tes œuvres.

PSAUME 74

1 Cantique d'Asaph.

Pourquoi, ô Dieu ! rejettes-tu pour toujours ?
Pourquoi t'irrites-tu contre le troupeau de ton pâturage ?
2 Souviens-toi de ton peuple que tu as acquis autrefois,
Que tu as racheté comme la tribu de ton héritage !
Souviens-toi de la montagne de Sion,
où tu faisais ta résidence ;
3 Porte tes pas vers ces lieux constamment dévastés !
L'ennemi a tout ravagé dans le sanctuaire.
4 Tes adversaires ont rugi au milieu de ton temple ;
Ils ont établi pour signes leurs signes.
5 On les a vus, pareils à celui qui lève
La cognée dans une épaisse forêt ;

6 Et bientôt ils ont brisé toutes les
sculptures,
A coups de haches et de marteaux.

7 Ils ont mis le feu à ton sanctuaire ;
Ils ont abattu, profané la demeure de
ton nom.

8 Ils disaient en leur cœur : Traitons-
les tous avec violence !
Ils ont brûlé dans le pays tous les
lieux saints.

9 Nous ne voyons plus nos signes ;
Il n'y a plus de prophète,
Et personne parmi nous qui sache
jusques à quand...

10 Jusques à quand, ô Dieu ! l'oppresseur
outragera-t-il,
L'ennemi méprisera-t-il sans cesse
ton nom ?

11 Pourquoi retires-tu ta main et ta
droite ?
Sors-la de ton sein ! détruis !

12 Dieu est mon roi dès les temps anciens,
Lui qui opère des délivrances au
milieu de la terre.

13 Tu as fendu la mer par ta puissance,
Tu as brisé les têtes des monstres
sur les eaux ;

14 Tu as écrasé la tête du crocodile,
Tu l'as donné pour nourriture au
peuple du désert.

15 Tu as fait jaillir des sources et des
torrents.
Tu as mis à sec des fleuves qui ne
tarissent point.

16 A toi est le jour, à toi est la nuit ;
Tu as créé la lumière et le soleil.

17 Tu as fixé toutes les limites de la
terre,
Tu as établi l'été et l'hiver.

18 Souviens-toi que l'ennemi outrage
l'Éternel,
Et qu'un peuple insensé méprise ton
nom !

19 Ne livre pas aux bêtes l'âme de ta
tourterelle,
N'oublie pas à toujours la vie de tes
malheureux !

20 Aie égard à l'alliance !
Car les lieux sombres du pays sont
pleins de repaires de brigands.

21 Que l'opprimé ne retourne pas confus !

Que le malheureux et le pauvre
célèbrent ton nom !

22 Lève-toi, ô Dieu ! défends ta cause !
Souviens-toi des outrages que te fait
chaque jour l'insensé !

23 N'oublie pas les clameurs de tes adversaires,
Le tumulte sans cesse croissant de
ceux qui s'élèvent contre toi !

PSAUME 75

1 Au chef des chantres. «Ne détruis pas.» Psaume d'Asaph. Cantique.

2 Nous te louons, ô Dieu ! nous te
louons ;
Ton nom est dans nos bouches ;
Nous publions tes merveilles.

3 Au temps que j'aurai fixé,
Je jugerai avec droiture.

4 La terre tremble avec tous ceux qui
l'habitent :
Moi, j'affermis ses colonnes. — Pause.

5 Je dis à ceux qui se glorifient : Ne
vous glorifiez pas !
Et aux méchants : N'élevez pas la
tête !

6 N'élevez pas si haut votre tête,
Ne parlez pas avec tant d'arrogance !

7 Car ce n'est ni de l'orient, ni de
l'occident,
Ni du désert, que vient l'élévation.

8 Mais Dieu est celui qui juge :
Il abaisse l'un, et il élève l'autre.

9 Il y a dans la main de l'Éternel une
coupe,
Où fermente un vin plein de mélange,
Et il en verse :
Tous les méchants de la terre sucent,
boivent jusqu'à la lie.

10 Je publierai ces choses à jamais ;
Je chanterai en l'honneur du Dieu
de Jacob. —

11 Et j'abattrai toutes les forces des
méchants ;
Les forces du juste seront élevées.

PSAUME 76

1 Au chef des chantres. Avec instruments à cordes. Psaume d'Asaph.
Cantique.

2 Dieu est connu en Juda,
Son nom est grand en Israël.
3 Sa tente est à Salem,
Et sa demeure à Sion.
4 C'est là qu'il a brisé les flèches,
Le bouclier, l'épée, et les armes de
guerre. — Pause.

5 Tu es plus majestueux, plus puissant
Que les montagnes des ravisseurs.
6 Ils ont été dépouillés, ces héros pleins
de courage,
Ils se sont endormis de leur dernier
sommeil ;
Ils n'ont pas su se défendre, tous ces
vaillants hommes.
7 A ta menace, Dieu de Jacob !
Ils se sont endormis, cavaliers et
chevaux.

8 Tu es redoutable, ô toi !
Qui peut te résister, quand ta colère
éclate ?
9 Du haut des cieux tu as proclamé la
sentence ;
La terre effrayée s'est tenue tranquille,
10 Lorsque Dieu s'est levé pour faire
justice,
Pour sauver tous les malheureux de
la terre. — Pause.

11 L'homme te célèbre même dans sa
fureur,
Quand tu te revêts de tout ton courroux.
12 Faites des vœux à l'Éternel, votre
Dieu, et accomplissez-les !
Que tous ceux qui l'environnent
apportent des dons au Dieu
terrible !
13 Il abat l'orgueil des princes,
Il est redoutable aux rois de la terre.

PSAUME 77

1 Au chef des chantres. D'après
Jeduthun. Psaume d'Asaph.

Ma voix s'élève à Dieu, et je crie ; 2
Ma voix s'élève à Dieu, et il m'écou-
tera.
Au jour de ma détresse, je cherche 3
le Seigneur ;
La nuit, mes mains sont étendues
sans se lasser ;
Mon âme refuse toute consolation.
Je me souviens de Dieu, et je gé- 4
mis ;
Je médite, et mon esprit est abattu.
—Pause.

Tu tiens mes paupières en éveil ; 5
Et, dans mon trouble, je ne puis
parler.
Je pense aux jours anciens, 6
Aux années d'autrefois.
Je pense à mes cantiques pendant 7
la nuit,
Je fais des réflexions au dedans de
mon cœur,
Et mon esprit médite.

Le Seigneur rejettera-t-il pour tou- 8
jours ?
Ne sera-t-il plus favorable ?
Sa bonté est-elle à jamais épuisée ? 9
Sa parole est-elle anéantie pour l'é-
ternité ?
Dieu a-t-il oublié d'avoir compas- 10
sion ?
A-t-il, dans sa colère, retiré sa misé-
ricorde ? — Pause.

Je dis : Ce qui fait ma souffrance, 11
C'est que la droite du Très-Haut
n'est plus la même...
Je rappellerai les œuvres de l'Éter- 12
nel,
Car je me souviens de tes merveilles
d'autrefois ;
Je parlerai de toutes tes œuvres, 13
Je raconterai tes hauts faits.

O Dieu ! tes voies sont saintes ; 14
Quel dieu est grand comme Dieu ?
Tu es le Dieu qui fait des prodiges ; 15
Tu as manifesté parmi les peuples
ta puissance.
Par ton bras tu as délivré ton 16
peuple,
Les fils de Jacob et de Joseph. —
Pause.

17 Les eaux t'ont vu, ô Dieu !
Les eaux t'ont vu, elles ont tremblé ;
Les abîmes se sont émus.

18 Les nuages versèrent de l'eau par
torrents,
Le tonnerre retentit dans les nues,
Et tes flèches volèrent de toutes
parts.

19 Ton tonnerre éclata dans le tour-
billon,
Les éclairs illuminèrent le monde ;
La terre s'émut et trembla.

20 Tu te frayas un chemin par la mer,
Un sentier par les grandes eaux,
Et tes traces ne furent plus recon-
nues.

21 Tu as conduit ton peuple comme un
troupeau,
Par la main de Moïse et d'Aaron.

PSAUME 78

1 Cantique d'Asaph.

Mon peuple, écoute mes instructions !
Prêtez l'oreille aux paroles de ma
bouche !

2 J'ouvre la bouche par des sentences,
Je publie la sagesse des temps anciens.

3 Ce que nous avons entendu, ce que
nous savons,
Ce que nos pères nous ont raconté,

4 Nous ne le cacherons point à leurs
enfants ;
Nous dirons à la génération future
les louanges de l'Éternel,
Et sa puissance, et les prodiges qu'il
a opérés.

5 Il a établi un témoignage en Jacob,
Il a mis une loi en Israël,
Et il a ordonné à nos pères de l'en-
seigner à leurs enfants,

6 Pour qu'elle fût connue de la génération future,
Des enfants qui naîtraient,
Et que, devenus grands, ils en par-
lassent à leurs enfants,

7 Afin qu'ils missent en Dieu leur
confiance,
Qu'ils n'oubliassent pas les œuvres
de Dieu,

Et qu'ils observassent ses commandements,

8 Afin qu'ils ne fussent pas, comme
leurs pères,
Une race indocile et rebelle,
Une race dont le cœur n'était pas
ferme,
Et dont l'esprit n'était pas fidèle à
Dieu.

9 Les fils d'Éphraïm, armés et tirant
de l'arc,
Tournèrent le dos le jour du combat.

10 Ils ne gardèrent point l'alliance de
Dieu,
Et ils refusèrent de marcher selon
sa loi.

11 Ils mirent en oubli ses œuvres,
Ses merveilles qu'il leur avait fait
voir.

12 Devant leurs pères il avait fait des
prodiges,
Au pays d'Égypte, dans les campagnes de Tsoan.

13 Il fendit la mer et leur ouvrit un
passage,
Il fit dresser les eaux comme une
muraille.

14 Il les conduisit le jour par la nuée,
Et toute la nuit par un feu éclatant.

15 Il fendit des rochers dans le désert,
Et il donna à boire comme des flots
abondants ;

16 Du rocher il fit jaillir des sources,
Et couler des eaux comme des
fleuves.

17 Mais ils continuèrent à pécher contre lui,
A se révolter contre le Très-Haut
dans le désert.

18 Ils tentèrent Dieu dans leur cœur.
En demandant de la nourriture selon
leur désir.

19 Ils parlèrent contre Dieu,
Ils dirent : Dieu pourrait-il
Dresser une table dans le désert ?

20 Voici, il a frappé le rocher, et des
eaux ont coulé,
Et des torrents se sont répandus ;
Pourra-t-il aussi donner du pain,
Ou fournir de la viande à son peuple ?

21 L'Éternel entendit, et il fut irrité ;

Un feu s'alluma contre Jacob,
Et la colère s'éleva contre Israël,

22 Parce qu'ils ne crurent pas en Dieu,
Parce qu'ils n'eurent pas confiance
dans son secours.

23 Il commanda aux nuages d'en haut,
Et il ouvrit les portes des cieux ;

24 Il fit pleuvoir sur eux la manne
pour nourriture,
Il leur donna le blé du ciel.

25 Ils mangèrent tous le pain des
grands,
Il leur envoya de la nourriture à
satiété.

26 Il fit souffler dans les cieux le vent
d'orient,
Et il amena par sa puissance le vent
du midi ;

27 Il fit pleuvoir sur eux la viande
comme de la poussière,
Et comme le sable des mers les
oiseaux ailés ;

28 Il les fit tomber au milieu de leur
camp,
Tout autour de leurs demeures.

29 Ils mangèrent et se rassasièrent
abondamment :
Dieu leur donna ce qu'ils avaient
désiré.

30 Ils n'avaient pas satisfait leur désir,
Ils avaient encore leur nourriture
dans la bouche,

31 Lorsque la colère de Dieu s'éleva
contre eux ;
Il frappa de mort les plus vigoureux,
Il abattit les jeunes hommes d'Israël.

32 Malgré tout cela, ils continuèrent à
pécher,
Et ne crurent point à ses prodiges.

33 Il consuma leurs jours par la vanité,
Et leurs années par une fin soudaine.

34 Quand il les frappait de mort, ils
le cherchaient,
Ils revenaient et se tournaient vers
Dieu ;

35 Ils se souvenaient que Dieu était
leur rocher,
Que le Dieu Très-Haut était leur
libérateur.

36 Mais ils le trompaient de la bouche,
Et ils lui mentaient de la langue ;

37 Leur cœur n'était pas ferme envers
lui,
Et ils n'étaient pas fidèles à son
alliance.

38 Toutefois, dans sa miséricorde, il
pardonne l'iniquité et ne détruit pas ;
Il retient souvent sa colère et ne se
livre pas à toute sa fureur.

39 Il se souvint qu'ils n'étaient que
chair,
Un souffle qui s'en va et ne revient pas.

40 Que de fois ils se révoltèrent contre
lui dans le désert !
Que de fois ils l'irritèrent dans la
solitude !

41 Ils ne cessèrent de tenter Dieu,
Et de provoquer le Saint d'Israël.

42 Ils ne se souvinrent pas de sa puissance,
Du jour où il les délivra de l'ennemi,

43 Des miracles qu'il accomplit en
Égypte,
Et de ses prodiges dans les campagnes
de Tsoan.

44 Il changea leurs fleuves en sang,
Et ils ne purent en boire les eaux.

45 Il envoya contre eux des mouches
venimeuses qui les dévorèrent,
Et des grenouilles qui les détruisirent.

46 Il livra leurs récoltes aux sauterelles,
Le produit de leur travail aux sauterelles.

47 Il fit périr leurs vignes par la grêle,
Et leurs sycomores par la gelée.

48 Il abandonna leur bétail à la grêle,
Et leurs troupeaux au feu du ciel.

49 Il lança contre eux son ardente
colère,
La fureur, la rage et la détresse,
Une troupe de messagers de malheurs.

50 Il donna libre cours à sa colère,
Il ne sauva pas leur âme de la mort,
Il livra leur vie à la mortalité ;

51 Il frappa tous les premiers-nés en
Égypte,
Les prémices de la force sous les
tentes de Cham.

52 Il fit partir son peuple comme des
brebis,
Il les conduisit comme un troupeau
dans le désert.
53 Il les dirigea sûrement, pour qu'ils
fussent sans crainte,
Et la mer couvrit leurs ennemis.
54 Il les amena vers sa frontière sainte,
Vers cette montagne que sa droite a
acquise.
55 Il chassa devant eux les nations,
Leur distribua le pays en héritage,
Et fit habiter dans leurs tentes les
tribus d'Israël.
56 Mais ils tentèrent le Dieu Très-
Haut et se révoltèrent contre lui,
Et ils n'observèrent point ses ordonnances,
57 Ils s'éloignèrent et furent infidèles,
comme leurs pères,
Ils tournèrent, comme un arc trompeur.
58 Ils l'irritèrent par leurs hauts lieux,
Et ils excitèrent sa jalousie par leurs
idoles.
59 Dieu entendit, et il fut irrité ;
Il repoussa fortement Israël.
60 Il abandonna la demeure de Silo,
La tente où il habitait parmi les
hommes ;
61 Il livra sa gloire à la captivité,
Et sa majesté entre les mains de
l'ennemi.
62 Il mit son peuple à la merci du
glaive,
Et il s'indigna contre son héritage.
63 Le feu dévora ses jeunes hommes,
Et ses vierges ne furent pas célé-
brées ;
64 Ses sacrificateurs tombèrent par
l'épée,
Et ses veuves ne pleurèrent pas.
65 Le Seigneur s'éveilla comme celui
qui a dormi,
Comme un héros qu'a subjugué le
vin.
66 Il frappa ses adversaires en fuite,
Il les couvrit d'un opprobre éternel.
67 Cependant il rejeta la tente de
Joseph,
Et il ne choisit point la tribu
d'Éphraïm ;
68 Il préféra la tribu de Juda,

La montagne de Sion qu'il aimait.
Et il bâtit son sanctuaire comme 69
les lieux élevés,
Comme la terre qu'il a fondée pour
toujours.

Il choisit David, son serviteur, 70
Et il le tira des bergeries ;
Il le prit derrière les brebis qui 71
allaitent,
Pour lui faire paître Jacob, son
peuple,
Et Israël, son héritage.
Et David les dirigea avec un cœur 72
intègre,
Et les conduisit avec des mains in-
telligentes.

PSAUME 79

Psaume d'Asaph. 1

O Dieu ! les nations ont envahi ton
héritage,
Elles ont profané ton saint temple,
Elles ont fait de Jérusalem un mon-
ceau de pierres.
Elles ont livré les cadavres de tes 2
serviteurs
En pâture aux oiseaux du ciel,
La chair de tes fidèles aux bêtes de
la terre ;
Elles ont versé leur sang comme de 3
l'eau
Tout autour de Jérusalem,
Et il n'y a eu personne pour les en-
terrer.
Nous sommes devenus un objet 4
d'opprobre pour nos voisins,
De moquerie et de risée pour ceux
qui nous entourent.
Jusques à quand, Éternel ! t'irriteras- 5
tu sans cesse,
Et ta colère s'embrasera-t-elle comme
le feu ?
Répands ta fureur sur les nations 6
qui ne te connaissent pas,
Et sur les royaumes qui n'invoquent
pas ton nom !
Car on a dévoré Jacob, 7
Et ravagé sa demeure.

Ne te souviens plus de nos iniquités 8
passées !

Que tes compassions viennent en hâte au-devant de nous !
Car nous sommes bien malheureux.

9 Secours-nous, Dieu de notre salut, pour la gloire de ton nom !
Délivre-nous, et pardonne nos péchés, à cause de ton nom !

10 Pourquoi les nations diraient-elles : Où est leur Dieu ?
Qu'on sache, en notre présence, parmi les nations,
Que tu venges le sang de tes serviteurs, le sang répandu !

11 Que les gémissements des captifs parviennent jusqu'à toi !
Par ton bras puissant sauve ceux qui vont périr !

12 Rends à nos voisins sept fois dans leur sein
Les outrages qu'ils t'ont faits, Seigneur !

13 Et nous, ton peuple, le troupeau de ton pâturage,
Nous te célébrerons éternellement ;
De génération en génération nous publierons tes louanges.

PSAUME 80

1 Au chef des chantres. Sur les lis lyriques. D'Asaph. Psaume.

2 Prête l'oreille, berger d'Israël,
Toi qui conduis Joseph comme un troupeau !
Parais dans ta splendeur,
Toi qui es assis sur les chérubins !

3 Devant Éphraïm, Benjamin et Manassé, réveille ta force,
Et viens à notre secours !

4 O Dieu, relève-nous !
Fais briller ta face, et nous serons sauvés !

5 Éternel, Dieu des armées !
Jusques à quand t'irriteras-tu contre la prière de ton peuple ?

6 Tu les nourris d'un pain de larmes,
Tu les abreuves de larmes à pleine mesure.

7 Tu fais de nous un objet de discorde pour nos voisins,
Et nos ennemis se raillent de nous.

8 Dieu des armées, relève-nous !

Fais briller ta face, et nous serons sauvés !

9 Tu avais arraché de l'Égypte une vigne ;
Tu as chassé des nations, et tu l'as plantée.

10 Tu as fait place devant elle :
Elle a jeté des racines et rempli la terre ;

11 Les montagnes étaient couvertes de son ombre,
Et ses rameaux étaient comme des cèdres de Dieu ;

12 Elle étendait ses branches jusqu'à la mer,
Et ses rejetons jusqu'au fleuve.

13 Pourquoi as-tu rompu ses clôtures,
En sorte que tous les passants la dépouillent ?

14 Le sanglier de la forêt la ronge,
Et les bêtes des champs en font leur pâture.

15 Dieu des armées, reviens donc !
Regarde du haut des cieux, et vois ! considère cette vigne !

16 Protège ce que ta droite a planté,
Et le fils que tu t'es choisi !...

17 Elle est brûlée par le feu, elle est coupée !
Ils périssent devant ta face menaçante.

18 Que ta main soit sur l'homme de ta droite,
Sur le fils de l'homme que tu t'es choisi !

19 Et nous ne nous éloignerons plus de toi.
Fais-nous revivre, et nous invoquerons ton nom.

20 Éternel, Dieu des armées, relève-nous !
Fais briller ta face, et nous serons sauvés !

PSAUME 81

1 Au chef des chantres. Sur la guitthith. D'Asaph.

2 Chantez avec allégresse à Dieu, notre force !
Poussez des cris de joie vers le Dieu de Jacob !

3 Entonnez des cantiques, faites résonner le tambourin,
La harpe mélodieuse et le luth !
4 Sonnez de la trompette à la nouvelle lune,
A la pleine lune, au jour de notre fête !
5 Car c'est une loi pour Israël,
Une ordonnance du Dieu de Jacob.
6 Il en fit un statut pour Joseph,
Quand il marcha contre le pays d'Égypte...
J'entends une voix qui m'est inconnue :—
7 J'ai déchargé son épaule du fardeau,
Et ses mains ont lâché la corbeille.
8 Tu as crié dans la détresse, et je t'ai délivré ;
Je t'ai répondu dans la retraite du tonnerre ;
Je t'ai éprouvé près des eaux de Meriba.—Pause.
9 Écoute, mon peuple ! et je t'avertirai ;
Israël, puisses-tu m'écouter !
10 Qu'il n'y ait au milieu de toi point de dieu étranger !
Ne te prosterne pas devant des dieux étrangers !
11 Je suis l'Éternel, ton Dieu, qui t'ai fait monter du pays d'Égypte ;
Ouvre ta bouche, et je la remplirai.
12 Mais mon peuple n'a point écouté ma voix,
Israël ne m'a point obéi.
13 Alors je les ai livrés aux penchants de leur cœur,
Et ils ont suivi leurs propres conseils.
14 Oh ! si mon peuple m'écoutait,
Si Israël marchait dans mes voies !
15 En un instant je confondrais leurs ennemis,
Je tournerais ma main contre leurs adversaires ;
16 Ceux qui haïssent l'Éternel le flatteraient,
Et le bonheur d'Israël durerait toujours ;
17 Je le nourrirais du meilleur froment,
Et je le rassasierais du miel du rocher.

PSAUME 82

1 Psaume d'Asaph.

Dieu se tient dans l'assemblée de Dieu ;
Il juge au milieu des dieux.—

2 Jusques à quand jugerez-vous avec iniquité,
Et aurez-vous égard à la personne des méchants ?—Pause.
3 Rendez justice au faible et à l'orphelin,
Faites droit au malheureux et au pauvre,
4 Sauvez le misérable et l'indigent,
Délivrez-les de la main des méchants.

5 Ils n'ont ni savoir ni intelligence,
Ils marchent dans les ténèbres ;
Tous les fondements de la terre sont ébranlés.
6 J'avais dit : Vous êtes des dieux,
Vous êtes tous des fils du Très-Haut.
7 Cependant vous mourrez comme des hommes,
Vous tomberez comme un prince quelconque.—

8 Lève-toi, ô Dieu, juge la terre !
Car toutes les nations t'appartiennent.

PSAUME 83

1 Cantique. Psaume d'Asaph.

2 O Dieu, ne reste pas dans le silence !
Ne te tais pas, et ne te repose pas, ô Dieu !
3 Car voici, tes ennemis s'agitent,
Ceux qui te haïssent lèvent la tête.
4 Ils forment contre ton peuple des projets pleins de ruse,
Et ils délibèrent contre ceux que tu protèges.
5 Venez, disent-ils, exterminons-les du milieu des nations,
Et qu'on ne se souvienne plus du nom d'Israël !

6 Ils se concertent tous d'un même cœur,
Ils font une alliance contre toi ;
7 Les tentes d'Édom et les Ismaélites,
Moab et les Hagaréniens,
8 Guebal, Ammon, Amalek,

Les Philistins avec les habitants de Tyr ;

9 L'Assyrie aussi se joint à eux,
Elle prête son bras aux enfants de Lot.—Pause.

10 Traite-les comme Madian,
Comme Sisera, comme Jabin au torrent de Kison !

11 Ils ont été détruits à En-Dor,
Ils sont devenus du fumier pour la terre.

12 Traite leurs chefs comme Oreb et Zeeb,
Et tous leurs princes comme Zébach et Tsalmunna !

13 Car ils disent : Emparons-nous Des demeures de Dieu !

14 Mon Dieu ! rends-les semblables au tourbillon,
Au chaume qu'emporte le vent,

15 Au feu qui brûle la forêt,
A la flamme qui embrase les montagnes !

16 Poursuis-les ainsi de ta tempête,
Et fais-les trembler par ton ouragan !

17 Couvre leur face d'ignominie,
Afin qu'ils cherchent ton nom, ô Éternel !

18 Qu'ils soient confus et épouvantés pour toujours,
Qu'ils soient honteux et qu'ils périssent !

19 Qu'ils sachent que toi seul, dont le nom est l'Éternel,
Tu es le Très-Haut sur toute la terre !

PSAUME 84

1 Au chef des chantres. Sur la guitthith. Des fils de Koré. Psaume.

2 Que tes demeures sont aimables,
Éternel des armées !

3 Mon âme soupire et languit après les parvis de l'Éternel,
Mon cœur et ma chair poussent des cris vers le Dieu vivant.

4 Le passereau même trouve une maison,
Et l'hirondelle un nid où elle dépose ses petits...

Tes autels, Éternel des armées !
Mon roi et mon Dieu !

5 Heureux ceux qui habitent ta maison !
Ils peuvent te célébrer encore.—Pause.

6 Heureux ceux qui placent en toi leur appui !
Ils trouvent dans leur cœur des chemins tout tracés.

7 Lorsqu'ils traversent la vallée de Baca,
Ils la transforment en un lieu plein de sources,
Et la pluie la couvre aussi de bénédictions.

8 Leur force augmente pendant la marche,
Et ils se présentent devant Dieu à Sion.

9 Éternel, Dieu des armées, écoute ma prière !
Prête l'oreille, Dieu de Jacob !—Pause.

10 Toi qui es notre bouclier, vois, ô Dieu !
Et regarde la face de ton oint !

11 Mieux vaut un jour dans tes parvis que mille ailleurs ;
Je préfère me tenir sur le seuil de la maison de mon Dieu,
Plutôt que d'habiter sous les tentes de la méchanceté.

12 Car l'Éternel Dieu est un soleil et un bouclier,
L'Éternel donne la grâce et la gloire,
Il ne refuse aucun bien à ceux qui marchent dans l'intégrité.

13 Éternel des armées !
Heureux l'homme qui se confie en toi !

PSAUME 85

1 Au chef des chantres. Des fils de Koré. Psaume.

2 Tu as été favorable à ton pays, ô Éternel !
Tu as ramené les captifs de Jacob ;

3 Tu as pardonné l'iniquité de ton peuple,

Tu as couvert tous ses péchés;— Pause.

4 Tu as retiré toute ta fureur,
Tu es revenu de l'ardeur de ta colère.

5 Rétablis-nous, Dieu de notre salut !
Cesse ton indignation contre nous !

6 T'irriteras-tu contre nous à jamais ?
Prolongeras-tu ta colère éternellement ?

7 Ne nous rendras-tu pas à la vie,
Afin que ton peuple se réjouisse en toi ?

8 Éternel ! fais-nous voir ta bonté,
Et accorde-nous ton salut !

9 J'écouterai ce que dit Dieu, l'Éternel ;
Car il parle de paix à son peuple et à ses fidèles,
Pourvu qu'ils ne retombent pas dans la folie.

10 Oui, son salut est près de ceux qui le craignent,
Afin que la gloire habite dans notre pays.

11 La bonté et la fidélité se rencontrent,
La justice et la paix s'embrassent ;

12 La fidélité germe de la terre,
Et la justice regarde du haut des cieux.

13 L'Éternel aussi accordera le bonheur,
Et notre terre donnera ses fruits.

14 La justice marchera devant lui,
Et imprimera ses pas sur le chemin.

PSAUME 86

1 Prière de David.

Éternel, prête l'oreille, exauce-moi !
Car je suis malheureux et indigent.

2 Garde mon âme, car je suis pieux !
Mon Dieu, sauve ton serviteur qui se confie en toi !

3 Aie pitié de moi, Seigneur !
Car je crie à toi tout le jour.

4 Réjouis l'âme de ton serviteur,
Car à toi, Seigneur, j'élève mon âme.

5 Car tu es bon, Seigneur, tu pardonnes,
Tu es plein d'amour pour tous ceux qui t'invoquent.

6 Éternel, prête l'oreille à ma prière,

Sois attentif à la voix de mes supplications !

7 Je t'invoque au jour de ma détresse,
Car tu m'exauces.

8 Nul n'est comme toi parmi les dieux, Seigneur,
Et rien ne ressemble à tes œuvres.

9 Toutes les nations que tu as faites viendront
Se prosterner devant ta face, Seigneur,
Et rendre gloire à ton nom.

10 Car tu es grand, et tu opères des prodiges ;
Toi seul, tu es Dieu.

11 Enseigne-moi tes voies, ô Éternel !
Je marcherai dans ta fidélité.
Dispose mon cœur à la crainte de ton nom.

12 Je te louerai de tout mon cœur, Seigneur, mon Dieu !
Et je glorifierai ton nom à perpétuité.

13 Car ta bonté est grande envers moi,
Et tu délivres mon âme du séjour profond des morts.

14 O Dieu ! des orgueilleux se sont levés contre moi,
Une troupe d'hommes violents en veulent à ma vie ;
Ils ne portent pas leurs pensées sur toi.

15 Mais toi, Seigneur, tu es un Dieu miséricordieux et compatissant,
Lent à la colère, riche en bonté et en fidélité ;

16 Tourne vers moi les regards et aie pitié de moi,
Donne la force à ton serviteur,
Et sauve le fils de ta servante !

17 Opère un signe en ma faveur !
Que mes ennemis le voient et soient confus !
Car tu me secours et tu me consoles, ô Éternel !

PSAUME 87

1 Des fils de Koré. Psaume. Cantique.

Elle est fondée sur les montagnes saintes.

2 L'Éternel aime les portes de Sion

Plus que toutes les demeures de Jacob.

3 Des choses glorieuses ont été dites sur toi,
Ville de Dieu !—Pause.

4 Je proclame l'Égypte et Babylone parmi ceux qui me connaissent ;
Voici, le pays des Philistins, Tyr, avec l'Éthiopie :
C'est dans Sion qu'ils sont nés.—

5 Et de Sion il est dit : Tous y sont nés
Et c'est le Très-Haut qui l'affermit.

6 L'Éternel compte en inscrivant les peuples :
C'est là qu'ils sont nés.—Pause.

7 Et ceux qui chantent et ceux qui dansent s'écrient :
Toutes mes sources sont en toi.

PSAUME 88

1 Cantique. Psaume des fils de Koré. Au chef des chantres. Pour chanter sur la flûte. Cantique d'Héman, l'Ezrachite.

2 Éternel, Dieu de mon salut !
Je crie jour et nuit devant toi.

3 Que ma prière parvienne en ta présence !
Prête l'oreille à mes supplications !

4 Car mon âme est rassasiée de maux,
Et ma vie s'approche du séjour des morts.

5 Je suis mis au rang de ceux qui descendent dans la fosse,
Je suis comme un homme qui n'a plus de force.

6 Je suis étendu parmi les morts,
Semblable à ceux qui sont tués et couchés dans le sépulcre,
A ceux dont tu n'as plus le souvenir,
Et qui sont séparés de ta main.

7 Tu m'as jeté dans une fosse profonde,
Dans les ténèbres, dans les abîmes.

8 Ta fureur s'appesantit sur moi,
Et tu m'accables de tous tes flots.—Pause.

9 Tu as éloigné de moi mes amis,
Tu m'as rendu pour eux un objet d'horreur ;

Je suis enfermé et je ne puis sortir.

10 Mes yeux se consument dans la souffrance ;
Je t'invoque tous les jours, ô Éternel !
J'étends vers toi les mains.

11 Est-ce pour les morts que tu fais des miracles ?
Les morts se lèvent-ils pour te louer ?—Pause.

12 Parle-t-on de ta bonté dans le sépulcre,
De ta fidélité dans l'abîme ?

13 Tes prodiges sont-ils connus dans les ténèbres,
Et ta justice dans la terre de l'oubli ?

14 O Éternel ! j'implore ton secours,
Et le matin ma prière s'élève à toi.

15 Pourquoi, Éternel, repousses-tu mon âme ?
Pourquoi me caches-tu ta face ?

16 Je suis malheureux et moribond dès ma jeunesse,
Je suis chargé de tes terreurs, je suis troublé.

17 Tes fureurs passent sur moi,
Tes terreurs m'anéantissent ;

18 Elles m'environnent tout le jour comme des eaux,
Elles m'enveloppent toutes à la fois.

19 Tu as éloigné de moi amis et compagnons ;
Mes intimes ont disparu.

PSAUME 89

1 Cantique d'Éthan, l'Ezrachite.

2 Je chanterai toujours les bontés de l'Éternel ;
Ma bouche fera connaître à jamais ta fidélité.

3 Car je dis : La bonté a des fondements éternels ;
Tu établis ta fidélité dans les cieux.—

4 J'ai fait alliance avec mon élu ;
Voici ce que j'ai juré à David, mon serviteur :

5 J'affermirai ta postérité pour toujours,
Et j'établirai ton trône à perpétuité.—Pause.

6 Les cieux célèbrent tes merveilles, ô Éternel !

Et ta fidélité dans l'assemblée des saints.

7 Car qui, dans le ciel, peut se comparer à l'Éternel ?
Qui est semblable à toi parmi les fils de Dieu ?

8 Dieu est terrible dans la grande assemblée des saints,
Il est redoutable pour tous ceux qui l'entourent.

9 Éternel, Dieu des armées ! qui est comme toi puissant, ô Éternel ?
Ta fidélité t'environne.

10 Tu domptes l'orgueil de la mer ;
Quand ses flots se soulèvent, tu les apaises.

11 Tu écrasas l'Égypte comme un cadavre,
Tu dispersas tes ennemis par la puissance de ton bras.

12 C'est à toi qu'appartiennent les cieux et la terre,
C'est toi qui as fondé le monde et ce qu'il renferme.

13 Tu as créé le nord et le midi ;
Le Thabor et l'Hermon se réjouissent à ton nom.

14 Ton bras est puissant,
Ta main forte, ta droite élevée.

15 La justice et l'équité sont la base de ton trône.
La bonté et la fidélité sont devant ta face.

16 Heureux le peuple qui connaît le son de la trompette ;
Il marche à la clarté de ta face, ô Éternel !

17 Il se réjouit sans cesse de ton nom,
Et il se glorifie de ta justice.

18 Car tu es la gloire de sa puissance ;
C'est ta faveur qui relève notre force.

19 Car l'Éternel est notre bouclier,
Le Saint d'Israël est notre roi.

20 Alors tu parlas dans une vision à ton bien-aimé,
Et tu dis : J'ai prêté mon secours à un héros,
J'ai élevé du milieu du peuple un jeune homme ;

21 J'ai trouvé David, mon serviteur,
Je l'ai oint de mon huile sainte.

22 Ma main le soutiendra,

Et mon bras le fortifiera.
L'ennemi ne le surprendra pas, 23
Et le méchant ne l'opprimera point ;
J'écraserai devant lui ses adversaires, 24
Et je frapperai ceux qui le haïssent.
Ma fidélité et ma bonté seront avec 25 lui,
Et sa force s'élèvera par mon nom.
Je mettrai sa main sur la mer, 26
Et sa droite sur les fleuves.

Lui, il m'invoquera : Tu es mon 27 père,
Mon Dieu et le rocher de mon salut !
Et moi, je ferai de lui le premier-né, 28
Le plus élevé des rois de la terre.
Je lui conserverai toujours ma bonté, 29
Et mon alliance lui sera fidèle ;
Je rendrai sa postérité éternelle, 30
Et son trône comme les jours des cieux.

Si ses fils abandonnent ma loi 31
Et ne marchent pas selon ses ordonnances,
S'ils violent mes préceptes 32
Et n'observent pas mes commandements,
Je punirai de la verge leurs transgressions, 33
Et par des coups leurs iniquités ;
Mais je ne lui retirerai point ma 34 bonté
Et je ne trahirai pas ma fidélité,
Je ne violerai point mon alliance 35
Et je ne changerai pas ce qui est sorti de mes lèvres.
J'ai juré une fois par ma sainteté : 36
Mentirai-je à David ?
Sa postérité subsistera toujours ; 37
Son trône sera devant moi comme le soleil,
Comme la lune il aura une éternelle 38 durée.
Le témoin qui est dans le ciel est fidèle.—Pause.

Et pourtant, tu as rejeté, tu as 39 repoussé !
Tu t'es irrité contre ton oint !
Tu as dédaigné l'alliance avec ton 40 serviteur ;
Tu as abattu, profané sa couronne.
Tu as détruit toutes ses murailles, 41
Tu as mis en ruines ses forteresses.

42 Tous les passants le dépouillent ;
Il est un objet d'opprobre pour ses
voisins.

43 Tu as élevé la droite de ses adversaires,
Tu as réjoui tous ses ennemis ;

44 Tu as fait reculer le tranchant de
son glaive,
Et tu ne l'as pas soutenu dans le
combat.

45 Tu as mis un terme à sa splendeur,
Et tu as jeté son trône à terre ;

46 Tu as abrégé les jours de sa jeunesse,
Tu l'as couvert de honte.—Pause.

47 Jusques à quand, Éternel ! te cacheras-tu sans cesse,
Et ta fureur s'embrasera-t-elle comme
le feu ?

48 Rappelle-toi ce qu'est la durée de
ma vie,

Et pour quel néant tu as créé tous
les fils de l'homme.

49 Y a-t-il un homme qui puisse vivre
et ne pas voir la mort,
Qui puisse sauver son âme du séjour
des morts ?—Pause.

50 Où sont, Seigneur ! tes bontés premières,
Que tu juras à David dans ta
fidélité ?

51 Souviens-toi, Seigneur ! de l'opprobre
de tes serviteurs,
Souviens-toi que je porte en mon
sein tous les peuples nombreux ;

52 Souviens-toi des outrages de tes
ennemis, ô Éternel !
De leurs outrages contre les pas de
ton oint.

53 BÉNI SOIT A JAMAIS L'É-
TERNEL ! AMEN ! AMEN !

LIVRE QUATRIÈME

PSAUME 90

1 Prière de Moïse, homme de Dieu.

Seigneur ! tu as été pour nous un
refuge,
De génération en génération.

2 Avant que les montagnes fussent
nées,
Et que tu eusses créé la terre et le
monde,
D'éternité en éternité tu es Dieu.

3 Tu fais rentrer les hommes dans la
poussière,
Et tu dis : Fils de l'homme, retournez !

4 Car mille ans sont, à tes yeux,
Comme le jour d'hier, quand il n'est
plus,
Et comme une veille de la nuit.

5 Tu les emportes, semblables à un
songe,
Qui, le matin, passe comme l'herbe :

6 Elle fleurit le matin, et elle passe,
On la coupe le soir, et elle sèche.

7 Nous sommes consumés par ta colère,
Et ta fureur nous épouvante.

8 Tu mets devant toi nos iniquités,
Et à la lumière de ta face nos fautes
cachées.

9 Tous nos jours disparaissent par ton
courroux ;
Nous voyons nos années s'évanouir
comme un son.

10 Les jours de nos années s'élèvent à
soixante et dix ans,
Et, pour les plus robustes, à quatre-
vingts ans ;
Et l'orgueil qu'ils en tirent n'est que
peine et misère,
Car il passe vite, et nous nous en-
volons.

11 Qui prend garde à la force de ta
colère,
Et à ton courroux, selon la crainte
qui t'est due ?

12 Enseigne-nous à bien compter nos
jours,
Afin que nous appliquions notre
cœur à la sagesse.

13 Reviens, Éternel ! Jusques à quand...?
Aie pitié de tes serviteurs !

14 Rassasie-nous chaque matin de ta
bonté,
Et nous serons toute notre vie dans
la joie et l'allégresse.

15 Réjouis-nous autant de jours que tu
nous as humiliés,
Autant d'années que nous avons vu
le malheur.

16 Que ton œuvre se manifeste à tes
           serviteurs,
   Et ta gloire sur leurs enfants !
17 Que la grâce de l'Éternel, notre Dieu,
           soit sur nous !
   Affermis l'ouvrage de nos mains,
   Oui, affermis l'ouvrage de nos mains !

PSAUME 91

1 Celui qui demeure sous l'abri du
           Très-Haut
   Repose à l'ombre du Tout-Puissant.
2 Je dis à l'Éternel : Mon refuge et
           ma forteresse,
   Mon Dieu en qui je me confie !
3 Car c'est lui qui te délivre du filet
           de l'oiseleur,
   De la peste et de ses ravages.
4 Il te couvrira de ses plumes,
   Et tu trouveras un refuge sous ses
           ailes ;
   Sa fidélité est un bouclier et une
           cuirasse.
5 Tu ne craindras ni les terreurs de la
           nuit,
   Ni la flèche qui vole de jour,
6 Ni la peste qui marche dans les
           ténèbres,
   Ni la contagion qui frappe en plein
           midi.
7 Que mille tombent à ton côté,
   Et dix mille à ta droite,
   Tu ne seras pas atteint ;
8 De tes yeux seulement tu regarderas,
   Et tu verras la rétribution des
           méchants.
9 Car tu es mon refuge, ô Éternel !
   Tu fais du Très-Haut ta retraite.

10 Aucun malheur ne t'arrivera,
   Aucun fléau n'approchera de ta
           tente.
11 Car il ordonnera à ses anges
   De te garder dans toutes tes voies ;
12 Ils te porteront sur les mains,
   De peur que ton pied ne heurte
           contre une pierre.
13 Tu marcheras sur le lion et sur
           l'aspic,
   Tu fouleras le lionceau et le dragon.—
14 Puisqu'il m'aime, je le délivrerai ;
   Je le protégerai, puisqu'il connaît
           mon nom.
15 Il m'invoquera, et je lui répondrai ;

Je serai avec lui dans la détresse,
Je le délivrerai et je le glorifierai.
Je le rassasierai de longs jours,   16
Et je lui ferai voir mon salut.

PSAUME 92

Psaume. Cantique pour le jour 1
du sabbat.

Il est beau de louer l'Éternel,   2
Et de célébrer ton nom, ô Très-Haut !
D'annoncer le matin ta bonté,   3
Et ta fidélité pendant les nuits,
Sur l'instrument à dix cordes et sur 4
           le luth,
Aux sons de la harpe.

Tu me réjouis par tes œuvres, ô 5
           Éternel !
Et je chante avec allégresse l'ouvrage
           de tes mains.
Que tes œuvres sont grandes, ô 6
           Éternel !
Que tes pensées sont profondes !
L'homme stupide n'y connaît rien,   7
Et l'insensé n'y prend point garde.

Si les méchants croissent comme 8
           l'herbe,
Si tous ceux qui font le mal fleu-
           rissent,
C'est pour être anéantis à jamais.
Mais toi, tu es le Très-Haut,   9
A perpétuité, ô Éternel !
Car voici, tes ennemis, ô Éternel !   10
Car voici, tes ennemis périssent ;
Tous ceux qui font le mal sont
           dispersés.
Et tu me donnes la force du buffle ; 11
Je suis arrosé avec une huile fraîche.
Mon œil se plaît à contempler mes 12
           ennemis,
Et mon oreille à entendre mes
           méchants adversaires.

Les justes croissent comme le pal- 13
           mier,
Ils s'élèvent comme le cèdre du
           Liban.
Plantés dans la maison de l'Éternel, 14
Ils prospèrent dans les parvis de
           notre Dieu ;
Ils portent encore des fruits dans la 15
           vieillesse,

Ils sont pleins de sève et verdoy-
ants,

16 Pour faire connaître que l'Éternel
est juste.

Il est mon rocher, et il n'y a point
en lui d'iniquité.

PSAUME 93

1 L'Éternel règne, il est revêtu de
majesté,

L'Éternel est revêtu, il est ceint de
force.

Aussi le monde est ferme, il ne
chancelle pas.

2 Ton trône est établi dès les temps
anciens ;

Tu existes de toute éternité.

3 Les fleuves élèvent, ô Éternel !

Les fleuves élèvent leur voix,

Les fleuves élèvent leurs ondes retentissantes.

4 Plus que la voix des grandes, des
puissantes eaux,

Des flots impétueux de la mer,

L'Éternel est puissant dans les lieux
célestes.

5 Tes témoignages sont entièrement
véritables ;

La sainteté convient à ta maison,

O Éternel ! pour toute la durée des
temps.

PSAUME 94

1 Dieu des vengeances, Éternel !

Dieu des vengeances, parais !

2 Lève-toi, juge de la terre !

Rends aux superbes selon leurs
œuvres !

3 Jusques à quand les méchants, ô
Éternel !

Jusques à quand les méchants triom-
pheront-ils ?

4 Ils discourent, ils parlent avec
arrogance ;

Tous ceux qui font le mal se
glorifient.

5 Éternel ! ils écrasent ton peuple,

Ils oppriment ton héritage ;

6 Ils égorgent la veuve et l'étranger,

Ils assassinent les orphelins.

7 Et ils disent : L'Éternel ne regarde
pas,

Le Dieu de Jacob ne fait pas
attention !

Prenez-y garde, hommes stupides ! 8

Insensés, quand serez-vous sages ?

Celui qui a planté l'oreille n'enten- 9
drait-il pas ?

Celui qui a formé l'œil ne verrait-il
pas ?

Celui qui châtie les nations ne 10
punirait-il point,

Lui qui donne à l'homme l'intelligence ?

L'Éternel connaît les pensées de 11
l'homme,

Il sait qu'elles sont vaines.

Heureux l'homme que tu châties, ô 12
Éternel !

Et que tu instruis par ta loi,

Pour le calmer aux jours du malheur, 13

Jusqu'à ce que la fosse soit creusée
pour le méchant !

Car l'Éternel ne délaisse pas son 14
peuple,

Il n'abandonne pas son héritage ;

Car le jugement sera conforme à la 15
justice,

Et tous ceux dont le cœur est droit
l'approuveront.

Qui se lèvera pour moi contre les 16
méchants ?

Qui me soutiendra contre ceux qui
font le mal ?

Si l'Éternel n'était pas mon secours, 17

Mon âme serait bien vite dans la
demeure du silence.

Quand je dis : Mon pied chancelle ! 18

Ta bonté, ô Éternel ! me sert d'appui.

Quand les pensées s'agitent en foule 19
au dedans de moi,

Tes consolations réjouissent mon
âme.

Les méchants te feraient-ils siéger 20
sur leur trône,

Eux qui forment des desseins iniques
en dépit de la loi ?

Ils se rassemblent contre la vie du 21
juste,

Et ils condamnent le sang innocent.

Mais l'Éternel est ma retraite, 22

Mon Dieu est le rocher de mon
refuge.

23 Il fera retomber sur eux leur iniquité,
Il les anéantira par leur méchanceté ;
L'Éternel, notre Dieu, les anéantira.

PSAUME 95

1 Venez, chantons avec allégresse à
l'Éternel !
Poussons des cris de joie vers le
rocher de notre salut.
2 Allons au-devant de lui avec des
louanges,
Faisons retentir des cantiques en son
honneur !
3 Car l'Éternel est un grand Dieu,
Il est un grand roi au-dessus de tous
les dieux.
4 Il tient dans sa main les profondeurs
de la terre,
Et les sommets des montagnes sont
à lui.
5 La mer est à lui, c'est lui qui l'a
faite ;
La terre aussi, ses mains l'ont
formée.
6 Venez, prosternons-nous et humi-
lions-nous,
Fléchissons le genou devant l'Éternel,
notre créateur !
7 Car il est notre Dieu,
Et nous sommes le peuple de son
pâturage,
Le troupeau que sa main conduit...
Oh ! si vous pouviez écouter aujour-
d'hui sa voix !—
8 N'endurcissez pas votre cœur, comme
à Meriba,
Comme à la journée de Massa, dans
le désert,
9 Où vos pères me tentèrent,
M'éprouvèrent, quoiqu'ils vissent mes
œuvres.
10 Pendant quarante ans j'eus cette
race en dégoût,
Et je dis : C'est un peuple dont le
cœur est égaré ;
Ils ne connaissent pas mes voies.
11 Aussi je jurai dans ma colère :
Ils n'entreront pas dans mon repos !

PSAUME 96

1 Chantez à l'Éternel un cantique
nouveau !

Chantez à l'Éternel, vous tous, habi-
tants de la terre !
Chantez à l'Éternel, bénissez son 2
nom,
Annoncez de jour en jour son
salut !
Racontez parmi les nations sa gloire, 3
Parmi tous les peuples ses merveilles !
Car l'Éternel est grand et très digne 4
de louange,
Il est redoutable par-dessus tous
les dieux ;
Car tous les dieux des peuples sont 5
des idoles,
Et l'Éternel a fait les cieux.
La splendeur et la magnificence sont 6
devant sa face,
La gloire et la majesté sont dans son
sanctuaire.

Familles des peuples, rendez à l'É- 7
ternel,
Rendez à l'Éternel gloire et honneur !
Rendez à l'Éternel gloire pour son 8
nom !
Apportez des offrandes, et entrez
dans ses parvis !
Prosternez-vous devant l'Éternel avec 9
des ornements sacrés.
Tremblez devant lui, vous tous,
habitants de la terre !
Dites parmi les nations : L'Éternel 10
règne ;
Aussi le monde est ferme, il ne
chancelle pas ;
L'Éternel juge les peuples avec
droiture.

Que les cieux se réjouissent, et que 11
la terre soit dans l'allégresse,
Que la mer retentisse avec tout ce
qu'elle contient,
Que la campagne s'égaie avec tout 12
ce qu'elle renferme,
Que tous les arbres des forêts
poussent des cris de joie,
Devant l'Éternel ! Car il vient, 13
Car il vient pour juger la terre ;
Il jugera le monde avec justice,
Et les peuples selon sa fidélité.

PSAUME 97

L'Éternel règne : que la terre soit 1
dans l'allégresse,

Que les îles nombreuses se réjouissent !

2 Les nuages et l'obscurité l'environnent,

La justice et l'équité sont la base de son trône.

3 Le feu marche devant lui,
Et embrase à l'entour ses adversaires.

4 Ses éclairs illuminent le monde,
La terre le voit et tremble ;

5 Les montagnes se fondent comme la cire devant l'Éternel,
Devant le Seigneur de toute la terre.

6 Les cieux publient sa justice,
Et tous les peuples voient sa gloire.

7 Ils sont confus, tous ceux qui servent les images,
Qui se font gloire des idoles.
Tous les dieux se prosternent devant lui.

8 Sion l'entend et se réjouit,
Les filles de Juda sont dans l'allégresse,
A cause de tes jugements, ô Éternel !

9 Car toi, Éternel ! tu es le Très-Haut sur toute la terre,
Tu es souverainement élevé au-dessus de tous les dieux.

10 Vous qui aimez l'Éternel, haïssez le mal !

Il garde les âmes de ses fidèles,
Il les délivre de la main des méchants.

11 La lumière est semée pour le juste,
Et la joie pour ceux dont le cœur est droit.

12 Justes, réjouissez-vous en l'Éternel,
Et célébrez par vos louanges sa sainteté !

PSAUME 98

1 Psaume.

Chantez à l'Éternel un cantique nouveau !
Car il a fait des prodiges.
Sa droite et son bras saint lui sont venus en aide.

2 L'Éternel a manifesté son salut,

Il a révélé sa justice aux yeux des nations.

3 Il s'est souvenu de sa bonté et de sa fidélité envers la maison d'Israël,
Toutes les extrémités de la terre ont vu le salut de notre Dieu.

4 Poussez vers l'Éternel des cris de joie,
Vous tous, habitants de la terre !
Faites éclater votre allégresse, et chantez !

5 Chantez à l'Éternel avec la harpe;
Avec la harpe chantez des cantiques !

6 Avec les trompettes et au son du cor,
Poussez des cris de joie devant le roi, l'Éternel !

7 Que la mer retentisse avec tout ce qu'elle contient,
Que le monde et ceux qui l'habitent éclatent d'allégresse,

8 Que les fleuves battent des mains,
Que toutes les montagnes poussent des cris de joie,

9 Devant l'Éternel ! Car il vient pour juger la terre ;
Il jugera le monde avec justice,
Et les peuples avec équité.

PSAUME 99

1 L'Éternel règne : les peuples tremblent;
Il est assis sur les chérubins : la terre chancelle.

2 L'Éternel est grand dans Sion,
Il est élevé au-dessus de tous les peuples.

3 Qu'on célèbre ton nom grand et redoutable!
Il est saint !

4 Qu'on célèbre la force du roi qui aime la justice !
Tu affermis la droiture,
Tu exerces en Jacob la justice et l'équité.

5 Exaltez l'Éternel, notre Dieu,
Et prosternez-vous devant son marchepied !
Il est saint !

6 Moïse et Aaron parmi ses sacrificateurs,

Et Samuel parmi ceux qui invoquaient son nom,
Invoquèrent l'Éternel, et il les exauça.

7 Il leur parla dans la colonne de nuée ;
Ils observèrent ses commandements
Et la loi qu'il leur donna.

8 Éternel, notre Dieu, tu les exauças,
Tu fus pour eux un Dieu qui pardonne,
Mais tu les as punis de leurs fautes.

9 Exaltez l'Éternel, notre Dieu,
Et prosternez-vous sur sa montagne sainte !
Car il est saint, l'Éternel, notre Dieu !

PSAUME 100

1 Psaume de louange.

Poussez vers l'Éternel des cris de joie,
Vous tous, habitants de la terre !

2 Servez l'Éternel avec joie,
Venez avec allégresse en sa présence !

3 Sachez que l'Éternel est Dieu !
C'est lui qui nous a faits, et nous lui appartenons ;
Nous sommes son peuple, et le troupeau de son pâturage.

4 Entrez dans ses portes avec des louanges,
Dans ses parvis avec des cantiques !
Célébrez-le, bénissez son nom !

5 Car l'Éternel est bon ; sa bonté dure toujours,
Et sa fidélité de génération en génération.

PSAUME 101

1 De David. Psaume.

Je chanterai la bonté et la justice ;
C'est à toi, Éternel ! que je chanterai.

2 Je prendrai garde à la voie droite. —
Quand viendras-tu à moi ? —
Je marcherai dans l'intégrité de mon cœur,
Au milieu de ma maison.

3 Je ne mettrai rien de mauvais devant mes yeux ;
Je hais la conduite des pécheurs ;
Elle ne s'attachera point à moi.

4 Le cœur pervers s'éloignera de moi ;
Je ne veux pas connaître le méchant.

Celui qui calomnie en secret son 5 prochain, je l'anéantirai ;
Celui qui a des regards hautains et un cœur enflé, je ne le supporterai pas.

J'aurai les yeux sur les fidèles du 6 pays,
Pour qu'ils demeurent auprès de moi ;
Celui qui marche dans une voie intègre sera mon serviteur.

Celui qui se livre à la fraude n'ha- 7 bitera pas dans ma maison ;
Celui qui dit des mensonges ne subsistera pas en ma présence.

Chaque matin j'anéantirai tous les 8 méchants du pays,
Afin d'exterminer de la ville de l'Éternel
Tous ceux qui commettent l'iniquité.

PSAUME 102

1 Prière d'un malheureux, lorsqu'il est abattu et qu'il répand sa plainte devant l'Éternel.

Éternel, écoute ma prière, 2
Et que mon cri parvienne jusqu'à toi !
Ne me cache pas ta face au jour de 3 ma détresse !
Incline vers moi ton oreille quand je crie !
Hâte-toi de m'exaucer !

Car mes jours s'évanouissent en 4 fumée,
Et mes os sont enflammés comme un tison.
Mon cœur est frappé et se dessèche 5 comme l'herbe ;
J'oublie même de manger mon pain.
Mes gémissements sont tels 6
Que mes os s'attachent à ma chair.
Je ressemble au pélican du désert, 7
Je suis comme le chat-huant des ruines ;
Je n'ai plus de sommeil, et je suis 8
Comme l'oiseau solitaire sur un toit.
Chaque jour mes ennemis m'ou- 9 tragent,
Et c'est par moi que jurent mes adversaires en fureur.
Je mange la poussière au lieu de 10 pain,
Et je mêle des larmes à ma boisson,
A cause de ta colère et de ta fureur ; 11
Car tu m'as soulevé et jeté au loin.

12 Mes jours sont comme l'ombre à son déclin,
Et je me dessèche comme l'herbe.

13 Mais toi, Éternel ! tu règnes à perpétuité,
Et ta mémoire dure de génération en génération.

14 Tu te lèveras, tu auras pitié de Sion ;
Car le temps d'avoir pitié d'elle,
Le temps fixé est à son terme ;

15 Car tes serviteurs en aiment les pierres,
Ils en chérissent la poussière.

16 Alors les nations craindront le nom de l'Éternel,
Et tous les rois de la terre ta gloire.

17 Oui, l'Éternel rebâtira Sion,
Il se montrera dans sa gloire.

18 Il est attentif à la prière du misérable,
Il ne dédaigne pas sa prière.

19 Que cela soit écrit pour la génération future,
Et que le peuple qui sera créé célèbre l'Éternel !

20 Car il regarde du lieu élevé de sa sainteté ;
Du haut des cieux l'Éternel regarde sur la terre,

21 Pour écouter les gémissements des captifs,
Pour délivrer ceux qui vont périr,

22 Afin qu'ils publient dans Sion le nom de l'Éternel,
Et ses louanges dans Jérusalem,

23 Quand tous les peuples s'assembleront,
Et tous les royaumes, pour servir l'Éternel.

24 Il a brisé ma force dans la route,
Il a abrégé mes jours.

25 Je dis : Mon Dieu, ne m'enlève pas au milieu de mes jours,
Toi, dont les années durent éternellement !

26 Tu as anciennement fondé la terre,
Et les cieux sont l'ouvrage de tes mains.

27 Ils périront, mais tu subsisteras ;
Ils s'useront tous comme un vêtement ;
Tu les changeras comme un habit, et ils seront changés.

28 Mais toi, tu restes le même,
Et tes années ne finiront point.

29 Les fils de tes serviteurs habiteront leur pays,
Et leur postérité s'affermira devant toi.

PSAUME 103

De David.   1

Mon âme, bénis l'Éternel !
Que tout ce qui est en moi bénisse son saint nom !

2 Mon âme, bénis l'Éternel,
Et n'oublie aucun de ses bienfaits !

3 C'est lui qui pardonne toutes tes iniquités,
Qui guérit toutes tes maladies ;

4 C'est lui qui délivre ta vie de la fosse,
Qui te couronne de bonté et de miséricorde ;

5 C'est lui qui rassasie de biens ta vieillesse,
Qui te fait rajeunir comme l'aigle.

6 L'Éternel fait justice,
Il fait droit à tous les opprimés.

7 Il a manifesté ses voies à Moïse,
Ses œuvres aux enfants d'Israël.

8 L'Éternel est miséricordieux et compatissant,
Lent à la colère et riche en bonté ;

9 Il ne conteste pas sans cesse,
Il ne garde pas sa colère à toujours ;

10 Il ne nous traite pas selon nos péchés,
Il ne nous punit pas selon nos iniquités.

11 Mais autant les cieux sont élevés au dessus de la terre,
Autant sa bonté est grande pour ceux qui le craignent ;

12 Autant l'orient est éloigné de l'occident,
Autant il éloigne de nous nos transgressions.

13 Comme un père a compassion de ses enfants,
L'Éternel a compassion de ceux qui le craignent.

14 Car il sait de quoi nous sommes formés,
Il se souvient que nous sommes poussière.

15 L'homme! ses jours sont comme l'herbe,
Il fleurit comme la fleur des champs.
16 Lorsqu'un vent passe sur elle, elle n'est plus,
Et le lieu qu'elle occupait ne la reconnaît plus.
17 Mais la bonté de l'Éternel dure à jamais pour ceux qui le craignent,
Et sa miséricorde pour les enfants de leurs enfants,
18 Pour ceux qui gardent son alliance,
Et se souviennent de ses commandements afin de les accomplir.

19 L'Éternel a établi son trône dans les cieux,
Et son règne domine sur toutes choses.
20 Bénissez l'Éternel, vous ses anges,
Qui êtes puissants en force, et qui exécutez ses ordres,
En obéissant à la voix de sa parole!
21 Bénissez l'Éternel, vous toutes ses armées,
Qui êtes ses serviteurs, et qui faites sa volonté!
22 Bénissez l'Éternel, vous toutes ses œuvres,
Dans tous les lieux de sa domination!
Mon âme, bénis l'Éternel!

PSAUME 104

1 Mon âme, bénis l'Éternel!
Éternel, mon Dieu, tu es infiniment grand!
Tu es revêtu d'éclat et de magnificence!

2 Il s'enveloppe de lumière comme d'un manteau;
Il étend les cieux comme un pavillon.
3 Il forme avec les eaux le faîte de sa demeure;
Il prend les nuées pour son char,
Il s'avance sur les ailes du vent.
4 Il fait des vents ses messagers,
Des flammes de feu ses serviteurs.
5 Il a établi la terre sur ses fondements,
Elle ne sera jamais ébranlée.
6 Tu l'avais couverte de l'abîme comme d'un vêtement,

Les eaux s'arrêtaient sur les montagnes;
7 Elles ont fui devant ta menace,
Elles se sont précipitées à la voix de ton tonnerre.
8 Des montagnes se sont élevées, des vallées se sont abaissées,
Au lieu que tu leur avais fixé.
9 Tu as posé une limite que les eaux ne doivent point franchir,
Afin qu'elles ne reviennent plus couvrir la terre.

10 Il conduit les sources dans des torrents,
Qui coulent entre les montagnes.
11 Elles abreuvent tous les animaux des champs;
Les ânes sauvages y étanchent leur soif.
12 Les oiseaux du ciel habitent sur leurs bords,
Et font résonner leur voix parmi les rameaux.
13 De sa haute demeure, il arrose les montagnes;
La terre est rassasiée du fruit de tes œuvres.
14 Il fait germer l'herbe pour le bétail,
Et les plantes pour les besoins de l'homme,
Afin que la terre produise de la nourriture,
15 Le vin qui réjouit le cœur de l'homme,
Et fait plus que l'huile resplendir son visage,
Et le pain qui soutient le cœur de l'homme.
16 Les arbres de l'Éternel se rassasient,
Les cèdres du Liban, qu'il a plantés.
17 C'est là que les oiseaux font leurs nids;
La cigogne a sa demeure dans les cyprès,
18 Les montagnes élevées sont pour les boucs sauvages,
Les rochers servent de retraite aux damans.

19 Il a fait la lune pour marquer les temps;
Le soleil sait quand il doit se coucher.
20 Tu amènes les ténèbres, et il est nuit:
Alors tous les animaux des forêts sont en mouvement;

21 Les lionceaux rugissent après la proie,
Et demandent à Dieu leur nourriture.
22 Le soleil se lève : ils se retirent,
Et se couchent dans leurs tanières.
23 L'homme sort pour se rendre à son ouvrage,
Et à son travail, jusqu'au soir.
24 Que tes œuvres sont en grand nombre, ô Éternel !
Tu les as toutes faites avec sagesse.
La terre est remplie de tes biens.

25 Voici la grande et vaste mer :
Là se meuvent sans nombre
Des animaux petits et grands ;
26 Là se promènent les navires,
Et ce léviathan que tu as formé pour se jouer dans les flots.
27 Tous ces animaux espèrent en toi,
Pour que tu leur donnes la nourriture en son temps.
28 Tu la leur donnes, et ils la recueillent ;
Tu ouvres ta main, et ils se rassasient de biens.
29 Tu caches ta face : ils sont tremblants ;
Tu leur retires le souffle : ils expirent,
Et retournent dans leur poussière.
30 Tu envoies ton souffle : ils sont créés,
Et tu renouvelles la face de la terre.

31 Que la gloire de l'Éternel subsiste à jamais !
Que l'Éternel se réjouisse de ses œuvres !
32 Il regarde la terre, et elle tremble ;
Il touche les montagnes, et elles sont fumantes.
33 Je chanterai l'Éternel tant que je vivrai,
Je célébrerai mon Dieu tant que j'existerai.
34 Que mes paroles lui soient agréables !
Je veux me réjouir en l'Éternel.
35 Que les pécheurs disparaissent de la terre,
Et que les méchants ne soient plus !
Mon âme, bénis l'Éternel !

Louez l'Éternel !

PSAUME 105

1 Louez l'Éternel, invoquez son nom !
Faites connaître parmi les peuples ses hauts faits !
2 Chantez, chantez en son honneur !
Parlez de toutes ses merveilles !
3 Glorifiez-vous de son saint nom !
Que le cœur de ceux qui cherchent l'Éternel se réjouisse !
4 Ayez recours à l'Éternel et à son appui,
Cherchez continuellement sa face !
5 Souvenez-vous des prodiges qu'il a faits,
De ses miracles et des jugements de sa bouche,
6 Postérité d'Abraham, son serviteur,
Enfants de Jacob, ses élus !

7 L'Éternel est notre Dieu ;
Ses jugements s'exercent sur toute la terre.
8 Il se rappelle à toujours son alliance,
Ses promesses pour mille générations,
9 L'alliance qu'il a traitée avec Abraham,
Et le serment qu'il a fait à Isaac ;
10 Il l'a érigée pour Jacob en loi,
Pour Israël en alliance éternelle,
11 Disant : Je te donnerai le pays de Canaan
Comme héritage qui vous est échu.
12 Ils étaient alors peu nombreux,
Très peu nombreux, et étrangers dans le pays,
13 Et ils allaient d'une nation à l'autre
Et d'un royaume vers un autre peuple ;
14 Mais il ne permit à personne de les opprimer,
Et il châtia des rois à cause d'eux :
15 Ne touchez pas à mes oints,
Et ne faites pas de mal à mes prophètes !

16 Il appela sur le pays la famine,
Il coupa tout moyen de subsistance.
17 Il envoya devant eux un homme :
Joseph fut vendu comme esclave.
18 On serra ses pieds dans des liens,
On le mit aux fers,
19 Jusqu'au temps où arriva ce qu'il avait annoncé,

Et où la parole de l'Éternel l'éprouva.

20 Le roi fit ôter ses liens,
Le dominateur des peuples le délivra.

21 Il l'établit seigneur sur sa maison,
Et gouverneur de tous ses biens,

22 Afin qu'il pût à son gré enchaîner
ses princes,
Et qu'il enseignât la sagesse à ses
anciens.

23 Alors Israël vint en Égypte,
Et Jacob séjourna dans le pays de
Cham.

24 Il rendit son peuple très fécond,
Et plus puissant que ses adversaires.

25 Il changea leur cœur, au point qu'ils
haïrent son peuple
Et qu'ils traitèrent ses serviteurs
avec perfidie.

26 Il envoya Moïse, son serviteur,
Et Aaron, qu'il avait choisi.

27 Ils accomplirent par son pouvoir des
prodiges au milieu d'eux,
Ils firent des miracles dans le pays
de Cham.

28 Il envoya des ténèbres et amena
l'obscurité,
Et ils ne furent pas rebelles à sa
parole.

29 Il changea leurs eaux en sang,
Et fit périr leurs poissons.

30 Le pays fourmilla de grenouilles,
Jusque dans les chambres de leurs
rois.

31 Il dit, et parurent les mouches venimeuses,
Les poux sur tout leur territoire.

32 Il leur donna pour pluie de la grêle,
Des flammes de feu dans leur pays.

33 Il frappa leurs vignes et leurs figuiers,
Et brisa les arbres de leur contrée.

34 Il dit, et parurent les sauterelles,
Des sauterelles sans nombre,

35 Qui dévorèrent toute l'herbe du pays,
Qui dévorèrent les fruits de leurs
champs.

36 Il frappa tous les premiers-nés dans
leur pays,
Toutes les prémices de leur force.

37 Il fit sortir son peuple avec de l'argent et de l'or,
Et nul ne chancela parmi ses tribus.

38 Les Égyptiens se réjouirent de leur
départ,

Car la terreur qu'ils avaient d'eux
les saisissait.

39 Il étendit la nuée pour les couvrir,
Et le feu pour éclairer la nuit.

40 A leur demande, il fit venir des
cailles
Et il les rassasia du pain du ciel.

41 Il ouvrit le rocher, et des eaux
coulèrent ;
Elles se répandirent comme un fleuve
dans les lieux arides.

42 Car il se souvint de sa parole sainte,
Et d'Abraham, son serviteur.

43 Il fit sortir son peuple dans l'allégresse,
Ses élus au milieu des cris de joie.

44 Il leur donna les terres des nations,
Et ils possédèrent le fruit du travail
des peuples,

45 Afin qu'ils gardassent ses ordonnances,
Et qu'ils observassent ses lois.

Louez l'Éternel !

PSAUME 106

1 Louez l'Éternel !

Louez l'Éternel, car il est bon,
Car sa miséricorde dure à toujours !

2 Qui dira les hauts faits de l'É-
ternel ?
Qui publiera toute sa louange ?

3 Heureux ceux qui observent la loi,
Qui pratiquent la justice en tout
temps !

4 Éternel, souviens-toi de moi dans ta
bienveillance pour ton peuple !
Souviens-toi de moi en lui accordant
ton secours,

5 Afin que je voie le bonheur de tes
élus,
Que je me réjouisse de la joie de ton
peuple,
Et que je me glorifie avec ton
héritage !

6 Nous avons péché comme nos pères,
Nous avons commis l'iniquité, nous
avons fait le mal.

7 Nos pères en Égypte ne furent pas
attentifs à tes miracles,
Ils ne se rappelèrent pas la multitude
de tes grâces,

Ils furent rebelles près de la mer,
près de la mer Rouge.

8 Mais il les sauva à cause de son nom,
Pour manifester sa puissance.

9 Il menaça la mer Rouge, et elle se
dessécha ;
Et il les fit marcher à travers les
abîmes comme dans un désert.

10 Il les sauva de la main de celui qui
les haïssait,
Il les délivra de la main de l'ennemi

11 Les eaux couvrirent leurs adversaires :
Il n'en resta pas un seul.

12 Et ils crurent à ses paroles,
Ils chantèrent ses louanges.

13 Mais ils oublièrent bientôt ses œuvres,
Ils n'attendirent pas l'exécution de
ses desseins.

14 Ils furent saisis de convoitise dans le
désert,
Et ils tentèrent Dieu dans la solitude.

15 Il leur accorda ce qu'ils demandaient ;
Puis il envoya le dépérissement dans
leur corps.

16 Ils se montrèrent, dans le camp,
jaloux contre Moïse,
Contre Aaron, le saint de l'Éternel.

17 La terre s'ouvrit et engloutit Dathan,
Et elle se referma sur la troupe
d'Abiram ;

18 Le feu embrasa leur troupe,
La flamme consuma les méchants.

19 Ils firent un veau en Horeb,
Ils se prosternèrent devant une image
de fonte,

20 Ils échangèrent leur gloire
Contre la figure d'un bœuf qui mange
l'herbe.

21 Ils oublièrent Dieu, leur sauveur,
Qui avait fait de grandes choses en
Égypte,

22 Des miracles dans le pays de Cham,
Des prodiges sur la mer Rouge.

23 Et il parla de les exterminer ;
Mais Moïse, son élu, se tint à la
brèche devant lui,
Pour détourner sa fureur et l'empêcher de les détruire.

24 Ils méprisèrent le pays des délices ;
Ils ne crurent pas à la parole de
l'Éternel,

25 Ils murmurèrent dans leurs tentes,

Ils n'obéirent point à sa voix.
Et il leva la main pour jurer 26
De les faire tomber dans le désert,
De faire tomber leur postérité parmi 27
les nations,
Et de les disperser au milieu des
pays.

Ils s'attachèrent à Baal-Peor, 28
Et mangèrent des victimes sacrifiées
aux morts.
Ils irritèrent l'Éternel par leurs 29
actions,
Et une plaie fit irruption parmi eux.
Phinées se leva pour intervenir, 30
Et la plaie s'arrêta ;
Cela lui fut imputé à justice, 31
De génération en génération pour
toujours.

Ils irritèrent l'Éternel près des eaux 32
de Meriba ;
Et Moïse fut puni à cause d'eux,
Car ils aigrirent son esprit, 33
Et il s'exprima légèrement des lèvres.

Ils ne détruisirent point les peuples 34
Que l'Éternel leur avait ordonné de
détruire.
Ils se mêlèrent avec les nations, 35
Et ils apprirent leurs œuvres.
Ils servirent leurs idoles, 36
Qui furent pour eux un piège ;
Ils sacrifièrent leurs fils 37
Et leurs filles aux idoles,
Ils répandirent le sang innocent, 38
Le sang de leurs fils et de leurs filles,
Qu'ils sacrifièrent aux idoles de
Canaan,
Et le pays fut profané par des
meurtres.
Ils se souillèrent par leurs œuvres, 39
Ils se prostituèrent par leurs actions.

La colère de l'Éternel s'enflamma 40
contre son peuple,
Et il prit en horreur son héritage.
Il les livra entre les mains des 41
nations ;
Ceux qui les haïssaient dominèrent
sur eux ;
Leurs ennemis les opprimèrent, 42
Et ils furent humiliés sous leur puis-
sance.
Plusieurs fois il les délivra ; 43

Mais ils se montrèrent rebelles dans leurs desseins,
Et ils devinrent malheureux par leur iniquité.

44 Il vit leur détresse,
Lorsqu'il entendit leurs supplications.

45 Il se souvint en leur faveur de son alliance ;
Il eut pitié selon sa grande bonté,

46 Et il excita pour eux la compassion
De tous ceux qui les retenaient captifs.

47 Sauve-nous, Éternel, notre Dieu !

Et rassemble-nous du milieu des nations,
Afin que nous célébrions ton saint nom,
Et que nous mettions notre gloire à te louer !

BÉNI SOIT L'ÉTERNEL, LE 48 DIEU D'ISRAËL,
D'ÉTERNITÉ EN ÉTERNITÉ !
ET QUE TOUT LE PEUPLE DISE : AMEN !
LOUEZ L'ÉTERNEL !

LIVRE CINQUIÈME

PSAUME 107

1 Louez l'Éternel, car il est bon,
Car sa miséricorde dure à toujours !

2 Qu'ainsi disent les rachetés de l'Éternel,
Ceux qu'il a délivrés de la main de l'ennemi,

3 Et qu'il a rassemblés de tous les pays,
De l'orient et de l'occident, du nord et de la mer !

4 Ils erraient dans le désert, ils marchaient dans la solitude,
Sans trouver une ville où ils pussent habiter.

5 Ils souffraient de la faim et de la soif ;
Leur âme était languissante.

6 Dans leur détresse, ils crièrent à l'Éternel,
Et il les délivra de leurs angoisses ;

7 Il les conduisit par le droit chemin,
Pour qu'ils arrivassent dans une ville habitable.

8 Qu'ils louent l'Éternel pour sa bonté,
Et pour ses merveilles en faveur des fils de l'homme !

9 Car il a satisfait l'âme altérée,
Il a comblé de biens l'âme affamée.

10 Ceux qui avaient pour demeure les ténèbres et l'ombre de la mort
Vivaient captifs dans la misère et dans les chaînes,

11 Parce qu'ils s'étaient révoltés contre les paroles de Dieu,
Parce qu'ils avaient méprisé le conseil du Très-Haut.

12 Il humilia leur cœur par la souffrance ;
Ils succombèrent, et personne ne les secourut.

13 Dans leur détresse, ils crièrent à l'Éternel,
Et il les délivra de leurs angoisses ;

14 Il les fit sortir des ténèbres et de l'ombre de la mort,
Et il rompit leurs liens.

15 Qu'ils louent l'Éternel pour sa bonté,
Et pour ses merveilles en faveur des fils de l'homme !

16 Car il a brisé les portes d'airain,
Il a rompu les verrous de fer.

17 Les insensés, par leur conduite coupable
Et par leurs iniquités, s'étaient rendus malheureux.

18 Leur âme avait en horreur toute nourriture,
Et ils touchaient aux portes de la mort.

19 Dans leur détresse, ils crièrent à l'Éternel,
Et il les délivra de leurs angoisses ;

20 Il envoya sa parole et les guérit,
Il les fit échapper de la fosse.

21 Qu'ils louent l'Éternel pour sa bonté,
Et pour ses merveilles en faveur des fils de l'homme !

22 Qu'ils offrent des sacrifices d'actions de grâces,
Et qu'ils publient ses œuvres avec des cris de joie !

23 Ceux qui étaient descendus sur la mer dans des navires,

Et qui travaillaient sur les grandes eaux,

24 Ceux-là virent les œuvres de l'Éternel
Et ses merveilles au milieu de l'abîme.

25 Il dit, et il fit souffler la tempête,
Qui souleva les flots de la mer.

26 Ils montaient vers les cieux, ils descendaient dans l'abîme;
Leur âme était éperdue en face du danger;

27 Saisis de vertige, ils chancelaient comme un homme ivre,
Et toute leur habileté était anéantie.

28 Dans leur détresse, ils crièrent à l'Éternel,
Et il les délivra de leurs angoisses;

29 Il arrêta la tempête, ramena le calme,
Et les ondes se turent.

30 Ils se réjouirent de ce qu'elles s'étaient apaisées,
Et l'Éternel les conduisit au port désiré.

31 Qu'ils louent l'Éternel pour sa bonté,
Et pour ses merveilles en faveur des fils de l'homme!

32 Qu'ils l'exaltent dans l'assemblée du peuple,
Et qu'ils le célèbrent dans la réunion des anciens!

33 Il change les fleuves en désert,
Et les sources d'eaux en terre desséchée,

34 Le pays fertile en pays salé,
A cause de la méchanceté de ses habitants.

35 Il change le désert en étang,
Et la terre aride en sources d'eaux,

36 Et il y établit ceux qui sont affamés.
Ils fondent une ville pour l'habiter;

37 Ils ensemencent des champs, plantent des vignes,
Et ils en recueillent les produits.

38 Il les bénit, et ils deviennent très nombreux,
Et il ne diminue point leur bétail.

39 Sont-ils amoindris et humiliés
Par l'oppression, le malheur et la souffrance;

40 Verse-t-il le mépris sur les grands,
Les fait-il errer dans des déserts sans chemin,

41 Il relève l'indigent et le délivre de la misère,

Il multiplie les familles comme des troupeaux.

42 Les hommes droits le voient et se réjouissent,
Mais toute iniquité ferme la bouche.

43 Que celui qui est sage prenne garde à ces choses,
Et qu'il soit attentif aux bontés de l'Éternel.

PSAUME 108

1 Cantique. Psaume de David.

2 Mon cœur est affermi, ô Dieu!
Je chanterai, je ferai retentir mes instruments: c'est ma gloire!

3 Réveillez-vous, mon luth et ma harpe!
Je réveillerai l'aurore.

4 Je te louerai parmi les peuples, Éternel!
Je te chanterai parmi les nations,

5 Car ta bonté s'élève au-dessus des cieux,
Et ta fidélité jusqu'aux nues.

6 Élève-toi sur les cieux, ô Dieu!
Et que ta gloire soit sur toute la terre!

7 Afin que tes bien-aimés soient délivrés,
Sauve par ta droite, et exauce-nous!

8 Dieu a dit dans sa sainteté: Je triompherai,
Je partagerai Sichem, je mesurerai la vallée de Succoth;

9 A moi Galaad, à moi Manassé;
Éphraïm est le rempart de ma tête,
Et Juda, mon sceptre;

10 Moab est le bassin où je me lave;
Je jette mon soulier sur Édom;
Je pousse des cris de joie sur le pays des Philistins!—

11 Qui me mènera dans la ville forte?
Qui me conduit à Édom?

12 N'est-ce pas toi, ô Dieu, qui nous as repoussés,
Et qui ne sortais plus, ô Dieu, avec nos armées?

13 Donne-nous du secours contre la détresse!
Le secours de l'homme n'est que vanité.

14 Avec Dieu, nous ferons des exploits ;
Il écrasera nos ennemis.

PSAUME 109

1 Au chef des chantres. De David.
Psaume.

Dieu de ma louange, ne te tais point !
2 Car ils ouvrent contre moi une bouche
méchante et trompeuse,
Ils me parlent avec une langue
mensongère,
3 Ils m'environnent de discours haineux
Et ils me font la guerre sans cause.
4 Tandis que je les aime, ils sont mes
adversaires ;
Mais moi je recours à la prière.
5 Ils me rendent le mal pour le bien,
Et de la haine pour mon amour.

6 Place-le sous l'autorité d'un méchant,
Et qu'un accusateur se tienne à sa
droite !
7 Quand on le jugera, qu'il soit déclaré
coupable,
Et que sa prière passe pour un péché !
8 Que ses jours soient peu nombreux,
Qu'un autre prenne sa charge !
9 Que ses enfants deviennent orphelins,
Et sa femme veuve !
10 Que ses enfants soient vagabonds et
qu'ils mendient,
Qu'ils cherchent du pain loin de leur
demeure en ruines !
11 Que le créancier s'empare de tout ce
qui est à lui,
Et que les étrangers pillent le fruit
de son travail !
12 Que nul ne conserve pour lui de
l'affection,
Et que personne n'ait pitié de ses
orphelins !
13 Que ses descendants soient exterminés,
Et que leur nom s'éteigne dans la
génération suivante !
14 Que l'iniquité de ses pères reste en
souvenir devant l'Éternel,
Et que le péché de sa mère ne soit
point effacé !
15 Qu'ils soient toujours présents devant
l'Éternel,
Et qu'il retranche de la terre leur
mémoire,

16 Parce qu'il ne s'est pas souvenu
d'exercer la miséricorde,
Parce qu'il a persécuté le malheureux
et l'indigent,
Jusqu'à faire mourir l'homme au
cœur brisé !
17 Il aimait la malédiction : qu'elle
tombe sur lui !
Il ne se plaisait pas à la bénédiction :
qu'elle s'éloigne de lui !
18 Qu'il revête la malédiction comme
son vêtement,
Qu'elle pénètre comme de l'eau dans
son intérieur,
Comme de l'huile dans ses os !
19 Qu'elle lui serve de vêtement pour
se couvrir,
De ceinture dont il soit toujours
ceint !
20 Tel soit, de la part de l'Éternel, le
salaire de mes ennemis,
Et de ceux qui parlent méchamment
de moi !

21 Et toi, Éternel, Seigneur ! agis en ma
faveur à cause de ton nom,
Car ta bonté est grande ; délivre-
moi !
22 Je suis malheureux et indigent,
Et mon cœur est blessé au dedans
de moi.
23 Je m'en vais comme l'ombre à son
déclin,
Je suis chassé comme la sauterelle.
24 Mes genoux sont affaiblis par le
jeûne,
Et mon corps est épuisé de maigreur.
25 Je suis pour eux un objet d'opprobre ;
Ils me regardent, et secouent la tête.
26 Secours-moi, Éternel, mon Dieu !
Sauve-moi par ta bonté !
27 Et qu'ils sachent que c'est ta main,
Que c'est toi, Éternel, qui l'as fait !
28 S'ils maudissent, toi tu béniras ;
S'ils se lèvent, ils seront confus,
Et ton serviteur se réjouira.
29 Que mes adversaires revêtent l'ignominie,
Qu'ils se couvrent de leur honte
comme d'un manteau !
30 Je louerai de ma bouche hautement
l'Éternel,
Je le célébrerai au milieu de la multitude ;
31 Car il se tient à la droite du pauvre,

Pour le délivrer de ceux qui le condamnent.

PSAUME 110

1 De David. Psaume.

Parole de l'Éternel à mon Seigneur:
Assieds-toi à ma droite,
Jusqu'à ce que je fasse de tes ennemis ton marchepied.—
2 L'Éternel étendra de Sion le sceptre
de ta puissance:
Domine au milieu de tes ennemis !

3 Ton peuple est plein d'ardeur, quand
tu rassembles ton armée;
Avec des ornements sacrés, du sein
de l'aurore
Ta jeunesse vient à toi comme une
rosée.
4 L'Éternel l'a juré, et il ne s'en repentira point:
Tu es sacrificateur pour toujours,
A la manière de Melchisédek.—

5 Le Seigneur, à ta droite,
Brise des rois au jour de sa colère.
6 Il exerce la justice parmi les nations :
tout est plein de cadavres;
Il brise des têtes sur toute l'étendue
du pays.
7 Il boit au torrent pendant la marche:
C'est pourquoi il relève la tête.

PSAUME 111

1 Louez l'Éternel !

Je louerai l'Éternel de tout mon cœur,
Dans la réunion des hommes droits
et dans l'assemblée.
2 Les œuvres de l'Éternel sont grandes,
Recherchées par tous ceux qui les
aiment.
3 Son œuvre n'est que splendeur et
magnificence,
Et sa justice subsiste à jamais.
4 Il a laissé la mémoire de ses prodiges,
L'Éternel miséricordieux et compatissant.
5 Il a donné de la nourriture à ceux
qui le craignent;
Il se souvient toujours de son alliance.

6 Il a manifesté à son peuple la puissance de ses œuvres,
En lui livrant l'héritage des nations.
7 Les œuvres de ses mains sont fidélité
et justice;
Toutes ses ordonnances sont véritables,
8 Affermies pour l'éternité,
Faites avec fidélité et droiture.
9 Il a envoyé la délivrance à son peuple,
Il a établi pour toujours son alliance;
Son nom est saint et redoutable.
10 La crainte de l'Éternel est le commencement de la sagesse;
Tous ceux qui l'observent ont une
raison saine.
Sa gloire subsiste à jamais.

PSAUME 112

1 Louez l'Éternel !

Heureux l'homme qui craint l'Éternel,
Qui trouve un grand plaisir à ses
commandements.
2 Sa postérité sera puissante sur la
terre,
La génération des hommes droits
sera bénie.
3 Il a dans sa maison bien-être et
richesse,
Et sa justice subsiste à jamais.
4 La lumière se lève dans les ténèbres
pour les hommes droits,
Pour celui qui est miséricordieux,
compatissant et juste.
5 Heureux l'homme qui exerce la
miséricorde et qui prête,
Qui règle ses actions d'après la
justice !
6 Car il ne chancelle jamais;
La mémoire du juste dure toujours.
7 Il ne craint point les mauvaises
nouvelles;
Son cœur est ferme, confiant en
l'Éternel.
8 Son cœur est affermi; il n'a point de
crainte,
Jusqu'à ce qu'il mette son plaisir à
regarder ses adversaires.
9 Il fait des largesses, il donne aux
indigents;
Sa justice subsiste à jamais;
Sa tête s'élève avec gloire.
10 Le méchant le voit et s'irrite,

Il grince les dents et se consume ;
Les désirs des méchants périssent.

PSAUME 113

1 Louez l'Éternel !

Serviteurs de l'Éternel, louez,
Louez le nom de l'Éternel !
2 Que le nom de l'Éternel soit béni,
Dès maintenant et à jamais !
3 Du lever du soleil jusqu'à son couchant,
Que le nom de l'Éternel soit célébré !
4 L'Éternel est élevé au-dessus de
toutes les nations,
Sa gloire est au-dessus des cieux.

5 Qui est semblable à l'Éternel, notre
Dieu ?
Il a sa demeure en haut ;
6 Il abaisse les regards
Sur les cieux et sur la terre.
7 De la poussière il retire le pauvre,
Du fumier il relève l'indigent,
8 Pour les faire asseoir avec les grands,
Avec les grands de son peuple.
9 Il donne une maison à celle qui était
stérile,
Il en fait une mère joyeuse au milieu
de ses enfants.

Louez l'Éternel !

PSAUME 114

1 Quand Israël sortit d'Égypte,
Quand la maison de Jacob s'éloigna
d'un peuple barbare,
2 Juda devint son sanctuaire,
Israël fut son domaine.

3 La mer le vit et s'enfuit,
Le Jourdain retourna en arrière ;
4 Les montagnes sautèrent comme des
béliers,
Les collines comme des agneaux.

5 Qu'as-tu, mer, pour t'enfuir,
Jourdain, pour retourner en arrière ?
6 Qu'avez-vous, montagnes, pour sauter
comme des béliers,
Et vous, collines, comme des a-
gneaux ?

Tremble devant le Seigneur, ô terre ! 7
Devant le Dieu de Jacob,
Qui change le rocher en étang, 8
Le roc en source d'eaux.

PSAUME 115

Non pas à nous, Éternel, non pas à 1
nous,
Mais à ton nom donne gloire,
A cause de ta bonté, à cause de ta
fidélité !
Pourquoi les nations diraient-elles : 2
Où donc est leur Dieu ?
Notre Dieu est au ciel, 3
Il fait tout ce qu'il veut.

Leurs idoles sont de l'argent et de l'or, 4
Elles sont l'ouvrage de la main des
hommes.
Elles ont une bouche et ne parlent 5
point,
Elles ont des yeux et ne voient point,
Elles ont des oreilles et n'entendent 6
point,
Elles ont un nez et ne sentent point,
Elles ont des mains et ne touchent 7
point,
Des pieds et ne marchent point,
Elles ne produisent aucun son dans
leur gosier.
Ils leur ressemblent, ceux qui les 8
fabriquent,
Tous ceux qui se confient en elles.

Israël, confie-toi en l'Éternel ! 9
Il est leur secours et leur bouclier.
Maison d'Aaron, confie-toi en l'É- 10
ternel !
Il est leur secours et leur bouclier.
Vous qui craignez l'Éternel, confiez- 11
vous en l'Éternel !
Il est leur secours et leur bouclier.

L'Éternel se souvient de nous : il 12
bénira,
Il bénira la maison d'Israël,
Il bénira la maison d'Aaron,
Il bénira ceux qui craignent l'Éternel, 13
Les petits et les grands ;
L'Éternel vous multipliera ses faveurs, 14
A vous et à vos enfants.
Soyez bénis par l'Éternel, 15
Qui a fait les cieux et la terre !

16 Les cieux sont les cieux de l'Éternel,
Mais il a donné la terre aux fils de
l'homme.
17 Ce ne sont pas les morts qui célèbrent l'Éternel,
Ce n'est aucun de ceux qui descendent dans le lieu du silence;
18 Mais nous, nous bénirons l'Éternel,
Dès maintenant et à jamais.

Louez l'Éternel !

PSAUME 116

1 J'aime l'Éternel, car il entend
Ma voix, mes supplications;
2 Car il a penché son oreille vers moi;
Et je l'invoquerai toute ma vie.
3 Les liens de la mort m'avaient environné,
Et les angoisses du sépulcre m'avaient
saisi;

J'étais en proie à la détresse et à la
douleur.
4 Mais j'invoquai le nom de l'Éternel :
O Éternel, sauve mon âme !

5 L'Éternel est miséricordieux et juste,
Notre Dieu est plein de compassion;
6 L'Éternel garde les simples ;
J'étais malheureux, et il m'a sauvé.
7 Mon âme, retourne à ton repos,
Car l'Éternel t'a fait du bien.
8 Oui, tu as délivré mon âme de la mort,
Mes yeux des larmes,
Mes pieds de la chute.
9 Je marcherai devant l'Éternel,
Sur la terre des vivants.

10 J'avais confiance, lorsque je disais :
Je suis bien malheureux !
11 Je disais dans mon angoisse :
Tout homme est trompeur.
12 Comment rendrai-je à l'Éternel
Tous ses bienfaits envers moi ?
13 J'élèverai la coupe des délivrances,
Et j'invoquerai le nom de l'Éternel ;
14 J'accomplirai mes vœux envers l'É-
ternel,
En présence de tout son peuple.

15 Elle a du prix aux yeux de l'Éternel,
La mort de ceux qui l'aiment.
16 Écoute-moi, ô Éternel ! car je suis
ton serviteur,

Ton serviteur, fils de ta servante.
Tu as détaché mes liens.
17 Je t'offrirai un sacrifice d'actions de
grâces,
Et j'invoquerai le nom de l'Éternel ;
18 J'accomplirai mes vœux envers l'É-
ternel,
En présence de tout son peuple,
19 Dans les parvis de la maison de
l'Éternel,
Au milieu de toi, Jérusalem !

Louez l'Éternel !

PSAUME 117

1 Louez l'Éternel, vous toutes les
nations,
Célébrez-le, vous tous les peuples !
2 Car sa bonté pour nous est grande,
Et sa fidélité dure à toujours.

Louez l'Éternel !

PSAUME 118

1 Louez l'Éternel, car il est bon,
Car sa miséricorde dure à toujours !
2 Qu'Israël dise :
Car sa miséricorde dure à toujours !
3 Que la maison d'Aaron dise :
Car sa miséricorde dure à toujours !
4 Que ceux qui craignent l'Éternel
disent :
Car sa miséricorde dure à toujours !

5 Du sein de la détresse j'ai invoqué
l'Éternel :
L'Éternel m'a exaucé, m'a mis au
large.
6 L'Éternel est pour moi, je ne crains
rien :
Que peuvent me faire des hommes?
7 L'Éternel est mon secours,
Et je me réjouis à la vue de mes
ennemis.
8 Mieux vaut chercher un refuge en
l'Éternel
Que de se confier à l'homme ;
9 Mieux vaut chercher un refuge en
l'Éternel
Que de se confier aux grands.

10 Toutes les nations m'environnaient :

Au nom de l'Éternel, je les taille en pièces.

11 Elles m'environnaient, m'enveloppaient :
Au nom de l'Éternel, je les taille en pièces.

12 Elles m'environnaient comme des abeilles :
Elles s'éteignent comme un feu d'épines ;
Au nom de l'Éternel, je les taille en pièces.

13 Tu me poussais pour me faire tomber ;
Mais l'Éternel m'a secouru.

14 L'Éternel est ma force et le sujet de mes louanges ;
C'est lui qui m'a sauvé.

15 Des cris de triomphe et de salut s'élèvent dans les tentes des justes :
La droite de l'Éternel manifeste sa puissance !

16 La droite de l'Éternel est élevée !
La droite de l'Éternel manifeste sa puissance !

17 Je ne mourrai pas, je vivrai,
Et je raconterai les œuvres de l'Éternel.

18 L'Éternel m'a châtié,
Mais il ne m'a pas livré à la mort.

19 Ouvrez-moi les portes de la justice :
J'entrerai, je louerai l'Éternel.

20 Voici la porte de l'Éternel :
C'est par elle qu'entrent les justes.

21 Je te loue, parce que tu m'as exaucé,
Parce que tu m'as sauvé.

22 La pierre qu'ont rejetée ceux qui bâtissaient
Est devenue la principale de l'angle.

23 C'est de l'Éternel que cela est venu :
C'est un prodige à nos yeux.

24 C'est ici la journée que l'Éternel a faite :
Qu'elle soit pour nous un sujet d'allégresse et de joie !

25 O Éternel, accorde le salut !
O Éternel, donne la prospérité !

26 Béni soit celui qui vient au nom de l'Éternel !
Nous vous bénissons de la maison de l'Éternel.

27 L'Éternel est Dieu, et il nous éclaire.

Attachez la victime avec des liens,
Amenez-la jusqu'aux cornes de l'autel !

28 Tu es mon Dieu, et je te louerai ;
Mon Dieu ! je t'exalterai.

29 Louez l'Éternel, car il est bon,
Car sa miséricorde dure à toujours !

PSAUME 119

1 Heureux ceux qui sont intègres dans leur voie,
Qui marchent selon la loi de l'Éternel !

2 Heureux ceux qui gardent ses préceptes,
Qui le cherchent de tout leur cœur,

3 Qui ne commettent point d'iniquité,
Et qui marchent dans ses voies !

4 Tu as prescrit tes ordonnances,
Pour qu'on les observe avec soin.

5 Puissent mes actions être bien réglées,
Afin que je garde tes statuts !

6 Alors je ne rougirai point,
A la vue de tous tes commandements.

7 Je te louerai dans la droiture de mon cœur,
En apprenant les lois de ta justice.

8 Je veux garder tes statuts :
Ne m'abandonne pas entièrement !

9 Comment le jeune homme rendra-t-il pur son sentier ?
En se dirigeant d'après ta parole.

10 Je te cherche de tout mon cœur :
Ne me laisse pas égarer loin de tes commandements !

11 Je serre ta parole dans mon cœur,
Afin de ne pas pécher contre toi.

12 Béni sois-tu, ô Éternel !
Enseigne-moi tes statuts !

13 De mes lèvres j'énumère
Toutes les sentences de ta bouche.

14 Je me réjouis en suivant tes préceptes,
Comme si je possédais tous les trésors.

15 Je médite tes ordonnances,
J'ai tes sentiers sous les yeux.

16 Je fais mes délices de tes statuts,
Je n'oublie point ta parole.

17 Fais du bien à ton serviteur, pour que je vive

Et que j'observe ta parole !

18 Ouvre mes yeux, pour que je contemple
Les merveilles de ta loi !

19 Je suis un étranger sur la terre :
Ne me cache pas tes commandements !

20 Mon âme est brisée par le désir
Qui toujours la porte vers tes lois.

21 Tu menaces les orgueilleux, ces maudits,
Qui s'égarent loin de tes commandements.

22 Décharge-moi de l'opprobre et du mépris !
Car j'observe tes préceptes.

23 Des princes ont beau s'asseoir et parler contre moi,
Ton serviteur médite tes statuts.

24 Tes préceptes font mes délices,
Ce sont mes conseillers.

25 Mon âme est attachée à la poussière :
Rends-moi la vie selon ta parole !

26 Je raconte mes voies, et tu m'exauces :
Enseigne-moi tes statuts !

27 Fais-moi comprendre la voie de tes ordonnances,
Et je méditerai sur tes merveilles !

28 Mon âme pleure de chagrin :
Relève-moi selon ta parole !

29 Éloigne de moi la voie du mensonge,
Et accorde-moi la grâce de suivre ta loi !

30 Je choisis la voie de la vérité,
Je place tes lois sous mes yeux.

31 Je m'attache à tes préceptes :
Éternel, ne me rends point confus !

32 Je cours dans la voie de tes commandements,
Car tu élargis mon cœur.

33 Enseigne-moi, Éternel, la voie de tes statuts,
Pour que je la retienne jusqu'à la fin !

34 Donne-moi l'intelligence, pour que je garde ta loi
Et que je l'observe de tout mon cœur !

35 Conduis-moi dans le sentier de tes commandements !
Car je l'aime.

36 Incline mon cœur vers tes préceptes,
Et non vers le gain !

37 Détourne mes yeux de la vue des choses vaines,
Fais-moi vivre dans ta voie !

38 Accomplis envers ton serviteur ta promesse,
Qui est pour ceux qui te craignent !

39 Éloigne de moi l'opprobre que je redoute !
Car tes jugements sont pleins de bonté.

40 Voici, je désire pratiquer tes ordonnances :
Fais-moi vivre dans ta justice !

41 Éternel, que ta miséricorde vienne sur moi,
Ton salut selon ta promesse !

42 Et je pourrai répondre à celui qui m'outrage,
Car je me confie en ta parole.

43 N'ôte pas entièrement de ma bouche la parole de la vérité !
Car j'espère en tes jugements.

44 Je garderai ta loi constamment,
A toujours et à perpétuité.

45 Je marcherai au large,
Car je recherche tes ordonnances.

46 Je parlerai de tes préceptes devant les rois,
Et je ne rougirai point.

47 Je fais mes délices de tes commandements,
Je les aime.

48 Je lève mes mains vers tes commandements que j'aime,
Et je veux méditer tes statuts.

49 Souviens-toi de ta promesse à ton serviteur,
Puisque tu m'as donné l'espérance !

50 C'est ma consolation dans ma misère,
Car ta promesse me rend la vie.

51 Des orgueilleux me chargent de railleries ;
Je ne m'écarte point de ta loi.

52 Je pense à tes jugements d'autrefois, ô Éternel !
Et je me console.

53 Une colère ardente me saisit à la vue des méchants
Qui abandonnent ta loi.

54 Tes statuts sont le sujet de mes cantiques,
Dans la maison où je suis étranger.

55 La nuit je me rappelle ton nom, ô Éternel !
Et je garde ta loi.

56 C'est là ce qui m'est propre,
Car j'observe tes ordonnances.

57 Ma part, ô Éternel ! je le dis,
C'est de garder tes paroles.
58 Je t'implore de tout mon cœur :
Aie pitié de moi, selon ta promesse !
59 Je réfléchis à mes voies,
Et je dirige mes pieds vers tes préceptes.
60 Je me hâte, je ne diffère point
D'observer tes commandements.
61 Les pièges des méchants m'environnent ;
Je n'oublie point ta loi.
62 Au milieu de la nuit je me lève pour te louer,
A cause des jugements de ta justice.
63 Je suis l'ami de tous ceux qui te craignent,
Et de ceux qui gardent tes ordonnances.
64 La terre, ô Éternel ! est pleine de ta bonté ;
Enseigne-moi tes statuts !

65 Tu fais du bien à ton serviteur,
O Éternel ! selon ta promesse.
66 Enseigne-moi le bon sens et l'intelligence !
Car je crois à tes commandements.
67 Avant d'avoir été humilié, je m'égarais ;
Maintenant j'observe ta parole.
68 Tu es bon et bienfaisant ;
Enseigne-moi tes statuts !
69 Des orgueilleux imaginent contre moi des faussetés ;
Moi, je garde de tout mon cœur tes ordonnances.
70 Leur cœur est insensible comme la graisse ;
Moi, je fais mes délices de ta loi.
71 Il m'est bon d'être humilié,
Afin que j'apprenne tes statuts.
72 Mieux vaut pour moi la loi de ta bouche
Que mille objets d'or et d'argent.

73 Tes mains m'ont créé, elles m'ont formé ;
Donne-moi l'intelligence, pour que j'apprenne tes commandements !
74 Ceux qui te craignent me voient et se réjouissent,
Car j'espère en tes promesses.
75 Je sais, ô Éternel ! que tes jugements sont justes ;
C'est par fidélité que tu m'as humilié.
76 Que ta bonté soit ma consolation,
Comme tu l'as promis à ton serviteur !
77 Que tes compassions viennent sur moi, pour que je vive !
Car ta loi fait mes délices.
78 Qu'ils soient confondus, les orgueilleux qui m'oppriment sans cause !
Moi, je médite sur tes ordonnances.
79 Qu'ils reviennent à moi, ceux qui te craignent,
Et ceux qui connaissent tes préceptes !
80 Que mon cœur soit sincère dans tes statuts,
Afin que je ne sois pas couvert de honte !

81 Mon âme languit après ton salut ;
J'espère en ta promesse.
82 Mes yeux languissent après ta promesse ;
Je dis : Quand me consoleras-tu ?
83 Car je suis comme une outre dans la fumée ;
Je n'oublie point tes statuts.
84 Quel est le nombre des jours de ton serviteur ?
Quand feras-tu justice de ceux qui me persécutent ?
85 Des orgueilleux creusent des fosses devant moi ;
Ils n'agissent point selon ta loi.
86 Tous tes commandements ne sont que fidélité ;
Ils me persécutent sans cause : secours-moi !
87 Ils ont failli me terrasser et m'anéantir ;
Et moi, je n'abandonne point tes ordonnances.
88 Rends-moi la vie selon ta bonté,
Afin que j'observe les préceptes de ta bouche !

89 A toujours, ô Éternel !
Ta parole subsiste dans les cieux.
90 De génération en génération ta fidélité subsiste ;
Tu as fondé la terre, et elle demeure ferme.
91 C'est d'après tes lois que tout subsiste aujourd'hui,

Car toutes choses te sont assujetties.

92 Si ta loi n'eût fait mes délices,
J'eusse alors péri dans ma misère.

93 Je n'oublierai jamais tes ordonnances,
Car c'est par elles que tu me rends
la vie.

94 Je suis à toi . sauve-moi !
Car je recherche tes ordonnances.

95 Des méchants m'attendent pour me
faire périr ;
Je suis attentif à tes préceptes.

96 Je vois des bornes à tout ce qui est
parfait :
Tes commandements n'ont point de
limite.

97 Combien j'aime ta loi !
Elle est tout le jour l'objet de ma
méditation.

98 Tes commandements me rendent
plus sage que mes ennemis,
Car je les ai toujours avec moi.

99 Je suis plus instruit que tous mes
maîtres,
Car tes préceptes sont l'objet de ma
méditation.

100 J'ai plus d'intelligence que les vieillards,
Car j'observe tes ordonnances.

101 Je retiens mon pied loin de tout
mauvais chemin,
Afin de garder ta parole.

102 Je ne m'écarte pas de tes lois,
Car c'est toi qui m'enseignes.

103 Que tes paroles sont douces à mon
palais,
Plus que le miel à ma bouche !

104 Par tes ordonnances je deviens intelligent,
Aussi je hais toute voie de mensonge.

105 Ta parole est une lampe à mes
pieds,
Et une lumière sur mon sentier.

106 Je jure, et je le tiendrai,
D'observer les lois de ta justice.

107 Je suis bien humilié :
Éternel, rends-moi la vie selon ta
parole !

108 Agrée, ô Éternel ! les sentiments que
ma bouche exprime,
Et enseigne-moi tes lois !

109 Ma vie est continuellement exposée,

Et je n'oublie point ta loi.

110 Des méchants me tendent des pièges,
Et je ne m'égare pas loin de tes
ordonnances.

111 Tes préceptes sont pour toujours
mon héritage,
Car ils sont la joie de mon cœur.

112 J'incline mon cœur à pratiquer tes
statuts,
Toujours, jusqu'à la fin.

113 Je hais les hommes indécis,
Et j'aime ta loi.

114 Tu es mon asile et mon bouclier ;
J'espère en ta promesse.

115 Éloignez-vous de moi, méchants,
Afin que j'observe les commandements de mon Dieu !

116 Soutiens-moi selon ta promesse, afin
que je vive,
Et ne me rends point confus dans
mon espérance !

117 Sois mon appui, pour que je sois
sauvé,
Et que je m'occupe sans cesse de tes
statuts !

118 Tu méprises tous ceux qui s'écartent
de tes statuts,
Car leur tromperie est sans effet.

119 Tu enlèves comme de l'écume tous
les méchants de la terre ;
C'est pourquoi j'aime tes préceptes.

120 Ma chair frissonne de l'effroi que tu
m'inspires,
Et je crains tes jugements.

121 J'observe la loi et la justice :
Ne m'abandonne pas à mes oppresseurs !

122 Prends sous ta garantie le bien de
ton serviteur,
Ne me laisse pas opprimer par des
orgueilleux !

123 Mes yeux languissent après ton salut,
Et après la promesse de ta justice.

124 Agis envers ton serviteur selon ta
bonté,
Et enseigne-moi tes statuts !

125 Je suis ton serviteur : donne-moi
l'intelligence,
Pour que je connaisse tes préceptes !

126 Il est temps que l'Éternel agisse :
Ils transgressent ta loi.

127 C'est pourquoi j'aime tes commandements,

Plus que l'or et que l'or fin ;

128 C'est pourquoi je trouve justes toutes tes ordonnances,
Je hais toute voie de mensonge.

129 Tes préceptes sont admirables :
Aussi mon âme les observe.

130 La révélation de tes paroles éclaire,
Elle donne de l'intelligence aux simples.

131 J'ouvre la bouche et je soupire,
Car je suis avide de tes commandements.

132 Tourne vers moi ta face, et aie pitié de moi,
Selon ta coutume à l'égard de ceux qui aiment ton nom !

133 Affermis mes pas dans ta parole,
Et ne laisse aucune iniquité dominer sur moi !

134 Délivre-moi de l'oppression des hommes,
Afin que je garde tes ordonnances !

135 Fais luire ta face sur ton serviteur,
Et enseigne-moi tes statuts !

136 Mes yeux répandent des torrents d'eaux,
Parce qu'on n'observe point ta loi.

137 Tu es juste, ô Éternel !
Et tes jugements sont équitables ;

138 Tu fondes tes préceptes sur la justice
Et sur la plus grande fidélité.

139 Mon zèle me consume,
Parce que mes adversaires oublient tes paroles.

140 Ta parole est entièrement éprouvée,
Et ton serviteur l'aime.

141 Je suis petit et méprisé ;
Je n'oublie point tes ordonnances.

142 Ta justice est une justice éternelle,
Et ta loi est la vérité.

143 La détresse et l'angoisse m'atteignent ;
Tes commandements font mes délices.

144 Tes préceptes sont éternellement justes :
Donne-moi l'intelligence, pour que je vive !

145 Je t'invoque de tout mon cœur : exauce-moi, Éternel,
Afin que je garde tes statuts !

146 Je t'invoque : sauve-moi,
Afin que j'observe tes préceptes !

147 Je devance l'aurore et je crie ;
J'espère en tes promesses.

148 Je devance les veilles et j'ouvre les yeux,
Pour méditer ta parole.

149 Écoute ma voix selon ta bonté !
Rends-moi la vie selon ton jugement !

150 Ils s'approchent, ceux qui poursuivent le crime,
Ils s'éloignent de la loi.

151 Tu es proche, ô Éternel !
Et tous tes commandements sont la vérité.

152 Dès longtemps je sais par tes préceptes
Que tu les as établis pour toujours.

153 Vois ma misère, et délivre-moi !
Car je n'oublie point ta loi.

154 Défends ma cause, et rachète-moi ;
Rends-moi la vie selon ta promesse !

155 Le salut est loin des méchants,
Car ils ne recherchent pas tes statuts.

156 Tes compassions sont grandes, ô Éternel !
Rends-moi la vie selon tes jugements !

157 Mes persécuteurs et mes adversaires sont nombreux ;
Je ne m'écarte point de tes préceptes.

158 Je vois avec dégoût des traîtres,
Qui n'observent pas ta parole.

159 Considère que j'aime tes ordonnances :
Éternel, rends-moi la vie selon ta bonté !

160 Le fondement de ta parole est la vérité,
Et toutes les lois de ta justice sont éternelles.

161 Des princes me persécutent sans cause ;
Mais mon cœur ne tremble qu'à tes paroles.

162 Je me réjouis de ta parole,
Comme celui qui trouve un grand butin.

163 Je hais, je déteste le mensonge ;
J'aime ta loi.

164 Sept fois le jour je te célèbre,
A cause des lois de ta justice.

165 Il y a beaucoup de paix pour ceux
             qui aiment ta loi,
   Et il ne leur arrive aucun malheur.
166 J'espère en ton salut, ô Éternel !
   Et je pratique tes commandements.
167 Mon âme observe tes préceptes,
   Et je les aime beaucoup.
168 Je garde tes ordonnances et tes pré-
             ceptes,
   Car toutes mes voies sont devant
             toi.

169 Que mon cri parvienne jusqu'à
             toi, ô Éternel !
   Donne-moi l'intelligence, selon ta
             promesse !
170 Que ma supplication arrive jusqu'à
             toi !
   Délivre-moi, selon ta promesse !
171 Que mes lèvres publient ta louange !
   Car tu m'enseignes tes statuts.
172 Que ma langue chante ta parole !
   Car tous tes commandements sont
             justes.
173 Que ta main me soit en aide !
   Car j'ai choisi tes ordonnances.
174 Je soupire après ton salut, ô Éter-
             nel !
   Et ta loi fait mes délices.
175 Que mon âme vive et qu'elle te loue !
   Et que tes jugements me soutien-
             nent !
176 Je suis errant comme une brebis per-
             due : cherche ton serviteur,
   Car je n'oublie point tes commande-
             ments.

PSAUME 120

1 Cantique des degrés.

   Dans ma détresse, c'est à l'Éternel
   Que je crie, et il m'exauce.
2 Éternel, délivre mon âme de la lèvre
             mensongère,
   De la langue trompeuse !
3 Que te donne, que te rapporte
   Une langue trompeuse ?
4 Les traits aigus du guerrier,
   Avec les charbons ardents du genêt.

5 Malheureux que je suis de séjourner
             à Méschec,
   D'habiter parmi les tentes de Kédar !
6 Assez longtemps mon âme a demeuré

Auprès de ceux qui haïssent la paix.
Je suis pour la paix ; mais dès que je 7
             parle,
Ils sont pour la guerre.

PSAUME 121

  Cantique des degrés.   1

Je lève mes yeux vers les mon-
             tagnes...
D'où me viendra le secours ?
Le secours me vient de l'Éternel,   2
Qui a fait les cieux et la terre.

Il ne permettra point que ton pied 3
             chancelle ;
Celui qui te garde ne sommeillera
             point.
Voici, il ne sommeille ni ne dort,   4
Celui qui garde Israël.

L'Éternel est celui qui te garde,   5
L'Éternel est ton ombre à ta main
             droite.
Pendant le jour le soleil ne te frap- 6
             pera point,
Ni la lune pendant la nuit.

L'Éternel te gardera de tout mal, 7
Il gardera ton âme ;
L'Éternel gardera ton départ et ton 8
             arrivée,
Dès maintenant et à jamais.

PSAUME 122

  Cantique des degrés.   De David. 1

Je suis dans la joie quand on me
             dit :
Allons à la maison de l'Éternel !
Nos pieds s'arrêtent   2
Dans tes portes, Jérusalem !
Jérusalem, tu es bâtie   3
Comme une ville dont les parties sont
             liées ensemble.
C'est là que montent les tribus, les 4
             tribus de l'Éternel,
Selon la loi d'Israël,
Pour louer le nom de l'Éternel.
Car là sont les trônes pour la justice, 5
Les trônes de la maison de David.

Demandez la paix de Jérusalem.   6

Que ceux qui t'aiment jouissent du repos,

7 Que la paix soit dans tes murs,
Et la tranquillité dans tes palais !

8 A cause de mes frères et de mes amis,
Je désire la paix dans ton sein ;

9 A cause de la maison de l'Éternel, notre Dieu,
Je fais des vœux pour ton bonheur.

PSAUME 123

1 Cantique des degrés.

Je lève mes yeux vers toi,
Qui sièges dans les cieux.

2 Voici, comme les yeux des serviteurs
sont fixés sur la main de leurs maîtres,
Et les yeux de la servante sur la main de sa maîtresse,
Ainsi nos yeux se tournent vers l'Éternel, notre Dieu,
Jusqu'à ce qu'il ait pitié de nous.

3 Aie pitié de nous, Éternel, aie pitié de nous !
Car nous sommes assez rassasiés de mépris ;

4 Notre âme est assez rassasiée
Des moqueries des orgueilleux, du mépris des hautains.

PSAUME 124

1 Cantique des degrés.   De David.

Sans l'Éternel qui nous protégea,—
Qu'Israël le dise !—

2 Sans l'Éternel qui nous protégea,
Quand les hommes s'élevèrent contre nous,

3 Ils nous auraient engloutis tout vivants,
Quand leur colère s'enflamma contre nous ;

4 Alors les eaux nous auraient submergés,
Les torrents auraient passé sur notre âme ;

5 Alors auraient passé sur notre âme
Les flots impétueux.

6 Béni soit l'Éternel,

Qui ne nous a pas livrés en proie à leurs dents !

7 Notre âme s'est échappée comme l'oiseau du filet des oiseleurs ;
Le filet s'est rompu, et nous nous sommes échappés.

8 Notre secours est dans le nom de l'Éternel,
Qui a fait les cieux et la terre.

PSAUME 125

1 Cantique des degrés.

Ceux qui se confient en l'Éternel
Sont comme la montagne de Sion : elle ne chancelle point,
Elle est affermie pour toujours.

2 Des montagnes entourent Jérusalem ;
Ainsi l'Éternel entoure son peuple,
Dès maintenant et à jamais.

3 Car le sceptre de la méchanceté ne restera pas sur le lot des justes,
Afin que les justes ne tendent pas les mains vers l'iniquité.

4 Éternel, répands tes bienfaits sur les bons
Et sur ceux dont le cœur est droit !

5 Mais ceux qui s'engagent dans des voies détournées,
Que l'Éternel les détruise avec ceux qui font le mal !
Que la paix soit sur Israël !

PSAUME 126

1 Cantique des degrés.

Quand l'Éternel ramena les captifs de Sion,
Nous étions comme ceux qui font un rêve.

2 Alors notre bouche était remplie de cris de joie,
Et notre langue de chants d'allégresse ;
Alors on disait parmi les nations :
L'Éternel a fait pour eux de grandes choses !

3 L'Éternel a fait pour nous de grandes choses ;
Nous sommes dans la joie.

4 Éternel, ramène nos captifs,

Comme des ruisseaux dans le midi !

5 Ceux qui sèment avec larmes
Moissonneront avec chants d'allégresse.

6 Celui qui marche en pleurant, quand
il porte la semence,
Revient avec allégresse, quand il porte
ses gerbes.

PSAUME 127

1 Cantique des degrés. De Salomon.

Si l'Éternel ne bâtit la maison,
Ceux qui la bâtissent travaillent en
vain ;
Si l'Éternel ne garde la ville,
Celui qui la garde veille en vain.

2 En vain vous levez-vous matin, vous
couchez-vous tard,
Et mangez-vous le pain de douleur ;
Il en donne autant à ses bien-aimés
pendant leur sommeil.

3 Voici, des fils sont un héritage de
l'Éternel,
Le fruit des entrailles est une récompense.

4 Comme les flèches dans la main d'un
guerrier,
Ainsi sont les fils de la jeunesse.

5 Heureux l'homme qui en a rempli
son carquois !
Ils ne seront pas confus,
Quand ils parleront avec des ennemis
à la porte.

PSAUME 128

1 Cantique des degrés.

Heureux tout homme qui craint l'É-
ternel.
Qui marche dans ses voies !

2 Tu jouis alors du travail de tes
mains,
Tu es heureux, tu prospères.

3 Ta femme est comme une vigne fé-
conde
Dans l'intérieur de ta maison ;
Tes fils sont comme des plants
d'olivier,
Autour de ta table.

4 C'est ainsi qu'est béni

L'homme qui craint l'Éternel.

5 L'Éternel te bénira de Sion,
Et tu verras le bonheur de Jérusalem
Tous les jours de ta vie ;

6 Tu verras les fils de tes fils.
Que la paix soit sur Israël !

PSAUME 129

1 Cantique des degrés.

Ils m'ont assez opprimé dès ma
jeunesse,—
Qu'Israël le dise !—

2 Ils m'ont assez opprimé dès ma
jeunesse,
Mais ils ne m'ont pas vaincu.

3 Des laboureurs ont labouré mon dos,
Ils y ont tracé de longs sillons.

4 L'Éternel est juste :
Il a coupé les cordes des méchants.

5 Qu'ils soient confondus et qu'ils reculent,
Tous ceux qui haïssent Sion !

6 Qu'ils soient comme l'herbe des toits,
Qui sèche avant qu'on l'arrache !

7 Le moissonneur n'en remplit point sa
main,
Celui qui lie les gerbes n'en charge
point son bras,

8 Et les passants ne disent point :
Que la bénédiction de l'Éternel soit
sur vous !
Nous vous bénissons au nom de l'É-
ternel !

PSAUME 130

1 Cantique des degrés.

Du fond de l'abîme je t'invoque, ô
Éternel !

2 Seigneur, écoute ma voix !
Que tes oreilles soient attentives
À la voix de mes supplications !

3 Si tu gardais le souvenir des iniquités,
Éternel,
Seigneur, qui pourrait subsister ?

4 Mais le pardon se trouve auprès de
toi,
Afin qu'on te craigne.

5 J'espère en l'Éternel, mon âme espère,

Et j'attends sa promesse.

6 Mon âme compte sur le Seigneur,
Plus que les gardes ne comptent sur
le matin,
Que les gardes ne comptent sur le
matin.

7 Israël, mets ton espoir en l'Éternel !
Car la miséricorde est auprès de
l'Éternel,
Et la rédemption est auprès de lui en
abondance.

8 C'est lui qui rachètera Israël
De toutes ses iniquités.

PSAUME 131

1   Cantique des degrés.   De David.

Éternel ! je n'ai ni un cœur qui s'enfle,
ni des regards hautains ;
Je ne m'occupe pas de choses trop
grandes et trop relevées pour moi.
2 Loin de là, j'ai l'âme calme et tranquille,
Comme un enfant sevré qui est auprès
de sa mère ;
J'ai l'âme comme un enfant sevré.

3 Israël, mets ton espoir en l'Éternel,
Dès maintenant et à jamais !

PSAUME 132

1   Cantique des degrés.

Éternel, souviens-toi de David,
De toutes ses peines !
2 Il jura à l'Éternel,
Il fit ce vœu au puissant de Jacob :
3 Je n'entrerai pas dans la tente où
j'habite,
Je ne monterai pas sur le lit où je
repose,
4 Je ne donnerai ni sommeil à mes yeux,
Ni assoupissement à mes paupières,
5 Jusqu'à ce que j'aie trouvé un lieu
pour l'Éternel,
Une demeure pour le puissant de
Jacob.—

6 Voici, nous en entendîmes parler
à Éphrata,
Nous la trouvâmes dans les champs
de Jaar...

Allons à sa demeure, 7
Prosternons-nous devant son marche-
pied !...
Lève-toi, Éternel, viens à ton lieu de 8
repos,
Toi et l'arche de ta majesté !
Que tes sacrificateurs soient revêtus 9
de justice,
Et que tes fidèles poussent des cris
de joie !
A cause de David, ton serviteur, 10
Ne repousse pas ton oint !—

L'Éternel a juré la vérité à David, 11
Il n'en reviendra pas :
Je mettrai sur ton trône un fruit de
tes entrailles.
Si tes fils observent mon alliance 12
Et mes préceptes que je leur enseigne,
Leurs fils aussi pour toujours
Seront assis sur ton trône.—

Oui, l'Éternel a choisi Sion, 13
Il l'a désirée pour sa demeure :
C'est mon lieu de repos à toujours ; 14
J'y habiterai, car je l'ai désirée.
Je bénirai sa nourriture, 15
Je rassasierai de pain ses indigents ;
Je revêtirai de salut ses sacrificateurs, 16
Et ses fidèles pousseront des cris de
joie.
Là j'élèverai la puissance de David, 17
Je préparerai une lampe à mon oint,
Je revêtirai de honte ses ennemis, 18
Et sur lui brillera sa couronne.

PSAUME 133

   Cantique des degrés.   De David. 1

Voici, oh ! qu'il est agréable, qu'il est
doux
Pour des frères de demeurer ensemble !
C'est comme l'huile précieuse qui, ré- 2
pandue sur la tête,
Descend sur la barbe, sur la barbe
d'Aaron,
Qui descend sur le bord de ses vête-
ments.
C'est comme la rosée de l'Hermon, 3
Qui descend sur les montagnes de
Sion ;
Car c'est là que l'Éternel envoie la
bénédiction,
La vie, pour l'éternité.

PSAUME 134

1 Cantique des degrés.

Voici, bénissez l'Éternel, vous tous,
      serviteurs de l'Éternel,
Qui vous tenez dans la maison de
      l'Éternel pendant les nuits !
2 Élevez vos mains vers le sanctuaire,
Et bénissez l'Éternel !
3 Que l'Éternel te bénisse de Sion,
Lui qui a fait les cieux et la terre !

PSAUME 135

1 Louez l'Éternel !

Louez le nom de l'Éternel,
Louez-le, serviteurs de l'Éternel,
2 Qui vous tenez dans la maison de
      l'Éternel,
Dans les parvis de la maison de notre
      Dieu !
3 Louez l'Éternel ! car l'Éternel est
      bon.
Chantez à son nom ! car il est favo-
      rable.
4 Car l'Éternel s'est choisi Jacob,
Israël, pour qu'il lui appartînt.

5 Je sais que l'Éternel est grand,
Et que notre Seigneur est au-dessus
      de tous les dieux.
6 Tout ce que l'Éternel veut, il le fait,
Dans les cieux et sur la terre,
Dans les mers et dans tous les abîmes.
7 Il fait monter les nuages des extré-
      mités de la terre,
Il produit les éclairs et la pluie,
Il tire le vent de ses trésors.
8 Il frappa les premiers-nés de l'Égypte,
Depuis les hommes jusqu'aux ani-
      maux.
9 Il envoya des signes et des miracles
      au milieu de toi, Égypte !
Contre Pharaon et contre tous ses
      serviteurs.
10 Il frappa des nations nombreuses,
Et tua des rois puissants,
11 Sihon, roi des Amoréens,
Og, roi de Basan,
Et tous les rois de Canaan ;
12 Et il donna leur pays en héritage,
En héritage à Israël, son peuple.

Éternel ! ton nom subsiste à toujours, 13
Éternel ! ta mémoire dure de généra-
      tion en génération.
Car l'Éternel jugera son peuple, 14
Et il aura pitié de ses serviteurs.

Les idoles des nations sont de l'argent 15
      et de l'or,
Elles sont l'ouvrage de la main des
      hommes.
Elles ont une bouche et ne parlent 16
      point,
Elles ont des yeux et ne voient point,
Elles ont des oreilles et n'entendent 17
      point,
Elles n'ont point de souffle dans leur
      bouche.
Ils leur ressemblent, ceux qui les 18
      fabriquent,
Tous ceux qui se confient en elles.

Maison d'Israël, bénissez l'Éternel ! 19
Maison d'Aaron, bénissez l'Éternel !
Maison de Lévi, bénissez l'Éternel ! 20
Vous qui craignez l'Éternel, bénissez
      l'Éternel !
Que de Sion l'on bénisse l'Éternel, 21
Qui habite à Jérusalem !

Louez l'Éternel !

PSAUME 136

Louez l'Éternel, car il est bon, 1
Car sa miséricorde dure à toujours !
Louez le Dieu des dieux, 2
Car sa miséricorde dure à toujours !
Louez le Seigneur des seigneurs, 3
Car sa miséricorde dure à toujours !
Celui qui seul fait de grands prodiges, 4
Car sa miséricorde dure à toujours !
Celui qui a fait les cieux avec intelli- 5
      gence,
Car sa miséricorde dure à toujours !
Celui qui a étendu la terre sur les 6
      eaux,
Car sa miséricorde dure à toujours !
Celui qui a fait les grands luminaires, 7
Car sa miséricorde dure à toujours !
Le soleil pour présider au jour, 8
Car sa miséricorde dure à toujours !
La lune et les étoiles pour présider à 9
      la nuit,
Car sa miséricorde dure à toujours !

10 Celui qui frappa les Égyptiens dans
  leurs premiers-nés,
 Car sa miséricorde dure à toujours !
11 Et fit sortir Israël du milieu d'eux,
 Car sa miséricorde dure à toujours !
12 A main forte et à bras étendu,
 Car sa miséricorde dure à toujours !
13 Celui qui coupa en deux la mer
  Rouge,
 Car sa miséricorde dure à toujours !
14 Qui fit passer Israël au milieu d'elle,
 Car sa miséricorde dure à toujours !
15 Et précipita Pharaon et son armée
  dans la mer Rouge,
 Car sa miséricorde dure à toujours !
16 Celui qui conduisit son peuple dans
  le désert,
 Car sa miséricorde dure à toujours !
17 Celui qui frappa de grands rois,
 Car sa miséricorde dure à toujours !
18 Qui tua des rois puissants,
 Car sa miséricorde dure à toujours !
19 Sihon, roi des Amoréens,
 Car sa miséricorde dure à toujours !
20 Et Og, roi de Basan,
 Car sa miséricorde dure à toujours !
21 Et donna leur pays en héritage,
 Car sa miséricorde dure à toujours !
22 En héritage à Israël, son serviteur,
 Car sa miséricorde dure à toujours !
23 Celui qui se souvint de nous quand
  nous étions humiliés,
 Car sa miséricorde dure à toujours !
24 Et nous délivra de nos oppresseurs,
 Car sa miséricorde dure à toujours !
25 Celui qui donne la nourriture à toute
  chair,
 Car sa miséricorde dure à toujours !
26 Louez le Dieu des cieux,
 Car sa miséricorde dure à toujours !

PSAUME 137

1 Sur les bords des fleuves de Baby-
  lone,
 Nous étions assis et nous pleurions,
 En nous souvenant de Sion.
2 Aux saules de la contrée
 Nous avions suspendu nos harpes.

3 Là, nos vainqueurs nous demandaient
  des chants,
 Et nos oppresseurs de la joie :
 Chantez-nous quelques-uns des cantiques de Sion !—

Comment chanterions-nous les canti- 4
  ques de l'Éternel
Sur une terre étrangère ?

Si je t'oublie, Jérusalem, 5
Que ma droite m'oublie !
Que ma langue s'attache à mon palais, 6
Si je ne me souviens de toi,
Si je ne fais de Jérusalem
Le principal sujet de ma joie !

Éternel, souviens-toi des enfants d'É- 7
  dom,
Qui, dans la journée de Jérusalem,
Disaient : Rasez, rasez
Jusqu'à ses fondements !
Fille de Babylone, la dévastée, 8
Heureux qui te rend la pareille,
Le mal que tu nous as fait !
Heureux qui saisit tes enfants, 9
Et les écrase sur le roc !

PSAUME 138

  De David. 1

Je te célèbre de tout mon cœur,
Je chante tes louanges en la présence
  de Dieu.
Je me prosterne dans ton saint 2
  temple,
Et je célèbre ton nom, à cause de ta
  bonté et de ta fidélité,
Car ta renommée s'est accrue par
  l'accomplissement de tes promesses.
Le jour où je t'ai invoqué, tu m'as 3
  exaucé,
Tu m'as rassuré, tu as fortifié mon
  âme.

Tous les rois de la terre te loueront, 4
  ô Éternel !
En entendant les paroles de ta
  bouche ;
Ils célébreront les voies de l'Éternel, 5
Car la gloire de l'Éternel est grande.
L'Éternel est élevé : il voit les 6
  humbles,
Et il reconnaît de loin les orgueilleux.

Quand je marche au milieu de la 7
  détresse, tu me rends la vie,
Tu étends ta main sur la colère de
  mes ennemis,

Et ta droite me sauve.

8 L'Éternel agira en ma faveur.
Éternel, ta bonté dure toujours,
N'abandonne pas les œuvres de tes
mains !

PSAUME 139

1 Au chef des chantres. De David.
Psaume.

Éternel ! tu me sondes et tu me connais,
2 Tu sais quand je m'assieds et quand
je me lève,
Tu pénètres de loin ma pensée ;
3 Tu sais quand je marche et quand je
me couche,
Et tu pénètres toutes mes voies.
4 Car la parole n'est pas sur ma langue,
Que déjà, ô Éternel ! tu la connais
entièrement.
5 Tu m'entoures par derrière et par
devant,
Et tu mets ta main sur moi.
6 Une science aussi merveilleuse est
au-dessus de ma portée,
Elle est trop élevée pour que je puisse
la saisir.

7 Où irais-je loin de ton esprit,
Et où fuirais-je loin de ta face ?
8 Si je monte aux cieux, tu y es ;
Si je me couche au séjour des morts,
t'y voilà.
9 Si je prends les ailes de l'aurore,
Et que j'aille habiter à l'extrémité de
la mer,
10 Là aussi ta main me conduira,
Et ta droite me saisira.
11 Si je dis : Au moins les ténèbres me
couvriront,—
La nuit devient lumière autour de
moi ;
12 Même les ténèbres ne sont pas obscures pour toi,
La nuit brille comme le jour,
Et les ténèbres comme la lumière.

13 C'est toi qui as formé mes reins,
Qui m'as tissé dans le sein de ma
mère.
14 Je te loue de ce que je suis une
créature si merveilleuse.
Tes œuvres sont admirables,

Et mon âme le reconnaît bien.
15 Mon corps n'était point caché devant
toi,
Lorsque j'ai été fait dans un lieu
secret,
Tissé dans les profondeurs de la
terre.
16 Quand je n'étais qu'une masse informe, tes yeux me voyaient ;
Et sur ton livre étaient tous inscrits
Les jours qui m'étaient destinés,
Avant qu'aucun d'eux existât.
17 Que tes pensées, ô Dieu, me semblent
impénétrables !
Que le nombre en est grand !
18 Si je les compte, elles sont plus nombreuses que les grains de sable.
Je m'éveille, et je suis encore avec toi.

19 O Dieu, puisses-tu faire mourir le
méchant !
Hommes de sang, éloignez-vous de
moi !
20 Ils parlent de toi d'une manière
criminelle,
Ils prennent ton nom pour mentir,
eux, tes ennemis !
21 Éternel, n'aurais-je pas de la haine
pour ceux qui te haïssent,
Du dégoût pour ceux qui s'élèvent
contre toi ?
22 Je les hais d'une parfaite haine ;
Ils sont pour moi des ennemis.
23 Sonde-moi, ô Dieu, et connais mon
cœur !
Éprouve-moi, et connais mes pensées !
24 Regarde si je suis sur une mauvaise
voie,
Et conduis-moi sur la voie de l'éternité !

PSAUME 140

1 Au chef des chantres. Psaume de
David.

2 Éternel, délivre-moi des hommes méchants !
Préserve-moi des hommes violents,
3 Qui méditent de mauvais desseins
dans leur cœur,
Et sont toujours prêts à faire la
guerre !
4 Ils aiguisent leur langue comme un
serpent,

Ils ont sous leurs lèvres un venin
d'aspic.—Pause.

5 Éternel, garantis-moi des mains du
méchant !
Préserve-moi des hommes violents,
Qui méditent de me faire tomber !
6 Des orgueilleux me tendent un piège
et des filets,
Ils placent des rets le long du chemin,
Ils me dressent des embûches.—
Pause.

7 Je dis à l'Éternel : Tu es mon Dieu !
Éternel, prête l'oreille à la voix de
mes supplications !
8 Éternel, Seigneur, force de mon salut !
Tu couvres ma tête au jour du combat.
9 Éternel, n'accomplis pas les désirs
du méchant,
Ne laisse pas réussir ses projets, de
peur qu'il ne s'en glorifie !—Pause.

10 Que sur la tête de ceux qui m'environnent
Retombe l'iniquité de leurs lèvres !
11 Que des charbons ardents soient jetés
sur eux !
Qu'il les précipite dans le feu,
Dans des abîmes, d'où ils ne se relèvent plus !
12 L'homme dont la langue est fausse
ne s'affermit pas sur la terre ;
Et l'homme violent, le malheur l'entraîne à sa perte.

13 Je sais que l'Éternel fait droit au
misérable,
Justice aux indigents.
14 Oui, les justes célébreront ton nom,
Les hommes droits habiteront devant
ta face.

PSAUME 141

1 Psaume de David.

Éternel, je t'invoque : viens en hâte
auprès de moi !
Prête l'oreille à ma voix, quand je
t'invoque !
2 Que ma prière soit devant ta face
comme l'encens,
Et l'élévation de mes mains comme
l'offrande du soir !

Éternel, mets une garde à ma bouche, 3
Veille sur la porte de mes lèvres !
N'entraîne pas mon cœur à des choses 4
mauvaises,
A des actions coupables avec les
hommes qui font le mal,
Et que je ne prenne aucune part à
leurs festins !

Que le juste me frappe, c'est une 5
faveur ;
Qu'il me châtie, c'est de l'huile sur
ma tête :
Ma tête ne se détournera pas ;
Mais de nouveau ma prière s'élèvera
contre leur méchanceté.
Que leurs juges soient précipités le 6
long des rochers,
Et l'on écoutera mes paroles, car
elles sont agréables.
Comme quand on laboure et qu'on 7
fend la terre,
Ainsi nos os sont dispersés à l'entrée
du séjour des morts.

C'est vers toi, Éternel, Seigneur ! que 8
se tournent mes yeux,
C'est auprès de toi que je cherche un
refuge :
N'abandonne pas mon âme !
Garantis-moi du piège qu'ils me ten- 9
dent,
Et des embûches de ceux qui font le
mal !
Que les méchants tombent dans 10
leurs filets,
Et que j'échappe en même temps !

PSAUME 142

Cantique de David. Lorsqu'il était 1
dans la caverne. Prière.

De ma voix je crie à l'Éternel, 2
De ma voix j'implore l'Éternel.
Je répands ma plainte devant lui, 3
Je lui raconte ma détresse.
Quand mon esprit est abattu au de- 4
dans de moi,
Toi, tu connais mon sentier.
Sur la route où je marche
Ils m'ont tendu un piège.
Jette les yeux à droite, et regarde ! 5
Personne ne me reconnaît,
Tout refuge est perdu pour moi,

Nul ne prend souci de mon âme.

6 Éternel ! c'est à toi que je crie.
Je dis : Tu es mon refuge,
Mon partage sur la terre des vivants.
7 Sois attentif à mes cris !
Car je suis bien malheureux.
Délivre-moi de ceux qui me pour-
suivent !
Car ils sont plus forts que moi.
8 Tire mon âme de sa prison,
Afin que je célèbre ton nom !
Les justes viendront m'entourer,
Quand tu m'auras fait du bien.

PSAUME 143

1 Psaume de David.

Éternel, écoute ma prière, prête l'o-
reille à mes supplications !
Exauce-moi dans ta fidélité, dans ta
justice !
2 N'entre pas en jugement avec ton
serviteur !
Car aucun vivant n'est juste devant
toi.
3 L'ennemi poursuit mon âme,
Il foule à terre ma vie ;
Il me fait habiter dans les ténèbres,
Comme ceux qui sont morts depuis
longtemps.
4 Mon esprit est abattu au dedans de
moi,
Mon cœur est troublé dans mon sein.
5 Je me souviens des jours d'autrefois,
Je médite sur toutes tes œuvres,
Je réfléchis sur l'ouvrage de tes mains.
6 J'étends mes mains vers toi ;
Mon âme soupire après toi, comme
une terre desséchée.—Pause.

7 Hâte-toi de m'exaucer, ô Éternel !
Mon esprit se consume.
Ne me cache pas ta face !
Je serais semblable à ceux qui descendent dans la fosse.
8 Fais-moi dès le matin entendre ta
bonté !
Car je me confie en toi.
Fais-moi connaître le chemin où je
dois marcher !
Car j'élève à toi mon âme.
9 Délivre-moi de mes ennemis, ô Éternel !

Auprès de toi je cherche un refuge.
Enseigne-moi à faire ta volonté !   10
Car tu es mon Dieu.
Que ton bon esprit me conduise sur
la voie droite !
A cause de ton nom, Éternel, rends-   11
moi la vie !
Dans ta justice, retire mon âme de la
détresse !
Dans ta bonté, anéantis mes ennemis,   12
Et fais périr tous les oppresseurs de
mon âme !
Car je suis ton serviteur.

PSAUME 144

De David.   1

Béni soit l'Éternel, mon rocher,
Qui exerce mes mains au combat,
Mes doigts à la bataille,
Mon bienfaiteur et ma forteresse,   2
Ma haute retraite et mon libérateur,
Mon bouclier, celui qui est mon
refuge,
Qui m'assujettit mon peuple !
Éternel, qu'est-ce que l'homme, pour   3
que tu le connaisses ?
Le fils de l'homme, pour que tu pren-
nes garde à lui ?
L'homme est semblable à un souffle,   4
Ses jours sont comme l'ombre qui
passe.

Éternel, abaisse tes cieux, et des-   5
cends !
Touche les montagnes, et qu'elles
soient fumantes !
Fais briller les éclairs, et disperse   6
mes ennemis !
Lance tes flèches, et mets-les en dé-
route !
Étends tes mains d'en haut ;   7
Délivre-moi et sauve-moi des grandes
eaux,
De la main des fils de l'étranger,
Dont la bouche profère la fausseté,   8
Et dont la droite est une droite men-
songère.

O Dieu ! je te chanterai un cantique   9
nouveau,
Je te célébrerai sur le luth à dix
cordes.
Toi, qui donnes le salut aux rois,   10

Qui sauvas du glaive meurtrier David,
ton serviteur,

11 Délivre-moi et sauve-moi de la main
des fils de l'étranger,
Dont la bouche profère la fausseté,
Et dont la droite est une droite mensongère...

12 Nos fils sont comme des plantes
Qui croissent dans leur jeunesse ;
Nos filles comme les colonnes sculp-
tées
Qui font l'ornement des palais.

13 Nos greniers sont pleins,
Regorgeant de toute espèce de pro-
visions ;
Nos troupeaux se multiplient par
milliers, par dix milliers,
Dans nos campagnes ;

14 Nos génisses sont fécondes ;
Point de désastre, point de cap-
tivité,
Point de cris dans nos rues !

15 Heureux le peuple pour qui il en est
ainsi !
Heureux le peuple dont l'Éternel est
le Dieu !

PSAUME 145

1 Louange. De David.

Je t'exalterai, ô mon Dieu, mon roi !
Et je bénirai ton nom à toujours et à
perpétuité.

2 Chaque jour je te bénirai,
Et je célébrerai ton nom à toujours
et à perpétuité.

3 L'Éternel est grand et très digne de
louange,
Et sa grandeur est insondable.

4 Que chaque génération célèbre tes
œuvres,
Et publie tes hauts faits !

5 Je dirai la splendeur glorieuse de ta
majesté ;
Je chanterai tes merveilles.

6 On parlera de ta puissance redoutable,
Et je raconterai ta grandeur.

7 Qu'on proclame le souvenir de ton
immense bonté,
Et qu'on célèbre ta justice !

L'Éternel est miséricordieux et com- 8
patissant,
Lent à la colère et plein de bonté.
L'Éternel est bon envers tous, 9
Et ses compassions s'étendent sur
toutes ses œuvres.
Toutes tes œuvres te loueront, ô Éter- 10
nel !
Et tes fidèles te béniront.
Ils diront la gloire de ton règne, 11
Et ils proclameront ta puissance,
Pour faire connaître aux fils de l'hom- 12
me ta puissance
Et la splendeur glorieuse de ton règne.
Ton règne est un règne de tous les 13
siècles,
Et ta domination subsiste dans tous
les âges.

L'Éternel soutient tous ceux qui 14
tombent,
Et il redresse tous ceux qui sont
courbés.
Les yeux de tous espèrent en toi, 15
Et tu leur donnes la nourriture en
son temps.
Tu ouvres ta main, 16
Et tu rassasies à souhait tout ce qui
a vie.
L'Éternel est juste dans toutes ses 17
voies,
Et miséricordieux dans toutes ses
œuvres.
L'Éternel est près de tous ceux qui 18
l'invoquent,
De tous ceux qui l'invoquent avec
sincérité ;
Il accomplit les désirs de ceux qui le 19
craignent,
Il entend leur cri et il les sauve.
L'Éternel garde tous ceux qui l'aiment, 20
Et il détruit tous les méchants.

Que ma bouche publie la louange de 21
l'Éternel,
Et que toute chair bénisse son saint
nom,
A toujours et à perpétuité !

PSAUME 146

Louez l'Éternel ! 1

Mon âme, loue l'Éternel !
Je louerai l'Éternel tant que je vivrai, 2

Je célébrerai mon Dieu tant que j'existerai.

3 Ne vous confiez pas aux grands,
Aux fils de l'homme, qui ne peuvent
sauver.
4 Leur souffle s'en va, ils rentrent dans
la terre,
Et ce même jour leurs desseins périssent.
5 Heureux celui qui a pour secours le
Dieu de Jacob,
Qui met son espoir en l'Éternel, son
Dieu !

6 Il a fait les cieux et la terre,
La mer et tout ce qui s'y trouve.
Il garde la fidélité à toujours.
7 Il fait droit aux opprimés ;
Il donne du pain aux affamés ;
L'Éternel délivre les captifs ;
8 L'Éternel ouvre les yeux des aveugles;
L'Éternel redresse ceux qui sont
courbés ;
L'Éternel aime les justes.
9 L'Éternel protège les étrangers,
Il soutient l'orphelin et la veuve,
Mais il renverse la voie des méchants.

10 L'Éternel règne éternellement ;
Ton Dieu, ô Sion! subsiste d'âge en
âge !

Louez l'Éternel !

PSAUME 147

1 Louez l'Éternel !

Car il est beau de célébrer notre Dieu,
Car il est doux, il est bienséant de le
louer.
2 L'Éternel rebâtit Jérusalem,
Il rassemble les exilés d'Israël ;
3 Il guérit ceux qui ont le cœur brisé,
Et il panse leurs blessures.
4 Il compte le nombre des étoiles,
Il leur donne à toutes des noms.
5 Notre Seigneur est grand, puissant
par sa force,
Son intelligence n'a point de limite.
6 L'Éternel soutient les malheureux,
Il abaisse les méchants jusqu'à terre.

7 Chantez à l'Éternel avec actions de
grâces,

Célébrez notre Dieu avec la harpe !
Il couvre les cieux de nuages, 8
Il prépare la pluie pour la terre ;
Il fait germer l'herbe sur les mon-
tagnes.
Il donne la nourriture au bétail, 9
Aux petits du corbeau quand ils
crient.
Ce n'est pas dans la vigueur du cheval 10
qu'il se complaît,
Ce n'est pas dans les jambes de l'hom-
me qu'il met son plaisir ;
L'Éternel aime ceux qui le craignent, 11
Ceux qui espèrent en sa bonté.

Jérusalem, célèbre l'Éternel ! 12
Sion, loue ton Dieu !
Car il affermit les barres de tes portes, 13
Il bénit tes fils au milieu de toi ;
Il rend la paix à ton territoire, 14
Il te rassasie du meilleur froment.
Il envoie ses ordres sur la terre : 15
Sa parole court avec vitesse.
Il donne la neige comme de la laine, 16
Il répand la gelée blanche comme de
la cendre ;
Il lance sa glace par morceaux ; 17
Qui peut résister devant son froid ?
Il envoie sa parole, et il les fond ; 18
Il fait souffler son vent, et les eaux
coulent.
Il révèle sa parole à Jacob, 19
Ses lois et ses ordonnances à Israël ;
Il n'a pas agi de même pour toutes 20
les nations,
Et elles ne connaissent point ses or-
donnances.

Louez l'Éternel !

PSAUME 148

Louez l'Éternel ! 1

Louez l'Éternel du haut des cieux !
Louez-le dans les lieux élevés !
Louez-le, vous tous ses anges ! 2
Louez-le, vous toutes ses armées !
Louez-le, soleil et lune ! 3
Louez-le, vous toutes, étoiles lumi-
neuses !
Louez-le, cieux des cieux, 4
Et vous, eaux qui êtes au-dessus des
cieux !
Qu'ils louent le nom de l'Éternel ! 5

Car il a commandé, et ils ont été
créés.

6 Il les a affermis pour toujours et à
perpétuité ;
Il a donné des lois, et il ne les violera
point.

7 Louez l'Éternel du bas de la terre,
Monstres marins, et vous tous, abîmes,

8 Feu et grêle, neige et brouillards,
Vents impétueux, qui exécutez ses
ordres,

9 Montagnes et toutes les collines,
Arbres fruitiers et tous les cèdres,

10 Animaux et tout le bétail,
Reptiles et oiseaux ailés,

11 Rois de la terre et tous les peuples,
Princes et tous les juges de la terre,

12 Jeunes hommes et jeunes filles,
Vieillards et enfants !

13 Qu'ils louent le nom de l'Éternel !
Car son nom seul est élevé ;
Sa majesté est au-dessus de la terre
et des cieux.

14 Il a relevé la force de son peuple :
Sujet de louange pour tous ses
fidèles,
Pour les enfants d'Israël, du peuple
qui est près de lui.
Louez l'Éternel !

PSAUME 149

1 Louez l'Éternel !

Chantez à l'Éternel un cantique
nouveau !
Chantez ses louanges dans l'assemblée des fidèles !

2 Qu'Israël se réjouisse en celui qui l'a
créé !
Que les fils de Sion soient dans l'allégresse à cause de leur roi !

3 Qu'ils louent son nom avec des
danses,
Qu'ils le célèbrent avec le tambourin
et la harpe !

Car l'Éternel prend plaisir à son 4
peuple,
Il glorifie les malheureux en les
sauvant.

Que les fidèles triomphent dans la 5
gloire,
Qu'ils poussent des cris de joie sur
leur couche !

Que les louanges de Dieu soient dans 6
leur bouche,
Et le glaive à deux tranchants dans
leur main,

Pour exercer la vengeance sur les 7
nations,
Pour châtier les peuples,

Pour lier leurs rois avec des chaînes 8
Et leurs grands avec des ceps de
fer,

Pour exécuter contre eux le juge- 9
ment qui est écrit !
C'est une gloire pour tous ses fidèles.

Louez l'Éternel !

PSAUME 150

Louez l'Éternel !   1

Louez Dieu dans son sanctuaire !
Louez-le dans l'étendue, où éclate sa
puissance !

Louez-le pour ses hauts faits !   2
Louez-le selon l'immensité de sa
grandeur !

Louez-le au son de la trompette !   3
Louez-le avec le luth et la harpe !

Louez-le avec le tambourin et avec 4
des danses !
Louez-le avec les instruments à
cordes et le chalumeau !

Louez-le avec les cymbales sonores ! 5
Louez-le avec les cymbales retentissantes !

Que tout ce qui respire loue 6
l'Éternel !

Louez l'Éternel !

LES PROVERBES

1 Proverbes de Salomon, fils de David, Roi d'Israël,

2 Pour connaître la sagesse et l'instruction,

Pour comprendre les paroles de l'intelligence ;

3 Pour recevoir des leçons de bon sens,

De justice, d'équité et de droiture ;

4 Pour donner aux simples du discernement,

Au jeune homme de la connaissance et de la réflexion.

5 Que le sage écoute, et il augmentera son savoir,

Et celui qui est intelligent acquerra de l'habileté,

6 Pour saisir le sens d'un proverbe ou d'une énigme,

Des paroles des sages et de leurs sentences.

7 La crainte de l'Éternel est le commencement de la science ;

Les insensés méprisent la sagesse et l'instruction.

8 Écoute, mon fils, l'instruction de ton père,

Et ne rejette pas l'enseignement de ta mère ;

9 Car c'est une couronne de grâce pour ta tête,

Et une parure pour ton cou.

10 Mon fils, si des pécheurs veulent te séduire,

Ne te laisse pas gagner.

11 S'ils disent : Viens avec nous ! dressons des embûches, versons du sang,

Tendons des pièges à celui qui se repose en vain sur son innocence,

12 Engloutissons-les tout vifs, comme le séjour des morts,

Et tout entiers, comme ceux qui descendent dans la fosse ;

13 Nous trouverons toute sorte de biens précieux,

Nous remplirons de butin nos maisons ;

14 Tu auras ta part avec nous,

Il n'y aura qu'une bourse pour nous tous !—

15 Mon fils, ne te mets pas en chemin avec eux,

Détourne ton pied de leur sentier ;

16 Car leurs pieds courent au mal,

Et ils ont hâte de répandre le sang.

17 Mais en vain jette-t-on le filet

Devant les yeux de tout ce qui a des ailes ;

18 Et eux, c'est contre leur propre sang qu'ils dressent des embûches,

C'est à leur âme qu'ils tendent des pièges.

19 Ainsi arrive-t-il à tout homme avide de gain ;

La cupidité cause la perte de ceux qui s'y livrent.

20 La sagesse crie dans les rues,

Elle élève sa voix dans les places ;

21 Elle crie à l'entrée des lieux bruyants ;

Aux portes, dans la ville, elle fait entendre ses paroles :

22 Jusques à quand, stupides, aimerez-vous la stupidité ?

Jusques à quand les moqueurs se plairont-ils à la moquerie,

Et les insensés haïront-ils la science ?

23 Tournez-vous pour écouter mes réprimandes !

Voici, je répandrai sur vous mon esprit,

Je vous ferai connaître mes paroles...

24 Puisque j'appelle et que vous résistez,

Puisque j'étends ma main et que personne n'y prend garde,

25 Puisque vous rejetez tous mes conseils,

Et que vous n'aimez pas mes réprimandes,

26 Moi aussi, je rirai quand vous serez dans le malheur,

Je me moquerai quand la terreur vous saisira,

27 Quand la terreur vous saisira comme une tempête,

Et que le malheur vous enveloppera comme un tourbillon,

Quand la détresse et l'angoisse
fondront sur vous.

28 Alors ils m'appelleront, et je ne
répondrai pas ;
Ils me chercheront, et ils ne me
trouveront pas.

29 Parce qu'ils ont haï la science,
Et qu'ils n'ont pas choisi la crainte
de l'Éternel,

30 Parce qu'ils n'ont point aimé mes
conseils,
Et qu'ils ont dédaigné toutes mes
réprimandes,

31 Ils se nourriront du fruit de leur voie,
Et ils se rassasieront de leurs propres
conseils,

32 Car la résistance des stupides les tue,
Et la sécurité des insensés les perd ;

33 Mais celui qui m'écoute reposera
avec assurance,
Il vivra tranquille et sans craindre
aucun mal.

2 Mon fils, si tu reçois mes paroles,
Et si tu gardes avec toi mes préceptes,

2 Si tu rends ton oreille attentive à la
sagesse,
Et si tu inclines ton cœur à l'intelligence ;

3 Oui, si tu appelles la sagesse,
Et si tu élèves ta voix vers l'intelligence,

4 Si tu la cherches comme l'argent,
Si tu la poursuis comme un trésor,

5 Alors tu comprendras la crainte de
l'Éternel,
Et tu trouveras la connaissance de
Dieu.

6 Car l'Éternel donne la sagesse ;
De sa bouche sortent la connaissance
et l'intelligence ;

7 Il tient en réserve le salut pour les
hommes droits,
Un bouclier pour ceux qui marchent
dans l'intégrité,

8 En protégeant les sentiers de la
justice
Et en gardant la voie de ses fidèles.

9 Alors tu comprendras la justice,
l'équité,
La droiture, toutes les routes qui
mènent au bien.

10 Car la sagesse viendra dans ton
cœur,

Et la connaissance fera les délices
de ton âme ;

11 La réflexion veillera sur toi,
L'intelligence te gardera,

12 Pour te délivrer de la voie du mal,
De l'homme qui tient des discours
pervers,

13 De ceux qui abandonnent les sentiers
de la droiture
Afin de marcher dans des chemins
ténébreux,

14 Qui trouvent de la jouissance à faire
le mal,
Qui mettent leur plaisir dans la
perversité,

15 Qui suivent des sentiers détournés,
Et qui prennent des routes tortueuses ;

16 Pour te délivrer de la femme étrangère,
De l'étrangère qui emploie des paroles doucereuses,

17 Qui abandonne l'ami de sa jeunesse,
Et qui oublie l'alliance de son Dieu ;

18 Car sa maison penche vers la mort,
Et sa route mène chez les morts :

19 Aucun de ceux qui vont à elle ne
revient,
Et ne retrouve les sentiers de la vie.

20 Tu marcheras ainsi dans la voie des
gens de bien,
Tu garderas les sentiers des justes.

21 Car les hommes droits habiteront le
pays,
Les hommes intègres y resteront ;

22 Mais les méchants seront retranchés
du pays,
Les infidèles en seront arrachés.

3 Mon fils, n'oublie pas mes enseignements,
Et que ton cœur garde mes préceptes ;

2 Car ils prolongeront les jours et les
années de ta vie,
Et ils augmenteront ta paix.

3 Que la bonté et la fidélité ne t'abandonnent pas ;
Lie-les à ton cou, écris-les sur la
table de ton cœur.

4 Tu acquerras ainsi de la grâce et une
raison saine,
Aux yeux de Dieu et des hommes.

5 Confie-toi en l'Éternel de tout ton
cœur,

Et ne t'appuie pas sur ta sagesse ;

6 Reconnais-le dans toutes tes voies,
Et il aplanira tes sentiers.

7 Ne sois point sage à tes propres
yeux,
Crains l'Éternel, et détourne-toi du
mal :

8 Ce sera la santé pour tes muscles,
Et un rafraîchissement pour tes os.

9 Honore l'Éternel avec tes biens,
Et avec les prémices de tout ton
revenu :

10 Alors tes greniers seront remplis
d'abondance,
Et tes cuves regorgeront de moût.

11 Mon fils, ne méprise pas la correction
de l'Éternel,
Et ne t'effraie point de ses châtiments ;

12 Car l'Éternel châtie celui qu'il aime,
Comme un père l'enfant qu'il chérit.

13 Heureux l'homme qui a trouvé la
sagesse,
Et l'homme qui possède l'intelligence !

14 Car le gain qu'elle procure est préférable à celui de l'argent,
Et le profit qu'on en tire vaut mieux
que l'or ;

15 Elle est plus précieuse que les
perles,
Elle a plus de valeur que tous les
objets de prix.

16 Dans sa droite est une longue vie ;
Dans sa gauche, la richesse et la
gloire.

17 Ses voies sont des voies agréables,
Et tous ses sentiers sont paisibles.

18 Elle est un arbre de vie pour ceux
qui la saisissent,
Et ceux qui la possèdent sont heureux.

19 C'est par la sagesse que l'Éternel a
fondé la terre,
C'est par l'intelligence qu'il a affermi
les cieux ;

20 C'est par sa science que les abîmes
se sont ouverts,
Et que les nuages distillent la rosée.

21 Mon fils, que ces enseignements ne
s'éloignent pas de tes yeux,
Garde la sagesse et la réflexion :

22 Elles seront la vie de ton âme,
Et l'ornement de ton cou.

23 Alors tu marcheras avec assurance
dans ton chemin,
Et ton pied ne heurtera pas.

24 Si tu te couches, tu seras sans
crainte ;
Et quand tu seras couché, ton
sommeil sera doux.

25 Ne redoute ni une terreur soudaine,
Ni une attaque de la part des
méchants ;

26 Car l'Éternel sera ton assurance,
Et il préservera ton pied de toute
embûche.

27 Ne refuse pas un bienfait à celui qui
y a droit,
Quand tu as le pouvoir de l'accorder.

28 Ne dis pas à ton prochain : Va et
reviens,
Demain je donnerai ! quand tu as de
quoi donner.

29 Ne médite pas le mal contre ton
prochain,
Lorsqu'il demeure tranquillement
près de toi.

30 Ne conteste pas sans motif avec
quelqu'un,
Lorsqu'il ne t'a point fait de mal.

31 Ne porte pas envie à l'homme violent,
Et ne choisis aucune de ses voies.

32 Car l'Éternel a en horreur les
hommes pervers,
Mais il est un ami pour les hommes
droits ;

33 La malédiction de l'Éternel est dans
la maison du méchant,
Mais il bénit la demeure des justes ;

34 Il se moque des moqueurs,
Mais il fait grâce aux humbles ;

35 Les sages hériteront la gloire,
Mais les insensés ont la honte en
partage.

4 Écoutez, mes fils, l'instruction d'un
père,
Et soyez attentifs, pour connaître la
sagesse ;

2 Car je vous donne de bons conseils :
Ne rejetez pas mon enseignement.

3 J'étais un fils pour mon père,
Un fils tendre et unique auprès de
ma mère.

4 Il m'instruisait alors, et il me disait :
Que ton cœur retienne mes paroles ;

Observe mes préceptes, et tu vivras.

5 Acquiers la sagesse, acquiers l'intelligence ;

N'oublie pas les paroles de ma bouche, et ne t'en détourne pas.

6 Ne l'abandonne pas, et elle te gardera ;

Aime-la, et elle te protégera.

7 Voici le commencement de la sagesse : Acquiers la sagesse,

Et avec tout ce que tu possèdes acquiers l'intelligence.

8 Exalte-la, et elle t'élèvera ;

Elle fera ta gloire, si tu l'embrasses ;

9 Elle mettra sur ta tête une couronne de grâce,

Elle t'ornera d'un magnifique diadème.

10 Écoute, mon fils, et reçois mes paroles ;

Et les années de ta vie se multiplieront.

11 Je te montre la voie de la sagesse,

Je te conduis dans les sentiers de la droiture.

12 Si tu marches, ton pas ne sera point gêné ;

Et si tu cours, tu ne chancelleras point.

13 Retiens l'instruction, ne t'en dessaisis pas ;

Garde-la, car elle est ta vie.

14 N'entre pas dans le sentier des méchants,

Et ne marche pas dans la voie des hommes mauvais.

15 Évite-la, n'y passe point ;

Détourne-t'en, et passe outre.

16 Car ils ne dormiraient pas s'ils n'avaient fait le mal,

Le sommeil leur serait ravi s'ils n'avaient fait tomber personne ;

17 Car c'est le pain de la méchanceté qu'ils mangent,

C'est le vin de la violence qu'ils boivent.

18 Le sentier des justes est comme la lumière resplendissante,

Dont l'éclat va croissant jusqu'au milieu du jour.

19 La voie des méchants est comme les ténèbres ;

Ils n'aperçoivent pas ce qui les fera tomber.

20 Mon fils, sois attentif à mes paroles,

Prête l'oreille à mes discours.

21 Qu'ils ne s'éloignent pas de tes yeux ;

Garde-les dans le fond de ton cœur ;

22 Car c'est la vie pour ceux qui les trouvent,

C'est la santé pour tout leur corps.

23 Garde ton cœur plus que toute autre chose,

Car de lui viennent les sources de la vie.

24 Écarte de ta bouche la fausseté,

Éloigne de tes lèvres les détours.

25 Que tes yeux regardent en face,

Et que tes paupières se dirigent devant toi.

26 Considère le chemin par où tu passes,

Et que toutes tes voies soient bien réglées ;

27 N'incline ni à droite ni à gauche,

Et détourne ton pied du mal.

5

Mon fils, sois attentif à ma sagesse,

Prête l'oreille à mon intelligence,

2 Afin que tu conserves la réflexion,

Et que tes lèvres gardent la connaissance.

3 Car les lèvres de l'étrangère distillent le miel,

Et son palais est plus doux que l'huile ;

4 Mais à la fin elle est amère comme l'absinthe,

Aiguë comme un glaive à deux tranchants.

5 Ses pieds descendent vers la mort,

Ses pas atteignent le séjour des morts.

6 Afin de ne pas considérer le chemin de la vie,

Elle est errante dans ses voies, elle ne sait où elle va.

7 Et maintenant, mes fils, écoutez-moi,

Et ne vous écartez pas des paroles de ma bouche.

8 Éloigne-toi du chemin qui conduit chez elle,

Et ne t'approche pas de la porte de sa maison,

9 De peur que tu ne livres ta vigueur à d'autres,

Et tes années à un homme cruel ;

10 De peur que des étrangers ne se rassasient de ton bien,

Et du produit de ton travail dans la maison d'autrui ;

11 De peur que tu ne gémisses, près de ta fin,

Quand ta chair et ton corps se consumeront,

12 Et que tu ne dises : Comment donc ai-je pu haïr la correction,

Et comment mon cœur a-t-il dédaigné la réprimande ?

13 Comment ai-je pu ne pas écouter la voix de mes maîtres,

Ne pas prêter l'oreille à ceux qui m'instruisaient ?

14 Peu s'en est fallu que je n'aie éprouvé tous les malheurs

Au milieu du peuple et de l'assemblée.

15 Bois les eaux de ta citerne,

Les eaux qui sortent de ton puits.

16 Tes sources doivent-elles se répandre au dehors ?

Tes ruisseaux doivent-ils couler sur les places publiques ?

17 Qu'ils soient pour toi seul,

Et non pour des étrangers avec toi.

18 Que ta source soit bénie,

Et fais ta joie de la femme de ta jeunesse,

19 Biche des amours, gazelle pleine de grâce :

Sois en tout temps enivré de ses charmes,

Sans cesse épris de son amour.

20 Et pourquoi, mon fils, serais-tu épris d'une étrangère,

Et embrasserais-tu le sein d'une inconnue ?

21 Car les voies de l'homme sont devant les yeux de l'Éternel,

Qui observe tous ses sentiers.

22 Le méchant est pris dans ses propres iniquités,

Il est saisi par les liens de son péché.

23 Il mourra faute d'instruction,

Il chancellera par l'excès de sa folie.

6 Mon fils, si tu as cautionné ton prochain,

Si tu t'es engagé pour autrui,

2 Si tu es enlacé par les paroles de ta bouche,

Si tu es pris par les paroles de ta bouche,

3 Fais donc ceci, mon fils, dégage-toi,

Puisque tu es tombé au pouvoir de ton prochain ;

Va, prosterne-toi, et fais des instances auprès de lui ;

4 Ne donne ni sommeil à tes yeux,

Ni assoupissement à tes paupières ;

5 Dégage-toi comme la gazelle de la main du chasseur,

Comme l'oiseau de la main de l'oiseleur.

6 Va vers la fourmi, paresseux ;

Considère ses voies, et deviens sage.

7 Elle n'a ni chef,

Ni inspecteur, ni maître ;

8 Elle prépare en été sa nourriture,

Elle amasse pendant la moisson de quoi manger.

9 Paresseux, jusques à quand seras-tu couché ?

Quand te lèveras-tu de ton sommeil ?

10 Un peu de sommeil, un peu d'assoupissement,

Un peu croiser les mains pour dormir !...

11 Et la pauvreté te surprendra, comme un rôdeur,

Et la disette, comme un homme en armes.

12 L'homme pervers, l'homme inique,

Marche la fausseté dans la bouche ;

13 Il cligne les yeux, parle du pied,

Fait des signes avec les doigts ;

14 La perversité est dans son cœur,

Il médite le mal en tout temps,

Il excite des querelles.

15 Aussi sa ruine arrivera-t-elle subitement ;

Il sera brisé tout d'un coup, et sans remède.

16 Il y a six choses que hait l'Éternel,

Et même sept qu'il a en horreur :

17 Les yeux hautains, la langue menteuse,

Les mains qui répandent le sang innocent,

18 Le cœur qui médite des projets iniques,

Les pieds qui se hâtent de courir au mal,

19 Le faux témoin qui dit des mensonges,

Et celui qui excite des querelles entre frères.

20 Mon fils, garde les préceptes de ton
père,
Et ne rejette pas l'enseignement de
ta mère.

21 Lie-les constamment sur ton cœur,
Attache-les à ton cou.

22 Ils te dirigeront dans ta marche,
Ils te garderont sur ta couche,
Ils te parleront à ton réveil.

23 Car le précepte est une lampe, et
l'enseignement une lumière,
Et les avertissements de la correction
sont le chemin de la vie :

24 Ils te préserveront de la femme corrompue,
De la langue doucereuse de l'étrangère.

25 Ne la convoite pas dans ton cœur
pour sa beauté,
Et ne te laisse pas séduire par ses
paupières.

26 Car pour la femme prostituée on se
réduit à un morceau de pain,
Et la femme mariée tend un piège à
la vie précieuse.

27 Quelqu'un mettra-t-il du feu dans
son sein,
Sans que ses vêtements s'enflam-
ment ?

28 Quelqu'un marchera-t-il sur des charbons ardents,
Sans que ses pieds soient brûlés ?

29 Il en est de même pour celui qui va
vers la femme de son prochain :
Quiconque la touche ne restera pas
impuni.

30 On ne tient pas pour innocent le
voleur qui dérobe
Pour satisfaire son appétit, quand il
a faim ;

31 Si on le trouve, il fera une restitution
au septuple,
Il donnera tout ce qu'il a dans sa
maison.

32 Mais celui qui commet un adultère avec
une femme est dépourvu de sens,
Celui qui veut se perdre agit de la
sorte ;

33 Il n'aura que plaie et ignominie,
Et son opprobre ne s'effacera point.

34 Car la jalousie met un homme en
fureur,
Et il est sans pitié au jour de la
vengeance ;

35 Il n'a égard à aucune rançon,

Et il est inflexible, quand même tu
multiplierais les dons.

7 Mon fils, retiens mes paroles,
Et garde avec toi mes préceptes.

2 Observe mes préceptes, et tu vivras ;
Garde mes enseignements comme la
prunelle de tes yeux.

3 Lie-les sur tes doigts,
Écris-les sur la table de ton cœur.

4 Dis à la sagesse : Tu es ma sœur !
Et appelle l'intelligence ton amie,

5 Pour qu'elles te préservent de la
femme étrangère,
De l'étrangère qui emploie des
paroles doucereuses.

6 J'étais à la fenêtre de ma maison,
Et je regardais à travers mon treillis.

7 J'aperçus parmi les stupides,
Je remarquai parmi les jeunes gens
un garçon dépourvu de sens.

8 Il passait dans la rue, près de l'angle
où se tenait une de ces étrangères,
Et il se dirigeait lentement du côté
de sa demeure :

9 C'était au crépuscule, pendant la
soirée,
Au milieu de la nuit et de l'obscurité.

10 Et voici, il fut abordé par une femme
Ayant la mise d'une prostituée et la
ruse dans le cœur.

11 Elle était bruyante et rétive ;
Ses pieds ne restaient point dans sa
maison ;

12 Tantôt dans la rue, tantôt sur les
places,
Et près de tous les angles, elle était
aux aguets.

13 Elle le saisit et l'embrassa,
Et d'un air effronté lui dit :

14 Je devais un sacrifice d'actions de
grâces,
Aujourd'hui j'ai accompli mes vœux.

15 C'est pourquoi je suis sortie au-
devant de toi
Pour te chercher, et je t'ai trouvé.

16 J'ai orné mon lit de couvertures,
De tapis de fil d'Égypte ;

17 J'ai parfumé ma couche
De myrrhe, d'aloès et de cinnamome.

18 Viens, enivrons-nous d'amour jusqu'au matin,
Livrons-nous joyeusement à la volupté.

19 Car mon mari n'est pas à la maison,
Il est parti pour un voyage lointain ;
20 Il a pris avec lui le sac de l'argent,
Il ne reviendra à la maison qu'à la nouvelle lune.
21 Elle le séduisit à force de paroles,
Elle l'entraîna par ses lèvres doucereuses.
22 Il se mit tout à coup à la suivre,
Comme le bœuf qui va à la boucherie,
Comme un fou qu'on lie pour le châtier,
23 Jusqu'à ce qu'une flèche lui perce le foie,
Comme l'oiseau qui se précipite dans le filet,
Sans savoir que c'est au prix de sa vie.

24 Et maintenant, mes fils, écoutez-moi,
Et soyez attentifs aux paroles de ma bouche.
25 Que ton cœur ne se détourne pas vers les voies d'une telle femme,
Ne t'égare pas dans ses sentiers.
26 Car elle a fait tomber beaucoup de victimes,
Et ils sont nombreux, tous ceux qu'elle a tués.
27 Sa maison, c'est le chemin du séjour des morts ;
Il descend vers les demeures de la mort.

8 La sagesse ne crie-t-elle pas ?
L'intelligence n'élève-t-elle pas sa voix ?
2 C'est au sommet des hauteurs près de la route,
C'est à la croisée des chemins qu'elle se place ;
3 A côté des portes, à l'entrée de la ville,
A l'intérieur des portes, elle fait entendre ses cris :
4 Hommes, c'est à vous que je crie,
Et ma voix s'adresse aux fils de l'homme.
5 Stupides, apprenez le discernement ;
Insensés, apprenez l'intelligence.
6 Écoutez, car j'ai de grandes choses à dire,
Et mes lèvres s'ouvrent pour enseigner ce qui est droit.

7 Car ma bouche proclame la vérité,
Et mes lèvres ont en horreur le mensonge ;
8 Toutes les paroles de ma bouche sont justes,
Elles n'ont rien de faux ni de détourné ;
9 Toutes sont claires pour celui qui est intelligent,
Et droites pour ceux qui ont trouvé la science.
10 Préférez mes instructions à l'argent,
Et la science à l'or le plus précieux ;
11 Car la sagesse vaut mieux que les perles,
Elle a plus de valeur que tous les objets de prix.

12 Moi, la sagesse, j'ai pour demeure le discernement,
Et je possède la science de la réflexion.
13 La crainte de l'Éternel, c'est la haine du mal ;
L'arrogance et l'orgueil, la voie du mal,
Et la bouche perverse, voilà ce que je hais.
14 Le conseil et le succès m'appartiennent ;
Je suis l'intelligence, la force est à moi.
15 Par moi les rois règnent,
Et les princes ordonnent ce qui est juste ;
16 Par moi gouvernent les chefs,
Les grands, tous les juges de la terre.
17 J'aime ceux qui m'aiment,
Et ceux qui me cherchent me trouvent.
18 Avec moi sont la richesse et la gloire,
Les biens durables et la justice.
19 Mon fruit est meilleur que l'or, que l'or pur,
Et mon produit est préférable à l'argent.
20 Je marche dans le chemin de la justice,
Au milieu des sentiers de la droiture,
21 Pour donner des biens à ceux qui m'aiment,
Et pour remplir leurs trésors.

22 L'Éternel m'a créée la première de ses œuvres,
Avant ses œuvres les plus anciennes.

23 J'ai été établie depuis l'éternité,
Dès le commencement, avant l'origine
de la terre.

24 Je fus enfantée quand il n'y avait
point d'abîmes,
Point de sources chargées d'eaux ;

25 Avant que les montagnes fussent
affermies,
Avant que les collines existassent, je
fus enfantée ;

26 Il n'avait encore fait ni la terre, ni
les campagnes,
Ni le premier atome de la poussière
du monde.

27 Lorsqu'il disposa les cieux, j'étais là ;
Lorsqu'il traça un cercle à la surface
de l'abîme,

28 Lorsqu'il fixa les nuages en haut,
Et que les sources de l'abîme jaillirent avec force,

29 Lorsqu'il donna une limite à la mer,
Pour que les eaux n'en franchissent
pas les bords,
Lorsqu'il posa les fondements de la
terre,

30 J'étais à l'œuvre auprès de lui,
Et je faisais tous les jours ses délices,
Jouant sans cesse en sa présence,

31 Jouant sur le globe de sa terre,
Et trouvant mon bonheur parmi les
fils de l'homme.

32 Et maintenant, mes fils, écoutez-moi,
Et heureux ceux qui observent mes
voies !

33 Écoutez l'instruction, pour devenir
sages,
Ne la rejetez pas.

34 Heureux l'homme qui m'écoute,
Qui veille chaque jour à mes portes,
Et qui en garde les poteaux !

35 Car celui qui me trouve a trouvé la
vie,
Et il obtient la faveur de l'Éternel.

36 Mais celui qui pèche contre moi nuit
à son âme ;
Tous ceux qui me haïssent aiment la
mort.

9 La sagesse a bâti sa maison,
Elle a taillé ses sept colonnes.

2 Elle a égorgé ses victimes, mêlé son
vin,
Et dressé sa table.

3 Elle a envoyé ses servantes, elle crie

Sur le sommet des hauteurs de la ville :
Que celui qui est stupide entre ici ! 4
Elle dit à ceux qui sont dépourvus
de sens :

Venez, mangez de mon pain, 5
Et buvez du vin que j'ai mêlé ;

Quittez la stupidité, et vous vivrez, 6
Et marchez dans la voie de l'intelligence !

Celui qui reprend le moqueur s'attire 7
le dédain,
Et celui qui corrige le méchant reçoit
un outrage.

Ne reprends pas le moqueur, de 8
crainte qu'il ne te haïsse ;
Reprends le sage, et il t'aimera.

Donne au sage, et il deviendra plus 9
sage ;
Instruis le juste, et il augmentera son
savoir.

Le commencement de la sagesse, 10
c'est la crainte de l'Éternel ;
Et la science des saints, c'est l'intelligence.

C'est par moi que tes jours se multi- 11
plieront,
Et que les années de ta vie s'augmenteront.

Si tu es sage, tu es sage pour toi ; 12
Si tu es moqueur, tu en porteras seul
la peine.

La folie est une femme bruyante, 13
Stupide et ne sachant rien.

Elle s'assied à l'entrée de sa maison, 14
Sur un siège, dans les hauteurs de la
ville,

Pour crier aux passants, 15
Qui vont droit leur chemin :
Que celui qui est stupide entre ici ! 16
Elle dit à celui qui est dépourvu de
sens :

Les eaux dérobées sont douces, 17
Et le pain du mystère est agréable !

Et il ne sait pas que là sont les 18
morts,
Et que ses invités sont dans les
vallées du séjour des morts.

Proverbes de Salomon.

10

Un fils sage fait la joie d'un père, 1
Et un fils insensé le chagrin de sa
mère.

2 Les trésors de la méchanceté ne pro-
fitent pas,
Mais la justice délivre de la mort.

3 L'Éternel ne laisse pas le juste
souffrir de la faim,
Mais il repousse l'avidité des méchants.

4 Celui qui agit d'une main lâche s'appauvrit,
Mais la main des diligents enrichit.

5 Celui qui amasse pendant l'été est
un fils prudent,
Celui qui dort pendant la moisson
est un fils qui fait honte.

6 Il y a des bénédictions sur la tête du
juste,
Mais la violence couvre la bouche
des méchants.

7 La mémoire du juste est en bénédiction,
Mais le nom des méchants tombe en
pourriture.

8 Celui qui est sage de cœur reçoit les
préceptes,
Mais celui qui est insensé des lèvres
court à sa perte.

9 Celui qui marche dans l'intégrité
marche avec assurance,
Mais celui qui prend des voies tortueuses sera découvert.

10 Celui qui cligne les yeux est une
cause de chagrin,
Et celui qui est insensé des lèvres
court à sa perte.

11 La bouche du juste est une source
de vie,
Mais la violence couvre la bouche
des méchants.

12 La haine excite des querelles,
Mais l'amour couvre toutes les fautes.

13 Sur les lèvres de l'homme intelligent
se trouve la sagesse,
Mais la verge est pour le dos de celui
qui est dépourvu de sens.

14 Les sages tiennent la science en réserve,

Mais la bouche de l'insensé est une
ruine prochaine.

La fortune est pour le riche une 15
ville forte ;
La ruine des misérables, c'est leur
pauvreté.

L'œuvre du juste est pour la vie, 16
Le gain du méchant est pour le
péché.

Celui qui se souvient de la correction 17
prend le chemin de la vie,
Mais celui qui oublie la réprimande
s'égare.

Celui qui dissimule la haine a des 18
lèvres menteuses,
Et celui qui répand la calomnie est
un insensé.

Celui qui parle beaucoup ne manque 19
pas de pécher,
Mais celui qui retient ses lèvres est
un homme prudent.

La langue du juste est un argent de 20
choix ;
Le cœur des méchants est peu de
chose.

Les lèvres du juste dirigent beau- 21
coup d'hommes,
Et les insensés meurent par défaut
de raison.

C'est la bénédiction de l'Éternel qui 22
enrichit,
Et il ne la fait suivre d'aucun chagrin.

Commettre le crime paraît un jeu à 23
l'insensé,
Mais la sagesse appartient à l'homme
intelligent.

Ce que redoute le méchant, c'est ce 24
qui lui arrive ;
Et ce que désirent les justes leur est
accordé.

Comme passe le tourbillon, ainsi dis- 25
paraît le méchant ;
Mais le juste a des fondements
éternels.

26 Ce que le vinaigre est aux dents et la fumée aux yeux,
Tel est le paresseux pour celui qui l'envoie.

27 La crainte de l'Éternel augmente les jours,
Mais les années des méchants sont abrégées.

28 L'attente des justes n'est que joie,
Mais l'espérance des méchants périra.

29 La voie de l'Éternel est un rempart pour l'intégrité,
Mais elle est une ruine pour ceux qui font le mal.

30 Le juste ne chancellera jamais,
Mais les méchants n'habiteront pas le pays.

31 La bouche du juste produit la sagesse,
Mais la langue perverse sera retranchée.

32 Les lèvres du juste connaissent la grâce,
Et la bouche des méchants la perversité.

11 La balance fausse est en horreur à l'Éternel,
Mais le poids juste lui est agréable.

2 Quand vient l'orgueil, vient aussi l'ignominie;
Mais la sagesse est avec les humbles.

3 L'intégrité des hommes droits les dirige,
Mais les détours des perfides causent leur ruine.

4 Au jour de la colère, la richesse ne sert de rien;
Mais la justice délivre de la mort.

5 La justice de l'homme intègre aplanit sa voie,
Mais le méchant tombe par sa méchanceté.

6 La justice des hommes droits les délivre,
Mais les méchants sont pris par leur malice.

7 A la mort du méchant, son espoir périt,
Et l'attente des hommes iniques est anéantie.

8 Le juste est délivré de la détresse,
Et le méchant prend sa place.

9 Par sa bouche l'impie perd son prochain,
Mais les justes sont délivrés par la science.

10 Quand les justes sont heureux, la ville est dans la joie;
Et quand les méchants périssent, on pousse des cris d'allégresse.

11 La ville s'élève par la bénédiction des hommes droits,
Mais elle est renversée par la bouche des méchants.

12 Celui qui méprise son prochain est dépourvu de sens,
Mais l'homme qui a de l'intelligence se tait.

13 Celui qui répand la calomnie dévoile les secrets,
Mais celui qui a l'esprit fidèle les garde.

14 Quand la prudence fait défaut, le peuple tombe;
Et le salut est dans le grand nombre des conseillers.

15 Celui qui cautionne autrui s'en trouve mal,
Mais celui qui craint de s'engager est en sécurité.

16 Une femme qui a de la grâce obtient la gloire,
Et ceux qui ont de la force obtiennent la richesse.

17 L'homme bon fait du bien à son âme,
Mais l'homme cruel trouble sa propre chair.

18 Le méchant fait un gain trompeur,
Mais celui qui sème la justice a un salaire véritable.

19 Ainsi la justice conduit à la vie,
Mais celui qui poursuit le mal trouve la mort.

20 Ceux qui ont le cœur pervers sont
en abomination à l'Éternel,
Mais ceux dont la voie est intègre
lui sont agréables.

21 Certes, le méchant ne restera pas
impuni,
Mais la postérité des justes sera
sauvée.

22 Un anneau d'or au nez d'un pourceau,
C'est une femme belle et dépourvue
de sens.

23 Le désir des justes, c'est seulement
le bien ;
L'attente des méchants, c'est la fureur.

24 Tel, qui donne libéralement, devient
plus riche ;
Et tel, qui épargne à l'excès, ne fait
que s'appauvrir.

25 L'âme bienfaisante sera rassasiée,
Et celui qui arrose sera lui-même
arrosé.

26 Celui qui retient le blé est maudit
du peuple,
Mais la bénédiction est sur la tête
de celui qui le vend.

27 Celui qui recherche le bien s'attire
de la faveur,
Mais celui qui poursuit le mal en est
atteint.

28 Celui qui se confie dans ses richesses
tombera,
Mais les justes verdiront comme le
feuillage.

29 Celui qui trouble sa maison héritera
du vent,
Et l'insensé sera l'esclave de l'homme
sage.

30 Le fruit du juste est un arbre de vie,
Et le sage s'empare des âmes.

31 Voici, le juste reçoit sur la terre une
rétribution ;
Combien plus le méchant et le pécheur !

12 Celui qui aime la correction aime
la science ;

Celui qui hait la réprimande est
stupide.

2 L'homme de bien obtient la faveur
de l'Éternel,
Mais l'Éternel condamne celui qui
est plein de malice.

3 L'homme ne s'affermit pas par la
méchanceté,
Mais la racine des justes ne sera
point ébranlée.

4 Une femme vertueuse est la couronne de son mari,
Mais celle qui fait honte est comme
la carie dans ses os.

5 Les pensées des justes ne sont qu'é-
quité ;
Les desseins des méchants ne sont
que fraude.

6 Les paroles des méchants sont des
embûches pour verser le sang,
Mais la bouche des hommes droits
est une délivrance.

7 Renversés, les méchants ne sont plus ;
Et la maison des justes reste debout.

8 Un homme est estimé en raison de
son intelligence,
Et celui qui a le cœur pervers est
l'objet du mépris.

9 Mieux vaut être d'une condition
humble et avoir un serviteur
Que de faire le glorieux et de manquer de pain.

10 Le juste prend soin de son bétail,
Mais les entrailles des méchants sont
cruelles.

11 Celui qui cultive son champ est rassasié de pain,
Mais celui qui poursuit des choses
vaines est dépourvu de sens.

12 Le méchant convoite ce que prennent les méchants,
Mais la racine des justes donne du fruit.

13 Il y a dans le péché des lèvres un
piège pernicieux,

Mais le juste se tire de la détresse.

14 Par le fruit de la bouche on est
rassasié de biens,
Et chacun reçoit selon l'œuvre de ses
mains.

15 La voie de l'insensé est droite à ses
yeux,
Mais celui qui écoute les conseils est
sage.

16 L'insensé laisse voir à l'instant sa
colère,
Mais celui qui cache un outrage est
un homme prudent.

17 Celui qui dit la vérité proclame la
justice,
Et le faux témoin la tromperie.

18 Tel, qui parle légèrement, blesse
comme un glaive ;
Mais la langue des sages apporte la
guérison.

19 La lèvre véridique est affermie pour
toujours,
Mais la langue fausse ne subsiste
qu'un instant.

20 La tromperie est dans le cœur de
ceux qui méditent le mal,
Mais la joie est pour ceux qui con-
seillent la paix.

21 Aucun malheur n'arrive au juste,
Mais les méchants sont accablés de
maux.

22 Les lèvres fausses sont en horreur à
l'Éternel,
Mais ceux qui agissent avec vérité
lui sont agréables.

23 L'homme prudent cache sa science,
Mais le cœur des insensés proclame
la folie.

24 La main des diligents dominera,
Mais la main lâche sera tributaire.

25 L'inquiétude dans le cœur de l'homme
l'abat,
Mais une bonne parole le réjouit.

26 Le juste montre à son ami la bonne
voie,
Mais la voie des méchants les égare.

27 Le paresseux ne rôtit pas son gibier ;
Mais le précieux trésor d'un homme,
c'est l'activité.

28 La vie est dans le sentier de la
justice,
La mort n'est pas dans le chemin
qu'elle trace.

13 Un fils sage écoute l'instruction de
son père,
Mais le moqueur n'écoute pas la réprimande.

2 Par le fruit de la bouche on jouit du
bien ;
Mais ce que désirent les perfides,
c'est la violence.

3 Celui qui veille sur sa bouche garde
son âme ;
Celui qui ouvre de grandes lèvres
court à sa perte.

4 L'âme du paresseux a des désirs qu'il
ne peut satisfaire ;
Mais l'âme des hommes diligents sera
rassasiée.

5 Le juste hait les paroles mensongères ;
Le méchant se rend odieux et se
couvre de honte.

6 La justice garde celui dont la voie
est intègre,
Mais la méchanceté cause la ruine
du pécheur.

7 Tel fait le riche et n'a rien du tout,
Tel fait le pauvre et a de grands
biens.

8 La richesse d'un homme sert de
rançon pour sa vie,
Mais le pauvre n'écoute pas la réprimande.

9 La lumière des justes est joyeuse,
Mais la lampe des méchants s'éteint.

10 C'est seulement par orgueil qu'on excite des querelles,
Mais la sagesse est avec ceux qui écoutent les conseils.

11 La richesse mal acquise diminue,
Mais celui qui amasse peu à peu l'augmente.

12 Un espoir différé rend le cœur malade,
Mais un désir accompli est un arbre de vie.

13 Celui qui méprise la parole se perd,
Mais celui qui craint le précepte est récompensé.

14 L'enseignement du sage est une source de vie,
Pour détourner des pièges de la mort.

15 Une raison saine a pour fruit la grâce,
Mais la voie des perfides est rude.

16 Tout homme prudent agit avec connaissance,
Mais l'insensé fait étalage de folie.

17 Un envoyé méchant tombe dans le malheur,
Mais un messager fidèle apporte la guérison.

18 La pauvreté et la honte sont le partage de celui qui rejette la correction,
Mais celui qui a égard à la réprimande est honoré.

19 Un désir accompli est doux à l'âme,
Mais s'éloigner du mal fait horreur aux insensés.

20 Celui qui fréquente les sages devient sage,
Mais celui qui se plaît avec les insensés s'en trouve mal.

21 Le malheur poursuit ceux qui pèchent,
Mais le bonheur récompense les justes.

22 L'homme de bien a pour héritiers les enfants de ses enfants,
Mais les richesses du pécheur sont réservées pour le juste.

23 Le champ que défriche le pauvre donne une nourriture abondante,
Mais tel périt par défaut de justice.

24 Celui qui ménage sa verge hait son fils,
Mais celui qui l'aime cherche à le corriger.

25 Le juste mange et satisfait son appétit,
Mais le ventre des méchants éprouve la disette.

14

La femme sage bâtit sa maison,
Et la femme insensée la renverse de ses propres mains.

2 Celui qui marche dans la droiture craint l'Éternel,
Mais celui qui prend des voies tortueuses le méprise.

3 Dans la bouche de l'insensé est une verge pour son orgueil,
Mais les lèvres des sages les gardent.

4 S'il n'y a pas de bœufs, la crèche est vide;
C'est à la vigueur des bœufs qu'on doit l'abondance des revenus.

5 Un témoin fidèle ne ment pas,
Mais un faux témoin dit des mensonges.

6 Le moqueur cherche la sagesse et ne la trouve pas,
Mais pour l'homme intelligent la science est chose facile.

7 Éloigne-toi de l'insensé;
Ce n'est pas sur ses lèvres que tu aperçois la science.

8 La sagesse de l'homme prudent, c'est l'intelligence de sa voie;
La folie des insensés, c'est la tromperie.

9 Les insensés se font un jeu du péché,

Mais parmi les hommes droits se trouve la bienveillance.

10 Le cœur connaît ses propres chagrins,
Et un étranger ne saurait partager sa joie.

11 La maison des méchants sera détruite,
Mais la tente des hommes droits fleurira.

12 Telle voie paraît droite à un homme,
Mais son issue, c'est la voie de la mort.

13 Au milieu même du rire le cœur peut être affligé,
Et la joie peut finir par la détresse.

14 Celui dont le cœur s'égare se rassasie de ses voies,
Et l'homme de bien se rassasie de ce qui est en lui.

15 L'homme simple croit tout ce qu'on dit,
Mais l'homme prudent est attentif à ses pas.

16 Le sage a de la retenue et se détourne du mal,
Mais l'insensé est arrogant et plein de sécurité.

17 Celui qui est prompt à la colère fait des sottises,
Et l'homme plein de malice s'attire la haine.

18 Les simples ont en partage la folie,
Et les hommes prudents se font de la science une couronne.

19 Les mauvais s'inclinent devant les bons,
Et les méchants aux portes du juste.

20 Le pauvre est odieux même à son ami,
Mais les amis du riche sont nombreux.

21 Celui qui méprise son prochain commet un péché,

Mais heureux celui qui a pitié des misérables !

22 Ceux qui méditent le mal ne s'égarent-ils pas ?
Mais ceux qui méditent le bien agissent avec bonté et fidélité.

23 Tout travail procure l'abondance,
Mais les paroles en l'air ne mènent qu'à la disette.

24 La richesse est une couronne pour les sages ;
La folie des insensés est toujours de la folie.

25 Le témoin véridique délivre des âmes,
Mais le trompeur dit des mensonges.

26 Celui qui craint l'Éternel possède un appui ferme,
Et ses enfants ont un refuge auprès de lui.

27 La crainte de l'Éternel est une source de vie,
Pour détourner des pièges de la mort.

28 Quand le peuple est nombreux, c'est la gloire d'un roi ;
Quand le peuple manque, c'est la ruine du prince.

29 Celui qui est lent à la colère a une grande intelligence,
Mais celui qui est prompt à s'emporter proclame sa folie.

30 Un cœur calme est la vie du corps,
Mais l'envie est la carie des os.

31 Opprimer le pauvre, c'est outrager celui qui l'a fait ;
Mais avoir pitié de l'indigent, c'est l'honorer.

32 Le méchant est renversé par sa méchanceté,
Mais le juste trouve un refuge même en sa mort.

33 Dans un cœur intelligent repose la sagesse,

Mais au milieu des insensés elle se
montre à découvert.

34 La justice élève une nation,
Mais le péché est la honte des peuples.

35 La faveur du roi est pour le serviteur
prudent,
Et sa colère pour celui qui fait honte.

15 Une réponse douce calme la fureur,
Mais une parole dure excite la colère.

2 La langue des sages rend la science
aimable,
Et la bouche des insensés répand la
folie.

3 Les yeux de l'Éternel sont en tout
lieu,
Observant les méchants et les bons.

4 La langue douce est un arbre de vie,
Mais la langue perverse brise l'âme.

5 L'insensé dédaigne l'instruction de
son père,
Mais celui qui a égard à la réprimande agit avec prudence.

6 Il y a grande abondance dans la
maison du juste,
Mais il y a du trouble dans les profits
du méchant.

7 Les lèvres des sages répandent la
science,
Mais le cœur des insensés n'est pas
droit.

8 Le sacrifice des méchants est en
horreur à l'Éternel,
Mais la prière des hommes droits lui
est agréable.

9 La voie du méchant est en horreur à
l'Éternel,
Mais il aime celui qui poursuit la
justice.

10 Une correction sévère menace celui
qui abandonne le sentier ;
Celui qui hait la réprimande mourra.

11 Le séjour des morts et l'abîme sont
devant l'Éternel ;
Combien plus les cœurs des fils de
l'homme !

12 Le moqueur n'aime pas qu'on le reprenne,
Il ne va point vers les sages.

13 Un cœur joyeux rend le visage
serein ;
Mais quand le cœur est triste, l'esprit
est abattu.

14 Un cœur intelligent cherche la science,
Mais la bouche des insensés se plaît
à la folie.

15 Tous les jours du malheureux sont
mauvais,
Mais le cœur content est un festin
perpétuel.

16 Mieux vaut peu, avec la crainte de
l'Éternel,
Qu'un grand trésor, avec le trouble.

17 Mieux vaut de l'herbe pour nourriture, là où règne l'amour,
Qu'un bœuf engraissé, si la haine est
là.

18 Un homme violent excite des querelles,
Mais celui qui est lent à la colère
apaise les disputes.

19 Le chemin du paresseux est comme
une haie d'épines,
Mais le sentier des hommes droits
est aplani.

20 Un fils sage fait la joie de son père,
Et un homme insensé méprise sa
mère.

21 La folie est une joie pour celui qui
est dépourvu de sens,
Mais un homme intelligent va le
droit chemin.

22 Les projets échouent, faute d'une
assemblée qui délibère ;
Mais ils réussissent quand il y a de
nombreux conseillers.

23 On éprouve de la joie à donner une réponse de sa bouche ; Et combien est agréable une parole dite à propos !

24 Pour le sage, le sentier de la vie mène en haut, Afin qu'il se détourne du séjour des morts qui est en bas.

25 L'Éternel renverse la maison des orgueilleux, Mais il affermit les bornes de la veuve.

26 Les pensées mauvaises sont en horreur à l'Éternel, Mais les paroles agréables sont pures à ses yeux.

27 Celui qui est avide de gain trouble sa maison, Mais celui qui hait les présents vivra.

28 Le cœur du juste médite pour répondre, Mais la bouche des méchants répand des méchancetés.

29 L'Éternel s'éloigne des méchants, Mais il écoute la prière des justes.

30 Ce qui plaît aux yeux réjouit le cœur ; Une bonne nouvelle fortifie les membres.

31 L'oreille attentive aux réprimandes qui mènent à la vie Fait son séjour au milieu des sages.

32 Celui qui rejette la correction méprise son âme, Mais celui qui écoute la réprimande acquiert l'intelligence.

33 La crainte de l'Éternel enseigne la sagesse, Et l'humilité précède la gloire.

16 Les projets que forme le cœur dépendent de l'homme, Mais la réponse que donne la bouche vient de l'Éternel.

Toutes les voies de l'homme sont 2 pures à ses yeux ; Mais celui qui pèse les esprits, c'est l'Éternel.

Recommande à l'Éternel tes œuvres, 3 Et tes projets réussiront.

L'Éternel a tout fait pour un but, 4 Même le méchant pour le jour du malheur.

Tout cœur hautain est en abomination à l'Éternel ; 5 Certes, il ne restera pas impuni.

Par la bonté et la fidélité on expie 6 l'iniquité, Et par la crainte de l'Éternel on se détourne du mal.

Quand l'Éternel approuve les voies 7 d'un homme, Il dispose favorablement à son égard même ses ennemis.

Mieux vaut peu, avec la justice, 8 Que de grands revenus, avec l'injustice.

Le cœur de l'homme médite sa voie, 9 Mais c'est l'Éternel qui dirige ses pas.

Des oracles sont sur les lèvres du roi : 10 Sa bouche ne doit pas être infidèle quand il juge.

Le poids et la balance justes sont à 11 l'Éternel ; Tous les poids du sac sont son ouvrage.

Les rois ont horreur de faire le mal, 12 Car c'est par la justice que le trône s'affermit.

Les lèvres justes gagnent la faveur 13 des rois, Et ils aiment celui qui parle avec droiture.

La fureur du roi est un messager de 14 mort, Et un homme sage doit l'apaiser.

15 La sérénité du visage du roi donne
la vie,
Et sa faveur est comme une pluie du
printemps.

16 Combien acquérir la sagesse vaut
mieux que l'or !
Combien acquérir l'intelligence est
préférable à l'argent !

17 Le chemin des hommes droits, c'est
d'éviter le mal ;
Celui qui garde son âme veille sur sa
voie.

18 L'arrogance précède la ruine,
Et l'orgueil précède la chute.

19 Mieux vaut être humble avec les
humbles
Que de partager le butin avec les
orgueilleux.

20 Celui qui réfléchit sur les choses
trouve le bonheur,
Et celui qui se confie en l'Éternel
est heureux.

21 Celui qui est sage de cœur est appelé
intelligent,
Et la douceur des lèvres augmente
le savoir.

22 La sagesse est une source de vie
pour celui qui la possède ;
Et le châtiment des insensés, c'est
leur folie.

23 Celui qui est sage de cœur manifeste
la sagesse par sa bouche,
Et l'accroissement de son savoir
paraît sur ses lèvres.

24 Les paroles agréables sont un rayon
de miel,
Douces pour l'âme et salutaires pour
le corps.

25 Telle voie paraît droite à un homme,
Mais son issue, c'est la voie de la mort.

26 Celui qui travaille travaille pour lui,
Car sa bouche l'y excite.

27 L'homme pervers prépare le malheur,

Et il y a sur ses lèvres comme un feu
ardent.

28 L'homme pervers excite des querelles,
Et le rapporteur divise les amis.

29 L'homme violent séduit son prochain,
Et le fait marcher dans une voie qui
n'est pas bonne.

30 Celui qui ferme les yeux pour se
livrer à des pensées perverses,
Celui qui se mord les lèvres, a déjà
consommé le mal.

31 Les cheveux blancs sont une couronne d'honneur ;
C'est dans le chemin de la justice
qu'on la trouve.

32 Celui qui est lent à la colère vaut
mieux qu'un héros,
Et celui qui est maître de lui-même
que celui qui prend des villes.

33 On jette le sort dans le pan de la
robe,
Mais toute décision vient de l'Éternel.

17 Mieux vaut un morceau de pain
sec, avec la paix,
Qu'une maison pleine de viandes,
avec des querelles.

2 Un serviteur prudent domine sur le
fils qui fait honte,
Et il aura part à l'héritage au milieu
des frères.

3 Le creuset est pour l'argent, et le
fourneau pour l'or ;
Mais celui qui éprouve les cœurs,
c'est l'Éternel.

4 Le méchant est attentif à la lèvre
inique,
Le menteur prête l'oreille à la langue
pernicieuse.

5 Celui qui se moque du pauvre outrage
celui qui l'a fait ;
Celui qui se réjouit d'un malheur ne
restera pas impuni.

6 Les enfants des enfants sont la couronne des vieillards,
Et les pères sont la gloire de leurs
enfants.

7 Les paroles distinguées ne con-
viennent pas à un insensé ;
Combien moins à un noble les paroles
mensongères !

8 Les présents sont une pierre précieuse aux yeux de qui en reçoit ;
De quelque côté qu'ils se tournent,
ils ont du succès.

9 Celui qui couvre une faute cherche
l'amour,
Et celui qui la rappelle dans ses
discours divise les amis.

10 Une réprimande fait plus d'im-
pression sur l'homme intelligent
Que cent coups sur l'insensé.

11 Le méchant ne cherche que révolte,
Mais un messager cruel sera envoyé
contre lui.

12 Rencontre une ourse privée de ses
petits,
Plutôt qu'un insensé pendant sa
folie.

13 De celui qui rend le mal pour le bien
Le mal ne quittera point la maison.

14 Commencer une querelle, c'est ouvrir
une digue ;
Avant que la dispute s'anime, retire-
toi.

15 Celui qui absout le coupable et celui
qui condamne le juste
Sont tous deux en abomination à
l'Éternel.

16 A quoi sert l'argent dans la main de
l'insensé ?
A acheter la sagesse ?...Mais il n'a
point de sens.

17 L'ami aime en tout temps,
Et dans le malheur il se montre un
frère.

L'homme dépourvu de sens prend 18
des engagements,
Il cautionne son prochain.

Celui qui aime les querelles aime le 19
péché ;
Celui qui élève sa porte cherche la
ruine.

Un cœur faux ne trouve pas le 20
bonheur,
Et celui dont la langue est perverse
tombe dans le malheur.

Celui qui donne naissance à un 21
insensé aura du chagrin ;
Le père d'un fou ne peut pas se
réjouir.

Un cœur joyeux est un bon remède, 22
Mais un esprit abattu dessèche les os.

Le méchant accepte en secret des 23
présents,
Pour pervertir les voies de la justice.

La sagesse est en face de l'homme 24
intelligent,
Mais les yeux de l'insensé sont à
l'extrémité de la terre.

Un fils insensé fait le chagrin de son 25
père,
Et l'amertume de celle qui l'a enfanté.

Il n'est pas bon de condamner le 26
juste à une amende,
Ni de frapper les nobles à cause de
leur droiture.

Celui qui retient ses paroles connaît 27
la science,
Et celui qui a l'esprit calme est un
homme intelligent.

L'insensé même, quand il se tait, 28
passe pour sage ;
Celui qui ferme ses lèvres est un
homme intelligent.

Celui qui se tient à l'écart cherche **18**
ce qui lui plaît,
Il s'irrite contre tout ce qui est sage.

2 Ce n'est pas à l'intelligence que
l'insensé prend plaisir,
C'est à la manifestation de ses
pensées.

3 Quand vient le méchant, vient aussi
le mépris ;
Et avec la honte, vient l'opprobre.

4 Les paroles de la bouche d'un homme
sont des eaux profondes ;
La source de la sagesse est un torrent
qui jaillit.

5 Il n'est pas bon d'avoir égard à la
personne du méchant,
Pour faire tort au juste dans le
jugement.

6 Les lèvres de l'insensé se mêlent aux
querelles,
Et sa bouche provoque les coups.

7 La bouche de l'insensé cause sa ruine,
Et ses lèvres sont un piège pour son
âme.

8 Les paroles du rapporteur sont
comme des friandises,
Elles descendent jusqu'au fond des
entrailles.

9 Celui qui se relâche dans son travail
Est frère de celui qui détruit.

10 Le nom de l'Éternel est une tour
forte ;
Le juste s'y réfugie, et se trouve en
sûreté.

11 La fortune est pour le riche une
ville forte ;
Dans son imagination, c'est une
haute muraille.

12 Avant la ruine, le cœur de l'homme
s'élève ;
Mais l'humilité précède la gloire.

13 Celui qui répond avant d'avoir écouté
Fait un acte de folie et s'attire la
confusion.

14 L'esprit de l'homme le soutient dans
la maladie ;

Mais l'esprit abattu, qui le relèvera ?

Un cœur intelligent acquiert la 15
science,
Et l'oreille des sages cherche la
science.

Les présents d'un homme lui élar- 16
gissent la voie,
Et lui donnent accès auprès des
grands.

Le premier qui parle dans sa cause 17
paraît juste ;
Vient sa partie adverse, et on
l'examine.

Le sort fait cesser les contestations, 18
Et décide entre les puissants.

Des frères sont plus intraitables 19
qu'une ville forte,
Et leurs querelles sont comme les
verrous d'un palais.

C'est du fruit de sa bouche que 20
l'homme rassasie son corps,
C'est du produit de ses lèvres qu'il
se rassasie.

La mort et la vie sont au pouvoir de 21
la langue ;
Quiconque l'aime en mangera les
fruits.

Celui qui trouve une femme trouve 22
le bonheur ;
C'est une grâce qu'il obtient de
l'Éternel.

Le pauvre parle en suppliant, 23
Et le riche répond avec dureté.

Celui qui a beaucoup d'amis les a 24
pour son malheur,
Mais il est tel ami plus attaché qu'un
frère.

Mieux vaut le pauvre qui marche **19**
dans son intégrité,
Que l'homme qui a des lèvres perverses et qui est un insensé.

Le manque de science n'est bon pour 2
personne,

Et celui qui précipite ses pas tombe dans le péché.

3 La folie de l'homme pervertit sa voie,
Et c'est contre l'Éternel que son cœur s'irrite.

4 La richesse procure un grand nombre d'amis,
Mais le pauvre est séparé de son ami.

5 Le faux témoin ne restera pas impuni,
Et celui qui dit des mensonges n'échappera pas.

6 Beaucoup de gens flattent l'homme généreux,
Et tous sont les amis de celui qui fait des présents.

7 Tous les frères du pauvre le haïssent;
Combien plus ses amis s'éloignent-ils de lui !
Il leur adresse des paroles suppliantes, mais ils disparaissent.

8 Celui qui acquiert du sens aime son âme ;
Celui qui garde l'intelligence trouve le bonheur.

9 Le faux témoin ne restera pas impuni,
Et celui qui dit des mensonges périra.

10 Il ne sied pas à un insensé de vivre dans les délices ;
Combien moins à un esclave de dominer sur des princes !

11 L'homme qui a de la sagesse est lent à la colère,
Et il met sa gloire à oublier les offenses.

12 La colère du roi est comme le rugissement d'un lion,
Et sa faveur est comme la rosée sur l'herbe.

13 Un fils insensé est une calamité pour son père,
Et les querelles d'une femme sont une gouttière sans fin.

14 On peut hériter de ses pères une maison et des richesses,
Mais une femme intelligente est un don de l'Éternel.

15 La paresse fait tomber dans l'assoupissement,
Et l'âme nonchalante éprouve la faim.

16 Celui qui garde ce qui est commandé garde son âme ;
Celui qui ne veille pas sur sa voie mourra.

17 Celui qui a pitié du pauvre prête à l'Éternel,
Qui lui rendra selon son œuvre.

18 Châtie ton fils, car il y a encore de l'espérance ;
Mais ne désire point de le faire mourir.

19 Celui que la colère emporte doit en subir la peine ;
Car si tu le libères, tu devras y revenir.

20 Écoute les conseils, et reçois l'instruction,
Afin que tu sois sage dans la suite de ta vie.

21 Il y a dans le cœur de l'homme beaucoup de projets,
Mais c'est le dessein de l'Éternel qui s'accomplit.

22 Ce qui fait le charme d'un homme, c'est sa bonté ;
Et mieux vaut un pauvre qu'un menteur.

23 La crainte de l'Éternel mène à la vie,
Et l'on passe la nuit rassasié, sans être visité par le malheur.

24 Le paresseux plonge sa main dans le plat,
Et il ne la ramène pas à sa bouche.

25 Frappe le moqueur, et le sot deviendra sage ;

Reprends l'homme intelligent, et il comprendra la science.

26 Celui qui ruine son père et qui met en fuite sa mère
Est un fils qui fait honte et qui fait rougir.

27 Cesse, mon fils, d'écouter l'instruction,
Si c'est pour t'éloigner des paroles de la science.

28 Un témoin pervers se moque de la justice,
Et la bouche des méchants dévore l'iniquité.

29 Les châtiments sont prêts pour les moqueurs,
Et les coups pour le dos des insensés.

20 Le vin est moqueur, les boissons fortes sont tumultueuses ;
Quiconque en fait excès n'est pas sage.

2 La terreur qu'inspire le roi est comme le rugissement d'un lion ;
Celui qui l'irrite pèche contre lui-même.

3 C'est une gloire pour l'homme de s'abstenir des querelles,
Mais tout insensé se livre à l'emportement.

4 A cause du froid, le paresseux ne laboure pas ;
A la moisson, il voudrait récolter, mais il n'y a rien.

5 Les desseins dans le cœur de l'homme sont des eaux profondes,
Mais l'homme intelligent sait y puiser.

6 Beaucoup de gens proclament leur bonté ;
Mais un homme fidèle, qui le trouvera ?

7 Le juste marche dans son intégrité ;
Heureux ses enfants après lui !

8 Le roi assis sur le trône de la justice
Dissipe tout mal par son regard.

9 Qui dira : J'ai purifié mon cœur,
Je suis net de mon péché ?

10 Deux sortes de poids, deux sortes d'épha,
Sont l'un et l'autre en abomination à l'Éternel.

11 L'enfant laisse déjà voir par ses actions
Si sa conduite sera pure et droite.

12 L'oreille qui entend, et l'œil qui voit,
C'est l'Éternel qui les a faits l'un et l'autre.

13 N'aime pas le sommeil, de peur que tu ne deviennes pauvre ;
Ouvre les yeux, tu seras rassasié de pain.

14 Mauvais ! mauvais ! dit l'acheteur ;
Et en s'en allant, il se félicite.

15 Il y a de l'or et beaucoup de perles ;
Mais les lèvres savantes sont un objet précieux.

16 Prends son vêtement, car il a cautionné autrui ;
Exige de lui des gages, à cause des étrangers.

17 Le pain du mensonge est doux à l'homme,
Et plus tard sa bouche est remplie de gravier.

18 Les projets s'affermissent par le conseil ;
Fais la guerre avec prudence.

19 Celui qui répand la calomnie dévoile les secrets ;
Ne te mêle pas avec celui qui ouvre ses lèvres.

20 Si quelqu'un maudit son père et sa mère,
Sa lampe s'éteindra au milieu des ténèbres.

21 Un héritage promptement acquis dès l'origine

Ne sera pas béni quand viendra la
fin.

22 Ne dis pas : Je rendrai le mal.
Espère en l'Éternel, et il te délivrera.

23 L'Éternel a en horreur deux sortes
de poids,
Et la balance fausse n'est pas une
chose bonne.

24 C'est l'Éternel qui dirige les pas de
l'homme,
Mais l'homme peut-il comprendre sa
voie ?

25 C'est un piège pour l'homme que de
prendre à la légère un engagement
sacré,
Et de ne réfléchir qu'après avoir fait
un vœu.

26 Un roi sage dissipe les méchants,
Et fait passer sur eux la roue.

27 Le souffle de l'homme est une lampe
de l'Éternel ;
Il pénètre jusqu'au fond des entrailles.

28 La bonté et la fidélité gardent le roi,
Et il soutient son trône par la bonté.

29 La force est la gloire des jeunes gens,
Et les cheveux blancs sont l'ornement
des vieillards.

30 Les plaies d'une blessure sont un
remède pour le méchant ;
De même les coups qui pénètrent
jusqu'au fond des entrailles.

21 Le cœur du roi est un courant
d'eau dans la main de l'Éternel ;
Il l'incline partout où il veut.

2 Toutes les voies de l'homme sont
droites à ses yeux ;
Mais celui qui pèse les cœurs, c'est
l'Éternel.

3 La pratique de la justice et de
l'équité,
Voilà ce que l'Éternel préfère aux
sacrifices.

Des regards hautains et un cœur qui 4
s'enfle,
Cette lampe des méchants, ce n'est
que péché.

Les projets de l'homme diligent ne 5
mènent qu'à l'abondance,
Mais celui qui agit avec précipitation
n'arrive qu'à la disette.

Des trésors acquis par une langue 6
mensongère
Sont une vanité fugitive et l'avant-
coureur de la mort.

La violence des méchants les em- 7
porte,
Parce qu'ils refusent de faire ce qui
est juste.

Le coupable suit des voies détournées, 8
Mais l'innocent agit avec droiture.

Mieux vaut habiter à l'angle d'un toit, 9
Que de partager la demeure d'une
femme querelleuse.

L'âme du méchant désire le mal ; 10
Son ami ne trouve pas grâce à ses
yeux.

Quand on châtie le moqueur, le sot 11
devient sage ;
Et quand on instruit le sage, il
accueille la science.

Le juste considère la maison du 12
méchant ;
L'Éternel précipite les méchants
dans le malheur.

Celui qui ferme son oreille au cri du 13
pauvre
Criera lui-même et n'aura point de
réponse.

Un don fait en secret apaise la colère, 14
Et un présent fait en cachette calme
une fureur violente.

C'est une joie pour le juste de 15
pratiquer la justice,
Mais la ruine est pour ceux qui font
le mal.

16 L'homme qui s'écarte du chemin de la sagesse
Reposera dans l'assemblée des morts.

17 Celui qui aime la joie reste dans l'indigence ;
Celui qui aime le vin et l'huile ne s'enrichit pas.

18 Le méchant sert de rançon pour le juste,
Et le perfide pour les hommes droits.

19 Mieux vaut habiter dans une terre déserte,
Qu'avec une femme querelleuse et irritable.

20 De précieux trésors et de l'huile sont dans la demeure du sage ;
Mais l'homme insensé les engloutit.

21 Celui qui poursuit la justice et la bonté
Trouve la vie, la justice et la gloire.

22 Le sage monte dans la ville des héros,
Et il abat la force qui lui donnait de l'assurance.

23 Celui qui veille sur sa bouche et sur sa langue
Préserve son âme des angoisses.

24 L'orgueilleux, le hautain, s'appelle un moqueur ;
Il agit avec la fureur de l'arrogance.

25 Les désirs du paresseux le tuent,
Parce que ses mains refusent de travailler ;

26 Tout le jour il éprouve des désirs ;
Mais le juste donne sans parcimonie.

27 Le sacrifice des méchants est quelque chose d'abominable ;
Combien plus quand ils l'offrent avec des pensées criminelles !

28 Le témoin menteur périra,
Mais l'homme qui écoute parlera toujours.

29 Le méchant prend un air effronté,
Mais l'homme droit affermit sa voie.

30 Il n'y a ni sagesse, ni intelligence,
Ni conseil, en face de l'Éternel.

31 Le cheval est équipé pour le jour de la bataille,
Mais la délivrance appartient à l'Éternel.

22

La réputation est préférable à de grandes richesses,
Et la grâce vaut mieux que l'argent et que l'or.

2 Le riche et le pauvre se rencontrent ;
C'est l'Éternel qui les a faits l'un et l'autre.

3 L'homme prudent voit le mal et se cache,
Mais les simples avancent et sont punis.

4 Le fruit de l'humilité, de la crainte de l'Éternel,
C'est la richesse, la gloire et la vie.

5 Des épines, des pièges, sont sur la voie de l'homme pervers ;
Celui qui garde son âme s'en éloigne.

6 Instruis l'enfant selon la voie qu'il doit suivre ;
Et quand il sera vieux, il ne s'en détournera pas.

7 Le riche domine sur les pauvres,
Et celui qui emprunte est l'esclave de celui qui prête.

8 Celui qui sème l'iniquité moissonne l'iniquité,
Et la verge de sa fureur disparaît.

9 L'homme dont le regard est bienveillant sera béni,
Parce qu'il donne de son pain au pauvre.

10 Chasse le moqueur, et la querelle prendra fin ;
Les disputes et les outrages cesseront.

11 Celui qui aime la pureté du cœur,
Et qui a la grâce sur les lèvres, a le roi pour ami.

12 Les yeux de l'Éternel gardent la science,
Mais il confond les paroles du perfide.

13 Le paresseux dit : Il y a un lion dehors !
Je serai tué dans les rues !

14 La bouche des étrangères est une fosse profonde ;
Celui contre qui l'Éternel est irrité y tombera.

15 La folie est attachée au cœur de l'enfant ;
La verge de la correction l'éloignera de lui.

16 Opprimer le pauvre pour augmenter son bien,
C'est donner au riche pour n'arriver qu'à la disette.

17 Prête l'oreille, et écoute les paroles des sages ;
Applique ton cœur à ma science.
18 Car il est bon que tu les gardes au dedans de toi,
Et qu'elles soient toutes présentes sur tes lèvres.
19 Afin que ta confiance repose sur l'Éternel,
Je veux t'instruire aujourd'hui, oui, toi.
20 N'ai-je pas déjà pour toi mis par écrit
Des conseils et des réflexions,
21 Pour t'enseigner des choses sûres, des paroles vraies,
Afin que tu répondes par des paroles vraies à celui qui t'envoie ?

22 Ne dépouille pas le pauvre, parce qu'il est pauvre,
Et n'opprime pas le malheureux à la porte ;
23 Car l'Éternel défendra leur cause,
Et il ôtera la vie à ceux qui les auront dépouillés.

24 Ne fréquente pas l'homme colère,
Ne va pas avec l'homme violent,
25 De peur que tu ne t'habitues à ses sentiers,
Et qu'ils ne deviennent un piège pour ton âme.

26 Ne sois pas parmi ceux qui prennent des engagements,
Parmi ceux qui cautionnent pour des dettes ;
27 Si tu n'as pas de quoi payer,
Pourquoi voudrais-tu qu'on enlevât ton lit de dessous toi ?

28 Ne déplace pas la borne ancienne,
Que tes pères ont posée.

29 Si tu vois un homme habile dans son ouvrage,
Il se tient auprès des rois ;
Il ne se tient pas auprès des gens obscurs.

23

Si tu es à table avec un grand,
Fais attention à ce qui est devant toi ;
2 Mets un couteau à ta gorge,
Si tu as trop d'avidité.
3 Ne convoite pas ses friandises :
C'est un aliment trompeur.

4 Ne te tourmente pas pour t'enrichir,
N'y applique pas ton intelligence.
5 Veux-tu poursuivre du regard ce qui va disparaître ?
Car la richesse se fait des ailes,
Et comme l'aigle, elle prend le vol vers les cieux.

6 Ne mange pas le pain de celui dont le regard est malveillant,
Et ne convoite pas ses friandises ;
7 Car il est tel que sont les pensées dans son âme.
Mange et bois, te dira-t-il ;
Mais son cœur n'est point avec toi.
8 Tu vomiras le morceau que tu as mangé,
Et tu auras perdu tes propos agréables.

9 Ne parle pas aux oreilles de l'insensé,
Car il méprise la sagesse de tes discours.

10 Ne déplace pas la borne ancienne,
Et n'entre pas dans le champ des orphelins ;

11 Car leur vengeur est puissant :
Il défendra leur cause contre toi.

12 Ouvre ton cœur à l'instruction,
Et tes oreilles aux paroles de la science.

13 N'épargne pas la correction à l'enfant ;
Si tu le frappes de la verge, il ne mourra point.

14 En le frappant de la verge,
Tu délivres son âme du séjour des morts.

15 Mon fils, si ton cœur est sage,
Mon cœur à moi sera dans la joie ;

16 Mes entrailles seront émues d'allégresse,
Quand tes lèvres diront ce qui est droit.

17 Que ton cœur n'envie point les pécheurs,
Mais qu'il ait toujours la crainte de l'Éternel ;

18 Car il est un avenir,
Et ton espérance ne sera pas anéantie.

19 Écoute, mon fils, et sois sage ;
Dirige ton cœur dans la voie droite.

20 Ne sois pas parmi les buveurs de vin,
Parmi ceux qui font excès des viandes :

21 Car l'ivrogne et celui qui se livre à des excès s'appauvrissent,
Et l'assoupissement fait porter des haillons.

22 Écoute ton père, lui qui t'a engendré,
Et ne méprise pas ta mère, quand elle est devenue vieille.

23 Acquiers la vérité, et ne la vends pas,
La sagesse, l'instruction et l'intelligence.

24 Le père du juste est dans l'allégresse,
Celui qui donne naissance à un sage aura de la joie.

25 Que ton père et ta mère se réjouissent,
Que celle qui t'a enfanté soit dans l'allégresse !

26 Mon fils, donne-moi ton cœur,
Et que tes yeux se plaisent dans mes voies.

27 Car la prostituée est une fosse profonde,
Et l'étrangère un puits étroit.

28 Elle dresse des embûches comme un brigand,
Et elle augmente parmi les hommes le nombre des perfides.

29 Pour qui les ah ? pour qui les hélas ?
Pour qui les disputes ? pour qui les plaintes ?
Pour qui les blessures sans raison ?
pour qui les yeux rouges ?

30 Pour ceux qui s'attardent auprès du vin,
Pour ceux qui vont déguster du vin mêlé.

31 Ne regarde pas le vin qui paraît d'un beau rouge,
Qui fait des perles dans la coupe,
Et qui coule aisément.

32 Il finit par mordre comme un serpent,
Et par piquer comme un basilic.

33 Tes yeux se porteront sur des étrangères,
Et ton cœur parlera d'une manière perverse.

34 Tu seras comme un homme couché au milieu de la mer,
Comme un homme couché sur le sommet d'un mât :

35 On m'a frappé,...je n'ai point de mal !...
On m'a battu,...je ne sens rien !...
Quand me réveillerai-je ?...J'en veux encore !

24

Ne porte pas envie aux hommes méchants,
Et ne désire pas d'être avec eux ;

2 Car leur cœur médite la ruine,
Et leurs lèvres parlent d'iniquité.

3 C'est par la sagesse qu'une maison s'élève,
Et par l'intelligence qu'elle s'affermit ;

4 C'est par la science que les chambres se remplissent

De tous les biens précieux et agréables.

5 Un homme sage est plein de force,
Et celui qui a de la science affermit sa vigueur ;

6 Car tu feras la guerre avec prudence,
Et le salut est dans le grand nombre des conseillers.

7 La sagesse est trop élevée pour l'insensé ;
Il n'ouvrira pas la bouche à la porte.

8 Celui qui médite de faire le mal
S'appelle un homme plein de malice.

9 La pensée de la folie n'est que péché,
Et le moqueur est en abomination parmi les hommes.

10 Si tu faiblis au jour de la détresse,
Ta force n'est que détresse.

11 Délivre ceux qu'on traîne à la mort,
Ceux qu'on va égorger, sauve-les !

12 Si tu dis : Ah ! nous ne savions pas !...
Celui qui pèse les cœurs ne le voit-il pas ?
Celui qui veille sur ton âme ne le connaît-il pas ?
Et ne rendra-t-il pas à chacun selon ses œuvres ?

13 Mon fils, mange du miel, car il est bon ;
Un rayon de miel sera doux à ton palais.

14 De même, connais la sagesse pour ton âme ;
Si tu la trouves, il est un avenir,
Et ton espérance ne sera pas anéantie.

15 Ne tends pas méchamment des embûches à la demeure du juste,
Et ne dévaste pas le lieu où il repose ;

16 Car sept fois le juste tombe, et il se relève,
Mais les méchants sont précipités dans le malheur.

17 Ne te réjouis pas de la chute de ton ennemi,
Et que ton cœur ne soit pas dans l'allégresse quand il chancelle

18 De peur que l'Éternel ne le voie,
que cela ne lui déplaise,
Et qu'il ne détourne de lui sa colère.

19 Ne t'irrite pas à cause de ceux qui font le mal,
Ne porte pas envie aux méchants ;

20 Car il n'y a point d'avenir pour celui qui fait le mal,
La lampe des méchants s'éteint.

21 Mon fils, crains l'Éternel et le roi ;
Ne te mêle pas avec les hommes remuants ;

22 Car soudain leur ruine surgira,
Et qui connaît les châtiments des uns et des autres ?

23 Voici encore ce qui vient des sages.

Il n'est pas bon, dans les jugements,
d'avoir égard aux personnes.

24 Celui qui dit au méchant : Tu es juste !
Les peuples le maudissent, les nations le maudissent.

25 Mais ceux qui le châtient s'en trouvent bien,
Et le bonheur vient sur eux comme une bénédiction.

26 Il baise les lèvres,
Celui qui répond des paroles justes.

27 Soigne tes affaires au dehors,
Mets ton champ en état,
Puis tu bâtiras ta maison.

28 Ne témoigne pas à la légère contre ton prochain ;
Voudrais-tu tromper par tes lèvres ?

29 Ne dis pas : Je lui ferai comme il m'a fait,
Je rendrai à chacun selon ses œuvres.

30 J'ai passé près du champ d'un paresseux,
Et près de la vigne d'un homme dépourvu de sens.

31 Et voici, les épines y croissaient partout,
Les ronces en couvraient la face,
Et le mur de pierres était écroulé.

32 J'ai regardé attentivement,

Et j'ai tiré instruction de ce que j'ai vu.

33 Un peu de sommeil, un peu d'assoupissement,
Un peu croiser les mains pour dormir!...

34 Et la pauvreté te surprendra, comme un rôdeur,
Et la disette, comme un homme en armes.

25 Voici encore des Proverbes de Salomon, recueillis par les gens d'Ézéchias, roi de Juda.

2 La gloire de Dieu, c'est de cacher les choses;
La gloire des rois, c'est de sonder les choses.

3 Les cieux dans leur hauteur, la terre dans sa profondeur,
Et le cœur des rois, sont impénétrables.

4 Ote de l'argent les scories,
Et il en sortira un vase pour le fondeur.

5 Ote le méchant de devant le roi,
Et son trône s'affermira par la justice.

6 Ne t'élève pas devant le roi,
Et ne prends pas la place des grands;

7 Car il vaut mieux qu'on te dise: Monte ici!
Que si l'on t'abaisse devant le prince que tes yeux voient.

8 Ne te hâte pas d'entrer en contestation,
De peur qu'à la fin tu ne saches que faire,
Lorsque ton prochain t'aura outragé.

9 Défends ta cause contre ton prochain,
Mais ne révèle pas le secret d'un autre,

10 De peur qu'en l'apprenant il ne te couvre de honte,
Et que ta mauvaise renommée ne s'efface pas.

11 Comme des pommes d'or sur des ciselures d'argent,

Ainsi est une parole dite à propos.

12 Comme un anneau d'or et une parure d'or fin,
Ainsi pour une oreille docile est le sage qui réprimande.

13 Comme la fraîcheur de la neige au temps de la moisson,
Ainsi est un messager fidèle pour celui qui l'envoie;
Il restaure l'âme de son maître.

14 Comme des nuages et du vent sans pluie,
Ainsi est un homme se glorifiant à tort de ses libéralités.

15 Par la lenteur à la colère on fléchit un prince,
Et une langue douce peut briser des os.

16 Si tu trouves du miel, n'en mange que ce qui te suffit,
De peur que tu n'en sois rassasié et que tu ne le vomisses.

17 Mets rarement le pied dans la maison de ton prochain,
De peur qu'il ne soit rassasié de toi et qu'il ne te haïsse.

18 Comme une massue, une épée et une flèche aiguë,
Ainsi est un homme qui porte un faux témoignage contre son prochain.

19 Comme une dent cassée et un pied qui chancelle,
Ainsi est la confiance en un perfide au jour de la détresse.

20 Oter son vêtement dans un jour froid,
Répandre du vinaigre sur du nitre,
C'est dire des chansons à un cœur attristé.

21 Si ton ennemi a faim, donne-lui du pain à manger;
S'il a soif, donne-lui de l'eau à boire.

22 Car ce sont des charbons ardents que tu amasses sur sa tête,
Et l'Éternel te récompensera.

23 Le vent du nord enfante la pluie,

Et la langue mystérieuse un visage
irrité.

24 Mieux vaut habiter à l'angle d'un
toit,
Que de partager la demeure d'une
femme querelleuse.

25 Comme de l'eau fraîche pour une
personne fatiguée,
Ainsi est une bonne nouvelle venant
d'une terre lointaine.

26 Comme une fontaine troublée et une
source corrompue,
Ainsi est le juste qui chancelle
devant le méchant

27 Il n'est pas bon de manger beaucoup
de miel,
Mais rechercher la gloire des autres
est un honneur.

28 Comme une ville forcée et sans
murailles,
Ainsi est l'homme qui n'est pas
maître de lui-même.

26 Comme la neige en été, et la pluie
pendant la moisson,
Ainsi la gloire ne convient pas à un
insensé.

2 Comme l'oiseau s'échappe, comme
l'hirondelle s'envole,
Ainsi la malédiction sans cause n'a
point d'effet.

3 Le fouet est pour le cheval, le mors
pour l'âne,
Et la verge pour le dos des insensés.

4 Ne réponds pas à l'insensé selon sa
folie,
De peur que tu ne lui ressembles
toi-même.

5 Réponds à l'insensé selon sa folie,
Afin qu'il ne se regarde pas comme
sage.

6 Il se coupe les pieds, il boit l'injustice,
Celui qui donne des messages à un
insensé.

Comme les jambes du boiteux sont 7
faibles,
Ainsi est une sentence dans la bouche
des insensés.

C'est attacher une pierre à la fronde, 8
Que d'accorder des honneurs à un
insensé.

Comme une épine qui se dresse dans 9
la main d'un homme ivre,
Ainsi est une sentence dans la bouche
des insensés.

Comme un archer qui blesse tout le 10
monde,
Ainsi est celui qui prend à gage les
insensés et les premiers venus.

Comme un chien qui retourne à ce 11
qu'il a vomi,
Ainsi est un insensé qui revient à sa
folie.

Si tu vois un homme qui se croit 12
sage,
Il y a plus à espérer d'un insensé
que de lui.

Le paresseux dit : Il y a un lion sur 13
le chemin,
Il y a un lion dans les rues !
La porte tourne sur ses gonds,   14
Et le paresseux sur son lit.
Le paresseux plonge sa main dans 15
le plat,
Et il trouve pénible de la ramener
à sa bouche.
Le paresseux se croit plus sage   16
Que sept hommes qui répondent
avec bon sens.

Comme celui qui saisit un chien par 17
les oreilles,
Ainsi est un passant qui s'irrite pour
une querelle où il n'a que faire.
Comme un furieux qui lance des 18
flammes,
Des flèches et la mort,
Ainsi est un homme qui trompe 19
son prochain,
Et qui dit : N'était-ce pas pour plaisanter ?

Faute de bois, le feu s'éteint ;   20

Et quand il n'y a point de rapporteur,
la querelle s'apaise.

21 Le charbon produit un brasier, et le
bois du feu ;
Ainsi un homme querelleur échauffe
une dispute.

22 Les paroles du rapporteur sont
comme des friandises,
Elles descendent jusqu'au fond des
entrailles.

23 Comme des scories d'argent appliquées sur un vase de terre,
Ainsi sont des lèvres brûlantes et un
cœur mauvais.

24 Par ses lèvres celui qui hait se déguise,
Et il met au dedans de lui la tromperie.

25 Lorsqu'il prend une voix douce, ne
le crois pas,
Car il y a sept abominations dans
son cœur.

26 S'il cache sa haine sous la dissimulation,
Sa méchanceté se révélera dans
l'assemblée.

27 Celui qui creuse une fosse y tombe,
Et la pierre revient sur celui qui la
roule.

28 La langue fausse hait ceux qu'elle
écrase,
Et la bouche flatteuse prépare la
ruine.

27 Ne te vante pas du lendemain,
Car tu ne sais pas ce qu'un jour
peut enfanter.

2 Qu'un autre te loue, et non ta bouche,
Un étranger, et non tes lèvres.

3 La pierre est pesante et le sable est
lourd,
Mais l'humeur de l'insensé pèse plus
que l'un et l'autre.

4 La fureur est cruelle et la colère
impétueuse,
Mais qui résistera devant la jalousie ?

5 Mieux vaut une réprimande ouverte
Qu'une amitié cachée.

Les blessures d'un ami prouvent sa 6
fidélité,
Mais les baisers d'un ennemi sont
trompeurs.

Celui qui est rassasié foule aux pieds 7
le rayon de miel,
Mais celui qui a faim trouve doux
tout ce qui est amer.

Comme l'oiseau qui erre loin de son 8
nid,
Ainsi est l'homme qui erre loin de
son lieu.

L'huile et les parfums réjouissent le 9
cœur,
Et les conseils affectueux d'un ami
sont doux.

N'abandonne pas ton ami et l'ami 10
de ton père,
Et n'entre pas dans la maison de
ton frère au jour de ta détresse ;
Mieux vaut un voisin proche qu'un
frère éloigné.

Mon fils, sois sage, et réjouis mon 11
cœur,
Et je pourrai répondre à celui qui
m'outrage.

L'homme prudent voit le mal et se 12
cache ;
Les simples avancent et sont punis.

Prends son vêtement, car il a caution- 13
né autrui ;
Exige de lui des gages, à cause des
étrangers.

Si l'on bénit son prochain à haute 14
voix et de grand matin,
Cela est envisagé comme une malédiction.

Une gouttière continue dans un jour 15
de pluie
Et une femme querelleuse sont choses
semblables.

Celui qui la retient retient le vent, 16
Et sa main saisit de l'huile.

Comme le fer aiguise le fer 17

Ainsi un homme excite la colère d'un homme.

18 Celui qui soigne un figuier en mangera le fruit,
Et celui qui garde son maître sera honoré.

19 Comme dans l'eau le visage répond au visage,
Ainsi le cœur de l'homme répond au cœur de l'homme.

20 Le séjour des morts et l'abîme sont insatiables ;
De même les yeux de l'homme sont insatiables.

21 Le creuset est pour l'argent, et le fourneau pour l'or ;
Mais un homme est jugé d'après sa renommée.

22 Quand tu pilerais l'insensé dans un mortier,
Au milieu des grains avec le pilon,
Sa folie ne se séparerait pas de lui.

23 Connais bien chacune de tes brebis,
Donne tes soins à tes troupeaux ;
24 Car la richesse ne dure pas toujours,
Ni une couronne éternellement.
25 Le foin s'enlève, la verdure paraît,
Et les herbes des montagnes sont recueillies.
26 Les agneaux sont pour te vêtir,
Et les boucs pour payer le champ ;
27 Le lait des chèvres suffit à ta nourriture, à celle de ta maison,
Et à l'entretien de tes servantes.

28 Le méchant prend la fuite sans qu'on le poursuive,
Le juste a de l'assurance comme un jeune lion.

2 Quand un pays est en révolte, les chefs sont nombreux ;
Mais avec un homme qui a de l'intelligence et de la science,
Le règne se prolonge.

3 Un homme pauvre qui opprime les misérables

Est une pluie violente qui fait manquer le pain.

4 Ceux qui abandonnent la loi louent le méchant,
Mais ceux qui observent la loi s'irritent contre lui.

5 Les hommes livrés au mal ne comprennent pas ce qui est juste,
Mais ceux qui cherchent l'Éternel comprennent tout.

6 Mieux vaut le pauvre qui marche dans son intégrité,
Que celui qui a des voies tortueuses et qui est riche.

7 Celui qui observe la loi est un fils intelligent,
Mais celui qui fréquente les débauchés fait honte à son père.

8 Celui qui augmente ses biens par l'intérêt et l'usure
Les amasse pour celui qui a pitié des pauvres.

9 Si quelqu'un détourne l'oreille pour ne pas écouter la loi,
Sa prière même est une abomination.

10 Celui qui égare les hommes droits dans la mauvaise voie
Tombe dans la fosse qu'il a creusée ;
Mais les hommes intègres héritent le bonheur.

11 L'homme riche se croit sage ;
Mais le pauvre qui est intelligent le sonde.

12 Quand les justes triomphent, c'est une grande gloire ;
Quand les méchants s'élèvent, chacun se cache.

13 Celui qui cache ses transgressions ne prospère point,
Mais celui qui les avoue et les délaisse obtient miséricorde.

14 Heureux l'homme qui est continuellement dans la crainte !

Mais celui qui endurcit son cœur
tombe dans le malheur.

15 Comme un lion rugissant et un ours
affamé,
Ainsi est le méchant qui domine sur
un peuple pauvre.

16 Un prince sans intelligence multiplie
les actes d'oppression,
Mais celui qui est ennemi de la
cupidité prolonge ses jours.

17 Un homme chargé du sang d'un
autre
Fuit jusqu'à la fosse: qu'on ne l'arrête
pas!

18 Celui qui marche dans l'intégrité
trouve le salut,
Mais celui qui suit deux voies tortueuses tombe dans l'une d'elles.

19 Celui qui cultive son champ est
rassasié de pain,
Mais celui qui poursuit des choses
vaines est rassasié de pauvreté.

20 Un homme fidèle est comblé de
bénédictions,
Mais celui qui a hâte de s'enrichir ne
reste pas impuni.

21 Il n'est pas bon d'avoir égard aux
personnes,
Et pour un morceau de pain un
homme se livre au péché.

22 Un homme envieux a hâte de s'enrichir,
Et il ne sait pas que la disette viendra
sur lui.

23 Celui qui reprend les autres trouve
ensuite plus de faveur
Que celui dont la langue est flatteuse.

24 Celui qui vole son père et sa mère,
Et qui dit: Ce n'est pas un péché!
Est le compagnon du destructeur.

25 L'orgueilleux excite les querelles,
Mais celui qui se confie en l'Éternel
est rassasié.

Celui qui a confiance dans son pro- 26
pre cœur est un insensé,
Mais celui qui marche dans la sagesse
sera sauvé.

Celui qui donne au pauvre n'éprouve 27
pas la disette,
Mais celui qui ferme les yeux est
chargé de malédictions.

Quand les méchants s'élèvent, chacun 28
se cache;
Et quand ils périssent, les justes se
multiplient.

Un homme qui mérite d'être repris, **29**
et qui raidit le cou,
Sera brisé subitement et sans remède.

Quand les justes se multiplient, le 2
peuple est dans la joie;
Quand le méchant domine, le peuple
gémit.

Un homme qui aime la sagesse ré- 3
jouit son père,
Mais celui qui fréquente des prostituées dissipe son bien.

Un roi affermit le pays par la justice, 4
Mais celui qui reçoit des présents le
ruine.

Un homme qui flatte son prochain 5
Tend un filet sous ses pas.

Il y a un piège dans le péché de 6
l'homme méchant,
Mais le juste triomphe et se réjouit.

Le juste connaît la cause des pauvres, 7
Mais le méchant ne comprend pas la
science.

Les moqueurs soufflent le feu dans 8
la ville,
Mais les sages calment la colère.

Si un homme sage conteste avec un 9
insensé,
Il aura beau se fâcher ou rire, la
paix n'aura pas lieu.

Les hommes de sang haïssent l'hom- 10
me intègre,

Mais les hommes droits protègent sa vie.

11 L'insensé met en dehors toute sa passion,
Mais le sage la contient.

12 Quand celui qui domine a égard aux paroles mensongères,
Tous ses serviteurs sont des méchants.

13 Le pauvre et l'oppresseur se rencontrent ;
C'est l'Éternel qui éclaire les yeux de l'un et de l'autre.

14 Un roi qui juge fidèlement les pauvres
Aura son trône affermi pour toujours.

15 La verge et la correction donnent la sagesse,
Mais l'enfant livré à lui-même fait honte à sa mère.

16 Quand les méchants se multiplient, le péché s'accroît ;
Mais les justes contempleront leur chute.

17 Châtie ton fils, et il te donnera du repos,
Et il procurera des délices à ton âme.

18 Quand il n'y a pas de révélation, le peuple est sans frein ;
Heureux s'il observe la loi !

19 Ce n'est pas par des paroles qu'on châtie un esclave ;
Quand même il comprend, il n'obéit pas.

20 Si tu vois un homme irréfléchi dans ses paroles,
Il y a plus à espérer d'un insensé que de lui.

21 Le serviteur qu'on traite mollement dès l'enfance
Finit par se croire un fils.

22 Un homme colère excite des querelles,
Et un furieux commet beaucoup de péchés.

23 L'orgueil d'un homme l'abaisse,
Mais celui qui est humble d'esprit obtient la gloire.

24 Celui qui partage avec un voleur est ennemi de son âme ;
Il entend la malédiction, et il ne déclare rien.

25 La crainte des hommes tend un piège,
Mais celui qui se confie en l'Éternel est protégé.

26 Beaucoup de gens recherchent la faveur de celui qui domine,
Mais c'est l'Éternel qui fait droit à chacun.

27 L'homme inique est en abomination aux justes,
Et celui dont la voie est droite est en abomination aux méchants.

30 Paroles d'Agur, fils de Jaké. Sentences prononcées par cet homme pour Ithiel, pour Ithiel et pour Ucal.

2 Certes, je suis plus stupide que personne,
Et je n'ai pas l'intelligence d'un homme ;

3 Je n'ai pas appris la sagesse,
Et je ne connais pas la science des saints.

4 Qui est monté aux cieux, et qui en est descendu ?
Qui a recueilli le vent dans ses mains ?
Qui a serré les eaux dans son vêtement ?
Qui a fait paraître les extrémités de la terre ?
Quel est son nom, et quel est le nom de son fils ?
Le sais-tu ?

5 Toute parole de Dieu est éprouvée.
Il est un bouclier pour ceux qui cherchent en lui un refuge.

6 N'ajoute rien à ses paroles,

De peur qu'il ne te reprenne et que
tu ne sois trouvé menteur.

7 Je te demande deux choses :
Ne me les refuse pas, avant que je
meure !

8 Éloigne de moi la fausseté et la
parole mensongère ;
Ne me donne ni pauvreté, ni richesse,
Accorde-moi le pain qui m'est nécessaire,

9 De peur que, dans l'abondance, je ne
te renie
Et ne dise : Qui est l'Éternel ?
Ou que, dans la pauvreté, je ne
dérobe,
Et ne m'attaque au nom de mon
Dieu.

10 Ne calomnie pas un serviteur auprès
de son maître,
De peur qu'il ne te maudisse et que
tu ne te rendes coupable.

11 Il est une race qui maudit son père,
Et qui ne bénit point sa mère.

12 Il est une race qui se croit pure,
Et qui n'est pas lavée de sa souillure.

13 Il est une race dont les yeux sont
hautains,
Et les paupières élevées.

14 Il est une race dont les dents sont
des glaives
Et les mâchoires des couteaux,
Pour dévorer le malheureux sur la
terre
Et les indigents parmi les hommes.

15 La sangsue a deux filles : Donne !
donne !
Trois choses sont insatiables,
Quatre ne disent jamais : Assez !

16 Le séjour des morts, la femme stérile,
La terre, qui n'est pas rassasiée d'eau,
Et le feu, qui ne dit jamais: Assez!

17 L'œil qui se moque d'un père
Et qui dédaigne l'obéissance envers
une mère,
Les corbeaux du torrent le perceront,
Et les petits de l'aigle le mangeront.

18 Il y a trois choses qui sont au-dessus
de ma portée,

Même quatre que je ne puis com-
prendre :
La trace de l'aigle dans les cieux, 19
La trace du serpent sur le rocher,
La trace du navire au milieu de la
mer,
Et la trace de l'homme chez la jeune
femme.
Telle est la voie de la femme adul- 20
tère :
Elle mange, et s'essuie la bouche,
Puis elle dit: Je n'ai point fait de mal.

Trois choses font trembler la terre, 21
Et il en est quatre qu'elle ne peut
supporter :
Un esclave qui vient à régner, 22
Un insensé qui est rassasié de pain,
Une femme dédaignée qui se marie, 23
Et une servante qui hérite de sa
maîtresse.

Il y a sur la terre quatre animaux 24
petits,
Et cependant des plus sages :
Les fourmis, peuple sans force, 25
Préparent en été leur nourriture ;
Les damans, peuple sans puissance, 26
Placent leur demeure dans les ro-
chers ;
Les sauterelles n'ont point de roi, 27
Et elles sortent toutes par divisions;
Le lézard saisit avec les mains, 28
Et se trouve dans les palais des rois.

Il y en a trois qui ont une belle allure, 29
Et quatre qui ont une belle démarche:
Le lion, le héros des animaux, 30
Ne reculant devant qui que ce soit ;
Le cheval tout équipé ; ou le bouc ; 31
Et le roi à qui personne ne résiste.

Si l'orgueil te pousse à des actes de 32
folie,
Et si tu as de mauvaises pensées,
mets la main sur la bouche :
Car la pression du lait produit de la 33
crème,
La pression du nez produit du sang,
Et la pression de la colère produit
des querelles.

Paroles du roi Lemuel. Sen- **31**
tences par lesquelles sa mère l'instruisit.

2 Que te dirai-je, mon fils ? que te
dirai-je, fils de mes entrailles ?
Que te dirai-je, mon fils, objet de
mes vœux ?

3 Ne livre pas ta vigueur aux femmes,
Et tes voies à celles qui perdent les
rois.

4 Ce n'est point aux rois, Lemuel,
Ce n'est point aux rois de boire du
vin,
Ni aux princes de rechercher des
liqueurs fortes,

5 De peur qu'en buvant ils n'oublient
la loi,
Et ne méconnaissent les droits de
tous les malheureux.

6 Donnez des liqueurs fortes à celui
qui périt,
Et du vin à celui qui a l'amertume
dans l'âme ;

7 Qu'il boive et oublie sa pauvreté,
Et qu'il ne se souvienne plus de ses
peines.

8 Ouvre ta bouche pour le muet,
Pour la cause de tous les délaissés.
Ouvre ta bouche, juge avec justice,

9 Et défends le malheureux et l'indigent.

10 Qui peut trouver une femme vertueuse ?
Elle a bien plus de valeur que les
perles.

11 Le cœur de son mari a confiance en
elle,
Et les produits ne lui feront pas défaut.

12 Elle lui fait du bien, et non du mal,
Tous les jours de sa vie.

13 Elle se procure de la laine et du lin,
Et travaille d'une main joyeuse.

14 Elle est comme un navire marchand,
Elle amène son pain de loin.

15 Elle se lève lorsqu'il est encore nuit,
Et elle donne la nourriture à sa
maison,
Et la tâche à ses servantes.

16 Elle pense à un champ, et elle l'acquiert ;
Du fruit de son travail elle plante
une vigne.

17 Elle ceint de force ses reins,
Et elle affermit ses bras.

18 Elle sent que ce qu'elle gagne est bon ;
Sa lampe ne s'éteint point pendant
la nuit.

19 Elle met la main à la quenouille,
Et ses doigts tiennent le fuseau.

20 Elle tend la main au malheureux,
Elle tend la main à l'indigent.

21 Elle ne craint pas la neige pour sa
maison,
Car toute sa maison est vêtue de
cramoisi.

22 Elle se fait des couvertures,
Elle a des vêtements de fin lin et de
pourpre.

23 Son mari est considéré aux portes,
Lorsqu'il siège avec les anciens du
pays.

24 Elle fait des chemises, et les vend,
Et elle livre des ceintures au marchand.

25 Elle est revêtue de force et de gloire,
Et elle se rit de l'avenir.

26 Elle ouvre la bouche avec sagesse,
Et des instructions aimables sont sur
sa langue.

27 Elle veille sur ce qui se passe dans
sa maison,
Et elle ne mange pas le pain de
paresse.

28 Ses fils se lèvent, et la disent heureuse ;
Son mari se lève, et lui donne des
louanges :

29 Plusieurs filles ont une conduite vertueuse ;
Mais toi, tu les surpasses toutes.

30 La grâce est trompeuse, et la beauté
est vaine ;
La femme qui craint l'Éternel est
celle qui sera louée.

31 Récompensez-la du fruit de son travail,
Et qu'aux portes ses œuvres la louent.

L'ECCLÉSIASTE

I Paroles de l'Ecclésiaste, fils de David, roi de Jérusalem.

2 Vanité des vanités, dit l'Ecclésiaste, vanité des vanités, tout est vanité.

3 Quel avantage revient-il à l'homme de toute la peine qu'il se donne sous 4 le soleil ? Une génération s'en va, une autre vient, et la terre subsiste 5 toujours. Le soleil se lève, le soleil se couche ; il soupire après le lieu 6 d'où il se lève de nouveau. Le vent se dirige vers le midi, tourne vers le nord ; puis il tourne encore, et reprend 7 les mêmes circuits. Tous les fleuves vont à la mer, et la mer n'est point remplie ; ils continuent à aller vers 8 le lieu où ils se dirigent. Toutes choses sont en travail au delà de ce qu'on peut dire ; l'œil ne se rassasie pas de voir, et l'oreille ne se lasse 9 pas d'entendre. Ce qui a été, c'est ce qui sera, et ce qui s'est fait, c'est ce qui se fera, il n'y a rien de nouveau 10 sous le soleil. S'il est une chose dont on dise : Vois ceci, c'est nouveau ! cette chose existait déjà dans les 11 siècles qui nous ont précédés. On ne se souvient pas de ce qui est ancien ; et ce qui arrivera dans la suite ne laissera pas de souvenir chez ceux qui vivront plus tard.

12 Moi, l'Ecclésiaste, j'ai été roi d'Israël 13 à Jérusalem. J'ai appliqué mon cœur à rechercher et à sonder par la sagesse tout ce qui se fait sous les cieux : c'est là une occupation pénible, à laquelle Dieu soumet les fils de 14 l'homme. J'ai vu tout ce qui se fait sous le soleil ; et voici, tout est 15 vanité et poursuite du vent. Ce qui est courbé ne peut se redresser, et ce qui manque ne peut être compté. 16 J'ai dit en mon cœur : Voici, j'ai grandi et surpassé en sagesse tous ceux qui ont dominé avant moi sur Jérusalem, et mon cœur a vu beau-17 coup de sagesse et de science. J'ai appliqué mon cœur à connaître la sagesse, et à connaître la sottise et la folie ; j'ai compris que cela aussi

c'est la poursuite du vent. Car avec 18 beaucoup de sagesse on a beaucoup de chagrin, et celui qui augmente sa science augmente sa douleur.

J'ai dit en mon cœur : Allons ! je **2** t'éprouverai par la joie, et tu goûteras le bonheur. Et voici, c'est encore là une vanité. J'ai dit du rire : Insensé ! 2 et de la joie : A quoi sert-elle ? Je 3 résolus en mon cœur de livrer ma chair au vin, tandis que mon cœur me conduirait avec sagesse, et de m'attacher à la folie jusqu'à ce que je visse ce qu'il est bon pour les fils de l'homme de faire sous les cieux pendant le nombre des jours de leur vie. J'exécutai de grands ouvrages : 4 je me bâtis des maisons ; je me plantai des vignes ; je me fis des 5 jardins et des vergers, et j'y plantai des arbres à fruit de toute espèce ; je me créai des étangs, pour arroser 6 la forêt où croissaient les arbres. J'achetai des serviteurs et des ser-7 vantes, et j'eus leurs enfants nés dans la maison ; je possédai des troupeaux de bœufs et de brebis, plus que tous ceux qui étaient avant moi dans Jérusalem. Je m'amassai de l'argent 8 et de l'or, et les richesses des rois et des provinces. Je me procurai des chanteurs et des chanteuses, et les délices des fils de l'homme, des femmes en grand nombre. Je devins 9 grand, plus grand que tous ceux qui étaient avant moi dans Jérusalem. Et même ma sagesse demeura avec moi. Tout ce que mes yeux avaient 10 désiré, je ne les en ai point privés ; je n'ai refusé à mon cœur aucune joie ; car mon cœur prenait plaisir à tout mon travail, et c'est la part qui m'en est revenue. Puis, j'ai 11 considéré tous les ouvrages que mes mains avaient faits, et la peine que j'avais prise à les exécuter ; et voici, tout est vanité et poursuite du vent, et il n'y a aucun avantage à tirer de ce qu'on fait sous le soleil.

Alors j'ai tourné mes regards vers 12

la sagesse, et vers la sottise et la folie.—Car que fera l'homme qui succédera au roi ? Ce qu'on a déjà 13 fait.—Et j'ai vu que la sagesse a de l'avantage sur la folie, comme la lumière a de l'avantage sur les 14 ténèbres ; le sage a ses yeux à la tête, et l'insensé marche dans les ténèbres. Mais j'ai reconnu aussi qu'ils ont l'un et l'autre un même 15 sort. Et j'ai dit en mon cœur : J'aurai le même sort que l'insensé ; pourquoi donc ai-je été plus sage ? Et j'ai dit en mon cœur que c'est 16 encore là une vanité. Car la mémoire du sage n'est pas plus éternelle que celle de l'insensé, puisque déjà les jours qui suivent, tout est oublié. Eh quoi ! le sage meurt aussi bien 17 que l'insensé ! Et j'ai haï la vie, car ce qui se fait sous le soleil m'a déplu, car tout est vanité et poursuite du 18 vent. J'ai haï tout le travail que j'ai fait sous le soleil, et dont je dois laisser la jouissance à l'homme qui 19 me succédera. Et qui sait s'il sera sage ou insensé ? Cependant il sera maître de tout mon travail, de tout le fruit de ma sagesse sous le soleil. 20 C'est encore là une vanité. Et j'en suis venu à livrer mon cœur au désespoir, à cause de tout le travail 21 que j'ai fait sous le soleil. Car tel homme a travaillé avec sagesse et science et avec succès, et il laisse le produit de son travail à un homme qui ne s'en est point occupé. C'est encore là une vanité et un grand mal. 22 Que revient-il, en effet, à l'homme de tout son travail et de la préoccupation de son cœur, objet de ses fatigues 23 sous le soleil ? Tous ses jours ne sont que douleur, et son partage n'est que chagrin ; même la nuit son cœur ne repose pas. C'est encore là une vanité. 24 Il n'y a de bonheur pour l'homme qu'à manger et à boire, et à faire jouir son âme du bien-être, au milieu de son travail ; mais j'ai vu que cela 25 aussi vient de la main de Dieu. Qui, en effet, peut manger et jouir, si ce 26 n'est moi ? Car il donne à l'homme qui lui est agréable la sagesse, la science et la joie ; mais il donne au

pécheur le soin de recueillir et d'amasser, afin de donner à celui qui est agréable à Dieu. C'est encore là une vanité et la poursuite du vent.

Il y a un temps pour tout, un **3** temps pour toute chose sous les cieux : un temps pour naître, et un 2 temps pour mourir ; un temps pour planter, et un temps pour arracher ce qui a été planté ; un temps pour 3 tuer, et un temps pour guérir ; un temps pour abattre, et un temps pour bâtir ; un temps pour pleurer, 4 et un temps pour rire ; un temps pour se lamenter, et un temps pour danser ; un temps pour lancer des 5 pierres, et un temps pour ramasser des pierres ; un temps pour embrasser, et un temps pour s'éloigner des embrassements ; un temps pour chercher, 6 et un temps pour perdre ; un temps pour garder, et un temps pour jeter ; un temps pour déchirer, et un temps 7 pour coudre ; un temps pour se taire, et un temps pour parler ; un temps 8 pour aimer, et un temps pour haïr ; un temps pour la guerre, et un temps pour la paix.

Quel avantage celui qui travaille 9 retire-t-il de sa peine ? J'ai vu à 10 quelle occupation Dieu soumet les fils de l'homme. Il fait toute chose 11 belle en son temps ; même il a mis dans leur cœur la pensée de l'éternité, bien que l'homme ne puisse pas saisir l'œuvre que Dieu fait, du commencement jusqu'à la fin. J'ai reconnu 12 qu'il n'y a de bonheur pour eux qu'à se réjouir et à se donner du bien-être pendant leur vie ; mais que, si un 13 homme mange et boit et jouit du bien-être au milieu de tout son travail, c'est là un don de Dieu. J'ai reconnu 14 que tout ce que Dieu fait durera toujours, qu'il n'y a rien à y ajouter et rien à en retrancher, et que Dieu agit ainsi afin qu'on le craigne. Ce 15 qui est a déjà été, et ce qui sera a déjà été, et Dieu ramène ce qui est passé.

J'ai encore vu sous le soleil qu'au 16 lieu établi pour juger il y a de la méchanceté, et qu'au lieu établi pour la justice il y a de la méchanceté. J'ai dit en mon cœur : Dieu jugera 17 le juste et le méchant ; car il y a là un temps pour toute chose et pour 18 toute œuvre. J'ai dit en mon cœur, au sujet des fils de l'homme, que Dieu les éprouverait, et qu'eux-mêmes verraient qu'ils ne sont que 19 des bêtes. Car le sort des fils de l'homme et celui de la bête est pour eux un même sort ; comme meurt l'un, ainsi meurt l'autre, ils ont tous un même souffle, et la supériorité de l'homme sur la bête est nulle ; car 20 tout est vanité. Tout va dans un même lieu ; tout a été fait de la poussière, et tout retourne à la 21 poussière. Qui sait si le souffle des fils de l'homme monte en haut, et si le souffle de la bête descend en bas 22 dans la terre ? Et j'ai vu qu'il n'y a rien de mieux pour l'homme que de se réjouir de ses œuvres : c'est là sa part. Car qui le fera jouir de ce qui sera après lui ?

4 J'ai considéré ensuite toutes les oppressions qui se commettent sous le soleil ; et voici, les opprimés sont dans les larmes, et personne qui les console ! ils sont en butte à la violence de leurs oppresseurs, et personne qui 2 les console ! Et j'ai trouvé les morts qui sont déjà morts plus heureux que les vivants qui sont encore 3 vivants, et plus heureux que les uns et les autres celui qui n'a point encore existé et qui n'a pas vu les mauvaises actions qui se commettent sous le soleil.

4 J'ai vu que tout travail et toute habileté dans le travail n'est que jalousie de l'homme à l'égard de son prochain. C'est encore là une vanité et la poursuite du vent.

5 L'insensé se croise les mains, et 6 mange sa propre chair. Mieux vaut une main pleine avec repos, que les deux mains pleines avec travail et poursuite du vent.

7 J'ai considéré une autre vanité sous 8 le soleil. Tel homme est seul et sans personne qui lui tienne de près, il n'a ni fils ni frère, et pourtant son travail n'a point de fin et ses yeux ne sont jamais rassasiés de richesses. Pour qui donc est-ce que je travaille, et que je prive mon âme de jouissances ?

C'est encore là une vanité et une chose mauvaise.

Deux valent mieux qu'un, parce 9 qu'ils retirent un bon salaire de leur travail. Car, s'ils tombent, l'un relève 10 son compagnon ; mais malheur à celui qui est seul et qui tombe, sans avoir un second pour le relever ! De même, 11 si deux couchent ensemble, ils auront chaud ; mais celui qui est seul, comment aura-t-il chaud ? Et si quelqu'un 12 est plus fort qu'un seul, les deux peuvent lui résister ; et la corde à trois fils ne se rompt pas facilement.

Mieux vaut un enfant pauvre et 13 sage qu'un roi vieux et insensé qui ne sait plus écouter les avis ; car il 14 peut sortir de prison pour régner, et même être né pauvre dans son royaume. J'ai vu tous les vivants 15 qui marchent sous le soleil entourer l'enfant qui devait succéder au roi et régner à sa place. Il n'y avait 16 point de fin à tout ce peuple, à tous ceux à la tête desquels il était. Et toutefois, ceux qui viendront après ne se réjouiront pas à son sujet. Car c'est encore là une vanité et la poursuite du vent.

Prends garde à ton pied, lorsque 17 tu entres dans la maison de Dieu, et approche-toi pour écouter, plutôt que pour offrir le sacrifice des insensés ; car ils ne savent pas qu'ils font mal.

Ne te presse pas d'ouvrir la bouche, 5 et que ton cœur ne se hâte pas d'exprimer une parole devant Dieu ; car Dieu est au ciel, et toi sur la terre : que tes paroles soient donc peu nombreuses. Car, si les songes 2 naissent de la multitude des occupations, la voix de l'insensé se fait entendre dans la multitude des paroles.

Lorsque tu as fait un vœu à Dieu, 3 ne tarde pas à l'accomplir, car il n'aime pas les insensés : accomplis le vœu que tu as fait. Mieux vaut 4 pour toi ne point faire de vœu, que d'en faire un et de ne pas l'accomplir. Ne permets pas à ta bouche de faire 5 pécher ta chair, et ne dis pas en présence de l'envoyé que c'est une inadvertance. Pourquoi Dieu s'irriterait-il de tes paroles, et détruirait-il

6 l'ouvrage de tes mains ? Car, s'il y a des vanités dans la multitude des songes, il y en a aussi dans beaucoup de paroles ; c'est pourquoi, crains Dieu.

7 Si tu vois dans une province le pauvre opprimé et la violation du droit et de la justice, ne t'en étonne point ; car un homme élevé est placé sous la surveillance d'un autre plus élevé, et au-dessus d'eux il en est de 8 plus élevés encore. Un avantage pour le pays à tous égards, c'est un roi honoré du pays.

9 Celui qui aime l'argent n'est pas rassasié par l'argent, et celui qui aime les richesses n'en profite pas. 10 C'est encore là une vanité. Quand le bien abonde, ceux qui le mangent abondent ; et quel avantage en revient-il à son possesseur, sinon qu'il 11 le voit de ses yeux ? Le sommeil du travailleur est doux, qu'il ait peu ou beaucoup à manger ; mais le rassasiement du riche ne le laisse pas dormir.

12 Il est un mal grave que j'ai vu sous le soleil : des richesses conservées, pour son malheur, par celui qui les 13 possède. Ces richesses se perdent par quelque événement fâcheux ; il a engendré un fils, et il ne reste rien 14 entre ses mains. Comme il est sorti du ventre de sa mère, il s'en retourne nu ainsi qu'il était venu, et pour son travail il n'emporte rien qu'il puisse 15 prendre dans sa main. C'est encore là un mal grave. Il s'en va comme il était venu ; et quel avantage lui revient-il d'avoir travaillé pour du 16 vent ? De plus, toute sa vie il mange dans les ténèbres, et il a beaucoup de chagrin, de maux et d'irritation.

17 Voici ce que j'ai vu : c'est pour l'homme une chose bonne et belle de manger et de boire, et de jouir du bien-être au milieu de tout le travail qu'il fait sous le soleil, pendant le nombre des jours de vie que Dieu lui a donnés ; car c'est là 18 sa part. Mais, si Dieu a donné à un homme des richesses et des biens, s'il l'a rendu maître d'en manger, d'en prendre sa part, et de se réjouir au milieu de son travail, c'est là un don de Dieu. Car il ne se souviendra 19 pas beaucoup des jours de sa vie, parce que Dieu répand la joie dans son cœur.

Il est un mal que j'ai vu sous le 6 soleil, et qui est fréquent parmi les hommes. Il y a tel homme à qui 2 Dieu a donné des richesses, des biens, et de la gloire, et qui ne manque pour son âme de rien de ce qu'il désire, mais que Dieu ne laisse pas maître d'en jouir, car c'est un étranger qui en jouira. C'est là une vanité et un mal grave. Quand un homme 3 aurait cent fils, vivrait un grand nombre d'années, et que les jours de ses années se multiplieraient, si son âme ne s'est point rassasiée de bonheur, et si de plus il n'a point de sépulture, je dis qu'un avorton est plus heureux que lui. Car il 4 est venu en vain, il s'en va dans les ténèbres, et son nom reste couvert de ténèbres ; il n'a point vu, il n'a 5 point connu le soleil ; il a plus de repos que cet homme. Et quand 6 celui-ci vivrait deux fois mille ans, sans jouir du bonheur, tout ne va-t-il pas dans un même lieu ?

Tout le travail de l'homme est 7 pour sa bouche, et cependant ses désirs ne sont jamais satisfaits. Car 8 quel avantage le sage a-t-il sur l'insensé ? quel avantage a le malheureux qui sait se conduire en présence des vivants ? Ce que les yeux voient 9 est préférable à l'agitation des désirs : c'est encore là une vanité et la poursuite du vent. Ce qui existe a déjà 10 été appelé par son nom ; et l'on sait que celui qui est homme ne peut contester avec un plus fort que lui. S'il y a beaucoup de choses, il y a 11 beaucoup de vanités : quel avantage en revient-il à l'homme ? Car qui 12 sait ce qui est bon pour l'homme dans la vie, pendant le nombre des jours de sa vie de vanité, qu'il passe comme une ombre ? Et qui peut dire à l'homme ce qui sera après lui sous le soleil ?

Une bonne réputation vaut mieux 7 que le bon parfum, et le jour de la mort que le jour de la naissance.

2 Mieux vaut aller dans une maison de deuil que d'aller dans une maison de festin ; car c'est là la fin de tout homme, et celui qui vit prend la chose 3 à cœur. Mieux vaut le chagrin que le rire ; car avec un visage triste le 4 cœur peut être content. Le cœur des sages est dans la maison de deuil, et le cœur des insensés dans la maison 5 de joie. Mieux vaut entendre la réprimande du sage que d'entendre 6 le chant des insensés. Car comme le bruit des épines sous la chaudière, ainsi est le rire des insensés. C'est 7 encore là une vanité. L'oppression rend insensé le sage, et les présents corrompent le cœur.

8 Mieux vaut la fin d'une chose que son commencement ; mieux vaut un esprit patient qu'un esprit hautain. 9 Ne te hâte pas en ton esprit de t'irriter, car l'irritation repose dans 10 le sein des insensés. Ne dis pas : D'où vient que les jours passés étaient meilleurs que ceux-ci ? Car ce n'est point par sagesse que tu demandes cela.

11 La sagesse vaut autant qu'un héritage, et même plus pour ceux qui 12 voient le soleil. Car à l'ombre de la sagesse on est abrité comme à l'ombre de l'argent ; mais un avantage de la science, c'est que la sagesse fait vivre 13 ceux qui la possèdent. Regarde l'œuvre de Dieu : qui pourra redresser 14 ce qu'il a courbé ? Au jour du bonheur, sois heureux, et au jour du malheur, réfléchis : Dieu a fait l'un comme l'autre, afin que l'homme ne découvre en rien ce qui sera après lui.

15 J'ai vu tout cela pendant les jours de ma vanité. Il y a tel juste qui périt dans sa justice, et il y a tel méchant qui prolonge son existence 16 dans sa méchanceté. Ne sois pas juste à l'excès, et ne te montre pas trop sage : pourquoi te détruirais-tu ? 17 Ne sois pas méchant à l'excès, et ne sois pas insensé : pourquoi mourrais- 18 tu avant ton temps ? Il est bon que tu retiennes ceci, et que tu ne négliges point cela ; car celui qui craint Dieu 19 échappe à toutes ces choses. La sagesse rend le sage plus fort que

dix chefs qui sont dans une ville 20 Non, il n'y a sur la terre point d'homme juste qui fasse le bien et 21 qui ne pèche jamais. Ne fais donc pas attention à toutes les paroles qu'on dit, de peur que tu n'entendes 22 ton serviteur te maudire ; car ton cœur a senti bien des fois que tu as toi-même maudit les autres.

23 J'ai éprouvé tout cela par la sagesse. J'ai dit : Je serai sage. Et la sagesse 24 est restée loin de moi. Ce qui est loin, ce qui est profond, profond, qui 25 peut l'atteindre ? Je me suis appliqué dans mon cœur à connaître, à sonder, et à chercher la sagesse et la raison des choses, et à connaître la folie de la méchanceté et la stupidité de la 26 sottise. Et j'ai trouvé plus amère que la mort la femme dont le cœur est un piège et un filet, et dont les mains sont des liens ; celui qui est agréable à Dieu lui échappe, mais le pécheur est pris par elle. Voici ce 27 que j'ai trouvé, dit l'Ecclésiaste, en examinant les choses une à une pour 28 en saisir la raison ; voici ce que mon âme cherche encore, et que je n'ai point trouvé. J'ai trouvé un homme entre mille ; mais je n'ai pas trouvé 29 une femme entre elles toutes. Seulement, voici ce que j'ai trouvé, c'est que Dieu a fait les hommes droits ; mais ils ont cherché beaucoup de détours.

8 Qui est comme le sage, et qui connaît l'explication des choses ? La sagesse d'un homme fait briller son visage, et la sévérité de sa face est changée.

2 Je te dis : Observe les ordres du roi, et cela à cause du serment fait 3 à Dieu. Ne te hâte pas de t'éloigner de lui, et ne persiste pas dans une chose mauvaise : car il peut faire 4 tout ce qui lui plaît, parce que la parole du roi est puissante ; et qui 5 lui dira : Que fais-tu ? Celui qui observe le commandement ne connaît point de chose mauvaise, et le cœur du sage connaît le temps et le juge- 6 ment. Car il y a pour toute chose un temps et un jugement, quand le 7 malheur accable l'homme. Mais il ne sait point ce qui arrivera, et qui

lui dira comment cela arrivera ? 8 L'homme n'est pas maître de son souffle pour pouvoir le retenir, et il n'a aucune puissance sur le jour de la mort ; il n'y a point de délivrance dans ce combat, et la méchanceté ne saurait sauver les méchants.

9 J'ai vu tout cela, et j'ai appliqué mon cœur à tout ce qui se fait sous le soleil. Il y a un temps où l'homme domine sur l'homme pour le rendre 10 malheureux. Alors j'ai vu des méchants recevoir la sépulture et entrer dans leur repos, et ceux qui avaient agi avec droiture s'en aller loin du lieu saint et être oubliés dans la ville. C'est encore là une vanité. 11 Parce qu'une sentence contre les mauvaises actions ne s'exécute pas promptement, le cœur des fils de l'homme se remplit en eux du désir 12 de faire le mal. Cependant, quoique le pécheur fasse cent fois le mal et qu'il y persévère longtemps, je sais aussi que le bonheur est pour ceux qui craignent Dieu, parce qu'ils ont 13 de la crainte devant lui. Mais le bonheur n'est pas pour le méchant, et il ne prolongera point ses jours, pas plus que l'ombre, parce qu'il n'a pas de la crainte devant Dieu.

14 Il est une vanité qui a lieu sur la terre : c'est qu'il y a des justes auxquels il arrive selon l'œuvre des méchants, et des méchants auxquels il arrive selon l'œuvre des justes. Je dis que c'est encore là une vanité. 15 J'ai donc loué la joie, parce qu'il n'y a de bonheur pour l'homme sous le soleil qu'à manger et à boire et à se réjouir ; c'est là ce qui doit l'accompagner au milieu de son travail, pendant les jours de vie que Dieu lui donne sous le soleil.

16 Lorsque j'ai appliqué mon cœur à connaître la sagesse et à considérer les choses qui se passent sur la terre, —car les yeux de l'homme ne goûtent 17 le sommeil ni jour ni nuit,—j'ai vu toute l'œuvre de Dieu, j'ai vu que l'homme ne peut pas trouver ce qui se fait sous le soleil ; il a beau se fatiguer à chercher, il ne trouve pas ; et même si le sage veut connaître, il ne peut pas trouver.

Oui, j'ai appliqué mon cœur à tout 9 cela, j'ai fait de tout cela l'objet de mon examen, et j'ai vu que les justes et les sages, et leurs travaux, sont dans la main de Dieu, et l'amour aussi bien que la haine ; les hommes ne savent rien : tout est devant eux. Tout arrive également à tous : même 2 sort pour le juste et pour le méchant, pour celui qui est bon et pur et pour celui qui est impur, pour celui qui sacrifie et pour celui qui ne sacrifie pas ; il en est du bon comme du pécheur, de celui qui jure comme de celui qui craint de jurer. Ceci est un 3 mal parmi tout ce qui se fait sous le soleil, c'est qu'il y a pour tous un même sort ; aussi le cœur des fils de l'homme est plein de méchanceté, et la folie est dans leur cœur pendant leur vie ; après quoi, ils vont chez les morts. Car, qui est excepté ? 4 Pour tous ceux qui vivent il y a de l'espérance ; et même un chien vivant vaut mieux qu'un lion mort. Les 5 vivants, en effet, savent qu'ils mourront ; mais les morts ne savent rien, et il n'y a pour eux plus de salaire, puisque leur mémoire est oubliée. Et leur amour, et leur haine, et leur 6 envie, ont déjà péri ; et ils n'auront plus jamais aucune part à tout ce qui se fait sous le soleil.

Va, mange avec joie ton pain, et 7 bois gaiement ton vin ; car dès longtemps Dieu prend plaisir à ce que tu fais. Qu'en tout temps tes vêtements 8 soient blancs, et que l'huile ne manque point sur ta tête. Jouis de la vie 9 avec la femme que tu aimes, pendant tous les jours de ta vie de vanité, que Dieu t'a donnés sous le soleil, pendant tous les jours de ta vanité ; car c'est ta part dans la vie, au milieu de ton travail que tu fais sous le soleil. Tout ce que ta main trouve 10 à faire avec ta force, fais-le ; car il n'y a ni œuvre, ni pensée, ni science, ni sagesse, dans le séjour des morts, où tu vas.

J'ai encore vu sous le soleil que 11 la course n'est point aux agiles ni la guerre aux vaillants, ni le pain aux sages, ni la richesse aux intelligents, ni la faveur aux savants ; car tout

12 circonstances. L'homme ne connait pas non plus son heure, pareil aux poissons qui sont pris au filet fatal, et aux oiseaux qui sont pris au piège; comme eux, les fils de l'homme sont enlacés au temps du malheur, lorsqu'il tombe sur eux tout à coup.

13 J'ai aussi vu sous le soleil ce trait d'une sagesse qui m'a paru grande. 14 Il y avait une petite ville, avec peu d'hommes dans son sein; un roi puissant marcha sur elle, l'investit, et éleva contre elle de grands forts. 15 Il s'y trouvait un homme pauvre et sage, qui sauva la ville par sa sagesse. Et personne ne s'est souvenu de cet homme pauvre. 16 Et j'ai dit: La sagesse vaut mieux que la force. Cependant la sagesse du pauvre est méprisée, et ses paroles 17 ne sont pas écoutées. Les paroles des sages tranquillement écoutées valent mieux que les cris de celui 18 qui domine parmi les insensés. La sagesse vaut mieux que les instruments de guerre; mais un seul pécheur détruit beaucoup de bien.

IO Les mouches mortes infectent et font fermenter l'huile du parfumeur; un peu de folie l'emporte sur la 2 sagesse et sur la gloire. Le cœur du sage est à sa droite, et le cœur de 3 l'insensé à sa gauche. Quand l'insensé marche dans un chemin, le sens lui manque, et il dit de chacun : Voilà 4 un fou ! Si l'esprit de celui qui domine s'élève contre toi, ne quitte point ta place; car le calme prévient de grands péchés.

5 Il est un mal que j'ai vu sous le soleil, comme une erreur provenant 6 de celui qui gouverne : la folie occupe des postes très élevés, et des riches 7 sont assis dans l'abaissement. J'ai vu des esclaves sur des chevaux, et des princes marchant sur terre comme des esclaves.

8 Celui qui creuse une fosse y tombera, et celui qui renverse une muraille sera mordu par un serpent. 9 Celui qui remue des pierres en sera blessé, et celui qui fend du bois en 10 éprouvera du danger. S'il a émoussé le fer, et s'il n'en a pas aiguisé le tranchant, il devra redoubler de force; mais la sagesse a l'avantage du succès.

Si le serpent mord faute d'en- 11 chantement, il n'y a point d'avantage pour l'enchanteur.

Les paroles de la bouche du sage 12 sont pleines de grâce; mais les lèvres de l'insensé causent sa perte. Le 13 commencement des paroles de sa bouche est folie, et la fin de son discours est une méchante folie. L'in- 14 sensé multiplie les paroles. L'homme ne sait point ce qui arrivera, et qui lui dira ce qui sera après lui? Le 15 travail de l'insensé le fatigue, parce qu'il ne sait pas aller à la ville.

Malheur à toi, pays dont le roi est 16 un enfant, et dont les princes mangent dès le matin ! Heureux toi, 17 pays dont le roi est de race illustre, et dont les princes mangent au temps convenable, pour soutenir leurs forces, et non pour se livrer à la boisson ! Quand les mains sont 18 paresseuses, la charpente s'affaisse; et quand les mains sont lâches, la maison a des gouttières. On fait 19 des repas pour se divertir, le vin rend la vie joyeuse, et l'argent répond à tout.

Ne maudis pas le roi, même dans 20 ta pensée, et ne maudis pas le riche dans la chambre où tu couches ; car l'oiseau du ciel emporterait ta voix, l'animal ailé publierait tes paroles.

Jette ton pain sur la face des **II** eaux, car avec le temps tu le retrouveras; donnes-en une part à sept 2 et même à huit, car tu ne sais pas quel malheur peut arriver sur la terre. Quand les nuages sont pleins 3 de pluie, ils la répandent sur la terre; et si un arbre tombe, au midi ou au nord, il reste à la place où il est tombé. Celui qui observe le vent ne 4 sèmera point, et celui qui regarde les nuages ne moissonnera point. Comme tu ne sais pas quel est le 5 chemin du vent, ni comment se forment les os dans le ventre de la femme enceinte, tu ne connais pas non plus l'œuvre de Dieu qui fait tout. Dès le matin sème ta se- 6 mence, et le soir ne laisse pas reposer ta main ; car tu ne sais point ce qui réussira, ceci ou cela, ou si l'un et l'autre sont également bons.

7 La lumière est douce, et il est agréable aux yeux de voir le soleil.
8 Si donc un homme vit beaucoup d'années, qu'il se réjouisse pendant toutes ces années, et qu'il pense aux jours de ténèbres qui seront nombreux ; tout ce qui arrivera est vanité.

12 Jeune homme, réjouis-toi dans ta jeunesse, livre ton cœur à la joie pendant les jours de ta jeunesse, marche dans les voies de ton cœur et selon les regards de tes yeux ; mais sache que pour tout cela Dieu
2 t'appellera en jugement. Bannis de ton cœur le chagrin, et éloigne le mal de ton corps ; car la jeunesse
3 et l'aurore sont vanité. Mais souviens-toi de ton créateur pendant les jours de ta jeunesse, avant que les jours mauvais arrivent et que les années s'approchent où tu diras : Je
4 n'y prends point de plaisir ; avant que s'obscurcissent le soleil et la lumière, la lune et les étoiles, et que les nuages reviennent après la pluie,
5 temps où les gardiens de la maison tremblent, où les hommes forts se courbent, où celles qui moulent s'arrêtent parce qu'elles sont diminuées, où ceux qui regardent par les fenêtres
6 sont obscurcis, où les deux battants de la porte se ferment sur la rue quand s'abaisse le bruit de la meule, où l'on se lève au chant de l'oiseau, où s'affaiblissent toutes les filles du
7 chant, où l'on redoute ce qui est élevé, où l'on a des terreurs en chemin, où l'amandier fleurit, où la sauterelle devient pesante, et où la câpre n'a plus d'effet, car l'homme s'en va vers sa demeure éternelle, et les pleureurs parcourent les rues ;
8 avant que le cordon d'argent se détache, que le vase d'or se brise, que le seau se rompe sur la source, et que la roue se casse sur la citerne ;
9 avant que la poussière retourne à la terre, comme elle y était, et que l'esprit retourne à Dieu qui l'a donné.

10 Vanité des vanités, dit l'Ecclésiaste, tout est vanité.

11 Outre que l'Ecclésiaste fut un sage, il a encore enseigné la science au peuple, et il a examiné, sondé, mis en ordre un grand nombre de sentences.
12 L'Ecclésiaste s'est efforcé de trouver des paroles agréables ; et ce qui a été écrit avec droiture, ce sont des paroles de vérité.
13 Les paroles des sages sont comme des aiguillons ; et, rassemblées en un recueil, elles sont comme des clous plantés, données par un seul maître.
14 Du reste, mon fils, tire instruction de ces choses ; on ne finirait pas, si l'on voulait faire un grand nombre de livres, et beaucoup d'étude est une fatigue pour le corps.
15 Écoutons la fin du discours : crains Dieu et observe ses commandements. C'est là ce que doit tout homme.
16 Car Dieu amènera toute œuvre en jugement, au sujet de tout ce qui est caché, soit bien, soit mal.

LE CANTIQUE DES CANTIQUES

1 Cantique des cantiques, de Salomon.

2 Qu'il me baise des baisers de sa bouche !
Car ton amour vaut mieux que le vin,
3 Tes parfums ont une odeur suave ;
Ton nom est un parfum qui se répand ;
C'est pourquoi les jeunes filles t'aiment.
4 Entraîne-moi après toi ! nous courrons !
Le roi m'introduit dans ses appartements...
Nous nous égaierons, nous nous réjouirons à cause de toi ;
Nous célébrerons ton amour plus que le vin.

C'est avec raison que l'on t'aime.

5 Je suis noire, mais je suis belle, filles
de Jérusalem,
Comme les tentes de Kédar, comme
les pavillons de Salomon.

6 Ne prenez pas garde à mon teint
noir :
C'est le soleil qui m'a brûlée.
Les fils de ma mère se sont irrités
contre moi,
Ils m'ont faite gardienne des vignes.
Ma vigne, à moi, je ne l'ai pas gardée.

7 Dis-moi, ô toi que mon cœur aime,
Où tu fais paître tes brebis,
Où tu les fais reposer à midi ;
Car pourquoi serais-je comme une
égarée
Près des troupeaux de tes compa-
gnons ?—

8 Si tu ne le sais pas, ô la plus belle
des femmes,
Sors sur les traces des brebis,
Et fais paître tes chevreaux
Près des demeures des bergers.—

9 A ma jument qu'on attelle aux chars
de Pharaon
Je te compare, ô mon amie.

10 Tes joues sont belles au milieu des
colliers,
Ton cou est beau au milieu des
rangées de perles.

11 Nous te ferons des colliers d'or,
Avec des points d'argent.—

12 Tandis que le roi est dans son en-
tourage,
Mon nard exhale son parfum.

13 Mon bien-aimé est pour moi un
bouquet de myrrhe,
Qui repose entre mes seins.

14 Mon bien-aimé est pour moi une
grappe de troène
Des vignes d'En-Guédi.—

15 Que tu es belle, mon amie, que tu es
belle !
Tes yeux sont des colombes.—

16 Que tu es beau, mon bien-aimé, que
tu es aimable !
Notre lit, c'est la verdure.—

17 Les solives de nos maisons sont des
cèdres,
Nos lambris sont des cyprès.—

2 Je suis un narcisse de Saron,
Un lis des vallées.—

2 Comme un lis au milieu des épines,

Telle est mon amie parmi les jeunes
filles.—

3 Comme un pommier au milieu des
arbres de la forêt,
Tel est mon bien-aimé parmi les
jeunes hommes.
J'ai désiré m'asseoir à son ombre,
Et son fruit est doux à mon palais.

4 Il m'a fait entrer dans la maison du
vin ;
Et la bannière qu'il déploie sur moi,
c'est l'amour.

5 Soutenez-moi avec des gâteaux de
raisins,
Fortifiez-moi avec des pommes ;
Car je suis malade d'amour.

6 Que sa main gauche soit sous ma
tête,
Et que sa droite m'embrasse !

7 Je vous en conjure, filles de Jérusalem
Par les gazelles et les biches des
champs,
Ne réveillez pas, ne réveillez pas
l'amour,
Avant qu'elle le veuille. —

8 C'est la voix de mon bien-aimé !
Le voici, il vient,
Sautant sur les montagnes,
Bondissant sur les collines,

9 Mon bien-aimé est semblable à la
gazelle
Ou au faon des biches.
Le voici, il est derrière notre mur,
Il regarde par la fenêtre,
Il regarde par le treillis.

10 Mon bien-aimé parle et me dit :
Lève-toi, mon amie, ma belle, et
viens !

11 Car voici, l'hiver est passé ;
La pluie a cessé, elle s'en est allée.

12 Les fleurs paraissent sur la terre,
Le temps de chanter est arrivé,
Et la voix de la tourterelle se fait
entendre dans nos campagnes.

13 Le figuier embaume ses fruits,
Et les vignes en fleur exhalent leur
parfum.
Lève-toi, mon amie, ma belle, et
viens !

14 Ma colombe, qui te tiens dans les
fentes du rocher,
Qui te caches dans les parois escarpées,
Fais-moi voir ta figure,

Fais-moi entendre ta voix ;
Car ta voix est douce, et ta figure
est agréable.

15 Prenez-nous les renards,
Les petits renards qui ravagent les
vignes ;
Car nos vignes sont en fleur.

16 Mon bien-aimé est à moi, et je suis
à lui ;
Il fait paître son troupeau parmi les
lis.

17 Avant que le jour se rafraîchisse,
Et que les ombres fuient,
Reviens !...sois semblable, mon bien-
aimé,
A la gazelle ou au faon des biches,
Sur les montagnes qui nous séparent.

3 Sur ma couche, pendant les nuits,
J'ai cherché celui que mon cœur
aime ;
Je l'ai cherché, et je ne l'ai point
trouvé...

2 Je me lèverai, et je ferai le tour de
la ville,
Dans les rues et sur les places ;
Je chercherai celui que mon cœur
aime...
Je l'ai cherché, et je ne l'ai point
trouvé.

3 Les gardes qui font la ronde dans
la ville m'ont rencontrée :
Avez-vous vu celui que mon cœur
aime ?

4 A peine les avais-je passés,
Que j'ai trouvé celui que mon cœur
aime ;
Je l'ai saisi, et je ne l'ai point lâché
Jusqu'à ce que je l'aie amené dans la
maison de ma mère,
Dans la chambre de celle qui m'a
conçue.—

5 Je vous en conjure, filles de Jérusalem,
Par les gazelles et les biches des
champs,
Ne réveillez pas, ne réveillez pas
l'amour,
Avant qu'elle le veuille.—

6 Qui est celle qui monte du désert,
Comme des colonnes de fumée,
Au milieu des vapeurs de myrrhe et
d'encens
Et de tous les aromates des mar-
chands ?—

Voici la litière de Salomon, 7
Et autour d'elle soixante vaillants
hommes,
Des plus vaillants d'Israël.
Tous sont armés de l'épée, 8
Sont exercés au combat ;
Chacun porte l'épée sur sa hanche,
En vue des alarmes nocturnes.
Le roi Salomon s'est fait une litière 9
De bois du Liban.
Il en a fait les colonnes d'argent, 10
Le dossier d'or,
Le siège de pourpre ;
Au milieu est une broderie, œuvre
d'amour
Des filles de Jérusalem.
Sortez, filles de Sion, regardez 11
Le roi Salomon,
Avec la couronne dont sa mère l'a
couronné
Le jour de ses fiançailles,
Le jour de la joie de son cœur.—

Que tu es belle, mon amie, que tu es 4
belle !
Tes yeux sont des colombes,
Derrière ton voile.
Tes cheveux sont comme un troupeau
de chèvres,
Suspendues aux flancs de la mon-
tagne de Galaad.
Tes dents sont comme un troupeau 2
de brebis tondues,
Qui remontent de l'abreuvoir ;
Toutes portent des jumeaux,
Aucune d'elles n'est stérile.
Tes lèvres sont comme un fil cra- 3
moisi,
Et ta bouche est charmante ;
Ta joue est comme une moitié de
grenade,
Derrière ton voile.
Ton cou est comme la tour de David, 4
Bâtie pour être un arsenal ;
Mille boucliers y sont suspendus,
Tous les boucliers des héros.
Tes deux seins sont comme deux 5
faons,
Comme les jumeaux d'une gazelle,
Qui paissent au milieu des lis.
Avant que le jour se rafraîchisse, 6
Et que les ombres fuient,
J'irai à la montagne de la myrrhe
Et à la colline de l'encens.
Tu es toute belle, mon amie, 7
Et il n'y a point en toi de défaut.

8 Viens avec moi du Liban, ma fiancée,
Viens avec moi du Liban !
Regarde du sommet de l'Amana,
Du sommet du Senir et de l'Hermon,
Des tanières des lions,
Des montagnes des léopards.

9 Tu me ravis le cœur, ma sœur, ma
fiancée,
Tu me ravis le cœur par l'un de tes
regards,
Par l'un des colliers de ton cou.

10 Que de charmes dans ton amour, ma
sœur, ma fiancée !
Comme ton amour vaut mieux que
le vin,
Et combien tes parfums sont plus
suaves que tous les aromates !

11 Tes lèvres distillent le miel, ma
fiancée ;
Il y a sous ta langue du miel et du lait,
Et l'odeur de tes vêtements est
comme l'odeur du Liban.

12 Tu es un jardin fermé, ma sœur, ma
fiancée,
Une source fermée, une fontaine
scellée.

13 Tes jets forment un jardin, où sont
des grenadiers,
Avec les fruits les plus excellents,
Les troënes avec le nard ;

14 Le nard et le safran, le roseau aro-
matique et le cinnamome,
Avec tous les arbres qui donnent
l'encens ;
La myrrhe et l'aloès,
Avec tous les principaux aromates ;

15 Une fontaine des jardins,
Une source d'eaux vives,
Des ruisseaux du Liban.

16 Lève-toi, aquilon ! viens, autan !
Soufflez sur mon jardin, et que les
parfums s'en exhalent !—
Que mon bien-aimé entre dans son
jardin,
Et qu'il mange de ses fruits excellents !—

5 J'entre dans mon jardin, ma sœur,
ma fiancée ;
Je cueille ma myrrhe avec mes aromates,
Je mange mon rayon de miel avec
mon miel,
Je bois mon vin avec mon lait…—
Mangez, amis, buvez, enivrez-vous
d'amour !—

J'étais endormie, mais mon cœur 2
veillait…
C'est la voix de mon bien-aimé, qui
frappe :—
Ouvre-moi, ma sœur, mon amie,
Ma colombe, ma parfaite !
Car ma tête est couverte de rosée,
Mes boucles sont pleines des gouttes
de la nuit.—

J'ai ôté ma tunique ; comment la 3
remettrais-je ?
J'ai lavé mes pieds ; comment les
salirais-je ?

Mon bien-aimé a passé la main par 4
la fenêtre,
Et mes entrailles se sont émues pour
lui.

Je me suis levée pour ouvrir à mon 5
bien-aimé ;
Et de mes mains a dégoutté la
myrrhe,
De mes doigts, la myrrhe répandue
Sur la poignée du verrou.

J'ai ouvert à mon bien-aimé ; 6
Mais mon bien-aimé s'en était allé,
il avait disparu.
J'étais hors de moi, quand il me
parlait.
Je l'ai cherché, et je ne l'ai point
trouvé ;
Je l'ai appelé, et il ne m'a point
répondu.

Les gardes qui font la ronde dans 7
la ville m'ont rencontrée ;
Ils m'ont frappée, ils m'ont blessée ;
Ils m'ont enlevé mon voile, les gardes
des murs.

Je vous en conjure, filles de Jérusalem, 8
Si vous trouvez mon bien-aimé,
Que lui direz-vous ?…
Que je suis malade d'amour.—

Qu'a ton bien-aimé de plus qu'un 9
autre,
O la plus belle des femmes ?
Qu'a ton bien-aimé de plus qu'un
autre,
Pour que tu nous conjures ainsi ?—

Mon bien-aimé est blanc et vermeil ; 10
Il se distingue entre dix mille.

Sa tête est de l'or pur ; 11
Ses boucles sont flottantes,
Noires comme le corbeau.

Ses yeux sont comme des colombes 12
au bord des ruisseaux,

Se baignant dans le lait,
Reposant au sein de l'abondance.

13 Ses joues sont comme un parterre d'aromates,
Une couche de plantes odorantes ;
Ses lèvres sont des lis,
D'où découle la myrrhe.

14 Ses mains sont des anneaux d'or,
Garnis de chrysolithes ;
Son corps est de l'ivoire poli,
Couvert de saphirs ;

15 Ses jambes sont des colonnes de marbre blanc,
Posées sur des bases d'or pur.
Son aspect est comme le Liban,
Distingué comme les cèdres.

16 Son palais n'est que douceur,
Et toute sa personne est pleine de charme.
Tel est mon bien-aimé, tel est mon ami,
Filles de Jérusalem !—

6 Où est allé ton bien-aimé,
O la plus belle des femmes ?
De quel côté ton bien-aimé s'est-il dirigé ?
Nous le chercherons avec toi.

2 Mon bien-aimé est descendu à son jardin,
Au parterre d'aromates,
Pour faire paître son troupeau dans les jardins,
Et pour cueillir des lis.

3 Je suis à mon bien-aimé, et mon bien-aimé est à moi ;
Il fait paître son troupeau parmi les lis.—

4 Tu es belle, mon amie, comme Thirtsa,
Agréable comme Jérusalem,
Mais terrible comme des troupes sous leurs bannières.

5 Détourne de moi tes yeux, car ils me troublent.
Tes cheveux sont comme un troupeau de chèvres,
Suspendues aux flancs de Galaad.

6 Tes dents sont comme un troupeau de brebis,
Qui remontent de l'abreuvoir;
Toutes portent des jumeaux,
Aucune d'elles n'est stérile.

7 Ta joue est comme une moitié de grenade,

Derrière ton voile...
Il y a soixante reines, quatre-vingts 8 concubines,
Et des jeunes filles sans nombre.

Une seule est ma colombe, ma par-9 faite ;
Elle est l'unique de sa mère,
La préférée de celle qui lui donna le jour.
Les jeunes filles la voient, et la disent heureuse ;
Les reines et les concubines aussi, et elles la louent.—

Qui est celle qui apparaît comme 10 l'aurore,
Belle comme la lune, pure comme le soleil,
Mais terrible comme des troupes sous leurs bannières ?—

Je suis descendue au jardin des 11 noyers,
Pour voir la verdure de la vallée,
Pour voir si la vigne pousse,
Si les grenadiers fleurissent.

Je ne sais, mais mon désir m'a rendue 12 semblable
Aux chars de mon noble peuple.—

Reviens, reviens, Sulamithe ! **7**
Reviens, reviens, afin que nous te re-gardions.—
Qu'avez-vous à regarder la Sulamithe
Comme une danse de deux chœurs ?

Que tes pieds sont beaux dans ta 2 chaussure, fille de prince !
Les contours de ta hanche sont com-me des colliers,
Œuvre des mains d'un artiste.

Ton sein est une coupe arrondie, 3
Où le vin parfumé ne manque pas ;
Ton corps est un tas de froment,
Entouré de lis.

Tes deux seins sont comme deux 4 faons,
Comme les jumeaux d'une gazelle.

Ton cou est comme une tour d'ivoire; 5
Tes yeux sont comme les étangs de Hesbon,
Près de la porte de Bath-Rabbim ;
Ton nez est comme la tour du Liban,
Qui regarde du côté de Damas.

Ta tête est élevée comme le Carmel, 6
Et les cheveux de ta tête sont comme la pourpre ;
Un roi est enchaîné par des boucles !...
Que tu es belle, que tu es agréable, 7

O mon amour, au milieu des délices !

8 Ta taille ressemble au palmier,
Et tes seins à des grappes.

9 Je me dis : Je monterai sur le palmier,
J'en saisirai les rameaux !
Que tes seins soient comme les
grappes de la vigne,
Le parfum de ton souffle comme celui
des pommes,

10 Et ta bouche comme un vin excellent,... —
Qui coule aisément pour mon bien-
aimé,
Et glisse sur les lèvres de ceux qui
s'endorment !

11 Je suis à mon bien-aimé,
Et ses désirs se portent vers moi.

12 Viens, mon bien-aimé, sortons dans
les champs,
Demeurons dans les villages !

13 Dès le matin nous irons aux vignes,
Nous verrons si la vigne pousse, si la
fleur s'ouvre,
Si les grenadiers fleurissent.
Là je te donnerai mon amour.

14 Les mandragores répandent leur
parfum,
Et nous avons à nos portes tous les
meilleurs fruits,
Nouveaux et anciens :
Mon bien-aimé, je les ai gardés pour
toi.

8 Oh ! que n'es-tu mon frère,
Allaité des mamelles de ma mère !
Je te rencontrerais dehors, je t'em-
brasserais,
Et l'on ne me mépriserait pas.

2 Je veux te conduire, t'amener à la
maison de ma mère ;
Tu me donneras tes instructions,
Et je te ferai boire du vin parfumé,
Du moût de mes grenades.

3 Que sa main gauche soit sous ma tête,
Et que sa droite m'embrasse ! —

4 Je vous en conjure, filles de Jérusalem,
Ne réveillez pas, ne réveillez pas
l'amour,
Avant qu'elle le veuille. —

5 Qui est celle qui monte du désert,
Appuyée sur son bien-aimé ? —

Je t'ai réveillée sous le pommier ;
Là ta mère t'a enfantée,
C'est là qu'elle t'a enfantée, qu'elle t'a
donné le jour. —

Mets-moi comme un sceau sur ton 6
cœur,
Comme un sceau sur ton bras ;
Car l'amour est fort comme la mort,
La jalousie est inflexible comme le
séjour des morts ;
Ses ardeurs sont des ardeurs de feu,
Une flamme de l'Éternel.

Les grandes eaux ne peuvent éteindre 7
l'amour,
Et les fleuves ne le submergeraient
pas ;
Quand un homme offrirait tous les
biens de sa maison contre l'amour,
Il ne s'attirerait que le mépris.

Nous avons une petite sœur, 8
Qui n'a point encore de mamelles ;
Que ferons-nous de notre sœur,
Le jour où on la recherchera ?

Si elle est un mur, 9
Nous bâtirons sur elle des créneaux
d'argent ;
Si elle est une porte,
Nous la fermerons avec une planche
de cèdre. —

Je suis un mur, 10
Et mes seins sont comme des tours ;
J'ai été à ses yeux comme celle qui
trouve la paix.

Salomon avait une vigne à Baal- 11
Hamon ;
Il remit la vigne à des gardiens ;
Chacun apportait pour son fruit mille
sicles d'argent.

Ma vigne, qui est à moi, je la garde. 12
A toi, Salomon, les mille sicles,
Et deux cents à ceux qui gardent le
fruit ! —

Habitante des jardins ! 13
Des amis prêtent l'oreille à ta voix.
Daigne me la faire entendre ! —

Fuis, mon bien-aimé ! 14
Sois semblable à la gazelle ou au faon
des biches,
Sur les montagnes des aromates !

ÉSAÏE

I Prophétie d'Ésaïe, fils d'Amots, sur Juda et Jérusalem, au temps d'Ozias, de Jotham, d'Achaz, d'Ézéchias, rois de Juda.

2 Cieux, écoutez! terre, prête l'oreille!
Car l'Éternel parle.
J'ai nourri et élevé des enfants,
Mais ils se sont révoltés contre moi.

3 Le bœuf connaît son possesseur,
Et l'âne la crèche de son maître:
Israël ne connaît rien,
Mon peuple n'a point d'intelligence.

4 Malheur à la nation pécheresse, au peuple chargé d'iniquités,
A la race des méchants, aux enfants corrompus!
Ils ont abandonné l'Éternel, ils ont méprisé le Saint d'Israël.
Ils se sont retirés en arrière...

5 Quels châtiments nouveaux vous infliger,
Quand vous multipliez vos révoltes?
La tête entière est malade,
Et tout le cœur est souffrant.

6 De la plante du pied jusqu'à la tête, rien n'est en bon état:
Ce ne sont que blessures, contusions et plaies vives,
Qui n'ont été ni pansées, ni bandées,
Ni adoucies par l'huile.

7 Votre pays est dévasté,
Vos villes sont consumées par le feu,
Des étrangers dévorent vos campagnes sous vos yeux,
Ils ravagent et détruisent, comme des barbares.

8 Et la fille de Sion est restée
Comme une cabane dans une vigne,
Comme une hutte dans un champ de concombres,
Comme une ville épargnée.

9 Si l'Éternel des armées
Ne nous eût conservé un faible reste,
Nous serions comme Sodome,
Nous ressemblerions à Gomorrhe.

10 Écoutez la parole de l'Éternel, chefs de Sodome!
Prête l'oreille à la loi de notre Dieu, peuple de Gomorrhe!

11 Qu'ai-je affaire de la multitude de vos sacrifices? dit l'Éternel.
Je suis rassasié des holocaustes de béliers et de la graisse des veaux;
Je ne prends point plaisir au sang des taureaux, des brebis et des boucs.

12 Quand vous venez vous présenter devant moi,
Qui vous demande de souiller mes parvis?

13 Cessez d'apporter de vaines offrandes:
J'ai en horreur l'encens,
Les nouvelles lunes, les sabbats et les assemblées;
Je ne puis voir le crime s'associer aux solennités.

14 Mon âme hait vos nouvelles lunes et vos fêtes;
Elles me sont à charge;
Je suis las de les supporter.

15 Quand vous étendez vos mains, je détourne de vous mes yeux;
Quand vous multipliez les prières, je n'écoute pas:
Vos mains sont pleines de sang.

16 Lavez-vous, purifiez-vous,
Otez de devant mes yeux la méchanceté de vos actions;
Cessez de faire le mal.

17 Apprenez à faire le bien, recherchez la justice,
Protégez l'opprimé;
Faites droit à l'orphelin,
Défendez la veuve.

18 Venez et plaidons! dit l'Éternel.
Si vos péchés sont comme le cramoisi, ils deviendront blancs comme la neige;
S'ils sont rouges comme la pourpre, ils deviendront comme la laine.

19 Si vous avez de la bonne volonté et si vous êtes dociles,
Vous mangerez les meilleures productions du pays;

20 Mais si vous résistez et si vous êtes rebelles,
Vouz serez dévorés par le glaive,
Car la bouche de l'Éternel a parlé.

21 Quoi donc! la cité fidèle est devenue une prostituée!

Elle était remplie d'équité, la justice y habitait,
Et maintenant il y a des assassins !

22 Ton argent s'est changé en scories,
Ton vin a été coupé d'eau.

23 Tes chefs sont rebelles et complices des voleurs,
Tous aiment les présents et courent après les récompenses ;
Ils ne font pas droit à l'orphelin,
Et la cause de la veuve ne vient pas jusqu'à eux.

24 C'est pourquoi voici ce que dit le Seigneur, l'Éternel des armées,
Le Fort d'Israël :
Ah ! je tirerai satisfaction de mes adversaires,
Et je me vengerai de mes ennemis.

25 Je porterai ma main sur toi,
Je fondrai tes scories, comme avec de la potasse,
Et j'enlèverai toutes tes parcelles de plomb.

26 Je rétablirai tes juges tels qu'ils étaient autrefois,
Et tes conseillers tels qu'ils étaient au commencement.
Après cela, on t'appellera ville de la justice,
Cité fidèle.

27 Sion sera sauvée par la droiture,
Et ceux qui s'y convertiront seront sauvés par la justice.

28 Mais la ruine atteindra tous les rebelles et les pécheurs,
Et ceux qui abandonnent l'Éternel périront.

29 On aura honte à cause des térébinthes auxquels vous prenez plaisir,
Et vous rougirez à cause des jardins dont vous faites vos délices ;

30 Car vous serez comme un térébinthe au feuillage flétri,
Comme un jardin qui n'a pas d'eau.

31 L'homme fort sera comme de l'étoupe,
Et son œuvre comme une étincelle ;
Ils brûleront l'un et l'autre ensemble,
Et il n'y aura personne pour éteindre.

2 Prophétie d'Ésaïe, fils d'Amots, sur Juda et Jérusalem.

2 Il arrivera, dans la suite des temps,
Que la montagne de la maison de l'Éternel
Sera fondée sur le sommet des montagnes,
Qu'elle s'élèvera par-dessus les collines,
Et que toutes les nations y afflueront.

3 Des peuples s'y rendront en foule, et diront :
Venez, et montons à la montagne de l'Éternel,
A la maison du Dieu de Jacob,
Afin qu'il nous enseigne ses voies,
Et que nous marchions dans ses sentiers.
Car de Sion sortira la loi,
Et de Jérusalem la parole de l'Éternel.

4 Il sera le juge des nations,
L'arbitre d'un grand nombre de peuples.
De leurs glaives ils forgeront des hoyaux,
Et de leurs lances des serpes :
Une nation ne tirera plus l'épée contre une autre,
Et l'on n'apprendra plus la guerre.

5 Maison de Jacob,
Venez, et marchons à la lumière de l'Éternel !

6 Car tu as abandonné ton peuple, la maison de Jacob,
Parce qu'ils sont pleins de l'Orient,
Et adonnés à la magie comme les Philistins,
Et parce qu'ils s'allient aux fils des étrangers.

7 Le pays est rempli d'argent et d'or,
Et il y a des trésors sans fin ;
Le pays est rempli de chevaux,
Et il y a des chars sans nombre.

8 Le pays est rempli d'idoles ;
Ils se prosternent devant l'ouvrage de leurs mains,
Devant ce que leurs doigts ont fabriqué.

9 Les petits seront abattus, et les grands seront abaissés :
Tu ne leur pardonneras point.

10 Entre dans les rochers,
Et cache-toi dans la poussière,
Pour éviter la terreur de l'Éternel
Et l'éclat de sa majesté.

11 L'homme au regard hautain sera abaissé,

Et l'orgueilleux sera humilié:
L'Éternel seul sera élevé ce jour-là.

12 Car il y a un jour pour l'Éternel des
armées
Contre tout homme orgueilleux et
hautain,
Contre quiconque s'élève, afin qu'il
soit abaissé;

13 Contre tous les cèdres du Liban,
hauts et élevés,
Et contre tous les chênes de Basan;

14 Contre toutes les hautes montagnes,
Et contre toutes les collines élevées;

15 Contre toutes les hautes tours,
Et contre toutes les murailles fortifiées;

16 Contre tous les navires de Tarsis,
Et contre tout ce qui plaît à la vue.

17 L'homme orgueilleux sera humilié,
Et le hautain sera abaissé:
L'Éternel seul sera élevé ce jour-là.

18 Toutes les idoles disparaîtront.

19 On entrera dans les cavernes des
rochers
Et dans les profondeurs de la poussière,
Pour éviter la terreur de l'Éternel et
l'éclat de sa majesté,
Quand il se lèvera pour effrayer la
terre.

20 En ce jour, les hommes jetteront
Leurs idoles d'argent et leurs idoles
d'or,
Qu'ils s'étaient faites pour les adorer,
Aux rats et aux chauves-souris;

21 Et ils entreront dans les fentes des
rochers
Et dans les creux des pierres,
Pour éviter la terreur de l'Éternel et
l'éclat de sa majesté,
Quand il se lèvera pour effrayer la terre.

22 Cessez de vous confier en l'homme,
Dans les narines duquel il n'y a qu'un
souffle:
Car de quelle valeur est-il?

3 Le Seigneur, l'Éternel des armées,
Va ôter de Jérusalem et de Juda
Tout appui et toute ressource,
Toute ressource de pain
Et toute ressource d'eau,

2 Le héros et l'homme de guerre,
Le juge et le prophète, le devin et
l'ancien,

3 Le chef de cinquante et le magistrat,

Le conseiller, l'artisan distingué et
l'habile enchanteur.

4 Je leur donnerai des jeunes gens
pour chefs,
Et des enfants domineront sur eux.

5 Il y aura réciprocité d'oppression
parmi le peuple;
L'un opprimera l'autre, chacun son
prochain;
Le jeune homme attaquera le vieillard,
Et l'homme de rien celui qui est honoré.

6 On ira jusqu'à saisir son frère dans la
maison paternelle:
Tu as un habit, sois notre chef!
Prends ces ruines sous ta main!—

7 Ce jour-là même il répondra: Je ne
saurais être un médecin,
Et dans ma maison il n'y a ni pain
ni vêtement;
Ne m'établissez pas chef du peuple!—

8 Jérusalem chancelle,
Et Juda s'écroule,
Parce que leurs paroles et leurs
œuvres sont contre l'Éternel,
Bravant les regards de sa majesté.

9 L'aspect de leur visage témoigne
contre eux,
Et, comme Sodome, ils publient leur
crime, sans dissimuler.
Malheur à leur âme!
Car ils se préparent des maux.

10 Dites que le juste prospérera,
Car il jouira du fruit de ses œuvres.

11 Malheur au méchant! il sera dans
l'infortune,
Car il recueillera le produit de ses
mains.

12 Mon peuple a pour oppresseurs des
enfants,
Et des femmes dominent sur lui;
Mon peuple, ceux qui te conduisent
t'égarent,
Et ils corrompent la voie dans laquelle tu marches.

13 L'Éternel se présente pour plaider,
Il est debout pour juger les peuples.

14 L'Éternel entre en jugement
Avec les anciens de son peuple et
avec ses chefs:
Vous avez brouté la vigne!
La dépouille du pauvre est dans vos
maisons!

15 De quel droit foulez-vous mon peuple,
Et écrasez-vous la face des pauvres?

Dit le Seigneur, l'Éternel des armées.

16 L'Éternel dit : Parce que les filles de
    Sion sont orgueilleuses,
Et qu'elles marchent le cou tendu
Et les regards effrontés,
Parce qu'elles vont à petits pas,
Et qu'elles font résonner les boucles
    de leurs pieds,
17 Le Seigneur rendra chauve le som-
    met de la tête des filles de Sion,
L'Éternel découvrira leur nudité.
18 En ce jour, le Seigneur ôtera les
    boucles qui servent d'ornement
    à leurs pieds,
Et les filets et les croissants ;
19 Les pendants d'oreilles, les bracelets
    et les voiles ;
20 Les diadèmes, les chaînettes des
    pieds et les ceintures,
Les boîtes de senteur et les amulettes ;
21 Les bagues et les anneaux du nez ;
22 Les vêtements précieux et les larges
    tuniques,
Les manteaux et les gibecières ;
23 Les miroirs et les chemises fines,
Les turbans et les surtouts légers.
24 Au lieu de parfum, il y aura de l'in-
    fection ;
Au lieu de ceinture, une corde ;
Au lieu de cheveux bouclés, une tête
    chauve ;
Au lieu de large manteau, un sac
    étroit ;
Une marque flétrissante, au lieu de
    beauté.
25 Tes hommes tomberont sous le
    glaive,
Et tes héros dans le combat.
26 Les portes de Sion gémiront et se-
    ront dans le deuil ;
Dépouillée, elle s'assiéra par terre.

4 Et sept femmes saisiront en ce jour
    un seul homme, et diront :
Nous mangerons notre pain,
Et nous nous vêtirons de nos habits ;
Fais-nous seulement porter ton nom !
Enlève notre opprobre !

2 En ce temps-là, le germe de l'Éternel
Aura de la magnificence et de la
    gloire,
Et le fruit du pays aura de l'éclat et
    de la beauté
Pour les réchappés d'Israël.

Et les restes de Sion, les restes de 3
    Jérusalem,
Seront appelés saints,
Quiconque à Jérusalem sera inscrit
    parmi les vivants,
Après que le Seigneur aura lavé les 4
    ordures des filles de Sion,
Et purifié Jérusalem du sang qui est
    au milieu d'elle,
Par le souffle de la justice et par le
    souffle de la destruction.
L'Éternel établira, sur toute l'étendue 5
    de la montagne de Sion
Et sur ses lieux d'assemblées,
Une nuée fumante pendant le jour,
Et un feu de flammes éclatantes
    pendant la nuit ;
Car tout ce qui est glorieux sera mis
    à couvert.
Il y aura un abri pour donner de 6
    l'ombre contre la chaleur du jour,
Pour servir de refuge et d'asile contre
    l'orage et la pluie.

La vigne de l'Éternel.

Je chanterai à mon bien-aimé   **5**
Le cantique de mon bien-aimé sur sa
    vigne.
Mon bien-aimé avait une vigne,
Sur un coteau fertile.
Il en remua le sol, ôta les pierres, et 2
    y mit un plant délicieux ;
Il bâtit une tour au milieu d'elle,
Et il y creusa aussi une cuve.
Puis il espéra qu'elle produirait de
    bons raisins,
Mais elle en a produit de mauvais.
Maintenant donc, habitants de Jéru- 3
    salem et hommes de Juda,
Soyez juges entre moi et ma vigne !
Qu'y avait-il encore à faire à ma 4
    vigne,
Que je n'aie pas fait pour elle ?
Pourquoi, quand j'ai espéré qu'elle
    produirait de bons raisins,
En a-t-elle produit de mauvais ?
Je vous dirai maintenant   5
Ce que je vais faire à ma vigne.
J'en arracherai la haie, pour qu'elle
    soit broutée ;
J'en abattrai la clôture, pour qu'elle
    soit foulée aux pieds.
Je la réduirai en ruine ; elle ne sera 6
    plus taillée, ni cultivée ;
Les ronces et les épines y croîtront ;

Et je donnerai mes ordres aux nuées,
Afin qu'elles ne laissent plus tomber
la pluie sur elle.

7 La vigne de l'Éternel des armées,
c'est la maison d'Israël,
Et les hommes de Juda, c'est le
plant qu'il chérissait.
Il avait espéré de la droiture, et
voici du sang versé !
De la justice, et voici des cris de
détresse !

8 Malheur à ceux qui ajoutent maison
à maison,
Et qui joignent champ à champ,
Jusqu'à ce qu'il n'y ait plus d'espace,
Et qu'ils habitent seuls au milieu du
pays !
9 Voici ce que m'a révélé l'Éternel des
armées :
Certainement, ces maisons nombreuses seront dévastées,
Ces grandes et belles maisons n'auront plus d'habitants.
10 Même dix arpents de vigne ne produiront qu'un bath,
Et un homer de semence ne produira
qu'un épha.
11 Malheur à ceux qui de bon matin
Courent après les boissons eni-
vrantes,
Et qui bien avant dans la nuit
Sont échauffés par le vin !
12 La harpe et le luth, le tambourin,
la flûte et le vin, animent leurs
festins ;
Mais ils ne prennent point garde à
l'œuvre de l'Éternel,
Et ils ne voient point le travail de
ses mains.
13 C'est pourquoi mon peuple sera soudain emmené captif ;
Sa noblesse mourra de faim,
Et sa multitude sera desséchée par
la soif.
14 C'est pourquoi le séjour des morts
ouvre sa bouche,
Élargit sa gueule outre mesure ;
Alors descendent la magnificence et
la richesse de Sion,
Et sa foule bruyante et joyeuse.
15 Les petits seront abattus, les grands
seront humiliés,

Et les regards des hautains seront
abaissés.
16 L'Éternel des armées sera élevé par
le jugement,
Et le Dieu saint sera sanctifié par la
justice.
17 Des brebis paîtront comme sur leur
pâturage,
Et des étrangers dévoreront les possessions ruinées des riches.

18 Malheur à ceux qui tirent l'iniquité
avec les cordes du vice,
Et le péché comme avec les traits
d'un char,
19 Et qui disent : Qu'il hâte, qu'il ac-
célère son œuvre,
Afin que nous la voyions !
Que le décret du Saint d'Israël arrive
et s'exécute,
Afin que nous le connaissions !
20 Malheur à ceux qui appellent le mal
bien, et le bien mal,
Qui changent les ténèbres en lumière,
et la lumière en ténèbres,
Qui changent l'amertume en douceur,
et la douceur en amertume !
21 Malheur à ceux qui sont sages à
leurs yeux,
Et qui se croient intelligents !
22 Malheur à ceux qui ont de la bravoure pour boire du vin,
Et de la vaillance pour mêler des
liqueurs fortes ;
23 Qui justifient le coupable pour un
présent,
Et enlèvent aux innocents leurs droits !
24 C'est pourquoi, comme une langue
de feu dévore le chaume,
Et comme la flamme consume l'herbe
sèche,
Ainsi leur racine sera comme de la
pourriture,
Et leur fleur se dissipera comme de
la poussière ;
Car ils ont dédaigné la loi de l'Éternel des armées,
Et ils ont méprisé la parole du Saint
d'Israël.
25 C'est pourquoi la colère de l'Éternel
s'enflamme contre son peuple,
Il étend sa main sur lui, et il le frappe ;
Les montagnes s'ébranlent ;
Et les cadavres sont comme des
balayures au milieu des rues.

Malgré tout cela, sa colère ne s'apaise
point,

Et sa main est encore étendue.

26 Il élève une bannière pour les peuples
lointains,

Et il en siffle un des extrémités de
la terre :

Et voici, il arrive avec promptitude
et légèreté.

27 Nul n'est fatigué, nul ne chancelle de
lassitude,

Personne ne sommeille, ni ne dort ;

Aucun n'a la ceinture de ses reins
détachée,

Ni la courroie de ses souliers rompue.

28 Ses flèches sont aiguës,

Et tous ses arcs tendus ;

Les sabots de ses chevaux ressemblent à des cailloux,

Et les roues de ses chars à un tourbillon.

29 Son rugissement est comme celui
d'une lionne ;

Il rugit comme des lionceaux, il
gronde, et saisit la proie,

Il l'emporte, et personne ne vient au
secours.

30 En ce jour, il y aura près de lui un
mugissement,

Comme celui d'une tempête sur
mer ;

En regardant la terre, on ne verra
que ténèbres,

Avec des alternatives d'angoisse et
d'espérance ;

Au ciel, l'obscurité régnera.

*Consécration d'Ésaïe au ministère de
prophétie.*

6 L'année de la mort du roi Ozias,
je vis le Seigneur assis sur un trône
très élevé, et les pans de sa robe
2 remplissaient le temple. Des séraphins se tenaient au-dessus de lui ;
ils avaient chacun six ailes : deux
dont ils se couvraient la face, deux
dont ils se couvraient les pieds, et
deux dont ils se servaient pour voler.
3 Ils criaient l'un à l'autre, et disaient :
Saint, saint, saint est l'Éternel des
armées ! toute la terre est pleine de
4 sa gloire ! Les portes furent ébranlées dans leurs fondements par la
voix qui retentissait, et la maison se
remplit de fumée.

Alors je dis : Malheur à moi ! je 5
suis perdu, car je suis un homme
dont les lèvres sont impures, j'habite
au milieu d'un peuple dont les lèvres
sont impures, et mes yeux ont vu le
Roi, l'Éternel des armées. Mais l'un 6
des séraphins vola vers moi, tenant
à la main une pierre ardente, qu'il
avait prise sur l'autel avec des pin-
cettes. Il en toucha ma bouche, et 7
dit : Ceci a touché tes lèvres ; ton
iniquité est enlevée, et ton péché est
expié.

J'entendis la voix du Seigneur, di- 8
sant :

Qui enverrai-je, et qui marchera pour
nous ?

Je répondis : Me voici, envoie-moi.

Il dit alors : Va, et dis à ce 9
peuple :

Vous entendrez, et vous ne comprendrez point ;

Vous verrez, et vous ne saisirez
point.

Rends insensible le cœur de ce 10
peuple,

Endurcis ses oreilles, et bouche-lui
les yeux,

Pour qu'il ne voie point de ses yeux,
n'entende point de ses oreilles,

Ne comprenne point de son cœur,

Ne se convertisse point et ne soit
point guéri.

Je dis : Jusques à quand, Seigneur ? 11

Et il répondit : Jusqu'à ce que les
villes soient dévastées

Et privées d'habitants ;

Jusqu'à ce qu'il n'y ait personne
dans les maisons,

Et que le pays soit ravagé par la
solitude ;

Jusqu'à ce que l'Éternel ait éloigné 12
les hommes,

Et que le pays devienne un immense
désert,

Et s'il y reste encore un dixième des 13
habitants,

Ils seront à leur tour anéantis.

Mais, comme le térébinthe et le
chêne

Conservent leur tronc quand ils sont
abattus,

Une sainte postérité renaîtra de ce
peuple.

7 Il arriva, du temps d'Achaz, fils de Jotham, fils d'Ozias, roi de Juda, que Retsin, roi de Syrie, monta avec Pékach, fils de Remalia, roi d'Israël, contre Jérusalem, pour l'assiéger ; mais il ne put l'assiéger.

2 On vint dire à la maison de David : Les Syriens sont campés en Éphraïm. Et le cœur d'Achaz et le cœur de son peuple furent agités, comme les arbres de la forêt sont agités par le vent.

3 Alors l'Éternel dit à Ésaïe : Va à la rencontre d'Achaz, toi et Schear-Jaschub, ton fils, vers l'extrémité de l'aqueduc de l'étang supérieur, sur 4 la route du champ du foulon. Et dis-lui :

Sois tranquille, ne crains rien,
Et que ton cœur ne s'alarme pas,
Devant ces deux bouts de tisons fumants,
Devant la colère de Retsin et de la Syrie, et du fils de Remalia,
5 De ce que la Syrie médite du mal contre toi,
De ce qu'Éphraïm et le fils de Remalia disent :
6 Montons contre Juda, assiégeons la ville,
Et battons-la en brèche,
Et proclamons-y pour roi le fils de Tabeel.
7 Ainsi parle le Seigneur, l'Éternel :
Cela n'arrivera pas, cela n'aura pas lieu.
8 Car Damas est la tête de la Syrie,
Et Retsin est la tête de Damas.
(Encore soixante-cinq ans,
Éphraïm ne sera plus un peuple.)
9 La Samarie est la tête d'Éphraïm,
Et le fils de Remalia est la tête de la Samarie.
Si vous ne croyez pas,
Vous ne subsisterez pas.

10 L'Éternel parla de nouveau à 11 Achaz, et lui dit : Demande en ta faveur un signe à l'Éternel, ton Dieu ; demande-le, soit dans les lieux bas, 12 soit dans les lieux élevés. Achaz répondit : Je ne demanderai rien, je ne tenterai pas l'Éternel. Ésaïe dit 13 alors :

Écoutez donc, maison de David !
Est-ce trop peu pour vous de lasser la patience des hommes,
Que vous lassiez encore celle de mon Dieu ?
C'est pourquoi le Seigneur lui-même 14 vous donnera un signe,
Voici, la jeune fille deviendra enceinte, elle enfantera un fils,
Et elle lui donnera le nom d'Emmanuel.
Il mangera de la crème et du miel, 15
Jusqu'à ce qu'il sache rejeter le mal et choisir le bien.
Mais avant que l'enfant sache rejeter 16 le mal et choisir le bien,
Le pays dont tu crains les deux rois sera abandonné.

L'Éternel fera venir sur toi, 17
Sur ton peuple et sur la maison de ton père,
Des jours tels qu'il n'y en a point eu
Depuis le jour où Éphraïm s'est séparé de Juda
(Le roi d'Assyrie).
En ce jour-là, l'Éternel sifflera les 18 mouches
Qui sont à l'extrémité des canaux de l'Égypte,
Et les abeilles qui sont au pays d'Assyrie ;
Elles viendront, et se poseront toutes 19 dans les vallons désolés,
Et dans les fentes des rochers,
Sur tous les buissons,
Et sur tous les pâturages.
En ce jour-là, le Seigneur rasera, 20 avec un rasoir pris à louage
Au delà du fleuve,
Avec le roi d'Assyrie,
La tête et le poil des pieds ;
Il enlèvera aussi la barbe.
En ce jour-là, 21
Chacun entretiendra une jeune vache et deux brebis ;
Et il y aura une telle abondance de lait 22
Qu'on mangera de la crème,
Car c'est de crème et de miel que se nourriront
Tous ceux qui seront restés dans le pays.

23 En ce jour là,
Tout lieu qui contiendra mille ceps
de vigne,
Valant mille sicles d'argent,
Sera livré aux ronces et aux épines :
24 On y entrera avec les flèches et avec
l'arc,
Car tout le pays ne sera que ronces
et épines.
25 Et toutes les montagnes que l'on
cultivait avec la bêche
Ne seront plus fréquentées, par crainte
des ronces et des épines :
On y lâchera le bœuf, et la brebis en
foulera le sol.

Ruine des royaumes de Syrie et d'Israël.
Temps messianique.

8 L'Éternel me dit : Prends une
grande table, et écris dessus, d'une
manière intelligible : Qu'on se hâte
de piller, qu'on se précipite sur le
butin.
2 Je pris avec moi des témoins
dignes de foi, le sacrificateur Urie
3 et Zacharie, fils de Bérékia. Je
m'étais approché de la prophétesse ;
elle conçut, et elle enfanta un fils.
L'Éternel me dit : Donne-lui pour
nom Maher - Schalal - Chasch - Baz.
. 4 Car, avant que l'enfant sache dire :
Mon père ! ma mère ! on emportera
devant le roi d'Assyrie les richesses
de Damas et le butin de Samarie.

5 L'Éternel me parla encore, et me
dit :

6 Parce que ce peuple a méprisé les
eaux de Siloé qui coulent
doucement
Et qu'il s'est réjoui au sujet de Retsin et du fils de Remalia,
7 Voici, le Seigneur va faire monter
contre eux
Les puissantes et grandes eaux du
fleuve
(Le roi d'Assyrie et toute sa gloire) ;
Il s'élèvera partout au-dessus de son
lit,
Et il se répandra sur toutes ses rives ;
8 Il pénétrera dans Juda, il débordera
et inondera,
Il atteindra jusqu'au cou.
Le déploiement de ses ailes

Remplira l'étendue de ton pays, ô
Emmanuel !
Poussez des cris de guerre, peuples ! 9
et vous serez brisés ;
Prêtez l'oreille, vous tous qui habitez
au loin !
Préparez-vous au combat, et vous
serez brisés ;
Préparez-vous au combat, et vous
serez brisés.
Formez des projets, et ils seront 10
anéantis ;
Donnez des ordres, et ils seront sans
effet :
Car Dieu est avec nous.

Ainsi m'a parlé l'Éternel, quand sa 11
main me saisit,
Et qu'il m'avertit de ne pas marcher
dans la voie de ce peuple :
N'appelez pas conjuration tout ce que 12
ce peuple appelle conjuration ;
Ne craignez pas ce qu'il craint, et ne
soyez pas effrayés.
C'est l'Éternel des armées que vous 13
devez sanctifier,
C'est lui que vous devez craindre et
redouter.
Et il sera un sanctuaire, 14
Mais aussi une pierre d'achoppement,
Un rocher de scandale pour les deux
maisons d'Israël,
Un filet et un piège
Pour les habitants de Jérusalem.
Plusieurs trébucheront ; 15
Ils tomberont et se briseront,
Ils seront enlacés et pris.
Enveloppe cet oracle, 16
Scelle cette révélation, parmi mes
disciples.—
J'espère en l'Éternel, 17
Qui cache sa face à la maison de
Jacob ;
Je place en lui ma confiance.
Voici, moi et les enfants que l'Éternel 18
m'a donnés,
Nous sommes des signes et des pré-
sages en Israël,
De la part de l'Éternel des armées,
Qui habite sur la montagne de Sion.
Si l'on vous dit : 19
Consultez ceux qui évoquent les
morts et ceux qui prédisent l'avenir,
Qui poussent des sifflements et des
soupirs,

Répondez : Un peuple ne consultera-t-il pas son Dieu ?
S'adressera-t-il aux morts en faveur des vivants ?

20 A la loi et au témoignage !
Si l'on ne parle pas ainsi,
Il n'y aura point d'aurore pour le peuple.

21 Il sera errant dans le pays, accablé et affamé ;
Et, quand il aura faim, il s'irritera,
Maudira son roi et son Dieu,
Et tournera les yeux en haut ;

22 Puis il regardera vers la terre,
Et voici, il n'y aura que détresse, obscurité et de sombres angoisses :
Il sera repoussé dans d'épaisses ténèbres.

23 Mais les ténèbres ne régneront pas toujours
Sur la terre où il y a maintenant des angoisses :
Si les temps passés ont couvert d'opprobre
Le pays de Zabulon et le pays de Nephthali,
Les temps à venir couvriront de gloire
La contrée voisine de la mer, au delà du Jourdain,
Le territoire des Gentils.

9 Le peuple qui marchait dans les ténèbres
Voit une grande lumière ;
Sur ceux qui habitaient le pays de l'ombre de la mort
Une lumière resplendit.

2 Tu rends le peuple nombreux,
Tu lui accordes de grandes joies ;
Il se réjouit devant toi, comme on se réjouit à la moisson,
Comme on pousse des cris d'allégresse au partage du butin.

3 Car le joug qui pesait sur lui,
Le bâton qui frappait son dos,
La verge de celui qui l'opprimait,
Tu les brises, comme à la journée de Madian.

4 Car toute chaussure qu'on porte dans la mêlée,
Et tout vêtement guerrier roulé dans le sang,
Seront livrés aux flammes,
Pour être dévorés par le feu.

Car un enfant nous est né, un fils 5 nous est donné,
Et la domination reposera sur son épaule ;
On l'appellera Admirable, Conseiller, Dieu puissant,
Père éternel, Prince de la paix.
Donner à l'empire de l'accroissement, 6
Et une paix sans fin au trône de David et à son royaume,
L'affermir et le soutenir par le droit et par la justice,
Dès maintenant et à toujours :
Voilà ce que fera le zèle de l'Éternel des armées.

Menaces contre le royaume d'Israël.

Le Seigneur envoie une parole à 7 Jacob :
Elle tombe sur Israël.
Tout le peuple en aura connaissance, 8
Éphraïm et les habitants de Samarie,
Qui disent avec orgueil et fierté :
Des briques sont tombées, 9
Nous bâtirons en pierres de taille ;
Des sycomores ont été coupés,
Nous les remplacerons par des cèdres.
L'Éternel élèvera contre eux les enne- 10 mis de Retsin,
Et il armera leurs ennemis,
Les Syriens à l'orient, les Philistins 11 à l'occident ;
Et ils dévoreront Israël à pleine bouche.
Malgré tout cela, sa colère ne s'apaise point,
Et sa main est encore étendue.

Le peuple ne revient pas à celui qui 12 le frappe,
Et il ne cherche pas l'Éternel des armées.
Aussi l'Éternel arrachera d'Israël la 13 tête et la queue,
La branche de palmier et le roseau,
En un seul jour.
(L'ancien et le magistrat, c'est la tête, 14
Et le prophète qui enseigne le mensonge, c'est la queue.)
Ceux qui conduisent ce peuple 15 l'égarent,
Et ceux qui se laissent conduire se perdent.
C'est pourquoi le Seigneur ne saurait 16 se réjouir de leurs jeunes hommes,

Ni avoir pitié de leurs orphelins et
de leurs veuves ;
Car tous sont des impies et des
méchants,
Et toutes les bouches profèrent des
infamies.
Malgré tout cela, sa colère ne s'apaise
point,
Et sa main est encore étendue.

17 Car la méchanceté consume comme
un feu,
Qui dévore ronces et épines ;
Il embrase l'épaisseur de la forêt,
D'où s'élèvent des colonnes de fumée.
18 Par la colère de l'Éternel des armées
le pays est embrasé,
Et le peuple est comme la proie du feu ;
Nul n'épargne son frère.
19 On pille à droite, et l'on a faim ;
On dévore à gauche, et l'on n'est pas
rassasié ;
Chacun dévore la chair de son bras.
20 Manassé dévore Éphraïm, Éphraïm
Manassé,
Et ensemble ils fondent sur Juda.
Malgré tout cela, sa colère ne s'apaise
point,
Et sa main est encore étendue.

10 Malheur à ceux qui prononcent
des ordonnances iniques,
Et à ceux qui transcrivent des arrêts
injustes,
2 Pour refuser justice aux pauvres,
Et ravir leur droit aux malheureux
de mon peuple,
Pour faire des veuves leur proie,
Et des orphelins leur butin !
3 Que ferez-vous au jour du châtiment,
Et de la ruine qui du lointain fondra
sur vous ?
Vers qui fuirez-vous, pour avoir du
secours,
Et où laisserez-vous votre gloire ?
4 Les uns seront courbés parmi les
captifs,
Les autres tomberont parmi les morts.
Malgré tout cela, sa colère ne s'apai-
se point,
Et sa main est encore étendue.

L'Assyrien humilié. Temps messianique.

5 Malheur à l'Assyrien, verge de ma
colère !

La verge dans sa main, c'est l'instru-
ment de ma fureur.
Je l'ai lâché contre une nation impie, 6
Je l'ai fait marcher contre le peuple
de mon courroux,
Pour qu'il se livre au pillage et fasse
du butin,
Pour qu'il le foule aux pieds comme
la boue des rues.
Mais il n'en juge pas ainsi, 7
Et ce n'est pas là la pensée de son
cœur ;
Il ne songe qu'à détruire,
Qu'à exterminer les nations en foule.
Car il dit : 8
Mes princes ne sont-ils pas autant de
rois ?
N'en a-t-il pas été de Calno comme 9
de Carkemisch ?
N'en a-t-il pas été de Hamath comme
d'Arpad ?
N'en a-t-il pas été de Samarie comme
de Damas ?
De même que ma main a atteint les 10
royaumes des idoles,
Où il y avait plus d'images qu'à Jéru-
salem et à Samarie,
Ce que j'ai fait à Samarie et à ses 11
idoles,
Ne le ferai-je pas à Jérusalem et à
ses images ?
Mais, quand le Seigneur aura accom- 12
pli toute son œuvre
Sur la montagne de Sion et à Jéru-
salem,
Je punirai le roi d'Assyrie pour le
fruit de son cœur orgueilleux,
Et pour l'arrogance de ses regards
hautains.
Car il dit : C'est par la force de ma 13
main que j'ai agi,
C'est par ma sagesse, car je suis in-
telligent ;
J'ai reculé les limites des peuples, et
pillé leurs trésors,
Et, comme un héros, j'ai renversé
ceux qui siégeaient sur des trônes ;
J'ai mis la main sur les richesses des 14
peuples, comme sur un nid,
Et, comme on ramasse des œufs
abandonnés,
J'ai ramassé toute la terre :
Nul n'a remué l'aile,
Ni ouvert le bec, ni poussé un cri.—

15 La hache se glorifie-t-elle envers celui
qui s'en sert ?
Ou la scie est-elle arrogante envers
celui qui la manie ?
Comme si la verge faisait mouvoir
celui qui la lève,
Comme si le bâton soulevait celui
qui n'est pas du bois !

16 C'est pourquoi le Seigneur, le Seigneur des armées, enverra
Le dépérissement parmi ses robustes
guerriers ;
Et, sous sa magnificence, éclatera un
embrasement,
Comme l'embrasement d'un feu.

17 La lumière d'Israël deviendra un feu,
Et son Saint une flamme,
Qui consumera et dévorera ses épines
et ses ronces,
En un seul jour ;

18 Qui consumera, corps et âme,
La magnificence de sa forêt et de ses
campagnes.
Il en sera comme d'un malade, qui
tombe en défaillance.

19 Le reste des arbres de sa forêt pourra
être compté,
Et un enfant en écrirait le nombre.

20 En ce jour-là,
Le reste d'Israël et les réchappés de
la maison de Jacob,
Cesseront de s'appuyer sur celui qui
les frappait ;
Ils s'appuieront avec confiance sur
l'Éternel, le Saint d'Israël.

21 Le reste reviendra, le reste de Jacob,
Au Dieu puissant.

22 Quand ton peuple, ô Israël, serait
comme le sable de la mer,
Un reste seulement reviendra ;
La destruction est résolue, elle fera
déborder la justice.

23 Et cette destruction qui a été résolue,
Le Seigneur, l'Éternel des armées,
l'accomplira dans tout le pays.

24 Cependant, ainsi parle le Seigneur,
l'Éternel des armées :
O mon peuple, qui habites en Sion,
ne crains pas l'Assyrien !
Il te frappe de la verge,
Et il lève son bâton sur toi, comme
faisaient les Égyptiens.

25 Mais, encore un peu de temps,
Et le châtiment cessera,
Puis ma colère se tournera contre lui
pour l'anéantir.

26 L'Éternel des armées agitera le fouet
contre lui,
Comme il frappa Madian au rocher
d'Oreb ;
Et, de même qu'il leva son bâton sur
la mer,
Il le lèvera encore, comme en Égypte.

27 En ce jour, son fardeau sera ôté de
dessus ton épaule,
Et son joug de dessus ton cou ;
Et la graisse fera éclater le joug.

28 Il marche sur Ajjath, traverse Migron,
Laisse ses bagages à Micmasch.

29 Ils passent le défilé,
Ils couchent à Guéba ;
Rama tremble,
Guibea de Saül prend la fuite.

30 Fais éclater ta voix, fille de Gallim !
Prends garde, Laïs ! malheur à toi,
Anathoth !

31 Madména se disperse,
Les habitants de Guébim sont en
fuite.

32 Encore un jour de halte à Nob,
Et il menace de sa main la montagne
de la fille de Sion,
La colline de Jérusalem.

33 Voici, le Seigneur, l'Éternel des
armées,
Brise les rameaux avec violence :
Les plus grands sont coupés,
Les plus élevés sont abattus.

34 Il renverse avec le fer les taillis de
la forêt,
Et le Liban tombe sous le Puissant.

11 Puis un rameau sortira du tronc
d'Isaï,
Et un rejeton naîtra de ses racines.

2 L'Esprit de l'Éternel reposera sur lui :
Esprit de sagesse et d'intelligence,
Esprit de conseil et de force,
Esprit de connaissance et de crainte
de l'Éternel.

3 Il respirera la crainte de l'Éternel ;
Il ne jugera point sur l'apparence,
Il ne prononcera point sur un ouï-
dire.

4 Mais il jugera les pauvres avec équité,

Et il prononcera avec droiture sur les malheureux de la terre ;

Il frappera la terre de sa parole comme d'une verge,

Et du souffle de ses lèvres il fera mourir le méchant.

5 La justice sera la ceinture de ses flancs,

Et la fidélité la ceinture de ses reins.

6 Le loup habitera avec l'agneau,

Et la panthère se couchera avec le chevreau ;

Le veau, le lionceau, et le bétail qu'on engraisse, seront ensemble,

Et un petit enfant les conduira.

7 La vache et l'ourse auront un même pâturage,

Leurs petits un même gîte ;

Et le lion, comme le bœuf, mangera de la paille.

8 Le nourrisson s'ébattra sur l'antre de la vipère,

Et l'enfant sevré mettra sa main dans la caverne du basilic.

9 Il ne se fera ni tort ni dommage

Sur toute ma montagne sainte ;

Car la terre sera remplie de la connaissance de l'Éternel,

Comme le fond de la mer par les eaux qui le couvrent.

10 En ce jour, le rejeton d'Isaï

Sera là comme une bannière pour les peuples ;

Les nations se tourneront vers lui,

Et la gloire sera sa demeure.

11 Dans ce même temps, le Seigneur étendra une seconde fois sa main,

Pour racheter le reste de son peuple,

Dispersé en Assyrie et en Égypte,

A Pathros et en Éthiopie,

A Élam, à Schinear et à Hamath,

Et dans les îles de la mer.

12 Il élèvera une bannière pour les nations,

Il rassemblera les exilés d'Israël,

Et il recueillera les dispersés de Juda,

Des quatre extrémités de la terre.

13 La jalousie d'Éphraïm disparaîtra,

Et ses ennemis en Juda seront anéantis ;

Éphraïm ne sera plus jaloux de Juda,

Et Juda ne sera plus hostile à Éphraïm.

14 Ils voleront sur l'épaule des Philistins à l'occident,

Ils pilleront ensemble les fils de l'Orient ;

Édom et Moab seront la proie de leurs mains,

Et les fils d'Ammon leur seront assujettis.

15 L'Éternel desséchera la langue de la mer d'Égypte,

Et il lèvera sa main sur le fleuve, en soufflant avec violence :

Il le partagera en sept canaux,

Et on le traversera avec des souliers.

16 Et il y aura une route pour le reste de son peuple,

Qui sera échappé de l'Assyrie,

Comme il y en eut une pour Israël,

Le jour où il sortit du pays d'Égypte.

12

Tu diras en ce jour-là :

Je te loue, ô Éternel !

Car tu as été irrité contre moi,

Ta colère s'est apaisée, et tu m'as consolé.

2 Voici, Dieu est ma délivrance,

Je serai plein de confiance, et je ne craindrai rien ;

Car l'Éternel, l'Éternel est ma force et le sujet de mes louanges ;

C'est lui qui m'a sauvé.

3 Vous puiserez de l'eau avec joie

Aux sources du salut,

4 Et vous direz en ce jour-là :

Louez l'Éternel, invoquez son nom,

Publiez ses œuvres parmi les peuples,

Rappelez la grandeur de son nom !

5 Célébrez l'Éternel, car il a fait des choses magnifiques :

Qu'elles soient connues par toute la terre !

6 Pousse des cris de joie et d'allégresse, habitant de Sion !

Car il est grand au milieu de toi, le Saint d'Israël.

13

Oracle sur Babylone, révélé à Ésaïe, fils d'Amots.

2 Sur une montagne nue dressez une bannière,

Élevez la voix vers eux,

Faites des signes avec la main,

Et qu'ils franchissent les portes des tyrans !

3 J'ai donné des ordres à ma sainte
milice,
J'ai appelé les héros de ma colère,
Ceux qui se réjouissent de ma
grandeur.

4 On entend une rumeur sur les montagnes,
Comme celle d'un peuple nombreux;
On entend un tumulte de royaumes,
de nations rassemblées:
L'Éternel des armées passe en revue
l'armée qui va combattre.

5 Ils viennent d'un pays lointain,
De l'extrémité des cieux:
L'Éternel et les instruments de sa
colère
Vont détruire toute la contrée.

6 Gémissez, car le jour de l'Éternel est
proche:
Il vient comme un ravage du Tout-
Puissant.

7 C'est pourquoi toutes les mains s'affaiblissent,
Et tout cœur d'homme est abattu.

8 Ils sont frappés d'épouvante;
Les spasmes et les douleurs les
saisissent;
Ils se tordent comme une femme en
travail;
Ils se regardent les uns les autres
avec stupeur;
Leurs visages sont enflammés.

9 Voici, le jour de l'Éternel arrive,
Jour cruel, jour de colère et d'ardente
fureur,
Qui réduira la terre en solitude,
Et en exterminera les pécheurs.

10 Car les étoiles des cieux et leurs
astres
Ne feront plus briller leur lumière,
Le soleil s'obscurcira dès son lever,
Et la lune ne fera plus luire sa clarté.

11 Je punirai le monde pour sa malice,
Et les méchants pour leurs iniquités;
Je ferai cesser l'orgueil des hautains,
Et j'abattrai l'arrogance des tyrans.

12 Je rendrai les hommes plus rares que
l'or fin,
Je les rendrai plus rares que l'or
d'Ophir.

13 C'est pourquoi j'ébranlerai les cieux,
Et la terre sera secouée sur sa base,
Par la colère de l'Éternel des armées,

Au jour de son ardente fureur.

14 Alors, comme une gazelle effarouchée,
Comme un troupeau sans berger,
Chacun se tournera vers son peuple,
Chacun fuira vers son pays;

15 Tous ceux qu'on trouvera seront
percés,
Et tous ceux qu'on saisira tomberont
par l'épée.

16 Leurs enfants seront écrasés sous
leurs yeux,
Leurs maisons seront pillées, et leurs
femmes violées.

17 Voici, j'excite contre eux les Mèdes,
Qui ne font point cas de l'argent,
Et qui ne convoitent point l'or.

18 De leurs arcs ils abattront les jeunes
gens,
Et ils seront sans pitié pour le fruit
des entrailles:
Leur œil n'épargnera point les enfants.

19 Et Babylone, l'ornement des royaumes,
La fière parure des Chaldéens,
Sera comme Sodome et Gomorrhe,
que Dieu détruisit.

20 Elle ne sera plus jamais habitée,
Elle ne sera plus jamais peuplée;
L'Arabe n'y dressera point sa tente,
Et les bergers n'y parqueront point
leurs troupeaux.

21 Les animaux du désert y prendront
leur gîte,
Les hiboux rempliront ses maisons,
Les autruches en feront leur demeure
Et les boucs y sauteront.

22 Les chacals hurleront dans ses palais,
Et les chiens sauvages dans ses
maisons de plaisance.
Son temps est près d'arriver,
Et ses jours ne se prolongeront pas.

14 Car l'Éternel aura pitié de Jacob,
Il choisira encore Israël,
Et il les rétablira dans leur pays;
Les étrangers se joindront à eux,
Et ils s'uniront à la maison de Jacob.

2 Les peuples les prendront, et les
ramèneront à leur demeure,
Et la maison d'Israël les possédera
dans le pays de l'Éternel,
Comme serviteurs et comme servantes;

Ils retiendront captifs ceux qui les avaient faits captifs,

Et ils domineront sur leurs oppresseurs.

3 Et quand l'Éternel t'aura donné du repos,

Après tes fatigues et tes agitations,

Et après la dure servitude qui te fut imposée,

4 Alors tu prononceras ce chant sur le roi de Babylone,

Et tu diras :

Eh quoi ! le tyran n'est plus !

L'oppression a cessé !

5 L'Éternel a brisé le bâton des méchants,

La verge des dominateurs.

6 Celui qui dans sa fureur frappait les peuples,

Par des coups sans relâche,

Celui qui dans sa colère subjuguait les nations,

Est poursuivi sans ménagement.

7 Toute la terre jouit du repos et de la paix ;

On éclate en chants d'allégresse.

8 Les cyprès même, les cèdres du Liban, se réjouissent de ta chute :

Depuis que tu es tombé, personne ne monte pour nous abattre.

9 Le séjour des morts s'émeut jusque dans ses profondeurs,

Pour t'accueillir à ton arrivée ;

Il réveille devant toi les ombres, tous les grands de la terre,

Il fait lever de leurs trônes tous les rois des nations.

10 Tous prennent la parole pour te dire :

Toi aussi, tu es sans force comme nous,

Tu es devenu semblable à nous !

11 Ta magnificence est descendue dans le séjour des morts,

Avec le son de tes luths ;

Sous toi est une couche de vers,

Et les vers sont ta couverture.

12 Te voilà tombé du ciel,

Astre brillant, fils de l'aurore !

Tu es abattu à terre,

Toi, le vainqueur des nations !

13 Tu disais en ton cœur : Je monterai au ciel,

J'élèverai mon trône au-dessus des étoiles de Dieu ;

Je m'assiérai sur la montagne de l'assemblée,

A l'extrémité du septentrion ;

Je monterai sur le sommet des nues, 14

Je serai semblable au Très-Haut.

Mais tu as été précipité dans le séjour 15 des morts,

Dans les profondeurs de la fosse.

Ceux qui te voient fixent sur toi leurs 16 regards,

Ils te considèrent attentivement :

Est-ce là cet homme qui faisait trembler la terre,

Qui ébranlait les royaumes,

Qui réduisait le monde en désert, 17

Qui ravageait les villes,

Et ne relâchait point ses prisonniers ?

Tous les rois des nations, oui, tous, 18

Reposent avec honneur, chacun dans son tombeau.

Mais toi, tu as été jeté loin de ton 19 sépulcre,

Comme un rameau qu'on dédaigne,

Comme une dépouille de gens tués à coups d'épée,

Et précipités sur les pierres d'une fosse,

Comme un cadavre foulé aux pieds.

Tu n'es pas réuni à eux dans le 20 sépulcre,

Car tu as détruit ton pays, tu as fait périr ton peuple :

On ne parlera plus jamais de la race des méchants.

Préparez le massacre des fils, 21

A cause de l'iniquité de leurs pères !

Qu'ils ne se relèvent pas pour conquérir la terre,

Et remplir le monde d'ennemis ! —

Je me lèverai contre eux, 22

Dit l'Éternel des armées ;

J'anéantirai le nom et la trace de Babylone,

Ses descendants et sa postérité, dit l'Éternel.

J'en ferai le gîte du hérisson et un 23 marécage,

Et je la balaierai avec le balai de la destruction,

Dit l'Éternel des armées.

L'Éternel des armées l'a juré, en 24 disant :

Oui, ce que j'ai décidé arrivera,
Ce que j'ai résolu s'accomplira.

25 Je briserai l'Assyrien dans mon pays,
Je le foulerai aux pieds sur mes mon-
tagnes ;
Et son joug leur sera ôté,
Et son fardeau sera ôté de leurs
épaules.

26 Voilà la résolution prise contre toute
la terre,
Voilà la main étendue sur toutes les
nations.

27 L'Éternel des armées a pris cette
résolution : qui s'y opposera ?
Sa main est étendue : qui la détournera ?

Oracle contre les Philistins.

28 L'année de la mort du roi Achaz,
cet oracle fut prononcé :

29 Ne te réjouis pas, pays des Philistins,
De ce que la verge qui te frappait est
brisée !
Car de la racine du serpent sortira un
basilic,
Et son fruit sera un dragon volant.

30 Alors les plus pauvres pourront
paître,
Et les malheureux reposer en sécurité ;
Mais je ferai mourir ta racine par
la faim,
Et ce qui restera de toi sera tué.

31 Porte, gémis ! ville, lamente-toi !
Tremble, pays tout entier des Philis-
tins !
Car du nord vient une fumée,
Et les rangs de l'ennemi sont serrés.—

32 Et que répondra-t-on aux envoyés du
peuple ?—
Que l'Éternel a fondé Sion,
Et que les malheureux de son peuple
y trouvent un refuge.

15 Oracle sur Moab.

La nuit même où elle est ravagée,
Ar-Moab est détruite !
La nuit même où elle est ravagée,
Kir-Moab est détruite !...

2 On monte au temple et à Dibon,
Sur les hauts lieux, pour pleurer ;

Moab est en lamentations, sur Nebo
et sur Médeba :
Toutes les têtes sont rasées,
Toutes les barbes sont coupées.

3 Dans les rues, ils sont couverts de
sacs ;
Sur les toits et dans les places,
Tout gémit et fond en larmes.

4 Hesbon et Éléalé poussent des cris,
On entend leur voix jusqu'à Jahats ;
Même les guerriers de Moab se
lamentent,
Ils ont l'effroi dans l'âme.

5 Mon cœur gémit sur Moab,
Dont les fugitifs se sauvent jusqu'à
Tsoar,
Jusqu'à Églath-Schelischija ;
Car ils font, en pleurant, la montée
de Luchith,
Et ils jettent des cris de détresse sur
le chemin de Choronaïm ;

6 Car les eaux de Nimrim sont ravagées,
L'herbe est desséchée, le gazon est
détruit,
La verdure a disparu.

7 C'est pourquoi ils ramassent ce qui
leur reste,
Et ils transportent leurs biens au
delà du torrent des saules.

8 Car les cris environnent les frontières
de Moab ;
Ses lamentations retentissent jusqu'à
Églaïm,
Ses lamentations retentissent jusqu'à
Beer-Élim.

9 Les eaux de Dimon sont pleines de
sang,
Et j'enverrai sur Dimon de nouveaux
malheurs,
Un lion contre les réchappés de
Moab,
Contre le reste du pays.

16 Envoyez les agneaux au souverain
du pays,
Envoyez-les de Séla, par le désert,
A la montagne de la fille de Sion.

2 Tel un oiseau fugitif, telle une
nichée effarouchée,
Telles seront les filles de Moab, au
passage de l'Arnon.—

3 Donne conseil, fais justice,
Couvre-nous en plein midi de ton
ombre comme de la nuit,
Cache ceux que l'on poursuit,

Ne trahis pas le fugitif!

4 Laisse séjourner chez toi les exilés de Moab,

Sois pour eux un refuge contre le dévastateur!

Car l'oppression cessera, la dévastation finira,

Celui qui foule le pays disparaîtra.

5 Et le trône s'affermira par la clémence;

Et l'on y verra siéger fidèlement, dans la maison de David,

Un juge ami du droit et zélé pour la justice. —

6 Nous entendons l'orgueil du superbe Moab,

Sa fierté et sa hauteur, son arrogance et ses vains discours.

7 C'est pourquoi Moab gémit sur Moab, tout gémit;

Vous soupirez sur les ruines de Kir-Haréseth,

Profondément abattus.

8 Car les campagnes de Hesbon languissent;

Les maîtres des nations ont brisé les ceps de la vigne de Sibma,

Qui s'étendaient jusqu'à Jaezer, qui erraient dans le désert:

Les rameaux se prolongeaient, et allaient au delà de la mer.

9 Aussi je pleure sur la vigne de Sibma, comme sur Jaezer;

Je vous arrose de mes larmes, Hesbon, Élealé!

Car sur votre récolte et sur votre moisson

Est venu fondre un cri de guerre.

10 La joie et l'allégresse ont disparu des campagnes;

Dans les vignes, plus de chants, plus de réjouissances!

Le vendangeur ne foule plus le vin dans les cuves;

J'ai fait cesser les cris de joie.

11 Aussi mes entrailles frémissent sur Moab, comme une harpe,

Et mon cœur sur Kir-Harès.

12 On voit Moab, qui se fatigue sur les hauts lieux;

Il entre dans son sanctuaire pour prier, et il ne peut rien obtenir.

13 Telle est la parole que l'Éternel a prononcée dès longtemps sur Moab.

14 Et maintenant l'Éternel parle, et dit:

Dans trois ans, comme les années d'un mercenaire,

La gloire de Moab sera l'objet du mépris,

Avec toute cette grande multitude;

Et ce qui restera sera peu de chose, presque rien.

Oracle sur Damas. 17

Voici, Damas ne sera plus une ville,

Elle ne sera qu'un monceau de ruines.

2 Les villes d'Aroër sont abandonnées,

Elles sont livrées aux troupeaux;

Ils s'y couchent, et personne ne les effraie.

3 C'en est fait de la forteresse d'Éphraïm,

Et du royaume de Damas, et du reste de la Syrie:

Il en sera comme de la gloire des enfants d'Israël,

Dit l'Éternel des armées.

4 En ce jour, la gloire de Jacob sera affaiblie,

Et la graisse de sa chair s'évanouira.

5 Il en sera comme quand le moissonneur récolte les blés,

Et que son bras coupe les épis;

Comme quand on ramasse les épis,

Dans la vallée de Rephaïm.

6 Il en restera un grappillage, comme quand on secoue l'olivier,

Deux, trois olives, au haut de la cime,

Quatre, cinq, dans ses branches à fruits,

Dit l'Éternel, le Dieu d'Israël.

7 En ce jour, l'homme regardera vers son créateur,

Et ses yeux se tourneront vers le Saint d'Israël;

8 Il ne regardera plus vers les autels,

Ouvrage de ses mains,

Et il ne contemplera plus ce que ses doigts ont fabriqué,

Les idoles d'Astarté et les statues du soleil.

9 En ce jour, ses villes fortes seront

Comme des débris dans la forêt et sur la cime des montagnes,

Abandonnés devant les enfants d'Israël:
Et ce sera un désert.

10 Car tu as oublié le Dieu de ton salut,
Tu ne t'es pas souvenu du rocher de
ton refuge.
Aussi tu as fait des plantations
d'agrément,
Tu as planté des ceps étrangers;
11 Lorsque tu les plantas, tu les en-
touras d'une haie,
Et bientôt tu les fis venir en fleurs.
Mais la récolte a fui, au moment de
la jouissance:
Et la douleur est sans remède.

12 Oh! quelle rumeur de peuples nombreux!
Ils mugissent comme mugit la mer.
Quel tumulte de nations!
Elles grondent comme grondent les
eaux puissantes.
13 Les nations grondent comme grondent les grandes eaux....
Il les menace, et elles fuient au loin,
Chassées comme la balle des montagnes au souffle du vent,
Comme la poussière par un tourbillon.
14 Quand vient le soir, voici, c'est une
ruine soudaine;
Avant le matin, ils ne sont plus!
Voilà le partage de ceux qui nous
dépouillent,
Le sort de ceux qui nous pillent.

18 Terre, où retentit le cliquetis des
armes,
Au delà des fleuves de l'Éthiopie!
2 Toi qui envoies sur mer des messagers,
Dans des navires de jonc voguant
à la surface des eaux!
Allez, messagers rapides, vers la
nation forte et vigoureuse,
Vers ce peuple redoutable depuis
qu'il existe,
Nation puissante et qui écrase tout,
Et dont le pays est coupé par des
fleuves.
3 Vous tous, habitants du monde,
habitants de la terre,
Voyez la bannière qui se dresse sur
les montagnes,

Écoutez la trompette qui sonne!

Car ainsi m'a parlé l'Éternel: 4
Je regarde tranquillement de ma
demeure,
Par la chaleur brillante de la lumière,
Et par la vapeur de la rosée, au
temps de la chaude moisson.
Mais avant la moisson, quand la 5
pousse est achevée,
Quand la fleur devient un raisin qui
mûrit,
Il coupe les sarments avec des serpes,
Il enlève, il tranche les ceps....
Ils seront tous abandonnés aux 6
oiseaux de proie des montagnes
Et aux bêtes de la terre;
Les oiseaux de proie passeront l'été
sur leurs cadavres,
Et les bêtes de la terre y passeront
l'hiver.

En ce temps-là, des offrandes seront 7
apportées à l'Éternel des armées,
Par le peuple fort et vigoureux,
Par le peuple redoutable depuis qu'il
existe,
Nation puissante et qui écrase tout,
Et dont le pays est coupé par des
fleuves;
Elles seront apportées là où réside
le nom de l'Éternel des armées,
Sur la montagne de Sion.

Oracle sur l'Égypte. 19

Voici, l'Éternel est monté sur une
nuée rapide, il vient en Égypte;
Et les idoles de l'Égypte tremblent
devant lui,
Et le cœur des Égyptiens tombe en
défaillance.
J'armerai l'Égyptien contre l'Égyp- 2
tien,
Et l'on se battra frère contre frère,
ami contre ami,
Ville contre ville, royaume contre
royaume.
L'esprit de l'Égypte disparaîtra du 3
milieu d'elle,
Et j'anéantirai son conseil;
On consultera les idoles et les enchanteurs,
Ceux qui évoquent les morts et ceux
qui prédisent l'avenir.

4 Et je livrerai l'Égypte entre les
mains d'un maître sévère;
Un roi cruel dominera sur eux,
Dit le Seigneur, l'Éternel des armées.

5 Les eaux de la mer tariront,
Le fleuve deviendra sec et aride;

6 Les rivières seront infectes,
Les canaux de l'Égypte seront bas
et desséchés,
Les joncs et les roseaux se flétriront.

7 Ce ne sera que nudité le long du
fleuve, à l'embouchure du fleuve;
Tout ce qui aura été semé près du
fleuve se desséchera,
Se réduira en poussière et périra.

8 Les pêcheurs gémiront,
Tous ceux qui jettent l'hameçon dans
le fleuve se lamenteront,
Et ceux qui étendent des filets sur
les eaux seront désolés.

9 Ceux qui travaillent le lin peigné
Et qui tissent des étoffes blanches
seront confus.

10 Les soutiens du pays seront dans
l'abattement,
Tous les mercenaires auront l'âme
attristée.

11 Les princes de Tsoan ne sont que
des insensés,
Les sages conseillers de Pharaon
forment un conseil stupide.
Comment osez-vous dire à Pharaon:
Je suis fils des sages, fils des anciens
rois?

12 Où sont-ils donc tes sages?
Qu'ils te fassent des révélations,
Et qu'on apprenne ce que l'Éternel
des armées a résolu contre l'Égypte.

13 Les princes de Tsoan sont fous,
Les princes de Noph sont dans
l'illusion,
Les chefs des tribus égarent l'Égypte;

14 L'Éternel a répandu au milieu d'elle
un esprit de vertige,
Pour qu'ils fassent chanceler les
Égyptiens dans tous leurs actes,
Comme un homme ivre chancelle en
vomissant.

15 Et l'Égypte sera hors d'état de faire
Ce que font la tête et la queue,
La branche de palmier et le roseau.

16 En ce jour, l'Égypte sera comme des
femmes;
Elle tremblera et aura peur,

En voyant s'agiter la main de
l'Éternel des armées,
Quand il la lèvera contre elle.

17 Et le pays de Juda sera pour l'Égypte
un objet d'effroi:
Dès qu'on lui en parlera, elle sera
dans l'épouvante,
A cause de la résolution prise contre
elle par l'Éternel des armées.

18 En ce temps-là, il y aura cinq villes
au pays d'Égypte,
Qui parleront la langue de Canaan,
Et qui jureront par l'Éternel des
armées:
L'une d'elles sera appelée ville de la
destruction.

19 En ce même temps, il y aura un
autel à l'Éternel
Au milieu du pays d'Égypte,
Et sur la frontière un monument à
l'Éternel.

20 Ce sera pour l'Éternel des armées
un signe et un témoignage
Dans le pays d'Égypte;
Ils crieront à l'Éternel à cause des
oppresseurs,
Et il leur enverra un sauveur et un
défenseur pour les délivrer.

21 Et l'Éternel sera connu des Égyptiens,
Et les Égyptiens connaîtront l'Éternel en ce jour-là;
Ils feront des sacrifices et des
offrandes,
Ils feront des vœux à l'Éternel et les
accompliront.

22 Ainsi l'Éternel frappera les Égyp-
tiens,
Il les frappera, mais il les guérira;
Et ils se convertiront à l'Éternel,
Qui les exaucera et les guérira.

23 En ce même temps, il y aura une
route d'Égypte en Assyrie:
Les Assyriens iront en Égypte, et
les Égyptiens en Assyrie,
Et les Égyptiens avec les Assyriens
serviront l'Éternel.

24 En ce même temps, Israël sera, lui
troisième,
Uni à l'Égypte et à l'Assyrie,
Et ces pays seront l'objet d'une
bénédiction.

25 L'Éternel des armées les bénira, en
disant:

Bénis soient l'Égypte, mon peuple,
Et l'Assyrie, œuvre de mes mains,
Et Israël, mon héritage !

Les Égyptiens et les Éthiopiens captifs du roi d'Assyrie.

20 L'année où Tharthan, envoyé par Sargon, roi d'Assyrie, vint assiéger
2 Asdod et s'en empara, en ce temps-là l'Éternel adressa la parole à Ésaïe, fils d'Amots, et lui dit : Va, détache le sac de tes reins et ôte tes souliers de tes pieds. Il fit ainsi, marcha nu et déchaussé.

3 Et l'Éternel dit : De même que mon serviteur Ésaïe marche nu et déchaussé, ce qui sera dans trois ans un signe et un présage pour l'Égypte
4 et pour l'Éthiopie, de même le roi d'Assyrie emmènera de l'Égypte et de l'Éthiopie captifs et exilés les jeunes hommes et les vieillards, nus et déchaussés, et le dos découvert, à la honte de l'Égypte.

5 Alors on sera dans l'effroi et dans la confusion, à cause de l'Éthiopie en qui l'on avait mis sa confiance, et de l'Égypte dont on se glorifiait.
6 Et les habitants de cette côte diront en ce jour : Voilà ce qu'est devenu l'objet de notre attente, sur lequel nous avions compté pour être secourus, pour être délivrés du roi d'Assyrie ! Comment échapperons-nous ?

21 Oracle sur le désert de la mer.

Comme s'avance l'ouragan du midi,
Il vient du désert, du pays redoutable.
2 Une vision terrible m'a été révélée.
L'oppresseur opprime, le dévastateur
dévaste.—
Monte, Élam ! Assiège, Médie !
Je fais cesser tous les soupirs.—
3 C'est pourquoi mes reins sont remplis
d'angoisses ;
Des douleurs me saisissent,
Comme les douleurs d'une femme
en travail ;
Les spasmes m'empêchent d'entendre,
Le tremblement m'empêche de voir.
4 Mon cœur est troublé,

La terreur s'empare de moi ; ·
La nuit de mes plaisirs devient une
nuit d'épouvante.
On dresse la table, la garde veille, 5
on mange, on boit...
Debout, princes ! oignez le bouclier !

Car ainsi m'a parlé le Seigneur : 6
Va, place la sentinelle ;
Qu'elle annonce ce qu'elle verra.—
Elle vit de la cavalerie, des cavaliers 7
deux à deux,
Des cavaliers sur des ânes, des cava-
liers sur des chameaux ;
Et elle était attentive, très attentive.
Puis elle s'écria, comme un lion : 8
Seigneur, je me tiens sur la tour
toute la journée,
Et je suis à mon poste toutes les
nuits ;
Et voici, il vient de la cavalerie, des 9
cavaliers deux à deux !
Elle prit encore la parole, et dit :
Elle est tombée, elle est tombée,
Babylone,
Et toutes les images de ses dieux
sont brisées par terre !—

O mon peuple, qui as été battu 10
comme du grain dans mon aire !
Ce que j'ai appris de l'Éternel des
armées, Dieu d'Israël,
Je vous l'ai annoncé.

Oracle sur Duma. 11

On me crie de Séir :
Sentinelle, que dis-tu de la nuit ?
Sentinelle, que dis-tu de la nuit ?
La sentinelle répond : 12
Le matin vient, et la nuit aussi.
Si vous voulez interroger, interrogez ;
Convertissez-vous, et revenez.

Oracle sur l'Arabie. 13

Vous passerez la nuit dans les brous-
sailles de l'Arabie,
Caravanes de Dedan !
Portez de l'eau à ceux qui ont soif ; 14
Les habitants du pays de Théma
Portent du pain aux fugitifs.
Car ils fuient devant les épées, 15
Devant l'épée nue, devant l'arc
tendu,

Devant un combat acharné.

16 Car ainsi m'a parlé le Seigneur :
Encore une année, comme les années
d'un mercenaire,
Et c'en est fait de toute la gloire de
Kédar.

17 Il ne restera qu'un petit nombre des
vaillants archers, fils de Kédar,
Car l'Éternel, le Dieu d'Israël, l'a
déclaré.

22 Oracle sur la vallée des visions.

Qu'as-tu donc, que tout ton peuple
monte sur les toits ?

2 Ville bruyante, pleine de tumulte,
Cité joyeuse !
Tes morts ne périront pas par l'épée,
Ils ne mourront pas en combattant.

3 Tous tes chefs fuient ensemble,
Ils sont faits prisonniers par les
archers ;
Tous tes habitants deviennent à la
fois captifs,
Tandis qu'ils prennent au loin la
fuite.

4 C'est pourquoi je dis : Détournez de
moi les regards,
Laissez-moi pleurer amèrement ;
N'insistez pas pour me consoler
Du désastre de la fille de mon peuple.

5 Car c'est un jour de trouble, d'écrase-
ment et de confusion,
Envoyé par le Seigneur, l'Éternel des
armées,
Dans la vallée des visions.
On démolit les murailles,
Et les cris de détresse retentissent
vers la montagne.

6 Élam porte le carquois ;
Des chars de combattants, des ca-
valiers, s'avancent,
Kir met à nu le bouclier.

7 Tes plus belles vallées sont remplies
de chars,
Et les cavaliers se rangent en bataille
à tes portes.

8 Les derniers retranchements de Juda
sont forcés,
Et en ce jour tu visites les armures
de la maison de la forêt.

9 Vous regardez les brèches nombreuses faites à la ville de David,
Et vous retenez les eaux de l'étang
inférieur.

Vous comptez les maisons de Jéru- 10
salem,
Et vous les abattez, pour fortifier la
muraille.

Vous faites un réservoir entre les 11
deux murs,
Pour les eaux de l'ancien étang.
Mais vous ne regardez pas vers celui
qui a voulu ces choses,
Vous ne voyez pas celui qui les a
préparées de loin.

Le Seigneur, l'Éternel des armées, 12
vous appelle en ce jour
A pleurer et à vous frapper la poitrine,
A vous raser la tête et à ceindre le
sac.

Et voici de la gaîté et de la joie ! 13
On égorge des bœufs et l'on tue des
brebis,
On mange de la viande et l'on boit
du vin :
Mangeons et buvons, car demain
nous mourrons ! —

L'Éternel des armées me l'a révélé : 14
Non, ce crime ne vous sera point
pardonné que vous ne soyez morts,
Dit le Seigneur, l'Éternel des armées.

Ainsi parle le Seigneur, l'Éternel des 15
armées :
Va vers ce courtisan,
Vers Schebna, gouverneur du palais :
Qu'y a-t-il à toi ici, et qui as-tu ici, 16
Que tu creuses ici un sépulcre ?
Il se creuse un sépulcre sur la
hauteur,
Il se taille une demeure dans le roc !
Voici, l'Éternel te lancera d'un jet 17
vigoureux ;
Il t'enveloppera comme une pelote,
Il te fera rouler, rouler comme une 18
balle,
Sur une terre spacieuse ;
Là tu mourras, là seront tes chars
magnifiques,
O toi, l'opprobre de la maison de ton
maître !
Je te chasserai de ton poste, 19
L'Éternel t'arrachera de ta place.

En ce jour-là, 20
J'appellerai mon serviteur Éliakim,
fils de Hilkija ;

21 Je le revêtirai de ta tunique, je le ceindrai de ta ceinture,
Et je remettrai ton pouvoir entre ses mains ;
Il sera un père pour les habitants de Jérusalem
Et pour la maison de Juda.

22 Je mettrai sur son épaule la clé de la maison de David :
Quand il ouvrira, nul ne fermera ;
Quand il fermera, nul n'ouvrira.

23 Je l'enfoncerai comme un clou dans un lieu sûr,
Et il sera un siège de gloire pour la maison de son père.

24 Il sera le soutien de toute la gloire de la maison de son père,
Des rejetons nobles et ignobles,
De tous les petits ustensiles,
Des bassins comme des vases.

25 En ce jour, dit l'Éternel des armées,
Le clou enfoncé dans un lieu sûr sera enlevé,
Il sera abattu et tombera,
Et le fardeau qui était sur lui sera détruit,
Car l'Éternel a parlé.

23 Oracle sur Tyr.

Lamentez-vous, navires de Tarsis !
Car elle est détruite : plus de maisons ! plus d'entrée !
C'est du pays de Kittim que la nouvelle leur en est venue.

2 Soyez muets d'effroi, habitants de la côte,
Que remplissaient les marchands de Sidon, parcourant la mer !

3 A travers les vastes eaux, le blé du Nil,
La moisson du fleuve, était pour elle un revenu ;
Elle était le marché des nations.

4 Sois confuse, Sidon !
Car ainsi parle la mer, la forteresse de la mer :
Je n'ai point eu de douleurs, je n'ai point enfanté,
Je n'ai point nourri de jeunes gens, ni élevé de jeunes filles.

5 Quand les Égyptiens sauront la nouvelle,
Ils trembleront en apprenant la chute de Tyr.

6 Passez à Tarsis,
Lamentez-vous, habitants de la côte !

7 Est-ce là votre ville joyeuse ?
Elle avait une origine antique,
Et ses pieds la mènent séjourner au loin.

8 Qui a pris cette résolution contre Tyr, la dispensatrice des couronnes,
Elle dont les marchands étaient des princes,
Dont les commerçants étaient les plus riches de la terre ?

9 C'est l'Éternel des armées qui a pris cette résolution,
Pour blesser l'orgueil de tout ce qui brille,
Pour humilier tous les grands de la terre.

10 Parcours librement ton pays, pareille au Nil,
Fille de Tarsis ! Plus de joug !

11 L'Éternel a étendu sa main sur la mer ;
Il a fait trembler les royaumes ;
Il a ordonné la destruction des forteresses de Canaan.

12 Il a dit : Tu ne te livreras plus à la joie,
Vierge déshonorée, fille de Sidon !
Lève-toi, passe au pays de Kittim !
Même là, il n'y aura pas de repos pour toi.

13 Vois les Chaldéens, qui n'étaient pas un peuple,
Ces habitants du désert, pour qui l'Assyrien a fondé un pays ;
Ils élèvent des tours, ils renversent les palais de Tyr,
Ils les mettent en ruines.

14 Lamentez-vous, navires de Tarsis !
Car votre forteresse est détruite !

15 En ce temps-là, Tyr tombera dans l'oubli soixante et dix ans,
Ce que dure la vie d'un roi.
Au bout de soixante et dix ans, il en sera de Tyr
Comme de la prostituée dont parle la chanson :—

16 Prends la harpe, parcours la ville,
Prostituée qu'on oublie !
Joue bien, répète tes chants,
Pour qu'on se souvienne de toi !—

17 Au bout de soixante et dix ans, l'Éternel visitera Tyr,

Et elle retournera à son salaire impur;

Elle se prostituera à tous les royaumes de la terre,
Sur la face du monde.

18 Mais son gain et son salaire impur seront consacrés à l'Éternel,
Ils ne seront ni entassés ni conservés;
Car son gain fournira pour ceux qui habitent devant l'Éternel
Une nourriture abondante et des vêtements magnifiques.

Le pays de Juda ravagé, Babylone détruite, et Jérusalem restaurée.

24 Voici, l'Éternel dévaste le pays et le rend désert,
Il en bouleverse la face et en disperse les habitants.

2 Et il en est du sacrificateur comme du peuple,
Du maître comme du serviteur,
De la maîtresse comme de la servante,
Du vendeur comme de l'acheteur,
Du prêteur comme de l'emprunteur,
Du créancier comme du débiteur.

3 Le pays est dévasté, livré au pillage;
Car l'Éternel l'a décrété.

4 Le pays est triste, épuisé;
Les habitants sont abattus, languissants;
Les chefs du peuple sont sans force.

5 Le pays était profané par ses habitants;
Car ils transgressaient les lois, violaient les ordonnances,
Ils rompaient l'alliance éternelle.

6 C'est pourquoi la malédiction dévore le pays,
Et ses habitants portent la peine de leurs crimes;
C'est pourquoi les habitants du pays sont consumés,
Et il n'en reste qu'un petit nombre.

7 Le moût est triste, la vigne est flétrie;
Tous ceux qui avaient le cœur joyeux soupirent.

8 La joie des tambourins a cessé,
La gaîté bruyante a pris fin,
La joie de la harpe a cessé.

9 On ne boit plus de vin en chantant;
Les liqueurs fortes sont amères au buveur.

10 La ville déserte est en ruines;
Toutes les maisons sont fermées, on n'y entre plus.

11 On crie dans les rues, parce que le vin manque;
Toute réjouissance a disparu,
L'allégresse est bannie du pays.

12 La dévastation est restée dans la ville,
Et les portes abattues sont en ruines.

13 Car il en est dans le pays, au milieu des peuples,
Comme quand on secoue l'olivier,
Comme quand on grappille après la vendange.

14 Ils élèvent leur voix, ils poussent des cris d'allégresse;
Des bords de la mer, ils célèbrent la majesté de l'Éternel.

15 Glorifiez donc l'Éternel dans les lieux où brille la lumière,
Le nom de l'Éternel, Dieu d'Israël, dans les îles de la mer!—

16 De l'extrémité de la terre nous entendons chanter: Gloire au juste!
Mais moi je dis: Je suis perdu! je suis perdu! malheur à moi!
Les pillards pillent, et les pillards s'acharnent au pillage.

17 La terreur, la fosse, et le filet,
Sont sur toi, habitant du pays!

18 Celui qui fuit devant les cris de terreur tombe dans la fosse,
Et celui qui remonte de la fosse se prend au filet;
Car les écluses d'en haut s'ouvrent,
Et les fondements de la terre sont ébranlés.

19 La terre est déchirée,
La terre se brise,
La terre chancelle.

20 La terre chancelle comme un homme ivre,
Elle vacille comme une cabane;
Son péché pèse sur elle,
Elle tombe, et ne se relève plus.

21 En ce temps-là, l'Éternel châtiera dans le ciel l'armée d'en haut,
Et sur la terre les rois de la terre.

22 Ils seront assemblés captifs dans une prison,
Ils seront enfermés dans des cachots,

Et, après un grand nombre de jours,
ils seront châtiés.

23 La lune sera couverte de honte,
Et le soleil de confusion ;
Car l'Éternel des armées régnera
Sur la montagne de Sion et à Jéru-
salem,
Resplendissant de gloire en présence
de ses anciens.

25 O Éternel ! tu es mon Dieu ;
Je t'exalterai, je célébrerai ton
nom,
Car tu as fait des choses merveilleuses ;
Tes desseins conçus à l'avance se
sont fidèlement accomplis.

2 Car tu as réduit la ville en un
monceau de pierres,
La cité forte en un tas de ruines ;
La forteresse des barbares est dé-
truite,
Jamais elle ne sera rebâtie.

3 C'est pourquoi les peuples puissants
te glorifient,
Les villes des nations puissantes te
craignent.

4 Tu as été un refuge pour le faible,
Un refuge pour le malheureux dans
la détresse,
Un abri contre la tempête,
Un ombrage contre la chaleur ;
Car le souffle des tyrans
Est comme l'ouragan qui frappe une
muraille.

5 Comme tu domptes la chaleur dans
une terre brûlante,
Tu as dompté le tumulte des barbares ;
Comme la chaleur est étouffée par
l'ombre d'un nuage,
Ainsi ont été étouffés les chants de
triomphe des tyrans.

6 L'Éternel des armées prépare à tous
les peuples, sur cette montagne,
Un festin de mets succulents,
Un festin de vins vieux,
De mets succulents, pleins de moëlle,
De vins vieux, clarifiés.

7 Et, sur cette montagne, il anéantit le
voile qui voile tous les peuples,
La couverture qui couvre toutes les
nations ;

8 Il anéantit la mort pour toujours ;

Le Seigneur, l'Éternel, essuie les
larmes de tous les visages,
Il fait disparaître de toute la terre
l'opprobre de son peuple ;
Car l'Éternel a parlé.

En ce jour l'on dira : 9
Voici, c'est notre Dieu, en qui nous
avons confiance,
Et c'est lui qui nous sauve ;
C'est l'Éternel, en qui nous avons
confiance,
Soyons dans l'allégresse, et réjouis-
sons-nous de son salut !
Car la main de l'Éternel repose sur 10
cette montagne ;
Et Moab est foulé sur place,
Comme la paille est foulée dans une
mare à fumier.
Au milieu de cette mare, il étend ses 11
mains,
Comme le nageur les étend pour
nager ;
Mais l'Éternel abat son orgueil,
Et déjoue l'artifice de ses mains.
Il renverse, il précipite les fortifica- 12
tions élevées de tes murs,
Il les fait crouler à terre, jusque dans
la poussière.

En ce jour, on chantera ce can- **26**
tique dans le pays de Juda :
Nous avons une ville forte ;
Il nous donne le salut pour murailles
et pour rempart.
Ouvrez les portes, 2
Laissez entrer la nation juste et
fidèle.
A celui qui est ferme dans ses senti- 3
ments
Tu assures la paix, la paix,
Parce qu'il se confie en toi.
Confiez-vous en l'Éternel à per- 4
pétuité,
Car l'Éternel, l'Éternel est le rocher
des siècles.
Il a renversé ceux qui habitaient les 5
hauteurs,
Il a abaissé la ville superbe ;
Il l'a abaissée jusqu'à terre,
Il lui a fait toucher la poussière.
Elle est foulée aux pieds, 6
Aux pieds des pauvres, sous les pas
des misérables.

7 Le chemin du juste est la droiture ;
Toi qui es juste, tu aplanis le sentier
du juste.

8 Aussi nous t'attendons, ô Éternel !
sur la voie de tes jugements ;
Notre âme soupire après ton nom et
après ton souvenir.

9 Mon âme te désire pendant la nuit,
Et mon esprit te cherche au dedans
de moi ;
Car, lorsque tes jugements s'exercent
sur la terre,
Les habitants du monde apprennent
la justice.

10 Si l'on fait grâce au méchant, il
n'apprend pas la justice,
Il se livre au mal dans le pays de la
droiture,
Et il n'a point égard à la majesté de
Dieu.

11 Éternel, ta main est puissante :
Ils ne l'aperçoivent pas.
Ils verront ton zèle pour le peuple,
et ils en seront confus ;
Le feu consumera tes ennemis.

12 Éternel, tu nous donnes la paix ;
Car tout ce que nous faisons,
C'est toi qui l'accomplis pour nous.

13 Éternel, notre Dieu, d'autres maîtres
que toi ont dominé sur nous ;
Mais c'est grâce à toi seul que nous
invoquons ton nom.

14 Ceux qui sont morts ne revivront pas,
Des ombres ne se relèveront pas ;
Car tu les as châtiés, tu les as
anéantis,
Et tu en as détruit tout souvenir.

15 Multiplie le peuple, ô Éternel !
Multiplie le peuple, manifeste ta
gloire ;
Recule toutes les limites du pays.

16 Éternel, ils t'ont cherché, quand ils
étaient dans la détresse ;
Ils se sont répandus en prières, quand
tu les as châtiés.

17 Comme une femme enceinte, sur le
point d'accoucher,
Se tord et crie au milieu de ses
douleurs,
Ainsi avons-nous été, loin de ta face,
ô Éternel !

18 Nous avons conçu, nous avons éprouvé
des douleurs,

Et, quand nous enfantons, ce n'est
que du vent :
Le pays n'est pas sauvé,
Et ses habitants ne sont pas nés.

19 Que tes morts revivent !
Que mes cadavres se relèvent !—
Réveillez-vous et tressaillez de joie,
habitants de la poussière !
Car ta rosée est une rosée vivifiante,
Et la terre redonnera le jour aux
ombres.

20 Va, mon peuple, entre dans ta
chambre,
Et ferme la porte derrière toi ;
Cache-toi pour quelques instants,
Jusqu'à ce que la colère soit passée.

21 Car voici, l'Éternel sort de sa de-
meure,
Pour punir les crimes des habitants
de la terre ;
Et la terre mettra le sang à nu,
Elle ne couvrira plus les meurtres.

27

En ce jour, l'Éternel frappera de
sa dure, grande et forte épée
Le léviathan, serpent fuyard,
Le léviathan, serpent tortueux ;
Et il tuera le monstre qui est dans
la mer.

2 En ce jour-là,
Chantez un cantique sur la vigne.

3 Moi l'Éternel, j'en suis le gardien,
Je l'arrose à chaque instant ;
De peur qu'on ne l'attaque,
Nuit et jour je la garde.

4 Il n'y a point en moi de colère ;
Mais si je trouve à combattre des
ronces et des épines,
Je marcherai contre elles, je les consumerai toutes ensemble,

5 A moins qu'on ne me prenne pour
refuge,
Qu'on ne fasse la paix avec moi,
Qu'on ne fasse la paix avec moi.

6 Dans les temps à venir, Jacob
prendra racine,
Israël poussera des fleurs et des
rejetons,
Et il remplira le monde de ses fruits.

7 L'Éternel l'a-t-il frappé comme il a
frappé ceux qui le frappaient ?
L'a-t-il tué comme il a tué ceux qui
le tuaient ?

8 C'est avec mesure que tu l'as châtié par l'exil,
En l'emportant par le souffle impétueux du vent d'orient.
9 Ainsi le crime de Jacob a été expié,
Et voici le fruit du pardon de son péché :
L'Éternel a rendu toutes les pierres des autels
Pareilles à des pierres de chaux réduites en poussière ;
Les idoles d'Astarté et les statues du soleil ne se relèveront plus.
10 Car la ville forte est solitaire,
C'est une demeure délaissée et abandonnée comme le désert ;
Là pâture le veau, il s'y couche, et broute les branches.
11 Quand les rameaux sèchent, on les brise ;
Des femmes viennent, pour les brûler.
C'était un peuple sans intelligence :
Aussi celui qui l'a fait n'a point eu pitié de lui,
Celui qui l'a formé ne lui a point fait grâce.

12 En ce temps-là,
L'Éternel secouera des fruits,
Depuis le cours du fleuve jusqu'au torrent d'Égypte ;
Et vous serez ramassés un à un, enfants d'Israël !
13 En ce jour, on sonnera de la grande trompette,
Et alors reviendront ceux qui étaient exilés au pays d'Assyrie
Ou fugitifs au pays d'Égypte ;
Et ils se prosterneront devant l'Éternel,
Sur la montagne sainte, à Jérusalem.

Les ennemis du dedans et ceux du dehors.

28 Malheur à la couronne superbe des ivrognes d'Éphraïm,
A la fleur fanée, qui fait l'éclat de sa parure,
Sur la cime de la fertile vallée de ceux qui s'enivrent !
2 Voici venir, de par le Seigneur, un homme fort et puissant,
Comme un orage de grêle, un ouragan destructeur,
Comme une tempête qui précipite des torrents d'eaux :

Il la fait tomber en terre avec violence.
Elle sera foulée aux pieds, 3
La couronne superbe des ivrognes d'Éphraïm ;
Et la fleur fanée, qui fait l'éclat de 4 sa parure,
Sur la cime de la fertile vallée,
Sera comme une figue hâtive qu'on aperçoit avant la récolte,
Et qui, à peine dans la main, est aussitôt avalée.

En ce jour, l'Éternel des armées sera 5
Une couronne éclatante et une parure magnifique
Pour le reste de son peuple,
Un esprit de justice pour celui qui est 6 assis au siège de la justice,
Et une force pour ceux qui repoussent l'ennemi jusqu'à ses portes.

Mais eux aussi, ils chancellent dans 7 le vin,
Et les boissons fortes leur donnent des vertiges ;
Sacrificateurs et prophètes chancellent dans les boissons fortes,
Ils sont absorbés par le vin,
Ils ont des vertiges à cause des boissons fortes ;
Ils chancellent en prophétisant,
Ils vacillent en rendant la justice.
Toutes les tables sont pleines de 8 vomissements, d'ordures ;
Il n'y a plus de place.—
A qui veut-on enseigner la sagesse ? 9
A qui veut-on donner des leçons ?
Est-ce à des enfants qui viennent d'être sevrés,
Qui viennent de quitter la mamelle ?
Car c'est précepte sur précepte, pré- 10 cepte sur précepte,
Règle sur règle, règle sur règle,
Un peu ici, un peu là.—
Hé bien ! c'est par des hommes aux 11 lèvres balbutiantes
Et au langage barbare
Que l'Éternel parlera à ce peuple.
Il lui disait : Voici le repos, 12
Laissez reposer celui qui est fatigué ;
Voici le lieu du repos !
Mais ils n'ont point voulu écouter.
Et pour eux la parole de l'Éternel sera 13
Précepte sur précepte, précepte sur précepte,

Règle sur règle, règle sur règle,
Un peu ici, un peu là,
Afin qu'en marchant ils tombent à
la renverse et se brisent,
Afin qu'ils soient enlacés et pris.

14 Écoutez donc la parole de l'Éternel,
moqueurs,
Vous qui dominez sur ce peuple de
Jérusalem !

15 Vous dites : Nous avons fait une
alliance avec la mort,
Nous avons fait un pacte avec le
séjour des morts ;
Quand le fléau débordé passera, il
ne nous atteindra pas,
Car nous avons la fausseté pour
refuge et le mensonge pour abri.

16 C'est pourquoi ainsi parle le Sei-
gneur, l'Éternel :
Voici, j'ai mis pour fondement en
Sion une pierre,
Une pierre éprouvée, une pierre an-
gulaire de prix, solidement posée ;
Celui qui la prendra pour appui
n'aura point hâte de fuir.

17 Je ferai de la droiture une règle,
Et de la justice un niveau ;
Et la grêle emportera le refuge de
la fausseté,
Et les eaux inonderont l'abri du
mensonge.

18 Votre alliance avec la mort sera
détruite,
Votre pacte avec le séjour des morts
ne subsistera pas ;
Quand le fléau débordé passera,
Vous serez par lui foulés aux
pieds.

19 Chaque fois qu'il passera, il vous
saisira ;
Car il passera tous les matins, le
jour et la nuit,
Et son bruit seul donnera l'épouvante.

20 Le lit sera trop court pour s'y
étendre,
Et la couverture trop étroite pour
s'en envelopper.

21 Car l'Éternel se lèvera comme à la
montagne de Peratsim,
Il s'irritera comme dans la vallée de
Gabaon,
Pour faire son œuvre, son œuvre
étrange,

Pour exécuter son travail, son travail
inouï.

22 Maintenant, ne vous livrez point à la
moquerie,
De peur que vos liens ne soient res-
serrés ;
Car la destruction de tout le pays
est résolue ;
Je l'ai appris du Seigneur, de l'Éternel
des armées.

23 Prêtez l'oreille, et écoutez ma voix !
Soyez attentifs, et écoutez ma parole !

24 Celui qui laboure pour semer laboure-
t-il toujours ?
Ouvre-t-il et brise-t-il toujours son
terrain ?

25 N'est-ce pas après en avoir aplani la
surface
Qu'il répand de la nielle et sème du
cumin ;
Qu'il met le froment par rangées,
L'orge à une place marquée,
Et l'épeautre sur les bords ?

26 Son Dieu lui a enseigné la marche à
suivre,
Il lui a donné ses instructions.

27 On ne foule pas la nielle avec le
traîneau,
Et la roue du chariot ne passe pas
sur le cumin ;
Mais on bat la nielle avec le bâton,
Et le cumin avec la verge.

28 On bat le blé,
Mais on ne le bat pas toujours ;
On y pousse la roue du chariot et les
chevaux,
Mais on ne l'écrase pas.

29 Cela aussi vient de l'Éternel des
armées ;
Admirable est son conseil, et grande
est sa sagesse.

29
Malheur à Ariel, à Ariel !
Cité dont David fit sa demeure !
Ajoutez année à année,
Laissez les fêtes accomplir leur
cycle.

2 Puis j'assiégerai Ariel ;
Il y aura des plaintes et des gémisse-
ments ;
Et la ville sera pour moi comme un
Ariel.

3 Je t'investirai de toutes parts,
Je te cernerai par des postes armés,

J'élèverai contre toi des retranchements.

4 Tu seras abaissée, ta parole viendra de terre,
Et les sons en seront étouffés par la poussière ;
Ta voix sortira de terre comme celle d'un spectre,
Et c'est de la poussière que tu murmureras tes discours.

5 La multitude de tes ennemis sera comme une fine poussière,
Cette multitude de guerriers sera comme la balle qui vole,
Et cela tout à coup, en un instant.

6 C'est de l'Éternel des armées que viendra le châtiment,
Avec des tonnerres, des tremblements de terre et un bruit formidable,
Avec l'ouragan et la tempête,
Et avec la flamme d'un feu dévorant.

7 Et, comme il en est d'un songe, d'une vision nocturne,
Ainsi en sera-t-il de la multitude des nations qui combattront Ariel,
De tous ceux qui l'attaqueront, elle et sa forteresse,
Et qui la serreront de près.

8 Comme celui qui a faim rêve qu'il mange,
Puis s'éveille, l'estomac vide,
Et comme celui qui a soif rêve qu'il boit,
Puis s'éveille, épuisé et languissant ;
Ainsi en sera-t-il de la multitude des nations
Qui viendront attaquer la montagne de Sion.

9 Soyez stupéfaits et étonnés !
Fermez les yeux et devenez aveugles !
Ils sont ivres, mais ce n'est pas de vin ;
Ils chancellent, mais ce n'est pas l'effet des liqueurs fortes.

10 Car l'Éternel a répandu sur vous un esprit d'assoupissement ;
Il a fermé vos yeux (les prophètes),
Il a voilé vos têtes (les voyants).

11 Toute la révélation est pour vous comme les mots d'un livre cacheté
Que l'on donne à un homme qui sait lire, en disant :
Lis donc cela !
Et qui répond : Je ne le puis,

Car il est cacheté ;
Ou comme un livre que l'on donne 12
A un homme qui ne sait pas lire, en disant :
Lis donc cela !
Et qui répond : Je ne sais pas lire.

Le Seigneur dit : Quand ce peuple 13 s'approche de moi,
Il m'honore de la bouche et des lèvres ;
Mais son cœur est éloigné de moi,
Et la crainte qu'il a de moi
N'est qu'un précepte de tradition humaine.

C'est pourquoi je frapperai encore 14 ce peuple
Par des prodiges et des miracles ;
Et la sagesse de ses sages périra,
Et l'intelligence de ses hommes intelligents disparaîtra.

Malheur à ceux qui cachent leurs 15 desseins
Pour les dérober à l'Éternel,
Qui font leurs œuvres dans les ténèbres,
Et qui disent : Qui nous voit et qui nous connaît ?

Quelle perversité est la vôtre ! 16
Le potier doit-il être considéré comme de l'argile,
Pour que l'ouvrage dise de l'ouvrier :
Il ne m'a point fait ?
Pour que le vase dise du potier : Il n'a point d'intelligence ?

Encore un peu de temps, 17
Et le Liban se changera en verger,
Et le verger sera considéré comme une forêt.

En ce jour-là, les sourds entendront 18 les paroles du livre ;
Et, délivrés de l'obscurité et des ténèbres,
Les yeux des aveugles verront.

Les malheureux se réjouiront de 19 plus en plus en l'Éternel,
Et les pauvres feront du Saint d'Israël le sujet de leur allégresse.

Car le violent ne sera plus, le moqueur 20 aura fini,
Et tous ceux qui veillaient pour l'iniquité seront exterminés,
Ceux qui condamnaient les autres en 21 justice,

Tendaient des pièges à qui défendait
sa cause à la porte,
Et violaient par la fraude les droits
de l'innocent.

22 C'est pourquoi ainsi parle l'Éternel à
la maison de Jacob,
Lui qui a racheté Abraham :
Maintenant Jacob ne rougira plus,
Maintenant son visage ne pâlira
plus.

23 Car, lorsque ses enfants verront au
milieu d'eux l'œuvre de mes mains,
Ils sanctifieront mon nom ;
Ils sanctifieront le Saint de Jacob,
Et ils craindront le Dieu d'Israël ;

24 Ceux dont l'esprit s'égarait acquer-
ront de l'intelligence,
Et ceux qui murmuraient recevront
instruction.

30 Malheur, dit l'Éternel, aux enfants
rebelles,
Qui prennent des résolutions sans moi,
Et qui font des alliances sans ma
volonté,
Pour accumuler péché sur péché !

2 Qui descendent en Égypte sans me
consulter,
Pour se réfugier sous la protection de
Pharaon,
Et chercher un abri sous l'ombre de
l'Égypte !

3 La protection de Pharaon sera pour
vous une honte,
Et l'abri sous l'ombre de l'Égypte
une ignominie.

4 Déjà ses princes sont à Tsoan,
Et ses envoyés ont atteint Hanès.

5 Tous seront confus au sujet d'un
peuple qui ne leur sera point utile,
Ni pour les secourir, ni pour les
aider,
Mais qui fera leur honte et leur opprobre.

6 Sentence des bêtes du midi :
A travers une contrée de détresse et
d'angoisse,
D'où viennent la lionne et le lion,
La vipère et le dragon volant,
Ils portent à dos d'ânes leurs riches-
ses,
Et sur la bosse des chameaux leurs
trésors,
A un peuple qui ne leur sera point
utile.

Car le secours de l'Égypte n'est que 7
vanité et néant ;
C'est pourquoi j'appelle cela du bruit
qui n'aboutit à rien.

Va maintenant, écris ces choses de- 8
vant eux sur une table,
Et grave-les dans un livre,
Afin qu'elles subsistent dans les
temps à venir,
Éternellement et à perpétuité.
Car c'est un peuple rebelle, 9
Ce sont des enfants menteurs,
Des enfants qui ne veulent point
écouter la loi de l'Éternel,
Qui disent aux voyants : Ne voyez 10
pas !
Et aux prophètes : Ne nous pro-
phétisez pas des vérités,
Dites-nous des choses flatteuses,
Prophétisez des chimères !
Détournez-vous du chemin, 11
Écartez-vous du sentier,
Éloignez de notre présence le Saint
d'Israël !

C'est pourquoi ainsi parle le Saint 12
d'Israël :
Puisque vous rejetez cette parole,
Que vous vous confiez dans la vio-
lence et dans les détours
Et que vous les prenez pour appuis,
Ce crime sera pour vous 13
Comme une partie crevassée qui
menace ruine
Et fait saillie dans un mur élevé,
Dont l'écroulement arrive tout à
coup, en un instant :
Il se brise comme se brise un vase 14
de terre,
Que l'on casse sans ménagement,
Et dont les débris ne laissent pas un
morceau
Pour prendre du feu au foyer,
Ou pour puiser de l'eau à la citerne.

Car ainsi a parlé le Seigneur, l'Éter- 15
nel, le Saint d'Israël :
C'est dans la tranquillité et le repos
que sera votre salut,
C'est dans le calme et la confiance
que sera votre force.
Mais vous ne l'avez pas voulu !
Vous avez dit : Non ! nous prendrons 16
la course à cheval ! —

C'est pourquoi vous fuirez à la course.—
Nous monterons des coursiers légers !—
C'est pourquoi ceux qui vous poursuivront seront légers.

17 Mille fuiront à la menace d'un seul,
Et, à la menace de cinq, vous fuirez,
Jusqu'à ce que vous restiez
Comme un signal au sommet de la montagne,
Comme un étendard sur la colline.

18 Cependant l'Éternel désire vous faire grâce,
Et il se lèvera pour vous faire miséricorde ;
Car l'Éternel est un Dieu juste :
Heureux tous ceux qui espèrent en lui !

19 Oui, peuple de Sion, habitant de Jérusalem,
Tu ne pleureras plus !
Il te fera grâce, quand tu crieras ;
Dès qu'il aura entendu, il t'exaucera.

20 Le Seigneur vous donnera du pain dans l'angoisse,
Et de l'eau dans la détresse ;
Ceux qui t'instruisent ne se cacheront plus,
Mais tes yeux verront ceux qui t'instruisent.

21 Tes oreilles entendront derrière toi la voix qui dira :
Voici le chemin, marchez-y !
Car vous iriez à droite, ou vous iriez à gauche.

22 Vous tiendrez pour souillés l'argent qui recouvre vos idoles,
Et l'or dont elles sont revêtues ;
Tu en disperseras les débris comme une impureté :
Hors d'ici ! leur diras-tu.

23 Alors il répandra la pluie sur la semence que tu auras mise en terre,
Et le pain que produira la terre sera savoureux et nourrissant ;
En ce même temps, tes troupeaux paîtront dans de vastes pâturages.
24 Les bœufs et les ânes, qui labourent la terre,
Mangeront un fourrage salé,
Qu'on aura vanné avec la pelle et le van.

25 Sur toute haute montagne et sur toute colline élevée,
Il y aura des ruisseaux, des courants d'eau,
Au jour du grand carnage,
A la chute des tours.

26 La lumière de la lune sera comme la lumière du soleil,
Et la lumière du soleil sera sept fois plus grande
(Comme la lumière de sept jours),
Lorsque l'Éternel bandera la blessure de son peuple,
Et qu'il guérira la plaie de ses coups.

27 Voici, le nom de l'Éternel vient de loin ;
Sa colère est ardente, c'est un violent incendie ;
Ses lèvres sont pleines de fureur,
Et sa langue est comme un feu dévorant ;
28 Son souffle est comme un torrent débordé qui atteint jusqu'au cou,
Pour cribler les nations avec le crible de la destruction,
Et comme un mors trompeur
Entre les mâchoires des peuples.

29 Vous chanterez comme la nuit où l'on célèbre la fête,
Vous aurez le cœur joyeux comme celui qui marche au son de la flûte,
Pour aller à la montagne de l'Éternel, vers le rocher d'Israël.

30 Et l'Éternel fera retentir sa voix majestueuse,
Il montrera son bras prêt à frapper,
Dans l'ardeur de sa colère,
Au milieu de la flamme d'un feu dévorant,
De l'inondation, de la tempête et des pierres de grêle.

31 A la voix de l'Éternel, l'Assyrien tremblera ;
L'Éternel le frappera de sa verge.
32 A chaque coup de la verge qui lui est destinée,
Et que l'Éternel fera tomber sur lui,
On entendra les tambourins et les harpes ;
L'Éternel combattra contre lui à main levée.

33 Depuis longtemps un bûcher est préparé,

Il est préparé pour le roi,
Il est profond, il est vaste ;
Son bûcher, c'est du feu et du bois
    en abondance ;
Le souffle de l'Éternel l'enflamme,
    comme un torrent de soufre.

31 Malheur à ceux qui descendent en
    Égypte pour avoir du secours,
Qui s'appuient sur des chevaux,
Et se fient à la multitude des chars
    et à la force des cavaliers,
Mais qui ne regardent pas vers le
    Saint d'Israël,
Et ne recherchent pas l'Éternel !
2 Lui aussi, cependant, il est sage, il
    fait venir le malheur,
Et ne retire point ses paroles ;
Il s'élève contre la maison des mé-
    chants,
Et contre le secours de ceux qui
    commettent l'iniquité.
3 L'Égyptien est homme et non dieu ;
Ses chevaux sont chair et non esprit.
Quand l'Éternel étendra sa main,
Le protecteur chancellera, le protégé
    tombera,
Et tous ensemble ils périront.

4 Car ainsi m'a parlé l'Éternel.
Comme le lion, comme le lionceau
    rugit sur sa proie,
Et, malgré tous les bergers rassemblés
    contre lui,
Ne se laisse ni effrayer par leur
    voix,
Ni intimider par leur nombre ;
De même l'Éternel des armées des-
    cendra
Pour combattre sur la montagne de
    Sion et sur sa colline.
5 Comme des oiseaux déploient les
    ailes sur leur couvée,
Ainsi l'Éternel des armées étendra sa
    protection sur Jérusalem ;
Il protégera et délivrera,
Il épargnera et sauvera.
6 Revenez à celui dont on s'est pro-
    fondément détourné,
Enfants d'Israël !

7 En ce jour, chacun rejettera ses
    idoles d'argent et ses idoles d'or,
Que vous vous êtes fabriquées de vos
    mains criminelles.

Et l'Assyrien tombera sous un glaive 8
    qui n'est pas celui d'un homme,
Et un glaive qui n'est pas celui d'un
    homme le dévorera ;
Il s'enfuira devant le glaive,
Et ses jeunes guerriers seront as-
    servis.
Son rocher s'enfuira d'épouvante, 9
Et ses chefs trembleront devant la
    bannière,
Dit l'Éternel, qui a son feu dans
    Sion
Et sa fournaise dans Jérusalem.

Alors le roi régnera selon la jus- **32**
    tice,
Et les princes gouverneront avec
    droiture.
Chacun sera comme un abri contre 2
    le vent,
Et un refuge contre la tempête,
Comme des courants d'eau dans un
    lieu desséché,
Comme l'ombre d'un grand rocher
    dans une terre altérée.
Les yeux de ceux qui voient ne 3
    seront plus bouchés,
Et les oreilles de ceux qui entendent
    seront attentives.
Le cœur des hommes légers sera 4
    intelligent pour comprendre,
Et la langue de ceux qui balbutient
    parlera vite et nettement.
On ne donnera plus à l'insensé le 5
    nom de noble,
Ni au fourbe celui de magnanime.
Car l'insensé profère des folies, 6
Et son cœur s'adonne au mal,
Pour commettre l'impiété,
Et dire des faussetés contre l'Éternel,
Pour laisser à vide l'âme de celui qui
    a faim,
Et enlever le breuvage de celui qui
    a soif.
Les armes du fourbe sont perni- 7
    cieuses ;
Il forme de coupables desseins,
Pour perdre les malheureux par des
    paroles mensongères,
Même quand la cause du pauvre est
    juste.
Mais celui qui est noble forme de 8
    nobles desseins,
Et il persévère dans ses nobles des-
    seins.

9 Femmes insouciantes,
Levez-vous, écoutez ma voix !
Filles indolentes,
Prêtez l'oreille à ma parole !
10 Dans un an et quelques jours,
Vous tremblerez, indolentes ;
Car c'en est fait de la vendange,
La récolte n'arrivera pas.
11 Soyez dans l'effroi, insouciantes !
Tremblez, indolentes !
Déshabillez-vous, mettez-vous à nu
Et ceignez vos reins !
12 On se frappe le sein,
Au souvenir de la beauté des champs
Et de la fécondité des vignes.
13 Sur la terre de mon peuple
Croissent les épines et les ronces,
Même dans toutes les maisons de plaisance
De la cité joyeuse.
14 Le palais est abandonné,
La ville bruyante est délaissée ;
La colline et la tour serviront à jamais de cavernes ;
Les ânes sauvages y joueront, les troupeaux y paîtront,
15 Jusqu'à ce que l'esprit soit répandu d'en haut sur nous,
Et que le désert se change en verger,
Et que le verger soit considéré comme une forêt.

16 Alors la droiture habitera dans le désert,
Et la justice aura sa demeure dans le verger.
17 L'œuvre de la justice sera la paix,
Et le fruit de la justice le repos et la sécurité pour toujours.
18 Mon peuple demeurera dans le séjour de la paix,
Dans des habitations sûres,
Dans des asiles tranquilles.
19 Mais la forêt sera précipitée sous la grêle,
Et la ville profondément abaissée.
20 Heureux vous qui partout semez le long des eaux,
Et qui laissez sans entraves le pied du bœuf et de l'âne !

33 Malheur à toi qui ravages, et qui n'as pas été ravagé !
Qui pilles, et qu'on n'a pas encore pillé !

Quand tu auras fini de ravager, tu seras ravagé ;
Quand tu auras achevé de piller, on te pillera.
2 Éternel, aie pitié de nous !
Nous espérons en toi.
Sois notre aide chaque matin,
Et notre délivrance au temps de la détresse !
3 Quand ta voix retentit,
Les peuples fuient ;
Quand tu te lèves,
Les nations se dispersent.
4 On moissonne votre butin,
Comme moissonne la sauterelle ;
On se précipite dessus,
Comme se précipitent les sauterelles.
5 L'Éternel est élevé,
Car il habite en haut ;
Il remplit Sion
De droiture et de justice.
6 Tes jours seront en sûreté ;
La sagesse et l'intelligence sont une source de salut ;
La crainte de l'Éternel,
C'est là le trésor de Sion.

7 Voici, les héros
Poussent des cris au dehors ;
Les messagers de paix
Pleurent amèrement.
8 Les routes sont désertes ;
On ne passe plus dans les chemins.
Il a rompu l'alliance, il méprise les villes,
Il n'a de respect pour personne.
9 Le pays est dans le deuil, dans la tristesse ;
Le Liban est confus, languissant ;
Le Saron est comme un désert ;
Le Basan et le Carmel secouent leur feuillage.
10 Maintenant je me lèverai,
Dit l'Éternel,
Maintenant je serai exalté,
Maintenant je serai élevé.
11 Vous avez conçu du foin,
Vous enfanterez de la paille ;
Votre souffle,
C'est un feu qui vous consumera.
12 Les peuples seront
Des fournaises de chaux,
Des épines coupées
Qui brûlent dans le feu.

13 Vous qui êtes loin, écoutez ce que
j'ai fait !

Et vous qui êtes près, sachez quelle
est ma puissance !

14 Les pécheurs sont effrayés dans Sion,
Un tremblement saisit les impies :
Qui de nous pourra rester auprès
d'un feu dévorant ?
Qui de nous pourra rester auprès de
flammes éternelles ?—

15 Celui qui marche dans la justice,
Et qui parle selon la droiture,
Qui méprise un gain acquis par ex-
torsion,
Qui secoue les mains pour ne pas
accepter un présent,
Qui ferme l'oreille pour ne pas en-
tendre des propos sanguinaires,
Et qui se bande les yeux pour ne
pas voir le mal,

16 Celui-là habitera dans des lieux
élevés ;
Des rochers fortifiés seront sa re-
traite ;
Du pain lui sera donné,
De l'eau lui sera assurée.

17 Tes yeux verront le roi dans sa
magnificence,
Ils contempleront le pays dans toute
son étendue.

18 Ton cœur se souviendra de la ter-
reur :
Où est le secrétaire, où est le trésorier ?
Où est celui qui inspectait les tours ?

19 Tu ne verras plus le peuple audacieux,
Le peuple au langage obscur qu'on
n'entend pas,
A la langue barbare qu'on ne comprend pas.

20 Regarde Sion, la cité de nos fêtes !
Tes yeux verront Jérusalem, séjour
tranquille,
Tente qui ne sera plus transportée,
Dont les pieux ne seront jamais en-
levés,
Et dont les cordages ne seront point
détachés.

21 C'est là vraiment que l'Éternel est
magnifique pour nous :
Il nous tient lieu de fleuves, de vastes
rivières,
Où ne pénètrent point de navires à
rames,

Et que ne traverse aucun grand vais-
seau.

22 Car l'Éternel est notre juge,
L'Éternel est notre législateur,
L'Éternel est notre roi :
C'est lui qui nous sauve.

23 Tes cordages sont relâchés ;
Ils ne serrent plus le pied du mât et
ne tendent plus les voiles.
Alors on partage la dépouille d'un
immense butin ;
Les boiteux même prennent part au
pillage :

24 Aucun habitant ne dit : Je suis malade !
Le peuple de Jérusalem reçoit le
pardon de ses iniquités.

Ruine d'Édom et retour d'Israël.

34 Approchez, nations, pour entendre !
Peuples, soyez attentifs !
Que la terre écoute, elle et ce qui la
remplit,
Le monde et tout ce qu'il produit !

2 Car la colère de l'Éternel va fondre
sur toutes les nations,
Et sa fureur sur toute leur armée :
Il les voue à l'extermination,
Il les livre au carnage.

3 Leurs morts sont jetés,
Leurs cadavres exhalent la puanteur,
Et les montagnes se fondent dans
leur sang.

4 Toute l'armée des cieux se dissout ;
Les cieux sont roulés comme un
livre,
Et toute leur armée tombe,
Comme tombe la feuille de la vigne,
Comme tombe celle du figuier.

5 Mon épée s'est enivrée dans les cieux ;
Voici, elle va descendre sur Édom,
Sur le peuple que j'ai voué à l'ex-
termination, pour le châtier.

6 L'épée de l'Éternel est pleine de sang,
couverte de graisse,
Du sang des agneaux et des boucs,
De la graisse des reins des béliers ;
Car il y a des victimes de l'Éternel à
Botsra,
Et un grand carnage dans le pays
d'Édom.

7 Les buffles tombent avec eux,
Et les bœufs avec les taureaux ;
La terre s'abreuve de sang,

Et le sol est imprégné de graisse.

8 Car c'est un jour de vengeance pour
l'Éternel,
Une année de représailles pour la
cause de Sion.

9 Les torrents d'Édom seront changés
en poix,
Et sa poussière en soufre ;
Et sa terre sera comme de la poix
qui brûle.

10 Elle ne s'éteindra ni jour ni nuit,
La fumée s'en élèvera éternellement ;
D'âge en âge elle sera désolée,
A tout jamais personne n'y passera.

11 Le pélican et le hérisson la posséderont,
La chouette et le corbeau l'habiteront.
On y étendra le cordeau de la désolation,
Et le niveau de la destruction.

12 Il n'y aura plus de grands pour
proclamer un roi,
Tous ses princes seront anéantis.

13 Les épines croîtront dans ses palais,
Les ronces et les chardons dans ses
forteresses.
Ce sera la demeure des chacals,
Le repaire des autruches ;

14 Les animaux du désert y rencontre-
ront les chiens sauvages,
Et les boucs s'y appelleront les uns
les autres ;
Là le spectre de la nuit aura sa demeure,
Et trouvera son lieu de repos ;

15 Là le serpent fera son nid, déposera
ses œufs,
Les couvera, et recueillera ses petits
à son ombre ;
Là se rassembleront tous les vautours.

16 Consultez le livre de l'Éternel, et
lisez !
Aucun d'eux ne fera défaut,
Ni l'un ni l'autre ne manqueront ;
Car sa bouche l'a ordonné.
C'est son esprit qui les rassemblera.

17 Il a jeté pour eux le sort,
Et sa main leur a partagé cette terre
au cordeau,
Ils la posséderont toujours,
Ils l'habiteront d'âge en âge.

Le désert et le pays aride se ré- **35**
jouiront ;
La solitude s'égaiera, et fleurira
comme un narcisse ;
Elle se couvrira de fleurs, et tres- 2
saillira de joie,
Avec chants d'allégresse et cris de
triomphe ;
La gloire du Liban lui sera donnée,
La magnificence du Carmel et de
Saron.
Ils verront la gloire de l'Éternel,
La magnificence de notre Dieu.
Fortifiez les mains languissantes, 3
Et affermissez les genoux qui chan-
cellent ;
Dites à ceux qui ont le cœur troublé: 4
Prenez courage, ne craignez point ;
Voici votre Dieu, la vengeance vien-
dra,
La rétribution de Dieu ;
Il viendra lui-même, et vous sauvera.

Alors s'ouvriront les yeux des aveu- 5
gles,
S'ouvriront les oreilles des sourds ;
Alors le boiteux sautera comme un 6
cerf,
Et la langue du muet éclatera de
joie.
Car des eaux jailliront dans le dé-
sert,
Et des ruisseaux dans la solitude ;
Le mirage se changera en étang 7
Et la terre desséchée en sources
d'eaux ;
Dans le repaire qui servait de gîte
aux chacals,
Croîtront des roseaux et des joncs.

Il y aura là un chemin frayé, une 8
route,
Qu'on appellera la voie sainte ;
Nul impur n'y passera ; elle sera pour
eux seuls ;
Ceux qui la suivront, même les in-
sensés, ne pourront s'égarer.
Sur cette route, point de lion ; 9
Nulle bête féroce ne la prendra,
Nulle ne s'y rencontrera ;
Les délivrés y marcheront.
Les rachetés de l'Éternel retourne- 10
ront,
Ils iront à Sion avec chants de triom-
phe,

Et une joie éternelle couronnera leur
tête ;
L'allégresse et la joie s'approcheront,
La douleur et les gémissements s'enfuiront.

*Sanchérib marche contre Jérusalem ; son
armée détruite.*

36 La quatorzième année du roi
Ézéchias, Sanchérib, roi d'Assyrie,
monta contre toutes les villes fortes
2 de Juda et s'en empara. Et le roi
d'Assyrie envoya de Lakis à Jérusalem, vers le roi Ézéchias, Rabschaké
avec une puissante armée. Rabschaké
s'arrêta à l'aqueduc de l'étang supérieur, sur le chemin du champ du
foulon.
3 Alors Éliakim, fils de Hilkija, chef
de la maison du roi, se rendit auprès
de lui, avec Schebna, le secrétaire, et
Joach, fils d'Asaph, l'archiviste.
4 Rabschaké leur dit : Dites à Ézéchias : Ainsi parle le grand roi, le roi
d'Assyrie : Quelle est cette confiance,
5 sur laquelle tu t'appuies ? Je te le
dis, ce ne sont que des paroles en
l'air : il faut pour la guerre de la
prudence et de la force. En qui
donc as-tu placé ta confiance, pour
6 t'être révolté contre moi ? Voici, tu
l'as placée dans l'Égypte, tu as pris
pour soutien ce roseau cassé, qui
pénètre et perce la main de quiconque
s'appuie dessus : tel est Pharaon,
roi d'Égypte, pour tous ceux qui se
7 confient en lui. Peut-être me diras-
tu : C'est en l'Éternel, notre Dieu,
que nous nous confions. Mais n'est-ce
pas lui dont Ézéchias a fait disparaître
les hauts lieux et les autels, en disant
à Juda et à Jérusalem : Vous vous
8 prosternerez devant cet autel ? Maintenant, fais une convention avec mon
maître, le roi d'Assyrie, et je te
donnerai deux mille chevaux, si tu
peux fournir des cavaliers pour les
9 monter. Comment repousserais-tu
un seul chef d'entre les moindres
serviteurs de mon maître ? Tu mets
ta confiance dans l'Égypte pour les
10 chars et pour les cavaliers. D'ailleurs,
est-ce sans la volonté de l'Éternel
que je suis monté contre ce pays

pour le détruire ? L'Éternel m'a
dit : Monte contre ce pays, et
détruis-le.
11 Éliakim, Schebna et Joach dirent
à Rabschaké : Parle à tes serviteurs
en araméen, car nous le comprenons ;
et ne nous parle pas en langue
judaïque aux oreilles du peuple qui
12 est sur la muraille. Rabschaké répondit : Est-ce à ton maître et à toi
que mon maître m'a envoyé dire ces
paroles ? N'est-ce pas à ces hommes
assis sur la muraille pour manger
leurs excréments et pour boire leur
urine avec vous ?
13 Puis Rabschaké s'avança et cria
de toute sa force en langue judaïque :
Écoutez les paroles du grand roi,
14 du roi d'Assyrie ! Ainsi parle le roi :
Qu'Ézéchias ne vous abuse point,
car il ne pourra vous délivrer. Qu'É-
15 zéchias ne vous amène point à vous
confier en l'Éternel, en disant :
L'Éternel nous délivrera, cette ville
ne sera pas livrée entre les mains
16 du roi d'Assyrie. N'écoutez point
Ézéchias ; car ainsi parle le roi
d'Assyrie : Faites la paix avec moi,
rendez-vous à moi, et chacun de
vous mangera de sa vigne et de son
figuier, et chacun boira de l'eau de
17 sa citerne, jusqu'à ce que je vienne,
et que je vous emmène dans un pays
comme le vôtre, dans un pays de
blé et de vin, un pays de pain et de
18 vignes. Qu'Ézéchias ne vous séduise
point, en disant : L'Éternel nous
délivrera. Les dieux des nations
ont-ils délivré chacun son pays de
la main du roi d'Assyrie ? Où sont
19 les dieux de Hamath et d'Arpad ?
où sont les dieux de Sepharvaïm ?
Ont-ils délivré Samarie de ma main ?
20 Parmi tous les dieux de ces pays,
quels sont ceux qui ont délivré leur
pays de ma main, pour que l'Éternel
délivre Jérusalem de ma main ?
21 Mais ils se turent, et ne lui répondirent pas un mot ; car le roi
avait donné cet ordre : Vous ne lui
22 répondrez pas. Et Éliakim, fils de
Hilkija, chef de la maison du roi,
Schebna, le secrétaire, et Joach, fils
d'Asaph, l'archiviste, vinrent auprès
d'Ézéchias, les vêtements déchirés,

et lui rapportèrent les paroles de Rabschaké.

37 Lorsque le roi Ézéchias eut entendu cela, il déchira ses vêtements, se couvrit d'un sac, et alla dans la 2 maison de l'Éternel. Il envoya Éliakim, chef de la maison du roi, Schebna, le secrétaire, et les plus anciens des sacrificateurs, couverts de sacs, vers Ésaïe, le prophète, fils 3 d'Amots. Et ils lui dirent: Ainsi parle Ézéchias: Ce jour est un jour d'angoisse, de châtiment et d'opprobre; car les enfants sont près de sortir du sein maternel, et il n'y a point de force pour l'enfantement. 4 Peut-être l'Éternel, ton Dieu, a-t-il entendu les paroles de Rabschaké, que le roi d'Assyrie, son maître, a envoyé pour insulter au Dieu vivant, et peut-être l'Éternel, ton Dieu, exercera-t-il ses châtiments à cause des paroles qu'il a entendues. Fais donc monter une prière pour le reste qui subsiste encore.

5 Les serviteurs du roi Ézéchias 6 allèrent donc auprès d'Ésaïe. Et Ésaïe leur dit: Voici ce que vous direz à votre maître: Ainsi parle l'Éternel: Ne t'effraie point des paroles que tu as entendues et par lesquelles m'ont outragé les serviteurs 7 du roi d'Assyrie. Je vais mettre en lui un esprit tel que, sur une nouvelle qu'il recevra, il retournera dans son pays; et je le ferai tomber par l'épée dans son pays.

8 Rabschaké, s'étant retiré, trouva le roi d'Assyrie qui attaquait Libna, car il avait appris son départ de 9 Lakis. Alors le roi d'Assyrie reçut une nouvelle au sujet de Tirhaka, roi d'Éthiopie; on lui dit: Il s'est mis en marche pour te faire la guerre. Dès qu'il eut entendu cela, il envoya des messagers à Ézéchias, 10 en disant: Vous parlerez ainsi à Ézéchias, roi de Juda: Que ton Dieu, auquel tu te confies, ne t'abuse point en disant: Jérusalem ne sera pas livrée entre les mains du roi d'Assyrie. 11 Voici, tu as appris ce qu'ont fait les rois d'Assyrie à tous les pays, et

comment ils les ont détruits; et toi, tu serais délivré! Les dieux des 12 nations que mes pères ont détruites les ont-ils délivrées, Gozan, Charan, Retseph, et les fils d'Éden qui à Telassar? Où sont le roi de 13 Hamath, le roi d'Arpad, et le roi de la ville de Sepharvaïm, d'Héna et d'Ivva?

Ézéchias prit la lettre de la main 14 des messagers, et la lut. Puis il monta à la maison de l'Éternel, et la déploya devant l'Éternel, à qui 15 il adressa cette prière: Éternel des 16 armées, Dieu d'Israël, assis sur les chérubins! C'est toi qui es le seul Dieu de tous les royaumes de la terre, c'est toi qui as fait les cieux et la terre. Éternel, incline ton 17 oreille, et écoute! Éternel, ouvre tes yeux, et regarde! Entends toutes les paroles que Sanchérib a envoyées pour insulter au Dieu vivant! Il est 18 vrai, ô Éternel! que les rois d'Assyrie ont ravagé tous les pays et leur propre pays, et qu'ils ont jeté leurs dieux 19 dans le feu; mais ce n'étaient point des dieux, c'étaient des ouvrages de mains d'homme, du bois et de la pierre; et ils les ont anéantis. Maintenant, Éternel, notre Dieu, 20 délivre-nous de la main de Sanchérib, et que tous les royaumes de la terre sachent que toi seul es l'Éternel!

Alors Ésaïe, fils d'Amots, envoya 21 dire à Ézéchias: Ainsi parle l'Éternel, le Dieu d'Israël: J'ai entendu la prière que tu m'as adressée au sujet de Sanchérib, roi d'Assyrie. Voici la 22 parole que l'Éternel a prononcée contre lui:

Elle te méprise, elle se moque de
        toi,
La vierge, fille de Sion;
Elle hoche la tête après toi,
La fille de Jérusalem.
Qui as-tu insulté et outragé? 23
Contre qui as-tu élevé la voix?
Tu as porté tes yeux en haut
Sur le Saint d'Israël.
Par tes serviteurs tu as insulté le 24
        Seigneur,
Et tu as dit:

Avec la multitude de mes chars,
J'ai gravi le sommet des montagnes,
Les extrémités du Liban ;
Je couperai les plus élevés de ses cèdres,
Les plus beaux de ses cyprès,
Et j'atteindrai sa dernière cime,
Sa forêt semblable à un verger ;

25 J'ai ouvert des sources, et j'en ai bu les eaux,
Et je tarirai avec la plante de mes pieds
Tous les fleuves de l'Égypte.

26 N'as-tu pas appris que j'ai préparé ces choses de loin,
Et que je les ai résolues dès les temps anciens ?
Maintenant j'ai permis qu'elles s'accomplissent,
Et que tu réduisisses des villes fortes en monceaux de ruines.

27 Leurs habitants sont impuissants,
Épouvantés et confus ;
Ils sont comme l'herbe des champs et la tendre verdure,
Comme le gazon des toits
Et le blé qui sèche avant la formation de sa tige.

28 Mais je sais quand tu t'assieds, quand tu sors et quand tu entres,
Et quand tu es furieux contre moi.

29 Parce que tu es furieux contre moi,
Et que ton arrogance est montée à mes oreilles,
Je mettrai ma boucle à tes narines et mon mors entre tes lèvres,
Et je te ferai retourner par le chemin par lequel tu es venu.

30 Que ceci soit un signe pour toi :
On a mangé une année le produit du grain tombé, et une seconde année ce qui croît de soi-même ; mais la troisième année, vous sèmerez, vous moissonnerez, vous planterez des vignes, et vous en mangerez le fruit.

31 Ce qui aura été sauvé de la maison de Juda, ce qui sera resté poussera encore des racines par-dessous, et

32 portera du fruit par-dessus. Car de Jérusalem il sortira un reste, et de la montagne de Sion des réchappés. Voilà ce que fera le zèle de l'Éternel des armées.

33 C'est pourquoi ainsi parle l'Éternel sur le roi d'Assyrie :

Il n'entrera point dans cette ville,
Il n'y lancera point de traits,
Il ne lui présentera point de boucliers,
Et il n'élèvera point de retranchements contre elle.

34 Il s'en retournera par le chemin par lequel il est venu,
Et il n'entrera point dans cette ville, dit l'Éternel.

35 Je protégerai cette ville pour la sauver,
A cause de moi, et à cause de David, mon serviteur.

36 L'ange de l'Éternel sortit, et frappa dans le camp des Assyriens cent quatre-vingt-cinq mille hommes. Et quand on se leva le matin, voici, c'étaient tous des corps morts.

37 Alors Sanchérib, roi d'Assyrie, leva son camp, partit et s'en retourna ; et il resta à Ninive. Or, 38 comme il était prosterné dans la maison de Nisroc, son dieu, Adrammélec et Scharetser, ses fils, le frappèrent avec l'épée, et s'enfuirent au pays d'Ararat. Et Ésar-Haddon, son fils, régna à sa place.

Maladie et guérison d'Ézéchias.

38 En ce temps-là, Ézéchias fut malade à la mort. Le prophète Ésaïe, fils d'Amots, vint auprès de lui, et lui dit : Ainsi parle l'Éternel : Donne tes ordres à ta maison, car tu vas mourir, et tu ne vivras plus.

2 Ézéchias tourna son visage contre le mur, et fit cette prière à l'Éternel : 3 O Éternel ! souviens-toi que j'ai marché devant ta face avec fidélité et intégrité de cœur, et que j'ai fait ce qui est bien à tes yeux ! Et Ézéchias répandit d'abondantes larmes.

4 Puis la parole de l'Éternel fut adressée à Ésaïe, en ces mots : Va, 5 et dis à Ézéchias : Ainsi parle l'Éternel, le Dieu de David, ton père : J'ai entendu ta prière, j'ai vu tes larmes. Voici, j'ajouterai à tes jours quinze années. Je te délivre- 6 rai, toi et cette ville, de la main du roi d'Assyrie ; je protégerai cette

7 ville. Et voici, de la part de l'Éternel, le signe auquel tu connaîtras que l'Éternel accomplira la parole 8 qu'il a prononcée. Je ferai reculer de dix degrés en arrière avec le soleil l'ombre des degrés qui est descendue sur les degrés d'Achaz. Et le soleil recula de dix degrés sur les degrés où il était descendu.

9 Cantique d'Ézéchias, roi de Juda, sur sa maladie et sur son rétablissement.

10 Je disais : Quand mes jours sont en repos, je dois m'en aller
Aux portes du séjour des morts.
Je suis privé du reste de mes années !
11 Je disais : Je ne verrai plus l'Éternel,
L'Éternel, sur la terre des vivants ;
Je ne verrai plus aucun homme
Parmi les habitants du monde !
12 Ma demeure est enlevée et transportée loin de moi,
Comme une tente de berger ;
Je sens le fil de ma vie coupé comme par un tisserand
Qui me retrancherait de sa trame.
Du jour à la nuit tu m'auras achevé !
13 Je me suis contenu jusqu'au matin ;
Comme un lion, il brisait tous mes os,
Du jour à la nuit tu m'auras achevé !
14 Je poussais des cris comme une hirondelle en voltigeant,
Je gémissais comme la colombe ;
Mes yeux s'élevaient languissants vers le ciel :
O Éternel ! je suis dans l'angoisse, secours-moi !

15 Que dirai-je ? Il m'a répondu, et il m'a exaucé.
Je marcherai humblement jusqu'au terme de mes années,
Après avoir été ainsi affligé.
16 Seigneur, c'est par tes bontés qu'on jouit de la vie,
C'est par elles que je respire encore ;
Tu me rétablis, tu me rends à la vie.
17 Voici, mes souffrances mêmes sont devenues mon salut ;
Tu as pris plaisir à retirer mon âme de la fosse du néant,
Car tu as jeté derrière toi tous mes péchés.

18 Ce n'est pas le séjour des morts qui te loue,
Ce n'est pas la mort qui te célèbre ;
Ceux qui sont descendus dans la fosse n'espèrent plus en ta fidélité.
19 Le vivant, le vivant, c'est celui-là qui te loue,
Comme moi aujourd'hui ;
Le père fait connaître à ses enfants ta fidélité.
20 L'Éternel m'a sauvé !
Nous ferons résonner les cordes de nos instruments,
Tous les jours de notre vie,
Dans la maison de l'Éternel.

21 Ésaïe avait dit : Qu'on apporte une masse de figues, et qu'on les étende sur l'ulcère ; et Ézéchias 22 vivra. Et Ézéchias avait dit : A quel signe connaîtrai-je que je monterai à la maison de l'Éternel ?

Ambassade babylonienne auprès d'Ézéchias.

39 En ce même temps, Merodac-Baladan, fils de Baladan, roi de Babylone, envoya une lettre et un présent à Ézéchias, parce qu'il avait appris sa maladie et son rétablisse2 ment. Ézéchias en eut de la joie, et il montra aux envoyés le lieu où étaient ses choses de prix, l'argent et l'or, les aromates et l'huile précieuse, tout son arsenal, et tout ce qui se trouvait dans ses trésors : il n'y eut rien qu'Ézéchias ne leur fît voir dans sa maison et dans tous ses domaines.
3 Ésaïe, le prophète, vint ensuite auprès du roi Ézéchias, et lui dit : Qu'ont dit ces gens-là, et d'où sont-ils venus vers toi ? Ézéchias répondit : Ils sont venus vers moi d'un pays éloigné, de Babylone. 4 Ésaïe dit encore : Qu'ont-ils vu dans ta maison ? Ézéchias répondit : Ils ont vu tout ce qui est dans ma maison : il n'y a rien dans mes trésors que je ne leur aie fait voir. 5 Alors Ésaïe dit à Ézéchias : Écoute la parole de l'Éternel des armées ! 6 Voici, les temps viendront où l'on emportera à Babylone tout ce qui est dans ta maison et ce que tes pères ont amassé jusqu'à ce jour ; il n'en restera rien, dit l'Éternel. Et 7

l'on prendra de tes fils, qui seront sortis de toi, que tu auras engendrés, pour en faire des eunuques dans le 8 palais du roi de Babylone. Ézéchias répondit à Ésaïe : La parole de l'Éternel, que tu as prononcée, est bonne ; car, ajouta-t-il, il y aura paix et sécurité pendant ma vie.

La délivrance promise au peuple d'Israël.

40 Consolez, consolez mon peuple,
Dit votre Dieu.
2 Parlez au cœur de Jérusalem, et criez-lui
Que sa servitude est finie,
Que son iniquité est expiée,
Qu'elle a reçu de la main de l'Éternel
Au double de tous ses péchés.

3 Une voix crie :
Préparez au désert le chemin de l'Éternel,
Aplanissez dans les lieux arides
Une route pour notre Dieu.
4 Que toute vallée soit exhaussée,
Que toute montagne et toute colline soient abaissées !
Que les coteaux se changent en plaines,
Et les défilés étroits en vallons !
5 Alors la gloire de l'Éternel sera révélée,
Et au même instant toute chair la verra ;
Car la bouche de l'Éternel a parlé.

6 Une voix dit : Crie !—
Et il répond : Que crierai-je ?
Toute chair est comme l'herbe,
Et tout son éclat comme la fleur des champs.
7 L'herbe sèche, la fleur tombe,
Quand le vent de l'Éternel souffle dessus.—
Certainement le peuple est comme l'herbe :
8 L'herbe sèche, la fleur tombe ;
Mais la parole de notre Dieu subsiste éternellement.

9 Monte sur une haute montagne,
Sion, pour publier la bonne nouvelle;
Élève avec force ta voix,
Jérusalem, pour publier la bonne nouvelle ;
Élève ta voix, ne crains point,
Dis aux villes de Juda : Voici votre Dieu !
Voici, le Seigneur, l'Éternel vient 10 avec puissance,
Et de son bras il commande ;
Voici, le salaire est avec lui,
Et les rétributions le précèdent.
Comme un berger, il paîtra son trou- 11 peau,
Il prendra les agneaux dans ses bras,
Et les portera dans son sein ;
Il conduira les brebis qui allaitent.

La puissance de Dieu et le néant des créatures.

Qui a mesuré les eaux dans le creux 12 de sa main,
Pris les dimensions des cieux avec la paume,
Et ramassé la poussière de la terre dans un tiers de mesure ?
Qui a pesé les montagnes au crochet,
Et les collines à la balance ?
Qui a sondé l'esprit de l'Éternel, 13
Et qui l'a éclairé de ses conseils ?
Avec qui a-t-il délibéré, pour en re- 14 cevoir de l'instruction ?
Qui lui a appris le sentier de la justice ?
Qui lui a enseigné la sagesse,
Et fait connaître le chemin de l'intelligence ?
Voici, les nations sont comme une 15 goutte d'un seau,
Elles sont comme de la poussière sur une balance ;
Voici, les îles sont comme une fine poussière qui s'envole.
Le Liban ne suffit pas pour le feu, 16
Et ses animaux ne suffisent pas pour l'holocauste.
Toutes les nations sont devant lui 17 comme un rien,
Elles ne sont pour lui que néant et vanité.

À qui voulez-vous comparer Dieu ? 18
Et quelle image ferez-vous son égale ?
C'est un ouvrier qui fond l'idole, 19
Et c'est un orfèvre qui la couvre d'or,
Et y soude des chaînettes d'argent.

20 Celui que la pauvreté oblige à donner peu
Choisit un bois qui résiste à la vermoulure ;
Il se procure un ouvrier capable,
Pour faire une idole qui ne branle pas.

21 Ne le savez-vous pas ? ne l'avez-vous pas appris ?
Ne vous l'a-t-on pas fait connaître dès le commencement ?
N'avez-vous jamais réfléchi à la fondation de la terre ?

22 C'est lui qui est assis au-dessus du cercle de la terre,
Et ceux qui l'habitent sont comme des sauterelles ;
Il étend les cieux comme une étoffe légère,
Il les déploie comme une tente, pour en faire sa demeure.

23 C'est lui qui réduit les princes au néant,
Et qui fait des juges de la terre une vanité ;

24 Ils ne sont pas même plantés, pas même semés,
Leur tronc n'a pas même de racine en terre :
Il souffle sur eux, et ils se dessèchent,
Et un tourbillon les emporte comme le chaume.

25 A qui me comparerez-vous, pour que je lui ressemble ?
Dit le Saint.

26 Levez vos yeux en haut, et regardez !
Qui a créé ces choses ?
Qui fait marcher en ordre leur armée ?
Il les appelle toutes par leur nom ;
Par son grand pouvoir et par sa force puissante,
Il n'en est pas une qui fasse défaut.

27 Pourquoi dis-tu, Jacob,
Pourquoi dis-tu, Israël :
Ma destinée est cachée devant l'Éternel,
Mon droit passe inaperçu devant mon Dieu ?

28 Ne le sais-tu pas ? ne l'as-tu pas appris ?
C'est le Dieu d'éternité, l'Éternel,
Qui a créé les extrémités de la terre ;
Il ne se fatigue point, il ne se lasse point ;

On ne peut sonder son intelligence.

29 Il donne de la force à celui qui est fatigué,
Et il augmente la vigueur de celui qui tombe en défaillance.

30 Les adolescents se fatiguent et se lassent,
Et les jeunes hommes chancellent ;

31 Mais ceux qui se confient en l'Éternel renouvellent leur force.
Ils prennent le vol comme les aigles ;
Ils courent, et ne se lassent point,
Ils marchent, et ne se fatiguent point.

Israël doit mettre sa confiance en l'Éternel.

41

Iles, faites silence pour m'écouter !
Que les peuples raniment leur force ;
Qu'ils avancent, et qu'ils parlent !
Approchons pour plaider ensemble.

2 Qui a suscité de l'orient
Celui que le salut appelle à sa suite ?
Qui lui a livré les nations et assujetti des rois ?
Qui a réduit leur glaive en poussière,
Et leur arc en un chaume qui s'envole ?

3 Il s'est mis à leur poursuite, il a parcouru avec bonheur
Un chemin que son pied n'avait jamais foulé.

4 Qui a fait et exécuté ces choses ?
C'est celui qui a appelé les générations dès le commencement,
Moi, l'Éternel, le premier
Et le même jusqu'aux derniers âges.

5 Les îles le voient, et sont dans la crainte,
Les extrémités de la terre tremblent :
Ils s'approchent, ils viennent.

6 Ils s'aident l'un l'autre,
Et chacun dit à son frère : Courage !

7 Le sculpteur encourage le fondeur ;
Celui qui polit au marteau encourage celui qui frappe sur l'enclume ;
Il dit de la soudure : Elle est bonne !
Et il fixe l'idole avec des clous, pour qu'elle ne branle pas.

8 Mais toi, Israël, mon serviteur,
Jacob, que j'ai choisi,
Race d'Abraham que j'ai aimé !

9 Toi, que j'ai pris aux extrémités de la terre,
Et que j'ai appelé d'une contrée lointaine,

A qui j'ai dit : Tu es mon serviteur,
Je te choisis, et ne te rejette point !

10 Ne crains rien, car je suis avec toi ;
Ne promène pas des regards inquiets,
          car je suis ton Dieu ;
Je te fortifie, je viens à ton secours,
Je te soutiens de ma droite triom-
          phante.

11 Voici, ils seront confondus, ils seront
          couverts de honte,
Tous ceux qui sont irrités contre toi ;
Ils seront réduits à rien, ils périront,
Ceux qui disputent contre toi.

12 Tu les chercheras, et ne les trouveras
          plus,
Ceux qui te suscitaient querelle ;
Ils seront réduits à rien, réduits au
          néant,
Ceux qui te faisaient la guerre.

13 Car je suis l'Éternel, ton Dieu,
Qui fortifie ta droite,
Qui te dis : Ne crains rien,
Je viens à ton secours.

14 Ne crains rien, vermisseau de Jacob,
Faible reste d'Israël ;
Je viens à ton secours, dit l'Éternel,
Et le Saint d'Israël est ton sauveur.

15 Voici, je fais de toi un traîneau aigu,
          tout neuf,
Garni de pointes ;
Tu écraseras, tu broieras les mon-
          tagnes,
Et tu rendras les collines semblables
          à de la balle.

16 Tu les vanneras, et le vent les em-
          portera,
Et un tourbillon les dispersera.
Mais toi, tu te réjouiras en l'Éternel,
Tu mettras ta gloire dans le Saint
          d'Israël.

17 Les malheureux et les indigents cher-
chent de l'eau, et il n'y en a point ;
Leur langue est desséchée par la soif.
Moi, l'Éternel, je les exaucerai ;
Moi, le Dieu d'Israël, je ne les aban-
          donnerai pas.

18 Je ferai jaillir des fleuves sur les
          collines,
Et des sources au milieu des vallées ;
Je changerai le désert en étang,
Et la terre aride en courants d'eau ;

19 Je mettrai dans le désert le cèdre,
          l'acacia,
Le myrte et l'olivier ;
Je mettrai dans les lieux stériles

Le cyprès, l'orme et le buis, tous en-
          semble ;

20 Afin qu'ils voient, qu'ils sachent,
Qu'ils observent et considèrent
Que la main de l'Éternel a fait ces
          choses,
Que le Saint d'Israël en est l'auteur.

21 Plaidez votre cause,
Dit l'Éternel ;
Produisez vos moyens de défense,
Dit le roi de Jacob.

22 Qu'ils les produisent, et qu'ils nous
          déclarent
Ce qui doit arriver.
Quelles sont les prédictions que jadis
          vous avez faites ?
Dites-le, pour que nous y prenions
          garde,
Et que nous en reconnaissions l'ac-
          complissement ;
Ou bien, annoncez-nous l'avenir.

23 Dites ce qui arrivera plus tard,
Pour que nous sachions si vous êtes
          des dieux ;
Faites seulement quelque chose de
          bien ou de mal,
Pour que nous le voyions et le re-
          gardions ensemble.

24 Voici, vous n'êtes rien,
Et votre œuvre est le néant ;
C'est une abomination que de se
          complaire en vous.

25 Je l'ai suscité du septentrion, et il
          est venu ;
De l'orient, il invoque mon nom ;
Il foule les puissants comme de la
          boue,
Comme de l'argile que foule un
          potier.

26 Qui l'a annoncé dès le commence-
ment, pour que nous le sachions,
Et longtemps d'avance, pour que
          nous disions : C'est vrai ?
Nul ne l'a annoncé, nul ne l'a prédit,
Et personne n'a entendu vos paroles.

27 C'est moi le premier qui ai dit à
          Sion : Les voici, les voici !
Et à Jérusalem : J'envoie un mes-
          sager de bonnes nouvelles !

28 Je regarde, et il n'y a personne,
Personne parmi eux qui prophétise,
Et qui puisse répondre, si je l'inter-
          roge.

29 Voici, ils ne sont tous que vanité,

Leurs œuvres ne sont que néant,
Leurs idoles ne sont qu'un vain
souffle.

Le serviteur de l'Éternel.

42 Voici mon serviteur, que je sou-
tiendrai,
Mon élu, en qui mon âme prend
plaisir.
J'ai mis mon esprit sur lui;
Il annoncera la justice aux nations.
2 Il ne criera point, il n'élèvera point
la voix,
Et ne la fera point entendre dans les
rues.
3 Il ne brisera point le roseau cassé,
Et il n'éteindra point la mèche qui
brûle encore;
Il annoncera la justice selon la vérité.
4 Il ne se découragera point et ne se
relâchera point,
Jusqu'à ce qu'il ait établi la justice
sur la terre,
Et que les îles espèrent en sa loi.
5 Ainsi parle Dieu, l'Éternel,
Qui a créé les cieux et qui les a dé-
ployés,
Qui a étendu la terre et ses productions,
Qui a donné la respiration à ceux
qui la peuplent,
Et le souffle à ceux qui y marchent.
6 Moi, l'Éternel, je t'ai appelé pour le
salut,
Et je te prendrai par la main,
Je te garderai, et je t'établirai pour
traiter alliance avec le peuple,
Pour être la lumière des nations,
7 Pour ouvrir les yeux des aveugles,
Pour faire sortir de prison le captif,
Ft de leur cachot ceux qui habitent
dans les ténèbres.
8 Je suis l'Éternel, c'est là mon nom;
Et je ne donnerai pas ma gloire à un
autre,
Ni mon honneur aux idoles.
9 Voici, les premières choses se sont
accomplies,
Et je vous en annonce de nouvelles;
Avant qu'elles arrivent, je vous les
prédis.

10 Chantez à l'Éternel un cantique
nouveau,
Chantez ses louanges aux extrémités
de la terre,
Vous qui voguez sur la mer et vous
qui la peuplez,
Iles et habitants des îles !
Que le désert et ses villes élèvent la 11
voix !
Que les villages occupés par Kédar
élèvent la voix !
Que les habitants des rochers tres-
saillent d'allégresse !
Que du sommet des montagnes re-
tentissent des cris de joie !
Qu'on rende gloire à l'Éternel, 12
Et que dans les îles on publie ses
louanges !

L'Éternel s'avance comme un héros, 13
Il excite son ardeur comme un homme
de guerre;
Il élève la voix, il jette des cris,
Il manifeste sa force contre ses en-
nemis.
J'ai longtemps gardé le silence, 14
Je me suis tu, je me suis contenu;
Je crierai comme une femme en tra-
vail,
Je serai haletant et je soufflerai tout
à la fois.
Je ravagerai montagnes et collines, 15
Et j'en dessécherai toute la verdure;
Je changerai les fleuves en terre
ferme,
Et je mettrai les étangs à sec.
Je ferai marcher les aveugles sur un 16
chemin qu'ils ne connaissent pas,
Je les conduirai par des sentiers qu'ils
ignorent;
Je changerai devant eux les ténèbres
en lumière,
Et les endroits tortueux en plaine :
Voilà ce que je ferai, et je ne les
abandonnerai point.
Ils reculeront, ils seront confus, 17
Ceux qui se confient aux idoles tail-
lées,
Ceux qui disent aux idoles de fonte :
Vous êtes nos dieux !

Sourds, écoutez ! 18
Aveugles, regardez et voyez !
Qui est aveugle, sinon mon serviteur, 19
Et sourd comme mon messager que
j'envoie ?
Qui est aveugle, comme l'ami de Dieu,

Aveugle comme le serviteur de l'Éternel ?

20 Tu as vu beaucoup de choses, mais tu n'y as point pris garde ;
On a ouvert les oreilles, mais on n'a point entendu.

21 L'Éternel a voulu, pour le bonheur d'Israël,
Publier une loi grande et magnifique.

22 Et c'est un peuple pillé et dépouillé !
On les a tous enchaînés dans des cavernes,
Plongés dans des cachots ;
Ils ont été mis au pillage, et personne qui les délivre !
Dépouillés, et personne qui dise : Restitue !

23 Qui parmi vous prêtera l'oreille à ces choses ?
Qui voudra s'y rendre attentif et écouter à l'avenir ?

24 Qui a livré Jacob au pillage,
Et Israël aux pillards ?
N'est-ce pas l'Éternel ?
Nous avons péché contre lui.
Ils n'ont point voulu marcher dans ses voies,
Et ils n'ont point écouté sa loi.

25 Aussi a-t-il versé sur Israël l'ardeur de sa colère
Et la violence de la guerre ;
La guerre l'a embrasé de toutes parts, et il n'a point compris ;
Elle l'a consumé, et il n'y a point pris garde.

C'est l'Éternel seul qui rachète Israël.

43 Ainsi parle maintenant l'Éternel, qui t'a créé, ô Jacob !
Celui qui t'a formé, ô Israël !
Ne crains rien, car je te rachète,
Je t'appelle par ton nom : tu es à moi !

2 Si tu traverses les eaux, je serai avec toi ;
Et les fleuves, ils ne te submergeront point ;
Si tu marches dans le feu, tu ne te brûleras pas,
Et la flamme ne t'embrasera pas.

3 Car je suis l'Éternel, ton Dieu,
Le Saint d'Israël, ton sauveur ;
Je donne l'Égypte pour ta rançon,
L'Éthiopie et Saba à ta place.

4 Parce que tu as du prix à mes yeux,

Parce que tu es honoré et que je t'aime,
Je donne des hommes à ta place,
Et des peuples pour ta vie.

5 Ne crains rien, car je suis avec toi ;
Je ramènerai de l'orient ta race,
Et je te rassemblerai de l'occident.

6 Je dirai au septentrion : Donne !
Et au midi : Ne retiens point !
Fais venir mes fils des pays lointains,
Et mes filles de l'extrémité de la terre,

7 Tous ceux qui s'appellent de mon nom,
Et que j'ai créés pour ma gloire,
Que j'ai formés et que j'ai faits.

8 Qu'on fasse sortir le peuple aveugle, qui a des yeux,
Et les sourds, qui ont des oreilles.

9 Que toutes les nations se rassemblent,
Et que les peuples se réunissent.
Qui d'entre eux a annoncé ces choses ?
Lesquels nous ont fait entendre les premières prédictions ?
Qu'ils produisent leurs témoins et établissent leur droit,
Qu'on écoute et qu'on dise : C'est vrai !

10 Vous êtes mes témoins, dit l'Éternel,
Vous, et mon serviteur que j'ai choisi,
Afin que vous le sachiez,
Que vous me croyiez et compreniez que c'est moi :
Avant moi il n'a point été formé de Dieu,
Et après moi il n'y en aura point.

11 C'est moi, moi qui suis l'Éternel,
Et hors moi il n'y a point de sauveur.

12 C'est moi qui ai annoncé, sauvé, prédit,
Ce n'est point parmi vous un dieu étranger ;
Vous êtes mes témoins, dit l'Éternel,
C'est moi qui suis Dieu.

13 Je le suis dès le commencement,
Et nul ne délivre de ma main ;
J'agirai : qui s'y opposera ?

14 Ainsi parle l'Éternel,
Votre rédempteur, le Saint d'Israël :
A cause de vous, j'envoie l'ennemi contre Babylone,
Et je fais descendre tous les fuyards,
Même les Chaldéens, sur les navires dont ils tiraient gloire.

15 Je suis l'Éternel, votre Saint,
Le créateur d'Israël, votre roi.
16 Ainsi parle l'Éternel,
Qui fraya dans la mer un chemin,
Et dans les eaux puissantes un sen-
tier,
17 Qui mit en campagne des chars et
des chevaux,
Une armée et de vaillants guerriers,
Soudain couchés ensemble, pour ne
plus se relever,
Anéantis, éteints comme une mèche :
18 Ne pensez plus aux événements
passés,
Et ne considérez plus ce qui est
ancien.
19 Voici, je vais faire un chose nouvelle,
sur le point d'arriver :
Ne la connaîtrez-vous pas ?
Je mettrai un chemin dans le désert,
Et des fleuves dans la solitude.
20 Les bêtes des champs me glorifieront,
Les chacals et les autruches,
Parce que j'aurai mis des eaux dans
le désert,
Des fleuves dans la solitude,
Pour abreuver mon peuple, mon élu.
21 Le peuple que je me suis formé
Publiera mes louanges.

22 Et tu ne m'as pas invoqué, ô Jacob !
Car tu t'es lassé de moi, ô Israël !
23 Tu ne m'as pas offert tes brebis en
holocauste,
Et tu ne m'as pas honoré par tes
sacrifices ;
Je ne t'ai point tourmenté pour des
offrandes,
Et je ne t'ai point fatigué pour de
l'encens.
24 Tu n'as pas à prix d'argent acheté
pour moi des aromates,
Et tu ne m'as pas rassasié de la
graisse de tes sacrifices ;
Mais tu m'as tourmenté par tes
péchés,
Tu m'as fatigué par tes iniquités.
25 C'est moi, moi qui efface tes transgressions pour l'amour de moi,
Et je ne me souviendrai plus de tes
péchés.
26 Réveille ma mémoire, plaidons ensemble,
Parle toi-même, pour te justifier.
27 Ton premier père a péché,

Et tes interprètes se sont rebellés
contre moi.
28 C'est pourquoi j'ai traité en profanes
les chefs du sanctuaire,
J'ai livré Jacob à la destruction,
Et Israël aux outrages.

L'Éternel et les idoles ; envoi de Cyrus.

44 Écoute maintenant, ô Jacob, mon
serviteur !
O Israël, que j'ai choisi !
2 Ainsi parle l'Éternel, qui t'a fait,
Et qui t'a formé dès ta naissance,
Celui qui est ton soutien :
Ne crains rien, mon serviteur Jacob,
Mon Israël, que j'ai choisi.
3 Car je répandrai des eaux sur le sol
altéré,
Et des ruisseaux sur la terre des-
séchée ;
Je répandrai mon esprit sur ta race,
Et ma bénédiction sur tes rejetons.
4 Ils pousseront comme au milieu de
l'herbe,
Comme les saules près des courants
d'eau.
5 Celui-ci dira : Je suis à l'Éternel ;
Celui-là se réclamera du nom de
Jacob ;
Cet autre écrira de sa main : à l'É-
ternel !
Et prononcera avec amour le nom
d'Israël.

6 Ainsi parle l'Éternel, roi d'Israël et
son rédempteur,
L'Éternel des armées :
Je suis le premier et je suis le dernier,
Et hors moi il n'y a point de Dieu.
7 Qui a, comme moi, fait des prédictions
(Qu'il le déclare et me le prouve !),
Depuis que j'ai fondé le peuple ancien ?
Qu'ils annoncent l'avenir et ce qui
doit arriver !
8 N'ayez pas peur, et ne tremblez pas ;
Ne te l'ai-je pas dès longtemps annoncé et déclaré ?
Vous êtes mes témoins :
Y a-t-il un autre Dieu que moi ?
Il n'y a pas d'autre rocher, je n'en
connais point.
9 Ceux qui fabriquent des idoles ne
sont tous que vanité,

Et leurs plus belles œuvres ne servent à rien ;

Elles le témoignent elles-mêmes :

Elles n'ont ni la vue, ni l'intelligence,

Afin qu'ils soient dans la confusion.

10 Qui est-ce qui fabrique un dieu, ou fond une idole,

Pour n'en retirer aucune utilité ?

11 Voici, tous ceux qui y travaillent seront confondus,

Et les ouvriers ne sont que des hommes ;

Qu'ils se réunissent tous, qu'ils se présentent,

Et tous ensemble ils seront tremblants et couverts de honte.

12 Le forgeron fait une hache,

Il travaille avec le charbon,

Et il la façonne à coups de marteau ;

Il la forge d'un bras vigoureux ;

Mais a-t-il faim, le voilà sans force ;

Ne boit-il pas d'eau, le voilà épuisé.

13 Le charpentier étend le cordeau,

Fait un tracé au crayon,

Façonne le bois avec un couteau,

Et marque ses dimensions avec le compas ;

Et il produit une figure d'homme,

Une belle forme humaine,

Pour qu'elle habite dans une maison.

14 Il se coupe des cèdres,

Il prend des rouvres et des chênes,

Et fait un choix parmi les arbres de la forêt ;

Il plante des pins,

Et la pluie les fait croître.

15 Ces arbres servent à l'homme pour brûler,

Il en prend et il se chauffe.

Il y met aussi le feu pour cuire du pain ;

Et il en fait également un dieu, qu'il adore,

Il en fait une idole, devant laquelle il se prosterne.

16 Il brûle au feu la moitié de son bois,

Avec cette moitié il cuit de la viande,

Il apprête un rôti, et se rassasie ;

Il se chauffe aussi, et dit : Ha ! Ha !

Je me chauffe, je vois la flamme !

17 Et avec le reste il fait un dieu, son idole,

Il se prosterne devant elle, il l'adore, il l'invoque,

Et s'écrie : Sauve-moi !

Car tu es mon dieu !

18 Ils n'ont ni intelligence, ni entendement,

Car on leur a fermé les yeux pour qu'ils ne voient point,

Et le cœur pour qu'ils ne comprennent point.

19 Il ne rentre pas en lui-même,

Et il n'a ni l'intelligence, ni le bon sens de dire :

J'en ai brûlé une moitié au feu,

J'ai cuit du pain sur les charbons,

J'ai rôti de la viande et je l'ai mangée,

Et avec le reste je ferais une abomination !

Je me prosternerais devant un morceau de bois !

20 Il se repaît de cendres,

Son cœur abusé l'égare,

Et il ne sauvera point son âme, et ne dira point :

N'est-ce pas du mensonge que j'ai dans ma main ?

21 Souviens-toi de ces choses, ô Jacob !

O Israël ! car tu es mon serviteur ;

Je t'ai formé, tu es mon serviteur ;

Israël, je ne t'oublierai pas.

22 J'efface tes transgressions comme un nuage,

Et tes péchés comme une nuée ;

Reviens à moi,

Car je t'ai racheté.

23 Cieux, réjouissez-vous ! car l'Éternel a agi ;

Profondeurs de la terre, retentissez d'allégresse !

Montagnes, éclatez en cris de joie !

Vous aussi, forêts, avec tous vos arbres !

Car l'Éternel a racheté Jacob,

Il a manifesté sa gloire en Israël.

24 Ainsi parle l'Éternel, ton rédempteur,

Celui qui t'a formé dès ta naissance:

Moi, l'Éternel, j'ai fait toutes choses,

Seul j'ai déployé les cieux,

Seul j'ai étendu la terre.

25 J'anéantis les signes des prophètes de mensonge,

Et je proclame insensés les devins ;

Je fais reculer les sages,

Et je tourne leur science en folie.

26 Je confirme la parole de mon serviteur,

Et j'accomplis ce que prédisent mes
envoyés ;

Je dis de Jérusalem : Elle sera habitée,

Et des villes de Juda : Elles seront
rebâties ;

Et je relèverai leurs ruines.

27 Je dis à l'abîme : Dessèche-toi,
Je tarirai tes fleuves.

28 Je dis de Cyrus : Il est mon berger,
Et il accomplira toute ma volonté ;
Il dira de Jérusalem : Qu'elle soit
rebâtie !

Et du temple : Qu'il soit fondé !

45 Ainsi parle l'Éternel à son oint, à
Cyrus,

Qu'il tient par la main,
Pour terrasser les nations devant lui,
Et pour relâcher la ceinture des rois,
Pour lui ouvrir les portes,
Afin qu'elles ne soient plus fermées :

2 Je marcherai devant toi,
J'aplanirai les chemins montueux,
Je romprai les portes d'airain,
Et je briserai les verrous de fer.

3 Je te donnerai des trésors cachés,
Des richesses enfouies,
Afin que tu saches
Que je suis l'Éternel qui t'appelle
par ton nom,

Le Dieu d'Israël.

4 Pour l'amour de mon serviteur Jacob,
Et d'Israël, mon élu,
Je t'ai appelé par ton nom,
Je t'ai parlé avec bienveillance, avant
que tu me connusses.

5 Je suis l'Éternel, et il n'y en a point
d'autre,

Hors moi il n'y a point de Dieu ;
Je t'ai ceint, avant que tu me connusses.

6 C'est afin que l'on sache, du soleil
levant au soleil couchant,

Que hors moi il n'y a point de Dieu :
Je suis l'Éternel, et il n'y en a point
d'autre.

7 Je forme la lumière, et je crée les
ténèbres,

Je donne la prospérité, et je crée
l'adversité ;

Moi, l'Éternel, je fais toutes ces
choses.

8 Que les cieux répandent d'en haut
Et que les nuées laissent couler la
justice !

Que la terre s'ouvre, que le salut y
fructifie,

Et qu'il en sorte à la fois la délivrance !
Moi, l'Éternel, je crée ces choses.

9 Malheur à qui conteste avec son
créateur !

—Vase parmi des vases de terre !—
L'argile dit-elle à celui qui la façonne : Que fais-tu ?

Et ton œuvre : Il n'a point de mains ?

10 Malheur à qui dit à son père : Pourquoi m'as-tu engendré ?

Et à sa mère : Pourquoi m'as-tu
enfanté ?

11 Ainsi parle l'Éternel, le Saint d'Israël,
et son créateur :

Veut-on me questionner sur l'avenir,
Me donner des ordres sur mes enfants et sur l'œuvre de mes mains ?

12 C'est moi qui ai fait la terre,
Et qui sur elle ai créé l'homme ;
C'est moi, ce sont mes mains qui
ont déployé les cieux,

Et c'est moi qui ai disposé toute
leur armée.

13 C'est moi qui ai suscité Cyrus dans
ma justice,

Et j'aplanirai toutes ses voies ;
Il rebâtira ma ville, et libérera mes
captifs,

Sans rançon ni présents,
Dit l'Éternel des armées.

14 Ainsi parle l'Éternel :
Les gains de l'Égypte et les profits
de l'Éthiopie,

Et ceux des Sabéens à la taille
élevée,

Passeront chez toi et seront à toi ;
Ces peuples marcheront à ta suite,
Ils passeront enchaînés,
Ils se prosterneront devant toi, et te
diront en suppliant :

C'est auprès de toi seulement que se
trouve Dieu,

Et il n'y a point d'autre Dieu que
lui.

15 Mais tu es un Dieu qui te caches,
Dieu d'Israël, sauveur !

16 Ils sont tous honteux et confus,
Ils s'en vont tous avec ignominie,

Les fabricateurs d'idoles.

17 C'est par l'Éternel qu'Israël obtient
le salut,
Un salut éternel ;
Vous ne serez ni honteux ni confus,
Jusque dans l'éternité.

18 Car ainsi parle l'Éternel,
Le créateur des cieux, le seul Dieu,
Qui a formé la terre, qui l'a faite et
qui l'a affermie,
Qui l'a créée pour qu'elle ne fût pas
déserte,
Qui l'a formée pour qu'elle fût
habitée :
Je suis l'Éternel, et il n'y en a point
d'autre.

19 Je n'ai point parlé en cachette,
Dans un lieu ténébreux de la terre ;
Je n'ai point dit à la postérité de
Jacob :
Cherchez-moi vainement !
Moi, l'Éternel, je dis ce qui est vrai,
Je proclame ce qui est droit.

20 Assemblez-vous et venez, approchez
ensemble,
Réchappés des nations !
Ils n'ont point d'intelligence, ceux
qui portent leur idole de bois,
Et qui invoquent un dieu incapable
de sauver.

21 Déclarez-le, et faites-les venir !
Qu'ils prennent conseil les uns des
autres !
Qui a prédit ces choses dès le com-
mencement,
Et depuis longtemps les a annoncées ?
N'est-ce pas moi, l'Éternel ?
Il n'y a point d'autre Dieu que moi,
Je suis le seul Dieu juste et qui sauve.

22 Tournez-vous vers moi, et vous serez
sauvés,
Vous tous qui êtes aux extrémités
de la terre !
Car je suis Dieu, et il n'y en a point
d'autre.

23 Je le jure par moi-même,
La vérité sort de ma bouche et ma
parole ne sera point révoquée :
Tout genou fléchira devant moi,
Toute langue jurera par moi.

24 En l'Éternel seul, me dira-t-on, résident la justice et la force ;
A lui viendront, pour être confondus,

Tous ceux qui étaient irrités contre
lui.
25 Par l'Éternel seront justifiés et glorifiés
Tous les descendants d'Israël.

46 Bel s'écroule, Nebo tombe ;
On met leurs idoles sur des animaux, sur des bêtes ;
Vous les portiez, et les voilà chargées,
Devenues un fardeau pour l'animal
fatigué !
2 Ils sont tombés, ils se sont écroulés
ensemble,
Ils ne peuvent sauver le fardeau,
Et ils s'en vont eux-mêmes en captivité.

3 Écoutez-moi, maison de Jacob,
Et vous tous, restes de la maison
d'Israël,
Vous que j'ai pris à ma charge dès
votre origine,
Que j'ai portés dès votre naissance !
4 Jusqu'à votre vieillesse je serai le
même,
Jusqu'à votre vieillesse je vous sou-
tiendrai ;
Je l'ai fait, et je veux encore vous
porter,
Vous soutenir et vous sauver.

5 A qui me comparerez-vous, pour le
faire mon égal ?
A qui me ferez-vous ressembler,
pour que nous soyons semblables ?
6 Ils versent l'or de leur bourse,
Et pèsent l'argent à la balance ;
Ils paient un orfèvre, pour qu'il en
fasse un dieu,
Et ils adorent et se prosternent.
7 Ils le portent, ils le chargent sur
l'épaule,
Ils le mettent en place, et il y reste ;
Il ne bouge pas de sa place ;
Puis on crie vers lui, mais il ne
répond pas,
Il ne sauve pas de la détresse.

8 Souvenez-vous de ces choses, et soyez
des hommes !
Pécheurs, rentrez en vous-mêmes !

9 Souvenez-vous de ce qui s'est passé
dès les temps anciens ;
Car je suis Dieu, et il n'y en a point
d'autre,

Je suis Dieu, et nul n'est semblable à moi.

10 J'annonce dès le commencement ce qui doit arriver,
Et longtemps d'avance ce qui n'est pas encore accompli ;
Je dis : Mes arrêts subsisteront,
Et j'exécuterai toute ma volonté.

11 C'est moi qui appelle de l'orient un oiseau de proie,
D'une terre lointaine un homme pour accomplir mes desseins,
Je l'ai dit, et je le réaliserai ;
Je l'ai conçu, et je l'exécuterai.

12 Écoutez-moi, gens endurcis de cœur,
Ennemis de la droiture !

13 Je fais approcher ma justice : elle n'est pas loin ;
Et mon salut ; il ne tardera pas.
Je mettrai le salut en Sion,
Et ma gloire sur Israël.

Babylone abaissée.

47 Descends, et assieds-toi dans la poussière,
Vierge, fille de Babylone !
Assieds-toi à terre, sans trône,
Fille des Chaldéens !
On ne t'appellera plus délicate et voluptueuse.

2 Prends les meules, et mouds de la farine ;
Ote ton voile, relève les pans de ta robe,
Découvre tes jambes, traverse les fleuves !

3 Ta nudité sera découverte,
Et ta honte sera vue.
J'exercerai ma vengeance,
Je n'épargnerai personne.—

4 Notre rédempteur, c'est celui qui s'appelle l'Éternel des armées,
C'est le Saint d'Israël.—

5 Assieds-toi en silence, et va dans les ténèbres,
Fille des Chaldéens !
On ne t'appellera plus la souveraine des royaumes.

6 J'étais irrité contre mon peuple,
J'avais profané mon héritage,
Et je les avais livrés entre tes mains :
Tu n'as pas eu pour eux de la compassion,
Tu as durement appesanti ton joug sur le vieillard.

7 Tu disais : A toujours je serai souveraine !
Tu n'as point mis dans ton esprit,
Tu n'as point songé que cela prendrait fin.

8 Écoute maintenant ceci, voluptueuse,
Qui t'assieds avec assurance,
Et qui dis en ton cœur :
Moi, et rien que moi !
Je ne serai jamais veuve,
Et je ne serai jamais privée d'enfants !

9 Ces deux choses t'arriveront subitement, au même jour,
La privation d'enfants et le veuvage ;
Elles fondront en plein sur toi,
Malgré la multitude de tes sortilèges,
Malgré le grand nombre de tes enchantements.

10 Tu avais confiance dans ta méchanceté,
Tu disais : Personne ne me voit !
Ta sagesse et ta science t'ont séduite.
Et tu disais en ton cœur :
Moi, et rien que moi !

11 Le malheur viendra sur toi,
Sans que tu en voies l'aurore ;
La calamité tombera sur toi,
Sans que tu puisses la conjurer ;
Et la ruine fondra sur toi tout à coup,
A l'improviste.

12 Reste donc au milieu de tes enchantements
Et de la multitude de tes sortilèges,
Auxquels tu as consacré ton travail dès ta jeunesse ;
Peut-être pourras-tu en tirer profit,
Peut-être deviendras-tu redoutable.

13 Tu t'es fatiguée à force de consulter :
Qu'ils se lèvent donc et qu'ils te sauvent,
Ceux qui connaissent le ciel,
Qui observent les astres,
Qui annoncent, d'après les nouvelles lunes,
Ce qui doit t'arriver !

14 Voici, ils sont comme de la paille, le feu les consume,
Ils ne sauveront pas leur vie des flammes :
Ce ne sera pas du charbon dont on se chauffe,
Ni un feu auprès duquel on s'assied.

15 Tel sera le sort de ceux que tu te
fatiguais à consulter.
Et ceux avec qui tu as trafiqué dès
ta jeunesse
Se disperseront chacun de son côté :
Il n'y aura personne qui vienne à ton
secours.

Les anciennes et les nouvelles prédictions.

48 Écoutez ceci, maison de Jacob,
Vous qui portez le nom d'Israël,
Et qui êtes sortis des eaux de Juda ;
Vous qui jurez par le nom de l'É-
ternel,
Et qui invoquez le Dieu d'Israël,
Mais sans vérité ni droiture !

2 Car ils prennent leur nom de la ville
sainte,
Et ils s'appuient sur le Dieu d'Israël,
Dont le nom est l'Éternel des armées.

3 Dès longtemps j'ai fait les premières
prédictions,
Elles sont sorties de ma bouche, et
je les ai publiées :
Soudain j'ai agi, et elles se sont accomplies.

4 Sachant que tu es endurci,
Que ton cou est une barre de fer,
Et que tu as un front d'airain,

5 Je t'ai annoncé dès longtemps ces
choses
Je te les ai déclarées avant qu'elles
arrivassent,
Afin que tu ne disses pas : C'est mon
idole qui les a faites,
C'est mon image taillée ou mon
image en fonte qui les a ordonnées.

6 Tu entends ! Considère tout cela !
Et vous, ne l'avouerez-vous pas ?...
Maintenant, je t'annonce des choses
nouvelles,
Cachées, inconnues de toi.

7 Elles se produisent à présent, et n'appartiennent point au passé ;
Jusqu'à leur avènement tu n'en avais
aucune connaissance,
Afin que tu ne disses pas : Voici, je
le savais.

8 Tu n'en as rien appris, tu n'en as
rien su,
Et jadis ton oreille n'en a point été
frappée :
Car je savais que tu serais infidèle,
Et que dès ta naissance tu fus appelé rebelle.

A cause de mon nom, je suspends 9
ma colère ;
A cause de ma gloire, je me contiens
envers toi,
Pour ne pas t'exterminer.

Je t'ai mis au creuset, mais non pour 10
retirer de l'argent ;
Je t'ai éprouvé dans la fournaise de
l'adversité.

C'est pour l'amour de moi, pour 11
l'amour de moi, que je veux agir ;
Car comment mon nom serait-il profané ?
Je ne donnerai pas ma gloire à un
autre.

Écoute-moi, Jacob !   12
Et toi, Israël, que j'ai appelé !
C'est moi, moi qui suis le premier,
C'est aussi moi qui suis le dernier.

Ma main a fondé la terre,   13
Et ma droite a étendu les cieux :
Je les appelle, et aussitôt ils se pré-
sentent.

Vous tous, assemblez-vous, et écou- 14
tez !
Qui d'entre eux a annoncé ces choses ?
Celui que l'Éternel aime exécutera
sa volonté contre Babylone,
Et son bras s'appesantira sur les
Chaldéens.

Moi, moi, j'ai parlé, et je l'ai appelé ; 15
Je l'ai fait venir, et son œuvre réussira.

Approchez-vous de moi, et écoutez ! 16
Dès le commencement, je n'ai point
parlé en cachette,
Dès l'origine de ces choses, j'ai été
là.
Et maintenant, le Seigneur, l'Éternel
m'a envoyé avec son esprit.

Ainsi parle l'Éternel, ton rédemp- 17
teur,
Le Saint d'Israël :
Moi, l'Éternel, ton Dieu, je t'instruis
pour ton bien,
Je te conduis dans la voie que tu
dois suivre.

Oh ! si tu étais attentif à mes com- 18
mandements !
Ton bien-être serait comme un fleuve,
Et ton bonheur comme les flots de
la mer ;
Ta postérité serait comme le sable, 19

Et les fruits de tes entrailles comme
les grains de sable ;
Ton nom ne serait point effacé,
anéanti devant moi.

20 Sortez de Babylone, fuyez du milieu
des Chaldéens !
Avec une voix d'allégresse annoncez-
le, publiez-le,
Faites-le savoir jusqu'à l'extrémité
de la terre,
Dites : L'Éternel a racheté son serviteur Jacob !
21 Et ils n'auront pas soif dans les déserts où il les conduira :
Il fera jaillir pour eux l'eau du rocher,
Il fendra le rocher,
Et l'eau coulera.
22 Il n'y a point de paix pour les méchants, dit l'Éternel.

*Le serviteur de l'Éternel, lumière des
nations.*

49 Iles, écoutez-moi !
Peuples lointains, soyez attentifs !
L'Éternel m'a appelé dès ma naissance,
Il m'a nommé dès ma sortie des
entrailles maternelles.
2 Il a rendu ma bouche semblable à
un glaive tranchant,
Il m'a couvert de l'ombre de sa
main ;
Il a fait de moi une flèche aiguë,
Il m'a caché dans son carquois.
3 Et il m'a dit : Tu es mon serviteur,
Israël en qui je me glorifierai.
4 Et moi j'ai dit : C'est en vain que
j'ai travaillé,
C'est pour le vide et le néant que j'ai
consumé ma force ;
Mais mon droit est auprès de l'É-
ternel,
Et ma récompense auprès de mon
Dieu.
5 Maintenant, l'Éternel parle,
Lui qui m'a formé dès ma naissance
pour être son serviteur.
Pour ramener à lui Jacob,
Et Israël encore dispersé ;
Car je suis honoré aux yeux de l'É-
ternel,
Et mon Dieu est ma force.
6 Il dit : C'est peu que tu sois mon
serviteur

Pour relever les tribus de Jacob
Et pour ramener les restes d'Israël :
Je t'établis pour être la lumière des
nations,
Pour porter mon salut jusqu'aux
extrémités de la terre.
Ainsi parle l'Éternel, le rédempteur, 7
le Saint d'Israël,
A celui qu'on méprise, qui est en
horreur au peuple,
A l'esclave des puissants :
Des rois le verront, et ils se lèveront,
Des princes, et ils se prosterneront,
A cause de l'Éternel, qui est fidèle,
Du Saint d'Israël, qui t'a choisi.

Le rétablissement d'Israël.

Ainsi parle l'Éternel :   8
Au temps de la grâce je t'exaucerai,
Et au jour du salut je te secourrai ;
Je te garderai, et je t'établirai pour
traiter alliance avec le peuple,
Pour relever le pays,
Et pour distribuer les héritages dé-
solés ;
Pour dire aux captifs : Sortez !   9
Et à ceux qui sont dans les ténèbres :
Paraissez !
Ils paîtront sur les chemins,
Et ils trouveront des pâturages sur
tous les coteaux.
Ils n'auront pas faim et ils n'auront 10
pas soif ;
Le mirage et le soleil ne les feront
point souffrir ;
Car celui qui a pitié d'eux sera leur
guide,
Et il les conduira vers des sources
d'eaux.
Je changerai toutes mes montagnes 11
en chemins,
Et mes routes seront frayées.
Les voici, ils viennent de loin,   12
Les uns du septentrion et de l'oc-
cident,
Les autres du pays de Sinim.
Cieux, réjouissez-vous !   13
Terre, sois dans l'allégresse !
Montagnes, éclatez en cris de joie !
Car l'Éternel console son peuple,
Il a pitié de ses malheureux.

Sion disait : L'Éternel m'abandonne, 14
Le Seigneur m'oublie ! —

15 Une femme oublie-t-elle l'onfant
qu'elle allaite ?
N'a-t-elle pas pitié du fruit de ses
entrailles ?
Quand elle l'oublierait,
Moi je ne t'oublierai point.
16 Voici, je t'ai gravée sur mes mains ;
Tes murs sont toujours devant mes
yeux.
17 Tes fils accourent ;
Ceux qui t'avaient détruite et ravagée
Sortiront du milieu de toi.
18 Porte tes yeux alentour, et regarde :
Tous ils s'assemblent, ils viennent
vers toi.
Je suis vivant ! dit l'Éternel,
Tu les revêtiras tous comme une
parure,
Tu t'en ceindras comme une fiancée.
19 Dans tes places ravagées et désertes,
Dans ton pays ruiné,
Tes habitants seront désormais à
l'étroit ;
Et ceux qui te dévoraient s'éloigne-
ront.
20 Ils répéteront à tes oreilles,
Ces fils dont tu fus privée :
L'espace est trop étroit pour moi ;
Fais-moi de la place, pour que je
puisse m'établir.
21 Et tu diras en ton cœur : Qui me
les a engendrés ?
Car j'étais sans enfants, j'étais stérile.
J'étais exilée, répudiée : qui les a
élevés ?
J'étais restée seule : ceux-ci, où é-
taient-ils ?
22 Ainsi a parlé le Seigneur, l'Éternel :
Voici : Je lèverai ma main vers les
nations,
Je dresserai ma bannière vers les
peuples ;
Et ils ramèneront tes fils entre leurs
bras,
Ils porteront tes filles sur les épaules.
23 Des rois seront tes nourriciers, et
leurs princesses tes nourrices ;
Ils se prosterneront devant toi la
face contre terre,
Et ils lécheront la poussière de tes
pieds,
Et tu sauras que je suis l'Éternel,
Et que ceux qui espèrent en moi ne
seront point confus.

Le butin du puissant lui sera-t-il 24
enlevé ?
Et la capture faite sur le juste échap-
pera-t-elle ?—
Oui, dit l'Éternel, la capture du 25
puissant lui sera enlevée,
Et le butin du tyran lui échappera ;
Je combattrai tes ennemis,
Et je sauverai tes fils.
Je ferai manger à tes oppresseurs 26
leur propre chair ;
Ils s'enivreront de leur sang comme
du moût ;
Et toute chair saura que je suis
l'Éternel, ton sauveur,
Ton rédempteur, le puissant de Jacob.

Le serviteur de l'Éternel outragé et secouru.

Ainsi parle l'Éternel : **50**
Où est la lettre de divorce par
laquelle j'ai répudié votre mère ?
Ou bien, auquel de mes créanciers
vous ai-je vendus ?
Voici, c'est à cause de vos iniquités
que vous avez été vendus,
Et c'est à cause de vos péchés que
votre mère a été répudiée.
Je suis venu : pourquoi n'y avait-il 2
personne ?
J'ai appelé : pourquoi personne n'a-
t-il répondu ?
Ma main est-elle trop courte pour
racheter ?
N'ai-je pas assez de force pour dé-
livrer ?
Par ma menace, je dessèche la mer,
Je réduis les fleuves en désert ;
Leurs poissons se corrompent, faute
d'eau,
Et ils périssent de soif.
Je revêts les cieux d'obscurité, 3
Et je fais d'un sac leur couverture.

Le Seigneur, l'Éternel m'a donné 4
une langue exercée,
Pour que je sache soutenir par la
parole celui qui est abattu ;
Il éveille, chaque matin, il éveille
mon oreille,
Pour que j'écoute comme écoutent
des disciples.
Le Seigneur, l'Éternel m'a ouvert 5
l'oreille,
Et je n'ai point résisté,
Je ne me suis point retiré en arrière.

6 J'ai livré mon dos à ceux qui me
frappaient,
Et mes joues à ceux qui m'arrachaient
la barbe ;
Je n'ai pas dérobé mon visage
Aux ignominies et aux crachats.

7 Mais le Seigneur, l'Éternel m'a secouru ;
C'est pourquoi je n'ai point été déshonoré,
C'est pourquoi j'ai rendu mon visage
semblable à un caillou,
Sachant que je ne serais point confondu.

8 Celui qui me justifie est proche :
Qui disputera contre moi ?
Comparaissons ensemble !
Qui est mon adversaire ?
Qu'il s'avance vers moi !

9 Voici, le Seigneur, l'Éternel me se-
courra :
Qui me condamnera ?
Voici, ils tomberont tous en lambeaux
comme un vêtement,
La teigne les dévorera.

10 Quiconque parmi vous craint l'Éter-
nel,
Qu'il écoute la voix de son serviteur !
Quiconque marche dans l'obscurité
et manque de lumière,
Qu'il se confie dans le nom de l'Éter-
nel,
Et qu'il s'appuie sur son Dieu !

11 Voici, vous tous qui allumez un feu,
Et qui êtes armés de torches,
Allez au milieu de votre feu et de
vos torches enflammées !
C'est par ma main que ces choses
vous arriveront ;
Vous vous coucherez dans la douleur.

La délivrance et le retour.

51 Écoutez-moi, vous qui poursuivez
la justice,
Qui cherchez l'Éternel !
Portez les regards sur le rocher d'où
vous avez été taillés,
Sur le creux de la fosse d'où vous
avez été tirés.

2 Portez les regards sur Abraham votre
père,
Et sur Sara qui vous a enfantés ;
Car lui seul je l'ai appelé,
Je l'ai béni et multiplié.

3 Ainsi l'Éternel a pitié de Sion,

Il a pitié de toutes ses ruines ;
Il rendra son désert semblable à un
Éden,
Et sa terre aride à un jardin de
l'Éternel.
La joie et l'allégresse se trouveront
au milieu d'elle,
Les actions de grâces et le chant des
cantiques.

4 Mon peuple, sois attentif !
Ma nation, prête-moi l'oreille !
Car la loi sortira de moi,
Et j'établirai ma loi pour être la
lumière des peuples.

5 Ma justice est proche, mon salut va
paraître,
Et mes bras jugeront les peuples ;
Les îles espéreront en moi,
Elles se confieront en mon bras.

6 Levez les yeux vers le ciel, et re-
gardez en bas sur la terre !
Car les cieux s'évanouiront comme
une fumée,
La terre tombera en lambeaux comme
un vêtement,
Et ses habitants périront comme
des mouches ;
Mais mon salut durera éternellement,
Et ma justice n'aura point de fin.

7 Écoutez-moi, vous qui connaissez la
justice,
Peuple, qui as ma loi dans ton cœur !
Ne craignez pas l'opprobre des
hommes,
Et ne tremblez pas devant leurs
outrages.

8 Car la teigne les dévorera comme
un vêtement,
Et la gerce les rongera comme de la
laine ;
Mais ma justice durera éternellement,
Et mon salut s'étendra d'âge en âge.

9 Réveille-toi, réveille-toi ! revêts-toi
de force, bras de l'Éternel !
Réveille-toi, comme aux jours d'autre-
fois,
Dans les anciens âges !
N'est-ce pas toi qui abattis l'Égypte,
Qui transperças le monstre ?

10 N'est-ce pas toi qui mis à sec la mer,
Les eaux du grand abîme,

Qui trayas dans les profondeurs de la mer

Un chemin pour le passage des rachetés ?

11 Ainsi les rachetés de l'Éternel retourneront,

Ils iront à Sion avec chants de triomphe,

Et une joie éternelle couronnera leur tête ;

L'allégresse et la joie s'approcheront,

La douleur et les gémissements s'enfuiront.

12 C'est moi, c'est moi qui vous console.

Qui es-tu, pour avoir peur de l'homme mortel,

Et du fils de l'homme, pareil à l'herbe ?

13 Et tu oublierais l'Éternel, qui t'a fait,

Qui a étendu les cieux et fondé la terre !

Et tu tremblerais incessamment tout le jour

Devant la colère de l'oppresseur,

Parce qu'il cherche à détruire !

Où donc est la colère de l'oppresseur ?

14 Bientôt celui qui est courbé sous les fers sera délivré ;

Il ne mourra pas dans la fosse,

Et son pain ne lui manquera pas.

15 Je suis l'Éternel, ton Dieu,

Qui soulève la mer et fais mugir ses flots.

L'Éternel des armées est son nom.

16 Je mets mes paroles dans ta bouche,

Et je te couvre de l'ombre de ma main,

Pour étendre de nouveaux cieux et fonder une nouvelle terre,

Et pour dire à Sion : Tu es mon peuple !

17 Réveille-toi, réveille-toi ! lève-toi, Jérusalem,

Qui as bu de la main de l'Éternel la coupe de sa colère,

Qui as bu, sucé jusqu'à la lie la coupe d'étourdissement !

18 Il n'y en a aucun pour la conduire,

De tous les fils qu'elle a enfantés,

Il n'y en a aucun pour la prendre par la main,

De tous les fils qu'elle a élevés.

19 Ces deux choses te sont arrivées :

—Qui te plaindra ?—

Le ravage et la ruine, la famine et l'épée.

—Qui suis-je pour te consoler ?—

20 Tes fils en défaillance gisaient à tous les coins de rues,

Comme le cerf dans un filet,

Chargés de la colère de l'Éternel, .

Des menaces de ton Dieu,

21 C'est pourquoi, écoute ceci, malheureuse,

Ivre, mais non de vin !

22 Ainsi parle ton Seigneur, l'Éternel,

Ton Dieu, qui défend son peuple :

Voici, je prends de ta main la coupe d'étourdissement,

La coupe de ma colère ;

Tu ne la boiras plus !

23 Je la mettrai dans la main de tes oppresseurs,

Qui te disaient : Courbe-toi, et nous passerons !

Tu faisais alors de ton dos comme une terre,

Comme une rue pour les passants.

52 Réveille-toi ! réveille-toi ! revêts ta parure, Sion !

Revêts tes habits de fête, Jérusalem, ville sainte !

Car il n'entrera plus chez toi ni incirconcis ni impur.

2 Secoue ta poussière, lève-toi,

Mets-toi sur ton séant, Jérusalem !

Détache les liens de ton cou,

Captive, fille de Sion !

3 Car ainsi parle l'Éternel :

C'est gratuitement que vous avez été vendus,

Et ce n'est pas à prix d'argent que vous serez rachetés.

4 Car ainsi parle le Seigneur, l'Éternel :

Jadis mon peuple descendit en Égypte, pour y séjourner ;

Puis l'Assyrien l'opprima sans cause.

5 Et maintenant, qu'ai-je à faire, dit l'Éternel,

Quand mon peuple a été gratuitement enlevé ?

Ses tyrans poussent des cris, dit l'Éternel,

Et toute la durée du jour mon nom est outragé.

6 C'est pourquoi mon peuple connaîtra mon nom ;

C'est pourquoi il saura, en ce jour,

Que c'est moi qui parle : me voici !

7 Qu'ils sont beaux sur les montagnes,
Les pieds de celui qui apporte de
bonne nouvelles,
Qui publie la paix !
De celui qui apporte de bonnes
nouvelles,
Qui publie le salut !
De celui qui dit à Sion :
Ton Dieu règne !
8 La voix de tes sentinelles retentit ;
Elles élèvent la voix,
Elles poussent ensemble des cris
d'allégresse ;
Car de leurs propres yeux elles voient
Que l'Éternel ramène Sion.
9 Éclatez ensemble en cris de joie,
Ruines de Jérusalem !
Car l'Éternel console son peuple,
Il rachète Jérusalem.
10 L'Éternel découvre le bras de sa
sainteté,
Aux yeux de toutes les nations ;
Et toutes les extrémités de la terre
verront
Le salut de notre Dieu.

11 Partez, partez, sortez de là !
Ne touchez rien d'impur !
Sortez du milieu d'elle !
Purifiez-vous, vous qui portez les
vases de l'Éternel !
12 Ne sortez pas avec précipitation,
Ne partez pas en fuyant ;
Car l'Éternel ira devant vous,
Et le Dieu d'Israël fermera votre
marche.

La personne et l'œuvre du serviteur de
l'Éternel.

13 Voici, mon serviteur prospérera ;
Il montera, il s'élèvera, il s'élèvera
bien haut.
14 De même qu'il a été pour plusieurs
un sujet d'effroi,
—Tant son visage était défiguré,
Tant son aspect différait de celui
des fils de l'homme,—
15 De même il sera pour beaucoup de
peuples un sujet de joie ;
Devant lui des rois fermeront la
bouche ;
Car ils verront ce qui ne leur avait
point été raconté,

Ils apprendront ce qu'ils n'avaient
point entendu.
Qui a cru à ce qui nous était annoncé ? **53**
Qui a reconnu le bras de l'Éternel ?

Il s'est élevé devant lui comme une 2
faible plante,
Comme un rejeton qui sort d'une
terre desséchée ;
Il n'avait ni beauté, ni éclat pour
attirer nos regards,
Et son aspect n'avait rien pour
nous plaire.
Méprisé et abandonné des hommes, 3
Homme de douleur et habitué à la
souffrance,
Semblable à celui dont on détourne
le visage,
Nous l'avons dédaigné, nous n'avons
fait de lui aucun cas.
Cependant, ce sont nos souffrances 4
qu'il a portées,
C'est de nos douleurs qu'il s'est
chargé ;
Et nous l'avons considéré comme
puni,
Frappé de Dieu, et humilié.
Mais il était blessé pour nos pé- 5
chés,
Brisé pour nos iniquités ;
Le châtiment qui nous donne la paix
est tombé sur lui,
Et c'est par ses meurtrissures que
nous sommes guéris.
Nous étions tous errants comme des 6
brebis,
Chacun suivait sa propre voie ;
Et l'Éternel a fait retomber sur lui
l'iniquité de nous tous.
Il a été maltraité et opprimé, 7
Et il n'a point ouvert la bouche,
Semblable à un agneau qu'on mène
à la boucherie,
A une brebis muette devant ceux
qui la tondent ;
Il n'a point ouvert la bouche.
Il a été enlevé par l'angoisse et le 8
châtiment ;
Et parmi ceux de sa génération, qui
a cru
Qu'il était retranché de la terre des
vivants
Et frappé pour les péchés de mon
peuple ?

9 On a mis son sépulcre parmi les
  méchants,
Son tombeau avec le riche,
Quoiqu'il n'eût point commis de
  violence
Et qu'il n'y eût point eu de fraude
  dans sa bouche.
10 Il a plu à l'Éternel de le briser par
  la souffrance...
Après avoir livré sa vie en sacrifice
  pour le péché,
Il verra une postérité et prolongera
  ses jours;
Et l'œuvre de l'Éternel prospérera
  entre ses mains.
11 A cause du travail de son âme, il
  rassasiera ses regards;
Par sa connaissance mon serviteur
  juste justifiera beaucoup d'hommes,
Et il se chargera de leurs iniquités.
12 C'est pourquoi je lui donnerai sa
  part avec les grands;
Il partagera le butin avec les puissants,
Parce qu'il s'est livré lui-même à la
  mort,
Et qu'il a été mis au nombre des
  malfaiteurs,
Parce qu'il a porté les péchés de
  beaucoup d'hommes,
Et qu'il a intercédé pour les coupables.

Le bonheur qui attend Israël.

54 Réjouis-toi, stérile, toi qui n'enfantes plus!
Fais éclater ton allégresse et ta joie,
  toi qui n'as plus de douleurs!
Car les fils de la délaissée seront plus
  nombreux
Que les fils de celle qui est mariée,
  dit l'Éternel.
2 Élargis l'espace de ta tente;
Qu'on déploie les couvertures de ta
  demeure:
Ne retiens pas!
Allonge tes cordages,
Et affermis tes pieux!
3 Car tu te répandras à droite et à
  gauche;
Ta postérité envahira des nations,
Et peuplera des villes désertes.
4 Ne crains pas, car tu ne seras point
  confondue;

Ne rougis pas, car tu ne seras pas
  déshonorée;
Mais tu oublieras la honte de ta
  jeunesse,
Et tu ne te souviendras plus de
  l'opprobre de ton veuvage.
Car ton créateur est ton époux: 5
L'Éternel des armées est son nom;
Et ton rédempteur est le Saint
  d'Israël:
Il se nomme Dieu de toute la terre;
Car l'Éternel te rappelle comme une 6
  femme délaissée et au cœur attristé,
Comme une épouse de la jeunesse
  qui a été répudiée, dit ton Dieu.
Quelques instants je t'avais aban- 7
  donnée,
Mais avec une grande affection je
  t'accueillerai;
Dans un instant de colère, je t'avais 8
  un moment dérobé ma face,
Mais avec un amour éternel j'aurai
  compassion de toi,
Dit ton rédempteur, l'Éternel.
Il en sera pour moi comme des eaux 9
  de Noé:
J'avais juré que les eaux de Noé ne
  se répandraient plus sur la terre;
Je jure de même de ne plus m'irriter
  contre toi
Et de ne plus te menacer.
Quand les montagnes s'éloigneraient, 10
Quand les collines chancelleraient,
Mon amour ne s'éloignera point de
  toi,
Et mon alliance de paix ne chan-
  cellera point,
Dit l'Éternel, qui a compassion de
  toi.

Malheureuse, battue de la tempête, 11
  et que nul ne console!
Voici, je garnirai tes pierres d'anti-
  moine,
Et je te donnerai des fondements de
  saphir;
Je ferai tes créneaux de rubis, 12
Tes portes d'escarboucles,
Et toute ton enceinte de pierres pré-
  cieuses.
Tous tes fils seront disciples de 13
  l'Éternel,
Et grande sera la prospérité de tes
  fils.
Tu seras affermie par la justice; 14

Bannis l'inquiétude, car tu n'as rien à craindre,
Et la frayeur, car elle n'approchera pas de toi.

15 Si l'on forme des complots, cela ne viendra pas de moi ;
Quiconque se liguera contre toi tombera sous ton pouvoir.

16 Voici, j'ai créé l'ouvrier qui souffle le charbon au feu,
Et qui fabrique une arme par son travail ;
Mais j'ai créé aussi le destructeur pour la briser.

17 Toute arme forgée contre toi sera sans effet ;
Et toute langue qui s'élèvera en justice contre toi,
Tu la condamneras.
Tel est l'héritage des serviteurs de l'Éternel,
Tel est le salut qui leur viendra de moi,
Dit l'Éternel.

Tous les peuples appelés.

55 Vous tous qui avez soif, venez aux eaux,
Même celui qui n'a pas d'argent !
Venez, achetez et mangez,
Venez, achetez du vin et du lait, sans argent, sans rien payer !

2 Pourquoi pesez-vous de l'argent pour ce qui ne nourrit pas ?
Pourquoi travaillez-vous pour ce qui ne rassasie pas ?
Écoutez-moi donc, et vous mangerez ce qui est bon,
Et votre âme se délectera de mets succulents.

3 Prêtez l'oreille, et venez à moi,
Écoutez, et votre âme vivra :
Je traiterai avec vous une alliance éternelle,
Pour rendre durables mes faveurs envers David.

4 Voici, je l'ai établi comme témoin auprès des peuples,
Comme chef et dominateur des peuples.

5 Voici, tu appelleras des nations que tu ne connais pas,
Et les nations qui ne te connaissent pas accourront vers toi,

A cause de l'Éternel, ton Dieu,
Du Saint d'Israël, qui te glorifie.

6 Cherchez l'Éternel pendant qu'il se trouve ;
Invoquez-le, tandis qu'il est près.

7 Que le méchant abandonne sa voie,
Et l'homme d'iniquité ses pensées ;
Qu'il retourne à l'Éternel, qui aura pitié de lui,
A notre Dieu, qui ne se lasse pas de pardonner.

8 Car mes pensées ne sont pas vos pensées,
Et vos voies ne sont pas mes voies,
Dit l'Éternel.

9 Autant les cieux sont élevés au-dessus de la terre,
Autant mes voies sont élevées au-dessus de vos voies,
Et mes pensées au-dessus de vos pensées.

10 Comme la pluie et la neige descendent des cieux,
Et n'y retournent pas
Sans avoir arrosé, fécondé la terre, et fait germer les plantes,
Sans avoir donné de la semence au semeur
Et du pain à celui qui mange,

11 Ainsi en est-il de ma parole, qui sort de ma bouche :
Elle ne retourne point à moi sans effet,
Sans avoir exécuté ma volonté
Et accompli mes desseins.

12 Oui, vous sortirez avec joie,
Et vous serez conduits en paix ;
Les montagnes et les collines éclateront d'allégresse devant vous,
Et tous les arbres de la campagne battront des mains.

13 Au lieu de l'épine s'élèvera le cyprès,
Au lieu de la ronce croîtra le myrte ;
Et ce sera pour l'Éternel une gloire,
Un monument perpétuel, impérissable.

56 Ainsi parle l'Éternel :
Observez ce qui est droit, et pratiquez ce qui est juste ;
Car mon salut ne tardera pas à venir,
Et ma justice à se manifester.

2 Heureux l'homme qui fait cela,

Et le fils de l'homme qui y demeure
ferme,
Gardant le sabbat, pour ne point le
profaner,
Et veillant sur sa main, pour ne
commettre aucun mal !

3 Que l'étranger qui s'attache à l'Éter-
nel ne dise pas :
L'Éternel me séparera de son peuple !
Et que l'eunuque ne dise pas :
Voici, je suis un arbre sec !

4 Car ainsi parle l'Éternel :
Aux eunuques qui garderont mes
sabbats,
Qui choisiront ce qui m'est agréable,
Et qui persévéreront dans mon alli-
ance,

5 Je donnerai dans ma maison et dans
mes murs une place et un nom
Préférables à des fils et à des filles ;
Je leur donnerai un nom éternel,
Qui ne périra pas.

6 Et les étrangers qui s'attacheront à
l'Éternel pour le servir,
Pour aimer le nom de l'Éternel,
Pour être ses serviteurs,
Tous ceux qui garderont le sabbat,
pour ne point le profaner,
Et qui persévéreront dans mon alli-
ance,

7 Je les amènerai sur ma montagne
sainte,
Et je les réjouirai dans ma maison
de prière ;
Leurs holocaustes et leurs sacrifices
seront agréés sur mon autel ;
Car ma maison sera appelée une maison de prière pour tous les peuples.

8 Le Seigneur, l'Éternel parle,
Lui qui rassemble les exilés d'Israël :
Je réunirai d'autres peuples à lui,
aux siens déjà rassemblés.

Reproches et consolations.

9 Vous toutes, bêtes des champs,
Venez pour manger, vous toutes, bêtes
de la forêt !

10 Ses gardiens sont tous aveugles, sans
intelligence ;
Ils sont tous des chiens muets, incapables d'aboyer ;
Ils ont des rêveries, se tiennent
couchés,
Aiment à sommeiller.

Et ce sont des chiens voraces, in- 11
satiables ;
Ce sont des bergers qui ne savent
rien comprendre ;
Tous suivent leur propre voie,
Chacun selon son intérêt, jusqu'au
dernier :—

Venez, je vais chercher du vin, 12
Et nous boirons des liqueurs fortes !
Nous en ferons autant demain,
Et beaucoup plus encore !—

Le juste périt, et nul n'y prend **57**
garde ;
Les gens de bien sont enlevés, et nul
ne fait attention
Que c'est par suite de la malice que
le juste est enlevé.

Il entrera dans la paix, 2
Il reposera sur sa couche,
Celui qui aura suivi le droit chemin.

Mais vous, approchez ici, fils de 3
l'enchanteresse,
Race de l'adultère et de la prostituée !
De qui vous moquez-vous ? 4
Contre qui ouvrez-vous une large
bouche
Et tirez-vous la langue ?
N'êtes-vous pas des enfants de péché,
Une race de mensonge,
S'échauffant près des térébinthes, 5
Sous tout arbre vert,
Égorgeant les enfants dans les vallées,
Sous des fentes de rochers ?
C'est dans les pierres polies des tor- 6
rents qu'est ton partage,
Voilà, voilà ton lot ;
C'est à elles que tu verses des liba-
tions,
Que tu fais des offrandes :
Puis-je être insensible à cela ?
C'est sur une montagne haute et 7
élevée que tu dresses ta couche ;
C'est aussi là que tu montes pour
offrir des sacrifices.
Tu mets ton souvenir derrière la 8
porte et les poteaux ;
Car, loin de moi, tu lèves la couver-
ture et tu montes,
Tu élargis ta couche, et tu traites
alliance avec eux,
Tu aimes leur commerce, tu choisis
une place.
Tu vas auprès du roi avec de l'huile, 9
Tu multiplies tes aromates,

Tu envoies au loin tes messagers,
Tu t'abaisses jusqu'au séjour des
morts.

10 A force de marcher tu te fatigues,
Et tu ne dis pas : J'y renonce !
Tu trouves encore de la vigueur dans
ta main :
Aussi n'es-tu pas dans l'abattement.

11 Et qui redoutais-tu, qui craignais-tu,
pour être infidèle,
Pour ne pas te souvenir, te soucier
de moi ?
Est-ce que je ne garde pas le silence,
et depuis longtemps ?
C'est pourquoi tu ne me crains pas.

12 Je vais publier ta droiture,
Et tes œuvres ne te profiteront pas.

13 Quand tu crieras, la foule de tes idoles
te délivrera-t-elle ?
Le vent les emportera toutes, un
souffle les enlèvera.
Mais celui qui se confie en moi
héritera le pays,
Et possédera ma montagne sainte.

14 On dira : Frayez, frayez, préparez le
chemin,
Enlevez tout obstacle du chemin de
mon peuple !

15 Car ainsi parle le Très-Haut,
Dont la demeure est éternelle et dont
le nom est saint :
J'habite dans les lieux élevés et dans
la sainteté ;
Mais je suis avec l'homme contrit et
humilié,
Afin de ranimer les esprits humiliés,
Afin de ranimer les cœurs contrits.

16 Je ne veux pas contester à toujours,
Ni garder une éternelle colère,
Quand devant moi tombent en dé-
faillance les esprits,
Les âmes que j'ai faites.

17 A cause de son avidité coupable, je
me suis irrité et je l'ai frappé,
Je me suis caché dans mon indignation ;
Et le rebelle a suivi le chemin de
son cœur.

18 J'ai vu ses voies,
Et je le guérirai ;
Je lui servirai de guide,
Et je le consolerai, lui et ceux qui
pleurent avec lui.

19 Je mettrai la louange sur les lèvres.

Paix, paix à celui qui est loin et à
celui qui est près ! dit l'Éternel.
Je les guérirai.

20 Mais les méchants sont comme la
mer agitée,
Qui ne peut se calmer,
Et dont les eaux soulèvent la vase
et le limon.

21 Il n'y a point de paix pour les méchants, dit mon Dieu.

Le vrai jeûne.

58 Crie à plein gosier, ne te retiens
pas,
Élève ta voix comme une trompette,
Et annonce à mon peuple ses ini-
quités,
A la maison de Jacob ses péchés !

2 Tous les jours ils me cherchent,
Ils veulent connaître mes voies ;
Comme une nation qui aurait pra-
tiqué la justice
Et n'aurait pas abandonné la loi de
son Dieu,
Ils me demandent des arrêts de justice,
Ils désirent l'approche de Dieu. —

3 Que nous sert de jeûner, si tu ne le
vois pas ?
De mortifier notre âme, si tu n'y as
point égard ? —
Voici, le jour de votre jeûne, vous
vous livrez à vos penchants,
Et vous traitez durement tous vos
mercenaires.

4 Voici, vous jeûnez pour disputer et
vous quereller,
Pour frapper méchamment du poing ;
Vous ne jeûnez pas comme le veut
ce jour,
Pour que votre voix soit entendue
en haut.

5 Est-ce là le jeûne auquel je prends
plaisir,
Un jour où l'homme humilie son
âme ?
Courber la tête comme un jonc,
Et se coucher sur le sac et la cendre,
Est-ce là ce que tu appelleras un
jeûne,
Un jour agréable à l'Éternel ?

6 Voici le jeûne auquel je prends
plaisir :
Détache les chaînes de la méchanceté,
Dénoue les liens de la servitude,
Renvoie libres les opprimés,

Et que l'on rompe toute espèce de joug ;

7 Partage ton pain avec celui qui a faim,
Et fais entrer dans ta maison les malheureux sans asile ;
Si tu vois un homme nu, couvre-le,
Et ne te détourne pas de ton semblable.

8 Alors ta lumière poindra comme l'aurore,
Et ta guérison germera promptement ;
Ta justice marchera devant toi,
Et la gloire de l'Éternel t'accompagnera.

9 Alors tu appelleras, et l'Éternel répondra ;
Tu crieras, et il dira : Me voici !
Si tu éloignes du milieu de toi le joug,
Les gestes menaçants et les discours injurieux,

10 Si tu donnes ta propre subsistance à celui qui a faim,
Si tu rassasies l'âme indigente,
Ta lumière se lèvera sur l'obscurité,
Et tes ténèbres seront comme le midi.

11 L'Éternel sera toujours ton guide,
Il rassasiera ton âme dans les lieux arides,
Et il redonnera de la vigueur à tes membres ;
Tu seras comme un jardin arrosé,
Comme une source dont les eaux ne tarissent pas.

12 Les tiens rebâtiront sur d'anciennes ruines,
Tu relèveras des fondements antiques ;
On t'appellera réparateur des brèches,
Celui qui restaure les chemins, qui rend le pays habitable.

13 Si tu retiens ton pied pendant le sabbat,
Pour ne pas faire ta volonté en mon saint jour,
Si tu fais du sabbat tes délices,
Pour sanctifier l'Éternel en le glorifiant,
Et si tu l'honores en ne suivant point tes voies,
En ne te livrant pas à tes penchants et à de vains discours,

14 Alors tu mettras ton plaisir en l'Éternel,

Et je te ferai monter sur les hauteurs du pays,
Je te ferai jouir de l'héritage de Jacob, ton père ;
Car la bouche de l'Éternel a parlé.

Les crimes du peuple.

59 Non, la main de l'Éternel n'est pas trop courte pour sauver,
Ni son oreille trop dure pour entendre.

2 Mais ce sont vos crimes qui mettent une séparation
Entre vous et votre Dieu ;
Ce sont vos péchés qui vous cachent sa face
Et l'empêchent de vous écouter.

3 Car vos mains sont souillées de sang,
Et vos doigts de crimes ;
Vos lèvres profèrent le mensonge,
Votre langue fait entendre l'iniquité.

4 Nul ne se plaint avec justice,
Nul ne plaide avec droiture ;
Ils s'appuient sur des choses vaines et disent des faussetés,
Ils conçoivent le mal et enfantent le crime.

5 Ils couvent des œufs de basilic,
Et ils tissent des toiles d'araignée.
Celui qui mange de leurs œufs meurt ;
Et, si l'on en brise un, il sort une vipère.

6 Leurs toiles ne servent point à faire un vêtement,
Et ils ne peuvent se couvrir de leur ouvrage ;
Leurs œuvres sont des œuvres d'iniquité,
Et les actes de violence sont dans leurs mains.

7 Leurs pieds courent au mal,
Et ils ont hâte de répandre le sang innocent ;
Leurs pensées sont des pensées d'iniquité,
Le ravage et la ruine sont sur leur route.

8 Ils ne connaissent pas le chemin de la paix,
Et il n'y a point de justice dans leurs voies ;
Ils prennent des sentiers détournés :
Quiconque y marche ne connaît point la paix.—

9 C'est pourquoi l'arrêt de délivrance est loin de nous,
Et le salut ne nous atteint pas ;
Nous attendons la lumière, et voici les ténèbres,
La clarté, et nous marchons dans l'obscurité.

10 Nous tâtonnons comme des aveugles le long d'un mur,
Nous tâtonnons comme ceux qui n'ont point d'yeux ;
Nous chancelons à midi comme de nuit,
Au milieu de l'abondance nous ressemblons à des morts.

11 Nous grondons tous comme des ours,
Nous gémissons comme des colombes ;
Nous attendons la délivrance, et elle n'est pas là,
Le salut, et il est loin de nous.

12 Car nos transgressions sont nombreuses devant toi,
Et nos péchés témoignent contre nous ;
Nos transgressions sont avec nous,
Et nous connaissons nos crimes.

13 Nous avons été coupables et infidèles envers l'Éternel,
Nous avons abandonné notre Dieu ;
Nous avons proféré la violence et la révolte,
Conçu et médité dans le cœur des paroles de mensonge ;

14 Et la délivrance s'est retirée,
Et le salut se tient éloigné ;
Car la vérité trébuche sur la place publique,
Et la droiture ne peut approcher.

15 La vérité a disparu,
Et celui qui s'éloigne du mal est dépouillé.—

L'Éternel voit, d'un regard indigné,
Qu'il n'y a plus de droiture.

16 Il voit qu'il n'y a pas un homme,
Il s'étonne de ce que personne n'intercède ;
Alors son bras lui vient en aide,
Et sa justice lui sert d'appui.

17 Il se revêt de la justice comme d'une cuirasse,
Et il met sur sa tête le casque du salut ;

Il prend la vengeance pour vêtement,
Et il se couvre de la jalousie comme d'un manteau.

18 Il rendra à chacun selon ses œuvres,
La fureur à ses adversaires,
La pareille à ses ennemis ;
Il rendra la pareille aux îles.

19 On craindra le nom de l'Éternel depuis l'occident,
Et sa gloire depuis le soleil levant ;
Quand l'ennemi viendra comme un fleuve,
L'esprit de l'Éternel le mettra en fuite.

20 Un rédempteur viendra pour Sion,
Pour ceux de Jacob qui se convertiront de leurs péchés,
Dit l'Éternel.

21 Voici mon alliance avec eux, dit l'Éternel :
Mon esprit, qui repose sur toi,
Et mes paroles, que j'ai mises dans ta bouche,
Ne se retireront point de ta bouche, ni de la bouche de tes enfants,
Ni de la bouche des enfants de tes enfants,
Dit l'Éternel, dès maintenant et à jamais.

Jérusalem restaurée.

60 Lève-toi, sois éclairée, car ta lumière arrive,
Et la gloire de l'Éternel se lève sur toi.

2 Voici, les ténèbres couvrent la terre,
Et l'obscurité les peuples ;
Mais sur toi l'Éternel se lève,
Sur toi sa gloire apparaît.

3 Des nations marchent à ta lumière,
Et des rois à la clarté de tes rayons.

4 Porte tes yeux alentour, et regarde :
Tous ils s'assemblent, ils viennent vers toi ;
Tes fils arrivent de loin,
Et tes filles sont portées sur les bras.

5 Tu tressailliras alors et tu te réjouiras,
Et ton cœur bondira et se dilatera,
Quand les richesses de la mer se tourneront vers toi,
Quand les trésors des nations viendront à toi.

6 Tu seras couverte d'une foule de chameaux,
De dromadaires de Madian et d'Épha ;
Ils viendront tous de Séba ;
Ils porteront de l'or et de l'encens,
Et publieront les louanges de l'Éternel.

7 Les troupeaux de Kédar se réuniront tous chez toi ;
Les béliers de Nebajoth seront à ton service ;
Ils monteront sur mon autel et me seront agréables,
Et je glorifierai la maison de ma gloire.

8 Qui sont ceux-là qui volent comme des nuées,
Comme des colombes vers leur colombier ?

9 Car les îles espèrent en moi,
Et les navires de Tarsis sont en tête,
Pour ramener de loin tes enfants,
Avec leur argent et leur or,
A cause du nom de l'Éternel, ton Dieu,
Du Saint d'Israël qui te glorifie.

10 Les fils de l'étranger rebâtiront tes murs,
Et leurs rois seront tes serviteurs ;
Car je t'ai frappée dans ma colère,
Mais dans ma miséricorde j'ai pitié de toi.

11 Tes portes seront toujours ouvertes,
Elles ne seront fermées ni jour ni nuit,
Afin de laisser entrer chez toi les trésors des nations,
Et leurs rois avec leur suite.

12 Car la nation et le royaume qui ne te serviront pas périront,
Ces nations-là seront exterminées.

13 La gloire du Liban viendra chez toi,
Le cyprès, l'orme et le buis, tous ensemble,
Pour orner le lieu de mon sanctuaire,
Et je glorifierai la place où reposent mes pieds.

14 Les fils de tes oppresseurs viendront s'humilier devant toi,
Et tous ceux qui te méprisaient se prosterneront à tes pieds ;
Ils t'appelleront ville de l'Éternel,
Sion du Saint d'Israël.

15 Au lieu que tu étais délaissée et haïe,

Et que personne ne te parcourait,
Je ferai de toi un ornement pour toujours,
Un sujet de joie de génération en génération.

16 Tu suceras le lait des nations,
Tu suceras la mamelle des rois ;
Et tu sauras que je suis l'Éternel, ton sauveur,
Ton rédempteur, le puissant de Jacob.

17 Au lieu de l'airain je ferai venir de l'or,
Au lieu du fer je ferai venir de l'argent,
Au lieu du bois, de l'airain,
Et au lieu des pierres, du fer ;
Je ferai régner sur toi la paix,
Et dominer la justice.

18 On n'entendra plus parler de violence dans ton pays,
Ni de ravage et de ruine dans ton territoire,
Tu donneras à tes murs le nom de salut,
Et à tes portes celui de gloire.

19 Ce ne sera plus le soleil qui te servira de lumière pendant le jour,
Ni la lune qui t'éclairera de sa lueur ;
Mais l'Éternel sera ta lumière à toujours,
Ton Dieu sera ta gloire.

20 Ton soleil ne se couchera plus,
Et ta lune ne s'obscurcira plus ;
Car l'Éternel sera ta lumière à toujours,
Et les jours de ton deuil seront passés.

21 Il n'y aura plus que des justes parmi ton peuple,
Ils posséderont à toujours le pays ;
C'est le rejeton que j'ai planté, l'œuvre de mes mains,
Pour servir à ma gloire.

22 Le plus petit deviendra un millier,
Et le moindre une nation puissante.
Moi, l'Éternel, je hâterai ces choses en leur temps.

Le salut proclamé.

61 L'esprit du Seigneur, l'Éternel, est sur moi,
Car l'Éternel m'a oint pour porter de bonnes nouvelles aux malheureux ;

Il m'a envoyé pour guérir ceux qui ont le cœur brisé,
Pour proclamer aux captifs la liberté,
Et aux prisonniers la délivrance ;

2 Pour publier une année de grâce de l'Éternel,
Et un jour de vengeance de notre Dieu ;
Pour consoler tous les affligés ;

3 Pour accorder aux affligés de Sion,
Pour leur donner un diadème au lieu de la cendre,
Une huile de joie au lieu du deuil,
Un vêtement de louange au lieu d'un esprit abattu,
Afin qu'on les appelle des térébinthes de la justice,
Une plantation de l'Éternel, pour servir à sa gloire.

4 Ils rebâtiront sur d'anciennes ruines,
Ils relèveront d'antiques décombres,
Ils renouvelleront des villes ravagées,
Dévastées depuis longtemps.

5 Des étrangers seront là et feront paître vos troupeaux,
Des fils de l'étranger seront vos laboureurs et vos vignerons.

6 Mais vous, on vous appellera sacrificateurs de l'Éternel,
On vous nommera serviteurs de notre Dieu ;
Vous mangerez les richesses des nations,
Et vous vous glorifierez de leur gloire.

7 Au lieu de votre opprobre, vous aurez une portion double ;
Au lieu de l'ignominie, ils seront joyeux de leur part ;
Ils posséderont ainsi le double dans leur pays,
Et leur joie sera éternelle.

8 Car moi, l'Éternel, j'aime la justice,
Je hais la rapine avec l'iniquité ;
Je leur donnerai fidèlement leur récompense,
Et je traiterai avec eux une alliance éternelle.

9 Leur race sera connue parmi les nations,
Et leur postérité parmi les peuples ;
Tous ceux qui les verront reconnaîtront
Qu'ils sont une race bénie de l'Éternel.

10 Je me réjouirai en l'Éternel,
Mon âme sera ravie d'allégresse en mon Dieu ;
Car il m'a revêtu des vêtements du salut,
Il m'a couvert du manteau de la délivrance,
Comme le fiancé s'orne d'un diadème,
Comme la fiancée se pare de ses joyaux.

11 Car, comme la terre fait éclore son germe,
Et comme un jardin fait pousser ses semences,
Ainsi le Seigneur, l'Éternel, fera germer le salut et la louange,
En présence de toutes les nations.

Instances pour la venue du salut.

62 Pour l'amour de Sion je ne me tairai point,
Pour l'amour de Jérusalem je ne prendrai point de repos,
Jusqu'à ce que son salut paraisse, comme l'aurore,
Et sa délivrance, comme un flambeau qui s'allume.

2 Alors les nations verront ton salut,
Et tous les rois ta gloire ;
Et l'on t'appellera d'un nom nouveau,
Que la bouche de l'Éternel déterminera.

3 Tu seras une couronne éclatante dans la main de l'Éternel,
Un turban royal dans la main de ton Dieu.

4 On ne te nommera plus délaissée,
On ne nommera plus ta terre désolation ;
Mais on t'appellera mon plaisir en elle,
Et l'on appellera ta terre épouse ;
Car l'Éternel met son plaisir en toi,
Et ta terre aura un époux.

5 Comme un jeune homme s'unit à une vierge,
Ainsi tes fils s'uniront à toi ;
Et comme la fiancée fait la joie de son fiancé,
Ainsi tu feras la joie de ton Dieu.

6 Sur tes murs, Jérusalem, j'ai placé des gardes ;
Ils ne se tairont ni jour ni nuit.

Vous qui la rappelez au souvenir de l'Éternel,
Point de repos pour vous !

7 Et ne lui laissez aucun relâche,
Jusqu'à ce qu'il rétablisse Jérusalem
Et la rende glorieuse sur la terre.

8 L'Éternel l'a juré par sa droite et par son bras puissant :
Je ne donnerai plus ton blé pour nourriture à tes ennemis,
Et les fils de l'étranger ne boiront plus ton vin,
Produit de tes labeurs ;

9 Mais ceux qui auront amassé le blé le mangeront
Et loueront l'Éternel,
Et ceux qui auront récolté le vin le boiront,
Dans les parvis de mon sanctuaire.

10 Franchissez, franchissez les portes !
Préparez un chemin pour le peuple !
Frayez, frayez la route, ôtez les pierres !
Élevez une bannière vers les peuples !

11 Voici ce que l'Éternel proclame aux extrémités de la terre :
Dites à la fille de Sion :
Voici, ton sauveur arrive ;
Voici, le salaire est avec lui,
Et les rétributions le précèdent.

12 On les appellera peuple saint, rachetés de l'Éternel ;
Et toi, on t'appellera recherchée, ville non délaissée.

Un jour de vengeance.

63 Qui est celui-ci qui vient d'Édom,
De Botsra, en vêtements rouges,
En habits éclatants,
Et se redressant avec fierté dans la plénitude de sa force ?—
C'est moi, qui ai promis le salut,
Qui ai le pouvoir de délivrer.—

2 Pourquoi tes habits sont-ils rouges,
Et tes vêtements comme les vêtements de celui qui foule dans la cuve?—

3 J'ai été seul à fouler au pressoir,
Et nul homme d'entre les peuples n'était avec moi ;
Je les ai foulés dans ma colère,
Je les ai écrasés dans ma fureur ;
Leur sang a jailli sur mes vêtements,
Et j'ai souillé tous mes habits.

4 Car un jour de vengeance était dans mon cœur,
Et l'année de mes rachetés est venue.

5 Je regardais, et personne pour m'aider ;
J'étais étonné, et personne pour me soutenir ;
Alors mon bras m'a été en aide,
Et ma fureur m'a servi d'appui.

6 J'ai foulé des peuples dans ma colère,
Je les ai rendus ivres dans ma fureur,
Et j'ai répandu leur sang sur la terre.

Prière du peuple.

7 Je publierai les grâces de l'Éternel,
les louanges de l'Éternel,
D'après tout ce que l'Éternel a fait pour nous ;
Je dirai sa grande bonté envers la maison d'Israël,
Qu'il a traitée selon ses compassions et la richesse de son amour.

8 Il avait dit : Certainement ils sont mon peuple,
Des enfants qui ne seront pas infidèles !
Et il a été pour eux un sauveur.

9 Dans toutes leurs détresses ils n'ont pas été sans secours,
Et l'ange qui est devant sa face les a sauvés ;
Il les a lui-même rachetés, dans son amour et sa miséricorde,
Et constamment il les a soutenus et portés, aux anciens jours.

10 Mais ils ont été rebelles, ils ont attristé son esprit saint ;
Et il est devenu leur ennemi, il a combattu contre eux.

11 Alors son peuple se souvint des anciens jours de Moïse.
Où est celui qui les fit monter de la mer,
Avec le berger de son troupeau ?
Où est celui qui mettait au milieu d'eux son esprit saint ;

12 Qui dirigea la droite de Moïse,
Par son bras glorieux ;
Qui fendit les eaux devant eux,
Pour se faire un nom éternel ;

13 Qui les dirigea au travers des flots,
Comme un coursier dans le désert,
Sans qu'ils bronchassent ?

14 Comme la bête qui descend dans la vallée,

L'esprit de l'Éternel les a menés au
repos.
C'est ainsi que tu as conduit ton
peuple,
Pour te faire un nom glorieux.

15 Regarde du ciel, et vois,
De ta demeure sainte et glorieuse :
Où sont ton zèle et ta puissance ?
Le frémissement de tes entrailles et
tes compassions
Ne se font plus sentir envers moi.
16 Tu es cependant notre père,
Car Abraham ne nous connaît pas,
Et Israël ignore qui nous sommes ;
C'est toi, Éternel, qui es notre père,
Qui, dès l'éternité, t'appelles notre
sauveur.
17 Pourquoi, ô Éternel, nous fais-tu errer
loin de tes voies,
Et endurcis-tu notre cœur contre ta
crainte ?
Reviens, pour l'amour de tes serviteurs,
Des tribus de ton héritage !
18 Ton peuple saint n'a possédé le
pays que peu de temps ;
Nos ennemis ont foulé ton sanctuaire.
19 Nous sommes depuis longtemps
comme un peuple que tu
ne gouvernes pas,
Et qui n'est point appelé de ton
nom...

Oh ! si tu déchirais les cieux, et si
tu descendais,
Les montagnes s'ébranleraient devant toi,
64 Comme s'allume un feu de bois sec,
Comme s'évapore l'eau qui bouil-
lonne ;
Tes ennemis connaîtraient ton nom,
Et les nations trembleraient devant
toi.
2 Lorsque tu fis des prodiges que nous
n'attendions pas,
Tu descendis, et les montagnes
s'ébranlèrent devant toi.
3 Jamais on n'a appris ni entendu dire,
Et jamais l'œil n'a vu qu'un autre
dieu que toi
Fît de telles choses pour ceux qui se
confient en lui.
4 Tu vas au-devant de celui qui pratique avec joie la justice,

De ceux qui marchent dans tes voies
et se souviennent de toi.
Mais tu as été irrité, parce que nous
avons péché ;
Et nous en souffrons longtemps jus-
qu'à ce que nous soyons sauvés.
Nous sommes tous comme des im- 5
purs,
Et toute notre justice est comme un
vêtement souillé ;
Nous sommes tous flétris comme une
feuille,
Et nos crimes nous emportent comme
le vent.
Il n'y a personne qui invoque ton 6
nom,
Qui se réveille pour s'attacher à toi :
Aussi nous as-tu caché ta face,
Et nous laisses-tu périr par l'effet de
nos crimes.

Cependant, ô Éternel, tu es notre 7
père ;
Nous sommes l'argile, et c'est toi qui
nous as formés,
Nous sommes tous l'ouvrage de tes
mains.
Ne t'irrite pas à l'extrême, ô Éternel, 8
Et ne te souviens pas à toujours du
crime ;
Regarde donc, nous sommes tous
ton peuple.
Tes villes saintes sont un désert ; 9
Sion est un désert,
Jérusalem une solitude.
Notre maison sainte et glorieuse, 10
Où nos pères célébraient tes louanges,
Est devenue la proie des flammes ;
Tout ce que nous avions de précieux
a été dévasté.
Après cela, ô Éternel, te contiendras- 11
tu ?
Est-ce que tu te tairas, et nous
affligeras à l'excès ?

Les rétributions de l'Éternel.

J'ai exaucé ceux qui ne deman- **65**
daient rien,
Je me suis laissé trouver par ceux
qui ne me cherchaient pas ;
J'ai dit : Me voici, me voici !
A une nation qui ne s'appelait pas
de mon nom.
J'ai tendu mes mains tous les jours 2
vers un peuple rebelle.

Qui marche dans une voie mauvaise,
Au gré de ses pensées ;

3 Vers un peuple qui ne cesse de m'irriter en face,
Sacrifiant dans les jardins,
Et brûlant de l'encens sur les briques :

4 Qui fait des sépulcres sa demeure,
Et passe la nuit dans les cavernes,
Mangeant de la chair de porc,
Et ayant dans ses vases des mets impurs ;

5 Qui dit : Retire-toi,
Ne m'approche pas, car je suis saint !...
De pareilles choses, c'est une fumée dans mes narines,
C'est un feu qui brûle toujours.

6 Voici ce que j'ai résolu par devers moi :
Loin de me taire, je leur ferai porter la peine,
Oui, je leur ferai porter la peine

7 De vos crimes, dit l'Éternel, et des crimes de vos pères,
Qui ont brûlé de l'encens sur les montagnes,
Et qui m'ont outragé sur les collines ;
Je leur mesurerai le salaire de leurs actions passées.

8 Ainsi parle l'Éternel :
Quand il se trouve du jus dans une grappe,
On dit : Ne la détruis pas,
Car il y a là une bénédiction !
J'agirai de même, pour l'amour de mes serviteurs,
Afin de ne pas tout détruire.

9 Je ferai sortir de Jacob une postérité,
Et de Juda un héritier de mes montagnes ;
Mes élus posséderont le pays,
Et mes serviteurs y habiteront.

10 Le Saron servira de pâturage au menu bétail,
Et la vallée d'Acor servira de gîte au gros bétail,
Pour mon peuple qui m'aura cherché.

11 Mais vous, qui abandonnez l'Éternel,
Qui oubliez ma montagne sainte,
Qui dressez une table pour Gad,
Et remplissez une coupe pour Meni,

12 Je vous destine au glaive,
Et vous fléchirez tous le genou pour être égorgés ;

Car j'ai appelé, et vous n'avez point répondu,
J'ai parlé, et vous n'avez point écouté ;
Mais vous avez fait ce qui est mal à mes yeux,
Et vous avez choisi ce qui me déplaît.

13 C'est pourquoi ainsi parle le Seigneur, l'Éternel :
Voici, mes serviteurs mangeront, et vous aurez faim ;
Voici, mes serviteurs boiront, et vous aurez soif ;
Voici, mes serviteurs se réjouiront, et vous serez confondus ;

14 Voici, mes serviteurs chanteront dans la joie de leur cœur ;
Mais vous, vous crierez dans la douleur de votre âme,
Et vous vous lamenterez dans l'abattement de votre esprit.

15 Vous laisserez votre nom en imprécation à mes élus ;
Le Seigneur, l'Éternel vous fera mourir,
Et il donnera à ses serviteurs un autre nom.

16 Celui qui voudra être béni dans le pays
Voudra l'être par le Dieu de vérité,
Et celui qui jurera dans le pays
Jurera par le Dieu de vérité ;
Car les anciennes souffrances seront oubliées,
Elles seront cachées à mes yeux.

17 Car je vais créer de nouveaux cieux
Et une nouvelle terre ;
On ne se rappellera plus les choses passées,
Elles ne reviendront plus à l'esprit.

18 Réjouissez-vous plutôt et soyez à toujours dans l'allégresse,
A cause de ce que je vais créer ;
Car je vais créer Jérusalem pour l'allégresse,
Et son peuple pour la joie.

19 Je ferai de Jérusalem mon allégresse,
Et de mon peuple ma joie ;
On n'y entendra plus
Le bruit des pleurs et le bruit des cris.

20 Il n'y aura plus ni enfants ni vieillards
Qui n'accomplissent leurs jours ;
Car celui qui mourra à cent ans sera jeune,

Et le pécheur âgé de cent ans sera
maudit.

21 Ils bâtiront des maisons et les habiteront ;
Ils planteront des vignes et en mangeront le fruit.

22 Ils ne bâtiront pas des maisons pour
qu'un autre les habite,
Ils ne planteront pas des vignes pour
qu'un autre en mange le fruit ;
Car les jours de mon peuple seront
comme les jours des arbres,
Et mes élus jouiront de l'œuvre de
leurs mains.

23 Ils ne travailleront pas en vain,
Et ils n'auront pas des enfants pour
les voir périr ;
Car ils formeront une race bénie de
l'Éternel,
Et leurs enfants seront avec eux.

24 Avant qu'ils m'invoquent, je répondrai ;
Avant qu'ils aient cessé de parler,
j'exaucerai.

25 Le loup et l'agneau paîtront en-
semble,
Le lion, comme le bœuf, mangera de
la paille,
Et le serpent aura la poussière pour
nourriture.
Il ne se fera ni tort ni dommage
Sur toute ma montagne sainte,
Dit l'Éternel.

66 Ainsi parle l'Éternel :
Le ciel est mon trône,
Et la terre mon marchepied.
Quelle maison pourriez-vous me bâtir,
Et quel lieu me donneriez-vous pour
demeure ?

2 Toutes ces choses, ma main les a faites,
Et toutes ont reçu l'existence, dit
l'Éternel.
Voici sur qui je porterai mes regards :
Sur celui qui souffre et qui a l'esprit
abattu,
Sur celui qui craint ma parole.

3 Celui qui immole un bœuf est comme
celui qui tuerait un homme,
Celui qui sacrifie un agneau est
comme celui qui romprait la
nuque à un chien,
Celui qui présente une offrande est
comme celui qui répandrait du
sang de porc ;

Celui qui brûle de l'encens est comme
celui qui adorerait des idoles ;
Tous ceux-là se complaisent dans
leurs voies,
Et leur âme trouve du plaisir dans
leurs abominations.

Moi aussi, je me complairai dans 4
leur infortune,
Et je ferai venir sur eux ce qui cause
leur effroi,
Parce que j'ai appelé, et qu'ils n'ont
point répondu,
Parce que j'ai parlé, et qu'ils n'ont
point écouté ;
Mais ils ont fait ce qui est mal à
mes yeux,
Et ils ont choisi ce qui me déplaît.

Écoutez la parole de l'Éternel, 5
Vous qui craignez sa parole.
Voici ce que disent vos frères,
Qui vous haïssent et vous repoussent
À cause de mon nom :
Que l'Éternel montre sa gloire,
Et que nous voyions votre joie ! —
Mais ils seront confondus.

Une voix éclatante sort de la ville, 6
Une voix sort du temple.
C'est la voix de l'Éternel,
Qui paie à ses ennemis leur salaire.

Avant d'éprouver les douleurs, 7
Elle a enfanté ;
Avant que les souffrances lui vins-
sent,
Elle a donné la naissance à un fils.
Qui a jamais entendu pareille chose ? 8
Qui a jamais vu rien de semblable ?
Un pays peut-il naître en un jour ?
Une nation est-elle enfantée d'un
seul coup ?
A peine en travail, Sion a enfanté
ses fils !
Ouvrirais-je le sein maternel, 9
Pour ne pas laisser enfanter ? dit
l'Éternel ;
Moi, qui fais naître,
Empêcherais-je d'enfanter ? dit ton
Dieu.

Réjouissez-vous avec Jérusalem, 10
Faites d'elle le sujet de votre allé-
gresse,
Vous tous qui l'aimez ;
Tressaillez avec elle de joie,

Vous tous qui menez deuil sur elle ;

11 Afin que vous soyez nourris et rassasiés
Du lait de ses consolations,
Afin que vous savouriez avec bonheur
La plénitude de sa gloire.

12 Car ainsi parle l'Éternel :
Voici, je dirigerai vers elle la paix comme un fleuve,
Et la gloire des nations comme un torrent débordé,
Et vous serez allaités ;
Vous serez portés sur les bras,
Et caressés sur les genoux.

13 Comme un homme que sa mère console,
Ainsi je vous consolerai ;
Vous serez consolés dans Jérusalem.

14 Vous le verrez, et votre cœur sera dans la joie,
Et vos os reprendront de la vigueur comme l'herbe ;
L'Éternel manifestera sa puissance envers ses serviteurs,
Mais il fera sentir sa colère à ses ennemis.

15 Car voici, l'Éternel arrive dans un feu,
Et ses chars sont comme un tourbillon ;
Il convertit sa colère en un brasier,
Et ses menaces en flammes de feu.

16 C'est par le feu que l'Éternel exerce ses jugements,
C'est par son glaive qu'il châtie toute chair ;
Et ceux que tuera l'Éternel seront en grand nombre.

17 Ceux qui se sanctifient et se purifient dans les jardins,
Au milieu desquels ils vont un à un,
Qui mangent de la chair de porc,
Des choses abominables et des souris,
Tous ceux-là périront, dit l'Éternel.

18 Je connais leurs œuvres et leurs pensées.

Le temps est venu de rassembler toutes les nations
Et toutes les langues ;
Elles viendront et verront ma gloire.

19 Je mettrai un signe parmi elles,
Et j'enverrai leurs réchappés vers les nations,
A Tarsis, à Pul et à Lud, qui tirent de l'arc,
A Tubal et à Javan,
Aux îles lointaines,
Qui jamais n'ont entendu parler de moi,
Et qui n'ont pas vu ma gloire ;
Et ils publieront ma gloire parmi les nations.

20 Ils amèneront tous vos frères du milieu de toutes les nations,
En offrande à l'Éternel,
Sur des chevaux, des chars et des litières,
Sur des mulets et des dromadaires,
A ma montagne sainte,
A Jérusalem, dit l'Éternel,
Comme les enfants d'Israël apportent leur offrande,
Dans un vase pur,
A la maison de l'Éternel.

21 Et je prendrai aussi parmi eux
Des sacrificateurs, des Lévites, dit l'Éternel.

22 Car, comme les nouveaux cieux
Et la nouvelle terre que je vais créer
Subsisteront devant moi, dit l'Éternel,
Ainsi subsisteront votre postérité et votre nom.

23 A chaque nouvelle lune et à chaque sabbat,
Toute chair viendra se prosterner devant moi, dit l'Éternel.

24 Et quand on sortira, on verra
Les cadavres des hommes qui se sont rebellés contre moi ;
Car leur ver ne mourra point, et leur feu ne s'éteindra point ;
Et ils seront pour toute chair un objet d'horreur.

JÉRÉMIE

I Paroles de Jérémie, fils de Hilkija, l'un des sacrificateurs d'Anathoth, dans le pays de Benjamin.

2 La parole de l'Éternel lui fut adressée au temps de Josias, fils d'Amon, roi de Juda, la treizième 3 année de son règne, et au temps de Jojakim, fils de Josias, roi de Juda, jusqu'à la fin de la onzième année de Sédécias, fils de Josias, roi de Juda, jusqu'à l'époque où Jérusalem fut emmenée en captivité, au cinquième mois.

4 La parole de l'Éternel me fut 5 adressée, en ces mots: Avant que je t'eusse formé dans le ventre de ta mère, je te connaissais, et avant que tu fusses sorti de son sein, je t'avais consacré, je t'avais établi prophète 6 des nations. Je répondis: Ah! Seigneur Éternel! voici, je ne sais point parler, car je suis un enfant. 7 Et l'Éternel me dit: Ne dis pas: Je suis un enfant. Car tu iras vers tous ceux auprès de qui je t'enverrai, et tu diras tout ce que je t'ordonnerai. 8 Ne les crains point; car je suis avec toi pour te délivrer, dit l'Éternel. 9 Puis l'Éternel étendit sa main, et toucha ma bouche; et l'Éternel me dit: Voici, je mets mes paroles dans 10 ta bouche. Regarde, je t'établis aujourd'hui sur les nations et sur les royaumes, pour que tu arraches et que tu abattes, pour que tu ruines et que tu détruises, pour que tu bâtisses et que tu plantes.

11 La parole de l'Éternel me fut adressée, en ces mots: Que vois-tu, Jérémie? Je répondis: Je vois une 12 branche d'amandier. Et l'Éternel me dit: Tu as bien vu; car je veille sur ma parole, pour l'exécuter. 13 La parole de l'Éternel me fut adressée une seconde fois, en ces mots: Que vois-tu? Je répondis: Je vois une chaudière bouillante, du 14 côté du septentrion. Et l'Éternel me dit: C'est du septentrion que la calamité se répandra sur tous les habitants du pays. Car voici, je 15 vais appeler tous les peuples des royaumes du septentrion, dit l'Éternel; ils viendront, et placeront chacun leur siège à l'entrée des portes de Jérusalem, contre ses murailles tout alentour, et contre toutes les villes de Juda. Je prononcerai 16 mes jugements contre eux, à cause de toute leur méchanceté, parce qu'ils m'ont abandonné et ont offert de l'encens à d'autres dieux, et parce qu'ils se sont prosternés devant l'ouvrage de leurs mains. Et toi, ceins 17 tes reins, lève-toi, et dis-leur tout ce que je t'ordonnerai. Ne tremble pas en leur présence, de peur que je ne te fasse trembler devant eux. Voici, 18 je t'établis en ce jour sur tout le pays comme une ville forte, une colonne de fer et un mur d'airain, contre les rois de Juda, contre ses chefs, contre ses sacrificateurs, et contre le peuple du pays. Ils te feront la guerre, 19 mais ils ne te vaincront pas; car je suis avec toi pour te délivrer, dit l'Éternel.

Reproches au peuple d'Israël.

La parole de l'Éternel me fut adressée, en ces mots: **2**

Va, et crie aux oreilles de Jérusalem: 2
Ainsi parle l'Éternel:
Je me souviens de ton amour lorsque
tu étais jeune,
De ton affection lorsque tu étais
fiancée,
Quand tu me suivais au désert,
Dans une terre inculte.
Israël était consacré à l'Éternel, 3
Il était les prémices de son revenu;
Tous ceux qui en mangeaient se rendaient coupables,
Et le malheur fondait sur eux, dit
l'Éternel.

Écoutez la parole de l'Éternel, maison 4
de Jacob,

734

Et vous toutes, familles de la maison
d'Israël !

5 Ainsi parle l'Éternel :
Quelle iniquité vos pères ont-ils trou-
vée en moi,
Pour s'éloigner de moi,
Et pour aller après des choses de néant
et n'être eux-mêmes que néant ?

6 Ils n'ont pas dit : Où est l'Éternel,
Qui nous a fait monter du pays
d'Égypte,
Qui nous a conduits dans le désert,
Dans une terre aride et pleine de
fosses,
Dans une terre où règnent la sé-
cheresse et l'ombre de la mort,
Dans une terre par où personne ne
passe,
Et où n'habite aucun homme ?

7 Je vous ai fait venir dans un pays
semblable à un verger,
Pour que vous en mangiez les fruits
et les meilleures productions ;
Mais vous êtes venus, et vous avez
souillé mon pays,
Et vous avez fait de mon héritage
une abomination.

8 Les sacrificateurs n'ont pas dit : Où
est l'Éternel ?
Les dépositaires de la loi ne m'ont
pas connu,
Les pasteurs m'ont été infidèles,
Les prophètes ont prophétisé par
Baal,
Et sont allés après ceux qui ne sont
d'aucun secours.

9 C'est pourquoi je veux encore contester avec vous, dit l'Éternel,
Je veux contester avec les enfants de
vos enfants.

10 Passez aux îles de Kittim, et re-
gardez !
Envoyez à Kédar, observez bien,
Et regardez s'il y a rien de semblable !

11 Y a-t-il une nation qui change ses
dieux,
Quoiqu'ils ne soient pas des dieux ?
Et mon peuple a changé sa gloire
contre ce qui n'est d'aucun secours !

12 Cieux, soyez étonnés de cela ;
Frémissez d'épouvante et d'horreur !
dit l'Éternel.

13 Car mon peuple a commis un double
péché :

Ils m'ont abandonné, moi qui suis
une source d'eau vive,
Pour se creuser des citernes, des
citernes crevassées,
Qui ne retiennent pas l'eau.

14 Israël est-il un esclave acheté, ou né
dans la maison ?
Pourquoi donc devient-il une proie ?

15 Contre lui les lionceaux rugissent,
poussent leurs cris,
Et ils ravagent son pays ;
Ses villes sont brûlées, il n'y a plus
d'habitants.

16 Même les enfants de Noph et de
Tachpanès
Te briseront le sommet de la tête.

17 Cela ne t'arrive-t-il pas
Parce que tu as abandonné l'Éternel,
ton Dieu,
Lorsqu'il te dirigeait dans la bonne
voie ?

18 Et maintenant, qu'as-tu à faire d'aller
en Égypte,
Pour boire l'eau du Nil ?
Qu'as-tu à faire d'aller en Assyrie,
Pour boire l'eau du fleuve ?

19 Ta méchanceté te châtiera, et ton
infidélité te punira,
Tu sauras et tu verras que c'est une
chose mauvaise et amère
D'abandonner l'Éternel, ton Dieu,
Et de n'avoir de moi aucune crainte,
Dit le Seigneur, l'Éternel des armées.

20 Tu as dès longtemps brisé ton joug,
Rompu tes liens,
Et tu as dit : Je ne veux plus être
dans la servitude !
Mais sur toute colline élevée
Et sous tout arbre vert
Tu t'es courbée comme une prosti-
tuée.

21 Je t'avais plantée comme une vigne
excellente
Et du meilleur plant ;
Comment as-tu changé,
Dégénéré en une vigne étrangère ?

22 Quand tu te laverais avec du nitre,
Quand tu emploierais beaucoup de
potasse,
Ton iniquité resterait marquée de-
vant moi,
Dit le Seigneur, l'Éternel.

23 Comment dirais-tu : Je ne me suis
point souillée,
Je ne suis point allée après les Baals ?
Regarde tes pas dans la vallée,
Reconnais ce que tu as fait,
Dromadaire à la course légère et
vagabonde !

24 Anesse sauvage, habituée au désert,
Haletante dans l'ardeur de sa passion,
Qui l'empêchera de satisfaire son
désir ?
Tous ceux qui la cherchent n'ont
pas à se fatiguer ;
Ils la trouvent pendant son mois.

25 Ne t'expose pas à avoir les pieds nus,
Ne dessèche pas ton gosier !
Mais tu dis : C'est en vain, non !
Car j'aime les dieux étrangers, je
veux aller après eux.

26 Comme un voleur est confus lorsqu'il
est surpris,
Ainsi seront confus ceux de la maison
d'Israël,
Eux, leurs rois, leurs chefs,
Leurs sacrificateurs et leurs prophètes.

27 Ils disent au bois : Tu es mon père !
Et à la pierre : Tu m'as donné la vie !
Car ils me tournent le dos, ils ne me
regardent pas.
Et quand ils sont dans le malheur,
ils disent :
Lève-toi, sauve-nous !

28 Où donc sont tes dieux que tu t'es
faits ?
Qu'ils se lèvent, s'ils peuvent te
sauver au temps du malheur !
Car tu as autant de dieux que de
villes, ô Juda !

29 Pourquoi contesteriez-vous avec moi ?
Vous m'avez tous été infidèles, dit
l'Éternel.

30 En vain ai-je frappé vos enfants ;
Ils n'ont point eu égard à la cor-
rection ;
Votre glaive a dévoré vos prophètes,
Comme un lion destructeur.

31 Hommes de cette génération, con-
sidérez la parole de l'Éternel !
Ai-je été pour Israël un désert,
Ou un pays d'épaisses ténèbres ?
Pourquoi mon peuple dit-il : Nous
sommes libres,
Nous ne voulons pas retourner à toi ?

32 La jeune fille oublie-t-elle ses orne-
ments,
La fiancée sa ceinture ?
Et mon peuple m'a oublié
Depuis des jours sans nombre.

33 Comme tu es habile dans tes voies
pour chercher ce que tu aimes !
C'est même au crime que tu les
exerces.

34 Jusque sur les pans de ton habit se
trouve
Le sang de pauvres innocents,
Que tu n'as pas surpris faisant effraction.

35 Malgré cela, tu dis : Oui, je suis
innocente !
Certainement sa colère s'est détour-
née de moi !
Voici, je vais contester avec toi,
Parce que tu dis : Je n'ai point péché.

36 Pourquoi tant d'empressement à
changer ton chemin ?
C'est de l'Égypte que viendra ta
honte,
Comme elle est venue de l'Assyrie.

37 De là aussi tu sortiras, les mains sur
la tête ;
Car l'Éternel rejette ceux en qui tu
te confies,
Et tu ne réussiras pas auprès d'eux.

3 Il dit : Lorsqu'un homme répudie sa
femme,
Qu'elle le quitte et devient la femme
d'un autre,
Cet homme retourne-t-il encore vers
elle ?
Le pays même ne serait-il pas souillé ?
Et toi, tu t'es prostituée à de nombreux amants,
Et tu reviendrais à moi ! dit l'Éternel.

2 Lève tes yeux vers les hauteurs, et
regarde !
Où ne t'es-tu pas prostituée !
Tu te tenais sur les chemins, comme
l'Arabe dans le désert,
Et tu as souillé le pays par tes prostitutions et par ta méchanceté.

3 Aussi les pluies ont-elles été retenues,
Et la pluie du printemps a-t-elle
manqué ;
Mais tu as eu le front d'une femme
prostituée,

Tu n'as pas voulu avoir honte.

4 Maintenant, n'est-ce pas? tu cries
vers moi: Mon père!
Tu as été l'ami de ma jeunesse!

5 Gardera-t-il à toujours sa colère?
La conservera-t-il à jamais?
Et voici, tu as dit, tu as fait des choses
criminelles, tu les as consommées.

Exhortations à la repentance.

6 L'Éternel me dit, au temps du roi
Josias: As-tu vu ce qu'a fait l'infidèle
Israël? Elle est allée sur toute montagne élevée et sous tout arbre vert,
7 et là elle s'est prostituée. Je disais:
Après avoir fait toutes ces choses,
elle reviendra à moi. Mais elle n'est
pas revenue. Et sa sœur, la perfide
8 Juda, en a été témoin. Quoique
j'eusse répudié l'infidèle Israël à
cause de tous ses adultères, et que
je lui eusse donné sa lettre de
divorce, j'ai vu que la perfide Juda,
sa sœur, n'a point eu de crainte, et
qu'elle est allée se prostituer pareille-
9 ment. Par sa criante impudicité
Israël a souillé le pays, elle a commis
un adultère avec la pierre et le bois.
10 Malgré tout cela, la perfide Juda, sa
sœur, n'est pas revenue à moi de tout
son cœur; c'est avec fausseté qu'elle
l'a fait, dit l'Éternel.

11 L'Éternel me dit: L'infidèle Israël
paraît innocente
En comparaison de la perfide Juda.
12 Va, crie ces paroles vers le septentrion, et dis:
Reviens, infidèle Israël! dit l'Éternel.
Je ne jetterai pas sur vous un regard
sévère;
Car je suis miséricordieux, dit l'Éternel,
Je ne garde pas ma colère à toujours.
13 Reconnais seulement ton iniquité,
Reconnais que tu as été infidèle à
l'Éternel, ton Dieu,
Que tu as dirigé çà et là tes pas vers
les dieux étrangers,
Sous tout arbre vert,
Et que tu n'as pas écouté ma voix,
dit l'Éternel.

14 Revenez, enfants rebelles, dit l'Éternel;

Car je suis votre maître.
Je vous prendrai, un d'une ville, deux
d'une famille,
Et je vous ramènerai dans Sion.
15 Je vous donnerai des bergers selon
mon cœur,
Et ils vous paîtront avec intelligence
et avec sagesse.
16 Lorsque vous aurez multiplié et
fructifié dans le pays,
En ces jours-là, dit l'Éternel,
On ne parlera plus de l'arche de
l'alliance de l'Éternel;
Elle ne viendra plus à la pensée;
On ne se la rappellera plus, on ne
s'apercevra plus de son absence,
Et l'on n'en fera point une autre.
17 En ce temps-là, on appellera Jérusalem le trône de l'Éternel;
Toutes les nations s'assembleront à
Jérusalem, au nom de l'Éternel,
Et elles ne suivront plus les penchants de leur mauvais cœur.

18 En ces jours,
La maison de Juda marchera avec la
maison d'Israël;
Elles viendront ensemble du pays du
septentrion
Au pays dont j'ai donné la possession
à vos pères.
19 Je disais: Comment te mettrai-je
parmi mes enfants,
Et te donnerai-je un pays de délices,
Un héritage, le plus bel ornement
des nations?
Je disais: Tu m'appelleras: Mon
père!
Et tu ne te détourneras pas de moi.
20 Mais, comme une femme est infidèle
à son amant,
Ainsi vous m'avez été infidèles, maison d'Israël,
Dit l'Éternel.

21 Une voix se fait entendre sur les
lieux élevés;
Ce sont les pleurs, les supplications
des enfants d'Israël;
Car ils ont perverti leur voie,
Ils ont oublié l'Éternel, leur Dieu.
22 Revenez, enfants rebelles,
Je pardonnerai vos infidélités.—
Nous voici, nous allons à toi,
Car tu es l'Éternel, notre Dieu.

23 Oui, le bruit qui vient des collines et
des montagnes n'est que mensonge ;
Oui, c'est en l'Éternel, notre Dieu,
qu'est le salut d'Israël.

24 Les idoles ont dévoré le produit du
travail de nos pères,
Dès notre jeunesse,
Leurs brebis et leurs bœufs, leurs fils
et leurs filles.

25 Nous avons notre honte pour couche,
Et notre ignominie pour couverture ;
Car nous avons péché contre l'Éter-
nel, notre Dieu,
Nous et nos pères, dès notre jeunesse
jusqu'à ce jour,
Et nous n'avons pas écouté la voix
de l'Éternel, notre Dieu.—

4 Israël, si tu reviens, si tu reviens à
moi, dit l'Éternel,
Si tu ôtes tes abominations de devant
moi,
Tu ne seras plus errant.

2 Si tu jures : L'Éternel est vivant !
Avec vérité, avec droiture et avec
justice,
Alors les nations seront bénies en lui,
Et se glorifieront en lui.

3 Car ainsi parle l'Éternel aux hommes
de Juda et de Jérusalem :
Défrichez-vous un champ nouveau,
Et ne semez pas parmi les épines.

4 Circoncisez-vous pour l'Éternel, cir-
concisez vos cœurs,
Hommes de Juda et habitants de
Jérusalem,
De peur que ma colère n'éclate
comme un feu,
Et ne s'enflamme, sans qu'on puisse
l'éteindre,
A cause de la méchanceté de vos
actions.

Une invasion étrangère.

5 Annoncez en Juda, publiez à Jérusalem,
Et dites : Sonnez de la trompette
dans le pays !
Criez à pleine voix, et dites :
Rassemblez-vous, et allons dans les
villes fortes !

6 Élevez une bannière vers Sion,
Fuyez, ne vous arrêtez pas !
Car je fais venir du septentrion le
malheur

Et un grand désastre.

7 Le lion s'élance de son taillis,
Le destructeur des nations est en
marche, il a quitté son lieu,
Pour ravager ton pays ;
Tes villes seront ruinées, il n'y aura
plus d'habitants.

8 C'est pourquoi couvrez-vous de sacs,
pleurez et gémissez ;
Car la colère ardente de l'Éternel ne
se détourne pas de nous.

9 En ce jour-là, dit l'Éternel,
Le roi et les chefs perdront courage,
Les sacrificateurs seront étonnés,
Et les prophètes stupéfaits.

10 Je dis : Ah ! Seigneur Éternel !
Tu as donc trompé ce peuple et
Jérusalem, en disant :
Vous aurez la paix !
Et cependant l'épée menace leur vie.

11 En ce temps-là, il sera dit à ce peuple
et à Jérusalem :
Un vent brûlant souffle des lieux
élevés du désert
Sur le chemin de la fille de mon
peuple,
Non pour vanner ni pour nettoyer le
grain.

12 C'est un vent impétueux qui vient de
là jusqu'à moi.
Maintenant, je prononcerai leur sentence.

13 Voici, le destructeur s'avance comme
les nuées ;
Ses chars sont comme un tourbillon,
Ses chevaux sont plus légers que les
aigles.—
Malheur à nous, car nous sommes
détruits !—

14 Purifie ton cœur du mal, Jérusalem,
Afin que tu sois sauvée !
Jusques à quand garderas-tu dans ton
cœur tes pensées iniques ?

15 Car une voix qui part de Dan annonce la calamité,
Elle la publie depuis la montagne
d'Éphraïm.

16 Dites-le aux nations, faites-le connaître à Jérusalem :
Des assiégeants viennent d'une terre
lointaine ;
Ils poussent des cris contre les villes
de Juda.

17 Comme ceux qui gardent un champ,
ils entourent Jérusalem,
Car elle s'est révoltée contre moi, dit
l'Éternel.

18 C'est là le produit de tes voies et de
tes actions,
C'est là le produit de ta méchanceté ;
Certes, cela est amer, cela pénètre
jusqu'à ton cœur.

19 Mes entrailles ! mes entrailles ! je
souffre au dedans de mon cœur,
Le cœur me bat, je ne puis me taire ;
Car tu entends, mon âme, le son de
la trompette,
Le cri de guerre.

20 On annonce ruine sur ruine,
Car tout le pays est ravagé ;
Mes tentes sont ravagées tout à
coup,
Mes pavillons en un instant.

21 Jusques à quand verrai-je la bannière,
Et entendrai-je le son de la trompette ?—

22 Certainement mon peuple est fou, il
ne me connaît pas ;
Ce sont des enfants insensés, dépourvus d'intelligence ;
Ils sont habiles pour faire le mal,
Mais ils ne savent pas faire le
bien.—

23 Je regarde la terre, et voici, elle est
informe et vide ;
Les cieux, et leur lumière a disparu.

24 Je regarde les montagnes, et voici,
elles sont ébranlées ;
Et toutes les collines chancellent.

25 Je regarde, et voici, il n'y a point
d'homme ;
Et tous les oiseaux des cieux ont
pris la fuite.

26 Je regarde, et voici, le Carmel est un
désert ;
Et toutes ses villes sont détruites,
devant l'Éternel,
Devant son ardente colère.

27 Car ainsi parle l'Éternel :
Tout le pays sera dévasté ;
Mais je ne ferai pas une entière
destruction.

28 A cause de cela, le pays est en deuil,
Et les cieux en haut sont obscurcis ;
Car je l'ai dit, je l'ai résolu,
Et je ne m'en repens pas, je ne me
rétracterai pas.

29 Au bruit des cavaliers et des archers,
toutes les villes sont en fuite ;
On entre dans les bois, on monte sur
les rochers ;
Toutes les villes sont abandonnées,
il n'y a plus d'habitants.

30 Et toi, dévastée, que vas-tu faire ?
Tu te revêtiras de cramoisi, tu te
pareras d'ornements d'or,
Tu mettras du fard à tes yeux ;
Mais c'est en vain que tu t'embel-
liras ;
Tes amants te méprisent,
Ils en veulent à ta vie.

31 Car j'entends des cris comme ceux
d'une femme en travail,
Des cris d'angoisse comme dans un
premier enfantement.
C'est la voix de la fille de Sion ; elle
soupire, elle étend les mains :
Malheureuse que je suis ! je succombe sous les meurtriers !

5 Parcourez les rues de Jérusalem,
Regardez, informez-vous, cherchez
dans les places,
S'il s'y trouve un homme, s'il y en
a un
Qui pratique la justice, qui s'attache
à la vérité,
Et je pardonne à Jérusalem.

2 Même quand ils disent : L'Éternel
est vivant !
C'est faussement qu'ils jurent.

3 Éternel, tes yeux n'aperçoivent-ils
pas la vérité ?
Tu les frappes, et ils ne sentent
rien ;
Tu les consumes, et ils ne veulent
pas recevoir instruction ;
Ils prennent un visage plus dur que
le roc,
Ils refusent de se convertir.

4 Je disais : Ce ne sont que les petits ;
Ils agissent en insensés, parce qu'ils
ne connaissent pas la voie
de l'Éternel,
La loi de leur Dieu.

5 J'irai vers les grands, et je leur parlerai ;
Car eux, ils connaissent la voie de
l'Éternel,
La loi de leur Dieu ;

Mais ils ont tous aussi brisé le joug,
Rompu les liens.

6 C'est pourquoi le lion de la forêt les
tue,
Le loup du désert les détruit,
La panthère est aux aguets devant
leurs villes ;
Tous ceux qui en sortiront seront
déchirés ;
Car leurs transgressions sont nom-
breuses,
Leurs infidélités se sont multipliées.

7 Pourquoi te pardonnerais-je ?
Tes enfants m'ont abandonné,
Et ils jurent par des dieux qui
n'existent pas.
J'ai reçu leurs serments, et ils se
livrent à l'adultère,
Ils sont en foule dans la maison de
la prostituée.

8 Semblables à des chevaux bien
nourris, qui courent çà et là,
Ils hennissent chacun après la femme
de son prochain.

9 Ne châtierais-je pas ces choses-là, dit
l'Éternel,
Ne me vengerais-je pas d'une pareille
nation ?

10 Montez sur ses murailles, et abattez,
Mais ne détruisez pas entièrement !
Enlevez ses ceps
Qui n'appartiennent point à l'Éter-
nel !

11 Car la maison d'Israël et la maison
de Juda m'ont été infidèles,
Dit l'Éternel.

12 Ils renient l'Éternel, ils disent : Il
n'existe pas !
Et le malheur ne viendra pas sur
nous,
Nous ne verrons ni l'épée ni la
famine.

13 Les prophètes ne sont que du vent,
Et personne ne parle en eux.
Qu'il leur soit fait ainsi !

14 C'est pourquoi ainsi parle l'Éternel, le
Dieu des armées :
Parce que vous avez dit cela,
Voici, je veux que ma parole dans ta
bouche soit du feu,
Et ce peuple du bois, et que ce feu
les consume.

15 Voici, je fais venir de loin une nation contre vous, maison d'Israël,
Dit l'Éternel ;
C'est une nation forte, c'est une nation ancienne.
Une nation dont tu ne connais pas
la langue,
Et dont tu ne comprendras point les
paroles.

16 Son carquois est comme un sépulcre
ouvert ;
Ils sont tous des héros.

17 Elle dévorera ta moisson et ton
pain,
Elle dévorera tes fils et tes filles,
Elle dévorera tes brebis et tes
bœufs,
Elle dévorera ta vigne et ton figuier ;
Elle détruira par l'épée tes villes
fortes dans lesquelles tu te confies.

18 Mais en ces jours, dit l'Éternel,
Je ne vous détruirai pas entièrement.

19 Si vous dites alors :
Pourquoi l'Éternel, notre Dieu, nous
fait-il tout cela ?
Tu leur répondras : Comme vous
m'avez abandonné,
Et que vous avez servi des dieux
étrangers dans votre pays,
Ainsi vous servirez des étrangers
dans un pays qui n'est pas
le vôtre.

20 Annoncez ceci à la maison de Jacob,
Publiez-le en Juda, et dites :

21 Écoutez ceci, peuple insensé, et qui
n'as point de cœur !
Ils ont des yeux et ne voient point,
Ils ont des oreilles et n'entendent
point.

22 Ne me craindrez-vous pas, dit l'É-
ternel,
Ne tremblerez-vous pas devant moi ?
C'est moi qui ai donné à la mer le
sable pour limite,
Limite éternelle qu'elle ne doit pas
franchir ;
Ses flots s'agitent, mais ils sont impuissants ;
Ils mugissent, mais ils ne la franchissent pas.

23 Ce peuple a un cœur indocile et
rebelle ;
Ils se révoltent, et s'en vont.

24 Ils ne disent pas dans leur cœur :

Craignons l'Éternel, notre Dieu,
Qui donne la pluie en son temps,
La pluie de la première et de l'arrière-
saison,
Et qui nous réserve les semaines
destinées à la moisson.
25 C'est à cause de vos iniquités que
ces dispensations n'ont pas lieu,
Ce sont vos péchés qui vous privent
de ces biens.
26 Car il se trouve parmi mon peuple
des méchants ;
Ils épient comme l'oiseleur qui dresse
des pièges,
Ils tendent des filets, et prennent
des hommes.
27 Comme une cage est remplie d'oiseaux,
Leurs maisons sont remplies de
fraude ;
C'est ainsi qu'ils deviennent puissants et riches.
28 Ils s'engraissent, ils sont brillants
d'embonpoint ;
Ils dépassent toute mesure dans le
mal,
Ils ne défendent pas la cause, la
cause de l'orphelin, et ils
prospèrent ;
Ils ne font pas droit aux indigents.
29 Ne châtierais-je pas ces choses-là, dit
l'Éternel,
Ne me vengerais-je pas d'une pareille
nation ?
30 Des choses horribles, abominables,
Se font dans le pays.
31 Les prophètes prophétisent avec
fausseté,
Les sacrificateurs dominent sous leur
conduite,
Et mon peuple prend plaisir à cela.
Que ferez-vous à la fin ?

6 Fuyez, enfants de Benjamin, du
milieu de Jérusalem,
Sonnez de la trompette à Tekoa,
Élevez un signal à Beth-Hakkérem !
Car on voit venir du septentrion le
malheur
Et un grand désastre.
2 La belle et la délicate,
Je la détruis, la fille de Sion !
3 Vers elle marchent des bergers avec
leurs troupeaux ;

Ils dressent des tentes autour d'elle,
Ils broutent chacun sa part.—
Préparez-vous à l'attaquer !   4
Allons ! montons en plein midi !...
Malheureusement pour nous, le jour
baisse,
Les ombres du soir s'allongent.
Allons ! montons de nuit !   5
Détruisons ses palais !—
Car ainsi parle l'Éternel des armées · 6
Abattez les arbres,
Élevez des terrasses contre Jéru-
salem !
C'est la ville qui doit être châtiée ;
Il n'y a qu'oppression au milieu
d'elle.
Comme un puits fait jaillir ses eaux, 7
Ainsi elle fait jaillir sa méchanceté ;
Il n'est bruit en son sein que de
violence et de ruine ;
Sans cesse à mes regards s'offrent la
douleur et les plaies.
Reçois instruction, Jérusalem,   8
De peur que je ne m'éloigne de toi,
Que je ne fasse de toi un désert,
Un pays inhabité !
Ainsi parle l'Éternel des armées :   9
On grappillera comme une vigne les
restes d'Israël.
Portes-y de nouveau la main,
Comme le vendangeur sur les ceps.
A qui m'adresser, et qui prendre à 10
témoin pour qu'on écoute ?
Voici, leur oreille est incirconcise,
Et ils sont incapables d'être atten-
tifs ;
Voici, la parole de l'Éternel est pour
eux un opprobre,
Ils n'y trouvent aucun plaisir.
Je suis plein de la fureur de l'Éternel, 11
je ne puis la contenir.
Répands-la sur l'enfant dans la rue,
Et sur les assemblées des jeunes
gens.
Car l'homme et la femme seront
pris,
Le vieillard et celui qui est chargé
de jours.
Leurs maisons passeront à d'autres, 12
Les champs et les femmes aussi,
Quand j'étendrai ma main sur les
habitants du pays,
Dit l'Éternel.

13 Car depuis le plus petit jusqu'au plus grand,
Tous sont avides de gain ;
Depuis le prophète jusqu'au sacrificateur,
Tous usent de tromperie.

14 Ils pansent à la légère la plaie de la fille de mon peuple :
Paix ! paix ! disent-ils ;
Et il n'y a point de paix ;

15 Ils seront confus, car ils commettent des abominations ;
Ils ne rougissent pas, ils ne connaissent pas la honte ;
C'est pourquoi ils tomberont avec ceux qui tombent,
Ils seront renversés quand je les châtierai,
Dit l'Éternel.

16 Ainsi parle l'Éternel :
Placez-vous sur les chemins, regardez,
Et demandez quels sont les anciens sentiers,
Quelle est la bonne voie ; marchez-y,
Et vous trouverez le repos de vos âmes !
Mais ils répondent : Nous n'y marcherons pas.

17 J'ai mis près de vous des sentinelles :
Soyez attentifs au son de la trompette !
Mais ils répondent : Nous n'y serons pas attentifs.

18 C'est pourquoi écoutez, nations !
Sachez ce qui leur arrivera, assemblée des peuples !

19 Écoute, terre !
Voici, je fais venir sur ce peuple le malheur,
Fruit de ses pensées ;
Car ils n'ont point été attentifs à mes paroles,
Ils ont méprisé ma loi.

20 Qu'ai-je besoin de l'encens qui vient de Séba,
Du roseau aromatique d'un pays lointain ?
Vos holocaustes ne me plaisent point,
Et vos sacrifices ne me sont point agréables.

21 C'est pourquoi ainsi parle l'Éternel :
Voici, je mettrai devant ce peuple des pierres d'achoppement,
Contre lesquelles se heurteront ensemble pères et fils,
Voisins et amis, et ils périront.

22 Ainsi parle l'Éternel :
Voici, un peuple vient du pays du septentrion,
Une grande nation se lève des extrémités de la terre.

23 Ils portent l'arc et le javelot ;
Ils sont cruels, sans miséricorde ;
Leur voix mugit comme la mer ;
Ils sont montés sur des chevaux,
Prêts à combattre comme un seul homme,
Contre toi, fille de Sion !

24 Au bruit de leur approche,
Nos mains s'affaiblissent,
L'angoisse nous saisit,
Comme la douleur d'une femme qui accouche.

25 Ne sortez pas dans les champs,
N'allez pas sur les chemins ;
Car là est le glaive de l'ennemi,
Et l'épouvante règne à l'entour !

26 Fille de mon peuple, couvre-toi d'un sac et roule-toi dans la cendre,
Prends le deuil comme pour un fils unique,
Verse des larmes, des larmes amères !
Car le dévastateur vient sur nous à l'improviste.

27 Je t'avais établi en observation parmi mon peuple,
Comme une forteresse,
Pour que tu connusses et sondasses leur voie.

28 Ils sont tous des rebelles, des calomniateurs,
De l'airain et du fer ;
Ils sont tous corrompus.

29 Le soufflet est brûlant,
Le plomb est consumé par le feu ;
C'est en vain qu'on épure,
Les scories ne se détachent pas.

30 On les appelle de l'argent méprisable,
Car l'Éternel les a rejetés.

Censures et menaces.

7 La parole qui fut adressée à Jérémie de la part de l'Éternel, en ces mots :

2 Place-toi à la porte de la maison de l'Éternel,
Et là publie cette parole,
Et dis : Écoutez la parole de l'Éternel,
Vous tous, hommes de Juda, qui entrez par ces portes,
Pour vous prosterner devant l'Éternel !

3 Ainsi parle l'Éternel des armées, le Dieu d'Israël :
Réformez vos voies et vos œuvres,
Et je vous laisserai demeurer dans ce lieu.

4 Ne vous livrez pas à des espérances trompeuses, en disant :
C'est ici le temple de l'Éternel, le temple de l'Éternel,
Le temple de l'Éternel !

5 Si vous réformez vos voies et vos œuvres,
Si vous pratiquez la justice envers les uns et les autres,

6 Si vous n'opprimez pas l'étranger, l'orphelin et la veuve,
Si vous ne répandez pas en ce lieu le sang innocent,
Et si vous n'allez pas après d'autres dieux, pour votre malheur,

7 Alors je vous laisserai demeurer dans ce lieu,
Dans le pays que j'ai donné à vos pères,
D'éternité en éternité.

8 Mais voici, vous vous livrez à des espérances trompeuses,
Qui ne servent à rien.

9 Quoi ! dérober, tuer, commettre des adultères,
Jurer faussement, offrir de l'encens à Baal,
Aller après d'autres dieux que vous ne connaissez pas !...

10 Puis vous venez vous présenter devant moi,
Dans cette maison sur laquelle mon nom est invoqué,
Et vous dites : Nous sommes délivrés !...
Et c'est afin de commettre toutes ces abominations !

11 Est-elle à vos yeux une caverne de voleurs,
Cette maison sur laquelle mon nom est invoqué ?
Je le vois moi-même, dit l'Éternel.

12 Allez donc au lieu qui m'était consacré à Silo,
Où j'avais fait autrefois résider mon nom.
Et voyez comment je l'ai traité,
A cause de la méchanceté de mon peuple d'Israël.

13 Et maintenant, puisque vous avez commis toutes ces actions,
Dit l'Éternel,
Puisque je vous ai parlé dès le matin et que vous n'avez pas écouté,
Puisque je vous ai appelés et que vous n'avez pas répondu,

14 Je traiterai la maison sur laquelle mon nom est invoqué,
Sur laquelle vous faites reposer votre confiance,
Et le lieu que j'ai donné à vous et à vos pères,
De la même manière que j'ai traité Silo ;

15 Et je vous rejetterai loin de ma face,
Comme j'ai rejeté tous vos frères,
Toute la postérité d'Éphraïm.

16 Et toi, n'intercède pas en faveur de ce peuple,
N'élève pour eux ni supplications ni prières,
Ne fais pas des instances auprès de moi ;
Car je ne t'écouterai pas.

17 Ne vois-tu pas ce qu'ils font dans les villes de Juda
Et dans les rues de Jérusalem ?

18 Les enfants ramassent du bois,
Les pères allument le feu,
Et les femmes pétrissent la pâte,
Pour préparer des gâteaux à la reine du ciel,
Et pour faire des libations à d'autres dieux,
Afin de m'irriter.

19 Est-ce moi qu'ils irritent ? dit l'Éternel ;
N'est-ce pas eux-mêmes,
A leur propre confusion ?

20 C'est pourquoi ainsi parle le Seigneur, l'Éternel :
Voici, ma colère et ma fureur se répandent sur ce lieu,
Sur les hommes et sur les bêtes,

Sur les arbres des champs et sur les
fruits de la terre ;
Elle brûlera, et ne s'éteindra point.

21 Ainsi parle l'Éternel des armées, le
Dieu d'Israël :
Ajoutez vos holocaustes à vos sacri-
fices,
Et mangez-en la chair !

22 Car je n'ai point parlé avec vos pères
et je ne leur ai donné aucun ordre,
Le jour où je les ai fait sortir du
pays d'Égypte,
Au sujet des holocaustes et des sacrifices.

23 Mais voici l'ordre que je leur ai
donné :
Écoutez ma voix,
Et je serai votre Dieu,
Et vous serez mon peuple ;
Marchez dans toutes les voies que je
vous prescris,
Afin que vous soyez heureux.

24 Et ils n'ont point écouté, ils n'ont
point prêté l'oreille ;
Ils ont suivi les conseils, les penchants de leur mauvais cœur,
Ils ont été en arrière et non en
avant.

25 Depuis le jour où vos pères sont
sortis du pays d'Égypte,
Jusqu'à ce jour,
Je vous ai envoyé tous mes serviteurs, les prophètes,
Je les ai envoyés chaque jour, dès le
matin.

26 Mais ils ne m'ont point écouté, ils
n'ont point prêté l'oreille ;
Ils ont raidi leur cou,
Ils ont fait le mal plus que leurs
pères.

27 Si tu leur dis toutes ces choses, ils
ne t'écouteront pas ;
Si tu cries vers eux, ils ne te répondront pas.

28 Alors dis-leur :
C'est ici la nation qui n'écoute pas la
voix de l'Éternel, son Dieu,
Et qui ne veut pas recevoir instruction ;
La vérité a disparu, elle s'est retirée
de leur bouche.

29 Coupe ta chevelure, et jette-la au
loin ;

Monte sur les hauteurs, et prononce
une complainte !
Car l'Éternel rejette
Et repousse la génération qui a provoqué sa fureur.

30 Car les enfants de Juda ont fait ce
qui est mal à mes yeux,
Dit l'Éternel ;
Ils ont placé leurs abominations
Dans la maison sur laquelle mon
nom est invoqué,
Afin de la souiller.

31 Ils ont bâti des hauts lieux à Topheth
dans la vallée de Ben-Hinnom,
Pour brûler au feu leurs fils et leurs
filles :
Ce que je n'avais point ordonné,
Ce qui ne m'était point venu à la
pensée.

32 C'est pourquoi voici, les jours viennent, dit l'Éternel,
Où l'on ne dira plus Topheth et la
vallée de Ben-Hinnom,
Mais où l'on dira la vallée du carnage ;
Et l'on enterrera les morts à Topheth
par défaut de place.

33 Les cadavres de ce peuple seront la
pâture
Des oiseaux du ciel et des bêtes de
la terre ;
Et il n'y aura personne pour les
troubler.

34 Je ferai cesser dans les villes de Juda
et dans les rues de Jérusalem
Les cris de réjouissance et les cris
d'allégresse,
Les chants du fiancé et les chants de
la fiancée ;
Car le pays sera un désert.

8

En ce temps-là, dit l'Éternel, on
tirera de leurs sépulcres les os des
rois de Juda, les os de ses chefs, les
os des sacrificateurs, les os des prophètes, et les os des habitants de
Jérusalem. 2 On les étendra devant
le soleil, devant la lune, et devant
toute l'armée des cieux, qu'ils ont
aimés, qu'ils ont servis, qu'ils ont
suivis, qu'ils ont recherchés, et devant lesquels ils se sont prosternés ;
on ne les recueillera point, on ne les
enterrera point, et ils seront comme
du fumier sur la terre. 3 La mort sera

préférable à la vie pour tous ceux qui resteront de cette race méchante, dans tous les lieux où je les aurai chassés, dit l'Éternel des armées.

4 Dis-leur : Ainsi parle l'Éternel :
Est-ce que l'on tombe sans se relever ?
Ou se détourne-t-on sans revenir ?

5 Pourquoi donc ce peuple de Jérusalem s'abandonne-t-il
A de perpétuels égarements ?
Ils persistent dans la tromperie,
Ils refusent de se convertir.

6 Je suis attentif, et j'écoute :
Ils ne parlent pas comme ils devraient ;
Aucun ne se repent de sa méchanceté,
Et ne dit : Qu'ai-je fait ?
Tous reprennent leur course,
Comme un cheval qui s'élance au combat.

7 Même la cigogne connaît dans les cieux sa saison ;
La tourterelle, l'hirondelle et la grue
Observent le temps de leur arrivée ;
Mais mon peuple ne connaît pas la loi de l'Éternel.

8 Comment pouvez-vous dire: Nous sommes sages,
La loi de l'Éternel est avec nous?
C'est bien en vain que s'est mise à l'œuvre
La plume mensongère des scribes.

9 Les sages sont confondus,
Ils sont consternés, ils sont pris ;
Voici, ils ont méprisé la parole de l'Éternel,
Et quelle sagesse ont-ils?

10 C'est pourquoi je donnerai leurs femmes à d'autres,
Et leurs champs à ceux qui les déposséderont.
Car depuis le plus petit jusqu'au plus grand,
Tous sont avides de gain ;
Depuis le prophète jusqu'au sacrificateur,
Tous usent de tromperie.

11 Ils pansent à la légère la plaie de la fille de mon peuple:
Paix! paix! disent-ils.
Et il n'y a point de paix.

12 Ils seront confus, car ils commettent des abominations;
Ils ne rougissent pas, ils ne connaissent pas la honte ;
C'est pourquoi ils tomberont avec ceux qui tombent,
Ils seront renversés quand je les châtierai,
Dit l'Éternel.

13 Je veux en finir avec eux, dit l'Éternel ;
Il n'y aura plus de raisins à la vigne
Plus de figues au figuier,
Et les feuilles se flétriront ;
Ce que je leur avais donné leur échappera.—

14 Pourquoi restons-nous assis ?
Rassemblez-vous, et allons dans les villes fortes,
Pour y périr !
Car l'Éternel, notre Dieu, nous destine à la mort,
Il nous fait boire des eaux empoisonnées,
Parce que nous avons péché contre l'Éternel.

15 Nous espérions la paix, et il n'arrive rien d'heureux ;
Un temps de guérison, et voici la terreur !—

16 Le hennissement de ses chevaux se fait entendre du côté de Dan,
Et au bruit de leur hennissement toute la terre tremble ;
Ils viennent, ils dévorent le pays et ce qu'il renferme,
La ville et ceux qui l'habitent.

17 Car j'envoie parmi vous des serpents, des basilics,
Contre lesquels il n'y a point d'enchantement ;
Ils vous mordront, dit l'Éternel.

18 Je voudrais soulager ma douleur ;
Mon cœur souffre au dedans de moi.

19 Voici, les cris de la fille de mon peuple
Retentissent sur la terre lointaine:
L'Éternel n'est-il plus à Sion?
N'a-t-elle plus son roi au milieu d'elle?—
Pourquoi m'ont-ils irrité par leurs images taillées,
Par des idoles étrangères?—

20 La moisson est passée, l'été est fini,
Et nous ne sommes pas sauvés !—

21 Je suis brisé par la douleur de la
fille de mon peuple,
Je suis dans la tristesse, l'épouvante
me saisit.
22 N'y a-t-il point de baume en Galaad?
N'y a-t-il point de médecin?
Pourquoi donc la guérison de la fille
de mon peuple ne s'opère-t-elle pas?

9 Oh! si ma tête était remplie d'eau,
Si mes yeux étaient une source de
larmes,
Je pleurerais jour et nuit
Les morts de la fille de mon peuple!
2 Oh! si j'avais au désert une cabane
de voyageurs,
J'abandonnerais mon peuple, je m'en
éloignerais!
Car ce sont tous des adultères,
C'est une troupe de perfides.
3 Ils ont la langue tendue comme un
arc et lancent le mensonge;
Ce n'est pas par la vérité qu'ils sont
puissants dans le pays;
Car ils vont de méchanceté en mé-
chanceté,
Et ils ne me connaissent pas, dit
l'Éternel.
4 Que chacun se tienne en garde contre
son ami,
Et qu'on ne se fie à aucun de ses
frères;
Car tout frère cherche à tromper,
Et tout ami répand des calomnies.
5 Ils se jouent les uns des autres,
Et ne disent point la vérité;
Ils exercent leur langue à mentir,
Ils s'étudient à faire le mal.
6 Ta demeure est au sein de la fausseté;
C'est par fausseté qu'ils refusent de
me connaître,
Dit l'Éternel.

7 C'est pourquoi ainsi parle l'Éternel
des armées:
Voici, je les sonderai, je les éprouverai.
Car comment agir à l'égard de la
fille de mon peuple?
8 Leur langue est un trait meurtrier,
Ils ne disent que des mensonges;
De la bouche ils parlent de paix à
leur prochain,
Et au fond du cœur ils lui dressent
des pièges.

9 Ne les châtierais-je pas pour ces
choses-là, dit l'Éternel,
Ne me vengerais-je pas d'une pareille
nation?

10 Sur les montagnes je veux pleurer
et gémir,
Sur les plaines du désert je prononce
une complainte;
Car elles sont brûlées, personne n'y
passe,
On n'y entend plus la voix des
troupeaux;
Les oiseaux du ciel et les bêtes ont
pris la fuite, ont disparu.—
11 Je ferai de Jérusalem un monceau
de ruines, un repaire de chacals,
Et je réduirai les villes de Juda en
un désert sans habitants.—
12 Où est l'homme sage qui comprenne
ces choses?
Qu'il le dise, celui à qui la bouche de
l'Éternel a parlé!
Pourquoi le pays est-il détruit,
Brûlé comme un désert où personne
ne passe?
13 L'Éternel dit: C'est parce qu'ils ont
abandonné ma loi,
Que j'avais mise devant eux;
Parce qu'ils n'ont point écouté ma
voix,
Et qu'ils ne l'ont point suivie;
14 Parce qu'ils ont suivi les penchants
de leur cœur,
Et qu'ils sont allés après les Baals,
Comme leurs pères le leur ont appris.
15 C'est pourquoi ainsi parle l'Éternel
des armées, le Dieu d'Israël:
Voici, je vais nourrir ce peuple d'absinthe,
Et je lui ferai boire des eaux empoisonnées.
16 Je les disperserai parmi des nations
Que n'ont connues ni eux ni leurs
pères,
Et j'enverrai derrière eux l'épée,
Jusqu'à ce que je les aie exterminés.

17 Ainsi parle l'Éternel des armées:
Cherchez, appelez les pleureuses, et
qu'elles viennent!
Envoyez vers les femmes habiles, et
qu'elles viennent!
18 Qu'elles se hâtent de dire sur nous
une complainte!

Et que les larmes tombent de nos yeux,
Que l'eau coule de nos paupières !

19 Car des cris lamentables se font entendre de Sion :
Eh quoi ! nous sommes détruits !
Nous sommes couverts de honte !
Il nous faut abandonner le pays !
On a renversé nos demeures !—

20 Femmes, écoutez la parole de l'Éternel,
Et que votre oreille saisisse ce que dit sa bouche !
Apprenez à vos filles des chants lugubres,
Enseignez-vous des complaintes les unes aux autres !

21 Car la mort est montée par nos fenêtres,
Elle a pénétré dans nos palais ;
Elle extermine les enfants dans la rue,
Les jeunes gens sur les places.

22 Dis : Ainsi parle l'Éternel :
Les cadavres des hommes tomberont
Comme du fumier sur les champs,
Comme tombe derrière le moissonneur une gerbe
Que personne ne ramasse.

23 Ainsi parle l'Éternel :
Que le sage ne se glorifie pas de sa sagesse,
Que le fort ne se glorifie pas de sa force,
Que le riche ne se glorifie pas de sa richesse.

24 Mais que celui qui veut se glorifier se glorifie
D'avoir de l'intelligence et de me connaître,
De savoir que je suis l'Éternel,
Qui exerce la bonté, le droit et la justice sur la terre ;
Car c'est à cela que je prends plaisir, dit l'Éternel.

25 Voici, les jours viennent, dit l'Éternel,
Où je châtierai tous les circoncis qui ne le sont pas de cœur,

26 L'Égypte, Juda, Édom, les enfants d'Ammon, Moab,
Tous ceux qui se rasent les coins de la barbe,
Ceux qui habitent dans le désert ;
Car toutes les nations sont incirconcises,
Et toute la maison d'Israël a le cœur incirconcis.

Les idoles et l'Éternel.

10 Écoutez la parole que l'Éternel vous adresse,
Maison d'Israël !

2 Ainsi parle l'Éternel :
N'imitez pas la voie des nations,
Et ne craignez pas les signes du ciel,
Parce que les nations les craignent.

3 Car les coutumes des peuples ne sont que vanité.
On coupe le bois dans la forêt ;
La main de l'ouvrier le travaille avec la hache ;

4 On l'embellit avec de l'argent et de l'or,
On le fixe avec des clous et des marteaux,
Pour qu'il ne branle pas.

5 Ces dieux sont comme une colonne massive, et ils ne parlent point ;
On les porte, parce qu'ils ne peuvent marcher.
Ne les craignez pas, car ils ne sauraient faire aucun mal,
Et ils sont incapables de faire du bien.

6 Nul n'est semblable à toi, ô Éternel !
Tu es grand, et ton nom est grand par ta puissance.

7 Qui ne te craindrait, roi des nations ?
C'est à toi que la crainte est due ;
Car, parmi tous les sages des nations et dans tous leurs royaumes,
Nul n'est semblable à toi.

8 Tous ensemble, ils sont stupides et insensés ;
Leur science n'est que vanité, c'est du bois !

9 On apporte de Tarsis des lames d'argent, et d'Uphaz de l'or,
L'ouvrier et la main de l'orfèvre les mettent en œuvre ;
Les vêtements de ces dieux sont d'étoffes teintes en bleu et en pourpre,
Tous sont l'ouvrage d'habiles artisans.

10 Mais l'Éternel est Dieu en vérité,
Il est un Dieu vivant et un roi éternel ;
La terre tremble devant sa colère,

Et les nations ne supportent pas sa fureur.

11 Vous leur parlerez ainsi :
Les dieux qui n'ont point fait les cieux et la terre
Disparaîtront de la terre et de dessous les cieux.

12 Il a créé la terre par sa puissance,
Il a fondé le monde par sa sagesse,
Il a étendu les cieux par son intelligence.

13 A sa voix, les eaux mugissent dans les cieux ;
Il fait monter les nuages des extrémités de la terre,
Il produit les éclairs et la pluie,
Il tire le vent de ses trésors.

14 Tout homme devient stupide par sa science,
Tout orfèvre est honteux de son image taillée ;
Car ses idoles ne sont que mensonge,
Il n'y a point en elles de souffle,

15 Elles sont une chose de néant, une œuvre de tromperie ;
Elles périront, quand viendra le châtiment.

16 Celui qui est la part de Jacob n'est pas comme elles ;
Car c'est lui qui a tout formé,
Et Israël est la tribu de son héritage.
L'Éternel des armées est son nom.

L'approche du châtiment.

17 Emporte du pays ce qui t'appartient,
Toi qui es assise dans la détresse !

18 Car ainsi parle l'Éternel :
Voici, cette fois je vais lancer au loin les habitants du pays ;
Je vais les serrer de près, afin qu'on les atteigne.—

19 Malheur à moi ! je suis brisée !
Ma plaie est douloureuse !
Mais je dis : C'est une calamité qui m'arrive,
Je la supporterai !

20 Ma tente est détruite,
Tous mes cordages sont rompus ;
Mes fils m'ont quittée, ils ne sont plus ;
Je n'ai personne qui dresse de nouveau ma tente,
Qui relève mes pavillons.—

21 Les bergers ont été stupides,
Ils n'ont pas cherché l'Éternel ;
C'est pour cela qu'ils n'ont point prospéré,
Et que tous leurs troupeaux se dispersent.

22 Voici, une rumeur se fait entendre ;
C'est un grand tumulte qui vient du septentrion,
Pour réduire les villes de Juda en un désert,
En un repaire de chacals.—

23 Je le sais, ô Éternel !
La voie de l'homme n'est pas en son pouvoir ;
Ce n'est pas à l'homme, quand il marche,
A diriger ses pas.

24 Châtie-moi, ô Éternel ! mais avec équité,
Et non dans ta colère, de peur que tu ne m'anéantisses.

25 Répands ta fureur sur les nations qui ne te connaissent pas,
Et sur les peuples qui n'invoquent pas ton nom !
Car ils dévorent Jacob, ils le dévorent, ils le consument,
Ils ravagent sa demeure.

L'alliance violée.

La parole qui fut adressée à Jérémie de la part de l'Éternel, en ces mots :

2 Écoutez les paroles de cette alliance,
Et parlez aux hommes de Juda aux habitants de Jérusalem !

3 Dis-leur : Ainsi parle l'Éternel, le Dieu d'Israël :
Maudit soit l'homme qui n'écoute point les paroles de cette alliance,

4 Que j'ai prescrite à vos pères,
Le jour où je les ai fait sortir du pays d'Égypte,
De la fournaise de fer, en disant :
Écoutez ma voix, et faites tout ce que je vous ordonnerai ;
Alors vous serez mon peuple,
Je serai votre Dieu,

5 Et j'accomplirai le serment que j'ai fait à vos pères,
De leur donner un pays où coulent le lait et le miel,

Comme vous le voyez aujourd'hui.—
Et je répondis: Amen, Éternel !

6 L'Éternel me dit :
Publie toutes ces paroles dans les
villes de Juda
Et dans les rues de Jérusalem, en
disant :
Écoutez les paroles de cette alliance,
Et mettez-les en pratique !
7 Car j'ai averti vos pères,
Depuis le jour où je les ai fait monter du pays d'Égypte
Jusqu'à ce jour,
Je les ai avertis tous les matins, en
disant :
Écoutez ma voix !
8 Mais ils n'ont pas écouté, ils n'ont
pas prêté l'oreille,
Ils ont suivi chacun les penchants de
leur mauvais cœur ;
Alors j'ai accompli sur eux toutes
les paroles de cette alliance,
Que je leur avais ordonné d'observer
et qu'ils n'ont point observée.
9 L'Éternel me dit :
Il y a une conjuration entre les
hommes de Juda
Et les habitants de Jérusalem.
10 Ils sont retournés aux iniquités de
leurs premiers pères,
Qui ont refusé d'écouter mes paroles,
Et ils sont allés après d'autres dieux,
pour les servir.
La maison d'Israël et la maison de
Juda ont violé mon alliance,
Que j'avais faite avec leurs pères.

C'est pourquoi ainsi parle l'Éternel :
11 Voici, je vais faire venir sur eux des
malheurs
Dont ils ne pourront se délivrer.
Ils crieront vers moi,
Et je ne les écouterai pas.
12 Les villes de Juda et les habitants de
Jérusalem
Iront invoquer les dieux auxquels
ils offrent de l'encens,
Mais ils ne les sauveront pas au
temps de leur malheur.
13 Car tu as autant de dieux que de
villes, ô Juda !
Et autant Jérusalem a de rues,
Autant vous avez dressé d'autels aux
idoles,

D'autels pour offrir de l'encens à
Baal...
Et toi, n'intercède pas en faveur de 14
ce peuple,
N'élève pour eux ni supplications ni
prières ;
Car je ne les écouterai pas,
Quand ils m'invoqueront à cause de
leur malheur.

Que ferait mon bien-aimé dans ma 15
maison ?
Il s'y commet une foule de crimes.
La chair sacrée disparaîtra devant
toi.
Quand tu fais le mal, c'est alors que
tu triomphes !
Olivier verdoyant, remarquable par 16
la beauté de son fruit,
Tel est le nom que t'avait donné
l'Éternel ;
Au bruit d'un grand fracas, il l'em-
brase par le feu,
Et ses rameaux sont brisés.
L'Éternel des armées, qui t'a planté, 17
Appelle sur toi le malheur,
A cause de la méchanceté de la
maison d'Israël et de la
maison de Juda,
Qui ont agi pour m'irriter, en offrant
de l'encens à Baal.

Complot contre Jérémie.

L'Éternel m'en a informé, et je l'ai 18
su ;
Alors tu m'as fait voir leurs œuvres.
J'étais comme un agneau familier 19
qu'on mène à la boucherie,
Et j'ignorais les mauvais desseins
qu'ils méditaient contre moi :
Détruisons l'arbre avec son fruit !
Retranchons-le de la terre des vi-
vants,
Et qu'on ne se souvienne plus de
son nom !—
Mais l'Éternel des armées est un 20
juste juge,
Qui sonde les reins et les cœurs.
Je verrai ta vengeance s'exercer
contre eux,
Car c'est à toi que je confie ma
cause.

C'est pourquoi ainsi parle l'Éternel 21
contre les gens d'Anathoth,

Qui en veulent à ta vie, et qui
disent :
Ne prophétise pas au nom de l'É-
ternel,
Ou tu mourras de notre main !

22 C'est pourquoi ainsi parle l'Éternel
des armées :
Voici, je vais les châtier ;
Les jeunes hommes mourront par
l'épée,
Leurs fils et leurs filles mourront par
la famine.

23 Aucun d'eux n'échappera ;
Car je ferai venir le malheur sur les
gens d'Anathoth,
L'année où je les châtierai.

12 Tu es trop juste, Éternel, pour que
je conteste avec toi ;
Je veux néanmoins t'adresser la parole sur tes jugements :
Pourquoi la voie des méchants est-
elle prospère ?
Pourquoi tous les perfides vivent-ils
en paix ?

2 Tu les as plantés, ils ont pris racine,
Ils croissent, ils portent du fruit ;
Tu es près de leur bouche,
Mais loin de leur cœur.

3 Et toi, Éternel, tu me connais,
Tu me vois, tu sondes mon cœur qui
est avec toi.
Enlève-les comme des brebis qu'on
doit égorger,
Et prépare-les pour le jour du
carnage !

4 Jusques à quand le pays sera-t-il
dans le deuil,
Et l'herbe de tous les champs sera-t-
elle desséchée ?
A cause de la méchanceté des
habitants,
Les bêtes et les oiseaux périssent.
Car ils disent : Il ne verra pas notre
fin.—

5 Si tu cours avec des piétons et qu'ils
te fatiguent,
Comment pourras-tu lutter avec des
chevaux ?
Et si tu ne te crois en sûreté que
dans une contrée paisible,
Que feras-tu sur les rives orgueilleuses du Jourdain ?

6 Car tes frères eux-mêmes et la maison de ton père te trahissent,

Ils crient eux-mêmes à pleine voix
derrière toi.
Ne les crois pas, quand ils te diront
des paroles amicales.

Le pays ravagé ; prophétie sur ses
dévastateurs.

J'ai abandonné ma maison, 7
J'ai délaissé mon héritage,
J'ai livré l'objet de mon amour aux
mains de ses ennemis.
Mon héritage a été pour moi comme 8
un lion dans la forêt,
Il a poussé contre moi ses rugisse-
ments ;
C'est pourquoi je l'ai pris en haine.
Mon héritage a été pour moi un 9
oiseau de proie, une hyène ;
Aussi les oiseaux de proie viendront
de tous côtés contre lui.
Allez, rassemblez tous les animaux
des champs,
Faites-les venir pour qu'ils les dé-
vorent !
Des bergers nombreux ravagent ma 10
vigne,
Ils foulent mon champ ;
Ils réduisent le champ de mes délices
En un désert, en une solitude.
Ils le réduisent en un désert ; 11
Il est en deuil, il est désolé devant
moi.
Tout le pays est ravagé,
Car nul n'y prend garde.
Sur tous les lieux élevés du désert 12
arrivent les dévastateurs,
Car le glaive de l'Éternel dévore le
pays d'un bout à l'autre ;
Il n'y a de paix pour aucun homme.
Ils ont semé du froment, et ils mois- 13
sonnent des épines.
Ils se sont fatigués sans profit.
Ayez honte de ce que vous récoltez,
Par suite de la colère ardente de
l'Éternel.

Ainsi parle l'Éternel sur tous mes 14
méchants voisins,
Qui attaquent l'héritage que j'ai
donné à mon peuple d'Israël :
Voici, je les arracherai de leur pays,
Et j'arracherai la maison de Juda du
milieu d'eux.
Mais après que je les aurai arrachés, 15
J'aurai de nouveau compassion d'eux.

Et je les ramènerai chacun dans son
héritage,
Chacun dans son pays.

16 Et s'ils apprennent les voies de mon
peuple,
S'ils jurent par mon nom, en disant :
L'Éternel est vivant !
Comme ils ont enseigné à mon peuple
à jurer par Baal,
Alors ils jouiront du bonheur au
milieu de mon peuple.

17 Mais s'ils n'écoutent rien,
Je détruirai une telle nation,
Je la détruirai, je la ferai périr, dit
l'Éternel.

*La captivité prédite, sous l'emblème d'une
ceinture de lin.*

13 Ainsi m'a parlé l'Éternel : Va,
achète-toi une ceinture de lin, et
mets-la sur tes reins ; mais ne la
2 trempe pas dans l'eau. J'achetai la
ceinture, selon la parole de l'Éternel,
et je la mis sur mes reins.

3 La parole de l'Éternel me fut
adressée une seconde fois, en ces
4 mots : Prends la ceinture que tu as
achetée, et qui est sur tes reins ;
lève-toi, va vers l'Euphrate, et là,
cache-la dans la fente d'un rocher.
5 J'allai, et je la cachai près de l'Euphrate, comme l'Éternel me l'avait
6 ordonné. Plusieurs jours après, l'É-
ternel me dit : Lève-toi, va vers
l'Euphrate, et là, prends la ceinture
que je t'avais ordonné d'y cacher.
7 J'allai vers l'Euphrate, je fouillai, et
je pris la ceinture dans le lieu où je
l'avais cachée ; mais voici, la ceinture
était gâtée, elle n'était plus bonne à
rien.

8 La parole de l'Éternel me fut
adressée, en ces mots :

9 Ainsi parle l'Éternel :
C'est ainsi que je détruirai l'orgueil
de Juda
Et l'orgueil immense de Jérusalem.
10 Ce méchant peuple, qui refuse d'écou-
ter mes paroles,
Qui suit les penchants de son cœur,
Et qui va après d'autres dieux,
Pour les servir et se prosterner de-
vant eux,

Qu'il devienne comme cette ceinture,
Qui n'est plus bonne à rien !
11 Car comme on attache la ceinture
aux reins d'un homme,
Ainsi je m'étais attaché toute la
maison d'Israël
Et toute la maison de Juda, dit
l'Éternel,
Afin qu'elles fussent mon peuple,
Mon nom, ma louange, et ma gloire.
Mais ils ne m'ont point écouté.

12 Tu leur diras cette parole :
Ainsi parle l'Éternel, le Dieu d'Israël :
Tous les vases seront remplis de vin.
Et ils te diront : Ne savons-nous pas
Que tous les vases seront remplis de
vin ?

13 Alors dis-leur : Ainsi parle l'Éternel :
Voici, je remplirai tous les habitants
de ce pays,
Les rois qui sont assis sur le trône
de David,
Les sacrificateurs, les prophètes, et
tous les habitants de Jérusalem,
Je les remplirai d'ivresse.
14 Je les briserai les uns contre les
autres,
Les pères et les fils ensemble, dit
l'Éternel ;
Je n'épargnerai pas, je n'aurai point
de pitié, point de miséricorde,
Rien ne m'empêchera de les détruire.

15 Écoutez et prêtez l'oreille !
Ne soyez point orgueilleux !
Car l'Éternel parle.
16 Rendez gloire à l'Éternel, votre Dieu,
Avant qu'il fasse venir les ténèbres,
Avant que vos pieds heurtent contre
les montagnes de la nuit ;
Vous attendrez la lumière,
Et il la changera en ombre de la
mort,
Il la réduira en obscurité profonde.
17 Si vous n'écoutez pas,
Je pleurerai en secret, à cause de
votre orgueil ;
Mes yeux fondront en larmes,
Parce que le troupeau de l'Éternel
sera emmené captif.

18 Dis au roi et à la reine :
Asseyez-vous à terre !
Car il est tombé de vos têtes,

Le diadème qui vous servait d'ornement.

19 Les villes du midi sont fermées,
Il n'y a personne pour ouvrir ;
Tout Juda est emmené captif,
Il est emmené tout entier captif.

20 Lève tes yeux et regarde
Ceux qui viennent du septentrion.
Où est le troupeau qui t'avait été
donné,
Le troupeau qui faisait ta gloire ?

21 Que diras-tu de ce qu'il te châtie ?
C'est toi-même qui leur as appris à
te traiter en maîtres.
Les douleurs ne te saisiront-elles pas,
Comme elles saisissent une femme
en travail ?

22 Si tu dis en ton cœur :
Pourquoi cela m'arrive-t-il ?
C'est à cause de la multitude de tes
iniquités
Que les pans de tes habits sont re-
levés,
Et que tes talons sont violemment
mis à nu.

23 Un Éthiopien peut-il changer sa peau,
Et un léopard ses taches ?
De même, pourriez-vous faire le bien,
Vous qui êtes accoutumés à faire le
mal ?

24 Je les disperserai, comme la paille
emportée
Par le vent du désert.

25 Voilà ton sort, la part que je te
mesure,
Dit l'Éternel,
Parce que tu m'as oublié,
Et que tu as mis ta confiance dans
le mensonge.

26 Je relèverai tes pans jusque sur ton
visage,
Afin qu'on voie ta honte.

27 J'ai vu tes adultères et tes hennisse-
ments,
Tes criminelles prostitutions sur les
collines et dans les champs,
J'ai vu tes abominations.
Malheur à toi, Jérusalem !
Jusques à quand tarderas-tu à te
purifier ?

14 La parole qui fut adressée à
Jérémie par l'Éternel, à l'occasion
de la sécheresse.

Juda est dans le deuil,   2
Ses villes sont désolées, tristes, abat-
tues,
Et les cris de Jérusalem s'élèvent.

Les grands envoient les petits cher- 3
cher de l'eau,
Et les petits vont aux citernes, ne
trouvent point d'eau,
Et retournent avec leurs vases vides ;
Confus et honteux, ils se couvrent la
tête.

La terre est saisie d'épouvante,   4
Parce qu'il ne tombe point de pluie
dans le pays,
Et les laboureurs confus se couvrent
la tête.

Même la biche dans la campagne   5
Met bas et abandonne sa portée,
Parce qu'il n'y a point de verdure.

Les ânes sauvages se tiennent sur les 6
lieux élevés,
Aspirant l'air comme des serpents ;
Leurs yeux languissent, parce qu'il
n'y a point d'herbe.

Si nos iniquités témoignent contre 7
nous,
Agis à cause de ton nom, ô Éternel !
Car nos infidélités sont nombreuses,
Nous avons péché contre toi.

Toi qui es l'espérance d'Israël,   8
Son sauveur au temps de la détresse,
Pourquoi serais-tu comme un étranger
dans le pays,
Comme un voyageur qui y entre pour
passer la nuit ?

Pourquoi serais-tu comme un homme 9
stupéfait,
Comme un héros incapable de nous
secourir ?
Tu es pourtant au milieu de nous, ô
Éternel,
Et ton nom est invoqué sur nous :
Ne nous abandonne pas !

Voici ce que l'Éternel dit de ce 10
peuple :
Ils aiment à courir çà et là,
Ils ne savent retenir leurs pieds ;
L'Éternel n'a point d'attachement
pour eux,
Il se souvient maintenant de leurs
crimes,
Et il châtie leurs péchés.

11 Et l'Éternel me dit :
N'intercède pas en faveur de ce
peuple.
12 S'ils jeûnent, je n'écouterai pas leurs
supplications ;
S'ils offrent des holocaustes et des
offrandes, je ne les agréerai pas ;
Car je veux les détruire par l'épée,
par la famine et par la peste.
13 Je répondis : Ah ! Seigneur Éternel !
Voici, les prophètes leur disent :
Vous ne verrez point d'épée,
Vous n'aurez point de famine ;
Mais je vous donnerai dans ce lieu
une paix assurée.
14 Et l'Éternel me dit :
C'est le mensonge que prophétisent
en mon nom les prophètes ;
Je ne les ai point envoyés, je ne leur
ai point donné d'ordre,
Je ne leur ai point parlé ;
Ce sont des visions mensongères, de
vaines prédictions,
Des tromperies de leur cœur, qu'ils
vous prophétisent.
15 C'est pourquoi ainsi parle l'Éternel
Sur les prophètes qui prophétisent
en mon nom,
Sans que je les aie envoyés,
Et qui disent : Il n'y aura dans ce
pays ni épée ni famine :
Ces prophètes périront par l'épée et
par la famine.
16 Et ceux à qui ils prophétisent
Seront étendus dans les rues de Jéru-
salem,
Par la famine et par l'épée ;
Il n'y aura personne pour leur donner
la sépulture,
Ni à eux, ni à leurs femmes, ni à
leurs fils, ni à leurs filles ;
Je répandrai sur eux leur méchanceté.
17 Dis-leur cette parole :
Les larmes coulent de mes yeux nuit
et jour,
Et elles ne s'arrêtent pas ;
Car la vierge, fille de mon peuple, a
été frappée d'un grand coup,
D'une plaie très douloureuse.
18 Si je vais dans les champs, voici des
hommes que le glaive a percés ;
Si j'entre dans la ville, voici des êtres
que consume la faim ;
Le prophète même et le sacrificateur
parcourent le pays,

Sans savoir où ils vont.

As-tu donc rejeté Juda, 19
Et ton âme a-t-elle pris Sion en
horreur ?
Pourquoi nous frappes-tu
Sans qu'il y ait pour nous de guéri-
son ?
Nous espérions la paix, et il n'arrive
rien d'heureux,
Un temps de guérison, et voici la
terreur !
Éternel, nous reconnaissons notre 20
méchanceté, l'iniquité de nos pères ;
Car nous avons péché contre toi.
A cause de ton nom, ne méprise 21
pas,
Ne déshonore pas le trône de ta
gloire !
N'oublie pas, ne romps pas ton
alliance avec nous !
Parmi les idoles des nations, en est- 22
il qui fassent pleuvoir ?
Ou est-ce le ciel qui donne la pluie ?
N'est-ce pas toi, Éternel, notre Dieu ?
Nous espérons en toi,
Car c'est toi qui as fait toutes ces
choses.

L'Éternel me dit : **15**
Quand Moïse et Samuel se pré-
senteraient devant moi,
Je ne serais pas favorable à ce peuple.
Chasse-le loin de ma face, qu'il s'en
aille !
Et s'ils te disent : Où irons-nous ? 2
Tu leur répondras : Ainsi parle l'Éter-
nel :
A la mort ceux qui sont pour la mort,
A l'épée ceux qui sont pour l'épée,
A la famine ceux qui sont pour la
famine,
A la captivité ceux qui sont pour la
captivité !
J'enverrai contre eux quatre espèces 3
de fléaux, dit l'Éternel,
L'épée pour les tuer,
Les chiens pour les traîner,
Les oiseaux du ciel et les bêtes de la
terre
Pour les dévorer et les détruire.
Je les rendrai un objet d'effroi pour 4
tous les royaumes de la terre,
A cause de Manassé, fils d'Ézéchias,
roi de Juda,

Et de tout ce qu'il a fait dans Jérusalem.

5 Qui aura pitié de toi, Jérusalem,
Qui te plaindra ?
Qui ira s'informer de ton état ?
6 Tu m'as abandonné, dit l'Éternel, tu
es allée en arrière ;
Mais j'étends ma main sur toi, et je
te détruis,
Je suis las d'avoir compassion.
7 Je les vanne avec le vent aux portes
du pays ;
Je prive d'enfants, je fais périr mon
peuple,
Qui ne s'est pas détourné de ses voies.
8 Ses veuves sont plus nombreuses que
les grains de sable de la mer ;
J'amène sur eux, sur la mère du
jeune homme,
Le dévastateur en plein midi ;
Je fais soudain tomber sur elle l'angoisse et la terreur.
9 Celle qui avait enfanté sept fils est
désolée,
Elle rend l'âme ;
Son soleil se couche quand il est
encore jour ;
Elle est confuse, couverte de honte.
Ceux qui restent, je les livre à l'épée
devant leurs ennemis,
Dit l'Éternel.

10 Malheur à moi, ma mère, de ce que
tu m'as fait naître
Homme de dispute et de querelle
pour tout le pays !
Je n'emprunte ni ne prête,
Et cependant tous me maudissent.
11 L'Éternel dit :
Certes, tu auras un avenir heureux ;
Certes, je forcerai l'ennemi à t'adresser
ses supplications,
Au temps du malheur et au temps
de la détresse.
12 Le fer brisera-t-il le fer du septentrion et l'airain ?
13 Je livre gratuitement au pillage tes
biens et tes trésors,
A cause de tous tes péchés, sur tout
ton territoire.
14 Je te fais passer avec ton ennemi dans
un pays que tu ne connais pas,
Car le feu de ma colère s'est allumé,

Il brûle sur vous.

15 Tu sais tout, ô Éternel, souviens-toi
de moi, ne m'oublie pas,
Venge-moi de mes persécuteurs !
Ne m'enlève pas, tandis que tu te
montres lent à la colère !
Sache que je supporte l'opprobre à
cause de toi.
16 J'ai recueilli tes paroles, et je les ai
dévorées ;
Tes paroles ont fait la joie et l'allégresse de mon cœur ;
Car ton nom est invoqué sur moi,
Éternel, Dieu des armées !
17 Je ne me suis point assis dans l'assemblée des moqueurs, afin de
m'y réjouir ;
Mais à cause de ta puissance, je me
suis assis solitaire,
Car tu me remplissais de fureur.
18 Pourquoi ma souffrance est-elle continuelle ?
Pourquoi ma plaie est-elle douloureuse, et ne veut-elle pas se guérir ?
Serais-tu pour moi comme une source
trompeuse,
Comme une eau dont on n'est pas
sûr ?

19 C'est pourquoi ainsi parle l'Éternel :
Si tu te rattaches à moi, je te répondrai, et tu te tiendras devant moi ;
Si tu sépares ce qui est précieux de
ce qui est vil, tu seras comme
ma bouche.
C'est à eux de revenir à toi,
Mais ce n'est pas à toi de retourner
vers eux.
20 Je te rendrai pour ce peuple comme
une forte muraille d'airain ;
Ils te feront la guerre, mais ils ne te
vaincront pas ;
Car je serai avec toi pour te sauver
et te délivrer,
Dit l'Éternel.
21 Je te délivrerai de la main des méchants,
Je te sauverai de la main des violents.

Fléaux et captivité.

16 La parole de l'Éternel me fut
adressée, en ces mots :
2 Tu ne prendras point de femme,

Et tu n'auras dans ce lieu ni fils ni filles.

3 Car ainsi parle l'Éternel sur les fils et les filles
Qui naîtront en ce lieu,
Sur leurs mères qui les auront enfantés,
Et sur leurs pères qui les auront engendrés dans ce pays :

4 Ils mourront consumés par la maladie ;
On ne leur donnera ni larmes ni sépulture ;
Ils seront comme du fumier sur la terre ;
Ils périront par l'épée et par la famine ;
Et leurs cadavres serviront de pâture
Aux oiseaux du ciel et aux bêtes de la terre.

5 Car ainsi parle l'Éternel :
N'entre pas dans une maison de deuil,
N'y va pas pleurer, te lamenter avec eux ;
Car j'ai retiré à ce peuple ma paix, dit l'Éternel,
Ma bonté et ma miséricorde.

6 Grands et petits mourront dans ce pays ;
On ne leur donnera point de sépulture ;
On ne les pleurera point,
On ne se fera point d'incisions,
Et l'on ne se rasera pas pour eux.

7 On ne rompra pas le pain dans le deuil
Pour consoler quelqu'un au sujet d'un mort,
Et l'on n'offrira pas la coupe de consolation
Pour un père ou pour une mère.

8 N'entre pas non plus dans une maison de festin,
Pour t'asseoir avec eux,
Pour manger et pour boire.

9 Car ainsi parle l'Éternel des armées, le Dieu d'Israël :
Voici, je ferai cesser dans ce lieu,
sous vos yeux et de vos jours,
Les cris de réjouissance et les cris d'allégresse,
Les chants du fiancé et les chants de la fiancée.

10 Lorsque tu annonceras à ce peuple toutes ces choses,
Ils te diront :
Pourquoi l'Éternel nous menace-t-il de tous ces grands malheurs ?
Quelle est notre iniquité ?
Quel péché avons-nous commis contre l'Éternel, notre Dieu ?

11 Alors tu leur répondras : Vos pères m'ont abandonné, dit l'Éternel,
Ils sont allés après d'autres dieux,
Ils les ont servis et se sont prosternés devant eux ;
Ils m'ont abandonné, et n'ont point observé ma loi.

12 Et vous, vous avez fait le mal plus encore que vos pères ;
Et voici, vous suivez chacun les penchants de votre mauvais cœur,
Pour ne point m'écouter.

13 Je vous transporterai de ce pays
Dans un pays que vous n'avez point connu,
Ni vous, ni vos pères ;
Et là, vous servirez les autres dieux jour et nuit,
Car je ne vous accorderai point de grâce.

14 C'est pourquoi voici, les jours viennent, dit l'Éternel,
Où l'on ne dira plus : L'Éternel est vivant,
Lui qui a fait monter du pays d'Égypte les enfants d'Israël !

15 Mais on dira : L'Éternel est vivant,
Lui qui a fait monter les enfants d'Israël du pays du septentrion
Et de tous les pays où il les avait chassés !
Je les ramènerai dans leur pays,
Que j'avais donné à leurs pères.

16 Voici, j'envoie une multitude de pêcheurs, dit l'Éternel, et ils les pêcheront ;
Et après cela j'enverrai une multitude de chasseurs, et ils les chasseront
De toutes les montagnes et de toutes les collines,
Et des fentes des rochers.

17 Car mes yeux sont attentifs à toutes leurs voies,

Elles ne sont point cachées devant
  ma face,
Et leur iniquité ne se dérobe point
  à mes regards.
18 Je leur donnerai d'abord le double
  salaire de leur iniquité et
  de leur péché,
Parce qu'ils ont profané mon pays,
Parce qu'ils ont rempli mon héritage
Des cadavres de leurs idoles et de
  leurs abominations.

19 Éternel, ma force et mon appui, mon
  refuge au jour de la détresse !
Les nations viendront à toi des extrémités de la terre,
Et elles diront : Nos pères n'ont
  hérité que le mensonge,
De vaines idoles, qui ne servent à
  rien.
20 L'homme peut-il se faire des dieux,
Qui ne sont pas des dieux ?—
21 C'est pourquoi voici, je leur fais connaître, cette fois,
Je leur fais connaître ma puissance
  et ma force ;
Et ils sauront que mon nom est
  l'Éternel.

17 Le péché de Juda est écrit avec un
  burin de fer,
Avec une pointe de diamant ;
Il est gravé sur la table de leur
  cœur,
Et sur les cornes de vos autels.
2 Comme ils pensent à leurs enfants,
  ainsi pensent-ils à leurs autels
Et à leurs idoles d'Astarté près des
  arbres verts,
Sur les collines élevées.
3 Je livre au pillage ma montagne et
ses champs, tes biens, tous tes trésors,
Et tes hauts lieux, à cause de tes
  péchés, sur tout ton territoire.
4 Tu perdras par ta faute l'héritage
  que je t'avais donné ;
Je t'asservirai à ton ennemi dans un
  pays que tu ne connais pas ;
Car vous avez allumé le feu de ma
  colère,
Et il brûlera toujours.

5 Ainsi parle l'Éternel :
Maudit soit l'homme qui se confie
  dans l'homme,
Qui prend la chair pour son appui,
Et qui détourne son cœur de l'É-
  ternel !
Il est comme un misérable dans le 6
  désert,
Et il ne voit point arriver le bon-
  heur ;
Il habite les lieux brûlés du désert,
Une terre salée et sans habitants.
Béni soit l'homme qui se confie dans 7
  l'Éternel,
Et dont l'Éternel est l'espérance !
Il est comme un arbre planté près 8
  des eaux,
Et qui étend ses racines vers le
  courant ;
Il n'aperçoit point la chaleur quand
  elle vient,
Et son feuillage reste vert ;
Dans l'année de la sécheresse, il n'a
  point de crainte,
Et il ne cesse de porter du fruit.

Le cœur est tortueux par-dessus 9
  tout, et il est méchant :
Qui peut le connaître ?
Moi, l'Éternel, j'éprouve le cœur, je 10
  sonde les reins,
Pour rendre à chacun selon ses
  voies,
Selon le fruit de ses œuvres.
Comme une perdrix qui couve des 11
  œufs qu'elle n'a point pondus,
Tel est celui qui acquiert des richesses
  injustement ;
Au milieu de ses jours il doit les
  quitter,
Et à la fin il n'est qu'un insensé.

Il est un trône de gloire, élevé dès le 12
  commencement,
C'est le lieu de notre sanctuaire.
Toi qui es l'espérance d'Israël, ô 13
  Éternel !
Tous ceux qui t'abandonnent seront
  confondus.—
Ceux qui se détournent de moi se-
  ront inscrits sur la terre,
Car ils abandonnent la source d'eau
  vive, l'Éternel.

Guéris-moi, Éternel, et je serai guéri ; 14
Sauve-moi, et je serai sauvé ;
Car tu es ma gloire.
Voici, ils me disent : 15

Où est la parole de l'Éternel ?
Qu'elle s'accomplisse donc !

16 Et moi, pour t'obéir, je n'ai pas refusé
d'être pasteur ;
Je n'ai pas non plus désiré le jour
du malheur, tu le sais ;
Ce qui est sorti de mes lèvres a été
découvert devant toi.

17 Ne sois pas pour moi un sujet d'effroi.
Toi, mon refuge au jour du malheur !

18 Que mes persécuteurs soient confus,
et que je ne sois pas confus ;
Qu'ils tremblent, et que je ne tremble
pas, moi !
Fais venir sur eux le jour du malheur,
Frappe-les d'une double plaie !

La sanctification du sabbat.

19 Ainsi m'a parlé l'Éternel : Va, et
tiens-toi à la porte des enfants du
peuple, par laquelle entrent et sortent les rois de Juda, et à toutes les
20 portes de Jérusalem. Tu leur diras :
Écoutez la parole de l'Éternel, rois
de Juda, et tout Juda, et vous tous,
habitants de Jérusalem, qui entrez
par ces portes !

21 Ainsi parle l'Éternel :
Prenez garde à vos âmes ;
Ne portez point de fardeau le jour
du sabbat,
Et n'en introduisez point par les
portes de Jérusalem.
22 Ne sortez de vos maisons aucun
fardeau le jour du sabbat,
Et ne faites aucun ouvrage ;
Mais sanctifiez le jour du sabbat,
Comme je l'ai ordonné à vos pères.
23 Ils n'ont pas écouté, ils n'ont pas
prêté l'oreille ;
Ils ont raidi leur cou,
Pour ne point écouter et ne point
recevoir instruction.
24 Si vous m'écoutez, dit l'Éternel,
Si vous n'introduisez point de fardeau
Par les portes de cette ville le jour
du sabbat,
Si vous sanctifiez le jour du sabbat,
Et ne faites aucun ouvrage ce jour-là,
25 Alors entreront par les portes de
cette ville

Les rois et les princes assis sur le
trône de David,
Montés sur des chars et sur des
chevaux,
Eux et leurs princes, les hommes
de Juda et les habitants de
Jérusalem,
Et cette ville sera habitée à toujours.
26 On viendra des villes de Juda et des
environs de Jérusalem,
Du pays de Benjamin, de la vallée,
De la montagne et du midi,
Pour amener des holocaustes et des
victimes,
Pour apporter des offrandes et de
l'encens,
Et pour offrir des sacrifices d'actions
de grâces dans la maison
de l'Éternel.
27 Mais si vous n'écoutez pas quand je
vous ordonne
De sanctifier le jour du sabbat,
De ne porter aucun fardeau,
De ne point en introduire par les
portes de Jérusalem le jour
du sabbat,
Alors j'allumerai un feu aux portes
de la ville,
Et il dévorera les palais de Jérusalem et ne s'éteindra point.

Le vase du potier et l'impénitence du peuple.

18 La parole qui fut adressée à
Jérémie de la part de l'Éternel,
en ces mots :

2 Lève-toi, et descends dans la maison
du potier ;
Là, je te ferai entendre mes paroles.
3 Je descendis dans la maison du
potier,
Et voici, il travaillait sur un tour.
4 Le vase qu'il faisait ne réussit pas,
Comme il arrive à l'argile dans la
main du potier ;
Il en refit un autre vase,
Tel qu'il trouva bon de le faire.

5 Et la parole de l'Éternel me fut
adressée, en ces mots :
6 Ne puis-je pas agir envers vous
comme ce potier, maison d'Israël ?
Dit l'Éternel.

Voici, comme l'argile est dans la main du potier,
Ainsi vous êtes dans ma main, maison d'Israël !

7 Soudain je parle, sur une nation, sur un royaume,
D'arracher, d'abattre et de détruire ;

8 Mais si cette nation, sur laquelle j'ai parlé, revient de sa méchanceté,
Je me repens du mal que j'avais pensé lui faire.

9 Et soudain je parle, sur une nation, sur un royaume,
De bâtir et de planter ;

10 Mais si cette nation fait ce qui est mal à mes yeux,
Et n'écoute pas ma voix,
Je me repens du bien que j'avais eu l'intention de lui faire.

11 Parle maintenant aux hommes de Juda et aux habitants de Jérusalem, et dis :
Ainsi parle l'Éternel :
Voici, je prépare contre vous un malheur,
Je médite un projet contre vous.
Revenez chacun de votre mauvaise voie,
Réformez vos voies et vos œuvres !

12 Mais ils disent : C'est en vain !
Car nous suivrons nos pensées,
Nous agirons chacun selon les penchants de notre mauvais cœur.

13 C'est pourquoi ainsi parle l'Éternel :
Interrogez les nations !
Qui a jamais entendu pareilles choses ?
La vierge d'Israël a commis d'horribles excès.

14 La neige du Liban abandonne-t-elle le rocher des champs ?
Ou voit-on tarir les eaux qui viennent de loin, fraîches et courantes ?

15 Cependant mon peuple m'a oublié, il offre de l'encens à des idoles ;
Il a été conduit à chanceler dans ses voies, à quitter les anciens sentiers,
Pour suivre des sentiers, des chemins non frayés.

16 Ils ont fait de leur pays un objet de désolation, d'éternelle moquerie ;
Tous ceux qui y passent sont stupéfaits et secouent la tête.

17 Pareil au vent d'orient, je les disperserai devant l'ennemi ;
Je leur tournerai le dos, je ne les regarderai pas au jour de leur détresse.

18 Et ils ont dit :
Venez, complotons contre Jérémie !
Car la loi ne périra pas faute de sacrificateurs,
Ni le conseil faute de sages, ni la parole faute de prophètes.
Venez, tuons-le avec la langue,
Ne prenons pas garde à tous ses discours !

19 Écoute-moi, Éternel !
Et entends la voix de mes adversaires !

20 Le mal sera-t-il rendu pour le bien ?
Car ils ont creusé une fosse pour m'ôter la vie.
Souviens-t'en, je me suis tenu devant toi,
Afin de parler en leur faveur,
Et de détourner d'eux ta colère.

21 C'est pourquoi livre leurs enfants à la famine,
Précipite-les par le glaive ;
Que leurs femmes soient privées d'enfants et deviennent veuves,
Et que leurs maris soient enlevés par la peste ;
Que leurs jeunes gens soient frappés par l'épée dans le combat !

22 Qu'on entende des cris sortir de leurs maisons,
Quand soudain tu feras fondre sur eux des bandes armées !
Car ils ont creusé une fosse pour me prendre,
Ils ont tendu des filets sous mes pieds.

23 Et toi, Éternel, tu connais tous leurs complots pour me faire mourir ;
Ne pardonne pas leur iniquité,
N'efface pas leur péché de devant toi !
Qu'ils soient renversés en ta présence !
Agis contre eux au temps de ta colère !

*Le vase brisé et la ruine de Jérusalem.
Emprisonnement de Jérémie.*

19 Ainsi a parlé l'Éternel: Va, achète d'un potier un vase de terre, et prends avec toi des anciens du peuple et des anciens des sacri-
2 ficateurs. Rends-toi dans la vallée de Ben-Hinnom, qui est à l'entrée de la porte de la poterie; et là, tu publieras les paroles que je te dirai.
3 Tu diras: Écoutez la parole de l'É-ternel, rois de Juda, et vous, habitants de Jérusalem!

Ainsi parle l'Éternel des armées, le Dieu d'Israël:
Voici, je vais faire venir sur ce lieu un malheur
Qui étourdira les oreilles de qui-conque en entendra parler.
4 Ils m'ont abandonné, ils ont profané ce lieu,
Ils y ont offert de l'encens à d'autres dieux,
Que ne connaissaient ni eux, ni leurs pères, ni les rois de Juda,
Et ils ont rempli ce lieu de sang innocent;
5 Ils ont bâti des hauts lieux à Baal,
Pour brûler leurs enfants au feu en holocaustes à Baal:
Ce que je n'avais ni ordonné ni prescrit,
Ce qui ne m'était point venu à la pensée.
6 C'est pourquoi voici, les jours vien-nent, dit l'Éternel,
Où ce lieu ne sera plus appelé To-pheth et vallée de Ben-Hinnom,
Mais où on l'appellera vallée du car-nage.
7 J'anéantirai dans ce lieu le conseil de Juda et de Jérusalem;
Je les ferai tomber par l'épée devant leurs ennemis
Et par la main de ceux qui en veulent à leur vie;
Je donnerai leurs cadavres en pâture
Aux oiseaux du ciel et aux bêtes de la terre.
8 Je ferai de cette ville un objet de désolation et de moquerie;
Tous ceux qui passeront près d'elle
Seront dans l'étonnement et siffleront sur toutes ses plaies.

9 Je leur ferai manger la chair de leurs fils et la chair de leurs filles,
Et les uns mangeront la chair des autres,
Au milieu de l'angoisse et de la détresse
Où les réduiront leurs ennemis
Et ceux qui en veulent à leur vie.

10 Tu briseras ensuite le vase, sous les yeux des hommes qui seront allés avec toi. 11 Et tu leur diras:

Ainsi parle l'Éternel des armées:
C'est ainsi que je briserai ce peuple et cette ville,
Comme on brise un vase de potier,
Sans qu'il puisse être rétabli.
Et l'on enterrera les morts à Topheth par défaut de place pour enterrer.
12 C'est ainsi que je ferai à ce lieu, dit l'Éternel, et à ses habitants,
Et je rendrai cette ville semblable à Topheth.
13 Les maisons de Jérusalem et les maisons des rois de Juda
Seront impures comme le lieu de Topheth,
Toutes les maisons sur les toits des-quelles on offrait de l'encens
A toute l'armée des cieux,
Et on faisait des libations à d'autres dieux.

14 Jérémie revint de Topheth, où l'Éternel l'avait envoyé prophétiser. Puis il se tint dans le parvis de la maison de l'Éternel, et il dit à tout le peuple: 15 Ainsi parle l'Éternel des armées, le Dieu d'Israël: Voici, je vais faire venir sur cette ville et sur toutes les villes qui dépendent d'elle tous les malheurs que je lui ai prédits, parce qu'ils ont raidi leur cou, pour ne point écouter mes paroles.

20 Paschhur, fils d'Immer, sacrifi-cateur et inspecteur en chef dans la maison de l'Éternel, entendit Jéré-mie qui prophétisait ces choses. 2 Et Paschhur frappa Jérémie, le pro-phète, et le mit dans la prison qui était à la porte supérieure de Ben-jamin, dans la maison de l'Éternel. 3 Mais le lendemain, Paschhur fit sortir

Jérémie de prison. Et Jérémie lui dit : Ce n'est pas le nom de Paschhur que l'Éternel te donne, c'est celui de Magor-Missabib. 4 Car ainsi parle l'Éternel : Voici, je te livrerai à la terreur, toi et tous tes amis ; ils tomberont par l'épée de leurs ennemis, et tes yeux le verront. Je livrerai aussi tout Juda entre les mains du roi de Babylone, qui les emmènera captifs à Babylone et les frappera de 5 l'épée. Je livrerai toutes les richesses de cette ville, tout le produit de son travail, tout ce qu'elle a de précieux, je livrerai tous les trésors des rois de Juda entre les mains de leurs ennemis, qui les pilleront, les enlèveront 6 et les transporteront à Babylone. Et toi, Paschhur, et tous ceux qui demeurent dans ta maison, vous irez en captivité ; tu iras à Babylone, et là tu mourras, et là tu seras enterré, toi et tous tes amis auxquels tu as prophétisé le mensonge.

Plaintes du prophète.

7 Tu m'as persuadé, Éternel, et je me
    suis laissé persuader ;
Tu m'as saisi, tu m'as vaincu.
Et je suis chaque jour un objet de
    raillerie,
Tout le monde se moque de moi.
8 Car toutes les fois que je parle, il faut
    que je crie,
Que je crie à la violence et à l'op-
    pression !
Et la parole de l'Éternel est pour moi
Un sujet d'opprobre et de risée
    chaque jour.
9 Si je dis : Je ne ferai plus mention
    de lui,
Je ne parlerai plus en son nom,
Il y a dans mon cœur comme un feu
    dévorant
Qui est renfermé dans mes os.
Je m'efforce de le contenir, et je ne le
    puis.
10 Car j'apprends les mauvais propos de
    plusieurs,
L'épouvante qui règne à l'entour :
Accusez-le, et nous l'accuserons !
Tous ceux qui étaient en paix avec
    moi
Observent si je chancelle :

Peut-être se laissera-t-il surprendre,
Et nous serons maîtres de lui,
Nous tirerons vengeance de lui !
11 Mais l'Éternel est avec moi comme
    un héros puissant ;
C'est pourquoi mes persécuteurs chan-
    cellent et n'auront pas le dessus ;
Ils seront remplis de confusion pour
    n'avoir pas réussi :
Ce sera une honte éternelle qui ne
    s'oubliera pas.
12 L'Éternel des armées éprouve le juste,
Il pénètre les reins et les cœurs.
Je verrai ta vengeance s'exercer con-
    tre eux,
Car c'est à toi que je confie ma cause.
13 Chantez à l'Éternel, louez l'Éternel !
Car il délivre l'âme du malheureux
    de la main des méchants.

14 Maudit soit le jour où je suis né !
Que le jour où ma mère m'a enfanté
Ne soit pas béni !
15 Maudit soit l'homme qui porta cette
    nouvelle à mon père :
Il t'est né un enfant mâle,
Et qui le combla de joie !
16 Que cet homme soit comme les villes
Que l'Éternel a détruites sans miséri-
    corde !
Qu'il entende des gémissements le
    matin,
Et des cris de guerre à midi !
17 Que ne m'a-t-on fait mourir dans le
    sein de ma mère !
Que ne m'a-t-elle servi de tombeau !
Que n'est-elle restée éternellement
    enceinte !
18 Pourquoi suis-je sorti du sein ma-
    ternel
Pour voir la souffrance et la douleur,
Et pour consumer mes jours dans la
    honte ?

Prophétie sur la prise de Jérusalem par Nebucadnetsar.

21 La parole qui fut adressée à Jérémie de la part de l'Éternel, lorsque le roi Sédécias lui envoya Paschhur, fils de Malkija, et Sophonie, fils de Maaséja, le sacrificateur, pour 2 lui dire : Consulte pour nous l'Éternel ; car Nebucadnetsar, roi de Babylone, nous fait la guerre ; peut-être l'Éternel fera-t-il en notre faveur quelqu'un de ses miracles, afin qu'il s'éloigne de nous.

3 Jérémie leur répondit : Vous direz 4 à Sédécias : Ainsi parle l'Éternel, le Dieu d'Israël : Voici, je vais détourner les armes de guerre qui sont dans vos mains, et avec lesquelles vous combattez en dehors des murailles le roi de Babylone et les Chaldéens qui vous assiègent, et je les rassemblerai au 5 milieu de cette ville. Puis je combattrai contre vous, la main étendue et le bras fort, avec colère, avec 6 fureur, avec une grande irritation. Je frapperai les habitants de cette ville, les hommes et les bêtes ; ils mourront 7 d'une peste affreuse. Après cela, dit l'Éternel, je livrerai Sédécias, roi de Juda, ses serviteurs, le peuple, et ceux qui dans cette ville échapperont à la peste, à l'épée et à la famine, je les livrerai entre les mains de Nebucadnetsar, roi de Babylone, entre les mains de leurs ennemis, entre les mains de ceux qui en veulent à leur vie ; et Nebucadnetsar les frappera du tranchant de l'épée, il ne les épargnera pas, il n'aura point de pitié, point de compassion.

8 Tu diras à ce peuple : Ainsi parle l'Éternel : Voici, je mets devant vous le chemin de la vie et le chemin de la 9 mort. Celui qui restera dans cette ville mourra par l'épée, par la famine ou par la peste ; mais celui qui sortira pour se rendre aux Chaldéens qui vous assiègent aura la vie sauve, et 10 sa vie sera son butin. Car je dirige mes regards contre cette ville pour faire du mal et non du bien, dit l'Éternel ; elle sera livrée entre les mains du roi de Babylone, qui la brûlera par le feu.

11 Et tu diras à la maison du roi de Juda : Écoutez la parole de l'Éternel !

12 Maison de David ! Ainsi parle l'Éternel :
Rendez la justice dès le matin,
Et délivrez l'opprimé des mains de l'oppresseur,
De peur que ma colère n'éclate comme un feu,

Et ne s'enflamme, sans qu'on puisse l'éteindre,
A cause de la méchanceté de vos actions.

Voici, j'en veux à toi, 13
Ville assise dans la vallée, sur le rocher de la plaine,
Dit l'Éternel,
A vous qui dites : Qui descendra contre nous ?
Qui entrera dans nos demeures ?
Je vous châtierai selon le fruit de vos 14 œuvres, dit l'Éternel ;
Je mettrai le feu à votre forêt,
Et il en dévorera tous les alentours.

Contre la maison royale de Juda.

22

Ainsi parle l'Éternel : Descends dans la maison du roi de Juda, et là prononce cette parole. Tu diras : 2 Écoute la parole de l'Éternel, roi de Juda, qui es assis sur le trône de David, toi, tes serviteurs, et ton peuple, qui entrez par ces portes ! Ainsi 3 parle l'Éternel : Pratiquez la justice et l'équité ; délivrez l'opprimé des mains de l'oppresseur ; ne maltraitez pas l'étranger, l'orphelin et la veuve ; n'usez pas de violence, et ne répandez point de sang innocent dans ce lieu. Car si vous agissez selon cette parole, 4 les rois assis sur le trône de David entreront par les portes de cette maison, montés sur des chars et sur des chevaux, eux, leurs serviteurs et leur peuple. Mais si vous n'écoutez 5 pas ces paroles, je le jure par moi-même, dit l'Éternel, cette maison deviendra une ruine.

Car ainsi parle l'Éternel sur la maison 6 du roi de Juda :
Tu es pour moi comme Galaad, comme le sommet du Liban ;
Mais certes, je ferai de toi un désert,
Une ville sans habitants.
Je prépare contre toi des destructeurs, 7
Chacun avec ses armes ;
Ils abattront tes plus beaux cèdres,
Et les jetteront au feu.
Des nations nombreuses passeront 8 près de cette ville,
Et elles se diront l'une à l'autre :
Pourquoi l'Éternel a-t-il ainsi traité cette grande ville ?

9 Et l'on répondra : Parce qu'ils ont abandonné
L'alliance de l'Éternel, leur Dieu,
Parce qu'ils se sont prosternés devant d'autres dieux et les ont servis.

10 Ne pleurez point celui qui est mort,
Et ne vous lamentez pas sur lui ;
Pleurez, pleurez celui qui s'en va,
Car il ne reviendra plus,
Il ne reverra plus le pays de sa naissance.

11 Car ainsi parle l'Éternel sur Schallum, fils de Josias, roi de Juda,
Qui régnait à la place de Josias, son père,
Et qui est sorti de ce lieu :
Il n'y reviendra plus ;

12 Mais il mourra dans le lieu où on l'emmène captif,
Et il ne verra plus ce pays.

13 Malheur à celui qui bâtit sa maison par l'injustice,
Et ses chambres par l'iniquité ;
Qui fait travailler son prochain sans le payer,
Sans lui donner son salaire ;

14 Qui dit : Je me bâtirai une maison vaste,
Et des chambres spacieuses ;
Et qui s'y fait percer des fenêtres,
La lambrisse de cèdre,
Et la peint en couleur rouge !

15 Est-ce que tu règnes, parce que tu as de la passion pour le cèdre ?
Ton père ne mangeait-il pas, ne buvait-il pas ?
Mais il pratiquait la justice et l'équité,
Et il fut heureux ;

16 Il jugeait la cause du pauvre et de l'indigent,
Et il fut heureux.
N'est-ce pas là me connaître ? dit l'Éternel.

17 Mais tu n'as des yeux et un cœur
Que pour te livrer à la cupidité,
Pour répandre le sang innocent,
Et pour exercer l'oppression et la violence.

18 C'est pourquoi ainsi parle l'Éternel sur Jojakim, fils de Josias, roi de Juda :
On ne le pleurera pas, en disant :

Hélas, mon frère ! hélas, ma sœur !
On ne le pleurera pas, en disant :
Hélas, seigneur ! hélas, sa majesté !

19 Il aura la sépulture d'un âne,
Il sera traîné et jeté hors des portes de Jérusalem.

20 Monte sur le Liban, et crie !
Élève ta voix sur le Basan !
Crie du haut d'Abarim !
Car tous ceux qui t'aimaient sont brisés.

21 Je t'ai parlé dans le temps de ta prospérité ;
Tu disais : Je n'écouterai pas.
C'est ainsi que tu as agi dès ta jeunesse ;
Tu n'as pas écouté ma voix.

22 Tous tes pasteurs seront la pâture du vent,
Et ceux qui t'aiment iront en captivité ;
C'est alors que tu seras dans la honte, dans la confusion,
A cause de toute ta méchanceté.

23 Toi qui habites sur le Liban,
Qui as ton nid dans les cèdres,
Combien tu gémiras quand les douleurs t'atteindront,
Douleurs semblables à celles d'une femme en travail !

24 Je suis vivant ! dit l'Éternel,
Quand Jeconia, fils de Jojakim, roi de Juda, serait
Un anneau à ma main droite,
Je t'arracherais de là.

25 Je te livrerai entre les mains de ceux qui en veulent à ta vie,
Entre les mains de ceux devant qui tu trembles,
Entre les mains de Nebucadnetsar, roi de Babylone,
Entre les mains des Chaldéens.

26 Je te jetterai, toi et ta mère qui t'a enfanté,
Dans un autre pays où vous n'êtes pas nés,
Et là vous mourrez ;

27 Mais dans le pays où ils auront le désir de retourner
Ils ne retourneront pas.

28 Est-il donc un vase méprisé, brisé, ce Jeconia ?

Est-il un objet auquel on n'attache aucun prix ?
Pourquoi sont-ils jetés, lui et sa postérité,
Lancés dans un pays qu'ils ne connaissent pas ?—

29 Terre, terre, terre,
Écoute la parole de l'Éternel !

30 Ainsi parle l'Éternel :
Inscrivez cet homme comme privé d'enfants,
Comme un homme dont les jours ne seront pas prospères ;
Car nul de ses descendants ne réussira
A s'asseoir sur le trône de David
Et à régner sur Juda.

23 Malheur aux pasteurs qui détruisent et dispersent
Le troupeau de mon pâturage! dit l'Éternel.

2 C'est pourquoi ainsi parle l'Éternel, le Dieu d'Israël,
Sur les pasteurs qui paissent mon peuple :
Vous avez dispersé mes brebis, vous les avez chassées,
Vous n'en avez pas pris soin ;
Voici, je vous châtierai à cause de la méchanceté de vos actions,
Dit l'Éternel.

3 Et je rassemblerai le reste de mes brebis
De tous les pays où je les ai chassées;
Je les ramènerai dans leur pâturage ;
Elles seront fécondes et multiplieront.

4 J'établirai sur elles des pasteurs qui les paîtront ;
Elles n'auront plus de crainte, plus de terreur,
Et il n'en manquera aucune, dit l'Éternel.

5 Voici, les jours viennent, dit l'Éternel,
Où je susciterai à David un germe juste ;
Il régnera en roi et prospérera,
Il pratiquera la justice et l'équité dans le pays.

6 En son temps, Juda sera sauvé,
Israël aura la sécurité dans sa demeure ;
Et voici le nom dont on l'appellera :
L'Éternel notre justice

7 C'est pourquoi voici, les jours viennent, dit l'Éternel,
Où l'on ne dira plus : L'Éternel est vivant,
Lui qui a fait monter du pays d'Égypte les enfants d'Israël !

8 Mais on dira : L'Éternel est vivant,
Lui qui a fait monter et qui a ramené
La postérité de la maison d'Israël du pays du septentrion
Et de tous les pays où je les avais chassés !
Et ils habiteront dans leur pays.

Sur les prophètes.   9

Mon cœur est brisé au dedans de moi,
Tous mes os tremblent ;
Je suis comme un homme ivre,
Comme un homme pris de vin,
A cause de l'Éternel et à cause de ses paroles saintes.

10 Car le pays est rempli d'adultères ;
Le pays est en deuil à cause de la malédiction ;
Les plaines du désert sont desséchées.
Ils courent au mal,
Ils n'ont de la force que pour l'iniquité.

11 Prophètes et sacrificateurs sont corrompus ;
Même dans ma maison j'ai trouvé leur méchanceté,
Dit l'Éternel.

12 C'est pourquoi leur chemin sera glissant et ténébreux,
Ils seront poussés et ils tomberont ;
Car je ferai venir sur eux le malheur,
L'année où je les châtierai, dit l'Éternel.

13 Dans les prophètes de Samarie j'ai vu de l'extravagance ;
Ils ont prophétisé par Baal,
Ils ont égaré mon peuple d'Israël.

14 Mais dans les prophètes de Jérusalem j'ai vu des choses horribles ;
Ils sont adultères, ils marchent dans le mensonge ;
Ils fortifient les mains des méchants,
Afin qu'aucun ne revienne de sa méchanceté ;
Ils sont tous à mes yeux comme Sodome,

Et les habitants de Jérusalem comme Gomorrhe.

15 C'est pourquoi ainsi parle l'Éternel des armées sur les prophètes :
Voici, je vais les nourrir d'absinthe,
Et je leur ferai boire des eaux empoisonnées ;
Car c'est par les prophètes de Jérusalem
Que l'impiété s'est répandue dans tout le pays.

16 Ainsi parle l'Éternel des armées :
N'écoutez pas les paroles des prophètes qui vous prophétisent !
Ils vous entraînent à des choses de néant ;
Ils disent les visions de leur cœur,
Et non ce qui vient de la bouche de l'Éternel.
17 Ils disent à ceux qui me méprisent :
L'Éternel a dit : Vous aurez la paix ;
Et ils disent à tous ceux qui suivent les penchants de leur cœur :
Il ne vous arrivera aucun mal.
18 Qui donc a assisté au conseil de l'Éternel
Pour voir, pour écouter sa parole ?
Qui a prêté l'oreille à sa parole, qui l'a entendue ?
19 Voici, la tempête de l'Éternel, la fureur éclate,
L'orage se précipite,
Il fond sur la tête des méchants.
20 La colère de l'Éternel ne se calmera pas,
Jusqu'à ce qu'il ait accompli, exécuté les desseins de son cœur.
Vous le comprendrez dans la suite des temps.
21 Je n'ai point envoyé ces prophètes, et ils ont couru ;
Je ne leur ai point parlé, et ils ont prophétisé.
22 S'ils avaient assisté à mon conseil,
Ils auraient dû faire entendre mes paroles à mon peuple,
Et les faire revenir de leur mauvaise voie,
De la méchanceté de leurs actions.

23 Ne suis-je un Dieu que de près, dit l'Éternel,
Et ne suis-je pas aussi un Dieu de loin ?

24 Quelqu'un se tiendra-t-il dans un lieu caché,
Sans que je le voie ? dit l'Éternel.
Ne remplis-je pas, moi, les cieux et la terre ? dit l'Éternel.
25 J'ai entendu ce que disent les prophètes
Qui prophétisent en mon nom le mensonge, disant :
J'ai eu un songe ! j'ai eu un songe !
26 Jusques à quand ces prophètes veulent-ils prophétiser le mensonge,
Prophétiser la tromperie de leur cœur ?
27 Ils pensent faire oublier mon nom à mon peuple
Par les songes que chacun d'eux raconte à son prochain,
Comme leurs pères ont oublié mon nom pour Baal.
28 Que le prophète qui a eu un songe raconte ce songe,
Et que celui qui a entendu ma parole rapporte fidèlement ma parole.
Pourquoi mêler la paille au froment ? dit l'Éternel.
29 Ma parole n'est-elle pas comme un feu, dit l'Éternel,
Et comme un marteau qui brise le roc ?
30 C'est pourquoi voici, dit l'Éternel, j'en veux aux prophètes
Qui se dérobent mes paroles l'un à l'autre.
31 Voici, dit l'Éternel, j'en veux aux prophètes
Qui prennent leur propre parole et la donnent pour ma parole.
32 Voici, dit l'Éternel, j'en veux à ceux qui prophétisent des songes faux,
Qui les racontent, et qui égarent mon peuple
Par leurs mensonges et par leur témérité ;
Je ne les ai point envoyés, je ne leur ai point donné d'ordre,
Et ils ne sont d'aucune utilité à ce peuple, dit l'Éternel.

33 Si ce peuple, ou un prophète, ou un sacrificateur te demande :
Quelle est la menace de l'Éternel ?
Tu leur diras quelle est cette menace :
Je vous rejetterai, dit l'Éternel.

34 Et le prophète, le sacrificateur, ou celui du peuple

Qui dira : Menace de l'Éternel,

Je le châtierai, lui et sa maison.

35 Vous direz, chacun à son prochain, chacun à son frère :

Qu'a répondu l'Éternel ?

Qu'a dit l'Éternel ?

36 Mais vous ne direz plus : Menace de l'Éternel,

Car la parole de chacun sera pour lui une menace ;

Vous tordez les paroles du Dieu vivant,

De l'Éternel des armées, notre Dieu.

37 Tu diras au prophète :

Que t'a répondu l'Éternel ?

Qu'a dit l'Éternel ?

38 Et si vous dites encore : Menace de l'Éternel !

Alors ainsi parle l'Éternel :

Parce que vous dites ce mot : Menace de l'Éternel,

Quoique j'aie envoyé vers vous pour dire :

Vous ne direz pas : Menace de l'Éternel,

39 A cause de cela voici, je vous oublierai,

Et je vous rejetterai, vous et la ville

Que j'avais donnée à vous et à vos pères,

Je vous rejetterai loin de ma face ;

40 Je mettrai sur vous un opprobre éternel

Et une honte éternelle,

Qui ne s'oublieront pas.

Le deux paniers de figues et l'avenir du peuple.

24 L'Éternel me fit voir deux paniers de figues posés devant le temple de l'Éternel, après que Nebucadnetsar, roi de Babylone, eut emmené de Jérusalem et conduit à Babylone Jéconia, fils de Jojakim, roi de Juda, les chefs de Juda, les char- 2 pentiers et les serruriers. L'un des paniers contenait de très bonnes figues, comme les figues de la première récolte, et l'autre panier de très mauvaises figues, qu'on ne pouvait manger à cause de leur mauvaise qualité. 3 L'Éternel me dit : Que vois-tu, Jérémie ? Je répondis : Des figues. Les bonnes figues sont très bonnes, et les mauvaises sont très mauvaises et ne peuvent être mangées à cause de leur mauvaise qualité.

La parole de l'Éternel me fut 4 adressée, en ces mots : Ainsi parle 5 l'Éternel, le Dieu d'Israël : Comme tu distingues ces bonnes figues, ainsi je distinguerai, pour leur être favorable, les captifs de Juda, que j'ai envoyés de ce lieu dans le pays des Chaldéens. Je les regarderai d'un 6 œil favorable, et je les ramènerai dans ce pays ; je les établirai et ne les détruirai plus, je les planterai et ne les arracherai plus. Je leur don- 7 nerai un cœur pour qu'ils connaissent que je suis l'Éternel ; ils seront mon peuple, et je serai leur Dieu, s'ils reviennent à moi de tout leur cœur. Et comme les mauvaises figues qui 8 ne peuvent être mangées à cause de leur mauvaise qualité, dit l'Éternel, ainsi ferai-je devenir Sédécias, roi de Juda, ses chefs, et le reste de Jérusalem, ceux qui sont restés dans ce pays et ceux qui habitent dans le pays d'Égypte. Je les rendrai un 9 objet d'effroi, de malheur, pour tous les royaumes de la terre, un sujet d'opprobre, de sarcasme, de raillerie, et de malédiction, dans tous les lieux où je les chasserai. J'enverrai parmi 10 eux l'épée, la famine et la peste, jusqu'à ce qu'ils aient disparu du pays que j'avais donné à eux et à leurs pères.

Les soixante et dix années de captivité.
Babylone et toutes les nations châtiées.

25 La parole qui fut adressée à Jérémie sur tout le peuple de Juda, la quatrième année de Jojakim, fils de Josias, roi de Juda,—c'était la première année de Nebucadnetsar, roi de Babylone,—parole que Jéré- 2 mie prononça devant tout le peuple de Juda et devant tous les habitants de Jérusalem, en disant :

Depuis la treizième année de Josias, 3 fils d'Amon, roi de Juda, il y a vingt-trois ans que la parole de l'Éternel m'a été adressée ; je vous ai parlé, je vous ai parlé dès le matin, et vous n'avez pas écouté. L'Éternel vous 4 a envoyé tous ses serviteurs, les prophètes, il les a envoyés dès le matin ; et vous n'avez pas écouté, vous n'avez pas prêté l'oreille pour 5 écouter. Ils ont dit : Revenez chacun de votre mauvaise voie et de la méchanceté de vos actions, et vous resterez dans le pays que j'ai donné à vous et à vos pères, d'éternité en 6 éternité ; n'allez pas après d'autres dieux, pour les servir et pour vous prosterner devant eux, ne m'irritez pas par l'ouvrage de vos mains, et je 7 ne vous ferai aucun mal. Mais vous ne m'avez pas écouté, dit l'Éternel, afin de m'irriter par l'ouvrage de vos 8 mains, pour votre malheur. C'est pourquoi ainsi parle l'Éternel des armées : Parce que vous n'avez point 9 écouté mes paroles, j'enverrai chercher tous les peuples du septentrion, dit l'Éternel, et j'enverrai auprès de Nebucadnetsar, roi de Babylone, mon serviteur ; je le ferai venir contre ce pays et contre ses habitants, et contre toutes ces nations à l'entour, afin de les dévouer par interdit, et d'en faire un objet de désolation et de mo-10 querie, des ruines éternelles. Je ferai cesser parmi eux les cris de réjouissance et les cris d'allégresse, les chants du fiancé et les chants de la fiancée, le bruit de la meule et la 11 lumière de la lampe. Tout ce pays deviendra une ruine, un désert, et ces nations seront asservies au roi de Babylone pendant soixante et dix ans. 12 Mais lorsque ces soixante et dix ans seront accomplis, je châtierai le roi de Babylone et cette nation, dit l'Éternel, à cause de leurs iniquités ; je punirai le pays des Chaldéens, et 13 j'en ferai des ruines éternelles. Je ferai venir sur ce pays toutes les choses que j'ai annoncées sur lui, tout ce qui est écrit dans ce livre, ce que Jérémie a prophétisé sur toutes 14 les nations. Car des nations puissantes et de grands rois les asserviront, eux aussi, et je leur rendrai selon leurs œuvres et selon l'ouvrage de leurs mains.

15 Car ainsi m'a parlé l'Éternel, le Dieu d'Israël :

Prends de ma main cette coupe remplie du vin de ma colère,
Et fais-la boire à toutes les nations
Vers lesquelles je t'enverrai.
16 Ils boiront, et ils chancelleront et seront comme fous,
A la vue du glaive que j'enverrai au milieu d'eux.
17 Et je pris la coupe de la main de l'Éternel,
Et je la fis boire à toutes les nations
Vers lesquelles l'Éternel m'envoyait :
18 A Jérusalem et aux villes de Juda,
A ses rois et à ses chefs,
Pour en faire une ruine,
Un objet de désolation, de moquerie et de malédiction,
Comme cela se voit aujourd'hui ;
19 A Pharaon, roi d'Égypte,
A ses serviteurs, à ses chefs, et à tout son peuple ;
20 A toute l'Arabie, à tous les rois du pays d'Uts,
A tous les rois du pays des Philistins,
A Askalon, à Gaza, à Ékron, et à ce qui reste d'Asdod ;
21 A Édom, à Moab, et aux enfants d'Ammon ;
22 A tous les rois de Tyr, à tous les rois de Sidon,
Et aux rois des îles qui sont au delà de la mer ;
23 A Dedan, à Théma, à Buz,
Et à tous ceux qui se rasent les coins de la barbe ;
24 A tous les rois d'Arabie,
Et à tous les rois des Arabes qui habitent dans le désert ;
25 A tous les rois de Zimri,
A tous les rois d'Élam,
Et à tous les rois de Médie ;
26 A tous les rois du septentrion,
Proches ou éloignés,
Aux uns et aux autres,
Et à tous les royaumes du monde
Qui sont sur la face de la terre.
Et le roi de Schéschac boira après eux.

27 Tu leur diras :
Ainsi parle l'Éternel des armées, le Dieu d'Israël :
Buvez, enivrez-vous, et vomissez,
Et tombez sans vous relever,

A la vue du glaive que j'enverrai au milieu de vous !

28 Et s'ils refusent de prendre de ta main la coupe pour boire, Dis-leur : Ainsi parle l'Éternel des armées : Vous boirez !

29 Car voici, dans la ville sur laquelle mon nom est invoqué Je commence à faire du mal ; Et vous, vous resteriez impunis ! Vous ne resterez pas impunis ; Car j'appellerai le glaive sur tous les habitants de la terre, Dit l'Éternel des armées.

30 Et toi, tu leur prophétiseras toutes ces choses, Et tu leur diras : L'Éternel rugira d'en haut ; De sa demeure sainte il fera retentir sa voix ; Il rugira contre le lieu de sa résidence ; Il poussera des cris, comme ceux qui foulent au pressoir, Contre tous les habitants de la terre.

31 Le bruit parvient jusqu'à l'extrémité de la terre ; Car l'Éternel est en dispute avec les nations, Il entre en jugement contre toute chair ; Il livre les méchants au glaive, dit l'Éternel.

32 Ainsi parle l'Éternel des armées : Voici, la calamité va de nation en nation, Et une grande tempête s'élève des extrémités de la terre.

33 Ceux que tuera l'Éternel en ce jour seront étendus D'un bout à l'autre de la terre ; Ils ne seront ni pleurés, ni recueillis, ni enterrés, Ils seront comme du fumier sur la terre.

34 Gémissez, pasteurs, et criez ! Roulez-vous dans la cendre, conducteurs de troupeaux ! Car les jours sont venus où vous allez être égorgés. Je vous briserai, et vous tomberez comme un vase de prix.

35 Plus de refuge pour les pasteurs ! Plus de salut pour les conducteurs de troupeaux !

36 On entend les cris des pasteurs, Les gémissements des conducteurs de troupeaux ; Car l'Éternel ravage leur pâturage.

37 Les habitations paisibles sont détruites Par la colère ardente de l'Éternel.

38 Il a abandonné sa demeure comme un lionceau sa tanière ; Car leur pays est réduit en désert Par la fureur du destructeur Et par son ardente colère.

Prophétie sur la destruction de Jérusalem et du temple. Jérémie en danger de mort.

26 Au commencement du règne de Jojakim, fils de Josias, roi de Juda, cette parole fut prononcée de la part de l'Éternel, en ces mots :

2 Ainsi parle l'Éternel : Tiens-toi dans le parvis de la maison de l'Éternel, et dis à ceux qui de toutes les villes de Juda viennent se prosterner dans la maison de l'Éternel toutes les paroles que je t'ordonne de leur dire ; n'en retranche pas un mot. 3 Peut-être écouteront-ils, et reviendront-ils chacun de leur mauvaise voie ; alors je me repentirai du mal que j'avais pensé leur faire à cause de la méchanceté de leurs actions. 4 Tu leur diras : Ainsi parle l'Éternel : Si vous ne m'écoutez pas quand je vous ordonne de suivre ma loi que j'ai mise devant vous, 5 d'écouter les paroles de mes serviteurs, les prophètes, que je vous envoie, que je vous ai envoyés dès le matin, et que vous n'avez pas écoutés, 6 alors je traiterai cette maison comme Silo, et je ferai de cette ville un objet de malédiction pour toutes les nations de la terre.

7 Les sacrificateurs, les prophètes, et tout le peuple, entendirent Jérémie prononcer ces paroles dans la maison de l'Éternel. 8 Et comme Jérémie achevait de dire tout ce que l'Éternel lui avait ordonné de dire à tout le peuple, les sacrificateurs, les prophètes, et tout le peuple, se saisirent de lui, en disant : Tu mourras !

9 Pourquoi prophétises-tu au nom de l'Éternel, en disant : Cette maison sera comme Silo, et cette ville sera dévastée, privée d'habitants ? Tout le peuple s'attroupa autour de Jérémie dans la maison de l'Éternel.

10 Lorsque les chefs de Juda eurent appris ces choses, ils montèrent de la maison du roi à la maison de l'Éternel, et s'assirent à l'entrée de la porte neuve de la maison de l'É-

11 ternel. Alors les sacrificateurs et les prophètes parlèrent ainsi aux chefs et à tout le peuple : Cet homme mérite la mort ; car il a prophétisé contre cette ville, comme vous l'avez entendu de vos oreilles.

12 Jérémie dit à tous les chefs et à tout le peuple : L'Éternel m'a envoyé pour prophétiser contre cette maison et contre cette ville toutes les choses

13 que vous avez entendues. Maintenant réformez vos voies et vos œuvres, écoutez la voix de l'Éternel, votre Dieu, et l'Éternel se repentira du mal qu'il a prononcé contre vous.

14 Pour moi, me voici entre vos mains ; traitez-moi comme il vous semblera

15 bon et juste. Seulement sachez que, si vous me faites mourir, vous vous chargez du sang innocent, vous, cette ville et ses habitants ; car l'Éternel m'a véritablement envoyé vers vous pour prononcer à vos oreilles toutes ces paroles.

16 Les chefs et tout le peuple dirent aux sacrificateurs et aux prophètes : Cet homme ne mérite point la mort ; car c'est au nom de l'Éternel, notre

17 Dieu, qu'il nous a parlé. Et quelques-uns des anciens du pays se levèrent, et dirent à toute l'assemblée

18 du peuple : Michée, de Moréscheth, prophétisait du temps d'Ézéchias, roi de Juda, et il disait à tout le peuple de Juda : Ainsi parle l'Éternel des armées :

Sion sera labourée comme un champ,
Jérusalem deviendra un monceau de pierres,
Et la montagne de la maison une haute forêt.

19 Ézéchias, roi de Juda, et tout Juda l'ont-ils fait mourir ? Ézéchias ne craignit-il pas l'Éternel ? n'implora-t-il pas l'Éternel ? Alors l'Éternel se repentit du mal qu'il avait prononcé contre eux. Et nous, nous chargerions notre âme d'un si grand crime !

20 Il y eut aussi un homme qui prophétisait au nom de l'Éternel, Urie, fils de Schemaeja, de Kirjath-Jearim. Il prophétisa contre cette ville et contre ce pays entièrement les mêmes choses que Jérémie. Le roi Jojakim,

21 tous ses vaillants hommes, et tous ses chefs, entendirent ses paroles, et le roi chercha à le faire mourir. Urie, qui en fut informé, eut peur, prit la fuite, et alla en Égypte. Le

22 roi Jojakim envoya des gens en Égypte, Elnathan, fils d'Acbor, et des gens avec lui en Égypte. Ils

23 firent sortir d'Égypte Urie et l'amenèrent au roi Jojakim, qui le fit mourir par l'épée et jeta son cadavre sur les sépulcres des enfants du peuple.

24 Cependant la main d'Achikam, fils de Schaphan, fut avec Jérémie, et empêcha qu'il ne fût livré au peuple pour être mis à mort.

La soumission au roi de Babylone conseillée par Jérémie.

27 Au commencement du règne de Jojakim, fils de Josias, roi de Juda, cette parole fut adressée à Jérémie de la part de l'Éternel, en ces mots :

2 Ainsi m'a parlé l'Éternel : Fais-toi des liens et des jougs, et mets-les sur

3 ton cou. Envoie-les au roi d'Édom, au roi de Moab, au roi des enfants d'Ammon, au roi de Tyr et au roi de Sidon, par les envoyés qui sont venus à Jérusalem auprès de Sédé-

4 cias, roi de Juda, et à qui tu donneras mes ordres pour leurs maîtres, en disant : Ainsi parle l'Éternel des armées, le Dieu d'Israël : Voici ce

5 que vous direz à vos maîtres : C'est moi qui ai fait la terre, les hommes et les animaux qui sont sur la terre, par ma grande puissance et par mon bras étendu, et je donne la terre à

6 qui cela me plaît. Maintenant je

livre tous ces pays entre les mains de Nebucadnetsar, roi de Babylone, mon serviteur ; je lui donne aussi les animaux des champs, pour qu'ils lui 7 soient assujettis. Toutes les nations lui seront soumises, à lui, à son fils, et au fils de son fils, jusqu'à ce que le temps de son pays arrive, et que des nations puissantes et de grands 8 rois l'asservissent. Si une nation, si un royaume ne se soumet pas à lui, à Nebucadnetsar, roi de Babylone, et ne livre pas son cou au joug du roi de Babylone, je châtierai cette nation par l'épée, par la famine et par la peste, dit l'Éternel, jusqu'à ce que je l'aie anéantie par sa main. 9 Et vous, n'écoutez pas vos prophètes, vos devins, vos songeurs, vos astrologues, vos magiciens, qui vous disent : Vous ne serez point asservis au roi 10 de Babylone ! Car c'est le mensonge qu'ils vous prophétisent, afin que vous soyez éloignés de votre pays, afin que je vous chasse et que 11 vous périssiez. Mais la nation qui pliera son cou sous le joug du roi de Babylone, et qui lui sera soumise, je la laisserai dans son pays, dit l'Éternel, pour qu'elle le cultive et qu'elle y demeure.

12 J'ai dit entièrement les mêmes choses à Sédécias, roi de Juda : Pliez votre cou sous le joug du roi de Babylone, soumettez-vous à lui et à 13 son peuple, et vous vivrez. Pourquoi mourriez-vous, toi et ton peuple, par l'épée, par la famine et par la peste, comme l'Éternel l'a prononcé sur la nation qui ne se soumettra pas au 14 roi de Babylone ? N'écoutez pas les paroles des prophètes qui vous disent : Vous ne serez point asservis au roi de Babylone ! Car c'est le mensonge qu'ils vous prophétisent. 15 Je ne les ai point envoyés, dit l'Éternel, et ils prophétisent le mensonge en mon nom, afin que je vous chasse et que vous périssiez, vous et les prophètes qui vous prophétisent.

16 J'ai dit aux sacrificateurs et à tout ce peuple : Ainsi parle l'Éternel : N'écoutez pas les paroles de vos prophètes qui vous prophétisent, disant : Voici, les ustensiles de la maison de l'Éternel seront bientôt rapportés de Babylone ! Car c'est le mensonge qu'ils vous prophétisent. 17 Ne les écoutez pas, soumettez-vous au roi de Babylone, et vous vivrez. Pourquoi cette ville deviendrait-elle 18 une ruine ? S'ils sont prophètes et si la parole de l'Éternel est avec eux, qu'ils intercèdent auprès de l'Éternel des armées pour que les ustensiles qui restent dans la maison de l'Éternel, dans la maison du roi de Juda, et dans Jérusalem, ne s'en aillent 19 point à Babylone. Car ainsi parle l'Éternel des armées au sujet des colonnes, de la mer, des bases, et des autres ustensiles qui sont restés 20 dans cette ville, qui n'ont pas été enlevés par Nebucadnetsar, roi de Babylone, lorsqu'il emmena captifs de Jérusalem à Babylone Jeconia, fils de Jojakim, roi de Juda, et tous les grands de Juda et de Jérusalem, 21 ainsi parle l'Éternel des armées, le Dieu d'Israël, au sujet des ustensiles qui restent dans la maison de l'Éternel, dans la maison du roi de Juda, et dans Jérusalem : Ils seront 22 emportés à Babylone, et ils y resteront jusqu'au jour où je les chercherai, dit l'Éternel, où je les ferai remonter et revenir dans ce lieu.

Lettre de Jérémie contre le faux prophète Hanania.

28 Dans la même année, au commencement du règne de Sédécias, roi de Juda, le cinquième mois de la quatrième année, Hanania, fils d'Azzur, prophète, de Gabaon, me dit dans la maison de l'Éternel, en présence des sacrificateurs et de tout le peuple : 2 Ainsi parle l'Éternel des armées, le Dieu d'Israël : Je brise le joug du 3 roi de Babylone ! Encore deux années, et je fais revenir dans ce lieu tous les ustensiles de la maison de l'Éternel, que Nebucadnetsar, roi de Babylone, a enlevés de ce lieu, et qu'il a emportés à Babylone. 4 Et je ferai revenir dans ce lieu, dit l'Éternel, Jeconia, fils de Jojakim, roi de Juda, et tous les captifs de Juda, qui sont allés à Babylone ; car je briserai le joug du roi de Babylone.

5 Jérémie, le prophète, répondit à Hanania, le prophète, en présence des sacrificateurs et de tout le peuple qui se tenaient dans la maison de

6 l'Éternel. Jérémie, le prophète, dit : Amen ! que l'Éternel fasse ainsi ! que l'Éternel accomplisse les paroles que tu as prophétisées, et qu'il fasse revenir de Babylone en ce lieu les ustensiles de la maison de l'Éternel et tous les

7 captifs ! Seulement écoute cette parole que je prononce à tes oreilles et

8 aux oreilles de tout le peuple : Les prophètes qui ont paru avant moi et avant toi, dès les temps anciens, ont prophétisé contre des pays puissants et de grands royaumes la guerre, le

9 malheur et la peste ; mais si un prophète prophétise la paix, c'est par l'accomplissement de ce qu'il prophétise qu'il sera reconnu comme véritablement envoyé par l'Éternel.

10 Alors Hanania, le prophète, enleva le joug de dessus le cou de Jérémie, le

11 prophète, et il le brisa. Et Hanania dit en présence de tout le peuple : Ainsi parle l'Éternel : C'est ainsi que, dans deux années, je briserai de dessus le cou de toutes les nations le joug de Nebucadnetsar, roi de Babylone. Et Jérémie, le prophète, s'en alla.

12 Après que Hanania, le prophète, eut brisé le joug de dessus le cou de Jérémie, le prophète, la parole de l'Éternel fut adressée à Jérémie, en

13 ces mots : Va, et dis à Hanania : Ainsi parle l'Éternel : Tu as brisé un joug de bois, et tu auras à sa place

14 un joug de fer. Car ainsi parle l'Éternel des armées, le Dieu d'Israël : Je mets un joug de fer sur le cou de toutes ces nations, pour qu'elles soient asservies à Nebucadnetsar, roi de Babylone, et elles lui seront asservies ; je lui donne aussi les animaux des champs.

15 Et Jérémie, le prophète, dit à Hanania, le prophète : Écoute, Hanania ! L'Éternel ne t'a point envoyé, et tu inspires à ce peuple une fausse con-

16 fiance. C'est pourquoi ainsi parle l'Éternel : Voici, je te chasse de la terre ; tu mourras cette année ; car

tes paroles sont une révolte contre l'Éternel. Et Hanania, le prophète, 17 mourut cette année-là, dans le septième mois.

Lettre aux captifs.

Voici le contenu de la lettre que **29** Jérémie, le prophète, envoya de Jérusalem au reste des anciens en captivité, aux sacrificateurs, aux prophètes, et à tout le peuple, que Nebucadnetsar avait emmenés captifs de Jérusalem à Babylone, après que 2 le roi Jeconia, la reine, les eunuques, les chefs de Juda et de Jérusalem, les charpentiers et les serruriers, furent sortis de Jérusalem. Il la remit à 3 Éleasa, fils de Schaphan, et à Guemaria, fils de Hilkija, envoyés à Babylone par Sédécias, roi de Juda, auprès de Nebucadnetsar, roi de Babylone. Elle était ainsi conçue :

Ainsi parle l'Éternel des armées, 4 le Dieu d'Israël, à tous les captifs que j'ai emmenés de Jérusalem à Babylone. Bâtissez des maisons, et 5 habitez-les ; plantez des jardins, et mangez-en les fruits. Prenez des 6 femmes, et engendrez des fils et des filles ; prenez des femmes pour vos fils, et donnez des maris à vos filles, afin qu'elles enfantent des fils et des filles ; multipliez là où vous êtes, et ne diminuez pas. Recherchez le bien 7 de la ville où je vous ai menés en captivité, et priez l'Éternel en sa faveur, parce que votre bonheur dépend du sien.

Car ainsi parle l'Éternel des armées, 8 le Dieu d'Israël : Ne vous laissez pas tromper par vos prophètes qui sont au milieu de vous, et par vos devins, n'écoutez pas vos songeurs dont vous provoquez les songes ! Car c'est le 9 mensonge qu'ils vous prophétisent en mon nom. Je ne les ai point envoyés, dit l'Éternel. Mais voici ce que dit 10 l'Éternel : Dès que soixante et dix ans seront écoulés pour Babylone, je me souviendrai de vous, et j'accomplirai à votre égard ma bonne parole, en vous ramenant dans ce lieu. Car 11 je connais les projets que j'ai formés sur vous, dit l'Éternel, projets de paix et non de malheur, afin de vous donner un avenir et de l'espérance.

12 Vous m'invoquerez, et vous partirez ; vous me prierez, et je vous exaucerai.

13 Vous me chercherez, et vous me trouverez, si vous me cherchez de

14 tout votre cœur. Je me laisserai trouver par vous, dit l'Éternel, et je ramènerai vos captifs ; je vous rassemblerai de toutes les nations et de tous les lieux où je vous ai chassés, dit l'Éternel, et je vous ramènerai dans le lieu d'où je vous ai fait aller en captivité.

15 Cependant vous dites : Dieu nous a suscité des prophètes à Babylone !

16 Ainsi parle l'Éternel sur le roi qui occupe le trône de David, sur tout le peuple qui habite cette ville, sur vos frères qui ne sont point allés avec

17 vous en captivité ; ainsi parle l'Éternel des armées : Voici, j'enverrai parmi eux l'épée, la famine et la peste, et je les rendrai semblables à des figues affreuses qui ne peuvent être mangées à cause de leur mau-

18 vaise qualité. Je les poursuivrai par l'épée, par la famine et par la peste, je les rendrai un objet d'effroi pour tous les royaumes de la terre, un sujet de malédiction, de désolation, de moquerie et d'opprobre, parmi toutes les nations où je les chasserai,

19 parce qu'ils n'ont pas écouté mes paroles, dit l'Éternel, eux à qui j'ai envoyé mes serviteurs, les prophètes, à qui je les ai envoyés dès le matin ; et ils n'ont pas écouté, dit l'Éternel.

20 Mais vous, écoutez la parole de l'Éternel, vous tous, captifs, que j'ai envoyés de Jérusalem à Babylone !

21 Ainsi parle l'Éternel des armées, le Dieu d'Israël, sur Achab, fils de Kolaja, et sur Sédécias, fils de Maaséja, qui vous prophétisent le mensonge en mon nom : Voici, je les livre entre les mains de Nebucadnetsar, roi de Babylone ; et il

22 les fera mourir sous vos yeux. On se servira d'eux comme d'un sujet de malédiction, parmi tous les captifs de Juda qui sont à Babylone ; on dira : Que l'Éternel te traite comme Sédécias et comme Achab, que le roi

de Babylone a fait rôtir au feu ! Et 23 cela arrivera parce qu'ils ont commis une infamie en Israël, se livrant à l'adultère avec les femmes de leur prochain, et parce qu'ils ont dit des mensonges en mon nom, quand je ne leur avais point donné d'ordre. Je le sais, et j'en suis témoin, dit l'Éternel.

Tu diras à Schemaeja, Néché- 24 lamite : Ainsi parle l'Éternel des 25 armées, le Dieu d'Israël : Tu as envoyé en ton nom à tout le peuple de Jérusalem, à Sophonie, fils de Maaséja, le sacrificateur, et à tous les sacrificateurs, une lettre ainsi conçue : L'Éternel t'a établi sacrificateur à la 26 place de Jehojada, le sacrificateur, afin qu'il y ait dans la maison de l'Éternel des inspecteurs pour surveiller tout homme qui est fou et se donne pour prophète, et afin que tu le mettes en prison et dans les fers. Maintenant, pourquoi ne réprimes-tu 27 pas Jérémie d'Anathoth, qui prophétise parmi vous, qui nous a même 28 envoyé dire à Babylone : Elle sera longue, la captivité ; bâtissez des maisons, et habitez-les ; plantez des jardins, et mangez-en les fruits !— Sophonie, le sacrificateur, lut cette 29 lettre en présence de Jérémie, le prophète.—Et la parole de l'Éternel fut 30 adressée à Jérémie, en ces mots : Fais 31 dire à tous les captifs : Ainsi parle l'Éternel sur Schemaeja, Néchélamite : Parce que Schemaeja vous prophétise, sans que je l'aie envoyé, et qu'il vous inspire une fausse confiance, voici ce que dit l'Éternel : Je châ- 32 tierai Schemaeja, Néchélamite, et sa postérité ; nul des siens n'habitera au milieu de ce peuple, et il ne verra pas le bien que je ferai à mon peuple, dit l'Éternel ; car ses paroles sont une révolte contre l'Éternel.

Le retour de la captivité et le rétablissement d'Israël.

30 La parole qui fut adressée à Jérémie de la part de l'Éternel, en ces mots :

Ainsi parle l'Éternel, le Dieu d'Is- 2 raël : Écris dans un livre toutes les

3 paroles que je t'ai dites. Voici, les jours viennent, dit l'Éternel, où je ramènerai les captifs de mon peuple d'Israël et de Juda, dit l'Éternel ; je les ramènerai dans le pays que j'ai donné à leurs pères, et ils le posséderont.

4 Ce sont ici les paroles que l'Éternel a prononcées sur Israël et sur Juda.

5 Ainsi parle l'Éternel :
Nous entendons des cris d'effroi ;
C'est l'épouvante, ce n'est pas la paix.

6 Informez-vous, et regardez si un mâle enfante !
Pourquoi vois-je tous les hommes les mains sur leurs reins,
Comme une femme en travail ?
Pourquoi tous les visages sont-ils devenus pâles ?

7 Malheur ! car ce jour est grand ;
Il n'y en a point eu de semblable.
C'est un temps d'angoisse pour Jacob ;
Mais il en sera délivré.

8 En ce jour-là, dit l'Éternel des armées,
Je briserai son joug de dessus ton cou,
Je romprai tes liens,
Et des étrangers ne t'assujettiront plus.

9 Ils serviront l'Éternel, leur Dieu,
Et David, leur roi, que je leur susciterai.

10 Et toi, mon serviteur Jacob, ne crains pas, dit l'Éternel ;
Ne t'effraie pas, Israël !
Car je te délivrerai de la terre lointaine,
Je délivrerai ta postérité du pays où elle est captive ;
Jacob reviendra, il jouira du repos et de la tranquillité,
Et il n'y aura personne pour le troubler.

11 Car je suis avec toi, dit l'Éternel, pour te délivrer ;
J'anéantirai toutes les nations parmi lesquelles je t'ai dispersé,
Mais toi, je ne t'anéantirai pas ;
Je te châtierai avec équité,
Je ne puis pas te laisser impuni.

12 Ainsi parle l'Éternel :
Ta blessure est grave,
Ta plaie est douloureuse.
13 Nul ne défend ta cause, pour bander ta plaie ;
Tu n'as ni remède, ni moyen de guérison.
14 Tous ceux qui t'aimaient t'oublient,
Aucun ne prend souci de toi ;
Car je t'ai frappée comme frappe un ennemi,
Je t'ai châtiée avec violence,
A cause de la multitude de tes iniquités,
Du grand nombre de tes péchés.
15 Pourquoi te plaindre de ta blessure,
De la douleur que cause ton mal ?
C'est à cause de la multitude de tes iniquités,
Du grand nombre de tes péchés,
Que je t'ai fait souffrir ces choses.
16 Cependant, tous ceux qui te dévorent seront dévorés,
Et tous tes ennemis, tous, iront en captivité ;
Ceux qui te dépouillent seront dépouillés,
Et j'abandonnerai au pillage tous ceux qui te pillent.
17 Mais je te guérirai, je panserai tes plaies,
Dit l'Éternel.
Car ils t'appellent la repoussée,
Cette Sion dont nul ne prend souci.

18 Ainsi parle l'Éternel :
Voici, je ramène les captifs des tentes de Jacob,
J'ai compassion de ses demeures ;
La ville sera rebâtie sur ses ruines,
Le palais sera rétabli comme il était.
19 Du milieu d'eux s'élèveront des actions de grâces
Et des cris de réjouissance ;
Je les multiplierai, et ils ne diminueront pas ;
Je les honorerai, et ils ne seront pas méprisés.
20 Ses fils seront comme autrefois,
Son assemblée subsistera devant moi,
Et je châtierai tous ses oppresseurs.
21 Son chef sera tiré de son sein,
Son dominateur sortira du milieu de lui ;
Je le ferai approcher, et il viendra vers moi ;

Car qui oserait de lui-même s'approcher de moi ?
Dit l'Éternel.

22 Vous serez mon peuple,
Et je serai votre Dieu.

23 Voici, la tempête de l'Éternel, la fureur éclate,
L'orage se précipite,
Il fond sur la tête des méchants.

24 La colère ardente de l'Éternel ne se calmera pas,
Jusqu'à ce qu'il ait accompli, exécuté les desseins de son cœur.
Vous le comprendrez dans la suite des temps.

31 En ce temps-là, dit l'Éternel,
Je serai le Dieu de toutes les familles d'Israël,
Et ils seront mon peuple.

2 Ainsi parle l'Éternel :
Il a trouvé grâce dans le désert,
Le peuple de ceux qui ont échappé au glaive ;
Israël marche vers son lieu de repos.

3 De loin l'Éternel se montre à moi :
Je t'aime d'un amour éternel ;
C'est pourquoi je te conserve ma bonté.

4 Je te rétablirai encore, et tu seras rétablie,
Vierge d'Israël !
Tu auras encore tes tambourins pour parure,
Et tu sortiras au milieu des danses joyeuses.

5 Tu planteras encore des vignes sur les montagnes de Samarie ;
Les planteurs planteront, et cueilleront les fruits.

6 Car le jour vient où les gardes crieront sur la montagne d'Éphraïm :
Levez-vous, montons à Sion, vers l'Éternel, notre Dieu !

7 Car ainsi parle l'Éternel :
Poussez des cris de joie sur Jacob,
Éclatez d'allégresse à la tête des nations !
Élevez vos voix, chantez des louanges, et dites :
Éternel, délivre ton peuple, le reste d'Israël !

8 Voici, je les ramène du pays du septentrion,

Je les rassemble des extrémités de la terre ;
Parmi eux sont l'aveugle et le boiteux,
La femme enceinte et celle en travail ;
C'est une grande multitude, qui revient ici.

9 Ils viennent en pleurant, et je les conduis au milieu de leurs supplications ;
Je les mène vers des torrents d'eau,
Par un chemin uni où ils ne chancellent pas ;
Car je suis un père pour Israël,
Et Éphraïm est mon premier-né.

10 Nations, écoutez la parole de l'Éternel,
Et publiez-la dans les îles lointaines !
Dites : Celui qui a dispersé Israël le rassemblera,
Et il le gardera comme le berger garde son troupeau.

11 Car l'Éternel rachète Jacob,
Il le délivre de la main d'un plus fort que lui.

12 Ils viendront, et pousseront des cris de joie sur les hauteurs de Sion ;
Ils accourront vers les biens de l'Éternel,
Le blé, le moût, l'huile,
Les brebis et les bœufs ;
Leur âme sera comme un jardin arrosé,
Et ils ne seront plus dans la souffrance.

13 Alors les jeunes filles se réjouiront à la danse,
Les jeunes hommes et les vieillards se réjouiront aussi ;
Je changerai leur deuil en allégresse, et je les consolerai ;
Je leur donnerai de la joie après leurs chagrins.

14 Je rassasierai de graisse l'âme des sacrificateurs,
Et mon peuple se rassasiera de mes biens, dit l'Éternel.

15 Ainsi parle l'Éternel :
On entend des cris à Rama,
Des lamentations, des larmes amères ;
Rachel pleure ses enfants ;
Elle refuse d'être consolée sur ses enfants,
Car ils ne sont plus.

16 Ainsi parle l'Éternel :
Retiens tes pleurs,
Retiens les larmes de tes yeux ;
Car il y aura un salaire pour tes
œuvres, dit l'Éternel ;
Ils reviendront du pays de l'ennemi.
17 Il y a de l'espérance pour ton avenir,
dit l'Éternel ;
Tes enfants reviendront dans leur
territoire.

18 J'entends Éphraïm qui se lamente :
Tu m'as châtié, et j'ai été châtié
Comme un veau qui n'est pas dompté ;
Fais-moi revenir, et je reviendrai,
Car tu es l'Éternel, mon Dieu.
19 Après m'être détourné, j'éprouve du
repentir ;
Et après avoir reconnu mes fautes, je
frappe sur ma cuisse ;
Je suis honteux et confus,
Car je porte l'opprobre de ma jeu-
nesse.—
20 Éphraïm est-il donc pour moi un fils
chéri,
Un enfant qui fait mes délices ?
Car plus je parle de lui, plus encore
son souvenir est en moi ;
Aussi mes entrailles sont émues en
sa faveur :
J'aurai pitié de lui, dit l'Éternel.—

21 Dresse des signes, place des poteaux,
Prends garde à la route, au chemin
que tu as suivi...
Reviens, vierge d'Israël,
Reviens dans ces villes qui sont à toi !
22 Jusques à quand seras-tu errante,
Fille égarée ?
Car l'Éternel crée une chose nouvelle
sur la terre :
La femme recherchera l'homme.

23 Ainsi parle l'Éternel des armées, le
Dieu d'Israël :
Voici encore ce que l'on dira dans
le pays de Juda et dans ses villes,
Quand j'aurai ramené leurs captifs :
Que l'Éternel te bénisse, demeure de
la justice,
Montagne sainte !
24 Là s'établiront Juda et toutes ses
villes,
Les laboureurs et ceux qui con-
duisent les troupeaux.

25 Car je rafraîchirai l'âme altérée,
Et je rassasierai toute âme languissante.

26 Là-dessus je me suis réveillé, et j'ai
regardé ;
Mon sommeil m'avait été agréable.

27 Voici, les jours viennent, dit l'É-
ternel,
Où j'ensemencerai la maison d'Israël
et la maison de Juda
D'une semence d'hommes et d'une
semence de bêtes.
28 Et comme j'ai veillé sur eux
Pour arracher, abattre, détruire, ruiner
et faire du mal,
Ainsi je veillerai sur eux pour bâtir
et pour planter,
Dit l'Éternel.
29 En ces jours-là, on ne dira plus :
Les pères ont mangé des raisins
verts,
Et les dents des enfants en ont été
agacées.
30 Mais chacun mourra pour sa propre
iniquité ;
Tout homme qui mangera des raisins
verts,
Ses dents en seront agacées.

31 Voici, les jours viennent, dit l'É-
ternel,
Où je ferai avec la maison d'Israël et
la maison de Juda
Une alliance nouvelle,
32 Non comme l'alliance que je traitai
avec leurs pères,
Le jour où je les saisis par la main
Pour les faire sortir du pays
d'Égypte,
Alliance qu'ils ont violée,
Quoique je fusse leur maître, dit
l'Éternel.
33 Mais voici l'alliance que je ferai avec
la maison d'Israël,
Après ces jours-là, dit l'Éternel :
Je mettrai ma loi au dedans d'eux,
Je l'écrirai dans leur cœur ;
Et je serai leur Dieu,
Et ils seront mon peuple.
34 Celui-ci n'enseignera plus son pro-
chain,
Ni celui-là son frère, en disant :
Connaissez l'Éternel !

Car tous me connaîtront,
Depuis le plus petit jusqu'au plus
grand, dit l'Éternel;
Car je pardonnerai leur iniquité,
Et je ne me souviendrai plus de leur
péché.

35 Ainsi parle l'Éternel, qui a fait le
soleil pour éclairer le jour,
Qui a destiné la lune et les étoiles
à éclairer la nuit,
Qui soulève la mer et fait mugir ses
flots,
Lui dont le nom est l'Éternel des
armées :

36 Si ces lois viennent à cesser devant
moi, dit l'Éternel,
La race d'Israël aussi cessera pour
toujours d'être une nation devant
moi.

37 Ainsi parle l'Éternel: Si les cieux en
haut peuvent être mesurés,
Si les fondements de la terre en bas
peuvent être sondés,
Alors je rejetterai toute la race
d'Israël,
A cause de tout ce qu'ils ont fait, dit
l'Éternel.

38 Voici, les jours viennent, dit l'Éternel,
Où la ville sera rebâtie à l'honneur
de l'Éternel,
Depuis la tour de Hananeel jusqu'à
la porte de l'angle.

39 Le cordeau s'étendra encore vis-à-
vis,
Jusqu'à la colline de Gareb,
Et fera un circuit du côté de Goath.

40 Toute la vallée des cadavres et de la
cendre,
Et tous les champs jusqu'au torrent
de Cédron,
Jusqu'à l'angle de la porte des chevaux à l'orient,
Seront consacrés à l'Éternel,
Et ne seront plus à jamais ni renversés ni détruits.

*La ruine prochaine de Jérusalem et le
retour des captifs.*

32 La parole qui fut adressée à
Jérémie de la part de l'Éternel, la
dixième année de Sédécias, roi de
Juda.—C'était la dix-huitième année
de Nebucadnetsar.

L'armée du roi de Babylone assié- 2
geait alors Jérusalem; et Jérémie, le
prophète, était enfermé dans la cour
de la prison qui était dans la maison
du roi de Juda. Sédécias, roi de 3
Juda, l'avait fait enfermer, et lui avait
dit: Pourquoi prophétises-tu, en disant: Ainsi parle l'Éternel: Voici,
je livre cette ville entre les mains du
roi de Babylone, et il la prendra;
Sédécias, roi de Juda, n'échappera 4
pas aux Chaldéens, mais il sera livré
entre les mains du roi de Babylone,
il lui parlera bouche à bouche, et
ses yeux verront ses yeux; le roi 5
de Babylone emmènera Sédécias à
Babylone, où il restera jusqu'à ce
que je me souvienne de lui, dit
l'Éternel; si vous vous battez contre
les Chaldéens, vous n'aurez point de
succès.

Jérémie dit: La parole de l'Éternel 6
m'a été adressée, en ces mots: Voici, 7
Hanameel, fils de ton oncle Schallum,
va venir auprès de toi pour te dire:
Achète mon champ qui est à Anathoth, car tu as le droit de rachat
pour l'acquérir. Et Hanameel, fils 8
de mon oncle, vint auprès de moi,
selon la parole de l'Éternel, dans
la cour de la prison, et il me dit:
Achète mon champ, qui est à
Anathoth, dans le pays de Benjamin,
car tu as le droit d'héritage et de
rachat, achète-le! Je reconnus que
c'était la parole de l'Éternel. J'ache- 9
tai de Hanameel, fils de mon oncle,
le champ qui est à Anathoth, et je lui
pesai l'argent, dix-sept sicles d'argent.
J'écrivis un contrat, que je cachetai, 10
je pris des témoins, et je pesai l'argent
dans une balance. Je pris ensuite le 11
contrat d'acquisition, celui qui était
cacheté, conformément à la loi et
aux usages, et celui qui était ouvert;
et je remis le contrat d'acquisition à 12
Baruc, fils de Nérija, fils de Machséja, en présence de Hanameel, fils
de mon oncle, en présence des témoins qui avaient signé le contrat
d'acquisition, et en présence de tous
les Juifs qui se trouvaient dans la
cour de la prison. Et je donnai 13
devant eux cet ordre à Baruc: Ainsi 14

parle l'Éternel des armées, le Dieu d'Israël: Prends ces écrits, ce contrat d'acquisition, celui qui est cacheté et celui qui est ouvert, et mets-les dans un vase de terre, afin qu'ils 15 se conservent longtemps. Car ainsi parle l'Éternel des armées, le Dieu d'Israël: On achètera encore des maisons, des champs et des vignes, dans ce pays.

16   Après que j'eus remis le contrat d'acquisition à Baruc, fils de Nérija, j'adressai cette prière à l'Éternel:

17 Ah! Seigneur Éternel,
Voici, tu as fait les cieux et la terre
Par ta grande puissance et par ton
    bras étendu:
Rien n'est étonnant de ta part.
18 Tu fais miséricorde jusqu'à la mil-
    lième génération,
Et tu punis l'iniquité des pères dans
    le sein de leurs enfants après eux.
Tu es le Dieu grand, le puissant,
Dont le nom est l'Éternel des armées.
19 Tu es grand en conseil et puissant
    en action;
Tu as les yeux ouverts sur toutes les
    voies des enfants des hommes,
Pour rendre à chacun selon ses voies,
Selon le fruit de ses œuvres.
20 Tu as fait des miracles et des prodiges
    dans le pays d'Égypte jusqu'à ce
    jour,
Et en Israël et parmi les hommes,
Et tu t'es fait un nom comme il l'est
    aujourd'hui.
21 Tu as fait sortir du pays d'Égypte
    ton peuple d'Israël,
Avec des miracles et des prodiges, à
    main forte et à bras étendu,
Et avec une grande terreur.
22 Tu leur as donné ce pays,
Que tu avais juré à leurs pères de
    leur donner,
Pays où coulent le lait et le miel.
23 Ils sont venus, et ils en ont pris pos-
    session.
Mais ils n'ont point obéi à ta voix,
Ils n'ont point observé ta loi,
Ils n'ont pas fait tout ce que tu leur
    avais ordonné de faire.
Et c'est alors que tu as fait fondre
    sur eux tous ces malheurs!

Voici, les terrasses s'élèvent contre la 24
    ville et la menacent;
La ville sera livrée entre les mains
    des Chaldéens qui l'attaquent,
Vaincue par l'épée, par la famine et
    par la peste.
Ce que tu as dit est arrivé, et tu le
    vois.
Néanmoins, Seigneur Éternel, tu m'as 25
    dit:
Achète un champ pour de l'argent,
    prends des témoins...
Et la ville est livrée entre les mains
    des Chaldéens!

La parole de l'Éternel fut adressée 26
    à Jérémie, en ces mots:
Voici, je suis l'Éternel, le Dieu de 27
    toute chair.
Y a-t-il rien qui soit étonnant de ma
    part?
C'est pourquoi ainsi parle l'Éternel: 28
Voici, je livre cette ville entre les
    mains des Chaldéens,
Et entre les mains de Nebucadnetsar,
    roi de Babylone,
Et il la prendra.
Les Chaldéens qui attaquent cette 29
    ville vont entrer,
Ils y mettront le feu, et ils la brûle-
    ront,
Avec les maisons sur les toits des-
    quelles on a offert de l'encens à
    Baal
Et fait des libations à d'autres dieux,
Afin de m'irriter.
Car les enfants d'Israël et les enfants 30
    de Juda
N'ont fait, dès leur jeunesse, que ce
    qui est mal à mes yeux;
Les enfants d'Israël n'ont fait que
    m'irriter
Par l'œuvre de leurs mains, dit l'Éter-
    nel.
Car cette ville excite ma colère et 31
    ma fureur,
Depuis le jour où on l'a bâtie jusqu'à
    ce jour;
Aussi je veux l'ôter de devant ma
    face,
A cause de tout le mal que les enfants 32
    d'Israël et les enfants de Juda
Ont fait pour m'irriter,
Eux, leurs rois, leurs chefs, leurs
    sacrificateurs et leurs prophètes,

Les hommes de Juda et les habitants
de Jérusalem.

33 Ils m'ont tourné le dos, ils ne m'ont
pas regardé;
On les a enseignés, on les a enseignés
dès le matin;
Mais ils n'ont pas écouté pour recevoir instruction.

34 Ils ont placé leurs abominations
Dans la maison sur laquelle mon
nom est invoqué,
Afin de la souiller.

35 Ils ont bâti des hauts lieux à Baal
dans la vallée de Ben-Hinnom,
Pour faire passer à Moloc leurs fils et
leurs filles:
Ce que je ne leur avais point ordonné;
Et il ne m'était point venu à la
pensée
Qu'ils commettraient de telles hor-
reurs
Pour faire pécher Juda.

36 Et maintenant, ainsi parle l'Éternel,
le Dieu d'Israël,
Sur cette ville dont vous dites:
Elle sera livrée entre les mains du
roi de Babylone,
Vaincue par l'épée, par la famine et
par la peste:

37 Voici, je les rassemblerai de tous les
pays où je les ai chassés,
Dans ma colère, dans ma fureur, et
dans ma grande irritation;
Je les ramènerai dans ce lieu,
Et je les y ferai habiter en sûreté.

38 Ils seront mon peuple,
Et je serai leur Dieu.

39 Je leur donnerai un même cœur et
une même voie,
Afin qu'ils me craignent toujours,
Pour leur bonheur et celui de leurs
enfants après eux.

40 Je traiterai avec eux une alliance
éternelle,
Je ne me détournerai plus d'eux,
Je leur ferai du bien,
Et je mettrai ma crainte dans leur
cœur,
Afin qu'ils ne s'éloignent pas de moi.

41 Je prendrai plaisir à leur faire du
bien,
Et je les planterai véritablement dans
ce pays,

De tout mon cœur et de toute mon
âme.

Car ainsi parle l'Éternel: 42
De même que j'ai fait venir sur ce
peuple tous ces grands malheurs,
De même je ferai venir sur eux tout
le bien que je leur promets.

On achètera des champs dans ce 43
pays
Dont vous dites: C'est un désert,
sans hommes ni bêtes,
Il est livré entre les mains des Chaldéens.

On achètera des champs pour de 44
l'argent,
On écrira des contrats, on les ca-
chètera, on prendra des témoins,
Dans le pays de Benjamin et aux
environs de Jérusalem,
Dans les villes de Juda, dans les
villes de la montagne,
Dans les villes de la plaine et dans
les villes du midi;
Car je ramènerai leurs captifs, dit
l'Éternel.

La parole de l'Éternel fut adres- **33**
sée à Jérémie une seconde fois, en
ces mots, pendant qu'il était encore
enfermé dans la cour de la prison:

Ainsi parle l'Éternel, qui fait ces 2
choses,
L'Éternel, qui les conçoit et les
exécute,
Lui, dont le nom est l'Éternel:
Invoque-moi, et je te répondrai; 3
Je t'annoncerai de grandes choses,
des choses cachées,
Que tu ne connais pas.

Car ainsi parle l'Éternel, le Dieu 4
d'Israël,
Sur les maisons de cette ville
Et sur les maisons des rois de Juda,
Qui seront abattues par les terrasses
et par l'épée,
Quand on s'avancera pour combattre 5
les Chaldéens,
Et qu'elles seront remplies des ca-
davres des hommes
Que je frapperai dans ma colère et
dans ma fureur,
Et à cause de la méchanceté desquels
je cacherai ma face à cette ville:

6 Voici, je lui donnerai la guérison et la santé, je les guérirai,
Et je leur ouvrirai une source abondante de paix et de fidélité.
7 Je ramènerai les captifs de Juda et les captifs d'Israël,
Et je les rétablirai comme autrefois.
8 Je les purifierai de toutes les iniquités qu'ils ont commises contre moi,
Je leur pardonnerai toutes les iniquités par lesquelles ils m'ont offensé,
Par lesquelles ils se sont révoltés contre moi.
9 Cette ville sera pour moi un sujet de joie, de louange et de gloire,
Parmi toutes les nations de la terre,
Qui apprendront tout le bien que je leur ferai;
Elles seront étonnées et émues de tout le bonheur
Et de toute la prospérité que je leur accorderai.

10 Ainsi parle l'Éternel:
On entendra encore dans ce lieu
Dont vous dites: Il est désert, il n'y a plus d'hommes, plus de bêtes;
On entendra dans les villes de Juda et dans les rues de Jérusalem,
Dévastées, privées d'hommes, d'habitants, de bêtes,
11 Les cris de réjouissance et les cris d'allégresse,
Les chants du fiancé et les chants de la fiancée,
La voix de ceux qui disent:
Louez l'Éternel des armées,
Car l'Éternel est bon, car sa miséricorde dure à toujours!
La voix de ceux qui offrent des sacrifices d'actions de grâces
Dans la maison de l'Éternel.
Car je ramènerai les captifs du pays, je les rétablirai comme autrefois,
Dit l'Éternel.

12 Ainsi parle l'Éternel des armées:
Il y aura encore dans ce lieu
Qui est désert, sans hommes ni bêtes,
Et dans toutes ses villes,
Il y aura des demeures pour les bergers
Faisant reposer leurs troupeaux.

13 Dans les villes de la montagne, dans les villes de la plaine,
Dans les villes du midi,
Dans le pays de Benjamin et aux environs de Jérusalem,
Et dans les villes de Juda,
Les brebis passeront encore sous la main de celui qui les compte,
Dit l'Éternel.

14 Voici, les jours viennent, dit l'Éternel,
Où j'accomplirai la bonne parole
Que j'ai dite sur la maison d'Israël et sur la maison de Juda.
15 En ces jours et en ce temps-là,
Je ferai éclore à David un germe de justice;
Il pratiquera la justice et l'équité dans le pays.
16 En ces jours-là, Juda sera sauvé,
Jérusalem aura la sécurité dans sa demeure;
Et voici comment on l'appellera:
L'Éternel notre justice.

17 Car ainsi parle l'Éternel:
David ne manquera jamais d'un successeur
Assis sur le trône de la maison d'Israël;
18 Les sacrificateurs, les Lévites, ne manqueront jamais devant moi de successeurs
Pour offrir des holocaustes, brûler de l'encens avec les offrandes,
Et faire des sacrifices tous les jours.

19 La parole de l'Éternel fut adressée à Jérémie, en ces mots:

20 Ainsi parle l'Éternel:
Si vous pouvez rompre mon alliance avec le jour
Et mon alliance avec la nuit,
En sorte que le jour et la nuit ne soient plus en leur temps,
21 Alors aussi mon alliance sera rompue avec David, mon serviteur,
En sorte qu'il n'aura point de fils régnant sur son trône,
Et mon alliance avec les Lévites, les sacrificateurs, qui font mon service.
22 De même qu'on ne peut compter l'armée des cieux,
Ni mesurer le sable de la mer,

De même je multiplierai la postérité
de David, mon serviteur,
Et les Lévites qui font mon service.

23 La parole de l'Éternel fut adressée
à Jérémie, en ces mots:

24 N'as-tu pas remarqué ce que disent
ces gens:
Les deux familles que l'Éternel avait
choisies, il les a rejetées?
Ainsi ils méprisent mon peuple,
Au point de ne plus le regarder
comme une nation.

25 Ainsi parle l'Éternel:
Si je n'ai pas fait mon alliance avec
le jour et avec la nuit,
Si je n'ai pas établi les lois des cieux
et de la terre,

26 Alors aussi je rejetterai la postérité
de Jacob et de David, mon
serviteur,
Et je ne prendrai plus dans sa postérité ceux qui domineront
Sur les descendants d'Abraham,
d'Isaac et de Jacob.
Car je ramènerai leurs captifs, et
j'aurai pitié d'eux.

*Prophétie sur le sort de Sédécias.—Menaces
à l'occasion de l'asservissement des esclaves
affranchis.*

34 La parole qui fut adressée à Jérémie de la part de l'Éternel, en
ces mots, lorsque Nebucadnetsar, roi
de Babylone, avec toute son armée,
et tous les royaumes des pays sous
sa domination, et tous les peuples,
faisaient la guerre à Jérusalem et à
toutes les villes qui en dépendaient:
2 Ainsi parle l'Éternel, le Dieu d'Israël: Va, et dis à Sédécias, roi de Juda,
dis-lui: Ainsi parle l'Éternel: Voici,
je livre cette ville entre les mains du
roi de Babylone, et il la brûlera par
3 le feu. Et toi, tu n'échapperas pas à
ses mains, mais tu seras pris et livré
entre ses mains, tes yeux verront les
yeux du roi de Babylone, et il te
parlera bouche à bouche, et tu iras à
4 Babylone. Seulement écoute la parole de l'Éternel, Sédécias, roi de
Juda! Ainsi parle l'Éternel sur toi:
5 Tu ne mourras point par l'épée. Tu
mourras en paix; et comme on a
brûlé des parfums pour tes pères, les
anciens rois qui t'ont précédé, ainsi
on en brûlera pour toi, et l'on te
pleurera, en disant: Hélas, seigneur!
Car j'ai prononcé cette parole, dit
l'Éternel.

Jérémie, le prophète, dit toutes ces 6
paroles à Sédécias, roi de Juda, à
Jérusalem. Et l'armée du roi de 7
Babylone combattait contre Jérusalem et contre toutes les autres villes
de Juda, contre Lakis et Azéka, car
c'étaient des villes fortes qui restaient
parmi les villes de Juda.

La parole qui fut adressée à Jé- 8
rémie de la part de l'Éternel, après
que le roi Sédécias eut fait un pacte
avec tout le peuple de Jérusalem,
pour publier la liberté, afin que 9
chacun renvoyât libres son esclave
et sa servante, l'Hébreu et la femme
de l'Hébreu, et que personne ne tînt
plus dans la servitude le Juif, son
frère. Tous les chefs et tout le 10
peuple, qui étaient entrés dans le
pacte, s'engagèrent à renvoyer libres
chacun son esclave et sa servante,
afin de ne plus les tenir dans la servitude; ils obéirent, et les renvoyèrent.
Mais ensuite ils changèrent d'avis; ils 11
reprirent les esclaves et les servantes
qu'ils avaient affranchis, et les forcèrent à redevenir esclaves et servantes.

Alors la parole de l'Éternel fut 12
adressée à Jérémie de la part de
l'Éternel, en ces mots: Ainsi parle 13
l'Éternel, le Dieu d'Israël: J'ai fait
une alliance avec vos pères, le jour
où je les ai fait sortir du pays d'É-
gypte, de la maison de servitude; et
je leur ai dit: Au bout de sept ans, 14
chacun de vous renverra libre son
frère hébreu qui se vend à lui; il te
servira six années, puis tu le renverras
libre de chez toi. Mais vos pères ne
m'ont point écouté, ils n'ont point
prêté l'oreille. Vous, vous aviez fait 15
aujourd'hui un retour sur vous-mêmes,
vous aviez fait ce qui est droit à mes
yeux, en publiant la liberté chacun
pour son prochain, vous aviez fait un
pacte devant moi, dans la maison
sur laquelle mon nom est invoqué.
Mais vous êtes revenus en arrière, et 16
vous avez profané mon nom; vous

avez repris chacun les esclaves et les servantes que vous aviez affranchis, rendus à eux-mêmes, et vous les avez forcés à redevenir vos esclaves et vos servantes.

17 C'est pourquoi ainsi parle l'Éternel : Vous ne m'avez point obéi, en publiant la liberté chacun pour son frère, chacun pour son prochain. Voici, je publie contre vous, dit l'Éternel, la liberté de l'épée, de la peste et de la famine, et je vous rendrai un objet d'effroi pour tous les royaumes de la 18 terre. Je livrerai les hommes qui ont violé mon alliance, qui n'ont pas observé les conditions du pacte qu'ils avaient fait devant moi, en coupant un veau en deux et en passant entre 19 ses morceaux ; je livrerai les chefs de Juda et les chefs de Jérusalem, les eunuques, les sacrificateurs, et tout le peuple du pays, qui ont passé 20 entre les morceaux du veau ; je les livrerai entre les mains de leurs ennemis, entre les mains de ceux qui en veulent à leur vie, et leurs cadavres serviront de pâture aux oiseaux 21 du ciel et aux bêtes de la terre. Je livrerai Sédécias, roi de Juda, et ses chefs, entre les mains de leurs ennemis, entre les mains de ceux qui en veulent à leur vie, entre les mains de l'armée du roi de Babylone, qui s'est 22 éloignée de vous. Voici, je donnerai mes ordres, dit l'Éternel, et je les ramènerai contre cette ville ; ils l'attaqueront, ils la prendront, et la brûleront par le feu. Et je ferai des villes de Juda un désert sans habitants.

Les Récabites.

35 La parole qui fut adressée à Jérémie de la part de l'Éternel, au temps de Jojakim, fils de Josias, roi de Juda, en ces mots :
2 Va à la maison des Récabites, et parle-leur ; tu les conduiras à la maison de l'Éternel, dans une des chambres, 3 et tu leur offriras du vin à boire. Je pris Jaazania, fils de Jérémie, fils de Habazinia, ses frères, tous ses fils, et 4 toute la maison des Récabites, et je les conduisis à la maison de l'Éternel, dans la chambre des fils de Hanan, fils de Jigdalia, homme de Dieu, près

de la chambre des chefs, au-dessus de la chambre de Maaséja, fils de Schallum, garde du seuil. Je mis 5 devant les fils de la maison des Récabites des coupes pleines de vin, et des calices, et je leur dis : Buvez du vin ! Mais ils répondirent : Nous 6 ne buvons pas de vin ; car Jonadab, fils de Récab, notre père, nous a donné cet ordre : Vous ne boirez jamais de vin, ni vous, ni vos fils ; et vous ne bâtirez point de maisons, 7 vous ne sèmerez aucune semence, vous ne planterez point de vignes et vous n'en posséderez point ; mais vous habiterez sous des tentes toute votre vie, afin que vous viviez longtemps dans le pays où vous êtes étrangers. Nous obéissons à tout ce 8 que nous a prescrit Jonadab, fils de Récab, notre père : nous ne buvons pas de vin pendant toute notre vie, nous, nos femmes, nos fils et nos filles ; nous ne bâtissons point de 9 maisons pour nos demeures, et nous ne possédons ni vignes, ni champs, ni terres ensemencées ; nous habitons 10 sous des tentes, et nous suivons et pratiquons tout ce que nous a prescrit Jonadab, notre père. Lorsque Nebu- 11 cadnetsar, roi de Babylone, est monté contre ce pays, nous avons dit : Allons, retirons-nous à Jérusalem, loin de l'armée des Chaldéens et de l'armée de Syrie. C'est ainsi que nous habitons à Jérusalem.

Alors la parole de l'Éternel fut 12 adressée à Jérémie, en ces mots : Ainsi parle l'Éternel des armées, le 13 Dieu d'Israël : Va, et dis aux hommes de Juda et aux habitants de Jérusalem : Ne recevrez-vous pas instruction, pour obéir à mes paroles ? dit l'Éternel. On a observé les pa- 14 roles de Jonadab, fils de Récab, qui a ordonné à ses fils de ne pas boire du vin, et ils n'en ont point bu jusqu'à ce jour, parce qu'ils ont obéi à l'ordre de leur père. Et moi, je vous ai parlé, je vous ai parlé dès le matin, et vous ne m'avez pas écouté. Je vous ai 15 envoyé tous mes serviteurs, les prophètes, je les ai envoyés dès le matin, pour vous dire : Revenez chacun de votre mauvaise voie, amendez vos actions, n'allez pas après d'autres dieux pour les servir, et vous resterez dans le pays que j'ai donné à vous et à vos pères. Mais vous n'avez pas prêté l'oreille, vous ne m'avez pas écouté.

16 Oui, les fils de Jonadab, fils de Récab, observent l'ordre que leur a donné leur père, et ce peuple ne m'écoute

17 pas! C'est pourquoi ainsi parle l'Éternel, le Dieu des armées, le Dieu d'Israël: Voici, je vais faire venir sur Juda et sur tous les habitants de Jérusalem tous les malheurs que j'ai annoncés sur eux, parce que je leur ai parlé et qu'ils n'ont pas écouté, parce que je les ai appelés et qu'ils n'ont pas répondu.

18 Et Jérémie dit à la maison des Récabites: Ainsi parle l'Éternel des armées, le Dieu d'Israël: Parce que vous avez obéi aux ordres de Jonadab, votre père, parce que vous avez observé tous ses commandements et fait tout ce qu'il vous a prescrit;

19 à cause de cela, ainsi parle l'Éternel des armées, le Dieu d'Israël: Jonadab, fils de Récab, ne manquera jamais de descendants qui se tiennent en ma présence.

Le livre des prophéties de Jérémie brûlé par le roi Jojakim.

36 La quatrième année de Jojakim, fils de Josias, roi de Juda, cette parole fut adressée à Jérémie de la part de l'Éternel, en ces mots:

2 Prends un livre, et tu y écriras toutes les paroles que je t'ai dites sur Israël et sur Juda, et sur toutes les nations, depuis le jour où je t'ai parlé, au temps de Josias, jusqu'à ce jour.

3 Quand la maison de Juda entendra tout le mal que je pense lui faire, peut-être reviendront-ils chacun de leur mauvaise voie; alors je pardonnerai leur iniquité et leur péché.

4 Jérémie appela Baruc, fils de Nérija; et Baruc écrivit dans un livre, sous la dictée de Jérémie, toutes les paroles que l'Éternel avait dites à Jérémie.

5 Puis Jérémie donna cet ordre à Baruc: Je suis retenu, et je ne peux pas aller

6 à la maison de l'Éternel. Tu iras toi-même, et tu liras dans le livre que tu as écrit sous ma dictée les paroles de l'Éternel, aux oreilles du peuple, dans la maison de l'Éternel, le jour du jeûne; tu les liras aussi aux oreilles de tous ceux de Juda qui seront venus de leurs villes. Peut-

7 être l'Éternel écoutera-t-il leurs supplications, et reviendront-ils chacun de leur mauvaise voie; car grande est la colère, la fureur dont l'Éternel a menacé ce peuple. Baruc, fils de

8 Nérija, fit tout ce que lui avait ordonné Jérémie, le prophète, et lut dans le livre les paroles de l'Éternel, dans la maison de l'Éternel.

9 La cinquième année de Jojakim, fils de Josias, roi de Juda, le neuvième mois, on publia un jeûne devant l'Éternel pour tout le peuple de Jérusalem et pour tout le peuple venu des villes de Juda à Jérusalem.

10 Et Baruc lut dans le livre les paroles de Jérémie, aux oreilles de tout le peuple, dans la maison de l'Éternel, dans la chambre de Guemaria, fils de Schaphan, le secrétaire, dans le parvis supérieur, à l'entrée de la porte neuve de la maison de l'Éternel. Michée,

11 fils de Guemaria, fils de Schaphan, ayant entendu toutes les paroles de l'Éternel contenues dans le livre,

12 descendit à la maison du roi, dans la chambre du secrétaire, où étaient assis tous les chefs, Élischama, le secrétaire, Delaja, fils de Schemaeja, Elnathan, fils d'Acbor, Guemaria, fils de Schaphan, Sédécias, fils de Hanania, et tous les autres chefs.

13 Et Michée leur rapporta toutes les paroles qu'il avait entendues, lorsque Baruc lisait dans le livre, aux oreilles du peuple.

14 Alors tous les chefs envoyèrent vers Baruc Jehudi, fils de Nethania, fils de Schélémia, fils de Cuschi, pour lui dire: Prends en main le livre dans lequel tu as lu, aux oreilles du peuple, et viens! Baruc, fils de Nérija, prit en main le livre, et se rendit auprès d'eux. Ils lui dirent: Assieds-toi,

15 et lis-le à nos oreilles. Et Baruc lut à leurs oreilles. Lorsqu'ils eurent

16 entendu toutes les paroles, ils se regardèrent avec effroi les uns les autres, et ils dirent à Baruc: Nous

rapporterons au roi toutes ces paroles.

17 Ils firent encore à Baruc cette question : Dis-nous comment tu as écrit toutes ces paroles sous sa dictée.

18 Baruc leur répondit : Il m'a dicté de sa bouche toutes ces paroles, et je les ai écrites dans ce livre avec de

19 l'encre. Les chefs dirent à Baruc : Va, cache-toi, ainsi que Jérémie, et que personne ne sache où vous êtes.

20 Ils allèrent ensuite vers le roi dans la cour, laissant le livre dans la chambre d'Élischama, le secrétaire, et ils en rapportèrent toutes les paroles

21 aux oreilles du roi. Le roi envoya Jehudi pour prendre le livre, Jehudi le prit dans la chambre d'Élischama, le secrétaire, et il le lut aux oreilles du roi et aux oreilles de tous les chefs qui étaient auprès

22 du roi. Le roi était assis dans la maison d'hiver,—c'était au neuvième mois,—et un brasier était allumé

23 devant lui. Lorsque Jehudi eut lu trois ou quatre feuilles, le roi coupa le livre avec le canif du secrétaire, et le jeta dans le feu du brasier, où il fut

24 entièrement consumé. Le roi et tous ses serviteurs, qui entendirent toutes ces paroles, ne furent point effrayés et ne déchirèrent point leurs vête-

25 ments. Elnathan, Delaja et Guemaria, avaient fait des instances auprès du roi pour qu'il ne brûlât pas le livre ; mais il ne les écouta

26 pas. Le roi ordonna à Jerachmeel, fils du roi, à Seraja, fils d'Azriel, et à Schélémia, fils d'Abdeel, de saisir Baruc, le secrétaire, et Jérémie, le prophète. Mais l'Éternel les cacha.

27 La parole de l'Éternel fut adressée à Jérémie, en ces mots, après que le roi eut brûlé le livre contenant les paroles que Baruc avait écrites sous la dictée de Jérémie :

28 Prends de nouveau un autre livre, et tu y écriras toutes les paroles qui étaient dans le premier livre qu'a

29 brûlé Jojakim, roi de Juda. Et sur Jojakim, roi de Juda, tu diras : Ainsi parle l'Éternel : Tu as brûlé ce livre, en disant : Pourquoi y as-tu écrit ces paroles : Le roi de Babylone viendra, il détruira ce pays, et il en fera dis-

paraître les hommes et les bêtes ?

30 C'est pourquoi ainsi parle l'Éternel sur Jojakim, roi de Juda : Aucun des siens ne sera assis sur le trône de David, et son cadavre sera exposé à la chaleur pendant le jour et au froid

31 pendant la nuit. Je le châtierai, lui, sa postérité, et ses serviteurs, à cause de leur iniquité, et je ferai venir sur eux, sur les habitants de Jérusalem et sur les hommes de Juda tous les malheurs dont je les ai menacés, sans qu'ils aient voulu m'écouter.

32 Jérémie prit un autre livre, et le donna à Baruc, fils de Nérija, le secrétaire. Baruc y écrivit, sous la dictée de Jérémie, toutes les paroles du livre qu'avait brûlé au feu Jojakim, roi de Juda. Beaucoup d'autres paroles semblables y furent encore ajoutées.

Jérémie en prison.

37 Sédécias, fils de Josias, régna à la place de Jeconia, fils de Jojakim, et fut établi roi dans le pays de Juda par Nebucadnetsar, roi de Babylone.

2 Ni lui, ni ses serviteurs, ni le peuple du pays, n'écoutèrent les paroles que l'Éternel prononça par Jérémie, le prophète.

3 Le roi Sédécias envoya Jucal, fils de Schélémia, et Sophonie, fils de Maaséja, le sacrificateur, vers Jérémie, le prophète, pour lui dire : Intercède en notre faveur auprès de l'Éternel, notre Dieu.

4 Or Jérémie allait et venait parmi le peuple ; on ne l'avait pas encore

5 mis en prison. L'armée de Pharaon était sortie d'Égypte ; et les Chaldéens, qui assiégeaient Jérusalem, ayant appris cette nouvelle, s'étaient retirés de Jérusalem.

6 Alors la parole de l'Éternel fut adressée à Jérémie, le prophète, en

7 ces mots : Ainsi parle l'Éternel, le Dieu d'Israël : Vous direz au roi de Juda, qui vous a envoyés vers moi pour me consulter : Voici, l'armée de Pharaon, qui était en marche pour vous secourir, retourne dans son pays,

8 en Égypte ; et les Chaldéens reviendront, ils attaqueront cette ville, ils la prendront, et la brûleront par le

9 feu. Ainsi parle l'Éternel : Ne vous

faites pas illusion, en disant : Les Chaldéens s'en iront loin de nous !

10 Car ils ne s'en iront pas. Et même quand vous battriez toute l'armée des Chaldéens qui vous font la guerre, quand il ne resterait d'eux que des hommes blessés, ils se relèveraient chacun dans sa tente, et brûleraient cette ville par le feu.

11 Pendant que l'armée des Chaldéens s'était éloignée de Jérusalem, à cause

12 de l'armée de Pharaon, Jérémie voulut sortir de Jérusalem, pour aller dans le pays de Benjamin et s'échap-

13 per du milieu du peuple. Lorsqu'il fut à la porte de Benjamin, le commandant de la garde, nommé Jireija, fils de Schélémia, fils de Hanania, se trouvait là, et il saisit Jérémie, le prophète, en disant : Tu

14 passes aux Chaldéens ! Jérémie répondit : C'est faux ! je ne passe pas aux Chaldéens. Mais Jireija ne l'écouta point ; il arrêta Jérémie, et

15 le conduisit devant les chefs. Les chefs, irrités contre Jérémie, le frappèrent, et le mirent en prison dans la maison de Jonathan, le secrétaire ;

16 car ils en avaient fait une prison. Ce fut ainsi que Jérémie entra dans la prison et dans les cachots, où il resta longtemps.

17 Le roi Sédécias l'envoya chercher, et l'interrogea secrètement dans sa maison. Il dit : Y a-t-il une parole de la part de l'Éternel ? Jérémie répondit : Oui. Et il ajouta : Tu seras livré entre les mains du roi

18 de Babylone. Jérémie dit encore au roi Sédécias : En quoi ai-je péché contre toi, contre tes serviteurs, et contre ce peuple, pour que vous

19 m'ayez mis en prison ? Et où sont vos prophètes qui vous prophétisaient, en disant : Le roi de Babylone ne viendra pas contre vous, ni contre

20 ce pays ? Maintenant, écoute, je te prie, ô roi, mon seigneur, et que mes supplications soient favorablement reçues devant toi ! Ne me renvoie pas dans la maison de Jonathan, le secrétaire, de peur que je n'y meure !

21 Le roi Sédécias ordonna qu'on gardât Jérémie dans la cour de la prison, et qu'on lui donnât chaque jour un pain de la rue des boulangers, jusqu'à ce que tout le pain de la ville fût consommé. Ainsi Jérémie demeura dans la cour de la prison.

Jérémie dans une citerne.

38

Schephathia, fils de Matthan, Guedalia, fils de Paschhur, Jucal, fils de Schélémia, et Paschhur, fils de Malkija, entendirent les paroles que Jérémie adressait à tout le peuple,

2 en disant : Ainsi parle l'Éternel : Celui qui restera dans cette ville mourra par l'épée, par la famine ou par la peste ; mais celui qui sortira pour se rendre aux Chaldéens aura la vie sauve, sa vie sera son butin, et il

3 vivra. Ainsi parle l'Éternel : Cette ville sera livrée à l'armée du roi de Babylone, qui la prendra.

4 Et les chefs dirent au roi : Que cet homme soit mis à mort ! car il décourage les hommes de guerre qui restent dans cette ville, et tout le peuple, en leur tenant de pareils discours ; cet homme ne cherche pas le bien de ce peuple, il ne veut que son malheur.

5 Le roi Sédécias répondit : Voici, il est entre vos mains ; car le roi ne peut rien contre vous.

6 Alors ils prirent Jérémie, et le jetèrent dans la citerne de Malkija, fils du roi, laquelle se trouvait dans la cour de la prison ; ils descendirent Jérémie avec des cordes. Il n'y avait point d'eau dans la citerne, mais il y avait de la boue ; et Jérémie enfonça dans la boue.

7 Ébed-Mélec, l'Éthiopien, eunuque qui était dans la maison du roi, apprit qu'on avait mis Jérémie dans la citerne. Le roi était assis à la porte

8 de Benjamin. Ébed-Mélec sortit de la maison du roi, et parla ainsi au

9 roi : O roi, mon seigneur, ces hommes ont mal agi en traitant de la sorte Jérémie, le prophète, en le jetant dans la citerne ; il mourra de faim là où il est, car il n'y a plus de pain dans la ville.

10 Le roi donna cet ordre à Ébed-Mélec, l'Éthiopien : Prends ici trente hommes avec toi, et tu retireras de la citerne Jérémie,

11 le prophète, avant qu'il meure. Ébed-Mélec prit avec lui les hommes, et se rendit à la maison du roi, dans un lieu au-dessous du trésor; il en sortit des lambeaux usés et de vieux haillons, et les descendit à Jérémie dans la citerne, avec des cordes.

12 Ébed-Mélec, l'Éthiopien, dit à Jérémie: Mets ces lambeaux usés et ces haillons sous tes aisselles, sous les

13 cordes. Et Jérémie fit ainsi. Ils tirèrent Jérémie avec les cordes, et le firent monter hors de la citerne. Jérémie resta dans la cour de la prison.

14 Le roi Sédécias envoya chercher Jérémie, le prophète, et le fit venir auprès de lui dans la troisième entrée de la maison de l'Éternel. Et le roi dit à Jérémie: J'ai une chose à te

15 demander; ne me cache rien. Jérémie répondit à Sédécias: Si je te la dis, ne me feras-tu pas mourir? Et si je te donne un conseil, tu ne

16 m'écouteras pas. Le roi Sédécias jura secrètement à Jérémie, en disant: L'Éternel est vivant, lui qui nous a donné la vie! je ne te ferai pas mourir, et je ne te livrerai pas entre les mains de ces hommes qui

17 en veulent à ta vie. Jérémie dit alors à Sédécias: Ainsi parle l'Éternel, le Dieu des armées, le Dieu d'Israël: Si tu vas te rendre aux chefs du roi de Babylone, tu auras la vie sauve, et cette ville ne sera pas brûlée par le feu; tu vivras, toi

18 et ta maison. Mais si tu ne te rends pas aux chefs du roi de Babylone, cette ville sera livrée entre les mains des Chaldéens, qui la brûleront par le feu; et toi, tu n'échapperas pas à

19 leurs mains. Le roi Sédécias dit à Jérémie: Je crains les Juifs qui ont passé aux Chaldéens; je crains qu'on ne me livre entre leurs mains, et

20 qu'ils ne m'outragent. Jérémie répondit: On ne te livrera pas. Écoute la voix de l'Éternel dans ce que je te dis; tu t'en trouveras bien, et tu

21 auras la vie sauve. Mais si tu refuses de sortir, voici ce que l'Éternel m'a

22 révélé: Toutes les femmes qui restent dans la maison du roi de Juda seront menées aux chefs du roi de Babylone, et elles diront: Tu as été trompé, dominé, par ceux qui t'annonçaient la paix; et quand tes pieds sont enfoncés dans la boue, ils se retirent.

23 Toutes tes femmes et tes enfants seront menés aux Chaldéens; et toi, tu n'échapperas pas à leurs mains, tu seras saisi par la main du roi de Babylone, et cette ville sera brûlée

24 par le feu. Sédécias dit à Jérémie: Que personne ne sache rien de ces

25 discours, et tu ne mourras pas. Si les chefs apprennent que je t'ai parlé, et s'ils viennent te dire: Rapporte-nous ce que tu as dit au roi, et ce que le roi t'a dit, ne nous cache rien,

26 et nous ne te ferons pas mourir,—tu leur répondras: J'ai supplié le roi de ne pas me renvoyer dans la maison de Jonathan, de peur que je n'y meure.

27 Tous les chefs vinrent auprès de Jérémie et le questionnèrent. Il leur répondit entièrement comme le roi l'avait ordonné. Ils gardèrent alors le silence et se retirèrent, car la chose ne s'était pas répandue.

28 Jérémie resta dans la cour de la prison jusqu'au jour de la prise de Jérusalem.

Prise de Jérusalem.

39 Lorsque Jérusalem fut prise,— la neuvième année de Sédécias, roi de Juda, le dixième mois, Nebucadnetsar, roi de Babylone, vint avec toute son armée devant Jérusalem,

2 et en fit le siège; la onzième année de Sédécias, le neuvième jour du quatrième mois, la brèche fut faite à

3 la ville,—tous les chefs du roi de Babylone s'avancèrent, et occupèrent la porte du milieu: Nergal-Scharetser, Samgar-Nebu, Sarsekim, chef des eunuques, Nergal-Scharetser, chef des mages, et tous les autres chefs

4 du roi de Babylone. Dès que Sédécias, roi de Juda, et tous les gens de guerre les eurent vus, ils s'enfuirent, et sortirent de la ville pendant la nuit par le chemin du jardin du roi, par la porte entre les deux murs, et ils prirent le chemin de la plaine.

5 Mais l'armée des Chaldéens les poursuivit, et atteignit Sédécias dans les

plaines de Jéricho. Ils le prirent, et le firent monter vers Nebucadnetsar, roi de Babylone, à Ribla, dans le pays de Hamath; et il prononça 6 contre lui une sentence. Le roi de Babylone fit égorger à Ribla les fils de Sédécias en sa présence; le roi de Babylone fit aussi égorger tous 7 les grands de Juda. Puis il fit crever les yeux à Sédécias, et le fit lier avec des chaînes d'airain, pour l'emmener 8 à Babylone. Les Chaldéens brûlèrent par le feu la maison du roi et les maisons du peuple, et ils démolirent les murailles de Jérusalem. 9 Nebuzaradan, chef des gardes, emmena captifs à Babylone ceux du peuple qui étaient demeurés dans la ville, ceux qui s'étaient rendus à lui, 10 et le reste du peuple. Mais Nebuzaradan, chef des gardes, laissa dans le pays de Juda quelques-uns des plus pauvres du peuple, ceux qui n'avaient rien; et il leur donna alors des vignes et des champs.

11 Nebucadnetsar, roi de Babylone, avait donné cet ordre au sujet de Jérémie par Nebuzaradan, chef des 12 gardes: Prends-le, et veille sur lui; ne lui fais aucun mal, mais agis à 13 son égard comme il te dira. Nebuzaradan, chef des gardes, Nebuschazban, chef des eunuques, Nergal-Scharetser, chef des mages, et tous 14 les chefs du roi de Babylone, envoyèrent chercher Jérémie dans la cour de la prison, et ils le remirent à Guedalia, fils d'Achikam, fils de Schaphan, pour qu'il fût conduit dans sa maison. Et il resta au milieu du peuple.

15 La parole de l'Éternel fut adressée à Jérémie en ces mots, pendant qu'il était enfermé dans la cour de la 16 prison: Va, parle à Ébed-Mélec, l'Éthiopien, et dis-lui: Ainsi parle l'Éternel des armées, le Dieu d'Israël: Voici, je vais faire venir sur cette ville les choses que j'ai annoncées pour le mal et non pour le bien; elles arriveront en ce jour devant toi. 17 Mais en ce jour je te délivrerai, dit l'Éternel, et tu ne seras pas livré entre les mains des hommes que tu crains. Je te sauverai, et tu ne 18 tomberas pas sous l'épée; ta vie sera ton butin, parce que tu as eu confiance en moi, dit l'Éternel.

Jérémie en liberté. Guedalia gouverneur du pays de Juda.

La parole qui fut adressée à Jérémie de la part de l'Éternel, après que Nebuzaradan, chef des gardes, l'eut renvoyé de Rama. Quand il le fit chercher, Jérémie était lié de chaînes parmi tous les captifs de Jérusalem et de Juda qu'on emmenait à Babylone. **40**

Le chef des gardes envoya chercher 2 Jérémie, et lui dit: L'Éternel, ton Dieu, a annoncé ces malheurs contre ce lieu; l'Éternel a fait venir et a 3 exécuté ce qu'il avait dit, et ces choses vous sont arrivées parce que vous avez péché contre l'Éternel et que vous n'avez pas écouté sa voix. Maintenant voici, je te délivre au- 4 jourd'hui des chaînes que tu as aux mains; si tu veux venir avec moi à Babylone, viens, j'aurai soin de toi; si cela te déplaît de venir avec moi à Babylone, ne viens pas; regarde, tout le pays est devant toi, va où il te semblera bon et convenable d'aller. Et comme il tardait à répondre: 5 Retourne, ajouta-t-il, vers Guedalia, fils d'Achikam, fils de Schaphan, que le roi de Babylone a établi sur les villes de Juda, et reste avec lui parmi le peuple; ou bien, va partout où il te conviendra d'aller. Le chef des gardes lui donna des vivres et des présents, et le congédia. Jérémie 6 alla vers Guedalia, fils d'Achikam, à Mitspa, et il resta avec lui parmi le peuple qui était demeuré dans le pays.

Lorsque tous les chefs des troupes 7 qui étaient dans les campagnes eurent appris, eux et leurs hommes, que le roi de Babylone avait établi gouverneur du pays Guedalia, fils d'Achikam, et qu'il lui avait confié les hommes, les femmes, les enfants, et ceux des pauvres du pays qu'on n'avait pas emmenés captifs à Babylone, ils se 8 rendirent auprès de Guedalia à Mitspa, savoir Ismaël, fils de Nethania, Jochanan et Jonathan, fils de Karéach, Seraja, fils de Thanhumeth, les fils d'Éphaï de Nethopha, et Jezania, fils du Maacatite, eux et leurs 9 hommes. Guedalia, fils d'Achikam, fils de Schaphan, leur jura, à eux et à leurs hommes, en disant: Ne craignez pas de servir les Chaldéens; demeurez dans le pays, servez le roi de Babylone, et vous vous en trou- 10 verez bien. Voici, je reste à Mitspa, pour être présent devant les Chaldéens qui viendront vers nous; et vous, faites la récolte du vin, des fruits d'été et de l'huile, mettez-les dans vos vases, et demeurez dans vos villes que vous occupez.

11 Tous les Juifs qui étaient au pays de Moab, chez les Ammonites, au pays d'Édom, et dans tous les pays, apprirent que le roi de Babylone avait laissé un reste dans Juda, et qu'il leur avait donné pour gouverneur Guedalia, fils d'Achikam, fils de Scha- 12 phan. Et tous les Juifs revinrent de tous les lieux où ils étaient dispersés, ils se rendirent dans le pays de Juda vers Guedalia à Mitspa, et ils firent une abondante récolte de vin et de fruits d'été.

13 Jochanan, fils de Karéach, et tous les chefs des troupes qui étaient dans les campagnes, vinrent auprès de 14 Guedalia à Mitspa, et lui dirent: Sais-tu que Baalis, roi des Ammonites, a chargé Ismaël, fils de Nethania, de t'ôter la vie? Mais Guedalia, fils d'Achikam, ne les crut point. 15 Et Jochanan, fils de Karéach, dit secrètement à Guedalia à Mitspa: Permets que j'aille tuer Ismaël, fils de Nethania. Personne ne le saura. Pourquoi t'ôterait-il la vie? pourquoi tous ceux de Juda rassemblés auprès de toi se disperseraient-ils, et le reste 16 de Juda périrait-il? Guedalia, fils d'Achikam, répondit à Jochanan, fils de Karéach: Ne fais pas cela; car ce que tu dis sur Ismaël est faux.

Assassinat de Guedalia.

41 Au septième mois, Ismaël, fils de Nethania, fils d'Élischama, de la race royale, vint avec des grands du roi et dix hommes auprès de Guedalia, fils d'Achikam, à Mitspa. Là, ils mangèrent ensemble à Mitspa. Alors Ismaël, fils de Nethania, se 2 leva avec les dix hommes dont il était accompagné, et ils frappèrent avec l'épée Guedalia, fils d'Achikam, fils de Schaphan; il fit ainsi mourir celui que le roi de Babylone avait établi gouverneur du pays. Ismaël 3 tua encore tous les Juifs qui étaient auprès de Guedalia à Mitspa, et les Chaldéens qui se trouvaient là, les gens de guerre.

Le second jour après l'assassinat 4 de Guedalia, tandis que personne n'en savait rien, il arriva de Sichem, de 5 Silo et de Samarie, quatre-vingts hommes, qui avaient la barbe rasée et les vêtements déchirés, et qui s'étaient fait des incisions; ils portaient des offrandes et de l'encens, pour les présenter à la maison de l'Éternel. Ismaël, fils de Nethania, sortit de 6 Mitspa au-devant d'eux; il marchait en pleurant. Lorsqu'il les rencontra, il leur dit: Venez vers Guedalia, fils d'Achikam. Et quand ils furent au 7 milieu de la ville, Ismaël, fils de Nethania, les égorgea et les jeta dans la citerne, avec l'aide des gens qui l'accompagnaient. Mais il se 8 trouva parmi eux dix hommes, qui dirent à Ismaël: Ne nous fais pas mourir, car nous avons des provisions cachées dans les champs, du froment, de l'orge, de l'huile et du miel. Alors il les épargna, et ne les fit pas mourir avec leurs frères. La citerne dans 9 laquelle Ismaël jeta tous les cadavres des hommes qu'il tua près de Guedalia est celle qu'avait construite le roi Asa, lorsqu'il craignait Baescha, roi d'Israël; c'est cette citerne qu'Ismaël, fils de Nethania, remplit de cadavres. Ismaël fit prisonniers tous 10 ceux qui restaient à Mitspa, les filles du roi et tous ceux du peuple qui y demeuraient, et que Nebuzaradan, chef des gardes, avait confiés à Guedalia, fils d'Achikam; Ismaël, fils de Nethania, les emmena captifs, et partit pour passer chez les Ammonites.

11 Jochanan, fils de Karéach, et tous les chefs des troupes qui étaient avec lui, furent informés de tout le mal qu'avait fait Ismaël, fils de Nethania.

12 Ils prirent tous les hommes, et se mirent en marche pour attaquer Ismaël, fils de Nethania. Ils le trouvèrent près des grandes eaux de

13 Gabaon. Quand tout le peuple qui était avec Ismaël vit Jochanan, fils de Karéach, et tous les chefs des troupes avec lui, il en eut de la joie;

14 et tout le peuple qu'Ismaël avait emmené de Mitspa se retourna, et vint se joindre à Jochanan, fils de

15 Karéach. Mais Ismaël, fils de Nethania, se sauva avec huit hommes devant Jochanan, et alla chez les

16 Ammonites. Jochanan, fils de Karéach, et tous les chefs des troupes qui étaient avec lui, prirent tout le reste du peuple, et le délivrèrent des mains d'Ismaël, fils de Nethania, lorsqu'il l'emmenait de Mitspa, après avoir tué Guedalia, fils d'Achikam. Hommes de guerre, femmes, enfants, eunuques, Jochanan les ramena de-

17 puis Gabaon. Ils se mirent en marche, et s'arrêtèrent à l'hôtellerie de Kimham près de Bethléhem, pour

18 se retirer ensuite en Égypte, loin des Chaldéens dont ils avaient peur, parce qu'Ismaël, fils de Nethania, avait tué Guedalia, fils d'Achikam, que le roi de Babylone avait établi gouverneur du pays.

Jérémie s'opposant aux Juifs qui veulent se retirer en Égypte.

42 Tous les chefs des troupes, Jochanan, fils de Karéach, Jezania, fils d'Hosée, et tout le peuple, depuis le plus petit jusqu'au plus grand,

2 s'avancèrent, et dirent à Jérémie, le prophète: Que nos supplications soient favorablement reçues devant toi! Intercède en notre faveur auprès de l'Éternel, ton Dieu, en faveur de tous ceux qui restent, car nous étions beaucoup, et nous restons en petit nombre, comme tes yeux le

3 voient; et que l'Éternel, ton Dieu, nous montre le chemin que nous devons suivre, et ce que nous avons à

4 faire! Jérémie, le prophète, leur dit:

J'entends; voici je vais prier l'Éternel, votre Dieu, selon votre demande; et je vous ferai connaître, sans rien vous cacher, tout ce que l'Éternel vous répondra. Et ils dirent à Jérémie: 5 Que l'Éternel soit contre nous un témoin véritable et fidèle, si nous ne faisons pas tout ce que l'Éternel, ton Dieu, te chargera de nous dire! Que 6 ce soit du bien ou du mal, nous obéirons à la voix de l'Éternel, notre Dieu, vers qui nous t'envoyons, afin que nous soyons heureux, si nous obéissons à la voix de l'Éternel, notre Dieu.

Dix jours après, la parole de l'É- 7 ternel fut adressée à Jérémie. Et 8 Jérémie appela Jochanan, fils de Karéach, tous les chefs des troupes qui étaient avec lui, et tout le peuple, depuis le plus petit jusqu'au plus grand. Il leur dit: Ainsi parle l'É- 9 ternel, le Dieu d'Israël, vers qui vous m'avez envoyé, pour que je lui présente vos supplications: Si vous restez 10 dans ce pays, je vous y établirai et je ne vous détruirai pas, je vous planterai et je ne vous arracherai pas; car je me repens du mal que je vous ai fait. Ne craignez pas le roi de 11 Babylone, dont vous avez peur; ne le craignez pas, dit l'Éternel, car je suis avec vous pour vous sauver et vous délivrer de sa main; je lui 12 inspirerai de la compassion pour vous, et il aura pitié de vous, et il vous laissera demeurer dans votre pays. Mais si vous n'obéissez pas à 13 la voix de l'Éternel, votre Dieu, et si 14 vous dites: Nous ne resterons pas dans ce pays, non, nous irons au pays d'Égypte, où nous ne verrons point de guerre, où nous n'entendrons pas le son de la trompette, où nous ne manquerons pas de pain, et c'est là que nous habiterons,—alors écou- 15 tez la parole de l'Éternel, restes de Juda! Ainsi parle l'Éternel des armées, le Dieu d'Israël: Si vous tournez le visage pour aller en Égypte, si vous y allez demeurer, l'épée que 16 vous redoutez vous atteindra là au pays d'Égypte, la famine que vous craignez s'attachera à vous là en

17 Égypte, et vous y mourrez. Tous ceux qui tourneront le visage pour aller en Égypte, afin d'y demeurer, mourront par l'épée, par la famine ou par la peste, et nul n'échappera, ne fuira, devant les malheurs que je

18 ferai venir sur eux. Car ainsi parle l'Éternel des armées, le Dieu d'Israël: De même que ma colère et ma fureur se sont répandues sur les habitants de Jérusalem, de même ma fureur se répandra sur vous, si vous allez en Égypte; vous serez un sujet d'exécration, d'épouvante, de malédiction et d'opprobre, et vous

19 ne verrez plus ce lieu. Restes de Juda, l'Éternel vous dit: N'allez pas en Égypte! sachez que je vous le dé-

20 fends aujourd'hui. Vous vous trompez vous-mêmes, car vous m'avez envoyé vers l'Éternel, votre Dieu, en disant: Intercède en notre faveur auprès de l'Éternel, notre Dieu, faisnous connaître tout ce que l'Éternel, notre Dieu, dira, et nous le ferons.

21 Je vous l'ai déclaré aujourd'hui; mais vous n'écoutez pas la voix de l'Éternel, votre Dieu, ni tout ce qu'il m'a

22 chargé de vous dire. Sachez maintenant que vous mourrez par l'épée, par la famine ou par la peste, dans le lieu où vous voulez aller pour y demeurer.

Jérémie entraîné en Égypte.

43 Lorsque Jérémie eut achevé de dire à tout le peuple toutes les paroles de l'Éternel, leur Dieu, toutes ces paroles que l'Éternel, leur Dieu, l'avait chargé de leur dire, Azaria,

2 fils d'Hosée, Jochanan, fils de Karéach, et tous ces hommes orgueilleux, dirent à Jérémie: Tu dis un mensonge: l'Éternel, notre Dieu, ne t'a point chargé de nous dire: N'allez pas en Égypte pour y de-

3 meurer. Mais c'est Baruc, fils de Nérija, qui t'excite contre nous, afin de nous livrer entre les mains des Chaldéens, pour qu'ils nous fassent mourir ou nous emmènent captifs

4 à Babylone. Jochanan, fils de Karéach, tous les chefs des troupes, et tout le peuple, n'obéirent point à la voix de l'Éternel, qui leur ordonnait

de rester dans le pays de Juda. Et 5 Jochanan, fils de Karéach, et tous les chefs des troupes, prirent tous les restes de Juda, qui, après avoir été dispersés parmi toutes les nations, étaient revenus pour habiter le pays de Juda, les hommes, les femmes, 6 les enfants, les filles du roi, et toutes les personnes que Nebuzaradan, chef des gardes, avait laissées avec Guedalia, fils d'Achikam, fils de Schaphan, et aussi Jérémie, le prophète, et Baruc, fils de Nérija. Ils allèrent 7 au pays d'Égypte, car ils n'obéirent pas à la voix de l'Éternel, et ils arrivèrent à Tachpanès.

Prophétie sur la conquête de l'Égypte par Nebucadnetsar.

La parole de l'Éternel fut adressée 8 à Jérémie, à Tachpanès, en ces mots: Prends dans ta main de grandes 9 pierres, et cache-les, en présence des Juifs, dans l'argile du four à briques qui est à l'entrée de la maison de Pharaon à Tachpanès. Et tu diras 10 aux Juifs: Ainsi parle l'Éternel des armées, le Dieu d'Israël: Voici, j'enverrai chercher Nebucadnetsar, roi de Babylone, mon serviteur, et je placerai son trône sur ces pierres que j'ai cachées, et il étendra son tapis sur elles. Il viendra, et il frap- 11 pera le pays d'Égypte: à la mort ceux qui sont pour la mort, à la captivité ceux qui sont pour la captivité, à l'épée ceux qui sont pour l'épée! Je mettrai le feu aux maisons 12 des dieux de l'Égypte; Nebucadnetsar les brûlera, il emmènera captives les idoles, il s'enveloppera du pays d'Égypte comme le berger s'enveloppe de son vêtement, et il sortira de là en paix. Il brisera les statues 13 de Beth-Schémesch au pays d'Égypte, et il brûlera par le feu les maisons des dieux de l'Égypte.

Censures contre les Juifs retirés en Égypte.

La parole qui fut adressée à Jé- **44** rémie sur tous les Juifs demeurant au pays d'Égypte, demeurant à Migdol, à Tachpanès, à Noph et au pays de Pathros, en ces mots:

2 Ainsi parle l'Éternel des armées, le Dieu d'Israël: Vous avez vu tous les malheurs que j'ai fait venir sur Jérusalem et sur toutes les villes de Juda: voici, elles ne sont plus aujourd'hui que des ruines, et il n'y a plus d'habitants, à cause de la méchanceté avec 3 laquelle ils ont agi pour m'irriter, en allant encenser et servir d'autres dieux, inconnus à eux, à vous et à 4 vos pères. Je vous ai envoyé tous mes serviteurs, les prophètes, je les ai envoyés dès le matin, pour vous dire: Ne faites pas ces abominations, 5 que je hais. Mais ils n'ont pas écouté, ils n'ont pas prêté l'oreille, ils ne sont pas revenus de leur méchanceté, et ils n'ont pas cessé d'offrir de l'encens 6 à d'autres dieux. Ma colère et ma fureur se sont répandues, et ont embrasé les villes de Juda et les rues de Jérusalem, qui ne sont plus que des ruines et un désert, comme on le 7 voit aujourd'hui. Maintenant ainsi parle l'Éternel, le Dieu des armées, le Dieu d'Israël: Pourquoi vous faites-vous à vous mêmes un si grand mal, que de faire exterminer du milieu de Juda hommes, femmes, enfants et nourrissons, en sorte qu'il n'y ait 8 plus de vous aucun reste? Pourquoi m'irritez-vous par les œuvres de vos mains, en offrant de l'encens aux autres dieux du pays d'Égypte, où vous êtes venus pour y demeurer, afin de vous faire exterminer et d'être un objet de malédiction et d'opprobre parmi toutes les nations 9 de la terre? Avez-vous oublié les crimes de vos pères, les crimes des rois de Juda, les crimes de leurs femmes, vos crimes et les crimes de vos femmes, commis dans le pays de Juda et dans les rues de Jérusalem? 10 Ils ne se sont point humiliés jusqu'à ce jour, ils n'ont point eu de crainte, ils n'ont point suivi ma loi et mes commandements, que j'ai mis devant 11 vous et devant vos pères. C'est pourquoi ainsi parle l'Éternel des armées, le Dieu d'Israël: Voici, je tourne ma face contre vous pour faire du mal, 12 et pour exterminer tout Juda. Je prendrai les restes de Juda qui ont tourné le visage pour aller au pays

d'Égypte, afin d'y demeurer; ils seront tous consumés, ils tomberont dans le pays d'Égypte; ils seront consumés par l'épée, par la famine, depuis le plus petit jusqu'au plus grand; ils périront par l'épée et par la famine; et ils seront un sujet d'exécration, d'épouvante, de malédiction et d'opprobre. Je châtierai 13 ceux qui demeurent au pays d'Égypte, comme j'ai châtié Jérusalem, par l'épée, par la famine et par la peste. Nul n'échappera, ne fuira, 14 parmi les restes de Juda qui sont venus pour demeurer au pays d'Égypte, avec l'intention de retourner dans le pays de Juda, où ils ont le désir de retourner s'établir; car ils n'y retourneront pas, sinon quelques réchappés.

Tous les hommes qui savaient que 15 leurs femmes offraient de l'encens à d'autres dieux, toutes les femmes qui se trouvaient là en grand nombre, et tout le peuple qui demeurait au pays d'Égypte, à Pathros, répondirent ainsi à Jérémie: Nous ne t'obéirons 16 en rien de ce que tu nous as dit au nom de l'Éternel. Mais nous vou- 17 lons agir comme l'a déclaré notre bouche, offrir de l'encens à la reine du ciel, et lui faire des libations, comme nous l'avons fait, nous et nos pères, nos rois et nos chefs, dans les villes de Juda et dans les rues de Jérusalem. Alors nous avions du pain pour nous rassasier, nous étions heureux, et nous n'éprouvions point de malheur. Et depuis que nous 18 avons cessé d'offrir de l'encens à la reine du ciel et de lui faire des libations, nous avons manqué de tout, et nous avons été consumés par l'épée et par la famine...D'ailleurs, lorsque 19 nous offrons de l'encens à la reine du ciel et que nous lui faisons des libations, est-ce sans la volonté de nos maris que nous lui préparons des gâteaux pour l'honorer et que nous lui faisons des libations?

Jérémie dit alors à tout le peuple, 20 aux hommes, aux femmes, à tous ceux qui lui avaient fait cette réponse: L'Éternel ne s'est-il pas rap- 21 pelé, n'a-t-il pas eu à la pensée l'encens que vous avez brûlé dans les villes de Juda et dans les rues de Jérusalem, vous et vos pères, vos rois et 22 vos chefs, et le peuple du pays ? L'Éternel n'a pas pu le supporter davantage, à cause de la méchanceté de vos actions, à cause des abominations que vous avez commises ; et votre pays est devenu une ruine, un désert, un objet de malédiction, comme on le 23 voit aujourd'hui. C'est parce que vous avez brûlé de l'encens et péché contre l'Éternel, parce que vous n'avez pas écouté la voix de l'Éternel, et que vous n'avez pas observé sa loi, ses ordonnances, et ses préceptes, c'est pour cela que ces malheurs vous sont arrivés, comme on le voit aujourd'hui.

24 Jérémie dit encore à tout le peuple et à toutes les femmes : Écoutez la parole de l'Éternel, vous tous de Juda, qui êtes au pays d'Égypte ! 25 Ainsi parle l'Éternel des armées, le Dieu d'Israël : Vous et vos femmes, vous avez déclaré de vos bouches et exécuté de vos mains ce que vous dites : Nous voulons accomplir les vœux que nous avons faits, offrir de l'encens à la reine du ciel, et lui faire des libations. Maintenant que vous avez accompli vos vœux, exécuté vos 26 promesses, écoutez la parole de l'Éternel, vous tous de Juda, qui demeurez au pays d'Égypte ! Voici, je le jure par mon grand nom, dit l'Éternel, mon nom ne sera plus invoqué par la bouche d'aucun homme de Juda, et dans tout le pays d'Égypte aucun ne dira : Le Seigneur, l'Éternel est 27 vivant ! Voici, je veillerai sur eux pour faire du mal et non du bien ; et tous les hommes de Juda qui sont dans le pays d'Égypte seront consumés par l'épée et par la famine, jusqu'à ce qu'ils soient anéantis. 28 Ceux, en petit nombre, qui échapperont à l'épée retourneront du pays d'Égypte au pays de Juda. Mais tout le reste de Juda, tous ceux qui sont venus au pays d'Égypte pour y demeurer sauront si ce sera ma pa-29 role ou la leur qui s'accomplira. Et voici, dit l'Éternel, un signe auquel vous connaîtrez que je vous châtierai

dans ce lieu, afin que vous sachiez que mes paroles s'accompliront sur vous pour votre malheur. Ainsi 30 parle l'Éternel : Voici, je livrerai Pharaon Hophra, roi d'Égypte, entre les mains de ses ennemis, entre les mains de ceux qui en veulent à sa vie, comme j'ai livré Sédécias, roi de Juda, entre les mains de Nebucadnetsar, roi de Babylone, son ennemi, qui en voulait à sa vie.

A Baruc.

La parole que Jérémie, le prophète, adressa à Baruc, fils de Nérija, lorsqu'il écrivit dans un livre ces paroles, sous la dictée de Jérémie, la quatrième année de Jojakim, fils de Josias, roi de Juda. Il dit : **45**

Ainsi parle l'Éternel, le Dieu d'Is- 2 raël, sur toi, Baruc : Tu dis : Malheur à 3 moi ! car l'Éternel ajoute le chagrin à ma douleur ; je m'épuise en soupirant, et je ne trouve point de repos. Dis-lui : Ainsi parle l'Éter- 4 nel : Voici, ce que j'ai bâti, je le détruirai ; ce que j'ai planté, je l'arracherai, savoir tout ce pays. Et toi, 5 rechercherais-tu de grandes choses ? Ne les recherche pas ! Car voici, je vais faire venir le malheur sur toute chair, dit l'Éternel ; et je te donnerai ta vie pour butin, dans tous les lieux où tu iras.

La parole de l'Éternel qui fut adressée à Jérémie, le prophète, sur les nations. **46**

Sur l'Égypte. Sur l'armée de 2 Pharaon Neco, roi d'Égypte, qui était près du fleuve de l'Euphrate, à Carkemisch, et qui fut battue par Nebucadnetsar, roi de Babylone, la quatrième année de Jojakim, fils de Josias, roi de Juda.

Préparez le petit et le grand bouclier, 3
Et marchez au combat !
Attelez les chevaux, 4
Montez, cavaliers !
Paraissez avec vos casques,
Polissez vos lances,
Revêtez la cuirasse !...
Que vois-je ? Ils ont peur, ils reculent ; 5

Leurs vaillants hommes sont battus ;
Ils fuient sans se retourner...
L'épouvante est de toutes parts, dit
l'Éternel.

6 Que le plus léger ne trouve aucun
salut dans la fuite,
Que le plus vaillant n'échappe pas !
Au septentrion, sur les rives de l'Eu-
phrate,
Ils chancellent, ils tombent.

7 Qui est celui qui s'avance comme le
Nil,
Et dont les eaux sont agitées comme
les torrents ?

8 C'est l'Égypte. Elle s'avance comme
le Nil,
Et ses eaux sont agitées comme les
torrents.
Elle dit : Je monterai, je couvrirai la
terre,
Je détruirai les villes et leurs habitants.

9 Montez, chevaux ! précipitez-vous,
chars !
Qu'ils se montrent, les vaillants
hommes,
Ceux d'Éthiopie et de Puth qui
portent le bouclier,
Et ceux de Lud qui manient et
tendent l'arc !

10 Ce jour est au Seigneur, à l'Éternel
des armées ;
C'est un jour de vengeance, où il se
venge de ses ennemis.
L'épée dévore, elle se rassasie,
Elle s'enivre de leur sang.
Car il y a des victimes du Seigneur,
de l'Éternel des armées,
Au pays du septentrion, sur les rives
de l'Euphrate.

11 Monte en Galaad, prends du baume,
Vierge, fille de l'Égypte !
En vain tu multiplies les remèdes,
Il n'y a point de guérison pour toi.

12 Les nations apprennent ta honte,
Et tes cris remplissent la terre,
Car les guerriers chancellent l'un sur
l'autre,
Ils tombent tous ensemble.

13 La parole qui fut adressée par l'É-
ternel à Jérémie, le prophète, sur
l'arrivée de Nebucadnetsar, roi de

Babylone, qui voulait frapper le pays
d'Égypte.

14 Annoncez-le en Égypte,
Publiez-le à Migdol,
Publiez-le à Noph et à Tachpanès !
Dites : Lève-toi, prépare-toi,
Car l'épée dévore autour de toi !

15 Pourquoi tes vaillants hommes sont-
ils emportés ?
Ils ne tiennent pas ferme, car l'Éternel les renverse.

16 Il en fait chanceler un grand nombre ;
Ils tombent l'un sur l'autre, et ils
disent :
Allons, retournons vers notre peuple,
Dans notre pays natal,
Loin du glaive destructeur !

17 Là, on s'écrie : Pharaon, roi d'Égypte,
Ce n'est qu'un bruit ; il a laissé passer
le moment.

18 Je suis vivant ! dit le roi,
Dont l'Éternel des armées est le
nom,
Comme le Thabor parmi les montagnes,
Comme le Carmel qui s'avance dans
la mer, il viendra.

19 Fais ton bagage pour la captivité,
Habitante, fille de l'Égypte !
Car Noph deviendra un désert,
Elle sera ravagée, elle n'aura plus
d'habitants.

20 L'Égypte est une très belle génisse...
Le destructeur vient du septentrion,
il arrive...

21 Ses mercenaires aussi sont au milieu
d'elle comme des veaux engraissés.
Et eux aussi, ils tournent le dos, ils
fuient tous sans résister.
Car le jour de leur malheur fond sur
eux,
Le temps de leur châtiment.

22 Sa voix se fait entendre comme celle
du serpent ;
Car ils s'avancent avec une armée,
Ils marchent contre elle avec des
haches,
Pareils à des bûcherons.

23 Ils abattent sa forêt, dit l'Éternel,
Bien qu'elle soit impénétrable ;
Car ils sont plus nombreux que les
sauterelles,
On ne pourrait les compter.

24 La fille de l'Égypte est confuse,
Elle est livrée entre les mains du
peuple du septentrion.

25 L'Éternel des armées, le Dieu d'Israël,
dit :
Voici, je vais châtier Amon de No,
Pharaon, l'Égypte, ses dieux et ses
rois,
Pharaon et ceux qui se confient en
lui.

26 Je les livrerai entre les mains de
ceux qui en veulent à leur vie,
Entre les mains de Nebucadnetsar,
roi de Babylone,
Et entre les mains de ses serviteurs ;
Et après cela, l'Égypte sera habitée
comme aux jours d'autrefois,
Dit l'Éternel.

27 Et toi, mon serviteur Jacob, ne crains
pas ;
Ne t'effraie pas, Israël !
Car je te délivrerai de la terre lointaine,
Je délivrerai ta postérité du pays où
elle est captive ;
Jacob reviendra, il jouira du repos et
de la tranquillité,
Et il n'y aura personne pour le
troubler.

28 Toi, mon serviteur Jacob, ne crains
pas ! dit l'Éternel ;
Car je suis avec toi.
J'anéantirai toutes les nations parmi
lesquelles je t'ai dispersé,
Mais toi, je ne t'anéantirai pas ;
Je te châtierai avec équité,
Je ne puis pas te laisser impuni.

47 La parole de l'Éternel qui fut
adressée à Jérémie, le prophète, sur
les Philistins, avant que Pharaon frap-
pât Gaza.

2 Ainsi parle l'Éternel :
Voici, des eaux s'élèvent du septen-
trion,
Elles sont comme un torrent qui
déborde ;
Elles inondent le pays et ce qu'il
contient,
Les villes et leurs habitants.
Les hommes poussent des cris,
Tous les habitants du pays se la-
mentent,

A cause du retentissement des sabots 3
de ses puissants chevaux,
Du bruit de ses chars et du fracas
des roues ;
Les pères ne se tournent pas vers
leurs enfants,
Tant les mains sont affaiblies,
Parce que le jour arrive où seront 4
détruits tous les Philistins,
Exterminés tous ceux qui servaient
encore d'auxiliaires à Tyr et à
Sidon ;
Car l'Éternel va détruire les Philistins,
Les restes de l'île de Caphtor.
Gaza est devenue chauve, 5
Askalon est dans le silence, le reste
de leur plaine aussi.
Jusques à quand te feras-tu des inci-
sions ?—
Ah ! épée de l'Éternel, quand te 6
reposeras-tu ?
Rentre dans ton fourreau,
Arrête, et sois tranquille !—
Comment te reposerais-tu ? 7
L'Éternel lui donne ses ordres,
C'est contre Askalon et la côte de la
mer qu'il la dirige.

Sur Moab.

48

Ainsi parle l'Éternel des armées, le
Dieu d'Israël :
Malheur à Nebo, car elle est ravagée !
Kirjathaïm est confuse, elle est prise ;
Misgab est confuse, elle est brisée.
Elle n'est plus, la gloire de Moab ; 2
A Hesbon, on médite sa perte :
Allons, exterminons-le du milieu
des nations !
Toi aussi, Madmen, tu seras détruite;
L'épée marche derrière toi.
Des cris partent de Choronaïm ; 3
C'est un ravage, c'est une grande dé-
tresse.
Moab est brisé ! 4
Les petits font entendre leurs cris.
Car on répand des pleurs à la montée 5
de Luchith,
Et des cris de détresse retentissent à
la descente de Choronaïm.
Fuyez, sauvez votre vie, 6
Et soyez comme un misérable dans
le désert !
Car, parce que tu t'es confié dans tes 7
œuvres et dans tes trésors,

Toi aussi, tu seras pris,
Et Kemosch s'en ira en captivité,
Avec ses prêtres et avec ses chefs.

8 Le dévastateur entrera dans chaque
ville,
Et aucune ville n'échappera ;
La vallée périra et la plaine sera
détruite,
Comme l'Éternel l'a dit.

9 Donnez des ailes à Moab,
Et qu'il parte au vol !
Ses villes seront réduites en désert,
Elles n'auront plus d'habitants.

10 Maudit soit celui qui fait avec négligence l'œuvre de l'Éternel,
Maudit soit celui qui éloigne son épée
du carnage !

11 Moab était tranquille depuis sa jeu-
nesse,
Il reposait sur sa lie,
Il n'était pas vidé d'un vase dans un
autre,
Et il n'allait pas en captivité.
Aussi son goût lui est resté,
Et son odeur ne s'est pas changée.

12 C'est pourquoi voici, les jours vien-
nent, dit l'Éternel,
Où je lui enverrai des gens qui le
transvaseront ;
Ils videront ses vases,
Et feront sauter ses outres.

13 Moab aura honte de Kemosch,
Comme la maison d'Israël a eu honte
De Béthel, qui la remplissait de con-
fiance.

14 Comment pouvez-vous dire : Nous
sommes de vaillants hommes,
Des soldats prêts à combattre ?

15 Moab est ravagé, ses villes montent
en fumée,
L'élite de sa jeunesse est égorgée,
Dit le roi, dont l'Éternel des armées
est le nom.

16 La ruine de Moab est près d'arriver,
Son malheur vient en grande hâte.

17 Lamentez-vous sur lui, vous tous qui
l'environnez,
Vous tous qui connaissez son nom !
Dites : Comment ce sceptre puissant
a-t-il été brisé,
Ce bâton majestueux ?

18 Descends du séjour de la gloire,
assieds-toi sur la terre desséchée,

Habitante, fille de Dibon !
Car le dévastateur de Moab monte
contre toi,
Il détruit tes forteresses.

Tiens-toi sur le chemin, et regarde, 19
habitante d'Aroër !
Interroge le fuyard, le réchappé,
Demande : Qu'est-il arrivé ? —
Moab est confus, car il est brisé. 20
Poussez des gémissements et des
cris !
Publiez sur l'Arnon
Que Moab est ravagé !

Le châtiment est venu sur le pays 21
de la plaine,
Sur Holon, sur Jahats, sur Mé-
phaath,
Sur Dibon, sur Nebo, sur Beth- 22
Diblathaïm,
Sur Kirjathaïm, sur Beth-Gamul, 23
sur Beth-Meon,
Sur Kerijoth, sur Botsra, 24
Sur toutes les villes du pays de
Moab,
Éloignées et proches.

La force de Moab est abattue, 25
Et son bras est brisé,
Dit l'Éternel.

Enivrez-le, car il s'est élevé contre 26
l'Éternel !
Que Moab se roule dans son vomisse-
ment,
Et qu'il devienne aussi un objet de
raillerie !

Israël n'a-t-il pas été pour toi un 27
objet de raillerie ?
Avait-il donc été surpris parmi les
voleurs,
Pour que tu ne parles de lui qu'en
secouant la tête ?

Abandonnez les villes, et demeurez 28
dans les rochers,
Habitants de Moab !
Soyez comme les colombes,
Qui font leur nid sur le flanc des
cavernes !

Nous connaissons l'orgueil du su- 29
perbe Moab,
Sa hauteur, sa fierté, son arrogance,
et son cœur altier.

Je connais, dit l'Éternel, sa pré- 30
somption et ses vains discours,

Et ses œuvres de néant.

31 C'est pourquoi je gémis sur Moab,
Je gémis sur tout Moab ;
On soupire pour les gens de Kir-
Hérès.

32 Vigne de Sibma, je pleure sur toi
plus que sur Jaezer ;
Tes rameaux allaient au delà de la
mer,
Ils s'étendaient jusqu'à la mer de
Jaezer ;
Le dévastateur s'est jeté sur ta ré-
colte et sur ta vendange.

33 La joie et l'allégresse ont disparu
des campagnes
Et du pays de Moab ;
J'ai fait tarir le vin dans les cuves ;
On ne foule plus gaîment au pressoir ;
Il y a des cris de guerre, et non des
cris de joie.

34 Les cris de Hesbon retentissent jus-
qu'à Élealé,
Et ils font entendre leur voix jus-
qu'à Jahats,
Depuis Tsoar jusqu'à Choronaïm,
Jusqu'à Églath-Schelischija ;
Car les eaux de Nimrim sont aussi
ravagées.

35 Je veux en finir dans Moab, dit
l'Éternel,
Avec celui qui monte sur les hauts
lieux,
Et qui offre de l'encens à son dieu.

36 Aussi mon cœur gémit comme une
flûte sur Moab,
Mon cœur gémit comme une flûte
sur les gens de Kir-Hérès,
Parce que tous les biens qu'ils ont
amassés sont perdus.

37 Car toutes les têtes sont rasées,
Toutes les barbes sont coupées ;
Sur toutes les mains il y a des in-
cisions,
Et sur les reins des sacs.

38 Sur tous les toits de Moab et dans
ses places,
Ce ne sont que lamentations,
Parce que j'ai brisé Moab comme un
vase qui n'a pas de prix,
Dit l'Éternel.

39 Comme il est brisé ! Poussez des
gémissements !
Comme Moab tourne honteusement
le dos !

Moab devient un objet de raillerie
et d'effroi
Pour tous ceux qui l'environnent.

40 Car ainsi parle l'Éternel :
Voici, il vole comme l'aigle,
Et il étend ses ailes sur Moab.

41 Kerijoth est prise,
Les forteresses sont emportées,
Et le cœur des héros de Moab est en
ce jour
Comme le cœur d'une femme en
travail.

42 Moab sera exterminé, il cessera d'être
un peuple,
Car il s'est élevé contre l'Éternel.

43 La terreur, la fosse, et le filet,
Sont sur toi, habitant de Moab !
Dit l'Éternel.

44 Celui qui fuit devant la terreur tombe
dans la fosse,
Et celui qui remonte de la fosse se
prend au filet ;
Car je fais venir sur lui, sur Moab,
L'année de son châtiment, dit l'Éternel.

45 A l'ombre de Hesbon les fuyards
s'arrêtent épuisés ;
Mais il sort un feu de Hesbon,
Une flamme du milieu de Sihon ;
Elle dévore les flancs de Moab,
Et le sommet de la tête des fils du
tumulte.

46 Malheur à toi, Moab !
Le peuple de Kemosch est perdu !
Car tes fils sont emmenés captifs,
Et tes filles captives.

47 Mais je ramènerai les captifs de
Moab, dans la suite des temps,
Dit l'Éternel.
Tel est le jugement sur Moab.

Sur les enfants d'Ammon.

49

Ainsi parle l'Éternel :
Israël n'a-t-il point de fils ?
N'a-t-il point d'héritier ?
Pourquoi Malcom possède-t-il Gad,
Et son peuple habite-t-il ses villes ?

2 C'est pourquoi voici, les jours viennent, dit l'Éternel,
Où je ferai retentir le cri de guerre
contre Rabbath des enfants
d'Ammon ;

Elle deviendra un monceau de ruines,
Et les villes de son ressort seront consumées par le feu ;
Alors Israël chassera ceux qui l'avaient chassé, dit l'Éternel.

3 Pousse des gémissements, Hesbon, car Aï est ravagée !
Poussez des cris, filles de Rabba, revêtez-vous de sacs,
Lamentez-vous, et courez çà et là le long des murailles !
Car Malcom s'en va en captivité,
Avec ses prêtres et avec ses chefs.

4 Pourquoi te glorifies-tu de tes vallées ?
Ta vallée se fond, fille rebelle,
Qui te confiais dans tes trésors :
Qui viendra contre moi ?

5 Voici, je fais venir sur toi la terreur,
Dit le Seigneur, l'Éternel des armées,
Elle viendra de tous tes alentours ;
Chacun de vous sera chassé devant soi,
Et nul ne ralliera les fuyards.

6 Mais après cela, je ramènerai les captifs des enfants d'Ammon,
Dit l'Éternel.

7   Sur Édom.

Ainsi parle l'Éternel des armées :
N'y a-t-il plus de sagesse dans Théman ?
La prudence a-t-elle disparu chez les hommes intelligents ?
Leur sagesse s'est-elle évanouie ?

8 Fuyez, tournez le dos, retirez-vous dans les cavernes,
Habitants de Dedan !
Car je fais venir le malheur sur Ésaü,
Le temps de son châtiment.

9 Si des vendangeurs viennent chez toi,
Ne laissent-ils rien à grappiller ?
Si des voleurs viennent de nuit,
Ils ne dévastent que ce qu'ils peuvent.

10 Mais moi, je dépouillerai Ésaü,
Je découvrirai ses retraites,
Il ne pourra se cacher ;
Ses enfants, ses frères, ses voisins, périront,
Et il ne sera plus.

Laisse tes orphelins, je les ferai 11 vivre,
Et que tes veuves se confient en moi !

Car ainsi parle l'Éternel :   12
Voici, ceux qui ne devaient pas boire la coupe la boiront ;
Et toi, tu resterais impuni !
Tu ne resteras pas impuni,
Tu la boiras.

Car je le jure par moi-même, dit 13 l'Éternel,
Botsra sera un objet de désolation, d'opprobre,
De dévastation et de malédiction,
Et toutes ses villes deviendront des ruines éternelles.

J'ai appris de l'Éternel une nouvelle, 14
Et un messager a été envoyé parmi les nations :
Assemblez-vous, et marchez contre elle !
Levez-vous pour la guerre !

Car voici, je te rendrai petit parmi 15 les nations,
Méprisé parmi les hommes.

Ta présomption, l'orgueil de ton 16 cœur t'a égaré,
Toi qui habites le creux des rochers,
Et qui occupes le sommet des collines.
Quand tu placerais ton nid aussi haut que celui de l'aigle,
Je t'en précipiterai, dit l'Éternel.

Édom sera un objet de désolation ;   17
Tous ceux qui passeront près de lui
Seront dans l'étonnement et siffleront sur toutes ses plaies.

Comme Sodome et Gomorrhe et les 18 villes voisines, qui furent détruites,
Dit l'Éternel,
Il ne sera plus habité,
Il ne sera le séjour d'aucun homme…

Voici, tel qu'un lion, il monte des 19 rives orgueilleuses du Jourdain
Contre la demeure forte ;
Soudain j'en ferai fuir Édom,
Et j'établirai sur elle celui que j'ai choisi.
Car qui est semblable à moi ? qui me donnera des ordres ?
Et quel est le chef qui me résistera ?

20 C'est pourquoi écoutez la résolution
que l'Éternel a prise contre Édom,
Et les desseins qu'il a conçus contre
les habitants de Théman !
Certainement on les traînera comme
de faibles brebis,
Certainement on ravagera leur demeure.

21 Au bruit de leur chute, la terre
tremble ;
Leur cri se fait entendre jusqu'à la
mer Rouge...

22 Voici, comme l'aigle il s'avance, il
vole,
Il étend ses ailes sur Botsra,
Et le cœur des héros d'Édom est en
ce jour
Comme le cœur d'une femme en
travail.

23 Sur Damas.

Hamath et Arpad sont confuses,
Car elles ont appris une mauvaise
nouvelle, elles tremblent ;
C'est une mer en tourmente,
Qui ne peut se calmer.

24 Damas est défaillante, elle se tourne
pour fuir,
Et l'effroi s'empare d'elle ;
L'angoisse et les douleurs la saisis-
sent,
Comme une femme en travail.—

25 Ah ! elle n'est pas abandonnée, la
ville glorieuse,
La ville qui fait ma joie !—

26 C'est pourquoi ses jeunes gens tomberont dans les rues,
Et tous ses hommes de guerre périront en ce jour,
Dit l'Éternel des armées.

27 Je mettrai le feu aux murs de Da-
mas,
Et il dévorera les palais de Ben-
Hadad.

28 Sur Kédar et les royaumes de
Hatsor, que battit Nebucadnetsar,
roi de Babylone.

Ainsi parle l'Éternel :
Levez-vous, montez contre Kédar,
Et détruisez les fils de l'Orient !

29 On prendra leurs tentes et leurs
troupeaux,

On enlèvera leurs pavillons, tous
leurs bagages et leurs chameaux,
Et l'on jettera de toutes parts contre
eux des cris d'épouvante.

30 Fuyez, fuyez de toutes vos forces,
cherchez à l'écart une demeure,
Habitants de Hatsor ! dit l'Éternel ;
Car Nebucadnetsar, roi de Babylone, a pris une résolution contre
vous,
Il a conçu un projet contre vous.

31 Levez-vous, montez contre une na-
tion tranquille,
En sécurité dans sa demeure, dit
l'Éternel ;
Elle n'a ni portes, ni barres,
Elle habite solitaire.

32 Leurs chameaux seront au pillage,
Et la multitude de leurs troupeaux
sera une proie ;
Je les disperserai à tous les vents,
ceux qui se rasent les coins de
la barbe,
Et je ferai venir leur ruine de tous
les côtés, dit l'Éternel.

33 Hatsor sera le repaire des chacals,
un désert pour toujours ;
Personne n'y habitera, aucun homme
n'y séjournera.

34 La parole de l'Éternel, qui fut
adressée à Jérémie, le prophète, sur
Élam, au commencement du règne
de Sédécias, roi de Juda, en ces
mots :

35 Ainsi parle l'Éternel des armées :
Voici, je vais briser l'arc d'Élam,
Sa principale force.

36 Je ferai venir sur Élam quatre vents
des quatre extrémités du ciel,
Je les disperserai par tous ces vents,
Et il n'y aura pas une nation
Où n'arrivent des fugitifs d'Élam.

37 Je ferai trembler les habitants d'Élam
devant leurs ennemis
Et devant ceux qui en veulent à
leur vie,
J'amènerai sur eux des malheurs,
Mon ardente colère, dit l'Éternel,
Et je les poursuivrai par l'épée,
Jusqu'à ce que je les aie anéantis.

38 Je placerai mon trône dans Élam,
Et j'en détruirai le roi et les chefs,

Dit l'Éternel.

39 Mais dans la suite des temps, je
ramènerai les captifs d'Élam,
Dit l'Éternel.

50

La parole que l'Éternel prononça sur Babylone, sur le pays
des Chaldéens, par Jérémie, le prophète.

2 Annoncez-le parmi les nations, publiez-le, élevez une bannière !
Publiez-le, ne cachez rien !
Dites : Babylone est prise ! Bel est
confondu, Merodac est brisé !
Ses idoles sont confondues, ses idoles
sont brisées !

3 Car une nation monte contre elle du
septentrion,
Elle réduira son pays en désert,
Il n'y aura plus d'habitants ;
Hommes et bêtes fuient, s'en vont.

4 En ces jours, en ce temps-là, dit
l'Éternel,
Les enfants d'Israël et les enfants de
Juda reviendront ensemble ;
Ils marcheront en pleurant,
Et ils chercheront l'Éternel, leur
Dieu.

5 Ils s'informeront du chemin de Sion,
Ils tourneront vers elle leurs regards :
Venez, attachez-vous à l'Éternel,
Par une alliance éternelle qui ne soit
jamais oubliée !

6 Mon peuple était un troupeau de
brebis perdues ;
Leurs bergers les égaraient, les faisaient errer par les montagnes ;
Elles allaient des montagnes sur les
collines,
Oubliant leur bercail.

7 Tous ceux qui les trouvaient les dévoraient,
Et leurs ennemis disaient : Nous ne
sommes point coupables,
Puisqu'ils ont péché contre l'Éternel,
la demeure de la justice,
Contre l'Éternel, l'espérance de leurs
pères.

8 Fuyez de Babylone, sortez du pays
des Chaldéens,
Et soyez comme des boucs à la tête
du troupeau !

9 Car voici, je vais susciter et faire
monter contre Babylone

Une multitude de grandes nations
du pays du septentrion ;
Elles se rangeront en bataille contre
elle, et s'en empareront ;
Leurs flèches sont comme un habile
guerrier,
Qui ne revient pas à vide.

10 Et la Chaldée sera livrée au pillage ;
Tous ceux qui la pilleront seront
rassasiés, dit l'Éternel.

11 Oui, soyez dans la joie, dans l'allégresse,
Vous qui avez pillé mon héritage !
Oui, bondissez comme une génisse
dans l'herbe,
Hennissez comme des chevaux fou-
gueux !

12 Votre mère est couverte de confusion,
Celle qui vous a enfantés rougit de
honte ;
Voici, elle est la dernière des nations,
C'est un désert, une terre sèche et
aride.

13 A cause de la colère de l'Éternel,
elle ne sera plus habitée,
Elle ne sera plus qu'une solitude.
Tous ceux qui passeront près de
Babylone
Seront dans l'étonnement et siffle-
ront sur toutes ses plaies.

14 Rangez-vous en bataille autour de
Babylone, vous tous, archers !
Tirez contre elle, n'épargnez pas les
flèches !
Car elle a péché contre l'Éternel.

15 Poussez de tous côtés contre elle un
cri de guerre !
Elle tend les mains ;
Ses fondements s'écroulent ;
Ses murs sont renversés.
Car c'est la vengeance de l'Éternel.
Vengez-vous sur elle !
Faites-lui comme elle a fait !

16 Exterminez de Babylone celui qui
sème,
Et celui qui manie la faucille au
temps de la moisson !
Devant le glaive destructeur,
Que chacun se tourne vers son
peuple,
Que chacun fuie vers son pays.

17 Israël est une brebis égarée, que les
lions ont chassée ;

Le roi d'Assyrie l'a dévorée le premier ;
Et ce dernier lui a brisé les os,
Nebucadnetsar, roi de Babylone.

18 C'est pourquoi ainsi parle l'Éternel des armées, le Dieu d'Israël :
Voici, je châtierai le roi de Babylone et son pays,
Comme j'ai châtié le roi d'Assyrie.

19 Je ramènerai Israël dans sa demeure ;
Il aura ses pâturages du Carmel et du Basan,
Et son âme se rassasiera sur la montagne d'Éphraïm et dans Galaad.

20 En ces jours, en ce temps-là, dit l'Éternel,
On cherchera l'iniquité d'Israël, et elle n'existera plus,
Le péché de Juda, et il ne se trouvera plus ;
Car je pardonnerai au reste que j'aurai laissé.

21 Monte contre le pays doublement rebelle,
Contre ses habitants, et châtie-les !
Poursuis, massacre, extermine-les ! dit l'Éternel.
Exécute entièrement mes ordres !

22 Des cris de guerre retentissent dans le pays,
Et le désastre est grand.

23 Eh quoi ! il est rompu, brisé, le marteau de toute la terre !
Babylone est détruite au milieu des nations !

24 Je t'ai tendu un piège, et tu as été prise, Babylone,
A l'improviste ;
Tu as été atteinte, saisie,
Parce que tu as lutté contre l'Éternel.

25 L'Éternel a ouvert son arsenal,
Et il en a tiré les armes de sa colère ;
Car c'est là une œuvre du Seigneur, de l'Éternel des armées,
Dans le pays des Chaldéens.

26 Pénétrez de toutes parts dans Babylone, ouvrez ses greniers,
Faites-y des monceaux comme des tas de gerbes,
Et détruisez-la !
Qu'il ne reste plus rien d'elle !

27 Tuez tous ses taureaux, qu'on les égorge !

Malheur à eux ! car leur jour est arrivé,
Le temps de leur châtiment.

28 Écoutez les cris des fuyards, de ceux qui se sauvent du pays de Babylone
Pour annoncer dans Sion la vengeance de l'Éternel, notre Dieu,
La vengeance de son temple !

29 Appelez contre Babylone les archers, vous tous qui maniez l'arc !
Campez autour d'elle, que personne n'échappe,
Rendez-lui selon ses œuvres,
Faites-lui entièrement comme elle a fait !
Car elle s'est élevée avec fierté contre l'Éternel,
Contre le Saint d'Israël.

30 C'est pourquoi ses jeunes gens tomberont dans les rues,
Et tous ses hommes de guerre périront en ce jour,
Dit l'Éternel.

31 Voici, j'en veux à toi, orgueilleuse !
Dit le Seigneur, l'Éternel des armées ;
Car ton jour est arrivé,
Le temps de ton châtiment.

32 L'orgueilleuse chancellera et tombera,
Et personne ne la relèvera ;
Je mettrai le feu à ses villes,
Et il en dévorera tous les alentours.

33 Ainsi parle l'Éternel des armées :
Les enfants d'Israël et les enfants de Juda sont ensemble opprimés ;
Tous ceux qui les ont emmenés captifs les retiennent,
Et refusent de les relâcher.

34 Mais leur vengeur est puissant,
Lui dont l'Éternel des armées est le nom ;
Il défendra leur cause,
Afin de donner le repos au pays,
Et de faire trembler les habitants de Babylone.

35 L'épée contre les Chaldéens ! dit l'Éternel,
Contre les habitants de Babylone, ses chefs et ses sages !

36 L'épée contre les prophètes de mensonge ! qu'ils soient comme des insensés !
L'épée contre ses vaillants hommes ! qu'ils soient consternés !

37 L'épée contre ses chevaux et ses chars !

Contre les gens de toute espèce qui sont au milieu d'elle !

Qu'ils deviennent semblables à des femmes !

L'épée contre ses trésors ! qu'ils soient pillés !

38 La sécheresse contre ses eaux ! qu'elles tarissent !

Car c'est un pays d'idoles ;

Ils sont fous de leurs idoles.

39 C'est pourquoi les animaux du désert s'y établiront avec les chacals,

Et les autruches y feront leur demeure ;

Elle ne sera plus jamais habitée,

Elle ne sera plus jamais peuplée.

40 Comme Sodome et Gomorrhe, et les villes voisines, que Dieu détruisit,

Dit l'Éternel,

Elle ne sera plus habitée,

Elle ne sera le séjour d'aucun homme.

41 Voici, un peuple vient du septentrion,

Une grande nation et des rois puissants

Se lèvent des extrémités de la terre.

42 Ils portent l'arc et le javelot ;

Ils sont cruels, sans miséricorde ;

Leur voix mugit comme la mer ;

Ils sont montés sur des chevaux,

Prêts à combattre comme un seul homme,

Contre toi, fille de Babylone !

43 Le roi de Babylone apprend la nouvelle,

Et ses mains s'affaiblissent,

L'angoisse le saisit,

Comme la douleur d'une femme qui accouche…

44 Voici, tel qu'un lion, il monte des rives orgueilleuses du Jourdain

Contre la demeure forte ;

Soudain je les en chasserai,

Et j'établirai sur elle celui que j'ai choisi.

Car qui est semblable à moi ? qui me donnera des ordres ?

Et quel est le chef qui me résistera ?

45 C'est pourquoi écoutez la résolution que l'Éternel a prise contre Babylone,

Et les desseins qu'il a conçus contre le pays des Chaldéens !

Certainement on les traînera comme de faibles brebis,

Certainement on ravagera leur demeure.

46 Au bruit de la prise de Babylone la terre tremble,

Et un cri se fait entendre parmi les nations.

51

Ainsi parle l'Éternel :

Voici, je fais lever contre Babylone,

Et contre les habitants de la Chaldée,

Un vent destructeur.

2 J'envoie contre Babylone des vanneurs qui la vanneront,

Qui videront son pays ;

Ils fondront de toutes parts sur elle,

Au jour du malheur.

3 Qu'on tende l'arc contre celui qui tend son arc,

Contre celui qui est fier dans sa cuirasse !

N'épargnez pas ses jeunes hommes !

Exterminez toute son armée !

4 Qu'ils tombent blessés à mort dans le pays des Chaldéens,

Percés de coups dans les rues de Babylone !

5 Car Israël et Juda ne sont point abandonnés de leur Dieu,

De l'Éternel des armées,

Et le pays des Chaldéens est rempli de crimes

Contre le Saint d'Israël.

6 Fuyez de Babylone, et que chacun sauve sa vie,

De peur que vous ne périssiez dans sa ruine !

Car c'est un temps de vengeance pour l'Éternel ;

Il va lui rendre selon ses œuvres.

7 Babylone était dans la main de l'Éternel une coupe d'or,

Qui enivrait toute la terre ;

Les nations ont bu de son vin :

C'est pourquoi les nations ont été comme en délire.

8 Soudain Babylone tombe, elle est brisée !

Gémissez sur elle, prenez du baume pour sa plaie :

Peut-être guérira-t-elle.—

9 Nous avons voulu guérir Babylone, mais elle n'a pas guéri.

Abandonnons-la, et allons chacun dans notre pays ;

Car son châtiment atteint jusqu'aux cieux,
Et s'élève jusqu'aux nues.—

10 L'Éternel manifeste la justice de notre cause;
Venez, et racontons dans Sion
L'œuvre de l'Éternel, notre Dieu.—

11 Aiguisez les flèches, saisissez les boucliers!
L'Éternel a excité l'esprit des rois de Médie,
Parce qu'il veut détruire Babylone;
Car c'est la vengeance de l'Éternel,
La vengeance de son temple.

12 Élevez une bannière contre les murs de Babylone!
Fortifiez les postes, placez des gardes, dressez des embuscades!
Car l'Éternel a pris une résolution,
Et il exécute ce qu'il a prononcé contre les habitants de Babylone.

13 Toi qui habites près des grandes eaux,
Et qui as d'immenses trésors,
Ta fin est venue, ta cupidité est à son terme!

14 L'Éternel des armées l'a juré par lui-même:
Oui, je te remplirai d'hommes comme de sauterelles,
Et ils pousseront contre toi des cris de guerre.

15 Il a créé la terre par sa puissance,
Il a fondé le monde par sa sagesse,
Il a étendu les cieux par son intelligence.

16 A sa voix, les eaux mugissent dans les cieux;
Il fait monter les nuages des extrémités de la terre,
Il produit les éclairs et la pluie,
Il tire le vent de ses trésors.

17 Tout homme devient stupide par sa science,
Tout orfèvre est honteux de son image taillée;
Car ses idoles ne sont que mensonge,
Il n'y a point en elles de souffle.

18 Elles sont une chose de néant, une œuvre de tromperie;
Elles périront, quand viendra le châtiment.

19 Celui qui est la part de Jacob n'est pas comme elles;

Car c'est lui qui a tout formé,
Et Israël est la tribu de son héritage.
L'Éternel des armées est son nom.

20 Tu as été pour moi un marteau, un instrument de guerre.
J'ai brisé par toi des nations,
Par toi j'ai détruit des royaumes.

21 Par toi j'ai brisé le cheval et son cavalier;
Par toi j'ai brisé le char et celui qui était dessus.

22 Par toi j'ai brisé l'homme et la femme;
Par toi j'ai brisé le vieillard et l'enfant;
Par toi j'ai brisé le jeune homme et la jeune fille.

23 Par toi j'ai brisé le berger et son troupeau;
Par toi j'ai brisé le laboureur et ses bœufs;
Par toi j'ai brisé les gouverneurs et les chefs.

24 Je rendrai à Babylone et à tous les habitants de la Chaldée
Tout le mal qu'ils ont fait à Sion sous vos yeux,
Dit l'Éternel.

25 Voici, j'en veux à toi, montagne de destruction, dit l'Éternel,
A toi qui détruisais toute la terre!
J'étendrai ma main sur toi,
Je te roulerai du haut des rochers,
Et je ferai de toi une montagne embrasée.

26 On ne tirera de toi ni pierres angulaires, ni pierres pour fondements;
Car tu seras à jamais une ruine, dit l'Éternel...

27 Élevez une bannière dans le pays!
Sonnez de la trompette parmi les nations!
Préparez les nations contre elle,
Appelez contre elle les royaumes d'Ararat, de Minni et d'Aschkenaz!
Établissez contre elle des chefs!
Faites avancer des chevaux comme des sauterelles hérissées!

28 Préparez contre elle les nations, les rois de Médie,
Ses gouverneurs et tous ses chefs,
Et tout le pays sous leur domination!

29 La terre s'ébranle, elle tremble;

Car le dessein de l'Éternel contre Babylone s'accomplit;
Il va faire du pays de Babylone un désert sans habitants.

30 Les guerriers de Babylone cessent de combattre,
Ils se tiennent dans les forteresses;
Leur force est épuisée, ils sont comme des femmes.
On met le feu aux habitations,
On brise les barres.

31 Les courriers se rencontrent,
Les messagers se croisent,
Pour annoncer au roi de Babylone
Que sa ville est prise par tous les côtés,

32 Que les passages sont envahis,
Les marais embrasés par le feu,
Et les hommes de guerre consternés.

33 Car ainsi parle l'Éternel des armées, le Dieu d'Israël:
La fille de Babylone est comme une aire dans le temps où on la foule;
Encore un instant, et le moment de la moisson sera venu pour elle.

34 Nebucadnetsar, roi de Babylone, m'a dévorée, m'a détruite;
Il a fait de moi un vase vide;
Tel qu'un dragon, il m'a engloutie,
Il a rempli son ventre de ce que j'avais de précieux;
Il m'a chassée.

35 Que la violence envers moi et ma chair déchirée retombent sur Babylone!
Dit l'habitante de Sion.
Que mon sang retombe sur les habitants de la Chaldée!
Dit Jérusalem.—

36 C'est pourquoi ainsi parle l'Éternel:
Voici, je défendrai ta cause,
Je te vengerai!
Je mettrai à sec la mer de Babylone,
Et je ferai tarir sa source.

37 Babylone sera un monceau de ruines, un repaire de chacals,
Un objet de désolation et de moquerie;
Il n'y aura plus d'habitants.

38 Ils rugiront ensemble comme des lions,
Ils pousseront des cris comme des lionceaux.

39 Quand ils seront échauffés, je les ferai boire,

Et je les enivrerai, pour qu'ils se livrent à la gaîté,
Puis s'endorment d'un sommeil éternel, et ne se réveillent plus,
Dit l'Éternel.

40 Je les ferai descendre comme des agneaux à la tuerie,
Comme des béliers et des boucs.

41 Eh quoi! Schéschac est prise!
Celle dont la gloire remplissait toute la terre est conquise!
Eh quoi! Babylone est détruite au milieu des nations!

42 La mer est montée sur Babylone:
Babylone a été couverte par la multitude de ses flots.

43 Ses villes sont ravagées,
La terre est aride et déserte;
C'est un pays où personne n'habite,
Où ne passe aucun homme.

44 Je châtierai Bel à Babylone,
J'arracherai de sa bouche ce qu'il a englouti,
Et les nations n'afflueront plus vers lui.
La muraille même de Babylone est tombée!

45 Sortez du milieu d'elle, mon peuple,
Et que chacun sauve sa vie,
En échappant à la colère ardente de l'Éternel!

46 Que votre cœur ne se trouble point, et ne vous effrayez pas
Des bruits qui se répandront dans le pays;
Car cette année surviendra un bruit,
Et l'année suivante un autre bruit,
La violence régnera dans le pays,
Et un dominateur s'élèvera contre un autre dominateur.

47 C'est pourquoi voici, les jours viennent
Où je châtierai les idoles de Babylone,
Et tout son pays sera couvert de honte;
Tous ses morts tomberont au milieu d'elle.

48 Sur Babylone retentiront les cris de joie des cieux et de la terre,
Et de tout ce qu'ils renferment;
Car du septentrion les dévastateurs fondront sur elle,
Dit l'Éternel.

49 Babylone aussi tombera, ô morts d'Israël,
Comme elle a fait tomber les morts de tout le pays.

50 Vous qui avez échappé au glaive, partez, ne tardez pas!
De la terre lointaine, pensez à l'Éternel,
Et que Jérusalem soit présente à vos cœurs!—

51 Nous étions confus, quand nous entendions l'insulte;
La honte couvrait nos visages,
Quand des étrangers sont venus
Dans le sanctuaire de la maison de l'Éternel.—

52 C'est pourquoi voici, les jours viennent, dit l'Éternel,
Où je châtierai ses idoles;
Et dans tout son pays les blessés gémiront.

53 Quand Babylone s'élèverait jusqu'aux cieux,
Quand elle rendrait inaccessibles ses hautes forteresses,
J'enverrai contre elle les dévastateurs, dit l'Éternel...

54 Des cris s'échappent de Babylone,
Et le désastre est grand dans le pays des Chaldéens,

55 Car l'Éternel ravage Babylone,
Il en fait cesser les cris retentissants;
Les flots des dévastateurs mugissent comme de grandes eaux,
Dont le bruit tumultueux se fait entendre.

56 Oui, le dévastateur fond sur elle, sur Babylone;
Les guerriers de Babylone sont pris,
Leurs arcs sont brisés.
Car l'Éternel est un Dieu qui rend à chacun selon ses œuvres,
Qui paie à chacun son salaire.

57 J'enivrerai ses princes et ses sages,
Ses gouverneurs, ses chefs et ses guerriers;
Ils s'endormiront d'un sommeil éternel, et ne se réveilleront plus,
Dit le roi, dont l'Éternel des armées est le nom.

58 Ainsi parle l'Éternel des armées:
Les larges murailles de Babylone seront renversées,
Ses hautes portes seront brûlées par le feu;

Ainsi les peuples auront travaillé en vain,
Les nations se seront fatiguées pour le feu.

59 Ordre donné par Jérémie, le prophète, à Seraja, fils de Nérija, fils de Machséja, lorsqu'il se rendit à Babylone avec Sédécias, roi de Juda, la quatrième année du règne de Sédécias. Or, Seraja était premier chambellan. 60 Jérémie écrivit dans un livre tous les malheurs qui devaient arriver à Babylone, toutes ces paroles qui sont écrites sur Babylone. 61 Jérémie dit à Seraja: Lorsque tu seras arrivé à Babylone, tu auras soin de lire toutes ces paroles, et tu diras: 62 Éternel, c'est toi qui as déclaré que ce lieu serait détruit, et qu'il ne serait plus habité ni par les hommes ni par les bêtes, mais qu'il deviendrait un désert pour toujours. 63 Et quand tu auras achevé la lecture de ce livre, tu y attacheras une pierre, et tu le jetteras dans l'Euphrate, et tu diras: 64 Ainsi Babylone sera submergée, elle ne se relèvera pas des malheurs que j'amènerai sur elle; ils tomberont épuisés.

Jusqu'ici sont les paroles de Jérémie.

Siège et prise de Jérusalem.

52 Sédécias avait vingt et un ans lorsqu'il devint roi, et il régna onze ans à Jérusalem. Sa mère s'appelait Hamuthal, fille de Jérémie, de Libna. 2 Il fit ce qui est mal aux yeux de l'Éternel, entièrement comme avait fait Jojakim. 3 Et cela arriva à cause de la colère de l'Éternel contre Jérusalem et contre Juda, qu'il voulait rejeter de devant sa face. Et Sédécias se révolta contre le roi de Babylone.

4 La neuvième année du règne de Sédécias, le dixième jour du dixième mois, Nebucadnetsar, roi de Babylone, vint avec toute son armée contre Jérusalem; ils campèrent devant elle, et élevèrent des retranchements tout autour. 5 La ville fut

assiégée jusqu'à la onzième année du roi Sédécias.

6 Le neuvième jour du quatrième mois, la famine était forte dans la ville, et il n'y avait pas de pain pour

7 le peuple du pays. Alors la brèche fut faite à la ville ; et tous les gens de guerre s'enfuirent, et sortirent de la ville pendant la nuit par le chemin de la porte entre les deux murs près du jardin du roi, tandis que les Chaldéens environnaient la ville. Les fuyards prirent le chemin de la plaine.

8 Mais l'armée des Chaldéens poursuivit le roi, et ils atteignirent Sédécias dans les plaines de Jéricho ; et toute son armée se dispersa loin

9 de lui. Ils saisirent le roi, et le firent monter vers le roi de Babylone à Ribla, dans le pays de Hamath ; et il prononça contre lui une sentence.

10 Le roi de Babylone fit égorger les fils de Sédécias en sa présence ; il fit aussi égorger tous les chefs de

11 Juda à Ribla. Puis il fit crever les yeux à Sédécias, et le fit lier avec des chaînes d'airain ; le roi de Babylone l'emmena à Babylone, et il le tint en prison jusqu'au jour de sa mort.

12 Le dixième jour du cinquième mois,—c'était la dix-neuvième année du règne de Nebucadnetsar, roi de Babylone,—Nebuzaradan, chef des gardes, au service du roi de Baby-

13 lone, vint à Jérusalem. Il brûla la maison de l'Éternel, la maison du roi, et toutes les maisons de Jérusalem ; il livra au feu toutes les maisons de quelque importance.

14 Toute l'armée des Chaldéens, qui était avec le chef des gardes, démolit toutes les murailles formant l'enceinte de Jérusalem.

15 Nebuzaradan, chef des gardes, emmena captifs une partie des plus pauvres du peuple, ceux du peuple qui étaient demeurés dans la ville, ceux qui s'étaient rendus au roi de Babylone, et le reste de la multitude.

16 Cependant Nebuzaradan, chef des gardes, laissa comme vignerons et comme laboureurs quelques-uns des plus pauvres du pays.

17 Les Chaldéens brisèrent les colon- nes d'airain qui étaient dans la maison de l'Éternel, les bases, la mer d'airain qui était dans la maison de l'Éternel, et ils en emportèrent tout l'airain à Babylone. Ils prirent les 18 cendriers, les pelles, les couteaux, les coupes, les tasses, et tous les ustensiles d'airain avec lesquels on faisait le service. Le chef des gardes prit 19 encore les bassins, les brasiers, les coupes, les cendriers, les chandeliers, les tasses et les calices, ce qui était d'or et ce qui était d'argent. Les 20 deux colonnes, la mer, et les douze bœufs d'airain qui servaient de base, et que le roi Salomon avait faits pour la maison de l'Éternel, tous ces ustensiles d'airain avaient un poids inconnu. La hauteur de l'une des 21 colonnes était de dix-huit coudées, et un cordon de douze coudées l'entourait ; elle était creuse, et son épaisseur avait quatre doigts ; il y 22 avait au-dessus un chapiteau d'airain, et la hauteur d'un chapiteau était de cinq coudées ; autour du chapiteau il y avait un treillis et des grenades, le tout d'airain ; il en était de même pour la seconde colonne avec des grenades. Il y avait quatre-vingt- 23 seize grenades de chaque côté, et toutes les grenades autour du treillis étaient au nombre de cent.

Le chef des gardes prit Seraja, le 24 souverain sacrificateur, Sophonie, le second sacrificateur, et les trois gardiens du seuil. Et dans la ville il 25 prit un eunuque qui avait sous son commandement les gens de guerre, sept hommes qui faisaient partie des conseillers du roi et qui furent trouvés dans la ville, le secrétaire du chef de l'armée qui était chargé d'enrôler le peuple du pays, et soixante hommes du peuple du pays qui se trouvèrent dans la ville. Nebuza- 26 radan, chef des gardes, les prit, et les conduisit vers le roi de Babylone à Ribla. Le roi de Babylone les frappa 27 et les fit mourir à Ribla, dans le pays de Hamath.

Ainsi Juda fut emmené captif loin de son pays. Voici le peuple que 28 Nebucadnetsar emmena en captivité : la septième année, trois mille vingt-

29 trois Juifs ; la dix-huitième année de Nebucadnetsar, il emmena de Jérusalem huit cent trente-deux per- 30 sonnes ; la vingt-troisième année de Nebucadnetsar, Nebuzaradan, chef des gardes, emmena sept cent quarante-cinq Juifs ; en tout quatre mille six cents personnes.

31 La trente-septième année de la captivité de Jojakin, roi de Juda, le vingt-cinquième jour du douzième mois, Évil-Merodac, roi de Babylone, dans la première année de son règne, releva la tête de Jojakin, roi de Juda, et le fit sortir de prison. Il lui parla 32 avec bonté, et il mit son trône au-dessus du trône des rois qui étaient avec lui à Babylone. Il lui fit 33 changer ses vêtements de prison, et Jojakin mangea toujours à sa table tout le temps de sa vie. Le roi de 34 Babylone pourvut constamment à son entretien journalier jusqu'au jour de sa mort, tout le temps de sa vie.

LES LAMENTATIONS DE JÉRÉMIE

Les malheurs de Jérusalem.

I Eh quoi ! elle est assise solitaire, cette ville si peuplée ! Elle est semblable à une veuve ! Grande entre les nations, souveraine parmi les états, Elle est réduite à la servitude !

2 Elle pleure durant la nuit, et ses joues sont couvertes de larmes ; De tous ceux qui l'aimaient nul ne la console ; Tous ses amis lui sont devenus infidèles, Ils sont devenus ses ennemis.

3 Juda est en exil, victime de l'oppression et d'une grande servitude ; Il habite au milieu des nations, Et il n'y trouve point de repos ; Tous ses persécuteurs l'ont surpris dans l'angoisse.

4 Les chemins de Sion sont dans le deuil, car on ne va plus aux fêtes ; Toutes ses portes sont désertes, Ses sacrificateurs gémissent, Ses vierges sont affligées, et elle est remplie d'amertume.

5 Ses oppresseurs triomphent, ses ennemis sont en paix ; Car l'Éternel l'a humiliée, A cause de la multitude de ses péchés ;

Ses enfants ont marché captifs devant l'oppresseur.

La fille de Sion a perdu toute sa 6 gloire ; Ses chefs sont comme des cerfs Qui ne trouvent point de pâture, Et qui fuient sans force devant celui qui les chasse.

Aux jours de sa détresse et de sa 7 misère, Jérusalem s'est souvenue De tous les biens dès longtemps son partage, Quand son peuple est tombé sans secours sous la main de l'oppresseur ; Ses ennemis l'ont vue, et ils ont ri de sa chute.

Jérusalem a multiplié ses péchés, 8 C'est pourquoi elle est un objet d'aversion ; Tous ceux qui l'honoraient la méprisent, en voyant sa nudité ; Elle-même soupire, et détourne la face.

La souillure était dans les pans de sa 9 robe, et elle ne songeait pas à sa fin ; Elle est tombée d'une manière étonnante, et nul ne la console. — Vois ma misère, ô Éternel ! Quelle arrogance chez l'ennemi ! —

L'oppresseur a étendu la main 10

Sur tout ce qu'elle avait de précieux ;
Elle a vu pénétrer dans son sanctuaire les nations
Auxquelles tu avais défendu d'entrer dans ton assemblée.

11 Tout son peuple soupire, il cherche du pain ;
Ils ont donné leurs choses précieuses pour de la nourriture,
Afin de ranimer leur vie.—
Vois, Éternel, regarde comme je suis avilie !

12 Je m'adresse à vous, à vous tous qui passez ici !
Regardez et voyez s'il est une douleur pareille à ma douleur,
A celle dont j'ai été frappée !
L'Éternel m'a affligée au jour de son ardente colère.

13 D'en haut il a lancé dans mes os un feu qui les dévore ;
Il a tendu un filet sous mes pieds,
Il m'a fait tomber en arrière ;
Il m'a jetée dans la désolation, dans une langueur de tous les jours.

14 Sa main a lié le joug de mes iniquités ;
Elles se sont entrelacées, appliquées sur mon cou ;
Il a brisé ma force ;
Le Seigneur m'a livrée à des mains auxquelles je ne puis résister.

15 Le Seigneur a terrassé tous mes guerriers au milieu de moi ;
Il a rassemblé contre moi une armée,
Pour détruire mes jeunes hommes ;
Le Seigneur a foulé au pressoir la vierge, fille de Juda.

16 C'est pour cela que je pleure, que mes yeux fondent en larmes ;
Car il s'est éloigné de moi, celui qui me consolerait,
Qui ranimerait ma vie.
Mes fils sont dans la désolation, parce que l'ennemi a triomphé.—

17 Sion a étendu les mains,

Et personne ne l'a consolée ;
L'Éternel a envoyé contre Jacob les ennemis d'alentour ;
Jérusalem a été un objet d'horreur au milieu d'eux.—

L'Éternel est juste, 18
Car j'ai été rebelle à ses ordres.
Écoutez, vous tous, peuples, et voyez ma douleur !
Mes vierges et mes jeunes hommes sont allés en captivité.

J'ai appelé mes amis, et ils m'ont 19 trompée.
Mes sacrificateurs et mes anciens ont expiré dans la ville :
Ils cherchaient de la nourriture,
Afin de ranimer leur vie.

Éternel, regarde ma détresse ! Mes 20 entrailles bouillonnent,
Mon cœur est bouleversé au dedans de moi,
Car j'ai été rebelle.
Au dehors l'épée a fait ses ravages, au dedans la mort.

On a entendu mes soupirs, et per- 21 sonne ne m'a consolée ;
Tous mes ennemis ont appris mon malheur,
Ils se sont réjouis de ce que tu l'as causé ;
Tu amèneras, tu publieras le jour où ils seront comme moi.

Que toute leur méchanceté vienne 22 devant toi,
Et traite-les comme tu m'as traitée,
A cause de toutes mes transgressions !
Car mes soupirs sont nombreux, et mon cœur est souffrant.

La ruine de Jérusalem.

Eh quoi ! le Seigneur, dans sa colère, 2
a couvert de nuages la fille de Sion !
Il a précipité du ciel sur la terre la magnificence d'Israël !
Il ne s'est pas souvenu de son marchepied,
Au jour de sa colère !

2 Le Seigneur a détruit sans pitié toutes les demeures de Jacob ;

Il a, dans sa fureur, renversé les forteresses de la fille de Juda,

Il les a fait rouler à terre ;

Il a profané le royaume et ses chefs.

3 Il a, dans son ardente colère, abattu toute la force d'Israël ;

Il a retiré sa droite en présence de l'ennemi ;

Il a allumé dans Jacob des flammes de feu,

Qui dévorent de tous côtés.

4 Il a tendu son arc comme un ennemi ;

Sa droite s'est dressée comme celle d'un assaillant ;

Il a fait périr tout ce qui plaisait aux regards ;

Il a répandu sa fureur comme un feu sur la tente de la fille de Sion.

5 Le Seigneur a été comme un ennemi ;

Il a dévoré Israël, il a dévoré tous ses palais,

Il a détruit ses forteresses ;

Il a rempli la fille de Juda de plaintes et de gémissements.

6 Il a dévasté sa tente comme un jardin,

Il a détruit le lieu de son assemblée ;

L'Éternel a fait oublier en Sion les fêtes et le sabbat,

Et, dans sa violente colère, il a rejeté le roi et le sacrificateur.

7 Le Seigneur a dédaigné son autel, repoussé son sanctuaire ;

Il a livré entre les mains de l'ennemi les murs des palais de Sion ;

Les cris ont retenti dans la maison de l'Éternel,

Comme en un jour de fête.

8 L'Éternel avait résolu de détruire les murs de la fille de Sion ;

Il a tendu le cordeau, il n'a pas retiré sa main sans les avoir anéantis ;

Il a plongé dans le deuil rempart et murailles,

Qui n'offrent plus ensemble qu'une triste ruine.

9 Ses portes sont enfoncées dans la terre ;

Il en a détruit, rompu les barres.

Son roi et ses chefs sont parmi les nations ; il n'y a plus de loi.

Même les prophètes ne reçoivent aucune vision de l'Éternel.

10 Les anciens de la fille de Sion sont assis à terre, ils sont muets ;

Ils ont couvert leur tête de poussière,

Ils se sont revêtus de sacs ;

Les vierges de Jérusalem laissent retomber leur tête vers la terre.

11 Mes yeux se consument dans les larmes, mes entrailles bouillonnent,

Ma bile se répand sur la terre,

A cause du désastre de la fille de mon peuple,

Des enfants et des nourrissons en défaillance dans les rues de la ville.

12 Ils disaient à leurs mères :

Où y a-t-il du blé et du vin ?

Et ils tombaient comme des blessés dans les rues de la ville,

Ils rendaient l'âme sur le sein de leurs mères.

13 Que dois-je te dire ? à quoi te comparer, fille de Jérusalem ?

Qui trouver de semblable à toi, et quelle consolation te donner,

Vierge, fille de Sion ?

Car ta plaie est grande comme la mer : qui pourra te guérir ?

14 Tes prophètes ont eu pour toi des visions vaines et fausses ;

Ils n'ont pas mis à nu ton iniquité,

Afin de détourner de toi la captivité ;

Ils t'ont donné des oracles mensongers et trompeurs.

15 Tous les passants battent des mains sur toi,

Ils sifflent, ils secouent la tête contre la fille de Jérusalem :

Est-ce là cette ville qu'on appelait
une beauté parfaite,
La joie de toute la terre?

16 Tous tes ennemis ouvrent la bouche
contre toi,
Ils sifflent, ils grincent des dents,
Ils disent: Nous l'avons engloutie!
C'est bien le jour que nous attendions, nous l'avons atteint, nous
le voyons!

17 L'Éternel a exécuté ce qu'il avait
résolu,
Il a accompli la parole qu'il avait
dès longtemps arrêtée,
Il a détruit sans pitié;
Il a fait de toi la joie de l'ennemi,
il a relevé la force de tes oppresseurs.

18 Leur cœur crie vers le Seigneur...
Mur de la fille de Sion, répands jour
et nuit des torrents de larmes!
Ne te donne aucun relâche,
Et que ton œil n'ait point de
repos!

19 Lève-toi, pousse des gémissements à
l'entrée des veilles de la nuit!
Répands ton cœur comme de l'eau,
en présence du Seigneur!
Lève tes mains vers lui pour la vie
de tes enfants,
Qui meurent de faim aux coins de
toutes les rues!

20 Vois, Éternel, regarde qui tu as ainsi
traité!
Fallait-il que des femmes dévorassent
le fruit de leurs entrailles,
Les petits enfants objets de leur tendresse?
Que sacrificateurs et prophètes fussent massacrés dans le sanctuaire
du Seigneur?

21 Les enfants et les vieillards sont
couchés par terre dans les rues;
Mes vierges et mes jeunes hommes
sont tombés par l'épée;
Tu as tué, au jour de ta colère,
Tu as égorgé sans pitié.

Tu as appelé de toutes parts sur 22
moi l'épouvante, comme à un
jour de fête.
Au jour de la colère de l'Éternel, il
n'y a eu ni réchappé ni survivant.
Ceux que j'avais soignés et élevés,
Mon ennemi les a consumés.

Souffrances et consolations.

Je suis l'homme qui a vu la misère **3**
Sous la verge de sa fureur.
Il m'a conduit, mené dans les ténè- 2
bres,
Et non dans la lumière.
Contre moi il tourne et retourne sa 3
main
Tout le jour.

Il a fait dépérir ma chair et ma peau, 4
Il a brisé mes os.
Il a bâti autour de moi, 5
Il m'a environné de poison et de
douleur.
Il me fait habiter dans les ténèbres, 6
Comme ceux qui sont morts dès
longtemps.

Il m'a entouré d'un mur, pour que je 7
ne sorte pas;
Il m'a donné de pesantes chaînes.
J'ai beau crier et implorer du se- 8
cours,
Il ne laisse pas accès à ma prière.
Il a fermé mon chemin avec des 9
pierres de taille,
Il a détruit mes sentiers.

Il a été pour moi un ours en em- 10
buscade,
Un lion dans un lieu caché.
Il a détourné mes voies, il m'a 11
déchiré,
Il m'a jeté dans la désolation.
Il a tendu son arc, et il m'a placé 12
Comme un but pour sa flèche.

Il a fait entrer dans mes reins 13
Les traits de son carquois.
Je suis pour tout mon peuple un 14
objet de raillerie,
Chaque jour l'objet de leurs chan-
sons.
Il m'a rassasié d'amertume, 15
Il m'a enivré d'absinthe.

16 Il a brisé mes dents avec des cailloux,
Il m'a couvert de cendre.
17 Tu m'as enlevé la paix;
Je ne connais plus le bonheur.
18 Et j'ai dit: Ma force est perdue,
Je n'ai plus d'espérance en l'Éternel!

19 Quand je pense à ma détresse et à ma misère,
A l'absinthe et au poison;
20 Quand mon âme s'en souvient,
Elle est abattue au dedans de moi.
21 Voici ce que je veux repasser en mon cœur,
Ce qui me donnera de l'espérance.

22 Les bontés de l'Éternel ne sont pas épuisées,
Ses compassions ne sont pas à leur terme.
23 Elles se renouvellent chaque matin.
Oh! que ta fidélité est grande!
24 L'Éternel est mon partage, dit mon âme;
C'est pourquoi je veux espérer en lui.

25 L'Éternel a de la bonté pour qui espère en lui,
Pour l'âme qui le cherche.
26 Il est bon d'attendre en silence
Le secours de l'Éternel.
27 Il est bon pour l'homme
De porter le joug dans sa jeunesse.

28 Il se tiendra solitaire et silencieux,
Parce que l'Éternel le lui impose;
29 Il mettra sa bouche dans la poussière,
Sans perdre toute espérance;
30 Il présentera la joue à celui qui le frappe,
Il se rassasiera d'opprobres.

31 Car le Seigneur
Ne rejette pas à toujours.
32 Mais, lorsqu'il afflige,
Il a compassion selon sa grande miséricorde;
33 Car ce n'est pas volontiers qu'il humilie
Et qu'il afflige les enfants des hommes.

34 Quand on foule aux pieds
Tous les captifs du pays,
35 Quand on viole la justice humaine
A la face du Très-Haut,
36 Quand on fait tort à autrui dans sa cause,
Le Seigneur ne le voit-il pas?

37 Qui dira qu'une chose arrive,
Sans que le Seigneur l'ait ordonnée?
38 N'est-ce pas de la volonté du Très-Haut que viennent
Les maux et les biens?
39 Pourquoi l'homme vivant se plaindrait-il?
Que chacun se plaigne de ses propres péchés.

40 Recherchons nos voies et les sondons,
Et retournons à l'Éternel;
41 Élevons nos cœurs et nos mains
Vers Dieu qui est au ciel:
42 Nous avons péché, nous avons été rebelles!
Tu n'as point pardonné!

43 Tu t'es caché dans ta colère, et tu nous as poursuivis;
Tu as tué sans miséricorde;
44 Tu t'es enveloppé d'un nuage,
Pour fermer accès à la prière.
45 Tu nous as rendus un objet de mépris et de dédain
Au milieu des peuples.

46 Ils ouvrent la bouche contre nous,
Tous ceux qui sont nos ennemis.
47 Notre partage a été la terreur et la fosse,
Le ravage et la ruine.
48 Des torrents d'eau coulent de mes yeux,
A cause de la ruine de la fille de mon peuple.

49 Mon œil fond en larmes, sans repos,
Sans relâche,
50 Jusqu'à ce que l'Éternel regarde et voie
Du haut des cieux;
51 Mon œil me fait souffrir,
A cause de toutes les filles de ma ville.

52 Ils m'ont donné la chasse comme
à un oiseau,
Ceux qui sont à tort mes ennemis.

53 Ils ont voulu anéantir ma vie dans
une fosse,
Et ils ont jeté des pierres sur moi.

54 Les eaux ont inondé ma tête;
Je disais: Je suis perdu!

55 J'ai invoqué ton nom, ô Éternel,
Du fond de la fosse.

56 Tu as entendu ma voix:
Ne ferme pas l'oreille à mes soupirs,
à mes cris!

57 Au jour où je t'ai invoqué, tu t'es
approché,
Tu as dit: Ne crains pas!

58 Seigneur, tu as défendu la cause de
mon âme,
Tu as racheté ma vie.

59 Éternel, tu as vu ce qu'on m'a fait
souffrir:
Rends-moi justice!

60 Tu as vu toutes leurs vengeances,
Tous leurs complots contre moi.

61 Éternel, tu as entendu leurs outrages,
Tous leurs complots contre moi,

62 Les discours de mes adversaires, et
les projets
Qu'ils formaient chaque jour contre
moi.

63 Regarde quand ils sont assis et
quand ils se lèvent:
Je suis l'objet de leurs chansons.

64 Tu leur donneras un salaire, ô Éternel,
Selon l'œuvre de leurs mains;

65 Tu les livreras à l'endurcissement de
leur cœur,
A ta malédiction contre eux;

66 Tu les poursuivras dans ta colère,
et tu les extermineras
De dessous les cieux, ô Éternel!

Lamentations sur le sort du peuple.

4 Eh quoi! l'or a perdu son éclat!
L'or pur est altéré!
Les pierres du sanctuaire sont
dispersées
Aux coins de toutes les rues!

2 Les nobles fils de Sion,

Estimés à l'égal de l'or pur,
Sont regardés, hélas! comme des
vases de terre,
Ouvrage des mains du potier!

Les chacals mêmes présentent la 3
mamelle,
Et allaitent leurs petits;
Mais la fille de mon peuple est
devenue cruelle
Comme les autruches du désert.

La langue du nourrisson s'attache 4
à son palais,
Desséchée par la soif;
Les enfants demandent du pain,
Et personne ne leur en donne.

Ceux qui se nourrissaient de mets 5
délicats
Périssent dans les rues;
Ceux qui étaient élevés dans la
pourpre
Embrassent les fumiers.

Le châtiment de la fille de mon 6
peuple est plus grand
Que celui de Sodome,
Détruite en un instant,
Sans que personne ait porté la main
sur elle.

Ses princes étaient plus éclatants 7
que la neige,
Plus blancs que le lait;
Ils avaient le teint plus vermeil que
le corail;
Leur figure était comme le saphir.

Leur aspect est plus sombre que le 8
noir;
On ne les reconnaît pas dans les
rues;
Ils ont la peau collée sur les os,
Sèche comme du bois.

Ceux qui périssent par l'épée sont 9
plus heureux
Que ceux qui périssent par la faim,
Qui tombent exténués,
Privés du fruit des champs.

Les femmes, malgré leur tendresse, 10
Font cuire leurs enfants;
Ils leur servent de nourriture,

Au milieu du désastre de la fille de mon peuple.

11 L'Éternel a épuisé sa fureur,
Il a répandu son ardente colère;
Il a allumé dans Sion un feu
Qui en dévore les fondements.

12 Les rois de la terre n'auraient pas cru,
Aucun des habitants du monde n'aurait cru
Que l'adversaire, que l'ennemi entrerait
Dans les portes de Jérusalem.

13 Voilà le fruit des péchés de ses prophètes,
Des iniquités de ses sacrificateurs,
Qui ont répandu dans son sein
Le sang des justes!

14 Ils erraient en aveugles dans les rues,
Souillés de sang;
On ne pouvait
Toucher leurs vêtements.

15 Éloignez-vous, impurs! leur criait-on,
Éloignez-vous, éloignez-vous, ne nous touchez pas!
Ils sont en fuite, ils errent çà et là;
On dit parmi les nations: Ils n'auront plus leur demeure!

16 L'Éternel les a dispersés dans sa colère,
Il ne tourne plus les regards vers eux;
On n'a eu ni respect pour les sacrificateurs,
Ni pitié pour les vieillards.

17 Nos yeux se consumaient encore,
Et nous attendions vainement du secours;
Nos regards se portaient avec espérance
Vers une nation qui ne nous a pas délivrés.

18 On épiait nos pas,
Pour nous empêcher d'aller sur nos places;

Notre fin s'approchait, nos jours étaient accomplis...
Notre fin est arrivée!

19 Nos persécuteurs étaient plus légers
Que les aigles du ciel;
Ils nous ont poursuivis sur les montagnes,
Ils nous ont dressé des embûches dans le désert.

20 Celui qui nous faisait respirer, l'oint de l'Éternel,
A été pris dans leurs fosses,
Lui de qui nous disions:
Nous vivrons sous son ombre parmi les nations.

21 Réjouis-toi, tressaille d'allégresse, fille d'Édom,
Habitante du pays d'Uts!
Vers toi aussi passera la coupe;
Tu t'enivreras, et tu seras mise à nu.

22 Fille de Sion, ton iniquité est expiée;
Il ne t'enverra plus en captivité.
Fille d'Édom, il châtiera ton iniquité,
Il mettra tes péchés à découvert.

Maux actuels et douloureux souvenirs.

5 Souviens-toi, Éternel, de ce qui nous est arrivé!
Regarde, vois notre opprobre!

2 Notre héritage a passé à des étrangers,
Nos maisons à des inconnus.

3 Nous sommes orphelins, sans père;
Nos mères sont comme des veuves.

4 Nous buvons notre eau à prix d'argent,
Nous payons notre bois.

5 Nous sommes poursuivis, le joug sur le cou;
Nous sommes épuisés, nous n'avons point de repos.

6 Nous avons tendu la main vers l'Égypte, vers l'Assyrie,
Pour nous rassasier de pain.

7 Nos pères ont péché, ils ne sont plus,
Et c'est nous qui portons la peine de leurs iniquités.

8 Des esclaves dominent sur nous,
Et personne ne nous délivre de leurs mains.

9 Nous cherchons notre pain au péril
de notre vie,
Devant l'épée du désert.

10 Notre peau est brûlante comme un
four,
Par l'ardeur de la faim.

11 Ils ont déshonoré les femmes dans
Sion,
Les vierges dans les villes de Juda.

12 Des chefs ont été pendus par leurs
mains;
La personne des vieillards n'a pas
été respectée.

13 Les jeunes hommes ont porté la
meule,
Les enfants chancelaient sous des
fardeaux de bois.

14 Les vieillards ne vont plus à la
porte,
Les jeunes hommes ont cessé leurs
chants.

15 La joie a disparu de nos cœurs,
Le deuil a remplacé nos danses.

16 La couronne de notre tête est
tombée !
Malheur à nous, parce que nous
avons péché !

17 Si notre cœur est souffrant,
Si nos yeux sont obscurcis,

18 C'est que la montagne de Sion est
ravagée,
C'est que les renards s'y promènent.

19 Toi, Éternel, tu règnes à jamais;
Ton trône subsiste de génération en
génération.

20 Pourquoi nous oublierais-tu pour toujours,
Nous abandonnerais-tu pour de longues années ?

21 Fais-nous revenir vers toi, ô Éternel,
et nous reviendrons !
Donne-nous encore des jours comme
ceux d'autrefois !

22 Nous aurais-tu entièrement rejetés,
Et t'irriterais-tu contre nous jusqu'à
l'excès ?

ÉZÉCHIEL

Vocation d'Ézéchiel.

1 La trentième année, le cinquième
jour du quatrième mois, comme
j'étais parmi les captifs du fleuve du
Kebar, les cieux s'ouvrirent, et j'eus
2 des visions divines. Le cinquième
jour du mois, c'était la cinquième
année de la captivité du roi Jojakin,
3 —la parole de l'Éternel fut adressée
à Ézéchiel, fils de Buzi, le sacrificateur, dans le pays des Chaldéens,
près du fleuve du Kebar; et c'est là
que la main de l'Éternel fut sur lui.

4 Je regardai, et voici, il vint du
septentrion un vent impétueux, une
grosse nuée, et une gerbe de feu, qui
répandait de tous côtés une lumière
éclatante, au centre de laquelle
brillait comme de l'airain poli, sor-
5 tant du milieu du feu. Au centre
encore, apparaissaient quatre animaux, dont l'aspect avait une res-
6 semblance humaine. Chacun d'eux
avait quatre faces, et chacun avait
7 quatre ailes. Leurs pieds étaient
droits, et la plante de leurs pieds
était comme celle du pied d'un veau,
et ils étincelaient comme de l'airain
poli. Ils avaient des mains d'homme 8
sous les ailes à leurs quatre côtés;
et tous les quatre avaient leurs faces
et leurs ailes. Leurs ailes étaient 9
jointes l'une à l'autre; ils ne se tournaient point en marchant, mais
chacun marchait droit devant soi.
Quant à la figure de leurs faces, ils 10
avaient tous une face d'homme, tous
quatre une face de lion à droite, tous
quatre une face de bœuf à gauche,
et tous quatre une face d'aigle.
Leurs faces et leurs ailes étaient 11
séparées par le haut; deux de leurs
ailes étaient jointes l'une à l'autre,
et deux couvraient leurs corps.
Chacun marchait droit devant soi; 12
ils allaient où l'esprit les poussait
à aller, et ils ne se tournaient point
dans leur marche. L'aspect de ces 13
animaux ressemblait à des charbons
de feu ardents, c'était comme l'aspect
des flambeaux, et ce feu circulait

entre les animaux; il jetait une lumière éclatante, et il en sortait des 14 éclairs. Et les animaux couraient et revenaient comme la foudre.

15 Je regardais ces animaux; et voici, il y avait une roue sur la terre, près des animaux, devant leurs quatre 16 faces. A leur aspect et à leur structure, ces roues semblaient être en chrysolithe, et toutes les quatre avaient la même forme; leur aspect et leur structure étaient tels que chaque roue paraissait être au milieu 17 d'une autre roue. En cheminant, elles allaient de leurs quatre côtés, et elles ne se tournaient point dans 18 leur marche. Elles avaient une circonférence et une hauteur effrayantes, et à leur circonférence les quatre roues étaient remplies d'yeux tout 19 autour. Quand les animaux marchaient, les roues cheminaient à côté d'eux; et quand les animaux s'élevaient de terre, les roues s'élevaient 20 aussi. Ils allaient où l'esprit les poussait à aller; et les roues s'élevaient avec eux, car l'esprit des 21 animaux était dans les roues. Quand ils marchaient, elles marchaient; quand ils s'arrêtaient, elles s'arrêtaient; quand ils s'élevaient de terre, les roues s'élevaient avec eux, car l'esprit des animaux était dans les roues.

22 Au-dessus des têtes des animaux, il y avait comme un ciel de cristal resplendissant, qui s'étendait sur 23 leurs têtes dans le haut. Sous ce ciel, leurs ailes étaient droites l'une contre l'autre, et ils en avaient chacun deux qui les couvraient, chacun deux 24 qui couvraient leurs corps. J'entendis le bruit de leurs ailes, quand ils marchaient, pareil au bruit de grosses eaux, ou à la voix du Tout-Puissant; c'était un bruit tumultueux, comme celui d'une armée; quand ils s'arrêtaient, ils laissaient tomber leurs 25 ailes. Et il se faisait un bruit qui partait du ciel étendu sur leurs têtes, lorsqu'ils s'arrêtaient et laissaient tomber leurs ailes.

26 Au-dessus du ciel qui était sur leurs têtes, il y avait quelque chose de semblable à une pierre de saphir,

en forme de trône; et sur cette forme de trône apparaissait comme une figure d'homme placé dessus en haut. Je vis encore comme de l'airain poli, 27 comme du feu, au dedans duquel était cet homme, et qui rayonnait tout autour; depuis la forme de ses reins jusqu'en haut, et depuis la forme de ses reins jusqu'en bas, je vis comme du feu, et comme une lumière éclatante, dont il était environné. Tel 28 l'aspect de l'arc qui est dans la nue en un jour de pluie, ainsi était l'aspect de cette lumière éclatante, qui l'entourait: c'était une image de la gloire de l'Éternel. A cette vue, je tombai sur ma face, et j'entendis la voix de quelqu'un qui parlait.

Il me dit: Fils de l'homme, tiens-toi sur tes pieds, et je te parlerai. **2** Dès qu'il m'eut adressé ces mots, 2 l'esprit entra en moi et me fit tenir sur mes pieds; et j'entendis celui qui me parlait.

Il me dit: Fils de l'homme, je 3 t'envoie vers les enfants d'Israël, vers ces peuples rebelles, qui se sont révoltés contre moi; eux et leurs pères ont péché contre moi, jusqu'au jour même où nous sommes. Ce sont 4 des enfants à la face impudente et au cœur endurci; je t'envoie vers eux, et tu leur diras: Ainsi parle le Seigneur, l'Éternel. Qu'ils écoutent, 5 ou qu'ils n'écoutent pas,—car c'est une famille de rebelles,—ils sauront qu'un prophète est au milieu d'eux. Et toi, fils de l'homme, ne les crains 6 pas et ne crains pas leurs discours, quoique tu aies auprès de toi des ronces et des épines, et que tu habites avec des scorpions; ne crains pas leurs discours et ne t'effraie pas de leurs visages, quoiqu'ils soient une famille de rebelles. Tu leur 7 diras mes paroles, qu'ils écoutent ou qu'ils n'écoutent pas, car ce sont des rebelles. Et toi, fils de l'homme, 8 écoute ce que je vais te dire! Ne sois pas rebelle, comme cette famille de rebelles! Ouvre ta bouche, et mange ce que je te donnerai!

Je regardai, et voici, une main 9 était étendue vers moi, et elle tenait

10 un livre en rouleau. Il le déploya devant moi, et il était écrit en dedans et en dehors ; des lamentations, des plaintes et des gémissements y étaient écrits.

3 Il me dit : Fils de l'homme, mange ce que tu trouves, mange ce rouleau, et va, parle à la maison d'Israël !

2 J'ouvris la bouche, et il me fit manger ce rouleau.

3 Il me dit : Fils de l'homme, nourris ton ventre et remplis tes entrailles de ce rouleau que je te donne !

Je le mangeai, et il fut dans ma bouche doux comme du miel.

4 Il me dit : Fils de l'homme, va vers la maison d'Israël, et dis-leur

5 mes paroles ! Car ce n'est point vers un peuple ayant un langage obscur, une langue inintelligible, que tu es envoyé ; c'est à la maison d'Israël.

6 Ce n'est point vers de nombreux peuples ayant un langage obscur, une langue inintelligible, dont tu ne comprends pas les discours. Si je t'envoyais vers eux, ils t'écouteraient.

7 Mais la maison d'Israël ne voudra pas t'écouter, parce qu'elle ne veut pas m'écouter ; car toute la maison d'Israël a le front dur et le cœur en-

8 durci. Voici, j'endurcirai ta face, pour que tu l'opposes à leur face ; j'endurcirai ton front, pour que tu

9 l'opposes à leur front. Je rendrai ton front comme un diamant, plus dur que le roc. Ne les crains pas, quoi-qu'ils soient une famille de rebelles.

10 Il me dit : Fils de l'homme, reçois dans ton cœur et écoute de tes oreilles toutes les paroles que je te dirai !

11 Va vers les captifs, vers les enfants de ton peuple ; tu leur parleras, et, qu'ils écoutent ou qu'ils n'écoutent pas, tu leur diras : Ainsi parle le Seigneur, l'Éternel.

12 Et l'esprit m'enleva, et j'entendis derrière moi le bruit d'un grand tumulte : Bénie soit la gloire de l'Éternel, du lieu de sa demeure !

13 J'entendis le bruit des ailes des animaux, frappant l'une contre l'autre, le bruit des roues auprès d'eux, et le

14 bruit d'un grand tumulte. L'esprit m'enleva et m'emporta. J'allais, irrité et furieux, et la main de l'Éternel agissait sur moi avec puissance.

15 J'arrivai à Thel-Abib, vers les exilés qui demeuraient près du fleuve du Kebar, et dans le lieu où ils se trouvaient ; là je restai sept jours, stupéfait au milieu d'eux.

16 Au bout de sept jours, la parole de l'Éternel me fut adressée, en ces

17 mots : Fils de l'homme, je t'établis comme sentinelle sur la maison d'Israël. Tu écouteras la parole qui sortira de ma bouche, et tu les aver-

18 tiras de ma part. Quand je dirai au méchant : Tu mourras ! si tu ne l'avertis pas, si tu ne parles pas pour détourner le méchant de sa mauvaise voie et pour lui sauver la vie, ce méchant mourra dans son iniquité,

19 et je te redemanderai son sang. Mais si tu avertis le méchant, et qu'il ne se détourne pas de sa méchanceté et de sa mauvaise voie, il mourra dans son iniquité, et toi,

20 tu sauveras ton âme. Si un juste se détourne de sa justice et fait ce qui est mal, je mettrai un piège devant lui, et il mourra ; parce que tu ne l'as pas averti, il mourra dans son péché, on ne parlera plus de la justice qu'il a pratiquée, et je te redeman-

21 derai son sang. Mais si tu avertis le juste de ne pas pécher, et qu'il ne pèche pas, il vivra, parce qu'il s'est laissé avertir, et toi, tu sauveras ton âme.

22 Là encore la main de l'Éternel fut sur moi, et il me dit : Lève-toi, va dans la vallée, et là je te parlerai.

23 Je me levai, et j'allai dans la vallée ; et voici, la gloire de l'Éternel y apparut, telle que je l'avais vue près du fleuve du Kebar. Alors je tombai

24 sur ma face. L'esprit entra en moi, et me fit tenir sur mes pieds. Et l'Éternel me parla et me dit : Va

25 t'enfermer dans ta maison. Fils de l'homme, voici, on mettra sur toi des cordes, avec lesquelles on te liera, afin que tu n'ailles pas au milieu

26 d'eux. J'attacherai ta langue à ton palais, pour que tu sois muet et que tu ne puisses pas les reprendre, car

27 c'est une famille de rebelles. Mais quand je te parlerai, j'ouvrirai ta bouche, pour que tu leur dises : Ainsi parle le Seigneur, l'Éternel. Que celui qui voudra écouter écoute, et que celui qui ne voudra pas n'écoute pas, car c'est une famille de rebelles.

Prophétie sur la destruction de Jérusalem.

4 Et toi, fils de l'homme, prends une brique, place-la devant toi, et tu y 2 traceras une ville, Jérusalem. Représente-la en état de siège, forme des retranchements, élève contre elle des terrasses, environne-la d'un camp, dresse contre elle des béliers tout 3 autour. Prends une poêle de fer, et mets-la comme un mur de fer entre toi et la ville ; dirige ta face contre elle, et elle sera assiégée, et tu l'assiégeras. Que ce soit là un signe pour la maison d'Israël !

4 Puis couche-toi sur le côté gauche, mets-y l'iniquité de la maison d'Israël, et tu porteras leur iniquité autant de jours que tu seras couché 5 sur ce côté. Je te compterai un nombre de jours égal à celui des années de leur iniquité, trois cent quatre-vingt-dix jours ; tu porteras ainsi l'iniquité de la maison d'Israël. 6 Quand tu auras achevé ces jours, couche-toi sur le côté droit, et tu porteras l'iniquité de la maison de Juda pendant quarante jours ; je t'impose un jour pour chaque année. 7 Tu tourneras ta face et ton bras nu vers Jérusalem assiégée, et tu pro-8 phétiseras contre elle. Et voici, je mettrai des cordes sur toi, afin que tu ne puisses pas te tourner d'un côté sur l'autre, jusqu'à ce que tu aies accompli les jours de ton siège. 9 Prends du froment, de l'orge, des fèves, des lentilles, du millet et de l'épeautre, mets-les dans un vase, et fais-en du pain autant de jours que tu seras couché sur le côté ; tu en mangeras pendant trois cent quatre-vingt-dix 10 jours. La nourriture que tu mangeras sera du poids de vingt sicles par jour ; tu en mangeras de temps 11 à autre. L'eau que tu boiras aura la mesure d'un sixième de hin ; tu

boiras de temps à autre. Tu man- 12 geras des gâteaux d'orge, que tu feras cuire en leur présence avec des excréments humains. Et l'Éternel 13 dit : C'est ainsi que les enfants d'Israël mangeront leur pain souillé, parmi les nations vers lesquelles je les chasserai.

Je dis : Ah ! Seigneur Éternel, voici, 14 mon âme n'a point été souillée ; depuis ma jeunesse jusqu'à présent, je n'ai pas mangé d'une bête morte ou déchirée, et aucune chair impure n'est entrée dans ma bouche. Il me 15 répondit : Voici, je te donne des excréments de bœuf au lieu d'excréments humains, et tu feras ton pain dessus. Il me dit encore : Fils de 16 l'homme, je vais briser le bâton du pain à Jérusalem ; ils mangeront du pain au poids et avec angoisse, et ils boiront de l'eau à la mesure et avec épouvante. Ils manqueront de pain 17 et d'eau, ils seront stupéfaits les uns et les autres, et frappés de langueur pour leur iniquité.

5 Et toi, fils de l'homme, prends un instrument tranchant, un rasoir de barbier ; prends-le, et passe-le sur ta tête et sur ta barbe. Prends ensuite une balance à peser, et partage les cheveux. Brûles-en un tiers dans 2 le feu, au milieu de la ville, lorsque les jours du siège seront accomplis ; prends-en un tiers, et frappe-le avec le rasoir tout autour de la ville ; disperses-en un tiers au vent, et je tirerai l'épée derrière eux. Tu en 3 prendras une petite quantité, que tu serreras dans les bords de ton vêtement. Et de ceux-là tu en prendras 4 encore quelques-uns, que tu jetteras au feu et que tu brûleras dans le feu. De là sortira un feu contre toute la maison d'Israël.

Ainsi parle le Seigneur, l'Éternel : 5 C'est là cette Jérusalem que j'avais placée au milieu des nations et des pays d'alentour. Elle a violé mes 6 lois et mes ordonnances, et s'est rendue plus coupable que les nations et les pays d'alentour ; car elle a méprisé mes lois, elle n'a pas suivi mes ordonnances. C'est pourquoi 7 ainsi parle le Seigneur, l'Éternel: Parce que vous avez été plus rebelles que les nations qui vous entourent, parce que vous n'avez pas suivi mes ordonnances et pratiqué mes lois, et que vous n'avez pas agi selon les lois des nations 8 qui vous entourent;—à cause de cela, ainsi parle le Seigneur, l'Éternel: Voici, j'en veux à toi, et j'exécuterai au milieu de toi mes jugements sous 9 les yeux des nations. A cause de toutes tes abominations, je te ferai ce que je n'ai point encore fait, ce 10 que je ne ferai jamais. C'est pourquoi des pères mangeront leurs enfants au milieu de toi, et des enfants mangeront leurs pères; j'exercerai mes jugements contre toi, et je disperserai à tous les vents tout 11 ce qui restera de toi. C'est pourquoi, je suis vivant! dit le Seigneur, l'Éternel, parce que tu as souillé mon sanctuaire par toutes tes idoles et toutes tes abominations, moi aussi je retirerai mon œil, et mon œil sera sans pitié, moi aussi je n'aurai point 12 de miséricorde. Un tiers de tes habitants mourra de la peste et sera consumé par la famine au milieu de toi; un tiers tombera par l'épée autour de toi; et j'en disperserai un tiers à tous les vents, et je tirerai l'épée derrière eux. 13 J'assouvirai ainsi ma colère, je ferai reposer ma fureur sur eux, je me donnerai satisfaction; et ils sauront que moi, l'Éternel, j'ai parlé dans ma colère, en répandant sur eux ma 14 fureur. Je ferai de toi un désert, un sujet d'opprobre parmi les nations qui t'entourent, aux yeux de tous 15 les passants. Tu seras un sujet d'opprobre et de honte, un exemple et un objet d'effroi pour les nations qui t'entourent, quand j'exécuterai contre toi mes jugements, avec colère, avec fureur, et par des châtiments rigoureux,—c'est moi, l'Éternel, qui 16 parle,—quand je lancerai sur eux les flèches pernicieuses de la famine, qui donnent la mort, et que j'enverrai pour vous détruire; car j'ajouterai la famine à vos maux, je briserai 17 pour vous le bâton du pain. J'en-

verrai contre vous la famine et les bêtes féroces, qui te priveront d'enfants; la peste et le sang passeront au milieu de toi; je ferai venir l'épée sur toi. C'est moi, l'Éternel, qui parle.

Prophétie contre le pays d'Israël.

6 La parole de l'Éternel me fut adressée, en ces mots:

Fils de l'homme, tourne ta face vers 2 les montagnes d'Israël,
Et prophétise contre elles!
Tu diras: Montagnes d'Israël, 3
Écoutez la parole du Seigneur, de l'Éternel!
Ainsi parle le Seigneur, l'Éternel,
Aux montagnes et aux collines, aux ravins et aux vallées:
Voici, je fais venir l'épée contre vous,
Et je détruirai vos hauts lieux.
Vos autels seront dévastés, 4
Vos statues du soleil seront brisées,
Et je ferai tomber vos morts devant vos idoles.
Je mettrai les cadavres des enfants 5 d'Israël devant leurs idoles,
Et je disperserai vos ossements autour de vos autels.
Partout où vous habitez, vos villes 6 seront ruinées,
Et vos hauts lieux dévastés;
Vos autels seront délaissés et abandonnés,
Vos idoles seront brisées et disparaîtront,
Vos statues du soleil seront abattues,
Et vos ouvrages anéantis.
Les morts tomberont au milieu de 7 vous,
Et vous saurez que je suis l'Éternel.
Mais je laisserai quelques restes 8 d'entre vous,
Qui échapperont à l'épée parmi les nations,
Lorsque vous serez dispersés en divers pays.
Vos réchappés se souviendront de 9 moi
Parmi les nations où ils seront captifs,
Parce que j'aurai brisé leur cœur adultère et infidèle,

Et leurs yeux qui se sont prostitués
après leurs idoles ;
Ils se prendront eux-mêmes en dégoût,
A cause des infamies qu'ils ont commises,
A cause de toutes leurs abominations.

10 Et ils sauront que je suis l'Éternel,
Et que ce n'est pas en vain que je
les ai menacés
De leur envoyer tous ces maux.

11 Ainsi parle le Seigneur, l'Éternel :
Frappe de la main, frappe du pied,
et dis : Hélas !
Sur toutes les méchantes abominations de la maison d'Israël,
Qui tombera par l'épée, par la
famine et par la peste.

12 Celui qui sera loin mourra de la
peste,
Celui qui sera près tombera par
l'épée,
Celui qui restera et sera assiégé
périra par la famine.
J'assouvirai ainsi ma fureur sur eux.

13 Et vous saurez que je suis l'Éternel,
Quand leurs morts seront au milieu
de leurs idoles,
Autour de leurs autels,
Sur toute colline élevée, sur tous les
sommets des montagnes,
Sous tout arbre vert, sous tout chêne
touffu,
Là où ils offraient des parfums d'une
agréable odeur
A toutes leurs idoles.

14 J'étendrai ma main contre eux,
Et je rendrai le pays plus solitaire
et plus désolé
Que le désert de Dibla,
Partout où ils habitent.
Et ils sauront que je suis l'Éternel.

7 La parole de l'Éternel me fut
adressée, en ces mots :

2 Et toi, fils de l'homme, ainsi parle le
Seigneur, l'Éternel,
Sur le pays d'Israël : Voici la fin !
La fin vient sur les quatre extrémités
du pays !

3 Maintenant la fin vient sur toi ;
J'enverrai ma colère contre toi,

Je te jugerai selon tes voies,
Je te chargerai de toutes tes abominations.

4 Mon œil sera pour toi sans pitié,
Et je n'aurai point de miséricorde ;
Mais je te chargerai de tes voies,
Et tes abominations seront au milieu
de toi ;
Et vous saurez que je suis l'Éter-
nel.

5 Ainsi parle le Seigneur, l'Éternel :
Un malheur, un malheur unique !
voici, il vient !

6 La fin vient, la fin vient, elle se réveille contre toi !
Voici, elle vient !

7 Ton tour arrive, habitant du pays !
Le temps vient, le jour approche,
jour de trouble,
Et plus de cris de joie dans les
montagnes !

8 Maintenant je vais bientôt répandre
ma fureur sur toi,
Assouvir sur toi ma colère ;
Je te jugerai selon tes voies,
Je te chargerai de toutes tes abomi-
nations.

9 Mon œil sera sans pitié,
Et je n'aurai point de miséricorde ;
Je te chargerai de tes voies,
Et tes abominations seront au milieu
de toi.
Et vous saurez que je suis l'Éternel,
celui qui frappe.

10 Voici le jour ! voici, il vient !
Le tour arrive !
La verge fleurit !
L'orgueil s'épanouit !

11 La violence s'élève, pour servir de
verge à la méchanceté :
Plus rien d'eux, de leur foule bruyante, de leur multitude !
On ne se lamente pas sur eux !

12 Le temps vient, le jour approche !
Que l'acheteur ne se réjouisse pas,
Que le vendeur ne s'afflige pas !
Car la colère éclate contre toute leur
multitude.

13 Non, le vendeur ne recouvrera pas
ce qu'il a vendu,
Fût-il encore parmi les vivants ;
Car la prophétie contre toute leur
multitude ne sera pas révoquée,

Et à cause de son iniquité nul ne
conservera sa vie.

14 On sonne de la trompette, tout est
prêt,
Mais personne ne marche au combat ;
Car ma fureur éclate contre toute
leur multitude.

15 L'épée au dehors, la peste et la
famine au dedans !
Celui qui est aux champs mourra
par l'épée,
Celui qui est dans la ville sera dévoré par la famine et par la peste.

16 Leurs fuyards s'échappent,
Ils sont sur les montagnes, comme
les colombes des vallées,
Tous gémissant,
Chacun sur son iniquité.

17 Toutes les mains sont affaiblies,
Tous les genoux se fondent en eau.

18 Ils se ceignent de sacs,
Et la terreur les enveloppe ;
Tous les visages sont confus,
Toutes les têtes sont rasées.

19 Ils jetteront leur argent dans les
rues,
Et leur or sera pour eux un objet
d'horreur ;
Leur argent et leur or ne pourront
les sauver,
Au jour de la fureur de l'Éternel ;
Ils ne pourront ni rassasier leur âme,
Ni remplir leurs entrailles ;
Car c'est ce qui les a fait tomber
dans leur iniquité.

20 Ils étaient fiers de leur magnifique
parure,
Et ils en ont fabriqué les images
de leurs abominations, de leurs
idoles.
C'est pourquoi je la rendrai pour
eux un objet d'horreur ;

21 Je la donnerai en pillage aux mains
des étrangers,
Et comme butin aux impies de la
terre,
Afin qu'ils la profanent.

22 Je détournerai d'eux ma face,
Et l'on souillera mon sanctuaire,
Des furieux y pénétreront, et le pro-
faneront.

23 Prépare les chaînes !
Car le pays est rempli de meurtres,
La ville est pleine de violence.

24 Je ferai venir les plus méchants des
peuples,
Pour qu'ils s'emparent de leurs
maisons ;
Je mettrai fin à l'orgueil des puissants,
Et leurs sanctuaires seront profanés.

25 La ruine vient !
Ils cherchent le salut, et point de
salut !

26 Il arrive malheur sur malheur,
Un bruit succède à un bruit ;
Ils demandent des visions aux
prophètes ;
Les sacrificateurs ne connaissent plus
la loi,
Les anciens n'ont plus de conseils.

27 Le roi se désole, le prince s'épou-
vante,
Les mains du peuple du pays sont
tremblantes.
Je les traiterai selon leurs voies,
Je les jugerai comme ils le méritent,
Et ils sauront que je suis l'Éternel.

Jérusalem coupable et menacée.

8 La sixième année, le cinquième
jour du sixième mois, comme j'étais
assis dans ma maison, et que les
anciens de Juda étaient assis devant
moi, la main du Seigneur, de l'Éternel,
tomba sur moi.

2 Je regardai, et voici, c'était une
figure ayant l'aspect d'un homme ;
depuis ses reins en bas, c'était du
feu, et depuis ses reins en haut,
c'était quelque chose d'éclatant,
comme de l'airain poli. Il étendit 3
une forme de main, et me saisit par
les cheveux de la tête. L'esprit
m'enleva entre la terre et le ciel, et
me transporta, dans des visions
divines, à Jérusalem, à l'entrée de
la porte intérieure, du côté du
septentrion, où était l'idole de la
jalousie, qui excite la jalousie de
l'Éternel. Et voici, la gloire du 4
Dieu d'Israël était là, telle que je
l'avais vue en vision dans la vallée.

5 Il me dit: Fils de l'homme, lève
les yeux du côté du septentrion !
Je levai les yeux du côté du septentrion ; et voici, cette idole de la
jalousie était au septentrion de la
porte de l'autel, à l'entrée. Et il me 6

dit: Fils de l'homme, vois-tu ce qu'ils font, les grandes abominations que commet ici la maison d'Israël, pour que je m'éloigne de mon sanctuaire? Mais tu verras encore d'autres grandes abominations.

7 Alors il me conduisit à l'entrée du parvis. Je regardai, et voici, il y 8 avait un trou dans le mur. Et il me dit: Fils de l'homme, perce la muraille! Je perçai la muraille, et 9 voici, il y avait une porte. Et il me dit: Entre, et vois les méchantes abominations qu'ils commettent ici! 10 J'entrai, et je regardai; et voici, il y avait toutes sortes de figures de reptiles et de bêtes abominables, et toutes les idoles de la maison d'Israël, peintes sur la muraille tout autour. 11 Soixante et dix hommes des anciens de la maison d'Israël, au milieu desquels était Jaazania, fils de Schaphan, se tenaient devant ces idoles, chacun l'encensoir à la main, et il s'élevait 12 une épaisse nuée d'encens. Et il me dit: Fils de l'homme, vois-tu ce que font dans les ténèbres les anciens de la maison d'Israël, chacun dans sa chambre pleine de figures? Car ils disent: L'Éternel ne nous voit pas, 13 l'Éternel a abandonné le pays. Et il me dit: Tu verras encore d'autres grandes abominations qu'ils commettent.

14 Et il me conduisit à l'entrée de la porte de la maison de l'Éternel, du côté du septentrion. Et voici, il y avait là des femmes assises, qui 15 pleuraient Thammuz. Et il me dit: Vois-tu, fils de l'homme? Tu verras encore d'autres abominations plus grandes que celles-là.

16 Et il me conduisit dans le parvis intérieur de la maison de l'Éternel. Et voici, à l'entrée du temple de l'Éternel, entre le portique et l'autel, il y avait environ vingt-cinq hommes, tournant le dos au temple de l'Éternel et le visage vers l'orient; et ils se prosternaient à l'orient devant 17 le soleil. Et il me dit: Vois-tu, fils de l'homme? Est-ce trop peu pour la maison de Juda de commettre les abominations qu'ils commettent ici?

Faut-il encore qu'ils remplissent le pays de violence, et qu'ils ne cessent de m'irriter? Voici, ils approchent le rameau de leur nez. Moi aussi, 18 j'agirai avec fureur; mon œil sera sans pitié, et je n'aurai point de miséricorde; quand ils crieront à voix haute à mes oreilles, je ne les écouterai pas.

Puis il cria d'une voix forte à mes **9** oreilles: Approchez, vous qui devez châtier la ville, chacun son instrument de destruction à la main!

Et voici, six hommes arrivèrent 2 par le chemin de la porte supérieure du côté du septentrion, chacun son instrument de destruction à la main. Il y avait au milieu d'eux un homme vêtu de lin, et portant une écritoire à la ceinture. Ils vinrent se placer près de l'autel d'airain. La gloire du 3 Dieu d'Israël s'éleva du chérubin sur lequel elle était, et se dirigea vers le seuil de la maison; et il appela l'homme vêtu de lin, et portant une écritoire à la ceinture. L'Éternel 4 lui dit: Passe au milieu de la ville, au milieu de Jérusalem, et fais une marque sur le front des hommes qui soupirent et qui gémissent à cause de toutes les abominations qui s'y commettent. Et, à mes oreilles, il 5 dit aux autres: Passez après lui dans la ville, et frappez; que votre œil soit sans pitié, et n'ayez point de miséricorde! Tuez, détruisez les 6 vieillards, les jeunes hommes, les vierges, les enfants et les femmes; mais n'approchez pas de quiconque aura sur lui la marque; et commencez par mon sanctuaire! Ils commencèrent par les anciens qui étaient devant la maison. Il leur dit: 7 Souillez la maison, et remplissez de morts les parvis!...Sortez!...Ils sortirent, et ils frappèrent dans la ville.

Comme ils frappaient, et que je 8 restais encore, je tombai sur ma face, et je m'écriai: Ah! Seigneur Éternel, détruiras-tu tout ce qui reste d'Israël, en répandant ta fureur sur Jérusalem? Il me répondit: L'iniquité de la 9 maison d'Israël et de Juda est grande, excessive; le pays est rempli de meurtres, la ville est pleine d'injustice, car ils disent: L'Éternel a abandonné 10 le pays, l'Éternel ne voit rien. Moi aussi, je serai sans pitié, et je n'aurai point de miséricorde; je ferai retomber leurs œuvres sur leur tête.

11 Et voici, l'homme vêtu de lin, et portant une écritoire à la ceinture, rendit cette réponse: J'ai fait ce que tu m'as ordonné.

10 Je regardai, et voici, sur le ciel qui était au-dessus de la tête des chérubins, il y avait comme une pierre de saphir; on voyait au-dessus d'eux quelque chose de semblable à 2 une forme de trône. Et l'Éternel dit à l'homme vêtu de lin: Va entre les roues sous les chérubins, remplis tes mains de charbons ardents que tu prendras entre les chérubins, et répands-les sur la ville! Et il y alla devant mes yeux.

3 Les chérubins étaient à la droite de la maison, quand l'homme alla, et la nuée remplit le parvis intérieur. 4 La gloire de l'Éternel s'éleva de dessus les chérubins, et se dirigea vers le seuil de la maison; la maison fut remplie de la nuée, et le parvis fut rempli de la splendeur de la 5 gloire de l'Éternel. Le bruit des ailes des chérubins se fit entendre jusqu'au parvis extérieur, pareil à la voix du Dieu tout-puissant lorsqu'il parle.

6 Ainsi l'Éternel donna cet ordre à l'homme vêtu de lin: Prends du feu entre les roues, entre les chérubins! Et cet homme alla se placer près 7 des roues. Alors un chérubin étendit la main entre les chérubins vers le feu qui était entre les chérubins; il en prit, et le mit dans les mains de l'homme vêtu de lin. Et cet homme 8 le prit, et sortit. On voyait aux chérubins une forme de main d'homme sous leurs ailes.

9 Je regardai, et voici, il y avait quatre roues près des chérubins, une roue près de chaque chérubin; et ces roues avaient l'aspect d'une pierre 10 de chrysolithe. A leur aspect, toutes les quatre avaient la même forme;

chaque roue paraissait être au milieu d'une autre roue. En cheminant, 11 elles allaient de leurs quatre côtés, et elles ne se tournaient point dans leur marche; mais elles allaient dans la direction de la tête, sans se tourner dans leur marche. Tout le corps des 12 chérubins, leur dos, leurs mains, et leurs ailes, étaient remplis d'yeux, aussi bien que les roues tout autour, les quatre roues. J'entendis qu'on 13 appelait les roues tourbillon. Chacun 14 avait quatre faces; la face du premier était une face de chérubin, la face du second une face d'homme, celle du troisième une face de lion, et celle du quatrième une face d'aigle. Et les chérubins s'élevèrent. C'étaient 15 les animaux que j'avais vus près du fleuve du Kebar. Quand les chéru- 16 bins marchaient, les roues cheminaient à côté d'eux; et quand les chérubins déployaient leurs ailes pour s'élever de terre, les roues aussi ne se détournaient point d'eux. Quand ils s'ar- 17 rêtaient, elles s'arrêtaient, et quand ils s'élevaient, elles s'élevaient avec eux, car l'esprit des animaux était en elles.

La gloire de l'Éternel se retira du 18 seuil de la maison, et se plaça sur les chérubins. Les chérubins déployèrent 19 leurs ailes, et s'élevèrent de terre sous mes yeux quand ils partirent, accompagnés des roues. Ils s'arrêtèrent à l'entrée de la porte de la maison de l'Éternel vers l'orient; et la gloire du Dieu d'Israël était sur eux, en haut. C'étaient les animaux que 20 j'avais vus sous le Dieu d'Israël près du fleuve du Kebar, et je reconnus que c'étaient des chérubins. Chacun 21 avait quatre faces, chacun avait quatre ailes, et une forme de main d'homme était sous leurs ailes. Leurs faces 22 étaient semblables à celles que j'avais vues près du fleuve du Kebar; c'était le même aspect, c'était eux-mêmes. Chacun marchait droit devant soi.

L'esprit m'enleva, et me trans- **11** porta à la porte orientale de la maison de l'Éternel, à celle qui regarde l'orient. Et voici, à l'entrée de la porte, il y avait vingt-cinq hommes; et je vis au milieu d'eux Jaazania, fils d'Azzur, et Pelathia, 2 fils de Benaja, chefs du peuple. Et l'Éternel me dit: Fils de l'homme, ce sont les hommes qui méditent l'iniquité, et qui donnent de mauvais 3 conseils dans cette ville. Ils disent: Ce n'est pas le moment! Bâtissons des maisons! La ville est la chaudière, et nous sommes la viande. 4 C'est pourquoi prophétise contre eux, prophétise, fils de l'homme!

5 Alors l'esprit de l'Éternel tomba sur moi. Et il me dit:

Dis: Ainsi parle l'Éternel:
Vous parlez de la sorte, maison d'Israël!
Et ce qui vous monte à la pensée, je le sais.
6 Vous avez multiplié les meurtres dans cette ville,
Vous avez rempli les rues de cadavres.
7 C'est pourquoi ainsi parle le Seigneur, l'Éternel:
Vos morts que vous avez étendus au milieu d'elle,
C'est la viande, et elle, c'est la chaudière;
Mais vous, on vous en fera sortir.
8 Vous avez peur de l'épée,
Et je ferai venir sur vous l'épée,
Dit le Seigneur, l'Éternel.
9 Je vous ferai sortir du milieu d'elle,
Je vous livrerai entre les mains des étrangers,
Et j'exercerai contre vous mes jugements.
10 Vous tomberez par l'épée,
Je vous jugerai sur la frontière d'Israël,
Et vous saurez que je suis l'Éternel.
11 La ville ne sera pas pour vous une chaudière,
Et vous ne serez pas la viande au milieu d'elle:
C'est sur la frontière d'Israël que je vous jugerai.
12 Et vous saurez que je suis l'Éternel,
Dont vous n'avez pas suivi les ordonnances
Et pratiqué les lois;
Mais vous avez agi selon les lois des nations qui vous entourent.

Comme je prophétisais, Pelathia, 13 fils de Benaja, mourut. Je tombai sur ma face, et je m'écriai à haute voix: Ah! Seigneur Éternel, anéantiras-tu ce qui reste d'Israël?

Et la parole de l'Éternel me fut 14 adressée, en ces mots:

Fils de l'homme, ce sont tes frères, 15 tes frères,
Ceux de ta parenté, et la maison d'Israël tout entière,
A qui les habitants de Jérusalem disent:
Restez loin de l'Éternel,
Le pays nous a été donné en propriété.
C'est pourquoi tu diras: Ainsi parle 16 le Seigneur, l'Éternel:
Si je les tiens éloignés parmi les nations,
Si je les ai dispersés en divers pays,
Je serai pour eux quelque temps un asile
Dans les pays où ils sont venus.
C'est pourquoi tu diras: Ainsi parle 17 le Seigneur, l'Éternel:
Je vous rassemblerai du milieu des peuples,
Je vous recueillerai des pays où vous êtes dispersés,
Et je vous donnerai la terre d'Israël.
C'est là qu'ils iront,   18
Et ils en ôteront toutes les idoles et toutes les abominations.
Je leur donnerai un même cœur,   19
Et je mettrai en vous un esprit nouveau;
J'ôterai de leur corps le cœur de pierre,
Et je leur donnerai un cœur de chair,
Afin qu'ils suivent mes ordonnances, 20
Et qu'ils observent et pratiquent mes lois;
Et ils seront mon peuple, et je serai leur Dieu.
Mais pour ceux dont le cœur se 21 plaît à leurs idoles et à leurs abominations,
Je ferai retomber leurs œuvres sur leur tête,
Dit le Seigneur, l'Éternel.

22 Les chérubins déployèrent leurs ailes, accompagnés des roues; et la gloire du Dieu d'Israël était sur eux,
23 en haut. La gloire de l'Éternel s'éleva du milieu de la ville, et elle se plaça sur la montagne qui est à
24 l'orient de la ville. L'esprit m'enleva, et me transporta en Chaldée auprès des captifs, en vision par l'esprit de Dieu; et la vision que j'avais eue
25 disparut au-dessus de moi. Je dis aux captifs toutes les paroles de l'Éternel, qu'il m'avait révélées.

La captivité de Sédécias, et la dispersion du peuple.

12 La parole de l'Éternel me fut adressée, en ces mots:
2 Fils de l'homme, tu habites au milieu d'une famille de rebelles, qui ont des yeux pour voir et qui ne voient point, des oreilles pour entendre et qui n'entendent point; car
3 c'est une famille de rebelles. Et toi, fils de l'homme, prépare tes effets de voyage, et pars de jour, sous leurs yeux! Pars, en leur présence, du lieu où tu es pour un autre lieu: peut-être verront-ils qu'ils sont une famille
4 de rebelles. Sors tes effets comme des effets de voyage, de jour sous leurs yeux; et toi, pars le soir, en leur présence, comme partent des
5 exilés. Sous leurs yeux, tu perceras la muraille, et tu sortiras tes effets
6 par là. Sous leurs yeux, tu les mettras sur ton épaule, tu les sortiras pendant l'obscurité, tu te couvriras le visage, et tu ne regarderas pas la terre; car je veux que tu sois un signe pour la maison d'Israël.
7 Je fis ce qui m'avait été ordonné: je sortis de jour mes effets comme des effets de voyage, le soir je perçai la muraille avec la main, et je les sortis pendant l'obscurité et les mis sur mon épaule, en leur présence.
8 Le matin, la parole de l'Éternel me fut adressée, en ces mots:
9 Fils de l'homme, la maison d'Israël, cette famille de rebelles, ne t'a-t-elle
10 pas dit: Que fais-tu? Dis-leur: Ainsi parle le Seigneur, l'Éternel: Cet oracle concerne le prince qui est à Jérusalem,

et toute la maison d'Israël qui s'y trouve.
11 Dis: Je suis pour vous un signe. Ce que j'ai fait, c'est ce qui leur sera fait:
Ils iront en exil, en captivité.
12 Le prince qui est au milieu d'eux
Mettra son bagage sur l'épaule pendant l'obscurité et partira;
On percera la muraille pour le faire sortir;
Il se couvrira le visage,
Pour que ses yeux ne regardent pas la terre.
13 J'étendrai mon rets sur lui,
Et il sera pris dans mon filet;
Je l'emmènerai à Babylone, dans le pays des Chaldéens;
Mais il ne le verra pas, et il y mourra.
14 Tous ceux qui l'entourent et lui sont en aide,
Et toutes ses troupes, je les disperserai à tous les vents,
Et je tirerai l'épée derrière eux.
15 Et ils sauront que je suis l'Éternel,
Quand je les répandrai parmi les nations,
Quand je les disperserai en divers pays.
16 Mais je laisserai d'eux quelques hommes
Qui échapperont à l'épée, à la famine et à la peste,
Afin qu'ils racontent toutes leurs abominations
Parmi les nations où ils iront.
Et ils sauront que je suis l'Éternel.

17 La parole de l'Éternel me fut adressée, en ces mots:
18 Fils de l'homme, tu mangeras ton pain avec tremblement,
Tu boiras ton eau avec inquiétude et angoisse.
19 Dis au peuple du pays:
Ainsi parle le Seigneur, l'Éternel,
Sur les habitants de Jérusalem dans la terre d'Israël!
Ils mangeront leur pain avec angoisse,
Et ils boiront leur eau avec épouvante;

Car leur pays sera dépouillé de tout
ce qu'il contient,
A cause de la violence de tous ceux
qui l'habitent.

20 Les villes peuplées seront détruites,
Et le pays sera ravagé.
Et vous saurez que je suis l'Éternel.

21 La parole de l'Éternel me fut
adressée, en ces mots:

22 Fils de l'homme, que signifient ces
discours moqueurs
Que vous tenez dans le pays d'Israël:
Les jours se prolongent,
Et toutes les visions restent sans
effet?

23 C'est pourquoi dis-leur:
Ainsi parle le Seigneur, l'Éternel:
Je ferai cesser ces discours moqueurs;
On ne les tiendra plus en Israël.
Dis-leur, au contraire:
Les jours approchent,
Et toutes les visions s'accompliront.

24 Car il n'y aura plus de visions vaines,
Ni d'oracles trompeurs,
Au milieu de la maison d'Israël.

25 Car moi, l'Éternel, je parlerai;
Ce que je dirai s'accomplira,
Et ne sera plus différé;
Oui, de vos jours, famille de rebelles,
Je prononcerai une parole et je
l'accomplirai,
Dit le Seigneur, l'Éternel.

26 La parole de l'Éternel me fut
adressée, en ces mots:

27 Fils de l'homme, voici, la maison
d'Israël dit:
Les visions qu'il a ne sont pas près
de s'accomplir;
Il prophétise pour des temps éloignés.

28 C'est pourquoi dis-leur:
Ainsi parle le Seigneur, l'Éternel:
Il n'y aura plus de délai dans l'accom-
plissement de mes paroles;
La parole que je prononcerai s'ac-
complira,
Dit le Seigneur, l'Éternel.

Contre les faux prophètes.

13 La parole de l'Éternel me fut
adressée, en ces mots:

Fils de l'homme, prophétise contre les 2
prophètes d'Israël qui prophétisent,
Et dis à ceux qui prophétisent selon
leur propre cœur:
Écoutez la parole de l'Éternel!

Ainsi parle le Seigneur, l'Éternel: 3
Malheur aux prophètes insensés,
Qui suivent leur propre esprit et qui
ne voient rien!

Tels des renards au milieu des ruines, 4
Tels sont tes prophètes, ô Israël!

Vous n'êtes pas montés devant les 5
brèches,
Vous n'avez pas entouré d'un mur la
maison d'Israël,
Pour demeurer fermes dans le combat,
Au jour de l'Éternel.

Leurs visions sont vaines, et leurs 6
oracles menteurs;
Ils disent: L'Éternel a dit!
Et l'Éternel ne les a point envoyés;
Et ils font espérer que leur parole
s'accomplira.

Les visions que vous avez ne sont- 7
elles pas vaines,
Et les oracles que vous prononcez ne
sont-ils pas menteurs?
Vous dites: L'Éternel a dit!
Et je n'ai point parlé.

C'est pourquoi ainsi parle le Sei- 8
gneur, l'Éternel:
Parce que vous dites des choses
vaines,
Et que vos visions sont des men-
songes,
Voici, j'en veux à vous,
Dit le Seigneur, l'Éternel.

Ma main sera contre les prophètes 9
Dont les visions sont vaines et les
oracles menteurs;
Ils ne feront point partie de l'assemblée de mon peuple,
Ils ne seront pas inscrits dans le
livre de la maison d'Israël,
Et ils n'entreront pas dans le pays
d'Israël.
Et vous saurez que je suis le Seigneur, l'Éternel.

Ces choses arriveront parce qu'ils 10
égarent mon peuple,
En disant: Paix! quand il n'y a
point de paix.

Et mon peuple bâtit une muraille,
Et eux, ils la couvrent de plâtre.

11 Dis à ceux qui la couvrent de plâtre
qu'elle s'écroulera ;
Une pluie violente surviendra ;
Et vous, pierres de grêle, vous tom-
berez,
Et la tempête éclatera.

12 Et voici, la muraille s'écroule !
Ne vous dira-t-on pas :
Où est le plâtre dont vous l'avez
couverte ?

13 C'est pourquoi ainsi parle le Seigneur, l'Éternel :
Je ferai, dans ma fureur, éclater la
tempête ;
Il surviendra, dans ma colère, une
pluie violente ;
Et des pierres de grêle tomberont
avec fureur pour détruire.

14 J'abattrai la muraille que vous avez
couverte de plâtre,
Je lui ferai toucher la terre, et ses
fondements seront mis à nu ;
Elle s'écroulera, et vous périrez au
milieu de ses ruines.
Et vous saurez que je suis l'Éternel.

15 J'assouvirai ainsi ma fureur contre la
muraille,
Et contre ceux qui l'ont couverte de
plâtre ;
Et je vous dirai : Plus de muraille !
Et c'en est fait de ceux qui la re-
plâtraient,

16 Des prophètes d'Israël qui pro-
phétisent sur Jérusalem,
Et qui ont sur elle des visions de
paix,
Quand il n'y a point de paix !
Dit le Seigneur, l'Éternel.

17 Et toi, fils de l'homme, porte tes regards sur les filles de ton peuple
Qui prophétisent selon leur propre
cœur,
Et prophétise contre elles !

18 Tu diras : Ainsi parle le Seigneur,
l'Éternel :
Malheur à celles qui fabriquent des
coussinets pour toutes les aisselles,
Et qui font des voiles pour la tête
des gens de toute taille,
Afin de surprendre les âmes !
Pensez-vous surprendre les âmes de
mon peuple,

Et conserver vos propres âmes ?

19 Vous me déshonorez auprès de mon
peuple
Pour des poignées d'orge et des morceaux de pain,
En tuant des âmes qui ne doivent
pas mourir,
Et en faisant vivre des âmes qui ne
doivent pas vivre,
Trompant ainsi mon peuple, qui
écoute le mensonge.

20 C'est pourquoi ainsi parle le Seigneur,
l'Éternel :
Voici, j'en veux à vos coussinets
Par lesquels vous surprenez les âmes
afin qu'elles s'envolent,
Et je les arracherai de vos bras ;
Et je délivrerai les âmes
Que vous cherchez à surprendre afin
qu'elles s'envolent.

21 J'arracherai aussi vos voiles,
Et je délivrerai de vos mains mon
peuple ;
Ils ne serviront plus de piège entre
vos mains.
Et vous saurez que je suis l'Éternel.

22 Parce que vous affligez le cœur du
juste par des mensonges,
Quand moi-même je ne l'ai point
attristé,
Et parce que vous fortifiez les mains
du méchant
Pour l'empêcher de quitter sa mauvaise voie et pour le faire vivre,

23 Vous n'aurez plus de vaines visions,
Et vous ne prononcerez plus d'ora-
cles ;
Je délivrerai de vos mains mon
peuple.
Et vous saurez que je suis l'Éternel.

Contre ceux qui s'attachent aux idoles et qui consultent l'Éternel.

14 Quelques-uns des anciens d'Israël vinrent auprès de moi et
s'assirent devant moi. Et la parole 2
de l'Éternel me fut adressée, en ces
mots :

3 Fils de l'homme, ces gens-là portent leurs idoles dans leur cœur, et
ils attachent les regards sur ce qui
les a fait tomber dans l'iniquité. Me
laisserai-je consulter par eux ? C'est 4
pourquoi parle-leur, et dis-leur :

Ainsi parle le Seigneur, l'Éternel : Tout homme de la maison d'Israël qui porte ses idoles dans son cœur, et qui attache les regards sur ce qui l'a fait tomber dans son iniquité, —s'il vient s'adresser au prophète,— moi, l'Éternel, je lui répondrai, malgré la multitude de ses idoles,

5 afin de saisir dans leur propre cœur ceux de la maison d'Israël qui se sont éloignés de moi avec toutes

6 leurs idoles. C'est pourquoi dis à la maison d'Israël : Ainsi parle le Seigneur, l'Éternel : Revenez, et détournez-vous de vos idoles, détournez les regards de toutes vos abomina-

7 tions ! Car tout homme de la maison d'Israël, ou des étrangers séjournant en Israël, qui s'est éloigné de moi, qui porte ses idoles dans son cœur, et qui attache les regards sur ce qui l'a fait tomber dans son iniquité,— s'il vient s'adresser au prophète pour me consulter par lui,—moi, l'Éternel, je lui répondrai par moi.

8 Je tournerai ma face contre cet homme, je ferai de lui un signe et un sujet de sarcasme, et je l'exterminerai du milieu de mon peuple. Et vous saurez que je suis l'Éternel.

9 Si le prophète se laisse séduire, s'il prononce une parole, c'est moi, l'Éternel, qui aurai séduit ce prophète ; j'étendrai ma main contre lui, et je le détruirai du milieu de

10 mon peuple d'Israël. Ils porteront ainsi la peine de leur iniquité ; la peine du prophète sera comme la

11 peine de celui qui consulte, afin que la maison d'Israël ne s'égare plus loin de moi, et qu'elle ne se souille plus par toutes ses transgressions. Alors ils seront mon peuple, et je serai leur Dieu, dit le Seigneur, l'Éternel.

Justice des châtiments de l'Éternel.

12 La parole de l'Éternel me fut adressée, en ces mots :

13 Fils de l'homme, lorsqu'un pays pécherait contre moi en se livrant à l'infidélité, et que j'étendrais ma main sur lui,—si je brisais pour lui le bâton du pain, si je lui envoyais la famine, si j'en exterminais les hommes et les bêtes, et qu'il y eût 14 au milieu de lui ces trois hommes, Noé, Daniel et Job, ils sauveraient leur âme par leur justice, dit le Seigneur, l'Éternel. Si je faisais 15 parcourir le pays par des bêtes féroces qui le dépeupleraient, s'il devenait un désert où personne ne passerait à cause de ces bêtes, et 16 qu'il y eût au milieu de lui ces trois hommes, je suis vivant ! dit le Seigneur, l'Éternel, ils ne sauveraient ni fils ni filles, eux seuls seraient sauvés, et le pays deviendrait un désert. Ou si j'amenais l'épée contre 17 ce pays, si je disais : Que l'épée parcoure le pays ! si j'en exterminais les hommes et les bêtes, et qu'il y 18 eût au milieu de lui ces trois hommes, je suis vivant ! dit le Seigneur, l'Éternel, ils ne sauveraient ni fils ni filles, mais eux seuls seraient sauvés. Ou si j'envoyais la peste 19 dans ce pays, si je répandais contre lui ma fureur par la mortalité, pour en exterminer les hommes et les bêtes, et qu'il y eût au milieu 20 de lui Noé, Daniel et Job, je suis vivant ! dit le Seigneur, l'Éternel, ils ne sauveraient ni fils ni filles, mais ils sauveraient leur âme par leur justice.

Oui, ainsi parle le Seigneur, l'É- 21 ternel : Quoique j'envoie contre Jérusalem mes quatre châtiments terribles, l'épée, la famine, les bêtes féroces et la peste, pour en exterminer les hommes et les bêtes, il y 22 aura néanmoins un reste qui échappera, qui en sortira, des fils et des filles. Voici, ils arriveront auprès de vous ; vous verrez leur conduite et leurs actions, et vous vous consolerez du malheur que je fais venir sur Jérusalem, de tout ce que je fais venir sur elle. Ils vous consoleront, 23 quand vous verrez leur conduite et leurs actions ; et vous reconnaîtrez que ce n'est pas sans raison que je fais tout ce que je lui fais, dit le Seigneur, l'Éternel.

Les habitants de Jérusalem comparés au bois de la vigne.

La parole de l'Éternel me fut **15** adressée, en ces mots :

2 Fils de l'homme, le bois de la vigne, qu'a-t-il de plus que tout autre bois,
Le sarment qui est parmi les arbres de la forêt ?
3 Prend-on de ce bois pour fabriquer un ouvrage ?
En tire-t-on une cheville pour y suspendre un objet quelconque ?
4 Voici, on le met au feu pour le consumer ;
Le feu en consume les deux bouts, et le milieu brûle :
Sera-t-il bon à quelque chose ?
5 Voici, lorsqu'il était entier, on n'en faisait aucun ouvrage ;
Combien moins, lorsque le feu l'a consumé et qu'il est brûlé,
En pourra-t-on faire quelque ouvrage ?

6 C'est pourquoi ainsi parle le Seigneur, l'Éternel :
Comme le bois de la vigne parmi les arbres de la forêt,
Ce bois que je livre au feu pour le consumer,
Ainsi je livrerai les habitants de Jérusalem.
7 Je tournerai ma face contre eux ;
Ils sont sortis du feu, et le feu les consumera.
Et vous saurez que je suis l'Éternel,
Quand je tournerai ma face contre eux.
8 Je ferai du pays un désert,
Parce qu'ils ont été infidèles,
Dit le Seigneur, l'Éternel.

Jérusalem sous l'emblème d'une femme prostituée.

16 La parole de l'Éternel me fut adressée, en ces mots:
2 Fils de l'homme, fais connaître à Jérusalem ses abominations !
3 Tu diras : Ainsi parle le Seigneur, l'Éternel, à Jérusalem : Par ton origine et ta naissance tu es du pays de Canaan ; ton père était un Amoréen, 4 et ta mère une Héthienne. A ta naissance, au jour où tu naquis, ton nombril n'a pas été coupé, tu n'as pas été lavée dans l'eau pour être purifiée, tu n'as pas été frottée avec du sel, tu n'as pas été enveloppée dans des langes. Nul n'a porté sur 5 toi un regard de pitié pour te faire une seule de ces choses, par compassion pour toi ; mais tu as été jetée dans les champs, le jour de ta naissance, parce qu'on avait horreur de toi.

Je passai près de toi, je t'aperçus 6 baignée dans ton sang, et je te dis : Vis dans ton sang ! je te dis : Vis dans ton sang ! Je t'ai multipliée par 7 dix milliers, comme les herbes des champs. Et tu pris de l'accroissement, tu grandis, tu devins d'une beauté parfaite ; tes seins se formèrent, ta chevelure se développa. Mais tu étais nue, entièrement nue. Je passai près de toi, je te regardai, 8 et voici, ton temps était là, le temps des amours. J'étendis sur toi le pan de ma robe, je couvris ta nudité, je te jurai fidélité, je fis alliance avec toi, dit le Seigneur, l'Éternel, et tu fus à moi.

Je te lavai dans l'eau, je fis dis- 9 paraître le sang qui était sur toi, et je t'oignis avec de l'huile. Je te 10 donnai des vêtements brodés, et une chaussure de peaux teintes en bleu ; je te ceignis de fin lin, et je te couvris de soie. Je te parai d'ornements : 11 je mis des bracelets à tes mains, un collier à ton cou, je mis un anneau à 12 ton nez, des pendants à tes oreilles, et une couronne magnifique sur ta tête. Ainsi tu fus parée d'or et 13 d'argent, et tu fus vêtue de fin lin, de soie et d'étoffes brodées. La fleur de farine, le miel et l'huile, furent ta nourriture. Tu étais d'une beauté accomplie, digne de la royauté. Et 14 ta renommée se répandit parmi les nations, à cause de ta beauté ; car elle était parfaite, grâce à l'éclat dont je t'avais ornée, dit le Seigneur, l'Éternel.

Mais tu t'es confiée dans ta beauté, 15 et tu t'es prostituée, à la faveur de ton nom ; tu as prodigué tes prostitutions à tous les passants, tu t'es livrée à eux. Tu as pris de tes vête- 16 ments, tu t'es fait des hauts lieux que tu as garnis d'étoffes de toutes couleurs, et tu t'y es prostituée :

rien de semblable n'était arrivé et
17 n'arrivera jamais. Tu as pris ta
magnifique parure d'or et d'argent,
que je t'avais donnée, et tu en as
fait des simulacres d'hommes, aux-
18 quels tu t'es prostituée. Tu as pris
tes vêtements brodés, tu les en as
couverts, et tu as offert à ces simu-
19 lacres mon huile et mon encens. Le
pain que je t'avais donné, la fleur
de farine, l'huile et le miel dont je
te nourrissais, tu leur as offert ces
choses comme des parfums d'une
odeur agréable. Voilà ce qui est
arrivé, dit le Seigneur, l'Éternel.
20 Tu as pris tes fils et tes filles, que
tu m'avais enfantés, et tu les leur as
sacrifiés pour qu'ils leur servissent
d'aliment : n'était-ce pas assez de
21 tes prostitutions ? Tu as égorgé mes
fils, et tu les as donnés, en les faisant
passer par le feu en leur honneur.
22 Au milieu de toutes tes abominations
et de tes prostitutions, tu ne t'es pas
souvenue du temps de ta jeunesse,
lorsque tu étais nue, entièrement nue,
et baignée dans ton sang.
23 Après toutes tes méchantes actions,—malheur, malheur à toi ! dit
24 le Seigneur, l'Éternel,—tu t'es bâti
des maisons de prostitution, tu t'es
fait des hauts lieux dans toutes les
25 places ; à l'entrée de chaque chemin
tu as construit tes hauts lieux, tu as
déshonoré ta beauté, tu t'es livrée à
tous les passants, tu as multiplié
26 tes prostitutions. Tu t'es prostituée
aux Égyptiens, tes voisins au corps
vigoureux, et tu as multiplié tes
27 prostitutions pour m'irriter. Et
voici, j'ai étendu ma main contre
toi, j'ai diminué la part que je
t'avais assignée, je t'ai livrée à la
volonté de tes ennemies, les filles
des Philistins, qui ont rougi de ta
28 conduite criminelle. Tu t'es prostituée aux Assyriens, parce que tu
n'étais pas rassasiée ; tu t'es prostituée à eux, et tu n'as pas encore
29 été rassasiée. Tu as multiplié tes
prostitutions avec le pays de Canaan
et jusqu'en Chaldée, et avec cela tu
30 n'as pas encore été rassasiée. Quelle
faiblesse de cœur tu as eue, dit le
Seigneur, l'Éternel, en faisant toutes

ces choses, qui sont l'œuvre d'une
maîtresse prostituée. Lorsque tu 31
bâtissais tes maisons de prostitution
à l'entrée de chaque chemin, lorsque
tu faisais tes hauts lieux dans toutes
les places, tu n'as pas même été
comme la prostituée qui réclame un
salaire ; tu as été la femme adultère, 32
qui reçoit des étrangers au lieu de
son mari. A toutes les prostituées 33
on paie un salaire ; mais toi, tu as
fait des dons à tous tes amants, tu
les as gagnés par des présents, afin
de les attirer à toi de toutes parts
dans tes prostitutions. Tu as été le 34
contraire des autres prostituées, parce
qu'on ne te recherchait pas ; et en
donnant un salaire au lieu d'en recevoir un, tu as été le contraire des
autres.

C'est pourquoi, prostituée, écoute 35
la parole de l'Éternel ! Ainsi parle 36
le Seigneur, l'Éternel : Parce que tes
trésors ont été dissipés, et que ta
nudité a été découverte dans tes
prostitutions avec tes amants et avec
toutes tes abominables idoles, et à
cause du sang de tes enfants que tu
leur as donnés, voici, je rassemblerai 37
tous tes amants avec lesquels tu te
plaisais, tous ceux que tu as aimés
et tous ceux que tu as haïs, je les
rassemblerai de toutes parts contre
toi, je leur découvrirai ta nudité, et
ils verront toute ta nudité. Je te 38
jugerai comme on juge les femmes
adultères et celles qui répandent le
sang, et je ferai de toi une victime
sanglante de la fureur et de la jalousie. Je te livrerai entre leurs 39
mains ; ils abattront tes maisons de
prostitution et détruiront tes hauts
lieux ; ils te dépouilleront de tes
vêtements, prendront ta magnifique
parure, et te laisseront nue, entièrement nue. Ils amèneront la foule 40
contre toi, ils te lapideront et te
perceront à coups d'épée ; ils brûle- 41
ront tes maisons par le feu, et ils
feront justice de toi, aux yeux
d'une multitude de femmes. Je ferai
cesser ainsi ton impudicité, et tu ne
donneras plus de salaire. J'assou- 42
virai ma colère contre toi, et tu ne

seras plus l'objet de ma jalousie ; je m'apaiserai, je ne serai plus irrité.

43 Parce que tu ne t'es pas souvenue du temps de ta jeunesse, parce que tu m'as provoqué par toutes ces choses, voici, je ferai retomber ta conduite sur ta tête, dit le Seigneur, l'Éternel, et tu ne commettras plus le crime avec toutes tes abominations.

44 Voici, tous ceux qui disent des proverbes t'appliqueront ce pro-
45 verbe : Telle mère, telle fille ! Tu es la fille de ta mère, qui a repoussé son mari et ses enfants ; tu es la sœur de tes sœurs, qui ont repoussé leurs maris et leurs enfants. Votre mère était une Héthienne, et
46 votre père un Amoréen. Ta grande sœur, qui demeure à ta gauche, c'est Samarie avec ses filles ; et ta petite sœur, qui demeure à ta droite, c'est
47 Sodome avec ses filles. Tu n'as pas seulement marché dans leurs voies, commis les mêmes abominations, c'était trop peu ; tu as été plus corrompue qu'elles dans toutes tes
48 voies. Je suis vivant ! dit le Seigneur, l'Éternel, Sodome, ta sœur, et ses filles n'ont pas fait ce que
49 vous avez fait, toi et tes filles. Voici quel a été le crime de Sodome, ta sœur. Elle avait de l'orgueil, elle vivait dans l'abondance et dans une insouciante sécurité, elle et ses filles, et elle ne soutenait pas la main du
50 malheureux et de l'indigent. Elles sont devenues hautaines, et elles ont commis des abominations devant moi. Je les ai fait disparaître, quand
51 j'ai vu cela. Samarie n'a pas commis la moitié de tes péchés ; tes abominations ont été plus nombreuses que les siennes, et tu as justifié tes sœurs par toutes les abomina-
52 tions que tu as faites. Toi qui condamnais tes sœurs, supporte ton opprobre, à cause de tes péchés par lesquels tu t'es rendue plus abominable qu'elles, et qui les font paraître plus justes que toi ; sois confuse, et supporte ton opprobre,
53 puisque tu as justifié tes sœurs. Je ramènerai leurs captifs, les captifs de Sodome et de ses filles, les captifs de Samarie et de ses filles, et tes
54 captifs au milieu des leurs, afin que tu subisses ton opprobre, et que tu rougisses de tout ce que tu as fait, en étant pour elles un sujet de
55 consolation. Tes sœurs, Sodome et ses filles, reviendront à leur premier état, Samarie et ses filles reviendront à leur premier état ; et toi et tes filles, vous reviendrez à votre premier état. Ne discourais-
56 tu pas sur ta sœur Sodome, dans le temps de ton orgueil, avant que
57 ta méchanceté fût mise à nu, lorsque tu as reçu les outrages des filles de la Syrie et de tous ses alentours, des filles des Philistins, qui te méprisaient de tous côtés ! Tu portes
58 tes crimes et tes abominations, dit l'Éternel.

59 Car ainsi parle le Seigneur, l'Éternel : J'agirai envers toi comme tu as agi, toi qui as méprisé le serment en rompant l'alliance. Mais
60 je me souviendrai de mon alliance avec toi au temps de ta jeunesse, et j'établirai avec toi une alliance éter-
61 nelle. Tu te souviendras de ta conduite, et tu en auras honte, quand tu recevras tes sœurs, les grandes et les petites ; je te les donnerai pour filles, mais non en vertu de ton
62 alliance. J'établirai mon alliance avec toi, et tu sauras que je suis
63 l'Éternel, afin que tu te souviennes du passé et que tu rougisses, afin que tu n'ouvres plus la bouche et que tu sois confuse, quand je te pardonnerai tout ce que tu as fait, dit le Seigneur, l'Éternel.

Punition de Sédécias rebelle envers le roi de Babylone.

17 La parole de l'Éternel me fut adressée, en ces mots :
2 Fils de l'homme, propose une énigme, dis une parabole à la maison
3 d'Israël ! Tu diras : Ainsi parle le Seigneur, l'Éternel : Un grand aigle, aux longues ailes, aux ailes déployées, couvert de plumes de toutes couleurs, vint sur le Liban, et enleva la cime
4 d'un cèdre. Il arracha le plus élevé

de ses rameaux, l'emporta dans un pays de commerce, et le déposa 5 dans une ville de marchands. Et il prit un rejeton du pays, et le plaça dans un sol fertile ; il le mit près d'une eau abondante, et le planta 6 comme un saule. Ce rejeton poussa, et devint un cep de vigne étendu, mais de peu d'élévation ; ses rameaux étaient tournés vers l'aigle, et ses racines étaient sous lui ; il devint un cep de vigne, donna des jets, et produisit des branches.

7 Il y avait un autre aigle, grand, aux longues ailes, au plumage épais. Et voici, du parterre où elle était plantée, cette vigne étendit avec avidité ses racines de son côté et dirigea ses rameaux vers lui, afin qu'il 8 l'arrosât. Elle était plantée dans un bon terrain, près d'une eau abondante, de manière à produire des branches et à porter du fruit, à devenir une vigne magnifique.

9 Dis : Ainsi parle le Seigneur, l'Éternel : Prospérera-t-elle ? Le premier aigle n'arrachera-t-il pas ses racines, n'enlèvera-t-il pas son fruit, afin qu'elle se dessèche, afin que toutes les feuilles qu'elle a poussées se dessèchent ? Et il ne faudra ni beaucoup de force ni un peuple nombreux pour la séparer de ses 10 racines. Voici, elle est plantée : prospérera-t-elle ? Si le vent d'orient la touche, ne séchera-t-elle pas ? Elle séchera sur le parterre où elle a poussé.

11 La parole de l'Éternel me fut 12 adressée, en ces mots : Dis à la maison rebelle : Ne savez-vous pas ce que cela signifie ? Dis : Voici, le roi de Babylone est allé à Jérusalem, il en a pris le roi et les chefs, et les 13 a emmenés avec lui à Babylone. Il a choisi un membre de la race royale, a traité alliance avec lui, et lui a fait prêter serment, et il a emmené les 14 grands du pays, afin que le royaume fût tenu dans l'abaissement, sans pouvoir s'élever, et qu'il gardât son 15 alliance en y demeurant fidèle. Mais il s'est révolté contre lui, en envoyant ses messagers en Égypte, pour qu'elle lui donnât des chevaux et un grand nombre d'hommes. Celui qui

a fait de telles choses réussira-t-il, échappera-t-il ? Il a rompu l'alliance, et il échapperait ! Je suis vivant ! 16 dit le Seigneur, l'Éternel, c'est dans le pays du roi qui l'a fait régner, envers qui il a violé son serment et dont il a rompu l'alliance, c'est près de lui, au milieu de Babylone, qu'il mourra. Pharaon n'ira pas avec une 17 grande armée et un peuple nombreux le secourir pendant la guerre, lorsqu'on élèvera des terrasses et qu'on fera des retranchements pour exterminer une multitude d'âmes. Il a 18 méprisé le serment, il a rompu l'alliance ; il avait donné sa main, et il a fait tout cela ; il n'échappera pas ! C'est pourquoi ainsi parle le Seigneur, 19 l'Éternel : Je suis vivant ! c'est le serment fait en mon nom qu'il a méprisé, c'est mon alliance qu'il a rompue. Je ferai retomber cela sur sa tête. J'étendrai mon rets sur lui, 20 et il sera pris dans mon filet ; je l'emmènerai à Babylone, et là je plaiderai avec lui sur sa perfidie à mon égard. Tous les fuyards de 21 toutes ses troupes tomberont par l'épée, et ceux qui resteront seront dispersés à tous les vents. Et vous saurez que moi, l'Éternel, j'ai parlé.

Ainsi parle le Seigneur, l'Éternel : 22 J'enlèverai, moi, la cime d'un grand cèdre, et je la placerai ; j'arracherai du sommet de ses branches un tendre rameau, et je le planterai sur une montagne haute et élevée. Je le 23 planterai sur une haute montagne d'Israël ; il produira des branches et portera du fruit, il deviendra un cèdre magnifique. Les oiseaux de toute espèce reposeront sous lui, tout ce qui a des ailes reposera sous l'ombre de ses rameaux. Et tous les 24 arbres des champs sauront que moi, l'Éternel, j'ai abaissé l'arbre qui s'élevait et élevé l'arbre qui était abaissé, que j'ai desséché l'arbre vert et fait verdir l'arbre sec. Moi, l'Éternel, j'ai parlé, et j'agirai.

Les rétributions divines.

La parole de l'Éternel me fut **18** adressée, en ces mots :

2 Pourquoi dites-vous ce proverbe dans le pays d'Israël : Les pères ont mangé des raisins verts, et les dents 3 des enfants en ont été agacées ? Je suis vivant ! dit le Seigneur, l'Éternel, vous n'aurez plus lieu de dire ce 4 proverbe en Israël. Voici, toutes les âmes sont à moi ; l'âme du fils comme l'âme du père, l'une et l'autre sont à moi ; l'âme qui pèche, c'est celle qui mourra.

5 L'homme qui est juste, qui pratique 6 la droiture et la justice, qui ne mange pas sur les montagnes et ne lève pas les yeux vers les idoles de la maison d'Israël, qui ne déshonore pas la femme de son prochain et ne s'approche pas d'une femme pendant 7 son impureté, qui n'opprime personne, qui rend au débiteur son gage, qui ne commet point de rapines, qui donne son pain à celui qui a faim et couvre d'un vêtement celui qui est 8 nu, qui ne prête pas à intérêt et ne tire point d'usure, qui détourne sa main de l'iniquité et juge selon la vérité entre un homme et un autre, 9 qui suit mes lois et observe mes ordonnances en agissant avec fidélité, —celui-là est juste, il vivra, dit le Seigneur, l'Éternel.

10 S'il a un fils qui soit violent, qui répande le sang, ou qui commette 11 quelque chose de semblable ; si ce fils n'imite en rien la conduite de son père, s'il mange sur les montagnes, s'il déshonore la femme de son 12 prochain, s'il opprime le malheureux et l'indigent, s'il commet des rapines, s'il ne rend pas le gage, s'il lève les yeux vers les idoles et fait des 13 abominations, s'il prête à intérêt et tire une usure,—ce fils-là vivrait ! Il ne vivra pas ; il a commis toutes ces abominations ; qu'il meure ! que son sang retombe sur lui !

14 Mais si un homme a un fils qui voie tous les péchés que commet son père, qui les voie et n'agisse pas de 15 la même manière ; si ce fils ne mange pas sur les montagnes et ne lève pas les yeux vers les idoles de la maison d'Israël, s'il ne déshonore pas la 16 femme de son prochain, s'il n'opprime personne, s'il ne prend point de gage, s'il ne commet point de rapines, s'il donne son pain à celui qui a faim et couvre d'un vêtement celui qui est nu, s'il détourne sa main de l'iniquité, s'il 17 n'exige ni intérêt ni usure, s'il observe mes ordonnances et suit mes lois,— celui-là ne mourra pas pour l'iniquité de son père ; il vivra. C'est son père, 18 qui a été un oppresseur, qui a commis des rapines envers les autres, qui a fait au milieu de son peuple ce qui n'est pas bien, c'est lui qui mourra pour son iniquité.

Vous dites : Pourquoi le fils ne 19 porte-t-il pas l'iniquité de son père ? C'est que le fils a agi selon la droiture et la justice, c'est qu'il a observé et mis en pratique toutes mes lois ; il vivra. L'âme qui pèche, c'est celle 20 qui mourra. Le fils ne portera pas l'iniquité de son père, et le père ne portera pas l'iniquité de son fils. La justice du juste sera sur lui, et la méchanceté du méchant sera sur lui. Si le méchant revient de tous les 21 péchés qu'il a commis, s'il observe toutes mes lois et pratique la droiture et la justice, il vivra, il ne mourra pas. Toutes les transgressions qu'il 22 a commises seront oubliées ; il vivra, à cause de la justice qu'il a pratiquée. Ce que je désire, est-ce que le méchant 23 meure ? dit le Seigneur, l'Éternel. N'est-ce pas qu'il change de conduite et qu'il vive ? Si le juste se détourne 24 de sa justice et commet l'iniquité, s'il imite toutes les abominations du méchant, vivra-t-il ? Toute sa justice sera oubliée, parce qu'il s'est livré à l'iniquité et au péché ; à cause de cela, il mourra.

Vous dites : La voie du Seigneur 25 n'est pas droite. Écoutez donc, maison d'Israël ! Est-ce ma voie qui n'est pas droite ? Ne sont-ce pas plutôt vos voies qui ne sont pas droites ? Si le juste se détourne de 26 sa justice et commet l'iniquité, et meurt pour cela, il meurt à cause de l'iniquité qu'il a commise. Si le 27 méchant revient de sa méchanceté et pratique la droiture et la justice, il fera vivre son âme. S'il ouvre les 28 yeux et se détourne de toutes les transgressions qu'il a commises, il vivra, il ne mourra pas.

29 La maison d'Israël dit : La voie du Seigneur n'est pas droite. Est-ce ma voie qui n'est pas droite, maison d'Israël ? Ne sont-ce pas plutôt vos

30 voies qui ne sont pas droites ? C'est pourquoi je vous jugerai chacun selon ses voies, maison d'Israël, dit le Seigneur, l'Éternel. Revenez et détournez-vous de toutes vos transgressions, afin que l'iniquité ne cause

31 pas votre ruine. Rejetez loin de vous toutes les transgressions par lesquelles vous avez péché ; faites-vous un cœur nouveau et un esprit nouveau. Pourquoi mourriez-vous,

32 maison d'Israël ? Car je ne désire pas la mort de celui qui meurt, dit le Seigneur, l'Éternel. Convertissez-vous donc, et vivez.

Complainte sur les princes d'Israël.

19 Et toi, prononce une complainte
2 sur les princes d'Israël, et dis :

Ta mère, qu'était-ce ? Une lionne.
Elle était couchée parmi les lions,
C'est au milieu des lionceaux
Qu'elle a élevé ses petits.
3 Elle éleva l'un de ses petits,
Qui devint un jeune lion,
Et qui apprit à déchirer sa proie ;
Il dévora des hommes.
4 Les nations entendirent parler de lui,
Et il fut pris dans leur fosse ;
Elles mirent une boucle à ses narines
et l'emmenèrent
Dans le pays d'Égypte.
5 Quand la lionne vit qu'elle attendait
en vain,
Qu'elle était trompée dans son
espérance,
Elle prit un autre de ses petits,
Et en fit un jeune lion.
6 Il marcha parmi les lions,
Il devint un jeune lion,
Et il apprit à déchirer sa proie ;
Il dévora des hommes.
7 Il força leurs palais,
Et détruisit leurs villes ;
Le pays, tout ce qui s'y trouvait, fut
ravagé,
Au bruit de ses rugissements.
8 Contre lui se rangèrent les nations

D'alentour, des provinces ;
Elles tendirent sur lui leur rets,
Et il fut pris dans leur fosse.
Elles mirent une boucle à ses narines, 9
le placèrent dans une cage,
Et l'emmenèrent auprès du roi de
Babylone ;
Puis elles le conduisirent dans une
forteresse,
Afin qu'on n'entendît plus sa voix
sur les montagnes d'Israël.

Ta mère était, comme toi, semblable 10
à une vigne,
Plantée près des eaux.
Elle était féconde et chargée de
branches,
A cause de l'abondance des eaux.
Elle avait de vigoureux rameaux 11
pour des sceptres de souverains ;
Par son élévation elle dominait les
branches touffues ;
Elle attirait les regards par sa
hauteur,
Et par la multitude de ses rameaux.
Mais elle a été arrachée avec fureur 12
et jetée par terre ;
Le vent d'orient a desséché son
fruit ;
Ses rameaux vigoureux ont été
rompus et desséchés ;
Le feu les a dévorés.
Et maintenant elle est plantée dans 13
le désert,
Dans une terre sèche et aride.
Le feu est sorti de ses branches, 14
Et a dévoré son fruit ;
Elle n'a plus de rameau vigoureux
Pour un sceptre de souverain.
C'est là une complainte, et cela servira
de complainte.

Censures et promesses.

20 La septième année, le dixième
jour du cinquième mois, quelques-uns des anciens d'Israël vinrent pour consulter l'Éternel, et s'assirent devant moi. Et la parole de l'Éternel me 2 fut adressée, en ces mots :

Fils de l'homme, parle aux anciens 3 d'Israël, et dis-leur : Ainsi parle le Seigneur, l'Éternel : Est-ce pour me consulter que vous êtes venus ? Je suis vivant ! je ne me laisserai pas consulter par vous, dit le Seigneur,

4 l'Éternel. Veux-tu les juger, veux-tu les juger, fils de l'homme ? Fais-leur connaître les abominations de leurs pères !

5 Tu leur diras : Ainsi parle le Seigneur, l'Éternel : Le jour où j'ai choisi Israël, j'ai levé ma main vers la postérité de la maison de Jacob, et je me suis fait connaître à eux dans le pays d'Égypte ; j'ai levé ma main vers eux, en disant : Je suis

6 l'Éternel, votre Dieu. En ce jour-là, j'ai levé ma main vers eux, pour les faire passer du pays d'Égypte dans un pays que j'avais cherché pour eux, pays où coulent le lait et le miel, le

7 plus beau de tous les pays. Je leur dis : Rejetez chacun les abominations qui attirent vos regards, et ne vous souillez pas par les idoles de l'Égypte ! Je suis l'Éternel, votre Dieu.

8 Et ils se révoltèrent contre moi, et ils ne voulurent pas m'écouter. Aucun ne rejeta les abominations qui attiraient ses regards, et ils n'abandonnèrent point les idoles de l'Égypte. J'eus la pensée de répandre ma fureur sur eux, d'épuiser contre eux ma colère, au milieu du

9 pays d'Égypte. Néanmoins j'ai agi par égard pour mon nom, afin qu'il ne fût pas profané aux yeux des nations parmi lesquelles ils se trouvaient, et aux yeux desquelles je m'étais fait connaître à eux, pour les

10 faire sortir du pays d'Égypte. Et je les fis sortir du pays d'Égypte, et je les conduisis dans le désert.

11 Je leur donnai mes lois et leur fis connaître mes ordonnances, que l'homme doit mettre en pratique,

12 afin de vivre par elles. Je leur donnai aussi mes sabbats comme un signe entre moi et eux, pour qu'ils connussent que je suis l'Éternel qui les sanctifie.

13 Et la maison d'Israël se révolta contre moi dans le désert. Ils ne suivirent point mes lois, et ils rejetèrent mes ordonnances, que l'homme doit mettre en pratique, afin de vivre par elles, et ils profanèrent à l'excès mes sabbats. J'eus la pensée de répandre sur eux ma fureur dans

14 le désert, pour les anéantir. Néan-

moins j'ai agi par égard pour mon nom, afin qu'il ne fût pas profané aux yeux des nations en présence desquelles je les avais fait sortir

15 d'Égypte. Dans le désert, je levai ma main vers eux, pour ne pas les conduire dans le pays que je leur avais destiné, pays où coulent le lait et le miel, le plus beau de tous les

16 pays, et cela parce qu'ils rejetèrent mes ordonnances et ne suivirent point mes lois, et parce qu'ils profanèrent mes sabbats, car leur cœur ne s'éloigna

17 pas de leurs idoles. Mais j'eus pour eux un regard de pitié et je ne les détruisis pas, je ne les exterminai

18 pas dans le désert. Je dis à leurs fils dans le désert : Ne suivez pas les préceptes de vos pères, n'observez pas leurs coutumes, et ne vous souillez

19 pas par leurs idoles ! Je suis l'Éternel, votre Dieu. Suivez mes préceptes, observez mes ordonnances, et

20 mettez-les en pratique. Sanctifiez mes sabbats, et qu'ils soient entre moi et vous un signe auquel on connaisse que je suis l'Éternel, votre Dieu.

21 Et les fils se révoltèrent contre moi. Ils ne suivirent point mes préceptes, ils n'observèrent point et n'exécutèrent point mes ordonnances, que l'homme doit mettre en pratique, afin de vivre par elles, et ils profanèrent mes sabbats. J'eus la pensée de répandre sur eux ma fureur, d'épuiser contre eux ma colère dans

22 le désert. Néanmoins j'ai retiré ma main, et j'ai agi par égard pour mon nom, afin qu'il ne fût pas profané aux yeux des nations en présence desquelles je les avais fait sortir

23 d'Égypte. Dans le désert, je levai encore ma main vers eux, pour les disperser parmi les nations et les

24 répandre en divers pays, parce qu'ils ne mirent pas en pratique mes ordonnances, parce qu'ils rejetèrent mes préceptes, profanèrent mes sabbats, et tournèrent leurs yeux vers

25 les idoles de leurs pères. Je leur donnai aussi des préceptes qui n'étaient pas bons, et des ordonnances par lesquelles ils ne pouvaient vivre.

26 Je les souillai par leurs offrandes,

quand ils faisaient passer par le feu tous leurs premiers-nés; je voulus ainsi les punir, et leur faire connaître que je suis l'Éternel.

27 C'est pourquoi parle à la maison d'Israël, fils de l'homme, et dis-leur : Ainsi parle le Seigneur, l'Éternel : Vos pères m'ont encore outragé, en se montrant infidèles à mon égard.

28 Je les ai conduits dans le pays que j'avais juré de leur donner, et ils ont jeté les yeux sur toute colline élevée et sur tout arbre touffu; là ils ont fait leurs sacrifices, ils ont présenté leurs offrandes qui m'irritaient, ils ont brûlé leurs parfums d'une agréable odeur, et ils ont répandu leurs liba-

29 tions. Je leur dis : Qu'est-ce que ces hauts lieux où vous vous rendez? Et le nom de hauts lieux leur a été donné jusqu'à ce jour.

30 C'est pourquoi dis à la maison d'Israël : Ainsi parle le Seigneur, l'Éternel : Ne vous souillez-vous pas à la manière de vos pères, et ne vous prostituez-vous pas après leurs

31 abominations? En présentant vos offrandes, en faisant passer vos enfants par le feu, vous vous souillez encore aujourd'hui par toutes vos idoles. Et moi, je me laisserais consulter par vous, maison d'Israël! Je suis vivant! dit le Seigneur, l'Éternel, je ne me laisserai pas consulter par

32 vous. On ne verra pas s'accomplir ce que vous imaginez, quand vous dites : Nous voulons être comme les nations, comme les familles des autres pays, nous voulons servir le bois et

33 la pierre. Je suis vivant! dit le Seigneur, l'Éternel, je régnerai sur vous, à main forte et à bras étendu,

34 et en répandant ma fureur. Je vous ferai sortir du milieu des peuples, et je vous rassemblerai des pays où vous êtes dispersés, à main forte et à bras étendu, et en répandant ma fureur.

35 Je vous amènerai dans le désert des peuples, et là je vous jugerai face à

36 face. Comme je suis entré en jugement avec vos pères dans le désert du pays d'Égypte, ainsi j'entrerai en jugement avec vous, dit le Sei-

37 gneur, l'Éternel. Je vous ferai passer sous la verge, et je vous mettrai dans les liens de l'alliance. Je séparerai de 38 vous les rebelles et ceux qui me sont infidèles; je les tirerai du pays où ils sont étrangers, mais ils n'iront pas au pays d'Israël. Et vous saurez que je suis l'Éternel.

Et vous, maison d'Israël, ainsi 39 parle le Seigneur, l'Éternel : Allez servir chacun vos idoles! Mais après cela, vous m'écouterez, et vous ne profanerez plus mon saint nom par vos offrandes et par vos idoles. Car 40 sur ma montagne sainte, sur la haute montagne d'Israël, dit le Seigneur, l'Éternel, là toute la maison d'Israël, tous ceux qui seront dans le pays me serviront; là je les recevrai favorablement, je rechercherai vos offrandes, les prémices de vos dons, et tout ce que vous me consacrerez. Je vous 41 recevrai comme un parfum d'une agréable odeur, quand je vous aurai fait sortir du milieu des peuples, et rassemblés des pays où vous êtes dispersés; et je serai sanctifié par vous aux yeux des nations. Et vous 42 saurez que je suis l'Éternel, quand je vous ramènerai dans le pays d'Israël, dans le pays que j'avais juré de donner à vos pères. Là vous vous 43 souviendrez de votre conduite et de toutes vos actions par lesquelles vous vous êtes souillés; vous vous prendrez vous-mêmes en dégoût, à cause de toutes les infamies que vous avez commises. Et vous saurez que je 44 suis l'Éternel, quand j'agirai avec vous par égard pour mon nom, et nullement d'après votre conduite mauvaise et vos actions corrompues, ô maison d'Israël! dit le Seigneur, l'Éternel.

Contre Jérusalem et contre les Ammonites.

La parole de l'Éternel me fut **21** adressée, en ces mots :

Fils de l'homme, tourne ta face vers 2
le midi,
Et parle contre le midi!
Prophétise contre la forêt des champs
du midi!
Tu diras à la forêt du midi : 3

Écoute la parole de l'Éternel !

Ainsi parle le Seigneur, l'Éternel :

Je vais allumer un feu au dedans de toi,

Et il dévorera tout arbre vert et tout arbre sec ;

La flamme ardente ne s'éteindra point,

Et tout visage en sera brûlé,

Du midi au septentrion.

4 Et toute chair verra

Que moi, l'Éternel, je l'ai allumé.

Il ne s'éteindra point.

5 Je dis : Ah ! Seigneur Éternel !

Ils disent de moi : N'est-ce pas un faiseur de paraboles ?

6 Et la parole de l'Éternel me fut adressée, en ces mots :

7 Fils de l'homme, tourne ta face vers Jérusalem,

Et parle contre les lieux saints !

Prophétise contre le pays d'Israël !

8 Tu diras au pays d'Israël :

Ainsi parle l'Éternel :

Voici, j'en veux à toi,

Je tirerai mon épée de son fourreau,

Et j'exterminerai du milieu de toi le juste et le méchant.

9 Parce que je veux exterminer du milieu de toi le juste et le méchant,

Mon épée sortira de son fourreau,

Pour frapper toute chair,

Du midi au septentrion.

10 Et toute chair saura

Que moi, l'Éternel, j'ai tiré mon épée de son fourreau.

Elle n'y rentrera plus.

11 Et toi, fils de l'homme, gémis !

Les reins brisés et l'amertume dans l'âme,

Gémis sous leurs regards !

12 Et s'ils te disent : Pourquoi gémis-tu ?

Tu répondras : Parce qu'il arrive une nouvelle...

Tous les cœurs s'alarmeront,

Toutes les mains deviendront faibles,

Tous les esprits seront abattus,

Tous les genoux se fondront en eau...

Voici, elle arrive, elle est là !

Dit le Seigneur, l'Éternel.

13 La parole de l'Éternel me fut adressée, en ces mots :

14 Fils de l'homme, prophétise, et dis :

Ainsi parle l'Éternel.

Dis : L'épée ! l'épée !

Elle est aiguisée, elle est polie.

15 C'est pour massacrer qu'elle est aiguisée,

C'est pour étinceler qu'elle est polie...

Nous réjouirons-nous ?

Le sceptre de mon fils méprise tout bois...

16 On l'a donnée à polir,

Pour que la main la saisisse ;

Elle est aiguisée, l'épée, elle est polie,

Pour armer la main de celui qui massacre.

17 Crie et gémis, fils de l'homme !

Car elle est tirée contre mon peuple,

Contre tous les princes d'Israël ;

Ils sont livrés à l'épée avec mon peuple.

Frappe donc sur ta cuisse !

18 Oui, l'épreuve sera faite ;

Et que sera-ce, si ce sceptre qui méprise tout est anéanti ?

Dit le Seigneur, l'Éternel.

19 Et toi, fils de l'homme, prophétise,

Et frappe des mains !

Et que les coups de l'épée soient doublés, soient triplés !

C'est l'épée du carnage, l'épée du grand carnage,

L'épée qui doit les poursuivre.

20 Pour jeter l'effroi dans les cœurs,

Pour multiplier les victimes,

A toutes leurs portes je les menacerai de l'épée.

Ah ! elle est faite pour étinceler,

Elle est aiguisée pour massacrer.

21 Rassemble tes forces, tourne-toi à droite !

Place-toi, tourne-toi à gauche !

Dirige de tous côtés ton tranchant !

22 Et moi aussi, je frapperai des mains,

Et j'assouvirai ma fureur.

C'est moi, l'Éternel, qui parle.

23 La parole de l'Éternel me fut adressée, en ces mots :

24. Fils de l'homme, trace deux chemins pour servir de passage à l'épée du roi de Babylone ; tous les deux doivent sortir du même pays ; marque un signe, marque-le à l'entrée du chemin qui conduit à une ville. 25 Tu traceras l'un des chemins pour que l'épée arrive à Rabbath, ville des enfants d'Ammon, et l'autre pour qu'elle arrive en Juda, à Jérusalem, 26 ville fortifiée. Car le roi de Babylone se tient au carrefour, à l'entrée des deux chemins, pour tirer des présages ; il secoue les flèches, il interroge les théraphim, il examine 27 le foie. Le sort, qui est dans sa droite, désigne Jérusalem, où l'on devra dresser des béliers, commander le carnage, et pousser des cris de guerre ; on dressera des béliers contre les portes, on élèvera des terrasses, 28 on formera des retranchements. Ils ne voient là que de vaines divinations, eux qui ont fait des serments. Mais lui, il se souvient de leur iniquité, en sorte qu'ils seront pris.

29 C'est pourquoi ainsi parle le Seigneur, l'Éternel : Parce que vous rappelez le souvenir de votre iniquité, en mettant à nu vos transgressions, en manifestant vos péchés dans toutes vos actions ; parce que vous en rappelez le souvenir, vous serez saisis par sa main. 30 Et toi, profane, méchant, prince d'Israël, dont le jour arrive au temps 31 où l'iniquité est à son terme ! ainsi parle le Seigneur, l'Éternel : La tiare sera ôtée, le diadème sera enlevé. Les choses vont changer. Ce qui est abaissé sera élevé, et ce qui est élevé 32 sera abaissé. J'en ferai une ruine, une ruine, une ruine. Mais cela n'aura lieu qu'à la venue de celui à qui appartient le jugement et à qui je le remettrai.

33 Et toi, fils de l'homme, prophétise, et, dis : Ainsi parle le Seigneur, l'Éternel, sur les enfants d'Ammon et sur leur opprobre. Dis : L'épée, l'épée est tirée, elle est polie, pour massacrer, pour dévorer, pour étince- 34 ler ! Au milieu de tes visions vaines et de tes oracles menteurs, elle te fera tomber parmi les cadavres des méchants, dont le jour arrive au temps où l'iniquité est à son terme. Remets ton épée dans le fourreau. 35 Je te jugerai dans le lieu où tu as été créé, dans le pays de ta naissance. Je répandrai sur toi ma colère, je 36 soufflerai contre toi avec le feu de ma fureur, et je te livrerai entre les mains d'hommes qui dévorent, qui ne travaillent qu'à détruire. Tu seras 37 consumé par le feu ; ton sang coulera au milieu du pays ; on ne se souviendra plus de toi. Car moi, l'Éternel, j'ai parlé.

Les crimes de Jérusalem.

22 La parole de l'Éternel me fut adressée, en ces mots : 2 Et toi, fils de l'homme, jugeras-tu, jugeras-tu la ville sanguinaire ? Fais-lui connaître toutes ses abominations ! 3 Tu diras : Ainsi parle le Seigneur, l'Éternel : Ville qui répands le sang au milieu de toi, pour que ton jour arrive, et qui te fais des idoles pour te souiller ! 4 Tu es coupable à cause du sang que tu as répandu, et tu t'es souillée par les idoles que tu as faites. Tu as ainsi avancé tes jours, et tu es parvenue au terme de tes années. C'est pourquoi je te rends un objet d'opprobre pour les nations et de moquerie pour tous les pays. 5 Ceux qui sont près et ceux qui sont au loin se moqueront de toi, qui es souillée de réputation et pleine de trouble.

6 Voici, au dedans de toi, tous les princes d'Israël usent de leur force pour répandre le sang ; 7 au dedans de toi, l'on méprise père et mère, on maltraite l'étranger, on opprime l'orphelin et la veuve. 8 Tu dédaignes mes sanctuaires, tu profanes mes sabbats. 9 Il y a chez toi des calomniateurs pour répandre le sang ; chez toi, l'on mange sur les montagnes ; on commet le crime dans ton sein. 10 Au milieu de toi, on découvre la nudité du père ; au milieu de toi, on fait violence à la femme pendant son impureté. 11 Au milieu de toi, chacun se livre à des abominations avec la femme de son prochain, chacun se

souille par l'inceste avec sa belle-fille, chacun déshonore sa sœur, fille de 12 son père. Chez toi, l'on reçoit des présents pour répandre le sang ; tu exiges un intérêt et une usure, tu dépouilles ton prochain par la violence, et moi, tu m'oublies, dit le Seigneur, l'Éternel.

13 Voici, je frappe des mains à cause de la cupidité que tu as eue, et du sang qui a été répandu au milieu 14 de toi. Ton cœur sera-t-il ferme, tes mains auront-elles de la force dans les jours où j'agirai contre toi ? Moi, l'Éternel, j'ai parlé, et j'agirai. 15 Je te disperserai parmi les nations, je te répandrai en divers pays, et je ferai disparaître ton impureté du 16 milieu de toi. Tu seras souillée par toi-même aux yeux des nations, et tu sauras que je suis l'Éternel.

17 La parole de l'Éternel me fut adressée, en ces mots : 18 Fils de l'homme, la maison d'Israël est devenue pour moi comme des scories ; ils sont tous de l'airain, de l'étain, du fer, du plomb, dans le creuset ; ce sont des scories 19 d'argent. C'est pourquoi ainsi parle le Seigneur, l'Éternel : Parce que vous êtes tous devenus comme des scories, voici, je vous rassemblerai 20 au milieu de Jérusalem. Comme on rassemble l'argent, l'airain, le fer, le plomb et l'étain, dans le creuset, et qu'on souffle le feu pour les fondre, ainsi je vous rassemblerai dans ma colère et dans ma fureur, et je vous mettrai au creuset pour vous fondre. 21 Je vous rassemblerai, et je soufflerai contre vous avec le feu de ma fureur ; et vous serez fondus au milieu de 22 Jérusalem. Comme l'argent fond dans le creuset, ainsi vous serez fondus au milieu d'elle. Et vous saurez que moi, l'Éternel, j'ai répandu ma fureur sur vous.

23 La parole de l'Éternel me fut adressée, en ces mots : 24 Fils de l'homme, dis à Jérusalem : Tu es une terre qui n'est pas purifiée, qui n'est pas arrosée de pluie au 25 jour de la colère. Ses prophètes conspirent dans son sein ; comme un lion rugissant qui déchire sa proie, ils dévorent les âmes, ils s'emparent des richesses et des choses précieuses, ils multiplient les veuves au milieu d'elle. Ses sacrificateurs violent ma 26 loi et profanent mes sanctuaires, ils ne distinguent pas ce qui est saint de ce qui est profane, ils ne font pas connaître la différence entre ce qui est impur et ce qui est pur, ils détournent les yeux de mes sabbats, et je suis profané au milieu d'eux. Ses 27 chefs sont dans son sein comme des loups qui déchirent leur proie ; ils répandent le sang, perdent les âmes, pour assouvir leur cupidité. Et ses 28 prophètes ont pour eux des enduits de plâtre, de vaines visions, des oracles menteurs ; ils disent : Ainsi parle le Seigneur, l'Éternel ! Et l'Éternel ne leur a point parlé. Le 29 peuple du pays se livre à la violence, commet des rapines, opprime le malheureux et l'indigent, foule l'étranger contre toute justice. Je cherche parmi 30 eux un homme qui élève un mur, qui se tienne à la brèche devant moi en faveur du pays, afin que je ne le détruise pas ; mais je n'en trouve point. Je répandrai sur eux ma 31 fureur, je les consumerai par le feu de ma colère, je ferai retomber leurs œuvres sur leur tête, dit le Seigneur, l'Éternel.

Les deux sœurs prostituees, Samarie et Jérusalem.

La parole de l'Éternel me fut **23** adressée, en ces mots :

Fils de l'homme, il y avait deux 2 femmes,
Filles d'une même mère.
Elles se sont prostituées en Égypte, 3
Elles se sont prostituées dans leur jeunesse ;
Là leurs mamelles ont été pressées,
Là leur sein virginal a été touché.
L'aînée s'appelait Ohola, 4
Et sa sœur Oholiba ;
Elles étaient à moi,
Et elles ont enfanté des fils et des filles.
Ohola, c'est Samarie ;

Oholiba, c'est Jérusalem.

5 Ohola me fut infidèle ;
Elle s'enflamma pour ses amants,
Les Assyriens ses voisins,
6 Vêtus d'étoffes teintes en bleu,
Gouverneurs et chefs,
Tous jeunes et charmants,
Cavaliers montés sur des chevaux.
7 Elle s'est prostituée à eux,
A toute l'élite des enfants de
l'Assyrie ;
Elle s'est souillée avec tous ceux pour
lesquels elle s'était enflammée,
Elle s'est souillée avec toutes leurs
idoles.
8 Elle n'a pas renoncé à ses prostitu-
tions d'Égypte :
Car ils avaient couché avec elle dans
sa jeunesse,
Ils avaient touché son sein virginal,
Et ils avaient répandu sur elle leurs
prostitutions.
9 C'est pourquoi je l'ai livrée entre les
mains de ses amants,
Entre les mains des enfants de
l'Assyrie,
Pour lesquels elle s'était enflammée.
10 Ils ont découvert sa nudité,
Ils ont pris ses fils et ses filles,
Ils l'ont fait périr elle-même avec
l'épée ;
Elle a été en renom parmi les
femmes,
Après les jugements exercés sur
elle.

11 Sa sœur Oholiba vit cela,
Et fut plus déréglée qu'elle dans sa
passion ;
Ses prostitutions dépassèrent celles
de sa sœur.
12 Elle s'enflamma pour les enfants de
l'Assyrie,
Gouverneurs et chefs, ses voisins,
Vêtus magnifiquement,
Cavaliers montés sur des chevaux,
Tous jeunes et charmants.
13 Je vis qu'elle s'était souillée,
Que l'une et l'autre avaient suivi la
même voie.
14 Elle alla même plus loin dans ses
prostitutions.
Elle aperçut contre les murailles des
peintures d'hommes,

Des images de Chaldéens peints en
couleur rouge,
Avec des ceintures autour des reins, 15
Avec des turbans de couleurs variées
flottant sur la tête,
Tous ayant l'apparence de chefs,
Et figurant des enfants de Babylone,
De la Chaldée, leur patrie ;
Elle s'enflamma pour eux, au premier 16
regard,
Et leur envoya des messagers en
Chaldée.
Et les enfants de Babylone se rendi- 17
rent auprès d'elle,
Pour partager le lit des amours,
Et ils la souillèrent par leurs prosti-
tutions.
Elle s'est souillée avec eux,
Puis son cœur s'est détaché d'eux.
Elle a mis à nu son impudicité, 18
Elle a découvert sa nudité ;
Et mon cœur s'est détaché d'elle,
Comme mon cœur s'était détaché de
sa sœur.
Elle a multiplié ses prostitutions, 19
En pensant aux jours de sa jeunesse,
Lorsqu'elle se prostituait au pays
d'Égypte.
Elle s'est enflammée pour des im- 20
pudiques,
Dont la chair était comme celle des
ânes,
Et l'approche comme celle des che-
vaux.
Tu t'es souvenue des crimes de ta 21
jeunesse,
Lorsque les Égyptiens pressaient tes
mamelles,
A cause de ton sein virginal.

C'est pourquoi, Oholiba, ainsi parle 22
le Seigneur, l'Éternel :
Voici, j'excite contre toi tes amants,
Ceux dont ton cœur s'est détaché,
Et je les amène de toutes parts
contre toi.
Les enfants de Babylone et tous les 23
Chaldéens,
Nobles, princes et seigneurs,
Et tous les enfants de l'Assyrie avec
eux,
Jeunes et charmants,
Tous gouverneurs et chefs,
Chefs illustres,
Tous montés sur des chevaux.

24 Ils marchent contre toi avec des
    armes, des chars et des roues,
Et une multitude de peuples ;
Avec le grand et le petit bouclier,
    avec les casques,
Ils s'avancent de toutes parts contre
    toi.
Je leur remets le jugement,
Et ils te jugeront selon leurs lois.
25 Je répands ma colère sur toi,
Et ils te traiteront avec fureur.
Ils te couperont le nez et les oreilles,
Et ce qui reste de toi tombera par
    l'épée ;
Ils prendront tes fils et tes filles,
Et ce qui reste de toi sera dévoré par
    le feu.
26 Ils te dépouilleront de tes vêtements,
Et ils enlèveront les ornements dont
    tu te pares.
27 Je mettrai fin à tes crimes
Et à tes prostitutions du pays d'É-
    gypte ;
Tu ne porteras plus tes regards vers
    eux,
Tu ne penseras plus à l'Égypte.
28 Car ainsi parle le Seigneur, l'Éternel :
Voici, je te livre entre les mains de
    ceux que tu hais,
Entre les mains de ceux dont ton
    cœur s'est détaché.
29 Ils te traiteront avec haine ;
Ils enlèveront toutes tes richesses,
Et te laisseront nue, entièrement
    nue ;
La honte de tes impudicités sera dé-
    couverte,
De tes crimes et de tes prostitutions.
30 Ces choses t'arriveront,
Parce que tu t'es prostituée après les
    nations,
Parce que tu t'es souillée par leurs
    idoles.
31 Tu as marché dans la voie de ta sœur,
Et je mets sa coupe dans ta main.
32 Ainsi parle le Seigneur, l'Éternel :
Tu boiras la coupe de ta sœur,
Tu la boiras large et profonde ;
Elle te rendra un objet de risée et
    de moquerie ;
Elle contient beaucoup.
33 Tu seras remplie d'ivresse et de dou-
    leur ;
C'est la coupe de désolation et de
    destruction,

La coupe de ta sœur Samarie.
Tu la boiras, tu la videras, 34
Tu la briseras en morceaux,
Et tu te déchireras le sein.
Car j'ai parlé,
Dit le Seigneur, l'Éternel.
C'est pourquoi ainsi parle le Seigneur, 35
    l'Éternel :
Parce que tu m'as oublié,
Parce que tu m'as rejeté derrière ton
    dos,
Porte donc aussi la peine de tes
    crimes et de tes prostitutions.
L'Éternel me dit : 36
Fils de l'homme, jugeras-tu Ohola et
    Oholiba ?
Déclare-leur leurs abominations !
Elles se sont livrées à l'adultère, et il 37
    y a du sang à leurs mains :
Elles ont commis adultère avec leurs
    idoles ;
Et les enfants qu'elles m'avaient en-
    fantés,
Elles les ont fait passer par le feu
Pour qu'ils leur servissent d'aliment.
Voici encore ce qu'elles m'ont fait : 38
Elles ont souillé mon sanctuaire dans
    le même jour,
Et elles ont profané mes sabbats.
Elles ont immolé leurs enfants à 39
    leurs idoles,
Et elles sont allées le même jour
    dans mon sanctuaire,
Pour le profaner.
C'est là ce qu'elles ont fait dans ma
    maison.
Et même elles ont fait chercher des 40
    hommes venant de loin,
Elles leur ont envoyé des messagers,
    et voici, ils sont venus.
Pour eux tu t'es lavée, tu as mis du
    fard à tes yeux,
Tu t'es parée de tes ornements ;
Tu t'es assise sur un lit magnifique, 41
Devant lequel une table était dressée,
Et tu as placé sur cette table mon
    encens et mon huile.
On entendait les cris d'une multitude 42
    joyeuse ;
Et parmi cette foule d'hommes
On a fait venir du désert des Sa-
    béens,
Qui ont mis des bracelets aux mains
    des deux sœurs

Et de superbes couronnes sur leurs
têtes.

43 Je dis alors au sujet de celle qui a
vieilli dans l'adultère :
Continuera-t-elle maintenant ses
prostitutions, et viendra-t-on à elle ?

44 Et l'on est venu vers elle comme
l'on va chez une prostituée ;
C'est ainsi qu'on est allé vers Ohola
et Oholiba,
Ces femmes criminelles.

45 Mais des hommes justes les jugeront,
Comme on juge les femmes adultères,
Comme on juge celles qui répandent
le sang ;
Car elles sont adultères, et il y a du
sang à leurs mains.

46 Car ainsi parle le Seigneur, l'Éternel :
Je ferai monter contre elles une
multitude,
Et je les livrerai à la terreur et au
pillage.

47 Cette multitude les lapidera,
Et les abattra à coups d'épée ;
On tuera leurs fils et leurs filles,
On brûlera leurs maisons par le feu.

48 Je ferai cesser ainsi le crime dans le
pays ;
Toutes les femmes recevront instruction,
Et ne commettront pas de crime
comme le vôtre.

49 On fera retomber votre crime sur
vous,
Et vous porterez les péchés de vos
idoles.
Et vous saurez que je suis le Seigneur,
l'Éternel.

La ruine de Jérusalem.

24 La neuvième année, le dixième
jour du dixième mois, la parole
de l'Éternel me fut adressée, en ces
mots :

2 Fils de l'homme, mets par écrit la
date de ce jour, de ce jour-ci ! Le
roi de Babylone s'approche de Jéru-
3 salem en ce jour même. Propose
une parabole à la famille de rebelles,
et, dis-leur : Ainsi parle le Seigneur,
l'Éternel : Place, place la chaudière,
4 et verses-y de l'eau. Mets-y les
morceaux, tous les bons morceaux,
la cuisse, l'épaule ; remplis-la des
meilleurs os. Choisis dans le troupeau, 5
et entasse du bois sous la chaudière ;
fais bouillir à gros bouillons, et que
les os qui sont dedans cuisent aussi.

C'est pourquoi ainsi parle le 6
Seigneur, l'Éternel : Malheur à la
ville sanguinaire, chaudière pleine de
rouille, et dont la rouille ne se détache pas ! Tires-en les morceaux les
uns après les autres, sans recourir au
sort. Car le sang qu'elle a versé est 7
au milieu d'elle ; elle l'a mis sur le
roc nu, elle ne l'a pas répandu sur la
terre pour le couvrir de poussière.
Afin de montrer ma fureur, afin de 8
me venger, j'ai répandu son sang sur
le roc nu, pour qu'il ne fût pas
couvert.

C'est pourquoi ainsi parle le 9
Seigneur, l'Éternel : Malheur à la
ville sanguinaire ! Moi aussi je veux
faire un grand bûcher. Entasse le 10
bois, allume le feu, cuis bien la chair,
assaisonne-la, et que les os soient
brûlés. Puis mets la chaudière vide 11
sur les charbons, afin qu'elle s'échauffe,
que son airain devienne brûlant, que
sa souillure se fonde au dedans, et
que sa rouille se consume. Les efforts 12
sont inutiles, la rouille dont elle est
pleine ne se détache pas ; la rouille
ne s'en ira que par le feu. Le crime 13
est dans ta souillure ; parce que j'ai
voulu te purifier et que tu n'es pas
devenue pure, tu ne seras plus purifiée de ta souillure jusqu'à ce que
j'aie assouvi sur toi ma fureur. Moi, 14
l'Éternel, j'ai parlé ; cela arrivera, et
je l'exécuterai ; je ne reculerai pas,
et je n'aurai ni pitié ni repentir. On
te jugera selon ta conduite et selon
tes actions, dit le Seigneur, l'Éternel.

La parole de l'Éternel me fut 15
adressée, en ces mots :

Fils de l'homme, voici, je t'enlève 16
par une mort soudaine ce qui fait les
délices de tes yeux. Tu ne te la-
menteras point, tu ne pleureras point,
et tes larmes ne couleront pas.
Soupire en silence, ne prends pas le 17
deuil des morts, attache ton turban,
mets ta chaussure à tes pieds, ne te
couvre pas la barbe, et ne mange pas
le pain des autres.

18 J'avais parlé au peuple le matin, et ma femme mourut le soir. Le lendemain matin, je fis ce qui m'avait

19 été ordonné. Le peuple me dit : Ne nous expliqueras-tu pas ce que signifie

20 pour nous ce que tu fais ? Je leur répondis : La parole de l'Éternel m'a

21 été adressée, en ces mots : Dis à la maison d'Israël : Ainsi parle le Seigneur, l'Éternel : Voici, je vais profaner mon sanctuaire, l'orgueil de votre force, les délices de vos yeux, l'objet de votre amour ; et vos fils et vos filles que vous avez laissés

22 tomberont par l'épée. Vous ferez alors comme j'ai fait. Vous ne vous couvrirez pas la barbe, vous ne mangerez pas le pain des autres,

23 vous aurez vos turbans sur la tête et vos chaussures aux pieds, vous ne vous lamenterez pas et vous ne pleurerez pas ; mais vous serez frappés de langueur pour vos iniquités, et vous gémirez entre vous. Ézéchiel

24 sera pour vous un signe. Vous ferez entièrement comme il a fait. Et quand ces choses arriveront, vous saurez que je suis le Seigneur, l'Éternel.

25 Et toi, fils de l'homme, le jour où je leur enlèverai ce qui fait leur force, leur joie et leur gloire, les délices de leurs yeux et l'objet de leur amour,

26 leurs fils et leurs filles, ce jour-là un fuyard viendra vers toi pour l'an-

27 noncer à tes oreilles. En ce jour, ta bouche s'ouvrira avec le fuyard, et tu parleras, tu ne seras plus muet ; tu seras pour eux un signe, et ils sauront que je suis l'Éternel.

Prophétie contre les Ammonites, les Moabites, les Édomites, et les Philistins.

25

La parole de l'Éternel me fut adressée, en ces mots :

2 Fils de l'homme, tourne ta face vers les enfants d'Ammon, Et prophétise contre eux !

3 Tu diras aux enfants d'Ammon : Écoutez la parole du Seigneur, de l'Éternel ! Ainsi parle le Seigneur, l'Éternel : Parce que tu as dit : Ah ! ah ! Sur mon sanctuaire qui était profané,

Sur la terre d'Israël qui était dévastée, Et sur la maison de Juda qui allait en captivité,

4 Voici, je te donne en possession aux fils de l'Orient ; Ils établiront au milieu de toi leurs enclos, Et ils y placeront leurs demeures ; Ils mangeront tes fruits, Ils boiront ton lait.

5 Je ferai de Rabba un parc pour les chameaux, Et du pays des enfants d'Ammon un bercail pour les brebis. Et vous saurez que je suis l'Éternel.

6 Car ainsi parle le Seigneur, l'Éternel : Parce que tu as battu des mains Et frappé du pied, Parce que tu t'es réjoui dédaigneusement et du fond de l'âme Au sujet de la terre d'Israël,

7 Voici, j'étends ma main sur toi, Et je te livre en proie aux nations ; Je t'extermine du milieu des peuples, Je te retranche du nombre des pays, Je te détruis. Et tu sauras que je suis l'Éternel.

8 Ainsi parle le Seigneur, l'Éternel : Parce que Moab et Séir ont dit : Voici, la maison de Juda est comme toutes les nations !

9 A cause de cela, voici, j'ouvre le territoire de Moab Du côté des villes, de ses villes frontières, L'ornement du pays, Beth-Jeschimoth, Baal-Meon et Kirjathaïm,

10 Je l'ouvre aux fils de l'Orient Qui marchent contre les enfants d'Ammon, Et je le leur donne en possession, Afin que les enfants d'Ammon ne soient plus comptés parmi les nations.

11 J'exercerai mes jugements contre Moab. Et ils sauront que je suis l'Éternel.

12 Ainsi parle le Seigneur, l'Éternel : Parce qu'Édom s'est livré à la vengeance Envers la maison de Juda, Parce qu'il s'est rendu coupable

Et s'est vengé d'elle,

13 Ainsi parle le Seigneur, l'Éternel :
J'étends ma main sur Édom,
J'en extermine les hommes et les
bêtes,
J'en fais un désert, de Théman à
Dedan ;
Ils tomberont par l'épée.

14 J'exercerai ma vengeance sur Édom
Par la main de mon peuple d'Israël ;
Il traitera Édom selon ma colère et
ma fureur ;
Et ils reconnaîtront ma vengeance,
Dit le Seigneur, l'Éternel.

15 Ainsi parle le Seigneur, l'Éternel :
Parce que les Philistins se sont livrés
à la vengeance,
Parce qu'ils se sont vengés dédaigneusement et du fond de l'âme,
Voulant tout détruire, dans leur haine
éternelle,

16 Ainsi parle le Seigneur, l'Éternel :
Voici, j'étends ma main sur les Philis-
tins,
J'extermine les Kéréthiens,
Et je détruis ce qui reste sur la côte
de la mer.

17 J'exercerai sur eux de grandes ven-
geances,
En les châtiant avec fureur.
Et ils sauront que je suis l'Éternel,
Quand j'exercerai sur eux ma ven-
geance.

Prophéties contre Tyr et Sidon.

26 La onzième année, le premier
jour du mois, la parole de l'É-
ternel me fut adressée. en ces mots :

2 Fils de l'homme, parce que Tyr a
dit sur Jérusalem: Ah! ah!
Elle est brisée, la porte des peuples !
On se tourne vers moi,
Je me remplirai, elle est déserte !

3 A cause de cela, ainsi parle le
Seigneur, l'Éternel:
Voici, j'en veux à toi, Tyr !
Je ferai monter contre toi des na-
tions nombreuses,
Comme la mer fait monter ses flots.

4 Elles détruiront les murs de Tyr,
Elles abattront ses tours,
Et j'en raclerai la poussière ;
Je ferai d'elle un rocher nu ;

Elle sera dans la mer un lieu où l'on 5
étendra les filets ;
Car j'ai parlé, dit le Seigneur, l'É-
ternel.
Elle sera la proie des nations.
Ses filles sur son territoire 6
Seront tuées par l'épée.
Et ils sauront que je suis l'Éternel.

Car ainsi parle le Seigneur, l'É- 7
ternel: Voici, j'amène du septentrion
contre Tyr Nebucadnetsar, roi de
Babylone, le roi des rois, avec des
chevaux, des chars, des cavaliers, et
une grande multitude de peuples. Il 8
tuera par l'épée tes filles sur ton
territoire ; il fera contre toi des retranchements, il élèvera contre toi
des terrasses, et il dressera contre toi
le bouclier. Il dirigera les coups de 9
son bélier contre tes murs, et il renversera tes tours avec ses machines.
La multitude de ses chevaux te 10
couvrira de poussière ; tes murs trembleront au bruit des cavaliers, des
roues et des chars, lorsqu'il entrera
dans tes portes comme on entre dans
une ville conquise. Il foulera toutes 11
tes rues avec les sabots de ses chevaux, il tuera ton peuple avec l'épée,
et les monuments de ton orgueil
tomberont à terre. On enlèvera tes 12
richesses, on pillera tes marchandises,
on abattra tes murs, on renversera
tes maisons de plaisance, et l'on jettera au milieu des eaux tes pierres,
ton bois, et ta poussière. Je ferai 13
cesser le bruit de tes chants, et l'on
n'entendra plus le son de tes harpes.
Je ferai de toi un rocher nu ; tu seras 14
un lieu où l'on étendra les filets ; tu
ne seras plus rebâtie. Car moi,
l'Éternel, j'ai parlé, dit le Seigneur,
l'Éternel.

Ainsi parle à Tyr le Seigneur, l'É- 15
ternel :
Au bruit de ta chute,
Quand les mourants gémissent,
Quand le carnage est dans ton sein,
Les îles tremblent.
Tous les princes de la mer descen- 16
dent de leurs trônes,
Ils ôtent leurs manteaux,
Et quittent leurs vêtements brodés ;

Ils s'enveloppent de frayeur, et
    s'asseyent sur la terre ;
A chaque instant l'épouvante les
    saisit,
Et ils sont consternés à cause de toi.

17 Ils prononcent sur toi une complainte,
    et te disent :
Eh quoi ! tu es détruite,
Toi que peuplaient ceux qui par-
    courent les mers,
Ville célèbre, qui étais puissante sur
    la mer !
Elle est détruite avec ses habitants,
Qui inspiraient la terreur à tous ceux
    d'alentour !

18 Maintenant les îles tremblent au jour
    de ta chute,
Les îles de la mer sont épouvantées
    de ta fin.

19 Car ainsi parle le Seigneur, l'Éternel :
Quand je ferai de toi une ville déserte,
Comme les villes qui n'ont point
    d'habitants,
Quand je ferai monter contre toi
    l'abîme,
Et que les grandes eaux te cou-
    vriront,

20 Je te précipiterai avec ceux qui sont
    descendus dans la fosse,
Vers le peuple d'autrefois,
Je te placerai dans les profondeurs
    de la terre,
Dans les solitudes éternelles,
Près de ceux qui sont descendus dans
    la fosse,
Afin que tu ne sois plus habitée ;
Et je réserverai la gloire pour le pays
    des vivants.

21 Je te réduirai au néant, et tu ne seras
    plus ;
On te cherchera, et l'on ne te trou-
    vera plus jamais,
Dit le Seigneur, l'Éternel.

27 La parole de l'Éternel me fut
    adressée, en ces mots :

2 Et toi, fils de l'homme,
Prononce sur Tyr une complainte !
3 Tu diras à Tyr : O toi qui es assise
    au bord de la mer,
Et qui trafiques avec les peuples d'un
    grand nombre d'îles !
Ainsi parle le Seigneur, l'Éternel :

Tyr, tu disais : Je suis parfaite en
    beauté !
Ton territoire est au cœur des mers ; 4
Ceux qui t'ont bâtie t'ont rendue
    parfaite en beauté.
Avec des cyprès de Senir ils ont 5
    fait tous tes lambris ;
Ils ont pris des cèdres du Liban pour
    t'élever un mât ;
Ils ont fabriqué tes rames avec des 6
    chênes de Basan,
Et tes bancs avec de l'ivoire travaillé
    dans du buis,
Et apporté des îles de Kittim.
Le fin lin d'Égypte avec des bro- 7
    deries
Te servait de voiles et de pavillon ;
Des étoffes teintes en bleu et en
    pourpre des îles d'Élischa
Formaient tes tentures.
Les habitants de Sidon et d'Arvad 8
    étaient tes rameurs,
Et les plus experts du milieu de toi,
    ô Tyr, étaient tes pilotes.
Les anciens de Guebal et ses ouvriers 9
    habiles étaient chez toi,
Pour réparer tes fissures ;
Tous les navires de la mer et leurs
    mariniers étaient chez toi,
Pour faire l'échange de tes marchan-
    dises.

Ceux de Perse, de Lud et de Puth, 10
    servaient dans ton armée,
C'étaient des hommes de guerre ;
Ils suspendaient chez toi le bouclier
    et le casque,
Ils te donnaient de la splendeur.
Les enfants d'Arvad et tes guerriers 11
    garnissaient tes murs,
Et de vaillants hommes occupaient
    tes tours ;
Ils suspendaient leurs boucliers à tous
    tes murs,
Ils rendaient ta beauté parfaite.

Ceux de Tarsis trafiquaient avec toi, 12
A cause de tous les biens que tu avais
    en abondance ;
D'argent, de fer, d'étain et de plomb,
Ils pourvoyaient tes marchés.
Javan, Tubal et Méschec trafiquaient 13
    avec toi ;
Ils donnaient des esclaves et des
    ustensiles d'airain

En échange de tes marchandises.

14 Ceux de la maison de Togarma
Pourvoyaient tes marchés de chevaux,
de cavaliers et de mulets.

15 Les enfants de Dedan trafiquaient
avec toi ;
Le commerce de beaucoup d'îles
passait par tes mains ;
On te payait avec des cornes d'ivoire
et de l'ébène.

16 La Syrie trafiquait avec toi,
A cause du grand nombre de tes
produits ;
D'escarboucles, de pourpre, de bro-
derie,
De byssus, de corail et de rubis,
Elle pourvoyait tes marchés.

17 Juda et le pays d'Israël trafiquaient
avec toi ;
Ils donnaient le froment de Minnith,
La pâtisserie, le miel, l'huile et le
baume,
En échange de tes marchandises.

18 Damas trafiquait avec toi,
A cause du grand nombre de tes
produits,
A cause de tous les biens que tu
avais en abondance ;
Elle te fournissait du vin de Helbon
et de laine blanche.

19 Vedan et Javan, depuis Uzal,
Pourvoyaient tes marchés ;
Le fer travaillé, la casse et le roseau
aromatique,
Étaient échangés avec toi.

20 Dedan trafiquait avec toi
En couvertures pour s'asseoir à cheval.

21 L'Arabie et tous les princes de Kédar
trafiquaient avec toi,
Et faisaient le commerce en agneaux,
en béliers et en boucs.

22 Les marchands de Séba et de Raema
trafiquaient avec toi ;
De tous les meilleurs aromates,
De toute espèce de pierres précieuses
et d'or,
Ils pourvoyaient tes marchés.

23 Charan, Canné et Éden,
Les marchands de Séba, d'Assyrie,
de Kilmad,
Trafiquaient avec toi ;

24 Ils trafiquaient avec toi en belles
marchandises,
En manteaux teints en bleu, en bro-
deries,

En riches étoffes contenues dans des
coffres
Attachés avec des cordes, faits en
bois de cèdre,
Et amenés sur tes marchés.

25 Les navires de Tarsis naviguaient
pour ton commerce ;
Tu étais au comble de la richesse et
de la gloire,
Au cœur des mers.

26 Tes rameurs t'ont fait voguer sur les
grandes eaux :
Un vent d'orient t'a brisée au cœur
des mers.

27 Tes richesses, tes marchés et tes mar-
chandises,
Tes mariniers et tes pilotes,
Ceux qui réparent tes fissures
Et ceux qui s'occupent de ton com-
merce,
Tous tes hommes de guerre qui sont
chez toi
Et toute la multitude qui est au
milieu de toi,
Tomberont dans le cœur des mers,
Au jour de ta chute.

28 Aux cris de tes pilotes,
Les plages d'alentour trembleront ;

29 Et tous ceux qui manient la rame
descendront de leurs navires,
Les mariniers, tous les pilotes de la
mer.
Ils se tiendront sur la terre ;

30 Ils feront entendre leurs voix sur
toi,
Et pousseront des cris amers ;
Ils jetteront de la poussière sur leurs
têtes
Et se rouleront dans la cendre ;

31 Ils se raseront la tête à cause de toi,
Ils se revêtiront de sacs,
Et ils pleureront sur toi dans l'amer-
tume de leur âme,
Avec une vive affliction.

32 Dans leur douleur, ils diront une
complainte sur toi,
Ils se lamenteront sur toi :
Qui était comme Tyr,
Comme cette ville détruite au milieu
de la mer ?

33 Quand tes produits sortaient des
mers,
Tu rassasiais un grand nombre de
peuples ;

Par l'abondance de tes biens et de tes marchandises,
Tu enrichissais les rois de la terre.

34 Et quand tu as été brisée par les mers,
Quand tu as disparu dans les profondeurs des eaux,
Tes marchandises et toute ta multitude
Sont tombées avec toi.

35 Tous les habitants des îles sont dans la stupeur à cause de toi,
Leurs rois sont saisis d'épouvante,
Leur visage est bouleversé.

36 Les marchands parmi les peuples sifflent sur toi ;
Tu es réduite au néant, tu ne seras plus à jamais !

28 La parole de l'Éternel me fut adressée, en ces mots :

2 Fils de l'homme, dis au prince de Tyr:
Ainsi parle le Seigneur, l'Éternel :
Ton cœur s'est élevé, et tu as dit: Je suis Dieu,
Je suis assis sur le siège de Dieu, au sein des mers !
Toi, tu es homme et non Dieu,
Et tu prends ta volonté pour la volonté de Dieu.

3 Voici, tu es plus sage que Daniel,
Rien de secret n'est caché pour toi ;

4 Par ta sagesse et par ton intelligence
Tu t'es acquis des richesses,
Tu as amassé de l'or et de l'argent
Dans tes trésors ;

5 Par ta grande sagesse et par ton commerce
Tu as accru tes richesses,
Et par tes richesses ton cœur s'est élevé.

6 C'est pourquoi ainsi parle le Seigneur, l'Éternel :
Parce que tu prends ta volonté pour la volonté de Dieu,

7 Voici, je ferai venir contre toi des étrangers,
Les plus violents d'entre les peuples ;
Ils tireront l'épée contre ton éclatante sagesse,
Et ils souilleront ta beauté.

8 Ils te précipiteront dans la fosse,
Et tu mourras comme ceux qui tombent percés de coups,
Au milieu des mers.

9 En face de ton meurtrier, diras-tu : Je suis Dieu ?
Tu seras homme et non Dieu
Sous la main de celui qui te tuera.

10 Tu mourras de la mort des incirconcis,
Par la main des étrangers.
Car moi, j'ai parlé,
Dit le Seigneur, l'Éternel.

11 La parole de l'Éternel me fut adressée, en ces mots :

12 Fils de l'homme,
Prononce une complainte sur le roi de Tyr !
Tu lui diras: Ainsi parle le Seigneur, l'Éternel :
Tu mettais le sceau à la perfection,
Tu étais plein de sagesse, parfait en beauté.

13 Tu étais en Éden, le jardin de Dieu;
Tu étais couvert de toute espèce de pierres précieuses,
De sardoine, de topaze, de diamant,
De chrysolithe, d'onyx, de jaspe,
De saphir, d'escarboucle, d'émeraude, et d'or ;
Tes tambourins et tes flûtes étaient à ton service,
Préparés pour le jour où tu fus créé.

14 Tu étais un chérubin protecteur, aux ailes déployées ;
Je t'avais placé et tu étais sur la sainte montagne de Dieu ;
Tu marchais au milieu des pierres étincelantes.

15 Tu as été intègre dans tes voies,
Depuis le jour où tu fus créé
Jusqu'à celui où l'iniquité a été trouvée chez toi.

16 Par la grandeur de ton commerce
Tu as été rempli de violence, et tu as péché ;
Je te précipite de la montagne de Dieu,
Et je te fais disparaître, chérubin protecteur,
Du milieu des pierres étincelantes.

17 Ton cœur s'est élevé à cause de ta beauté,
Tu as corrompu ta sagesse par ton éclat;
Je te jette par terre,

Je te livre en spectacle aux rois.

18 Par la multitude de tes iniquités,
Par l'injustice de ton commerce,
Tu as profané tes sanctuaires ;
Je fais sortir du milieu de toi un feu
qui te dévore,
Je te réduis en cendre sur la terre,
Aux yeux de tous ceux qui te
regardent.

19 Tous ceux qui te connaissent parmi
les peuples
Sont dans la stupeur à cause de toi ;
Tu es réduit au néant, tu ne seras
plus à jamais !

20 La parole de l'Éternel me fut
adressée, en ces mots :

21 Fils de l'homme, tourne ta face vers
Sidon,
Et prophétise contre elle !

22 Tu diras : Ainsi parle le Seigneur,
l'Éternel :
Voici, j'en veux à toi, Sidon !
Je serai glorifié au milieu de toi ;
Et ils sauront que je suis l'Éternel,
Quand j'exercerai mes jugements
contre elle,
Quand je manifesterai ma sainteté
au milieu d'elle.

23 J'enverrai la peste dans son sein,
Je ferai couler le sang dans ses rues ;
Les morts tomberont au milieu d'elle
Par l'épée qui de toutes parts viendra
la frapper.
Et ils sauront que je suis l'Éternel.

24 Alors elle ne sera plus pour la maison
d'Israël
Une épine qui blesse, une ronce dé-
chirante,
Parmi tous ceux qui l'entourent et
qui la méprisent.
Et ils sauront que je suis le Seigneur,
l'Éternel.

25 Ainsi parle le Seigneur, l'Éternel :
Lorsque je rassemblerai la maison
d'Israël du milieu des peuples où
elle est dispersée, je manifesterai en
elle ma sainteté aux yeux des nations,
et ils habiteront leur pays que j'ai
26 donné à mon serviteur Jacob. Ils y
habiteront en sécurité, et ils bâtiront
des maisons et planteront des vignes ;
ils y habiteront en sécurité, quand

j'exercerai mes jugements contre tous
ceux qui les entourent et qui les
méprisent. Et ils sauront que je
suis l'Éternel, leur Dieu.

Prophéties contre l'Égypte.

29 La dixième année, le douzième
jour du dixième mois, la parole de
l'Éternel me fut adressée, en ces
mots :

2 Fils de l'homme, tourne ta face vers
Pharaon, roi d'Égypte,
Et prophétise contre lui et contre
toute l'Égypte !

3 Parle, et tu diras : Ainsi parle le
Seigneur, l'Éternel :
Voici, j'en veux à toi, Pharaon, roi
d'Égypte,
Grand crocodile, qui te couches au
milieu de tes fleuves,
Et qui dis : Mon fleuve est à moi,
c'est moi qui l'ai fait !

4 Je mettrai une boucle à tes mâchoires,
J'attacherai à tes écailles les poissons
de tes fleuves,
Et je te tirerai du milieu de tes
fleuves,
Avec tous les poissons qui s'y trou-
vent
Et qui seront attachés à tes écailles.

5 Je te jetterai dans le désert,
Toi et tous les poissons de tes
fleuves.
Tu tomberas sur la face des champs,
Tu ne seras ni relevé ni ramassé ;
Aux bêtes de la terre et aux oiseaux
du ciel
Je te donnerai pour pâture.

6 Et tous les habitants de l'Égypte
sauront que je suis l'Éternel,
Parce qu'ils ont été un soutien de
roseau pour la maison d'Israël.

7 Lorsqu'ils t'ont pris dans la main, tu
t'es rompu,
Et tu leur as déchiré toute l'épaule ;
Lorsqu'ils se sont appuyés sur toi, tu
t'es brisé,
Et tu as rendu leurs reins immobiles.

8 C'est pourquoi ainsi parle le Seigneur,
l'Éternel :
Voici, je ferai venir contre toi l'épée,
Et j'exterminerai du milieu de toi les
hommes et les bêtes.

9 Le pays d'Égypte deviendra une solitude et un désert.
Et ils sauront que je suis l'Éternel,
Parce qu'il a dit: Le fleuve est à moi,
c'est moi qui l'ai fait !

10 C'est pourquoi voici, j'en veux à toi et à tes fleuves,
Et je ferai du pays d'Égypte un désert et une solitude,
Depuis Migdol jusqu'à Syène et aux frontières de l'Éthiopie.

11 Nul pied d'homme n'y passera,
Nul pied d'animal n'y passera,
Et il restera quarante ans sans être habité.

12 Je ferai du pays d'Égypte une solitude entre les pays dévastés,
Et ses villes seront désertes entre les villes désertes,
Pendant quarante ans.
Je répandrai les Égyptiens parmi les nations,
Je les disperserai en divers pays.

13 Ainsi parle le Seigneur, l'Éternel :
Au bout de quarante ans je rassemblerai les Égyptiens
Du milieu des peuples où ils auront été dispersés.

14 Je ramènerai les captifs de l'Égypte,
Je les ramènerai dans le pays de Pathros,
Dans le pays de leur origine,
Et là ils formeront un faible royaume.

15 Ce sera le moindre des royaumes,
Et il ne s'élèvera plus au-dessus des nations,
Je les diminuerai, afin qu'ils ne dominent pas sur les nations.

16 Ce royaume ne sera plus pour la maison d'Israël un sujet de confiance;
Il lui rappellera son iniquité, quand elle se tournait vers eux.
Et ils sauront que je suis le Seigneur, l'Éternel.

17 La vingt-septième année, le premier jour du premier mois, la parole de l'Éternel me fut adressée, en ces mots:

18 Fils de l'homme, Nebucadnetsar, roi de Babylone,
A fait faire à son armée un service pénible contre Tyr ;
Toutes les têtes sont chauves, toutes les épaules sont écorchées ;
Et il n'a retiré de Tyr aucun salaire, ni lui, ni son armée,
Pour le service qu'il a fait contre elle.

19 C'est pourquoi ainsi parle le Seigneur, l'Éternel :
Voici, je donne à Nebucadnetsar, roi de Babylone,
Le pays d'Égypte ;
Il en emportera les richesses,
Il en prendra les dépouilles,
Il en pillera le butin ;
Ce sera un salaire pour son armée.

20 Pour prix du service qu'il a fait contre Tyr,
Je lui donne le pays d'Égypte ;
Car ils ont travaillé pour moi,
Dit le Seigneur, l'Éternel.

21 En ce jour-là, je donnerai de la force à la maison d'Israël,
Et je t'ouvrirai la bouche au milieu d'eux ;
Et ils sauront que je suis l'Éternel.

30 La parole de l'Éternel me fut adressée, en ces mots:

2 Fils de l'homme, prophétise, et dis :
Ainsi parle le Seigneur, l'Éternel :
Gémissez !…Malheureux jour !

3 Car le jour approche, le jour de l'Éternel approche,
Jour ténébreux: ce sera le temps des nations.

4 L'épée fondra sur l'Égypte,
Et l'épouvante sera dans l'Éthiopie,
Quand les morts tomberont en Égypte,
Quand on enlèvera ses richesses,
Et que ses fondements seront renversés.

5 L'Éthiopie, Puth, Lud, toute l'Arabie, Cub,
Et les fils du pays allié,
Tomberont avec eux par l'épée.

6 Ainsi parle l'Éternel :
Ils tomberont, les soutiens de l'Égypte,
Et l'orgueil de sa force périra ;
De Migdol à Syène ils tomberont par l'épée,
Dit le Seigneur, l'Éternel.

7 Ils seront dévastés entre les pays dévastés,

Et ses villes seront entre les villes désertes.

8 Et ils sauront que je suis l'Éternel,
Quand je mettrai le feu dans l'É-
gypte,
Et que tous ses soutiens seront
brisés.

9 En ce jour-là, des messagers iront de
ma part sur des navires
Troubler l'Éthiopie dans sa sécurité;
Et l'épouvante sera parmi eux au
jour de l'Égypte,
Car voici, ces choses arrivent !

10 Ainsi parle le Seigneur, l'Éternel :
Je ferai disparaître la multitude de
l'Égypte,
Par la main de Nebucadnetsar, roi
de Babylone.

11 Lui et son peuple avec lui,
Le plus violent d'entre les peuples,
Seront envoyés pour détruire le
pays ;
Ils tireront l'épée contre l'Égypte,
Et rempliront le pays de morts.

12 Je mettrai les canaux à sec,
Je livrerai le pays entre les mains
des méchants ;
Je ravagerai le pays et ce qu'il ren-
ferme, par la main des étrangers.
Moi, l'Éternel, j'ai parlé.

13 Ainsi parle le Seigneur, l'Éternel :
J'anéantirai les idoles,
Et j'ôterai de Noph les vains simu-
lacres ;
Il n'y aura plus de prince du pays
d'Égypte,
Et je répandrai la terreur dans le
pays d'Égypte.

14 Je dévasterai Pathros,
Je mettrai le feu à Tsoan,
Et j'exercerai mes jugements sur No.

15 Je répandrai ma fureur sur Sin, la
forteresse de l'Égypte,
Et j'exterminerai la multitude de No.

16 Je mettrai le feu dans l'Égypte ;
Sin sera saisie d'angoisse,
No sera ouverte par la brèche,
Et Noph conquise en plein jour par
les ennemis.

17 Les jeunes hommes d'On et de Pi-
Béseth tomberont par l'épée,
Et ces villes iront en captivité.

18 A Tachpanès le jour s'obscurcira,
Quand j'y briserai le joug de l'É-
gypte,
Et que l'orgueil de sa force y prendra
fin :
Un nuage couvrira Tachpanès,
Et ses filles iront en captivité.

19 J'exercerai mes jugements sur l'É-
gypte,
Et ils sauront que je suis l'Éternel.

20 La onzième année, le septième
jour du premier mois, la parole de
l'Éternel me fut adressée, en ces
mots :

21 Fils de l'homme, j'ai rompu le bras
de Pharaon, roi d'Égypte ;
Et voici, on ne l'a point pansé pour
le guérir,
On ne l'a point enveloppé d'un
bandage
Pour le lier et le raffermir,
Afin qu'il puisse manier l'épée.

22 C'est pourquoi ainsi parle le Seigneur,
l'Éternel :
Voici, j'en veux à Pharaon, roi
d'Égypte,
Et je lui romprai les bras,
Celui qui est en bon état et celui qui
est cassé,
Et je ferai tomber l'épée de sa
main.

23 Je répandrai les Égyptiens parmi les
nations,
Je les disperserai en divers pays.

24 Je fortifierai les bras du roi de
Babylone,
Et je mettrai mon épée dans sa
main ;
Je romprai les bras de Pharaon,
Et il gémira devant lui comme gé-
missent les mourants.

25 Je fortifierai les bras du roi de
Babylone,
Et les bras de Pharaon tomberont.
Et ils sauront que je suis l'Éternel,
Quand je mettrai mon épée dans la
main du roi de Babylone,
Et qu'il la tournera contre le pays
d'Égypte.

26 Je répandrai les Égyptiens parmi les
nations,
Je les disperserai en divers pays,
Et ils sauront que je suis l'Éternel.

31 La onzième année, le premier jour du troisième mois, la parole de l'Éternel me fut adressée, en ces mots :

2 Fils de l'homme, dis à Pharaon, roi d'Égypte, et à sa multitude :
A qui ressembles-tu dans ta grandeur ?

3 Voici, l'Assyrie était un cèdre du Liban ;
Ses branches étaient belles,
Son feuillage était touffu, sa tige élevée,
Et sa cime s'élançait au milieu d'épais rameaux.

4 Les eaux l'avaient fait croître,
L'abîme l'avait fait pousser en hauteur ;
Des fleuves coulaient autour du lieu où il était planté,
Et envoyaient leurs canaux à tous les arbres des champs.

5 C'est pourquoi sa tige s'élevait au-dessus de tous les arbres des champs,
Ses branches avaient multiplié, ses rameaux s'étendaient,
Par l'abondance des eaux qui l'avaient fait pousser.

6 Tous les oiseaux du ciel nichaient dans ses branches,
Toutes les bêtes des champs faisaient leurs petits sous ses rameaux,
Et de nombreuses nations habitaient toutes à son ombre.

7 Il était beau par sa grandeur, par l'étendue de ses branches,
Car ses racines plongeaient dans des eaux abondantes.

8 Les cèdres du jardin de Dieu ne le surpassaient point,
Les cyprès n'égalaient point ses branches,
Et les platanes n'étaient point comme ses rameaux ;
Aucun arbre du jardin de Dieu ne lui était comparable en beauté.

9 Je l'avais embelli par la multitude de ses branches,
Et tous les arbres d'Éden, dans le jardin de Dieu, lui portaient envie.

10 C'est pourquoi ainsi parle le Seigneur, l'Éternel :
Parce qu'il avait une tige élevée,

Parce qu'il lançait sa cime au milieu d'épais rameaux,
Et que son cœur était fier de sa hauteur,
Je l'ai livré entre les mains du héros 11 des nations,
Qui le traitera selon sa méchanceté ; je l'ai chassé.

12 Des étrangers, les plus violents des peuples, l'ont abattu et rejeté ;
Ses branches sont tombées dans les montagnes et dans toutes les vallées.
Ses rameaux se sont brisés dans tous les ravins du pays ;
Et tous les peuples de la terre se sont retirés de son ombre,
Et l'ont abandonné.

13 Sur ses débris sont venus se poser tous les oiseaux du ciel,
Et toutes les bêtes des champs ont fait leur gîte parmi ses rameaux,

14 Afin que tous les arbres près des eaux n'élèvent plus leur tige,
Et qu'ils ne lancent plus leur cime au milieu d'épais rameaux,
Afin que tous les chênes arrosés d'eau ne gardent plus leur hauteur ;
Car tous sont livrés à la mort, aux profondeurs de la terre,
Parmi les enfants des hommes,
Avec ceux qui descendent dans la fosse.

15 Ainsi parle le Seigneur, l'Éternel :
Le jour où il est descendu dans le séjour des morts,
J'ai répandu le deuil, j'ai couvert l'abîme à cause de lui,
Et j'en ai retenu les fleuves ;
Les grandes eaux ont été arrêtées ;
J'ai rendu le Liban triste à cause de lui,
Et tous les arbres des champs ont été desséchés.

16 Par le bruit de sa chute j'ai fait trembler les nations,
Quand je l'ai précipité dans le séjour des morts,
Avec ceux qui descendent dans la fosse ;
Tous les arbres d'Éden ont été consolés dans les profondeurs de la terre,
Les plus beaux et les meilleurs du Liban,
Tous arrosés par les eaux.

17 Eux aussi sont descendus avec lui
dans le séjour des morts,
Vers ceux qui ont péri par l'épée ;
Ils étaient son bras et ils habitaient à
son ombre parmi les nations.

18 A qui ressembles-tu ainsi en gloire
et en grandeur
Parmi les arbres d'Éden ?
Tu seras précipité avec les arbres
d'Éden
Dans les profondeurs de la terre,
Tu seras couché au milieu des in-
circoncis,
Avec ceux qui ont péri par l'épée.
Voilà Pharaon et toute sa multitude !
Dit le Seigneur, l'Éternel.

32 La douzième année, le premier
jour du douzième mois, la parole
de l'Éternel me fut adressée, en ces
mots :

2 Fils de l'homme,
Prononce une complainte sur Pha-
raon, roi d'Égypte !
Tu lui diras : Tu ressemblais à un
lionceau parmi les nations ;
Tu étais comme un crocodile dans
les mers,
Tu t'élançais dans tes fleuves,
Tu troublais les eaux avec tes pieds,
Tu agitais leurs flots.

3 Ainsi parle le Seigneur, l'Éternel :
J'étendrai sur toi mon rets,
Dans une foule nombreuse de
peuples,
Et ils te tireront dans mon filet.
4 Je te laisserai à terre,
Je te jetterai sur la face des champs ;
Je ferai reposer sur toi tous les
oiseaux du ciel,
Et je rassasierai de toi les bêtes de
toute la terre.
5 Je mettrai ta chair sur les montagnes,
Et je remplirai les vallées de tes
débris ;
6 J'arroserai de ton sang le pays où tu
nages,
Jusqu'aux montagnes,
Et les ravins seront remplis de toi.
7 Quand je t'éteindrai, je voilerai les
cieux
Et j'obscurcirai leurs étoiles,

Je couvrirai le soleil de nuages,
Et la lune ne donnera plus sa lumière.
J'obscurcirai à cause de toi tous les 8
luminaires des cieux,
Et je répandrai les ténèbres sur ton
pays,
Dit le Seigneur, l'Éternel.
J'affligerai le cœur de beaucoup de 9
peuples,
Quand j'annoncerai ta ruine parmi
les nations
A des pays que tu ne connaissais
pas.
Je frapperai de stupeur beaucoup de 10
peuples à cause de toi,
Et leurs rois seront saisis d'épouvante
à cause de toi,
Quand j'agiterai mon épée devant
leur face ;
Ils trembleront à tout instant chacun
pour sa vie,
Au jour de ta chute.

Car ainsi parle le Seigneur, l'Éternel : 11
L'épée du roi de Babylone fondra
sur toi.
Je ferai tomber ta multitude par 12
l'épée de vaillants hommes,
Tous les plus violents d'entre les
peuples ;
Ils anéantiront l'orgueil de l'Égypte,
Et toute sa multitude sera détruite.
Je ferai périr tout son bétail près des 13
grandes eaux ;
Le pied de l'homme ne les troublera
plus,
Le sabot des animaux ne les troublera
plus.
Alors je calmerai ses eaux, 14
Et je ferai couler ses fleuves comme
l'huile,
Dit le Seigneur, l'Éternel.
Quand je ferai du pays d'Égypte une 15
solitude,
Et que le pays sera dépouillé de tout
ce qu'il contient,
Quand je frapperai tous ceux qui
l'habitent,
Ils sauront que je suis l'Éternel.

C'est là une complainte, et on la dira ; 16
Les filles des nations diront cette
complainte ;
Elles la prononceront sur l'Égypte et
sur toute sa multitude,

Dit le Seigneur, l'Éternel.

17 La douzième année, le quinzième jour du mois, la parole de l'Éternel me fut adressée, en ces mots :

18 Fils de l'homme,
Lamente-toi sur la multitude d'Égypte, et précipite-la,
Elle et les filles des nations puissantes,
Dans les profondeurs de la terre,
Avec ceux qui descendent dans la fosse !

19 Qui surpasses-tu en beauté ?
Descends, et couche-toi avec les incirconcis !

20 Ils tomberont au milieu de ceux qui sont morts par l'épée.
Le glaive est donné :
Entraînez l'Égypte et toute sa multitude !

21 Les puissants héros lui adresseront la parole
Au sein du séjour des morts,
Avec ceux qui étaient ses soutiens.
Ils sont descendus, ils sont couchés, les incirconcis,
Tués par l'épée.

22 Là est l'Assyrien, avec toute sa multitude,
Et ses sépulcres sont autour de lui ;
Tous sont morts, sont tombés par l'épée.

23 Ses sépulcres sont dans les profondeurs de la fosse,
Et sa multitude est autour de son sépulcre ;
Tous sont morts, sont tombés par l'épée ;
Eux qui répandaient la terreur dans le pays des vivants.

24 Là est Élam, avec toute sa multitude,
Autour est son sépulcre ;
Tous sont morts, sont tombés par l'épée ;
Ils sont descendus incirconcis dans les profondeurs de la terre,
Eux qui répandaient la terreur dans le pays des vivants,
Et ils ont porté leur ignominie vers ceux qui descendent dans la fosse.

25 On a fait sa couche parmi les morts avec toute sa multitude,
Et ses sépulcres sont autour de lui ;
Tous ces incirconcis sont morts par l'épée,
Car ils répandaient la terreur dans le pays des vivants,
Et ils ont porté leur ignominie vers ceux qui descendent dans la fosse ;
Ils ont été placés parmi les morts.

26 Là sont Méschec, Tubal, et toute leur multitude,
Et leurs sépulcres sont autour d'eux ;
Tous ces incirconcis sont morts par l'épée,
Car ils répandaient la terreur dans le pays des vivants.

27 Ils ne sont pas couchés avec les héros,
Ceux qui sont tombés d'entre les incirconcis ;
Ils sont descendus au séjour des morts avec leurs armes de guerre,
Ils ont mis leurs épées sous leurs têtes,
Et leurs iniquités ont été sur leurs ossements ;
Car ils étaient la terreur des héros dans le pays des vivants.

28 Toi aussi, tu seras brisé au milieu des incirconcis,
Tu seras couché avec ceux qui sont morts par l'épée.

29 Là sont Édom, ses rois et tous ses princes,
Qui, malgré leur vaillance, ont été placés
Avec ceux qui sont morts par l'épée ;
Ils sont couchés avec les incirconcis,
Avec ceux qui descendent dans la fosse.

30 Là sont tous les princes du septentrion, et tous les Sidoniens,
Qui sont descendus vers les morts,
Confus, malgré la terreur qu'inspirait leur vaillance ;
Ces incirconcis sont couchés avec ceux qui sont morts par l'épée,
Et ils ont porté leur ignominie vers ceux qui descendent dans la fosse.

31 Pharaon les verra,
Et il se consolera au sujet de toute sa multitude,
Des siens qui sont morts par l'épée et de toute son armée,

Dit le Seigneur, l'Éternel.

32 Car je répandrai ma terreur dans le
pays des vivants ;
Et ils seront couchés au milieu des
incirconcis,
Avec ceux qui sont morts par l'épée,
Pharaon et toute sa multitude,
Dit le Seigneur, l'Éternel.

Devoirs des prophètes.

33 La parole de l'Éternel me fut
adressée, en ces mots :

2 Fils de l'homme, parle aux enfants
de ton peuple, et dis-leur : Lorsque
je fais venir l'épée sur un pays, et
que le peuple du pays prend dans
son sein un homme et l'établit comme
3 sentinelle, — si cet homme voit venir
l'épée sur le pays, sonne de la trom-
4 pette, et avertit le peuple ; et si celui
qui entend le son de la trompette ne
se laisse pas avertir, et que l'épée
vienne le surprendre, son sang sera
5 sur sa tête. Il a entendu le son de
la trompette, et il ne s'est pas laissé
avertir, son sang sera sur lui ; s'il se
6 laisse avertir, il sauvera son âme. Si
la sentinelle voit venir l'épée, et ne
sonne pas de la trompette ; si le
peuple n'est pas averti, et que l'épée
vienne enlever à quelqu'un la vie,
celui-ci périra à cause de son iniquité,
mais je redemanderai son sang à la
sentinelle.

7 Et toi, fils de l'homme, je t'ai
établi comme sentinelle sur la maison
d'Israël. Tu dois écouter la parole
qui sort de ma bouche, et les avertir
8 de ma part. Quand je dis au méchant : Méchant, tu mourras ! si tu
ne parles pas pour détourner le méchant de sa voie, ce méchant mourra
dans son iniquité, et je te rede-
9 manderai son sang. Mais si tu
avertis le méchant pour le détourner
de sa voie, et qu'il ne s'en détourne
pas, il mourra dans son iniquité, et
toi tu sauveras ton âme.

10 Et toi, fils de l'homme, dis à la
maison d'Israël : Vous dites : Nos
transgressions et nos péchés sont
sur nous, et c'est à cause d'eux que
nous sommes frappés de langueur ;
11 comment pourrions-nous vivre ? Dis-

leur : Je suis vivant ! dit le Seigneur,
l'Éternel, ce que je désire, ce n'est
pas que le méchant meure, c'est qu'il
change de conduite et qu'il vive.
Revenez, revenez de votre mauvaise
voie ; et pourquoi mourriez-vous,
maison d'Israël ?

12 Et toi, fils de l'homme, dis aux
enfants de ton peuple : La justice du
juste ne le sauvera pas au jour de
sa transgression ; et le méchant ne
tombera pas par sa méchanceté le
jour où il s'en détournera, de même
que le juste ne pourra pas vivre par
sa justice au jour de sa transgression.
13 Lorsque je dis au juste qu'il vivra,
—s'il se confie dans sa justice et
commet l'iniquité, toute sa justice
sera oubliée, et il mourra à cause de
l'iniquité qu'il a commise. Lorsque 14
je dis au méchant : Tu mourras !—
s'il revient de son péché et pratique
la droiture et la justice, s'il rend le 15
gage, s'il restitue ce qu'il a ravi, s'il
suit les préceptes qui donnent la vie,
sans commettre l'iniquité, il vivra, il
ne mourra pas. Tous les péchés 16
qu'il a commis seront oubliés ; il
pratique la droiture et la justice, il
vivra.

17 Les enfants de ton peuple disent :
La voie du Seigneur n'est pas droite.
C'est leur voie qui n'est pas droite.
18 Si le juste se détourne de sa justice
et commet l'iniquité, il mourra à cause
de cela. Si le méchant revient de sa 19
méchanceté et pratique la droiture
et la justice, il vivra à cause de cela.
20 Vous dites : La voie du Seigneur n'est
pas droite. Je vous jugerai chacun
selon ses voies, maison d'Israël !

A l'occasion de la prise de Jérusalem.

21 La douzième année, le cinquième
jour du dixième mois de notre captivité, un homme qui s'était échappé
de Jérusalem vint à moi et dit :
La ville a été prise ! La main de 22
l'Éternel avait été sur moi le soir
avant l'arrivée du fugitif, et l'Éternel
m'avait ouvert la bouche lorsqu'il
vint auprès de moi le matin. Ma
bouche était ouverte, et je n'étais
plus muet. Alors la parole de 23

l'Éternel me fut adressée, en ces mots :

24 Fils de l'homme, ceux qui habitent ces ruines dans le pays d'Israël disent : Abraham était seul, et il a hérité le pays ; à nous, qui sommes nombreux, le pays est donné en possession. 25 C'est pourquoi dis-leur : Ainsi parle le Seigneur, l'Éternel : Vous mangez vos aliments avec du sang, vous levez les yeux vers vos idoles, vous répandez le sang. Et 26 vous posséderiez le pays ! Vous vous appuyez sur votre épée, vous commettez des abominations, chacun de vous déshonore la femme de son prochain. Et vous posséderiez le 27 pays ! Dis-leur : Ainsi parle le Seigneur, l'Éternel : Je suis vivant ! ceux qui sont parmi les ruines tomberont par l'épée ; ceux qui sont dans les champs, j'en ferai la pâture des bêtes ; et ceux qui sont dans les forts et dans les cavernes mourront 28 par la peste. Je réduirai le pays en solitude et en désert ; l'orgueil de sa force prendra fin, les montagnes d'Israël seront désolées, personne n'y 29 passera. Et ils sauront que je suis l'Éternel, quand je réduirai le pays en solitude et en désert, à cause de toutes les abominations qu'ils ont commises.

30 Et toi, fils de l'homme, les enfants de ton peuple s'entretiennent de toi près des murs et aux portes des maisons, et ils se disent l'un à l'autre, chacun à son frère : Venez donc, et écoutez quelle est la parole qui est 31 procédée de l'Éternel ! Et ils se rendent en foule auprès de toi, et mon peuple s'assied devant toi ; ils écoutent tes paroles, mais ils ne les mettent point en pratique, car leur bouche en fait un sujet de moquerie, et leur cœur se livre à la cupidité. 32 Voici, tu es pour eux comme un chanteur agréable, possédant une belle voix, et habile dans la musique. Ils écoutent tes paroles, mais ils ne 33 les mettent point en pratique. Quand ces choses arriveront,—et voici, elles arrivent !—ils sauront qu'il y avait un prophète au milieu d'eux.

Contre les chefs d'Israël. Promesses au peuple.

34 La parole de l'Éternel me fut adressée, en ces mots :

2 Fils de l'homme, prophétise contre les pasteurs d'Israël ! Prophétise, et dis-leur, aux pasteurs : Ainsi parle le Seigneur, l'Éternel : Malheur aux pasteurs d'Israël, qui se paissaient eux-mêmes ! Les pasteurs ne devaient-ils pas paître le troupeau ? 3 Vous avez mangé la graisse, vous vous êtes vêtus avec la laine, vous avez tué ce qui était gras, vous n'avez point fait paître les brebis. 4 Vous n'avez pas fortifié celles qui étaient faibles, guéri celle qui était malade, pansé celle qui était blessée ; vous n'avez pas ramené celle qui s'égarait, cherché celle qui était perdue ; mais vous les avez dominées avec violence et avec dureté. 5 Elles se sont dispersées, parce qu'elles n'avaient point de pasteur ; elles sont devenues la proie de toutes les bêtes des champs, elles se sont dispersées. 6 Mon troupeau est errant sur toutes les montagnes et sur toutes les collines élevées, mon troupeau est dispersé sur toute la face du pays ; nul n'en prend souci, nul ne le cherche.

7 C'est pourquoi, pasteurs, écoutez la parole de l'Éternel ! 8 Je suis vivant ! dit le Seigneur, l'Éternel, parce que mes brebis sont au pillage et qu'elles sont devenues la proie de toutes les bêtes des champs, faute de pasteur, parce que mes pasteurs ne prenaient aucun souci de mes brebis, qu'ils se paissaient eux-mêmes, et ne faisaient point paître mes brebis,—9 à cause de cela, pasteurs, écoutez la parole de l'Éternel ! 10 Ainsi parle le Seigneur, l'Éternel : Voici, j'en veux aux pasteurs ! Je reprendrai mes brebis d'entre leurs mains, je ne les laisserai plus paître mes brebis, et ils ne se paîtront plus eux-mêmes ; je délivrerai mes brebis de leur bouche, et elles ne seront plus pour eux une proie.

11 Car ainsi parle le Seigneur, l'Éternel : Voici, j'aurai soin moi-même

de mes brebis, et j'en ferai la revue.

12 Comme un pasteur inspecte son troupeau quand il est au milieu de ses brebis éparses, ainsi je ferai la revue de mes brebis, et je les recueillerai de tous les lieux où elles ont été dispersées au jour des nuages et de
13 l'obscurité. Je les retirerai d'entre les peuples, je les rassemblerai des diverses contrées, et je les ramènerai dans leur pays ; je les ferai paître sur les montagnes d'Israël, le long des ruisseaux, et dans tous les lieux
14 habités du pays. Je les ferai paître dans un bon pâturage, et leur demeure sera sur les montagnes élevées d'Israël ; là elles reposeront dans un agréable asile, et elles auront de gras pâturages sur les montagnes d'Israël.
15 C'est moi qui ferai paître mes brebis, c'est moi qui les ferai reposer, dit le
16 Seigneur, l'Éternel. Je chercherai celle qui était perdue, je ramènerai celle qui était égarée, je panserai celle qui est blessée, et je fortifierai celle qui est malade. Mais je détruirai celles qui sont grasses et vigoureuses. Je veux les paître avec justice.

17 Et vous, mes brebis, ainsi parle le Seigneur, l'Éternel : Voici, je jugerai entre brebis et brebis, entre
18 béliers et boucs. Est-ce trop peu pour vous de paître dans le bon pâturage, pour que vous fouliez de vos pieds le reste de votre pâturage ? de boire une eau limpide, pour que vous troubliez le reste avec vos pieds ?
19 Et mes brebis doivent paître ce que vos pieds ont foulé, et boire ce que vos pieds ont troublé !

20 C'est pourquoi ainsi leur parle le Seigneur, l'Éternel : Voici, je jugerai entre la brebis grasse et la brebis
21 maigre. Parce que vous avez heurté avec le côté et avec l'épaule, et frappé de vos cornes toutes les brebis faibles, jusqu'à ce que vous les ayez chassées,
22 je porterai secours à mes brebis, afin qu'elles ne soient plus au pillage, et je jugerai entre brebis et brebis.
23 J'établirai sur elles un seul pasteur, qui les fera paître, mon serviteur David ; il les fera paître, il sera leur

pasteur. Moi, l'Éternel, je serai leur 24 Dieu, et mon serviteur David sera prince au milieu d'elles. Moi, l'Éternel, j'ai parlé. Je traiterai avec 25 elles une alliance de paix, et je ferai disparaître du pays les animaux sauvages ; elles habiteront en sécurité dans le désert, et dormiront au milieu des forêts. Je ferai d'elles 26 et des environs de ma colline un sujet de bénédiction ; j'enverrai la pluie en son temps, et ce sera une pluie de bénédiction. L'arbre des 27 champs donnera son fruit, et la terre donnera ses productions. Elles seront en sécurité dans leur pays ; et elles sauront que je suis l'Éternel, quand je briserai les liens de leur joug, et que je les délivrerai de la main de ceux qui les asservissaient. Elles ne se- 28 ront plus au pillage parmi les nations, les bêtes de la terre ne les dévoreront plus, elles habiteront en sécurité, et il n'y aura personne pour les troubler. J'établirai pour elles une plantation 29 qui aura du renom ; elles ne seront plus consumées par la faim dans le pays, et elles ne porteront plus l'opprobre des nations. Et elles 30 sauront que moi, l'Éternel, leur Dieu, je suis avec elles, et qu'elles sont mon peuple, elles, la maison d'Israël, dit le Seigneur, l'Éternel. Vous, mes 31 brebis, brebis de mon pâturage, vous êtes des hommes ; moi, je suis votre Dieu, dit le Seigneur, l'Éternel.

Prophétie contre les Édomites.

La parole de l'Éternel me fut **35** adressée, en ces mots :

Fils de l'homme, tourne ta face vers 2
         la montagne de Séir,
Et prophétise contre elle !
Tu lui diras : Ainsi parle le Seigneur, 3
         l'Éternel :
Voici, j'en veux à toi, montagne de
         Séir !
J'étends ma main sur toi,
Et je fais de toi une solitude et un
         désert.
Je mettrai tes villes en ruines, 4
Tu deviendras une solitude,
Et tu sauras que je suis l'Éternel.

5 Parce que tu avais une haine éternelle,
Parce que tu as précipité par le
glaive les enfants d'Israël,
Au jour de leur détresse,
Au temps où l'iniquité était à son
terme,
6 Je suis vivant! dit le Seigneur,
l'Éternel,
Je te mettrai à sang, et le sang te
poursuivra;
Puisque tu n'as pas haï le sang,
Le sang te poursuivra.
7 Je ferai de la montagne de Séir une
solitude et un désert,
Et j'en exterminerai les allants et
les venants.
8 Je remplirai de morts ses montagnes;
Sur tes collines, dans tes vallées, dans
tous tes ravins,
Tomberont ceux qui seront frappés
par l'épée.
9 Je ferai de toi des solitudes éternelles,
Tes villes ne seront plus habitées,
Et vous saurez que je suis l'Éternel.

10 Parce que tu as dit: Les deux na-
tions, les deux pays seront à moi,
Et nous en prendrons possession,
Quand même l'Éternel était là,
11 Je suis vivant! dit le Seigneur,
l'Éternel,
J'agirai avec la colère et la fureur
Que tu as montrées, dans ta haine
contre eux;
Et je me ferai connaître au milieu
d'eux,
Quand je te jugerai.
12 Tu sauras que moi, l'Éternel,
J'ai entendu tous les outrages
Que tu as proférés contre les mon-
tagnes d'Israël,
En disant: Elles sont dévastées,
Elles nous sont livrées comme une
proie.
13 Vous vous êtes élevés contre moi
par vos discours,
Vous avez multiplié vos paroles
contre moi:
J'ai entendu.
14 Ainsi parle le Seigneur, l'Éternel:
Lorsque tout le pays sera dans la
joie,
Je ferai de toi une solitude.

15 A cause de la joie que tu as éprou-
vée
Parce que l'héritage de la maison
d'Israël était dévasté,
Je te traiterai de la même manière;
Tu deviendras une solitude, mon-
tagne de Séir,
Toi, et Édom tout entier.
Et ils sauront que je suis l'Éternel.

Le rétablissement d'Israël.

36 Et toi, fils de l'homme, prophétise
sur les montagnes d'Israël!
Tu diras: Montagnes d'Israël, écoutez la parole de l'Éternel!
2 Ainsi parle le Seigneur, l'Éternel:
Parce que l'ennemi a dit sur vous:
Ah! ah!
Ces hauteurs éternelles sont devenues
notre propriété!
3 Prophétise et dis: Ainsi parle le
Seigneur, l'Éternel:
Oui, parce qu'on a voulu de toutes
parts vous dévaster et vous
engloutir,
Pour que vous fussiez la propriété
des autres nations,
Parce que vous avez été l'objet des
discours et des propos des peuples,
4 Montagnes d'Israël, écoutez la parole
du Seigneur, de l'Éternel!
Ainsi parle le Seigneur, l'Éternel,
Aux montagnes et aux collines,
Aux ruisseaux et aux vallées,
Aux ruines désertes et aux villes
abandonnées,
Qui ont servi de proie et de risée
Aux autres nations d'alentour;
5 Ainsi parle le Seigneur, l'Éternel:
Oui, dans le feu de ma jalousie,
Je parle contre les autres nations et
contre Édom tout entier,
Qui se sont donné mon pays en pro-
priété,
Avec toute la joie de leur cœur et le
mépris de leur âme,
Afin d'en piller les produits.
6 C'est pourquoi prophétise sur le pays
d'Israël,
Dis aux montagnes et aux collines,
Aux ruisseaux et aux vallées:
Ainsi parle le Seigneur, l'Éternel:
Voici, je parle dans ma jalousie et
dans ma fureur,

Parce que vous portez l'ignominie
des nations.

7 C'est pourquoi ainsi parle le Seigneur,
l'Éternel :
Je lève ma main !
Ce sont les nations qui vous entourent
Qui porteront elles-mêmes leur ignominie.

8 Et vous, montagnes d'Israël, vous
pousserez vos rameaux,
Et vous porterez vos fruits pour mon
peuple d'Israël ;
Car ces choses sont près d'arriver.

9 Voici, je vous serai favorable,
Je me tournerai vers vous,
Et vous serez cultivées et ensemen-
cées.

10 Je mettrai sur vous des hommes en
grand nombre,
La maison d'Israël tout entière ;
Les villes seront habitées,
Et l'on rebâtira sur les ruines.

11 Je multiplierai sur vous les hommes
et les animaux ;
Ils multiplieront et seront féconds ;
Je veux que vous soyez habitées
comme auparavant,
Et je vous ferai plus de bien
qu'autrefois ;
Et vous saurez que je suis l'Éternel.

12 Je ferai marcher sur vous des hom-
mes, mon peuple d'Israël,
Et ils te posséderont ;
Tu seras leur héritage,
Et tu ne les détruiras plus.

13 Ainsi parle le Seigneur, l'Éternel :
Parce qu'on vous dit : Tu as dévoré
des hommes,
Tu as détruit ta propre nation,

14 A cause de cela tu ne dévoreras plus
d'hommes,
Tu ne détruiras plus ta nation,
Dit le Seigneur, l'Éternel.

15 Je ne te ferai plus entendre les ou-
trages des nations,
Et tu ne porteras plus l'opprobre des
peuples ;
Tu ne détruiras plus ta nation,
Dit le Seigneur, l'Éternel.

16 La parole de l'Éternel me fut
adressée, en ces mots :

17 Fils de l'homme, ceux de la maison
d'Israël, quand ils habitaient leur
pays, l'ont souillé par leur conduite
et par leurs œuvres ; leur conduite a
été devant moi comme la souillure
d'une femme pendant son impureté.
18 Alors j'ai répandu ma fureur sur eux,
à cause du sang qu'ils avaient versé
dans le pays, et des idoles dont ils
l'avaient souillé. 19 Je les ai dispersés
parmi les nations, et ils ont été répandus en divers pays ; je les ai
jugés selon leur conduite et selon
leurs œuvres. 20 Ils sont arrivés chez
les nations où ils allaient, et ils ont
profané mon saint nom, en sorte
qu'on disait d'eux : C'est le peuple
de l'Éternel, c'est de son pays qu'ils
sont sortis. 21 Et j'ai voulu sauver
l'honneur de mon saint nom, que
profanait la maison d'Israël parmi
les nations où elle est allée.

22 C'est pourquoi dis à la maison
d'Israël : Ainsi parle le Seigneur,
l'Éternel : Ce n'est pas à cause de
vous que j'agis de la sorte, maison
d'Israël ; c'est à cause de mon saint
nom, que vous avez profané parmi
les nations où vous êtes allés. 23 Je
sanctifierai mon grand nom, qui a
été profané parmi les nations, que
vous avez profané au milieu d'elles.
Et les nations sauront que je suis
l'Éternel, dit le Seigneur, l'Éternel,
quand je serai sanctifié par vous sous
leurs yeux. 24 Je vous retirerai d'entre
les nations, je vous rassemblerai de
tous les pays, et je vous ramènerai
dans votre pays. 25 Je répandrai sur
vous une eau pure, et vous serez
purifiés ; je vous purifierai de toutes
vos souillures et de toutes vos idoles.
26 Je vous donnerai un cœur nouveau,
et je mettrai en vous un esprit nouveau ; j'ôterai de votre corps le cœur
de pierre, et je vous donnerai un
cœur de chair. 27 Je mettrai mon esprit
en vous, et je ferai que vous suiviez
mes ordonnances, et que vous obser-
viez et pratiquiez mes lois. 28 Vous
habiterez le pays que j'ai donné à
vos pères ; vous serez mon peuple,
et je serai votre Dieu. 29 Je vous délivrerai de toutes vos souillures. J'ap-

pellerai le blé, et je le multiplierai ; je ne vous enverrai plus la famine.

30 Je multiplierai le fruit des arbres et le produit des champs, afin que vous n'ayez plus l'opprobre de la famine

31 parmi les nations. Alors vous vous souviendrez de votre conduite qui était mauvaise, et de vos actions qui n'étaient pas bonnes ; vous vous prendrez vous-mêmes en dégoût, à cause de vos iniquités et de vos

32 abominations. Ce n'est pas à cause de vous que j'agis de la sorte, dit le Seigneur, l'Éternel, sachez-le ! Ayez honte et rougissez de votre conduite, maison d'Israël !

33 Ainsi parle le Seigneur, l'Éternel : Le jour où je vous purifierai de toutes vos iniquités, je peuplerai les villes, et les ruines seront relevées ;

34 la terre dévastée sera cultivée, tandis qu'elle était déserte aux yeux de tous

35 les passants ; et l'on dira : Cette terre dévastée est devenue comme un jardin d'Éden ; et ces villes ruinées, désertes et abattues, sont fortifiées et habitées.

36 Et les nations qui resteront autour de vous sauront que moi, l'Éternel, j'ai rebâti ce qui était abattu, et planté ce qui était dévasté. Moi, l'Éternel, j'ai parlé, et j'agirai.

37 Ainsi parle le Seigneur, l'Éternel : Voici encore sur quoi je me laisserai fléchir par la maison d'Israël, voici ce que je ferai pour eux : je multiplierai les hommes comme un trou-

38 peau. Les villes en ruines seront remplies de troupeaux d'hommes, pareils aux troupeaux consacrés, aux troupeaux qu'on amène à Jérusalem pendant ses fêtes solennelles. Et ils sauront que je suis l'Éternel.

Le retour en Israël, et la réunion des deux royaumes.

37 La main de l'Éternel fut sur moi, et l'Éternel me transporta en esprit, et me déposa dans le milieu

2 d'une vallée remplie d'ossements. Il me fit passer auprès d'eux, tout autour ; et voici, ils étaient fort nombreux, à la surface de la vallée, et ils étaient complètement secs.

3 Il me dit : Fils de l'homme, ces os pourront-ils revivre ? Je répondis : Seigneur Éternel, tu le sais.

4 Il me dit : Prophétise sur ces os, et dis-leur : Ossements desséchés,

5 écoutez la parole de l'Éternel ! Ainsi parle le Seigneur, l'Éternel, à ces os : Voici, je vais faire entrer en vous un

6 esprit, et vous vivrez ; je vous donnerai des nerfs, je ferai croître sur vous de la chair, je vous couvrirai de peau, je mettrai en vous un esprit, et vous vivrez. Et vous saurez que je

7 suis l'Éternel. Je prophétisai, selon l'ordre que j'avais reçu. Et comme je prophétisais, il y eut un bruit, et voici, il se fit un mouvement, et les os s'approchèrent les uns des autres.

8 Je regardai, et voici, il leur vint des nerfs, la chair crût, et la peau les couvrit par-dessus ; mais il n'y avait point en eux d'esprit.

9 Il me dit : Prophétise, et parle à l'esprit ! prophétise, fils de l'homme, et dis à l'esprit : Ainsi parle le Seigneur, l'Éternel : Esprit, viens des quatre vents, souffle sur ces morts, et

10 qu'ils revivent ! Je prophétisai, selon l'ordre qu'il m'avait donné. Et l'esprit entra en eux, et ils reprirent vie, et ils se tinrent sur leurs pieds : c'était une armée nombreuse, très nombreuse.

11 Il me dit : Fils de l'homme, ces os, c'est toute la maison d'Israël. Voici, ils disent : Nos os sont desséchés, notre espérance est détruite, nous

12 sommes perdus ! Prophétise donc, et dis-leur : Ainsi parle le Seigneur, l'Éternel : Voici, j'ouvrirai vos sépulcres, je vous ferai sortir de vos sépulcres, ô mon peuple, et je vous

13 ramènerai dans le pays d'Israël. Et vous saurez que je suis l'Éternel, lorsque j'ouvrirai vos sépulcres, et que je vous ferai sortir de vos sé-

14 pulcres, ô mon peuple ! Je mettrai mon esprit en vous, et vous vivrez ; je vous rétablirai dans votre pays, et vous saurez que moi, l'Éternel, j'ai parlé et agi, dit l'Éternel.

15 La parole de l'Éternel me fut adressée, en ces mots :

16 Et toi, fils de l'homme, prends une pièce de bois, et écris dessus : Pour

Juda et pour les enfants d'Israël qui lui sont associés. Prends une autre pièce de bois, et écris dessus : Pour Joseph, bois d'Éphraïm et de toute 17 la maison d'Israël qui lui est associée. Rapproche-les l'une de l'autre pour en former une seule pièce, en sorte qu'elles soient unies dans ta main. 18 Et lorsque les enfants de ton peuple te diront : Ne nous expliqueras-tu 19 pas ce que cela signifie? réponds-leur : Ainsi parle le Seigneur, l'Éternel : Voici, je prendrai le bois de Joseph qui est dans la main d'É-phraïm, et les tribus d'Israël qui lui sont associées ; je les joindrai au bois de Juda, et j'en formerai un seul bois, en sorte qu'ils ne soient qu'un dans 20 ma main. Les bois sur lesquels tu écriras seront dans ta main, sous leurs yeux.

21 Et tu leur diras : Ainsi parle le Seigneur, l'Éternel : Voici, je prendrai les enfants d'Israël du milieu des nations où ils sont allés, je les ras-semblerai de toutes parts, et je les 22 ramènerai dans leur pays. Je ferai d'eux une seule nation dans le pays, dans les montagnes d'Israël ; ils au-ront tous un même roi, ils ne forme-ront plus deux nations, et ne seront 23 plus divisés en deux royaumes. Ils ne se souilleront plus par leurs idoles, par leurs abominations, et par toutes leurs transgressions ; je les retirerai de tous les lieux qu'ils ont habités et où ils ont péché, et je les purifierai ; ils seront mon peuple, et je serai leur 24 Dieu. Mon serviteur David sera leur roi, et ils auront tous un seul pasteur. Ils suivront mes ordon-nances, ils observeront mes lois et 25 les mettront en pratique. Ils habite-ront le pays que j'ai donné à mon serviteur Jacob, et qu'ont habité vos pères ; ils y habiteront, eux, leurs enfants, et les enfants de leurs enfants, à perpétuité ; et mon serviteur David 26 sera leur prince pour toujours. Je traiterai avec eux une alliance de paix, et il y aura une alliance éternelle avec eux ; je les établirai, je les multi-plierai, et je placerai mon sanctuaire 27 au milieu d'eux pour toujours. Ma demeure sera parmi eux ; je serai

leur Dieu, et ils seront mon peuple. Et les nations sauront que je suis 28 l'Éternel, qui sanctifie Israël, lorsque mon sanctuaire sera pour toujours au milieu d'eux.

Prophétie contre Gog.

La parole de l'Éternel me fut **38** adressée, en ces mots :

Fils de l'homme, tourne ta face vers 2
    Gog, au pays de Magog,
Vers le prince de Rosch, de Méschec
    et de Tubal,
Et prophétise contre lui !
Tu diras : Ainsi parle le Seigneur, 3
    l'Éternel :
Voici, j'en veux à toi, Gog,
Prince de Rosch, de Méschec et de
    Tubal !
Je t'entraînerai, et je mettrai une 4
    boucle à tes mâchoires ;
Je te ferai sortir, toi et toute ton
    armée,
Chevaux et cavaliers,
Tous vêtus magnifiquement,
Troupe nombreuse portant le grand
    et le petit bouclier,
Tous maniant l'épée ;
Et avec eux ceux de Perse, d'Éthiopie 5
    et de Puth,
Tous portant le bouclier et le casque ;
Gomer et toutes ses troupes, 6
La maison de Togarma,
A l'extrémité du septentrion,
Et toutes ses troupes,
Peuples nombreux qui sont avec toi.
Prépare-toi, tiens-toi prêt, 7
Toi, et toute ta multitude assemblée
    autour de toi !
Sois leur chef !
Après bien des jours, tu seras à leur 8
    tête ;
Dans la suite des années, tu mar-
    cheras contre le pays
Dont les habitants, échappés à l'épée,
Auront été rassemblés d'entre plu-
    sieurs peuples
Sur les montagnes d'Israël longtemps
    désertes ;
Retirés du milieu des peuples,
Ils seront tous en sécurité dans leurs
    demeures.
Tu monteras, tu t'avanceras comme 9
    une tempête,

Tu seras comme une nuée qui va
    couvrir le pays,
Toi et toutes tes troupes, et les nom-
    breux peuples avec toi.

10 Ainsi parle le Seigneur, l'Éternel :
En ce jour-là, des pensées s'élèveront
    dans ton cœur,
Et tu formeras de mauvais desseins.
11 Tu diras : Je monterai contre un pays
    ouvert,
Je fondrai sur des hommes tran-
    quilles,
En sécurité dans leurs demeures,
Tous dans des habitations sans mu-
    railles,
Et n'ayant ni verrous ni portes ;
12 J'irai faire du butin et me livrer au
    pillage,
Porter la main sur des ruines main-
    tenant habitées,
Sur un peuple recueilli du milieu des
    nations,
Ayant des troupeaux et des pro-
    priétés,
Et occupant les lieux élevés du pays.
13 Séba et Dedan, les marchands de
    Tarsis,
Et tous leurs lionceaux, te diront :
Viens-tu pour faire du butin ?
Est-ce pour piller que tu as rassemblé
    ta multitude,
Pour emporter de l'argent et de l'or,
Pour prendre des troupeaux et des
    biens,
Pour faire un grand butin ?

14 C'est pourquoi prophétise, fils de
    l'homme, et dis à Gog :
Ainsi parle le Seigneur, l'Éternel :
Oui, le jour où mon peuple d'Israël
    vivra en sécurité,
Tu le sauras.
15 Alors tu partiras de ton pays, des
    extrémités du septentrion,
Toi et de nombreux peuples avec toi,
Tous montés sur des chevaux,
Une grande multitude, une armée
    puissante.
16 Tu t'avanceras contre mon peuple
    d'Israël,
Comme une nuée qui va couvrir le
    pays.
Dans la suite des jours, je te ferai
    marcher contre mon pays,

Afin que les nations me connaissent,
Quand je serai sanctifié par toi sous
    leurs yeux, ô Gog !

17 Ainsi parle le Seigneur, l'Éternel :
Est-ce toi de qui j'ai parlé jadis
Par mes serviteurs les prophètes
    d'Israël,
Qui ont prophétisé alors, pendant
    des années,
Que je t'amènerais contre eux ?
18 En ce jour-là, le jour où Gog mar-
    chera contre la terre d'Israël,
Dit le Seigneur, l'Éternel,
La fureur me montera dans les
    narines.
19 Je le déclare, dans ma jalousie et
    dans le feu de ma colère,
En ce jour-là, il y aura un grand tu-
    multe
Dans le pays d'Israël.
20 Les poissons de la mer et les oiseaux
    du ciel trembleront devant moi,
Et les bêtes des champs et tous les
    reptiles qui rampent sur la terre,
Et tous les hommes qui sont à la
    surface de la terre ;
Les montagnes seront renversées,
Les parois des rochers s'écrouleront,
Et toutes les murailles tomberont
    par terre.
21 J'appellerai l'épée contre lui sur
    toutes mes montagnes,
Dit le Seigneur, l'Éternel ;
L'épée de chacun se tournera contre
    son frère.
22 J'exercerai mes jugements contre lui
    par la peste et par le sang,
Par une pluie violente et par des
    pierres de grêle ;
Je ferai pleuvoir le feu et le soufre
    sur lui et sur ses troupes,
Et sur les peuples nombreux qui
    seront avec lui.
23 Je manifesterai ma grandeur et ma
    sainteté,
Je me ferai connaître aux yeux de la
    multitude des nations,
Et elles sauront que je suis l'Éternel.

Et toi, fils de l'homme, prophétise **39**
    contre Gog !
Tu diras : Ainsi parle le Seigneur,
    l'Éternel :
Voici, j'en veux à toi, Gog,

Prince de Rosch, de Méschec et de Tubal !

2 Je t'entraînerai, je te conduirai,
Je te ferai monter des extrémités du septentrion,
Et je t'amènerai sur les montagnes d'Israël.

3 J'abattrai ton arc de ta main gauche,
Et je ferai tomber tes flèches de ta main droite.

4 Tu tomberas sur les montagnes d'Israël,
Toi et toutes tes troupes,
Et les peuples qui seront avec toi ;
Aux oiseaux de proie, à tout ce qui a des ailes,
Et aux bêtes des champs je te donnerai pour pâture.

5 Tu tomberas sur la face de la terre,
Car j'ai parlé, dit le Seigneur, l'Éternel.

6 J'enverrai le feu dans Magog,
Et parmi ceux qui habitent en sécurité les îles ;
Et ils sauront que je suis l'Éternel.

7 Je ferai connaître mon saint nom au milieu de mon peuple d'Israël,
Et je ne laisserai plus profaner mon saint nom ;
Et les nations sauront que je suis l'Éternel,
Le Saint en Israël.

8 Voici, ces choses viennent, elles arrivent,
Dit le Seigneur, l'Éternel ;
C'est le jour dont j'ai parlé.

9 Alors les habitants des villes d'Israël sortiront,
Ils brûleront et livreront aux flammes les armes,
Les petits et les grands boucliers,
Les arcs et les flèches,
Les piques et les lances ;
Ils en feront du feu pendant sept ans.

10 Ils ne prendront point de bois dans les champs,
Et ils n'en couperont point dans les forêts,
Car c'est avec les armes qu'ils feront du feu.
Ils dépouilleront ceux qui les ont dépouillés,
Ils pilleront ceux qui les ont pillés,

Dit le Seigneur, l'Éternel.

11 En ce jour-là,
Je donnerai à Gog un lieu qui lui servira de sépulcre en Israël,
La vallée des voyageurs, à l'orient de la mer ;
Ce sépulcre fermera le passage aux voyageurs.
C'est là qu'on enterrera Gog et toute sa multitude,
Et on appellera cette vallée la vallée de la multitude de Gog.

12 La maison d'Israël les enterrera,
Afin de purifier le pays ;
Et cela durera sept mois.

13 Tout le peuple du pays les enterrera,
Et il en aura du renom,
Le jour où je serai glorifié,
Dit le Seigneur, l'Éternel.

14 Ils choisiront des hommes qui seront sans cesse à parcourir le pays,
Et qui enterreront, avec l'aide des voyageurs,
Les corps restés à la surface de la terre ;
Ils purifieront le pays,
Et ils seront à la recherche pendant sept mois entiers.

15 Ils parcourront le pays ;
Et quand l'un d'eux verra les ossements d'un homme,
Il mettra près de là un signe,
Jusqu'à ce que les fossoyeurs l'enterrent
Dans la vallée de la multitude de Gog.

16 Il y aura aussi une ville appelée Hamona.
C'est ainsi qu'on purifiera le pays.

17 Et toi, fils de l'homme, ainsi parle le Seigneur, l'Éternel :
Dis aux oiseaux, à tout ce qui a des ailes,
Et à toutes les bêtes des champs :
Réunissez-vous, venez, rassemblez-vous de toutes parts,
Pour le sacrifice où j'immole pour vous des victimes,
Grand sacrifice sur les montagnes d'Israël !
Vous mangerez de la chair, et vous boirez du sang.

18 Vous mangerez la chair des héros,

Et vous boirez le sang des princes de
la terre,
Béliers, agneaux, boucs,
Taureaux engraissés sur le Basan.

19 Vous mangerez de la graisse jusqu'à
vous en rassasier,
Et vous boirez du sang jusqu'à vous
enivrer,
A ce festin de victimes que j'im-
molerai pour vous.

20 Vous vous rassasierez à ma table de
la chair des chevaux et des cavaliers,
De la chair des héros et de tous les
hommes de guerre,
Dit le Seigneur, l'Éternel.

21 Je manifesterai ma gloire parmi les
nations ;
Et toutes les nations verront les
jugements que j'exercerai,
Et les châtiments dont ma main les
frappera.

22 La maison d'Israël saura que je suis
l'Éternel, son Dieu,
Dès ce jour et à l'avenir.

23 Et les nations sauront que c'est à
cause de ses iniquités
Que la maison d'Israël a été conduite
en captivité,
A cause de ses infidélités envers
moi ;
Aussi je leur ai caché ma face,
Et je les ai livrés entre les mains de
leurs ennemis,
Afin qu'ils périssent tous par l'épée.

24 Je les ai traités selon leurs souillures
et leurs transgressions,
Et je leur ai caché ma face.

25 C'est pourquoi ainsi parle le Seigneur,
l'Éternel :
Maintenant je ramènerai les captifs
de Jacob,
J'aurai pitié de toute la maison d'Israël,
Et je serai jaloux de mon saint nom.

26 Alors ils oublieront leur opprobre,
Et toutes les infidélités qu'ils ont
commises envers moi,
Lorsqu'ils habitaient en sécurité leur
pays,
Et qu'il n'y avait personne pour les
troubler.

27 Quand je les ramènerai d'entre les
peuples,

Quand je les rassemblerai du pays
de leurs ennemis,
Je serai sanctifié par eux aux yeux de
beaucoup de nations.

28 Et ils sauront que je suis l'Éternel,
leur Dieu,
Qui les avait emmenés captifs parmi
les nations,
Et qui les rassemble dans leur pays ;
Je ne laisserai chez elles aucun d'eux,

29 Et je ne leur cacherai plus ma face,
Car je répandrai mon esprit sur la
maison d'Israël,
Dit le Seigneur, l'Éternel.

La nouvelle Jérusalem, vision.

40 La vingt-cinquième année de
notre captivité, au commencement
de l'année, le dixième jour du mois,
quatorze ans après la ruine de la
ville, en ce même jour, la main de
l'Éternel fut sur moi, et il me transporta dans le pays d'Israël. Il m'y 2
transporta, dans des visions divines,
et me déposa sur une montagne très
élevée, où se trouvait au midi comme
une ville construite. Il me conduisit 3
là ; et voici, il y avait un homme dont
l'aspect était comme l'aspect de
l'airain ; il avait dans la main un
cordeau de lin et une canne pour
mesurer, et il se tenait à la porte.
Cet homme me dit : Fils de l'homme, 4
regarde de tes yeux, et écoute de tes
oreilles ! Applique ton attention à
toutes les choses que je te montrerai,
car tu as été amené ici afin que je te
les montre. Fais connaître à la
maison d'Israël tout ce que tu verras.

Voici, un mur extérieur entourait 5
la maison de tous côtés. Dans la
main de l'homme était une canne de
six coudées pour mesurer, chaque
coudée ayant un palme de plus que
la coudée ordinaire. Il mesura la
largeur du mur, qui était d'une canne,
et la hauteur, qui était d'une canne.

Il alla vers la porte orientale, et il 6
en monta les degrés. Il mesura le
seuil de la porte, qui avait une canne
en largeur, et l'autre seuil, qui avait
une canne en largeur. Chaque 7
chambre était longue d'une canne,
et large d'une canne. Il y avait
entre les chambres un espace de cinq

coudées. Le seuil de la porte, près du vestibule de la porte, à l'intérieur, 8 avait une canne. Il mesura le vestibule de la porte, à l'intérieur; il avait 9 une canne. Il mesura le vestibule de la porte; il avait huit coudées, et ses poteaux en avaient deux; le vestibule de la porte était en dedans. 10 Les chambres de la porte orientale étaient au nombre de trois d'un côté et de trois de l'autre; toutes les trois avaient la même mesure, et les poteaux de chaque côté avaient aussi la 11 même mesure. Il mesura la largeur de l'ouverture de la porte, qui était de dix coudées, et la hauteur de la 12 porte, qui était de treize coudées. Il y avait devant les chambres un espace d'une coudée de côté et d'autre; chaque chambre avait six coudées d'un côté, et six coudées de l'autre. 13 Il mesura la porte depuis le toit d'une chambre jusqu'au toit de l'autre; il y avait une largeur de vingt-cinq coudées entre les deux ouvertures 14 opposées. Il compta soixante coudées pour les poteaux, près desquels était une cour, autour de la porte. 15 L'espace entre la porte d'entrée et le vestibule de la porte intérieure était 16 de cinquante coudées. Il y avait des fenêtres grillées aux chambres et à leurs poteaux à l'intérieur de la porte tout autour; il y avait aussi des fenêtres dans les vestibules tout autour intérieurement; des palmes étaient sculptées sur les poteaux.

17 Il me conduisit dans le parvis extérieur, où se trouvaient des chambres et un pavé tout autour; il y avait 18 trente chambres sur ce pavé. Le pavé était au côté des portes, et répondait à la longueur des portes: 19 c'était le pavé inférieur. Il mesura la largeur depuis la porte d'en bas jusqu'au parvis intérieur en dehors; il y avait cent coudées, à l'orient et au septentrion.

20 Il mesura la longueur et la largeur de la porte septentrionale du parvis 21 extérieur. Ses chambres, au nombre de trois d'un côté et de trois de l'autre, ses poteaux et ses vestibules, avaient la même mesure que la première porte, cinquante coudées en longueur et vingt-cinq coudées en largeur. 22 Ses fenêtres, son vestibule, ses palmes, avaient la même mesure que la porte orientale; on y montait par sept degrés, devant lesquels était son vestibule. Il y avait une porte au 23 parvis intérieur, vis-à-vis de la porte septentrionale et vis-à-vis de la porte orientale; il mesura d'une porte à l'autre cent coudées.

24 Il me conduisit du côté du midi, où se trouvait la porte méridionale. Il en mesura les poteaux et les vestibules, qui avaient la même mesure. 25 Cette porte et ses vestibules avaient des fenêtres tout autour, comme les autres fenêtres, cinquante coudées en longueur et vingt-cinq coudées en largeur. On y montait par sept de- 26 grés, devant lesquels était son vestibule; il y avait de chaque côté des palmes sur ses poteaux. Le parvis 27 intérieur avait une porte du côté du midi; il mesura d'une porte à l'autre au midi cent coudées.

28 Il me conduisit dans le parvis intérieur, par la porte du midi. Il mesura la porte du midi, qui avait la même mesure. Ses chambres, ses 29 poteaux et ses vestibules, avaient la même mesure. Cette porte et ses vestibules avaient des fenêtres tout autour, cinquante coudées en longueur et vingt-cinq coudées en largeur. Il y avait tout autour des 30 vestibules de vingt-cinq coudées de longueur et de cinq de largeur. Les 31 vestibules de la porte aboutissaient au parvis extérieur; il y avait des palmes sur ses poteaux, et huit degrés pour y monter.

32 Il me conduisit dans le parvis intérieur, par l'entrée orientale. Il mesura la porte, qui avait la même mesure. Ses chambres, ses poteaux 33 et ses vestibules, avaient la même mesure. Cette porte et ses vestibules avaient des fenêtres tout autour, cinquante coudées en longueur et vingt-cinq coudées en largeur. Ses 34 vestibules aboutissaient au parvis extérieur; il y avait de chaque côté des palmes sur ses poteaux, et huit degrés pour y monter.

Il me conduisit vers la porte sep- 35

tentrionale. Il la mesura, et trouva
36 la même mesure, ainsi qu'à ses
chambres, à ses poteaux et à ses
vestibules ; elle avait des fenêtres
tout autour ; cinquante coudées en
longueur et vingt-cinq coudées en
37 largeur. Ses vestibules aboutissaient
au parvis extérieur ; il y avait de
chaque côté des palmes sur ses poteaux, et huit degrés pour y monter.
38 Il y avait une chambre qui s'ouvrait
vers les poteaux des portes, et où l'on
39 devait laver les holocaustes. Dans
le vestibule de la porte se trouvaient
de chaque côté deux tables, sur lesquelles on devait égorger l'holocauste,
le sacrifice d'expiation et le sacrifice
40 de culpabilité. A l'un des côtés
extérieurs par où l'on montait, à
l'entrée de la porte septentrionale,
il y avait deux tables ; et à l'autre
côté, vers le vestibule de la porte, il
41 y avait deux tables. Il se trouvait
ainsi, aux côtés de la porte, quatre
tables d'une part et quatre tables de
l'autre, en tout huit tables, sur lesquelles on devait égorger les victimes.
42 Il y avait encore pour les holocaustes
quatre tables en pierres de taille,
longues d'une coudée et demie, larges
d'une coudée et demie, et hautes d'une
coudée ; on devait mettre sur ces
tables les instruments avec lesquels
on égorgeait les victimes pour les
holocaustes et pour les autres sacri-
43 fices. Des rebords de quatre doigts
étaient adaptés à la maison tout
autour ; et la chair des sacrifices
devait être mise sur les tables.
44 En dehors de la porte intérieure
il y avait des chambres pour les
chantres, dans le parvis intérieur :
l'une était à côté de la porte septentrionale et avait la face au midi,
l'autre était à côté de la porte
orientale et avait la face au septen-
45 trion. Il me dit : Cette chambre,
dont la face est au midi, est pour les
sacrificateurs qui ont la garde de la
46 maison ; et la chambre dont la face
est au septentrion est pour les sacrificateurs qui ont la garde de l'autel.
Ce sont les fils de Tsadok, qui, parmi
les fils de Lévi, s'approchent de
l'Éternel pour le servir.

Il mesura le parvis, qui avait cent 47
coudées de longueur et cent coudées
de largeur, en carré. L'autel était
devant la maison.

Il me conduisit dans le vestibule 48
de la maison. Il mesura les poteaux
du vestibule, et trouva cinq coudées
d'un côté et cinq coudées de l'autre.
La largeur de la porte était de trois
coudées d'un côté et de trois coudées
de l'autre. Le vestibule avait une 49
longueur de vingt coudées et une
largeur de onze coudées ; on y
montait par des degrés. Il y avait
des colonnes près des poteaux, l'une
d'un côté, et l'autre de l'autre.

Il me conduisit dans le temple. **41**
Il mesura les poteaux ; il y avait
six coudées de largeur d'un côté,
et six coudées de largeur de l'autre,
largeur de la tente. La largeur de 2
la porte était de dix coudées ; il y
avait cinq coudées d'un côté de la
porte, et cinq coudées de l'autre.
Il mesura la longueur du temple,
quarante coudées, et la largeur,
vingt coudées. Puis il entra dans 3
l'intérieur. Il mesura les poteaux
de la porte, deux coudées, la porte,
six coudées, et la largeur de la porte,
sept coudées. Il mesura une lon- 4
gueur de vingt coudées, et une largeur
de vingt coudées, sur le devant du
temple ; et il me dit : C'est ici le lieu
très saint.

Il mesura le mur de la maison, six 5
coudées, et la largeur des chambres
latérales tout autour de la maison,
quatre coudées. Les chambres laté- 6
rales étaient les unes à côté des
autres, au nombre de trente, et il y
avait trois étages ; elles entraient dans
un mur construit pour ces chambres
tout autour de la maison, elles y
étaient appuyées, sans entrer dans
le mur même de la maison. Les 7
chambres occupaient plus d'espace,
à mesure qu'elles s'élevaient, et l'on
allait en tournant ; car on montait
autour de la maison par un escalier
tournant. Il y avait ainsi plus
d'espace dans le haut de la maison,
et l'on montait de l'étage inférieur
à l'étage supérieur par celui du milieu.

8 Je considérai la hauteur autour de la maison. Les chambres latérales, à partir de leur fondement, avaient une canne pleine, six grandes 9 coudées. Le mur extérieur des chambres latérales avait une épaisseur de cinq coudées. L'espace libre entre les chambres latérales de 10 la maison et les chambres autour de la maison, avait une largeur de vingt 11 coudées, tout autour. L'entrée des chambres latérales donnait sur l'espace libre, une entrée au septentrion, et une entrée au midi ; et la largeur de l'espace libre était de cinq coudées tout autour.

12 Le bâtiment qui était devant la place vide, du côté de l'occident, avait une largeur de soixante et dix coudées, un mur de cinq coudées d'épaisseur tout autour, et une longueur de quatre-vingt-dix coudées. 13 Il mesura la maison, qui avait cent coudées de longueur. La place vide, le bâtiment et ses murs, avaient 14 une longueur de cent coudées. La largeur de la face de la maison et de la place vide, du côté de l'orient, 15 était de cent coudées. Il mesura la longueur du bâtiment devant la place vide, sur le derrière, et ses galeries de chaque côté : il y avait cent coudées.

16 Le temple intérieur, les vestibules extérieurs, les seuils, les fenêtres grillées, les galeries du pourtour aux trois étages, en face des seuils, étaient recouverts de bois tout autour. Depuis le sol jusqu'aux fenêtres fermées, 17 jusqu'au-dessus de la porte, le dedans de la maison, le dehors, toute la muraille du pourtour, à l'intérieur et à l'extérieur, tout était d'après la 18 mesure, et orné de chérubins et de palmes. Il y avait une palme entre deux chérubins. Chaque chérubin 19 avait deux visages, une face d'homme tournée d'un côté vers la palme, et une face de lion tournée de l'autre côté vers l'autre palme ; il en était 20 ainsi tout autour de la maison. Depuis le sol jusqu'au-dessus de la porte, il y avait des chérubins et des palmes, et aussi sur la muraille du 21 temple. Les poteaux du temple étaient carrés, et la face du sanctuaire avait le même aspect.

22 L'autel était de bois, haut de trois coudées, et long de deux coudées. Ses angles, ses pieds, et ses côtés étaient de bois. L'homme me dit : C'est ici la table qui est devant l'Éternel. 23 Le temple et le sanctuaire avaient deux portes. 24 Il y avait aux portes deux battants, qui tous deux tournaient sur les portes, deux battants pour une porte et deux pour l'autre. 25 Des chérubins et des palmes étaient sculptés sur les portes du temple, comme sur les murs. Un entablement en bois était sur le front du vestibule en dehors. 26 Il y avait des fenêtres fermées, et il y avait des palmes de part et d'autre, ainsi qu'aux côtés du vestibule, aux chambres latérales de la maison, et aux entablements.

42 Il me fit sortir vers le parvis extérieur du côté du septentrion, et il me conduisit aux chambres qui étaient vis-à-vis de la place vide et vis-à-vis du bâtiment, au septentrion. 2 Sur la face, où se trouvait la porte septentrionale, il y avait une longueur de cent coudées ; et la largeur était de cinquante coudées. 3 C'était vis-à-vis des vingt coudées du parvis intérieur, et vis-à-vis du pavé du parvis extérieur, là où se trouvaient les galeries des trois étages. 4 Devant les chambres, il y avait une allée large de dix coudées, et une voie d'une coudée ; leurs portes donnaient au septentrion. 5 Les chambres supérieures étaient plus étroites que les inférieures et que celles du milieu du bâtiment, parce que les galeries leur ôtaient de la place. 6 Il y avait trois étages, mais il n'y avait point de colonnes, comme les colonnes des parvis ; c'est pourquoi, à partir du sol, les chambres du haut étaient plus étroites que celles du bas et du milieu. 7 Le mur extérieur parallèle aux chambres, du côté du parvis extérieur, devant les chambres, avait cinquante coudées de longueur ; car 8 la longueur des chambres du côté du parvis extérieur était de cinquante

coudées. Mais sur la face du temple
9 il y avait cent coudées. Au bas
de ces chambres était l'entrée de
l'orient, quand on y venait du parvis
extérieur.

10 Il y avait encore des chambres sur
la largeur du mur du parvis du côté
de l'orient, vis-à-vis de la place vide
11 et vis-à-vis du bâtiment. Devant
elles, il y avait une allée, comme
devant les chambres qui étaient du
côté du septentrion. La longueur
et la largeur étaient les mêmes ;
leurs issues, leur disposition et leurs
12 portes étaient semblables. Il en était
de même pour les portes des chambres du côté du midi. Il y avait
une porte à la tête de l'allée, de
l'allée qui se trouvait droit devant le
mur du côté de l'orient, par où l'on
13 y entrait. Il me dit : Les chambres
du septentrion et les chambres du
midi, qui sont devant la place vide,
ce sont les chambres saintes, où les
sacrificateurs qui s'approchent de
l'Éternel mangeront les choses très
saintes ; ils y déposeront les choses
très saintes, les offrandes, les victimes
présentées dans les sacrifices d'expiation et de culpabilité ; car le lieu
14 est saint. Quand les sacrificateurs
seront entrés, ils ne sortiront pas du
sanctuaire pour aller dans le parvis
extérieur, mais ils déposeront là les
vêtements avec lesquels ils font le
service, car ces vêtements sont saints ;
ils en mettront d'autres pour s'approcher du peuple.

15 Lorsqu'il eut achevé de mesurer la
maison intérieure, il me fit sortir par
la porte qui était du côté de l'orient,
et il mesura l'enceinte tout autour.
16 Il mesura le côté de l'orient avec la
canne qui servait de mesure, et il y
avait tout autour cinq cents cannes.
17 Il mesura le côté du septentrion avec
la canne qui servait de mesure, et il
y avait tout autour cinq cents cannes.
18 Il mesura le côté du midi avec la
canne qui servait de mesure, et il y
19 avait cinq cents cannes. Il se tourna
du côté de l'occident, et mesura
cinq cents cannes avec la canne qui
20 servait de mesure. Il mesura des

quatre côtés le mur formant l'enceinte de la maison ; la longueur
était de cinq cents cannes, et la
largeur de cinq cents cannes ; ce
mur marquait la séparation entre le
saint et le profane.

Il me conduisit à la porte, à la **43**
porte qui était du côté de l'orient.
Et voici, la gloire du Dieu d'Israël 2
s'avançait de l'orient. Sa voix était
pareille au bruit des grandes eaux, et
la terre resplendissait de sa gloire.
Cette vision était semblable à celle 3
que j'avais eue lorsque j'étais venu
pour détruire la ville ; et ces visions
étaient semblables à celle que j'avais
eue près du fleuve du Kebar. Et je
tombai sur ma face.
La gloire de l'Éternel entra dans 4
la maison par la porte qui était du
côté de l'orient. Alors, l'esprit 5
m'enleva et me transporta dans le
parvis intérieur. Et voici, la gloire
de l'Éternel remplissait la maison.
J'entendis quelqu'un qui me parlait 6
depuis la maison, et un homme se
tenait près de moi.
Il me dit : Fils de l'homme, c'est 7
ici le lieu de mon trône, le lieu où je
poserai la plante de mes pieds ; j'y
habiterai éternellement au milieu des
enfants d'Israël. La maison d'Israël
et ses rois ne souilleront plus mon
saint nom par leurs prostitutions et
par les cadavres de leurs rois sur
leurs hauts lieux. Ils mettaient leur 8
seuil près de mon seuil, leurs poteaux
près de mes poteaux, et il n'y avait
qu'un mur entre moi et eux ; ils ont
ainsi souillé mon saint nom par les
abominations qu'ils ont commises ;
c'est pourquoi je les ai consumés
dans ma colère. Maintenant ils 9
éloigneront de moi leurs prostitutions
et les cadavres de leurs rois, et
j'habiterai éternellement au milieu
d'eux.

Toi, fils de l'homme, montre ce 10
temple à la maison d'Israël ; qu'ils
en mesurent le plan, et qu'ils rougissent de leurs iniquités. S'ils 11
rougissent de toute leur conduite,
fais-leur connaître la forme de cette

maison, sa disposition, ses issues et ses entrées, tous ses dessins et toutes ses ordonnances, tous ses dessins et toutes ses lois ; mets-en la description sous leurs yeux, afin qu'ils gardent tous ses dessins et toutes ses ordonnances, et qu'ils s'y conforment dans 12 l'exécution. Telle est la loi de la maison. Sur le sommet de la montagne, tout l'espace qu'elle doit occuper est très saint. Voilà donc la loi de la maison.

13 Voici les mesures de l'autel, d'après les coudées dont chacune était d'un palme plus longue que la coudée ordinaire. La base avait une coudée de hauteur, et une coudée de largeur ; et le rebord qui terminait son contour avait un empan de largeur ; c'était le support de l'autel.
14 Depuis la base sur le sol jusqu'à l'encadrement inférieur il y avait deux coudées, et une coudée de largeur ; et depuis le petit jusqu'au grand encadrement il y avait quatre coudées, et une coudée de largeur.
15 L'autel avait quatre coudées ; et quatre cornes s'élevaient de l'autel.
16 L'autel avait douze coudées de longueur, douze coudées de largeur, et formait un carré par ses quatre 17 côtés. L'encadrement avait quatorze coudées de longueur sur quatorze coudées de largeur à ses quatre côtés ; le rebord qui terminait son contour avait une demi-coudée ; la base avait une coudée tout autour, et les degrés étaient tournés vers l'orient.

18 Il me dit : Fils de l'homme, ainsi parle le Seigneur, l'Éternel : Voici les lois au sujet de l'autel, pour le jour où on le construira, afin d'y offrir les holocaustes et d'y répandre 19 le sang. Tu donneras aux sacrificateurs, aux Lévites, qui sont de la postérité de Tsadok et qui s'approchent de moi pour me servir, dit le Seigneur, l'Éternel, un jeune taureau 20 pour le sacrifice d'expiation. Tu prendras de son sang, et tu en mettras sur les quatre cornes de l'autel, sur les quatre angles de l'encadrement, et sur le rebord qui

l'entoure ; tu purifieras ainsi l'autel et tu en feras l'expiation. Tu 21 prendras le taureau expiatoire, et on le brûlera dans un lieu réservé de la maison, en dehors du sanctuaire. Le second jour, tu offriras en ex- 22 piation un bouc sans défaut ; on purifiera ainsi l'autel, comme on l'aura purifié avec le taureau. Quand 23 tu auras achevé la purification, tu offriras un jeune taureau sans défaut, et un bélier du troupeau sans défaut. Tu les offriras devant l'Éternel ; les 24 sacrificateurs jetteront du sel sur eux, et les offriront en holocauste à l'Éternel. Pendant sept jours, tu 25 sacrifieras chaque jour un bouc comme victime expiatoire ; on sacrifiera aussi un jeune taureau et un bélier du troupeau, l'un et l'autre sans défaut. Pendant sept jours, on 26 fera l'expiation et la purification de l'autel, on le consacrera. Lorsque 27 ces jours seront accomplis, dès le huitième jour et à l'avenir les sacrificateurs offriront sur l'autel vos holocaustes et vos sacrifices d'actions de grâces. Et je vous serai favorable, dit le Seigneur, l'Éternel.

Il me ramena vers la porte **44** extérieure du sanctuaire, du côté de l'orient. Mais elle était fermée. Et l'Éternel me dit : Cette porte 2 sera fermée, elle ne s'ouvrira point, et personne n'y passera ; car l'Éternel, le Dieu d'Israël, est entré par là. Elle restera fermée. Pour ce qui 3 concerne le prince, le prince pourra s'y asseoir, pour manger le pain devant l'Éternel ; il entrera par le chemin du vestibule de la porte, et il sortira par le même chemin.

Il me conduisit vers la porte du 4 septentrion, devant la maison. Je regardai, et voici, la gloire de l'Éternel remplissait la maison de l'Éternel. Et je tombai sur ma face. L'Éter- 5 nel me dit : Fils de l'homme, sois attentif, et regarde de tes yeux ! Écoute de tes oreilles tout ce que je te dirai au sujet de toutes les ordonnances de la maison de l'Éternel et de toutes ses lois ; considère attentivement l'entrée de la maison et toutes les issues du sanctuaire.

6 Tu diras aux rebelles, à la maison d'Israël : Ainsi parle le Seigneur, l'Éternel : Assez de toutes vos abo-
7 minations, maison d'Israël ! Vous avez introduit dans mon sanctuaire des étrangers incirconcis de cœur et incirconcis de chair, pour profaner ma maison ; vous avez offert mon pain, la graisse et le sang à toutes vos abominations, vous avez rompu
8 mon alliance. Vous n'avez pas fait le service de mon sanctuaire, mais vous les avez mis à votre place pour faire le service dans mon sanctuaire.

9 Ainsi parle le Seigneur, l'Éternel : Aucun étranger, incirconcis de cœur et incirconcis de chair, n'entrera dans mon sanctuaire, aucun des étrangers qui seront au milieu des enfants
10 d'Israël. De plus, les Lévites qui se sont éloignés de moi, quand Israël s'égarait et se détournait de moi pour suivre ses idoles, porteront la
11 peine de leur iniquité. Ils seront dans mon sanctuaire comme servi-teurs, ils auront la garde des portes de la maison et feront le service de la maison ; ils égorgeront pour le peuple les victimes destinées aux holocaustes et aux autres sacrifices, et ils se tiendront devant lui pour
12 être à son service. Parce qu'ils l'ont servi devant ses idoles, et qu'ils ont fait tomber dans le péché la maison d'Israël, je lève ma main sur eux, dit le Seigneur, l'Éternel, pour qu'ils portent la peine de leur iniquité.
13 Ils ne s'approcheront pas de moi pour être à mon service dans le sacerdoce, ils ne s'approcheront pas de mes sanctuaires, de mes lieux très saints ; ils porteront la peine de leur ignominie et des abominations
14 qu'ils ont commises. Je leur don-nerai la garde de la maison, et ils en feront tout le service et tout ce qui doit s'y faire.

15 Mais les sacrificateurs, les Lévites, fils de Tsadok, qui ont fait le service de mon sanctuaire quand les enfants d'Israël s'égaraient loin de moi, ceux-là s'approcheront de moi pour me servir, et se tiendront devant moi pour m'offrir la graisse et le sang, dit le Seigneur, l'Éternel. Ils en- 16 treront dans mon sanctuaire, ils s'approcheront de ma table pour me servir, ils seront à mon service. Lorsqu'ils franchiront les portes du 17 parvis intérieur, ils revêtiront des habits de lin ; ils n'auront sur eux rien qui soit en laine, quand ils feront le service aux portes du parvis intérieur et dans la maison. Ils 18 auront des tiares de lin sur la tête, et des caleçons de lin sur leurs reins ; ils ne se ceindront point de manière à exciter la sueur. Lorsqu'ils sor- 19 tiront pour aller dans le parvis extérieur, dans le parvis extérieur vers le peuple, ils ôteront les vête-ments avec lesquels ils font le service, et les déposeront dans les chambres du sanctuaire ; ils en mettront d'autres, afin de ne pas sanctifier le peuple par leurs vêtements. Ils 20 ne se raseront pas la tête, et ne laisseront pas non plus croître leurs cheveux ; mais ils devront couper leur chevelure. Aucun sacrificateur 21 ne boira du vin lorsqu'il entrera dans le parvis intérieur. Ils ne prendront 22 pour femme ni une veuve, ni une femme répudiée, mais ils prendront des vierges de la race de la maison d'Israël ; ils pourront aussi prendre la veuve d'un sacrificateur. Ils en- 23 seigneront à mon peuple à distinguer ce qui est saint de ce qui est profane, ils lui feront connaître la différence entre ce qui est impur et ce qui est pur. Ils seront juges dans les con- 24 testations, et ils jugeront d'après mes lois. Ils observeront aussi mes lois et mes ordonnances dans toutes mes fêtes, et ils sanctifieront mes sabbats. Un sacrificateur n'ira pas vers un 25 mort, de peur de se rendre impur ; il ne pourra se rendre impur que pour un père, pour une mère, pour un fils, pour une fille, pour un frère, et pour une sœur qui n'était pas mariée. Après sa purification, on 26 lui comptera sept jours. Le jour où 27 il entrera dans le sanctuaire, dans le parvis intérieur, pour faire le service dans le sanctuaire, il offrira son

sacrifice d'expiation, dit le Seigneur, l'Éternel.

28 Voici l'héritage qu'ils auront : c'est moi qui serai leur héritage. Vous ne leur donnerez point de possession en Israël : je serai leur possession.

29 Ils se nourriront des offrandes, des sacrifices d'expiation et de culpabilité ; et tout ce qui sera dévoué par interdit en Israël sera pour eux.

30 Les prémices de tous les fruits, et toutes les offrandes que vous présenterez par élévation, appartiendront aux sacrificateurs ; vous donnerez aux sacrificateurs les prémices de votre pâte, afin que la bénédiction repose sur votre maison. Les

31 sacrificateurs ne mangeront d'aucun oiseau et d'aucun animal mort ou déchiré.

45 Lorsque vous partagerez le pays en héritage par le sort, vous prélèverez comme une sainte offrande pour l'Éternel une portion du pays, longue de vingt-cinq mille cannes et large de dix mille ; elle sera sainte

2 dans toute son étendue. De cette portion vous prendrez pour le sanctuaire cinq cents cannes sur cinq cents en carré, et cinquante coudées pour un espace libre tout autour.

3 Sur cette étendue de vingt-cinq mille en longueur et dix mille en largeur, tu mesureras un emplacement pour le sanctuaire, pour le lieu très saint.

4 C'est la portion sainte du pays : elle appartiendra aux sacrificateurs qui font le service du sanctuaire, qui s'approchent de l'Éternel pour le servir ; c'est là que seront leurs maisons, et ce sera un sanctuaire pour le sanctuaire.

5 Vingt-cinq mille cannes en longueur et dix mille en largeur formeront la propriété des Lévites, serviteurs de la maison, avec vingt chambres.

6 Comme propriété de la ville vous destinerez cinq mille cannes en largeur et vingt-cinq mille en longueur, parallèlement à la portion sainte prélevée ; ce sera pour toute la maison d'Israël.

7 Pour le prince vous réserverez un espace aux deux côtés de la portion sainte et de la propriété de la ville, le long de la portion sainte et le long de la propriété de la ville, au côté de l'occident vers l'occident et au côté de l'orient vers l'orient, sur une longueur parallèle à l'une des parts, depuis la limite de l'occident jusqu'à la limite de l'orient. 8 Ce sera sa terre, sa propriété en Israël ; et mes princes n'opprimeront plus mon peuple, mais ils laisseront le pays à la maison d'Israël, selon ses tribus.

9 Ainsi parle le Seigneur, l'Éternel : Assez, princes d'Israël ! cessez la violence et les rapines, pratiquez la droiture et la justice, délivrez mon peuple de vos exactions, dit le Seigneur, l'Éternel.

10 Ayez des balances justes, un épha 11 juste, et un bath juste. L'épha et le bath auront la même mesure : le bath contiendra la dixième partie d'un homer, et l'épha la dixième partie d'un homer ; leur mesure sera réglée d'après le homer. 12 Le sicle sera de vingt guéras. La mine aura chez vous vingt sicles, vingt-cinq sicles, quinze sicles.

13 Voici l'offrande que vous prélèverez : la sixième partie d'un épha sur un homer de froment, et la sixième partie d'un épha sur un homer d'orge. 14 Ce que vous devrez pour l'huile, pour un bath d'huile, sera la dixième partie d'un bath sur un cor, qui est égal à un homer de dix baths, car dix baths font un homer. 15 Une brebis sur un troupeau de deux cents dans les gras pâturages d'Israël sera donnée pour l'offrande, l'holocauste et le sacrifice d'actions de grâces, afin de servir de victime expiatoire, dit le Seigneur, l'Éternel. 16 Tout le peuple du pays devra prélever cette offrande pour le prince d'Israël. 17 Le prince sera chargé des holocaustes, des offrandes et des libations, aux fêtes, aux nouvelles lunes, aux sabbats, à toutes les solennités de la maison d'Israël ; il offrira le sacrifice expiatoire, l'offrande, l'holocauste, et le sacrifice

d'actions de grâces, en expiation pour la maison d'Israël.

18 Ainsi parle le Seigneur, l'Éternel : Le premier jour du premier mois, tu prendras un jeune taureau sans défaut, et tu feras l'expiation du 19 sanctuaire. Le sacrificateur prendra du sang de la victime expiatoire, et il en mettra sur les poteaux de la maison, sur les quatre angles de l'encadrement de l'autel, et sur les poteaux de la porte du parvis in-20 térieur. Tu feras de même le septième jour du mois, pour ceux qui pèchent involontairement ou par imprudence ; vous purifierez ainsi la maison.

21 Le quatorzième jour du premier mois, vous aurez la Pâque. La fête durera sept jours ; on mangera des 22 pains sans levain. Le prince offrira ce jour-là, pour lui et pour tout le peuple du pays, un taureau en sacri-23 fice d'expiation. Pendant les sept jours de la fête, il offrira en holo-causte à l'Éternel sept taureaux et sept béliers sans défaut, chacun des sept jours, et un bouc en sacrifice 24 d'expiation, chaque jour. Il y joindra l'offrande d'un épha pour chaque taureau et d'un épha pour chaque bélier, avec un hin d'huile par épha.

25 Le quinzième jour du septième mois, à la fête, il offrira pendant sept jours les mêmes sacrifices d'expiation, les mêmes holocaustes, et la même offrande avec l'huile.

46 Ainsi parle le Seigneur, l'Éternel : La porte du parvis intérieur, du côté de l'orient, restera fermée les six jours ouvriers ; mais elle sera ouverte le jour du sabbat, elle sera aussi ouverte le jour de la nouvelle 2 lune. Le prince entrera par le chemin du vestibule de la porte extérieure, et se tiendra près des poteaux de la porte ; les sacrifi-cateurs offriront son holocauste et ses sacrifices d'actions de grâces ; il se prosternera sur le seuil de la porte, puis il sortira, et la porte ne 3 sera pas fermée avant le soir. Le peuple du pays se prosternera devant l'Éternel à l'entrée de cette porte, aux jours de sabbat et aux nouvelles lunes.

L'holocauste que le prince offrira 4 à l'Éternel, le jour du sabbat, sera de six agneaux sans défaut et d'un bélier sans défaut ; et son offrande, 5 d'un épha pour le bélier, et de ce qu'il voudra pour les agneaux, avec un hin d'huile par épha. Le jour de 6 la nouvelle lune, il offrira un jeune taureau sans défaut, six agneaux et un bélier qui seront sans défaut ; et 7 son offrande sera d'un épha pour le taureau, d'un épha pour le bélier, et de ce qu'il voudra pour les agneaux, avec un hin d'huile par épha.

Lorsque le prince entrera, il 8 entrera par le chemin du vestibule de la porte, et il sortira par le même chemin. Mais lorsque le peuple du 9 pays se présentera devant l'Éternel, aux solennités, celui qui entrera par la porte septentrionale pour se prosterner sortira par la porte méri-dionale, et celui qui entrera par la porte méridionale sortira par la porte septentrionale ; on ne devra pas s'en retourner par la porte par laquelle on sera entré, mais on sortira par celle qui lui est opposée. Le prince 10 entrera parmi eux quand ils entreront, et sortira quand ils sortiront.

Aux fêtes et aux solennités, l'of- 11 frande sera d'un épha pour le taureau, d'un épha pour le bélier, et de ce qu'il voudra pour les agneaux, avec un hin d'huile par épha. Si le 12 prince offre à l'Éternel un holocauste volontaire ou un sacrifice volontaire d'actions de grâces, on lui ouvrira la porte qui est du côté de l'orient, et il offrira son holocauste et son sacrifice d'actions de grâces comme il doit le faire le jour du sabbat ; puis il sortira, et l'on fermera la porte après qu'il sera sorti.

Tu offriras chaque jour en holo- 13 causte à l'Éternel un agneau d'un an, sans défaut ; tu l'offriras tous les matins. Tu y joindras pour offrande, 14 tous les matins, un sixième d'épha, et le tiers d'un hin d'huile pour pétrir la farine. C'est l'offrande à l'Éternel, une loi perpétuelle, pour toujours. 15 On offrira, tous les matins, l'agneau et l'offrande avec l'huile, comme holocauste perpétuel.

16 Ainsi parle le Seigneur, l'Éternel : Si le prince fait à l'un de ses fils un don pris sur son héritage, ce don appartiendra à ses fils, ce sera leur 17 propriété comme héritage. Mais s'il fait à l'un de ses serviteurs un don pris sur son héritage, ce don lui appartiendra jusqu'à l'année de la liberté, puis il retournera au prince ; ses fils seuls posséderont ce qu'il leur 18 donnera de son héritage. Le prince ne prendra rien de l'héritage du peuple, il ne le dépouillera pas de ses possessions ; ce qu'il donnera en héritage à ses fils, il le prendra sur ce qu'il possède, afin que nul parmi mon peuple ne soit éloigné de sa possession.

19 Il me conduisit, par l'entrée qui était à côté de la porte, dans les chambres saintes destinées aux sacrificateurs, vers le septentrion. Et voici, il y avait un lieu dans le fond, 20 du côté de l'occident. Il me dit : C'est le lieu où les sacrificateurs feront cuire la chair des sacrifices de culpabilité et d'expiation, et où ils feront cuire les offrandes, pour éviter de les porter dans le parvis extérieur 21 et de sanctifier le peuple. Il me conduisit ensuite dans le parvis extérieur, et me fit passer vers les quatre angles du parvis. Et voici, il y avait une cour à chacun des angles du parvis. 22 Aux quatre angles du parvis il y avait des cours voûtées, longues de quarante coudées et larges de trente ; toutes les quatre avaient la même 23 mesure, dans les angles. Un mur les entourait toutes les quatre, et des foyers étaient pratiqués au bas du 24 mur tout autour. Il me dit : Ce sont les cuisines, où les serviteurs de la maison feront cuire la chair des sacrifices offerts par le peuple.

47 Il me ramena vers la porte de la maison. Et voici, de l'eau sortait sous le seuil de la maison, à l'orient, car la face de la maison était à l'orient ; l'eau descendait sous le côté droit de la maison, au midi de l'autel. Il me conduisit par le 2 chemin de la porte septentrionale, et il me fit faire le tour par dehors jusqu'à l'extérieur de la porte orientale. Et voici, l'eau coulait du côté droit.

Lorsque l'homme s'avança vers 3 l'orient, il avait dans la main un cordeau, et il mesura mille coudées ; il me fit traverser l'eau, et j'avais de l'eau jusqu'aux chevilles. Il mesura 4 encore mille coudées, et me fit traverser l'eau, et j'avais de l'eau jusqu'aux genoux. Il mesura encore mille coudées, et me fit traverser, et j'avais de l'eau jusqu'aux reins. Il 5 mesura encore mille coudées ; c'était un torrent que je ne pouvais traverser, car l'eau était si profonde qu'il fallait y nager ; c'était un torrent qu'on ne pouvait traverser.

Il me dit : As-tu vu, fils de 6 l'homme ? Et il me ramena au bord du torrent. Quand il m'eut 7 ramené, voici, il y avait sur le bord du torrent beaucoup d'arbres de chaque côté. Il me dit : Cette eau 8 coulera vers le district oriental, descendra dans la plaine, et entrera dans la mer ; lorsqu'elle se sera jetée dans la mer, les eaux de la mer deviendront saines. Tout être 9 vivant qui se meut vivra partout où le torrent coulera, et il y aura une grande quantité de poissons ; car là où cette eau arrivera, les eaux deviendront saines, et tout vivra partout où parviendra le torrent. Des pêcheurs se tiendront sur ses 10 bords ; depuis En-Guédi jusqu'à En-Églaïm, on étendra les filets ; il y aura des poissons de diverses espèces, comme les poissons de la grande mer, et ils seront très nombreux. Ses marais et ses fosses ne seront 11 point assainis, ils seront abandonnés au sel. Sur le torrent, sur ses bords 12 de chaque côté, croîtront toutes sortes d'arbres fruitiers. Leur feuillage ne se flétrira point, et leurs fruits n'auront point de fin, ils mûriront tous les mois, parce que les eaux sortiront du sanctuaire. Leurs fruits serviront de nourriture, et leurs feuilles de remède.

13 Ainsi parle le Seigneur, l'Éternel : Voici les limites du pays que vous distribuerez en héritage aux douze tribus d'Israël. Joseph aura deux 14 parts. Vous en aurez la possession l'un comme l'autre ; car j'ai juré, la main levée, de le donner à vos pères. Ce pays vous tombera donc en partage.

15 Voici les limites du pays. Du côté septentrional, depuis la grande mer, le chemin de Hethlon jusqu'à 16 Tsedad, Hamath, Bérotha, Sibraïm, entre la frontière de Damas et la frontière de Hamath, Hatzer-Hatthi-con, vers la frontière de Havran ; 17 ainsi la limite sera, depuis la mer, Hatsar-Énon, la frontière de Damas, Tsaphon au nord, et la frontière de Hamath : ce sera le côté septen-18 trional. Le côté oriental sera le Jourdain, entre Havran, Damas et Galaad, et le pays d'Israël ; vous mesurerez depuis la limite septen-trionale jusqu'à la mer orientale : ce 19 sera le côté oriental. Le côté méri-dional, au midi, ira depuis Thamar jusqu'aux eaux de Meriba à Kadès, jusqu'au torrent vers la grande mer : 20 ce sera le côté méridional. Le côté occidental sera la grande mer, depuis la limite jusqu'à vis-à-vis de Hamath : ce sera le côté occidental.

21 Vous partagerez ce pays entre 22 vous, selon les tribus d'Israël. Vous le diviserez en héritage par le sort pour vous et pour les étrangers qui séjourneront au milieu de vous, qui engendreront des enfants au milieu de vous ; vous les regarderez comme indigènes parmi les enfants d'Israël ; ils partageront au sort l'héritage avec 23 vous parmi les tribus d'Israël. Vous donnerez à l'étranger son héritage dans la tribu où il séjournera, dit le Seigneur, l'Éternel.

48 Voici les noms des tribus. De-puis l'extrémité septentrionale, le long du chemin de Hethlon à Ha-math, Hatsar-Énon, la frontière de

Damas au nord vers Hamath, de l'orient à l'occident : Dan, une tribu. Sur la limite de Dan, de l'orient à 2 l'occident : Aser, une tribu. Sur la 3 limite d'Aser, de l'orient à l'occident : Nephthali, une tribu. Sur la limite 4 de Nephthali, de l'orient à l'occident : Manassé, une tribu. Sur la limite 5 de Manassé, de l'orient à l'occident : Éphraïm, une tribu. Sur la limite 6 d'Éphraïm, de l'orient à l'occident : Ruben, une tribu. Sur la limite de 7 Ruben, de l'orient à l'occident : Juda, une tribu.

Sur la frontière de Juda, de l'orient 8 à l'occident, sera la portion que vous prélèverez, large de vingt-cinq mille cannes et longue comme l'une des parts de l'orient à l'occident ; et le sanctuaire sera au milieu. La portion 9 que vous prélèverez pour l'Éternel aura vingt-cinq mille cannes de longueur et dix mille de largeur. C'est aux sacrificateurs qu'appar- 10 tiendra cette portion sainte : vingt-cinq mille cannes au septentrion, dix mille en largeur à l'occident, dix mille en largeur à l'orient, et vingt-cinq mille en longueur au midi ; et le sanctuaire de l'Éternel sera au milieu. Elle appartiendra aux sacri- 11 ficateurs consacrés, aux fils de Tsadok, qui ont fait le service de mon sanctuaire, qui ne se sont point égarés, lorsque les enfants d'Israël s'égaraient, comme s'égaraient les Lévites. Elle leur appartiendra 12 comme portion très sainte, prélevée sur la portion du pays qui aura été prélevée, à côté de la limite des Lévites.

Les Lévites auront, parallèlement 13 à la limite des sacrificateurs, vingt-cinq mille cannes en longueur et dix mille en largeur, vingt-cinq mille pour toute la longueur et dix mille pour la largeur. Ils n'en pourront 14 rien vendre ni échanger ; et les prémices du pays ne seront point aliénées, car elles sont consacrées à l'Éternel.

Les cinq mille cannes qui resteront 15 en largeur sur les vingt-cinq mille seront destinées à la ville, pour les

habitations et la banlieue ; et la
16 ville sera au milieu. En voici les
mesures : du côté septentrional quatre
mille cinq cents, du côté méridional
quatre mille cinq cents, du côté
oriental quatre mille cinq cents, et
du côté occidental quatre mille cinq
17 cents. La ville aura une banlieue
de deux cent cinquante au nord, de
deux cent cinquante au midi, de deux
cent cinquante à l'orient, et de deux
18 cent cinquante à l'occident. Le reste
sur la longueur, parallèlement à la
portion sainte, dix mille à l'orient et
dix mille à l'occident, parallèlement à
la portion sainte, formera les revenus
destinés à l'entretien de ceux qui
19 travailleront pour la ville. Le sol en
sera cultivé par ceux de toutes les
tribus d'Israël qui travailleront pour
la ville.

20 Toute la portion prélevée sera de
vingt-cinq mille cannes en longueur
sur vingt-cinq mille en largeur ; vous
en séparerez un carré pour la propriété de la ville.

21 Ce qui restera sera pour le prince,
aux deux côtés de la portion sainte
et de la propriété de la ville, le long
des vingt-cinq mille cannes de la
portion sainte jusqu'à la limite de
l'orient, et à l'occident le long des
vingt-cinq mille cannes vers la limite
de l'occident, parallèlement aux parts.
C'est là ce qui appartiendra au prince ;
et la portion sainte et le sanctuaire de
22 la maison seront au milieu. Ainsi
ce qui appartiendra au prince sera
l'espace compris depuis la propriété
des Lévites et depuis la propriété de
la ville ; ce qui sera entre la limite
de Juda et la limite de Benjamin
appartiendra au prince.

Voici les autres tribus. De l'orient 23
à l'occident : Benjamin, une tribu.
Sur la limite de Benjamin, de l'orient 24
à l'occident : Siméon, une tribu. Sur 25
la limite de Siméon, de l'orient à
l'occident : Issacar, une tribu. Sur 26
la limite d'Issacar, de l'orient à
l'occident : Zabulon, une tribu. Sur 27
la limite de Zabulon, de l'orient à
l'occident : Gad, une tribu. Sur la 28
limite de Gad, du côté méridional, au
midi, la frontière ira depuis Thamar
jusqu'aux eaux de Meriba à Kadès,
jusqu'au torrent vers la grande
mer.

Tel est le pays que vous diviserez 29
en héritage par le sort pour les tribus
d'Israël, et telles sont leurs parts, dit
le Seigneur, l'Éternel.

Voici les issues de la ville. Du 30
côté septentrional quatre mille cinq
cents cannes, et les portes de la ville 31
d'après les noms des tribus d'Israël,
trois portes au nord : la porte de
Ruben, une, la porte de Juda, une,
la porte de Lévi, une. Du côté 32
oriental quatre mille cinq cents cannes, et trois portes : la porte de
Joseph, une, la porte de Benjamin,
une, la porte de Dan, une. Du côté 33
méridional quatre mille cinq cents
cannes, et trois portes : la porte de
Siméon, une, la porte d'Issacar, une,
la porte de Zabulon, une. Du côté 34
occidental quatre mille cinq cents
cannes, et trois portes : la porte de
Gad, une, la porte d'Aser, une, la
porte de Nephthali, une. Circuit : 35
dix-huit mille cannes. Et, dès ce
jour, le nom de la ville sera : l'Éternel est ici.

DANIEL

Daniel à Babylone.

I La troisième année du règne de Jojakim, roi de Juda, Nebucadnetsar, roi de Babylone, marcha contre Jéru-
2 salem, et l'assiégea. Le Seigneur livra entre ses mains Jojakim, roi de Juda, et une partie des ustensiles de la maison de Dieu. Nebucadnetsar emporta les ustensiles au pays de Schinear, dans la maison de son dieu, il les mit dans la maison du trésor de son dieu.
3 Le roi donna l'ordre à Aschpenaz, chef de ses eunuques, d'amener quelques-uns des enfants d'Israël de race
4 royale ou de famille noble, de jeunes garçons sans défaut corporel, beaux de figure, doués de sagesse, d'intelligence et d'instruction, capables de servir dans le palais du roi, et à qui l'on enseignerait les lettres et la
5 langue des Chaldéens. Le roi leur assigna pour chaque jour une portion des mets de sa table et du vin dont il buvait, voulant les élever pendant trois années, au bout desquelles ils
6 seraient au service du roi. Il y avait parmi eux, d'entre les enfants de Juda, Daniel, Hanania, Mischaël et
7 Azaria. Le chef des eunuques leur donna des noms, à Daniel celui de Beltschatsar, à Hanania celui de Schadrac, à Mischaël celui de Méschac, et à Azaria celui d'Abed-Nego.

8 Daniel résolut de ne pas se souiller par les mets du roi et par le vin dont le roi buvait, et il pria le chef des eunuques de ne pas l'obliger à se
9 souiller. Dieu fit trouver à Daniel faveur et grâce devant le chef des
10 eunuques. Le chef des eunuques dit à Daniel : Je crains mon seigneur le roi, qui a fixé ce que vous devez manger et boire ; car pourquoi verrait-il votre visage plus abattu que celui des jeunes gens de votre âge ? Vous exposeriez ma tête au-près du roi. Alors Daniel dit à 11 l'intendant à qui le chef des eunuques avait remis la surveillance de Daniel, de Hanania, de Mischaël et d'Azaria : Éprouve tes serviteurs 12 pendant dix jours, et qu'on nous donne des légumes à manger et de l'eau à boire ; tu regarderas ensuite 13 notre visage et celui des jeunes gens qui mangent les mets du roi, et tu agiras avec tes serviteurs d'après ce que tu auras vu. Il leur accorda ce 14 qu'ils demandaient, et les éprouva pendant dix jours. Au bout de dix 15 jours, ils avaient meilleur visage et plus d'embonpoint que tous les jeunes gens qui mangeaient les mets du roi. L'intendant emportait les mets et le 16 vin qui leur étaient destinés, et il leur donnait des légumes.

Dieu accorda à ces quatre jeunes 17 gens de la science, de l'intelligence dans toutes les lettres, et de la sagesse ; et Daniel expliquait toutes les visions et tous les songes. Au 18 terme fixé par le roi pour qu'on les lui amenât, le chef des eunuques les présenta à Nebucadnetsar. Le roi 19 s'entretint avec eux ; et, parmi tous ces jeunes gens, il ne s'en trouva aucun comme Daniel, Hanania, Mischaël et Azaria. Ils furent donc admis au service du roi. Sur tous 20 les objets qui réclamaient de la sagesse et de l'intelligence, et sur lesquels le roi les interrogeait, il les trouvait dix fois supérieurs à tous les magiciens et astrologues qui étaient dans tout son royaume. Ainsi fut Daniel jusqu'à la première 21 année du roi Cyrus.

La statue, songe de Nebucadnetsar
expliqué par Daniel.

La seconde année du règne de **2** Nebucadnetsar, Nebucadnetsar eut des songes. Il avait l'esprit agité, et ne pouvait dormir. Le roi fit 2 appeler les magiciens, les astrologues, les enchanteurs et les Chaldéens pour qu'ils lui dissent ses songes. Ils vinrent, et se présentèrent devant 3 le roi. Le roi leur dit : J'ai eu un songe ; mon esprit est agité, et je 4 voudrais connaître ce songe. Les Chaldéens répondirent au roi en langue araméenne : O roi, vis éternellement ! dis le songe à tes serviteurs, et nous en donnerons 5 l'explication. Le roi reprit la parole et dit aux Chaldéens : La chose m'a échappé ; si vous ne me faites connaître le songe et son explication, vous serez mis en pièces, et vos maisons seront réduites en un tas 6 d'immondices. Mais si vous me dites le songe et son explication, vous recevrez de moi des dons et des présents, et de grands honneurs. C'est pourquoi dites-moi le songe et 7 son explication. Ils répondirent pour la seconde fois : Que le roi dise le songe à ses serviteurs, et nous en donnerons l'explication. 8 Le roi reprit la parole et dit : Je m'aperçois, en vérité, que vous voulez gagner du temps, parce que vous voyez que la chose m'a échappé. 9 Si donc vous ne me faites pas connaître le songe, la même sentence vous enveloppera tous ; vous voulez vous préparer à me dire des mensonges et des faussetés, en attendant que les temps soient changés. C'est pourquoi dites-moi le songe, et je saurai si vous êtes capables de m'en 10 donner l'explication. Les Chaldéens répondirent au roi : Il n'est personne sur la terre qui puisse dire ce que demande le roi ; aussi jamais roi, quelque grand et puissant qu'il ait été, n'a exigé une pareille chose d'aucun magicien, astrologue ou 11 Chaldéen. Ce que le roi demande est difficile ; il n'y a personne qui puisse le dire au roi, excepté les dieux, dont la demeure n'est pas parmi les hommes.

12 Là-dessus le roi se mit en colère, et s'irrita violemment. Il ordonna qu'on fît périr tous les sages de 13 Babylone. La sentence fut publiée, les sages étaient mis à mort, et l'on cherchait Daniel et ses compagnons

pour les faire périr. Alors Daniel 14 s'adressa d'une manière prudente et sensée à Arjoc, chef des gardes du roi, qui était sorti pour mettre à mort les sages de Babylone. Il prit 15 la parole et dit à Arjoc, commandant du roi : Pourquoi la sentence du roi est-elle si sévère ? Arjoc exposa la chose à Daniel. Et Daniel se rendit 16 vers le roi, et le pria de lui accorder du temps pour donner au roi l'explication. Ensuite Daniel alla dans 17 sa maison, et il instruisit de cette affaire Hanania, Mischaël et Azaria, ses compagnons, les engageant à 18 implorer la miséricorde du Dieu des cieux, afin qu'on ne fît pas périr Daniel et ses compagnons avec le reste des sages de Babylone.

Alors le secret fut révélé à Daniel 19 dans une vision pendant la nuit. Et Daniel bénit le Dieu des cieux. Daniel prit la parole et dit : Béni 20 soit le nom de Dieu, d'éternité en éternité ! A lui appartiennent la sagesse et la force. C'est lui qui 21 change les temps et les circonstances, qui renverse et qui établit les rois, qui donne la sagesse aux sages et la science à ceux qui ont de l'intelligence. Il révèle ce qui est profond 22 et caché, il connaît ce qui est dans les ténèbres, et la lumière demeure avec lui. Dieu de mes pères, je te 23 glorifie et je te loue de ce que tu m'as donné la sagesse et la force, et de ce que tu m'as fait connaître ce que nous t'avons demandé, de ce que tu nous as révélé le secret du roi.

Après cela, Daniel se rendit auprès 24 d'Arjoc, à qui le roi avait ordonné de faire périr les sages de Babylone ; il alla, et lui parla ainsi : Ne fais pas périr les sages de Babylone ! Conduis-moi devant le roi, et je donnerai au roi l'explication.

Arjoc conduisit promptement Da- 25 niel devant le roi, et lui parla ainsi : J'ai trouvé parmi les captifs de Juda un homme qui donnera l'explication au roi. Le roi prit la 26 parole et dit à Daniel, qu'on nommait Beltschatsar : Es-tu capable de me faire connaître le songe que j'ai

27 eu et son explication ? Daniel répondit en présence du roi et dit : Ce que le roi demande est un secret que les sages, les astrologues, les magiciens et les devins, ne sont pas capables de découvrir au roi. 28 Mais il y a dans les cieux un Dieu qui révèle les secrets, et qui a fait connaître au roi Nebucadnetsar ce qui arrivera dans la suite des temps. Voici ton songe et les visions que tu 29 as eues sur ta couche. Sur ta couche, ô roi, il t'est monté des pensées touchant ce qui sera après ce temps-ci ; et celui qui révèle les secrets t'a 30 fait connaître ce qui arrivera. Si ce secret m'a été révélé, ce n'est point qu'il y ait en moi une sagesse supérieure à celle de tous les vivants ; mais c'est afin que l'explication soit donnée au roi, et que tu connaisses les pensées de ton cœur.

31 O roi, tu regardais, et tu voyais une grande statue ; cette statue était immense, et d'une splendeur extraordinaire ; elle était debout devant 32 toi, et son aspect était terrible. La tête de cette statue était d'or pur ; sa poitrine et ses bras étaient d'argent ; son ventre et ses cuisses étaient 33 d'airain ; ses jambes, de fer ; ses pieds, en partie de fer et en partie 34 d'argile. Tu regardais, lorsqu'une pierre se détacha sans le secours d'aucune main, frappa les pieds de fer et d'argile de la statue, et les mit 35 en pièces. Alors le fer, l'argile, l'airain, l'argent et l'or, furent brisés ensemble, et devinrent comme la balle qui s'échappe d'une aire en été ; le vent les emporta, et nulle trace n'en fut retrouvée. Mais la pierre qui avait frappé la statue devint une grande montagne, et remplit toute la terre.

36 Voilà le songe. Nous en donnerons l'explication devant le roi. 37 O roi, tu es le roi des rois, car le Dieu des cieux t'a donné l'empire, la 38 puissance, la force et la gloire ; il a remis entre tes mains, en quelque lieu qu'ils habitent, les enfants des hommes, les bêtes des champs et les oiseaux du ciel, et il t'a fait dominer sur eux tous : c'est toi qui es la tête

d'or. Après toi, il s'élèvera un autre 39 royaume, moindre que le tien ; puis un troisième royaume, qui sera d'airain, et qui dominera sur toute la terre. Il y aura un quatrième 40 royaume, fort comme du fer ; de même que le fer brise et rompt tout, il brisera et rompra tout, comme le fer qui met tout en pièces. Et 41 comme tu as vu les pieds et les orteils en partie d'argile de potier et en partie de fer, ce royaume sera divisé ; mais il y aura en lui quelque chose de la force du fer, parce que tu as vu le fer mêlé avec l'argile. Et 42 comme les doigts des pieds étaient en partie de fer et en partie d'argile, ce royaume sera en partie fort et en partie fragile. Tu as vu le fer mêlé 43 avec l'argile, parce qu'ils se mêleront par des alliances humaines ; mais ils ne seront point unis l'un à l'autre, de même que le fer ne s'allie point avec l'argile. Dans le temps de ces rois, le 44 Dieu des cieux suscitera un royaume qui ne sera jamais détruit, et qui ne passera point sous la domination d'un autre peuple ; il brisera et anéantira tous ces royaumes-là, et lui-même subsistera éternellement. C'est ce 45 qu'indique la pierre que tu as vue se détacher de la montagne sans le secours d'aucune main, et qui a brisé le fer, l'airain, l'argile, l'argent et l'or. Le grand Dieu a fait connaître au roi ce qui doit arriver après cela. Le songe est véritable, et son explication est certaine.

Alors le roi Nebucadnetsar tomba 46 sur sa face et se prosterna devant Daniel, et il ordonna qu'on lui offrît des sacrifices et des parfums. Le roi 47 adressa la parole à Daniel et dit : En vérité, votre Dieu est le Dieu des dieux et le Seigneur des rois, et il révèle les secrets, puisque tu as pu découvrir ce secret. Ensuite le roi 48 éleva Daniel, et lui fit de nombreux et riches présents ; il lui donna le commandement de toute la province de Babylone, et l'établit chef suprême de tous les sages de Babylone. Daniel 49 pria le roi de remettre l'intendance de la province de Babylone à Schadrac, Méschac et Abed-Nego. Et Daniel était à la cour du roi.

Les trois compagnons de Daniel dans la fournaise.

3 Le roi Nebucadnetsar fit une statue d'or, haute de soixante coudées et large de six coudées. Il la dressa dans la vallée de Dura, dans 2 la province de Babylone. Le roi Nebucadnetsar fit convoquer les satrapes, les intendants et les gouverneurs, les grands juges, les trésoriers, les jurisconsultes, les juges, et tous les magistrats des provinces, pour qu'ils se rendissent à la dédicace de la statue qu'avait élevée le roi 3 Nebucadnetsar. Alors les satrapes, les intendants et les gouverneurs, les grands juges, les trésoriers, les jurisconsultes, les juges, et tous les magistrats des provinces, s'assemblèrent pour la dédicace de la statue qu'avait élevée le roi Nebucadnetsar. Ils se placèrent devant la statue 4 qu'avait élevée Nebucadnetsar. Un héraut cria à haute voix : Voici ce qu'on vous ordonne, peuples, nations, 5 hommes de toutes langues ! Au moment où vous entendrez le son de la trompette, du chalumeau, de la guitare, de la sambuque, du psaltérion, de la cornemuse, et de toutes sortes d'instruments de musique, vous vous prosternerez et vous adorerez la statue d'or qu'a élevée le 6 roi Nebucadnetsar. Quiconque ne se prosternera pas et n'adorera pas sera jeté à l'instant même au milieu 7 d'une fournaise ardente. C'est pourquoi, au moment où tous les peuples entendirent le son de la trompette, du chalumeau, de la guitare, de la sambuque, du psaltérion, et de toutes sortes d'instruments de musique, tous les peuples, les nations, les hommes de toutes langues se prosternèrent et adorèrent la statue d'or qu'avait élevée le roi Nebucadnetsar.

8 A cette occasion, et dans le même temps, quelques Chaldéens s'appro- 9 chèrent et accusèrent les Juifs. Ils prirent la parole et dirent au roi Nebucadnetsar : O roi, vis éternelle- 10 ment ! Tu as donné un ordre d'après lequel tous ceux qui entendraient le son de la trompette, du chalumeau, de la guitare, de la sambuque, du psaltérion, de la cornemuse, et de toutes sortes d'instruments, devraient se prosterner et adorer la statue d'or, et d'après lequel quiconque ne se 11 prosternerait pas et n'adorerait pas serait jeté au milieu d'une fournaise ardente. Or, il y a des Juifs à qui 12 tu as remis l'intendance de la province de Babylone, Schadrac, Méschac et Abed-Nego, hommes qui ne tiennent aucun compte de toi, ô roi ; ils ne servent pas tes dieux, et ils n'adorent point la statue d'or que tu as élevée.

Alors Nebucadnetsar, irrité et 13 furieux, donna l'ordre qu'on amenât Schadrac, Méschac et Abed-Nego. Et ces hommes furent amenés devant le roi. Nebucadnetsar prit la parole 14 et leur dit : Est-ce de propos délibéré, Schadrac, Méschac et Abed-Nego, que vous ne servez pas mes dieux, et que vous n'adorez pas la statue d'or que j'ai élevée ? Main- 15 tenant tenez-vous prêts, et au moment où vous entendrez le son de la trompette, du chalumeau, de la guitare, de la sambuque, du psaltérion, de la cornemuse, et de toutes sortes d'instruments, vous vous prosternerez et vous adorerez la statue que j'ai faite ; si vous ne l'adorez pas, vous serez jetés à l'instant même au milieu d'une fournaise ardente. Et quel est le dieu qui vous délivrera de ma main ?

Schadrac, Méschac et Abed-Nego 16 répliquèrent au roi Nebucadnetsar : Nous n'avons pas besoin de te répondre là-dessus. Voici, notre Dieu 17 que nous servons peut nous délivrer de la fournaise ardente, et il nous délivrera de ta main, ô roi. Sinon, 18 sache, ô roi, que nous ne servirons pas tes dieux, et que nous n'adorerons pas la statue d'or que tu as élevée.

Sur quoi Nebucadnetsar fut rempli 19 de fureur, et il changea de visage en tournant ses regards contre Schadrac, Méschac et Abed-Nego. Il reprit la parole et ordonna de chauffer la fournaise sept fois plus qu'il ne 20 convenait de la chauffer. Puis il commanda à quelques-uns des plus vigoureux soldats de son armée de lier Schadrac, Méschac et Abed-Nego, et de les jeter dans la fournaise 21 ardente. Ces hommes furent liés avec leurs caleçons, leurs tuniques, leurs manteaux et leurs autres vêtements, et jetés au milieu de la 22 fournaise ardente. Comme l'ordre du roi était sévère, et que la fournaise était extraordinairement chauffée, la flamme tua les hommes qui y avaient jeté Schadrac, Méschac 23 et Abed-Nego. Et ces trois hommes, Schadrac, Méschac et Abed-Nego, tombèrent liés au milieu de la fournaise ardente.

24 Alors le roi Nebucadnetsar fut effrayé, et se leva précipitamment. Il prit la parole, et dit à ses conseillers: N'avons-nous pas jeté au milieu du feu trois hommes liés? Ils répondirent au roi: Certaine-25 ment, ô roi! Il reprit et dit: Eh bien, je vois quatre hommes sans liens, qui marchent au milieu du feu, et qui n'ont point de mal; et la figure du quatrième ressemble à celle 26 d'un fils des dieux. Ensuite Nebucadnetsar s'approcha de l'entrée de la fournaise ardente, et prenant la parole, il dit: Schadrac, Méschac et Abed-Nego, serviteurs du Dieu suprême, sortez et venez! Et Schadrac, Méschac et Abed-Nego, sortirent du milieu du feu.

27 Les satrapes, les intendants, les gouverneurs, et les conseillers du roi s'assemblèrent; ils virent que le feu n'avait eu aucun pouvoir sur le corps de ces hommes, que les cheveux de leur tête n'avaient pas été brûlés, que leurs caleçons n'étaient point endommagés, et que l'odeur du feu 28 ne les avait pas atteints. Nebucadnetsar prit la parole et dit: Béni soit le Dieu de Schadrac, de Méschac et d'Abed-Nego, lequel a envoyé son ange et délivré ses serviteurs qui ont eu confiance en lui, et qui ont violé l'ordre du roi et livré leurs corps plutôt que de servir et d'adorer aucun autre dieu que leur Dieu!

Voici maintenant l'ordre que je 29 donne: tout homme, à quelque peuple, nation ou langue qu'il appartienne, qui parlera mal du Dieu de Schadrac, de Méschac et d'Abed-Nego, sera mis en pièces, et sa maison sera réduite en un tas d'immondices, parce qu'il n'y a aucun autre dieu qui puisse délivrer comme lui. Après cela, le roi fit prospérer 30 Schadrac, Méschac et Abed-Nego, dans la province de Babylone.

Le grand arbre, songe de Nebucadnetsar expliqué par Daniel.

Nebucadnetsar, roi, à tous les **4** peuples, aux nations, aux hommes de toutes langues, qui habitent sur toute la terre. Que la paix vous soit donnée avec abondance!

Il m'a semblé bon de faire con- 2 naître les signes et les prodiges que le Dieu suprême a opérés à mon égard. Que ses signes sont grands! 3 que ses prodiges sont puissants! Son règne est un règne éternel, et sa domination subsiste de génération en génération.

Moi, Nebucadnetsar, je vivais tran- 4 quille dans ma maison, et heureux dans mon palais. J'ai eu un songe qui 5 m'a effrayé; les pensées dont j'étais poursuivi sur ma couche et les visions de mon esprit me remplissaient d'épouvante. J'ordonnai qu'on 6 fît venir devant moi tous les sages de Babylone, afin qu'ils me donnassent l'explication du songe. Alors vin- 7 rent les magiciens, les astrologues, les Chaldéens et les devins. Je leur dis le songe, et ils ne m'en donnèrent point l'explication. En dernier lieu, 8 se présenta devant moi Daniel, nommé Beltschatsar d'après le nom de mon dieu, et qui a en lui l'esprit des dieux saints. Je lui dis le songe: —Beltschatsar, chef des magiciens, 9 qui as en toi, je le sais, l'esprit des dieux saints, et pour qui aucun secret n'est difficile, donne-moi l'explication des visions que j'ai eues en songe. Voici les visions de mon esprit, 10 pendant que j'étais sur ma couche. Je regardais, et voici, il y avait au milieu de la terre un arbre d'une

11 grande hauteur. Cet arbre était devenu grand et fort, sa cime s'élevait jusqu'aux cieux, et on le voyait 12 des extrémités de toute la terre. Son feuillage était beau, et ses fruits abondants; il portait de la nourriture pour tous; les bêtes des champs s'abritaient sous son ombre, les oiseaux du ciel faisaient leur demeure parmi ses branches, et tout être vivant tirait de lui sa nourriture.

13 Dans les visions de mon esprit, que j'avais sur ma couche, je regardais, et voici, un de ceux qui veillent et qui sont saints descendit des cieux. 14 Il cria avec force et parla ainsi: Abattez l'arbre, et coupez ses branches; secouez le feuillage, et dispersez les fruits; que les bêtes fuient de dessous, et les oiseaux du 15 milieu de ses branches! Mais laissez en terre le tronc où se trouvent les racines, et liez-le avec des chaînes de fer et d'airain, parmi l'herbe des champs. Qu'il soit trempé de la rosée du ciel, et qu'il ait, comme les bêtes, l'herbe de la terre pour partage. 16 Son cœur d'homme lui sera ôté, et un cœur de bête lui sera donné; et 17 sept temps passeront sur lui. Cette sentence est un décret de ceux qui veillent, cette résolution est un ordre des saints, afin que les vivants sachent que le Très-Haut domine sur le règne des hommes, qu'il le donne à qui il lui plaît, et qu'il y 18 élève le plus vil des hommes. Voilà le songe que j'ai eu, moi, le roi Nebucadnetsar. Toi, Beltschatsar, donnes-en l'explication, puisque tous les sages de mon royaume ne peuvent me la donner; toi, tu le peux, car tu as en toi l'esprit des dieux saints.—

19 Alors Daniel, nommé Beltschatsar, fut un moment stupéfait, et ses pensées le troublaient. Le roi reprit et dit: Beltschatsar, que le songe et l'explication ne te troublent pas! Et Beltschatsar répondit: Mon seigneur, que le songe soit pour tes ennemis, et son explication pour tes adversaires! 20 L'arbre que tu as vu, qui était devenu grand et fort, dont la cime s'élevait jusqu'aux cieux, et qu'on

voyait de tous les points de la terre; cet arbre, dont le feuillage était beau 21 et les fruits abondants, qui portait de la nourriture pour tous, sous lequel s'abritaient les bêtes des champs, et parmi les branches duquel les oiseaux du ciel faisaient leur demeure, c'est 22 toi, ô roi, qui es devenu grand et fort, dont la grandeur s'est accrue et s'est élevée jusqu'aux cieux, et dont la domination s'étend jusqu'aux extrémités de la terre. Le roi a vu 23 l'un de ceux qui veillent et qui sont saints descendre des cieux et dire: Abattez l'arbre, et détruisez-le; mais laissez en terre le tronc où se trouvent les racines, et liez-le avec des chaînes de fer et d'airain, parmi l'herbe des champs; qu'il soit trempé de la rosée du ciel, et que son partage soit avec les bêtes des champs, jusqu'à ce que sept temps soient passés sur lui. Voici l'explication, ô roi, voici le 24 décret du Très-Haut, qui s'accomplira sur mon seigneur le roi. On 25 te chassera du milieu des hommes, tu auras ta demeure avec les bêtes des champs, et l'on te donnera comme aux bœufs de l'herbe à manger; tu seras trempé de la rosée du ciel, et sept temps passeront sur toi, jusqu'à ce que tu saches que le Très-Haut domine sur le règne des hommes et qu'il le donne à qui il lui plaît. L'ordre de laisser le tronc 26 où se trouvent les racines de l'arbre signifie que ton royaume te restera quand tu reconnaîtras que celui qui domine est dans les cieux. C'est 27 pourquoi, ô roi, puisse mon conseil te plaire! mets un terme à tes péchés en pratiquant la justice, et à tes iniquités en usant de compassion envers les malheureux, et ton bonheur pourra se prolonger.

Toutes ces choses se sont accom- 28 plies sur le roi Nebucadnetsar. Au 29 bout de douze mois, comme il se promenait dans le palais royal à Babylone, le roi prit la parole et dit: 30 N'est-ce pas ici Babylone la grande, que j'ai bâtie, comme résidence royale, par la puissance de ma force et pour la gloire de ma magnificence?

31 La parole était encore dans la bouche du roi, qu'une voix descendit du ciel : Apprends, roi Nebucadnetsar, qu'on

32 va t'enlever le royaume. On te chassera du milieu des hommes, tu auras ta demeure avec les bêtes des champs, on te donnera comme aux bœufs de l'herbe à manger ; et sept temps passeront sur toi, jusqu'à ce que tu saches que le Très-Haut domine sur le règne des hommes et

33 qu'il le donne à qui il lui plaît. Au même instant la parole s'accomplit sur Nebucadnetsar. Il fut chassé du milieu des hommes, il mangea de l'herbe comme les bœufs, son corps fut trempé de la rosée du ciel ; jusqu'à ce que ses cheveux crussent comme les plumes des aigles, et ses ongles comme ceux des oiseaux.

34 Après le temps marqué, moi, Nebucadnetsar, je levai les yeux vers le ciel, et la raison me revint. J'ai béni le Très-Haut, j'ai loué et glorifié celui qui vit éternellement, celui dont la domination est une domination éternelle, et dont le règne subsiste

35 de génération en génération. Tous les habitants de la terre ne sont à ses yeux que néant : il agit comme il lui plaît avec l'armée des cieux et avec les habitants de la terre, et il n'y a personne qui résiste à sa main

36 et qui lui dise : Que fais-tu ? En ce temps, la raison me revint ; la gloire de mon royaume, ma magnificence et ma splendeur me furent rendues ; mes conseillers et mes grands me redemandèrent ; je fus rétabli dans mon royaume, et ma puissance ne fit

37 que s'accroître. Maintenant, moi, Nebucadnetsar, je loue, j'exalte et je glorifie le roi des cieux, dont toutes les œuvres sont vraies et les voies justes, et qui peut abaisser ceux qui marchent avec orgueil.

Festin de Belschatsar et prise de Babylone.

5 Le roi Belschatsar donna un grand festin à ses grands au nombre de mille, et il but du vin en leur pré-

2 sence. Belschatsar, quand il eut goûté au vin, fit apporter les vases d'or et d'argent que son père Nebu-cadnetsar avait enlevés du temple de Jérusalem, afin que le roi et ses grands, ses femmes et ses concubines, s'en servissent pour boire.

3 Alors on apporta les vases d'or qui avaient été enlevés du temple, de la maison de Dieu à Jérusalem ; et le roi et ses grands, ses femmes et ses concubines, s'en servirent pour boire.

4 Ils burent du vin, et ils louèrent les dieux d'or, d'argent, d'airain, de fer, de bois et de pierre.

5 En ce moment, apparurent les doigts d'une main d'homme, et ils écrivirent, en face du chandelier, sur la chaux de la muraille du palais royal. Le roi vit cette extrémité

6 de main qui écrivait. Alors le roi changea de couleur, et ses pensées le troublèrent ; les jointures de ses reins se relâchèrent, et ses genoux

7 se heurtèrent l'un contre l'autre. Le roi cria avec force qu'on fît venir les astrologues, les Chaldéens et les devins ; et le roi prit la parole et dit aux sages de Babylone : Quiconque lira cette écriture et m'en donnera l'explication sera revêtu de pourpre, portera un collier d'or à son cou, et aura la troisième place dans le gou-

8 vernement du royaume. Tous les sages du roi entrèrent ; mais ils ne purent pas lire l'écriture et en donner

9 au roi l'explication. Sur quoi le roi Belschatsar fut très effrayé, il changea de couleur, et ses grands furent consternés.

10 La reine, à cause des paroles du roi et de ses grands, entra dans la salle du festin, et prit ainsi la parole : O roi, vis éternellement ! Que tes pensées ne te troublent pas, et que ton visage ne change pas de couleur !

11 Il y a dans ton royaume un homme qui a en lui l'esprit des dieux saints ; et du temps de ton père, on trouva chez lui des lumières, de l'intelligence, et une sagesse semblable à la sagesse des dieux. Aussi le roi Nebucadnetsar, ton père, le roi, ton père, l'établit chef des magiciens, des astrologues, des Chaldéens, des

12 devins, parce qu'on trouva chez lui, chez Daniel, nommé par le roi Belt-schatsar, un esprit supérieur, de la

science et de l'intelligence, la faculté d'interpréter les songes, d'expliquer les énigmes, et de résoudre les questions difficiles. Que Daniel soit donc appelé, et il donnera l'explication.

13 Alors Daniel fut introduit devant le roi. Le roi prit la parole et dit à Daniel : Es-tu ce Daniel, l'un des captifs de Juda, que le roi, mon père, 14 a amenés de Juda ? J'ai appris sur ton compte que tu as en toi l'esprit des dieux, et qu'on trouve chez toi des lumières, de l'intelligence, et une 15 sagesse extraordinaire. On vient d'amener devant moi les sages et les astrologues, afin qu'ils lussent cette écriture et m'en donnassent l'explication ; mais ils n'ont pas pu donner 16 l'explication des mots. J'ai appris que tu peux donner des explications et résoudre des questions difficiles ; maintenant, si tu peux lire cette écriture et m'en donner l'explication, tu seras revêtu de pourpre, tu porteras un collier d'or à ton cou, et tu auras la troisième place dans le gouvernement du royaume.

17 Daniel répondit en présence du roi : Garde tes dons, et accorde à un autre tes présents ; je lirai néanmoins l'écriture au roi, et je lui en donnerai 18 l'explication. O roi, le Dieu suprême avait donné à Nebucadnetsar, ton père, l'empire, la grandeur, la gloire 19 et la magnificence ; et à cause de la grandeur qu'il lui avait donnée, tous les peuples, les nations, les hommes de toutes langues étaient dans la crainte et tremblaient devant lui. Le roi faisait mourir ceux qu'il voulait, et il laissait la vie à ceux qu'il voulait ; il élevait ceux qu'il voulait, et il abaissait ceux qu'il 20 voulait. Mais lorsque son cœur s'éleva et que son esprit s'endurcit jusqu'à l'arrogance, il fut précipité de son trône royal et dépouillé de sa 21 gloire ; il fut chassé du milieu des enfants des hommes, son cœur devint semblable à celui des bêtes, et sa demeure fut avec les ânes sauvages ; on lui donna comme aux bœufs de l'herbe à manger, et son corps fut trempé de la rosée du ciel, jusqu'à ce qu'il reconnût que le Dieu suprême domine sur le règne des hommes et qu'il le donne à qui il lui plaît. Et 22 toi, Belschatsar, son fils, tu n'as pas humilié ton cœur, quoique tu susses toutes ces choses. Tu t'es élevé 23 contre le Seigneur des cieux ; les vases de sa maison ont été apportés devant toi, et vous vous en êtes servis pour boire du vin, toi et tes grands, tes femmes et tes concubines ; tu as loué les dieux d'argent, d'or, d'airain, de fer, de bois et de pierre, qui ne voient point, qui n'entendent point, et qui ne savent rien, et tu n'as pas glorifié le Dieu qui a dans sa main ton souffle et toutes tes voies. C'est pourquoi il a envoyé 24 cette extrémité de main qui a tracé cette écriture. Voici l'écriture qui a 25 été tracée : Compté, compté, pesé, et divisé. Et voici l'explication de ces 26 mots. Compté : Dieu a compté ton règne, et y a mis fin. Pesé : Tu as 27 été pesé dans la balance, et tu as été trouvé léger. Divisé : Ton royaume 28 sera divisé, et donné aux Mèdes et aux Perses.

Aussitôt Belschatsar donna des 29 ordres, et l'on revêtit Daniel de pourpre, on lui mit au cou un collier d'or, et on publia qu'il aurait la troisième place dans le gouvernement du royaume.

Cette même nuit, Belschatsar, roi 30 des Chaldéens, fut tué. Et Darius, 31 le Mède, s'empara du royaume, étant âgé de soixante-deux ans.

Daniel dans la fosse aux lions.

Darius trouva bon d'établir sur le **6** royaume cent vingt satrapes, qui devaient être dans tout le royaume. Il mit à leur tête trois chefs, au 2 nombre desquels était Daniel, afin que ces satrapes leur rendissent compte, et que le roi ne souffrît aucun dommage. Daniel surpassait 3 les chefs et les satrapes, parce qu'il y avait en lui un esprit supérieur ; et le roi pensait à l'établir sur tout le royaume.

Alors les chefs et les satrapes 4 cherchèrent une occasion d'accuser Daniel en ce qui concernait les affaires du royaume. Mais ils ne purent trouver aucune occasion, ni aucune chose à reprendre, parce qu'il était fidèle, et qu'on n'apercevait chez lui ni faute, ni rien de mauvais.

5 Et ces hommes dirent : Nous ne trouverons aucune occasion contre ce Daniel, à moins que nous n'en trouvions une dans la loi de son

6 Dieu. Puis ces chefs et ces satrapes se rendirent tumultueusement auprès du roi, et lui parlèrent ainsi : Roi

7 Darius, vis éternellement ! Tous les chefs du royaume, les intendants, les satrapes, les conseillers, et les gouverneurs sont d'avis qu'il soit publié un édit royal, avec une défense sévère, portant que quiconque, dans l'espace de trente jours, adressera des prières à quelque dieu ou à quelque homme, excepté à toi, ô roi, sera jeté dans la fosse aux lions.

8 Maintenant, ô roi, confirme la défense, et écris le décret, afin qu'il soit irrévocable, selon la loi des Mèdes et des Perses, qui est immuable.

9 Là-dessus le roi Darius écrivit le décret et la défense.

10 Lorsque Daniel sut que le décret était écrit, il se retira dans sa maison, où les fenêtres de la chambre supérieure étaient ouvertes dans la direction de Jérusalem ; et trois fois le jour il se mettait à genoux, il priait, et il louait son Dieu, comme

11 il le faisait auparavant. Alors ces hommes entrèrent tumultueusement, et ils trouvèrent Daniel qui priait et

12 invoquait son Dieu. Puis ils se présentèrent devant le roi, et lui dirent au sujet de la défense royale : N'as-tu pas écrit une défense portant que quiconque dans l'espace de trente jours adresserait des prières à quelque dieu ou à quelque homme, excepté à toi, ô roi, serait jeté dans la fosse aux lions ? Le roi répondit : La chose est certaine, selon la loi des Mèdes et des Perses, qui est im-

13 muable. Ils prirent de nouveau la parole et dirent au roi : Daniel, l'un des captifs de Juda, n'a tenu aucun compte de toi, ô roi, ni de la défense que tu as écrite, et il fait sa prière trois fois le jour.

14 Le roi fut très affligé quand il entendit cela ; il prit à cœur de délivrer Daniel, et jusqu'au coucher du soleil il s'efforça de le sauver.

15 Mais ces hommes insistèrent auprès du roi, et lui dirent : Sache, ô roi, que la loi des Mèdes et des Perses exige que toute défense ou tout décret confirmé par le roi soit irrévocable.

16 Alors le roi donna l'ordre qu'on amenât Daniel, et qu'on le jetât dans la fosse aux lions. Le roi prit la parole et dit à Daniel : Puisse ton Dieu, que tu sers avec persévérance, te délivrer !

17 On apporta une pierre, et on la mit sur l'ouverture de la fosse ; le roi la scella de son anneau et de l'anneau de ses grands, afin que rien ne fût changé à l'égard de Daniel.

18 Le roi se rendit ensuite dans son palais ; il passa la nuit à jeun, il ne fit point venir de concubine auprès de lui, et il ne put se livrer au sommeil.

19 Le roi se leva au point du jour, avec l'aurore, et il alla précipi-

20 tamment à la fosse aux lions. En s'approchant de la fosse, il appela Daniel d'une voix triste. Le roi prit la parole et dit à Daniel : Daniel, serviteur du Dieu vivant, ton Dieu, que tu sers avec persévérance, a-t-il

21 pu te délivrer des lions ? Et Daniel dit au roi : Roi, vis éternellement !

22 Mon Dieu a envoyé son ange et fermé la gueule des lions, qui ne m'ont fait aucun mal, parce que j'ai été trouvé innocent devant lui ; et devant toi non plus, ô roi, je n'ai

23 rien fait de mauvais. Alors le roi fut très joyeux, et il ordonna qu'on fît sortir Daniel de la fosse. Daniel fut retiré de la fosse, et on ne trouva sur lui aucune blessure, parce qu'il avait eu confiance en son Dieu.

24 Le roi ordonna que ces hommes qui avaient accusé Daniel fussent amenés et jetés dans la fosse aux lions, eux, leurs enfants et leurs femmes ; et avant qu'ils fussent parvenus au fond de la fosse, les lions les saisirent et brisèrent tous leurs os.

25 Après cela, le roi Darius écrivit à tous les peuples, à toutes les nations,

aux hommes de toutes langues, qui habitaient sur toute la terre : Que la paix vous soit donnée avec 26 abondance ! J'ordonne que, dans toute l'étendue de mon royaume, on ait de la crainte et de la frayeur pour le Dieu de Daniel. Car il est le Dieu vivant, et il subsiste éternellement ; son royaume ne sera jamais détruit, et sa domination durera 27 jusqu'à la fin. C'est lui qui délivre et qui sauve, qui opère des signes et des prodiges dans les cieux et sur la terre. C'est lui qui a délivré Daniel de la puissance des lions.

28 Daniel prospéra sous le règne de Darius, et sous le règne de Cyrus, le Perse.

Visions de Daniel.

7 La première année de Belschatsar, roi de Babylone, Daniel eut un songe et des visions de son esprit, pendant qu'il était sur sa couche. Ensuite il écrivit le songe, et raconta les principales choses.

2 Daniel commença et dit : Je regardais pendant ma vision nocturne, et voici, les quatre vents des cieux firent irruption sur la grande mer.

3 Et quatre grands animaux sortirent de la mer, différents l'un de l'autre.

4 Le premier était semblable à un lion, et avait des ailes d'aigle ; je regardais, jusqu'au moment où ses ailes furent arrachées ; il fut enlevé de terre et mis debout sur ses pieds comme un homme, et un cœur 5 d'homme lui fut donné. Et voici, un second animal était semblable à un ours, et se tenait sur un côté ; il avait trois côtes dans la gueule entre les dents, et on lui disait : Lève-toi, 6 mange beaucoup de chair. Après cela je regardais, et voici, un autre était semblable à un léopard, et avait sur le dos quatre ailes comme un oiseau ; cet animal avait quatre têtes, et la domination lui fut donnée.

7 Après cela je regardais pendant mes visions nocturnes, et voici, il y avait un quatrième animal, terrible, épouvantable et extraordinairement fort ; il avait de grandes dents de fer, il mangeait, brisait, et il foulait aux pieds ce qui restait ; il était différent de tous les animaux précédents, et il avait dix cornes. Je considérais les 8 cornes, et voici, une autre petite corne sortit du milieu d'elles, et trois des premières cornes furent arrachées devant cette corne ; et voici, elle avait des yeux comme des yeux d'homme, et une bouche qui parlait avec arrogance.

Je regardais, pendant que l'on 9 plaçait des trônes. Et l'ancien des jours s'assit. Son vêtement était blanc comme la neige, et les cheveux de sa tête étaient comme de la laine pure ; son trône était comme des flammes de feu, et les roues comme un feu ardent. Un fleuve de feu 10 coulait et sortait de devant lui. Mille milliers le servaient, et dix mille millions se tenaient en sa présence. Les juges s'assirent, et les livres furent ouverts. Je regardais 11 alors, à cause des paroles arrogantes que prononçait la corne ; et tandis que je regardais, l'animal fut tué, et son corps fut anéanti, livré au feu pour être brûlé. Les autres animaux 12 furent dépouillés de leur puissance, mais une prolongation de vie leur fut accordée jusqu'à un certain temps.

Je regardais pendant mes visions 13 nocturnes, et voici, sur les nuées des cieux arriva quelqu'un de semblable à un fils de l'homme ; il s'avança vers l'ancien des jours, et on le fit approcher de lui. On lui donna la 14 domination, la gloire et le règne ; et tous les peuples, les nations, et les hommes de toutes langues le servirent. Sa domination est une domination éternelle qui ne passera point, et son règne ne sera jamais détruit.

Moi, Daniel, j'eus l'esprit troublé 15 au dedans de moi, et les visions de ma tête m'effrayèrent. Je m'appro- 16 chai de l'un de ceux qui étaient là, et je lui demandai ce qu'il y avait de vrai dans toutes ces choses. Il me le dit, et m'en donna l'explication : Ces quatre grands animaux, ce sont 17 quatre rois qui s'élèveront de la terre ; mais les saints du Très-Haut 18

recevront le royaume, et ils posséderont le royaume éternellement,
d'éternité en éternité.

19 Ensuite je désirai savoir la vérité
sur le quatrième animal, qui était
différent de tous les autres, extrêmement terrible, qui avait des dents
de fer et des ongles d'airain, qui
mangeait, brisait, et foulait aux pieds
20 ce qui restait ; et sur les dix cornes
qu'il avait à la tête, et sur l'autre qui
était sortie et devant laquelle trois
étaient tombées, sur cette corne qui
avait des yeux, une bouche parlant
avec arrogance, et une plus grande
21 apparence que les autres. Je vis
cette corne faire la guerre aux saints,
22 et l'emporter sur eux, jusqu'au
moment où l'ancien des jours vint
donner droit aux saints du Très-
Haut, et le temps arriva où les saints
furent en possession du royaume.

23 Il me parla ainsi : Le quatrième
animal, c'est un quatrième royaume
qui existera sur la terre, différent de
tous les royaumes, et qui dévorera
toute la terre, la foulera et la brisera.
24 Les dix cornes, ce sont dix rois qui
s'élèveront de ce royaume. Un autre
s'élèvera après eux, il sera différent
des premiers, et il abaissera trois rois.
25 Il prononcera des paroles contre le
Très-Haut, il opprimera les saints
du Très-Haut, et il espérera changer
les temps et la loi ; et les saints
seront livrés entre ses mains pendant
un temps, des temps, et la moitié
26 d'un temps. Puis viendra le jugement, et on lui ôtera sa domination,
qui sera détruite et anéantie pour
27 jamais. Le règne, la domination, et
la grandeur de tous les royaumes qui
sont sous les cieux, seront donnés
au peuple des saints du Très-Haut.
Son règne est un règne éternel, et
tous les dominateurs le serviront et
lui obéiront.
28 Ici finirent les paroles. Moi,
Daniel, je fus extrêmement troublé
par mes pensées, je changeai de
couleur, et je conservai ces paroles
dans mon cœur.

8 La troisième année du règne du
roi Belschatsar, moi, Daniel, j'eus
une vision, outre celle que j'avais eue
précédemment. Lorsque j'eus cette 2
vision, il me sembla que j'étais à
Suse, la capitale, dans la province
d'Élam ; et pendant ma vision, je
me trouvais près du fleuve d'Ulaï.

Je levai les yeux, je regardai, et 3
voici, un bélier se tenait devant le
fleuve, et il avait des cornes ; ces
cornes étaient hautes, mais l'une
était plus haute que l'autre, et elle
s'éleva la dernière. Je vis le bélier 4
qui frappait de ses cornes à l'occident, au septentrion et au midi ;
aucun animal ne pouvait lui résister,
et il n'y avait personne pour délivrer
ses victimes ; il faisait ce qu'il voulait, et il devint puissant.

Comme je regardais attentivement, 5
voici, un bouc venait de l'occident, et
parcourait toute la terre à sa surface,
sans la toucher ; ce bouc avait une
grande corne entre les yeux. Il 6
arriva jusqu'au bélier qui avait des
cornes, et que j'avais vu se tenant
devant le fleuve, et il courut sur lui
dans toute sa fureur. Je le vis qui 7
s'approchait du bélier et s'irritait
contre lui ; il frappa le bélier et lui
brisa les deux cornes, sans que le
bélier eût la force de lui résister ; il
le jeta par terre et le foula, et il n'y
eut personne pour délivrer le bélier.
Le bouc devint très puissant ; mais 8
lorsqu'il fut puissant, sa grande
corne se brisa. Quatre grandes
cornes s'élevèrent pour la remplacer,
aux quatre vents des cieux.

De l'une d'elles sortit une petite 9
corne, qui s'agrandit beaucoup vers
le midi, vers l'orient, et vers le plus
beau des pays. Elle s'éleva jusqu'à 10
l'armée des cieux, elle fit tomber à
terre une partie de cette armée et des
étoiles, et elle les foula. Elle s'éleva 11
jusqu'au chef de l'armée, lui enleva
le sacrifice perpétuel, et renversa le
lieu de son sanctuaire. L'armée fut 12
livrée avec le sacrifice perpétuel, à
cause du péché ; la corne jeta la
vérité par terre, et réussit dans ses
entreprises. J'entendis parler un 13
saint ; et un autre saint dit à celui
qui parlait : Pendant combien de
temps s'accomplira la vision sur le

sacrifice perpétuel et sur le péché dévastateur? Jusques à quand le sanctuaire et l'armée seront-ils 14 foulés? Et il me dit: Deux mille trois cents soirs et matins; puis le sanctuaire sera purifié.

15 Tandis que moi, Daniel, j'avais cette vision et que je cherchais à la comprendre, voici, quelqu'un qui avait l'apparence d'un homme se 16 tenait devant moi. Et j'entendis la voix d'un homme au milieu de l'Ulaï; il cria et dit: Gabriel, expli-17 que-lui la vision. Il vint alors près du lieu où j'étais; et à son approche, je fus effrayé, et je tombai sur ma face. Il me dit: Sois attentif, fils de l'homme, car la vision concerne 18 un temps qui sera la fin. Comme il me parlait, je restai frappé d'étourdissement, la face contre terre. Il me toucha, et me fit tenir debout à 19 la place où je me trouvais. Puis il me dit: Je vais t'apprendre ce qui arrivera au terme de la colère, car il y a un temps marqué pour la fin. 20 Le bélier que tu as vu, et qui avait des cornes, ce sont les rois des Mèdes 21 et des Perses. Le bouc, c'est le roi de Javan. La grande corne entre 22 ses yeux, c'est le premier roi. Les quatre cornes qui se sont élevées pour remplacer cette corne brisée, ce sont quatre royaumes qui s'élèveront de cette nation, mais qui n'auront pas 23 autant de force. A la fin de leur domination, lorsque les pécheurs seront consumés, il s'élèvera un roi 24 impudent et artificieux. Sa puissance s'accroîtra, mais non par sa propre force; il fera d'incroyables ravages, il réussira dans ses entreprises, il détruira les puissants et le 25 peuple des saints. A cause de sa prospérité et du succès de ses ruses, il aura de l'arrogance dans le cœur, il fera périr beaucoup d'hommes qui vivaient paisiblement, et il s'élèvera contre le chef des chefs; mais il sera brisé, sans l'effort d'aucune main. 26 Et la vision des soirs et des matins, dont il s'agit, est véritable. Pour toi, tiens secrète cette vision, car elle se rapporte à des temps éloignés. 27 Moi, Daniel, je fus plusieurs jours

languissant et malade; puis je me levai, et je m'occupai des affaires du roi. J'étais étonné de la vision, et personne n'en eut connaissance.

La première année de Darius, fils **9** d'Assuérus, de la race des Mèdes, lequel était devenu roi du royaume des Chaldéens, la première année de 2 son règne, moi, Daniel, je vis par les livres qu'il devait s'écouler soixante et dix ans pour les ruines de Jérusalem, d'après le nombre des années dont l'Éternel avait parlé à Jérémie, le prophète. Je tournai ma face vers 3 le Seigneur Dieu, afin de recourir à la prière et aux supplications, en jeûnant et en prenant le sac et la cendre. Je priai l'Éternel, mon Dieu, 4 et je lui fis cette confession:

Seigneur, Dieu grand et redoutable, toi qui gardes ton alliance et qui fais miséricorde à ceux qui t'aiment et qui observent tes commandements! Nous avons péché, nous 5 avons commis l'iniquité, nous avons été méchants et rebelles, nous nous sommes détournés de tes commandements et de tes ordonnances. Nous 6 n'avons pas écouté tes serviteurs, les prophètes, qui ont parlé en ton nom à nos rois, à nos chefs, à nos pères, et à tout le peuple du pays. A toi, 7 Seigneur, est la justice, et à nous la confusion de face, en ce jour, aux hommes de Juda, aux habitants de Jérusalem, et à tout Israël, à ceux qui sont près et à ceux qui sont loin, dans tous les pays où tu les as chassés à cause des infidélités dont ils se sont rendus coupables envers toi. Seigneur, à nous la confusion 8 de face, à nos rois, à nos chefs, et à nos pères, parce que nous avons péché contre toi. Auprès du Sei- 9 gneur, notre Dieu, la miséricorde et le pardon, car nous avons été rebelles envers lui. Nous n'avons pas écouté 10 la voix de l'Éternel, notre Dieu, pour suivre ses lois qu'il avait mises devant nous par ses serviteurs, les prophètes. Tout Israël a trans- 11 gressé ta loi, et s'est détourné pour ne pas écouter ta voix. Alors se sont répandues sur nous les malédictions et les imprécations qui sont écrites dans la loi de Moïse, serviteur de Dieu, parce que nous avons péché contre Dieu.

12 Il a accompli les paroles qu'il avait prononcées contre nous et contre nos chefs qui nous ont gouvernés, il a fait venir sur nous une grande calamité, et il n'en est jamais arrivé sous le ciel entier une semblable à celle qui est arrivée à Jérusalem.

13 Comme cela est écrit dans la loi de Moïse, toute cette calamité est venue sur nous ; et nous n'avons pas imploré l'Éternel, notre Dieu, nous ne nous sommes pas détournés de nos iniquités, nous n'avons pas été at-

14 tentifs à ta vérité. L'Éternel a veillé sur cette calamité, et l'a fait venir sur nous ; car l'Éternel, notre Dieu, est juste dans toutes les choses qu'il a faites, mais nous n'avons pas écouté

15 sa voix. Et maintenant, Seigneur, notre Dieu, toi qui as fait sortir ton peuple du pays d'Égypte par ta main puissante, et qui t'es fait un nom comme il l'est aujourd'hui, nous avons péché, nous avons commis

16 l'iniquité. Seigneur, selon ta grande miséricorde, que ta colère et ta fureur se détournent de ta ville de Jérusalem, de ta montagne sainte ; car, à cause de nos péchés et des iniquités de nos pères, Jérusalem et ton peuple sont en opprobre à tous ceux qui nous

17 entourent. Maintenant donc, ô notre Dieu, écoute la prière et les supplications de ton serviteur, et, pour l'amour du Seigneur, fais briller ta face sur ton sanctuaire dévasté !

18 Mon Dieu, prête l'oreille et écoute ! ouvre les yeux et regarde nos ruines, regarde la ville sur laquelle ton nom est invoqué ! Car ce n'est pas à cause de notre justice que nous te présentons nos supplications, c'est à cause de tes grandes compassions.

19 Seigneur, écoute ! Seigneur, pardonne ! Seigneur, sois attentif ! agis et ne tarde pas, par amour pour toi, ô mon Dieu ! Car ton nom est invoqué sur ta ville et sur ton peuple.

20 Je parlais encore, je priais, je confessais mon péché et le péché de mon peuple d'Israël, et je présentais mes supplications à l'Éternel, mon Dieu, en faveur de la sainte montagne de mon Dieu ; je parlais encore dans

21 ma prière, quand l'homme, Gabriel, que j'avais vu précédemment dans une vision, s'approcha de moi d'un vol rapide, au moment de l'offrande

22 du soir. Il m'instruisit, et s'entretint avec moi. Il me dit : Daniel, je suis venu maintenant pour ouvrir ton

23 intelligence. Lorsque tu as commencé à prier, la parole est sortie, et je viens pour te l'annoncer ; car tu es un bien-aimé. Sois attentif à la parole, et comprends la vision !

24 Soixante et dix semaines ont été fixées sur ton peuple et sur ta ville sainte, pour faire cesser les transgressions et mettre fin aux péchés, pour expier l'iniquité et amener la justice éternelle, pour sceller la vision et le prophète, et pour oindre le Saint des

25 saints. Sache-le donc, et comprends ! Depuis le moment où la parole a annoncé que Jérusalem sera rebâtie jusqu'à l'Oint, au Conducteur, il y a sept semaines ; dans soixante-deux semaines, les places et les fossés seront rétablis, mais en des temps

26 fâcheux. Après les soixante-deux semaines, un oint sera retranché, et il n'aura pas de successeur. Le peuple d'un chef qui viendra détruira la ville et le sanctuaire, et sa fin arrivera comme par une inondation ; il est arrêté que les dévastations dureront jusqu'au terme de la guerre.

27 Il fera une solide alliance avec plusieurs pendant une semaine, et durant la moitié de la semaine il fera cesser le sacrifice et l'offrande ; le dévastateur commettra les choses les plus abominables, jusqu'à ce que la ruine et ce qui a été résolu fondent sur le dévastateur.

10 La troisième année de Cyrus, roi de Perse, une parole fut révélée à Daniel, qu'on nommait Beltschatsar. Cette parole, qui est véritable, annonce une grande calamité. Il fut attentif à cette parole, et il eut l'intelligence de la vision.

2 En ce temps-là, moi, Daniel, je fus trois semaines dans le deuil. Je ne

mangeai aucun mets délicat, il n'entra ni viande ni vin dans ma bouche, et je ne m'oignis point jusqu'à ce que les trois semaines fussent accomplies.

4 Le vingt-quatrième jour du premier mois, j'étais au bord du grand 5 fleuve qui est Hiddékel. Je levai les yeux, je regardai, et voici, il y avait un homme vêtu de lin, et ayant sur les reins une ceinture d'or d'Uphaz. 6 Son corps était comme de chrysolithe, son visage brillait comme l'éclair, ses yeux étaient comme des flammes de feu, ses bras et ses pieds ressemblaient à de l'airain poli, et le son de sa voix était comme le bruit d'une 7 multitude. Moi, Daniel, je vis seul la vision, et les hommes qui étaient avec moi ne la virent point, mais ils furent saisis d'une grande frayeur, et 8 ils prirent la fuite pour se cacher. Je restai seul, et je vis cette grande vision; les forces me manquèrent, mon visage changea de couleur et fut décomposé, et je perdis toute 9 vigueur. J'entendis le son de ses paroles; et comme j'entendais le son de ses paroles, je tombai frappé d'étourdissement, la face contre terre. 10 Et voici, une main me toucha, et secoua mes genoux et mes mains. 11 Puis il me dit: Daniel, homme bien-aimé, sois attentif aux paroles que je vais te dire, et tiens-toi debout à la place où tu es; car je suis maintenant envoyé vers toi. Lorsqu'il m'eut ainsi parlé, je me tins debout en tremblant.

12 Il me dit: Daniel, ne crains rien; car dès le premier jour où tu as eu à cœur de comprendre, et de t'humilier devant ton Dieu, tes paroles ont été entendues, et c'est à cause de tes 13 paroles que je viens. Le chef du royaume de Perse m'a résisté vingt et un jours; mais voici, Micaël, l'un des principaux chefs, est venu à mon secours, et je suis demeuré là auprès 14 des rois de Perse. Je viens maintenant pour te faire connaître ce qui doit arriver à ton peuple dans la suite des temps; car la vision concerne encore ces temps-là.

15 Tandis qu'il m'adressait ces paroles,

je dirigeai mes regards vers la terre, et je gardai le silence. Et voici, 16 quelqu'un qui avait l'apparence des fils de l'homme toucha mes lèvres. J'ouvris la bouche, je parlai, et je dis à celui qui se tenait devant moi: Mon seigneur, la vision m'a rempli d'effroi, et j'ai perdu toute vigueur. Comment le serviteur de mon sei- 17 gneur pourrait-il parler à mon seigneur? Maintenant les forces me manquent, et je n'ai plus de souffle. Alors celui qui avait l'apparence d'un 18 homme me toucha de nouveau, et me fortifia. Puis il me dit: Ne crains 19 rien, homme bien-aimé, que la paix soit avec toi! courage, courage! Et comme il me parlait, je repris des forces, et je dis: Que mon seigneur parle, car tu m'as fortifié.

Il me dit: Sais-tu pourquoi je suis 20 venu vers toi? Maintenant je m'en retourne pour combattre le chef de la Perse; et quand je partirai, voici, le chef de Javan viendra. Mais je 21 veux te faire connaître ce qui est écrit dans le livre de la vérité. Personne ne m'aide contre ceux-là, excepté Micaël, votre chef.

Et moi, la première année de **11** Darius, le Mède, j'étais auprès de lui pour l'aider et le soutenir. Main- 2 tenant, je vais te faire connaître la vérité.

Voici, il y aura encore trois rois en Perse. Le quatrième amassera plus de richesses que tous les autres; et quand il sera puissant par ses richesses, il soulèvera tout contre le royaume de Javan. Mais il s'élèvera 3 un vaillant roi, qui dominera avec une grande puissance, et fera ce qu'il voudra. Et lorsqu'il se sera élevé, 4 son royaume se brisera et sera divisé vers les quatre vents des cieux; il n'appartiendra pas à ses descendants, et il ne sera pas aussi puissant qu'il était, car il sera déchiré, et il passera à d'autres qu'à eux.

Le roi du midi deviendra fort. 5 Mais un de ses chefs sera plus fort que lui, et dominera; sa domination sera puissante.

Au bout de quelques années ils 6 s'allieront, et la fille du roi du midi viendra vers le roi du septentrion pour rétablir la concorde. Mais elle ne conservera pas la force de son bras, et il ne résistera pas, ni lui, ni son bras ; elle sera livrée avec ceux qui l'auront amenée, avec son père et avec celui qui aura été son soutien dans ce temps-là.

7 Un rejeton de ses racines s'élèvera à sa place ; il viendra à l'armée, il entrera dans les forteresses du roi du septentrion, il en disposera à son gré, 8 et il se rendra puissant. Il enlèvera même et transportera en Égypte leurs dieux et leurs images de fonte, et leurs objets précieux d'argent et d'or. Puis il restera quelques années 9 éloigné du roi du septentrion. Et celui-ci marchera contre le royaume du roi du midi, et reviendra dans son pays.

10 Ses fils se mettront en campagne et rassembleront une multitude nombreuse de troupes ; l'un d'eux s'avancera, se répandra comme un torrent, débordera, puis reviendra ; et ils pousseront les hostilités jusqu'à la 11 forteresse du roi du midi. Le roi du midi s'irritera, il sortira et attaquera le roi du septentrion ; il soulèvera une grande multitude, et les troupes du roi du septentrion seront livrées 12 entre ses mains. Cette multitude sera fière, et le cœur du roi s'enflera ; il fera tomber des milliers, mais il ne 13 triomphera pas. Car le roi du septentrion reviendra et rassemblera une multitude plus nombreuse que la première ; au bout de quelque temps, de quelques années, il se mettra en marche avec une grande armée et de 14 grandes richesses. En ce temps-là, plusieurs s'élèveront contre le roi du midi, et des hommes violents parmi ton peuple se révolteront pour accomplir la vision, et ils succomberont. 15 Le roi du septentrion s'avancera, il élèvera des terrasses, et s'emparera des villes fortes. Les troupes du midi et l'élite du roi ne résisteront pas, elles manqueront de force pour 16 résister. Celui qui marchera contre lui fera ce qu'il voudra, et personne ne lui résistera ; il s'arrêtera dans le plus beau des pays, exterminant ce qui tombera sous sa main. Il se 17 proposera d'arriver avec toutes les forces de son royaume, et de conclure la paix avec le roi du midi ; il lui donnera sa fille pour femme, dans l'intention d'amener sa ruine ; mais cela n'aura pas lieu, et ne lui réussira pas. Il tournera ses vues du côté 18 des îles, et il en prendra plusieurs ; mais un chef mettra fin à l'opprobre qu'il voulait lui attirer, et le fera retomber sur lui. Il se dirigera 19 ensuite vers les forteresses de son pays ; et il chancellera, il tombera, et on ne le trouvera plus.

Celui qui le remplacera fera venir 20 un exacteur dans la plus belle partie du royaume ; mais en quelques jours il sera brisé, et ce ne sera ni par la colère ni par la guerre.

Un homme méprisé prendra sa 21 place, sans être revêtu de la dignité royale ; il paraîtra au milieu de la paix, et s'emparera du royaume par l'intrigue. Les troupes qui se ré- 22 pandront comme un torrent seront submergées devant lui, et anéanties, de même qu'un chef de l'alliance. Après qu'on se sera joint à lui, il 23 usera de tromperie ; il se mettra en marche, et il aura le dessus avec peu de monde. Il entrera, au sein de la 24 paix, dans les lieux les plus fertiles de la province ; il fera ce que n'avaient pas fait ses pères, ni les pères de ses pères ; il distribuera le butin, les dépouilles et les richesses ; il formera des projets contre les forteresses, et cela pendant un certain temps. À la tête d'une grande 25 armée il emploiera sa force et son ardeur contre le roi du midi. Et le roi du midi s'engagera dans la guerre avec une armée nombreuse et très puissante ; mais il ne résistera pas, car on méditera contre lui de mauvais desseins. Ceux qui mangeront des 26 mets de sa table causeront sa perte ; ses troupes se répandront comme un torrent, et les morts tomberont en grand nombre. Les deux rois 27 chercheront en leur cœur à faire le mal, et à la même table ils parleront avec fausseté. Mais cela ne réussira pas, car la fin n'arrivera qu'au temps marqué.

28 Il retournera dans son pays avec de grandes richesses ; il sera dans son cœur hostile à l'alliance sainte, il agira contre elle, puis retournera dans son pays.

29 A une époque fixée, il marchera de nouveau contre le midi ; mais cette dernière fois les choses ne se passeront pas comme précédemment.

30 Des navires de Kittim s'avanceront contre lui ; découragé, il rebroussera. Puis, furieux contre l'alliance sainte, il ne restera pas inactif ; à son retour, il portera ses regards sur ceux qui auront abandonné l'alliance sainte.

31 Des troupes se présenteront sur son ordre ; elles profaneront le sanctuaire, la forteresse, elles feront cesser le sacrifice perpétuel, et dresseront l'a-

32 bomination du dévastateur. Il sé-duira par des flatteries les traîtres de l'alliance. Mais ceux du peuple qui connaîtront leur Dieu agiront

33 avec fermeté, et les plus sages parmi eux donneront instruction à la multitude. Il en est qui succomberont pour un temps à l'épée et à la flamme,

34 à la captivité et au pillage. Dans le temps où ils succomberont, ils seront un peu secourus, et plusieurs se joindront à eux par hypocrisie.

35 Quelques-uns des hommes sages succomberont, afin qu'ils soient épurés, purifiés et blanchis, jusqu'au temps de la fin, car elle n'arrivera qu'au temps marqué.

36 Le roi fera ce qu'il voudra ; il s'élèvera, il se glorifiera au-dessus de tous les dieux, et il dira des choses incroyables contre le Dieu des dieux ; il prospérera jusqu'à ce que la colère soit consommée, car ce qui est arrêté

37 s'accomplira. Il n'aura égard ni aux dieux de ses pères, ni à la divinité qui fait les délices des femmes ; il n'aura égard à aucun dieu, car il se

38 glorifiera au-dessus de tous. Toutefois il honorera le dieu des forteresses sur son piédestal ; à ce dieu, que ne connaissaient pas ses pères, il rendra des hommages avec de l'or et de l'argent, avec des pierres et des objets

39 de prix. C'est avec le dieu étranger qu'il agira contre les lieux fortifiés ; et il comblera d'honneurs ceux qui le reconnaîtront, il les fera dominer sur plusieurs, il leur distribuera des terres pour récompense.

40 Au temps de la fin, le roi du midi se heurtera contre lui. Et le roi du septentrion fondra sur lui comme une tempête, avec des chars et des cavaliers, et avec de nombreux navires ; il s'avancera dans les terres, se répandra comme un torrent et

41 débordera. Il entrera dans le plus beau des pays, et plusieurs succomberont ; mais Édom, Moab, et les principaux des enfants d'Ammon seront délivrés de sa main. Il

42 étendra sa main sur divers pays, et le pays d'Égypte n'échappera point.

43 Il se rendra maître des trésors d'or et d'argent, et de toutes les choses précieuses de l'Égypte ; les Libyens et les Éthiopiens seront à sa suite.

44 Des nouvelles de l'orient et du septentrion viendront l'effrayer, et il partira avec une grande fureur pour détruire et exterminer des mul-

45 titudes. Il dressera les tentes de son palais entre les mers, vers la glorieuse et sainte montagne. Puis il arrivera à la fin, sans que personne lui soit en aide.

12 En ce temps-là se lèvera Micaël, le grand chef, le défenseur des enfants de ton peuple ; et ce sera une époque de détresse, telle qu'il n'y en a point eu depuis que les nations existent jusqu'à cette époque. En ce temps-là, ceux de ton peuple qui seront trouvés inscrits dans le

2 livre seront sauvés. Plusieurs de ceux qui dorment dans la poussière de la terre se réveilleront, les uns pour la vie éternelle, et les autres pour l'opprobre, pour la honte éter-

3 nelle. Ceux qui auront été intelligents brilleront comme la splendeur du ciel, et ceux qui auront enseigné la justice à la multitude brilleront comme les étoiles, à toujours et à perpétuité.

4 Toi, Daniel, tiens secrètes ces paroles, et scelle le livre jusqu'au temps de la fin. Plusieurs alors le

liront, et la connaissance augmentera.

5 Et moi, Daniel, je regardai, et voici, deux autres hommes se tenaient debout, l'un en deçà du bord du fleuve, et l'autre au delà du bord du 6 fleuve. L'un d'eux dit à l'homme vêtu de lin, qui se tenait au-dessus des eaux du fleuve : Quand sera la 7 fin de ces prodiges ? Et j'entendis l'homme vêtu de lin, qui se tenait au-dessus des eaux du fleuve ; il leva vers les cieux sa main droite et sa main gauche, et il jura par celui qui vit éternellement que ce sera dans un temps, des temps, et la moitié d'un temps, et que toutes ces choses finiront quand la force du peuple 8 saint sera entièrement brisée. J'en-

tendis, mais je ne compris pas ; et je dis : Mon seigneur, quelle sera l'issue de ces choses ? Il répondit : Va, 9 Daniel, car ces paroles seront tenues secrètes et scellées jusqu'au temps de la fin. Plusieurs seront purifiés, 10 blanchis et épurés ; les méchants feront le mal, et aucun des méchants ne comprendra, mais ceux qui auront de l'intelligence comprendront. De- 11 puis le temps où cessera le sacrifice perpétuel, et où sera dressée l'abomination du dévastateur, il y aura mille deux cent quatre-vingt-dix jours. Heureux celui qui attendra, 12 et qui arrivera jusqu'à mille trois cent trente-cinq jours ! Et toi, marche 13 vers ta fin ; tu te reposeras, et tu seras debout pour ton héritage à la fin des jours.

OSÉE

Idolâtrie et corruption d'Israël: châtiment et retour en grâce.

I La parole de l'Éternel qui fut adressée à Osée, fils de Beéri, au temps d'Ozias, de Jotham, d'Achaz, d'Ézéchias, rois de Juda, et au temps de Jéroboam, fils de Joas, roi d'Israël.

2 La première fois que l'Éternel adressa la parole à Osée, l'Éternel dit à Osée : Va, prends une femme prostituée et des enfants de prostitution ; car le pays se prostitue, il abandonne l'Éternel !

3 Il alla, et il prit Gomer, fille de Diblaïm. Elle conçut, et lui enfanta 4 un fils. Et l'Éternel lui dit : Appelle-le du nom de Jizreel ; car encore un peu de temps, et je châtierai la maison de Jéhu pour le sang versé à Jizreel, je mettrai fin au royaume de 5 la maison d'Israël. En ce jour-là, je briserai l'arc d'Israël dans la vallée de Jizreel.

6 Elle conçut de nouveau, et enfanta une fille. Et l'Éternel dit à Osée : Donne-lui le nom de Lo-Ruchama ; car je n'aurai plus pitié de la maison d'Israël, je ne lui pardonnerai plus.

Mais j'aurai pitié de la maison de 7 Juda ; je les sauverai par l'Éternel, leur Dieu, et je ne les sauverai ni par l'arc, ni par l'épée, ni par les combats, ni par les chevaux, ni par les cavaliers.

Elle sevra Lo-Ruchama ; puis elle 8 conçut, et enfanta un fils. Et l'É- 9 ternel dit : Donne-lui le nom de Lo-Ammi ; car vous n'êtes pas mon peuple, et je ne suis pas votre Dieu.

Cependant le nombre des enfants **2** d'Israël sera comme le sable de la mer, qui ne peut ni se mesurer ni se compter ; et au lieu qu'on leur disait : Vous n'êtes pas mon peuple ! on leur dira : Fils du Dieu vivant ! Les 2 enfants de Juda et les enfants d'Israël se rassembleront, se donneront un chef, et sortiront du pays ; car grande sera la journée de Jizreel. Dites à vos frères : Ammi ! et à vos 3 sœurs : Ruchama !

Plaidez, plaidez contre votre mère, 4 car elle n'est point ma femme, et je ne suis point son mari ! Qu'elle ôte de sa face ses prostitutions, et de son sein ses adultères ! Sinon, je la 5 dépouille à nu, je la mets comme au jour de sa naissance, je la rends semblable à un désert, à une terre 6 aride, et je la fais mourir de soif; et je n'aurai pas pitié de ses enfants, car ce sont des enfants de prostitu- 7 tion. Leur mère s'est prostituée, celle qui les a conçus s'est déshonorée, car elle a dit: J'irai après mes amants, qui me donnent mon pain et mon eau, ma laine et mon lin, mon huile 8 et ma boisson. C'est pourquoi voici, je vais fermer son chemin avec des épines et y élever un mur, afin qu'elle 9 ne trouve plus ses sentiers. Elle poursuivra ses amants, et ne les atteindra pas; elle les cherchera, et ne les trouvera pas. Puis elle dira: J'irai, et je retournerai vers mon premier mari, car alors j'étais plus heureuse que maintenant.

10 Elle n'a pas reconnu que c'était moi qui lui donnais le blé, le moût et l'huile; et l'on a consacré au service de Baal l'argent et l'or que 11 je lui prodiguais. C'est pourquoi je reprendrai mon blé en son temps et mon moût dans sa saison, et j'en- lèverai ma laine et mon lin qui 12 devaient couvrir sa nudité. Et maintenant je découvrirai sa honte aux yeux de ses amants, et nul ne 13 la délivrera de ma main. Je ferai cesser toute sa joie, ses fêtes, ses nouvelles lunes, ses sabbats et toutes 14 ses solennités. Je ravagerai ses vignes et ses figuiers, dont elle disait: C'est le salaire que m'ont donné mes amants! Je les réduirai en une forêt, et les bêtes des champs les dévore- 15 ront. Je la châtierai pour les jours où elle encensait les Baals, où elle se parait de ses anneaux et de ses colliers, allait après ses amants, et m'oubliait, dit l'Éternel.

16 C'est pourquoi voici, je veux l'attirer et la conduire au désert, et 17 je parlerai à son cœur. Là, je lui donnerai ses vignes et la vallée d'Acor, comme une porte d'espérance, et là, elle chantera comme au temps de sa jeunesse, et comme au jour où 18 elle remonta du pays d'Égypte. En ce jour-là, dit l'Éternel, tu m'appel- leras: Mon mari! et tu ne m'appel- leras plus: Mon maître! J'ôterai de 19 sa bouche les noms des Baals, afin qu'on ne les mentionne plus par leurs noms. En ce jour-là, je traiterai 20 pour eux une alliance avec les bêtes des champs, les oiseaux du ciel et les reptiles de la terre, je briserai dans le pays l'arc, l'épée et la guerre, et je les ferai reposer avec sécurité. Je serai ton fiancé pour toujours; je 21 serai ton fiancé par la justice, la droiture, la grâce et la miséricorde; je serai ton fiancé par la fidélité, et 22 tu reconnaîtras l'Éternel. En ce 23 jour-là, j'exaucerai, dit l'Éternel, j'exaucerai les cieux, et ils exauceront la terre; la terre exaucera le blé, le 24 moût et l'huile, et ils exauceront Jizreel. Je planterai pour moi Lo- 25 Ruchama dans le pays, et je lui ferai miséricorde; je dirai à Lo-Ammi: Tu es mon peuple! et il répondra: Mon Dieu!

L'Éternel me dit: Va encore, et 3 aime une femme aimée d'un amant, et adultère; aime-la comme l'Éternel aime les enfants d'Israël, qui se tournent vers d'autres dieux et qui aiment les gâteaux de raisins.

Je l'achetai pour quinze sicles 2 d'argent, un homer d'orge et un léthec d'orge. Et je lui dis: Reste 3 longtemps pour moi, ne te livre pas à la prostitution, ne sois à aucun homme, et je serai de même envers toi. Car les enfants d'Israël resteront 4 longtemps sans roi, sans chef, sans sacrifice, sans statue, sans éphod, et sans théraphim. Après cela, les 5 enfants d'Israël reviendront; ils chercheront l'Éternel, leur Dieu, et David, leur roi; et ils tressailliront à la vue de l'Éternel et de sa bonté, dans la suite des temps.

Les crimes d'Israël et de Juda; censures et menaces; exhortations à la repentance, et promesses de l'Éternel.

Écoutez la parole de l'Éternel, en- 4 fants d'Israël!
Car l'Éternel a un procès avec les habitants du pays,
Parce qu'il n'y a point de vérité, point de miséricorde,

Point de connaissance de Dieu dans
le pays.

2 Il n'y a que parjures et mensonges,
Assassinats, vols et adultères ;
On use de violence, on commet
meurtre sur meurtre.

3 C'est pourquoi le pays sera dans le
deuil,
Tous ceux qui l'habitent seront
languissants,
Et avec eux les bêtes des champs
et les oiseaux du ciel ;
Même les poissons de la mer disparaîtront.

4 Mais que nul ne conteste, que nul
ne se livre aux reproches ;
Car ton peuple est comme ceux qui
disputent avec les sacrificateurs.

5 Tu tomberas de jour,
Le prophète avec toi tombera de
nuit,
Et je détruirai ta mère.

6 Mon peuple est détruit, parce qu'il
lui manque la connaissance.
Puisque tu as rejeté la connaissance,
Je te rejetterai, et tu seras dépouillé
de mon sacerdoce ;
Puisque tu as oublié la loi de ton
Dieu,
J'oublierai aussi tes enfants.

7 Plus ils se sont multipliés, plus ils
ont péché contre moi :
Je changerai leur gloire en ignominie.

8 Ils se repaissent des péchés de mon
peuple,
Ils sont avides de ses iniquités.

9 Il en sera du sacrificateur comme du
peuple ;
Je le châtierai selon ses voies,
Je lui rendrai selon ses œuvres.

10 Ils mangeront sans se rassasier,
Ils se prostitueront sans multiplier,
Parce qu'ils ont abandonné l'Éternel
et ses commandements.

11 La prostitution, le vin et le moût,
font perdre le sens.

12 Mon peuple consulte son bois,
Et c'est son bâton qui lui parle ;
Car l'esprit de prostitution égare,
Et ils se prostituent loin de leur
Dieu.

13 Ils sacrifient sur le sommet des
montagnes,

Ils brûlent de l'encens sur les collines,
Sous les chênes, les peupliers, les
térébinthes,
Dont l'ombrage est agréable.
C'est pourquoi vos filles se prosti-
tuent,
Et vos belles-filles sont adultères.

14 Je ne punirai pas vos filles parce
qu'elles se prostituent,
Ni vos belles-filles parce qu'elles
sont adultères,
Car eux-mêmes vont à l'écart avec
des prostituées,
Et sacrifient avec des femmes débau-
chées.
Le peuple insensé court à sa perte.

15 Si tu te livres à la prostitution, ô
Israël,
Que Juda ne se rende pas coupable ;
N'allez pas à Guilgal, ne montez pas
à Beth-Aven,
Et ne jurez pas : L'Éternel est
vivant !

16 Parce qu'Israël se révolte comme
une génisse indomptable,
Maintenant l'Éternel le fera paître
Comme un agneau dans de vastes
plaines.

17 Éphraïm est attaché aux idoles :
laisse-le !

18 A peine ont-ils cessé de boire
Qu'ils se livrent à la prostitution ;
Leurs chefs sont avides d'ignominie.

19 Le vent les enveloppera de ses ailes,
Et ils auront honte de leurs sacrifices.

5

Écoutez ceci, sacrificateurs !
Sois attentive, maison d'Israël !
Prête l'oreille, maison du roi !
Car c'est à vous que le jugement
s'adresse,
Parce que vous avez été un piège à
Mitspa,
Et un filet tendu sur le Thabor.

2 Par leurs sacrifices, les infidèles
s'enfoncent dans le crime,
Mais j'aurai des châtiments pour eux
tous.

3 Je connais Éphraïm,
Et Israël ne m'est point caché ;
Car maintenant, Éphraïm, tu t'es
prostitué,
Et Israël s'est souillé.

4 Leurs œuvres ne leur permettent pas de revenir à leur Dieu,
Parce que l'esprit de prostitution est au milieu d'eux,
Et parce qu'ils ne connaissent pas l'Éternel.

5 L'orgueil d'Israël témoigne contre lui ;
Israël et Éphraïm tomberont par leur iniquité ;
Avec eux aussi tombera Juda.

6 Ils iront avec leurs brebis et leurs bœufs chercher l'Éternel,
Mais ils ne le trouveront point :
Il s'est retiré du milieu d'eux.

7 Ils ont été infidèles à l'Éternel,
Car ils ont engendré des enfants illégitimes ;
Maintenant un mois suffira pour les dévorer avec leurs biens.

8 Sonnez de la trompette à Guibea,
Sonnez de la trompette à Rama !
Poussez des cris à Beth-Aven !
Derrière toi, Benjamin !

9 Éphraïm sera dévasté au jour du châtiment ;
J'annonce aux tribus d'Israël une chose certaine.

10 Les chefs de Juda sont comme ceux qui déplacent les bornes ;
Je répandrai sur eux ma colère comme un torrent.

11 Éphraïm est opprimé, brisé par le jugement,
Car il a suivi les préceptes qui lui plaisaient.

12 Je serai comme une teigne pour Éphraïm,
Comme une carie pour la maison de Juda.

13 Éphraïm voit son mal, et Juda ses plaies ;
Éphraïm se rend en Assyrie, et s'adresse au roi Jareb ;
Mais ce roi ne pourra ni vous guérir,
Ni porter remède à vos plaies.

14 Je serai comme un lion pour Éphraïm,
Comme un lionceau pour la maison de Juda ;
Moi, moi, je déchirerai, puis je m'en irai,

J'emporterai, et nul n'enlèvera ma proie.

15 Je m'en irai, je reviendrai dans ma demeure,
Jusqu'à ce qu'ils s'avouent coupables et cherchent ma face.
Quand ils seront dans la détresse, ils auront recours à moi.—

6

Venez, retournons à l'Éternel !
Car il a déchiré, mais il nous guérira ;
Il a frappé, mais il bandera nos plaies.

2 Il nous rendra la vie dans deux jours ;
Le troisième jour il nous relèvera,
Et nous vivrons devant lui.

3 Connaissons, cherchons à connaître l'Éternel ;
Sa venue est aussi certaine que celle de l'aurore.
Il viendra pour nous comme la pluie,
Comme la pluie du printemps qui arrose la terre.—

4 Que te ferai-je, Éphraïm ?
Que te ferai-je, Juda ?
Votre piété est comme la nuée du matin,
Comme la rosée qui bientôt se dissipe.

5 C'est pourquoi je les frapperai par les prophètes,
Je les tuerai par les paroles de ma bouche,
Et mes jugements éclateront comme la lumière.

6 Car j'aime la piété et non les sacrifices,
Et la connaissance de Dieu plus que les holocaustes.

7 Ils ont, comme le vulgaire, transgressé l'alliance ;
C'est alors qu'ils m'ont été infidèles.

8 Galaad est une ville de malfaiteurs,
Elle porte des traces de sang.

9 La troupe des sacrificateurs est comme une bande en embuscade,
Commettant des assassinats sur le chemin de Sichem ;
Car ils se livrent au crime.

10 Dans la maison d'Israël j'ai vu des choses horribles :

Là Éphraïm se prostitue, Israël se souille.

11 A toi aussi, Juda, une moisson est préparée,
Quand je ramènerai les captifs de mon peuple.

7 Lorsque je voulais guérir Israël,
L'iniquité d'Éphraïm et la méchanceté de Samarie se sont révélées,
Car ils ont agi frauduleusement ;
Le voleur est arrivé, la bande s'est répandue au dehors.

2 Ils ne se disent pas dans leur cœur
Que je me souviens de toute leur méchanceté ;
Maintenant leurs œuvres les entourent,
Elles sont devant ma face.

3 Ils réjouissent le roi par leur méchanceté,
Et les chefs par leurs mensonges.

4 Ils sont tous adultères,
Semblables à un four chauffé par le boulanger :
Il cesse d'attiser le feu
Depuis qu'il a pétri la pâte jusqu'à ce qu'elle soit levée.

5 Au jour de notre roi,
Les chefs se rendent malades par les excès du vin ;
Le roi tend la main aux moqueurs.

6 Ils appliquent aux embûches leur cœur pareil à un four ;
Toute la nuit dort leur boulanger,
Et au matin le four brûle comme un feu embrasé.

7 Ils sont tous ardents comme un four,
Et ils dévorent leurs juges ;
Tous leurs rois tombent :
Aucun d'eux ne m'invoque.

8 Éphraïm se mêle avec les peuples,
Éphraïm est un gâteau qui n'a pas été retourné.

9 Des étrangers consument sa force,
Et il ne s'en doute pas ;
La vieillesse s'empare de lui,
Et il ne s'en doute pas.

10 L'orgueil d'Israël témoigne contre lui ;
Ils ne reviennent pas à l'Éternel, leur Dieu,
Et ils ne le cherchent pas, malgré tout cela.

Éphraïm est comme une colombe 11 stupide, sans intelligence ;
Ils implorent l'Égypte, ils vont en Assyrie.

S'ils partent, j'étendrai sur eux mon 12 filet,
Je les précipiterai comme les oiseaux du ciel ;
Je les châtierai, comme ils en ont été avertis dans leur assemblée.

Malheur à eux, parce qu'ils me 13 fuient !
Ruine sur eux, parce qu'ils me sont infidèles !
Je voudrais les sauver,
Mais ils disent contre moi des paroles mensongères.

Ils ne crient pas vers moi dans leur 14 cœur,
Mais ils se lamentent sur leur couche ;
Ils se rassemblent pour avoir du blé et du moût,
Et ils s'éloignent de moi.

Je les ai châtiés, j'ai fortifié leurs 15 bras ;
Et ils méditent le mal contre moi.

Ce n'est pas au Très-Haut qu'ils 16 retournent ;
Ils sont comme un arc trompeur.
Leurs chefs tomberont par l'épée,
A cause de l'insolence de leur langue.
C'est ce qui les rendra un objet de risée dans le pays d'Égypte.

Embouche la trompette ! **8**
L'ennemi fond comme un aigle sur la maison de l'Éternel,
Parce qu'ils ont violé mon alliance,
Et transgressé ma loi.
Ils crieront vers moi : 2
Mon Dieu, nous te connaissons, nous, Israël !—

Israël a rejeté le bien ; 3
L'ennemi le poursuivra.
Ils ont établi des rois sans mon 4 ordre,
Et des chefs à mon insu ;
Ils ont fait des idoles avec leur argent et leur or ;
C'est pourquoi ils seront anéantis.

L'Éternel a rejeté ton veau, Samarie ! 5
Ma colère s'est enflammée contre eux.

Jusques à quand refuseront-ils de se purifier ?

6 Il vient d'Israël, un ouvrier l'a fabriqué,

Et ce n'est pas un Dieu ;

C'est pourquoi le veau de Samarie sera mis en pièces.

7 Puisqu'ils ont semé du vent, ils moissonneront la tempête ;

Ils n'auront pas un épi de blé ;

Ce qui poussera ne donnera point de farine,

Et s'il y en avait, des étrangers la dévoreraient.

8 Israël est anéanti !

Ils sont maintenant parmi les nations

Comme un vase qui n'a pas de prix.

9 Car ils sont allés en Assyrie,

Comme un âne sauvage qui se tient à l'écart ;

Éphraïm a fait des présents pour avoir des amis.

10 Quand même ils font des présents parmi les nations,

Je vais maintenant les rassembler,

Et bientôt ils souffriront sous le fardeau du roi des princes.

11 Éphraïm a multiplié les autels pour pécher,

Et ces autels l'ont fait tomber dans le péché.

12 Que j'écrive pour lui toutes les ordonnances de ma loi,

Elles sont regardées comme quelque chose d'étranger.

13 Ils immolent des victimes qu'ils m'offrent,

Et ils en mangent la chair :

L'Éternel n'y prend point de plaisir.

Maintenant l'Éternel se souvient de leur iniquité,

Et il punira leurs péchés :

Ils retourneront en Égypte.

14 Israël a oublié celui qui l'a fait,

Et a bâti des palais,

Et Juda a multiplié les villes fortes ;

Mais j'enverrai le feu dans leurs villes,

Et il en dévorera les palais.

9 Israël, ne te livre pas à la joie, à l'allégresse, comme les peuples,

De ce que tu t'es prostitué en abandonnant l'Éternel,

De ce que tu as aimé un salaire impur dans toutes les aires à blé !

2 L'aire et le pressoir ne les nourriront pas,

Et le moût leur fera défaut.

3 Ils ne resteront pas dans le pays de l'Éternel ;

Éphraïm retournera en Égypte,

Et ils mangeront en Assyrie des aliments impurs.

4 Ils ne feront pas à l'Éternel des libations de vin :

Elles ne lui seraient point agréables.

Leurs sacrifices seront pour eux comme un pain de deuil ;

Tous ceux qui en mangeront se rendront impurs ;

Car leur pain ne sera que pour eux,

Il n'entrera point dans la maison de l'Éternel.

5 Que ferez-vous aux jours solennels,

Aux jours des fêtes de l'Éternel ?

6 Car voici, ils partent à cause de la dévastation ;

L'Égypte les recueillera,

Moph leur donnera des sépulcres ;

Ce qu'ils ont de précieux, leur argent, sera la proie des ronces,

Et les épines croîtront dans leurs tentes.

7 Ils arrivent, les jours du châtiment,

Ils arrivent, les jours de la rétribution :

Israël va l'éprouver !

Le prophète est fou, l'homme inspiré a le délire,

A cause de la grandeur de tes iniquités et de tes rébellions.

8 Éphraïm est une sentinelle contre mon Dieu ;

Le prophète...un filet d'oiseleur est sur toutes ses voies,

Un ennemi dans la maison de son Dieu.

9 Ils sont plongés dans la corruption, comme aux jours de Guibea ;

L'Éternel se souviendra de leur iniquité,

Il punira leurs péchés.

10 J'ai trouvé Israël comme des raisins dans le désert,

J'ai vu vos pères comme les premiers fruits d'un figuier ;

Mais ils sont allés vers Baal-Peor,
Ils se sont consacrés à l'infâme idole,
Et ils sont devenus abominables
comme l'objet de leur amour.

11 La gloire d'Éphraïm s'envolera
comme un oiseau :
Plus de naissance, plus de grossesse,
plus de conception.

12 S'ils élèvent leurs enfants,
Je les en priverai avant qu'ils soient
des hommes ;
Et malheur à eux, quand je les
abandonnerai !

13 Éphraïm, aussi loin que portent mes
regards du côté de Tyr,
Est planté dans un lieu agréable ;
Mais Éphraïm mènera ses enfants
vers celui qui les tuera.—

14 Donne-leur, ô Éternel !…Que leur
donneras-tu ?…
Donne-leur un sein qui avorte et des
mamelles desséchées !—

15 Toute leur méchanceté se montre à
Guilgal ;
C'est là que je les ai pris en aver-
sion.
A cause de la malice de leurs œuvres,
Je les chasserai de ma maison.
Je ne les aimerai plus ;
Tous leurs chefs sont des rebelles.

16 Éphraïm est frappé, sa racine est
devenue sèche ;
Ils ne porteront plus de fruit ;
Et s'ils ont des enfants,
Je ferai périr les objets de leur
tendresse.—

17 Mon Dieu les rejettera, parce qu'ils
ne l'ont pas écouté,
Et ils seront errants parmi les
nations.—

10 Israël était une vigne féconde,
Qui rendait beaucoup de fruits.
Plus ses fruits étaient abondants,
Plus il a multiplié les autels ;
Plus son pays était prospère,
Plus il a embelli les statues.

2 Leur cœur est partagé : ils vont en
porter la peine.
L'Éternel renversera leurs autels,
détruira leurs statues.

3 Et bientôt ils diront : Nous n'avons
point de roi,
Car nous n'avons pas craint l'Éternel ;

Et le roi, que pourrait-il faire pour
nous ?
Ils prononcent des paroles vaines, 4
des serments faux,
Lorsqu'ils concluent une alliance :
Aussi le châtiment germera, comme
une plante vénéneuse
Dans les sillons des champs.

Les habitants de Samarie seront 5
consternés au sujet des veaux de
Beth-Aven ;
Le peuple mènera deuil sur l'idole,
Et ses prêtres trembleront pour elle,
Pour sa gloire, qui va disparaître du
milieu d'eux.
Elle sera transportée en Assyrie, 6
Pour servir de présent au roi Jareb.
La confusion saisira Éphraïm,
Et Israël aura honte de ses desseins.
C'en est fait de Samarie, de son roi, 7
Comme de l'écume à la surface des
eaux.
Les hauts lieux de Beth-Aven, où 8
Israël a péché, seront détruits ;
L'épine et la ronce croîtront sur leurs
autels.
Ils diront aux montagnes : Couvrez-
nous !
Et aux collines : Tombez sur nous !

Depuis les jours de Guibea tu as 9
péché, Israël !
Là ils restèrent debout,
La guerre contre les méchants ne les
atteignit pas à Guibea.
Je les châtierai à mon gré, 10
Et des peuples s'assembleront contre
eux,
Quand on les enchaînera pour leur
double iniquité.
Éphraïm est une génisse dressée, et 11
qui aime à fouler le grain,
Mais je m'approcherai de son beau
cou ;
J'attellerai Éphraïm, Juda labourera,
Jacob hersera.
Semez selon la justice, moissonnez 12
selon la miséricorde,
Défrichez-vous un champ nouveau !
Il est temps de chercher l'Éternel,
Jusqu'à ce qu'il vienne, et répande
pour vous la justice.
Vous avez cultivé le mal, moissonné 13
l'iniquité,

Mangé le fruit du mensonge ;
Car tu as eu confiance dans ta voie,
Dans le nombre de tes vaillants hommes.

14 Il s'élèvera un tumulte parmi ton peuple,
Et toutes tes forteresses seront détruites,
Comme fut détruite Schalman-Beth-Arbel,
Au jour de la guerre,
Où la mère fut écrasée avec les enfants.

15 Voilà ce que vous attirera Béthel,
A cause de votre extrême méchanceté.
Vienne l'aurore, et c'en est fait du roi d'Israël.

11 Quand Israël était jeune, je l'aimais,
Et j'appelai mon fils hors d'Égypte.

2 Mais ils se sont éloignés de ceux qui les appelaient ;
Ils ont sacrifié aux Baals,
Et offert de l'encens aux idoles.

3 C'est moi qui guidai les pas d'Éphraïm,
Le soutenant par ses bras ;
Et ils n'ont pas vu que je les guérissais.

4 Je les tirai avec des liens d'humanité, avec des cordages d'amour,
Je fus pour eux comme celui qui aurait relâché le joug près de leur bouche,
Et je leur présentai de la nourriture.

5 Ils ne retourneront pas au pays d'Égypte ;
Mais l'Assyrien sera leur roi,
Parce qu'ils ont refusé de revenir à moi.

6 L'épée fondra sur leurs villes,
Anéantira, dévorera leurs soutiens,
A cause des desseins qu'ils ont eus.

7 Mon peuple est enclin à s'éloigner de moi ;
On les rappelle vers le Très-Haut,
Mais aucun d'eux ne l'exalte.

8 Que ferai-je de toi, Éphraïm ?
Dois-je te livrer, Israël ?
Te traiterai-je comme Adma ?
Te rendrai-je semblable à Tseboïm ?
Mon cœur s'agite au dedans de moi,

Toutes mes compassions sont émues.
9 Je n'agirai pas selon mon ardente colère,
Je renonce à détruire Éphraïm ;
Car je suis Dieu, et non pas un homme,
Je suis le Saint au milieu de toi ;
Je ne viendrai pas avec colère.

10 Ils suivront l'Éternel, qui rugira comme un lion,
Car il rugira, et les enfants accourront de la mer.
11 Ils accourront de l'Égypte, comme un oiseau,
Et du pays d'Assyrie, comme une colombe.
Et je les ferai habiter dans leurs maisons, dit l'Éternel.

Éphraïm m'entoure de mensonge, **12**
Et la maison d'Israël de tromperie ;
Juda est encore sans frein vis-à-vis de Dieu,
Vis-à-vis du Saint fidèle.

2 Éphraïm se repaît de vent, et poursuit le vent d'orient ;
Chaque jour il multiplie le mensonge et la violence ;
Il fait alliance avec l'Assyrie,
Et on porte de l'huile en Égypte.

3 L'Éternel est aussi en contestation avec Juda,
Et il punira Jacob pour sa conduite,
Il lui rendra selon ses œuvres.

4 Dans le sein maternel Jacob saisit son frère par le talon,
Et dans sa vigueur, il lutta avec Dieu.
5 Il lutta avec l'ange, et il fut vainqueur,
Il pleura, et lui adressa des supplications.
Jacob l'avait trouvé à Béthel,
Et c'est là que Dieu nous a parlé.

6 L'Éternel est le Dieu des armées ;
Son nom est l'Éternel.
7 Et toi, reviens à ton Dieu,
Garde la piété et la justice,
Et espère toujours en ton Dieu.

8 Éphraïm est un marchand qui a dans sa main des balances fausses,

Il aime à tromper.

9 Et Éphraïm dit : A la vérité, je me
    suis enrichi,
J'ai acquis de la fortune ;
Mais c'est entièrement le produit de
    mon travail ;
On ne trouvera chez moi aucune
    iniquité, rien qui soit un crime.

10 Et moi, je suis l'Éternel, ton Dieu,
    dès le pays d'Égypte ;
Je te ferai encore habiter sous des
    tentes, comme aux jours de fêtes.

11 J'ai parlé aux prophètes,
J'ai multiplié les visions,
Et par les prophètes j'ai proposé des
    paraboles.

12 Si Galaad n'est que néant, ils seront
    certainement anéantis.
Ils sacrifient des bœufs dans Guilgal :
Aussi leurs autels seront comme des
    monceaux de pierres
Sur les sillons des champs.

13 Jacob s'enfuit au pays d'Aram,
Israël servit pour une femme,
Et pour une femme il garda les
    troupeaux.

14 Par un prophète l'Éternel fit monter
    Israël hors d'Égypte,
Et par un prophète Israël fut gardé.

15 Éphraïm a irrité l'Éternel amère-
    ment :
Son Seigneur rejettera sur lui le
    sang qu'il a répandu,
Il fera retomber sur lui la honte qui
    lui appartient.

13 Lorsqu'Éphraïm parlait, c'était une
    terreur :
Il s'élevait en Israël.
Mais il s'est rendu coupable par Baal,
    et il est mort.

2 Maintenant ils continuent à pécher,
Ils se font avec leur argent des
    images en fonte,
Des idoles de leur invention ;
Toutes sont l'œuvre des artisans.
On dit à leur sujet :
Que ceux qui sacrifient baisent les
    veaux !

3 C'est pourquoi ils seront comme la
    nuée du matin,
Comme la rosée qui bientôt se
    dissipe,

Comme la balle emportée par le
    vent hors de l'aire,
Comme la fumée qui sort d'une
    fenêtre.

Et moi, je suis l'Éternel, ton Dieu, 4
    dès le pays d'Égypte.
Tu ne connais d'autre Dieu que moi,
Et il n'y a de sauveur que moi.
Je t'ai connu dans le désert,   5
Dans une terre aride.
Ils se sont rassasiés dans leurs pâtu- 6
    rages ;
Ils se sont rassasiés, et leur cœur
    s'est enflé ;
C'est pourquoi ils m'ont oublié.
Je serai pour eux comme un lion ;   7
Comme une panthère, je les épierai
    sur la route.
Je les attaquerai, comme une ourse 8
    à qui l'on a enlevé ses petits,
Et je déchirerai l'enveloppe de leur
    cœur ;
Je les dévorerai, comme une lionne ;
Les bêtes des champs les mettront
    en pièces.

Ce qui cause ta ruine, Israël,   9
C'est que tu as été contre moi, contre
    celui qui pouvait te secourir.
Où donc est ton roi ?   10
Qu'il te délivre dans toutes tes
    villes !
Où sont tes juges, au sujet desquels
    tu disais :
Donne-moi un roi et des princes ?
Je t'ai donné un roi dans ma colère, 11
Je te l'ôterai dans ma fureur.

L'iniquité d'Éphraïm est gardée,   12
Son péché est mis en réserve.
Les douleurs de celle qui enfante 13
    viendront pour lui ;
C'est un enfant peu sage,
Qui, au terme voulu, ne sort pas du
    sein maternel.

Je les rachèterai de la puissance du 14
    séjour des morts,
Je les délivrerai de la mort.
O mort, où est ta peste ?
Séjour des morts, où est ta destruc-
    tion ?
Mais le repentir se dérobe à mes
    regards !

15 Éphraïm a beau être fertile au milieu de ses frères,
Le vent d'orient viendra, le vent de l'Éternel s'élèvera du désert,
Desséchera ses sources, tarira ses fontaines.
On pillera le trésor de tous les objets précieux.
16 Samarie sera punie, parce qu'elle s'est révoltée contre son Dieu.
Ils tomberont par l'épée ;
Leurs petits enfants seront écrasés,
Et l'on fendra le ventre de leurs femmes enceintes.

14 Israël, reviens à l'Éternel, ton Dieu,
Car tu es tombé par ton iniquité.
2 Apportez avec vous des paroles,
Et revenez à l'Éternel.
Dites-lui : Pardonne toutes les iniquités,
Et reçois-nous favorablement !
Nous t'offrirons, au lieu de taureaux, l'hommage de nos lèvres.
3 L'Assyrien ne nous sauvera pas, nous ne monterons pas sur des chevaux,
Et nous ne dirons plus à l'ouvrage de nos mains : Notre Dieu !
Car c'est auprès de toi que l'orphelin trouve compassion.—

4 Je réparerai leur infidélité,
J'aurai pour eux un amour sincère ;
Car ma colère s'est détournée d'eux.
5 Je serai comme la rosée pour Israël,
Il fleurira comme le lis,
Et il poussera des racines comme le Liban.
6 Ses rameaux s'étendront ;
Il aura la magnificence de l'olivier,
Et les parfums du Liban.
7 Ils reviendront s'asseoir à son ombre,
Ils redonneront la vie au froment,
Et ils fleuriront comme la vigne ;
Ils auront la renommée du vin du Liban.
8 Éphraïm, qu'ai-je à faire encore avec les idoles ?
Je l'exaucerai, je le regarderai,
Je serai pour lui comme un cyprès verdoyant.
C'est de moi que tu recevras ton fruit.—

9 Que celui qui est sage prenne garde à ces choses !
Que celui qui est intelligent les comprenne !
Car les voies de l'Éternel sont droites ;
Les justes y marcheront,
Mais les rebelles y tomberont.

JOËL

1 La parole de l'Éternel qui fut adressée à Joël, fils de Pethuel.

2 Écoutez ceci, vieillards !
Prêtez l'oreille, vous tous, habitants du pays !
Rien de pareil est-il arrivé de votre temps,
Ou du temps de vos pères ?
3 Racontez-le à vos enfants,
Et que vos enfants le racontent à leurs enfants,
Et leurs enfants à la génération qui suivra !

4 Ce qu'a laissé le gazam, la sauterelle l'a dévoré ;
Ce qu'a laissé la sauterelle, le jélek l'a dévoré ;
Ce qu'a laissé le jélek, le hasil l'a dévoré.

5 Réveillez-vous, ivrognes, et pleurez !
Vous tous, buveurs de vin, gémissez,
Parce que le moût vous est enlevé de la bouche !
6 Car un peuple est venu fondre sur mon pays,
Puissant et innombrable.
Il a les dents d'un lion,
Les mâchoires d'une lionne.
7 Il a dévasté ma vigne ;

Il a mis en morceaux mon figuier,
Il l'a dépouillé, abattu ;
Les rameaux de la vigne ont blanchi.

8 Lamente-toi, comme la vierge qui se
revêt d'un sac
Pour pleurer l'ami de sa jeunesse !
9 Offrandes et libations disparaissent
de la maison de l'Éternel ;
Les sacrificateurs, serviteurs de l'É-
ternel, sont dans le deuil.
10 Les champs sont ravagés,
La terre est attristée ;
Car les blés sont détruits,
Le moût est tari, l'huile est desséchée.
11 Les laboureurs sont consternés, les
vignerons gémissent,
A cause du froment et de l'orge,
Parce que la moisson des champs
est perdue.
12 La vigne est confuse,
Le figuier languissant ;
Le grenadier, le palmier, le pommier,
Tous les arbres des champs sont flétris...
La joie a cessé parmi les fils de
l'homme !

13 Sacrificateurs, ceignez-vous et pleu-
rez !
Lamentez-vous, serviteurs de l'autel !
Venez, passez la nuit revêtus de
sacs,
Serviteurs de mon Dieu !
Car offrandes et libations ont disparu
de la maison de votre Dieu.
14 Publiez un jeûne, une convocation
solennelle !
Assemblez les vieillards, tous les
habitants du pays,
Dans la maison de l'Éternel, votre
Dieu,
Et criez à l'Éternel !

15 Ah ! quel jour !
Car le jour de l'Éternel est proche :
Il vient comme un ravage du Tout-
Puissant.
16 La nourriture n'est-elle pas enlevée
sous nos yeux ?
La joie et l'allégresse n'ont-elles pas
disparu de la maison de notre Dieu?
17 Les semences ont séché sous les
mottes ;

Les greniers sont vides,
Les magasins sont en ruines,
Car il n'y a point de blé.
Comme les bêtes gémissent ! 18
Les troupeaux de bœufs sont con-
sternés,
Parce qu'ils sont sans pâturage ;
Et même les troupeaux de brebis
sont en souffrance.
C'est vers toi que je crie, ô Éternel ! 19
Car le feu a dévoré les plaines du
désert,
Et la flamme a brûlé tous les arbres
des champs.
Les bêtes des champs crient aussi 20
vers toi ;
Car les torrents sont à sec,
Et le feu a dévoré les plaines du
désert.

Sonnez de la trompette en Sion ! **2**
Faites-la retentir sur ma montagne
sainte !
Que tous les habitants du pays trem-
blent !
Car le jour de l'Éternel vient, car il
est proche,—
Jour de ténèbres et d'obscurité, 2
Jour de nuées et de brouillards,—
Il vient comme l'aurore se répand
sur les montagnes.
Voici un peuple nombreux et puis-
sant,
Tel qu'il n'y en a jamais eu,
Et qu'il n'y en aura jamais dans la
suite des âges.
Devant lui est un feu dévorant, 3
Et derrière lui une flamme brûlante ;
Le pays était auparavant comme un
jardin d'Éden,
Et depuis, c'est un désert affreux :
Rien ne lui échappe.
A les voir, on dirait des chevaux, 4
Et ils courent comme des cavaliers.
A les entendre, on dirait un bruit de 5
chars
Sur le sommet des montagnes où ils
bondissent,
On dirait un pétillement de la flam-
me du feu,
Quand elle consume le chaume.
C'est comme une armée puissante
Qui se prépare au combat.
Devant eux les peuples tremblent, 6
Tous les visages pâlissent.

7 Ils s'élancent comme des guerriers,
Ils escaladent les murs comme des gens de guerre ;
Chacun va son chemin,
Sans s'écarter de sa route.

8 Ils ne se pressent point les uns les autres,
Chacun garde son rang ;
Ils se précipitent au travers des traits
Sans arrêter leur marche.

9 Ils se répandent dans la ville,
Courent sur les murailles,
Montent sur les maisons,
Entrent par les fenêtres comme un voleur.

10 Devant eux la terre tremble,
Les cieux sont ébranlés,
Le soleil et la lune s'obscurcissent,
Et les étoiles retirent leur éclat.

11 L'Éternel fait entendre sa voix devant son armée ;
Car son camp est immense,
Et l'exécuteur de sa parole est puissant ;
Car le jour de l'Éternel est grand, il est terrible :
Qui pourra le soutenir ?

12 Maintenant encore, dit l'Éternel,
Revenez à moi de tout votre cœur,
Avec des jeûnes, avec des pleurs et des lamentations !

13 Déchirez vos cœurs et non vos vêtements,
Et revenez à l'Éternel, votre Dieu ;
Car il est compatissant et miséricordieux,
Lent à la colère et riche en bonté,
Et il se repent des maux qu'il envoie.

14 Qui sait s'il ne reviendra pas et ne se repentira pas,
Et s'il ne laissera pas après lui la bénédiction,
Des offrandes et des libations pour l'Éternel, votre Dieu ?

15 Sonnez de la trompette en Sion !
Publiez un jeûne, une convocation solennelle !

16 Assemblez le peuple, formez une sainte réunion !
Assemblez les vieillards,
Assemblez les enfants,
Même les nourrissons à la mamelle !

Que l'époux sorte de sa demeure,
Et l'épouse de sa chambre !

17 Qu'entre le portique et l'autel
Pleurent les sacrificateurs,
Serviteurs de l'Éternel,
Et qu'ils disent : Éternel, épargne ton peuple !
Ne livre pas ton héritage à l'opprobre,
Aux railleries des nations !
Pourquoi dirait-on parmi les peuples :
Où est leur Dieu ?

Promesses.

18 L'Éternel est ému de jalousie pour son pays,
Et il épargne son peuple.

19 L'Éternel répond, il dit à son peuple :
Voici, je vous enverrai du blé,
Du moût et de l'huile,
Et vous en serez rassasiés ;
Et je ne vous livrerai plus à l'opprobre parmi les nations.

20 J'éloignerai de vous l'ennemi du nord,
Je le chasserai vers une terre aride et déserte,
Son avant-garde dans la mer orientale,
Son arrière-garde dans la mer occidentale ;
Et son infection se répandra,
Sa puanteur s'élèvera dans les airs,
Parce qu'il a fait de grandes choses.

21 Terre, ne crains pas,
Sois dans l'allégresse et réjouis-toi,
Car l'Éternel fait de grandes choses !

22 Bêtes des champs, ne craignez pas,
Car les plaines du désert reverdiront,
Car les arbres porteront leurs fruits,
Le figuier et la vigne donneront leurs richesses.

23 Et vous, enfants de Sion, soyez dans l'allégresse et réjouissez-vous
En l'Éternel, votre Dieu,
Car il vous donnera la pluie en son temps,
Il vous enverra la pluie de la première et de l'arrière-saison,
Comme autrefois.

24 Les aires se rempliront de blé,
Et les cuves regorgeront de moût et d'huile.

25 Je vous remplacerai les années

Qu'ont dévorées la sauterelle,
Le jélek, le hasil et le gazam,
Ma grande armée que j'avais envoyée
contre vous.

26 Vous mangerez et vous vous rassasierez,
Et vous célébrerez le nom de l'Éternel, votre Dieu,
Qui aura fait pour vous des prodiges ;
Et mon peuple ne sera plus jamais
dans la confusion.

27 Et vous saurez que je suis au milieu
d'Israël,
Que je suis l'Éternel, votre Dieu, et
qu'il n'y en a point d'autre ;
Et mon peuple ne sera plus jamais
dans la confusion.

28 Après cela, je répandrai mon esprit
sur toute chair ;
Vos fils et vos filles prophétiseront,
Vos vieillards auront des songes,
Et vos jeunes gens des visions.
29 Même sur les serviteurs et sur les
servantes,
Dans ces jours-là, je répandrai mon
esprit.
30 Je ferai paraître des prodiges dans
les cieux et sur la terre,
Du sang, du feu, et des colonnes de
fumée ;
31 Le soleil se changera en ténèbres,
Et la lune en sang,
Avant l'arrivée du jour de l'Éternel,
De ce jour grand et terrible.
32 Alors quiconque invoquera le nom
de l'Éternel sera sauvé,
Le salut sera sur la montagne de Sion
et à Jérusalem,
Comme a dit l'Éternel,
Et parmi les réchappés que l'Éternel
appellera.

3 Car voici, en ces jours, en ce temps-
là,
Quand je ramènerai les captifs de
Juda et de Jérusalem,
2 Je rassemblerai toutes les nations,
Et je les ferai descendre dans la
vallée de Josaphat ;
Là, j'entrerai en jugement avec elles,
Au sujet de mon peuple, d'Israël,
mon héritage,
Qu'elles ont dispersé parmi les
nations,

Et au sujet de mon pays qu'elles
se sont partagé.
3 Ils ont tiré mon peuple au sort ;
Ils ont donné le jeune garçon pour
une prostituée,
Ils ont vendu la jeune fille pour du
vin, et ils ont bu.

4 Que me voulez-vous, Tyr et Sidon,
Et vous tous, districts des Philistins ?
Voulez-vous tirer vengeance de moi ?
Si vous voulez vous venger,
Je ferai bien vite retomber votre
vengeance sur vos têtes.
5 Vous avez pris mon argent et mon
or ;
Et ce que j'avais de plus précieux
et de plus beau,
Vous l'avez emporté dans vos
temples.
6 Vous avez vendu les enfants de Juda
et de Jérusalem aux enfants de
Javan,
Afin de les éloigner de leur territoire.
7 Voici, je les ferai revenir du lieu où
vous les avez vendus,
Et je ferai retomber votre vengeance
sur vos têtes.
8 Je vendrai vos fils et vos filles aux
enfants de Juda,
Et ils les vendront aux Sabéens,
nation lointaine ;
Car l'Éternel a parlé.

9 Publiez ces choses parmi les nations !
Préparez la guerre !
Réveillez les héros !
Qu'ils s'approchent, qu'ils montent,
Tous les hommes de guerre !
10 De vos hoyaux forgez des épées,
Et de vos serpes des lances !
Que le faible dise : Je suis fort !
11 Hâtez-vous et venez, vous toutes,
nations d'alentour,
Et rassemblez-vous !
Là, ô Éternel, fais descendre tes
héros !
12 Que les nations se réveillent, et
qu'elles montent
Vers la vallée de Josaphat !
Car là je siégerai pour juger toutes
les nations d'alentour.
13 Saisissez la faucille,
Car la moisson est mûre !
Venez, foulez,

Car le pressoir est plein,
Les cuves regorgent !
Car grande est leur méchanceté.

14 C'est une multitude, une multitude,
Dans la vallée du jugement ;
Car le jour de l'Éternel est proche,
Dans la vallée du jugement.
15 Le soleil et la lune s'obscurcissent,
Et les étoiles retirent leur éclat.
16 De Sion l'Éternel rugit,
De Jérusalem il fait entendre sa voix ;
Les cieux et la terre sont ébranlés.
Mais l'Éternel est un refuge pour
son peuple,
Un abri pour les enfants d'Israël.
17 Et vous saurez que je suis l'Éternel,
votre Dieu,
Résidant à Sion, ma sainte montagne.
Jérusalem sera sainte,
Et les étrangers n'y passeront plus.

En ce temps-là, le moût ruissellera 18
des montagnes,
Le lait coulera des collines,
Et il y aura de l'eau dans tous les
torrents de Juda ;
Une source sortira aussi de la maison
de l'Éternel,
Et arrosera la vallée de Sittim.
L'Égypte sera dévastée, 19
Édom sera réduit en désert,
A cause des violences contre les
enfants de Juda,
Dont ils ont répandu le sang innocent
dans leur pays.
Mais Juda sera toujours habité, 20
Et Jérusalem, de génération en géné-
ration.
Je vengerai leur sang que je n'ai 21
point encore vengé,
Et l'Éternel résidera dans Sion.

AMOS

I Paroles d'Amos, l'un des bergers
de Tekoa, visions qu'il eut sur Israël,
au temps d'Ozias, roi de Juda, et au
temps de Jéroboam, fils de Joas, roi
d'Israël, deux ans avant le tremble-
2 ment de terre. Il dit :

De Sion l'Éternel rugit,
De Jérusalem il fait entendre sa
voix.
Les pâturages des bergers sont dans
le deuil,
Et le sommet du Carmel est desséché.

3 Ainsi parle l'Éternel :
A cause de trois crimes de Damas,
Même de quatre, je ne révoque pas
mon arrêt,
Parce qu'ils ont foulé Galaad sous
des traîneaux de fer.
4 J'enverrai le feu dans la maison de
Hazaël,
Et il dévorera les palais de Ben-
Hadad.
5 Je briserai les verrous de Damas,

J'exterminerai de Bikath-Aven les
habitants,
Et de Beth-Éden celui qui tient le
sceptre ;
Et le peuple de Syrie sera mené
captif à Kir, dit l'Éternel.

Ainsi parle l'Éternel : 6
A cause de trois crimes de Gaza,
Même de quatre, je ne révoque pas
mon arrêt,
Parce qu'ils ont fait une foule de
captifs pour les livrer à Édom.
J'enverrai le feu dans les murs de 7
Gaza,
Et il en dévorera les palais.
J'exterminerai d'Asdod les habi- 8
tants,
Et d'Askalon celui qui tient le
sceptre ;
Je tournerai ma main contre Ékron,
Et le reste des Philistins périra, dit
le Seigneur, l'Éternel.

Ainsi parle l'Éternel : 9
A cause de trois crimes de Tyr,
Même de quatre, je ne révoque pas
mon arrêt,

Parce qu'ils ont livré à Édom une foule de captifs,
Sans se souvenir de l'alliance fraternelle.
10 J'enverrai le feu dans les murs de Tyr,
Et il en dévorera les palais.

11 Ainsi parle l'Éternel :
A cause de trois crimes d'Édom,
Même de quatre, je ne révoque pas mon arrêt,
Parce qu'il a poursuivi ses frères avec l'épée,
En étouffant sa compassion,
Parce que sa colère déchire toujours,
Et qu'il garde éternellement sa fureur.
12 J'enverrai le feu dans Théman,
Et il dévorera les palais de Botsra.

13 Ainsi parle l'Éternel :
A cause de trois crimes des enfants d'Ammon,
Même de quatre, je ne révoque pas mon arrêt,
Parce qu'ils ont fendu le ventre des femmes enceintes de Galaad,
Afin d'agrandir leur territoire.
14 J'allumerai le feu dans les murs de Rabba,
Et il en dévorera les palais,
Au milieu des cris de guerre au jour du combat,
Au milieu de l'ouragan au jour de la tempête ;
15 Et leur roi s'en ira en captivité,
Lui, et ses chefs avec lui, dit l'Éternel.

2 Ainsi parle l'Éternel :
A cause de trois crimes de Moab,
Même de quatre, je ne révoque pas mon arrêt,
Parce qu'il a brûlé, calciné les os du roi d'Édom.
2 J'enverrai le feu dans Moab,
Et il dévorera les palais de Kerijoth ;
Et Moab périra au milieu du tumulte,
Au milieu des cris de guerre et du bruit de la trompette.
3 J'exterminerai de son sein le juge,
Et je tuerai tous ses chefs avec lui, dit l'Éternel.

4 Ainsi parle l'Éternel :

A cause de trois crimes de Juda,
Même de quatre, je ne révoque pas mon arrêt,
Parce qu'ils ont méprisé la loi de l'Éternel
Et qu'ils n'ont pas gardé ses ordonnances,
Parce qu'ils ont été égarés par les idoles mensongères
Après lesquelles leurs pères ont marché.
J'enverrai le feu dans Juda, 5
Et il dévorera les palais de Jérusalem.

Ainsi parle l'Éternel : 6
A cause de trois crimes d'Israël,
Même de quatre, je ne révoque pas mon arrêt,
Parce qu'ils ont vendu le juste pour de l'argent,
Et le pauvre pour une paire de souliers.
Ils aspirent à voir la poussière de la 7 terre sur la tête des misérables,
Et ils violent le droit des malheureux.
Le fils et le père vont vers la même fille,
Afin de profaner mon saint nom.
Ils s'étendent près de chaque autel 8 sur des vêtements pris en gage,
Et ils boivent dans la maison de leurs dieux le vin de ceux qu'ils condamnent.
Et pourtant j'ai détruit devant eux 9 les Amoréens,
Dont la hauteur égalait celle des cèdres,
Et la force celle des chênes ;
J'ai détruit leurs fruits en haut,
Et leurs racines en bas.
Et pourtant je vous ai fait monter 10 du pays d'Égypte,
Et je vous ai conduits quarante ans dans le désert,
Pour vous mettre en possession du pays des Amoréens.
J'ai suscité parmi vos fils des pro- 11 phètes,
Et parmi vos jeunes hommes des nazaréens.
N'en est-il pas ainsi, enfants d'Israël ? dit l'Éternel...
Et vous avez fait boire du vin aux 12 nazaréens !

Et aux prophètes vous avez donné
cet ordre :
Ne prophétisez pas !

13 Voici, je vous écraserai,
Comme foule la terre un chariot
chargé de gerbes.

14 Celui qui est agile ne pourra fuir,
Celui qui a de la force ne pourra s'en
servir,
Et l'homme vaillant ne sauvera pas
sa vie ;

15 Celui qui manie l'arc ne résistera
pas,
Celui qui a les pieds légers n'échappera pas,
Et le cavalier ne sauvera pas sa vie ;

16 Le plus courageux des guerriers
S'enfuira nu dans ce jour-là, dit l'É-
ternel.

Reproches et menaces.

3 Écoutez cette parole que l'Éternel
prononce contre vous, enfants
d'Israël,
Contre toute la famille que j'ai fait
monter du pays d'Égypte !

2 Je vous ai choisis, vous seuls parmi
toutes les familles de la terre ;
C'est pourquoi je vous châtierai pour
toutes vos iniquités.

3 Deux hommes marchent-ils ensemble,
Sans en être convenus ?

4 Le lion rugit-il dans la forêt,
Sans avoir une proie ?
Le lionceau pousse-t-il des cris du
fond de sa tanière,
Sans avoir fait une capture ?

5 L'oiseau tombe-t-il dans le filet qui
est à terre,
Sans qu'il y ait un piège ?
Le filet s'élève-t-il de terre,
Sans qu'il y ait rien de pris ?

6 Sonne-t-on de la trompette dans une
ville,
Sans que le peuple soit dans l'épouvante ?
Arrive-t-il un malheur dans une
ville,
Sans que l'Éternel en soit l'auteur ?

7 Car le Seigneur, l'Éternel, ne fait
rien
Sans avoir révélé son secret à ses
serviteurs les prophètes.

Le lion rugit : qui ne serait effrayé ? 8
Le Seigneur, l'Éternel, parle : qui ne
prophétiserait ?

Faites retentir votre voix dans les 9
palais d'Asdod
Et dans les palais du pays d'Égypte,
Et dites : Rassemblez-vous sur les
montagnes de Samarie,
Et voyez quelle immense confusion
au milieu d'elle,
Quelles violences dans son sein !
Ils ne savent pas agir avec droiture, 10
dit l'Éternel,
Ils entassent dans leurs palais les
produits de la violence et de la
rapine.

C'est pourquoi ainsi parle le Sei- 11
gneur, l'Éternel :
L'ennemi investira le pays,
Il détruira ta force,
Et tes palais seront pillés.

Ainsi parle l'Éternel : 12
Comme le berger arrache de la
gueule du lion
Deux jambes ou un bout d'oreille,
Ainsi se sauveront les enfants d'Israël
qui sont assis dans Samarie
A l'angle d'un lit et sur des tapis de
damas.

Écoutez, et déclarez ceci à la maison 13
de Jacob !
Dit le Seigneur, l'Éternel, le Dieu
des armées.

Le jour où je punirai Israël pour ses 14
transgressions,
Je frapperai sur les autels de Béthel ;
Les cornes de l'autel seront brisées,
Et tomberont à terre.

Je renverserai les maisons d'hiver et 15
les maisons d'été ;
Les palais d'ivoire périront,
Les maisons des grands disparaîtront,
dit l'Éternel.

Écoutez cette parole, génisses de 4
Basan qui êtes sur la montagne
de Samarie,
Vous qui opprimez les misérables,
qui écrasez les indigents,
Et qui dites à vos maris : Apportez,
et buvons !

Le Seigneur, l'Éternel, l'a juré par 2
sa sainteté :

Voici, les jours viendront pour vous
Où l'on vous enlèvera avec des
crochets,
Et votre postérité avec des hame-
çons ;

3 Vous sortirez par les brèches, chacune devant soi,
Et vous serez jetées dans la forteresse,
dit l'Éternel.

4 Allez à Béthel, et péchez !
Allez à Guilgal, et péchez davantage !
Offrez vos sacrifices chaque matin,
Et vos dîmes tous les trois jours !
5 Faites vos sacrifices d'actions de
grâces avec du levain !
Proclamez, publiez vos offrandes
volontaires !
Car c'est là ce que vous aimez,
enfants d'Israël,
Dit le Seigneur, l'Éternel.

6 Et moi, je vous ai envoyé la famine
dans toutes vos villes,
Le manque de pain dans toutes vos
demeures.
Malgré cela, vous n'êtes pas revenus
à moi, dit l'Éternel.
7 Et moi, je vous ai refusé la pluie,
Lorsqu'il y avait encore trois mois
jusqu'à la moisson ;
J'ai fait pleuvoir sur une ville,
Et je n'ai pas fait pleuvoir sur une
autre ville ;
Un champ a reçu la pluie,
Et un autre qui ne l'a pas reçue s'est
desséché.
8 Deux, trois villes sont allées vers
une autre pour boire de l'eau,
Et elles n'ont point apaisé leur soif.
Malgré cela, vous n'êtes pas revenus
à moi, dit l'Éternel.
9 Je vous ai frappés par la rouille et
par la nielle ;
Vos nombreux jardins, vos vignes,
vos figuiers et vos oliviers
Ont été dévorés par les sauterelles.
Malgré cela, vous n'êtes pas revenus
à moi, dit l'Éternel.
10 J'ai envoyé parmi vous la peste,
comme en Égypte ;
J'ai tué vos jeunes gens par l'épée,
Et laissé prendre vos chevaux ;
J'ai fait monter à vos narines l'infection de votre camp.

Malgré cela, vous n'êtes pas revenus
à moi, dit l'Éternel.
Je vous ai bouleversés, 11
Comme Sodome et Gomorrhe, que
Dieu détruisit ;
Et vous avez été comme un tison
arraché de l'incendie.
Malgré cela, vous n'êtes pas revenus
à moi, dit l'Éternel...
C'est pourquoi je te traiterai de la 12
même manière, Israël ;
Et puisque je te traiterai de la même
manière,
Prépare-toi à la rencontre de ton
Dieu, ô Israël !
Car voici celui qui a formé les monta- 13
gnes et créé le vent,
Et qui fait connaître à l'homme ses
pensées,
Celui qui change l'aurore en ténè-
bres,
Et qui marche sur les hauteurs de la
terre :
Son nom est l'Éternel, le Dieu des
armées.

Écoutez cette parole, **5**
Cette complainte que je prononce
sur vous,
Maison d'Israël !
Elle est tombée, elle ne se relèvera 2
plus,
La vierge d'Israël ;
Elle est couchée par terre,
Nul ne la relève.
Car ainsi parle le Seigneur, l'Éternel : 3
La ville qui mettait en campagne
mille hommes
N'en conservera que cent,
Et celle qui mettait en campagne
cent hommes
N'en conservera que dix, pour la
maison d'Israël.

Car ainsi parle l'Éternel à la maison 4
d'Israël :
Cherchez-moi, et vous vivrez !
Ne cherchez pas Béthel, 5
N'allez pas à Guilgal,
Ne passez pas à Beer-Schéba.
Car Guilgal sera captif,
Et Béthel anéanti.
Cherchez l'Éternel, et vous vivrez ! 6
Craignez qu'il ne saisisse comme un
feu la maison de Joseph,

Et que ce feu ne la dévore, sans personne à Béthel pour l'éteindre,

7 O vous qui changez le droit en absinthe,
Et qui foulez à terre la justice !

8 Il a créé les Pléiades et l'Orion,
Il change les ténèbres en aurore,
Il obscurcit le jour pour en faire la nuit,
Il appelle les eaux de la mer,
Et les répand à la surface de la terre :
L'Éternel est son nom.

9 Il fait lever la ruine sur les puissants,
Et la ruine vient sur les forteresses.

10 Ils haïssent celui qui les reprend à la porte,
Et ils ont en horreur celui qui parle sincèrement.

11 Aussi, parce que vous avez foulé le misérable,
Et que vous avez pris de lui du blé en présent,
Vous avez bâti des maisons en pierres de taille,
Mais vous ne les habiterez pas ;
Vous avez planté d'excellentes vignes,
Mais vous n'en boirez pas le vin.

12 Car, je le sais, vos crimes sont nombreux,
Vos péchés se sont multipliés ;
Vous opprimez le juste, vous recevez des présents,
Et vous violez à la porte le droit des pauvres.

13 Voilà pourquoi, en des temps comme ceux-ci, le sage se tait ;
Car ces temps sont mauvais.

14 Recherchez le bien et non le mal, afin que vous viviez,
Et qu'ainsi l'Éternel, le Dieu des armées, soit avec vous,
Comme vous le dites.

15 Haïssez le mal et aimez le bien,
Faites régner à la porte la justice ;
Et peut-être l'Éternel, le Dieu des armées, aura pitié
Des restes de Joseph.

16 C'est pourquoi ainsi parle l'Éternel, le Dieu des armées, le Seigneur :

Dans toutes les places on se lamentera,
Dans toutes les rues on dira : Hélas ! hélas !
On appellera le laboureur au deuil,
Et aux lamentations ceux qui disent des complaintes.

17 Dans toutes les vignes on se lamentera,
Lorsque je passerai au milieu de toi, dit l'Éternel.

18 Malheur à ceux qui désirent le jour de l'Éternel !
Qu'attendez-vous du jour de l'Éternel ?
Il sera ténèbres et non lumière.

19 Vous serez comme un homme qui fuit devant un lion
Et que rencontre un ours,
Qui gagne sa demeure, appuie sa main sur la muraille,
Et que mord un serpent.

20 Le jour de l'Éternel n'est-il pas ténèbres et non lumière ?
N'est-il pas obscur et sans éclat ?

21 Je hais, je méprise vos fêtes,
Je ne puis sentir vos assemblées.

22 Quand vous me présentez des holocaustes et des offrandes,
Je n'y prends aucun plaisir ;
Et les veaux engraissés que vous sacrifiez en actions de grâces,
Je ne les regarde pas.

23 Éloigne de moi le bruit de tes cantiques ;
Je n'écoute pas le son de tes luths.

24 Mais que la droiture soit comme un courant d'eau,
Et la justice comme un torrent qui jamais ne tarit.

25 M'avez-vous fait des sacrifices et des offrandes
Pendant les quarante années du désert, maison d'Israël ?...

26 Emportez donc la tente de votre roi,
Le piédestal de vos idoles,
L'étoile de votre dieu
Que vous vous êtes fabriqué !

27 Et je vous emmènerai captifs au delà de Damas,
Dit l'Éternel, dont le nom est le Dieu des armées.

6 Malheur à ceux qui vivent tranquilles dans Sion,
Et en sécurité sur la montagne de Samarie,
A ces grands de la première des nations,
Auprès desquels va la maison d'Israël!...

2 Passez à Calné et voyez,
Allez de là jusqu'à Hamath la grande,
Et descendez à Gath chez les Philistins :
Ces villes sont-elles plus prospères que vos deux royaumes,
Et leur territoire est-il plus étendu que le vôtre?...

3 Vous croyez éloigné le jour du malheur,
Et vous faites approcher le règne de la violence.

4 Ils reposent sur des lits d'ivoire,
Ils sont mollement étendus sur leurs couches ;
Ils mangent les agneaux du troupeau,
Les veaux mis à l'engrais.

5 Ils extravaguent au son du luth,
Ils se croient habiles comme David sur les instruments de musique.

6 Ils boivent le vin dans de larges coupes,
Ils s'oignent avec la meilleure huile,
Et ils ne s'attristent pas sur la ruine de Joseph !

7 C'est pourquoi ils seront emmenés à la tête des captifs ;
Et les cris de joie de ces voluptueux cesseront.

8 Le Seigneur, l'Éternel, l'a juré par lui-même ;
L'Éternel, le Dieu des armées, a dit :
J'ai en horreur l'orgueil de Jacob,
Et je hais ses palais ;
Je livrerai la ville et tout ce qu'elle renferme.

9 Et s'il reste dix hommes dans une maison, ils mourront.

10 Lorsqu'un parent prendra un mort pour le brûler
Et qu'il enlèvera de la maison les ossements,
Il dira à celui qui est au fond de la maison :
Y a-t-il encore quelqu'un avec toi ?

Et cet homme répondra : Personne...
Et l'autre dira : Silence !
Ce n'est pas le moment de prononcer le nom de l'Éternel.

11 Car voici, l'Éternel ordonne :
Il fera tomber en ruines la grande maison,
Et en débris la petite maison.

12 Est-ce que les chevaux courent sur un rocher,
Est-ce qu'on y laboure avec des bœufs,
Pour que vous ayez changé la droiture en poison,
Et le fruit de la justice en absinthe?

13 Vous vous réjouissez de ce qui n'est que néant,
Vous dites : N'est-ce pas par notre force
Que nous avons acquis de la puissance ?

14 C'est pourquoi voici, je ferai lever contre vous, maison d'Israël,
Dit l'Éternel, le Dieu des armées,
une nation
Qui vous opprimera depuis l'entrée de Hamath
Jusqu'au torrent du désert.

Visions sur la ruine d'Israël. Promesses.

7 Le Seigneur, l'Éternel, m'envoya cette vision.
Voici, il formait des sauterelles,
Au moment où le regain commençait à croître ;
C'était le regain après la coupe du roi.

2 Et comme elles dévoraient entièrement l'herbe de la terre,
Je dis : Seigneur Éternel, pardonne donc !
Comment Jacob subsistera-t-il ?
Car il est si faible !

3 L'Éternel se repentit de cela.
Cela n'arrivera pas, dit l'Éternel.

4 Le Seigneur, l'Éternel, m'envoya cette vision.
Voici, le Seigneur, l'Éternel, proclamait le châtiment par le feu ;
Et le feu dévorait le grand abîme
Et dévorait le champ.

5 Je dis : Seigneur Éternel, arrête donc !

Comment Jacob subsistera-t-il ?
Car il est si faible !

6 L'Éternel se repentit de cela.
Cela non plus n'arrivera pas, dit le
Seigneur, l'Éternel.

7 Il m'envoya cette vision.
Voici, le Seigneur se tenait sur un
mur tiré au cordeau,
Et il avait un niveau dans la main.

8 L'Éternel me dit : Que vois-tu,
Amos ?
Je répondis : Un niveau.
Et le Seigneur dit : Je mettrai le
niveau au milieu de mon peuple
d'Israël,
Je ne lui pardonnerai plus ;

9 Les hauts lieux d'Isaac seront rava-
gés ;
Les sanctuaires d'Israël seront dé-
truits,
Et je me lèverai contre la maison de
Jéroboam avec l'épée.

10 Alors Amatsia, prêtre de Béthel,
fit dire à Jéroboam, roi d'Israël :
Amos conspire contre toi au milieu
de la maison d'Israël ; le pays ne
peut supporter toutes ses paroles.

11 Car voici ce que dit Amos : Jéroboam
mourra par l'épée, et Israël sera
emmené captif loin de son pays.

12 Et Amatsia dit à Amos : Homme
à visions, va-t'en, fuis dans le pays
de Juda ; manges-y ton pain, et là

13 tu prophétiseras. Mais ne continue
pas à prophétiser à Béthel, car c'est
un sanctuaire du roi, et c'est une
maison royale.

14 Amos répondit à Amatsia : Je ne
suis ni prophète, ni fils de prophète ;
mais je suis berger, et je cultive des

15 sycomores. L'Éternel m'a pris derrière le troupeau, et l'Éternel m'a
dit : Va, prophétise à mon peuple
d'Israël.

16 Écoute maintenant la parole de
l'Éternel, toi qui dis : Ne prophétise
pas contre Israël, et ne parle pas

17 contre la maison d'Isaac. A cause
de cela, voici ce que dit l'Éternel :
Ta femme se prostituera dans la
ville, tes fils et tes filles tomberont
par l'épée, ton champ sera partagé
au cordeau ; et toi, tu mourras sur

une terre impure, et Israël sera
emmené captif loin de son pays.

8 Le Seigneur, l'Éternel, m'envoya
cette vision.
Voici, c'était une corbeille de fruits.

2 Il dit : Que vois-tu, Amos ?
Je répondis : Une corbeille de fruits.
Et l'Éternel me dit : La fin est
venue pour mon peuple d'Israël ;
Je ne lui pardonnerai plus.

3 En ce jour-là, les chants du palais
seront des gémissements,
Dit le Seigneur, l'Éternel ;
On jettera partout en silence une
multitude de cadavres.

4 Écoutez ceci, vous qui dévorez l'indigent,
Et qui ruinez les malheureux du
pays !

5 Vous dites : Quand la nouvelle lune
sera-t-elle passée,
Afin que nous vendions du blé ?
Quand finira le sabbat, afin que nous
ouvrions les greniers ?
Nous diminuerons l'épha, nous aug-
menterons le prix,
Nous falsifierons les balances pour
tromper ;

6 Puis nous achèterons les misérables
pour de l'argent,
Et le pauvre pour une paire de
souliers,
Et nous vendrons la criblure du
froment.—

7 L'Éternel l'a juré par la gloire de
Jacob :
Je n'oublierai jamais aucune de leurs
œuvres.

8 Le pays, à cause d'elles, ne sera-t-il
pas ébranlé,
Et tous ses habitants ne seront-ils
pas dans le deuil ?
Le pays montera tout entier comme
le fleuve,
Il se soulèvera et s'affaissera comme
le fleuve d'Égypte.

9 En ce jour-là, dit le Seigneur, l'É-
ternel,
Je ferai coucher le soleil à midi,
Et j'obscurcirai la terre en plein
jour ;

10 Je changerai vos fêtes en deuil,
Et tous vos chants en lamentations,

Je couvrirai de sacs tous les reins,
Et je rendrai chauves toutes les têtes;
Je mettrai le pays dans le deuil comme pour un fils unique,
Et sa fin sera comme un jour d'amertume.

11 Voici, les jours viennent, dit le Seigneur, l'Éternel,
Où j'enverrai la famine dans le pays,
Non pas la disette du pain et la soif de l'eau,
Mais la faim et la soif d'entendre les paroles de l'Éternel.

12 Ils seront alors errants d'une mer à l'autre,
Du septentrion à l'orient,
Ils iront çà et là pour chercher la parole de l'Éternel,
Et ils ne la trouveront pas.

13 En ce jour, les belles jeunes filles et les jeunes hommes mourront de soif.

14 Ils jurent par le péché de Samarie,
Et ils disent: Vive ton Dieu, Dan!
Vive la voie de Beer-Schéba!
Mais ils tomberont, et ne se relèveront plus.

9 Je vis le Seigneur qui se tenait sur l'autel.

Et il dit: Frappe les chapiteaux et que les seuils s'ébranlent,
Et brise-les sur leurs têtes à tous!
Je ferai périr le reste par l'épée.
Aucun d'eux ne pourra se sauver en fuyant,
Aucun d'eux n'échappera.

2 S'ils pénètrent dans le séjour des morts,
Ma main les en arrachera;
S'ils montent aux cieux,
Je les en ferai descendre.

3 S'ils se cachent au sommet du Carmel,
Je les y chercherai et je les saisirai;
S'ils se dérobent à mes regards dans le fond de la mer,
Là j'ordonnerai au serpent de les mordre.

4 S'ils vont en captivité devant leurs ennemis,
Là j'ordonnerai à l'épée de les faire périr;

Je dirigerai contre eux mes regards
Pour faire du mal et non du bien.

5 Le Seigneur, l'Éternel des armées, touche la terre, et elle tremble,
Et tous ses habitants sont dans le deuil;
Elle monte tout entière comme le fleuve,
Et elle s'affaisse comme le fleuve d'Égypte.

6 Il a bâti sa demeure dans les cieux,
Et fondé sa voûte sur la terre;
Il appelle les eaux de la mer,
Et les répand à la surface de la terre:
L'Éternel est son nom.

7 N'êtes-vous pas pour moi comme les enfants des Éthiopiens,
Enfants d'Israël? dit l'Éternel.
N'ai-je pas fait sortir Israël du pays d'Égypte,
Comme les Philistins de Caphtor et les Syriens de Kir?

8 Voici, le Seigneur, l'Éternel, a les yeux sur le royaume coupable.
Je le détruirai de dessus la face de la terre;
Toutefois je ne détruirai pas entièrement la maison de Jacob,
Dit l'Éternel.

9 Car voici, je donnerai mes ordres,
Et je secouerai la maison d'Israël parmi toutes les nations,
Comme on secoue avec le crible,
Sans qu'il tombe à terre un seul grain.

10 Tous les pécheurs de mon peuple mourront par l'épée,
Ceux qui disent: Le malheur n'approchera pas, ne nous atteindra pas.

11 En ce temps-là, je relèverai de sa chute la maison de David,
J'en réparerai les brèches, j'en redresserai les ruines,
Et je la rebâtirai comme elle était autrefois,
12 Afin qu'ils possèdent le reste d'Édom et toutes les nations
Sur lesquelles mon nom a été invoqué,
Dit l'Éternel, qui accomplira ces choses.

13 Voici, les jours viennent, dit l'Éternel,
Où le laboureur suivra de près le
moissonneur,
Et celui qui foule le raisin celui qui
répand la semence,
Où le moût ruissellera des montagnes
Et coulera de toutes les collines.
14 Je ramènerai les captifs de mon
peuple d'Israël;

Ils rebâtiront les villes dévastées et
les habiteront,
Ils planteront des vignes et en boi-
ront le vin,
Ils établiront des jardins et en
mangeront les fruits.
Je les planterai dans leur pays, 15
Et ils ne seront plus arrachés du
pays que je leur ai donné,
Dit l'Éternel, ton Dieu.

ABDIAS

Prophétie sur la ruine d'Édom.

1 Prophétie d'Abdias.

Ainsi parle le Seigneur, l'Éternel,
sur Édom:
—Nous avons appris une nouvelle de
la part de l'Éternel,
Et un messager a été envoyé parmi
les nations:
Levez-vous, marchons contre Édom
pour lui faire la guerre!—
2 Voici, je te rendrai petit parmi les
nations,
Tu seras l'objet du plus grand
mépris.
3 L'orgueil de ton cœur t'a égaré,
Toi qui habites le creux des rochers,
Qui t'assieds sur les hauteurs,
Et qui dis en toi-même:
Qui me précipitera jusqu'à terre?
4 Quand tu placerais ton nid aussi
haut que celui de l'aigle,
Quand tu le placerais parmi les
étoiles,
Je t'en précipiterai, dit l'Éternel.
5 Si des voleurs, des pillards, viennent
de nuit chez toi,
Comme te voilà dévasté!
Mais enlèvent-ils plus qu'ils ne peuvent?
Si des vendangeurs viennent chez
toi,
Ne laissent-ils rien à grappiller?…
6 Ah! comme Ésaü est fouillé!
Comme ses trésors sont découverts!
7 Tous tes alliés t'ont chassé jusqu'à
la frontière,
Tes amis t'ont joué, t'ont dominé,

Ceux qui mangeaient ton pain t'ont
dressé des pièges,
Et tu n'as pas su t'en apercevoir!
N'est-ce pas en ce jour, dit l'Éternel, 8
Que je ferai disparaître d'Édom les
sages,
Et de la montagne d'Ésaü l'intelli-
gence?
Tes guerriers, ô Théman, seront dans 9
l'épouvante,
Car tous ceux de la montagne d'Ésaü
périront dans le carnage.

A cause de ta violence contre ton 10
frère Jacob,
Tu seras couvert de honte,
Et tu seras exterminé pour toujours.
Le jour où tu te tenais en face de 11
lui,
Le jour où des étrangers emmenaient
captive son armée,
Où des étrangers entraient dans ses
portes,
Et jetaient le sort sur Jérusalem,
Toi aussi tu étais comme l'un d'eux.
Ne repais pas ta vue du jour de ton 12
frère, du jour de son malheur,
Ne te réjouis pas sur les enfants de
Juda au jour de leur ruine,
Et n'ouvre pas une grande bouche
au jour de la détresse!
N'entre pas dans les portes de mon 13
peuple au jour de sa ruine,
Ne repais pas ta vue de son malheur
au jour de sa ruine,
Et ne porte pas la main sur ses
richesses au jour de sa ruine!
Ne te tiens pas au carrefour pour 14
exterminer ses fuyards,

Et ne livre pas ses réchappés au jour de la détresse!

15 Car le jour de l'Éternel est proche, pour toutes les nations;
Il te sera fait comme tu as fait,
Tes œuvres retomberont sur ta tête,

16 Car, comme vous avez bu sur ma montagne sainte,
Ainsi toutes les nations boiront sans cesse;
Elles boiront, elles avaleront,
Et elles seront comme si elles n'eussent jamais été.

17 Mais le salut sera sur la montagne de Sion, elle sera sainte,
Et la maison de Jacob reprendra ses possessions.

18 La maison de Jacob sera un feu, et la maison de Joseph une flamme;
Mais la maison d'Ésaü sera du chaume,

Qu'elles allumeront et consumeront;

Et il ne restera rien de la maison d'Ésaü,
Car l'Éternel a parlé.

19 Ceux du midi posséderont la montagne d'Ésaü,
Et ceux de la plaine le pays des Philistins;
Ils posséderont le territoire d'Éphraïm et celui de Samarie;
Et Benjamin possédera Galaad.

20 Les captifs de cette armée des enfants d'Israël
Posséderont le pays occupé par les Cananéens jusqu'à Sarepta,
Et les captifs de Jérusalem qui sont à Sepharad
Posséderont les villes du midi.

21 Des libérateurs monteront sur la montagne de Sion,
Pour juger la montagne d'Ésaü;
Et à l'Éternel appartiendra le règne.

JONAS

Vocation de Jonas; fuite et punition.

I La parole de l'Éternel fut adressée à Jonas, fils d'Amitthaï, en ces mots:
2 Lève-toi, va à Ninive, la grande ville, et crie contre elle! car sa méchanceté est montée jusqu'à moi.
3 Et Jonas se leva pour s'enfuir à Tarsis, loin de la face de l'Éternel. Il descendit à Japho, et il trouva un navire qui allait à Tarsis; il paya le prix du transport, et s'embarqua pour aller avec les passagers à Tarsis, loin de la face de l'Éternel.
4 Mais l'Éternel fit souffler sur la mer un vent impétueux, et il s'éleva sur la mer une grande tempête. Le navire menaçait de faire naufrage.
5 Les mariniers eurent peur, ils implorèrent chacun leur dieu, et ils jetèrent dans la mer les objets qui étaient sur le navire, afin de se le rendre plus léger. Jonas descendit au fond du navire, se coucha, et
6 s'endormit profondément. Le pilote s'approcha de lui, et lui dit: Pourquoi dors-tu? Lève-toi, invoque ton Dieu! peut-être voudra-t-il penser à nous, et nous ne périrons pas.
7 Et ils se dirent l'un à l'autre: Venez, et tirons au sort, pour savoir qui nous attire ce malheur. Ils tirèrent au sort, et le sort tomba sur Jonas.
8 Alors ils lui dirent: Dis-nous qui nous attire ce malheur. Quelles sont tes affaires, et d'où viens-tu? Quel est ton pays, et de quel peuple es-tu?
9 Il leur répondit: Je suis hébreu, et je crains l'Éternel, le Dieu des cieux, qui a fait la mer et la terre.
10 Ces hommes eurent une grande frayeur, et ils lui dirent: Pourquoi as-tu fait cela? Car ces hommes savaient qu'il fuyait loin de la face de l'Éternel, parce qu'il le leur avait déclaré.
11 Ils lui dirent: Que te ferons-nous, pour que la mer se calme envers nous? Car la mer était de plus en plus orageuse.
12 Il leur répondit: Prenez-moi, et jetez-

moi dans la mer, et la mer se calmera envers vous; car je sais que c'est moi qui attire sur vous cette grande tempête.

13 Ces hommes ramaient pour gagner la terre, mais ils ne le purent, parce que la mer s'agitait toujours plus 14 contre eux. Alors ils invoquèrent l'Éternel, et dirent: O Éternel, ne nous fais pas périr à cause de la vie de cet homme, et ne nous charge pas du sang innocent! Car toi, Éternel, 15 tu fais ce que tu veux. Puis ils prirent Jonas, et le jetèrent dans la mer. Et la fureur de la mer s'apaisa. 16 Ces hommes furent saisis d'une grande crainte de l'Éternel, et ils offrirent un sacrifice à l'Éternel, et firent des vœux.

Jonas dans le ventre d'un poisson; prière et délivrance.

2 L'Éternel fit venir un grand poisson pour engloutir Jonas, et Jonas fut dans le ventre du poisson trois jours et trois nuits.

2 Jonas, dans le ventre du poisson, 3 pria l'Éternel, son Dieu. Il dit:

Dans ma détresse, j'ai invoqué l'Éternel,
Et il m'a exaucé;
Du sein du séjour des morts j'ai crié,
Et tu as entendu ma voix.
4 Tu m'as jeté dans l'abîme, dans le cœur de la mer,
Et les courants d'eau m'ont environné;
Toutes tes vagues et tous tes flots ont passé sur moi.
5 Je disais: Je suis chassé loin de ton regard!
Mais je verrai encore ton saint temple.
6 Les eaux m'ont couvert jusqu'à m'ôter la vie,
L'abîme m'a enveloppé,
Les roseaux ont entouré ma tête.
7 Je suis descendu jusqu'aux racines des montagnes,
Les barres de la terre m'enfermaient pour toujours;
Mais tu m'as fait remonter vivant de la fosse,
Éternel, mon Dieu!

Quand mon âme était abattue au 8 dedans de moi,
Je me suis souvenu de l'Éternel,
Et ma prière est parvenue jusqu'à toi,
Dans ton saint temple.
Ceux qui s'attachent à de vaines 9 idoles
Éloignent d'eux la miséricorde.
Pour moi, je t'offrirai des sacrifices 10 avec un cri d'actions de grâces,
J'accomplirai les vœux que j'ai faits:
Le salut vient de l'Éternel.

L'Éternel parla au poisson, et le 11 poisson vomit Jonas sur la terre.

Prédication de Jonas à Ninive; repentance des Ninivites.

3 La parole de l'Éternel fut adressée à Jonas une seconde fois, en ces mots:
Lève-toi, va à Ninive, la grande 2 ville, et proclames-y la publication que je t'ordonne!
Et Jonas se leva, et alla à Ninive, 3 selon la parole de l'Éternel. Or Ninive était une très grande ville, de trois jours de marche. Jonas fit 4 d'abord dans la ville une journée de marche; il criait et disait: Encore quarante jours, et Ninive est détruite!
Les gens de Ninive crurent à 5 Dieu, ils publièrent un jeûne, et se revêtirent de sacs, depuis les plus grands jusqu'aux plus petits. La 6 chose parvint au roi de Ninive; il se leva de son trône, ôta son manteau, se couvrit d'un sac, et s'assit sur la cendre. Et il fit faire dans Ninive 7 cette publication, par ordre du roi et de ses grands: Que les hommes et les bêtes, les bœufs et les brebis, ne goûtent de rien, ne paissent point, et ne boivent point d'eau! Que les 8 hommes et les bêtes soient couverts de sacs, qu'ils crient à Dieu avec force, et qu'ils reviennent tous de leur mauvaise voie et des actes de violence dont leurs mains sont coupables! Qui sait si Dieu ne reviendra 9 pas et ne se repentira pas, et s'il ne renoncera pas à son ardente colère, en sorte que nous ne périssions point?

10 Dieu vit qu'ils agissaient ainsi et qu'ils revenaient de leur mauvaise voie. Alors Dieu se repentit du mal qu'il avait résolu de leur faire, et il ne le fit pas.

Mécontentement de Jonas, et reproches de l'Éternel.

4 Cela déplut fort à Jonas, et il fut 2 irrité. Il implora l'Éternel, et il dit: Ah! Éternel, n'est-ce pas ce que je disais quand j'étais encore dans mon pays? C'est ce que je voulais prévenir en fuyant à Tarsis. Car je savais que tu es un Dieu compatissant et miséricordieux, lent à la colère et riche en bonté, et qui te repens du 3 mal. Maintenant, Éternel, prends-moi donc la vie, car la mort m'est préférable à la vie. 4 L'Éternel répondit: Fais-tu bien de t'irriter? 5 Et Jonas sortit de la ville, et s'assit à l'orient de la ville. Là il se fit une cabane, et s'y tint à l'ombre, jusqu'à ce qu'il vît ce qui arriverait 6 dans la ville. L'Éternel Dieu fit croître un ricin, qui s'éleva au-dessus de Jonas, pour donner de l'ombre sur sa tête et pour lui ôter son irritation. Jonas éprouva une grande joie à cause de ce ricin.

Mais le lendemain, a l'aurore, Dieu 7 fit venir un ver qui piqua le ricin, et le ricin sécha. Au lever du soleil, 8 Dieu fit souffler un vent chaud d'orient, et le soleil frappa sur la tête de Jonas, au point qu'il tomba en défaillance. Il demanda la mort, et dit: La mort m'est préférable à la vie.

Dieu dit à Jonas: Fais-tu bien de 9 t'irriter à cause du ricin? Il répondit: Je fais bien de m'irriter jusqu'à la mort. Et l'Éternel dit: Tu as pitié 10 du ricin qui ne t'a coûté aucune peine et que tu n'as pas fait croître, qui est né dans une nuit et qui a péri dans une nuit. Et moi, je n'aurais pas 11 pitié de Ninive, la grande ville, dans laquelle se trouvent plus de cent vingt mille hommes qui ne savent pas distinguer leur droite de leur gauche, et des animaux en grand nombre!

MICHÉE

Menaces de l'Éternel contre Israël et Juda.

I La parole de l'Éternel qui fut adressée à Michée, de Moréscheth, au temps de Jotham, d'Achaz, d'Ézéchias, rois de Juda, prophétie sur Samarie et Jérusalem.

2 Écoutez, vous tous, peuples!
Sois attentive, terre, et ce qui est en toi!
Que le Seigneur, l'Éternel, soit témoin contre vous,
Le Seigneur qui est dans le palais de sa sainteté!
3 Car voici, l'Éternel sort de sa demeure,
Il descend, il marche sur les hauteurs de la terre.
4 Sous lui les montagnes se fondent,
Les vallées s'entr'ouvrent,

Comme la cire devant le feu,
Comme l'eau qui coule sur une pente.
Et tout cela à cause du crime de 5 Jacob,
A cause des péchés de la maison d'Israël!
Quel est le crime de Jacob? n'est-ce pas Samarie?
Quels sont les hauts lieux de Juda? n'est-ce pas Jérusalem?...
Je ferai de Samarie un monceau de 6 pierres dans les champs,
Un lieu pour planter de la vigne;
Je précipiterai ses pierres dans la vallée,
Je mettrai à nu ses fondements.
Toutes ses images taillées seront 7 brisées,
Tous ses salaires impurs seront brûlés au feu,

Et je ravagerai toutes ses idoles:
Recueillies avec le salaire de la prostitution,
Elles deviendront un salaire de prostitution...

8 C'est pourquoi je pleurerai, je me
lamenterai,
Je marcherai déchaussé et nu,
Je pousserai des cris comme le chacal,
Et des gémissements comme l'au-
truche.

9 Car sa plaie est douloureuse;
Elle s'étend jusqu'à Juda,
Elle pénètre jusqu'à la porte de mon
peuple,
Jusqu'à Jérusalem.

10 Ne l'annoncez point dans Gath,
Ne pleurez point dans Acco!
Je me roule dans la poussière à Beth-
Leaphra.

11 Passe, habitante de Schaphir, dans
la nudité et la honte!
L'habitante de Tsaanan n'ose sortir,
Le deuil de Beth-Haëtsel vous prive
de son abri.

12 L'habitante de Maroth tremble pour
son salut,
Car le malheur est descendu de la
part de l'Éternel
Jusqu'à la porte de Jérusalem.

13 Attelle les coursiers à ton char,
Habitante de Lakisch!
Tu as été pour la fille de Sion une
première cause de péché,
Car en toi se sont trouvés les crimes
d'Israël.

14 C'est pourquoi tu renonceras à Moré-
schet-Gath;
Les maisons d'Aczib seront une
source trompeuse
Pour les rois d'Israël.

15 Je t'amènerai un nouveau maître,
habitante de Marécha;
La gloire d'Israël s'en ira jusqu'à
Adullam.

16 Rase-toi, coupe ta chevelure,
A cause de tes enfants chéris!
Rends-toi chauve comme l'aigle,
Car ils s'en vont en captivité loin de
toi!

2 Malheur à ceux qui méditent l'iniquité et qui forgent le mal
Sur leur couche!

Au point du jour ils l'exécutent,
Quand ils ont le pouvoir en main.

2 Ils convoitent des champs, et ils s'en
emparent,
Des maisons, et ils les enlèvent;
Ils portent leur violence sur l'homme
et sur sa maison,
Sur l'homme et sur son héritage.

3 C'est pourquoi ainsi parle l'Éter-
nel:
Voici, je médite contre cette race un
malheur;
Vous n'en préserverez pas vos cous,
Et vous ne marcherez pas la tête
levée,
Car ces temps seront mauvais.

4 En ce jour-là, on fera de vous un
sujet de sarcasme,
On poussera des cris lamentables,
On dira: Nous sommes entièrement
dévastés!
Il donne à d'autres la part de mon
peuple!
Eh quoi! il me l'enlève!
Il distribue nos champs à l'ennemi!...

5 C'est pourquoi tu n'auras personne
Qui étende le cordeau sur un lot,
Dans l'assemblée de l'Éternel.—

6 Ne prophétisez pas! disent-ils.
Qu'on ne prophétise pas de telles
choses!
Les invectives n'ont point de fin!—

7 Oses-tu parler ainsi, maison de Jacob?
L'Éternel est-il prompt à s'irriter?
Est-ce là sa manière d'agir?
Mes paroles ne sont-elles pas favo-
rables
A celui qui marche avec droiture?

8 Depuis longtemps on traite mon
peuple en ennemi;
Vous enlevez le manteau de dessus
les vêtements
De ceux qui passent avec sécurité
En revenant de la guerre.

9 Vous chassez de leurs maisons chéries
les femmes de mon peuple,
Vous ôtez pour toujours ma parure
à leurs enfants.

10 Levez-vous, marchez! car ce n'est
point ici un lieu de repos;
A cause de la souillure, il y aura des
douleurs, des douleurs violentes.

11 Si un homme court après le vent et
débite des mensonges:

Je vais te prophétiser sur le vin, sur
les boissons fortes!
Ce sera pour ce peuple un prophète.

12 Je te rassemblerai tout entier, ô
Jacob!
Je rassemblerai les restes d'Israël,
Je les réunirai comme les brebis d'une
bergerie,
Comme le troupeau dans son pâtu-
rage;
Il y aura un grand bruit d'hommes.

13 Celui qui fera la brèche montera
devant eux;
Ils feront la brèche, franchiront la
porte et en sortiront;
Leur roi marchera devant eux,
Et l'Éternel sera à leur tête.

Censures et promesses.

3 Je dis: Écoutez, chefs de Jacob,
Et princes de la maison d'Israël!
N'est-ce pas à vous à connaître la
justice?
2 Vous haïssez le bien et vous aimez
le mal;
Vous leur arrachez la peau et la
chair de dessus les os.
3 Ils dévorent la chair de mon peuple,
Lui arrachent la peau,
Et lui brisent les os;
Ils le mettent en pièces comme ce
qu'on cuit dans un pot,
Comme de la viande dans une chaudière.
4 Alors ils crieront vers l'Éternel,
Mais il ne leur répondra pas;
Il leur cachera sa face en ce temps-
là,
Parce qu'ils ont fait de mauvaises
actions.

5 Ainsi parle l'Éternel sur les prophètes
qui égarent mon peuple,
Qui annoncent la paix si leurs dents
ont quelque chose à mordre,
Et qui publient la guerre si on ne
leur met rien dans la bouche:
6 A cause de cela, vous aurez la nuit...,
et plus de visions!
Vous aurez les ténèbres..., et plus
d'oracles!
Le soleil se couchera sur ces prophètes,

Le jour s'obscurcira sur eux.
Les voyants seront confus, les devins 7
rougiront,
Tous se couvriront la barbe;
Car Dieu ne répondra pas.
Mais moi, je suis rempli de force, de 8
l'esprit de l'Éternel,
Je suis rempli de justice et de vi-
gueur,
Pour faire connaître à Jacob son
crime,
Et à Israël son péché.

Écoutez donc ceci, chefs de la maison 9
de Jacob,
Et princes de la maison d'Israël,
Vous qui avez en horreur la justice,
Et qui pervertissez tout ce qui est
droit,
Vous qui bâtissez Sion avec le sang, 10
Et Jérusalem avec l'iniquité!
Ses chefs jugent pour des présents, 11
Ses sacrificateurs enseignent pour un
salaire,
Et ses prophètes prédisent pour de
l'argent;
Et ils osent s'appuyer sur l'Éternel,
ils disent:
L'Éternel n'est-il pas au milieu de
nous?
Le malheur ne nous atteindra pas.
C'est pourquoi, à cause de vous, 12
Sion sera labourée comme un champ,
Jérusalem deviendra un monceau de
pierres,
Et la montagne du temple une som-
mité couverte de bois.

4 Il arrivera, dans la suite des temps,
Que la montagne de la maison de
l'Éternel
Sera fondée sur le sommet des mon-
tagnes,
Qu'elle s'élèvera par-dessus les col-
lines,
Et que les peuples y afflueront.
Des nations s'y rendront en foule, et 2
diront:
Venez, et montons à la montagne de
l'Éternel,
A la maison du Dieu de Jacob,
Afin qu'il nous enseigne ses voies,
Et que nous marchions dans ses
sentiers.
Car de Sion sortira la loi,

Et de Jérusalem la parole de l'Éternel.

3 Il sera le juge d'un grand nombre de peuples,
L'arbitre de nations puissantes, lointaines.
De leurs glaives ils forgeront des hoyaux,
Et de leurs lances des serpes;
Une nation ne tirera plus l'épée contre une autre,
Et l'on n'apprendra plus la guerre.

4 Ils habiteront chacun sous sa vigne et sous son figuier,
Et il n'y aura personne pour les troubler;
Car la bouche de l'Éternel des armées a parlé.

5 Tandis que tous les peuples marchent chacun au nom de son dieu,
Nous marcherons, nous, au nom de l'Éternel, notre Dieu,
A toujours et à perpétuité.

6 En ce jour-là, dit l'Éternel, je recueillerai les boiteux,
Je rassemblerai ceux qui étaient chassés,
Ceux que j'avais maltraités.

7 Des boiteux je ferai un reste,
De ceux qui étaient chassés une nation puissante;
Et l'Éternel régnera sur eux, à la montagne de Sion,
Dès lors et pour toujours.

8 Et toi, tour du troupeau, colline de la fille de Sion,
A toi viendra, à toi arrivera l'ancienne domination,
Le royaume de la fille de Jérusalem.

9 Pourquoi maintenant pousses-tu des cris?
N'as-tu point de roi, plus de conseiller,
Pour que la douleur te saisisse comme une femme qui accouche?

10 Fille de Sion, souffre et gémis comme une femme qui accouche!
Car maintenant tu sortiras de la ville et tu habiteras dans les champs,
Et tu iras jusqu'à Babylone;
Là tu seras délivrée,
C'est là que l'Éternel te rachètera de la main de tes ennemis.

11 Maintenant plusieurs nations se sont rassemblées contre toi:
Qu'elle soit profanée, disent-elles,
Et que nos yeux se rassasient dans Sion!

12 Mais elles ne connaissent pas les pensées de l'Éternel,
Elles ne comprennent pas ses desseins,
Elles ignorent qu'il les a rassemblées comme des gerbes dans l'aire.

13 Fille de Sion, lève-toi et foule!
Je te ferai une corne de fer et des ongles d'airain,
Et tu broieras des peuples nombreux;
Tu consacreras leurs biens à l'Éternel,
Leurs richesses au Seigneur de toute la terre.

14 Maintenant, fille de troupes, rassemble tes troupes!
On nous assiège;
Avec la verge on frappe sur la joue le juge d'Israël.

5

Et toi, Bethléhem Éphrata,
Petite entre les milliers de Juda,
De toi sortira pour moi
Celui qui dominera sur Israël,
Et dont l'origine remonte aux temps anciens,
Aux jours de l'éternité.

2 C'est pourquoi il les livrera
Jusqu'au temps où enfantera celle qui doit enfanter,
Et le reste de ses frères
Reviendra auprès des enfants d'Israël.

3 Il se présentera, et il gouvernera avec la force de l'Éternel,
Avec la majesté du nom de l'Éternel, son Dieu:
Et ils auront une demeure assurée,
Car il sera glorifié jusqu'aux extrémités de la terre.

4 C'est lui qui ramènera la paix.
Lorsque l'Assyrien viendra dans notre pays,
Et qu'il pénétrera dans nos palais,
Nous ferons lever contre lui sept pasteurs
Et huit princes du peuple.

5 Ils feront avec l'épée leur pâture du pays d'Assyrie
Et du pays de Nimrod au dedans de ses portes.

Il nous délivrera ainsi de l'Assyrien,
Lorsqu'il viendra dans notre pays,
Et qu'il pénétrera sur notre territoire.

6 Le reste de Jacob sera au milieu des
peuples nombreux
Comme une rosée qui vient de l'Éternel,
Comme des gouttes d'eau sur l'herbe :
Elles ne comptent pas sur l'homme,
Elles ne dépendent pas des enfants
des hommes.

7 Le reste de Jacob sera parmi les
nations,
Au milieu des peuples nombreux,
Comme un lion parmi les bêtes de
la forêt,
Comme un lionceau parmi les troupeaux de brebis :
Lorsqu'il passe, il foule et déchire,
Et personne ne délivre.

8 Que ta main se lève sur tes adversaires,
Et que tous tes ennemis soient exterminés !

9 En ce jour-là, dit l'Éternel,
J'exterminerai du milieu de toi tes
chevaux,
Et je détruirai tes chars ;

10 J'exterminerai les villes de ton pays,
Et je renverserai toutes tes forteresses ;

11 J'exterminerai de ta main les enchantements,
Et tu n'auras plus de magiciens ;

12 J'exterminerai du milieu de toi tes
idoles et tes statues,
Et tu ne te prosterneras plus devant
l'ouvrage de tes mains ;

13 J'exterminerai du milieu de toi tes
idoles d'Astarté,
Et je détruirai tes villes.

14 J'exercerai ma vengeance avec colère,
avec fureur, sur les nations
Qui n'ont pas écouté.

*Procès de l'Éternel avec son peuple. La
miséricorde de l'Éternel.*

6 Écoutez donc ce que dit l'Éternel :
Lève-toi, plaide devant les montagnes,
Et que les collines entendent ta
voix !...

Écoutez, montagnes, le procès de 2
l'Éternel,
Et vous, solides fondements de la
terre !
Car l'Éternel a un procès avec son
peuple,
Il veut plaider avec Israël. —
Mon peuple, que t'ai-je fait ? 3
En quoi t'ai je fatigué ?
Réponds-moi !
Car je t'ai fait monter du pays 4
d'Égypte,
Je t'ai délivré de la maison de servitude,
Et j'ai envoyé devant toi Moïse,
Aaron et Marie.
Mon peuple, rappelle-toi ce que 5
projetait Balak, roi de Moab,
Et ce que lui répondit Balaam, fils
de Beor,
De Sittim à Guilgal,
Afin que tu reconnaisses les bienfaits
de l'Éternel.

Avec quoi me présenterai-je devant 6
l'Éternel,
Pour m'humilier devant le Dieu Très-
Haut ?
Me présenterai-je avec des holocaustes,
Avec des veaux d'un an ?
L'Éternel agréera-t-il des milliers de 7
béliers,
Des myriades de torrents d'huile ?
Donnerai-je pour mes transgressions
mon premier-né,
Pour le péché de mon âme le fruit
de mes entrailles ? —
On t'a fait connaître, ô homme, ce 8
qui est bien ;
Et ce que l'Éternel demande de toi,
C'est que tu pratiques la justice,
Que tu aimes la miséricorde,
Et que tu marches humblement avec
ton Dieu.

La voix de l'Éternel crie à la ville, 9
Et celui qui est sage craindra ton nom.
Entendez la verge et celui qui l'envoie !
Y a-t-il encore dans la maison du 10
méchant
Des trésors iniques,
Et un épha trop petit, objet de malédiction ?

11 Est-on pur avec des balances fausses,
Et avec de faux poids dans le sac?
12 Ses riches sont pleins de violence,
Ses habitants profèrent le mensonge,
Et leur langue n'est que tromperie
dans leur bouche.
13 C'est pourquoi je te frapperai par la
souffrance,
Je te ravagerai à cause de tes péchés.
14 Tu mangeras sans te rassasier,
Et la faim sera au dedans de toi;
Tu mettras en réserve et tu ne sauveras pas,
Et ce que tu sauveras, je le livrerai à
l'épée.
15 Tu sèmeras, et tu ne moissonneras pas,
Tu presseras l'olive, et tu ne feras
pas d'onctions avec l'huile,
Tu presseras le moût, et tu ne boiras
pas le vin.
16 On observe les coutumes d'Omri
Et toute la manière d'agir de la
maison d'Achab,
Et vous marchez d'après leurs conseils;
C'est pourquoi je te livrerai à la destruction,
Je ferai de tes habitants un sujet de
raillerie,
Et vous porterez l'opprobre de mon
peuple.

7 Malheur à moi! car je suis comme à
la récolte des fruits,
Comme au grappillage après la vendange:
Il n'y a point de grappes à manger,
Point de ces primeurs que mon âme
désire.
2 L'homme de bien a disparu du pays,
Et il n'y a plus de juste parmi les
hommes;
Ils sont tous en embuscade pour
verser le sang,
Chacun tend un piège à son frère.
3 Leurs mains sont habiles à faire le
mal:
Le prince a des exigences,
Le juge réclame un salaire,
Le grand manifeste son avidité,
Et ils font ainsi cause commune.
4 Le meilleur d'entre eux est comme
une ronce,
Le plus droit pire qu'un buisson d'é-
pines.

Le jour annoncé par tes prophètes,
ton châtiment approche.
C'est alors qu'ils seront dans la con-
fusion.
Ne crois pas à un ami, 5
Ne te fie pas à un intime;
Devant celle qui repose sur ton sein
Garde les portes de ta bouche.
Car le fils outrage le père, 6
La fille se soulève contre sa mère,
La belle-fille contre sa belle-mère;
Chacun a pour ennemis les gens de
sa maison.—

Pour moi, je regarderai vers l'Éternel, 7
Je mettrai mon espérance dans le
Dieu de mon salut;
Mon Dieu m'exaucera.
Ne te réjouis pas à mon sujet, mon 8
ennemie!
Car si je suis tombée, je me relè-
verai;
Si je suis assise dans les ténèbres,
L'Éternel sera ma lumière.
Je supporterai la colère de l'Éternel, 9
Puisque j'ai péché contre lui,
Jusqu'à ce qu'il défende ma cause et
me fasse droit;
Il me conduira à la lumière,
Et je contemplerai sa justice.
Mon ennemie le verra et sera cou-
verte de honte, 10
Elle qui me disait: Où est l'Éternel,
ton Dieu?
Mes yeux se réjouiront à sa vue;
Alors elle sera foulée aux pieds
comme la boue des rues.—

Le jour où l'on rebâtira tes murs, 11
Ce jour-là tes limites seront reculées.
En ce jour, on viendra vers toi 12
De l'Assyrie et des villes d'Égypte,
De l'Égypte jusqu'au fleuve,
D'une mer à l'autre, et d'une mon-
tagne à l'autre.
Le pays sera dévasté à cause de ses 13
habitants,
A cause du fruit de leurs œuvres.

Pais ton peuple avec ta houlette, le 14
troupeau de ton héritage,
Qui habite solitaire dans la forêt au
milieu du Carmel!
Qu'ils paissent sur le Basan et en
Galaad,

Comme au jour d'autrefois.—

15 Comme au jour où tu sortis du pays d'Égypte,
Je te ferai voir des prodiges.—

16 Les nations le verront, et seront confuses,
Avec toute leur puissance;
Elles mettront la main sur la bouche,
Leurs oreilles seront assourdies.

17 Elles lécheront la poussière, comme le serpent,
Comme les reptiles de la terre;
Elles seront saisies de frayeur hors de leurs forteresses;
Elles trembleront devant l'Éternel, notre Dieu,
Elles te craindront.

18 Quel Dieu est semblable à toi,
Qui pardonnes l'iniquité, qui oublies les péchés
Du reste de ton héritage?
Il ne garde pas sa colère à toujours,
Car il prend plaisir à la miséricorde.

19 Il aura encore compassion de nous,
Il mettra sous ses pieds nos iniquités;
Tu jetteras au fond de la mer tous leurs péchés.

20 Tu témoigneras de la fidélité à Jacob,
De la bonté à Abraham,
Comme tu l'as juré à nos pères aux jours d'autrefois.

NAHUM

I Oracle sur Ninive. Livre de la prophétie de Nahum, d'Elkosch.

2 L'Éternel est un Dieu jaloux, il se venge;
L'Éternel se venge, il est plein de fureur;
L'Éternel se venge de ses adversaires,
Il garde rancune à ses ennemis.

3 L'Éternel est lent à la colère, il est grand par sa force;
Il ne laisse pas impuni.
L'Éternel marche dans la tempête, dans le tourbillon;
Les nuées sont la poussière de ses pieds.

4 Il menace la mer et la dessèche,
Il fait tarir tous les fleuves;
Le Basan et le Carmel languissent,
La fleur du Liban se flétrit.

5 Les montagnes s'ébranlent devant lui,
Et les collines se fondent;
La terre se soulève devant sa face,
Le monde et tous ses habitants.

6 Qui résistera devant sa fureur?
Qui tiendra contre son ardente colère?
Sa fureur se répand comme le feu,
Et les rochers se brisent devant lui.

7 L'Éternel est bon,
Il est un refuge au jour de la détresse;
Il connaît ceux qui se confient en lui.

8 Mais avec des flots qui déborderont
Il détruira la ville,
Et il poursuivra ses ennemis jusque dans les ténèbres.

9 Que méditez-vous contre l'Éternel?
C'est lui qui détruit.
La détresse ne paraîtra pas deux fois.

10 Car entrelacés comme des épines,
Et comme ivres de leur vin,
Ils seront consumés
Comme la paille sèche, entièrement.

11 De toi est sorti
Celui qui méditait le mal contre l'Éternel,
Celui qui avait de méchants desseins.

12 Ainsi parle l'Éternel: Quoique intacts et nombreux,
Ils seront moissonnés et disparaîtront.
Je veux t'humilier,
Pour ne plus avoir à t'humilier...

13 Je briserai maintenant son joug de dessus toi,
Et je romprai tes liens...

14 Voici ce qu'a ordonné sur toi l'Éternel:
Tu n'auras plus de descendants qui portent ton nom;
J'enlèverai de la maison de ton dieu les images taillées ou en fonte;

Je préparerai ton sépulcre, car tu es trop léger.

2 Voici sur les montagnes
Les pieds du messager qui annonce la paix !
Célèbre tes fêtes, Juda, accomplis tes vœux !
Car le méchant ne passera plus au milieu de toi,
Il est entièrement exterminé…

2 Le destructeur marche contre toi.
Garde la forteresse !
Veille sur la route ! affermis tes reins !
Recueille toute ta force !…

3 Car l'Éternel rétablit la gloire de Jacob
Et la gloire d'Israël,
Parce que les pillards les ont pillés
Et ont détruit leurs ceps…

4 Les boucliers de ses héros sont rouges,
Les guerriers sont vêtus de pourpre ;
Avec le fer qui étincelle apparaissent les chars,
Au jour qu'il a fixé pour la bataille,
Et les lances sont agitées.

5 Les chars s'élancent dans la campagne,
Se précipitent sur les places ;
A les voir, on dirait des flambeaux,
Ils courent comme des éclairs…

6 Il se souvient de ses vaillants hommes,
Mais ils chancellent dans leur marche ;
On se hâte vers les murs,
Et l'on se prépare à la défense…

7 Les portes des fleuves sont ouvertes,
Et le palais s'écroule !…

8 C'en est fait : elle est mise à nu, elle est emmenée ;
Ses servantes gémissent comme des colombes,
Et se frappent la poitrine.

9 Ninive était jadis comme un réservoir plein d'eau…
Les voilà qui fuient…
Arrêtez ! arrêtez !…
Mais nul ne se retourne…

10 Pillez l'argent ! pillez l'or !
Il y a des trésors sans fin,
Des richesses en objets précieux de toute espèce.

11 On pille, on dévaste, on ravage !

Et les cœurs sont abattus,
Les genoux chancellent,
Tous les reins souffrent,
Tous les visages pâlissent.

Qu'est devenu ce repaire de lions, 12
Ce pâturage des lionceaux,
Où se retiraient le lion, la lionne, le petit du lion,
Sans qu'il y eût personne pour les troubler ?

Le lion déchirait pour ses petits, 13
Étranglait pour ses lionnes ;
Il remplissait de proie ses antres,
De dépouilles ses repaires.

Voici, j'en veux à toi, dit l'Éternel 14 des armées ;
Je réduirai tes chars en fumée,
L'épée dévorera tes lionceaux,
J'arracherai du pays ta proie,
Et l'on n'entendra plus la voix de tes messagers.

Malheur à la ville sanguinaire, **3**
Pleine de mensonge, pleine de violence,
Et qui ne cesse de se livrer à la rapine !…

On entend le bruit du fouet, 2
Le bruit des roues,
Le galop des chevaux,
Le roulement des chars.

Les cavaliers s'élancent, l'épée étincelle, la lance brille… 3
Une multitude de blessés !…une foule de cadavres !…
Des morts à l'infini !…
On tombe sur les morts !…

C'est à cause des nombreuses prostitutions de la prostituée, 4
Pleine d'attraits, habile enchanteresse,
Qui vendait les nations par ses prostitutions
Et les peuples par ses enchantements.

Voici, j'en veux à toi, dit l'Éternel 5 des armées,
Je relèverai tes pans jusque sur ton visage,
Je montrerai ta nudité aux nations,
Et ta honte aux royaumes.

Je jetterai sur toi des impuretés, je 6 t'avilirai,
Et je te donnerai en spectacle.

7 Tous ceux qui te verront fuiront loin
de toi,
Et l'on dira : Ninive est détruite !
Qui la plaindra ?
Où te chercherai-je des consolateurs ?

8 Es-tu meilleure que No-Amon,
Qui était assise au milieu des fleuves,
Entourée par les eaux,
Ayant la mer pour rempart,
La mer pour murailles ?
9 L'Éthiopie et les Égyptiens innombrables faisaient sa force,
Puth et les Libyens étaient ses auxiliaires.
10 Et cependant elle est partie pour
l'exil, elle s'en est allée captive ;
Ses enfants ont été écrasés au coin
de toutes les rues ;
On a jeté le sort sur ses nobles,
Et tous ses grands ont été chargés
de chaînes.
11 Toi aussi, tu seras enivrée, tu te
cacheras ;
Toi aussi, tu chercheras un refuge
contre l'ennemi.

12 Toutes tes forteresses
Sont des figuiers avec les primeurs ;
Quand on les secoue,
Elles tombent dans la bouche de qui
veut les manger.
13 Voici, ton peuple, ce sont des femmes
au milieu de toi ;
Les portes de ton pays s'ouvrent à
tes ennemis ;

Le feu consume tes verrous.
Puise de l'eau pour le siège ! 14
Répare tes forteresses !
Entre dans la boue, foule l'argile !
Rétablis le four à briques !
Là, le feu te dévorera, 15
L'épée t'exterminera,
Te dévorera comme des sauterelles.
Entasse-toi comme les sauterelles !
Entasse-toi comme les sauterelles !
Tes marchands, plus nombreux 16
Que les étoiles du ciel,
Sont comme la sauterelle qui ouvre
les ailes et s'envole.
Tes princes sont comme les sau- 17
terelles,
Tes chefs comme une multitude de
sauterelles,
Qui se posent sur les haies au temps
de la froidure :
Le soleil paraît, elles s'envolent,
Et l'on ne connaît plus le lieu où
elles étaient.
Tes bergers sommeillent, roi d'As- 18
syrie,
Tes vaillants hommes reposent ;
Ton peuple est dispersé sur les mon-
tagnes,
Et nul ne le rassemble.
Il n'y a point de remède à ta blessure, 19
Ta plaie est mortelle.
Tous ceux qui entendront parler de
toi
Battront des mains sur toi ;
Car quel est celui que ta méchanceté
n'a pas atteint ?

HABAKUK

1 Oracle révélé à Habakuk, le prophète.

2 Jusques à quand, ô Éternel ?...J'ai
crié,
Et tu n'écoutes pas !
J'ai crié vers toi à la violence,
Et tu ne secours pas !
3 Pourquoi me fais-tu voir l'iniquité,
Et contemples-tu l'injustice ?
Pourquoi l'oppression et la violence
sont-elles devant moi ?
Il y a des querelles, et la discorde
s'élève.

Aussi la loi n'a point de vie, 4
La justice n'a point de force ;
Car le méchant triomphe du juste,
Et l'on rend des jugements iniques. —

Jetez les yeux parmi les nations, 5
regardez,
Et soyez saisis d'étonnement, d'épouvante !
Car je vais faire en vos jours une
œuvre,
Que vous ne croiriez pas si on la
racontait.
Voici, je vais susciter les Chaldéens, 6

Peuple furibond et impétueux,
Qui traverse de vastes étendues de pays,
Pour s'emparer de demeures qui ne sont pas à lui.

7 Il est terrible et formidable;
De lui seul viennent son droit et sa grandeur.

8 Ses chevaux sont plus rapides que les léopards,
Plus agiles que les loups du soir,
Et ses cavaliers s'avancent avec orgueil;
Ses cavaliers arrivent de loin,
Ils volent comme l'aigle qui fond sur sa proie.

9 Tout ce peuple vient pour se livrer au pillage;
Ses regards avides se portent en avant,
Et il assemble des prisonniers comme du sable.

10 Il se moque des rois,
Et les princes font l'objet de ses railleries;
Il se rit de toutes les forteresses,
Il amoncelle de la terre, et il les prend.

11 Alors son ardeur redouble,
Il poursuit sa marche, et il se rend coupable.
Sa force à lui, voilà son dieu!—

12 N'es-tu pas de toute éternité,
Éternel, mon Dieu, mon Saint?
Nous ne mourrons pas!
O Éternel, tu as établi ce peuple pour exercer tes jugements;
O mon rocher, tu l'as suscité pour infliger tes châtiments.

13 Tes yeux sont trop purs pour voir le mal,
Et tu ne peux pas regarder l'iniquité.
Pourquoi regarderais-tu les perfides, et te tairais-tu,
Quand le méchant dévore celui qui est plus juste que lui?

14 Traiterais-tu l'homme comme les poissons de la mer,
Comme le reptile qui n'a point de maître?

15 Il les fait tous monter avec l'hameçon,
Il les attire dans son filet,
Il les assemble dans ses rets:
Aussi est-il dans la joie et dans l'allégresse.

16 C'est pourquoi il sacrifie à son filet,
Il offre de l'encens à ses rets;
Car par eux sa portion est grasse,
Et sa nourriture succulente.

17 Videra-t-il pour cela son filet,
Et toujours égorgera-t-il sans pitié les nations?

2

J'étais à mon poste,
Et je me tenais sur la tour;
Je veillais, pour voir ce que l'Éternel me dirait,
Et ce que je répliquerais après ma plainte.

2 L'Éternel m'adressa la parole, et il dit:
Écris la prophétie:
Grave-la sur des tables,
Afin qu'on la lise couramment.

3 Car c'est une prophétie dont le temps est déjà fixé,
Elle marche vers son terme, et elle ne mentira pas;
Si elle tarde, attends-la,
Car elle s'accomplira, elle s'accomplira certainement.

4 Voici, son âme s'est enflée, elle n'est pas droite en lui;
Mais le juste vivra par sa foi.

5 Pareil à celui qui est ivre et arrogant,
L'orgueilleux ne demeure pas tranquille;
Il élargit sa bouche comme le séjour des morts,
Il est insatiable comme la mort;
Il attire à lui toutes les nations,
Il assemble auprès de lui tous les peuples.

6 Ne sera-t-il pas pour tous un sujet de sarcasme,
De railleries et d'énigmes?
On dira:
Malheur à celui qui accumule ce qui n'est pas à lui!
Jusques à quand?...
Malheur à celui qui augmente le fardeau de ses dettes!

7 Tes créanciers ne se lèveront-ils pas soudain?
Tes oppresseurs ne se réveilleront-ils pas?
Et tu deviendras leur proie.

8 Parce que tu as pillé beaucoup de nations,

Tout le reste des peuples te pillera ;
Car tu as répandu le sang des hommes,
Tu as commis des violences dans le pays,
Contre la ville et tous ses habitants.

9 Malheur à celui qui amasse pour sa maison des gains iniques,
Afin de placer son nid dans un lieu élevé,
Pour se garantir de la main du malheur !
10 C'est l'opprobre de ta maison que tu as résolu,
En détruisant des peuples nombreux,
Et c'est contre toi-même que tu as péché.
11 Car la pierre crie du milieu de la muraille,
Et le bois qui lie la charpente lui répond.

12 Malheur à celui qui bâtit une ville avec le sang,
Qui fonde une ville avec l'iniquité !
13 Voici, quand l'Éternel des armées l'a résolu,
Les peuples travaillent pour le feu,
Les nations se fatiguent en vain.
14 Car la terre sera remplie de la connaissance de la gloire de l'Éternel,
Comme le fond de la mer par les eaux qui le couvrent.

15 Malheur à celui qui fait boire son prochain,
A toi qui verses ton outre et qui l'enivres,
Afin de voir sa nudité !
16 Tu seras rassasié de honte plus que de gloire ;
Bois aussi toi-même, et découvre-toi !
La coupe de la droite de l'Éternel se tournera vers toi,
Et l'ignominie souillera ta gloire.
17 Car les violences contre le Liban retomberont sur toi,
Et les ravages des bêtes t'effraieront,
Parce que tu as répandu le sang des hommes,
Et commis des violences dans le pays,
Contre la ville et tous ses habitants.

A quoi sert une image taillée, pour 18 qu'un ouvrier la taille ?
A quoi sert une image en fonte et qui enseigne le mensonge,
Pour que l'ouvrier qui l'a faite place en elle sa confiance,
Tandis qu'il fabrique des idoles muettes ?
Malheur à celui qui dit au bois : 19 Lève-toi !
A une pierre muette : Réveille-toi !
Donnera-t-elle instruction ?
Voici, elle est garnie d'or et d'argent,
Mais il n'y a point en elle un esprit qui l'anime.
L'Éternel est dans son saint temple. 20
Que toute la terre fasse silence devant lui !

Prière de Habakuk, le prophète. 3
(Sur le mode des complaintes.)

Éternel, j'ai entendu ce que tu as an- 2 noncé, je suis saisi de crainte.
Accomplis ton œuvre dans le cours des années, ô Éternel !
Dans le cours des années manifeste-la !
Mais dans ta colère souviens-toi de tes compassions !

Dieu vient de Théman, 3
Le Saint vient de la montagne de Paran…—Pause.
Sa majesté couvre les cieux,
Et sa gloire remplit la terre.
C'est comme l'éclat de la lumière ; 4
Des rayons partent de sa main ;
Là réside sa force.
Devant lui marche la peste, 5
Et la peste est sur ses traces.
Il s'arrête, et de l'œil il mesure la 6 terre ;
Il regarde, et il fait trembler les nations ;
Les montagnes éternelles se brisent,
Les collines antiques s'abaissent ;
Les sentiers d'autrefois s'ouvrent devant lui.
Je vois dans la détresse les tentes de 7 l'Éthiopie,
Et les tentes du pays de Madian sont dans l'épouvante.

8 L'Éternel est-il irrité contre les fleuves ?
Est-ce contre les fleuves que s'enflamme ta colère,
Contre la mer que se répand ta fureur,
Pour que tu sois monté sur tes chevaux,
Sur ton char de victoire ?
9 Ton arc est mis à nu ;
Les malédictions sont les traits de ta parole…—Pause.
Tu fends la terre pour donner cours aux fleuves.
10 A ton aspect, les montagnes tremblent ;
Des torrents d'eau se précipitent ;
L'abîme fait entendre sa voix,
Il lève ses mains en haut.
11 Le soleil et la lune s'arrêtent dans leur demeure,
A la lumière de tes flèches qui partent,
A la clarté de ta lance qui brille.
12 Tu parcours la terre dans ta fureur,
Tu écrases les nations dans ta colère.
13 Tu sors pour délivrer ton peuple,
Pour délivrer ton oint ;
Tu brises le faîte de la maison du méchant,
Tu la détruis de fond en comble.—Pause.
14 Tu perces de tes traits la tête de ses chefs,
Qui se précipitent comme la tempête pour me disperser,

Poussant des cris de joie,
Comme s'ils dévoraient déjà le malheureux dans leur repaire.
15 Avec tes chevaux tu foules la mer,
La boue des grandes eaux.

16 J'ai entendu.…Et mes entrailles sont émues.
A cette voix, mes lèvres frémissent,
Mes os se consument,
Et mes genoux chancellent :
En silence je dois attendre le jour de la détresse,
Le jour où l'oppresseur marchera contre le peuple.
17 Car le figuier ne fleurira pas,
La vigne ne produira rien,
Le fruit de l'olivier manquera,
Les champs ne donneront pas de nourriture ;
Les brebis disparaîtront du pâturage,
Et il n'y aura plus de bœufs dans les étables,
18 Toutefois, je veux me réjouir en l'Éternel,
Je veux me réjouir dans le Dieu de mon salut.
19 L'Éternel, le Seigneur, est ma force ;
Il rend mes pieds semblables à ceux des biches,
Et il me fait marcher sur mes lieux élevés.

Au chef des chantres. Avec instruments à cordes.

SOPHONIE

Menaces contre Juda et Jérusalem.

I La parole de l'Éternel qui fut adressée à Sophonie, fils de Cuschi, fils de Guedalia, fils d'Amaria, fils d'Ézéchias, au temps de Josias, fils d'Amon, roi de Juda.

2 Je détruirai tout sur la face de la terre,
Dit l'Éternel.
3 Je détruirai les hommes et les bêtes,
Les oiseaux du ciel et les poissons de la mer,

Les objets de scandale, et les méchants avec eux ;
J'exterminerai les hommes de la face de la terre,
Dit l'Éternel.
4 J'étendrai ma main sur Juda,
Et sur tous les habitants de Jérusalem ;
J'exterminerai de ce lieu les restes de Baal,
Le nom de ses ministres et les prêtres avec eux,
5 Ceux qui se prosternent sur les toits devant l'armée des cieux,

Ceux qui se prosternent en jurant par l'Éternel
Et en jurant par leur roi,

6 Ceux qui se sont détournés de l'Éternel,
Et ceux qui ne cherchent pas l'Éternel,
Qui ne le consultent pas.

7 Silence devant le Seigneur, l'Éternel!
Car le jour de l'Éternel est proche,
Car l'Éternel a préparé le sacrifice,
Il a choisi ses conviés.

8 Au jour du sacrifice de l'Éternel,
Je châtierai les princes et les fils du roi,
Et tous ceux qui portent des vêtements étrangers.

9 En ce jour-là, je châtierai tous ceux qui sautent par-dessus le seuil,
Ceux qui remplissent de violence et de fraude la maison de leur maître.

10 En ce jour-là, dit l'Éternel,
Il y aura des cris à la porte des poissons,
Des lamentations dans l'autre quartier de la ville,
Et un grand désastre sur les collines.

11 Gémissez, habitants de Macthesch!
Car tous ceux qui trafiquent sont détruits,
Tous les hommes chargés d'argent sont exterminés.

12 En ce temps-là, je fouillerai Jérusalem avec des lampes,
Et je châtierai les hommes qui reposent sur leurs lies,
Et qui disent dans leur cœur: L'Éternel ne fait ni bien ni mal.

13 Leurs biens seront au pillage,
Et leurs maisons seront dévastées;
Ils auront bâti des maisons, qu'ils n'habiteront plus,
Ils auront planté des vignes, dont ils ne boiront plus le vin.

14 Le grand jour de l'Éternel est proche,
Il est proche, il arrive en toute hâte;
Le jour de l'Éternel fait entendre sa voix,
Et le héros pousse des cris amers.

15 Ce jour est un jour de fureur,
Un jour de détresse et d'angoisse,
Un jour de ravage et de destruction,
Un jour de ténèbres et d'obscurité,
Un jour de nuées et de brouillards,

16 Un jour où retentiront la trompette et les cris de guerre
Contre les villes fortes et les tours élevées.

17 Je mettrai les hommes dans la détresse,
Et ils marcheront comme des aveugles,
Parce qu'ils ont péché contre l'Éternel;
Je répandrai leur sang comme de la poussière,
Et leur chair comme de l'ordure.

18 Ni leur argent ni leur or ne pourront les délivrer,
Au jour de la fureur de l'Éternel;
Par le feu de sa jalousie tout le pays sera consumé;
Car il détruira soudain tous les habitants du pays.

Menaces contre les peuples étrangers.

2 Rentrez en vous-mêmes, examinez-vous,
Nation sans pudeur,

2 Avant que le décret s'exécute
Et que ce jour passe comme la balle,
Avant que la colère ardente de l'Éternel fonde sur vous,
Avant que le jour de la colère de l'Éternel fonde sur vous!

3 Cherchez l'Éternel, vous tous, humbles du pays,
Qui pratiquez ses ordonnances!
Recherchez la justice, recherchez l'humilité!
Peut-être serez-vous épargnés au jour de la colère de l'Éternel.

4 Car Gaza sera délaissée,
Askalon sera réduite en désert,
Asdod sera chassée en plein midi,
Ékron sera déracinée.

5 Malheur aux habitants des côtes de la mer, à la nation des Kéréthiens!
L'Éternel a parlé contre toi, Canaan, pays des Philistins!
Je te détruirai, tu n'auras plus d'habitants.

6 Les côtes de la mer seront des pâturages, des demeures pour les bergers,
Et des parcs pour les troupeaux.

7 Ces côtes seront pour les restes de la maison de Juda;

C'est là qu'ils paîtront;
Ils reposeront le soir dans les maisons
d'Askalon;
Car l'Éternel, leur Dieu, ne les ou-
bliera pas,
Et il ramènera leurs captifs.

8 J'ai entendu les injures de Moab
Et les outrages des enfants d'Ammon,
Quand ils insultaient mon peuple
Et s'élevaient avec arrogance contre
ses frontières.
9 C'est pourquoi, je suis vivant! dit
l'Éternel des armées, le Dieu d'Israël,
Moab sera comme Sodome, et les enfants d'Ammon comme Gomorrhe,
Un lieu couvert de ronces, une mine
de sel, un désert pour toujours;
Le reste de mon peuple les pillera,
Le reste de ma nation les possédera.
10 Cela leur arrivera pour leur orgueil,
Parce qu'ils ont insulté et traité avec
arrogance
Le peuple de l'Éternel des armées.
11 L'Éternel sera terrible contre eux,
Car il anéantira tous les dieux de la
terre;
Et chacun se prosternera devant lui
dans son pays,
Dans toutes les îles des nations.

12 Vous aussi, Éthiopiens,
Vous serez frappés par mon épée.
13 Il étendra sa main sur le septentrion,
Il détruira l'Assyrie,
Et il fera de Ninive une solitude,
Une terre aride comme le désert.
14 Des troupeaux se coucheront au
milieu d'elle,
Des animaux de toute espèce;
Le pélican et le hérisson
Habiteront parmi les chapiteaux de
ses colonnes;
Des cris retentiront aux fenêtres;
La dévastation sera sur le seuil,
Car les lambris de cèdre seront ar-
rachés.
15 Voilà donc cette ville joyeuse,
Qui s'assied avec assurance,
Et qui dit en son cœur:
Moi, et rien que moi!
Eh quoi! elle est en ruines,
C'est un repaire pour les bêtes!

Tous ceux qui passeront près d'elle
Siffleront et agiteront la main.

Châtiment de Jérusalem. Promesses.

3

Malheur à la ville rebelle et souillée,
A la ville pleine d'oppresseurs!
2 Elle n'écoute aucune voix,
Elle n'a point égard à la correction,
Elle ne se confie pas en l'Éternel,
Elle ne s'approche pas de son Dieu.
3 Ses chefs au milieu d'elle sont des
lions rugissants;
Ses juges sont des loups du soir qui
ne gardent rien pour le matin.
4 Ses prophètes sont téméraires, infidèles;
Ses sacrificateurs profanent les choses
saintes, violent la loi.

5 L'Éternel est juste au milieu d'elle,
Il ne commet point d'iniquité;
Chaque matin il produit à la lumière
ses jugements,
Sans jamais y manquer;
Mais celui qui est inique ne connaît
pas la honte.
6 J'ai exterminé des nations; leurs
tours sont détruites;
J'ai dévasté leurs rues, plus de pas-
sants!
Leurs villes sont ravagées, plus
d'hommes, plus d'habitants!
7 Je disais: Si du moins tu voulais
me craindre,
Avoir égard à la correction,
Ta demeure ne serait pas détruite,
Tous les châtiments dont je t'ai
menacée n'arriveraient pas;
Mais ils se sont hâtés de pervertir
toutes leurs actions.
8 Attendez-moi donc, dit l'Éternel,
Au jour où je me lèverai pour le butin,
Car j'ai résolu de rassembler les
nations,
De rassembler les royaumes,
Pour répandre sur eux ma fureur,
Toute l'ardeur de ma colère;
Car par le feu de ma jalousie tout le
pays sera consumé.

9 Alors je donnerai aux peuples des
lèvres pures,
Afin qu'ils invoquent tous le nom de
l'Éternel,
Pour le servir d'un commun accord.

10 D'au delà des fleuves de l'Éthiopie
Mes adorateurs, mes dispersés, m'apporteront des offrandes,

11 En ce jour-là, tu n'auras plus à rougir
de toutes tes actions
Par lesquelles tu as péché contre moi ;
Car alors j'ôterai du milieu de toi
ceux qui triomphaient avec arrogance,
Et tu ne t'enorgueilliras plus sur ma
montagne sainte.

12 Je laisserai au milieu de toi un peuple
humble et petit,
Qui trouvera son refuge dans le nom
de l'Éternel.

13 Les restes d'Israël ne commettront
point d'iniquité,
Ils ne diront point de mensonges,
Et il ne se trouvera pas dans leur
bouche une langue trompeuse ;
Mais ils paîtront, ils se reposeront, et
personne ne les troublera.

14 Pousse des cris de joie, fille de Sion !
Pousse des cris d'allégresse, Israël !
Réjouis-toi et triomphe de tout ton
cœur, fille de Jérusalem !

15 L'Éternel a détourné tes châtiments,
Il a éloigné ton ennemi ;
Le roi d'Israël, l'Éternel, est au milieu
de toi ;

Tu n'as plus de malheur à éprouver.

16 En ce jour-là, on dira à Jérusalem :
Ne crains rien !
Sion, que tes mains ne s'affaiblissent
pas !

17 L'Éternel, ton Dieu, est au milieu de
toi, comme un héros qui sauve ;
Il fera de toi sa plus grande joie ;
Il gardera le silence dans son amour ;
Il aura pour toi des transports d'allégresse.

18 Je rassemblerai ceux qui sont dans la
tristesse, loin des fêtes solennelles,
Ceux qui sont sortis de ton sein ;
L'opprobre pèse sur eux.

19 Voici, en ce temps-là, j'agirai contre
tous tes oppresseurs ;
Je délivrerai les boiteux et je recueillerai ceux qui ont été chassés,
Je ferai d'eux un sujet de louange et
de gloire
Dans tous les pays où ils sont en
opprobre.

20 En ce temps-là, je vous ramènerai ;
En ce temps-là, je vous rassemblerai ;
Car je ferai de vous un sujet de gloire
et de louange
Parmi tous les peuples de la terre,
Quand je ramènerai vos captifs sous
vos yeux,
Dit l'Éternel.

AGGÉE

*Exhortation à rebâtir le temple de
Jérusalem.*

I La seconde année du roi Darius,
le premier jour du sixième mois, la
parole de l'Éternel fut adressée par
Aggée, le prophète, à Zorobabel, fils
de Schealthiel, gouverneur de Juda,
et à Josué, fils de Jotsadak, le souverain sacrificateur, en ces mots :

2 Ainsi parle l'Éternel des armées :
Ce peuple dit : Le temps n'est pas
venu, le temps de rebâtir la maison
de l'Éternel.

3 C'est pourquoi la parole de l'Éternel leur fut adressée par Aggée, le
prophète, en ces mots :

4 Est-ce le temps pour vous d'habiter
vos demeures lambrissées,

Quand cette maison est détruite ?

5 Ainsi parle maintenant l'Éternel des
armées :
Considérez attentivement vos voies !

6 Vous semez beaucoup, et vous recueillez peu,
Vous mangez, et vous n'êtes pas
rassasiés,
Vous buvez, et vous n'êtes pas désaltérés,
Vous êtes vêtus, et vous n'avez pas
chaud ;
Le salaire de celui qui est à gages
tombe dans un sac percé.

7 Ainsi parle l'Éternel des armées :
Considérez attentivement vos voies !

8 Montez sur la montagne, apportez
du bois,

Et bâtissez la maison :
J'en aurai de la joie, et je serai
glorifié,
Dit l'Éternel.

9 Vous comptiez sur beaucoup, et voici,
vous avez eu peu ;
Vous l'avez rentré chez vous, mais
j'ai soufflé dessus.
Pourquoi ? dit l'Éternel des armées.
A cause de ma maison, qui est détruite,
Tandis que vous vous empressez
chacun pour sa maison.

10 C'est pourquoi les cieux vous ont
refusé la rosée,
Et la terre a refusé ses produits.

11 J'ai appelé la sécheresse sur le pays,
sur les montagnes,
Sur le blé, sur le moût, sur l'huile,
Sur ce que la terre peut rapporter,
Sur les hommes et sur les bêtes,
Et sur tout le travail des mains.

12 Zorobabel, fils de Schealthiel,
Josué, fils de Jotsadak, le souverain
sacrificateur, et tout le reste du
peuple, entendirent la voix de l'É-
ternel, leur Dieu, et les paroles
d'Aggée, le prophète, selon la mission que lui avait donnée l'Éternel,
leur Dieu. Et le peuple fut saisi de
13 crainte devant l'Éternel. Aggée,
envoyé de l'Éternel, dit au peuple,
d'après l'ordre de l'Éternel : Je suis
avec vous, dit l'Éternel.

14 L'Éternel réveilla l'esprit de Zorobabel, fils de Schealthiel, gouverneur
de Juda, et l'esprit de Josué, fils de
Jotsadak, le souverain sacrificateur,
et l'esprit de tout le reste du peuple.
Ils vinrent, et ils se mirent à l'œuvre
dans la maison de l'Éternel des
15 armées, leur Dieu, le vingt-quatrième
jour du sixième mois, la seconde
année du roi Darius.

La gloire du second temple.

2 Le vingt et unième jour du septième mois, la parole de l'Éternel se
révéla par Aggée, le prophète, en ces
mots :
2 Parle à Zorobabel, fils de Schealthiel, gouverneur de Juda, à Josué,
fils de Jotsadak, le souverain sacrifi-

cateur, et au reste du peuple, et dis-
leur :

Quel est parmi vous le survivant 3
Qui ait vu cette maison dans sa gloire
première ?
Et comment la voyez-vous mainte-
nant ?
Telle qu'elle est, ne paraît-elle pas
comme rien à vos yeux ?
Maintenant fortifie-toi, Zorobabel ! 4
dit l'Éternel.
Fortifie-toi, Josué, fils de Jotsadak,
souverain sacrificateur !
Fortifie-toi, peuple entier du pays !
dit l'Éternel.
Et travaillez !
Car je suis avec vous,
Dit l'Éternel des armées.
Je reste fidèle à l'alliance que j'ai faite 5
avec vous
Quand vous sortîtes de l'Égypte,
Et mon esprit est au milieu de vous ;
Ne craignez pas !
Car ainsi parle l'Éternel des armées : 6
Encore un peu de temps,
Et j'ébranlerai les cieux et la terre,
La mer et le sec ;
J'ébranlerai toutes les nations ; 7
Les trésors de toutes les nations
viendront,
Et je remplirai de gloire cette maison,
Dit l'Éternel des armées.
L'argent est à moi, et l'or est à moi, 8
Dit l'Éternel des armées.
La gloire de cette dernière maison 9
sera plus grande
Que celle de la première,
Dit l'Éternel des armées ;
Et c'est dans ce lieu que je donnerai
la paix,
Dit l'Éternel des armées.

Bénédiction promise.

Le vingt-quatrième jour du neu- 10
vième mois, la seconde année de
Darius, la parole de l'Éternel se
révéla par Aggée, le prophète, en
ces mots :
Ainsi parle l'Éternel des armées : 11
Propose aux sacrificateurs cette
question sur la loi : Si quelqu'un 12
porte dans le pan de son vêtement
de la chair consacrée, et qu'il touche
avec son vêtement du pain, des mets,

du vin, de l'huile, ou un aliment quelconque, ces choses seront-elles sanctifiées ? Les sacrificateurs ré-
13 pondirent : Non ! Et Aggée dit : Si quelqu'un souillé par le contact d'un cadavre touche toutes ces choses, seront elles souillées ? Les sacrificateurs répondirent : Elles seront
14 souillées. Alors Aggée, reprenant la parole, dit :

Tel est ce peuple, telle est cette
    nation devant moi, dit l'Éternel,
Telles sont toutes les œuvres de
    leurs mains ;
Ce qu'ils m'offrent là est souillé.
15 Considérez donc attentivement
Ce qui s'est passé jusqu'à ce jour,
Avant qu'on eût mis pierre sur pierre
    au temple de l'Éternel !
16 Alors, quand on venait à un tas de
    vingt mesures,
Il n'y en avait que dix ;
Quand on venait à la cuve pour
    puiser cinquante mesures,
Il n'y en avait que vingt.
17 Je vous ai frappés par la rouille et
    par la nielle, et par la grêle ;
J'ai frappé tout le travail de vos
    mains.
Malgré cela, vous n'êtes pas revenus
    à moi, dit l'Éternel.
18 Considérez attentivement
Ce qui s'est passé jusqu'à ce jour,
Jusqu'au vingt-quatrième jour du
    neuvième mois,

Depuis le jour où le temple de l'É-
    ternel a été fondé,
Considérez-le attentivement !
19 Y avait-il encore de la semence dans
    les greniers ?
Même la vigne, le figuier, le grenadier
    et l'olivier,
N'ont rien rapporté.
Mais dès ce jour je répandrai ma
    bénédiction.

Destruction des ennemis, et élévation de Zorobabel.

20 La parole de l'Éternel fut adressée pour la seconde fois à Aggée, le vingt-quatrième jour du mois, en ces mots :
21 Parle à Zorobabel, gouverneur de Juda, et dis :

J'ébranlerai les cieux et la terre ;
22 Je renverserai le trône des royaumes,
Je détruirai la force des royaumes
    des nations,
Je renverserai les chars et ceux qui
    les montent ;
Les chevaux et leurs cavaliers seront
    abattus,
L'un par l'épée de l'autre.
23 En ce jour-là, dit l'Éternel des armées,
Je te prendrai, Zorobabel, fils de
    Schealthiel,
Mon serviteur, dit l'Éternel,
Et je te garderai comme un sceau ;
Car je t'ai choisi, dit l'Éternel des
    armées.

ZACHARIE

Exhortation à la repentance.

1 Le huitième mois, la seconde année de Darius, la parole de l'Éternel fut adressée à Zacharie, fils de Bérékia, fils d'Iddo, le prophète, en ces mots :
2 L'Éternel a été très irrité contre
3 vos pères. Dis-leur donc : Ainsi parle l'Éternel des armées : Revenez à moi, dit l'Éternel des armées, et je reviendrai à vous, dit l'Éternel des armées.
4 Ne soyez pas comme vos pères, auxquels s'adressaient les premiers prophètes, en disant : Ainsi parle l'Éternel des armées : Détournez-vous de vos mauvaises voies, de vos mauvaises actions ! Mais ils n'é-coutèrent pas, ils ne firent pas attention à moi, dit l'Éternel. Vos pères, où 5 sont-ils ? et les prophètes pouvaient-ils vivre éternellement ? Cependant 6 mes paroles et les ordres que j'avais donnés à mes serviteurs, les prophètes, n'ont-ils pas atteint vos pères ? Ils se sont retournés, et ils ont dit : L'Éternel des armées nous a traités comme il avait résolu de le faire selon nos voies et nos actions.

Visions.

7 Le vingt-quatrième jour du onzième mois, qui est le mois de Schebat, la seconde année de Darius, la parole de l'Éternel fut adressée à Zacharie, fils de Bérékia, fils d'Iddo, le prophète, en ces mots:

8 Je regardai pendant la nuit, et voici, un homme était monté sur un cheval roux, et se tenait parmi des myrtes dans un lieu ombragé; il y avait derrière lui des chevaux roux,

9 fauves, et blancs. Je dis: Qui sont ces chevaux, mon seigneur? Et l'ange qui parlait avec moi me dit: Je te ferai voir qui sont ces chevaux.

10 L'homme qui se tenait parmi les myrtes prit la parole et dit: Ce sont ceux que l'Éternel a envoyés pour

11 parcourir la terre. Et ils s'adressèrent à l'ange de l'Éternel, qui se tenait parmi les myrtes, et ils dirent: Nous avons parcouru la terre, et voici, toute la terre est en repos et

12 tranquille. Alors l'ange de l'Éternel prit la parole et dit: Éternel des armées, jusques à quand n'auras-tu pas compassion de Jérusalem et des villes de Juda, contre lesquelles tu es irrité depuis soixante et dix ans?

13 L'Éternel répondit par de bonnes paroles, par des paroles de consolation, à l'ange qui parlait avec moi.

14 Et l'ange qui parlait avec moi me dit : Crie, et dis: Ainsi parle l'Éternel des armées: Je suis ému d'une grande jalousie pour Jérusalem et pour Sion,

15 et je suis saisi d'une grande irritation contre les nations orgueilleuses; car je n'étais que peu irrité, mais elles

16 ont contribué au mal. C'est pourquoi ainsi parle l'Éternel: Je reviens à Jérusalem avec compassion; ma maison y sera rebâtie, et le cordeau

17 sera étendu sur Jérusalem. Crie de nouveau, et dis: Ainsi parle l'Éternel des armées: Mes villes auront encore des biens en abondance; l'Éternel consolera encore Sion, il choisira encore Jérusalem.

18 Je levai les yeux et je regardai, et

19 voici, il y avait quatre cornes. Je dis à l'ange qui parlait avec moi:

Qu'est-ce que ces cornes? Et il me dit: Ce sont les cornes qui ont dispersé Juda, Israël et Jérusalem.

20 L'Éternel me fit voir quatre forgerons.

21 Je dis: Que viennent-ils faire? Et il dit: Ce sont les cornes qui ont dispersé Juda, tellement que nul ne lève la tête; et ces forgerons sont venus pour les effrayer, et pour abattre les cornes des nations qui ont levé la corne contre le pays de Juda, afin d'en disperser les habitants.

2 Je levai les yeux et je regardai, et voici, il y avait un homme tenant dans la main un cordeau pour me-

2 surer. Je dis: Où vas-tu? Et il me dit: Je vais mesurer Jérusalem, pour voir de quelle largeur et de quelle

3 longueur elle doit être. Et voici, l'ange qui parlait avec moi s'avança, et un autre ange vint à sa rencontre.

4 Il lui dit: Cours, parle à ce jeune homme, et dis: Jérusalem sera une ville ouverte, à cause de la multitude d'hommes et de bêtes qui seront au

5 milieu d'elle; je serai pour elle, dit l'Éternel, une muraille de feu tout autour, et je serai sa gloire au milieu d'elle.

6 Fuyez, fuyez du pays du septentrion!
Dit l'Éternel.
Car je vous ai dispersés aux quatre
      vents des cieux,
Dit l'Éternel.

7 Sauve-toi, Sion,
Toi qui habites chez la fille de Baby-
      lone!

8 Car ainsi parle l'Éternel des armées:
Après cela, viendra la gloire!
Il m'a envoyé vers les nations qui
      vous ont dépouillés;
Car celui qui vous touche touche la
      prunelle de son œil.

9 Voici, je lève ma main contre elles,
Et elles seront la proie de ceux qui
      leur étaient asservis.
Et vous saurez que l'Éternel des
      armées m'a envoyé.

10 Pousse des cris d'allégresse et réjouis-
      toi,
Fille de Sion!
Car voici, je viens, et j'habiterai au
      milieu de toi,

Dit l'Éternel.

11 Beaucoup de nations s'attacheront à l'Éternel en ce jour-là,
Et deviendront mon peuple;
J'habiterai au milieu de toi,
Et tu sauras que l'Éternel des armées m'a envoyé vers toi.

12 L'Éternel possédera Juda comme sa part
Dans la terre sainte,
Et il choisira encore Jérusalem.

13 Que toute chair fasse silence devant l'Éternel!
Car il s'est réveillé de sa demeure sainte.

3 Il me fit voir Josué, le souverain sacrificateur, debout devant l'ange de l'Éternel, et Satan qui se tenait à 2 sa droite pour l'accuser. L'Éternel dit à Satan: Que l'Éternel te réprime, Satan! que l'Éternel te réprime, lui qui a choisi Jérusalem! N'est-ce pas 3 là un tison arraché du feu? Or Josué était couvert de vêtements sales, et il se tenait debout devant l'ange. 4 L'ange, prenant la parole, dit à ceux qui étaient devant lui: Otez-lui les vêtements sales! Puis il dit à Josué: Vois, je t'enlève ton iniquité, et je te 5 revêts d'habits de fête. Je dis: Qu'on mette sur sa tête un turban pur! Et ils mirent un turban pur sur sa tête, et ils lui mirent des vêtements. L'ange de l'Éternel était là.

6 L'ange de l'Éternel fit à Josué 7 cette déclaration: Ainsi parle l'Éternel des armées: Si tu marches dans mes voies et si tu observes mes ordres, tu jugeras ma maison et tu garderas mes parvis, et je te donnerai libre accès parmi ceux qui sont ici. 8 Écoute donc, Josué, souverain sacrificateur, toi et tes compagnons qui sont assis devant toi! —car ce sont des hommes qui serviront de signes. —Voici, je ferai venir mon serviteur, 9 le germe. Car voici, pour ce qui est de la pierre que j'ai placée devant Josué, il y a sept yeux sur cette seule pierre; voici, je graverai moi-même ce qui doit y être gravé, dit l'Éternel des armées; et j'enlèverai 10 l'iniquité de ce pays, en un jour. En ce jour-là, dit l'Éternel des armées, vous vous inviterez les uns les autres sous la vigne et sous le figuier.

4 L'ange qui parlait avec moi revint, et il me réveilla comme un homme que l'on réveille de son sommeil. Il 2 me dit: Que vois-tu? Je répondis: Je regarde, et voici, il y a un chandelier tout d'or, surmonté d'un vase et portant sept lampes, avec sept conduits pour les lampes qui sont au sommet du chandelier; et il y a près 3 de lui deux oliviers, l'un à la droite du vase, et l'autre à sa gauche. Et 4 reprenant la parole, je dis à l'ange qui parlait avec moi: Que signifient ces choses, mon seigneur? L'ange 5 qui parlait avec moi me répondit: Ne sais-tu pas ce que signifient ces choses? Je dis: Non, mon seigneur. Alors il reprit et me dit: C'est ici la 6 parole que l'Éternel adresse à Zorobabel: Ce n'est ni par la puissance ni par la force, mais c'est par mon esprit, dit l'Éternel des armées. Qui 7 es-tu, grande montagne, devant Zorobabel? Tu seras aplanie. Il posera la pierre principale au milieu des acclamations: Grâce, grâce pour elle!

La parole de l'Éternel me fut 8 adressée, en ces mots: Les mains de 9 Zorobabel ont fondé cette maison, et ses mains l'achèveront; et tu sauras que l'Éternel des armées m'a envoyé vers vous. Car ceux qui méprisaient 10 le jour des faibles commencements se réjouiront en voyant le niveau dans la main de Zorobabel. Ces sept sont les yeux de l'Éternel, qui parcourent toute la terre.

Je pris la parole et je lui dis: Que 11 signifient ces deux oliviers, à la droite du chandelier et à sa gauche? Je 12 pris une seconde fois la parole, et je lui dis: Que signifient les deux rameaux d'olivier, qui sont près des deux conduits d'or d'où découle l'or? Il me répondit: Ne sais-tu pas ce 13 qu'ils signifient? Je dis: Non, mon seigneur. Et il dit: Ce sont les 14 deux oints qui se tiennent devant le Seigneur de toute la terre.

5 Je levai de nouveau les yeux et je regardai, et voici, il y avait un 2 rouleau qui volait. Il me dit : Que vois-tu ? Je répondis : Je vois un rouleau qui vole ; il a vingt coudées de longueur, et dix coudées de lar- 3 geur. Et il me dit : C'est la malé- diction qui se répand sur tout le pays ; car selon elle tout voleur sera chassé d'ici, et selon elle tout parjure 4 sera chassé d'ici. Je la répands, dit l'Éternel des armées, afin qu'elle entre dans la maison du voleur et de celui qui jure faussement en mon nom, afin qu'elle y établisse sa de- meure, et qu'elle la consume avec le bois et les pierres.

5 L'ange qui parlait avec moi s'a- 6 vança, et il me dit : Lève les yeux, et regarde ce qui sort là. Je ré- pondis : Qu'est-ce ? Et il dit : C'est l'épha qui sort. Il ajouta : C'est leur 7 iniquité dans tout le pays. Et voici, une masse de plomb s'éleva, et il y avait une femme assise au milieu de 8 l'épha. Il dit : C'est l'iniquité. Et il la repoussa dans l'épha, et il jeta sur l'ouverture la masse de plomb.

9 Je levai les yeux et je regardai, et voici, deux femmes parurent. Le vent soufflait dans leurs ailes : elles avaient des ailes comme celles de la cigogne. Elles enlevèrent l'épha en- 10 tre la terre et le ciel. Je dis à l'ange qui parlait avec moi : Où emportent- 11 elles l'épha ? Il me répondit : Elles vont lui bâtir une maison dans le pays de Schinear ; et quand elle sera prête, il sera déposé là dans son lieu.

6 Je levai de nouveau les yeux et je regardai, et voici, quatre chars sor- taient d'entre deux montagnes ; et les montagnes étaient des montagnes 2 d'airain. Au premier char il y avait des chevaux roux, au second char 3 des chevaux noirs, au troisième char des chevaux blancs, et au quatrième char des chevaux tachetés, rouges. 4 Je pris la parole et je dis à l'ange qui parlait avec moi : Qu'est-ce, mon 5 seigneur ? L'ange me répondit : Ce sont les quatre vents des cieux, qui sortent du lieu où ils se tenaient devant le Seigneur de toute la terre. Les chevaux noirs attelés à l'un des 6 chars se dirigent vers le pays du septentrion, et les blancs vont après eux ; les tachetés se dirigent vers le pays du midi. Les rouges sortent 7 et demandent à aller parcourir la terre. L'ange leur dit : Allez, par- courez la terre ! Et ils parcoururent la terre. Il m'appela, et il me dit : 8 Vois, ceux qui se dirigent vers le pays du septentrion font reposer ma colère sur le pays du septentrion.

La parole de l'Éternel me fut 9 adressée, en ces mots : Tu recevras les dons des captifs, 10 Heldaï, Tobija et Jedaeja, et tu iras toi-même ce jour-là, tu iras dans la maison de Josias, fils de Sophonie, où ils se sont rendus en arrivant de Babylone. Tu prendras de l'argent 11 et de l'or, et tu en feras des couronnes, que tu mettras sur la tête de Josué, fils de Jotsadak, le souverain sa- crificateur. Tu lui diras : Ainsi 12 parle l'Éternel des armées : Voici, un homme, dont le nom est germe, germera dans son lieu, et bâtira le temple de l'Éternel. Il bâtira le 13 temple de l'Éternel ; il portera les insignes de la majesté ; il s'assiéra et dominera sur son trône, il sera sa- crificateur sur son trône, et une par- faite union régnera entre l'un et l'autre. Les couronnes seront pour 14 Hélem, Tobija et Jedaeja, et pour Hen, fils de Sophonie, un souvenir dans le temple de l'Éternel. Ceux 15 qui sont éloignés viendront et tra- vailleront au temple de l'Éternel ; et vous saurez que l'Éternel des armées m'a envoyé vers vous. Cela arrivera, si vous écoutez la voix de l'Éternel, votre Dieu.

Les jeûnes. Bénédictions.

7 La quatrième année du roi Darius, la parole de l'Éternel fut adressée à Zacharie, le quatrième jour du neu- vième mois, qui est le mois de Kisleu.

On avait envoyé de Béthel Scha- 2 retser et Réguem-Mélec avec ses gens pour implorer l'Éternel, et pour 3 dire aux sacrificateurs de la maison de l'Éternel des armées et aux prophètes : Faut-il que je pleure au cinquième mois et que je fasse abstinence, comme je l'ai fait tant d'années ?

4 La parole de l'Éternel des armées
5 me fut adressée, en ces mots : Dis à tout le peuple du pays et aux sacrificateurs : Quand vous avez jeûné et pleuré au cinquième et au septième mois, et cela depuis soixante et dix ans, est-ce pour moi que vous avez
6 jeûné ? Et quand vous mangez et buvez, n'est-ce pas vous qui mangez
7 et vous qui buvez ? Ne connaissez-vous pas les paroles qu'a proclamées l'Éternel par les premiers prophètes, lorsque Jérusalem était habitée et tranquille avec ses villes à l'entour, et que le midi et la plaine étaient habités ?

8 La parole de l'Éternel fut adressée à Zacharie, en ces mots :

9 Ainsi parlait l'Éternel des armées :
Rendez véritablement la justice,
Et ayez l'un pour l'autre de la bonté
et de la miséricorde.
10 N'opprimez pas la veuve et l'orphelin,
l'étranger et le pauvre,
Et ne méditez pas l'un contre l'autre
le mal dans vos cœurs.

11 Mais ils refusèrent d'être attentifs, ils curent l'épaule rebelle, et ils endurcirent leurs oreilles pour ne pas
12 entendre. Ils rendirent leur cœur dur comme le diamant, pour ne pas écouter la loi et les paroles que l'Éternel des armées leur adressait par son esprit, par les premiers prophètes. Ainsi l'Éternel des armées s'enflamma d'une grande colère.
13 Quand il appelait, ils n'ont pas écouté : aussi n'ai-je pas écouté, quand ils ont appelé, dit l'Éternel
14 des armées. Je les ai dispersés parmi toutes les nations qu'ils ne connaissaient pas ; le pays a été dévasté derrière eux, il n'y a plus eu ni allants ni venants ; et d'un pays de délices ils ont fait un désert.

La parole de l'Éternel des armées **8** se révéla, en ces mots :

Ainsi parle l'Éternel des armées : 2 Je suis ému pour Sion d'une grande jalousie, et je suis saisi pour elle d'une grande fureur.

Ainsi parle l'Éternel : Je retourne 3 à Sion, et je veux habiter au milieu de Jérusalem. Jérusalem sera appelée ville fidèle, et la montagne de l'Éternel des armées montagne sainte.

Ainsi parle l'Éternel des armées : 4 Des vieillards et des femmes âgées s'assiéront encore dans les rues de Jérusalem, chacun le bâton à la main, à cause du grand nombre de leurs jours. Les rues de la ville seront 5 remplies de jeunes garçons et de jeunes filles, jouant dans les rues.

Ainsi parle l'Éternel des armées : 6 Si la chose paraît étonnante aux yeux du reste de ce peuple en ces jours-là, sera-t-elle de même étonnante à mes yeux ? dit l'Éternel des armées.

Ainsi parle l'Éternel des armées : 7 Voici, je délivre mon peuple du pays de l'orient et du pays du soleil couchant. Je les ramènerai, et ils habi- 8 teront au milieu de Jérusalem ; ils seront mon peuple, et je serai leur Dieu avec vérité et droiture.

Ainsi parle l'Éternel des armées : 9 Fortifiez vos mains, vous qui entendez aujourd'hui ces paroles de la bouche des prophètes qui parurent au temps où fut fondée la maison de l'Éternel des armées, où le temple allait être bâti. Car avant ce temps, 10 le travail de l'homme ne recevait pas sa récompense, et le salaire des bêtes était nul ; il n'y avait point de paix pour ceux qui entraient et sortaient, à cause de l'ennemi, et je lâchais tous les hommes les uns contre les autres. Maintenant je ne 11 suis pas pour le reste de ce peuple comme j'étais dans le temps passé, dit l'Éternel des armées. Car les 12 semailles prospéreront, la vigne rendra son fruit, la terre donnera ses produits, et les cieux enverront leur rosée ; je ferai jouir de toutes ces choses le reste de ce peuple. De 13 même que vous avez été en malédiction parmi les nations, maison de Juda et maison d'Israël, de même je vous sauverai, et vous serez en bénédiction. Ne craignez pas, et que vos mains se fortifient!

14 Car ainsi parle l'Éternel des armées: Comme j'ai eu la pensée de vous faire du mal lorsque vos pères m'irritaient, dit l'Éternel des armées, et que je

15 ne m'en suis point repenti, ainsi je reviens en arrière et j'ai résolu en ces jours de faire du bien à Jérusalem et à la maison de Juda. Ne craignez

16 pas! Voici ce que vous devez faire: dites la vérité chacun à son prochain; jugez dans vos portes selon la vérité

17 et en vue de la paix; que nul en son cœur ne pense le mal contre son prochain, et n'aimez pas le faux serment, car ce sont là toutes choses que je hais, dit l'Éternel.

18 La parole de l'Éternel des armées me fut adressée, en ces mots:

19 Ainsi parle l'Éternel des armées: Le jeûne du quatrième mois, le jeûne du cinquième, le jeûne du septième et le jeûne du dixième se changeront pour la maison de Juda en jours d'allégresse et de joie, en fêtes de réjouissance. Mais aimez la vérité et la paix.

20 Ainsi parle l'Éternel des armées: Il viendra encore des peuples et des habitants d'un grand nombre de villes.

21 Les habitants d'une ville iront à l'autre, en disant: Allons implorer l'Éternel et chercher l'Éternel des

22 armées! Nous irons aussi! Et beaucoup de peuples et de nombreuses nations viendront chercher l'Éternel des armées à Jérusalem et implorer l'Éternel.

23 Ainsi parle l'Éternel des armées: En ces jours-là, dix hommes de toutes les langues des nations saisiront un Juif par le pan de son vêtement, et diront: Nous irons avec vous, car nous avons appris que Dieu est avec vous.

Les nations vaincues. Jérusalem sauvée.
Le règne de l'Éternel.

9 Oracle, parole de l'Éternel sur le pays de Hadrac;

Elle s'arrête sur Damas,
Car l'Éternel a l'œil sur les hommes
Comme sur toutes les tribus d'Israël;
Elle s'arrête aussi sur Hamath, à la 2
frontière de Damas,
Sur Tyr et Sidon, malgré toute leur
sagesse.
Tyr s'est bâti une forteresse; 3
Elle a amassé l'argent comme la
poussière,
Et l'or comme la boue des rues.
Voici, le Seigneur s'en emparera, 4
Il précipitera sa puissance dans la
mer,
Et elle sera consumée par le feu.
Askalon le verra, et elle sera dans la 5
crainte;
Gaza aussi, et un violent tremblement la saisira;
Ékron aussi, car son espoir sera confondu.
Le roi disparaîtra de Gaza,
Et Askalon ne sera plus habitée.
L'étranger s'établira dans Asdod, 6
Et j'abattrai l'orgueil des Philistins.
J'ôterai le sang de sa bouche, 7
Et les abominations d'entre ses dents;
Lui aussi restera pour notre Dieu;
Il sera comme un chef en Juda,
Et Ékron sera comme les Jébusiens.
Je camperai autour de ma maison 8
pour la défendre contre une armée,
Contre les allants et les venants,
Et l'oppresseur ne passera plus près
d'eux;
Car maintenant mes yeux sont fixés
sur elle.

Sois transportée d'allégresse, fille de 9
Sion!
Pousse des cris de joie, fille de Jérusalem!
Voici, ton roi vient à toi;
Il est juste et victorieux,
Il est humble et monté sur un âne,
Sur un âne, le petit d'une ânesse.
Je détruirai les chars d'Éphraïm, 10
Et les chevaux de Jérusalem;
Et les arcs de guerre seront anéantis.
Il annoncera la paix aux nations,
Et il dominera d'une mer à l'autre,
Depuis le fleuve jusqu'aux extrémités de la terre.
Et pour toi, à cause de ton alliance 11
scellée par le sang,

Je retirerai tes captifs de la fosse où
il n'y a pas d'eau.

12 Retournez à la forteresse, captifs
pleins d'espérance!
Aujourd'hui encore je le déclare,
Je te rendrai le double.

13 Car je bande Juda comme un arc,
Je m'arme d'Éphraïm comme d'un
arc,
Et je soulèverai tes enfants, ô Sion,
Contre tes enfants, ô Javan!
Je te rendrai pareille à l'épée d'un
vaillant homme.

14 L'Éternel au-dessus d'eux appa-
raîtra,
Et sa flèche partira comme l'éclair;
Le Seigneur, l'Éternel, sonnera de la
trompette,
Il s'avancera dans l'ouragan du midi.

15 L'Éternel des armées les protégera;
Ils dévoreront, ils vaincront les pier-
res de la fronde;
Ils boiront, ils seront bruyants com-
me pris de vin;
Ils seront pleins comme une coupe,
Comme les coins de l'autel.

16 L'Éternel, leur Dieu, les sauvera en
ce jour-là,
Comme le troupeau de son peuple;
Car ils sont les pierres d'un diadème,
Qui brilleront dans son pays.

17 Oh! quelle prospérité pour eux!
quelle beauté!
Le froment fera croître les jeunes
hommes,
Et le moût les jeunes filles.

IO Demandez à l'Éternel la pluie, la
pluie du printemps!
L'Éternel produira des éclairs,
Et il vous enverra une abondante
pluie,
Il donnera à chacun de l'herbe dans
son champ.

2 Car les théraphim ont des paroles de
néant,
Les devins prophétisent des faussetés,
Les songes mentent et consolent par
la vanité.
C'est pourquoi ils sont errants comme un troupeau,
Ils sont malheureux parce qu'il n'y a
point de pasteur.

Ma colère s'est enflammée contre les 3
pasteurs,
Et je châtierai les boucs;
Car l'Éternel des armées visite son
troupeau, la maison de Juda,
Et il en fera comme son cheval de
gloire dans la bataille;
De lui sortira l'angle, de lui le clou, 4
de lui l'arc de guerre;
De lui sortiront tous les chefs ensemble.
Ils seront comme des héros foulant 5
dans la bataille la boue des rues;
Ils combattront, parce que l'Éternel
sera avec eux;
Et ceux qui seront montés sur des
chevaux seront couverts de honte.

Je fortifierai la maison de Juda,   6
Et je délivrerai la maison de Joseph;
Je les ramènerai, car j'ai compassion
d'eux,
Et ils seront comme si je ne les
avais pas rejetés;
Car je suis l'Éternel, leur Dieu, et je
les exaucerai.
Éphraïm sera comme un héros;   7
Leur cœur aura la joie que donne le
vin;
Leurs fils le verront et seront dans
l'allégresse,
Leur cœur se réjouira en l'Éternel.
Je les sifflerai et les rassemblerai, 8
car je les rachète;
Et ils multiplieront comme ils multi-
pliaient.
Je les disperserai parmi les peuples, 9
Et au loin ils se souviendront de
moi;
Ils vivront avec leurs enfants, et ils
reviendront.
Je les ramènerai du pays d'Égypte, 10
Et je les rassemblerai de l'Assyrie;
Je les ferai venir au pays de Galaad
et au Liban,
Et l'espace ne leur suffira pas.
Il passera la mer de détresse, il frap- 11
pera les flots de la mer,
Et toutes les profondeurs du fleuve
seront desséchées;
L'orgueil de l'Assyrie sera abattu,
Et le sceptre de l'Égypte disparaîtra.
Je les fortifierai par l'Éternel,   12
Et ils marcheront en son nom,
Dit l'Éternel.

11 Liban, ouvre tes portes,
Et que le feu dévore tes cèdres!

2 Gémis, cyprès, car le cèdre est tombé,
Ceux qui s'élevaient sont détruits!
Gémissez, chênes de Basan,
Car la forêt inaccessible est renversée!

3 Les bergers poussent des cris lamentables,
Parce que leur magnificence est détruite;
Les lionceaux rugissent,
Parce que l'orgueil du Jourdain est abattu.

4 Ainsi parle l'Éternel, mon Dieu:
Pais les brebis destinées à la boucherie!

5 Ceux qui les achètent les égorgent impunément;
Celui qui les vend dit:
Béni soit l'Éternel, car je m'enrichis!
Et leurs pasteurs ne les épargnent pas.

6 Car je n'ai plus de pitié pour les habitants du pays,
Dit l'Éternel;
Et voici, je livre les hommes
Aux mains les uns des autres et aux mains de leur roi;
Ils ravageront le pays,
Et je ne délivrerai pas de leurs mains.

7 Alors je me mis à paître les brebis destinées à la boucherie, assurément les plus misérables du troupeau. Je pris deux houlettes: j'appelai l'une Grâce, et j'appelai l'autre Union. Et 8 je fis paître les brebis. J'exterminai les trois pasteurs en un mois; mon âme était impatiente à leur sujet, et leur âme avait aussi pour moi du 9 dégoût. Et je dis: Je ne vous paîtrai plus! Que celle qui va mourir meure, que celle qui va périr périsse, et que celles qui restent se dévorent les unes 10 les autres! Je pris ma houlette grâce, et je la brisai, pour rompre mon alliance que j'avais traitée avec tous 11 les peuples. Elle fut rompue ce jour-là; et les malheureuses brebis, qui prirent garde à moi, reconnurent ainsi que c'était la parole de l'Éternel.

Je leur dis: Si vous le trouvez bon, 12 donnez-moi mon salaire; sinon, ne le donnez pas. Et ils pesèrent pour mon salaire trente sicles d'argent. L'Éternel me dit: Jette-le au potier, 13 ce prix magnifique auquel ils m'ont estimé! Et je pris les trente sicles d'argent, et je les jetai dans la maison de l'Éternel, pour le potier. Puis je brisai ma seconde houlette 14 union, pour rompre la fraternité entre Juda et Israël.

L'Éternel me dit: Prends encore 15 l'équipage d'un pasteur insensé! Car 16 voici, je susciterai dans le pays un pasteur qui n'aura pas souci des brebis qui périssent; il n'ira pas à la recherche des plus jeunes, il ne guérira pas les blessées, il ne soignera pas les saines; mais il dévorera la chair des plus grasses, et il déchirera jusqu'aux cornes de leurs pieds.

Malheur au pasteur de néant, qui 17
abandonne ses brebis!
Que l'épée fonde sur son bras et sur son œil droit!
Que son bras se dessèche,
Et que son œil droit s'éteigne!

Oracle, parole de l'Éternel sur **12**
Israël.

Ainsi parle l'Éternel, qui a étendu les cieux et fondé la terre,
Et qui a formé l'esprit de l'homme au dedans de lui:
Voici, je ferai de Jérusalem une 2
coupe d'étourdissement
Pour tous les peuples d'alentour,
Et aussi pour Juda dans le siège de Jérusalem.
En ce jour-là, je ferai de Jérusalem 3
une pierre pesante pour tous les peuples;
Tous ceux qui la soulèveront seront meurtris;
Et toutes les nations de la terre s'assembleront contre elle.
En ce jour-là, dit l'Éternel, 4
Je frapperai d'étourdissement tous les chevaux,
Et de délire ceux qui les monteront;

934

Mais j'aurai les yeux ouverts sur la maison de Juda,
Quand je frapperai d'aveuglement tous les chevaux des peuples.

5 Les chefs de Juda diront en leur cœur:
Les habitants de Jérusalem sont notre force,
Par l'Éternel des armées, leur Dieu.

6 En ce jour-là, je ferai des chefs de Juda
Comme un foyer ardent parmi du bois,
Comme une torche enflammée parmi des gerbes;
Ils dévoreront à droite et à gauche tous les peuples d'alentour,
Et Jérusalem restera à sa place, à Jérusalem.

7 L'Éternel sauvera d'abord les tentes de Juda,
Afin que la gloire de la maison de David,
La gloire des habitants de Jérusalem ne s'élève pas au-dessus de Juda.

8 En ce jour-là, l'Éternel protégera les habitants de Jérusalem,
Et le faible parmi eux sera dans ce jour comme David;
La maison de David sera comme Dieu,
Comme l'ange de l'Éternel devant eux.

9 En ce jour-là,
Je m'efforcerai de détruire toutes les nations
Qui viendront contre Jérusalem.

10 Alors je répandrai sur la maison de David et sur les habitants de Jérusalem
Un esprit de grâce et de supplication,
Et ils tourneront les regards vers moi, celui qu'ils ont percé.
Ils pleureront sur lui comme on pleure sur un fils unique,
Ils pleureront amèrement sur lui comme on pleure sur un premier-né.

11 En ce jour-là, le deuil sera grand à Jérusalem,
Comme le deuil d'Hadadrimmon dans la vallée de Meguiddon.

12 Le pays sera dans le deuil, chaque famille séparément:
La famille de la maison de David séparément, et les femmes à part;
La famille de la maison de Nathan séparément, et les femmes à part;

13 La famille de la maison de Lévi séparément, et les femmes à part;
La famille de Schimei séparément, et les femmes à part;

14 Toutes les autres familles, chaque famille séparément,
Et les femmes à part.

13 En ce jour-là, une source sera ouverte
Pour la maison de David et les habitants de Jérusalem,
Pour le péché et pour l'impureté.

2 En ce jour-là, dit l'Éternel des armées,
J'exterminerai du pays les noms des idoles,
Afin qu'on ne s'en souvienne plus;
J'ôterai aussi du pays les prophètes et l'esprit d'impureté.

3 Si quelqu'un prophétise encore,
Son père et sa mère, qui l'ont engendré, lui diront:
Tu ne vivras pas, car tu dis des mensonges au nom de l'Éternel!
Et son père et sa mère, qui l'ont engendré, le transperceront
Quand il prophétisera.

4 En ce jour-là, les prophètes rougiront de leurs visions
Quand ils prophétiseront,
Et ils ne revêtiront plus un manteau de poil pour mentir.

5 Chacun d'eux dira: Je ne suis pas prophète,
Je suis laboureur,
Car on m'a acheté dès ma jeunesse.

6 Et si on lui demande:
D'où viennent ces blessures que tu as aux mains?
Il répondra:
C'est dans la maison de ceux qui m'aimaient que je les ai reçues.

7 Épée, lève-toi sur mon pasteur
Et sur l'homme qui est mon compagnon!
Dit l'Éternel des armées.
Frappe le pasteur, et que les brebis se dispersent!
Et je tournerai ma main vers les faibles.

8 Dans tout le pays, dit l'Éternel,
Les deux tiers seront exterminés, périront,
Et l'autre tiers restera.

9 Je mettrai ce tiers dans le feu,
Et je le purifierai comme on purifie l'argent,
Je l'éprouverai comme on éprouve l'or.
Il invoquera mon nom, et je l'exaucerai;
Je dirai: C'est mon peuple!
Et il dira: L'Éternel est mon Dieu!

14 Voici, le jour de l'Éternel arrive,
Et tes dépouilles seront partagées au milieu de toi.

2 Je rassemblerai toutes les nations pour qu'elles attaquent Jérusalem;
La ville sera prise, les maisons seront pillées, et les femmes violées;
La moitié de la ville ira en captivité,
Mais le reste du peuple ne sera pas exterminé de la ville.

3 L'Éternel paraîtra, et il combattra ces nations,
Comme il combat au jour de la bataille.

4 Ses pieds se poseront en ce jour sur la montagne des oliviers,
Qui est vis-à-vis de Jérusalem, du côté de l'orient;
La montagne des oliviers se fendra par le milieu, à l'orient et à l'occident,
Et il se formera une très grande vallée:
Une moitié de la montagne reculera vers le septentrion,
Et une moitié vers le midi.

5 Vous fuirez alors dans la vallée de mes montagnes,
Car la vallée des montagnes s'étendra jusqu'à Atzel;
Vous fuirez comme vous avez fui devant le tremblement de terre,
Au temps d'Ozias, roi de Juda.
Et l'Éternel, mon Dieu, viendra, et tous ses saints avec lui.

6 En ce jour-là, il n'y aura point de lumière;
Il y aura du froid et de la glace.

7 Ce sera un jour unique, connu de l'Éternel,
Et qui ne sera ni jour ni nuit;
Mais vers le soir la lumière paraîtra.

8 En ce jour-là, des eaux vives sortiront de Jérusalem,
Et couleront moitié vers la mer orientale,
Moitié vers la mer occidentale;
Il en sera ainsi été et hiver.

9 L'Éternel sera roi de toute la terre;
En ce jour-là, l'Éternel sera le seul Éternel,
Et son nom sera le seul nom.

10 Tout le pays deviendra comme la plaine, de Guéba à Rimmon,
Au midi de Jérusalem;
Et Jérusalem sera élevée et restera à sa place,
Depuis la porte de Benjamin jusqu'au lieu de la première porte,
Jusqu'à la porte des angles,
Et depuis la tour de Hananeel jusqu'aux pressoirs du roi.

11 On habitera dans son sein, et il n'y aura plus d'interdit;
Jérusalem sera en sécurité.

12 Voici la plaie dont l'Éternel frappera tous les peuples
Qui auront combattu contre Jérusalem:
Leur chair tombera en pourriture tandis qu'ils seront sur leurs pieds,
Leurs yeux tomberont en pourriture dans leurs orbites,
Et leur langue tombera en pourriture dans leur bouche.

13 En ce jour-là, l'Éternel produira un grand trouble parmi eux;
L'un saisira la main de l'autre,
Et ils lèveront la main les uns sur les autres.

14 Juda combattra aussi dans Jérusalem,
Et l'on amassera les richesses de toutes les nations d'alentour,
L'or, l'argent, et des vêtements en très grand nombre.

15 La plaie frappera de même les chevaux,
Les mulets, les chameaux, les ânes,
Et toutes les bêtes qui seront dans ces camps:
Cette plaie sera semblable à l'autre.

16 Tous ceux qui resteront de toutes les nations

Venues contre Jérusalem
Monteront chaque année
Pour se prosterner devant le roi,
    l'Éternel des armées,
Et pour célébrer la fête des taber-
        nacles.

17 S'il y a des familles de la terre qui
    ne montent pas à Jérusalem
Pour se prosterner devant le roi,
    l'Éternel des armées,
La pluie ne tombera pas sur
        elles.

18 Si la famille d'Égypte ne monte pas,
    si elle ne vient pas,
La pluie ne tombera pas sur elle ;
Elle sera frappée de la plaie dont
    l'Éternel frappera les nations
Qui ne monteront pas pour célébrer
    la fête des tabernacles.

19 Ce sera le châtiment de l'Égypte,
Le châtiment de toutes les nations

Qui ne monteront pas pour célébrer
    la fête des tabernacles.

20 En ce jour-là, il sera écrit sur les
    clochettes des chevaux :
Sainteté à l'Éternel !
Et les chaudières dans la maison de
        l'Éternel
Seront comme les coupes devant
        l'autel.

21 Toute chaudière à Jérusalem et dans
        Juda
Sera consacrée à l'Éternel des ar-
        mées ;
Tous ceux qui offriront des sacrifices
        viendront
Et s'en serviront pour cuire les
        viandes ;
Et il n'y aura plus de marchands dans
    la maison de l'Éternel des armées,
En ce jour-là.

MALACHIE

*Ingratitude du peuple, et censures contre
les sacrificateurs.*

1 Oracle, parole de l'Éternel à Israël
par Malachie.

2 Je vous ai aimés, dit l'Éternel.
Et vous dites : En quoi nous as-tu
        aimés ?
Ésaü n'est-il pas frère de Jacob ? dit
        l'Éternel.
Cependant j'ai aimé Jacob,

3 Et j'ai eu de la haine pour Ésaü,
J'ai fait de ses montagnes une soli-
        tude,
J'ai livré son héritage aux chacals
        du désert.

4 Si Édom dit : Nous sommes détruits,
Nous relèverons les ruines !
Ainsi parle l'Éternel des armées :
Qu'ils bâtissent, je renverserai,
Et on les appellera pays de la mé-
        chanceté,
Peuple contre lequel l'Éternel est
        irrité pour toujours.

5 Vos yeux le verront,
Et vous direz : Grand est l'Éternel
Par delà les frontières d'Israël !

6 Un fils honore son père, et un servi-
    teur son maître.
Si je suis père, où est l'honneur qui
        m'est dû ?
Si je suis maître, où est la crainte
        qu'on a de moi ?
Dit l'Éternel des armées à vous,
        sacrificateurs,
Qui méprisez mon nom,
Et qui dites : En quoi avons-nous
        méprisé ton nom ?

7 Vous offrez sur mon autel des ali-
        ments impurs,
Et vous dites : En quoi t'avons-nous
        profané ?
C'est en disant : La table de l'Éternel
    est méprisable !

8 Quand vous offrez en sacrifice une
    bête aveugle, n'est-ce pas mal ?
Quand vous en offrez une boiteuse
    ou infirme, n'est-ce pas mal ?
Offre-la donc à ton gouverneur !
Te recevra-t-il bien, te fera-t-il bon
        accueil ?
Dit l'Éternel des armées.

9 Priez Dieu maintenant, pour qu'il ait
        pitié de nous !
C'est de vous que cela vient :
Vous recevra-t-il favorablement ?

Dit l'Éternel des armées.

10 Lequel de vous fermera les portes,
Pour que vous n'allumiez pas en vain
le feu sur mon autel ?
Je ne prends aucun plaisir en vous,
dit l'Éternel des armées,
Et les offrandes de votre main ne me
sont point agréables.
11 Car depuis le lever du soleil jusqu'à
son couchant,
Mon nom est grand parmi les nations,
Et en tout lieu on brûle de l'encens
en l'honneur de mon nom
Et l'on présente des offrandes pures ;
Car grand est mon nom parmi les
nations,
Dit l'Éternel des armées.
12 Mais vous, vous le profanez,
En disant : La table de l'Éternel est
souillée,
Et ce qu'elle rapporte est un aliment
méprisable.
13 Vous dites : Quelle fatigue ! et vous
le dédaignez,
Dit l'Éternel des armées ;
Et cependant vous amenez ce qui est
dérobé, boiteux ou infirme,
Et ce sont les offrandes que vous
faites !
Puis-je les agréer de vos mains ? dit
l'Éternel.
14 Maudit soit le trompeur qui a dans
son troupeau un mâle,
Et qui voue et sacrifie au Seigneur
une bête chétive !
Car je suis un grand roi, dit l'Éternel
des armées,
Et mon nom est redoutable parmi les
nations.

2 Maintenant, à vous cet ordre, sacrificateurs !
2 Si vous n'écoutez pas, si vous ne
prenez pas à cœur
De donner gloire à mon nom, dit
l'Éternel des armées,
J'enverrai parmi vous la malédiction,
et je maudirai vos bénédictions ;
Oui, je les maudirai, parce que vous
ne l'avez pas à cœur.
3 Voici, je détruirai vos semences,
Et je vous jetterai des excréments au
visage,

Les excréments des victimes que
vous sacrifiez,
Et on vous emportera avec eux.
4 Vous saurez alors que je vous ai
adressé cet ordre,
Afin que mon alliance avec Lévi
subsiste,
Dit l'Éternel des armées.
5 Mon alliance avec lui était une alliance de vie et de paix,
Ce que je lui accordai pour qu'il me
craignît ;
Et il a eu pour moi de la crainte,
Il a tremblé devant mon nom.
6 La loi de la vérité était dans sa
bouche,
Et l'iniquité ne s'est point trouvée
sur ses lèvres ;
Il a marché avec moi dans la paix
et dans la droiture,
Et il a détourné du mal beaucoup
d'hommes.
7 Car les lèvres du sacrificateur doivent
garder la science,
Et c'est à sa bouche qu'on demande
la loi,
Parce qu'il est un envoyé de l'Éternel des armées.
8 Mais vous, vous vous êtes écartés de
la voie,
Vous avez fait de la loi une occasion
de chute pour plusieurs,
Vous avez violé l'alliance de Lévi,
Dit l'Éternel des armées.
9 Et moi, je vous rendrai méprisables
et vils
Aux yeux de tout le peuple,
Parce que vous n'avez pas gardé mes
voies,
Et que vous avez égard à l'apparence
des personnes
Quand vous interprétez la loi.

Contre les mariages avec des femmes
étrangères.

10 N'avons-nous pas tous un seul père ?
N'est-ce pas un seul Dieu qui nous a
créés ?
Pourquoi donc sommes-nous infidèles l'un envers l'autre,
En profanant l'alliance de nos pères ?
11 Juda s'est montré infidèle,
Et une abomination a été commise
en Israël et à Jérusalem ;

Car Juda a profané ce qui est consacré à l'Éternel, ce qu'aime l'Éternel,
Il s'est uni à la fille d'un dieu étranger.

12 L'Éternel retranchera l'homme qui fait cela, celui qui veille et qui répond,
Il le retranchera des tentes de Jacob,
Et il retranchera celui qui présente une offrande
A l'Éternel des armées.

13 Voici encore ce que vous faites :
Vous couvrez de larmes l'autel de l'Éternel,
De pleurs et de gémissements,
En sorte qu'il n'a plus égard aux offrandes
Et qu'il ne peut rien agréer de vos mains.

14 Et vous dites : Pourquoi ?...
Parce que l'Éternel a été témoin entre toi et la femme de ta jeunesse,
A laquelle tu es infidèle,
Bien qu'elle soit ta compagne et la femme de ton alliance.

15 Nul n'a fait cela, avec un reste de bon sens.
Un seul l'a fait, et pourquoi ?
Parce qu'il cherchait la postérité que Dieu lui avait promise.
Prenez donc garde en votre esprit,
Et qu'aucun ne soit infidèle à la femme de sa jeunesse !

16 Car je hais la répudiation,
Dit l'Éternel, le Dieu d'Israël,
Et celui qui couvre de violence son vêtement,
Dit l'Éternel des armées.
Prenez donc garde en votre esprit,
Et ne soyez pas infidèles !

La rétribution divine.

17 Vous fatiguez l'Éternel par vos paroles,
Et vous dites : En quoi l'avons-nous fatigué ?
C'est en disant : Quiconque fait le mal est bon aux yeux de l'Éternel,
Et c'est en lui qu'il prend plaisir !
Ou bien : Où est le Dieu de la justice ?

3 Voici, j'enverrai mon messager ;
Il préparera le chemin devant moi.
Et soudain entrera dans son temple le Seigneur que vous cherchez ;

Et le messager de l'alliance que vous désirez, voici, il vient,
Dit l'Éternel des armées.

2 Qui pourra soutenir le jour de sa venue ?
Qui restera debout quand il paraîtra ?
Car il sera comme le feu du fondeur,
Comme la potasse des foulons.

3 Il s'assiéra, fondra et purifiera l'argent ;
Il purifiera les fils de Lévi,
Il les épurera comme on épure l'or et l'argent,
Et ils présenteront à l'Éternel des offrandes avec justice.

4 Alors l'offrande de Juda et de Jérusalem sera agréable à l'Éternel,
Comme aux anciens jours, comme aux années d'autrefois.

5 Je m'approcherai de vous pour le jugement,
Et je me hâterai de témoigner contre les enchanteurs et les adultères,
Contre ceux qui jurent faussement,
Contre ceux qui retiennent le salaire du mercenaire,
Qui oppriment la veuve et l'orphelin,
Qui font tort à l'étranger, et ne me craignent pas,
Dit l'Éternel des armées.

6 Car je suis l'Éternel, je ne change pas ;
Et vous, enfants de Jacob, vous n'avez pas été consumés.

7 Depuis le temps de vos pères, vous vous êtes écartés de mes ordonnances,
Vous ne les avez point observées.
Revenez à moi, et je reviendrai à vous,
Dit l'Éternel des armées.
Et vous dites : En quoi devons-nous revenir ?

8 Un homme trompe-t-il Dieu ? Car vous me trompez,
Et vous dites : En quoi t'avons-nous trompé ?
Dans les dîmes et les offrandes.

9 Vous êtes frappés par la malédiction,
Et vous me trompez,
La nation tout entière !

10 Apportez à la maison du trésor toutes les dîmes,
Afin qu'il y ait de la nourriture dans ma maison ;

Mettez-moi de la sorte à l'épreuve,
Dit l'Éternel des armées.
Et vous verrez si je n'ouvre pas pour
vous les écluses des cieux,
Si je ne répands pas sur vous la
bénédiction en abondance.

11 Pour vous je menacerai celui qui
dévore,
Et il ne vous détruira pas les fruits
de la terre,
Et la vigne ne sera pas stérile dans
vos campagnes,
Dit l'Éternel des armées.

12 Toutes les nations vous diront
heureux,
Car vous serez un pays de délices,
Dit l'Éternel des armées.

13 Vos paroles sont rudes contre moi,
dit l'Éternel.
Et vous dites : Qu'avons-nous dit
contre toi ?

14 Vous avez dit : C'est en vain que l'on
sert Dieu ;
Qu'avons-nous gagné à observer ses
préceptes,
Et à marcher avec tristesse
A cause de l'Éternel des armées ?

15 Maintenant nous estimons heureux
les hautains ;
Oui, les méchants prospèrent ;
Oui, ils tentent Dieu, et ils échappent !

16 Alors ceux qui craignent l'Éternel se
parlèrent l'un à l'autre ;
L'Éternel fut attentif, et il écouta ;
Et un livre de souvenir fut écrit
devant lui
Pour ceux qui craignent l'Éternel
Et qui honorent son nom.

17 Ils seront à moi, dit l'Éternel des
armées,
Ils m'appartiendront, au jour que je
prépare ;

J'aurai compassion d'eux,
Comme un homme a compassion de
son fils qui le sert.

18 Et vous verrez de nouveau la diffé-
rence
Entre le juste et le méchant,
Entre celui qui sert Dieu
Et celui qui ne le sert pas.

4

Car voici, le jour vient,
Ardent comme une fournaise.
Tous les hautains et tous les mé-
chants seront comme du chaume ;
Le jour qui vient les embrasera,
Dit l'Éternel des armées,
Il ne leur laissera ni racine ni ra-
meau.

2 Mais pour vous qui craignez mon
nom se lèvera
Le soleil de la justice,
Et la guérison sera sous ses ailes ;
Vous sortirez, et vous sauterez com-
me les veaux d'une étable.

3 Et vous foulerez les méchants,
Car ils seront comme de la cendre
Sous la plante de vos pieds,
Au jour que je prépare,
Dit l'Éternel des armées.

4 Souvenez-vous de la loi de Moïse,
mon serviteur,
Auquel j'ai prescrit en Horeb, pour
tout Israël,
Des préceptes et des ordonnances.

5 Voici, je vous enverrai Élie, le pro-
phète,
Avant que le jour de l'Éternel arrive,
Ce jour grand et redoutable.

6 Il ramènera le cœur des pères à leurs
enfants,
Et le cœur des enfants à leurs
pères,
De peur que je ne vienne frapper le
pays d'interdit.

FIN DE L'ANCIEN TESTAMENT

LA
SAINTE BIBLE

NOUVEAU TESTAMENT

TRADUCTION D'APRÈS LE TEXTE GREC

PAR

LOUIS SEGOND

DOCTEUR EN THÉOLOGIE

NOUVELLE ÉDITION REVUE

PARIS

58 RUE DE CLICHY

1953

Imprimé en Angleterre

LA

SAINTE BIBLE

NOUVEAU TESTAMENT

TRADUCTION D'APRÈS LE TEXTE GREC

PAR

LOUIS SEGOND

DOCTEUR EN THÉOLOGIE

NOUVELLE ÉDITION REVUE

PARIS

58 RUE DE CLICHY

1933

NOUVEAU TESTAMENT

ÉVANGILE SELON MATTHIEU

Généalogie de Jésus-Christ.

I Généalogie de Jésus-Christ, fils de David, fils d'Abraham.

2 Abraham engendra Isaac; Isaac engendra Jacob; Jacob engendra 3 Juda et ses frères; Juda engendra de Thamar Pharès et Zara; Pharès engendra Esrom; Esrom engendra 4 Aram; Aram engendra Aminadab; Aminadab engendra Naasson; Naas-5 son engendra Salmon; Salmon engendra Boaz de Rahab; Boaz engen-6 dra Obed de Ruth; Obed engendra Isaï; Isaï engendra David.

Le roi David engendra Salomon 7 de la femme d'Urie; Salomon engendra Roboam; Roboam engendra 8 Abia; Abia engendra Asa; Asa engendra Josaphat; Josaphat engendra Joram; Joram engendra Ozias; 9 Ozias engendra Joatham; Joatham engendra Achaz; Achaz engendra 10 Ézéchias; Ézéchias engendra Manassé; Manassé engendra Amon; Amon 11 engendra Josias; Josias engendra Jéchonias et ses frères, au temps de la déportation à Babylone.

12 Après la déportation à Babylone, Jéchonias engendra Salathiel; Sala-13 thiel engendra Zorobabel; Zorobabel engendra Abiud; Abiud engendra Éliakim; Éliakim engendra Azor; 14 Azor engendra Sadok; Sadok engendra Achim; Achim engendra Éliud; 15 Éliud engendra Éléazar; Éléazar engendra Matthan; Matthan engen-16 dra Jacob; Jacob engendra Joseph, l'époux de Marie, de laquelle est né Jésus, qui est appelé Christ.

17 Il y a donc en tout quatorze générations depuis Abraham jusqu'à David, quatorze générations depuis David jusqu'à la déportation à Babylone, et quatorze générations depuis la déportation à Babylone jusqu'au Christ.

Naissance de Jésus-Christ.

18 Voici de quelle manière arriva la naissance de Jésus-Christ.

Marie, sa mère, ayant été fiancée à Joseph, se trouva enceinte par la vertu du Saint-Esprit, avant qu'ils eussent habité ensemble. Joseph, 19 son époux, qui était un homme de bien et qui ne voulait pas la diffamer, se proposa de rompre secrètement avec elle. Comme il y pensait, 20 voici, un ange du Seigneur lui apparut en songe, et dit: Joseph, fils de David, ne crains pas de prendre avec toi Marie, ta femme, car l'enfant qu'elle a conçu vient du Saint-Esprit; elle enfantera un fils, et tu lui don-21 neras le nom de Jésus; c'est lui qui sauvera son peuple de ses péchés.

22 Tout cela arriva afin que s'accomplît ce que le Seigneur avait annoncé par le prophète:

23 Voici, la vierge sera enceinte, elle enfantera un fils,
Et on lui donnera le nom d'Emmanuel,

ce qui signifie Dieu avec nous.

24 Joseph s'étant réveillé fit ce que l'ange du Seigneur lui avait ordonné, et il prit sa femme avec lui. Mais 25 il ne la connut point jusqu'à ce qu'elle eût enfanté un fils, auquel il donna le nom de Jésus.

Enfance de Jésus Christ.—Les mages à Bethléhem.— Hérode.—Fuite de Joseph en Égypte.—Massacre des enfants de Bethléhem.—Mort d'Hérode.—Retour de Joseph, et son établissement à Nazareth.

2 Jésus étant né à Bethléhem en Judée, au temps du roi Hérode,

voici des mages d'Orient arrivèrent
2 à Jérusalem, et dirent: Où est le roi des Juifs qui vient de naître? car nous avons vu son étoile en Orient, et nous sommes venus pour l'adorer.
3 Le roi Hérode, ayant appris cela, fut troublé, et tout Jérusalem avec
4 lui. Il assembla tous les principaux sacrificateurs et les scribes du peuple, et il s'informa d'eux où devait naître
5 le Christ. Ils lui dirent: A Bethléhem en Judée; car voici ce qui a été écrit par le prophète:

6 Et toi, Bethléhem, terre de Juda,
Tu n'es certes pas la moindre entre
    les principales villes de Juda,
Car de toi sortira un chef
Qui paîtra Israël, mon peuple.

7 Alors Hérode fit appeler en secret les mages, et s'enquit soigneusement auprès d'eux depuis combien de
8 temps l'étoile brillait. Puis il les envoya à Bethléhem, en disant: Allez, et prenez des informations exactes sur le petit enfant; quand vous l'aurez trouvé, faites-le-moi savoir, afin que j'aille aussi moi-même l'adorer.
9 Après avoir entendu le roi, ils partirent. Et voici, l'étoile qu'ils avaient vue en Orient marchait devant eux jusqu'à ce qu'étant arrivée au-dessus du lieu où était le petit enfant, elle
10 s'arrêta. Quand ils aperçurent l'étoile, ils furent saisis d'une très grande joie.
11 Ils entrèrent dans la maison, virent le petit enfant avec Marie, sa mère, se prosternèrent et l'adorèrent; ils ouvrirent ensuite leurs trésors, et lui offrirent en présent de l'or, de l'encens
12 et de la myrrhe. Puis, divinement avertis en songe de ne pas retourner vers Hérode, ils regagnèrent leur pays par un autre chemin.
13 Lorsqu'ils furent partis, voici, un ange du Seigneur apparut en songe à Joseph, et dit: Lève-toi, prends le petit enfant et sa mère, fuis en Égypte, et restes-y jusqu'à ce que je te parle; car Hérode cherchera le petit enfant pour le faire périr.
14 Joseph se leva, prit de nuit le petit enfant et sa mère, et se retira en
15 Égypte. Il y resta jusqu'à la mort

d'Hérode, afin que s'accomplît ce que le Seigneur avait annoncé par le prophète: J'ai appelé mon fils hors d'Égypte.

Alors Hérode, voyant qu'il avait 16 été joué par les mages, se mit dans une grande colère, et il envoya tuer tous les enfants de deux ans et au-dessous qui étaient à Bethléhem et dans tout son territoire, selon la date dont il s'était soigneusement enquis auprès des mages. Alors s'accomplit 17 ce qui avait été annoncé par Jérémie, le prophète:

On a entendu des cris à Rama, 18
Des pleurs et de grandes lamenta-
    tions:
Rachel pleure ses enfants,
Et n'a pas voulu être consolée,
Parce qu'ils ne sont plus.

Quand Hérode fut mort, voici, un 19 ange du Seigneur apparut en songe à Joseph, en Égypte, et dit: Lève-toi, 20 prends le petit enfant et sa mère, et va dans le pays d'Israël, car ceux qui en voulaient à la vie du petit enfant sont morts. Joseph se leva, 21 prit le petit enfant et sa mère, et alla dans le pays d'Israël. Mais, ayant 22 appris qu'Archélaüs régnait sur la Judée à la place d'Hérode, son père, il craignit de s'y rendre; et, divinement averti en songe, il se retira dans le territoire de la Galilée, et 23 vint demeurer dans une ville appelée Nazareth, afin que s'accomplît ce qui avait été annoncé par les prophètes: Il sera appelé Nazaréen.

Prédication de Jean-Baptiste.—Baptême de
Jésus-Christ.

En ce temps-là parut Jean-Bap- **3**
tiste, prêchant dans le désert de Judée. Il disait: Repentez-vous, car 2 le royaume des cieux est proche. Jean est celui qui avait été annoncé 3 par Ésaïe, le prophète, lorsqu'il dit:

C'est ici la voix de celui qui crie
    dans le désert:
Préparez le chemin du Seigneur,
Aplanissez ses sentiers.

4 Jean avait un vêtement de poils de chameau, et une ceinture de cuir autour des reins. Il se nourrissait de sauterelles et de miel sauvage.

5 Les habitants de Jérusalem, de toute la Judée et de tout le pays des environs du Jourdain, se rendaient 6 auprès de lui; et, confessant leurs péchés, ils se faisaient baptiser par lui dans le fleuve du Jourdain.

7 Mais, voyant venir à son baptême beaucoup de pharisiens et de sadducéens, il leur dit: Races de vipères, qui vous a appris à fuir la colère à 8 venir? Produisez donc du fruit digne 9 de la repentance, et ne prétendez pas dire en vous-mêmes: Nous avons Abraham pour père! Car je vous déclare que de ces pierres-ci Dieu peut susciter des enfants à Abraham.

10 Déjà la cognée est mise à la racine des arbres: tout arbre donc qui ne produit pas de bon fruit sera coupé 11 et jeté au feu. Moi, je vous baptise d'eau, pour vous amener à la repentance; mais celui qui vient après moi est plus puissant que moi, et je ne suis pas digne de porter ses souliers. Lui, il vous baptisera du Saint-Esprit 12 et de feu. Il a son van à la main; il nettoiera son aire, et il amassera son blé dans le grenier, mais il brûlera la paille dans un feu qui ne s'éteint point.

13 Alors Jésus vint de la Galilée au Jourdain vers Jean, pour être baptisé 14 par lui. Mais Jean s'y opposait, en disant: C'est moi qui ai besoin d'être baptisé par toi, et tu viens à moi! 15 Jésus lui répondit: Laisse faire maintenant, car il est convenable que nous accomplissions ainsi tout ce qui est juste. Et Jean ne lui résista 16 plus. Dès que Jésus eut été baptisé, il sortit de l'eau. Et voici, les cieux s'ouvrirent, et il vit l'Esprit de Dieu descendre comme une colombe et 17 venir sur lui. Et voici, une voix fit entendre des cieux ces paroles: Celui-ci est mon Fils bien-aimé, en qui j'ai mis toute mon affection.

Tentation de Jésus-Christ.

4 Alors Jésus fut emmené par l'Esprit dans le désert, pour être tenté par le diable. Après avoir jeûné 2 quarante jours et quarante nuits, il eut faim. Le tentateur, s'étant approché, lui dit: Si tu es Fils de Dieu, 3 ordonne que ces pierres deviennent des pains. Jésus répondit: Il est 4 écrit: L'homme ne vivra pas de pain seulement, mais de toute parole qui sort de la bouche de Dieu.

Le diable le transporta dans la 5 ville sainte, le plaça sur le haut du temple, et lui dit: Si tu es Fils de 6 Dieu, jette-toi en bas; car il est écrit:

Il donnera des ordres à ses anges à
    ton sujet;
Et ils te porteront sur les mains,
De peur que ton pied ne heurte con-
    tre une pierre.

Jésus lui dit: Il est aussi écrit: Tu 7 ne tenteras point le Seigneur, ton Dieu.

Le diable le transporta encore sur 8 une montagne très élevée, lui montra tous les royaumes du monde et leur gloire, et lui dit: Je te donnerai 9 toutes ces choses, si tu te prosternes et m'adores. Jésus lui dit: Retire- 10 toi, Satan! Car il est écrit: Tu adoreras le Seigneur, ton Dieu, et tu le serviras lui seul.

Alors le diable le laissa. Et voici, 11 des anges vinrent auprès de Jésus, et le servaient.

Jésus à Capernaüm. — Commencement de son ministère, et vocation de quatre disciples.

Jésus, ayant appris que Jean avait 12 été livré, se retira dans la Galilée. Il quitta Nazareth, et vint demeurer 13 à Capernaüm, située près de la mer, dans le territoire de Zabulon et de Nephthali, afin que s'accomplît ce 14 qui avait été annoncé par Ésaïe, le prophète:

Le peuple de Zabulon et de Neph- 15
    thali,
De la contrée voisine de la mer, du
    pays au delà du Jourdain,
Et de la Galilée des Gentils,
Ce peuple, assis dans les ténèbres, 16
A vu une grande lumière;

Et sur ceux qui étaient assis dans la
région et l'ombre de la mort
La lumière s'est levée.

17 Dès ce moment Jésus commença
à prêcher, et à dire: Repentez-vous,
car le royaume des cieux est proche.
18 Comme il marchait le long de la
mer de Galilée, il vit deux frères,
Simon, appelé Pierre, et André, son
frère, qui jetaient un filet dans la
19 mer; car ils étaient pêcheurs. Il leur
dit: Suivez-moi, et je vous ferai
20 pêcheurs d'hommes. Aussitôt, ils
laissèrent les filets, et le suivirent.
21 De là étant allé plus loin, il vit
deux autres frères, Jacques, fils de
Zébédée, et Jean, son frère, qui
étaient dans une barque avec Zébédée, leur père, et qui réparaient leurs
22 filets. Il les appela, et aussitôt ils
laissèrent la barque et leur père, et le
suivirent.

23 Jésus parcourait toute la Galilée,
enseignant dans les synagogues, prêchant la bonne nouvelle du royaume,
et guérissant toute maladie et toute
24 infirmité parmi le peuple. Sa renommée se répandit dans toute la Syrie,
et on lui amenait tous ceux qui
souffraient de maladies et de douleurs
de divers genres, des démoniaques,
des lunatiques, des paralytiques; et il
25 les guérissait. Une grande foule le
suivit, de la Galilée, de la Décapole,
de Jérusalem, de la Judée, et d'au
delà du Jourdain.

Sermon sur la montagne.—Les béatitudes.

5 Voyant la foule, Jésus monta sur
la montagne; et, après qu'il se fut
assis, ses disciples s'approchèrent de
2 lui. Puis, ayant ouvert la bouche, il
les enseigna, et dit:
3 Heureux les pauvres en esprit, car
le royaume des cieux est à eux!
4 Heureux les affligés, car ils seront
consolés!
5 Heureux les débonnaires, car ils
hériteront la terre!
6 Heureux ceux qui ont faim et
soif de la justice, car ils seront rassasiés!
7 Heureux les miséricordieux, car
ils obtiendront miséricorde!

Heureux ceux qui ont le cœur pur, 8
car ils verront Dieu!
Heureux ceux qui procurent la 9
paix, car ils seront appelés fils de
Dieu!
Heureux ceux qui sont persécutés 10
pour la justice, car le royaume des
cieux est à eux!
Heureux serez-vous, lorsqu'on vous 11
outragera, qu'on vous persécutera et
qu'on dira faussement de vous toute
sorte de mal, à cause de moi. Ré- 12
jouissez-vous et soyez dans l'allégresse, parce que votre récompense
sera grande dans les cieux; car c'est
ainsi qu'on a persécuté les prophètes
qui ont été avant vous.

*Sermon sur la montagne (suite).—Les dis-
ciples, sel de la terre et lumière du monde.
—L'accomplissement de la loi et des prophètes.*

Vous êtes le sel de la terre. Mais 13
si le sel perd sa saveur, avec quoi la
lui rendra-t-on? Il ne sert plus qu'à
être jeté dehors, et foulé aux pieds
par les hommes. Vous êtes la 14
lumière du monde. Une ville située
sur une montagne ne peut être cachée; et on n'allume pas une lampe 15
pour la mettre sous le boisseau, mais
on la met sur le chandelier, et elle
éclaire tous ceux qui sont dans la
maison. Que votre lumière luise 16
ainsi devant les hommes, afin qu'ils
voient vos bonnes œuvres, et qu'ils
glorifient votre Père qui est dans les
cieux.

Ne croyez pas que je sois venu 17
pour abolir la loi ou les prophètes;
je suis venu non pour abolir, mais
pour accomplir. Car, je vous le dis 18
en vérité, tant que le ciel et la terre
ne passeront point, il ne disparaîtra
pas de la loi un seul iota ou un seul
trait de lettre, jusqu'à ce que tout
soit arrivé. Celui donc qui suppri- 19
mera l'un de ces plus petits commandements, et qui enseignera aux
hommes à faire de même, sera appelé
le plus petit dans le royaume des
cieux; mais celui qui les observera,
et qui enseignera à les observer,
celui-là sera appelé grand dans le
royaume des cieux. Car, je vous le 20
dis, si votre justice ne surpasse celle

des scribes et des pharisiens, vous n'entrerez point dans le royaume des cieux.

21 Vous avez entendu qu'il a été dit aux anciens : Tu ne tueras point ; celui qui tuera mérite d'être puni 22 par les juges. Mais moi, je vous dis que quiconque se met en colère contre son frère mérite d'être puni par les juges ; que celui qui dira à son frère : Raca ! mérite d'être puni par le sanhédrin ; et que celui qui lui dira : Insensé ! mérite d'être puni par le 23 feu de la géhenne. Si donc tu présentes ton offrande à l'autel, et que là tu te souviennes que ton frère a 24 quelque chose contre toi, laisse là ton offrande devant l'autel, et va d'abord te réconcilier avec ton frère ; 25 puis, viens présenter ton offrande. Accorde-toi promptement avec ton adversaire, pendant que tu es en chemin avec lui, de peur qu'il ne te livre au juge, que le juge ne te livre à l'officier de justice, et que tu ne 26 sois mis en prison. Je te le dis en vérité, tu ne sortiras pas de là que tu n'aies payé le dernier quadrant.

27 Vous avez appris qu'il a été dit : Tu ne commettras point d'adultère. 28 Mais moi, je vous dis que quiconque regarde une femme pour la convoiter a déjà commis un adultère avec elle 29 dans son cœur. Si ton œil droit est pour toi une occasion de chute, arrache-le et jette-le loin de toi ; car il est avantageux pour toi qu'un seul de tes membres périsse, et que ton corps entier ne soit pas jeté dans la 30 géhenne. Et si ta main droite est pour toi une occasion de chute, coupe-la et jette-la loin de toi ; car il est avantageux pour toi qu'un seul de tes membres périsse, et que ton corps entier n'aille pas dans la géhenne. 31 Il a été dit : Que celui qui répudie sa femme lui donne une lettre de 32 divorce. Mais moi, je vous dis que celui qui répudie sa femme, sauf pour cause d'infidélité, l'expose à devenir adultère, et que celui qui épouse une femme répudiée commet un adultère.

33 Vous avez encore appris qu'il a été dit aux anciens : Tu ne te parjureras point, mais tu t'acquitteras envers le Seigneur de ce que tu as déclaré par serment. Mais moi, je vous dis de 34 ne jurer aucunement, ni par le ciel, parce que c'est le trône de Dieu ; ni 35 par la terre, parce que c'est son marchepied ; ni par Jérusalem, parce que c'est la ville du grand roi. Ne 36 jure pas non plus par ta tête, car tu ne peux rendre blanc ou noir un seul cheveu. Que votre parole soit oui, 37 oui, non, non ; ce qu'on y ajoute vient du malin.

38 Vous avez appris qu'il a été dit : Œil pour œil, et dent pour dent. Mais moi, je vous dis de ne pas 39 résister au méchant. Si quelqu'un te frappe sur la joue droite, présente-lui aussi l'autre. Si quelqu'un veut 40 plaider contre toi, et prendre ta tunique, laisse-lui encore ton manteau. Si quelqu'un te force à faire 41 un mille, fais-en deux avec lui. Donne à celui qui te demande, et 42 ne te détourne pas de celui qui veut emprunter de toi.

43 Vous avez appris qu'il a été dit : Tu aimeras ton prochain, et tu haïras ton ennemi. Mais moi, je vous dis : 44 Aimez vos ennemis, bénissez ceux qui vous maudissent, faites du bien à ceux qui vous haïssent, et priez pour ceux qui vous maltraitent et qui vous persécutent, afin que vous 45 soyez fils de votre Père qui est dans les cieux ; car il fait lever son soleil sur les méchants et sur les bons, et il fait pleuvoir sur les justes et sur les injustes. Si vous aimez ceux 46 qui vous aiment, quelle récompense méritez-vous ? Les publicains aussi n'agissent-ils pas de même ? Et si 47 vous saluez seulement vos frères, que faites-vous d'extraordinaire ? Les païens aussi n'agissent-ils pas de même ? Soyez donc parfaits, comme 48 votre Père céleste est parfait.

Sermon sur la montagne (suite).—Préceptes sur :—l'aumône,—la prière,—le pardon des offenses,—le jeûne,—les trésors sur la terre et dans le ciel,—l'impossibilité de servir deux maîtres,—les soucis et les inquiétudes.

Gardez-vous de pratiquer votre **6** justice devant les hommes, pour en être vus ; autrement, vous n'aurez point de récompense auprès de votre Père qui est dans les cieux.

2 Lors donc que tu fais l'aumône, ne sonne pas de la trompette devant toi, comme font les hypocrites dans les synagogues et dans les rues, afin d'être glorifiés par les hommes. Je vous le dis en vérité, ils reçoivent 3 leur récompense. Mais quand tu fais l'aumône, que ta main gauche ne 4 sache pas ce que fait ta droite, afin que ton aumône se fasse en secret ; et ton Père, qui voit dans le secret, te le rendra.

5 Lorsque vous priez, ne soyez pas comme les hypocrites, qui aiment à prier debout dans les synagogues et aux coins des rues, pour être vus des hommes. Je vous le dis en vérité, ils reçoivent leur récompense. 6 Mais quand tu pries, entre dans ta chambre, ferme ta porte, et prie ton Père qui est là dans le lieu secret ; et ton Père, qui voit dans le secret, te le rendra.

7 En priant, ne multipliez pas de vaines paroles, comme les païens, qui s'imaginent qu'à force de paroles 8 ils seront exaucés. Ne leur ressemblez pas ; car votre Père sait de quoi vous avez besoin, avant que vous le 9 lui demandiez. Voici donc comment vous devez prier :

Notre Père qui es aux cieux ! Que 10 ton nom soit sanctifié ; que ton règne vienne ; que ta volonté soit faite sur la terre comme au ciel. 11 Donne-nous aujourd'hui notre pain 12 quotidien ; pardonne-nous nos offenses, comme nous aussi nous pardonnons à ceux qui nous ont offensés ; 13 ne nous induis pas en tentation, mais délivre-nous du malin. Car c'est à toi qu'appartient, dans tous les siècles, le règne, la puissance et la gloire. Amen !

14 Si vous pardonnez aux hommes leurs offenses, votre Père céleste vous 15 pardonnera aussi ; mais si vous ne pardonnez pas aux hommes, votre Père ne vous pardonnera pas non plus vos offenses.

16 Lorsque vous jeûnez, ne prenez pas un air triste, comme les hypo-crites, qui se rendent le visage tout défait, pour montrer aux hommes qu'ils jeûnent. Je vous le dis en vérité, ils reçoivent leur récompense. 17 Mais quand tu jeûnes, parfume ta 18 tête et lave ton visage, afin de ne pas montrer aux hommes que tu jeûnes, mais à ton Père qui est là dans le lieu secret ; et ton Père, qui voit dans le secret, te le rendra.

19 Ne vous amassez pas des trésors sur la terre, où la teigne et la rouille détruisent, et où les voleurs percent 20 et dérobent ; mais amassez-vous des trésors dans le ciel, où la teigne et la rouille ne détruisent point, et où les voleurs ne percent ni ne dérobent. 21 Car là où est ton trésor, là aussi sera ton cœur.

22 L'œil est la lampe du corps. Si ton œil est en bon état, tout ton corps sera éclairé ; mais si ton œil 23 est en mauvais état, tout ton corps sera dans les ténèbres. Si donc la lumière qui est en toi est ténèbres, combien seront grandes ces ténèbres !

24 Nul ne peut servir deux maîtres. Car, ou il haïra l'un, et aimera l'autre ; ou il s'attachera à l'un, et méprisera l'autre. Vous ne pouvez servir Dieu et Mamon.

25 C'est pourquoi je vous dis : Ne vous inquiétez pas pour votre vie de ce que vous mangerez, ni pour votre corps de quoi vous serez vêtus. La vie n'est-elle pas plus que la nourriture, et le corps plus que le 26 vêtement ? Regardez les oiseaux du ciel : ils ne sèment ni ne moissonnent, et ils n'amassent rien dans des greniers ; et votre Père céleste les nourrit. Ne valez-vous pas beaucoup 27 plus qu'eux ? Qui de vous, par ses inquiétudes, peut ajouter une coudée 28 à la durée de sa vie ? Et pourquoi vous inquiéter au sujet du vêtement ? Considérez comment croissent les lis des champs : ils ne travaillent ni ne filent ; cependant je vous dis que 29 Salomon même, dans toute sa gloire, n'a pas été vêtu comme l'un d'eux. 30 Si Dieu revêt ainsi l'herbe des champs, qui existe aujourd'hui et qui demain sera jetée au four, ne

vous vêtira-t-il pas à plus forte raison, 31 gens de peu de foi ? Ne vous inquiétez donc point, et ne dites pas : Que mangerons-nous ? que boirons-nous ? de quoi serons-nous vêtus ? 32 Car toutes ces choses, ce sont les païens qui les recherchent. Votre Père céleste sait que vous en avez 33 besoin. Cherchez premièrement le royaume et la justice de Dieu ; et toutes ces choses vous seront données 34 par-dessus. Ne vous inquiétez donc pas du lendemain ; car le lendemain aura soin de lui-même. A chaque jour suffit sa peine.

Sermon sur la montagne (fin).—Préceptes divers :—les jugements téméraires,—la paille et la poutre,—les choses saintes données aux chiens,—la persévérance dans la prière,—la porte étroite,—les faux prophètes,—la maison bâtie sur le roc.

7 Ne jugez point, afin que vous ne 2 soyez point jugés. Car on vous jugera du jugement dont vous jugez, et l'on vous mesurera avec la mesure 3 dont vous mesurez. Pourquoi vois-tu la paille qui est dans l'œil de ton frère, et n'aperçois-tu pas la poutre 4 qui est dans ton œil ? Ou comment peux-tu dire à ton frère : Laisse-moi ôter une paille de ton œil, toi qui as 5 une poutre dans le tien ? Hypocrite, ôte premièrement la poutre de ton œil, et alors tu verras comment ôter la paille de l'œil de ton frère.

6 Ne donnez pas les choses saintes aux chiens, et ne jetez pas vos perles devant les pourceaux, de peur qu'ils ne les foulent aux pieds, ne se retournent et ne vous déchirent.

7 Demandez, et l'on vous donnera ; cherchez, et vous trouverez ; frappez, 8 et l'on vous ouvrira. Car quiconque demande reçoit, celui qui cherche trouve, et l'on ouvre à celui qui 9 frappe. Lequel de vous donnera une pierre à son fils, s'il lui demande 10 du pain ? Ou, s'il demande un poisson, lui donnera-t-il un serpent ? Si 11 donc, méchants comme vous l'êtes, vous savez donner de bonnes choses à vos enfants, à combien plus forte raison votre Père qui est dans les cieux donnera-t-il de bonnes choses à ceux qui les lui demandent.

Tout ce que vous voulez que les 12 hommes fassent pour vous, faites-le de même pour eux, car c'est la loi et les prophètes.

Entrez par la porte étroite. Car 13 large est la porte, spacieux est le chemin qui mènent à la perdition, et il y en a beaucoup qui entrent par là. Mais étroite est la porte, resserré le 14 chemin qui mènent à la vie, et il y en a peu qui les trouvent.

Gardez-vous des faux prophètes. 15 Ils viennent à vous en vêtements de brebis, mais au dedans ce sont des loups ravisseurs. Vous les reconnaîtrez à leurs fruits. Cueille-t-on 16 des raisins sur des épines, ou des figues sur des chardons ? Tout bon 17 arbre porte de bons fruits, mais le mauvais arbre porte de mauvais fruits. Un bon arbre ne peut porter 18 de mauvais fruits, ni un mauvais arbre porter de bons fruits. Tout 19 arbre qui ne porte pas de bons fruits est coupé et jeté au feu. C'est donc 20 à leurs fruits que vous les reconnaîtrez.

Ceux qui me disent : Seigneur, 21 Seigneur ! n'entreront pas tous dans le royaume des cieux, mais celui-là seul qui fait la volonté de mon Père qui est dans les cieux. Plusieurs me 22 diront en ce jour-là : Seigneur, Seigneur, n'avons-nous pas prophétisé par ton nom ? n'avons-nous pas chassé des démons par ton nom ? et n'avons-nous pas fait beaucoup de miracles par ton nom ? Alors je leur dirai 23 ouvertement : Je ne vous ai jamais connus, retirez-vous de moi, vous qui commettez l'iniquité.

C'est pourquoi, quiconque entend 24 ces paroles que je dis et les met en pratique, sera semblable à un homme prudent qui a bâti sa maison sur le roc. La pluie est tombée, les torrents 25 sont venus, les vents ont soufflé et se sont jetés contre cette maison : elle n'est point tombée, parce qu'elle était fondée sur le roc. Mais quiconque 26 entend ces paroles que je dis, et ne les met pas en pratique, sera semblable à un homme insensé qui a bâti sa maison sur le sable. La pluie 27 est tombée, les torrents sont venus, les vents ont soufflé et ont battu cette maison : elle est tombée, et sa ruine a été grande.

28 Après que Jésus eut achevé ces discours, la foule fut frappée de sa
29 doctrine ; car il enseignait comme ayant autorité, et non pas comme leurs scribes.

Guérison d'un lépreux,—du serviteur d'un centenier,—de la belle-mère de Pierre,—et de plusieurs malades.

8 Lorsque Jésus fut descendu de la montagne, une grande foule le suivit.
2 Et voici, un lépreux s'étant approché se prosterna devant lui, et dit : Seigneur, si tu le veux, tu peux me
3 rendre pur. Jésus étendit la main, le toucha, et dit : Je le veux, sois pur.
4 Aussitôt il fut purifié de sa lèpre. Puis Jésus lui dit : Garde-toi d'en parler à personne ; mais va te montrer au sacrificateur, et présente l'offrande que Moïse a prescrite, afin que cela leur serve de témoignage.

5 Comme Jésus entrait dans Capernaüm, un centenier l'aborda, le priant
6 et disant : Seigneur, mon serviteur est couché à la maison, atteint de para-
7 lysie et souffrant beaucoup. Jésus
8 lui dit : J'irai, et je le guérirai. Le centenier répondit : Seigneur, je ne suis pas digne que tu entres sous mon toit ; mais dis seulement un mot, et mon serviteur sera guéri.
9 Car, moi qui suis soumis à des supérieurs, j'ai des soldats sous mes ordres ; et je dis à l'un : Va ! et il va ; à l'autre : Viens ! et il vient ; et à mon serviteur : Fais cela ! et il le
10 fait. Après l'avoir entendu, Jésus fut dans l'étonnement, et il dit à ceux qui le suivaient : Je vous le dis en vérité, même en Israël je n'ai pas
11 trouvé une aussi grande foi. Or, je vous déclare que plusieurs viendront de l'orient et de l'occident, et seront à table avec Abraham, Isaac et Jacob,
12 dans le royaume des cieux. Mais les fils du royaume seront jetés dans les ténèbres du dehors, où il y aura des pleurs et des grincements de dents.
13 Puis Jésus dit au centenier : Va, qu'il te soit fait selon ta foi. Et à l'heure même le serviteur fut guéri.

14 Jésus se rendit ensuite à la maison de Pierre, dont il vit la belle-mère
15 couchée et ayant la fièvre. Il toucha sa main, et la fièvre la quitta ; puis elle se leva, et le servit.

16 Le soir, on amena auprès de Jésus plusieurs démoniaques. Il chassa les esprits par sa parole, et il guérit tous
17 les malades, afin que s'accomplît ce qui avait été annoncé par Ésaïe, le prophète : Il a pris nos infirmités, et il s'est chargé de nos maladies.

Comment suivre Jésus.—Tempête apaisée.— Jésus sur le territoire des Gadaréniens ; deux démoniaques guéris.

18 Jésus, voyant une grande foule autour de lui, donna l'ordre de passer
19 à l'autre bord. Un scribe s'approcha, et lui dit : Maître, je te suivrai par-
20 tout où tu iras. Jésus lui répondit : Les renards ont des tanières, et les oiseaux du ciel ont des nids ; mais le Fils de l'homme n'a pas où reposer
21 sa tête. Un autre, d'entre les disciples, lui dit : Seigneur, permets-moi d'aller d'abord ensevelir mon père.
22 Mais Jésus lui répondit : Suis-moi, et laisse les morts ensevelir leurs morts.

23 Il monta dans la barque, et ses
24 disciples le suivirent. Et voici, il s'éleva sur la mer une si grande tempête que la barque était couverte
25 par les flots. Et lui, il dormait. Les disciples s'étant approchés le réveillè-
26 rent, et dirent : Seigneur, sauve, nous périssons ! Il leur dit : Pourquoi avez-vous peur, gens de peu de foi ?
27 Alors il se leva, menaça les vents et la mer, et il y eut un grand calme. Ces hommes furent saisis d'étonnement : Quel est celui-ci, disaient-ils, à qui obéissent même les vents et la mer ?

28 Lorsqu'il fut à l'autre bord, dans le pays des Gadaréniens, deux démoniaques, sortant des sépulcres, vinrent au-devant de lui. Ils étaient si furieux que personne n'osait passer
29 par là. Et voici, ils s'écrièrent : Qu'y a-t-il entre nous et toi, Fils de Dieu ? Es-tu venu ici pour nous tourmenter
30 avant le temps ? Il y avait loin d'eux un grand troupeau de pour-
31 ceaux qui paissaient. Les démons

priaient Jésus, disant : Si tu nous chasses, envoie-nous dans ce trou-
32 peau de pourceaux. Il leur dit : Allez ! Ils sortirent, et entrèrent dans les pourceaux. Et voici, tout le troupeau se précipita des pentes escarpées dans la mer, et ils périrent
33 dans les eaux. Ceux qui les faisaient paître s'enfuirent, et allèrent dans la ville raconter tout ce qui s'était passé et ce qui était arrivé aux démonia-
34 ques. Alors toute la ville sortit à la rencontre de Jésus ; et, dès qu'ils le virent, ils le supplièrent de quitter leur territoire.

Guérison d'un paralytique.— Vocation de Matthieu.—Question des disciples de Jean-Baptiste sur le jeûne.—Résurrection de la fille de Jaïrus, et guérison d'une femme malade depuis douze ans.—Diverses guérisons.

9 Jésus, étant monté dans une barque, traversa la mer, et alla dans sa ville.
2 Et voici, on lui amena un paralytique couché sur un lit. Jésus, voyant leur foi, dit au paralytique : Prends courage, mon enfant, tes péchés sont
3 pardonnés. Sur quoi, quelques scribes dirent au dedans d'eux : Cet homme
4 blasphème. Et Jésus, connaissant leurs pensées, dit : Pourquoi avez-vous de mauvaises pensées dans vos
5 cœurs ? Car, lequel est le plus aisé, de dire : Tes péchés sont pardonnés,
6 ou de dire : Lève-toi, et marche ? Or, afin que vous sachiez que le Fils de l'homme a sur la terre le pouvoir de pardonner les péchés : Lève-toi, dit-il au paralytique, prends ton lit, et
7 va dans ta maison. Et il se leva, et
8 s'en alla dans sa maison. Quand la foule vit cela, elle fut saisie de crainte, et elle glorifia Dieu, qui a donné aux hommes un tel pouvoir.
9 De là étant allé plus loin, Jésus vit un homme assis au lieu des péages et qui s'appelait Matthieu. Il lui dit : Suis-moi. Cet homme se leva, et le suivit.
10 Comme Jésus était à table dans la maison, voici, beaucoup de publicains et de gens de mauvaise vie vinrent se mettre à table avec lui et avec ses
11 disciples. Les pharisiens virent cela,

et ils dirent à ses disciples : Pourquoi votre maître mange-t-il avec les publicains et les gens de mauvaise vie ? Ce que Jésus ayant entendu, il 12 dit : Ce ne sont pas ceux qui se portent bien qui ont besoin de médecin, mais les malades. Allez, et apprenez 13 ce que signifie : Je prends plaisir à la miséricorde, et non aux sacrifices. Car je ne suis pas venu appeler des justes, mais des pécheurs.

Alors les disciples de Jean vinrent 14 auprès de Jésus, et dirent : Pourquoi nous et les pharisiens jeûnons-nous, tandis que tes disciples ne jeûnent point ? Jésus leur répondit : Les 15 amis de l'époux peuvent-ils s'affliger pendant que l'époux est avec eux ? Les jours viendront où l'époux leur sera enlevé, et alors ils jeûneront. Personne ne met une pièce de drap 16 neuf à un vieil habit ; car elle emporterait une partie de l'habit, et la déchirure serait pire. On ne met 17 pas non plus du vin nouveau dans de vieilles outres ; autrement, les outres se rompent, le vin se répand, et les outres sont perdues ; mais on met le vin nouveau dans des outres neuves, et le vin et les outres se conservent.

Tandis qu'il leur adressait ces pa- 18 roles, voici, un chef arriva, se prosterna devant lui, et dit : Ma fille est morte il y a un instant ; mais viens, impose-lui les mains, et elle vivra. Jésus se leva, et le suivit avec 19 ses disciples.

Et voici, une femme atteinte d'une 20 perte de sang depuis douze ans s'approcha par derrière, et toucha le bord de son vêtement. Car elle disait en 21 elle-même : Si je puis seulement toucher son vêtement, je serai guérie. Jésus se retourna, et dit, en la voyant : 22 Prends courage, ma fille, ta foi t'a guérie. Et cette femme fut guérie à l'heure même.

Lorsque Jésus fut arrivé à la mai- 23 son du chef, et qu'il vit les joueurs de flûte et la foule bruyante, il leur 24 dit : Retirez-vous ; car la jeune fille n'est pas morte, mais elle dort. Et ils se moquaient de lui. Quand la 25 foule eut été renvoyée, il entra, prit la main de la jeune fille, et la jeune

26 fille se leva. Le bruit s'en répandit dans toute la contrée.

27 Étant parti de là, Jésus fut suivi par deux aveugles, qui criaient : Aie

28 pitié de nous, Fils de David ! Lorsqu'il fut arrivé à la maison, les aveugles s'approchèrent de lui, et Jésus leur dit : Croyez-vous que je puisse faire cela ? Oui, Seigneur, lui répondirent-

29 ils. Alors il leur toucha les yeux, en disant : Qu'il vous soit fait selon

30 votre foi. Et leurs yeux s'ouvrirent. Jésus leur fit cette recommandation sévère : Prenez garde que personne

31 ne le sache. Mais, dès qu'ils furent sortis, ils répandirent sa renommée dans tout le pays.

32 Comme ils s'en allaient, voici, on amena à Jésus un démoniaque muet.

33 Le démon ayant été chassé, le muet parla. Et la foule étonnée disait : Jamais pareille chose ne s'est vue en

34 Israël. Mais les pharisiens dirent : C'est par le prince des démons qu'il chasse les démons.

Mission des douze apôtres.

35 Jésus parcourait toutes les villes et les villages, enseignant dans les synagogues, prêchant la bonne nouvelle du royaume, et guérissant toute maladie et toute infirmité.

36 Voyant la foule, il fut ému de compassion pour elle, parce qu'elle était languissante et abattue, comme des brebis qui n'ont point de berger.

37 Alors il dit à ses disciples : La moisson est grande, mais il y a peu d'ou-

38 vriers. Priez donc le maître de la moisson d'envoyer des ouvriers dans sa moisson.

10 Puis, ayant appelé ses douze disciples, il leur donna le pouvoir de chasser les esprits impurs, et de guérir toute maladie et toute infirmité.

2 Voici les noms des douze apôtres. Le premier, Simon appelé Pierre, et André, son frère ; Jacques, fils de

3 Zébédée, et Jean, son frère ; Philippe, et Barthélemy ; Thomas, et Matthieu, le publicain ; Jacques, fils d'Alphée,

4 et Thaddée ; Simon le Cananite, et Judas l'Iscariot, celui qui livra Jésus.

5 Tels sont les douze que Jésus en-

voya, après leur avoir donné les instructions suivantes :

N'allez pas vers les païens, et n'entrez pas dans les villes des Samaritains ; allez plutôt vers les brebis 6 perdues de la maison d'Israël. Allez, 7 prêchez, et dites : Le royaume des cieux est proche. Guérissez les ma- 8 lades, ressuscitez les morts, purifiez les lépreux, chassez les démons. Vous avez reçu gratuitement, donnez gratuitement. Ne prenez ni or, ni argent, 9 ni monnaie, dans vos ceintures ; ni 10 sac pour le voyage, ni deux tuniques, ni souliers, ni bâton ; car l'ouvrier mérite sa nourriture.

Dans quelque ville ou village que 11 vous entriez, informez-vous s'il s'y trouve quelque homme digne de vous recevoir, et demeurez chez lui jusqu'à ce que vous partiez. En entrant 12 dans la maison, saluez-la ; et, si la 13 maison en est digne, que votre paix vienne sur elle ; mais si elle n'en est pas digne, que votre paix retourne à vous. Lorsqu'on ne vous recevra 14 pas et qu'on n'écoutera pas vos paroles, sortez de cette maison ou de cette ville et secouez la poussière de vos pieds. Je vous le dis en 15 vérité : au jour du jugement, le pays de Sodome et de Gomorrhe sera traité moins rigoureusement que cette ville-là.

Voici, je vous envoie comme des 16 brebis au milieu des loups. Soyez donc prudents comme les serpents, et simples comme les colombes. Mettez-vous en garde contre les 17 hommes ; car ils vous livreront aux tribunaux, et ils vous battront de verges dans leurs synagogues ; vous 18 serez menés, à cause de moi, devant des gouverneurs et devant des rois, pour servir de témoignage à eux et aux païens. Mais, quand on vous 19 livrera, ne vous inquiétez ni de la manière dont vous parlerez ni de ce que vous direz : ce que vous aurez à dire vous sera donné à l'heure même ; car ce n'est pas vous qui parlerez, 20 c'est l'Esprit de votre Père qui parlera en vous.

Le frère livrera son frère à la mort, 21 et le père son enfant ; les enfants se soulèveront contre leurs parents, et 22 les feront mourir. Vous serez haïs de tous, à cause de mon nom ; mais celui qui persévérera jusqu'à la fin 23 sera sauvé. Quand on vous persécutera dans une ville, fuyez dans une autre. Je vous le dis en vérité, vous n'aurez pas achevé de parcourir les villes d'Israël, que le Fils de l'homme sera venu.

24 Le disciple n'est pas plus que le maître, ni le serviteur plus que son 25 seigneur. Il suffit au disciple d'être traité comme son maître, et au serviteur comme son seigneur. S'ils ont appelé le maître de la maison Béelzébul, à combien plus forte raison appelleront-ils ainsi les gens de sa 26 maison ! Ne les craignez donc point ; car il n'y a rien de caché qui ne doive être découvert, ni de secret qui 27 ne doive être connu. Ce que je vous dis dans les ténèbres, dites-le en plein jour ; et ce qui vous est dit à l'oreille, 28 prêchez-le sur les toits. Ne craignez pas ceux qui tuent le corps et qui ne peuvent tuer l'âme ; craignez plutôt celui qui peut faire périr l'âme et le 29 corps dans la géhenne. Ne vend-on pas deux passereaux pour un sou ? Cependant, il n'en tombe pas un à terre sans la volonté de votre Père. 30 Et même les cheveux de votre tête 31 sont tous comptés. Ne craignez donc point : vous valez plus que beaucoup de passereaux.

32 C'est pourquoi, quiconque me confessera devant les hommes, je le confesserai aussi devant mon Père qui 33 est dans les cieux ; mais quiconque me reniera devant les hommes, je le renierai aussi devant mon Père qui est dans les cieux.

34 Ne croyez pas que je sois venu apporter la paix sur la terre ; je ne suis pas venu apporter la paix, mais 35 l'épée. Car je suis venu mettre la division entre l'homme et son père, entre la fille et sa mère, entre la belle-36 fille et sa belle-mère ; et l'homme aura pour ennemis les gens de sa 37 maison. Celui qui aime son père ou sa mère plus que moi n'est pas digne de moi, et celui qui aime son fils ou sa fille plus que moi n'est pas digne

de moi ; celui qui ne prend pas sa 38 croix, et ne me suit pas, n'est pas digne de moi. Celui qui conservera 39 sa vie la perdra, et celui qui perdra sa vie à cause de moi la retrouvera.

Celui qui vous reçoit me reçoit, et 40 celui qui me reçoit reçoit celui qui m'a envoyé. Celui qui reçoit un pro- 41 phète en qualité de prophète recevra une récompense de prophète, et celui qui reçoit un juste en qualité de juste recevra une récompense de juste. Et quiconque donnera seulement un 42 verre d'eau froide à l'un de ces petits parce qu'il est mon disciple, je vous le dis en vérité, il ne perdra point sa récompense.

Lorsque Jésus eut achevé de **11** donner ses instructions à ses douze disciples, il partit de là, pour enseigner et prêcher dans les villes du pays.

Message de Jean-Baptiste à Jésus.—Témoignage sur Jean-Baptiste.—Reproches aux villes impénitentes.—Les choses révélées aux enfants.—Aller à Jésus et accepter son joug.

Jean, ayant entendu parler dans sa 2 prison des œuvres du Christ, lui fit dire par ses disciples: Es-tu celui 3 qui doit venir, ou devons-nous en attendre un autre ? Jésus leur ré- 4 pondit : Allez rapporter à Jean ce que vous entendez et ce que vous voyez: les aveugles voient, les boi- 5 teux marchent, les lépreux sont purifiés, les sourds entendent, les morts ressuscitent, et la bonne nouvelle est annoncée aux pauvres. Heureux celui pour qui je ne serai 6 pas une occasion de chute !

Comme ils s'en allaient, Jésus se 7 mit à dire à la foule, au sujet de Jean : Qu'êtes-vous allés voir au désert ? un roseau agité par le vent ? Mais, qu'êtes-vous allés voir ? un 8 homme vêtu d'habits précieux ? Voici, ceux qui portent des habits précieux sont dans les maisons des rois. Qu'êtes-vous donc allés voir ? un 9 prophète ? Oui, vous dis-je, et plus qu'un prophète. Car c'est celui dont 10 il est écrit :

Voici, j'envoie mon messager devant ta face,

Pour préparer ton chemin devant toi.

11 Je vous le dis en vérité, parmi ceux qui sont nés de femmes, il n'en a point paru de plus grand que Jean-Baptiste. Cependant, le plus petit dans le royaume des cieux est plus grand 12 que lui. Depuis le temps de Jean-Baptiste jusqu'à présent, le royaume des cieux est forcé, et ce sont les 13 violents qui s'en emparent. Car tous les prophètes et la loi ont pro- 14 phétisé jusqu'à Jean ; et, si vous voulez le comprendre, c'est lui qui 15 est l'Élie qui devait venir. Que celui qui a des oreilles pour entendre entende.

16 A qui comparerai-je cette généra- tion ? Elle ressemble à des enfants assis dans des places publiques, et qui, s'adressant à d'autres enfants, 17 disent : Nous vous avons joué de la flûte, et vous n'avez pas dansé ; nous avons chanté des complaintes, et vous ne vous êtes pas lamentés. 18 Car Jean est venu, ne mangeant ni ne buvant, et ils disent : Il a un 19 démon. Le Fils de l'homme est venu, mangeant et buvant, et ils disent : C'est un mangeur et un buveur, un ami des publicains et des gens de mauvaise vie. Mais la sagesse a été justifiée par ses œuvres.

20 Alors il se mit à faire des re- proches aux villes dans lesquelles avaient eu lieu la plupart de ses miracles, parce qu'elles ne s'étaient 21 pas repenties. Malheur à toi, Cho- razin ! malheur à toi, Bethsaïda ! car, si les miracles qui ont été faits au milieu de vous avaient été faits dans Tyr et dans Sidon, il y a longtemps qu'elles se seraient repenties, en 22 prenant le sac et la cendre. C'est pourquoi je vous le dis : au jour du jugement, Tyr et Sidon seront traitées 23 moins rigoureusement que vous. Et toi, Capernaüm, seras-tu élevée jus- qu'au ciel ? Non. Tu seras abaissée jusqu'au séjour des morts ; car, si les miracles qui ont été faits au milieu de toi avaient été faits dans Sodome, elle subsisterait encore au- 24 jourd'hui. C'est pourquoi je vous le dis : au jour du jugement, le pays de Sodome sera traité moins rigou- reusement que toi.

25 En ce temps-là, Jésus prit la parole, et dit : Je te loue, Père, Seigneur du ciel et de la terre, de ce que tu as caché ces choses aux sages et aux intelligents, et de ce que tu les as révélées aux enfants. Oui, Père, je 26 te loue de ce que tu l'as voulu ainsi. Toutes choses m'ont été données 27 par mon Père, et personne ne con- naît le Fils, si ce n'est le Père ; personne non plus ne connaît le Père, si ce n'est le Fils et celui à qui le Fils veut le révéler.

Venez à moi, vous tous qui êtes 28 fatigués et chargés, et je vous don- nerai du repos. Prenez mon joug 29 sur vous et recevez mes instructions, car je suis doux et humble de cœur ; et vous trouverez du repos pour vos âmes. Car mon joug est doux, et 30 mon fardeau léger.

Les épis de blé et le sabbat.—L'homme qui a la main sèche.—Le démoniaque aveugle et muet.—Attaque des pharisiens et ré- ponse de Jésus.—Le péché contre le Saint- Esprit.—Un miracle refusé.—La mère et les frères de Jésus.

En ce temps-là, Jésus traversa **12** des champs de blé un jour de sabbat. Ses disciples, qui avaient faim, se mirent à arracher des épis et à manger. Les pharisiens, voyant 2 cela, lui dirent : Voici, tes disciples font ce qu'il n'est pas permis de faire pendant le sabbat. Mais Jésus 3 leur répondit : N'avez-vous pas lu ce que fit David, lorsqu'il eut faim, lui et ceux qui étaient avec lui ; comment il entra dans la maison de 4 Dieu, et mangea les pains de pro- position, qu'il ne lui était pas permis de manger, non plus qu'à ceux qui étaient avec lui, et qui étaient ré- servés aux sacrificateurs seuls ? Ou, 5 n'avez-vous pas lu dans la loi que, les jours de sabbat, les sacrificateurs violent le sabbat dans le temple, sans se rendre coupables ? Or, je 6 vous le dis, il y a ici quelque chose de plus grand que le temple. Si 7 vous saviez ce que signifie : Je prends plaisir à la miséricorde, et

non aux sacrifices, vous n'auriez pas
8 condamné des innocents. Car le
Fils de l'homme est maître du
sabbat.

9 Étant parti de là, Jésus entra dans
10 la synagogue. Et voici, il s'y trouvait un homme qui avait la main
sèche. Ils demandèrent à Jésus:
Est-il permis de faire une guérison
les jours de sabbat? C'était afin de
11 pouvoir l'accuser. Il leur répondit:
Lequel d'entre vous, s'il n'a qu'une
brebis et qu'elle tombe dans une
fosse le jour du sabbat, ne la saisira
12 pour l'en retirer? Combien un homme
ne vaut-il pas plus qu'une brebis!
Il est donc permis de faire du bien
13 les jours de sabbat. Alors il dit à
l'homme: Étends ta main. Il l'étendit, et elle devint saine comme
l'autre.

14 Les pharisiens sortirent, et ils se
consultèrent sur les moyens de le
15 faire périr. Mais Jésus, l'ayant su,
s'éloigna de ce lieu.
Une grande foule le suivit. Il
16 guérit tous les malades, et il leur
recommanda sévèrement de ne pas
17 le faire connaître, afin que s'accomplît
ce qui avait été annoncé par Ésaïe,
le prophète:

18 Voici mon serviteur que j'ai choisi,
Mon bien-aimé en qui mon âme a
pris plaisir.
Je mettrai mon Esprit sur lui,
Et il annoncera la justice aux nations.
19 Il ne contestera point, il ne criera
point,
Et personne n'entendra sa voix dans
les rues.
20 Il ne brisera point le roseau cassé,
Et il n'éteindra point le lumignon
qui fume,
Jusqu'à ce qu'il ait fait triompher la
justice.
21 Et les nations espéreront en son
nom.

22 Alors on lui amena un démoniaque
aveugle et muet, et il le guérit, de
sorte que le muet parlait et voyait.
23 Toute la foule étonnée disait: N'est-
24 ce point là le Fils de David? Les
pharisiens, ayant entendu cela, dirent:

Cet homme ne chasse les démons
que par Béelzébul, prince des démons. Comme Jésus connaissait 25
leurs pensées, il leur dit: Tout
royaume divisé contre lui-même est
dévasté, et toute ville ou maison
divisée contre elle-même ne peut subsister. Si Satan chasse Satan, il est 26
divisé contre lui-même; comment
donc son royaume subsistera-t-il?
Et si moi, je chasse les démons par 27
Béelzébul, vos fils, par qui les chassent-ils? C'est pourquoi ils seront
eux-mêmes vos juges. Mais, si c'est 28
par l'Esprit de Dieu que je chasse
les démons, le royaume de Dieu est
donc venu vers vous. Ou, comment 29
quelqu'un peut-il entrer dans la maison d'un homme fort et piller ses biens,
sans avoir auparavant lié cet homme
fort? Alors seulement il pillera sa
maison. Celui qui n'est pas avec 30
moi est contre moi, et celui qui
n'assemble pas avec moi disperse.
C'est pourquoi je vous dis: Tout 31
péché et tout blasphème sera pardonné aux hommes, mais le blasphème contre l'Esprit ne sera point
pardonné. Quiconque parlera contre 32
le Fils de l'homme, il lui sera pardonné; mais quiconque parlera
contre le Saint-Esprit, il ne lui sera
pardonné ni dans ce siècle ni dans
le siècle à venir. Ou dites que l'arbre 33
est bon et que son fruit est bon, ou
dites que l'arbre est mauvais et que
son fruit est mauvais; car on connaît
l'arbre par le fruit. Races de vipères, 34
comment pourriez-vous dire de
bonnes choses, méchants comme
vous l'êtes? Car c'est de l'abondance du cœur que la bouche parle.
L'homme bon tire de bonnes choses 35
de son bon trésor, et l'homme méchant tire de mauvaises choses de
son mauvais trésor. Je vous le dis: 36
au jour du jugement, les hommes
rendront compte de toute parole
vaine qu'ils auront proférée. Car 37
par tes paroles tu seras justifié, et
par tes paroles tu seras condamné.
Alors quelques-uns des scribes et 38
des pharisiens prirent la parole, et
dirent: Maître, nous voudrions te
voir faire un miracle. Il leur répon- 39

dit : Une génération méchante et adultère demande un miracle ; il ne lui sera donné d'autre miracle que 40 celui du prophète Jonas. Car, de même que Jonas fut trois jours et trois nuits dans le ventre d'un grand poisson, de même le Fils de l'homme sera trois jours et trois nuits dans le 41 sein de la terre. Les hommes de Ninive se lèveront, au jour du jugement, avec cette génération et la condamneront, parce qu'ils se repentirent à la prédication de Jonas ; et voici, il y a ici plus que Jonas. 42 La reine du Midi se lèvera, au jour du jugement, avec cette génération et la condamnera, parce qu'elle vint des extrémités de la terre pour entendre la sagesse de Salomon, et voici, il y a ici plus que Salomon.

43 Lorsque l'esprit impur est sorti d'un homme, il va par des lieux arides, cherchant du repos, et il n'en 44 trouve point. Alors il dit : Je retournerai dans ma maison d'où je suis sorti ; et, quand il arrive, il la trouve 45 vide, balayée et ornée. Il s'en va, et il prend avec lui sept autres esprits plus méchants que lui ; ils entrent dans la maison, s'y établissent, et la dernière condition de cet homme est pire que la première. Il en sera de même pour cette génération méchante.

46 Comme Jésus s'adressait encore à la foule, voici, sa mère et ses frères, qui étaient dehors, cherchèrent à lui 47 parler. Quelqu'un lui dit : Voici, ta mère et tes frères sont dehors, et ils 48 cherchent à te parler. Mais Jésus répondit à celui qui le lui disait : Qui est ma mère, et qui sont mes frères ? 49 Puis, étendant la main sur ses disciples, il dit : Voici ma mère et mes 50 frères. Car, quiconque fait la volonté de mon Père qui est dans les cieux, celui-là est mon frère, et ma sœur, et ma mère.

Paraboles du semeur,—de l'ivraie,—du grain de séneué,—du levain,—du trésor caché, —de la perle,—du filet.

13 Ce même jour, Jésus sortit de la maison, et s'assit au bord de la mer. 2 Une grande foule s'étant assemblée auprès de lui, il monta dans une bar-

que, et il s'assit. Toute la foule se tenait sur le rivage. Il leur parla en para-3 boles sur beaucoup de choses, et il dit :

Un semeur sortit pour semer. Com-4 me il semait, une partie de la semence tomba le long du chemin : les oiseaux vinrent, et la mangèrent. Une autre 5 partie tomba dans les endroits pierreux, où elle n'avait pas beaucoup de terre : elle leva aussitôt, parce qu'elle ne trouva pas un sol profond ; mais, 6 quand le soleil parut, elle fut brûlée et sécha, faute de racines. Une autre 7 partie tomba parmi les épines : les épines montèrent, et l'étouffèrent. Une autre partie tomba dans la 8 bonne terre : elle donna du fruit, un grain cent, un autre soixante, un autre trente. Que celui qui a 9 des oreilles pour entendre entende.

Les disciples s'approchèrent, et lui 10 dirent : Pourquoi leur parles-tu en paraboles ? Jésus leur répondit : 11 Parce qu'il vous a été donné de connaître les mystères du royaume des cieux, et que cela ne leur a pas été donné. Car on donnera à celui 12 qui a, et il sera dans l'abondance, mais à celui qui n'a pas on ôtera même ce qu'il a. C'est pourquoi je 13 leur parle en paraboles, parce qu'en voyant ils ne voient point, et qu'en entendant ils n'entendent ni ne comprennent. Et pour eux s'accomplit 14 cette prophétie d'Ésaïe :

Vous entendrez de vos oreilles, et
    vous ne comprendrez point ;
Vous regarderez de vos yeux, et
    vous ne verrez point.
Car le cœur de ce peuple est devenu 15
    insensible ;
Ils ont endurci leurs oreilles, et ils
    ont fermé leurs yeux,
De peur qu'ils ne voient de leurs
    yeux, qu'ils n'entendent de leurs
        oreilles,
Qu'ils ne comprennent de leur cœur,
Qu'ils ne se convertissent, et que je
    ne les guérisse.

Mais heureux sont vos yeux, parce 16 qu'ils voient, et vos oreilles, parce qu'elles entendent ! Je vous le dis en 17 vérité, beaucoup de prophètes et de justes ont désiré voir ce que vous voyez, et ne l'ont pas vu, entendre ce que vous entendez, et ne l'ont pas entendu.

18 Vous donc, écoutez ce que signifie 19 la parabole du semeur. Lorsqu'un homme écoute la parole du royaume et ne la comprend pas, le malin vient et enlève ce qui a été semé dans son cœur : cet homme est celui qui a reçu 20 la semence le long du chemin. Celui qui a reçu la semence dans les endroits pierreux, c'est celui qui entend la parole et la reçoit aussitôt avec 21 joie ; mais il n'a pas de racine en lui-même, il manque de persistance, et, dès que survient une tribulation ou une persécution à cause de la parole, il y trouve une occasion de 22 chute. Celui qui a reçu la semence parmi les épines, c'est celui qui entend la parole, mais en qui les soucis du siècle et la séduction des richesses étouffent cette parole, et la rendent 23 infructueuse. Celui qui a reçu la semence dans la bonne terre, c'est celui qui entend la parole et la comprend ; il porte du fruit, et un grain en donne cent, un autre soixante, un autre trente.

24 Il leur proposa une autre parabole, et il dit : Le royaume des cieux est semblable à un homme qui a semé une bonne semence dans son champ. 25 Mais, pendant que les gens dormaient, son ennemi vint, sema de l'ivraie parmi le blé, et s'en alla. 26 Lorsque l'herbe eut poussé et donné 27 du fruit, l'ivraie parut aussi. Les serviteurs du maître de la maison vinrent lui dire : Seigneur, n'as-tu pas semé une bonne semence dans ton champ ? D'où vient donc qu'il 28 y a de l'ivraie ? Il leur répondit : C'est un ennemi qui a fait cela. Et les serviteurs lui dirent : Veux-tu que 29 nous allions l'arracher ? Non, dit-il, de peur qu'en arrachant l'ivraie, vous ne déraciniez en même temps le blé. 30 Laissez croître ensemble l'un et l'autre jusqu'à la moisson, et, à l'époque de la moisson, je dirai aux moissonneurs : Arrachez d'abord l'ivraie, et liez-la en gerbes pour la brûler, mais amassez le blé dans mon grenier.

31 Il leur proposa une autre parabole, et il dit : Le royaume des cieux est semblable à un grain de sénevé qu'un homme a pris et semé dans son champ. 32 C'est la plus petite de toutes les semences ; mais, quand il a poussé, il est plus grand que les légumes et devient un arbre, de sorte que les oiseaux du ciel viennent habiter dans ses branches.

33 Il leur dit cette autre parabole : Le royaume des cieux est semblable à du levain qu'une femme a pris et mis dans trois mesures de farine, jusqu'à ce que la pâte soit toute levée.

34 Jésus dit à la foule toutes ces choses en paraboles, et il ne lui parlait point 35 sans parabole, afin que s'accomplît ce qui avait été annoncé par le prophète :

J'ouvrirai ma bouche en paraboles,
Je publierai des choses cachées depuis la création du monde.

36 Alors il renvoya la foule, et entra dans la maison. Ses disciples s'approchèrent de lui, et dirent : Explique-nous la parabole de l'ivraie du 37 champ. Il répondit : Celui qui sème la bonne semence, c'est le Fils de 38 l'homme ; le champ, c'est le monde ; la bonne semence, ce sont les fils du royaume ; l'ivraie, ce sont les fils du 39 malin ; l'ennemi qui l'a semée, c'est le diable ; la moisson, c'est la fin du monde ; les moissonneurs, ce sont les 40 anges. Or, comme on arrache l'ivraie et qu'on la jette au feu, il en sera de 41 même à la fin du monde. Le Fils de l'homme enverra ses anges, qui arracheront de son royaume tous les scandales et ceux qui commettent 42 l'iniquité : et ils les jetteront dans la fournaise ardente, où il y aura des pleurs et des grincements de dents. 43 Alors les justes resplendiront comme le soleil dans le royaume de leur Père. Que celui qui a des oreilles pour entendre entende.

44 Le royaume des cieux est encore semblable à un trésor caché dans un champ. L'homme qui l'a trouvé le cache ; et, dans sa joie, il va vendre tout ce qu'il a, et achète ce champ.

45 Le royaume des cieux est encore semblable à un marchand qui cherche
46 de belles perles. Il a trouvé une perle de grand prix; et il est allé vendre tout ce qu'il avait, et l'a achetée.

47 Le royaume des cieux est encore semblable à un filet jeté dans la mer et ramassant des poissons de toute
48 espèce. Quand il est rempli, les pêcheurs le tirent; et, après s'être assis sur le rivage, ils mettent dans des vases ce qui est bon, et ils jettent
49 ce qui est mauvais. Il en sera de même à la fin du monde. Les anges viendront séparer les méchants d'avec
50 les justes, et ils les jetteront dans la fournaise ardente, où il y aura des pleurs et des grincements de dents.

51 Avez-vous compris toutes ces choses?—Oui, répondirent-ils.

52 Et il leur dit: C'est pourquoi, tout scribe instruit de ce qui regarde le royaume des cieux est semblable à un maître de maison qui tire de son trésor des choses nouvelles et des choses anciennes.

Jésus à Nazareth.—Incrédulité des habitants.

53 Lorsque Jésus eut achevé ces para-
54 boles, il partit de là. S'étant rendu dans sa patrie, il enseignait dans la synagogue, de sorte que ceux qui l'entendirent étaient étonnés et di-saient: D'où lui viennent cette sagesse
55 et ces miracles? N'est-ce pas le fils du charpentier? n'est-ce pas Marie qui est sa mère? Jacques, Joseph, Simon et Jude, ne sont-ils pas ses
56 frères? et ses sœurs ne sont-elles pas toutes parmi nous? D'où lui vien-
57 nent donc toutes ces choses? Et il était pour eux une occasion de chute.

Mais Jésus leur dit: Un prophète n'est méprisé que dans sa patrie et
58 dans sa maison. Et il ne fit pas beaucoup de miracles dans ce lieu, à cause de leur incrédulité.

Mort de Jean-Baptiste.—Multiplication des pains.—Jésus marchant sur les eaux.— Guérisons à Génésareth.

14 En ce temps-là, Hérode le té-trarque, ayant entendu parler de Jésus, dit à ses serviteurs: C'est Jean- 2 Baptiste! Il est ressuscité des morts, et c'est pour cela qu'il se fait par lui des miracles.

Car Hérode, qui avait fait arrêter 3 Jean, l'avait lié et mis en prison, à cause d'Hérodias, femme de Philippe, son frère, parce que Jean lui disait: Il ne t'est pas permis de l'avoir pour 4 femme. Il voulait le faire mourir, 5 mais il craignait la foule, parce qu'elle regardait Jean comme un prophète. Or, lorsqu'on célébra l'anniversaire 6 de la naissance d'Hérode, la fille d'Hérodias dansa au milieu des con-vives, et plut à Hérode, de sorte qu'il 7 promit avec serment de lui donner ce qu'elle demanderait. A l'instigation 8 de sa mère, elle dit: Donne-moi ici, sur un plat, la tête de Jean-Baptiste. Le roi fut attristé; mais, à cause de 9 ses serments et des convives, il com-manda qu'on la lui donnât, et il envoya 10 décapiter Jean dans la prison. Sa 11 tête fut apportée sur un plat, et donnée à la jeune fille, qui la porta à sa mère. Les disciples de Jean 12 vinrent prendre son corps, et l'ense-velirent. Et ils allèrent l'annoncer à Jésus.

A cette nouvelle, Jésus partit de 13 là dans une barque, pour se retirer à l'écart dans un lieu désert; et la foule, l'ayant su, sortit des villes et le suivit à pied. Quand il sortit de la barque, 14 il vit une grande foule, et fut ému de compassion pour elle, et il guérit les malades.

Le soir étant venu, les disciples 15 s'approchèrent de lui, et dirent: Ce lieu est désert, et l'heure est déjà avancée; renvoie la foule, afin qu'elle aille dans les villages, pour s'acheter des vivres. Jésus leur répondit: Ils 16 n'ont pas besoin de s'en aller; don-nez-leur vous-mêmes à manger. Mais 17 ils lui dirent: Nous n'avons ici que cinq pains et deux poissons. Et il 18 dit: Apportez-les-moi. Il fit asseoir 19 la foule sur l'herbe, prit les cinq pains et les deux poissons, et, levant les yeux vers le ciel, il rendit grâces. Puis, il rompit les pains et les donna aux disciples, qui les distribuèrent à la foule. Tous mangèrent et furent 20 rassasiés, et l'on emporta douze paniers pleins des morceaux qui restaient. 21 Ceux qui avaient mangé étaient environ cinq mille hommes, sans les femmes et les enfants.

22 Aussitôt après, il obligea les disciples à monter dans la barque et à passer avant lui de l'autre côté, pendant 23 qu'il renverrait la foule. Quand il l'eut renvoyée, il monta sur la montagne, pour prier à l'écart; et, comme le soir était venu, il était là seul.

24 La barque, déjà au milieu de la mer, était battue par les flots; car le 25 vent était contraire. A la quatrième veille de la nuit, Jésus alla vers eux, 26 marchant sur la mer. Quand les disciples le virent marcher sur la mer, ils furent troublés, et dirent: C'est un fantôme! Et, dans leur frayeur, 27 ils poussèrent des cris. Jésus leur dit aussitôt: Rassurez-vous, c'est moi; 28 n'ayez pas peur! Pierre lui répondit: Seigneur, si c'est toi, ordonne 29 que j'aille vers toi sur les eaux. Et il dit: Viens! Pierre sortit de la barque, et marcha sur les eaux, pour 30 aller vers Jésus. Mais, voyant que le vent était fort, il eut peur; et, comme il commençait à enfoncer, il 31 s'écria: Seigneur, sauve-moi! Aussitôt Jésus étendit la main, le saisit, et lui dit: Homme de peu de foi, pourquoi 32 as-tu douté? Et ils montèrent dans 33 la barque, et le vent cessa. Ceux qui étaient dans la barque vinrent se prosterner devant Jésus, et dirent: Tu es véritablement le Fils de Dieu.

34 Après avoir traversé la mer, ils vinrent dans le pays de Génésareth. 35 Les gens de ce lieu, ayant reconnu Jésus, envoyèrent des messagers dans tous les environs, et on lui amena 36 tous les malades. Ils le prièrent de leur permettre seulement de toucher le bord de son vêtement. Et tous ceux qui le touchèrent furent guéris.

Les pharisiens et la tradition.

15 Alors des pharisiens et des scribes vinrent de Jérusalem auprès 2 de Jésus, et dirent: Pourquoi tes disciples transgressent-ils la tradition des anciens? Car ils ne se lavent pas les mains, quand ils prennent leurs repas. 3 Il leur répondit: Et vous, pourquoi transgressez-vous le commandement de Dieu au profit de votre tradition? 4 Car Dieu a dit: Honore ton père et ta mère; et: Celui qui maudira son père ou sa mère sera puni de mort. 5 Mais vous, vous dites: Celui qui dira à son père ou à sa mère: Ce dont j'aurais pu t'assister est une offrande à Dieu, n'est pas tenu d'honorer son père ou 6 sa mère. Vous annulez ainsi la parole de Dieu au profit de votre tradition. 7 Hypocrites, Ésaïe a bien prophétisé sur vous, quand il a dit:

8 Ce peuple m'honore des lèvres,
Mais son cœur est éloigné de moi.
9 C'est en vain qu'ils m'honorent,
En enseignant des préceptes qui sont
des commandements d'hommes.

10 Ayant appelé à lui la foule, il lui 11 dit: Écoutez, et comprenez. Ce n'est pas ce qui entre dans la bouche qui souille l'homme; mais ce qui sort de la bouche, c'est ce qui souille l'homme.

12 Alors ses disciples s'approchèrent, et lui dirent: Sais-tu que les pharisiens ont été scandalisés des paroles 13 qu'ils ont entendues? Il répondit: Toute plante que n'a pas plantée mon Père céleste sera déracinée. 14 Laissez-les: ce sont des aveugles qui conduisent des aveugles; si un aveugle conduit un aveugle, ils tomberont tous deux dans une fosse.

15 Pierre, prenant la parole, lui dit: 16 Explique-nous cette parabole. Et 17 Jésus dit: Vous aussi, êtes-vous encore sans intelligence? Ne comprenez-vous pas que tout ce qui entre dans la bouche va dans le ventre, puis est jeté dans les lieux secrets? 18 Mais ce qui sort de la bouche vient du cœur, et c'est ce qui souille 19 l'homme. Car c'est du cœur que viennent les mauvaises pensées, les meurtres, les adultères, les impudicités, les vols, les faux témoignages, 20 les calomnies. Voilà les choses qui souillent l'homme; mais manger sans

s'être lavé les mains, cela ne souille point l'homme.

Jésus sur le territoire de Tyr et de Sidon.— La femme cananéenne.

21 Jésus, étant parti de là, se retira dans le territoire de Tyr et de Sidon.
22 Et voici, une femme cananéenne, qui venait de ces contrées, lui cria : Aie pitié de moi, Seigneur, Fils de David ! Ma fille est cruellement tourmentée
23 par le démon. Il ne lui répondit pas un mot, et ses disciples s'approchèrent, et lui dirent avec instance : Renvoie-la, car elle crie derrière
24 nous. Il répondit : Je n'ai été envoyé qu'aux brebis perdues de la maison
25 d'Israël. Mais elle vint se prosterner devant lui, disant : Seigneur, secours-
26 moi ! Il répondit : Il n'est pas bien de prendre le pain des enfants, et
27 de le jeter aux petits chiens. Oui, Seigneur, dit-elle, mais les petits chiens mangent les miettes qui tombent de la table de leurs maîtres.
28 Alors Jésus lui dit : Femme, ta foi est grande ; qu'il te soit fait comme tu veux. Et, à l'heure même, sa fille fut guérie.

Jésus de retour vers la mer de Galilée.— Nombreuses guérisons.—Seconde multiplication des pains.—Un signe du ciel demandé par les pharisiens et les sadducéens.—Le levain des pharisiens.

29 Jésus quitta ces lieux, et vint près de la mer de Galilée. Étant monté
30 sur la montagne, il s'y assit. Alors s'approcha de lui une grande foule, ayant avec elle des boiteux, des aveugles, des muets, des estropiés, et beaucoup d'autres malades. On les mit à ses pieds, et il les guérit ;
31 en sorte que la foule était dans l'admiration de voir que les muets parlaient, que les estropiés étaient guéris, que les boiteux marchaient, que les aveugles voyaient ; et elle glorifiait le Dieu d'Israël.
32 Jésus, ayant appelé ses disciples, dit : Je suis ému de compassion pour cette foule ; car voilà trois jours qu'ils sont près de moi, et ils n'ont rien à manger. Je ne veux pas les renvoyer à jeun, de peur que les forces ne leur
33 manquent en chemin. Les disciples

lui dirent : Comment nous procurer dans ce lieu désert assez de pains pour rassasier une si grande foule ?
34 Jésus leur demanda : Combien avez-vous de pains ? Sept, répondirent-ils,
35 et quelques petits poissons. Alors il fit asseoir la foule par terre, prit
36 les sept pains et les poissons, et, après avoir rendu grâces, il les rompit et les donna à ses disciples, qui les distribuèrent à la foule. Tous man-
37 gèrent et furent rassasiés, et l'on emporta sept corbeilles pleines des morceaux qui restaient. Ceux qui
38 avaient mangé étaient quatre mille hommes, sans les femmes et les enfants.

Ensuite, il renvoya la foule, monta
39 dans la barque, et se rendit dans la contrée de Magadan.

16 Les pharisiens et les sadducéens abordèrent Jésus, et, pour l'éprouver, lui demandèrent de leur faire
2 voir un signe venant du ciel. Jésus leur répondit : Le soir, vous dites : Il fera beau, car le ciel est rouge ;
3 et le matin : Il y aura de l'orage aujourd'hui, car le ciel est d'un rouge sombre. Vous savez discerner l'aspect du ciel, et vous ne pouvez discerner
4 les signes des temps. Une génération méchante et adultère demande un miracle ; il ne lui sera donné d'autre miracle que celui de Jonas.

Puis il les quitta, et s'en alla.
5 Les disciples, en passant à l'autre bord, avaient oublié de prendre des
6 pains. Jésus leur dit : Gardez-vous avec soin du levain des pharisiens et
7 des sadducéens. Les disciples raisonnaient en eux-mêmes, et disaient : C'est parce que nous n'avons pas
8 pris des pains. Jésus, l'ayant connu, dit : Pourquoi raisonnez-vous en vous-mêmes, gens de peu de foi, sur ce que vous n'avez pas pris des pains ?
9 Êtes-vous encore sans intelligence, et ne vous rappelez-vous plus les cinq pains des cinq mille hommes et combien de paniers vous avez
10 emporté, ni les sept pains des quatre mille hommes et combien de corbeilles vous avez emportées ?
11 Comment ne comprenez-vous pas que ce n'est pas au sujet de pains

que je vous ai parlé? Gardez-vous du levain des pharisiens et des sad-12 ducéens. Alors ils comprirent que ce n'était pas du levain du pain qu'il avait dit de se garder, mais de l'enseignement des pharisiens et des sadducéens.

Jésus sur le territoire de Césarée de Philippe.
—Opinions diverses sur le Christ.—Con-
fession de Pierre.—Jésus annonce ses
souffrances et sa mort.—Comment suivre
Jésus.

13 Jésus, étant arrivé dans le territoire de Césarée de Philippe, demanda à ses disciples: Qui dit-on que je suis, 14 moi, le Fils de l'homme? Ils répondirent: Les uns disent que tu es Jean-Baptiste; les autres, Élie; les autres, Jérémie, ou l'un des prophètes. 15 Et vous, leur dit-il, qui dites-vous 16 que je suis? Simon Pierre répondit: Tu es le Christ, le Fils du Dieu 17 vivant. Jésus, reprenant la parole, lui dit: Tu es heureux, Simon, fils de Jonas; car ce ne sont pas la chair et le sang qui t'ont révélé cela, mais c'est mon Père qui est dans les 18 cieux. Et moi, je te dis que tu es Pierre, et que sur cette pierre je bâtirai mon Église, et que les portes du séjour des morts ne prévaudront 19 point contre elle. Je te donnerai les clefs du royaume des cieux: ce que tu lieras sur la terre sera lié dans les cieux, et ce que tu délieras sur la terre sera délié dans les cieux. 20 Alors il recommanda aux disciples de ne dire à personne qu'il était le Christ.

21 Dès lors Jésus commença à faire connaître à ses disciples qu'il fallait qu'il allât à Jérusalem, qu'il souffrît beaucoup de la part des anciens, des principaux sacrificateurs et des scribes, qu'il fût mis à mort, et qu'il 22 ressuscitât le troisième jour. Pierre, l'ayant pris à part, se mit à le reprendre, et dit: A Dieu ne plaise, Seigneur! Cela ne t'arrivera pas. 23 Mais Jésus, se retournant, dit à Pierre: Arrière de moi, Satan! tu m'es en scandale; car tes pensées ne sont pas les pensées de Dieu, mais celles des hommes.

24 Alors Jésus dit à ses disciples: Si quelqu'un veut venir après moi, qu'il renonce à lui-même, qu'il se charge de sa croix, et qu'il me suive. Car 25 celui qui voudra sauver sa vie la perdra, mais celui qui la perdra à cause de moi la trouvera. Et que 26 servirait-il à un homme de gagner tout le monde, s'il perdait son âme? ou, que donnerait un homme en échange de son âme? Car le Fils 27 de l'homme doit venir dans la gloire de son Père, avec ses anges; et alors il rendra à chacun selon ses œuvres. Je vous le dis en vérité, quelques-28 uns de ceux qui sont ici ne mourront point, qu'ils n'aient vu le Fils de l'homme venir dans son règne.

Jésus sur une haute montagne: la trans-
figuration.—Élie déjà venu.—Guérison
d'un lunatique.—Jésus annonce sa mort
et sa résurrection.

Six jours après, Jésus prit avec **17** lui Pierre, Jacques, et Jean, son frère, et il les conduisit à l'écart sur une haute montagne. Il fut trans-2 figuré devant eux; son visage resplendit comme le soleil, et ses vêtements devinrent blancs comme la lumière. Et voici, Moïse et Élie 3 leur apparurent, s'entretenant avec lui. Pierre, prenant la parole, dit à 4 Jésus: Seigneur, il est bon que nous soyons ici; si tu le veux, je dresserai ici trois tentes, une pour toi, une pour Moïse, et une pour Élie. Comme 5 il parlait encore, une nuée lumineuse les couvrit. Et voici, une voix fit entendre de la nuée ces paroles: Celui-ci est mon Fils bien-aimé, en qui j'ai mis toute mon affection: écoutez-le! Lorsqu'ils entendirent 6 cette voix, les disciples tombèrent sur leur face, et furent saisis d'une grande frayeur. Mais Jésus, s'approchant, les toucha, et dit: Levez-7 vous, n'ayez pas peur! Ils levèrent 8 les yeux, et ne virent que Jésus seul.

Comme ils descendaient de la 9 montagne, Jésus leur donna cet ordre: Ne parlez à personne de cette vision, jusqu'à ce que le Fils de l'homme soit ressuscité des morts.

Les disciples lui firent cette ques-10 tion: Pourquoi donc les scribes disent-ils qu'Élie doit venir première-

11 ment? Il répondit: Il est vrai qu'Élie doit venir, et rétablir toutes 12 choses. Mais je vous dis qu'Élie est déjà venu, qu'ils ne l'ont pas reconnu, et qu'ils l'ont traité comme ils ont voulu. De même le Fils de 13 l'homme souffrira de leur part. Les disciples comprirent alors qu'il leur parlait de Jean-Baptiste.

14 Lorsqu'ils furent arrivés près de la foule, un homme vint se jeter à 15 genoux devant Jésus, et dit: Seigneur, aie pitié de mon fils, qui est lunatique, et qui souffre cruellement; il tombe souvent dans le feu, et 16 souvent dans l'eau. Je l'ai amené à tes disciples, et ils n'ont pas pu le 17 guérir. Race incrédule et perverse, répondit Jésus, jusques à quand serai-je avec vous? jusques à quand vous supporterai-je? Amenez-le-18 moi ici. Jésus parla sévèrement au démon, qui sortit de lui, et l'enfant fut guéri à l'heure même.

19 Alors les disciples s'approchèrent de Jésus, et lui dirent en particulier: Pourquoi n'avons-nous pu chasser ce 20 démon? C'est à cause de votre incrédulité, leur dit Jésus. Je vous le dis en vérité, si vous aviez de la foi comme un grain de sénevé, vous diriez à cette montagne: Transporte-toi d'ici là, et elle se transporterait; 21 rien ne vous serait impossible. Mais cette sorte de démon ne sort que par la prière et par le jeûne.

22 Pendant qu'ils parcouraient la Galilée, Jésus leur dit: Le Fils de l'homme doit être livré entre les 23 mains des hommes; ils le feront mourir, et le troisième jour il ressuscitera. Ils furent profondément attristés.

Jésus de retour à Capernaüm.—Il paie le tribut.—Le plus grand dans le royaume des cieux.— Les scandales.—La brebis égarée.—Le pardon des offenses.—Parabole du serviteur impitoyable.

24 Lorsqu'ils arrivèrent à Capernaüm, ceux qui percevaient les deux drachmes s'adressèrent à Pierre, et lui dirent: Votre maître ne paie-t-il 25 pas les deux drachmes? Oui, dit-il. Et quand il fut entré dans la maison, Jésus le prévint, et dit: Que t'en semble, Simon? Les rois de la terre, de qui perçoivent-ils des tributs ou des impôts? de leurs fils, ou des étrangers? Il lui dit: Des étrangers. 26 Et Jésus lui répondit: Les fils en sont donc exempts. Mais, pour ne 27 pas les scandaliser, va à la mer, jette l'hameçon, et tire le premier poisson qui viendra; ouvre-lui la bouche, et tu trouveras un statère. Prends-le, et donne-le-leur pour moi et pour toi.

En ce moment, les disciples **18** s'approchèrent de Jésus, et dirent: Qui donc est le plus grand dans le royaume des cieux? Jésus, ayant 2 appelé un petit enfant, le plaça au milieu d'eux, et dit: Je vous le dis 3 en vérité, si vous ne vous convertissez et si vous ne devenez comme les petits enfants, vous n'entrerez pas dans le royaume des cieux. C'est 4 pourquoi, quiconque se rendra humble comme ce petit enfant sera le plus grand dans le royaume des cieux. Et quiconque reçoit en mon nom un 5 petit enfant, comme celui-ci, me reçoit moi-même. Mais, si quelqu'un 6 scandalisait un de ces petits qui croient en moi, il vaudrait mieux pour lui qu'on suspendît à son cou une meule de moulin, et qu'on le jetât au fond de la mer.

Malheur au monde à cause des 7 scandales! Car il est nécessaire qu'il arrive des scandales; mais malheur à l'homme par qui le scandale arrive! Si ta main ou ton pied est pour toi 8 une occasion de chute, coupe-les et jette-les loin de toi; mieux vaut pour toi entrer dans la vie boiteux ou manchot, que d'avoir deux pieds ou deux mains et d'être jeté dans le feu éternel. Et si ton œil est pour 9 toi une occasion de chute, arrache-le et jette-le loin de toi; mieux vaut pour toi entrer dans la vie, n'ayant qu'un œil, que d'avoir deux yeux et d'être jeté dans le feu de la géhenne.

Gardez-vous de mépriser un seul 10 de ces petits; car je vous dis que leurs anges dans les cieux voient continuellement la face de mon Père qui est dans les cieux. Car le Fils 11 de l'homme est venu sauver ce qui était perdu.

12 Que vous en semble? Si un homme a cent brebis, et que l'une d'elles s'égare, ne laisse-t-il pas les quatre-vingt-dix-neuf autres sur les montagnes, pour aller chercher celle 13 qui s'est égarée? Et, s'il la trouve, je vous le dis en vérité, elle lui cause plus de joie que les quatre-vingt-dix- 14 neuf qui ne se sont pas égarées. De même, ce n'est pas la volonté de votre Père qui est dans les cieux qu'il se perde un seul de ces petits.

15 Si ton frère a péché, va et reprends-le entre toi et lui seul. S'il t'écoute, 16 tu as gagné ton frère. Mais, s'il ne t'écoute pas, prends avec toi une ou deux personnes, afin que toute l'affaire se règle sur la déclaration 17 de deux ou de trois témoins. S'il refuse de les écouter, dis-le à l'Église; et s'il refuse aussi d'écouter l'Église, qu'il soit pour toi comme un païen 18 et un publicain. Je vous le dis en vérité, tout ce que vous lierez sur la terre sera lié dans le ciel, et tout ce que vous délierez sur la terre sera délié dans le ciel.

19 Je vous dis encore que, si deux d'entre vous s'accordent sur la terre pour demander une chose quelconque, elle leur sera accordée par mon Père 20 qui est dans les cieux. Car là où deux ou trois sont assemblés en mon nom, je suis au milieu d'eux.

21 Alors Pierre s'approcha de lui, et dit: Seigneur, combien de fois par-donnerai-je à mon frère, lorsqu'il péchera contre moi? Sera-ce jusqu'à 22 sept fois? Jésus lui dit: Je ne te dis pas jusqu'à sept fois, mais jusqu'à septante fois sept fois.

23 C'est pourquoi, le royaume des cieux est semblable à un roi qui voulut faire rendre compte à ses 24 serviteurs. Quand il se mit à compter, on lui en amena un qui 25 devait dix mille talents. Comme il n'avait pas de quoi payer, son maître ordonna qu'il fût vendu, lui, sa femme, ses enfants, et tout ce qu'il avait, et que la dette fût ac-26 quittée. Le serviteur, se jetant à terre, se prosterna devant lui, et dit: Seigneur, aie patience envers moi, et 27 je te paierai tout. Ému de com-passion, le maître de ce serviteur le laissa aller, et lui remit la dette.

28 Après qu'il fut sorti, ce serviteur rencontra un de ses compagnons qui lui devait cent deniers. Il le saisit et l'étranglait, en disant: Paie ce que tu me dois. Son compagnon, 29 se jetant à terre, le suppliait, disant: Aie patience envers moi, et je te paierai. Mais l'autre ne voulut pas, 30 et il alla le jeter en prison, jusqu'à ce qu'il eût payé ce qu'il devait. Ses compagnons, ayant vu ce qui 31 était arrivé, furent profondément at-tristés, et ils allèrent raconter à leur maître tout ce qui s'était passé. Alors le maître fit appeler ce servi- 32 teur, et lui dit: Méchant serviteur, je t'avais remis en entier ta dette, parce que tu m'en avais supplié; ne 33 devais-tu pas aussi avoir pitié de ton compagnon, comme j'ai eu pitié de toi? Et son maître irrité le livra 34 aux bourreaux, jusqu'à ce qu'il eût payé tout ce qu'il devait. C'est ainsi 35 que mon Père céleste vous traitera, si chacun de vous ne pardonne à son frère de tout son cœur.

Jésus en Pérée.—Le divorce et le célibat.—Les petits enfants.—Le jeune homme riche.—L'héritage de la vie éternelle.—Parabole des ouvriers loués à différentes heures.—Jésus annonce sa mort et sa résurrection.—Demande des fils de Zébé-dée.—Deux aveugles guéris à Jéricho.

19 Lorsque Jésus eut achevé ces discours, il quitta la Galilée, et alla dans le territoire de la Judée, au delà du Jourdain. Une grande foule 2 le suivit, et là il guérit les malades.

Les pharisiens l'abordèrent, et 3 dirent, pour l'éprouver: Est-il permis à un homme de répudier sa femme pour un motif quelconque? Il ré- 4 pondit: N'avez-vous pas lu que le créateur, au commencement, fit l'homme et la femme et qu'il dit: 5 C'est pourquoi l'homme quittera son père et sa mère, et s'attachera à sa femme, et les deux deviendront une seule chair? Ainsi ils ne sont plus 6 deux, mais ils sont une seule chair. Que l'homme donc ne sépare pas ce que Dieu a joint. Pourquoi donc, 7 lui dirent-ils, Moïse a-t-il prescrit de

donner à la femme une lettre de
8 divorce et de la répudier ? Il leur
répondit : C'est à cause de la dureté
de votre cœur que Moïse vous a
permis de répudier vos femmes ; au
commencement, il n'en était pas
9 ainsi. Mais je vous dis que celui
qui répudie sa femme, sauf pour
infidélité, et qui en épouse une autre,
commet un adultère.

10 Ses disciples lui dirent : Si telle
est la condition de l'homme à l'égard
de la femme, il n'est pas avantageux
11 de se marier. Il leur répondit : Tous
ne comprennent pas cette parole,
mais seulement ceux à qui cela est
12 donné. Car il y a des eunuques qui
le sont dès le ventre de leur mère ;
il y en a qui le sont devenus par les
hommes ; et il y en a qui se sont
rendus tels eux-mêmes, à cause du
royaume des cieux. Que celui qui
peut comprendre comprenne.

13 Alors on lui amena des petits
enfants, afin qu'il leur imposât les
mains et priât pour eux. Mais les
14 disciples les repoussèrent. Et Jésus
dit : Laissez les petits enfants, et ne
les empêchez pas de venir à moi ;
car le royaume des cieux est pour
15 ceux qui leur ressemblent. Il leur
imposa les mains, et il partit de là.

16 Et voici, un homme s'approcha, et
dit à Jésus : Maître, que dois-je faire
17 de bon pour avoir la vie éternelle ? Il
lui répondit : Pourquoi m'interroges-
tu sur ce qui est bon ? Un seul est
le bon. Si tu veux entrer dans la
vie, observe les commandements.
18 Lesquels ? lui dit-il. Et Jésus répondit : Tu ne tueras point ; tu ne
commettras point d'adultère ; tu ne
déroberas point ; tu ne diras point
19 de faux témoignage ; honore ton
père et ta mère ; et : Tu aimeras ton
20 prochain comme toi-même. Le jeune
homme lui dit : J'ai observé toutes
ces choses ; que me manque-t-il en-
21 core ? Jésus lui dit : Si tu veux
être parfait, va, vends ce que tu
possèdes, donne-le aux pauvres, et
tu auras un trésor dans le ciel. Puis
22 viens, et suis-moi. Après avoir entendu ces paroles, le jeune homme
s'en alla tout triste ; car il avait de

grands biens. Jésus dit à ses dis- 23
ciples : Je vous le dis en vérité, un
riche entrera difficilement dans le
royaume des cieux. Je vous le dis 24
encore, il est plus facile à un chameau
de passer par le trou d'une aiguille
qu'à un riche d'entrer dans le royaume
de Dieu. Les disciples, ayant en- 25
tendu cela, furent très étonnés, et
dirent : Qui peut donc être sauvé ?
Jésus les regarda, et leur dit : Aux 26
hommes cela est impossible, mais à
Dieu tout est possible.

Pierre, prenant alors la parole, lui 27
dit : Voici, nous avons tout quitté, et
nous t'avons suivi ; qu'en sera-t-il
pour nous ? Jésus leur répondit : Je 28
vous le dis en vérité, quand le Fils
de l'homme, au renouvellement de
toutes choses, sera assis sur le trône
de sa gloire, vous qui m'avez suivi,
vous serez de même assis sur douze
trônes, et vous jugerez les douze
tribus d'Israël. Et quiconque aura 29
quitté, à cause de mon nom, ses
frères, ou ses sœurs, ou son père, ou
sa mère, ou sa femme, ou ses enfants,
ou ses terres, ou ses maisons, recevra
le centuple, et héritera la vie éternelle.
Plusieurs des premiers seront les 30
derniers, et plusieurs des derniers
seront les premiers.

Car le royaume des cieux est **20**
semblable à un maître de maison
qui sortit dès le matin, afin de louer
des ouvriers pour sa vigne. Il con- 2
vint avec eux d'un denier par jour, et
il les envoya à sa vigne. Il sortit 3
vers la troisième heure, et il en vit
d'autres qui étaient sur la place sans
rien faire. Il leur dit : Allez aussi à 4
ma vigne, et je vous donnerai ce qui
sera raisonnable. Et ils y allèrent. 5
Il sortit de nouveau vers la sixième
heure et vers la neuvième, et il fit de
même. Étant sorti vers la onzième 6
heure, il en trouva d'autres qui étaient
sur la place, et il leur dit : Pourquoi
vous tenez-vous ici toute la journée
sans rien faire ? Ils lui répondirent : 7
C'est que personne ne nous a loués.
Allez aussi à ma vigne, leur dit-il.
Quand le soir fut venu, le maître de 8
la vigne dit à son intendant : Appelle
les ouvriers, et paie-leur le salaire, en

allant des derniers aux premiers.

9 Ceux de la onzième heure vinrent,
10 et reçurent chacun un denier. Les premiers vinrent ensuite, croyant recevoir davantage ; mais ils reçurent
11 aussi chacun un denier. En le recevant, ils murmurèrent contre le
12 maître de la maison, et dirent : Ces derniers n'ont travaillé qu'une heure, et tu les traites à l'égal de nous, qui avons supporté la fatigue du jour et
13 la chaleur. Il répondit à l'un d'eux : Mon ami, je ne te fais pas tort ; n'es-tu pas convenu avec moi d'un denier ?
14 Prends ce qui te revient, et va-t'en. Je veux donner à ce dernier autant
15 qu'à toi. Ne m'est-il pas permis de faire de mon bien ce que je veux ? Ou vois-tu de mauvais œil que je sois
16 bon ?—Ainsi les derniers seront les premiers, et les premiers seront les derniers.

17 Pendant que Jésus montait à Jérusalem, il prit à part les douze disci-
18 ples, et il leur dit en chemin : Voici, nous montons à Jérusalem, et le Fils de l'homme sera livré aux principaux sacrificateurs et aux scribes. Ils le
19 condamneront à mort, et ils le livreront aux païens, pour qu'ils se moquent de lui, le battent de verges, et le crucifient ; et le troisième jour il ressuscitera.

20 Alors la mère des fils de Zébédée s'approcha de Jésus avec ses fils, et se prosterna, pour lui faire une de-
21 mande. Il lui dit : Que veux-tu ? Ordonne, lui dit-elle, que mes deux fils, que voici, soient assis, dans ton royaume, l'un à ta droite et l'autre à
22 ta gauche. Jésus répondit : Vous ne savez ce que vous demandez. Pouvez-vous boire la coupe que je dois boire ?
23 Nous le pouvons, dirent-ils. Et il leur répondit : Il est vrai que vous boirez ma coupe ; mais pour ce qui est d'être assis à ma droite et à ma gauche, cela ne dépend pas de moi, et ne sera donné qu'à ceux à qui mon Père l'a
24 réservé. Les dix, ayant entendu cela, furent indignés contre les deux
25 frères. Jésus les appela, et dit : Vous savez que les chefs des nations les tyrannisent, et que les grands les
26 asservissent. Il n'en sera pas de même au milieu de vous. Mais quiconque veut être grand parmi vous, qu'il soit votre serviteur ; et quicon-
27 que veut être le premier parmi vous, qu'il soit votre esclave. C'est ainsi
28 que le Fils de l'homme est venu, non pour être servi, mais pour servir et donner sa vie comme la rançon de plusieurs.

29 Lorsqu'ils sortirent de Jéricho, une
30 grande foule suivit Jésus. Et voici, deux aveugles, assis au bord du chemin, entendirent que Jésus passait, et crièrent : Aie pitié de nous,
31 Seigneur, Fils de David ! La foule les reprenait, pour les faire taire ; mais ils crièrent plus fort : Aie pitié de
32 nous, Seigneur, Fils de David ! Jésus s'arrêta, les appela, et dit : Que voulez-
33 vous que je vous fasse ? Ils lui dirent : Seigneur, que nos yeux s'ouvrent.
34 Ému de compassion, Jésus toucha leurs yeux ; et aussitôt ils recouvrèrent la vue, et le suivirent.

Entrée de Jésus à Jérusalem.—Les vendeurs chassés du temple.—Irritation des sacrificateurs, et louanges des enfants.

21 Lorsqu'ils approchèrent de Jérusalem, et qu'ils furent arrivés à Bethphagé, vers la montagne des oliviers, Jésus envoya deux disciples,
2 en leur disant : Allez au village qui est devant vous ; vous trouverez aussitôt une ânesse attachée, et un ânon
3 avec elle ; détachez-les, et amenez-les moi. Si quelqu'un vous dit quelque chose, vous répondrez : Le Seigneur en a besoin. Et à l'instant il les laissera aller.

4 Or, ceci arriva afin que s'accomplît ce qui avait été annoncé par le prophète :

5 Dites à la fille de Sion :
Voici, ton roi vient à toi,
Plein de douceur, et monté sur un âne,
Sur un ânon, le petit d'une ânesse.

6 Les disciples allèrent, et firent ce que Jésus leur avait ordonné. Ils
7 amenèrent l'ânesse et l'ânon, mirent sur eux leurs vêtements, et le firent
8 asseoir dessus. La plupart des gens de la foule étendirent leurs vêtements

sur le chemin ; d'autres coupèrent des branches d'arbres, et en jonchè-
9 rent la route. Ceux qui précédaient et ceux qui suivaient Jésus criaient : Hosanna au Fils de David ! Béni soit celui qui vient au nom du Seigneur ! Hosanna dans les lieux très hauts !

10 Lorsqu'il entra dans Jérusalem, toute la ville fut émue, et l'on disait :

11 Qui est celui-ci ? La foule répondait : C'est Jésus, le prophète, de Nazareth en Galilée.

12 Jésus entra dans le temple de Dieu. Il chassa tous ceux qui vendaient et qui achetaient dans le temple ; il renversa les tables des changeurs, et les sièges des vendeurs de pigeons.

13 Et il leur dit : Il est écrit : Ma maison sera appelée une maison de prière. Mais vous, vous en faites une caverne de voleurs.

14 Des aveugles et des boiteux s'approchèrent de lui dans le temple. Et il les guérit.

15 Mais les principaux sacrificateurs et les scribes furent indignés, à la vue des choses merveilleuses qu'il avait faites, et des enfants qui criaient dans le temple : Hosanna au Fils de David !

16 Ils lui dirent : Entends-tu ce qu'ils disent ? Oui, leur répondit Jésus. N'avez-vous jamais lu ces paroles : Tu as tiré des louanges de la bouche des enfants et de ceux qui sont à la mamelle ?

17 Et, les ayant laissés, il sortit de la ville pour aller à Béthanie, où il passa la nuit.

*Le figuier maudit.—La puissance de la foi.—
L'autorité de Jésus.—Parabole des deux
fils.—Parabole des vignerons.—La pierre
de l'angle.—Parabole des noces.*

18 Le matin, en retournant à la ville,
19 il eut faim. Voyant un figuier sur le chemin, il s'en approcha ; mais il n'y trouva que des feuilles, et il lui dit : Que jamais fruit ne naisse de toi !

20 Et à l'instant le figuier sécha. Les disciples, qui virent cela, furent étonnés, et dirent : Comment ce figuier est-il devenu sec en un instant ?

21 Jésus leur répondit : Je vous le dis en vérité, si vous aviez de la foi et que vous ne doutiez point, non seulement vous feriez ce qui a été fait à ce figuier, mais quand vous diriez à cette montagne : Ote-toi de là et jette-toi dans la mer, cela se ferait.

22 Tout ce que vous demanderez avec foi par la prière, vous le recevrez.

23 Jésus se rendit dans le temple, et, pendant qu'il enseignait, les principaux sacrificateurs et les anciens du peuple vinrent lui dire : Par quelle autorité fais-tu ces choses, et qui t'a donné cette autorité ?

24 Jésus leur répondit : Je vous adresserai aussi une question ; et, si vous m'y répondez, je vous dirai par quelle autorité je fais ces choses.

25 Le baptême de Jean, d'où venait-il ? du ciel, ou des hommes ? Mais ils raisonnèrent ainsi entre eux : Si nous répondons : Du ciel, il nous dira : Pourquoi donc n'avez-vous pas cru en lui ?

26 Et si nous répondons : Des hommes, nous avons à craindre la foule, car tous tiennent Jean pour un prophète.

27 Alors ils répondirent à Jésus : Nous ne savons. Et il leur dit à son tour : Moi non plus, je ne vous dirai pas par quelle autorité je fais ces choses.

28 Que vous en semble ? Un homme avait deux fils ; et, s'adressant au premier, il dit : Mon enfant, va travailler aujourd'hui dans ma vigne.

29 Il répondit : Je ne veux pas. Ensuite, il se repentit, et il alla.

30 S'adressant à l'autre, il dit la même chose. Et ce fils répondit : Je veux bien, seigneur. Et il n'alla pas.

31 Lequel des deux a fait la volonté du père ? Ils répondirent : Le premier. Et Jésus leur dit : Je vous le dis en vérité, les publicains et les prostituées vous devanceront dans le royaume de Dieu.

32 Car Jean est venu à vous dans la voie de la justice, et vous n'avez pas cru en lui. Mais les publicains et les prostituées ont cru en lui ; et vous, qui avez vu cela, vous ne vous êtes pas ensuite repentis pour croire en lui.

33 Écoutez une autre parabole. Il y avait un homme, maître de maison, qui planta une vigne. Il l'entoura d'une haie, y creusa un pressoir, et bâtit une tour ; puis il l'afferma à des vignerons, et quitta le pays.

34 Lorsque

le temps de la récolte fut arrivé, il envoya ses serviteurs vers les vignerons, pour recevoir le produit de sa 35 vigne. Les vignerons, s'étant saisis de ses serviteurs, battirent l'un, tuèrent l'autre, et lapidèrent le troisième. 36 Il envoya encore d'autres serviteurs, en plus grand nombre que les premiers ; et les vignerons les traitèrent 37 de la même manière. Enfin, il envoya vers eux son fils, en disant : Ils auront 38 du respect pour mon fils. Mais, quand les vignerons virent le fils, ils dirent entre eux : Voici l'héritier ; venez, tuons-le, et emparons-nous de son 39 héritage. Et ils se saisirent de lui, le jetèrent hors de la vigne, et le tuè- 40 rent. Maintenant, lorsque le maître de la vigne viendra, que fera-t-il à 41 ces vignerons ? Ils lui répondirent : Il fera périr misérablement ces misérables, et il affermera la vigne à d'autres vignerons, qui lui en donneront le produit au temps de la récolte.

42 Jésus leur dit : N'avez-vous jamais lu dans les Écritures :

La pierre qu'ont rejetée ceux qui
bâtissaient
Est devenue la principale de l'angle ;
C'est du Seigneur que cela est venu,
Et c'est un prodige à nos yeux ?

43 C'est pourquoi, je vous le dis, le royaume de Dieu vous sera enlevé, et sera donné à une nation qui en rendra 44 les fruits. Celui qui tombera sur cette pierre s'y brisera, et celui sur qui elle tombera sera écrasé.

45 Après avoir entendu ses paraboles, les principaux sacrificateurs et les pharisiens comprirent que c'était 46 d'eux que Jésus parlait, et ils cherchaient à se saisir de lui ; mais ils craignaient la foule, parce qu'elle le tenait pour un prophète.

22 Jésus, prenant la parole, leur parla de nouveau en paraboles, et il dit :

2 Le royaume des cieux est semblable à un roi qui fit des noces pour 3 son fils. Il envoya ses serviteurs appeler ceux qui étaient invités aux noces ; mais ils ne voulurent pas venir. Il envoya encore d'autres 4 serviteurs, en disant : Dites aux conviés : Voici, j'ai préparé mon festin ; mes bœufs et mes bêtes grasses sont tués, tout est prêt, venez aux noces. Mais, sans s'inquiéter de l'invitation, 5 ils s'en allèrent, celui-ci à son champ, celui-là à son trafic ; et les autres se 6 saisirent des serviteurs, les outragèrent et les tuèrent. Le roi fut irrité ; 7 il envoya ses troupes, fit périr ces meurtriers, et brûla leur ville. Alors 8 il dit à ses serviteurs : Les noces sont prêtes ; mais les conviés n'en étaient pas dignes. Allez donc dans les 9 carrefours, et appelez aux noces tous ceux que vous trouverez. Ces 10 serviteurs allèrent dans les chemins, rassemblèrent tous ceux qu'ils trouvèrent, méchants et bons, et la salle des noces fut pleine de convives. Le roi 11 entra pour voir ceux qui étaient à table, et il aperçut là un homme qui n'avait pas revêtu un habit de noces. Il lui dit : Mon ami, comment es-tu 12 entré ici sans avoir un habit de noces ? Cet homme eut la bouche fermée. Alors le roi dit aux serviteurs : Liez- 13 lui les pieds et les mains, et jetez-le dans les ténèbres du dehors, où il y aura des pleurs et des grincements de dents. Car il y a beaucoup d'ap- 14 pelés, mais peu d'élus.

Questions captieuses proposées à Jésus sur :— le tribut à César,—la résurrection,—le plus grand commandement.—De qui le Christ est-il fils ?

Alors les pharisiens allèrent se 15 consulter sur les moyens de surprendre Jésus par ses propres paroles. Ils envoyèrent auprès de lui leurs 16 disciples avec les hérodiens, qui dirent : Maître, nous savons que tu es vrai, et que tu enseignes la voie de Dieu selon la vérité, sans t'inquiéter de personne, car tu ne regardes pas à l'apparence des hommes. Dis-nous donc ce qu'il t'en semble : 17 est-il permis, ou non, de payer le tribut à César ? Jésus, connaissant 18 leur méchanceté, répondit : Pourquoi me tentez-vous, hypocrites ? Mon- 19 trez-moi la monnaie avec laquelle on paie le tribut. Et ils lui présentèrent un denier. Il leur demanda : 20

21 De qui sont cette effigie et cette inscription? De César, lui répondirent-ils. Alors il leur dit: Rendez donc à César ce qui est à César, et à 22 Dieu ce qui est à Dieu. Étonnés de ce qu'ils entendaient, ils le quittèrent, et s'en allèrent.

23 Le même jour, les sadducéens, qui disent qu'il n'y a point de résurrection, vinrent auprès de Jésus, et lui 24 firent cette question: Maître, Moïse a dit: Si quelqu'un meurt sans enfants, son frère épousera sa veuve, et suscitera une postérité à son frère. 25 Or, il y avait parmi nous sept frères. Le premier se maria, et mourut; et, comme il n'avait pas d'enfants, il 26 laissa sa femme à son frère. Il en fut de même du second, puis du 27 troisième, jusqu'au septième. Après 28 eux tous, la femme mourut aussi. A la résurrection, duquel des sept sera-t-elle donc la femme? Car tous l'ont 29 eue. Jésus leur répondit: Vous êtes dans l'erreur, parce que vous ne comprenez ni les Écritures, ni la puis-30 sance de Dieu. Car, à la résurrection, les hommes ne prendront point de femmes, ni les femmes de maris, mais ils seront comme les anges de Dieu 31 dans le ciel. Pour ce qui est de la résurrection des morts, n'avez-vous 32 pas lu ce que Dieu vous a dit: Je suis le Dieu d'Abraham, le Dieu d'Isaac, et le Dieu de Jacob? Dieu n'est pas Dieu des morts, mais des 33 vivants. La foule, qui écoutait, fut frappée de l'enseignement de Jésus.

34 Les pharisiens, ayant appris qu'il avait réduit au silence les sadducéens, 35 se rassemblèrent, et l'un d'eux, docteur de la loi, lui fit cette question, 36 pour l'éprouver: Maître, quel est le plus grand commandement de la loi? 37 Jésus lui répondit: Tu aimeras le Seigneur, ton Dieu, de tout ton cœur, de toute ton âme, et de toute ta 38 pensée. C'est le premier et le plus 39 grand commandement. Et voici le second, qui lui est semblable: Tu aimeras ton prochain comme toi-40 même. De ces deux commandements dépendent toute la loi et les prophètes.

41 Comme les pharisiens étaient as-semblés, Jésus les interrogea, en 42 disant: Que pensez-vous du Christ? De qui est-il fils? Ils lui répondirent: De David. Et Jésus leur dit: Com-43 ment donc David, animé par l'Esprit, l'appelle-t-il Seigneur, lorsqu'il dit:

Le Seigneur a dit à mon Seigneur: 44
Assieds-toi à ma droite,
Jusqu'à ce que je fasse de tes ennemis ton marchepied?

Si donc David l'appelle Seigneur, 45 comment est-il son fils? Nul ne 46 put lui répondre un mot. Et, depuis ce jour, personne n'osa plus lui proposer des questions.

Les scribes et les pharisiens censurés par Jésus.—Crimes et châtiment de Jérusalem.

Alors Jésus, parlant à la foule **23** et à ses disciples, dit: 2
Les scribes et les pharisiens sont 3 assis dans la chaire de Moïse. Faites donc et observez tout ce qu'ils vous disent; mais n'agissez pas selon leurs œuvres. Car ils disent, et ne font 4 pas. Ils lient des fardeaux pesants, et les mettent sur les épaules des hommes, mais ils ne veulent pas les remuer du doigt. Ils font toutes 5 leurs actions pour être vus des hommes. Ainsi, ils portent de larges phylactères, et ils ont de longues franges à leurs vêtements; ils aiment 6 la première place dans les festins, et les premiers sièges dans les synagogues; ils aiment à être salués dans 7 les places publiques, et à être appelés par les hommes Rabbi, Rabbi. Mais 8 vous, ne vous faites pas appeler Rabbi; car un seul est votre Maître, et vous êtes tous frères. Et n'appelez per-9 sonne sur la terre votre père; car un seul est votre Père, celui qui est dans les cieux. Ne vous faites pas ap-10 peler directeurs; car un seul est votre Directeur, le Christ. Le plus 11 grand parmi vous sera votre serviteur. Quiconque s'élèvera sera abaissé, et 12 quiconque s'abaissera sera élevé.

Malheur à vous, scribes et phari-13 siens hypocrites! parce que vous fermez aux hommes le royaume des cieux; vous n'y entrez pas vous-mêmes, et vous n'y laissez pas entrer ceux qui veulent entrer.

14 Malheur à vous, scribes et pharisiens hypocrites! parce que vous dévorez les maisons des veuves, et que vous faites pour l'apparence de longues prières; à cause de cela, vous serez jugés plus sévèrement.

15 Malheur à vous, scribes et pharisiens hypocrites! parce que vous courez la mer et la terre pour faire un prosélyte; et, quand il l'est devenu, vous en faites un fils de la géhenne deux fois plus que vous.

16 Malheur à vous, conducteurs aveugles! qui dites: Si quelqu'un jure par le temple, ce n'est rien; mais, si quelqu'un jure par l'or du temple, il est 17 engagé. Insensés et aveugles! lequel est le plus grand, l'or, ou le temple 18 qui sanctifie l'or? Si quelqu'un, dites-vous encore, jure par l'autel, ce n'est rien; mais, si quelqu'un jure par l'offrande qui est sur l'autel, il est 19 engagé. Aveugles! lequel est le plus grand, l'offrande, ou l'autel qui 20 sanctifie l'offrande? Celui qui jure par l'autel jure par l'autel et par tout 21 ce qui est dessus; celui qui jure par le temple jure par le temple et par 22 celui qui l'habite; et celui qui jure par le ciel jure par le trône de Dieu et par celui qui y est assis.

23 Malheur à vous, scribes et pharisiens hypocrites! parce que vous payez la dîme de la menthe, de l'aneth et du cumin, et que vous laissez ce qui est plus important dans la loi, la justice, la miséricorde et la fidélité: c'est là ce qu'il fallait pratiquer, sans négliger les autres 24 choses. Conducteurs aveugles! qui coulez le moucheron, et qui avalez le chameau.

25 Malheur à vous, scribes et pharisiens hypocrites! parce que vous nettoyez le dehors de la coupe et du plat, et qu'au dedans ils sont pleins 26 de rapine et d'intempérance. Pharisien aveugle! nettoie premièrement l'intérieur de la coupe et du plat, afin que l'extérieur aussi devienne net.

27 Malheur à vous, scribes et pharisiens hypocrites! parce que vous ressemblez à des sépulcres blanchis, qui paraissent beaux au dehors, et qui, au dedans, sont pleins d'ossements de morts et de toute espèce d'impuretés. Vous de même, au 28 dehors, vous paraissez justes aux hommes, mais, au dedans, vous êtes pleins d'hypocrisie et d'iniquité.

Malheur à vous, scribes et phari- 29 siens hypocrites! parce que vous bâtissez les tombeaux des prophètes et ornez les sépulcres des justes, et 30 que vous dites: Si nous avions vécu du temps de nos pères, nous ne nous serions pas joints à eux pour répandre le sang des prophètes. Vous 31 témoignez ainsi contre vous-mêmes que vous êtes les fils de ceux qui ont tué les prophètes. Comblez donc la 32 mesure de vos pères. Serpents, race 33 de vipères! comment échapperez-vous au châtiment de la géhenne? C'est pourquoi, voici, je vous envoie 34 des prophètes, des sages et des scribes. Vous tuerez et crucifierez les uns, vous battrez de verges les autres dans vos synagogues, et vous les persécuterez de ville en ville, afin 35 que retombe sur vous tout le sang innocent répandu sur la terre, depuis le sang d'Abel le juste jusqu'au sang de Zacharie, fils de Barachie, que vous avez tué entre le temple et l'autel. Je vous le dis en vérité, tout 36 cela retombera sur cette génération.

Jérusalem, Jérusalem, qui tues les 37 prophètes et qui lapides ceux qui te sont envoyés, combien de fois ai-je voulu rassembler tes enfants, comme une poule rassemble ses poussins sous ses ailes, et vous ne l'avez pas voulu! Voici, votre maison vous 38 sera laissée déserte; car, je vous le 39 dis, vous ne me verrez plus désormais, jusqu'à ce que vous disiez: Béni soit celui qui vient au nom du Seigneur!

La destruction de Jérusalem et l'avènement du Fils de l'homme.—Exhortation à la vigilance.

Comme Jésus s'en allait, au **24** sortir du temple, ses disciples s'approchèrent pour lui en faire remarquer les constructions. Mais il leur dit: 2 Voyez-vous tout cela? Je vous le dis en vérité, il ne restera pas ici pierre sur pierre qui ne soit renversée.

3 Il s'assit sur la montagne des oliviers. Et les disciples vinrent en particulier lui faire cette question : Dis-nous, quand cela arrivera-t-il, et quel sera le signe de ton avènement et de la fin du monde ?

4 Jésus leur répondit : Prenez garde
5 que personne ne vous séduise. Car plusieurs viendront sous mon nom, disant : C'est moi qui suis le Christ. Et ils séduiront beaucoup de gens.
6 Vous entendrez parler de guerres et de bruits de guerres : gardez-vous d'être troublés, car il faut que ces choses arrivent. Mais ce ne sera
7 pas encore la fin. Une nation s'élèvera contre une nation, et un royaume contre un royaume, et il y aura, en divers lieux, des famines et des
8 tremblements de terre. Tout cela ne sera que le commencement des
9 douleurs. Alors on vous livrera aux tourments, et l'on vous fera mourir ; et vous serez haïs de toutes les
10 nations, à cause de mon nom. Alors aussi plusieurs succomberont, et ils se trahiront, se haïront les uns les
11 autres. Plusieurs faux prophètes s'élèveront, et ils séduiront beaucoup
12 de gens. Et, parce que l'iniquité se sera accrue, la charité du plus grand
13 nombre se refroidira. Mais celui qui persévérera jusqu'à la fin sera
14 sauvé. Cette bonne nouvelle du royaume sera prêchée dans le monde entier, pour servir de témoignage à toutes les nations. Alors viendra la fin.
15 C'est pourquoi, lorsque vous verrez l'abomination de la désolation, dont a parlé le prophète Daniel, établie en lieu saint,—que celui qui lit fasse
16 attention !—alors, que ceux qui seront en Judée fuient dans les mon-
17 tagnes ; que celui qui sera sur le toit ne descende pas pour prendre ce qui
18 est dans sa maison ; et que celui qui sera dans les champs ne retourne pas en arrière pour prendre son manteau.
19 Malheur aux femmes qui seront enceintes et à celles qui allaiteront en
20 ces jours-là ! Priez pour que votre fuite n'arrive pas en hiver, ni un jour

de sabbat. Car alors, la détresse 21 sera si grande qu'il n'y en a point eu de pareille depuis le commencement du monde jusqu'à présent, et qu'il n'y en aura jamais. Et, si ces jours 22 n'étaient abrégés, personne ne serait sauvé ; mais, à cause des élus, ces jours seront abrégés. Si quelqu'un 23 vous dit alors : Le Christ est ici, ou : Il est là, ne le croyez pas. Car il 24 s'élèvera de faux Christs et de faux prophètes ; ils feront de grands prodiges et des miracles, au point de séduire, s'il était possible, même les élus. Voici, je vous l'ai annoncé 25 d'avance. Si donc on vous dit : 26 Voici, il est dans le désert, n'y allez pas ; voici, il est dans les chambres, ne le croyez pas. Car, comme l'éclair 27 part de l'orient et se montre jusqu'en occident, ainsi sera l'avènement du Fils de l'homme. En quelque lieu 28 que soit le cadavre, là s'assembleront les aigles.

Aussitôt après ces jours de dé- 29 tresse, le soleil s'obscurcira, la lune ne donnera plus sa lumière, les étoiles tomberont du ciel, et les puissances des cieux seront ébranlées. Alors 30 le signe du Fils de l'homme paraîtra dans le ciel, toutes les tribus de la terre se lamenteront, et elles verront le Fils de l'homme venant sur les nuées du ciel avec puissance et une grande gloire. Il enverra ses anges 31 avec la trompette retentissante, et ils rassembleront ses élus des quatre vents, depuis une extrémité des cieux jusqu'à l'autre. Instruisez-vous par 32 une comparaison tirée du figuier. Dès que ses branches deviennent tendres, et que les feuilles poussent, vous connaissez que l'été est proche. De même, quand vous verrez toutes 33 ces choses, sachez que le Fils de l'homme est proche, à la porte. Je 34 vous le dis en vérité, cette génération ne passera point, que tout cela n'arrive. Le ciel et la terre passeront, 35 mais mes paroles ne passeront point.

Pour ce qui est du jour et de 36 l'heure, personne ne le sait, ni les anges des cieux, ni le Fils, mais le Père seul. Ce qui arriva du temps 37 de Noé arrivera de même à l'avène-

38 ment du Fils de l'homme. Car, dans les jours qui précédèrent le déluge, les hommes mangeaient et buvaient, se mariaient et mariaient leurs enfants, jusqu'au jour où Noé entra 39 dans l'arche ; et ils ne se doutèrent de rien, jusqu'à ce que le déluge vînt et les emportât tous : il en sera de même à l'avènement du Fils de 40 l'homme. Alors, de deux hommes qui seront dans un champ, l'un sera 41 pris et l'autre laissé ; de deux femmes qui moudront à la meule, l'une sera 42 prise et l'autre laissée. Veillez donc, puisque vous ne savez pas quel jour 43 votre Seigneur viendra. Sachez-le bien, si le maître de la maison savait à quelle veille de la nuit le voleur doit venir, il veillerait et ne laisserait 44 pas percer sa maison. C'est pourquoi, vous aussi, tenez-vous prêts, car le Fils de l'homme viendra à l'heure où vous n'y penserez pas.

45 Quel est donc le serviteur fidèle et prudent, que son maître a établi sur ses gens, pour leur donner la nourriture au temps convenable ? 46 Heureux ce serviteur, que son maître, à son arrivée, trouvera faisant ainsi ! 47 Je vous le dis en vérité, il l'établira 48 sur tous ses biens. Mais, si c'est un méchant serviteur, qui dise en lui-même : Mon maître tarde à venir, 49 s'il se met à battre ses compagnons, s'il mange et boit avec les ivrognes, 50 le maître de ce serviteur viendra le jour où il ne s'y attend pas et à 51 l'heure qu'il ne connaît pas, il le mettra en pièces, et lui donnera sa part avec les hypocrites : c'est là qu'il y aura des pleurs et des grincements de dents.

Parabole des dix vierges.—Parabole des talents.—Jugement des nations par le Fils de l'homme.

25

Alors le royaume des cieux sera semblable à dix vierges qui, ayant pris leurs lampes, allèrent à la ren- 2 contre de l'époux. Cinq d'entre elles 3 étaient folles, et cinq sages. Les folles, en prenant leurs lampes, ne 4 prirent point d'huile avec elles ; mais les sages prirent, avec leurs lampes, 5 de l'huile dans des vases. Comme l'époux tardait, toutes s'assoupirent et s'endormirent. Au milieu de la 6 nuit, on cria : Voici l'époux, allez à sa rencontre ! Alors toutes ces 7 vierges se réveillèrent, et préparèrent leurs lampes. Les folles dirent aux 8 sages : Donnez-nous de votre huile, car nos lampes s'éteignent. Les 9 sages répondirent : Non ; il n'y en aurait pas assez pour nous et pour vous ; allez plutôt chez ceux qui en vendent, et achetez-en pour vous. Pendant qu'elles allaient en acheter, 10 l'époux arriva ; celles qui étaient prêtes entrèrent avec lui dans la salle des noces, et la porte fut fermée. Plus tard, les autres vierges vinrent, 11 et dirent : Seigneur, Seigneur, ouvre-nous. Mais il répondit : Je vous le 12 dis en vérité, je ne vous connais pas.

Veillez donc, puisque vous ne 13 savez ni le jour, ni l'heure.

Il en sera comme d'un homme qui, 14 partant pour un voyage, appela ses serviteurs, et leur remit ses biens. Il donna cinq talents à l'un, deux 15 à l'autre, et un au troisième, à chacun selon sa capacité, et il partit. Aussi- 16 tôt celui qui avait reçu les cinq talents s'en alla, les fit valoir, et il gagna cinq autres talents. De même, 17 celui qui avait reçu les deux talents en gagna deux autres. Celui qui 18 n'en avait reçu qu'un alla faire un creux dans la terre, et cacha l'argent de son maître. Longtemps après, 19 le maître de ces serviteurs revint, et leur fit rendre compte. Celui qui 20 avait reçu les cinq talents s'approcha, en apportant cinq autres talents, et il dit : Seigneur, tu m'as remis cinq talents ; voici, j'en ai gagné cinq autres. Son maître lui dit : C'est 21 bien, bon et fidèle serviteur ; tu as été fidèle en peu de chose, je te confierai beaucoup ; entre dans la joie de ton maître. Celui qui avait 22 reçu les deux talents s'approcha aussi, et il dit : Seigneur, tu m'as remis deux talents ; voici, j'en ai gagné deux autres. Son maître lui 23 dit : C'est bien, bon et fidèle serviteur ; tu as été fidèle en peu de chose, je te confierai beaucoup ; entre dans la joie de ton maître. Celui 24 qui n'avait reçu qu'un talent s'approcha ensuite, et il dit: Seigneur, je savais que tu es un homme dur, qui moissonnes où tu n'as pas semé, et qui amasses où tu n'as pas vanné ; 25 j'ai eu peur, et je suis allé cacher ton talent dans la terre; voici, prends 26 ce qui est à toi. Son maître lui répondit: Serviteur méchant et paresseux, tu savais que je moissonne où je n'ai pas semé, et que j'amasse 27 où je n'ai pas vanné ; il te fallait donc remettre mon argent aux banquiers, et, à mon retour, j'aurais retiré ce qui est à moi avec un intérêt. 28 Otez-lui donc le talent, et donnez-le 29 à celui qui a les dix talents. Car on donnera à celui qui a, et il sera dans l'abondance, mais à celui qui n'a pas 30 on ôtera même ce qu'il a. Et le serviteur inutile, jetez-le dans les ténèbres du dehors, où il y aura des pleurs et des grincements de dents.

31 Lorsque le Fils de l'homme viendra dans sa gloire, avec tous les anges, il s'assiéra sur le trône de sa gloire. 32 Toutes les nations seront assemblées devant lui. Il séparera les uns d'avec les autres, comme le berger sépare 33 les brebis d'avec les boucs ; et il mettra les brebis à sa droite, et les 34 boucs à sa gauche. Alors le roi dira à ceux qui seront à sa droite : Venez, vous qui êtes bénis de mon Père ; prenez possession du royaume qui vous a été préparé dès la fondation 35 du monde. Car j'ai eu faim, et vous m'avez donné à manger ; j'ai eu soif, et vous m'avez donné à boire ; j'étais étranger, et vous m'avez recueilli ; 36 j'étais nu, et vous m'avez vêtu ; j'étais malade, et vous m'avez visité ; j'étais en prison, et vous êtes venus vers 37 moi. Les justes lui répondront : Seigneur, quand t'avons-nous vu avoir faim, et t'avons-nous donné à manger ; ou avoir soif, et t'avons-nous donné 38 à boire ? Quand t'avons-nous vu étranger, et t'avons-nous recueilli ; ou 39 nu, et t'avons-nous vêtu ? Quand t'avons-nous vu malade, ou en prison, 40 et sommes-nous allés vers toi ? Et le roi leur répondra : Je vous le dis en vérité, toutes les fois que vous avez fait ces choses à l'un de ces plus petits de mes frères, c'est à moi que vous les avez faites. Ensuite il 41 dira à ceux qui seront à sa gauche : Retirez-vous de moi, maudits ; allez dans le feu éternel qui a été préparé pour le diable et pour ses anges. Car j'ai eu faim, et vous ne m'avez 42 pas donné à manger ; j'ai eu soif, et vous ne m'avez pas donné à boire ; j'étais étranger, et vous ne m'avez 43 pas recueilli ; j'étais nu, et vous ne m'avez pas vêtu ; j'étais malade et en prison, et vous ne m'avez pas visité. Ils répondront aussi : Seigneur, quand 44 t'avons-nous vu ayant faim, ou ayant soif, ou étranger, ou nu, ou malade, ou en prison, et ne t'avons-nous pas assisté ? Et il leur répondra : Je 45 vous le dis en vérité, toutes les fois que vous n'avez pas fait ces choses à l'un de ces plus petits, c'est à moi que vous ne les avez pas faites. Et 46 ceux-ci iront au châtiment éternel, mais les justes à la vie éternelle.

Histoire de la passion.—Complot contre Jésus.—Parfum répandu sur sa tête à Béthanie.—Trahison de Judas.—Célébration de la Pâque et institution de la sainte cène.—Gethsémané.—Arrestation de Jésus.

26 Lorsque Jésus eut achevé tous ces discours, il dit à ses disciples : Vous savez que la Pâque a lieu dans 2 deux jours, et que le Fils de l'homme sera livré pour être crucifié.

Alors les principaux sacrificateurs 3 et les anciens du peuple se réunirent dans la cour du souverain sacrificateur, appelé Caïphe ; et ils délibérèrent 4 sur les moyens d'arrêter Jésus par ruse, et de le faire mourir. Mais ils 5 dirent : Que ce ne soit pas pendant la fête, afin qu'il n'y ait pas de tumulte parmi le peuple.

Comme Jésus était à Béthanie, 6 dans la maison de Simon le lépreux, une femme s'approcha de lui, tenant 7 un vase d'albâtre, qui renfermait un parfum de grand prix ; et, pendant qu'il était à table, elle répandit le parfum sur sa tête. Les disciples, 8 voyant cela, s'indignèrent, et dirent : A quoi bon cette perte ? On aurait 9 pu vendre ce parfum très cher, et en donner le prix aux pauvres. Jésus, 10 s'en étant aperçu, leur dit : Pourquoi faites-vous de la peine à cette femme ? Elle a fait une bonne action à mon

11 égard ; car vous avez toujours des pauvres avec vous, mais vous ne

12 m'avez pas toujours. En répandant ce parfum sur mon corps, elle l'a fait

13 pour ma sépulture. Je vous le dis en vérité, partout où cette bonne nouvelle sera prêchée, dans le monde entier, on racontera aussi en mémoire de cette femme ce qu'elle a fait.

14 Alors l'un des douze, appelé Judas Iscariot, alla vers les principaux

15 sacrificateurs, et dit : Que voulez-vous me donner, et je vous le livrerai? Et ils lui payèrent trente pièces

16 d'argent. Depuis ce moment, il cherchait une occasion favorable pour livrer Jésus.

17 Le premier jour des pains sans levain, les disciples s'adressèrent à Jésus, pour lui dire : Où veux-tu que nous te préparions le repas de la

18 Pâque ? Il répondit: Allez à la ville chez un tel, et vous lui direz: Le maître dit : Mon temps est proche ; je ferai chez toi la Pâque avec mes

19 disciples. Les disciples firent ce que Jésus leur avait ordonné, et ils préparèrent la Pâque.

20 Le soir étant venu, il se mit à

21 table avec les douze. Pendant qu'ils mangeaient, il dit : Je vous le dis en

22 vérité, l'un de vous me livrera. Ils furent profondément attristés, et chacun se mit à lui dire: Est-ce moi,

23 Seigneur ? Il répondit : Celui qui a mis avec moi la main dans le plat,

24 c'est celui qui me livrera. Le Fils de l'homme s'en va, selon ce qui est écrit de lui. Mais malheur à l'homme par qui le Fils de l'homme est livré ! Mieux vaudrait pour cet homme

25 qu'il ne fût pas né. Judas, qui le livrait, prit la parole et dit: Est-ce moi, Rabbi ? Jésus lui répondit: Tu l'as dit.

26 Pendant qu'ils mangeaient, Jésus prit du pain ; et, après avoir rendu grâces, il le rompit, et le donna aux disciples, en disant: Prenez, mangez,

27 ceci est mon corps. Il prit ensuite une coupe ; et, après avoir rendu grâces, il la leur donna, en disant :

28 Buvez-en tous ; car ceci est mon sang, le sang de l'alliance, qui est répandu pour plusieurs, pour la ré-mission des péchés. Je vous le dis, 29 je ne boirai plus désormais de ce fruit de la vigne, jusqu'au jour où j'en boirai du nouveau avec vous dans le royaume de mon Père.

Après avoir chanté les cantiques, 30 ils se rendirent à la montagne des oliviers.

Alors Jésus leur dit : Je serai pour 31 vous tous, cette nuit, une occasion de chute ; car il est écrit : Je frapperai le berger, et les brebis du troupeau seront dispersées. Mais, après que 32 je serai ressuscité, je vous précéderai en Galilée. Pierre, prenant la parole, 33 lui dit : Quand tu serais pour tous une occasion de chute, tu ne le seras jamais pour moi. Jésus lui dit : Je 34 te le dis en vérité, cette nuit même, avant que le coq chante, tu me re-nieras trois fois. Pierre lui répondit: 35 Quand il me faudrait mourir avec toi, je ne te renierai pas. Et tous les disciples dirent la même chose.

Là-dessus, Jésus alla avec eux dans 36 un lieu appelé Gethsémané, et il dit aux disciples : Asseyez-vous ici, pen-dant que je m'éloignerai pour prier. Il prit avec lui Pierre et les deux fils 37 de Zébédée, et il commença à éprou-ver de la tristesse et des angoisses. Il leur dit alors : Mon âme est triste 38 jusqu'à la mort ; restez ici, et veillez avec moi. Puis, ayant fait quelques 39 pas en avant, il se jeta sur sa face, et pria ainsi : Mon Père, s'il est possible, que cette coupe s'éloigne de moi ! Toutefois, non pas ce que je veux, mais ce que tu veux. Et il vint vers 40 les disciples, qu'il trouva endormis, et il dit à Pierre : Vous n'avez donc pu veiller une heure avec moi ! Veil- 41 lez et priez, afin que vous ne tombiez pas dans la tentation ; l'esprit est bien disposé, mais la chair est faible. Il s'éloigna une seconde fois, et pria 42 ainsi : Mon Père, s'il n'est pas possible que cette coupe s'éloigne sans que je la boive, que ta volonté soit faite ! Il revint, et les trouva encore endor- 43 mis ; car leurs yeux étaient appe-santis. Il les quitta, et, s'éloignant, 44 il pria pour la troisième fois, répétant

45 les mêmes paroles. **Puis il alla vers ses disciples, et leur dit: Vous dormez maintenant, et vous vous reposez!** Voici, l'heure est proche, et le Fils de l'homme est livré aux 46 mains des pécheurs. Levez-vous, allons; voici, celui qui me livre s'approche.

47 Comme il parlait encore, voici, Judas, l'un des douze, arriva, et avec lui une foule nombreuse armée d'épées et de bâtons, envoyée par les principaux sacrificateurs et par les anciens du 48 peuple. Celui qui le livrait leur avait donné ce signe: Celui que je baiserai, 49 c'est lui; saisissez-le. Aussitôt, s'approchant de Jésus, il dit: Salut, 50 Rabbi! Et il le baisa. Jésus lui dit: Mon ami, ce que tu es venu faire, fais-le. Alors ces gens s'avancèrent, mirent les mains sur Jésus, et le saisirent.

51 Et voici, un de ceux qui étaient avec Jésus étendit la main, et tira son épée; il frappa le serviteur du souverain sacrificateur, et lui emporta 52 l'oreille. Alors Jésus lui dit: Remets ton épée à sa place; car tous ceux qui prendront l'épée périront par 53 l'épée. Penses-tu que je ne puisse pas invoquer mon Père, qui me donnerait à l'instant plus de douze légions 54 d'anges? Comment donc s'accompliraient les Écritures, d'après lesquelles il doit en être ainsi?

55 En ce moment, Jésus dit à la foule: Vous êtes venus, comme après un brigand, avec des épées et des bâtons, pour vous emparer de moi. J'étais tous les jours assis parmi vous, enseignant dans le temple, et vous ne 56 m'avez pas saisi. Mais tout cela est arrivé afin que les écrits des prophètes fussent accomplis.

Alors tous les disciples l'abandonnèrent, et prirent la fuite.

Jésus devant le sanhédrin présidé par Caïphe.—Condamnation.—Reniement de Pierre.—Repentir et suicide de Judas.

57 Ceux qui avaient saisi Jésus l'emmenèrent chez le souverain sacrificateur Caïphe, où les scribes et les 58 anciens étaient assemblés. Pierre le suivit de loin jusqu'à la cour du souverain sacrificateur, y entra, et s'assit avec les serviteurs, pour voir comment cela finirait.

Les principaux sacrificateurs et 59 tout le sanhédrin cherchaient quelque faux témoignage contre Jésus, suffisant pour le faire mourir. Mais 60 ils n'en trouvèrent point, quoique plusieurs faux témoins se fussent présentés. Enfin, il en vint deux, qui dirent: Celui-ci a dit: Je puis 61 détruire le temple de Dieu, et le rebâtir en trois jours. Le souverain 62 sacrificateur se leva, et lui dit: Ne réponds-tu rien? Qu'est-ce que ces hommes déposent contre toi? Jésus 63 garda le silence. Et le souverain sacrificateur, prenant la parole, lui dit: Je t'adjure, par le Dieu vivant, de nous dire si tu es le Christ, le Fils de Dieu. Jésus lui répondit: Tu l'as 64 dit. De plus, je vous le déclare, vous verrez désormais le Fils de l'homme assis à la droite de la puissance de Dieu, et venant sur les nuées du ciel. Alors le souverain sacrificateur dé- 65 chira ses vêtements, disant: Il a blasphémé! Qu'avons-nous encore besoin de témoins? Voici, vous venez d'entendre son blasphème. Que vous en semble? Ils répondirent: Il 66 mérite la mort. Là-dessus, ils lui 67 crachèrent au visage, et lui donnèrent des coups de poing et des soufflets, en disant: Christ, prophé- 68 tise; dis-nous qui t'a frappé.

Cependant, Pierre était assis dehors 69 dans la cour. Une servante s'approcha de lui, et dit: Toi aussi, tu étais avec Jésus le Galiléen. Mais 70 il le nia devant tous, disant: Je ne sais ce que tu veux dire. Comme il 71 se dirigeait vers la porte, une autre servante le vit, et dit à ceux qui se trouvaient là: Celui-ci était aussi avec Jésus de Nazareth. Il le nia 72 de nouveau, avec serment: Je ne connais pas cet homme. Peu après, 73 ceux qui étaient là, s'étant approchés, dirent à Pierre: Certainement tu es aussi de ces gens-là, car ton langage te fait reconnaître. Alors il se mit à 74 faire des imprécations et à jurer: Je ne connais pas cet homme. Aussitôt le coq chanta. Et Pierre se 75 souvint de la parole que Jésus avait dite : Avant que le coq chante, tu me renieras trois fois. Et étant sorti, il pleura amèrement.

27 Dès que le matin fut venu, tous les principaux sacrificateurs et les anciens du peuple tinrent conseil contre Jésus, pour le faire mourir.

2 Après l'avoir lié, ils l'emmenèrent, et le livrèrent à Ponce Pilate, le gouverneur.

3 Alors Judas, qui l'avait livré, voyant qu'il était condamné, se repentit, et rapporta les trente pièces d'argent aux principaux sacrificateurs et aux anciens, 4 en disant : J'ai péché, en livrant le sang innocent. Ils répondirent : Que nous importe ? Cela te regarde. 5 Judas jeta les pièces d'argent dans le temple, se retira, et alla se pendre. 6 Les principaux sacrificateurs les ramassèrent, et dirent : Il n'est pas permis de les mettre dans le trésor sacré, puisque c'est le prix du sang. 7 Et, après en avoir délibéré, ils achetèrent avec cet argent le champ du potier, pour la sépulture des étrangers. 8 C'est pourquoi ce champ a été appelé champ du sang, jusqu'à ce jour. 9 Alors s'accomplit ce qui avait été annoncé par Jérémie, le prophète : Ils ont pris les trente pièces d'argent, la valeur de celui qui a été estimé, qu'on a estimé de la part des enfants d'Israël ; 10 et ils les ont données pour le champ du potier, comme le Seigneur me l'avait ordonné.

Jésus devant Pilate, gouverneur romain.— Sentence de mort confirmée.—Outrages des soldats.

11 Jésus comparut devant le gouverneur. Le gouverneur l'interrogea, en ces termes : Es-tu le roi des Juifs ? 12 Jésus lui répondit : Tu le dis. Mais il ne répondit rien aux accusations des principaux sacrificateurs et des anciens. 13 Alors Pilate lui dit : N'entends-tu pas de combien de choses ils t'accusent ? 14 Et Jésus ne lui donna de réponse sur aucune parole, ce qui étonna beaucoup le gouverneur.

15 A chaque fête, le gouverneur avait coutume de relâcher un prisonnier, celui que demandait la foule. 16 Ils avaient alors un prisonnier fameux, nommé Barabbas. 17 Comme ils étaient assemblés, Pilate leur dit : Lequel voulez-vous que je vous relâche, Barabbas, ou Jésus, qu'on appelle Christ ? 18 Car il savait que c'était par envie qu'ils avaient livré Jésus.—19 Pendant qu'il était assis sur le tribunal, sa femme lui fit dire : Qu'il n'y ait rien entre toi et ce juste ; car aujourd'hui j'ai beaucoup souffert en songe à cause de lui.—20 Les principaux sacrificateurs et les anciens persuadèrent à la foule de demander Barabbas, et de faire périr Jésus. 21 Le gouverneur, prenant la parole, leur dit : Lequel des deux voulez-vous que je vous relâche ? Ils répondirent : Barabbas. 22 Pilate leur dit : Que ferai-je donc de Jésus, qu'on appelle Christ ? Tous répondirent : Qu'il soit crucifié ! 23 Le gouverneur dit : Mais quel mal a-t-il fait ? Et ils crièrent encore plus fort : Qu'il soit crucifié ! 24 Pilate, voyant qu'il ne gagnait rien, mais que le tumulte augmentait, prit de l'eau, se lava les mains en présence de la foule, et dit : Je suis innocent du sang de ce juste. Cela vous regarde. 25 Et tout le peuple répondit : Que son sang retombe sur nous et sur nos enfants !

26 Alors Pilate leur relâcha Barabbas ; et, après avoir fait battre de verges Jésus, il le livra pour être crucifié.

27 Les soldats du gouverneur conduisirent Jésus dans le prétoire, et ils assemblèrent autour de lui toute la cohorte. 28 Ils lui ôtèrent ses vêtements, et le couvrirent d'un manteau écarlate. 29 Ils tressèrent une couronne d'épines, qu'ils posèrent sur sa tête, et ils lui mirent un roseau dans la main droite ; puis, s'agenouillant devant lui, ils le raillaient, en disant : Salut, roi des Juifs ! 30 Et ils crachaient contre lui, prenaient le roseau, et frappaient sur sa tête. 31 Après s'être ainsi moqués de lui, ils lui ôtèrent le manteau, lui remirent ses vêtements, et l'emmenèrent pour le crucifier.

Jésus crucifié.

32 Lorsqu'ils sortirent, ils rencontrè-

rent un homme de Cyrène, appelé Simon, et ils le forcèrent à porter la

33 croix de Jésus. Arrivés au lieu nommé Golgotha, ce qui signifie

34 lieu du crâne, ils lui donnèrent à boire du vin mêlé de fiel ; mais, quand il l'eut goûté, il ne voulut pas boire.

35 Après l'avoir crucifié, ils se partagèrent ses vêtements, en tirant au sort, afin que s'accomplît ce qui avait été annoncé par le prophète : Ils se sont partagé mes vêtements, et ils

36 ont tiré au sort ma tunique. Puis ils s'assirent, et le gardèrent.

37 Pour indiquer le sujet de sa condamnation, on écrivit au-dessus de sa tête : Celui-ci est Jésus, le roi des Juifs.

38 Avec lui furent crucifiés deux brigands, l'un à sa droite, et l'autre à sa gauche.

39 Les passants l'injuriaient, et se-
40 couaient la tête, en disant : Toi qui détruis le temple, et qui le rebâtis en trois jours, sauve-toi toi-même ! Si tu es le Fils de Dieu, descends de la

41 croix ! Les principaux sacrificateurs, avec les scribes et les anciens, se moquaient aussi de lui, et disaient :

42 Il a sauvé les autres, et il ne peut se sauver lui-même ! S'il est roi d'Israël, qu'il descende de la croix, et nous

43 croirons en lui. Il s'est confié en Dieu ; que Dieu le délivre maintenant, s'il l'aime. Car il a dit : Je

44 suis Fils de Dieu. Les brigands, crucifiés avec lui, l'insultaient de la même manière.

45 Depuis la sixième heure jusqu'à la neuvième, il y eut des ténèbres sur

46 toute la terre. Et vers la neuvième heure, Jésus s'écria d'une voix forte : Éli, Éli, lama sabachthani ? c'est-à-dire : Mon Dieu, mon Dieu, pourquoi

47 m'as-tu abandonné ? Quelques-uns de ceux qui étaient là, l'ayant entendu,

48 dirent : Il appelle Élie. Et aussitôt l'un d'eux courut prendre une éponge, qu'il remplit de vinaigre, et, l'ayant fixée à un roseau, lui donna à boire.

49 Mais les autres disaient : Laisse, voyons si Élie viendra le sauver.

50 Jésus poussa de nouveau un grand cri, et rendit l'esprit.

51 Et voici, le voile du temple se déchira en deux, depuis le haut jusqu'en bas, la terre trembla, les

52 rochers se fendirent, les sépulcres s'ouvrirent, et plusieurs corps des saints qui étaient morts ressuscitè-

53 rent. Étant sortis des sépulcres, après la résurrection de Jésus, ils entrèrent dans la ville sainte, et apparurent à un grand nombre de personnes.

54 Le centenier et ceux qui étaient avec lui pour garder Jésus, ayant vu le tremblement de terre et ce qui venait d'arriver, furent saisis d'une grande frayeur, et dirent : Assurément, cet homme était Fils de Dieu.

55 Il y avait là plusieurs femmes qui regardaient de loin ; qui avaient accompagné Jésus depuis la Galilée,

56 pour le servir. Parmi elles étaient Marie de Magdala, Marie, mère de Jacques et de Joseph, et la mère des fils de Zébédée.

Le corps de Jésus mis dans un sépulcre.—
La garde auprès du sépulcre.

57 Le soir étant venu, arriva un homme riche d'Arimathée, nommé Joseph,

58 lequel était aussi disciple de Jésus. Il se rendit vers Pilate, et demanda

59 le corps de Jésus. Et Pilate ordonna de le remettre. Joseph prit le corps,

60 l'enveloppa d'un linceul blanc, et le déposa dans un sépulcre neuf, qu'il s'était fait tailler dans le roc. Puis il roula une grande pierre à l'entrée

61 du sépulcre, et il s'en alla. Marie de Magdala et l'autre Marie étaient là, assises vis-à-vis du sépulcre.

62 Le lendemain, qui était le jour après la préparation, les principaux sacrificateurs et les pharisiens allè-

63 rent ensemble auprès de Pilate, et dirent : Seigneur, nous nous souvenons que cet imposteur a dit, quand il vivait encore : Après trois jours je

64 ressusciterai. Ordonne donc que le sépulcre soit gardé jusqu'au troisième jour, afin que ses disciples ne viennent pas dérober le corps, et dire au peuple : Il est ressuscité des morts. Cette dernière imposture serait pire

65 que la première. Pilate leur dit : Vous avez une garde ; allez, gardez-

66 le comme vous l'entendrez. Ils s'en allèrent, et s'assurèrent du sépulcre au moyen de la garde, après avoir scellé la pierre.

Résurrection de Jésus-Christ.

28 Après le sabbat, à l'aube du premier jour de la semaine, Marie de Magdala et l'autre Marie allèrent 2 voir le sépulcre. Et voici, il y eut un grand tremblement de terre ; car un ange du Seigneur descendit du ciel, vint rouler la pierre, et s'assit 3 dessus. Son aspect était comme l'éclair, et son vêtement blanc com-4 me la neige. Les gardes tremblèrent de peur, et devinrent comme morts. 5 Mais l'ange prit la parole, et dit aux femmes : Pour vous, ne craignez pas ; car je sais que vous cherchez Jésus 6 qui a été crucifié. Il n'est point ici ; il est ressuscité, comme il l'avait dit. Venez, voyez le lieu où il était 7 couché, et allez promptement dire à ses disciples qu'il est ressuscité des morts. Et voici, il vous précède en Galilée : c'est là que vous le verrez. Voici, je vous l'ai dit. 8 Elles s'éloignèrent promptement du sépulcre, avec crainte et avec une grande joie, et elles coururent porter la nouvelle aux disciples. 9 Et voici, Jésus vint à leur rencontre, et dit : Je vous salue. Elles s'approchèrent pour saisir ses pieds, et elles

se prosternèrent devant lui. Alors 10 Jésus leur dit : Ne craignez pas ; allez dire à mes frères de se rendre en Galilée : c'est là qu'ils me verront.

Pendant qu'elles étaient en chemin, 11 quelques hommes de la garde entrèrent dans la ville, et annoncèrent aux principaux sacrificateurs tout ce qui était arrivé. Ceux-ci, après s'être 12 assemblés avec les anciens et avoir tenu conseil, donnèrent aux soldats une forte somme d'argent, en disant : 13 Dites : Ses disciples sont venus de nuit le dérober, pendant que nous dormions. Et si le gouverneur l'ap-14 prend, nous l'apaiserons, et nous vous tirerons de peine. Les soldats pri-15 rent l'argent, et suivirent les instructions qui leur furent données. Et ce bruit s'est répandu parmi les Juifs, jusqu'à ce jour.

Les onze disciples allèrent en Ga-16 lilée, sur la montagne que Jésus leur avait désignée. Quand ils le virent, 17 ils se prosternèrent devant lui. Mais quelques-uns eurent des doutes. Jé-18 sus, s'étant approché, leur parla ainsi : Tout pouvoir m'a été donné dans le ciel et sur la terre. Allez, faites de 19 toutes les nations des disciples, les baptisant au nom du Père, du Fils et du Saint-Esprit, et enseignez-leur à 20 observer tout ce que je vous ai prescrit. Et voici, je suis avec vous tous les jours, jusqu'à la fin du monde.

ÉVANGILE SELON MARC

Prédication de Jean-Baptiste.—Baptême et tentation de Jésus-Christ.

1 Commencement de l'Évangile de Jésus-Christ, Fils de Dieu. 2 Selon ce qui est écrit dans Ésaïe, le prophète :

Voici, j'envoie devant toi mon messager,
Qui préparera ton chemin ;
3 C'est la voix de celui qui crie dans le
désert :
Préparez le chemin du Seigneur,
Aplanissez ses sentiers,

Jean parut, baptisant dans le désert, 4 et prêchant le baptême de repentance, pour la rémission des péchés. Tout 5 le pays de Judée et tous les habitants de Jérusalem se rendaient auprès de lui ; et, confessant leurs péchés, ils se faisaient baptiser par lui dans le fleuve du Jourdain.

Jean avait un vêtement de poils 6 de chameau, et une ceinture de cuir autour des reins. Il se nourrissait de sauterelles et de miel sauvage. Il prêchait, disant : Il vient après 7 moi celui qui est plus puissant que moi, et je ne suis pas digne de délier,

en me baissant, la courroie de ses
8 souliers. Moi, je vous ai baptisés
d'eau; lui, il vous baptisera du Saint-
Esprit.

9 En ce temps-là, Jésus vint de
Nazareth en Galilée, et il fut baptisé
10 par Jean dans le Jourdain. Au
moment où il sortait de l'eau, il vit
les cieux s'ouvrir, et l'Esprit descendre
11 sur lui comme une colombe. Et une
voix fit entendre des cieux ces
paroles: Tu es mon Fils bien-aimé,
en toi j'ai mis toute mon affection.
12 Aussitôt, l'Esprit poussa Jésus
13 dans le désert, où il passa quarante
jours, tenté par Satan. Il était avec
les bêtes sauvages, et les anges le
servaient.

*Commencement du ministère de Jésus-
Christ.—Vocation de quatre disciples.—
Jésus à Capernaüm.—Enseignement dans
la synagogue.—Guérison d'un démoniaque,—de la belle-mère de Pierre,—et de
plusieurs malades.—Jésus en divers lieux
de la Galilée.—Guérison d'un lépreux.*

14 Après que Jean eut été livré, Jésus
alla dans la Galilée, prêchant l'É-
15 vangile de Dieu. Il disait: Le temps
est accompli, et le royaume de Dieu
est proche. Repentez-vous, et croyez
à la bonne nouvelle.

16 Comme il passait le long de la mer
de Galilée, il vit Simon et André,
frère de Simon, qui jetaient un filet
dans la mer; car ils étaient pêcheurs.
17 Jésus leur dit: Suivez-moi, et je vous
18 ferai pêcheurs d'hommes. Aussitôt,
ils laissèrent leurs filets, et le suivirent.
19 Étant allé un peu plus loin, il vit
Jacques, fils de Zébédée, et Jean, son
frère, qui, eux aussi, étaient dans une
20 barque et réparaient les filets. Aussitôt, il les appela; et, laissant leur
père Zébédée dans la barque avec les
ouvriers, ils le suivirent.

21 Ils se rendirent à Capernaüm. Et,
le jour du sabbat, Jésus entra d'abord
dans la synagogue, et il enseigna.
22 Ils étaient frappés de sa doctrine;
car il enseignait comme ayant autorité, et non pas comme les scribes.
23 Il se trouva dans leur synagogue
un homme qui avait un esprit impur,
24 et qui s'écria: Qu'y a-t-il entre nous
et toi, Jésus de Nazareth? Tu es

venu pour nous perdre. Je sais qui
tu es: le Saint de Dieu. Jésus le 25
menaça, disant: Tais-toi, et sors de
cet homme. Et l'esprit impur sortit 26
de cet homme, en l'agitant avec
violence, et en poussant un grand cri.
Tous furent saisis de stupéfaction, de 27
sorte qu'ils se demandaient les uns
aux autres: Qu'est-ce que ceci?
Une nouvelle doctrine! Il commande avec autorité même aux
esprits impurs, et ils lui obéissent!
Et sa renommée se répandit aussitôt 28
dans tous les lieux environnants de
la Galilée.

En sortant de la synagogue, ils se 29
rendirent avec Jacques et Jean à la
maison de Simon et d'André. La 30
belle-mère de Simon était couchée,
ayant la fièvre; et aussitôt on parla
d'elle à Jésus. S'étant approché, il 31
la fit lever en lui prenant la main, et
à l'instant la fièvre la quitta. Puis
elle les servit.

Le soir, après le coucher du soleil, 32
on lui amena tous les malades et les
démoniaques. Et toute la ville était 33
rassemblée devant sa porte. Il guérit 34
beaucoup de gens qui avaient diverses
maladies; il chassa aussi beaucoup
de démons, et il ne permettait pas
aux démons de parler, parce qu'ils le
connaissaient.

Vers le matin, pendant qu'il faisait 35
encore très sombre, il se leva, et sortit
pour aller dans un lieu désert, où il
pria. Simon et ceux qui étaient 36
avec lui se mirent à sa recherche; et, 37
quand ils l'eurent trouvé, ils lui dirent:
Tous te cherchent. Il leur répondit: 38
Allons ailleurs, dans les bourgades
voisines, afin que j'y prêche aussi;
car c'est pour cela que je suis sorti.
Et il alla prêcher dans les synagogues, 39
par toute la Galilée, et il chassa les
démons.

Un lépreux vint à lui; et, se jetant 40
à genoux, il lui dit d'un ton suppliant:
Si tu le veux, tu peux me rendre pur.
Jésus, ému de compassion, étendit la 41
main, le toucha, et dit: Je le veux,
sois pur. Aussitôt la lèpre le quitta, 42
et il fut purifié. Jésus le renvoya 43
sur-le-champ, avec de sévères recommandations, et lui dit: Garde-toi de 44

rien dire à personne; mais va te montrer au sacrificateur, et offre pour ta purification ce que Moïse a prescrit, afin que cela leur serve de
45 témoignage. Mais cet homme, s'en étant allé, se mit à publier hautement la chose et à la divulguer, de sorte que Jésus ne pouvait plus entrer publiquement dans une ville. Il se tenait dehors, dans des lieux déserts, et l'on venait à lui de toutes parts.

Jésus de retour à Capernaüm.—Guérison d'un paralytique.—Vocation de Lévi (Matthieu).—Question des disciples de Jean-Baptiste sur le jeûne.

2 Quelques jours après, Jésus revint à Capernaüm. On apprit qu'il était
2 à la maison, et il s'assembla un si grand nombre de personnes que l'espace devant la porte ne pouvait plus les contenir. Il leur annonçait la parole.
3 Des gens vinrent à lui, amenant un paralytique porté par quatre hommes.
4 Comme ils ne pouvaient l'aborder, à cause de la foule, ils découvrirent le toit de la maison où il était, et ils descendirent par cette ouverture le lit sur lequel le paralytique était
5 couché. Jésus, voyant leur foi, dit au paralytique: Mon enfant, tes
6 péchés sont pardonnés. Il y avait là quelques scribes, qui étaient assis, et qui se disaient au dedans d'eux:
7 Comment cet homme parle-t-il ainsi? Il blasphème. Qui peut pardonner les péchés, si ce n'est Dieu seul?
8 Jésus, ayant aussitôt connu par son esprit ce qu'ils pensaient au dedans d'eux, leur dit: Pourquoi avez-vous de telles pensées dans vos cœurs?
9 Lequel est le plus aisé, de dire au paralytique: Tes péchés sont pardonnés, ou de dire: Lève-toi, prends
10 ton lit, et marche? Or, afin que vous sachiez que le Fils de l'homme a sur la terre le pouvoir de pardonner les
11 péchés: Je te l'ordonne, dit-il au paralytique, lève-toi, prends ton lit,
12 et va dans ta maison. Et, à l'instant, il se leva, prit son lit, et sortit en présence de tout le monde, de sorte qu'ils étaient tous dans l'étonnement et glorifiaient Dieu, disant: Nous n'avons jamais rien vu de pareil.

13 Jésus sortit de nouveau du côté de la mer. Toute la foule venait à lui,
14 et il les enseignait. En passant, il vit Lévi, fils d'Alphée, assis au bureau des péages. Il lui dit: Suis-moi. Lévi se leva, et le suivit.
15 Comme Jésus était à table dans la maison de Lévi, beaucoup de publicains et de gens de mauvaise vie se mirent aussi à table avec lui et avec ses disciples; car ils étaient nombreux, et l'avaient suivi. Les scribes
16 et les pharisiens, le voyant manger avec les publicains et les gens de mauvaise vie, dirent à ses disciples: Pourquoi mange-t-il et boit-il avec les publicains et les gens de mauvaise
17 vie? Ce que Jésus ayant entendu, il leur dit: Ce ne sont pas ceux qui se portent bien qui ont besoin de médecin, mais les malades. Je ne suis pas venu appeler des justes, mais des pécheurs.
18 Les disciples de Jean et les pharisiens jeûnaient. Ils vinrent dire à Jésus: Pourquoi les disciples de Jean et ceux des pharisiens jeûnent-ils, tandis que tes disciples ne jeûnent
19 point? Jésus leur répondit: Les amis de l'époux peuvent-ils jeûner pendant que l'époux est avec eux? Aussi longtemps qu'ils ont avec eux
20 l'époux, ils ne peuvent jeûner. Les jours viendront où l'époux leur sera enlevé, et alors ils jeûneront en ce
21 jour-là. Personne ne coud une pièce de drap neuf à un vieil habit; autrement, la pièce de drap neuf emporterait une partie du vieux, et la
22 déchirure serait pire. Et personne ne met du vin nouveau dans de vieilles outres; autrement, le vin fait rompre les outres, et le vin et les outres sont perdus; mais il faut mettre le vin nouveau dans des outres neuves.

Les épis de blé et le sabbat.—L'homme qui a la main sèche.—Choix des douze apôtres.—Attaque des scribes et réponse de Jésus.—Le péché contre le Saint-Esprit.—La mère et les frères de Jésus.

23 Il arriva, un jour de sabbat, que Jésus traversa des champs de blé.
24 Ses disciples, chemin faisant, se mirent à arracher des épis. Les

pharisiens lui dirent: Voici, pourquoi font-ils ce qui n'est pas permis 25 pendant le sabbat? Jésus leur répondit: N'avez-vous jamais lu ce que fit David, lorsqu'il fut dans la nécessité et qu'il eut faim, lui et ceux 26 qui étaient avec lui; comment il entra dans la maison de Dieu, du temps du souverain sacrificateur Abiathar, et mangea les pains de proposition, qu'il n'est permis qu'aux sacrificateurs de manger, et en donna même à ceux qui étaient avec lui! 27 Puis il leur dit: Le sabbat a été fait pour l'homme, et non l'homme pour 28 le sabbat, de sorte que le Fils de l'homme est maître même du sabbat.

3 Jésus entra de nouveau dans la synagogue. Il s'y trouvait un homme 2 qui avait la main sèche. Ils observaient Jésus, pour voir s'il le guérirait le jour du sabbat: c'était afin de 3 pouvoir l'accuser. Et Jésus dit à l'homme qui avait la main sèche: 4 Lève-toi, là au milieu. Puis il leur dit: Est-il permis, le jour du sabbat, de faire du bien ou de faire du mal, de sauver une personne ou de la tuer? 5 Mais ils gardèrent le silence. Alors, promenant ses regards sur eux avec indignation, et en même temps affligé de l'endurcissement de leur cœur, il dit à l'homme: Étends ta main. Il l'étendit, et sa main fut guérie. 6 Les pharisiens sortirent, et aussitôt ils se consultèrent avec les hérodiens sur les moyens de le faire périr.

7 Jésus se retira vers la mer avec ses disciples. Une grande multitude le suivit de la Galilée; et de la Judée, 8 et de Jérusalem, et de l'Idumée, et d'au delà du Jourdain, et des environs de Tyr et de Sidon, une grande multitude, apprenant tout ce qu'il 9 faisait, vint à lui. Il chargea ses disciples de tenir toujours à sa disposition une petite barque, afin de 10 ne pas être pressé par la foule. Car, comme il guérissait beaucoup de gens, tous ceux qui avaient des maladies se jetaient sur lui pour le 11 toucher. Les esprits impurs, quand ils le voyaient, se prosternaient devant lui, et s'écriaient: Tu es le Fils 12 de Dieu. Mais il leur recommandait très sévèrement de ne pas le faire connaître.

Il monta ensuite sur la montagne; 13 il appela ceux qu'il voulut, et ils vinrent auprès de lui. Il en établit 14 douze, pour les avoir avec lui, et pour les envoyer prêcher avec le pouvoir 15 de chasser les démons. Voici les 16 douze qu'il établit: Simon, qu'il nomma Pierre; Jacques, fils de 17 Zébédée, et Jean, frère de Jacques, auxquels il donna le nom de Boanergès, qui signifie fils du tonnerre; André; Philippe; Barthélemy; 18 Matthieu; Thomas; Jacques, fils d'Alphée; Thaddée; Simon le Cananite; et Judas Iscariot, celui qui 19 livra Jésus.

Ils se rendirent à la maison, et la 20 foule s'assembla de nouveau, en sorte qu'ils ne pouvaient pas même prendre leur repas.

Les parents de Jésus, ayant appris 21 ce qui se passait, vinrent pour se saisir de lui; car ils disaient: Il est hors de sens. Et les scribes, qui 22 étaient descendus de Jérusalem, dirent: Il est possédé de Béelzébul; c'est par le prince des démons qu'il chasse les démons. Jésus les appela, 23 et leur dit sous forme de paraboles: Comment Satan peut-il chasser Satan? Si un royaume est divisé 24 contre lui-même, ce royaume ne peut subsister; et si une maison est 25 divisée contre elle-même, cette maison ne peut subsister. Si donc 26 Satan se révolte contre lui-même, il est divisé, et il ne peut subsister, mais c'en est fait de lui. Personne ne peut 27 entrer dans la maison d'un homme fort et piller ses biens, sans avoir auparavant lié cet homme fort; alors il pillera sa maison. Je vous le dis 28 en vérité, tous les péchés seront pardonnés aux fils des hommes, et les blasphèmes qu'ils auront proférés; mais quiconque blasphémera contre 29 le Saint-Esprit n'obtiendra jamais de pardon: il est coupable d'un péché éternel. Jésus parla ainsi parce qu'ils 30 disaient: Il est possédé d'un esprit impur.

Survinrent sa mère et ses frères, 31 qui, se tenant dehors, l'envoyèrent

32 appeler. La foule était assise autour de lui, et on lui dit : Voici, ta mère et tes frères sont dehors et te de-
33 mandent. Et il répondit : Qui est ma mère, et qui sont mes frères ?
34 Puis, jetant les regards sur ceux qui étaient assis tout autour de lui : Voici, dit-il, ma mère et mes frères.
35 Car, quiconque fait la volonté de Dieu, celui-là est mon frère, ma sœur, et ma mère.

Paraboles du semeur,—de la semence,—du grain de sénevé.

4 Jésus se mit de nouveau à enseigner au bord de la mer. Une grande foule s'étant assemblée auprès de lui, il monta et s'assit dans une barque, sur la mer. Toute la foule
2 était à terre sur le rivage. Il leur enseigna beaucoup de choses en paraboles, et il leur dit dans son enseignement :
3 Écoutez. Un semeur sortit pour
4 semer. Comme il semait, une partie de la semence tomba le long du chemin : les oiseaux vinrent, et la
5 mangèrent. Une autre partie tomba dans un endroit pierreux, où elle n'avait pas beaucoup de terre : elle leva aussitôt, parce qu'elle ne trouva
6 pas un sol profond ; mais, quand le soleil parut, elle fut brûlée et sécha,
7 faute de racines. Une autre partie tomba parmi les épines : les épines montèrent, et l'étouffèrent, et elle ne
8 donna point de fruit. Une autre partie tomba dans la bonne terre : elle donna du fruit qui montait et croissait, et elle rapporta trente,
9 soixante, et cent pour un. Puis il dit : Que celui qui a des oreilles pour entendre entende.
10 Lorsqu'il fut en particulier, ceux qui l'entouraient avec les douze
11 l'interrogèrent sur les paraboles. Il leur dit : C'est à vous qu'a été donné le mystère du royaume de Dieu ; mais pour ceux qui sont dehors tout
12 se passe en paraboles, afin qu'en voyant ils voient et n'aperçoivent point, et qu'en entendant ils entendent et ne comprennent point, de peur qu'ils ne se convertissent, et que les péchés ne leur soient pardonnés.

13 Il leur dit encore : Vous ne comprenez pas cette parabole ? Comment donc comprendrez-vous toutes les paraboles ?
14,15 Le semeur sème la parole. Les uns sont le long du chemin, où la parole est semée ; quand ils l'ont entendue, aussitôt Satan vient et enlève la parole qui a été semée en
16 eux. Les autres, pareillement, reçoivent la semence dans les endroits pierreux ; quand ils entendent la parole, ils la reçoivent d'abord avec
17 joie ; mais ils n'ont pas de racine en eux-mêmes, ils manquent de persistance, et, dès que survient une tribulation ou une persécution à cause de la parole, ils y trouvent
18 une occasion de chute. D'autres reçoivent là semence parmi les épines ; ce sont ceux qui entendent
19 la parole, mais en qui les soucis du siècle, la séduction des richesses et l'invasion des autres convoitises, étouffent la parole, et la rendent
20 infructueuse. D'autres reçoivent la semence dans la bonne terre ; ce sont ceux qui entendent la parole, la reçoivent, et portent du fruit, trente, soixante, et cent pour un.
21 Il leur dit encore : Apporte-t-on la lampe pour la mettre sous le boisseau, ou sous le lit ? N'est-ce pas pour la mettre sur le chandelier ?
22 Car il n'est rien de caché qui ne doive être découvert, rien de secret qui ne
23 doive être mis au jour. Si quelqu'un a des oreilles pour entendre, qu'il entende.
24 Il leur dit encore : Prenez garde à ce que vous entendez. On vous mesurera avec la mesure dont vous vous serez servis, et on y ajoutera
25 pour vous. Car on donnera à celui qui a ; mais à celui qui n'a pas on ôtera même ce qu'il a.
26 Il dit encore : Il en est du royaume de Dieu comme quand un homme
27 jette de la semence en terre ; qu'il dorme ou qu'il veille, nuit et jour, la semence germe et croît sans qu'il
28 sache comment. La terre produit d'elle-même, d'abord l'herbe, puis l'épi, puis le grain tout formé dans
29 l'épi ; et, dès que le fruit est mûr, on

y met la faucille, car la moisson est là.

30 Il dit encore: A quoi comparerons-nous le royaume de Dieu, ou par quelle parabole le représenterons-

31 nous? Il est semblable à un grain de sénevé, qui, lorsqu'on le sème en terre, est la plus petite de toutes les

32 semences qui sont sur la terre; mais, lorsqu'il a été semé, il monte, devient plus grand que tous les légumes, et pousse de grandes branches, en sorte que les oiseaux du ciel peuvent habiter sous son ombre.

33 C'est par beaucoup de paraboles de ce genre qu'il leur annonçait la parole, selon qu'ils étaient capables

34 de l'entendre. Il ne leur parlait point sans parabole; mais, en particulier, il expliquait tout à ses disciples.

Tempête apaisée.—Jésus sur le territoire des Gadaréniens; un démoniaque guéri.

35 Ce même jour, sur le soir, Jésus leur dit: Passons à l'autre bord.

36 Après avoir renvoyé la foule, ils l'emmenèrent dans la barque où il se trouvait; il y avait aussi d'autres

37 barques avec lui. Il s'éleva un grand tourbillon, et les flots se jetaient dans la barque, au point qu'elle se

38 remplissait déjà. Et lui, il dormait à la poupe sur le coussin. Ils le réveillèrent, et lui dirent: Maître, ne t'inquiètes-tu pas de ce que nous

39 périssons? S'étant réveillé, il menaça le vent, et dit à la mer: Silence! tais-toi! Et le vent cessa, et il y

40 eut un grand calme. Puis il leur dit: Pourquoi avez-vous ainsi peur? Comment n'avez-vous point de foi?

41 Ils furent saisis d'une grande frayeur, et ils se dirent les uns aux autres: Quel est donc celui-ci, à qui obéissent même le vent et la mer?

5 Ils arrivèrent à l'autre bord de la mer, dans le pays des Gadaréniens.

2 Aussitôt que Jésus fut hors de la barque, il vint au-devant de lui un homme, sortant des sépulcres, et

3 possédé d'un esprit impur. Cet homme avait sa demeure dans les sépulcres, et personne ne pouvait plus le lier, même avec une chaîne.

4 Car souvent il avait eu les fers aux pieds et avait été lié de chaînes, mais il avait rompu les chaînes et brisé les fers, et personne n'avait la force

5 de le dompter. Il était sans cesse, nuit et jour, dans les sépulcres et sur les montagnes, criant, et se meur-

6 trissant avec des pierres. Ayant vu Jésus de loin, il accourut, se prosterna

7 devant lui, et s'écria d'une voix forte: Qu'y a-t-il entre moi et toi, Jésus, Fils du Dieu Très-Haut? Je t'en conjure au nom de Dieu, ne me

8 tourmente pas. Car Jésus lui disait: Sors de cet homme, esprit impur.

9 Et il lui demanda: Quel est ton nom? Légion est mon nom, lui répondit-il, car nous sommes plu-

10 sieurs. Et il le priait instamment

11 de ne pas les envoyer hors du pays. Il y avait là, vers la montagne, un grand troupeau de pourceaux qui

12 paissaient. Et les démons le prièrent, disant: Envoie-nous dans ces pourceaux, afin que nous entrions en eux.

13 Il le leur permit. Et les esprits impurs sortirent, entrèrent dans les pourceaux, et le troupeau se précipita des pentes escarpées dans la mer: il y en avait environ deux mille, et

14 ils se noyèrent dans la mer. Ceux qui les faisaient paître s'enfuirent, et répandirent la nouvelle dans la ville et dans les campagnes. Les gens

15 allèrent voir ce qui était arrivé. Ils vinrent auprès de Jésus, et ils virent le démoniaque, celui qui avait eu la légion, assis, vêtu, et dans son bon sens; et ils furent saisis de frayeur.

16 Ceux qui avaient vu ce qui s'était passé leur racontèrent ce qui était arrivé au démoniaque et aux pour-

17 ceaux. Alors ils se mirent à supplier Jésus de quitter leur territoire.

18 Comme il montait dans la barque, celui qui avait été démoniaque lui

19 demanda la permission de rester avec lui. Jésus ne le lui permit pas, mais il lui dit: Va dans ta maison, vers les tiens, et raconte-leur tout ce que le Seigneur t'a fait, et comment il a eu

20 pitié de toi. Il s'en alla, et se mit à publier dans la Décapole tout ce que Jésus avait fait pour lui. Et tous furent dans l'étonnement.

21 Jésus dans la barque regagna l'autre rive, où une grande foule s'assembla près de lui. Il était au 22 bord de la mer. Alors vint un des chefs de la synagogue, nommé Jaïrus, qui, l'ayant aperçu, se jeta à ses pieds, 23 et lui adressa cette instante prière : Ma petite fille est à l'extrémité ; viens, impose-lui les mains, afin qu'elle soit sauvée et qu'elle vive. 24 Jésus s'en alla avec lui. Et une grande foule le suivait et le pressait.

25 Or, il y avait une femme atteinte d'une perte de sang depuis douze 26 ans. Elle avait beaucoup souffert entre les mains de plusieurs médecins, elle avait dépensé tout ce qu'elle possédait, et elle n'avait éprouvé aucun soulagement, mais était allée 27 plutôt en empirant. Ayant entendu parler de Jésus, elle vint dans la foule par derrière, et toucha son vêtement. 28 Car elle disait : Si je puis seulement toucher ses vêtements, je serai 29 guérie. Au même instant la perte de sang s'arrêta, et elle sentit dans son corps qu'elle était guérie de son 30 mal. Jésus connut aussitôt en lui-même qu'une force était sortie de lui ; et, se retournant au milieu de la foule, il dit : Qui a touché mes vête- 31 ments ? Ses disciples lui dirent : Tu vois la foule qui te presse, et tu dis : 32 Qui m'a touché ? Et il regardait autour de lui, pour voir celle qui 33 avait fait cela. La femme, effrayée et tremblante, sachant ce qui s'était passé en elle, vint se jeter à ses pieds, 34 et lui dit toute la vérité. Mais Jésus lui dit : Ma fille, ta foi t'a sauvée ; va en paix, et sois guérie de ton mal.

35 Comme il parlait encore, survinrent de chez le chef de la synagogue des gens qui dirent : Ta fille est morte ; pourquoi importuner davantage le 36 maître ? Mais Jésus, sans tenir compte de ces paroles, dit au chef de la synagogue : Ne crains pas, 37 crois seulement. Et il ne permit à personne de l'accompagner, si ce n'est à Pierre, à Jacques, et à Jean, frère de Jacques. Ils arrivèrent à la 38 maison du chef de la synagogue, où Jésus vit une foule bruyante et des gens qui pleuraient et poussaient de grands cris. Il entra, et leur dit : 39 Pourquoi faites-vous du bruit, et pourquoi pleurez-vous ? L'enfant n'est pas morte, mais elle dort. Et 40 ils se moquaient de lui. Alors, ayant fait sortir tout le monde, il prit avec lui le père et la mère de l'enfant, et ceux qui l'avaient accompagné, et il entra là où était l'enfant. Il la saisit 41 par la main, et lui dit : Talitha koumi, ce qui signifie : Jeune fille, lève-toi, je te le dis. Aussitôt la 42 jeune fille se leva, et se mit à marcher ; car elle avait douze ans. Et ils furent dans un grand étonnement. Jésus 43 leur adressa de fortes recommandations, pour que personne ne sût la chose ; et il dit qu'on donnât à manger à la jeune fille.

Jésus à Nazareth.—Incrédulité des habitants.

6 Jésus partit de là, et se rendit dans sa patrie. Ses disciples le suivirent. 2 Quand le sabbat fut venu, il se mit à enseigner dans la synagogue. Beaucoup de gens qui l'entendirent étaient étonnés et disaient : D'où lui viennent ces choses ? Quelle est cette sagesse qui lui a été donnée, et comment de tels miracles se font-ils par ses mains ? N'est-ce pas le 3 charpentier, le fils de Marie, le frère de Jacques, de Joses, de Jude et de Simon ? et ses sœurs ne sont-elles pas ici parmi nous ? Et il était pour eux une occasion de chute.

Mais Jésus leur dit : Un prophète 4 n'est méprisé que dans sa patrie, parmi ses parents, et dans sa maison. Il ne put faire là aucun miracle, si ce 5 n'est qu'il imposa les mains à quelques malades et les guérit. Et il 6 s'étonnait de leur incrédulité.

Mission des douze apôtres.

Jésus parcourait les villages d'alentour, en enseignant.

Alors il appela les douze, et il com- 7 mença à les envoyer deux à deux, en leur donnant pouvoir sur les esprits

8 impurs. Il leur prescrivit de ne rien prendre pour le voyage, si ce n'est un bâton ; de n'avoir ni pain, ni sac,
9 ni monnaie dans la ceinture ; de chausser des sandales, et de ne pas revêtir deux tuniques.
10 Puis il leur dit : Dans quelque maison que vous entriez, restez-y jusqu'à ce que vous partiez de ce lieu.
11 Et, s'il y a quelque part des gens qui ne vous reçoivent ni ne vous écoutent, retirez-vous de là, et secouez la poussière de vos pieds, afin que cela leur serve de témoignage.
12 Ils partirent, et ils prêchèrent la re-
13 pentance. Ils chassaient beaucoup de démons, et ils oignaient d'huile beaucoup de malades et les guérissaient.

Mort de Jean-Baptiste.—Multiplication des pains.—Jésus marchant sur les eaux.— Guérisons à Génésareth.

14 Le roi Hérode entendit parler de Jésus, dont le nom était devenu célèbre, et il dit : Jean-Baptiste est ressuscité des morts, et c'est pour cela qu'il se fait par lui des miracles.
15 D'autres disaient : C'est Élie. Et d'autres disaient : C'est un prophète
16 comme l'un des prophètes. Mais Hérode, en apprenant cela, disait : Ce Jean que j'ai fait décapiter, c'est lui qui est ressuscité.
17 Car Hérode lui-même avait fait arrêter Jean, et l'avait fait lier en prison, à cause d'Hérodias, femme de Philippe, son frère, parce qu'il
18 l'avait épousée, et que Jean lui disait : Il ne t'est pas permis d'avoir la femme
19 de ton frère. Hérodias était irritée contre Jean, et voulait le faire mourir.
20 Mais elle ne le pouvait ; car Hérode craignait Jean, le connaissant pour un homme juste et saint ; il le protégeait, et, après l'avoir entendu, il était souvent perplexe, et l'écoutait avec plaisir.
21 Cependant, un jour propice arriva, lorsqu'Hérode, à l'anniversaire de sa naissance, donna un festin à ses grands, aux chefs militaires et aux
22 principaux de la Galilée. La fille d'Hérodias entra dans la salle ; elle dansa, et plut à Hérode et à ses convives. Le roi dit à la jeune fille :

Demande-moi ce que tu voudras, et je te le donnerai. Il ajouta avec ser- 23 ment : Ce que tu me demanderas, je te le donnerai, fût-ce la moitié de mon royaume. Étant sortie, elle dit 24 à sa mère : Que demanderai-je ? Et sa mère répondit : La tête de Jean-Baptiste. Elle s'empressa de rentrer 25 aussitôt vers le roi, et lui fit cette demande : Je veux que tu me donnes à l'instant, sur un plat, la tête de Jean-Baptiste. Le roi fut attristé ; 26 mais, à cause de ses serments et des convives, il ne voulut pas lui faire un refus. Il envoya sur-le-champ un 27 garde, avec ordre d'apporter la tête de Jean-Baptiste. Le garde alla 28 décapiter Jean dans la prison, et apporta la tête sur un plat. Il la donna à la jeune fille, et la jeune fille la donna à sa mère. Les disciples 29 de Jean, ayant appris cela, vinrent prendre son corps, et le mirent dans un sépulcre.

Les apôtres, s'étant rassemblés 30 auprès de Jésus, lui racontèrent tout ce qu'ils avaient fait et tout ce qu'ils avaient enseigné. Jésus leur dit : 31 Venez à l'écart dans un lieu désert, et reposez-vous un peu. Car il y avait beaucoup d'allants et de venants, et ils n'avaient pas même le temps de manger. Ils partirent 32 donc dans une barque, pour aller à l'écart dans un lieu désert. Beaucoup 33 de gens les virent s'en aller et les reconnurent, et de toutes les villes on accourut à pied et on les devança au lieu où ils se rendaient. Quand 34 il sortit de la barque, Jésus vit une grande foule, et fut ému de compassion pour eux, parce qu'ils étaient comme des brebis qui n'ont point de berger ; et il se mit à leur enseigner beaucoup de choses.

Comme l'heure était déjà avancée, 35 ses disciples s'approchèrent de lui, et dirent : Ce lieu est désert, et l'heure est déjà avancée ; renvoie-les, afin 36 qu'ils aillent dans les campagnes et dans les villages des environs, pour s'acheter de quoi manger. Jésus 37 leur répondit : Donnez-leur vous-mêmes à manger. Mais ils lui dirent : Irions-nous acheter des pains pour

38 deux cents deniers, et leur donnerions-nous à manger ? Et il leur dit : Combien avez-vous de pains ? Allez voir. Ils s'en assurèrent, et répondirent : Cinq, et deux poissons. 39 Alors il leur commanda de les faire tous asseoir par groupes sur l'herbe 40 verte, et ils s'assirent par rangées de 41 cent et de cinquante. Il prit les cinq pains et les deux poissons, et, levant les yeux vers le ciel, il rendit grâces. Puis, il rompit les pains, et les donna aux disciples, afin qu'ils les distribuassent à la foule. Il partagea aussi les deux poissons entre tous. 42 Tous mangèrent et furent rassasiés, 43 et l'on emporta douze paniers pleins de morceaux de pain et de ce qui 44 restait des poissons. Ceux qui avaient mangé les pains étaient cinq mille hommes.

45 Aussitôt après, il obligea ses disciples à monter dans la barque et à passer avant lui de l'autre côté, vers Bethsaïda, pendant que lui-même 46 renverrait la foule. Quand il l'eut renvoyée, il s'en alla sur la montagne, pour prier.

47 Le soir étant venu, la barque était au milieu de la mer, et Jésus était 48 seul à terre. Il vit qu'ils avaient beaucoup de peine à ramer ; car le vent leur était contraire. A la quatrième veille de la nuit environ, il alla vers eux, marchant sur la mer, 49 et il voulait les dépasser. Quand ils le virent marcher sur la mer, ils crurent que c'était un fantôme, et 50 ils poussèrent des cris ; car ils le voyaient tous, et ils étaient troublés. Aussitôt Jésus leur parla, et leur dit : Rassurez-vous, c'est moi, n'ayez pas 51 peur ! Puis il monta vers eux dans la barque, et le vent cessa. Ils furent en eux-mêmes tout stupéfaits et 52 remplis d'étonnement ; car ils n'avaient pas compris le miracle des pains, parce que leur cœur était endurci. 53 Après avoir traversé la mer, ils vinrent dans le pays de Génésareth, 54 et ils abordèrent. Quand ils furent 55 sortis de la barque, les gens, ayant aussitôt reconnu Jésus, parcoururent tous les environs, et l'on se mit à apporter les malades sur des lits, partout où l'on apprenait qu'il était. En quelque lieu qu'il arrivât, dans 56 les villages, dans les villes ou dans les campagnes, on mettait les malades sur les places publiques, et on le priait de leur permettre seulement de toucher le bord de son vêtement. Et tous ceux qui le touchaient étaient guéris.

Les pharisiens et la tradition.

7 Les pharisiens et quelques scribes, venus de Jérusalem, s'assemblèrent auprès de Jésus. Ils virent quelques- 2 uns de ses disciples prendre leurs repas avec des mains impures, c'est-à-dire, non lavées.—Or, les pharisiens 3 et tous les Juifs ne mangent pas sans s'être lavé soigneusement les mains, conformément à la tradition des anciens ; et, quand ils reviennent de 4 la place publique, ils ne mangent qu'après s'être purifiés. Ils ont encore beaucoup d'autres observances traditionnelles, comme le lavage des coupes, des cruches et des vases d'airain.—Et les pharisiens et les 5 scribes lui demandèrent : Pourquoi tes disciples ne suivent-ils pas la tradition des anciens, mais prennent-ils leurs repas avec des mains impures ? Jésus leur répondit : Hypo- 6 crites, Ésaïe a bien prophétisé sur vous, ainsi qu'il est écrit :

Ce peuple m'honore des lèvres,
Mais son cœur est éloigné de moi.
C'est en vain qu'ils m'honorent,   7
En donnant des préceptes qui sont
    des commandements d'hommes.

Vous abandonnez le commandement 8 de Dieu, et vous observez la tradition des hommes. Il leur dit encore : 9 Vous anéantissez fort bien le commandement de Dieu, pour garder votre tradition. Car Moïse a dit : 10 Honore ton père et ta mère ; et : Celui qui maudira son père ou sa mère sera puni de mort. Mais vous, 11 vous dites : Si un homme dit à son père ou à sa mère : Ce dont j'aurais pu t'assister est corban, c'est-à-dire, une offrande à Dieu, vous ne le laissez 12

13 plus rien faire pour son père ou pour sa mère, annulant ainsi la parole de Dieu par votre tradition, que vous avez établie. Et vous faites beaucoup d'autres choses semblables.

14 Ensuite, ayant de nouveau appelé la foule à lui, il lui dit : Écoutez-moi

15 tous, et comprenez. Il n'est hors de l'homme rien qui, entrant en lui, puisse le souiller ; mais ce qui sort de l'homme, c'est ce qui le souille.

16 Si quelqu'un a des oreilles pour entendre, qu'il entende.

17 Lorsqu'il fut entré dans la maison, loin de la foule, ses disciples l'inter-

18 rogèrent sur cette parabole. Il leur dit : Vous aussi, êtes-vous donc sans intelligence ? Ne comprenez-vous pas que rien de ce qui du dehors entre dans l'homme ne peut le

19 souiller ? Car cela n'entre pas dans son cœur, mais dans son ventre, puis s'en va dans les lieux secrets, qui

20 purifient tous les aliments. Il dit encore : Ce qui sort de l'homme, c'est

21 ce qui souille l'homme. Car c'est du dedans, c'est du cœur des hommes, que sortent les mauvaises pensées, les adultères, les impudicités, les

22 meurtres, les vols, les cupidités, les méchancetés, la fraude, le dérèglement, le regard envieux, la calomnie,

23 l'orgueil, la folie. Toutes ces choses mauvaises sortent du dedans, et souillent l'homme.

Jésus sur le territoire de Tyr et de Sidon.— La femme cananéenne.

24 Jésus, étant parti de là, s'en alla dans le territoire de Tyr et de Sidon. Il entra dans une maison, désirant que personne ne le sût ; mais il ne

25 put rester caché. Car une femme, dont la fille était possédée d'un esprit impur, entendit parler de lui, et vint

26 se jeter à ses pieds. Cette femme était grecque, syro-phénicienne d'origine. Elle le pria de chasser le démon

27 hors de sa fille. Jésus lui dit : Laisse d'abord les enfants se rassasier ; car il n'est pas bien de prendre le pain des enfants, et de le jeter aux petits

28 chiens. Oui, Seigneur, lui répondit-elle, mais les petits chiens, sous la table, mangent les miettes des en-

29 fants. Alors il lui dit : A cause de cette parole, va, le démon est sorti

30 de ta fille. Et, quand elle rentra dans sa maison, elle trouva l'enfant couchée sur le lit, le démon étant sorti.

Jésus de retour vers la mer de Galilée. —Guérison d'un sourd-muet.—Seconde multiplication des pains.—Un signe du ciel demandé par les pharisiens.—Le levain des pharisiens.

31 Jésus quitta le territoire de Tyr, et revint par Sidon vers la mer de Galilée, en traversant le pays de la Décapole.

32 On lui amena un sourd, qui avait de la difficulté à parler, et on le pria

33 de lui imposer les mains. Il le prit à part loin de la foule, lui mit les doigts dans les oreilles, et lui toucha

34 la langue avec sa propre salive ; puis, levant les yeux au ciel, il soupira, et dit : Ephphatha, c'est-à-dire, ouvre-

35 toi. Aussitôt ses oreilles s'ouvrirent, sa langue se délia, et il parla très

36 bien. Jésus leur recommanda de n'en parler à personne ; mais plus il le leur recommanda, plus ils le

37 publièrent. Ils étaient dans le plus grand étonnement, et disaient : Il fait tout à merveille ; même il fait entendre les sourds, et parler les muets.

8

En ces jours-là, une foule nombreuse s'étant de nouveau réunie et n'ayant pas de quoi manger, Jésus

2 appela les disciples, et leur dit : Je suis ému de compassion pour cette foule ; car voilà trois jours qu'ils sont près de moi, et ils n'ont rien à manger.

3 Si je les renvoie chez eux à jeun, les forces leur manqueront en chemin ; car quelques-uns d'entre eux sont

4 venus de loin. Ses disciples lui répondirent : Comment pourrait-on les rassasier de pains, ici, dans un lieu

5 désert ? Jésus leur demanda : Combien avez-vous de pains ? Sept, ré-

6 pondirent-ils. Alors il fit asseoir la foule par terre, prit les sept pains, et, après avoir rendu grâces, il les rompit, et les donna à ses disciples pour les distribuer ; et ils les distribuèrent à

7 la foule. Ils avaient encore quelques petits poissons, et Jésus, ayant rendu

8 grâces, les fit aussi distribuer. Ils mangèrent et furent rassasiés, et l'on emporta sept corbeilles pleines des
9 morceaux qui restaient. Ils étaient environ quatre mille. Ensuite Jésus les renvoya.

10 Aussitôt il monta dans la barque avec ses disciples, et se rendit dans la contrée de Dalmanutha.

11 Les pharisiens survinrent, se mirent à discuter avec Jésus, et, pour l'éprouver, lui demandèrent un signe
12 venant du ciel. Jésus, soupirant profondément en son esprit, dit : Pourquoi cette génération demande-t-elle un signe ? Je vous le dis en vérité, il ne sera point donné de signe à cette génération.

13 Puis il les quitta, et remonta dans la barque, pour passer à l'autre bord.

14 Les disciples avaient oublié de prendre des pains ; ils n'en avaient qu'un seul avec eux dans la barque.
15 Jésus leur fit cette recommandation : Gardez-vous avec soin du levain des pharisiens et du levain d'Hérode.
16 Les disciples raisonnaient entre eux, et disaient : C'est parce que nous
17 n'avons pas des pains. Jésus, l'ayant connu, leur dit : Pourquoi raisonnez-vous sur ce que vous n'avez pas des pains ? Êtes-vous encore sans intelligence, et ne comprenez-vous pas ?
18 Avez-vous le cœur endurci ? Ayant des yeux, ne voyez-vous pas ? Ayant des oreilles, n'entendez-vous pas ? Et n'avez-vous point de mémoire ?
19 Quand j'ai rompu les cinq pains pour les cinq mille hommes, combien de paniers pleins de morceaux avez-vous emportés ? Douze, lui ré-
20 pondirent-ils. Et quand j'ai rompu les sept pains pour les quatre mille hommes, combien de corbeilles pleines de morceaux avez-vous emportées ? Sept, répondirent-ils.
21 Et il leur dit : Ne comprenez-vous pas encore ?

Guérison d'un aveugle à Bethsaïda.—Jésus sur le territoire de Césarée de Philippe.—Opinions diverses sur le Christ.—Confession de Pierre.—Jésus annonce ses souffrances et sa mort.—Comment suivre Jésus.

22 Ils se rendirent à Bethsaïda ; et on amena vers Jésus un aveugle, qu'on le pria de toucher. Il prit l'aveugle 23 par la main, et le conduisit hors du village ; puis il lui mit de la salive sur les yeux, lui imposa les mains, et lui demanda s'il voyait quelque chose. Il regarda, et dit : J'aperçois les 24 hommes, mais j'en vois comme des arbres, et qui marchent. Jésus lui 25 mit de nouveau les mains sur les yeux ; et, quand l'aveugle regarda fixement, il fut guéri, et vit tout distinctement. Alors Jésus le ren- 26 voya dans sa maison, en disant : N'entre pas au village.

Jésus s'en alla, avec ses disciples, 27 dans les villages de Césarée de Philippe, et il leur fit en chemin cette question : Qui dit-on que je suis ? Ils répondirent : Jean-Baptiste ; 28 les autres, Élie ; les autres, l'un des prophètes. Et vous, leur demanda-t- 29 il, qui dites-vous que je suis ? Pierre lui répondit : Tu es le Christ. Jésus 30 leur recommanda sévèrement de ne dire cela de lui à personne.

Alors il commença à leur apprendre 31 qu'il fallait que le Fils de l'homme souffrît beaucoup, qu'il fût rejeté par les anciens, par les principaux sacrificateurs et par les scribes, qu'il fût mis à mort, et qu'il ressuscitât trois jours après. Il leur disait ces choses 32 ouvertement. Et Pierre, l'ayant pris à part, se mit à le reprendre. Mais 33 Jésus, se retournant et regardant ses disciples, réprimanda Pierre, et dit : Arrière de moi, Satan ! car tu ne conçois pas les choses de Dieu, tu n'as que des pensées humaines.

Puis, ayant appelé la foule avec ses 34 disciples, il leur dit : Si quelqu'un veut venir après moi, qu'il renonce à lui-même, qu'il se charge de sa croix, et qu'il me suive. Car celui 35 qui voudra sauver sa vie la perdra, mais celui qui perdra sa vie à cause de moi et de la bonne nouvelle la sauvera. Et que sert-il à un homme 36 de gagner tout le monde, s'il perd son âme ? que donnerait un homme en 37 échange de son âme ? Car quiconque 38 aura honte de moi et de mes paroles au milieu de cette génération adultère et pécheresse, le Fils de l'homme aura aussi honte de lui, quand il viendra dans la gloire de son Père, avec les saints anges. Il leur dit encore : Je vous le dis en vérité, quelques-uns de ceux qui sont ici ne mourront point, qu'ils n'aient vu le royaume de Dieu venir avec puissance.

Jésus sur une haute montagne : la transfiguration.—Élie déjà venu.—Guérison d'un démoniaque.—Jésus annonce sa mort et sa résurrection.

2 Six jours après, Jésus prit avec lui Pierre, Jacques et Jean, et il les conduisit seuls à l'écart sur une haute montagne. Il fut transfiguré devant 3 eux ; ses vêtements devinrent resplendissants, et d'une telle blancheur qu'il n'est pas de foulon sur la terre 4 qui puisse blanchir ainsi. Élie et Moïse leur apparurent, s'entretenant 5 avec Jésus. Pierre, prenant la parole, dit à Jésus : Rabbi, il est bon que nous soyons ici ; dressons trois tentes, une pour toi, une pour Moïse, et une 6 pour Élie. Car il ne savait que dire, 7 l'effroi les ayant saisis. Une nuée vint les couvrir, et de la nuée sortit une voix : Celui-ci est mon Fils bien-8 aimé : écoutez-le ! Aussitôt les disciples regardèrent tout autour, et ils ne virent que Jésus seul avec eux.

9 Comme ils descendaient de la montagne, Jésus leur recommanda de ne dire à personne ce qu'ils avaient vu, jusqu'à ce que le Fils de l'homme fût ressuscité des morts. 10 Ils retinrent cette parole, se demandant entre eux ce que c'est que ressusciter des morts.

11 Les disciples lui firent cette question : Pourquoi les scribes disent-ils qu'il faut qu'Élie vienne première-12 ment ? Il leur répondit : Élie viendra premièrement, et rétablira toutes choses. Et pourquoi est-il écrit du Fils de l'homme qu'il doit souffrir 13 beaucoup et être méprisé ? Mais je vous dis qu'Élie est venu, et qu'ils l'ont traité comme ils ont voulu, selon qu'il est écrit de lui.

14 Lorsqu'ils furent arrivés près des disciples, ils virent autour d'eux une grande foule, et des scribes qui discu-taient avec eux. Dès que la foule 15 vit Jésus, elle fut surprise, et on accourut pour le saluer. Il leur 16 demanda : Sur quoi discutez-vous avec eux ? Et un homme de la foule 17 lui répondit : Maître, j'ai amené auprès de toi mon fils, qui est possédé d'un esprit muet. En quelque lieu 18 qu'il le saisisse, il le jette par terre ; l'enfant écume, grince des dents, et devient tout raide. J'ai prié tes disciples de chasser l'esprit, et ils n'ont pas pu. Race incrédule, leur 19 dit Jésus, jusques à quand serai-je avec vous ? jusques à quand vous supporterai-je ? Amenez-le-moi. On 20 le lui amena. Et aussitôt que l'enfant vit Jésus, l'esprit l'agita avec violence ; il tomba par terre, et se roulait en écumant. Jésus demanda 21 au père : Combien y a-t-il de temps que cela lui arrive ? Depuis son enfance, répondit-il. Et souvent 22 l'esprit l'a jeté dans le feu et dans l'eau pour le faire périr. Mais, si tu peux quelque chose, viens à notre secours, aie compassion de nous. Jésus lui dit : Si tu peux !...Tout 23 est possible à celui qui croit. Aussitôt 24 le père de l'enfant s'écria : Je crois ! viens au secours de mon incrédulité ! Jésus, voyant accourir la foule, 25 menaça l'esprit impur, et lui dit : Esprit muet et sourd, je te l'ordonne, sors de cet enfant, et n'y rentre plus. Et il sortit, en poussant des cris, et 26 en l'agitant avec une grande violence. L'enfant devint comme mort, de sorte que plusieurs disaient qu'il était mort. Mais Jésus, l'ayant pris 27 par la main, le fit lever. Et il se tint debout.

Quand Jésus fut entré dans la 28 maison, ses disciples lui demandèrent en particulier : Pourquoi n'avons-nous pu chasser cet esprit ? Il leur 29 dit : Cette espèce-là ne peut sortir que par la prière.

Ils partirent de là, et traversèrent 30 la Galilée. Jésus ne voulait pas qu'on le sût. Car il enseignait ses 31 disciples, et il leur dit : Le Fils de l'homme sera livré entre les mains des hommes ; ils le feront mourir, et, trois jours après qu'il aura été mis

32 à mort, il ressuscitera. Mais les disciples ne comprenaient pas cette parole, et ils craignaient de l'interroger.

Jésus de retour à Capernaüm. — Qui est le plus grand ? — Les scandales.

33 Ils arrivèrent à Capernaüm. Lorsqu'il fut dans la maison, Jésus leur demanda : De quoi discutiez-vous en 34 chemin ? Mais ils gardèrent le silence, car en chemin ils avaient discuté entre eux pour savoir qui était 35 le plus grand. Alors il s'assit, appela les douze, et leur dit : Si quelqu'un veut être le premier, il sera le dernier 36 de tous et le serviteur de tous, Et il prit un petit enfant, le plaça au milieu d'eux, et, l'ayant pris dans 37 ses bras, il leur dit : Quiconque reçoit en mon nom un de ces petits enfants me reçoit moi-même ; et quiconque me reçoit reçoit non pas moi, mais celui qui m'a envoyé.

38 Jean lui dit : Maître, nous avons vu un homme qui chasse des démons en ton nom ; et nous l'en avons empêché, parce qu'il ne nous suit pas. 39 Ne l'en empêchez pas, répondit Jésus ; car il n'est personne qui, faisant un miracle en mon nom, puisse aus- 40 sitôt après parler mal de moi. Qui n'est pas contre nous est pour nous. 41 Et quiconque vous donnera à boire un verre d'eau en mon nom, parce que vous appartenez à Christ, je vous le dis en vérité, il ne perdra point sa récompense.

42 Mais, si quelqu'un scandalisait un de ces petits qui croient, il vaudrait mieux pour lui qu'on lui mît au cou une grosse meule de moulin, et qu'on le jetât dans la mer. 43 Si ta main est pour toi une occasion de chute, coupe-la ; mieux vaut pour toi entrer manchot dans la vie, que d'avoir les deux mains et d'aller dans la géhenne, dans le feu qui ne 45 s'éteint point. Si ton pied est pour toi une occasion de chute, coupe-le ; mieux vaut pour toi entrer boiteux dans la vie, que d'avoir les deux pieds et d'être jeté dans la géhenne, dans 47 le feu qui ne s'éteint point. Et si ton œil est pour toi une occasion de chute, arrache-le ; mieux vaut pour toi entrer dans le royaume de Dieu, n'ayant qu'un œil, que d'avoir deux yeux et d'être jeté dans la géhenne, où leur ver ne meurt point, et où le 48 feu ne s'éteint point. Car tout hom- 49 me sera salé de feu. Le sel est une 50 bonne chose ; mais si le sel devient sans saveur, avec quoi l'assaisonnerez-vous ? Ayez du sel en vous-mêmes, 51 et soyez en paix les uns avec les autres.

Jésus en Pérée. — Le divorce. — Les petits enfants. — Le jeune homme riche. — L'héritage de la vie éternelle. — Jésus annonce sa mort et sa résurrection. — Demande des fils de Zébédée. — L'aveugle Bartimée guéri à Jéricho.

10 Jésus, étant parti de là, se rendit dans le territoire de la Judée au delà du Jourdain. La foule s'assembla de nouveau près de lui, et selon sa coutume, il se mit encore à l'enseigner.

2 Les pharisiens l'abordèrent ; et, pour l'éprouver, ils lui demandèrent s'il est permis à un homme de ré- 3 pudier sa femme. Il leur répondit : 4 Que vous a prescrit Moïse ? Moïse, dirent-ils, a permis d'écrire une lettre de divorce et de répudier. Et Jésus 5 leur dit : C'est à cause de la dureté de votre cœur que Moïse vous a 6 donné ce précepte. Mais au commencement de la création, Dieu fit 7 l'homme et la femme ; c'est pourquoi l'homme quittera son père et sa 8 mère, et s'attachera à sa femme, et les deux deviendront une seule chair. Ainsi ils ne sont plus deux, mais ils sont une seule chair. Que l'homme 9 donc ne sépare pas ce que Dieu a joint.

10 Lorsqu'ils furent dans la maison, les disciples l'interrogèrent encore 11 là-dessus. Il leur dit : Celui qui répudie sa femme et qui en épouse une autre, commet un adultère à son 12 égard ; et si une femme quitte son mari et en épouse un autre, elle commet un adultère.

13 On lui amena des petits enfants, afin qu'il les touchât. Mais les disciples reprirent ceux qui les amenaient. 14 Jésus, voyant cela, fut indigné, et

leur dit: Laissez venir à moi les petits enfants, et ne les en empêchez pas; car le royaume de Dieu est 15 pour ceux qui leur ressemblent. Je vous le dis en vérité, quiconque ne recevra pas le royaume de Dieu comme un petit enfant n'y entrera 16 point. Puis il les prit dans ses bras, et les bénit, en leur imposant les mains.

17 Comme Jésus se mettait en chemin, un homme accourut, et, se jetant à genoux devant lui: Bon maître, lui demanda-t-il, que dois-je faire pour hériter la vie éternelle? 18 Jésus lui dit: Pourquoi m'appelles-tu bon? Il n'y a de bon que Dieu 19 seul. Tu connais les commandements: Tu ne commettras point d'adultère; tu ne tueras point; tu ne déroberas point; tu ne diras point de faux témoignage; tu ne feras tort à personne; honore ton 20 père et ta mère. Il lui répondit: Maître, j'ai observé toutes ces choses 21 dès ma jeunesse. Jésus, l'ayant regardé, l'aima, et lui dit: Il te manque une chose; va, vends tout ce que tu as, donne-le aux pauvres, et tu auras un trésor dans le ciel. Puis viens, 22 et suis-moi. Mais, affligé de cette parole, cet homme s'en alla tout triste; car il avait de grands biens. 23 Jésus, regardant autour de lui, dit à ses disciples: Qu'il sera difficile à ceux qui ont des richesses d'entrer 24 dans le royaume de Dieu! Les disciples furent étonnés de ce que Jésus parlait ainsi. Et, reprenant, il leur dit: Mes enfants, qu'il est difficile à ceux qui se confient dans les richesses d'entrer dans le royaume de Dieu! 25 Il est plus facile à un chameau de passer par le trou d'une aiguille qu'à un riche d'entrer dans le royaume de 26 Dieu. Les disciples furent encore plus étonnés, et ils se dirent les uns aux autres: Et qui peut être sauvé? 27 Jésus les regarda, et dit: Cela est impossible aux hommes, mais non à Dieu: car tout est possible à Dieu.

28 Pierre se mit à lui dire: Voici, nous avons tout quitté, et nous 29 t'avons suivi. Jésus répondit: Je vous le dis en vérité, il n'est personne qui, ayant quitté, à cause de moi et à cause de la bonne nouvelle, sa maison, ou ses frères, ou ses sœurs, ou sa mère, ou son père, ou ses enfants, ou ses terres, ne reçoive au 30 centuple, présentement dans ce siècle-ci, des maisons, des frères, des sœurs, des mères, des enfants, et des terres, avec des persécutions, et, dans le siècle à venir, la vie éternelle. Plu- 31 sieurs des premiers seront les derniers, et plusieurs des derniers seront les premiers.

Ils étaient en chemin pour monter 32 à Jérusalem, et Jésus allait devant eux. Les disciples étaient troublés, et le suivaient avec crainte. Et Jésus prit de nouveau les douze auprès de lui, et commença à leur dire ce qui devait lui arriver: Voici, nous mon- 33 tons à Jérusalem, et le Fils de l'homme sera livré aux principaux sacrificateurs et aux scribes. Ils le condamneront à mort, et ils le livre-ront aux païens, qui se moqueront 34 de lui, cracheront sur lui, le battront de verges, et le feront mourir; et, trois jours après, il ressuscitera.

Les fils de Zébédée, Jacques et 35 Jean, s'approchèrent de Jésus, et lui dirent: Maître, nous voudrions que tu fisses pour nous ce que nous te demanderons. Il leur dit: Que 36 voulez-vous que je fasse pour vous? Accorde-nous, lui dirent-ils, d'être 37 assis l'un à ta droite et l'autre à ta gauche, quand tu seras dans ta gloire. Jésus leur répondit: Vous 38 ne savez ce que vous demandez. Pouvez-vous boire la coupe que je dois boire, ou être baptisés du bap-tême dont je dois être baptisé? Nous le pouvons, dirent-ils. Et 39 Jésus leur répondit: Il est vrai que vous boirez la coupe que je dois boire, et que vous serez baptisés du baptême dont je dois être baptisé; mais pour ce qui est d'être assis à 40 ma droite ou à ma gauche, cela ne dépend pas de moi, et ne sera donné qu'à ceux à qui cela est réservé. Les 41 dix, ayant entendu cela, commencè-rent à s'indigner contre Jacques et Jean. Jésus les appela, et leur dit: 42 Vous savez que ceux qu'on regarde comme les chefs des nations les

43 tyrannisent, et que les grands les dominent. Il n'en est pas de même au milieu de vous. Mais quiconque veut être grand parmi vous, qu'il
44 soit votre serviteur; et quiconque veut être le premier parmi vous, qu'il
45 soit l'esclave de tous. Car le Fils de l'homme est venu, non pour être servi, mais pour servir et donner sa vie comme la rançon de plusieurs.

46 Ils arrivèrent à Jéricho. Et, lorsque Jésus en sortit, avec ses disciples et une assez grande foule, le fils de Timée, Bartimée, mendiant aveugle,
47 était assis au bord du chemin. Il entendit que c'était Jésus de Nazareth, et il se mit à crier: Fils de
48 David, Jésus, aie pitié de moi! Plusieurs le reprenaient, pour le faire taire; mais il criait beaucoup plus fort: Fils de David, aie pitié de
49 moi! Jésus s'arrêta, et dit: Appelezle. Ils appelèrent l'aveugle, en lui disant: Prends courage, lève-toi, il
50 t'appelle. L'aveugle jeta son manteau, et, se levant d'un bond, vint
51 vers Jésus. Jésus, prenant la parole, lui dit: Que veux-tu que je te fasse? Rabbouni, lui répondit l'aveugle, que
52 je recouvre la vue. Et Jésus lui dit:
53 Va, ta foi t'a sauvé. Aussitôt il recouvra la vue, et suivit Jésus dans le chemin.

Entrée de Jésus à Jérusalem. — Le figuier maudit. — Les vendeurs chassés du temple. — Irritation des sacrificateurs.

11 Lorsqu'ils approchèrent de Jérusalem, et qu'ils furent près de Bethphagé et de Béthanie, vers la montagne des oliviers, Jésus envoya
2 deux de ses disciples, en leur disant: Allez au village qui est devant vous; dès que vous y serez entrés, vous trouverez un ânon attaché, sur lequel aucun homme ne s'est encore
3 assis; détachez le, et amenez-le. Si quelqu'un vous dit: Pourquoi faitesvous cela? répondez: Le Seigneur en a besoin. Et à l'instant il le laissera venir ici.
4 Les disciples, étant allés, trouvèrent l'ânon attaché dehors près d'une porte, au contour du chemin, et ils
5 le détachèrent. Quelques-uns de ceux qui étaient là leur dirent: Que faites-vous? pourquoi détachez-vous cet ânon? Ils répondirent comme 6 Jésus l'avait dit. Et on les laissa aller. Ils amenèrent à Jésus l'ânon, 7 sur lequel ils jetèrent leurs vêtements, et Jésus s'assit dessus. Beaucoup de 8 gens étendirent leurs vêtements sur le chemin, et d'autres des branches qu'ils coupèrent dans les champs. Ceux qui précédaient et ceux qui 9 suivaient Jésus criaient: Hosanna! Béni soit celui qui vient au nom du Seigneur! Béni soit le règne qui 10 vient, le règne de David, notre père! Hosanna dans les lieux très hauts!

Jésus entra à Jérusalem, dans le 11 temple. Quand il eut tout considéré, comme il était déjà tard, il s'en alla à Béthanie avec les douze.

Le lendemain, après qu'ils furent 12 sortis de Béthanie, Jésus eut faim. Apercevant de loin un figuier qui 13 avait des feuilles, il alla voir s'il y trouverait quelque chose; et, s'en étant approché, il ne trouva que des feuilles, car ce n'était pas la saison des figues. Prenant alors la parole, 14 il lui dit: Que jamais personne ne mange de ton fruit! Et ses disciples l'entendirent.

Ils arrivèrent à Jérusalem, et Jésus 15 entra dans le temple. Il se mit à chasser ceux qui vendaient et qui achetaient dans le temple; il renversa les tables des changeurs, et les sièges des vendeurs de pigeons; et il ne laissait personne transporter 16 aucun objet à travers le temple. Et 17 il enseignait et disait: N'est-il pas écrit: Ma maison sera appelée une maison de prière pour toutes les nations? Mais vous, vous en avez fait une caverne de voleurs.

Les principaux sacrificateurs et 18 les scribes, l'ayant entendu, cherchèrent les moyens de le faire périr; car ils le craignaient, parce que toute la foule était frappée de sa doctrine.

Quand le soir fut venu, Jésus sor- 19 tit de la ville.

La puissance de la foi. — L'autorité de Jésus. — Parabole des vignerons. — La pierre de l'angle.

Le matin, en passant, les disciples 20

21 virent le figuier séché jusqu'aux racines. Pierre, se rappelant ce qui
s'était passé, dit à Jésus: Rabbi, regarde, le figuier que tu as maudit a
22 séché. Jésus prit la parole, et leur
23 dit: Ayez foi en Dieu. Je vous le
dis en vérité, si quelqu'un dit à cette
montagne: Ote-toi de là et jette-toi
dans la mer, et s'il ne doute point en
son cœur, mais croit que ce qu'il dit
24 arrive, il le verra s'accomplir. C'est
pourquoi je vous dis: Tout ce que
vous demanderez en priant, croyez
que vous l'avez reçu, et vous le verrez
25 s'accomplir. Et, lorsque vous êtes
debout faisant votre prière, si vous
avez quelque chose contre quelqu'un,
pardonnez, afin que votre Père qui
est dans les cieux vous pardonne
26 aussi vos offenses. Mais si vous ne
pardonnez pas, votre Père qui est
dans les cieux ne vous pardonnera
pas non plus vos offenses.

27 Ils se rendirent de nouveau à Jérusalem, et, pendant que Jésus se
promenait dans le temple, les principaux sacrificateurs, les scribes et
28 les anciens, vinrent à lui, et lui dirent: Par quelle autorité fais-tu ces
choses, et qui t'a donné l'autorité de
29 les faire? Jésus leur répondit: Je
vous adresserai aussi une question;
répondez-moi, et je vous dirai par
quelle autorité je fais ces choses.
30 Le baptême de Jean venait-il du
ciel, ou des hommes? Répondez-
31 moi. Mais ils raisonnèrent ainsi
entre eux: Si nous répondons: Du
ciel, il dira: Pourquoi donc n'avez-
32 vous pas cru en lui? Et si nous
répondons: Des hommes...Ils craignaient le peuple, car tous tenaient
réellement Jean pour un prophète.
33 Alors ils répondirent à Jésus: Nous
ne savons. Et Jésus leur dit: Moi
non plus, je ne vous dirai pas par
quelle autorité je fais ces choses.

12 Jésus se mit ensuite à leur parler
en paraboles.
Un homme planta une vigne. Il
l'entoura d'une haie, creusa un pressoir, et bâtit une tour; puis il l'afferma à des vignerons, et quitta le pays.
2 Au temps de la récolte, il envoya un
serviteur vers les vignerons, pour recevoir d'eux une part du produit de
la vigne. S'étant saisis de lui, ils le 3
battirent, et le renvoyèrent à vide.
Il envoya de nouveau vers eux un 4
autre serviteur; ils le frappèrent à
la tête, et l'outragèrent. Il en en- 5
voya un troisième, qu'ils tuèrent;
puis plusieurs autres, qu'ils battirent
ou tuèrent. Il avait encore un fils 6
bien-aimé; il l'envoya vers eux le
dernier, en disant: Ils auront du respect pour mon fils. Mais ces vigne- 7
rons dirent entre eux: Voici l'héritier;
venez, tuons-le, et l'héritage sera à
nous. Et ils se saisirent de lui, le 8
tuèrent, et le jetèrent hors de la
vigne. Maintenant, que fera le maî- 9
tre de la vigne? Il viendra, fera
périr les vignerons, et il donnera la
vigne à d'autres.
N'avez-vous pas lu cette parole de 10
l'Écriture:

La pierre qu'ont rejetée ceux qui
bâtissaient
Est devenue la principale de l'angle;
C'est par la volonté du Seigneur 11
qu'elle l'est devenue,
Et c'est un prodige à nos yeux?

Ils cherchaient à se saisir de lui, 12
mais ils craignaient la foule. Ils
avaient compris que c'était pour eux
que Jésus avait dit cette parabole.
Et ils le quittèrent, et s'en allèrent.

Questions captieuses proposées à Jésus sur:
—le tribut à César,—la résurrection,—
le plus grand commandement.—De qui
le Christ est-il fils?—Les scribes censurés
par Jésus.—La pauvre veuve.

Ils envoyèrent auprès de Jésus 13
quelques-uns des pharisiens et des
hérodiens, afin de le surprendre par
ses propres paroles. Et ils vinrent 14
lui dire: Maître, nous savons que tu
es vrai, et que tu ne t'inquiètes de
personne; car tu ne regardes pas à
l'apparence des hommes, et tu enseignes la voie de Dieu selon la
vérité. Est-il permis, ou non, de
payer le tribut à César? Devons-
nous payer, ou ne pas payer? Jésus, 15
connaissant leur hypocrisie, leur répondit: Pourquoi me tentez-vous?
Apportez-moi un denier, afin que je

16 le voie. Ils en apportèrent un ; et Jésus leur demanda : De qui sont cette effigie et cette inscription? De

17 César, lui répondirent-ils. Alors il leur dit : Rendez à César ce qui est à César, et à Dieu ce qui est à Dieu. Et ils furent à son égard dans l'étonnement.

18 Les sadducéens, qui disent qu'il n'y a point de résurrection, vinrent auprès de Jésus, et lui firent cette

19 question : Maître, voici ce que Moïse nous a prescrit : Si le frère de quelqu'un meurt, et laisse une femme, sans avoir d'enfants, son frère épousera sa veuve, et suscitera une posté-

20 rité à son frère. Or, il y avait sept frères. Le premier se maria, et mourut

21 sans laisser de postérité. Le second prit la veuve pour femme, et mourut sans laisser de postérité. Il en fut

22 de même du troisième, et aucun des sept ne laissa de postérité. Après eux tous, la femme mourut aussi.

23 A la résurrection, duquel d'entre eux sera-t-elle la femme? Car les sept

24 l'ont eue pour femme. Jésus leur répondit : N'êtes-vous pas dans l'erreur, parce que vous ne comprenez ni les Écritures, ni la puissance de

25 Dieu? Car, à la résurrection des morts, les hommes ne prendront point de femmes, ni les femmes de maris, mais ils seront comme les

26 anges dans les cieux. Pour ce qui est de la résurrection des morts, n'avez-vous pas lu, dans le livre de Moïse, ce que Dieu lui dit, à propos du buisson : Je suis le Dieu d'Abraham, le Dieu d'Isaac, et le Dieu de

27 Jacob? Dieu n'est pas Dieu des morts, mais des vivants. Vous êtes grandement dans l'erreur.

28 Un des scribes, qui les avait entendus discuter, sachant que Jésus avait bien répondu aux sadducéens, s'approcha, et lui demanda : Quel est le premier de tous les com-

29 mandements? Jésus répondit : Voici le premier : Écoute, Israël, le Seigneur, notre Dieu, est l'unique Sei-

30 gneur ; et : Tu aimeras le Seigneur, ton Dieu, de tout ton cœur, de toute ton âme, de toute ta pensée, et de

31 toute ta force. Voici le second : Tu aimeras ton prochain comme toi-même. Il n'y a pas d'autre commandement plus grand que ceux-là.

32 Le scribe lui dit : Bien, maître ; tu as dit avec vérité que Dieu est unique, et qu'il n'y en a point d'autre que lui, et que l'aimer de tout son

33 cœur, de toute sa pensée, de toute son âme, et de toute sa force, et aimer son prochain comme soi-même, c'est plus que tous les holocaustes et tous les sacrifices. Jésus, voyant

34 qu'il avait répondu avec intelligence, lui dit : Tu n'es pas loin du royaume de Dieu. Et personne n'osa plus lui proposer des questions.

35 Jésus, continuant à enseigner dans le temple, dit : Comment les scribes disent-ils que le Christ est fils de

36 David? David lui-même, animé par l'Esprit-Saint, a dit :

Le Seigneur a dit à mon Seigneur :
Assieds-toi à ma droite,
Jusqu'à ce que je fasse de tes ennemis ton marchepied.

37 David lui-même l'appelle Seigneur ; comment donc est-il son fils? Et une grande foule l'écoutait avec plaisir.

38 Il leur disait dans son enseignement : Gardez-vous des scribes, qui aiment à se promener en robes lon-

39 gues, et à être salués dans les places publiques ; qui recherchent les premiers sièges dans les synagogues, et

40 les premières places dans les festins ; qui dévorent les maisons des veuves, et qui font pour l'apparence de longues prières. Ils seront jugés plus sévèrement.

41 Jésus, s'étant assis vis-à-vis du tronc, regardait comment la foule y mettait de l'argent. Plusieurs riches

42 mettaient beaucoup. Il vint aussi une pauvre veuve, et elle y mit deux petites pièces, faisant un quart de

43 sou. Alors Jésus, ayant appelé ses disciples, leur dit : Je vous le dis en vérité, cette pauvre veuve a donné plus qu'aucun de ceux qui ont mis

44 dans le tronc ; car tous ont mis de leur superflu, mais elle a mis de son nécessaire, tout ce qu'elle possédait, tout ce qu'elle avait pour vivre.

13 Lorsque Jésus sortit du temple, un de ses disciples lui dit : Maître, regarde, quelles pierres, et quelles 2 constructions ! Jésus lui répondit : Vois-tu ces grandes constructions ? Il ne restera pas pierre sur pierre qui ne soit renversée.

3 Il s'assit sur la montagne des oliviers, en face du temple. Et Pierre, Jacques, Jean et André lui firent en particulier cette question : 4 Dis-nous, quand cela arrivera-t-il, et à quel signe connaîtra-t-on que toutes ces choses vont s'accomplir ?

5 Jésus se mit alors à leur dire : Prenez garde que personne ne vous 6 séduise. Car plusieurs viendront sous mon nom, disant : C'est moi. Et ils séduiront beaucoup de gens. 7 Quand vous entendrez parler de guerres et de bruits de guerres, ne soyez pas troublés, car il faut que ces choses arrivent. Mais ce ne 8 sera pas encore la fin. Une nation s'élèvera contre une nation, et un royaume contre un royaume ; il y aura des tremblements de terre en divers lieux, il y aura des famines. Ce ne sera que le commencement 9 des douleurs. Prenez garde à vous-mêmes. On vous livrera aux tribunaux, et vous serez battus de verges dans les synagogues ; vous comparaîtrez devant des gouverneurs et devant des rois, à cause de moi, 10 pour leur servir de témoignage. Il faut premièrement que la bonne nouvelle soit prêchée à toutes les 11 nations. Quand on vous emmènera pour vous livrer, ne vous inquiétez pas d'avance de ce que vous aurez à dire, mais dites ce qui vous sera donné à l'heure même ; car ce n'est pas vous qui parlerez, mais l'Esprit-12 Saint. Le frère livrera son frère à la mort, et le père son enfant ; les enfants se soulèveront contre leurs 13 parents, et les feront mourir. Vous serez haïs de tous, à cause de mon nom, mais celui qui persévérera jusqu'à la fin sera sauvé.

14 Lorsque vous verrez l'abomination de la désolation établie là où elle ne doit pas être,—que celui qui lit fasse attention,—alors, que ceux qui seront en Judée fuient dans les montagnes ; que celui qui sera sur le toit ne 15 descende pas et n'entre pas pour prendre quelque chose dans sa maison ; et que celui qui sera dans les 16 champs ne retourne pas en arrière pour prendre son manteau. Mal-17 heur aux femmes qui seront enceintes et à celles qui allaiteront en ces jours-là ! Priez pour que ces choses 18 n'arrivent pas en hiver. Car la dé-19 tresse, en ces jours, sera telle qu'il n'y en a point eu de semblable depuis le commencement du monde que Dieu a créé jusqu'à présent, et qu'il n'y en aura jamais. Et, si le Sei-20 gneur n'avait abrégé ces jours, personne ne serait sauvé ; mais il les a abrégés, à cause des élus qu'il a choisis. Si quelqu'un vous dit alors : 21 Le Christ est ici, ou : Il est là, ne le croyez pas. Car il s'élèvera de faux 22 Christs et de faux prophètes ; ils feront des prodiges et des miracles pour séduire les élus, s'il était possible. Soyez sur vos gardes : je 23 vous ai tout annoncé d'avance.

Mais dans ces jours, après cette 24 détresse, le soleil s'obscurcira, la lune ne donnera plus sa lumière, les 25 étoiles tomberont du ciel, et les puissances qui sont dans les cieux seront ébranlées. Alors on verra le Fils 26 de l'homme venant sur les nuées avec une grande puissance et avec gloire. Alors il enverra les anges, 27 et il rassemblera les élus des quatre vents, de l'extrémité de la terre jusqu'à l'extrémité du ciel. Instruisez-28 vous par une comparaison tirée du figuier. Dès que ses branches deviennent tendres, et que les feuilles poussent, vous connaissez que l'été est proche. De même, quand vous 29 verrez ces choses arriver, sachez que le Fils de l'homme est proche, à la porte. Je vous le dis en vérité, cette 30 génération ne passera point, que tout cela n'arrive. Le ciel et la terre 31 passeront, mais mes paroles ne passeront point.

Pour ce qui est du jour ou de 32

l'heure, personne ne le sait, ni les anges dans le ciel, ni le Fils, mais le Père seul.

33 Prenez garde, veillez et priez ; car vous ne savez quand ce temps vien-
34 dra. Il en sera comme d'un homme qui, partant pour un voyage, laisse sa maison, remet l'autorité à ses serviteurs, indique à chacun sa tâche, et ordonne au portier de veiller.
35 Veillez donc, car vous ne savez quand viendra le maître de la maison, ou le soir, ou au milieu de la nuit, ou au
36 chant du coq, ou le matin ; craignez qu'il ne vous trouve endormis, à son
37 arrivée soudaine. Ce que je vous dis, je le dis à tous : Veillez.

Histoire de la passion.—Complot contre Jésus.—Parfum répandu sur sa tête à Béthanie.—Trahison de Judas.—Célébration de la Pâque et institution de la sainte cène.—Gethsémané.—Arrestation de Jésus.

14 La fête de Pâque et des pains sans levain devait avoir lieu deux jours après. Les principaux sacrificateurs et les scribes cherchaient les moyens d'arrêter Jésus par ruse,
2 et de le faire mourir. Car ils disaient : Que ce ne soit pas pendant la fête, afin qu'il n'y ait pas de tumulte parmi le peuple.
3 Comme Jésus était à Béthanie, dans la maison de Simon le lépreux, une femme entra, pendant qu'il se trouvait à table. Elle tenait un vase d'albâtre, qui renfermait un parfum de nard pur de grand prix ; et, ayant rompu le vase, elle répandit le
4 parfum sur la tête de Jésus. Quelques-uns exprimèrent entre eux leur indignation : A quoi bon perdre ce
5 parfum ? On aurait pu le vendre plus de trois cents deniers, et les donner aux pauvres. Et ils s'irri-
6 taient contre cette femme. Mais Jésus dit : Laissez-la. Pourquoi lui faites-vous de la peine ? Elle a fait
7 une bonne action à mon égard ; car vous avez toujours les pauvres avec vous, et vous pouvez leur faire du bien quand vous voulez, mais vous
8 ne m'avez pas toujours. Elle a fait ce qu'elle a pu ; elle a d'avance embaumé mon corps pour la sépulture.

Je vous le dis en vérité, partout où 9 la bonne nouvelle sera prêchée, dans le monde entier, on racontera aussi en mémoire de cette femme ce qu'elle a fait.

Judas Iscariot, l'un des douze, alla 10 vers les principaux sacrificateurs, afin de leur livrer Jésus. Après 11 l'avoir entendu, ils furent dans la joie, et promirent de lui donner de l'argent. Et Judas cherchait une occasion favorable pour le livrer.

Le premier jour des pains sans 12 levain, où l'on immolait la Pâque, les disciples de Jésus lui dirent : Où veux-tu que nous allions te préparer la Pâque ? Et il envoya deux de 13 ses disciples, et leur dit : Allez à la ville ; vous rencontrerez un homme portant une cruche d'eau, suivez-le. Quelque part qu'il entre, dites au 14 maître de la maison : Le maître dit : Où est le lieu où je mangerai la Pâque avec mes disciples ? Et il 15 vous montrera une grande chambre haute, meublée et toute prête : c'est là que vous nous préparerez la Pâque. Les disciples partirent, ar- 16 rivèrent à la ville, et trouvèrent les choses comme il le leur avait dit ; et ils préparèrent la Pâque.

Le soir étant venu, il arriva avec 17 les douze. Pendant qu'ils étaient à 18 table et qu'ils mangeaient, Jésus dit : Je vous le dis en vérité, l'un de vous, qui mange avec moi, me livrera. Ils 19 commencèrent à s'attrister, et à lui dire, l'un après l'autre : Est-ce moi ? Il leur répondit : C'est l'un des douze, 20 qui met avec moi la main dans le plat. Le Fils de l'homme s'en va 21 selon ce qui est écrit de lui. Mais malheur à l'homme par qui le Fils de l'homme est livré ! Mieux vaudrait pour cet homme qu'il ne fût pas né.

Pendant qu'ils mangeaient, Jésus 22 prit du pain ; et, après avoir rendu grâces, il le rompit, et le leur donna, en disant : Prenez, ceci est mon corps. Il prit ensuite une coupe ; et, après 23 avoir rendu grâces, il la leur donna, et ils en burent tous. Et il leur dit : 24 Ceci est mon sang, le sang de l'alliance, qui est répandu pour plusieurs. Je vous le dis en vérité, je ne boirai 25 plus jamais du fruit de la vigne, jusqu'au jour où je le boirai nouveau dans le royaume de Dieu.

26 Après avoir chanté les cantiques, ils se rendirent à la montagne des oliviers.

27 Jésus leur dit: Vous serez tous scandalisés; car il est écrit: Je frapperai le berger, et les brebis seront

28 dispersées. Mais, après que je serai ressuscité, je vous précéderai en Gali-

29 lée. Pierre lui dit: Quand tous seraient scandalisés, je ne serai pas

30 scandalisé. Et Jésus lui dit: Je te le dis en vérité, toi, aujourd'hui, cette nuit même, avant que le coq chante deux fois, tu me renieras trois fois.

31 Mais Pierre reprit plus fortement: Quand il me faudrait mourir avec toi, je ne te renierai pas. Et tous dirent la même chose.

32 Ils allèrent ensuite dans un lieu appelé Gethsémané, et Jésus dit à ses disciples: Asseyez-vous ici, pen-

33 dant que je prierai. Il prit avec lui Pierre, Jacques et Jean, et il commença à éprouver de la frayeur et

34 des angoisses. Il leur dit: Mon âme est triste jusqu'à la mort; restez

35 ici, et veillez. Puis, ayant fait quelques pas en avant, il se jeta contre terre, et pria que, s'il était possible,

36 cette heure s'éloignât de lui. Il disait: Abba, Père, toutes choses te sont possibles, éloigne de moi cette coupe! Toutefois, non pas ce que je veux, mais ce que tu veux.

37 Et il vint vers les disciples, qu'il trouva endormis, et il dit à Pierre: Simon, tu dors! Tu n'as pu veil-

38 ler une heure! Veillez et priez, afin que vous ne tombiez pas en tentation; l'esprit est bien disposé,

39 mais la chair est faible. Il s'éloigna de nouveau, et fit la même prière.

40 Il revint, et les trouva encore endormis; car leurs yeux étaient appesantis. Ils ne surent que lui répondre.

41 Il revint pour la troisième fois, et leur dit: Dormez maintenant, et reposez-vous! C'est assez! L'heure est venue; voici, le Fils de l'homme est

42 livré aux mains des pécheurs. Levez-vous, allons; voici, celui qui me livre s'approche.

43 Et aussitôt, comme il parlait encore, arriva Judas, l'un des douze, et avec lui une foule armée d'épées et de bâtons, envoyée par les principaux sacrificateurs, par les scribes et par

44 les anciens. Celui qui le livrait leur avait donné ce signe: Celui que je baiserai, c'est lui; saisissez-le, et em-

45 menez-le sûrement. Dès qu'il fut arrivé, il s'approcha de Jésus, disant:

46 Rabbi! Et il le baisa. Alors ces gens mirent les mains sur Jésus, et le saisirent.

47 Un de ceux qui étaient là, tirant l'épée, frappa le serviteur du souverain sacrificateur, et lui emporta l'oreille.

48 Jésus, prenant la parole, leur dit: Vous êtes venus, comme après un brigand, avec des épées et des bâtons,

49 pour vous emparer de moi. J'étais tous les jours parmi vous, enseignant dans le temple, et vous ne m'avez pas saisi. Mais c'est afin que les Écritures soient accomplies.

50 Alors tous l'abandonnèrent, et prirent la fuite.

51 Un jeune homme le suivait, n'ayant sur le corps qu'un drap. On

52 se saisit de lui; mais il lâcha son vêtement, et se sauva tout nu.

Jésus devant le sanhédrin présidé par Caïphe. — Condamnation. — Reniement de Pierre.

53 Ils emmenèrent Jésus chez le souverain sacrificateur, où s'assemblèrent tous les principaux sacrificateurs, les

54 anciens et les scribes. Pierre le suivit de loin jusque dans l'intérieur de la cour du souverain sacrificateur; il s'assit avec les serviteurs, et il se chauffait près du feu.

55 Les principaux sacrificateurs et tout le sanhédrin cherchaient un témoignage contre Jésus, pour le faire mourir, et ils n'en trouvaient

56 point; car plusieurs rendaient de faux témoignages contre lui, mais les témoignages ne s'accordaient

57 pas. Quelques-uns se levèrent, et portèrent un faux témoignage contre lui, disant: Nous l'avons entendu

58 dire: Je détruirai ce temple fait de main d'homme, et en trois jours j'en bâtirai un autre qui ne sera pas fait

59 de main d'homme. Même sur ce point-là leur témoignage ne s'accor-
60 dait pas. Alors le souverain sacrificateur, se levant au milieu de l'assemblée, interrogea Jésus, et dit: Ne réponds-tu rien? Qu'est-ce que ces
61 gens déposent contre toi? Jésus garda le silence, et ne répondit rien. Le souverain sacrificateur l'interrogea de nouveau, et lui dit: Es-tu le Christ,
62 le Fils du Dieu béni? Jésus répondit: Je le suis. Et vous verrez le Fils de l'homme assis à la droite de la puissance de Dieu, et venant sur
63 les nuées du ciel. Alors le souverain sacrificateur déchira ses vêtements, et dit: Qu'avons-nous encore besoin
64 de témoins? Vous avez entendu le blasphème. Que vous en semble? Tous le condamnèrent comme méri-
65 tant la mort. Et quelques-uns se mirent à cracher sur lui, à lui voiler le visage et à le frapper à coups de poing, en lui disant: Devine! Et les serviteurs le reçurent en lui donnant des soufflets.
66 Pendant que Pierre était en bas dans la cour, il vint une des servantes
67 du souverain sacrificateur. Voyant Pierre qui se chauffait, elle le regarda, et lui dit: Toi aussi, tu étais avec
68 Jésus de Nazareth. Il le nia, disant: Je ne sais pas, je ne comprends pas ce que tu veux dire. Puis il sortit pour aller dans le vestibule. Et le
69 coq chanta. La servante, l'ayant vu, se mit de nouveau à dire à ceux qui étaient présents: Celui-ci est de ces
70 gens-là. Et il le nia de nouveau. Peu après, ceux qui étaient présents dirent encore à Pierre: Certainement tu es de ces gens-là, car tu es Gali-
71 léen. Alors il commença à faire des imprécations et à jurer: Je ne connais pas cet homme dont vous parlez.
72 Aussitôt, pour la seconde fois, le coq chanta. Et Pierre se souvint de la parole que Jésus lui avait dite: Avant que le coq chante deux fois, tu me renieras trois fois. Et en y réfléchissant, il pleurait.

Jésus devant Pilate, gouverneur romain.—
  Sentence de mort confirmée.— Outrages
  des soldats.

15 Dès le matin, les principaux sacrificateurs tinrent conseil avec les anciens et les scribes, et tout le sanhédrin. Après avoir lié Jésus, ils l'emmenèrent, et le livrèrent à Pilate.

2 Pilate l'interrogea: Es-tu le roi des Juifs? Jésus lui répondit: Tu
3 le dis. Les principaux sacrificateurs portaient contre lui plusieurs accusa-
4 tions. Pilate l'interrogea de nouveau: Ne réponds-tu rien? Vois de
5 combien de choses ils t'accusent. Et Jésus ne fit plus aucune réponse, ce qui étonna Pilate.

6 A chaque fête, il relâchait un prisonnier, celui que demandait la
7 foule. Il y avait en prison un nommé Barabbas avec ses complices, pour un meurtre qu'ils avaient com-
8 mis dans une sédition. La foule, étant montée, se mit à demander ce qu'il avait coutume de leur ac-
9 corder. Pilate leur répondit: Voulez-vous que je vous relâche le roi des
10 Juifs? Car il savait que c'était par envie que les principaux sacrifica-
11 teurs l'avaient livré. Mais les chefs des sacrificateurs excitèrent la foule, afin que Pilate leur relâchât plutôt
12 Barabbas. Pilate, reprenant la parole, leur dit: Que voulez-vous donc que je fasse de celui que vous ap-
13 pelez le roi des Juifs? Ils crièrent
14 de nouveau: Crucifie-le! Pilate leur dit: Quel mal a-t-il fait? Et ils crièrent encore plus fort: Crucifie-
15 le! Pilate, voulant satisfaire la foule, leur relâcha Barabbas; et, après avoir fait battre de verges Jésus, il le livra pour être crucifié.

16 Les soldats conduisirent Jésus dans l'intérieur de la cour, c'est-à-dire, dans le prétoire, et ils assem-
17 blèrent toute la cohorte. Ils le revêtirent de pourpre, et posèrent sur sa tête une couronne d'épines, qu'ils
18 avaient tressée. Puis ils se mirent à le saluer: Salut, roi des Juifs! Et
19 ils lui frappaient la tête avec un roseau, crachaient sur lui, et, fléchissant les genoux, ils se prosternaient
20 devant lui. Après s'être ainsi moqués de lui, ils lui ôtèrent la pourpre, lui remirent ses vêtements, et l'emmenèrent pour le crucifier.

Jésus crucifié.

21 Ils forcèrent à porter la croix de Jésus un passant qui revenait des champs, Simon de Cyrène, père
22 d'Alexandre et de Rufus; et ils conduisirent Jésus au lieu nommé Golgotha, ce qui signifie lieu du
23 crâne. Ils lui donnèrent à boire du vin mêlé de myrrhe, mais il ne le prit pas.
24 Ils le crucifièrent, et se partagèrent ses vêtements, en tirant au sort pour
25 savoir ce que chacun aurait. C'était la troisième heure, quand ils le crucifièrent.
26 L'inscription indiquant le sujet de sa condamnation portait ces mots: Le roi des Juifs.
27 Ils crucifièrent avec lui deux brigands, l'un à sa droite, et l'autre à sa
28 gauche. Ainsi fut accompli ce que dit l'Écriture: Il a été mis au nombre des malfaiteurs.
29 Les passants l'injuriaient, et secouaient la tête, en disant: Hé! toi qui détruis le temple, et qui le rebâtis
30 en trois jours, sauve-toi toi-même, en
31 descendant de la croix! Les principaux sacrificateurs aussi, avec les scribes, se moquaient entre eux, et disaient: Il a sauvé les autres, et il
32 ne peut se sauver lui-même! Que le Christ, le roi d'Israël, descende maintenant de la croix, afin que nous voyions et que nous croyions! Ceux qui étaient crucifiés avec lui l'insultaient aussi.
33 La sixième heure étant venue, il y eut des ténèbres sur toute la terre,
34 jusqu'à la neuvième heure. Et à la neuvième heure, Jésus s'écria d'une voix forte: Éloï, Éloï, lama sabachthani? ce qui signifie: Mon Dieu, mon Dieu, pourquoi m'as-tu aban-
35 donné? Quelques-uns de ceux qui étaient là, l'ayant entendu, dirent:
36 Voici, il appelle Élie. Et l'un d'eux courut remplir une éponge de vinaigre, et, l'ayant fixée à un roseau, il lui donna à boire, en disant: Laissez, voyons si Élie viendra le descendre.
37 Mais Jésus, ayant poussé un grand cri, expira.

38 Le voile du temple se déchira en deux, depuis le haut jusqu'en bas.
39 Le centenier, qui était en face de Jésus, voyant qu'il avait expiré de la sorte, dit: Assurément, cet homme était Fils de Dieu.
40 Il y avait aussi des femmes qui regardaient de loin. Parmi elles étaient Marie de Magdala, Marie, mère de Jacques le mineur et de Joses, et Salomé, qui le suivaient et
41 le servaient lorsqu'il était en Galilée, et plusieurs autres qui étaient montées avec lui à Jérusalem.

Le corps de Jésus mis dans un sépulcre.

42 Le soir étant venu,—comme c'était la préparation, c'est-à-dire, la veille du sabbat,—arriva Joseph d'Arima-
43 thée, conseiller de distinction, qui lui-même attendait aussi le royaume de Dieu. Il osa se rendre vers Pilate, pour demander le corps de Jésus.
44 Pilate s'étonna qu'il fût mort sitôt, fit venir le centenier, et lui demanda s'il était mort depuis longtemps.
45 S'en étant assuré par le centenier, il donna le corps à Joseph. Et Jo-
46 seph, ayant acheté un linceul, descendit Jésus de la croix, l'enveloppa du linceul, et le déposa dans un sépulcre taillé dans le roc. Puis il roula une pierre à l'entrée du sépulcre. Marie
47 de Magdala, et Marie, mère de Joses, regardaient où on le mettait.

Résurrection et ascension de Jésus-Christ.

16 Lorsque le sabbat fut passé, Marie de Magdala, Marie, mère de Jacques, et Salomé, achetèrent des aromates, afin d'aller embaumer
2 Jésus. Le premier jour de la semaine, elles se rendirent au sépulcre, de grand matin, comme le soleil
3 venait de se lever. Elles disaient entre elles: Qui nous roulera la pierre loin de l'entrée du sépulcre?
4 Et, levant les yeux, elles aperçurent que la pierre, qui était très grande, avait été roulée. Elles entrèrent
5 dans le sépulcre, virent un jeune homme assis à droite, vêtu d'une robe blanche, et elles furent épou-
6 vantées. Il leur dit: Ne vous épouvantez pas; vous cherchez Jésus de

Nazareth, qui a été crucifié ; il est ressuscité, il n'est point ici ; voici le 7 lieu où on l'avait mis. Mais allez dire à ses disciples et à Pierre qu'il vous précède en Galilée : c'est là que vous le verrez, comme il vous l'a dit.

8 Elles sortirent du sépulcre et s'enfuirent. La peur et le trouble les avaient saisies ; et elles ne dirent rien à personne, à cause de leur effroi.

9 Jésus, étant ressuscité le matin du premier jour de la semaine, apparut d'abord à Marie de Magdala, de laquelle il avait chassé sept démons.

10 Elle alla en porter la nouvelle à ceux qui avaient été avec lui, et qui s'af-

11 fligeaient et pleuraient. Quand ils entendirent qu'il vivait, et qu'elle l'avait vu, ils ne le crurent point.

12 Après cela, il apparut, sous une autre forme, à deux d'entre eux qui étaient en chemin pour aller à la

13 campagne. Ils revinrent l'annoncer aux autres, qui ne les crurent pas non plus.

14 Enfin, il apparut aux onze, pendant qu'ils étaient à table ; et il leur reprocha leur incrédulité et la dureté de leur cœur, parce qu'ils n'avaient pas cru ceux qui l'avaient vu ressuscité.

Puis il leur dit : Allez par tout le 15 monde, et prêchez la bonne nouvelle à toute la création. Celui qui croira 16 et qui sera baptisé sera sauvé, mais celui qui ne croira pas sera condamné. Voici les miracles qui accompagne- 17 ront ceux qui auront cru : en mon nom, ils chasseront les démons ; ils parleront de nouvelles langues ; ils 18 saisiront des serpents ; s'ils boivent quelque breuvage mortel, il ne leur fera point de mal ; ils imposeront les mains aux malades, et les malades seront guéris.

Le Seigneur, après leur avoir parlé, 19 fut enlevé au ciel, et il s'assit à la droite de Dieu. Et ils s'en allèrent 20 prêcher partout. Le Seigneur travaillait avec eux, et confirmait la parole par les miracles qui l'accompagnaient.

ÉVANGILE SELON LUC

Introduction.

1 Plusieurs ayant entrepris de composer un récit des événements qui

2 se sont accomplis parmi nous, suivant ce que nous ont transmis ceux qui ont été des témoins oculaires dès le commencement et sont devenus

3 des ministres de la parole, il m'a aussi semblé bon, après avoir fait des recherches exactes sur toutes ces choses depuis leur origine, de te les exposer par écrit d'une manière sui-

4 vie, excellent Théophile, afin que tu reconnaisses la certitude des enseignements que tu as reçus.

Prédiction de la naissance de Jean-Baptiste et de celle de Jésus-Christ. — Visite de Marie à Élisabeth. — Cantique de Marie.

5 Du temps d'Hérode, roi de Judée, il y avait un sacrificateur, nommé Zacharie, de la classe d'Abia ; sa femme était d'entre les filles d'Aaron, et s'appelait Élisabeth. Tous deux 6 étaient justes devant Dieu, observant d'une manière irréprochable tous les commandements et toutes les ordonnances du Seigneur. Ils n'avaient 7 point d'enfants, parce qu'Élisabeth était stérile ; et ils étaient l'un et l'autre avancés en âge.

Or, pendant qu'il s'acquittait de 8 ses fonctions devant Dieu, selon le tour de sa classe, il fut appelé par le sort, d'après la règle du sacer- 9 doce, à entrer dans le temple du Seigneur pour offrir le parfum. Toute la multitude du peuple 10 était dehors en prière, à l'heure du parfum. Alors un ange du 11 Seigneur apparut à Zacharie, et se tint debout à droite de l'autel des parfums. Zacharie fut troublé en le 12 voyant, et la frayeur s'empara de lui. Mais l'ange lui dit : Ne crains point, 13 Zacharie ; car ta prière a été exaucée. Ta femme Élisabeth t'enfantera un

14 fils, et tu lui donneras le nom de Jean. Il sera pour toi un sujet de joie et d'allégresse, et plusieurs se

15 réjouiront de sa naissance. Car il sera grand devant le Seigneur. Il ne boira ni vin, ni liqueur enivrante, et il sera rempli de l'Esprit-Saint

16 dès le sein de sa mère; il ramènera plusieurs des fils d'Israël au Seigneur,

17 leur Dieu; il marchera devant Dieu avec l'esprit et la puissance d'Élie, pour ramener les cœurs des pères vers les enfants, et les rebelles à la sagesse des justes, afin de préparer au Seigneur un peuple bien disposé.

18 Zacharie dit à l'ange: A quoi reconnaîtrai-je cela? Car je suis vieux, et ma femme est avancée en âge.

19 L'ange lui répondit: Je suis Gabriel, je me tiens devant Dieu; j'ai été envoyé pour te parler, et pour t'annon-

20 cer cette bonne nouvelle. Et voici, tu seras muet, et tu ne pourras parler jusqu'au jour où ces choses arriveront, parce que tu n'as pas cru à mes paroles, qui s'accompliront en leur temps.

21 Cependant, le peuple attendait Zacharie, s'étonnant de ce qu'il restait

22 si longtemps dans le temple. Quand il sortit, il ne put leur parler, et ils comprirent qu'il avait eu une vision dans le temple; il leur faisait des signes, et il resta muet.

23 Lorsque ses jours de service furent

24 écoulés, il s'en alla chez lui. Quelque temps après, Élisabeth, sa femme, devint enceinte. Elle se cacha pen-

25 dant cinq mois, disant: C'est la grâce que le Seigneur m'a faite, quand il a jeté les yeux sur moi pour ôter mon opprobre parmi les hommes.

26 Au sixième mois, l'ange Gabriel fut envoyé par Dieu dans une ville

27 de Galilée, appelée Nazareth, auprès d'une vierge fiancée à un homme de la maison de David, nommé Joseph. Le nom de la vierge était Marie.

28 L'ange entra chez elle, et dit: Je te salue, toi à qui une grâce a été faite;

29 le Seigneur est avec toi. Troublée par cette parole, Marie se demandait ce que pouvait signifier une telle

30 salutation. L'ange lui dit: Ne crains point, Marie; car tu as trouvé grâce

devant Dieu. Et voici, tu devien- 31 dras enceinte, et tu enfanteras un fils, et tu lui donneras le nom de Jésus. Il sera grand et sera appelé Fils 32 du Très-Haut, et le Seigneur Dieu lui donnera le trône de David, son père. Il règnera sur la maison de 33 Jacob éternellement, et son règne n'aura point de fin. Marie dit à 34 l'ange: Comment cela se fera-t-il, puisque je ne connais point d'homme? L'ange lui répondit: Le Saint-Esprit 35 viendra sur toi, et la puissance du Très-Haut te couvrira de son ombre. C'est pourquoi le saint enfant qui naîtra de toi sera appelé Fils de Dieu. Voici, Élisabeth, ta parente, 36 a conçu, elle aussi, un fils en sa vieillesse, et celle qui était appelée stérile est dans son sixième mois. Car rien 37 n'est impossible à Dieu. Marie dit: 38 Je suis la servante du Seigneur; qu'il me soit fait selon ta parole! Et l'ange la quitta.

Dans ce même temps, Marie se 39 leva, et s'en alla en hâte vers les montagnes, dans une ville de Juda. Elle entra dans la maison de Zacharie, 40 et salua Élisabeth. Dès qu'Élisabeth 41 entendit la salutation de Marie, son enfant tressaillit dans son sein, et elle fut remplie du Saint-Esprit. Elle s'écria d'une voix forte: Tu es 42 bénie entre les femmes, et le fruit de ton sein est béni. Comment m'est-il 43 accordé que la mère de mon Seigneur vienne auprès de moi? Car voici, 44 aussitôt que la voix de ta salutation a frappé mon oreille, l'enfant a tressailli d'allégresse dans mon sein. Heureuse celle qui a cru, parce que 45 les choses qui lui ont été dites de la part du Seigneur auront leur accomplissement.

Et Marie dit: 46

Mon âme exalte le Seigneur,
Et mon esprit se réjouit en Dieu, 47
            mon Sauveur,
Parce qu'il a jeté les yeux sur la 48
            bassesse de sa servante.
Car voici, désormais toutes les géné-
            rations me diront bienheureuse,
Parce que le Tout-Puissant a fait 49
            pour moi de grandes choses.

Son nom est saint,

50 Et sa miséricorde s'étend d'âge en âge
Sur ceux qui le craignent.

51 Il a déployé la force de son bras ;
Il a dispersé ceux qui avaient dans
le cœur des pensées orgueilleuses.

52 Il a renversé les puissants de leurs
trônes,
Et il a élevé les humbles.

53 Il a rassasié de biens les affamés,
Et il a renvoyé les riches à vide.

54 Il a secouru Israël, son serviteur,
Et il s'est souvenu de sa miséricorde,

55 —Comme il l'avait dit à nos pères,—
Envers Abraham et sa postérité pour
toujours.

56 Marie demeura avec Élisabeth environ trois mois. Puis elle retourna
chez elle.

*Naissance de Jean-Baptiste.—Cantique
de Zacharie.*

57 Le temps où Élisabeth devait accoucher arriva, et elle enfanta un fils.

58 Ses voisins et ses parents apprirent
que le Seigneur avait fait éclater
envers elle sa miséricorde, et ils se

59 réjouirent avec elle. Le huitième
jour, ils vinrent pour circoncire l'enfant, et ils l'appelaient Zacharie, du

60 nom de son père. Mais sa mère
prit la parole, et dit: Non, il sera

61 appelé Jean. Ils lui dirent: Il n'y
a dans ta parenté personne qui soit

62 appelé de ce nom. Et ils firent des
signes à son père pour savoir com-

63 ment il voulait qu'on l'appelât. Zacharie demanda des tablettes, et il
écrivit: Jean est son nom. Et tous

64 furent dans l'étonnement. Au même
instant, sa bouche s'ouvrit, sa langue
se délia, et il parlait, bénissant Dieu.

65 La crainte s'empara de tous les habitants d'alentour, et, dans toutes les
montagnes de la Judée, on s'entre-

66 tenait de toutes ces choses. Tous
ceux qui les apprirent les gardèrent
dans leur cœur, en disant : Que sera
donc cet enfant ? Et la main du Seigneur était avec lui.

67 Zacharie, son père, fut rempli du
Saint-Esprit, et il prophétisa, en ces
mots:

Béni soit le Seigneur, le Dieu d'Israël, 68
De ce qu'il a visité et racheté son
peuple,

Et nous a suscité un puissant Sauveur 69
Dans la maison de David, son serviteur,

Comme il l'avait annoncé par la 70
bouche de ses saints prophètes des
temps anciens,—

Un Sauveur qui nous délivre de nos 71
ennemis et de la main de tous ceux
qui nous haïssent !

C'est ainsi qu'il manifeste sa miséri- 72
corde envers nos pères,

Et se souvient de sa sainte alliance,

Selon le serment par lequel il avait 73
juré à Abraham, notre père,

De nous permettre, après que nous 74
serions délivrés de la main de nos
ennemis,

De le servir sans crainte,

En marchant devant lui dans la 75
sainteté et dans la justice tous les
jours de notre vie.

Et toi, petit enfant, tu seras appelé 76
prophète du Très-Haut.

Car tu marcheras devant la face du
Seigneur, pour préparer ses voies,

Afin de donner à son peuple la con- 77
naissance du salut

Par le pardon de ses péchés,

Grâce aux entrailles de la miséricorde 78
de notre Dieu,

En vertu de laquelle le soleil levant
nous a visités d'en haut,

Pour éclairer ceux qui sont assis dans 79
les ténèbres et dans l'ombre de la
mort,

Pour diriger nos pas dans le chemin
de la paix.

Or, l'enfant croissait, et se fortifiait 80
en esprit. Et il demeura dans les
déserts, jusqu'au jour où il se présenta devant Israël.

*Naissance de Jésus-Christ.—Les bergers de
Bethléhem.*

En ce temps-là parut un édit de **2**
César Auguste, ordonnant un recensement de toute la terre. Ce 2
premier recensement eut lieu pendant
que Quirinius était gouverneur de
Syrie. Tous allaient se faire inscrire, 3
chacun dans sa ville.

4 Joseph aussi monta de la Galilée, de la ville de Nazareth, pour se rendre en Judée, dans la ville de David, appelée Bethléhem, parce qu'il était de la maison et de la 5 famille de David, afin de se faire inscrire avec Marie, sa fiancée, qui était enceinte.

6 Pendant qu'ils étaient là, le temps 7 où Marie devait accoucher arriva, et elle enfanta son fils premier-né. Elle l'emmaillotta, et le coucha dans une crèche, parce qu'il n'y avait pas de place pour eux dans l'hôtellerie.

8 Il y avait, dans cette même contrée, des bergers qui passaient dans les champs les veilles de la nuit 9 pour garder leurs troupeaux. Et voici, un ange du Seigneur leur apparut, et la gloire du Seigneur resplendit autour d'eux. Ils furent 10 saisis d'une grande frayeur. Mais l'ange leur dit : Ne craignez point ; car je vous annonce une bonne nouvelle, qui sera pour tout le peuple 11 le sujet d'une grande joie : c'est qu'aujourd'hui, dans la ville de David, il vous est né un Sauveur, qui est le 12 Christ, le Seigneur. Et voici à quel signe vous le reconnaîtrez : vous trouverez un enfant emmaillotté et couché dans une crèche.

13 Et soudain il se joignit à l'ange une multitude de l'armée céleste, louant Dieu et disant :

14 Gloire à Dieu dans les lieux très hauts,
Et paix sur la terre parmi les hommes qu'il agrée !

15 Lorsque les anges les eurent quittés pour retourner au ciel, les bergers se dirent les uns aux autres : Allons jusqu'à Bethléhem, et voyons ce qui est arrivé, ce que le Seigneur nous 16 a fait connaître. Ils y allèrent en hâte, et ils trouvèrent Marie et Joseph, et le petit enfant couché dans la 17 crèche. Après l'avoir vu, ils racontèrent ce qui leur avait été dit au sujet 18 de ce petit enfant. Tous ceux qui les entendirent furent dans l'étonnement de ce que leur disaient les 19 bergers. Marie gardait toutes ces choses, et les repassait dans son cœur. Et les bergers s'en retournè- 20 rent, glorifiant et louant Dieu pour tout ce qu'ils avaient entendu et vu, et qui était conforme à ce qui leur avait été annoncé.

Jésus présenté au Seigneur dans le temple de Jérusalem.—Cantique de Siméon.— Anne la prophétesse.—Retour à Nazareth.

Le huitième jour, auquel l'enfant 21 devait être circoncis, étant arrivé, on lui donna le nom de Jésus, nom qu'avait indiqué l'ange avant qu'il fût conçu dans le sein de sa mère. Et, quand les jours de leur purifica- 22 tion furent accomplis, selon la loi de Moïse, Joseph et Marie le portèrent à Jérusalem, pour le présenter au Seigneur,—suivant ce qui est écrit 23 dans la loi du Seigneur : Tout mâle premier-né sera consacré au Seigneur, —et pour offrir en sacrifice deux 24 tourterelles ou deux jeunes pigeons, comme cela est prescrit dans la loi du Seigneur.

Et voici, il y avait à Jérusalem un 25 homme appelé Siméon. Cet homme était juste et pieux, il attendait la consolation d'Israël, et l'Esprit-Saint était sur lui. Il avait été divinement 26 averti par le Saint-Esprit qu'il ne mourrait point avant d'avoir vu le Christ du Seigneur. Il vint au 27 temple, poussé par l'Esprit. Et, comme les parents apportaient le petit enfant Jésus pour accomplir à son égard ce qu'ordonnait la loi, il le reçut dans ses bras, bénit Dieu, 28 et dit :

Maintenant, Seigneur, tu laisses ton 29 serviteur
S'en aller en paix, selon ta parole.
Car mes yeux ont vu ton salut, 30
Salut que tu as préparé devant tous 31 les peuples,
Lumière pour éclairer les nations, 32
Et gloire d'Israël, ton peuple.

Son père et sa mère étaient dans 33 l'admiration des choses qu'on disait de lui. Siméon les bénit, et dit à 34 Marie, sa mère : Voici, cet enfant est destiné à amener la chute et le relèvement de plusieurs en Israël, et à devenir un signe qui provoquera la

35 contradiction, et à toi-même une épée te transpercera l'âme, afin que les pensées de beaucoup de cœurs soient dévoilées.

36 Il y avait aussi une prophétesse, Anne, fille de Phanuel, de la tribu d'Aser. Elle était fort avancée en âge, et elle avait vécu sept ans avec

37 son mari depuis sa virginité. Restée veuve, et âgée de quatre-vingt-quatre ans, elle ne quittait pas le temple, et elle servait Dieu nuit et jour dans le

38 jeûne et dans la prière. Étant survenue, elle aussi, à cette même heure, elle louait Dieu, et elle parlait de Jésus à tous ceux qui attendaient la délivrance de Jérusalem.

39 Lorsqu'ils eurent accompli tout ce qu'ordonnait la loi du Seigneur, Joseph et Marie retournèrent en Galilée, à Nazareth, leur ville.

40 Or l'enfant croissait et se fortifiait. Il était rempli de sagesse, et la grâce de Dieu était sur lui.

Jésus dans le temple à l'âge de douze ans.

41 Les parents de Jésus allaient chaque année à Jérusalem, à la fête de Pâque.

42 Lorsqu'il fut âgé de douze ans, ils y montèrent, selon la coutume de la

43 fête. Puis, quand les jours furent écoulés, et qu'ils s'en retournèrent, l'enfant Jésus resta à Jérusalem. Son père et sa mère ne s'en aperçurent

44 pas. Croyant qu'il était avec leurs compagnons de voyage, ils firent une journée de chemin, et le cherchèrent parmi leurs parents et leurs connais-

45 sances. Mais, ne l'ayant pas trouvé, ils retournèrent à Jérusalem pour le

46 chercher. Au bout de trois jours, ils le trouvèrent dans le temple, assis au milieu des docteurs, les écoutant et

47 les interrogeant. Tous ceux qui l'entendaient étaient frappés de son intelligence et de ses réponses.

48 Quand ses parents le virent, ils furent saisis d'étonnement, et sa mère lui dit : Mon enfant, pourquoi as-tu agi de la sorte avec nous ? Voici, ton père et moi, nous te cherchions

49 avec angoisse. Il leur dit : Pourquoi me cherchiez-vous ? Ne saviez-vous pas qu'il faut que je m'occupe des

50 affaires de mon Père ? Mais ils ne comprirent pas ce qu'il leur disait.

51 Puis il descendit avec eux pour aller à Nazareth, et il leur était soumis. Sa mère gardait toutes ces choses dans son cœur.

52 Et Jésus croissait en sagesse, en stature, et en grâce, devant Dieu et devant les hommes.

Prédication de Jean-Baptiste.—Baptême de Jésus-Christ.

3 La quinzième année du règne de Tibère César,—lorsque Ponce Pilate était gouverneur de la Judée, Hérode tétrarque de la Galilée, son frère Philippe tétrarque de l'Iturée et du territoire de la Trachonite, Lysanias tétrarque de l'Abilène, et du temps

2 des souverains sacrificateurs Anne et Caïphe,—la parole de Dieu fut adressée à Jean, fils de Zacharie, dans le désert.

3 Et il alla dans tout le pays des environs du Jourdain, prêchant le baptême de repentance, pour la ré-

4 mission des péchés, selon ce qui est écrit dans le livre des paroles d'Ésaïe, le prophète :

C'est la voix de celui qui crie dans le désert :
Préparez le chemin du Seigneur,
Aplanissez ses sentiers.

5 Toute vallée sera comblée,
Toute montagne et toute colline seront abaissées ;
Ce qui est tortueux sera redressé,
Et les chemins raboteux seront aplanis.

6 Et toute chair verra le salut de Dieu.

7 Il disait donc à ceux qui venaient en foule pour être baptisés par lui : Races de vipères, qui vous a appris

8 à fuir la colère à venir ? Produisez donc des fruits dignes de la repentance, et ne vous mettez pas à dire en vous-mêmes : Nous avons Abraham pour père ! Car je vous déclare que de ces pierres Dieu peut susciter des enfants à Abraham. Déjà même la

9 cognée est mise à la racine des arbres :

tout arbre donc qui ne produit pas de bon fruit sera coupé et jeté au feu.

10 La foule l'interrogeait, disant: Que
11 devons-nous donc faire? Il leur répondit: Que celui qui a deux tuniques partage avec celui qui n'en a point, et que celui qui a de quoi manger agisse de même.

12 Il vint aussi des publicains pour être baptisés, et ils lui dirent: Maître,
13 que devons-nous faire? Il leur répondit: N'exigez rien au delà de ce qui vous a été ordonné.

14 Des soldats aussi lui demandèrent: Et nous, que devons-nous faire? Il leur répondit: Ne commettez ni extorsion ni fraude envers personne, et contentez-vous de votre solde.

15 Comme le peuple était dans l'attente, et que tous se demandaient en eux-mêmes si Jean n'était pas le
16 Christ, il leur dit à tous: Moi, je vous baptise d'eau; mais il vient, celui qui est plus puissant que moi, et je ne suis pas digne de délier la courroie de ses souliers. Lui, il vous baptisera du Saint-Esprit et de feu.
17 Il a son van à la main; il nettoiera son aire, et il amassera le blé dans son grenier, mais il brûlera la paille dans un feu qui ne s'éteint point.

18 C'est ainsi que Jean annonçait la bonne nouvelle au peuple, en lui adressant encore beaucoup d'autres
19 exhortations. Mais Hérode le tétrarque, étant repris par Jean au sujet d'Hérodias, femme de son frère, et pour toutes les mauvaises
20 actions qu'il avait commises, ajouta encore à toutes les autres celle d'enfermer Jean dans la prison.

21 Tout le peuple se faisant baptiser, Jésus fut aussi baptisé; et, pendant
22 qu'il priait, le ciel s'ouvrit, et le Saint-Esprit descendit sur lui sous une forme corporelle, comme une colombe. Et une voix fit entendre du ciel ces paroles: Tu es mon Fils bien-aimé; en toi j'ai mis toute mon affection.

Généalogie de Jésus-Christ.

23 Jésus avait environ trente ans lorsqu'il commença son ministère, étant, comme on le croyait, fils de Joseph,
24 fils d'Héli, fils de Matthat, fils de Lévi, fils de Melchi, fils de Jannaï, fils de
25 Joseph, fils de Mattathias, fils d'Amos, fils de Nahum, fils d'Esli, fils de Nag-
26 gaï, fils de Maath, fils de Mattathias, fils de Séméï, fils de Josech, fils de
27 Joda, fils de Joanan, fils de Rhésa, fils de Zorobabel, fils de Salathiel,
28 fils de Néri, fils de Melchi, fils d'Addi, fils de Kosam, fils d'Elmadam, fils
29 d'Er, fils de Jésus, fils d'Éliézer, fils de Jorim, fils de Matthat, fils de
30 Lévi, fils de Siméon, fils de Juda, fils de Joseph, fils de Jonam, fils
31 d'Éliakim, fils de Méléa, fils de Menna, fils de Mattatha, fils de Na-
32 than, fils de David, fils d'Isaï, fils de Jobed, fils de Booz, fils de Salmon,
33 fils de Naasson, fils d'Aminadab, fils d'Admin, fils d'Arni, fils d'Esrom,
34 fils de Pharès, fils de Juda, fils de Jacob, fils d'Isaac, fils d'Abraham,
35 fils de Thara, fils de Nachor, fils de Seruch, fils de Ragau, fils de Phalek,
36 fils d'Éber, fils de Sala, fils de Kaïnam, fils d'Arphaxad, fils de Sem,
37 fils de Noé, fils de Lamech, fils de Mathusala, fils d'Énoch, fils de Jared,
38 fils de Maléléel, fils de Kaïnan, fils d'Énos, fils de Seth, fils d'Adam, fils de Dieu.

Tentation de Jésus-Christ.

4 Jésus, rempli du Saint-Esprit, revint du Jourdain, et il fut conduit
2 par l'Esprit dans le désert, où il fut tenté par le diable pendant quarante jours. Il ne mangea rien durant ces jours-là, et, après qu'ils furent écoulés,
3 il eut faim. Le diable lui dit: Si tu es Fils de Dieu, ordonne à cette pierre qu'elle devienne du pain. Jésus lui
4 répondit: Il est écrit: L'homme ne vivra pas de pain seulement.

5 Le diable, l'ayant élevé, lui montra en un instant tous les royaumes de
6 la terre, et lui dit: Je te donnerai toute cette puissance, et la gloire de ces royaumes; car elle m'a été don-
7 née, et je la donne à qui je veux. Si donc tu te prosternes devant moi, elle sera toute à toi. Jésus lui ré-
8 pondit: Il est écrit: Tu adoreras le Seigneur, ton Dieu, et tu le serviras lui seul.

9 Le diable le conduisit encore à Jérusalem, le plaça sur le haut du temple, et lui dit: Si tu es Fils de Dieu, jette-toi d'ici en bas; car il est écrit:

10 Il donnera des ordres à ses anges à ton sujet,
Afin qu'ils te gardent;

11 et:
Ils te porteront sur les mains,
De peur que ton pied ne heurte contre une pierre.

12 Jésus lui répondit: Il est dit: Tu ne tenteras point le Seigneur, ton Dieu.

13 Après l'avoir tenté de toutes ces manières, le diable s'éloigna de lui jusqu'à un moment favorable.

Ministère de Jésus en Galilée.—Prédication à Nazareth.—Hostilité des habitants.

14 Jésus, revêtu de la puissance de l'Esprit, retourna en Galilée, et sa renommée se répandit dans tout le

15 pays d'alentour. Il enseignait dans les synagogues, et il était glorifié par tous.

16 Il se rendit à Nazareth, où il avait été élevé, et, selon sa coutume, il entra dans la synagogue le jour du sabbat. Il se leva pour faire la lec-

17 ture, et on lui remit le livre du prophète Ésaïe. L'ayant déroulé, il trouva l'endroit où il était écrit:

18 L'Esprit du Seigneur est sur moi,
Parce qu'il m'a oint pour annoncer une bonne nouvelle aux pauvres;
Il m'a envoyé pour guérir ceux qui ont le cœur brisé,

19 Pour proclamer aux captifs la délivrance,
Et aux aveugles le recouvrement de la vue,
Pour renvoyer libres les opprimés,
Pour publier une année de grâce du Seigneur.

20 Ensuite, il roula le livre, le remit au serviteur, et s'assit. Tous ceux qui se trouvaient dans la synagogue avaient les regards fixés sur lui.

21 Alors il commença à leur dire:

Aujourd'hui cette parole de l'Écriture, que vous venez d'entendre, est accomplie. Et tous lui rendaient 22 témoignage; ils étaient étonnés des paroles de grâce qui sortaient de sa bouche, et ils disaient: N'est-ce pas le fils de Joseph? Jésus leur dit: 23 Sans doute vous m'appliquerez ce proverbe: Médecin, guéris-toi toi-même; et vous me direz: Fais ici, dans ta patrie, tout ce que nous avons appris que tu as fait à Capernaüm. Mais, ajouta-t-il, je vous le 24 dis en vérité, aucun prophète n'est bien reçu dans sa patrie. Je vous le 25 dis en vérité: il y avait plusieurs veuves en Israël du temps d'Élie, lorsque le ciel fut fermé trois ans et six mois et qu'il y eut une grande famine sur toute la terre; et cepen- 26 dant Élie ne fut envoyé vers aucune d'elles, si ce n'est vers une femme veuve, à Sarepta, dans le pays de Sidon. Il y avait aussi plusieurs 27 lépreux en Israël du temps d'Élisée, le prophète; et cependant aucun d'eux ne fut purifié, si ce n'est Naaman le Syrien.

Ils furent tous remplis de colère 28 dans la synagogue, lorsqu'ils entendirent ces choses. Et s'étant levés, 29 ils le chassèrent de la ville, et le menèrent jusqu'au sommet de la montagne sur laquelle leur ville était bâtie, afin de le précipiter en bas. Mais Jésus, passant au milieu 30 d'eux, s'en alla.

Jésus à Capernaüm.—Enseignement dans la synagogue.—Guérison d'un démonia-que,—de la belle-mère de Pierre,—et de plusieurs malades.—Jésus en divers lieux de la Galilée.

Il descendit à Capernaüm, ville de 31 la Galilée; et il enseignait, le jour du sabbat. On était frappé de sa 32 doctrine; car il parlait avec autorité.

Il se trouva dans la synagogue un 33 homme qui avait un esprit de démon impur, et qui s'écria d'une voix forte: Ah! qu'y a-t-il entre nous et toi, 34 Jésus de Nazareth? Tu es venu pour nous perdre. Je sais qui tu es: le Saint de Dieu. Jésus le me- 35 naça, disant: Tais-toi, et sors de cet homme. Et le démon le jeta au

36 milieu de l'assemblée, et sortit de lui, sans lui faire aucun mal. Tous furent saisis de stupeur, et ils se disaient les uns aux autres: Quelle est cette parole? Il commande avec autorité et puissance aux esprits im-

37 purs, et ils sortent! Et sa renommée se répandit dans tous les lieux d'alentour.

38 En sortant de la synagogue, il se rendit à la maison de Simon. La belle-mère de Simon avait une violente fièvre, et ils le prièrent en sa

39 faveur. S'étant penché sur elle, il menaça la fièvre, et la fièvre la quitta. A l'instant elle se leva, et les servit.

40 Après le coucher du soleil, tous ceux qui avaient des malades atteints de diverses maladies les lui amenèrent. Il imposa les mains à chacun

41 d'eux, et il les guérit. Des démons aussi sortirent de beaucoup de personnes, en criant et en disant: Tu es le Fils de Dieu. Mais il les menaçait et ne leur permettait pas de parler, parce qu'ils savaient qu'il était le Christ.

42 Dès que le jour parut, il sortit et alla dans un lieu désert. Une foule de gens se mirent à sa recherche, et arrivèrent jusqu'à lui; ils voulaient le retenir, afin qu'il ne les quittât

43 point. Mais il leur dit: Il faut aussi que j'annonce aux autres villes la bonne nouvelle du royaume de Dieu; car c'est pour cela que j'ai été en-

44 voyé. Et il prêchait dans les synagogues de la Galilée.

Pêche miraculeuse.—Vocation de trois disciples.—Guérison d'un lépreux,—d'un paralytique.—Vocation de Lévi (Matthieu).—Question sur le jeûne.

5 Comme Jésus se trouvait auprès du lac de Génésareth, et que la foule se pressait autour de lui pour enten-

2 dre la parole de Dieu, il vit au bord du lac deux barques, d'où les pêcheurs étaient descendus pour laver leurs

3 filets. Il monta dans l'une de ces barques, qui était à Simon, et il le pria de s'éloigner un peu de terre. Puis il s'assit, et de la barque il enseignait la foule.

4 Lorsqu'il eut cessé de parler, il dit à Simon: Avance en pleine eau, et jetez vos filets pour pêcher. Simon 5 lui répondit: Maître, nous avons travaillé toute la nuit sans rien prendre; mais, sur ta parole, je jetterai le filet. L'ayant jeté, ils prirent une 6 grande quantité de poissons, et leur filet se rompait. Ils firent signe à 7 leurs compagnons qui étaient dans l'autre barque de venir les aider. Ils vinrent, et ils remplirent les deux barques, au point qu'elles enfonçaient. Quand il vit cela, Simon Pierre tom- 8 ba aux genoux de Jésus, et dit: Seigneur, retire-toi de moi, parce que je suis un homme pécheur. Car l'épou- 9 vante l'avait saisi, lui et tous ceux qui étaient avec lui, à cause de la pêche qu'ils avaient faite. Il en était de 10 même de Jacques et de Jean, fils de Zébédée, les associés de Simon. Alors Jésus dit à Simon: Ne crains point; désormais tu seras pêcheur d'hommes. Et, ayant ramené les 11 barques à terre, ils laissèrent tout, et le suivirent.

Jésus était dans une des villes; et 12 voici, un homme couvert de lèpre, l'ayant vu, tomba sur sa face, et lui fit cette prière: Seigneur, si tu le veux, tu peux me rendre pur. Jésus 13 étendit la main, le toucha, et dit: Je le veux, sois pur. Aussitôt la lèpre la quitta. Puis il lui ordonna de n'en 14 parler à personne. Mais, dit-il, va te montrer au sacrificateur, et offre pour ta purification ce que Moïse a prescrit, afin que cela leur serve de témoignage.

Sa renommée se répandait de plus 15 en plus, et les gens venaient en foule pour l'entendre et pour être guéris de leurs maladies. Et lui, il se re- 16 tirait dans les déserts, et priait.

Un jour Jésus enseignait. Des 17 pharisiens et des docteurs de la loi étaient là assis, venus de tous les villages de la Galilée, de la Judée et de Jérusalem; et la puissance du Seigneur se manifestait par des guérisons. Et voici, des gens, portant 18 sur un lit un homme qui était paralytique, cherchaient à le faire entrer et à le placer sous ses regards. Comme 19 ils ne savaient par où l'introduire, à cause de la foule, ils montèrent sur le toit, et ils le descendirent par une ouverture, avec son lit, au milieu de 20 l'assemblée, devant Jésus. Voyant leur foi, Jésus dit: Homme, tes pé-21 chés te sont pardonnés. Les scribes et les pharisiens se mirent à raisonner et à dire: Qui est celui-ci, qui profère des blasphèmes? Qui peut pardonner les péchés, si ce n'est Dieu 22 seul? Jésus, connaissant leurs pensées, prit la parole et leur dit: Quelles pensées avez-vous dans vos cœurs? 23 Lequel est le plus aisé, de dire: Tes péchés te sont pardonnés, ou de dire: 24 Lève-toi, et marche? Or, afin que vous sachiez que le Fils de l'homme a sur la terre le pouvoir de pardonner les péchés: Je te l'ordonne, dit-il au paralytique, lève-toi, prends ton lit, 25 et va dans ta maison. Et, à l'instant, il se leva en leur présence, prit le lit sur lequel il était couché, et s'en alla dans sa maison, glorifiant Dieu. 26 Tous étaient dans l'étonnement, et glorifiaient Dieu; remplis de crainte, ils disaient: Nous avons vu aujourd'hui des choses étranges.

27 Après cela, Jésus sortit, et il vit un publicain, nommé Lévi, assis au lieu des péages. Il lui dit: Suis-28 moi. Et, laissant tout, il se leva, et le suivit.

29 Lévi lui donna un grand festin dans sa maison, et beaucoup de publicains et d'autres personnes étaient 30 à table avec eux. Les pharisiens et les scribes murmurèrent, et dirent à ses disciples: Pourquoi mangez-vous et buvez-vous avec les publicains 31 et les gens de mauvaise vie? Jésus, prenant la parole, leur dit: Ce ne sont pas ceux qui se portent bien qui ont besoin de médecin, mais les 32 malades. Je ne suis pas venu appeler à la repentance des justes, mais des pécheurs.

33 Ils lui dirent: Les disciples de Jean, comme ceux des pharisiens, jeûnent fréquemment et font des prières, tandis que les tiens mangent et boi-34 vent. Il leur répondit: Pouvez-vous faire jeûner les amis de l'époux pen-35 dant que l'époux est avec eux? Les jours viendront où l'époux leur sera enlevé, alors ils jeûneront en ces jours-là. 36 Il leur dit aussi une parabole: Personne ne déchire d'un habit neuf un morceau pour le mettre à un vieil habit; autrement, il déchire l'habit neuf, et le morceau qu'il en 37 a pris n'assortit pas au vieux. Et personne ne met du vin nouveau dans de vieilles outres; autrement, le vin nouveau fait rompre les outres, il se répand, et les outres sont per-38 dues; mais il faut mettre le vin nouveau dans des outres neuves. Et 39 personne, après avoir bu du vin vieux, ne veut du nouveau, car il dit: Le vieux est bon.

Les épis de blé et le sabbat.—L'homme qui a la main sèche.—Choix des douze apôtres.

Il arriva, un jour de sabbat appelé **6** second-premier, que Jésus traversait des champs de blé. Ses disciples arrachaient des épis et les mangeaient, après les avoir froissés dans leurs mains. Quelques pharisiens leur 2 dirent: Pourquoi faites-vous ce qu'il n'est pas permis de faire pendant le sabbat? Jésus leur répondit: N'avez-3 vous pas lu ce que fit David, lorsqu'il eut faim, lui et ceux qui étaient avec lui; comment il entra dans la mai-4 son de Dieu, prit les pains de proposition, en mangea, et en donna à ceux qui étaient avec lui, bien qu'il ne soit permis qu'aux sacrificateurs de les manger? Et il leur dit: Le 5 Fils de l'homme est maître même du sabbat.

Il arriva, un autre jour de sabbat, 6 que Jésus entra dans la synagogue, et qu'il enseignait. Il s'y trouvait un homme dont la main droite était sèche. Les scribes et les pharisiens 7 observaient Jésus, pour voir s'il ferait une guérison le jour du sabbat: c'était afin d'avoir sujet de l'accuser. Mais 8 il connaissait leurs pensées, et il dit à l'homme qui avait la main sèche: Lève-toi, et tiens-toi là au milieu. Il se leva, et se tint debout. Et 9 Jésus leur dit: Je vous demande s'il est permis, le jour du sabbat, de faire du bien ou de faire du mal, de sauver une personne ou de la tuer. Alors, 10 promenant ses regards sur eux tous, il dit à l'homme: Étends ta main. Il le fit, et sa main fut guérie.

11 Ils furent remplis de fureur, et ils se consultèrent sur ce qu'ils feraient à Jésus.

12 En ce temps-là, Jésus se rendit sur la montagne pour prier, et il passa toute la nuit à prier Dieu.

13 Quand le jour parut, il appela ses disciples, et il en choisit douze, auxquels il donna le nom d'apôtres:

14 Simon, qu'il nomma Pierre; André, son frère; Jacques; Jean; Philippe;

15 Barthélemy; Matthieu; Thomas; Jacques, fils d'Alphée; Simon, appelé

16 le zélote; Jude, fils de Jacques: et Judas Iscariot, qui devint traître.

17 Il descendit avec eux, et s'arrêta sur un plateau, où se trouvaient une foule de ses disciples, et une multitude de peuple de toute la Judée, de Jérusalem, et de la contrée maritime de Tyr et de Sidon. Ils étaient venus pour l'entendre, et pour être

18 guéris de leurs maladies. Ceux qui étaient tourmentés par des esprits

19 impurs étaient guéris. Et toute la foule cherchait à le toucher, parce qu'une force sortait de lui et les guérissait tous.

Sermon sur la montagne.—Les béatitudes.— Préceptes divers:—l'amour des ennemis; —les jugements téméraires;—la paille et la poutre;—l'arbre et son fruit;—la maison bâtie sur le roc.

20 Alors Jésus, levant les yeux sur ses disciples, dit:

Heureux vous qui êtes pauvres, car le royaume de Dieu est à vous!

21 Heureux vous qui avez faim maintenant, car vous serez rassasiés!

Heureux vous qui pleurez maintenant, car vous serez dans la joie!

22 Heureux serez-vous, lorsque les hommes vous haïront, lorsqu'on vous chassera, vous outragera, et qu'on rejettera votre nom comme infâme,

23 à cause du Fils de l'homme! Réjouissez-vous en ce jour-là et tressaillez d'allégresse, parce que votre récompense sera grande dans le ciel; car c'est ainsi que leurs pères traitaient les prophètes.

24 Mais, malheur à vous, riches, car vous avez votre consolation!

25 Malheur à vous qui êtes rassasiés, car vous aurez faim!

Malheur à vous qui riez maintenant, car vous serez dans le deuil et dans les larmes!

26 Malheur, lorsque tous les hommes diront du bien de vous, car c'est ainsi qu'agissaient leurs pères à l'égard des faux prophètes!

27 Mais je vous dis, à vous qui m'écoutez: Aimez vos ennemis, faites du bien à ceux qui vous haïssent,

28 bénissez ceux qui vous maudissent, priez pour ceux qui vous maltraitent.

29 Si quelqu'un te frappe sur une joue, présente-lui aussi l'autre. Si quelqu'un prend ton manteau, ne l'empêche pas de prendre encore ta tunique.

30 Donne à quiconque te demande, et ne réclame pas ton bien à celui qui s'en empare.

31 Ce que vous voulez que les hommes fassent pour vous, faites-le de même pour eux.

32 Si vous aimez ceux qui vous aiment, quel gré vous en saura-t-on? Les pécheurs aussi aiment ceux qui les aiment.

33 Si vous faites du bien à ceux qui vous font du bien, quel gré vous en saura-t-on? Les pécheurs aussi agissent de même.

34 Et si vous prêtez à ceux de qui vous espérez recevoir, quel gré vous en saura-t-on? Les pécheurs aussi prêtent aux pécheurs, afin de recevoir la pareille.

35 Mais aimez vos ennemis, faites du bien, et prêtez sans rien espérer. Et votre récompense sera grande, et vous serez fils du Très-Haut, car il est bon pour les ingrats et pour les méchants.

36 Soyez donc miséricordieux, comme votre Père est miséricordieux.

37 Ne jugez point, et vous ne serez point jugés; ne condamnez point, et vous ne serez point condamnés; absolvez, et vous serez absous.

38 Donnez, et il vous sera donné: on versera dans votre sein une bonne mesure, serrée, secouée et qui déborde; car on vous mesurera avec la mesure dont vous vous serez servis.

39 Il leur dit aussi cette parabole: Un aveugle peut-il conduire un aveugle? Ne tomberont-ils pas tous deux dans une fosse?

40 Le disciple n'est pas plus que le maître; mais tout disciple accompli sera comme son maître.

41 Pourquoi vois-tu la paille qui est dans l'œil de ton frère, et n'aperçois-tu pas la poutre qui est dans ton

42 œil? Ou comment peux-tu dire à ton frère: Frère, laisse-moi ôter la paille qui est dans ton œil, toi qui ne vois pas la poutre qui est dans le tien? Hypocrite, ôte premièrement la poutre de ton œil, et alors tu verras comment ôter la paille qui est dans l'œil de ton frère.

43 Ce n'est pas un bon arbre qui porte du mauvais fruit, ni un mauvais

44 arbre qui porte du bon fruit. Car chaque arbre se connaît à son fruit. On ne cueille pas des figues sur des épines, et l'on ne vendange pas

45 des raisins sur des ronces. L'homme bon tire de bonnes choses du bon trésor de son cœur, et le méchant tire de mauvaises choses de son mauvais trésor; car c'est de l'abondance du cœur que la bouche parle.

46 Pourquoi m'appelez-vous Seigneur, Seigneur! et ne faites-vous pas ce

47 que je dis? Je vous montrerai à qui est semblable tout homme qui vient à moi, entend mes paroles, et les met

48 en pratique. Il est semblable à un homme qui, bâtissant une maison, a creusé, creusé bien avant, et a posé le fondement sur le roc. Une inondation est venue, et le torrent s'est jeté contre cette maison, sans pouvoir l'ébranler, parce qu'elle était bien

49 bâtie. Mais celui qui entend, et ne met pas en pratique, est semblable à un homme qui a bâti une maison sur la terre, sans fondement. Le torrent s'est jeté contre elle: aussitôt elle est tombée, et la ruine de cette maison a été grande.

*Guérison du serviteur d'un centenier.—
Résurrection du fils de la veuve de Naïn.
—Message de Jean-Baptiste auprès de
Jésus.—Témoignage sur Jean-Baptiste.
—La pécheresse pardonnée.*

7 Après avoir achevé tous ces discours devant le peuple qui l'écoutait, Jésus entra dans Capernaüm.

Un centenier avait un serviteur 2 auquel il était très attaché, et qui se trouvait malade, sur le point de mourir. Ayant entendu parler de 3 Jésus, il lui envoya quelques anciens des Juifs, pour le prier de venir guérir son serviteur. Ils arrivèrent 4 auprès de Jésus, et lui adressèrent d'instantes supplications, disant: Il mérite que tu lui accordes cela; car 5 il aime notre nation, et c'est lui qui a bâti notre synagogue. Jésus, étant 6 allé avec eux, n'était guère éloigné de la maison, quand le centenier envoya des amis pour lui dire: Seigneur, ne prends pas tant de peine; car je ne suis pas digne que tu entres sous mon toit. C'est aussi 7 pour cela que je ne me suis pas cru digne d'aller en personne vers toi. Mais dis un mot, et mon serviteur sera guéri. Car, moi qui suis soumis 8 à des supérieurs, j'ai des soldats sous mes ordres; et je dis à l'un: Va! et il va; à l'autre: Viens! et il vient; et à mon serviteur: Fais cela! et il le fait. Lorsque Jésus entendit 9 ces paroles, il admira le centenier, et, se tournant vers la foule qui le suivait, il dit: Je vous le dis, même en Israël je n'ai pas trouvé une aussi grande foi. De retour à la maison, 10 les gens envoyés par le centenier trouvèrent guéri le serviteur qui avait été malade.

Le jour suivant, Jésus alla dans une 11 ville appelée Naïn; ses disciples et une grande foule faisaient route avec lui. Lorsqu'il fut près de la porte 12 de la ville, voici, on portait en terre un mort, fils unique de sa mère, qui était veuve; et il y avait avec elle beaucoup de gens de la ville. Le 13 Seigneur, l'ayant vue, fut ému de compassion pour elle, et lui dit: Ne pleure pas! Il s'approcha, et toucha 14 le cercueil. Ceux qui le portaient s'arrêtèrent. Il dit: Jeune homme, je te le dis, lève-toi! Et le mort 15 s'assit, et se mit à parler. Jésus le rendit à sa mère. Tous furent saisis 16 de crainte, et ils glorifiaient Dieu, disant: Un grand prophète a paru parmi nous, et Dieu a visité son peuple. Cette parole sur Jésus se 17 répandit dans toute la Judée et dans tout le pays d'alentour.

18 Jean fut informé de toutes ces 19 choses par ses disciples. Il en appela deux, et les envoya vers Jésus, pour lui dire : Es-tu celui qui doit venir, ou devons-nous en attendre un autre? 20 Arrivés auprès de Jésus, ils dirent: Jean-Baptiste nous a envoyés vers toi, pour dire: Es-tu celui qui doit venir, ou devons-nous en attendre 21 un autre? A l'heure même, Jésus guérit plusieurs personnes de maladies, d'infirmités, et d'esprits malins, et il rendit la vue à plusieurs aveu-22 gles. Et il leur répondit: Allez rapporter à Jean ce que vous avez vu et entendu: les aveugles voient, les boiteux marchent, les lépreux sont purifiés, les sourds entendent, les morts ressuscitent, la bonne nouvelle 23 est annoncée aux pauvres. Heureux celui pour qui je ne serai pas une occasion de chute !

24 Lorsque les envoyés de Jean furent partis, Jésus se mit à dire à la foule, au sujet de Jean: Qu'êtes-vous allés voir au désert? un roseau agité par 25 le vent? Mais, qu'êtes-vous allés voir? un homme vêtu d'habits précieux? Voici, ceux qui portent des habits magnifiques, et qui vivent dans les délices, sont dans les maisons des 26 rois. Qu'êtes-vous donc allés voir? un prophète? Oui, vous dis-je, et 27 plus qu'un prophète. C'est celui dont il est écrit:

Voici, j'envoie mon messager devant ta face,
Pour préparer ton chemin devant toi.

28 Je vous le dis, parmi ceux qui sont nés de femmes, il n'y en a point de plus grand que Jean. Cependant, le plus petit dans le royaume de Dieu 29 est plus grand que lui. Et tout le peuple qui l'a entendu et même les publicains ont justifié Dieu, en se faisant baptiser du baptême de Jean; 30 mais les pharisiens et les docteurs de la loi, en ne se faisant pas baptiser par lui, ont rendu nul à leur égard le dessein de Dieu.

31 A qui donc comparerai-je les hommes de cette génération, et à qui 32 ressemblent-ils? Ils ressemblent aux enfants assis dans la place publique, et qui, se parlant les uns aux autres, disent: Nous vous avons joué de la flûte, et vous n'avez pas dansé; nous vous avons chanté des complaintes, et vous n'avez pas pleuré. Car 33 Jean-Baptiste est venu, ne mangeant pas de pain et ne buvant pas de vin, et vous dites: Il a un démon. Le 34 Fils de l'homme est venu, mangeant et buvant, et vous dites: C'est un mangeur et un buveur, un ami des publicains et des gens de mauvaise vie. Mais la sagesse a été justifiée 35 par tous ses enfants.

36 Un pharisien pria Jésus de manger avec lui. Jésus entra dans la maison du pharisien, et se mit à table. Et 37 voici, une femme pécheresse qui se trouvait dans la ville, ayant su qu'il était à table dans la maison du pharisien apporta un vase d'albâtre plein de parfum, et se tint derrière, aux pieds 38 de Jésus. Elle pleurait; et bientôt elle les mouilla de ses larmes, puis les essuya avec ses cheveux, les baisa, et les oignit de parfum. Le 39 pharisien qui l'avait invité, voyant cela, dit en lui-même: Si cet homme était prophète, il connaîtrait qui et de quelle espèce est la femme qui le touche, il connaîtrait que c'est une pécheresse. Jésus prit la parole, et 40 lui dit: Simon, j'ai quelque chose à te dire.—Maître, parle, répondit-il.— Un créancier avait deux débiteurs: 41 l'un devait cinq cents deniers, et l'autre cinquante. Comme ils n'a- 42 vaient pas de quoi payer, il leur remit à tous deux leur dette. Lequel l'aimera le plus? Simon répondit: 43 Celui, je pense, auquel il a le plus remis. Jésus lui dit: Tu as bien jugé. Puis, se tournant vers la fem- 44 me, il dit à Simon: Vois-tu cette femme? Je suis entré dans ta maison, et tu ne m'as point donné d'eau pour laver mes pieds; mais elle, elle les a mouillés de ses larmes, et les a essuyés avec ses cheveux. Tu ne 45 m'as point donné de baiser; mais elle, depuis que je suis entré, elle n'a

point cessé de me baiser les pieds.

46 Tu n'as point versé d'huile sur ma tête; mais elle, elle a versé du parfum

47 fum sur mes pieds. C'est pourquoi, je te le dis, ses nombreux péchés ont été pardonnés: car elle a beaucoup aimé. Mais celui à qui on

48 pardonne peu aime peu. Et il dit à la femme: Tes péchés sont par-

49 donnés. Ceux qui étaient à table avec lui se mirent à dire en euxmêmes: Qui est celui-ci, qui pardonne

50 même les péchés? Mais Jésus dit à la femme: Ta foi t'a sauvée, va en paix.

Parabole du semeur.—La mère et les frères de Jésus.

8 Ensuite, Jésus allait de ville en ville et de village en village, prêchant et annonçant la bonne nouvelle du royaume de Dieu. Les

2 douze étaient avec lui, et quelques femmes qui avaient été guéries d'esprits malins et de maladies: Marie, dite de Magdala, de laquelle étaient

3 sortis sept démons, Jeanne, femme de Chuza, intendant d'Hérode, Susanne, et plusieurs autres, qui l'assistaient de leurs biens.

4 Une grande foule s'étant assemblée, et des gens étant venus de diverses villes auprès de lui, il dit cette parabole:

5 Un semeur sortit pour semer sa semence. Comme il semait, une partie de la semence tomba le long du chemin: elle fut foulée aux pieds, et les oiseaux du ciel la mangèrent.

6 Une autre partie tomba sur le roc: quand elle fut levée, elle sécha, parce

7 qu'elle n'avait point d'humidité. Une autre partie tomba au milieu des épines: les épines crûrent avec elle,

8 et l'étouffèrent. Une autre partie tomba dans la bonne terre: quand elle fut levée, elle donna du fruit au centuple. Après avoir ainsi parlé, Jésus dit à haute voix: Que celui qui a des oreilles pour entendre entende.

9 Ses disciples lui demandèrent ce

10 que signifiait cette parabole. Il répondit: Il vous a été donné de connaître les mystères du royaume

de Dieu; mais pour les autres, cela leur est dit en paraboles, afin qu'en voyant ils ne voient point, et qu'en entendant ils ne comprennent point.

11 Voici ce que signifie cette parabole: La semence, c'est la parole de

12 Dieu. Ceux qui sont le long du chemin, ce sont ceux qui entendent; puis le diable vient, et enlève de leur cœur la parole, de peur qu'ils ne

13 croient et soient sauvés. Ceux qui sont sur le roc, ce sont ceux qui, lorsqu'ils entendent la parole, la reçoivent avec joie; mais ils n'ont point de racine, ils croient pour un temps, et ils succombent au moment de la

14 tentation. Ce qui est tombé parmi les épines, ce sont ceux qui, ayant entendu la parole, s'en vont, et la laissent étouffer par les soucis, les richesses et les plaisirs de la vie, et ils ne portent point de fruit qui

15 vienne à maturité. Ce qui est tombé dans la bonne terre, ce sont ceux qui, ayant entendu la parole avec un cœur honnête et bon, la retiennent, et portent du fruit avec persévérance.

16 Personne, après avoir allumé une lampe, ne la couvre d'un vase, ou ne la met sous un lit; mais il la met sur un chandelier, afin que ceux qui

17 entrent voient la lumière. Car il n'est rien de caché qui ne doive être découvert, rien de secret qui ne doive

18 être connu et mis au jour. Prenez donc garde à la manière dont vous écoutez; car on donnera à celui qui a, mais à celui qui n'a pas on ôtera même ce qu'il croit avoir.

19 La mère et les frères de Jésus vin-

20 rent le trouver; mais ils ne purent l'aborder, à cause de la foule. On

21 lui dit: Ta mère et tes frères sont dehors, et ils désirent te voir. Mais il répondit: Ma mère et mes frères, ce sont ceux qui écoutent la parole de Dieu, et qui la mettent en pratique.

Tempête apaisée.—Jésus sur le territoire des Géraséniens; un démoniaque guéri.

22 Un jour, Jésus monta dans une barque avec ses disciples. Il leur dit: Passons de l'autre côté du lac.

23 Et ils partirent. Pendant qu'ils

naviguaient, Jésus s'endormit. Un tourbillon fondit sur le lac, la barque se remplissait d'eau, et ils étaient en 24 péril. Ils s'approchèrent et le réveillèrent, en disant: Maître, maître, nous périssons! S'étant réveillé, il menaça le vent et les flots, qui s'apaisèrent, 25 et le calme revint. Puis il leur dit: Où est votre foi? Saisis de frayeur et d'étonnement, ils se dirent les uns aux autres: Quel est donc celui-ci, qui commande même au vent et à l'eau, et à qui ils obéissent?

26 Ils abordèrent dans le pays des Géraséniens, qui est vis-à-vis de la 27 Galilée. Lorsque Jésus fut descendu à terre, il vint au-devant de lui un homme de la ville, qui était possédé de plusieurs démons. Depuis longtemps il ne portait point de vêtement, et avait sa demeure non dans une maison, mais dans les sépulcres. 28 Ayant vu Jésus, il poussa un cri, se jeta à ses pieds, et dit d'une voix forte: Qu'y a-t-il entre moi et toi, Jésus, Fils du Dieu Très-Haut? Je t'en supplie, ne me tourmente pas. 29 Car Jésus commandait à l'esprit impur de sortir de cet homme, dont il s'était emparé depuis longtemps; on le gardait lié de chaînes et les fers aux pieds, mais il rompait les liens, et il était entraîné par le démon dans 30 les déserts. Jésus lui demanda: Quel est ton nom? Légion, répondit-il. Car plusieurs démons étaient entrés 31 en lui. Et ils priaient instamment Jésus de ne pas leur ordonner d'aller 32 dans l'abîme. Il y avait là, dans la montagne, un grand troupeau de pourceaux qui paissaient. Et les démons supplièrent Jésus de leur permettre d'entrer dans ces pour- 33 ceaux. Il le leur permit. Les démons sortirent de cet homme, entrèrent dans les pourceaux, et le troupeau se précipita des pentes escarpées 34 dans le lac, et se noya. Ceux qui les faisaient paître, voyant ce qui était arrivé, s'enfuirent, et répandirent la nouvelle dans la ville et dans les 35 campagnes. Les gens allèrent voir ce qui était arrivé. Ils vinrent auprès de Jésus, et ils trouvèrent l'homme de qui étaient sortis les démons, as-

sis à ses pieds, vêtu, et dans son bon sens; et ils furent saisis de frayeur. Ceux qui avaient vu ce qui s'était 36 passé leur racontèrent comment le démoniaque avait été guéri. Tous 37 les habitants du pays des Géraséniens prièrent Jésus de s'éloigner d'eux, car ils étaient saisis d'une grande crainte.

Jésus monta dans la barque, et s'en retourna. L'homme de qui étaient 38 sortis les démons lui demandait la permission de rester avec lui. Mais Jésus le renvoya, en disant: Retour- 39 ne dans ta maison, et raconte tout ce que Dieu t'a fait. Il s'en alla, et publia par toute la ville tout ce que Jésus avait fait pour lui.

Résurrection de la fille de Jaïrus, et guérison d'une femme malade depuis douze ans.

A son retour, Jésus fut reçu par 40 la foule, car tous l'attendaient. Et 41 voici, il vint un homme, nommé Jaïrus, qui était chef de la synagogue. Il se jeta à ses pieds, et le supplia d'entrer dans sa maison, parce qu'il avait une fille unique 42 d'environ douze ans qui se mourait. Pendant que Jésus y allait, il était pressé par la foule.

Or, il y avait une femme atteinte 43 d'une perte de sang depuis douze ans, et qui avait dépensé tout son bien pour les médecins, sans qu'aucun eût pu la guérir. Elle s'approcha 44 par derrière, et toucha le bord du vêtement de Jésus. Au même instant la perte de sang s'arrêta. Et 45 Jésus dit: Qui m'a touché? Comme tous s'en défendaient, Pierre et ceux qui étaient avec lui dirent: Maître, la foule t'entoure et te presse, et tu dis: Qui m'a touché? Mais Jésus 46 répondit: Quelqu'un m'a touché, car j'ai connu qu'une force était sortie de moi. La femme, se voyant dé- 47 couverte, vint toute tremblante se jeter à ses pieds, et déclara devant tout le peuple pourquoi elle l'avait touché, et comment elle avait été guérie à l'instant. Jésus lui dit: Ma 48 fille, ta foi t'a sauvée; va en paix.

Comme il parlait encore, survint 49 de chez le chef de la synagogue quelqu'un disant: Ta fille est morte;

50 n'importune pas le maître. Mais Jésus, ayant entendu cela, dit au chef de la synagogue: Ne crains pas, crois seulement, et elle sera 51 sauvée. Lorsqu'il fut arrivé à la maison, il ne permit à personne d'entrer avec lui, si ce n'est à Pierre, à Jean et à Jacques, et au père et à 52 la mère de l'enfant. Tous pleuraient et se lamentaient sur elle. Alors Jésus dit: Ne pleurez pas; elle n'est 53 pas morte, mais elle dort. Et ils se moquaient de lui, sachant qu'elle 54 était morte. Mais il la saisit par la main, et dit d'une voix forte: Enfant, 55 lève-toi. Et son esprit revint en elle, et à l'instant elle se leva; et Jésus ordonna qu'on lui donnât à 56 manger. Les parents de la jeune fille furent dans l'étonnement, et il leur recommanda de ne dire à personne ce qui était arrivé.

Mission des douze apôtres.

9 Jésus, ayant assemblé les douze, leur donna force et pouvoir sur tous les démons, avec la puissance de 2 guérir les maladies. Il les envoya prêcher le royaume de Dieu, et guérir 3 les malades. Ne prenez rien pour le voyage, leur dit-il, ni bâton, ni sac, ni pain, ni argent, et n'ayez pas deux 4 tuniques. Dans quelque maison que vous entriez, restez-y; et c'est de là 5 que vous partirez. Et, si les gens ne vous reçoivent pas, sortez de cette ville, et secouez la poussière de vos pieds, en témoignage contre eux. 6 Ils partirent, et ils allèrent de village en village, annonçant la bonne nouvelle et opérant partout des guérisons.

Hérode ne sachant que penser de Jésus.—Multiplication des pains.—Opinions diverses sur le Christ.—Confession de Pierre.—Jésus annonce ses souffrances et sa mort.—Comment suivre Jésus.

7 Hérode le tétrarque entendit parler de tout ce qui se passait, et il ne savait que penser. Car les uns disaient que Jean était ressuscité des morts; 8 d'autres, qu'Élie était apparu; et d'autres, qu'un des anciens prophètes 9 était ressuscité. Mais Hérode disait: J'ai fait décapiter Jean; qui donc est celui-ci, dont j'entends dire de telles choses? Et il cherchait à le voir.

Les apôtres, étant de retour, ra- 10 contèrent à Jésus tout ce qu'ils avaient fait. Il les prit avec lui, et se retira à l'écart, du côté d'une ville appelée Bethsaïda. Les foules, l'ayant su, le suivirent. Jésus les ac- 11 cueillit, et il leur parlait du royaume de Dieu; il guérit aussi ceux qui avaient besoin d'être guéris.

Comme le jour commençait à bais- 12 ser, les douze s'approchèrent, et lui dirent: Renvoie la foule, afin qu'elle aille dans les villages et dans les campagnes des environs, pour se loger et pour trouver des vivres; car nous sommes ici dans un lieu désert. Jésus leur dit: Donnez-leur 13 vous-mêmes à manger. Mais ils répondirent: Nous n'avons que cinq pains et deux poissons, à moins que nous n'allions nous-mêmes acheter des vivres pour tout ce peuple. Or, 14 il y avait environ cinq mille hommes. Jésus dit à ses disciples: Faites-les asseoir par rangées de cinquante. Ils firent ainsi, ils les firent tous 15 asseoir. Jésus prit les cinq pains et 16 les deux poissons, et, levant les yeux vers le ciel, il les bénit. Puis, il les rompit, et les donna aux disciples, afin qu'ils les distribuassent à la foule. Tous mangèrent et furent 17 rassasiés, et l'on emporta douze paniers pleins des morceaux qui restaient.

Un jour que Jésus priait à l'écart, 18 ayant avec lui ses disciples, il leur fit cette question: Qui dit-on que je suis? Ils répondirent: Jean-Bap- 19 tiste; les autres, Élie; les autres, qu'un des anciens prophètes est ressuscité. Et vous, leur demanda-t-il, 20 qui dites-vous que je suis? Pierre répondit: Le Christ de Dieu. Jésus 21 leur recommanda sévèrement de ne le dire à personne.

Il ajouta qu'il fallait que le Fils 22 de l'homme souffrît beaucoup, qu'il fût rejeté par les anciens, par les principaux sacrificateurs et par les scribes, qu'il fût mis à mort, et qu'il ressuscitât le troisième jour.

Puis il dit à tous: Si quelqu'un 23

veut venir après moi, qu'il renonce à lui-même, qu'il se charge chaque jour 24 de sa croix, et qu'il me suive. Car celui qui voudra sauver sa vie la perdra, mais celui qui la perdra à cause 25 de moi la sauvera. Et que servirait-il à un homme de gagner tout le monde, s'il se détruisait ou se per-26 dait lui-même? Car quiconque aura honte de moi et de mes paroles, le Fils de l'homme aura honte de lui, quand il viendra dans sa gloire, et dans celle du Père et des saints 27 anges. Je vous le dis en vérité, quelques-uns de ceux qui sont ici ne mourront point qu'ils n'aient vu le royaume de Dieu.

Jésus sur une montagne : la transfiguration. — Guérison d'un démoniaque. — Jésus annonce sa mort et sa résurrection. — Qui est le plus grand?

28 Environ huit jours après qu'il eut dit ces paroles, Jésus prit avec lui Pierre, Jean et Jacques, et il monta 29 sur la montagne pour prier. Pendant qu'il priait, l'aspect de son visage changea, et son vêtement devint 30 d'une éclatante blancheur. Et voici, deux hommes s'entretenaient avec 31 lui : c'étaient Moïse et Élie, qui, apparaissant dans la gloire, parlaient de son départ qu'il allait accomplir 32 à Jérusalem. Pierre et ses compagnons étaient appesantis par le sommeil; mais, s'étant tenus éveillés, ils virent la gloire de Jésus et les deux hommes qui étaient avec lui. 33 Au moment où ces hommes se séparaient de Jésus, Pierre lui dit : Maître, il est bon que nous soyons ici; dressons trois tentes, une pour toi, une pour Moïse, et une pour Élie. Il ne 34 savait ce qu'il disait. Comme il parlait ainsi, une nuée vint les couvrir; et les disciples furent saisis de frayeur en les voyant entrer dans la nuée. 35 Et de la nuée sortit une voix, qui dit : Celui-ci est mon Fils élu : écou-36 tez-le! Quand la voix se fit entendre, Jésus se trouva seul. Les disciples gardèrent le silence, et ils ne racontèrent à personne, en ce temps-là, rien de ce qu'ils avaient vu.

37 Le lendemain, lorsqu'ils furent descendus de la montagne, une grande foule vint au-devant de Jé-38 sus. Et voici, du milieu de la foule un homme s'écria : Maître, je t'en prie, porte les regards sur mon fils, 39 car c'est mon fils unique. Un esprit le saisit, et aussitôt il pousse des cris; et l'esprit l'agite avec violence, le fait écumer, et a de la peine à se retirer de lui, après l'avoir tout brisé. 40 J'ai prié tes disciples de le chasser, 41 et ils n'ont pas pu. Race incrédule et perverse, répondit Jésus, jusques à quand serai-je avec vous, et vous supporterai-je? Amène ici ton fils. 42 Comme il approchait, le démon le jeta par terre, et l'agita avec violence. Mais Jésus menaça l'esprit impur, guérit l'enfant, et le rendit à son 43 père. Et tous furent frappés de la grandeur de Dieu.

Tandis que chacun était dans l'admiration de tout ce que faisait Jésus, 44 il dit à ses disciples : Pour vous, écoutez bien ceci : Le Fils de l'homme doit être livré entre les mains des 45 hommes. Mais les disciples ne comprenaient pas cette parole; elle était voilée pour eux, afin qu'ils n'en eussent pas le sens; et ils craignaient de l'interroger à ce sujet.

46 Or, une pensée leur vint dans l'esprit, savoir lequel d'entre eux était 47 le plus grand. Jésus, voyant la pensée de leur cœur, prit un petit enfant, le plaça près de lui, et leur dit : Qui-48 conque reçoit en mon nom ce petit enfant me reçoit moi-même; et quiconque me reçoit reçoit celui qui m'a envoyé. Car celui qui est le plus petit parmi vous tous, c'est celui-là qui est grand.

49 Jean prit la parole, et dit : Maître, nous avons vu un homme qui chasse des démons en ton nom; et nous l'en avons empêché, parce qu'il ne nous 50 suit pas. Ne l'en empêchez pas, lui répondit Jésus; car qui n'est pas contre vous est pour vous.

Jésus se rendant à Jérusalem. — Un bourg des Samaritains. — Comment suivre Jésus.

51 Lorsque le temps où il devait être enlevé du monde approcha, Jésus prit la résolution de se rendre à

52 Jérusalem. Il envoya devant lui des messagers, qui se mirent en route et entrèrent dans un bourg des Samaritains, pour lui préparer 53 un logement. Mais on ne le reçut pas, parce qu'il se dirigeait sur Jé- 54 rusalem. Les disciples Jacques et Jean, voyant cela, dirent : Seigneur, veux-tu que nous commandions que le feu descende du ciel et les con- 55 sume ? Jésus se tourna vers eux, et les réprimanda, disant : Vous ne savez de quel esprit vous êtes animés. 56 Car le Fils de l'homme est venu, non pour perdre les âmes des hommes, mais pour les sauver. Et ils allèrent dans un autre bourg.

57 Pendant qu'ils étaient en chemin, un homme lui dit : Seigneur, je te 58 suivrai partout où tu iras. Jésus lui répondit : Les renards ont des tanières, et les oiseaux du ciel ont des nids ; mais le Fils de l'homme n'a 59 pas où reposer sa tête. Il dit à un autre : Suis-moi. Et il répondit : Seigneur, permets-moi d'aller d'abord 60 ensevelir mon père. Mais Jésus lui dit : Laisse les morts ensevelir leurs morts ; et toi, va annoncer le royaume 61 de Dieu. Un autre dit : Je te suivrai, Seigneur, mais permets-moi d'aller d'abord prendre congé de ceux de 62 ma maison. Jésus lui répondit : Quiconque met la main à la charrue, et regarde en arrière, n'est pas propre au royaume de Dieu.

Mission de soixante-dix disciples. — Reproches aux villes impénitentes.—Retour des disciples.—Les choses divines révélées aux enfants.

10 Après cela, le Seigneur désigna encore soixante-dix autres disciples, et il les envoya deux à deux devant lui dans toutes les villes et dans tous les lieux où lui-même de- 2 vait aller. Il leur dit : La moisson est grande, mais il y a peu d'ouvriers. Priez donc le maître de la moisson d'envoyer des ouvriers dans sa mois- 3 son. Partez ; voici, je vous envoie comme des agneaux au milieu des 4 loups. Ne portez ni bourse, ni sac, ni souliers, et ne saluez personne en 5 chemin. Dans quelque maison que vous entriez, dites d'abord : Que la paix soit sur cette maison ! Et s'il 6 se trouve là un enfant de paix, votre paix reposera sur lui ; sinon, elle reviendra à vous. Demeurez dans 7 cette maison-là, mangeant et buvant ce qu'on vous donnera ; car l'ouvrier mérite son salaire. N'allez pas de maison en maison. Dans quelque 8 ville que vous entriez, et où l'on vous recevra, mangez ce qui vous sera présenté, guérissez les malades qui 9 s'y trouveront, et dites-leur : Le royaume de Dieu s'est approché de vous. Mais dans quelque ville que 10 vous entriez, et où l'on ne vous recevra pas, allez dans ses rues, et dites : Nous secouons contre vous 11 la poussière même de votre ville qui s'est attachée à nos pieds ; sachez cependant que le royaume de Dieu s'est approché. Je vous dis qu'en 12 ce jour Sodome sera traitée moins rigoureusement que cette ville-là.

Malheur à toi, Chorazin ! malheur 13 à toi, Bethsaïda ! car, si les miracles qui ont été faits au milieu de vous avaient été faits dans Tyr et dans Sidon, il y a longtemps qu'elles se seraient repenties, en prenant le sac et la cendre. C'est pourquoi, au jour 14 du jugement, Tyr et Sidon seront traitées moins rigoureusement que vous. Et toi, Capernaüm, qui as 15 été élevée jusqu'au ciel, tu seras abaissée jusqu'au séjour des morts.

Celui qui vous écoute m'écoute, et 16 celui qui vous rejette me rejette ; et celui qui me rejette rejette celui qui m'a envoyé.

Les soixante-dix revinrent avec 17 joie, disant : Seigneur, les démons mêmes nous sont soumis en ton nom. Jésus leur dit : Je voyais Sa- 18 tan tomber du ciel comme un éclair. Voici, je vous ai donné le pouvoir de 19 marcher sur les serpents et les scorpions, et sur toute la puissance de l'ennemi ; et rien ne pourra vous nuire. Cependant, ne vous réjouis- 20 sez pas de ce que les esprits vous sont soumis ; mais réjouissez-vous de ce que vos noms sont écrits dans les cieux.

En ce moment même, Jésus tres- 21 saillit de joie par le Saint-Esprit, et il dit: Je te loue, Père, Seigneur du ciel et de la terre, de ce que tu as caché ces choses aux sages et aux intelligents, et de ce que tu les as révélées aux enfants. Oui, Père, je te loue de ce que tu l'as voulu ainsi. 22 Toutes choses m'ont été données par mon Père, et personne ne connaît qui est le Fils, si ce n'est le Père, ni qui est le Père, si ce n'est le Fils et celui à qui le Fils veut le 23 révéler. Et, se tournant vers les disciples, il leur dit en particulier: Heureux les yeux qui voient ce que 24 vous voyez! Car je vous dis que beaucoup de prophètes et de rois ont désiré voir ce que vous voyez, et ne l'ont pas vu, entendre ce que vous entendez, et ne l'ont pas entendu.

Parabole du Samaritain.—Marthe et Marie.

25 Un docteur de la loi se leva, et dit à Jésus, pour l'éprouver: Maître, que dois-je faire pour hériter la vie éter- 26 nelle? Jésus lui dit: Qu'est-il écrit 27 dans la loi? Qu'y lis-tu? Il répondit: Tu aimeras le Seigneur, ton Dieu, de tout ton cœur, de toute ton âme, de toute ta force, et de toute ta pensée; et ton prochain comme toi- 28 même. Tu as bien répondu, lui dit 29 Jésus; fais cela, et tu vivras. Mais lui, voulant se justifier, dit à Jésus: 30 Et qui est mon prochain? Jésus reprit la parole, et dit: Un homme descendait de Jérusalem à Jéricho. Il tomba au milieu des brigands, qui le dépouillèrent, le chargèrent de coups, et s'en allèrent, le laissant à 31 demi mort. Un sacrificateur, qui par hasard descendait par le même chemin, ayant vu cet homme, passa 32 outre. Un Lévite, qui arriva aussi dans ce lieu, l'ayant vu, passa outre. 33 Mais un Samaritain, qui voyageait, étant venu là, fut ému de compassion 34 lorsqu'il le vit. Il s'approcha, et banda ses plaies, en y versant de l'huile et du vin; puis il le mit sur sa propre monture, le conduisit à une hôtellerie, et prit soin de lui. 35 Le lendemain, il tira deux deniers, les donna à l'hôte, et dit: Aie soin de lui, et ce que tu dépenseras de plus, je te le rendrai à mon retour. Lequel de ces trois te semble avoir 36 été le prochain de celui qui était tombé au milieu des brigands? C'est 37 celui qui a exercé la miséricorde envers lui, répondit le docteur de la loi. Et Jésus lui dit: Va, et toi, fais de même.

Comme Jésus était en chemin avec 38 ses disciples, il entra dans un village, et une femme, nommée Marthe, le reçut dans sa maison. Elle avait 39 une sœur, nommée Marie, qui, s'étant assise aux pieds du Seigneur, écoutait sa parole. Marthe, occupée 40 à divers soins domestiques, survint et dit: Seigneur, cela ne te fait-il rien que ma sœur me laisse seule pour servir? Dis-lui donc de m'aider. Le Seigneur lui répondit: Marthe, 41 Marthe, tu t'inquiètes et tu t'agites pour beaucoup de choses. Une 42 seule chose est nécessaire. Marie a choisi la bonne part, qui ne lui sera point ôtée.

La prière: oraison dominicale.—La persévérance dans la prière.

Jésus priait un jour en un certain **11** lieu. Lorsqu'il eut achevé, un de ses disciples lui dit: Seigneur, enseigne-nous à prier, comme Jean l'a enseigné à ses disciples. Il leur dit: 2 Quand vous priez, dites:

Père! Que ton nom soit sanctifié; que ton règne vienne. Donne-nous 3 chaque jour notre pain quotidien; pardonne-nous nos péchés, car nous 4 aussi nous pardonnons à quiconque nous offense; et ne nous induis pas en tentation.

Il leur dit encore: Si l'un de vous 5 a un ami, et qu'il aille le trouver au milieu de la nuit pour lui dire: Ami, prête-moi trois pains, car un de mes 6 amis est arrivé de voyage chez moi, et je n'ai rien à lui offrir, et si, de 7 l'intérieur de sa maison, cet ami lui répond: Ne m'importune pas, la porte est déjà fermée, mes enfants et moi nous sommes au lit, je ne puis me lever pour te donner des pains,—je vous le dis, quand même 8 il ne se lèverait pas pour les lui donner parce que c'est son ami, il se lèverait à cause de son importunité et lui donnerait tout ce dont il a 9 besoin. Et moi, je vous dis: Demandez, et l'on vous donnera; cherchez, et vous trouverez; frappez, et 10 l'on vous ouvrira. Car quiconque demande reçoit, celui qui cherche trouve, et l'on ouvre à celui qui 11 frappe. Quel est parmi vous le père qui donnera une pierre à son fils, s'il lui demande du pain? Ou, s'il demande un poisson, lui donnera-t-il un serpent au lieu d'un poisson? 12 Ou, s'il demande un œuf, lui don- 13 nera-t-il un scorpion? Si donc, méchants comme vous l'êtes, vous savez donner de bonnes choses à vos enfants, à combien plus forte raison le Père céleste donnera-t-il le Saint-Esprit à ceux qui le lui demandent.

Guérison d'un démoniaque muet.—Réponse de Jésus à ses adversaires.—Un miracle refusé.—Les scribes et les pharisiens censurés.

14 Jésus chassa un démon qui était muet. Lorsque le démon fut sorti, le muet parla, et la foule fut dans 15 l'admiration. Mais quelques-uns dirent: C'est par Béelzébul, le prince des démons, qu'il chasse les démons. 16 Et d'autres, pour l'éprouver, lui demandèrent un signe venant du ciel. 17 Comme Jésus connaissait leurs pensées, il leur dit: Tout royaume divisé contre lui-même est dévasté, et une maison s'écroule sur une autre. 18 Si donc Satan est divisé contre lui-même, comment son royaume subsistera-t-il, puisque vous dites que je chasse les démons par Béelzébul? 19 Et si moi, je chasse les démons par Béelzébul, vos fils, par qui les chassent-ils? C'est pourquoi ils seront 20 eux-mêmes vos juges. Mais, si c'est par le doigt de Dieu que je chasse les démons, le royaume de Dieu est 21 donc venu vers vous. Lorsqu'un homme fort et bien armé garde sa maison, ce qu'il possède est en sûreté. 22 Mais, si un plus fort que lui survient et le dompte, il lui enlève toutes les armes dans lesquelles il se confiait, 23 et il distribue ses dépouilles. Celui qui n'est pas avec moi est contre

moi, et celui qui n'assemble pas avec moi disperse.

Lorsque l'esprit impur est sorti 24 d'un homme, il va dans des lieux arides, pour chercher du repos. N'en trouvant point, il dit: Je retournerai dans ma maison d'où je suis sorti; et, quand il arrive, il la trouve ba- 25 layée et ornée. Alors il s'en va, et il 26 prend sept autres esprits plus méchants que lui; ils entrent dans la maison, s'y établissent, et la dernière condition de cet homme est pire que la première.

Tandis que Jésus parlait ainsi, une 27 femme, élevant la voix du milieu de la foule, lui dit: Heureux le sein qui t'a porté! heureuses les mamelles qui t'ont allaité! Et il répondit: 28 Heureux plutôt ceux qui écoutent la parole de Dieu, et qui la gardent!

Comme le peuple s'amassait en 29 foule, il se mit à dire: Cette génération est une génération méchante; elle demande un miracle; il ne lui sera donné d'autre miracle que celui de Jonas. Car, de même que Jonas 30 fut un signe pour les Ninivites, de même le Fils de l'homme en sera un pour cette génération. La reine du 31 Midi se lèvera, au jour du jugement, avec les hommes de cette génération et les condamnera, parce qu'elle vint des extrémités de la terre pour entendre la sagesse de Salomon; et voici, il y a ici plus que Salomon. Les hommes de Ninive se lèveront, 32 au jour du jugement, avec cette génération et la condamneront, parce qu'ils se repentirent à la prédication de Jonas; et voici, il y a ici plus que Jonas.

Personne n'allume une lampe pour 33 la mettre dans un lieu caché ou sous le boisseau, mais on la met sur le chandelier, afin que ceux qui entrent voient la lumière. Ton œil est la 34 lampe de ton corps. Lorsque ton œil est en bon état, tout ton corps est éclairé; mais lorsque ton œil est en mauvais état, ton corps est dans les ténèbres. Prends donc garde 35 que la lumière qui est en toi ne soit ténèbres. Si donc tout ton 36 corps est éclairé, n'ayant aucune partie dans les ténèbres, il sera entièrement éclairé, comme lorsque la lampe t'éclaire de sa lumière.

37 Pendant que Jésus parlait, un pharisien le pria de dîner chez lui. Il
38 entra, et se mit à table. Le pharisien vit avec étonnement qu'il ne
39 s'était pas lavé avant le repas. Mais le Seigneur lui dit: Vous, pharisiens, vous nettoyez le dehors de la coupe et du plat, et votre intérieur est plein
40 de rapine et de méchanceté. Insensés! celui qui a fait le dehors n'a-t-il pas fait aussi le dedans?
41 Donnez plutôt en aumônes ce qui est dedans, et voici, toutes choses seront pures pour vous.

42 Mais malheur à vous, pharisiens! parce que vous payez la dîme de la menthe, de la rue, et de toutes les herbes, et que vous négligez la justice et l'amour de Dieu: c'est là ce qu'il fallait pratiquer, sans omettre les autres choses.

43 Malheur à vous, pharisiens! parce que vous aimez les premiers sièges dans les synagogues, et les salutations dans les places publiques.

44 Malheur à vous! parce que vous êtes comme les sépulcres qui ne paraissent pas, et sur lesquels on marche sans le savoir.

45 Un des docteurs de la loi prit la parole, et lui dit: Maître, en parlant de la sorte, c'est aussi nous que tu
46 outrages. Et Jésus répondit: Malheur à vous aussi, docteurs de la loi! parce que vous chargez les hommes de fardeaux difficiles à porter, et que vous ne touchez pas vous-mêmes de l'un de vos doigts.

47 Malheur à vous! parce que vous bâtissez les tombeaux des prophètes,
48 que vos pères ont tués. Vous rendez donc témoignage aux œuvres de vos pères, et vous les approuvez; car eux, ils ont tué les prophètes, et vous, vous bâtissez leurs tombeaux.
49 C'est pourquoi la sagesse de Dieu a dit: Je leur enverrai des prophètes et des apôtres; ils tueront les uns et
50 persécuteront les autres, afin qu'il soit demandé compte à cette génération du sang de tous les prophètes qui a été répandu depuis la création

du monde, depuis le sang d'Abel 51 jusqu'au sang de Zacharie, tué entre l'autel et le temple; oui, je vous le dis, il en sera demandé compte à cette génération.

Malheur à vous, docteurs de la 52 loi! parce que vous avez enlevé la clef de la science; vous n'êtes pas entrés vous-mêmes, et vous avez empêché d'entrer ceux qui le voulaient.

Quand il fut sorti de là, les scribes 53 et les pharisiens commencèrent à le presser violemment, et à le faire parler sur beaucoup de choses, lui 54 tendant des pièges, pour surprendre quelque parole sortie de sa bouche.

Instructions de Jésus sur: —l'hypocrisie,—la crainte des hommes,—le blasphème contre le Saint-Esprit,—l'avarice,—la confiance dans les richesses (parabole de l'homme riche),—les inquiétudes,—l'aumône,—la vigilance,—les signes des temps,—la réconciliation.

Sur ces entrefaites, les gens s'étant **12** rassemblés par milliers, au point de se fouler les uns les autres, Jésus se mit à dire à ses disciples: Avant tout, gardez-vous du levain des pharisiens, qui est l'hypocrisie. Il n'y a 2 rien de caché qui ne doive être découvert, ni de secret qui ne doive être connu. C'est pourquoi tout ce 3 que vous aurez dit dans les ténèbres sera entendu dans la lumière, et ce que vous aurez dit à l'oreille dans les chambres sera prêché sur les toits. Je vous dis, à vous qui êtes 4 mes amis: Ne craignez pas ceux qui tuent le corps et qui, après cela, ne peuvent rien faire de plus. Je vous 5 montrerai qui vous devez craindre. Craignez celui qui, après avoir tué, a le pouvoir de jeter dans la géhenne; oui, je vous le dis, c'est lui que vous devez craindre. Ne vend-on pas 6 cinq passereaux pour deux sous? Cependant, pas un d'eux n'est oublié devant Dieu. Et même les cheveux 7 de votre tête sont tous comptés. Ne craignez donc point: vous valez plus que beaucoup de passereaux.

Je vous le dis, quiconque me con- 8 fessera devant les hommes, le Fils de l'homme le confessera aussi devant

9 les anges de Dieu ; mais celui qui me reniera devant les hommes sera renié devant les anges de Dieu.

10 Et quiconque parlera contre le Fils de l'homme, il lui sera pardonné ; mais à celui qui blasphémera contre le Saint-Esprit il ne sera point pardonné.

11 Quand on vous mènera devant les synagogues, les magistrats et les autorités, ne vous inquiétez pas de la manière dont vous vous défendrez

12 ni de ce que vous direz ; car le Saint-Esprit vous enseignera à l'heure même ce qu'il faudra dire.

13 Quelqu'un dit à Jésus, du milieu de la foule : Maître, dis à mon frère de partager avec moi notre héritage.

14 Jésus lui répondit : O homme, qui m'a établi pour être votre juge, ou

15 pour faire vos partages ? Puis il leur dit : Gardez-vous avec soin de toute avarice ; car la vie d'un homme ne dépend pas de ses biens, fût-il dans

16 l'abondance. Et il leur dit cette parabole :

Les terres d'un homme riche avaient

17 beaucoup rapporté. Et il raisonnait en lui-même, disant : Que ferai-je ? car je n'ai pas de place pour serrer

18 ma récolte. Voici, dit-il, ce que je ferai : j'abattrai mes greniers, j'en bâtirai de plus grands, j'y amasserai toute ma récolte et tous mes biens ;

19 et je dirai à mon âme : Mon âme, tu as beaucoup de biens en réserve pour plusieurs années ; repose-toi,

20 mange, bois, et te réjouis. Mais Dieu lui dit : Insensé ! cette nuit même ton âme te sera redemandée ; et ce que tu as préparé, pour qui

21 sera-t-il ? Il en est ainsi de celui qui amasse des trésors pour lui-même, et qui n'est pas riche pour Dieu.

22 Jésus dit ensuite à ses disciples : C'est pourquoi je vous dis : Ne vous inquiétez pas pour votre vie de ce que vous mangerez, ni pour votre

23 corps de quoi vous serez vêtus. La vie est plus que la nourriture, et le

24 corps plus que le vêtement. Considérez les corbeaux : ils ne sèment ni ne moissonnent, ils n'ont ni cellier ni grenier ; et Dieu les nourrit. Combien ne valez-vous pas plus que les

oiseaux ! Qui de vous, par ses in- 25 quiétudes, peut ajouter une coudée à la durée de sa vie ? Si donc vous 26 ne pouvez pas même la moindre chose, pourquoi vous inquiétez-vous du reste ? Considérez comment crois- 27 sent les lis : ils ne travaillent ni ne filent ; cependant je vous dis que Salomon même, dans toute sa gloire, n'a pas été vêtu comme l'un d'eux. Si Dieu revêt ainsi l'herbe qui est 28 aujourd'hui dans les champs et qui demain sera jetée au four, à combien plus forte raison ne vous vêtira-t-il pas, gens de peu de foi ? Et vous, 29 ne cherchez pas ce que vous mangerez et ce que vous boirez, et ne soyez pas inquiets. Car toutes ces 30 choses, ce sont les païens du monde qui les recherchent. Votre Père sait que vous en avez besoin. Cherchez 31 plutôt le royaume de Dieu ; et toutes ces choses vous seront données pardessus.

Ne crains point, petit troupeau ; 32 car votre Père a trouvé bon de vous donner le royaume.

Vendez ce que vous possédez, et 33 donnez-le en aumônes. Faites-vous des bourses qui ne s'usent point, un trésor inépuisable dans les cieux, où le voleur n'approche point, et où la teigne ne détruit point. Car là où 34 est votre trésor, là aussi sera votre cœur.

Que vos reins soient ceints, et vos 35 lampes allumées. Et vous, soyez 36 semblables à des hommes qui attendent que leur maître revienne des noces, afin de lui ouvrir dès qu'il arrivera et frappera. Heureux ces 37 serviteurs que le maître, à son arrivée, trouvera veillant ! Je vous le dis en vérité, il se ceindra, les fera mettre à table, et s'approchera pour les servir. Qu'il arrive à la deuxième 38 ou à la troisième veille, heureux ces serviteurs, s'il les trouve veillant ! Sachez-le bien, si le maître de la 39 maison savait à quelle heure le voleur doit venir, il veillerait et ne laisserait pas percer sa maison. Vous aussi, 40 tenez-vous prêts, car le Fils de l'homme viendra à l'heure où vous n'y penserez pas.

41 Pierre lui dit: Seigneur, est-ce à nous, ou à tous, que tu adresses cette 42 parabole? Et le Seigneur dit: Quel est donc l'économe fidèle et prudent que le maître établira sur ses gens, pour leur donner la nourriture au 43 temps convenable? Heureux ce serviteur, que son maître, à son arrivée, 44 trouvera faisant ainsi! Je vous le dis en vérité, il l'établira sur tous ses biens.

45 Mais, si ce serviteur dit en lui-même: Mon maître tarde à venir; s'il se met à battre les serviteurs et les servantes, 46 à manger, à boire et à s'enivrer, le maître de ce serviteur viendra le jour où il ne s'y attend pas et à l'heure qu'il ne connaît pas, il le mettra en pièces, et lui donnera sa part avec 47 les infidèles. Le serviteur qui, ayant connu la volonté de son maître, n'a rien préparé et n'a pas agi selon sa volonté, sera battu d'un grand nom- 48 bre de coups. Mais celui qui, ne l'ayant pas connue, a fait des choses dignes de châtiment, sera battu de peu de coups. On demandera beaucoup à qui l'on a beaucoup donné, et on exigera davantage de celui à qui l'on a beaucoup confié.

49 Je suis venu jeter un feu sur la terre, et qu'ai-je à désirer, s'il est 50 déjà allumé? Il est un baptême dont je dois être baptisé, et combien il me 51 tarde qu'il soit accompli! Pensez-vous que je sois venu apporter la paix sur la terre? Non, vous dis-je, 52 mais la division. Car désormais cinq dans une maison seront divisés, trois contre deux, et deux contre 53 trois; le père contre le fils et le fils contre le père, la mère contre la fille et la fille contre la mère, la belle-mère contre la belle-fille et la belle-fille contre la belle-mère.

54 Il dit encore aux foules: Quand vous voyez un nuage se lever à l'occident, vous dites aussitôt: La pluie 55 vient. Et il arrive ainsi. Et quand vous voyez souffler le vent du midi, vous dites: Il fera chaud. Et cela 56 arrive. Hypocrites! vous savez discerner l'aspect de la terre et du ciel; comment ne discernez-vous pas ce temps-ci?

57 Et pourquoi ne discernez-vous pas de vous-mêmes ce qui est juste? Lorsque tu vas avec ton adversaire 58 devant le magistrat, tâche en chemin de te dégager de lui, de peur qu'il ne te traîne devant le juge, que le juge ne te livre à l'officier de justice, et que celui-ci ne te mette en prison. Je te le dis, tu ne sortiras pas de là 59 que tu n'aies payé jusqu'à la dernière pite.

Galiléens massacrés par Pilate.—Parabole du figuier stérile.

13 En ce même temps, quelques personnes qui se trouvaient là racontaient à Jésus ce qui était arrivé à des Galiléens dont Pilate avait mêlé le sang avec celui de leurs sacrifices. Il leur répondit: Croyez- 2 vous que ces Galiléens fussent de plus grands pécheurs que tous les autres Galiléens, parce qu'ils ont souffert de la sorte? Non, je vous 3 le dis. Mais si vous ne vous repentez, vous périrez tous également. Ou bien, ces dix-huit personnes sur 4 qui est tombée la tour de Siloé et qu'elle a tuées, croyez-vous qu'elles fussent plus coupables que tous les autres habitants de Jérusalem? Non, 5 je vous le dis. Mais si vous ne vous repentez, vous périrez tous également.

Il dit aussi cette parabole: Un 6 homme avait un figuier planté dans sa vigne. Il vint pour y chercher du fruit, et il n'en trouva point. Alors il dit au vigneron: Voilà trois 7 ans que je viens chercher du fruit à ce figuier, et je n'en trouve point. Coupe-le: pourquoi occupe-t-il la terre inutilement? Le vigneron lui 8 répondit: Seigneur, laisse-le encore cette année; je creuserai tout autour, et j'y mettrai du fumier. Peut-être 9 à l'avenir donnera-t-il du fruit; sinon, tu le couperas.

Guérison d'une femme le jour du sabbat.— Paraboles du grain de sénevé,—du levain.

Jésus enseignait dans une des 10 synagogues, le jour du sabbat. Et 11 voici, il y avait là une femme possédée d'un esprit qui la rendait infirme depuis dix-huit ans; elle était cour-

bée, et ne pouvait aucunement se
12 redresser. Lorsqu'il la vit, Jésus lui
adressa la parole, et lui dit: Femme,
13 tu es délivrée de ton infirmité. Et il
lui imposa les mains. A l'instant
elle se redressa, et glorifia Dieu.
14 Mais le chef de la synagogue, indigné de ce que Jésus avait opéré
cette guérison un jour de sabbat, dit
à la foule: Il y a six jours pour
travailler; venez donc vous faire
guérir ces jours-là, et non pas le jour
15 du sabbat. Hypocrites! lui répondit le Seigneur, est-ce que chacun
de vous, le jour du sabbat, ne détache
pas de la crèche son bœuf ou son
16 âne, pour le mener boire? Et cette
femme, qui est une fille d'Abraham,
et que Satan tenait liée depuis dix-
huit ans, ne fallait-il pas la délivrer
de cette chaîne le jour du sabbat?
17 Tandis qu'il parlait ainsi, tous ses
adversaires étaient confus, et la foule
se réjouissait de toutes les choses
glorieuses qu'il faisait.
18 Il dit encore: A quoi le royaume
de Dieu est-il semblable, et à quoi
19 le comparerai-je? Il est semblable
à un grain de sénevé qu'un homme
a pris et jeté dans son jardin; il
pousse, devient un arbre, et les
oiseaux du ciel habitent dans ses
branches.
20 Il dit encore: A quoi comparerai-je
21 le royaume de Dieu? Il est semblable à du levain qu'une femme a pris
et mis dans trois mesures de farine,
pour faire lever toute la pâte.

*La porte étroite.—Hostilité d'Hérode.—
Crimes et châtiment de Jérusalem.*

22 Jésus traversait les villes et les
villages, enseignant, et faisant route
vers Jérusalem.
23 Quelqu'un lui dit: Seigneur, n'y
a-t-il que peu de gens qui soient
24 sauvés? Il leur répondit: Efforcez-
vous d'entrer par la porte étroite.
Car, je vous le dis, beaucoup chercheront à entrer, et ne le pourront
25 pas. Quand le maître de la maison
se sera levé et aura fermé la porte,
et que vous, étant dehors, vous com-
mencerez à frapper à la porte, en
disant: Seigneur, Seigneur, ouvre-

nous! il vous répondra: Je ne sais
d'où vous êtes. Alors vous vous 26
mettrez à dire: Nous avons mangé
et bu devant toi, et tu as enseigné
dans nos rues. Et il répondra: Je 27
vous le dis, je ne sais d'où vous êtes;
retirez-vous de moi, vous tous, ouvriers d'iniquité. C'est là qu'il y aura 28
des pleurs et des grincements de
dents, quand vous verrez Abraham,
Isaac et Jacob, et tous les prophètes,
dans le royaume de Dieu, et que
vous serez jetés dehors. Il en viendra 29
de l'orient et de l'occident, du nord
et du midi; et ils se mettront à table
dans le royaume de Dieu. Et voici, 30
il y en a des derniers qui seront les
premiers, et des premiers qui seront
les derniers.

Ce même jour, quelques pharisiens 31
vinrent lui dire: Va-t'en, pars d'ici,
car Hérode veut te tuer. Il leur ré- 32
pondit: Allez, et dites à ce renard:
Voici, je chasse les démons et je fais
des guérisons aujourd'hui et demain,
et le troisième jour j'aurai fini. Mais 33
il faut que je marche aujourd'hui,
demain, et le jour suivant; car il ne
convient pas qu'un prophète périsse
hors de Jérusalem.

Jérusalem, Jérusalem, qui tues les 34
prophètes et qui lapides ceux qui te
sont envoyés, combien de fois ai-je
voulu rassembler tes enfants, comme
une poule rassemble sa couvée sous
ses ailes, et vous ne l'avez pas voulu!
Voici, votre maison vous sera laissée; 35
mais, je vous le dis, vous ne me verrez plus, jusqu'à ce que vous disiez:
Béni soit celui qui vient au nom du
Seigneur!

*Jésus à table dans la maison d'un pharisien.
—Guérison d'un hydropique le jour du
sabbat.—Instructions sur l'humilité,—
sur la bienfaisance.—Parabole des conviés.*

Jésus étant entré, un jour de **14**
sabbat, dans la maison de l'un des
chefs des pharisiens, pour prendre
un repas, les pharisiens l'observaient.
Et voici, un homme hydropique était 2
devant lui. Jésus prit la parole, et 3
dit aux docteurs de la loi et aux
pharisiens: Est-il permis, ou non, de
faire une guérison le jour du sabbat?

4 Ils gardèrent le silence. Alors Jésus avança la main sur cet homme, le
5 guérit, et le renvoya. Puis il leur dit: Lequel de vous, si son fils ou son bœuf tombe dans un puits, ne l'en retirera pas aussitôt, le jour du
6 sabbat? Et ils ne purent rien répondre à cela.

7 Il adressa ensuite une parabole aux conviés, en voyant qu'ils choisissaient les premières places; et il leur dit:
8 Lorsque tu seras invité par quelqu'un à des noces, ne te mets pas à la première place, de peur qu'il n'y ait parmi les invités une personne plus
9 considérable que toi, et que celui qui vous a invités l'un et l'autre ne vienne te dire: Cède la place à cette personne-là. Tu aurais alors la honte d'aller occuper la dernière place.
10 Mais, lorsque tu seras invité, va te mettre à la dernière place, afin que, quand celui qui t'a invité viendra, il te dise: Mon ami, monte plus haut. Alors cela te fera honneur devant tous ceux qui seront à table avec toi.
11 Car quiconque s'élève sera abaissé, et quiconque s'abaisse sera élevé.
12 Il dit aussi à celui qui l'avait invité: Lorsque tu donnes à dîner ou à souper, n'invite pas tes amis, ni tes frères, ni tes parents, ni des voisins riches, de peur qu'ils ne t'invitent à leur tour et qu'on ne te rende la
13 pareille. Mais, lorsque tu donnes un festin, invite des pauvres, des estropiés, des boiteux, des aveugles.
14 Et tu seras heureux de ce qu'ils ne peuvent pas te rendre la pareille; car elle te sera rendue à la résurrection des justes.
15 Un de ceux qui étaient à table, après avoir entendu ces paroles, dit à Jésus: Heureux celui qui prendra son repas dans le royaume de Dieu!
16 Et Jésus lui répondit: Un homme donna un grand souper, et il invita
17 beacoup de gens. A l'heure du souper, il envoya son serviteur dire aux conviés: Venez, car tout est déjà prêt.
18 Mais tous unanimement se mirent à s'excuser. Le premier lui dit: J'ai acheté un champ, et je suis obligé d'aller le voir; excuse-moi, je te prie.
19 Un autre dit: J'ai acheté cinq paires de bœufs, et je vais les essayer; excuse-moi, je te prie. Un autre dit: 20 Je viens de me marier, et c'est pourquoi je ne puis aller. Le serviteur, 21 de retour, rapporta ces choses à son maître. Alors le maître de la maison irrité dit à son serviteur: Va promptement dans les places et dans les rues de la ville, et amène ici les pauvres, les estropiés, les aveugles et les boiteux. Le serviteur dit: Maître, 22 ce que tu as ordonné a été fait, et il y a encore de la place. Et le maître 23 dit au serviteur: Va dans les chemins et le long des haies, et ceux que tu trouveras, contrains-les d'entrer, afin que ma maison soit remplie. Car, 24 je vous le dis, aucun de ces hommes qui avaient été invités ne goûtera de mon souper.

Conditions à remplir pour être disciple de Jésus.

De grandes foules faisaient route 25 avec Jésus. Il se retourna, et leur dit:

Si quelqu'un vient à moi, et s'il 26 ne hait pas son père, sa mère, sa femme, ses enfants, ses frères et ses sœurs, et même sa propre vie, il ne peut être mon disciple. Et quicon- 27 que ne porte pas sa croix, et ne me suit pas, ne peut être mon disciple.

Car, lequel de vous, s'il veut bâtir 28 une tour, ne s'assied d'abord pour calculer la dépense et voir s'il a de quoi la terminer, de peur qu'après 29 avoir posé les fondements, il ne puisse l'achever, et que tous ceux qui le verront ne se mettent à le railler, en disant: Cet homme a commencé 30 à bâtir, et il n'a pu achever?

Ou quel roi, s'il va faire la guerre 31 à un autre roi, ne s'assied d'abord pour examiner s'il peut, avec dix mille hommes, marcher à la rencontre de celui qui vient l'attaquer avec vingt mille? S'il ne le peut, 32 tandis que cet autre roi est encore loin, il lui envoie une ambassade pour demander la paix.

Ainsi donc, quiconque d'entre vous 33 ne renonce pas à tout ce qu'il possède ne peut être mon disciple.

Le sel est une bonne chose; mais 34

si le sel perd sa saveur, avec quoi
35 l'assaisonnera-t-on ? Il n'est bon ni
pour la terre, ni pour le fumier ; on
le jette dehors. Que celui qui a des
oreilles pour entendre entende.

*Paraboles de la brebis égarée,—de la drachme
perdue,—de l'enfant prodigue.*

15 Tous les publicains et les gens
de mauvaise vie s'approchaient de
2 Jésus pour l'entendre. Et les pharisiens et les scribes murmuraient,
disant : Cet homme accueille des
gens de mauvaise vie, et mange avec
eux.
3 Mais il leur dit cette parabole :
4 Quel homme d'entre vous, s'il a cent
brebis, et qu'il en perde une, ne
laisse les quatre-vingt-dix-neuf autres
dans le désert pour aller après celle
qui est perdue, jusqu'à ce qu'il la
5 trouve ? Lorsqu'il l'a trouvée, il la
6 met avec joie sur ses épaules, et, de
retour à la maison, il appelle ses
amis et ses voisins, et leur dit : Réjouissez-vous avec moi, car j'ai trouvé
7 ma brebis qui était perdue. De
même, je vous le dis, il y aura plus
de joie dans le ciel pour un seul
pécheur qui se repent, que pour
quatre-vingt-dix-neuf justes qui n'ont
pas besoin de repentance.
8 Ou quelle femme, si elle a dix
drachmes, et qu'elle en perde une,
n'allume une lampe, ne balaie la
maison, et ne cherche avec soin,
9 jusqu'à ce qu'elle la trouve ? Lorsqu'elle l'a trouvée, elle appelle ses
amies et ses voisines, et dit : Réjouissez-vous avec moi, car j'ai trouvé
10 la drachme que j'avais perdue. De
même, je vous le dis, il y a de la joie
devant les anges de Dieu pour un
seul pécheur qui se repent.
11 Il dit encore : Un homme avait
12 deux fils. Le plus jeune dit à son
père : Mon père, donne-moi la part
de bien qui doit me revenir. Et le
13 père leur partagea son bien. Peu
de jours après, le plus jeune fils,
ayant tout ramassé, partit pour un
pays éloigné, où il dissipa son bien en
14 vivant dans la débauche. Lorsqu'il
eut tout dépensé, une grande famine
survint dans ce pays, et il commença

à se trouver dans le besoin. Il alla 15
se mettre au service d'un des habitants du pays, qui l'envoya dans ses
champs garder les pourceaux. Il 16
aurait bien voulu se rassasier des
carouges que mangeaient les pourceaux, mais personne ne lui en
donnait. Étant rentré en lui-même, 17
il dit : Combien de mercenaires chez
mon père ont du pain en abondance,
et moi, ici, je meurs de faim ! Je 18
me lèverai, j'irai vers mon père, et je
lui dirai : Mon père, j'ai péché contre
le ciel et contre toi, je ne suis plus 19
digne d'être appelé ton fils ; traite-
moi comme l'un de tes mercenaires.
Et il se leva, et alla vers son père. 20
Comme il était encore loin, son père
le vit et fut ému de compassion, il
courut se jeter à son cou et le baisa.
Le fils lui dit : Mon père, j'ai péché 21
contre le ciel et contre toi, je ne suis
plus digne d'être appelé ton fils.
Mais le père dit à ses serviteurs : 22
Apportez vite la plus belle robe, et
l'en revêtez ; mettez-lui un anneau
au doigt, et des souliers aux pieds.
Amenez le veau gras, et tuez-le. 23
Mangeons et réjouissons-nous ; car 24
mon fils que voici était mort, et il
est revenu à la vie ; il était perdu, et
il est retrouvé. Et ils commencèrent
à se réjouir. Or, le fils aîné était 25
dans les champs. Lorsqu'il revint
et approcha de la maison, il entendit
la musique et les danses. Il appela 26
un des serviteurs, et lui demanda ce
que c'était. Ce serviteur lui dit : 27
Ton frère est de retour, et ton père
a tué le veau gras, parce qu'il l'a
retrouvé en bonne santé. Il se mit 28
en colère, et ne voulut pas entrer.
Son père sortit, et le pria d'entrer.
Mais il répondit à son père : Voici, 29
il y a tant d'années que je te sers,
sans avoir jamais transgressé tes
ordres, et jamais tu ne m'as donné
un chevreau pour que je me réjouisse
avec mes amis. Et quand ton fils 30
est arrivé, celui qui a mangé ton bien
avec des prostituées, c'est pour lui
que tu as tué le veau gras ! Mon 31
enfant, lui dit le père, tu es toujours
avec moi, et tout ce que j'ai est à
toi ; mais il fallait bien s'égayer et 32

se réjouir, parce que ton frère que voici était mort et qu'il est revenu à la vie, parce qu'il était perdu et qu'il est retrouvé.

Parabole de l'économe infidèle.—Reproches aux pharisiens.—Parabole du mauvais riche et du pauvre Lazare.

16 Jésus dit aussi à ses disciples : Un homme riche avait un économe, qui lui fut dénoncé comme 2 dissipant ses biens. Il l'appela, et lui dit : Qu'est-ce que j'entends dire de toi ? Rends compte de ton administration, car tu ne pourras plus 3 administrer mes biens. L'économe dit en lui-même : Que ferai-je, puisque mon maître m'ôte l'administration de ses biens ? Travailler à la terre ? je ne le puis. Mendier ? j'en ai honte. 4 Je sais ce que je ferai, pour qu'il y ait des gens qui me reçoivent dans leurs maisons quand je serai destitué 5 de mon emploi. Et, faisant venir chacun des débiteurs de son maître, il dit au premier : Combien dois-tu 6 à mon maître ? Cent mesures d'huile, répondit-il. Et il lui dit : Prends ton billet, assieds-toi vite, et écris 7 cinquante. Il dit ensuite à un autre : Et toi, combien dois-tu ? Cent mesures de blé, répondit-il. Et il lui dit : Prends ton billet, et écris quatre-8 vingts. Le maître loua l'économe infidèle de ce qu'il avait agi prudemment. Car les enfants de ce siècle sont plus prudents à l'égard de leurs semblables que ne le sont les enfants de lumière.

9 Et moi, je vous dis : Faites-vous des amis avec les richesses injustes, pour qu'ils vous reçoivent dans les tabernacles éternels, quand elles vien-10 dront à vous manquer. Celui qui est fidèle dans les moindres choses l'est aussi dans les grandes, et celui qui est injuste dans les moindres choses l'est aussi dans les grandes. 11 Si donc vous n'avez pas été fidèles dans les richesses injustes, qui vous 12 confiera les véritables ? Et si vous n'avez pas été fidèles dans ce qui est à autrui, qui vous donnera ce qui est 13 à vous ? Nul serviteur ne peut servir deux maîtres. Car, ou il haïra l'un

et aimera l'autre ; ou il s'attachera à l'un et méprisera l'autre. Vous ne pouvez servir Dieu et Mamon.

Les pharisiens, qui étaient avares, 14 écoutaient aussi tout cela, et ils se moquaient de lui. Jésus leur dit : 15 Vous, vous cherchez à paraître justes devant les hommes, mais Dieu connaît vos cœurs ; car ce qui est élevé parmi les hommes est une abomination devant Dieu.

La loi et les prophètes ont subsisté 16 jusqu'à Jean ; depuis lors, le royaume de Dieu est annoncé, et chacun use de violence pour y entrer. Il est 17 plus facile que le ciel et la terre passent, qu'il ne l'est qu'un seul trait de lettre de la loi vienne à tomber.

Quiconque répudie sa femme et 18 en épouse une autre commet un adultère, et quiconque épouse une femme répudiée par son mari commet un adultère.

Il y avait un homme riche, qui 19 était vêtu de pourpre et de fin lin, et qui chaque jour menait joyeuse et brillante vie. Un pauvre, nommé 20 Lazare, était couché à sa porte, couvert d'ulcères, et désireux de se 21 rassasier des miettes qui tombaient de la table du riche ; et même les chiens venaient encore lécher ses ulcères. Le pauvre mourut, et il fut 22 porté par les anges dans le sein d'Abraham. Le riche mourut aussi, et il fut enseveli. Dans le séjour 23 des morts, il leva les yeux ; et, tandis qu'il était en proie aux tourments, il vit de loin Abraham, et Lazare dans son sein. Il s'écria : Père Abra- 24 ham, aie pitié de moi, et envoie Lazare, pour qu'il trempe le bout de son doigt dans l'eau et me rafraîchisse la langue ; car je souffre cruellement dans cette flamme. Abraham ré- 25 pondit : Mon enfant, souviens-toi que tu as reçu tes biens pendant ta vie, et que Lazare a eu les maux pendant la sienne ; maintenant il est ici consolé, et toi, tu souffres. D'ailleurs, il y a entre nous et vous 26 un grand abîme, afin que ceux qui voudraient passer d'ici vers vous, ou de là vers nous, ne puissent le faire. Le riche dit : Je te prie donc, 27 père Abraham, d'envoyer Lazare dans la maison de mon père ; car j'ai 28 cinq frères. C'est pour qu'il leur atteste ces choses, afin qu'ils ne 29 viennent pas aussi dans ce lieu de tourments. Abraham répondit : Ils ont Moïse et les prophètes ; qu'ils 30 les écoutent. Et il dit : Non, père Abraham, mais si quelqu'un des morts va vers eux, ils se repentiront. 31 Et Abraham lui dit : S'ils n'écoutent pas Moïse et les prophètes, ils ne se laisseront pas persuader quand même quelqu'un des morts ressusciterait.

Paroles de Jésus sur :—les scandales,—le pardon des offenses,—la puissance de la foi, les serviteurs inutiles.

17 Jésus dit à ses disciples : Il est impossible qu'il n'arrive pas des scandales ; mais malheur à celui par 2 qui ils arrivent ! Il vaudrait mieux pour lui qu'on mît à son cou une pierre de moulin et qu'on le jetât dans la mer, que s'il scandalisait un 3 de ces petits. Prenez garde à vous-mêmes.

Si ton frère a péché, reprends-le ; 4 et, s'il se repent, pardonne-lui. Et s'il a péché contre toi sept fois dans un jour, et que sept fois il revienne à toi, disant : Je me repens,—tu lui pardonneras.

5 Les apôtres dirent au Seigneur : 6 Augmente-nous la foi. Et le Seigneur dit : Si vous aviez de la foi comme un grain de sénevé, vous diriez à ce sycomore : Déracine-toi, et plante-toi dans la mer ; et il vous obéirait.

7 Qui de vous, ayant un serviteur qui laboure ou paît les troupeaux, lui dira, quand il revient des champs : Approche vite, et mets-toi à table ? 8 Ne lui dira-t-il pas au contraire : Prépare-moi à souper, ceins-toi, et me sers, jusqu'à ce que j'aie mangé et bu ; après cela, toi, tu mangeras 9 et boiras ? Doit-il de la reconnaissance à ce serviteur parce qu'il a fait 10 ce qui lui était ordonné ? Vous de même, quand vous avez fait tout ce qui vous a été ordonné, dites : Nous sommes des serviteurs inutiles, nous avons fait ce que nous devions faire.

Les dix lépreux.

Jésus, se rendant à Jérusalem, 11 passait entre la Samarie et la Galilée. Comme il entrait dans un village, 12 dix lépreux vinrent à sa rencontre. Se tenant à distance, ils élevèrent la 13 voix, et dirent : Jésus, maître, aie pitié de nous ! Dès qu'il les eut vus, 14 il leur dit : Allez vous montrer aux sacrificateurs. Et, pendant qu'ils y allaient, il arriva qu'ils furent guéris. L'un d'eux, se voyant guéri, revint 15 sur ses pas, glorifiant Dieu à haute voix. Il tomba sur sa face aux 16 pieds de Jésus, et lui rendit grâces. C'était un Samaritain. Jésus, prenant 17 la parole, dit : Les dix n'ont-ils pas été guéris ? Et les neuf autres, où sont-ils ? Ne s'est-il trouvé que cet 18 étranger pour revenir et donner gloire à Dieu ? Puis il lui dit : Lève-toi, 19 va ; ta foi t'a sauvé.

Le royaume de Dieu et l'avènement du Fils de l'homme.—Exhortation à la vigilance.

Les pharisiens demandèrent à Jé- 20 sus quand viendrait le royaume de Dieu. Il leur répondit : Le royaume de Dieu ne vient pas de manière à frapper les regards. On ne dira 21 point : Il est ici, où : Il est là. Car voici, le royaume de Dieu est au milieu de vous.

Et il dit aux disciples : Des jours 22 viendront où vous désirerez de voir un des jours du Fils de l'homme, et vous ne le verrez point. On vous 23 dira : Il est ici, il est là. N'allez pas, ne courez pas après. Car, comme 24 l'éclair resplendit et brille d'une extrémité du ciel à l'autre, ainsi sera le Fils de l'homme en son jour. Mais 25 il faut auparavant qu'il souffre beaucoup, et qu'il soit rejeté par cette génération.

Ce qui arriva du temps de Noé 26 arrivera de même aux jours du Fils de l'homme. Les hommes mangeai- 27 ent, buvaient, se mariaient et mariaient leurs enfants, jusqu'au jour où Noé entra dans l'arche ; le déluge vint, et les fit tous périr. Ce qui 28 arriva du temps de Lot arrivera pareillement. Les hommes mangeai-

ent, buvaient, achetaient, vendaient,
29 plantaient, bâtissaient ; mais le jour
où Lot sortit de Sodome, une pluie
de feu et de soufre tomba du ciel, et
30 les fit tous périr. Il en sera de
même le jour où le Fils de l'homme
paraîtra.

31 En ce jour-là, que celui qui sera
sur le toit, et qui aura ses effets
dans la maison, ne descende pas pour
les prendre ; et que celui qui sera
dans les champs ne retourne pas non
32 plus en arrière. Souvenez-vous de
33 la femme de Lot. Celui qui cherchera à sauver sa vie la perdra, et
34 celui qui la perdra la retrouvera. Je
vous le dis, en cette nuit-là, de deux
personnes qui seront dans un même
lit, l'une sera prise et l'autre laissée ;
35 de deux femmes qui moudront ensemble, l'une sera prise et l'autre
36 laissée. De deux hommes qui seront
dans un champ, l'un sera pris et
l'autre laissé.

37 Les disciples lui dirent : Où sera-
ce, Seigneur ? Et il répondit : Où
sera le corps, là s'assembleront les
aigles.

*Parabole du juge inique.—Parabole du
pharisien et du publicain.*

18 Jésus leur adressa une parabole,
pour montrer qu'il faut toujours
2 prier, et ne point se relâcher. Il dit :
Il y avait dans une ville un juge qui
ne craignait point Dieu et qui n'avait
3 d'égard pour personne. Il y avait
aussi dans cette ville une veuve qui
venait lui dire : Fais-moi justice de
4 ma partie adverse. Pendant longtemps il refusa. Mais ensuite il dit
en lui-même : Quoique je ne craigne
point Dieu et que je n'aie d'égard
5 pour personne, néanmoins, parce que
cette veuve m'importune, je lui ferai
justice, afin qu'elle ne vienne pas
6 sans cesse me rompre la tête. Le
Seigneur ajouta : Entendez ce que
7 dit le juge inique. Et Dieu ne fera-
t-il pas justice à ses élus, qui crient
à lui jour et nuit, et tardera-t-il
8 à leur égard ? Je vous le dis, il
leur fera promptement justice. Mais,
quand le Fils de l'homme viendra,
trouvera-t-il la foi sur la terre ?

Il dit encore cette parabole, en vue 9
de certaines personnes se persuadant
qu'elles étaient justes, et ne faisant
aucun cas des autres : Deux hommes 10
montèrent au temple pour prier ; l'un
était pharisien, et l'autre publicain.
Le pharisien, debout, priait ainsi en 11
lui-même : O Dieu, je te rends grâces
de ce que je ne suis pas comme le
reste des hommes, qui sont ravisseurs, injustes, adultères, ou même
comme ce publicain ; je jeûne deux 12
fois la semaine, je donne la dîme de
tous mes revenus. Le publicain, se 13
tenant à distance, n'osait pas même
lever les yeux au ciel ; mais il se
frappait la poitrine, en disant : O
Dieu, sois apaisé envers moi, qui suis
un pécheur. Je vous le dis, celui-ci 14
descendit dans sa maison justifié,
plutôt que l'autre. Car quiconque
s'élève sera abaissé, et celui qui
s'abaisse sera élevé.

*Les petits enfants.—Le jeune homme riche.—
L'héritage de la vie éternelle.—Jésus
annonce sa mort et sa résurrection.—
Guérison d'un aveugle à Jéricho.—Le
publicain Zachée.—Parabole des mines.*

On lui amena aussi les petits en- 15
fants, afin qu'il les touchât. Mais
les disciples, voyant cela, reprenaient
ceux qui les amenaient. Et Jésus 16
les appela, et dit : Laissez venir à
moi les petits enfants, et ne les en
empêchez pas ; car le royaume de
Dieu est pour ceux qui leur ressemblent. Je vous le dis en vérité, 17
quiconque ne recevra pas le royaume
de Dieu comme un petit enfant n'y
entrera point.

Un chef interrogea Jésus, et dit : 18
Bon maître, que dois-je faire pour
hériter la vie éternelle ? Jésus lui 19
répondit : Pourquoi m'appelles-tu
bon ? Il n'y a de bon que Dieu seul.
Tu connais les commandements : Tu 20
ne commettras point d'adultère ; tu
ne tueras point ; tu ne déroberas
point ; tu ne diras point de faux
témoignage ; honore ton père et ta
mère. J'ai, dit-il, observé toutes ces 21
choses dès ma jeunesse. Jésus, ayant 22
entendu cela, lui dit : Il te manque
encore une chose : vends tout ce que
tu as, distribue-le aux pauvres, et tu

23 auras un trésor dans les cieux. Puis, viens, et suis-moi. Lorsqu'il entendit ces paroles, il devint tout triste ; car 24 il était très riche. Jésus, voyant qu'il était devenu tout triste, dit : Qu'il est difficile à ceux qui ont des richesses d'entrer dans le royaume 25 de Dieu ! Car il est plus facile à un chameau de passer par le trou d'une aiguille qu'à un riche d'entrer dans 26 le royaume de Dieu. Ceux qui l'écoutaient dirent : Et qui peut être 27 sauvé ? Jésus répondit : Ce qui est impossible aux hommes est possible à Dieu.

28 Pierre dit alors : Voici, nous avons 29 tout quitté, et nous t'avons suivi. Et Jésus leur dit : Je vous le dis en vérité, il n'est personne qui, ayant quitté, à cause du royaume de Dieu, sa maison, ou sa femme, ou ses frères, ou ses parents, ou ses enfants, 30 ne reçoive beaucoup plus dans ce siècle-ci, et, dans le siècle à venir, la vie éternelle.

31 Jésus prit les douze auprès de lui, et leur dit : Voici, nous montons à Jérusalem, et tout ce qui a été écrit par les prophètes au sujet du Fils de 32 l'homme s'accomplira. Car il sera livré aux païens ; on se moquera de lui, on l'outragera, on crachera sur 33 lui, et, après l'avoir battu de verges, on le fera mourir ; et le troisième 34 jour il ressuscitera. Mais ils ne comprirent rien à cela ; c'était pour eux un langage caché, des paroles dont ils ne saisissaient pas le sens.

35 Comme Jésus approchait de Jéricho, un aveugle était assis au bord 36 du chemin, et mendiait. Entendant la foule passer, il demanda ce que 37 c'était. On lui dit : C'est Jésus de 38 Nazareth qui passe. Et il cria : Jésus, Fils de David, aie pitié de moi ! 39 Ceux qui marchaient devant le reprenaient, pour le faire taire ; mais il criait beaucoup plus fort : Fils de 40 David, aie pitié de moi ! Jésus, s'étant arrêté, ordonna qu'on le lui amenât ; et, quand il se fut approché, 41 il lui demanda : Que veux-tu que je te fasse ? Il répondit : Seigneur, que 42 je recouvre la vue. Et Jésus lui dit : 43 Recouvre la vue ; ta foi t'a sauvé. A

l'instant il recouvra la vue, et suivit Jésus, en glorifiant Dieu. Tout le peuple, voyant cela, loua Dieu.

19 Jésus, étant entré dans Jéricho, traversait la ville. Et voici, un 2 homme riche, appelé Zachée, chef 3 des publicains, cherchait à voir qui était Jésus ; mais il ne pouvait y parvenir, à cause de la foule, car il était de petite taille. Il courut en 4 avant, et monta sur un sycomore pour le voir, parce qu'il devait passer par là. Lorsque Jésus fut arrivé à 5 cet endroit, il leva les yeux et lui dit : Zachée, hâte-toi de descendre ; car il faut que je demeure aujourd'hui dans ta maison. Zachée se 6 hâta de descendre, et le reçut avec joie. Voyant cela, tous murmu- 7 raient, et disaient : Il est allé loger chez un homme pécheur. Mais Za- 8 chée, se tenant devant le Seigneur, lui dit : Voici, Seigneur, je donne aux pauvres la moitié de mes biens, et, si j'ai fait tort de quelque chose à quelqu'un, je lui rends le quadruple. Jésus lui dit : Le salut est entré au- 9 jourd'hui dans cette maison, parce que celui-ci est aussi un fils d'Abraham. Car le Fils de l'homme est 10 venu chercher et sauver ce qui était perdu.

Ils écoutaient ces choses, et Jésus 11 ajouta une parabole, parce qu'il était près de Jérusalem, et qu'on croyait qu'à l'instant le royaume de Dieu allait paraître. Il dit donc : 12 Un homme de haute naissance s'en alla dans un pays lointain, pour se faire investir de l'autorité royale, et revenir ensuite. Il appela dix de 13 ses serviteurs, leur donna dix mines, et leur dit : Faites-les valoir jusqu'à ce que je revienne. Mais ses con- 14 citoyens le haïssaient, et ils envoyèrent une ambassade après lui, pour dire : Nous ne voulons pas que cet homme règne sur nous. Lorsqu'il 15 fut de retour, après avoir été investi de l'autorité royale, il fit appeler auprès de lui les serviteurs auxquels il avait donné l'argent, afin de connaître comment chacun l'avait fait valoir. Le premier vint, et dit : 16 Seigneur, ta mine a rapporté dix

17 mines. Il lui dit: C'est bien, bon serviteur; parce que tu as été fidèle en peu de chose, reçois le gouverne-
18 ment de dix villes. Le second vint, et dit: Seigneur, ta mine a produit
19 cinq mines. Il lui dit: Toi aussi,
20 sois établi sur cinq villes. Un autre vint, et dit: Seigneur, voici ta mine,
21 que j'ai gardée dans un linge; car j'avais peur de toi, parce que tu es un homme sévère; tu prends ce que tu n'as pas déposé, et tu moissonnes
22 ce que tu n'as pas semé. Il lui dit: Je te juge sur tes paroles, méchant serviteur; tu savais que je suis un homme sévère, prenant ce que je n'ai pas déposé, et moissonnant ce que
23 je n'ai pas semé; pourquoi donc n'as-tu pas mis mon argent dans une banque, afin qu'à mon retour je
24 le retirasse avec un intérêt? Puis il dit à ceux qui étaient là: Otez-lui la mine, et donnez-la à celui qui
25 a les dix mines. Ils lui dirent: Sei-
26 gneur, il a dix mines.—Je vous le dis, on donnera à celui qui a, mais à celui qui n'a pas on ôtera même ce
27 qu'il a. Au reste, amenez ici mes ennemis, qui n'ont pas voulu que je régnasse sur eux, et tuez-les en ma présence.
28 Après avoir ainsi parlé, Jésus marcha devant la foule, pour monter à Jérusalem.

Entrée de Jésus à Jérusalem.—Joie de la foule et larmes de Jésus.—Les vendeurs chassés du temple.—Irritation des sacrificateurs.

29 Lorsqu'il approcha de Bethphagé et de Béthanie, vers la montagne appelée montagne des oliviers, Jésus
30 envoya deux de ses disciples, en disant: Allez au village qui est en face; quand vous y serez entrés, vous trouverez un ânon attaché, sur lequel aucun homme ne s'est jamais assis;
31 détachez-le, et amenez-le. Si quelqu'un vous demande: Pourquoi le détachez-vous? vous lui répondrez: Le Seigneur en a besoin.
32 Ceux qui étaient envoyés allèrent, et trouvèrent les choses comme Jé-
33 sus leur avait dit. Comme ils détachaient l'ânon, ses maîtres leur dirent: Pourquoi détachez-vous l'ânon?

34 Ils répondirent: Le Seigneur en a besoin. Et ils amenèrent à Jésus
35 l'ânon, sur lequel ils jetèrent leurs vêtements, et firent monter Jésus.
36 Quand il fut en marche, les gens étendirent leurs vêtements sur le
37 chemin. Et lorsque déjà il approchait de Jérusalem, vers la descente de la montagne des oliviers, toute la multitude des disciples, saisie de joie, se mit à louer Dieu à haute voix pour tous les miracles qu'ils
38 avaient vus. Ils disaient: Béni soit le roi qui vient au nom du Seigneur! Paix dans le ciel, et gloire dans les lieux très hauts!
39 Quelques pharisiens, du milieu de la foule, dirent à Jésus: Maître, re-
40 prends tes disciples. Et il répondit: Je vous le dis, s'ils se taisent, les pierres crieront!
41 Comme il approchait de la ville, Jésus, en la voyant, pleura sur elle,
42 et dit: Si toi aussi, au moins en ce jour qui t'est donné, tu connaissais les choses qui appartiennent à ta paix! Mais maintenant elles sont cachées à tes yeux. Il viendra sur
43 toi des jours où tes ennemis t'environneront de tranchées, t'enfermeront, et te serreront de toutes parts;
44 ils te détruiront, toi et tes enfants au milieu de toi, et ils ne laisseront pas en toi pierre sur pierre, parce que tu n'as pas connu le temps où tu as été visitée.
45 Il entra dans le temple, et il se mit
46 à chasser ceux qui vendaient, leur disant: Il est écrit: Ma maison sera une maison de prière. Mais vous, vous en avez fait une caverne de voleurs.
47 Il enseignait tous les jours dans le temple. Et les principaux sacrificateurs, les scribes, et les princi-
48 paux du peuple cherchaient à le faire périr; mais ils ne savaient comment s'y prendre, car tout le peuple l'écoutait avec admiration.

L'autorité de Jésus.—Parabole des vignerons.—La pierre de l'angle.

Un de ces jours-là, comme Jésus **20** enseignait le peuple dans le temple et qu'il annonçait la bonne nouvelle, les principaux sacrificateurs et les scribes, avec les anciens, survinrent,

2 et lui dirent: Dis-nous, par quelle autorité fais-tu ces choses, ou qui est celui qui t'a donné cette autorité?

3 Il leur répondit: Je vous adresserai
4 aussi une question. Dites-moi, le baptême de Jean venait-il du ciel,
5 ou des hommes? Mais ils raisonnèrent ainsi entre eux: Si nous répondons: Du ciel, il dira: Pourquoi
6 n'avez-vous pas cru en lui? Et si nous répondons: Des hommes, tout le peuple nous lapidera, car il est persuadé que Jean était un prophète.
7 Alors ils répondirent qu'ils ne sa-
8 vaient d'où il venait. Et Jésus leur dit: Moi non plus, je ne vous dirai pas par quelle autorité je fais ces choses.

9 Il se mit ensuite à dire au peuple cette parabole: Un homme planta une vigne, l'afferma à des vignerons, et quitta pour longtemps le pays.
10 Au temps de la récolte, il envoya un serviteur vers les vignerons, pour qu'ils lui donnassent une part du produit de la vigne. Les vignerons le battirent, et le renvoyèrent à vide.
11 Il envoya de nouveau un autre serviteur; ils le battirent, l'outragèrent,
12 et le renvoyèrent à vide. Il en envoya encore un troisième; ils le
13 blessèrent, et le chassèrent. Le maître de la vigne dit: Que ferai-je? J'enverrai mon fils bien-aimé; peut-être auront-ils pour lui du respect.
14 Mais, quand les vignerons le virent, ils raisonnèrent entre eux, et dirent: Voici l'héritier; tuons-le, afin que
15 l'héritage soit à nous. Et ils le jetèrent hors de la vigne, et le tuèrent. Maintenant, que leur fera le maître
16 de la vigne? Il viendra, fera périr ces vignerons, et il donnera la vigne à d'autres.

Lorsqu'ils eurent entendu cela, ils
17 dirent: A Dieu ne plaise! Mais, jetant les regards sur eux, Jésus dit: Que signifie donc ce qui est écrit:

La pierre qu'ont rejetée ceux qui bâtissaient
Est devenue la principale de l'angle?

Quiconque tombera sur cette pierre 18 s'y brisera, et celui sur qui elle tombera sera écrasé.

Les principaux sacrificateurs et les 19 scribes cherchèrent à mettre les mains sur lui à l'heure même, mais ils craignirent le peuple. Ils avaient compris que c'était pour eux que Jésus avait dit cette parabole.

Questions captieuses proposées à Jésus sur:
—le tribut à César,—la résurrection.—
De qui le Christ est-il fils?—Les scribes
censurés par Jésus.—La pauvre veuve.

Ils se mirent à observer Jésus; et 20 ils envoyèrent des gens qui feignaient d'être justes, pour lui tendre des pièges et saisir de lui quelque parole, afin de le livrer au magistrat et à l'autorité du gouverneur. Ces gens 21 lui firent cette question: Maître, nous savons que tu parles et enseignes droitement, et que tu ne regardes pas à l'apparence, mais que tu enseignes la voie de Dieu selon la vérité. Nous est-il permis, ou non, 22 de payer le tribut à César? Jésus, 23 apercevant leur ruse, leur répondit: Montrez-moi un denier. De qui 24 porte-t-il l'effigie et l'inscription? De César, répondirent-ils. Alors il leur 25 dit: Rendez donc à César ce qui est à César, et à Dieu ce qui est à Dieu. Ils ne purent rien reprendre dans 26 ses paroles devant le peuple; mais, étonnés de sa réponse, ils gardèrent le silence.

Quelques-uns des sadducéens, qui 27 disent qu'il n'y a point de résurrection, s'approchèrent, et firent à Jésus cette question: Maître, voici ce que 28 Moïse nous a prescrit: Si le frère de quelqu'un meurt, ayant une femme sans avoir d'enfants, son frère épousera la femme, et suscitera une postérité à son frère. Or, il y avait 29 sept frères. Le premier se maria, et mourut sans enfants. Le second 30 et le troisième épousèrent la veuve; il 31 en fut de même des sept, qui moururent sans laisser d'enfants. Enfin, 32 la femme mourut aussi. A la résur- 33 rection, duquel d'entre eux sera-t-elle donc la femme? Car les sept l'ont eue pour femme. Jésus leur 34 répondit: Les enfants de ce siècle prennent des femmes et des maris ;

35 mais ceux qui seront trouvés dignes d'avoir part au siècle à venir et à la résurrection des morts ne prendront

36 ni femmes ni maris. Car ils ne pourront plus mourir, parce qu'ils seront semblables aux anges, et qu'ils seront fils de Dieu, étant fils de la

37 résurrection. Que les morts ressuscitent, c'est ce que Moïse a fait connaître quand, à propos du buisson, il appelle le Seigneur le Dieu d'Abraham, le Dieu d'Isaac, et le Dieu de

38 Jacob. Or, Dieu n'est pas Dieu des morts, mais des vivants ; car pour

39 lui tous sont vivants. Quelques-uns des scribes, prenant la parole, dirent :

40 Maître, tu as bien parlé. Et ils n'osaient plus lui faire aucune question.

41 Jésus leur dit : Comment dit-on que le Christ est fils de David ?

42 David lui-même dit dans le livre des Psaumes :

Le Seigneur a dit à mon Seigneur : Assieds-toi à ma droite,

43 Jusqu'à ce que je fasse de tes ennemis ton marchepied.

44 David donc l'appelle Seigneur ; comment est-il son fils ?

45 Tandis que tout le peuple l'écou-

46 tait, il dit à ses disciples : Gardezvous des scribes, qui aiment à se promener en robes longues, et à être salués dans les places publiques ; qui recherchent les premiers sièges dans les synagogues, et les premières

47 places dans les festins ; qui dévorent les maisons des veuves, et qui font pour l'apparence de longues prières. Ils seront jugés plus sévèrement.

21 Jésus, ayant levé les yeux, vit les riches qui mettaient leurs of-

2 frandes dans le tronc. Il vit aussi une pauvre veuve, qui y mettait deux

3 petites pièces. Et il dit : Je vous le dis en vérité, cette pauvre veuve a

4 mis plus que tous les autres ; car c'est de leur superflu que tous ceuxlà ont mis des offrandes dans le tronc, mais elle a mis de son nécessaire, tout ce qu'elle avait pour vivre.

La destruction de Jérusalem et l'avènement du Fils de l'homme.—Exhortation à la vigilance.

5 Comme quelques-uns parlaient des belles pierres et des offrandes qui faisaient l'ornement du temple, Jésus

6 dit : Les jours viendront où, de ce que vous voyez, il ne restera pas pierre sur pierre qui ne soit renversée.

7 Ils lui demandèrent : Maître, quand donc cela arrivera-t-il, et à quel signe connaîtra-t-on que ces choses vont arriver ?

8 Jésus répondit : Prenez garde que vous ne soyez séduits. Car plusieurs viendront sous mon nom, disant : C'est moi, et le temps approche. Ne les

9 suivez pas. Quand vous entendrez parler de guerres et de soulèvements, ne soyez pas effrayés, car il faut que ces choses arrivent premièrement. Mais ce ne sera pas sitôt la fin.

10 Alors il leur dit : Une nation s'élèvera contre une nation, et un royaume

11 contre un royaume ; il y aura de grands tremblements de terre, et, en divers lieux, des pestes et des famines ; il y aura des phénomènes terribles, et de grands signes dans le

12 ciel. Mais, avant tout cela, on mettra les mains sur vous, et l'on vous persécutera ; on vous livrera aux synagogues, on vous jettera en prison, on vous mènera devant des rois et devant des gouverneurs, à cause de

13 mon nom. Cela vous arrivera pour

14 que vous serviez de témoignage.

15 Mettez-vous donc dans l'esprit de ne pas préméditer votre défense ; car je vous donnerai une bouche et une sagesse à laquelle tous vos adversaires ne pourront résister ou contre-

16 dire. Vous serez livrés même par vos parents, par vos frères, par vos proches et par vos amis, et ils feront

17 mourir plusieurs d'entre vous. Vous serez haïs de tous, à cause de mon

18 nom. Mais il ne se perdra pas un

19 cheveu de votre tête ; par votre persévérance vous sauverez vos âmes.

20 Lorsque vous verrez Jérusalem investie par des armées, sachez alors

21 que sa désolation est proche. Alors, que ceux qui seront en Judée fuient

dans les montagnes, que ceux qui seront au milieu de Jérusalem en sortent, et que ceux qui seront dans les champs n'entrent pas dans la 22 ville. Car ce seront des jours de vengeance, pour l'accomplissement 23 de tout ce qui est écrit. Malheur aux femmes qui seront enceintes et à celles qui allaiteront en ces jours-là! Car il y aura une grande détresse dans le pays, et de la colère 24 contre ce peuple. Ils tomberont sous le tranchant de l'épée, ils seront emmenés captifs parmi toutes les nations, et Jérusalem sera foulée aux pieds par les nations, jusqu'à ce que les temps des nations soient accomplis.

25 Il y aura des signes dans le soleil, dans la lune et dans les étoiles. Et sur la terre, il y aura de l'angoisse chez les nations qui ne sauront que faire, au bruit de la mer et des flots, 26 les hommes rendant l'âme de terreur dans l'attente de ce qui surviendra pour la terre; car les puissances des 27 cieux seront ébranlées. Alors on verra le Fils de l'homme venant sur une nuée avec puissance et une 28 grande gloire. Quand ces choses commenceront à arriver, redressez-vous et levez vos têtes, parce que 29 votre délivrance approche. Et il leur dit une comparaison: Voyez le 30 figuier, et tous les arbres. Dès qu'ils ont poussé, vous connaissez de vous-mêmes, en regardant, que déjà l'été 31 est proche. De même, quand vous verrez ces choses arriver, sachez que 32 le royaume de Dieu est proche. Je vous le dis en vérité, cette génération ne passera point, que tout cela 33 n'arrive. Le ciel et la terre passeront, mais mes paroles ne passeront point.

34 Prenez garde à vous-mêmes, de crainte que vos cœurs ne s'appesantissent par les excès du manger et du boire, et par les soucis de la vie, et que ce jour ne vienne sur vous à 35 l'improviste; car il viendra comme un filet sur tous ceux qui habitent 36 sur la face de toute la terre. Veillez donc et priez en tout temps, afin que vous ayez la force d'échapper à toutes ces choses qui arriveront, et de paraître debout devant le Fils de l'homme.

Pendant le jour, Jésus enseignait 37 dans le temple, et il allait passer la nuit à la montagne appelée montagne des oliviers. Et tout le peu- 38 ple, dès le matin, se rendait vers lui dans le temple pour l'écouter.

Histoire de la passion.—Complot contre Jésus.—Trahison de Judas.—Célébration de la Pâque et institution de la sainte cène.—Qui est le plus grand?—Gethsémané.—Arrestation de Jésus.

La fête des pains sans levain, **22** appelée la Pâque, approchait. Les 2 principaux sacrificateurs et les scribes cherchaient les moyens de faire mourir Jésus; car ils craignaient le peuple.

Or, Satan entra dans Judas, sur- 3 nommé Iscariot, qui était du nombre des douze. Et Judas alla s'entendre 4 avec les principaux sacrificateurs et les chefs des gardes, sur la manière de le leur livrer. Ils furent dans la 5 joie, et ils convinrent de lui donner de l'argent. Après s'être engagé, il 6 cherchait une occasion favorable pour leur livrer Jésus à l'insu de la foule.

Le jour des pains sans levain, où 7 l'on devait immoler la Pâque, arriva, et Jésus envoya Pierre et Jean, en 8 disant: Allez nous préparer la Pâque, afin que nous la mangions. Ils lui 9 dirent: Où veux-tu que nous la préparions? Il leur répondit: Voici, 10 quand vous serez entrés dans la ville, vous rencontrerez un homme portant une cruche d'eau; suivez-le dans la maison où il entrera, et vous direz 11 au maître de la maison: Le maître te dit: Où est le lieu où je mangerai la Pâque avec mes disciples? Et il 12 vous montrera une grande chambre haute, meublée: c'est là que vous préparerez la Pâque. Ils partirent, 13 et trouvèrent les choses comme il le leur avait dit; et ils préparèrent la Pâque.

L'heure étant venue, il se mit à 14 table, et les apôtres avec lui. Il leur 15 dit: J'ai désiré vivement de manger cette Pâque avec vous, avant de

16 souffrir ; car, je vous le dis, je ne la mangerai plus, jusqu'à ce qu'elle soit accomplie dans le royaume de Dieu.

17 Et, ayant pris une coupe et rendu grâces, il dit : Prenez cette coupe, et

18 distribuez-la entre vous ; car, je vous le dis, je ne boirai plus désormais du fruit de la vigne, jusqu'à ce que le royaume de Dieu soit venu.

19 Ensuite il prit du pain ; et, après avoir rendu grâces, il le rompit, et le leur donna, en disant : Ceci est mon corps, qui est donné pour vous ; faites

20 ceci en mémoire de moi. Il prit de même la coupe, après le souper, et la leur donna, en disant : Cette coupe est la nouvelle alliance en mon sang, qui est répandu pour vous.

21 Cependant voici, la main de celui qui me livre est avec moi à cette

22 table. Le Fils de l'homme s'en va selon ce qui est déterminé. Mais malheur à l'homme par qui il est

23 livré ! Et ils commencèrent à se demander les uns aux autres qui était celui d'entre eux qui ferait cela.

24 Il s'éleva aussi parmi les apôtres une contestation : lequel d'entre eux devait être estimé le plus grand ?

25 Jésus leur dit : Les rois des nations les maîtrisent, et ceux qui les domi-

26 nent sont appelés bienfaiteurs. Qu'il n'en soit pas de même pour vous. Mais que le plus grand parmi vous soit comme le plus petit, et celui qui gouverne comme celui qui sert.

27 Car quel est le plus grand, celui qui est à table, ou celui qui sert ? N'est-ce pas celui qui est à table ? Et moi, cependant, je suis au milieu de

28 vous comme celui qui sert. Vous, vous êtes ceux qui avez persévéré

29 avec moi dans mes épreuves ; c'est pourquoi je dispose du royaume en votre faveur, comme mon Père en a

30 disposé en ma faveur, afin que vous mangiez et buviez à ma table dans mon royaume, et que vous soyez assis sur des trônes, pour juger les douze tribus d'Israël.

31 Le Seigneur dit : Simon, Simon, Satan vous a réclamés, pour vous

32 cribler comme le froment. Mais j'ai prié pour toi, afin que ta foi ne défaille point ; et toi, quand tu seras

33 converti, affermis tes frères. Seigneur, lui dit Pierre, je suis prêt à aller avec toi et en prison et à la

34 mort. Et Jésus dit : Pierre, je te le dis, le coq ne chantera pas aujourd'hui que tu n'aies nié trois fois de me connaître.

35 Il leur dit encore : Quand je vous ai envoyés sans bourse, sans sac, et sans souliers, avez-vous manqué de quelque chose ? Ils répondirent : De rien. Et il leur dit : Maintenant,

36 au contraire, que celui qui a une bourse la prenne, que celui qui a un sac le prenne également, et que celui qui n'a point d'épée vende son vêtement et achète une épée. Car, je

37 vous le dis, il faut que cette parole qui est écrite s'accomplisse en moi : Il a été mis au nombre des malfaiteurs. Et ce qui me concerne est sur le point d'arriver. Ils dirent :

38 Seigneur, voici deux épées. Et il leur dit : Cela suffit.

39 Après être sorti, il alla, selon sa coutume, à la montagne des oliviers. Ses disciples le suivirent.

40 Lorsqu'il fut arrivé dans ce lieu, il leur dit : Priez, afin que vous ne

41 tombiez pas en tentation. Puis il s'éloigna d'eux à la distance d'environ un jet de pierre, et, s'étant mis à

42 genoux, il pria, disant : Père, si tu voulais éloigner de moi cette coupe ! Toutefois, que ma volonté ne se fasse pas, mais la tienne. Alors un

43 ange lui apparut du ciel, pour le

44 fortifier. Étant en agonie, il priait plus instamment, et sa sueur devint comme des grumeaux de sang, qui

45 tombaient à terre. Après avoir prié, il se leva, et vint vers les disciples,

46 qu'il trouva endormis de tristesse, et il leur dit : Pourquoi dormez-vous ? Levez-vous et priez, afin que vous ne tombiez pas en tentation.

47 Comme il parlait encore, voici, une foule arriva ; et celui qui s'appelait Judas, l'un des douze, marchait devant elle. Il s'approcha de Jésus,

48 pour le baiser. Et Jésus lui dit : Judas, c'est par un baiser que tu livres le Fils de l'homme !

49 Ceux qui étaient avec Jésus, voyant ce qui allait arriver, dirent : Seigneur,

50 frapperons-nous de l'épée ? Et l'un d'eux frappa le serviteur du souverain sacrificateur, et lui emporta l'oreille
51 droite. Mais Jésus, prenant la parole, dit : Laissez, arrêtez ! Et, ayant touché l'oreille de cet homme, il le guérit.

52 Jésus dit ensuite aux principaux sacrificateurs, aux chefs des gardes du temple, et aux anciens, qui étaient venus contre lui : Vous êtes venus, comme après un brigand, avec des
53 épées et des bâtons. J'étais tous les jours avec vous dans le temple, et vous n'avez pas mis la main sur moi. Mais c'est ici votre heure, et la puissance des ténèbres.

*Reniement de Pierre.—Jésus devant le san-
hédrin présidé par Caïphe.—Condamnation.*

54 Après avoir saisi Jésus, ils l'emmenèrent, et le conduisirent dans la maison du souverain sacrificateur. Pierre suivait de loin.
55 Ils allumèrent du feu au milieu de la cour, et ils s'assirent. Pierre s'assit
56 parmi eux. Une servante, qui le vit assis devant le feu, fixa sur lui les regards, et dit : Cet homme était
57 aussi avec lui. Mais il le nia, disant :
58 Femme, je ne le connais pas. Peu après, un autre, l'ayant vu, dit : Tu es aussi de ces gens-là. Et Pierre
59 dit : Homme, je n'en suis pas. Environ une heure plus tard, un autre insistait, disant : Certainement cet homme était aussi avec lui, car il est
60 Galiléen. Pierre répondit : Homme, je ne sais ce que tu dis. Au même instant, comme il parlait encore, le
61 coq chanta. Le Seigneur, s'étant retourné, regarda Pierre. Et Pierre se souvint de la parole que le Seigneur lui avait dite : Avant que le coq chante aujourd'hui, tu me renieras
62 trois fois. Et étant sorti, il pleura amèrement.

63 Les hommes qui tenaient Jésus se moquaient de lui, et le frappaient.
64 Ils lui voilèrent le visage, et ils l'interrogeaient, en disant : Devine
65 qui t'a frappé. Et ils proféraient contre lui beaucoup d'autres injures.
66 Quand le jour fut venu, le collège des anciens du peuple, les principaux sacrificateurs et les scribes, s'assemblèrent, et firent amener Jésus dans leur sanhédrin. Ils dirent : Si tu es 67 le Christ, dis-le-nous. Jésus leur répondit : Si je vous le dis, vous ne le croirez pas ; et, si je vous interroge, 68 vous ne répondrez pas. Désormais 69 le Fils de l'homme sera assis à la droite de la puissance de Dieu. Tous 70 dirent : Tu es donc le Fils de Dieu ? Et il leur répondit : Vous le dites, je le suis. Alors ils dirent : Qu'avons- 71 nous encore besoin de témoignage ? Nous l'avons entendu nous-mêmes de sa bouche.

*Jésus devant Pilate, gouverneur romain.—
Jésus devant Hérode.—Jésus renvoyé par
Hérode à Pilate.—Sentence de mort con-
firmée.*

23 Ils se levèrent tous, et ils conduisirent Jésus devant Pilate.

Ils se mirent à l'accuser, disant : 2 Nous avons trouvé cet homme excitant notre nation à la révolte, empêchant de payer le tribut à César, et se disant lui-même Christ, roi. Pilate l'interrogea, en ces termes : 3 Es-tu le roi des Juifs ? Jésus lui répondit : Tu le dis.

Pilate dit aux principaux sacri- 4 ficateurs et à la foule : Je ne trouve rien de coupable en cet homme. Mais ils insistèrent, et dirent : Il 5 soulève le peuple, en enseignant par toute la Judée, depuis la Galilée, où il a commencé, jusqu'ici.

Quand Pilate entendit parler de la 6 Galilée, il demanda si cet homme était Galiléen ; et, ayant appris qu'il 7 était de la juridiction d'Hérode, il le renvoya à Hérode, qui se trouvait aussi à Jérusalem en ces jours-là.

Lorsqu'Hérode vit Jésus, il en eut 8 une grande joie ; car depuis longtemps il désirait le voir, à cause de ce qu'il avait entendu dire de lui, et il espérait qu'il le verrait faire quelque miracle. Il lui adressa beau- 9 coup de questions ; mais Jésus ne lui répondit rien. Les principaux sacri- 10 ficateurs et les scribes étaient là, et l'accusaient avec violence. Hérode, 11 avec ses gardes, le traita avec mépris ; et, après s'être moqué de lui et l'avoir

12 revêtu d'un habit éclatant, il le renvoya à Pilate. Ce jour même, Pilate et Hérode devinrent amis, d'ennemis qu'ils étaient auparavant.

13 Pilate, ayant assemblé les principaux sacrificateurs, les magistrats, et
14 le peuple, leur dit: Vous m'avez amené cet homme comme excitant le peuple à la révolte. Et voici, je l'ai interrogé devant vous, et je ne l'ai trouvé coupable d'aucune des
15 choses dont vous l'accusez; ni Hérode non plus, car il nous l'a renvoyé, et voici, cet homme n'a rien fait qui
16 soit digne de mort. Je le relâcherai donc, après l'avoir fait battre de verges.

17 A chaque fête, il était obligé de
18 leur relâcher un prisonnier. Ils s'écrièrent tous ensemble: Fais mourir celui-ci, et relâche-nous Barabbas.
19 Cet homme avait été mis en prison pour une sédition qui avait eu lieu dans la ville, et pour un meurtre.
20 Pilate leur parla de nouveau, dans
21 l'intention de relâcher Jésus. Et
22 ils crièrent: Crucifie, crucifie-le! Pilate leur dit pour la troisième fois: Quel mal a-t-il fait? Je n'ai rien trouvé en lui qui mérite la mort. Je le relâcherai donc, après l'avoir fait
23 battre de verges. Mais ils insistèrent à grands cris, demandant qu'il fût crucifié. Et leurs cris l'emportèrent:
24 Pilate prononça que ce qu'ils de-
25 mandaient serait fait. Il relâcha celui qui avait été mis en prison pour sédition et pour meurtre, et qu'ils réclamaient; et il livra Jésus à leur volonté.

Jésus crucifié.

26 Comme ils l'emmenaient, ils prirent un certain Simon de Cyrène, qui revenait des champs, et ils le chargèrent de la croix, pour qu'il la portât derrière Jésus.
27 Il était suivi d'une grande multitude de peuple, et de femmes qui se frappaient la poitrine et se lamen-
28 taient sur lui. Jésus se tourna vers elles, et dit: Filles de Jérusalem, ne pleurez pas sur moi; mais pleurez
29 sur vous et sur vos enfants. Car voici, des jours viendront où l'on dira: Heureuses les stériles, heureuses les entrailles qui n'ont point enfanté, et les mamelles qui n'ont point allaité!
30 Alors ils se mettront à dire aux montagnes: Tombez sur nous! Et aux collines: Couvrez-nous! Car,
31 si l'on fait ces choses au bois vert, qu'arrivera-t-il au bois sec?

32 On conduisait en même temps deux malfaiteurs, qui devaient être mis à mort avec Jésus.
33 Lorsqu'ils furent arrivés au lieu appelé Crâne, ils le crucifièrent là, ainsi que les deux malfaiteurs, l'un à droite, l'autre à gauche. Jésus dit:
34 Père, pardonne-leur, car ils ne savent ce qu'ils font. Ils se partagèrent ses vêtements, en tirant au sort.

35 Le peuple se tenait là, et regardait. Les magistrats se moquaient de Jésus, disant: Il a sauvé les autres; qu'il se sauve lui-même, s'il est le Christ,
36 l'élu de Dieu! Les soldats aussi se moquaient de lui; s'approchant et lui présentant du vinaigre, ils disaient:
37 Si tu es le roi des Juifs, sauve-toi toi-même!
38 Il y avait au-dessus de lui cette inscription: Celui-ci est le roi des Juifs.

39 L'un des malfaiteurs crucifiés l'injuriait, disant: N'es-tu pas le Christ? Sauve-toi toi-même, et sauve-nous!
40 Mais l'autre le reprenait, et disait: Ne crains-tu pas Dieu, toi qui subis la même condamnation? Pour nous,
41 c'est justice, car nous recevons ce qu'ont mérité nos crimes; mais celui-ci n'a rien fait de mal. Et il dit à
42 Jésus: Souviens-toi de moi, quand tu viendras dans ton règne. Jésus
43 lui répondit: Je te le dis en vérité, aujourd'hui tu seras avec moi dans le paradis.

44 Il était déjà environ la sixième heure, et il y eut des ténèbres sur toute la terre, jusqu'à la neuvième
45 heure. Le soleil s'obscurcit, et le voile du temple se déchira par le milieu.

46 Jésus s'écria d'une voix forte: Père, je remets mon esprit entre tes mains. Et, en disant ces paroles, il expira.
47 Le centenier, voyant ce qui était

arrivé, glorifia Dieu, et dit : Certainement, cet homme était juste.

48 Et tous ceux qui assistaient en foule à ce spectacle, après avoir vu ce qui était arrivé, s'en retournèrent, 49 se frappant la poitrine. Tous ceux de la connaissance de Jésus, et les femmes qui l'avaient accompagné depuis la Galilée, se tenaient dans l'éloignement et regardaient ce qui se passait.

Le corps de Jésus mis dans un sépulcre.

50 Il y avait un conseiller, nommé 51 Joseph, homme bon et juste, qui n'avait point participé à la décision et aux actes des autres ; il était d'Arimathée, ville des Juifs, et il 52 attendait le royaume de Dieu. Cet homme se rendit vers Pilate, et de- 53 manda le corps de Jésus. Il le descendit de la croix, l'enveloppa d'un linceul, et le déposa dans un sépulcre taillé dans le roc, où personne n'avait encore été mis. C'était 54 le jour de la préparation, et le sabbat allait commencer.

55 Les femmes qui étaient venues de la Galilée avec Jésus accompagnèrent Joseph, virent le sépulcre et la manière dont le corps de Jésus y 56 fut déposé, et, s'en étant retournées, elles préparèrent des aromates et des parfums. Puis elles se reposèrent le jour du sabbat, selon la loi.

Résurrection et ascension de Jésus-Christ.

24 Le premier jour de la semaine, elles se rendirent au sépulcre de grand matin, portant les aromates 2 qu'elles avaient préparés. Elles trouvèrent que la pierre avait été 3 roulée de devant le sépulcre ; et, étant entrées, elles ne trouvèrent pas 4 le corps du Seigneur Jésus. Comme elles ne savaient que penser de cela, voici, deux hommes leur apparurent, 5 en habits resplendissants. Saisies de frayeur, elles baissèrent le visage contre terre ; mais ils leur dirent : Pourquoi cherchez-vous parmi les 6 morts celui qui est vivant ? Il n'est point ici, mais il est ressuscité. Souvenez-vous de quelle manière il vous a parlé, lorsqu'il était encore en Galilée, et qu'il disait : Il faut que 7 le Fils de l'homme soit livré entre les mains des pécheurs, qu'il soit crucifié, et qu'il ressuscite le troisième jour. Et elles se ressouvinrent des 8 paroles de Jésus.

A leur retour du sépulcre, elles 9 annoncèrent toutes ces choses aux onze, et à tous les autres. Celles 10 qui dirent ces choses aux apôtres étaient Marie de Magdala, Jeanne, Marie, mère de Jacques, et les autres qui étaient avec elles. Ils tinrent 11 ces discours pour des rêveries, et ils ne crurent pas ces femmes. Mais 12 Pierre se leva, et courut au sépulcre. S'étant baissé, il ne vit que les linges qui étaient à terre ; puis il s'en alla chez lui, dans l'étonnement de ce qui était arrivé.

Et voici, ce même jour, deux dis- 13 ciples allaient à un village nommé Emmaüs, éloigné de Jérusalem de soixante stades ; et ils s'entretenaient 14 de tout ce qui s'était passé. Pendant 15 qu'ils parlaient et discutaient, Jésus s'approcha, et fit route avec eux. Mais leurs yeux étaient empêchés 16 de le reconnaître. Il leur dit : De 17 quoi vous entretenez-vous en marchant, pour que vous soyez tout tristes ? L'un d'eux, nommé Cléopas, 18 lui répondit : Es-tu le seul qui, séjournant à Jérusalem, ne sache pas ce qui y est arrivé ces jours-ci ?— Quoi ? leur dit-il.—Et ils lui ré- 19 pondirent : Ce qui est arrivé au sujet de Jésus de Nazareth, qui était un prophète puissant en œuvres et en paroles devant Dieu et devant tout le peuple, et comment les principaux 20 sacrificateurs et nos magistrats l'ont livré pour le faire condamner à mort et l'ont crucifié. Nous espérions que 21 ce serait lui qui délivrerait Israël ; mais avec tout cela, voici le troisième jour que ces choses se sont passées. Il est vrai que quelques 22 femmes d'entre nous nous ont fort étonnés ; s'étant rendues de grand matin au sépulcre et n'ayant pas 23 trouvé son corps, elles sont venues dire que des anges leur sont apparus et ont annoncé qu'il est vivant. Quel- 24 ques-uns de ceux qui étaient avec nous sont allés au sépulcre, et ils ont trouvé les choses comme les femmes l'avaient dit ; mais lui, ils ne l'ont point vu. 25 Alors Jésus leur dit : O hommes sans intelligence, et dont le cœur est lent à croire tout ce qu'ont dit les prophètes ! 26 Ne fallait-il pas que le Christ souffrît ces choses, et qu'il entrât dans sa gloire ? 27 Et, commençant par Moïse et par tous les prophètes, il leur expliqua dans toutes les Écritures ce qui le concernait. 28 Lorsqu'ils furent près du village où ils allaient, il parut vouloir aller plus loin. 29 Mais ils le pressèrent, en disant : Reste avec nous, car le soir approche, le jour est sur son déclin. Et il entra, 30 pour rester avec eux. Pendant qu'il était à table avec eux, il prit le pain ; et, après avoir rendu grâces, il 31 le rompit, et le leur donna. Alors leurs yeux s'ouvrirent, et ils le reconnurent ; mais il disparut de devant 32 eux. Et ils se dirent l'un à l'autre : Notre cœur ne brûlait-il pas au dedans de nous, lorsqu'il nous parlait en chemin et nous expliquait les 33 Écritures ? Se levant à l'heure même, ils retournèrent à Jérusalem, et ils trouvèrent les onze, et ceux qui 34 étaient avec eux, assemblés et disant : Le Seigneur est réellement ressuscité, 35 et il est apparu à Simon. Et ils racontèrent ce qui leur était arrivé en chemin, et comment ils l'avaient reconnu au moment où il rompit le pain.

36 Tandis qu'ils parlaient de la sorte, lui-même se présenta au milieu d'eux, et leur dit : La paix soit avec vous ! 37 Saisis de frayeur et d'épouvante, ils 38 croyaient voir un esprit. Mais il leur dit : Pourquoi êtes-vous troublés, et pourquoi pareilles pensées s'élèvent-elles dans vos cœurs ? 39 Voyez mes mains et mes pieds, c'est bien moi ; touchez-moi et voyez : un esprit n'a ni chair ni os, comme vous voyez que j'ai. 40 Et en disant cela, il leur montra ses mains et ses pieds. 41 Comme, dans leur joie, ils ne croyaient point encore, et qu'ils étaient dans l'étonnement, il leur dit : Avez-vous ici quelque chose à manger ? 42 Ils lui présentèrent du poisson rôti et un rayon de miel. 43 Il en prit, et il mangea devant eux.

44 Puis il leur dit : C'est là ce que je vous disais lorsque j'étais encore avec vous, qu'il fallait que s'accomplît tout ce qui est écrit de moi dans la loi de Moïse, dans les prophètes, et dans les psaumes. 45 Alors il leur ouvrit l'esprit, afin qu'ils comprissent les Écritures. 46 Et il leur dit : Ainsi il est écrit que le Christ souffrirait, et qu'il ressusciterait des morts le troisième jour, 47 et que la repentance et le pardon des péchés seraient prêchés en son nom à toutes les nations, à commencer par Jérusalem. 48 Vous êtes témoins de ces choses. 49 Et voici, j'enverrai sur vous ce que mon Père a promis ; mais vous, restez dans la ville jusqu'à ce que vous soyez revêtus de la puissance d'en haut.

50 Il les conduisit jusque vers Béthanie, et, ayant levé les mains, il les bénit. 51 Pendant qu'il les bénissait, il se sépara d'eux, et fut enlevé au ciel. 52 Pour eux, après l'avoir adoré, ils retournèrent à Jérusalem avec une grande joie ; 53 et ils étaient continuellement dans le temple, louant et bénissant Dieu.

ÉVANGILE SELON JEAN

La Parole faite chair.

I Au commencement était la Parole, et la Parole était avec Dieu, et la 2 Parole était Dieu. Elle était au 3 commencement avec Dieu. Toutes choses ont été faites par elle, et rien de ce qui a été fait n'a été fait sans 4 elle. En elle était la vie, et la vie 5 était la lumière des hommes. La lumière luit dans les ténèbres, et les ténèbres ne l'ont point reçue.

6 Il y eut un homme envoyé de 7 Dieu : son nom était Jean. Il vint pour servir de témoin, pour rendre témoignage à la lumière, afin que 8 tous crussent par lui. Il n'était pas la lumière, mais il parut pour rendre 9 témoignage à la lumière. Cette lumière était la véritable lumière, qui, en venant dans le monde, éclaire 10 tout homme. Elle était dans le monde, et le monde a été fait par elle, et le monde ne l'a point connue. 11 Elle est venue chez les siens, et les 12 siens ne l'ont point reçue. Mais à tous ceux qui l'ont reçue, à ceux qui croient en son nom, elle a donné le pouvoir de devenir enfants de Dieu, 13 lesquels sont nés, non du sang, ni de la volonté de la chair, ni de la volonté de l'homme, mais de Dieu.

14 Et la Parole a été faite chair, et elle a habité parmi nous, pleine de grâce et de vérité ; et nous avons contemplé sa gloire, une gloire comme la gloire du Fils unique venu du 15 Père.—Jean lui a rendu témoignage, et s'est écrié : C'est celui dont j'ai dit : Celui qui vient après moi m'a 16 précédé, car il était avant moi.—Et nous avons tous reçu de sa plénitude, 17 et grâce pour grâce, car la loi a été donnée par Moïse, la grâce et la vérité 18 sont venues par Jésus-Christ. Personne n'a jamais vu Dieu ; le Fils unique, qui est dans le sein du Père, est celui qui l'a fait connaître.

Témoignage de Jean-Baptiste.

19 Voici le témoignage de Jean, lorsque les Juifs envoyèrent de Jérusalem des sacrificateurs et des Lévites, pour lui demander : Toi, qui es-tu ? Il déclara, et ne le nia point, il dé- 20 clara qu'il n'était pas le Christ.

Et ils lui demandèrent : Quoi 21 donc ? es-tu Élie ? Et il dit : Je ne le suis point. Es-tu le prophète ? Et il répondit : Non. Ils lui dirent 22 alors : Qui es-tu ? afin que nous donnions une réponse à ceux qui nous ont envoyés. Que dis-tu de 23 toi-même ? Moi, dit-il, je suis la voix de celui qui crie dans le désert :

Aplanissez le chemin du Seigneur,

comme a dit Ésaïe, le prophète. Ceux qui avaient été envoyés étaient 24 des pharisiens. Ils lui firent encore 25 cette question : Pourquoi donc baptises-tu, si tu n'es pas le Christ, ni Élie, ni le prophète ? Jean leur 26 répondit : Moi, je baptise d'eau, mais au milieu de vous il y a quelqu'un que vous ne connaissez pas, qui vient 27 après moi ; je ne suis pas digne de délier la courroie de ses souliers.

Ces choses se passèrent à Béthanie, 28 au delà du Jourdain, où Jean baptisait.

Le lendemain, il vit Jésus venant 29 à lui, et il dit : Voici l'agneau de Dieu, qui ôte le péché du monde. C'est celui dont j'ai dit : Après moi 30 vient un homme qui m'a précédé, car il était avant moi. Je ne le 31 connaissais pas, mais c'est afin qu'il fût manifesté à Israël que je suis venu baptiser d'eau.—Jean rendit ce 32 témoignage : J'ai vu l'Esprit descendre du ciel comme une colombe et s'arrêter sur lui.—Je ne le con- 33 naissais pas, mais celui qui m'a envoyé baptiser d'eau, celui-là m'a dit : Celui sur qui tu verras l'Esprit descendre et s'arrêter, c'est celui qui baptise du Saint-Esprit. Et j'ai vu, 34 et j'ai rendu témoignage qu'il est le Fils de Dieu.

Les premiers disciples.

35 Le lendemain, Jean était encore
36 là, avec deux de ses disciples; et,
ayant regardé Jésus qui passait, il
37 dit: Voilà l'agneau de Dieu. Les
deux disciples l'entendirent prononcer ces paroles, et ils suivirent Jésus.
38 Jésus se retourna, et voyant qu'ils le
suivaient, il leur dit: Que cherchez-vous? Ils lui répondirent: Rabbi
(ce qui signifie Maître), où demeures-
39 tu? Venez, leur dit-il, et voyez.
Ils allèrent, et ils virent où il demeurait; et ils restèrent auprès de
lui ce jour-là. C'était environ la
dixième heure.

40 André, frère de Simon Pierre, était
l'un des deux qui avaient entendu les
paroles de Jean, et qui avaient suivi
41 Jésus. Ce fut lui qui rencontra le
premier son frère Simon, et il lui
dit: Nous avons trouvé le Messie
(ce qui signifie Christ). Et il le
42 conduisit vers Jésus. Jésus, l'ayant
regardé, dit: Tu es Simon, fils de
Jonas; tu seras appelé Céphas (ce
qui signifie Pierre).

43 Le lendemain, Jésus voulut se
rendre en Galilée, et il rencontra
Philippe. Il lui dit: Suis-moi
44 Philippe était de Bethsaïda, de la
ville d'André et de Pierre.

45 Philippe rencontra Nathanaël, et
lui dit: Nous avons trouvé celui de
qui Moïse a écrit dans la loi et dont
les prophètes ont parlé, Jésus de
46 Nazareth, fils de Joseph. Nathanaël
lui dit: Peut-il venir de Nazareth
quelque chose de bon? Philippe lui
47 répondit: Viens, et vois. Jésus,
voyant venir à lui Nathanaël, dit de
lui: Voici vraiment un Israélite, dans
48 lequel il n'y a point de fraude. D'où
me connais-tu? lui dit Nathanaël. Jésus lui répondit: Avant que Philippe
t'appelât, quand tu étais sous le
49 figuier, je t'ai vu. Nathanaël repartit
et lui dit: Rabbi, tu es le Fils de
50 Dieu, tu es le roi d'Israël. Jésus lui
répondit: Parce que je t'ai dit que
je t'ai vu sous le figuier, tu crois; tu
verras de plus grandes choses que
51 celles-ci. Et il lui dit: En vérité, en
vérité, vous verrez désormais le ciel

ouvert et les anges de Dieu monter
et descendre sur le Fils de l'homme.

Premier miracle de Jésus, aux noces de Cana.

2 Trois jours après, il y eut des
noces à Cana en Galilée. La mère
2 de Jésus était là, et Jésus fut aussi
invité aux noces avec ses disciples.
3 Le vin ayant manqué, la mère de
Jésus lui dit: Ils n'ont plus de vin.
4 Jésus lui répondit: Femme, qu'y
a-t-il entre moi et toi? Mon heure
n'est pas encore venue. Sa mère dit
5 aux serviteurs: Faites ce qu'il vous
dira. Or, il y avait là six vases de
6 pierre, destinés aux purifications des
Juifs, et contenant chacun deux ou
trois mesures. Jésus leur dit: Rem-
7 plissez d'eau ces vases. Et ils les
remplirent jusqu'au bord. Puisez
8 maintenant, leur dit-il, et portez-en
à l'ordonnateur du repas. Et ils en
portèrent. Quand l'ordonnateur du
9 repas eut goûté l'eau changée en
vin,—ne sachant d'où venait ce vin,
tandis que les serviteurs, qui avaient
puisé l'eau, le savaient bien,—il appela l'époux, et lui dit: Tout homme
10 sert d'abord le bon vin, puis le moins
bon après qu'on s'est enivré; toi, tu
as gardé le bon vin jusqu'à présent.
11 Tel fut, à Cana en Galilée, le
premier des miracles que fit Jésus.
Il manifesta sa gloire, et ses disciples
crurent en lui.

12 Après cela, il descendit à Capernaüm, avec sa mère, ses frères et ses
disciples, et ils n'y demeurèrent que
peu de jours.

*Jésus à Jérusalem.—Les vendeurs chassés
du temple.—Le temple relevé en trois
jours.—Ce que pense Jésus de ceux qui
croient en son nom.*

13 La Pâque des Juifs était proche,
14 et Jésus monta à Jérusalem. Il
trouva dans le temple les vendeurs
de bœufs, de brebis et de pigeons, et
15 les changeurs assis. Ayant fait un
fouet avec des cordes, il les chassa
tous du temple, ainsi que les brebis
et les bœufs; il dispersa la monnaie
des changeurs, et renversa les tables;
16 et il dit aux vendeurs de pigeons:
Otez cela d'ici, ne faites pas de la

maison de mon Père une maison de
17 trafic. Ses disciples se souvinrent
qu'il est écrit :

Le zèle de ta maison me dévore.

18 Les Juifs, prenant la parole, lui
dirent : Quel miracle nous montres-
19 tu, pour agir de la sorte ? Jésus
leur répondit : Détruisez ce temple,
20 et en trois jours je le relèverai. Les
Juifs dirent : Il a fallu quarante-six
ans pour bâtir ce temple, et toi, en
21 trois jours tu le relèveras ! Mais il
parlait du temple de son corps.
22 C'est pourquoi, lorsqu'il fut ressuscité
des morts, ses disciples se souvinrent
qu'il avait dit cela, et ils crurent à
l'Écriture et à la parole que Jésus
avait dite.
23 Pendant que Jésus était à Jérusalem, à la fête de Pâque, plusieurs
crurent en son nom, voyant les
24 miracles qu'il faisait. Mais Jésus ne
se fiait point à eux, parce qu'il les
25 connaissait tous, et parce qu'il n'avait
pas besoin qu'on lui rendît témoignage d'aucun homme ; car il savait
lui-même ce qui était dans l'homme.

Entretien de Jésus avec Nicodème.

3 Mais il y eut un homme d'entre
les pharisiens, nommé Nicodème, un
2 chef des Juifs, qui vint, lui, auprès de
Jésus, de nuit, et lui dit : Rabbi, nous
savons que tu es un docteur venu de
Dieu ; car personne ne peut faire ces
miracles que tu fais, si Dieu n'est
3 avec lui. Jésus lui répondit : En
vérité, en vérité, je te le dis, si un
homme ne naît de nouveau, il ne
4 peut voir le royaume de Dieu. Nicodème lui dit : Comment un homme
peut-il naître quand il est vieux ?
Peut-il rentrer dans le sein de sa
5 mère et naître ? Jésus répondit : En
vérité, en vérité, je te le dis, si un
homme ne naît d'eau et d'Esprit, il
ne peut entrer dans le royaume de
6 Dieu. Ce qui est né de la chair est
chair, et ce qui est né de l'Esprit est
7 esprit. Ne t'étonne pas que je t'aie
dit : Il faut que vous naissiez de
8 nouveau. Le vent souffle où il veut,
et tu en entends le bruit ; mais tu ne

sais d'où il vient, ni où il va. Il en
est ainsi de tout homme qui est né
de l'Esprit. Nicodème lui dit : Com- 9
ment cela peut-il se faire ? Jésus lui 10
répondit : Tu es le docteur d'Israël,
et tu ne sais pas ces choses ! En 11
vérité, en vérité, je te le dis, nous
disons ce que nous savons, et nous
rendons témoignage de ce que nous
avons vu ; et vous ne recevez pas
notre témoignage. Si vous ne croyez 12
pas quand je vous ai parlé des choses
terrestres, comment croirez-vous
quand je vous parlerai des choses
célestes ? Personne n'est monté au 13
ciel, si ce n'est celui qui est descendu
du ciel, le Fils de l'homme qui est
dans le ciel.

Et comme Moïse éleva le serpent 14
dans le désert, il faut de même que
le Fils de l'homme soit élevé, afin 15
que quiconque croit en lui ait la vie
éternelle. Car Dieu a tant aimé le 16
monde qu'il a donné son Fils unique,
afin que quiconque croit en lui ne
périsse point, mais qu'il ait la vie
éternelle. Dieu, en effet, n'a pas 17
envoyé son Fils dans le monde pour
qu'il juge le monde, mais pour que
le monde soit sauvé par lui. Celui 18
qui croit en lui n'est point jugé ;
mais celui qui ne croit pas est déjà
jugé, parce qu'il n'a pas cru au nom
du Fils unique de Dieu. Et ce 19
jugement c'est que, la lumière étant
venue dans le monde, les hommes
ont préféré les ténèbres à la lumière,
parce que leurs œuvres étaient mauvaises. Car quiconque fait le mal 20
hait la lumière, et ne vient point à la
lumière, de peur que ses œuvres ne
soient dévoilées ; mais celui qui agit 21
selon la vérité vient à la lumière, afin
que ses œuvres soient manifestées,
parce qu'elles sont faites en Dieu.

Nouveau témoignage de Jean-Baptiste.

Après cela, Jésus, accompagné de 22
ses disciples, se rendit dans la terre
de Judée ; et là il demeurait avec
eux, et il baptisait. Jean aussi bap- 23
tisait à Énon, près de Salim, parce
qu'il y avait là beaucoup d'eau ; et
on y venait pour être baptisé. Car 24

Jean n'avait pas encore été mis en prison.

25 Or, il s'éleva de la part des disciples de Jean une dispute avec un
26 Juif touchant la purification. Ils vinrent trouver Jean, et lui dirent: Rabbi, celui qui était avec toi au delà du Jourdain, et à qui tu as rendu témoignage, voici, il baptise, et tous
27 vont à lui. Jean répondit: Un homme ne peut recevoir que ce qui
28 lui a été donné du ciel. Vous-mêmes m'êtes témoins que j'ai dit: Je ne suis pas le Christ, mais j'ai été
29 envoyé devant lui. Celui à qui appartient l'épouse, c'est l'époux; mais l'ami de l'époux, qui se tient là et qui l'entend, éprouve une grande joie à cause de la voix de l'époux: aussi cette joie, qui est la mienne,
30 est parfaite. Il faut qu'il croisse, et
31 que je diminue. Celui qui vient d'en haut est au-dessus de tous; celui qui est de la terre est de la terre, et il parle comme étant de la terre. Celui qui vient du ciel est au-dessus de
32 tous, il rend témoignage de ce qu'il a vu et entendu, et personne ne
33 reçoit son témoignage. Celui qui a reçu son témoignage a certifié que
34 Dieu est vrai; car celui que Dieu a envoyé dit les paroles de Dieu, parce que Dieu ne lui donne pas l'Esprit
35 avec mesure. Le Père aime le Fils, et il a remis toutes choses entre ses
36 mains. Celui qui croit au Fils a la vie éternelle; celui qui ne croit pas au Fils ne verra point la vie, mais la colère de Dieu demeure sur lui.

La Samaritaine.

4 Le Seigneur sut que les pharisiens avaient appris qu'il faisait et baptisait plus de disciples que Jean.
2 Toutefois Jésus ne baptisait pas lui-même, mais c'étaient ses disciples.
3 Alors il quitta la Judée, et retourna en Galilée.
4 Comme il fallait qu'il passât par
5 la Samarie, il arriva dans une ville de Samarie, nommée Sychar, près du champ que Jacob avait donné à Joseph, son fils. Là se trouvait le
6 puits de Jacob. Jésus, fatigué du voyage, était assis au bord du puits. C'était environ la sixième heure.

Une femme de Samarie vint puiser 7 de l'eau. Jésus lui dit: Donne-moi à boire. Car ses disciples étaient 8 allés à la ville pour acheter des vivres. La femme samaritaine lui 9 dit: Comment toi, qui es Juif, me demandes-tu à boire, à moi qui suis une femme samaritaine?—Les Juifs, en effet, n'ont pas de relations avec les Samaritains.—Jésus lui répondit: 10 Si tu connaissais le don de Dieu et qui est celui qui te dit: Donne-moi à boire! tu lui aurais toi-même demandé à boire, et il t'aurait donné de l'eau vive. Seigneur, lui dit la 11 femme, tu n'as rien pour puiser, et le puits est profond; d'où aurais-tu donc cette eau vive? Es-tu plus 12 grand que notre père Jacob, qui nous a donné ce puits, et qui en a bu lui-même, ainsi que ses fils et ses troupeaux? Jésus lui répondit: Qui- 13 conque boit de cette eau aura encore soif; mais celui qui boira de l'eau 14 que je lui donnerai n'aura jamais soif, et l'eau que je lui donnerai deviendra en lui une source d'eau qui jaillira jusque dans la vie éternelle. La femme lui dit: Seigneur, donne- 15 moi cette eau, afin que je n'aie plus soif, et que je ne vienne plus puiser ici. Va, lui dit Jésus, appelle ton 16 mari, et viens ici. La femme ré- 17 pondit: Je n'ai point de mari. Jésus lui dit: Tu as eu raison de dire: Je n'ai point de mari. Car tu as eu 18 cinq maris, et celui que tu as maintenant n'est pas ton mari. En cela tu as dit vrai. Seigneur, lui dit la 19 femme, je vois que tu es prophète. Nos pères ont adoré sur cette mon- 20 tagne; et vous dites, vous, que le lieu où il faut adorer est à Jérusalem. Femme, lui dit Jésus, crois-moi, 21 l'heure vient où ce ne sera ni sur cette montagne ni à Jérusalem que vous adorerez le Père. Vous adorez 22 ce que vous ne connaissez pas; nous, nous adorons ce que nous connaissons, car le salut vient des Juifs. Mais l'heure vient, et elle est déjà 23 venue, où les vrais adorateurs adoreront le Père en esprit et en vérité:

car ce sont là les adorateurs que le
24 Père demande. Dieu est esprit, et
il faut que ceux qui l'adorent l'adorent
25 en esprit et en vérité. La femme
lui dit: Je sais que le Messie doit
venir (celui qu'on appelle Christ);
quand il sera venu, il nous annoncera
26 toutes choses. Jésus lui dit: Je le
suis, moi qui te parle.

27 Là-dessus arrivèrent ses disciples,
qui furent étonnés de ce qu'il parlait
avec une femme. Toutefois aucun
ne dit: Que demandes-tu? ou: De
28 quoi parles-tu avec elle? Alors la
femme, ayant laissé sa cruche, s'en
alla dans la ville, et dit aux gens:
29 Venez voir un homme qui m'a dit
tout ce que j'ai fait; ne serait-ce
30 point le Christ? Ils sortirent de la
ville, et ils vinrent vers lui.
31 Pendant ce temps, les disciples le
pressaient de manger, disant: Rabbi,
32 mange. Mais il leur dit: J'ai à manger une nourriture que vous ne con-
33 naissez pas. Les disciples se disaient
donc les uns aux autres: Quelqu'un
34 lui aurait-il apporté à manger? Jésus
leur dit: Ma nourriture est de faire
la volonté de celui qui m'a envoyé,
35 et d'accomplir son œuvre. Ne dites-
vous pas qu'il y a encore quatre mois
jusqu'à la moisson? Voici, je vous
le dis, levez les yeux, et regardez les
champs qui déjà blanchissent pour
36 la moisson. Celui qui moissonne
reçoit un salaire, et amasse des fruits
pour la vie éternelle, afin que celui
qui sème et celui qui moissonne se
37 réjouissent ensemble. Car en ceci
ce qu'on dit est vrai: Autre est celui
qui sème, et autre celui qui mois-
38 sonne. Je vous ai envoyés moissonner ce que vous n'avez pas travaillé;
d'autres ont travaillé, et vous êtes
entrés dans leur travail.
39 Plusieurs Samaritains de cette ville
crurent en Jésus à cause de cette déclaration formelle de la femme: Il
40 m'a dit tout ce que j'ai fait. Aussi,
quand les Samaritains vinrent le
trouver, ils le prièrent de rester auprès d'eux. Et il resta là deux jours.
41 Un beaucoup plus grand nombre
42 crurent à cause de sa parole; et ils
disaient à la femme: Ce n'est plus

à cause de ce que tu as dit que nous
croyons; car nous l'avons entendu
nous-mêmes, et nous savons qu'il est
vraiment le Sauveur du monde.

*Retour de Jésus en Galilée.—Guérison du
fils d'un officier du roi.*

Après ces deux jours, Jésus partit 43
de là, pour se rendre en Galilée;
car il avait déclaré lui-même qu'un 44
prophète n'est pas honoré dans sa
propre patrie. Lorsqu'il arriva en 45
Galilée, il fut bien reçu des Galiléens,
qui avaient vu tout ce qu'il avait fait
à Jérusalem pendant la fête; car eux
aussi étaient allés à la fête. Il re- 46
tourna donc à Cana en Galilée, où il
avait changé l'eau en vin.
Il y avait à Capernaüm un officier
du roi, dont le fils était malade.
Ayant appris que Jésus était venu 47
de Judée en Galilée, il alla vers lui,
et le pria de descendre et de guérir
son fils, qui était près de mourir.
Jésus lui dit: Si vous ne voyez des 48
miracles et des prodiges, vous ne
croyez point. L'officier du roi lui dit: 49
Seigneur, descends avant que mon
enfant meure. Va, lui dit Jésus, ton 50
fils vit. Et cet homme crut à la parole
que Jésus lui avait dite, et il s'en
alla. Comme déjà il descendait, ses 51
serviteurs, venant à sa rencontre, lui
apportèrent cette nouvelle: Ton enfant vit. Il leur demanda à quelle 52
heure il s'était trouvé mieux; et ils
lui dirent: Hier, à la septième heure,
la fièvre l'a quitté. Le père reconnut 53
que c'était à cette heure-là que Jésus
lui avait dit: Ton fils vit. Et il crut,
lui et toute sa maison.
Jésus fit encore ce second miracle 54
lorsqu'il fut venu de Judée en Galilée.

*Jésus à Jérusalem.—Guérison d'un malade
à la piscine de Béthesda.—Accusations
des Juifs, et réponses de Jésus.*

Après cela, il y eut une fête des **5**
Juifs, et Jésus monta à Jérusalem.
Or, à Jérusalem, près de la porte 2
des brebis, il y a une piscine qui
s'appelle en hébreu Béthesda, et qui
a cinq portiques. Sous ces portiques 3
étaient couchés en grand nombre des

malades, des aveugles, des boiteux, des paralytiques, qui attendaient le
4 mouvement de l'eau ; car un ange descendait de temps en temps dans la piscine, et agitait l'eau ; et celui qui y descendait le premier après que l'eau avait été agitée était guéri, quelle que fût sa maladie.

5 Là se trouvait un homme malade
6 depuis trente-huit ans. Jésus, l'ayant vu couché, et sachant qu'il était déjà malade depuis longtemps, lui dit :
7 Veux-tu être guéri ? Le malade lui répondit : Seigneur, je n'ai personne pour me jeter dans la piscine quand l'eau est agitée, et, pendant que j'y vais, un autre descend avant moi.
8 Lève-toi, lui dit Jésus, prends ton
9 lit, et marche. Aussitôt cet homme fut guéri ; il prit son lit, et marcha.

10 C'était un jour de sabbat. Les Juifs dirent donc à celui qui avait été guéri : C'est le sabbat ; il ne t'est
11 pas permis d'emporter ton lit. Il leur répondit : Celui qui m'a guéri m'a dit : Prends ton lit, et marche.
12 Ils lui demandèrent : Qui est l'homme qui t'a dit : Prends ton lit, et marche ?
13 Mais celui qui avait été guéri ne savait pas qui c'était ; car Jésus avait disparu de la foule qui était en ce
14 lieu. Depuis, Jésus le trouva dans le temple, et lui dit : Voici, tu as été guéri ; ne pèche plus, de peur qu'il ne t'arrive quelque chose de pire.
15 Cet homme s'en alla, et annonça aux Juifs que c'était Jésus qui l'avait
16 guéri. C'est pourquoi les Juifs poursuivaient Jésus, parce qu'il faisait ces choses le jour du sabbat.
17 Mais Jésus leur répondit : Mon Père agit jusqu'à présent ; moi aussi, j'agis.
18 A cause de cela, les Juifs cherchaient encore plus à le faire mourir, non seulement parce qu'il violait le sabbat, mais parce qu'il appelait Dieu son propre Père, se faisant lui-même égal à Dieu.
19 Jésus reprit donc la parole, et leur dit : En vérité, en vérité, je vous le dis, le Fils ne peut rien faire de lui-même, il ne fait que ce qu'il voit faire au Père ; et tout ce que le Père fait,
20 le Fils aussi le fait pareillement. Car le Père aime le Fils, et lui montre tout ce qu'il fait ; et il lui montrera des œuvres plus grandes que celles-ci, afin que vous soyez dans l'étonnement. Car, comme le Père ressus- 21 cite les morts et donne la vie, ainsi le Fils donne la vie à qui il veut. Le 22 Père ne juge personne, mais il a remis tout jugement au Fils, afin que 23 tous honorent le Fils comme ils honorent le Père. Celui qui n'honore pas le Fils n'honore pas le Père qui l'a envoyé. En vérité, en vérité, je 24 vous le dis, celui qui écoute ma parole, et qui croit à celui qui m'a envoyé, a la vie éternelle et ne vient point en jugement, mais il est passé de la mort à la vie. En vérité, en 25 vérité, je vous le dis, l'heure vient, et elle est déjà venue, où les morts entendront la voix du Fils de Dieu ; et ceux qui l'auront entendue vivront. Car, comme le Père a la vie en lui- 26 même, ainsi il a donné au Fils d'avoir la vie en lui-même. Et il lui a donné 27 le pouvoir de juger, parce qu'il est Fils de l'homme. Ne vous étonnez 28 pas de cela ; car l'heure vient où tous ceux qui sont dans les sépulcres entendront sa voix, et en sortiront. Ceux qui auront fait le bien ressusci- 29 teront pour la vie, mais ceux qui auront fait le mal ressusciteront pour le jugement. Je ne puis rien faire 30 de moi-même : selon que j'entends, je juge ; et mon jugement est juste, parce que je ne cherche pas ma volonté, mais la volonté de celui qui m'a envoyé.

Si c'est moi qui rends témoignage 31 de moi-même, mon témoignage n'est pas vrai. Il y en a un autre qui rend 32 témoignage de moi, et je sais que le témoignage qu'il rend de moi est vrai. Vous avez envoyé vers Jean, 33 et il a rendu témoignage à la vérité. Pour moi, ce n'est pas d'un homme 34 que je reçois le témoignage ; mais je dis ceci, afin que vous soyez sauvés. Jean était la lampe qui brûle et qui 35 luit, et vous avez voulu vous réjouir une heure à sa lumière. Moi, j'ai un 36 témoignage plus grand que celui de Jean ; car les œuvres que le Père m'a donné d'accomplir, ces œuvres mêmes que je fais, témoignent de moi que c'est le Père qui m'a envoyé.

37 Et le Père qui m'a envoyé a rendu lui-même témoignage de moi. Vous n'avez jamais entendu sa voix, vous

38 n'avez point vu sa face, et sa parole ne demeure point en vous, parce que vous ne croyez pas à celui qu'il a

39 envoyé. Vous sondez les Écritures, parce que vous pensez avoir en elles la vie éternelle : ce sont elles qui

40 rendent témoignage de moi. Et vous ne voulez pas venir à moi pour avoir la vie !

41 Je ne tire pas ma gloire des hom-
42 mes. Mais je sais que vous n'avez
43 point en vous l'amour de Dieu. Je suis venu au nom de mon Père, et vous ne me recevez pas ; si un autre vient en son propre nom, vous le

44 recevrez. Comment pouvez-vous croire, vous qui tirez votre gloire les uns des autres, et qui ne cherchez point la gloire qui vient de Dieu

45 seul ? Ne pensez pas que moi je vous accuserai devant le Père ; celui qui vous accuse, c'est Moïse, en qui

46 vous avez mis votre espérance. Car si vous croyiez Moïse, vous me croiriez aussi, parce qu'il a écrit de moi.

47 Mais si vous ne croyez pas à ses écrits, comment croirez-vous à mes paroles ?

Jésus en Galilée.—Multiplication des pains.
—Jésus marchant sur les eaux.

6 Après cela, Jésus s'en alla de l'autre côté de la mer de Galilée, de Tibé-
2 riade. Une grande foule le suivait, parce qu'elle voyait les miracles qu'il
3 opérait sur les malades. Jésus monta sur la montagne, et là il s'assit avec ses disciples.

4 Or, la Pâque était proche, la fête des Juifs.

5 Ayant levé les yeux, et voyant qu'une grande foule venait à lui, Jésus dit à Philippe : Où achèterons-nous des pains, pour que ces gens

6 aient à manger ? Il disait cela pour l'éprouver, car il savait ce qu'il allait

7 faire. Philippe lui répondit : Les pains qu'on aurait pour deux cents deniers ne suffiraient pas pour que

8 chacun en reçût un peu. Un de ses disciples, André, frère de Simon

Pierre, lui dit : Il y a ici un jeune 9 garçon qui a cinq pains d'orge et deux poissons ; mais qu'est-ce que cela pour tant de gens ? Jésus dit : 10 Faites-les asseoir. Il y avait dans ce lieu beaucoup d'herbe. Ils s'assirent donc, au nombre d'environ cinq mille hommes. Jésus prit les pains, rendit 11 grâces, et les distribua à ceux qui étaient assis ; il leur donna de même des poissons, autant qu'ils en vou-lurent. Lorsqu'ils furent rassasiés, 12 il dit à ses disciples : Ramassez les morceaux qui restent, afin que rien ne se perde. Ils les ramassèrent 13 donc, et ils remplirent douze paniers avec les morceaux qui restèrent des cinq pains d'orge, après que tous eurent mangé.

Ces gens, ayant vu le miracle que 14 Jésus avait fait, disaient : Celui-ci est vraiment le prophète qui doit venir dans le monde. Et Jésus, sachant 15 qu'ils allaient venir l'enlever pour le faire roi, se retira de nouveau sur la montagne, lui seul.

Quand le soir fut venu, ses dis- 16 ciples descendirent au bord de la mer. Étant montés dans une barque, 17 ils traversaient la mer pour se rendre à Capernaüm. Il faisait déjà nuit, et Jésus ne les avait pas encore re-joints. Il soufflait un grand vent, et 18 la mer était agitée. Après avoir 19 ramé environ vingt-cinq ou trente stades, ils voient Jésus marchant sur la mer et s'approchant de la barque. Et ils eurent peur. Mais Jésus leur 20 dit : C'est moi ; n'ayez pas peur ! Ils 21 voulaient donc le prendre dans la barque, et aussitôt la barque aborda au lieu où ils allaient.

Le pain de vie.—Abandon de quelques
disciples.—Confession de Pierre.

La foule qui était restée de l'autre 22 côté de la mer avait remarqué qu'il ne se trouvait là qu'une seule barque, et que Jésus n'était pas monté dans cette barque avec ses disciples, mais qu'ils étaient partis seuls. Le lende- 23 main, comme d'autres barques étaient arrivées de Tibériade près du lieu où ils avaient mangé le pain après que le Seigneur eut rendu grâces, les gens 24 de la foule, ayant vu que ni Jésus ni ses disciples n'étaient là, montèrent eux-mêmes dans ces barques et allèrent à Capernaüm à la recherche de 25 Jésus. Et l'ayant trouvé au delà de la mer, ils lui dirent: Rabbi, quand 26 es-tu venu ici? Jésus leur répondit: En vérité, en vérité, je vous le dis, vous me cherchez, non parce que vous avez vu des miracles, mais parce que vous avez mangé des pains et 27 que vous avez été rassasiés. Travaillez, non pour la nourriture qui périt, mais pour celle qui subsiste pour la vie éternelle, et que le Fils de l'homme vous donnera; car c'est lui que le Père, que Dieu a marqué 28 de son sceau. Ils lui dirent: Que devons-nous faire, pour faire les 29 œuvres de Dieu? Jésus leur répondit: L'œuvre de Dieu, c'est que vous croyiez en celui qu'il a envoyé. 30 Quel miracle fais-tu donc, lui dirent-ils, afin que nous le voyions, et que nous croyions en toi? Que fais-tu? 31 Nos pères ont mangé la manne dans le désert, selon ce qui est écrit:

Il leur donna le pain du ciel à manger.

32 Jésus leur dit: En vérité, en vérité, je vous le dis, Moïse ne vous a pas donné le pain du ciel, mais mon Père 33 vous donne le vrai pain du ciel; car le pain de Dieu, c'est celui qui descend du ciel et qui donne la vie au monde.

34 Ils lui dirent: Seigneur, donne-nous toujours ce pain.

35 Jésus leur dit: Je suis le pain de vie. Celui qui vient à moi n'aura jamais faim, et celui qui croit en moi 36 n'aura jamais soif. Mais, je vous l'ai dit, vous m'avez vu, et vous ne croyez 37 point. Tout ce que le Père me donne viendra à moi, et je ne mettrai pas dehors celui qui vient à moi; 38 car je suis descendu du ciel pour faire, non ma volonté, mais la volonté 39 de celui qui m'a envoyé. Or, la volonté de celui qui m'a envoyé, c'est que je ne perde rien de tout ce qu'il m'a donné, mais que je le ressuscite 40 au dernier jour. La volonté de mon Père, c'est que quiconque voit le Fils et croit en lui ait la vie éternelle; et je le ressusciterai au dernier jour.

Les Juifs murmuraient à son su- 41 jet, parce qu'il avait dit: Je suis le pain qui est descendu du ciel. Et 42 ils disaient: N'est-ce pas là Jésus, le fils de Joseph, celui dont nous connaissons le père et la mère? Comment donc dit-il: Je suis descendu du ciel?

Jésus leur répondit: Ne murmurez 43 pas entre vous. Nul ne peut venir 44 à moi, si le Père qui m'a envoyé ne l'attire; et je le ressusciterai au dernier jour. Il est écrit dans les 45 prophètes:

Ils seront tous enseignés de Dieu.

Ainsi quiconque a entendu le Père et a reçu son enseignement vient à moi. Ce n'est pas que personne ait 46 vu le Père, sinon celui qui vient de Dieu; celui-là a vu le Père. En 47 vérité, en vérité, je vous le dis, celui qui croit en moi a la vie éternelle. Je 48 suis le pain de vie. Vos pères ont 49 mangé la manne dans le désert, et ils sont morts. C'est ici le pain qui 50 descend du ciel, afin que celui qui en mange ne meure point. Je suis 51 le pain vivant qui est descendu du ciel. Si quelqu'un mange de ce pain, il vivra éternellement; et le pain que je donnerai, c'est ma chair, que je donnerai pour la vie du monde.

Là-dessus, les Juifs disputaient 52 entre eux, disant: Comment peut-il nous donner sa chair à manger?

Jésus leur dit: En vérité, en vérité, 53 je vous le dis, si vous ne mangez la chair du Fils de l'homme, et si vous ne buvez son sang, vous n'avez point la vie en vous-mêmes. Celui qui 54 mange ma chair et qui boit mon sang a la vie éternelle; et je le ressusciterai au dernier jour. Car ma 55 chair est vraiment une nourriture, et mon sang est vraiment un breuvage. Celui qui mange ma chair et qui boit 56 mon sang demeure en moi, et je demeure en lui. Comme le Père qui 57 est vivant m'a envoyé, et que je vis par le Père, ainsi celui qui me mange 58 vivra par moi. C'est ici le pain qui est descendu du ciel. Il n'en est pas comme de vos pères qui ont mangé la manne et qui sont morts : celui qui mange ce pain vivra éternellement.

59 Jésus dit ces choses dans la synagogue, enseignant à Capernaüm.

60 Plusieurs de ses disciples, après l'avoir entendu, dirent : Cette parole 61 est dure ; qui peut l'écouter ? Jésus, sachant en lui-même que ses disciples murmuraient à ce sujet, leur dit : Ce-62 la vous scandalise-t-il ? Et si vous voyez le Fils de l'homme monter où 63 il était auparavant ?...C'est l'esprit qui vivifie ; la chair ne sert de rien. Les paroles que je vous ai dites sont 64 esprit et vie. Mais il en est parmi vous quelques-uns qui ne croient point. Car Jésus savait dès le commencement qui étaient ceux qui ne croyaient point, et qui était celui 65 qui le livrerait. Et il ajouta : C'est pourquoi je vous ai dit que nul ne peut venir à moi, si cela ne lui a été donné par le Père.

66 Dès ce moment, plusieurs de ses disciples se retirèrent, et ils n'allaient plus avec lui.

67 Jésus donc dit aux douze : Et vous, ne voulez-vous pas aussi vous 68 en aller ? Simon Pierre lui répondit : Seigneur, à qui irions-nous ? Tu 69 as les paroles de la vie éternelle. Et nous avons cru et nous avons connu que tu es le Christ, le Saint de Dieu. 70 Jésus leur répondit : N'est-ce pas moi qui vous ai choisis, vous les douze ? 71 Et l'un de vous est un démon ! Il parlait de Judas Iscariot, fils de Simon ; car c'était lui qui devait le livrer, lui, l'un des douze.

Incrédulité des frères de Jésus.

7 Après cela, Jésus parcourait la Galilée, car il ne voulait pas séjourner en Judée, parce que les Juifs cherchaient à le faire mourir. 2 Or, la fête des Juifs, la fête des 3 Tabernacles, était proche. Et ses frères lui dirent : Pars d'ici, et va en Judée, afin que tes disciples voient aussi les œuvres que tu fais. Per-4 sonne n'agit en secret, lorsqu'il désire paraître : si tu fais ces choses, montre-toi toi-même au monde. Car 5 ses frères non plus ne croyaient pas en lui. Jésus leur dit : Mon temps 6 n'est pas encore venu, mais votre temps est toujours prêt. Le monde 7 ne peut vous haïr ; moi, il me hait, parce que je rends de lui le témoignage que ses œuvres sont mauvaises. Montez, vous, à cette fête ; 8 pour moi, je n'y monte point, parce que mon temps n'est pas encore accompli. Après leur avoir dit cela, 9 il resta en Galilée.

Jésus à Jérusalem.—Son enseignement dans le temple, à la fête des Tabernacles.— Opinions diverses chez les Juifs.—Projets d'arrestation.

Lorsque ses frères furent montés 10 à la fête, il y monta aussi lui-même, non publiquement, mais comme en secret.

Les Juifs le cherchaient pendant 11 la fête, et disaient : Où est-il ? Il y 12 avait dans la foule grande rumeur à son sujet. Les uns disaient : C'est un homme de bien. D'autres disaient : Non, il égare la multitude. Personne, 13 toutefois, ne parlait librement de lui, par crainte des Juifs.

Vers le milieu de la fête, Jésus 14 monta au temple. Et il enseignait. Les Juifs s'étonnaient, disant : Com-15 ment connaît-il les Écritures, lui qui n'a point étudié ? Jésus leur répondit : 16 Ma doctrine n'est pas de moi, mais de celui qui m'a envoyé. Si quel-17 qu'un veut faire sa volonté, il connaîtra si ma doctrine est de Dieu, ou si je parle de mon chef. Celui qui parle 18 de son chef cherche sa propre gloire ; mais celui qui cherche la gloire de celui qui l'a envoyé, celui-là est vrai, et il n'y a point d'injustice en lui. Moïse ne vous a-t-il pas donné la 19 loi ? Et nul de vous n'observe la loi. Pourquoi cherchez-vous à me faire mourir ? La foule répondit : 20 Tu as un démon. Qui est-ce qui cherche à te faire mourir ? Jésus 21 leur répondit : J'ai fait une œuvre, et vous en êtes tous étonnés. Moïse 22 vous a donné la circoncision,—non qu'elle vienne de Moïse, car elle vient des patriarches,—et vous circoncisez un homme le jour du sabbat.

23 Si un homme reçoit la circoncision le jour du sabbat, afin que la loi de Moïse ne soit pas violée, pourquoi vous irritez-vous contre moi de ce que j'ai guéri un homme tout entier 24 le jour du sabbat ? Ne jugez pas selon l'apparence, mais jugez selon la justice.

25 Quelques habitants de Jérusalem disaient : N'est-ce pas là celui qu'ils 26 cherchent à faire mourir ? Et voici, il parle librement, et ils ne lui disent rien ! Est-ce que vraiment les chefs auraient reconnu qu'il est le Christ ? 27 Cependant celui-ci, nous savons d'où il est ; mais le Christ, quand il viendra, personne ne saura d'où il 28 est. Et Jésus, enseignant dans le temple, s'écria: Vous me connaissez, et vous savez d'où je suis ! Je ne suis pas venu de moi-même: mais celui qui m'a envoyé est vrai, et 29 vous ne le connaissez pas. Moi, je le connais; car je viens de lui, et 30 c'est lui qui m'a envoyé. Ils cherchaient donc à se saisir de lui, et personne ne mit la main sur lui, parce que son heure n'était pas encore venue.

31 Plusieurs parmi la foule crurent en lui, et ils disaient: Le Christ, quand il viendra, fera-t-il plus de miracles que n'en a fait celui-ci ? 32 Les pharisiens entendirent la foule murmurant de lui ces choses. Alors les principaux sacrificateurs et les pharisiens envoyèrent des huissiers pour le saisir.

33 Jésus dit: Je suis encore avec vous pour un peu de temps, puis je m'en 34 vais vers celui qui m'a envoyé. Vous me chercherez et vous ne me trouverez pas, et vous ne pouvez venir 35 où je serai. Sur quoi les Juifs dirent entre eux: Où ira-t-il, que nous ne le trouverons pas ? Ira-t-il parmi ceux qui sont dispersés chez les Grecs, et enseignera-t-il les Grecs ? 36 Que signifie cette parole qu'il a dite: Vous me chercherez et vous ne me trouverez pas, et vous ne pouvez venir où je serai ?

37 Le dernier jour, le grand jour de la fête, Jésus, se tenant debout, s'écria: Si quelqu'un a soif, qu'il 38 vienne à moi, et qu'il boive. Celui qui croit en moi, des fleuves d'eau vive couleront de son sein, comme 39 dit l'Écriture. Il dit cela de l'Esprit que devaient recevoir ceux qui croiraient en lui ; car l'Esprit n'était pas encore, parce que Jésus n'avait pas encore été glorifié.

40 Des gens de la foule, ayant entendu ces paroles, disaient: Celui-ci est 41 vraiment le prophète. D'autres disaient: C'est le Christ. Et d'autres disaient: Est-ce bien de la Galilée 42 que doit venir le Christ? L'Écriture ne dit-elle pas que c'est de la postérité de David, et du village de Bethléhem, où était David, que le Christ doit 43 venir? Il y eut donc, à cause de lui, 44 division parmi la foule. Quelques-uns d'entre eux voulaient le saisir, mais personne ne mit la main sur lui.

45 Ainsi les huissiers retournèrent vers les principaux sacrificateurs et les pharisiens. Et ceux-ci leur dirent: Pourquoi ne l'avez-vous pas amené? 46 Les huissiers répondirent: Jamais homme n'a parlé comme cet homme. 47 Les pharisiens leur répliquèrent: Est-ce que vous aussi, vous avez été 48 séduits? Y a-t-il quelqu'un des chefs ou des pharisiens qui ait cru en lui? 49 Mais cette foule qui ne connaît pas la loi, ce sont des maudits! Nicodème, 50 qui était venu de nuit vers Jésus, et qui était l'un d'entre eux, leur dit: Notre loi condamne-t-elle un 51 homme avant qu'on l'entende et qu'on sache ce qu'il a fait? Ils lui 52 répondirent: Es-tu aussi Galiléen? Examine, et tu verras que de la Galilée il ne sort point de prophète.

La femme adultère.

53 Et chacun s'en retourna dans sa maison.

8 Jésus se rendit à la montagne des 2 oliviers. Mais, dès le matin, il alla de nouveau dans le temple, et tout le peuple vint à lui. S'étant assis, il les enseignait.

3 Alors les scribes et les pharisiens

amènent une femme surprise en adultère; et, la plaçant au milieu du

4 peuple, ils disent à Jésus: Maître, cette femme a été surprise en flagrant

5 délit d'adultère. Moïse, dans la loi, nous a ordonné de lapider de telles

6 femmes: toi donc, que dis-tu? Ils disaient cela pour l'éprouver, afin de pouvoir l'accuser. Mais Jésus, s'étant baissé, écrivait avec le doigt

7 sur la terre. Comme ils continuaient à l'interroger, il se releva et leur dit: Que celui de vous qui est sans péché jette le premier la pierre contre elle.

8 Et s'étant de nouveau baissé, il

9 écrivait sur la terre. Quand ils entendirent cela, accusés par leur conscience, ils se retirèrent un à un, depuis les plus âgés jusqu'aux derniers; et Jésus resta seul avec la

10 femme qui était là au milieu. Alors s'étant relevé, et ne voyant plus que la femme, Jésus lui dit: Femme, où sont ceux qui t'accusaient? Personne

11 ne t'a-t-il condamnée? Elle répondit: Non, Seigneur. Et Jésus lui dit: Je ne te condamne pas non plus; va, et ne pèche plus.

Discours de Jésus sur sa mission divine.

12 Jésus leur parla de nouveau, et dit: Je suis la lumière du monde; celui qui me suit ne marchera pas dans les ténèbres, mais il aura la lumière de la vie.

13 Là-dessus, les pharisiens lui dirent: Tu rends témoignage de toi-même;

14 ton témoignage n'est pas vrai. Jésus leur répondit: Quoique je rende témoignage de moi-même, mon témoignage est vrai, car je sais d'où je suis venu et où je vais; mais vous, vous ne savez d'où je viens ni où je

15 vais. Vous jugez selon la chair;

16 moi, je ne juge personne. Et si je juge, mon jugement est vrai, car je ne suis pas seul; mais le Père qui

17 m'a envoyé est avec moi. Il est écrit dans votre loi que le témoignage

18 de deux hommes est vrai; je rends témoignage de moi-même, et le Père qui m'a envoyé rend témoignage de

19 moi. Ils lui dirent donc: Où est ton Père? Jésus répondit: Vous ne connaissez ni moi, ni mon Père. Si vous me connaissiez, vous connaîtriez aussi mon Père.

20 Jésus dit ces paroles, enseignant dans le temple, au lieu où était le trésor; et personne ne le saisit, parce que son heure n'était pas encore venue.

21 Jésus leur dit encore: Je m'en vais, et vous me chercherez, et vous mourrez dans votre péché; vous ne pouvez venir où je vais. Sur quoi

22 les Juifs dirent: Se tuera-t-il lui-même, puisqu'il dit: Vous ne pouvez venir où je vais? Et il leur dit:

23 Vous êtes d'en bas; moi, je suis d'en haut. Vous êtes de ce monde; moi, je ne suis pas de ce monde. C'est

24 pourquoi je vous ai dit que vous mourrez dans vos péchés; car si vous ne croyez pas ce que je suis, vous mourrez dans vos péchés. Qui

25 es-tu? lui dirent-ils. Jésus leur répondit: Ce que je vous dis dès le commencement. J'ai beaucoup de

26 choses à dire de vous et à juger en vous; mais celui qui m'a envoyé est vrai, et ce que j'ai entendu de lui, je le dis au monde. Ils ne comprirent

27 point qu'il leur parlait du Père.

28 Jésus donc leur dit: Quand vous aurez élevé le Fils de l'homme, alors vous connaîtrez ce que je suis, et que je ne fais rien de moi-même, mais que je parle selon ce que le Père m'a enseigné. Celui qui m'a

29 envoyé est avec moi; il ne m'a pas laissé seul, parce que je fais toujours ce qui lui est agréable.

30 Comme Jésus parlait ainsi, plu-

31 sieurs crurent en lui. Et il dit aux Juifs qui avaient cru en lui: Si vous demeurez dans ma parole, vous êtes vraiment mes disciples; vous con-

32 naîtrez la vérité, et la vérité vous affranchira. Ils lui répondirent: Nous

33 sommes la postérité d'Abraham, et nous ne fûmes jamais esclaves de personne; comment dis-tu: Vous deviendrez libres? En vérité, en

34 vérité, je vous le dis, leur répliqua Jésus, quiconque se livre au péché

35 est esclave du péché. Or, l'esclave ne demeure pas toujours dans la maison; le fils y demeure toujours.

36 Si donc le Fils vous affranchit, vous

37 serez réellement libres. Je sais que vous êtes la postérité d'Abraham; mais vous cherchez à me faire mourir, parce que ma parole ne pénètre pas

38 en vous. Je dis ce que j'ai vu chez mon Père; et vous, vous faites ce que vous avez entendu de la part de

39 votre père. Ils lui répondirent: Notre père, c'est Abraham. Jésus leur dit: Si vous étiez enfants d'Abraham, vous feriez les œuvres d'Abraham.

40 Mais maintenant vous cherchez à me faire mourir, moi qui vous ai dit la vérité que j'ai entendue de Dieu. Cela, Abraham ne l'a point fait.

41 Vous faites les œuvres de votre père. Ils lui dirent: Nous ne sommes pas des enfants illégitimes; nous avons

42 un seul Père, Dieu. Jésus leur dit: Si Dieu était votre Père, vous m'aimeriez, car c'est de Dieu que je suis sorti et que je viens; je ne suis pas venu de moi-même, mais c'est lui qui

43 m'a envoyé. Pourquoi ne comprenez-vous pas mon langage? Parce que vous ne pouvez écouter ma parole.

44 Vous avez pour père le diable, et vous voulez accomplir les désirs de votre père. Il a été meurtrier dès le commencement, et il ne se tient pas dans la vérité, parce qu'il n'y a pas de vérité en lui. Lorsqu'il profère le mensonge, il parle de son propre fonds; car il est menteur et le père

45 du mensonge. Et moi, parce que je dis la vérité, vous ne me croyez

46 pas. Qui de vous me convaincra de péché? Si je dis la vérité, pourquoi

47 ne me croyez-vous pas? Celui qui est de Dieu écoute les paroles de Dieu; vous n'écoutez pas, parce que vous n'êtes pas de Dieu.

48 Les Juifs lui répondirent: N'avons-nous pas raison de dire que tu es un Samaritain, et que tu as un démon?

49 Jésus répliqua: Je n'ai point de démon; mais j'honore mon Père, et

50 vous m'outragez. Je ne cherche point ma gloire; il en est un qui la

51 cherche et qui juge. En vérité, en vérité, je vous le dis, si quelqu'un garde ma parole, il ne verra jamais

52 la mort. Maintenant, lui dirent les Juifs, nous connaissons que tu as un démon. Abraham est mort, les

prophètes aussi, et tu dis: Si quelqu'un garde ma parole, il ne verra jamais la mort. Es-tu plus grand 53 que notre père Abraham, qui est mort? Les prophètes aussi sont morts. Qui prétends-tu être? Jésus 54 répondit: Si je me glorifie moi-même, ma gloire n'est rien. C'est mon Père qui me glorifie, lui que vous dites être votre Dieu, et que vous ne 55 connaissez pas. Pour moi, je le connais; et, si je disais que je ne le connais pas, je serais semblable à vous, un menteur. Mais je le connais, et je garde sa parole. Abraham, 56 votre père, a tressailli de joie de ce qu'il verrait mon jour: il l'a vu, et il s'est réjoui. Les Juifs lui dirent: 57 Tu n'as pas encore cinquante ans, et tu as vu Abraham! Jésus leur dit: 58 En vérité, en vérité, je vous le dis, avant qu'Abraham fût, je suis.

Là-dessus, ils prirent des pierres 59 pour les jeter contre lui; mais Jésus se cacha, et il sortit du temple.

Guérison d'un aveugle-né.

9 Jésus vit, en passant, un homme aveugle de naissance. Ses disciples 2 lui firent cette question: Rabbi, qui a péché, cet homme ou ses parents, pour qu'il soit né aveugle? Jésus 3 répondit: Ce n'est pas que lui ou ses parents aient péché; mais c'est afin que les œuvres de Dieu soient manifestées en lui. Il faut que je fasse, 4 tandis qu'il est jour, les œuvres de celui qui m'a envoyé; la nuit vient, où personne ne peut travailler. Pen- 5 dant que je suis dans le monde, je suis la lumière du monde.

Après avoir dit cela, il cracha à 6 terre, et fit de la boue avec sa salive. Puis il appliqua cette boue sur les yeux de l'aveugle, et lui dit: Va, et 7 lave-toi au réservoir de Siloé (nom qui signifie envoyé). Il y alla, se lava, et s'en retourna voyant clair. Ses voisins et ceux qui auparavant 8 l'avaient connu comme un mendiant disaient: N'est-ce pas là celui qui se tenait assis et qui mendiait? Les 9 uns disaient: C'est lui. D'autres disaient: Non, mais il lui ressemble. Et lui-même disait: C'est moi. Ils 10

lui dirent donc: Comment tes yeux
11 ont-ils été ouverts? Il répondit:
L'homme qu'on appelle Jésus a fait
de la boue, a oint mes yeux, et m'a
dit: Va au réservoir de Siloé, et
lave-toi. J'y suis allé, je me suis
12 lavé, et j'ai recouvré la vue. Ils lui
dirent: Où est cet homme? Il répondit: Je ne sais.

13 Ils menèrent vers les pharisiens
14 celui qui avait été aveugle. Or,
c'était un jour de sabbat que Jésus
avait fait de la boue, et lui avait
15 ouvert les yeux. De nouveau, les
pharisiens aussi lui demandèrent
comment il avait recouvré la vue.
Et il leur dit: Il a appliqué de la
boue sur mes yeux, je me suis lavé,
16 et je vois. Sur quoi quelques-uns
des pharisiens dirent: Cet homme
ne vient pas de Dieu, car il n'observe
pas le sabbat. D'autres dirent:
Comment un homme pécheur peut-il
faire de tels miracles? Et il y eut
17 division parmi eux. Ils dirent encore
à l'aveugle: Toi, que dis-tu de lui,
sur ce qu'il t'a ouvert les yeux? Il
répondit: C'est un prophète.

18 Les Juifs ne crurent point qu'il
eût été aveugle et qu'il eût recouvré
la vue, jusqu'à ce qu'ils eussent fait
19 venir ses parents. Et ils les interrogèrent, disant: Est-ce là votre fils,
que vous dites être né aveugle?
Comment donc voit-il maintenant?
20 Ses parents répondirent: Nous savons
que c'est notre fils, et qu'il est né
21 aveugle; mais comment il voit maintenant, ou qui lui a ouvert les yeux,
c'est ce que nous ne savons. Interrogez-le lui-même, il a de l'âge, il
22 parlera de ce qui le concerne. Ses
parents dirent cela parce qu'ils
craignaient les Juifs; car les Juifs
étaient déjà convenus que, si quelqu'un reconnaissait Jésus pour le
Christ, il serait exclu de la synagogue.
23 C'est pourquoi ses parents dirent: Il
a de l'âge, interrogez-le lui-même.

24 Les pharisiens appelèrent une
seconde fois l'homme qui avait été
aveugle, et ils lui dirent: Donne
gloire à Dieu; nous savons que cet
25 homme est un pécheur. Il répondit:
S'il est un pécheur, je ne sais; je sais

une chose, c'est que j'étais aveugle
et que maintenant je vois. Ils lui 26
dirent: Que t'a-t-il fait? Comment
t'a-t-il ouvert les yeux? Il leur 27
répondit: Je vous l'ai déjà dit, et
vous n'avez pas écouté; pourquoi
voulez-vous l'entendre encore? Voulez-vous aussi devenir ses disciples?
Ils l'injurièrent et dirent: C'est toi 28
qui es son disciple; nous, nous
sommes disciples de Moïse. Nous 29
savons que Dieu a parlé à Moïse;
mais celui-ci, nous ne savons d'où
il est. Cet homme leur répondit: 30
Il est étonnant que vous ne sachiez
d'où il est; et cependant il m'a ouvert
les yeux. Nous savons que Dieu 31
n'exauce point les pécheurs; mais,
si quelqu'un l'honore et fait sa
volonté, c'est celui-là qu'il exauce.
Jamais on n'a entendu dire que 32
quelqu'un ait ouvert les yeux d'un
aveugle-né. Si cet homme ne venait 33
pas de Dieu, il ne pourrait rien faire.
Ils lui répondirent: Tu es né tout 34
entier dans le péché, et tu nous
enseignes! Et ils le chassèrent.

Jésus apprit qu'ils l'avaient chassé; 35
et, l'ayant rencontré, il lui dit: Crois-
tu au Fils de Dieu? Il répondit: 36
Et qui est-il, Seigneur, afin que je
croie en lui? Tu l'as vu, lui dit 37
Jésus, et celui qui te parle, c'est lui.
Et il dit: Je crois, Seigneur. Et il 38
se prosterna devant lui.

Puis Jésus dit: Je suis venu dans 39
ce monde pour un jugement, pour
que ceux qui ne voient point voient,
et que ceux qui voient deviennent
aveugles. Quelques pharisiens qui 40
étaient avec lui, ayant entendu ces
paroles, lui dirent: Nous aussi, sommes-nous aveugles? Jésus leur 41
répondit: Si vous étiez aveugles,
vous n'auriez pas de péché. Mais
maintenant vous dites: Nous voyons.
C'est pour cela que votre péché
subsiste.

Le bon berger.

En vérité, en vérité, je vous le **10**
dis, celui qui n'entre pas par la
porte dans la bergerie, mais qui y
monte par ailleurs, est un voleur et
un brigand. Mais celui qui entre par 2

la porte est le berger des brebis.

3 Le portier lui ouvre, et les brebis entendent sa voix; il appelle par leur nom les brebis qui lui appartiennent, et il les conduit dehors.

4 Lorsqu'il a fait sortir toutes ses propres brebis, il marche devant elles; et les brebis le suivent, parce qu'elles

5 connaissent sa voix. Elles ne suivront point un étranger; mais elles fuiront loin de lui, parce qu'elles ne connaissent pas la voix des étrangers.

6 Jésus leur dit cette parabole, mais ils ne comprirent pas de quoi il leur parlait.

7 Jésus leur dit encore: En vérité, en vérité, je vous le dis, je suis la porte

8 des brebis. Tous ceux qui sont venus avant moi sont des voleurs et des brigands; mais les brebis ne les

9 ont point écoutés. Je suis la porte. Si quelqu'un entre par moi, il sera sauvé; il entrera et il sortira, et il

10 trouvera des pâturages. Le voleur ne vient que pour dérober, égorger et détruire; moi, je suis venu afin que les brebis aient la vie, et qu'elles soient dans l'abondance.

11 Je suis le bon berger. Le bon berger donne sa vie pour ses brebis.

12 Mais le mercenaire, qui n'est pas le berger, et à qui n'appartiennent pas les brebis, voit venir le loup, abandonne les brebis, et prend la fuite; et

13 le loup les ravit et les disperse. Le mercenaire s'enfuit, parce qu'il est mercenaire, et qu'il ne se met point en peine des brebis. Je suis le bon

14 berger. Je connais mes brebis, et

15 elles me connaissent, comme le Père me connaît et comme je connais le Père; et je donne ma vie pour mes

16 brebis. J'ai encore d'autres brebis, qui ne sont pas de cette bergerie; celles-là, il faut que je les amène; elles entendront ma voix, et il y aura un seul troupeau, un seul ber-

17 ger. Le Père m'aime, parce que je donne ma vie, afin de la reprendre.

18 Personne ne me l'ôte, mais je la donne de moi-même; j'ai le pouvoir de la donner, et j'ai le pouvoir de la reprendre: tel est l'ordre que j'ai reçu de mon Père.

19 Il y eut de nouveau, à cause de ces paroles, division parmi les Juifs.

20 Plusieurs d'entre eux disaient: Il a un démon, il est fou; pourquoi l'é-

21 coutez-vous? D'autres disaient: Ce ne sont pas les paroles d'un démoniaque; un démon peut-il ouvrir les yeux des aveugles?

Jésus à Jérusalem pendant la fête de la Dédicace.—Discours sur ses rapports avec Dieu.—Nouvelles hostilités de la part des Juifs.—Départ, et séjour dans la Pérée.

22 On célébrait à Jérusalem la fête

23 de la Dédicace. C'était l'hiver. Et Jésus se promenait dans le temple,

24 sous le portique de Salomon. Les Juifs l'entourèrent, et lui dirent: Jusques à quand tiendras-tu notre esprit en suspens? Si tu es le Christ, dis-le-nous franchement.

25 Jésus leur répondit: Je vous l'ai dit, et vous ne croyez pas. Les œuvres que je fais au nom de mon Père rendent témoignage de moi.

26 Mais vous ne croyez pas, parce que

27 vous n'êtes pas de mes brebis. Mes brebis entendent ma voix; je les connais, et elles me suivent. Je leur

28 donne la vie éternelle; et elles ne périront jamais, et personne ne les ravira de ma main. Mon Père, qui

29 me les a données, est plus grand que tous; et personne ne peut les

30 ravir de la main de mon Père. Moi et le Père nous sommes un.

31 Alors les Juifs prirent de nouveau des pierres pour le lapider.

32 Jésus leur dit: Je vous ai fait voir plusieurs bonnes œuvres venant de mon Père: pour laquelle me lapidez-

33 vous? Les Juifs lui répondirent: Ce n'est point pour une bonne œuvre que nous te lapidons, mais pour un blasphème, et parce que toi, qui es un homme, tu te fais Dieu. Jésus

34 leur répondit: N'est-il pas écrit dans votre loi:

J'ai dit: Vous êtes des dieux?

35 Si elle a appelé dieux ceux à qui la parole de Dieu a été adressée, et si l'Écriture ne peut être anéantie, celui

36 que le Père a sanctifié et envoyé dans le monde, vous lui dites: Tu blasphèmes! Et cela parce que j'ai

37 dit: Je suis le Fils de Dieu. Si je ne fais pas les œuvres de mon Père,
38 ne me croyez pas. Mais si je les fais, quand même vous ne me croiriez point, croyez à ces œuvres, afin que vous sachiez et reconnaissiez que le Père est en moi et que je suis dans le Père.

39 Là dessus, ils cherchèrent encore à le saisir; mais il s'échappa de leurs mains.

40 Jésus s'en alla de nouveau au delà du Jourdain, dans le lieu où Jean avait d'abord baptisé. Et il y de-
41 meura. Beaucoup de gens vinrent à lui, et ils disaient: Jean n'a fait aucun miracle; mais tout ce que Jean a dit de cet homme était vrai.
42 Et, dans ce lieu-là, plusieurs crurent en lui.

Jésus retournant en Judée.—Résurrection de Lazare à Béthanie.—Assemblée du sanhédrin et décision contre Jésus.—Séjour à Éphraïm.

11 Il y avait un homme malade, Lazare, de Béthanie, village de
2 Marie et de Marthe, sa sœur.—C'était cette Marie qui oignit de parfum le Seigneur et qui lui essuya les pieds avec ses cheveux, et c'était son
3 frère Lazare qui était malade.—Les sœurs envoyèrent dire à Jésus: Seigneur, voici, celui que tu aimes est
4 malade. Après avoir entendu cela, Jésus dit: Cette maladie n'est point à la mort; mais elle est pour la gloire de Dieu, afin que le Fils de Dieu soit glorifié par elle.

5 Or, Jésus aimait Marthe, et sa
6 sœur, et Lazare. Lors donc qu'il eut appris que Lazare était malade, il resta deux jours encore dans le
7 lieu où il était, et il dit ensuite aux
8 disciples: Retournons en Judée. Les disciples lui dirent: Rabbi, les Juifs tout récemment cherchaient à te lapider, et tu retournes en Judée!
9 Jésus répondit: N'y a-t-il pas douze heures au jour? Si quelqu'un marche pendant le jour, il ne bronche point, parce qu'il voit la lumière de ce
10 monde; mais, si quelqu'un marche pendant la nuit, il bronche, parce
11 que la lumière n'est pas en lui. Après ces paroles, il leur dit: Lazare, notre ami, dort; mais je vais le réveiller.

12 Les disciples lui dirent: Seigneur, s'il dort, il sera guéri. Jésus avait 13 parlé de sa mort, mais ils crurent qu'il parlait de l'assoupissement du sommeil. Alors Jésus leur dit ou- 14 vertement: Lazare est mort. Et, à 15 cause de vous, afin que vous croyiez, je me réjouis de ce que je n'étais pas là. Mais allons vers lui. Sur quoi 16 Thomas, appelé Didyme, dit aux autres disciples: Allons aussi, afin de mourir avec lui.

Jésus, étant arrivé, trouva que La- 17 zare était déjà depuis quatre jours dans le sépulcre. Et, comme Béthanie 18 était près de Jérusalem, à quinze stades environ, beaucoup de Juifs 19 étaient venus vers Marthe et Marie, pour les consoler de la mort de leur frère.

Lorsque Marthe apprit que Jésus 20 arrivait, elle alla au-devant de lui, tandis que Marie se tenait assise à la maison. Marthe dit à Jésus: 21 Seigneur, si tu eusses été ici, mon frère ne serait pas mort. Mais, main- 22 tenant même, je sais que tout ce que tu demanderas à Dieu, Dieu te l'accordera. Jésus lui dit: Ton frère 23 ressuscitera. Je sais, lui répondit 24 Marthe, qu'il ressuscitera à la résurrection, au dernier jour. Jésus lui 25 dit: Je suis la résurrection et la vie. Celui qui croit en moi vivra, quand même il serait mort; et quiconque 26 vit et croit en moi ne mourra jamais. Crois-tu cela? Elle lui dit: Oui, 27 Seigneur, je crois que tu es le Christ, le Fils de Dieu, qui devait venir dans le monde.

Ayant ainsi parlé, elle s'en alla. 28 Puis elle appela secrètement Marie, sa sœur, et lui dit: Le maître est ici, et il te demande. Dès que Marie 29 eut entendu, elle se leva promptement, et alla vers lui. Car Jésus 30 n'était pas encore entré dans le village, mais il était dans le lieu où Marthe l'avait rencontré. Les Juifs 31 qui étaient avec Marie dans la maison et qui la consolaient, l'ayant vue se lever promptement et sortir, la suivirent, disant: Elle va au sépulcre, pour y pleurer.

32 Lorsque Marie fut arrivée là où était Jésus, et qu'elle le vit, elle tomba à ses pieds, et lui dit: Seigneur, si tu eusses été ici, mon frère 33 ne serait pas mort. Jésus, la voyant pleurer, elle et les Juifs qui étaient venus avec elle, frémit en son esprit, 34 et fut tout ému. Et il dit: Où l'avez-vous mis? Seigneur, lui répondirent-ils, viens et vois.

35 Jésus pleura.

36 Sur quoi les Juifs dirent: Voyez 37 comme il l'aimait. Et quelques-uns d'entre eux dirent: Lui qui a ouvert les yeux de l'aveugle, ne pouvait-il pas faire aussi que cet homme ne mourût point?

38 Jésus, frémissant de nouveau en lui-même, se rendit au sépulcre. C'était une grotte, et une pierre était 39 placée devant. Jésus dit: Otez la pierre. Marthe, la sœur du mort, lui dit: Seigneur, il sent déjà, car il y a 40 quatre jours qu'il est là. Jésus lui dit: Ne t'ai-je pas dit que, si tu crois, 41 tu verras la gloire de Dieu? Ils ôtèrent donc la pierre. Et Jésus leva les yeux en haut, et dit: Père, je te rends grâces de ce que tu m'as 42 exaucé. Pour moi, je savais que tu m'exauces toujours; mais j'ai parlé à cause de la foule qui m'entoure, afin qu'ils croient que c'est toi qui 43 m'as envoyé. Ayant dit cela, il cria 44 d'une voix forte: Lazare, sors! Et le mort sortit, les pieds et les mains liés de bandes, et le visage enveloppé d'un linge. Jésus leur dit: Déliez-le, et laissez-le aller.

45 Plusieurs des Juifs qui étaient venus vers Marie, et qui virent ce que 46 fit Jésus, crurent en lui. Mais quelques-uns d'entre eux allèrent trouver les pharisiens, et leur dirent ce que Jésus avait fait.

47 Alors les principaux sacrificateurs et les pharisiens assemblèrent le sanhédrin, et dirent: Que ferons-nous? Car cet homme fait beaucoup de 48 miracles. Si nous le laissons faire, tous croiront en lui, et les Romains viendront détruire et notre ville et 49 notre nation. L'un d'eux, Caïphe, qui était souverain sacrificateur cette année-là, leur dit: Vous n'y en-

tendez rien; vous ne réfléchissez pas 50 qu'il est de votre intérêt qu'un seul homme meure pour le peuple, et que la nation entière ne périsse pas. Or, 51 il ne dit pas cela de lui-même; mais étant souverain sacrificateur cette année-là, il prophétisa que Jésus devait mourir pour la nation. Et ce 52 n'était pas pour la nation seulement; c'était aussi afin de réunir en un seul corps les enfants de Dieu dispersés.

Dès ce jour, ils résolurent de le 53 faire mourir. C'est pourquoi Jésus 54 ne se montra plus ouvertement parmi les Juifs; mais il se retira dans la contrée voisine du désert, dans une ville appelée Éphraïm; et là il demeurait avec ses disciples.

Approche de la Pâque.—Jésus attendu à Jérusalem.—Son arrivée à Béthanie.—Parfum répandu sur ses pieds par Marie. —Entrée de Jésus à Jérusalem.

La Pâque des Juifs était proche. 55 Et beaucoup de gens du pays montèrent à Jérusalem avant la Pâque, pour se purifier. Ils cherchaient 56 Jésus, et ils se disaient les uns aux autres dans le temple: Que vous en semble? Ne viendra-t-il pas à la fête? Or, les principaux sacrifica-57 teurs et les pharisiens avaient donné l'ordre que, si quelqu'un savait où il était, il le déclarât, afin qu'on se saisît de lui.

Six jours avant la Pâque, Jésus **12** arriva à Béthanie, où était Lazare, qu'il avait ressuscité des morts. Là, 2 on lui fit un souper; Marthe servait, et Lazare était un de ceux qui se trouvaient à table avec lui. Marie, 3 ayant pris une livre d'un parfum de nard pur de grand prix, oignit les pieds de Jésus, et elle lui essuya les pieds avec ses cheveux; et la maison fut remplie de l'odeur du parfum. Un 4 de ses disciples, Judas Iscariot, fils de Simon, celui qui devait le livrer, dit: Pourquoi n'a-t-on pas vendu ce 5 parfum trois cents deniers, pour les donner aux pauvres? Il disait cela, 6 non qu'il se mît en peine des pauvres, mais parce qu'il était voleur, et que, tenant la bourse, il prenait ce qu'on y mettait. Mais Jésus dit: Laisse-la 7

garder ce parfum pour le jour de ma
8 sépulture. Vous avez toujours les
pauvres avec vous, mais vous ne m'avez pas toujours.

9 Une grande multitude de Juifs apprirent que Jésus était à Béthanie;
et ils y vinrent, non pas seulement
à cause de lui, mais aussi pour voir
Lazare, qu'il avait ressuscité des
10 morts. Les principaux sacrificateurs
délibérèrent de faire mourir aussi La-
11 zare, parce que beaucoup de Juifs se
retiraient d'eux à cause de lui, et
croyaient en Jésus.

12 Le lendemain, une foule nombreuse
de gens venus à la fête ayant entendu dire que Jésus se rendait à
13 Jérusalem, prirent des branches de
palmiers, et allèrent au-devant de lui,
en criant: Hosanna!

Béni soit celui qui vient au nom du
Seigneur,

14 le roi d'Israël! Jésus trouva un
ânon, et s'assit dessus, selon ce qui
est écrit:

15 Ne crains point, fille de Sion;
Voici, ton roi vient,
Assis sur le petit d'une ânesse.

16 Ses disciples ne comprirent pas
d'abord ces choses; mais, lorsque
Jésus eut été glorifié, ils se souvinrent
qu'elles étaient écrites de lui, et qu'ils
les avaient accomplies à son égard.
17 Tous ceux qui étaient avec Jésus,
quand il appela Lazare du sépulcre
et le ressuscita des morts, lui ren-
18 daient témoignage; et la foule vint
au-devant de lui, parce qu'elle avait
19 appris qu'il avait fait ce miracle. Les
pharisiens se dirent donc les uns
aux autres: Vous voyez que vous
ne gagnez rien; voici, le monde est
allé après lui.

Jésus parle de sa mort prochaine.—
Incrédulité des Juifs.

20 Quelques Grecs, du nombre de
ceux qui étaient montés pour adorer
21 pendant la fête, s'adressèrent à Philippe, de Bethsaïda en Galilée, et lui
dirent avec instance: Seigneur, nous

voudrions voir Jésus. Philippe alla 22
le dire à André, puis André et Philippe le dirent à Jésus.

Jésus leur répondit: L'heure est 23
venue où le Fils de l'homme doit
être glorifié. En vérité, en vérité, 24
je vous le dis, si le grain de blé qui
est tombé en terre ne meurt, il reste
seul; mais, s'il meurt, il porte beaucoup de fruit. Celui qui aime sa vie 25
la perdra, et celui qui hait sa vie
dans ce monde la conservera pour la
vie éternelle. Si quelqu'un me sert, 26
qu'il me suive; et là où je suis, là
aussi sera mon serviteur. Si quelqu'un me sert, le Père l'honorera.
Maintenant mon âme est troublée. 27
Et que dirai-je?...Père, délivre-moi
de cette heure?...Mais c'est pour cela
que je suis venu jusqu'à cette heure.
Père, glorifie ton nom! 28
Et une voix vint du ciel: Je l'ai
glorifié, et je le glorifierai encore.

La foule qui était là, et qui avait 29
entendu, disait que c'était un tonnerre. D'autres disaient: Un ange
lui a parlé.

Jésus dit: Ce n'est pas à cause de 30
moi que cette voix s'est fait entendre;
c'est à cause de vous. Maintenant 31
a lieu le jugement de ce monde;
maintenant le prince de ce monde
sera jeté dehors. Et moi, quand 32
j'aurai été élevé de la terre, j'attirerai
tous les hommes à moi.—En parlant 33
ainsi, il indiquait de quelle mort il
devait mourir.—La foule lui répondit: 34
Nous avons appris par la loi que le
Christ demeure éternellement; comment donc dis-tu: Il faut que le Fils
de l'homme soit élevé? Qui est ce
Fils de l'homme? Jésus leur dit: La 35
lumière est encore pour un peu de
temps au milieu de vous. Marchez,
pendant que vous avez la lumière,
afin que les ténèbres ne vous surprennent point: celui qui marche
dans les ténèbres ne sait où il va.
Pendant que vous avez la lumière, 36
croyez en la lumière, afin que vous
soyez des enfants de lumière.

Jésus dit ces choses, puis il s'en
alla, et se cacha loin d'eux.

Malgré tant de miracles qu'il 37
avait faits en leur présence, ils ne

38 croyaient pas en lui, afin que s'accomplît la parole qu'Ésaïe, le prophète, a prononcée : Seigneur,

Qui a cru à notre prédication ?
Et à qui le bras du Seigneur a-t-il
été révélé ?

39 Aussi ne pouvaient-ils croire, parce qu'Ésaïe a dit encore :

40 Il a aveuglé leurs yeux ; et il a endurci leur cœur,
De peur qu'ils ne voient des yeux,
Qu'ils ne comprennent du cœur,
Qu'ils ne se convertissent, et que je
ne les guérisse.

41 Ésaïe dit ces choses, lorsqu'il vit sa gloire, et qu'il parla de lui.

42 Cependant, même parmi les chefs, plusieurs crurent en lui ; mais, à cause des pharisiens, ils n'en faisaient pas l'aveu, dans la crainte

43 d'être exclus de la synagogue. Car ils aimèrent la gloire des hommes plus que la gloire de Dieu.

44 Or, Jésus s'était écrié : Celui qui croit en moi croit, non pas en moi,

45 mais en celui qui m'a envoyé ; et celui qui me voit voit celui qui m'a

46 envoyé. Je suis venu comme une lumière dans le monde, afin que quiconque croit en moi ne demeure

47 pas dans les ténèbres. Si quelqu'un entend mes paroles et ne les garde point, ce n'est pas moi qui le juge ; car je suis venu non pour juger le monde, mais pour sauver le monde.

48 Celui qui me rejette et qui ne reçoit pas mes paroles a son juge ; la parole que j'ai annoncée, c'est elle qui

49 le jugera au dernier jour. Car je n'ai point parlé de moi-même ; mais le Père, qui m'a envoyé, m'a prescrit lui-même ce que je dois dire et

50 annoncer. Et je sais que son commandement est la vie éternelle. C'est pourquoi les choses que je dis, je les dis comme le Père me les a dites.

Célébration de la Pâque.—Jésus lave les pieds de ses disciples.—La trahison de Judas dévoilée.

13 Avant la fête de Pâque, Jésus, sachant que son heure était venue

de passer de ce monde au Père, et ayant aimé les siens qui étaient dans le monde, mit le comble à son amour pour eux.

2 Pendant le souper, lorsque le diable avait déjà inspiré au cœur de Judas Iscariot, fils de Simon, le dessein

3 de le livrer, Jésus, qui savait que le Père avait remis toutes choses entre ses mains, qu'il était venu de Dieu, et qu'il s'en allait à Dieu, se

4 leva de table, ôta ses vêtements, et

5 prit un linge, dont il se ceignit. Ensuite il versa de l'eau dans un bassin, et il se mit à laver les pieds des disciples, et à les essuyer avec le linge dont il était ceint. Il vint 6 donc à Simon Pierre ; et Pierre lui dit : Toi, Seigneur, tu me laves les pieds ! Jésus lui répondit : Ce que 7 je fais, tu ne le comprends pas maintenant, mais tu le comprendras bientôt. Pierre lui dit : Non, jamais tu 8 ne me laveras les pieds. Jésus lui répondit : Si je ne te lave, tu n'auras point de part avec moi. Simon 9 Pierre lui dit : Seigneur, non seulement les pieds, mais encore les mains et la tête. Jésus lui dit : Celui qui 10 est lavé n'a besoin que de laver ses pieds pour être entièrement pur ; et vous êtes purs, mais non pas tous. Car il connaissait celui qui le livrait ; 11 c'est pourquoi il dit : Vous n'êtes pas tous purs.

12 Après qu'il leur eut lavé les pieds, et qu'il eut pris ses vêtements, il se remit à table, et leur dit : Comprenez-vous ce que je vous ai fait ? Vous 13 m'appelez Maître et Seigneur ; et vous dites bien, car je le suis. Si 14 donc je vous ai lavé les pieds, moi, le Seigneur et le Maître, vous devez aussi vous laver les pieds les uns aux autres ; car je vous ai donné un 15 exemple, afin que vous fassiez comme je vous ai fait. En vérité, en vérité, 16 je vous le dis, le serviteur n'est pas plus grand que son seigneur, ni l'apôtre plus grand que celui qui l'a envoyé. Si vous savez ces choses, 17 vous êtes heureux, pourvu que vous les pratiquiez.

18 Ce n'est pas de vous tous que je parle ; je connais ceux que j'ai

choisis. Mais il faut que l'Écriture s'accomplisse :

Celui qui mange avec moi le pain
A levé son talon contre moi.

19 Dès à présent je vous le dis, avant que la chose arrive, afin que, lorsqu'elle arrivera, vous croyiez à ce que je suis.

20 En vérité, en vérité, je vous le dis, celui qui reçoit celui que j'aurai envoyé me reçoit, et celui qui me reçoit reçoit celui qui m'a envoyé.

21 Ayant ainsi parlé, Jésus fut troublé en son esprit, et il dit expressément : En vérité, en vérité, je vous le dis,

22 l'un de vous me livrera. Les disciples se regardaient les uns les autres,

23 ne sachant de qui il parlait. Un des disciples, celui que Jésus aimait, était couché sur le sein de Jésus.

24 Simon Pierre lui fit signe de demander qui était celui dont parlait

25 Jésus. Et ce disciple, s'étant penché sur la poitrine de Jésus, lui dit :

26 Seigneur, qui est-ce ? Jésus répondit : C'est celui à qui je donnerai le morceau trempé. Et, ayant trempé le morceau, il le donna à Judas, fils de

27 Simon, l'Iscariot. Dès que le morceau fut donné, Satan entra dans Judas. Jésus lui dit : Ce que tu fais, fais-le

28 promptement. Mais aucun de ceux qui étaient à table ne comprit pour-

29 quoi il lui disait cela ; car quelques-uns pensaient que, comme Judas avait la bourse, Jésus voulait lui dire : Achète ce dont nous avons besoin pour la fête, ou qu'il lui commandait de donner quelque chose aux pauvres.

30 Judas, ayant pris le morceau, se hâta de sortir. Il était nuit.

Derniers entretiens et discours de Jésus avec ses disciples.—Questions des apôtres Pierre, Thomas, Philippe, Jude.—Instructions, consolations et promesses: l'amour fraternel; l'envoi du Saint-Esprit; la paix de Jésus; le cep et les sarments; la haine du monde; les persécutions; la tristesse changée en joie; le revoir. Les adieux du départ.—Foi des disciples.

31 Lorsque Judas fut sorti, Jésus dit : Maintenant, le Fils de l'homme a été glorifié, et Dieu a été glorifié en

32 lui. Si Dieu a été glorifié en lui, Dieu aussi le glorifiera en lui-même, et il le glorifiera bientôt.

33 Mes petits enfants, je suis pour peu de temps encore avec vous. Vous me chercherez ; et, comme j'ai dit aux Juifs : Vous ne pouvez venir où je vais, je vous le dis aussi

34 maintenant. Je vous donne un commandement nouveau : Aimez-vous les uns les autres ; comme je vous ai aimés, vous aussi, aimez-vous

35 les uns les autres. A ceci tous connaîtront que vous êtes mes disciples, si vous avez de l'amour les uns pour les autres.

36 Simon Pierre lui dit : Seigneur, où vas-tu ? Jésus répondit : Tu ne peux pas maintenant me suivre où je vais, mais tu me suivras plus tard.

37 Seigneur, lui dit Pierre, pourquoi ne puis-je pas te suivre maintenant ? Je donnerai ma vie pour toi. Jésus

38 répondit : Tu donneras ta vie pour moi ! En vérité, en vérité, je te le dis, le coq ne chantera pas que tu ne m'aies renié trois fois.

14 Que votre cœur ne se trouble point. Croyez en Dieu, et croyez en moi.

2 Il y a plusieurs demeures dans la maison de mon Père. Si cela n'était pas, je vous l'aurais dit. Je vais

3 vous préparer une place. Et, lorsque je m'en serai allé, et que je vous aurai préparé une place, je reviendrai, et je vous prendrai avec moi, afin que là où je suis vous y soyez aussi.

4 Vous savez où je vais, et vous en savez le chemin.

5 Thomas lui dit : Seigneur, nous ne savons où tu vas ; comment pouvons-nous en savoir le chemin ?

6 Jésus lui dit : Je suis le chemin, la vérité, et la vie. Nul ne vient au

7 Père que par moi. Si vous me connaissiez, vous connaîtriez aussi mon Père. Et dès maintenant vous le connaissez, et vous l'avez vu.

8 Philippe lui dit : Seigneur, montre-nous le Père, et cela nous suffit.

9 Jésus lui dit : Il y a si longtemps que je suis avec vous, et tu ne m'as pas connu, Philippe ! Celui qui m'a vu a vu le Père ; comment dis-tu :

10 Montre-nous le Père ? Ne crois-tu

pas que je suis dans le Père, et que le Père est en moi? Les paroles que je vous dis, je ne les dis pas de moi-même; et le Père qui demeure en moi, c'est lui qui fait les œuvres.

11 Croyez-moi, je suis dans le Père, et le Père est en moi; croyez du moins à cause de ces œuvres.

12 En vérité, en vérité, je vous le dis, celui qui croit en moi fera aussi les œuvres que je fais, et il en fera de plus grandes, parce que je m'en vais

13 au Père; et tout ce que vous demanderez en mon nom, je le ferai, afin que le Père soit glorifié dans le Fils.

14 Si vous demandez quelque chose en mon nom, je le ferai.

15 Si vous m'aimez, gardez mes com-
16 mandements. Et moi, je prierai le Père, et il vous donnera un autre consolateur, afin qu'il demeure éter-
17 nellement avec vous, l'Esprit de vérité, que le monde ne peut recevoir, parce qu'il ne le voit point et ne le connaît point; mais vous, vous le connaissez, car il demeure avec vous, et il sera
18 en vous. Je ne vous laisserai pas
19 orphelins, je viendrai à vous. Encore un peu de temps, et le monde ne me verra plus; mais vous, vous me verrez, car je vis, et vous vivrez aussi.
20 En ce jour-là, vous connaîtrez que je suis en mon Père, que vous êtes en
21 moi, et que je suis en vous. Celui qui a mes commandements et qui les garde, c'est celui qui m'aime; et celui qui m'aime sera aimé de mon Père, je l'aimerai, et je me ferai connaître à lui.

22 Jude, non pas l'Iscariot, lui dit: Seigneur, d'où vient que tu te feras connaître à nous, et non au monde?
23 Jésus lui répondit: Si quelqu'un m'aime, il gardera ma parole, et mon Père l'aimera; nous viendrons à lui, et nous ferons notre demeure chez
24 lui. Celui qui ne m'aime pas ne garde point mes paroles. Et la parole que vous entendez n'est pas de moi, mais du Père qui m'a envoyé.

25 Je vous ai dit ces choses pendant
26 que je demeure avec vous. Mais le consolateur, l'Esprit-Saint, que le Père enverra en mon nom, vous enseignera toutes choses, et vous rappellera tout ce que je vous ai dit.

27 Je vous laisse la paix, je vous donne ma paix. Je ne vous donne pas comme le monde donne. Que votre cœur ne se trouble point, et ne s'alarme point.

28 Vous avez entendu que je vous ai dit: Je m'en vais, et je reviens vers vous. Si vous m'aimiez, vous vous réjouiriez de ce que je vais au Père; car le Père est plus grand que moi.
29 Et maintenant je vous ai dit ces choses avant qu'elles arrivent, afin que, lorsqu'elles arriveront, vous croy-
30 iez. Je ne parlerai plus guère avec vous; car le prince du monde vient.
31 Il n'a rien en moi; mais afin que le monde sache que j'aime le Père, et que j'agis selon l'ordre que le Père m'a donné, levez-vous, partons d'ici.

15 Je suis le vrai cep, et mon Père
2 est le vigneron. Tout sarment qui est en moi et qui ne porte pas de fruit, il le retranche; et tout sarment qui porte du fruit, il l'émonde, afin
3 qu'il porte encore plus de fruit. Déjà vous êtes purs, à cause de la parole
4 que je vous ai annoncée. Demeurez en moi, et je demeurerai en vous. Comme le sarment ne peut de lui-même porter du fruit, s'il ne demeure attaché au cep, ainsi vous ne le pouvez non plus, si vous ne demeurez en
5 moi. Je suis le cep, vous êtes les sarments. Celui qui demeure en moi et en qui je demeure porte beaucoup de fruit, car sans moi vous ne
6 pouvez rien faire. Si quelqu'un ne demeure pas en moi, il est jeté dehors, comme le sarment, et il sèche; puis on ramasse les sarments, on les jette au feu, et ils brûlent.
7 Si vous demeurez en moi, et que mes paroles demeurent en vous, demandez ce que vous voudrez, et cela
8 vous sera accordé. Si vous portez beaucoup de fruit, c'est ainsi que mon Père sera glorifié, et que vous serez mes disciples.

9 Comme le Père m'a aimé, je vous ai aussi aimés. Demeurez dans mon amour. Si vous gardez mes com- 10 mandements, vous demeurerez dans

mon amour, de même que j'ai gardé les commandements de mon Père, et que je demeure dans son amour.

11 Je vous ai dit ces choses, afin que ma joie soit en vous, et que votre joie soit parfaite.

12 C'est ici mon commandement : Aimez-vous les uns les autres, comme

13 je vous ai aimés. Il n'y a pas de plus grand amour que de donner sa

14 vie pour ses amis. Vous êtes mes amis, si vous faites ce que je vous

15 commande. Je ne vous appelle plus serviteurs, parce que le serviteur ne sait pas ce que fait son maître ; mais je vous ai appelés amis, parce que je vous ai fait connaître tout ce

16 que j'ai appris de mon Père. Ce n'est pas vous qui m'avez choisi ; mais moi, je vous ai choisis, et je vous ai établis, afin que vous alliez, et que vous portiez du fruit, et que votre fruit demeure, afin que ce que vous demanderez au Père en mon

17 nom, il vous le donne. Ce que je vous commande, c'est de vous aimer les uns les autres.

18 Si le monde vous hait, sachez qu'il

19 m'a haï avant vous. Si vous étiez du monde, le monde aimerait ce qui est à lui ; mais parce que vous n'êtes pas du monde, et que je vous ai choisis du milieu du monde, à cause

20 de cela le monde vous hait. Souvenez-vous de la parole que je vous ai dite : Le serviteur n'est pas plus grand que son maître. S'ils m'ont persécuté, ils vous persécuteront aussi ; s'ils ont gardé ma parole, ils

21 garderont aussi la vôtre. Mais ils vous feront toutes ces choses à cause de mon nom, parce qu'ils ne connaissent pas celui qui m'a envoyé.

22 Si je n'étais pas venu et que je ne leur eusse point parlé, ils n'auraient pas de péché ; mais maintenant ils n'ont aucune excuse de leur péché.

23 Celui qui me hait hait aussi mon

24 Père. Si je n'avais pas fait parmi eux des œuvres que nul autre n'a faites, ils n'auraient pas de péché ; mais maintenant ils les ont vues, et

25 ils ont haï et moi et mon Père. Mais cela est arrivé afin que s'accomplît la parole qui est écrite dans leur loi :

Ils m'ont haï sans cause.

26 Quand sera venu le consolateur, que je vous enverrai de la part du Père, l'Esprit de vérité, qui vient du Père, il rendra témoignage de moi ;

27 et vous aussi, vous rendrez témoignage, parce que vous êtes avec moi dès le commencement.

16 Je vous ai dit ces choses, afin qu'elles ne soient pas pour vous

2 une occasion de chute. Ils vous excluront des synagogues ; et même l'heure vient où quiconque vous fera mourir croira rendre un culte à

3 Dieu. Et ils agiront ainsi, parce qu'ils n'ont connu ni le Père ni moi.

4 Je vous ai dit ces choses, afin que, lorsque l'heure sera venue, vous vous souveniez que je vous les ai dites. Je ne vous en ai pas parlé dès le commencement, parce que j'étais avec vous.

5 Maintenant je m'en vais vers celui qui m'a envoyé, et aucun de vous ne

6 me demande : Où vas-tu ? Mais, parce que je vous ai dit ces choses, la tristesse a rempli votre cœur.

7 Cependant je vous dis la vérité : il vous est avantageux que je m'en aille, car si je ne m'en vais pas, le consolateur ne viendra pas vers vous ; mais, si je m'en vais, je vous l'enver-

8 rai. Et quand il sera venu, il convaincra le monde en ce qui concerne le péché, la justice, et le jugement :

9 en ce qui concerne le péché, parce

10 qu'ils ne croient pas en moi ; la justice, parce que je vais au Père, et

11 que vous ne me verrez plus ; le jugement, parce que le prince de ce monde est jugé.

12 J'ai encore beaucoup de choses à vous dire, mais vous ne pouvez pas

13 les porter maintenant. Quand le consolateur sera venu, l'Esprit de vérité, il vous conduira dans toute la vérité ; car il ne parlera pas de lui-même, mais il dira tout ce qu'il aura entendu, et il vous annoncera

14 les choses à venir. Il me glorifiera, parce qu'il prendra de ce qui est à

15 moi, et vous l'annoncera. Tout ce que le Père a est à moi ; c'est pour-

quoi j'ai dit qu'il prend de ce qui est à moi, et qu'il vous l'annoncera.

16 Encore un peu de temps, et vous ne me verrez plus ; et puis encore un peu de temps, et vous me verrez, parce que je vais au Père.

17 Là-dessus, quelques-uns de ses disciples dirent entre eux : Que signifie ce qu'il nous dit : Encore un peu de temps, et vous ne me verrez plus ; et puis encore un peu de temps, et vous me verrez? et :

18 Parce que je vais au Père? Ils disaient donc : Que signifie ce qu'il dit : Encore un peu de temps? Nous ne savons de quoi il parle.

19 Jésus connut qu'ils voulaient l'interroger, et il leur dit : Vous vous questionnez les uns les autres sur ce que j'ai dit : Encore un peu de temps, et vous ne me verrez plus ; et puis encore un peu de temps, et vous me

20 verrez. En vérité, en vérité, je vous le dis, vous pleurerez et vous vous lamenterez, et le monde se réjouira : vous serez dans la tristesse, mais votre tristesse se changera en joie.

21 La femme, lorsqu'elle enfante, éprouve de la tristesse, parce que son heure est venue ; mais, lorsqu'elle a donné le jour à l'enfant, elle ne se souvient plus de la souffrance, à cause de la joie qu'elle a de ce qu'un homme est

22 né dans le monde. Vous donc aussi, vous êtes maintenant dans la tristesse ; mais je vous reverrai, et votre cœur se réjouira, et nul ne vous ravira votre

23 joie. En ce jour-là, vous ne m'interrogerez plus sur rien. En vérité, en vérité, je vous le dis, ce que vous demanderez au Père, il vous le don-

24 nera en mon nom. Jusqu'à présent vous n'avez rien demandé en mon nom. Demandez, et vous recevrez, afin que votre joie soit parfaite.

25 Je vous ai dit ces choses en paraboles. L'heure vient où je ne vous parlerai plus en paraboles, mais où je vous parlerai ouvertement du

26 Père. En ce jour, vous demanderez en mon nom, et je ne vous dis pas que je prierai le Père pour vous ;

27 car le Père lui-même vous aime, parce que vous m'avez aimé, et que vous avez cru que je suis sorti de

Dieu. Je suis sorti du Père, et je 28 suis venu dans le monde ; maintenant je quitte le monde, et je vais au Père.

Ses disciples lui dirent : Voici, 29 maintenant tu parles ouvertement, et tu n'emploies aucune parabole. Maintenant nous savons que tu sais 30 toutes choses, et que tu n'as pas besoin que personne t'interroge ; c'est pourquoi nous croyons que tu es sorti de Dieu. Jésus leur répondit : 31 Vous croyez maintenant. Voici, 32 l'heure vient, et elle est déjà venue, où vous serez dispersés chacun de son côté, et où vous me laisserez seul ; mais je ne suis pas seul, car le Père est avec moi. Je vous ai dit 33 ces choses, afin que vous ayez la paix en moi. Vous aurez des tribulations dans le monde ; mais prenez courage, j'ai vaincu le monde.

La prière sacerdotale.

Après avoir ainsi parlé, Jésus **17** leva les yeux au ciel, et dit :

Père, l'heure est venue ! Glorifie ton Fils, afin que ton Fils te glorifie, selon que tu lui as donné pouvoir 2 sur toute chair, afin qu'il accorde la vie éternelle à tous ceux que tu lui as donnés. Or, la vie éternelle, c'est 3 qu'ils te connaissent, toi, le seul vrai Dieu, et celui que tu as envoyé, Jésus-Christ. Je t'ai glorifié sur la 4 terre, j'ai achevé l'œuvre que tu m'as donnée à faire. Et maintenant toi, 5 Père, glorifie-moi auprès de toi-même de la gloire que j'avais auprès de toi avant que le monde fût.

J'ai fait connaître ton nom aux 6 hommes que tu m'as donnés du milieu du monde. Ils étaient à toi, et tu me les as donnés ; et ils ont gardé ta parole. Maintenant ils ont connu 7 que tout ce que tu m'as donné vient de toi. Car je leur ai donné les 8 paroles que tu m'as données ; et ils les ont reçues, et ils ont vraiment connu que je suis sorti de toi, et ils ont cru que tu m'as envoyé. C'est 9 pour eux que je prie. Je ne prie pas pour le monde, mais pour ceux que tu m'as donnés, parce qu'ils sont à toi ;—et tout ce qui est à moi est 10

11 et je suis glorifié en eux. Je ne suis plus dans le monde, et ils sont dans le monde, et je vais à toi. Père saint, garde en ton nom ceux que tu m'as donnés, afin qu'ils soient un 12 comme nous. Lorsque j'étais avec eux dans le monde, je les gardais en ton nom. J'ai gardé ceux que tu m'as donnés, et aucun d'eux ne s'est perdu, sinon le fils de perdition, afin 13 que l'Écriture fût accomplie. Et maintenant je vais à toi, et je dis ces choses dans le monde, afin qu'ils 14 aient en eux ma joie parfaite. Je leur ai donné ta parole; et le monde les a haïs, parce qu'ils ne sont pas du monde, comme moi je ne suis 15 pas du monde. Je ne te prie pas de les ôter du monde, mais de les pré- 16 server du mal. Ils ne sont pas du monde, comme moi je ne suis pas 17 du monde. Sanctifie-les par ta vérité: 18 ta parole est la vérité. Comme tu m'as envoyé dans le monde, je les ai aussi 19 envoyés dans le monde. Et je me sanc- tifie moi-même pour eux, afin qu'eux aussi soient sanctifiés par la vérité.

20 Ce n'est pas pour eux seulement que je prie, mais encore pour ceux qui croiront en moi par leur parole, 21 afin que tous soient un, comme toi, Père, tu es en moi, et comme je suis en toi, afin qu'eux aussi soient un en nous, pour que le monde croie que 22 tu m'as envoyé. Je leur ai donné la gloire que tu m'as donnée, afin qu'ils soient un comme nous sommes un, 23 —moi en eux, et toi en moi,—afin qu'ils soient parfaitement un, et que le monde connaisse que tu m'as envoyé et que tu les as aimés com- 24 me tu m'as aimé. Père, je veux que là où je suis ceux que tu m'as don- nés soient aussi avec moi, afin qu'ils voient ma gloire, la gloire que tu m'as donnée, parce que tu m'as aimé 25 avant la fondation du monde. Père juste, le monde ne t'a point connu; mais moi je t'ai connu, et ceux-ci 26 ont connu que tu m'as envoyé. Je leur ai fait connaître ton nom, et je le leur ferai connaître, afin que l'a- mour dont tu m'as aimé soit en eux, et que je sois en eux.

Arrestation de Jésus.

18 Lorsqu'il eut dit ces choses, Jésus alla avec ses disciples de l'autre côté du torrent du Cédron, où se trouvait un jardin, dans lequel il entra, lui et ses disciples.

Judas, qui le livrait, connaissait ce 2 lieu, parce que Jésus et ses disciples s'y étaient souvent réunis. Judas 3 donc, ayant pris la cohorte, et des huissiers qu'envoyèrent les princi- paux sacrificateurs et les pharisiens, vint là avec des lanternes et des flambeaux et des armes.

Jésus, sachant tout ce qui devait 4 lui arriver, s'avança, et leur dit: Qui cherchez-vous? Ils lui répondirent: 5 Jésus de Nazareth. Jésus leur dit: C'est moi. Et Judas, qui le livrait, était avec eux. Lorsque Jésus leur 6 eut dit: C'est moi, ils reculèrent et tombèrent par terre.

Il leur demanda de nouveau: Qui 7 cherchez-vous? Et ils dirent: Jésus de Nazareth. Jésus répondit: Je 8 vous ai dit que c'est moi. Si donc c'est moi que vous cherchez, laissez aller ceux-ci. Il dit cela, afin que 9 s'accomplît la parole qu'il avait dite: Je n'ai perdu aucun de ceux que tu m'as donnés.

Simon Pierre, qui avait une épée, 10 la tira, frappa le serviteur du souve- rain sacrificateur, et lui coupa l'oreille droite. Ce serviteur s'appelait Mal- chus. Jésus dit à Pierre: Remets 11 ton épée dans le fourreau. Ne boirai- je pas la coupe que le Père m'a donnée à boire?

Jésus devant Anne et Caïphe.—Reniement de Pierre.

La cohorte, le tribun, et les huis- 12 siers des Juifs, se saisirent alors de Jésus, et le lièrent. Ils l'emmenèrent 13 d'abord chez Anne; car il était le beau-père de Caïphe, qui était sou- verain sacrificateur cette année-là. Et Caïphe était celui qui avait donné 14 ce conseil aux Juifs: Il est avanta- geux qu'un seul homme meure pour le peuple.

Simon Pierre, avec un autre dis- 15 ciple, suivait Jésus. Ce disciple était connu du souverain sacrificateur, et il entra avec Jésus dans la cour du 16 souverain sacrificateur; mais Pierre resta dehors près de la porte. L'autre disciple, qui était connu du souverain sacrificateur, sortit, parla à la 17 portière, et fit entrer Pierre. Alors la servante, la portière, dit à Pierre: Toi aussi, n'es-tu pas des disciples de cet homme? Il dit: Je n'en suis 18 point. Les serviteurs et les huissiers, qui étaient là, avaient allumé un brasier, car il faisait froid, et ils se chauffaient. Pierre se tenait avec eux, et se chauffait.

19 Le souverain sacrificateur interrogea Jésus sur ses disciples et sur 20 sa doctrine. Jésus lui répondit: J'ai parlé ouvertement au monde; j'ai toujours enseigné dans la synagogue et dans le temple, où tous les Juifs s'assemblent, et je n'ai rien dit en 21 secret. Pourquoi m'interroges-tu? Interroge sur ce que je leur ai dit ceux qui m'ont entendu; voici, ceux-là 22 savent ce que j'ai dit. A ces mots, un des huissiers, qui se trouvait là, donna un soufflet à Jésus, en disant: Est-ce ainsi que tu réponds au souve- 23 rain sacrificateur? Jésus lui dit: Si j'ai mal parlé, fais voir ce que j'ai dit de mal; et si j'ai bien parlé, pourquoi me frappes-tu?

24 Anne l'envoya lié à Caïphe, le souverain sacrificateur.

25 Simon Pierre était là, et se chauffait. On lui dit: Toi aussi, n'es-tu pas de ses disciples? Il le nia, et 26 dit: Je n'en suis point. Un des serviteurs du souverain sacrificateur, parent de celui à qui Pierre avait coupé l'oreille, dit: Ne t'ai-je pas vu 27 avec lui dans le jardin? Pierre le nia de nouveau. Et aussitôt le coq chanta.

Jésus devant Pilate, gouverneur romain.— Outrages des soldats.—Jésus livré aux Juifs par Pilate.

28 Ils conduisirent Jésus de chez Caïphe au prétoire: c'était le matin. Ils n'entrèrent point eux-mêmes dans le prétoire, afin de ne pas se souiller, 29 et de pouvoir manger la Pâque. Pilate sortit donc pour aller à eux, et

il dit: Quelle accusation portez-vous contre cet homme? Ils lui répon- 30 dirent: Si ce n'était pas un malfaiteur, nous ne te l'aurions pas livré. Sur 31 quoi Pilate leur dit: Prenez-le vous-mêmes, et jugez-le selon votre loi. Les Juifs lui dirent: Il ne nous est pas permis de mettre personne à mort. C'était afin que s'accomplît 32 la parole que Jésus avait dite, lorsqu'il indiqua de quelle mort il devait mourir.

Pilate rentra dans le prétoire, ap- 33 pela Jésus, et lui dit: Es-tu le roi des Juifs? Jésus répondit: Est-ce 34 de toi-même que tu dis cela, ou d'autres te l'ont-ils dit de moi? Pi- 35 late répondit: Moi, suis-je Juif? Ta nation et les principaux sacrificateurs t'ont livré à moi: qu'as-tu fait? Mon 36 royaume n'est pas de ce monde, répondit Jésus. Si mon royaume était de ce monde, mes serviteurs auraient combattu pour moi afin que je ne fusse pas livré aux Juifs; mais maintenant mon royaume n'est point d'ici-bas. Pilate lui dit: Tu es donc 37 roi? Jésus répondit: Tu le dis, je suis roi. Je suis né et je suis venu dans le monde pour rendre témoignage à la vérité. Quiconque est de la vérité écoute ma voix. Pilate lui 38 dit: Qu'est ce que la vérité?

Après avoir dit cela, il sortit de nouveau pour aller vers les Juifs, et il leur dit: Je ne trouve aucun crime en lui. Mais, comme c'est parmi 39 vous une coutume que je vous relâche quelqu'un à la fête de Pâque, voulez-vous que je vous relâche le roi des Juifs? Alors de nouveau 40 tous s'écrièrent: Non pas lui, mais Barabbas. Or, Barabbas était un brigand.

Alors Pilate prit Jésus, et le fit **19** battre de verges.

Les soldats tressèrent une cou- 2 ronne d'épines, qu'ils posèrent sur sa tête, et ils le revêtirent d'un manteau de pourpre; puis, s'appro- 3 chant de lui, ils disaient: Salut, roi des Juifs! Et ils lui donnaient des soufflets.

Pilate sortit de nouveau, et dit aux 4 Juifs: Voici, je vous l'amène dehors, afin que vous sachiez que je ne

5 trouve en lui aucun crime. Jésus sortit donc, portant la couronne d'épines et le manteau de pourpre. Et Pilate leur dit: Voici l'homme.

6 Lorsque les principaux sacrificateurs et les huissiers le virent, ils s'écrièrent: Crucifie! crucifie! Pilate leur dit: Prenez-le vous-mêmes, et crucifiez-le; car moi, je ne trouve

7 point de crime en lui. Les Juifs lui répondirent: Nous avons une loi; et, selon notre loi, il doit mourir, parce qu'il s'est fait Fils de Dieu.

8 Quand Pilate entendit cette parole,

9 sa frayeur augmenta. Il rentra dans le prétoire, et il dit à Jésus: D'où es-tu? Mais Jésus ne lui donna

10 point de réponse. Pilate lui dit: Est-ce à moi que tu ne parles pas? Ne sais-tu pas que j'ai le pouvoir de te crucifier, et que j'ai le pouvoir de

11 te relâcher? Jésus répondit: Tu n'aurais sur moi aucun pouvoir, s'il ne t'avait été donné d'en haut. C'est pourquoi celui qui me livre à toi commet un plus grand péché.

12 Dès ce moment, Pilate cherchait à le relâcher. Mais les Juifs criaient: Si tu le relâches, tu n'es pas ami de César. Quiconque se fait roi se

13 déclare contre César. Pilate, ayant entendu ces paroles, amena Jésus dehors; et il s'assit sur le tribunal, au lieu appelé le Pavé, et en hébreu

14 Gabbatha.—C'était la préparation de la Pâque, et environ la sixième heure.—Pilate dit aux Juifs: Voici

15 votre roi. Mais ils s'écrièrent: Ôte, ôte, crucifie-le! Pilate leur dit: Crucifierai-je votre roi? Les principaux sacrificateurs répondirent: Nous n'avons de roi que César.

16 Alors il le leur livra pour être crucifié. Ils prirent donc Jésus, et l'emmenèrent.

Jésus crucifié.

17 Jésus, portant sa croix, arriva au lieu du crâne, qui se nomme en hébreu

18 Golgotha. C'est là qu'il fut crucifié, et deux autres avec lui, un de chaque côté, et Jésus au milieu.

19 Pilate fit une inscription, qu'il plaça sur la croix, et qui était ainsi conçue:

Jésus de Nazareth, roi des Juifs.

20 Beaucoup de Juifs lurent cette inscription, parce que le lieu où Jésus fut crucifié était près de la ville: elle était en hébreu, en grec et en latin.

21 Les principaux sacrificateurs des Juifs dirent à Pilate: N'écris pas: Roi des Juifs. Mais écris qu'il a dit: Je suis

22 roi des Juifs. Pilate répondit: Ce que j'ai écrit, je l'ai écrit.

23 Les soldats, après avoir crucifié Jésus, prirent ses vêtements, et ils en firent quatre parts, une part pour chaque soldat. Ils prirent aussi sa tunique, qui était sans couture, d'un seul tissu depuis le haut jusqu'en

24 bas. Et ils dirent entre eux: Ne la déchirons pas, mais tirons au sort à qui elle sera. Cela arriva afin que s'accomplît cette parole de l'Écriture:

Ils se sont partagé mes vêtements,
Et ils ont tiré au sort ma tunique.

Voilà ce que firent les soldats.

25 Près de la croix de Jésus se tenaient sa mère et la sœur de sa mère, Marie, femme de Clopas, et

26 Marie de Magdala. Jésus, voyant sa mère, et auprès d'elle le disciple qu'il aimait, dit à sa mère: Femme,

27 voilà ton fils. Puis il dit au disciple: Voilà ta mère. Et, dès ce moment, le disciple la prit chez lui.

28 Après cela, Jésus, qui savait que tout était déjà consommé, dit, afin que l'Écriture fût accomplie: J'ai soif.

29 Il y avait là un vase plein de vinaigre. Les soldats en remplirent une éponge, et, l'ayant fixée à une branche d'hysope, ils l'approchèrent

30 de sa bouche. Quand Jésus eut pris le vinaigre, il dit: Tout est accompli. Et, baissant la tête, il rendit l'esprit.

La mort de Jésus constatée.—Son corps mis dans un sépulcre.

31 Dans la crainte que les corps ne restassent sur la croix pendant le sabbat,—car c'était la préparation, et ce jour de sabbat était un grand jour,—les Juifs demandèrent à Pilate qu'on rompît les jambes aux cruci-

32 fiés, et qu'on les enlevât. Les soldats vinrent donc, et ils rompirent les jambes au premier, puis à l'autre
33 qui avait été crucifié avec lui. S'étant approchés de Jésus, et le voyant déjà mort, ils ne lui rompirent pas les
34 jambes ; mais un des soldats lui perça le côté avec une lance, et aussitôt il sortit du sang et de l'eau.
35 Celui qui l'a vu en a rendu témoignage, et son témoignage est vrai ; et il sait qu'il dit vrai, afin que vous
36 croyiez aussi. Ces choses sont arrivées, afin que l'Écriture fût accomplie :

Aucun de ses os ne sera brisé.

37 Et ailleurs l'Écriture dit encore:

Ils verront celui qu'ils ont percé.

38 Après cela, Joseph d'Arimathée, qui était disciple de Jésus, mais en secret par crainte des Juifs, demanda à Pilate la permission de prendre le corps de Jésus. Et Pilate le permit. Il vint donc, et prit le corps de Jésus.
39 Nicodème, qui auparavant était allé de nuit vers Jésus, vint aussi, apportant un mélange d'environ cent livres
40 de myrrhe et d'aloès. Ils prirent donc le corps de Jésus, et l'enveloppèrent de bandes, avec les aromates, comme c'est la coutume d'ensevelir
41 chez les Juifs. Or, il y avait un jardin dans le lieu où Jésus avait été crucifié, et dans le jardin un sépulcre neuf, où personne encore
42 n'avait été mis. Ce fut là qu'ils déposèrent Jésus, à cause de la préparation des Juifs, parce que le sépulcre était proche.

Résurrection de Jésus-Christ.

20 Le premier jour de la semaine, Marie de Magdala se rendit au sépulcre dès le matin, comme il faisait encore obscur ; et elle vit que
2 la pierre était ôtée du sépulcre. Elle courut vers Simon Pierre et vers l'autre disciple que Jésus aimait, et leur dit : Ils ont enlevé du sépulcre le Seigneur, et nous ne savons où ils l'ont mis.

3 Pierre et l'autre disciple sortirent,
4 et allèrent au sépulcre. Ils couraient tous deux ensemble. Mais l'autre disciple courut plus vite que Pierre, et arriva le premier au sépulcre ;
5 s'étant baissé, il vit les bandes qui étaient à terre, cependant il n'entra
6 pas. Simon Pierre, qui le suivait, arriva et entra dans le sépulcre ; il
7 vit les bandes qui étaient à terre, et le linge qu'on avait mis sur la tête de Jésus, non pas avec les bandes, mais plié dans un lieu à part. Alors
8 l'autre disciple, qui était arrivé le premier au sépulcre, entra aussi ; et
9 il vit, et il crut. Car ils ne comprenaient pas encore que, selon l'Écriture, Jésus devait ressusciter des
10 morts. Et les disciples s'en retournèrent chez eux.

11 Cependant Marie se tenait dehors près du sépulcre, et pleurait. Comme elle pleurait, elle se baissa pour
12 regarder dans le sépulcre ; et elle vit deux anges vêtus de blanc, assis à la place où avait été couché le corps de Jésus, l'un à la tête, l'autre aux pieds.
13 Ils lui dirent : Femme, pourquoi pleures-tu? Elle leur répondit : Parce qu'ils ont enlevé mon Seigneur, et je ne sais où ils l'ont mis. En disant
14 cela, elle se retourna, et elle vit Jésus debout ; mais elle ne savait pas que c'était Jésus. Jésus lui dit : Femme,
15 pourquoi pleures-tu? Qui cherches-tu? Elle, pensant que c'était le jardinier, lui dit : Seigneur, si c'est toi qui l'as emporté, dis-moi où tu l'as mis, et je le prendrai. Jésus lui dit :
16 Marie ! Elle se retourna, et lui dit en hébreu : Rabbouni ! c'est-à-dire, Maître ! Jésus lui dit : Ne me touche
17 pas ; car je ne suis pas encore monté vers mon Père. Mais va trouver mes frères, et dis-leur que je monte vers mon Père et votre Père, vers mon Dieu et votre Dieu. Marie de Mag-
18 dala alla annoncer aux disciples qu'elle avait vu le Seigneur, et qu'il lui avait dit ces choses.

19 Le soir de ce jour, qui était le premier de la semaine, les portes du lieu où se trouvaient les disciples étant fermées, à cause de la crainte qu'ils avaient des Juifs, Jésus vint, se

présenta au milieu d'eux, et leur dit :
20 La paix soit avec vous ! Et quand il eut dit cela, il leur montra ses mains et son côté. Les disciples furent dans la joie en voyant le Sei-
21 gneur. Jésus leur dit de nouveau : La paix soit avec vous ! Comme le Père m'a envoyé, moi aussi je vous
22 envoie. Après ces paroles, il souffla sur eux, et leur dit : Recevez le
23 Saint-Esprit. Ceux à qui vous pardonnerez les péchés, ils leur seront pardonnés ; et ceux à qui vous les retiendrez, ils leur seront retenus.

24 Thomas, appelé Didyme, l'un des douze, n'était pas avec eux lorsque
25 Jésus vint. Les autres disciples lui dirent donc : Nous avons vu le Seigneur. Mais il leur dit : Si je ne vois dans ses mains la marque des clous, et si je ne mets mon doigt dans la marque des clous, et si je ne mets ma main dans son côté, je ne croirai point.

26 Huit jours après, les disciples de Jésus étaient de nouveau dans la maison, et Thomas se trouvait avec eux. Jésus vint, les portes étant fermées, se présenta au milieu d'eux,
27 et dit : La paix soit avec vous ! Puis il dit à Thomas : Avance ici ton doigt, et regarde mes mains ; avance aussi ta main, et mets-la dans mon côté ; et ne sois pas incrédule, mais
28 crois. Thomas lui répondit : Mon
29 Seigneur et mon Dieu ! Jésus lui dit : Parce que tu m'as vu, tu as cru. Heureux ceux qui n'ont pas vu, et qui ont cru !

Conclusion.

30 Jésus a fait encore, en présence de ses disciples, beaucoup d'autres miracles, qui ne sont pas écrits dans
31 ce livre. Mais ces choses ont été écrites afin que vous croyiez que Jésus est le Christ, le Fils de Dieu, et qu'en croyant vous ayez la vie en son nom.

Appendice : apparition de Jésus près de la mer de Tibériade.

21 Après cela, Jésus se montra encore aux disciples, sur les bords de la mer de Tibériade. Et voici de quelle manière il se montra.

2 Simon Pierre, Thomas, appelé Didyme, Nathanaël, de Cana en Galilée, les fils de Zébédée, et deux autres des disciples de Jésus, étaient
3 ensemble. Simon Pierre leur dit : Je vais pêcher. Ils lui dirent : Nous allons aussi avec toi. Ils sortirent et montèrent dans une barque, et
4 cette nuit-là ils ne prirent rien. Le matin étant venu, Jésus se trouva sur le rivage ; mais les disciples ne
5 savaient pas que c'était Jésus. Jésus leur dit : Enfants, n'avez-vous rien à manger ? Ils lui répondirent : Non.
6 Il leur dit : Jetez le filet du côté droit de la barque, et vous trouverez. Ils le jetèrent donc, et ils ne pouvaient plus le retirer, à cause de la
7 grande quantité de poissons. Alors le disciple que Jésus aimait dit à Pierre : C'est le Seigneur ! Et Simon Pierre, dès qu'il eut entendu que c'était le Seigneur, mit son vêtement et sa ceinture, car il était nu,
8 et se jeta dans la mer. Les autres disciples vinrent avec la barque, tirant le filet plein des poissons, car ils n'étaient éloignés de terre que d'environ deux cents coudées.

9 Lorsqu'ils furent descendus à terre, ils virent là des charbons allumés, du poisson dessus, et du pain. Jésus
10 leur dit : Apportez des poissons que
11 vous venez de prendre. Simon Pierre monta dans la barque, et tira à terre le filet plein de cent cinquante-trois grands poissons ; et quoiqu'il y en eût tant, le filet ne
12 se rompit point. Jésus leur dit : Venez, mangez. Et aucun des disciples n'osait lui demander : Qui es-tu ? sachant que c'était le Sei-
13 gneur. Jésus s'approcha, prit le pain, et leur en donna ; il fit de même du poisson.

14 C'était déjà la troisième fois que Jésus se montrait à ses disciples depuis qu'il était ressuscité des morts.
15 Après qu'ils eurent mangé, Jésus dit à Simon Pierre : Simon, fils de Jonas, m'aimes-tu plus que ne m'aiment ceux-ci ? Il lui répondit : Oui, Seigneur, tu sais que je t'aime. Jésus

16 lui dit: Pais mes agneaux. Il lui dit une seconde fois: Simon, fils de Jonas, m'aimes-tu? Pierre lui répondit: Oui, Seigneur, tu sais que je t'aime. Jésus lui dit: Pais mes 17 brebis. Il lui dit pour la troisième fois: Simon, fils de Jonas, m'aimes-tu? Pierre fut attristé de ce qu'il lui avait dit pour la troisième fois: M'aimes-tu? Et il lui répondit: Seigneur, tu sais toutes choses, tu sais que je t'aime. Jésus lui dit: 18 Pais mes brebis. En vérité, en vérité, je te le dis, quand tu étais plus jeune, tu te ceignais toi-même, et tu allais où tu voulais; mais quand tu seras vieux, tu étendras tes mains, et un autre te ceindra, et te mènera où tu 19 ne voudras pas. Il dit cela pour indiquer par quelle mort Pierre glorifierait Dieu. Et ayant ainsi parlé, il lui dit: Suis-moi.

20 Pierre, s'étant retourné, vit venir après eux le disciple que Jésus aimait, celui qui, pendant le souper, s'était penché sur la poitrine de Jésus, et avait dit: Seigneur, qui est celui qui te livre? En le voyant, Pierre 21 dit à Jésus: Et celui-ci, Seigneur, que lui arrivera-t-il? Jésus lui dit: 22 Si je veux qu'il demeure jusqu'à ce que je vienne, que t'importe? Toi, suis-moi. Là-dessus, le bruit courut 23 parmi les frères que ce disciple ne mourrait point. Cependant Jésus n'avait pas dit à Pierre qu'il ne mourrait point; mais: Si je veux qu'il demeure jusqu'à ce que je vienne, que t'importe?

C'est ce disciple qui rend témoi- 24 gnage de ces choses, et qui les a écrites. Et nous savons que son témoignage est vrai.

Jésus a fait encore beaucoup d'au- 25 tres choses; si on les écrivait en détail, je ne pense pas que le monde même pût contenir les livres qu'on écrirait.

ACTES DES APÔTRES

Introduction.—Ascension de Jésus-Christ. —Retour des apôtres à Jérusalem.

I Théophile, j'ai parlé, dans mon premier livre, de tout ce que Jésus a commencé de faire et d'enseigner 2 dès le commencement jusqu'au jour où il fut enlevé au ciel, après avoir donné ses ordres, par le Saint-Esprit, aux apôtres qu'il avait choisis.

3 Après qu'il eut souffert, il leur apparut vivant, et leur en donna plusieurs preuves, se montrant à eux pendant quarante jours, et parlant des choses qui concernent le royaume de Dieu.

4 Comme il se trouvait avec eux, il leur recommanda de ne pas s'éloigner de Jérusalem, mais d'attendre ce que le Père avait promis, ce que je vous 5 ai annoncé, leur dit-il; car Jean a baptisé d'eau, mais vous, dans peu de jours, vous serez baptisés du 6 Saint-Esprit. Alors les apôtres réunis lui demandèrent: Seigneur, est-ce en ce temps que tu rétabliras le royaume d'Israël? Il leur répondit: 7 Ce n'est pas à vous de connaître les temps ou les moments que le Père a fixés de sa propre autorité. Mais 8 vous recevrez une puissance, le Saint-Esprit survenant sur vous, et vous serez mes témoins à Jérusalem, dans toute la Judée, dans la Samarie, et jusqu'aux extrémités de la terre.

Après avoir dit cela, il fut élevé 9 pendant qu'ils le regardaient, et une nuée le déroba à leurs yeux. Et 10 comme ils avaient les regards fixés vers le ciel pendant qu'il s'en allait, voici, deux hommes vêtus de blanc leur apparurent, et dirent: Hommes 11 Galiléens, pourquoi vous arrêtez-vous à regarder au ciel? Ce Jésus, qui a été enlevé au ciel du milieu de vous, viendra de la même manière que vous l'avez vu allant au ciel.

Alors ils retournèrent à Jérusalem, 12 de la montagne appelée des oliviers, qui est près de Jérusalem, à la dis-

13 tance d'un chemin de sabbat. Quand ils furent arrivés, ils montèrent dans la chambre haute où ils se tenaient d'ordinaire ; c'étaient Pierre, Jean, Jacques, André, Philippe, Thomas, Barthélemy, Matthieu, Jacques, fils d'Alphée, Simon le zélote, et Jude,

14 fils de Jacques. Tous d'un commun accord persévéraient dans la prière, avec les femmes, et Marie, mère de Jésus, et avec les frères de Jésus.

Matthias élu apôtre en remplacement de Judas.

15 En ces jours-là, Pierre se leva au milieu des frères, le nombre des personnes réunies étant d'environ cent vingt. Et il dit :

16 Hommes frères, il fallait que s'accomplît ce que le Saint-Esprit, dans l'Écriture, a annoncé d'avance, par la bouche de David, au sujet de Judas, qui a été le guide de ceux

17 qui ont saisi Jésus. Il était compté parmi nous, et il avait part au même

18 ministère.—Cet homme, ayant acquis un champ avec le salaire du crime, est tombé, s'est rompu par le milieu du corps, et toutes ses entrailles se

19 sont répandues. La chose a été si connue de tous les habitants de Jérusalem que ce champ a été appelé dans leur langue Hakeldama, c'est-

20 à-dire, champ du sang.—Or, il est écrit dans le livre des Psaumes :

Que sa demeure devienne déserte, Et que personne ne l'habite !

Et :

Qu'un autre prenne sa charge !

21 Il faut donc que, parmi ceux qui nous ont accompagnés tout le temps que le Seigneur Jésus a vécu avec

22 nous, depuis le baptême de Jean jusqu'au jour où il a été enlevé du milieu de nous, il y en ait un qui nous soit associé comme témoin de sa résurrection.

23 Ils en présentèrent deux : Joseph appelé Barsabbas, surnommé Justus,

24 et Matthias. Puis ils firent cette prière : Seigneur, toi qui connais les cœurs de tous, désigne lequel de ces deux tu as choisi, afin qu'il ait part 25 à ce ministère et à cet apostolat, que Judas a abandonné pour aller en son lieu. Ils tirèrent au sort, et le 26 sort tomba sur Matthias, qui fut associé aux onze apôtres.

Effusion du Saint-Esprit, le jour de la Pentecôte.—Discours de Pierre, et conversion de trois mille personnes.—Les premiers chrétiens.

Le jour de la Pentecôte, ils étaient **2** tous ensemble dans le même lieu. Tout à coup il vint du ciel un bruit 2 comme celui d'un vent impétueux, et il remplit toute la maison où ils étaient assis. Des langues, semblables 3 à des langues de feu, leur apparurent, séparées les unes des autres, et se posèrent sur chacun d'eux. Et ils 4 furent tous remplis du Saint-Esprit, et se mirent à parler en d'autres langues, selon que l'Esprit leur donnait de s'exprimer.

Or il y avait en séjour à Jérusalem 5 des Juifs, hommes pieux, de toutes les nations qui sont sous le ciel. Au 6 bruit qui eut lieu, la multitude accourut, et elle fut confondue parce que chacun les entendait parler dans sa propre langue. Ils étaient tous 7 dans l'étonnement et la surprise, et ils se disaient les uns aux autres : Voici, ces gens qui parlent ne sont-ils pas tous Galiléens ? Et comment 8 les entendons-nous dans notre propre langue à chacun, dans notre langue maternelle ? Parthes, Mèdes, 9 Élamites, ceux qui habitent la Mésopotamie, la Judée, la Cappadoce, le Pont, l'Asie, la Phrygie, la 10 Pamphylie, l'Égypte, le territoire de la Libye voisine de Cyrène, et ceux qui sont venus de Rome, Juifs et prosélytes, Crétois et Arabes, com- 11 ment les entendons-nous parler dans nos langues des merveilles de Dieu ? Ils étaient tous dans l'étonnement, 12 et, ne sachant que penser, ils se disaient les uns aux autres : Que veut dire ceci ? Mais d'autres se 13 moquaient, et disaient : Ils sont pleins de vin doux.

Alors Pierre, se présentant avec 14

les onze, éleva la voix, et leur parla en ces termes :

Hommes Juifs, et vous tous qui séjournez à Jérusalem, sachez ceci,
15 et prêtez l'oreille à mes paroles ! Ces gens ne sont pas ivres, comme vous le supposez, car c'est la troisième
16 heure du jour. Mais c'est ici ce qui a été dit par le prophète Joël :

17 Dans les derniers jours, dit Dieu, je répandrai de mon Esprit sur toute chair ;
Vos fils et vos filles prophétiseront,
Vos jeunes gens auront des visions,
Et vos vieillards auront des songes.
18 Oui, sur mes serviteurs et sur mes servantes,
Dans ces jours-là, je répandrai de mon Esprit ; et ils prophétiseront.
19 Je ferai paraître des prodiges en haut dans le ciel et des miracles en bas sur la terre,
Du sang, du feu, et une vapeur de fumée ;
20 Le soleil se changera en ténèbres,
Et la lune en sang,
Avant l'arrivée du jour du Seigneur,
De ce jour grand et glorieux.
21 Alors quiconque invoquera le nom du Seigneur sera sauvé.

22 Hommes Israélites, écoutez ces paroles ! Jésus de Nazareth, cet homme à qui Dieu a rendu témoignage devant vous par les miracles, les prodiges et les signes qu'il a opérés par lui au milieu de vous, comme vous le savez vous-mêmes ;
23 cet homme, livré selon le dessein arrêté et selon la prescience de Dieu, vous l'avez crucifié, vous l'avez fait
24 mourir par la main des impies. Dieu l'a ressuscité, en le délivrant des liens de la mort, parce qu'il n'était pas possible qu'il fût retenu par elle.
25 Car David dit de lui :

Je voyais constamment le Seigneur devant moi,
Parce qu'il est à ma droite, afin que je ne sois point ébranlé.
26 Aussi mon cœur est dans la joie, et ma langue dans l'allégresse ;

Et même ma chair reposera avec espérance,
Car tu n'abandonneras pas mon âme 27 dans le séjour des morts,
Et tu ne permettras pas que ton Saint voie la corruption.
Tu m'as fait connaître les sentiers 28 de la vie,
Tu me rempliras de joie par ta présence.

Hommes frères, qu'il me soit per- 29 mis de vous dire librement, au sujet du patriarche David, qu'il est mort, qu'il a été enseveli, et que son sépulcre existe encore aujourd'hui parmi nous. Comme il était pro- 30 phète, et qu'il savait que Dieu lui avait promis avec serment de faire asseoir un de ses descendants sur son trône, c'est la résurrection du 31 Christ qu'il a prévue et annoncée, en disant qu'il ne serait pas abandonné dans le séjour des morts et que sa chair ne verrait pas la corruption. C'est ce Jésus que Dieu a ressuscité ; 32 nous en sommes tous témoins. Élevé 33 par la droite de Dieu, il a reçu du Père le Saint-Esprit qui avait été promis, et il l'a répandu, comme vous le voyez et l'entendez. Car David 34 n'est point monté au ciel, mais il dit lui-même :

Le Seigneur a dit à mon Seigneur :
Assieds-toi à ma droite,
Jusqu'à ce que je fasse de tes ennemis 35 ton marchepied.

Que toute la maison d'Israël sache 36 donc avec certitude que Dieu a fait Seigneur et Christ ce Jésus que vous avez crucifié.

Après avoir entendu ce discours, 37 ils eurent le cœur vivement touché, et ils dirent à Pierre et aux autres apôtres : Hommes frères, que ferons-nous ?

Pierre leur dit : Repentez-vous, et 38 que chacun de vous soit baptisé au nom de Jésus-Christ, pour le pardon de vos péchés ; et vous recevrez le don du Saint-Esprit. Car la pro- 39 messe est pour vous, pour vos enfants, et pour tous ceux qui sont au loin,

40 en aussi grand nombre que le Seigneur notre Dieu les appellera. Et, par plusieurs autres paroles, il les conjurait et les exhortait, disant : Sauvez-vous de cette génération perverse.

41 Ceux qui acceptèrent sa parole furent baptisés ; et, en ce jour-là, le nombre des disciples s'augmenta d'environ trois mille âmes.

42 Ils persévéraient dans l'enseignement des apôtres, dans la communion fraternelle, dans la fraction du pain,

43 et dans les prières. La crainte s'emparait de chacun, et il se faisait beaucoup de prodiges et de miracles

44 par les apôtres. Tous ceux qui croyaient étaient dans le même lieu,

45 et ils avaient tout en commun. Ils vendaient leurs propriétés et leurs biens, et ils en partageaient le produit entre tous, selon les besoins de chacun.

46 Ils étaient chaque jour tous ensemble assidus au temple, ils rompaient le pain dans les maisons, et prenaient leur nourriture avec joie et simplicité

47 de cœur, louant Dieu, et trouvant grâce auprès de tout le peuple. Et le Seigneur ajoutait chaque jour à l'Église ceux qui étaient sauvés.

Guérison d'un boiteux.—Discours de Pierre au peuple.

3 Pierre et Jean montaient ensemble au temple, à l'heure de la prière : c'était la neuvième heure.

2 Il y avait un homme boiteux de naissance, qu'on portait et qu'on plaçait tous les jours à la porte du temple appelée la Belle, pour qu'il demandât l'aumône à ceux qui entraient dans le temple.

3 Cet homme, voyant Pierre et Jean qui allaient y entrer, leur demanda l'aumône.

4 Pierre, de même que Jean, fixa les yeux sur lui, et dit : Regarde-nous.

5 Et il les regardait attentivement, s'attendant à recevoir d'eux quelque

6 chose. Alors Pierre lui dit : Je n'ai ni argent, ni or ; mais ce que j'ai, je te le donne : au nom de Jésus-Christ de Nazareth, lève-toi et marche.

7 Et le prenant par la main droite, il le fit lever. Au même instant, ses pieds et ses chevilles devinrent fermes ;

8 d'un saut il fut debout, et il se mit à marcher. Il entra avec eux dans le temple, marchant, sautant, et louant Dieu.

9 Tout le monde le vit marchant et louant Dieu.

10 Ils reconnaissaient que c'était celui qui était assis à la Belle porte du temple pour demander l'aumône, et ils furent remplis d'étonnement et de surprise au sujet de ce qui lui était arrivé.

11 Comme il ne quittait pas Pierre et Jean, tout le peuple étonné accourut vers eux, au portique dit de Salomon.

12 Pierre, voyant cela, dit au peuple : Hommes Israélites, pourquoi vous étonnez-vous de cela ? Pourquoi avez-vous les regards fixés sur nous, comme si c'était par notre propre puissance ou par notre piété que nous eussions fait marcher cet homme ?

13 Le Dieu d'Abraham, d'Isaac et de Jacob, le Dieu de nos pères, a glorifié son serviteur Jésus, que vous avez livré et renié devant Pilate, qui était d'avis qu'on le relâchât.

14 Vous avez renié le Saint et le Juste, et vous avez demandé qu'on vous accordât la grâce d'un meurtrier.

15 Vous avez fait mourir le Prince de la vie, que Dieu a ressuscité des morts ; nous en sommes témoins.

16 C'est par la foi en son nom que son nom a raffermi celui que vous voyez et connaissez ; c'est la foi en lui qui a donné à cet homme cette entière guérison, en présence de vous tous.

17 Et maintenant, frères, je sais que vous avez agi par ignorance, ainsi que vos chefs.

18 Mais Dieu a accompli de la sorte ce qu'il avait annoncé d'avance par la bouche de tous ses prophètes, que son Christ devait souffrir.

19 Repentez-vous donc et convertissez-vous, pour que vos péchés soient effacés,

20 afin que des temps de rafraîchissement viennent de la part du Seigneur, et qu'il envoie celui qui

21 vous a été destiné, Jésus-Christ, que le ciel doit recevoir jusqu'aux temps du rétablissement de toutes choses, dont Dieu a parlé anciennement par la bouche de ses saints prophètes.

22 Moïse a dit : Le Seigneur votre Dieu

vous suscitera d'entre vos frères un prophète comme moi; vous l'écou-
23 terez dans tout ce qu'il vous dira, et quiconque n'écoutera pas ce prophète sera exterminé du milieu du peuple.
24 Tous les prophètes qui ont successivement parlé, depuis Samuel, ont
25 aussi annoncé ces jours-là. Vous êtes les fils des prophètes et de l'alliance que Dieu a traitée avec nos pères, en disant à Abraham : Toutes les familles de la terre seront
26 bénies en ta postérité. C'est à vous premièrement que Dieu, ayant suscité son serviteur, l'a envoyé pour vous bénir, en détournant chacun de vous de ses iniquités.

Pierre et Jean arrêtés, et traduits devant le sanhédrin.

4 Tandis que Pierre et Jean parlaient au peuple, survinrent les sacrificateurs, le commandant du temple,
2 et les sadducéens, mécontents de ce qu'ils enseignaient le peuple, et annonçaient en la personne de Jésus
3 la résurrection des morts. Ils mirent les mains sur eux, et ils les jetèrent en prison jusqu'au lendemain ; car
4 c'était déjà le soir. Cependant, beaucoup de ceux qui avaient entendu la parole crurent, et le nombre des hommes s'éleva à environ cinq mille.
5 Le lendemain, les chefs du peuple, les anciens et les scribes, s'assemblè-
6 rent à Jérusalem, avec Anne, le souverain sacrificateur, Caïphe, Jean, Alexandre, et tous ceux qui étaient de la race des principaux sacrifi-
7 cateurs. Ils firent placer au milieu d'eux Pierre et Jean, et leur demandèrent: Par quel pouvoir, ou au nom de qui avez-vous fait cela ?
8 Alors Pierre, rempli du Saint-Esprit, leur dit :
Chefs du peuple, et anciens d'Israël,
9 puisque nous sommes interrogés aujourd'hui sur un bienfait accordé à un homme malade, afin que nous disions comment il a été guéri,
10 sachez-le tous, et que tout le peuple d'Israël le sache ! C'est par le nom de Jésus-Christ de Nazareth, que vous avez crucifié, et que Dieu a ressuscité des morts, c'est par lui

que cet homme se présente en pleine santé devant vous. Jésus est 11

La pierre rejetée par vous qui bâtissez,
Et qui est devenue la principale de l'angle.

Il n'y a de salut en aucun autre; car 12 il n'y a sous le ciel aucun autre nom qui ait été donné parmi les hommes, par lequel nous devions être sauvés.

Lorsqu'ils virent l'assurance de 13 Pierre et de Jean, ils furent étonnés, sachant que c'étaient des hommes du peuple sans instruction ; et ils les reconnurent pour avoir été avec Jésus.
Mais comme ils voyaient là près 14 d'eux l'homme qui avait été guéri, ils n'avaient rien à répliquer. Ils 15 leur ordonnèrent de sortir du sanhédrin, et ils délibérèrent entre eux, disant : Que ferons-nous à ces 16 hommes? Car il est manifeste pour tous les habitants de Jérusalem qu'un miracle signalé a été accompli par eux, et nous ne pouvons pas le nier.
Mais, afin que la chose ne se répande 17 pas davantage parmi le peuple, défendons-leur avec menaces de parler désormais à qui que ce soit en ce nom-là. Et les ayant appelés, ils 18 leur défendirent absolument de parler et d'enseigner au nom de Jésus.
Pierre et Jean leur répondirent : 19 Jugez s'il est juste, devant Dieu, de vous obéir plutôt qu'à Dieu ; car 20 nous ne pouvons pas ne pas parler de ce que nous avons vu et entendu.
Ils leur firent de nouvelles menaces, 21 et les relâchèrent, ne sachant comment les punir, à cause du peuple, parce que tous glorifiaient Dieu de ce qui était arrivé. Car l'homme 22 qui avait été l'objet de cette guérison miraculeuse était âgé de plus de quarante ans.

Après avoir été relâchés, ils allèrent 23 vers les leurs, et racontèrent tout ce que les principaux sacrificateurs et les anciens leur avaient dit. Lors- 24 qu'ils l'eurent entendu, ils élevèrent à Dieu la voix tous ensemble, et dirent: Seigneur, toi qui as fait le ciel, la terre, la mer, et tout ce qui

25 s'y trouve, c'est toi qui as dit par le Saint-Esprit, par la bouche de notre père, ton serviteur David :

Pourquoi ce tumulte parmi les nations,
Et ces vaines pensées parmi les
peuples ?
26 Les rois de la terre se sont soulevés,
Et les princes se sont ligués
Contre le Seigneur et contre son Oint.

27 En effet, contre ton saint serviteur Jésus, que tu as oint, Hérode et Ponce Pilate se sont ligués dans cette ville avec les nations et avec 28 les peuples d'Israël, pour faire tout ce que ta main et ton conseil avaient 29 arrêté d'avance. Et maintenant, Seigneur, vois leurs menaces, et donne à tes serviteurs d'annoncer ta parole avec une pleine assurance, 30 en étendant ta main, pour qu'il se fasse des guérisons, des miracles et des prodiges, par le nom de ton saint serviteur Jésus.

31 Quand ils eurent prié, le lieu où ils étaient assemblés trembla ; ils furent tous remplis du Saint-Esprit, et ils annonçaient la parole de Dieu avec assurance.

Union et charité des croyants.—Ananias et Saphira.—Succès croissants des apôtres.

32 La multitude de ceux qui avaient cru n'était qu'un cœur et qu'une âme. Nul ne disait que ses biens lui ap-partinssent en propre, mais tout était 33 commun entre eux. Les apôtres rendaient avec beaucoup de force témoignage de la résurrection du Seigneur Jésus. Et une grande grâce 34 reposait sur eux tous. Car il n'y avait parmi eux aucun indigent : tous ceux qui possédaient des champs ou des maisons les vendaient, appor-taient le prix de ce qu'ils avaient 35 vendu, et le déposaient aux pieds des apôtres ; et l'on faisait des dis-tributions à chacun selon qu'il en avait besoin.

36 Joseph, surnommé par les apôtres Barnabas, ce qui signifie fils d'exhor-tation, Lévite, originaire de Chypre, 37 vendit un champ qu'il possédait,

apporta l'argent, et le déposa aux pieds des apôtres.

Mais un homme nommé Ananias, **5** avec Saphira sa femme, vendit une propriété, et retint une partie du 2 prix, sa femme le sachant ; puis il apporta le reste, et le déposa aux pieds des apôtres. Pierre lui dit : 3 Ananias, pourquoi Satan a-t-il rempli ton cœur, au point que tu mentes au Saint-Esprit, et que tu aies retenu une partie du prix du champ ? S'il 4 n'eût pas été vendu, ne te restait-il pas ? Et, après qu'il a été vendu, le prix n'était-il pas à ta disposition ? Comment as-tu pu mettre en ton cœur un pareil dessein ? Ce n'est pas à des hommes que tu as menti, mais à Dieu. Ananias, entendant 5 ces paroles, tomba, et expira. Une grande crainte saisit tous les audi-teurs. Les jeunes gens, s'étant levés, 6 l'enveloppèrent, l'emportèrent, et l'en-sevelirent.

Environ trois heures plus tard, sa 7 femme entra, sans savoir ce qui était arrivé. Pierre lui adressa la parole : 8 Dis-moi, est-ce à un tel prix que vous avez vendu le champ ? Oui, répondit-elle, c'est à ce prix-là. Alors 9 Pierre lui dit : Comment vous êtes-vous accordés pour tenter l'Esprit du Seigneur ? Voici, ceux qui ont enseveli ton mari sont à la porte, et ils t'emporteront. Au même instant, 10 elle tomba aux pieds de l'apôtre, et expira. Les jeunes gens, étant entrés, la trouvèrent morte ; ils l'emportèrent, et l'ensevelirent auprès de son mari. Une grande crainte s'empara de toute 11 l'assemblée et de tous ceux qui ap-prirent ces choses.

Beaucoup de miracles et de pro- 12 diges se faisaient au milieu du peuple par les mains des apôtres. Ils se tenaient tous ensemble au portique de Salomon, et aucun des autres 13 n'osait se joindre à eux ; mais le peuple les louait hautement. Le 14 nombre de ceux qui croyaient au Seigneur, hommes et femmes, s'aug-mentait de plus en plus ; en sorte 15 qu'on apportait les malades dans les rues et qu'on les plaçait sur des lits et des couchettes, afin que, lorsque

Pierre passerait, son ombre au moins
16 couvrît quelqu'un d'eux. La multitude accourait aussi des villes voisines à Jérusalem, amenant des malades et des gens tourmentés par des esprits impurs ; et tous étaient guéris.

Les apôtres jetés en prison, et miraculeusement délivrés;—arrêtés de nouveau, et conduits devant le sanhédrin;—battus de verges, et relâchés d'après l'avis de Gamaliel.

17 Cependant le souverain sacrificateur et tous ceux qui étaient avec lui, savoir le parti des sadducéens, se levèrent, remplis de jalousie,
18 mirent les mains sur les apôtres, et les jetèrent dans la prison publique.
19 Mais un ange du Seigneur, ayant ouvert pendant la nuit les portes de la prison, les fit sortir, et leur dit :
20 Allez, tenez-vous dans le temple, et annoncez au peuple toutes les paroles
21 de cette vie. Ayant entendu cela, ils entrèrent dès le matin dans le temple, et se mirent à enseigner.

Le souverain sacrificateur et ceux qui étaient avec lui étant survenus, ils convoquèrent le sanhédrin et tous les anciens des fils d'Israël, et ils envoyèrent chercher les apôtres à la
22 prison. Les huissiers, à leur arrivée, ne les trouvèrent point dans la prison. Ils s'en retournèrent, et
23 firent leur rapport, en disant : Nous avons trouvé la prison soigneusement fermée, et les gardes qui étaient devant les portes ; mais, après avoir ouvert, nous n'avons trouvé personne dedans.
24 Lorsqu'ils eurent entendu ces paroles, le commandant du temple et les principaux sacrificateurs ne savaient que penser des apôtres et des suites
25 de cette affaire. Quelqu'un vint leur dire : Voici, les hommes que vous avez mis en prison sont dans le temple, et ils enseignent le peuple.
26 Alors le commandant partit avec les huissiers, et les conduisit sans violence, car ils avaient peur d'être
27 lapidés par le peuple. Après qu'ils les eurent amenés en présence du sanhédrin, le souverain sacrificateur
28 les interrogea en ces termes : Ne vous avons-nous pas défendu expres-

sément d'enseigner en ce nom-là ? Et voici, vous avez rempli Jérusalem de votre enseignement, et vous voulez faire retomber sur nous le sang de cet homme !

Pierre et les apôtres répondirent : 29 Il faut obéir à Dieu plutôt qu'aux hommes. Le Dieu de nos pères a 30 ressuscité Jésus, que vous avez tué, en le pendant au bois. Dieu l'a 31 élevé par sa droite comme Prince et Sauveur, pour donner à Israël la repentance et le pardon des péchés. Nous sommes témoins de ces choses, 32 de même que le Saint-Esprit, que Dieu a donné à ceux qui lui obéissent.

Furieux de ces paroles, ils voulaient 33 les faire mourir. Mais un pharisien, 34 nommé Gamaliel, docteur de la loi, estimé de tout le peuple, se leva dans le sanhédrin, et ordonna de faire sortir un instant les apôtres. Puis il leur dit : Hommes Israélites, 35 prenez garde à ce que vous allez faire à l'égard de ces gens. Car, il 36 n'y a pas longtemps que parut Theudas, qui se donnait pour quelque chose, et auquel se rallièrent environ quatre cents hommes : il fut tué, et tous ceux qui l'avaient suivi furent mis en déroute et réduits à rien. Après lui, parut Judas le Gali- 37 léen, à l'époque du recensement, et il attira du monde à son parti : il périt aussi, et tous ceux qui l'avaient suivi furent dispersés. Et mainte- 38 nant, je vous le dis, ne vous occupez plus de ces hommes, et laissez-les aller. Si cette entreprise ou cette œuvre vient des hommes, elle se détruira ; mais si elle vient de Dieu, 39 vous ne pourrez la détruire. Ne courez pas le risque d'avoir combattu contre Dieu.

Ils se rangèrent à son avis. Et 40 ayant appelé les apôtres, ils les firent battre de verges, ils leur défendirent de parler au nom de Jésus, et ils les relâchèrent.

Les apôtres se retirèrent de devant 41 le sanhédrin, joyeux d'avoir été jugés dignes de subir des outrages pour le nom de Jésus. Et chaque jour, dans 42 le temple et dans les maisons, ils ne cessaient d'enseigner, et d'annoncer la bonne nouvelle de Jésus-Christ.

Institution des diacres.

6 En ce temps-là, le nombre des disciples augmentant, les Hellénistes murmurèrent contre les Hébreux, parce que leurs veuves étaient négligées dans la distribution qui se 2 faisait chaque jour. Les douze convoquèrent la multitude des disciples, et dirent: Il n'est pas convenable que nous laissions la parole de Dieu 3 pour servir aux tables. C'est pourquoi, frères, choisissez parmi vous sept hommes, de qui l'on rende un bon témoignage, qui soient pleins d'Esprit-Saint et de sagesse, et que 4 nous chargerons de cet emploi. Et nous, nous continuerons à nous appliquer à la prière et au ministère de la parole. 5 Cette proposition plut à toute l'assemblée. Ils élurent Étienne, homme plein de foi et d'Esprit-Saint, Philippe, Prochore, Nicanor, Timon, Parménas, et Nicolas, prosélyte d'Antioche. 6 Ils les présentèrent aux apôtres, qui, après avoir prié, leur imposèrent les mains.

Étienne accusé de blasphème, traduit devant le sanhédrin, et lapidé par les Juifs.

7 La parole de Dieu se répandait de plus en plus, le nombre des disciples augmentait beaucoup à Jérusalem, et une grande foule de sacrificateurs obéissaient à la foi. 8 Étienne, plein de grâce et de puissance, faisait des prodiges et de grands miracles parmi le peuple. 9 Quelques membres de la synagogue dite des Affranchis, de celle des Cyrénéens et de celle des Alexandrins, avec des Juifs de Cilicie et d'Asie, se mirent à discuter avec 10 lui; mais ils ne pouvaient résister à sa sagesse et à l'Esprit par lequel 11 il parlait. Alors ils subornèrent des hommes qui dirent: Nous l'avons entendu proférer des paroles blasphématoires contre Moïse et contre 12 Dieu. Ils émurent le peuple, les anciens et les scribes, et, se jetant sur lui, ils le saisirent, et l'emmenèrent au sanhédrin. Ils produisirent de 13 faux témoins, qui dirent: Cet homme ne cesse de proférer des paroles contre le lieu saint et contre la loi; car 14 nous l'avons entendu dire que Jésus, ce Nazaréen, détruira ce lieu, et changera les coutumes que Moïse nous a données.

Tous ceux qui siégeaient au sanhé- 15 drin ayant fixé les regards sur Étienne, son visage leur parut comme celui d'un ange.

Le souverain sacrificateur dit: Les **7** choses sont-elles ainsi?

Étienne répondit: 2

Hommes frères et pères, écoutez! Le Dieu de gloire apparut à notre père Abraham, lorsqu'il était en Mésopotamie, avant qu'il s'établît à Charran; et il lui dit: Quitte ton pays et ta 3 famille, et va dans le pays que je te montrerai. Il sortit alors du pays 4 des Chaldéens, et s'établit à Charran. De là, après la mort de son père, Dieu le fit passer dans ce pays que vous habitez maintenant; il ne lui 5 donna aucune propriété en ce pays, pas même de quoi poser le pied, mais il promit de lui en donner la possession, et à sa postérité après lui, quoiqu'il n'eût point d'enfant. Dieu parla ainsi: Sa postérité séjour- 6 nera dans un pays étranger; on la réduira en servitude et on la maltraitera pendant quatre cents ans. Mais la nation à laquelle ils auront 7 été asservis, c'est moi qui la jugerai, dit Dieu. Après cela, ils sortiront, et ils me serviront dans ce lieu-ci. Puis Dieu donna à Abraham l'alliance 8 de la circoncision; et ainsi, Abraham, ayant engendré Isaac, le circoncit le huitième jour, Isaac engendra et circoncit Jacob, et Jacob les douze patriarches.

Les patriarches, jaloux de Joseph, 9 le vendirent pour être emmené en Égypte. Mais Dieu fut avec lui, 10 et le délivra de toutes ses tribulations; il lui donna de la sagesse et lui fit trouver grâce devant Pharaon, roi d'Égypte, qui l'établit gouverneur d'Égypte et de toute sa maison.

Il survint une famine dans tout 11 le pays d'Égypte, et dans celui de

Canaan. La détresse était grande, et nos pères ne trouvaient pas de 12 quoi se nourrir. Jacob apprit qu'il y avait du blé en Égypte, et il y envoya nos pères une première fois.

13 Et la seconde fois, Joseph fut reconnu par ses frères, et Pharaon sut de 14 quelle famille il était. Puis Joseph envoya chercher son père Jacob, et toute sa famille, composée de soi-15 xante et quinze personnes. Jacob descendit en Égypte, où il mourut, 16 ainsi que nos pères ; et ils furent transportés à Sichem, et déposés dans le sépulcre qu'Abraham avait acheté, à prix d'argent, des fils d'Hé-mor, père de Sichem.

17 Le temps approchait où devait s'accomplir la promesse que Dieu avait faite à Abraham, et le peuple s'accrut et se multiplia en Égypte, 18 jusqu'à ce que parut un autre roi, 19 qui n'avait pas connu Joseph. Ce roi, usant d'artifice contre notre race, maltraita nos pères, au point de leur faire exposer leurs enfants, pour qu'ils ne vécussent pas.

20 A cette époque, naquit Moïse, qui était beau aux yeux de Dieu. Il fut nourri trois mois dans la maison de 21 son père ; et, quand il eut été ex-posé, la fille de Pharaon le recueillit, 22 et l'éleva comme son fils. Moïse fut instruit dans toute la sagesse des Égyptiens, et il était puissant en paroles et en œuvres.

23 Il avait quarante ans, lorsqu'il lui vint dans le cœur de visiter ses frères, 24 les fils d'Israël. Il en vit un qu'on outrageait, et, prenant sa défense, il vengea celui qui était maltraité, et 25 frappa l'Égyptien. Il pensait que ses frères comprendraient que Dieu leur accordait la délivrance par sa main ; mais ils ne comprirent pas.

26 Le jour suivant, il parut au milieu d'eux comme ils se battaient, et il les exhorta à la paix : Hommes, dit-il, vous êtes frères ; pourquoi vous 27 maltraitez-vous l'un l'autre ? Mais celui qui maltraitait son prochain le repoussa, en disant : Qui t'a établi 28 chef et juge sur nous ? Veux-tu me tuer, comme tu as tué hier l'É-29 gyptien ? A cette parole, Moïse prit la fuite, et il alla séjourner dans le pays de Madian, où il engendra deux fils.

30 Quarante ans plus tard, un ange lui apparut, au désert de la montagne de Sinaï, dans la flamme d'un buis-31 son en feu. Moïse, voyant cela, fut étonné de cette apparition ; et, comme il s'approchait pour examiner, la voix du Seigneur se fit entendre : 32 Je suis le Dieu de tes pères, le Dieu d'Abraham, d'Isaac et de Jacob. Et Moïse, tout tremblant, n'osait regar-33 der. Le Seigneur lui dit : Ôte tes souliers de tes pieds, car le lieu sur lequel tu te tiens est une terre sainte. 34 J'ai vu la souffrance de mon peuple qui est en Égypte, j'ai entendu ses gémissements, et je suis descendu pour les délivrer. Maintenant, va, je t'enverrai en Égypte.

35 Ce Moïse, qu'ils avaient renié, en disant : Qui t'a établi chef et juge ? c'est lui que Dieu envoya comme chef et comme libérateur avec l'aide de l'ange qui lui était apparu dans 36 le buisson. C'est lui qui les fit sortir d'Égypte, en opérant des prodiges et des miracles au pays d'Égypte, au sein de la mer Rouge, et au 37 désert, pendant quarante ans. C'est ce Moïse qui dit aux fils d'Israël : Dieu vous suscitera d'entre vos frères 38 un prophète comme moi. C'est lui qui, lors de l'assemblée au désert, étant avec l'ange qui lui parlait sur la montagne de Sinaï et avec nos pères, reçut des oracles vivants, pour 39 nous les donner. Nos pères ne vou-lurent pas lui obéir, ils le repoussèrent, et ils tournèrent leurs cœurs vers 40 l'Égypte, en disant à Aaron : Fais-nous des dieux qui marchent devant nous ; car ce Moïse qui nous a fait sortir du pays d'Égypte, nous ne savons ce qu'il est devenu. Et, en ces 41 jours-là, ils firent un veau, ils offrirent un sacrifice à l'idole, et se réjouirent de l'œuvre de leurs mains. Alors 42 Dieu se détourna, et les livra au culte de l'armée du ciel, selon qu'il est écrit dans le livre des prophètes :

M'avez-vous offert des victimes et des sacrifices

Pendant quarante ans au désert, maison d'Israël ?...

43 Vous avez porté la tente de Moloch
Et l'étoile du dieu Remphan,
Ces images que vous avez faites pour les adorer !
Aussi vous transporterai-je au delà de Babylone.

44 Nos pères avaient au désert le tabernacle du témoignage, comme l'avait ordonné celui qui dit à Moïse de le faire d'après le modèle qu'il
45 avait vu. Et nos pères, l'ayant reçu, l'introduisirent, sous la conduite de Josué, dans le pays qui était possédé par les nations que Dieu chassa devant eux, et il y resta jusqu'aux jours
46 de David. David trouva grâce devant Dieu, et demanda d'élever une de-
47 meure pour le Dieu de Jacob ; et ce fut Salomon qui lui bâtit une maison.
48 Mais le Très-Haut n'habite pas dans ce qui est fait de main d'homme, comme dit le prophète :

49 Le ciel est mon trône,
Et la terre mon marchepied.
Quelle maison me bâtirez-vous, dit le Seigneur,
Ou quel sera le lieu de mon repos ?
50 N'est-ce pas ma main qui a fait toutes ces choses ?...

51 Hommes au cou raide, incirconcis de cœur et d'oreilles ! vous vous opposez toujours au Saint-Esprit. Ce que vos pères ont été, vous l'êtes
52 aussi. Lequel des prophètes vos pères n'ont-ils pas persécuté ? Ils ont tué ceux qui annonçaient d'avance la venue du Juste, que vous avez livré maintenant, et dont vous avez
53 été les meurtriers, vous qui avez reçu la loi d'après des commandements d'anges, et qui ne l'avez point gardée !...

54 En entendant ces paroles, ils étaient furieux dans leurs cœurs, et ils grin-
55 çaient des dents contre lui. Mais Étienne, rempli du Saint-Esprit, et fixant les regards vers le ciel, vit la gloire de Dieu et Jésus debout à la
56 droite de Dieu. Et il dit : Voici, je vois les cieux ouverts, et le Fils de l'homme debout à la droite de Dieu. Ils poussèrent alors de grands 57 cris, en se bouchant les oreilles, et ils se précipitèrent tous ensemble sur lui, le traînèrent hors de la ville, et 58 le lapidèrent. Les témoins déposèrent leurs vêtements aux pieds d'un jeune homme nommé Saul. Et ils 59 lapidaient Étienne, qui priait et disait : Seigneur Jésus, reçois mon esprit ! Puis, s'étant mis à genoux, 60 il s'écria d'une voix forte : Seigneur, ne leur impute pas ce péché ! Et, après ces paroles, il s'endormit.

Saul avait approuvé le meurtre d'Étienne.

8

Persécution à Jérusalem.—Dispersion des disciples dans les contrées voisines.—Le diacre Philippe prêchant le Christ dans une ville de Samarie.—Simon le magicien. —Pierre et Jean en Samarie.

Il y eut, ce jour-là, une grande persécution contre l'Église de Jérusalem ; et tous, excepté les apôtres, se dispersèrent dans les contrées de la Judée et de la Samarie. Des 2 hommes pieux ensevelirent Étienne, et le pleurèrent à grand bruit. Saul, 3 de son côté, ravageait l'Église ; pénétrant dans les maisons, il en arrachait hommes et femmes, et les faisait jeter en prison.

Ceux qui avaient été dispersés 4 allaient de lieu en lieu, annonçant la bonne nouvelle de la parole.

Philippe, étant descendu dans une 5 ville de la Samarie, y prêcha le Christ. Les foules tout entières étaient atten- 6 tives à ce que disait Philippe, lorsqu'elles apprirent et virent les miracles qu'il faisait. Car des esprits impurs 7 sortirent de plusieurs démoniaques, en poussant de grands cris, et beaucoup de paralytiques et de boiteux furent guéris. Et il y eut une grande 8 joie dans cette ville.

Il y avait auparavant dans la ville 9 un homme nommé Simon, qui, se donnant pour un personnage important, exerçait la magie et provoquait l'étonnement du peuple de la Samarie. Tous, depuis le plus petit jusqu'au 10 plus grand, l'écoutaient attentivement, et disaient : Celui-ci est la puissance de Dieu, celle qui s'appelle

11 la grande. Ils l'écoutaient attentivement, parce qu'il les avait longtemps étonnés par ses actes de magie.

12 Mais, quand ils eurent cru à Philippe, qui leur annonçait la bonne nouvelle du royaume de Dieu et du nom de Jésus-Christ, hommes et femmes se

13 firent baptiser. Simon lui-même crut, et, après avoir été baptisé, il ne quittait plus Philippe, et il voyait avec étonnement les miracles et les grands prodiges qui s'opéraient.

14 Les apôtres, qui étaient à Jérusalem, ayant appris que la Samarie avait reçu la parole de Dieu, y

15 envoyèrent Pierre et Jean. Ceux-ci, arrivés chez les Samaritains, prièrent pour eux, afin qu'ils reçussent le

16 Saint-Esprit. Car il n'était encore descendu sur aucun d'eux; ils avaient seulement été baptisés au nom du

17 Seigneur Jésus. Alors Pierre et Jean leur imposèrent les mains, et ils reçurent le Saint-Esprit.

18 Lorsque Simon vit que le Saint-Esprit était donné par l'imposition des mains des apôtres, il leur offrit de

19 l'argent, en disant: Accordez-moi aussi ce pouvoir, afin que celui à qui j'imposerai les mains reçoive le

20 Saint-Esprit. Mais Pierre lui dit: Que ton argent périsse avec toi, puisque tu as cru que le don de

21 Dieu s'acquérait à prix d'argent! Il n'y a pour toi ni part ni lot dans cette affaire, car ton cœur n'est pas

22 droit devant Dieu. Repens-toi donc de ta méchanceté, et prie le Seigneur pour que la pensée de ton cœur te

23 soit pardonnée, s'il est possible; car je vois que tu es dans un fiel amer

24 et dans les liens de l'iniquité. Simon répondit: Priez vous-mêmes le Seigneur pour moi, afin qu'il ne m'arrive rien de ce que vous avez dit.

25 Après avoir rendu témoignage à la parole du Seigneur, et après l'avoir prêchée, Pierre et Jean retournèrent à Jérusalem, en annonçant la bonne nouvelle dans plusieurs villages des Samaritains.

Le diacre Philippe et l'eunuque éthiopien.

26 Un ange du Seigneur, s'adressant à Philippe, lui dit: Lève-toi, et va du côté du midi, sur le chemin qui descend de Jérusalem à Gaza, celui qui est désert. Il se leva, et partit. 27 Et voici, un Éthiopien, un eunuque, ministre de Candace, reine d'Éthiopie, et surintendant de tous ses trésors, venu à Jérusalem pour adorer, s'en 28 retournait, assis sur son char, et lisait le prophète Ésaïe. L'Esprit 29 dit à Philippe: Avance, et approche-toi de ce char. Philippe accourut, et 30 entendit l'Éthiopien qui lisait le prophète Ésaïe. Il lui dit: Comprends-tu ce que tu lis? Il répondit: 31 Comment le pourrais-je, si quelqu'un ne me guide? Et il invita Philippe à monter et à s'asseoir avec lui.

Le passage de l'Écriture qu'il lisait 32 était celui-ci:

Il a été mené comme une brebis à la boucherie;
Et, comme un agneau muet devant celui qui le tond,
Il n'a point ouvert la bouche.
Dans son humiliation, son jugement 33 a été levé.
Et sa postérité, qui la dépeindra?
Car sa vie a été retranchée de la terre.

L'eunuque dit à Philippe: Je te prie, 34 de qui le prophète parle-t-il ainsi? Est-ce de lui-même, ou de quelque autre? Alors Philippe, ouvrant la 35 bouche et commençant par ce passage, lui annonça la bonne nouvelle de Jésus.

Comme ils continuaient leur che- 36 min, ils rencontrèrent de l'eau. Et l'eunuque dit: Voici de l'eau; qu'est-ce qui empêche que je ne sois baptisé? Philippe dit: Si tu crois de tout ton 37 cœur, cela est possible. L'eunuque répondit: Je crois que Jésus-Christ est le Fils de Dieu. Il fit arrêter le 38 char; Philippe et l'eunuque descendirent tous deux dans l'eau, et Philippe baptisa l'eunuque. Quand 39 ils furent sortis de l'eau, l'Esprit du Seigneur enleva Philippe, et l'eunuque ne le vit plus. Tandis que, joyeux, il poursuivait sa route, Philippe se 40 trouva dans Azot, d'où il alla jusqu'à Césarée, en évangélisant toutes les villes par lesquelles il passait.

Conversion de Saul.

9 Cependant Saul, respirant encore la menace et le meurtre contre les disciples du Seigneur, se rendit chez 2 le souverain sacrificateur, et lui demanda des lettres pour les synagogues de Damas, afin que, s'il trouvait des partisans de la nouvelle doctrine, hommes ou femmes, il les amenât liés à Jérusalem.

3 Comme il était en chemin, et qu'il approchait de Damas, tout à coup une lumière venant du ciel resplendit 4 autour de lui. Il tomba par terre, et il entendit une voix qui lui disait: Saul, Saul, pourquoi me persécutes- 5 tu? Il répondit: Qui es-tu, Seigneur? Et le Seigneur dit: Je suis Jésus que tu persécutes. Il te serait dur de regimber contre les aiguillons. 6 Tremblant et saisi d'effroi, il dit: Seigneur, que veux-tu que je fasse? Et le Seigneur lui dit: Lève-toi, entre dans la ville, et on te dira ce 7 que tu dois faire. Les hommes qui l'accompagnaient demeurèrent stupéfaits; ils entendaient bien la voix, 8 mais ils ne voyaient personne. Saul se releva de terre, et, quoique ses yeux fussent ouverts, il ne voyait rien; on le prit par la main, et on 9 le conduisit à Damas. Il resta trois jours sans voir, et il ne mangea ni ne but.

10 Or, il y avait à Damas un disciple nommé Ananias. Le Seigneur lui dit dans une vision: Ananias! Il 11 répondit: Me voici, Seigneur! Et le Seigneur lui dit: Lève-toi, va dans la rue qu'on appelle la droite, et cherche, dans la maison de Judas, 12 un nommé Saul de Tarse. Car il prie, et il a vu en vision un homme du nom d'Ananias, qui entrait, et qui lui imposait les mains, afin qu'il 13 recouvrât la vue. Ananias répondit: Seigneur, j'ai appris de plusieurs personnes tous les maux que cet homme a faits à tes saints dans 14 Jérusalem; et il a ici des pouvoirs, de la part des principaux sacrificateurs, pour lier tous ceux qui in- 15 voquent ton nom. Mais le Seigneur lui dit: Va, car cet homme est un instrument que j'ai choisi, pour porter mon nom devant les nations, devant les rois, et devant les fils d'Israël; et je lui montrerai tout ce qu'il doit 16 souffrir pour mon nom.

Ananias sortit; et, lorsqu'il fut 17 arrivé dans la maison, il imposa les mains à Saul, en disant: Saul, mon frère, le Seigneur Jésus, qui t'est apparu sur le chemin par lequel tu venais, m'a envoyé pour que tu recouvres la vue et que tu sois rempli du Saint-Esprit. Au même instant, 18 il tomba de ses yeux comme des écailles, et il recouvra la vue. Il se leva, et fut baptisé; et, après qu'il 19 eut pris de la nourriture, les forces lui revinrent.

Saul resta quelques jours avec les disciples qui étaient à Damas. Et 20 aussitôt il prêcha dans les synagogues que Jésus est le Fils de Dieu. Tous 21 ceux qui l'entendaient étaient dans l'étonnement, et disaient: N'est-ce pas celui qui persécutait à Jérusalem ceux qui invoquent ce nom, et n'est-il pas venu ici pour les emmener liés devant les principaux sacrificateurs? Cependant Saul se fortifiait de plus 22 en plus, et il confondait les Juifs qui habitaient Damas, démontrant que Jésus est le Christ.

Au bout d'un certain temps, les 23 Juifs se concertèrent pour le tuer, et leur complot parvint à la con- 24 naissance de Saul. On gardait les portes jour et nuit, afin de lui ôter la vie. Mais, pendant une nuit, les 25 disciples le prirent, et le descendirent par la muraille, dans une corbeille.

Lorsqu'il se rendit à Jérusalem, 26 Saul tâcha de se joindre à eux; mais tous le craignaient, ne croyant pas qu'il fût un disciple. Alors Barnabas, 27 l'ayant pris avec lui, le conduisit vers les apôtres, et leur raconta comment sur le chemin Saul avait vu le Seigneur, qui lui avait parlé, et comment à Damas il avait prêché franchement au nom de Jésus. Il 28 allait et venait avec eux dans Jérusalem, et s'exprimait en toute assurance au nom du Seigneur. Il parlait 29 aussi et disputait avec les Hellénistes; mais ceux-ci cherchaient à lui ôter

30 la vie. Les frères, l'ayant su, l'emmenèrent à Césarée, et le firent partir pour Tarse.

Pierre à Lydde et à Joppé: guérison du paralytique Énée, et résurrection de Tabitha.

31 L'Église était en paix dans toute la Judée, la Galilée et la Samarie, s'édifiant et marchant dans la crainte du Seigneur, et elle s'accroissait par l'assistance du Saint-Esprit.

32 Comme Pierre visitait tous les saints, il descendit aussi vers ceux

33 qui demeuraient à Lydde. Il y trouva un homme nommé Énée, couché sur un lit depuis huit ans,

34 et paralytique. Pierre lui dit: Énée, Jésus-Christ te guérit; lève-toi, et arrange ton lit. Et aussitôt il se

35 leva. Tous les habitants de Lydde et du Saron le virent, et ils se convertirent au Seigneur.

36 Il y avait à Joppé, parmi les disciples, une femme nommée Tabitha, ce qui signifie Dorcas: elle faisait beaucoup de bonnes œuvres

37 et d'aumônes. Elle tomba malade en ce temps-là, et mourut. Après l'avoir lavée, on la déposa dans une

38 chambre haute. Comme Lydde est près de Joppé, les disciples, ayant appris que Pierre s'y trouvait, envoyèrent deux hommes vers lui, pour le prier de venir chez eux sans

39 tarder. Pierre se leva, et partit avec ces hommes. Lorsqu'il fut arrivé, on le conduisit dans la chambre haute. Toutes les veuves l'entourèrent en pleurant, et lui montrèrent les tuniques et les vêtements que faisait Dorcas pendant qu'elle était

40 avec elles. Pierre fit sortir tout le monde, se mit à genoux, et pria; puis, se tournant vers le corps, il dit: Tabitha, lève-toi! Elle ouvrit les yeux, et ayant vu Pierre, elle

41 s'assit. Il lui donna la main, et la fit lever. Il appela ensuite les saints et les veuves, et la leur présenta

42 vivante. Cela fut connu de tout Joppé, et beaucoup crurent au

43 Seigneur. Pierre demeura quelque temps à Joppé, chez un corroyeur nommé Simon.

Le centenier Corneille, premier païen converti par le ministère de l'apôtre Pierre.— Le Saint-Esprit accordé à d'autres païens. —Pierre expliquant sa conduite devant les chrétiens de Jérusalem.

10 Il y avait à Césarée un homme nommé Corneille, centenier dans

2 la cohorte dite italienne. Cet homme était pieux et craignait Dieu, avec toute sa maison; il faisait beaucoup d'aumônes au peuple, et priait Dieu continuellement.

3 Vers la neuvième heure du jour, il vit clairement dans une vision un ange de Dieu qui entra chez lui, et

4 qui lui dit: Corneille! Les regards fixés sur lui, et saisi d'effroi, il répondit: Qu'est-ce, Seigneur? Et l'ange lui dit: Tes prières et tes aumônes sont montées devant Dieu,

5 et il s'en est souvenu. Envoie maintenant des hommes à Joppé, et fais

6 venir Simon, surnommé Pierre; il est logé chez un certain Simon, corroyeur, dont la maison est près de la mer.

7 Dès que l'ange qui lui avait parlé fut parti, Corneille appela deux de ses serviteurs, et un soldat pieux d'entre ceux qui étaient attachés à

8 sa personne; et, après leur avoir tout raconté, il les envoya à Joppé.

9 Le lendemain, comme ils étaient en route, et qu'ils approchaient de la ville, Pierre monta sur le toit, vers

10 la sixième heure, pour prier. Il eut faim, et il voulut manger. Pendant qu'on lui préparait à manger, il tomba

11 en extase. Il vit le ciel ouvert, et un objet semblable à une grande nappe attachée par les quatre coins, qui descendait et s'abaissait vers la

12 terre, et où se trouvaient tous les quadrupèdes et les reptiles de la terre

13 et les oiseaux du ciel. Et une voix lui dit: Lève-toi, Pierre, tue et

14 mange. Mais Pierre dit: Non, Seigneur, car je n'ai jamais rien

15 mangé de souillé ni d'impur. Et pour la seconde fois la voix se fit encore entendre à lui: Ce que Dieu a déclaré pur, ne le regarde pas

16 comme souillé. Cela arriva jusqu'à trois fois; et aussitôt après, l'objet fut retiré dans le ciel.

17 Tandis que Pierre ne savait en lui-même que penser du sens de la vision qu'il avait eue, voici, les hommes envoyés par Corneille, s'étant informés de la maison de Simon, se

18 présentèrent à la porte, et demandèrent à haute voix si c'était là que logeait Simon, surnommé Pierre.

19 Et comme Pierre était à réfléchir sur la vision, l'Esprit lui dit: Voici,

20 trois hommes te demandent; lève-toi, descends, et pars avec eux sans hésiter, car c'est moi qui les ai en-

21 voyés. Pierre donc descendit, et il dit à ces hommes: Voici, je suis celui que vous cherchez; quel est le motif

22 qui vous amène? Ils répondirent: Corneille, centenier, homme juste et craignant Dieu, et de qui toute la nation des Juifs rend un bon témoignage, a été divinement averti par un saint ange de te faire venir dans sa maison et d'entendre tes paroles.

23 Pierre donc les fit entrer, et les logea. Le lendemain, il se leva, et partit avec eux. Quelques-uns des frères de Joppé l'accompagnèrent.

24 Ils arrivèrent à Césarée le jour suivant. Corneille les attendait, et avait invité ses parents et ses amis

25 intimes. Lorsque Pierre entra, Corneille, qui était allé au-devant de lui, tomba à ses pieds et se

26 prosterna. Mais Pierre le releva, en disant: Lève-toi; moi aussi, je suis

27 un homme. Et conversant avec lui, il entra, et trouva beaucoup de per-

28 sonnes réunies. Vous savez, leur dit-il, qu'il est défendu à un Juif de se lier avec un étranger ou d'entrer chez lui; mais Dieu m'a appris à ne regarder aucun homme comme souillé

29 et impur. C'est pourquoi je n'ai pas eu d'objection à venir, puisque vous m'avez appelé; je vous demande donc pour quel motif vous m'avez envoyé chercher.

30 Corneille dit: Il y a quatre jours, à cette heure-ci, je priais dans ma maison à la neuvième heure; et voici, un homme vêtu d'un habit éclatant

31 se présenta devant moi, et dit: Corneille, ta prière a été exaucée, et Dieu s'est souvenu de tes aumônes.

32 Envoie donc à Joppé, et fais venir Simon, surnommé Pierre; il est logé dans la maison de Simon, corroyeur, près de la mer. Aussitôt j'ai envoyé 33 vers toi, et tu as bien fait de venir. Maintenant donc nous sommes tous devant Dieu, pour entendre tout ce que le Seigneur t'a ordonné de nous dire.

Alors Pierre, ouvrant la bouche, 34 dit: En vérité, je reconnais que Dieu ne fait point acception de personnes, mais qu'en toute nation celui qui le 35 craint et qui pratique la justice lui est agréable. Il a envoyé la parole 36 aux fils d'Israël, en leur annonçant la paix par Jésus-Christ, qui est le Seigneur de tous. Vous savez ce 37 qui est arrivé dans toute la Judée, après avoir commencé en Galilée, à la suite du baptême que Jean a prêché; vous savez comment Dieu 38 a oint du Saint-Esprit et de force Jésus de Nazareth, qui allait de lieu en lieu faisant du bien et guérissant tous ceux qui étaient sous l'empire du diable, car Dieu était avec lui. Nous sommes témoins de tout ce 39 qu'il a fait dans le pays des Juifs et à Jérusalem. Ils l'ont tué, en le pendant au bois. Dieu l'a ressuscité 40 le troisième jour, et il a permis qu'il apparût, non à tout le peuple, mais 41 aux témoins choisis d'avance par Dieu, à nous qui avons mangé et bu avec lui, après qu'il fut ressuscité des morts. Et Jésus nous a ordonné de 42 prêcher au peuple et d'attester que c'est lui qui a été établi par Dieu juge des vivants et des morts. Tous 43 les prophètes rendent de lui le témoignage que quiconque croit en lui reçoit par son nom le pardon des péchés.

Comme Pierre prononçait encore 44 ces mots, le Saint-Esprit descendit sur tous ceux qui écoutaient la parole. Tous les fidèles circoncis qui étaient 45 venus avec Pierre furent étonnés de ce que le don du Saint-Esprit était aussi répandu sur les païens. Car 46 ils les entendaient parler en langues et glorifier Dieu.

Alors Pierre dit: Peut-on refuser 47 l'eau du baptême à ceux qui ont reçu le Saint-Esprit aussi bien que nous?

48 Et il ordonna qu'ils fussent baptisés au nom du Seigneur. Sur quoi ils le prièrent de rester quelques jours auprès d'eux.

11 Les apôtres et les frères qui étaient dans la Judée apprirent que les païens avaient aussi reçu la 2 parole de Dieu. Et lorsque Pierre fut monté à Jérusalem, les fidèles circoncis lui adressèrent des reproches, 3 en disant: Tu es entré chez des incirconcis, et tu as mangé avec eux. 4 Pierre se mit à leur exposer d'une manière suivie ce qui s'était passé. 5 Il dit: J'étais dans la ville de Joppé, et, pendant que je priais, je tombai en extase et j'eus une vision: un objet, semblable à une grande nappe attachée par les quatre coins, descendait du ciel et vint jusqu'à moi. 6 Les regards fixés sur cette nappe, j'examinai, et je vis les quadrupèdes de la terre, les bêtes sauvages, les 7 reptiles, et les oiseaux du ciel. Et j'entendis une voix qui me disait: 8 Lève-toi, Pierre, tue et mange. Mais je dis: Non, Seigneur, car jamais rien de souillé ni d'impur n'est entré dans 9 ma bouche. Et pour la seconde fois la voix se fit entendre du ciel: Ce que Dieu a déclaré pur, ne le regarde 10 pas comme souillé. Cela arriva jusqu'à trois fois; puis tout fut retiré 11 dans le ciel. Et voici, aussitôt trois hommes envoyés de Césarée vers moi se présentèrent devant la porte 12 de la maison où j'étais. L'Esprit me dit de partir avec eux sans hésiter. Les six hommes que voici m'accompagnèrent, et nous entrâmes dans la 13 maison de Corneille. Cet homme nous raconta comment il avait vu dans sa maison l'ange se présentant à lui et disant: Envoie à Joppé, et fais venir Simon, surnommé Pierre, 14 qui te dira des choses par lesquelles tu seras sauvé, toi et toute ta maison. 15 Lorsque je me fus mis à parler, le Saint-Esprit descendit sur eux, comme sur nous au commencement. 16 Et je me souvins de cette parole du Seigneur: Jean a baptisé d'eau, mais vous, vous serez baptisés du Saint- 17 Esprit. Or, puisque Dieu leur a accordé le même don qu'à nous qui avons cru au Seigneur Jésus-Christ, pouvais-je, moi, m'opposer à Dieu?

18 Après avoir entendu cela, ils se calmèrent, et ils glorifièrent Dieu, en disant: Dieu a donc accordé la repentance aussi aux païens, afin qu'ils aient la vie.

Les chrétiens d'Antioche.—Barnabas et Saul à Antioche.—Une famine prédite par Agabus.

19 Ceux qui avaient été dispersés par la persécution survenue à l'occasion d'Étienne allèrent jusqu'en Phénicie, dans l'île de Chypre, et à Antioche, annonçant la parole seulement aux 20 Juifs. Il y eut cependant parmi eux quelques hommes de Chypre et de Cyrène, qui, étant venus à Antioche, s'adressèrent aussi aux Grecs, et leur annoncèrent la bonne nouvelle du 21 Seigneur Jésus. La main du Seigneur était avec eux, et un grand nombre de personnes crurent et se convertirent au Seigneur.

22 Le bruit en parvint aux oreilles des membres de l'Église de Jérusalem, et ils envoyèrent Barnabas jusqu'à 23 Antioche. Lorsqu'il fut arrivé, et qu'il eut vu la grâce de Dieu, il s'en réjouit, et il les exhorta tous à rester d'un cœur ferme attachés au Seigneur. 24 Car c'était un homme de bien, plein d'Esprit-Saint et de foi. Et une foule assez nombreuse se joignit au Seigneur.

25 Barnabas se rendit ensuite à Tarse, 26 pour chercher Saul; et, l'ayant trouvé, il l'amena à Antioche. Pendant toute une année, ils se réunirent aux assemblées de l'Église, et ils enseignèrent beaucoup de personnes. Ce fut à Antioche que, pour la première fois, les disciples furent appelés chrétiens.

27 En ce temps-là, des prophètes descendirent de Jérusalem à Antioche. 28 L'un d'eux, nommé Agabus, se leva, et annonça par l'Esprit qu'il y aurait une grande famine sur toute la terre. Elle arriva, en effet, sous Claude. 29 Les disciples résolurent d'envoyer, chacun selon ses moyens, un secours aux frères qui habitaient la Judée. 30 Ils le firent parvenir aux anciens par les mains de Barnabas et de Saul.

Jacques mis à mort par Hérode.—Pierre emprisonné et délivré.—Mort d'Hérode.

12 Vers le même temps, le roi Hérode se mit à maltraiter quel-
2 ques membres de l'Église, et il fit mourir par l'épée Jacques, frère de
3 Jean. Voyant que cela était agréable aux Juifs, il fit encore arrêter Pierre.— C'était pendant les jours des pains
4 sans levain.—Après l'avoir saisi et jeté en prison, il le mit sous la garde de quatre escouades de quatre soldats chacune, avec l'intention de le faire comparaître devant le peuple après
5 la Pâque. Pierre donc était gardé dans la prison; et l'Église ne cessait d'adresser pour lui des prières à Dieu.
6 La nuit qui précéda le jour où Hérode allait le faire comparaître, Pierre, lié de deux chaînes, dormait entre deux soldats; et des sentinelles devant la porte gardaient la prison.
7 Et voici, un ange du Seigneur survint, et une lumière brilla dans la prison. L'ange réveilla Pierre, en le frappant au côté, et en disant: Lève-toi promptement! Les chaînes tom-
8 bèrent de ses mains. Et l'ange lui dit: Mets ta ceinture et tes sandales. Et il fit ainsi. L'ange lui dit encore: Enveloppe-toi de ton manteau, et
9 suis-moi. Pierre sortit, et le suivit, ne sachant pas que ce qui se faisait par l'ange fût réel, et s'imaginant
10 avoir une vision. Lorsqu'ils eurent passé la première garde, puis la seconde, ils arrivèrent à la porte de fer qui mène à la ville, et qui s'ouvrit d'elle-même devant eux; ils sortirent, et s'avancèrent dans une rue. Aussitôt l'ange quitta Pierre.
11 Revenu à lui-même, Pierre dit: Je vois maintenant d'une manière certaine que le Seigneur a envoyé son ange, et qu'il m'a délivré de la main d'Hérode et de tout ce que le
12 peuple juif attendait. Après avoir réfléchi, il se dirigea vers la maison de Marie, mère de Jean, surnommé Marc, où beaucoup de personnes
13 étaient réunies et priaient. Il frappa à la porte du vestibule, et une servante, nommée Rhode, s'approcha
14 pour écouter. Elle reconnut la voix de Pierre; et, dans sa joie, au lieu d'ouvrir, elle courut annoncer que Pierre était devant la porte. Ils lui 15 dirent: Tu es folle. Mais elle affirma que la chose était ainsi. Et ils 16 dirent: C'est son ange. Cependant Pierre continuait à frapper. Ils ouvrirent, et furent étonnés de le voir. Pierre, leur ayant de la main 17 fait signe de se taire, leur raconta comment le Seigneur l'avait tiré de la prison, et il dit: Annoncez-le à Jacques et aux frères. Puis il sortit, et s'en alla dans un autre lieu.

Quand il fit jour, les soldats furent 18 dans une grande agitation, pour savoir ce que Pierre était devenu. Hérode, s'étant mis à sa recherche 19 et ne l'ayant pas trouvé, interrogea les gardes, et donna l'ordre de les mener au supplice. Ensuite il descendit de la Judée à Césarée, pour y séjourner.

Hérode avait des dispositions 20 hostiles à l'égard des Tyriens et des Sidoniens. Mais ils vinrent le trouver d'un commun accord; et, après avoir gagné Blaste, son chambellan, ils sollicitèrent la paix, parce que leur pays tirait sa subsistance de celui du roi. A un jour fixé, Hérode, revêtu 21 de ses habits royaux, et assis sur son trône, les harangua publiquement. Le peuple s'écria: Voix d'un dieu, 22 et non d'un homme! Au même 23 instant, un ange du Seigneur le frappa, parce qu'il n'avait pas donné gloire à Dieu. Et il expira, rongé des vers.

Cependant la parole de Dieu se 24 répandait de plus en plus, et le nombre des disciples augmentait.

Barnabas et Saul, après s'être 25 acquittés de leur message, s'en retournèrent de Jérusalem, emmenant avec eux Jean, surnommé Marc.

Barnabas et Saul envoyés en mission par l'Église d'Antioche.—L'île de Chypre: le magicien Élymas et le proconsul Sergius Paulus.—Perge en Pamphylie. —Antioche de Pisidie: prédication de Paul.—Icone: succès et persécutions.— Lystre: guérison d'un impotent.—Derbe, et autres lieux.—Retour à Antioche.

Il y avait dans l'Église d'An- **13** tioche des prophètes et des docteurs : Barnabas, Siméon appelé Niger, Lucius de Cyrène, Manahen, qui avait été élevé avec Hérode le 2 tétrarque, et Saul. Pendant qu'ils servaient le Seigneur dans leur ministère et qu'ils jeûnaient, le Saint-Esprit dit : Mettez-moi à part Barnabas et Saul pour l'œuvre à laquelle 3 je les ai appelés. Alors, après avoir jeûné et prié, ils leur imposèrent les mains, et les laissèrent partir.

4 Barnabas et Saul, envoyés par le Saint-Esprit, descendirent à Séleucie, et de là ils s'embarquèrent pour l'île de Chypre.

5 Arrivés à Salamine, ils annoncèrent la parole de Dieu dans les synagogues des Juifs. Ils avaient Jean pour aide.

6 Ayant ensuite traversé toute l'île jusqu'à Paphos, ils trouvèrent un certain magicien, faux prophète juif, 7 nommé Bar-Jésus, qui était avec le proconsul Sergius Paulus, homme intelligent. Ce dernier fit appeler Barnabas et Saul, et manifesta le désir d'entendre la parole de Dieu. 8 Mais Élymas, le magicien,—car c'est ce que signifie son nom,—leur faisait opposition, cherchant à détourner de 9 la foi le proconsul. Alors Saul, appelé aussi Paul, rempli du Saint-10 Esprit, fixa les regards sur lui, et dit : Homme plein de toute espèce de ruse et de fraude, fils du diable, ennemi de toute justice, ne cesseras-tu point de pervertir les voies droites 11 du Seigneur ? Maintenant voici, la main du Seigneur est sur toi, tu seras aveugle, et pour un temps tu ne verras pas le soleil. Aussitôt l'obscurité et les ténèbres tombèrent sur lui, et il cherchait, en tâtonnant, des 12 personnes pour le guider. Alors le proconsul, voyant ce qui était arrivé, crut, étant frappé de la doctrine du Seigneur.

13 Paul et ses compagnons, s'étant embarqués à Paphos, se rendirent à Perge en Pamphylie. Jean se sépara d'eux, et retourna à Jérusalem.

14 De Perge ils poursuivirent leur route, et arrivèrent à Antioche de Pisidie. Étant entrés dans la synagogue le jour du sabbat, ils s'assirent.

15 Après la lecture de la loi et des prophètes, les chefs de la synagogue leur envoyèrent dire : Hommes frères, si vous avez quelque exhortation à adresser au peuple, parlez.

16 Paul se leva, et, ayant fait signe de la main, il dit :

17 Hommes Israélites, et vous qui craignez Dieu, écoutez ! Le Dieu de ce peuple d'Israël a choisi nos pères. Il mit ce peuple en honneur pendant son séjour au pays d'Égypte, et il l'en fit sortir par son bras puissant. 18 Il les nourrit près de quarante ans dans le désert ; et, ayant détruit 19 sept nations au pays de Canaan, il leur en accorda le territoire comme propriété. Après cela, durant quatre 20 cent cinquante ans environ, il leur donna des juges, jusqu'au prophète Samuel. Ils demandèrent alors un 21 roi. Et Dieu leur donna, pendant quarante ans, Saül, fils de Kis, de la tribu de Benjamin ; puis, l'ayant 22 rejeté, il leur suscita pour roi David, auquel il a rendu ce témoignage :

J'ai trouvé David,

fils d'Isaï, homme selon mon cœur, qui accomplira toutes mes volontés.

23 C'est de la postérité de David que Dieu, selon sa promesse, a suscité à Israël un Sauveur, qui est Jésus. Avant sa venue, Jean avait prêché 24 le baptême de repentance à tout le peuple d'Israël. Et lorsque Jean 25 achevait sa course, il disait : Je ne suis pas celui que vous pensez ; mais voici, après moi vient celui des pieds duquel je ne suis pas digne de délier les souliers.

26 Hommes frères, fils de la race d'Abraham, et vous qui craignez Dieu, c'est à vous que cette parole de salut a été envoyée. Car les 27 habitants de Jérusalem et leurs chefs ont méconnu Jésus, et, en le condamnant, ils ont accompli les paroles des prophètes qui se lisent chaque sabbat. Quoiqu'ils ne trouvassent 28 en lui rien qui fût digne de mort, ils ont demandé à Pilate de le faire mourir. Et, après qu'ils eurent ac-29 compli tout ce qui est écrit de lui,

ils le descendirent de la croix et le
30 déposèrent dans un sépulcre. Mais
31 Dieu l'a ressuscité des morts. Il est
apparu pendant plusieurs jours à
ceux qui étaient montés avec lui de
la Galilée à Jérusalem, et qui sont
maintenant ses témoins auprès du
peuple.

32 Et nous, nous vous annonçons
cette bonne nouvelle que la promesse
33 faite à nos pères, Dieu l'a accomplie
pour nous leurs enfants, en ressuscitant Jésus, selon ce qui est écrit
dans le Psaume deuxième :

Tu es mon Fils,
Je t'ai engendré aujourd'hui.

34 Qu'il l'ait ressuscité des morts, de
telle sorte qu'il ne retournera pas à
la corruption, c'est ce qu'il a déclaré,
en disant : Je vous donnerai

Les grâces saintes promises à David,
ces grâces qui sont assurées.

35 C'est pourquoi il dit encore ailleurs :

Tu ne permettras pas que ton Saint
voie la corruption.

36 Or David, après avoir en son temps
servi au dessein de Dieu, est mort, a
été réuni à ses pères, et a vu la cor-
37 ruption. Mais celui que Dieu a
ressucité n'a pas vu la corruption.

38 Sachez donc, hommes frères, que
c'est par lui que le pardon des péchés
39 vous est annoncé, et que quiconque
croit est justifié par lui de toutes les
choses dont vous ne pouviez être
40 justifiés par la loi de Moïse. Ainsi,
prenez garde qu'il ne vous arrive ce
qui est dit dans les prophètes :

41 Voyez, contempteurs,
Soyez étonnés et disparaissez ;
Car je vais faire en vos jours une
œuvre,
Une œuvre que vous ne croiriez pas
si on vous la racontait.

42 Lorsqu'ils sortirent, on les pria
de parler le sabbat suivant sur les
43 mêmes choses ; et, à l'issue de l'as-

semblée, beaucoup de Juifs et de
prosélytes pieux suivirent Paul et
Barnabas, qui s'entretinrent avec
eux, et les exhortèrent à rester attachés à la grâce de Dieu.

44 Le sabbat suivant, presque toute
la ville se rassembla pour entendre
45 la parole de Dieu. Les Juifs, voyant
la foule, furent remplis de jalousie,
et ils s'opposaient à ce que disait
Paul, en le contredisant et en l'in-
46 juriant. Paul et Barnabas leur dirent
avec assurance : C'est à vous premièrement que la parole de Dieu
devait être annoncée ; mais, puisque
vous la repoussez, et que vous vous
jugez vous-mêmes indignes de la vie
éternelle, voici, nous nous tournons
47 vers les païens. Car ainsi nous l'a
ordonné le Seigneur :

Je t'ai établi pour être la lumière des
nations,
Pour porter le salut jusqu'aux extrémités de la terre.

48 Les païens se réjouissaient en entendant cela, ils glorifiaient la parole
du Seigneur, et tous ceux qui étaient
destinés à la vie éternelle crurent.
49 La parole du Seigneur se répan-
50 dait dans tout le pays. Mais les
Juifs excitèrent les femmes dévotes
de distinction et les principaux de
la ville ; ils provoquèrent une persécution contre Paul et Barnabas, et
ils les chassèrent de leur territoire.
51 Paul et Barnabas secouèrent contre
eux la poussière de leurs pieds, et
52 allèrent à Icone, tandis que les disciples étaient remplis de joie et du
Saint-Esprit.

14 A Icone, Paul et Barnabas entrèrent ensemble dans la synagogue
des Juifs, et ils parlèrent de telle
manière qu'une grande multitude de
2 Juifs et de Grecs crurent. Mais ceux
des Juifs qui ne crurent point excitèrent et aigrirent les esprits des païens
3 contre les frères. Ils restèrent cependant assez longtemps à Icone,
parlant avec assurance, appuyés sur
le Seigneur, qui rendait témoignage
à la parole de sa grâce et permettait
qu'il se fît par leurs mains des pro-

4 diges et des miracles. La population de la ville se divisa : les uns étaient pour les Juifs, les autres pour les

5 apôtres. Et comme les païens et les Juifs, de concert avec leurs chefs, se mettaient en mouvement pour les

6 outrager et les lapider, Paul et Barnabas, en ayant eu connaissance, se réfugièrent dans les villes de la Lycaonie, à Lystre et à Derbe, et

7 dans la contrée d'alentour. Et ils y annoncèrent la bonne nouvelle.

8 A Lystre, se tenait assis un homme impotent des pieds, boiteux de naissance, et qui n'avait jamais marché.

9 Il écoutait parler Paul. Et Paul, fixant les regards sur lui et voyant

10 qu'il avait la foi pour être guéri, dit d'une voix forte : Lève-toi droit sur tes pieds. Et il se leva d'un bond et marcha.

11 A la vue de ce que Paul avait fait, la foule éleva la voix, et dit en langue lycaonienne : Les dieux sous une forme humaine sont descendus

12 vers nous. Ils appelaient Barnabas Jupiter, et Paul Mercure, parce que

13 c'était lui qui portait la parole. Le prêtre de Jupiter, dont le temple était à l'entrée de la ville, amena des taureaux avec des bandelettes vers les portes, et voulait, de même que

14 la foule, offrir un sacrifice. Les apôtres Barnabas et Paul, ayant appris cela, déchirèrent leurs vêtements, et se précipitèrent au milieu

15 de la foule, en s'écriant : O hommes, pourquoi agissez-vous de la sorte? Nous aussi, nous sommes des hommes de la même nature que vous ; et, vous apportant une bonne nouvelle, nous vous exhortons à renoncer à ces choses vaines, pour vous tourner vers le Dieu vivant, qui a fait le ciel, la terre, la mer, et tout ce qui s'y

16 trouve. Ce Dieu, dans les âges passés, a laissé toutes les nations

17 suivre leurs propres voies, quoiqu'il n'ait cessé de rendre témoignage de ce qu'il est, en faisant du bien, en vous dispensant du ciel les pluies et les saisons fertiles, en vous donnant la nourriture avec abondance et en

18 remplissant vos cœurs de joie. A peine purent-ils, par ces paroles,

empêcher la foule de leur offrir un sacrifice.

19 Alors survinrent d'Antioche et d'Icone des Juifs qui gagnèrent la foule, et qui, après avoir lapidé Paul, le traînèrent hors de la ville, pensant qu'il était mort. Mais, les disciples 20 l'ayant entouré, il se leva, et entra dans la ville.

21 Le lendemain, il partit pour Derbe avec Barnabas. Quand ils eurent évangélisé cette ville et fait un certain nombre de disciples, ils retournèrent à Lystre, à Icone et à Antioche, fortifiant l'esprit des dis- 22 ciples, les exhortant à persévérer dans la foi, et disant que c'est par beaucoup de tribulations qu'il nous faut entrer dans le royaume de Dieu. Ils firent nommer des anciens dans 23 chaque Église, et, après avoir prié et jeûné, ils les recommandèrent au Seigneur, en qui ils avaient cru. Traversant ensuite la Pisidie, ils vin- 24 rent en Pamphylie, annoncèrent la 25 parole à Perge, et descendirent à Attalie. De là ils s'embarquèrent 26 pour Antioche, d'où ils avaient été recommandés à la grâce de Dieu pour l'œuvre qu'ils venaient d'accomplir.

27 Après leur arrivée, ils convoquè- rent l'Église, et ils racontèrent tout ce que Dieu avait fait avec eux, et comment il avait ouvert aux nations la porte de la foi. Et ils demeurè- 28 rent assez longtemps avec les disciples.

Discussion dans l'Église d'Antioche rela- tivement à l'observation des lois céré- monielles de Moïse par les païens qui embrassent le christianisme. — Conférence et décisions de l'Église de Jérusalem.

15 Quelques hommes, venus de la Judée, enseignaient les frères, en disant : Si vous n'êtes circoncis selon le rite de Moïse, vous ne pouvez être sauvés. Paul et Barnabas eurent 2 avec eux un débat et une vive dis- cussion ; et les frères décidèrent que Paul et Barnabas, et quelques-uns des leurs, monteraient à Jérusalem vers les apôtres et les anciens, pour traiter cette question. Après avoir 3 été accompagnés par l'Église, ils poursuivirent leur route à travers la Phénicie et la Samarie, racontant la conversion des païens, et ils causèrent une grande joie à tous les frères.

4 Arrivés à Jérusalem, ils furent reçus par l'Église, les apôtres et les anciens, et ils racontèrent tout ce que

5 Dieu avait fait avec eux. Alors quelques-uns du parti des pharisiens, qui avaient cru, se levèrent, en disant qu'il fallait circoncire les païens et exiger l'observation de la loi de Moïse.

6 Les apôtres et les anciens se réunirent pour examiner cette affaire.

7 Une grande discussion s'étant engagée, Pierre se leva, et leur dit:

Hommes frères, vous savez que dès longtemps Dieu a fait un choix parmi vous, afin que, par ma bouche, les païens entendissent la parole de

8 l'Évangile et qu'ils crussent. Et Dieu, qui connaît les cœurs, leur a rendu témoignage, en leur donnant

9 le Saint-Esprit comme à nous; il n'a fait aucune différence entre nous et eux, ayant purifié leurs cœurs par

10 la foi. Maintenant donc, pourquoi tentez-vous Dieu, en mettant sur le cou des disciples un joug que ni nos pères ni nous n'avons pu porter?

11 Mais c'est par la grâce du Seigneur Jésus que nous croyons être sauvés, de la même manière qu'eux.

12 Toute l'assemblée garda le silence, et l'on écouta Barnabas et Paul, qui racontèrent tous les miracles et les prodiges que Dieu avait faits par eux au milieu des païens.

13 Lorsqu'ils eurent cessé de parler, Jacques prit la parole, et dit:

14 Hommes frères, écoutez-moi! Simon a raconté comment Dieu a d'abord jeté les regards sur les nations pour choisir du milieu d'elles

15 un peuple qui portât son nom. Et avec cela s'accordent les paroles des prophètes, selon qu'il est écrit:

16 Après cela, je reviendrai, et je relèverai de sa chute la tente de David, J'en réparerai les ruines, et je la redresserai,

17 Afin que le reste des hommes cherche le Seigneur,

Ainsi que toutes les nations sur lesquelles mon nom est invoqué, Dit le Seigneur, qui fait ces choses,

Et à qui elles sont connues de toute 18 éternité.

C'est pourquoi je suis d'avis qu'on 19 ne crée pas des difficultés à ceux des païens qui se convertissent à Dieu, mais qu'on leur écrive de s'abstenir 20 des souillures des idoles, de l'impudicité, des animaux étouffés et du sang. Car, depuis bien des généra- 21 tions, Moïse a dans chaque ville des gens qui le prêchent, puisqu'on le lit tous les jours de sabbat dans les synagogues.

Alors il parut bon aux apôtres et 22 aux anciens, et à toute l'Église, de choisir parmi eux et d'envoyer à Antioche, avec Paul et Barnabas, Jude appelé Barsabas et Silas, hommes considérés entre les frères. Ils les 23 chargèrent d'une lettre ainsi conçue:

Les apôtres, les anciens, et les frères, aux frères d'entre les païens, qui sont à Antioche, en Syrie, et en Cilicie, salut!

Ayant appris que quelques hommes 24 partis de chez nous, et auxquels nous n'avions donné aucun ordre, vous ont troublés par leurs discours et ont ébranlé vos âmes, nous avons jugé 25 à propos, après nous être réunis tous ensemble, de choisir des délégués et de vous les envoyer avec nos bien-aimés Barnabas et Paul, ces hommes 26 qui ont exposé leur vie pour le nom de notre Seigneur Jésus-Christ. Nous 27 avons donc envoyé Jude et Silas, qui vous annonceront de bouche les mêmes choses. Car il a paru bon 28 au Saint-Esprit et à nous de ne vous imposer d'autre charge que ce qui est nécessaire, savoir, de vous abstenir 29 des viandes sacrifiées aux idoles, du sang, des animaux étouffés, et de l'impudicité, choses contre lesquelles vous vous trouverez bien de vous tenir en garde.

Adieu.

Eux donc, ayant pris congé de 30 l'Église, allèrent à Antioche, où ils remirent la lettre à la multitude assemblée. Après l'avoir lue, les frères 31

furent réjouis de l'encouragement
32 qu'elle leur apportait. Jude et Silas,
qui étaient eux-mêmes prophètes, les
exhortèrent et les fortifièrent par
33 plusieurs discours. Au bout de quelque temps, les frères les laissèrent
en paix retourner vers ceux qui les
34 avaient envoyés. Toutefois Silas
trouva bon de rester.

35 Paul et Barnabas demeurèrent à
Antioche, enseignant et annonçant,
avec plusieurs autres, la bonne nouvelle de la parole du Seigneur.

*Nouveau voyage missionnaire de Paul, ac-
compagné de Silas.—Visite aux Églises
d'Asie.—Timothée.—Vision de Paul à
Troas.*

36 Quelques jours s'écoulèrent, après
lesquels Paul dit à Barnabas : Retournons visiter les frères dans toutes
les villes où nous avons annoncé la
parole du Seigneur, pour voir en
37 quel état ils sont. Barnabas voulait
emmener aussi Jean, surnommé
38 Marc ; mais Paul jugea plus convenable de ne pas prendre avec eux
celui qui les avait quittés depuis la
Pamphylie, et qui ne les avait point
39 accompagnés dans leur œuvre. Ce
dissentiment fut assez vif pour être
cause qu'ils se séparèrent l'un de
l'autre. Et Barnabas, prenant Marc
avec lui, s'embarqua pour l'île de
Chypre.
40 Paul fit choix de Silas, et partit,
recommandé par les frères à la grâce
du Seigneur.
41 Il parcourut la Syrie et la Cilicie,
fortifiant les Églises.

16 Il se rendit ensuite à Derbe et à
Lystre. Et voici, il y avait là un
disciple nommé Timothée, fils d'une
femme juive fidèle et d'un père grec.
2 Les frères de Lystre et d'Icone rendaient de lui un bon témoignage.
3 Paul voulut l'emmener avec lui ; et,
l'ayant pris, il le circoncit, à cause
des Juifs qui étaient dans ces lieux-
là, car tous savaient que son père
4 était grec. En passant par les villes,
ils recommandaient aux frères d'observer les décisions des apôtres et des
5 anciens de Jérusalem. Les Églises
se fortifiaient dans la foi, et augmen-
taient en nombre de jour en jour.

Ayant été empêchés par le Saint- 6
Esprit d'annoncer la parole dans
l'Asie, ils traversèrent la Phrygie et
le pays de Galatie. Arrivés près de 7
la Mysie, ils se disposaient à entrer
en Bithynie ; mais l'Esprit de Jésus
ne le leur permit pas. Ils franchirent 8
alors la Mysie, et descendirent à
Troas. Pendant la nuit, Paul eut 9
une vision : un Macédonien lui apparut, et lui fit cette prière : Passe
en Macédoine, secours-nous ! Après 10
cette vision de Paul, nous cherchâmes
aussitôt à nous rendre en Macédoine,
concluant que le Seigneur nous appelait à y annoncer la bonne nouvelle.

*Départ pour la Macédoine.—Paul à Phi-
lippes: Lydie, marchande de pourpre; une
servante devineresse; Paul et Silas em-
prisonnés; le geôlier de Philippes; les
prisonniers remis en liberté.*

Étant partis de Troas, nous fîmes 11
voile directement vers la Samothrace,
et le lendemain nous débarquâmes à
Néapolis. De là nous allâmes à 12
Philippes, qui est la première ville
d'un district de Macédoine, et une
colonie. Nous passâmes quelques
jours dans cette ville.

Le jour du sabbat, nous nous ren- 13
dîmes, hors de la porte, vers une
rivière, où nous pensions que se
trouvait un lieu de prière. Nous
nous assîmes, et nous parlâmes aux
femmes qui étaient réunies. L'une 14
d'elles, nommée Lydie, marchande
de pourpre, de la ville de Thyatire,
était une femme craignant Dieu, et
elle écoutait. Le Seigneur lui ouvrit
le cœur, pour qu'elle fût attentive à
ce que disait Paul. Lorsqu'elle eut 15
été baptisée, avec sa famille, elle nous
fit cette demande : Si vous me jugez
fidèle au Seigneur, entrez dans ma
maison, et demeurez-y. Et elle nous
pressa par ses instances.

Comme nous allions au lieu de 16
prière, une servante qui avait un
esprit de Python, et qui, en devinant,
procurait un grand profit à ses
maîtres, vint au-devant de nous, et 17
se mit à nous suivre, Paul et nous.
Elle criait : Ces hommes sont les
serviteurs du Dieu Très-Haut, et ils

vous annoncent la voie du salut.

18 Elle fit cela pendant plusieurs jours. Paul fatigué se retourna, et dit à l'esprit : Je t'ordonne, au nom de Jésus-Christ, de sortir d'elle. Et il sortit à l'heure même.

19 Les maîtres de la servante, voyant disparaître l'espoir de leur gain, se saisirent de Paul et de Silas, et les traînèrent sur la place publique de-

20 vant les magistrats. Ils les présentèrent aux préteurs, en disant : Ces hommes troublent notre ville ; ce

21 sont des Juifs, qui annoncent des coutumes qu'il ne nous est permis ni de recevoir ni de suivre, à nous qui

22 sommes Romains. La foule se souleva aussi contre eux, et les préteurs, ayant fait arracher leurs vêtements, ordonnèrent qu'on les battît de verges.

23 Après qu'on les eut chargés de coups, ils les jetèrent en prison, en recommandant au geôlier de les garder

24 sûrement. Le geôlier, ayant reçu cet ordre, les jeta dans la prison intérieure, et leur mit les ceps aux pieds.

25 Vers le milieu de la nuit, Paul et Silas priaient et chantaient les louanges de Dieu, et les prisonniers les

26 entendaient. Tout à coup il se fit un grand tremblement de terre, en sorte que les fondements de la prison furent ébranlés ; au même instant, toutes les portes s'ouvrirent, et les liens de tous les prisonniers furent

27 rompus. Le geôlier se réveilla, et, lorsqu'il vit les portes de la prison ouvertes, il tira son épée et allait se tuer, pensant que les prisonniers

28 s'étaient enfuis. Mais Paul cria d'une voix forte : Ne te fais point de

29 mal, nous sommes tous ici. Alors le geôlier, ayant demandé de la lumière, entra précipitamment, et se jeta tout tremblant aux pieds de

30 Paul et de Silas ; il les fit sortir, et dit : Seigneurs, que faut-il que je

31 fasse pour être sauvé ? Paul et Silas répondirent : Crois au Seigneur Jésus, et tu seras sauvé, toi et ta

32 famille. Et ils lui annoncèrent la parole du Seigneur, ainsi qu'à tous

33 ceux qui étaient dans sa maison. Il les prit avec lui, à cette heure même

de la nuit, il lava leurs plaies, et aussitôt il fut baptisé, lui et tous les siens. Les ayant conduits dans son 34 logement, il leur servit à manger, et il se réjouit avec toute sa famille de ce qu'il avait cru en Dieu.

Quand il fit jour, les préteurs en- 35 voyèrent les licteurs pour dire au geôlier : Relâche ces hommes. Et 36 le geôlier annonça la chose à Paul : Les préteurs ont envoyé dire qu'on vous relâchât ; maintenant donc sortez, et allez en paix. Mais Paul dit 37 aux licteurs : Après nous avoir battus de verges publiquement et sans jugement, nous qui sommes Romains, ils nous ont jetés en prison, et maintenant ils nous font sortir secrètement ! Il n'en sera pas ainsi. Qu'ils viennent eux-mêmes nous mettre en liberté. Les licteurs rapportèrent 38 ces paroles aux préteurs, qui furent effrayés en apprenant qu'ils étaient Romains. Ils vinrent les apaiser, et 39 ils les mirent en liberté, en les priant de quitter la ville. Quand ils furent 40 sortis de la prison, ils entrèrent chez Lydie, et, après avoir vu et exhorté les frères, ils partirent.

Paul à Thessalonique et à Bérée.

Paul et Silas passèrent par Am- **17** phipolis et Apollonie, et ils arrivèrent à Thessalonique, où les Juifs avaient une synagogue. Paul y 2 entra, selon sa coutume. Pendant trois sabbats, il discuta avec eux, d'après les Écritures, expliquant et 3 établissant que le Christ devait souffrir et ressusciter des morts. Et Jésus que je vous annonce, disait-il, c'est lui qui est le Christ. Quelques- 4 uns d'entre eux furent persuadés, et se joignirent à Paul et à Silas, ainsi qu'une grande multitude de Grecs craignant Dieu, et beaucoup de femmes de qualité. Mais les Juifs 5 jaloux prirent avec eux quelques méchants hommes de la populace, provoquèrent des attroupements, et répandirent l'agitation dans la ville. Ils se portèrent à la maison de Jason, et ils cherchèrent Paul et Silas, pour les amener vers le peuple. Ne les 6 ayant pas trouvés, ils traînèrent

Jason et quelques frères devant les magistrats de la ville, en criant : Ces gens, qui ont bouleversé le monde, sont aussi venus ici, et Jason les a

7 reçus. Ils agissent tous contre les édits de César, disant qu'il y a un

8 autre roi, Jésus. Par ces paroles ils émurent la foule et les magistrats,

9 qui ne laissèrent aller Jason et les autres qu'après avoir obtenu d'eux une caution.

10 Aussitôt les frères firent partir de nuit Paul et Silas pour Bérée. Lorsqu'ils furent arrivés, ils entrèrent

11 dans la synagogue des Juifs. Ces Juifs avaient des sentiments plus nobles que ceux de Thessalonique ; ils reçurent la parole avec beaucoup d'empressement, et ils examinaient chaque jour les Écritures, pour voir si ce qu'on leur disait était exact.

12 Plusieurs d'entre eux crurent, ainsi que beaucoup de femmes grecques de distinction, et beaucoup d'hommes.

13 Mais, quand les Juifs de Thessalonique surent que Paul annonçait aussi à Bérée la parole de Dieu, ils vinrent

14 y agiter la foule. Alors les frères firent aussitôt partir Paul du côté de la mer ; Silas et Timothée restèrent à Bérée.

Paul à Athènes : discours à l'Aréopage.

15 Ceux qui accompagnaient Paul le conduisirent jusqu'à Athènes. Puis ils s'en retournèrent, chargés de transmettre à Silas et à Timothée l'ordre de le rejoindre au plus tôt.

16 Comme Paul les attendait à Athènes, il sentait au dedans de lui son esprit s'irriter, à la vue de cette

17 ville pleine d'idoles. Il s'entretenait donc dans la synagogue avec les Juifs et les hommes craignant Dieu, et sur la place publique chaque jour

18 avec ceux qu'il rencontrait. Quelques philosophes épicuriens et stoïciens se mirent à parler avec lui. Et les uns disaient : Que veut dire ce discoureur ? D'autres, l'entendant annoncer Jésus et la résurrection, disaient : Il semble qu'il annonce des divinités étrangères.

19 Alors ils le prirent, et le menèrent à l'Aréopage, en disant : Pourrions-nous savoir quelle est cette nouvelle doctrine que tu enseignes ? Car tu 20 nous fais entendre des choses étranges. Nous voudrions donc savoir ce que cela peut être.

Or tous les Athéniens et les 21 étrangers demeurant à Athènes ne passaient leur temps qu'à dire ou à écouter des nouvelles.

Paul, debout au milieu de l'Aréo- 22 page, dit :

Hommes Athéniens, je vous trouve à tous égards extrêmement religieux. Car, en parcourant votre ville et en 23 considérant les objets de votre dévotion, j'ai même découvert un autel avec cette inscription : A un dieu inconnu ! Ce que vous révérez sans le connaître, c'est ce que je vous annonce. Le Dieu qui a fait le monde et tout 24 ce qui s'y trouve, étant le Seigneur du ciel et de la terre, n'habite point dans des temples faits de main d'homme ; il n'est point servi par 25 des mains humaines, comme s'il avait besoin de quoi que ce soit, lui qui donne à tous la vie, la respiration, et toutes choses. Il a fait que tous 26 les hommes, sortis d'un seul sang, habitassent sur toute la surface de la terre, ayant déterminé la durée des temps et les bornes de leur demeure ; il a voulu qu'ils cherchassent 27 le Seigneur, et qu'ils s'efforçassent de le trouver en tâtonnant, bien qu'il ne soit pas loin de chacun de nous, car 28 en lui nous avons la vie, le mouvement, et l'être. C'est ce qu'ont dit aussi quelques-uns de vos poètes : De lui nous sommes la race…Ainsi 29 donc, étant la race de Dieu, nous ne devons pas croire que la divinité soit semblable à de l'or, à de l'argent, ou à de la pierre, sculptés par l'art et l'industrie de l'homme. Dieu, sans 30 tenir compte des temps d'ignorance, annonce maintenant à tous les hommes, en tous lieux, qu'ils aient à se repentir, parce qu'il a fixé un 31 jour où il jugera le monde selon la justice, par l'homme qu'il a désigné, ce dont il a donné à tous une preuve certaine en le ressuscitant des morts…

Lorsqu'ils entendirent parler de 32 résurrection des morts, les uns se moquèrent, et les autres dirent : Nous t'entendrons là-dessus une 33 autre fois. Ainsi Paul se retira du 34 milieu d'eux. Quelques-uns néanmoins s'attachèrent à lui et crurent, Denys l'aréopagite, une femme nommée Damaris, et d'autres avec eux.

Paul à Corinthe: rencontre d'Aquilas et de Priscille; séjour d'un an et demi.

18 Après cela, Paul partit d'Athènes, 2 et se rendit à Corinthe. Il y trouva un Juif nommé Aquilas, originaire du Pont, récemment arrivé d'Italie avec sa femme Priscille, parce que Claude avait ordonné à tous les Juifs de sortir de Rome. Il se lia avec 3 eux ; et, comme il avait le même métier, il demeura chez eux et y travailla : ils étaient faiseurs de tentes. 4 Paul discourait dans la synagogue chaque sabbat, et il persuadait des 5 Juifs et des Grecs. Mais quand Silas et Timothée furent arrivés de la Macédoine, il se donna tout entier à la parole, attestant aux Juifs que 6 Jésus était le Christ. Les Juifs faisant alors de l'opposition et se livrant à des injures, Paul secoua ses vêtements, et leur dit: Que votre sang retombe sur votre tête ! J'en suis pur. Dès maintenant, j'irai vers 7 les païens. Et sortant de là, il entra chez un nommé Justus, homme craignant Dieu, et dont la maison 8 était contiguë à la synagogue. Cependant Crispus, le chef de la synagogue, crut au Seigneur avec toute sa famille. Et plusieurs Corinthiens, qui avaient entendu Paul, crurent aussi, et furent baptisés. 9 Le Seigneur dit à Paul en vision pendant la nuit: Ne crains point ; 10 mais parle, et ne te tais point, car je suis avec toi, et personne ne mettra la main sur toi pour te faire du mal : parle, car j'ai un peuple nombreux dans cette ville. 11 Il y demeura un an et six mois, enseignant parmi les Corinthiens la parole de Dieu. 12 Du temps que Gallion était proconsul de l'Achaïe, les Juifs se soulevèrent unanimement contre Paul, et le menèrent devant le tribunal,

en disant : Cet homme excite les 13 gens à servir Dieu d'une manière contraire à la loi. Paul allait ouvrir 14 la bouche, lorsque Gallion dit aux Juifs: S'il s'agissait de quelque injustice ou de quelque méchante action, je vous écouterais comme de raison, ô Juifs ; mais, s'il s'agit de 15 discussions sur une parole, sur des noms, et sur votre loi, cela vous regarde : je ne veux pas être juge de ces choses. Et il les renvoya du 16 tribunal. Alors tous, se saisissant de 17 Sosthène, le chef de la synagogue, le battaient devant le tribunal, sans que Gallion s'en mît en peine.

Voyage de Paul à Jérusalem, par Éphèse.—Retour à Antioche.

Paul resta encore assez longtemps 18 à Corinthe. Ensuite il prit congé des frères, et s'embarqua pour la Syrie, avec Priscille et Aquilas, après s'être fait raser la tête à Cenchrées, car il avait fait un vœu. Ils arrivèrent à Éphèse, et Paul y 19 laissa ses compagnons. Étant entré dans la synagogue, il s'entretint avec les Juifs, qui le prièrent de prolonger 20 son séjour. Mais il n'y consentit point, et il prit congé d'eux, en di- 21 sant : Il faut absolument que je célèbre la fête prochaine à Jérusalem. Je reviendrai vers vous, si Dieu le veut. Et il partit d'Éphèse. Étant débarqué à Césarée, il monta 22 à Jérusalem, et, après avoir salué l'Église, il descendit à Antioche.

Troisième voyage missionnaire de Paul.— Départ d'Antioche pour les provinces d'Asie.—Apollos à Éphèse et à Corinthe.

Lorsqu'il eut passé quelque temps 23 à Antioche, Paul se mit en route, et parcourut successivement la Galatie et la Phrygie, fortifiant tous les disciples. Un Juif nommé Apollos, originaire 24 d'Alexandrie, homme éloquent et versé dans les Écritures, vint à Éphèse. Il était instruit dans la 25 voie du Seigneur, et, fervent d'esprit, il annonçait et enseignait avec exactitude ce qui concerne Jésus, bien qu'il ne connût que le baptême de

26 Jean. Il se mit à parler librement dans la synagogue. Aquilas et Priscille, l'ayant entendu, le prirent avec eux, et lui exposèrent plus exacte-
27 ment la voie de Dieu. Comme il voulait passer en Achaïe, les frères l'y encouragèrent, et écrivirent aux disciples de le bien recevoir. Quand il fut arrivé, il se rendit, par la grâce de Dieu, très utile à ceux qui avaient
28 cru ; car il réfutait vivement les Juifs en public, démontrant par les Écritures que Jésus est le Christ.

Paul à Éphèse: disciples de Jean-Baptiste; enseignement et succès; exorcistes juifs; émeute provoquée par l'orfèvre Démétrius.

19 Pendant qu'Apollos était à Corinthe, Paul, après avoir parcouru les hautes provinces de l'Asie, arriva à Éphèse. Ayant rencontré quel-
2 ques disciples, il leur dit : Avez-vous reçu le Saint-Esprit, quand vous avez cru ? Ils lui répondirent : Nous n'avons pas même entendu dire qu'il
3 y ait un Saint-Esprit. Il dit : De quel baptême avez-vous donc été baptisés ? Et ils répondirent : Du
4 baptême de Jean. Alors Paul dit : Jean a baptisé du baptême de repentance, disant au peuple de croire en celui qui venait après lui, c'est-à-
5 dire, en Jésus. Sur ces paroles, ils furent baptisés au nom du Seigneur
6 Jésus. Lorsque Paul leur eut imposé les mains, le Saint-Esprit vint sur eux, et ils parlaient en langues
7 et prophétisaient. Ils étaient en tout environ douze hommes.
8 Ensuite Paul entra dans la synagogue, où il parla librement. Pendant trois mois, il discourut sur les choses qui concernent le royaume de Dieu, s'efforçant de persuader ceux qui
9 l'écoutaient. Mais, comme quelques-uns restaient endurcis et incrédules, décriant devant la multitude la voie du Seigneur, il se retira d'eux, sépara les disciples, et enseigna chaque jour dans l'école d'un nommé Tyrannus.
10 Cela dura deux ans, de sorte que tous ceux qui habitaient l'Asie, Juifs et Grecs, entendirent la parole du
11 Seigneur. Et Dieu faisait des miracles extraordinaires par les mains de Paul,

12 au point qu'on appliquait sur les malades des linges ou des mouchoirs qui avaient touché son corps, et les maladies les quittaient, et les esprits malins sortaient.
13 Quelques exorcistes juifs ambulants essayèrent d'invoquer sur ceux qui avaient des esprits malins le nom du Seigneur Jésus, en disant : Je vous conjure par Jésus que Paul prêche !
14 Ceux qui faisaient cela étaient sept fils de Scéva, juif, l'un des principaux
15 sacrificateurs. L'esprit malin leur répondit : Je connais Jésus, et je sais qui est Paul ; mais vous, qui êtes-
16 vous? Et l'homme dans lequel était l'esprit malin s'élança sur eux, se rendit maître de tous deux, et les maltraita de telle sorte qu'ils s'enfuirent de cette maison nus et blessés.
17 Cela fut connu de tous les Juifs et de tous les Grecs qui demeuraient à Éphèse, et la crainte s'empara d'eux tous, et le nom du Seigneur Jésus
18 était glorifié. Plusieurs de ceux qui avaient cru venaient confesser et déclarer ce qu'ils avaient fait. Et un
19 certain nombre de ceux qui avaient exercé les arts magiques, ayant apporté leurs livres, les brûlèrent devant tout le monde: on en estima la valeur à cinquante mille pièces d'argent.
20 C'est ainsi que la parole du Seigneur croissait en puissance et en force.
21 Après que ces choses se furent passées, Paul forma le projet d'aller à Jérusalem, en traversant la Macédoine et l'Achaïe. Quand j'aurai été là, se disait-il, il faut aussi que je voie Rome. Il envoya en Macédoine
22 deux de ses aides, Timothée et Éraste, et il resta lui-même quelque temps encore en Asie.
23 Il survint, à cette époque, un grand trouble au sujet de la voie du Sei-
24 gneur. Un nommé Démétrius, orfèvre, fabriquait en argent des temples de Diane, et procurait à ses ouvriers
25 un gain considérable. Il les rassembla, avec ceux du même métier, et dit: O hommes, vous savez que notre bien-être dépend de cette
26 industrie; et vous voyez et entendez

que, non seulement à Éphèse, mais dans presque toute l'Asie, ce Paul a persuadé et détourné une foule de gens, en disant que les dieux faits de main d'homme ne sont pas des

27 dieux. Le danger qui en résulte, ce n'est pas seulement que notre industrie ne tombe en discrédit; c'est encore que le temple de la grande déesse Diane ne soit tenu pour rien, et même que la majesté de celle qui est révérée dans toute l'Asie et dans le monde entier ne soit réduite au néant.

28 Ces paroles les ayant remplis de colère, ils se mirent à crier: Grande est la Diane des Éphésiens!

29 Toute la ville fut dans la confusion. Ils se précipitèrent tous ensemble au théâtre, entraînant avec eux Gaïus et Aristarque, Macédoniens, com-

30 pagnons de voyage de Paul. Paul voulait se présenter devant le peuple, mais les disciples l'en empêchèrent;

31 quelques-uns même des Asiarques, qui étaient ses amis, envoyèrent vers lui, pour l'engager à ne pas se rendre

32 au théâtre. Les uns criaient d'une manière, les autres d'une autre, car le désordre régnait dans l'assemblée, et la plupart ne savaient pas pour-

33 quoi ils s'étaient réunis. Alors on fit sortir de la foule Alexandre, que les Juifs poussaient en avant; et Alexandre, faisant signe de la main,

34 voulait parler au peuple. Mais quand ils reconnurent qu'il était Juif, tous d'une seule voix crièrent pendant près de deux heures: Grande est la Diane des Éphésiens!

35 Cependant le secrétaire, ayant apaisé la foule, dit: Hommes Éphésiens, quel est celui qui ignore que la ville d'Éphèse est la gardienne du temple de la grande Diane et de

36 son simulacre tombé du ciel? Cela étant incontestable, vous devez vous calmer, et ne rien faire avec précipi-

37 tation. Car vous avez amené ces hommes, qui ne sont coupables ni de sacrilège, ni de blasphème envers

38 notre déesse. Si donc Démétrius et ses ouvriers ont à se plaindre de quelqu'un, il y a des jours d'audience et des proconsuls; qu'ils s'appellent

en justice les uns les autres. Et si 39 vous avez en vue d'autres objets, ils se régleront dans une assemblée légale. Nous risquons, en effet, d'être 40 accusés de sédition pour ce qui s'est passé aujourd'hui, puisqu'il n'existe aucun motif qui nous permette de justifier cet attroupement. Après ces paroles, il congédia l'assemblée.

Paul en Macédoine et en Grèce.—Départ pour Jérusalem, par la Macédoine.—A Troas: résurrection d'Eutychus.—A Milet: discours d'adieu aux anciens d'Éphèse.—A Tyr: adieux aux disciples. —A Ptolémaïs.—A Césarée: prédiction d'Agabus.—Arrivée à Jérusalem.

Lorsque le tumulte eut cessé, **20** Paul réunit les disciples, et, après les avoir exhortés, prit congé d'eux, et partit pour aller en Macédoine.

Il parcourut cette contrée, en 2 adressant aux disciples de nombreuses exhortations. Puis il se 3 rendit en Grèce, où il séjourna trois mois.

Il était sur le point de s'embarquer pour la Syrie, quand les Juifs lui dressèrent des embûches. Alors il se décida à reprendre la route de la Macédoine. Il avait pour l'accom- 4 pagner jusqu'en Asie: Sopater de Bérée, fils de Pyrrhus, Aristarque et Second de Thessalonique, Gaïus de Derbe, Timothée, ainsi que Tychique et Trophime, originaires d'Asie. Ceux-ci prirent les devants, et nous 5 attendirent à Troas. Pour nous, 6 après les jours des pains sans levain, nous nous embarquâmes à Philippes, et, au bout de cinq jours, nous les rejoignîmes à Troas, où nous passâmes sept jours.

Le premier jour de la semaine, 7 nous étions réunis pour rompre le pain. Paul, qui devait partir le lendemain, s'entretenait avec les disciples, et il prolongea son discours jusqu'à minuit. Il y avait beaucoup 8 de lampes dans la chambre haute où nous étions assemblés. Or, un jeune 9 homme nommé Eutychus, qui était assis sur la fenêtre, s'endormit profondément pendant le long discours de Paul; entraîné par le sommeil, il tomba du troisième étage en bas, et

10 il fut relevé mort. Mais Paul, étant descendu, se pencha sur lui et le prit dans ses bras, en disant: Ne vous troublez pas, car son âme est en lui.

11 Quand il fut remonté, il rompit le pain et mangea, et il parla longtemps encore jusqu'au jour. Après quoi il

12 partit. Le jeune homme fut ramené vivant, et ce fut le sujet d'une grande consolation.

13 Pour nous, nous précédâmes Paul sur le navire, et nous fîmes voile pour Assos, où nous étions convenus de le reprendre, parce qu'il devait faire la

14 route à pied. Lorsqu'il nous eut rejoints à Assos, nous le prîmes à bord, et nous allâmes à Mytilène.

15 De là, continuant par mer, nous arrivâmes le lendemain vis-à-vis de Chios. Le jour suivant, nous cinglâmes vers Samos, et le jour d'après

16 nous vînmes à Milet. Paul avait résolu de passer devant Éphèse sans s'y arrêter, afin de ne pas perdre de temps en Asie; car il se hâtait pour se trouver, si cela lui était possible, à Jérusalem le jour de la Pentecôte.

17 Cependant, de Milet Paul envoya chercher à Éphèse les anciens de

18 l'Église. Lorsqu'ils furent arrivés vers lui, il leur dit:

Vous savez de quelle manière, depuis le premier jour où je suis entré en Asie, je me suis sans cesse

19 conduit avec vous, servant le Seigneur en toute humilité, avec larmes, et au milieu des épreuves que me suscitaient les embûches des Juifs.

20 Vous savez que je n'ai rien caché de ce qui vous était utile, et que je n'ai pas craint de vous prêcher et de vous enseigner publiquement

21 et dans les maisons, annonçant aux Juifs et aux Grecs la repentance envers Dieu et la foi en notre Seigneur Jésus-Christ.

22 Et maintenant voici, lié par l'Esprit, je vais à Jérusalem, ne sachant pas

23 ce qui m'y arrivera; seulement, de ville en ville, l'Esprit-Saint m'avertit que des liens et des tribulations

24 m'attendent. Mais je ne fais pour moi-même aucun cas de ma vie, comme si elle m'était précieuse, pourvu que j'accomplisse ma course

avec joie, et le ministère que j'ai reçu du Seigneur Jésus, d'annoncer la bonne nouvelle de la grâce de Dieu.

25 Et maintenant voici, je sais que vous ne verrez plus mon visage, vous tous au milieu desquels j'ai passé en prêchant le royaume de Dieu. 26 C'est pourquoi je vous déclare aujourd'hui que je suis pur du sang de vous tous, 27 car je vous ai annoncé tout le conseil de Dieu, sans en rien cacher. 28 Prenez donc garde à vous-mêmes, et à tout le troupeau sur lequel le Saint-Esprit vous a établis évêques, pour paître l'Église du Seigneur, qu'il s'est acquise par son propre sang. 29 Je sais qu'il s'introduira parmi vous, après mon départ, des loups cruels qui n'épargneront pas le troupeau, et qu'il 30 s'élèvera du milieu de vous des hommes qui enseigneront des choses pernicieuses, pour entraîner les disciples après eux. 31 Veillez donc, vous souvenant que, durant trois années, je n'ai cessé nuit et jour d'exhorter avec larmes chacun de vous.

32 Et maintenant je vous recommande à Dieu et à la parole de sa grâce, à celui qui peut édifier et donner l'héritage avec tous les sanctifiés. 33 Je n'ai désiré ni l'argent, ni l'or, ni les vêtements de personne. 34 Vous savez vous-mêmes que ces mains ont pourvu à mes besoins et à ceux des personnes qui étaient avec moi. 35 Je vous ai montré de toutes manières que c'est en travaillant ainsi qu'il faut soutenir les faibles, et se rappeler les paroles du Seigneur, qui a dit lui-même: Il y a plus de bonheur à donner qu'à recevoir.

36 Après avoir ainsi parlé, il se mit à genoux, et il pria avec eux tous. 37 Et tous fondirent en larmes, et, se jetant au cou de Paul, ils l'embrassaient, affligés surtout de ce qu'il 38 avait dit qu'ils ne verraient plus son visage. Et ils l'accompagnèrent jusqu'au navire.

21 Nous nous embarquâmes, après nous être séparés d'eux, et nous allâmes directement à Cos, le lendemain à Rhodes, et de là à Patara. 2 Et ayant trouvé un navire qui faisait

la traversée vers la Phénicie, nous
3 montâmes et partîmes. Quand nous
fûmes en vue de l'île de Chypre, nous
la laissâmes à gauche, poursuivant
notre route du côté de la Syrie, et
nous abordâmes à Tyr, où le bâtiment
4 devait décharger sa cargaison. Nous
trouvâmes les disciples, et nous
restâmes là sept jours. Les disciples,
poussés par l'Esprit, disaient à Paul
de ne pas monter à Jérusalem.
5 Mais, lorsque nous fûmes au terme
des sept jours, nous nous acheminâmes
pour partir, et tous nous accompagnèrent avec leurs femmes et leurs
enfants jusque hors de la ville. Nous
nous mîmes à genoux sur le rivage,
6 et nous priâmes. Puis, ayant pris
congé les uns des autres, nous montâmes sur le navire, et ils retournèrent chez eux.
7 Achevant notre navigation, nous
allâmes de Tyr à Ptolemaïs, où nous
saluâmes les frères, et passâmes un
jour avec eux.
8 Nous partîmes le lendemain, et
nous arrivâmes à Césarée. Étant
entrés dans la maison de Philippe
l'évangéliste, qui était l'un des sept,
9 nous logeâmes chez lui. Il avait
quatre filles vierges qui prophétisaient.
10 Comme nous étions là depuis plusieurs
jours, un prophète, nommé Agabus,
11 descendit de Judée, et vint nous
trouver. Il prit la ceinture de Paul,
se lia les pieds et les mains, et dit:
Voici ce que déclare le Saint-Esprit:
L'homme à qui appartient cette
ceinture, les Juifs le lieront de la
même manière à Jérusalem, et le
livreront entre les mains des païens.
12 Quand nous entendîmes cela, nous
et ceux de l'endroit, nous priâmes
Paul de ne pas monter à Jérusalem.
13 Alors il répondit: Que faites-vous,
en pleurant et en me brisant le cœur?
Je suis prêt, non seulement à être lié,
mais encore à mourir à Jérusalem
pour le nom du Seigneur Jésus.
14 Comme il ne se laissait pas persuader, nous n'insistâmes pas, et
nous dîmes: Que la volonté du
Seigneur se fasse!
15 Après ces jours-là, nous fîmes nos
préparatifs, et nous montâmes à

Jérusalem. Quelques disciples de 16
Césarée vinrent aussi avec nous, et
nous conduisirent chez un nommé
Mnason, de l'île de Chypre, ancien
disciple, chez qui nous devions loger.

Paul à Jérusalem.—Entrée dans le temple
avec quatre Juifs ayant fait un vœu.—
Émeute provoquée par des Juifs d'Asie.—
Paul saisi et maltraité par le peuple.—
Intervention du tribun et des soldats;
arrestation de Paul.

Lorsque nous arrivâmes à Jéru- 17
salem, les frères nous reçurent avec
joie. Le lendemain, Paul se rendit 18
avec nous chez Jacques, et tous les
anciens s'y réunirent. Après les avoir 19
salués, il raconta en détail ce que
Dieu avait fait au milieu des païens
par son ministère. Quand ils l'eurent 20
entendu, ils glorifièrent Dieu. Puis
ils lui dirent: Tu vois, frère, combien
de milliers de Juifs ont cru, et tous
sont zélés pour la loi. Or, ils ont 21
appris que tu enseignes à tous les
Juifs qui sont parmi les païens à
renoncer à Moïse, leur disant de ne
pas circoncire les enfants et de ne
pas se conformer aux coutumes.
Que faire donc? Sans aucun doute 22
la multitude se rassemblera, car on
saura que tu es venu. C'est pour- 23
quoi fais ce que nous allons te dire.
Il y a parmi nous quatre hommes
qui ont fait un vœu; prends-les avec 24
toi, purifie-toi avec eux, et pourvois
à leur dépense, afin qu'ils se rasent la
tête. Et ainsi tous sauront que ce
qu'ils ont entendu dire sur ton compte
est faux, mais que toi aussi tu te
conduis en observateur de la loi.
A l'égard des païens qui ont cru, 25
nous avons décidé et nous leur avons
écrit qu'ils eussent à s'abstenir des
viandes sacrifiées aux idoles, du sang,
des animaux étouffés, et de l'impudicité. Alors Paul prit ces 26
hommes, se purifia, et entra le lendemain dans le temple avec eux, pour
annoncer à quel jour la purification
serait accomplie et l'offrande présentée pour chacun d'eux.
Sur la fin des sept jours, les Juifs 27
d'Asie, ayant vu Paul dans le temple,
soulevèrent toute la foule, et mirent
les mains sur lui, en criant: Hommes 28

Israélites, au secours! Voici l'homme qui prêche partout et à tout le monde contre le peuple, contre la loi et contre ce lieu; il a même introduit des Grecs dans le temple, et a pro-29 fané ce saint lieu. Car ils avaient vu auparavant Trophime d'Éphèse avec lui dans la ville, et ils croyaient que Paul l'avait fait entrer dans le temple.

30 Toute la ville fut émue, et le peuple accourut de toutes parts. Ils se saisirent de Paul, et le traînèrent hors du temple, dont les portes furent 31 aussitôt fermées. Comme ils cherchaient à le tuer, le bruit vint au tribun de la cohorte que tout Jéru-32 salem était en confusion. A l'instant il prit des soldats et des centeniers, et courut à eux. Voyant le tribun et les soldats, ils cessèrent de frapper 33 Paul. Alors le tribun s'approcha, se saisit de lui, et le fit lier de deux chaînes. Puis il demanda qui il était, 34 et ce qu'il avait fait. Mais dans la foule les uns criaient d'une manière, les autres d'une autre; ne pouvant donc rien apprendre de certain, à cause du tumulte, il ordonna de le 35 mener dans la forteresse. Lorsque Paul fut sur les degrés, il dut être porté par les soldats, à cause de la 36 violence de la foule; car la multitude du peuple suivait, en criant: Fais-le mourir!

Discours de Paul, debout sur les degrés de la forteresse.—Nouveau tumulte.—Sur le point d'être battu de verges, Paul se déclare citoyen romain.

37 Au moment d'être introduit dans la forteresse, Paul dit au tribun: M'est-il permis de te dire quelque chose? Le tribun répondit: Tu sais 38 le grec? Tu n'es donc pas cet Égyptien qui s'est révolté dernièrement, et qui a emmené dans le désert 39 quatre mille brigands? Je suis Juif, reprit Paul, de Tarse en Cilicie, citoyen d'une ville qui n'est pas sans importance. Permets-moi, je te prie, 40 de parler au peuple. Le tribun le lui ayant permis, Paul, debout sur les degrés, fit signe de la main au peuple. Un profond silence s'établit,

et Paul, parlant en langue hébraïque, dit:

Hommes frères et pères, écoutez **22** ce que j'ai maintenant à vous dire pour ma défense!

Lorsqu'ils entendirent qu'il leur 2 parlait en langue hébraïque, ils redoublèrent de silence. Et Paul dit:

Je suis Juif, né à Tarse en Cilicie; 3 mais j'ai été élevé dans cette ville-ci, et instruit aux pieds de Gamaliel dans la connaissance exacte de la loi de nos pères, étant plein de zèle pour Dieu, comme vous l'êtes tous aujourd'hui. J'ai persécuté à mort 4 cette doctrine, liant et mettant en prison hommes et femmes. Le sou-5 verain sacrificateur et tout le collège des anciens m'en sont témoins. J'ai même reçu d'eux des lettres pour les frères de Damas, où je me rendis afin d'amener liés à Jérusalem ceux qui se trouvaient là et de les faire punir.

Comme j'étais en chemin, et que 6 j'approchais de Damas, tout à coup, vers midi, une grande lumière venant du ciel resplendit autour de moi. Je 7 tombai par terre, et j'entendis une voix qui me disait: Saul, Saul, pourquoi me persécutes-tu? Je répondis: 8 Qui es-tu, Seigneur? Et il me dit: Je suis Jésus de Nazareth, que tu persécutes. Ceux qui étaient avec 9 moi virent bien la lumière, mais ils n'entendirent pas la voix de celui qui parlait. Alors je dis: Que ferai-10 je, Seigneur? Et le Seigneur me dit: Lève-toi, va à Damas, et là on te dira tout ce que tu dois faire. Comme je ne voyais rien, à cause 11 de l'éclat de cette lumière, ceux qui étaient avec moi me prirent par la main, et j'arrivai à Damas.

Or, un nommé Ananias, homme 12 pieux selon la loi, et de qui tous les Juifs demeurant à Damas rendaient un bon témoignage, vint se présenter 13 à moi, et me dit: Saul, mon frère, recouvre la vue. Au même instant, je recouvrai la vue et je le regardai. Il dit: Le Dieu de nos pères t'a 14 destiné à connaître sa volonté, à voir le Juste, et à entendre les paroles de sa bouche; car tu lui serviras de 15

témoin, auprès de tous les hommes, des choses que tu as vues et enten-
16 dues. Et maintenant, que tardes-tu? Lève-toi, sois baptisé, et lavé de tes péchés, en invoquant le nom du Seigneur.

17 De retour à Jérusalem, comme je priais dans le temple, je fus ravi en
18 extase, et je vis le Seigneur qui me disait: Hâte-toi, et sors promptement de Jérusalem, parce qu'ils ne recevront pas ton témoignage sur
19 moi. Et je dis: Seigneur, ils savent eux-mêmes que je faisais mettre en prison et battre de verges dans les synagogues ceux qui croyaient en
20 toi, et que, lorsqu'on répandit le sang d'Étienne, ton témoin, j'étais moi-même présent, joignant mon approbation à celle des autres, et gardant les vêtements de ceux qui le faisaient
21 mourir. Alors il me dit: Va, je t'enverrai au loin vers les nations...
22 Ils l'écoutèrent jusqu'à cette parole. Mais alors ils élevèrent la voix, disant: Ôte de la terre un pareil homme! Il n'est pas digne de vivre.
23 Et ils poussaient des cris, jetaient leurs vêtements, lançaient de la pous-
24 sière en l'air. Le tribun commanda de faire entrer Paul dans la forteresse, et de lui donner la question par le fouet, afin de savoir pour quel motif
25 ils criaient ainsi contre lui. Lorsqu'on l'eut exposé au fouet, Paul dit au centenier qui était présent: Vous est-il permis de battre de verges un citoyen romain, qui n'est pas même
26 condamné? A ces mots, le centenier alla vers le tribun pour l'avertir, disant: Que vas-tu faire? Cet homme
27 est Romain. Et le tribun, étant venu, dit à Paul: Dis-moi, es-tu Ro-
28 main? Oui, répondit-il. Le tribun reprit: C'est avec beaucoup d'argent que j'ai acquis ce droit de citoyen. Et moi, dit Paul, je l'ai par ma nais-
29 sance. Aussitôt ceux qui devaient lui donner la question se retirèrent, et le tribun, voyant que Paul était Romain, fut dans la crainte parce qu'il l'avait fait lier.

Paul comparaissant devant le sanhédrin.

30 Le lendemain, voulant savoir avec certitude de quoi les Juifs l'accusaient, le tribun lui fit ôter ses liens, et donna l'ordre aux principaux sacrificateurs et à tout le sanhédrin de se réunir; puis, faisant descendre Paul, il le plaça au milieu d'eux.

23 Paul, les regards fixés sur le sanhédrin, dit: Hommes frères, c'est en toute bonne conscience que je me suis conduit jusqu'à ce jour devant Dieu....
2 Le souverain sacrificateur Ananias ordonna à ceux qui étaient près de lui de le frapper sur la bouche.
3 Alors Paul lui dit: Dieu te frappera, muraille blanchie! Tu es assis pour me juger selon la loi, et tu violes la loi en ordonnant qu'on me frappe!
4 Ceux qui étaient près de lui dirent: Tu insultes le souverain sacrificateur de Dieu! Et Paul dit: Je ne savais
5 pas, frères, que ce fût le souverain sacrificateur; car il est écrit: Tu ne parleras pas mal du chef de ton peuple.
6 Paul, sachant qu'une partie de l'assemblée était composée de sadducéens et l'autre de pharisiens, s'écria dans le sanhédrin: Hommes frères, je suis pharisien, fils de pharisiens; c'est à cause de l'espérance et de la résurrection des morts que je suis
7 mis en jugement. Quand il eut dit cela, il s'éleva une discussion entre les pharisiens et les sadducéens, et
8 l'assemblée se divisa. Car les sadducéens disent qu'il n'y a point de résurrection, et qu'il n'existe ni ange ni esprit, tandis que les pharisiens
9 affirment les deux choses. Il y eut une grande clameur, et quelques scribes du parti des pharisiens, s'étant levés, engagèrent un vif débat, et dirent: Nous ne trouvons aucun mal en cet homme; peut-être un esprit
10 ou un ange lui a-t-il parlé. Comme la discorde allait croissant, le tribun, craignant que Paul ne fût mis en pièces par ces gens, fit descendre les soldats pour l'enlever du milieu d'eux et le conduire à la forteresse.
11 La nuit suivante, le Seigneur apparut à Paul, et dit: Prends courage; car, de même que tu as rendu témoignage de moi dans Jérusalem, il

faut aussi que tu rendes témoignage dans Rome.

Complot des Juifs contre Paul.—Ordre de le conduire à Césarée.

12 Quand le jour fut venu, les Juifs formèrent un complot, et firent des imprécations contre eux-mêmes, en disant qu'ils s'abstiendraient de manger et de boire jusqu'à ce qu'ils 13 eussent tué Paul. Ceux qui formèrent ce complot étaient plus de 14 quarante, et ils allèrent trouver les principaux sacrificateurs et les anciens, auxquels ils dirent : Nous nous sommes engagés, avec des imprécations contre nous-mêmes, à ne rien manger jusqu'à ce que nous ayons 15 tué Paul. Vous donc, maintenant, adressez-vous avec le sanhédrin au tribun, pour qu'il l'amène devant vous, comme si vous vouliez examiner sa cause plus exactement ; et nous, avant qu'il approche, nous sommes prêts à le tuer.

16 Le fils de la sœur de Paul, ayant eu connaissance du guet-apens, alla dans la forteresse en informer Paul. 17 Paul appela l'un des centeniers, et dit : Mène ce jeune homme vers le tribun, car il a quelque chose à lui 18 rapporter. Le centenier prit le jeune homme avec lui, le conduisit vers le tribun, et dit : Le prisonnier Paul m'a appelé, et il m'a prié de t'amener ce jeune homme, qui a quelque chose 19 à te dire. ·Le tribun, prenant le jeune homme par la main, et se retirant à l'écart, lui demanda : Qu'as-tu à m'an- 20 noncer ? Il répondit : Les Juifs sont convenus de te prier d'amener Paul demain devant le sanhédrin, comme si tu devais t'enquérir de lui plus exacte- 21 ment. Ne les écoute pas, car plus de quarante d'entre eux lui dressent un guet-apens, et se sont engagés, avec des imprécations contre eux-mêmes, à ne rien manger ni boire jusqu'à ce qu'ils l'aient tué ; maintenant ils sont prêts, et n'attendent 22 que ton consentement. Le tribun renvoya le jeune homme, après lui avoir recommandé de ne parler à personne de ce rapport qu'il lui avait fait.

23 Ensuite il appela deux des centeniers, et dit : Tenez prêts, dès la troisième heure de la nuit, deux cents soldats, soixante-dix cavaliers et deux cents archers, pour aller jus- qu'à Césarée. Qu'il y ait aussi des 24 montures pour Paul, afin qu'on le mène sain et sauf au gouverneur Félix. Il écrivit une lettre ainsi 25 conçue :

Claude Lysias au très excellent 26 gouverneur Félix, salut !

Cet homme, dont les Juifs s'étaient 27 saisis, allait être tué par eux, lorsque je survins avec des soldats et le leur enlevai, ayant appris qu'il était ro- main. Voulant connaître le motif 28 pour lequel ils l'accusaient, je l'amenai devant leur sanhédrin. J'ai trouvé 29 qu'il était accusé au sujet de ques- tions relatives à leur loi, mais qu'il n'avait commis aucun crime qui méritât la mort ou la prison. In- 30 formé que les Juifs lui dressaient des embûches, je te l'ai aussitôt envoyé, en faisant savoir à ses accusateurs qu'ils eussent à s'adresser eux-mêmes à toi.

Adieu.

Les soldats, selon l'ordre qu'ils 31 avaient reçu, prirent Paul, et le con- duisirent pendant la nuit jusqu'à Antipatris. Le lendemain, laissant 32 les cavaliers poursuivre la route avec lui, ils retournèrent à la forteresse. Arrivés à Césarée, les cavaliers re- 33 mirent la lettre au gouverneur, et lui présentèrent Paul. Le gouverneur, 34 après avoir lu la lettre, demanda de quelle province était Paul. Ayant appris qu'il était de la Cilicie : Je 35 t'entendrai, dit-il, quand tes accusa- teurs seront venus. Et il ordonna qu'on le gardât dans le prétoire d'Hérode.

Paul à Césarée.—Accusation et défense de- vant le gouverneur Félix.—Entretien de Paul avec Félix et sa femme Drusille.

Cinq jours après, arriva le sou- **24** verain sacrificateur Ananias, avec des anciens et un orateur nommé Tertulle. Ils portèrent plainte au gouverneur contre Paul.

Paul fut appelé, et Tertulle se mit 2 à l'accuser, en ces termes :

3 Très excellent Félix, tu nous fais jouir d'une paix profonde, et cette nation a obtenu de salutaires réformes par tes soins prévoyants ; c'est ce que nous reconnaissons en tout et partout avec une entière 4 gratitude. Mais, pour ne pas te retenir davantage, je te prie d'écouter, dans ta bonté, ce que nous avons à 5 dire en peu de mots. Nous avons trouvé cet homme, qui est une peste, qui excite des divisions parmi tous les Juifs du monde, qui est chef de 6 la secte des Nazaréens, et qui même a tenté de profaner le temple. Et nous l'avons arrêté. Nous avons 7 voulu le juger selon notre loi ; mais le tribun Lysias, étant survenu, l'a arraché de nos mains avec une 8 grande violence, en ordonnant à ses accusateurs de venir devant toi. Tu pourras toi-même, en l'interrogeant, apprendre de lui tout ce dont nous l'accusons.

9 Les Juifs se joignirent à l'accusation, soutenant que les choses étaient ainsi.

10 Après que le gouverneur lui eut fait signe de parler, Paul répondit:

Sachant que, depuis plusieurs années, tu es juge de cette nation, c'est avec confiance que je prends la 11 parole pour défendre ma cause. Il n'y a pas plus de douze jours, tu peux t'en assurer, que je suis monté 12 à Jérusalem pour adorer. On ne m'a trouvé ni dans le temple, ni dans les synagogues, ni dans la ville, disputant avec quelqu'un, ou provoquant un rassemblement séditieux de la 13 foule. Et ils ne sauraient prouver ce dont ils m'accusent maintenant. 14 Je t'avoue bien que je sers le Dieu de mes pères selon la voie qu'ils appellent une secte, croyant tout ce qui est écrit dans la loi et dans les 15 prophètes, et ayant en Dieu cette espérance, comme ils l'ont eux-mêmes, qu'il y aura une résurrection 16 des justes et des injustes. C'est pourquoi je m'efforce d'avoir constamment une conscience sans reproche devant Dieu et devant les 17 hommes. Après une absence de plusieurs années, je suis venu pour faire des aumônes à ma nation, et pour présenter des offrandes. C'est 18 alors que quelques Juifs d'Asie m'ont trouvé purifié dans le temple, sans attroupement ni tumulte. C'était à 19 eux de paraître en ta présence et de se porter accusateurs, s'ils avaient quelque chose contre moi. Ou bien, 20 que ceux-ci déclarent de quel crime ils m'ont trouvé coupable, lorsque j'ai comparu devant le sanhédrin, à 21 moins que ce ne soit uniquement de ce cri que j'ai fait entendre au milieu d'eux: C'est à cause de la résurrection des morts que je suis aujourd'hui mis en jugement devant vous.

Félix, qui savait assez exactement 22 ce qui concernait cette doctrine, les ajourna, en disant : Quand le tribun Lysias sera venu, j'examinerai votre affaire. Et il donna l'ordre au cen- 23 tenier de garder Paul, en lui laissant une certaine liberté, et en n'empêchant aucun des siens de lui rendre des services.

Quelques jours après, Félix vint 24 avec Drusille, sa femme, qui était juive, et il fit appeler Paul. Il l'entendit sur la foi en Christ. Mais, 25 comme Paul discourait sur la justice, sur la tempérance, et sur le jugement à venir, Félix, effrayé, dit : Pour le moment retire-toi ; quand j'en trouverai l'occasion, je te rappellerai. Il 26 espérait en même temps que Paul lui donnerait de l'argent ; aussi l'envoyait il chercher assez fréquemment, pour s'entretenir avec lui.

Paul détenu deux ans à Césarée.—Comparution devant le gouverneur Festus, successeur de Félix.—Appel à l'empereur romain.

Deux ans s'écoulèrent ainsi, et 27 Félix eut pour successeur Porcius Festus. Dans le désir de plaire aux Juifs, Félix laissa Paul en prison.

Festus, étant arrivé dans la pro- **25** vince, monta trois jours après de Césarée à Jérusalem. Les principaux 2 sacrificateurs et les principaux d'entre les Juifs lui portèrent plainte contre Paul. Ils firent des instances auprès de lui, et, dans des vues hostiles, lui 3 demandèrent comme une faveur qu'il le fît venir à Jérusalem. Ils prépa-

raient un guet-apens, pour le tuer en
4 chemin. Festus répondit que Paul
était gardé à Césarée, et que lui-
5 même devait partir sous peu. Que
les principaux d'entre vous descendent avec moi, dit-il, et, s'il y a
quelque chose de coupable en cet
homme, qu'ils l'accusent.

6 Festus ne passa que huit à dix
jours parmi eux, puis il descendit à
Césarée.

Le lendemain, s'étant assis sur son
tribunal, il donna l'ordre qu'on ame-
7 nât Paul. Quand il fut arrivé, les
Juifs qui étaient venus de Jérusalem
l'entourèrent, et portèrent contre lui
de nombreuses et graves accusations,
qu'ils n'étaient pas en état de prouver.
8 Paul entreprit sa défense, en disant:
Je n'ai rien fait de coupable, ni
contre la loi des Juifs, ni contre le
9 temple, ni contre César. Festus,
désirant plaire aux Juifs, répondit à
Paul: Veux-tu monter à Jérusalem,
et y être jugé sur ces choses en ma
10 présence? Paul dit: C'est devant
le tribunal de César que je comparais,
c'est là que je dois être jugé. Je
n'ai fait aucun tort aux Juifs, comme
11 tu le sais fort bien. Si j'ai commis
quelque injustice, ou quelque crime
digne de mort, je ne refuse pas de
mourir; mais, si les choses dont ils
m'accusent sont fausses, personne n'a
le droit de me livrer à eux. J'en
12 appelle à César. Alors Festus, après
avoir délibéré avec le conseil, répondit: Tu en as appelé à César; tu
iras devant César.

*Le roi Agrippa en visite à Césarée.—Dis-
cours de Paul devant Agrippa.—Son
innocence reconnue par Agrippa.*

13 Quelques jours après, le roi Agrippa et Bérénice arrivèrent à Césarée,
14 pour saluer Festus. Comme ils passèrent là plusieurs jours, Festus exposa au roi l'affaire de Paul, et dit:
Félix a laissé prisonnier un homme
15 contre lequel, lorsque j'étais à Jérusalem, les principaux sacrificateurs et
les anciens des Juifs ont porté plainte,
16 en demandant sa condamnation. Je
leur ai répondu que ce n'est pas la
coutume des Romains de livrer un

homme avant que l'inculpé ait été
mis en présence de ses accusateurs,
et qu'il ait eu la faculté de se défendre
sur les choses dont on l'accuse. Ils 17
sont donc venus ici, et, sans différer,
je m'assis le lendemain sur mon
tribunal, et je donnai l'ordre qu'on
amenât cet homme. Les accusateurs, 18
s'étant présentés, ne lui imputèrent
rien de ce que je supposais; ils 19
avaient avec lui des discussions relatives à leur religion particulière, et à
un certain Jésus qui est mort, et que
Paul affirmait être vivant. Ne sa- 20
chant quel parti prendre dans ce
débat, je lui demandai s'il voulait
aller à Jérusalem, et y être jugé sur
ces choses. Mais Paul en ayant ap- 21
pelé, pour que sa cause fût réservée
à la connaissance de l'empereur, j'ai
ordonné qu'on le gardât jusqu'à ce
que je l'envoyasse à César.

Agrippa dit à Festus: Je voudrais 22
aussi entendre cet homme. Demain,
répondit Festus, tu l'entendras.

Le lendemain donc, Agrippa et 23
Bérénice vinrent en grande pompe,
et entrèrent dans le lieu de l'audience
avec les tribuns et les principaux de
la ville. Sur l'ordre de Festus, Paul
fut amené.

Alors Festus dit: Roi Agrippa, et 24
vous tous qui êtes présents avec nous,
vous voyez cet homme au sujet duquel toute la multitude des Juifs s'est
adressée à moi, soit à Jérusalem, soit
ici, en s'écriant qu'il ne devait plus
vivre. Pour moi, ayant reconnu qu'il 25
n'a rien fait qui mérite la mort, et
lui-même en ayant appelé à l'empereur, j'ai résolu de le faire partir. Je 26
n'ai rien de certain à écrire à l'empereur sur son compte; c'est pourquoi je l'ai fait paraître devant vous,
et surtout devant toi, roi Agrippa,
afin de savoir qu'écrire, après qu'il
aura été examiné. Car il me semble 27
absurde d'envoyer un prisonnier sans
indiquer de quoi on l'accuse.

Agrippa dit à Paul: Il t'est **26**
permis de parler pour ta défense.

Et Paul, ayant étendu la main, se
justifia en ces termes:

Je m'estime heureux, roi Agrippa, 2
d'avoir aujourd'hui à me justifier

devant toi de toutes les choses dont
3 je suis accusé par les Juifs, car tu
connais parfaitement leurs coutumes
et leurs discussions. Je te prie donc
de m'écouter avec patience.

4 Ma vie, dès les premiers temps de
ma jeunesse, est connue de tous les
Juifs, puisqu'elle s'est passée à Jéru-
5 salem, au milieu de ma nation. Ils
savent depuis longtemps, s'ils veulent
le déclarer, que j'ai vécu pharisien,
selon la secte la plus rigide de notre
6 religion. Et maintenant, je suis mis
en jugement parce que j'espère l'accomplissement de la promesse que
7 Dieu a faite à nos pères, et à laquelle
aspirent nos douze tribus, qui servent
Dieu continuellement nuit et jour.
C'est pour cette espérance, ô roi, que
8 je suis accusé par des Juifs ! Quoi !
vous semble-t-il incroyable que Dieu
ressuscite les morts ?

9 Pour moi, j'avais cru devoir agir
vigoureusement contre le nom de
10 Jésus de Nazareth. C'est ce que j'ai
fait à Jérusalem. J'ai jeté en prison
plusieurs des saints, ayant reçu ce
pouvoir des principaux sacrificateurs,
et, quand on les mettait à mort, je
joignais mon suffrage à celui des
11 autres. Je les ai souvent châtiés
dans toutes les synagogues, et je les
forçais à blasphémer. Dans mes
excès de fureur contre eux, je les
persécutais même jusque dans les
villes étrangères.

12 C'est dans ce but que je me rendis
à Damas, avec l'autorisation et la
permission des principaux sacrifica-
13 teurs. Vers le milieu du jour, ô roi,
je vis en chemin resplendir autour de
moi et de mes compagnons une
lumière venant du ciel, et dont l'éclat
14 surpassait celui du soleil. Nous
tombâmes tous par terre, et j'entendis
une voix qui me disait en langue
hébraïque : Saul, Saul, pourquoi me
persécutes-tu ? Il te serait dur de
15 regimber contre les aiguillons. Je
répondis : Qui es-tu, Seigneur ? Et
le Seigneur dit : Je suis Jésus que tu
16 persécutes. Mais lève-toi, et tiens-
toi sur tes pieds ; car je te suis apparu
pour t'établir ministre et témoin des
choses que tu as vues et de celles

pour lesquelles je t'apparaîtrai. Je 17
t'ai choisi du milieu de ce peuple et
du milieu des païens, vers qui je
t'envoie, afin que tu leur ouvres les 18
yeux, pour qu'ils passent des ténèbres
à la lumière et de la puissance de
Satan à Dieu, pour qu'ils reçoivent,
par la foi en moi, le pardon des péchés
et l'héritage avec les sanctifiés.

En conséquence, roi Agrippa, je 19
n'ai point résisté à la vision céleste :
à ceux de Damas d'abord, puis à 20
Jérusalem, dans toute la Judée, et
chez les païens, j'ai prêché la repentance et la conversion à Dieu,
avec la pratique d'œuvres dignes de
la repentance. Voilà pourquoi les 21
Juifs se sont saisis de moi dans le
temple, et ont tâché de me faire
périr. Mais, grâce au secours de 22
Dieu, j'ai subsisté jusqu'à ce jour,
rendant témoignage devant les petits
et les grands, sans m'écarter en rien
de ce que les prophètes et Moïse ont
déclaré devoir arriver, savoir que le 23
Christ souffrirait, et que, ressuscité
le premier d'entre les morts, il annoncerait la lumière au peuple et
aux nations.

Comme il parlait ainsi pour sa 24
justification, Festus dit à haute voix :
Tu es fou, Paul ! Ton grand savoir
te fait déraisonner.

Je ne suis point fou, très excellent 25
Festus, répliqua Paul ; ce sont, au
contraire, des paroles de vérité et de
bon sens que je prononce. Le roi 26
est instruit de ces choses, et je lui en
parle librement ; car je suis persuadé
qu'il n'en ignore aucune, puisque ce
n'est pas en cachette qu'elles se sont
passées. Crois-tu aux prophètes, roi 27
Agrippa ?... Je sais que tu y crois.
Et Agrippa dit à Paul : Tu vas 28
bientôt me persuader de devenir
chrétien ! Paul répondit : Que ce 29
soit bientôt ou que ce soit tard,
plaise à Dieu que non seulement
toi, mais encore tous ceux qui
m'écoutent aujourd'hui, vous deveniez tels que je suis, à l'exception
de ces liens !

Le roi, le gouverneur, Bérénice, et 30
tous ceux qui étaient assis avec eux,
se levèrent, et, en se retirant, ils se 31

disaient les uns aux autres : Cet homme n'a rien fait qui mérite la 32 mort ou la prison. Et Agrippa dit à Festus : Cet homme pouvait être relâché, s'il n'en eût pas appelé à César.

Départ de Paul pour Rome.—Navigation et naufrage.

27 Lorsqu'il fut décidé que nous nous embarquerions pour l'Italie, on remit Paul et quelques autres prisonniers à un centenier de la co- 2 horte Auguste, nommé Julius. Nous montâmes sur un navire d'Adramytte, qui devait côtoyer l'Asie, et nous partîmes, ayant avec nous Aristarque, Macédonien de Thessalonique. 3 Le jour suivant, nous abordâmes à Sidon ; et Julius, qui traitait Paul avec bienveillance, lui permit d'aller chez ses amis et de recevoir leurs 4 soins. Partis de là, nous longeâmes l'île de Chypre, parce que les vents 5 étaient contraires. Après avoir traversé la mer qui baigne la Cilicie et la Pamphylie, nous arrivâmes à Myra 6 en Lycie. Et là, le centenier, ayant trouvé un navire d'Alexandrie qui allait en Italie, nous y fit monter. 7 Pendant plusieurs jours nous naviguâmes lentement, et ce ne fut pas sans difficulté que nous atteignîmes la hauteur de Cnide, où le vent ne nous permit pas d'aborder. Nous passâmes au-dessous de l'île de 8 Crète, du côté de Salmone. Nous la côtoyâmes avec peine, et nous arrivâmes à un lieu nommé Beaux-Ports, près duquel était la ville de Lasée. 9 Un temps assez long s'était écoulé, et la navigation devenait dangereuse, car l'époque même du jeûne était déjà 10 passée. C'est pourquoi Paul avertit les autres, en disant : O hommes, je vois que la navigation ne se fera pas sans péril et sans beaucoup de dommage, non seulement pour la cargaison et pour le navire, mais 11 encore pour nos personnes. Le centenier écouta le pilote et le patron du navire plutôt que les paroles de 12 Paul. Et comme le port n'était pas bon pour hiverner, la plupart furent d'avis de le quitter pour tâcher d'atteindre Phénix, port de Crète qui regarde le sud-ouest et le nord-ouest, afin d'y passer l'hiver.

Un léger vent du sud vint à 13 souffler, et, se croyant maîtres de leur dessein, ils levèrent l'ancre et côtoyèrent de près l'île de Crète. Mais bientôt un vent impétueux, 14 qu'on appelle Euraquilon, se déchaîna sur l'île. Le navire fut en- 15 traîné, sans pouvoir lutter contre le vent, et nous nous laissâmes aller à la dérive. Nous passâmes au-dessous 16 d'une petite île nommée Clauda, et nous eûmes de la peine à nous rendre maîtres de la chaloupe ; après l'avoir 17 hissée, on se servit des moyens de secours pour ceindre le navire, et, dans la crainte de tomber sur la Syrte, on abaissa les voiles. C'est ainsi qu'on se laissa emporter par le vent. Comme nous étions violem- 18 ment battus de la tempête, le lendemain on jeta la cargaison à la mer, et le troisième jour nous y lançâmes 19 de nos propres mains les agrès du navire. Le soleil et les étoiles ne 20 parurent pas pendant plusieurs jours, et la tempête était si forte que nous perdîmes enfin toute espérance de nous sauver.

On n'avait pas mangé depuis long- 21 temps. Alors Paul, se tenant au milieu d'eux, leur dit : O hommes, il fallait m'écouter et ne pas partir de Crète, afin d'éviter ce péril et ce dommage. Maintenant je vous ex- 22 horte à prendre courage ; car aucun de vous ne périra, et il n'y aura de perte que celle du navire. Un ange 23 du Dieu à qui j'appartiens et que je sers m'est apparu cette nuit, et m'a 24 dit : Paul, ne crains point ; il faut que tu comparaisses devant César, et voici, Dieu t'a donné tous ceux qui naviguent avec toi. C'est pour- 25 quoi, ô hommes, rassurez-vous, car j'ai cette confiance en Dieu qu'il en sera comme il m'a été dit. Mais 26 nous devons échouer sur une île.

La quatorzième nuit, tandis que 27 nous étions ballottés sur l'Adriatique, les matelots, vers le milieu de la nuit, soupçonnèrent qu'on approchait de

28 quelque terre. Ayant jeté la sonde, ils trouvèrent vingt brasses ; un peu plus loin, ils la jetèrent de nouveau,
29 et trouvèrent quinze brasses. Dans la crainte de heurter contre des écueils, ils jetèrent quatre ancres de la poupe, et attendirent le jour avec impatience.
30 Mais, comme les matelots cherchaient à s'échapper du navire, et mettaient la chaloupe à la mer sous prétexte de jeter les ancres de la
31 proue, Paul dit au centenier et aux soldats : Si ces hommes ne restent pas dans le navire, vous ne pouvez
32 être sauvés. Alors les soldats coupèrent les cordes de la chaloupe, et la laissèrent tomber.
33 Avant que le jour parût, Paul exhorta tout le monde à prendre de la nourriture, disant : C'est aujourd'hui le quatorzième jour que vous êtes dans l'attente et que vous persistez
34 à vous abstenir de manger. Je vous invite donc à prendre de la nourriture, car cela est nécessaire pour votre salut, et il ne se perdra pas un cheveu de la tête d'aucun de vous.
35 Ayant ainsi parlé, il prit du pain, et, après avoir rendu grâces à Dieu devant tous, il le rompit, et se mit à
36 manger. Et tous, reprenant courage,
37 mangèrent aussi. Nous étions, dans le navire, deux cent soixante-seize
38 personnes en tout. Quand ils eurent mangé suffisamment, ils allégèrent le navire en jetant le blé à la mer.
39 Lorsque le jour fut venu, ils ne reconnurent point la terre ; mais, ayant aperçu un golfe avec une plage, ils résolurent d'y pousser le navire, s'ils
40 le pouvaient. Ils délièrent les ancres pour les laisser aller dans la mer, et ils relâchèrent en même temps les attaches des gouvernails ; puis ils mirent au vent la voile d'artimon, et
41 se dirigèrent vers le rivage. Mais ils rencontrèrent une langue de terre, où ils firent échouer le navire ; et la proue, s'étant engagée, resta immobile, tandis que la poupe se brisait par la violence des vagues.
42 Les soldats furent d'avis de tuer les prisonniers, de peur que quelqu'un d'eux ne s'échappât à la nage.

43 Mais le centenier, qui voulait sauver Paul, les empêcha d'exécuter ce dessein. Il ordonna à ceux qui savaient nager de se jeter les premiers dans l'eau pour gagner la terre, et aux
44 autres de se mettre sur des planches ou sur des débris du navire. Et ainsi tous parvinrent à terre sains et saufs.

Trois mois dans l'île de Malte. — Arrivée à Rome. — Captivité et prédication de Paul à Rome pendant deux ans.

28 Après nous être sauvés, nous reconnûmes que l'île s'appelait Malte.
2 Les barbares nous témoignèrent une bienveillance peu commune ; ils nous recueillirent tous auprès d'un grand feu, qu'ils avaient allumé parce que la pluie tombait et qu'il faisait
3 grand froid. Paul ayant ramassé un tas de broussailles et l'ayant mis au feu, une vipère en sortit par l'effet de la chaleur et s'attacha à sa main.
4 Quand les barbares virent l'animal suspendu à sa main, ils se dirent les uns aux autres : Assurément cet homme est un meurtrier, puisque la Justice n'a pas voulu le laisser vivre, après qu'il a été sauvé de la mer.
5 Paul secoua l'animal dans le feu, et ne ressentit aucun mal. Ces gens
6 s'attendaient à le voir enfler ou tomber mort subitement ; mais, après avoir longtemps attendu, voyant qu'il ne lui arrivait aucun mal, ils changèrent d'avis et dirent que c'était un dieu.
7 Il y avait, dans les environs, des terres appartenant au principal personnage de l'île, nommé Publius, qui nous reçut et nous logea pendant trois jours de la manière la plus
8 amicale. Le père de Publius était alors au lit, malade de la fièvre et de la dyssenterie ; Paul, s'étant rendu vers lui, pria, lui imposa les mains,
9 et le guérit. Là-dessus, vinrent les autres malades de l'île, et ils furent
10 guéris. On nous rendit de grands honneurs, et, à notre départ, on nous fournit les choses dont nous avions besoin.
11 Après un séjour de trois mois, nous nous embarquâmes sur un navire d'Alexandrie, qui avait passé

l'hiver dans l'île, et qui portait pour

12 enseigne les Dioscures. Ayant abordé à Syracuse, nous y restâmes trois

13 jours. De là, en suivant la côte, nous atteignîmes Reggio ; et, le vent du midi s'étant levé le lendemain, nous fîmes en deux jours le trajet

14 jusqu'à Pouzzoles, où nous trouvâmes des frères qui nous prièrent de passer sept jours avec eux. Et c'est ainsi

15 que nous allâmes à Rome. De Rome vinrent à notre rencontre, jusqu'au Forum d'Appius et aux Trois-Tavernes, les frères qui avaient entendu parler de nous. Paul, en les voyant, rendit grâces à Dieu, et prit courage.

16 Lorsque nous fûmes arrivés à Rome, on permit à Paul de demeurer en son particulier, avec un soldat qui le gardait.

17 Au bout de trois jours, Paul convoqua les principaux des Juifs ; et, quand ils furent réunis, il leur adressa ces paroles : Hommes frères, sans avoir rien fait contre le peuple ni contre les coutumes de nos pères, j'ai été mis en prison à Jérusalem et livré de là entre les mains des

18 Romains. Après m'avoir interrogé, ils voulaient me relâcher, parce qu'il n'y avait en moi rien qui méritât la

19 mort. Mais les Juifs s'y opposèrent, et j'ai été forcé d'en appeler à César, n'ayant du reste aucun dessein d'ac-

20 cuser ma nation. Voilà pourquoi j'ai demandé à vous voir et à vous parler ; car c'est à cause de l'espérance d'Israël que je porte cette chaîne.

21 Ils lui répondirent : Nous n'avons reçu de Judée aucune lettre à ton sujet, et il n'est venu aucun frère qui ait rapporté ou dit du mal de toi.

22 Mais nous voudrions apprendre de toi ce que tu penses, car nous savons que cette secte rencontre partout de l'opposition.

23 Ils lui fixèrent un jour, et plusieurs vinrent le trouver dans son logis. Paul leur annonça le royaume de Dieu, en rendant témoignage, et en cherchant, par la loi de Moïse et par les prophètes, à les persuader de ce qui concerne Jésus. L'entretien dura

24 depuis le matin jusqu'au soir. Les uns furent persuadés par ce qu'il disait, et les autres ne crurent point.

25 Comme ils se retiraient en désaccord, Paul n'ajouta que ces mots : C'est avec raison que le Saint-Esprit, parlant à vos pères par le prophète Ésaïe, a dit :

26 Va vers ce peuple, et dis :
Vous entendrez de vos oreilles, et
 vous ne comprendrez point ;
Vous regarderez de vos yeux, et vous
 ne verrez point.

27 Car le cœur de ce peuple est devenu
 insensible ;
Ils ont endurci leurs oreilles, et ils
 ont fermé leurs yeux,
De peur qu'ils ne voient de leurs yeux,
 qu'ils n'entendent de leurs oreilles,
Qu'ils ne comprennent de leur cœur,
Qu'ils ne se convertissent, et que je
 ne les guérisse.

28 Sachez donc que ce salut de Dieu a été envoyé aux païens, et qu'ils l'écouteront.

29 Lorsqu'il eut dit cela, les Juifs s'en allèrent, discutant vivement entre eux.

30 Paul demeura deux ans entiers dans une maison qu'il avait louée. Il recevait tous ceux qui venaient le

31 voir, prêchant le royaume de Dieu et enseignant ce qui concerne le Seigneur Jésus-Christ, en toute liberté et sans obstacle.

ÉPÎTRE DE PAUL
AUX ROMAINS

Adresse et salutation.

I Paul, serviteur de Jésus-Christ, appelé à être apôtre, mis à part pour 2 annoncer l'Évangile de Dieu,—qui avait été promis auparavant de la part de Dieu par ses prophètes dans 3 les saintes Écritures, et qui concerne son Fils (né de la postérité de David, 4 selon la chair, et déclaré Fils de Dieu avec puissance, selon l'Esprit de sainteté, par sa résurrection d'en- 5 tre les morts), Jésus-Christ notre Seigneur, par qui nous avons reçu la grâce et l'apostolat, pour amener en son nom à l'obéissance de la foi 6 tous les païens, parmi lesquels vous êtes aussi, vous qui avez été appelés 7 par Jésus-Christ,—à tous ceux qui, à Rome, sont bien-aimés de Dieu, appelés à être saints : que la grâce et la paix vous soient données de la part de Dieu notre Père et du Seigneur Jésus-Christ !

Amour de Paul pour les chrétiens de Rome.—Son désir d'aller les voir.

8 Je rends d'abord grâces à mon Dieu par Jésus-Christ, au sujet de vous tous, de ce que votre foi est renommée dans le monde entier. 9 Dieu, que je sers en mon esprit dans l'Évangile de son Fils, m'est témoin que je fais sans cesse mention de 10 vous, demandant continuellement dans mes prières d'avoir enfin, par sa volonté, le bonheur d'aller vers 11 vous. Car je désire vous voir, pour vous communiquer quelque don spirituel, afin que vous soyez affer- 12 mis, ou plutôt, afin que nous soyons encouragés ensemble au milieu de vous par la foi qui nous est commune, à vous et à moi. 13 Je ne veux pas vous laisser ignorer, frères, que j'ai souvent formé le projet d'aller vous voir, afin de recueillir quelque fruit parmi vous, comme parmi les autres nations ; mais j'en ai été empêché jusqu'ici. Je me 14 dois aux Grecs et aux barbares, aux savants et aux ignorants. Ainsi j'ai 15 un vif désir de vous annoncer aussi l'Évangile, à vous qui êtes à Rome.

La justice par la foi, sujet de l'épître.

Car je n'ai point honte de l'Évan- 16 gile : c'est une puissance de Dieu pour le salut de quiconque croit, du Juif premièrement, puis du Grec, parce qu'en lui est révélée la justice 17 de Dieu par la foi et pour la foi ; selon qu'il est écrit : Le juste vivra par la foi.

État de péché et de condamnation de l'humanité.—Les païens.—Les Juifs.

La colère de Dieu se révèle du ciel 18 contre toute impiété et toute injustice des hommes qui retiennent injustement la vérité captive, car ce qu'on 19 peut connaître de Dieu est manifeste pour eux, Dieu le leur ayant fait connaître. En effet, les perfections 20 invisibles de Dieu, sa puissance éternelle et sa divinité, se voient comme à l'œil, depuis la création du monde, quand on les considère dans ses ouvrages. Ils sont donc inexcusables, puisque, ayant connu Dieu, ils ne 21 l'ont point glorifié comme Dieu, et ne lui ont point rendu grâces ; mais ils se sont égarés dans leurs pensées, et leur cœur sans intelligence a été plongé dans les ténèbres. Se vantant 22 d'être sages, ils sont devenus fous ; et ils ont changé la gloire du Dieu 23 incorruptible en images représentant l'homme corruptible, des oiseaux, des quadrupèdes, et des reptiles.

C'est pourquoi Dieu les a livrés à 24 l'impureté, selon les convoitises de leurs cœurs ; en sorte qu'ils déshonorent eux-mêmes leurs propres corps ; eux qui ont changé la vérité de Dieu 25 en mensonge, et qui ont adoré et servi la créature au lieu du Créateur, qui est béni éternellement. Amen !

26 C'est pourquoi Dieu les a livrés à des passions infâmes : car leurs femmes ont changé l'usage naturel

27 en celui qui est contre nature ; et de même les hommes, abandonnant l'usage naturel de la femme, se sont enflammés dans leurs désirs les uns pour les autres, commettant homme avec homme des choses infâmes, et recevant en eux-mêmes le salaire que méritait leur égarement.

28 Comme ils ne se sont pas souciés de connaître Dieu, Dieu les a livrés à leur sens réprouvé, pour commettre

29 des choses indignes, étant remplis de toute espèce d'injustice, de méchanceté, de cupidité, de malice ; pleins d'envie, de meurtre, de querelle, de

30 ruse, de malignité ; rapporteurs, médisants, impies, arrogants, hautains, fanfarons, ingénieux au mal, rebelles

31 à leurs parents, dépourvus d'intelligence, de loyauté, d'affection natu-

32 relle, de miséricorde. Et, bien qu'ils connaissent le jugement de Dieu, déclarant dignes de mort ceux qui commettent de telles choses, non seulement ils les font, mais ils approuvent ceux qui les font.

2 O homme, qui que tu sois, toi qui juges, tu es donc inexcusable ; car, en jugeant les autres, tu te condamnes toi-même, puisque toi qui juges, tu

2 fais les mêmes choses. Nous savons, en effet, que le jugement de Dieu contre ceux qui commettent de telles

3 choses est selon la vérité. Et penses-tu, ô homme, qui juges ceux qui commettent de telles choses, et qui les fais, que tu échapperas au juge-

4 ment de Dieu ? Ou méprises-tu les richesses de sa bonté, de sa patience et de sa longanimité, ne reconnaissant pas que la bonté de Dieu te pousse à

5 la repentance ? Mais, par ton endurcissement et par ton cœur impénitent, tu t'amasses un trésor de colère pour le jour de la colère et de la manifestation du juste jugement

6 de Dieu, qui rendra à chacun selon

7 ses œuvres : réservant la vie éternelle à ceux qui, par la persévérance à bien faire, cherchent l'honneur, la

8 gloire et l'immortalité ; mais l'irritation et la colère à ceux qui, par

esprit de dispute, sont rebelles à la vérité et obéissent à l'injustice. Tri- 9 bulation et angoisse sur toute âme d'homme qui fait le mal, sur le Juif premièrement, puis sur le Grec ! Gloire, honneur et paix pour qui- 10 conque fait le bien, pour le Juif premièrement, puis pour le Grec ! Car devant Dieu il n'y a point d'ac- 11 ception de personnes.

Tous ceux qui ont péché sans la 12 loi périront aussi sans la loi, et tous ceux qui ont péché avec la loi seront jugés par la loi. Ce ne sont pas, en 13 effet, ceux qui écoutent la loi qui sont justes devant Dieu, mais ce sont ceux qui la mettent en pratique qui seront justifiés. Quand les païens, 14 qui n'ont point la loi, font naturellement ce que prescrit la loi, ils sont, eux qui n'ont point la loi, une loi pour eux-mêmes ; ils montrent que 15 l'œuvre de la loi est écrite dans leurs cœurs, leur conscience en rendant témoignage, et leurs pensées s'accusant ou se défendant tour à tour. C'est ce qui paraîtra au jour où, selon 16 mon Évangile, Dieu jugera par Jésus-Christ les actions secrètes des hommes.

Toi qui te donnes le nom de Juif, 17 qui te reposes sur la loi, qui te glorifies de Dieu, qui connais sa volonté, 18 qui apprécies la différence des choses, étant instruit par la loi ; toi qui te 19 flattes d'être le conducteur des aveugles, la lumière de ceux qui sont dans les ténèbres, le docteur des 20 insensés, le maître des ignorants, parce que tu as dans la loi la règle de la science et de la vérité ; toi 21 donc, qui enseignes les autres, tu ne t'enseignes pas toi-même ! Toi qui prêches de ne pas dérober, tu dérobes ! Toi qui dis de ne pas commettre 22 adultère, tu commets adultère ! Toi qui as en abomination les idoles, tu commets des sacrilèges ! Toi qui te 23 fais une gloire de la loi, tu déshonores Dieu par la transgression de la loi ! Car le nom de Dieu est à cause de 24 vous blasphémé parmi les païens, comme cela est écrit.

La circoncision est utile, si tu mets 25 en pratique la loi ; mais si tu trans-

gresses la loi, ta circoncision devient
26 incirconcision. Si donc l'incirconcis
observe les ordonnances de la loi,
son incirconcision ne sera-t-elle pas
27 tenue pour circoncision? L'incirconcis de nature, qui accomplit la loi, ne
te condamnera-t-il pas, toi qui la
transgresses, tout en ayant la lettre
28 de la loi et la circoncision? Le Juif,
ce n'est pas celui qui en a les dehors;
et la circoncision, ce n'est pas celle
29 qui est visible dans la chair. Mais
le Juif, c'est celui qui l'est intérieurement; et la circoncision, c'est celle
du cœur, selon l'esprit et non selon
la lettre. La louange de ce Juif ne
vient pas des hommes, mais de Dieu.

3 Quel est donc l'avantage des Juifs,
ou quelle est l'utilité de la circonci-
2 sion? Il est grand de toute manière,
et tout d'abord en ce que les oracles
3 de Dieu leur ont été confiés. Eh
quoi! si quelques-uns n'ont pas cru,
leur incrédulité anéantira-t-elle la
4 fidélité de Dieu? Loin de là! Que
Dieu, au contraire, soit reconnu pour
vrai, et tout homme pour menteur,
selon qu'il est écrit:

Afin que tu sois trouvé juste dans
tes paroles,
Et que tu triomphes lorsqu'on te
juge.

5 Mais si notre injustice établit la
justice de Dieu, que dirons-nous?
Dieu est-il injuste quand il déchaîne
sa colère? (Je parle à la manière des
6 hommes.) Loin de là! Autrement,
comment Dieu jugerait-il le monde?
7 Et si, par mon mensonge, la vérité
de Dieu éclate davantage pour sa
gloire, pourquoi suis-je moi-même
8 encore jugé comme pécheur? Et
pourquoi ne ferions-nous pas le mal
afin qu'il en arrive du bien, comme
quelques-uns, qui nous calomnient,
prétendent que nous le disons? La
condamnation de ces gens est juste.
9 Quoi donc! sommes-nous plus
excellents? Nullement. Car nous
avons déjà prouvé que tous, Juifs et
Grecs, sont sous l'empire du péché,
10 selon qu'il est écrit:

Il n'y a point de juste,
Pas même un seul;
Nul n'est intelligent, 11
Nul ne cherche Dieu;
Tous sont égarés, tous sont pervertis;
Il n'en est aucun qui fasse le bien, 12
Pas même un seul;
Leur gosier est un sépulcre ouvert; 13
Ils se servent de leurs langues pour
tromper;
Ils ont sous leurs lèvres un venin
d'aspic;
Leur bouche est pleine de malédic- 14
tion et d'amertume;
Ils ont les pieds légers pour répandre 15
le sang;
La destruction et le malheur sont 16
sur leur route;
Ils ne connaissent pas le chemin de 17
la paix;
La crainte de Dieu n'est pas devant 18
leurs yeux.

Or, nous savons que tout ce que 19
dit la loi, elle le dit à ceux qui sont
sous la loi, afin que toute bouche soit
fermée, et que tout le monde soit
reconnu coupable devant Dieu. Car 20
nul ne sera justifié devant lui par les
œuvres de la loi, puisque c'est par la
loi que vient la connaissance du
péché.

La justification par la foi en Jésus-Christ.

Mais maintenant, sans la loi est 21
manifestée la justice de Dieu, à laquelle rendent témoignage la loi et
les prophètes, justice de Dieu par la 22
foi en Jésus-Christ pour tous ceux
qui croient. Il n'y a point de distinction. Car tous ont péché et sont 23
privés de la gloire de Dieu; et ils 24
sont gratuitement justifiés par sa
grâce, par le moyen de la rédemption
qui est en Jésus-Christ. C'est lui 25
que Dieu a destiné, par son sang, à
être pour ceux qui croiraient victime
propitiatoire, afin de montrer sa justice, parce qu'il avait laissé impunis
les péchés commis auparavant, au
temps de sa patience, afin, dis-je, de 26
montrer sa justice dans le temps
présent, de manière à être juste tout
en justifiant celui qui a la foi en
Jésus.

27 Où donc est le sujet de se glorifier? Il est exclu. Par quelle loi? Par la loi des œuvres? Non, mais par la loi 28 de la foi. Car nous pensons que l'homme est justifié par la foi, sans 29 les œuvres de la loi. Ou bien Dieu est-il seulement le Dieu des Juifs? Ne l'est-il pas aussi des païens? Oui, il l'est aussi des païens, puisqu'il y a 30 un seul Dieu, qui justifiera par la foi les circoncis, et par la foi les incirconcis.

La justification par la foi d'accord avec l'Écriture: exemple d'Abraham.

31 Anéantissons-nous donc la loi par la foi? Loin de là! Au contraire, nous confirmons la loi.

4 Que dirons-nous donc qu'Abraham, notre père, a obtenu selon la 2 chair? Si Abraham a été justifié par les œuvres, il a sujet de se glori- 3 fier, mais non devant Dieu. Car que dit l'Écriture? Abraham crut à Dieu, 4 et cela lui fut imputé à justice. Or, à celui qui fait une œuvre, le salaire est imputé, non comme une grâce, 5 mais comme une chose due; et à celui qui ne fait point d'œuvre, mais qui croit en celui qui justifie l'impie, sa foi lui est imputée à justice. 6 De même David exprime le bonheur de l'homme à qui Dieu impute la justice sans les œuvres:

7 Heureux ceux dont les iniquités sont pardonnées,
Et dont les péchés sont couverts!
8 Heureux l'homme à qui le Seigneur n'impute pas son péché!

9 Ce bonheur n'est-il que pour les circoncis, ou est-il également pour les incirconcis? Car nous disons que la foi fut imputée à justice à Abraham. 10 Comment donc lui fut-elle imputée? Était-ce après, ou avant sa circon- cision? Il n'était pas encore circoncis, 11 il était incirconcis. Et il reçut le signe de la circoncision, comme sceau de la justice qu'il avait obtenue par la foi quand il était incirconcis, afin d'être le père de tous les incirconcis qui croient, pour que la justice leur 12 fût aussi imputée, et le père des cir-

concis, qui ne sont pas seulement circoncis, mais encore qui marchent sur les traces de la foi de notre père Abraham quand il était incirconcis.

En effet, ce n'est pas par la loi que 13 l'héritage du monde a été promis à Abraham ou à sa postérité, c'est par la justice de la foi. Car, si les héri- 14 tiers le sont par la loi, la foi est vaine, et la promesse est anéantie, parce 15 que la loi produit la colère, et que là où il n'y a point de loi il n'y a point non plus de transgression. C'est 16 pourquoi les héritiers le sont par la foi, pour que ce soit par grâce, afin que la promesse soit assurée à toute la postérité, non seulement à celle qui est sous la loi, mais aussi à celle qui a la foi d'Abraham, notre père à tous, selon qu'il est écrit: Je t'ai 17 établi père d'un grand nombre de nations. Il est notre père devant celui auquel il a cru, Dieu, qui donne la vie aux morts, et qui appelle les choses qui ne sont point comme si elles étaient. Espérant contre toute 18 espérance, il crut, en sorte qu'il devint père d'un grand nombre de nations, selon ce qui lui avait été dit: Telle sera ta postérité. Et, sans faiblir 19 dans la foi, il ne considéra point que son corps était déjà usé, puisqu'il avait près de cent ans, et que Sara n'était plus en état d'avoir des enfants. Il ne douta point, par incrédulité, au 20 sujet de la promesse de Dieu; mais il fut fortifié par la foi, donnant gloire à Dieu, et ayant la pleine conviction 21 que ce qu'il promet il peut aussi l'accomplir. C'est pourquoi cela lui 22 fut imputé à justice.

Mais ce n'est pas à cause de lui 23 seul qu'il est écrit que cela lui fut imputé; c'est encore à cause de nous, 24 à qui cela sera imputé, à nous qui croyons en celui qui a ressuscité des morts Jésus notre Seigneur, lequel a 25 été livré pour nos offenses, et est res- suscité pour notre justification.

Fruits de la justification par la foi.

Étant donc justifiés par la foi, **5** nous avons la paix avec Dieu par

2 notre Seigneur Jésus-Christ, à qui nous devons d'avoir eu par la foi accès à cette grâce, dans laquelle nous demeurons fermes, et nous nous glorifions dans l'espérance de la 3 gloire de Dieu. Bien plus, nous nous glorifions même des afflictions, sachant que l'affliction produit la per- 4 sévérance, la persévérance la victoire dans l'épreuve, et cette victoire l'espé- 5 rance. Or, l'espérance ne trompe point, parce que l'amour de Dieu est répandu dans nos cœurs par le Saint-Esprit qui nous a été donné.

6 Car, lorsque nous étions encore sans force, Christ, au temps marqué, 7 est mort pour des impies. A peine mourrait-on pour un juste; quelqu'un peut-être mourrait pour un homme 8 de bien. Mais Dieu prouve son amour envers nous, en ce que, lorsque nous étions encore des pécheurs, 9 Christ est mort pour nous. A plus forte raison donc, maintenant que nous sommes justifiés par son sang, serons-nous sauvés par lui de la colère. 10 Car si, lorsque nous étions ennemis, nous avons été réconciliés avec Dieu par la mort de son Fils, à plus forte raison, étant réconciliés, serons-nous 11 sauvés par sa vie. Et non seulement cela, mais encore nous nous glorifions en Dieu par notre Seigneur Jésus-Christ, par qui maintenant nous avons obtenu la réconciliation.

Le péché et la grâce.

12 C'est pourquoi, comme par un seul homme le péché est entré dans le monde, et par le péché la mort, et qu'ainsi la mort s'est étendue sur tous les hommes, parce que tous ont 13 péché,...car jusqu'à la loi le péché était dans le monde. Or, le péché n'est pas imputé, quand il n'y a point 14 de loi. Cependant la mort a régné depuis Adam jusqu'à Moïse, même sur ceux qui n'avaient pas péché par une transgression semblable à celle d'Adam, lequel est la figure de celui 15 qui devait venir. Mais il n'en est pas du don gratuit comme de l'offense; car, si par l'offense d'un seul il en est beaucoup qui sont

morts, à plus forte raison la grâce de Dieu et le don de la grâce venant d'un seul homme, Jésus-Christ, ont-ils été abondamment répandus sur beaucoup. Et il n'en est pas du don 16 comme de ce qui est arrivé par un seul qui a péché; car c'est après une seule offense que le jugement est devenu condamnation, tandis que le don gratuit devient justification après plusieurs offenses. Si par l'of- 17 fense d'un seul la mort a régné par lui seul, à plus forte raison ceux qui reçoivent l'abondance de la grâce et du don de la justice régneront-ils dans la vie par Jésus-Christ lui seul.

Ainsi donc, comme par une seule 18 offense la condamnation a atteint tous les hommes, de même par un seul acte de justice la justification qui donne la vie s'étend à tous les hommes. Car, comme par la dé- 19 sobéissance d'un seul homme beaucoup ont été rendus pécheurs, de même par l'obéissance d'un seul beaucoup seront rendus justes. Or, 20 la loi est intervenue pour que l'offense abondât, mais là où le péché a abondé, la grâce a surabondé, afin 21 que, comme le péché a régné par la mort, ainsi la grâce régnât par la justice pour la vie éternelle, par Jésus-Christ notre Seigneur.

La grâce, loin d'autoriser le péché, délivre de l'empire du péché.

Que dirons-nous donc? Demeure- **6** rions-nous dans le péché, afin que la grâce abonde? Loin de là! Nous 2 qui sommes morts au péché, comment vivrions-nous encore dans le péché?

Ignorez-vous que nous tous qui 3 avons été baptisés en Jésus-Christ, c'est en sa mort que nous avons été baptisés? Nous avons donc été en- 4 sevelis avec lui par le baptême en sa mort, afin que, comme Christ est ressuscité des morts par la gloire du Père, de même nous aussi nous marchions en nouveauté de vie. En 5 effet, si nous sommes devenus une même plante avec lui par la conformité à sa mort, nous le serons aussi par la conformité à sa résurrection,

6 sachant que notre vieil homme a été crucifié avec lui, afin que le corps du péché fût détruit, pour que nous ne 7 soyons plus esclaves du péché ; car celui qui est mort est libre du péché. 8 Or, si nous sommes morts avec Christ, nous croyons que nous vivrons 9 aussi avec lui, sachant que Christ ressuscité des morts ne meurt plus ; la mort n'a plus de pouvoir sur lui. 10 Car il est mort, et c'est pour le péché qu'il est mort une fois pour toutes ; il est revenu à la vie, et c'est pour 11 Dieu qu'il vit. Ainsi vous-mêmes, regardez-vous comme morts au péché, et comme vivants pour Dieu en Jésus-Christ.

12 Que le péché ne règne donc point dans votre corps mortel, et n'obéissez 13 pas à ses convoitises. Ne livrez pas vos membres au péché, comme des instruments d'iniquité ; mais donnez-vous vous-mêmes à Dieu, comme étant vivants de morts que vous étiez, et offrez à Dieu vos membres, comme des instruments de justice. 14 Car le péché n'aura point de pouvoir sur vous, puisque vous êtes, non sous la loi, mais sous la grâce. 15 Quoi donc ! Pécherions-nous, parce que nous sommes, non sous la loi, mais sous la grâce ? Loin de là ! 16 Ne savez-vous pas qu'en vous livrant à quelqu'un comme esclaves pour lui obéir, vous êtes esclaves de celui à qui vous obéissez, soit du péché qui conduit à la mort, soit de l'obéissance qui conduit à la justice ? 17 Mais grâces soient rendues à Dieu de ce que, après avoir été esclaves du péché, vous avez obéi de cœur à la règle de doctrine dans laquelle vous 18 avez été instruits. Ayant été affranchis du péché, vous êtes devenus 19 esclaves de la justice.—Je parle à la manière des hommes, à cause de la faiblesse de votre chair.—De même donc que vous avez livré vos membres comme esclaves à l'impureté et à l'iniquité, pour arriver à l'iniquité, ainsi maintenant livrez vos membres comme esclaves à la justice, pour 20 arriver à la sainteté. Car, lorsque vous étiez esclaves du péché, vous étiez libres à l'égard de la justice.

21 Quels fruits portiez-vous alors ? Des fruits dont vous rougissez aujourd'hui. Car la fin de ces choses, c'est la mort. 22 Mais maintenant, étant affranchis du péché et devenus esclaves de Dieu, vous avez pour fruit la sainteté et pour fin la vie éternelle. 23 Car le salaire du péché, c'est la mort ; mais le don gratuit de Dieu, c'est la vie éternelle en Jésus-Christ notre Seigneur.

Le chrétien, affranchi de la loi, sert Dieu dans un esprit nouveau.—La loi, quoique sainte, a provoqué les transgressions, en faisant connaître le péché. Lutte de la chair contre l'esprit.

7 Ignorez-vous, frères,—car je parle à des gens qui connaissent la loi,— que la loi exerce son pouvoir sur l'homme aussi longtemps qu'il vit ? 2 Ainsi, une femme mariée est liée par la loi à son mari tant qu'il est vivant ; mais si le mari meurt, elle est dégagée de la loi qui la liait à son mari. 3 Si donc, du vivant de son mari, elle devient la femme d'un autre homme, elle sera appelée adultère ; mais si le mari meurt, elle est affranchie de la loi, de sorte qu'elle n'est point adultère en devenant la femme d'un autre. 4 De même, mes frères, vous aussi vous avez été, par le corps de Christ, mis à mort en ce qui concerne la loi, pour que vous apparteniez à un autre, à celui qui est ressuscité des morts, afin que nous portions des fruits pour Dieu. 5 Car, lorsque nous étions dans la chair, les passions des péchés provoquées par la loi agissaient dans nos membres, de sorte que nous portions des fruits pour la mort. 6 Mais maintenant, nous avons été dégagés de la loi, étant morts à cette loi sous laquelle nous étions retenus, de sorte que nous servons dans un esprit nouveau, et non selon la lettre qui a vieilli.

7 Que dirons-nous donc ? La loi est-elle péché ? Loin de là ! Mais je n'ai connu le péché que par la loi. Car je n'aurais pas connu la convoitise, si la loi n'eût dit : Tu ne convoiteras point. Et le péché, saisissant 8 l'occasion, produisit en moi par le

166

commandement toutes sortes de convoitises; car sans loi le péché est
9 mort. Pour moi, étant autrefois sans loi, je vivais; mais quand le commandement vint, le péché reprit vie,
10 et moi je mourus. Ainsi, le commandement qui conduit à la vie se trouva pour moi conduire à la mort.
11 Car le péché saisissant l'occasion, me séduisit par le commandement, et
12 par lui me fit mourir. La loi donc est sainte, et le commandement est
13 saint, juste et bon. Ce qui est bon a-t-il donc été pour moi une cause de mort? Loin de là! Mais c'est le péché, afin qu'il se manifestât comme péché en me donnant la mort par ce qui est bon, et que, par le commandement, il devînt condamnable au plus haut point.
14 Nous savons, en effet, que la loi est spirituelle; mais moi, je suis
15 charnel, vendu au péché. Car je ne sais pas ce que je fais: je ne fais point ce que je veux, et je fais ce que
16 je hais. Or, si je fais ce que je ne veux pas, je reconnais par là que la
17 loi est bonne. Et maintenant ce n'est plus moi qui le fais, mais c'est
18 le péché qui habite en moi. Ce qui est bon, je le sais, n'habite pas en moi, c'est-à-dire, dans ma chair: j'ai la volonté, mais non le pouvoir de
19 faire le bien. Car je ne fais pas le bien que je veux, et je fais le mal
20 que je ne veux pas. Et si je fais ce que je ne veux pas, ce n'est plus moi qui le fais, c'est le péché qui habite
21 en moi. Je trouve donc en moi cette loi: quand je veux faire le bien,
22 le mal est attaché à moi. Car je prends plaisir à la loi de Dieu, selon
23 l'homme intérieur; mais je vois dans mes membres une autre loi, qui lutte contre la loi de mon entendement, et qui me rend captif de la loi du péché,
24 qui est dans mes membres. Misérable que je suis! Qui me délivrera
25 du corps de cette mort?...Grâces soient rendues à Dieu par Jésus-Christ notre Seigneur!...

Ainsi donc, moi-même, je suis par l'entendement esclave de la loi de Dieu, et je suis par la chair esclave de la loi du péché.

Point de condamnation pour ceux qui sont en Jésus-Christ. Ils marchent selon l'esprit et non selon la chair,—étant soutenus au milieu des souffrances du temps présent, —vivant dans l'attente du salut,—et ayant l'assurance que rien ne peut les séparer de l'amour de Dieu en Jésus-Christ.

8 Il n'y a donc maintenant aucune condamnation pour ceux qui sont en Jésus-Christ.
2 En effet, la loi de l'esprit de vie en Jésus-Christ m'a affranchi de la loi du péché et de la mort. Car—chose 3 impossible à la loi, parce que la chair la rendait sans force,—Dieu a condamné le péché dans la chair, en envoyant, à cause du péché, son propre Fils dans une chair semblable à celle du péché, et cela afin que la 4 justice de la loi fût accomplie en nous, qui marchons, non selon la chair, mais selon l'esprit.
Ceux, en effet, qui vivent selon la 5 chair s'affectionnent aux choses de la chair, tandis que ceux qui vivent selon l'esprit s'affectionnent aux choses de l'esprit. Et l'affection de 6 la chair, c'est la mort, tandis que l'affection de l'esprit, c'est la vie et la paix; car l'affection de la chair est 7 inimitié contre Dieu, parce qu'elle ne se soumet pas à la loi de Dieu, et qu'elle ne le peut même pas. Or 8 ceux qui vivent selon la chair ne sauraient plaire à Dieu.
Pour vous, vous ne vivez pas selon 9 la chair, mais selon l'esprit, si du moins l'Esprit de Dieu habite en vous. Si quelqu'un n'a pas l'Esprit de Christ, il ne lui appartient pas. Et si Christ est en vous, le corps, il 10 est vrai, est mort à cause du péché, mais l'esprit est vie à cause de la justice. Et si l'Esprit de celui qui a 11 ressuscité Jésus d'entre les morts habite en vous, celui qui a ressuscité Christ d'entre les morts rendra aussi la vie à vos corps mortels par son Esprit qui habite en vous.
Ainsi donc, frères, nous ne sommes 12 point redevables à la chair, pour vivre selon la chair. Si vous vivez 13 selon la chair, vous mourrez; mais si par l'Esprit vous faites mourir les actions du corps, vous vivrez, car 14

tous ceux qui sont conduits par l'Esprit de Dieu sont fils de Dieu. Et 15 vous n'avez point reçu un esprit de servitude, pour être encore dans la crainte; mais vous avez reçu un Esprit d'adoption, par lequel nous 16 crions: Abba! Père! L'Esprit lui-même rend témoignage à notre esprit que nous sommes enfants de Dieu. 17 Or, si nous sommes enfants, nous sommes aussi héritiers: héritiers de Dieu, et cohéritiers de Christ, si toutefois nous souffrons avec lui, afin d'être glorifiés avec lui.

18 J'estime que les souffrances du temps présent ne sauraient être comparées à la gloire à venir qui sera 19 révélée pour nous. Aussi la création attend-elle avec un ardent désir la 20 révélation des fils de Dieu. Car la création a été soumise à la vanité,— non de son gré, mais à cause de celui 21 qui l'y a soumise,—avec l'espérance qu'elle aussi sera affranchie de la servitude de la corruption, pour avoir part à la liberté de la gloire des en- 22 fants de Dieu. Or, nous savons que, jusqu'à ce jour, la création tout entière soupire et souffre les douleurs 23 de l'enfantement. Et ce n'est pas elle seulement; mais nous aussi, qui avons les prémices de l'Esprit, nous aussi nous soupirons en nous-mêmes, en attendant l'adoption, la rédemp- 24 tion de notre corps. Car c'est en espérance que nous sommes sauvés. Or, l'espérance qu'on voit n'est plus espérance: ce qu'on voit, peut-on 25 l'espérer encore? Mais si nous espérons ce que nous ne voyons pas, nous l'attendons avec persévérance.

26 De même aussi l'Esprit nous aide dans notre faiblesse, car nous ne savons pas ce qu'il nous convient de demander dans nos prières. Mais l'Esprit lui-même intercède par des 27 soupirs inexprimables; et celui qui sonde les cœurs connaît quelle est la pensée de l'Esprit, parce que c'est selon Dieu qu'il intercède en faveur des saints.

28 Nous savons, du reste, que toutes choses concourent au bien de ceux qui aiment Dieu, de ceux qui sont 29 appelés selon son dessein. Car ceux

qu'il a connus d'avance, il les a aussi prédestinés à être semblables à l'image de son Fils, afin que son Fils fût le premier-né entre plusieurs frères. Et ceux qu'il a prédestinés, il les a 30 aussi appelés; et ceux qu'il a appelés, il les a aussi justifiés; et ceux qu'il a justifiés, il les a aussi glorifiés.

Que dirons-nous donc à l'égard de 31 ces choses?

Si Dieu est pour nous, qui sera contre nous? Lui, qui n'a point 32 épargné son propre Fils, mais qui l'a livré pour nous tous, comment ne nous donnera-t-il pas aussi toutes choses avec lui? Qui accusera les 33 élus de Dieu? C'est Dieu qui justifie! Qui les condamnera? Christ est 34 mort; bien plus, il est ressuscité, il est à la droite de Dieu, et il intercède pour nous! Qui nous séparera de 35 l'amour de Christ? Sera-ce la tribulation, ou l'angoisse, ou la persécution, ou la faim, ou la nudité, ou le péril, ou l'épée? selon qu'il est écrit: 36

C'est à cause de toi qu'on nous met
à mort tout le jour,
Qu'on nous regarde comme des
brebis destinées à la boucherie.

Mais dans toutes ces choses nous 37 sommes plus que vainqueurs par celui qui nous a aimés. Car j'ai 38 l'assurance que ni la mort ni la vie, ni les anges ni les dominations, ni les choses présentes ni les choses à venir, ni les puissances, ni la hauteur 39 ni la profondeur, ni aucune autre créature ne pourra nous séparer de l'amour de Dieu manifesté en Jésus-Christ notre Seigneur.

Souveraineté de Dieu dans la dispensation de ses grâces.—Les Juifs rejetés à cause de leur incrédulité, et le salut annoncé aux païens par suite de l'endurcissement d'Israël.—Conversion finale et salut des Juifs.

Je dis la vérité en Christ, je ne **9** mens point, ma conscience m'en rend 2 témoignage par le Saint-Esprit: j'éprouve une grande tristesse, et j'ai dans le cœur un chagrin continuel. Car je voudrais moi-même être ana- 3 thème et séparé de Christ pour mes frères, mes parents selon la chair, qui 4 sont Israélites, à qui appartiennent l'adoption, et la gloire, et les alliances, et la loi, et le culte, et les promesses,

5 et les patriarches, et de qui est issu, selon la chair, le Christ, qui est au-dessus de toutes choses, Dieu béni éternellement. Amen !

6 Ce n'est point à dire que la parole de Dieu soit restée sans effet. Car tous ceux qui descendent d'Israël ne

7 sont pas Israël, et, pour être la posté-rité d'Abraham, ils ne sont pas tous ses enfants ; mais il est dit : En Isaac sera nommée pour toi une postérité,

8 c'est-à-dire que ce ne sont pas les enfants de la chair qui sont enfants de Dieu, mais que ce sont les enfants de la promesse qui sont regardés

9 comme la postérité. Voici, en effet, la parole de la promesse : Je revien-drai à cette même époque, et Sara

10 aura un fils. Et, de plus, il en fut ainsi de Rébecca, qui conçut du seul

11 Isaac notre père ; car, quoique les enfants ne fussent pas encore nés et qu'ils n'eussent fait ni bien ni mal, —afin que le dessein d'élection de Dieu subsistât, sans dépendre des œuvres, et par la seule volonté de

12 celui qui appelle,—il fut dit à Ré-becca : L'aîné sera assujetti au plus jeune ; selon qu'il est écrit :

13 J'ai aimé Jacob
Et j'ai haï Ésaü.

14 Que dirons-nous donc ? Y a-t-il en Dieu de l'injustice ? Loin de là !

15 Car il dit à Moïse : Je ferai miséri-corde à qui je fais miséricorde, et j'aurai compassion de qui j'ai com-

16 passion. Ainsi donc, cela ne dépend ni de celui qui veut, ni de celui qui court, mais de Dieu qui fait miséri-

17 corde. Car l'Écriture dit à Pharaon : Je t'ai suscité à dessein pour montrer en toi ma puissance, et afin que mon nom soit publié par toute la terre.

18 Ainsi, il fait miséricorde à qui il veut, et il endurcit qui il veut.

19 Tu me diras : Pourquoi blâme-t-il encore ? Car qui est-ce qui résiste à

20 sa volonté ? Ô homme, toi plutôt, qui es-tu pour contester avec Dieu ? Le vase d'argile dira-t-il à celui qui

l'a formé : Pourquoi m'as-tu fait ainsi ?

21 Le potier n'est-il pas maître de l'ar-gile, pour faire avec la même masse un vase d'honneur et un vase d'un

22 usage vil ? Et que dire, si Dieu, voulant montrer sa colère et faire connaître sa puissance, a supporté avec une grande patience des vases

23 de colère formés pour la perdition, et s'il a voulu faire connaître la richesse de sa gloire envers des vases de miséricorde qu'il a d'avance préparés

24 pour la gloire ? Ainsi nous a-t-il appelés, non seulement d'entre les Juifs, mais encore d'entre les païens,

25 selon qu'il le dit dans Osée : J'ap-pellerai mon peuple celui qui n'était pas mon peuple, et bien-aimée celle

26 qui n'était pas la bien-aimée ; et là où on leur disait : Vous n'êtes pas mon peuple ! ils seront appelés fils

27 du Dieu vivant. Ésaïe, de son côté, s'écrie au sujet d'Israël :

Quand le nombre des fils d'Israël
    serait comme le sable de la mer,
Un reste seulement sera sauvé.

28 Car le Seigneur exécutera pleinement
    et promptement sur la terre
Ce qu'il a résolu.

29 Et, comme Ésaïe l'avait dit aupara-
    vant :

Si le Seigneur des armées
Ne nous eût laissé une postérité,
Nous serions devenus comme So-
    dome,
Nous aurions été semblables à Go-
    morrhe.

30 Que dirons-nous donc ? Les païens, qui ne cherchaient pas la justice, ont obtenu la justice, la justice qui vient de la foi, tandis qu'Israël, qui cher-

31 chait une loi de justice, n'est pas

32 parvenu à cette loi. Pourquoi ? Parce qu'Israël l'a cherchée, non par la foi, mais comme provenant des œuvres. Ils se sont heurtés contre

33 la pierre d'achoppement, selon qu'il est écrit :

Voici, je mets en Sion une pierre
    d'achoppement

Et un rocher de scandale,
Et celui qui croit en lui ne sera point
confus.

10 Frères, le vœu de mon cœur et
ma prière à Dieu pour eux, c'est
2 qu'ils soient sauvés. Je leur rends
le témoignage qu'ils ont du zèle pour
3 Dieu, mais sans intelligence : ne connaissant pas la justice de Dieu, et
cherchant à établir leur propre justice,
ils ne se sont pas soumis à la justice
4 de Dieu ; car Christ est la fin de la
loi, pour la justification de tous ceux
qui croient.
5 En effet, Moïse définit ainsi la
justice qui vient de la loi : L'homme
qui mettra ces choses en pratique
6 vivra par elles. Mais voici comment
parle la justice qui vient de la foi :
Ne dis pas en ton cœur : Qui montera au ciel ? c'est en faire descendre
7 Christ ; ou : Qui descendra dans
l'abîme ? c'est faire remonter Christ
8 d'entre les morts. Que dit-elle donc ?
La parole est près de toi, dans ta
bouche et dans ton cœur. Or, c'est
la parole de la foi, que nous prêchons.
9 Si tu confesses de ta bouche le Seigneur Jésus, et si tu crois dans ton
cœur que Dieu l'a ressuscité des
10 morts, tu seras sauvé. Car c'est en
croyant du cœur qu'on parvient à la
justice, et c'est en confessant de la
bouche qu'on parvient au salut, selon
ce que dit l'Écriture :

11 Quiconque croit en lui ne sera point
confus.

12 Il n'y a aucune différence, en effet,
entre le Juif et le Grec, puisqu'ils ont
tous un même Seigneur, qui est riche
13 pour tous ceux qui l'invoquent. Car
quiconque invoquera le nom du Seigneur sera sauvé.
14 Comment donc invoqueront-ils
celui en qui ils n'ont pas cru ? Et
comment croiront-ils en celui dont
ils n'ont pas entendu parler ? Et
comment en entendront-ils parler,
15 s'il n'y a personne qui prêche ? Et
comment y aura-t-il des prédicateurs,
s'ils ne sont pas envoyés ? selon qu'il
est écrit :

Qu'ils sont beaux
Les pieds de ceux qui annoncent la
paix,
De ceux qui annoncent de bonnes
nouvelles !

Mais tous n'ont pas obéi à la 16
bonne nouvelle. Aussi Ésaïe dit-il :
Seigneur,

Qui a cru à notre prédication ?

Ainsi la foi vient de ce qu'on 17
entend, et ce qu'on entend vient de
la parole de Christ.
Mais je dis : N'ont-ils pas entendu ? 18
Au contraire !

Leur voix est allée par toute la terre,
Et leurs paroles jusqu'aux extrémités du monde.

Mais je dis : Israël ne l'a-t-il pas 19
su ? Moïse le premier dit : J'exciterai
votre jalousie par ce qui n'est point
une nation, je provoquerai votre
colère par une nation sans intelligence. Et Ésaïe pousse la hardiesse 20
jusqu'à dire :

J'ai été trouvé par ceux qui ne me
cherchaient pas,
Je me suis manifesté à ceux qui ne
me demandaient pas.

Mais au sujet d'Israël il dit : 21

J'ai tendu mes mains tout le jour vers
un peuple rebelle
Et contredisant.

11 Je dis donc : Dieu a-t-il rejeté
son peuple ? Loin de là ! Car moi
aussi je suis Israélite, de la postérité
d'Abraham, de la tribu de Benjamin.
Dieu n'a point rejeté son peuple, qu'il 2
a connu d'avance. Ne savez-vous pas
ce que l'Écriture rapporte d'Élie,
comment il adresse à Dieu cette
plainte contre Israël : Seigneur, ils 3
ont tué tes prophètes, ils ont renversé
tes autels ; je suis resté moi seul, et
ils cherchent à m'ôter la vie ? Mais 4
quelle réponse Dieu lui fait-il ? Je

me suis réservé sept mille hommes, qui n'ont point fléchi le genou devant
5 Baal. De même aussi dans le temps présent il y a un reste, selon l'élection
6 de la grâce. Or, si c'est par grâce, ce n'est plus par les œuvres ; autrement la grâce n'est plus une grâce. Et si c'est par les œuvres, ce n'est plus une grâce ; autrement l'œuvre n'est plus une œuvre.
7 Quoi donc ? Ce qu'Israël cherche, il ne l'a pas obtenu, mais l'élection l'a obtenu, tandis que les autres ont
8 été endurcis, selon qu'il est écrit :

Dieu leur a donné un esprit d'assoupissement,
Des yeux pour ne point voir,
Et des oreilles pour ne point entendre,
Jusqu'à ce jour.

9 Et David dit :

Que leur table soit pour eux un piège,
Un filet, une occasion de chute, et une rétribution !
10 Que leurs yeux soient obscurcis pour ne point voir,
Et tiens leur dos continuellement courbé !

11 Je dis donc : Est-ce pour tomber qu'ils ont bronché ? Loin de là ! Mais, par leur chute, le salut est devenu accessible aux païens, afin qu'ils fussent excités à la jalousie.
12 Or, si leur chute a été la richesse du monde, et leur amoindrissement la richesse des païens, combien plus en sera-t-il ainsi quand ils se converti-
13 ront tous. Je vous le dis à vous, païens : en tant que je suis apôtre des païens, je glorifie mon ministère,
14 afin, s'il est possible, d'exciter la jalousie de ceux de ma race, et d'en
15 sauver quelques-uns. Car si leur rejet a été la réconciliation du monde, que sera leur réintégration, sinon une vie d'entre les morts ?
16 Or, si les prémices sont saintes, la masse l'est aussi ; et si la racine est sainte, les branches le sont aussi.
17 Mais si quelques-unes des branches

ont été retranchées, et si toi, qui étais un olivier sauvage, tu as été enté à leur place, et rendu participant de la racine et de la graisse de l'olivier, ne 18 te glorifie pas aux dépens de ces branches. Si tu te glorifies, sache que ce n'est pas toi qui portes la racine, mais que c'est la racine qui te porte. Tu diras donc : Les branches 19 ont été retranchées, afin que moi je fusse enté. Cela est vrai ; elles ont 20 été retranchées pour cause d'incrédulité, et toi, tu subsistes par la foi. Ne t'abandonne pas à l'orgueil, mais crains ; car si Dieu n'a pas épargné 21 les branches naturelles, il ne t'épargnera pas non plus. Considère 22 donc la bonté et la sévérité de Dieu : sévérité envers ceux qui sont tombés, et bonté de Dieu envers toi, si tu demeures ferme dans cette bonté ; autrement, tu seras aussi retranché. Eux de même, s'ils ne 23 persistent pas dans l'incrédulité, ils seront entés ; car Dieu est puissant pour les enter de nouveau. Si toi, 24 tu as été coupé de l'olivier naturellement sauvage, et enté contrairement à ta nature sur l'olivier franc, à plus forte raison eux seront-ils entés selon leur nature sur leur propre olivier.

Car je ne veux pas, frères, que vous 25 ignoriez ce mystère, afin que vous ne vous regardiez point comme sages, c'est qu'une partie d'Israël est tombée dans l'endurcissement, jusqu'à ce que la totalité des païens soit entrée. Et 26 ainsi tout Israël sera sauvé, selon qu'il est écrit :

Le libérateur viendra de Sion,
Et il détournera de Jacob les impiétés ;
Et ce sera mon alliance avec eux, 27
Lorsque j'ôterai leurs péchés.

En ce qui concerne l'Évangile, ils 28 sont ennemis à cause de vous ; mais en ce qui concerne l'élection, ils sont aimés à cause de leurs pères. Car 29 Dieu ne se repent pas de ses dons et de son appel. De même que vous 30 avez autrefois désobéi à Dieu et que par leur désobéissance vous avez maintenant obtenu miséricorde, de 31 même ils ont maintenant désobéi, afin que, par la miséricorde qui vous a été faite, ils obtiennent aussi miséri-32 corde. Car Dieu a renfermé tous les hommes dans la désobéissance, pour faire miséricorde à tous.

33 O profondeur de la richesse, de la sagesse et de la science de Dieu ! Que ses jugements sont insondables, et ses voies incompréhensibles ! Car

34 Qui a connu la pensée du Seigneur, Ou qui a été son conseiller ?

35 Qui lui a donné le premier, pour qu'il
36 ait à recevoir en retour ? C'est de lui, par lui, et pour lui que sont toutes choses. A lui la gloire dans tous les siècles ! Amen !

Exhortations.—Consécration à Dieu ; humilité et fidélité dans l'exercice des dons et fonctions.

12 Je vous exhorte donc, frères, par les compassions de Dieu, à offrir vos corps comme un sacrifice vivant, saint, agréable à Dieu, ce qui sera de
2 votre part un culte raisonnable. Ne vous conformez pas au siècle présent, mais soyez transformés par le renouvellement de l'intelligence, afin que vous discerniez quelle est la volonté de Dieu, ce qui est bon, agréable et parfait.
3 Par la grâce qui m'a été donnée, je dis à chacun de vous de n'avoir pas de lui-même une trop haute opinion, mais de revêtir des sentiments mo-
4 destes, selon la mesure de foi que Dieu a départie à chacun. Car, comme nous avons plusieurs membres dans un seul corps, et que tous les membres n'ont pas la même
5 fonction, ainsi, nous qui sommes plusieurs, nous formons un seul corps en Christ, et nous sommes tous
6 membres les uns des autres. Puisque nous avons des dons différents, selon la grâce qui nous a été accordée, que celui qui a le don de prophétie l'exerce selon l'analogie de la foi ;
7 que celui qui est appelé au ministère s'attache à son ministère ; que celui qui enseigne s'attache à son enseigne-
8 ment, et celui qui exhorte à l'ex-

hortation. Que celui qui donne le fasse avec libéralité ; que celui qui préside le fasse avec zèle ; que celui qui pratique la miséricorde le fasse avec joie.

Applications diverses de la charité.

Que la charité soit sans hypocrisie. 9 Ayez le mal en horreur ; attachez-vous fortement au bien. Par amour 10 fraternel, soyez pleins d'affection les uns pour les autres ; par honneur, usez de prévenances réciproques. Ayez du zèle, et non de la paresse. 11 Soyez fervents d'esprit. Servez le Seigneur. Réjouissez-vous en espé- 12 rance. Soyez patients dans l'afflic-tion. Persévérez dans la prière. Pourvoyez aux besoins des saints. 13 Exercez l'hospitalité.

Bénissez ceux qui vous persécutent, 14 bénissez et ne maudissez pas.

Réjouissez-vous avec ceux qui se 15 réjouissent ; pleurez avec ceux qui pleurent. Ayez les mêmes senti- 16 ments les uns envers les autres. N'aspirez pas à ce qui est élevé, mais laissez-vous attirer par ce qui est humble. Ne soyez point sages à vos propres yeux.

Ne rendez à personne le mal pour 17 le mal. Recherchez ce qui est bien devant tous les hommes. S'il est 18 possible, autant que cela dépend de vous, soyez en paix avec tous les hommes. Ne vous vengez point 19 vous-mêmes, bien-aimés, mais laissez agir la colère ; car il est écrit : A moi la vengeance, à moi la rétribution, dit le Seigneur. Mais si ton ennemi 20 a faim, donne-lui à manger ; s'il a soif, donne-lui à boire ; car en agissant ainsi, ce sont des charbons ardents que tu amasseras sur sa tête. Ne te laisse pas vaincre par le mal, 21 mais surmonte le mal par le bien.

Soumission aux autorités.

Que toute personne soit soumise **13** aux autorités supérieures ; car il n'y a point d'autorité qui ne vienne de Dieu, et les autorités qui existent ont été instituées de Dieu. C'est 2 pourquoi celui qui s'oppose à l'au-torité résiste à l'ordre que Dieu a établi, et ceux qui résistent attireront une condamnation sur eux-mêmes.

3 Ce n'est pas pour une bonne action, c'est pour une mauvaise, que les magistrats sont à redouter. Veux-tu ne pas craindre l'autorité ? Fais le bien, et tu auras son approbation.

4 Le magistrat est serviteur de Dieu pour ton bien. Mais si tu fais le mal, crains ; car ce n'est pas en vain qu'il porte l'épée, étant serviteur de Dieu pour exercer la vengeance et punir

5 celui qui fait le mal. Il est donc nécessaire d'être soumis, non seulement par crainte de la punition, mais encore par motif de conscience.

6 C'est aussi pour cela que vous payez les impôts. Car les magistrats sont des ministres de Dieu entièrement appliqués à cette fonction.

7 Rendez à tous ce qui leur est dû : l'impôt à qui vous devez l'impôt, le tribut à qui vous devez le tribut, la crainte à qui vous devez la crainte, l'honneur à qui vous devez l'honneur.

Amour mutuel. — *Vigilance et pureté.*

8 Ne devez rien à personne, si ce n'est de vous aimer les uns les autres ; car celui qui aime les autres a ac-

9 compli la loi. En effet, les commandements : Tu ne commettras point d'adultère, tu ne tueras point, tu ne déroberas point, tu ne convoiteras point, et ceux qu'il peut encore y avoir, se résument dans cette parole : Tu aimeras ton pro-

10 chain comme toi-même. L'amour ne fait point de mal au prochain : l'amour est donc l'accomplissement de la loi.

11 Cela importe d'autant plus que vous savez en quel temps nous sommes : c'est l'heure de vous réveiller enfin du sommeil, car maintenant le salut est plus près de nous que

12 lorsque nous avons cru. La nuit est avancée, le jour approche. Dépouillons-nous donc des œuvres des ténèbres, et revêtons les armes de

13 la lumière. Marchons honnêtement, comme en plein jour, loin des excès et de l'ivrognerie, de la luxure et de l'impudicité, des querelles et des

14 jalousies. Mais revêtez-vous du Sei-

gneur Jésus-Christ, et n'ayez pas soin de la chair pour en satisfaire les convoitises.

Préceptes de tolérance.

14 Faites accueil à celui qui est faible dans la foi, et ne discutez pas sur les opinions.

2 Tel croit pouvoir manger de tout : tel autre, qui est faible, ne mange que des légumes. 3 Que celui qui mange ne méprise point celui qui ne mange pas, et que celui qui ne mange pas ne juge point celui qui mange, car Dieu l'a accueilli. 4 Qui es-tu, toi qui juges un serviteur d'autrui ? S'il se tient debout, ou s'il tombe, cela regarde son maître. Mais il se tiendra debout, car le Seigneur a le pouvoir de l'affermir.

5 Tel fait une distinction entre les jours ; tel autre les estime tous égaux. Que chacun ait en son esprit une pleine conviction.

6 Celui qui distingue entre les jours agit ainsi pour le Seigneur. Celui qui mange, c'est pour le Seigneur qu'il mange, car il rend grâces à Dieu ; celui qui ne mange pas, c'est pour le Seigneur qu'il ne mange pas, et il rend grâces à Dieu. 7 En effet, nul de nous ne vit pour lui-même, et nul ne meurt pour lui-même. 8 Car si nous vivons, nous vivons pour le Seigneur ; et si nous mourons, nous mourons pour le Seigneur. Soit donc que nous vivions, soit que nous mourions, nous sommes au Seigneur. 9 Car Christ est mort et il a vécu, afin de dominer sur les morts et sur les vivants. 10 Mais toi, pourquoi juges-tu ton frère ? ou toi, pourquoi méprises-tu ton frère ? puisque nous comparaîtrons tous devant le tribunal de 11 Dieu. Car il est écrit :

Je suis vivant, dit le Seigneur,
Tout genou fléchira devant moi,
Et toute langue donnera gloire à
Dieu.

12 Ainsi chacun de nous rendra compte à Dieu pour lui-même.

13 Ne nous jugeons donc plus les uns

les autres ; mais pensez plutôt à ne rien faire qui soit pour votre frère une pierre d'achoppement ou une 14 occasion de chute. Je sais et je suis persuadé par le Seigneur Jésus que rien n'est impur en soi, et qu'une chose n'est impure que pour celui 15 qui la croit impure. Mais si, pour un aliment, ton frère est attristé, tu ne marches plus selon l'amour : ne cause pas, par ton aliment, la perte de celui pour lequel Christ est mort. 16 Que votre privilège ne soit pas un 17 sujet de calomnie. Car le royaume de Dieu, ce n'est pas le manger et le boire, mais la justice, la paix et la 18 joie, par le Saint-Esprit. Celui qui sert Christ de cette manière est agréable à Dieu et approuvé des hommes. 19 Ainsi donc, recherchons ce qui contribue à la paix et à l'édification mutuelle. 20 Pour un aliment, ne détruis pas l'œuvre de Dieu. A la vérité toutes choses sont pures ; mais il est mal à l'homme, quand il mange, de devenir une 21 pierre d'achoppement. Il est bien de ne pas manger de viande, de ne pas boire de vin, et de s'abstenir de ce qui peut être pour ton frère une occasion de chute, de scandale ou de 22 faiblesse. Cette foi que tu as, garde-la pour toi devant Dieu. Heureux celui qui ne se condamne pas lui-23 même dans ce qu'il approuve ! Mais celui qui a des doutes au sujet de ce qu'il mange est condamné, parce qu'il n'agit pas par conviction. Tout ce qui n'est pas le produit d'une conviction est péché.

15 Nous qui sommes forts, nous devons supporter les faiblesses de ceux qui ne le sont pas, et ne pas 2 nous complaire en nous-mêmes. Que chacun de nous complaise au prochain pour ce qui est bien en vue de l'édifi-3 cation. Car Christ ne s'est point complu en lui-même, mais, selon qu'il est écrit :

Les outrages de ceux qui t'insultent
sont tombés sur moi.

4 Or, tout ce qui a été écrit d'avance l'a été pour notre instruction, afin que, par la patience, et par la conso-lation que donnent les Écritures, nous possédions l'espérance.

Que le Dieu de la persévérance et 5 de la consolation vous donne d'avoir les mêmes sentiments les uns envers les autres selon Jésus-Christ, afin que 6 tous ensemble, d'une seule bouche, vous glorifiiez le Dieu et Père de notre Seigneur Jésus-Christ. Accueillez-7 vous donc les uns les autres, comme Christ vous a accueillis, pour la gloire de Dieu.

Je dis, en effet, que Christ a été 8 serviteur des circoncis, pour prouver la véracité de Dieu en confirmant les promesses faites aux pères, tandis 9 que les païens glorifient Dieu à cause de sa miséricorde, selon qu'il est écrit :

C'est pourquoi je te louerai parmi
les nations,
Et je chanterai à la gloire de ton
nom.

Il est dit encore : 10

Nations, réjouissez-vous avec son
peuple !

Et encore : 11

Louez le Seigneur, vous toutes les
nations,
Célébrez-le, vous tous les peuples !

Ésaïe dit aussi : 12

Il sortira d'Isaï un rejeton,
Qui se lèvera pour régner sur les
nations ;
Les nations espéreront en lui.

Que le Dieu de l'espérance vous 13 remplisse de toute joie et de toute paix dans la foi, pour que vous abondiez en espérance, par la puissance du Saint-Esprit !

Réflexions de Paul sur son ministère, et projets de voyage.

Pour ce qui vous concerne, mes 14 frères, je suis moi-même persuadé que vous êtes pleins de bonnes dispositions, remplis de toute connais-

sance, et capables de vous exhorter
15 les uns les autres. Cependant, à certains égards, je vous ai écrit avec une sorte de hardiesse, comme pour réveiller vos souvenirs, à cause de
16 la grâce que Dieu m'a faite d'être ministre de Jésus-Christ parmi les païens, m'acquittant du divin service de l'Évangile de Dieu, afin que les païens lui soient une offrande agréable, étant sanctifiée par l'Esprit-Saint.

17 J'ai donc sujet de me glorifier en Jésus-Christ, pour ce qui regarde les
18 choses de Dieu. Car je n'oserais mentionner aucune chose que Christ n'ait pas faite par moi pour amener les païens à l'obéissance, par la parole
19 et par les actes, par la puissance des miracles et des prodiges, par la puissance de l'Esprit de Dieu, en sorte que, depuis Jérusalem et les pays voisins jusqu'en Illyrie, j'ai abondamment répandu l'Évangile de Christ.
20 Et je me suis fait honneur d'annoncer l'Évangile là où Christ n'avait point été nommé, afin de ne pas bâtir sur
21 le fondement d'autrui, selon qu'il est écrit :

Ceux à qui il n'avait point été
annoncé verront,
Et ceux qui n'en avaient point entendu parler comprendront.

22 C'est ce qui m'a souvent empêché
23 d'aller vers vous. Mais maintenant, n'ayant plus rien qui me retienne dans ces contrées, et ayant depuis plusieurs années le désir d'aller vers
24 vous, j'espère vous voir en passant, quand je me rendrai en Espagne, et y être accompagné par vous, après que j'aurai satisfait en partie mon désir de me trouver chez vous.
25 Présentement je vais à Jérusalem,
26 pour le service des saints. Car la Macédoine et l'Achaïe ont bien voulu s'imposer une contribution en faveur des pauvres parmi les saints de Jéru-
27 salem. Elles l'ont bien voulu, et elles le leur devaient ; car si les païens ont eu part à leurs avantages spirituels, ils doivent aussi les assister dans les
28 choses temporelles. Dès que j'aurai

terminé cette affaire et que je leur aurai remis ces dons, je partirai pour l'Espagne et passerai chez vous. Je 29 sais qu'en allant vers vous, c'est avec une pleine bénédiction de Christ que j'irai.

Je vous exhorte, frères, par notre 30 Seigneur Jésus-Christ et par l'amour de l'Esprit, à combattre avec moi, en adressant à Dieu des prières en ma faveur, afin que je sois délivré des 31 incrédules de la Judée, et que les dons que je porte à Jérusalem soient agréés des saints, en sorte que j'arrive 32 chez vous avec joie, si c'est la volonté de Dieu, et que je jouisse au milieu de vous de quelque repos. Que le 33 Dieu de paix soit avec vous tous ! Amen !

Recommandations, salutations et vœux.

Je vous recommande Phœbé, **16** notre sœur, qui est diaconesse de l'Église de Cenchrées, afin que vous 2 la receviez en notre Seigneur d'une manière digne des saints, et que vous l'assistiez dans les choses où elle aurait besoin de vous, car elle a donné aide à plusieurs et à moi-même.

Saluez Prisca et Aquilas, mes com- 3 pagnons d'œuvre en Jésus-Christ, qui 4 ont exposé leur tête pour sauver ma vie ; ce n'est pas moi seul qui leur rends grâces, ce sont encore toutes les Églises des païens. Saluez aussi 5 l'Église qui est dans leur maison.— Saluez Épaïnète, mon bien-aimé, qui a été pour Christ les prémices de l'Asie.—Saluez Marie, qui a pris 6 beaucoup de peine pour vous.— Saluez Andronicus et Junias, mes 7 parents et mes compagnons de captivité, qui jouissent d'une grande considération parmi les apôtres, et qui même ont été en Christ avant moi.— Saluez Amplias, mon bien-aimé dans 8 le Seigneur.—Saluez Urbain, notre 9 compagnon d'œuvre en Christ, et Stachys, mon bien-aimé.—Saluez 10 Apellès, qui est éprouvé en Christ. Saluez ceux de la maison d'Aristobule.—Saluez Hérodion, mon parent. 11 Saluez ceux de la maison de Narcisse qui sont dans le Seigneur.—Saluez 12

Tryphène et Tryphose, qui travaillent pour le Seigneur. Saluez Perside, la bien-aimée, qui a beaucoup travaillé 13 pour le Seigneur.—Saluez Rufus, l'élu du Seigneur, et sa mère, qui est aussi 14 la mienne.—Saluez Asyncrite, Phlégon, Hermès, Patrobas, Hermas, et 15 les frères qui sont avec eux.—Saluez Philologue et Julie, Nérée et sa sœur, et Olympe, et tous les saints qui sont 16 avec eux.—Saluez-vous les uns les autres par un saint baiser.

Toutes les Églises de Christ vous saluent.

17 Je vous exhorte, frères, à prendre garde à ceux qui causent des divisions et des scandales, au préjudice de l'enseignement que vous avez 18 reçu. Éloignez-vous d'eux. Car de tels hommes ne servent point Christ notre Seigneur, mais leur propre ventre; et, par des paroles douces et flatteuses, ils séduisent les cœurs 19 des simples. Pour vous, votre obéissance est connue de tous; je me réjouis donc à votre sujet, et je désire que vous soyez sages en ce qui concerne le bien et purs en ce qui concerne le mal. Le Dieu de 20 paix écrasera bientôt Satan sous vos pieds. Que la grâce de notre Seigneur Jésus-Christ soit avec vous!

21 Timothée, mon compagnon d'œuvre, vous salue, ainsi que Lucius, Jason et Sosipater, mes parents.— 22 Je vous salue dans le Seigneur, moi Tertius, qui ai écrit cette lettre.— 23 Gaïus, mon hôte et celui de toute l'Église, vous salue. Éraste, le trésorier de la ville, vous salue, ainsi que le frère Quartus.

24 Que la grâce de notre Seigneur Jésus-Christ soit avec vous tous! Amen!

25 A celui qui peut vous affermir selon mon Évangile et la prédication de Jésus-Christ, conformément à la révélation du mystère caché pendant des siècles, mais manifesté mainte- 26 nant par les écrits des prophètes, d'après l'ordre du Dieu éternel, et porté à la connaissance de toutes les nations, afin qu'elles obéissent à la foi,—à Dieu, seul sage, soit la gloire 27 aux siècles des siècles, par Jésus-Christ! Amen!

PREMIÈRE ÉPÎTRE DE PAUL
AUX CORINTHIENS

Adresse et salutation.

I Paul, appelé à être apôtre de Jésus-Christ par la volonté de Dieu, et le 2 frère Sosthène, à l'Église de Dieu qui est à Corinthe, à ceux qui ont été sanctifiés en Jésus-Christ, appelés à être saints, et à tous ceux qui invoquent en quelque lieu que ce soit le nom de notre Seigneur Jésus-Christ, 3 leur Seigneur et le nôtre: que la grâce et la paix vous soient données de la part de Dieu notre Père et du Seigneur Jésus-Christ!

Actions de grâces pour les dons accordés aux Corinthiens.—Appel à l'union.

4 Je rends à mon Dieu de continuelles actions de grâces à votre sujet, pour la grâce de Dieu qui vous a été accordée en Jésus-Christ. Car en 5 lui vous avez été comblés de toutes les richesses qui concernent la parole et la connaissance, le témoignage de 6 Christ ayant été solidement établi parmi vous, de sorte qu'il ne vous 7 manque aucun don, dans l'attente où vous êtes de la manifestation de notre Seigneur Jésus-Christ. Il vous 8 affermira aussi jusqu'à la fin, pour que vous soyez irréprochables au jour de notre Seigneur Jésus-Christ. Dieu est fidèle, lui qui vous a appelés 9 à la communion de son Fils, Jésus-Christ notre Seigneur.

10 Je vous exhorte, frères, par le nom de notre Seigneur Jésus-Christ, à tenir tous un même langage, et à ne point avoir de divisions parmi vous, mais à être parfaitement unis dans

un même esprit et dans un même 11 sentiment. Car, mes frères, j'ai appris à votre sujet, par les gens de Chloé, qu'il y a des disputes au milieu de 12 vous. Je veux dire que chacun de vous parle ainsi : Moi, je suis de Paul ! —et moi, d'Apollos ! —et moi, de Céphas ! —et moi, de Christ !— 13 Christ est-il divisé ? Paul a-t-il été crucifié pour vous, ou est-ce au nom de Paul que vous avez été baptisés ? 14 Je rends grâces à Dieu de ce que je n'ai baptisé aucun de vous, excepté 15 Crispus et Gaïus, afin que personne ne dise que vous avez été baptisés en 16 mon nom. J'ai encore baptisé la famille de Stéphanas ; du reste, je ne sache pas que j'aie baptisé quelque autre personne.

La sagesse du monde et la sagesse de Dieu. —Caractère et but de la prédication de Paul.

17 Ce n'est pas pour baptiser que Christ m'a envoyé, c'est pour annoncer l'Évangile, et cela sans la sagesse du langage, afin que la croix de Christ ne soit pas rendue vaine. 18 Car la prédication de la croix est une folie pour ceux qui périssent ; mais pour nous qui sommes sauvés elle 19 est une puissance de Dieu. Aussi est-il écrit :

Je détruirai la sagesse des sages,
Et j'anéantirai l'intelligence des intelligents.

20 Où est le sage ? où est le scribe ? où est le disputeur de ce siècle ? Dieu n'a-t-il pas convaincu de folie la 21 sagesse du monde ? Car puisque le monde, avec sa sagesse, n'a point connu Dieu dans la sagesse de Dieu, il a plu à Dieu de sauver les croyants 22 par la folie de la prédication. Les Juifs demandent des miracles et les 23 Grecs cherchent la sagesse : nous, nous prêchons Christ crucifié ; scandale pour les Juifs et folie pour les 24 païens, mais puissance de Dieu et sagesse de Dieu pour ceux qui sont 25 appelés, tant Juifs que Grecs. Car la folie de Dieu est plus sage que les hommes, et la faiblesse de Dieu est plus forte que les hommes.

Considérez, frères, que parmi vous 26 qui avez été appelés il n'y a ni beaucoup de sages selon la chair, ni beaucoup de puissants, ni beaucoup de nobles. Mais Dieu a choisi les 27 choses folles du monde pour confondre les sages ; Dieu a choisi les choses faibles du monde pour confondre les fortes ; et Dieu a choisi les choses 28 viles du monde et celles qu'on méprise, celles qui ne sont point, pour réduire au néant celles qui sont, afin que 29 nulle chair ne se glorifie devant Dieu. Or, c'est par lui que vous êtes en 30 Jésus-Christ, lequel, de par Dieu, a été fait pour nous sagesse, justice et sanctification et rédemption, afin, 31 comme il est écrit,

Que celui qui se glorifie se glorifie
dans le Seigneur.

Pour moi, frères, lorsque je suis **2** allé chez vous, ce n'est pas avec une supériorité de langage ou de sagesse que je suis allé vous annoncer le témoignage de Dieu. Car je n'ai 2 pas eu la pensée de savoir parmi vous autre chose que Jésus-Christ, et Jésus-Christ crucifié. Moi-même 3 j'étais auprès de vous dans un état de faiblesse, de crainte, et de grand tremblement ; et ma parole et ma 4 prédication ne reposaient pas sur les discours persuasifs de la sagesse, mais sur une démonstration d'Esprit et de puissance, afin que votre 5 foi fût fondée, non sur la sagesse des hommes, mais sur la puissance de Dieu.

Cependant, c'est une sagesse que 6 nous prêchons parmi les parfaits, sagesse qui n'est pas de ce siècle, ni des chefs de ce siècle, qui vont être anéantis ; nous prêchons la sagesse 7 de Dieu, mystérieuse et cachée, que Dieu, avant les siècles, avait destinée pour notre gloire, sagesse qu'aucun 8 des chefs de ce siècle n'a connue, car, s'ils l'eussent connue, ils n'auraient pas crucifié le Seigneur de gloire. Mais, comme il est écrit, ce sont des 9 choses que l'œil n'a point vues, que l'oreille n'a point entendues, et qui ne sont point montées au cœur de l'homme, des choses que Dieu a préparées pour ceux qui l'aiment. 10 Dieu nous les a révélées par l'Esprit. Car l'Esprit sonde tout, même les 11 profondeurs de Dieu. Lequel des hommes, en effet, connaît les choses de l'homme, si ce n'est l'esprit de l'homme qui est en lui? De même, personne ne connaît les choses de Dieu, si ce n'est l'Esprit de Dieu.

12 Or nous, nous n'avons pas reçu l'esprit du monde, mais l'Esprit qui vient de Dieu, afin que nous connaissions les choses que Dieu nous a 13 données par sa grâce. Et nous en parlons, non avec des discours qu'enseigne la sagesse humaine, mais avec ceux qu'enseigne l'Esprit, employant un langage spirituel pour les choses 14 spirituelles. Mais l'homme animal ne reçoit pas les choses de l'Esprit de Dieu, car elles sont une folie pour lui, et il ne peut les connaître, parce que c'est spirituellement qu'on en 15 juge. L'homme spirituel, au contraire, juge de tout, et il n'est lui-16 même jugé par personne. Car

Qui a connu la pensée du Seigneur,
Pour l'instruire?

Or nous, nous avons la pensée de Christ.

Divisions dans l'Église de Corinthe.

3 Pour moi, frères, ce n'est pas comme à des hommes spirituels que j'ai pu vous parler, mais comme à des hommes charnels, comme à des 2 enfants en Christ. Je vous ai donné du lait, non de la nourriture solide, car vous ne pouviez pas la supporter; et vous ne le pouvez pas même à présent, parce que vous êtes encore 3 charnels. En effet, puisqu'il y a parmi vous de la jalousie et des disputes, n'êtes-vous pas charnels, et ne marchez-vous pas selon l'homme? 4 Quand l'un dit: Moi, je suis de Paul! et un autre: Moi, d'Apollos! n'êtes-5 vous pas des hommes? Qu'est-ce donc qu'Apollos, et qu'est-ce que Paul? Des serviteurs, par le moyen desquels vous avez cru, selon que le 6 Seigneur l'a donné à chacun. J'ai

planté, Apollos a arrosé, mais Dieu a fait croître, en sorte que ce n'est 7 pas celui qui plante qui est quelque chose, ni celui qui arrose, mais Dieu qui fait croître. Celui qui plante et 8 celui qui arrose sont égaux, et chacun recevra sa propre récompense selon son propre travail. Car nous sommes 9 ouvriers avec Dieu. Vous êtes le champ de Dieu, l'édifice de Dieu.

Selon la grâce de Dieu qui m'a été 10 donnée, j'ai posé le fondement comme un sage architecte, et un autre bâtit dessus. Mais que chacun prenne garde à la manière dont il bâtit dessus. Car personne ne peut poser 11 un autre fondement que celui qui a été posé, savoir Jésus-Christ. Or, si 12 quelqu'un bâtit sur ce fondement avec de l'or, de l'argent, des pierres précieuses, du bois, du foin, du chaume, l'œuvre de chacun sera manifestée; car le jour la fera connaître, 13 parce qu'elle se révèlera dans le feu, et le feu éprouvera ce qu'est l'œuvre de chacun. Si l'œuvre bâtie par 14 quelqu'un sur le fondement subsiste, il recevra une récompense. Si 15 l'œuvre de quelqu'un est consumée, il perdra sa récompense; pour lui, il sera sauvé, mais comme au travers du feu.

Ne savez-vous pas que vous êtes 16 le temple de Dieu, et que l'Esprit de Dieu habite en vous? Si quelqu'un 17 détruit le temple de Dieu, Dieu le détruira; car le temple de Dieu est saint, et c'est ce que vous êtes.

Que nul ne s'abuse lui-même: si 18 quelqu'un parmi vous pense être sage selon ce siècle, qu'il devienne fou, afin de devenir sage. Car la sagesse 19 de ce monde est une folie devant Dieu. Aussi est-il écrit:

Il prend les sages dans leur ruse.

Et encore: 20

Le Seigneur connaît les pensées des sages,
Il sait qu'elles sont vaines.

Que personne donc ne mette sa 21 gloire dans des hommes; car tout est

22 à vous, soit Paul, soit Apollos, soit Céphas, soit le monde, soit la vie, soit la mort, soit les choses présentes, 23 soit les choses à venir. Tout est à vous; et vous êtes à Christ, et Christ est à Dieu.

4 Ainsi, qu'on nous regarde comme des serviteurs de Christ, et des dispensateurs des mystères de Dieu. 2 Du reste, ce qu'on demande des dispensateurs, c'est que chacun soit 3 trouvé fidèle. Pour moi, il m'importe fort peu d'être jugé par vous, ou par un tribunal humain. Je ne me juge 4 pas non plus moi-même, car je ne me sens coupable de rien; mais ce n'est pas pour cela que je suis justifié. Celui qui me juge, c'est le Seigneur. 5 C'est pourquoi ne jugez de rien avant le temps, jusqu'à ce que vienne le Seigneur, qui mettra en lumière ce qui est caché dans les ténèbres, et qui manifestera les desseins des cœurs. Alors chacun recevra de Dieu la louange qui lui sera due.

6 C'est à cause de vous, frères, que j'ai fait de ces choses une application à ma personne et à celle d'Apollos, afin que vous appreniez en nos personnes à ne pas aller au delà de ce qui est écrit, et que nul de vous ne conçoive de l'orgueil en faveur de 7 l'un contre l'autre. Car qui est-ce qui te distingue? Qu'as-tu que tu n'aies reçu? Et si tu l'as reçu, pourquoi te glorifies-tu, comme si tu ne l'avais pas reçu?

8 Déjà vous êtes rassasiés, déjà vous êtes riches, sans nous vous avez commencé à régner. Et puissiez-vous régner en effet, afin que nous 9 aussi nous régnions avec vous! Car Dieu, ce me semble, a fait de nous, apôtres, les derniers des hommes, des condamnés à mort en quelque sorte, puisque nous avons été en spectacle au monde, aux anges et aux hommes. 10 Nous sommes fous à cause de Christ; mais vous, vous êtes sages en Christ; nous sommes faibles, mais vous êtes forts. Vous êtes honorés, et nous 11 sommes méprisés! Jusqu'à cette heure, nous souffrons la faim, la soif, la nudité; nous sommes maltraités, 12 errants çà et là; nous nous fatiguons à travailler de nos propres mains; injuriés, nous bénissons; persécutés, nous supportons; calomniés, nous parlons avec bonté; nous sommes 13 devenus comme les balayures du monde, le rebut de tous, jusqu'à maintenant.

Ce n'est pas pour vous faire honte 14 que j'écris ces choses; mais je vous avertis comme mes enfants bien-aimés. Car, quand vous auriez dix 15 mille maîtres en Christ, vous n'avez cependant pas plusieurs pères, puisque c'est moi qui vous ai engendrés en Jésus-Christ par l'Évangile. Je vous en conjure donc, soyez 16 mes imitateurs. Pour cela je vous 17 ai envoyé Timothée, qui est mon enfant bien-aimé et fidèle dans le Seigneur; il vous rappellera quelles sont mes voies en Christ, quelle est la manière dont j'enseigne partout dans toutes les Églises.

Quelques-uns se sont enflés d'or- 18 gueil, comme si je ne devais pas aller chez vous. Mais j'irai bientôt 19 chez vous, si c'est la volonté du Seigneur, et je connaîtrai, non les paroles, mais la puissance de ceux qui se sont enflés. Car le royaume 20 de Dieu ne consiste pas en paroles, mais en puissance. Que voulez- 21 vous? Que j'aille chez vous avec une verge, ou avec amour et dans un esprit de douceur?

État moral de l'Église de Corinthe. Censure des désordres qui y règnent.

On entend dire généralement qu'il 5 y a parmi vous de l'impudicité, et une impudicité telle qu'elle ne se rencontre pas même chez les païens; c'est au point que l'un de vous a la femme de son père. Et vous êtes 2 enflés d'orgueil! Et vous n'avez pas été plutôt dans l'affliction, afin que celui qui a commis cet acte fût ôté du milieu de vous! Pour moi, absent 3 de corps, mais présent d'esprit, j'ai déjà jugé, comme si j'étais présent, celui qui a commis un tel acte. Au 4 nom du Seigneur Jésus, vous et mon esprit étant assemblés avec la puissance de notre Seigneur Jésus, qu'un 5 tel homme soit livré à Satan pour la destruction de la chair, afin que l'esprit soit sauvé au jour du Seigneur Jésus.

6 C'est bien à tort que vous vous glorifiez. Ne savez-vous pas qu'un peu de levain fait lever toute la pâte ?

7 Faites disparaître le vieux levain, afin que vous soyez une pâte nouvelle, puisque vous êtes sans levain, car Christ, notre Pâque, a été immolé.

8 Célébrons donc la fête, non avec du vieux levain, non avec un levain de malice et de méchanceté, mais avec les pains sans levain de la pureté et de la vérité.

9 Je vous ai écrit dans ma lettre de ne pas avoir des relations avec les 10 impudiques,—non pas d'une manière absolue avec les impudiques de ce monde, ou avec les cupides et les ravisseurs, ou avec les idolâtres ; autrement, il vous faudrait sortir du 11 monde. Maintenant, ce que je vous ai écrit, c'est de ne pas avoir des relations avec quelqu'un qui, se nommant frère, est impudique, ou cupide, ou idolâtre, ou outrageux, ou ivrogne, ou ravisseur, de ne pas même manger 12 avec un tel homme. Qu'ai-je, en effet, à juger ceux du dehors ? N'est-ce pas ceux du dedans que vous avez à 13 juger ? Pour ceux du dehors, Dieu les juge. Ôtez le méchant du milieu de vous.

6 Quelqu'un de vous, lorsqu'il a un différend avec un autre, ose-t-il plaider devant les injustes, et non 2 devant les saints ? Ne savez-vous pas que les saints jugeront le monde ? Et si c'est par vous que le monde est jugé, êtes-vous indignes de rendre les 3 moindres jugements ? Ne savez-vous pas que nous jugerons les anges ? Et nous ne jugerions pas, à plus forte raison, les choses de cette vie ? 4 Quand donc vous avez des différends pour les choses de cette vie, ce sont des gens dont l'Église ne fait aucun cas que vous prenez pour juges ? Je 5 le dis à votre honte. Ainsi il n'y a parmi vous pas un seul homme sage qui puisse prononcer entre ses frères. 6 Mais un frère plaide contre un frère, 7 et cela devant des infidèles ! C'est déjà certes un défaut chez vous que

d'avoir des procès les uns avec les autres. Pourquoi ne souffrez-vous pas plutôt quelque injustice ? Pourquoi ne vous laissez-vous pas plutôt dépouiller ? Mais c'est vous qui com- 8 mettez l'injustice et qui dépouillez, et c'est envers des frères que vous agissez de la sorte ! Ne savez-vous 9 pas que les injustes n'hériteront point le royaume de Dieu ?

Ne vous y trompez pas : ni les impudiques, ni les idolâtres, ni les adultères, ni les efféminés, ni les in- fâmes, ni les voleurs, ni les cupides, 10 ni les ivrognes, ni les outrageux, ni les ravisseurs, n'hériteront le royaume de Dieu. Et c'est là ce que vous 11 étiez, quelques-uns de vous. Mais vous avez été lavés, mais vous avez été sanctifiés, mais vous avez été justifiés au nom du Seigneur Jésus-Christ, et par l'Esprit de notre Dieu.

Tout m'est permis, mais tout n'est 12 pas utile ; tout m'est permis, mais je ne me laisserai asservir par quoi que ce soit. Les aliments sont pour le 13 ventre, et le ventre pour les aliments ; et Dieu détruira l'un comme les autres. Mais le corps n'est pas pour l'impudicité. Il est pour le Seigneur, et le Seigneur pour le corps. Et 14 Dieu, qui a ressuscité le Seigneur, nous ressuscitera aussi par sa puis- sance. Ne savez-vous pas que vos 15 corps sont des membres de Christ ? Prendrai-je donc les membres de Christ, pour en faire les membres d'une prostituée ? Loin de là ! Ne 16 savez-vous pas que celui qui s'attache à la prostituée est un seul corps avec elle ? Car, est-il dit, les deux de- viendront une seule chair. Mais celui 17 qui s'attache au Seigneur est avec lui un seul esprit. Fuyez l'impudicité. 18 Quelque autre péché qu'un homme commette, ce péché est hors du corps ; mais celui qui se livre à l'impudicité pèche contre son propre corps. Ne 19 savez-vous pas que votre corps est le temple du Saint-Esprit qui est en vous, que vous avez reçu de Dieu, et que vous ne vous appartenez point à vous-mêmes ? Car vous avez été 20 rachetés à un grand prix. Glorifiez donc Dieu dans votre corps et dans votre esprit, qui appartiennent à Dieu.

Réponse aux questions des Corinthiens sur le mariage.

7 Pour ce qui concerne les choses dont vous m'avez écrit, je pense qu'il est bon pour l'homme de ne point 2 toucher de femme. Toutefois, pour éviter l'impudicité, que chacun ait sa femme, et que chaque femme ait son 3 mari. Que le mari rende à sa femme ce qu'il lui doit, et que la femme 4 agisse de même envers son mari. La femme n'a pas autorité sur son propre corps, mais c'est le mari; et pareillement, le mari n'a pas autorité sur son propre corps, mais c'est la femme. 5 Ne vous privez point l'un de l'autre, si ce n'est d'un commun accord pour un temps, afin de vaquer à la prière; puis retournez ensemble, de peur que Satan ne vous tente par votre 6 incontinence. Je dis cela par condescendance, je n'en fais pas un 7 ordre. Je voudrais que tous les hommes fussent comme moi; mais chacun tient de Dieu un don particulier, l'un d'une manière, l'autre d'une autre.

8 A ceux qui ne sont pas mariés et aux veuves, je dis qu'il leur est bon 9 de rester comme moi. Mais s'ils manquent de continence, qu'ils se marient; car il vaut mieux se marier que de brûler.

10 A ceux qui sont mariés, j'ordonne, non pas moi, mais le Seigneur, que la femme ne se sépare point de son 11 mari (si elle est séparée, qu'elle demeure sans se marier ou qu'elle se réconcilie avec son mari), et que le mari ne répudie point sa femme.

12 Aux autres, ce n'est pas le Seigneur, c'est moi qui dis: Si un frère a une femme non-croyante, et qu'elle consente à habiter avec lui, qu'il ne la 13 répudie point; et si une femme a un mari non-croyant, et qu'il consente à habiter avec elle, qu'elle ne répudie 14 point son mari. Car le mari non-croyant est sanctifié par la femme, et la femme non-croyante est sanctifiée par le frère; autrement, vos enfants seraient impurs, tandis que maintenant ils sont saints. Si le non- 15 croyant se sépare, qu'il se sépare; le frère ou la sœur ne sont pas liés dans ces cas-là. Dieu nous a appelés à vivre en paix. Car que sais-tu, 16 femme, si tu sauveras ton mari? Ou que sais-tu, mari, si tu sauveras ta femme?

Seulement, que chacun marche 17 selon la part que le Seigneur lui a faite, selon l'appel qu'il a reçu de Dieu. C'est ainsi que je l'ordonne dans toutes les Églises. Quelqu'un 18 a-t-il été appelé étant circoncis, qu'il demeure circoncis; quelqu'un a-t-il été appelé étant incirconcis, qu'il ne se fasse pas circoncire. La circon- 19 cision n'est rien, et l'incirconcision n'est rien, mais l'observation des commandements de Dieu est tout. Que 20 chacun demeure dans l'état où il était lorsqu'il a été appelé. As-tu été 21 appelé étant esclave, ne t'en inquiète pas; mais si tu peux devenir libre, profites-en plutôt. Car l'esclave qui 22 a été appelé dans le Seigneur est un affranchi du Seigneur; de même, l'homme libre qui a été appelé est un esclave de Christ. Vous avez été 23 rachetés à un grand prix; ne devenez pas esclaves des hommes. Que 24 chacun, frères, demeure devant Dieu dans l'état où il était lorsqu'il a été appelé.

Pour ce qui est des vierges, je n'ai 25 point d'ordre du Seigneur; mais je donne un avis, comme ayant reçu du Seigneur miséricorde pour être fidèle.

Voici donc ce que j'estime bon, à 26 cause des temps difficiles qui s'approchent: il est bon à un homme d'être ainsi. Es-tu lié à une femme, 27 ne cherche pas à rompre ce lien; n'es-tu pas lié à une femme, ne cherche pas une femme. Si tu t'es 28 marié, tu n'as point péché; et si la vierge s'est mariée, elle n'a point péché; mais ces personnes auront des tribulations dans la chair, et je voudrais vous les épargner.

Voici ce que je dis, frères, c'est que 29 le temps est court; que désormais ceux qui ont des femmes soient comme n'en ayant pas, ceux qui 30 pleurent comme ne pleurant pas, ceux qui se réjouissent comme ne se réjouissant pas, ceux qui achètent 31 comme ne possédant pas, et ceux qui usent du monde comme n'en usant pas, car la figure de ce monde 32 passe. Or, je voudrais que vous fussiez sans inquiétude. Celui qui n'est pas marié s'inquiète des choses du Seigneur, des moyens de plaire 33 au Seigneur; et celui qui est marié s'inquiète des choses du monde, des 34 moyens de plaire à sa femme. Il y a de même une différence entre la femme et la vierge: celle qui n'est pas mariée s'inquiète des choses du Seigneur, afin d'être sainte de corps et d'esprit; et celle qui est mariée s'inquiète des choses du monde, des moyens de plaire à son mari.

35 Je dis cela dans votre intérêt; ce n'est pas pour vous prendre au piège, c'est pour vous porter à ce qui est bienséant et propre à vous attacher au Seigneur sans distraction.

36 Si quelqu'un regarde comme déshonorant pour sa fille de dépasser l'âge nubile, et comme nécessaire de la marier, qu'il fasse ce qu'il veut, il 37 ne pèche point; qu'on se marie. Mais celui qui a pris une ferme résolution, sans contrainte et avec l'exercice de sa propre volonté, et qui a décidé en son cœur de garder sa fille vierge, 38 celui-là fait bien. Ainsi, celui qui marie sa fille fait bien, et celui qui ne la marie pas fait mieux.

39 Une femme est liée aussi longtemps que son mari est vivant; mais si le mari meurt, elle est libre de se marier à qui elle veut; seulement, 40 que ce soit dans le Seigneur. Elle est plus heureuse, néanmoins, si elle demeure comme elle est, suivant mon avis. Et moi aussi, je crois avoir l'Esprit de Dieu.

Réponse aux questions des Corinthiens sur les viandes sacrifiées aux idoles.

8 Pour ce qui concerne les viandes sacrifiées aux idoles, nous savons que nous avons tous la connaissance.— La connaissance enfle, mais la charité 2 édifie. Si quelqu'un croit savoir quelque chose, il n'a pas encore 3 connu comme il faut connaître. Mais si quelqu'un aime Dieu, celui-là est connu de lui.—Pour ce qui est donc 4 de manger des viandes sacrifiées aux idoles, nous savons qu'il n'y a point d'idole dans le monde, et qu'il n'y a qu'un seul Dieu. Car, s'il est des 5 êtres qui sont appelés dieux, soit dans le ciel, soit sur la terre, comme il existe réellement plusieurs dieux et plusieurs seigneurs, néanmoins pour 6 nous il n'y a qu'un seul Dieu, le Père, de qui viennent toutes choses et pour qui nous sommes, et un seul Seigneur, Jésus-Christ, par qui sont toutes choses et par qui nous sommes.

Mais cette connaissance n'est pas 7 chez tous. Quelques-uns, d'après la manière dont ils envisagent encore l'idole, mangent de ces viandes comme étant sacrifiées aux idoles, et leur conscience, qui est faible, en est souillée. Ce n'est pas un aliment 8 qui nous rapproche de Dieu: si nous en mangeons, nous n'avons rien de plus; si nous n'en mangeons pas, nous n'avons rien de moins. Prenez 9 garde, toutefois, que votre liberté ne devienne une pierre d'achoppement pour les faibles. Car, si quelqu'un 10 te voit, toi qui as de la connaissance, assis à table dans un temple d'idoles, sa conscience, à lui qui est faible, ne le portera-t-elle pas à manger des viandes sacrifiées aux idoles? Et 11 ainsi le faible périra par ta connaissance, le frère pour lequel Christ est mort! En péchant de la sorte contre 12 les frères, et en blessant leur conscience faible, vous péchez contre Christ. C'est pourquoi, si un aliment 13 scandalise mon frère, je ne mangerai jamais de viande, afin de ne pas scandaliser mon frère.

9 Ne suis-je pas libre? Ne suis-je pas apôtre? N'ai-je pas vu Jésus notre Seigneur? N'êtes-vous pas mon œuvre dans le Seigneur? Si 2 pour d'autres je ne suis pas apôtre, je le suis au moins pour vous; car vous êtes le sceau de mon apostolat dans le Seigneur. C'est là ma défense 3 contre ceux qui m'accusent. N'avons-4 nous pas le droit de manger et de boire? N'avons-nous pas le droit de 5 mener avec nous une sœur qui soit

notre femme, comme font les autres apôtres, et les frères du Seigneur, et
6 Céphas? Ou bien, est-ce que moi seul et Barnabas nous n'avons pas le
7 droit de ne point travailler? Qui jamais fait le service militaire à ses propres frais? Qui est-ce qui plante une vigne, et n'en mange pas le fruit? Qui est-ce qui fait paître un trou-
8 peau, et ne se nourrit pas du lait du troupeau? Ces choses que je dis, n'existent-elles que dans les usages des hommes? la loi ne les dit-elle
9 pas aussi? Car il est écrit dans la loi de Moïse: Tu n'emmusclleras point le bœuf quand il foule le grain. Dieu se met-il en peine des bœufs,
10 ou parle t-il uniquement à cause de nous? Oui, c'est à cause de nous qu'il a été écrit que celui qui laboure doit labourer avec espérance, et celui qui foule le grain fouler avec l'es-
11 pérance d'y avoir part. Si nous avons semé parmi vous les biens spirituels, est-ce une grosse affaire si nous moissonnons vos biens tem-
12 porels? Si d'autres jouissent de ce droit sur vous, n'est-ce pas plutôt à nous d'en jouir? Mais nous n'avons point usé de ce droit; au contraire, nous souffrons tout, afin de ne pas créer d'obstacle à l'Évangile de Christ.
13 Ne savez-vous pas que ceux qui remplissent les fonctions sacrées sont nourris par le temple, que ceux qui servent à l'autel ont part à l'autel?
14 De même aussi, le Seigneur a ordonné à ceux qui annoncent l'Évangile de vivre de l'Évangile.
15 Pour moi, je n'ai usé d'aucun de ces droits, et ce n'est pas afin de les réclamer en ma faveur que j'écris ainsi; car j'aimerais mieux mourir que de me laisser enlever ce sujet de
16 gloire. Si j'annonce l'Évangile, ce n'est pas pour moi un sujet de gloire, car la nécessité m'en est imposée, et malheur à moi si je n'annonce pas
17 l'Évangile! Si je le fais de bon cœur, j'en ai la récompense; mais si je le fais malgré moi, c'est une charge
18 qui m'est confiée. Quelle est donc ma récompense? C'est d'offrir gra-tuitement l'Évangile que j'annonce,

sans user de mon droit de prédicateur de l'Évangile.

Car, bien que je sois libre à l'égard 19 de tous, je me suis rendu le serviteur de tous, afin de gagner le plus grand nombre. Avec les Juifs, j'ai été 20 comme Juif, afin de gagner les Juifs; avec ceux qui sont sous la loi, comme sous la loi (quoique je ne sois pas moi-même sous la loi), afin de gagner ceux qui sont sous la loi; avec ceux 21 qui sont sans loi, comme sans loi (quoique je ne sois point sans la loi de Dieu, étant sous la loi de Christ), afin de gagner ceux qui sont sans loi. J'ai été faible avec les faibles, 22 afin de gagner les faibles. Je me suis fait tout à tous, afin d'en sauver de toute manière quelques-uns. Je 23 fais tout à cause de l'Évangile, afin d'y avoir part.

Ne savez-vous pas que ceux qui 24 courent dans le stade courent tous, mais qu'un seul remporte le prix? Courez de manière à le remporter. Tous ceux qui combattent s'imposent 25 toute espèce d'abstinences, et ils le font pour obtenir une couronne cor-ruptible; mais nous, faisons-le pour une couronne incorruptible. Moi 26 donc, je cours, non pas comme à l'aventure; je frappe, non pas comme battant l'air. Mais je traite durement 27 mon corps et je le tiens assujetti, de peur d'être moi-même rejeté, après avoir prêché aux autres.

Frères, je ne veux pas que vous **10** ignoriez que nos pères ont tous été sous la nuée, qu'ils ont tous passé au travers de la mer, qu'ils ont 2 tous été baptisés en Moïse dans la nuée et dans la mer, qu'ils ont tous 3 mangé le même aliment spirituel, et 4 qu'ils ont tous bu le même breuvage spirituel, car ils buvaient à un rocher spirituel qui les suivait, et ce rocher était Christ. Mais la plupart d'entre 5 eux ne furent point agréables à Dieu, puisqu'ils périrent dans le désert.

Or, ces choses sont arrivées pour 6 nous servir d'exemples, afin que nous n'ayons pas de mauvais désirs, comme ils en ont eu. Ne devenez point 7 idolâtres, comme quelques-uns d'eux, selon qu'il est écrit: Le peuple s'assit pour manger et pour boire; puis ils 8 se levèrent pour se divertir. Ne nous livrons point à l'impudicité, comme quelques-uns d'eux s'y livrèrent, de sorte qu'il en tomba vingt-9 trois mille en un seul jour. Ne tentons point le Seigneur, comme le tentèrent quelques-uns d'eux, qui 10 périrent par les serpents. Ne murmurez point, comme murmurèrent quelques-uns d'eux, qui périrent par 11 l'exterminateur. Ces choses leur sont arrivées pour servir d'exemples, et elles ont été écrites pour notre instruction, à nous qui sommes parvenus 12 à la fin des siècles. Ainsi donc, que celui qui croit être debout prenne garde de tomber!

13 Aucune tentation ne vous est survenue qui n'ait été humaine, et Dieu, qui est fidèle, ne permettra pas que vous soyez tentés au delà de vos forces; mais avec la tentation il préparera aussi le moyen d'en sortir, afin que vous puissiez la supporter.

14 C'est pourquoi, mes bien-aimés, fuyez l'idolâtrie.

15 Je parle comme à des hommes intelligents; jugez vous-mêmes de ce 16 que je dis. La coupe de bénédiction que nous bénissons, n'est-elle pas la communion au sang de Christ? Le pain que nous rompons, n'est-il pas la communion au corps de Christ? 17 Puisqu'il y a un seul pain, nous qui sommes plusieurs, nous formons un seul corps; car nous participons tous 18 à un même pain. Voyez les Israélites selon la chair: ceux qui mangent les victimes ne sont-ils pas en com-19 munion avec l'autel? Que dis-je donc? Que la viande sacrifiée aux idoles est quelque chose, ou qu'une 20 idole est quelque chose? Nullement. Je dis que ce qu'on sacrifie, on le sacrifie à des démons, et non à Dieu; or, je ne veux pas que vous soyez en 21 communion avec les démons. Vous ne pouvez boire la coupe du Seigneur, et la coupe des démons; vous ne pouvez participer à la table du Seigneur, et à la table des démons. 22 Voulons-nous provoquer la jalousie du Seigneur? Sommes-nous plus forts que lui?

23 Tout est permis, mais tout n'est pas utile; tout est permis, mais tout n'édifie pas. Que personne ne cherche 24 son propre intérêt, mais que chacun cherche celui d'autrui. Mangez de 25 tout ce qui se vend au marché, sans vous enquérir de rien par motif de conscience; car la terre est au Sei-26 gneur, et tout ce qu'elle renferme. Si 27 un non-croyant vous invite et que vous vouliez aller, mangez de tout ce qu'on vous présentera, sans vous enquérir de rien par motif de conscience. Mais si quelqu'un vous dit: 28 Ceci a été offert en sacrifice! n'en mangez pas, à cause de celui qui a donné l'avertissement, et à cause de la conscience. Je parle ici, non de 29 votre conscience, mais de celle de l'autre. Pourquoi, en effet, ma liberté serait-elle jugée par une conscience étrangère? Si je mange avec actions 30 de grâces, pourquoi serais-je blâmé au sujet d'une chose dont je rends grâces?

Soit donc que vous mangiez, soit 31 que vous buviez, soit que vous fassiez quelque autre chose, faites tout pour la gloire de Dieu. Ne soyez en 32 scandale ni aux Grecs, ni aux Juifs, ni à l'Église de Dieu, de la même 33 manière que moi aussi je m'efforce en toutes choses de complaire à tous, cherchant, non mon avantage, mais celui du plus grand nombre, afin qu'ils soient sauvés. Soyez mes **11** imitateurs, comme je le suis moi-même de Christ.

Sur la tenue de la femme dans les assemblées religieuses.

Je vous loue de ce que vous vous 2 souvenez de moi à tous égards, et de ce que vous retenez mes instructions telles que je vous les ai données.

Je veux cependant que vous sachiez 3 que Christ est le chef de tout homme, que l'homme est le chef de la femme, et que Dieu est le chef de Christ. Tout homme qui prie ou qui pro-4 phétise, la tête couverte, déshonore son chef. Toute femme, au contraire, 5 qui prie ou qui prophétise, la tête non voilée, déshonore son chef: c'est comme si elle était rasée. Car si 6 une femme n'est pas voilée, qu'elle se coupe aussi les cheveux. Or, s'il est honteux pour une femme d'avoir les cheveux coupés ou d'être rasée,

7 qu'elle se voile. L'homme ne doit pas se couvrir la tête, puisqu'il est l'image et la gloire de Dieu, tandis que la femme est la gloire de l'homme.

8 En effet, l'homme n'a pas été tiré de la femme, mais la femme a été tirée

9 de l'homme; et l'homme n'a pas été créé à cause de la femme, mais la femme a été créée à cause de l'homme.

10 C'est pourquoi la femme, à cause des anges, doit avoir sur la tête une marque de l'autorité dont elle dépend.

11 Toutefois, dans le Seigneur, la femme n'est point sans l'homme, ni l'homme

12 sans la femme. Car, de même que la femme a été tirée de l'homme, de même l'homme existe par la femme,

13 et tout vient de Dieu. Jugez-en vous-mêmes: est-il convenable qu'une femme prie Dieu sans être voilée?

14 La nature elle-même ne vous enseigne-t-elle pas que c'est une honte pour l'homme de porter de

15 longs cheveux, mais que c'est une gloire pour la femme d'en porter, parce que la chevelure lui a été

16 donnée comme voile? Si quelqu'un se plaît à contester, nous n'avons pas cette habitude, non plus que les Églises de Dieu.

Sur la manière de célébrer le repas du Seigneur.

17 En donnant cet avertissement, ce que je ne loue point, c'est que vous vous assemblez, non pour devenir meilleurs,

18 mais pour devenir pires. Et d'abord, j'apprends que, lorsque vous vous réunissez en assemblée, il y a parmi

19 vous des divisions,—et je le crois en partie, car il faut qu'il y ait aussi des sectes parmi vous, afin que ceux qui sont approuvés soient reconnus

20 comme tels au milieu de vous.—Lors donc que vous vous réunissez, ce n'est pas manger le repas du Seigneur;

21 car, quand on se met à table, chacun commence par prendre son propre repas, et l'un a faim, tandis que

22 l'autre est ivre. N'avez-vous pas des maisons pour y manger et boire?

Ou méprisez-vous l'Église de Dieu, et faites-vous honte à ceux qui n'ont rien? Que vous dirai-je? Vous louerai-je? En cela je ne vous loue point.

23 Car j'ai reçu du Seigneur ce que je vous ai enseigné; c'est que le Seigneur Jésus, dans la nuit où il fut

24 livré, prit du pain, et, après avoir rendu grâces, le rompit, et dit: Ceci est mon corps, qui est rompu pour vous; faites ceci en mémoire de moi.

25 De même, après avoir soupé, il prit la coupe, et dit: Cette coupe est la nouvelle alliance en mon sang; faites ceci en mémoire de moi toutes les

26 fois que vous en boirez. Car toutes les fois que vous mangez ce pain et que vous buvez cette coupe, vous annoncez la mort du Seigneur, jusqu'à ce qu'il vienne.

27 C'est pourquoi celui qui mangera le pain ou boira la coupe du Seigneur indignement, sera coupable envers le corps et le sang du Seigneur. Que

28 chacun donc s'éprouve soi-même, et qu'ainsi il mange du pain et boive de

29 la coupe; car celui qui mange et boit sans discerner le corps du Seigneur, mange et boit un jugement contre lui-même.

30 C'est pour cela qu'il y a parmi vous beaucoup d'infirmes et de malades, et qu'un grand nombre sont

31 morts. Si nous nous jugions nous-mêmes, nous ne serions pas jugés.

32 Mais quand nous sommes jugés, nous sommes châtiés par le Seigneur, afin que nous ne soyons pas condamnés avec le monde. Ainsi, mes

33 frères, lorsque vous vous réunissez pour le repas, attendez-vous les uns les autres. Si quelqu'un a faim, qu'il

34 mange chez lui, afin que vous ne vous réunissiez pas pour attirer un jugement sur vous.

Je réglerai les autres choses quand je serai arrivé.

Sur les dons spirituels.

12 Pour ce qui concerne les dons spirituels, je ne veux pas, frères, que vous soyez dans l'ignorance.

2 Vous savez que, lorsque vous étiez païens, vous vous laissiez entraîner

vers les idoles muettes, selon que
3 vous étiez conduits. C'est pourquoi
je vous déclare que nul, s'il parle par
l'Esprit de Dieu, ne dit : Jésus est
anathème ! et que nul ne peut dire :
Jésus est le Seigneur ! si ce n'est par
le Saint-Esprit.

4 Il y a diversité de dons, mais le
5 même Esprit; diversité de ministères,
6 mais le même Seigneur; diversité
d'opérations, mais le même Dieu qui
opère tout en tous.

7 Or, à chacun la manifestation de
l'Esprit est donnée pour l'utilité com-
8 mune. En effet, à l'un est donnée
par l'Esprit une parole de sagesse; à
un autre, une parole de connaissance,
9 selon le même Esprit; à un autre, la
foi, par le même Esprit; à un autre,
le don des guérisons, par le même
10 Esprit; à un autre, le don d'opérer
des miracles; à un autre, la prophétie;
à un autre, le discernement des
esprits; à un autre, la diversité des
langues; à un autre, l'interprétation
11 des langues. Un seul et même
Esprit opère toutes ces choses, les
distribuant à chacun en particulier
comme il veut.

12 Car, comme le corps est un et a
plusieurs membres, et comme tous
les membres du corps, malgré leur
nombre, ne forment qu'un seul corps,
13 —ainsi en est-il de Christ. Nous
avons tous, en effet, été baptisés dans
un seul Esprit, pour former un seul
corps, soit Juifs, soit Grecs, soit
esclaves, soit libres, et nous avons
tous été abreuvés d'un seul Esprit.

14 Ainsi le corps n'est pas un seul
membre, mais il est formé de plu-
15 sieurs membres. Si le pied disait :
Parce que je ne suis pas une main, je
ne suis pas du corps,—ne serait-il pas
16 du corps pour cela? Et si l'oreille
disait : Parce que je ne suis pas un
œil, je ne suis pas du corps,—ne
serait-elle pas du corps pour cela?
17 Si tout le corps était œil, où serait
l'ouïe? S'il était tout ouïe, où serait
18 l'odorat? Maintenant Dieu a placé
chacun des membres dans le corps
19 comme il a voulu. Si tous étaient
un seul membre, où serait le corps?
20 Maintenant donc il y a plusieurs

membres, et un seul corps. L'œil ne 21
peut pas dire à la main : Je n'ai pas
besoin de toi; ni la tête dire aux
pieds : Je n'ai pas besoin de vous.
Mais bien plutôt, les membres du 22
corps qui paraissent être les plus
faibles sont nécessaires; et ceux que 23
nous estimons être les moins hono-
rables du corps, nous les entourons
d'un plus grand honneur. Ainsi nos
membres les moins honnêtes reçoivent le plus d'honneur, tandis que 24
ceux qui sont honnêtes n'en ont pas
besoin. Dieu a disposé le corps de
manière à donner plus d'honneur à
ce qui en manquait, afin qu'il n'y ait 25
pas de division dans le corps, mais
que les membres aient également soin
les uns des autres. Et si un membre 26
souffre, tous les membres souffrent
avec lui; si un membre est honoré,
tous les membres se réjouissent avec
lui.

Vous êtes le corps de Christ, et 27
vous êtes ses membres, chacun pour
sa part. Et Dieu a établi dans 28
l'Église premièrement des apôtres,
secondement des prophètes, troisième-
ment des docteurs, ensuite ceux qui
ont le don des miracles, puis ceux
qui ont les dons de guérir, de secourir,
de gouverner, de parler diverses
langues. Tous sont-ils apôtres? 29
Tous sont-ils prophètes? Tous sont-
ils docteurs? Tous ont-ils le don 30
des miracles? Tous ont-ils le don
des guérisons? Tous parlent-ils en
langues? Tous interprètent-ils?

Aspirez aux dons les meilleurs. Et 31
je vais encore vous montrer une voie
par excellence.

La charité.

Quand je parlerais les langues **13**
des hommes et des anges, si je n'ai
pas la charité, je suis un airain qui
résonne, ou une cymbale qui retentit.
Et quand j'aurais le don de prophétie, 2
la science de tous les mystères et
toute la connaissance, quand j'aurais
même toute la foi jusqu'à transporter
des montagnes, si je n'ai pas la
charité, je ne suis rien. Et quand 3
je distribuerais tous mes biens pour
la nourriture des pauvres, quand je

livrerais même mon corps pour être brûlé, si je n'ai pas la charité, cela ne me sert de rien.

4 La charité est patiente, elle est pleine de bonté; la charité n'est point envieuse; la charité ne se vante point,
5 elle ne s'enfle point d'orgueil, elle ne fait rien de malhonnête, elle ne cherche point son intérêt, elle ne s'irrite point, elle ne soupçonne point
6 le mal, elle ne se réjouit point de l'injustice, mais elle se réjouit de la
7 vérité; elle excuse tout, elle croit tout, elle espère tout, elle supporte tout.

8 La charité ne périt jamais. Les prophéties prendront fin, les langues cesseront, la connaissance disparaîtra.
9 Car nous connaissons en partie, et
10 nous prophétisons en partie, mais quand ce qui est parfait sera venu,
11 ce qui est partiel disparaîtra. Lorsque j'étais enfant, je parlais comme un enfant, je pensais comme un enfant, je raisonnais comme un enfant; lorsque je suis devenu homme, j'ai fait disparaître ce qui était de l'enfant.
12 Aujourd'hui nous voyons au moyen d'un miroir, d'une manière obscure, mais alors nous verrons face à face; aujourd'hui je connais en partie, mais alors je connaîtrai comme j'ai été connu.
13 Maintenant donc ces trois choses demeurent: la foi, l'espérance, la charité; mais la plus grande de ces choses, c'est la charité.

Comparaison entre le don des langues et le don de prophétie.

14 Recherchez la charité. Aspirez aussi aux dons spirituels, mais surtout à celui de prophétie.
2 En effet, celui qui parle en langue ne parle pas aux hommes, mais à Dieu, car personne ne le comprend, et c'est en esprit qu'il dit des mystères.
3 Celui qui prophétise, au contraire, parle aux hommes, les édifie, les
4 exhorte, les console. Celui qui parle en langue s'édifie lui-même; celui qui prophétise édifie l'Église.
5 Je désire que vous parliez tous en langues, mais encore plus que vous prophétisiez. Celui qui prophétise

est plus grand que celui qui parle en langues, à moins que ce dernier n'interprète, pour que l'Église en reçoive de l'édification. Et main-6 tenant, frères, de quelle utilité vous serais-je, si je venais à vous parlant en langues, et si je ne vous parlais pas par révélation, ou par connaissance, ou par prophétie, ou par doctrine?

Si les objets inanimés qui rendent 7 un son, comme une flûte ou une harpe, ne rendent pas des sons distincts, comment reconnaîtra-t-on ce qui est joué sur la flûte ou sur la harpe? Et si la trompette rend un 8 son confus, qui se préparera au combat? De même vous, si par la 9 langue vous ne donnez pas une parole distincte, comment saura-t-on ce que vous dites? Car vous parlerez en l'air.

Quelque nombreuses que puissent 10 être dans le monde les diverses langues, il n'en est aucune qui ne soit une langue; si donc je ne con-11 nais pas le sens de la langue, je serai un barbare pour celui qui parle, et celui qui parle sera un barbare pour moi. De même vous, puisque vous 12 aspirez aux dons spirituels, que ce soit pour l'édification de l'Église que vous cherchiez à en posséder abondamment.

C'est pourquoi, que celui qui parle 13 en langue prie pour avoir le don d'interpréter. Car si je prie en langue, 14 mon esprit est en prière, mais mon intelligence demeure stérile. Que 15 faire donc? Je prierai par l'esprit, mais je prierai aussi avec l'intelligence; je chanterai par l'esprit, mais je chanterai aussi avec l'intelligence. Autrement, si tu rends grâces par 16 l'esprit, comment celui qui est dans les rangs de l'homme du peuple répondra-t-il Amen! à ton action de grâces, puisqu'il ne sait pas ce que tu dis? Tu rends, il est vrai, d'excel-17 lentes actions de grâces, mais l'autre n'est pas édifié. Je rends grâces à 18 Dieu de ce que je parle en langue plus que vous tous; mais, dans 19 l'Église, j'aime mieux dire cinq paroles avec mon intelligence, afin d'instruire aussi les autres, que dix mille paroles en langue.

20 Frères, ne soyez pas des enfants sous le rapport du jugement; mais pour la malice, soyez enfants, et, à l'égard du jugement, soyez des 21 hommes faits. Il est écrit dans la loi:

C'est par des hommes d'une autre langue
Et par des lèvres d'étrangers
Que je parlerai à ce peuple,
Et ils ne m'écouteront pas même ainsi, dit le Seigneur.

22 Par conséquent, les langues sont un signe, non pour les croyants, mais pour les non-croyants; la prophétie, au contraire, est un signe, non pour les non-croyants, mais pour les 23 croyants. Si donc, dans une assemblée de l'Église entière, tous parlent en langues, et qu'il survienne des hommes du peuple ou des non-croyants, ne diront-ils pas que vous 24 êtes fous? Mais si tous prophétisent, et qu'il survienne quelque non-croyant ou un homme du peuple, il est convaincu par tous, il est jugé 25 par tous, les secrets de son cœur sont dévoilés, de telle sorte que, tombant sur sa face, il adorera Dieu, et publiera que Dieu est réellement au milieu de vous.

26 Que faire donc, frères? Lorsque vous vous assemblez, les uns ou les autres parmi vous ont-ils un cantique, une instruction, une révélation, une langue, une interprétation, que tout 27 se fasse pour l'édification. En est-il qui parlent en langue, que deux ou trois au plus parlent, chacun à son 28 tour, et que quelqu'un interprète; s'il n'y a point d'interprète, qu'on se taise dans l'Église, et qu'on parle à 29 soi-même et à Dieu. Pour ce qui est des prophètes, que deux ou trois 30 parlent, et que les autres jugent; et si un autre qui est assis a une révé-31 lation, que le premier se taise. Car vous pouvez tous prophétiser successivement, afin que tous soient instruits et que tous soient exhortés. 32 Les esprits des prophètes sont soumis

aux prophètes; car Dieu n'est pas 33 un Dieu de désordre, mais de paix.

Comme dans toutes les Églises des saints, que les femmes se taisent 34 dans les assemblées, car il ne leur est pas permis d'y parler; mais qu'elles soient soumises, selon que le dit aussi la loi. Si elles veulent s'in-35 struire sur quelque chose, qu'elles interrogent leurs maris à la maison; car il est malséant à une femme de parler dans l'Église. Est-ce de chez 36 vous que la parole de Dieu est sortie? ou est-ce à vous seuls qu'elle est parvenue?

Si quelqu'un croit être prophète 37 ou inspiré, qu'il reconnaisse que ce que je vous écris est un commandement du Seigneur. Et si quelqu'un 38 l'ignore, qu'il l'ignore.

Ainsi donc, frères, aspirez au don 39 de prophétie, et n'empêchez pas de parler en langues. Mais que tout se 40 fasse avec bienséance et avec ordre.

La résurrection.

15 Je vous rappelle, frères, l'Évangile que je vous ai annoncé, que vous avez reçu, dans lequel vous avez persévéré, et par lequel vous êtes 2 sauvés, si vous le retenez tel que je vous l'ai annoncé; autrement, vous auriez cru en vain.

Je vous ai enseigné avant tout, 3 comme je l'avais aussi reçu, que Christ est mort pour nos péchés, selon les Écritures; qu'il a été enseveli, 4 et qu'il est ressuscité le troisième jour, selon les Écritures; et qu'il est 5 apparu à Céphas, puis aux douze. Ensuite, il est apparu à plus de cinq 6 cents frères à la fois, dont la plupart sont encore vivants, et dont quelques-uns sont morts. Ensuite, il est 7 apparu à Jacques, puis à tous les apôtres. Après eux tous, il m'est aus-8 si apparu à moi, comme à l'avorton; car je suis le moindre des apôtres, je 9 ne suis pas digne d'être appelé apôtre, parce que j'ai persécuté l'Église de Dieu. Par la grâce de Dieu je suis 10 ce que je suis, et sa grâce envers moi n'a pas été vaine; loin de là, j'ai travaillé plus qu'eux tous, non pas moi toutefois, mais la grâce de Dieu

11 qui est avec moi. Ainsi donc, que ce soit moi, que ce soient eux, voilà ce que nous prêchons, et c'est ce que vous avez cru.

12 Or, si l'on prêche que Christ est ressuscité des morts, comment quelques-uns parmi vous disent-ils qu'il n'y a point de résurrection des 13 morts? S'il n'y a point de résurrection des morts, Christ non plus 14 n'est pas ressuscité. Et si Christ n'est pas ressuscité, notre prédication est donc vaine, et votre foi aussi est 15 vaine. Il se trouve même que nous sommes de faux témoins à l'égard de Dieu, puisque nous avons témoigné contre Dieu qu'il a ressuscité Christ, tandis qu'il ne l'aurait pas ressuscité, si les morts ne ressuscitent point.
16 Car si les morts ne ressuscitent point, Christ non plus n'est pas ressuscité.
17 Et si Christ n'est pas ressuscité, votre foi est vaine, vous êtes encore 18 dans vos péchés, et par conséquent aussi ceux qui sont morts en Christ 19 sont perdus. Si c'est dans cette vie seulement que nous espérons en Christ, nous sommes les plus malheureux de tous les hommes.
20 Mais maintenant, Christ est ressuscité des morts, il est les prémices de 21 ceux qui sont morts. Car, puisque la mort est venue par un homme, c'est aussi par un homme qu'est venue 22 la résurrection des morts. Et comme tous meurent en Adam, de même 23 aussi tous revivront en Christ, mais chacun en son rang, Christ comme prémices, puis ceux qui appartiennent à Christ, lors de son avènement.
24 Ensuite viendra la fin, quand il remettra le royaume à celui qui est Dieu et Père, après avoir détruit toute domination, toute autorité et 25 toute puissance. Car il faut qu'il règne jusqu'à ce qu'il ait mis tous les 26 ennemis sous ses pieds. Le dernier ennemi qui sera détruit, c'est la mort.
27 Dieu, en effet, a tout mis sous ses pieds. Mais lorsqu'il dit que tout lui a été soumis, il est évident que celui qui lui a soumis toutes choses 28 est excepté. Et lorsque toutes choses lui auront été soumises, alors le Fils lui-même sera soumis à celui qui lui a soumis toutes choses, afin que Dieu soit tout en tous.

29 Autrement, que feraient ceux qui se font baptiser pour les morts? Si les morts ne ressuscitent absolument pas, pourquoi se font-ils baptiser pour eux? Et nous, pourquoi 30 sommes-nous à toute heure en péril? Chaque jour je suis exposé 31 à la mort, je l'atteste, frères, par la gloire dont vous êtes pour moi le sujet, en Jésus-Christ notre Seigneur. Si c'est dans des vues humaines que 32 j'ai combattu contre les bêtes à Éphèse, quel avantage m'en revient-il? Si les morts ne ressuscitent pas,

Mangeons et buvons, car demain
nous mourrons.

Ne vous y trompez pas: les mau- 33 vaises compagnies corrompent les bonnes mœurs. Revenez à vous- 34 mêmes, comme il est convenable, et ne péchez point; car quelques-uns ne connaissent pas Dieu, je le dis à votre honte.

Mais quelqu'un dira: Comment 35 les morts ressuscitent-ils, et avec quel corps viennent-ils? Insensé! 36 ce que tu sèmes ne reprend point vie, s'il ne meurt. Et ce que tu sèmes, 37 ce n'est pas le corps qui naîtra; c'est un simple grain, de blé peut-être, ou de quelque autre semence; puis Dieu 38 lui donne un corps comme il lui plaît, et à chaque semence il donne un corps qui lui est propre.

Toute chair n'est pas la même 39 chair; mais autre est la chair des hommes, autre celle des quadrupèdes, autre celle des oiseaux, autre celle des poissons. Il y a aussi des corps 40 célestes et des corps terrestres; mais autre est l'éclat des corps célestes, autre celui des corps terrestres. Autre est l'éclat du soleil, autre l'éclat 41 de la lune, et autre l'éclat des étoiles; même une étoile diffère en éclat d'une autre étoile.

Ainsi en est-il de la résurrection 42 des morts. Le corps est semé corruptible; il ressuscite incorruptible; il est semé méprisable, il ressuscite 43 glorieux; il est semé infirme, il res-

44 suscite plein de force ; il est semé corps animal, il ressuscite corps spirituel. S'il y a un corps animal,
45 il y a aussi un corps spirituel. C'est pourquoi il est écrit: Le premier homme, Adam, devint une âme vivante. Le dernier Adam est devenu
46 un esprit vivifiant. Mais ce qui est spirituel n'est pas le premier, c'est ce qui est animal ; ce qui est spirituel
47 vient ensuite. Le premier homme, tiré de la terre, est terrestre; le second
48 homme est du ciel. Tel est le terrestre, tels sont aussi les terrestres ; et tel est le céleste, tels sont aussi
49 les célestes. Et de même que nous avons porté l'image du terrestre, nous porterons aussi l'image du céleste.

50 Ce que je dis, frères, c'est que la chair et le sang ne peuvent hériter le royaume de Dieu, et que la corruption n'hérite pas l'incorruptibilité.

51 Voici, je vous dis un mystère : nous ne mourrons pas tous, mais
52 tous nous serons changés, en un instant, en un clin d'œil, à la dernière trompette. La trompette sonnera, et les morts ressusciteront incorruptibles, et nous, nous serons
53 changés. Car il faut que ce corps corruptible revête l'incorruptibilité, et que ce corps mortel revête l'immortalité.

54 Lorsque ce corps corruptible aura revêtu l'incorruptibilité, et que ce corps mortel aura revêtu l'immortalité, alors s'accomplira la parole qui est écrite:

La mort a été engloutie dans la victoire.
55 O mort, où est ta victoire ?
O mort, où est ton aiguillon ?

56 L'aiguillon de la mort, c'est le péché ; et la puissance du péché, c'est la loi.
57 Mais grâces soient rendues à Dieu, qui nous donne la victoire par notre Seigneur Jésus-Christ !
58 Ainsi, mes frères bien-aimés, soyez fermes, inébranlables, travaillant de mieux en mieux à l'œuvre du Seigneur, sachant que votre travail ne sera pas vain dans le Seigneur.

Collecte pour les chrétiens de Jérusalem.— Projets de voyage. Informations, exhortations, salutations.

16 Pour ce qui concerne la collecte en faveur des saints, agissez, vous aussi, comme je l'ai ordonné aux Églises de la Galatie. 2 Que chacun de vous, le premier jour de la semaine, mette à part chez lui ce qu'il pourra, selon sa prospérité, afin qu'on n'attende pas à mon arrivée pour recueillir les dons. 3 Et quand je serai venu, j'enverrai avec des lettres, pour porter vos libéralités à Jérusalem, les personnes que vous aurez approuvées. 4 Si la chose mérite que j'y aille moi-même, elles feront le voyage avec moi.

5 J'irai chez vous quand j'aurai traversé la Macédoine, car je traverserai la Macédoine. 6 Peut-être séjournerai-je auprès de vous, ou même y passerai-je l'hiver, afin que vous m'accompagniez là où je me rendrai. 7 Je ne veux pas cette fois vous voir en passant, mais j'espère demeurer quelque temps auprès de vous, si le Seigneur le permet. 8 Je resterai néanmoins à Éphèse jusqu'à la Pentecôte; 9 car une porte grande et d'un accès efficace m'est ouverte, et les adversaires sont nombreux.

10 Si Timothée arrive, faites en sorte qu'il soit sans crainte parmi vous, car il travaille comme moi à l'œuvre du Seigneur. 11 Que personne donc ne le méprise. Accompagnez-le en paix, afin qu'il vienne vers moi, car je l'attends avec les frères.

12 Pour ce qui est du frère Apollos, je l'ai beaucoup exhorté à se rendre chez vous avec les frères, mais ce n'était décidément pas sa volonté de le faire maintenant ; il partira quand il en aura l'occasion.

13 Veillez, demeurez fermes dans la foi, soyez des hommes, fortifiez-vous. 14 Que tout ce que vous faites se fasse avec charité !

15 Encore une recommandation que je vous adresse, frères. Vous savez que la famille de Stéphanas est les prémices de l'Achaïe, et qu'elle s'est dévouée au service des saints. 16 Ayez

vous aussi de la déférence pour de tels hommes, et pour tous ceux qui travaillent à la même œuvre.

17 Je me réjouis de la présence de Stéphanas, de Fortunatus et d'Achaïcus ; ils ont suppléé à votre

18 absence, car ils ont tranquillisé mon esprit et le vôtre. Sachez donc apprécier de tels hommes.

19 Les Églises d'Asie vous saluent. Aquilas et Priscille, avec l'Église qui est dans leur maison, vous saluent beaucoup dans le Seigneur. Tous les 20 frères vous saluent. Saluez-vous les uns les autres par un saint baiser.

Je vous salue, moi Paul, de ma 21 propre main.

Si quelqu'un n'aime pas le Seigneur, 22 qu'il soit anathème ! Maranatha. Que la grâce du Seigneur Jésus soit 23 avec vous ! Mon amour est avec 24 vous tous en Jésus-Christ.

SECONDE ÉPÎTRE DE PAUL
AUX CORINTHIENS

Adresse et salutation.

I Paul, apôtre de Jésus-Christ par la volonté de Dieu, et le frère Timothée, à l'Église de Dieu qui est à Corinthe, et à tous les saints qui

2 sont dans toute l'Achaïe : que la grâce et la paix vous soient données de la part de Dieu notre Père et du Seigneur Jésus-Christ !

Consolations de l'apôtre au milieu de ses souffrances.—Motifs pour lesquels il a différé sa visite aux Corinthiens.

3 Béni soit Dieu, le Père de notre Seigneur Jésus-Christ, le Père des miséricordes et le Dieu de toute

4 consolation, qui nous console dans toutes nos afflictions, afin que, par la consolation dont nous sommes l'objet de la part de Dieu, nous puissions consoler ceux qui se trouvent dans

5 quelque affliction ! Car, de même que les souffrances de Christ abondent en nous, de même notre conso-

6 lation abonde par Christ. Si nous sommes affligés, c'est pour votre consolation et pour votre salut ; si nous sommes consolés, c'est pour votre consolation, qui se réalise par la patience à supporter les mêmes souffrances que nous endurons. Et notre espérance à votre égard est

7 ferme, parce que nous savons que, si vous avez part aux souffrances, vous avez part aussi à la consolation.

8 Nous ne voulons pas, en effet, vous laisser ignorer, frères, au sujet de la tribulation qui nous est survenue en Asie, que nous avons été excessivement accablés, au delà de nos forces, de telle sorte que nous désespérions même de conserver la vie. Et nous 9 regardions comme certain notre arrêt de mort, afin de ne pas placer notre confiance en nous-mêmes, mais de la placer en Dieu, qui ressuscite les morts. C'est lui qui nous a délivrés 10 et qui nous délivrera d'une telle mort, lui de qui nous espérons qu'il nous délivrera encore, vous-mêmes 11 aussi nous assistant de vos prières, afin que la grâce obtenue pour nous par plusieurs soit pour plusieurs une occasion de rendre grâces à notre sujet.

Car ce qui fait notre gloire, c'est 12 ce témoignage de notre conscience, que nous nous sommes conduits dans le monde, et surtout à votre égard, avec sainteté et pureté devant Dieu, non point avec une sagesse charnelle, mais avec la grâce de Dieu. Nous 13 ne vous écrivons pas autre chose que ce que vous lisez, et ce que vous reconnaissez. Et j'espère que vous le reconnaîtrez jusqu'à la fin, comme 14 vous avez déjà reconnu en partie que nous sommes votre gloire, de même que vous serez aussi la nôtre au jour du Seigneur Jésus.

Dans cette persuasion, je voulais 15 aller d'abord vers vous, afin que vous eussiez une double grâce ; je voulais 16 passer chez vous pour me rendre en Macédoine, puis revenir de la Macédoine chez vous, et vous m'auriez

17 fait accompagner en Judée. Est-ce que, en voulant cela, j'ai donc usé de légèreté? Ou bien, mes résolutions sont-elles des résolutions selon la chair, de sorte qu'il y ait en moi le

18 oui et le non? Aussi vrai que Dieu est fidèle, la parole que nous vous avons adressée n'a pas été oui et

19 non. Car le Fils de Dieu, Jésus-Christ, qui a été prêché par nous au milieu de vous, par moi, et par Silvain, et par Timothée, n'a pas été oui et non, mais c'est oui qui a été

20 en lui; car, pour ce qui concerne toutes les promesses de Dieu, c'est en lui qu'est le oui; c'est pourquoi encore l'Amen par lui est prononcé

21 par nous à la gloire de Dieu. Et celui qui nous affermit avec vous en Christ, et qui nous a oints, c'est

22 Dieu, lequel nous a aussi marqués d'un sceau et a mis dans nos cœurs les arrhes de l'Esprit.

23 Or, je prends Dieu à témoin sur mon âme, que c'est pour vous épargner que je ne suis plus allé à

24 Corinthe; non pas que nous dominions sur votre foi, mais nous contribuons à votre joie, car vous

2 êtes fermes dans la foi. Je résolus donc en moi-même de ne pas retourner chez vous dans la tristesse.

2 Car si je vous attriste, qui peut me réjouir, sinon celui qui est attristé

3 par moi? J'ai écrit comme je l'ai fait pour ne pas éprouver, à mon arrivée, de la tristesse de la part de ceux qui devaient me donner de la joie, ayant en vous tous cette confiance que ma joie est la vôtre à

4 tous. C'est dans une grande affliction, le cœur angoissé, et avec beaucoup de larmes, que je vous ai écrit, non pas afin que vous fussiez attristés, mais afin que vous connussiez l'amour extrême que j'ai pour vous.

5 Si quelqu'un a été une cause de tristesse, ce n'est pas moi qu'il a attristé, c'est vous tous, du moins en

6 partie, pour ne rien exagérer. Il suffit pour cet homme du châtiment qui lui a été infligé par le plus grand

nombre, en sorte que vous devez 7 bien plutôt lui pardonner et le consoler, de peur qu'il ne soit accablé par une tristesse excessive. Je vous 8 exhorte donc à faire acte de charité envers lui; car je vous ai écrit aussi 9 dans le but de connaître, en vous mettant à l'épreuve, si vous êtes obéissants en toutes choses. Or, à 10 qui vous pardonnez, je pardonne aussi; et ce que j'ai pardonné, si j'ai pardonné quelque chose, c'est à cause de vous, en présence de Christ, afin 11 de ne pas laisser à Satan l'avantage sur nous, car nous n'ignorons pas ses desseins.

Au reste, lorsque je fus arrivé à 12 Troas pour l'Évangile de Christ, quoique le Seigneur m'y eût ouvert une porte, je n'eus point de repos d'esprit, parce que je ne trouvai pas Tite, mon frère; c'est pourquoi, 13 ayant pris congé d'eux, je partis pour la Macédoine.

Ministère de l'apôtre: succès, rapportés à Dieu; supériorité de la nouvelle alliance sur l'ancienne; difficultés de la tâche; motifs de confiance et d'encouragement.

Grâces soient rendues à Dieu, qui 14 nous fait toujours triompher en Christ, et qui répand par nous en tout lieu l'odeur de sa connaissance! Nous sommes, en effet, pour Dieu la 15 bonne odeur de Christ, parmi ceux qui sont sauvés et parmi ceux qui périssent: aux uns, une odeur de 16 mort, donnant la mort; aux autres, une odeur de vie, donnant la vie.— Et qui est suffisant pour ces choses? —Car nous ne falsifions point la parole 17 de Dieu, comme font plusieurs; mais c'est avec sincérité, mais c'est de la part de Dieu, que nous parlons en Christ devant Dieu.

Commençons-nous de nouveau à **3** nous recommander nous-mêmes? Ou avons-nous besoin, comme quelques-uns, de lettres de recommandation auprès de vous, ou de votre part? C'est vous qui êtes notre lettre, 2 écrite dans nos cœurs, connue et lue de tous les hommes. Vous êtes 3 manifestement une lettre de Christ, écrite, par notre ministère, non avec de l'encre, mais avec l'Esprit du

Dieu vivant, non sur des tables de pierre, mais sur des tables de chair, sur les cœurs.

4 Cette assurance-là, nous l'avons
5 par Christ auprès de Dieu. Ce n'est pas à dire que nous soyons par nous-mêmes capables de concevoir quelque chose comme venant de nous-mêmes. Notre capacité, au contraire, vient
6 de Dieu. Il nous a aussi rendus capables d'être ministres d'une nouvelle alliance, non de la lettre, mais de l'esprit; car la lettre tue, mais l'esprit vivifie.

7 Or, si le ministère de la mort, gravé avec des lettres sur des pierres, a été glorieux, au point que les fils d'Israël ne pouvaient fixer les regards sur le visage de Moïse, à cause de la gloire de son visage, bien que cette gloire
8 fût passagère, combien le ministère de l'esprit ne sera-t-il pas plus glori-
9 eux! Si le ministère de la condamnation a été glorieux, le ministère de la justice est de beaucoup supérieur
10 en gloire. Et, sous ce rapport, ce qui a été glorieux ne l'a point été, à cause de cette gloire qui lui est
11 supérieure. En effet, si ce qui était passager a été glorieux, ce qui est permanent est bien plus glorieux.

12 Ayant donc cette espérance, nous
13 usons d'une grande liberté, et nous ne faisons pas comme Moïse, qui mettait un voile sur son visage, pour que les fils d'Israël ne fixassent pas les regards sur la fin de ce qui était
14 passager. Mais ils sont devenus durs d'entendement. Car jusqu'à ce jour le même voile demeure, quand ils font la lecture de l'Ancien Testament, et il ne se lève pas, parce que
15 c'est en Christ qu'il disparaît. Jusqu'à ce jour, quand on lit Moïse, un voile
16 est jeté sur leurs cœurs; mais lorsque les cœurs se convertissent au Sei-
17 gneur, le voile est ôté. Or, le Seigneur c'est l'Esprit; et là où est l'Esprit du Seigneur, là est la liberté.
18 Nous tous qui, le visage découvert, contemplons comme dans un miroir la gloire du Seigneur, nous sommes transformés en la même image, de gloire en gloire, comme par le Seigneur, l'Esprit.

C'est pourquoi, ayant ce ministère, 4 selon la miséricorde qui nous a été faite, nous ne perdons pas courage.
2 Nous rejetons les choses honteuses qui se font en secret, nous n'avons point une conduite astucieuse, et nous n'altérons point la parole de Dieu. Mais, en publiant la vérité, nous nous recommandons à toute conscience d'homme devant Dieu.
3 Si notre Évangile est encore voilé, il est voilé pour ceux qui périssent;
4 pour les incrédules dont le dieu de ce siècle a aveuglé l'intelligence, afin qu'ils ne vissent pas briller la splendeur de l'Évangile de la gloire de Christ, qui est l'image de Dieu. Nous
5 ne nous prêchons pas nous-mêmes; c'est Jésus-Christ le Seigneur que nous prêchons, et nous nous disons vos serviteurs à cause de Jésus. Car
6 Dieu, qui a dit: La lumière brillera du sein des ténèbres! a fait briller la lumière dans nos cœurs pour faire resplendir la connaissance de la gloire de Dieu sur la face de Christ.

7 Nous portons ce trésor dans des vases de terre, afin que cette grande puissance soit attribuée à Dieu, et
8 non pas à nous. Nous sommes pressés de toute manière, mais non réduits à l'extrémité; dans la détresse, mais non dans le désespoir;
9 persécutés, mais non abandonnés;
10 abattus, mais non perdus; portant toujours avec nous dans notre corps la mort de Jésus, afin que la vie de Jésus soit aussi manifestée dans notre corps. Car nous qui vivons,
11 nous sommes sans cesse livrés à la mort à cause de Jésus, afin que la vie de Jésus soit aussi manifestée dans notre chair mortelle.

12 Ainsi la mort agit en nous, et la
13 vie agit en vous. Et, comme nous avons le même esprit de foi qui est exprimé dans cette parole de l'Écriture: J'ai cru, c'est pourquoi j'ai parlé! nous aussi nous croyons, et c'est pour cela que nous parlons,
14 sachant que celui qui a ressuscité le Seigneur Jésus nous ressuscitera aussi avec Jésus, et nous fera paraître avec vous en sa présence. Car tout cela 15 arrive à cause de vous, afin que la

grâce, en se multipliant, fasse abonder, à la gloire de Dieu, les actions de grâces d'un plus grand nombre.

16 C'est pourquoi nous ne perdons pas courage. Et lors même que notre homme extérieur se détruit, notre homme intérieur se renouvelle

17 de jour en jour. Car nos légères afflictions du moment présent produisent pour nous, au delà de toute mesure, un poids éternel de gloire,

18 parce que nous regardons, non point aux choses visibles, mais à celles qui sont invisibles; car les choses visibles sont passagères, et les invisibles sont

5 éternelles. Nous savons, en effet, que, si cette tente où nous habitons sur la terre est détruite, nous avons dans le ciel un édifice qui est l'ouvrage de Dieu, une demeure éternelle qui n'a pas été faite de main d'homme.

2 Aussi nous gémissons dans cette tente, désirant revêtir notre domicile

3 céleste, si du moins nous sommes

4 trouvés vêtus et non pas nus. Car tandis que nous sommes dans cette tente, nous gémissons, accablés, parce que nous voulons, non pas nous dépouiller, mais nous revêtir, afin que ce qui est mortel soit englouti par la

5 vie. Et celui qui nous a formés pour cela, c'est Dieu, qui nous a donné les arrhes de l'Esprit.

6 Nous sommes donc toujours pleins de confiance, et nous savons qu'en demeurant dans ce corps nous de-

7 meurons loin du Seigneur,—car nous marchons par la foi et non par la

8 vue,—nous sommes pleins de confiance, et nous aimons mieux quitter ce corps et demeurer auprès du

9 Seigneur. C'est pour cela aussi que nous nous efforçons de lui être agréables, soit que nous demeurions dans ce corps, soit que nous le

10 quittions. Car il nous faut tous comparaître devant le tribunal de Christ, afin que chacun reçoive selon le bien ou le mal qu'il aura fait, étant dans son corps.

11 Connaissant donc la crainte du Seigneur, nous cherchons à convaincre les hommes; Dieu nous connaît, et j'espère que dans vos consciences vous nous connaissez

12 aussi. Nous ne nous recommandons pas de nouveau nous-mêmes auprès de vous; mais nous vous donnons occasion de vous glorifier à notre sujet, afin que vous puissiez répondre à ceux qui tirent gloire de ce qui est dans les apparences et non dans le

13 cœur. En effet, si je suis hors de sens, c'est pour Dieu; si je suis de

14 bon sens, c'est pour vous. Car l'amour de Christ nous presse, parce que nous estimons que, si un seul est mort

15 pour tous, tous donc sont morts; et qu'il est mort pour tous, afin que ceux qui vivent ne vivent plus pour eux-mêmes, mais pour celui qui est

16 mort et ressuscité pour eux. Ainsi, dès maintenant, nous ne connaissons personne selon la chair; et si nous avons connu Christ selon la chair, maintenant nous ne le connaissons

17 plus de cette manière. Si quelqu'un est en Christ, il est une nouvelle créature. Les choses anciennes sont passées; voici, toutes choses sont

18 devenues nouvelles. Et tout cela vient de Dieu, qui nous a réconciliés avec lui par Christ, et qui nous a donné le ministère de la réconcilia-

19 tion. Car Dieu était en Christ, réconciliant le monde avec lui-même, en n'imputant point aux hommes leurs offenses, et il a mis en nous la

20 parole de la réconciliation. Nous faisons donc les fonctions d'ambassadeurs pour Christ, comme si Dieu exhortait par nous; nous vous en supplions au nom de Christ: Soyez réconciliés avec Dieu! Celui qui n'a

21 point connu le péché, il l'a fait devenir péché pour nous, afin que nous devenions en lui justice de Dieu.

Dévouement et fidélité de Paul dans son ministère. Exhortations pressantes aux Corinthiens, et joie de l'apôtre à la nouvelle, apportée par Tite, des heureux effets produits sur eux par sa dernière lettre.

6 Puisque nous travaillons avec Dieu, nous vous exhortons à ne pas recevoir la grâce de Dieu en vain.

2 Car il dit:

Au temps favorable je t'ai exaucé,

Au jour du salut je t'ai secouru.

Voici maintenant le temps favorable, voici maintenant le jour du salut.

3 Nous ne donnons aucun scandale en quoi que ce soit, afin que le ministère

4 ne soit pas un objet de blâme. Mais nous nous rendons à tous égards recommandables, comme serviteurs de Dieu, par beaucoup de patience dans les tribulations, dans les cala-

5 mités, dans les détresses, sous les coups, dans les prisons, dans les séditions, dans les travaux, dans les

6 veilles, dans les jeûnes ; par la pureté, par la connaissance, par la longanimité, par la bonté, par un esprit saint, par une charité sincère,

7 par la parole de vérité, par la puissance de Dieu, par les armes offensives

8 et défensives de la justice ; au milieu de la gloire et de l'ignominie, au milieu de la mauvaise et de la bonne réputation ; étant regardés comme

9 imposteurs, quoique véridiques ; comme inconnus, quoique bien connus ; comme mourants, et voici nous vivons ; comme châtiés, quoique non

10 mis à mort ; comme attristés, et nous sommes toujours joyeux ; comme pauvres, et nous en enrichissons plusieurs ; comme n'ayant rien, et nous possédons toutes choses.

11 Notre bouche s'est ouverte pour vous, Corinthiens, notre cœur s'est

12 élargi. Vous n'êtes point à l'étroit au dedans de nous ; mais vos entrailles

13 se sont rétrécies. Rendez-nous la pareille,—je vous parle comme à mes enfants,—élargissez-vous aussi !

14 Ne vous mettez pas avec les infidèles sous un joug étranger. Car quel rapport y a-t-il entre la justice et l'iniquité ? ou qu'y a-t-il de commun entre la lumière et les ténèbres ?

15 Quel accord y a-t-il entre Christ et Bélial ? ou quelle part a le fidèle

16 avec l'infidèle ? Quel rapport y a-t-il entre le temple de Dieu et les idoles ? Car nous sommes le temple du Dieu vivant, comme Dieu l'a dit : J'habiterai et je marcherai au milieu d'eux ; je serai leur Dieu, et ils

17 seront mon peuple. C'est pourquoi,

Sortez du milieu d'eux, Et séparez-vous, dit le Seigneur ; Ne touchez pas à ce qui est impur, Et je vous accueillerai.

18 Je serai pour vous un père, Et vous serez pour moi des fils et des filles, Dit le Seigneur tout-puissant.

7 Ayant donc de telles promesses, bien-aimés, purifions-nous de toute souillure de la chair et de l'esprit, en achevant notre sanctification dans la crainte de Dieu.

2 Donnez-nous une place dans vos cœurs ! Nous n'avons fait tort à personne, nous n'avons ruiné personne, nous n'avons tiré du profit de per-

3 sonne. Ce n'est pas pour vous condamner que je parle de la sorte ; car j'ai déjà dit que vous êtes dans nos cœurs à la vie et à la mort. J'ai

4 une grande confiance en vous, j'ai tout sujet de me glorifier de vous ; je suis rempli de consolation, je suis comblé de joie au milieu de toutes

5 nos tribulations. Car, depuis notre arrivée en Macédoine, notre chair n'eut aucun repos ; nous étions affligés de toute manière : luttes au

6 dehors, craintes au dedans. Mais Dieu, qui console ceux qui sont abattus, nous a consolés par l'arrivée

7 de Tite, et non seulement par son arrivée, mais encore par la consolation que Tite lui-même ressentait à votre sujet : il nous a raconté votre ardent désir, vos larmes, votre zèle pour moi, en sorte que ma joie a été d'autant plus grande.

8 Quoique je vous aie attristés par ma lettre, je ne m'en repens pas. Et, si je m'en suis repenti,—car je vois que cette lettre vous a attristés, bien

9 que momentanément,—je me réjouis à cette heure, non pas de ce que vous avez été attristés, mais de ce que votre tristesse vous a portés à la repentance ; car vous avez été attristés selon Dieu, afin de ne recevoir

10 de notre part aucun dommage. En effet, la tristesse selon Dieu produit une repentance à salut dont on ne se repent jamais, tandis que la tristesse du monde produit la mort.

11 Et voici, cette même tristesse selon Dieu, quel empressement n'a-t-elle pas produit en vous ! Quelle justification, quelle indignation, quelle crainte, quel désir ardent, quel zèle, quelle punition ! Vous avez montré à tous égards que vous étiez purs dans cette affaire.

12 Si donc je vous ai écrit, ce n'était ni à cause de celui qui a fait l'injure, ni à cause de celui qui l'a reçue ; c'était afin que votre empressement pour nous fût manifesté parmi vous

13 devant Dieu. C'est pourquoi nous avons été consolés. Mais, outre notre consolation, nous avons été réjouis beaucoup plus encore par la joie de Tite, dont l'esprit a été tranquillisé

14 par vous tous. Et si devant lui je me suis un peu glorifié à votre sujet, je n'en ai point eu de confusion ; mais, comme nous vous avons toujours parlé selon la vérité, ce dont nous nous sommes glorifiés auprès de Tite s'est trouvé aussi la vérité.

15 Il éprouve pour vous un redoublement d'affection, au souvenir de votre obéissance à tous, et de l'accueil que vous lui avez fait avec

16 crainte et tremblement. Je me réjouis de pouvoir en toutes choses me confier en vous.

Recommandations au sujet de la collecte pour les chrétiens de Jérusalem.

8 Nous vous faisons connaître, frères, la grâce de Dieu qui s'est manifestée dans les Églises de la Macédoine.

2 Au milieu de beaucoup de tribulations qui les ont éprouvées, leur joie débordante et leur pauvreté profonde ont produit avec abondance de riches libéralités de leur part.

3 Ils ont, je l'atteste, donné volontairement selon leurs moyens, et même

4 au delà de leurs moyens, nous demandant avec de grandes instances la grâce de prendre part à l'assistance

5 destinée aux saints. Et non seulement ils ont contribué comme nous l'espérions, mais ils se sont d'abord donnés eux-mêmes au Seigneur, puis à nous, par la volonté de Dieu.

6 Nous avons donc engagé Tite à achever chez vous cette œuvre de bienfaisance, comme il l'avait commencée. De même que vous ex- 7 cellez en toutes choses, en foi, en parole, en connaissance, en zèle à tous égards, et dans votre amour pour nous, faites en sorte d'exceller aussi dans cette œuvre de bienfaisance. Je ne dis pas cela pour 8 donner un ordre, mais pour éprouver, par le zèle des autres, la sincérité de votre charité. Car vous connaissez 9 la grâce de notre Seigneur Jésus-Christ, qui pour vous s'est fait pauvre, de riche qu'il était, afin que par sa pauvreté vous fussiez enrichis. C'est 10 un avis que je donne là-dessus, car cela vous convient, à vous qui non seulement avez commencé à agir, mais qui en avez eu la volonté dès l'année dernière. Achevez donc 11 maintenant d'agir, afin que l'accomplissement selon vos moyens réponde à l'empressement que vous avez mis à vouloir. La bonne volonté, 12 quand elle existe, est agréable en raison de ce qu'elle peut avoir à sa disposition, et non de ce qu'elle n'a pas. Car il s'agit, non de vous ex- 13 poser à la détresse pour soulager les autres, mais de suivre une règle d'égalité : dans la circonstance présente votre superflu pourvoira à leurs besoins, afin que leur superflu pour- 14 voie pareillement aux vôtres, en sorte qu'il y ait égalité, selon qu'il 15 est écrit : Celui qui avait ramassé beaucoup n'avait rien de trop, et celui qui avait ramassé peu n'en manquait pas.

Grâces soient rendues à Dieu de 16 ce qu'il a mis dans le cœur de Tite le même empressement pour vous ; car il a accueilli notre demande, et 17 c'est avec un nouveau zèle et de son plein gré qu'il part pour aller chez vous. Nous envoyons avec lui le 18 frère dont la louange en ce qui concerne l'Évangile est répandue dans toutes les Églises, et qui, de plus, 19 a été choisi par les Églises pour être notre compagnon de voyage dans cette œuvre de bienfaisance, que nous accomplissons à la gloire du Seigneur même et en témoignage de notre bonne volonté. Nous agissons 20 ainsi, afin que personne ne nous blâme au sujet de cette abondante collecte, à laquelle nous donnons 21 nos soins ; car nous recherchons ce qui est bien, non seulement devant le Seigneur, mais aussi devant les 22 hommes. Nous envoyons avec eux notre frère, dont nous avons souvent éprouvé le zèle dans beaucoup d'occasions, et qui en montre plus encore cette fois à cause de sa grande con- 23 fiance en vous. Ainsi, pour ce qui est de Tite, il est notre associé et notre compagnon d'œuvre auprès de vous ; et pour ce qui est de nos frères, ils sont les envoyés des Églises, 24 la gloire de Christ. Donnez-leur donc, à la face des Églises, la preuve de votre charité, et montrez-leur que nous avons sujet de nous glorifier de vous.

9 Il est superflu que je vous écrive touchant l'assistance destinée aux 2 saints. Je connais, en effet, votre bonne volonté, dont je me glorifie pour vous auprès des Macédoniens, en déclarant que l'Achaïe est prête depuis l'année dernière ; et ce zèle de votre part a stimulé le plus grand 3 nombre. J'envoie les frères, afin que l'éloge que nous avons fait de vous ne soit pas réduit à néant sur ce point-là, et que vous soyez prêts, 4 comme je l'ai dit. Je ne voudrais pas, si les Macédoniens m'accompagnent et ne vous trouvent pas prêts, que cette assurance tournât à notre confusion, pour ne pas dire à 5 la vôtre. J'ai donc jugé nécessaire d'inviter les frères à se rendre auparavant chez vous, et à s'occuper de votre libéralité déjà promise, afin qu'elle soit prête, de manière à être une libéralité, et non un acte d'avarice.

6 Sachez-le, celui qui sème peu moissonnera peu, et celui qui sème abondamment moissonnera abon- 7 damment. Que chacun donne comme il l'a résolu en son cœur, sans tristesse ni contrainte ; car Dieu aime 8 celui qui donne avec joie. Et Dieu peut vous combler de toutes sortes de grâces, afin que, possédant toujours en toutes choses de quoi satis-

faire à tous vos besoins, vous ayez encore en abondance pour toute bonne œuvre, selon qu'il est écrit : 9

Il a fait des largesses, il a donné
　　　　　aux indigents ;
Sa justice subsiste à jamais.

Celui qui 10

Fournit de la semence au semeur,
Et du pain pour sa nourriture,

vous fournira et vous multipliera la semence, et il augmentera les fruits de votre justice. Vous serez de la 11 sorte enrichis à tous égards pour toute espèce de libéralités, qui, par notre moyen, feront offrir à Dieu des actions de grâces. Car le se- 12 cours de cette assistance non seulement pourvoit aux besoins des saints, mais il est encore une source abondante de nombreuses actions de grâces envers Dieu. En considéra- 13 tion de ce secours dont ils font l'expérience, ils glorifient Dieu de votre obéissance dans la profession de l'Évangile de Christ, et de la libéralité de vos dons envers eux et envers tous ; ils prient pour vous, 14 parce qu'ils vous aiment à cause de la grâce éminente que Dieu vous a faite. Grâces soient rendues à Dieu 15 pour son don ineffable !

Paul défendant son ministère.

Moi Paul, je vous prie, par la **10** douceur et la bonté de Christ,— moi, humble d'apparence quand je suis au milieu de vous, et plein de hardiesse à votre égard quand je suis éloigné,—je vous prie, lorsque 2 je serai présent, de ne pas me forcer à recourir avec assurance à cette hardiesse, dont je me propose d'user contre quelques-uns qui nous regardent comme marchant selon la chair.

Si nous marchons dans la chair, 3 nous ne combattons pas selon la chair. Car les armes avec lesquelles 4 nous combattons ne sont pas charnelles ; mais elles sont puissantes, par la vertu de Dieu, pour renverser

5 des forteresses. Nous renversons les raisonnements et toute hauteur qui s'élève contre la connaissance de Dieu, et nous amenons toute pensée captive à l'obéissance de 6 Christ. Nous sommes prêts aussi à punir toute désobéissance, lorsque votre obéissance sera complète.

7 Vous regardez à l'apparence ! Si quelqu'un se persuade qu'il est de Christ, qu'il se dise bien en lui-même que, comme il est de Christ, nous aussi nous sommes de Christ. 8 Et quand même je me glorifierais un peu trop de l'autorité que le Seigneur nous a donnée pour votre édification et non pour votre des-truction, je ne saurais en avoir 9 honte, afin que je ne paraisse pas vouloir vous intimider par mes lettres. 10 Car, dit-on, ses lettres sont sévères et fortes ; mais, présent en personne, il est faible, et sa parole est mé-11 prisable. Que celui qui parle de la sorte considère que tels nous sommes en paroles dans nos lettres, étant absents, tels aussi nous sommes dans nos actes, étant présents.

12 Nous n'osons pas nous égaler ou nous comparer à quelques-uns de ceux qui se recommandent eux-mêmes. Mais, en se mesurant à leur propre mesure et en se com-parant à eux-mêmes, ils manquent 13 d'intelligence. Pour nous, nous ne voulons pas nous glorifier hors de toute mesure ; nous prendrons, au contraire, pour mesure les limites du partage que Dieu nous a assigné, de manière à nous faire venir aussi 14 jusqu'à vous. Nous ne dépassons point nos limites, comme si nous n'étions pas venus jusqu'à vous ; car c'est bien jusqu'à vous que nous som-mes arrivés avec l'Évangile de Christ. 15 Ce n'est pas hors de toute mesure, ce n'est pas des travaux d'autrui, que nous nous glorifions ; mais c'est avec l'espérance, si votre foi augmente, de grandir encore davantage parmi vous, selon les limites qui nous sont 16 assignées, et d'annoncer l'Évangile au delà de chez vous, sans nous glorifier de ce qui a été fait dans les 17 limites assignées à d'autres. Que

celui qui se glorifie se glorifie dans le Seigneur. Car ce n'est pas celui 18 qui se recommande lui-même qui est approuvé, c'est celui que le Seigneur recommande.

Oh ! si vous pouviez supporter **11** de ma part un peu de folie ! Mais vous me supportez ! Car je suis 2 jaloux de vous d'une jalousie de Dieu, parce que je vous ai fiancés à un seul époux, pour vous présenter à Christ comme une vierge pure. Toutefois, de même que le serpent 3 séduisit Ève par sa ruse, je crains que vos pensées ne se corrompent et ne se détournent de la simplicité à l'égard de Christ. Car, si quelqu'un 4 vient vous prêcher un autre Jésus que celui que nous avons prêché, ou si vous recevez un autre Esprit que celui que vous avez reçu, ou un autre Évangile que celui que vous avez embrassé, vous le supportez fort bien. Or, j'estime que je n'ai été 5 inférieur en rien à ces apôtres par excellence. Si je suis un ignorant 6 sous le rapport du langage, je ne le suis point sous celui de la connais-sance, et nous l'avons montré parmi vous à tous égards et en toutes choses.

Ou bien, ai-je commis un péché 7 parce que, m'abaissant moi-même afin que vous fussiez élevés, je vous ai annoncé gratuitement l'Évangile de Dieu ? J'ai dépouillé d'autres 8 Églises, en recevant d'elles un sa-laire, pour vous servir. Et lorsque j'étais chez vous et que je me suis trouvé dans le besoin, je n'ai été à charge à personne ; car les frères 9 venus de Macédoine ont pourvu à ce qui me manquait. En toutes choses je me suis gardé de vous être à charge, et je m'en garderai. Par 10 la vérité de Christ qui est en moi, je déclare que ce sujet de gloire ne me sera pas enlevé dans les contrées de l'Achaïe. Pourquoi ?...Parce que je 11 ne vous aime pas ?...Dieu le sait ! Mais j'agis et j'agirai de la sorte, pour 12 ôter ce prétexte à ceux qui cher-chent un prétexte, afin qu'ils soient trouvés tels que nous dans les choses dont ils se glorifient. Ces hommes- 13 là sont de faux apôtres, des ouvriers trompeurs, déguisés en apôtres de 14 Christ. Et cela n'est pas étonnant, puisque Satan lui-même se déguise 15 en ange de lumière. Il n'est donc pas étrange que ses ministres aussi se déguisent en ministres de justice. Leur fin sera selon leurs œuvres.

16 Je le répète, que personne ne me regarde comme un insensé; sinon, recevez-moi comme un insensé, afin que 17 moi aussi, je me glorifie un peu. Ce que je dis, avec l'assurance d'avoir sujet de me glorifier, je ne le dis pas selon le Seigneur, mais comme par 18 folie. Puisqu'il en est plusieurs qui se glorifient selon la chair, je me glori-19 fierai aussi. Car vous supportez volontiers les insensés, vous qui êtes 20 sages. Si quelqu'un vous asservit, si quelqu'un vous dévore, si quelqu'un s'empare de vous, si quelqu'un est arrogant, si quelqu'un vous frappe 21 au visage, vous le supportez. J'ai honte de le dire, nous avons montré de la faiblesse.

Cependant, tout ce que peut oser quelqu'un,—je parle en insensé,— 22 moi aussi, je l'ose ! Sont-ils Hébreux ? Moi aussi. Sont-ils Israélites ? Moi aussi. Sont-ils de la postérité d'Abraham ? Moi aussi. 23 Sont-ils ministres de Christ ?—Je parle en homme qui extravague.— Je le suis plus encore : par les travaux, bien plus ; par les coups, bien plus ; par les emprisonnements, bien plus. Souvent en danger de mort, 24 cinq fois j'ai reçu des Juifs quarante 25 coups moins un, trois fois j'ai été battu de verges, une fois j'ai été lapidé, trois fois j'ai fait naufrage, j'ai passé un jour et une nuit dans 26 l'abîme. Fréquemment en voyage, j'ai été en péril sur les fleuves, en péril de la part des brigands, en péril de la part de ceux de ma nation, en péril de la part des païens, en péril dans les villes, en péril dans les déserts, en péril sur la mer, en 27 péril parmi les faux frères. J'ai été dans le travail et dans la peine, exposé à de nombreuses veilles, à la faim et à la soif, à des jeûnes multi-pliés, au froid et à la nudité. Et, 28 sans parler d'autres choses, je suis assiégé chaque jour par les soucis que me donnent toutes les Églises. Qui est faible, que je ne sois faible ? 29 Qui vient à tomber, que je ne brûle ?

S'il faut se glorifier, c'est de ma 30 faiblesse que je me glorifierai ! Dieu, 31 qui est le Père du Seigneur Jésus, et qui est béni éternellement, sait que je ne mens point ! ...A Damas, le 32 gouverneur du roi Arétas faisait garder la ville des Damascéniens, pour se saisir de moi ; mais on me 33 descendit par une fenêtre, dans une corbeille, le long de la muraille, et j'échappai de leurs mains.

Il faut se glorifier...Cela n'est **12** pas bon. J'en viendrai néanmoins à des visions et à des révélations du Seigneur.

Je connais un homme en Christ, 2 qui fut, il y a quatorze ans, ravi jusqu'au troisième ciel (si ce fut dans son corps je ne sais, si ce fut hors de son corps je ne sais, Dieu le sait). Et 3 je sais que cet homme (si ce fut dans son corps ou sans son corps je ne sais, Dieu le sait) fut enlevé dans le 4 paradis, et qu'il entendit des paroles ineffables qu'il n'est pas permis à un homme d'exprimer. Je me glori-5 fierai d'un tel homme, mais de moi-même je ne me glorifierai pas, sinon de mes infirmités. Si je voulais me 6 glorifier, je ne serais pas un insensé, car je dirais la vérité ; mais je m'en abstiens, afin que personne n'ait à mon sujet une opinion supérieure à ce qu'il voit en moi ou à ce qu'il entend de moi.

Et pour que je ne sois pas enflé 7 d'orgueil, à cause de l'excellence de ces révélations, il m'a été mis une écharde dans la chair, un ange de Satan pour me souffleter et m'empêcher de m'enorgueillir. Trois fois 8 j'ai prié le Seigneur de l'éloigner de moi, et il m'a dit : Ma grâce te suffit, 9 car ma puissance s'accomplit dans la faiblesse. Je me glorifierai donc bien plus volontiers de mes faiblesses, afin que la puissance de Christ repose sur moi. C'est pourquoi je me 10 plais dans les faiblesses, dans les outrages, dans les calamités, dans les persécutions, dans les détresses, pour Christ ; car, quand je suis faible, c'est alors que je suis fort.

11 J'ai été un insensé : vous m'y avez contraint. C'est par vous que je devais être recommandé, car je n'ai été inférieur en rien aux apôtres par excellence, quoique je ne sois rien.

12 Les preuves de mon apostolat ont éclaté au milieu de vous par une patience à toute épreuve, par des signes, des prodiges et des miracles.

13 En quoi avez-vous été traités moins favorablement que les autres Églises, sinon en ce que je ne vous ai point été à charge ? Pardonnez-moi ce tort.

14 Voici, pour la troisième fois je suis prêt à aller chez vous, et je ne vous serai point à charge ; car ce ne sont pas vos biens que je cherche, c'est vous-mêmes. Ce n'est pas, en effet, aux enfants à amasser pour leurs parents, mais aux parents pour 15 leurs enfants. Pour moi, je dépenserai très volontiers, et je me dépenserai moi-même pour vos âmes, dussé-je, en vous aimant davantage, être moins aimé de vous.

16 Soit ! je ne vous ai point été à charge ; mais, en homme astucieux, 17 je vous ai pris par ruse !—Ai-je tiré du profit de vous par quelqu'un de 18 ceux que je vous ai envoyés ? J'ai engagé Tite à aller chez vous, et avec lui j'ai envoyé le frère : est-ce que Tite a exigé quelque chose de vous ? N'avons-nous pas marché dans le même esprit, sur les mêmes traces ?

19 Vous vous imaginez depuis longtemps que nous nous justifions auprès de vous. C'est devant Dieu, en Christ, que nous parlons ; et tout cela, bien-aimés, nous le disons pour 20 votre édification. Car je crains de ne pas vous trouver, à mon arrivée, tels que je voudrais, et d'être moi-même trouvé par vous tel que vous ne voudriez pas. Je crains de trouver des querelles, de la jalousie, des animosités, des cabales, des médisances, des calomnies, de l'orgueil,

des troubles. Je crains qu'à mon 21 arrivée mon Dieu ne m'humilie de nouveau à votre sujet, et que je n'aie à pleurer sur plusieurs de ceux qui ont péché précédemment et qui ne se sont pas repentis de l'impureté, de l'impudicité et des dissolutions auxquelles ils se sont livrés.

Derniers avertissements aux Corinthiens.
Salutations.

Je vais chez vous pour la troisième fois. Toute affaire se réglera sur la déclaration de deux ou de trois témoins. Lorsque j'étais pré-2 sent pour la seconde fois, j'ai déjà dit, et aujourd'hui que je suis absent je dis encore d'avance à ceux qui ont péché précédemment et à tous les autres que, si je retourne chez vous, je n'userai d'aucun ménagement, puisque vous cherchez une preuve 3 que Christ parle en moi, lui qui n'est pas faible à votre égard, mais qui est puissant parmi vous. Car il a été 4 crucifié à cause de sa faiblesse, mais il vit par la puissance de Dieu ; nous aussi, nous sommes faibles en lui, mais nous vivrons avec lui par la puissance de Dieu pour agir envers vous.

Examinez-vous vous-mêmes, pour 5 savoir si vous êtes dans la foi ; éprouvez-vous vous-mêmes. Ne reconnaissez-vous pas que Jésus-Christ est en vous ? à moins peut-être que vous ne soyez réprouvés. Mais 6 j'espère que vous reconnaîtrez que nous, nous ne sommes pas réprouvés. Cependant nous prions Dieu que 7 vous ne fassiez rien de mal, non pour paraître nous-mêmes approuvés, mais afin que vous pratiquiez ce qui est bien et que nous, nous soyons comme réprouvés. Car nous n'avons 8 pas de puissance contre la vérité ; nous n'en avons que pour la vérité. Nous nous réjouissons lorsque nous 9 sommes faibles, tandis que vous êtes forts ; et ce que nous demandons dans nos prières, c'est votre perfectionnement. C'est pourquoi j'écris 10 ces choses étant absent, afin que, présent, je n'aie pas à user de rigueur, selon l'autorité que le Seigneur m'a donnée pour l'édification et non pour la destruction.

11 Au reste, frères, soyez dans la joie, perfectionnez vous, consolez-vous, ayez un même sentiment, vivez en paix ; et le Dieu d'amour et de paix sera avec vous. Saluez-vous les uns 12 les autres par un saint baiser. Tous les saints vous saluent.

Que la grâce du Seigneur Jésus- 13 Christ, l'amour de Dieu, et la communication du Saint-Esprit, soient avec vous tous !

ÉPÎTRE DE PAUL
AUX GALATES

Adresse et salutation.

I Paul, apôtre, non de la part des hommes, ni par un homme, mais par Jésus-Christ et Dieu le Père, qui l'a
2 ressuscité des morts, et tous les frères qui sont avec moi, aux Églises de la
3 Galatie: que la grâce et la paix vous soient données de la part de Dieu le Père et de notre Seigneur Jésus-
4 Christ, qui s'est donné lui-même pour nos péchés, afin de nous arracher du présent siècle mauvais, selon la
5 volonté de notre Dieu et Père, à qui soit la gloire aux siècles des siècles ! Amen !

Inconstance des Galates qui, entraînés par de faux docteurs, s'éloignent du pur Évangile.

6 Je m'étonne que vous vous détourniez si promptement de celui qui vous a appelés par la grâce de Christ, pour passer à un autre Évan-
7 gile. Non pas qu'il y ait un autre Évangile, mais il y a des gens qui vous troublent, et qui veulent renverser l'Évangile de Christ.
8 Mais, quand nous-mêmes, quand un ange du ciel annoncerait un autre Évangile que celui que nous vous avons prêché, qu'il soit anathème !
9 Nous l'avons dit précédemment, et je le répète à cette heure : si quelqu'un vous annonce un autre Évangile que celui que vous avez reçu, qu'il soit anathème !
10 Et maintenant, est-ce la faveur des hommes que je désire, ou celle de Dieu ? Est-ce que je cherche à plaire aux hommes ? Si je plaisais encore aux hommes, je ne serais pas serviteur de Christ.

Paul annonce l'Évangile tel qu'il l'a appris par une révélation de Jésus-Christ. Sa prédication et son ministère ont été approuvés par les apôtres à Jérusalem. Résistance à Pierre, dont la conduite à Antioche lui avait paru en désaccord avec le principe de la justification sans les œuvres de la loi.

Je vous déclare, frères, que l'Évan- 11 gile qui a été annoncé par moi n'est pas de l'homme; car je ne l'ai ni 12 reçu ni appris d'un homme, mais par une révélation de Jésus-Christ.

Vous avez su, en effet, quelle était 13 autrefois ma conduite dans le judaïsme, comment je persécutais à outrance et ravageais l'Église de Dieu, et comment j'étais plus avancé dans 14 le judaïsme que beaucoup de ceux de mon âge et de ma nation, étant animé d'un zèle excessif pour les traditions de mes pères. Mais, lors- 15 qu'il plut à celui qui m'avait mis à part dès le sein de ma mère, et qui m'a appelé par sa grâce, de révéler 16 en moi son Fils, afin que je l'annonçasse parmi les païens, aussitôt, je ne consultai ni la chair ni le sang, et je 17 ne montai point à Jérusalem vers ceux qui furent apôtres avant moi, mais je partis pour l'Arabie. Puis, je revins encore à Damas.

Trois ans plus tard, je montai à 18 Jérusalem pour faire la connaissance de Céphas, et je demeurai quinze jours chez lui. Mais je ne vis aucun 19 autre des apôtres, si ce n'est Jacques,

20 le frère du Seigneur. Dans ce que je vous écris, voici, devant Dieu, je ne mens point.

21 J'allai ensuite dans les contrées de 22 la Syrie et de la Cilicie. Or, j'étais inconnu de visage aux Églises de 23 Judée qui sont en Christ ; seulement, elles avaient entendu dire : Celui qui autrefois nous persécutait annonce maintenant la foi qu'il s'efforçait 24 alors de détruire. Et elles glorifiaient Dieu à mon sujet.

2 Quatorze ans après, je montai de nouveau à Jérusalem avec Barnabas, 2 ayant aussi pris Tite avec moi ; et ce fut d'après une révélation que j'y montai. Je leur exposai l'Évangile que je prêche parmi les païens, je l'exposai en particulier à ceux qui sont les plus considérés, afin de ne pas courir ou avoir couru en vain. 3 Mais Tite, qui était avec moi, et qui était Grec, ne fut pas même contraint 4 de se faire circoncire. Et cela, à cause des faux frères qui s'étaient furtivement introduits et glissés parmi nous, pour épier la liberté que nous avons en Jésus-Christ, avec l'intention 5 de nous asservir. Nous ne leur cédâmes pas un instant et nous résistâmes à leurs exigences, afin que la vérité de l'Évangile fût 6 maintenue parmi vous. Ceux qui sont les plus considérés,—quels qu'ils aient été jadis, cela ne m'importe pas : Dieu ne fait point acception de personnes,—ceux qui sont les plus 7 considérés ne m'imposèrent rien. Au contraire, voyant que l'Évangile m'avait été confié pour les incirconcis, comme à Pierre pour les circoncis,— 8 car celui qui a fait de Pierre l'apôtre des circoncis a aussi fait de moi l'a- 9 pôtre des païens,—et ayant reconnu la grâce qui m'avait été accordée, Jacques, Céphas et Jean, qui sont regardés comme des colonnes, me donnèrent, à moi et à Barnabas, la main d'association, afin que nous allassions, nous vers les païens, et 10 eux vers les circoncis. Ils nous recommandèrent seulement de nous souvenir des pauvres, ce que j'ai bien eu soin de faire.

11 Mais lorsque Céphas vint à Antioche, je lui résistai en face, parce qu'il était répréhensible. En 12 effet, avant l'arrivée de quelques personnes envoyées par Jacques, il mangeait avec les païens ; et, quand elles furent venues, il s'esquiva et se tint à l'écart, par crainte des circoncis. Avec lui les autres Juifs usèrent aussi 13 de dissimulation, en sorte que Barnabas même fut entraîné par leur hypocrisie. Voyant qu'ils ne mar- 14 chaient pas droit selon la vérité de l'Évangile, je dis à Céphas, en présence de tous : Si toi qui es Juif, tu vis à la manière des païens et non à la manière des Juifs, pourquoi forces-tu les païens à judaïser ?

Nous, nous sommes Juifs de nais- 15 sance, et non pécheurs d'entre les païens. Néanmoins, sachant que ce 16 n'est pas par les œuvres de la loi que l'homme est justifié, mais par la foi en Jésus-Christ, nous aussi nous avons cru en Jésus-Christ, afin d'être justifiés par la foi en Christ et non par les œuvres de la loi, parce que nulle chair ne sera justifiée par les œuvres de la loi. Mais, tandis que 17 nous cherchons à être justifiés par Christ, si nous étions aussi nous-mêmes trouvés pécheurs, Christ serait-il un ministre du péché ? Loin de là ! Car, si je rebâtis les choses 18 que j'ai détruites, je me constitue moi-même un transgresseur, car c'est 19 par la loi que je suis mort à la loi, afin de vivre pour Dieu. J'ai été 20 crucifié avec Christ ; et si je vis, ce n'est plus moi qui vis, c'est Christ qui vit en moi ; si je vis maintenant dans la chair, je vis dans la foi au Fils de Dieu, qui m'a aimé et qui s'est livré lui-même pour moi. Je 21 ne rejette pas la grâce de Dieu ; car si la justice s'obtient par la loi, Christ est donc mort en vain.

La loi et la foi : la loi est impuissante pour assurer le salut, elle doit conduire à la foi ; la foi affranchit de la loi, elle procure la liberté évangélique.

3 O Galates dépourvus de sens ! qui vous a fascinés, vous, aux yeux de qui Jésus-Christ a été peint comme crucifié ? Voici seulement ce que 2 je veux apprendre de vous : Est-ce par les œuvres de la loi que vous avez reçu l'Esprit, ou par la prédica-

3 tion de la foi? Êtes-vous tellement dépourvus de sens? Après avoir commencé par l'Esprit, voulez-vous

4 maintenant finir par la chair? Avez-vous tant souffert en vain? si toute-

5 fois c'est en vain. Celui qui vous accorde l'Esprit, et qui opère des miracles parmi vous, le fait il donc par les œuvres de la loi, ou par la prédication de la foi?

6 Comme Abraham crut à Dieu, et que cela lui fut imputé à justice,

7 reconnaissez donc que ce sont ceux qui ont la foi qui sont fils d'Abraham.

8 Aussi l'Écriture, prévoyant que Dieu justifierait les païens par la foi, a d'avance annoncé cette bonne nou-velle à Abraham: Toutes les nations

9 seront bénies en toi! de sorte que ceux qui croient sont bénis avec

10 Abraham le croyant. Car tous ceux qui s'attachent aux œuvres de la loi sont sous la malédiction; car il est écrit: Maudit est quiconque n'observe pas tout ce qui est écrit dans le livre de la loi, et ne le met pas en pratique.

11 Et que nul ne soit justifié devant Dieu par la loi, cela est évident, puisqu'il est dit: Le juste vivra par

12 la foi. Or, la loi ne procède pas de la foi; mais elle dit: Celui qui mettra ces choses en pratique vivra

13 par elles. Christ nous a rachetés de la malédiction de la loi, étant devenu malédiction pour nous,—car il est écrit: Maudit est quiconque est

14 pendu au bois,—afin que la bénédic-tion d'Abraham eût pour les païens son accomplissement en Jésus-Christ, et que nous reçussions par la foi l'Esprit qui avait été promis.

15 Frères (je parle à la manière des hommes), une disposition en bonne forme, bien que faite par un homme, n'est annulée par personne, et per-

16 sonne n'y ajoute. Or les promesses ont été faites à Abraham et à sa postérité. Il n'est pas dit: et aux postérités, comme s'il s'agissait de plusieurs, mais en tant qu'il s'agit d'une seule: et à ta postérité, c'est-à-

17 dire, à Christ. Voici ce que j'entends: une disposition, que Dieu a confirmée

antérieurement, ne peut pas être annulée, et ainsi la promesse rendue vaine, par la loi survenue quatre cent trente ans plus tard. Car si l'héritage 18 venait de la loi, il ne viendrait plus de la promesse; or, c'est par la promesse que Dieu a fait à Abraham ce don de sa grâce.

Pourquoi donc la loi? Elle a été 19 donnée ensuite à cause des trans-gressions, jusqu'à ce que vînt la postérité à qui la promesse avait été faite; elle a été promulguée par des anges, au moyen d'un médiateur. Or, le médiateur n'est pas médiateur 20 d'un seul, tandis que Dieu est un seul.

La loi est-elle donc contre les 21 promesses de Dieu? Loin de là! S'il eût été donné une loi qui pût procurer la vie, la justice viendrait réellement de la loi. Mais l'Écriture 22 a tout renfermé sous le péché, afin que ce qui avait été promis fût donné par la foi en Jésus-Christ à ceux qui croient. Avant que la foi 23 vînt, nous étions enfermés sous la garde de la loi, en vue de la foi qui devait être révélée. Ainsi la loi a 24 été comme un pédagogue pour nous conduire à Christ, afin que nous fussions justifiés par la foi. La foi 25 étant venue, nous ne sommes plus sous ce pédagogue. Car vous êtes 26 tous fils de Dieu par la foi en Jésus-Christ; vous tous, qui avez été 27 baptisés en Christ, vous avez revêtu Christ. Il n'y a plus ni Juif ni Grec, 28 il n'y a plus ni esclave ni libre, il n'y a plus ni homme ni femme; car tous vous êtes un en Jésus-Christ. Et si 29 vous êtes à Christ, vous êtes donc la postérité d'Abraham, héritiers selon la promesse.

Or, aussi longtemps que l'héritier **4** est enfant. je dis qu'il ne diffère en rien d'un esclave, quoiqu'il soit le maître de tout; mais il est sous des 2 tuteurs et des administrateurs jus-qu'au temps marqué par le père. Nous aussi, de la même manière, 3 lorsque nous étions enfants, nous étions sous l'esclavage des rudiments du monde; mais, lorsque les temps 4 ont été accomplis, Dieu a envoyé son Fils, né d'une femme, né sous la 5 loi, afin qu'il rachetât ceux qui étaient sous la loi, afin que nous 6 reçussions l'adoption. Et parce que vous êtes fils, Dieu a envoyé dans nos cœurs l'Esprit de son Fils, lequel 7 crie : Abba ! Père ! Ainsi tu n'es plus esclave, mais fils ; et si tu es fils, tu es aussi héritier par la grâce de Dieu.

8 Autrefois, ne connaissant pas Dieu, vous serviez des dieux qui ne le sont 9 pas de leur nature ; mais à présent que vous avez connu Dieu, ou plutôt que vous avez été connus de Dieu, comment retournez-vous à ces faibles et pauvres rudiments, auxquels de nouveau vous voulez vous asservir 10 encore ? Vous observez les jours, 11 les mois, les temps et les années ! Je crains d'avoir inutilement travaillé pour vous.

12 Soyez comme moi, car moi aussi je suis comme vous. Frères, je vous en supplie.

13 Vous ne m'avez fait aucun tort. Vous savez que ce fut à cause d'une infirmité de la chair que je vous ai pour la première fois annoncé l'Évan- 14 gile. Et mis à l'épreuve par ma chair, vous n'avez témoigné ni mépris ni dégoût ; vous m'avez, au contraire, reçu comme un ange de Dieu, 15 comme Jésus-Christ. Où donc est l'expression de votre bonheur ? Car je vous atteste que, si cela eût été possible, vous vous seriez arraché les 16 yeux pour me les donner. Suis-je devenu votre ennemi en vous disant 17 la vérité ? Le zèle qu'ils ont pour vous n'est pas pur, mais ils veulent vous détacher de nous, afin que vous 18 soyez zélés pour eux. Il est beau d'avoir du zèle pour ce qui est bien et en tout temps, et non pas seule- ment quand je suis présent parmi 19 vous. Mes enfants, pour qui j'éprouve de nouveau les douleurs de l'enfante- ment, jusqu'à ce que Christ soit formé 20 en vous, je voudrais être maintenant auprès de vous, et changer de lan- gage, car je suis dans l'inquiétude à votre sujet.

21 Dites-moi, vous qui voulez être sous la loi, n'entendez-vous point la

loi ? Car il est écrit qu'Abraham 22 eut deux fils, un de la femme esclave, et un de la femme libre. Mais celui 23 de l'esclave naquit selon la chair, et celui de la femme libre naquit en vertu de la promesse. Ces choses 24 sont allégoriques ; car ces femmes sont deux alliances. L'une du mont Sina, enfantant pour la servitude, c'est Agar,—car Agar, c'est le mont 25 Sina en Arabie,—et elle correspond à la Jérusalem actuelle, qui est dans la servitude avec ses enfants. Mais 26 la Jérusalem d'en haut est libre, c'est notre mère ; car il est écrit : 27

Réjouis-toi, stérile, toi qui n'enfantes point !
Éclate et pousse des cris, toi qui n'as pas éprouvé les douleurs de l'en- fantement !
Car les enfants de la délaissée seront plus nombreux
Que les enfants de celle qui était mariée.

Pour vous, frères, comme Isaac, vous 28 êtes enfants de la promesse ; et de 29 même qu'alors celui qui était né selon la chair persécutait celui qui était né selon l'Esprit, ainsi en est-il encore maintenant. Mais que dit l'Écriture ? 30 Chasse l'esclave et son fils, car le fils de l'esclave n'héritera pas avec le fils de la femme libre. C'est pourquoi, 31 frères, nous ne sommes pas enfants de l'esclave, mais de la femme libre.

C'est pour la liberté que Christ nous **5** a affranchis. Demeurez donc fermes, et ne vous laissez pas mettre de nouveau sous le joug de la servi- tude.

Voici, moi Paul, je vous dis que, 2 si vous vous faites circoncire, Christ ne vous servira de rien. Et je pro- 3 teste encore une fois à tout homme qui se fait circoncire, qu'il est tenu de pratiquer la loi tout entière. Vous êtes séparés de Christ, vous 4 tous qui cherchez la justification dans la loi ; vous êtes déchus de la grâce. Pour nous, c'est de la foi que nous 5 attendons, par l'Esprit, l'espérance de la justice. Car, en Jésus-Christ, 6 ni la circoncision ni l'incirconcision n'a de valeur, mais la foi qui est agissante par la charité.

7 Vous couriez bien : qui vous a arrêtés, pour vous empêcher d'obéir 8 à la vérité ? Cette influence ne vient 9 pas de celui qui vous appelle. Un peu de levain fait lever toute la pâte. 10 J'ai cette confiance en vous, dans le Seigneur, que vous ne penserez pas autrement. Mais celui qui vous trouble, quel qu'il soit, en portera 11 la peine. Pour moi, frères, si je prêche encore la circoncision, pourquoi suis-je encore persécuté ? Le scandale de la croix a donc disparu ! 12 Puissent-ils être retranchés, ceux qui mettent le trouble parmi vous !

Exhortation à vivre, non selon la chair, mais selon l'Esprit.

13 Frères, vous avez été appelés à la liberté, seulement ne faites pas de cette liberté un prétexte de vivre selon la chair ; mais rendez-vous, par la charité, serviteurs les uns des 14 autres. Car toute la loi est accomplie dans une seule parole, dans celle-ci : Tu aimeras ton prochain 15 comme toi-même. Mais si vous vous mordez et vous dévorez les uns les autres, prenez garde que vous ne soyez détruits les uns par les autres.

16 Je dis donc : Marchez selon l'Esprit, et vous n'accomplirez pas les 17 désirs de la chair. Car la chair a des désirs contraires à ceux de l'Esprit, et l'Esprit en a de contraires à ceux de la chair ; ils sont opposés entre eux, afin que vous ne fassiez point ce que vous voudriez. 18 Si vous êtes conduits par l'Esprit, vous n'êtes point sous la loi.

19 Or, les œuvres de la chair sont manifestes, ce sont l'impudicité, l'im-20 pureté, la dissolution, l'idolâtrie, la magie, les inimitiés, les querelles, les jalousies, les animosités, les dis-21 putes, les divisions, les sectes, l'envie, l'ivrognerie, les excès de table, et les choses semblables. Je vous dis d'avance, comme je l'ai déjà dit, que ceux qui commettent de telles choses n'hériteront point le royaume de Dieu.

Mais le fruit de l'Esprit, c'est 22 l'amour, la joie, la paix, la patience, la bonté, la bénignité, la fidélité, la 23 douceur, la tempérance ; la loi n'est pas contre ces choses.

Ceux qui sont à Jésus-Christ ont 24 crucifié la chair avec ses passions et ses désirs. Si nous vivons par l'Es-25 prit, marchons aussi selon l'Esprit.

Ne cherchons pas une vaine gloire, 26 en nous provoquant les uns les autres, en nous portant envie les uns aux autres.

Exhortation au support mutuel, à la libéralité, à la pratique du bien.

6 Frères, si un homme vient à être surpris en quelque faute, vous qui êtes spirituels, redressez-le avec un esprit de douceur. Prends garde à toi-même, de peur que tu ne sois aussi tenté. Portez les fardeaux les 2 uns des autres, et vous accomplirez ainsi la loi de Christ. Si quelqu'un 3 pense être quelque chose, quoiqu'il ne soit rien, il s'abuse lui-même. Que chacun examine ses propres 4 œuvres, et alors il aura sujet de se glorifier pour lui seul, et non par rapport à autrui ; car chacun portera 5 son propre fardeau.

Que celui à qui l'on enseigne la 6 parole fasse part de tous ses biens à celui qui l'enseigne.

Ne vous y trompez pas : on ne se 7 moque pas de Dieu. Ce qu'un homme aura semé, il le moisson-nera aussi. Celui qui sème pour 8 sa chair moissonnera de la chair la corruption ; mais celui qui sème pour l'Esprit moissonnera de l'Esprit la vie éternelle. Ne nous lassons pas 9 de faire le bien ; car nous moisson-nerons au temps convenable, si nous ne nous relâchons pas. Ainsi donc, 10 pendant que nous en avons l'occasion, pratiquons le bien envers tous, et surtout envers les frères en la foi.

Un dernier mot sur ceux qui imposent la circoncision. La croix de Christ, seul sujet de gloire pour l'apôtre. Vœux et salutation.

Voyez avec quelles grandes let- 11

tres je vous ai écrit de ma propre main.

12 Tous ceux qui veulent se rendre agréables selon la chair vous contraignent à vous faire circoncire, uniquement afin de n'être pas persécutés pour la croix de Christ. Car 13 les circoncis eux-mêmes n'observent point la loi ; mais ils veulent que vous soyez circoncis, pour se glorifier dans votre chair. Pour ce qui 14 me concerne, loin de moi la pensée de me glorifier d'autre chose que de la croix de notre Seigneur Jésus-Christ, par qui le monde est crucifié pour moi, comme je le suis pour le monde ! Car ce n'est rien que d'être 15 circoncis ou incirconcis ; ce qui est quelque chose, c'est d'être une nouvelle créature. Paix et miséricorde 16 sur tous ceux qui suivront cette règle, et sur l'Israël de Dieu !

Que personne désormais ne me 17 fasse de la peine, car je porte sur mon corps les marques de Jésus.

Frères, que la grâce de notre Sei- 18 gneur Jésus-Christ soit avec votre esprit ! Amen !

ÉPÎTRE DE PAUL
AUX ÉPHÉSIENS

Adresse et salutation.

I Paul, apôtre de Jésus-Christ par la volonté de Dieu, aux saints qui sont à Éphèse et aux fidèles en 2 Jésus-Christ : que la grâce et la paix vous soient données de la part de Dieu notre Père et du Seigneur Jésus-Christ !

Bénédictions de Dieu en Jésus-Christ, auteur de notre rédemption et chef de l'Église.

3 Béni soit Dieu, le Père de notre Seigneur Jésus-Christ, qui nous a bénis de toutes sortes de bénédictions spirituelles dans les lieux cé-4 lestes en Christ ! En lui Dieu nous a élus avant la fondation du monde, pour que nous soyons saints et irré-5 préhensibles devant lui, nous ayant prédestinés dans son amour à être ses enfants d'adoption par Jésus-Christ, selon le bon plaisir de sa 6 volonté, à la louange de la gloire de sa grâce qu'il nous a accordée en 7 son bien-aimé. En lui nous avons la rédemption par son sang, la rémission des péchés, selon la richesse 8 de sa grâce, que Dieu a répandue abondamment sur nous par toute espèce de sagesse et d'intelligence, 9 nous faisant connaître le mystère de sa volonté, selon le bienveillant dessein qu'il avait formé en lui-même, pour le mettre à exécu- 10 tion lorsque les temps seraient accomplis, de réunir toutes choses en Christ, celles qui sont dans les cieux et celles qui sont sur la terre. En lui nous sommes aussi devenus 11 héritiers, ayant été prédestinés suivant la résolution de celui qui opère toutes choses d'après le conseil de sa volonté, afin que nous servions 12 à la louange de sa gloire, nous qui d'avance avons espéré en Christ. En lui vous aussi, après avoir en- 13 tendu la parole de la vérité, l'Évangile de votre salut, en lui vous avez cru et vous avez été scellés du Saint-Esprit qui avait été promis, lequel 14 est un gage de notre héritage, pour la rédemption de ceux que Dieu s'est acquis, à la louange de sa gloire.

C'est pourquoi moi aussi, ayant 15 entendu parler de votre foi au Seigneur Jésus et de votre charité pour tous les saints, je ne cesse de rendre 16 grâces pour vous, faisant mention de vous dans mes prières, afin que le 17 Dieu de notre Seigneur Jésus-Christ, le Père de gloire, vous donne un esprit de sagesse et de révélation, dans sa connaissance, et qu'il illu- 18 mine les yeux de votre cœur, pour que vous sachiez quelle est l'espérance qui s'attache à son appel, quelle est la richesse de la gloire de son héritage qu'il réserve aux 19 saints, et quelle est envers nous qui croyons l'infinie grandeur de sa puissance, se manifestant avec efficacité 20 par la vertu de sa force. Il l'a déployée en Christ, en le ressuscitant des morts, et en le faisant asseoir à 21 sa droite dans les lieux célestes, au-dessus de toute domination, de toute autorité, de toute puissance, de toute dignité, et de tout nom qui se peut nommer, non seulement dans le siècle présent, mais encore dans le siècle à 22 venir. Il a tout mis sous ses pieds, et il l'a donné pour chef suprême à 23 l'Église, qui est son corps, la plénitude de celui qui remplit tout en tous.

Le salut par la grâce.

2 Vous étiez morts par vos offenses 2 et par vos péchés, dans lesquels vous marchiez autrefois, selon le train de ce monde, selon le prince de la puissance de l'air, de l'esprit qui agit maintenant dans les fils de la ré-3 bellion. Nous tous aussi, nous étions de leur nombre, et nous vivions autrefois selon les convoitises de notre chair, accomplissant les volontés de la chair et de nos pensées, et nous étions par nature des enfants 4 de colère, comme les autres…Mais Dieu, qui est riche en miséricorde, à cause du grand amour dont il nous 5 a aimés, nous qui étions morts par nos offenses, nous a rendus à la vie avec Christ (c'est par grâce que vous 6 êtes sauvés); il nous a ressuscités ensemble, et nous a fait asseoir ensemble dans les lieux célestes, en 7 Jésus-Christ, afin de montrer dans les siècles à venir l'infinie richesse de sa grâce par sa bonté envers nous en Jésus-Christ. 8 Car c'est par la grâce que vous êtes sauvés, par le moyen de la foi. Et cela ne vient pas de vous, c'est 9 le don de Dieu. Ce n'est point par les œuvres, afin que personne ne 10 se glorifie. Car nous sommes son ouvrage, ayant été créés en Jésus-Christ pour de bonnes œuvres, que Dieu a préparées d'avance, afin que nous les pratiquions.

Les païens et les Juifs unis ensemble avec Dieu par la croix de Christ.

C'est pourquoi, vous autrefois 11 païens dans la chair, appelés incirconcis par ceux qu'on appelle circoncis et qui le sont en la chair par la main de l'homme, souvenez-vous que 12 vous étiez en ce temps-là sans Christ, privés du droit de cité en Israël, étrangers aux alliances de la promesse, sans espérance et sans Dieu dans le monde. Mais maintenant, 13 en Jésus-Christ, vous qui étiez jadis éloignés, vous avez été rapprochés par le sang de Christ. Car il est 14 notre paix, lui qui des deux n'en a fait qu'un, et qui a renversé le mur de séparation, l'inimitié, ayant 15 anéanti par sa chair la loi des ordonnances dans ses prescriptions, afin de créer en lui-même avec les deux un seul homme nouveau, en établissant la paix, et de les ré-16 concilier, l'un et l'autre en un seul corps, avec Dieu par la croix, en détruisant par elle l'inimitié. Il est 17 venu annoncer la paix à vous qui étiez loin, et la paix à ceux qui étaient près; car par lui nous avons 18 les uns et les autres accès auprès du Père, dans un même Esprit.

Ainsi donc, vous n'êtes plus des 19 étrangers, ni des gens du dehors; mais vous êtes concitoyens des saints, gens de la maison de Dieu. Vous avez été édifiés sur le fonde-20 ment des apôtres et des prophètes, Jésus-Christ lui-même étant la pierre angulaire. En lui tout l'édifice, bien 21 coordonné, s'élève pour être un temple saint dans le Seigneur. En 22 lui vous êtes aussi édifiés pour être une habitation de Dieu en Esprit.

Le mystère de la vocation des païens. Immensité de l'amour de Christ.

A cause de cela, moi Paul, le **3** prisonnier de Christ pour vous païens…si du moins vous avez appris 2 quelle est la dispensation de la grâce de Dieu, qui m'a été donnée pour vous. C'est par révélation que j'ai 3 eu connaissance du mystère sur lequel je viens d'écrire en peu de 4 mots. En les lisant, vous pouvez vous représenter l'intelligence que j'ai 5 du mystère de Christ. Il n'a pas été manifesté aux fils des hommes dans les autres générations, comme il a été révélé maintenant par l'Esprit aux saints apôtres et prophètes de 6 Christ. Ce mystère, c'est que les païens sont cohéritiers, forment un même corps, et participent à la même promesse en Jésus-Christ par 7 l'Évangile, dont j'ai été fait ministre selon le don de la grâce de Dieu, qui m'a été accordée par l'efficacité de 8 sa puissance. A moi, qui suis le moindre de tous les saints, cette grâce a été accordée d'annoncer aux païens les richesses incompréhensibles 9 de Christ, et de mettre en lumière quelle est la dispensation du mystère caché de tout temps en Dieu qui a 10 créé toutes choses, afin que les dominations et les autorités dans les lieux célestes connaissent aujourd'hui par l'Église la sagesse infiniment 11 variée de Dieu, selon le dessein éternel qu'il a mis à exécution par 12 Jésus-Christ notre Seigneur, en qui nous avons, par la foi en lui, la liberté de nous approcher de 13 Dieu avec confiance. Aussi je vous demande de ne pas perdre courage à cause de mes tribulations pour vous : elles sont votre gloire.

14 A cause de cela, je fléchis les 15 genoux devant le Père, duquel tire son nom toute famille dans les cieux 16 et sur la terre, afin qu'il vous donne, selon la richesse de sa gloire, d'être puissamment fortifiés par son Esprit 17 dans l'homme intérieur, en sorte que Christ habite dans vos cœurs par la foi ; afin qu'étant enracinés et fondés 18 dans l'amour, vous puissiez comprendre avec tous les saints quelle est la largeur, la longueur, la pro-19 fondeur et la hauteur, et connaître l'amour de Christ, qui surpasse toute connaissance, en sorte que vous soyez remplis jusqu'à toute la plénitude de Dieu.

20 Or, à celui qui peut faire, par la puissance qui agit en nous, infiniment au delà de tout ce que nous demandons ou pensons, à lui soit la 21 gloire dans l'Église et en Jésus-Christ, dans toutes les générations, aux siècles des siècles ! Amen !

L'unité de la foi.

Je vous exhorte donc, moi, le **4** prisonnier dans le Seigneur, à marcher d'une manière digne de la vocation qui vous a été adressée, en toute 2 humilité et douceur, avec patience, vous supportant les uns les autres 3 avec charité, vous efforçant de conserver l'unité de l'esprit par le lien de la paix. Il y a un seul corps et un 4 seul Esprit, comme aussi vous avez été appelés à une seule espérance par votre vocation ; il y a un seul 5 Seigneur, une seule foi, un seul baptême, un seul Dieu et Père de 6 tous, qui est au-dessus de tous, et parmi tous, et en tous.

Mais à chacun de nous la grâce 7 a été donnée selon la mesure du don de Christ. C'est pourquoi il est 8 dit :

Étant monté en haut, il a emmené des captifs,
Et il a fait des dons aux hommes.

Or, que signifie : Il est monté, sinon 9 qu'il est aussi descendu dans les régions inférieures de la terre ? Celui 10 qui est descendu, c'est le même qui est monté au-dessus de tous les cieux, afin de remplir toutes choses. Et 11 il a donné les uns comme apôtres, les autres comme prophètes, les autres comme évangélistes, les autres comme pasteurs et docteurs, pour le 12 perfectionnement des saints en vue de l'œuvre du ministère et de l'édification du corps de Christ, jusqu'à 13 ce que nous soyons tous parvenus à l'unité de la foi et de la connaissance du Fils de Dieu, à l'état d'homme fait, à la mesure de la stature parfaite de Christ, afin que 14 nous ne soyons plus des enfants, flottants et emportés à tout vent de doctrine, par la tromperie des hommes, par leur ruse dans les moyens de séduction, mais que, professant 15

la vérité dans la charité, nous crois-
sions à tous égards en celui qui est
16 le chef, Christ. C'est de lui, et grâce
à tous les liens de son assistance,
que tout le corps, bien coordonné et
formant un solide assemblage, tire
son accroissement selon la force qui
convient à chacune de ses parties,
et s'édifie lui-même dans la charité.

*La sainteté chrétienne, opposée aux mœurs
corrompues des païens.*

17 Voici donc ce que je dis et ce que
je déclare dans le Seigneur, c'est que
vous ne devez plus marcher comme
les païens, qui marchent selon la
18 vanité de leurs pensées. Ils ont
l'intelligence obscurcie, ils sont
étrangers à la vie de Dieu, à cause
de l'ignorance qui est en eux, à
cause de l'endurcissement de leur
19 cœur. Ayant perdu tout sentiment,
ils se sont livrés à la dissolution,
pour commettre toute espèce d'im-
20 pureté jointe à la cupidité. Mais
vous, ce n'est pas ainsi que vous avez
21 appris Christ, si du moins vous l'avez
entendu, et si, conformément à la
vérité qui est en Jésus, c'est en lui
que vous avez été instruits à vous
22 dépouiller, eu égard à votre vie
passée, du vieil homme qui se cor-
rompt par les convoitises trompeuses,
23 à être renouvelés dans l'esprit de
24 votre intelligence, et à revêtir l'homme nouveau, créé selon Dieu dans
une justice et une sainteté que produit la vérité.

25 C'est pourquoi, renoncez au mensonge, et que chacun de vous parle
selon la vérité à son prochain ; car
nous sommes membres les uns des
26 autres. Si vous vous mettez en colère,
ne péchez point ; que le soleil ne se
27 couche pas sur votre colère, et ne
28 donnez pas accès au diable. Que
celui qui dérobait ne dérobe plus ;
mais plutôt qu'il travaille, en faisant
de ses mains ce qui est bien, pour
avoir de quoi donner à celui qui est
29 dans le besoin. Qu'il ne sorte de
votre bouche aucune parole mauvaise,
mais, s'il y a lieu, quelque bonne
parole, qui serve à l'édification et
communique une grâce à ceux qui

l'entendent. N'attristez pas le Saint- 30
Esprit de Dieu, par lequel vous avez
été scellés pour le jour de la rédemption.

Que toute amertume, toute ani- 31
mosité, toute colère, toute clameur,
toute calomnie, et toute espèce de
méchanceté, disparaissent du milieu
de vous. Soyez bons les uns envers 32
les autres, compatissants, vous par-
donnant réciproquement, comme Dieu
vous a pardonné en Christ. Devenez **5**
donc les imitateurs de Dieu, comme
des enfants bien-aimés ; et marchez 2
dans la charité, à l'exemple de Christ,
qui nous a aimés, et qui s'est livré
lui-même à Dieu pour nous comme
une offrande et un sacrifice de bonne
odeur.

Que l'impudicité, qu'aucune espèce 3
d'impureté, et que la cupidité, ne
soient pas même nommées parmi
vous, ainsi qu'il convient à des saints.
Qu'on n'entende ni paroles déshon- 4
nêtes, ni propos insensés, ni plaisan-
teries, choses qui sont contraires à
la bienséance ; qu'on entende plutôt
des actions de grâces. Car, sachez- 5
le bien, aucun impudique, ou impur,
ou cupide, c'est-à-dire, idolâtre, n'a
d'héritage dans le royaume de Christ
et de Dieu. Que personne ne vous 6
séduise par de vains discours ; car
c'est à cause de ces choses que la
colère de Dieu vient sur les fils de la
rébellion. N'ayez donc aucune part 7
avec eux.

Autrefois vous étiez ténèbres, et 8
maintenant vous êtes lumière dans
le Seigneur. Marchez comme des
enfants de lumière ! Car le fruit de 9
la lumière consiste en toute sorte
de bonté, de justice et de vérité.
Examinez ce qui est agréable au 10
Seigneur ; et ne prenez point part 11
aux œuvres infructueuses des ténèbres, mais plutôt condamnez-les. Car 12
il est honteux de dire ce qu'ils font
en secret ; mais tout ce qui est con- 13
damné est manifesté par la lumière,
car tout ce qui est manifesté est
lumière. C'est pour cela qu'il est 14
dit :

Réveille-toi, toi qui dors,

Relève-toi d'entre les morts,
Et Christ t'éclairera.

15 Prenez donc garde de vous conduire avec circonspection, non comme
des insensés, mais comme des sages ;
16 rachetez le temps, car les jours sont
17 mauvais. C'est pourquoi ne soyez
pas inconsidérés, mais comprenez
quelle est la volonté du Seigneur.
18 Ne vous enivrez pas de vin : c'est de
la débauche. Soyez, au contraire,
19 remplis de l'Esprit ; entretenez-vous
par des psaumes, par des hymnes, et
par des cantiques spirituels, chantant
et célébrant de tout votre cœur les
20 louanges du Seigneur ; rendez continuellement grâces pour toutes choses
à Dieu le Père, au nom de notre
21 Seigneur Jésus-Christ, vous soumettant les uns aux autres dans la crainte
de Christ.

Les devoirs domestiques.

22 Femmes, soyez soumises à vos
23 maris, comme au Seigneur ; car le
mari est le chef de la femme, comme
Christ est le chef de l'Église, qui est
son corps, et dont il est le Sauveur.
24 Or, de même que l'Église est soumise
à Christ, les femmes aussi doivent
l'être à leurs maris en toutes choses.
25 Maris, aimez vos femmes, comme
Christ a aimé l'Église, et s'est livré
26 lui-même pour elle, afin de la sanctifier par la parole, après l'avoir purifiée
27 par le baptême d'eau, afin de faire
paraître devant lui cette Église glorieuse, sans tache, ni ride, ni rien de
semblable, mais sainte et irrépréhen-
28 sible. C'est ainsi que les maris
doivent aimer leurs femmes comme
leurs propres corps. Celui qui aime
29 sa femme s'aime lui-même. Car
jamais personne n'a haï sa propre
chair ; mais il la nourrit et en prend
soin, comme Christ le fait pour l'Église,
30 parce que nous sommes membres de
31 son corps. C'est pourquoi l'homme
quittera son père et sa mère, et s'attachera à sa femme, et les deux
32 deviendront une seule chair. Ce
mystère est grand ; je dis cela par
33 rapport à Christ et à l'Église. Du

reste, que chacun de vous aime sa
femme comme lui-même, et que la
femme respecte son mari.

6 Enfants, obéissez à vos parents,
selon le Seigneur, car cela est juste.
2 Honore ton père et ta mère (c'est le
premier commandement avec une
3 promesse), afin que tu sois heureux
et que tu vives longtemps sur la
terre.
4 Et vous, pères, n'irritez pas vos
enfants, mais élevez-les en les cor-
rigeant et en les instruisant selon le
Seigneur.
5 Serviteurs, obéissez à vos maîtres
selon la chair, avec crainte et tremblement, dans la simplicité de votre
6 cœur, comme à Christ, non pas seulement sous leurs yeux, comme pour
plaire aux hommes, mais comme des
serviteurs de Christ, qui font de bon
7 cœur la volonté de Dieu. Servez-les
avec empressement, comme servant
le Seigneur et non des hommes,
8 sachant que chacun, soit esclave, soit
libre, recevra du Seigneur selon ce
qu'il aura fait de bien.
9 Et vous, maîtres, agissez de même
à leur égard, et abstenez-vous de
menaces, sachant que leur maître et
le vôtre est dans les cieux, et que
devant lui il n'y a point d'acception
de personnes.

Les armes spirituelles du chrétien.

10 Au reste, fortifiez-vous dans le
Seigneur, et par sa force toute-puis-
11 sante. Revêtez-vous de toutes les
armes de Dieu, afin de pouvoir tenir
ferme contre les ruses du diable.
12 Car nous n'avons pas à lutter contre
la chair et le sang, mais contre les
dominations, contre les autorités,
contre les princes de ce monde de
ténèbres, contre les esprits méchants
13 dans les lieux célestes. C'est pourquoi, prenez toutes les armes de Dieu,
afin de pouvoir résister dans le mauvais jour, et tenir ferme après avoir
14 tout surmonté. Tenez donc ferme :
ayez à vos reins la vérité pour ceinture ; revêtez la cuirasse de la justice ;
15 mettez pour chaussure à vos pieds
le zèle que donne l'Évangile de
16 paix ; prenez par-dessus tout cela

le bouclier de la foi, avec lequel vous pourrez éteindre tous les traits en-
17 flammés du malin; prenez aussi le casque du salut, et l'épée de l'Esprit,
18 qui est la parole de Dieu. Faites en tout temps par l'Esprit toutes sortes de prières et de supplications. Veillez à cela avec une entière per-sévérance, et priez pour tous les saints.
19 Priez pour moi, afin qu'il me soit donné, quand j'ouvre la bouche, de faire connaître hardiment et libre-
20 ment le mystère de l'Évangile, pour lequel je suis ambassadeur dans les chaînes, et que j'en parle avec assu-rance comme je dois en parler.

Envoi de l'épître par Tychique. Salu-tation.

Afin que vous aussi, vous sachiez 21 ce qui me concerne, ce que je fais, Tychique, le bien-aimé frère et fidèle ministre dans le Seigneur, vous in-formera de tout. Je l'envoie exprès 22 vers vous, pour que vous connaissiez notre situation, et pour qu'il console vos cœurs.

Que la paix et la charité avec la 23 foi soient données aux frères de la part de Dieu le Père et du Seigneur Jésus-Christ! Que la grâce soit avec 24 tous ceux qui aiment notre Seigneur Jésus-Christ d'un amour inaltérable!

ÉPÎTRE DE PAUL
AUX PHILIPPIENS

Adresse et salutation.

I Paul et Timothée, serviteurs de Jésus-Christ, à tous les saints en Jésus-Christ qui sont à Philippes,
2 aux évêques et aux diacres: que la grâce et la paix vous soient données de la part de Dieu notre Père et du Seigneur Jésus-Christ!

Sentiments affectueux de Paul pour les Philippiens, à cause de leur attachement à l'Évangile.

3 Je rends grâces à mon Dieu de tout le souvenir que je garde de vous,
4 ne cessant, dans toutes mes prières
5 pour vous tous, de manifester ma joie au sujet de la part que vous prenez à l'Évangile, depuis le premier jour
6 jusqu'à maintenant. Je suis persuadé que celui qui a commencé en vous cette bonne œuvre la rendra parfaite
7 pour le jour de Jésus-Christ. Il est juste que je pense ainsi de vous tous, parce que je vous porte dans mon cœur, soit dans mes liens, soit dans la défense et la confirmation de l'Évangile, vous qui tous participez
8 à la même grâce que moi. Car Dieu m'est témoin que je vous chéris tous avec la tendresse de Jésus-Christ.
9 Et ce que je demande dans mes

prières, c'est que votre amour aug-mente de plus en plus en connaissance et en pleine intelligence pour le 10 discernement des choses les meil-leures, afin que vous soyez purs et irréprochables pour le jour de Christ, remplis du fruit de justice qui est 11 par Jésus-Christ, à la gloire et à la louange de Dieu.

La captivité de l'apôtre utile aux progrès de l'Évangile.

Je veux que vous sachiez, frères, 12 que ce qui m'est arrivé a plutôt contribué aux progrès de l'Évangile. En effet, dans tout le prétoire et 13 partout ailleurs, nul n'ignore que c'est pour Christ que je suis dans les liens, et la plupart des frères dans le 14 Seigneur, encouragés par mes liens, ont plus d'assurance pour annoncer sans crainte la parole.

Quelques-uns, il est vrai, prêchent 15 Christ par envie et par esprit de dispute; mais d'autres le prêchent avec des dispositions bienveillantes. Ceux-ci agissent par amour, sachant 16 que je suis établi pour la défense de l'Évangile, tandis que ceux-là, animés 17 d'un esprit de dispute, annoncent Christ par des motifs qui ne sont pas purs et avec la pensée de me susciter quelque tribulation dans mes

18 liens. Qu'importe? De toute manière, que ce soit pour l'apparence, que ce soit sincèrement, Christ n'est pas moins annoncé: je m'en réjouis, et

19 je m'en réjouirai encore. Car je sais que cela tournera à mon salut, grâce à vos prières et à l'assistance

20 de l'Esprit de Jésus-Christ, selon ma ferme attente et mon espérance que je n'aurai honte de rien, mais que, maintenant comme toujours, Christ sera glorifié dans mon corps avec une pleine assurance, soit par ma

21 vie, soit par ma mort; car Christ est ma vie, et la mort m'est un gain.

22 Mais s'il est utile pour mon œuvre que je vive dans la chair, je ne saurais

23 dire ce que je dois préférer. Je suis pressé des deux côtés: j'ai le désir de m'en aller et d'être avec Christ, ce qui de beaucoup est le meilleur;

24 mais à cause de vous il est plus nécessaire que je demeure dans la

25 chair. Et je suis persuadé, je sais que je demeurerai et que je resterai avec vous tous, pour votre avancement et pour votre joie dans la foi,

26 afin que, par mon retour auprès de vous, vous ayez en moi un abondant sujet de vous glorifier en Jésus-Christ.

Exhortation à la persévérance, à l'union fraternelle, à l'humilité, et à la sainteté.

27 Seulement, conduisez-vous d'une manière digne de l'Évangile de Christ, afin que, soit que je vienne vous voir, soit que je reste absent, j'entende dire de vous que vous demeurez fermes dans un même esprit, combattant d'une même âme

28 pour la foi de l'Évangile, sans vous laisser aucunement effrayer par les adversaires, ce qui est pour eux une preuve de perdition, mais pour vous de salut; et cela de la part de Dieu,

29 car il vous a été fait la grâce, par rapport à Christ, non seulement de croire en lui, mais encore de souffrir

30 pour lui, en soutenant le même combat que vous m'avez vu soutenir, et que vous apprenez maintenant que je soutiens.

2 Si donc il y a quelque consolation en Christ, s'il y a quelque soulagement dans la charité, s'il y a quelque union d'esprit, s'il y a quelque com-

2 passion et quelque miséricorde, rendez ma joie parfaite, ayant un même sentiment, un même amour, une même âme, une même pensée. Ne

3 faites rien par esprit de parti ou par vaine gloire, mais que l'humilité vous fasse regarder les autres comme étant au-dessus de vous-mêmes. Que

4 chacun de vous, au lieu de considérer ses propres intérêts, considère aussi

5 ceux des autres. Ayez en vous les sentiments qui étaient en Jésus-

6 Christ, lequel, existant en forme de Dieu, n'a point regardé comme une proie à arracher d'être égal avec Dieu, mais s'est dépouillé lui-même,

7 en prenant une forme de serviteur, en devenant semblable aux hommes; et ayant paru comme un simple

8 homme, il s'est humilié lui-même, se rendant obéissant jusqu'à la mort, même jusqu'à la mort de la croix.

9 C'est pourquoi aussi Dieu l'a souverainement élevé, et lui a donné le nom qui est au-dessus de tout nom,

10 afin qu'au nom de Jésus tout genou fléchisse dans les cieux, sur la terre

11 et sous la terre, et que toute langue confesse que Jésus-Christ est Seigneur, à la gloire de Dieu le Père.

12 Ainsi, mes bien-aimés, comme vous avez toujours obéi, travaillez à votre salut avec crainte et tremblement, non seulement comme en ma pré-

13 sence, mais bien plus encore maintenant que je suis absent; car c'est Dieu qui produit en vous le vouloir et le faire, selon son bon plaisir.

14 Faites toutes choses sans murmures

15 ni hésitations, afin que vous soyez irréprochables et purs, des enfants de Dieu irrépréhensibles au milieu d'une génération perverse et corrompue, parmi laquelle vous brillez comme des flambeaux dans le monde,

16 portant la parole de vie; et je pourrai me glorifier, au jour de Christ, de n'avoir pas couru en vain

17 ni travaillé en vain. Et même si je sers de libation pour le sacrifice et pour le service de votre foi, je m'en

réjouis, et je me réjouis avec vous
18 tous. Vous aussi, réjouissez-vous
de même, et réjouissez-vous avec moi.

*Éloge de Timothée et d'Épaphrodite, que
Paul se propose d'envoyer aux Philippiens.*

19 J'espère dans le Seigneur Jésus
vous envoyer bientôt Timothée, afin
d'être encouragé moi-même en ap-
20 prenant ce qui vous concerne. Car
je n'ai personne ici qui partage mes
sentiments, pour prendre sincère-
21 ment à cœur votre situation ; tous,
en effet, cherchent leurs propres
intérêts, et non ceux de Jésus-Christ.
22 Vous savez qu'il a été mis à l'épreuve,
en se consacrant au service de
l'Évangile avec moi, comme un
23 enfant avec son père. J'espère donc
vous l'envoyer dès que j'apercevrai
24 l'issue de l'état où je suis ; et j'ai
cette confiance dans le Seigneur que
moi-même aussi j'irai bientôt.

25 J'ai estimé nécessaire de vous envoyer mon frère Épaphrodite, mon
compagnon d'œuvre et de combat,
par qui vous m'avez fait parvenir de
26 quoi pourvoir à mes besoins. Car il
désirait vous voir tous, et il était fort
en peine de ce que vous aviez appris
27 sa maladie. Il a été malade, en
effet, et tout près de la mort ; mais
Dieu a eu pitié de lui, et non seulement de lui, mais aussi de moi, afin
que je n'eusse pas tristesse sur
28 tristesse. Je l'ai donc envoyé avec
d'autant plus d'empressement, afin
que vous vous réjouissiez de le revoir,
et que je sois moi-même moins triste.
29 Recevez-le donc dans le Seigneur
avec une joie entière, et honorez de
30 tels hommes. Car c'est pour l'œuvre
de Christ qu'il a été près de la mort,
ayant exposé sa vie afin de suppléer
à votre absence dans le service que
vous me rendiez.

3 Au reste, mes frères, réjouissez-
vous dans le Seigneur.

*Se tenir en garde contre les faux docteurs,
et tendre à la perfection en s'attachant à
Jésus-Christ. Suivre l'exemple de Paul.*

Je ne me lasse point de vous écrire
les mêmes choses, et pour vous cela
est salutaire.
2 Prenez garde aux chiens, prenez
garde aux mauvais ouvriers, prenez
garde aux faux circoncis. Car les 3
circoncis, c'est nous, qui rendons à
Dieu notre culte par l'Esprit de
Dieu, qui nous glorifions en Jésus-
Christ, et qui ne mettons point notre
confiance en la chair.

Moi aussi, cependant, j'aurais sujet 4
de mettre ma confiance en la chair.
Si quelque autre croit pouvoir se
confier en la chair, je le puis bien
davantage, moi, circoncis le huitième 5
jour, de la race d'Israël, de la tribu
de Benjamin, Hébreu né d'Hébreux ;
quant à la loi, pharisien ; quant au 6
zèle, persécuteur de l'Église ; irréprochable, à l'égard de la justice de
la loi. Mais ces choses qui étaient 7
pour moi des gains, je les ai regardées
comme une perte, à cause de Christ.
Et même je regarde toutes choses 8
comme une perte, à cause de l'excellence de la connaissance de Jésus-
Christ mon Seigneur, pour lequel j'ai
renoncé à tout, et je les regarde
comme de la boue, afin de gagner
Christ, et d'être trouvé en lui, non 9
avec ma justice, celle qui vient de la
loi, mais avec celle qui s'obtient par
la foi en Christ, la justice qui vient
de Dieu par la foi, afin de connaître 10
Christ, et la puissance de sa résurrection, et la communion de ses
souffrances, en devenant conforme à
lui dans sa mort, pour parvenir, si je 11
puis, à la résurrection d'entre les
morts.

Ce n'est pas que j'aie déjà remporté 12
le prix, ou que j'aie déjà atteint la
perfection ; mais je cours, pour tâcher
de le saisir, puisque moi aussi j'ai été
saisi par Jésus-Christ. Frères, je ne 13
pense pas l'avoir saisi ; mais je fais
une chose : oubliant ce qui est en
arrière et me portant vers ce qui est
en avant, je cours vers le but, pour 14
remporter le prix de la vocation
céleste de Dieu en Jésus-Christ.

Nous tous donc qui sommes par- 15
faits, ayons cette même pensée ; et
si vous êtes en quelque point d'un
autre avis, Dieu vous éclairera aussi
là-dessus. Seulement, au point où 16
nous sommes parvenus, marchons
d'un même pas.

17 Soyez tous mes imitateurs, frères, et portez les regards sur ceux qui marchent selon le modèle que vous 18 avez en nous. Car il en est plusieurs qui marchent en ennemis de la croix de Christ, je vous en ai souvent parlé, et j'en parle maintenant encore 19 en pleurant. Leur fin sera la perdition ; ils ont pour dieu leur ventre, ils mettent leur gloire dans ce qui fait leur honte, ils ne pensent qu'aux 20 choses de la terre. Mais notre cité à nous est dans les cieux, d'où nous attendons aussi comme Sauveur le 21 Seigneur Jésus-Christ, qui transformera le corps de notre humiliation, en le rendant semblable au corps de sa gloire, par le pouvoir qu'il a de s'assujettir toutes choses.

4 C'est pourquoi, mes bien-aimés et très chers frères, vous qui êtes ma joie et ma couronne, demeurez ainsi fermes dans le Seigneur, mes bien-aimés !

Recommandations, exhortations diverses.

2 J'exhorte Évodie et j'exhorte Syntyche à être d'un même sentiment 3 dans le Seigneur. Et toi aussi, fidèle collègue, oui, je te prie de les aider, elles qui ont combattu pour l'Évangile avec moi, et avec Clément et mes autres compagnons d'œuvre, dont les noms sont dans le livre de vie. 4 Réjouissez-vous toujours dans le Seigneur ; je le répète, réjouissez-vous. 5 Que votre douceur soit connue de tous les hommes. Le Seigneur est 6 proche. Ne vous inquiétez de rien ; mais en toute chose faites connaître vos besoins à Dieu par des prières et des supplications, avec des actions 7 de grâces. Et la paix de Dieu, qui surpasse toute intelligence, gardera vos cœurs et vos pensées en Jésus-Christ. 8 Au reste, frères, que tout ce qui est vrai, tout ce qui est honorable, tout ce qui est juste, tout ce qui est pur, tout ce qui est aimable, tout ce qui mérite l'approbation, ce qui est vertueux et digne de louange, soit 9 l'objet de vos pensées. Ce que vous avez appris, reçu et entendu de moi, et ce que vous avez vu en moi, pratiquez-le. Et le Dieu de paix sera avec vous.

Remerciements de Paul aux Philippiens pour les dons qu'il a reçus d'eux. Salutations.

J'ai éprouvé une grande joie dans 10 le Seigneur de ce que vous avez pu enfin renouveler l'expression de vos sentiments pour moi; vous y pensiez bien, mais l'occasion vous manquait. Ce n'est pas en vue de mes besoins 11 que je dis cela, car j'ai appris à être content de l'état où je me trouve. Je sais vivre dans l'humiliation, et je 12 sais vivre dans l'abondance. En tout et partout j'ai appris à être rassasié et à avoir faim, à être dans l'abondance et à être dans la disette. Je puis tout par celui qui me fortifie. 13 Cependant vous avez bien fait de 14 prendre part à ma détresse.

Vous le savez vous-mêmes, Philip- 15 piens, au commencement de la prédication de l'Évangile, lorsque je partis de la Macédoine, aucune Église n'entra en compte avec moi pour ce qu'elle donnait et recevait ; vous fûtes les seuls à le faire, car 16 vous m'envoyâtes déjà à Thessalonique, et à deux reprises, de quoi pourvoir à mes besoins. Ce n'est 17 pas que je recherche les dons ; mais je recherche le fruit qui abonde pour votre compte. J'ai tout reçu, et je 18 suis dans l'abondance ; j'ai été comblé de biens, en recevant par Épaphrodite ce qui vient de vous comme un parfum de bonne odeur, un sacrifice que Dieu accepte, et qui lui est agréable. Et mon Dieu pourvoira à 19 tous vos besoins selon sa richesse, avec gloire, en Jésus-Christ. A notre 20 Dieu et Père soit la gloire aux siècles des siècles ! Amen !

Saluez tous les saints en Jésus- 21 Christ.

Les frères qui sont avec moi vous saluent. Tous les saints vous saluent, 22 et principalement ceux de la maison de César.

Que la grâce du Seigneur Jésus- 23 Christ soit avec votre esprit !

ÉPÎTRE DE PAUL
AUX COLOSSIENS

Adresse et salutation.

I Paul, apôtre de Jésus-Christ par la volonté de Dieu, et le frère Timothée, 2 aux saints et fidèles frères en Christ qui sont à Colosses; que la grâce et la paix vous soient données de la part de Dieu notre Père!

Foi et charité des Colossiens. Prière de l'apôtre pour leurs progrès spirituels. Jésus-Christ, auteur de notre rédemption, image du Dieu invisible, créateur de toutes choses, et chef de l'Église.

3 Nous rendons grâces à Dieu, le Père de notre Seigneur Jésus-Christ, et nous ne cessons de prier pour 4 vous, ayant été informés de votre foi en Jésus-Christ et de votre charité 5 pour tous les saints, à cause de l'espérance qui vous est réservée dans les cieux, et que la parole de la vérité, la parole de l'Évangile vous a 6 précédemment fait connaître. Il est au milieu de vous, et dans le monde entier; il porte des fruits, et il va grandissant, comme c'est aussi le cas parmi vous, depuis le jour où vous avez entendu et connu la grâce de Dieu conformément à la vérité, 7 d'après les instructions que vous avez reçues d'Épaphras, notre bien-aimé compagnon de service, qui est pour 8 vous un fidèle ministre de Christ, et qui nous a appris de quelle charité l'Esprit vous anime.

9 C'est pour cela que nous aussi, depuis le jour où nous en avons été informés, nous ne cessons de prier Dieu pour vous, et de demander que vous soyez remplis de la connaissance de sa volonté, en toute sagesse et 10 intelligence spirituelle, pour marcher d'une manière digne du Seigneur et lui être entièrement agréables, portant des fruits en toutes sortes de bonnes œuvres et croissant par la connais- 11 sance de Dieu, fortifiés à tous égards par sa puissance glorieuse, en sorte que vous soyez toujours et avec joie persévérants et patients.

12 Rendez grâces au Père, qui vous a rendus capables d'avoir part à l'héri- 13 tage des saints dans la lumière, qui nous a délivrés de la puissance des ténèbres et nous a transportés dans le royaume du Fils de son amour, en 14 qui nous avons la rédemption, la rémission des péchés. Il est l'image 15 du Dieu invisible, le premier-né de toute la création. Car en lui ont été 16 créées toutes les choses qui sont dans les cieux et sur la terre, les visibles et les invisibles, trônes, dignités, dominations, autorités. Tout a été créé par lui et pour lui. Il est avant 17 toutes choses, et toutes choses subsistent en lui. Il est la tête du corps 18 de l'Église; il est le commencement, le premier-né d'entre les morts, afin d'être en tout le premier. Car Dieu 19 a voulu que toute plénitude habitât en lui; il a voulu par lui réconcilier 20 tout avec lui-même, tant ce qui est sur la terre que ce qui est dans les cieux, en faisant la paix par lui, par le sang de sa croix.

21 Et vous, qui étiez autrefois étrangers et ennemis par vos pensées et par vos mauvaises œuvres, il vous a maintenant réconciliés par sa mort 22 dans le corps de sa chair, pour vous faire paraître devant lui saints, irréprochensibles et sans reproche, si du 23 moins vous demeurez fondés et inébranlables dans la foi, sans vous détourner de l'espérance de l'Évangile que vous avez entendu, qui a été prêché à toute créature sous le ciel, et dont moi Paul, j'ai été fait ministre.

Travaux et combats de Paul dans son ministère parmi les païens.

24 Je me réjouis maintenant dans mes souffrances pour vous; et ce qui manque aux souffrances de Christ, je

l'achève en ma chair, pour son corps,
25 qui est l'Église. C'est d'elle que j'ai
été fait ministre, selon la charge que
Dieu m'a donnée auprès de vous,
afin que j'annonçasse pleinement la
26 parole de Dieu, le mystère caché de
tout temps et dans tous les âges,
mais révélé maintenant à ses saints,
27 à qui Dieu a voulu faire connaître
quelle est la glorieuse richesse de ce
mystère parmi les païens, savoir :
Christ en vous, l'espérance de la
28 gloire. C'est lui que nous annonçons,
exhortant tout homme, et instruisant
tout homme en toute sagesse, afin de
présenter à Dieu tout homme, de-
29 venu parfait en Christ. C'est à
quoi je travaille, en combattant avec
sa force, qui agit puissamment en
moi.

2 Je veux, en effet, que vous sachiez
combien est grand le combat que je
soutiens pour vous, et pour ceux qui
sont à Laodicée, et pour tous ceux
qui n'ont pas vu mon visage en la
2 chair, afin qu'ils aient le cœur rempli
de consolation, qu'ils soient unis dans
la charité, et enrichis d'une pleine
intelligence pour connaître le mystère
3 de Dieu, savoir Christ, mystère dans
lequel sont cachés tous les trésors
de la sagesse et de la science.

Avertissements contre les fausses doctrines.

4 Je dis cela afin que personne ne
vous trompe par des discours sé-
5 duisants. Car, si je suis absent de
corps, je suis avec vous en esprit,
voyant avec joie le bon ordre qui
règne parmi vous, et la fermeté de
votre foi en Christ.

6 Ainsi donc, comme vous avez reçu
le Seigneur Jésus-Christ, marchez en
lui, étant enracinés et fondés en lui,
7 et affermis par la foi, d'après les
instructions qui vous ont été données,
et abondez en actions de grâces.

8 Prenez garde que personne ne fasse
de vous sa proie par la philosophie
et par une vaine tromperie, s'appuyant sur la tradition des hommes,
sur les rudiments du monde, et non
9 sur Christ. Car en lui habite cor-
porellement toute la plénitude de la
divinité. Vous avez tout pleinement 10
en lui, qui est le chef de toute domination et de toute autorité. Et c'est 11
en lui que vous avez été circoncis
d'une circoncision que la main n'a
pas faite, mais de la circoncision de
Christ, qui consiste dans le dépouille-
ment du corps de la chair : ayant 12
été ensevelis avec lui par le baptême,
vous êtes aussi ressuscités en lui et
avec lui, par la foi en la puissance
de Dieu, qui l'a ressuscité des morts.
Vous qui étiez morts par vos offenses 13
et par l'incirconcision de votre chair,
il vous a rendus à la vie avec lui,
en nous faisant grâce pour toutes
nos offenses ; il a effacé l'acte dont 14
les ordonnances nous condamnaient
et qui subsistait contre nous, et il
l'a détruit en le clouant à la croix ;
il a dépouillé les dominations et les 15
autorités, et les a livrées publiquement en spectacle, en triomphant
d'elles par la croix.

Que personne donc ne vous juge 16
au sujet du manger ou du boire, ou
au sujet d'une fête, d'une nouvelle
lune, ou des sabbats : c'était l'ombre 17
des choses à venir, mais le corps est
en Christ. Qu'aucun homme, sous 18
une apparence d'humilité et par un
culte des anges, ne vous ravisse à
son gré le prix de la course, tandis
qu'il s'abandonne à ses visions et
qu'il est enflé d'un vain orgueil par
ses pensées charnelles, sans s'attacher 19
au chef, dont tout le corps, assisté et
solidement assemblé par des jointures et des liens, tire l'accroissement
que Dieu donne.

Si vous êtes morts avec Christ 20
aux rudiments du monde, pourquoi,
comme si vous viviez dans le monde,
vous impose-t-on ces préceptes : Ne 21
prends pas ! ne goûte pas ! ne touche
pas ! préceptes qui tous deviennent 22
pernicieux par l'abus, et qui ne sont
fondés que sur les ordonnances et
les doctrines des hommes ? Ils ont, 23
à la vérité, une apparence de sagesse,
en ce qu'ils indiquent un culte
volontaire, de l'humilité, et le mépris du corps, mais ils sont sans
aucun mérite et contribuent à la
satisfaction de la chair.

3 Si donc vous êtes ressuscités avec Christ, cherchez les choses d'en haut, où Christ est assis à la droite de 2 Dieu. Affectionnez-vous aux choses d'en haut, et non à celles qui sont 3 sur la terre. Car vous êtes morts, et votre vie est cachée avec Christ en 4 Dieu. Quand Christ, votre vie, paraîtra, alors vous paraîtrez aussi avec lui dans la gloire.

Exhortation à la sainteté, à la charité, à la piété.

5 Faites donc mourir les membres qui sont sur la terre, l'impudicité, l'impureté, les passions, les mauvais désirs, et la cupidité, qui est une 6 idolâtrie. C'est à cause de ces choses que la colère de Dieu vient 7 sur les fils de la rébellion, parmi lesquels vous marchiez autrefois, lorsque vous viviez dans ces péchés. 8 Mais maintenant, renoncez à toutes ces choses, à la colère, à l'animosité, à la méchanceté, à la calomnie, aux paroles déshonnêtes qui pourraient sortir de votre bouche. 9 Ne mentez pas les uns aux autres, vous étant dépouillés du vieil homme 10 et de ses œuvres, et ayant revêtu l'homme nouveau, qui se renouvelle, dans la connaissance, selon l'image 11 de celui qui l'a créé. Il n'y a ici ni Grec ni Juif, ni circoncis ni incirconcis, ni barbare ni Scythe, ni esclave ni libre ; mais Christ est tout et en tous. 12 Ainsi donc, comme des élus de Dieu, saints et bien-aimés, revêtez-vous d'entrailles de miséricorde, de bonté, d'humilité, de douceur, de patience. 13 Supportez-vous les uns les autres, et, si l'un a sujet de se plaindre de l'autre, pardonnez-vous réciproquement. De même que Christ vous a pardonné, pardonnez-vous aussi. 14 Mais par-dessus toutes ces choses revêtez-vous de la charité, qui est le 15 lien de la perfection. Et que la paix de Christ, à laquelle vous avez été appelés pour former un seul corps, règne dans vos cœurs. Et soyez reconnaissants. 16 Que la parole de Christ habite parmi vous abondamment ; instrui-sez-vous et exhortez-vous les uns les autres en toute sagesse, par des psaumes, par des hymnes, par des cantiques spirituels, chantant à Dieu dans vos cœurs sous l'inspiration de la grâce. Et quoi que vous fas- 17 siez, en parole ou en œuvre, faites tout au nom du Seigneur Jésus, en rendant par lui des actions de grâces à Dieu le Père.

Devoirs domestiques.

Femmes, soyez soumises à vos 18 maris, comme il convient dans le Seigneur.

Maris, aimez vos femmes, et ne 19 vous aigrissez pas contre elles.

Enfants, obéissez en toutes choses 20 à vos parents, car cela est agréable dans le Seigneur.

Pères, n'irritez pas vos enfants, de 21 peur qu'ils ne se découragent.

Serviteurs, obéissez en toutes 22 choses à vos maîtres selon la chair, non pas seulement sous leurs yeux, comme pour plaire aux hommes, mais avec simplicité de cœur, dans la crainte du Seigneur. Tout ce 23 que vous faites, faites-le de bon cœur, comme pour le Seigneur et non pour des hommes, sachant que 24 vous recevrez du Seigneur l'héritage pour récompense. Servez Christ, le Seigneur. Car celui qui agit injuste- 25 ment recevra selon son injustice, et il n'y a point d'acception de personnes.

Maîtres, accordez à vos serviteurs **4** ce qui est juste et équitable, sachant que vous aussi vous avez un maître dans le ciel.

Exhortation à la prière et à la sagesse.

Persévérez dans la prière, veillez-y 2 avec actions de grâces. Priez en 3 même temps pour nous, afin que Dieu nous ouvre une porte pour la parole, en sorte que je puisse annoncer le mystère de Christ, pour lequel je suis dans les chaînes, et le 4 faire connaître comme je dois en parler.

Conduisez-vous avec sagesse en- 5 vers ceux du dehors, et rachetez le temps. Que votre parole soit tou- 6 jours accompagnée de grâce, assaisonnée de sel, afin que vous sachiez comment il faut répondre à chacun.

Envoi de Tychique et d'Onésime.
Salutations.

7 Tychique, le bien-aimé frère et fidèle ministre, mon compagnon de service dans le Seigneur, vous communiquera tout ce qui me concerne. 8 Je l'envoie exprès vers vous, pour que vous connaissiez notre situation, 9 et pour qu'il console vos cœurs. Je l'envoie avec Onésime, le fidèle et bien-aimé frère, qui est des vôtres. Ils vous informeront de tout ce qui se passe ici. 10 Aristarque, mon compagnon de captivité, vous salue, ainsi que Marc, le cousin de Barnabas, au sujet duquel vous avez reçu des ordres (s'il va 11 chez vous, accueillez-le); Jésus, appelé Justus, vous salue aussi. Ils sont du nombre des circoncis, et les seuls qui aient travaillé avec moi pour le royaume de Dieu, et qui aient été pour moi une consolation. 12 Épaphras, qui est des vôtres, vous salue : serviteur de Jésus-Christ, il ne cesse de combattre pour vous dans ses prières, afin que, parfaits et pleinement persuadés, vous persistiez dans une entière soumission à la volonté de Dieu. Car je lui 13 rends le témoignage qu'il a une grande sollicitude pour vous, pour ceux de Laodicée et pour ceux d'Hiérapolis. Luc, le médecin bien- 14 aimé, vous salue, ainsi que Démas.

Saluez les frères qui sont à Lao- 15 dicée, et Nymphas, et l'Église qui est dans sa maison.

Lorsque cette lettre aura été lue 16 chez vous, faites en sorte qu'elle soit aussi lue dans l'Église des Laodicéens, et que vous lisiez à votre tour celle qui vous arrivera de Laodicée. Et dites à Archippe : Prends garde 17 au ministère que tu as reçu dans le Seigneur, afin de le bien remplir.

Je vous salue, moi Paul, de ma 18 propre main. Souvenez-vous de mes liens.

Que la grâce soit avec vous !

PREMIÈRE ÉPÎTRE DE PAUL
AUX THESSALONICIENS

Adresse et salutation.

I Paul, et Silvain, et Timothée, à l'Église des Thessaloniciens, qui est en Dieu le Père et en Jésus-Christ le Seigneur : que la grâce et la paix vous soient données !

Succès de l'Évangile à Thessalonique, et fidélité des Thessaloniciens.

2 Nous rendons continuellement grâces à Dieu pour vous tous, faisant mention de vous dans nos prières, 3 nous rappelant sans cesse l'œuvre de votre foi, le travail de votre charité, et la fermeté de votre espérance en notre Seigneur Jésus-Christ, devant Dieu notre Père. 4 Nous savons, frères bien-aimés de 5 Dieu, que vous avez été élus, notre Évangile ne vous ayant pas été prêché en paroles seulement, mais avec puissance, avec l'Esprit-Saint, et avec une pleine persuasion ; car vous n'ignorez pas que nous nous sommes montrés ainsi parmi vous, à cause de vous. Et vous-mêmes, 6 vous avez été mes imitateurs et ceux du Seigneur, en recevant la parole au milieu de beaucoup de tribulations, avec la joie du Saint-Esprit, en sorte que vous êtes devenus un 7 modèle pour tous les croyants de la Macédoine et de l'Achaïe. Non seule- 8 ment, en effet, la parole du Seigneur a retenti de chez vous dans la Macédoine et dans l'Achaïe, mais votre foi en Dieu s'est fait connaître en tout lieu, de telle manière que nous n'avons pas besoin d'en parler. Car 9 on raconte, à notre sujet, quel accès nous avons eu auprès de vous, et

comment vous vous êtes convertis à Dieu, en abandonnant les idoles pour servir le Dieu vivant et vrai, 10 et pour attendre des cieux son Fils, qu'il a ressuscité des morts, Jésus, qui nous délivre de la colère à venir.

Comment Paul a exercé son ministère parmi les Thessaloniciens.

2 Vous savez vous-mêmes, frères, que notre arrivée chez vous n'a pas 2 été sans résultat. Après avoir souffert et reçu des outrages à Philippes, comme vous le savez, nous prîmes de l'assurance en notre Dieu, pour vous annoncer l'Évangile de Dieu, au 3 milieu de bien des combats. Car notre prédication ne repose ni sur l'erreur, ni sur des motifs impurs, 4 ni sur la fraude ; mais, selon que Dieu nous a jugés dignes de nous confier l'Évangile, ainsi nous parlons, non comme pour plaire à des hommes, mais pour plaire à Dieu, qui sonde nos cœurs.

5 Jamais, en effet, nous n'avons usé de paroles flatteuses, comme vous le savez ; jamais nous n'avons eu la cupidité pour mobile, Dieu en est 6 témoin. Nous n'avons point cherché la gloire qui vient des hommes, ni de vous ni des autres ; nous aurions pu nous produire avec autorité 7 comme apôtres de Christ, mais nous avons été pleins de douceur au milieu de vous. De même qu'une nourrice prend un tendre soin de 8 ses enfants, nous aurions voulu, dans notre vive affection pour vous, non seulement vous donner l'Évangile de Dieu, mais encore nos propres vies, tant vous nous étiez de- 9 venus chers. Vous vous rappelez, frères, notre travail et notre peine : nuit et jour à l'œuvre, pour n'être à charge à aucun de vous, nous vous avons prêché l'Évangile de 10 Dieu. Vous êtes témoins, et Dieu l'est aussi, que nous avons eu envers vous qui croyez une conduite sainte, 11 juste et irréprochable. Vous savez aussi que nous avons été pour chacun de vous ce qu'un père est pour ses 12 enfants, vous exhortant, vous con-

solant, vous conjurant de marcher d'une manière digne de Dieu, qui vous appelle à son royaume et à sa gloire.

C'est pourquoi nous rendons con- 13 tinuellement grâces à Dieu de ce qu'en recevant la parole de Dieu, que nous vous avons fait entendre, vous l'avez reçue, non comme la parole des hommes, mais, ainsi qu'elle l'est véritablement, comme la parole de Dieu, qui agit en vous qui croyez. Car vous, frères, vous 14 êtes devenus les imitateurs des Églises de Dieu qui sont en Jésus-Christ dans la Judée, parce que vous aussi, vous avez souffert de la part de vos propres compatriotes les mêmes maux qu'elles ont soufferts de la part des Juifs. Ce sont ces 15 Juifs qui ont fait mourir le Seigneur Jésus et les prophètes, qui nous ont persécutés, qui ne plaisent point à Dieu, et qui sont ennemis de tous les hommes, nous empêchant de 16 parler aux païens pour qu'ils soient sauvés, en sorte qu'ils ne cessent de mettre le comble à leurs péchés. Mais la colère a fini par les atteindre.

Désir qu'éprouve l'apôtre de revoir les Thessaloniciens. Sa joie et ses vœux à l'occasion des nouvelles apportées par Timothée.

Pour nous, frères, après avoir été 17 quelque temps séparés de vous, de corps mais non de cœur, nous avons eu d'autant plus ardemment le vif désir de vous voir. Aussi voulions-nous 18 aller vers vous, du moins moi Paul, une et même deux fois ; mais Satan nous en a empêchés. Qui est, en 19 effet, notre espérance, ou notre joie, ou notre couronne de gloire ? N'est-ce pas vous aussi, devant notre Seigneur Jésus, lors de son avènement ? Oui, vous êtes notre gloire et notre 20 joie.

C'est pourquoi, impatients que nous **3** étions, et nous décidant à rester seuls à Athènes, nous envoyâmes Timo- 2 thée, notre frère, ministre de Dieu dans l'Évangile de Christ, pour vous affermir et vous exhorter au sujet de votre foi, afin que personne ne 3 fût ébranlé au milieu des tribulations présentes; car vous savez vous-mêmes que nous sommes destinés 4 à cela. Et lorsque nous étions auprès de vous, nous vous annoncions d'avance que nous serions exposés à des tribulations, comme cela est arrivé, et comme vous le savez. 5 Ainsi, dans mon impatience, j'envoyai m'informer de votre foi, dans la crainte que le tentateur ne vous eût tentés, et que nous n'eussions travaillé en vain. 6 Mais Timothée, récemment arrivé ici de chez vous, nous a donné de bonnes nouvelles de votre foi et de votre charité, et nous a dit que vous avez toujours de nous un bon souvenir, désirant nous voir comme 7 nous désirons aussi vous voir. En conséquence, frères, au milieu de toutes nos calamités et de nos tribulations, nous avons été consolés à votre sujet, à cause de votre foi. 8 Car maintenant nous vivons, puisque vous demeurez fermes dans le 9 Seigneur. Quelles actions de grâces, en effet, nous pouvons rendre à Dieu à votre sujet, pour toute la joie que nous éprouvons à cause de vous, 10 devant notre Dieu! Nuit et jour, nous le prions avec une extrême ardeur de nous permettre de vous voir, et de compléter ce qui manque à votre foi. 11 Que Dieu lui-même, notre Père, et notre Seigneur Jésus, aplanissent notre route pour que nous allions à 12 vous! Que le Seigneur augmente de plus en plus parmi vous, et à l'égard de tous, cette charité que nous avons nous-mêmes pour vous, 13 afin d'affermir vos cœurs pour qu'ils soient irréprochables dans la sainteté devant Dieu notre Père, lors de l'avènement de notre Seigneur Jésus avec tous ses saints!

Exhortation à la sainteté, à la charité, au travail.

4 Au reste, frères, puisque vous avez appris de nous comment vous devez vous conduire et plaire à Dieu, et que c'est là ce que vous faites, nous vous prions et nous vous conjurons au nom du Seigneur Jésus de marcher à cet égard de progrès en progrès. Vous savez, en effet, quels préceptes 2 nous vous avons donnés de la part du Seigneur Jésus. Ce que Dieu 3 veut, c'est votre sanctification; c'est que vous vous absteniez de l'impudicité; c'est que chacun de vous sache 4 posséder son corps dans la sainteté et l'honnêteté, sans vous livrer à une 5 convoitise passionnée, comme font les païens qui ne connaissent pas Dieu; c'est que personne n'use 6 envers son frère de fraude et de cupidité dans les affaires, parce que le Seigneur tire vengeance de toutes ces choses, comme nous vous l'avons déjà dit et attesté. Car Dieu ne 7 nous a pas appelés à l'impureté, mais à la sanctification. Celui donc qui 8 rejette ces préceptes ne rejette pas un homme, mais Dieu, qui vous a aussi donné son Saint-Esprit.

Pour ce qui est de l'amour fra- 9 ternel, vous n'avez pas besoin qu'on vous en écrive; car vous avez vous-mêmes appris de Dieu à vous aimer les uns les autres, et c'est aussi ce 10 que vous faites envers tous les frères dans la Macédoine entière. Mais nous vous exhortons, frères, à abonder toujours plus dans cet amour, et 11 à mettre votre honneur à vivre tranquilles, à vous occuper de vos propres affaires, et à travailler de vos mains, comme nous vous l'avons recommandé, en sorte que vous vous con- 12 duisiez honnêtement envers ceux du dehors, et que vous n'ayez besoin de personne.

Sur la résurrection des morts et l'avènement du Seigneur.

Nous ne voulons pas, frères, que 13 vous soyez dans l'ignorance au sujet de ceux qui dorment, afin que vous ne vous affligiez pas comme les autres qui n'ont point d'espérance. Car, si 14 nous croyons que Jésus est mort et qu'il est ressuscité, croyons aussi que Dieu ramènera par Jésus et avec lui ceux qui sont morts. Voici, en effet, 15 ce que nous vous déclarons d'après la parole du Seigneur: nous les vivants, restés pour l'avènement du

Seigneur, nous ne devancerons pas
16 ceux qui sont morts. Car le Seigneur lui-même, à un signal donné, à la voix d'un archange, et au son de la trompette de Dieu, descendra du ciel, et les morts en Christ res-
17 susciteront premièrement. Ensuite, nous les vivants, qui serons restés, nous serons tous ensemble enlevés avec eux sur des nuées, à la rencontre du Seigneur dans les airs, et ainsi nous serons toujours avec le
18 Seigneur. Consolez-vous donc les uns les autres par ces paroles.

5 Pour ce qui est des temps et des moments, vous n'avez pas besoin,
2 frères, qu'on vous en écrive. Car vous savez bien vous-mêmes que le jour du Seigneur viendra comme un
3 voleur dans la nuit. Quand les hommes diront : Paix et sûreté ! alors une ruine soudaine les surprendra, comme les douleurs de l'enfantement surprennent la femme enceinte, et ils n'échapperont point.
4 Mais vous, frères, vous n'êtes pas dans les ténèbres, pour que ce jour vous surprenne comme un voleur ;
5 vous êtes tous des enfants de la lumière et des enfants du jour. Nous ne sommes point de la nuit ni des
6 ténèbres. Ne dormons donc point comme les autres, mais veillons et
7 soyons sobres. Car ceux qui dorment dorment la nuit, et ceux qui
8 s'enivrent s'enivrent la nuit. Mais nous qui sommes du jour, soyons sobres, ayant revêtu la cuirasse de la foi et de la charité, et ayant pour
9 casque l'espérance du salut. Car Dieu ne nous a pas destinés à la colère, mais à l'acquisition du salut par notre Seigneur Jésus-Christ, qui
10 est mort pour nous, afin que, soit que nous veillions, soit que nous dormions, nous vivions ensemble avec
11 lui. C'est pourquoi exhortez-vous

réciproquement, et édifiez-vous les uns les autres, comme en réalité vous le faites.

Préceptes divers. Vœux et salutations.

Nous vous prions, frères, d'avoir 12 de la considération pour ceux qui travaillent parmi vous, qui vous dirigent dans le Seigneur, et qui vous exhortent. Ayez pour eux beau- 13 coup d'affection, à cause de leur œuvre.

Soyez en paix entre vous.

Nous vous en prions aussi, frères, 14 avertissez ceux qui vivent dans le désordre, consolez ceux qui sont abattus, supportez les faibles, usez de patience envers tous.

Prenez garde que personne ne 15 rende à autrui le mal pour le mal ; mais poursuivez toujours le bien, soit entre vous, soit envers tous.

Soyez toujours joyeux. 16

Priez sans cesse. Rendez grâces 17
en toutes choses, car c'est à votre 18
égard la volonté de Dieu en Jésus-Christ.

N'éteignez pas l'Esprit. Ne mé- 19
prisez pas les prophéties. Mais exa- 20
minez toutes choses ; retenez ce qui 21
est bon ; abstenez-vous de toute espè- 22
ce de mal.

Que le Dieu de paix vous sanctifie 23
lui-même tout entiers, et que tout votre être, l'esprit, l'âme et le corps, soit conservé irréprehensible, lors de l'avènement de notre Seigneur Jésus-Christ ! Celui qui vous a appelés est 24 fidèle, et c'est lui qui le fera.

Frères, priez pour nous. 25

Saluez tous les frères par un saint 26 baiser.

Je vous en conjure par le Seigneur, 27 que cette lettre soit lue à tous les frères.

Que la grâce de notre Seigneur 28 Jésus-Christ soit avec vous !

SECONDE ÉPÎTRE DE PAUL
AUX THESSALONICIENS

Adresse et salutation.

I Paul, et Silvain, et Timothée, à l'Église des Thessaloniciens, qui est en Dieu notre Père et en Jésus-2 Christ le Seigneur : que la grâce et la paix vous soient données de la part de Dieu notre Père et du Seigneur Jésus-Christ !

Progrès des Thessaloniciens dans la foi et dans la charité, malgré les persécutions.

3 Nous devons à votre sujet, frères, rendre continuellement grâces à Dieu, comme cela est juste, parce que votre foi fait de grands progrès, et que la charité de chacun de vous tous à l'égard des autres augmente de plus 4 en plus. Aussi nous glorifions-nous de vous dans les Églises de Dieu, à cause de votre persévérance et de votre foi au milieu de toutes vos persécutions et des tribulations que 5 vous avez à supporter. C'est une preuve du juste jugement de Dieu, pour que vous soyez jugés dignes du royaume de Dieu, pour lequel 6 vous souffrez. Car il est de la justice de Dieu de rendre l'affliction à 7 ceux qui vous affligent, et de vous donner, à vous qui êtes affligés, du repos avec nous, lorsque le Seigneur Jésus apparaîtra du ciel avec les 8 anges de sa puissance, au milieu d'une flamme de feu, pour punir ceux qui ne connaissent pas Dieu et ceux qui n'obéissent pas à l'Évangile de 9 notre Seigneur Jésus. Ils auront pour châtiment une ruine éternelle, loin de la face du Seigneur et de la 10 gloire de sa force, lorsqu'il viendra pour être, en ce jour-là, glorifié dans ses saints et admiré dans tous ceux qui auront cru,—car notre témoignage auprès de vous a été cru. 11 C'est pourquoi aussi nous prions continuellement pour vous, afin que notre Dieu vous juge dignes de la vocation, et qu'il accomplisse par sa puissance tous les desseins bienveillants de sa bonté, et l'œuvre de votre foi, pour que le nom de notre Sei-12 gneur Jésus soit glorifié en vous, et que vous soyez glorifiés en lui, selon la grâce de notre Dieu et du Seigneur Jésus-Christ.

Sur l'avènement du Seigneur.

Pour ce qui concerne l'avènement **2** de notre Seigneur Jésus-Christ et notre réunion avec lui, nous vous prions, frères, de ne pas vous laisser 2 facilement ébranler dans votre bon sens, et de ne pas vous laisser troubler, soit par quelque inspiration, soit par quelque parole, ou par quelque lettre qu'on dirait venir de nous, comme si le jour du Seigneur était déjà là. Que personne ne vous sé-3 duise d'aucune manière ; car il faut que l'apostasie soit arrivée auparavant, et qu'on ait vu paraître l'homme du péché, le fils de la perdition, l'ad-4 versaire qui s'élève au-dessus de tout ce qu'on appelle Dieu ou de ce qu'on adore, jusqu'à s'asseoir dans le temple de Dieu, se proclamant lui-même Dieu. Ne vous souvenez-vous pas que je 5 vous disais ces choses, lorsque j'étais encore chez vous ? Et maintenant 6 vous savez ce qui le retient, afin qu'il ne paraisse qu'en son temps. Car 7 le mystère de l'iniquité agit déjà ; il faut seulement que celui qui le retient encore ait disparu. Et alors 8 paraîtra l'impie, que le Seigneur Jésus détruira par le souffle de sa bouche, et qu'il anéantira par l'éclat de son avènement. L'apparition de cet 9 impie se fera, par la puissance de Satan, avec toutes sortes de miracles, de signes et de prodiges mensongers, et avec toutes les séductions de l'ini-10 quité pour ceux qui périssent parce qu'ils n'ont pas reçu l'amour de la vérité pour être sauvés. Aussi Dieu 11 leur envoie une puissance d'égarement, pour qu'ils croient au mensonge, 12 afin que tous ceux qui n'ont pas cru à la vérité, mais qui ont pris plaisir à l'injustice, soient condamnés.

13 Pour nous, frères bien-aimés du Seigneur, nous devons à votre sujet rendre continuellement grâces à Dieu, parce que Dieu vous a choisis dès le commencement pour le salut, par la sanctification de l'Esprit et par la 14 foi en la vérité. C'est à quoi il vous a appelés par notre Évangile, pour que vous possédiez la gloire de notre Seigneur Jésus-Christ.

15 Ainsi donc, frères, demeurez fermes, et retenez les instructions que vous avez reçues, soit par notre pa-16 role, soit par notre lettre. Que notre Seigneur Jésus-Christ lui-même, et Dieu notre Père, qui nous a aimés, et qui nous a donné par sa grâce une consolation éternelle et une bonne 17 espérance, consolent vos cœurs, et vous affermissent en toute bonne œuvre et en toute bonne parole !

Exhortation à prier pour les progrès de l'Évangile, à s'éloigner de ceux qui vivent dans le désordre, et à travailler paisiblement. Salutation.

3 Au reste, frères, priez pour nous, afin que la parole du Seigneur se répande et soit glorifiée comme elle 2 l'est chez vous, et afin que nous soyons délivrés des hommes méchants et pervers ; car tous n'ont 3 pas la foi. Le Seigneur est fidèle, il vous affermira et vous préservera 4 du malin. Nous avons à votre égard cette confiance dans le Seigneur que vous faites et que vous ferez les choses que nous recommandons. 5 Que le Seigneur dirige vos cœurs vers l'amour de Dieu et vers la patience de Christ !

6 Nous vous recommandons, frères, au nom de notre Seigneur Jésus-Christ, de vous éloigner de tout frère qui vit dans le désordre, et non selon les instructions que vous avez reçues de nous. Vous savez vous-mêmes 7 comment il faut nous imiter, car nous n'avons pas vécu parmi vous dans le désordre. Nous n'avons mangé 8 gratuitement le pain de personne ; mais, dans le travail et dans la peine, nous avons été nuit et jour à l'œuvre, pour n'être à charge à aucun de vous. Ce n'est pas que nous n'en eussions 9 le droit, mais nous avons voulu vous donner en nous-mêmes un modèle à imiter. Car, lorsque nous étions 10 chez vous, nous vous disions expressément : Si quelqu'un ne veut pas travailler, qu'il ne mange pas non plus. Nous apprenons, cependant, 11 qu'il y en a parmi vous quelques-uns qui vivent dans le désordre, qui ne travaillent pas, mais qui s'occupent de futilités. Nous invitons ces gens-12 là, et nous les exhortons par le Seigneur Jésus-Christ, à manger leur propre pain, en travaillant paisiblement.

Pour vous, frères, ne vous lassez 13 pas de faire le bien. Et si quelqu'un 14 n'obéit pas à ce que nous disons par cette lettre, notez-le, et n'ayez point de communication avec lui, afin qu'il éprouve de la honte. Ne le regardez 15 pas comme un ennemi, mais avertissez-le comme un frère.

Que le Seigneur de la paix vous 16 donne lui-même la paix en tout temps, de toute manière ! Que le Seigneur soit avec vous tous !

Je vous salue, moi Paul, de ma 17 propre main. C'est là ma signature dans toutes mes lettres ; c'est ainsi que j'écris.

Que la grâce de notre Seigneur 18 Jésus-Christ soit avec vous tous !

PREMIÈRE ÉPÎTRE DE PAUL
A TIMOTHÉE

Adresse et salutation.

I Paul, apôtre de Jésus-Christ, par ordre de Dieu notre Sauveur et de
2 Jésus-Christ notre espérance, à Timothée, mon enfant légitime en la foi : que la grâce, la miséricorde et la paix, te soient données de la part de Dieu le Père et de Jésus-Christ notre Seigneur !

Les fausses doctrines et l'Évangile de grâce. Combattre le bon combat.

3 Je te rappelle l'exhortation que je te fis, à mon départ pour la Macédoine, lorsque je t'engageai à rester à Éphèse, afin de recommander à certaines personnes de ne pas en-
4 seigner d'autres doctrines, et de ne pas s'attacher à des fables et à des généalogies sans fin, qui produisent des discussions plutôt qu'elles n'avancent l'œuvre de Dieu dans la foi.
5 Le but du commandement, c'est une charité venant d'un cœur pur, d'une bonne conscience, et d'une foi
6 sincère. Quelques-uns, s'étant détournés de ces choses, se sont égarés
7 dans de vains discours ; ils veulent être docteurs de la loi, et ils ne comprennent ni ce qu'ils disent, ni ce
8 qu'ils affirment. Nous n'ignorons pas que la loi est bonne, pourvu qu'on en fasse un usage légitime,
9 sachant bien que la loi n'est pas faite pour le juste, mais pour les méchants et les rebelles, les impies et les pécheurs, les irréligieux et les profanes, les parricides, les meur-
10 triers, les impudiques, les infâmes, les voleurs d'hommes, les menteurs, les parjures, et tout ce qui est contraire à la saine doctrine,—conformé-
11 ment à l'Évangile de la gloire du Dieu bienheureux, Évangile qui m'a été confié.
12 Je rends grâces à celui qui m'a fortifié, à Jésus-Christ notre Seigneur, de ce qu'il m'a jugé fidèle, en m'éta-

blissant dans le ministère, moi qui 13 étais auparavant un blasphémateur, un persécuteur, un homme violent. Mais j'ai obtenu miséricorde, parce que j'agissais par ignorance, dans l'incrédulité ; et la grâce de notre Sei- 14 gneur a surabondé, avec la foi et la charité qui est en Jésus-Christ. C'est 15 une parole certaine et entièrement digne d'être reçue, que Jésus-Christ est venu dans le monde pour sauver les pécheurs, dont je suis le premier. Mais j'ai obtenu miséricorde, afin 16 que Jésus-Christ fît voir en moi le premier toute sa longanimité, pour que je servisse d'exemple à ceux qui croiraient en lui pour la vie éternelle. Au roi des siècles, im- 17 mortel, invisible, seul Dieu, soient honneur et gloire, aux siècles des siècles ! Amen !

Le commandement que je t'adresse, 18 Timothée, mon enfant, selon les prophéties faites précédemment à ton sujet, c'est que, d'après elles, tu combattes le bon combat, en gardant la 19 foi et une bonne conscience. Cette conscience, quelques-uns l'ont perdue, et ils ont fait naufrage par rapport à la foi. De ce nombre sont Hyménée 20 et Alexandre, que j'ai livrés à Satan, afin qu'ils apprennent à ne pas blasphémer.

La prière pour tous. Les devoirs des femmes.

J'exhorte donc, avant toutes choses, 2 à faire des prières, des supplications, des requêtes, des actions de grâces, pour tous les hommes, pour les rois 2 et pour tous ceux qui sont élevés en dignité, afin que nous menions une vie paisible et tranquille, en toute piété et honnêteté. Cela est bon et 3 agréable devant Dieu notre Sauveur, qui veut que tous les hommes soient 4 sauvés et parviennent à la connaissance de la vérité. Car il y a un 5 seul Dieu, et aussi un seul médiateur

entre Dieu et les hommes, Jésus-
6 Christ homme, qui s'est donné lui-
même en rançon pour tous. C'est
là le témoignage rendu en son propre
7 temps, et pour lequel j'ai été établi
prédicateur et apôtre,—je dis la
vérité, je ne mens pas,—chargé d'instruire les païens dans la foi et la
vérité.

8 Je veux donc que les hommes
prient en tout lieu, en élevant des
mains pures, sans colère ni mauvaises pensées.

9 Je veux aussi que les femmes, vêtues
d'une manière décente, avec pudeur
et modestie, ne se parent ni de tresses,
ni d'or, ni de perles, ni d'habits somp-
10 tueux, mais qu'elles se parent de bonnes œuvres, comme il convient à des
femmes qui font profession de servir
11 Dieu. Que la femme écoute l'instruction en silence, avec une entière
12 soumission. Je ne permets pas à la
femme d'enseigner, ni de prendre de
l'autorité sur l'homme ; mais elle
13 doit demeurer dans le silence. Car
Adam a été formé le premier, Ève
14 ensuite ; et ce n'est pas Adam qui
a été séduit, c'est la femme qui, séduite, s'est rendue coupable de trans-
15 gression. Elle sera néanmoins sauvée
en devenant mère, si elle persévère
avec modestie dans la foi, dans la
charité, et dans la sainteté.

Les devoirs des évêques et des diacres.

3 Cette parole est certaine : Si quelqu'un aspire à la charge d'évêque, il
2 désire une œuvre excellente. Il faut
donc que l'évêque soit irréprochable,
mari d'une seule femme, sobre, modéré, réglé dans sa conduite, hos-
3 pitalier, propre à l'enseignement. Il
faut qu'il ne soit ni adonné au vin,
ni violent, mais indulgent, pacifique,
4 désintéressé. Il faut qu'il dirige
bien sa propre maison, et qu'il tienne
ses enfants dans la soumission et
5 dans une parfaite honnêteté ; car
si quelqu'un ne sait pas diriger sa
propre maison, comment prendra-t-il
6 soin de l'Église de Dieu ? Il ne faut
pas qu'il soit un nouveau converti,
de peur qu'enflé d'orgueil il ne tombe
7 sous le jugement du diable. Il faut

aussi qu'il reçoive un bon témoignage
de ceux du dehors, afin de ne pas
tomber dans l'opprobre et dans les
pièges du diable.

Les diacres aussi doivent être hon- 8
nêtes, éloignés de la duplicité, des
excès du vin, d'un gain sordide,
conservant le mystère de la foi dans 9
une conscience pure. Qu'on les 10
éprouve d'abord, et qu'ils exercent
ensuite leur ministère, s'ils sont sans
reproche. Les femmes, de même, 11
doivent être honnêtes, non médisantes, sobres, fidèles en toutes choses.
Les diacres doivent être maris d'une 12
seule femme, et diriger bien leurs
enfants et leurs propres maisons ;
car ceux qui remplissent convenable- 13
ment leur ministère s'acquièrent un
rang honorable, et une grande assurance dans la foi en Jésus-Christ.

Je t'écris ces choses, avec l'es- 14
pérance d'aller bientôt vers toi, mais 15
afin que tu saches, si je tarde,
comment il faut se conduire dans la
maison de Dieu, qui est l'Église du
Dieu vivant, la colonne et l'appui de
la vérité. Et, sans contredit, le 16
mystère de la piété est grand : celui
qui a été manifesté en chair, justifié
par l'Esprit, vu des anges, prêché
aux Gentils, cru dans le monde,
élevé dans la gloire.

*Recommandations à Timothée au sujet des
faux docteurs, de sa conduite dans l'exercice du ministère, et de la répréhension
fraternelle.*

Mais l'Esprit dit expressément 4
que, dans les derniers temps, quelques-uns abandonneront la foi, pour
s'attacher à des esprits séducteurs et
à des doctrines de démons, par 2
l'hypocrisie de faux docteurs portant
la marque de la flétrissure dans leur
propre conscience, prescrivant de ne 3
pas se marier, et de s'abstenir d'aliments que Dieu a créés pour qu'ils
soient pris avec actions de grâces
par ceux qui sont fidèles et qui ont
connu la vérité. Car tout ce que 4
Dieu a créé est bon, et rien ne doit
être rejeté, pourvu qu'on le prenne
avec actions de grâces, parce que 5
tout est sanctifié par la parole de
Dieu et par la prière.

6 En exposant ces choses aux frères, tu seras un bon ministre de Jésus-Christ, nourri des paroles de la foi et de la bonne doctrine que tu as 7 exactement suivie. Repousse les 8 contes profanes et absurdes. Exerce-toi à la piété ; car l'exercice corporel est utile à peu de chose, tandis que la piété est utile à tout, ayant la promesse de la vie présente et de 9 celle qui est à venir. C'est là une parole certaine et entièrement digne 10 d'être reçue. Nous travaillons, en effet, et nous combattons, parce que nous mettons notre espérance dans le Dieu vivant, qui est le Sauveur de tous les hommes, principalement des croyants.

11 Déclare ces choses, et enseigne-les. 12 Que personne ne méprise ta jeunesse ; mais sois un modèle pour les fidèles, en parole, en conduite, en charité, en foi, en pureté. 13 Jusqu'à ce que je vienne, applique-toi à la lecture, à l'exhortation, à 14 l'enseignement. Ne néglige pas le don qui est en toi, et qui t'a été donné par prophétie avec l'imposition des mains de l'assemblée des anciens. 15 Occupe-toi de ces choses, donne-toi tout entier à elles, afin que tes progrès soient évidents pour tous. 16 Veille sur toi-même et sur ton enseignement ; persévère dans ces choses, car, en agissant ainsi, tu te sauveras toi-même, et tu sauveras ceux qui t'écoutent.

5 Ne réprimande pas rudement le vieillard, mais exhorte-le comme un père ; exhorte les jeunes gens comme 2 des frères, les femmes âgées comme des mères, celles qui sont jeunes comme des sœurs, en toute pureté.

Directions au sujet des veuves, des anciens, des serviteurs.

3 Honore les veuves qui sont véri- 4 tablement veuves. Si une veuve a des enfants ou des petits-enfants, qu'ils apprennent avant tout à exercer la piété envers leur propre famille, et à rendre à leurs parents ce qu'ils ont reçu d'eux ; car cela est agréable à 5 Dieu. Celle qui est véritablement veuve, et qui est demeurée dans l'isolement, met son espérance en Dieu et persévère nuit et jour dans les supplications et les prières. Mais 6 celle qui vit dans les plaisirs est morte, quoique vivante. Déclare- 7 leur ces choses, afin qu'elles soient irréprochables. Si quelqu'un n'a pas 8 soin des siens, et principalement de ceux de sa famille, il a renié la foi, et il est pire qu'un infidèle. Qu'une 9 veuve, pour être inscrite sur le rôle, n'ait pas moins de soixante ans, qu'elle ait été femme d'un seul mari, qu'elle soit recommandable par de 10 bonnes œuvres, ayant élevé des enfants, exercé l'hospitalité, lavé les pieds des saints, secouru les malheureux, pratiqué toute espèce de bonne œuvre. Mais refuse les jeunes 11 veuves ; car, lorsque la volupté les détache de Christ, elles veulent se marier, et se rendent coupables en 12 ce qu'elles violent leur premier engagement. Avec cela, étant oisives, 13 elles apprennent à aller de maison en maison ; et non seulement elles sont oisives, mais encore causeuses et intrigantes, disant ce qu'il ne faut pas dire. Je veux donc que les 14 jeunes se marient, qu'elles aient des enfants, qu'elles dirigent leur maison, qu'elles ne donnent à l'adversaire aucune occasion de médire ; car déjà 15 quelques-unes se sont détournées pour suivre Satan. Si quelque fidèle, 16 homme ou femme, a des veuves, qu'il les assiste, et que l'Église n'en soit point chargée, afin qu'elle puisse assister celles qui sont véritablement veuves.

Que les anciens qui dirigent bien 17 soient jugés dignes d'un double honneur, surtout ceux qui travaillent à la prédication et à l'enseignement. Car l'Écriture dit : Tu n'emmuselle- 18 ras point le bœuf quand il foule le grain. Et l'ouvrier mérite son salaire. Ne reçois point d'accusation contre 19 un ancien, si ce n'est sur la déposition de deux ou de trois témoins. Ceux 20 qui pèchent, reprends-les devant tous, afin que les autres aussi éprouvent de la crainte. Je te conjure devant 21 Dieu, devant Jésus-Christ, et devant les anges élus, d'observer ces choses

sans prévention, et de ne rien faire
22 par faveur. N'impose les mains à
personne avec précipitation, et ne
participe pas aux péchés d'autrui ;
23 toi-même, conserve-toi pur. Ne continue pas à ne boire que de l'eau ;
mais fais usage d'un peu de vin, à
cause de ton estomac et de tes
24 fréquentes indispositions. Les péchés
de certains hommes sont manifestes,
même avant qu'on les juge, tandis
que chez d'autres ils ne se découvrent
25 que dans la suite. De même, les
bonnes œuvres sont manifestes, et
celles qui ne le sont pas ne peuvent
rester cachées.

6 Que tous ceux qui sont sous le
joug de la servitude regardent leurs
maîtres comme dignes de tout honneur, afin que le nom de Dieu et la
doctrine ne soient pas blasphémés.
2 Et que ceux qui ont des fidèles pour
maîtres ne les méprisent pas, sous
prétexte qu'ils sont frères ; mais
qu'ils les servent d'autant mieux que
ce sont des fidèles et des bien-aimés
qui s'attachent à leur faire du bien.
Enseigne ces choses et recommande-
les.

Les faux docteurs et l'amour des richesses.
Conseils à Timothée sur la recherche des
biens spirituels et la fidélité à l'Évangile.

3 Si quelqu'un enseigne de fausses
doctrines, et ne s'attache pas aux
saines paroles de notre Seigneur
Jésus-Christ et à la doctrine qui est
4 selon la piété, il est enflé d'orgueil, il
ne sait rien, et il a la maladie des
questions oiseuses et des disputes de
mots, d'où naissent l'envie, les querelles, les calomnies, les mauvais
5 soupçons, les vaines discussions
d'hommes corrompus d'entendement,
privés de la vérité, et croyant que la
6 piété est une source de gain. C'est,
en effet, une grande source de gain
que la piété avec le contentement ;
7 car nous n'avons rien apporté dans
le monde, et il est évident que nous
8 n'en pouvons rien emporter ; si donc
nous avons la nourriture et le vête-
9 ment, cela nous suffira. Mais ceux

qui veulent s'enrichir tombent dans
la tentation, dans le piège, et dans
beaucoup de désirs insensés et pernicieux qui plongent les hommes dans
la ruine et la perdition. Car l'amour 10
de l'argent est une racine de tous les
maux ; et quelques-uns, en étant
possédés, se sont égarés loin de la
foi, et se sont jetés eux-mêmes dans
bien des tourments.

Pour toi, homme de Dieu, fuis ces 11
choses, et recherche la justice, la
piété, la foi, la charité, la patience, la
douceur. Combats le bon combat 12
de la foi, saisis la vie éternelle, à
laquelle tu as été appelé, et pour
laquelle tu as fait une belle confession
en présence d'un grand nombre de
témoins. Je te recommande, devant 13
Dieu qui donne la vie à toutes choses,
et devant Jésus-Christ qui fit une
belle confession devant Ponce Pilate,
de garder le commandement, et de 14
vivre sans tache, sans reproche,
jusqu'à l'apparition de notre Seigneur
Jésus-Christ, que manifestera en son 15
temps le bienheureux et seul souverain, le roi des rois et le Seigneur
des seigneurs, qui seul possède l'im- 16
mortalité, qui habite une lumière
inaccessible, que nul homme n'a vu
ni ne peut voir, à qui appartiennent
l'honneur et la puissance éternelle.
Amen !

Recommande aux riches du pré- 17
sent siècle de ne pas être orgueilleux,
et de ne pas mettre leur espérance
dans des richesses incertaines, mais
de la mettre en Dieu, qui nous donne
avec abondance toutes choses pour
que nous en jouissions. Recom- 18
mande-leur de faire du bien, d'être
riches en bonnes œuvres, d'avoir de
la libéralité, de la générosité, et de 19
s'amasser ainsi pour l'avenir un trésor
placé sur un fondement solide, afin
de saisir la vie véritable.

O Timothée, garde le dépôt, en 20
évitant les discours vains et profanes,
et les disputes de la fausse science 21
dont font profession quelques-uns,
qui se sont ainsi détournés de la foi.

Que la grâce soit avec vous !

SECONDE ÉPÎTRE DE PAUL
A TIMOTHÉE

Adresse et salutation.

I Paul, apôtre de Jésus-Christ, par la volonté de Dieu, pour annoncer la promesse de la vie qui est en Jésus-
2 Christ, à Timothée, mon enfant bien-aimé : que la grâce, la miséricorde et la paix te soient données de la part de Dieu le Père et de Jésus-Christ notre Seigneur !

Affection de Paul pour Timothée. Exhor-tation à la fermeté dans la foi et à la constance dans les travaux du ministère.

3 Je rends grâces à Dieu, que mes ancêtres ont servi, et que je sers avec une conscience pure, de ce que nuit et jour je me souviens continuellement de toi dans mes prières,
4 me rappelant tes larmes, et désirant te voir afin d'être rempli de joie,
5 gardant le souvenir de la foi sincère qui est en toi, qui habita d'abord dans ton aïeule Loïs et dans ta mère Eunice, et qui, j'en suis persuadé, habite aussi en toi.
6 C'est pourquoi je t'exhorte à ranimer le don de Dieu que tu as reçu
7 par l'imposition de mes mains. Car ce n'est pas un esprit de timidité que Dieu nous a donné, mais un esprit de force, d'amour et de sagesse.
8 N'aie donc point honte du témoignage à rendre à notre Seigneur, ni de moi son prisonnier. Mais souffre avec moi pour l'Évangile, par la
9 puissance de Dieu qui nous a sauvés, et nous a adressé une sainte vocation, non à cause de nos œuvres, mais selon son propre dessein, et selon la grâce qui nous a été donnée en Jésus-Christ avant les temps éternels,
10 et qui a été manifestée maintenant par l'apparition de notre Sauveur Jésus-Christ, qui a détruit la mort et a mis en évidence la vie et l'immor-
11 talité par l'Évangile. C'est pour cet Évangile que j'ai été établi prédicateur et apôtre, chargé d'instruire les

païens. Et c'est à cause de cela que 12 je souffre ces choses ; mais je n'en ai point honte, car je sais en qui j'ai cru, et je suis persuadé qu'il a la puissance de garder mon dépôt jusqu'à ce jour-là.

Retiens dans la foi et dans la 13 charité qui est en Jésus-Christ le modèle des saines paroles que tu as reçues de moi. Garde le bon dépôt, 14 par le Saint-Esprit qui habite en nous.

Tu sais que tous ceux qui sont en 15 Asie m'ont abandonné, entre autres Phygelle et Hermogène. Que le 16 Seigneur répande sa miséricorde sur la maison d'Onésiphore, car il m'a souvent consolé, et il n'a pas eu honte de mes chaînes ; au contraire, 17 lorsqu'il est venu à Rome, il m'a cherché avec beaucoup d'empressement, et il m'a trouvé. Que le Sei- 18 gneur lui donne d'obtenir miséricorde auprès du Seigneur en ce jour-là. Tu sais mieux que personne combien de services il m'a rendus à Éphèse.

Toi donc, mon enfant, fortifie-toi **2** dans la grâce qui est en Jésus-Christ. Et ce que tu as entendu de moi en 2 présence de beaucoup de témoins, confie-le à des hommes fidèles, qui soient capables de l'enseigner aussi à d'autres. Souffre avec moi, comme 3 un bon soldat de Jésus-Christ. Il 4 n'est pas de soldat qui s'embarrasse des affaires de la vie, s'il veut plaire à celui qui l'a enrôlé ; et l'athlète 5 n'est pas couronné, s'il n'a combattu suivant les règles. Il faut que le 6 laboureur travaille avant de recueillir les fruits. Comprends ce que je dis, 7 car le Seigneur te donnera de l'intelligence en toutes choses.

Souviens-toi de Jésus-Christ, issu 8 de la postérité de David, ressuscité des morts, selon mon Évangile, pour 9 lequel je souffre jusqu'à être lié comme un malfaiteur. Mais la parole de Dieu n'est pas liée. C'est pourquoi 10 je supporte tout à cause des élus, afin qu'eux aussi obtiennent le salut qui est en Jésus-Christ, avec la gloire 11 éternelle. Cette parole est certaine : Si nous sommes morts avec lui, nous 12 vivrons aussi avec lui ; si nous persévérons, nous régnerons aussi avec lui ; si nous le renions, lui aussi nous 13 reniera ; si nous sommes infidèles, il demeure fidèle, car il ne peut se renier lui-même.

Conduite à tenir à l'égard de ceux qui s'écartent de la saine doctrine et de la pureté chrétienne.

14 Rappelle ces choses, en conjurant devant Dieu qu'on évite les disputes de mots, qui ne servent qu'à la ruine 15 de ceux qui écoutent. Efforce-toi de te présenter devant Dieu comme un homme éprouvé, un ouvrier qui n'a point à rougir, qui dispense droitement la parole de la vérité. 16 Évite les discours vains et profanes ; car ceux qui les tiennent avanceront 17 toujours plus dans l'impiété, et leur parole rongera comme la gangrène. De ce nombre sont Hyménée et 18 Philète, qui se sont détournés de la vérité, disant que la résurrection est déjà arrivée, et qui renversent la foi 19 de quelques-uns. Néanmoins, le solide fondement de Dieu reste debout, avec ces paroles qui lui servent de sceau : Le Seigneur connaît ceux qui lui appartiennent ; et : Quiconque prononce le nom du Seigneur, qu'il s'éloigne de l'iniquité. 20 Dans une grande maison, il n'y a pas seulement des vases d'or et d'argent, mais il y en a aussi de bois et de terre ; les uns sont des vases d'honneur, 21 et les autres sont d'un usage vil. Si donc quelqu'un se conserve pur, en s'abstenant de ces choses, il sera un vase d'honneur, sanctifié, utile à son maître, propre à toute bonne œuvre. 22 Fuis les passions de la jeunesse, et recherche la justice, la foi, la charité, la paix, avec ceux qui invoquent le Seigneur d'un cœur pur. 23 Repousse les discussions folles et inutiles, sachant qu'elles font naître 24 des querelles. Or, il ne faut pas qu'un serviteur du Seigneur ait des

querelles ; il doit, au contraire, avoir de la condescendance pour tous, être propre à enseigner, doué de patience ; il doit redresser avec dou- 25 ceur les adversaires, dans l'espérance que Dieu leur donnera la repentance pour arriver à la connaissance de la vérité, et que, revenus à leur bon 26 sens, ils se dégageront des pièges du diable, qui s'est emparé d'eux pour les soumettre à sa volonté.

Sache que, dans les derniers jours, **3** il y aura des temps difficiles. Car les hommes seront égoïstes, amis 2 de l'argent, fanfarons, hautains, blasphémateurs, rebelles à leurs parents, ingrats, irréligieux, insensibles, dé- 3 loyaux, calomniateurs, intempérants, cruels, ennemis des gens de bien, traîtres, emportés, enflés d'orgueil, 4 aimant le plaisir plus que Dieu, ayant 5 l'apparence de la piété, mais reniant ce qui en fait la force. Éloigne-toi de ces hommes-là. Il en est parmi 6 eux qui s'introduisent dans les maisons, et qui captivent des femmes d'un esprit faible et borné, chargées de péchés, agitées par des passions de toute espèce, apprenant toujours 7 et ne pouvant jamais arriver à la connaissance de la vérité. De même 8 que Jannès et Jambrès s'opposèrent à Moïse, de même ces hommes s'opposent à la vérité, étant corrompus d'entendement, réprouvés en ce qui concerne la foi. Mais ils ne 9 feront pas de plus grands progrès ; car leur folie sera manifeste pour tous, comme le fut celle de ces deux hommes.

Pour toi, tu as suivi de près mon 10 enseignement, ma conduite, mes résolutions, ma foi, ma douceur, ma charité, ma constance, mes persé- 11 cutions, mes souffrances. A quelles souffrances n'ai-je pas été exposé à Antioche, à Icone, à Lystre? Quelles persécutions n'ai-je pas supportées? Et le Seigneur m'a délivré de toutes. Or, tous ceux qui veulent vivre 12 pieusement en Jésus-Christ seront persécutés. Mais les hommes mé- 13 chants et imposteurs avanceront toujours plus dans le mal, égarant les autres et égarés eux-mêmes.

14 Toi, demeure dans les choses que tu as apprises, et reconnues certaines, sachant de qui tu les as apprises :
15 dès ton enfance, tu connais les saintes lettres, qui peuvent te rendre sage à salut par la foi en Jésus-Christ.
16 Toute Écriture est inspirée de Dieu, et utile pour enseigner, pour convaincre, pour corriger, pour instruire
17 dans la justice, afin que l'homme de Dieu soit accompli et propre à toute bonne œuvre.

4 Je t'en conjure devant Dieu et devant Jésus-Christ, qui doit juger les vivants et les morts, et au nom de son apparition et de son royaume,
2 prêche la parole, insiste en toute occasion, favorable ou non, reprends, censure, exhorte, avec toute douceur
3 et en instruisant. Car il viendra un temps où les hommes ne supporteront pas la saine doctrine ; mais, ayant la démangeaison d'entendre des choses agréables, ils se donneront une foule de docteurs selon leurs propres désirs,
4 détourneront l'oreille de la vérité, et
5 se tourneront vers les fables. Mais toi, sois sobre en toutes choses, supporte les souffrances, fais l'œuvre d'un évangéliste, remplis bien ton ministère.

Pensées de Paul à la perspective de sa mort prochaine. Timothée invité à se rendre auprès de lui. Communications sur diverses personnes. Salutations.

6 Car pour moi, je sers déjà de libation, et le moment de mon départ
7 approche. J'ai combattu le bon combat, j'ai achevé la course, j'ai
8 gardé la foi. Désormais la couronne de justice m'est réservée ; le Seigneur, le juste juge, me la donnera dans ce jour-là, et non seulement à moi, mais encore à tous ceux qui auront aimé son avènement.

9 Viens au plus tôt vers moi ;
10 car Démas m'a abandonné, par amour pour le siècle présent, et il est parti pour Thessalonique ; Crescens est allé en Galatie, Tite en Dalmatie.
11 Luc seul est avec moi. Prends Marc, et amène-le avec toi, car il m'est utile pour le ministère. J'ai
12 envoyé Tychique à Éphèse. Quand
13 tu viendras, apporte le manteau que j'ai laissé à Troas chez Carpus, et les livres, surtout les parchemins.

14 Alexandre, le forgeron, m'a fait beaucoup de mal. Le Seigneur lui
15 rendra selon ses œuvres. Garde-toi aussi de lui, car il s'est fortement opposé à nos paroles.

16 Dans ma première défense, personne ne m'a assisté, mais tous m'ont abandonné. Que cela ne leur soit point imputé ! C'est le Seigneur qui
17 m'a assisté et qui m'a fortifié, afin que la prédication fût accomplie par moi et que tous les païens l'entendissent. Et j'ai été délivré de la gueule du lion. Le Seigneur me délivrera
18 de toute œuvre mauvaise, et il me sauvera pour me faire entrer dans son royaume céleste. A lui soit la gloire aux siècles des siècles ! Amen !

19 Salue Prisca et Aquilas, et la famille d'Onésiphore.

20 Éraste est resté à Corinthe, et j'ai laissé Trophime malade à Milet.

21 Tâche de venir avant l'hiver. Eubulus, Pudens, Linus, Claudia, et tous les frères te saluent.

22 Que le Seigneur soit avec ton esprit ! Que la grâce soit avec vous !

ÉPÎTRE DE PAUL
A TITE

Adresse et salutation.

I Paul, serviteur de Dieu, et apôtre de Jésus-Christ pour la foi des élus de Dieu et la connaissance de la 2 vérité qui est selon la piété,—lesquelles reposent sur l'espérance de la vie éternelle, promise dès les plus anciens temps par le Dieu qui ne 3 ment point, et qui a manifesté sa parole en son temps par la prédication qui m'a été confiée d'après l'ordre 4 de Dieu notre Sauveur,—à Tite, mon enfant légitime en notre commune foi : que la grâce et la paix te soient données de la part de Dieu le Père et de Jésus-Christ notre Sauveur !

Tite chargé d'organiser l'Église de Crète, d'établir des conducteurs fidèles, et de lutter contre ceux qui enseignent de fausses doctrines.

5 Je t'ai laissé en Crète, afin que tu mettes en ordre ce qui reste à régler, et que, selon mes instructions, tu établisses des anciens dans chaque 6 ville, s'il s'y trouve quelque homme irréprochable, mari d'une seule femme, ayant des enfants fidèles, qui ne soient ni accusés de débauche ni rebelles. 7 Car il faut que l'évêque soit irréprochable, comme économe de Dieu ; qu'il ne soit ni arrogant, ni colère, ni adonné au vin, ni violent, ni porté à 8 un gain déshonnête ; mais qu'il soit hospitalier, ami des gens de bien, 9 modéré, juste, saint, tempérant, attaché à la vraie parole telle qu'elle a été enseignée, afin d'être capable d'exhorter selon la saine doctrine et de réfuter les contradicteurs.

10 Il y a, en effet, surtout parmi les circoncis, beaucoup de gens rebelles, de vains discoureurs et de séducteurs, 11 auxquels il faut fermer la bouche. Ils bouleversent des familles entières, enseignant pour un gain honteux ce 12 qu'on ne doit pas enseigner. L'un d'entre eux, leur propre prophète, a dit : Crétois toujours menteurs, méchantes bêtes, ventres paresseux. Ce témoignage est vrai. C'est pour- 13 quoi reprends-les sévèrement, afin qu'ils aient une foi saine, et qu'ils ne 14 s'attachent pas à des fables judaïques et à des commandements d'hommes qui se détournent de la vérité. Tout 15 est pur pour ceux qui sont purs ; mais rien n'est pur pour ceux qui sont souillés et incrédules, leur intelligence et leur conscience sont souillées. Ils font profession de 16 connaître Dieu, mais ils le renient par leurs œuvres, étant abominables, rebelles, et incapables d'aucune bonne œuvre.

Comment Tite doit exhorter les vieillards, les femmes, les jeunes hommes, les serviteurs, et quel exemple il doit donner lui-même.

2 Pour toi, dis les choses qui sont conformes à la saine doctrine.

Dis que les vieillards doivent être 2 sobres, honnêtes, modérés, sains dans la foi, dans la charité, dans la patience.

Dis que les femmes âgées doivent 3 aussi avoir l'extérieur qui convient à la sainteté, n'être ni médisantes, ni adonnées aux excès du vin ; qu'elles doivent donner de bonnes instructions, dans le but d'apprendre aux 4 jeunes femmes à aimer leurs maris et leurs enfants, à être retenues, 5 chastes, occupées aux soins domestiques, bonnes, soumises à leurs maris, afin que la parole de Dieu ne soit pas blasphémée.

Exhorte de même les jeunes gens 6 à être modérés, te montrant toi- 7 même à tous égards un modèle de bonnes œuvres, et donnant un enseignement pur, digne, une parole 8 saine, irréprochable, afin que l'adversaire soit confus, n'ayant aucun mal à dire de nous.

Exhorte les serviteurs à être sou- 9

mis à leurs maîtres, à leur plaire en toutes choses, à n'être point contre-
10 disants, à ne rien dérober, mais à montrer toujours une parfaite fidélité, afin de faire honorer en tout la doctrine de Dieu notre Sauveur.

La grâce de Dieu manifestée: ce qu'elle enseigne, et ce que Tite doit enseigner.

11 Car la grâce de Dieu, source de salut pour tous les hommes, a été
12 manifestée. Elle nous enseigne à renoncer à l'impiété et aux convoitises mondaines, et à vivre dans le siècle présent selon la sagesse, la
13 justice et la piété, en attendant la bienheureuse espérance, et la manifestation de la gloire du grand Dieu et de notre Sauveur Jésus-Christ,
14 qui s'est donné lui-même pour nous, afin de nous racheter de toute iniquité, et de se faire un peuple qui lui appartienne, purifié par lui et zélé pour les bonnes œuvres.
15 Dis ces choses, exhorte, et reprends, avec une pleine autorité. Que personne ne te méprise.

3 Rappelle-leur d'être soumis aux magistrats et aux autorités, d'obéir, d'être prêts à toute bonne œuvre,
2 de ne médire de personne, d'être pacifiques, modérés, pleins de dou-
3 ceur envers tous les hommes. Car nous aussi, nous étions autrefois insensés, désobéissants, égarés, asservis à toute espèce de convoitises et de voluptés, vivant dans la méchanceté et dans l'envie, dignes d'être haïs, et nous haïssant les uns les autres.
4 Mais, lorsque la bonté de Dieu notre Sauveur et son amour pour
5 les hommes ont été manifestés, il nous a sauvés, non à cause des œuvres de justice que nous aurions faites, mais selon sa miséricorde, par le baptême de la régénération et le renouvellement du Saint-Esprit, qu'il 6 a répandu sur nous avec abondance par Jésus-Christ notre Sauveur, afin 7 que, justifiés par sa grâce, nous devenions, en espérance, héritiers de la vie éternelle.

Cette parole est certaine, et je 8 veux que tu affirmes ces choses, afin que ceux qui ont cru en Dieu s'appliquent à pratiquer de bonnes œuvres. Voilà ce qui est bon et utile aux hommes. Mais évite les discussions 9 folles, les généalogies, les querelles, les disputes relatives à la loi; car elles sont inutiles et vaines. Éloigne 10 de toi, après un premier et un second avertissement, celui qui provoque des divisions, sachant qu'un hom- 11 me de cette espèce est perverti, et qu'il pèche, en se condamnant lui-même.

Recommandations particulières. Salutation.

Lorsque je t'enverrai Artémas ou 12 Tychique, hâte-toi de venir me rejoindre à Nicopolis; car c'est là que j'ai résolu de passer l'hiver. Aie 13 soin de pourvoir au voyage de Zénas, le docteur de la loi, et d'Apollos, en sorte que rien ne leur manque. Il 14 faut que les nôtres aussi apprennent à pratiquer de bonnes œuvres pour subvenir aux besoins pressants, afin qu'ils ne soient pas sans produire des fruits.

Tous ceux qui sont avec moi te 15 saluent. Salue ceux qui nous aiment dans la foi.

Que la grâce soit avec vous tous!

ÉPÎTRE DE PAUL
A PHILÉMON

Adresse et salutation.

1 Paul, prisonnier de Jésus-Christ, et le frère Timothée, à Philémon, notre bien-aimé et notre compagnon 2 d'œuvre, à la sœur Apphia, à Archippe, notre compagnon de combat, et à l'Église qui est dans ta maison : 3 que la grâce et la paix vous soient données de la part de Dieu notre Père et du Seigneur Jésus-Christ !

Actions de grâces au sujet de la foi et de la charité de Philémon.

4 Je rends continuellement grâces à mon Dieu, faisant mention de toi 5 dans mes prières, parce que je suis informé de la foi que tu as au Seigneur Jésus et de ta charité pour 6 tous les saints. Je lui demande que ta participation à la foi soit efficace pour la cause de Christ, en faisant reconnaître en nous toute espèce de 7 bien. J'ai, en effet, éprouvé beaucoup de joie et de consolation au sujet de ta charité ; car par toi, frère, le cœur des saints a été tranquillisé.

Intercession de Paul pour l'esclave Onésime, qui s'était enfui de chez Philémon son maître.

8 C'est pourquoi, bien que j'aie en Christ toute liberté de te prescrire ce 9 qui est convenable, c'est de préférence au nom de la charité que je t'adresse une prière, étant ce que je suis, Paul, vieillard, et de plus maintenant prisonnier de Jésus- 10 Christ. Je te prie pour mon enfant, que j'ai engendré étant dans les 11 chaînes, Onésime, qui autrefois t'a été inutile, mais qui maintenant est utile, et à toi et à moi. Je te le 12 renvoie, lui, mes propres entrailles.

J'aurais désiré le retenir auprès de 13 moi, pour qu'il me servît à ta place, pendant que je suis dans les chaînes pour l'Évangile. Toutefois, je n'ai 14 rien voulu faire sans ton avis, afin que ton bienfait ne soit pas comme forcé, mais qu'il soit volontaire. Peut-être a-t-il été séparé de toi 15 pour un temps, afin que tu le recouvres pour l'éternité, non plus comme 16 un esclave, mais comme supérieur à un esclave, comme un frère bien-aimé, de moi particulièrement, et de toi à plus forte raison, soit dans la chair, soit dans le Seigneur.

Si donc tu me tiens pour ton ami, 17 reçois-le comme moi-même. Et s'il 18 t'a fait quelque tort, ou s'il te doit quelque chose, mets-le sur mon compte. Moi Paul, je l'écris de ma 19 propre main,—je paierai, pour ne pas te dire que tu te dois toi-même à moi. Oui, frère, que j'obtienne 20 de toi cet avantage, dans le Seigneur ; tranquillise mon cœur en Christ.

C'est en comptant sur ton obéis- 21 sance que je t'écris, sachant que tu feras même au delà de ce que je dis.

Communication personnelle. Salutation.

En même temps, prépare-moi un 22 logement, car j'espère vous être rendu, grâce à vos prières.

Épaphras, mon compagnon de 23 captivité en Jésus-Christ, te salue, ainsi que Marc, Aristarque, Démas, 24 Luc, mes compagnons d'œuvre.

Que la grâce de notre Seigneur 25 Jésus-Christ soit avec votre esprit !

ÉPÎTRE
AUX HÉBREUX

Le Fils, par lequel Dieu s'est révélé, est supérieur aux anges. Son abaissement volontaire a eu pour but le salut des hommes.

I Après avoir autrefois, à plusieurs reprises et de plusieurs manières, parlé à nos pères par les prophètes, 2 Dieu, dans ces derniers temps, nous a parlé par le Fils, qu'il a établi héritier de toutes choses, par lequel 3 il a aussi créé le monde, et qui, étant le reflet de sa gloire et l'empreinte de sa personne, et soutenant toutes choses par sa parole puissante, a fait la purification des péchés et s'est assis à la droite de la majesté divine 4 dans les lieux très hauts, devenu d'autant supérieur aux anges qu'il a hérité d'un nom plus excellent que le leur.

5 Car auquel des anges Dieu a-t-il jamais dit :

Tu es mon Fils,
Je t'ai engendré aujourd'hui ?

Et encore : Je serai pour lui un père, 6 et il sera pour moi un fils ? Et lorsqu'il introduit de nouveau dans le monde le premier-né, il dit :

Que tous les anges de Dieu l'adorent !

7 De plus, il dit des anges :

Celui qui fait de ses anges des vents,
Et de ses serviteurs une flamme de feu.

8 Mais il a dit au Fils :

Ton trône, ô Dieu, est éternel ;
Le sceptre de ton règne est un sceptre d'équité ;
9 Tu as aimé la justice, et tu as haï l'iniquité ;
C'est pourquoi, ô Dieu, ton Dieu t'a oint

D'une huile de joie au-dessus de tes égaux.

Et encore : 10

Toi, Seigneur, tu as au commencement fondé la terre,
Et les cieux sont l'ouvrage de tes mains ;
Ils périront, mais tu subsistes ; 11
Ils vieilliront tous comme un vêtement,
Tu les rouleras comme un manteau 12 et ils seront changés ;
Mais toi, tu restes le même,
Et tes années ne finiront point.

Et auquel des anges a-t-il jamais dit : 13

Assieds-toi à ma droite,
Jusqu'à ce que je fasse de tes ennemis ton marchepied ?

Ne sont-ils pas tous des esprits au 14 service de Dieu, envoyés pour exercer un ministère en faveur de ceux qui doivent hériter du salut ?

2 C'est pourquoi nous devons d'autant plus nous attacher aux choses que nous avons entendues, de peur que nous ne soyons emportés loin d'elles. Car, si la parole annoncée 2 par des anges a eu son effet, et si toute transgression et toute désobéissance a reçu une juste rétribution, comment échapperons-nous en né- 3 gligeant un si grand salut, qui, annoncé d'abord par le Seigneur, nous a été confirmé par ceux qui l'ont entendu, Dieu appuyant leur 4 témoignage par des signes, des prodiges, et divers miracles, et par les dons du Saint-Esprit distribués selon sa volonté.

En effet, ce n'est pas à des anges 5 que Dieu a soumis le monde à venir dont nous parlons. Or quelqu'un a 6 rendu quelque part ce témoignage :

Qu'est-ce que l'homme, pour que tu
te souviennes de lui,
Ou le fils de l'homme, pour que tu
prennes soin de lui ?

7 Tu l'as abaissé pour un peu de temps
au-dessous des anges,
Tu l'as couronné de gloire et
d'honneur,

8 Tu as mis toutes choses sous ses
pieds.

En effet, en lui soumettant toutes
choses, Dieu n'a rien laissé qui ne
lui fût soumis. Cependant, nous ne
voyons pas encore maintenant que
toutes choses lui soient soumises.

9 Mais celui qui a été abaissé pour un
peu de temps au-dessous des anges,
Jésus, nous le voyons couronné de
gloire et d'honneur à cause de la
mort qu'il a soufferte, afin que, par
la grâce de Dieu, il souffrît la mort
pour tous.

10 Il convenait, en effet, que celui
pour qui et par qui sont toutes choses,
et qui voulait conduire à la gloire
beaucoup de fils, élevât à la perfection par les souffrances le Prince

11 de leur salut. Car celui qui sanctifie
et ceux qui sont sanctifiés sont tous
issus d'un seul. C'est pourquoi il n'a
pas honte de les appeler frères,

12 lorsqu'il dit :

J'annoncerai ton nom à mes frères,
Je te célébrerai au milieu de l'assemblée.

13 Et encore :

Je me confierai en toi.

Et encore :

Me voici, moi et les enfants que Dieu
m'a donnés.

14 Ainsi donc, puisque les enfants
participent au sang et à la chair, il y
a également participé lui-même, afin
que, par la mort, il anéantît celui qui
a la puissance de la mort, c'est-à-dire

15 le diable, et qu'il délivrât tous ceux
qui, par crainte de la mort, étaient
toute leur vie retenus dans la servitude. Car assurément ce n'est pas à 16
des anges qu'il vient en aide, mais
c'est à la postérité d'Abraham. En 17
conséquence, il a dû être rendu
semblable en toutes choses à ses
frères, afin qu'il fût un souverain
sacrificateur miséricordieux et fidèle
dans le service de Dieu, pour faire
l'expiation des péchés du peuple ;
car, ayant été tenté lui-même dans 18
ce qu'il a souffert, il peut secourir
ceux qui sont tentés.

*Jésus est supérieur à Moïse. Ne pas imiter
l'endurcissement et l'incrédulité des
anciens Israélites, mais entrer dans le
repos de Dieu.*

C'est pourquoi, frères saints, qui **3**
avez part à la vocation céleste, considérez l'apôtre et le souverain sacrificateur de la foi que nous professons,
Jésus, qui a été fidèle à celui qui l'a 2
établi, comme le fut Moïse dans toute
sa maison. Car il a été jugé digne 3
d'une gloire d'autant supérieure à
celle de Moïse que celui qui a construit une maison a plus d'honneur
que la maison même. — Chaque 4
maison est construite par quelqu'un,
mais celui qui a construit toutes
choses, c'est Dieu.—Pour Moïse, il a 5
été fidèle dans toute la maison de
Dieu, comme serviteur, pour rendre
témoignage de ce qui devait être
annoncé ; mais Christ l'est comme 6
Fils sur sa maison ; et sa maison,
c'est nous, pourvu que nous retenions
jusqu'à la fin la ferme confiance et
l'espérance dont nous nous glorifions.

C'est pourquoi, selon ce que dit le 7
Saint-Esprit :

Aujourd'hui, si vous entendez sa
voix,
N'endurcissez pas vos cœurs, comme 8
lors de la révolte,
Le jour de la tentation dans le
désert,
Où vos pères me tentèrent 9
Pour m'éprouver, et ils virent mes
œuvres
Pendant quarante ans.
Aussi je fus irrité contre cette géné- 10
ration, et je dis :
Ils ont toujours un cœur qui s'égare,
Ils n'ont pas connu mes voies.

11 Je jurai donc dans ma colère :
Ils n'entreront pas dans mon repos !

12 Prenez garde, frères, que quelqu'un de vous n'ait un cœur mauvais et incrédule, au point de se détourner
13 du Dieu vivant. Mais exhortez-vous les uns les autres chaque jour, aussi longtemps qu'on peut dire : Aujourd'hui ! afin qu'aucun de vous ne s'endurcisse par la séduction du
14 péché. Car nous sommes devenus participants de Christ, pourvu que nous retenions fermement jusqu'à la fin l'assurance que nous avions au
15 commencement, pendant qu'il est dit :

Aujourd'hui, si vous entendez sa
voix,
N'endurcissez pas vos cœurs, comme
lors de la révolte.

16 Qui furent, en effet, ceux qui se révoltèrent après l'avoir entendue, sinon tous ceux qui étaient sortis d'Égypte sous la conduite de Moïse ?
17 Et contre qui Dieu fut-il irrité pendant quarante ans, sinon contre ceux qui péchaient, et dont les cadavres tombèrent dans le désert ?
18 Et à qui jura-t-il qu'ils n'entreraient pas dans son repos, sinon à ceux qui
19 avaient désobéi ? Aussi voyons-nous qu'ils ne purent y entrer à cause de leur incrédulité.

4 Craignons donc, tandis que la promesse d'entrer dans son repos subsiste encore, qu'aucun de vous ne paraisse
2 être venu trop tard. Car cette bonne nouvelle nous a été annoncée aussi bien qu'à eux ; mais la parole qui leur fut annoncée ne leur servit de rien, parce qu'elle ne trouva pas de la foi chez ceux qui l'entendirent.
3 Pour nous qui avons cru, nous entrons dans le repos, selon qu'il dit :

Je jurai dans ma colère :
Ils n'entreront pas dans mon repos !

Il dit cela, quoique ses œuvres eussent été achevées depuis la
4 création du monde. Car il a parlé quelque part ainsi du septième jour :

Et Dieu se reposa de toutes ses œuvres le septième jour. Et ici 5 encore :

Ils n'entreront pas dans mon repos !

Or, puisqu'il est encore réservé à 6 quelques-uns d'y entrer, et que ceux à qui d'abord la promesse a été faite n'y sont pas entrés à cause de leur désobéissance, Dieu fixe de nouveau 7 un jour — aujourd'hui — en disant dans David si longtemps après, comme il est dit plus haut :

Aujourd'hui, si vous entendez sa
voix,
N'endurcissez pas vos cœurs.

Car, si Josué leur eût donné le repos, 8 il ne parlerait pas après cela d'un autre jour. Il y a donc un repos de 9 sabbat réservé au peuple de Dieu. Car celui qui entre dans le repos de 10 Dieu se repose de ses œuvres, comme Dieu s'est reposé des siennes.

Efforçons-nous donc d'entrer dans 11 ce repos, afin que personne ne tombe en donnant le même exemple de désobéissance.

Car la parole de Dieu est vivante 12 et efficace, plus tranchante qu'une épée quelconque à deux tranchants, pénétrante jusqu'à partager âme et esprit, jointures et moelles ; elle juge les sentiments et les pensées du cœur. Nulle créature n'est cachée devant 13 lui, mais tout est nu et découvert aux yeux de celui à qui nous devons rendre compte.

Jésus est un souverain sacrificateur supérieur à ceux de l'ancienne alliance.—Son sacerdoce, semblable à celui de Melchisédek, subsiste éternellement et implique l'abolition du sacerdoce lévitique.

Ainsi, puisque nous avons un grand 14 souverain sacrificateur qui a traversé les cieux, Jésus, le Fils de Dieu, demeurons fermes dans la foi que nous professons. Car nous n'avons 15 pas un souverain sacrificateur qui ne puisse compatir à nos faiblesses ; au contraire, il a été tenté comme nous en toutes choses, sans commettre de péché. Approchons-nous donc avec 16 assurance du trône de la grâce, afin d'obtenir miséricorde et de trouver grâce, pour être secourus dans nos besoins.

5 En effet, tout souverain sacrificateur pris du milieu des hommes est établi pour les hommes dans le service de Dieu, afin de présenter des offrandes et des sacrifices pour les 2 péchés. Il peut être indulgent pour les ignorants et les égarés, puisque la faiblesse est aussi son partage. 3 Et c'est à cause de cette faiblesse qu'il doit offrir des sacrifices pour ses propres péchés, comme pour ceux du peuple. 4 Nul ne s'attribue cette dignité, s'il n'est appelé de Dieu, comme le fut 5 Aaron. Et Christ ne s'est pas non plus attribué la gloire de devenir souverain sacrificateur, mais il la tient de celui qui lui a dit:

Tu es mon Fils,
Je t'ai engendré aujourd'hui!

6 Comme il dit encore ailleurs:

Tu es sacrificateur pour toujours,
Selon l'ordre de Melchisédek.

7 C'est lui qui, dans les jours de sa chair, ayant présenté avec de grands cris et avec larmes des prières et des supplications à celui qui pouvait le sauver de la mort, et ayant été 8 exaucé à cause de sa piété, a appris, bien qu'il fût Fils, l'obéissance par 9 les choses qu'il a souffertes, et qui, après avoir été élevé à la perfection, est devenu pour tous ceux qui lui obéissent l'auteur d'un salut éternel, 10 Dieu l'ayant déclaré souverain sacrificateur selon l'ordre de Melchisédek. 11 Nous avons beaucoup à dire làdessus, et des choses difficiles à expliquer, parce que vous êtes devenus 12 lents à comprendre. Vous, en effet, qui depuis longtemps devriez être des maîtres, vous avez encore besoin qu'on vous enseigne les premiers rudiments des oracles de Dieu, vous en êtes venus à avoir besoin de lait 13 et non d'une nourriture solide. Or, quiconque en est au lait n'a pas l'expérience de la parole de justice; car il est un enfant. Mais la nourri- 14 ture solide est pour les hommes faits, pour ceux dont le jugement est exercé par l'usage à discerner ce qui est bien et ce qui est mal.

6 C'est pourquoi, laissant les éléments de la parole de Christ, tendons à ce qui est parfait, sans poser de nouveau le fondement du renoncement aux œuvres mortes, de la foi en Dieu, de la doctrine des baptêmes, 2 de l'imposition des mains, de la résurrection des morts, et du jugement éternel. C'est ce que nous 3 ferons, si Dieu le permet.

Car il est impossible que ceux qui 4 ont été une fois éclairés, qui ont goûté le don céleste, qui ont eu part au Saint-Esprit, qui ont goûté la 5 bonne parole de Dieu et les puissances du siècle à venir,—et qui sont 6 tombés,—soient encore renouvelés et amenés à la repentance, puisqu'ils crucifient pour leur part le Fils de Dieu et l'exposent à l'ignominie. Lorsqu'une terre est abreuvée par la 7 pluie qui tombe souvent sur elle, et qu'elle produit une herbe utile à ceux pour qui elle est cultivée, elle participe à la bénédiction de Dieu; mais, si elle produit des épines et 8 des chardons, elle est réprouvée et près d'être maudite, et on finit par y mettre le feu.

Quoique nous parlions ainsi, bien- 9 aimés, nous attendons, pour ce qui vous concerne, des choses meilleures et favorables au salut. Car Dieu 10 n'est pas injuste, pour oublier votre travail et l'amour que vous avez montré pour son nom, ayant rendu et rendant encore des services aux saints. Nous désirons que chacun 11 de vous montre le même zèle pour conserver jusqu'à la fin une pleine espérance, en sorte que vous ne vous 12 relâchiez point, et que vous imitiez ceux qui, par la foi et la persévérance, héritent des promesses.

Lorsque Dieu fit la promesse à 13 Abraham, ne pouvant jurer par un plus grand que lui, il jura par luimême, et dit: Certainement, je te 14

bénirai et je multiplierai ta postérité.
15 Et c'est ainsi qu'Abraham, ayant persévéré, obtint l'effet de la pro-
16 messe. Or les hommes jurent par celui qui est plus grand qu'eux, et le serment est une garantie qui met fin
17 à tous leurs différends. C'est pourquoi Dieu, voulant montrer avec plus d'évidence aux héritiers de la promesse l'immutabilité de sa résolution,
18 intervint par un serment, afin que, par deux choses immuables, dans lesquelles il est impossible que Dieu mente, nous trouvions un puissant encouragement, nous dont le seul refuge a été de saisir l'espérance qui
19 nous était proposée. Cette espérance, nous la possédons comme une ancre de l'âme, sûre et solide ; elle pénètre
20 au delà du voile, là où Jésus est entré pour nous comme précurseur, ayant été fait souverain sacrificateur pour toujours, selon l'ordre de Melchisédek.

7 En effet, ce Melchisédek, roi de Salem, sacrificateur du Dieu Très-Haut,—qui alla au-devant d'Abraham lorsqu'il revenait de la défaite
2 des rois, qui le bénit, et à qui Abraham donna la dîme de tout,—qui est d'abord roi de justice, d'après la signification de son nom, ensuite roi de Salem, c'est-à-dire, roi de paix,—
3 qui est sans père, sans mère, sans généalogie, qui n'a ni commencement de jours ni fin de vie,—mais qui est rendu semblable au Fils de Dieu,— ce Melchisédek demeure sacrificateur à perpétuité.
4 Considérez combien est grand celui auquel le patriarche Abraham donna
5 la dîme du butin. Ceux des fils de Lévi qui exercent le sacerdoce ont, d'après la loi, l'ordre de lever la dîme sur le peuple, c'est-à-dire, sur leurs frères, qui cependant sont issus des
6 reins d'Abraham; et lui, qui ne tirait pas d'eux son origine, il leva la dîme sur Abraham, et il bénit celui qui
7 avait les promesses. Or c'est sans contredit l'inférieur qui est béni par
8 le supérieur. Et ici, ceux qui perçoivent la dîme sont des hommes mortels ; mais là, c'est celui dont il
9 est attesté qu'il est vivant. De plus,

Lévi, qui perçoit la dîme, l'a payée, pour ainsi dire, par Abraham ; car il 10 était encore dans les reins de son père, lorsque Melchisédek alla au-devant d'Abraham.

Si donc la perfection avait été 11 possible par le sacerdoce lévitique,— car c'est sur ce sacerdoce que repose la loi donnée au peuple,—qu'était-il encore besoin qu'il parût un autre sacrificateur selon l'ordre de Melchisédek, et non selon l'ordre d'Aaron? Car, le sacerdoce étant changé, 12 nécessairement aussi il y a un changement de loi. En effet, celui de qui 13 ces choses sont dites appartient à une autre tribu, dont aucun membre n'a fait le service de l'autel ; car il 14 est notoire que notre Seigneur est sorti de Juda, tribu dont Moïse n'a rien dit pour ce qui concerne le sacerdoce. Cela devient plus évident 15 encore, quand il paraît un autre sacrificateur à la ressemblance de Melchisédek, institué, non d'après la 16 loi d'une ordonnance charnelle, mais selon la puissance d'une vie impérissable ; car ce témoignage lui est 17 rendu:

Tu es sacrificateur pour toujours,
Selon l'ordre de Melchisédek.

Il y a ainsi abolition d'une ordon- 18 nance antérieure, à cause de son impuissance et de son inutilité,—car 19 la loi n'a rien amené à la perfection, —et introduction d'une meilleure espérance, par laquelle nous nous approchons de Dieu.

Et, comme cela n'a pas eu lieu 20 sans serment,—car, tandis que les 21 Lévites sont devenus sacrificateurs sans serment, Jésus l'est devenu avec serment par celui qui lui a dit :

Le Seigneur a juré, et il ne se repentira pas:
Tu es sacrificateur pour toujours,
Selon l'ordre de Melchisédek,—

Jésus est par cela même le garant 22 d'une alliance plus excellente.

De plus, il y a eu des sacrificateurs 23 en grand nombre, parce que la mort les empêchait d'être permanents.

24 Mais lui, parce qu'il demeure éternellement, possède un sacerdoce qui
25 n'est pas transmissible. C'est aussi pour cela qu'il peut sauver parfaitement ceux qui s'approchent de Dieu par lui, étant toujours vivant pour intercéder en leur faveur.

26 Il nous convenait, en effet, d'avoir un souverain sacrificateur comme lui, saint, innocent, sans tache, séparé des pécheurs, et plus élevé que les cieux,
27 qui n'a pas besoin, comme les souverains sacrificateurs, d'offrir chaque jour des sacrifices, d'abord pour ses propres péchés, ensuite pour ceux du peuple,—car ceci il l'a fait une fois pour toutes en s'offrant lui-même.
28 En effet, la loi établit souverains sacrificateurs des hommes sujets à la faiblesse ; mais la parole du serment qui a été fait après la loi établit le Fils, qui est parfait pour l'éternité.

Jésus est un souverain sacrificateur supérieur à ceux de l'ancienne alliance (suite). —Son sacerdoce le constitue médiateur d'une alliance nouvelle et définitive. Son sacrifice est unique et parfait.

8 Le point capital de ce qui vient d'être dit, c'est que nous avons un tel souverain sacrificateur, qui s'est assis à la droite du trône de la ma-
2 jesté divine dans les cieux, comme ministre du sanctuaire et du véritable tabernacle, qui a été dressé par le Seigneur et non par un homme.
3 Tout souverain sacrificateur est établi pour présenter des offrandes et des sacrifices ; d'où il est nécessaire que celui-ci ait aussi quelque chose
4 à présenter. S'il était sur la terre, il ne serait pas même sacrificateur, puisque là sont ceux qui présentent
5 les offrandes selon la loi (lesquels célèbrent un culte, image et ombre des choses célestes, selon que Moïse en fut divinement averti lorsqu'il allait construire le tabernacle : Aie soin, lui fut-il dit, de faire tout d'après le modèle qui t'a été montré
6 sur la montagne). Mais maintenant il a obtenu un ministère d'autant supérieur qu'il est le médiateur d'une alliance plus excellente, qui a été établie sur de meilleures promesses.

En effet, si la première alliance 7 avait été sans défaut, il n'aurait pas été question de la remplacer par une seconde. Car c'est avec l'expression 8 d'un blâme que le Seigneur dit à Israël :

Voici, les jours viennent, dit le Seigneur,
Où je ferai avec la maison d'Israël et la maison de Juda
Une alliance nouvelle,
Non comme l'alliance que je traitai 9 avec leurs pères,
Le jour où je les saisis par la main
Pour les faire sortir du pays d'Égypte ;
Car ils n'ont pas persévéré dans mon alliance,
Et moi aussi je ne me suis pas soucié d'eux, dit le Seigneur.
Mais voici l'alliance que je ferai avec 10 la maison d'Israël,
Après ces jours-là, dit le Seigneur :
Je mettrai mes lois dans leur esprit,
Je les écrirai dans leur cœur ;
Et je serai leur Dieu,
Et ils seront mon peuple.
Aucun n'enseignera plus son con- 11 citoyen,
Ni aucun son frère, en disant :
Connais le Seigneur !
Car tous me connaîtront,
Depuis le plus petit jusqu'au plus grand d'entre eux ;
Parce que je pardonnerai leurs ini- 12 quités,
Et que je ne me souviendrai plus de leurs péchés.

En disant : une alliance nouvelle, 13 il a déclaré la première ancienne ; or, ce qui est ancien, ce qui a vieilli, est près de disparaître.

9 La première alliance avait aussi des ordonnances relatives au culte, et le sanctuaire terrestre. Un taber- 2 nacle fut, en effet, construit. Dans la partie antérieure, appelée le lieu saint, étaient le chandelier, la table, et les pains de proposition. Derrière 3 le second voile se trouvait la partie

du tabernacle appelée le saint des
4 saints, renfermant l'autel d'or pour
les parfums, et l'arche de l'alliance,
entièrement recouverte d'or. Il y
avait dans l'arche un vase d'or contenant la manne, la verge d'Aaron,
qui avait fleuri, et les tables de l'alli-
5 ance. Au-dessus de l'arche étaient
les chérubins de la gloire, couvrant
de leur ombre le propitiatoire. Ce
n'est pas le moment de parler en
6 détail là-dessus. Or, ces choses
étant ainsi disposées, les sacrificateurs qui font le service entrent en
tout temps dans la première partie
7 du tabernacle ; et dans la seconde
le souverain sacrificateur seul entre
une fois par an, non sans y porter
du sang qu'il offre pour lui-même et
8 pour les péchés du peuple. Le
Saint-Esprit montrait par là que le
chemin du lieu très saint n'était
pas encore ouvert, tant que le pre-
9 mier tabernacle subsistait. C'est une
figure pour le temps actuel, où l'on
présente des offrandes et des sacrifices qui ne peuvent rendre parfait
sous le rapport de la conscience celui
10 qui rend ce culte, et qui, avec les
aliments, les boissons et les diverses
ablutions, étaient des ordonnances
charnelles imposées seulement jusqu'à une époque de réformation.
11 Mais Christ est venu comme souverain sacrificateur des biens à venir ;
il a traversé le tabernacle plus grand
et plus parfait, qui n'est pas construit de main d'homme, c'est-à-dire
12 qui n'est pas de cette création ; et il
est entré une fois pour toutes dans
le lieu très saint, non avec le sang
des boucs et des veaux, mais avec
son propre sang, ayant obtenu une
13 rédemption éternelle. Car si le sang
des taureaux et des boucs, et la
cendre d'une vache, répandue sur
ceux qui sont souillés, sanctifient et
procurent la pureté de la chair,
14 combien plus le sang de Christ, qui,
par un esprit éternel, s'est offert lui-
même sans tache à Dieu, purifiera-
t-il votre conscience des œuvres
mortes, afin que vous serviez le Dieu
vivant !
15 Et c'est pour cela qu'il est le mé-

diateur d'une nouvelle alliance, afin
que, la mort étant intervenue pour
le rachat des transgressions commises sous la première alliance, ceux
qui ont été appelés reçoivent l'héritage éternel qui leur a été promis.
16 Car là où il y a un testament, il est
nécessaire que la mort du testateur
17 soit constatée. Un testament, en
effet, n'est valable qu'en cas de mort,
puisqu'il n'a aucune force tant que
18 le testateur vit. Voilà pourquoi c'est
avec du sang que même la première
19 alliance fut inaugurée. Moïse, après
avoir prononcé devant tout le peuple
tous les commandements de la loi,
prit le sang des veaux et des boucs,
avec de l'eau, de la laine écarlate, et
de l'hysope ; et il fit l'aspersion sur
le livre lui-même et sur tout le peuple,
20 en disant : Ceci est le sang de l'alliance que Dieu a ordonnée pour vous.
21 Il fit pareillement l'aspersion avec le
sang sur le tabernacle et sur tous
22 les ustensiles du culte. Et presque
tout, d'après la loi, est purifié avec
du sang, et sans effusion de sang il
n'y a pas de pardon.
23 Il était donc nécessaire, puisque
les images des choses qui sont dans
les cieux devaient être purifiées de
cette manière, que les choses célestes
elles-mêmes le fussent par des sacrifices plus excellents que ceux-là.
24 Car Christ n'est pas entré dans un
sanctuaire fait de main d'homme, en
imitation du véritable, mais il est
entré dans le ciel même, afin de
comparaître maintenant pour nous
25 devant la face de Dieu. Et ce n'est
pas pour s'offrir lui-même plusieurs
fois qu'il y est entré, comme le
souverain sacrificateur entre chaque
année dans le sanctuaire avec du
26 sang étranger ; autrement, il aurait
fallu qu'il eût souffert plusieurs fois
depuis la création du monde, tandis
que maintenant, à la fin des siècles,
il a paru une seule fois pour abolir
27 le péché par son sacrifice. Et comme il est réservé aux hommes de
mourir une seule fois, après quoi
vient le jugement, de même Christ,
28 qui s'est offert une seule fois pour
porter les péchés de plusieurs, ap-

paraîtra sans péché une seconde fois à ceux qui l'attendent pour leur salut.

10 En effet, la loi, qui possède une ombre des biens à venir, et non l'exacte représentation des choses, ne peut jamais, par les mêmes sacrifices qu'on offre perpétuellement chaque année, amener les assistants 2 à la perfection. Autrement, n'aurait-on pas cessé de les offrir, parce que ceux qui rendent ce culte, étant une fois purifiés, n'auraient plus eu aucune conscience de leurs péchés ? 3 Mais le souvenir des péchés est renouvelé chaque année par ces sacri-4 fices ; car il est impossible que le sang des taureaux et des boucs ôte les péchés.

5 C'est pourquoi Christ, entrant dans le monde, dit :

Tu n'as voulu ni sacrifice ni offrande,
Mais tu m'as formé un corps ;
6 Tu n'as agréé ni holocaustes ni sacrifices pour le péché.
7 Alors j'ai dit : Voici, je viens
(Dans le rouleau du livre il est question de moi)
Pour faire, ô Dieu, ta volonté.

8 Après avoir dit d'abord :

Tu n'as voulu et tu n'as agréé ni sacrifices ni offrandes,
Ni holocaustes ni sacrifices pour le péché

9 (ce qu'on offre selon la loi), il dit ensuite :

Voici, je viens
Pour faire ta volonté.

Il abolit ainsi la première chose pour 10 établir la seconde. C'est en vertu de cette volonté que nous sommes sanctifiés, par l'offrande du corps de Jésus-Christ, une fois pour toutes. 11 Et tandis que tout sacrificateur fait chaque jour le service et offre souvent les mêmes sacrifices, qui ne 12 peuvent jamais ôter les péchés, lui, après avoir offert un seul sacrifice pour les péchés, s'est assis pour tou-13 jours à la droite de Dieu, attendant

désormais que ses ennemis soient devenus son marchepied. Car, par 14 une seule offrande, il a amené à la perfection pour toujours ceux qui sont sanctifiés. C'est ce que le 15 Saint-Esprit nous atteste aussi ; car, après avoir dit :

Voici l'alliance que je ferai avec eux, 16
Après ces jours-là, dit le Seigneur :
Je mettrai mes lois dans leurs cœurs,
Et je les écrirai dans leur esprit,—

il ajoute :

Et je ne me souviendrai plus de leurs 17
péchés ni de leurs iniquités.

Or, là où il y a pardon des péchés, 18 il n'y a plus d'offrande pour le péché.

Exhortation à la confiance et à la fermeté dans la foi.

Ainsi donc, frères, puisque nous 19 avons, au moyen du sang de Jésus, une libre entrée dans le sanctuaire par la route nouvelle et vivante qu'il 20 a inaugurée pour nous au travers du voile, c'est-à-dire, de sa chair, et 21 puisque nous avons un souverain sacrificateur établi sur la maison de Dieu, approchons-nous avec un cœur 22 sincère, dans la plénitude de la foi, les cœurs purifiés d'une mauvaise conscience, et le corps lavé d'une eau pure. Retenons fermement la pro-23 fession de notre espérance, car celui qui a fait la promesse est fidèle. Veillons les uns sur les autres, pour 24 nous exciter à la charité et aux bonnes œuvres. N'abandonnons pas 25 notre assemblée, comme c'est la coutume de quelques-uns ; mais exhortons-nous réciproquement, et cela d'autant plus que vous voyez s'approcher le jour.

Car, si nous péchons volontaire-26 ment après avoir reçu la connaissance de la vérité, il ne reste plus de sacrifice pour les péchés, mais une 27 attente terrible du jugement et l'ardeur d'un feu qui dévorera les rebelles. Celui qui a violé la loi de 28 Moïse meurt sans miséricorde, sur la déposition de deux ou de trois

29 témoins ; de quel pire châtiment pensez-vous que sera jugé digne celui qui aura foulé aux pieds le Fils de Dieu, qui aura tenu pour profane le sang de l'alliance, par lequel il a été sanctifié, et qui aura

30 outragé l'Esprit de la grâce ? Car nous connaissons celui qui a dit :

A moi la vengeance, à moi la rétribution !

et encore :

Le Seigneur jugera son peuple.

31 C'est une chose terrible que de tomber entre les mains du Dieu vivant.

32 Souvenez-vous de ces premiers jours, où, après avoir été éclairés, vous avez soutenu un grand combat

33 au milieu des souffrances, d'une part, exposés comme en spectacle aux opprobres et aux tribulations, et de l'autre, vous associant à ceux dont

34 la position était la même. En effet, vous avez eu de la compassion pour les prisonniers, et vous avez accepté avec joie l'enlèvement de vos biens, sachant que vous avez des biens meilleurs et qui durent toujours.

35 N'abandonnez donc pas votre assurance, à laquelle est attachée une

36 grande rémunération. Car vous avez besoin de persévérance, afin qu'après avoir accompli la volonté de Dieu, vous obteniez ce qui vous est promis.

37 Encore un peu, un peu de temps : celui qui doit venir viendra, et il ne

38 tardera pas. Et mon juste vivra par la foi ; mais, s'il se retire, mon âme

39 ne prend pas plaisir en lui. Nous, nous ne sommes pas de ceux qui se retirent pour se perdre, mais de ceux qui ont la foi pour sauver leur âme.

La foi : sa nature, ses effets, et les promesses qui s'y rattachent. Exemples tirés de l'Ancien Testament.

11 Or la foi est une ferme assurance des choses qu'on espère, une démonstration de celles qu'on ne voit pas.

2 Pour l'avoir possédée, les anciens ont obtenu un témoignage favorable.

3 C'est par la foi que nous reconnaissons que le monde a été formé par la parole de Dieu, en sorte que ce qu'on voit n'a pas été fait de choses visibles.

4 C'est par la foi qu'Abel offrit à Dieu un sacrifice plus excellent que celui de Caïn ; c'est par elle qu'il fut déclaré juste, Dieu approuvant ses offrandes ; et c'est par elle qu'il parle encore, quoique mort.

5 C'est par la foi qu'Énoch fut enlevé pour qu'il ne vît point la mort, et qu'il ne parut plus parce que Dieu l'avait enlevé ; car, avant son enlèvement, il avait reçu le témoignage qu'il était agréable à Dieu.

6 Or sans la foi il est impossible de lui être agréable ; car il faut que celui qui s'approche de Dieu croie que Dieu existe, et qu'il est le rémunérateur de ceux qui le cherchent.

7 C'est par la foi que Noé, divinement averti des choses qu'on ne voyait pas encore, et saisi d'une crainte respectueuse, construisit une arche pour sauver sa famille ; c'est par elle qu'il condamna le monde, et devint héritier de la justice qui s'obtient par la foi.

8 C'est par la foi qu'Abraham, lors de sa vocation, obéit et partit pour un lieu qu'il devait recevoir en héritage, et qu'il partit sans savoir où il

9 allait. C'est par la foi qu'il vint s'établir dans la terre promise comme dans une terre étrangère, habitant sous des tentes, ainsi qu'Isaac et Jacob, les cohéritiers de la même

10 promesse. Car il attendait la cité qui a de solides fondements, celle dont Dieu est l'architecte et le constructeur.

11 C'est par la foi que Sara ellemême, malgré son âge avancé, fut rendue capable d'avoir une postérité, parce qu'elle crut à la fidélité de celui qui avait fait la promesse.

12 C'est pourquoi d'un seul homme, déjà usé de corps, naquit une postérité nombreuse comme les étoiles du ciel, comme le sable qui est sur

le bord de la mer et qu'on ne peut compter.

13 C'est dans la foi qu'ils sont tous morts, sans avoir obtenu les choses promises ; mais ils les ont vues et saluées de loin, reconnaissant qu'ils étaient étrangers et voyageurs sur la 14 terre. Ceux qui parlent ainsi montrent qu'ils cherchent une patrie.
15 S'ils avaient eu en vue celle d'où ils étaient sortis, ils auraient eu le 16 temps d'y retourner. Mais maintenant ils en désirent une meilleure, c'est-à-dire une céleste. C'est pourquoi Dieu n'a pas honte d'être appelé leur Dieu, car il leur a préparé une cité.

17 C'est par la foi qu'Abraham offrit Isaac, lorsqu'il fut mis à l'épreuve, et qu'il offrit son fils unique, lui qui 18 avait reçu les promesses, et à qui il avait été dit : En Isaac sera nommée 19 pour toi une postérité. Il pensait que Dieu est puissant, même pour ressusciter les morts ; aussi le recouvra-t-il par une sorte de résurrection.

20 C'est par la foi qu'Isaac bénit Jacob et Ésaü, en vue des choses à venir.

21 C'est par la foi que Jacob mourant bénit chacun des fils de Joseph, et qu'il adora, appuyé sur l'extrémité de son bâton.

22 C'est par la foi que Joseph mourant fit mention de la sortie des fils d'Israël, et qu'il donna des ordres au sujet de ses os.

23 C'est par la foi que Moïse, à sa naissance, fut caché pendant trois mois par ses parents, parce qu'ils virent que l'enfant était beau, et qu'ils ne craignirent pas l'ordre du 24 roi. C'est par la foi que Moïse, devenu grand, refusa d'être appelé fils 25 de la fille de Pharaon, aimant mieux être maltraité avec le peuple de Dieu que d'avoir pour un temps la 26 jouissance du péché, regardant l'opprobre de Christ comme une richesse plus grande que les trésors de l'Égypte, car il avait les yeux fixés 27 sur la rémunération. C'est par la foi qu'il quitta l'Égypte, sans être effrayé de la colère du roi ; car il se

montra ferme, comme voyant celui qui est invisible. C'est par la foi 28 qu'il fit la Pâque et l'aspersion du sang, afin que l'exterminateur ne touchât pas aux premiers-nés des Israélites.

C'est par la foi qu'ils traversèrent 29 la mer Rouge comme un lieu sec, tandis que les Égyptiens qui en firent la tentative furent engloutis.

C'est par la foi que les murailles 30 de Jéricho tombèrent, après qu'on en eut fait le tour pendant sept jours.

C'est par la foi que Rahab la 31 prostituée ne périt pas avec les rebelles, parce qu'elle avait reçu les espions avec bienveillance.

Et que dirai-je encore ? Car le 32 temps me manquerait pour parler de Gédéon, de Barak, de Samson, de Jephthé, de David, de Samuel, et des prophètes, qui, par la foi, vain- 33 quirent des royaumes, exercèrent la justice, obtinrent des promesses, fermèrent la gueule des lions, étei- 34 gnirent la puissance du feu, échappèrent au tranchant de l'épée, guérirent de leurs maladies, furent vaillants à la guerre, mirent en fuite des armées étrangères. Des femmes 35 recouvrèrent leurs morts par la résurrection ; d'autres furent livrés aux tourments, et n'acceptèrent point de délivrance, afin d'obtenir une meilleure résurrection ; d'autres subirent 36 les moqueries et le fouet, les chaînes et la prison ; ils furent lapidés, sciés, 37 torturés, ils moururent tués par l'épée, ils allèrent çà et là vêtus de peaux de brebis et de peaux de chèvres, dénués de tout, persécutés, maltraités,—eux dont le monde n'était 38 pas digne,—errants dans les déserts et les montagnes, dans les cavernes et les antres de la terre. Tous ceux- 39 là, à la foi desquels il a été rendu témoignage, n'ont pas obtenu ce qui leur était promis, Dieu ayant en vue 40 quelque chose de meilleur pour nous, afin qu'ils ne parvinssent pas sans nous à la perfection.

La persévérance au milieu des épreuves,
à l'exemple de Jésus-Christ.

12 Nous donc aussi, puisque nous sommes environnés d'une si grande

nuée de témoins, rejetons tout fardeau, et le péché qui nous enveloppe si facilement, et courons avec persévérance dans la carrière qui nous est 2 ouverte, ayant les regards sur Jésus, le chef et le consommateur de la foi, qui, en vue de la joie qui lui était réservée, a souffert la croix, méprisé l'ignominie, et s'est assis à la droite 3 du trône de Dieu. Considérez, en effet, celui qui a supporté contre sa personne une telle opposition de la part des pécheurs, afin que vous ne vous lassiez point, l'âme découragée.

4 Vous n'avez pas encore résisté jusqu'au sang, en luttant contre le péché. 5 Et vous avez oublié l'exhortation qui vous est adressée comme à des fils:

Mon fils, ne méprise pas le châtiment du Seigneur,
Et ne perds pas courage lorsqu'il te reprend ;
6 Car le Seigneur châtie celui qu'il aime,
Et il frappe de la verge tous ceux qu'il reconnaît pour ses fils.

7 Supportez le châtiment: c'est comme des fils que Dieu vous traite ; car quel est le fils qu'un père ne châtie 8 pas ? Mais si vous êtes exempts du châtiment auquel tous ont part, vous êtes donc des enfants illégi- 9 times, et non des fils. D'ailleurs, puisque nos pères selon la chair nous ont châtiés, et que nous les avons respectés, ne devons-nous pas à bien plus forte raison nous soumettre au Père des esprits, pour avoir la vie ? 10 Nos pères nous châtiaient pour peu de jours, comme ils le trouvaient bon ; mais Dieu nous châtie pour notre bien, afin que nous participions 11 à sa sainteté. Il est vrai que tout châtiment semble d'abord un sujet de tristesse, et non de joie ; mais il produit plus tard pour ceux qui ont été ainsi exercés un fruit paisible de justice.

La sanctification. Préceptes divers

12 Fortifiez donc vos mains languissantes Et vos genoux affaiblis ;

et suivez avec vos pieds des voies 13 droites, afin que ce qui est boiteux ne dévie pas, mais plutôt se raffermisse.

Recherchez la paix avec tous, et 14 la sanctification, sans laquelle personne ne verra le Seigneur. Veillez 15 à ce que nul ne se prive de la grâce de Dieu ; à ce qu'aucune racine d'amertume, poussant des rejetons, ne produise du trouble, et que plusieurs n'en soient infectés ; à ce qu'il 16 n'y ait ni impudique, ni profane comme Ésaü, qui pour un mets vendit son droit d'aînesse. Vous 17 savez que, plus tard, voulant obtenir la bénédiction, il fut rejeté, quoiqu'il la sollicitât avec larmes ; car son repentir ne put avoir aucun effet.

Vous ne vous êtes pas approchés 18 d'une montagne qu'on pouvait toucher et qui était embrasée par le feu, ni de la nuée, ni des ténèbres, ni de la tempête, ni du retentissement de la 19 trompette, ni du bruit des paroles, tel que ceux qui l'entendirent demandèrent qu'il ne leur en fût adressé aucune de plus, car ils ne 20 supportaient pas cette déclaration : Si même une bête touche la montagne, elle sera lapidée. Et ce 21 spectacle était si terrible que Moïse dit : Je suis épouvanté et tout tremblant ! Mais vous vous êtes ap- 22 prochés de la montagne de Sion, de la cité du Dieu vivant, la Jérusalem céleste, des myriades qui forment le chœur des anges, de l'assem- 23 blée des premiers-nés inscrits dans les cieux, du juge qui est le Dieu de tous, des esprits des justes parvenus à la perfection, de Jésus qui est le 24 médiateur de la nouvelle alliance, et du sang de l'aspersion qui parle mieux que celui d'Abel.

Gardez-vous de refuser d'entendre 25 celui qui parle ; car si ceux-là n'ont pas échappé qui refusèrent d'entendre celui qui publiait des oracles sur la terre, combien moins échapperonsnous, si nous nous détournons de celui qui parle du haut des cieux,

26 lui, dont la voix alors ébranla la terre, et qui maintenant a fait cette promesse : Une fois encore j'ébranlerai non seulement la terre, mais 27 aussi le ciel. Ces mots : Une fois encore, indiquent le changement des choses ébranlées, comme étant faites pour un temps, afin que les choses 28 inébranlables subsistent. C'est pourquoi, recevant un royaume inébranlable, montrons notre reconnaissance en rendant à Dieu un culte qui lui soit agréable, avec piété et avec 29 crainte, car notre Dieu est aussi un feu dévorant.

13 Persévérez dans l'amour fraternel. 2 N'oubliez pas l'hospitalité ; car, en l'exerçant, quelques-uns ont logé des anges, sans le savoir.

3 Souvenez-vous des prisonniers, comme si vous étiez aussi prisonniers ; de ceux qui sont maltraités, comme étant aussi vous-mêmes dans un corps.

4 Que le mariage soit honoré de tous, et le lit conjugal exempt de souillure, car Dieu jugera les impudiques et les adultères.

5 Ne vous livrez pas à l'amour de l'argent ; contentez-vous de ce que vous avez ; car Dieu lui-même a dit : Je ne te délaisserai point, et je ne 6 t'abandonnerai point. C'est donc avec assurance que nous pouvons dire :

Le Seigneur est mon aide, je ne craindrai rien ;
Que peut me faire un homme ?

7 Souvenez-vous de vos conducteurs qui vous ont annoncé la parole de Dieu ; considérez quelle a été la fin de leur vie, et imitez leur foi.

8 Jésus-Christ est le même hier, et 9 aujourd'hui, et éternellement. Ne vous laissez pas entraîner par des doctrines diverses et étrangères ; car il est bon que le cœur soit affermi par la grâce, et non par des aliments qui n'ont servi de rien à ceux 10 qui s'y sont attachés. Nous avons un autel dont ceux qui font le service au tabernacle n'ont pas le pou-11 voir de manger. Les corps des animaux, dont le sang est porté dans le sanctuaire par le souverain sacrificateur pour le péché, sont brûlés hors du camp. C'est pour 12 cela que Jésus aussi, afin de sanctifier le peuple par son propre sang, a souffert hors de la porte. Sortons 13 donc pour aller à lui, hors du camp, en portant son opprobre. Car nous 14 n'avons point ici-bas de cité permanente, mais nous cherchons celle qui est à venir. Par lui, offrons sans 15 cesse à Dieu un sacrifice de louange, c'est-à-dire, le fruit de lèvres qui confessent son nom. Et n'oubliez 16 pas la bienfaisance et la libéralité, car c'est à de tels sacrifices que Dieu prend plaisir.

Obéissez à vos conducteurs et ayez 17 pour eux de la déférence, car ils veillent sur vos âmes comme devant en rendre compte ; qu'il en soit ainsi, afin qu'ils le fassent avec joie, et non en gémissant, ce qui ne vous serait d'aucun avantage.

Vœux et salutations.

Priez pour nous ; car nous croyons 18 avoir une bonne conscience, voulant en toutes choses nous bien conduire. C'est avec instance que je vous de- 19 mande de le faire, afin que je vous sois rendu plus tôt.

Que le Dieu de paix, qui a ramené 20 d'entre les morts le grand pasteur des brebis, par le sang d'une alliance éternelle, notre Seigneur Jésus, vous 21 rende capables de toute bonne œuvre pour l'accomplissement de sa volonté, et fasse en vous ce qui lui est agréable, par Jésus-Christ, auquel soit la gloire aux siècles des siècles ! Amen !

Je vous prie, frères, de supporter 22 ces paroles d'exhortation, car je vous ai écrit brièvement.

Sachez que notre frère Timothée a 23 été relâché ; s'il vient bientôt, j'irai vous voir avec lui.

Saluez tous vos conducteurs, et 24 tous les saints. Ceux d'Italie vous saluent.

Que la grâce soit avec vous tous ! 25 Amen !

ÉPÎTRE DE JACQUES

Adresse et salutation.

I Jacques, serviteur de Dieu et du Seigneur Jésus-Christ, aux douze tribus qui sont dans la dispersion, salut !

Les épreuves et les tentations.

2 Mes frères, regardez comme un sujet de joie complète les diverses épreuves auxquelles vous pouvez 3 être exposés, sachant que l'épreuve de votre foi produit la patience. 4 Mais il faut que la patience accomplisse parfaitement son œuvre, afin que vous soyez parfaits et accomplis, sans faillir en rien.

5 Si quelqu'un d'entre vous manque de sagesse, qu'il la demande à Dieu, qui donne à tous simplement et sans reproche, et elle lui sera donnée. 6 Mais qu'il la demande avec foi, sans douter ; car celui qui doute est semblable au flot de la mer, agité par le vent et poussé de côté et 7 d'autre. Qu'un tel homme ne s'imagine pas qu'il recevra quelque chose 8 du Seigneur : c'est un homme irrésolu, inconstant dans toutes ses voies.

9 Que le frère de condition humble 10 se glorifie de son élévation. Que le riche, au contraire, se glorifie de son humiliation ; car il passera comme 11 la fleur de l'herbe. Le soleil s'est levé avec sa chaleur ardente, il a desséché l'herbe, sa fleur est tombée, et la beauté de son aspect a disparu : ainsi le riche se flétrira dans ses entreprises.

12 Heureux l'homme qui supporte patiemment la tentation ; car, après avoir été éprouvé, il recevra la couronne de vie, que le Seigneur a promise à ceux qui l'aiment.

13 Que personne, lorsqu'il est tenté, ne dise : C'est Dieu qui me tente. Car Dieu ne peut être tenté par le mal, et il ne tente lui-même per-14 sonne. Mais chacun est tenté quand il est attiré et amorcé par sa pro-pre convoitise. Puis la convoitise, 15 lorsqu'elle a conçu, enfante le péché ; et le péché, étant consommé, produit la mort.

Mettre en pratique la parole de Dieu.

Ne vous y trompez pas, mes frères 16 bien-aimés : toute grâce excellente et 17 tout don parfait descendent d'en haut, du Père des lumières, chez lequel il n'y a ni changement ni ombre de variation. Il nous a engendrés selon 18 sa volonté, par la parole de vérité, afin que nous soyons en quelque sorte les prémices de ses créatures. Sachez-le, mes frères bien-aimés. 19 Ainsi, que tout homme soit prompt à écouter, lent à parler, lent à se mettre en colère ; car la colère de 20 l'homme n'accomplit pas la justice de Dieu. C'est pourquoi, rejetant 21 toute souillure et tout excès de malice, recevez avec douceur la parole qui a été plantée en vous, et qui peut sauver vos âmes.

Mettez en pratique la parole, et ne 22 vous bornez pas à l'écouter, en vous trompant vous-mêmes par de faux raisonnements. Car, si quelqu'un 23 écoute la parole et ne la met pas en pratique, il est semblable à un homme qui regarde dans un miroir son visage naturel, et qui, après s'être 24 regardé, s'en va, et oublie aussitôt quel il était. Mais celui qui aura 25 plongé les regards dans la loi parfaite, la loi de la liberté, et qui aura persévéré, n'étant pas un auditeur oublieux, mais se mettant à l'œuvre, celui-là sera heureux dans son activité.

Si quelqu'un croit être religieux, 26 sans tenir sa langue en bride, mais en trompant son cœur, la religion de cet homme est vaine. La religion 27 pure et sans tache, devant Dieu notre Père, consiste à visiter les orphelins et les veuves dans leurs afflictions, et à se préserver des souillures du monde.

2

L'acception de personnes condamnée.

2 Mes frères, que votre foi en notre glorieux Seigneur Jésus-Christ soit exempte de toute acception de personnes.

2 Supposé, en effet, qu'il entre dans votre assemblée un homme avec un anneau d'or et un habit magnifique, et qu'il y entre aussi un pauvre 3 misérablement vêtu ; si, tournant vos regards vers celui qui porte l'habit magnifique, vous lui dites : Toi, assieds-toi ici à cette place d'honneur ! et si vous dites au pauvre : Toi, tiens-toi là debout ! ou bien : Assieds-toi au-dessous de mon marchepied ! 4 — ne faites-vous pas en vous-mêmes une distinction, et ne jugez-vous pas sous l'inspiration de pensées mauvaises ?

5 Écoutez, mes frères bien-aimés : Dieu n'a-t-il pas choisi les pauvres aux yeux du monde, pour qu'ils soient riches en la foi, et héritiers du royaume qu'il a promis à ceux 6 qui l'aiment ? Et vous, vous avilissez le pauvre ! Ne sont-ce pas les riches qui vous oppriment, et qui vous 7 traînent devant les tribunaux ? Ne sont-ce pas eux qui outragent le beau nom que vous portez ?

8 Si vous accomplissez la loi royale, selon l'Écriture : Tu aimeras ton prochain comme toi-même, vous faites 9 bien. Mais si vous faites acception de personnes, vous commettez un péché, vous êtes condamnés par la 10 loi comme des transgresseurs. Car quiconque observe toute la loi, mais pèche contre un seul commandement, 11 devient coupable de tous. En effet, celui qui a dit : Tu ne commettras point d'adultère, a dit aussi : Tu ne tueras point. Or, si tu ne commets point d'adultère, mais que tu commettes un meurtre, tu deviens transgresseur de la loi.

12 Parlez et agissez comme devant 13 être jugés par une loi de liberté, car le jugement est sans miséricorde pour qui n'a pas fait miséricorde. La miséricorde triomphe du jugement.

La foi sans les œuvres.

14 Mes frères, que sert-il à quelqu'un de dire qu'il a la foi, s'il n'a pas les œuvres ? La foi peut-elle le sauver ? 15 Si un frère ou une sœur sont nus et manquent de la nourriture de chaque 16 jour, et que l'un d'entre vous leur dise : Allez en paix, chauffez-vous et vous rassasiez ! et que vous ne leur donniez pas ce qui est nécessaire au corps, à quoi cela sert-il ? Il en est 17 ainsi de la foi : si elle n'a pas les œuvres, elle est morte en elle-même. 18 Mais quelqu'un dira : Toi, tu as la foi ; et moi, j'ai les œuvres. Montre-moi ta foi sans les œuvres, et moi, je te montrerai la foi par mes œuvres. 19 Tu crois qu'il y a un seul Dieu, tu fais bien ; les démons le **croient** aussi, et ils tremblent.

20 Veux-tu savoir, ô homme vain, que la foi sans les œuvres est inutile ? 21 Abraham, notre père, ne fut-il pas justifié par les œuvres, lorsqu'il offrit son fils Isaac sur l'autel ? Tu vois 22 que la foi agissait avec ses œuvres, et que par les œuvres la foi fut rendue parfaite. Ainsi s'accomplit 23 ce que dit l'Écriture : Abraham crut à Dieu, et cela lui fut imputé à justice ; et il fut appelé ami de Dieu. 24 Vous voyez que l'homme est justifié par les œuvres, et non par la foi seulement. Rahab la prostituée ne 25 fut-elle pas également justifiée par les œuvres, lorsqu'elle reçut les messagers et qu'elle les fit partir par un autre chemin ? Comme le corps 26 sans âme est mort, de même la foi sans les œuvres est morte.

La modération dans l'usage de la parole.

3 Mes frères, qu'il n'y ait pas parmi vous un grand nombre de personnes qui se mettent à enseigner, car vous savez que nous serons jugés plus sévèrement. Nous bronchons tous 2 de plusieurs manières. Si quelqu'un ne bronche point en paroles, c'est un homme parfait, capable de tenir tout son corps en bride. Si nous mettons 3 le mors dans la bouche des chevaux pour qu'ils nous obéissent, nous dirigeons aussi leur corps tout entier. Voici, même les navires, qui sont si 4 grands et que poussent des vents impétueux, sont dirigés par un très petit gouvernail, au gré du pilote.

5 De même, la langue est un petit membre, et elle se vante de grandes choses. Voici, comme un petit feu peut embraser une grande forêt !
6 La langue aussi est un feu ; c'est le monde de l'iniquité. La langue est placée parmi nos membres, souillant tout le corps, et enflammant le cours de la vie, étant elle-même enflammée
7 par la géhenne. Toutes les espèces de bêtes et d'oiseaux, de reptiles et d'animaux marins, sont domptés et ont été domptés par la nature
8 humaine ; mais la langue, aucun homme ne peut la dompter ; c'est un mal qu'on ne peut réprimer ; elle
9 est pleine d'un venin mortel. Par elle nous bénissons le Seigneur notre Père, et par elle nous maudissons les hommes faits à l'image de Dieu.
10 De la même bouche sortent la bénédiction et la malédiction. Il ne faut pas, mes frères, qu'il en soit
11 ainsi. La source fait-elle jaillir par la même ouverture l'eau douce et
12 l'eau amère ? Un figuier, mes frères, peut-il produire des olives, ou une vigne des figues ? De l'eau salée ne peut pas non plus produire de l'eau douce.

La sagesse qui vient d'en haut.

13 Lequel d'entre vous est sage et intelligent ? Qu'il montre ses œuvres par une bonne conduite avec la
14 douceur de la sagesse. Mais si vous avez dans votre cœur un zèle amer et un esprit de dispute, ne vous glorifiez pas et ne mentez pas contre
15 la vérité. Cette sagesse n'est point celle qui vient d'en haut ; mais elle est terrestre, charnelle, diabolique.
16 Car là où il y a un zèle amer et un esprit de dispute, il y a du désordre et toutes sortes de mauvaises actions.
17 La sagesse d'en haut est premièrement pure, ensuite pacifique, modérée, conciliante, pleine de miséricorde et de bons fruits, exempte de duplicité,
18 d'hypocrisie. Le fruit de la justice est semé dans la paix par ceux qui recherchent la paix.

Résister à l'entraînement des passions.

4 D'où viennent les luttes, et d'où viennent les querelles parmi vous ? N'est-ce pas de vos passions qui combattent dans vos membres ? Vous 2 convoitez, et vous ne possédez pas ; vous êtes meurtriers et envieux, et vous ne pouvez pas obtenir ; vous avez des querelles et des luttes, et vous ne possédez pas, parce que vous ne demandez pas. Vous demandez, 3 et vous ne recevez pas, parce que vous demandez mal, dans le but de satisfaire vos passions.

Adultères que vous êtes ! ne savez- 4 vous pas que l'amour du monde est inimitié contre Dieu ? Celui donc qui veut être ami du monde se rend ennemi de Dieu. Croyez-vous que 5 l'Écriture parle en vain ? C'est avec jalousie que Dieu chérit l'esprit qu'il a fait habiter en nous. Il accorde, 6 au contraire, une grâce plus excellente ; c'est pourquoi l'Écriture dit :

Dieu résiste aux orgueilleux,
Mais il fait grâce aux humbles.

Soumettez-vous donc à Dieu ; ré- 7 sistez au diable, et il fuira loin de vous. Approchez-vous de Dieu, et 8 il s'approchera de vous. Nettoyez vos mains, pécheurs ; purifiez vos cœurs, hommes irrésolus. Sentez 9 votre misère ; soyez dans le deuil et dans les larmes ; que votre rire se change en deuil, et votre joie en tristesse. Humiliez-vous devant le 10 Seigneur, et il vous élèvera.

Ne parlez point mal les uns des 11 autres, frères. Celui qui parle mal d'un frère, ou qui juge son frère, parle mal de la loi et juge la loi. Or, si tu juges la loi, tu n'es pas observateur de la loi, mais tu en es juge. Un seul est législateur et juge, 12 c'est celui qui peut sauver et perdre ; mais toi, qui es-tu, qui juges le prochain ?

À ceux qui forment des projets.—Aux mauvais riches.

À vous maintenant, qui dites : Au- 13 jourd'hui ou demain nous irons dans telle ville, nous y passerons une année, nous trafiquerons, et nous 14 gagnerons ! Vous qui ne savez pas ce qui arrivera demain ! car, qu'est-ce que votre vie ? Vous êtes une vapeur qui paraît pour un peu de temps, et 15 qui ensuite disparaît.—Vous devriez dire, au contraire : Si Dieu le veut, nous vivrons, et nous ferons ceci ou 16 cela. Mais maintenant vous vous glorifiez dans vos pensées orgueilleuses. C'est chose mauvaise que 17 de se glorifier de la sorte. Celui donc qui sait faire ce qui est bien, et qui ne le fait pas, commet un péché.

5 A vous maintenant, riches ! Pleurez et gémissez, à cause des malheurs qui 2 viendront sur vous. Vos richesses sont pourries, et vos vêtements sont 3 rongés par les teignes. Votre or et votre argent sont rouillés ; et leur rouille s'élèvera en témoignage contre vous, et dévorera vos chairs comme un feu. Vous avez amassé des trésors 4 dans les derniers jours ! Voici, le salaire des ouvriers qui ont moissonné vos champs, et dont vous les avez frustrés, crie, et les cris des moissonneurs sont parvenus jusqu'aux oreilles 5 du Seigneur des armées. Vous avez vécu sur la terre dans les voluptés et dans les délices, vous avez rassasié 6 vos cœurs au jour du carnage. Vous avez condamné, vous avez tué le juste, qui ne vous a pas résisté.

Exhortations diverses: la patience, le serment, la prière, la conversion des pécheurs.

7 Soyez donc patients, frères, jusqu'à l'avènement du Seigneur. Voici, le laboureur attend le précieux fruit de la terre, prenant patience à son égard, jusqu'à ce qu'il ait reçu les pluies de la première et de l'arrière-saison. 8 Vous aussi, soyez patients, affermissez vos cœurs, car l'avènement du Seigneur est proche.

Ne vous plaignez pas les uns des 9 autres, frères, afin que vous ne soyez pas jugés : voici, le juge est à la porte. Prenez, mes frères, pour 10 modèles de souffrance et de patience les prophètes qui ont parlé au nom du Seigneur. Voici, nous disons 11 bienheureux ceux qui ont souffert patiemment. Vous avez entendu parler de la patience de Job, et vous avez vu la fin que le Seigneur lui accorda, car le Seigneur est plein de miséricorde et de compassion.

Avant toutes choses, mes frères, ne 12 jurez ni par le ciel, ni par la terre, ni par aucun autre serment. Mais que votre oui soit oui, et que votre non soit non, afin que vous ne tombiez pas sous le jugement.

Quelqu'un parmi vous est-il dans 13 la souffrance ? Qu'il prie. Quelqu'un est-il dans la joie ? Qu'il chante des cantiques. Quelqu'un parmi vous est-14 il malade ? Qu'il appelle les anciens de l'Église, et que les anciens prient pour lui, en l'oignant d'huile au nom du Seigneur ; la prière de la foi 15 sauvera le malade, et le Seigneur le relèvera ; et s'il a commis des péchés, il lui sera pardonné.

Confessez donc vos péchés les uns 16 aux autres, et priez les uns pour les autres, afin que vous soyez guéris. La prière fervente du juste a une grande efficace. Élie était un homme 17 de la même nature que nous : il pria avec instance pour qu'il ne plût point, et il ne tomba point de pluie sur la terre pendant trois ans et six mois. Puis il pria de nouveau, et le ciel 18 donna de la pluie, et la terre produisit son fruit.

Mes frères, si quelqu'un parmi vous 19 s'est égaré loin de la vérité, et qu'un autre l'y ramène, qu'il sache que celui 20 qui ramènera un pécheur de la voie où il s'était égaré sauvera une âme de la mort et couvrira une multitude de péchés.

PREMIÈRE ÉPÎTRE DE PIERRE

Adresse et salutation.

I Pierre, apôtre de Jésus-Christ, à ceux qui sont étrangers et dispersés dans le Pont, la Galatie, la Cappadoce, 2 l'Asie et la Bithynie, et qui sont élus selon la prescience de Dieu le Père, par la sanctification de l'Esprit, afin qu'ils deviennent obéissants, et qu'ils participent à l'aspersion du sang de Jésus-Christ : que la grâce et la paix vous soient multipliées !

Actions de grâces au sujet de l'espérance du salut.

3 Béni soit Dieu, le Père de notre Seigneur Jésus-Christ, qui, selon sa grande miséricorde, nous a régénérés, pour une espérance vivante, par la résurrection de Jésus-Christ d'entre 4 les morts, pour un héritage qui ne se peut ni corrompre, ni souiller, ni flétrir, lequel vous est réservé dans 5 les cieux, à vous qui, par la puissance de Dieu, êtes gardés par la foi pour le salut prêt à être révélé dans les derniers temps ! 6 C'est là ce qui fait votre joie, quoique maintenant, puisqu'il le faut, vous soyez attristés pour un peu de 7 temps par diverses épreuves, afin que l'épreuve de votre foi, plus précieuse que l'or périssable (qui cependant est éprouvé par le feu), ait pour résultat la louange, la gloire et l'honneur, lorsque Jésus-Christ ap- 8 paraîtra,—lui que vous aimez sans l'avoir vu, en qui vous croyez sans le voir encore, vous réjouissant d'une 9 joie ineffable et glorieuse, parce que vous obtiendrez le salut de vos âmes pour prix de votre foi. 10 Les prophètes, qui ont prophétisé touchant la grâce qui vous était réservée, ont fait de ce salut l'objet de leurs recherches et de leurs investi- 11 gations, voulant sonder l'époque et les circonstances marquées par l'Esprit de Christ qui était en eux, et qui attestait d'avance les souffrances de Christ et la gloire dont elles seraient suivies. Il leur fut révélé 12 que ce n'était pas pour eux-mêmes, mais pour vous, qu'ils étaient les dispensateurs de ces choses, que vous ont annoncées maintenant ceux qui vous ont prêché l'Évangile par le Saint-Esprit envoyé du ciel, et dans lesquelles les anges désirent plonger leurs regards.

Exhortation à la sainteté.

C'est pourquoi, ceignez les reins de 13 votre entendement, soyez sobres, et ayez une entière espérance dans la grâce qui vous sera apportée, lorsque Jésus-Christ apparaîtra. Comme des 14 enfants obéissants, ne vous conformez pas aux convoitises que vous aviez autrefois, quand vous étiez dans l'ignorance. Mais, puisque celui qui 15 vous a appelés est saint, vous aussi soyez saints dans toute votre conduite, selon qu'il est écrit : Vous 16 serez saints, car je suis saint. Et si vous invoquez comme Père 17 celui qui juge selon l'œuvre de chacun, sans acception de personnes, conduisez-vous avec crainte pendant le temps de votre pèlerinage, sachant 18 que ce n'est pas par des choses périssables, par de l'argent ou de l'or, que vous avez été rachetés de la vaine manière de vivre que vous aviez héritée de vos pères, mais par le 19 sang précieux de Christ, comme d'un agneau sans défaut et sans tache, prédestiné avant la fondation du 20 monde, et manifesté à la fin des temps, à cause de vous, qui par lui 21 croyez en Dieu, lequel l'a ressuscité des morts et lui a donné la gloire, en sorte que votre foi et votre espérance reposent sur Dieu. Ayant purifié vos âmes en obéis- 22 sant à la vérité pour avoir un amour fraternel sincère, aimez-vous ardemment les uns les autres, de tout votre cœur, puisque vous avez été 23 régénérés, non par une semence corruptible, mais par une semence

incorruptible, par la parole vivante
24 et permanente de Dieu. Car

Toute chair est comme l'herbe,
Et toute sa gloire comme la fleur de
l'herbe.
L'herbe sèche, et la fleur tombe ;
25 Mais la parole du Seigneur demeure
éternellement.

Et cette parole est celle qui vous a
été annoncée par l'Évangile.

2 Rejetant donc toute malice et toute
ruse, la dissimulation, l'envie, et toute
2 médisance, désirez, comme des enfants nouveau-nés, le lait spirituel et
pur, afin que par lui vous croissiez
3 pour le salut, si vous avez goûté que
le Seigneur est bon.

4 Approchez-vous de lui, pierre vivante, rejetée par les hommes, mais
choisie et précieuse devant Dieu ;
5 et vous-mêmes, comme des pierres
vivantes, édifiez-vous pour former
une maison spirituelle, un saint sacerdoce, afin d'offrir des victimes
spirituelles, agréables à Dieu par
6 Jésus-Christ. Car il est dit dans
l'Écriture ·

Voici, je mets en Sion une pierre
Angulaire, choisie, précieuse ;
Et celui qui croit en elle ne sera
point confus.

7 L'honneur est donc pour vous, qui
croyez. Mais, pour les incrédules,

La pierre qu'ont rejetée ceux qui
bâtissaient
Est devenue la principale de l'angle,
8 Et une pierre d'achoppement
Et un rocher de scandale ;

ils s'y heurtent pour n'avoir pas cru
à la parole, et c'est à cela qu'ils sont
9 destinés. Vous, au contraire, vous
êtes une race élue, un sacerdoce royal,
une nation sainte, un peuple acquis,
afin que vous annonciez les vertus
de celui qui vous a appelés des ténè-
10 bres à son admirable lumière, vous
qui autrefois n'étiez pas un peuple,
et qui maintenant êtes le peuple de
Dieu, vous qui n'aviez pas obtenu

miséricorde, et qui maintenant avez
obtenu miséricorde.

*Exhortations diverses: la bonne conduite
au milieu des païens, la soumission aux
autorités, les devoirs des serviteurs, les
devoirs des femmes et des maris, le support
et la paix, la patience dans les épreuves.*

11 Bien-aimés, je vous exhorte, comme étrangers et voyageurs sur la terre,
à vous abstenir des convoitises charnelles qui font la guerre à l'âme.
12 Ayez au milieu des païens une bonne
conduite, afin que, là même où ils
vous calomnient comme si vous étiez
des malfaiteurs, ils remarquent vos
bonnes œuvres, et glorifient Dieu, au
jour où il les visitera.

13 Soyez soumis, à cause du Seigneur,
à toute autorité établie parmi les
hommes, soit au roi comme souve-
14 rain, soit aux gouverneurs comme
envoyés par lui pour punir les malfaiteurs et pour approuver les gens
15 de bien. Car c'est la volonté de
Dieu qu'en pratiquant le bien vous
réduisiez au silence les hommes igno-
16 rants et insensés, étant libres, sans
faire de la liberté un voile qui couvre
la méchanceté, mais agissant comme
17 des serviteurs de Dieu. Honorez
tout le monde ; aimez les frères ;
craignez Dieu ; honorez le roi.

18 Serviteurs, soyez soumis en toute
crainte à vos maîtres, non seulement
à ceux qui sont bons et doux, mais
aussi à ceux qui sont d'un caractère
19 difficile. Car c'est une grâce que de
supporter des afflictions par motif
de conscience envers Dieu, quand on
20 souffre injustement. En effet, quelle
gloire y a-t-il à supporter de mauvais
traitements pour avoir commis des
fautes ? Mais si vous supportez la
souffrance lorsque vous faites ce qui
est bien, c'est une grâce devant Dieu.
21 Et c'est à cela que vous avez été
appelés, parce que Christ aussi a
souffert pour vous, vous laissant un
exemple, afin que vous suiviez ses
traces,

22 Lui qui n'a point commis de péché,
Et dans la bouche duquel il ne s'est
point trouvé de fraude ;

23 lui qui, injurié, ne rendait point d'injures, maltraité, ne faisait point de menaces, mais s'en remettait à celui 24 qui juge justement ; lui qui a porté lui-même nos péchés en son corps sur le bois, afin que morts aux péchés nous vivions pour la justice ; lui par les meurtrissures duquel vous avez 25 été guéris. Car vous étiez comme des brebis errantes. Mais maintenant vous êtes retournés vers le pasteur et le gardien de vos âmes.

3 Femmes, soyez de même soumises à vos maris, afin que, si quelques-uns n'obéissent point à la parole, ils soient gagnés sans parole par la con-2 duite de leurs femmes, en voyant votre manière de vivre chaste et 3 réservée. Ayez, non cette parure extérieure qui consiste dans les cheveux tressés, les ornements d'or, ou 4 les habits qu'on revêt, mais la parure intérieure et cachée dans le cœur, la pureté incorruptible d'un esprit doux et paisible, qui est d'un grand prix 5 devant Dieu. Ainsi se paraient autrefois les saintes femmes qui espéraient en Dieu, soumises à leurs 6 maris, comme Sara, qui obéissait à Abraham et l'appelait son seigneur. C'est d'elle que vous êtes devenues les filles, en faisant ce qui est bien, sans vous laisser troubler par aucune crainte.

7 Maris, montrez à votre tour de la sagesse dans vos rapports avec vos femmes, comme avec un sexe plus faible ; honorez-les, comme devant aussi hériter avec vous de la grâce de la vie. Qu'il en soit ainsi, afin que rien ne vienne faire obstacle à vos prières.

8 Enfin, soyez tous animés des mêmes pensées et des mêmes sentiments, pleins d'amour fraternel, de compas-9 sion, d'humilité. Ne rendez point mal pour mal, ou injure pour injure ; bénissez, au contraire, car c'est à cela que vous avez été appelés, afin d'hériter la bénédiction.

10 Si quelqu'un, en effet, veut aimer la vie
Et voir des jours heureux,
Qu'il préserve sa langue du mal
Et ses lèvres des paroles trompeuses,
11 Qu'il s'éloigne du mal et fasse le bien,
Qu'il recherche la paix et la poursuive ;
12 Car les yeux du Seigneur sont sur les justes
Et ses oreilles sont attentives à leur prière,
Mais la face du Seigneur est contre ceux qui font le mal.

13 Et qui vous maltraitera, si vous êtes zélés pour le bien ? D'ailleurs, 14 quand vous souffririez pour la justice, vous seriez heureux.

N'ayez d'eux aucune crainte, et ne soyez pas troublés ;
15 Mais sanctifiez dans vos cœurs Christ le Seigneur,

étant toujours prêts à vous défendre, avec douceur et respect, devant quiconque vous demande raison de l'espérance qui est en vous, et ayant 16 une bonne conscience, afin que, là même où ils vous calomnient comme si vous étiez des malfaiteurs, ceux qui décrient votre bonne conduite en Christ soient couverts de confusion. Car il vaut mieux souf-17 frir, si telle est la volonté de Dieu, en faisant le bien qu'en faisant le mal.

Exemple de Jésus-Christ, qui a souffert pour nous : conduite à tenir ; consolations à espérer.

18 Christ aussi a souffert une fois pour les péchés, lui juste pour des injustes, afin de nous amener à Dieu, ayant été mis à mort quant à la chair, mais ayant été rendu vivant 19 quant à l'Esprit, dans lequel aussi il est allé prêcher aux esprits en prison, 20 qui autrefois avaient été incrédules, lorsque la patience de Dieu se prolongeait, aux jours de Noé, pendant la construction de l'arche, dans laquelle un petit nombre de personnes, c'est-à-dire, huit, furent sauvées à travers l'eau. Cette eau était une 21 figure du baptême, qui n'est pas la

purification des souillures du corps, mais l'engagement d'une bonne conscience envers Dieu, et qui maintenant vous sauve, vous aussi, par la 22 résurrection de Jésus Christ, qui est à la droite de Dieu, depuis qu'il est allé au ciel, et que les anges, les autorités et les puissances, lui ont été soumis.

4 Ainsi donc, Christ ayant souffert dans la chair, vous aussi armez-vous de la même pensée. Car celui qui a souffert dans la chair en a fini avec 2 le péché, afin de vivre, non plus selon les convoitises des hommes, mais selon la volonté de Dieu, pendant le temps qui lui reste à vivre 3 dans la chair. C'est assez, en effet, d'avoir dans le temps passé accompli la volonté des païens, en marchant dans la dissolution, les convoitises, l'ivrognerie, les excès du manger et du boire, et les idolâ- 4 tries criminelles. Aussi trouvent-ils étrange que vous ne vous précipitiez pas avec eux dans le même débordement de débauche, et ils vous ca- 5 lomnient. Ils rendront compte à celui qui est prêt à juger les vivants 6 et les morts. Car l'Évangile a été aussi annoncé aux morts, afin que, après avoir été jugés comme les hommes quant à la chair, ils vivent selon Dieu quant à l'Esprit.

7 La fin de toutes choses est proche. Soyez donc sages et sobres, pour 8 vaquer à la prière. Avant tout, ayez les uns pour les autres une ardente charité, car

La charité couvre une multitude de péchés.

9 Exercez l'hospitalité les uns envers les autres, sans murmures. 10 Comme de bons dispensateurs des diverses grâces de Dieu, que chacun de vous mette au service des autres 11 le don qu'il a reçu. Si quelqu'un parle, que ce soit comme annonçant les oracles de Dieu; si quelqu'un remplit un ministère, qu'il le remplisse selon la force que Dieu communique, afin qu'en toutes choses Dieu soit glorifié par Jésus-Christ,

à qui appartiennent la gloire et la puissance, aux siècles des siècles. Amen!

Bien-aimés, ne soyez pas surpris, 12 comme d'une chose étrange qui vous arrive, de la fournaise qui est au milieu de vous pour vous éprouver. Réjouissez-vous, au contraire, de la 13 part que vous avez aux souffrances de Christ, afin que vous soyez aussi dans la joie et dans l'allégresse lorsque sa gloire apparaîtra.

Si vous êtes outragés pour le nom 14 de Christ, vous êtes heureux, parce que l'Esprit de gloire, l'Esprit de Dieu, repose sur vous. Que nul de 15 vous, en effet, ne souffre comme meurtrier, ou voleur, ou malfaiteur, ou comme s'ingérant dans les affaires d'autrui. Mais si quelqu'un souffre 16 comme chrétien, qu'il n'en ait point honte, et que plutôt il glorifie Dieu à cause de ce nom.

Car c'est le moment où le juge- 17 ment va commencer par la maison de Dieu. Or, si c'est par nous qu'il commence, quelle sera la fin de ceux qui n'obéissent pas à l'Évangile de Dieu? Et si le juste se sauve avec 18 peine, que deviendront l'impie et le pécheur? Ainsi, que ceux qui souf- 19 frent selon la volonté de Dieu remettent leurs âmes au fidèle Créateur, en faisant ce qui est bien.

Aux anciens, et à tous. Humilité et vigilance. Vœux et salutations.

Voici les exhortations que j'adresse 5 aux anciens qui sont parmi vous, moi ancien comme eux, témoin des souffrances de Christ, et participant de la gloire qui doit être manifestée: Paissez le troupeau de Dieu qui est 2 sous votre garde, non par contrainte, mais volontairement, selon Dieu; non pour un gain sordide, mais avec dévouement; non comme dominant 3 sur ceux qui vous sont échus en partage, mais en étant les modèles du troupeau. Et lorsque le souve- 4 rain pasteur paraîtra, vous obtiendrez la couronne incorruptible de la gloire.

De même, vous qui êtes jeunes, 5 soyez soumis aux anciens. Et tous, dans vos rapports mutuels, revêtez-vous d'humilité ; car

Dieu résiste aux orgueilleux,
Mais il fait grâce aux humbles.

6 Humiliez-vous donc sous la puissante main de Dieu, afin qu'il vous élève 7 au temps convenable ; et déchargez-vous sur lui de tous vos soucis, car lui-même prend soin de vous.

8 Soyez sobres, veillez. Votre adversaire, le diable, rôde comme un lion rugissant, cherchant qui il dé-9 vorera. Résistez-lui avec une foi ferme, sachant que les mêmes souffrances sont imposées à vos frères dans le monde.

10 Le Dieu de toute grâce, qui vous a appelés en Jésus-Christ à sa gloire éternelle, après que vous aurez souffert un peu de temps, vous perfectionnera lui-même, vous affermira, vous fortifiera, vous rendra inébranlables. A lui soit la puissance aux 11 siècles des siècles ! Amen !

C'est par Silvain, qui est à mes 12 yeux un frère fidèle, que je vous écris ce peu de mots, pour vous exhorter et pour vous attester que la grâce de Dieu à laquelle vous êtes attachés est la véritable.

L'Église des élus qui est à Baby-13 lone vous salue, ainsi que Marc, mon fils. Saluez-vous les uns les autres 14 par un baiser d'affection.

Que la paix soit avec vous tous qui êtes en Christ !

SECONDE ÉPÎTRE DE PIERRE

Adresse et salutation.

I Simon Pierre, serviteur et apôtre de Jésus-Christ, à ceux qui ont reçu en partage une foi du même prix que la nôtre, par la justice de notre Dieu et du Sauveur Jésus-Christ : 2 que la grâce et la paix vous soient multipliées par la connaissance de Dieu et de Jésus notre Seigneur !

La pratique des vertus chrétiennes.

3 Comme sa divine puissance nous a donné tout ce qui contribue à la vie et à la piété, au moyen de la connaissance de celui qui nous a appelés par sa propre gloire et par 4 sa vertu, lesquelles nous assurent de sa part les plus grandes et les plus précieuses promesses, afin que par elles vous deveniez participants de la nature divine, en fuyant la corruption qui existe dans le monde 5 par la convoitise,—à cause de cela même, faites tous vos efforts pour joindre à votre foi la vertu, à la 6 vertu la science, à la science la tempérance, à la tempérance la patience, 7 à la patience la piété, à la piété l'amour fraternel, à l'amour fraternel la charité. Car si ces choses sont 8 en vous, et y sont avec abondance, elles ne vous laisseront point oisifs ni stériles pour la connaissance de notre Seigneur Jésus-Christ. Mais 9 celui en qui ces choses ne sont point est aveugle, il ne voit pas de loin, et il a mis en oubli la purification de ses anciens péchés. C'est pourquoi, 10 frères, appliquez-vous d'autant plus à affermir votre vocation et votre élection ; car, en faisant cela, vous ne broncherez jamais. C'est ainsi, 11 en effet, que l'entrée dans le royaume éternel de notre Seigneur et Sauveur Jésus-Christ vous sera pleinement accordée.

Voilà pourquoi je prendrai soin de 12 vous rappeler ces choses, bien que vous les sachiez et que vous soyez affermis dans la vérité présente. Et 13 je regarde comme un devoir, aussi longtemps que je suis dans cette tente, de vous tenir en éveil par des avertissements, car je sais que je la 14 quitterai subitement, ainsi que notre Seigneur Jésus-Christ me l'a fait connaître. Mais j'aurai soin qu'après 15 mon départ vous puissiez toujours vous souvenir de ces choses.

Ce n'est pas, en effet, en suivant 16

des fables habilement conçues, que nous vous avons fait connaître la puissance et l'avènement de notre Seigneur Jésus-Christ, mais c'est comme ayant vu sa majesté de nos propres yeux. 17 Car il a reçu de Dieu le Père honneur et gloire, quand la gloire magnifique lui fit entendre une voix qui disait : Celui-ci est mon Fils bien-aimé, en qui j'ai mis toute mon affection. 18 Et nous avons entendu cette voix venant du ciel, lorsque nous étions avec lui sur la sainte montagne. 19 Et nous tenons pour d'autant plus certaine la parole prophétique, à laquelle vous faites bien de prêter attention, comme à une lampe qui brille dans un lieu obscur, jusqu'à ce que le jour vienne à paraître et que l'étoile du matin se lève dans vos cœurs ;—20 sachant tout d'abord vous-mêmes qu'aucune prophétie de l'Écriture ne peut être un objet d'interprétation particulière, 21 car ce n'est pas par une volonté d'homme qu'une prophétie a jamais été apportée, mais c'est poussés par le Saint-Esprit que des hommes ont parlé de la part de Dieu.

Les faux docteurs.

2 Il y a eu parmi le peuple de faux prophètes, et il y aura de même parmi vous de faux docteurs, qui introduiront des sectes pernicieuses, et qui, reniant le maître qui les a rachetés, attireront sur eux une ruine soudaine. 2 Plusieurs les suivront dans leurs dissolutions, et la voie de la vérité sera calomniée à cause d'eux. 3 Par cupidité, ils trafiqueront de vous au moyen de paroles trompeuses, eux que menace depuis longtemps la condamnation, et dont la ruine ne sommeille point.

4 Car, si Dieu n'a pas épargné les anges qui ont péché, mais s'il les a précipités dans les abîmes de ténèbres et les réserve pour le jugement ; 5 s'il n'a pas épargné l'ancien monde, mais s'il a sauvé Noé, lui huitième, ce prédicateur de la justice, lorsqu'il fit venir le déluge sur un monde d'impies ; 6 s'il a condamné à la destruction et réduit en cendres les villes de Sodome et de Gomorrhe, les donnant comme exemple aux impies à venir, 7 et s'il a délivré le juste Lot, profondément attristé de la conduite de ces hommes sans frein dans leur dissolution (8 car ce juste, qui habitait au milieu d'eux, tourmentait journellement son âme juste à cause de ce qu'il voyait et entendait de leurs œuvres criminelles) ;—9 le Seigneur sait délivrer de l'épreuve les hommes pieux, et réserver les injustes pour être punis au jour du jugement, 10 ceux surtout qui vont après la chair dans un désir d'impureté et qui méprisent l'autorité.

Audacieux et arrogants, ils ne craignent pas d'injurier les gloires, 11 tandis que les anges, supérieurs en force et en puissance, ne portent pas contre elles de jugement injurieux devant le Seigneur. 12 Mais eux, semblables à des brutes qui s'abandonnent à leurs penchants naturels et qui sont nées pour être prises et détruites, ils parlent d'une manière injurieuse de ce qu'ils ignorent, et ils périront par leur propre corruption, 13 recevant ainsi le salaire de leur iniquité. Ils trouvent leurs délices à se livrer au plaisir en plein jour ; hommes tarés et souillés, ils se délectent dans leurs tromperies, en faisant bonne chère avec vous. 14 Ils ont les yeux pleins d'adultère et insatiables de péché ; ils amorcent les âmes mal affermies ; ils ont le cœur exercé à la cupidité ; ce sont des enfants de malédiction. 15 Après avoir quitté le droit chemin, ils se sont égarés en suivant la voie de Balaam, fils de Bosor, qui aima le salaire de l'iniquité, 16 mais qui fut repris pour sa transgression : une ânesse muette, faisant entendre une voix d'homme, arrêta la démence du prophète.

17 Ces gens-là sont des fontaines sans eau, des nuées que chasse un tourbillon : l'obscurité des ténèbres leur est réservée. 18 Avec des discours enflés de vanité, ils amorcent par les convoitises de la chair, par les dissolutions, ceux qui viennent à peine d'échapper aux hommes qui vivent

19 dans l'égarement ; ils leur promettent la liberté, quand ils sont eux-mêmes esclaves de la corruption, car chacun est esclave de ce qui a triomphé de lui.

20 En effet, si, après s'être retirés des souillures du monde, par la connaissance du Seigneur et Sauveur Jésus-Christ, ils s'y engagent de nouveau et sont vaincus, leur dernière condi-

21 tion est pire que la première. Car mieux valait pour eux n'avoir pas connu la voie de la justice, que de se détourner, après l'avoir connue, du saint commandement qui leur avait

22 été donné. Il leur est arrivé ce que dit un proverbe vrai : Le chien est retourné à ce qu'il avait vomi, et la truie lavée s'est vautrée dans le bourbier.

L'avènement du Seigneur.

3 Voici déjà, bien-aimés, la seconde lettre que je vous écris. Dans l'une et dans l'autre je cherche à éveiller par des avertissements votre saine

2 intelligence, afin que vous vous souveniez des choses annoncées d'avance par les saints prophètes, et du commandement du Seigneur et Sauveur,

3 enseigné par vos apôtres, sachant avant tout que, dans les derniers jours, il viendra des moqueurs avec leurs railleries, marchant selon leurs

4 propres convoitises, et disant : Où est la promesse de son avènement ? Car, depuis que les pères sont morts, tout demeure comme dès le commencement de la création.

5 Ils veulent ignorer, en effet, que des cieux existèrent autrefois par la parole de Dieu, de même qu'une terre tirée de l'eau et formée au

6 moyen de l'eau, et que par ces choses le monde d'alors périt, submergé par

7 l'eau, tandis que, par la même parole, les cieux et la terre d'à présent sont gardés et réservés pour le feu, pour le jour du jugement et de la ruine des hommes impies.

8 Mais il est une chose, bien-aimés, que vous ne devez pas ignorer, c'est que, devant le Seigneur, un jour est comme mille ans, et mille ans sont comme un jour. 9 Le Seigneur ne tarde pas dans l'accomplissement de la promesse, comme quelques-uns le croient ; mais il use de patience envers vous, ne voulant pas qu'aucun périsse, mais voulant que tous arrivent à la repentance. 10 Le jour du Seigneur viendra comme un voleur ; en ce jour, les cieux passeront avec fracas, les éléments embrasés se dissoudront, et la terre avec les œuvres qu'elle renferme sera consumée.

11 Puis donc que toutes ces choses doivent se dissoudre, quels ne devez-vous pas être par la sainteté de la conduite et par la piété, attendant et 12 hâtant l'avènement du jour de Dieu, jour à cause duquel les cieux enflammés se dissoudront et les éléments embrasés se fondront ? 13 Mais nous attendons, selon sa promesse, de nouveaux cieux et une nouvelle terre, où la justice habitera.

14 C'est pourquoi, bien-aimés, en attendant ces choses, appliquez-vous à être trouvés par lui sans tache et irrépréhensibles dans la paix. 15 Croyez que la patience de notre Seigneur est votre salut, comme notre bien-aimé frère Paul vous l'a aussi écrit, selon la sagesse qui lui a été donnée. 16 C'est ce qu'il fait dans toutes les lettres, où il parle de ces choses, dans lesquelles il y a des points difficiles à comprendre, dont les personnes ignorantes et mal affermies tordent le sens, comme celui des autres Écritures, pour leur propre ruine.

17 Vous donc, bien-aimés, qui êtes avertis, mettez-vous sur vos gardes, de peur qu'entraînés par l'égarement des impies, vous ne veniez à déchoir de votre fermeté. 18 Mais croissez dans la grâce et dans la connaissance de notre Seigneur et Sauveur Jésus-Christ. A lui soit la gloire, maintenant et pour l'éternité ! Amen !

PREMIÈRE ÉPÎTRE DE JEAN

La parole de vie.

1 Ce qui était dès le commencement, ce que nous avons entendu, ce que nous avons vu de nos yeux, ce que nous avons contemplé et que nos mains ont touché, concernant la **2** parole de vie,—et la vie a été manifestée, et nous l'avons vue et nous lui rendons témoignage, et nous vous annonçons la vie éternelle, qui était auprès du Père et qui nous a été **3** manifestée,—ce que nous avons vu et entendu, nous vous l'annonçons, à vous aussi, afin que vous aussi vous soyez en communion avec nous. Or, notre communion est avec le Père et **4** avec son Fils Jésus-Christ. Et nous écrivons ces choses, afin que notre joie soit parfaite.

Dieu est lumière; marcher dans la lumière. La confession des péchés, et le pardon par Jésus-Christ.

5 La nouvelle que nous avons apprise de lui, et que nous vous annonçons, c'est que Dieu est lumière, et qu'il **6** n'y a point en lui de ténèbres. Si nous disons que nous sommes en communion avec lui, et que nous marchions dans les ténèbres, nous mentons, et nous ne pratiquons pas **7** la vérité. Mais si nous marchons dans la lumière, comme il est lui-même dans la lumière, nous sommes mutuellement en communion, et le sang de Jésus son Fils nous purifie de tout péché. **8** Si nous disons que nous n'avons pas de péché, nous nous séduisons nous-mêmes, et la vérité n'est point **9** en nous. Si nous confessons nos péchés, il est fidèle et juste pour nous les pardonner, et pour nous **10** purifier de toute iniquité. Si nous disons que nous n'avons pas péché, nous le faisons menteur, et sa parole n'est point en nous.

2 Mes petits enfants, je vous écris ces choses, afin que vous ne péchiez point. Et si quelqu'un a péché, nous avons un avocat auprès du Père, Jésus-Christ le juste. Il est lui-même **2** une victime expiatoire pour nos péchés, non seulement pour les nôtres, mais aussi pour ceux du monde entier.

L'observation des commandements; l'amour fraternel; le détachement du monde.

Si nous gardons ses commande- **3** ments, par là nous savons que nous l'avons connu. Celui qui dit : Je l'ai **4** connu, et qui ne garde pas ses commandements, est un menteur, et la vérité n'est point en lui. Mais celui **5** qui garde sa parole, l'amour de Dieu est véritablement parfait en lui : par là nous savons que nous sommes en lui. Celui qui dit qu'il demeure en **6** lui doit marcher aussi comme il a marché lui-même.

Bien-aimés, ce n'est pas un com- **7** mandement nouveau que je vous écris, mais un commandement ancien que vous avez eu dès le commencement ; ce commandement ancien, c'est la parole que vous avez entendue. Toutefois, c'est un commande- **8** ment nouveau que je vous écris, ce qui est vrai en lui et en vous, car les ténèbres se dissipent et la lumière véritable paraît déjà. Celui qui dit **9** qu'il est dans la lumière, et qui hait son frère, est encore dans les ténèbres. Celui qui aime son frère demeure **10** dans la lumière, et aucune occasion de chute n'est en lui. Mais celui qui **11** hait son frère est dans les ténèbres, il marche dans les ténèbres, et il ne sait où il va, parce que les ténèbres ont aveuglé ses yeux.

Je vous écris, petits enfants, parce **12** que vos péchés vous sont pardonnés à cause de son nom. Je vous écris, **13** pères, parce que vous avez connu celui qui est dès le commencement. Je vous écris, jeunes gens, parce que vous avez vaincu le malin.

Je vous ai écrit, petits enfants, parce que vous avez connu le Père. Je vous ai écrit, pères, parce que **14**

vous avez connu celui qui est dès le commencement. Je vous ai écrit, jeunes gens, parce que vous êtes forts, et que la parole de Dieu demeure en vous, et que vous avez vaincu le malin.

15 N'aimez point le monde, ni les choses qui sont dans le monde. Si quelqu'un aime le monde, l'amour

16 du Père n'est point en lui ; car tout ce qui est dans le monde, la convoitise de la chair, la convoitise des yeux, et l'orgueil de la vie, ne vient point du Père, mais vient du monde.

17 Et le monde passe, et sa convoitise aussi ; mais celui qui fait la volonté de Dieu demeure éternellement.

Les antéchrists.

18 Petits enfants, c'est la dernière heure, et comme vous avez appris qu'un antéchrist vient, il y a maintenant plusieurs antéchrists : par là nous connaissons que c'est la dernière

19 heure. Ils sont sortis du milieu de nous, mais ils n'étaient pas des nôtres ; car s'ils eussent été des nôtres, ils seraient demeurés avec nous, mais cela est arrivé afin qu'il fût manifeste que tous ne sont pas des nôtres.

20 Pour vous, vous avez reçu l'onction de la part de celui qui est saint, et vous avez tous de la connaissance.

21 Je vous ai écrit, non que vous ne connaissiez pas la vérité, mais parce que vous la connaissez, et parce qu'aucun mensonge ne vient de la

22 vérité. Qui est menteur, sinon celui qui nie que Jésus est le Christ ? Celui-là est l'antéchrist, qui nie le

23 Père et le Fils. Quiconque nie le Fils n'a pas non plus le Père ; quiconque confesse le Fils a aussi le Père.

24 Que ce que vous avez entendu dès le commencement demeure en vous. Si ce que vous avez entendu dès le commencement demeure en vous, vous demeurerez aussi dans le Fils

25 et dans le Père. Et la promesse qu'il nous a faite, c'est la vie éternelle.

26 Je vous ai écrit ces choses au sujet

27 de ceux qui vous égarent. Pour vous, l'onction que vous avez reçue de lui demeure en vous, et vous n'avez pas besoin qu'on vous enseigne ; mais comme son onction vous enseigne toutes choses, et qu'elle est véritable et qu'elle n'est point un mensonge, demeurez en lui selon les enseignements qu'elle vous a donnés.

Les enfants de Dieu.

28 Et maintenant, petits enfants, demeurez en lui, afin que, lorsqu'il paraîtra, nous ayons de l'assurance, et qu'à son avènement nous ne soyons pas confus et éloignés de lui. 29 Si vous savez qu'il est juste, reconnaissez que quiconque pratique la justice est né de lui.

3 Voyez quel amour le Père nous a témoigné, pour que nous soyons appelés enfants de Dieu ! Et nous le sommes. Si le monde ne nous connaît pas, c'est qu'il ne l'a pas 2 connu. Bien-aimés, nous sommes maintenant enfants de Dieu, et ce que nous serons n'a pas encore été manifesté ; mais nous savons que, lorsque cela sera manifesté, nous serons semblables à lui, parce que 3 nous le verrons tel qu'il est. Quiconque a cette espérance en lui se purifie, comme lui-même est pur.

4 Quiconque pèche transgresse la loi, et le péché est la transgression 5 de la loi. Or, vous le savez, Jésus a paru pour ôter les péchés, et il n'y a 6 point en lui de péché. Quiconque demeure en lui ne pèche point ; quiconque pèche ne l'a pas vu, et ne l'a pas connu.

7 Petits enfants, que personne ne vous séduise. Celui qui pratique la justice est juste, comme lui-même est 8 juste. Celui qui pèche est du diable, car le diable pèche dès le commencement. Le Fils de Dieu a paru afin de détruire les œuvres du diable.

9 Quiconque est né de Dieu ne pratique pas le péché, parce que la semence de Dieu demeure en lui ; et il ne peut pécher, parce qu'il est né 10 de Dieu. C'est par là que se font reconnaître les enfants de Dieu et les enfants du diable. Quiconque ne pratique pas la justice n'est pas de Dieu, non plus que celui qui n'aime pas son frère.

11 Car ce qui vous a été annoncé et ce que vous avez entendu dès le commencement, c'est que nous devons nous aimer les uns les autres,

12 et ne pas ressembler à Caïn, qui était du malin, et qui tua son frère. Et pourquoi le tua-t-il ? Parce que ses œuvres étaient mauvaises, et que celles de son frère étaient justes.

13 Ne vous étonnez pas, frères, si le monde vous hait.

14 Nous savons que nous sommes passés de la mort à la vie, parce que nous aimons les frères. Celui qui n'aime pas demeure dans la mort.

15 Quiconque hait son frère est un meurtrier, et vous savez qu'aucun meurtrier n'a la vie éternelle demeurant en lui.

16 Nous avons connu l'amour, en ce qu'il a donné sa vie pour nous ; nous aussi, nous devons donner notre vie pour les frères.

17 Si quelqu'un possède les biens du monde, et que, voyant son frère dans le besoin, il lui ferme ses entrailles, comment l'amour de Dieu demeure-t-il en lui ?

18 Petits enfants, n'aimons pas en paroles et avec la langue, mais en actions et avec vérité.

19 Par là nous connaîtrons que nous sommes de la vérité, et nous rassurerons nos cœurs

20 devant lui ; car si notre cœur nous condamne, Dieu est plus grand que notre cœur, et il connaît toutes choses.

21 Bien-aimés, si notre cœur ne nous condamne pas, nous avons de l'assurance devant Dieu.

22 Quoi que ce soit que nous demandions, nous le recevons de lui, parce que nous gardons ses commandements et que nous faisons ce qui lui est agréable.

23 Et c'est ici son commandement : que nous croyions au nom de son Fils Jésus-Christ, et que nous nous aimions les uns les autres, selon le commandement qu'il nous a donné.

24 Celui qui garde ses commandements demeure en Dieu, et Dieu en lui ; et nous connaissons qu'il demeure en nous par l'Esprit qu'il nous a donné.

Les faux docteurs.

4 Bien-aimés, n'ajoutez pas foi à tout esprit ; mais éprouvez les esprits, pour savoir s'ils sont de Dieu, car plusieurs faux prophètes sont venus dans le monde.

2 Reconnaissez à ceci l'Esprit de Dieu : tout esprit qui confesse Jésus-Christ venu en chair est de Dieu ;

3 et tout esprit qui ne confesse pas Jésus n'est pas de Dieu, c'est celui de l'antéchrist, dont vous avez appris la venue, et qui maintenant est déjà dans le monde.

4 Vous, petits enfants, vous êtes de Dieu, et vous les avez vaincus, parce que celui qui est en vous est plus grand que celui qui est dans le monde.

5 Eux, ils sont du monde ; c'est pourquoi ils parlent d'après le monde, et le monde les écoute.

6 Nous, nous sommes de Dieu ; celui qui connaît Dieu nous écoute ; celui qui n'est pas de Dieu ne nous écoute pas : c'est par là que nous connaissons l'esprit de la vérité et l'esprit de l'erreur.

Dieu est amour. Aimer Dieu et aimer ses frères.

7 Bien-aimés, aimons-nous les uns les autres ; car l'amour est de Dieu, et quiconque aime est né de Dieu et connaît Dieu.

8 Celui qui n'aime pas n'a pas connu Dieu, car Dieu est amour.

9 L'amour de Dieu a été manifesté envers nous en ce que Dieu a envoyé son Fils unique dans le monde, afin que nous vivions par lui.

10 Et cet amour consiste, non point en ce que nous avons aimé Dieu, mais en ce qu'il nous a aimés et a envoyé son Fils comme victime expiatoire pour nos péchés.

11 Bien-aimés, si Dieu nous a ainsi aimés, nous devons aussi nous aimer les uns les autres.

12 Personne n'a jamais vu Dieu ; si nous nous aimons les uns les autres, Dieu demeure en nous, et son amour est parfait en nous.

13 Nous connaissons que nous demeurons en lui, et qu'il demeure en nous, en ce qu'il nous a donné de son Esprit.

14 Et nous, nous avons vu et nous attestons que le Père a envoyé le Fils comme Sauveur du monde.

15 Celui qui confessera que Jésus est le Fils de Dieu, Dieu demeure en lui, et lui en Dieu.

16 Et nous, nous avons connu l'amour

que Dieu a pour nous, et nous y avons cru. Dieu est amour ; et celui qui demeure dans l'amour demeure en Dieu, et Dieu demeure en lui.

17 Tel il est, tels nous sommes aussi dans ce monde : c'est en cela que l'amour est parfait en nous, afin que nous ayons de l'assurance au jour du jugement. 18 La crainte n'est pas dans l'amour, mais l'amour parfait bannit la crainte ; car la crainte suppose un châtiment, et celui qui craint 19 n'est pas parfait dans l'amour. Pour nous, nous l'aimons, parce qu'il nous a aimés le premier. 20 Si quelqu'un dit : J'aime Dieu, et qu'il haïsse son frère, c'est un menteur ; car celui qui n'aime pas son frère qu'il voit, comment peut-il 21 aimer Dieu qu'il ne voit pas ? Et nous avons de lui ce commandement : que celui qui aime Dieu aime aussi son frère.

La foi en Jésus, et ses conséquences.
Efficacité de la prière.

5 Quiconque croit que Jésus est le Christ est né de Dieu, et quiconque aime celui qui l'a engendré aime 2 aussi celui qui est né de lui. Nous connaissons que nous aimons les enfants de Dieu, lorsque nous aimons Dieu, et que nous pratiquons ses com- 3 mandements. Car l'amour de Dieu consiste à garder ses commandements. Et ses commandements ne 4 sont pas pénibles, parce que tout ce qui est né de Dieu triomphe du monde ; et la victoire qui triomphe 5 du monde, c'est notre foi. Qui est celui qui a triomphé du monde, sinon celui qui croit que Jésus est le Fils de Dieu ? 6 C'est lui, Jésus-Christ, qui est venu avec de l'eau et du sang ; non avec l'eau seulement, mais avec l'eau et avec le sang ; et c'est l'Esprit qui rend témoignage, parce que l'Esprit 7 est la vérité. Car il y en a trois 8 qui rendent témoignage : l'Esprit, l'eau et le sang, et les trois sont d'accord.

Si nous recevons le témoignage 9 des hommes, le témoignage de Dieu est plus grand ; car le témoignage de Dieu consiste en ce qu'il a rendu témoignage à son Fils. Celui qui 10 croit au Fils de Dieu a ce témoignage en lui-même ; celui qui ne croit pas Dieu le fait menteur, puisqu'il ne croit pas au témoignage que Dieu a rendu à son Fils. Et voici ce té- 11 moignage, c'est que Dieu nous a donné la vie éternelle, et que cette vie est dans son Fils. Celui qui a 12 le Fils a la vie ; celui qui n'a pas le Fils de Dieu n'a pas la vie.

Je vous ai écrit ces choses, afin 13 que vous sachiez que vous avez la vie éternelle, vous qui croyez au nom du Fils de Dieu.

Nous avons auprès de lui cette 14 assurance, que si nous demandons quelque chose selon sa volonté, il nous écoute. Et si nous savons 15 qu'il nous écoute, quelque chose que nous demandions, nous savons que nous possédons la chose que nous lui avons demandée.

Si quelqu'un voit son frère com- 16 mettre un péché qui ne mène point à la mort, qu'il prie, et Dieu donnera la vie à ce frère, il la donnera à ceux qui commettent un péché qui ne mène point à la mort. Il y a un péché qui mène à la mort ; ce n'est pas pour ce péché-là que je dis de prier. Toute iniquité est un péché, 17 et il y a tel péché qui ne mène pas à la mort.

Nous savons que quiconque est né 18 de Dieu ne pèche point ; mais celui qui est né de Dieu se garde lui-même, et le malin ne le touche pas. Nous savons que nous sommes de 19 Dieu, et que le monde entier est sous la puissance du malin. Nous 20 savons aussi que le Fils de Dieu est venu, et qu'il nous a donné l'intelligence pour connaître le Véritable ; et nous sommes dans le Véritable, en son Fils Jésus-Christ. C'est lui qui est le Dieu véritable, et la vie éternelle. Petits enfants, gardez- 21 vous des idoles.

SECONDE ÉPÎTRE DE JEAN

Adresse et salutation.

1 L'ancien, à Kyria l'élue et à ses enfants, que j'aime dans la vérité,— et ce n'est pas moi seul qui les aime, mais aussi tous ceux qui ont connu 2 la vérité,—à cause de la vérité qui demeure en nous, et qui sera 3 avec nous pour l'éternité : que la grâce, la miséricorde et la paix soient avec vous de la part de Dieu le Père et de la part de Jésus-Christ, le Fils du Père, dans la vérité et la charité !

L'amour fraternel ; les faux docteurs.

4 J'ai été fort réjoui de trouver de tes enfants qui marchent dans la vérité, selon le commandement que 5 nous avons reçu du Père. Et maintenant, ce que je te demande, Kyria, —non comme te prescrivant un commandement nouveau, mais celui que nous avons eu dès le commencement,—c'est que nous nous aimions 6 les uns les autres. Et l'amour consiste à marcher selon ses commandements. C'est là le commandement dans lequel vous devez marcher, comme vous l'avez appris dès le commencement.

7 Car plusieurs séducteurs sont entrés dans le monde, qui ne confessent point que Jésus-Christ est venu en chair. Celui qui est tel, c'est le séducteur et l'antéchrist. 8 Prenez garde à vous-mêmes, afin que vous ne perdiez pas le fruit de votre travail, mais que vous receviez une pleine récompense. Qui- 9 conque va plus loin et ne demeure pas dans la doctrine de Christ n'a point Dieu ; celui qui demeure dans cette doctrine a le Père et le Fils. Si quelqu'un vient à vous et n'ap- 10 porte pas cette doctrine, ne le recevez pas dans votre maison, et ne lui dites pas : Salut ! car celui qui lui 11 dit : Salut ! participe à ses mauvaises œuvres.

12 Quoique j'eusse beaucoup de choses à vous écrire, je n'ai pas voulu le faire avec le papier et l'encre ; mais j'espère aller chez vous, et vous parler bouche à bouche, afin que notre joie soit parfaite.

13 Les enfants de ta sœur l'élue te saluent.

TROISIÈME ÉPÎTRE DE JEAN

Adresse et salutation. Éloge de Gaïus.

1 L'ancien, à Gaïus, le bien-aimé, que j'aime dans la vérité.

2 Bien-aimé, je souhaite que tu prospères à tous égards et sois en bonne santé, comme prospère l'état 3 de ton âme. J'ai été fort réjoui, lorsque des frères sont arrivés et ont rendu témoignage de la vérité qui est en toi, de la manière dont tu 4 marches dans la vérité. Je n'ai pas de plus grande joie que d'apprendre que mes enfants marchent dans la vérité.

5 Bien-aimé, tu agis fidèlement dans ce que tu fais pour les frères, et même 6 pour des frères étrangers, lesquels ont rendu témoignage de ta charité, en présence de l'Église. Tu feras bien de pourvoir à leur voyage d'une manière digne de Dieu. Car c'est 7 pour le nom de Jésus-Christ qu'ils sont partis, sans rien recevoir des païens. Nous devons donc accueillir 8 de tels hommes, afin d'être ouvriers avec eux pour la vérité.

Plainte contre Diotrèphe. Éloge de Démétrius. Salutations.

9 J'ai écrit quelques mots à l'Église ;

mais Diotrèphe, qui aime à être le premier parmi eux, ne nous reçoit 10 point. C'est pourquoi, si je vais, je rappellerai les actes qu'il commet, en tenant contre nous de méchants propos ; non content de cela, il ne reçoit pas les frères, et ceux qui voudraient le faire, il les en empêche et les chasse de l'Église.

11 Bien-aimé, n'imite pas le mal, mais le bien. Celui qui fait le bien est de Dieu ; celui qui fait le mal n'a point vu Dieu.

Tous, et la vérité elle-même, 12 rendent un bon témoignage à Démétrius ; nous aussi, nous lui rendons témoignage, et tu sais que notre témoignage est vrai.

J'aurais beaucoup de choses à 13 t'écrire, mais je ne veux pas le faire avec l'encre et la plume. J'espère 14 te voir bientôt, et nous parlerons bouche à bouche. Que la paix soit 15 avec toi !

Les amis te saluent. Salue les amis, chacun en particulier.

ÉPÎTRE DE JUDE

Adresse et salutation.

1 Jude, serviteur de Jésus-Christ, et frère de Jacques, à ceux qui ont été appelés, qui sont aimés en Dieu le Père, et gardés pour Jésus-Christ : 2 que la miséricorde, la paix et la charité vous soient multipliées !

Contre les impies.

3 Bien-aimés, comme je désirais vivement vous écrire au sujet de notre salut commun, je me suis senti obligé de le faire afin de vous exhorter à combattre pour la foi qui a été transmise aux saints une fois 4 pour toutes. Car il s'est glissé parmi vous certains hommes, dont la condamnation est écrite depuis longtemps, des impies, qui changent la grâce de notre Dieu en dissolution, et qui renient notre seul maître et Seigneur Jésus-Christ.

5 Je veux vous rappeler, à vous qui savez fort bien toutes ces choses, que le Seigneur, après avoir sauvé le peuple et l'avoir tiré du pays d'Égypte, fit ensuite périr les in-6 crédules ; qu'il a réservé pour le jugement du grand jour, enchaînés éternellement par les ténèbres, les anges qui n'ont pas gardé leur dignité, mais qui ont abandonné 7 leur propre demeure ; que Sodome et Gomorrhe et les villes voisines,

qui se livrèrent comme eux à l'impudicité et à des vices contre nature, sont données en exemple, subissant la peine d'un feu éternel.

Malgré cela, ces hommes aussi, 8 entraînés par leurs rêveries, souillent pareillement leur chair, méprisent l'autorité et injurient les gloires. Or, 9 l'archange Michel, lorsqu'il contestait avec le diable et lui disputait le corps de Moïse, n'osa pas porter contre lui un jugement injurieux, mais il dit : Que le Seigneur te réprime ! Eux, 10 au contraire, ils parlent d'une manière injurieuse de ce qu'ils ignorent, et ils se corrompent dans ce qu'ils savent naturellement comme les brutes. Malheur à eux ! car ils ont suivi la 11 voie de Caïn, ils se sont jetés pour un salaire dans l'égarement de Balaam, ils se sont perdus par la révolte de Coré.

Ce sont des écueils dans vos agapes, 12 faisant impudemment bonne chère, se repaissant eux-mêmes. Ce sont des nuées sans eau, poussées par les vents ; des arbres d'automne sans fruits, deux fois morts, déracinés ; des vagues furieuses de la mer, 13 rejetant l'écume de leurs impuretés ; des astres errants, auxquels l'obscurité des ténèbres est réservée pour l'éternité.

C'est aussi pour eux qu'Énoch, le 14 septième depuis Adam, a prophétisé, en ces termes : Voici, le Seigneur est

15 venu avec ses saintes myriades, pour exercer un jugement contre tous, et pour faire rendre compte à tous les impies parmi eux de tous les actes d'impiété qu'ils ont commis et de toutes les paroles injurieuses qu'ont proférées contre lui des pécheurs impies.

16 Ce sont des gens qui murmurent, qui se plaignent de leur sort, qui marchent selon leurs convoitises, qui ont à la bouche des paroles hautaines, qui admirent les personnes par motif d'intérêt.

17 Mais vous, bien-aimés, souvenez-vous des choses annoncées d'avance par les apôtres de notre Seigneur 18 Jésus-Christ. Ils vous disaient qu'au dernier temps il y aurait des moqueurs, marchant selon leurs convoitises impies ; ce sont ceux qui 19 provoquent des divisions, hommes sensuels, n'ayant pas l'esprit.

Exhortation, et doxologie finale.

Pour vous, bien-aimés, vous édifiant 20 vous-mêmes sur votre très sainte foi, et priant par le Saint-Esprit, main- 21 tenez-vous dans l'amour de Dieu, en attendant la miséricorde de notre Seigneur Jésus-Christ pour la vie éternelle. Reprenez les uns, ceux 22 qui contestent ; sauvez-en d'autres 23 en les arrachant du feu ; et pour d'autres encore, ayez une pitié mêlée de crainte, haïssant jusqu'à la tunique souillée par la chair.

Or, à celui qui peut vous préserver 24 de toute chute et vous faire paraître devant sa gloire irrépréhensibles et dans l'allégresse, à Dieu seul, notre 25 Sauveur, par Jésus-Christ notre Seigneur, soient gloire, majesté, force et puissance, dès avant tous les temps, et maintenant, et dans tous les siècles ! Amen !

APOCALYPSE DE JEAN

Titre et sujet du livre.

I Révélation de Jésus-Christ, que Dieu lui a donnée pour montrer à ses serviteurs les choses qui doivent arriver bientôt, et qu'il a fait connaître, par l'envoi de son ange, à 2 son serviteur Jean,—lequel a attesté la parole de Dieu et le témoignage de Jésus-Christ, tout ce qu'il a vu. 3 Heureux celui qui lit et ceux qui entendent les paroles de la prophétie, et qui gardent les choses qui y sont écrites ! Car le temps est proche.

Dédicace aux sept Églises d'Asie.

4 Jean aux sept Églises qui sont en Asie : que la grâce et la paix vous soient données de la part de celui qui est, qui était, et qui vient, et de la part des sept esprits qui sont 5 devant son trône, et de la part de Jésus-Christ, le témoin fidèle, le premier-né des morts, et le prince des rois de la terre !

A celui qui nous aime, qui nous a délivrés de nos péchés par son sang,

et qui a fait de nous un royaume, des 6 sacrificateurs pour Dieu son Père, à lui soient la gloire et la puissance, aux siècles des siècles ! Amen !

Voici, il vient avec les nuées. Et 7 tout œil le verra, et ceux qui l'ont percé ; et toutes les tribus de la terre se lamenteront à cause de lui. Oui. Amen ! Je suis l'alpha et l'oméga, 8 dit le Seigneur Dieu, celui qui est, qui était, et qui vient, le Tout-Puissant.

Vision de Jean dans l'île de Patmos. Ordre d'écrire ce qu'il a vu, et d'envoyer le livre aux sept Églises d'Asie.

Moi Jean, votre frère, et qui ai 9 part avec vous à la tribulation et au royaume et à la persévérance en Jésus, j'étais dans l'île appelée Patmos, à cause de la parole de Dieu et du témoignage de Jésus. Je fus 10 ravi en esprit au jour du Seigneur, et j'entendis derrière moi une voix forte, comme le son d'une trompette, qui disait : Ce que tu vois, écris-le 11 dans un livre, et envoie-le aux sept

Églises, à Éphèse, à Smyrne, à Pergame, à Thyatire, à Sardes, à Philadelphie, et à Laodicée.

12 Je me retournai pour connaître quelle était la voix qui me parlait. Et, après m'être retourné, je vis sept

13 chandeliers d'or, et, au milieu des sept chandeliers, quelqu'un qui ressemblait à un fils d'homme, vêtu d'une longue robe, et ayant une cein-

14 ture d'or sur la poitrine. Sa tête et ses cheveux étaient blancs comme de la laine blanche, comme de la neige; ses yeux étaient comme une

15 flamme de feu; ses pieds étaient semblables à de l'airain ardent, comme s'il eût été embrasé dans une fournaise; et sa voix était comme

16 le bruit de grandes eaux. Il avait dans sa main droite sept étoiles. De sa bouche sortait une épée aiguë, à deux tranchants; et son visage était comme le soleil lorsqu'il brille dans sa force.

17 Quand je le vis, je tombai à ses pieds comme mort. Il posa sur moi sa main droite, en disant: Ne crains point! Je suis le premier et le der-

18 nier, et le vivant. J'étais mort; et voici, je suis vivant aux siècles des siècles. Je tiens les clefs de la mort

19 et du séjour des morts. Écris donc les choses que tu as vues, et celles qui sont, et celles qui doivent arriver

20 après elles, le mystère des sept étoiles que tu as vues dans ma main droite, et des sept chandeliers d'or. Les sept étoiles sont les anges des sept Églises, et les sept chandeliers sont les sept Églises.

Lettres aux sept Églises d'Asie.—Première lettre: à l'Église d'Éphèse.

2 Écris à l'ange de l'Église d'Éphèse: Voici ce que dit celui qui tient les sept étoiles dans sa main droite, celui qui marche au milieu des sept chandeliers d'or:

2 Je connais tes œuvres, ton travail, et ta persévérance. Je sais que tu ne peux supporter les méchants; que tu as éprouvé ceux qui se disent apôtres et qui ne le sont pas, et que

3 tu les as trouvés menteurs; que tu as de la persévérance, que tu as

souffert à cause de mon nom, et que tu ne t'es point lassé. Mais ce que 4 j'ai contre toi, c'est que tu as abandonné ton premier amour. Souviens- 5 toi donc d'où tu es tombé, repens-toi, et pratique tes premières œuvres; sinon, je viendrai à toi, et j'ôterai ton chandelier de sa place, à moins que tu ne te repentes. Tu as pourtant 6 ceci, c'est que tu hais les œuvres des Nicolaïtes, œuvres que je hais aussi.

Que celui qui a des oreilles entende 7 ce que l'Esprit dit aux Églises: A celui qui vaincra je donnerai à manger de l'arbre de vie, qui est dans le paradis de Dieu.

Seconde lettre: à l'Église de Smyrne.

Écris à l'ange de l'Église de Smyrne: 8 Voici ce que dit le premier et le dernier, celui qui était mort, et qui est revenu à la vie:

Je connais ta tribulation et ta 9 pauvreté (bien que tu sois riche), et les calomnies de la part de ceux qui se disent Juifs et ne le sont pas, mais qui sont une synagogue de Satan. Ne crains pas ce que tu vas souffrir. 10 Voici, le diable jettera quelques-uns de vous en prison, afin que vous soyez éprouvés, et vous aurez une tribulation de dix jours. Sois fidèle jusqu'à la mort, et je te donnerai la couronne de vie.

Que celui qui a des oreilles entende 11 ce que l'Esprit dit aux Églises: Celui qui vaincra n'aura pas à souffrir la seconde mort.

Troisième lettre: à l'Église de Pergame.

Écris à l'ange de l'Église de Per- 12 game:

Voici ce que dit celui qui a l'épée aiguë, à deux tranchants:

Je sais où tu demeures, je sais que 13 là est le trône de Satan. Tu retiens mon nom, et tu n'as pas renié ma foi, même aux jours d'Antipas, mon témoin fidèle, qui a été mis à mort chez vous, là où Satan a sa demeure. Mais j'ai quelque chose contre toi, 14 c'est que tu as là des gens attachés à la doctrine de Balaam, qui enseignait à Balak à mettre une pierre d'achoppement devant les fils d'Israël, pour qu'ils mangeassent des viandes sacrifiées aux idoles et qu'ils 15 se livrassent à l'impudicité. De même, toi aussi, tu as des gens attachés pareillement à la doctrine des Ni- 16 colaïtes. Repens-toi donc ; sinon, je viendrai à toi bientôt, et je les combattrai avec l'épée de ma bouche.

17 Que celui qui a des oreilles entende ce que l'Esprit dit aux Églises : A celui qui vaincra je donnerai de la manne cachée, et je lui donnerai un caillou blanc ; et sur ce caillou est écrit un nom nouveau, que personne ne connaît, si ce n'est celui qui le reçoit.

Quatrième lettre : à l'Église de Thyatire.

18 Écris à l'ange de l'Église de Thyatire :

Voici ce que dit le Fils de Dieu, celui qui a les yeux comme une flamme de feu, et dont les pieds sont semblables à de l'airain ardent :

19 Je connais tes œuvres, ton amour, ta foi, ton fidèle service, ta constance, et tes dernières œuvres plus nom- 20 breuses que les premières. Mais ce que j'ai contre toi, c'est que tu laisses la femme Jézabel, qui se dit prophétesse, enseigner et séduire mes serviteurs, pour qu'ils se livrent à l'impudicité et qu'ils mangent des 21 viandes sacrifiées aux idoles. Je lui ai donné du temps, afin qu'elle se repentît, et elle ne veut pas se 22 repentir de son impudicité. Voici, je vais la jeter sur un lit, et envoyer une grande tribulation à ceux qui commettent adultère avec elle, à moins qu'ils ne se repentent de leurs œu- 23 vres. Je ferai mourir de mort ses enfants ; et toutes les Églises connaîtront que je suis celui qui sonde les reins et les cœurs, et je vous 24 rendrai à chacun selon vos œuvres. A vous, à tous les autres de Thyatire, qui ne reçoivent pas cette doctrine, et qui n'ont pas connu les profondeurs de Satan, comme ils les appellent, je vous dis : Je ne mets pas 25 sur vous d'autre fardeau ; seulement, ce que vous avez, retenez-le jusqu'à ce que je vienne.

A celui qui vaincra, et qui gardera 26 jusqu'à la fin mes œuvres, je donnerai autorité sur les nations. Il les paîtra 27 avec une verge de fer, comme on brise les vases d'argile, ainsi que moi-même j'en ai reçu le pouvoir de mon Père. Et je lui donnerai l'étoile du 28 matin.

Que celui qui a des oreilles entende 29 ce que l'Esprit dit aux Églises.

Cinquième lettre : à l'Église de Sardes.

Écris à l'ange de l'Église de Sardes : **3**
Voici ce que dit celui qui a les sept esprits de Dieu et les sept étoiles :

Je connais tes œuvres. Je sais que tu passes pour être vivant, et tu es mort. Sois vigilant, et affermis le 2 reste qui est près de mourir ; car je n'ai pas trouvé tes œuvres parfaites devant mon Dieu. Rappelle-toi donc 3 comment tu as reçu et entendu, et garde, et repens-toi. Si tu ne veilles pas, je viendrai comme un voleur, et tu ne sauras pas à quelle heure je viendrai sur toi. Cependant tu 4 as à Sardes quelques hommes qui n'ont pas souillé leurs vêtements ; ils marcheront avec moi en vêtements blancs, parce qu'ils en sont dignes.

Celui qui vaincra sera revêtu ainsi 5 de vêtements blancs ; je n'effacerai point son nom du livre de vie, et je confesserai son nom devant mon Père et devant ses anges.

Que celui qui a des oreilles entende 6 ce que l'Esprit dit aux Églises.

Sixième lettre : à l'Église de Philadelphie.

Écris à l'ange de l'Église de Phila- 7 delphie :

Voici ce que dit le Saint, le Véritable, celui qui a la clef de David, celui qui ouvre, et personne ne fermera, celui qui ferme, et personne n'ouvrira :

Je connais tes œuvres. Voici, parce 8 que tu as peu de puissance, et que tu as gardé ma parole, et que tu n'as pas renié mon nom, j'ai mis devant toi une porte ouverte, que personne ne peut fermer. Voici, je te donne 9 de ceux de la synagogue de Satan, qui se disent Juifs et ne le sont pas, mais qui mentent ; voici, je les ferai venir, se prosterner à tes pieds, et

10 connaître que je t'ai aimé. Parce que tu as gardé la parole de la persévérance en moi, je te garderai aussi à l'heure de la tentation qui va venir sur le monde entier, pour éprouver

11 les habitants de la terre. Je viens bientôt. Retiens ce que tu as, afin que personne ne prenne ta couronne.

12 Celui qui vaincra, je ferai de lui une colonne dans le temple de mon Dieu, et il n'en sortira plus ; j'écrirai sur lui le nom de mon Dieu, et le nom de la ville de mon Dieu, de la nouvelle Jérusalem qui descend du ciel d'auprès de mon Dieu, et mon nom nouveau.

13 Que celui qui a des oreilles entende ce que l'Esprit dit aux Églises.

Septième lettre : à l'Église de Laodicée.

14 Écris à l'ange de l'Église de Laodicée :

Voici ce que dit l'Amen, le témoin fidèle et véritable, le commencement de la création de Dieu :

15 Je connais tes œuvres. Je sais que tu n'es ni froid ni bouillant. Puisses-tu être froid ou bouillant !

16 Ainsi, parce que tu es tiède, et que tu n'es ni froid ni bouillant, je te

17 vomirai de ma bouche. Parce que tu dis : Je suis riche, je me suis enrichi, et je n'ai besoin de rien, et parce que tu ne sais pas que tu es malheureux, misérable, pauvre, a-

18 veugle et nu, je te conseille d'acheter de moi de l'or éprouvé par le feu, afin que tu deviennes riche, et des vêtements blancs, afin que tu sois vêtu et que la honte de ta nudité ne paraisse pas, et un collyre pour oindre tes yeux, afin que tu voies.

19 Moi, je reprends et je châtie tous ceux que j'aime. Aie donc du zèle,

20 et repens-toi. Voici, je me tiens à la porte, et je frappe. Si quelqu'un entend ma voix et ouvre la porte, j'entrerai chez lui, je souperai avec lui, et lui avec moi.

21 Celui qui vaincra, je le ferai asseoir avec moi sur mon trône, comme moi

j'ai vaincu et me suis assis avec mon Père sur son trône.

22 Que celui qui a des oreilles entende ce que l'Esprit dit aux Églises.

Le trône de la majesté divine, les vingt-quatre vieillards, et les quatre êtres vivants.

4 Après cela, je regardai, et voici, une porte était ouverte dans le ciel. La première voix que j'avais entendue, comme le son d'une trompette, et qui me parlait, dit : Monte ici, et je te ferai voir ce qui doit arriver dans la suite.

2 Aussitôt je fus ravi en esprit. Et voici, il y avait un trône dans le ciel, et sur ce trône quelqu'un était

3 assis. Celui qui était assis avait l'aspect d'une pierre de jaspe et de sardoine ; et le trône était environné d'un arc-en-ciel semblable à de l'émeraude.

4 Autour du trône je vis vingt-quatre trônes, et sur ces trônes vingt-quatre vieillards assis, revêtus de vêtements blancs, et sur leurs têtes des couronnes d'or.

5 Du trône sortent des éclairs, des voix et des tonnerres. Devant le trône brûlent sept lampes ardentes, qui sont les sept esprits de

6 Dieu. Il y a encore devant le trône comme une mer de verre, semblable à du cristal.

Au milieu du trône et autour du trône, il y a quatre êtres vivants remplis d'yeux devant et derrière.

7 Le premier être vivant est semblable à un lion, le second être vivant est semblable à un veau, le troisième être vivant a la face d'un homme, et le quatrième être vivant est semblable

8 à un aigle qui vole. Les quatre êtres vivants ont chacun six ailes, et ils sont remplis d'yeux tout autour et au dedans. Ils ne cessent de dire jour et nuit : Saint, saint, saint est le Seigneur Dieu, le Tout-Puissant, qui était, qui est, et qui vient !

9 Quand les êtres vivants rendent gloire et honneur et actions de grâces à celui qui est assis sur le trône, à celui qui vit aux siècles des siècles,

10 les vingt-quatre vieillards se prosternent devant celui qui est assis sur le trône, et ils adorent celui qui vit aux siècles des siècles, et ils jettent leurs couronnes devant le trône, en disant:

11 Tu es digne, notre Seigneur et notre Dieu, de recevoir la gloire et l'honneur et la puissance; car tu as créé toutes choses, et c'est par ta volonté qu'elles existent et qu'elles ont été créées.

Le livre scellé de sept sceaux, remis à l'Agneau pour être ouvert.

5 Puis je vis dans la main droite de celui qui était assis sur le trône un livre écrit en dedans et en dehors, scellé de sept sceaux.

2 Et je vis un ange puissant, qui criait d'une voix forte: Qui est digne d'ouvrir le livre,

3 et d'en rompre les sceaux? Et personne dans le ciel, ni sur la terre, ni sous la terre, ne put ouvrir le livre

4 ni le regarder. Et je pleurai beaucoup de ce que personne ne fut trouvé digne d'ouvrir le livre ni de

5 le regarder. Et l'un des vieillards me dit: Ne pleure point; voici, le lion de la tribu de Juda, le rejeton de David, a vaincu pour ouvrir le livre et ses sept sceaux.

6 Et je vis, au milieu du trône et des quatre êtres vivants et au milieu des vieillards, un agneau qui était là comme immolé. Il avait sept cornes et sept yeux, qui sont les sept esprits de Dieu envoyés par toute la terre.

7 Il vint, et il prit le livre de la main droite de celui qui était assis sur le trône.

8 Quand il eut pris le livre, les quatre êtres vivants et les vingt-quatre vieillards se prosternèrent devant l'agneau, tenant chacun une harpe et des coupes d'or remplies de parfums, qui

9 sont les prières des saints. Et ils chantaient un cantique nouveau, en disant: Tu es digne de prendre le livre, et d'en ouvrir les sceaux; car tu as été immolé, et tu as racheté pour Dieu par ton sang des hommes de toute tribu, de toute langue, de

10 tout peuple, et de toute nation; tu as fait d'eux un royaume et des sacrificateurs pour notre Dieu, et ils régneront sur la terre.

11 Je regardai, et j'entendis la voix de beaucoup d'anges autour du trône et des êtres vivants et des vieillards, et leur nombre était des myriades de myriades et des milliers de milliers. Ils disaient d'une voix forte:

12 L'agneau qui a été immolé est digne de recevoir la puissance, la richesse, la sagesse, la force, l'honneur, la gloire, et la louange.

13 Et toutes les créatures qui sont dans le ciel, sur la terre, sous la terre, sur la mer, et tout ce qui s'y trouve, je les entendis qui disaient: A celui qui est assis sur le trône, et à l'agneau, soient la louange, l'honneur, la gloire, et la force, aux siècles des siècles!

14 Et les quatre êtres vivants disaient: Amen!

Et les vieillards se prosternèrent et adorèrent.

Ouverture des six premiers sceaux.

6 Je regardai, quand l'agneau ouvrit un des sept sceaux, et j'entendis l'un des quatre êtres vivants qui disait comme d'une voix de tonnerre:

2 Viens. Je regardai, et voici, parut un cheval blanc. Celui qui le montait avait un arc; une couronne lui fut donnée, et il partit en vainqueur et pour vaincre.

3 Quand il ouvrit le second sceau, j'entendis le second être vivant qui

4 disait: Viens. Et il sortit un autre cheval roux. Celui qui le montait reçut le pouvoir d'enlever la paix de la terre, afin que les hommes s'égorgeassent les uns les autres; et une grande épée lui fut donnée.

5 Quand il ouvrit le troisième sceau, j'entendis le troisième être vivant qui disait: Viens. Je regardai, et voici, parut un cheval noir. Celui qui le

6 montait tenait une balance dans sa main. Et j'entendis au milieu des quatre êtres vivants une voix qui disait: Une mesure de blé pour un denier, et trois mesures d'orge pour un denier; mais ne fais point de mal à l'huile et au vin.

7 Quand il ouvrit le quatrième sceau, j'entendis la voix du quatrième être

8 vivant qui disait: Viens. Je re-

gardai, et voici, parut un cheval d'une couleur pâle. Celui qui le montait se nommait la mort, et le séjour des morts l'accompagnait. Le pouvoir leur fut donné sur le quart de la terre, pour faire périr les hommes par l'épée, par la famine, par la mortalité, et par les bêtes sauvages de la terre.

9 Quand il ouvrit le cinquième sceau, je vis sous l'autel les âmes de ceux qui avaient été immolés à cause de la parole de Dieu et à cause du té-
10 moignage qu'ils avaient rendu. Ils crièrent d'une voix forte, en disant : Jusques à quand, Maître saint et véritable, tardes-tu à juger, et à tirer vengeance de notre sang sur les habi-
11 tants de la terre ? Une robe blanche fut donnée à chacun d'eux ; et il leur fut dit de se tenir en repos quelque temps encore, jusqu'à ce que fût complet le nombre de leurs compagnons de service et de leurs frères qui devaient être mis à mort comme eux.

12 Je regardai, quand il ouvrit le sixième sceau ; et il y eut un grand tremblement de terre, le soleil devint noir comme un sac de crin, la lune entière devint comme du sang,
13 et les étoiles du ciel tombèrent sur la terre, comme lorsqu'un figuier secoué par un vent violent jette ses
14 figues vertes. Le ciel se retira comme un livre qu'on roule ; et toutes les montagnes et les îles furent remuées
15 de leurs places. Les rois de la terre, les grands, les chefs militaires, les riches, les puissants, tous les esclaves et les hommes libres, se cachèrent dans les cavernes et dans les rochers
16 des montagnes. Et ils disaient aux montagnes et aux rochers : Tombez sur nous, et cachez-nous devant la face de celui qui est assis sur le trône, et devant la colère de l'a-
17 gneau ; car le grand jour de sa colère est venu ; et qui peut subsister ?

Les serviteurs de Dieu, les saints et les martyrs.

7 Après cela, je vis quatre anges debout aux quatre coins de la terre ; ils retenaient les quatre vents de la terre, afin qu'il ne soufflât point de vent sur la terre, ni sur la mer, ni sur aucun arbre. Et je vis un autre 2 ange, qui montait du côté du soleil levant, et qui tenait le sceau du Dieu vivant ; il cria d'une voix forte aux quatre anges à qui il avait été donné de faire du mal à la terre et à la mer, et il dit : Ne faites point 3 de mal à la terre, ni à la mer, ni aux arbres, jusqu'à ce que nous ayons marqué du sceau le front des serviteurs de notre Dieu. Et j'entendis 4 le nombre de ceux qui avaient été marqués du sceau, cent quarante-quatre mille, de toutes les tribus des fils d'Israël : de la tribu de Juda, 5 douze mille marqués du sceau ; de la tribu de Ruben, douze mille ; de la tribu de Gad, douze mille ; de la 6 tribu d'Aser, douze mille ; de la tribu de Nephthali, douze mille ; de la tribu de Manassé, douze mille ; de 7 la tribu de Siméon, douze mille ; de la tribu de Lévi, douze mille ; de la tribu d'Issacar, douze mille ; de la 8 tribu de Zabulon, douze mille ; de la tribu de Joseph, douze mille ; de la tribu de Benjamin, douze mille, marqués du sceau.

Après cela, je regardai, et voici, il 9 y avait une grande foule, que personne ne pouvait compter, de toute nation, de toute tribu, de tout peuple, et de toute langue. Ils se tenaient devant le trône et devant l'agneau, revêtus de robes blanches, et des palmes dans leurs mains. Et ils 10 criaient d'une voix forte, en disant : Le salut est à notre Dieu qui est assis sur le trône, et à l'agneau. Et 11 tous les anges se tenaient autour du trône et des vieillards et des quatre êtres vivants ; et ils se prosternèrent sur leurs faces devant le trône, et ils adorèrent Dieu, en disant : Amen ! 12 La louange, la gloire, la sagesse, l'action de grâces, l'honneur, la puissance, et la force, soient à notre Dieu, aux siècles des siècles ! Amen.

Et l'un des vieillards prit la parole 13 et me dit : Ceux qui sont revêtus de robes blanches, qui sont-ils, et d'où sont-ils venus ? Je lui dis : Mon sei- 14 gneur, tu le sais. Et il me dit : Ce sont ceux qui viennent de la grande tribulation ; ils ont lavé leurs robes, et ils les ont blanchies dans le sang de l'agneau.

15 C'est pour cela qu'ils sont devant le trône de Dieu, et le servent jour et nuit dans son temple. Celui qui est assis sur le trône dressera sa tente

16 sur eux ; ils n'auront plus faim, ils n'auront plus soif, et le soleil ne les frappera point, ni aucune chaleur.

17 Car l'agneau qui est au milieu du trône les paîtra et les conduira aux sources des eaux de la vie, et Dieu essuiera toute larme de leurs yeux.

Ouverture du septième sceau. Sept anges avec sept trompettes. Les six premières trompettes.

8 Quand il ouvrit le septième sceau, il y eut dans le ciel un silence d'environ une demi-heure.

2 Et je vis les sept anges qui se tiennent devant Dieu, et sept trompettes leur furent données.

3 Et un autre ange vint, et il se tint sur l'autel, ayant un encensoir d'or ; on lui donna beaucoup de parfums, afin qu'il les offrît, avec les prières de tous les saints, sur l'autel d'or

4 qui est devant le trône. La fumée des parfums monta, avec les prières des saints, de la main de l'ange de-

5 vant Dieu. Et l'ange prit l'encensoir, le remplit du feu de l'autel, et le jeta sur la terre. Et il y eut des voix, des tonnerres, des éclairs, et un tremblement de terre.

6 Et les sept anges qui avaient les sept trompettes se préparèrent à en sonner.

7 Le premier sonna de la trompette. Et il y eut de la grêle et du feu mêlés de sang, qui furent jetés sur la terre ; et le tiers de la terre fut brûlé, et le tiers des arbres fut brûlé, et toute herbe verte fut brûlée.

8 Le second ange sonna de la trompette. Et quelque chose comme une grande montagne embrasée par le feu fut jeté dans la mer ; et le tiers

9 de la mer devint du sang, et le tiers des créatures qui étaient dans la mer et qui avaient vie mourut, et le tiers des navires périt.

Le troisième ange sonna de la 10 trompette. Et il tomba du ciel une grande étoile ardente comme un flambeau ; et elle tomba sur le tiers des fleuves et sur les sources des eaux. Le nom de cette étoile est 11 Absinthe ; et le tiers des eaux fut changé en absinthe, et beaucoup d'hommes moururent par les eaux, parce qu'elles étaient devenues a-mères.

Le quatrième ange sonna de la 12 trompette. Et le tiers du soleil fut frappé, et le tiers de la lune, et le tiers des étoiles, afin que le tiers en fût obscurci, et que le jour perdît un tiers de sa clarté, et la nuit de même.

Je regardai, et j'entendis un aigle 13 qui volait par le milieu du ciel, disant d'une voix forte : Malheur, malheur, malheur aux habitants de la terre, à cause des autres sons de la trompette des trois anges qui vont sonner !

Le cinquième ange sonna de la **9** trompette. Et je vis une étoile qui était tombée du ciel sur la terre. La clef du puits de l'abîme lui fut donnée, et elle ouvrit le puits de l'abîme. 2 Et il monta du puits une fumée, comme la fumée d'une grande fournaise ; et le soleil et l'air furent obscurcis par la fumée du puits. De 3 la fumée sortirent des sauterelles, qui se répandirent sur la terre ; et il leur fut donné un pouvoir comme le pouvoir qu'ont les scorpions de la terre. Il leur fut dit de ne point 4 faire de mal à l'herbe de la terre, ni à aucune verdure, ni à aucun arbre, mais seulement aux hommes qui n'avaient pas le sceau de Dieu sur le front. Il leur fut donné, non de les 5 tuer, mais de les tourmenter pendant cinq mois ; et le tourment qu'elles causaient était comme le tourment que cause le scorpion, quand il pique un homme. En ces jours-là, les 6 hommes chercheront la mort, et ils ne la trouveront pas ; ils désireront de mourir, et la mort fuira loin d'eux. Ces sauterelles ressemblaient à des 7 chevaux préparés pour le combat ; il y avait sur leurs têtes commes des couronnes semblables à de l'or, et

leurs visages étaient comme des visages d'hommes. Elles avaient 8 des cheveux comme des cheveux de femmes, et leurs dents étaient comme des dents de lions. Elles avaient 9 des cuirasses comme des cuirasses de fer, et le bruit de leurs ailes était comme un bruit de chars à plusieurs chevaux qui courent au combat.

10 Elles avaient des queues semblables à des scorpions et des aiguillons, et c'est dans leurs queues qu'était le pouvoir de faire du mal aux hommes 11 pendant cinq mois. Elles avaient sur elles comme roi l'ange de l'abîme, nommé en hébreu Abaddon, et en grec Apollyon.

12 Le premier malheur est passé. Voici il vient encore deux malheurs après cela.

13 Le sixième ange sonna de la trompette. Et j'entendis une voix venant des quatre cornes de l'autel d'or qui est 14 devant Dieu, et disant au sixième ange qui avait la trompette : Délie les quatre anges qui sont liés sur le 15 grand fleuve d'Euphrate. Et les quatre anges qui étaient prêts pour l'heure, le jour, le mois et l'année, furent déliés afin qu'ils tuassent le 16 tiers des hommes. Le nombre des cavaliers de l'armée était de deux myriades de myriades : j'en entendis 17 le nombre. Et ainsi je vis les chevaux dans la vision, et ceux qui les montaient, ayant des cuirasses couleur de feu, d'hyacinthe, et de soufre. Les têtes des chevaux étaient comme des têtes de lions ; et de leurs bouches il sortait du feu, 18 de la fumée, et du soufre. Le tiers des hommes fut tué par ces trois fléaux, par le feu, par la fumée, et par le soufre, qui sortaient de leurs 19 bouches. Car le pouvoir des chevaux était dans leurs bouches et dans leurs queues ; leurs queues étaient semblables à des serpents ayant des têtes, et c'est avec elles 20 qu'ils faisaient du mal. Les autres hommes qui ne furent pas tués par ces fléaux ne se repentirent pas des œuvres de leurs mains, de manière à ne point adorer les démons, et les idoles d'or, d'argent, d'airain, de pierre et de bois, qui ne peuvent ni voir, ni entendre, ni marcher ; et ils 21 ne se repentirent pas de leurs meurtres, ni de leurs enchantements, ni de leur impudicité ni de leurs vols.

Avant le son de la septième trompette : un livre apporté du ciel par un ange ; les deux témoins.

10 Je vis un autre ange puissant, qui descendait du ciel, enveloppé d'une nuée ; au-dessus de sa tête était l'arc-en-ciel, et son visage était comme le soleil, et ses pieds comme des colonnes de feu. Il tenait dans 2 sa main un petit livre ouvert. Il posa son pied droit sur la mer, et son pied gauche sur la terre ; et il 3 cria d'une voix forte, comme rugit un lion. Quand il cria, les sept tonnerres firent entendre leurs voix. Et quand les sept tonnerres eurent 4 fait entendre leurs voix, j'allais écrire ; et j'entendis du ciel une voix qui disait : Scelle ce qu'ont dit les sept tonnerres, et ne l'écris pas. Et 5 l'ange, que je voyais debout sur la mer et sur la terre, leva sa main droite vers le ciel, et jura par celui 6 qui vit aux siècles des siècles, qui a créé le ciel et les choses qui y sont, là terre et les choses qui y sont, et la mer et les choses qui y sont, qu'il n'y aurait plus de temps, mais 7 qu'aux jours de la voix du septième ange, quand il sonnerait de la trompette, le mystère de Dieu s'accomplirait, comme il l'a annoncé à ses serviteurs, les prophètes.

Et la voix, que j'avais entendue du 8 ciel, me parla de nouveau, et dit : Va, prends le petit livre ouvert dans la main de l'ange qui se tient debout sur la mer et sur la terre. Et j'allai 9 vers l'ange, en lui disant de me donner le petit livre. Et il me dit : Prends-le, et avale-le ; il sera amer à tes entrailles, mais dans ta bouche il sera doux comme du miel. Je pris 10 le petit livre de la main de l'ange, et je l'avalai ; il fut dans ma bouche doux comme du miel, mais quand je l'eus avalé, mes entrailles furent remplies d'amertume. Puis on me 11 dit : Il faut que tu prophétises de nouveau sur beaucoup de peuples, de nations, de langues, et de rois.

11 On me donna un roseau semblable à une verge, en disant : Lève-toi, et mesure le temple de Dieu, l'autel, 2 et ceux qui y adorent. Mais le parvis extérieur du temple, laisse-le en dehors, et ne le mesure pas ; car il a été donné aux nations, et elles fouleront aux pieds la ville sainte pendant quarante-deux mois.

3 Je donnerai à mes deux témoins le pouvoir de prophétiser, revêtus de sacs, pendant mille deux cent 4 soixante jours. Ce sont les deux oliviers et les deux chandeliers qui se tiennent devant le Seigneur de la 5 terre. Si quelqu'un veut leur faire du mal, du feu sort de leur bouche et dévore leurs ennemis ; et si quelqu'un veut leur faire du mal, il faut qu'il 6 soit tué de cette manière. Ils ont le pouvoir de fermer le ciel, afin qu'il ne tombe point de pluie pendant les jours de leur prophétie ; et ils ont le pouvoir de changer les eaux en sang, et de frapper la terre de toute espèce de plaie, chaque fois qu'ils le voudront.

7 Quand ils auront achevé leur témoignage, la bête qui monte de l'abîme leur fera la guerre, les 8 vaincra, et les tuera. Et leurs cadavres seront sur la place de la grande ville, qui est appelée, dans un sens spirituel, Sodome et Égypte, là même où leur Seigneur a été crucifié. 9 Des hommes d'entre les peuples, les tribus, les langues, et les nations, verront leurs cadavres pendant trois jours et demi, et ils ne permettront pas que leurs cadavres soient mis 10 dans un sépulcre. Et à cause d'eux les habitants de la terre se réjouiront et seront dans l'allégresse, et ils s'enverront des présents les uns aux autres, parce que ces deux prophètes ont tourmenté les habitants de la terre.

11 Après les trois jours et demi, un esprit de vie, venant de Dieu, entra en eux, et ils se tinrent sur leurs pieds ; et une grande crainte s'empara 12 de ceux qui les voyaient. Et ils entendirent du ciel une voix qui leur disait : Montez ici ! Et ils montèrent au ciel dans la nuée ; et leurs ennemis les virent. A cette heure-là, il y eut 13 un grand tremblement de terre, et la dixième partie de la ville tomba ; sept mille hommes furent tués dans ce tremblement de terre, et les autres furent effrayés et donnèrent gloire au Dieu du ciel.

Le second malheur est passé. 14 Voici, le troisième malheur vient bientôt.

La septième trompette.

Le septième ange sonna de la 15 trompette. Et il y eut dans le ciel de fortes voix qui disaient : Le royaume du monde est remis à notre Seigneur et à son Christ ; et il régnera aux siècles des siècles.

Et les vingt-quatre vieillards, qui 16 étaient assis devant Dieu sur leurs trônes, se prosternèrent sur leurs faces, et ils adorèrent Dieu, en disant : 17 Nous te rendons grâces, Seigneur Dieu tout-puissant, qui es, et qui étais, de ce que tu as saisi ta grande puissance et pris possession de ton règne. Les nations se sont irritées ; 18 et ta colère est venue, et le temps est venu de juger les morts, de récompenser tes serviteurs les prophètes, les saints et ceux qui craignent ton nom, les petits et les grands, et de détruire ceux qui détruisent la terre.

Et le temple de Dieu dans le ciel 19 fut ouvert, et l'arche de son alliance apparut dans son temple. Et il y eut des éclairs, des voix, des tonnerres, un tremblement de terre, et une forte grêle.

La femme et le dragon.

Un grand signe parut dans le **12** ciel : une femme enveloppée du soleil, la lune sous ses pieds, et une couronne de douze étoiles sur sa tête. Elle était enceinte, et elle criait, étant 2 en travail et dans les douleurs de l'enfantement.

Un autre signe parut encore dans 3 le ciel ; et voici, c'était un grand dragon rouge, ayant sept têtes et dix cornes, et sur ses têtes sept diadèmes.

4 Sa queue entraînait le tiers des étoiles du ciel, et les jetait sur la terre.

Le dragon se tint devant la femme qui allait enfanter, afin de dévorer son enfant, lorsqu'elle aurait enfanté. 5 Elle enfanta un fils, qui doit paître toutes les nations avec une verge de fer. Et son enfant fut enlevé vers 6 Dieu et vers son trône. Et la femme s'enfuit dans le désert, où elle avait un lieu préparé par Dieu, afin qu'elle y fût nourrie pendant mille deux cent soixante jours.

7 Et il y eut guerre dans le ciel. Michel et ses anges combattirent contre le dragon. Et le dragon et 8 ses anges combattirent, mais ils ne furent pas les plus forts, et leur place 9 ne fut plus trouvée dans le ciel. Et il fut précipité, le grand dragon, le serpent ancien, appelé le diable et Satan, celui qui séduit toute la terre, il fut précipité sur la terre, et ses anges furent précipités avec lui.

10 Et j'entendis dans le ciel une voix forte qui disait : Maintenant le salut est arrivé, et la puissance, et le règne de notre Dieu, et l'autorité de son Christ ; car il a été précipité, l'accusateur de nos frères, celui qui les accusait devant notre Dieu jour et 11 nuit. Ils l'ont vaincu à cause du sang de l'agneau et à cause de la parole de leur témoignage, et ils n'ont pas aimé leur vie jusqu'à 12 craindre la mort. C'est pourquoi réjouissez-vous, cieux, et vous qui habitez dans les cieux. Malheur à la terre et à la mer ! car le diable est descendu vers vous, animé d'une grande colère, sachant qu'il a peu de temps.

13 Quand le dragon vit qu'il avait été précipité sur la terre, il poursuivit la femme qui avait enfanté l'enfant 14 mâle. Et les deux ailes du grand aigle furent données à la femme, afin qu'elle s'envolât au désert, vers son lieu, où elle est nourrie un temps, des temps, et la moitié d'un temps, 15 loin de la face du serpent. Et, de sa bouche, le serpent lança de l'eau comme un fleuve derrière la femme, 16 afin de l'entraîner par le fleuve. Et la terre secourut la femme, et la terre ouvrit sa bouche et engloutit le fleuve que le dragon avait lancé de sa bouche. Et le dragon fut irrité contre 17 la femme, et il s'en alla faire la guerre aux restes de sa postérité, à ceux qui gardent les commandements de Dieu et qui ont le témoignage de Jésus. Et il se tint sur le sable de la mer. 18

La bête qui monte de la mer.

Puis je vis monter de la mer une **13** bête qui avait dix cornes et sept têtes, et sur ses cornes dix diadèmes, et sur ses têtes des noms de blasphème.

La bête que je vis était semblable 2 à un léopard ; ses pieds étaient comme ceux d'un ours, et sa gueule comme une gueule de lion. Le dragon lui donna sa puissance, et son trône, et une grande autorité. Et je vis l'une 3 de ses têtes comme blessée à mort ; mais sa blessure mortelle fut guérie. Et toute la terre était dans l'admiration derrière la bête. Et ils 4 adorèrent le dragon, parce qu'il avait donné l'autorité à la bête ; et ils adorèrent la bête, en disant : Qui est semblable à la bête, et qui peut combattre contre elle ? Et il lui fut 5 donné une bouche qui proférait des paroles arrogantes et des blasphèmes ; et il lui fut donné le pouvoir d'agir pendant quarante-deux mois. Et 6 elle ouvrit sa bouche pour proférer des blasphèmes contre Dieu, pour blasphémer son nom, et son tabernacle, et ceux qui habitent dans le ciel. Et il lui fut donné de faire la 7 guerre aux saints, et de les vaincre. Et il lui fut donné autorité sur toute tribu, tout peuple, toute langue, et toute nation. Et tous les habitants 8 de la terre l'adoreront, ceux dont le nom n'a pas été écrit dès la fondation du monde dans le livre de vie de l'agneau qui a été immolé.

Si quelqu'un a des oreilles, qu'il 9 entende. Si quelqu'un mène en 10 captivité, il ira en captivité ; si quelqu'un tue par l'épée, il faut qu'il soit tué par l'épée. C'est ici la persévérance et la foi des saints.

La bête qui monte de la terre.

Puis je vis monter de la terre une 11

autre bête, qui avait deux cornes semblables à celles d'un agneau, et qui parlait comme un dragon.

12 Elle exerçait toute l'autorité de la première bête en sa présence, et elle faisait que la terre et ses habitants adoraient la première bête, dont la blessure mortelle avait été guérie.

13 Elle opérait de grands prodiges, même jusqu'à faire descendre du feu du ciel sur la terre, à la vue des

14 hommes. Et elle séduisait les habitants de la terre par les prodiges qu'il lui était donné d'opérer en présence de la bête, disant aux habitants de la terre de faire une image à la bête qui avait la blessure

15 de l'épée et qui vivait. Et il lui fut donné d'animer l'image de la bête, afin que l'image de la bête parlât, et qu'elle fît que tous ceux qui n'a-doreraient pas l'image de la bête

16 fussent tués. Et elle fit que tous, petits et grands, riches et pauvres, libres et esclaves, reçussent une marque sur leur main droite ou sur

17 leur front, et que personne ne pût acheter ni vendre, sans avoir la marque, le nom de la bête ou le nombre de son nom.

18 C'est ici la sagesse. Que celui qui a de l'intelligence calcule le nombre de la bête. Car c'est un nombre d'homme, et son nombre est six cent soixante-six.

L'agneau et ses rachetés sur la montagne de Sion.

14 Je regardai, et voici, l'agneau se tenait sur la montagne de Sion, et avec lui cent quarante-quatre mille personnes, qui avaient son nom et le nom de son Père écrits sur leurs

2 fronts. Et j'entendis du ciel une voix, comme un bruit de grosses eaux, comme le bruit d'un grand tonnerre ; et la voix que j'entendis était comme celle de joueurs de

3 harpes jouant de leurs harpes. Et ils chantent un cantique nouveau devant le trône, et devant les quatre êtres vivants et les vieillards. Et personne ne pouvait apprendre le cantique, si ce n'est les cent quarante-quatre mille, qui avaient été rachetés

de la terre. Ce sont ceux qui ne se 4 sont pas souillés avec des femmes, car ils sont vierges ; ils suivent l'agneau partout où il va. Ils ont été rachetés d'entre les hommes, comme des prémices pour Dieu et pour l'agneau ; et dans leur bouche 5 il ne s'est point trouvé de mensonge, car ils sont irréprehensibles.

Trois anges proclamant les jugements de Dieu.

Je vis un autre ange qui volait par 6 le milieu du ciel, ayant un Évangile éternel, pour l'annoncer aux habitants de la terre, à toute nation, à toute tribu, à toute langue, et à tout peuple. Il disait d'une voix forte : Craignez 7 Dieu, et donnez-lui gloire, car l'heure de son jugement est venue ; et adorez celui qui a fait le ciel, et la terre, et la mer, et les sources d'eaux.

Et un autre, un second ange suivit, 8 en disant : Elle est tombée, elle est tombée, Babylone la grande, qui a abreuvé toutes les nations du vin de la fureur de son impudicité !

Et un autre, un troisième ange les 9 suivit, en disant d'une voix forte : Si quelqu'un adore la bête et son image, et reçoit une marque sur son front ou sur sa main, il boira, lui aussi, du 10 vin de la fureur de Dieu, versé sans mélange dans la coupe de sa colère, et il sera tourmenté dans le feu et le soufre, devant les saints anges et devant l'agneau. Et la fumée de 11 leur tourment monte aux siècles des siècles ; et ils n'ont de repos ni jour ni nuit, ceux qui adorent la bête et son image, et quiconque reçoit la marque de son nom.

C'est ici la persévérance des saints, 12 qui gardent les commandements de Dieu et la foi de Jésus.

Et j'entendis du ciel une voix qui 13 disait : Écris : Heureux dès à présent les morts qui meurent dans le Seigneur ! Oui, dit l'Esprit, afin qu'ils se reposent de leurs travaux, car leurs œuvres les suivent.

La moisson et la vendange.

Je regardai, et voici, il y avait une 14 nuée blanche, et sur la nuée était assis quelqu'un qui ressemblait à un fils d'homme, ayant sur sa tête une couronne d'or, et dans sa main une 15 faucille tranchante. Et un autre ange sortit du temple, criant d'une voix forte à celui qui était assis sur la nuée : Lance ta faucille, et moissonne ; car l'heure de moissonner est venue, car la moisson de la terre est 16 mûre. Et celui qui était assis sur la nuée jeta sa faucille sur la terre. Et la terre fut moissonnée.

17 Et un autre ange sortit du temple qui est dans le ciel, ayant, lui aussi, 18 une faucille tranchante. Et un autre ange, qui avait autorité sur le feu, sortit de l'autel, et s'adressa d'une voix forte à celui qui avait la faucille tranchante, disant : Lance ta faucille tranchante, et vendange les grappes de la vigne de la terre ; car les raisins de la terre sont mûrs. 19 Et l'ange jeta sa faucille sur la terre. Et il vendangea la vigne de la terre, et jeta la vendange dans la grande 20 cuve de la colère de Dieu. Et la cuve fut foulée hors de la ville ; et du sang sortit de la cuve, jusqu'aux mors des chevaux, sur une étendue de mille six cents stades.

Sept anges et sept coupes, soit les sept derniers fléaux.

15 Puis je vis dans le ciel un autre signe, grand et admirable : sept anges, qui tenaient sept fléaux, les derniers, car par eux s'accomplit la colère de Dieu. 2 Et je vis comme une mer de verre, mêlée de feu, et ceux qui avaient vaincu la bête, et son image, et le nombre de son nom, debout sur la mer de verre, ayant des harpes de 3 Dieu. Et ils chantent le cantique de Moïse, le serviteur de Dieu, et le cantique de l'agneau, en disant : Tes œuvres sont grandes et admirables, Seigneur Dieu tout-puissant ! Tes voies sont justes et véritables, roi 4 des nations ! Qui ne craindrait, Seigneur, et ne glorifierait ton nom ? Car seul tu es saint. Et toutes les nations viendront, et se prosterneront devant toi, parce que tes jugements ont été manifestés.

Après cela, je regardai, et le temple 5 du tabernacle du témoignage fut ouvert dans le ciel. Et les sept 6 anges qui tenaient les sept fléaux sortirent du temple, revêtus d'un lin pur, éclatant, et ayant des ceintures d'or autour de la poitrine. Et l'un 7 des quatre êtres vivants donna aux sept anges sept coupes d'or, pleines de la colère du Dieu qui vit aux siècles des siècles. Et le temple fut 8 rempli de fumée, à cause de la gloire de Dieu et de sa puissance ; et personne ne pouvait entrer dans le temple, jusqu'à ce que les sept fléaux des sept anges fussent accomplis.

Et j'entendis une voix forte qui **16** venait du temple, et qui disait aux sept anges : Allez, et versez sur la terre les sept coupes de la colère de Dieu.

Le premier alla, et il versa sa coupe 2 sur la terre. Et un ulcère malin et douloureux frappa les hommes qui avaient la marque de la bête et qui adoraient son image.

Le second versa sa coupe dans la 3 mer. Et elle devint du sang, comme celui d'un mort ; et tout être vivant mourut, tout ce qui était dans la mer.

Le troisième versa sa coupe dans 4 les fleuves et dans les sources d'eaux. Et ils devinrent du sang. Et j'entendis l'ange des eaux qui disait : 5 Tu es juste, toi qui es, et qui étais ; tu es saint, parce que tu as exercé ce jugement. Car ils ont versé le sang 6 des saints et des prophètes, et tu leur as donné du sang à boire : ils en sont dignes. Et j'entendis l'autel 7 qui disait : Oui, Seigneur Dieu tout-puissant, tes jugements sont véritables et justes.

Le quatrième versa sa coupe sur 8 le soleil. Et il lui fut donné de brûler les hommes par le feu ; et les 9 hommes furent brûlés par une grande chaleur, et ils blasphémèrent le nom du Dieu qui a l'autorité sur ces fléaux, et ils ne se repentirent pas pour lui donner gloire.

Le cinquième versa sa coupe sur 10 le trône de la bête. Et son royaume

fut couvert de ténèbres ; et les hommes se mordaient la langue de dou-
11 leur, et ils blasphémèrent le Dieu du ciel, à cause de leurs douleurs et de leurs ulcères, et ils ne se repentirent pas de leurs œuvres.

12 Le sixième versa sa coupe sur le grand fleuve, l'Euphrate. Et son eau tarit, afin que le chemin des rois
13 venant de l'Orient fût préparé. Et je vis sortir de la bouche du dragon, et de la bouche de la bête, et de la bouche du faux prophète, trois esprits impurs, semblables à des grenouilles.
14 Car ce sont des esprits de démons, qui font des prodiges, et qui vont vers les rois de toute la terre, afin de les rassembler pour le combat du grand jour du Dieu tout-puissant.—
15 Voici, je viens comme un voleur. Heureux celui qui veille, et qui garde ses vêtements, afin qu'il ne marche pas nu et qu'on ne voie pas sa honte !
16 —Ils les rassemblèrent dans le lieu appelé en hébreu Harmaguédon.

17 Le septième versa sa coupe dans l'air. Et il sortit du temple, du trône, une voix forte qui disait : C'en est
18 fait ! Et il y eut des éclairs, des voix, des tonnerres, et un grand tremblement de terre, tel qu'il n'y avait jamais eu depuis que l'homme est sur la terre un aussi grand trem-
19 blement. Et la grande ville fut divisée en trois parties, et les villes des nations tombèrent, et Dieu se souvint de Babylone la grande, pour lui donner la coupe du vin de son
20 ardente colère. Et toutes les îles s'enfuirent, et les montagnes ne
21 furent pas retrouvées. Et une grosse grêle, dont les grêlons pesaient un talent, tomba du ciel sur les hommes ; et les hommes blasphémèrent Dieu, à cause du fléau de la grêle, parce que ce fléau était très grand.

Chute de Babylone.

17 Puis un des sept anges qui tenaient les sept coupes vint, et il m'adressa la parole, en disant : Viens, je te montrerai le jugement de la grande prostituée qui est assise sur
2 les grandes eaux. C'est avec elle que les rois de la terre se sont livrés à l'impudicité, et c'est du vin de son impudicité que les habitants de la terre se sont enivrés.

Et il me transporta en esprit dans 3 un désert.

Et je vis une femme assise sur une bête écarlate, pleine de noms de blasphème, ayant sept têtes et dix cornes. Cette femme était vêtue de 4 pourpre et d'écarlate, et parée d'or, de pierres précieuses et de perles. Elle tenait dans sa main une coupe d'or, remplie d'abominations et des impuretés de sa prostitution. Sur 5 son front était écrit un nom, un mystère : Babylone la grande, la mère des impudiques et des abominations de la terre. Et je vis cette 6 femme ivre du sang des saints et du sang des témoins de Jésus. Et, en la voyant, je fus saisi d'un grand étonnement.

Et l'ange me dit : Pourquoi t'éton- 7 nes-tu ? Je te dirai le mystère de la femme et de la bête qui la porte, qui a les sept têtes et les dix cornes.

La bête que tu as vue était, et 8 elle n'est plus. Elle doit monter de l'abîme, et aller à la perdition. Et les habitants de la terre, ceux dont le nom n'a pas été écrit dès la fondation du monde dans le livre de vie, s'étonneront en voyant la bête, parce qu'elle était, et qu'elle n'est plus, et qu'elle reparaîtra.—C'est ici 9 l'intelligence qui a de la sagesse.— Les sept têtes sont sept montagnes, sur lesquelles la femme est assise. Ce sont aussi sept rois : cinq sont 10 tombés, un existe, l'autre n'est pas encore venu, et quand il sera venu, il doit rester peu de temps. Et la 11 bête qui était, et qui n'est plus, est elle-même un huitième roi, et elle est du nombre des sept, et elle va à la perdition. Les dix cornes que tu 12 as vues sont dix rois, qui n'ont pas encore reçu de royaume, mais qui reçoivent autorité comme rois pendant une heure avec la bête. Ils ont 13 un même dessein, et ils donnent leur puissance et leur autorité à la bête. Ils combattront contre l'agneau, et 14 l'agneau les vaincra, parce qu'il est le Seigneur des seigneurs et le Roi des rois, et les appelés, les élus et les fidèles qui sont avec lui les vain 15 cront aussi. Et il me dit: Les eaux que tu as vues, sur lesquelles la prostituée est assise, ce sont des peuples, des foules, des nations, et des 16 langues. Les dix cornes que tu as vues et la bête haïront la prostituée, la dépouilleront et la mettront à nu, mangeront ses chairs, et la consu- 17 meront par le feu. Car Dieu a mis dans leurs cœurs d'exécuter son dessein et d'exécuter un même dessein, et de donner leur royauté à la bête, jusqu'à ce que les paroles de Dieu 18 soient accomplies. Et la femme que tu as vue, c'est la grande ville qui a la royauté sur les rois de la terre.

18 Après cela, je vis descendre du ciel un autre ange, qui avait une grande autorité; et la terre fut éclairée 2 de sa gloire. Il cria d'une voix forte, disant: Elle est tombée, elle est tombée, Babylone la grande! Elle est devenue une habitation de démons, un repaire de tout esprit impur, un repaire de tout oiseau impur et odieux, 3 parce que toutes les nations ont bu du vin de la fureur de son impudicité, et que les rois de la terre se sont livrés avec elle à l'impudicité, et que les marchands de la terre se sont enrichis par la puissance de son luxe. 4 Et j'entendis du ciel une autre voix qui disait: Sortez du milieu d'elle, mon peuple, afin que vous ne participiez point à ses péchés, et que vous n'ayez point de part à ses 5 fléaux. Car ses péchés se sont accumulés jusqu'au ciel, et Dieu s'est 6 souvenu de ses iniquités. Payez-la comme elle a payé, et rendez-lui au double selon ses œuvres. Dans la coupe où elle a versé, versez-lui au 7 double. Autant elle s'est glorifiée et plongée dans le luxe, autant donnez-lui de tourment et de deuil. Parce qu'elle dit en son cœur: Je suis assise en reine, je ne suis point veuve, 8 et je ne verrai point de deuil! à cause de cela, en un même jour, ses fléaux arriveront, la mort, le deuil et la famine, et elle sera consumée par le feu. Car il est puissant, le Seigneur Dieu qui l'a jugée.

9 Et tous les rois de la terre, qui se sont livrés avec elle à l'impudicité et au luxe, pleureront et se lamenteront à cause d'elle, quand ils verront la fumée de son embrasement. Se 10 tenant éloignés, dans la crainte de son tourment, ils diront: Malheur! malheur! La grande ville, Babylone, la ville puissante! En une seule heure est venu ton jugement!—Et 11 les marchands de la terre pleurent et sont dans le deuil à cause d'elle, parce que personne n'achète plus leur cargaison, cargaison d'or, d'ar- 12 gent, de pierres précieuses, de perles, de fin lin, de pourpre, de soie, d'écarlate, de toute espèce de bois de senteur, de toute espèce d'objets d'ivoire, de toute espèce d'objets en bois très précieux, en airain, en fer et en marbre, de cinnamome, d'aro- 13 mates, de parfums, de myrrhe, d'encens, de vin, d'huile, de fine farine, de blé, de bœufs, de brebis, de chevaux, de chars, de corps et d'âmes d'hommes. Les fruits que désirait ton âme 14 sont allés loin de toi; et toutes les choses délicates et magnifiques sont perdues pour toi, et tu ne les trouveras plus. Les marchands de ces 15 choses, qui se sont enrichis par elle, se tiendront éloignés, dans la crainte de son tourment; ils pleureront et seront dans le deuil, et diront: Mal- 16 heur! malheur! La grande ville, qui était vêtue de fin lin, de pourpre et d'écarlate, et parée d'or, de pierres précieuses et de perles! En une seule heure tant de richesses ont été détruites!—Et tous les pilotes, tous 17 ceux qui naviguent vers ce lieu, les marins, et tous ceux qui exploitent la mer, se tenaient éloignés, et ils 18 s'écriaient, en voyant la fumée de son embrasement: Quelle ville était semblable à la grande ville? Et ils 19 jetaient de la poussière sur leurs têtes, ils pleuraient et ils étaient dans le deuil, et ils criaient et disaient: Malheur! malheur! La grande ville, où se sont enrichis par son opulence tous ceux qui ont des navires sur la mer, en une seule heure elle a été détruite!

Ciel, réjouis-toi sur elle! Et vous, 20

les saints, les apôtres, et les prophètes, réjouissez-vous aussi ! Car Dieu vous a fait justice, en la jugeant.

21 Alors un ange puissant prit une pierre semblable à une grande meule, et il la jeta dans la mer, en disant : Ainsi sera précipitée avec violence Babylone, la grande ville, et elle ne

22 sera plus trouvée. Et l'on n'entendra plus chez toi les sons des joueurs de harpe, des musiciens, des joueurs de flûte et des joueurs de trompette, on ne trouvera plus chez toi aucun artisan d'un métier quelconque, on n'entendra plus chez toi le bruit de

23 la meule, la lumière de la lampe ne brillera plus chez toi, et la voix de l'époux et de l'épouse ne sera plus entendue chez toi,—parce que tes marchands étaient les grands de la terre, parce que toutes les nations ont été séduites par tes enchante-

24 ments, et parce qu'on a trouvé chez elle le sang des prophètes et des saints et de tous ceux qui ont été égorgés sur la terre.

19 Après cela, j'entendis dans le ciel comme une voix forte d'une foule nombreuse qui disait : Alléluia ! Le salut, la gloire, et la puissance

2 sont à notre Dieu, parce que ses jugements sont véritables et justes ; car il a jugé la grande prostituée qui corrompait la terre par son impudicité, et il a vengé le sang de ses serviteurs en le redemandant de sa

3 main. Et ils dirent une seconde fois : Alléluia !... Et sa fumée monte aux siècles des siècles.

4 Et les vingt-quatre vieillards et les quatre êtres vivants se prosternèrent et adorèrent Dieu assis sur le trône, en disant : Amen ! Alléluia !

5 Et une voix sortit du trône, disant : Louez notre Dieu, vous tous ses serviteurs, vous qui le craignez, petits et grands !

6 Et j'entendis comme une voix d'une foule nombreuse, comme un bruit de grosses eaux, et comme un bruit de forts tonnerres, disant : Alléluia ! Car le Seigneur notre Dieu tout-puissant est entré dans son règne.

7 Réjouissons-nous et soyons dans l'allégresse, et donnons-lui gloire ; car

les noces de l'agneau sont venues, et son épouse s'est préparée, et il lui a 8 été donné de se revêtir d'un fin lin, éclatant, pur.—Car le fin lin, ce sont les œuvres justes des saints.

Et l'ange me dit : Écris : Heureux 9 ceux qui sont appelés au festin de noces de l'agneau ! Et il me dit : Ces paroles sont les véritables paroles de Dieu. Et je tombai à ses pieds 10 pour l'adorer ; mais il me dit : Garde-toi de le faire ! Je suis ton compagnon de service, et celui de tes frères qui ont le témoignage de Jésus. Adore Dieu.—Car le témoignage de Jésus est l'esprit de la prophétie.

Victoire sur la bête et sur le faux prophète.

Puis je vis le ciel ouvert, et voici, 11 parut un cheval blanc. Celui qui le montait s'appelle Fidèle et Véritable, et il juge et combat avec justice. Ses yeux étaient comme une flamme 12 de feu ; sur sa tête étaient plusieurs diadèmes ; il avait un nom écrit, que personne ne connaît, si ce n'est lui-même ; et il était revêtu d'un vête- 13 ment teint de sang. Son nom est la Parole de Dieu. Les armées qui 14 sont dans le ciel le suivaient sur des chevaux blancs, revêtues d'un fin lin, blanc, pur. De sa bouche sortait 15 une épée aiguë, pour frapper les nations ; il les paîtra avec une verge de fer ; et il foulera la cuve du vin de l'ardente colère du Dieu tout-puissant. Il avait sur son vêtement 16 et sur sa cuisse un nom écrit : Roi des rois et Seigneur des seigneurs.

Et je vis un ange qui se tenait dans 17 le soleil. Et il cria d'une voix forte, disant à tous les oiseaux qui volaient par le milieu du ciel : Venez, rassemblez-vous pour le grand festin de Dieu, afin de manger la chair des 18 rois, la chair des chefs militaires, la chair des puissants, la chair des chevaux et de ceux qui les montent, la chair de tous, libres et esclaves, petits et grands.

Et je vis la bête, et les rois de la 19 terre, et leurs armées rassemblées pour faire la guerre à celui qui était assis sur le cheval et à son armée.

20 Et la bête fut prise, et avec elle le faux prophète, qui avait fait devant elle les prodiges par lesquels il avait séduit ceux qui avaient pris la marque de la bête et adoré son image. Ils furent tous les deux jetés vivants dans l'étang ardent de feu et de 21 soufre. Et les autres furent tués par l'épée qui sortait de la bouche de celui qui était assis sur le cheval; et tous les oiseaux se rassasièrent de leur chair.

Satan lié pour mille ans : règne des fidèles et de Christ.

20 Puis je vis descendre du ciel un ange, qui avait la clef de l'abîme et une grande chaîne dans sa main. 2 Il saisit le dragon, le serpent ancien, qui est le diable et Satan, et il le 3 lia pour mille ans. Il le jeta dans l'abîme, ferma et scella l'entrée au-dessus de lui, afin qu'il ne séduisit plus les nations, jusqu'à ce que les mille ans fussent accomplis. Après cela, il faut qu'il soit délié pour un peu de temps.

4 Et je vis des trônes; et à ceux qui s'y assirent fut donné le pouvoir de juger. Et je vis les âmes de ceux qui avaient été décapités à cause du témoignage de Jésus et à cause de la parole de Dieu, et de ceux qui n'avaient pas adoré la bête ni son image, et qui n'avaient pas reçu la marque sur leur front et sur leur main. Ils revinrent à la vie, et ils régnèrent avec Christ pendant mille 5 ans. Les autres morts ne revinrent point à la vie jusqu'à ce que les mille ans fussent accomplis. C'est 6 la première résurrection. Heureux et saints ceux qui ont part à la première résurrection! La seconde mort n'a point de pouvoir sur eux; mais ils seront sacrificateurs de Dieu et de Christ, et ils régneront avec lui pendant mille ans.

Satan délié, et vaincu pour toujours.

7 Quand les mille ans seront ac-complis, Satan sera relâché de sa 8 prison. Et il sortira pour séduire les nations qui sont aux quatre coins de la terre, Gog et Magog, afin de les rassembler pour la guerre; leur nombre est comme le sable de la mer.

Et ils montèrent sur la surface de 9 la terre, et ils investirent le camp des saints et la ville bien-aimée. Mais un feu descendit du ciel, et les dévora. Et le diable, qui les séduisait, fut jeté 10 dans l'étang de feu et de soufre, où sont la bête et le faux prophète. Et ils seront tourmentés jour et nuit, aux siècles des siècles.

Jugement dernier.

Puis je vis un grand trône blanc, et 11 celui qui était assis dessus. La terre et le ciel s'enfuirent devant sa face, et il ne fut plus trouvé de place pour eux. Et je vis les morts, les grands 12 et les petits, qui se tenaient devant le trône. Des livres furent ouverts. Et un autre livre fut ouvert, celui qui est le livre de vie. Et les morts furent jugés selon leurs œuvres, d'après ce qui était écrit dans ces livres. La mer rendit les morts qui 13 étaient en elle, la mort et le séjour des morts rendirent les morts qui étaient en eux; et chacun fut jugé selon ses œuvres. Et la mort et 14 le séjour des morts furent jetés dans l'étang de feu. C'est la seconde mort, l'étang de feu. Quiconque ne 15 fut pas trouvé écrit dans le livre de vie fut jeté dans l'étang de feu.

Les nouveaux cieux et la nouvelle terre.

Puis je vis un nouveau ciel et **21** une nouvelle terre; car le premier ciel et la première terre avaient disparu, et la mer n'était plus. Et 2 je vis descendre du ciel, d'auprès de Dieu, la ville sainte, la nouvelle Jérusalem, préparée comme une épouse qui s'est parée pour son époux. Et j'entendis du trône une 3 forte voix qui disait : Voici le taber-nacle de Dieu avec les hommes! Il habitera avec eux, et ils seront son peuple, et Dieu lui-même sera avec eux. Il essuiera toute larme de leurs 4 yeux, et la mort ne sera plus, et il n'y aura plus ni deuil, ni cri, ni douleur, car les premières choses ont disparu.

Et celui qui était assis sur le trône 5

dit : Voici, je fais toutes choses nouvelles. Et il dit : Écris ; car ces paroles sont certaines et véritables.

6 Et il me dit : C'est fait ! Je suis l'alpha et l'oméga, le commencement et la fin. A celui qui a soif je donnerai de la source de l'eau de la

7 vie, gratuitement. Celui qui vaincra héritera ces choses ; je serai son Dieu,

8 et il sera mon fils. Mais pour les lâches, les incrédules, les abominables, les meurtriers, les impudiques, les enchanteurs, les idolâtres, et tous les menteurs, leur part sera dans l'étang ardent de feu et de soufre, ce qui est la seconde mort.

La nouvelle Jérusalem.

9 Puis un des sept anges qui tenaient les sept coupes remplies des sept derniers fléaux vint, et il m'adressa la parole, en disant : Viens, je te montrerai l'épouse, la femme de l'agneau.

10 Et il me transporta en esprit sur une grande et haute montagne.

Et il me montra la ville sainte, Jérusalem, qui descendait du ciel d'auprès de Dieu ayant la gloire

11 de Dieu. Son éclat était semblable à celui d'une pierre très précieuse, d'une pierre de jaspe transparente

12 comme du cristal. Elle avait une grande et haute muraille. Elle avait douze portes, et sur les portes douze anges, et des noms écrits, ceux des

13 douze tribus des fils d'Israël : à l'orient trois portes, au nord trois portes, au midi trois portes, et à

14 l'occident trois portes. La muraille de la ville avait douze fondements, et sur eux les douze noms des douze apôtres de l'agneau.

15 Celui qui me parlait avait pour mesure un roseau d'or, afin de mesurer la ville, ses portes, et sa muraille.

16 La ville avait la forme d'un carré, et sa longueur était égale à sa largeur. Il mesura la ville avec le roseau, et trouva douze mille stades ; la longueur, la largeur et la hauteur en

17 étaient égales. Il mesura la muraille, et trouva cent quarante-quatre coudées, mesure d'homme, qui était celle de l'ange.

La muraille était construite en 18 jaspe, et la ville était d'or pur, semblable à du verre pur. Les fonde- 19 ments de la muraille de la ville étaient ornés de pierres précieuses de toute espèce : le premier fondement était de jaspe, le second de saphir, le troisième de calcédoine, le quatrième d'émeraude, le cinquième de sardonyx, 20 le sixième de sardoine, le septième de chrysolithe, le huitième de béryl, le neuvième de topaze, le dixième de chrysoprase, le onzième d'hyacinthe, le douzième d'améthyste. Les douze 21 portes étaient douze perles ; chaque porte était d'une seule perle. La place de la ville était d'or pur, comme du verre transparent.

Je ne vis point de temple dans la 22 ville ; car le Seigneur Dieu tout-puissant est son temple, ainsi que l'agneau. La ville n'a besoin ni du 23 soleil ni de la lune pour l'éclairer ; car la gloire de Dieu l'éclaire, et l'agneau est son flambeau. Les 24 nations marcheront à sa lumière, et les rois de la terre y apporteront leur gloire. Ses portes ne se fermeront 25 point le jour, car là il n'y aura point de nuit. On y apportera la gloire et 26 l'honneur des nations. Il n'entrera 27 chez elle rien de souillé, ni personne qui se livre à l'abomination et au mensonge ; il n'entrera que ceux qui sont écrits dans le livre de vie de l'agneau.

Et il me montra un fleuve d'eau **22** de la vie, limpide comme du cristal, qui sortait du trône de Dieu et de l'agneau. Au milieu de la place de 2 la ville et sur les deux bords du fleuve, il y avait un arbre de vie, produisant douze fois des fruits, rendant son fruit chaque mois, et dont les feuilles servaient à la guérison des nations. Il n'y aura plus 3 d'anathème. Le trône de Dieu et de l'agneau sera dans la ville ; ses serviteurs le serviront et verront sa face, et son nom sera sur leurs fronts. 4 Il n'y aura plus de nuit : et ils n'au- 5 ront besoin ni de lampe ni de lumière, parce que le Seigneur Dieu les éclairera. Et ils régneront aux siècles des siècles.

Conclusion du livre.

6 Et il me dit : Ces paroles sont certaines et véritables ; et le Seigneur, le Dieu des esprits des prophètes, a envoyé son ange pour montrer à ses serviteurs les choses qui doivent 7 arriver bientôt.—Et voici, je viens bientôt.—Heureux celui qui garde les paroles de la prophétie de ce livre !

8 C'est moi Jean, qui ai entendu et vu ces choses. Et quand j'eus entendu et vu, je tombai aux pieds de l'ange qui me les montrait, pour 9 l'adorer. Mais il me dit : Garde-toi de le faire ! Je suis ton compagnon de service, et celui de tes frères les prophètes, et de ceux qui gardent les paroles de ce livre. Adore Dieu.

10 Et il me dit : Ne scelle point les paroles de la prophétie de ce livre. 11 Car le temps est proche. Que celui qui est injuste soit encore injuste, que celui qui est souillé se souille encore ; et que le juste pratique encore la justice, et que celui qui est 12 saint se sanctifie encore.—Voici, je viens bientôt, et ma rétribution est avec moi, pour rendre à chacun selon 13 ce qu'est son œuvre. Je suis l'alpha et l'oméga, le premier et le dernier, le commencement et la fin. Heu- 14 reux ceux qui lavent leurs robes, afin d'avoir droit à l'arbre de vie, et d'entrer par les portes dans la ville ! Dehors les chiens, les enchanteurs, 15 les impudiques, les meurtriers, les idolâtres, et quiconque aime et pratique le mensonge ! Moi, Jésus, j'ai 16 envoyé mon ange pour vous attester ces choses dans les Églises. Je suis le rejeton et la postérité de David, l'étoile brillante du matin.

Et l'Esprit et l'épouse disent : 17 Viens. Et que celui qui entend dise : Viens. Et que celui qui a soif vienne ; que celui qui veut prenne de l'eau de la vie, gratuitement.

Je le déclare à quiconque entend 18 les paroles de la prophétie de ce livre : Si quelqu'un y ajoute quelque chose, Dieu le frappera des fléaux décrits dans ce livre ; et si quelqu'un re- 19 tranche quelque chose des paroles du livre de cette prophétie, Dieu retranchera sa part de l'arbre de la vie et de la ville sainte, décrits dans ce livre.

Celui qui atteste ces choses dit : 20 Oui, je viens bientôt.

Amen ! Viens, Seigneur Jésus !

Que la grâce du Seigneur Jésus 21 soit avec tous !

FIN DU NOUVEAU TESTAMENT

IMPRIMÉ EN ANGLETERRE À L'IMPRIMERIE DE L'UNIVERSITÉ DE CAMBRIDGE

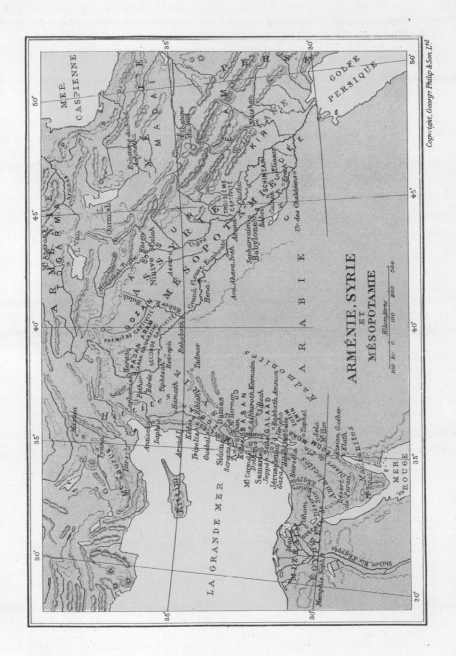

ARMÉNIE, SYRIE
ET
MÉSOPOTAMIE

Kilomètres
100 50 0 100 200 300

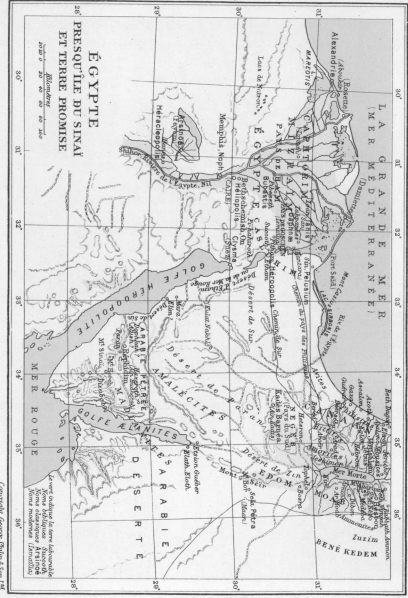

ÉGYPTE
PRESQU'ÎLE DU SINAÏ
ET TERRE PROMISE

Kilomètres
20 10 0   20   40   60   80   100

Le vert indique la terre labourable
Noms bibliques Succoth
Noms classiques Arsinoë
Noms modernes (Ismaïlia)

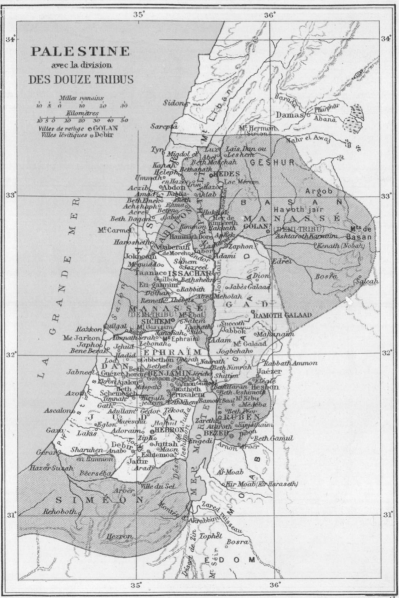

PALESTINE
avec la division
DES DOUZE TRIBUS

Milles romains
10 5 0 10 20 30
Kilomètres
10 5 0 10 20 30 40 50
Villes de refuge ⊙ GOLAN
Villes lévitiques ⊙ Debir

Sidon
Barada
Damas
Pharphar
Abana
Sarepta
Mt Hermon
Simon
Nahr el Awaj
Tyr
Lux
Lais, Dan ou
Migdol el
Abel
Leshem
GESHUR
Kanah
Beth Maachah
Heleph
Bethanath
KEDES
Umnah
en Hazor
Lac Mérom
Argob
Accrib
Abdon
Debir
Hazor
BASAN
Amaka
Béth
Olab
MANASSÉ
Hayoth jaïr
Beth Emek
Rama
Mt Carmel
Achshaph
Betens
Mer de
GOLAN
(DEMI-TRIBU)
Acre
Labun
Hukhok
Ashtaroth Karnaïm
Mts de
Beth Dagon
Rimmon Rakkath
Basan
Haroshetha
Hammath Dora
Aphek
Zaphon
Kenath (Nobah)
Mabenath
de Moreho
Endor
Lasharon
Edrei
Joknoam
Sichem
Adami
Bosra
Salcah
Méguiddo
Jezreel
Taanace ISSACHAR
Dion
Gilboa
Bethshean
Jabès Galaad
En-
ganninn
Dothan
Rabbith
GAD
Remeth Thebets
Abel Meholah
MANASSÉ
(DEMI-TRIBU)
Mt Ebal
Succoth
RAMOTH GALAAD
SICHEM
Salem
Jabbok
Rakkon
Gilgal
Kanobah
Mahanaïm
Me Jarkon
Timnath Seraho
Ephraïm
Mt Galaad
Japhot
Jehud
Lebonah
Adam
Jogbehah
Bene Berak
Hadid
EPHRAÏM
Jogbehah
Lod
Abbethen
Ophrah Naarath
Rabbath Ammon
Jabneel
Guézer
Bethel
Aï
Beth Nimrah
Jaézer
DAN
Beth
Jéricho
Shitim
Elealé
Ekron
Ajalon
Mispah
Seba
Gilgal
Haran Heshon
Azoth
Schemesch
Anathoth
Beth Haran
Mt Nebo
Gath
Timnah
Jerusalem
Bamoth Baal
Medeba
Adullam
Gédor Tékoa
Beth Peor
Ascalon
Muresela
Zareth
RUBEN
Eglon
Hafrut
Azaroth
Sibmahaim
Gaza
Lakis
Zip
HEBRON
Dibon
Beth Gamul
Gérar
Sharuhen
Anab
Juttah
Maon
Eregedi
Arnon
Aroër
en Rimmon
Eshtemoa
Hazor Suzah
Jaffir
Arad
Ar Moab
Béerséba
Aroër
Ville du Sel
Kir Moab (Kir Haraseth)
SIMÉON
Zared ruisseau
Rehoboth
Akrabbim
Hexron
Tophel
Bosra
EDOM

MER LA GRANDE
Cison
Saron
Philistins
JUDA
MER MORTE
MOAB
Mt Seïr

Copyright, George Philip & Son, Ltd.

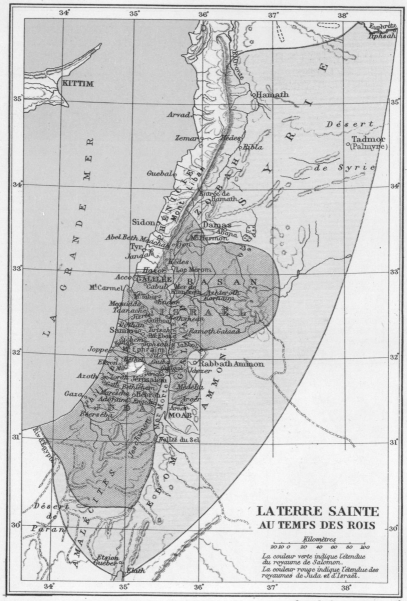

KITTIM

LA GRANDE MER

Hamath

Arvad

Zemar

Kedes

Ribla

Guebal

Désert

Tadmor
(Palmyre)

de Syrie

Entrée de
Hamath

Sidon

Damas

Abel Beth Maacha

Abana

Tyr

M. Hermon

Janoah

Kedes

Hazor

Lac Mérom

Acco

GALILÉE

BASAN

M. Carmel

Cabul

Mer de
Kinnereth

Ashteroth
Karnaïm

Meguiddo

Maanum

Béthsan

Taanach

Jizreel

ISRAËL

Dothan

Kathbon

Béthshean

Samarie

Tirtsah

Ramoth Galaad

Sichem

M. Ebal

Joppé

Siloh

Iphsah

Jabbok

M. Ephraïm

Rabbath Ammon

Ekron

Gabaa

AMMON

Guilgal

Jaezer

Azoth

Jerusalem

Jéricho

Gath

Bethlehem

Médeba

Gaza

Marescha

Hebron

Adoraïm

Engedi

Aroer

Arnon

MOAB

Berséba

JUDA

Vallée du Sel

Rivière d'Egypte

Mer Morte

EDOM

AMALÉCITES

Désert
de
Paran

Etsion
Gueber

Elath

Euphrate
Tiphsah

LA TERRE SAINTE
AU TEMPS DES ROIS

Kilomètres

20 10 0   20   40   60   80   100

La couleur verte indique l'étendue
du royaume de Salomon.
La couleur rouge indique l'étendue des
royaumes de Juda et d'Israël.

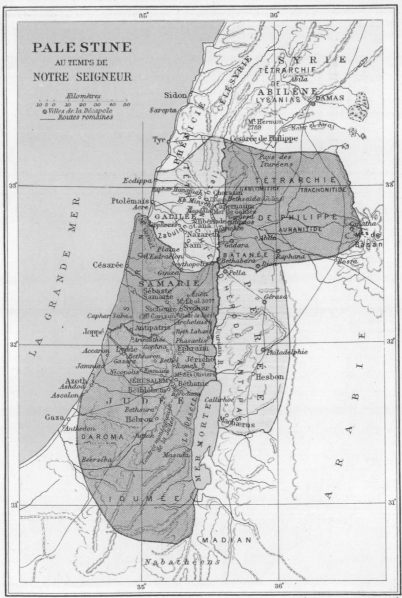

PALESTINE
AU TEMPS DE
NOTRE SEIGNEUR

Kilomètres
10 5 0   10   20   30   40   50
⊙ Villes de la Décapole
—— Routes romaines

SYRIE
TÉTRARCHIE
DE
ABILÈNE
LYSANIAS DAMAS

Sidon
Sarepta

PHÉNICIE
CÉLÉSYRIE

Tyr
Mt Hermon
2789
Nahr el Awaj

Césarée de Philippe

Pays des
Ituréens

Ecdippa
Caphar Hananiah
Chorazin
TÉTRARCHIE

Ptolémais
Acre
Kh Minya
Bethsaida Julias
TRACHONITIDE

Magdala
Capernaüm
Mer de Galilée

GALILÉE
Tibériade
DE PHILIPPE

Sapphoris
Cana
Hippos
AURANITIDE

Zabulon
Nazareth
Abila
Canatha

Naïm
Gadara
Mts de
Basan

Plaine
Scythopolis
BATANÉE
Raphana

d'Esdraelon
Bethabara
Dion
Bosra

Ginaea
Pella

Césarée
Gérasa

SAMARIE
Sébaste
Samarie
Anon
Mt Ebal 3077

Sichem Sychar
Puits de Jacob

Caphar Saba
Mt Garizim
Archelais

Joppé
Antipatris
Beth Laban

Arimathée
Phasaelis
Philadelphie

Accaron
Lydde
Gophna
Ephraïm

Jamnia
Bethhoron
Gazara
Bethel Jéricho

Azoth
Nicopolis Emmaüs
Ramah
Hesbon

Ashdod
JÉRUSALEM
Béthanie
Mts des Oliviers

Ascalon
Bethléem
Bethphagé

JUDÉE
Callirhoé

Gaza
Bethsura
Machærus

Anthedon
Hébron

DAROMA
Juttah

Beerséba
Masada

IDUMÉE

MADIAN

Nabathéens

LA GRANDE MER

MER MORTE

PÉRÉE

HÉRODE ANTIPAS

ARABIE

33° 33°
32° 32°
31° 31°
35° 36°

Copyright, George Philip & Son. Ltd

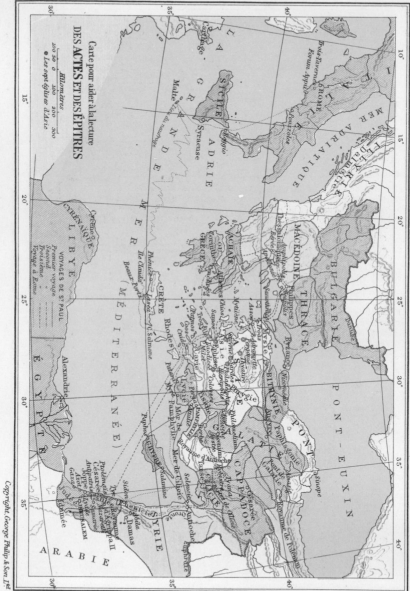

Carte pour aider à la lecture
DES **ACTES ET DES ÉPITRES**

Les sept églises d'Asie

Kilomètres
100 50 0 100 200 300

VOYAGES DE S.T PAUL
Premier voyage
Second ―
Troisième ―
Voyage à Rome

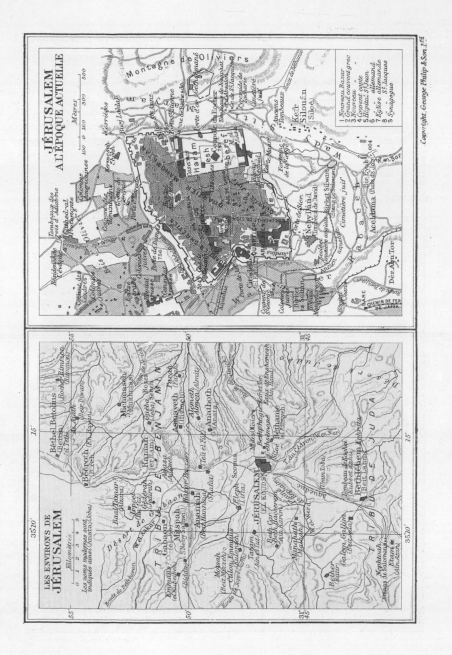

JÉRUSALEM
A L'ÉPOQUE ACTUELLE

Mètres
100 0 100 200 300

1 Nouveau Bazar
2 Grand couvent grec
3 Nouveau
4 Couvent copte
5 Hôpital St Jean
6 Église allemande
7 St Jacques
8 Synagogue

Montagne de Oliviers

Kefr
Silouân
(Siloé)

LES ENVIRONS DE
JÉRUSALEM

Kilomètres
0 1 2 3 4 5

Les noms modernes sont
indiqués ainsi (Anata, Iœba)

TRIBU DE BENJAMIN

TRIBU DE JUDA

PALESTINE MODERNE
et
PALESTINE PHYSIQUE

Kilomètres
10 5 0   10   20   30   40   50

au dessus de 200 mètres
de 0 à 200 mètres
au dessous du niveau de la mer
de 0 à 200 mètres
au dessous de 200 mètres